オフィシャル
ベースボール
ガイド

2024

編　集

一般社団法人　日本野球機構
https://npb.jp

発　行

株式会社　共同通信社

日本プロフェッショナル野球組織

コミッショナー
榊原　定征
事務局長　井原　敦

東京都港区芝5－36－7
三田ベルジュビル11F

<読売ジャイアンツ>
　　山口　寿一　　　　　オーナー
　　星　春海　　　　　　連盟担当
　　阿部慎之助　　　　　監　督
　　東京都千代田区大手町1-7-1　読売新聞ビル26F

<東京ヤクルトスワローズ>
　　成田　裕　　　　　　オーナー
　　江幡　秀則　　　　　連盟担当
　　髙津　臣吾　　　　　監　督
　　東京都港区北青山2-12-28　青山ビル4F

<横浜DeNAベイスターズ>
　　南場　智子　　　　　オーナー
　　三原　一晃　　　　　連盟担当
　　三浦　大輔　　　　　監　督
　　横浜市中区尾上町1-8　関内新井ビル7F

<中日ドラゴンズ>
　　大島宇一郎　　　　　オーナー
　　加藤　宏幸　　　　　連盟担当
　　立浪　和義　　　　　監　督
　　名古屋市東区大幸南1-1-51

<阪神タイガース>
　　杉山　健博　　　　　オーナー
　　嶌村　聡　　　　　　連盟担当
　　岡田　彰布　　　　　監　督
　　西宮市甲子園町2-33

<広島東洋カープ>
　　松田　元　　　　　　オーナー
　　鈴木　清明　　　　　連盟担当
　　新井　貴浩　　　　　監　督
　　広島市南区南蟹屋2-3-1

<北海道日本ハムファイターズ>
　　井川　伸久　　　　　オーナー
　　三好　健二　　　　　連盟担当
　　新庄　剛志　　　　　監　督
　　北広島市Fビレッジ1番地

<東北楽天ゴールデンイーグルス>
　　三木谷浩史　　　　　オーナー
　　佐々木亮人　　　　　連盟担当
　　今江　敏晃　　　　　監　督
　　仙台市宮城野区宮城野2-11-6

<埼玉西武ライオンズ>
　　後藤　高志　　　　　オーナー
　　飯田　光男　　　　　連盟担当
　　松井稼頭央　　　　　監　督
　　所沢市上山口2135

<千葉ロッテマリーンズ>
　　重光　昭夫　　　　　オーナー
　　豊田耕太郎　　　　　連盟担当
　　吉井　理人　　　　　監　督
　　千葉市美浜区美浜1

<オリックス・バファローズ>
　　井上　亮　　　　　　オーナー
　　小浜　裕一　　　　　連盟担当
　　中嶋　聡　　　　　　監　督
　　大阪市西区千代崎3－北2-30

<福岡ソフトバンクホークス>
　　孫　正義　　　　　　オーナー
　　大脇　満朗　　　　　連盟担当
　　小久保裕紀　　　　　監　督
　　福岡市中央区地行浜2-2-2　福岡PayPayドーム内

目　　次

チーム名表示・略称一覧並びに凡例

正式名称	期間	表示(通称)	略称
東京巨人	(1936－1946)	巨人	巨
読売ジャイアンツ	(1947～)		巨
大阪タイガース	(1936－1940.9.24)	タイガース	タ
阪神	(1940.9.25－1946)		神
大阪タイガース	(1947－1960)	阪神	神
阪神タイガース	(1961～)		神
名古屋	(1936－1943)	名古屋	名
産業	(1944)	産業	産
中部日本	(1946)	中部日本	中
中日ドラゴンズ	(1947－1950)	中	中
名古屋ドラゴンズ	(1951－1953)	名古屋	名
中日ドラゴンズ	(1954～)	中日	中
阪急	(1936－1946)	阪急	急
阪急ブレーブス	(1947－1988)		急
オリックス・ブレーブス	(1989－1990)	オリックス	オ
オリックス・ブルーウェーブ	(1991－2004)		オ
オリックス・バファローズ	(2005～)		オ
大東京	(1936－1937春)	大東京	大
ライオン	(1937秋－1940)	ライオン	ラ
朝日	(1941－1944)	朝日	朝
パシフィック	(1946)	パシフィック	パ
太陽ロビンス	(1947)	太陽	陽
大陽ロビンス	(1948－1949)	大陽	陽
松竹ロビンス	(1950－1952)	松竹	松
東京セネタース	(1936－1940.10.16)	セネタース	セ
翼	(1940.10.17－末)	翼	翼
名古屋金鯱	(1936－1940)	金鯱	鯱
大洋	(1941－1942)	大洋	洋
西鉄	(1943)	西鉄	西
イーグルス	(1937－1940.10.5)	イーグルス	イ
黒鷲	(1940.10.6－1942.9.11)	黒鷲	黒
大和	(1942.9.12－1943)	大和	大
南海	(1938秋－1944.5.31)	南海	南
近畿日本	(1944.6.1－末)	近畿日本	畿
近畿グレートリング	(1946－1947.5.31)	グレートリング	グ
南海ホークス	(1947.6.1－1988)	南海	南
福岡ダイエーホークス	(1989－2004)	ダイエー	ダ
福岡ソフトバンクホークス	(2005～)	ソフトバンク	ソ
セネタース	(1946)	セネタース	セ
東急フライヤーズ	(1947)	東急	急
急映フライヤーズ	(1948)	急映	映
東急フライヤーズ	(1949－1953)	東急	急
東映フライヤーズ	(1954－1972)	東映	映
日拓ホーム・フライヤーズ	(1973)	日拓	拓
日本ハム・ファイターズ	(1974－2003)	日本ハム	日
北海道日本ハムファイターズ	(2004～)		日

正式名称	期間	表示(通称)	略称
ゴールドスター	(1946)	ゴールドスター	ゴ
金星スターズ	(1947－1948)	金星	金
大映スターズ	(1949－1956)	大映	大
大映ユニオンズ	(1957)		大
高橋ユニオンズ	(1954)	高橋	高
トンボユニオンズ	(1955)	トンボ	ト
高橋ユニオンズ	(1956)	高橋	高
毎日オリオンズ	(1950－1957)	毎日	毎
毎日大映オリオンズ	(1958－1963)	大毎	毎
東京オリオンズ	(1964－1968)	東京	東
ロッテ・オリオンズ	(1969－1991)	ロッテ	ロ
千葉ロッテマリーンズ	(1992～)		ロ
近鉄パールス	(1950－1958)	近鉄	近
近鉄バファロー	(1959－1961)		近
近鉄バファローズ	(1962－1998)		近
大阪近鉄バファローズ	(1999－2004)		近
西鉄クリッパース	(1950)	西鉄	西
西鉄ライオンズ	(1951－1972)		西
太平洋クラブ・ライオンズ	(1973－1976)	太平洋	平
クラウンライター・ライオンズ	(1977－1978)	クラウン	ク
西武ライオンズ	(1979－2007)	西武	武
埼玉西武ライオンズ	(2008～)		武
西日本パイレーツ	(1950)	西日本	本
大洋ホエールズ	(1950－1952)	大洋	洋
大洋松竹ロビンス	(1953－1954)	大洋松	松
大洋ホエールズ	(1955－1977)	大洋	洋
横浜大洋ホエールズ	(1978－1992)		洋
横浜ベイスターズ	(1993－2011)	横浜	横
横浜DeNAベイスターズ	(2012～)	DeNA	ディ
広島カープ	(1950－1967)	広島	広
広島東洋カープ	(1968～)		広
国鉄スワローズ	(1950－1965.5.9)	国鉄	国
サンケイスワローズ	(1965.5.10－末)	サンケイ	サ
サンケイアトムズ	(1966－1968)		サ
アトムズ	(1969)	アトムズ	ア
ヤクルトアトムズ	(1970－1973)	ヤクルト	ヤ
ヤクルトスワローズ	(1974－2005)		ヤ
東京ヤクルトスワローズ	(2006～)		ヤ
東北楽天ゴールデンイーグルス	(2005～)	楽天	楽

※本書中、選手名左の＊は左打（打撃成績）、左投（投手・守備成績）を、＋は左右打を表す。

2023年 日　録

1月 5日　北海道北広島市で建設が進められていた新球場「エスコンフィールドHOKKAIDO」の竣工式が行われた。

　　 6日　NPBエンタープライズは、3月に開催されるWBCに出場する侍ジャパンのメンバー12名を先行発表した。（残り18名は後日発表）

　12日　NPB新人研修会がオンラインで開催され、新人選手、審判員ら131人が「アンチドーピング活動」「暴力団の実態と手口」「SNSの使用モラルと危険性について」など7つの講義を受講した。

　13日　野球殿堂博物館は今年の野球殿堂入りを発表。競技者投票ではプレーヤー表彰にアレックス・ラミレス氏、エキスパート表彰にランディ・バース氏が選出された。アマチュア関係者から選ばれる特別表彰は古関裕而氏が選出された。

　24日　パシフィック野球連盟全6球団はパシフィック・リーグ公式戦のタイトルパートナーとしての特別協賛に、パーソルホールディングス株式会社が決定したことを発表した。

　25日　日本野球機構は日本生命保険相互会社が、セ・パ交流戦の特別協賛社となったことを発表した。正式名称は「日本生命セ・パ交流戦」。特別協賛は18度目。

　26日　NPBエンタープライズは、3月に開催されるWBCに出場する侍ジャパンのメンバー30名を発表した。12名は1月6日に発表されており、今回発表したのは18名。

　27日　日本野球規則委員会が2023年度の野球規則改正を発表。今回の改正で、1人の選手が指名打者としても先発投手としても出場可能、正式試合となる前に打ち切られた試合でも条件によっては継続試合が可能となった。

2月 1日　春季キャンプがスタートした。

　17日　侍ジャパンがWBCに向け、ひなたサンマリンスタジアム宮崎で強化合宿をスタートした。

　23日　オープン戦が開幕。この日は沖縄県で1試合が開催された。

　25日　カーネクスト侍ジャパンシリーズ2023がひなたサンマリンスタジアム宮崎で開催され、侍ジャパンは福岡ソフトバンクに8－4で勝利、翌26日も4－2で勝利した。

　27日　日本野球機構は新規に研修審判員4名と契約したことを発表した。金村好隆と山本周平はルートインBCリーグに、川村亮輔と坂本蒼太は四国アイランドリーグplusに派遣され、審判技術の向上に取り組む。

　28日　NPBエンタープライズは、鈴木誠也（カブス）のけがによるWBC出場辞退を発表した。

3月 1日　NPBエンタープライズは、牧原大成（ソフトバンク）のWBC出場選手追加を発表した。

　　 3日　カーネクスト侍ジャパンシリーズ2023名古屋がバンテリンドームナゴヤで開催され、侍ジャパンは中日に2－7で敗れた。翌4日は4－1で侍ジャパンが勝利した。

　　 6日　カーネクストWBC強化試合が京セラドーム大阪で開催され、侍ジャパンは阪神に8－1で勝利、翌7日はオリックスと対戦し9－1で勝利した。

　　 9日　WBCの1次ラウンド、プールBが東京ドームでスタートした。侍ジャパンは、初戦の中国戦を8－1、翌10日の韓国戦を13－4、11日のチェコ戦を10－2、12日のオーストラリア戦を7－1と全て勝利し、1次ラウンドを1位で通過した。

　10日　2022年3月4日に予定されていた「セ・リーグフェスティバル（ユニバーサル・スタジオ・ジャパン貸切ナイト）～ユニバーサル・スタジオ・ジャパンで"セ界"最高の仲間たちに会おう～」がユニバーサル・スタジオ・ジャパンにて開催された。

　14日　NPBエンタープライズは、栗林良吏（広島）のけがによるWBC出場辞退に伴い、山﨑颯一郎（オリックス）へのメンバー変更を発表した。

　14日　日本ハムの新本拠地球場「エスコンフィールドHOKKAIDO」のこけら落としとして、日本ハム vs 西武戦のオープン戦が行われた。

　16日　WBCの準々決勝ラウンドが引き続き東京ドームで開催。侍ジャパンはイタリアを9－3で下

日 録

し、5連勝で決勝ラウンドに駒を進めた。

3月21日 WBCの決勝ラウンド（現地時間3月20日）がアメリカのローンデポ・パークで開催され、侍ジャパンがメキシコを6－5で下し、決勝進出を決めた。

22日 WBCの決勝戦（現地時間3月21日）がローンデポ・パークで開催され、侍ジャパンがアメリカを3－2で下し、3大会ぶり3度目の優勝を果たした。MVPは大谷翔平（エンゼルス）。

27日 日本野球機構は、2023年のスローガンを「野球の熱さ、無限大」とすることを発表した。

29日 NPB、12球団、日本プロ野球選手会は連名で「プロ野球ファンのみなさまへ〜SNS等への投稿についてのお願い〜」の声明を発表した。

30日 公式戦が開幕。この日はエスコンフィールドHOKKAIDOでの公式戦初開催を記念して、日本ハム－楽天1回戦のみの開催となった。

31日 西武が2チーム目となるチーム9,500本塁打を達成。

4月 1日 津川力審判員が西武－オリックス2回戦（ベルーナドーム）で通算2,000試合出場を達成。

5日 松井裕樹（楽天）が西武2回戦（楽天モバイル）で通算200セーブを達成。プロ野球史上9人目、27歳5カ月は最年少での達成。

7日 日本プロフェッショナル野球組織は、2024年シーズン、もしくは2025年シーズンよりファーム・リーグへ新規参加する球団を公募することを決定した。

16日 岸孝之（楽天）がソフトバンク2回戦（楽天モバイル）で通算2,000奪三振を達成。プロ野球史上23人目。2,312試合での達成は歴代5位。

18日 浅村栄斗（楽天）がオリックス3回戦（京セラD大阪）で通算1,000打点を達成。プロ野球史上48人目。1,675試合での達成は歴代7位。

24日 日本野球機構は前年のフェニックス・リーグ期間中に現役若手プロ野球選手291名を対象に行った「セカンドキャリアに関するアンケート」結果と、昨オフに戦力外・現役引退選手となった145名の進路調査結果を発表した。野球関係の仕事に携わった元選手は77.24％で、昨年度（74.8％）から微増。

25日 プロ野球12球団と日本野球機構、一般社団法人日本プロ野球選手会は、5月14日の「母の日」に合わせて、全国のお母さんへ感謝の気持ちを伝えることを目的に、公式戦開催の6球場にて「NPBマザーズデー2023」を実施することを発表した。

29日 中村剛也（西武）が楽天5回戦（ベルーナドーム）でプロ野球初となる2,000三振を記録。

5月 8日 プロ野球実行委員会が開催され、2024年の日程大綱が承認された。
セントラル・リーグおよびパシフィック・リーグの公式戦開幕は3月29日（金）。またクライマックスシリーズは10月12日（土）から、日本シリーズは10月26日（土）にセ・リーグ本拠地球場で開幕。

15日 日本野球機構は、スポーツの発展、普及を目的とした「NPB野球振興事業」において日本生命保険相互会社と協賛契約を結ぶことを発表した。プロ野球の歴史で初の試みとなる「審判員ユニフォーム」の上着に企業ロゴ広告を掲出。

30日 日本野球機構は大正製薬株式会社が11年連続で新人選手選択会議の特別協賛社となったことを発表した。正式名称は「プロ野球ドラフト会議 supported by リポビタンD」。

6月 2日 5月31日付で任期満了となった侍ジャパントップチームの栗山英樹監督が退任会見を行った。

2日 侍ジャパン世界一への軌跡を振り返る完全密着ドキュメンタリー映画「憧れを超えた侍たち 世界一への記録」が全国の映画館で29日まで上映された。

16日 益田直也（ロッテ）がDeNA1回戦（横浜）で通算200セーブを達成。プロ野球史上10人目。

21日 日本生命セ・パ交流戦全日程が終了。4球団が勝率、勝数で並び、TQBが最も大きいDeNAが優勝。

7月11日 中日が4チーム目となるチーム9,000本塁打を達成。

18日 プロ野球フレッシュオールスターゲームがアルペンスタジアム（富山市民球場）で開催され、ウエスタン・リーグが7－3で勝利した。最優秀選手は森下翔太（阪神）。

7月19日	マイナビオールスターゲーム2023第1戦がバンテリンドームナゴヤで開催され、パ・リーグが8-1で勝利。最優秀選手は柳田悠岐（ソフトバンク）。
20日	マイナビオールスターゲーム2023第2戦がMAZDA Zoom-Zoomスタジアム広島で開催され、パ・リーグが6-1で勝利。最優秀選手は万波中正（日本ハム）。
25日	NPBガールズトーナメント2023全日本女子学童軟式野球大会が石川県で開幕。46チームが参加。31日に決勝戦が行われ、栃木スーパーガールズ（栃木県）が2年ぶり2度目の優勝を果たした。
8月 2日	小林和公審判員が広島-DeNA17回戦（マツダスタジアム）で通算2,000試合出場を達成。
4日	中日が4チーム目となるチーム5,500勝を達成。
5日	オリックスが5チーム目となるチーム5,500勝を達成。
8日	日本野球機構は株式会社三井住友銀行が10年連続で日本シリーズの特別協賛社となったことを発表した。正式名称は「SMBC 日本シリーズ2023」。
16日	ヤクルトが7チーム目となるチーム8,500本塁打を達成。
18日	石川柊太（ソフトバンク）が西武16回戦（PayPayドーム）で無安打無得点試合を達成。プロ野球史上88人目、99度目。
18日	川口亘太審判員がヤクルト-中日18回戦（神宮）で通算2,500試合出場を達成。
26日	大島洋平（中日）がDeNA19回戦（バンテリンドーム）で通算2,000安打を達成。プロ野球史上55人目。1,787試合での達成は歴代9位。
30日	新直也記録員が巨人-広島23回戦（京セラD大阪）で通算500試合出場を達成。
9月 9日	山本由伸（オリックス）がロッテ19回戦（ZOZOマリン）で自身2度目となる無安打無得点試合を達成。プロ野球史上100度目。
14日	阪神が18年ぶり6度目のセ・リーグ優勝。
16日	万波中正（日本ハム）がソフトバンク21回戦（エスコンF）で同一試合で初回先頭打者本塁打とサヨナラ本塁打を記録。プロ野球2度目、パ・リーグ初。
20日	オリックスが3年連続15度目のパ・リーグ優勝。
24日	坂本勇人（巨人）がDeNA22回戦（横浜）で通算1,000打点を達成。プロ野球史上49人目。
29日	2024年シーズンからのプロ野球ファーム・リーグへの新規参加を申請した3社に対して7項目の参加要件の審査を行い、実行委員会で内定先を株式会社新潟アルビレックス・ベースボール・クラブ（新潟）、ハヤテ223株式会社（静岡）の2社に決定し、オーナー会議で承認された。新潟はイースタン・リーグ、静岡はウエスタン・リーグ参加で内定。
29日	ソフトバンクが3年ぶり14度目のウエスタン・リーグ優勝。
10月 1日	巨人が5年ぶり28度目のイースタン・リーグ優勝。
2日	プロ野球12球団と日本野球機構は、マイナビオールスターゲーム2023チャリティーオークションの売上金15,478,584円を開催地の愛知県と広島県の「赤い羽根共同募金」へ寄付したことを発表した。
4日	侍ジャパントップチームの監督に井端弘和氏が就任した。
4日	巨人の原辰徳監督が辞任を発表した。
4日	セ・リーグのレギュラーシーズンが終了。1位阪神、2位広島、3位DeNA、4位巨人、5位ヤクルト、6位中日。
6日	巨人は阿部慎之助ヘッド兼バッテリーコーチの監督就任を発表した。
7日	ファーム日本選手権がひなたサンマリンスタジアム宮崎で開催。ソフトバンクが6-5で巨人を下し、4年ぶり5度目のファーム日本一となった。最優秀選手は4打数3安打2打点1盗塁と活躍した川村友斗（ソフトバンク）が受賞。
9日	みやざきフェニックス・リーグが開幕。NPB12球団、四国アイランドリーグplus選抜、日本独立リーグ野球機構選抜、韓国プロ野球選抜2チームの計16チームが参加。30日まで144試合が開催された。
10日	パ・リーグのレギュラーシーズンが終了。1位オリックス、2位ロッテ、3位ソフトバンク、

　　　　　野拓夢（阪神）、中村晃（ソフトバンク）が受賞。チーム表彰ではDeNA、ロッテが受賞した。

12月 4日　ハラスメント根絶について榊原定征コミッショナーが談話を発表した。

　　8日　現役ドラフトが開催され、第1巡目で12選手の移籍が決まった。第2巡目は実施されず。

　13日　日本野球機構は2024年1月1日付で笹真輔とNPB審判員契約を、川村亮輔、金村好隆、山本周平、坂本蒼太と育成審判員契約を結んだことを発表した。

　14日　第10回NPBアンパイア・スクールがロッテ浦和球場で開講。12月20日まで7日間開催され、48名が受講した。

　15日　日本野球規則委員会が2024年度の野球規則改正を発表。

　26日　NPB12球団ジュニアトーナメント KONAMI CUP 2023が神宮球場と横浜スタジアムで開幕。28日の決勝戦で横浜DeNAベイスターズジュニアが読売ジャイアンツジュニアを3−2で下し7年ぶり2度目の優勝を果たした。

2023年・主な物故者

1月14日 西名弘明（にしな・ひろあき）78歳。2009年から17年までオリックスの球団社長を務めた。

16日 池田英俊（いけだ・ひでとし）85歳。福岡高から明治大、八幡製鉄を経て1962年広島に入団。先発投手として5年連続二桁勝利をあげるなど活躍し69年に現役引退。その後は広島、大洋、中日でコーチを歴任、中日ではスカウトも務めた。通算成績は251試合登板、83勝82敗、704奪三振、防御率2.83。

21日 金彦任重（かねひこ・たかしげ）85歳。逗子開成高から1956年南海に入団。63年に現役引退後は韓国で野球指導者となり、KBOが発足した82年にOBベアーズの監督に就任し、チームを初代優勝に導いた。その後も監督、コーチとしてKBOチームを渡り歩いた。通算成績は67試合登板、7勝9敗、75奪三振、防御率3.57。

24日 門田博光（かどた・ひろみつ）74歳。天理高からクラレ岡山を経て1969年ドラフト2位で南海に入団。身長170cmと小柄な体格ながら豪快なフルスイングで本塁打を量産、79年には右足アキレス腱を断裂するも翌80年には41本塁打を放ちカムバック賞を受賞。89年にはオリックスへ移籍し打線の中軸を担い、91年に古巣ダイエーに戻り92年に現役引退。通算成績は2,571試合出場、2,566安打、567本塁打、1,678打点、打率.289。本塁打王3回、打点王2回、最高出塁率3回、最優秀選手1回、ベストナイン7回、オールスター出場14回。2006年に野球殿堂入り。

27日 松尾英治（まつお・ひではる）58歳。戸塚高から1983年にドラフト外で巨人に入団。1軍出場なく89年に現役引退。引退後は巨人で球団職員となり寮長などを歴任。野球振興部参与・ジャイアンツアカデミー副校長を務めていた。

29日 岡村浩二（おかむら・こうじ）82歳。高松商から立教大を経て1961年阪急に入団、捕手として活躍。72年にトレードで東映に移籍し74年に現役引退。通算成績は1,370試合出場、848安打、85本塁打、395打点、打率.224。ベストナイン1回、オールスター出場5回。

2月10日 入来 智（いりき・さとし）55歳。鹿児島実高から三菱自動車水島を経て1989年ドラフト6位で近鉄に入団。99年までは広島・近鉄・巨人と渡り歩き先発・中継・抑えで各チームで貢献、01年にはヤクルトに移籍し自身初の二桁勝利をあげリーグ優勝に貢献。その後は韓国、台湾球界を経て04年に現役引退。通算成績は214試合登板、35勝30敗2セーブ、422奪三振、防御率4.25。オールスター出場1回。

3月13日 ジョー・ペピトーン82歳。米国ニューヨーク州出身。大リーグのヤンキース、アストロズ、カブス、ブレーブスを経て1973年6月にヤクルトに入団。通算成績は14試合出場、7安打、1本塁打、2打点、打率.163。

17日 ロベルト・バルボン89歳。キューバ出身。米マイナーリーグから1955年阪急に入団。持ち前の俊足を生かして58〜60年に盗塁王を獲得。65年に近鉄へ移籍し、同年に現役引退。その後は阪急でコーチや通訳を歴任。通算成績は1,353試合出場、1,123安打、33本塁打、260打点、308盗塁、打率.241。最多安打1回、盗塁王3回、ベストナイン1回、オールスター出場2回。

4月30日 石田博三（いしだ・ひろぞう）83歳。膳所高から1958年阪神に入団し64年に現役引退。その後は阪神でコーチ補佐を務めたのちにフロント入りし、査定担当や管理部長などを歴任。通算成績は114試合出場、30安打、1本塁打、6打点、打率.204。

5月11日 中西 太（なかにし・ふとし）90歳。高松一高から1952年西鉄に入団。1年目に新人王、2年目にはトリプルスリーを達成。56年からの3年連続日本一を成し遂げた「西鉄黄金時代」を支えた。62年に29歳の若さで選手兼任監督となり、69年の引退までチームを率いた。通算成績は1,388試合出場、1,262安打、244本塁打、785打点、打率.307。最優秀選手1回、首位打者2回、最多本塁打5回、最多打点3回。ベストナイン7回、オールスター出場7回。現役引退後は日本ハム、阪神で監督、ヤクルト、近鉄、巨人、ロッテ、オリックスで監督代行、コーチを務めた。監督通算成績は1,640試合、748勝811敗81分、勝率.480。リーグ優勝をした

99年に野球殿堂入り。

5月14日 毒島章一（ぶすじま・しょういち）87歳。桐生高から1954年東映に入団。18年間東映一筋の「ミスターフライヤーズ」。通算106三塁打、900打席連続無併殺打はともに歴代2位の記録。71年に現役引退。引退後はコーチ、スカウトを歴任。通算成績は2,056試合出場、1,977安打、122本塁打、688打点、打率.277。ベストナイン3回、オールスター出場8回。

20日 河原田明（かわはらだ・あきら）82歳。早稲田実高から1959年東映に入団、63年に現役引退。引退後は67〜89年まで東京オリオンズとロッテオリオンズでトレーナーを務めた。通算成績は8試合登板、0勝0敗、7奪三振、防御率5.79。

29日 中島国章（なかじま・くにあき）70歳。ヤクルトで国際スカウトとして、ラミレスやペタジーニを獲得。2005年に巨人の国際部参与に。

29日 渡辺　勉（わたなべ・つとむ）74歳。仙台育英高から1967年ドラフト5位で阪急に入団。控え内野手として75〜77年の日本シリーズ3連覇に貢献し、79年に現役引退。通算成績は369試合出場、61安打、6本塁打、24打点、打率.219。

30日 植村義信（うえむら・よしのぶ）88歳。芦屋高から1953年に毎日に入団。56年には自己最多となる19勝をあげ最優秀勝率投手賞を獲得。61年で現役引退。引退後は大毎を皮切りに東京、ロッテ、阪急、ヤクルト、日本ハム、巨人でコーチを歴任。84年は日本ハムで監督に就任した。通算成績は322試合登板、74勝69敗、832奪三振、防御率2.69。

6月12日 杉下　茂（すぎした・しげる）97歳。帝京商高からいすゞ自動車、明治大を経て1949年中日に入団。54年には自己最多タイの32勝をあげ日本一に貢献し、55年5月10日国鉄戦ではノーヒットノーランを達成。61年に大毎に移籍してその年で現役引退。引退後は大毎、阪神、中日、巨人、西武で監督やコーチを歴任。通算成績は525試合登板、215勝123敗、1,761奪三振、防御率2.23。最優秀選手1回、最優秀防御率1回、最高勝率1回、最多勝利2回、最多奪三振2回、ベストナイン1回、沢村賞3回、オールスター出場6回。1985年野球殿堂入り。

16日 北別府学（きたべっぷ・まなぶ）65歳。都城農高から1975年ドラフト1位で広島に入団。精密機械と言われた制球力を武器に中心選手として活躍。6度のリーグ優勝と3度の日本一に貢献し、94年に現役引退。引退後は01年から04年まで広島でコーチを務めた。通算成績は515試合登板、213勝141敗5セーブ、1,757奪三振、防御率3.67。最優秀選手1回、最優秀防御率1回、最高勝率3回、最多勝利2回、ベストナイン2回、ゴールデングラブ賞1回、沢村賞2回、オールスター出場7回。2012年野球殿堂入り。

7月7日 久保友之（くぼ・ともゆき）86歳。元セ・リーグ審判員。室戸高から1957年阪神に入団、59年に現役引退。社会人生活を経て、70年にセ・リーグ審判員となる。96年の引退まで通算1,802試合出場。オールスター出場3回。

18日 横田慎太郎（よこた・しんたろう）28歳。鹿児島実高から2013年ドラフト2位で阪神に入団。17年の春季キャンプ中に脳腫瘍が発覚し入院。症状は同年に寛解し懸命なリハビリを行うも19年に現役引退。通算成績は38試合出場、20安打、4打点、打率.190。

24日 三浦　貴（みうら・たか）45歳。浦和学院高から東洋大を経て2000年ドラフト3位で巨人に入団。投手として入団したが03年から野手へ転向。08年に西武へ移籍し、09年に現役引退。通算成績は、投手として52試合登板、3勝2敗、40奪三振、防御率3.56、野手として134試合出場、21安打、1本塁打、5打点、打率.193。引退後は母校の浦和学院高でコーチとして後輩の育成に尽力した。

8月18日 山本公士（やまもと・こうし）81歳。熊本工から三菱造船長崎を経て1963年阪急に入団。66年には規定打席未到達ながら32盗塁で盗塁王を獲得するなど俊足でチームに貢献し、70年に現役引退。通算成績は645試合出場、69安打、1本塁打、17打点、打率.212。盗塁王1回。

22日 古沢憲司（ふるさわ・けんじ）75歳。新居浜東高から1964年に阪神に入団。7月25日の国鉄18回戦（甲子園）に16歳で初登板、78年までは4度の二桁勝利をあげチームに貢献。79年から西武、82年から広島に移籍し84年に現役引退。引退後は広島、阪神のコーチを歴任した。

通算成績は543試合登板、87勝115敗25セーブ、1,181奪三振、防御率3.72。オールスター出場2回。

8月23日 大島宏彦（おおしま・ひろひこ）89歳。1957年中部日本新聞社（現・中日新聞社）に入社、95〜00年に中日ドラゴンズオーナー、96〜02年にはナゴヤドームの社長を歴任。

9月 9日 平野光泰（ひらの・みつやす）74歳。明星高からクラレ岡山を経て1971年ドラフト6位で近鉄に入団。77年から頭角を現し、79、80年には主に1番打者としてリーグ優勝に貢献。80年には7月17日にサイクル安打を達成、日本シリーズの優秀選手賞を受賞。85年に現役引退。通算成績は1,183試合出場、1,055安打、107本塁打、423打点、打率.264。ゴールデングラブ賞2回。オールスター出場4回。

10月 8日 小松敏宏（俊広）（こまつ・としひろ）83歳。高知商高から1958年巨人に入団。5年間在籍し62年に現役引退。引退後はチームのスコアラーを務めた。通算成績は35試合登板、1勝2敗、72奪三振、防御率3.42。

10日 中 利夫（なか・としお）87歳。前橋高から1955年に中日に入団。高木守道と1、2番コンビを組み活躍。72年に現役引退。引退後は中日、広島で監督やコーチを歴任。通算成績は1,877試合出場、1,820安打、139本塁打、541打点、347盗塁、打率.277。盗塁王1回、首位打者1回、ベストナイン5回。オールスター出場6回。

11日 住友 平（すみとも・たいら）80歳。浪商高から明治大を経て1965年ドラフト3位で阪急に入団。67年に無補殺三重殺を記録するなど内野手として活躍、6度のリーグ優勝に貢献し、75年に現役引退。引退後は阪急、オリックス、近鉄、日本ハムのコーチや二軍監督を歴任。通算成績は879試合出場、511安打、55本塁打、236打点、打率.246。

11月26日 榊原良行（さかきばら・よしゆき）74歳。浜松商高から中央大、日本楽器を経て1974年ドラフト4位で阪神に入団。コンパクトな打撃と堅実な守備で活躍。82年にトレードで日本ハムに移籍し、84年に現役引退。引退後は日本ハム、阪神、中日、台湾プロ野球でコーチを歴任。通算成績は689試合出場、387安打、20本塁打、96打点、打率.249。

セントラル・リーグ回顧

　2023年度のセ・リーグは、3月31日（金）に東京ドーム（G-D）、明治神宮野球場（S-C）、京セラD大阪（T-DB）の3球場で開幕し、1チーム143試合（リーグ内対戦125試合、パ・リーグとの交流戦18試合）でリーグ優勝を争った。2023 WORLD BASEBALL CLASSIC™で3大会ぶりの優勝を果たし、その興奮が冷めやらぬまま開幕を迎えた今シーズン。2019年以来となる、声出し・鳴り物応援も復活し、多くのプロ野球ファンが球場に詰めかけ、熱い声援により大いに盛り上がったシーズンとなった。

阪神が18年ぶり6度目のリーグ優勝

　9月14日、優勝マジックを1としていた阪神は、佐藤輝明の本塁打などでゲームを優位に進め、4-3で勝利。18年ぶり6度目のセ・リーグ優勝を決めた。

　2005年優勝時に監督を務めていた岡田彰布監督が15年ぶりに指揮官に就任。監督の就任会見時の言葉から、チームスローガンは『A. R. E.』に決まった。チームのみならずファンも一体となり18年ぶりの『A. R. E.』を目指すシーズンとなった。

　先発陣は、村上頌樹、大竹耕太郎、伊藤将司を中心とした若手先発陣が安定した活躍を見せた。特に村上は、最優秀防御率のタイトルに加えて、セ・リーグ史上初となる最優秀新人と最優秀選手賞のダブル受賞。ウエスタン・リーグで一昨年は投手3冠、昨年は投手2冠を獲得した若きエースが大ブレイクした。大竹は現役ドラフトにより福岡ソフトバンクから移籍し、自己最多となる12勝を挙げた。伊藤将も初の規定投球回到達、二桁勝利を挙げ、優勝の大きな原動力となった。また、昨シーズン投手3冠（最多勝・最優秀防御率・最高勝率）を獲得した青柳晃洋は、シーズン序盤から調子を上げることが出来ず、8勝に終わった。しかし、日本シリーズ第7戦では見事な投球を見せ、チームの日本一に貢献した。救援陣では、岩貞祐太、岩崎優のベテランに加えて、石井大智や桐敷拓馬らの若手の台頭が目立った。WBCで活躍を見せた湯浅京己は、故障に苦しみ15試合の登板に留まったが、約4カ月半ぶりの復帰登板となった日本シリーズ第4戦では、8回表二死一・三塁のピンチを1球で切り抜け、サヨナラ勝ちを大きく手繰り寄せた。

　昨シーズン得点力不足に苦しんだ打撃陣は、大幅な四球数増と出塁率の改善で得点力不足を解消。12球団トップとなる555得点を記録した。大山悠輔、近本光司、中野拓夢、佐藤輝明といった主軸が年間を通して存在感を発揮しチームを牽引した。特に大山は全試合で4番に座り、リーグトップとなる出塁率.403を記録。また、木浪聖也も遊撃手のレギュラーに定着し、シーズンを通して活躍した。新人の森下翔太は中盤以降、主に3番に座り阪神打線を引っ張る存在となった。

　18年ぶりとなるセ・リーグ制覇を果たした阪神は岡田監督の采配のもと、球団初となるリーグ連覇に向けて来シーズンへのスタートを切ることになる。

広島東洋

　新井貴浩新監督のもと、広島東洋は「ががががが が むしゃら」を球団スローガンに4年連続Bクラスからの巻き返しを期しシーズンイン。開幕4連敗と苦しいスタートとなったが、7月には10連勝を記録するなど、最終的には74勝65敗4分の2位と5年ぶりのAクラス入りを果たした。

　先発陣では床田寛樹が奮闘。チームトップの11勝を挙げ、防御率2.19はリーグ3位と大活躍。九里亜蓮も勝ち星こそ8勝に終わったが、リーグ最多の174回⅓を投げ、シーズンを通してチームを支えた。肘の手術の影響で出遅れた森下暢仁も5月に復帰後、9勝を挙げ、強固な先発投手陣を形成した。救援投手では、不動の守護神に君臨していた栗林良吏が前半戦だけで6敗を喫する不調。後半戦は巻き返したが、大きな痛手となった。一方で、島内颯太郎、矢崎拓也、大道温貴がその穴を埋める活躍。島内はチーム最多の62試合に登板。球団タイ記録となる42ホールドポイントを挙げ、最優秀中継ぎのタイトルを獲得した。不在となった抑えは矢崎が5月途中から守護神となり、24セーブを挙げ見事に代役を務めた。

　攻撃陣は、ここ数年で主軸打者に成長した坂倉将吾が今年は捕手一本で勝負。打てる捕手として存在感を見せた。西川龍馬も規定打席に到達、自身初となる打率3割を達成し、ベストナインを獲得した。

また、若き力の台頭も見られた。末包昇大は自身初の二桁11本塁打を記録。JERAクライマックスシリーズでは代打本塁打を放つなど勝負強さを見せた。高卒2年目の田村俊介はシーズン終盤にスタメン起用されるなど監督の期待も大きい。

ただ、チームとしてはR.マクブルームと秋山翔吾が本来の実力を発揮できず、得点493はリーグ5位と得点力不足の解消が来シーズンは求められる。

首位阪神とは11.5ゲーム差が開き、JERAクライマックスシリーズファイナルステージも3連敗で敗退するなど、優勝するためには阪神に勝つことが至上命題。現役時代、猛練習によりリーグ3連覇を成し遂げた新井監督。来シーズンこそは6年ぶりの優勝を目指す。

横浜DeNA

昨シーズン、優勝まであと一歩に迫る2位となった横浜DeNAは、球団スローガンを『横浜頂戦』として掲げ、1998年以来のリーグ優勝に挑んだ。開幕4連敗と先行き不安なスタートを切ったが、4月18日には巨人に対して3試合連続となる無失点勝利。その後もチームは好調で、日本生命セ・パ交流戦では、球団史上初となる交流戦優勝を果たし、一時は首位に浮上。しかし、その後は首位の阪神とのゲーム差を縮めることができず、勝てば2位が決まる最終戦も惜しくも敗れ、シーズン3位が確定した。

先発陣は、3月に2020年MLBサイ・ヤング賞を受賞したT.バウアーが入団し、盤石の布陣となった。6月度には、球団外国人投手初となる大樹生命月間MVP賞を受賞した。今永昇太も初の個人タイトルとなる最多三振奪取投手賞を見せる活躍を見せた。また、東克樹は、自己最多となる16勝を記録し、最多勝と最高勝率の2冠を獲得。三井ゴールデン・グラブ賞も初受賞し、新人王を獲得した2018年以降、苦しいシーズンが続いていたが飛躍の年となった。救援陣では、J.B.ウェンデルケン、伊勢大夢、森原康平が活躍を見せた。特に、森原は今季不調の山﨑康晃に代わって7月下旬から守護神を務めると、17セーブを挙げ、新守護神として来シーズンにつながる活躍を見せた。

打撃陣では、最多打点と最多安打を獲得した牧秀悟、首位打者の宮﨑敏郎が中心となった。特に牧は、球団史上初となる新人からの3年連続20本塁打を記録。宮﨑は開幕から驚異の打棒を見せ、月間打率.444を記録した4月には自身初の大樹生命月間MVP賞に輝いた。その他では、関根大気は入団10年目で初となる規定打席到達、マイナビオールスターゲーム2023にも出場と飛躍の一年となった。またルーキーの林琢真や山本祐大ら若手の台頭も目立った。ドラフト1位入団の松尾汐恩は1軍未出場ながら、ファームでサイクル安打を達成するなど、今後の活躍に期待がかかる。また、プロ入り19年目の藤田一也は今シーズン限りでの引退となり、来シーズンからは育成野手コーチに就任する。

快調なスタートを切っただけに、中盤以降の失速が悔やまれるシーズンとなったが、4年目の三浦体制となる来シーズンは、1998年以来となるリーグ優勝を目指す。

巨人

2022年シーズンは4位で終わり、「奪回〜GIANTS PRIDE 2023〜」を球団スローガンに掲げスタートした巨人であったが、チーム打率.252、本塁打164本はセ・リーグ6球団トップながら、防御率3.39と投打が噛み合わず。一時は3位に順位を上げ、シーズン終盤にもCS争いを見せる等粘りを見せたが、結果的には71勝70敗2分（4位）と2年連続でのBクラスとなった。

先発陣では、エース菅野智之が4勝と苦しむ結果となったが、戸郷翔征が2年連続での二桁勝利を挙げ、次期エース候補に名乗りを上げた。また、山﨑伊織もシーズン最終戦を完封勝利で収め自身初となる10勝に到達し、菅野の不調をカバーした。一方で、鈴木康平の加入など積極的に戦力補強を図った救援陣はリーグワーストの防御率3.81と安定感を欠いた。また、昨シーズン最優秀新人を獲得した大勢が、シーズン中盤にケガで戦列を離れ、思うような結果を残せなかったのはチームとしては誤算であったが、来シーズンの復活に期待したい。

打撃陣では、岡本和真、坂本勇人が中心となり打撃陣を牽引した。特に岡本和は自身最多となる41本塁打で本塁打王を獲得した。坂本はシーズン序盤は不調に苦しんだものの、ベテランの技術で結果的には打率.288と成績を残した。シーズン終盤には、プロ入り初となる三塁手の守備に就いたが、遊撃手において過去5度の三井ゴールデン・グラブ賞受賞の実力を発揮し、見事に適応を見せた。また、ルーキー

門脇誠は、開幕から一軍に帯同し、6月下旬からは遊撃手でスタメン出場。長年、坂本が務めてきた遊撃手に新レギュラー誕生を予感させる活躍を見せた。秋広優人は4月22日対東京ヤクルト戦でプロ初安打を放つと、121試合に出場し、打率.273、二桁本塁打（10本）を記録した。

　チームとしては、不本意な成績ではあったものの、若手の台頭が目立ち、来季に期待できるシーズンでもあった。監督として実働17年（リーグ優勝9回・日本一3回）の実績を誇る原辰徳監督が退任となり、来シーズンは阿部慎之助新監督のもと2020年以来の王座奪還を目指す。

東京ヤクルト

　球団史上初のリーグ3連覇を目指した今シーズンは、「さあ、行こうか！」を球団スローガンに掲げ、開幕直後こそ5連勝と順調な滑り出しを見せたが、その後は故障者と主力の不振が相次ぎ5月には12連敗を喫するなど最後までチーム状態を上げることができず、最終的に57勝83敗3分と5位に終わった。

　先発陣は、開幕投手を務めた小川泰弘が3年ぶりに二桁勝利を挙げたが、高橋奎二、原樹理、高梨裕稔といった昨年活躍を見せた先発投手が大苦戦。大ベテランの石川雅規もNPBタイ記録となる入団1年目からの22年連続勝利を挙げたが、苦しい先発事情を支えることはできなかった。先発投手陣の防御率は12球団ワーストの防御率3.95とチーム低迷の要因となった。救援投手では、守護神のS.マクガフが抜けた穴は田口麗斗が33セーブを挙げる活躍で埋めることができたが、セットアッパーの清水昇がまさかの8敗。石山泰稚も防御率4点台に終わるなど救援陣の柱が安定感を欠いた。その中でも、木澤尚文、星知弥は自己最多の登板数を記録するなど苦しい台所事情を支えた。

　打撃陣はJ.オスナが来日後最多の23本塁打、D.サンタナが初の打率3割を記録するなど奮闘を見せたが、その他の主力に故障や不振が相次いだ。WBC日本代表の山田哲人は故障と不調に苦しみ、村上宗隆も厳しいマークの中で3年連続30本塁打を達成する意地は見せたものの、昨年より打率、本塁打、打点を大きく減らす結果となった。また、リードオフマンとして連覇に貢献した塩見泰隆の故障による長期離脱も大きな痛手となった。結果的に、昨年両リーグ最多であった得点数619は、今シーズンは534と大きく減少した。一方で、主力が不在の中、その座を狙う若手の台頭が見られた。並木秀尊が一時は一番中堅手に定着し、15盗塁を記録。内山壮真は捕手、外野手の両方で出番を増やし、高卒3年目ながら自己最多の94試合に出場。高卒4年目の武岡龍世は二遊間で出番を増やし、7月にはプロ入り初のサヨナラ打を放つなど存在感を見せた。

　投打に苦しんだ一年となったが戦力はそろっているだけに、巻き返しを図る主力と今年経験を積んだ若手選手の相乗効果を期待し、来シーズンはリーグ優勝奪回を狙う。

中日

　昨年最下位に終わり、「All for Victory すべては勝利のために」を2年連続で球団スローガンに掲げ巻き返しを図った今シーズンではあったが、長年の課題である得点力不足に今年も苦しみ、56勝82敗5分と球団史上初の2年連続最下位となる屈辱のシーズンとなった。

　投手陣は涌井秀章、小笠原慎之介、髙橋宏斗、柳裕也の4投手が二桁の敗戦数を記録し、これは球団では50年ぶりの出来事であった。一方で柳、髙橋宏は防御率2点台の好成績であり、打線の援護不足は否めなかった。中継ぎ陣は昨年最優秀中継ぎを獲得したY.ロドリゲスが開幕直前に亡命。大きな穴が開くかと思われたが新戦力が台頭。中継ぎに転向の勝野昌慶、トレードで途中加入の齋藤綱記、6月に支配下登録された育成ルーキーの松山晋也も新しい面々の活躍がチームを支えた。守護神のR.マルティネスも2年連続30セーブを挙げ、防御率は驚異の0.39を記録する奮闘を見せた。

　打撃陣はチーム成績が打率.234、71本塁打、390得点といずれもリーグ最下位。D.ビシエド、高橋周平といった内野の主力の不振に加え、二遊間も最後まで固定できなかった。明るい話題では、新加入選手の活躍が目立った。現役ドラフトで加入した細川成也が才能を開花させた。5月度に大樹生命月間MVP賞を受賞し、自己最多の24本塁打。日本人選手が20本塁打以上を記録するのは、今シーズン打撃コーチを務めた森野将彦、和田一浩が2010年に記録して以来、13年ぶりとなった。トレードで途中加入した宇佐見真吾は8月にセ・リーグでは史上3人目となる月間3度のサヨナラ打を放ち、勝負強さを印象付けた。若手では岡林勇希が球団新記録となる29試合連続安打を放つなどリーグ3位の163安打。2

年連続の三井ゴールデン・グラブ賞受賞、ベストナインを獲得。全試合フルイニング出場を果たし、チームの顔となった。また、将来の主砲として期待されていた石川昂弥が自身初の二桁13本塁打を記録した。さらに、偉大な記録も生まれ、8月に大島洋平が2,000本安打を達成。大卒の社会人出身選手では史上4人目となった。長年チームを牽引してきた男が金字塔を打ち立てた。

　攻撃力不足は依然深刻ではあるが、若手の台頭は見られる。主力級が本来の活躍を見せ、自慢の投手力を武器に来シーズンこそは飛躍の一年としたい。

JERA クライマックスシリーズ　セ・ファーストステージ、2位広島東洋が3位横浜DeNAを下す。

　ファーストステージは、10月14日からマツダスタジアムでレギュラーシーズン2位の広島東洋と3位の横浜DeNAとの間で行われ、広島東洋が2連勝でファイナルステージ進出を決めた。第1戦は広島東洋・床田寛樹、横浜DeNA・東克樹の投げ合いでエース対決に相応しい投手戦となった。均衡を破ったのは、横浜DeNA。6回表に先頭の大田泰示が四球で出塁すると一死後、宮﨑敏郎が左中間への先制二点本塁打。今季首位打者の実力を発揮した。しかしその裏、広島東洋も西川龍馬の左犠飛で得点し、点差は1点となった。8回裏無死三塁で菊池涼介がスクイズを決め同点に追いつき、延長戦へ突入。迎えた11回裏、先頭の堂林翔太が左中間を破る二塁打で出塁し、二死一・三塁の場面で打席には秋山翔吾。2球目を振り抜くと、打球はセンターの頭上を越える劇的なサヨナラ打。シーズン終盤に離脱し、悔しい思いをしていた主力の一打で両チーム計11投手が登板した白熱の初戦を制した。

　第2戦も広島東洋・森下暢仁、横浜DeNA・今永昇太の好投手同士の先発となり、広島東洋が前日の勢いそのままに、初回に西川の右越本塁打で先制。6回裏には、代打・末包昇大が左越本塁打を放ち、追加点を挙げた。しかし、横浜DeNAも反撃を見せ、直後の7回表に関根大気の左前適時打と代打・ソトの中犠飛で試合を振り出しに戻した。それでも、広島東洋は8回裏無死満塁の好機を作ると、代打・田中広輔が初球を捉え、打球は一・二塁間を抜ける勝ち越し打。ベテランの一振りが試合を決定づけた。2試合とも緊迫した接戦を制した広島東洋は、5年ぶりとなるCSファイナルステージへの進出を決めた。最後まで善戦した横浜DeNAであったが、結果的に2年連続でのCSファーストステージ敗退となった。

JERA クライマックスシリーズ セ・ファイナルステージ、阪神が9年ぶり7度目の SMBC日本シリーズ2023へ進出

　ファイナルステージは、10月18日から阪神甲子園球場で、リーグ優勝の阪神と2位広島東洋との間で行われ、シーズンで広島東洋に11.5ゲーム差をつけて独走優勝を果たした阪神が、3連勝と王者の底力を見せつけ、9年ぶり7度目となる日本シリーズ進出を決めた。第1戦は、1点ビハインドの4回裏一死から森下翔太が左越本塁打で試合を振り出しに戻すと、5回には一死一・三塁から村上頌樹が一塁線を破る勝ち越し適時二塁打。この回一挙に3点を挙げた。見事な逆転を見せ、阪神が4対1と初戦を制した。第2戦は、両先発による投手戦となった。阪神・伊藤将司が7回1失点と広島打線を最少失点に封じた。対する広島東洋・大瀬良大地も7回1失点の力投。1対1の同点で迎えた9回裏二死満塁で、打席に立った木浪聖也が一・二塁間を抜ける劇的サヨナラ打で日本シリーズ進出に王手をかけた。第3戦も先制したのは広島だった。4回二死一・三塁から坂倉将吾の右前適時打で先制。しかし、阪神はその裏、S.ノイジー、坂本誠志郎の連続適時打で逆転に成功。5回表に堂林翔太の左犠飛で同点に追いつかれるも、6回には二死一・二塁から坂本が右翼前にしぶとく落とす適時打で勝ち越し。その後は、盤石のリリーフ陣で試合を締め、4対2で勝利。JERA クライマックスシリーズ セのMVPは第2戦でサヨナラ打をマークするなど、3試合で5安打を放った木浪が選ばれた。

2019年以来となる入場者数1400万人超え

　2020年以降、プロ野球界は新型コロナウイルス感染拡大により、入場者数の制限や声出し・鳴り物応援の禁止など多くの影響を受けた。しかし、今シーズンから球場での声出し・鳴り物応援が復活し、各球場に歓声とファンの熱気が戻ってきた。特に、18年ぶりの優勝を果たした阪神ファンの熱量は群を抜いており、ホームの入場者数はリーグ最多の2,915,528人、1試合平均41,064人を記録するなど、甲子園

球場には毎試合多くの観客が詰めかけ、優勝に向かう選手を熱い声援で後押しした。入場者数は昨年と比べ、全球団が増加。2023シーズンのJERAセ・リーグ公式戦の入場者数は、14,119,723人であり、昨年より200万人以上増加。過去最多の入場者数を記録した2019年以来となる入場者数1400万人超えとなった。3大会ぶりのWBC優勝から始まり、阪神タイガースの38年ぶりの日本一、カーネクスト アジアプロ野球チャンピオンシップ連覇と野球界が大いに盛り上がった2023年は、多くのファンに支えられ、野球の素晴らしさを日本中にお届けすることができた。

パシフィック・リーグ回顧

　2023年のパ・リーグは、公式戦のタイトルパートナーとして、総合人材サービスのパーソルホールディングス株式会社と契約を締結し、リーグ戦の正式名称を「パーソル パシフィック・リーグ公式戦」として開催することとなった。パ・リーグ6球団およびパシフィックリーグマーケティング株式会社とパーソルホールディングス株式会社は、2018年からオフィシャルスポンサー契約を締結しており、これまでも6球団公式戦での冠協賛試合、パ・リーグTV、「クライマックスシリーズ パ」の冠協賛など幅広い取り組みを実施してきたが、2023年はこれまでの取り組みの継続に加え、リーグタイトルパートナーとして更にパワーアップした取り組みを実施していくことになった。「パーソル パシフィック・リーグ公式戦」は3月30日（木）に、エスコンフィールドHOKKAIDO（北海道北広島市）での北海道日本ハム－東北楽天で開幕した。北海道日本ハムのボールパーク構想から7年、遂にオープンしたエスコンフィールドHOKKAIDOは、開閉式屋根付き天然芝をはじめ、様々な設備を揃える画期的な新球場。NPB球団の専用球場が新たに誕生するという記念すべき出来事に対し、12球団は祝事として、同球場での開幕戦を他のパ・セ5球場（31日開幕）より1日先立って実施することになった。翌31日にはパ・リーグではベルーナドーム（埼玉西武－オリックス）、福岡PayPayドーム（福岡ソフトバンク－千葉ロッテ）で各球団が開幕戦を行った。

　近年の投高打低傾向は続き、リーグの平均打率は2020年以降4年連続で.250を下回り、2023年のパ・リーグ全体の打率.2407は、74シーズン中7番目に低いものとなった。3割打者はオリックス頓宮（.307で首位打者獲得）、福岡ソフトバンク近藤（.303）の2人のみ。リーグの3割打者が2人にとどまるのは、パ・リーグでは2017年、2022年に続き3度目のこととなった。リーグ全体の防御率3.15は、前年の3.16からさらに良化し、2011年の2.95、2012年の3.03を除くと1968年以降では最良の数字となった。

　出場選手登録関連では、新型コロナウイルス感染疑いのある選手の登録抹消後10日以内の再登録を可能とする特例を継続。出場選手登録人数31人（そのうち外国人選手は5人）、ベンチ入り人数26人（うち外国人選手は4人）の特例も2020年から4年続けての採用となった。

○オリックス、リーグ3連覇
　9月20日、オリックスは京セラドーム大阪で行われた千葉ロッテ戦で6－2で逆転勝利をおさめ、3年連続15度目（阪急で10度）のパ・リーグ優勝を果たした（最終成績86勝53敗4分、勝率.619）。本拠地での優勝は1996年以来27年ぶり、チームの3連覇は阪急時代の1975～78年の4連覇（当時は前後期制）に続き3度目。パ・リーグでは1990～1994年に5連覇した西武以来で、今世紀では初の快挙になった。オリックスは、2019年、2020年の2年連続最下位からのリーグ3連覇となった。日本シリーズ連覇を目指すチームは、3月31日の開幕戦（ベルーナドーム、埼玉西武戦）で高卒3年目の山下がプロ初登板。野手では育成選手として入団した新人・茶野（3月24日に支配下選手登録）が8番右翼手で先発出場した。山下は期待に応え5回⅓を1失点の好投を見せ、茶野は3回の初打席で内野安打を記録した。スコア1－2とビハインドで迎えた9回表には、二死から埼玉西武よりFAで新加入した森が値千金の同点本塁打を放ち延長戦に持ち込むと、10回表には宗の本塁打が飛び出し、オリックスが2年連続の開幕戦勝利を飾った。チームは翌日も勝利し、4月2日からは3連敗したが、4月を終えて14勝10敗、千葉ロッテと並び首位に立った。5月は13勝10敗2分で2位に後退したが、6月は14勝8敗で首位に返り咲き。7月は最初の5試合を2勝3敗だったが、9日には福岡ソフトバンクから首位を奪い返し、以後、7月12勝7敗、8月16勝7敗2分、9月は（優勝決定の20日まで）10勝5敗。他チームの追随を許さずシーズンを走り抜け、最終的には2位千葉ロッテに15.5ゲームの大差をつけた。シーズン中の最長の連勝は8連勝（2分け挟む）が1度で、他に7連勝1度、5連勝3度、4連勝4度。一方、連敗は4連敗が1度、3連敗を4度にとどめる安定した戦いぶりだった。2020年8月から監督代行、2021年が監督就任1年目だった中嶋監督にとっては、就任1年目からの3年連続優勝。就任1年目からの3連覇は1986～1988年の西武・森祇晶監督に次いで2人目となった。2位の千葉ロッテに対して15勝8敗2分、3位福

岡ソフトバンクに13勝11敗１分、４位東北楽天に15勝10敗、５位埼玉西武に17勝８敗、６位の北海道日本ハムには15勝９敗１分、セ・リーグ球団との交流戦で11勝７敗と全て勝ち越した。（パ・リーグ全球団に勝ち越しての優勝は球団では1996年以来）。チーム打撃成績では本塁打109がリーグ最多（2021年＝133でリーグ最多、2022年＝89でリーグ最少）。チーム打率.250はリーグ１位で、1194安打もリーグ最多。盗塁52と犠打83はリーグ最少だった。チーム投手成績は防御率（2.73）、奪三振（1155）、失点（428）、被本塁打（73）がリーグでベストの成績。守備率.989はリーグ２位だった。先発投手では７年目のエース・山本が16勝（６敗）で、最多勝利、勝率第一位（.727）、最優秀防御率（1.21）、最多三振奪取（169）の投手４冠を獲得。投手４冠を複数回達成しているのは山本だけだが、３年連続の達成となった。防御率1.21は1956年西鉄・稲尾の1.06に次ぎ、パ・リーグ史上２位の記録。山本は記者投票によるリーグの最優秀選手にも３年連続で選出された（３年連続最優秀選手に選出されるのは、1976〜1978年阪急・山田、1994〜1996年オリックス・イチローに次ぎ、プロ野球史上３人目）。山本のシーズン初登板はチーム６試合目の４月６日（福岡ソフトバンク戦）で、６回無失点で勝利投手になった。２戦目（４月14日千葉ロッテ戦）、３戦目（４月22日埼玉西武戦）では連敗となったが、４月29日千葉ロッテ戦から６月13日阪神戦にかけては貫禄の５連勝をマーク。９月９日千葉ロッテ戦（ZOZOマリン）では、プロ野球100度目、自身２年連続２度目の無安打無得点試合（四球１、死球１）を達成。２年連続の無安打無得点試合達成は、1936年・1937年の巨人・沢村、1940年・1941年の黒鷲・亀田に次ぎ３人目で、２リーグ分立後では初。完全試合・無安打無得点試合の複数回達成は10人目（巨人・沢村、広島・外木場は３度達成）の快挙となった。2021年の最優秀新人、４年目・宮城は３年連続２ケタ勝利となる10勝（４敗）、防御率はリーグ３位の2.27の好成績を残した。規定投球回未満では、山﨑福が自身初となる２ケタ勝利（11勝）、開幕投手を務めた山下が９勝、田嶋と東が６勝をあげた。山下は２試合目の登板となった４月11日東北楽天戦で初勝利をあげると、６月１日広島東洋戦まで５連勝をあげるなど堂々たるピッチングを披露し、リーグの最優秀新人に選出された。2017年育成ドラフトで指名され、2022年７月に支配下選手登録された東もようやく実力を発揮、７月30日北海道日本ハム戦から９月19日千葉ロッテ戦にかけて６連勝をマークする活躍だった（2022年の１勝を合わせ７連勝）。救援投手陣では山崎颯がチーム最多の53登板で１勝１敗９セーブ27ホールド。阿部が49登板で21ホールド、宇田川が46登板で20ホールドをあげたほか、平野佳が42試合で29セーブをマーク。さらに小木田、山田、山岡、ワゲスパック、比嘉が30試合以上登板するなど、強力な投手陣がチームに安定感をもたらした。打線では、５年目の頓宮が打率.30673で初の首位打者のタイトルを獲得した（16本塁打はチーム２位タイ、49打点はチーム３位）。頓宮の打率.30673は、首位打者としてはリーグ史上最も低いものとなった（1976年太平洋・吉岡の.309を下回る。セ・リーグでは1962年広島・森永が.30672で首位打者）。他に森（打率.294＝リーグ４位、チーム最多の18本塁打、64打点）、紅林（打率.275＝リーグ６位、８本塁打）、中川（打率.269＝リーグ９位、12本塁打）、宗（打率.245＝リーグ17位）が規定打席に到達した。2021年の本塁打王・８年目の杉本は16本塁打、来日１年目のゴンザレスは内野全ポジションをこなし12本塁打を放ったほか、若月は83試合で先発マスクを被って投手陣を巧みにリードするとともに、10本の殊勲打を記録した。

他チームの戦いの跡

千葉ロッテ

　前年５位からの巻き返しが期待された千葉ロッテは２位でシーズンを終えた（70勝68敗５分、勝率.5072）。勝率.507は、２位チームの勝率としてはリーグ史上最も低いものとなった。福岡ソフトバンクとの開幕３連戦（PayPayドーム）では３連敗したものの、直後に５連勝するなど、４月を終えてオリックスと同率首位。５月は14日から１分けを挟み６連勝をマークするなど12勝６敗２分と快調に飛ばし、首位を堅持したが、６月は連敗がかさみ８勝12敗２分で３位に後退。７月は５連勝を記録するなど13勝７敗と巻き返したが、８月は11勝15敗１分、９月以降も12勝18敗と負け越し、首位のオリックスに大きく水をあけられた。３位で迎えた10月10日のレギュラーシーズン最終戦（東北楽天戦、楽天モバイルパーク）では、勝てば２位、負ければ４位というクライマックスシリーズ進出をかけての大一番となったが、先発小島の好投などで５−０で快勝、２年ぶりの２位を確保した。チーム打率（.239）はリーグ４位、チー

ム防御率（3.40）はリーグ5位ながら、吉井理人新監督の巧みな選手起用で粘り強く戦い抜いた。打者ではポランコ、安田、山口、中村奨が規定打席に到達。巨人から移籍1年目のポランコは26本塁打で、福岡ソフトバンク・近藤、東北楽天・浅村と最多本塁打のタイトルを分け合った。最多本塁打タイトルを3人で分け合うのは2リーグ制初のこと。投手では小島、種市が10勝、西野が8勝、佐々木朗が7勝をあげ、救援陣では益田が58試合で36セーブ13ホールド、ペルドモが53試合で41ホールド、坂本が51試合で16ホールドをあげた。12年目の益田は6月16日横浜DeNA戦で通算200セーブ、9月27日北海道日本ハム戦では通算700試合を達成。672試合での200セーブ達成はプロ野球最遅記録で、33歳7カ月での達成はプロ野球年長4位。33歳11カ月での700試合登板達成は、プロ野球年少6位タイの記録（初登板からすべて救援での700試合登板はプロ野球3人目。2023年シーズン終了でリーグ2位となる703試合連続リリーフ登板）。

福岡ソフトバンク

　3年ぶりのリーグ優勝を狙った福岡ソフトバンクは、3位に終わった（71勝69敗3分、勝率.5071）。開幕から5連勝と前年同様に好スタートを切り、最初の12試合で9勝3敗だったが、4月18日から5連敗し、4月を終えて12勝10敗で3位。5月は12勝9敗2分、6月は15勝8敗で、7月も6日まで4勝1敗でオリックスをかわし首位に立ったが、7日東北楽天戦からオールスターを挟んで24日の千葉ロッテ戦まで12連敗。球団では南海時代（1969年）の15連敗（1分け挟む）以来の急ブレーキで3位に後退（7月は7勝15敗）した。8月も10勝14敗と負け越し、終盤の9月以降も大きく勝ち越すことはできなかった。チーム打撃成績は打率（.248）リーグ2位、得点（536）リーグ1位、本塁打（104）がリーグ2位タイ。チーム投手成績では防御率（3.27）がリーグ4位、投手起用人数642人はリーグ最多。守備率.990はリーグトップだった。野手では柳田、FAで加入した近藤が全試合出場。柳田は打率リーグ3位（.299）、163安打で自身2度目の最多安打タイトルを獲得。近藤は打率はリーグ2位（.303）だったが、最多本塁打（26）、最多打点（87）のタイトルを初獲得したほか、自身3度目の最高出塁率（.431）タイトルも獲得。他に長打率（.528）、得点（75）、得点圏打率（.373）もリーグトップだった。中村晃、今宮も規定打席に到達したほか、甲斐は捕手として4年連続12球団最多の139試合に出場。柳町が116試合、周東が114試合、三森と川瀬が102試合に出場し、周東は自身2度目の最多盗塁（36）タイトルを獲得した（東北楽天・小深田も獲得）。投手では規定投球回到達者がいなかったが、NPB復帰1年目の有原が10勝、プロ21年目の和田が8勝をあげた。和田は5月24日の北海道日本ハム戦で通算2000投球回を達成、42歳3カ月での達成はプロ野球最年長記録となった。前年10勝をあげた東浜は6勝。石川はシーズン4勝に終わったが、8月18日埼玉西武戦（PayPayドーム）で、自身初、史上99度目の無安打無得点試合（四球3、死球1）を達成した。救援投手では津森がチーム最多の56試合登板で22ホールド、松本裕が25ホールド、オスナが26セーブ12ホールドの活躍を見せた。

東北楽天

　10年ぶりの優勝を狙った東北楽天は、4位に終わった（70勝71敗2分、勝率.496）。北海道日本ハムの専用球場エスコンフィールドHOKKAIDOのこけら落としとなった3月30日の開幕戦で勝利するなど、最初の5試合を3勝2敗で滑り出したが、4月6日からの5連敗で5位に後退。5月、6月にも5連敗を喫して調子が上向かず、6月終了時点では最下位となった。しかし7月5日からは球団史上2度目の8連勝を記録するなど、7月は15勝7敗で4位に浮上。8月は12勝12敗、9月は13勝9敗と粘りを見せ、10月1日には4月以来の勝ち越し1（69勝68敗1分）で、福岡ソフトバンクと並んで2位タイとなったが、翌日からの福岡ソフトバンクとの直接対決（PayPayドーム）で連敗。レギュラーシーズン最終戦（10日千葉ロッテ戦）では勝利すれば3位となる状況だったが完封負けを喫し、2年連続でクライマックスシリーズ進出を逃す結果となった。チーム打率（.244）はリーグ3位、本塁打（104）は2位タイ、盗塁（102）、犠打（125）、四球（490）、出塁率（.321）はリーグトップだった一方、チーム防御率（3.52）はリーグ最下位、守備率（.9846）もリーグ5位だった。野手では浅村が全試合出場、1,163試合連続出場はリーグ新記録（プロ野球7位）となった。浅村は26本塁打で2度目の最多本塁打タイトルも獲得した。辰己と小深田は規定打席に到達。小深田は36盗塁で、4年目で初の最多盗塁タイトル獲

得となった。投手陣では抑えの松井裕が39セーブをあげ自身3度目の最多セーブ投手賞を獲得。松井裕は4月5日には、史上9人目の通算200セーブを達成、27歳5カ月での達成は史上最年少の快挙となった。他の救援投手陣では渡辺翔が8勝25ホールド、鈴木翔が22ホールド、酒居が20ホールド、先発投手では岸が9勝、än本（チーム唯一の規定投球回到達）が8勝をあげた。

埼玉西武

　松井稼頭央新監督を迎えた埼玉西武は5位に終わった（65勝77敗1分、勝率.458）。開幕戦から連敗スタートも、4月下旬には一時首位タイに立つ好調ぶりを見せた。しかし4月29日から3連敗するなど、5月は7勝16敗1分と大きく負け越し。6月もセ・リーグ球団との交流戦で7連敗。6月30日から7月9日までは8連敗、翌日から7連勝と調子の波が大きく、8月は4連敗1度、3連敗2度で負け越し、上位進出はできなかった。チーム防御率2.93はリーグ2位と奮闘したが、チーム打率は.233でリーグ5位、得点（435）、本塁打（90）、打点（414）がリーグ最下位と低調だった。先発投手陣では、リリーフから転向した平良が11勝でチーム最多勝となったほか、髙橋光と今井が10勝、隅田が9勝をあげた（チーム10完投はリーグ最多）。救援投手陣では平井の28ホールド、増田の19セーブがそれぞれチーム最多だった。打線では外崎（打率.260＝リーグ12位）、マキノン（.259＝リーグ13位）が規定打席に達したほか、源田、古賀が100試合に出場。5位と苦しんでいたチームだったが、8月20日福岡ソフトバンク戦（PayPayドーム）の6回には、球団史上初の9打数連続安打（単打9、1犠打挟む）をマークした。21年目の中村はチーム最多の17本塁打を放ち通算471本塁打（プロ野球12位）とし、265人の投手からの本塁打（自身が持つプロ野球記録を更新）を記録した。6年目の西川は、4月30日東北楽天戦で安打を放ち、2020年9月26日から続いていた連続打席無安打（連続シーズン）を62でストップさせた。2年目の古賀は捕手として98試合に出場、リーグトップの盗塁阻止率.412をマークした。

北海道日本ハム

　北海道日本ハムは就任2年目の新庄剛志監督のもと上位進出を狙ったが、2年連続最下位に終わった（60勝82敗1分、勝率.423）。2年連続最下位は1974年、1975年以来、球団史上48年ぶりのこととなった。3月30日、他球場に先駆けて行われたエスコンフィールドHOKKAIDOでの開幕戦（東北楽天戦）では勝利を逃したが、2戦目の4月1日には清宮のサヨナラ打で新球場での記念すべき初勝利をあげた。しかし翌日から5連敗、4月15日からも4連敗を喫するなどし、4月終了時点では最下位。5月は14勝11敗と勝ち越し、6月にも5連勝を記録するなど4位に浮上。しかし7月は5日から球団では1984年以来39年ぶりとなる13連敗を記録（7月5勝16敗）し再び最下位となった。8月には14勝11敗1分と勝ち越し5位に上がったが、9月2日から6連敗し、上位との差を縮めることはできなかった。投手陣はリーグ3位のチーム防御率（3.08）を残し、上沢が9勝、加藤貴と伊藤が7勝、鈴木と北山が6勝、救援では田中正が25セーブ、池田が25ホールド、河野が20ホールド。福田俊は29試合連続無失点の好投を見せた。一方、チーム打率（.231）はリーグ最下位（守備率.982は4年連続リーグ最下位）と振るわなかったが、松本剛（打率.276＝リーグ5位）、万波（25本塁打、74打点）、マルティネス（15本塁打、66打点）、野村（13本塁打、43打点）が規定打席に到達。万波は9月16日の福岡ソフトバンク戦で、初回先頭打者本塁打を放つと、スコア1－1で迎えた9回裏にはサヨナラ2点本塁打を記録。同一試合で先頭打者本塁打とサヨナラ本塁打を放つのは、1993年中日・パウエル以来2人目、パ・リーグでは初の偉業となった。

　10月10日、レギュラーシーズンの全日程が終了した。観客入場者数は、1,095万446人（1試合平均25,526人）で、リーグ史上最多を記録した2019年（1試合平均27,203人）には及ばなかったものの、コロナ禍に見舞われた2020年以降では最多を記録し、回復傾向を見せた。（1試合平均＝2019年27,203人、2020年5,747人、2021年7,710人、2022年20,895人）。勝率2位と奮闘した千葉ロッテは180万3,994人（1試合平均25,055人）で、2019年の1試合平均23,463人を上回る球団新記録を樹立。優勝したオリックスも実数発表となった2005年以降では球団最多となる194万7,453人（1試合平均27,048人）を記録した。

パシフィック・リーグ回顧

　2023年の平均試合時間は３時間12分、９回試合では３時間07分で、いずれも前年より１分短縮となった。９回試合では、試合開始から３時間30分の時間制限を設けていた2012年（３時間08分）の水準となった。レギュラーシーズンにおいて、試合を心地よく、魅力的にするためにスピーディーに進めた選手及びチームに贈る「ローソンチケット　スピードアップ賞」には、パ・リーグでは投手部門で埼玉西武・平良、打者部門では福岡ソフトバンク・中村晃、チームでは千葉ロッテが受賞した。

○クライマックスシリーズ・ファーストステージ、２位千葉ロッテが３位福岡ソフトバンクを下す

　クライマックスシリーズ（CS）ファーストステージは10月14日からZOZOマリンスタジアムで、レギュラーシーズン２位の千葉ロッテと３位の福岡ソフトバンクとの間で行われ、千葉ロッテが２勝１敗でファイナルステージ進出を決めた。千葉ロッテ佐々木朗、福岡ソフトバンク・C.スチュワート・ジュニアの先発で始まった第１戦は、１回裏、千葉ロッテが荻野の先頭打者本塁打、ポランコの本塁打で２点を先制し、３回裏にも２点を追加。６回表、福岡ソフトバンクは柳田の２点本塁打で追い上げたが、千葉ロッテはその裏に安田、藤原の適時打で３点を奪い、８回裏にも安田の適時打で加点、８－２で快勝した。千葉ロッテは佐々木朗（３回無走者）、中村稔（勝利投手）、坂本、西村、澤田、澤村の継投だった。千葉ロッテは福岡ソフトバンクに対して、CSにおいては2015年ファイナルステージ以降７連敗（アドバンテージを含めると９連敗）中だったが、13年ぶりの勝利となった。第２戦は千葉ロッテは西野、福岡ソフトバンクは有原が先発。初回に福岡ソフトバンクが近藤の適時打、千葉ロッテがポランコの犠飛で１点ずつ取り合うと、３回表、福岡ソフトバンクは柳田、中村晃の適時打で３－１とリードを奪った。このリードを有原（６回１失点）、藤井、松本裕、オスナの継投で守り切り、福岡ソフトバンクが１勝１敗のタイに戻した。ファイナルステージ進出をかけた第３戦は、千葉ロッテ小島、福岡ソフトバンク和田の両左腕が先発。和田は５回無失点、小島も７回途中まで無失点の好投を見せるなど両チームの投手陣が踏ん張り、８回を終えて両チーム無得点。９回も千葉ロッテ益田、福岡ソフトバンク・オスナの両リリーフエースが無失点でしのいだ。10回表、福岡ソフトバンクは二死二塁から周東の適時打で遂に１点を先制。さらには川瀬の三塁打、柳田の単打で３点のリードを奪った。しかし10回裏、千葉ロッテは先頭の代打・角中が10球目を中前打。次打者・荻野が三塁への内野安打で続き無死一、二塁として打席には藤岡。藤岡は初球を振り抜くと、打球は右中間席へ飛び込み、起死回生の同点３点本塁打となった。なおも千葉ロッテは二死後、岡が単打で出塁すると、続く安田が右中間へ二塁打を放ち岡が一気に生還、劇的なサヨナラ勝利でファイナルステージ進出を決めた。千葉ロッテは2004年以降のプレーオフ、クライマックスシリーズのファーストステージに８度目の出場で、７度目の突破となった。

○クライマックスシリーズ・ファイナルステージ、オリックスが制し３年連続の日本シリーズ進出

　パ・リーグでは今世紀初の３連覇を果たしたオリックスが、ファーストステージ勝者・千葉ロッテを迎えて行われたクライマックスシリーズ・ファイナルステージは、10月18日から京セラドーム大阪で行われ、オリックスが４勝１敗（アドバンテージ１勝を含む）とし、３年連続15度目の日本シリーズ出場を決めた。

　第１戦はオリックス・山本、千葉ロッテ・美馬の両先発投手で始まった。千葉ロッテは１回表、ファーストステージでの勢いそのままに５安打を集中させ３点を先制。オリックスは４回裏、紅林、宗の適時打で同点に追いついた。６回表、千葉ロッテは荻野の適時打で１点を勝ち越したが、その裏オリックスは杉本の二塁打で同点に追いつくと、紅林、中川圭の適時打などで突き放し、山﨑颯、平野佳の継投で８－５で勝利した。第２戦はオリックス・田嶋、千葉ロッテ・C.C.メルセデスの両左腕が先発。千葉ロッテは初回に１点を先制したが、オリックスはその裏にセデーニョ、杉本の適時打、ゴンザレスの犠飛で３得点をあげ逆転。６回表、千葉ロッテは岡の二塁打で１点差に迫ると、安田が２点適時打を放ち４－３と逆転。７回裏、オリックスは二死から森が死球で出塁すると、セデーニョがレフトへ２点本塁打を放ち再逆転。しかし千葉ロッテは９回表、安田の二塁打で同点に追いついた後、山口の犠飛で６－５と勝ち越し、９回裏は抑えの益田が無失点で切り抜け勝利した。CSで４度の逆転が起きたのは初のこととなった。オリックス・東、千葉ロッテ・澤村の両先発で始まった第３戦は、両チーム投手陣が踏ん張

り8回表を終えて両チーム無得点。オリックスは東が5イニング、小木田、山岡、宇田川が各1イニングを投げ、千葉ロッテは澤村が1イニング、中森が3イニング、国吉が2イニング、坂本が1イニングの継投だった。8回裏、オリックスは二死三塁から若月が先制適時打を放つと、続く代打・頓宮も二塁打を放ち2-0とリード。9回表は平野佳が先頭・岡に二塁打を浴びるも無失点で抑えシリーズ2セーブ目、オリックスが日本シリーズ出場に王手をかけた。第4戦はオリックス・宮城、千葉ロッテ・種市が先発し、初回、オリックスが森の2点本塁打で先制すると、6回裏には杉本が適時二塁打を放ちスコア3-0とリード。宮城は6回無失点の好投を見せ、7回以降は阿部、山﨑颯、平野佳とつないでオリックスが3-2で逃げ切り、3年連続の日本シリーズ出場を決めた。千葉ロッテは8回に藤原、9回にポランコの本塁打で追い上げたが、あと一歩及ばなかった。クライマックスシリーズ最優秀選手には、4試合で14打数6安打、打率.429、出塁率.500の杉本が選出された。紅林、若月、セデーニョは杉本と並ぶ3打点、森も杉本と並ぶ9塁打を記録した。

セ・パ 両リーグ平均試合時間 ［（　）内は9回試合での平均］

年度	セ	パ	年度	セ	パ	年度	セ	パ
'50	1:44（1:42）	1:45（1:43）	'75	2:41（2:39）	2:39（2:37）	'00	3:17（3:12）	3:19（3:15）
'51	1:51（1:49）	1:48（1:46）	'76	2:50（2:50）	2:42（2:41）	'01	3:17（3:13）	3:23（3:18）
'52	1:52（1:49）	1:53（1:50）	'77	2:54（2:54）	2:49（2:48）	'02	3:14（3:07）	3:12（3:08）
'53	1:51（1:48）	1:58（1:52）	'78	2:54（2:54）	2:52（2:51）	'03	3:12（3:09）	3:22（3:18）
'54	1:54（1:51）	2:00（1:56）	'79	2:54（2:53）	2:58（2:58）	'04	3:20（3:14）	3:29（3:24）
'55	1:51（1:50）	2:05（2:01）	'80	2:49（2:48）	3:02（3:02）	'05	3:16（3:11）	3:20（3:15）
'56	1:57（1:53）	2:02（1:58）	'81	2:51（2:50）	2:55（2:55）	'06	3:14（3:09）	3:18（3:11）
'57	2:03（1:58）	2:07（2:02）	'82	2:59（2:58）	2:54（2:53）	'07	3:19（3:14）	3:18（3:13）
'58	2:12（2:07）	2:11（2:06）	'83	3:03（3:02）	3:01（3:02）	'08	3:11（3:09）	3:14（3:10）
'59	2:14（2:10）	2:16（2:12）	'84	3:10（3:00）	3:00（3:00）	'09	3:11（3:07）	3:15（3:09）
'60	2:20（2:16）	2:14（2:10）	'85	3:05（3:04）	3:03（3:03）	'10	3:17（3:12）	3:18（3:12）
'61	2:25（2:20）	2:22（2:19）	'86	2:56（2:54）	2:54（2:54）	'11	3:09（3:07）	3:06（3:04）
'62	2:21（2:14）	2:28（2:24）	'87	2:58（2:57）	2:58（2:58）	'12	3:10（3:07）	3:10（3:08）
'63	2:19（2:15）	2:24（2:19）	'88	3:06（3:03）	3:02（3:00）	'13	3:20（3:15）	3:23（3:18）
'64	2:24（2:20）	2:27（2:22）	'89	3:09（3:04）	3:15（3:12）	'14	3:21（3:16）	3:23（3:18）
'65	2:25（2:22）	2:23（2:19）	'90	3:13（3:09）	3:13（3:11）	'15	3:17（3:11）	3:21（3:16）
'66	2:24（2:20）	2:28（2:25）	'91	3:14（3:09）	3:16（3:13）	'16	3:15（3:10）	3:18（3:13）
'67	2:30（2:27）	2:35（2:32）	'92	3:19（3:12）	3:12（3:09）	'17	3:12（3:06）	3:14（3:10）
'68	2:33（2:28）	2:40（2:36）	'93	3:07（3:02）	3:05（3:00）	'18	3:19（3:14）	3:19（3:13）
'69	2:33（2:28）	2:32（2:28）	'94	3:07（3:00）	3:07（3:04）	'19	3:19（3:14）	3:24（3:18）
'70	2:34（2:30）	2:42（2:39）	'95	3:08（3:04）	2:59（2:54）	'20	3:13（3:10）	3:18（3:16）
'71	2:38（2:34）	2:46（2:43）	'96	3:20（3:14）	3:05（3:00）	'21	3:10（3:10）	3:12（3:12）
'72	2:27（2:23）	2:38（2:35）	'97	3:18（3:13）	3:10（3:05）	'22	3:14（3:09）	3:13（3:08）
'73	2:30（2:26）	2:46（2:43）	'98	3:19（3:14）	3:20（3:15）	'23	3:13（3:07）	3:12（3:07）
'74	2:32（2:32）	2:44（2:43）	'99	3:19（3:14）	3:15（3:09）			

2023・セ・パ両リーグ対戦カード別平均試合時間

ホーム	対神	対広	対ディ	対巨	対ヤ	対中	交流戦	シーズン		
								ホーム	ロード	全試合平均
阪　　　神	－	3:14	3:27	3:01	3:29	3:27	3:32	3:21	3:13	3:17
広　　　島	3:09	－	3:12	3:09	3:19	3:18	3:20	3:14	3:12	3:13
Ｄ ｅ Ｎ Ａ	3:13	3:05	－	3:04	3:41	3:04	3:04	3:12	3:10	3:11
巨　　　人	3:20	3:27	2:48	－	3:14	3:05	3:16	3:12	3:08	3:10
ヤ ク ル ト	3:15	3:06	3:15	3:16	－	3:19	3:23	3:16	3:18	3:17
中　　　日	3:09	3:13	3:12	3:13	3:03	－	3:04	3:09	3:15	3:12
交　流　戦	3:07	3:05	3:07	3:06	2:56	3:15	－			3:11
セ・リーグ										3:13

セ・リーグ最長時間	5:16	（12回）	8.12	阪　　　神 － ヤ ク ル ト	18回戦	京セラD大阪
	4:16	（9回）	5.3	阪　　　神 － 中　　　日	5回戦	甲　子　園
セ・リーグ最短時間	2:06	（9回）	9.12	阪　　　神 － 巨　　　人	21回戦	甲　子　園
	2:06	（9回）	10.4	巨　　　人 － Ｄ ｅ Ｎ Ａ	25回戦	東京ドーム

ホーム	対オ	対ロ	対ソ	対楽	対武	対日	交流戦	シーズン		
								ホーム	ロード	全試合平均
オ リ ッ ク ス	－	3:09	3:16	3:14	3:12	3:06	3:00	3:10	3:05	3:08
ロ　ッ　テ	2:56	－	3:25	3:20	3:11	3:02	3:01	3:10	3:07	3:09
ソ フ ト バ ン ク	3:11	3:18	－	3:20	3:10	3:06	3:22	3:14	3:23	3:19
楽　　　天	3:08	3:14	3:21	－	3:19	3:15	3:09	3:15	3:20	3:17
西　　　武	3:03	2:52	3:23	3:28	－	3:01	3:03	3:09	3:12	3:11
日 本 ハ ム	3:08	2:56	3:19	3:18	3:13	－	3:02	3:09	3:06	3:08
交　流　戦	3:05	3:21	3:40	3:20	3:09	3:05	－			3:11
パ・リーグ										3:12

パ・リーグ最長時間	4:56	（10回）	4.30	西　　　武 － 楽　　　天	6回戦	ベルーナドーム
	4:13	（9回）	9.10	ソフトバンク － 楽　　　天	20回戦	PayPayドーム
パ・リーグ最短時間	2:08	（9回）	8.2	西　　　武 － ソフトバンク	15回戦	ベルーナドーム
交流戦最長時間	5:07	（12回）	6.5	阪　　　神 － ロ　ッ　テ	3回戦	甲　子　園
	4:23	（9回）	6.18	阪　　　神 － ソフトバンク	3回戦	甲　子　園
交流戦最短時間	2:08	（9回）	6.14	Ｄ ｅ Ｎ Ａ － 日 本 ハ ム	2回戦	横　　　浜

2023・セ・パ　両リーグ出場人数別試合数

チーム	9人	10人	11人	12人	13人	14人	15人	16人	17人	18人	19人	20人	21人	22人	23人	24人	25人	26人	試合数計	延べ人数	平均出場人数
阪神	6	1	4	8	17	20	18	23	16	11	8	6	3	1	—	1	—	—	143	2194	15.3
広島	2	—	5	8	10	23	18	22	18	14	7	4	4	4	2	—	—	1	143	2282	16.0
DeNA	—	2	4	7	13	18	19	16	22	12	10	11	3	1	3	2	—	—	143	2312	16.2
巨人	—	1	5	2	4	10	10	33	26	23	9	13	3	2	1	1	—	—	143	2400	16.8
ヤクルト	1	2	—	1	10	13	28	32	16	18	10	3	6	1	2	—	—	—	143	2325	16.3
中日	—	—	3	3	6	12	22	29	19	19	11	10	5	2	1	1	—	—	143	2379	16.6
計	9	6	21	29	60	96	115	155	117	97	55	47	24	11	9	6	—	1		13892	16.2

チーム	9人	10人	11人	12人	13人	14人	15人	16人	17人	18人	19人	20人	21人	22人	23人	24人	25人	26人	試合数計	延べ人数	平均出場人数
オリックス	—	—	1	4	9	24	33	23	24	13	9	2	—	1	—	—	—	—	143	2250	15.7
ロッテ	—	—	1	7	12	21	25	26	23	9	7	4	7	—	1	—	—	—	143	2272	15.9
ソフトバンク	—	1	—	1	7	15	17	20	29	21	12	9	5	4	2	—	—	—	143	2416	16.9
楽天	—	—	—	2	6	20	15	29	26	21	15	4	3	1	—	—	—	1	143	2366	16.5
西武	—	4	3	8	16	19	33	22	12	11	6	4	3	2	—	—	—	—	143	2193	15.3
日本ハム	—	—	2	6	8	25	21	33	18	17	4	8	—	—	—	1	—	—	143	2263	15.8
計	—	5	7	28	58	124	144	153	132	92	53	31	18	8	3	1	1	—		13760	16.0

2023・セ・パ　両リーグ投手登板人数別試合数

チーム	1人	2人	3人	4人	5人	6人	7人	8人	9人	試合数計	延べ人数	平均登板人数
阪神	10	11	25	45	27	19	4	2	—	143	580	4.1
広島	9	8	33	46	25	10	9	2	1	143	581	4.1
DeNA	10	16	26	39	27	15	6	4	—	143	575	4.0
巨人	8	3	25	36	40	16	10	4	1	143	640	4.5
ヤクルト	3	7	29	49	34	16	1	3	1	143	606	4.2
中日	4	9	26	41	31	17	10	3	2	143	633	4.4
計	44	54	164	256	184	93	40	18	5		3615	4.2

チーム	1人	2人	3人	4人	5人	6人	7人	8人	9人	試合数計	延べ人数	平均登板人数
オリックス	5	15	24	47	28	17	6	1	—	143	587	4.1
ロッテ	1	11	32	49	29	14	3	4	—	143	597	4.2
ソフトバンク	4	11	26	33	37	12	13	5	2	143	642	4.5
楽天	1	8	31	32	41	19	9	2	1	143	636	4.4
西武	10	11	37	37	27	14	5	1	1	143	562	3.9
日本ハム	8	11	27	33	43	13	6	1	1	143	595	4.2
計	29	67	177	231	205	89	42	14	4		3619	4.2

2023・セントラル・リーグ球団主催分　月別中止試合数

月	日程	中止	試合
3月	3	0	3
4月	74	5	69
5月	70	4	66
6月	78	5	73
7月	65	1	64
8月	79	1	78
9月	72	2	70
10月	6	0	6
計	—	18	429

2023・パシフィック・リーグ球団主催分　月別中止試合数

月	日程	中止	試合
3月	3	0	3
4月	71	3	68
5月	79	3	76
6月	62	1	61
7月	63	1	62
8月	79	3	76
9月	71	3	68
10月	16	1	15
計	—	15	429

2023・表彰選手

最優秀選手、最優秀新人、ベストナインは記者投票による。
投票総数セ・リーグ306、パ・リーグ267。○内数字は表彰回数。

	セントラル・リーグ		パシフィック・リーグ
最優秀選手	村上　頌樹（神）初	最優秀選手	山本　由伸（オ）③
最優秀新人	村上　頌樹（神）	最優秀新人	山下舜平大（オ）
ベストナイン		ベストナイン	
投手	東　克樹（ディ）初	投手	山本　由伸（オ）③
捕手	大城　卓三（巨）②	捕手	森　友哉（オ）④
一塁手	大山　悠輔（神）初	一塁手	頓宮　裕真（オ）初
二塁手	牧　秀悟（ディ）②	二塁手	浅村　栄斗（楽）⑦
三塁手	宮﨑　敏郎（ディ）③	三塁手	宗　佑磨（オ）③
遊撃手	木浪　聖也（神）初	遊撃手	紅林弘太郎（オ）初
外野手	近本　光司（神）③	外野手	近藤　健介（ソ）②
	西川　龍馬（広）初		万波　中正（日）初
	岡林　勇希（中）②		柳田　悠岐（ソ）⑧
		指名打者	G.ポランコ（ロ）初

最優秀選手の得票数と得点明細は以下の通り。規定により各1票にそれぞれ1位5点、2位3点、3位1点を与える。

セントラル・リーグ	1位	2位	3位	点数
村上　頌樹（神）	85	61	45	653
近本　光司（神）	57	61	31	499
大山　悠輔（神）	63	42	49	490
岩崎　優（神）	56	35	32	417
東　克樹（ディ）	14	29	24	181
中野　拓夢（神）	15	23	20	164
岡本　和真（巨）	5	15	22	92
大竹耕太郎（神）	5	13	17	81
牧　秀悟（ディ）	3	7	15	51
佐藤　輝明（神）	0	3	6	15
宮﨑　敏郎（ディ）	0	2	3	9
坂本誠志郎（神）	1	0	3	8
岩貞　祐太（神）	1	0	0	5
木浪　聖也（神）	0	1	2	5
床田　寛樹（広）	1	0	2	5
島内颯太郎（広）	1	0	0	5
伊藤　将司（神）	0	1	1	4
糸原　健斗（神）	0	1	0	3
坂倉　将吾（広）	0	1	0	3
戸郷　翔征（巨）	0	1	0	3
西川　龍馬（広）	0	0	1	1
T.バウアー（ディ）	0	0	1	1
R.マルティネス（中）	0	0	1	1

有効投票総数　306

パシフィック・リーグ	1位	2位	3位	点数
山本　由伸（オ）	259	5	1	1,311
近藤　健介（ソ）	5	77	40	296
頓宮　裕真（オ）	0	74	40	262
森　友哉（オ）	2	43	26	165
宮城　大弥（オ）	0	14	30	72
柳田　悠岐（ソ）	0	1	15	18
平野　佳寿（オ）	0	3	8	17
佐々木朗希（ロ）	1	1	3	11
山﨑颯一郎（オ）	0	2	4	10
松井　裕樹（楽）	0	1	6	9
G.ポランコ（ロ）	0	1	4	7
万波　中正（日）	0	1	2	5
浅村　栄斗（楽）	0	1	1	4
山下舜平大（オ）	0	0	4	4
髙橋　光成（武）	0	0	1	1
山﨑　福也（オ）	0	0	1	1
若月　健矢（オ）	0	0	1	1
中川　圭太（オ）	0	0	1	1

有効投票総数　267

2023・セントラル・リーグ・表彰選手

村上　頌樹（神）初　　　　　　　　　村上　頌樹（神）
最優秀選手　　　　　　　　　　　　最優秀新人

首 位 打 者	宮﨑　敏郎（ディ）②	打率.326		最優秀防御率	村上　頌樹（神）初	防御率1.75
最 多 安 打	中野　拓夢（神）初	164安打		勝率第一位	東　　克樹（ディ）初	勝率.842
	牧　　秀悟（ディ）初	164安打			（※13勝以上が表彰規定）
最 多 本 塁 打	岡本　和真（巨）③	41本塁打		最 多 勝 利	東　　克樹（ディ）初	16勝
最 多 打 点	牧　　秀悟（ディ）初	103打点		最 多 セ ー ブ	岩崎　優（神）初	35セーブ
最 高 出 塁 率	大山　悠輔（神）初	出塁率.403		最優秀中継ぎ	島内颯太郎（広）初	42ホールドポイント
最 多 盗 塁	近本　光司（神）④	28盗塁		最 多 奪 三 振	今永　昇太（ディ）初	174奪三振

2023・パシフィック・リーグ・表彰選手

山本　由伸（オ）③　　　　　　　　　山下舜平大（オ）
最優秀選手　　　　　　　　　　　　最優秀新人

首 位 打 者	頓宮　裕真（オ）初	打率.307		最優秀防御率	山本　由伸（オ）④	防御率1.21
最 多 安 打	柳田　悠岐（ソ）②	163安打		勝率第一位	山本　由伸（オ）③	勝率.727
最 多 本 塁 打	G.ポランコ（ロ）初	26本塁打			（※13勝以上が表彰規定）
	近藤　健介（ソ）初	26本塁打		最 多 勝 利	山本　由伸（オ）③	16勝
	浅村　栄斗（楽）②	26本塁打		最 多 セ ー ブ	松井　裕樹（楽）③	39セーブ
最 多 打 点	近藤　健介（ソ）初	87打点		最優秀中継ぎ	L.ペルドモ（ロ）初	42ホールドポイント
最 高 出 塁 率	近藤　健介（ソ）初	出塁率.431		最 多 奪 三 振	山本　由伸（オ）④	169奪三振
最 多 盗 塁	周東　佑京（ソ）②	36盗塁			
	小深田大翔（楽）初	36盗塁			

2023・セントラル・リーグ登録名簿

2024年1月18日現在

阪神タイガース

監　督	岡田　彰布 80				
コーチ	田中　秀太 70	江草　仁貴 72	水口　栄二 73	藤本　敦士 74	山崎　憲晴 75
	工藤　隆人 76	今岡　真訪 77	平田　勝男 78	馬場　敏史 81	嶋田　宗彦 83
	日高　剛 84	福原　忍 85	和田　豊 86	野村　克則 87	安藤　優也 88
	久保田智之 90	北川　博敏 91	筒井　壮 96		
投　手	岩崎　優 13	岩貞　祐太 14	西　純矢 15	西　勇輝 16	青柳　晃洋 17
	▼馬場　皐輔 18	森木　大智 20	秋山　拓巳 21	▼B.ケラー 24	伊藤　将司 27
	鈴木　勇斗 28	▼髙橋　遥人 29	○門別　啓人 30	▼二保　旭 34	才木　浩人 35
	浜地　真澄 36	及川　雅貴 37	村上　頌樹 41	▼K.ケラー 42	島本　浩也 46
	桐敷　拓馬 47	○茨木　秀俊 48	△大竹耕太郎 49	○富田　蓮 50	加治屋　蓮 54
	▼小林　慶祐 56	岡留　英貴 64	湯浅　京己 65	▼小川　一平 66	石井　大智 69
	▼渡邉　雄大 92	岩田　将貴 93	▼☆ブルワー 98	○ビーズリー 99	
捕　手	梅野隆太郎 2	坂本誠志郎 12	榮枝　裕貴 39	長坂　拳弥 57	藤田　健斗 59
	中川　勇斗 68	片山　雄哉 95			
内野手	▼山本　泰寛 00	木浪　聖也 0	大山　悠輔 3	熊谷　敬宥 4	佐藤　輝明 8
	△渡邉　諒 25	▼北條　史也 26	糸原　健斗 33	小幡　竜平 38	○戸井　零士 44
	遠藤　成 45	中野　拓夢 51	植田　海 62	髙寺　望夢 67	原口　文仁 94
外野手	○森下　翔太 1	近本　光司 5	ノイジー 7	▼髙山　俊 9	井上　広大 32
	○井坪　陽生 40	△髙濱　祐仁 43	島田　海吏 53	ミエセス 55	前川　右京 58
	小野寺　暖 60	豊田　寛 61	▼板山祐太郎 63		

ドラフト
○ 森下　翔太
○ 門別　啓人
○ 井坪　陽生
○ 茨木　秀俊
○ 戸井　零士
○ 富田　蓮

新外国人
○ B.ケラー
○ ビーズリー
○ ノイジー
○ ミエセス

支配下登録
☆ ブルワー〈7/11〉

譲渡移籍
△ 渡邉　諒〈22/10/24〉（日より）
△ 髙濱　祐仁〈22/10/24〉（日より）

現役ドラフト
△ 大竹耕太郎〈22/12/19〉（ソより）
▼ 馬場　皐輔〈12/15〉（巨へ）

自由契約
▼ B.ケラー〈7/25〉（ウエイバー）
▼ 髙橋　遥人〈12/1〉（保留外）
▼ 二保　旭〈12/1〉（保留外）
▼ K.ケラー〈12/1〉（保留外）
▼ 小林　慶祐〈12/1〉（保留外）
▼ 小川　一平〈12/1〉（保留外）
▼ 渡邉　雄大〈12/1〉（保留外）
▼ ブルワー〈12/1〉（保留外）
▼ 山本　泰寛〈12/1〉（保留外）
▼ 北條　史也〈12/1〉（保留外）
▼ 髙山　俊〈12/1〉（保留外）
▼ 板山祐太郎〈12/1〉（保留外）

登録・呼称
Brian Keller＝B.ケラー
Kyle Keller＝K.ケラー
Colten Brewer＝ブルワー
Jeremy Beazley＝ビーズリー
Sheldon Neuse＝ノイジー
Johan Mieses＝ミエセス

広島東洋カープ

監　督	新井	貴浩	25										
コーチ	高	信二	71	東出	輝裕	72	小林	幹英	73	永川	勝浩	74	廣瀬	純	75

広島東洋カープ

監　督	新井	貴浩	25															
コーチ	高	信二	71	東出	輝裕	72	小林	幹英	73	永川	勝浩	74	廣瀬	純	75
	倉	義和	76	藤井	彰人	77	畝	龍実	78	赤松	真人	80	石原	慶幸	81
	横山	竜士	82	朝山	東洋	83	新井	良太	84	福地	寿樹	85	菊地原	毅	86
	高橋	建	87	小窪	哲也	89	迎	祐一郎	91						
投　手	九里	亜蓮	11	大道	温貴	12	森浦	大輔	13	大瀬良	大地	14	森	翔平	16
	▼岡田	明丈	17	森下	暢仁	18	野村	祐輔	19	栗林	良吏	20	中﨑	翔太	21
	▼薮田	和樹	23	黒原	拓未	24	○益田	武尚	26	床田	寛樹	28	ケムナ	誠	29
	▼一岡	竜司	30	高橋	昂也	34	塹江	敦哉	36	○長谷部	銀次	39	矢崎	拓也	41
	▼アンダーソン		42	島内	颯太郎	43	松本	竜也	45	○河野	佳	46	○斉藤	優汰	47
	アドゥワ誠		48	△戸根	千明	49	小林	樹斗	53	▼藤井	黎來	58	玉村	昇悟	65
	遠藤	淳志	66	中村	祐太	67	▼ターリー		68	コルニエル		98			
捕　手	中村	奨成	22	會澤	翼	27	坂倉	将吾	31	石原	貴規	32	磯村	嘉孝	40
	持丸	泰輝	57	○清水	叶人	64	髙木	翔斗	64						
内野手	曽根	海成	00	上本	崇司	0	田中	広輔	2	堂林	翔太	7	▼マクブルーム		10
	菊池	涼介	33	▼三好	匠	35	林	晃汰	44	小園	海斗	51	韮澤	雄也	54
	矢野	雅哉	61	○内田	湘大	63	羽月	隆太郎	69	▼デビッドソン		95	○二俣	翔一	99
外野手	▼西川	龍馬	5	秋山	翔吾	9	野間	峻祥	37	宇草	孔基	38	中村	健人	50
	末包	昇大	52	松山	竜平	55	○久保	修	56	大盛	穂	59	田村	俊介	60
	☆中村	貴浩	97											

ドラフト

○ 斉藤　優汰
○ 内田　湘大
○ 益田　武尚
○ 清水　叶人
○ 河野　佳
○ 長谷部銀次
○ 久保　修

新外国人

○ デビッドソン

支配下登録

○ 二俣　翔一〈 1/30〉(育成選手より)
☆ 中村　貴浩〈 5/17〉(育成選手より)

FA

▼ 西川　龍馬〈12/ 4〉(オへ)

現役ドラフト

△ 戸根　千明〈22/12/20〉(巨より)
▼ 中村　祐太〈12/15〉(武へ)

自由契約

▼ 岡田　明丈〈12/ 1〉(保留外)
▼ 薮田　和樹〈12/ 1〉(保留外)
▼ 一岡　竜司〈12/ 1〉(保留外)
▼ アンダーソン〈12/ 1〉(保留外)
▼ 藤井　黎來〈12/ 1〉(保留外)
▼ ターリー〈12/ 1〉(保留外)
▼ マクブルーム〈12/ 1〉(保留外)
▼ 三好　匠〈12/ 1〉(保留外)
▼ デビッドソン〈12/ 1〉(保留外)

登録・呼称

Drew Anderson＝アンダーソン
Nik Turley＝ターリー
Robert Corniel＝コルニエル
Ryan McBroom＝マクブルーム
Matt Davidson＝デビッドソン

横浜DeNAベイスターズ

監 督	三浦	大輔	81											

コーチ
下園 辰哉 70　小池 正晃 71　木塚 敦志 73　鶴岡 一成 74　石井 琢朗 75
田代 富雄 76　鈴木 尚典 77　大家 友和 78　大原 慎司 79　相川 亮二 80
万永 貴司 82　青山 道雄 83　嶋村 一輝 84　柳田 殖生 85　八木 快 86
仁志 敏久 87　永池 恭男 88　藤田 和男 89　大村 巌 90　齋藤 隆 91
小杉 陽太 94　田中 浩康 97

投 手
東 克樹 11　▼阪口 皓亮 12　伊勢 大夢 13　FA石田 健大 14　徳山 壮磨 15
大貫 晋一 16　三嶋 一輝 17　小園 健太 18　山﨑 康晃 19　坂本 裕哉 20
今永 昇太 21　入江 大生 22　○吉野 光樹 24　濵口 遥大 26　上茶谷大河 27
三浦 銀二 30　▼平田 真吾 34　○橋本 達弥 35　○森下 瑠大 36　☆松本隆之介 40
☆櫻井 周斗 41　深沢 鳳介 43　▼ガゼルマン 45　▼田中健二朗 46　△笠原祥太郎 47
京山 将弥 48　○ウェンデルケン 49　▼池谷 蒼大 53　髙田 琢登 56　平良拳太郎 59
▼エスコバー 62　中川 虎大 64　▼宮國 椋丞 65　森原 康平 68　宮城 滝太 92
石川 達也 95　▼☆バウアー 96

捕 手
○松尾 汐恩 5　戸柱 恭孝 10　伊藤 光 29　益子 京右 32　山本 祐大 50
東妻 純平 57　☆上甲 凌大 66

内野手
○林 琢真 00　牧 秀悟 2　森 敬斗 6　大 和 9　▼藤田 一也 23
柴田 竜拓 31　▼粟飯原龍之介 33　▼田中 俊太 38　△西浦 直亨 39　▼小深田大地 44
宮﨑 敏郎 51　知野 直人 60　☆西巻 賢二 67　△京田 陽太 98　▼ソ ト 99

外野手
大田 泰示 0　桑原 将志 1　オースティン 3　佐野 恵太 7　神里 和毅 8
楠本 泰史 37　▼○アンバギー 42　梶原 昂希 58　蝦名 達夫 61　関根 大気 63

ドラフト
○松尾 汐恩
○吉野 光樹
○林 琢真
○森下 瑠大
○橋本 達弥

新外国人
○ウェンデルケン
○アンバギー

支配下登録
☆バウアー〈 3/23〉
☆櫻井 周斗〈 4/10〉(育成選手より)
☆松本隆之介〈 4/10〉(育成選手より)
☆西巻 賢二〈 4/28〉(育成選手より)
☆上甲 凌大〈 7/25〉(育成選手より)

譲渡移籍
△京田 陽太〈22/11/25〉(中より)
△西浦 直亨〈 7/28〉(ヤより)

F A
FA石田 健大〈12/21〉

現役ドラフト
△笠原祥太郎〈22/12/16〉(中より)
▼櫻井 周斗〈12/15〉(楽へ)

譲渡抹消
▼阪口 皓亮〈 7/28〉(ヤへ)

自由契約
▼アンバギー〈11/ 6〉(ウエイバー)
▼エスコバー〈11/ 6〉(ウエイバー)
▼平田 真吾〈12/ 1〉(保留外)
▼ガゼルマン〈12/ 1〉(保留外)
▼田中健二朗〈12/ 1〉(保留外)
▼笠原祥太郎〈12/ 1〉(保留外)
▼池谷 蒼大〈12/ 1〉(保留外)
▼宮國 椋丞〈12/ 1〉(保留外)
▼バウアー〈12/ 1〉(保留外)
▼藤田 一也〈12/ 1〉(保留外)
▼粟飯原龍之介〈12/ 1〉(保留外)
▼田中 俊太〈12/ 1〉(保留外)
▼小深田大地〈12/ 1〉(保留外)
▼ソ ト〈12/ 1〉(保留外)

登録・呼称
Robert Gsellman＝ガゼルマン
J. B. Wendelken＝ウェンデルケン
Edwin Escobar＝エスコバー
Trevor Bauer＝バウアー
前田 大和＝大和
Neftali Soto＝ソト
Tyler Austin＝オースティン
Trey Amburgey＝アンバギー

読売ジャイアンツ

監　督	原　　辰徳 83				
コーチ	駒田　徳広 70	山口　鉄也 71	阿波野秀幸 72	桑田　真澄 73	村田　善則 74
	安藤　　強 75	二岡　智宏 76	元木　大介 77	川相　昌弘 78	亀井　善行 79
	阿部慎之助 80	青木　高広 81	鈴木　尚広 82	久保　康生 84	三澤　興一 85
	古城　茂幸 86	橋本　　到 87	大久保博元 88	加藤　　健 89	石井　昭男 98
	小笠原道大 100	杉内　俊哉 101	市川　友也 102	金城　龍彦 103	脇屋　亮太 104
	矢貫　俊之 107	大竹　　寛 108	ウィーラー 110		
投　手	☆平内　龍太 11	大　　勢 15	菅野　智之 18	山﨑　伊織 19	戸郷　翔征 20
	今村　信貴 26	山田　龍聖 28	○グリフィン 29	▼鍵谷　陽平 30	赤星　優志 31
	△鈴木　康平 32	▼ビーディ 33	☆中川　皓太 41	畠　　世周 45	▼鍬原　拓也 46
	☆髙橋　優貴 47	○田中　千晴 48	☆バルドナード 49	高梨　雄平 53	直江　大輔 54
	石田　隼都 56	▼☆高木　京介 57	○船迫　大雅 58	▼横川　　凱 62	▼☆田中　豊樹 63
	大江　竜聖 64	メンデス 65	代木　大和 68	▼☆三上　朋也 69	堀田　賢慎 91
	▼△小沼　健太 92	☆松井　　颯 93	☆堀岡　隼人 95	菊地　大稀 96	井上　温大 97
	○ロペス 99				
捕　手	小林　誠司 22	大城　卓三 24	岸田　行倫 27	山瀬慎之助 67	喜多　隆介 94
内野手	湯浅　　大 00	増田　大輝 0	吉川　尚輝 2	▼中島　宏之 5	坂本　勇人 6
	▼中田　　翔 10	▼松田　宣浩 23	岡本　和真 25	廣岡　大志 32	○門脇　　誠 35
	若林　晃弘 37	中山　礼都 40	▼北村　拓己 52	秋広　優人 55	菊田　拡和 60
	増田　　陸 61	▼香月　一也 66			
外野手	△長野　久義 7	丸　　佳浩 8	○萩尾　匡也 12	☆梶谷　隆幸 13	▼石川　慎吾 36
	岡田　悠希 38	▼○ブリンソン 42	重信慎之介 43	▼ウォーカー 44	△オコエ瑠偉 50
	○浅野　翔吾 51	▼松原　聖弥 59			

ドラフト
○ 浅野　翔吾
○ 萩尾　匡也
○ 田中　千晴
○ 門脇　　誠
○ 船迫　大雅

新外国人
○ グリフィン
○ ビーディ
○ メンデス
○ ロ ペ ス
○ ブリンソン

支配下登録
☆ 堀岡　隼人〈 3/ 9〉(育成選手より)
☆ 横川　　凱〈 3/ 9〉(育成選手より)
☆ 梶谷　隆幸〈 3/24〉(育成選手より)
☆ 田中　豊樹〈 3/30〉(育成選手より)
☆ 髙橋　優貴〈 4/10〉(育成選手より)
☆ 三上　朋也〈 5/ 4〉(育成選手より)
☆ 平内　龍太〈 5/14〉(育成選手より)
☆ 松井　　颯〈 5/15〉(育成選手より)
☆ 中川　皓太〈 5/15〉(育成選手より)
☆ バルドナード〈 7/ 3〉
☆ 高木　京介〈 7/28〉(育成選手より)

移　籍
△ 松田　宣浩〈 1/27〉(ソより)

譲渡移籍
△ 長野　久義〈22/11/11〉(広より)
△ 鈴木　康平〈 5/18〉(オより)
△ 小沼　健太〈 7/ 4〉(ロより)

現役ドラフト
△ オコエ瑠偉〈22/12/19〉(楽より)
▼ 北村　拓己〈12/15〉(ヤへ)

譲渡抹消
▼ 廣岡　大志〈 5/18〉(オへ)
▼ 石川　慎吾〈 7/ 4〉(ロへ)
▼ ウォーカー〈11/ 9〉(ソへ)

自由契約
▼ 鍵谷　陽平〈12/ 1〉(保留外)
▼ ビーディ〈12/ 1〉(保留外)
▼ 鍬原　拓也〈12/ 1〉(保留外)
▼ 高木　京介〈12/ 1〉(保留外)
▼ 田中　豊樹〈12/ 1〉(保留外)
▼ 三上　朋也〈12/ 1〉(保留外)
▼ 小沼　健太〈12/ 1〉(保留外)
▼ 堀岡　隼人〈12/ 1〉(保留外)
▼ ロ ペ ス〈12/ 1〉(保留外)
▼ 中島　宏之〈12/ 1〉(保留外)
▼ 中田　　翔〈12/ 1〉(保留外)
▼ 松田　宣浩〈12/ 1〉(保留外)
▼ 香月　一也〈12/ 1〉(保留外)
▼ ブリンソン〈12/ 1〉(保留外)

登録・呼称
Zelous Wheeler＝ウィーラー
翁田　大勢＝大勢
Foster Griffin＝グリフィン
Tyrer Beede＝ビーディ
Alberto Baldonado＝バルドーナド
Yohander Mendez＝メンデス
Yoan Lopez＝ロペス
Lewis Brinson＝ブリンソン
Adam Walker＝ウォーカー

東京ヤクルトスワローズ

監　督	髙津　臣吾 22								
コーチ	河田　雄祐 70	小野寺　力 72	嶋　　基宏 73	杉村　　繁 74	森岡　良介 75
	宮出　隆自 76	尾花　高夫 77	大松　尚逸 78	城石　憲之 79	佐藤　真一 81
	松元ユウイチ 82	衣川　篤史 83	松岡　健一 84	畠山　和洋 85	福川　将和 87
	池山　隆寛 88	伊藤　智仁 89	山本　哲哉 92	土橋　勝征 95	石井　弘寿 98
投　手	▼○ケ　　ラ 11	石山　泰稚 12	高梨　裕稔 14	山下　　輝 15	原　　樹理 16
	清水　　昇 17	奥川　恭伸 18	石川　雅規 19	木澤　尚文 20	○吉村貢司郎 21
	星　　知弥 24	☆山野　太一 26	▼吉田　大喜 28	小川　泰弘 29	田口　麗斗 34
	▼杉山　晃基 35	☆ロドリゲス 37	▼梅野　雄吾 38	▼市川　悠太 40	柴田　大地 41
	山本　大貴 43	大西　広樹 44	小澤　怜史 45	高橋　奎二 47	金久保優斗 48
	▼△成田　　翔 49	尾仲　祐哉 52	長谷川宙輝 53	サイスニード 54	○坂本　拓己 56
	△阪口　皓亮 58	▼久保　拓眞 61	竹山　日向 62	○ピーターズ 63	▼大下　佑馬 64
	▼嘉手苅浩太 67	☆丸山　翔大 68	今野　龍太 69	▼○エスピナル 99	
捕　手	中村　悠平 27	西田　明央 30	松本　直樹 32	内山　壮真 33	古賀　優大 57
内野手	▼奥村　展征 00	山田　哲人 1	▼西浦　直亨 3	川端　慎吾 5	元山　飛優 6
	長岡　秀樹 7	▼荒木　貴裕 10	オスナ 13	○西村瑠伊斗 36	宮本　　丈 39
	太田　賢吾 46	○北村　恵吾 50	村上　宗隆 55	小森航大郎 59	武岡　龍世 60
	▼松本　　友 65	△三ツ俣大樹 66	赤羽　由紘 71		
外野手	並木　秀尊 0	丸山　和郁 4	塩見　泰隆 9	青木　宣親 23	サンタナ 25
	山崎晃大朗 31	○澤井　　廉 42	濱田　太貴 51		

ドラフト
○ 吉村貢司郎
○ 西村瑠伊斗
○ 澤井　廉
○ 坂本　拓己
○ 北村　恵吾

新外国人
○ ケ　　ラ
○ ピーターズ
○ エスピナル

支配下登録
☆ 丸山　翔大〈 4/29〉(育成選手より)
☆ ロドリゲス〈 7/13〉
☆ 山野　太一〈 7/14〉(育成選手より)

移　籍
△ 三ツ俣大樹

譲渡移籍
△ 阪口　皓亮〈 7/28〉(ディより)

現役ドラフト
△ 成田　翔〈22/12/20〉(ロより)
▼ 梅野　雄吾〈12/15〉(中へ)

譲渡抹消
△ 元山　飛優〈12/25〉(武へ)
▼ 西浦　直亨〈 7/28〉(ディへ)

自由契約
▼ ケ　　ラ〈 7/13〉(ウエイバー)
▼ エスピナル〈 8/28〉(ウエイバー)
▼ ピーターズ〈11/ 8〉(ウエイバー)
▼ 吉田　大喜〈12/ 1〉(保留外)
▼ 杉山　晃基〈12/ 1〉(保留外)
▼ 市川　悠太〈12/ 1〉(保留外)
▼ 成田　　翔〈12/ 1〉(保留外)
▼ 久保　拓眞〈12/ 1〉(保留外)
▼ 大下　佑馬〈12/ 1〉(保留外)
▼ 嘉手苅浩太〈12/ 1〉(保留外)
▼ 奥村　展征〈12/ 1〉(保留外)
▼ 荒木　貴裕〈12/ 1〉(保留外)
▼ 松本　　友〈12/ 1〉(保留外)

登録・呼称
Keone Kela＝ケラ
Elvin Rodriguez＝ロドリゲス
Cy Sneed＝サイスニード
Dillon Peters＝ピーターズ
Raynel Espinal＝エスピナル
Jose Osuna＝オスナ
Domingo Santana＝サンタナ

中日ドラゴンズ

監 督	立浪 和義 73				
コーチ	荒木 雅博 71	西山 秀二 72	中村 紀洋 74	和田 一浩 75	大塚 晶文 76
	落合 英二 77	森野 将彦 78	大西 崇之 79	小田 幸平 80	森越 祐人 81
	浅尾 拓也 82	山井 大介 83	渡邉 博幸 85	上田 佳範 86	中村 豊 87
	片岡 篤史 88				
投 手	根尾 昂 7	小笠原慎之介 11	田島 慎二 12	橋本 侑樹 13	▼谷元 圭介 14
	柳 裕也 17	梅津 晃大 18	髙橋 宏斗 19	△涌井 秀章 20	▼岡田 俊哉 21
	大野 雄大 22	福谷 浩司 24	石森 大誠 26	森 博人 28	▼ロドリゲス 29
	○仲地 礼亜 31	祖父江大輔 33	福 敬登 34	▼岡野祐一郎 36	松葉 貴大 38
	▼○森山 暁生 40	勝野 昌慶 41	▼鈴木 博志 46	砂田 毅樹 47	清水 達也 50
	藤嶋 健人 54	▼山本 拓実 59	△齋藤 綱記 59	▼福島 章太 64	上田洸太朗 67
	▼近藤 廉 71	☆松山 晋也 90	☆メ ヒ ア 91	マルティネス 92	☆フェリス 93
捕 手	▼大野 奨太 27	木下 拓哉 35	△宇佐見真吾 39	味谷 大誠 43	▼郡司 裕也 44
	○山浅龍之介 57	石橋 康太 58	△加藤 匠馬 69		
内野手	○田中 幹也 2	髙橋 周平 3	○村松 開人 5	石川 昂弥 25	石垣 雅海 32
	○濱 将乃介 37	龍 空 45	▼溝脇 隼人 48	△髙松 渡 51	▼福田 永将 55
	▼星野 真生 56	▼堂上 直倫 63	ビシエド 66	○福永 裕基 68	☆樋口 正修 97
	○カリステ 99				
外野手	△細川 成也 0	鵜飼 航丞 4	大島 洋平 8	▼○アキーノ 9	▼福元 悠真 23
	三好 大倫 30	ブライト健太 42	△川越 誠司 44	▼伊藤 康祐 49	加藤 翔平 52
	後藤 駿太 53	岡林 勇希 60	▼◇アルモンテ 96		

ドラフト

- ○ 仲地 礼亜
- ○ 村松 開人
- ○ 森山 暁生
- ○ 山浅龍之介
- ○ 濱 将乃介
- ○ 田中 幹也
- ○ 福永 裕基

新外国人

- ○ カリステ
- ○ アキーノ

支配下登録

- ○ 福島 章太〈 1/30〉(育成選手より)
- ☆ メ ヒ ア〈 6/ 2〉
- ☆ 松山 晋也〈 6/ 5〉(育成選手より)
- ☆ 樋口 正修〈 7/26〉(育成選手より)
- ☆ フェリス〈 7/26〉

譲渡移籍

- △ 涌井 秀章〈22/11/21〉(楽より)
- △ 加藤 匠馬〈 1/11〉(ロより)
- △ 齋藤 綱記〈 6/21〉(日より)
- △ 宇佐見真吾〈 6/21〉(日より)
- △ 川越 誠司〈 7/20〉(武より)

復 帰

- ◇ アルモンテ

現役ドラフト

- △ 細川 成也〈22/12/16〉(ディより)
- ▼ 鈴木 博志〈12/15〉(オへ)

譲渡抹消

- ▼ 山本 拓実〈 6/21〉(日へ)
- ▼ 郡司 裕也〈 6/21〉(日へ)
- ▼ 髙松 渡〈 7/20〉(武へ)

自由契約

- ▼ ロドリゲス〈10/ 6〉(契約解除)
- ▼ 谷元 圭介〈12/ 1〉(保留外)
- ▼ 岡田 俊哉〈12/ 1〉(保留外)
- ▼ 岡野祐一郎〈12/ 1〉(保留外)
- ▼ 森山 暁生〈12/ 1〉(保留外)
- ▼ 近藤 廉〈12/ 1〉(保留外)
- ▼ 大野 奨太〈12/ 1〉(保留外)
- ▼ 溝脇 隼人〈12/ 1〉(保留外)
- ▼ 福田 永将〈12/ 1〉(保留外)
- ▼ 星野 真生〈12/ 1〉(保留外)
- ▼ 堂上 直倫〈12/ 1〉(保留外)
- ▼ アキーノ〈12/ 1〉(保留外)
- ▼ 福元 悠真〈12/ 1〉(保留外)
- ▼ 伊藤 康祐〈12/ 1〉(保留外)
- ▼ アルモンテ〈12/ 1〉(保留外)

登録・呼称

Yariel Rodriguez＝ロドリゲス
Humberto Mejia＝メヒア
Raidel Martinez＝マルティネス
Michael Feliz＝フェリス
Dayan Viciedo＝ビシエド
Orlando Calixte＝カリステ
Aristides Aquino＝アキーノ
Zoilo Almonte＝アルモンテ
土田 龍空＝龍空

2023・パシフィック・リーグ登録名簿

2024年1月18日現在

オリックス・バファローズ

監督　中嶋　聡78

コーチ	松井　佑介70	岸田　護71	平井　正史72	高山　郁夫73	山崎　勝己74
	厚澤　和幸75	風岡　尚幸76	梵　英心77	辻　竜太郎79	小島　脩平80
	田口　壮81	入来　祐作82	小谷野栄一83	鈴木　昂平84	髙橋　信二85
	由田慎太郎86	齋藤　俊雄87	水本　勝己88	小林　宏89	波留　敏夫90
	飯田　大祐91				

投手	▼山﨑　福也11	山下舜平大12	宮城　大弥13	平野　佳寿16	○曽谷　龍平17
	▼山本　由伸18	山岡　泰輔19	▼近藤　大亮20	▼竹安　大知21	村西　良太22
	○齋藤　響介26	田嶋　大樹29	▼鈴木　康平30	比嘉　幹貴35	▼○コットン42
	前　佑囲斗43	阿部　翔太45	本田　仁海46	▼○日髙　暖己47	▼○ニックス48
	横山　楓52	▼黒木　優太54	小木田敦也56	山田　修義57	▼ワゲスパック58
	▼☆小野　泰己59	山﨑颯一郎63	▼漆原　大晟65	▼吉田　凌66	東　晃平95
	宇田川優希96				

捕手	若月　健矢2	△森　友哉4	福永　奨32	△石川　亮37	頓宮　裕真44
	▼中川　拓真62				

内野手	▼石岡　諒太00	安達　了一3	西野　真弘5	宗　佑磨6	○ゴンザレス8
	野口　智哉9	大城　滉二10	▼○シュウィンデル23	紅林弘太郎24	○内藤　鵬25
	△廣岡　大志30	太田　椋31	山足　達也36	☆セデーニョ40	宜保　翔53
	☆大里　昂生64	中川　圭太67			

外野手	渡部　遼人0	福田　周平1	元　謙太27	○杉澤　龍33	来田　涼斗38
	池田　陵真39	佐野　皓大41	▼△渡邉　大樹49	小田　裕也50	Ｔ－岡田55
	▼佐野　如一60	☆茶野　篤政61	▼☆平野　大和68	杉本裕太郎99	

ドラフト
○曽谷　龍平
○内藤　鵬
○齋藤　響介
○杉澤　龍
○日髙　暖己

新外国人
○コットン
○ニックス
○ゴンザレス
○シュウィンデル

支配下登録
☆茶野　篤政〈 3/24〉(育成選手より)
☆小野　泰己〈 4/ 7〉(育成選手より)
☆大里　昂生〈 4/ 7〉(育成選手より)
☆セデーニョ〈 5/19〉(育成選手より)
☆平野　大和〈 7/26〉(育成選手より)

譲渡移籍
△廣岡　大志〈 5/18〉(巨より)

ＦＡ
△森　友哉〈22/11/28〉(武より)
▼山﨑　福也〈12/ 6〉(日へ)
▼日髙　暖己〈24/ 1/ 9〉(広へ)
(西川龍馬のＦＡ移籍に伴う人的補償)

現役ドラフト
△渡邉　大樹〈22/12/20〉(ヤより)
▼漆原　大晟〈12/15〉(神へ)

譲渡抹消
▼鈴木　康平〈 5/18〉(巨へ)
▼近藤　大亮〈11/10〉(日へ)
▼黒木　優太〈12/ 4〉(日へ)

自由契約
▼竹安　大知〈12/ 1〉(保留外)
▼コットン〈12/ 1〉(保留外)
▼ニックス〈12/ 1〉(保留外)
▼ワゲスパック〈12/ 1〉(保留外)
▼小野　泰己〈12/ 1〉(保留外)
▼吉田　凌〈12/ 1〉(保留外)
▼中川　拓真〈12/ 1〉(保留外)
▼石岡　諒太〈12/ 1〉(保留外)
▼シュウィンデル〈12/ 1〉(保留外)
▼渡邉　大樹〈12/ 1〉(保留外)
▼佐野　如一〈12/ 1〉(保留外)
▼平野　大和〈12/ 1〉(保留外)
▼山本　由伸〈24/ 1/10〉(保留権放棄)

登録・呼称
Jharel Cotton＝コットン
Jacob Nix＝ニックス
Jacob Waguespack＝ワゲスパック
Marwin Gonzalez＝ゴンザレス
Frank Schwindel＝シュウィンデル
Leandro Cedeno＝セデーニョ
岡田　貴弘＝Ｔ－岡田

登録名変更
Ｋ－鈴木→鈴木　康平

千葉ロッテマリーンズ

監督	吉井　理人 21				
コーチ	福浦　和也 70	村田　修一 71	金澤　　岳 73	小坂　　誠 74	堀　　幸一 75
	栗原　健太 77	大隣　憲司 78	松永　昂大 79	大塚　　明 80	伊志嶺翔大 81
	小野　晋吾 82	諸積　兼司 83	黒木　知宏 84	大谷　智久 85	サブロー 86
	根元　俊一 87	金子　　誠 88	福澤　洋一 89	光山　英和 90	菊地　大祐 97
投手	▼佐々木千隼 11	▼石川　　歩 12	小島　和哉 14	美馬　　学 15	種市　篤暉 16
	佐々木朗希 17	二木　康太 18	唐川　侑己 19	東條　大樹 20	東妻　勇輔 24
	○菊地　吏玖 28	西野　勇士 29	廣畑　敦也 30	八木　　彬 33	○高野　脩汰 34
	○田中　晴也 35	坂本光士郎 36	小野　　郁 37	△西村　天裕 40	▼○カスティーヨ 41
	秋山　正雲 43	岩下　大輝 46	鈴木　昭汰 47	中村　稔弥 48	本前　郁也 49
	△メルセデス 42	▼小沼　健太 50	益田　直也 52	◇澤村　拓一 54	▼○ペルドモ 55
	中森　俊介 56	▼河村　説人 58	横山　陸人 60	森　遼大朗 62	▼佐藤　奬真 64
	▼土居　豪人 65	☆澤田　圭佑 66	国吉　佑樹 92		
捕手	松川　虎生 2	FA田村　龍弘 27	佐藤都志也 32	植田　将太 45	▼江村　直也 53
	柿沼　友哉 99				
内野手	池田　来翔 00	藤岡　裕大 4	安田　尚憲 5	中村　奨吾 8	○友杉　篤輝 10
	平沢　大河 13	▼三木　　亮 23	△大下誠一郎 39	▼福田　光輝 40	井上　晴哉 44
	小川　龍成 57	茶谷　健太 67	○金田　優太 68	▼☆ブロッソー 72	
外野手	荻野　貴司 0	藤原　恭大 1	角中　勝也 3	▼福田　秀平 7	▼△ポランコ 22
	岡　　大海 25	▼菅野　剛士 31	髙部　瑛斗 38	△石川　慎吾 50	山口　航輝 51
	▼西川　僚祐 59	山本　大斗 61	和田康士朗 63		

ドラフト
○ 菊地　吏玖
○ 友杉　篤輝
○ 田中　晴也
○ 高野　脩汰
○ 金田　優太

新外国人
○ カスティーヨ
○ ペルドモ

支配下登録
☆ 澤田　圭佑〈 7/27〉(育成選手より)
☆ ブロッソー〈 7/30〉

移籍
△ メルセデス
△ ポランコ

譲渡移籍
△ 西村　天裕〈 3/ 7〉(日より)
△ 石川　慎吾〈 7/ 4〉(巨より)

復帰
◇ 澤村　拓一

ＦＡ
FA田村　龍弘〈12/13〉

現役ドラフト
△ 大下誠一郎〈22/12/20〉(オより)
▼ 佐々木千隼〈12/15〉(ディへ)

譲渡抹消
▼ 加藤　匠馬〈 1/11〉(中へ)
▼ 福田　光輝〈 3/ 7〉(日へ)
▼ 小沼　健太〈 7/ 4〉(巨へ)

自由契約
▼ 石川　　歩〈12/ 1〉(保留外)
▼ カスティーヨ〈12/ 1〉(保留外)
▼ ペルドモ〈12/ 1〉(保留外)
▼ 河村　説人〈12/ 1〉(保留外)
▼ 佐藤　奬真〈12/ 1〉(保留外)
▼ 土居　豪人〈12/ 1〉(保留外)
▼ 江村　直也〈12/ 1〉(保留外)
▼ 三木　　亮〈12/ 1〉(保留外)
▼ ブロッソー〈12/ 1〉(保留外)
▼ 福田　秀平〈12/ 1〉(保留外)
▼ ポランコ〈12/ 1〉(保留外)
▼ 菅野　剛士〈12/ 1〉(保留外)
▼ 西川　僚祐〈12/ 1〉(保留外)

登録・呼称
大村三郎＝サブロー
Luis Castillo＝カスティーヨ
Cristopher Crisostomo Mercedes＝メルセデス
Luis Perdomo＝ペルドモ
Michael Brosseau＝ブロッソー
Gregory Polanco＝ポランコ

福岡ソフトバンクホークス

監督	藤本 博史 81				
コーチ	斉藤 和巳 71	若田部健一 72	齋藤 学 73	松山 秀明 74	大道 典良 75
	寺原 隼人 76	吉本 亮 77	村上 隆行 78	本多 雄一 80	田之上慶三郎 82
	長谷川勇也 83	髙谷 裕亮 84	的山 哲也 85	森 浩之 86	井出 竜也 87
	明石 健志 88	小久保裕紀 90	金子 圭輔 91	森山 良二 92	村松 有人 93
	吉鶴 憲治 95	城所 龍磨 96	髙村 祐 98		
投手	風間 球打 1	スチュワート・ジュニア 2	津森 宥紀 11	又吉 克樹 14	東浜 巨 16
	◇有原 航平 17	武田 翔太 18	▼甲斐野 央 20	和田 毅 21	○大津 亮介 26
	▼△ガンケル 27	▼高橋 礼 28	石川 柊太 29	▼椎野 新 34	モイネロ 35
	▼森 唯斗 38	尾形 崇斗 39	杉山 一樹 40	大関 友久 42	▼髙橋 純平 47
	藤井 皓哉 48	○松本 晴 49	板東 湧梧 50	▼泉 圭輔 53	△オスナ 54
	田浦 文丸 56	▼嘉弥真新也 57	木村 大成 58	○大野稼頭央 60	▼△古川 侑利 63
	☆ヘルナンデス 61	松本 裕樹 66	笠谷 俊介 67	☆木村 光 68	田上 奏大 70
捕手	△嶺井 博希 12	甲斐 拓也 19	牧原 巧汰 22	谷川原健太 45	海野 隆司 62
	○吉田 賢吾 64	▼九鬼 隆平 65	渡邉 陸 79		
内野手	川瀬 晃 00	▼ガルビス 0	▼○アストゥディーヨ 4	今宮 健太 6	牧原 大成 8
	三森 大貴 13	周東 佑京 23	▼増田 珠 33	○イヒネ イツア 36	井上 朋也 43
	川原田純平 46	リチャード 52	野村 大樹 55	野村 勇 99	
外野手	△近藤 健介 3	中村 晃 7	柳田 悠岐 9	▼○ホーキンス 10	栗原 陵矢 24
	▼☆デスパイネ 25	▼佐藤 直樹 30	正木 智也 31	柳町 達 32	○甲斐 生海 37
	笹川 吉康 44	▼上林 誠知 51	▼水谷 瞬 59		

ドラフト
○イヒネ イツア
○大津 亮介
○甲斐 生海
○大野稼頭央
○松本 晴
○吉田 賢吾

新外国人
○アストゥディーヨ
○ホーキンス

支配下登録
☆ヘルナンデス〈 7/31〉
☆デスパイネ〈 6/26〉
☆木村 光〈 7/18〉（育成選手より）

移籍
△ガンケル
△オスナ

復帰
◇有原 航平

FA
△嶺井 博希〈22/11/24〉（ディより）
△近藤 健介〈22/12/16〉（日より）
▼甲斐野 央〈24/ 1/19〉（武へ）
（山川穂高のFA移籍に伴う人的補償）

現役ドラフト
△古川 侑利〈22/12/19〉（日より）
▼水谷 瞬〈12/15〉（日へ）

譲渡抹消
▼高橋 礼〈11/ 9〉（巨へ）
▼泉 圭輔〈11/ 9〉（巨へ）

自由契約
▼ガンケル〈12/ 1〉（保留外）
▼椎野 新〈12/ 1〉（保留外）
▼森 唯斗〈12/ 1〉（保留外）
▼髙橋 純平〈12/ 1〉（保留外）
▼嘉弥真新也〈12/ 1〉（保留外）
▼古川 侑利〈12/ 1〉（保留外）
▼九鬼 隆平〈12/ 1〉（保留外）
▼ガルビス〈12/ 1〉（保留外）
▼アストゥディーヨ〈12/ 1〉（保留外）
▼増田 珠〈12/ 1〉（保留外）
▼ホーキンス〈12/ 1〉（保留外）
▼デスパイネ〈12/ 1〉（保留外）
▼佐藤 直樹〈12/ 1〉（保留外）
▼上林 誠知〈12/ 1〉（保留外）

登録・呼称
Carter Stewart, Jr.＝カーター・スチュワート・ジュニア
Joe Gunkel＝ガンケル
Livan Moinelo＝モイネロ
Roberto Osuna＝オスナ
Darwinzon Hernandez＝ヘルナンデス
Freddy Galvis＝ガルビス
Willians Astudillo＝アストゥディーヨ
Courtney Hawkins＝ホーキンス
Alfredo Despaigne＝デスパイネ
砂川 リチャード＝リチャード
甲斐 生海＝生海

東北楽天ゴールデンイーグルス

監 督	石井	一久 16									

コーチ	渡辺 直人 74	小山伸一郎 75	岡田 幸文 76	石井 貴 80	的場 直樹 82
	永井 怜 83	雄 平 84	牧田 明久 85	塩川 達也 86	佐竹 学 87
	三木 肇 88	川島 慶三 89	久保 裕也 91	後藤 武敏 93	奈良原 浩 95
	田中 雅彦 96	西村 弥 97	今江 敏晃 98		

投 手	▼松井 裕樹 1	岸 孝之 11	▼○バニュエロス 13	則本 昂大 14	▼塩見 貴洋 17
	田中 将大 18	○荘司 康誠 19	▼安樂 智大 20	早川 隆久 21	○小孫 竜二 22
	酒居 知史 28	高田 孝一 29	○渡辺 翔太 31	弓削 隼人 38	内間 拓馬 40
	○伊藤 茉央 41	宋 家豪 43	松井 友飛 45	藤平 尚真 46	藤井 聖 47
	西垣 雅矢 49	津留﨑大成 52	▼髙田 萌生 53	鈴木 翔天 56	瀧中 瞭太 57
	辛島 航 58	泰 勝利 59	▼石橋 良太 60	▼西口 直人 62	○林 優樹 64
	▼小峯 新陸 68	内 星龍 69	吉川 雄大 71	宮森 智志 72	

捕 手	太田 光 2	▼炭谷銀仁朗 26	田中 貴也 44	安田 悠馬 55	堀内 謙伍 65
	石原 彪 70				

内野手	小深田大翔 0	浅村 栄斗 3	△阿部 寿樹 4	茂木栄五郎 5	鈴木 大地 7
	○フランコ 23	黒川 史陽 24	○平良 竜哉 30	▼銀 次 33	山﨑 剛 34
	伊藤裕季也 39	▼ギッテンス 42	渡邊 佳明 48	▼横尾 俊建 61	入江 大樹 63
	村林 一輝 66	☆辰見鴻之介 78			

外野手	▼西川 遥輝 6	辰己 涼介 8	吉野 創士 9	田中 和基 25	岡島 豪郎 27
	島内 宏明 35	前田 銀治 36	武藤 敦貴 50	小郷 裕哉 51	▼和田 恋 54
	▼△正随 優弥 67				

ドラフト
- ○ 荘司 康誠
- ○ 小孫 竜二
- ○ 渡辺 翔太
- ○ 伊藤 茉央
- ○ 平良 竜哉
- ○ 林 優樹

新外国人
- ○ バニュエロス
- ○ フランコ

支配下登録
- ☆ 辰見鴻之介〈 7/26〉(育成選手より)

譲渡移籍
- △ 阿部 寿樹〈22/11/21〉(中より)

FA
- ▼ 松井 裕樹 (MLBへ)

現役ドラフト
- △ 正随 優弥〈22/12/19〉(広より)
- ▼ 内間 拓馬〈12/15〉(広へ)

自由契約
- ▼ バニュエロス〈12/ 1〉(保留外)
- ▼ 塩見 貴洋〈12/ 1〉(保留外)
- ▼ 安樂 智大〈12/ 1〉(保留外)
- ▼ 髙田 萌生〈12/ 1〉(保留外)
- ▼ 石橋 良太〈12/ 1〉(保留外)
- ▼ 西口 直人〈12/ 1〉(保留外)
- ▼ 小峯 新陸〈12/ 1〉(保留外)
- ▼ 炭谷銀仁朗〈12/ 1〉(保留外)
- ▼ 銀 次〈12/ 1〉(保留外)
- ▼ ギッテンス〈12/ 1〉(保留外)
- ▼ 横尾 俊建〈12/ 1〉(保留外)
- ▼ 西川 遥輝〈12/ 1〉(保留外)
- ▼ 和田 恋〈12/ 1〉(保留外)
- ▼ 正随 優弥〈12/ 1〉(保留外)

登録・呼称
Manny Banuelos＝バニュエロス
宋 家豪(ソン チャーホウ)＝宋家豪
Maikel Franco＝フランコ
赤見内銀次＝銀次
Chris Gittens＝ギッテンス

埼玉西武ライオンズ

監　督	松井稼頭央 77				
コーチ	西口　文也 74	阿部　真宏 76	小関　竜也 79	嶋　　重宣 80	豊田　　清 81
	野田　浩輔 82	平石　洋介 83	熊代　聖人 84	赤田　将吾 86	黒田　哲史 87
	大島　裕行 88	長田秀一郎 90	高山　　久 91	清川　栄治 92	青木　勇人 93
	鬼﨑　裕司 94	大石　達也 95	中田　祥多 96	内海　哲也 97	荒川　雄太 98
投　手	渡邉勇太朗 12	髙橋　光成 13	増田　達至 14	宮川　　哲 15	隅田知一郎 16
	松本　　航 17	佐藤　隼輔 19	浜屋　将太 20	▼公文　克彦 23	FA平井　克典 25
	▼佐々木　健 26	▼森脇　亮介 28	▼青山美夏人 29	○山田　陽翔 36	田村伊知郎 40
	▼井上　広輝 41	ボー・タカハシ 42	羽田慎之介 43	與座　海人 44	本田　圭佑 45
	▼張　　奕 47	今井　達也 48	▼○ティノコ 54	黒田　将矢 57	大曲　　錬 59
	平良　海馬 61	▼赤上　優人 67	水上　由伸 69	☆豆田　泰志 70	▼エ　ン　ス 75
	▼☆クリスキー 99				
捕　手	岡田　雅利 2	古賀　悠斗 22	柘植　世那 37	○野田　海人 38	▼中熊　大智 64
	☆古市　　尊 65	齊藤　誠人 78	▼齊藤　誠人 78		
内野手	○児玉　亮涼 0	▼山川　穂高 3	山野辺　翔 4	外崎　修汰 5	源田　壮亮 6
	渡部　健人 8	▼○マキノン 30	平沼　翔太 31	山村　崇嘉 32	△髙松　　渡 34
	▼呉　　念庭 39	▼ブランドン 49	▼中山　誠吾 50	△陽川　尚将 52	▼川野　涼多 56
	佐藤　龍世 58	中村　剛也 60	滝澤　夏央 62	長谷川信哉 63	
外野手	栗山　　巧 1	金子　侑司 7	○蛭間　拓哉 9	▼○ペイトン 10	○古川　雄大 33
	若林　楽人 35	鈴木　将平 46	西川　愛也 51	愛　　　斗 53	▼仲三河優太 66
	岸　潤一郎 68	▼川越　誠司 72	髙木　　渉 73		

ドラフト
○ 蛭間　拓哉
○ 古川　雄大
○ 野田　海人
○ 青山美夏人
○ 山田　陽翔
○ 児玉　亮涼

新外国人
○ ティノコ
○ マキノン
○ ペイトン

支配下登録
☆ 古市　　尊〈 4/14〉(育成選手より)
☆ 豆田　泰志〈 7/21〉(育成選手より)
☆ クリスキー〈 7/27〉

譲渡移籍
△ 張　　奕〈22/12/20〉(オより)
△ 髙松　　渡〈 7/20〉(中より)

F A
FA平井　克典〈12/13〉
▼ 山川　穂高〈12/21〉(ソへ)

現役ドラフト
△ 陽川　尚将〈22/12/20〉(神から)
▼ 愛　　　斗〈12/15〉(ロへ)

譲渡抹消
▼ 川越　誠司〈 7/20〉(中へ)

自由契約
▼ ティノコ〈10/31〉(ウエイバー)
▼ クリスキー〈10/31〉(ウエイバー)
▼ ペイトン〈10/31〉(ウエイバー)
▼ 公文　克彦〈12/ 1〉(保留外)
▼ 佐々木　健〈12/ 1〉(保留外)
▼ 森脇　亮介〈12/ 1〉(保留外)
▼ 井上　広輝〈12/ 1〉(保留外)
▼ 張　　奕〈12/ 1〉(保留外)
▼ 赤上　優人〈12/ 1〉(保留外)
▼ エ　ン　ス〈12/ 1〉(保留外)
▼ 中熊　大智〈12/ 1〉(保留外)
▼ 齊藤　誠人〈12/ 1〉(保留外)
▼ マキノン〈12/ 1〉(保留外)
▼ 呉　　念庭〈12/ 1〉(保留外)
▼ ブランドン〈12/ 1〉(保留外)
▼ 中山　誠吾〈12/ 1〉(保留外)
▼ 川野　涼多〈12/ 1〉(保留外)
▼ 仲三河優太〈12/ 1〉(保留外)

登録・呼称
髙橋　光成＝高橋光成
Bo Takahashi＝ボー・タカハシ
Jesus Tinoco＝ティノコ
Dietrich Enns＝エンス
Brooks Kriske＝クリスキー
David Mackinnon＝マキノン
呉　念庭(ウー ネンティン)＝呉
タイシンガーブランドン大河＝ブランドン
Mark Payton＝ペイトン
武田　愛斗＝愛斗

段組み

北海道日本ハムファイターズ

監　督　新庄　剛志 1

コーチ　飯山　裕志 71　　山田　勝彦 72　　山中　　潔 75　　紺田　敏正 76　　林　　孝哉 77
　　　　稲田　直人 78　　代田　建紀 79　　森本　稀哲 80　　建山　義紀 81　　加藤　武治 82
　　　　島﨑　　毅 83　　伊藤　　剛 84　　佐藤　友亮 87　　八木　　裕 89　　渡辺　浩司 90
　　　　金子　千尋 91　　木田　優夫 92

投　手　○矢澤　宏太 12　　生田目　翼 13　　加藤　貴之 14　　上沢　直之 15　　達　　孝太 16
　　　　伊藤　大海 17　　▼吉田　輝星 18　　玉井　大翔 19　　上原　健太 20　　杉浦　稔大 22
　　　　○金村　尚真 24　　宮西　尚生 25　　△田中　正義 26　　河野　竜生 28　　▼井口　和朋 29
　　　　▼☆マーベル 31　　▼立野　和明 33　　堀　　瑞輝 34　　西村　天裕 35　　福田　　俊 40
　　　　ロドリゲス 41　　▼ガ　ン　ト 42　　▼ポ　ン　セ 45　　畔柳　亨丞 46　　鈴木　健矢 47
　　　　齋藤友貴哉 48　　石川　直也 51　　池田　隆英 52　　長谷川威展 53　　○安西　叶翔 54
　　　　松浦　慶斗 55　　北山　亘基 57　　根本　悠楓 59　　▼宮内　春輝 62　　北浦　竜次 63
　　　　▼齋藤　綱記 67　　△山本　拓実 67　　▼△松岡　洸希 68　　▼メ　ネ　ズ 70　　田中　瑛斗 93

捕　手　△マルティネス 2　　清水　優心 10　　△伏見　寅威 23　　古川　裕大 27　　▼宇佐見真吾 30
　　　　△郡司　裕也 30　　郡　　拓也 60　　田宮　裕涼 64　　▼梅林　優貴 65

内野手　○加藤　豪将 3　　上川畑大悟 4　　野村　佑希 5　　▼アルカンタラ 6　　中島　卓也 9
　　　　清宮幸太郎 21　　▼谷内　亮太 32　　△福田　光輝 35　　石井　一成 38　　有薗　直輝 39
　　　　水野　達稀 43　　阪口　　樂 44　　▼山田　遥楓 49　　細川　凌平 56　　○奈良間大己 58
　　　　▼☆ハンソン 94

外野手　松本　　剛 7　　淺間　大基 8　　▼木村　文紀 36　　江越　大賀 37　　五十幡亮汰 50
　　　　今川　優馬 61　　万波　中正 66　　▼☆王　柏融 99

ドラフト
○矢澤　宏太
○金村　尚真
○加藤　豪将
○安西　叶翔
○奈良間大己
○宮内　春輝

支配下登録
☆ハンソン〈5/ 8〉
☆マーベル〈6/23〉
☆王　柏融〈7/31〉（育成選手より）

移　籍
△マルティネス

譲渡移籍
△福田　光輝〈3/ 7〉（ロより）
△山本　拓実〈6/21〉（中より）
△郡司　裕也〈6/21〉（中より）

F　A
△伏見　寅威〈22/11/24〉（オより）
△田中　正義〈1/19〉（ソより）
（近藤健介のFA移籍に伴う人的補償）

現役ドラフト
△松岡　洸希〈22/12/15〉（武より）
▼長谷川威展〈12/15〉（ソへ）

譲渡抹消
▼西村　天裕〈3/ 7〉（ロへ）
▼齋藤　綱記〈6/21〉（中へ）
▼宇佐見真吾〈6/21〉（中へ）
▼吉田　輝星〈12/ 4〉（オへ）

自由契約
▼ガ　ン　ト〈6/30〉（ウエイバー）
▼メ　ネ　ズ〈6/30〉（ウエイバー）
▼マーベル〈10/30〉（ウエイバー）
▼アルカンタラ〈10/30〉（ウエイバー）
▼ハンソン〈10/30〉（ウエイバー）
▼井口　和朋〈12/ 1〉（保留外）
▼立野　和明〈12/ 1〉（保留外）
▼ポ　ン　セ〈12/ 1〉（保留外）
▼宮内　春輝〈12/ 1〉（保留外）
▼松岡　洸希〈12/ 1〉（保留外）
▼梅林　優貴〈12/ 1〉（保留外）
▼谷内　亮太〈12/ 1〉（保留外）
▼山田　遥楓〈12/ 1〉（保留外）
▼木村　文紀〈12/ 1〉（保留外）
▼王　柏融〈12/ 1〉（保留外）

登録・呼称
James Marvel＝マーベル
Bryan Rodriguez＝ロドリゲス
John Gant＝ガント
Cody Ponce＝ポンセ
Conner Menez＝メネズ
Ariel Martinez＝マルティネス
Arismendy Alcantara＝アルカンタラ
中島　卓也＝中島卓也
Alen Hanson＝ハンソン
王　柏融（ワン　ボーロン）＝王

登録名変更
BIGBOSS→新庄　剛志

2023・育成選手名簿

○印は新入団
☆印は支配下登録
▼印は自由契約選手

阪神タイガース
▼ 望月　惇志 124（投）　　伊藤　　稜 125（投）　　▼ 川原　　陸 127（投）　　▼ 佐藤　　蓮 130（投）　　○ 野口　恭佑 121（外

広島東洋カープ
▼ 行木　　俊 120（投）　　坂田　　怜 122（投）　　○ 辻　　大雅 125（投）　　新家　　颯 126（投）　　▼ 中村　来生 128（投
前川　誠太 127（内）　　○ 名原　典彦 121（外）　　☆○ 中村　貴浩 123（外）　　▼ 木下　元秀 124（外）

横浜DeNAベイスターズ
☆ 松本隆之介 040（投）　　▼ 櫻井　周斗 041（投）　　○ 草野　陽斗 101（投）　　加藤　　大 105（投）　　渡辺　明貴 106（投
マルセリーノ 107（投）　　○ 今野　瑠斗 108（投）　　▼ ディアス 109（投）　　スターリン 110（投）　　東出　直也 104（捕
☆○ 上甲　凌大 127（捕）　　○ 蓮　　　100（内）　　○ 西巻　賢二 129（内）　　勝又　温史 028（外）　　村川　　凪 103（外
▼ 大橋　武尊 105（外）

読売ジャイアンツ
▼ 笠島　尚樹 011（投）　　☆ 高橋　優貴 012（投）　　京本　　眞 014（投）　　川嶽　陽仁 015（投）　　☆ 高田　竜星 016（投
○ 奈良木　陸 017（投）　　▼ 木下　幹也 018（投）　　☆ 平内　龍太 019（投）　　▼ 戸田　懐生 020（投）　　☆○ 松井　　颯 021（投
田村　朋輝 023（投）　　○ 吉村優聖歩 026（投）　　富田　　龍 028（投）　　○ 山崎　友輔 030（投）　　太田　　龍 031（投
○ 森本　哲星 034（投）　　ルシアーノ 035（投）　　谷岡　竜平 040（投）　　☆ 中川　皓太 041（投）　　鴨打　瑛二 047（投
○ 阿部　剣友 051（投）　　☆ 三上　朋也 053（投）　　伊藤　優輔 056（投）　　高木　京介 057（投）　　堀岡　隼人 095（投
▼ 山本　一輝 058（投）　　田中　豊樹 059（投）　　☆ 横川　　凱 062（投）　　○ 花田　侑樹 063（投）　　萩原　　哲 069（捕
坂本　勇人 001（内）　　大津　綾也 010（捕）　　亀田　　啓太 022（捕）　　前田　研輝 065（内）　　岡本　大翔 025（内
▼ 加藤　　廉 001（内）　　中田　歩夢 002（内）　　デラクルーズ 007（内）　　相澤　白虎 008（内）　　○ ティマ 013（外
北村　流音 027（内）　　鈴木　大和 039（外）　　☆ 梶谷　隆幸 005（外）　　笹原　操希 009（外）　　▼ ウレーニャ 055（外
三塚　琉生 031（外）　　立岡宗一郎 039（内）　　大城　卓三 044（外）　　○ 保科　一心 055（外）

東京ヤクルトスワローズ
▼ 近藤　弘樹 012（投）　　▼ 山野　太一 013（投）　　○ 鈴木　裕太 016（投）　　沼田　翔平 015（投）　　○ 丸山　翔大 017（投
▼ 下　慎之介 019（投）　　松井　　聖 022（捕）　　○ 橋本　星哉 023（捕）　　○ フェリペ 025（捕）　　岩田　幸宏 024（タ

中日ドラゴンズ
☆ 竹内　龍臣 201（投）　　アルバレス 202（投）　　▼ 岩嵜　　翔 203（投）　　○ 加藤　　翼 204（投）　　垣越　建伸 205（投
松木平優太 206（投）　　▼ 松田　亘哲 207（投）　　▼ 石川　　翔 208（投）　　○ 松山　晋也 211（投）　　▼ 野中　天翔 212（投
▼ レビーラ 209（内）　　樋口　正修 213（内）　　▼ ガルシア 210（外）

オリックス・バファローズ
▼ 佐藤　一磨 001（投）　　▼ 中田　惟斗 003（投）　　▼ 川瀬　堅斗 011（投）　　▼ 辻垣　高良 012（投）　　▼ 西濱　勇星 030（投
▼ 才木　海翔 031（投）　　○ 入山　海斗 013（投）　　▼ 中川　颯 123（投）　　▼ 椋木　蓮 127（投）　　富山　凌雅 128（投
☆ 小野　泰己 130（投）　　釣　　寿生 014（捕）　　村上喬一朗 034（捕）　　園部　佳太 021（内）　　○ 大里　昴生 022（内
セデーニョ 009（内）　　○ 上野　響平 124（内）　　☆ 平野　大和 004（外）　　山中　尭之 020（外）　　☆○ 茶野　篤政 033（外

千葉ロッテマリーンズ
田中　楓基 120（投）　　▼ 土肥　星也 121（投）　　古谷　拓郎 124（投）　　永島田輝斗 125（投）　　○ 吉川　悠斗 127（投
▼ 白濱　快起 128（投）　　澤田　圭佑 132（投）　　▼ フェリス 131（投）　　谷川　唯人 122（捕）　　村山　亮介 126（投
速水　将大 123（内）　　勝又　琉偉 129（内）　　黒川　凱星 130（内）　　アポステル 133（内）

福岡ソフトバンクホークス
▼ 佐藤　宏樹 121（投）　　中道　佑哉 123（投）　　桑原　秀侍 124（投）　　奥村　政稔 126（投）　　○ 岡本　直也 133（投
▼ 大城　真乃 134（投）　　アルメンタ 135（投）　　▼ 大竹　風雅 136（投）　　中村　亮太 137（投）　　▼ 重田　倫明 138（投
井崎燦志郎 139（投）　　三浦　瑞樹 140（投）　　フェリックス 141（投）　　村上　　舜 143（投）　　ロドリゲス 156（投
加藤　洸稀 147（投）　　山﨑　琢磨 148（投）　　瀧本　将生 152（投）　　佐藤　琢磨 154（投）　　○ 佐々木明都 163（投
○ 赤羽　　蓮 158（投）　　☆ 木村　　光 160（投）　　○ 内野　海斗 161（投）　　岡植　純平 162（投）　　渡邉　雄大 122（投
▼ 水口　創太 164（投）　　宮崎　颯 165（投）　　前田　　純 167（投）　　飛田　悠吾 169（投）　　藤野　恵音 122（捕
▼ 石塚綜一郎 121（捕）　　居谷　匠真 129（捕）　　加藤　晴空 151（内）　　盛島　稜大 171（内）　　佐久間拓斗 124（内
▼ 緒方　理貢 127（内）　　伊藤　大将 128（内）　　勝連　大稀 130（内）　　ヘルディーノ 146（内）　　▼ 早　真之介 125（内
三代　祥貴 153（内）　　小林　珠維 157（内）　　山下　恭吾 159（内）　　西尾　歩真 170（外）　　○ 山本　恵大 150（外
仲田　慶介 155（外）　　▼ 重松　凱人 166（外）　　▼ 佐藤　航太 168（外）　　シモン 144（外）　　○ オスーナ 173（外

東北楽天ゴールデンイーグルス
▼ 佐藤　智樹 001（投）　　▼ 引地秀一郎 004（投）　　▼ 福森　耀真 007（投）　　王　　彦程 017（投）　　○ 古賀　康誠 130（投
▼ 清宮虎多朗 135（投）　　竹下　瑛広 155（投）　　▼ 水上　　桂 022（捕）　　▼ 江川　侑斗 137（投）　　▼ 永田颯太郎 131（内
ウレーニャ 138（投）　　▼ 澤野　聖悠 141（内）　　☆○ 辰見鴻之介 146（内）　　柳澤　大空 142（外）　　大河原　翔 144（外

埼玉西武ライオンズ
▼ 齊藤　大将 111（投）　　▼ 粟津　凱士 112（投）　　▼ 伊藤　　翔 113（投）　　上間　永遠 114（投）　　○ ヘ　レ　ラ 116（投
▼ 出井　敏博 120（投）　　○ 三浦　大輝 121（投）　　☆ 豆田　泰志 124（投）　　菅井　信也 128（投）　　○ 牧野　翔矢 117（投
○ 是澤　涼輔 122（捕）　　古市　　尊 126（捕）　　○ 野村　和輝 118（内）　　コドラド 115（外）　　○ モンテル 119（外
ジョセフ 123（外）

北海道日本ハムファイターズ
▼ 松本　遼大 114（投）　　▼ 齊藤　伸治 115（投）　　福島　　蓮 121（投）　　柳川　大晟 120（投）　　○ 中山　晶量 126（投
○ 山本　晃大 128（投）　　柿木　　蓮 128（投）　　○ 姫野　優也 161（投）　　阿部　和広 124（内）　　○ 藤田　大清 125（外
▼ 山口アタル 127（外）　　☆ 王　　柏融 199（外）

2023・達成記録

(注) 達成者数はプロ野球

				達成時		達成者数	初記録	
2,000 試合出場	坂本　勇人	(巨)	4. 18	ディ ④		55人目	2007. 7. 12	神 ⑫
	中村　剛也	(武)	7. 6	ロ ⑫		56人目	2003. 9. 28	日 ㉘
1,500 試合出場	炭谷銀仁朗	(楽)	6. 4	ヤ ②		203人目	2006. 3. 25	オ ①
	鈴木　大地	(楽)	7. 2	ロ ⑩		204人目	2012. 6. 2	中 ③
	菊池　涼介	(広)	8. 12	中 ⑰		205人目	2012. 6. 30	ディ ⑧
1,000 試合出場	中村　奨吾	(ロ)	4. 11	武 ①		519人目	2015. 3. 29	ソ ③
	宮﨑　敏郎	(ディ)	6. 1	楽 ③		520人目	2013. 5. 20	オ ④
	梶谷　隆幸	(巨)	7. 5	中 ⑬		521人目	2009. 4. 9	巨 ③
	伊藤　　光	(ディ)	8. 6	神 ⑰		522人目	2008. 9. 13	日 ⑳
	森　　友哉	(オ)	8. 22	武 ⑱		523人目	2014. 7. 30	オ ⑬
	桑原　将志	(ディ)	8. 29	神 ㉑		524人目	2012. 10. 1	中 ㉔
	會澤　　翼	(広)	9. 16	神 ㉓		525人目	2009. 5. 27	ロ ①
1,000 得　点	青木　宣親	(ヤ)	7. 28	ディ ⑬	1621試合	46人目	2004. 10. 16	横 ㉘
2,000 安　打	大島　洋平	(中)	8. 26	ディ ⑲	1787試合	55人目	2010. 3. 27	広 ②
1,500 安　打	菊池　涼介	(広)	4. 27	中 ④	1429試合	132人目	2012. 7. 1	ディ ⑨
	秋山　翔吾	(広)	5. 16	ディ ⑦	1286試合	133人目	2011. 4. 13	日 ②
	中田　　翔	(巨)	6. 14	武 ②	1648試合	134人目	2009. 5. 23	ヤ ②
	柳田　悠岐	(ソ)	8. 18	武 ⑯	1358試合	135人目	2012. 6. 23	日 ⑧
1,000 安　打	森　　友哉	(オ)	9. 10	ロ ⑳	1015試合	316人目	2014. 7. 30	オ ⑬
	ビシエド	(中)	9. 24	神 ㉓	938試合	317人目	2016. 3. 25	神 ①
300 二塁打	浅村　栄斗	(楽)	4. 5	武 ②	1667試合	76人目	2010. 3. 31	ソ ②
300 本塁打	中田　　翔	(巨)	8. 6	広 ⑱	1677試合	45人目	2010. 7. 20	ロ ⑭
250 本塁打	柳田　悠岐	(ソ)	6. 28	楽 ⑧	1321試合	69人目	2012. 8. 5	武 ⑮
200 本塁打	岡本　和真	(巨)	9. 1	ディ ⑲	837試合	114人目	2015. 9. 5	ディ ㉑
150 本塁打	ソ　ト	(ディ)	5. 17	広 ⑧	628試合	180人目	2018. 5. 6	巨 ⑧
100 本塁打	島内　宏明	(楽)	5. 24	オ ⑩	1158試合	307人目	2012. 8. 24	日 ⑲
3,500 塁　打	坂本　勇人	(巨)	5. 5	中 ⑦	2012試合	30人目	2007. 9. 6	中 ㉑
	中村　剛也	(武)	8. 4	オ ⑮	2007試合	31人目	2003. 9. 28	日 ㉘
3,000 塁　打	浅村　栄斗	(楽)	8. 18	ロ ⑰	1767試合	62人目	2010. 3. 31	ソ ②
1,000 打　点	浅村　栄斗	(楽)	4. 18	オ ③	1675試合	48人目	2010. 3. 31	ソ ②
	坂本　勇人	(巨)	9. 24	ディ ㉒	2095試合	49人目	2007. 9. 6	中 ㉑
200 盗　塁	中島　卓也	(日)	9. 22	楽 ㉑	1228試合	79人目	2011. 4. 24	楽 ③
350 犠　打	今宮　健太	(ソ)	4. 12	日 ②	1364試合	4人目	2012. 4. 29	ロ ⑤
1,000 四　球	栗山　　巧	(武)	4. 23	オ ⑥	2174試合	17人目	2005. 4. 16	オ ④
	丸　　佳浩	(巨)	9. 25	ディ ㉓	1729試合	18人目	2010. 9. 22	ヤ ⑳
2,000 三　振	中村　剛也	(武)	4. 29	楽 ⑤	1973試合	1人目	2003. 9. 28	日 ㉘
1,000 三　振	菊池　涼介	(広)	5. 14	巨 ⑨	1441試合	76人目	2012. 7. 1	ディ ⑨
700 試合登板	益田　直也	(ロ)	9. 27	日 ㉔		18人目	2012. 3. 30	楽 ①
500 試合登板	山﨑　康晃	(ディ)	8. 20	神 ⑳		106人目	2015. 3. 28	巨 ②
	松井　裕樹	(楽)	10. 7	ソ ㉕		107人目	2014. 4. 2	オ ②
150 勝　利	岸　　孝之	(楽)	5. 2	ロ ③	352試合	51人目	2007. 4. 6	オ ①
100 勝　利	小川　泰弘	(ヤ)	9. 9	ディ ⑳	250試合	142人目	2013. 4. 3	広 ②
200 セーブ	松井　裕樹	(楽)	4. 5	武 ②	445試合	9人目	2015. 3. 28	日 ②
	益田　直也	(ロ)	6. 16	ディ ①	672試合	10人目	2012. 8. 5	オ ⑭

			達成時		達成者数		初記録	
100 セーブ	マルティネス	(中)	5. 6	巨⑧	206試合	35人目	2019. 6.11	オ①
2,000 投球回	和田　毅	(ソ)	5. 24	日⑩	311試合	93人目	2003. 4. 1	近②
1,500 投球回	大野 雄大	(中)	4. 4	ヤ①	228試合	183人目	2011. 10. 14	巨㉒
	小川 泰弘	(ヤ)	7. 29	ディ⑭	245試合	184人目	2013. 4. 3	広①
1,000 投球回	九里 亜蓮	(広)	5. 17	ディ⑧	218試合	363人目	2014. 3. 29	中①
	上沢 直之	(日)	5. 24	ソ⑩	157試合	364人目	2014. 4. 2	ソ②
	辛島　航	(楽)	8. 16	武⑲	208試合	365人目	2009. 8. 13	ソ⑰
	武田 翔太	(ソ)	9. 8	楽⑱	214試合	366人目	2012. 7. 7	日⑪
	今永 昇太	(ディ)	9. 30	ヤ㉕	165試合	367人目	2016. 3. 29	巨①
2,000 奪三振	岸　孝之	(楽)	4. 16	ソ②	2312回	23人目	2007. 3. 30	日①
1,500 奪三振	田中 将大	(楽)	4. 6	武③	1645回	59人目	2007. 3. 29	ソ③
1,000 奪三振	美馬　学	(ロ)	8. 17	日⑲	1401.2回	155人目	2011. 4. 17	オ③
	今永 昇太	(ディ)	9. 13	中㉒	983.1回	156人目	2016 . 3. 29	巨①

2024・各種記録の達成が予想される選手

2,000 試 合…… 中島　宏之 (中) 1933		中島　宏之 (中) 1928
1,500 試 合…… 大　和 (ディ) 1482		浅村　栄斗 (楽) 1845
今宮　健太 (ソ) 1480	1,500 安 打…… 山田　哲人 (ヤ) 1488
山田　哲人 (ヤ) 1430	長野　久義 (巨) 1486
中村　晃 (ソ) 1414	鈴木　大地 (楽) 1459
柳田　悠岐 (ソ) 1398	中村　晃 (ソ) 1387
角中　勝也 (ロ) 1392	西川　遥輝 (ヤ) 1326
西川　遥輝 (ヤ) 1370	1,000 安 打…… 梶谷　隆幸 (巨) 977
秋山　翔吾 (広) 1366	中村　奨吾 (ロ) 959
T－岡田 (オ) 1359	田中　広輔 (広) 945
1,000 試 合…… 後藤　駿太 (中) 991	大　和 (ディ) 937
高橋　周平 (中) 989	源田　壮亮 (武) 929
金子　侑司 (武) 983	松山　竜平 (広) 927
岡島　豪郎 (楽) 979	中村　悠平 (ヤ) 905
梅野隆太郎 (神) 958	安達　了一 (オ) 898
ビシエド (中) 943	桑原　将志 (ディ) 863
堂林　翔太 (広) 939	岡本　和真 (巨) 857
外崎　修汰 (武) 938	炭谷銀仁朗 (武) 825
田村　龍弘 (ロ) 921	西川　龍馬 (オ) 815
大田　泰示 (ディ) 907	外崎　修汰 (武) 813
甲斐　拓也 (ソ) 904	高橋　周平 (中) 802
源田　壮亮 (武) 868	450 二塁打…… 坂本　勇人 (巨) 445
岡本　和真 (巨) 862	400 二塁打…… 栗山　巧 (武) 399
1,000 得 点…… 丸　佳浩 (巨) 987	350 二塁打…… 中島　宏之 (中) 349
浅村　栄斗 (楽) 963	中村　剛也 (武) 343
山田　哲人 (ヤ) 941	青木　宣親 (ヤ) 323
栗山　巧 (武) 938	浅村　栄斗 (楽) 319
大島　洋平 (中) 878	丸　佳浩 (巨) 316
柳田　悠岐 (ソ) 861	300 二塁打…… 山田　哲人 (ヤ) 296
2,500 安 打…… 坂本　勇人 (巨) 2321	菊池　涼介 (広) 288
2,000 安 打…… 青木　宣親 (ヤ) 1929	柳田　悠岐 (ソ) 280

区分	選手	球団	記録
	秋山 翔吾	(広)	277
	鈴木 大地	(楽)	270
	近藤 健介	(ソ)	265
	中田 翔	(中)	265
	大島 洋平	(中)	256
500 本 塁 打……	中村 剛也	(武)	471
350 本 塁 打……	中田 翔	(中)	303
300 本 塁 打……	坂本 勇人	(巨)	288
	山田 哲人	(ヤ)	285
	浅村 栄斗	(楽)	283
	丸 佳浩	(巨)	269
	柳田 悠岐	(ソ)	260
250 本 塁 打……	山川 穂高	(ソ)	218
	中島 宏之	(中)	209
	岡本 和真	(巨)	206
	Ｔ－岡田	(オ)	204
200 本 塁 打……	村上 宗隆	(ヤ)	191
	長野 久義	(巨)	163
	ソ ト	(ロ)	161
150 本 塁 打……	青木 宣親	(ヤ)	145
	ビシエド	(中)	138
	宮﨑 敏郎	(ディ)	138
	栗山 巧	(武)	127
	秋山 翔吾	(広)	125
	梶谷 隆幸	(巨)	125
	大山 悠輔	(神)	123
	菊池 涼介	(広)	122
	森 友哉	(オ)	120
	島内 宏明	(楽)	104
100 本 塁 打……	外崎 修汰	(武)	94
	今宮 健太	(ソ)	92
	中村 奨吾	(ロ)	85
	大田 泰示	(ディ)	84
	佐野 恵太	(ディ)	82
	松山 竜平	(広)	82
	近藤 健介	(ソ)	78
	鈴木 大地	(楽)	78
	井上 晴哉	(ロ)	76
	牧 秀悟	(ディ)	75
	茂木栄五郎	(楽)	74
	杉本裕太郎	(オ)	72
	會澤 翼	(広)	72
	佐藤 輝明	(神)	68
	田中 広輔	(広)	67
	中村 晃	(ソ)	66
	角中 勝也	(ロ)	66
	堂林 翔太	(広)	65
	西川 龍馬	(オ)	64
	桑原 将志	(ディ)	63
	西川 遥輝	(ヤ)	62
	大城 卓三	(巨)	59
	上林 誠知	(中)	57

区分	選手	球団	記録
	甲斐 拓也	(ソ)	57
	オスナ	(ヤ)	56
	高橋 周平	(中)	55
	栗原 陵矢	(ソ)	54
	サンタナ	(ヤ)	52
	ポランコ	(ロ)	50
4,000 塁 打……	坂本 勇人	(巨)	3674
3,000 塁 打……	栗山 巧	(武)	2958
	中島 宏之	(中)	2944
	丸 佳浩	(巨)	2885
	青木 宣親	(ヤ)	2745
	中田 翔	(中)	2711
	山田 哲人	(ヤ)	2683
	柳田 悠岐	(ソ)	2662
1,500 打 点……	中村 剛也	(武)	1342
1,000 打 点……	中島 宏之	(中)	994
	栗山 巧	(武)	902
	丸 佳浩	(巨)	873
	柳田 悠岐	(ソ)	855
	山田 哲人	(ヤ)	841
350 盗 塁……	西川 遥輝	(ヤ)	332
300 盗 塁……	大島 洋平	(中)	266
	荻野 貴司	(ロ)	260
250 盗 塁……	金子 侑司	(武)	222
	中島 卓也	(日)	200
200 盗 塁……	山田 哲人	(ヤ)	194
	丸 佳浩	(巨)	175
	青木 宣親	(ヤ)	175
	梶谷 隆幸	(巨)	162
	坂本 勇人	(巨)	162
	源田 壮亮	(武)	160
	柳田 悠岐	(ソ)	159
	周東 佑京	(ソ)	154
	外崎 修汰	(武)	151
400 犠 打……	今宮 健太	(ソ)	370
350 犠 打……	菊池 涼介	(広)	336
300 犠 打……	中島 卓也	(日)	254
250 犠 打……	炭谷銀仁朗	(武)	233
	安達 了一	(オ)	231
200 犠 打……	大 和	(ディ)	196
	甲斐 拓也	(ソ)	172
	伊藤 光	(ディ)	166
	鈴木 大地	(楽)	157
100 犠 飛……	中田 翔	(中)	73
	栗山 巧	(武)	73
1,000 四 球……	坂本 勇人	(巨)	867
	浅村 栄斗	(楽)	858
	山田 哲人	(ヤ)	826
	中村 剛也	(武)	824
150 死 球……	中島 宏之	(中)	139
	青木 宣親	(ヤ)	123
	鈴木 大地	(楽)	122

100 死　　球	中村　剛也	(武)	95			栗林　良吏	(広)	86
	柳田　悠岐	(ソ)	88			石山　泰稚	(ヤ)	85
	中村　奨吾	(ロ)	85			澤村　拓一	(ロ)	78
	大島　洋平	(中)	81			田島　慎二	(中)	75
	Ｔ－岡田	(オ)	81			岩崎　優	(神)	66
	栗山　巧	(武)	80			大　勢	(巨)	51
	會澤　翼	(広)	72	400 ホールド	宮西　尚生	(日)	393
	田中　広輔	(広)	71	200 ホールド	又吉　克樹	(ソ)	167
	荻野　貴司	(ロ)	71			益田　直也	(ロ)	166
	浅村　栄斗	(楽)	70			平野　佳寿	(オ)	155
1,500 三　　振	坂本　勇人	(巨)	1399	2,500 投 球 回	岸　孝之	(楽)	2427.2
	浅村　栄斗	(楽)	1370	2,000 投 球 回	西　勇輝	(神)	1939.2
	栗山　巧	(武)	1370			田中　将大	(楽)	1773
	丸　佳浩	(巨)	1358	1,500 投 球 回	美馬　学	(ロ)	1441.2
1,000 三　　振	長野　久義	(巨)	964			唐川　侑己	(ロ)	1287.2
	秋山　翔吾	(広)	917			大瀬良大地	(広)	1258
	今宮　健太	(ソ)	884	1,000 投 球 回	髙橋　光成	(武)	969.2
	梶谷　隆幸	(巨)	879			有原　航平	(ソ)	956.2
	大島　洋平	(中)	871			東浜　巨	(ソ)	955.1
	炭谷銀仁朗	(武)	823			加藤　貴之	(日)	935.2
900 試 合 登 板	宮西　尚生	(日)	839			松葉　貴大	(中)	901.1
800 試 合 登 板	益田　直也	(ロ)	703			澤村　拓一	(ロ)	901.1
700 試 合 登 板	平野　佳寿	(オ)	685			柳　裕也	(中)	843
600 試 合 登 板	増田　達至	(武)	547			青柳　晃洋	(神)	837.1
	石川　雅規	(ヤ)	533			山岡　泰輔	(オ)	826
	山﨑　康晃	(ディ)	508			田口　麗斗	(ヤ)	825
500 試 合 登 板	石山　泰稚	(ヤ)	490			小笠原慎之介	(中)	807
	涌井　秀章	(中)	489			石田　健大	(ディ)	775
	森　唯斗	(ディ)	470			石川　柊太	(ソ)	758.2
	祖父江大輔	(中)	463			二木　康太	(ロ)	751
	又吉　克樹	(ソ)	463	2,000 奪 三 振	涌井　秀章	(中)	1998
	嘉弥真新也	(ヤ)	463			和田　毅	(ソ)	1883
	田島　慎二	(中)	460			石川　雅規	(ヤ)	1768
	岩崎　優	(神)	443	1,500 奪 三 振	菅野　智之	(巨)	1474
	中﨑　翔太	(広)	427			西　勇輝	(神)	1411
	鍵谷　陽平	(日)	419	1,000 奪 三 振	平野　佳寿	(オ)	987
	比嘉　幹貴	(オ)	413			大瀬良大地	(広)	981
200 勝　　利	石川　雅規	(ヤ)	185			武田　翔太	(ソ)	858
100 勝　　利	大野　雄大	(中)	84			九里　亜蓮	(広)	849
	大瀬良大地	(広)	81			唐川　侑己	(ロ)	820
	野村　祐輔	(広)	80			澤村　拓一	(ロ)	814
	美馬　学	(ロ)	80			石川　歩	(ロ)	758
	唐川　侑己	(ロ)	78			東浜　巨	(ソ)	756
	石川　歩	(ロ)	76			野村　祐輔	(広)	750
250 セ ー ブ	平野　佳寿	(オ)	242					
	山﨑　康晃	(ディ)	227					
	益田　直也	(ロ)	218					
200 セ ー ブ	増田　達至	(武)	194					
150 セ ー ブ	森　唯斗	(ディ)	127					
	マルティネス	(中)	123					
	中﨑　翔太	(広)	115					
100 セ ー ブ	西野　勇士	(ロ)	88					

各種記録達成者数 （1936〜2023）

※は現役最多

1,000 試 合…… 525	1,000 打 点…… 49	100 勝 利…… 142
1,500 …… 205	1,500 …… 9	150 …… 51
2,000 …… 56	2,000 …… 1	200 …… 24
2,500 …… 9	（2,170打点 王 貞治）	250 …… 10
3,000 …… 2	※（1,342打点 中村 剛也）	300 …… 6
（3,021試合 谷繁 元信）		350 …… 2
※（2,241試合 栗山 巧）	200 盗 塁…… 79	400 …… 1
	250 …… 48	（400勝利 金田 正一）
1,000 得 点…… 46	300 …… 31	※（185勝利 石川 雅規）
1,500 …… 4	350 …… 18	
（1,967得点 王 貞治）	400 …… 7	100 セーブ…… 35
※（1,181得点 坂本 勇人）	450 …… 6	150 …… 18
	550 …… 3	200 …… 10
1,000 安 打…… 317	1,050 …… 1	250 …… 3
1,500 …… 135	（1,065盗塁 福本 豊）	400 …… 1
2,000 …… 55	※（ 332盗塁 西川 遥輝）	（407セーブ 岩瀬 仁紀）
2,500 …… 7		※（242セーブ 平野 佳寿）
3,000 …… 1	200 犠 打…… 44	
（3,085安打 張本 勲）	250 …… 21	100 ホールド…… 46
※（2,321安打 坂本 勇人）	300 …… 8	150 …… 12
	350 …… 4	200 …… 3
300 二 塁 打…… 76	400 …… 3	250 …… 2
350 …… 46	450 …… 2	300 …… 1
400 …… 14	500 …… 1	350 …… 1
450 …… 1	（533犠打 川相 昌弘）	※（393ホールド 宮西 尚生）
（487二塁打 立浪 和義）	※（370犠打 今宮 健太）	
※（445二塁打 坂本 勇人）		1,000 投 球 回…… 367
	100 犠 飛…… 3	1,500 …… 184
100 三 塁 打…… 3	（113犠飛 野村 克也）	2,000 …… 93
（115三塁打 福本 豊）	※（ 73犠飛 栗山 巧）	2,500 …… 47
※（ 65三塁打 秋山 翔吾）	中田 翔	3,000 …… 28
		3,500 …… 11
100 本 塁 打…… 307	1,000 四 球…… 18	4,000 …… 8
150 …… 180	2,000 …… 1	4,500 …… 4
200 …… 114	（2,390四球 王 貞治）	5,000 …… 2
250 …… 69	※（1,025四球 栗山 巧）	5,500 …… 1
300 …… 45		（5526.2投球回 金田 正一）
350 …… 30	100 死 球…… 23	※（3100.1投球回 石川 雅規）
400 …… 20	150 …… 5	
450 …… 14	（196死球 清原 和博）	1,000 与 四 球…… 19
500 …… 8	※（139死球 中島 宏之）	1,500 …… 1
550 …… 3		（1,808与四球 金田 正一）
650 …… 2	1,000 三 振…… 76	※（ 794与四球 涌井 秀章）
850 …… 1	1,500 …… 14	
（868本塁打 王 貞治）	2,000 …… 1	100 与 死 球…… 19
※（471本塁打 中村 剛也）	※（2,066三振 中村 剛也）	150 …… 1
		（165与死球 東尾 修）
3,000 塁 打…… 62	500 試合登板…… 107	※（109与死球 涌井 秀章）
3,500 …… 31	600 …… 43	
4,000 …… 13	700 …… 18	1,000 奪 三 振…… 156
4,500 …… 4	800 …… 8	1,500 …… 59
5,000 …… 3	900 …… 3	2,000 …… 23
5,500 …… 1	1,000 …… 1	2,500 …… 8
（5,862塁打 王 貞治）	（1,002試合登板 岩瀬 仁紀）	3,000 …… 4
※（3,674塁打 坂本 勇人）	※（ 839試合登板 宮西 尚生）	（4,490奪三振 金田 正一）
		※（2,072奪三振 岸 孝之）

2023・新人選手選択会議

球団名		指名選手	守備	所属団体または学校
中　日				
	1位	草加　　勝	投　手	亜細亜大学
	2位	津田　啓史	内野手	三菱重工East
	3位	辻本倫太郎	内野手	仙台大学
	4位	福田幸之介	投　手	履正社高校
	5位	土生　翔太	投　手	茨城アストロプラネッツ
	6位	加藤　竜馬	投　手	東邦ガス

※1巡目（第1回）：度会隆輝外野手でDeNA、ロッテと重複、抽選で外れる
※1巡目（第2回）：ロッテと重複、抽選で確定

日本ハム				
	1位	細野　晴希	投　手	東洋大学
	2位	進藤　勇也	捕　手	上武大学
	3位	宮崎　一樹	外野手	山梨学院大学
	4位	明瀬　諒介	内野手	鹿児島城西高校
	5位	星野ひので	外野手	前橋工業高校

※1巡目（第1回）：西舘勇陽投手で巨人と重複、抽選で外れる
※1巡目（第2回）：前田悠伍投手で楽天、ソフトバンクと重複、抽選で外れる
※1巡目（第3回）：ロッテと重複、抽選で確定

ヤクルト				
	1位	西舘　昂汰	投　手	専修大学
	2位	松本　健吾	投　手	トヨタ自動車
	3位	石原　勇輝	投　手	明治大学
	4位	鈴木　　叶	捕　手	常葉大学附属菊川高校
	5位	伊藤　琉偉	内野手	新潟アルビレックスBC

※1巡目：武内夏暉投手で西武、ソフトバンクと重複、抽選で外れる

西　武				
	1位	武内　夏暉	投　手	國學院大学
	2位	上田　大河	投　手	大阪商業大学
	3位	杉山　遙希	投　手	横浜高校
	4位	成田　晴風	投　手	弘前工業高校
	5位	宮澤　太成	投　手	徳島インディゴソックス
	6位	村田　怜音	内野手	皇學館大学
	7位	糸川　亮太	投　手	ENEOS

※1巡目：ヤクルト、ソフトバンクと重複、抽選で確定

巨　人				
	1位	西舘　勇陽	投　手	中央大学
	2位	森田　駿哉	投　手	Honda鈴鹿
	3位	佐々木俊輔	外野手	日立製作所
	4位	泉口　友汰	内野手	NTT西日本
	5位	又木　鉄平	投　手	日本生命

※1巡目：日本ハムと重複、抽選で確定

楽　天				
	1位	古謝　　樹	投　手	桐蔭横浜大学
	2位	坂井　陽翔	投　手	滝川第二高校
	3位	日當　直喜	投　手	東海大学菅生高校
	4位	ウォーターズ璃海ジュミル	内野手	日本ウェルネス沖縄高校
	5位	松田　琢磨	投　手	大阪産業大学
	6位	中島　大輔	外野手	青山学院大学
	7位	大内　誠弥	投　手	日本ウェルネス宮城高校
	8位	青野　拓海	内野手	氷見高校

※1巡目（第1回）：常廣羽也斗投手で広島と重複、抽選で外れる
※1巡目（第2回）：前田悠伍投手で日本ハム、ソフトバンクと重複、抽選で外れる

球団名		指名選手	守備	所属団体または学校

DeNA

1位	度会 隆輝	外野手	ENEOS
2位	松本 凌人	投手	名城大学
3位	武田 陸玖	投手	山形中央高校
4位	石上 泰輝	内野手	東洋大学
5位	石田裕太郎	投手	中央大学
6位	井上 絢登	外野手	徳島インディゴソックス

※1巡目：中日、ロッテと重複、抽選で確定

ソフトバンク

1位	前田 悠伍	投手	大阪桐蔭高校
2位	岩井 俊介	投手	名城大学
3位	廣瀬 隆太	内野手	慶應義塾大学
4位	村田 賢一	投手	明治大学
5位	澤柳亮太郎	投手	ロキテクノ富山
6位	大山 凌	投手	東日本国際大学
7位	藤田悠太郎	捕手	福岡大学附属大濠高校

※1巡目（第1回）：武内夏暉投手でヤクルト、西武と重複、抽選で外れる
※1巡目（第2回）：日本ハム、楽天と重複、抽選で確定

広島

1位	常廣羽也斗	投手	青山学院大学
2位	高 太一	投手	大阪商業大学
3位	滝田 一希	投手	星槎道都大学
4位	仲田 侑仁	内野手	沖縄尚学高校
5位	赤塚 健利	投手	中京学院大学

※1巡目：楽天と重複、抽選で確定

ロッテ

1位	上田希由翔	内野手	明治大学
2位	大谷 輝龍	投手	富山GRNサンダーバーズ
3位	木村 優人	投手	霞ヶ浦高校
4位	早坂 響	投手	幕張総合高校
5位	寺地 隆成	捕手	明徳義塾高校

※1巡目（第1回）：度会隆輝外野手で中日、DeNAと重複、抽選で外れる
※1巡目（第2回）：草加勝投手で中日と重複、抽選で外れる
※1巡目（第3回）：細野晴希投手で日本ハムと重複、抽選で外れる

阪神

1位	下村 海翔	投手	青山学院大学
2位	椎葉 剛	投手	徳島インディゴソックス
3位	山田 脩也	内野手	仙台育英学園高校
4位	百﨑 蒼生	内野手	東海大学付属熊本星翔高校
5位	石黒 佑弥	投手	JR西日本
6位	津田 淳哉	投手	大阪経済大学

オリックス

1位	横山 聖哉	内野手	上田西高校
2位	河内 康介	投手	聖カタリナ学園高校
3位	東松 快征	投手	享栄高校
4位	堀 柊那	捕手	報徳学園高校
5位	高島 泰都	投手	王子
6位	古田島成龍	投手	日本通運
7位	権田 琉成	投手	TDK

2023・育成選手選択会議

（10月26日実施）

球団名		指名選手	守備	所属団体または学校
中 日				
	1位	日渡　騰輝	捕 手	茨城アストロプラネッツ
	2位	菊田　翔友	投 手	愛媛マンダリンパイレーツ
	3位	尾田　剛樹	外野手	栃木ゴールデンブレーブス
	4位	川上　理偉	外野手	大分B-リングス
日本ハム				
	1位	濵田　泰希	内野手	京都国際高校
	2位	平田　大樹	外野手	瀬田工業高校
	3位	加藤　大和	投 手	帝京大学可児高校
ヤクルト				
	1位	髙橋　翔聖	投 手	台湾・鶯歌工商高校
	2位	髙野　颯太	内野手	三刀屋高校
西 武				
	1位	シンクレアジョセフ孝ノ助	投 手	徳島インディゴソックス
	2位	谷口　朝陽	内野手	徳島インディゴソックス
	3位	川下　将勲	投 手	函館大学付属有斗高校
	4位	金子　功児	内野手	埼玉武蔵ヒートベアーズ
	5位	木瀬　翔太	投 手	北嵯峨高校
	6位	奥村　光一	外野手	群馬ダイヤモンドペガサス
巨 人				
	1位	三浦　克也	投 手	東京国際大学
	2位	村山　源	内野手	鹿屋中央高校
	3位	宇都宮葵星	内野手	愛媛マンダリンパイレーツ
	4位	田上　優弥	内野手	日本大学藤沢高校
	5位	園田　純規	投 手	福岡工業大学附属城東高校
	6位	千葉　隆広	投 手	旭川明成高校
	7位	平山　功太	外野手	千葉スカイセイラーズ
DeNA				
	1位	高見澤郁魅	内野手	敦賀気比高校
	2位	清水　麻成	投 手	樹徳高校
	3位	小笠原　蒼	内野手	京都翔英高校
	4位	庄司　陽斗	投 手	青森大学
	5位	近藤　大雅	捕 手	専修大学北上高校
ソフトバンク				
	1位	大泉　周也	外野手	福島レッドホープス
	2位	宮里　優吾	投 手	東京農業大学
	3位	佐倉俠史朗	内野手	九州国際大学付属高校
	4位	中澤　恒貴	内野手	八戸学院光星高校
	5位	星野恒太朗	投 手	駒澤大学
	6位	藤原　大翔	投 手	飯塚高校
	7位	藤田　淳平	投 手	徳島インディゴソックス
	8位	長水　啓眞	投 手	京都国際高校

球団名		指名選手	守備	所属団体または学校
広　島				
	1位	杉田　健	投手	日本大学国際関係学部
	2位	佐藤　啓介	内野手	静岡大学
	3位	杉原　望来	投手	京都国際高校
ロッテ				
	1位	武内　涼太	投手	星稜高校
	2位	松石　信八	投手	藤蔭高校
	3位	髙野　光海	外野手	富山GRNサンダーバーズ
	4位	藤田　和樹	外野手	延岡学園高校
	5位	富山紘之進	捕手	会津北嶺高校
阪　神				
	1位	松原　快	投手	富山GRNサンダーバーズ
	2位	福島　圭音	外野手	白鷗大学
オリックス				
	1位	寿賀　弘都	投手	英明高校
	2位	大江　海透	投手	北九州下関フェニックス
	3位	宮國　凌空	投手	東邦高校
	4位	芦田　丈飛	投手	埼玉武蔵ヒートベアーズ
	5位	河野　聡太	内野手	愛媛マンダリンパイレーツ

選択（ドラフト）方法変遷

1965　…各球団が希望選手30人以内の名簿をコミッショナー事務局に提出、1位から12位までを順番に並べて記載。他球団と重複した場合は抽選、外れた場合は自球団の名簿順位に従い選手を指名。12球団各1名の指名選手がそろったところで第1次選択終了。第2次選択は提出名簿に従って下位球団優先指名、一巡後に逆戻りで上位球団から指名。

1966　…前年度と同じ方法で、9月に社会人と国体に出場しない高校選手、11月に国体出場の高校選手と大学選手を対象として2度行う。

1967～1977…年1度開催に戻す。名簿提出を廃止。全球団が予備抽選して指名順位を決め、指名を行い、12番目球団から折り返し。74年から6人以内指名。

1978～1990…各球団が希望選手を1回ごとに提出、他球団と重複した場合に抽選。外れた球団は下位球団優先で残った選手を指名。4人以内指名。81年から6人以内指名。

1991～1992…4巡目指名まで従来通り。5巡目から下位球団順による折り返し指名で10人以内。新人選手はすべてドラフトを通すことになる。

1993～1994…1位指名、2位指名にあたる社会人・大学生選手に希望調査し希望球団を回答してもらう。球団の指名が重複した場合は①選手の希望優先とし、次に②指名順位で交渉権を決める。これで決まらない場合は抽選。高校生選手は高野連の要請で希望調査は行わず、従来通りの方法。3位指名から下位球団順による折り返し指名で1球団10人以内。

1995～1998…上記方法に、一部の高校生選手の進路調査を加える（ただし、希望球団の表明は高野連の要請によりできない）。1球団が指名できる選手は8人以内。

1999～2000…指名が8人に満たない球団があった場合、他球団は最大10人まで指名できるが、総指名数が96人に達したところで終了する。

2001～2004…ドラフト前に自由獲得選手を2人まで獲得可能とし、2人獲得の球団は1巡目、2巡目、3巡目を外れる。1人獲得の球団は1巡目、3巡目を外れる。自由獲得なしの球団は2巡目を外れる。4巡目からは折り返し指名で、自由獲得選手を含め120名に達したところで終了。

2005～2006…ドラフト前に希望入団選手を1人まで獲得可能とし、「高校生」と「大学生・社会人ほか」の2回に分けて選択会議を開く。先に「高校生選択会議」を開催。1巡目指名は入札・抽選方式。重複指名になり、抽選で外れた球団は順次指名する。指名順はオールスター・ゲームに勝ったリーグを優先し、公式戦の定められた時点の成績逆順。2巡目指名は「大学生・社会人ほか選択会議」で希望枠を使わなかった球団が成績逆順に指名。3巡目は全球団が公式戦の成績逆順で指名、以下交互に折り返しで指名。「大学・社会人ほか選択会議」の1巡目指名は、希望入団枠の使用を申請したが選手が決まらなかった球団が、日本シリーズに負けたリーグを優先して成績逆順に指名。2巡目指名は「高校生選択会議」で1巡目指名に参加しなかった球団が行い、3巡目指名は成績逆順で全球団が指名、以下交互に折り返しで指名。2回の選択会議と希望入団選手を含めた合計が120人に達したところで終了。

2007　…希望枠が撤廃され、「大学・社会人ほか選択会議」の1巡目指名は入札・抽選方式となった。

2008～　…【1巡目】
第1巡目の指名は、「入札抽選」により行う。全球団が、選択を希望する選手名を同時に提出する。単独指名の場合はその球団の選択が確定。
指名が重複した場合は抽選で決定する。抽選は「球団順位の逆順」で行う。
抽選に外れた球団は再度入札を行い、指名が重複した場合は再度抽選で決定。
全球団の選択が確定するまで繰り返し行う。
【2巡目以降】
第2巡目の指名は「球団順位の逆順」で行い、第3巡目の指名は「球団順位」で行う。
以後交互に折り返しで指名する。全球団が「選択終了」となるか、選択された選手が合計120名に達したところで終了。ただし、国内の独立リーグ所属選手や外国のプロ野球選手を選択した場合は、その人数に含まない。
各球団は原則として10名まで指名できる。ただし、他球団が10名に満たない人数で選択を終了することにより、全体で120名に達していない場合は、11人目以降の指名も可能。
新人選手選択会議を終了した時点で選択された選手が合計120名に達していない場合、引き続き希望球団参加による「育成選手選択会議」を行う。

育 成 選 手 制 度

2005.12.1　実行委員会で支配下選手枠（1球団70人）のほかに、育成を目的として選手を保有できる育成選手制度と研修生制度の導入を決める。育成選手は各球団が育成選手選択会議で指名することとした。

2023・フリーエージェント（FA）権利行使選手

＜セントラル・リーグ＞		＜パシフィック・リーグ＞	
△広　　島	西川　龍馬	△オリックス	山﨑　福也
△DeNA	石田　健大	△西　　武	平井　克典
		△西　　武	山川　穂高
		ロッテ	田村　龍弘
		楽　　天	松井　裕樹

△は2008年オフより適用の国内FA宣言選手。

○○ ── ○○ ── ○○ ── ○○ ── ○○ ── ○○

▽**過去にフリーエージェント宣言した選手** （移籍チーム名なしは宣言残留。）

1993
駒田　徳広(巨) → 横　　浜
松永　浩美(神) → ダイエー
落合　博満(中) → 巨　　人
石嶺　和彦(オ) → 阪　　神
槙原　寛己(巨)

1994
山沖　之彦(オ) → 阪　　神
金村　義明(近) → 中　　日
石毛　宏典(武) → ダイエー
工藤　公康(武) → ダイエー
川口　和久(広) → 巨　　人
広沢　克己(ヤ) → 巨　　人
岡崎　　郁(巨)
川相　昌弘(巨)
原　　辰徳(巨)
吉村　禎章(巨)
久保　康生(神)
長嶋　清幸(神)
伊東　　勤(武)
辻　　発彦(武)
吉竹　春樹(武)
渡辺　久信(武)

1995
仲田　幸司(神) → ロッテ
河野　博文(日) → 巨　　人
斎藤　雅樹(巨)
福良　淳一(オ)
星野　伸之(オ)
金石　昭人(日)
清川　栄治(近)
古久保健二(近)
佐々木　誠(武)
郭　　泰源(武)
池山　隆寛(ヤ)

1996
田村　藤夫(ロ) → ダイエー
清原　和博(武) → 巨　　人
宮本　和知(巨)
和田　　豊(神)
駒田　徳広(横)
畠山　　準(横)
鈴木　貴久(近)
笘篠　誠治(武)

1997
中嶋　　聡(オ) → 西　　武
山崎慎太郎(近) → ダイエー
吉井　理人(ヤ) → メッツ
桑田　真澄(巨)
槙原　寛己(巨)
村田　真一(巨)
吉村　禎章(巨)
野田　浩司(オ)
谷繁　元信(横)
田中　幸雄(日)
伊東　　勤(武)

1998
木田　優夫(オ) → タイガース
武田　一浩(ダ) → 中　　日
八木　　裕(神)
初芝　　清(ロ)
堀　　幸一(ロ)
潮崎　哲也(武)
飯田　哲也(ヤ)

1999
星野　伸之(オ) → 阪　　神
佐々木主浩(横) → マリナーズ
工藤　公康(ダ) → 巨　　人
江藤　　智(広) → 巨　　人
伊藤　敦規(神)
石井　琢朗(横)
進藤　達哉(横)
中根　　仁(横)
野村　弘樹(横)
香田　勲男(近)

2000
新庄　剛志(神) → メッツ
川崎憲次郎(ヤ) → 中　　日
矢野　輝弘(神)
山田　勝彦(神)
奈良原　浩(日)
水口　栄二(近)

2001
前田　幸長(中) → 巨　　人
加藤　伸一(オ) → 近　　鉄
田口　　壮(オ) → カージナルス
小宮山　悟(横) → メッツ
谷繁　元信(横) → 中　　日
片岡　篤史(日) → 阪　　神
川相　昌弘(巨)
元木　大介(巨)
吉永幸一郎(巨)
遠山　奬志(神)
山﨑　武司(中)

フリーエージェント

2002
松井　秀喜(巨) → ヤンキース
若田部健一(ダ) → 横　浜
金本　知憲(広) → 阪　神
桑田　真澄(巨)
桧山進次郎(神)
斎藤　隆(横)
鈴木　尚典(横)
三浦　大輔(横)
芝草　宇宙(日)
中村　紀洋(近)

2003
村松　有人(ダ) → オリックス
松井稼頭央(武) → メ ッ ツ
高津　臣吾(ヤ) → ホワイトソックス
伊良部秀輝(神)
下柳　剛(神)

2004
藪　恵壹(神) → アスレチックス
大村　直之(近) → ソフトバンク
稲葉　篤紀(ヤ) → 日本ハム
清水　隆行(巨)
仁志　敏久(巨)
野口　寿浩(神)
奈良原　浩(日)
鈴木　健(ヤ)
真中　満(ヤ)

2005
野口　茂樹(中) → 巨　人
城島　健司(ソ) → マリナーズ
豊田　清(武) → 巨　人
矢野　輝弘(神)
谷繁　元信(中)

2006
小久保裕紀(巨) → ソフトバンク
門倉　健(横) → 巨　人
小笠原道大(日) → 巨　人
岡島　秀樹(日) → レッドソックス
金本　知憲(神)
塩崎　真(オ)
日高　剛(オ)
的山　哲也(オ)

2007
福留　孝介(中) → カ ブ ス
小林　雅英(ロ) → インディアンス
藪田　安彦(ロ) → ロイヤルズ
和田　一浩(武) → 中　日
新井　貴浩(広) → 阪　神
黒田　博樹(広) → ドジャース
石井　一久(ヤ) → 西　武
福盛　和男(楽) → レンジャーズ
下柳　剛(神)

2008
上原　浩治(巨) → オリオールズ
野口　寿浩(神) → 横　浜
川上　憲伸(中) → ブレーブス
中村　紀洋(中) → 楽　天
相川　亮二(横) → ヤクルト
高橋　建(広) → ブルージェイズ
三浦　大輔(横)

2009
高橋　尚成(巨) → メ ッ ツ
橋本　将(ロ) → 横　浜
五十嵐亮太(ヤ) → メ ッ ツ
△藤本　敦士(神) → ヤクルト
△藤井　秀悟(日) → 巨　人

2010
建山　義紀(日) → レンジャーズ
森本　稀哲(日) → 横　浜
小林　宏之(ロ) → 阪　神
土肥　義弘(武) → 米・独立リーグ
藤井　彰人(楽) → 阪　神
△細川　亨(武) → ソフトバンク
△内川　聖一(横) → ソフトバンク
多村　仁志(ソ)
金城　龍彦(横)
△関本賢太郎(神)
△後藤　光尊(オ)

2011
大村　三郎(巨) → ロッテ
川﨑　宗則(ソ) → マリナーズ
和田　毅(ソ) → オリオールズ
村田　修一(横) → 巨　人
岩隈　久志(楽) → マリナーズ
△鶴岡　一成(ソ) → D e N A
△小池　正晃(中) → D e N A
△杉内　俊哉(ソ) → 巨　人
△帆足　和幸(武) → ソフトバンク
△ミンチェ(武) → オリックス
新井　貴浩(神)
△篠原　貴行(横)

2012
藤川　球児(神) → カ ブ ス
日高　剛(オ) → 阪　神
田中　賢介(日) → ジャイアンツ
中島　裕之(武) → アスレチックス
△平野　恵一(神) → オリックス
△寺原　隼人(オ) → ソフトバンク

2013
小笠原道大(巨) → 中　日
△久保　康友(神) → D e N A
△中田　賢一(中) → ソフトバンク
△山崎　勝己(ソ) → オリックス
△鶴岡　慎也(日) → ソフトバンク
△片岡　治大(日) → 巨　人
△涌井　秀章(武) → ロ ッ テ
△大竹　寛(広) → 巨　人

2014
小谷野栄一(日) → オリックス
金城　龍彦(ディ) → 巨　人
相川　亮二(ヤ) → 巨　人
△大引　啓次(日) → ヤクルト
△成瀬　善久(ロ) → ヤクルト
鳥谷　敬(神)
△能見　篤史(神)
△金子　千尋(オ)

2015
今江　敏晃(ロ) → 楽　天
木村　昇吾(広) → 西　武
△髙橋　聡文(中) → 阪　神
△脇谷　亮太(武) → 巨　人
松田　宣浩(ソ)
田中　浩康(ヤ)

2016
岸　孝之(武) → 楽　天
△糸井　嘉男(オ) → 阪　神
△森福　允彦(ソ) → 巨　人
△陽　岱鋼(日) → 巨　人
△山口　俊(ディ) → 巨　人
栗山　巧(武)

2017
平野　佳寿(オ) → ダイヤモンドバックス
鶴岡　慎也(ソ) → 日本ハム
大野　奨太(日) → 中　日
△大　和(神) → D e N A
△増井　浩俊(日) → オリックス
△野上　亮磨(武) → 巨　人
涌井　秀章(ロ)

2018
炭谷銀仁朗(武) → 巨　人
△西　勇輝(オ) → 阪　神
△浅村　栄斗(武) → 楽　天
△丸　佳浩(広) → 巨　人
中村　剛也(武)

2019
△秋山　翔吾(武) → レ ッ ズ
△福田　秀平(ソ) → ロ ッ テ
△鈴木　大地(ロ) → 楽 　 天
△美馬　　学(楽) → ロ ッ テ
△十亀　　剣(武)
△則本　昂大(楽)

2020
△井納　翔一(ディ) → 巨 　 人
△梶谷　隆幸(ディ) → 巨 　 人
　澤村　拓一(ロ) → レッドソックス
△増田　達至(武)
△熊代　聖人(武)
△小川　泰弘(ヤ)
△松永　昂大(ロ)

2021
△又吉　克樹(中) → ソフトバンク
△岡田　雅利(武)
　大　　　和(ディ)

2022
△伏見　寅威(オ) → 日本ハム
△森　　友哉(武) → オリックス
△嶺井　博希(ディ) → ソフトバンク
　千賀　滉大(ソ) → メ ッ ツ
　近藤　健介(日) → ソフトバンク
△外崎　修汰(武)
△岩崎　　優(神)
　西　　勇輝(神)

セントラル・リーグ各年度チーム順位

年度	巨人	阪神	中日	DeNA	広島	ヤクルト	松竹	西日本
1950	3	4	2	5	8	7	1	6
1951	1	3	2	6	7	5	4	—
1952	1	2	3	4	6	5	7	—
1953	1	2	3	5	4	6	—	—
1954	2	3	1	4	5	6	—	—
1955	1	3	2	6	4	5	—	—
1956	1	2	3	6	5	4	—	—
1957	1	2	3	6	5	4	—	—
1958	1	2	3	6	5	4	—	—
1959	1	◎2	◎2	6	5	4	—	—
1960	2	3	5	1	4	6	—	—
1961	1	4	2	6	5	3	—	—
1962	4	1	3	2	5	6	—	—
1963	1	3	2	5	6	4	—	—
1964	3	1	6	2	4	5	—	—
1965	1	3	2	4	5	6	—	—
1966	1	3	2	◎5	4	◎5	—	—
1967	1	3	2	4	6	5	—	—
1968	1	2	6	5	3	4	—	—
1969	1	2	4	3	6	5	—	—
1970	1	2	5	3	4	6	—	—
1971	1	5	2	3	4	6	—	—
1972	1	2	3	5	6	4	—	—
1973	1	2	3	5	6	4	—	—
1974	2	4	1	5	6	3	—	—
1975	6	3	2	5	1	4	—	—
1976	1	2	4	6	3	5	—	—
1977	1	4	3	6	5	2	—	—
1978	2	6	5	4	3	1	—	—
1979	5	4	3	2	1	6	—	—
1980	3	5	6	4	1	2	—	—
1981	1	3	5	6	2	4	—	—
1982	2	3	1	5	4	6	—	—
1983	1	4	5	3	2	6	—	—
1984	3	4	2	6	1	5	—	—
1985	3	1	5	4	2	6	—	—
1986	2	3	5	4	1	6	—	—
1987	1	6	2	5	3	4		
1988	2	6	1	4	3	5		
1989	1	5	3	6	2	4		
1990	1	6	4	3	2	5		
1991	4	6	2	5	1	3		
1992	◎2	◎2	6	5	4	1		
1993	3	4	2	5	6	1		
1994	1	◎4	2	6	3	◎4		
1995	3	6	5	4	2	1		
1996	1	6	2	5	3	4		
1997	4	5	6	2	3	1		
1998	3	6	2	1	5	4		
1999	2	6	1	3	5	4		
2000	1	6	2	3	5	4		
2001	2	6	5	3	4	1		
2002	1	4	3	6	5	2		
2003	◎3	1	2	6	5	◎3		
2004	3	4	1	6	5	2		
2005	5	1	2	3	6	4		
2006	4	2	1	6	5	3		
2007	1	3	2	4	5	6		
2008	1	2	3	5	4	6		
2009	1	4	2	6	5	3		
2010	3	2	1	6	5	4		
2011	3	4	1	6	5	2		
2012	1	5	2	6	4	3		
2013	1	2	4	5	3	6		
2014	1	2	4	5	3	6		
2015	2	3	5	6	4	1		
2016	2	4	6	3	1	5		
2017	4	2	5	3	1	6		
2018	3	6	5	4	1	2		
2019	1	3	5	2	4	6		
2020	1	2	3	4	5	6		
2021	3	2	5	6	4	1		
2022	4	3	6	2	5	1		
2023	4	1	6	3	2	5		

◇1950〜1960大阪タイガース。1961阪神タイガースとなる。

◇1950中日ドラゴンズ。1951〜1953名古屋ドラゴンズ。1954中日ドラゴンズとなる。

◇1950〜1952大洋ホエールズ。1953松竹ロビンスと合併、大洋松竹ロビンスとなる（〜1954）。1955〜1977大洋ホエールズ。1978〜1992横浜大洋ホエールズ。1993〜2011横浜ベイスターズ。2012横浜DeNAベイスターズとなる。

◇1950〜1967広島カープ。1968広島東洋カープとなる。

◇1950〜1965.5.9国鉄スワローズ。1965.5.10サンケイスワローズ。1966〜1968サンケイアトムズ。1969アトムズ。1970〜1973ヤクルトアトムズ。1974〜2005ヤクルトスワローズ。2006東京ヤクルトスワローズとなる。

◇1951西日本パイレーツがパ・リーグの西鉄クリッパースと合併、西鉄ライオンズ（パ・リーグ）となる。

　◎印は同率。

セントラル・リーグ各年度優勝決定日・試合数

年度	チーム	月日	試合		年度	チーム	月日	試合	
1950	松竹	11. 10第1	134(137)	自	2007	巨人	10. 2	143(144)	自
1951	巨人	9. 23	107(114)	△	2008	巨人	10. 10	143(144)	他
1952	巨人	10. 3	115(120)	自	2009	巨人	9. 23	133(144)	自
1953	巨人	9. 27第2	118(125)	自	2010	中日	10. 1	143(144)	自
1954	中日	10. 19	125(130)	他	2011	中日	10. 18	142(144)	自
1955	巨人	10. 7第2	120(130)	自	2012	巨人	9. 21	133(144)	自
1956	巨人	9. 23第2	125(130)	自	2013	巨人	9. 22	133(144)	他
1957	巨人	10. 21第2	128(130)	自	2014	巨人	9. 26	137(144)	自
1958	巨人	10. 2	125(130)	他	2015	ヤクルト	10. 2	141(143)	自
1959	巨人	10. 3	119(130)	自	2016	広島	9. 10	131(143)	自
1960	大洋	10. 2	128(130)	他	2017	広島	9. 18	136(143)	自
1961	巨人	10. 9	125(130)	他	2018	広島	9. 26	135(143)	自
1962	阪神	10. 3	133(133)	自	2019	巨人	9. 21	138(143)	自
1963	巨人	10. 15第2	138(140)	自	2020	巨人	10. 30	111(120)	自
1964	阪神	9. 30第1	139(140)	自	2021	ヤクルト	10. 26	141(143)	他
1965	巨人	10. 14	129(140)	他	2022	ヤクルト	9. 25	137(143)	自
1966	巨人	9. 23第1	127(134)	自	2023	阪神	9. 14	128(143)	自
1967	巨人	10. 7	121(134)	他					
1968	巨人	10. 8第2	129(134)	自					
1969	巨人	10. 9	123(130)	自					
1970	巨人	10. 22	129(130)	自					
1971	巨人	9. 23	125(130)	自					
1972	巨人	10. 7	126(130)	自					
1973	巨人	10. 22	130(130)	自					
1974	中日	10. 12第2	128(130)	自					
1975	広島	10. 15	129(130)	自					
1976	巨人	10. 16	130(130)	自					
1977	巨人	9. 23	119(130)	他					
1978	ヤクルト	10. 4	126(130)	自					
1979	広島	10. 6	122(130)	自					
1980	広島	10. 17	127(130)	他					
1981	巨人	9. 23	121(130)	自					
1982	中日	10. 18	130(130)	自					
1983	巨人	10. 11	125(130)	自					
1984	広島	10. 4	125(130)	自					
1985	阪神	10. 16	125(130)	自					
1986	広島	10. 12	129(130)	自					
1987	巨人	10. 9	125(130)	他					
1988	中日	10. 7	120(130)	自					
1989	巨人	10. 6	127(130)	自					
1990	巨人	9. 8	114(130)	自					
1991	広島	10. 13第2	128(132)	自					
1992	ヤクルト	10. 10	130(131)	自					
1993	ヤクルト	10. 15	129(132)	自					
1994	巨人	10. 8	130(130)	自					
1995	ヤクルト	9. 30	125(130)	自					
1996	巨人	10. 6	129(130)	自					
1997	ヤクルト	9. 28	129(137)	自					
1998	横浜	10. 8	131(136)	自					
1999	中日	9. 30	129(135)	自					
2000	巨人	9. 24	131(135)	自					
2001	ヤクルト	10. 6	136(140)	自					
2002	巨人	9. 24	131(140)	他					
2003	阪神	9. 15	128(140)	他					
2004	中日	10. 1	133(138)	他					
2005	阪神	9. 29	141(146)	自					
2006	中日	10. 10	142(146)	自					

㊟ 自：自力　他：対抗チームの結果による。△は日程打ち切りのため自動的に決定。
（ ）内年度試合数。

パシフィック・リーグ各年度チーム順位

年度	オリックス	ソフトバンク	日本ハム	ロッテ	西武	近鉄	大映	高橋
1950	4	2	6	1	5	7	3	－
1951	5	1	6	3	2	7	4	－
1952	5	1	6	2	3	7	4	－
1953	2	1	6	5	4	7	3	－
1954	5	3	7	1	2	4	8	6
1955	4	1	7	3	2	5	6	8
1956	3	2	6	4	1	5	7	8
1957	4	2	5	3	1	6	7	－
1958	3	2	5	1	4	6		
1959	5	1	3	2	4	6		
1960	4	2	5	1	3	6		
1961	5	1	2	4	3	6		
1962	◎4	2	1	◎4	3	6		
1963	6	2	3	5	1	4		
1964	2	1	4	5	3	6		
1965	4	1	2	5	3	6		
1966	5	1	3	4	2	6		
1967	1	4	3	5	2	6		
1968	1	2	3	5	6	4		
1969	1	6	4	5	3	2		
1970	4	2	5	1	6	3		
1971	1	4	5	2	6	3		
1972	1	4	5	2	6	3		
1973	2	1	5	6	3	4		
1974	2	3	6	1	4	5		
1975	1	5	6	3	4	2		
1976	1	2	5	3	6	4		
1977	1	5	6	3	2	4		
1978	1	6	3	4	5	2		
1979	2	5	3	4	6	1		
1980	5	6	3	2	4	1		
1981	2	5	1	3	4	6		
1982	4	6	2	5	1	3		
1983	2	3	6	5	1	4		
1984	1	5	6	2	3	4		
1985	4	6	5	2	1	3		
1986	3	6	4	5	1	2		

年度	オリックス	ソフトバンク	日本ハム	ロッテ	西武	楽天	近鉄
1987	2	4	3	5	1		6
1988	4	5	3	6	1		2
1989	2	4	5	6	3		1
1990	2	6	4	5	1		3
1991	4	5	3	6	1		2
1992	3	5	4	6	1		2
1993	3	6	2	5	1		4
1994	◎2	4	6	5	1		◎2
1995	1	6	4	2	3		5
1996	1	6	2	5	3		4
1997	2	◎4	◎4	6	1		3
1998	◎3	◎3	2	6	1		5
1999	5	1	3	6	2		4
2000	4	1	3	5	2		6
2001	4	2	6	5	3		1
2002	6	◎2	5	4	1		◎2
2003	6	1	5	4	2		3
2004	6	2	3	4	1		5
2005	4	2	5	1	3	6	
2006	5	3	1	4	2	6	
2007	6	3	1	2	5	4	
2008	2	6	3	4	1	5	
2009	6	3	1	5	4	2	
2010	5	1	4	3	2	6	
2011	4	1	2	6	3	5	
2012	6	3	1	5	2	4	
2013	5	4	6	3	2	1	
2014	2	1	3	4	5	6	
2015	5	1	2	3	4	6	
2016	6	2	1	3	4	5	
2017	4	1	5	6	2	3	
2018	4	2	3	5	1	6	
2019	6	2	5	4	1	3	
2020	6	1	5	2	3	4	
2021	1	4	5	2	6	3	
2022	1	2	6	5	3	4	
2023	1	3	6	2	5	4	

◇1950〜1988阪急ブレーブス。1989、1990オリックス・ブレーブス。1991〜2004オリックス・ブルーウェーブ。2005大阪近鉄バファローズと統合し、オリックス・バファローズとなる。

◇1950〜1988南海ホークス。1989〜2004福岡ダイエーホークス。2005福岡ソフトバンクホークスとなる。

◇1950〜1953東急フライヤーズ。1954〜1972東映フライヤーズ。1973日拓ホーム・フライヤーズ。1974〜2003日本ハム・ファイターズ。2004北海道日本ハムファイターズとなる。

◇1950〜1957毎日オリオンズ。1958大映ユニオンズと合併、毎日大映（大毎）オリオンズとなる（〜1963）。1964〜1968東京オリオンズ。1969〜1991ロッテ・オリオンズ。1992千葉ロッテマリーンズとなる。

◇1950西鉄クリッパース。1951セ・リーグの西日本パイレーツと合併、西鉄ライオンズとなる（〜1972）。1973〜1976太平洋クラブ・ライオンズ。1977、1978クラウンライター・ライオンズ。1979〜2007西武ライオンズ。2008埼玉西武ライオンズとなる。

◇2005〜東北楽天ゴールデンイーグルス。

◇1950〜1958近鉄パールス。1959〜1961近鉄バファロー。1962〜1998近鉄バファローズ。1999〜2004大阪近鉄バファローズとなる。

◇1950〜1956大映スターズ。1957高橋ユニオンズと合併、大映ユニオンズとなる。

◇1954高橋ユニオンズ。1955トンボユニオンズ。1956高橋ユニオンズとなる。

◎印は同率

パシフィック・リーグ各年度優勝決定日・試合数

年度	チーム	月日	試合	
1950	毎　日	10. 25	110(120)	自
1951	南　海	9. 23	100(104)	△
1952	南　海	10. 9	121(121)	自
1953	南　海	10. 6	119(120)	他
1954	西　鉄	10. 19	139(140)	自
1955	南　海	10. 6	140(143)	自
1956	西　鉄	10. 6	153(154)	自
1957	西　鉄	10. 13第2	125(132)	自
1958	西　鉄	10. 2第2	128(130)	他
1959	南　海	10. 4第2	128(134)	自
1960	大　毎	10. 5	131(133)	自
1961	南　海	10. 15第1	138(140)	自
1962	東　映	9. 30	128(133)	他
1963	西　鉄	10. 20第2	150(150)	自
1964	南　海	9. 19	149(150)	他
1965	南　海	9. 26第2	121(140)	自
1966	南　海	10. 9	133(133)	他
1967	阪　急	10. 1	123(134)	他
1968	阪　急	10. 11	134(134)	他
1969	阪　急	10. 19	129(130)	自
1970	ロ ッ テ	10. 7	118(130)	自
1971	阪　急	9. 28	124(130)	自
1972	阪　急	9. 26	117(130)	自
1973	(前)南　海	7. 11	65-(65)	他
	(後)阪　急	10. 5	61-(65)	他
1974	(前)阪　急	6. 20	61-(65)	自
	(後)ロ ッ テ	9. 26	62-(65)	他
1975	(前)阪　急	6. 17	61-(65)	自
	(後)近　鉄	9. 21第2	59-(65)	自
1976	(前)阪　急	6. 24	60-(65)	自
	(後)阪　急	9. 30	62-(65)	自
1977	(前)阪　急	7. 2	64-(65)	自
	(後)ロ ッ テ	10. 5	65-(65)	他
1978	(前)阪　急	6. 18第1	57-(65)	他
	(後)阪　急	9. 27	64-(65)	自
1979	(前)近　鉄	6. 26	65-(65)	自
	(後)阪　急	10. 5	61-(65)	自
1980	(前)ロ ッ テ	6. 27	60-(65)	自
	(後)近　鉄	10. 11	65-(65)	自
1981	(前)ロ ッ テ	6. 24	63-(65)	自
	(後)日本ハム	9. 23	62-(65)	他
1982	(前)西　武	6. 25	63-(65)	他
	(後)日本ハム	9. 28	58-(65)	自
1983	西　武	10. 10第1	119(130)	自
1984	阪　急	9. 23	125(130)	他
1985	西　武	10. 9	121(130)	自
1986	西　武	10. 9	129(130)	自
1987	西　武	10. 10	125(130)	自
1988	西　武	10. 19第2	130(130)	他
1989	近　鉄	10. 14	129(130)	自
1990	西　武	9. 23	117(130)	自
1991	西　武	10. 3	124(130)	自
1992	西　武	9. 30	124(130)	自
1993	西　武	10. 13	126(130)	自
1994	西　武	10. 2	125(130)	自
1995	オリックス	9. 19	121(130)	自
1996	オリックス	9. 23	123(130)	自
1997	西　武	10. 3	131(135)	自
1998	西　武	10. 7第2	129(135)	自
1999	ダイエー	9. 25	129(135)	自
2000	ダイエー	10. 7	132(135)	自
2001	近　鉄	9. 26	136(140)	自
2002	西　武	9. 21	126(140)	他
2003	ダイエー	9. 30	136(140)	他
2004	西　武	10. 11	—(133)	プ
2005	ロ ッ テ	10. 17	—(136)	プ
2006	日本ハム	10. 12	—(136)	プ
2007	日本ハム	9. 29	141(144)	自
2008	西　武	9. 26	139(144)	他
2009	日本ハム	10. 6	141(144)	他
2010	ソフトバンク	9. 26	144(144)	他
2011	ソフトバンク	10. 1	133(144)	自
2012	日本ハム	10. 2	141(144)	自
2013	楽　天	9. 26	134(144)	自
2014	ソフトバンク	10. 2	144(144)	自
2015	ソフトバンク	9. 17	127(143)	自
2016	日本ハム	9. 28	142(143)	自
2017	ソフトバンク	9. 16	130(143)	自
2018	西　武	9. 30	138(143)	他
2019	西　武	9. 24	142(143)	自
2020	ソフトバンク	10. 27	111(120)	自
2021	オリックス	10. 27	143(143)	他
2022	オリックス	10. 2	143(143)	他
2023	オリックス	9. 20	130(143)	自

注　自：自力　他：対抗チームの結果　プ：プレーオフによる。
　　△は日程打ち切りのため、自動的に決定。（　）内年度試合数。
　　1973〜1982は前後期の2シーズン制で各期の優勝決定日。
　　2004〜2006はプレーオフ制（第2ステージ）での優勝決定日。

セントラル・リーグ各年度試合方式（1950〜2023）

年	球団数	総当り	予定試合数	引分	開幕日	閉幕日	消化試合数	試合制限
1950	8	20	★[1] 560	再試合せず	3.10	11.20	553	昼12回 夜9回 （9回）
1951	7	20	★[2] 420	〃	3.29	10.9	386	〃 〃 〃
1952	7	20	420	〃	3.20	10.13	420	昼は日没 夜勝敗決定するまで （勝敗決定まで）
1953	6	26	★[1] 390	〃	3.28	10.16	385	〃 〃 〃
1954	6	26	390	〃	4.3	10.26	390	〃 夜22時30分 （12回）
1955	6	26	390	〃	4.2	11.23	390	〃 夜22時15分 〃
☆[1]1956	6	26	390	〃	3.21	10.7	390	〃 〃 〃
☆[1]1957	6	26	390	〃	3.30	10.27	390	〃 〃 〃
☆[1]1958	6	26	390	〃	4.5	10.23	390	〃 〃 〃
☆[1]1959	6	26	390	〃	4.11	10.22	390	〃 夜22時30分 〃
☆[1]1960	6	26	390	〃	4.2	10.6	390	〃 〃 〃
☆[1]1961	6	26	390	〃	4.8	10.8	390	〃 〃 〃
1962	6	26	390	再試合	4.7	10.9	401	〃 〃 〃
1963	6	28	420	再試合せず	4.13	10.23	420	▼ 夜22時30分 （13回）
1964	6	28	★[3] 420	〃	3.20	9.30	420	〃 〃 〃
1965	6	28	420	〃	4.10	10.27	420	〃 夜22時15分 （12回）
1966	6	26	390	再試合	4.9	10.12	401	■ （11回）
1967	6	26	390	〃	4.8	10.19	406	〃 〃
1968	6	26	390	〃	4.6	10.15	401	〃 夜22時20分 （12回）
1969	6	26	390	再試合せず	4.12	10.21	390	〃 夜22時30分 〃
1970	6	26	390	〃	4.11	10.26	390	〃 夜22時20分 〃
1971	6	26	390	〃	4.10	10.8	390	〃 〃 〃
1972	6	26	390	〃	4.9	10.15	390	開始時より3時間20分 （11回）
1973	6	26	390	〃	4.14	10.24	390	〃 〃
1974	6	26	390	〃	4.6	10.15	390	開始時より3時間 （9回）
1975	6	26	390	〃	4.5	10.21	390	〃 〃
1976	6	26	390	〃	4.3	10.22	390	〃 〃
1977	6	26	390	〃	4.2	10.18	390	〃 〃
1978	6	26	390	〃	4.1	10.11	390	〃 〃
1979	6	26	390	〃	4.7	10.25	390	〃 〃
1980	6	26	390	〃	4.5	10.24	390	〃 〃
1981	6	26	390	〃	4.4	10.14	390	〃 〃
1982	6	26	390	〃	4.3	10.18	390	〃 〃
1983	6	26	390	〃	4.9	10.24	390	開始時より3時間20分 〃
1984	6	26	390	〃	4.6	10.13	390	〃 〃
1985	6	26	390	〃	4.13	10.24	390	〃 〃
1986	6	26	390	〃	4.4	10.17	390	〃 〃
1987	6	26	390	〃	4.10	10.22	390	〃 〃
1988	6	26	390	〃	4.8	10.21	390	12回 〃
1989	6	26	390	〃	4.8	10.18	390	〃 （12回）
1990	6	26	390	再試合	4.7	10.13	393	15回 （15回）
1991	6	26	390	〃	4.6	10.16	393	〃 〃
1992	6	26	390	〃	4.4	10.11	392	〃 〃
1993	6	26	390	〃	4.10	10.22	394	〃 〃
1994	6	26	390	〃	4.9	10.9	390	〃 〃
1995	6	26	390	〃	4.7	10.13	391	〃 〃
1996	6	26	390	〃	4.5	10.9	390	〃 〃
1997	6	27	405	〃	4.4	10.13	407	〃 〃
1998	6	27	405	〃	4.3	10.12	406	〃 〃
1999	6	27	405	〃	4.2	10.15	405	〃 〃
2000	6	27	405	〃	3.31	10.11	407	〃 〃
☆[2]2001	6	28	420	再試合せず	3.30	10.12	420	12回 （12回）
☆[3]2002	6	28	420	〃	3.30	10.17	420	〃 〃
☆[3]2003	6	28	420	〃	3.28	10.16	420	〃 〃
☆[3]2004	6	28	★[4] 420	〃	4.2	10.16	414	〃 〃
☆[3]2005	6	22(6)	546	〃	4.1	10.14	546	〃 〃
☆[3]2006	6	22(6)	546	〃	3.31	10.16	546	〃 〃
☆[4]2007	6	24(4)	504	〃	3.30	10.9	504	〃 〃
☆[4]2008	6	24(4)	504	〃	3.28	10.12	504	〃 〃
☆[4]2009	6	24(4)	504	再試合せず	4.3	10.12	504	〃 〃
☆[4]2010	6	24(4)	504	〃	3.26	10.10	504	〃 〃

年	球団数	総当り	予定試合数	引分	開幕日	閉幕日	消化試合数	試合制限	
☆⁴2011	6	24(4)★⁵	504	〃	4.12	10.25	504	12回。開始時より3時間30分優先	
☆⁴2012	6	24(4)	504	〃	3.30	10.9	504		
☆⁴2013	6	24(4)	504	〃	3.29	10.8	504	12回	(12回)
☆⁴2014	6	24(4)	504	〃	3.28	10.7	504	〃	(◆〃)
☆⁵2015	6	25(3)	483	〃	3.27	10.7	483	〃	(9回)
☆⁵2016	6	25(3)	483	〃	3.25	10.1	483	〃	〃
☆⁵2017	6	25(3)	483	〃	3.31	10.10	483	〃	〃
☆⁵2018	6	25(3)	483	〃	3.30	10.13	483	〃	〃
☆⁵2019	6	25(3)	483	〃	3.29	9.30	483	〃	〃
☆⁶2020	6	24 ★⁶	360	〃	6.19	11.14	360	10回	〃
☆⁵2021	6	25(3)★⁷	483	〃	3.26	11.1	483	9回	〃
☆⁷2022	6	25(3)	483	〃	3.25	10.3	483	12回	〃
☆⁷2023	6	25(3)	483	〃	3.31	10.4	483	〃	〃

（）内数字は交流戦

(注) 試合制限欄の（）内はダブルヘッダー第1試合の打ち切り回数。
　　　▼…昼間日没となったとき点灯し19時以降、新しいエキストラィニングに入らない。
　　　■…18時30分以降、新しいエキストラィニングに入らない。
　　　'68は9月14日から緊急臨時措置として、回数の制限をとり0時（ある球団が翌日移動なしで、異地区で試合を行うときは23時）。
　　　'72、'73は19時以降開始は22時20分、'74～'82は22時となる。
　　　'83～'87は19時以前、以降に関係なく開始時より3時間20分。
　　　'88、'89は時間に関係なく12回まで。
　　　'75～'84はダブルヘッダー第2試合の開始時間が21時を過ぎたときは打ち切り。
　　　'90～'00はダブルヘッダー第1試合の開始時間は15時以前とし、第1・2試合共に時間に関係なく15回、'01より12回となる。
　　　'85よりダブルヘッダー第2試合の開始時間が20時を過ぎたときは打ち切り（'89より、リーグの許可がある場合はこの限りでない）。
　　　'11、'12は特例措置あり。
　　　◆…'14は9月1日以降、時間に関係なく9回まで（9月1日、セ・リーグ理事会で決定）。
　　　'21は時間に関係なく延長回は行わない。

☆¹…引分を0.5勝、0.5敗として計算。
☆²…勝利数第1位の球団が優勝。勝利数第1位と勝率第1位の球団が異なる場合、プレーオフ。
☆³…勝率第1位の球団が優勝。勝率第1位と勝利数第1位の球団が異なる場合、プレーオフ。
☆⁴…勝率第1位の球団が優勝。2球団以上が同率の場合、その中で最も勝利数の多い球団が優勝。勝率1位でかつ勝利数も同じ球団が2球団以上となった場合、①当該球団間の対戦勝率が高い球団②前年度順位が上位の球団を優勝とする。2位以下の順位についてもこの方式に従って決定する。その後、2位球団と3位球団でクライマックスシリーズ第1（ファースト）ステージ（3試合制）、その勝者と優勝球団で第2（ファイナル）ステージ（5試合制、'08より優勝球団に1勝のアドバンテージを与える6試合制）を行い、勝者を日本シリーズ出場球団とする。
☆⁵…勝率1位の球団が優勝。2球団以上が同率の場合、その中で最も勝利数の多い球団が優勝。勝率1位でかつ勝利数も同じ球団が2球団以上となった場合、①当該球団間の対戦勝率が高い球団②前年度順位が上位の球団を優勝とする。勝率1位でかつ勝利数も同じ球団が3球団以上となった場合、①合算した対戦成績を合算し、その勝率の高い順にて順位を決定。②合算した対戦勝率が並んだ場合、当該球団間の対戦勝率を優先して順位を決定。③当該球団間の対戦勝率が同じ場合は、前年度順位の上位の球団が優勝。2位以下の順位についてもこの方式に従って決定する。その後、2位球団と3位球団でクライマックスシリーズ第1（ファースト）ステージ（3試合制）、その勝者と優勝球団で第2（ファイナル）ステージ（優勝球団に1勝のアドバンテージを与える6試合制）を行い、勝者を日本シリーズ出場球団とする。
☆⁶…勝率1位の球団が優勝。2球団以上が同率の場合、その中で最も勝利数の多い球団が優勝。勝率1位でかつ勝利数も同じ球団が2球団となった場合、①当該球団間の対戦勝率が高い球団②前年度順位が上位の球団を優勝とする。勝率1位でかつ勝利数も同じ球団が3球団以上となった場合、①当該球団間の対戦成績を合算し、その勝率の高い順にて順位を決定。②合算した対戦勝率が並んだ場合、当該球団間の対戦勝率を優先して順位を決定。③当該球団間の対戦勝率が同じ場合は、前年度順位の上位の球団が優勝。2位以下の順位についてもこの方式に従って決定する。
☆⁷…勝率1位の球団が優勝。2球団以上が同率の場合、その中で最も勝利数の多い球団が優勝。勝率1位でかつ勝利数も同じ球団が2球団となった場合、①当該球団間の対戦勝率が高い球団②当該球団間の勝率が同じ場合は、リーグ内対戦成績（各125試合）の勝率が高い球団③①②の勝率が並んだ場合、前年度順位が上位の球団を優勝とする。勝率1位でかつ勝利数も同じ球団が3球団以上となった場合、①当該球団間の対戦成績を合算し、その勝率の高い順にて順位を決定。②合算した対戦勝率が並んだ場合、当該球団間の対戦勝率を優先して順位を決定。③当該球団間の対戦勝率が同じ場合は、リーグ内対戦成績（各125試合）の勝率が高い球団④①②③の勝率が並んだ場合は、前年度順位の上位の球団が優勝。2位以下の順位についてもこの方式に従って決定する。その後、2位球団と3位球団でクライマックスシリーズ第1（ファースト）ステージ（3試合制）、その勝者と優勝球団で第2（ファイナル）ステージ（優勝球団に1勝のアドバンテージを与える6試合制）を行い、勝者を日本シリーズ出場球団とする。

★¹…日本シリーズのため日程を打ち切る。
★²…日米野球のため日程を打ち切る。
★³…東京オリンピックのため早期開閉幕。
★⁴…選手会ストによる中止の計6試合（各チーム2試合）は、代替試合を実施せず打ち切る。
★⁵…東日本大震災の影響で開幕延期。
★⁶…新型コロナウイルスの影響で開幕延期。
★⁷…東京オリンピックのため中断期間あり。（7/19～8/12）

パシフィック・リーグ各年度試合方式（1950〜2023）

年度	球団数	総当り	予定試合数	引分	開幕日	閉幕日	消化試合数	試合制限	
1950	7	20	420	再試合せず	3.11	11.22	420	昼12回 夜9回	（9回）
1951	7	20	★¹ 420	〃	3.31	10.7	358	〃 〃	〃
☆¹1952	7	18	378	再試合	3.21	10.9	403	昼は日没 夜勝敗決定するまで	（勝敗決定まで）
1953	7	20	420	再試合せず	3.21	10.11	420	〃 夜23時45分	
1954	8	20	560	〃	3.27	10.29	560	〃 夜22時45分	（12回）
1955	8	20	560	再試合	3.26	10.13	569	〃 夜22時15分	
☆²1956	8	22	616	再試合せず	3.21	10.8	616	〃 〃	
☆²1957	7	22	462	〃	3.30	10.24	462	〃 〃	
☆²1958	6	26	390	〃	4.5	10.8	390	〃 〃	
1959	6	26	390	再試合	4.10	10.20	408	〃 夜22時30分	（9回）
1960	6	26	390	〃	4.9	10.9	402	〃 〃	
☆²1961	6	28	420	再試合せず	4.8	10.17	420	〃 〃	（12回）
1962	6	26	390	再試合	4.7	10.9	398	〃 〃	
1963	6	30	450	再試合せず	4.6	10.20	450	〃 〃	
1964	6	30	★² 450	〃	3.14	9.29	450	〃 〃	
1965	6	28	420	〃	4.10	10.24	420	〃 夜22時15分	
1966	6	26	390	再試合	4.9	10.13	404	〃 〃	（11回）
1967	6	26	390	〃	4.8	10.17	405	〃 〃	
1968	6	26	390	〃	4.6	10.13	406	昼点灯し18時30分 夜22時20分	（12回）
1969	6	26	390	再試合せず	4.12	10.20	390	〃 〃	〃
1970	6	26	390	〃	4.11	10.23	390	〃 〃	〃
1971	6	26	390	〃	4.10	10.9	390	開始時より3時間20分	（11回）
1972	6	26	390	〃	4.8	10.16	390	〃	〃
☆³1973	6	26	390	〃	(前)4.14	7.12	195		
					(後)7.27	10.16	195		
☆³1974	6	26	390	〃	(前)4.6	7.3	195	開始時より3時間	（9回）
					(後)7.5	10.2	195		
☆³1975	6	26	390	〃	(前)4.5	7.1	195		
					(後)7.8	10.10	195		
☆³1976	6	26	390	〃	※(前)4.3	10.13	195		
					(後)7.2	10.10	195		
☆³1977	6	26	390	〃	※(前)4.2	10.9	195		
					(後)7.4	10.6	195		
☆³1978	6	26	390	〃	(前)4.1	6.28	195		
					(後)6.30	9.30	195		
☆³1979	6	26	390	〃	(前)4.7	7.4	195		
					(後)7.6	10.20	195		
☆³1980	6	26	390	〃	※(前)4.5	11.8	195		
					(後)7.4	10.11	195		
☆³1981	6	26	390	〃	※(前)4.4	10.4	195		
					(後)7.3	10.4	195		
☆³1982	6	26	390	〃	(前)4.3	6.29	195		
					(後)7.2	10.12	195		
☆⁴1983	6	26	390	〃	4.9	10.24	390		
☆⁴1984	6	26	390	〃	3.31	9.30	390	〃	
☆⁴1985	6	26	390	〃	4.6	10.22	390	〃	
1986	6	26	390	〃	4.4	10.19	390	〃	
1987	6	26	390	〃	4.10	10.21	390	〃	
1988	6	26	390	〃	4.8	10.23	390	開始時より4時間。12回	
1989	6	26	390	〃	4.8	10.20	390	〃	
1990	6	26	390	〃	4.7	10.18	390	〃	
1991	6	26	390	〃	4.6	10.17	390	〃	
1992	6	26	390	〃	4.4	10.13	390	〃	
1993	6	26	390	〃	4.10	10.19	390	〃	
1994	6	26	390	〃	4.9	10.10	390	12回	（12回）
1995	6	26	390	〃	4.1	10.6	390	〃	
1996	6	26	390	〃	3.30	10.10	390	〃	
1997	6	27	405	〃	4.5	10.12	405	〃	
1998	6	27	405	〃	4.4	10.12	405	〃	
1999	6	27	405	〃	4.3	10.12	405	〃	

年度	球団数	総当り	予定試合数	引分	開幕日	閉幕日	消化試合数	試合制限	
2000	6	27	405	再試合せず	4.1	10.16	405	12回	(12回)
2001	6	28	420	〃	3.24	10.5	420		〃
2002	6	28	420	〃	3.30	10.18	420		〃
2003	6	28	420	〃	3.28	10.12	420		〃
☆[5]2004	6	27 ★[3]	405	〃	3.27	9.27	399		〃
☆[5]2005	6	20(6)	516	〃	3.26	9.28	516		〃
☆[6]2006	6	20(6)	516	〃	3.25	10.1	516		〃
☆[7]2007	6	24(4)	504	〃	3.24	10.6	504		〃
☆[7]2008	6	24(4)	504	〃	3.20	10.7	504		〃
☆[8]2009	6	24(4)	504	〃	4.3	10.11	504		〃
☆[8]2010	6	24(4)	504	〃	3.20	10.1	504		〃
☆[8]2011	6	24(4) ★[4]	504	〃	4.12	10.22	504	12回。開始時より3時間30分優先	
☆[8]2012	6	24(4)	504	〃	3.30	10.9	504		
☆[8]2013	6	24(4)	504	〃	3.29	10.13	504	12回	(12回)
☆[8]2014	6	24(4)	504	〃	3.28	10.7	504		〃
☆[8]2015	6	25(3)	483	〃	3.27	10.6	483		〃
☆[8]2016	6	25(3)	483	〃	3.25	10.5	483		〃
☆[8]2017	6	25(3)	483	〃	3.31	10.10	483		〃
☆[8]2018	6	25(3)	483	〃	3.30	10.13	483		〃
☆[8]2019	6	25(3)	483	〃	3.29	9.29	483		〃
☆[9]2020	6	24 ★[5]	360	〃	6.19	11.9	360	10回	(10回)
☆[8]2021	6	25(3) ★[6]	483	〃	3.26	10.30	483	9回	(9回)
☆[8]2022	6	25(3)	483	〃	3.25	10.2	483	12回	(12回)
☆[8]2023	6	25(3)	483	〃	3.30	10.10	483		(9回)

( )内数字は交流戦

注 試合制限欄の( )内はダブルヘッダー第1試合の打ち切り回数。
'52の変則ダブルヘッダー第1試合は9回、'53は12回。
'71よりシングルゲームは昼夜間わず3時間20分を過ぎて新しい回に入らない。但し、19時以降開始の場合、'71〜'73は22時20分、'74〜'87は22時となる。
'88〜'93は開始時刻より4時間、12回打ち切りと併用。
'94〜'19は試合時間に関係なく12回。
'11、'12は特例措置あり。
'21は時間に関係なく延長回は行わない。

☆[1]… 総当り18回378試合を終わったのち、上位4球団のみ4回総当り24試合を行い、これを加えての勝率で順位を決めた。
☆[2]… 引分を0.5勝、0.5敗として計算。
☆[3]… 前後期に区分し、各期優勝球団を決定。各期の優勝球団で年度優勝決定試合を行い選手権球団を決定。年度選手権を獲得した球団を1位とし、2位以下は勝率順。
☆[4]… 年度優勝決定試合を行う。但し2位の球団が5試合に勝っても通算勝率において1位球団の勝率に達しない場合優勝決定試合を行わない。1位球団を選手権球団とし、2位以下は勝率順。
☆[5]… 勝率2位球団と3位球団でプレーオフ第1ステージ（3試合制）、その勝者と勝率1位球団で第2ステージ（5試合制）を行い勝者を年度選手権球団とし、2位以下はレギュラーシーズンの勝率順。
☆[6]… 2位球団と3位球団でプレーオフ第1ステージ（3試合制）、その勝者と勝率1位球団で第2ステージ（勝率1位球団に1勝のアドバンテージを与える4試合制）を行い、勝者を年度選手権球団とする。2位以下はレギュラーシーズンの勝率順。（同率球団が生まれた場合①当該球団間の対戦勝率②前年度順位で全順位付けする。）
☆[7]… 勝率1位の球団が優勝。同率球団が生まれた場合①当該球団間の対戦勝率②前年度順位で全順位付けをする。その後、2位球団と3位球団でクライマックスシリーズ第1ステージ（3試合制）、その勝者と勝率1位球団で第2ステージ（5試合制、'08は優勝球団に1勝のアドバンテージを与える6試合制）を行い、勝者を日本シリーズ出場球団とする。
☆[8]… 勝率1位の球団が優勝。同率球団が生まれた場合①当該球団間の対戦勝率②リーグ内対戦勝率③前年度順位で全順位付けをする。その後、2位球団と3位球団でクライマックスシリーズ第1（ファースト）ステージ（3試合制）、その勝者と優勝球団で第2（ファイナル）ステージ（優勝球団に1勝のアドバンテージを与える6試合制）を行い、勝者を日本シリーズ出場球団とする。
☆[9]… 勝率1位の球団が優勝。同率球団が生まれた場合①当該球団間の対戦勝率②前年度順位で、全順位付けをする。その後、優勝球団と2位球団でクライマックスシリーズ（優勝球団に1勝のアドバンテージを与える4試合制）を行い、勝者を日本シリーズ出場球団とする。
★[1]… 日米野球のため日程を打ち切る。
★[2]… 東京オリンピックのため早期開閉幕。
★[3]… 選手会ストによる中止の計6試合（各チーム2試合）は、代替試合を実施せず打ち切る。
★[4]… 東日本大震災の影響で開幕延期。
★[5]… 新型コロナウイルスの影響で開幕延期。
★[6]… 東京オリンピックのため中断期間あり。(7/19〜8/12)
※… 前期未消化試合を後期終了後に行う。

2023年・退場者

月　日	試　　　　合	球　場	退　場　者	原因と処分
4月12日	パ 楽　　　天対オリックス②	楽天モバイル	楽　　　天 西垣　雅矢	危険投球
4月13日	パ 西　　　武対ロッテ③	県 営 大 宮	ロ ッ テ 西村　天裕	危険投球
6月15日	交 巨　　　人対西　　　武③	東京ドーム	巨　　　人 大　　　勢	危険投球
6月15日	交 広　　　島対楽　　　天③	マ ツ ダ	楽　　　天 内　　　星龍	危険投球
7月26日	セ 広　　　島対ヤクルト⑭	マ ツ ダ	広　　　島 栗林　良吏	危険投球
8月19日	セ ヤクルト対中　　　日⑲	神　　　宮	ヤクルト 木澤　尚文	危険投球
9月 8日	セ ＤｅＮＡ対ヤクルト⑲	横　　　浜	ＤｅＮＡ 森原　康平	危険投球
9月18日	セ 阪　　　神対ＤｅＮＡ㉔	甲 子 園	ＤｅＮＡ エスコバー	危険投球

セントラル・リーグ

常に挑戦していく

がむしゃらに駆け抜け、5年ぶりAクラス2位
クライマックスシリーズに進出しました。
2024シーズン、勢いよく拳を突き上げたくさん喜びあえるように
家族一丸でがむしゃらに戦い続けます。

株式会社　広島東洋カープ
〒732-8501 広島市南区南蟹屋二丁目3番1号
TEL/082-554-1000　FAX/082-568-1190
https://www.carp.co.jp/

2023・レギュラーシーズン成績

チーム勝敗表

○中数字は引分

チーム	試合	勝利	敗北	引分	勝率	ゲーム差	阪神	広島	DeNA	巨人	ヤクルト	中日	交流戦計
阪　神	143	85	53	5	.616	－	－	15①9	13－12	18①6	17①7	15①9	7①10
広　島	143	74	65	4	.532	11.5	9①15	－	14①10	17－8	13①11	12①12	9－9
DeNA	143	74	66	3	.529	12.0	12－13	10①14	－	11－14	14①10	16①8	11－7
巨　人	143	71	70	2	.504	15.5	6①18	8－17	14－11	－	17－8	15①9	11－7
ヤクルト	143	57	83	3	.407	29.0	7①17	11①13	10①14	8－17	－	14－11	7－11
中　日	143	56	82	5	.406	29.0	9①15	12①12	8①16	9①15	11－14	－	7①10

㊟　上位3チームによるクライマックスシリーズを制した阪神が日本シリーズ出場。

ホームゲーム勝敗表

チーム	試合	勝利	敗北	引分	勝率	阪神	広島	DeNA	巨人	ヤクルト	中日	交流戦計
阪　神	71	45	23	3	.662	－	9①2	8－5	10－3	7①4	7－5	4①4
広　島	72	44	26	2	.629	7－6	－	7①5	9－3	11①1	6－6	4－5
DeNA	71	39	30	2	.565	7－5	5－7	－	6－7	7①4	8①4	6－3
巨　人	71	39	30	2	.565	3①8	5－8	7－5	－	10－3	9①2	5－4
ヤクルト	72	36	36	0	.500	3－10	10－2	6－7	5－7	－	9－4	3－6
中　日	72	30	39	3	.435	4①8	6①6	4－8	7－6	7－5	－	2①6

ロードゲーム勝敗表

チーム	試合	勝利	敗北	引分	勝率	阪神	DeNA	巨人	広島	中日	ヤクルト	交流戦計
阪　神	72	40	30	2	.571	－	5－7	8①3	6－7	8①4	10－3	3－6
DeNA	72	35	36	1	.493	5－8	－	5－7	5①7	8－4	7－6	5－4
巨　人	72	32	40	0	.444	3－10	7－6	－	3－9	6－7	7－5	6－3
広　島	71	30	39	2	.435	2①9	7－5	8－5	－	6①6	2－10	5－4
中　日	71	26	43	2	.377	5－7	4①8	2①9	6－6	－	4－9	5－4
ヤクルト	71	21	47	3	.309	4①7	4①7	3－10	1①11	5－7	－	4－5

2023・セントラル・リーグ各チーム戦績

※は順位決定日。球場、相手の－は試合予定がない日の順位変動日。

阪　神（85勝53敗5分）

日	球場	相手		スコア	勝敗	投手	順位
3月（1勝0敗）							
31	京セラD	ディ	①	6－3	○	青柳　晃洋	①
4月（12勝10敗1分）							
1	京セラD	ディ	③	6－5	○	富田　蓮	〃
2	〃	〃	③	6－2	○	才木　浩人	〃
4	マツダ	広	①	5－4	○	浜地　真澄	〃
5	〃	〃		中　止			②
6	〃	〃	②	0－3	●	西　純矢	〃
7	甲子園	ヤ	①	1－3	●	浜地　真澄	〃
8	〃	〃	②	1－0	○	大竹耕太郎	〃
9	〃	〃	③	1－1	△	加治屋　蓮	〃
11	東京D	巨	①	1－7	●	西　勇輝	〃
12	〃	〃	②	2－1	○	岩崎　優	〃
13	〃	〃	④	4－1	○	西　純矢	①
14	横浜	ディ	④	3－8	●	青柳　晃洋	〃
15	〃	〃		中　止			
16	甲子園	広	⑤	1－2	●	才木　浩人	②
18	〃	〃	③	2－1	○	西	①
19	〃	〃	④	6－1	○	大竹耕太郎	〃
20	〃	〃	⑤	5－7	●	西　純矢	〃
21	バンテリンD	中	①	1－4	●	青柳　晃洋	③
22	〃	〃	②	1－5	●	村上　頌樹	①
23	〃	〃	③	1－2	●	才木　浩人	②
25	甲子園	巨	④	中　止			〃
26	〃	〃	④	4－8	●	西　勇輝	〃
27	〃	〃	⑤	15－0	○	伊藤　将司	〃
28	神宮	ヤ	④	4－0	○	大竹耕太郎	〃
29	〃	〃	⑤	7－0	○	村上　頌樹	〃
30	〃	〃	⑥	2－4	●	才木　浩人	〃
5月（19勝5敗）							
2	甲子園	中	④	1－3	●	青柳　晃洋	〃
3	〃	〃	⑤	8－7	○	K.ケラー	〃
4	〃	〃	⑥			及川　雅貴	〃
5	マツダ	広	⑥	5－0	○	大竹耕太郎	〃
6	〃	〃		中　止			
7	〃	〃		中　止			
9	甲子園	ヤ	⑦	0－1	●	村上　頌樹	〃
10	〃	〃	⑧	0－5	●	西　勇輝	〃
11	〃	〃	⑨	2－1	○	石井　大智	〃
12	〃	ディ	⑧	6－3	○	青柳　晃洋	〃
13	〃	〃	⑦	7－2	○	大竹耕太郎	①
14	〃	〃	⑧	15－7	○	西　純矢	〃
16	豊橋	中	⑧	9－4	○	村上　頌樹	〃
17	バンテリンD	〃	⑧	3－1	○	西　勇輝	〃
18	〃	〃	⑨	3－1	○	伊藤　将司	〃
19	甲子園	広	⑧	7－10	●	及川　雅貴	〃
20	〃	〃	⑧	1－0	○	岩崎　優	〃
21	〃	〃	⑧	4－1	○	才木　浩人	〃
23	神宮	ヤ	⑩	6－3	○	村上　頌樹	〃
24	〃	〃	⑪	6－5	○	島本　浩也	〃
25	〃	〃	⑫	7－4	○	及川　雅貴	〃
26	甲子園	巨	⑪	2－1	○	桐敷　拓馬	〃
27	〃	〃	⑫	3－2	○	大竹耕太郎	〃
28	〃	〃	⑬	4－1	○	才木　浩人	〃
30	ベルーナD	武	①	3－1	○	村上　頌樹	〃
31	〃	〃	②	0－4	●	西	〃
6月（8勝14敗1分）							
1	ベルーナD	武	③	2－4	●	伊藤　将司	〃
2	甲子園	ロ		中　止			〃
3	〃	〃	①	6－5	○	浜地　真澄	〃
4	〃	〃	②	2－0	○	才木　浩人	〃
5	〃	〃	③	7－7	△	湯浅　京己	〃
6	楽天モバイル	楽	①	1－4	●	村上　頌樹	〃
7	〃	〃	②	11－3	○	西　勇輝	〃
8	〃	〃	③	4－6	●	湯浅　京己	〃
9	エスコンF	日	①	0－4	●	富田　蓮	①
10	〃	〃	②	3－4	●	大竹耕太郎	〃
11	〃	〃	③	1－0	○	才木　浩人	〃
13	甲子園	オ	①	0－2	●	村上　頌樹	〃
14	〃	〃	②	8－3	○	西　勇輝	〃
15	〃	〃	③	2－3	●	湯浅　京己	〃
16	〃	ソ	①	4－1	○	島本　浩也	〃
17	〃	〃	②	4－6	●	岩崎　優	〃
18	〃	〃	③	0－9	●	加治屋　蓮	〃
23	横浜	ディ	⑨	1－3	●	ビーズリー	〃
24	〃	〃	⑩	0－2	●	伊藤　将司	〃
25	〃	〃	⑪	3－5	●	才木　浩人	〃
27	甲子園	中	⑪	11－3	○	西　勇輝	〃
28	〃	〃	⑫	2－4	●	島本　浩也	〃
29	〃	〃	⑬	8－0	○	村上　頌樹	〃
30	東京D	巨	⑩	1－2	●	加治屋　蓮	〃
7月（11勝8敗2分）							
1	東京D	巨	⑩	3－0	○	伊藤　将司	〃
2	〃	〃	⑪	2－2	△	岩崎　優	〃
4	マツダ	広	⑩	1－9	●	西　勇輝	〃
5	〃	〃	⑪	2－0	○	大竹耕太郎	〃
6	〃	〃	⑫	0－4	●	村上　頌樹	〃
7	甲子園	ヤ	⑫	中　止			〃
8	〃	〃	⑬	2－3	●	伊藤　将司	〃
9	〃	〃	⑭	1－0	○	岩貞　祐太	〃
11	倉敷	ディ	⑫	7－2	○	青柳　晃洋	〃
12	甲子園	〃	⑬	4－2	○	岩崎　優	〃
13	〃	中	⑬	0－4	●	村上　頌樹	〃
15	〃	〃	⑭	1－6	●	島本　浩也	〃
16	〃	〃	⑮	4－3	○	伊藤　将司	〃
17	〃	〃	⑮	4－1	○	西　純矢	〃
22	神宮	ヤ	⑮	3－6	●	青柳　晃洋	〃
23	〃	〃	⑯	4－2	○	伊藤	〃
25	甲子園	巨	⑭	4－2	○	島本　浩也	〃
26	〃	〃	⑮	8－5	○	桐敷　拓馬	〃
27	〃	〃	⑭	6－9	●	才木　浩人	〃
28	〃	広	⑭	7－2	○	村上　頌樹	①
29	〃	〃	⑮	2－2	△	島本　浩也	〃
30	〃	〃	⑯	2－0	○	伊藤	〃
8月（18勝7敗）							
1	バンテリンD	中	⑯	10－2	○	西　純矢	〃
2	〃	〃	⑰	1－3	●	秋山　拓巳	〃
3	〃	〃	⑱	5－2	○	ビーズリー	〃
4	横浜	ディ	⑮	5－2	○	浜地　真澄	〃
5	〃	〃	⑯	7－3	○	青柳　晃洋	〃
6	〃	〃	⑰	3－2	○	伊藤　将司	〃
7	東京D	巨	⑯	7－6	○	西　純矢	〃
9	〃	〃	⑰	5－2	○	加治屋　蓮	〃
10	〃	〃	⑱	5－2	○	才木　浩人	〃
11	京セラD	ヤ	⑰	2－1	○	馬場　皐輔	〃
12	〃	〃	⑱	4－3	○	馬場　皐輔	〃
13	〃	〃	⑲	5－3	○	伊藤　将司	〃
15	マツダ	広	⑯	6－7	●	馬場　皐輔	〃
16	〃	〃	⑰	3－2	○	大竹耕太郎	〃
17	〃	〃	⑱	0－6	●	ビーズリー	〃
18	横浜	ディ	⑱	2－0	○	加治屋　蓮	〃
19	〃	〃	⑲	2－0	○	青柳　晃洋	〃
20	〃	〃	⑳	2－0	○	伊藤　将司	〃
22	京セラD	中	⑲	5－3	○	島本　浩也	〃
23	〃	〃	⑳	1－0	○	大竹耕太郎	〃
25	東京D	巨	⑲	8－1	○	村上　頌樹	〃
26	〃	〃	⑳	9－6	○	青柳　晃洋	〃
27	〃	〃	⑳	2－4	●	伊藤　将司	〃
29	甲子園	ディ	㉑	2－3	●	岩崎　優	〃
30	〃	〃		2－4	●	大竹耕太郎	〃
9月（15勝8敗1分）							
1	神宮	ヤ	⑳	4－2	○	村上　頌樹	〃
2	〃	〃	㉑	6－5	○	青柳　晃洋	〃

日	球場	相手		スコア		投手	順位
3	神宮	ヤ	㉒	7-1	○	伊藤 将司	①
5	バンテリンD	中	㉑	8-2	○	西 勇輝	〃
6	〃	〃	㉒	4-1	○	才木 浩人	〃
8	甲子園	広	⑲	4-1	○	村上 頌樹	〃
9	〃	〃	⑳	5-1	○	大竹耕太郎	〃
10	〃	〃	㉑	5-1	○	伊藤 将司	〃
12	〃	巨	㉑	1-0	○	西 勇輝	〃
13	〃	〃	㉒	4-0	○	青柳 晃洋	〃
14	〃	〃	㉒	4-1	○	才木 浩人	〃 ※
15	マツダ	広	㉒	5-6	●	加治屋 蓮	〃
16	〃	〃	㉓	9-3	○	大竹耕太郎	〃
17	甲子園	ディ	㉓	2-3	●	ブルワー	〃
18	〃	〃	㉔	2-3	●	石井 大智	〃
20	〃	巨	㉔	4-3	○	及川 雅貴	〃
21	〃	〃	㉕	4-3	○	青柳 晃洋	〃
22	神宮	ヤ		中止			
23	〃	〃	㉓	9-3	○	大竹耕太郎	〃
24	バンテリンD	中	㉓	0-0	△	桐敷 拓馬	〃
25	〃	〃	㉔	1-2	●	村上 頌樹	〃
26	甲子園	ヤ	㉔	2-0	○	西 勇輝	〃
27	〃	中	㉔	2-7	●	富田 蓮	〃
29	横浜	ディ	㉕	3-5	●	青柳 晃洋	〃
30	マツダ	広	㉔	1-2	●	加治屋 蓮	〃
10月	(1勝1敗)						
1	マツダ	広	㉕	6-5	○	岡留 英貴	〃
4	神宮	ヤ	㉕	4-5	●	岩崎 優	〃

広　島 （74勝65敗4分）

日	球場	相手		スコア		投手	順位
3月	(0勝1敗)						
31	神宮	ヤ	①	0-4	●	大瀬良大地	④
4月	(12勝11敗)						
1	神宮	ヤ	②	0-1	●	島内颯太郎	⑤
2	〃	〃	③	2-3	●	松本 竜也	〃
4	マツダ	神	①	2-3	●	栗林 良吏	〃
5				中止			⑥
6	〃	巨	②	3-0	○	遠藤 淳志	④
7	〃	〃	①	3-4	●	大瀬良大地	〃
8	〃	〃	②	6-3	○	床田 寛樹	③
9	〃	〃	②	4-2	○	玉村 昇悟	〃
11	バンテリンD	中	②	2-0	○	九里 亜蓮	〃
12	〃	〃	②	2-5	●	遠藤 淳志	〃
14	マツダ	ヤ	④	1-0	○	大瀬良大地	〃
15	〃	〃	⑤	1-4	●	戸根 千明	②
16	〃	〃	⑥	7-5	○	ターリー	①
18	甲子園	神	③	1-2	●	栗林 良吏	〃
19	〃	〃	④	3-4	●	遠藤 淳志	④
20	〃	ディ	①	7-5	○	ケムナ 誠	〃
21	マツダ	ディ	①	0-1	●	コルニエル	〃
22	〃	中	③	3-0	○	床田 寛樹	〃
23	〃	〃	③	3-4	●	栗林 良吏	〃
25	〃	中		中止			
26	〃		③	3-6	●	大瀬良大地	〃
27	〃		③	3-2	○	矢崎 拓也	〃
28	東京D	巨	④	4-5	●	遠藤 淳志	〃
29	〃		⑤	3-4	●	栗林 良吏	〃
30	〃		⑥	11-4	○	アンダーソン	〃
5月	(13勝11敗)						
2	横浜	ディ	④	6-1	○	ターリー	〃
3	〃		⑤	1-4	●	九里 亜蓮	〃
4	〃		⑥	2-3	●	松本 竜也	〃
4	マツダ	神	⑤	0-5	●	遠藤 淳志	〃
6				中止			
7				中止			
9	岐阜	中	⑤	1-0	○	床田 寛樹	〃
10	バンテリンD		⑥	4-0	○	九里 亜蓮	〃
11	〃		⑦	3-2	○	矢崎 拓也	〃
12	東京D	巨	⑦	8-4	○	矢崎 拓也	〃
13	〃		⑦	4-5	●	松本 竜也	〃
14	〃		⑨	7-2	○	アンダーソン	〃
14	横浜	ディ	⑧	3-7	●	床田 寛樹	〃
17	〃		⑧	4-7	●	九里 亜蓮	〃
18	横浜	ディ	⑨	3-13	●	コルニエル	③
19	甲子園	神	⑦	10-7	○	ケムナ 誠	〃
20	〃	〃	⑧	0-1	●	森下 暢仁	〃
21	〃	〃	⑧	1-4	●	アンダーソン	④
23	マツダ	中	⑧	1-3	●	大瀬良大地	〃
24	〃	〃	⑩	6-2	○	九里 亜蓮	〃
25	〃	〃	⑩	2-8	●	コルニエル	〃
26	〃	ヤ	⑦	6-4	○	島内颯太郎	〃
27	〃	〃	⑨	4-1	○	大瀬良大地	〃
28	〃	〃	⑨	3-1	○	アンダーソン	〃
30	京セラD	オ	①	0-4	●	大瀬良大地	〃
31	〃	〃	〃	3-1	○	九里 亜蓮	〃
6月	(14勝9敗)						
1	京セラD	オ	③	2-9	●	コルニエル	〃
2	マツダ	ソ	①	1-5	●	床田 寛樹	〃
3	〃	〃	③	4-2	○	森下 暢仁	〃
5	〃	〃	③	2-3	●	栗林 良吏	〃
6	エスコンF	日	②	3-2	●	栗林 良吏	〃
7	〃	〃	②	1-0	○	九里 亜蓮	〃
8	〃	〃	③	3-2	●	コルニエル	〃
9	ZOZO	ロ	③	3-2	○	床田 寛樹	〃
10	〃		②	4-5	●	栗林 良吏	〃
11	〃		③	3-5	●	黒原 拓未	〃
13	マツダ	楽	①	3-6	●	大瀬良大地	④
14	〃		③	4-3	○	矢崎 拓也	〃
15	〃		③	7-11	●	島内颯太郎	〃
16	〃	武	②	2-0	○	森下 暢仁	〃
17	〃		②	6-4	○	森下 暢仁	〃
18	〃		③	4-11	●	河野 佳	〃
23	〃	巨	⑩	3-5	●	九里 亜蓮	〃
24	〃	〃	③	3-1	○	大瀬良大地	〃
25	〃		⑫	8-0	○	森 翔平	③
27	〃	ディ	⑩	3-2	○	ターリー	〃
28	〃	〃	⑩	6-2	○	森下 暢仁	〃
29	〃		⑫	5-3	○	ターリー	〃
30	神宮	ヤ	⑩	8-0	○	九里 亜蓮	〃
7月	(13勝8敗1分)						
1	神宮	ヤ	⑪	2-3	●	大瀬良大地	〃
2	〃	〃	⑫	2-4	●	森 翔平	〃
4	マツダ	神	⑩	9-1	○	床田 寛樹	〃
5	〃	〃	⑪	0-2	●	森下 暢仁	〃
6	〃	〃	⑪	1-5	●	野村 祐輔	〃
7	バンテリンD	中	⑪	0-8	●	九里 亜蓮	〃
8	〃	〃	⑫	1-5	●	大瀬良大地	〃
9	〃	〃	⑫	3-2	○	森 翔平	〃
11	東京D	巨	⑭	0-4	●	床田 寛樹	〃
12	〃	〃	⑭	3-4	●	森下 暢仁	〃
13	〃	〃	⑬	6-1	○	大道 温貴	〃
15	横浜	ディ	⑭	2-1	○	栗林 良吏	〃
16	〃	〃	⑭	3-1	○	ターリー	②
17	〃	〃	⑭	2-1	○	床田 寛樹	〃
22	マツダ	中	⑭	3-5	●	森下 暢仁	〃
23	〃	〃	⑮	3-1	○	大瀬良大地	〃
25	〃	ヤ	⑭	3-5	●	ターリー	〃
26	〃	〃	⑮	4-3	○	森 翔平	〃
27	〃	〃	⑮	3-2	○	床田 寛樹	①
28	甲子園	神	⑭	2-7	●	野村 祐輔	〃
29	〃	〃	⑭	3-2	△	大道 温貴	〃
30	〃	〃	⑮	2-4	●	大瀬良大地	〃
8月	(13勝11敗3分)						
1	マツダ	ディ	⑯	3-5	●	栗林 良吏	〃
2	〃	〃	⑰	4-2	○	森 翔平	〃
3	〃	〃	⑱	0-0	△	栗林 良吏	〃
4	〃	巨	⑰	4-3	○	大道 温貴	〃
5	〃	〃	⑰	7-3	○	玉村 昇悟	〃
6	〃	〃	⑱	0-13	●	床田 寛樹	〃
8	神宮	ヤ	⑰	4-5	●	ターリー	〃
9	〃	〃	⑰	5-11	●	森 翔平	〃
10	〃	〃	⑰	3-4	●	床田 寛樹	〃
11	バンテリンD	中	⑯	3-3	△	益田 武尚	〃
12	〃	〃	⑰	3-2	○	森下 暢仁	〃
13	〃		⑯	1-2	●	矢崎 拓也	〃
15	マツダ	神	⑯	7-6	○	ターリー	〃

日	球場	相手	スコア		投手	順位
16	マツダ	神	⑰ 3-5	●	九里 亜蓮	②
17	〃	〃	⑱ 6-0	○	床田 寛樹	〃
18	〃	巨	⑲ 4-5	●	矢崎 拓也	〃
19	〃	〃	⑳ 6-3	○	森下 暢仁	〃
20	〃	〃	㉑ 7-5	○	玉村 昇悟	〃
22	横浜	ディ	⑲ 5-0	○	九里 亜蓮	〃
23	〃	〃	⑳ 5-2	○	大瀬良大地	〃
24	マツダ	ヤ	㉑ 1-3	●	床田 寛樹	〃
25	〃	〃	⑲ 4-3	○	栗林 良吏	〃
26	〃	〃	⑳ 7-6	○	アンダーソン	〃
27	〃	〃	㉑ 7-7	△	アドゥワ誠	〃
29	京セラD	巨	㉒ 5-4	○	アドゥワ誠	〃
30	〃	〃	㉓ 2-1	○	大瀬良大地	〃
21	岐阜	〃	㉔ 0-2	●	床田 寛樹	〃

9月 (9勝13敗)

日	球場	相手	スコア		投手	順位
1	マツダ	中	⑲ 3-5	●	島内颯太郎	〃
2	〃	〃	⑳ 3-1	○	森下 暢仁	〃
3	〃	〃	㉑ 0-3	●	九里 亜蓮	〃
5	〃	ディ	㉒ 6-5	○	中崎 翔太	〃
6	〃	〃	㉓ 4-3	○	益田 武尚	〃
7	〃	〃	㉔ 1-3	●	遠藤 淳志	〃
8	甲子園	神	⑲ 1-4	●	床田 寛樹	〃
9	〃	〃	⑳ 1-5	●	森下 暢仁	〃
10	〃	〃	㉑ 1-5	●	九里 亜蓮	〃
12	神宮	ヤ	㉒ 1-2	●	玉村 昇悟	〃
13	〃	〃	㉓ 1-5	●	大瀬良大地	〃
14	〃	〃	㉒ 6-5	○	大道 温貴	〃
15	マツダ	神	㉒ 6-5	○	島内颯太郎	〃
16	〃	〃	㉓ 3-9	●	森下 暢仁	〃
17	バンテリンD	中	㉒ 5-4	○	九里 亜蓮	〃
18	〃	〃	㉓ 7-8	●	大道 温貴	〃
20	マツダ	ディ	㉕ 1-3	●	大瀬良大地	〃
23	東京D	巨	㉕ 7-3	○	森下 暢仁	〃
24	マツダ	ヤ	㉕ 1-3	●	九里 亜蓮	〃
26	〃	中	㉔ 2-0	○	床田 寛樹	〃
29	〃	〃	㉕ 1-4	●	森下 暢仁	〃
30	〃	神	㉔ 2-1	○	島内颯太郎	〃

10月 (0勝1敗)

日	球場	相手	スコア		投手	順位
1	マツダ	神	㉕ 5-6	●	床田 寛樹	〃

※10月4日、横浜敗北で2位決定。

DeNA (74勝66敗3分)

日	球場	相手	スコア		投手	順位
3月	**(0勝1敗)**					
31	京セラD	神	① 3-6	●	石田 健大	④
4月	**(16勝6敗)**					
1	京セラD	神	② 5-6	●	山崎 康晃	⑤
2	〃	〃	③ 2-6	●	笠原祥太郎	〃
4	横浜	巨	① 0-9	●	濱口 遥大	〃
5	〃	〃	② 4-0	○	平良拳太郎	④
6	〃	〃	③ 4-0	○	東 克樹	〃
7	〃	中	中止			
8	〃	〃	① 3-1	○	ガゼルマン	③
9	〃	〃	② 5-0	○	石田 健大	〃
11	神宮	ヤ	① 3-6	●	濱口 遥大	④
12	〃	〃	② 6-1	○	東 克樹	③
14	横浜	神	④ 8-3	○	ガゼルマン	④
15	〃	〃	中止			
16	〃	〃	⑤ 2-1	○	平良拳太郎	〃
18	長崎	巨	④ 5-0	○	石田 健大	①
19	佐賀	〃	⑤ 1-5	●	濱口 遥大	②
20	〃	〃	中止			
21	マツダ	広	① 1-0	○	今永 昇太	②
22	〃	〃	② 0-3	●	大貫 晋一	〃
23	〃	〃	③ 5-3	○	伊勢 大夢	①
25	横浜	ヤ	③ 5-3	○	ガゼルマン	②
26	〃	〃	④ 5-2	○	三嶋 一輝	〃
27	〃	〃	⑤ 7-6	○	三嶋 一輝	〃
28	バンテリンD	中	③ 1-0	○	今永 昇太	〃
29	〃	〃	④ 7-4	○	三嶋 一輝	〃
30	〃	〃	⑤ 2-0	○	東 克樹	〃

5月 (9勝13敗1分)

日	球場	相手	スコア		投手	順位
2	横浜	広	④ 1-6	●	山崎 康晃	①
3	〃	〃	⑤ 4-1	○	バウアー	〃
4	〃	〃	⑥ 3-2	○	森原 康平	〃
5	神宮	ヤ	⑥ 9-10	●	山崎 康晃	〃
6	〃	〃	⑦ 17-7	○	上茶谷大河	〃
7	〃	〃	中止			
9	新潟	巨	⑥ 2-9	●	バウアー	〃
11	横浜	〃	⑦ 1-4	●	東 克樹	〃
12	甲子園	神	⑦ 3-6	●	今永 昇太	〃
13	〃	〃	⑦ 2-7	●	ガゼルマン	〃
14	〃	〃	⑦ 7-15	●	平良拳太郎	②
16	横浜	広	⑧ 5-7	●	バウアー	〃
17	〃	〃	⑧ 7-4	○	伊勢 大夢	〃
18	〃	〃	⑧ 13-3	○	東 克樹	〃
19	〃	ヤ	中止			
20	〃	〃	⑧ 5-3	○	ウェンデルケン	〃
21	〃	〃	⑨ 3-3	△	上茶谷大河	〃
23	東京D	巨	⑧ 6-3	○	平良拳太郎	〃
24	〃	〃	⑨ 0-1	●	石田 健大	〃
25	〃	〃	⑩ 4-5	●	東 克樹	〃
26	バンテリンD	中	⑦ 0-1	●	ガゼルマン	〃
27	〃	〃	⑦ 2-3	●	三嶋 一輝	〃
28	〃	〃	⑧ 3-1	○	大貫 晋一	〃
30	楽天モバイル	楽	② 3-2	○	今永 昇太	〃
31	〃	〃	② 1-3	●	ウェンデルケン	〃

6月 (13勝10敗)

日	球場	相手	スコア		投手	順位
1	楽天モバイル	楽	③ 11-3	○	東 克樹	〃
2	横浜	武	中止			
3	〃	〃	① 6-2	○	バウアー	〃
4	〃	〃	① 5-4	○	入江 大生	〃
5	〃	〃	③ 4-6	●	平良拳太郎	〃
6	PayPayD	ソ	① 1-2	●	伊勢 大夢	〃
7	〃	〃	② 0-4	●	石田 健大	〃
8	〃	〃	② 6-5	○	東 克樹	〃
9	京セラD	オ	② 4-2	○	バウアー	〃
10	〃	〃	② 3-7	●	ガゼルマン	〃
11	〃	〃	② 8-4	○	大貫 晋一	〃
13	横浜	日	① 5-3	○	今永 昇太	〃
14	〃	〃	② 2-1	○	バウアー	〃
15	〃	〃	ノーゲーム			
16	〃	ロ	① 2-5	●	濱口 遥大	〃
17	〃	〃	② 10-1	○	大貫 晋一	〃
18	〃	〃	③ 6-1	○	森原 康平	〃
19	〃	日	③ 3-4	●	山崎 康晃	〃
23	〃	神	③ 3-1	○	今永 昇太	〃
24	〃	〃	⑩ 2-0	○	東 克樹	〃
25	〃	〃	⑪ 5-3	●	バウアー	①
27	マツダ	広	⑪ 2-3	●	上茶谷大河	②
28	〃	〃	⑪ 2-6	●	石田 健大	〃
29	〃	〃	⑪ 4-5	●	エスコバー	〃
30	横浜	中	⑨ 1-2	●	伊勢 大夢	〃

7月 (8勝13敗1分)

日	球場	相手	スコア		投手	順位
1	横浜	中	⑩ 2-2	△	伊勢 大夢	〃
2	〃	〃	⑪ 3-2	○	東 克樹	〃
4	〃	ヤ	⑩ 3-4	●	山崎 康晃	〃
5	〃	〃	⑪ 3-2	○	入江 大生	〃
6	〃	〃	⑪ 3-2	○	バウアー	〃
7	東京D	巨	⑪ 2-1	○	今永 昇太	〃
8	〃	〃	⑫ 0-6	●	ガゼルマン	〃
9	倉敷	神	⑬ 1-0	○	エスコバー	〃
11	〃	〃	⑬ 2-7	●	笠原祥太郎	〃
12	甲子園	〃	⑭ 4-5	●	ウェンデルケン	〃
13	〃	〃	⑭ 4-0	○	石田 健大	〃
15	横浜	広	⑬ 1-2	●	山崎 康晃	〃
16	〃	〃	⑭ 8-7	○	伊勢 大夢	③
17	〃	〃	⑮ 1-2	●	バウアー	〃
22	〃	巨	⑫ 2-4	●	伊勢 大夢	〃
23	〃	〃	⑭ 5-3	●	平良拳太郎	〃
25	バンテリンD	中	⑫ 5-3	○	今永 昇太	〃
26	〃	〃	⑬ 1-7	●	ガゼルマン	〃
27	〃	〃	⑭ 7-8	●	バウアー	〃
28	神宮	ヤ	⑬ 5-4	○	山崎 康晃	〃

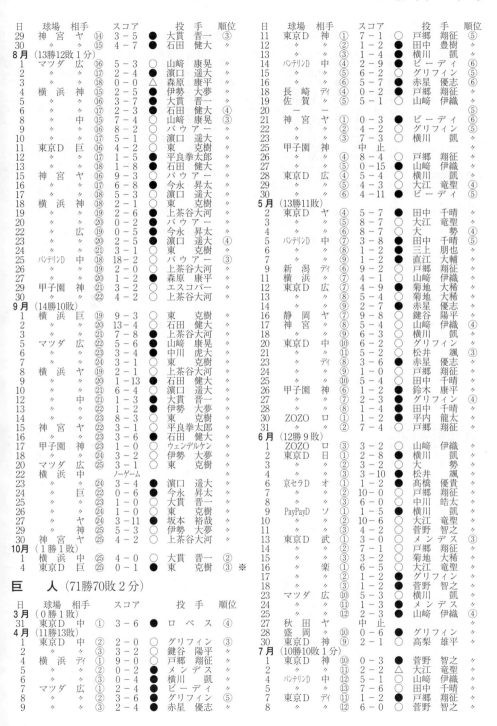

（前ページより続く　横浜DeNA）

日	球場	相手		スコア		投手	順位
29	神宮	ヤ	⑭	3-5	●	大貫 晋一	③
30	〃		⑮	4-7	●	石田 健大	〃

8月 (13勝12敗1分)

日	球場	相手		スコア		投手	順位
1	マツダ	広	⑯	5-3	○	山﨑 康晃	〃
2	〃		⑰	2-4	●	濱口 遥大	〃
3	〃		⑱	0-0	△	森原 康平	〃
4	横浜	神	②	2-5	●	伊勢 大夢	〃
5	〃		⑯	3-7	●	大貫 晋一	〃
6	〃		⑰	3-8	●	石田 健大	④
8	〃	中	⑮	7-4	○	山﨑 康晃	③
9	〃		⑯	8-2	○	バウアー	〃
10	〃		⑰	4-2	○	濱口 遥大	〃
11	東京D	巨	⑯	4-2	○	東 克樹	〃
12	〃		⑰	1-5	●	平良拳太郎	〃
13	〃		⑱	1-8	●	石田 健大	〃
15	神宮	ヤ	⑯	9-3	○	バウアー	〃
16	〃		⑰	6-8	●	今永 昇太	〃
17	〃		⑱	3-4	●	濱口 遥大	〃
18	横浜	神	⑱	2-1	○	東 克樹	〃
19	〃		⑲	2-6	●	上茶谷大河	〃
20	〃		⑳	2-8	●	バウアー	〃
22	〃	広	⑲	0-5	●	今永 昇太	〃
23	〃		⑳	2-5	●	濱口 遥大	④
24	〃		㉑	3-1	○	東 克樹	〃
25	バンテリンD	中	⑱	18-2	○	バウアー	③
26	〃		⑲	2-0	○	上茶谷大河	〃
27	〃		⑳	1-2	●	森原 康平	〃
29	甲子園	神	㉑	3-2	○	エスコバー	〃
30	〃		㉑	4-2	○	上茶谷大河	〃

9月 (14勝10敗)

日	球場	相手		スコア		投手	順位
1	横浜	巨	⑲	9-3	○	東 克樹	〃
2	〃		⑳	13-4	○	石田 健大	〃
3	〃		㉑	7-8	●	上茶谷大河	〃
5	マツダ	広	㉒	5-6	●	山﨑 康晃	〃
6	〃		㉓	3-4	●	中川 虎大	〃
7	〃		㉔	3-1	○	東 克樹	〃
8	横浜	ヤ	㉒	2-1	○	上茶谷大河	〃
9	〃		㉓	1-13	●	石田 健大	〃
10	〃		㉑	6-4	○	濱口 遥大	〃
12	〃	中	⑳	1-3	●	大貫 晋一	〃
13	〃		㉑	1-3	●	伊勢 大夢	〃
14	〃		㉒	8-3	○	東 克樹	〃
15	神宮	ヤ	㉓	3-1	○	平良拳太郎	〃
16	〃		㉓	3-6	●	石田 健大	〃
17	甲子園	神	㉓	1-0	○	ウェンデルケン	〃
18	〃		㉔	3-2	○	伊勢 大夢	〃
20	マツダ	広	㉕	3-2	○	東 克樹	〃
22	横浜	中		ノーゲーム			
23	〃		㉔	3-4	●	濱口 遥大	〃
24	〃	巨	㉒	0-6	●	今永 昇太	〃
25	〃		㉓	2-1	○	大貫 晋一	〃
26	〃	ヤ	㉔	1-0	○	東 克樹	〃
27	〃		㉔	3-11	●	坂本 裕哉	〃
29	〃	神	㉕	2-3	●	伊勢 大夢	〃
30	神宮	ヤ	㉕	4-2	○	上茶谷大河	〃

10月 (1勝1敗)

日	球場	相手		スコア		投手	順位
1	横浜	中	㉕	4-0	○	大貫 晋一	②
4	東京D	巨	㉕	0-1	●	東 克樹	③ ※

巨 人 (71勝70敗2分)

3月 (0勝1敗)

日	球場	相手		スコア		投手	順位
31	東京D	中	①	3-6	●	ロペス	④

4月 (11勝13敗)

日	球場	相手		スコア		投手	順位
1	東京D	中	②	2-0	○	グリフィン	③
2	〃	〃	③	3-2	○	鍵谷 陽平	〃
4	横浜	ディ	①	9-0	○	戸郷 翔征	〃
5	〃		②	0-4	●	メンデス	〃
6	〃		③	2-6	●	横川 凱	〃
7	マツダ	広	①	2-4	●	ビーディ	〃
8	〃		②	3-6	●	グリフィン	⑤
9	〃		③	2-4	●	赤星 優志	〃
11	東京D	神	①	7-1	○	戸郷 翔征	⑤
12	〃		②	1-2	●	田中 豊樹	〃
13	〃		③	1-4	●	横川 凱	〃
14	バンテリンD	中	④	2-9	●	ビーディ	⑥
15	〃		⑤	6-2	○	戸郷 翔征	⑤
16	〃		⑥	5-7	●	赤星 優志	〃
18	長崎	ディ	④	5-0	○	戸郷 翔征	〃
19	佐賀	〃	⑤	5-1	○	山﨑 伊織	〃
20		一					
21	神宮	ヤ	①	0-3	●	ビーディ	⑥
22	〃		②	4-2	○	グリフィン	〃
23	〃		③	7-3	○	横川 凱	〃
25	甲子園	神		中止			
26	〃		④	8-4	○	戸郷 翔征	〃
27	〃		⑤	0-15	●	山﨑 伊織	〃
28	東京D	広	④	5-4	○	横川 凱	〃
29	〃		⑤	4-3	○	大江 竜聖	④
30	〃		⑥	4-11	●	ビーディ	〃

5月 (13勝11敗)

日	球場	相手		スコア		投手	順位
2	東京D	ヤ	④	5-7	●	田中 千晴	〃
3	〃		⑤	8-7	○	大江 竜聖	〃
4	〃		⑥	8-7	○	大勢	④
5	バンテリンD	中	⑦	3-8	●	田中 千晴	⑤
6	〃		⑧	1-2	●	三上 朋也	〃
7	〃		⑧	1-2	●	直江 大輔	〃
9	新潟	ディ	⑥	9-2	○	戸郷 翔征	〃
11	横浜	〃	⑥	4-1	○	山﨑 伊織	〃
12	東京D	広	⑦	4-9	●	菊地 大稀	〃
13	〃		⑧	3-9	●	菊地 大稀	〃
14	〃		⑨			赤星 優志	〃
16	静岡	ヤ	⑦	9-8	○	鍵谷 陽平	〃
17	神宮	〃	⑧	4-3	○	山﨑 伊織	④
19	〃		⑨	3-3	●	横川 凱	〃
20	東京D	中	⑩	6-2	○	グリフィン	〃
21	〃		⑪	5-3	○	松井 颯	〃
23	〃	ディ	⑧	1-6	●	赤星 優志	〃
24	〃		⑨	1-0	○	戸郷 翔征	〃
25	〃		⑩	5-4	○	田中 千晴	〃
26	甲子園	神	⑦	2-1	○	鈴木 康平	〃
27	〃		⑧	1-2	●	グリフィン	④
28	〃		⑨	1-4	●	田中 千晴	〃
30	ZOZO	ロ	①	1-2	●	平内 龍太	〃
31	〃		②	7-4	○	戸郷	〃

6月 (12勝9敗)

日	球場	相手		スコア		投手	順位
1	ZOZO	ロ	③	3-2	○	山﨑 伊織	〃
2	東京D	日	①	2-8	●	横川 凱	〃
3	〃		②	3-2	○	大勢	〃
4	〃		③	3-10	●	松井 颯	〃
6	京セラD	オ	①	1-2	●	高橋 優貴	〃
7	〃		②	10-0	○	戸郷 翔征	〃
8	〃		③	6-0	○	中川 皓太	〃
9	PayPayD	ソ	①	1-5	●	横川 凱	〃
10	〃		②	10-6	○	大江 竜聖	〃
11	〃		③			菅野 智之	〃
13	東京D	武	①	3-0	○	メンデス	③
14	〃		②	7-1	○	大勢	〃
15	〃		③	6-5	○	菊地 大稀	〃
16	〃	楽	①	6-5	○	大江 竜聖	〃
17	〃		②	1-2	●	グリフィン	〃
18	〃		③	2-0	○	菅野 智之	〃
23	マツダ	広	⑩	1-3	●	横川 凱	〃
24	〃		⑪	1-3	●	メンデス	③
25	〃		⑫	2-3	●	山﨑 伊織	④
27	秋田	ヤ		中止			
28	盛岡		⑩	0-6	●	グリフィン	〃
30	東京D	神	⑨	2-1	○	高梨 雄平	〃

7月 (10勝10敗1分)

日	球場	相手		スコア		投手	順位
1	東京D	神	⑩	0-3	●	菅野 智之	〃
2	〃		⑪	5-5	△	大江 竜聖	〃
4	バンテリンD	中	⑪	5-1	○	山﨑 伊織	〃
5	〃		⑫	7-6	○	田中 千晴	〃
7	東京D	ディ	⑬	1-2	●	戸郷 翔征	〃
8	〃		⑫	6-0	○	菅野 智之	〃

セントラル・リーグ

日	球場	相手		スコア		投手	順位
9	東京D	ディ	⑬	0-1	●	菊地 大稀	④
11	〃	広	⑬	4-0	○	山﨑 伊織	
12	〃		⑭	0-2	●	グリフィン	
13	〃		⑮	1-6	●	ビーディ	
15	神宮	ヤ	⑪	1-3	●	井上 温大	
16	〃		⑫	3-10	●	メンデス	
17	〃		⑬	10-11	●	中川 皓太	
22	横浜	ディ	⑭	4-2	○	山﨑 伊織	
23	〃		⑮	4-0	○	メンデス	
25	甲子園	神	⑫	2-4	●	菅野 智之	
26	〃		⑬	5-8	●	菊地 大稀	
27	〃		⑭	9-6	○	戸郷 翔征	
28	東京D	中	⑭	11-5	○	船迫 大雅	
29	〃		⑮	6-3	○	山﨑 伊織	
30	〃		⑯	4-0	○	高梨 雄平	

8月 (12勝14敗)

日	球場	相手		スコア		投手	順位
1	東京D	ヤ	⑭	0-1	●	菅野 智之	
2	〃		⑮	9-2	○	戸郷 翔征	
3	〃		⑯	2-1	○	中川 皓太	
4	マツダ	広	⑯	3-4	●	中川 皓太	
5	〃		⑰	3-7	●	山﨑 伊織	
6	〃		⑱	13-0	○	メンデス	③
8	東京D	神	⑮	6-7	●	菅野 智之	④
9	〃		⑯	2-5	●	ビーディ	
10	〃		⑰	2-5	●	戸郷 翔征	
11	〃	ディ	⑯	2-4	●	中川 皓太	
12	〃		⑰	3-4	●	山﨑 伊織	
13	〃		⑱	8-1	○	メンデス	
15	バンテリンD	中		中止			
16	〃		⑰	1-2	●	船迫 大雅	
17	〃		⑱	5-4	○	菅野 智之	
18	マツダ	広	⑲	5-4	○	菊地 大稀	
19	〃		⑳	3-6	●	横川 凱	
20	〃		㉑	5-7	●	メンデス	
22	東京D	ヤ	⑰	8-4	○	鈴木 康平	③
23	〃		⑱	4-3	○	バルドナード	
24	〃		⑲	4-3	○	赤星 優志	
25	〃	神	⑱	1-8	●	戸郷 翔征	④
26	〃		⑲	6-9	●	横川 凱	
27	〃		⑳	4-5	●	菊地 大稀	
29	京セラD	広	㉒	4-5	●	高梨 雄平	
30	〃		㉓	4-2	○	菅野 智之	
31	岐阜		㉔	2-0	○	赤星 優志	

9月 (10勝12敗1分)

日	球場	相手		スコア		投手	順位
1	横浜	ディ	⑲	3-9	●	戸郷 翔征	
2	〃		⑳	4-13	●	横川 凱	
3	〃		㉑	8-7	○	バルドナード	
5	神宮	ヤ	⑳	4-3	○	船迫 大雅	
6	〃		㉑	2-4	●	バルドナード	
7	〃		㉒	5-2	○	赤星 優志	
8	東京D	中	⑲	0-0	△	船迫 大雅	
9	〃		⑳			菅野 智之	
10	〃		㉑	2-1	○	メンデス	
12	甲子園	神	㉑	0-1	●	山﨑 伊織	
13	〃		㉒	0-4	●	横川 凱	
14	〃		㉓	3-4	●	赤星 優志	
15	バンテリンD	中	㉒	7-0	○	戸郷 翔征	
16	〃		㉓	0-1	●	菅野 智之	
17	東京D	ヤ	㉓	3-2	○	大 勢	
18	甲子園	神	㉔	3-4	●	菊地 大稀	
21	〃		㉔	5-3	○	赤星 優志	
23	東京D	広	㉕	3-7	●	菅野 智之	
24	横浜	ディ	㉒	6-0	○	戸郷 翔征	
25	〃		㉓	0-1	●	メンデス	
26	〃		㉔	1-4	●	山﨑 伊織	
30	東京D	中	㉔	1-2	●	中川 皓太	

10月 (3勝0敗)

日	球場	相手		スコア		投手	順位
1	東京D	ヤ	㉕	1-0	○	グリフィン	
3	バンテリンD	中	㉕	3-1	○	赤星 優志	
4	東京D		㉕	1-0	○	山﨑 伊織	

※9月29日、DeNA勝利で4位決定。

ヤクルト（57勝83敗3分）

3月 (1勝0敗)

日	球場	相手		スコア		投手	順位
31	神宮	広	①	4-0	○	小川 泰弘	①

4月 (10勝13敗1分)

日	球場	相手		スコア		投手	順位
1	神宮	広	②	1-0	○	石山 泰稚	〃
2	〃		③	3-2	○	星 知弥	〃
4	バンテリンD	中	①	1-0	○	サイスニード	〃
5	〃		②	5-0	○	高橋 奎二	〃
6	〃		③	1-3	●	石川 雅規	〃
7	甲子園	神	①	3-1	○	石山 泰稚	〃
8	〃		②	0-1	●	尾仲 祐哉	〃
9	〃		③	1-1	△	大西 広樹	〃
11	神宮	ディ	①	6-3	○	サイスニード	〃
12	〃		②	1-6	●	高橋 奎二	〃
14	マツダ	広	④	0-1	●	小川 泰弘	〃
15	〃		⑤	4-5	●	田口 麗斗	④
16	〃		⑥	5-7	●	石山 泰稚	④
18	松山	中	④	2-0	○	サイスニード	③
19	〃	一		中止			
20	神宮	中	⑤	3-2	○	大西 広樹	①
21	〃		⑥	3-0	○	高橋 奎二	
22	〃		⑦	2-4	●	小川 泰弘	②
23	横浜	ディ	③	3-7	●	吉村 貢司郎	②
25	横浜	ディ	④	3-5	●	サイスニード	
26	〃		⑤	1-6	●	高梨 裕稔	④
27	〃		⑥	6-7	●	大西 広樹	④
28	神宮	神	④	0-4	●	高橋 奎二	⑤
29	〃		⑤	1-2	●	小川 泰弘	⑤
30	〃		⑥	4-2	○	吉村 貢司郎	④

5月 (6勝17敗1分)

日	球場	相手		スコア		投手	順位
2	東京D	巨	④	7-5	○	石山 泰稚	
3	〃		⑤	7-8	●	木澤 尚文	
4	〃		⑥	7-9	●	小澤 怜史	⑤
5	神宮	ディ	⑦	10-9	○	木澤 尚文	
6	〃		⑦	7-17	●	小川 泰弘	④
7	〃			中止			
9	甲子園	神	⑦	1-0	○	吉村 貢司郎	
10	〃		⑧	5-0	○	石川 雅規	
11	〃		⑨	1-2	●	清水 昇	
12	神宮	中	⑦	4-1	○	高梨 裕稔	
13	〃		⑧	4-1	○	ピーターズ	
14	〃		⑧	8-5	○	小川 泰弘	
16	静岡	巨	⑦	8-9	●	石山 泰稚	
17	神宮	巨	⑧	8-9	●	市川 悠太	⑤
18	〃		⑨	3-6	●	サイスニード	
19	横浜	ディ		中止			
20	〃		⑧	3-5	●	石山 泰稚	
21	〃		⑨	3-3	△	大西 広樹	
23	神宮	神	⑩	3-1	○	石川 雅規	
24	〃		⑪	5-6	●	田口 麗斗	
25	〃		⑫	4-7	●	星 知弥	
26	マツダ	広	⑦	1-4	●	高梨 裕稔	
27	〃		⑧	1-4	●	ピーターズ	
28	〃		⑨	1-4	●	小川 泰弘	
30	エスコンF	日	①	2-5	●	石川 雅規	
31	〃		②	2-5	●	市川 悠太	⑥

6月 (9勝12敗)

日	球場	相手		スコア		投手	順位
1	エスコンF	日	③	5-0	○	サイスニード	
2	神宮	楽		中止			
3	〃		①	9-5	●	ピーターズ	
4	〃		②	3-6	●	小澤 怜史	⑤
6	ZOZO	ロ	①	10-3	○	小川 泰弘	
7	〃		②	0-6	●	高橋 奎二	
8	〃		③	2-3	●	サイスニード	⑥
9	ベルーナD	武	①	1-2	●	ピーターズ	
10	〃		②	2-0	○	石川 雅規	
11	〃		③	1-5	●	小澤 怜史	
13	神宮	ソ	①	1-5	●	小川 泰弘	
14	〃		②	2-3	●	高橋 奎二	
15	〃		③	7-9	●	清水 昇	
16	〃	オ	①	1-4	●	ピーターズ	

日	球場	相手		スコア		投手	順位
17	神宮	オ	②	5 - 8	●	石川 雅規	⑤
18	〃	〃	③	0 - 6	●	星 知弥	〃
20	〃	楽	③	13 - 0	○	山本 大貴	〃
23	バンテリンD	中	⑨	4 - 0	○	サイスニード	〃
24	〃	〃	⑩	1 - 3	●	小川 泰弘	〃
25	神宮	〃	⑪	1 - 5	●	高橋 奎二	⑥
27	秋田	巨		中止			
28	盛岡	〃	⑩	6 - 0	○	小澤 怜史	〃
30	神宮	広	⑩	0 - 8	●	サイスニード	〃
7月	**(12勝9敗)**						
1	神宮	広	⑪	3 - 2	○	ピーターズ	〃
2	〃	〃	⑫	4 - 2	○	高橋 奎二	⑤
4	横浜	ディ	⑪	4 - 3	○	清水 昇	〃
5	〃	〃	⑪	5 - 4	○	今野 龍太	〃
6	〃	〃	⑫	2 - 3	●	石川 雅規	〃
7	甲子園	神		中止			
8	〃	〃	⑬	3 - 2	○	木澤 尚文	〃
9	〃	〃	⑭	0 - 1	●	木澤 尚文	〃
11	神宮	中	⑫	2 - 5	●	サイスニード	〃
12	〃	〃	⑬	8 - 5	○	大西 広樹	〃
13	〃	〃	⑭	2 - 4	●	小澤 怜史	〃
15	〃	巨	⑬	3 - 1	○	ピーターズ	〃
16	〃	〃	⑫	10 - 3	○	高橋 奎二	〃
17	〃	〃	⑬	11 - 10	○	田口 麗斗	〃
22	〃	神	⑮	6 - 3	○	小川 泰弘	〃
23	〃	〃	⑯	2 - 4	●	大西 広樹	〃
25	マツダ	広	⑬	3 - 5	●	石山 泰稚	〃
26	〃	〃	⑮	3 - 5	●	高橋 奎二	〃
27	〃	〃	⑮	1 - 4	●	石山 泰稚	〃
28	神宮	ディ	⑭	4 - 5	●	清水 昇	〃
29	〃	〃	⑭	5 - 3	○	小川 泰弘	〃
30	〃	〃	⑮	7 - 4	○	小澤 怜史	〃
8月	**(10勝16敗1分)**						
1	東京D	巨	⑭	1 - 0	○	山野 太一	〃
2	〃	〃	⑮	2 - 9	●	高橋 奎二	〃
3	〃	〃	⑯	1 - 2	●	清水 昇	〃
4	バンテリンD	中	⑯	1 - 11	●	サイスニード	〃
5	〃	〃	⑰	2 - 4	●	小川 泰弘	〃
6	〃	〃	⑯	3 - 1	○	小澤 怜史	〃
8	神宮	広	⑯	5 - 4	○	山本 大貴	〃
9	〃	〃	⑰	11 - 5	○	ロドリゲス	〃
10	〃	〃	⑱	13 - 3	○	ピーターズ	〃
11	京セラD	神	⑰	1 - 2	●	清水 昇	〃
12	〃	〃	⑱	3 - 4	●	田口 麗斗	〃
13	〃	〃	⑲	3 - 5	●	山野 太一	〃
15	神宮	ディ	⑯	3 - 9	●	小澤 怜史	〃
16	〃	〃	⑰	8 - 6	○	小川 泰弘	〃
17	〃	〃	⑱	5 - 6	●	ロドリゲス	〃
18	〃	中	⑱	10 - 2	○	ピーターズ	〃
19	〃	〃	⑲	3 - 2	○	星 知弥	〃
20	〃	〃	⑲	2 - 3	●	サイスニード	〃
22	東京D	巨	⑰	4 - 8	●	清水 昇	〃
23	〃	〃	⑱	3 - 4	●	阪口 皓亮	〃
24	〃	〃	⑲	3 - 5	●	ロドリゲス	〃
25	マツダ	広	⑲	3 - 4	●	清水 昇	〃
26	〃	〃	⑳	6 - 7	●	ピーターズ	〃
27	〃	〃	㉑	7 - 7	△	山本 大貴	〃
29	バンテリンD	中	㉑	0 - 3	●	サイスニード	〃
30	〃	〃	㉒	2 - 3	●	小澤 怜史	〃
31	〃	〃	㉓	6 - 1	○	小川 泰弘	〃
9月	**(8勝15敗)**						
1	神宮	神	⑳	2 - 4	●	ロドリゲス	〃
2	〃	〃	㉑	2 - 5	●	ピーターズ	〃
3	〃	巨	㉒	1 - 7	●	吉村貢司郎	〃
5	〃	〃	㉑	3 - 4	●	石山 泰稚	〃
6	〃	〃	㉑	0 - 5	●	小澤 怜史	〃
7	〃	〃	㉒	2 - 5	●	高橋 奎二	〃
8	横浜	ディ	⑲	1 - 2	●	阪口 皓亮	〃
9	〃	〃	⑳	13 - 1	○	小川 泰弘	〃
10	〃	〃	㉑	4 - 6	●	山野 太一	〃
12	神宮	広	㉒	2 - 1	○	サイスニード	〃
13	〃	〃	㉓	2 - 1	○	吉村貢司郎	〃
14	〃	〃	㉔	5 - 6	●	木澤 尚文	〃
15	神宮	ディ	㉒	1 - 3	●	ロドリゲス	⑤
16	〃	〃	㉓	6 - 3	○	小川 泰弘	〃
17	東京D	巨	㉓	2 - 3	●	清水 昇	〃
18	〃	〃	㉔	3 - 4	●	田口 麗斗	〃
20	神宮	中	㉔	6 - 5	○	田口 麗斗	〃
21	〃	〃	㉕	8 - 9	●	サイスニード	〃
22	〃	神		中止			
23	〃	〃	㉓	3 - 9	●	ロドリゲス	〃
24	マツダ	広	㉓	3 - 1	○	小川 泰弘	〃
26	甲子園	神	㉔	0 - 2	●	高橋 奎二	〃
27	横浜	ディ	㉔	11 - 3	○	吉村貢司郎	〃
30	神宮	〃	㉕	2 - 4	●	田口 麗斗	⑥
10月	**(1勝1敗)**						
1	東京D	巨	㉕	0 - 1	●	山野 太一	〃
4	神宮	神	㉕	5 - 4	○	田口 麗斗	⑤ ※

中 日 （56勝82敗5分）

日	球場	相手		スコア		投手	順位
3月	**(1勝0敗)**						
31	東京D	巨	①	6 - 3	○	勝野 昌慶	①
4月	**(7勝15敗)**						
1	東京D	巨	②	0 - 2	●	涌井 秀章	③
2	〃	〃	③	2 - 3	●	清水 達也	④
4	バンテリンD	ヤ	②	0 - 1	●	大野 雄大	〃
5	〃	〃	③	0 - 5	●	柳 裕也	〃
6	〃	〃	③	3 - 1	○	高橋 宏斗	〃
7	横浜	ディ		中止			
8	〃	〃	①	1 - 3	●	涌井 秀章	⑥
9	〃	〃	①	0 - 8	●	福谷 浩司	〃
11	バンテリンD	広	①	1 - 4	●	柳 裕也	〃
12	〃	〃	②	5 - 2	○	勝野 昌慶	〃
14	〃	巨	⑤	9 - 2	○	小笠原慎之介	〃
15	〃	〃	⑤	2 - 6	●	高橋 宏斗	⑥
16	〃	〃	⑥	7 - 5	○	祖父江大輔	〃
18	松山	ヤ	⑥	0 - 3	●	涌井 秀章	〃
20	神宮	〃	⑤	2 - 0	○	山本 拓実	〃
21	バンテリンD	神	②	4 - 1	○	小笠原慎之介	⑤
22	〃	〃	③	2 - 0	○	福谷 浩司	〃
23	マツダ	広		中止			
25	〃	〃	③	6 - 3	○	涌井 秀章	〃
27	〃	〃	④	2 - 4	●	砂田 毅樹	〃
28	バンテリンD	ディ	③	0 - 1	●	小笠原慎之介	〃
29	〃	〃	④	4 - 7	●	鈴木 博志	〃
30	〃	〃	⑤	0 - 2	●	高橋 宏斗	〃
5月	**(10勝15敗)**						
2	甲子園	神	④	3 - 1	○	福谷 浩司	〃
3	〃	〃	⑤	7 - 8	●	マルティネス	〃
4	〃	〃	⑥	2 - 3	●	柳 裕也	〃
5	バンテリンD	巨	⑦	2 - 3	●	福 敬登	〃
6	〃	〃	⑧	2 - 1	○	祖父江大輔	〃
7	岐阜	広	⑧	0 - 4	●	田島 慎二	〃
9	〃	〃	⑥	0 - 4	●	涌井 秀章	〃
10	バンテリンD	〃	⑥	2 - 3	●	田島 慎二	〃
11	〃	〃	⑦	1 - 4	●	小笠原慎之介	〃
12	神宮	ヤ	⑦	1 - 4	●	仲地 礼亜	〃
13	〃	〃	⑦	5 - 8	●	高橋 宏斗	〃
14	〃	〃	⑧	4 - 9	●	福谷 浩司	〃
16	豊橋	神	⑧	2 - 1	○	涌井 秀章	〃
17	バンテリンD	〃	⑧	1 - 4	●	柳 裕也	〃
18	〃	〃	⑩	1 - 2	●	小笠原慎之介	〃
20	東京D	巨	⑪	2 - 6	●	高橋 宏斗	〃
21	〃	〃	⑪	3 - 1	○	福谷 浩司	〃
23	マツダ	広	⑩	2 - 1	○	涌井 秀章	〃
24	〃	〃	⑩	3 - 2	○	柳 裕也	〃
25	〃	〃	⑩	5 - 4	○	小笠原慎之介	〃
26	バンテリンD	ディ	⑧	2 - 4	●	マルティネス	〃
27	〃	〃	⑧	3 - 2	○	高橋 宏斗	〃
28	〃	〃	⑧	1 - 5	●	福谷 浩司	〃
30	PayPayD	ソ	①	5 - 13	●	福谷 浩司	〃
31	〃	〃	②	7 - 1	○	涌井 秀章	⑤

セントラル・リーグ

日	球場	相手		スコア		投手	順位
6月（10勝12敗1分）							
1	PayPayD	ソ	③	6－5	○	清水 達也	⑤
2	バンテリンD	オ	②	2－1	○	勝野 昌慶	〃
3	〃	〃	②	1－5	●	勝野 昌慶	〃
4	〃	〃	③	0－5	●	祖父江大輔	⑥
6	県営大宮	武		1－2	●	鈴木 博志	〃
7	ベルーナD	〃	②	1－2	●	祖父江大輔	〃
8	〃	〃	③	8－2	○	柳 裕也	⑤
9	楽天モバイル	楽	①	1－0	○	小笠原慎之介	〃
10	〃		②	0－1	●	松葉 貴大	⑥
11				中止			
13	バンテリンD	ロ	①	7－0	○	髙橋 宏斗	〃
14	〃		②	1－2	●	涌井 秀章	〃
15	〃		②	1－1	△	小笠原慎之介	⑤
16	〃	日	①	1－5	●	小笠原慎之介	〃
17	〃		②	3－6	●	藤嶋 健人	〃
18	〃		③	0－4	●	福谷 浩司	〃
20	—	—					⑥
21	楽天モバイル	楽	③	5－2	○	髙橋 宏斗	⑤
23	バンテリンD	ヤ	⑨	0－4	●	小笠原慎之介	⑤
24	〃	〃	⑪	3－1	○	祖父江大輔	⑤
25	〃		⑪	5－1	○	涌井 秀章	〃
27	甲子園	神	⑩	3－11	●	柳 裕也	〃
28	〃	〃		1－2	●	勝野 昌慶	〃
29	〃		⑫	0－8	●	松葉 貴大	〃
30	横浜	ディ	⑨	2－1	○	清水 達也	〃
7月（7勝13敗1分）							
1	横浜	ディ	⑩	2－2	△	マルティネス	〃
2	〃		⑪	2－3	●	涌井 秀章	⑥
4	バンテリンD	巨	⑪	6－7	●	祖父江大輔	〃
5	〃	広	⑪	8－0	○	小笠原慎之介	〃
7	〃	〃	⑫	5－1	○	メヒア	〃
8	〃		⑬	2－3	●	涌井 秀章	〃
9	神宮	ヤ	⑫	5－2	○	柳 裕也	〃
11	〃		⑬	5－8	●	祖父江大輔	〃
12	〃		⑭	4－2	○	小笠原慎之介	〃
13	甲子園	神	⑬	6－4	○	清水 達也	〃
15	〃		⑭	3－0	○	メヒア	〃
16	マツダ	広	⑮	1－4	●	涌井 秀章	〃
17	〃	〃	⑭	3－5	●	勝野 昌慶	〃
22	〃		⑭	5－11	●	柳 裕也	〃
25	バンテリンD	ディ	⑫	3－5	●	小笠原慎之介	〃
26	〃	〃	⑬	7－1	○	仲地 礼亜	〃
27	〃		⑭	2－1	○	メヒア	〃
28	東京D	巨	⑭	5－11	●	涌井 秀章	〃
29	〃			3－6	●	髙橋 宏斗	〃
30	〃		⑯	0－4	●	清水 達也	〃
8月（9勝15敗1分）							
1	バンテリンD	神	⑯	2－10	●	小笠原慎之介	〃
2	〃	〃	⑰	3－1	○	齋藤 綱記	〃
3	〃		⑱	2－5	●	仲地 礼亜	〃
4	〃	ヤ	⑯	11－1	○	松葉 貴大	〃
5	〃		⑯	4－2	○	髙橋 宏斗	〃
6	〃		⑰	1－3	●	柳 裕也	〃
8	横浜	ディ	⑮	4－7	●	小笠原慎之介	〃
9	〃		⑯	2－8	●	鈴木 博志	〃
10	〃		⑰	1－5	●	仲地 礼亜	〃
11	バンテリンD	広	⑯	3－3	△	岡野祐一郎	〃
12	〃		⑰	2－1	○	髙橋 宏斗	〃
13	〃		⑱	2－1	○	マルティネス	〃
15	〃	巨		中止			
16	〃		⑰	0－2	○	マルティネス	〃
17	〃		⑱	0－2	●	松葉 貴大	〃
18	神宮	ヤ	⑱	2－10	●	仲地 礼亜	〃
19	〃		⑲	2－3	●	髙橋 宏斗	〃
20	〃		⑳	0－1	●	柳 裕也	〃
22	京セラD	神	⑲	3－4	●	田島 慎二	〃
24	〃	〃		3－5	●	小笠原慎之介	〃
25	バンテリンD	ディ	⑱	2－18	●	松葉 貴大	〃
26	〃		⑲	0－2	●	清水 達也	〃
27	〃		⑳	2－1	○	フェリス	〃
29	〃	ヤ	㉑	3－0	○	涌井 秀章	〃

日	球場	相手		スコア		投手	順位
30	バンテリンD	ヤ	㉒	3－2	○	小笠原慎之介	⑥
31	〃		㉓	1－6	●	梅津 晃大	〃
9月（12勝10敗2分）							
1	マツダ	広	⑲	5－3	○	藤嶋 健人	〃
2	〃		⑳	1－3	●	髙橋 宏斗	〃
3	バンテリンD	神	㉑	2－8	●	涌井 秀章	〃
6	〃	〃	⑳	0－0	△	小笠原慎之介	〃
8	東京D	巨	⑲	0－0	△	マルティネス	〃
9	〃		⑳	0－5	●	髙橋 宏斗	〃
10	〃			1－2	●	柳 裕也	〃
12	横浜	ディ	㉑	3－1	○	涌井 秀章	〃
13	〃			2－1	○	齋藤 綱記	〃
14	〃		㉒	3－8	●	小笠原慎之介	〃
15	バンテリンD	巨	㉒	0－7	●	仲地 礼亜	〃
16	〃			1－0	○	髙橋 宏斗	〃
17	〃	広	㉓	3－0	○	柳 裕也	〃
18	〃		㉓	8－7	○	勝野 昌慶	〃
20	神宮	ヤ	㉔	5－6	●	松山 晋也	〃
21	〃			9－8	●	橋本 侑樹	〃
22	横浜	ディ		ノーゲーム			
23	〃		㉔	4－3	○	髙橋 宏斗	〃
24	バンテリンD	神	㉓	0－0	△	祖父江大輔	〃
25	〃		㉔	2－1	○	梅津 晃大	〃
26	マツダ	広	㉔	0－2	●	涌井 秀章	〃
27	甲子園	神	㉔	7－2	○	メヒア	〃
29	マツダ	広	㉔	4－1	○	仲地 礼亜	〃
30	東京D	巨	㉔	2－1	○	松山 晋也	⑤
10月（0勝2敗）							
1	横浜	ディ	㉕	0－4	●	髙橋 宏斗	〃
3	バンテリンD	巨	㉕	1－3	●	小笠原慎之介	〃
4	—	—					⑥

※10月4日、ヤクルト勝利で6位決定。

球場／エスコンF：エスコンフィールドHOKKAIDO（北広島）
楽天モバイル：楽天モバイルパーク宮城（仙台）
ベルーナD：ベルーナドーム（所沢）
東京D：東京ドーム
ZOZO：ZOZOマリンスタジアム（千葉）
バンテリンD：バンテリンドーム ナゴヤ
京セラ：京セラドーム大阪
マツダ：MAZDA Zoom-Zoomスタジアム広島
PayPayD：福岡PayPayドーム

2023・セントラル・リーグ打撃成績

チーム打撃成績

出塁率＝（安打＋四死球）÷（打数＋四死球＋犠飛）

チーム	試合	打席	打数	得点	安打	二塁打	三塁打	本塁打	塁打	打点	盗塁	盗塁刺	犠打	犠飛	四球計	故意四球	死球	三振	併殺打	残塁	打率	長打率	出塁率
巨 人	143	5352	4826	523	1218	204	14	164	1942	511	48	29	93	31	365	38	37	1111	94	987	.252	.402	.308
ＤｅＮＡ	143	5331	4783	520	1182	230	18	105	1763	503	33	26	106	31	355	22	56	846	103	965	.247125	.369	.305
阪 神	143	5479	4775	555	1180	179	34	84	1679	534	79	29	106	47	494	35	57	1173	92	1102	.247120	.352	.322
広 島	143	5241	4728	493	1165	197	18	96	1686	476	28	50	96	20	349	25	48	1032	115	933	.246	.357	.304
ヤクルト	143	5358	4712	534	1128	212	11	123	1731	509	62	20	115	34	447	23	50	1096	112	994	.239	.367	.310
中 日	143	5251	4792	390	1123	186	19	71	1560	370	36	25	92	22	306	18	39	1029	97	960	.234	.326	.285
計	483	32012	28616	3015	6996	1208	114	643	10361	2903	336	179	608	185	2316	161	287	6287	613	5941	.244	.362	.306

注）試合計＝リーグ内対戦375＋交流戦108

個人打撃成績

（規定打席443）

選手名	チーム	試合	打席	打数	得点	安打	二塁打	三塁打	本塁打	塁打	打点	盗塁	盗塁刺	犠打	犠飛	四球計	故意四球	死球	三振	併殺打	残塁	打率	長打率	出塁率
宮崎 敏郎	(ディ)	124	461	408	47	133	27	0	20	220	71	1	0	0	4	41	6	5	43	14	94	.326	.539	.395
＊西川 龍馬	(広)	109	443	416	48	127	20	1	9	176	56	7	6	0	1	24	1	2	52	10	82	.305	.423	.337
サンタナ	(ヤ)	136	516	467	52	140	32	0	18	226	76	7	6	0	3	44	1	2	114	17	94	.300	.484	.360
牧 秀悟	(ディ)	143	605	559	78	164	39	3	29	296	103	2	2	0	6	35	3	7	85	17	105	.293	.530	.337
＊大島 洋平	(中)	130	494	470	34	136	17	2	0	157	23	6	1	1	3	15	1	5	43	7	90	.289	.334	.316
大山 悠輔	(神)	143	625	513	80	148	29	0	19	234	78	3	0	0	8	99	5	5	120	13	146	.2884	.456	.403
坂本 勇人	(巨)	116	455	403	46	116	29	0	22	211	60	2	0	0	2	45	3	2	84	5	91	.2878	.524	.361
＊近本 光司	(神)	129	585	501	83	143	24	2	8	215	54	28	3	0	7	60	1	6	71	6	123	.2854	.429	.379
＊中野 拓夢	(神)	143	660	575	80	164	17	5	2	197	40	20	12	21	5	57	2	2	107	5	122	.2852	.343	.349
＊大城 卓三	(巨)	134	490	424	50	119	20	1	16	189	55	0	0	0	2	36	3	5	109	12	73	.281	.446	.341
＊岡林 勇希	(中)	143	633	584	61	163	21	10	3	213	31	12	8	9	1	39	1	0	89	11	132	.279	.365	.324
岡本 和真	(巨)	140	589	503	83	140	31	0	41	294	93	0	1	0	6	72	10	8	111	10	114	.278	.584	.374
＊秋山 翔吾	(広)	115	483	434	48	119	20	6	4	163	38	8	3	0	1	35	3	4	81	12	97	.274	.376	.333
＊木浪 聖也	(神)	127	470	408	41	109	22	1	1	136	41	0	0	2	1	30	1	3	103	13	103	.267	.333	.320
坂倉 将吾	(広)	120	448	395	48	105	19	1	12	162	44	3	0	0	2	47	6	3	67	9	86	.266	.410	.347
＊佐野 恵太	(ディ)	141	613	560	67	148	26	2	13	217	65	0	2	0	3	46	4	4	77	9	90	.264	.388	.323
＊佐藤 輝明	(神)	132	548	486	70	128	30	6	24	242	92	7	5	0	0	54	5	4	139	4	105	.263	.498	.339
＊関根 大気	(ディ)	140	532	482	69	126	17	3	4	161	31	11	3	16	1	29	1	4	53	5	92	.261	.334	.308
菊池 涼介	(広)	120	485	442	51	114	17	0	5	146	27	5	0	0	1	32	1	2	68	6	74	.258	.330	.310
＊村上 宗隆	(ヤ)	140	597	496	76	127	28	0	31	248	84	5	3	0	0	97	7	7	168	6	111	.2560	.500	.375
＊吉川 尚輝	(巨)	132	488	430	47	110	19	4	7	158	36	4	4	11	3	26	1	0	66	12	91	.2558	.367	.308
オスナ	(ヤ)	134	543	501	49	127	23	0	23	219	71	2	4	0	2	39	5	1	79	13	96	.2534	.437	.308
細川 成也	(中)	140	576	518	62	131	30	1	24	235	78	0	0	0	1	49	3	8	161	17	104	.2528	.454	.326
桑原 将志	(ディ)	132	479	429	48	108	23	4	7	160	35	3	2	8	1	16	1	0	54	11	76	.252	.373	.301
石川 昂弥	(中)	121	464	434	32	105	27	0	13	171	45	0	0	0	4	22	2	4	69	10	77	.242	.394	.282
ノイジー	(神)	133	516	475	42	114	13	1	9	156	56	0	0	3	0	36	0	2	85	13	77	.240	.328	.295
＊長岡 秀樹	(ヤ)	135	488	445	43	101	19	1	3	131	35	4	2	3	2	29	5	5	77	13	77	.227	.294	.281

項目リーダー

試 合	中野 拓夢(神)	143	安 打	中野 拓夢(神)	164	盗塁刺	中野 拓夢(神)	12	三 振	村上 宗隆(ヤ)	168
	大山 悠輔(神)	143		牧 秀悟(ディ)	164	犠 打	中野 拓夢(神)	21	併殺打	牧 秀悟(ディ)	17
	牧 秀悟(ディ)	143	二塁打	牧 秀悟(ディ)	39		大城 卓三(巨)	21		サンタナ(ヤ)	17
	岡林 勇希(中)	143	三塁打	岡林 勇希(中)	10		中村 悠平(ヤ)	21		細川 成也(中)	17
打 席	中野 拓夢(神)	660	本塁打	岡本 和真(巨)	41	犠 飛	大山 悠輔(神)	8	残 塁	大山 悠輔(神)	146
打 数	岡林 勇希(中)	584	塁 打	牧 秀悟(ディ)	296	四球計	大山 悠輔(神)	99	長打率	岡本 和真(巨)	.584
打 得	近本 光司(神)	83	打 点	牧 秀悟(ディ)	103	故意四球	木浪 聖也(神)	12	出塁率	大山 悠輔(神)	.403
	岡本 和真(巨)	83	盗 塁	近本 光司(神)	28	死 球	近本 光司(神)	12			

全 選 手 打 撃 成 績

(50音順)

選手名	チーム	試合	打席	打数	得点	安打	二塁打	三塁打	本塁打	塁打	打点	盗塁	盗塁刺	犠打	犠飛	四球計	故意四球	死球	三振	併殺打	残塁	打率	長打率	出塁率
アキーノ	(中)	20	68	65	2	10	4	0	1	17	6	0	1	0	1	2	0	0	32	0	7	.154	.262	.17
アドゥウ誠	(広)	14	0	0	0	0	0	0	0	0	0	0	0	0	0	0	0	0	0	0	0	.000	.000	.00
+アルモンテ	(中)	28	54	53	3	10	1	0	1	14	2	0	0	0		1	0	0	18	2	1	.189	.264	.20
アンダーソン	(広)	21	11	11	0	1	0	0	0	1	0	0	0	0	0	0	0	0	7	0	0	.091	.091	.09
アンバギー	(ディ)	4	8	8	0	1	0	0	0	1	0	0	0	0	0	0	0	0	3	0	0	.125	.125	.12
會澤 翼	(広)	54	133	116	6	20	4	0	1	27	10	0	0	2	1	10	0	4	26	4	21	.172	.233	.29
青木 宣親	(ヤ)	96	264	217	25	55	8	0	3	72	19	2	0	4		39	0	4	28	11	52	.253	.332	.37
青柳 晃洋	(神)	18	37	32	3	4	1	0	0	5	1	0	0	4	0	1	0	0	12	0	4	.125	.156	.12
赤羽 由紘	(ヤ)	29	27	23	5	4	0	0	1	7	3	0	0	1		1	0	1	12	0	15	.174	.304	.23
赤星 優志	(巨)	12	22	17	0	2	1	0	0	3	0	0	0	2	0	1	0	0	10	0	4	.118	.176	.21
*秋広 優人	(巨)	121	439	406	36	111	18	2	10	163	41	0	0	3		26	2	2	79	9	92	.273	.401	.31
*秋山 翔吾	(広)	115	483	434	48	119	20	6	4	163	38	3	9	1		35	3	4	81	12	97	.274	.376	.33
*秋山 拓巳	(神)	2	4	3	0	0	0	0	0	0	0	0	0	1		0	0	0	2	0	0	.000	.000	.00
浅野 翔吾	(巨)	24	41	40	2	10	1	0	1	14	2	0	0			1	0	0	14	0	11	.250	.350	.26
*東 克樹	(ディ)	24	56	47	1	6	1	0	0	7	5	0	0	7		0	0	0	17	2	7	.128	.149	.16
荒木 貴裕	(ヤ)	1	2	2	0	0	0	0	0	0	0	0	0	0	0	0	0	0	1	0	0	.000	.000	.00
石井 大智	(神)	44	0	0	0	0	0	0	0	0	0	0	0	0	0	0	0	0	0	0	0	.000	.000	.00
石川 昂弥	(中)	121	464	434	32	105	27	0	13	171	45	0	0	4		22	2	4	69	10	77	.242	.394	.29
石川 達也	(ディ)	28	1	1	0	0	0	0	0	0	0	0	0	0	0	0	0	0	1	0	0	.000	.000	.00
石川 雅規	(ヤ)	13	16	12	0	3	0	0	0	3	0	0	0	3		0	0	0	3	0	1	.250	.250	.25
石垣 雅海	(中)	22	26	23	1	2	0	0	0	2	1	0	1	0		2	0	0	6	0	3	.087	.087	.16
*石田 健大	(ディ)	23	34	26	0	2	0	0	0	2	2	0	0	6		0	0	1	8	0	6	.077	.077	.14
石橋 康太	(中)	39	77	70	7	18	6	0	2	30	9	0	0	6	0	1		0	7	0	11	.257	.429	.26
石山 泰稚	(ヤ)	50	0	0	0	0	0	0	0	0	0	0	0	0	0	0	0	0	0	0	0	.000	.000	.00
伊勢 大夢	(ディ)	58	0	0	0	0	0	0	0	0	0	0	0	0	0	0	0	0	0	0	0	.000	.000	.00
磯村 嘉孝	(広)	25	32	29	2	6	1	0	0	7	4	0	0	1	0	1		0	6	0	3	.207	.345	.25
*板山祐太郎	(神)	12	17	17	1	1	0	0	0	1	0	0	0			0	0	0	7	1	1	.059	.059	.05
一岡 竜司	(広)	1	0	0	0	0	0	0	0	0	0	0	0	0	0	0	0	0	0	0	0	.000	.000	.00
市川 悠太	(ヤ)	4	2	1	0	0	0	0	0	0	0	0	0	0	0	0	0	0	0	0	0	.000	.000	.00
伊藤 康祐	(中)	34	22	20	3	3	0	0	0	3	0	0	0	1	1	0	0	0	3	1	11	.150	.150	.15
伊藤 光	(ディ)	61	176	160	11	36	4	0	1	47	8	0	0	4	1	9	1	2	41	2	33	.225	.294	.29
*伊藤 将司	(神)	21	52	43	1	5	0	0	0	5	2	0	0	7		0	0	0	26	1	6	.116	.116	.15
*糸原 健斗	(神)	69	83	72	5	17	1	0	0	18	5	0	0	2		9	1	2	16	1	13	.236	.250	.29
井上 広大	(神)	13	37	35	3	8	2	0	1	12	7	0	0	0		2	0	0	18	0	7	.229	.343	.27
*井上 温大	(巨)	2	5	4	1	1	0	0	0	1	0	0	0	1	0	0	0	0	0	0	0	.250	.250	.25
*今永 昇太	(ディ)	22	45	38	2	10	4	0	0	14	1	0	0	7	0	0	0	0	10	0	6	.263	.368	.26
今村 信貴	(巨)	24	0	0	0	0	0	0	0	0	0	0	0	0	0	0	0	0	0	0	0	.000	.000	.00
入江 大生	(ディ)	32	0	0	0	0	0	0	0	0	0	0	0	0	0	0	0	0	0	0	0	.000	.000	.00
*岩貞 祐太	(神)	50	0	0	0	0	0	0	0	0	0	0	0	0	0	0	0	0	0	0	0	.000	.000	.00
*岩崎 優	(神)	60	0	0	0	0	0	0	0	0	0	0	0	0	0	0	0	0	0	0	0	.000	.000	.00
ウェンデルケン	(ディ)	61	0	0	0	0	0	0	0	0	0	0	0	0	0	0	0	0	0	0	0	.000	.000	.00
ウォーカー	(巨)	57	120	118	15	31	4	2	6	57	20	1	0			2	0	0	39	1	17	.263	.483	.27
+植田 海	(神)	28	3	1	1	0	0	0	0	0	0	1	0	0	0		0	0	0	0	15	.000	.000	.00
*上田洸太朗	(中)	13	1	1	0	0	0	0	0	0	0	0	0	0	0	0	0	0	1	0	0	.000	.000	.00
上本 崇司	(広)	84	276	247	20	64	7	1	1	76	17	8	2	12	0	9			46	1	55	.259	.308	.30
鵜飼 航丞	(中)	41	94	91	7	13	1	0	3	23	5	0	0	0	0	2	0	0	31	6	11	.143	.253	.17
*宇佐見真吾	(中)	69	226	206	12	58	6	0	3	73	14	0	0	2	0	17	1	1	47	4	41	.282	.354	.33
内山 壮真	(ヤ)	94	269	240	20	55	12	1	6	87	27	3	0	1	0	19	0	2	37	7	51	.229	.363	.29
梅津 晃大	(中)	3	5	5	0	1	0	0	0	1	0	0	0	0	0	0	0	0	2	0	0	.200	.200	.20
梅野 雄吾	(ヤ)	5	0	0	0	0	0	0	0	0	0	0	0	0	0	0	0	0	0	0	0	.000	.000	.00
梅野隆太郎	(神)	72	251	217	17	42	4	0	1	49	19	3	1	3	0	28	0	2	56	6	56	.194	.226	.28
*エスコバー	(ディ)	40	0	0	0	0	0	0	0	0	0	0	0	0	0	0	0	0	0	0	0	.000	.000	.00
エスピナル	(ヤ)	3	0	0	0	0	0	0	0	0	0	0	0	0	0	0	0	0	0	0	0	.000	.000	.00
蝦名 達夫	(ヤ)	42	51	43	6	6	1	0	0	7	1	0	0	4	0	4	0	0	12	0	12	.140	.163	.21
遠藤 淳志	(広)	8	13	12	0	3	0	0	0	3	0	0	0	1	0	0	0	0	7	0	3	.250	.250	.25
オースティン	(ディ)	22	54	47	5	13	6	0	0	19	6	0	0	0	0	6	0	1	13	0	12	.277	.404	.35
オコエ瑠偉	(巨)	41	127	119	11	28	7	0	2	41	6	1	1	0	2	4	1	1	35	1	28	.235	.345	.27
オスナ	(ヤ)	134	543	501	49	127	23	0	23	219	71	2	0	4	3				79	13	96	.253	.437	.30
*大江 竜聖	(巨)	32	0	0	0	0	0	0	0	0	0	0	0	0	0	0	0	0	0	0	0	.000	.000	.00
*大島 洋平	(中)	130	494	450	34	136	17	2	0	157	23	6	1	1	3				43	7	90	.289	.334	.34
*大城 卓三	(巨)	134	490	424	50	119	20	1	16	189	55	0	0	21	4	36	3	5	109	12	73	.281	.446	.34
*大瀬良大地	(広)	23	33	30	0	0	0	0	0	0	0	0	0	3	0	0		0	15	0	3	.000	.000	.00
*太田 賢吾	(ヤ)	20	42	41	1	8	0	0	0	8	1	0	0	0	0	1	0	1	11	1	8	.195	.195	.21
大田 泰示	(ディ)	75	186	175	18	38	12	0	2	56	15	0	0	0	2	8	0	1	49	2	28	.217	.354	.28
*大竹耕太郎	(神)	21	48	41	2	4	1	0	0	5	3	0	0	7		0	0	0	27	1	4	.098	.122	.14

選手名	チーム	試合	打席	打数	得点	安打	二塁打	三塁打	本塁打	塁打	打点	盗塁	盗塁刺	犠打	犠飛	四球	故意四球	死球	三振	併殺打	残塁	打率	長打率	出塁率
大西 広樹(ヤ)		46	1	0	0	0	0	0	0	0	0	0	0	0	0	0	0	0	0	0	0	.000	.000	.000
大貫 晋一(デ)		13	25	22	0	3	0	0	0	3	0	0	0	2	0	1	0	0	8	1	3	.136	.136	.174
大野 奨太(中)		1	1	1	0	0	0	0	0	0	0	0	0	0	0	0	0	0	0	0	0	.000	.000	.000
*大野 雄大(中)		1	2	2	0	0	0	0	0	0	0	0	0	0	0	0	0	0	0	0	0	.000	.000	.000
大道 温貴(広)		48	0	0	0	0	0	0	0	0	0	0	0	0	0	0	0	0	0	0	0	.000	.000	.000
*大盛 穂(広)		59	71	66	10	10	2	0	1	15	5	4	3	1	0	2	0	2	22	1	21	.152	.227	.200
大山 悠輔(神)		143	625	513	80	148	29	0	19	234	78	3	3	0	8	99	5	5	120	13	146	.288	.456	.403
岡田 悠希(巨)		26	52	48	4	8	1	1	0	12	2	0	0	1	0	3	0	0	14	1	7	.167	.250	.216
岡留 英貴(神)		8	0	0	0	0	0	0	0	0	0	0	0	0	0	0	0	0	0	0	0	.000	.000	.000
岡野祐一郎(中)		15	1	0	0	0	0	0	0	0	0	0	0	0	0	1	0	0	0	0	0	.000	.000	.000
*岡林 勇希(中)		143	633	584	61	163	21	10	3	213	31	12	8	9	1	39	1	0	89	11	132	.279	.365	.324
岡本 和真(巨)		140	589	503	83	140	31	0	41	294	93	0	1	0	6	72	10	8	111	10	114	.278	.584	.374
*小笠原慎之介(中)		25	52	47	1	5	1	0	0	6	2	0	0	3	0	1	0	1	28	0	4	.106	.128	.143
小川 泰弘(ヤ)		23	49	37	1	4	2	0	0	6	5	0	0	11	0	1	0	0	23	0	3	.108	.162	.132
*奥村 展征(ヤ)		3	5	4	2	2	1	0	0	3	1	0	0	0	0	1	0	0	0	0	0	.500	.750	.400
尾仲 祐哉(ヤ)		11	1	1	0	0	0	0	0	0	0	0	0	0	0	0	0	0	0	0	0	.000	.000	.000
小野寺 暖(神)		43	83	75	8	26	2	2	0	32	11	0	0	7	0	0	0	0	12	0	24	.347	.427	.402
*小幡 竜平(神)		47	91	78	12	22	1	1	0	25	8	3	1	5	0	8	4	0	23	0	30	.282	.321	.349
*及川 雅貴(神)		33	1	0	0	0	0	0	0	0	0	0	0	0	0	0	0	0	0	0	0	.000	.000	.000
カリステ(中)		47	172	163	13	38	8	0	5	61	13	0	2	2	0	7	0	0	36	7	26	.233	.374	.265
ガゼルマン(デ)		13	19	13	2	2	2	0	0	4	1	0	0	2	0	4	0	0	3	0	4	.154	.308	.353
鍵谷 陽平(デ)		13	0	0	0	0	0	0	0	0	0	0	0	0	0	0	0	0	0	0	0	.000	.000	.000
笠原祥太郎(デ)		2	2	2	0	0	0	0	0	0	0	0	0	0	0	0	0	0	0	0	0	.000	.000	.000
*梶谷 隆幸(巨)		102	291	265	26	73	8	0	2	87	19	2	2	6	0	17	0	3	45	2	50	.275	.328	.326
加治屋 蓮(中)		51	0	0	0	0	0	0	0	0	0	0	0	0	0	0	0	0	0	0	0	.000	.000	.000
梶原 昂希(デ)		21	54	53	1	12	2	1	0	16	2	1	1	0	0	1	0	0	18	1	9	.226	.302	.241
勝野 昌慶(中)		50	1	1	0	0	0	0	0	0	0	0	0	0	0	0	0	0	0	1	0	.000	.000	.000
+加藤 翔平(中)		59	45	40	6	9	0	0	0	9	4	2	2	0	0	2	0	1	8	0	15	.225	.225	.279
加藤 匠馬(中)		10	8	8	0	0	0	0	0	0	0	0	0	0	0	0	0	0	0	0	0	.000	.000	.000
*門脇 誠(巨)		126	348	316	34	83	12	1	3	106	21	11	5	14	0	18	3	0	58	4	79	.263	.335	.302
*金久保優斗(ヤ)		1	2	2	1	1	0	0	0	1	0	0	0	0	0	0	0	0	0	0	0	.500	.500	.500
*神里 和毅(神)		64	53	49	11	8	0	0	1	11	3	0	1	2	0	1	0	1	16	0	20	.163	.224	.226
上茶谷大河(デ)		46	6	5	0	0	0	0	0	0	0	0	0	0	0	0	0	0	3	0	0	.000	.000	.000
*川越 誠司(デ)		18	36	33	3	7	1	0	0	8	2	0	0	0	0	3	0	0	8	1	3	.212	.242	.278
河野 佳(広)		32	2	2	0	0	0	0	0	0	0	0	0	0	0	0	0	0	0	0	0	.000	.000	.000
*川端 慎吾(ヤ)		80	105	94	4	30	3	0	2	39	16	0	0	1	0	9	5	1	14	0	19	.319	.415	.385
菊田 拡和(巨)		6	6	5	1	0	0	0	0	0	0	0	0	0	0	0	0	0	5	1	3	.000	.000	.167
*菊地 大稀(巨)		50	1	0	0	0	0	0	0	0	0	0	0	0	0	0	0	0	0	0	0	.000	.000	.000
菊池 涼介(広)		120	485	442	51	114	17	0	5	146	27	7	5	8	1	32	1	2	68	6	74	.258	.330	.310
木澤 尚文(ヤ)		56	1	1	0	0	0	0	0	0	0	0	0	0	0	0	0	0	0	0	0	.000	.000	.000
岸田 行倫(巨)		46	72	68	5	17	2	0	2	25	3	0	0	1	0	2	0	1	12	4	14	.250	.368	.282
北村 恵吾(ヤ)		12	23	21	4	4	0	0	1	7	7	0	0	0	0	2	0	0	5	1	3	.190	.333	.174
北村 拓己(巨)		27	38	34	2	7	1	0	0	8	2	0	0	0	1	2	1	1	7	3	4	.206	.235	.270
*木浪 聖也(神)		127	470	408	41	109	22	1	1	136	41	0	0	20	7	31	12	4	103	13	103	.267	.333	.320
木下 拓哉(中)		89	315	278	19	66	15	0	5	96	26	0	0	5	1	30	2	1	55	4	58	.237	.345	.313
*京田 陽太(デ)		93	287	251	31	57	4	0	1	64	9	3	2	9	0	25	1	2	33	6	60	.227	.255	.302
*桐敷 拓馬(神)		27	6	6	0	1	0	0	0	1	0	0	0	0	0	0	0	0	0	0	1	.167	.167	.167
*グリフィン(巨)		20	41	39	1	4	1	0	0	7	1	0	0	1	0	0	0	0	25	0	3	.103	.179	.100
*楠本 泰史(デ)		94	176	157	14	30	9	0	2	45	21	0	0	3	0	11	0	3	35	2	24	.191	.287	.253
*久保 拓眞(ヤ)		5	0	0	0	0	0	0	0	0	0	0	0	0	0	0	0	0	0	0	0	.000	.000	.000
熊谷 敬宥(神)		26	9	6	7	2	0	0	0	2	0	1	0	1	0	2	0	0	2	0	14	.333	.333	.500
九里 亜蓮(広)		26	54	45	1	2	0	0	0	2	0	0	0	9	0	0	0	0	25	0	1	.044	.044	.044
栗林 良吏(広)		55	0	0	0	0	0	0	0	0	0	0	0	0	0	0	0	0	0	0	0	.000	.000	.000
*黒原 拓未(広)		5	3	3	0	0	0	0	0	0	0	0	0	0	0	0	0	0	0	0	0	.000	.000	.000
鍬原 拓也(巨)		5	5	0	0	0	0	0	0	0	0	0	0	0	0	0	0	0	0	0	0	.000	.000	.000
桑原 将志(デ)		132	479	429	48	108	23	4	7	160	35	3	8	11	6	23	0	10	54	11	76	.252	.373	.301
郡司 裕也(中)		1	1	1	0	0	0	0	0	0	0	0	0	0	0	0	0	0	0	0	0	.000	.000	.000
ケムナ 誠(広)		24	0	0	0	0	0	0	0	0	0	0	0	0	0	0	0	0	0	0	0	.000	.000	.000
K.ケラー(神)		27	0	0	0	0	0	0	0	0	0	0	0	0	0	0	0	0	0	0	0	.000	.000	.000
コルニエル(広)		8	10	8	0	0	0	0	0	0	0	0	0	0	0	1	0	0	6	0	1	.000	.000	.000
古賀 優大(ヤ)		38	80	68	10	20	1	0	1	24	2	0	0	3	0	8	1	1	22	0	22	.294	.353	.377
小澤 怜史(ヤ)		29	25	21	1	3	2	0	0	5	1	0	0	3	0	0	0	0	10	0	2	.143	.238	.182
*小園 海斗(広)		80	306	290	25	83	11	7	6	126	31	8	4	0	0	10	1	2	38	7	66	.286	.434	.315
小林 誠司(巨)		21	9	8	0	1	0	0	0	1	0	0	0	1	0	0	0	0	0	0	3	.125	.125	.125
*近藤 廉(中)		1	0	0	0	0	0	0	0	0	0	0	0	0	0	0	0	0	0	0	0	.000	.000	.000
今野 龍太(ヤ)		27	1	1	0	0	0	0	0	0	0	0	0	0	0	0	0	0	0	0	0	.000	.000	.000
*後藤 駿太(中)		52	51	44	9	8	3	0	0	11	6	0	1	1	0	5	0	0	18	0	11	.182	.250	.260
サイスニード(ヤ)		23	41	36	4	4	1	0	1	8	4	0	0	2	0	0	0	0	14	1	3	.111	.222	.158
サンタナ(ヤ)		136	516	467	52	140	32	0	18	226	66	2	2	1	3	44	1	2	114	17	94	.300	.484	.360

セントラル・リーグ

選手名	チーム	試合	打席	打数	得点	安打	二塁打	三塁打	本塁打	塁打	打点	盗塁	盗塁刺	犠打	犠飛	四球計	故意四球	死球	三振	併殺打	残塁	打率	長打率	出塁率
才木 浩人	(神)	19	35	32	1	1	0	0	0	1	0	0	0	3	0	0	0	0	21	0	2	.031	.031	.03
*齋藤 綱記	(中)	31	0	0	0	0	0	0	0	0	0	0	0	0	0	0	0	0	0	0	0	.000	.000	.00
榮枝 裕貴	(神)	2	4	3	0	1	0	0	0	1	0	0	0	0	1	0	0	0	1	0	1	.333	.333	.33
*坂倉 将吾	(広)	120	448	395	48	105	19	1	12	162	44	3	0	1	2	47	6	3	67	9	86	.266	.410	.34
*阪口 皓亮	(ヤ)	13	0	0	0	0	0	0	0	0	0	0	0	0	0	0	0	0	0	0	0	.000	.000	.00
坂本誠志郎	(神)	84	289	243	10	55	5	1	0	62	21	0	0	18	5	19	1	4	62	4	66	.226	.255	.28
坂本 勇人	(巨)	116	455	403	46	116	29	0	22	211	60	2	0	3	2	45	3	2	84	5	91	.288	.524	.36
*坂本 裕哉	(デ)	13	2	2	0	0	0	0	0	0	0	0	0	0	0	0	0	0	1	0	0	.000	.000	.00
*佐藤 輝明	(神)	132	548	486	70	128	30	6	24	242	92	7	5	0	4	54	5	4	139	4	105	.263	.498	.33
*佐野 恵太	(デ)	141	613	560	67	148	26	2	13	217	65	0	2	0	3	46	4	4	77	9	90	.264	.388	.32
*澤井 廉	(ヤ)	16	37	32	3	5	0	1	0	7	1	0	0	0	0	0	0	5	11	0	4	.156	.219	.27
塩見 泰隆	(ヤ)	51	209	186	33	56	9	2	8	93	31	1	2	0	1	19	1	3	40	3	48	.301	.500	.36
重信慎之介	(ヤ)	67	57	51	16	8	0	0	0	8	1	10	4	1	0	5	0	0	16	1	26	.157	.157	.23
*柴田 竜拓	(デ)	86	66	49	7	7	1	1	0	10	2	0	1	6	0	9	0	2	9	0	26	.143	.204	.21
島内颯太郎	(広)	62	0	0	0	0	0	0	0	0	0	0	0	0	0	0	0	0	0	0	0	.000	.000	.00
島田 海吏	(神)	101	121	110	12	16	0	1	1	21	6	7	1	1	0	7	0	3	26	4	38	.145	.191	.21
島本 浩也	(神)	35	0	0	0	0	0	0	0	0	0	0	0	0	0	0	0	0	0	0	0	.000	.000	.00
清水 達也	(中)	50	0	0	0	0	0	0	0	0	0	0	0	0	0	0	0	0	0	0	0	.000	.000	.00
*清水 昇	(ヤ)	56	0	0	0	0	0	0	0	0	0	0	0	0	0	0	0	0	0	0	0	.000	.000	.00
*代木 大和	(巨)	13	2	2	1	1	0	0	0	1	0	0	0	0	0	0	0	0	1	0	0	.500	.500	.50
末包 昇大	(広)	65	146	139	16	38	6	0	11	77	27	0	0	0	0	6	1	1	40	5	19	.273	.554	.30
菅野 智之	(巨)	14	25	21	0	5	1	0	0	6	1	0	0	3	0	1	0	0	5	0	6	.238	.286	.2
鈴木 康平	(巨)	33	0	0	0	0	0	0	0	0	0	0	0	0	0	0	0	0	0	0	0	.000	.000	.00
鈴木 博志	(中)	9	4	4	0	0	0	0	0	0	0	0	0	0	0	0	0	0	2	0	0	.000	.000	.00
砂田 毅樹	(中)	18	0	0	0	0	0	0	0	0	0	0	0	0	0	0	0	0	0	0	0	.000	.000	.00
*関根 大気	(デ)	140	532	482	69	126	17	3	4	161	31	11	3	16	1	29	1	4	53	5	92	.261	.334	.32
ソ　ト	(デ)	109	399	354	31	83	22	0	14	147	50	0	2	0	2	39	2	4	99	11	69	.234	.415	.3
*曽根 海成	(デ)	39	15	14	6	2	1	0	0	3	0	1	1	0	0	1	0	0	3	0	13	.143	.214	.20
*祖父江大輔	(中)	45	0	0	0	0	0	0	0	0	0	0	0	0	0	0	0	0	0	0	0	.000	.000	.00
*ターリー	(広)	44	0	0	0	0	0	0	0	0	0	0	0	0	0	0	0	0	0	0	0	.000	.000	.00
大　勢	(巨)	27	0	0	0	0	0	0	0	0	0	0	0	0	0	0	0	0	0	0	0	.000	.000	.00
平良拳太郎	(デ)	11	18	17	1	2	0	0	0	2	0	0	0	4	0	0	0	0	3	0	4	.118	.118	.11
*髙木 京介	(巨)	1	0	0	0	0	0	0	0	0	0	0	0	0	0	0	0	0	0	0	0	.000	.000	.00
高梨 裕稔	(ヤ)	15	12	11	0	1	0	0	0	1	0	0	0	1	0	0	0	0	2	0	2	.091	.091	.09
*高梨 雄平	(巨)	55	1	1	0	0	0	0	0	0	0	0	0	0	0	0	0	0	1	0	0	.000	.000	.00
*髙橋 奎二	(ヤ)	20	29	23	0	1	0	0	0	1	0	0	0	6	0	0	0	0	8	0	2	.043	.043	.04
*髙橋 周平	(中)	86	172	158	10	34	6	0	0	40	14	1	0	2	0	11	1	1	41	5	33	.215	.253	.26
髙橋 宏斗	(中)	25	46	37	1	6	0	0	0	6	2	0	0	7	0	2	0	0	16	0	6	.162	.162	.2
*髙橋 優貴	(巨)	6	0	0	0	0	0	0	0	0	0	0	0	0	0	0	0	0	0	0	0	.000	.000	.00
*髙松 渡	(中)	23	1	1	0	0	0	0	0	0	0	2	0	0	0	0	0	0	0	0	9	.000	.000	.00
*田口 麗斗	(ヤ)	50	0	0	0	0	0	0	0	0	0	0	0	0	0	0	0	0	0	0	0	.000	.000	.00
*武岡 龍世	(ヤ)	84	178	160	18	35	3	2	1	45	8	3	1	9	1	8	1	0	47	4	37	.219	.281	.2
田島 慎二	(中)	32	0	0	0	0	0	0	0	0	0	0	0	0	0	0	0	0	0	0	0	.000	.000	.00
*田中健二朗	(デ)	11	0	0	0	0	0	0	0	0	0	0	0	0	0	0	0	0	0	0	0	.000	.000	.00
*田中 広輔	(広)	111	253	224	28	51	10	0	6	79	28	2	6	3	0	25	2	1	48	6	42	.228	.353	.30
田中 千晴	(巨)	31	2	2	0	0	0	0	0	0	0	0	0	0	0	0	0	0	0	0	0	.000	.000	.00
田中 豊樹	(巨)	15	0	0	0	0	0	0	0	0	0	0	0	0	0	0	0	0	0	0	0	.000	.000	.00
谷元 圭介	(中)	7	0	0	0	0	0	0	0	0	0	0	0	0	0	0	0	0	0	0	0	.000	.000	.00
*玉村 昇悟	(広)	9	15	14	0	2	0	0	0	2	0	0	0	0	0	0	0	0	9	0	4	.143	.143	.1
*田村 俊介	(広)	10	22	22	3	8	2	0	0	10	0	0	0	0	0	0	0	0	6	1	5	.364	.455	.3
*近本 光司	(神)	129	585	501	83	143	24	12	8	215	54	28	3	0	5	67	2	12	71	6	123	.285	.429	.3
知野 直人	(デ)	39	39	30	9	5	2	0	2	12	5	2	1	1	0	7	1	1	9	0	13	.167	.400	.3
長野 久義	(巨)	75	176	158	15	41	7	1	6	68	19	1	1	0	1	17	4	0	40	2	36	.259	.430	.3
デビッドソン	(中)	112	381	348	34	73	16	1	19	148	44	0	1	0	2	22	1	9	120	11	47	.210	.425	.2
*床田 寛樹	(広)	24	50	40	3	11	4	0	0	15	1	0	0	8	0	2	0	0	12	0	8	.275	.375	.3
戸郷 翔征	(巨)	24	55	46	1	5	0	0	0	5	3	0	0	6	1	2	0	0	24	0	7	.109	.109	.1
*戸根 千明	(巨)	24	0	0	0	0	0	0	0	0	0	0	0	0	0	0	0	0	0	0	0	.000	.000	.00
*戸柱 恭孝	(デ)	70	181	165	11	40	8	0	5	65	19	0	0	2	1	13	1	0	30	6	37	.242	.394	.2
*富田 蓮	(神)	9	1	0	0	0	0	0	0	0	0	0	0	0	0	0	0	0	0	0	0	.000	.000	.00
堂林 翔太	(広)	100	284	260	29	71	13	0	12	120	35	1	6	5	0	19	3	0	72	7	42	.273	.462	.3
堂上 直倫	(中)	12	10	9	0	2	1	0	0	3	1	0	0	0	0	0	0	0	1	1	1	.222	.333	.3
直江 大輔	(中)	16	0	0	0	0	0	0	0	0	0	0	0	0	0	0	0	0	0	0	0	.000	.000	.00
*中川 皓太	(巨)	44	0	0	0	0	0	0	0	0	0	0	0	0	0	0	0	0	0	0	0	.000	.000	.00
中川 虎大	(デ)	9	0	0	0	0	0	0	0	0	0	0	0	0	0	0	0	0	0	0	0	.000	.000	.00
中崎 翔太	(広)	35	0	0	0	0	0	0	0	0	0	0	0	0	0	0	0	0	0	0	0	.000	.000	.00
中島 宏之	(巨)	8	19	18	1	5	0	0	0	5	0	0	0	0	0	1	0	0	5	1	4	.278	.278	.3
中田 翔	(巨)	92	288	263	27	67	8	1	15	122	37	0	0	4	0	19	3	2	63	10	33	.255	.464	.3
仲地 礼亜	(中)	9	15	14	0	0	0	0	0	0	0	0	0	0	0	0	0	0	9	1	0	.000	.000	.00
*中野 拓夢	(神)	143	660	575	80	164	17	5	2	197	40	20	12	21	5	57	2	6	107	5	122	.285	.343	.3
中村 奨成	(広)	18	20	20	2	3	0	0	0	3	0	0	0	0	0	0	0	0	3	0	3	.150	.150	.1

選手名	チーム	試合	打席	打数	得点	安打	二塁打	三塁打	本塁打	塁打	打点	盗塁	盗塁刺	犠打	犠飛	四球計	故意四球	死球	三振	併殺打	残塁	打率	長打率	出塁率
*中村 貴浩	広	15	37	34	3	6	1	0	0	7	3	1	0	0	1	1	0	1	10	2	5	.176	.206	.216
中村 祐太	広	5	0	0	0	0	0	0	0	0	0	0	0	0	0	0	0	0	0	0	0	.000	.000	.000
中村 悠平	ヤ	106	376	310	24	70	14	0	4	96	33	0	1	21	4	33	0	8	59	6	66	.226	.310	.313
*中山 礼都	巨	78	147	138	9	33	5	1	0	40	3	5	1	2	0	7	0	0	30	5	30	.239	.290	.276
*長岡 秀樹	ヤ	135	488	445	43	101	19	1	3	131	35	4	2	7	2	29	5	5	57	11	92	.227	.294	.281
長坂 拳弥	神	10	12	9	0	2	0	0	0	2	0	0	0	3	0	0	0	0	3	0	2	.222	.222	.222
並木 秀尊	ヤ	82	174	161	37	39	3	1	1	47	7	15	2	4	0	8	0	1	33	2	36	.242	.292	.282
*成田 翔	ヤ	3	0	0	0	0	0	0	0	0	0	0	0	0	0	0	0	0	0	0	0	.000	.000	.000
西 純矢	神	17	25	22	2	5	1	0	0	6	5	0	0	2	0	1	0	0	9	0	4	.227	.273	.261
西 勇輝	神	18	33	28	1	1	1	0	0	2	0	0	0	5	0	0	0	0	12	1	3	.036	.071	.036
西浦 直亨	ヤ	6	12	12	1	2	0	0	0	2	1	0	0	0	0	0	0	0	5	0	0	.167	.167	.167
	ディ	13	9	9	2	1	0	0	0	1	1	0	0	0	0	0	0	0	4	0	1	.111	.111	.111
計		19	21	21	3	3	0	0	0	3	2	0	0	0	0	0	0	0	9	0	1	.143	.143	.143
*西川 龍馬	広	109	443	416	48	127	20	1	9	176	56	7	6	1	4	21	4	1	52	10	82	.305	.423	.337
西田 明央	ヤ	8	8	8	1	1	0	0	0	1	0	0	0	0	0	0	0	0	3	0	1	.125	.125	.125
西巻 賢二	ディ	7	4	3	1	0	0	0	0	0	0	0	0	1	0	0	0	0	2	0	1	.000	.000	.000
*西村瑠伊斗	ヤ	1	1	1	0	0	0	0	0	0	0	0	0	0	0	0	0	0	0	0	0	.000	.000	.000
*韮澤 雄也	広	45	55	50	5	7	2	0	0	9	3	0	0	0	0	5	1	0	13	3	9	.140	.180	.218
*根尾 昂	中	2	5	5	0	1	0	0	0	1	0	0	0	0	0	0	0	0	2	0	1	.200	.200	.200
ノイジー	神	133	516	475	42	114	13	1	9	156	56	0	0	0	3	36	0	2	85	13	77	.240	.328	.295
*野間 峻祥	神	108	418	371	37	106	11	1	0	119	26	5	6	8	1	33	0	5	51	10	82	.286	.321	.351
野村 祐輔	広	6	10	8	0	1	0	0	0	1	0	0	0	2	0	0	0	0	3	0	1	.125	.125	.125
バウアー	ディ	19	45	39	2	1	0	0	0	1	0	0	0	5	0	1	0	0	18	1	3	.026	.026	.050
*バルドナード	巨	21	0	0	0	0	0	0	0	0	0	0	0	0	0	0	0	0	0	0	0	.000	.000	.000
萩尾 匡也	巨	11	16	16	0	1	0	0	0	1	0	0	0	0	0	0	0	0	10	0	1	.063	.063	.063
*橋本 侑樹	中	13	0	0	0	0	0	0	0	0	0	0	0	0	0	0	0	0	0	0	0	.000	.000	.000
*長谷川宙輝	ヤ	1	0	0	0	0	0	0	0	0	0	0	0	0	0	0	0	0	0	0	0	.000	.000	.000
*羽月隆太郎	広	50	53	47	10	7	1	0	0	8	4	14	6	2	0	4	0	0	12	3	19	.149	.170	.216
*濱口 遥大	ディ	14	21	18	3	5	1	0	0	6	0	0	0	3	0	0	0	0	3	0	2	.278	.333	.278
濱田 太貴	ヤ	103	276	252	30	59	17	0	5	91	22	4	1	4	0	19	0	1	60	6	44	.234	.361	.290
浜地 真澄	神	30	0	0	0	0	0	0	0	0	0	0	0	0	0	0	0	0	0	0	0	.000	.000	.000
*林 晃汰	広	20	62	58	5	12	4	0	1	19	5	0	0	0	0	3	0	1	20	0	8	.207	.328	.258
*林 琢真	ディ	65	154	141	12	29	5	0	0	34	11	7	3	5	2	6	0	0	29	2	30	.206	.241	.235
原口 文仁	神	54	56	52	2	10	1	0	2	17	8	0	0	0	0	3	0	1	18	2	3	.192	.327	.250
馬場 皐輔	神	19	3	3	0	0	0	0	0	0	0	0	0	0	0	0	0	0	3	0	0	.000	.000	.000
ビーズリー	神	18	11	11	0	0	0	0	0	0	0	0	0	0	0	0	0	0	7	0	2	.000	.000	.000
ビーディ	神	30	8	7	0	1	0	0	0	1	2	0	0	1	0	0	0	0	5	0	1	.143	.143	.143
ビシエド	中	91	347	315	20	77	9	0	6	104	23	0	0	0	1	27	1	4	41	8	66	.244	.330	.311
*ピーターズ	ヤ	18	34	30	1	0	0	0	0	0	0	0	0	1	0	3	0	0	21	0	4	.000	.000	.091
*樋口 正修	巨	7	3	3	1	0	0	0	0	0	0	0	0	0	0	0	0	0	1	0	1	.000	.000	.000
廣岡 大志	ヤ	9	30	28	5	6	0	0	1	9	2	1	0	0	1	1	0	0	10	0	0	.214	.321	.233
フェリス	中	19	0	0	0	0	0	0	0	0	0	0	0	0	0	0	0	0	0	0	0	.000	.000	.000
ブライト健太	中	33	68	58	6	14	4	0	0	18	4	2	0	3	0	6	0	1	20	0	16	.241	.310	.323
プリンソン	ヤ	88	294	282	25	70	16	0	11	119	35	1	2	0	2	9	3	1	71	4	47	.248	.422	.272
ブルワー	神	13	0	0	0	0	0	0	0	0	0	0	0	0	0	0	0	0	0	0	0	.000	.000	.000
*福 敬登	巨	29	0	0	0	0	0	0	0	0	0	0	0	0	0	0	0	0	0	0	0	.000	.000	.000
*福島 章太	中	4	0	0	0	0	0	0	0	0	0	0	0	0	0	0	0	0	0	0	0	.000	.000	.000
福谷 浩司	中	14	15	14	0	2	0	0	0	2	0	0	0	0	0	1	0	0	2	0	4	.143	.143	.200
福田 永将	中	19	26	20	0	3	0	0	0	3	1	0	0	0	0	5	2	1	4	0	3	.150	.150	.346
福永 裕基	中	97	325	291	30	70	16	1	2	94	15	2	2	7	5	20	2	2	62	9	58	.241	.323	.289
藤嶋 健人	中	56	0	0	0	0	0	0	0	0	0	0	0	0	0	0	0	0	0	0	0	.000	.000	.000
*藤田 一也	ディ	23	24	21	0	6	1	0	0	7	0	0	0	1	0	2	0	0	5	0	2	.286	.333	.348
*船迫 大雅	巨	36	0	0	0	0	0	0	0	0	0	0	0	0	0	0	0	0	0	0	0	.000	.000	.000
平内 龍太	巨	11	1	1	0	0	0	0	0	0	0	0	0	0	0	0	0	0	1	0	0	.000	.000	.000
星 知弥	ヤ	47	0	0	0	0	0	0	0	0	0	0	0	0	0	0	0	0	0	0	0	.000	.000	.000
細川 成也	中	140	576	518	62	131	30	1	24	235	78	0	0	0	1	49	3	8	161	17	104	.253	.454	.326
堀田 賢慎	巨	3	0	0	0	0	0	0	0	0	0	0	0	0	0	0	0	0	0	0	0	.000	.000	.000
*塹江 敦哉	広	8	0	0	0	0	0	0	0	0	0	0	0	0	0	0	0	0	0	0	0	.000	.000	.000
堀岡 隼人	巨	3	0	0	0	0	0	0	0	0	0	0	0	0	0	0	0	0	0	0	0	.000	.000	.000
マクブルーム	広	70	259	226	21	50	12	0	6	80	31	1	0	0	4	28	1	1	56	9	43	.221	.354	.305
*マルティネス	中	48	0	0	0	0	0	0	0	0	0	0	0	0	0	0	0	0	0	0	0	.000	.000	.000
*前川 右京	神	33	107	94	6	24	3	2	0	31	7	0	2	0	0	9	0	4	25	1	22	.255	.330	.346
牧 秀悟	ディ	143	605	559	78	164	39	3	29	296	103	2	2	0	6	33	3	7	85	17	105	.293	.530	.337
益子 京右	ディ	1	0	0	0	0	0	0	0	0	0	0	0	0	0	0	0	0	0	0	0	.000	.000	.000
益田 武尚	広	8	0	0	0	0	0	0	0	0	0	0	0	0	0	0	0	0	0	0	0	.000	.000	.000
*増田 大輝	巨	33	13	10	4	3	1	0	0	4	1	4	0	2	0	1	0	0	3	0	14	.300	.400	.364
*松井 颯	巨	8	3	2	0	1	0	0	0	1	0	0	0	1	0	0	0	0	1	0	0	.500	.500	.500
松田 宣浩	巨	12	17	16	0	1	0	0	0	1	0	0	0	1	0	0	0	0	5	0	1	.063	.063	.063
*松葉 貴大	中	11	15	13	0	0	0	0	0	0	0	0	0	2	0	0	0	0	9	0	0	.000	.000	.000
*松原 聖弥	巨	21	13	12	3	0	0	0	0	0	0	0	0	0	0	1	0	0	6	0	0	.000	.000	.077

セントラル・リーグ

選手名	チーム	試合	打席	打数	得点	安打	二塁打	三塁打	本塁打	塁打	打点	盗塁	盗塁刺	犠打	犠飛	四球計	故意四球	死球	三振	併殺打	残塁	打率	長打率	出塁率
松本　直樹	(ヤ)	3	6	6	0	0	0	0	0	0	0	0	0	0	0	0	0	0	0	1	0	.000	.000	.000
松本　竜也	(広)	13	0	0	0	0	0	0	0	0	0	0	0	0	0	0	0	0	0	0	0	.000	.000	.000
松山　晋也	(中)	36	1	1	0	0	0	0	0	0	0	0	0	0	0	0	0	0	0	0	0	.000	.000	.000
＊松山　竜平	(広)	79	156	143	5	36	9	0	0	45	27	0	0	0	2	10	0	1	27	4	21	.252	.315	.301
＊丸　佳浩	(巨)	121	431	385	43	94	11	0	18	159	47	4	2	1	3	42	3	0	62	5	75	.244	.413	.316
＊丸山　和郁	(ヤ)	67	106	97	13	20	5	0	0	25	7	7	3	3	0	6	0	0	27	1	29	.206	.258	.252
＊丸山　翔大	(ヤ)	22	1	0	0	0	0	0	0	0	0	0	0	1	0	0	0	0	0	0	0	.000	.000	.000
ミエセス	(神)	60	143	126	11	28	3	0	5	46	16	0	0	0	2	14	1	1	45	3	17	.222	.365	.301
三浦　銀二	(神)	1	0	0	0	0	0	0	0	0	0	0	0	0	0	0	0	0	0	0	0	.000	.000	.000
三上　朋也	(巨)	22	0	0	0	0	0	0	0	0	0	0	0	0	0	0	0	0	0	0	0	.000	.000	.000
＋三嶋　一輝	(デ)	27	0	0	0	0	0	0	0	0	0	0	0	0	0	0	0	0	0	0	0	.000	.000	.000
＊溝脇　隼人	(中)	59	45	40	5	7	2	0	0	9	3	1	0	2	0	1	0	0	12	0	13	.175	.225	.233
三ツ俣大樹	(中)	18	21	14	2	2	0	0	0	2	2	0	0	5	0	2	0	0	4	0	13	.143	.143	.250
味谷　大誠	(中)	6	7	7	2	2	0	0	0	2	2	0	0	0	0	0	0	0	1	0	1	.286	.286	.286
宮城　滝太	(デ)	11	1	1	0	0	0	0	0	0	0	0	0	0	0	0	0	0	1	0	0	.000	.000	.000
宮國　椋丞	(デ)	2	1	1	0	0	0	0	0	0	0	0	0	0	0	0	0	0	0	0	0	.000	.000	.000
宮﨑　敏郎	(デ)	124	461	408	47	133	27	0	20	220	71	1	0	0	4	41	6	8	43	14	94	.326	.539	.398
＊宮本　　丈	(ヤ)	65	123	90	11	20	5	0	0	25	7	1	0	9	2	17	0	5	18	4	28	.222	.278	.368
＊三好　大倫	(中)	30	17	13	6	2	1	0	0	3	0	3	2	1	0	1	0	2	4	0	13	.154	.231	.313
＊村上　頌樹	(神)	22	49	44	2	6	0	0	0	6	0	0	0	3	0	2	0	0	23	2	9	.136	.136	.174
＊村上　宗隆	(ヤ)	140	597	496	76	127	28	0	31	248	84	5	3	0	4	90	4	7	168	6	111	.256	.500	.375
＊村松　開人	(中)	98	304	275	20	57	4	1	1	66	20	1	2	10	2	15	0	2	49	2	58	.207	.240	.252
メヒア	(中)	8	17	15	0	1	1	0	0	2	1	0	0	1	0	0	0	0	6	0	1	.067	.133	.067
＊メンデス	(巨)	16	30	28	1	2	1	0	0	2	0	1	0	2	0	0	0	1	12	2	2	.071	.071	.103
＊元山　飛優	(ヤ)	22	42	39	1	7	1	0	0	8	3	0	0	2	1	0	0	0	13	1	8	.179	.205	.178
＊森　敬斗	(デ)	9	14	12	0	2	0	0	0	2	1	1	0	1	0	0	0	1	0	0	4	.167	.167	.231
＊森　翔平	(広)	12	15	10	1	2	0	0	0	2	1	0	0	3	0	2	0	0	2	0	0	.200	.200	.333
＊森浦　大輔	(広)	13	0	0	0	0	0	0	0	0	0	0	0	0	0	0	0	0	0	0	0	.000	.000	.000
森下　翔太	(神)	94	377	333	42	79	14	1	10	125	41	1	0	0	4	29	1	11	70	6	70	.237	.375	.316
森下　暢仁	(広)	20	41	35	3	6	2	0	1	11	4	0	0	5	0	1	0	0	12	0	7	.171	.314	.194
＊森原　康平	(デ)	46	0	0	0	0	0	0	0	0	0	0	0	0	0	0	0	0	0	0	0	.000	.000	.000
＊門別　啓人	(神)	2	2	2	0	0	0	0	0	0	0	0	0	0	0	0	0	0	0	0	0	.000	.000	.000
柳　裕也	(中)	54	0	0	0	0	0	0	0	0	0	0	0	0	0	0	0	0	0	0	0	.000	.000	.000
＊矢崎　拓也	(広)	24	46	38	1	9	2	0	0	11	1	0	0	6	0	2	0	0	8	0	7	.237	.289	.279
＊矢野　雅哉	(広)	93	146	119	22	22	2	0	0	24	6	7	3	12	1	14	1	0	35	2	44	.185	.202	.265
薮田　和樹	(広)																					.000	.000	.000
＊山浅龍之介	(中)	7	2	2	1	0	0	0	0	0	0	0	0	0	0	0	0	0	0	0	2	.000	.000	.000
山﨑　伊織	(巨)	23	47	44	3	6	0	0	0	6	0	0	0	3	0	0	0	0	15	0	5	.136	.136	.136
＊山﨑晃大朗	(ヤ)	64	153	137	17	33	2	0	0	35	3	9	1	6	0	10	0	0	33	2	38	.241	.255	.292
山﨑　康晃	(デ)	49	0	0	0	0	0	0	0	0	0	0	0	0	0	0	0	0	0	0	0	.000	.000	.000
山瀬慎之助	(巨)	5	7	7	1	1	0	0	0	1	1	0	0	0	0	0	0	0	3	0	1	.143	.143	.143
山田　哲人	(ヤ)	105	422	376	43	87	21	3	14	156	40	4	0	0	3	39	0	3	102	8	69	.231	.415	.304
大　　和	(デ)	88	230	213	12	50	4	0	0	54	18	1	0	3	0	14	1	0	23	7	52	.235	.254	.282
＊山野　太一	(中)	5	10	10	0	1	0	0	0	1	0	0	0	0	0	0	0	0	3	0	2	.100	.100	.100
山本　拓実	(中)	14	0	0	0	0	0	0	0	0	0	0	0	0	0	0	0	0	0	0	0	.000	.000	.000
＊山本　大貴	(ヤ)	42	1	1	0	0	0	0	0	0	0	0	0	0	0	0	0	0	0	0	1	.000	.000	.000
山本　祐大	(デ)	71	200	173	18	48	7	1	3	66	16	0	0	7	1	18	1	1	26	3	40	.277	.382	.347
湯浅　京己	(神)	15	0	0	0	0	0	0	0	0	0	0	0	0	0	0	0	0	0	0	0	.000	.000	.000
＊横川　　凱	(巨)	20	29	25	1	4	0	0	0	4	1	0	0	4	0	0	0	0	11	0	3	.160	.160	.160
＊吉川　尚輝	(巨)	132	478	430	47	110	19	4	7	158	36	4	4	11	3	26	2	8	66	12	91	.256	.367	.308
吉村貢司郎	(ヤ)	12	19	16	1	1	0	0	0	1	1	0	0	2	1	0	0	0	9	0	2	.063	.063	.059
＊龍　　空	(中)	114	304	273	16	51	3	2	1	61	18	2	1	12	2	15	2	2	59	5	56	.187	.223	.233
ロドリゲス	(ヤ)	7	9	9	0	0	0	0	0	0	0	0	0	0	0	0	0	0	6	0	0	.000	.000	.000
ロ　ベス	(神)	8	0	0	0	0	0	0	0	0	0	0	0	0	0	0	0	0	0	0	0	.000	.000	.000
＋若林　晃弘	(巨)	21	18	16	3	2	0	0	0	2	1	0	0	0	0	2	1	0	6	0	6	.125	.125	.222
涌井　秀章	(中)	21	31	28	1	2	0	0	0	2	1	0	0	2	0	1	0	0	15	0	2	.071	.071	.103
渡邉　　諒	(神)	59	85	79	8	14	4	0	2	24	10	0	0	0	1	5	1	0	18	5	12	.177	.304	.224

2023・セントラル・リーグ投手成績

チ ー ム 投 手 成 績

HP＝ホールドポイント（ホールド＋救援勝）

(注) 試合計＝リーグ内対戦375＋交流戦108
( ) 内数字・チームは非自責点、個人は自責点

チーム	勝率順位	試合	完投	交代完了	試合当初	補回試合	無失点勝	無四球試	勝利	敗北	引分	セーブ	ホールド	HP	勝率	打者	打数	投球回	安打	本塁打	犠打	犠飛	四球計	故意四球	死球	三振	暴投	ボーク	失点	自責点	防御率
阪 神	1	143	10	133	133	16	★	18	24	85	53	5	45	131	153	.616	5215	4754	1288	1105	88	83	21	315	17	42	1009	22	2	424	(1) 380	2.66
中 日	6	143	4	139	139	18	★2	7	9	56	82	5	37	142	164	.406	5385	4744	1287.1	1127	76	115	30	445	18	51	1062	32	0	498	441	3.08
DeNA	3	143	10	133	133	15	★	15	17	74	66	3	42	119	141	.529	5361	4825	1289.1	1206	118	107	20	359	28	43	1158	28	0	496	452	3.16
広 島	2	143	9	134	134	13		14	11	74	65	4	46	122	149	.532	5357	4759	1275	1187	109	118	37	400	29	43	975	32	3	508	454	3.20
巨 人	4	143	8	135	135	16	★	19	11	71	70	2	31	120	146	.504	5295	4698	1276.1	1117	129	105	27	401	17	64	1075	27	6	507	(1) 481	3.39
ヤクルト	5	143	3	140	140	13		9	7	57	83	3	33	131	147	.407	5336	4773	1267.2	1215	143	81	37	382	41	63	953	33	1	567	516	3.66
合 計		483	44	814	814	50	★2	87	79	417	419	12	234	765	900	.499	31949	28553	7683.2	6957	663	609	179	2302	150	306	6232	174	12	3000	(2)2724	3.19

★0－0の無得点試合

(注) 補回試合計＝リーグ内対戦41＋交流戦9、引分計＝リーグ内対戦10＋交流戦2

個 人 投 手 成 績

（規定投球回数143）

順位	選手名	チーム	試合	完投	交代完了	試合当初	補回試合	無失点勝	無四球試	勝利	敗北	引分	セーブ	ホールド	HP	勝率	打者	打数	投球回	安打	本塁打	犠打	犠飛	四球計	故意四球	死球	三振	暴投	ボーク	失点	自責点	防御率
①	村上 頌樹	(神)	22	2	0	19	0	1	1	10	6	0	0	1	1	.625	532	508	144.1	92	9	8	0	15	0	1	137	0	0	30	28	1.75
②＊	東 克樹	(ディ)	24	4	0	20	0	4	4	16	3	0	0	0	0	.842	665	643	172.1	149	14	4	2	15	2	1	133	1	0	40	38	1.98
③＊	床田 寛樹	(広)	24	2	0	21	0	2	1	11	7	0	0	0	0	.611	636	589	156	144	13	10	4	31	1	5	86	3	0	46	38	2.19
④	戸郷 翔征	(巨)	24	4	0	20	1	2	2	12	5	0	0	0	0	.706	676	627	170	141	14	6	1	39	0	3	141	2	0	49	45	2.38
⑤＊	伊藤 将司	(神)	21	3	0	18	0	2	1	10	5	0	0	0	0	.667	572	532	146.2	120	8	12	3	21	2	4	91	3	0	40	39	2.39
⑥	柳 裕也	(中)	24	2	0	22	0	2	4	11	0	0	0	3	3	.267	636	570	158.1	126	6	12	3	47	1	4	105	2	0	46	43	2.44
⑦	高橋 宏斗	(中)	25	1	0	24	0	1	7	11	0	0	0	1	1	.389	621	543	146	126	6	13	5	51	0	9	145	8	0	52	41	2.527
⑧＊	九里 亜蓮	(広)	26	3	0	23	0	3	2	8	8	0	0	0	0	.500	706	615	174.1	142	8	24	8	49	7	10	129	2	0	58	49	2.529
⑨	山崎 伊織	(巨)	23	3	0	20	0	2	1	10	5	0	0	0	0	.667	586	539	149	119	10	10	5	23	0	3	106	3	0	46	45	2.72
⑩＊	今永 昇太	(ディ)	22	2	0	20	0	0	7	6	0	0	0	0	0	.636	596	554	148	132	17	12	2	24	4	4	174	0	0	46	46	2.80
⑪	小川 泰弘	(ヤ)	23	0	0	23	0	0	0	5	6	0	0	0	0	.556	579	533	144	124	16	3	3	33	2	4	86	2	0	60	54	3.38
⑫＊	小笠原慎之介	(中)	25	1	0	24	0	1	0	7	12	0	0	0	0	.368	665	604	160.2	153	14	13	3	41	1	4	134	3	0	69	64	3.59

各項目リーダー

試 合…島内颯太郎(広)	62	無失点勝…九里 亜蓮(広)	3
完 投…東 克樹(ディ)	4	無四球試…東 克樹(ディ)	4
戸郷 翔征(巨)	4	勝 利…東 克樹(ディ)	16
交代完了…田口 麗斗(ヤ)	44	敗 北…涌井 秀章(中)	13
試合当初…小笠原慎之介(中)	24	引 分…大西 広樹(中)	2
高橋 宏斗(中)	24	マルティネス(中)	2
先 発…九里 亜蓮(広)	26	祖父江大輔(中)	2
補回試合…才木 浩人(神)	1	セーブ…岩崎 優(神)	35
バウアー(ディ)	1	ホールド…島内颯太郎(広)	39
戸郷 翔征(巨)	1	H P…島内颯太郎(広)	42

勝 率…東 克樹(ディ)	.842	死 球…九里 亜蓮(広)	10
打 者…九里 亜蓮(広)	706	三 振…今永 昇太(ディ)	174
打 数…九里 亜蓮(広)	643	暴 投…高橋 宏斗(中)	8
投球回…九里 亜蓮(広)	174.1	ボーク…メンデス(巨)	3
安 打…小笠原慎之介(中)	153	失 点…小笠原慎之介(中)	69
本 塁 打…高橋 奎二(ヤ)	20	自 責 点…小笠原慎之介(中)	64
犠 打…九里 亜蓮(広)	24	防 御 率…村上 頌樹(神)	1.75
犠 飛…九里 亜蓮(広)	8		
四 球 計…高橋 宏斗(中)	51		
故意四球…九里 亜蓮(広)	7		

セントラル・リーグ

全 投 手 成 績

(50音順)

▲打撃妨害

選手名	チーム	試合	完投	交代完了	試合当初	補回試合	無失点勝	無四球試	勝利	敗北	引分	セーブ	ホールド	HP	勝率	打者	打数	投球回	安打	本塁打	犠打	犠飛	四球計	故意四球	死球	三振	暴投	ボーク	失点	自責点	防御率
アドゥワ誠	(広)	14	0	5	0	0	0	0	1	0	1	0	1	2	1.000	67	64	16.2	15	1	0	0	2	0	1	13	0	0	6	6	3.24
アンダーソン	(広)	21	0	4	6	0	0	0	4	1	0	0	2	3	.800	181	156	45	30	2	3	3	17	0	2	39	1	0	12	11	2.20
青柳 晃洋	(神)	18	0	0	18	0	0	0	8	6	0	0	0	0	.571	439	382	100.1	102	6	6	4	38	2	9	64	3	0	54	51	4.57
赤星 優志	(巨)	12	0	0	12	0	0	0	5	5	0	0	0	0	.500	281	259	69	70	5	2	3	13	1	4	60	0	0	27	26	3.39
秋山 拓巳	(神)	2	0	0	2	0	0	0	0	1	0	0	0	0	.000	46	44	9.2	16	1	1	0	1	0	0	7	0	0	8	8	7.45
*東 克樹	(ディ)	24	4	0	20	0	0	2	4	16	3	0	0	0	.842	665	643	172.1	149	14	4	2	15	2	1	133	1	0	40	38	1.98
石井 大智	(神)	44	0	9	0	0	0	0	1	1	0	0	19	20	.500	165	151	40	43	2	4	1	8	1	1	29	0	0	8	6	1.35
*石川 達也	(ディ)	28	0	9	0	0	0	0	0	0	0	0	3	3	.000	124	109	32	19	2	2	1	10	1	2	34	3	0	9	7	1.97
*石川 雅規	(ヤ)	13	0	0	12	0	0	0	2	5	0	0	0	0	.286	267	257	63.1	75	11	3	1	6	0	0	22	1	0	32	28	3.98
*石田 健大	(ディ)	23	0	0	4	0	0	0	4	9	0	0	0	0	.308	500	448	118	127	12	13	4	30	1	5	99	3	0	56	52	3.97
石山 泰稚	(ヤ)	50	0	6	0	0	0	0	3	6	0	0	24	27	.333	208	185	47	51	3	5	2	13	3	4	41	0	0	27	23	4.40
伊勢 大夢	(ディ)	58	0	7	0	0	0	0	4	6	1	2	33	37	.400	212	192	50.1	54	6	4	0	20	2	0	43	0	0	21	18	3.22
一岡 竜司	(広)	1	0	0	0	0	0	0	0	0	0	0	0	0	.000	1	1	0.1	0	0	0	0	0	0	0	1	0	0	0	0	0.00
市川 悠太	(ヤ)	4	0	1	3	0	0	0	0	0	0	0	0	0	.000	65	55	14	14	1	0	5	0	4	7	1	0	14	13	8.36
*伊藤 将司	(神)	21	3	0	18	0	0	2	2	10	5	0	0	0	.667	572	532	146.2	120	8	12	3	21	2	4	91	3	0	40	39	2.39
*井上 温大	(巨)	4	0	0	4	0	0	0	0	0	1	0	0	0	.000	60	54	12.1	21	2	0	0	11	0	0	15	0	0	15	15	10.95
*今永 昇太	(ディ)	22	2	0	20	0	0	1	7	7	4	0	0	0	.636	596	554	148	132	17	12	2	24	4	4	174	0	0	46	46	2.80
*今村 信貴	(巨)	24	0	11	1	0	0	0	0	0	0	0	1	1	.000	119	100	26	29	1	6	1	11	1	1	13	1	0	12	11	3.81
入江 大生	(ディ)	32	0	7	0	0	0	0	1	1	0	0	7	8	.500	136	111	30	29	0	6	1	16	0	2	32	1	0	11	9	2.70
*岩貞 祐太	(神)	50	0	6	0	0	0	0	1	0	1	0	24	25	1.000	159	155	43.1	36	2	4	0	12	1	2	30	0	0	15	13	2.70
*岩崎 優	(神)	60	0	41	0	0	0	0	3	1	35	12	15		.500	217	196	56	32	3	4	1	14	0	2	62	0	0	11	11	1.77
ウェンデルケン	(ディ)	61	0	11	0	0	0	0	3	3	0	3	33	35	.500	250	243	59.2	40	1	9	2	22	4	3	53	3	0	12	11	1.66
*上田洸太朗	(中)	13	0	2	13	0	0	0	0	2	0	0	0	0	.000	93	79	20	22	0	4	1	9	0	0	15	0	0	13	10	4.50
梅津 晃大	(中)	3	0	3	0	0	0	0	1	1	0	0	0	0	.000	71	62	15	9	0	0	0	10	0	0	2	1	0	3	2	0.90
梅野 雄吾	(ヤ)	5	0	2	0	0	0	0	1	0	0	0	0	0	.000	36	30	8	9	1	2	0	4	0	0	4	1	0	3	3	3.38
*エスコバー	(ディ)	40	0	9	0	0	0	0	0	0	0	0	11	13	.667	138	114	31.2	28	6	3	3	16	1	2	30	1	0	18	16	4.55
エスピナル	(ヤ)	3	0	0	0	0	0	0	0	0	0	0	0	0	.000	20	15	5	1	1	0	0	5	0	0	5	0	0	4	3	5.40
遠藤 淳志	(広)	8	1	0	7	0	0	0	1	5	0	0	0	0	.167	174	150	41	36	7	4	3	16	0	2	22	0	0	20	20	4.39
*大江 竜聖	(巨)	32	0	6	0	0	0	0	1	0	1	0	6	10	1.000	89	74	22	15	3	1	2	10	2	0	16	1	0	10	10	4.09
大瀬良大地	(広)	23	0	0	23	0	0	0	6	11	0	0	0	0	.353	539	489	129.2	117	15	10	3	33	4	4	103	2	0	53	52	3.61
*大竹耕太郎	(神)	21	0	0	20	0	0	1	1	12	2	0	0	0	.857	513	491	131.2	122	10	7	0	32	0	3	82	0	0	36	33	2.26
大西 広樹	(ヤ)	46	0	17	0	0	0	0	2	2	0	0	6	8	.500	226	205	50	53	3	3	0	22	3	0	35	2	0	23	22	3.96
大貫 晋一	(ディ)	13	1	0	12	0	0	0	5	4	0	0	0	0	.556	304	274	76.1	57	6	8	0	18	2	4	55	0	0	27	25	2.95
*大野 雄大	(中)	7	0	0	7	0	0	0	0	2	0	0	0	0	.000	26	25	7	3	0	0	0	1	0	0	3	0	0	1	0	0.00
*大道 温貴	(広)	48	0	2	0	0	0	0	3	1	0	0	16	17	.750	213	185	49.2	44	2	2	0	23	3	4	49	0	0	15	15	2.72
岡留 英貴	(神)	8	0	0	0	0	0	0	0	0	0	0	1	1	1.000	25	23	7	5	0	1	0	6	0	0	6	0	0	1	1	1.29
岡野祐一郎	(神)	5	0	7	0	0	0	0	0	0	1	0	0	0	.000	92	84	22	23	1	2	1	9	1	0	14	1	0	14	14	5.73
小笠原慎之介	(中)	25	1	0	24	0	0	1	7	12	0	0	0	0	.368	665	604	160.2	153	14	13	3	41	1	4	134	3	0	69	64	3.59
小川 泰弘	(ヤ)	23	0	0	23	0	0	0	10	8	0	0	0	0	.556	579	533	144	124	14	6	3	33	2	4	86	2	0	60	54	3.38
尾仲 祐哉	(ヤ)	11	0	6	1	0	0	0	0	0	0	0	0	0	.000	72	59	15.2	21	2	2	3	7	0	1	8	1	0	9	9	5.17
*及川 雅貴	(神)	33	0	6	1	0	0	0	3	0	0	0	7	10	.750	147	128	36.1	28	2	3	0	14	3	2	40	1	0	10	9	2.23
ガゼルマン	(ディ)	13	0	0	13	0	0	0	3	5	0	0	0	0	.375	292	247	64.2	72	6	6	2	33	0	4	43	1	0	35	32	4.46
鍵谷 陽平	(巨)	13	0	1	0	0	0	0	0	0	0	1	2	4	1.000	48	41	11.1	10	1	2	0	5	0	0	11	0	0	4	4	3.18
笠原祥太郎	(ディ)	2	0	0	0	0	0	0	0	0	0	0	0	0	.000	36	26	6	10	0	2	1	7	0	0	5	0	0	6	4	6.00
加治屋 蓮	(神)	51	0	2	0	0	0	0	1	5	1	1	16	17	.167	161	144	38.2	34	3	2	0	13	0	2	32	6	1	12	11	2.56
勝野 昌慶	(中)	50	0	6	0	0	0	0	5	2	0	1	20	25	.714	201	171	49.1	33	2	6	0	22	4	2	49	1	0	11	11	2.01
金久保優斗	(ヤ)	1	0	0	0	0	0	0	0	0	0	0	0	0	.000	16	10	4	4	0	0	0	5	0	0	3	0	0	0	0	0.00
上茶谷大河	(ディ)	46	0	11	1	0	0	0	5	1	0	4	9		.625	270	231	64	53	3	7	2	26	4	4	53	0	0	21	15	2.11
河野 佳	(広)	8	0	1	1	0	0	0	0	0	0	0	0	0	.000	60	53	12.1	19	1	0	0	11	2	0	13	1	0	13	13	9.49
菊地 大稀	(巨)	50	0	15	0	0	0	0	4	4	1	1	11	15	.500	193	171	47.2	40	4	3	2	16	1	1	55	0	0	19	18	3.40
木澤 尚文	(ヤ)	56	0	13	0	0	0	0	4	4	0	0	20	22	.400	227	188	53	42	3	6	2	25	4	2	49	2	0	19	16	2.72
北村 拓己	(巨)	1	0	1	0	0	0	0	0	0	0	0	0	0	.000	4	4	1	1	0	0	0	0	0	0	1	0	0	1	1	9.00
*桐敷 拓馬	(神)	27	0	2	2	0	0	0	0	4	15	1			1.000	158	144	40.1	28	2	3	0	10	0	0	40	0	0	18	15	3.35
*グリフィン	(巨)	20	1	0	19	0	0	0	6	4	0	0	0	0	.545	493	444	121	101	8	14	0	29	1	6	115	2	1	41	37	2.72
*久保 拓眞	(広)	2	0	0	0	0	0	0	0	0	0	0	0	0	.000	22	17	3	8	2	0	1	7	0	0	3	0	0	6	6	
九里 亜蓮	(広)	26	0	0	23	0	0	2	6	11	0	0	0	0	.500	706	615	174.1	142	8	24	8	49	7	10	129	2	0	58	49	2.53
栗林 良吏	(広)	55	0	31	0	0	0	0	3	7	1	18	15	18	.300	210	184	52.1	42	4	6	0	19	2	1	51	2	0	18	17	2.92
*黒原 拓未	(広)	5	0	0	0	0	0	0	0	0	1	0	0	0	.000	69	56	12.2	21	1	0	0	13	0	0	13	0	0	15	15	10.66
鍬原 拓也	(巨)	5	0	1	0	0	0	0	0	0	0	0	0	0	.000	19	16	2.2	7	0	2	1	3	0	0	2	0	0	5	5	9.00
ケムナ 誠	(広)	24	0	5	0	0	0	0	0	0	0	0	3	1	1.000	113	97	26.2	24	1	3	0	13	0	0	25	0	0	12	11	3.37
K.ケラー	(神)	27	0	11	0	0	0	0	0	0	0	0	8	9	1.000	118	99	26.1	22	1	2	0	16	2	1	28	3	0	7	5	1.71
コルニエル	(中)	20	0	0	0	0	0	0	0	0	0	0	2		.000	191	165	42	41	3	2	1	23	1	0	33	2	0	24	24	5.14
小澤 怜史	(ヤ)	29	1	7	13	0	0	0	6	6	0	0	0	2	.500	411	368	101.1	83	10	4	1	29	1	9	83	1	0	38	34	3.02
小林 慶祐	(神)	3	0	0	0	0	0	0	0	0	0	0	0	0	.000	4	4	1	1	0	0	0	1	0	0	1	0	0	0	0	0.00
*近藤 廉	(中)	1	0	1	0	0	0	0	0	0	0	0	0	0	.000	16	11	1	6	0	0	0	5	0	0	0	0	0	8	8	72.00

選手名	チーム	試合	完投	交代完了	試合当初	補回試合勝	無失点試合	無四球試	勝利	敗北	引分	セーブ	ホールド	HP	勝率	打者	打数	投球回	安打	本塁打	犠打	犠飛	四球計	故意四球	死球	三振	暴投	ボーク	失点	自責点	防御率
今野 龍太	ヤ	26	0	5	0	0	0	0	1	0	0	0	2	3	1.000	133	117	31	31	4	3	1	10	1	2	13	1	0	13	13	3.77
サイスニード	ヤ	23	0	0	21	0	0	2	7	8	0	0	0	0	.467	569	516	135	133	15	10	4	36	2	3	103	2	0	61	55	3.67
才木 浩人	神	19	1	0	17	1	1	0	8	5	0	0	1	1	.615	473	424	118.2	88	8	7	4	36	1	2	107	3	0	29	24	1.82
＊齋藤 綱記	神	31	0	5	0	0	0	0	1	0	0	0	11	13	1.000	100	88	24.2	18	0	1	0	10	2	1	24	1	0	3	2	0.73
阪口 皓亮	ヤ	13	0	4	0	0	0	0	0	2	0	0	2	2	.000	73	66	16.1	19	0	1	0	6	0	2	17	1	0	7	6	3.31
＊坂本 裕哉	ディ	13	0	5	2	0	0	0	0	1	0	0	0	0	.000	111	93	25	27	2	1	3	12	0	2	13	1	0	16	16	5.76
島内颯太郎	広	62	0	3	0	0	0	0	3	3	0	2	39	42	.500	235	212	58.1	50	3	4	2	17	0	0	64	4	1	17	15	2.31
＊島本 浩也	神	35	0	4	0	0	0	0	2	1	0	0	15	19	.667	100	92	26.2	19	0	4	3	11	1	1	20	0	0	6	5	1.69
清水 達也	中	50	0	5	0	0	0	0	3	3	0	0	25	28	.500	163	146	34	34	3	4	0	30	1	1	54	4	0	16	16	3.09
清水 昇	ヤ	56	0	7	0	0	0	0	1	8	0	38	0	39	.111	220	206	54.1	50	6	4	2	24	2	1	47	1	0	20	18	2.98
＊代木 大和	巨	13	0	6	0	0	0	0	0	0	0	0	1	1	.000	76	67	16.2	23	2	0	0	6	0	1	15	0	0	10	10	5.40
菅野 智之	巨	14	0	0	14	0	0	0	4	8	0	0	0	0	.333	315	291	77.2	70	10	6	0	30	0	0	54	0	0	30	29	3.36
鈴木 康平	巨	33	0	3	0	0	0	0	1	1	0	0	13	14	.500	123	104	27.1	24	6	2	0	14	0	3	26	5	1	20	20	6.59
鈴木 博志	中	9	0	3	0	0	0	0	1	2	0	0	1	1	.333	106	90	24.1	27	2	1	1	12	1	2	13	1	0	12	11	4.07
＊砂田 毅樹	中	18	0	4	0	0	0	0	0	0	1	0	1	1	.000	60	52	13.2	12	1	0	1	7	1	0	12	1	0	7	7	4.61
祖父江大輔	中	45	0	13	0	0	0	0	3	5	2	0	13	16	.375	168	159	40.1	39	4	0	0	8	1	0	35	0	0	16	16	3.57
＊ターリー	広	44	0	8	0	0	0	0	7	1	0	1	22	29	.875	174	148	41.1	39	1	8	1	15	2	2	42	2	0	10	8	1.74
大 勢	巨	27	0	21	0	0	0	0	3	0	0	14	1	4	1.000	116	101	26	24	2	1	1	11	0	1	34	1	0	13	13	4.50
＊平良拳太郎	ディ	11	0	0	11	0	0	0	4	4	0	0	0	0	.500	246	228	59.1	58	5	5	0	13	2	0	61	1	0	23	23	3.49
＊高木 京介	巨	1	0	0	0	0	0	0	0	0	0	0	0	0	.000	6	6	2	1	0	0	0	0	0	0	1	0	0	0	0	0.00
高梨 裕稔	ヤ	15	0	2	5	0	0	0	0	1	0	0	1	1	.000	170	156	40.1	42	6	3	0	10	1	1	30	1	0	23	21	4.69
＊高梨 雄平	巨	55	0	6	0	0	0	0	2	1	0	0	23	25	.667	156	143	32	32	7	4	2	19	2	3	49	0	1	21(1)	15	4.19
＊高橋 奎二	ヤ	20	0	0	20	0	0	0	4	9	0	0	0	0	.308	445	387	101.2	104	20	2	3	47	3	6	94	3	0	53	52	4.60
＊高橋 宏斗	中	25	1	0	24	0	1	0	7	11	0	0	0	0	.389	621	543	146	129	6	13	5	51	0	9	145	8	0	52	41	2.53
＊高橋 優貴	巨	6	0	1	3	0	0	0	0	1	0	0	0	0	.000	60	55	14	18	2	2	1	2	2	0	9	1	0	9	8	5.14
＊田口 麗斗	ヤ	50	0	44	0	0	0	0	3	5	0	33	6	39	.375	193	174	48.1	39	2	3	0	11	0	5	55	1	0	11	10	1.87
田島 慎二	中	32	0	8	0	0	0	0	1	2	0	0	10	11	.333	127	103	29.2	24	3	6	0	17	0	1	31	0	0	16	16	4.85
＊田中健二朗	ディ	11	0	4	0	0	0	0	0	1	0	0	1	1	.000	48	41	11	12	1	2	0	4	1	0	5	1	0	9	5	4.09
田中 千晴	巨	30	0	5	0	0	0	0	2	3	0	0	3	3	.400	148	124	32.2	30	4	1	1	19	0	2	41	1	0	22	20	5.51
田中 豊樹	巨	15	0	4	0	0	0	0	0	0	0	0	3	3	.000	43	38	11	8	2	1	0	4	0	0	6	0	0	6	5	4.09
谷元 圭介	中	7	0	1	0	0	0	0	3	1	0	0	0	0	.750	28	19	5.1	5	1	2	1	6	0	0	5	0	0	5	5	8.44
＊玉村 昇悟	広	24	0	2	9	0	0	0	3	1	0	0	0	0	.750	184	170	45.1	52	9	2	0	11	0	0	44	0	0	28	25	4.96
＊床田 寛樹	広	24	2	0	21	0	2	0	11	7	0	0	0	0	.611	636	589	156	144	13	10	4	28	1	5	86	3	0	46	38	2.19
戸郷 翔征	巨	24	4	0	24	0	2	1	12	5	0	0	0	0	.706	676	627	170	141	14	6	1	39	0	3	141	2	0	49	45	2.38
＊戸根 千明	広	24	0	4	0	0	0	0	1	0	0	0	5	6	1.000	84	71	21.1	22	3	3	0	10	0	0	14	1	0	11	11	4.64
＊富田 蓮	神	9	0	2	0	0	0	0	1	2	0	0	0	0	.333	66	60	16	14	2	1	0	4	0	1	7	0	0	8	8	4.50
直江 大輔	巨	16	0	3	0	0	0	0	0	0	0	0	6	6	.000	58	47	14	7	2	1	1	9	0	1	7	0	0	6	6	3.86
＊中川 皓太	巨	44	0	22	0	0	0	0	1	4	0	14	17	18	.200	160	143	37	33	3	2	0	9	1	1	38	0	0	10	10	2.43
中川 虎大	ディ	9	0	4	0	0	0	0	0	0	0	0	0	0	.000	41	38	10.2	9	2	0	0	3	0	0	12	0	0	3	3	2.53
中﨑 翔太	広	35	0	9	0	0	0	0	1	0	0	0	7	8	1.000	132	119	33	25	1	4	1	8	0	1	24	0	0	13	10	2.73
仲地 礼亜	中	9	0	0	9	0	0	0	2	5	0	0	0	0	.286	194	165	43.1	41	6	3	1	25	1	0	37	0	0	24	24	4.98
中村 祐太	広	3	0	0	3	0	0	0	0	0	0	0	0	0	.000	31	29	7	9	1	1	0	1	0	0	2	0	0	5	1	1.29
＊成田 翔	ヤ	3	0	2	0	0	0	0	0	0	0	0	0	0	.000	17	14	3.1	4	0	0	0	2	1	0	2	1	0	2	2	5.40
西 純矢	神	17	1	1	10	0	1	0	5	2	0	0	0	0	.714	317	280	72.1	79	9	3	2	28	0	6	45	0	0	33	33	4.11
西 勇輝	神	18	2	0	16	0	1	0	8	5	0	0	0	0	.615	452	413	108.1	106	8	3	2	24	2	8	56	0	1	47	43	3.57
根尾 昂	中	2	0	0	2	0	0	0	0	0	0	0	0	0	.000	51	43	12.2	9	0	0	0	4	0	0	4	0	0	5	1	0.71
野村 祐輔	広	6	0	0	6	0	0	0	1	1	0	0	0	0	.500	130	122	31	30	2	1	2	4	0	0	9	0	0	5	4	1.16
バウアー	ディ	19	2	0	17	1	0	0	10	4	0	0	0	0	.714	534	490	130.2	119	14	9	0	31	2	4	130	3	0	44	40	2.76
＊バルドナード	ディ	21	0	5	0	0	0	0	2	1	0	0	7	9	.667	87	74	21.1	15	2	3	0	10	0	0	21	0	0	5	4	1.69
＊橋本 侑樹	中	13	0	7	0	0	0	0	1	0	0	0	10	13	1.000	64	49	15.1	9	0	1	1	10	0	3	9	1	0	2	2	1.17
＊長谷川宙輝	ヤ	1	0	0	1	0	0	0	0	0	0	0	0	0	.000	9	8	2	3	0	0	0	1	0	0	3	1	0	3	3	13.50
＊濱口 遥大	ディ	14	1	0	12	0	0	0	3	7	0	0	0	0	.300	304	263	68	71	6	5	1	35	1	0	56	1	0	42	34	4.50
浜地 真澄	神	30	0	7	0	0	0	0	3	1	0	0	9	9	.750	121	111	27.2	32	6	2	2	8	0	0	23	0	0	18	18	5.86
馬場 皐輔	神	19	0	4	0	0	0	0	2	1	0	0	5	6	.667	89	79	22	17	2	2	0	8	0	0	22	1	0	8(1)	6	2.45
ビーズリー	神	18	0	8	6	0	0	0	1	2	0	0	3	5	.333	170	152	41	35	1	2	0	13	0	1	43	2	0	12	10	2.20
ビーディ	巨	30	0	4	6	0	0	0	0	1	0	1	7	7	.000	220	189	49.2	51	5	4	0	21	3	6	36	0	0	23	22	3.99
＊ピーターズ	ヤ	18	0	0	18	0	0	0	6	5	0	0	0	0	.545	385	346	100.2	99	8	3	2	13	5	6	66	1	0	41	40	3.58
フェリス	神	19	0	3	0	0	0	0	1	0	0	0	9	10	1.000	65	50	14.1	9	2	0	0	11	2	2	16	0	0	5	5	3.14
ブルワー	神	29	0	4	0	0	0	0	1	0	0	0	12	13	1.000	76	61	17.2	14	1	3	0	12	0	0	15	0	0	5	5	2.55
＊福島 章太	中	4	0	3	0	0	0	0	0	0	0	0	0	0	.000	16	13	3.1	8	0	0	0	1	0	0	5	0	0	5	5	13.50
福谷 浩司	中	14	0	2	11	0	0	0	3	4	0	0	0	0	.429	241	222	54	72	6	1	1	11	0	1	36	1	0	34	31	5.17
藤嶋 健人	中	56	0	10	0	0	0	0	1	1	0	4	14	15	.500	196	179	50.2	34	2	4	1	14	1	0	46	1	0	16	15	2.66
船迫 大雅	巨	36	0	4	0	0	0	0	3	1	0	0	8	11	.750	104	93	30	21	1	3	0	8	0	0	33	2	0	9	9	2.70
平内 龍太	巨	11	0	5	0	0	0	0	0	0	0	0	1	1	.000	60	52	13.2	14	3	2	1	7	0	0	10	0	0	6	6	3.95
星 知弥	ヤ	47	0	5	0	0	0	0	2	2	0	0	20	22	.500	161	139	40	34	4	4	1	16	1	1	48	2	0	15	15	3.38
堀田 賢慎	巨	8	0	0	0	0	0	0	0	0	0	0	0	0	.000	14	13	3.1	5	0	0	0	1	0	0	2	0	0	3	3	8.10
藍江 敦哉	ヤ	8	0	3	0	0	0	0	0	0	0	0	0	0	.000	33	30	7	10	1	0	0	1	0	1	4	0	0	4	4	5.14
堀岡 隼人	巨	3	0	1	0	0	0	0	0	0	0	0	0	0	.000	19	16	3.1	6	0	0	0	2	0	1	5	0	0	5	5	13.50
マルティネス	中	48	0	34	0	0	0	0	3	1	0	32	9	12	.750	173	166	46.2	31	1	3	0	9	1	2	55	0	0	2	2	0.39

選手名	チーム	試合	完投	交代完了	試合当初	補回試合勝	無失点勝	無四球試合	勝利	敗北	引分	セーブ	ホールド	HP	勝率	打者	打数	投球回	安打	本塁打	犠打	犠飛	四球計	故意四球	死球	三振	暴投	ボーク	失点	自責点	防御率
益田 武尚	(広)	8	0	2	0	0	0	0	1	1	0	0	1	1	1.000	43	39	11	8	1	1	0	3	0	0	12	1	0	2	2	1.64
松井 颯	(巨)	8	0	0	3	0	0	0	1	1	0	0	2	2	.500	85	76	19.1	18	3	1	0	8	1	0	17	0	0	8	7	3.26
*松葉 貴大	(中)	11	0	0	11	0	0	0	1	4	0	0	0	0	.200	232	210	57.2	55	1	5	2	14	1	2	20	1	0	23	21	3.28
松本 竜也	(広)	13	0	5	0	0	0	0	0	3	0	1	8	8	.000	50	42	10.1	13	2	0	1	7	1	0	6	0	0	6	5	4.35
松山 晋也	(中)	36	0	9	0	0	0	0	1	1	0	0	17	18	.500	146	122	35.1	23	0	4	0	14	1	6	50	4	0	6	5	1.27
丸山 翔大	(ヤ)	22	0	8	1	0	0	0	0	0	0	0	0	0	.000	117	98	26.2	20	3	1	0	16	2	2	25	1	0	12	12	4.05
三浦 銀二	(デ)	1	0	1	0	0	0	0	0	0	0	0	0	0	.000	8	7	1	4	0	0	1	1	0	0	0	0	0	4	4	36.00
三上 朋也	(巨)	22	0	4	0	0	0	0	0	1	0	0	7	7	.000	73	60	15.2	18	1	1	0	8	0	4	9	0	0	8	8	4.60
三嶋 一輝	(デ)	27	0	6	0	0	0	0	3	1	0	0	6	9	.750	108	95	22.1	33	3	4	0	7	2	1	17	2	0	12	12	4.84
宮城 滝太	(デ)	11	0	3	0	0	0	0	0	0	0	0	3	3	.000	66	61	16.1	14	2	1	1	2	0	1	16	0	0	7	7	3.86
宮國 椋丞	(デ)	2	0	2	0	0	0	0	0	0	0	0	0	0	.000	21	20	4	7	1	0	0	1	0	0	3	0	0	4	3	6.75
村上 頌樹	(神)	22	2	0	19	0	1	1	10	6	0	0	1	1	.625	532	508	144.1	92	9	8	0	15	0	1	137	0	0	30	28	1.73
メヒア	(神)	8	0	0	8	0	0	0	3	1	0	0	0	0	.750	179	154	44.1	31	3	4	1	18	0	2	20	1	0	11	11	2.23
*メンデス	(巨)	16	0	0	16	0	0	0	5	5	0	0	0	0	.500	347	298	87	57	7	9	2	33	0	5	72	3	3	21	20	2.07
*森 翔平	(広)	12	0	0	10	0	0	0	4	2	0	0	0	0	.667	224	206	51.2	58	7	5	2	10	0	1	38	0	1	29	26	4.53
*森浦 大輔	(広)	13	0	0	13	0	0	0	0	0	0	0	0	0	.000	57	39	11.2	11	1	5	1	12	0	0	8	2	0	8	8	6.1
森下 暢仁	(広)	20	3	0	17	0	1	0	9	6	0	0	0	0	.600	544	497	131.2	127	10	5	4	36	1	2	94	3	0	49	44	3.01
森原 康平	(広)	46	0	24	0	0	0	0	2	1	1	17	10	12	.667	171	153	42.2	34	2	3	2	11	0	2	34	0	0	12	11	2.32
*門別 啓人	(神)	2	0	0	1	0	0	0	0	0	0	0	0	0	.000	37	35	8	13	0	1	0	10	0	0	5	0	0	3	3	3.38
矢崎 拓也	(広)	54	0	34	0	0	0	0	4	2	0	24	10	14	.667	221	188	51.1	48	5	8	1	24	5	0	38	0	0	17	16	2.81
柳 裕也	(中)	24	2	0	22	0	0	2	4	11	0	0	0	0	.267	636	570	158.1	126	6	12	3	47	1	4	105	2	0	46	43	2.44
薮田 和樹	(広)	3	0	3	0	0	0	0	0	0	0	0	0	0	.000	21	16	4	5	1	0	0	3	0	2	2	1	0	4	4	9.00
山﨑 伊織	(巨)	23	3	0	20	0	1	2	10	5	0	0	0	0	.667	586	539	149	119	10	10	5	25	3	7	106	3	0	46	45	2.72
山﨑 康晃	(デ)	49	0	30	0	0	0	0	3	7	0	20	8	11	.300	189	179	45.1	48	7	1	0	8	0	1	54	1	0	22	22	4.37
*山野 太一	(ヤ)	5	0	0	5	0	0	0	1	3	0	0	0	0	.250	112	94	26	25	2	5	1	11	2	1	15	0	1	13	12	4.15
山本 拓実	(中)	14	0	7	0	0	0	0	1	0	0	0	0	0	.000	61	53	13	17	1	2	1	5	0	0	11	0	0	11	11	8.54
*山本 大貴	(ヤ)	42	0	11	0	0	0	0	2	0	1	0	9	11	1.000	148	127	35.1	32	4	2	3	13	4	3	26	2	0	11	10	2.55
湯浅 京己	(神)	15	0	10	0	0	0	0	2	1	8	3	3	.000	67	59	14.1	15	3	0	0	8	0	0	15	0	0	8	7	4.40	
*横川 凱	(巨)	20	0	1	16	0	0	0	4	8	0	0	0	2	.333	348	312	84.1	79	10	7	1	24	0	4	46	2	0	38	37	3.95
吉村貢司郎	(ヤ)	12	0	0	11	0	0	0	6	3	0	0	0	0	.667	257	236	60.1	66	9	3	2	14	0	2	46	1	0	31	29	4.33
ロドリゲス	(ヤ)	7	0	0	6	0	0	0	1	5	0	0	0	0	.167	145	127	33	33	5	3	1	13	2	1	23	3	0	20	15	4.09
ロペス	(巨)	8	0	3	0	0	0	0	1	5	0	0	0	0	.000	34	24	6.2	6	1	3	0	7	0	0	2	2	0	4	3	4.09
涌井 秀章	(中)	21	0	0	21	0	0	0	5	13	0	0	0	0	.278	479	431	111	116	9	10	6	30	1	2	89	1	0	53	49	3.97

2023・セントラル・リーグ守備成績

チーム守備成績

チーム	試合	守備機会	刺殺	補殺	失策	併殺 参加数	併殺 球団	捕逸	守備率
巨　人	143	5372	3829	1489	54	344	126	9	.990
ＤｅＮＡ	143	5427	3868	1490	69	329	119	8	.9872
ヤクルト	143	5323	3803	1450	70	317	117	7	.9868
中　日	143	5530	3862	1589	79	337	121	7	.986
広　島	143	5408	3825	1501	82	334	120	3	.985
阪　神	143	5460	3864	1511	85	359	130	3	.984
合　計	483	32520	23051	9030	439	2020	733	37	.987

個人守備成績

規定試合数　野手　95
捕手　72
（投手は投球回数）投手　143

一塁手

選手名	チーム	試合	刺殺	補殺	失策	併殺	守備率
ソ　ト	(デ)	103	737	72	3	66	.9963
オ ス ナ	(ヤ)	134	1161	67	5	97	.9959
大山　悠輔	(神)	143	1286	109	9	118	.994

（50音順）

選手名	チーム	試合	刺殺	補殺	失策	併殺	守備率
秋広　優人	(巨)	36	182	13	2	9	.990
荒木　貴裕	(ヤ)	1	3	0	0	1	1.000
石川　昂弥	(中)	17	137	9	1	6	.993
糸原　健斗	(神)	1	4	0	0		1.000
鵜飼　航丞	(中)	1	5	0	0	0	1.000
宇佐見真吾	(中)	15	108	7	1	6	.991
オースティン	(デ)	2	11	1	0	1	1.000
オ ス ナ	(ヤ)	134	1161	67	5	97	.996
太田　賢吾	(ヤ)	1	4	0	0	0	1.000
大山　悠輔	(神)	143	1286	109	9	118	.994
岡本　和真	(巨)	75	469	26	1	37	.998
奥村　展征	(ヤ)	1	0	0	0	0	.000
川端　慎吾	(ヤ)	2	12	1	1	1	.929
北村　恵吾	(ヤ)	7	34	4	0	2	1.000
北村　拓己	(巨)	1	1	0	0	0	1.000
京田　陽太	(デ)	7	22	0	0	1	1.000
坂倉　将吾	(広)	7	41	4	0	4	1.000
佐野　恵太	(デ)	70	351	37	3	33	.992
末包　昇大	(デ)	1	2	0	0	0	1.000
ソ　ト	(デ)	103	737	72	3	66	.996
田中　広輔	(広)	17	35	4	0	4	1.000
知野　直人	(デ)	13	44	3	0	6	1.000
デビッドソン	(広)	25	112	7	0	6	1.000
堂林　翔太	(広)	50	313	22	3	32	.991
堂上　直倫	(中)	2	2	1	0	1	1.000
中島　宏之	(巨)	4	31	2	0	1	1.000
中田　翔	(巨)	74	508	35	6	58	.989
西田　明央	(ヤ)	2	3	1	0	0	1.000
韮澤　雄也	(広)	20	26	1	0	4	1.000
林　晃汰	(広)	10	80	2	1	6	.988
原口　文仁	(神)	1	3	0	0	0	1.000
ビシエド	(中)	90	719	70	4	65	.995
廣岡　大志	(巨)	2	4	0	0	2	1.000
福田　永将	(中)	10	39	2	0	4	1.000
藤田　一也	(デ)	1	3	0	0	0	1.000
細川　成也	(中)	28	220	21	3	21	.988
＊マクブルーム	(広)	60	486	42	5	38	.991
松田　宣浩	(巨)	1	10	0	0	1	1.000
松山　竜平	(広)	22	155	10	1	10	.994
溝脇　隼人	(中)	18	31	0	0	0	1.000
三ツ俣大樹	(中)	3	3	1	0	0	1.000
宮本　丈	(ヤ)	7	35	3	0	3	1.000
村上　宗隆	(ヤ)	3	4	1	0	0	1.000
大　和	(デ)	6	14	2	0	0	1.000
山本　祐大	(デ)	1	0	0	0		.000
若林　晃弘	(巨)	3	5	0	0	1	1.000

二塁手

選手名	チーム	試合	刺殺	補殺	失策	併殺	守備率
菊池　涼介	(広)	116	234	313	3	68	.995
吉川　尚輝	(巨)	125	254	357	5	71	.992
中野　拓夢	(神)	143	303	467	9	102	.9884
牧　秀悟	(デ)	143	336	406	6	92	.9880
山田　哲人	(ヤ)	100	191	277	6	56	.987

（50音順）

選手名	チーム	試合	刺殺	補殺	失策	併殺	守備率
赤羽　由紘	(ヤ)	4	5	9	0	1	1.000
石垣　雅海	(中)	15	16	17	0	5	1.000
上本　崇司	(広)	11	23	30	1	6	.981
奥村　展征	(ヤ)	2	0	2	0	0	1.000
カリステ	(中)	1	1	2	0	0	1.000
門脇　誠	(巨)	12	23	21	1	4	.978
菊池　涼介	(広)	116	234	313	3	68	.995

選手名	チーム	試合	刺殺	補殺	失策	併殺	守備率
北村 拓己	(巨)	6	4	10	0	3	1.000
小園 海斗	(広)	16	18	35	3	9	.946
柴田 竜拓	(ディ)	1	0	1	0	0	1.000
曽根 海成	(広)	2	0	0	0	0	.000
高橋 周平	(中)	12	24	20	2	5	.957
高松 渡	(中)	1	0	0	0	0	.000
武岡 龍世	(ヤ)	56	41	72	2	10	.983
堂上 直倫	(中)	2	3	6	0	0	1.000
中野 拓夢	(神)	143	303	467	9	102	.988
中山 礼都	(巨)	24	40	39	1	9	.988
西浦 直亨	(ディ)	4	6	9	1	1	.938
韮澤 雄也	(広)	5	6	10	0	2	1.000
羽月隆太郎	(広)	15	28	34	0	9	1.000
林 琢真	(ディ)	8	3	3	0	0	1.000
樋口 正修	(中)	1	1	1	0	0	1.000
廣岡 大志	(巨)	6	9	12	0	6	1.000
福永 裕基	(中)	68	133	196	3	45	.991
牧 秀悟	(ディ)	143	336	406	9	92	.988
増田 大輝	(巨)	6	3	3	0	1	1.000
松田 宣浩	(巨)	1	0	0	1	0	.000
溝脇 隼人	(中)	12	9	16	0	2	1.000
三ツ俣大樹	(ヤ)	4	3	8	0	3	1.000
宮本 丈	(ヤ)	10	10	23	1	3	.971
村松 開人	(中)	70	108	194	6	32	.981
元山 飛優	(ヤ)	16	17	28	0	7	1.000
矢野 雅哉	(広)	5	7	4	0	2	1.000
山田 哲人	(ヤ)	100	191	277	6	56	.987
吉川 尚輝	(巨)	125	254	357	5	71	.992
龍 空	(中)	19	32	33	0	7	1.000

三塁手

選手名	チーム	試合	刺殺	補殺	失策	併殺	守備率
宮崎 敏郎	(ディ)	113	65	173	9	18	.964
佐藤 輝明	(神)	129	89	213	20	15	.938
村上 宗隆	(ヤ)	139	115	213	22	22	.937
石川 昂弥	(中)	95	50	138	14	13	.931

(50音順)

選手名	チーム	試合	刺殺	補殺	失策	併殺	守備率
赤羽 由紘	(ヤ)	1	1	0	0	0	1.000
石川 昂弥	(中)	95	50	138	14	13	.931
石垣 雅海	(中)	1	0	0	0	0	1.000
糸原 健斗	(神)	7	1	6	0	0	1.000
上本 崇司	(広)	21	12	21	4	0	.892
岡本 和真	(巨)	84	51	118	5	8	.971
小野寺 暖	(神)	2	0	1	1	0	.500
カリステ	(中)	10	3	17	0	1	1.000
門脇 誠	(巨)	48	31	73	2	8	.981
菊田 拡和	(巨)	3	0	0	1	0	.000
北村 拓己	(巨)	9	4	3	0	0	1.000
京田 陽太	(ディ)	13	4	16	1	1	.952
熊谷 敬宥	(神)	9	2	3	0	1	1.000
小園 海斗	(広)	29	1	17	1	1	.947
坂本 勇人	(巨)	21	11	37	0	4	1.000
佐藤 輝明	(神)	129	89	213	20	15	.938
柴田 竜拓	(ディ)	72	9	31	2	5	.952
曽根 海成	(広)	7	1	2	0	0	1.000
高橋 周平	(中)	64	21	62	1	1	.988
武岡 龍世	(ヤ)	6	5	6	1	1	.917
田中 広輔	(ヤ)	54	16	62	4	5	.951
知野 直人	(ディ)	6	1	9	0	0	1.000

選手名	チーム	試合	刺殺	補殺	失策	併殺	守備率
デビッドソン	(広)	89	51	108	11	11	.935
堂上 直倫	(中)	6	0	2	0	1	1.000
中山 礼都	(巨)	24	6	11	2	2	.895
西浦 直亨	(ディ)	4	0	1	0	0	1.000
西巻 賢二	(ディ)	1	0	0	0	0	.000
韮澤 雄也	(広)	3	4	6	1	3	.909
羽月隆太郎	(広)	2	0	1	0	0	1.000
林 晃汰	(広)	9	3	11	4	1	.778
林 琢真	(ディ)	19	15	24	5	3	.886
廣岡 大志	(巨)	2	0	0	0	0	.000
福永 裕基	(中)	25	7	26	1	3	.971
藤田 一也	(ディ)	2	2	0	0	0	1.000
増田 大輝	(巨)	3	0	2	0	0	1.000
松田 宣浩	(巨)	1	0	1	0	0	1.000
三ツ俣大樹	(ヤ)	4	1	0	0	0	1.000
宮崎 敏郎	(ディ)	113	65	173	9	18	.964
村上 宗隆	(ヤ)	139	115	213	22	22	.937
元山 飛優	(ヤ)	5	1	1	0	0	1.000
矢野 雅哉	(広)	3	0	0	0	0	.000
渡邉 諒	(神)	8	8	11	3	2	.864

遊撃手

選手名	チーム	試合	刺殺	補殺	失策	併殺	守備率
長岡 秀樹	(ヤ)	132	207	368	8	81	.986
木浪 聖也	(神)	126	189	349	10	87	.982
龍 空	(中)	96	124	232	8	45	.978

(50音順)

選手名	チーム	試合	刺殺	補殺	失策	併殺	守備率
石垣 雅海	(中)	3	3	8	0	3	1.000
上本 崇司	(広)	31	44	66	3	13	.973
小幡 竜平	(神)	34	47	68	4	13	.966
カリステ	(中)	34	47	94	3	19	.979
門脇 誠	(巨)	65	86	138	2	37	.991
北村 拓己	(巨)	5	1	7	0	0	1.000
木浪 聖也	(神)	126	189	349	10	87	.982
京田 陽太	(ディ)	77	82	158	5	31	.980
小園 海斗	(広)	63	84	155	5	32	.980
坂本 勇人	(巨)	89	123	233	4	50	.989
柴田 竜拓	(ディ)	14	10	27	0	5	1.000
武岡 龍世	(ヤ)	18	17	43	0	3	1.000
田中 広輔	(広)	26	27	57	3	7	.966
知野 直人	(ディ)	5	9	8	1	2	.944
堂上 直倫	(中)	2	1	2	0	1	1.000
中山 礼都	(巨)	22	26	34	0	4	1.000
長岡 秀樹	(ヤ)	132	207	368	8	81	.986
西浦 直亨	(ディ)	2	1	0	0	0	1.000
韮澤 雄也	(広)	2	1	6	0	1	1.000
林 琢真	(ディ)	25	26	50	2	9	.974
福永 裕基	(中)	6	4	10	0	1	1.000
藤田 一也	(ディ)	1	0	0	0	0	.000
溝脇 隼人	(中)	24	12	20	2	4	.941
三ツ俣大樹	(ヤ)	1	1	2	0	0	1.000
村松 開人	(中)	30	31	69	4	18	.962
元山 飛優	(ヤ)	2	0	0	0	0	1.000
森 敬斗	(ディ)	4	4	10	2	1	.875
矢野 雅哉	(広)	83	61	133	6	32	.970
大 和	(ディ)	59	57	136	2	29	.990
龍 空	(中)	96	124	232	8	45	.978
若林 晃弘	(巨)	1	1	0	0	0	1.000

外野手

選手名	チーム	試合	刺殺	補殺	失策	併殺	守備率
* 近本 光司	(神)	127	283	3	0	0	1.000
丸 佳浩	(巨)	111	190	0	1	0	.9947
細川 成也	(中)	116	178	3	1	0	.9945
関根 大気	(ディ)	137	222	4	2	2	.9912
西川 龍馬	(広)	109	207	4	2	0	.9906
サンタナ	(ヤ)	129	192	3	2	0	.990
* 大島 洋平	(中)	114	185	3	2	1	.9894
桑原 将志	(ディ)	122	265	7	3	1	.9890
佐野 恵太	(ディ)	109	137	6	2	1	.986
秋山 翔吾	(広)	114	243	7	4	1	.984
岡林 勇希	(中)	143	312	4	6	0	.981
秋広 優人	(巨)	97	125	2	3	0	.977
野間 峻祥	(広)	104	182	4	5	0	.974
ノイジー	(神)	125	196	12	6	1	.972
島田 海吏	(神)	97	60	0	4	0	.938

(50音順)

選手名	チーム	試合	刺殺	補殺	失策	併殺	守備率
アキーノ	(中)	16	32	0	3	0	.914
アルモンテ	(中)	11	13	0	1	0	.929
アンバギー	(ディ)	2	2	0	0	0	1.000
青木 宣親	(ヤ)	56	75	1	0	0	1.000
赤羽 由紘	(ヤ)	20	12	0	0	0	1.000
秋広 優人	(巨)	97	125	2	3	0	.977
秋山 翔吾	(広)	114	243	7	4	1	.984
浅野 翔吾	(巨)	16	16	0	0	0	1.000
板山祐太郎	(神)	9	6	1	0	0	1.000
伊藤 康祐	(中)	16	3	0	0	0	1.000
井上 広大	(神)	11	19	0	0	0	1.000
ウォーカー	(巨)	22	33	0	0	0	1.000
植田 海	(神)	12	6	0	0	0	1.000
上本 崇司	(広)	23	36	1	0	0	1.000
鵜飼 航丞	(中)	18	28	0	0	0	1.000
内山 壮真	(ヤ)	50	65	2	0	1	1.000
蝦名 達夫	(ディ)	31	19	1	1	1	.952
オコエ瑠偉	(巨)	36	52	0	0	0	1.000
* 大島 洋平	(中)	114	185	3	2	1	.989
太田 賢吾	(ヤ)	9	14	0	0	0	1.000
大田 泰示	(ディ)	39	61	0	1	0	.984
大盛 穂	(広)	47	53	2	1	0	.982
岡田 悠希	(巨)	25	26	0	0	0	1.000
岡林 勇希	(中)	143	312	4	6	1	.981
岡本 和真	(巨)	9	7	0	0	0	1.000
奥村 展征	(ヤ)	1	0	0	0	0	.000
小野寺 暖	(神)	31	26	1	0	0	1.000
梶谷 隆幸	(ディ)	83	94	2	0	0	1.000
梶原 昂希	(ディ)	15	29	0	0	0	1.000
加藤 翔平	(中)	31	13	0	1	0	.929
神里 和毅	(ディ)	59	41	1	0	1	1.000
* 川越 誠司	(ヤ)	7	8	0	0	0	1.000
楠本 泰史	(ディ)	41	42	0	0	0	1.000
熊谷 敬宥	(神)	4	0	0	0	1	.000
桑原 将志	(ディ)	122	265	7	3	1	.989
後藤 駿太	(中)	29	15	1	1	0	.941
サンタナ	(ヤ)	129	192	3	2	0	.990
佐野 恵太	(ディ)	109	137	6	2	1	.986
* 澤井 廉	(ヤ)	9	19	0	0	0	1.000
塩見 泰隆	(ヤ)	49	123	2	1	1	.922
重信慎之介	(巨)	49	30	0	0	0	1.000
島田 海吏	(神)	97	60	0	4	0	.938
末包 昇大	(広)	45	59	3	1	0	.984
* 関根 大気	(ディ)	137	222	4	2	2	.991
曽根 海成	(広)	23	10	2	1	1	.923
高松 渡	(中)	4	3	0	0	0	1.000
* 田村 俊介	(広)	5	10	1	0	1	1.000
* 近本 光司	(神)	127	283	3	0	0	1.000
知野 直人	(ディ)	1	0	0	0	0	.000
長野 久義	(巨)	44	53	0	1	0	.981
堂林 翔太	(広)	43	64	2	0	0	1.000
中村 奨成	(広)	3	4	0	0	0	1.000
中村 貴浩	(広)	10	13	1	0	0	1.000
並木 秀尊	(ヤ)	77	115	3	2	1	.983
西川 龍馬	(広)	109	207	4	2	0	.991
ノイジー	(神)	125	196	12	6	1	.972
野間 峻祥	(広)	104	182	4	5	0	.974
萩尾 匡也	(巨)	7	3	0	0	0	1.000
濱田 太貴	(ヤ)	67	113	5	0	2	1.000
樋口 正修	(中)	1	1	0	0	0	1.000
ブライト健太	(中)	14	24	1	0	0	1.000
ブリンソン	(巨)	82	151	3	2	1	.987
細川 成也	(中)	116	178	3	1	0	.995
* 前川 右京	(神)	22	32	1	0	0	1.000
増田 大輝	(巨)	18	6	0	0	0	1.000
松原 聖弥	(巨)	16	4	0	0	0	1.000
松山 竜平	(広)	3	3	0	0	0	1.000
丸 佳浩	(巨)	111	190	0	1	0	.995
* 丸山 和郁	(ヤ)	66	77	1	1	0	.987
ミエセス	(神)	33	42	1	2	0	.956
宮本 丈	(ヤ)	12	17	0	0	0	1.000
* 三好 大倫	(中)	9	4	0	0	0	1.000
森下 翔太	(神)	90	168	5	2	1	.989
矢野 雅哉	(広)	2	0	0	0	0	.000
* 山崎晃太朗	(ヤ)	58	81	1	1	0	.988
若林 晃弘	(巨)	12	8	0	0	0	1.000

捕手

選手名	チーム	試合	刺殺	補殺	失策	併殺	捕逸	守備率
中村 悠平	(ヤ)	104	633	68	0	6	4	1.000
木下 拓哉	(中)	87	628	51	1	9	1	.999
大城 卓三	(巨)	133	906	82	2	12	7	.998
坂本誠志郎	(神)	83	545	48	2	4	1	.997
坂倉 将吾	(広)	113	722	80	3	8	3	.996

(50音順)

選手名	チーム	試合	刺殺	補殺	失策	併殺	捕逸	守備率
會澤 翼	(広)	42	245	15	0	1	0	1.000
石橋 康太	(中)	33	151	14	1	0	2	.994
磯村 嘉孝	(広)	9	32	3	0	0	0	1.000
伊藤 光	(ディ)	56	375	33	0	2	4	1.000
宇佐見真吾	(ディ)	42	251	24	2	3	3	.993
内山 壮真	(ヤ)	35	166	14	0	0	1	1.000
梅野隆太郎	(神)	71	445	24	2	1	1	.996
大城 卓三	(巨)	133	906	82	2	12	7	.998
大野 奨太	(中)	1	0	0	0	0	0	1.000
加藤 匠馬	(中)	10	27	4	0	0	0	1.000

セントラル・リーグ

選手名	チーム	試合	刺殺	補殺	失策	併殺	捕逸	守備率
岸田 行倫	(巨)	34	127	13	1	4	2	.993
木下 拓哉	(中)	87	628	51	1	9	1	.999
郡司 裕也	(中)	1	0	0	0	0	0	.000
古賀 優大	(ヤ)	36	159	21	2	2	3	.989
小林 誠司	(巨)	21	42	2	0	0	0	1.000
榮枝 裕貴	(神)	1	2	0	0	0	0	1.000
坂倉 将吾	(広)	113	722	80	3	8	3	.996
坂本誠志郎	(神)	83	545	48	2	4	5	.997
戸柱 恭孝	(ディ)	57	369	48	1	5	3	.998
中村 悠平	(ヤ)	104	633	68	0	6	4	1.000
長坂 拳弥	(神)	10	37	2	0	0	1	1.000
西田 明央	(ヤ)	1	3	0	0	0	0	1.000
益子 京右	(ディ)	1	1	0	0	0	0	1.000
松本 直樹	(ヤ)	2	12	0	0	0	0	1.000
味谷 大誠	(中)	4	6	1	0	0	1	1.000
山浅龍之介	(中)	4	8	1	0	0	0	1.000
山瀬慎之助	(巨)	5	17	0	0	0	0	1.000
山本 祐大	(ディ)	67	411	36	4	8	1	.991

投　　手

選手名	チーム	試合	刺殺	補殺	失策	併殺	守備率
＊伊藤 将司	(神)	21	8	23	0	2	1.000
＊東　 克樹	(ディ)	24	11	15	0	1	1.000
＊今永 昇太	(ヤ)	22	9	21	0	2	1.000
＊大竹耕太郎	(神)	21	10	29	0	1	1.000
＊床田 寛樹	(広)	24	12	32	1	5	.978
高橋 宏斗	(中)	25	15	26	1	1	.976
柳　 裕也	(中)	24	13	24	1	2	.974
＊小笠原慎之介	(中)	25	4	31	1	2	.972
山﨑 伊織	(巨)	23	6	26	1	2	.970
小川 泰弘	(ヤ)	23	14	13	1	0	.964
戸郷 翔征	(巨)	24	10	14	1	1	.960
九里 亜蓮	(広)	26	14	31	2	1	.957
村上 頌樹	(神)	22	6	14	1	4	.952

(注)大竹(神)は、規定投球回未満も、野球規則9.22(c)(3)により最高守備率投手。

(50音順)

選手名	チーム	試合	刺殺	補殺	失策	併殺	守備率
アドゥワ誠	(広)	14	2	2	0	0	1.000
アンダーソン	(広)	21	1	7	0	0	1.000
青柳 晃洋	(神)	18	4	17	2	1	.913
赤星 優志	(巨)	12	1	10	0	2	1.000
秋山 拓巳	(神)	2	0	0	0	0	.000
＊東　 克樹	(ディ)	24	11	15	0	1	1.000
石井 大智	(神)	44	1	3	0	0	1.000
＊石川 達也	(ディ)	28	2	4	0	0	1.000
＊石川 雅規	(ヤ)	13	1	9	1	0	.909
＊石田 健大	(ディ)	23	6	19	1	0	.962
石山 泰稚	(ヤ)	50	0	9	2	0	.818
伊勢 大夢	(ディ)	58	5	8	0	0	1.000
一岡 竜司	(広)	1	0	0	0	0	.000
市川 悠太	(ヤ)	4	1	3	2	0	.667
＊伊藤 将司	(神)	21	8	23	0	2	1.000
＊井上 温大	(巨)	4	0	3	0	0	1.000
＊今永 昇太	(ディ)	22	9	21	0	2	1.000
＊今村 信貴	(巨)	24	2	7	0	0	1.000
入江 大生	(ディ)	32	3	14	0	0	1.000
＊岩貞 祐太	(神)	50	1	8	1	0	.900
＊岩崎 優	(神)	60	1	8	2	0	.818
ウェンデルケン	(ディ)	61	6	12	1	1	.947
＊上田洸太朗	(中)	13	1	4	0	0	1.000
梅津 晃大	(中)	3	0	4	1	0	.800
梅野 雄吾	(ヤ)	5	0	2	0	0	1.000
＊エスコバー	(ディ)	40	3	11	0	1	1.000
エスピナル	(広)	3	0	1	0	0	1.000
遠藤 淳志	(広)	8	3	2	0	0	1.000
＊大江 竜聖	(巨)	32	1	6	0	1	1.000
大瀬良大地	(広)	23	2	16	0	2	1.000
＊大竹耕太郎	(神)	21	10	29	0	2	1.000
大西 広樹	(ヤ)	46	0	7	0	0	1.000
大貫 晋一	(ディ)	13	5	8	2	0	.867
＊大野 雄大	(中)	1	1	0	0	0	1.000
大道 温貴	(広)	48	0	7	0	1	1.000
岡留 英貴	(神)	8	0	1	0	0	1.000
岡野祐一郎	(中)	15	1	5	0	0	1.000
＊小笠原慎之介	(中)	25	4	31	1	2	.972
小川 泰弘	(ヤ)	23	14	13	1	0	.964
尾仲 祐哉	(ヤ)	11	0	2	0	0	1.000
＊及川 雅貴	(神)	33	1	7	0	0	1.000
ガゼルマン	(ディ)	13	5	7	0	1	1.000
鍵谷 陽平	(巨)	13	0	2	0	0	1.000
＊笠原祥太郎	(ディ)	2	0	0	0	0	.000
加治屋 蓮	(神)	51	1	7	0	1	1.000
勝野 昌慶	(中)	50	3	9	0	1	1.000
金久保優斗	(ヤ)	1	0	0	0	0	.000
上茶谷大河	(ディ)	46	3	8	2	0	.846
河野　 佳	(広)	8	0	0	0	0	.000
菊地 大稀	(巨)	50	0	5	0	0	1.000
木澤 尚文	(ヤ)	56	1	9	1	0	.909
北村 拓己	(巨)	1	0	0	0	0	.000
＊桐敷 拓馬	(神)	27	4	6	0	0	1.000
＊グリフィン	(巨)	20	8	26	2	2	.944
＊久保 拓眞	(ヤ)	5	0	1	0	0	1.000
九里 亜蓮	(広)	26	14	31	2	1	.957
栗林 良吏	(広)	55	3	9	0	2	1.000
＊黒原 拓未	(広)	5	0	3	0	0	1.000
鍬原 拓也	(巨)	5	0	0	0	0	1.000
ケムナ 誠	(広)	24	0	4	0	0	1.000
K.ケラー	(神)	27	0	1	1	0	.500
コルニエル	(広)	8	2	7	0	0	1.000
小澤 怜史	(ヤ)	29	0	10	0	2	1.000
小林 慶祐	(神)	1	0	0	0	0	.000
＊近藤　 廉	(中)	1	0	0	0	0	.000
今野 龍太	(中)	26	2	4	0	0	1.000
サイスニード	(ヤ)	23	7	17	3	1	.889
才木 浩人	(神)	19	8	10	1	0	.947
＊齋藤 綱記	(中)	31	0	7	0	0	1.000
阪口 皓亮	(ヤ)	13	0	3	0	0	.750
＊坂本 裕哉	(ディ)	13	2	3	0	0	1.000
島内颯太郎	(広)	62	1	8	0	0	1.000
＊島本 浩也	(神)	35	1	2	0	0	1.000
清水 達也	(中)	50	4	4	0	0	1.000
清水　 昇	(ヤ)	56	2	8	1	0	.909
＊代木 大和	(巨)	13	0	2	0	0	1.000
菅野 智之	(巨)	14	2	9	0	0	1.000

選手名	チーム	試合	刺殺	補殺	失策	併殺	守備率
鈴木　康平	(巨)	33	0	3	0	0	1.000
鈴木　博志	(中)	9	4	1	0	0	1.000
*砂田　毅樹	(中)	18	1	0	0	0	1.000
祖父江大輔	(中)	45	3	6	0	0	1.000
*ターリー	(広)	44	2	10	0	0	1.000
大　　勢	(巨)	27	1	5	3	0	.667
平良拳太郎	(ディ)	11	6	8	0	1	1.000
高木　京介	(巨)	1	1	2	0	0	1.000
高梨　裕稔	(ヤ)	15	0	5	0	1	1.000
*高梨　雄平	(巨)	55	3	8	0	0	1.000
*高橋　奎二	(ヤ)	20	3	13	1	4	.941
髙橋　宏斗	(中)	25	15	26	1	1	.976
*髙橋　優貴	(巨)	6	0	6	0	0	1.000
*田口　麗斗	(ヤ)	50	1	10	0	1	1.000
田島　慎二	(中)	32	1	8	0	0	1.000
*田中健二朗	(ディ)	11	0	2	0	0	1.000
田中　千晴	(巨)	30	1	3	0	0	1.000
田中　豊樹	(巨)	15	1	2	0	0	1.000
谷元　圭介	(中)	7	0	2	0	0	1.000
*玉村　昇悟	(広)	9	4	7	0	0	1.000
*床田　寛樹	(広)	24	12	32	1	5	.978
戸郷　翔征	(巨)	24	10	14	1	1	.960
*戸根　千明	(広)	24	0	2	1	0	.667
*富田　蓮	(神)	9	0	2	0	1	1.000
直江　大輔	(巨)	16	0	1	0	0	1.000
*中川　皓太	(巨)	44	4	3	0	0	1.000
中川　虎大	(ディ)	9	1	1	0	0	1.000
中﨑　翔太	(広)	35	2	3	0	0	1.000
仲地　礼亜	(中)	9	3	7	0	1	1.000
中村　祐太	(広)	5	0	0	0	0	1.000
*成田　翔	(ヤ)	3	1	0	0	0	1.000
西　純矢	(神)	17	5	10	0	2	1.000
西　勇輝	(神)	18	9	23	1	2	.970
根尾　昂	(中)	2	1	2	0	0	1.000
野村　祐輔	(広)	6	2	6	0	0	1.000
バウアー	(ディ)	19	14	20	2	1	.944
*バルドナード	(巨)	21	1	3	1	0	.800
*橋本　侑樹	(中)	13	1	2	0	0	1.000
*長谷川宙輝	(ヤ)	1	0	0	0	0	.000
*濵口　遥大	(ディ)	14	2	12	2	0	.875
浜地　真澄	(神)	30	2	2	1	0	.800
馬場　皐輔	(神)	19	1	1	0	0	1.000
ビーズリー	(神)	18	1	5	0	0	1.000
ビーディ	(巨)	30	2	9	0	0	1.000
*ピーターズ	(ヤ)	18	5	24	0	1	1.000
フェリス	(中)	19	0	2	0	0	1.000
ブルワー	(神)	13	1	1	0	0	1.000
*福　敬登	(神)	29	0	2	0	0	1.000
*福島　章太	(中)	4	0	2	0	0	1.000
福谷　浩司	(中)	14	6	7	1	0	.929
藤嶋　健人	(中)	56	1	4	0	0	1.000
船迫　大雅	(巨)	36	1	2	0	0	1.000
平内　龍太	(巨)	11	0	2	0	0	1.000
星　知弥	(ヤ)	47	4	4	0	1	1.000
堀田　賢慎	(巨)	3	0	2	0	0	1.000
*塹江　敦哉	(広)	8	0	1	0	0	1.000
堀岡　隼人	(巨)	3	0	1	0	0	1.000
マルティネス	(中)	48	2	12	0	0	1.000
益田　武尚	(広)	8	2	0	0	0	1.000
松井　颯	(巨)	8	2	0	1	0	.667
*松葉　貴大	(中)	11	4	13	0	3	1.000
松本　竜也	(巨)	13	0	0	0	0	.000
松山　晋也	(中)	36	1	5	1	0	.857
丸山　翔大	(ヤ)	22	1	8	0	1	1.000
三浦　銀二	(ディ)	1	0	0	0	0	.000
三上　朋也	(巨)	22	0	2	0	0	1.000
三嶋　一輝	(ディ)	27	0	9	0	0	1.000
宮城　滝太	(ディ)	11	1	2	1	0	.750
宮國　椋丞	(ディ)	2	1	0	0	0	1.000
村上　頌樹	(神)	22	6	14	1	4	.952
メヒア	(中)	8	2	5	0	0	1.000
*メンデス	(巨)	16	3	17	1	1	.952
*森　翔平	(ディ)	12	5	11	0	2	1.000
*森浦　大輔	(広)	13	0	9	0	0	1.000
森下　暢仁	(広)	20	9	27	2	3	.947
森原　康平	(ディ)	46	5	2	0	0	1.000
*門別　啓人	(神)	2	0	2	0	0	1.000
矢崎　拓也	(神)	54	5	7	0	0	1.000
柳　裕也	(中)	24	13	24	1	2	.974
*薮田　和樹	(広)	3	1	0	0	0	1.000
山﨑　伊織	(巨)	23	6	26	1	2	.970
山﨑　康晃	(ディ)	49	1	5	0	0	1.000
*山野　太一	(ヤ)	5	0	6	0	0	1.000
山本　拓実	(中)	14	2	5	1	0	.875
*山本　大貴	(ヤ)	42	2	5	0	0	1.000
湯浅　京己	(神)	15	0	4	0	0	1.000
*横川　凱	(巨)	20	6	23	1	1	.967
吉村貢司郎	(ヤ)	12	2	8	0	0	1.000
ロドリゲス	(ヤ)	7	0	6	1	0	.857
ロペス	(巨)	8	0	4	0	0	1.000
涌井　秀章	(中)	21	7	14	0	1	1.000

2023・捕 手 盗 塁 阻 止 成 績

盗塁企図数は許盗塁計と盗塁刺計の合計。
（　）内は重盗。重盗は許盗塁1とする。
捕手けん制刺は盗塁企図数に含まない。

チーム	選手名	試合	盗企図塁数	許盗塁				盗塁刺				捕けん制手刺	盗阻止塁率
				計	二	三	本	計	二	三	本		
阪　神	坂本誠志郎	83	31	20	18	2	0	11	10	1	0	1	.355
	梅野隆太郎	71	38	32	30	2	0	6	6	0	0	0	.158
	長坂　拳弥	10	4	4	4	0	0	0	0	0	0	0	.000
	榮枝　裕貴	1	1	1	0	1	0	0	0	0	0	0	.000
	計	143	74	57	52	5	0	17	16	1	0	1	.230
広　島	坂倉　将吾	113	36	26	26	0	0	10	8	1	1	0	.278
	曾澤　　翼	42	13	10	9	1	0	3	3	0	0	0	.231
	磯村　嘉孝	9	1	1	1	0	0	0	0	0	0	0	.000
	計	143	50	37	36	1	0	13	11	1	1	0	.260
ＤｅＮＡ	山本　祐大	67	33	18	18	0	0	15	15	0	0	0	.455
	戸柱　恭孝	57	31	25	24	1	0	6	5	1	0	0	.194
	伊藤　　光	56	38	29(1)	28	1	1	9	9	0	0	0	.237
	益子　京右	1	0	0	0	0	0	0	0	0	0	0	—
	計	143	102	72(1)	70	2	1	30	29	1	0	0	.294
巨　人	大城　卓三	133	67	42(1)	40	3	0	25	24	0	1	1	.373
	小林　誠司	34	9	5	5	0	0	4	4	0	0	0	.444
	岸田　行倫	21	2	2	2	0	0	0	0	0	0	0	.000
	山瀬慎之助	5	0	0	0	0	0	0	0	0	0	0	—
	計	143	78	49(1)	47	3	0	29	28	0	1	1	.372
ヤクルト	中村　悠平	104	59	35	34	1	0	24	22	2	0	3	.407
	古賀　優大	36	16	10	10	0	0	6	5	0	1	4	.375
	内山　壮真	35	8	3	3	0	0	5	5	0	0	0	.625
	松本　直樹	2	0	0	0	0	0	0	0	0	0	0	—
	西田　明央	1	2	2	2	0	0	0	0	0	0	0	.000
	計	143	85	50	49	1	0	35	32	2	1	7	.412
中　日	木下　拓哉	87	41	28	27	1	0	13	13	0	0	0	.317
	宇佐見真吾	42	25	18	17	1	0	7	7	0	0	0	.280
	石橋　康太	33	14	12	12	0	0	2	2	0	0	0	.143
	加藤　匠馬	10	2	1	1	0	0	1	1	0	0	0	.500
	味谷　大誠	4	1	0	0	0	0	1	1	0	0	0	1.000
	山浅龍之介	4	1	1	1	0	0	0	0	0	0	0	.000
	大野　奨太	1	0	0	0	0	0	0	0	0	0	0	—
	郡司　裕也	1	0	0	0	0	0	0	0	0	0	0	—
	計	143	84	60	58	2	0	24	24	0	0	0	.286
合　計		483	473	325(2)	312	14	1	148	140	5	3	9	.313

2023・セントラル・リーグ代打成績

チ ー ム 代 打 成 績

チーム	起用回数	打数	安打	本塁打	打点	四球	死球	三振	打率
広 島	317	272	70	3	48	28	3	69	.257
DeNA	331	293	67	4	34	23	4	76	.229
巨 人	343	310	65	10	37	25	1	93	.210
ヤクルト	308	261	53	5	32	28	5	63	.203
阪 神	266	234	42	3	20	20	3	84	.179
中 日	290	254	44	2	22	20	5	82	.173
合 計	1855	1624	341	27	193	144	21	467	.210

個 人 代 打 成 績

阪 神

選手名	起用回数	打数	安打	本塁打	打点	四球	死球	三振	打率
＊糸原 健斗	60	49	10	0	5	8	1	14	.204
原口 文仁	54	50	9	2	8	3	1	18	.180
渡邉 諒	48	45	6	0	3	3	0	14	.133
ミエセス	28	25	5	1	3	2	0	12	.200
＊小幡 竜平	14	11	2	0	0	0	0	5	.182
小野寺 暖	11	9	3	0	1	2	0	3	.333
ノイジー	10	8	2	0	0	1	1	3	.250
＊島田 海吏	8	8	2	0	0	0	0	3	.250
＊前川 右京	8	8	0	0	0	0	0	5	.000
森下 翔太	6	6	1	0	0	0	0	2	.167
＊近本 光司	4	4	0	0	0	0	0	1	.000
＊板山祐太郎	3	3	0	0	0	0	0	2	.000
＊佐藤 輝明	3	3	0	0	0	0	0	1	.000
熊谷 敬宥	2	2	1	0	0	0	0	0	.500
井上 広大	2	1	0	0	0	1	0	0	.000
梅野隆太郎	1	1	1	0	0	0	0	0	1.000
坂本誠志郎	1	1	0	0	0	0	0	1	.000
＊木浪 聖也	1	1	0	0	0	0	0	0	.000
榮枝 裕貴	1	0	0	0	0	0	0	0	.000
長坂 拳弥	1	0	0	0	0	0	0	0	.000
計	266	234	42	3	20	20	3	84	.179

広 島

選手名	起用回数	打数	安打	本塁打	打点	四球	死球	三振	打率
＊松山 竜平	55	50	19	0	21	3	0	8	.380
＊田中 広輔	43	37	8	0	1	6	0	9	.216
＊堂林 翔太	30	24	6	1	2	3	0	6	.250
末包 昇大	23	21	6	1	5	1	0	5	.286
＊韮澤 雄也	19	17	2	0	1	2	0	4	.118
上本 崇司	17	15	7	0	2	1	1	3	.467
磯村 嘉孝	17	14	3	1	4	1	1	3	.214
會澤 翼	13	11	4	0	6	1	0	2	.364
デビッドソン	12	11	2	0	0	1	0	5	.182
＊大盛 穂	12	11	1	0	0	0	1	5	.091
中村 奨成	11	11	2	0	0	0	0	4	.182
＊坂倉 将吾	11	9	2	0	2	2	0	2	.222
＊羽月隆太郎	9	8	1	0	2	1	0	2	.125
＊野間 峻祥	7	6	2	0	0	0	1	1	.333
＊小園 海斗	6	6	1	0	0	0	0	1	.167
＊中村 貴浩	6	5	1	0	1	0	0	2	.200
マクブルーム	6	5	1	0	0	1	0	3	.200
＊矢野 雅哉	6	1	0	0	0	0	0	0	.000
＊田村 俊介	5	5	1	0	0	0	0	3	.200
菊池 涼介	4	3	1	0	0	0	0	1	.333
＊林 晃汰	3	1	0	0	0	2	0	0	.000
＊曽根 海成	1	1	0	0	0	0	0	0	.000
＊秋山 翔吾	1	0	0	0	0	0	1	0	.000
計	317	272	70	3	48	28	3	69	.257

DeNA

選手名	起用回数	打数	安打	本塁打	打点	四球	死球	三振	打率
＊楠本 泰史	65	56	14	1	17	4	2	10	.250
大 和	38	37	10	0	5	0	0	4	.270
大田 泰示	36	33	5	0	2	1	2	10	.152
＊藤田 一也	21	18	6	0	0	1	2	5	.333
＊戸柱 恭孝	20	17	3	0	0	0	0	5	.176
桑原 将志	16	15	4	0	1	0	0	4	.267
宮﨑 敏郎	16	12	3	0	3	3	0	3	.250
蝦名 達夫	15	13	3	0	0	1	0	3	.231
＊林 琢真	13	12	0	0	0	1	0	3	.000
オースティン	11	10	3	0	1	1	0	5	.300
＊京田 陽太	9	8	4	0	0	1	0	2	.500
山本 祐大	9	8	2	0	1	1	0	2	.250
ソ ト	8	8	2	0	0	0	0	2	.250
＊神里 和毅	8	7	1	0	0	1	0	3	.143
知野 直人	8	5	1	1	4	3	0	3	.200
＊関根 大気	6	6	3	0	0	0	0	0	.500
＊梶原 昂希	6	6	2	0	0	0	0	2	.333
伊藤 光	6	6	0	0	0	0	0	5	.000
西浦 直亨	6	6	0	0	0	0	0	0	.000
＊柴田 竜拓	5	2	0	0	0	0	0	0	.000
西巻 賢二	4	3	0	0	0	0	0	2	.000
＊森 敬斗	3	3	1	0	0	0	0	0	.333
アンバギー	2	2	0	0	0	0	0	1	.000
計	331	293	67	4	34	23	4	76	.229

巨 人

選手名	起用回数	打数	安打	本塁打	打点	四球	死球	三振	打率
長野 久義	41	34	10	1	6	7	0	8	.294
＊梶谷 隆幸	39	32	9	0	2	4	0	2	.281
ウォーカー	32	32	9	2	5	0	0	15	.281
＊中山 礼都	29	25	6	0	3	0	0	8	.240
中田 翔	21	18	2	2	6	2	1	9	.111
岸田 行倫	17	16	4	1	1	1	0	5	.250
＊丸 佳浩	16	15	2	1	5	1	0	4	.133
吉川 尚輝	13	12	1	0	1	1	0	3	.083
ブリンソン	12	12	1	1	5	0	0	2	.083
北村 拓己	12	11	5	0	0	0	0	0	.455
秋広 優人	11	11	4	0	2	0	0	0	.364
松田 宣浩	10	10	1	0	0	0	0	4	.100
坂本 勇人	10	8	2	0	1	0	0	3	.250
＊門脇 誠	10	7	2	0	0	0	0	2	.286
オコエ瑠偉	9	9	1	0	0	0	0	6	.111
＊重信慎之介	9	9	0	0	0	0	0	1	.000
＋若林 晃弘	9	8	1	0	0	1	0	3	.125
＊大城 卓三	7	7	3	2	6	0	0	0	.429
浅野 翔吾	7	7	1	0	0	0	0	4	.143
萩尾 匡也	6	6	0	0	0	0	0	5	.000
菊田 拡和	6	5	0	0	0	0	0	0	.000
＊岡田 悠希	4	4	1	0	0	0	2	2	.250
中島 宏之	4	4	0	0	0	0	0	0	.000
＊松原 聖弥	4	3	0	0	0	0	0	1	.000
廣岡 大志	3	3	0	0	0	0	0	3	.000
増田 大輝	2	1	0	0	0	0	0	0	.000
計	343	310	65	10	37	25	1	93	.210

ヤクルト

選手名	起用回数	打数	安打	本塁打	打点	四球	死球	三振	打率
＊川端 慎吾	72	62	20	2	13	9	1	5	.323
＊宮本 丈	43	31	5	0	1	6	2	6	.161
＊青木 宣親	40	35	6	1	7	2	1	4	.171
濱田 太貴	39	36	8	1	3	3	0	13	.222
内山 壮真	24	19	2	0	2	4	0	3	.105
＊太田 賢吾	10	10	0	0	0	0	0	3	.000
＊澤井 廉	8	7	0	0	1	0	1	3	.000
三ツ俣大樹	8	3	0	0	0	0	0	2	.000
西田 明央	7	7	1	0	0	0	0	2	.143
＊武岡 龍世	7	6	2	0	1	0	0	0	.333
山田 哲人	5	5	1	0	0	0	0	2	.200
北村 恵吾	5	5	0	0	0	0	0	0	.000
サンタナ	5	5	0	0	0	0	0	3	.000
中村 悠平	5	4	1	0	1	1	0	1	.250
＊山崎晃大朗	5	4	1	0	0	1	0	1	.250
西浦 直亨	4	4	1	0	1	0	0	1	.250
古賀 優大	4	3	2	0	2	0	0	0	.667
赤羽 由紘	3	3	2	0	1	0	0	0	1.000
塩見 泰隆	3	2	0	0	1	1	0	0	.000
＊奥村 展征	3	2	0	0	0	0	0	2	.000
＊長岡 秀樹	2	2	0	0	0	0	0	0	.000
＊村上 宗隆	1	1	1	0	0	0	0	0	1.000
荒木 貴裕	1	1	0	0	0	0	0	0	.000
並木 秀尊	1	1	0	0	0	0	0	0	.000
＊西村瑠伊斗	1	1	0	0	0	0	0	1	.000
松本 直樹	1	1	0	0	0	0	0	0	.000
＊丸山 和郁	1	1	0	0	0	0	0	0	.000
＊元山 飛優	1	1	0	0	0	0	0	0	.000
計	308	261	53	5	32	28	5	63	.203

中 日

選手名	起用回数	打数	安打	本塁打	打点	四球	死球	三振	打率
＋加藤 翔平	30	27	5	0	4	1	0	7	.185
＊後藤 駿太	29	24	5	0	6	4	0	9	.208
＊鵜飼 航丞	22	21	2	0	4	1	0	9	.095
ブライト健太	19	15	1	0	0	0	0	8	.067
＊大島 洋平	18	17	5	0	1	0	1	2	.294
＊高橋 周平	18	17	4	0	1	0	0	3	.235
＋アルモンテ	17	16	2	0	0	1	0	9	.125
＊宇佐見真吾	15	13	4	1	3	0	0	3	.308
福永 裕基	15	12	1	0	1	3	0	3	.083
福田 永将	12	7	2	1	1	4	1	1	.286
＊川越 誠司	11	10	2	0	1	0	0	4	.200
伊藤 康祐	10	10	1	0	0	0	0	2	.100
＊村松 開人	10	9	1	0	1	0	0	3	.111
＊三好 大倫	10	8	2	0	0	0	0	2	.250
＊溝脇 隼人	10	9	0	0	1	1	0	3	.000
カリステ	7	6	0	0	0	0	0	3	.000
石橋 康太	7	5	0	0	0	1	0	3	.000
石川 昂弥	7	6	1	0	0	0	0	3	.167
堂上 直倫	5	5	0	0	1	0	0	1	.000
アキーノ	5	4	1	0	1	0	0	2	.250
木下 拓哉	4	3	1	0	0	0	0	1	.333
＊味谷 大誠	3	3	1	0	0	0	1	1	.333
石垣 雅海	3	3	0	0	0	0	0	0	.000
ビシエド	2	2	1	0	0	0	0	0	.500
細川 成也	1	1	0	0	0	0	0	0	.000
＊龍 空	1	1	1	0	0	0	0	0	1.000
計	290	254	44	2	22	20	5	82	.173

セントラル・リーグ　チーム別投手成績

○中数字は引分

阪　神

〔投手〕	広島 試	勝	敗	S	H	DeNA 試	勝	敗	S	H	巨人 試	勝	敗	S	H	ヤクルト 試	勝	敗	S	H	中日 試	勝	敗	S	H	交流戦 試	勝	敗	S	H	計 試	勝	敗	S	H
青柳　晃洋	2	0	0	0	0	7	5	2	0	0	3	2	1	0	0	4	1	1	0	0	2	0	2	0	0	ー	ー	ー	ー	ー	18	8	6	0	0
秋山　拓巳	ー	ー	ー	ー	ー	1	0	0	0	0	ー	ー	ー	ー	ー	ー	ー	ー	ー	ー	1	0	1	0	0	ー	ー	ー	ー	ー	2	0	1	0	0
石井　大智	6	0	0	0	1	11	0	1	0	3	9	0	0	0	5	7	1	0	0	4	10	0	0	0	6	1	0	0	0	0	44	1	1	0	19
*伊藤　将司	2	2	0	0	0	3	2	1	0	0	4	2	1	0	0	6	3	1	0	0	3	1	1	0	0	3	0	1	0	0	21	10	5	0	0
*岩貞　祐太	9	0	0	0	4	7	0	0	0	3	12	0	0	0	8	10	1	0	0	3	9	0	0	0	4	3	0	0	0	2	50	1	0	0	24
*岩崎　優	8	1	0	6	1	9	1	1	3	1	11	1	0	9	0	15	0	1	10	3	9	0	0	6	2	8	0	1	1	5	60	3	3	35	12
*大竹耕太郎	7	6	0	0	0	3	1	1	0	0	2	1	0	0	0	4	3	0	0	0	2	1	0	0	0	3	0	1	0	0	21	12	2	0	0
岡留　英貴	4	1	0	0	0	1	0	0	0	0	1	0	0	0	0	1	0	0	0	0	ー	ー	ー	ー	ー	ー	ー	ー	ー	ー	8	1	0	0	0
及川　雅貴	6	0	1	0	1	4	0	0	0	0	4	1	0	0	1	7	1	0	0	1	7	1	0	0	1	5	0	0	0	3	33	3	1	0	7
加治屋　蓮	8	0	2	0	2	13	0	1	0	2	9	1	1	1	4	6	0	0	0	2	8	0	0	0	3	7	0	1	0	3	51	1	5	1	16
*桐敷　拓馬	5	0	0	0	4	5	0	0	0	3	6	1	0	0	1	5	0	0	0	4	3	0	0	0	1	3	0	0	0	1	27	1	0	0	14
K.ケラー	1	0	0	0	0	7	0	0	0	0	6	0	0	1	3	5	0	0	0	1	4	1	0	0	1	4	0	0	0	0	27	1	0	1	8
小林　慶祐	1	0	0	0	0	ー	ー	ー	ー	ー	ー	ー	ー	ー	ー	ー	ー	ー	ー	ー	ー	ー	ー	ー	ー	ー	ー	ー	ー	ー	1	0	0	0	0
才木　浩人	1	1	0	0	0	3	1	2	0	0	5	3	1	0	0	3	0	1	0	1	4	2	1	0	0	3	1	0	0	0	19	8	5	0	1
*島本　浩也	6	0	0	0	4	6	0	0	0	3	8	1	0	0	4	5	1	0	0	2	6	1	2	0	1	4	1	0	0	1	35	4	2	0	15
*富田　蓮	1	0	0	0	0	2	1	0	0	0	1	0	0	0	0	1	0	0	0	0	1	0	0	0	0	3	0	2	0	0	9	1	2	0	0
西　純矢	4	0	2	0	0	1	1	0	0	0	1	0	0	0	0	3	1	0	0	0	5	3	0	0	0	3	0	0	0	0	17	5	2	0	0
西　勇輝	3	1	1	0	0	1	0	0	0	0	3	1	2	0	0	3	1	1	0	0	5	3	0	0	0	3	2	1	0	0	18	8	5	0	0
浜地　真澄	3	1	0	0	1	8	1	0	0	2	3	0	0	0	0	4	0	1	0	1	5	0	0	0	2	7	1	0	0	0	30	3	1	0	6
馬場　皐輔	4	0	1	0	0	4	0	0	0	1	3	0	0	0	0	3	1	0	0	0	4	1	0	0	2	1	0	0	0	0	19	2	1	0	3
ビーズリー	3	0	1	0	0	4	0	1	0	0	3	0	0	0	0	1	0	0	0	0	4	1	0	0	0	3	0	0	0	0	18	1	2	0	0
ブルワー	3	0	0	0	0	3	0	1	0	0	3	0	0	0	0	1	0	0	0	0	3	0	0	0	0	ー	ー	ー	ー	ー	13	0	1	0	2
村上　頌樹	3	2	1	0	0	5	0	1	0	1	2	1	0	0	0	5	3	1	0	0	4	3	1	0	0	3	1	2	0	0	22	10	6	0	1
*門別　啓人	2	0	0	0	0	ー	ー	ー	ー	ー	ー	ー	ー	ー	ー	ー	ー	ー	ー	ー	ー	ー	ー	ー	ー	ー	ー	ー	ー	ー	2	0	0	0	0
湯浅　京己	1	0	0	1	0	2	0	0	1	1	4	0	0	3	1	2	0	0	1	1	ー	ー	ー	ー	ー	6	0	2	2	0	15	0	2	8	3
○引分	①										①					①					①					①					⑤				
計	25	15	9	7	18	25	13	12	4	22	25	18	6	14	29	25	17	7	11	23	25	15	9	6	24	18	7	10	3	15	143	85	53	45	131

広　島

〔投手〕	阪神 試	勝	敗	S	H	DeNA 試	勝	敗	S	H	巨人 試	勝	敗	S	H	ヤクルト 試	勝	敗	S	H	中日 試	勝	敗	S	H	交流戦 試	勝	敗	S	H	計 試	勝	敗	S	H
アドゥワ誠	4	0	0	0	0	1	0	0	0	0	2	1	0	0	0	4	0	0	0	1	3	0	0	0	0	ー	ー	ー	ー	ー	14	1	0	0	1
アンダーソン	4	0	1	0	0	4	0	0	0	1	4	2	0	0	1	5	2	0	0	0	3	0	0	0	0	1	0	0	0	0	21	4	1	0	2
一岡　竜司	1	0	0	0	0	ー	ー	ー	ー	ー	ー	ー	ー	ー	ー	ー	ー	ー	ー	ー	ー	ー	ー	ー	ー	ー	ー	ー	ー	ー	1	0	0	0	0
遠藤　淳志	3	1	2	0	0	1	0	1	0	0	1	0	1	0	0	1	0	1	0	0	2	0	1	0	0	ー	ー	ー	ー	ー	8	1	5	0	0
大瀬良大地	3	0	1	0	0	4	1	1	0	0	5	3	1	0	0	4	1	3	0	0	4	0	1	0	0	3	0	4	0	0	23	6	11	0	0
大道　温貴	10	0	0	0	0	6	0	0	0	3	10	2	0	0	3	10	1	0	0	4	8	0	1	0	0	4	0	0	0	0	48	3	1	0	10
河野　佳	1	0	0	0	0	ー	ー	ー	ー	ー	ー	ー	ー	ー	ー	4	0	0	0	0	2	0	0	0	0	1	0	1	0	0	8	0	1	0	0
九里　亜蓮	5	0	2	0	0	4	1	2	0	0	3	0	1	0	0	4	1	1	0	0	7	4	2	0	0	3	2	0	0	0	26	8	8	0	0
栗林　良吏	9	0	2	3	2	11	1	1	2	3	11	0	1	5	3	9	1	0	4	2	9	0	0	4	4	6	1	3	0	1	55	3	7	18	15
*黒原　拓未	1	0	0	0	0	ー	ー	ー	ー	ー	ー	ー	ー	ー	ー	2	0	0	0	0	1	0	0	0	0	1	0	1	0	0	5	0	1	0	0
ケムナ　誠	7	2	0	0	0	3	0	0	0	0	ー	ー	ー	ー	ー	5	0	0	0	0	4	0	0	0	0	5	0	0	0	1	24	2	0	0	1
コルニエル	ー	ー	ー	ー	ー	2	0	2	0	0	1	0	0	0	0	ー	ー	ー	ー	ー	2	0	1	0	0	3	1	1	0	0	8	1	4	0	0
島内颯太郎	11	2	0	0	5	12	0	0	0	9	10	0	0	0	6	11	1	1	1	6	12	0	1	0	9	6	0	1	1	4	63	3	3	2	39
*ターリー	6	1	0	0	4	7	4	0	0	2	8	0	0	0	5	10	2	1	1	5	7	0	0	0	3	6	0	0	0	3	44	7	1	1	22
*玉村　昇悟	1	0	0	0	0	1	0	0	0	0	1	0	0	0	0	3	1	1	0	0	3	2	0	0	0	ー	ー	ー	ー	ー	9	3	1	0	0
*床田　寛樹	5	2	2	0	0	7	3	1	0	0	3	1	2	0	0	4	1	1	0	0	2	2	0	0	0	3	2	1	0	0	24	11	7	0	0
*戸根　千明	3	0	0	0	2	4	0	0	0	0	5	0	0	0	1	5	0	0	0	1	7	0	0	0	2	4	0	0	0	1	28	0	0	0	7
中崎　翔太	5	0	0	0	1	4	1	0	0	1	6	0	0	0	2	9	0	0	0	2	7	0	0	0	1	4	0	0	0	0	35	1	0	0	7
中村　祐太	ー	ー	ー	ー	ー	ー	ー	ー	ー	ー	ー	ー	ー	ー	ー	ー	ー	ー	ー	ー	1	0	0	0	0	4	0	0	0	0	5	0	0	0	0
野村　祐輔	2	1	1	0	0	2	0	0	0	0	ー	ー	ー	ー	ー	ー	ー	ー	ー	ー	2	0	0	0	0	ー	ー	ー	ー	ー	6	1	1	0	0
*塹江　敦哉	2	0	0	0	0	3	0	0	0	0	1	0	0	0	0	ー	ー	ー	ー	ー	2	0	0	0	2	ー	ー	ー	ー	ー	8	0	0	0	2
*益田　武尚	2	0	0	0	0	2	1	0	0	0	2	0	0	0	0	ー	ー	ー	ー	ー	2	0	0	0	0	ー	ー	ー	ー	ー	8	1	0	0	0
松本　竜也	2	0	0	0	0	ー	ー	ー	ー	ー	ー	ー	ー	ー	ー	4	0	1	0	3	4	0	2	1	0	3	0	0	0	0	13	0	3	1	0
*森　翔平	ー	ー	ー	ー	ー	2	1	0	0	0	2	1	0	0	0	4	1	2	0	0	3	1	0	0	0	1	0	0	0	0	12	4	2	0	0
*森浦　大輔	1	0	0	0	0	1	0	0	0	0	4	0	0	0	0	3	0	0	0	0	4	0	0	0	0	ー	ー	ー	ー	ー	13	0	0	0	0
森下　暢仁	5	3	0	0	0	2	1	0	0	0	4	3	0	0	0	5	1	2	0	0	4	1	4	0	0	ー	ー	ー	ー	ー	20	9	6	0	0
矢崎　拓也	7	0	0	2	1	13	0	0	7	2	10	1	1	4	4	5	1	0	3	0	11	2	1	3	3	8	0	0	5	0	54	4	2	24	10
薮田　和樹	ー	ー	ー	ー	ー	ー	ー	ー	ー	ー	ー	ー	ー	ー	ー	ー	ー	ー	ー	ー	2	0	0	0	0	1	0	0	0	0	3	0	0	0	0
○引分	①					①										①					①										④				
計	25	9	15	5	16	25	14	10	9	22	25	17	8	9	28	25	13	11	9	24	25	12	12	8	24	18	9	9	6	8	143	74	65	46	122

セントラル・リーグ

DeNA

〔投手〕	阪神 試	勝	敗	S	H	広島 試	勝	敗	S	H	巨人 試	勝	敗	S	H	ヤクルト 試	勝	敗	S	H	中日 試	勝	敗	S	H	交流戦 試	勝	敗	S	H	計 試	勝	敗	S	H
*東　克樹	3	2	0	0	0	6	4	0	0	0	8	4	3	0	0	2	1	0	0	0	3	3	0	0	0	2	2	0	0	0	24	16	3	0	0
*石川　達也	9	0	0	0	1	3	0	0	0	1	4	0	0	0	0	5	0	0	0	0	5	0	0	0	1	2	0	0	0	0	28	0	0	0	3
*石田　健大	5	1	2	0	0	3	0	1	0	0	5	2	2	0	0	5	0	3	0	0	2	1	0	0	0	3	0	1	0	0	23	4	9	0	0
伊勢　大夢	10	2	1	0	5	8	2	1	0	4	9	0	1	0	5	12	0	0	0	9	12	0	2	2	6	7	0	1	0	4	58	4	6	2	33
*今永　昇太	3	1	1	0	0	5	1	1	0	0	2	1	1	0	0	4	0	1	0	0	5	2	0	0	0	3	2	0	0	0	22	7	4	0	0
入江　大生	7	0	0	0	2	7	0	0	0	1	9	0	0	0	1	7	0	1	0	2	2	0	0	0	1	6	1	0	0	0	32	1	1	0	7
ウェンデルケン	12	1	1	1	6	11	0	0	0	8	9	0	0	1	4	13	1	0	1	5	9	0	0	0	8	7	0	1	0	2	61	2	2	3	33
*エスコバー	9	1	0	0	3	7	0	1	0	0	8	1	0	0	1	7	0	0	0	3	7	0	0	0	3	2	0	0	0	1	40	2	1	0	11
大貫　晋一	2	0	1	0	0	2	0	1	0	0	1	1	0	0	0	2	0	1	0	0	4	2	1	0	0	2	0	1	0	0	13	5	4	0	0
ガゼルマン	3	1	1	0	0	2	0	0	0	0	1	0	1	0	0	2	1	0	0	0	3	1	2	0	0	2	0	1	0	0	13	3	5	0	0
*笠原祥太郎	2	0	2	0	0	–	–	–	–	–	–	–	–	–	–	–	–	–	–	–	–	–	–	–	–	–	–	–	–	–	2	0	2	0	0
上茶谷大河	12	1	1	0	2	6	0	1	0	1	7	0	1	0	1	11	3	0	0	0	5	0	0	0	0	5	0	0	0	0	46	5	3	0	4
坂本　裕哉	2	0	0	0	0	2	0	0	0	0						3	0	1	0	0	1	0	0	0	0	1	0	0	0	0	13	0	1	0	0
平良拳太郎	2	1	1	0	0	–	–	–	–	–	4	2	2	0	0	3	1	0	0	0	1	0	0	0	0	1	0	0	0	0	11	4	3	0	0
*田中健二朗	2	0	0	0	0	2	0	0	0	0	3	0	0	0	0	2	0	0	0	0	2	0	0	0	1						11	0	0	0	1
中川　虎大	–	–	–	–	–	3	0	1	0	0						3	0	0	0	0						3	0	0	0	0	9	0	1	0	0
バウアー	4	1	1	0	0	4	1	2	0	0	1	0	1	0	0	2	0	0	0	0	5	3	0	0	0	3	0	0	0	0	19	10	4	0	0
*濱口　遥大	1	0	0	0	0	2	0	2	0	0	3	0	2	0	0	5	2	1	0	0	2	1	1	0	0	1	0	1	0	0	14	3	7	0	0
三浦　銀二											1	0	0	0	0																1	0	0	0	0
三嶋　一輝	4	0	0	0	1	5	0	0	0	1	3	0	0	0	0	6	2	0	0	0	4	1	1	0	0	5	0	0	0	0	27	3	1	0	6
宮城　滝太	1	0	0	0	1	2	0	0	0	1	1	0	0	0	0	3	0	0	0	0	2	0	0	0	0						11	0	0	0	3
宮國　椋丞											1	0	0	0	0						1	0	0	0	0						2	0	0	0	0
森原　康平	12	0	0	5	2	10	1	0	3	1	5	0	0	2	1	7	0	0	4	3	9	0	1	3	3	3	1	0	0	0	46	2	1	17	10
山﨑　康晃	7	0	1	2	1	9	1	3	4	0	①					11	1	2	2	3	9	1	0	4	3 ①	6	0	1	4	0 ①	49	3	7	20	8 ③
計	25	12	13	8	24	25	10	14	7	18	25	11	14	7	15	25	14	10	7	28	25	16	8	9	26	18	11	7	4	8	143	74	66	42	119

巨人

〔投手〕	阪神 試	勝	敗	S	H	広島 試	勝	敗	S	H	DeNA 試	勝	敗	S	H	ヤクルト 試	勝	敗	S	H	中日 試	勝	敗	S	H	交流戦 試	勝	敗	S	H	計 試	勝	敗	S	H
赤星　優志	2	1	1	0	0	3	1	2	0	0	1	0	1	0	0	2	2	0	0	0	4	1	1	0	0	–	–	–	–	–	12	5	5	0	0
*井上　温大	–	–	–	–	–	1	0	0	0	0	1	0	0	0	0	1	0	1	0	0	1	0	0	0	0	–	–	–	–	–	4	0	1	0	0
*今村　信貴	5	0	0	0	0	7	0	0	0	1						3	0	0	0	0	3	0	0	0	1	2	0	0	0	0	24	0	0	0	0
*大江　竜聖	7	0	0	0	1	7	1	0	0	0	5	0	0	0	0	4	1	0	0	0	5	0	0	0	3	4	2	0	0	1	32	4	0	0	5
鍵谷　陽平	2	0	0	0	0	3	0	0	0	0	1	0	0	0	0	2	1	0	0	0	5	1	0	1	1						13	2	0	1	1
菊地　大稀	8	1	2	0	1	8	2	1	0	2	6	0	1	0	0	12	0	0	0	4	7	0	0	1	2	9	1	0	0	2	50	4	4	1	11
北村　拓己											1	0	0	0	0																1	0	0	0	0
*グリフィン	3	0	1	0	0	4	0	2	0	0	–	–	–	–	–	5	3	1	0	0	6	3	0	0	0	2	0	1	0	0	20	6	5	0	0
鍬原　拓也	1	0	0	0	0	–	–	–	–	–						1	0	0	0	0	2	0	0	0	1	1	0	0	0	0	5	0	0	0	0
*代木　大和	2	0	0	0	0	4	0	0	0	0	2	0	0	0	0	3	0	0	0	0						2	0	0	0	0	13	0	0	0	0
菅野　智之	3	0	3	0	0	2	0	2	0	0	1	1	0	0	0	3	0	1	0	0	3	2	1	0	0	2	1	1	0	0	14	4	8	0	0
鈴木　康平	5	0	1	0	1	7	0	0	0	3	4	0	0	0	1	3	1	0	0	1	7	0	0	0	1	7	0	0	0	1	33	1	1	0	1
大　勢	2	0	0	0	1	4	0	0	2	0	3	0	0	2	0	7	2	0	4	0	4	0	0	2	0	7	1	0	4	0	27	3	0	14	1
*高木　京介	1	0	0	0	0	–	–	–	–	–																					1	0	0	0	0
*高梨　雄平	10	1	0	0	2	14	0	1	0	4	6	0	0	0	5	8	0	0	0	3	9	1	0	0	5	8	0	0	0	4	55	2	1	0	23
*高橋　優貴	2	0	0	0	0	1	0	0	0	0						1	0	0	0	0						2	0	1	0	0	6	0	1	0	0
田中　千晴	5	0	1	0	0	5	0	0	0	1	5	1	0	0	0	6	0	1	0	0	3	1	1	0	0	6	0	0	0	0	30	2	3	0	1
田中　豊樹	1	0	1	0	0	4	0	0	0	0	3	0	0	0	1	3	0	0	0	0	4	0	0	0	1						15	0	1	0	2
戸郷　翔征	6	3	2	0	0	2	0	0	0	0	7	4	3	0	0	3	1	0	0	0	3	1	0	0	0	3	0	0	0	0	24	12	5	0	0
直江　大輔	2	0	0	0	0	3	0	0	0	1	3	0	0	0	1	4	0	0	0	2	4	0	1	0	2						16	0	1	0	6
*中川　皓太	7	0	0	3	3	6	0	1	2	2	6	0	1	2	2	9	0	1	4	2	9	0	1	3	3	7	1	0	0	5	44	1	4	14	17
*バルドナード	4	0	0	1	0	4	0	0	0	3	5	0	0	0	0	6	1	1	0	1	4	0	0	0	2						21	2	1	0	...
ビーディ	4	0	1	0	1	8	0	0	0	1	5	0	1	0	0	5	0	1	1	1	5	0	1	1	1	3	0	0	0	2	30	0	6	1	...
船迫　大雅	5	0	0	0	1	8	0	0	0	4	6	0	0	0	5	10	2	0	0	3	7	1	1	0	2						36	3	1	0	...
平内　龍太	1	0	0	0	0	1	0	0	0	0	2	0	0	0	0	2	0	0	0	0	3	0	0	0	0	2	0	0	0	0	11	0	1	0	0
堀田　賢慎	1	0	0	0	0	1	0	0	0	0						1	0	0	0	0											3	0	0	0	0
堀岡　隼人	1	0	0	0	0	1	0	0	0	0						1	0	0	0	0											3	0	0	0	0
松井　颯	2	0	0	0	0	–	–	–	–	–	1	0	0	0	0	2	1	0	0	0	2	1	0	0	0	1	0	1	0	0	8	1	1	0	0
三上　朋也	4	0	0	0	1	4	0	0	0	1	4	0	0	0	0	4	0	0	0	2	4	0	1	0	1	2	0	0	0	0	22	0	1	0	...
*メンデス	3	0	0	0	0	3	1	2	0	0	5	2	2	0	0	2	0	1	0	0	2	0	0	0	0	1	0	0	0	0	16	5	5	0	0
山﨑　伊織	3	0	2	0	0	4	1	2	0	0	7	5	1	0	0	4	1	0	0	0	2	0	0	0	0	3	1	0	0	0	23	10	5	0	0
*横川　凱	5	0	3	0	0	6	2	1	0	0	4	1	1	0	0	2	0	0	0	0	2	2	0	0	0	3	0	2	0	0	20	4	8	0	0
ロペス	2	0	0	0	0	2	0	0	0	0	3	0	0	0	0	–	–	–	–	–	1	0	1	0	0	–	–	–	–	–	8	0	1	0	0
計	25	6	18	3	14 ①	25	8	17	4	21	25	14	11	4	13	25	17	8	8	23	25	15	9	8	34 ①	18	11	7	4	15	143	71	70	31	12 ②

ヤクルト

〔投手〕	阪神					広島					DeNA					巨人					中日					交流戦					計				
	試	勝	敗	S	H	試	勝	敗	S	H	試	勝	敗	S	H	試	勝	敗	S	H	試	勝	敗	S	H	試	勝	敗	S	H	試	勝	敗	S	H
*石川 雅規	2	1	1	0	0	3	0	0	0	0	2	0	1	0	0	—					3	0	1	0	0	3	1	2	0	0	13	2	5	0	0
石山 泰稚	11	1	0	0	7	12	1	3	0	6	9	0	1	0	4	9	1	2	0	4	7	0	0	0	3	2	0	0	0	0	50	3	6	0	24
市川 悠太	—					—					2	0	1	0	0	—					—					2	0	1	0	0	4	0	2	0	0
*梅野 雄吾	1	0	0	0	0	—					2	0	0	0	0	—					2	0	0	0	0	—					5	0	0	0	0
エスピナル	1	0	0	0	0	—					1	0	0	0	0	—					1	0	0	0	0	—					3	0	0	0	0
大西 広樹	9	0	1	0	2	4	0	0	0	1	7	0	1	0	1	11	0	0	0	1	7	2	0	0	0	8	0	0	0	1	46	2	2	0	6
小川 泰弘	3	1	1	0	0	4	2	2	0	0	7	4	1	0	0	2	0	1	0	0	5	2	2	0	0	2	1	1	0	0	23	10	8	0	0
尾仲 祐哉	1	0	1	0	0	1	0	0	0	0	4	0	0	0	0	3	0	0	0	0	1	0	0	0	0	1	0	0	0	0	11	0	1	0	0
金久保優斗	—					—					—					—					—					1	0	0	0	0	1	0	0	0	0
木澤 尚文	14	1	1	0	5	11	0	1	0	3	9	1	0	0	5	7	0	1	0	2	9	0	0	0	4	6	0	0	0	1	56	2	3	0	20
*久保 拓眞	—					—					1	0	0	0	0	2	0	0	0	1	2	0	0	0	0	—					5	0	0	0	1
小澤 怜史	5	0	0	0	1	2	0	0	0	0	6	1	1	0	0	9	2	1	0	1	4	1	2	0	0	3	2	0	0	0	29	6	4	0	2
今野 龍太	3	0	0	0	0	5	0	0	0	0	4	1	0	0	0	2	0	0	0	0	5	0	0	0	0	7	0	0	0	1	26	1	0	0	2
サイスニード	3	0	0	0	0	2	1	1	0	0	4	1	1	0	0	3	0	1	0	0	8	4	4	0	0	3	1	1	0	0	23	7	8	0	0
阪口 皓亮	3	0	0	0	1	3	0	0	0	0	2	0	1	0	0	3	0	1	0	0	1	0	0	0	0	—					13	0	2	0	2
*清水 昇	12	0	2	0	8	10	0	1	0	9	8	1	1	0	5	10	0	3	0	6	9	0	0	0	7	7	0	1	0	3	56	1	8	0	38
高梨 裕稔	2	0	0	0	0	3	0	1	0	0	4	0	1	0	0	3	0	0	0	1	3	0	1	0	0	—					15	0	3	0	1
*高橋 奎二	5	0	2	0	0	4	1	1	0	0	2	0	1	0	0	4	2	2	0	0	3	1	1	0	0	2	0	2	0	0	20	4	9	0	0
*田口 麗斗	10	1	2	5	2	9	0	1	7	1	9	0	1	6	1	7	1	1	5	0	9	1	0	7	1	6	0	0	3	1	50	3	5	33	6
*成田 翔	2	0	0	0	0	—					1	0	0	0	0	—					—					—					3	0	0	0	0
*長谷川宙輝	—					—					1	0	0	0	0	—					—					—					1	0	0	0	0
*ピーターズ	2	0	1	0	0	6	2	2	0	0	2	0	0	0	0	3	1	0	0	0	2	2	0	0	0	3	1	2	0	0	18	6	5	0	0
星 知弥	8	0	1	0	1	11	1	0	0	6	9	0	0	0	3	8	0	0	0	4	4	1	0	0	1	7	0	1	0	5	47	2	2	0	20
丸山 翔大	3	0	0	0	0	4	0	0	0	0	4	0	0	0	0	2	0	0	0	0	5	0	0	0	0	4	0	0	0	0	22	0	0	0	0
*山野 太一	1	0	1	0	0	—					1	0	1	0	0	3	1	1	0	0	—					—					5	1	3	0	0
*山本 大貴	6	0	0	0	2	10	1	0	0	3	7	0	0	0	2	6	0	0	0	2	6	0	0	0	0	7	1	0	0	0	42	2	0	0	9
吉村貢司郎	6	2	1	0	0	3	1	0	0	0	1	1	0	0	0	2	0	1	0	0	—					—					12	4	2	0	0
ロドリゲス	3	0	2	0	0	1	1	0	0	0	2	0	2	0	0	1	0	1	0	0	—					—					7	1	5	0	0
（丸数字）	①					①					①																				③				
計	25	7	17	5	29	25	11	13	7	29	25	10	14	6	22	25	8	17	5	23	25	14	11	7	16	18	7	11	3	12	143	57	83	33	131

中日

〔投手〕	阪神					広島					DeNA					巨人					ヤクルト					交流戦					計				
	試	勝	敗	S	H	試	勝	敗	S	H	試	勝	敗	S	H	試	勝	敗	S	H	試	勝	敗	S	H	試	勝	敗	S	H	試	勝	敗	S	H
*上田洸太朗	4	0	0	0	0	3	0	0	0	0	—					—					3	0	0	0	0	3	0	0	0	0	13	0	0	0	0
梅津 晃大	1	1	0	0	0	—					1	0	0	0	0	—					1	0	1	0	0	—					3	1	1	0	0
*大野 雄大	—					—					—					—					1	0	1	0	0	—					1	0	1	0	0
岡野祐一郎	4	0	0	0	0	—					2	0	0	0	0	4	0	0	0	0	—					5	0	0	0	0	15	0	0	0	0
*小笠原慎之介	4	1	3	0	0	1	1	0	0	0	6	1	4	0	0	6	1	2	0	0	5	3	1	0	0	3	0	2	0	0	25	7	12	0	0
*勝野 昌慶	10	1	0	1	4	10	2	1	0	3	5	0	0	0	3	10	1	0	0	2	9	0	0	0	7	6	1	1	0	1	50	5	2	1	20
*近藤 廉	—					—					1	0	0	0	0	—					—					—					1	0	0	0	0
齋藤 綱記	5	1	0	0	0	8	0	0	0	4	6	1	0	0	2	7	0	0	0	2	5	0	0	0	3	—					31	2	0	0	11
清水 達也	10	1	0	0	6	9	0	0	0	4	6	1	1	0	1	9	0	2	0	3	10	0	0	0	7	6	1	0	0	4	50	3	3	0	25
鈴木 博志	—					1	0	0	0	0	3	0	2	0	0	1	0	0	0	0	1	0	0	0	0	3	1	0	0	1	9	1	2	0	1
*砂田 毅樹	4	0	0	0	0	2	0	1	0	0	5	0	0	0	0	—					4	0	0	0	0	3	0	0	0	1	18	0	1	0	1
祖父江大輔	6	0	0	0	2	9	0	1	0	4	9	0	0	0	3	7	2	1	0	0	7	1	1	0	2	7	0	2	0	2	45	3	5	0	13
高橋 宏斗	3	0	1	0	0	3	1	1	0	0	5	1	3	0	0	7	1	4	0	0	4	2	2	0	0	3	2	0	0	0	25	7	11	0	0
田島 慎二	9	0	1	0	2	7	0	1	0	3	5	0	0	0	0	5	1	0	0	3	6	0	0	0	2	—					32	1	2	0	10
谷元 圭介	1	0	0	0	0	1	0	0	0	0	1	0	0	0	0	1	0	0	0	0	2	0	0	0	0	1	0	0	0	0	7	0	0	0	0
仲地 礼亜	1	0	1	0	0	1	0	0	0	0	2	1	1	0	0	1	0	0	0	0	2	0	2	0	0	2	1	1	0	0	9	2	5	0	0
根尾 昂	—					1	0	0	0	0	—					1	0	0	0	0	—					—					2	0	0	0	0
*橋本 侑樹	2	0	0	0	0	2	0	0	0	0	3	0	0	0	0	2	1	0	0	0	1	0	0	0	0	3	0	0	0	0	13	1	0	0	0
フェリス	3	0	0	0	1	4	0	0	0	2	5	1	0	0	3	7	1	0	0	2	4	0	0	0	2	—					23	2	0	0	10
*福 敬登	4	0	0	0	1	5	0	0	0	3	2	0	0	0	0	7	1	0	0	4	4	0	0	0	2	7	0	0	0	2	29	1	0	0	12
*福島 章太	1	0	0	0	0	—					2	0	0	0	0	—					1	0	0	0	0	—					4	0	0	0	0
福谷 浩司	3	2	1	0	0	3	1	0	0	0	3	0	1	0	0	3	0	1	0	0	2	0	1	0	0	—					14	3	4	0	0
藤嶋 健人	11	0	0	0	4	11	1	0	0	2	10	0	1	0	4	9	0	1	0	1	8	0	0	0	2	7	0	1	0	1	56	1	3	0	14
マルティネス	9	0	1	7	0	11	1	0	7	3	8	1	0	4	2	8	1	0	4	2	7	0	0	7	0	5	0	0	3	2	48	3	1	32	9
*松葉 貴大	1	0	1	0	0	3	0	1	0	0	3	0	1	0	0	2	1	0	0	0	1	0	0	0	0	1	0	1	0	0	11	1	4	0	0
松山 晋也	6	0	0	0	3	6	0	0	0	3	7	0	0	0	5	8	1	0	0	4	7	0	1	0	2	2	0	0	0	0	36	1	1	0	17
メ ヒ ア	3	2	0	0	0	1	1	0	0	0	1	0	0	0	0	2	0	0	0	0	—					—					8	3	1	0	0
柳 裕也	4	0	3	0	0	8	2	3	0	0	5	1	0	0	0	5	1	0	0	0	5	1	3	0	0	4	1	1	0	0	24	4	11	0	0
山本 拓実	1	0	0	0	0	3	0	0	0	0	3	0	0	0	0	4	0	0	0	0	2	0	1	0	0	1	0	0	0	0	14	0	1	0	0
涌井 秀章	5	0	3	0	0	5	1	4	0	0	3	1	2	0	0	2	0	2	0	0	3	2	1	0	0	3	1	1	0	0	21	5	13	0	0
（丸数字）	①					①					①					①					①										⑤				
計	25	9	15	8	23	25	12	12	7	32	25	8	16	5	25	25	9	15	6	21	25	11	14	8	29	18	7	10	3	12	143	56	82	37	142

セントラル・リーグ　各球場における本塁打

チーム	東京ドーム	神宮	横浜	バンテリンドーム	甲子園	マツダ	エスコンフィールド	楽天モバイルパーク	ベルーナドーム	ZOZOマリン	京セラD大阪	PayPayドーム	盛岡	新潟	大宮	静岡	豊橋	岐阜	倉敷	松山	佐賀	長崎	合計
試合	65	70	70	70	62	72	9	9	8	9	19	9	1	1	1	1	1	2	1	1	1	1	483
阪神	13	15	5	4	34	9	0	1	0	－	3	－	－	－	－	－	－	0	－	0	－	－	84
広島	13	10	8	4	2	52	2	－	－	1	4	－	－	－	－	－	－	－	0	－	－	－	96
DeNA	9	27	41	2	10	9	－	3	－	－	4	0	－	1	－	－	－	0	－	0	0	0	106
巨人	79	12	14	12	9	14	－	－	－	5	6	6	0	4	－	1	－	0	－	－	2	0	164
ヤクルト	11	86	9	2	3	3	1	－	0	2	2	－	2	－	－	2	－	－	－	0	－	－	123
中日	4	13	7	26	4	8	－	1	2	－	1	4	－	－	0	－	1	0	－	0	－	－	71
合計	129	163	84	50	62	95	3	5	2	8	20	10	2	5	0	3	1	0	0	0	2	0	644

東京ドーム
阪　神＝13＝近本3、ノイジー2、森下2、大山、木浪、佐藤輝、中野、原口、渡邉諒
広　島＝13＝秋山2、末包2、マクブルーム2、磯村、上本、菊池、小園、デビッドソン、堂林、西川
ＤｅＮＡ＝8＝牧4、大田、関根、ソト、戸柱
巨　人＝79＝岡本和18、坂本12、丸12、中田翔9、プリンソン8、大城卓7、秋広4、ウォーカー2、岸田2、長野2、梶谷、門脇、吉川
ヤクルト＝11＝オスナ4、山田2、川端、サンタナ、塩見、中村、村上
中　日＝4＝細川2、石川昂、石橋

神　宮
阪　神＝15＝佐藤輝3、森下3、大山2、ノイジー2、近本、中野、ミエセス
広　島＝10＝坂倉4、堂林2、大盛、菊池、デビッドソン、西川
ＤｅＮＡ＝27＝牧6、宮﨑6、佐野5、ソト4、伊藤、大田、京田、楠本、桑原、戸柱
巨　人＝12＝秋広3、岡本和2、坂本2、吉川2、大城卓、門脇、プリンソン
ヤクルト＝86＝村上25、オスナ16、サンタナ12、山田8、内山5、塩見4、青木3、濱田3、中村2、長岡2、赤羽、北村、古賀、サイスニード、武岡、並木
中　日＝13＝石川昂5、カリステ2、細川2、宇佐見、岡林、木下、村松

横　浜
阪　神＝5＝大山5
広　島＝8＝堂林2、坂倉2、デビッドソン2、西川、マクブルーム
ＤｅＮＡ＝41＝ソト8、牧8、宮﨑6、佐野4、戸柱3、山本3、関根2、知野2、大田、楠本、桑原
巨　人＝14＝岡本和3、坂本3、秋広2、吉川2、大城卓、長野、プリンソン、丸
ヤクルト＝9＝サンタナ2、内山、オスナ、塩見、中村、濱田、村上、山田
中　日＝7＝ビシエド3、石川昂2、細川、龍空

バンテリンドーム
阪　神＝4＝佐藤輝2、近本2
広　島＝4＝堂林2、小園、西川
ＤｅＮＡ＝2＝桑原、宮﨑
巨　人＝12＝大城卓3、岡本和2、中田翔2、ウォーカー、オコエ、坂本、廣岡、丸
ヤクルト＝2＝濱田、村上
中　日＝26＝細川11、石川昂3、宇佐見2、ビシエド2、アキーノ、アルモンテ、石橋、鵜飼、岡林、木下、福田、福永

甲子園
阪　神＝34＝佐藤輝13、大山10、森下4、ノイジー2、ミエセス2、梅野、近本、渡邉諒
広　島＝2＝堂林、マクブルーム
ＤｅＮＡ＝10＝牧5、宮﨑2、大田、佐野、ソト
巨　人＝9＝岡本和2、秋広、大城卓、梶谷、坂本、長野、プリンソン、丸
ヤクルト＝3＝オスナ、サンタナ、山田
中　日＝4＝細川4

マ ツ ダ	阪 神 =	9＝ノイジー3、佐藤輝2、大山、島田、ミエセス、森下
	広 島 =	52＝デビッドソン14、末包7、坂倉5、田中5、西川5、小園4、堂林4、菊池3、マクブルーム2、 秋山、林、森下
	ＤｅＮＡ =	9＝牧4、桑原3、佐野2
	巨 人 =	14＝岡本和7、中田翔2、浅野、オコエ、坂本、長野、吉川
	ヤクルト =	3＝オスナ、村上、サンタナ
	中 日 =	8＝カリステ3、細川2、石川昂、木下、ビシエド
エスコンフィールド	広 島 =	2＝坂倉、田中
	ヤクルト =	1＝村上
楽天モバイルパーク	阪 神 =	1＝ミエセス
	ＤｅＮＡ =	3＝関根、牧、宮﨑
	中 日 =	1＝細川
ベルーナドーム	中 日 =	2＝鵜飼、細川
ZOZOマリン	広 島 =	1＝曾澤
	巨 人 =	5＝岡本和3、坂本、中田翔
	ヤクルト =	2＝サンタナ、村上
京セラD大阪	阪 神 =	3＝佐藤輝、近本、原口
	広 島 =	4＝末包2、秋山、デビッドソン
	ＤｅＮＡ =	4＝宮﨑2、桑原、牧
	巨 人 =	6＝ウォーカー2、大城卓、岡田、長野、丸
	ヤクルト =	2＝塩見、山田
	中 日 =	1＝木下
PayPayドーム	巨 人 =	6＝岡本和2、丸2、大城卓、坂本
盛 岡	ヤクルト =	2＝長岡、山田
新 潟	ＤｅＮＡ =	1＝佐野
	巨 人 =	4＝ウォーカー、大城卓、岡本和、門脇
静 岡	巨 人 =	1＝岡本和
	ヤクルト =	2＝川端、塩見
豊 橋	中 日 =	1＝石川昂
佐 賀	巨 人 =	2＝中田翔、吉川

各チームに対する本塁打

チーム	神	広	ディ	巨	ヤ	中	オ	ロ	ソ	楽	武	日	本塁打計
阪　　神	－	16	12	24	17	10	0	3	1	1	0	0	84
広　　島	11	－	16	31	22	9	1	1	1	0	2	2	96
DeNA	16	19	－	19	31	12	3	2	0	3	0	0	105
巨　　人	22	27	31	－	35	24	4	5	6	4	3	3	164
ヤクルト	15	19	31	29	－	16	3	2	2	5	0	1	123
中　　日	9	15	10	8	19	－	0	2	4	1	2	1	71
オリックス	3	1	5	0	5	1	－	13	15	22	22	22	109
ロ ッ テ	2	2	1	5	3	0	4	－	19	25	22	17	100
ソフトバンク	1	1	4	4	4	1	17	22	－	14	16	19	104
楽　　天	4	4	2	4	0	2	15	20	15	－	16	24	104
西　　武	2	4	4	0	1	2	13	18	16	15	－	17	90
日本ハム	3	1	4	5	5	1	13	13	32	11	12	－	100
被本塁打計	88	109	118	129	143	76	73	101	111	101	95	106	1250

満　塁　本　塁　打

① 田中　広輔 (広) 4. 16 対ヤ⑥ 6回二死 投手 星　知弥 マ ツ ダ
② 坂倉　将吾 (広) 5. 2 対ディ④ 9回一死 投手 山﨑　康晃 横　　浜
③ 牧　秀悟 (ディ) 5. 6 対ヤ⑦ 2回二死 投手 小川　泰弘 神　宮
④ 菊池　涼介 (広) 5. 12 対巨⑦ 10回二死 投手 ロ ペ ス 東京ドーム
⑤ マクブルーム (広) 5. 14 対巨⑨ 7回二死 投手 赤星　優志 東京ドーム
⑥ 佐藤　輝明 (神) 5. 14 対ディ⑧ 4回二死 投手 三嶋　一輝 甲 子 園
⑦ 村松　開人 (中) 5. 14 対ヤ⑧ 8回無死 投手 小川　泰弘 神　宮
⑧ 大城　卓三 (巨) 5. 20 対中⑩ 5回二死 投手 小笠原慎之介 東京ドーム
⑨ 丸　佳浩 (巨) 6. 8 対オ③ 10回二死 投手 本田　仁海 京セラD大阪 〈代打〉
⑩ 岡本　和真 (巨) 7. 5 対中⑬ 1回無死 投手 髙橋　宏斗 バンテリンドーム
⑪ 内山　壮真 (ヤ) 7. 17 対巨⑬ 4回二死 投手 船迫　大雅 神　宮
⑫ 北村　恵吾 (ヤ) 8. 9 対広⑰ 3回一死 投手 森　翔平 神　宮
⑬ ブリンソン (巨) 8. 13 対ディ⑱ 1回一死 投手 石田　健大 東京ドーム
⑭ 木浪　聖也 (神) 8. 26 対巨⑲ 7回一死 投手 鈴木　康平 東京ドーム
⑮ 末包　昇大 (広) 8. 27 対ヤ㉑ 1回二死 投手 髙橋　奎二 マ ツ ダ
⑯ 知野　直人 (ディ) 9. 3 対巨㉑ 2回無死 投手 井上　温大 横　　浜 〈代打〉
⑰ 佐藤　輝明 (神) 9. 13 対巨㉒ 4回一死 投手 松井　颯 甲 子 園
⑱ 塩見　泰隆 (ヤ) 9. 21 対中㉕ 4回一死 投手 小笠原慎之介 神　宮
⑲ 大城　卓三 (巨) 9. 21 対神㉕ 6回二死 投手 青柳　晃洋 甲 子 園 〈代打〉

サ　ヨ　ナ　ラ　本　塁　打

① 秋山　翔吾 (広) 4. 15 対ヤ⑤ 9回二死 投手 田口　麗斗 マ ツ ダ
② 中田　翔 (巨) 4. 29 対広⑤ 9回二死 投手 栗林　良吏 東京ドーム
③ 丸　佳浩 (巨) 5. 4 対ヤ⑥ 9回二死 投手 小澤　怜史 東京ドーム
④ 宮﨑　敏郎 (ディ) 5. 4 対広⑥ 9回無死 投手 松本　竜也 横　　浜
⑤ 長岡　秀樹 (ヤ) 5. 5 対ディ⑥ 9回二死 投手 山﨑　康晃 神　宮
⑥ 坂本　勇人 (巨) 6. 16 対楽① 9回無死 投手 酒居　知史 東京ドーム
⑦ 岸田　行倫 (巨) 6. 30 対神⑨ 10回二死 投手 加治屋　蓮 東京ドーム 〈代打〉
⑧ 宇佐見真吾 (中) 8. 13 対広⑱ 10回無死 投手 矢崎　拓也 バンテリンドーム
⑨ デビッドソン (広) 9. 6 対ディ㉓ 11回二死 投手 中川　虎大 マ ツ ダ

パシフィック・リーグ

福岡ソフトバンクホークス

 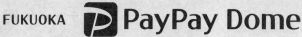

2023・レギュラーシーズン成績

チーム勝敗表

○中数字は引分

チーム	試合	勝利	敗北	引分	勝率	ゲーム差	オリックス	ロッテ	ソフトバンク	楽天	西武	日本ハム	交流戦計
オリックス	143	86	53	4	.619	—	—	15②8	13①11	15-10	17-8	15①9	11-7
ロッテ	143	70	68	5	.5072	15.5	8②15	—	12①12	13-12	16-9	14-11	7②9
ソフトバンク	143	71	69	3	.5071	15.5	11①13	12①12	—	10①14	13-12	14-11	11-7
楽天	143	70	71	2	.496	17.0	10-15	12-13	14①10	—	10①14	15-10	9-9
西武	143	65	77	1	.458	22.5	8-17	9-16	12-13	14①10	—	16-9	6-12
日本ハム	143	60	82	1	.423	27.5	9①15	11-14	11-14	10-15	9-16	—	10-8

注 上位3チームによるクライマックスシリーズを制したオリックスが日本シリーズ出場。

ホームゲーム勝敗表

チーム	試合	勝利	敗北	引分	勝率	ロッテ	オリックス	ソフトバンク	楽天	西武	日本ハム	交流戦計
ロッテ	72	42	28	2	.600	—	5①6	8①4	6-7	10-3	8-4	5-4
オリックス	72	41	28	3	.594	9①3	—	5①6	8-5	8-5	7①4	4-5
ソフトバンク	71	39	32	0	.549	8-4	5-8	—	8-4	6-6	8-5	4-5
楽天	72	38	33	1	.535	5-7	5-7	10①2	—	5-8	8-5	5-4
西武	71	33	37	1	.471	6-6	3-9	6-7	6①5	—	8-5	4-5
日本ハム	71	31	40	0	.437	7-6	5-8	6-6	5-7	4-8	—	4-5

ロードゲーム勝敗表

チーム	試合	勝利	敗北	引分	勝率	オリックス	ソフトバンク	楽天	西武	ロッテ	日本ハム	交流戦計
オリックス	71	45	25	1	.643	—	8-5	7-5	9-3	6①5	8-5	7-2
ソフトバンク	72	32	37	3	.464	6①5	—	2①10	7-6	4①8	6-6	7-2
楽天	71	32	38	1	.457	5-8	4-8	—	5①6	7-6	7-5	4-5
西武	72	32	40	0	.444	5-8	6-6	8-5	—	3-10	8-4	2-7
ロッテ	71	28	40	3	.412	3①9	4-8	7-5	6-6	—	6-7	2②5
日本ハム	72	29	42	1	.408	4①7	5-8	5-8	5-8	4-8	—	6-3

2023・パシフィック・リーグ各チーム戦績

※は順位決定日。球場、相手の－は試合予定がない日の順位変動日。

オリックス（86勝53敗4分）

3月（1勝0敗）

日	球場	相手	戦	スコア	勝敗	投手	順位
31	ベルーナD	武	①	3－2	○	ワゲスパック	①

4月（13勝10敗）

日	球場	相手	戦	スコア	勝敗	投手	順位
1	ベルーナD	武	②	9－2	○	比嘉 幹貴	〃
2	〃	〃	③	1－4	●	ワゲスパック	②
4	京セラD	ソ	①	1－6	●	黒木 優太	〃
5	〃	〃	②	0－5	●	山本 由伸	②
6	〃	〃	③	7－2	○	宮城 大弥	〃
7	〃	日	①	4－2	○	宮城 大弥	〃
8	〃	〃	②	2－6	●	村西 良太	④
9	〃	〃	③	2－7	●	ニックス	〃
11	楽天モバイル	楽	①	6－0	○	山下舜平大	〃
12	〃	〃	②	7－2	○	田嶋 大樹	〃
13	－	－					②
14	ZOZO	ロ	①	0－2	●	山本 由伸	③
15				中止			④
16	〃	〃	②	2－1	○	宮城 大弥	③
18	京セラD	楽	③	1－5	●	ワゲスパック	〃
19	〃	〃	④	3－1	○	田嶋 大樹	〃
20	〃	〃	⑤	3－1	○	山﨑 福也	③
21	〃	武	④	7－5	○	本田 仁海	②
22	〃	〃	⑤	2－4	●	山本 由伸	③
23	〃	〃	⑥	4－1	○	山下舜平大	〃
25	エスコンF	日	④	8－7	○	コットン	②
26	〃	〃	⑤	3－6	●	田嶋 大樹	〃
27	－	－					③
28	京セラD	ロ	③	3－4	●	近藤 大亮	④
29	〃	〃	④	3－2	○	山本 由伸	〃
30	〃	〃	⑤	4－3	○	小木田敦也	①

5月（13勝10敗2分）

日	球場	相手	戦	スコア	勝敗	投手	順位
2	PayPayD	ソ	④	1－0	○	宮城 大弥	〃
3	〃	〃	⑤	9－4	○	田嶋 大樹	〃
4	〃	〃	⑥	7－8	●	平野 佳寿	〃
5	京セラD	武	⑦	4－3	○	山下舜平大	〃
6	〃	〃	⑧	4－3	○	比嘉 幹貴	〃
7	〃	〃	⑨	4－5	●	阿部 翔太	〃
9	楽天モバイル	楽	⑥	2－0	○	宮城 大弥	〃
10	〃	〃	⑦	8－2	○	田嶋 大樹	〃
11	〃	〃	⑧	3－7	●	黒木 優太	〃
12	京セラD	ソ	⑦	8－3	○	山﨑 福也	〃
13	〃	〃	⑧	8－3	○	山本 由伸	〃
14	〃	〃	⑨	3－3	△	漆原 大晟	〃
16	ZOZO	ロ	⑥	1－1	△	ワゲスパック	〃
17	〃	〃	⑦	3－7	●	田嶋 大樹	②
18	〃	〃	⑧	1－5	●	山﨑 福也	〃
19	京セラD	日	⑥	0－1	●	阿部 翔太	〃
20	〃	〃	⑦	3－5	●	竹安 大知	〃
21	〃	〃	⑧	10－4	○	黒木 優太	〃
23	ほっと神戸	楽	⑨	8－0	○	山下舜平大	〃
24	〃	〃	⑩	6－5	○	ワゲスパック	〃
25	－	－					〃
26	ベルーナD	武	⑩	4－1	○	山岡 泰輔	〃
27	〃	〃	⑪	3－0	○	山﨑 福也	〃
28	〃	〃	⑫	2－3	●	宮城 大弥	〃
30	京セラD	広	①	4－0	○	山本 由伸	〃
31	〃	〃	②	1－3	●	黒木 優太	〃

6月（14勝8敗）

日	球場	相手	戦	スコア	勝敗	投手	順位
1	京セラD	広	③	9－2	○	山下舜平大	〃
2	バンテリンD	中	①	1－2	●	ワゲスパック	〃
3	〃	〃	②	5－1	○	田嶋 大樹	〃
4	〃	〃	③	5－0	○	宮城 大弥	①
6	京セラD	巨	①	2－1	○	山本 由伸	〃
7	〃	〃	②	0－10	●	曽谷 龍平	〃
8	〃	〃	③	0－6	●	本田 仁海	〃
9	〃	ディ	①	2－4	●	山下舜平大	③
10	京セラD	ディ	②	7－3	○	山﨑 福也	②
11	〃	〃	③	4－8	●	宮城 大弥	〃
13	甲子園	神	①	2－0	○	山本 由伸	〃
14	〃	〃	②	3－8	●	曽谷 龍平	③
15	〃	〃	③	3－2	○	ワゲスパック	〃
16	神宮	ヤ	①	4－1	○	山﨑 福也	〃
17	〃	〃	②	8－5	○	山下舜平大	〃
18	〃	〃	③	6－0	○	宮城 大弥	①
23	PayPayD	ソ	⑩	1－7	●	山本 由伸	〃
24	〃	〃	⑪	3－2	○	ワゲスパック	〃
25	〃	〃	⑫	4－2	○	山﨑 福也	〃
26	－	－					〃
27	京セラD	ロ	⑨	2－1	○	平野 佳寿	〃
28	〃	〃	⑩	10－0	○	山下舜平大	〃
29	エスコンF	日	⑥	5－1	○	山本 由伸	〃

7月（12勝7敗）

日	球場	相手	戦	スコア	勝敗	投手	順位
1	エスコンF	日	⑩	3－1	○	本田 仁海	〃
2	〃	〃	⑪	3－6	●	山岡 泰輔	②
4	東京ドーム	楽	⑪	9－7	○	宇田川優希	②
5	楽天モバイル	〃	⑫	1－6	●	宮城 大弥	②
6	〃	〃	⑬	0－3	●	山下舜平大	〃
8	ほっと神戸	武	⑬	5－1	○	山本 由伸	〃
9	京セラD	〃	⑭	11－5	○	宇田川優希	①
11	〃	ロ	⑪	4－3	○	山﨑 福也	〃
12	〃	〃	⑫	3－5	●	コットン	〃
13	ほっと神戸			中止			〃
15	PayPayD	ソ	⑬	3－2	○	山本 由伸	〃
16	〃	〃	⑭	3－2	○	阿部 翔太	〃
17	〃	〃	⑮	3－0	○	山下舜平大	〃
22	ほっと神戸	日	⑫	5－4	○	平野 佳寿	〃
23	〃	〃	⑬	7－5	○	山岡 泰輔	〃
25	京セラD	ソ	⑯	0－5	●	山本 由伸	〃
26	〃	〃	⑰	1－7	●	宮城 大弥	〃
28	エスコンF	日	⑭	3－4	●	山下舜平大	〃
29	〃	〃	⑮	4－3	○	山﨑 福也	〃
30	〃	〃	⑯	9－2	○	東 晃平	〃

8月（16勝7敗2分）

日	球場	相手	戦	スコア	勝敗	投手	順位
1	京セラD	楽	⑭	6－2	○	山本 由伸	〃
2	〃	〃	⑮	3－2	○	平野 佳寿	〃
3	〃	〃	⑯	1－9	●	ワゲスパック	〃
4	ベルーナD	武	⑮	2－3	●	阿部 翔太	〃
5	〃	〃	⑯	7－0	○	山下舜平大	〃
6	〃	〃	⑰	9－0	○	東 晃平	〃
8	ZOZO	ロ	⑬	2－0	○	山本 由伸	〃
9	〃	〃	⑭	3－8	●	宮城 大弥	〃
10	〃	〃	⑮	1－3	●	ワゲスパック	〃
11	楽天モバイル	楽	⑰	0－5	●	山﨑 福也	〃
12	〃	〃		中止			〃
13	〃	〃	⑱		○	宇田川優希	〃
15	京セラD	ソ		中止			〃
16	〃	〃	⑱	2－3	●	山本 由伸	〃
17	〃	〃	⑲	1－0	○	宮城 大弥	〃
18	〃	日	⑰	1－1	△	山岡 泰輔	〃
19	〃	〃	⑱	1－0	○	山﨑 福也	〃
20	〃	〃	⑲	1－0	○	阿部 翔太	〃
22	ベルーナD	武	⑱	5－1	○	ワゲスパック	〃
23	〃	〃	⑲	0－3	●	山本 由伸	〃
24	〃	〃	⑳	3－0	○	宮城 大弥	〃
25	京セラD	ロ	⑯	5－0	○	小木田敦也	〃
26	〃	〃	⑰	2－0	△	吉田 凌	〃
27	〃	〃	⑱		○	東 晃平	〃
29	長崎	ソ	⑳	0－7	●	ワゲスパック	〃
30	PayPayD	〃	㉑	8－4	●	田嶋 大樹	〃
31	〃	〃	㉒		●	平野 佳寿	〃

9月（14勝8敗）

日	球場	相手	戦	スコア	勝敗	投手	順位
1	エスコンF	日	⑳	0－3	●	山﨑 福也	〃
2	〃	〃	㉑	1－0	○	山本 由伸	〃
3	〃	〃	㉒	3－1	○	東 晃平	〃

（承前・オリックス）

日	球場	相手		スコア		投手	順位
5	ほっと神戸	武	㉑	0-3	●	阿部 翔太	①
6	〃	〃	㉒	3-4	●	黒木 優太	〃
8	ZOZO	ロ		中止			
9	〃	〃	⑲	4-0	○	山本 由伸	〃
10	〃	〃	⑳	4-0	○	宮城 大弥	〃
12	エスコンF	日	㉓	8-1	○	東 晃平	〃
13	〃	〃	㉔	2-5	●	山﨑 福也	〃
14	楽天モバイル	楽	⑲	2-0	○	山﨑颯一郎	〃
16	京セラD	楽	⑳	1-3	●	山本 由伸	〃
17	〃	〃	㉑	6-4	○	宇田川優希	〃
18	〃	〃	㉑	6-3	○	小木田敦也	〃
19	〃	ロ	㉑	3-2	○	東 晃平	〃
20	〃	〃	㉑	6-2	○	小木田敦也	〃 ※
23	PayPayD	ソ	㉓	6-1	○	田嶋 大樹	〃
24	京セラD	武	㉓	4-1	○	山本 由伸	〃
25	〃	〃	㉔	4-3	○	阿部 翔太	〃
26	〃	〃	㉕	1-7	●	山﨑颯一郎	〃
27	〃	ソ	㉓	1-0	○	山﨑 福也	〃
28	楽天モバイル	楽	㉓	5-9	●	阿部 翔太	〃
30	京セラD	ロ	㉓	4-5	●	田嶋 大樹	〃

10月（3勝3敗）

日	球場	相手		スコア		投手	順位
1	京セラD	楽	㉕	2-8	●	黒木 優太	〃
2	〃	日	㉕	3-0	○	山本 由伸	〃
4	〃	ロ	㉕	3-6	●	横山 楓	〃
6	ZOZO	〃	㉔	1-12	●	竹安 大知	〃
7	〃	〃	㉕	4-1	○	山﨑 福也	〃
9	京セラD	ソ	㉕	4-1	○	曽谷 龍平	〃

ロッテ（70勝68敗5分）

3月（0勝1敗）

日	球場	相手		スコア		投手	順位
31	PayPayD	ソ	①	0-4	●	小島 和哉	④

4月（14勝9敗）

日	球場	相手		スコア		投手	順位
1	PayPayD	ソ	②	0-7	●	種市 篤暉	⑤
2	〃	〃	③	3-5	●	美馬 学	⑥
4	ZOZO	日	①	6-4	○	西野 勇士	⑤
5	〃	〃	②	2-1	○	中森 俊介	〃
6	〃	〃	③			佐々木朗希	③
7	-	-		中止			③
8	ZOZO	楽	①	5-4	○	澤村 拓一	〃
9	〃	〃	②	10-1	○	種市 篤暉	〃
11	ベルーナD	武	①	3-8	●	美馬 学	〃
12	〃	〃	②	5-3	●	西野 勇士	〃
13	県営大宮	〃	③	5-3	●	メルセデス	〃
14	ZOZO	オ	①	2-0	○	佐々木朗希	〃
15	〃	〃		中止			
16	〃	〃	②			種市 篤暉	③
18	エスコンF	日	④	4-2	○	小島 和哉	〃
19	〃	〃	⑤	4-3	○	森 遼大朗	〃
20	〃	〃	⑤	0-2	●	メルセデス	〃
21	ZOZO	ソ	③	3-2	○	佐々木朗希	②
22	〃	〃	⑤	6-0	○	西野 勇士	①
23	〃	〃	⑤	6-2	○	種市 篤暉	〃
25	〃	武	④	3-5	●	美馬 学	〃
26	〃	〃	⑤	3-1	○	小島 和哉	〃
28	京セラD	オ	⑤	4-3	○	澤村 拓一	〃
29	〃	〃	④	2-3	●	西野 勇士	〃
30	〃	〃	⑤	3-4	●	小野 郁	〃

5月（12勝6敗2分）

日	球場	相手		スコア		投手	順位
2	楽天モバイル	楽	③	1-5	●	西野 勇士	②
3	〃	〃	④	2-0	○	澤村 拓一	〃
4	〃	〃	⑤	0-6	●	森 遼大朗	〃
5	ZOZO	ソ	⑦	0-0	△	廣畑 敦也	〃
6	〃	〃	⑧	3-6	●	澤村 拓一	③
7	〃	〃		中止			
9	ベルーナD	武	⑥	6-2	○	種市 篤暉	〃
10	〃	〃	⑦	3-2	○	小島 和哉	②
11	〃	〃	⑧	3-0	○	西野 勇士	〃
13	エスコンF	日	⑦	0-5	●	森 遼大朗	〃
14	〃	〃			●	メルセデス	〃
16	ZOZO	オ	⑥	1-1	△	西村 天裕	〃
17	〃	〃	⑦	7-3	○	小島 和哉	①
18	ZOZO	オ	⑧	5-1	○	岩下 大輝	①
19	楽天モバイル	楽		中止			
20	〃	〃	⑥	6-1	○	西野 勇士	〃
21	〃	〃	⑦	6-4	○	廣畑 敦也	〃
23	ZOZO	武		中止			
24	〃	〃	⑨	11-1	○	小島 和哉	〃
27	PayPayD	ソ	⑨	5-6	●	東妻 勇輔	〃
28	〃	〃	⑩	9-5	●	西野 勇士	〃
30	ZOZO	巨	②	2-1	○	西野 勇士	〃
31	〃	〃	②	4-7	●	澤村 拓一	〃

6月（8勝12敗2分）

日	球場	相手		スコア		投手	順位
1	ZOZO	巨	③	2-3	●	カスティーヨ	〃
2	甲子園	神		中止			
3	〃	〃	①	5-6	●	廣畑 敦也	〃
4	〃	〃	②	0-2	●	佐々木朗希	②
5	〃	〃	③	7-7	△	横山 陸人	〃
6	ZOZO	ヤ	①	3-10	●	美馬 学	〃
7	〃	〃	②	6-0	○	メルセデス	〃
8	〃	〃	③	3-2	○	カスティーヨ	①
9	〃	広	①	2-3	●	西野 勇士	〃
10	〃	〃	②	5-4	○	益田 直也	〃
11	〃	〃	③	6-5	○	佐々木朗希	〃
13	バンテリンD	中	①	0-7	●	小島 和哉	〃
14	〃	〃	②	2-1	○	種市 篤暉	〃
15	〃	〃	③	1-1	△	横山 陸人	〃
16	横浜	ディ	①	5-2	●	カスティーヨ	〃
17	〃	〃	②	1-10	●	佐々木朗希	〃
18	〃	〃	③	1-6	●	佐々木朗希	③
23	ZOZO		③	3-5	●	種市 篤暉	〃
24	〃		⑩	5-4	○	益田 直也	〃
25	〃		⑪	6-5	○	澤村 拓一	②
26	-	-					③
27	京セラD	オ	⑨	1-2	●	益田 直也	③
28	〃	〃	⑩	0-10	●	小島 和哉	〃
30	ZOZO	楽	⑧	4-5	●	ペルドモ	〃

7月（13勝7敗）

日	球場	相手		スコア		投手	順位
1	ZOZO	楽	⑨	10-2	○	種市 篤暉	〃
2	〃	〃	⑩	4-11	●	メルセデス	〃
4	〃	武	⑪	1-0	○	西村 天裕	〃
5	〃	〃	⑪	2-1	○	佐々木朗希	〃
6	東京ドーム	日	⑫	7-6	●	ペルドモ	〃
9	エスコンF	日	⑬	3-2	○	美馬 学	〃
	〃	〃	⑬	3-2	○	種市 篤暉	②
11	京セラD	オ	⑪	3-4	●	メルセデス	〃
12	〃	〃	⑫	5-3	○	佐々木朗希	②
13	ほっと神戸			中止			
15	ZOZO	楽	⑪	9-7	○	中村 稔弥	〃
16	〃	〃	⑫	6-7	●	益田 直也	〃
17	〃	〃	⑬	2-4	●	種市 篤暉	〃
20	〃	ソ	⑪	5-2	○	西野 勇士	〃
23	〃	〃	⑫	4-5	●	横山 陸人	〃
24	〃	〃	⑫	2-1	○	西村 天裕	〃
25	ベルーナD	武	⑬	0-3	●	メルセデス	〃
26	〃	〃	⑭	3-5	●	美馬 学	〃
28	PayPayD	ソ	⑭	8-5	●	種市 篤暉	〃
30	〃	〃	⑮	4-1	○	カスティーヨ	〃
	〃	〃	⑯	5-6	●	澤村 拓一	〃

8月（11勝15敗1分）

日	球場	相手		スコア		投手	順位
1	ZOZO	日	⑭	2-3	●	益田 直也	〃
2	〃	〃	⑮	6-3	●	中村 稔弥	〃
3	楽天モバイル	楽	⑭	7-5	●	西野 勇士	〃
	〃	〃	⑮	5-3	○	種市 篤暉	〃
5	〃	〃	⑮	6-1	●	ペルドモ	〃
6	〃	〃	⑯	1-2	○	小島 和哉	〃
8	ZOZO	オ	⑬	0-2	●	カスティーヨ	〃
	〃	〃	⑭	3-3	△	美馬 学	〃
10	〃	〃	⑮	3-1	○	種市 篤暉	〃
11	〃	武	⑮	2-8	●	菊地 吏玖	〃
13	〃	〃	⑯	3-3	○	澤田 圭佑	〃
	〃	〃	⑯	6-2	●	小島 和哉	〃
15	エスコンF	日	⑰	5-6	●	西野 勇士	〃
16	〃	〃	⑱	0-6	●	森 遼大朗	〃

日	球場	相手	スコア			投手	順位
17	エスコンF	日	⑲	0-5	●	美馬　学	②
18	楽天モバイル	楽	⑰	4-1	○	種市　篤暉	〃
19	〃	〃	⑲	5-7	●	ベルドモ	〃
20	〃	〃	⑲	4-3	○	西村　天裕	〃
22	ZOZO	ソ	⑰	5-3	○	メルセデス	〃
23	〃	〃	⑱	5-9	●	中森　俊介	〃
24	〃	〃	⑲	5-4	○	坂本光士郎	〃
25	京セラD	オ	⑯	3-4	●	種市　篤暉	〃
26	〃	〃	⑯	0-0	△	澤田　圭佑	〃
27	〃	〃	⑱	2-5	●	森　遼大朗	〃
29	ZOZO	日	⑳	6-0	○	小島　和哉	〃
30	〃	〃	㉑	2-3	●	横山　陸人	〃
31	〃	〃	㉒	6-4	○	西村　天裕	〃
9月（7勝16敗）							
1	ZOZO	楽	⑳	5-0	○	美馬　学	〃
2	〃	〃	㉑	3-5	●	益田　直也	〃
3	〃	〃	㉒	4-5	●	中森　俊介	〃
5	PayPayD	ソ	⑳	7-1	○	小島　和哉	〃
6	〃	〃	㉑	0-3	●	西野　勇士	〃
7	〃	〃	㉒	3-7	●	メルセデス	〃
8	ZOZO	オ		中　止			〃
9	〃	〃	⑲	0-4	●	美馬　学	〃
10	〃	〃	⑳	0-2	●	佐々木朗希	〃
12	〃	楽	㉑	5-3	○	澤田　圭佑	〃
13	〃	〃	㉔	3-5	●	益田　直也	〃
16	ベルーナD	⑱		5-1	○	美馬	〃
17	〃	〃	⑲	2-3	●	佐々木朗希	〃
18	〃	〃	⑲	2-1	○	横山　陸人	〃
19	京セラD	オ	㉑	2-3	●	小島　和哉	〃
20	〃	〃	㉒	2-3	●	横山　陸人	〃
21	PayPayD	ソ	㉓	2-4	●	種市　篤暉	〃
23	ベルーナD	武	㉔	1-2	●	メルセデス	〃
24	ZOZO	ソ	㉔	2-3	●	横山　陸人	〃
25	〃	〃	㉕	1-10	●	小島　和哉	④
26	エスコンF	日	㉔	0-7	●	美馬　学	〃
27	〃	〃	㉔	2-9	●	カスティーヨ	〃
28	〃	〃	㉕	2-9	●	種市　篤暉	④
30	ZOZO	楽	㉒	5-4	○	中森　俊介	〃
10月（5勝2敗）							
1	ZOZO	武	㉓	3-2	○	中村　稔弥	〃
2	〃	〃	㉔	7-3	○	小島　和哉	③
3	〃	〃	㉕	1-4	●	唐川　侑己	〃
4	京セラD	オ	㉓	6-3	○	中森　俊介	〃
6	ZOZO	〃	㉔	12-1	○	中村　稔弥	〃
7	〃	〃	㉕	1-4	●	西野　勇士	〃
9	楽天モバイル	楽		中　止			〃
10	〃		㉕	5-0	○	小島　和哉	②※

ソフトバンク（71勝69敗3分）

日	球場	相手	スコア			投手	順位
3月（1勝0敗）							
31	PayPayD	ロ	①	4-0	○	大関　友久	①
4月（11勝10敗）							
1	PayPayD	ロ	②	7-0	○	藤井　皓哉	〃
2	〃	〃	②	5-3	●	東浜　巨	〃
4	京セラD	オ	①	6-1	○	石川　柊太	〃
5	〃	〃	②	5-0	○	和田　毅	〃
6	〃	〃	③	2-7	●	高橋　礼	〃
8	宮崎	武	①	0-3	●	大関　友久	〃
9	鹿児島	〃	②	3-1	○	藤井　皓哉	〃
11	PayPayD	日	②	4-3	○	津森　宥紀	〃
12	〃	〃	②	1-8	●	東浜　巨	〃
14	楽天モバイル	楽	①	0-3	●	和田　毅	〃
15	〃	〃		中　止			〃
16	〃	〃			○	津森　宥紀	〃
18	東京ドーム	武	③	3-7	●	石川　柊太	〃
19	ベルーナD	〃	④	2-3	●	東浜　巨	〃
21	ZOZO	ロ	④	2-3	●	武田　翔太	〃
22	〃	〃	⑤	0-6	●	藤井　皓哉	③
23	〃	〃	⑥	2-6	●	大関　友久	④
25	北九州	楽		中　止			〃
26	PayPayD	〃	③	4-2	○	和田　毅	〃

日	球場	相手	スコア			投手	順位
27	PayPayD	楽	④	5-3	○	森　唯斗	②
28	エスコンF	日	③	6-3	○	津森　宥紀	〃
29	〃	〃	③	1-5	●	東浜　巨	〃
30	〃	〃	⑤	1-5	●	藤井　皓哉	③
5月（12勝9敗2分）							
2	PayPayD	オ	④	0-1	●	大関　友久	〃
3	〃	〃	⑤	4-9	●	武田　翔太	④
4	〃	〃	⑥	8-7	○	モイネロ	〃
5	ZOZO	ロ	⑦	0-0	△	板東　湧梧	〃
6	〃	〃	⑧	6-3	○	東浜	②
8	〃	〃		中　止			
9	熊本	日	⑥	3-6	●	大関　友久	〃
10	PayPayD	〃	⑦	3-6	●	松本　裕樹	③
11	〃	〃	⑧	6-3	○	藤井　皓哉	〃
12	京セラD	オ	⑦	4-3	○	石川　柊太	〃
13	〃	〃	⑧	3-8	●	東浜	〃
14	〃	〃	⑨	3-3	△	甲斐野　央	〃
16	盛岡	楽	⑥	3-0	○	大関　友久	〃
17	山形	〃	⑥	10-1	○	和田　毅	〃
19	PayPayD	武	⑦	5-4	○	石川　柊太	〃
20	〃	〃	⑥	0-1	●	東浜　巨	〃
21	〃	〃	③	3-1	○	藤井　皓哉	〃
23	エスコンF	日	⑨	4-2	○	大関　友久	〃
24	〃	〃				和田	〃
25	〃	〃	⑪	1-5	●	ガンケル	③
27	PayPayD	ロ	⑨	5-5	●	板東　湧梧	〃
28	〃	〃	⑩	5-9	●	藤井　皓哉	〃
30	〃	中	①	13-5	○	大関　友久	〃
31	〃	〃		1-7	●	東浜　巨	
6月（15勝8敗）							
1	PayPayD	中	③	5-6	●	津森　宥紀	〃
2	マツダ	広	①	5-1	○	板東　湧梧	〃
3	〃	〃	②	2-4	●	石川　柊太	〃
4	〃	〃	②	3-2	○	藤井　皓哉	〃
6	PayPayD	ディ	②	2-1	○	モイネロ	〃
7	〃	〃	②	4-0	○	東浜　巨	〃
8	〃	巨	①	5-6	●	森　唯斗	〃
9	〃	〃	②	6-10	●	和田　毅	〃
10	〃	〃	①	2-4	●	石川　柊太	〃
11	〃	〃	③	2-4	●	尾形　崇斗	〃
13	神宮	ヤ	①	5-1	○	有原　航平	〃
14	〃	〃	②	1-2	●	東浜　巨	〃
15	〃	〃	③	9-7	○	武田　翔太	〃
16	甲子園	神	①	1-4	●	和田　毅	〃
17	〃	〃	②	9-0	○	有原　航平	②
18	〃	〃	③	1-4	●	田浦　文丸	〃
20	PayPayD	オ	⑩	7-1	○	大津　亮介	②
21	〃	〃	⑨	2-4	●	有原　航平	〃
22	〃	〃	⑫	3-1	○	オス　ナ	〃
24	〃	〃	⑫	2-4	●	板東　湧梧	〃
26	東京ドーム	楽	⑦	1-3	●	和田	②
27	〃	〃		中　止			
28	PayPayD	楽	⑧	3-2	○	モイネロ	〃
29	〃	〃	⑨	2-1	○	大津　亮介	〃
30	ベルーナD	武	③	3-1	○	有原　航平	〃
7月（7勝15敗）							
1	ベルーナD	武	⑨	7-5	●	オス　ナ	〃
2	〃	〃	⑩	1-3	●	田浦　文丸	①
4	PayPayD	日	⑫	3-10	●	和田　毅	〃
5	〃	〃	⑬	1-5	●	板東　湧梧	〃
6	〃	〃	⑭	4-3	○	甲斐野　央	〃
7	楽天モバイル	楽	⑩	5-6	●	有原　航平	〃
8	〃	〃	⑪	1-8	●	東浜　巨	〃
9	〃	〃	⑪	1-5	●	石川　柊太	〃
10	京セラD	武	⑫	1-2	●	スチュワート・ジュニア	〃
11	〃	〃		中　止			
12	北九州	武	⑫	2-4	●	板東　湧梧	③
13	PayPayD	〃	⑬	2-4	●	津森　宥紀	〃
15	〃	オ	⑬	2-4	●	有原　航平	〃
16	〃	〃	⑬	1-5	●	松本　裕樹	〃
17	ZOZO	ロ	⑪	0-3	●	スチュワート・ジュニア	〃
22	〃	〃	⑪	2-5	●	大関　友久	〃
23	〃	〃	⑪	5-2	○	津森　宥紀	〃
24	〃	〃	⑬	1-2	●	オス　ナ	〃

日	球場	相手	G	スコア	勝敗	投手	順位
25	京セラD	オ	⑯	5-0	○	有原 航平	③
26	〃	〃	⑰	7-1	○	スチュワート・ジュニア	〃
28	PayPayD	ロ	⑭	5-8	●	東浜 巨	〃
29	〃	〃	⑮	1-4	●	大関 友久	〃
	〃	〃	⑯	6-5	○	松本 裕樹	〃

8月（10勝14敗）

日	球場	相手	G	スコア	勝敗	投手	順位
1	ベルーナD	武	⑭	0-5	●	有原 航平	〃
2	〃	〃	⑮	0-2	●	石川 柊太	〃
4	エスコンF	日	⑮	4-5	●	椎野 新	〃
5	〃	〃	⑯	11-6	○	又吉 克樹	〃
6	〃	〃	⑰	6-1	○	スチュワート・ジュニア	〃
8	PayPayD	楽	⑬	3-9	●	田浦 文丸	〃
9	〃	〃	中止				
10	〃	〃	⑭	11-4	○	和田 毅	〃
11	〃	日	⑰	7-4	○	松本 裕樹	〃
12	〃	〃	⑲	0-9	●	高橋 礼	〃
13	〃	〃	⑳	3-5	●	スチュワート・ジュニア	〃
15	京セラD	オ	中止				
16	〃	〃	⑱	3-2	○	有原 航平	〃
17	〃	〃	⑲	1-2	●	和田 毅	〃
18	PayPayD	武	⑯	3-0	○	石川 柊太	〃
19	〃	〃	⑰	3-2	○	板東 湧梧	〃
20	〃	〃	⑱	4-6	●	津森 宥紀	〃
22	ZOZO	ロ	⑬	9-5	○	スチュワート・ジュニア	〃
23	〃	〃		9-5	○	有原 航平	〃
24	〃	〃	⑭	2-3	●	又吉 克樹	〃
25	楽天モバイル	楽	⑮	4-3	○	甲斐野 央	〃
26	〃	〃	⑯	1-2	●	板東 湧梧	〃
27	〃	〃	⑰	1-7	●	松本 晴	〃
29	長崎	オ	⑳	7-0	○	スチュワート・ジュニア	〃
30	PayPayD	〃	㉑	4-8	●	有原 航平	〃
31	〃	〃	㉒	1-0	○	オスナ	〃

9月（13勝11敗）

日	球場	相手	G	スコア	勝敗	投手	順位
1	ベルーナD	武	⑲	0-6	●	石川 柊太	〃
2	〃	〃	⑳	6-2	○	板東 湧梧	〃
3	〃	〃	㉑	5-3	○	森 唯斗	〃
5	PayPayD	ロ	㉑	1-7	●	スチュワート・ジュニア	〃
6	〃	〃	㉒	3-0	○	東浜 巨	〃
7	〃	〃	⑰	6-8	●	石川 柊太	〃
8	〃	楽	⑱	6-8	●	甲斐野 央	〃
9	〃	〃	⑲	9-2	○	板東 湧梧	〃
10	〃	〃	⑳	4-2	○	有原 航平	〃
12	ベルーナD	武	㉒	8-4	○	津森 宥紀	〃
13	〃	〃	㉓	9-3	○	有原 航平	〃
14	〃	〃	㉔	4-6	●	森 唯斗	〃
16	エスコンF	日	㉑	1-3	●	オスナ	〃
17	〃	〃	㉒	2-1	○	和田 毅	〃
18	〃	〃	㉓	1-6	●	又吉 克樹	〃
19	楽天モバイル	楽	㉑	2-3	●	又吉 克樹	〃
20	〃	〃	㉒	1-6	●	大関 友久	〃
21	PayPayD	ロ	㉓	4-2	○	有原 航平	〃
23	〃	オ	㉓	1-6	●	森 唯斗	〃
24	ZOZO	ロ	㉔	7-6	○	嘉弥真 新也	②
26	〃	〃		10-1	○	和田 毅	〃
27	京セラD	オ	㉔	0-1	●	スチュワート・ジュニア	〃
29	PayPayD	武	㉔	1-0	○	有原 航平	〃
30	〃	日		3-2	○	甲斐野 央	〃

10月（2勝2敗1分）

日	球場	相手	G	スコア	勝敗	投手	順位
1	PayPayD	ロ	㉕	3-4	●	石川 柊太	〃
2	〃	楽	㉓	6-2	○	大関 友久	〃
3	〃	〃	㉔	7-3	○	和田 毅	〃
5	楽天モバイル	〃	㉕	5-5	△	津森 宥紀	〃
9	京セラD	オ	㉕	1-4	●	有原 航平	〃
10	—	—					③ ※

※10月10日ロッテ勝利で3位決定。

楽　天（70勝71敗2分）

日	球場	相手	G	スコア	勝敗	投手	順位
3月（1勝0敗）							
30	エスコンF	日	①	3-1	○	田中 将大	
4月（8勝14敗）							
1	エスコンF	日	②	3-4	●	宮森 智志	③
2	エスコンF	日	③	2-1	○	藤平 尚真	②
4	楽天モバイル	武	①	0-4	●	則本 昂大	〃
5	〃	〃	②	1-0	○	早川 隆久	〃
6	〃	〃	③	1-2	●	田中 将大	〃
7	—	—					⑤
8	ZOZO	ロ	①	4-5	●	西口 直人	〃
9	〃	〃	②	1-10	●	岸 孝之	〃
11	楽天モバイル	オ	①	0-6	●	則本 昂大	〃
12	〃	〃	②	2-7	●	早川 隆久	〃
14	〃	ソ	①	3-0	○	田中 将大	〃
15	〃	〃	中止				
16	〃	〃	②	3-6	●	西口 直人	〃
18	京セラD	オ	③	5-1	○	伊藤 茉央	〃
19	〃	〃	④	1-2	●	西口 直人	〃
20	〃	〃	⑤	1-3	●	藤平 尚真	〃
21	楽天モバイル	日	④	8-7	○	鈴木 翔天	〃
22	〃	〃	⑤	3-5	●	荘司 康誠	〃
23	〃	〃	⑥	中止			
25	北九州	ソ	中止				
26	PayPayD		③	2-4	●	早川 隆久	〃
27	〃	〃	③	3-5	●	瀧中 瞭太	〃
28	ベルーナD	武	④	0-4	●	田中 将大	〃
29	〃	〃	⑤	8-2	○	藤平 尚真	〃
30	〃	〃	⑥	7-6	○	松井 裕樹	〃

5月（9勝13敗1分）

日	球場	相手	G	スコア	勝敗	投手	順位
2	楽天モバイル	ロ	③	5-1	○	岸 孝之	〃
3	〃	〃	④	6-0	○	内 星龍	〃
4	〃	〃	⑤	6-0	○	松井 友飛	〃
5	エスコンF		⑦	2-5	●	西口 直人	⑥
6	〃	〃	⑧	5-0	○	瀧中 瞭太	⑤
7	〃	〃	⑨	5-0	○	宮森 智志	⑤
9	楽天モバイル	オ	⑥	0-2	●	早川 隆久	〃
10	〃	〃	⑦	2-8	●	岸	〃
11	〃	〃	⑧	7-3	○	則本 昂大	〃
12	ベルーナD	武	⑦	4-4	△	西口 直人	〃
13	〃	〃	⑧	4-7	●	藤平 尚真	〃
14	〃	〃	⑨	5-0	○	瀧中 瞭太	〃
16	盛岡	ソ	⑨	3-0	○	早川 隆久	⑤
17	山形		⑩	1-10	●	荘司 康誠	⑥
19	楽天モバイル	ロ	中止				
20	〃	〃	⑥	1-6	●	則本 昂大	〃
21	〃	〃	⑦	4-6	●	瀧中 瞭太	〃
23	ほっと神戸	オ	⑨	0-8	●	田中 将大	〃
24	〃	〃	⑩	5-6	●	松井 裕樹	〃
26	楽天モバイル	日	⑪	4-3	○	内	〃
27	〃	〃	⑪	3-2	○	松井 友飛	〃
28	〃	〃	⑫	1-2	●	宋 家豪	〃
30	〃	ディ	②	3-2	●	則本 昂大	〃
31	〃	〃	②	3-1	○	田中 将大	〃

6月（10勝13敗）

日	球場	相手	G	スコア	勝敗	投手	順位
1	楽天モバイル	ディ	③	3-11	●	瀧中 瞭太	〃
2	神宮	ヤ	中止				
3	〃	〃	①	5-9	●	早川 隆久	〃
4	〃	〃	①	2-5	●	荘司 康誠	〃
6	楽天モバイル	神	①	4-1	○	則本 昂大	〃
7	〃	〃	②	3-11	●	田中 将大	〃
8	〃	〃	①	5-4	○	内 星龍	〃
9	〃	中	①	5-4	○	渡辺 翔太	〃
10	〃	〃	①	1-0	○	早川	〃
11	〃	〃	①	5-4	○		〃
13	マツダ	広	①	6-3	○	則本 昂大	⑤
14	〃	〃	②	3-4	●	松井 裕樹	〃
15	〃	〃	③	11-7	○	渡辺 翔太	〃
16	東京ドーム	巨	①	5-6	●	酒居 知史	〃
17	〃	〃	②	1-6	●	早川 隆久	〃
18	〃	〃	②	2-3	●	岸 孝之	〃
20	神宮	ヤ	③	0-13	●	藤平 尚真	〃
21	楽天モバイル	中	①	2-5	●	瀧中 瞭太	〃
23	〃	〃	⑩	2-5	●	酒居 知史	〃
24	〃	〃	⑪	0-1	●	辛島 航	⑥
25	〃	〃	⑫	2-5	●	早川 隆久	〃
27	東京ドーム	ソ	①	2-1	○	田中 将大	〃
28	PayPayD	〃	⑧	2-3	●	渡辺 翔太	〃

パシフィック・リーグ

日	球場	相手		スコア		投　手	順位
29	PayPayD	ソ	⑨	2－3	●	内　星龍	⑥
30	ZOZO	ロ	⑧	5－4	○	酒居　知史	〃
7月（15勝7敗）							
1	ZOZO	ロ	⑨	2－10	●	辛島　航	⑤
2	〃		⑩	11－4	○	藤井　聖	〃
4	東京ドーム	オ	⑪	7－9	●	田中　将大	〃
5	〃		⑫	6－1	○	荘司　康誠	〃
6	〃		⑬	3－0	○	岸　孝之	〃
7	〃	ソ	⑩	6－5	○	則本　昂大	〃
8	〃		⑪	8－1	○	辛島　航	〃
9	〃		⑫	1－8	●	藤井　聖	④
11	エスコンF	日	⑬	4－3	○	田中　将大	〃
12	〃		⑭	3－4	●	宋　家豪	〃
13	〃		⑮	3－2	○	酒居　知史	〃
15	ZOZO	ロ	⑪	7－9	●	酒居　知史	〃
16	〃		⑬	4－2	○	渡辺　翔太	〃
17	〃		⑬	4－2	○	安樂　智大	〃
22	ベルーナD	武	⑭	1－2	●	辛島　航	〃
23	〃		⑭	2－3	●	則本　昂大	〃
25	楽天モバイル	日	⑯	3－1	○	早川　隆久	〃
26	〃		⑰	2－3	●	鈴木　翔天	〃
27	〃		⑱	5－9	●	田中　将大	〃
28	〃	武	⑮	5－1	○	岸　孝之	〃
29	〃		⑯	1－3	●	辛島　航	〃
30	〃		⑰	5－4	○	酒居　知史	〃
8月（12勝12敗）							
1	京セラD	オ	⑭	2－6	●	早川　隆久	〃
2	〃		⑮	2－3	●	安樂　智大	〃
3	〃		⑯	9－1	○	田中　将大	〃
4	楽天モバイル	ロ	⑰	3－5	●	岸　孝之	〃
5	〃		⑮	7－6	○	酒居　知史	〃
6	〃		⑯	2－1	○	則本　昂大	〃
8	PayPayD	ソ	⑬	9－3	○	早川	〃
9	〃			中止			
10	〃		⑭	4－11	●	田中　将大	〃
11	楽天モバイル	オ	⑰	5－0	○	岸　孝之	〃
12	〃			中止			
13	〃		⑱	0－1	●	則本　昂大	〃
15	ベルーナD	武	⑱	3－4	●	渡辺　翔太	〃
16	〃		⑲	1－4	●	辛島　航	〃
17	〃		⑳	2－4	●	田中	〃
18	楽天モバイル	ロ	⑰	4－7	●	岸　孝之	〃
19	〃		⑱	7－5	○	渡辺　翔太	〃
20	〃		⑲	3－4	●	松井　裕樹	〃
22	エスコンF	日	⑲	2－6	●	早川　隆久	〃
23	〃		⑳	4－10	●	松井　友飛	〃
25	楽天モバイル	ソ	⑮	3－2	○	渡辺　翔太	〃
26	〃		⑯	2－1	○	田中　将大	〃
27	〃		⑰	7－1	○	荘司　康誠	〃
29	〃	武	㉑	2－1	○	則本　昂大	〃
30	〃		㉒	6－4	○	内　星龍	〃
31	〃		㉓	4－5	●	渡辺　翔太	〃
9月（13勝9敗）							
1	ZOZO	ロ	⑳	0－5	●	岸　孝之	〃
2	〃		㉑	5－3	○	安樂　智大	〃
3	〃		㉒	5－4	○	荘司　康誠	〃
5	楽天モバイル	日		中止			
6	〃			中止			
8	PayPayD	ソ	⑱	8－6	○	岸	〃
9	〃		⑲	2－7	●	田中　将大	〃
10	〃		⑳	6－4	○	荘司　康誠	〃
12	ZOZO	ロ	㉓	3－5	●	則本　昂大	〃
13	〃		㉔	3－2	○	渡辺　翔太	〃
14	楽天モバイル	オ	⑲	0－2	●	安樂　智大	〃
16	京セラD	オ	⑳	3－1	○	岸	〃
17	〃		㉑	1－6	●	宋　家豪	〃
18	〃		㉒	3－6	●	田中　将大	〃
19	楽天モバイル	ソ	㉑	3－2	○	則本　昂大	〃
20	〃		㉒	6－1	○	藤井　聖	〃
21	〃	武	㉔	2－7	●	塩見　貴洋	〃
22	〃	日	㉑	0－3	●	藤平　尚真	〃
24	〃		㉓	3－1	○	松井　裕樹	〃

日	球場	相手		スコア		投　手	順位
25	エスコンF	日	㉔	9－1	○	渡辺　翔太	③
27	ベルーナD	武	㉕	1－2	●	渡辺　翔太	④
28	楽天モバイル	オ	㉕	9－2	○	安樂　智大	〃
30	京セラD		㉔	5－4	○	岸　孝之	〃
10月（2勝3敗1分）							
1	京セラD	オ	㉕	8－2	○	荘司　康誠	②
2	PayPayD	ソ	㉓	0－6	●	田中　将大	④
3	〃		㉔	3－7	●	則本　昂大	〃
5	楽天モバイル	日	㉕	5－5	△	酒居　知史	〃
7	〃	ソ	㉕	5－5	△	内　星龍	〃
8	〃			中止			
10	〃		㉕	0－5	●	則本　昂大	〃 ※

西　武（65勝77敗1分）

日	球場	相手		スコア		投　手	順位
3月（0勝1敗）							
31	ベルーナD	オ	①	2－3	●	ティノコ	④
4月（13勝10敗）							
1	ベルーナD	オ	②	2－9	●	エンス	⑤
2	〃		③	4－1	○	佐藤　隼輔	②
4	楽天モバイル	楽	①	4－0	○	今井　達也	②
5	〃		②	0－1	●	隅田知一郎	③
6	〃		③	2－1	○	松本　航	③
7				－			③
8	宮崎	ソ	①	3－0	○	髙橋　光成	②
9	鹿児島		②	1－3	●	エンス	②
11	ベルーナD		②	8－3	○	平良　海馬	②
12	〃		③	2－3	●	隅田知一郎	④
13	県営大宮		④	2－0	○	今井　達也	②
14	エスコンF	日	①	2－5	●	松本　航	④
15	〃		②	10－0	○	髙橋　光成	②
16	〃		③	6－2	○	エンス	②
18	東京ドーム	ソ	③	7－3	○	平良　海馬	②
19	ベルーナD		④	3－2	○	隅田知一郎	②
21	京セラD	オ	④	5－7	●	森脇　亮介	②
22	〃		⑤	4－2	○	髙橋　光成	①
23	〃		⑥	1－4	●	エンス	①
25	ZOZO	ロ	④	5－3	○	松本　航	①
26	〃		⑤	1－2	●	本田　圭佑	②
27	〃			中止			
28	ベルーナD	楽	④	4－0	○	今井　達也	②
29	〃		⑤	2－8	●	髙橋　光成	②
30	〃		⑥	6－7	●	平井　克典	②
5月（7勝16敗1分）							
2	ベルーナD		④	1－7	●	エンス	③
3	〃		⑤	3－1	○	平良　海馬	③
4	〃		⑥	4－0	○	松本　航	②
5	京セラD	オ	⑦	0－6	●	隅田知一郎	②
6	〃		⑧	3－4	●	増田　達至	②
7	〃		⑨	2－6	●	平井　克典	②
9	ベルーナD	ロ	⑥	2－6	●	今井　達也	②
10	〃		⑦	2－3	●	エンス	②
11	〃		⑧	4－4	△	平良　海馬	②
12	〃	楽	⑦	4－4	△	ボー・タカハシ	②
13	〃		⑧	7－4	○	髙橋　光成	②
14	〃		⑨	1－3	●	隅田知一郎	②
16	エスコンF	日	⑦	4－2	○	増田　達至	②
17	〃		⑧	2－6	●	エンス	②
18	〃		⑨	2－6	●	佐藤　隼輔	②
19	PayPayD	ソ	④	4－5	●	松本　航	⑤
20	〃		⑤	1－0	○	平井　克典	④
21	〃		⑥	1－3	●	隅田知一郎	④
23	ZOZO	ロ		中止			
24	〃		⑨	1－11	●	今井　達也	④
26	ベルーナD	オ	⑩	0－3	●	松本　航	④
27	〃		⑪	0－3	●	髙橋　光成	④
28	〃		⑫	1－3	●	平良　海馬	④
30	〃	神	③	1－3	●	與座　海人	④
31	〃		④	4－0	○	森脇　亮介	④
6月（9勝13敗）							
1	〃	神	③	4－2	○	宮川　哲	〃
2	横浜	ディ		中止			

日	球場	相手	試合	スコア	勝敗	投手	順位
3	横浜	ディ	①	2-6	●	高橋 光成	⑤
4	〃	〃	②	4-5	●	ティノコ	〃
5	〃	〃	③	6-4	○	松本 航	〃
6	県営大宮	中	①	1-2	●	與座 海人	〃
7	ベルーナD	〃	②	2-1	○	増田 達至	〃
8	〃	〃	②	2-8	●	宮川 哲	〃
9	〃	ヤ	①	2-1	○	隅田知一郎	〃
10	〃	〃	②	0-2	●	高橋 光成	〃
11	〃	〃	②	0-2	●	松本 航	
13	東京ドーム	巨	①	0-3	●	松本 航	⑥
14	〃	〃	②	1-7	●	エンス	〃
15	〃	〃	②	1-2	●	平井 克典	〃
16	マツダ	広	①	0-2	●	隅田知一郎	〃
17	〃	〃	②	4-6	●	高橋 光成	〃
18	〃	〃	③	11-4	○	平良 海馬	〃
23	楽天モバイル	楽	⑩	5-4	○	平井 克典	〃
24	〃	〃	⑪	1-0	○	高橋 光成	⑤
25	〃	〃	⑫	3-8	●	隅田知一郎	〃
27	那覇	日	⑩	1-2	●	森脇 亮介	〃
28	〃	〃	⑪	2-0	○	松本 航	〃
30	ベルーナD	ソ	⑧	1-3	●	松本 航	〃
7月 (10勝10敗)							
1	ベルーナD	ソ	⑨	5-7	●	平井 克典	〃
2	〃	〃	⑩	3-9	●	隅田知一郎	⑥
4	ZOZO	ロ	⑪	0-1	●	ティノコ	〃
5	〃	〃	⑫	5-4	○	平良 海馬	〃
6	東京ドーム	〃	⑬	6-7	●	佐々木 健	〃
8	ほっと神戸	オ	⑬	1-5	●	高橋 光成	〃
9	京セラD	〃	⑭	5-11	●	松本 航	〃
10	〃	ソ	⑪	2-1	○	隅田知一郎	〃
12	北九州	〃	⑫	4-2	○	今井 達也	〃
13	PayPayD	〃	⑫	4-2	○	平良 海馬	〃
15	ベルーナD	日	⑫	1-0	○	増田 達至	〃
16	〃	〃	⑬	2-0	○	高橋 光成	⑤
17	〃	〃	⑭	7-2	○	隅田知一郎	〃
22	〃	楽	⑬	2-1	○	今井 達也	〃
23	〃	〃	⑭	2-4	●	エンス	〃
25	〃	ロ	⑭	2-3	●	高橋 光成	〃
26	〃	〃	⑮	5-3	○	與座 海人	〃
28	楽天モバイル	楽	⑮	1-5	●	平井 克典	〃
29	〃	〃	⑯	3-1	○	今井 達也	〃
30	〃	〃	⑰	4-5	●	水上 由伸	〃
8月 (11勝15敗)							
1	ベルーナD	ソ	⑭	5-0	○	高橋 光成	〃
2	〃	〃	⑮	0-3	●	與座 海人	〃
4	〃	オ	⑯	3-2	○	増田 達至	〃
5	〃	〃	⑰	1-2	●	宮川 哲	〃
6	〃	〃	⑰	0-9	●	宮川 哲	〃
8	エスコンF	日	⑮	6-3	○	高橋 光成	〃
9	〃	〃	⑯	0-6	●	隅田知一郎	〃
10	〃	〃	⑰	5-6	●	與座 海人	〃
11	ZOZO	ロ	⑮	8-2	○	平良 海馬	〃
12	〃	〃	⑯	2-3	●	増田 達至	〃
13	〃	〃	⑰	2-3	●	青山美夏人	〃
15	ベルーナD	楽	⑱	3-5	●	増田 達至	〃
16	〃	〃	⑲	4-1	○	今井 達也	〃
17	〃	〃	⑲	4-2	○	隅田知一郎	〃
18	PayPayD	ソ	⑯	0-8	●	平良 海馬	〃
19	〃	〃	⑰	2-3	●	與座 海人	〃
20	〃	〃	⑱	6-4	○	松本 航	〃
22	ベルーナD	オ	⑱	1-5	●	エンス	〃
23	〃	〃	⑲	0-3	●	今井 達也	〃
24	〃	〃	⑲	3-2	●	隅田知一郎	〃
25	〃	日	⑱	5-0	○	平良 海馬	〃
26	〃	〃	⑲	3-4	●	高橋 光成	〃
27	〃	〃	⑳	3-4	●	佐藤 隼輔	⑥
29	楽天モバイル	楽	㉑	1-2	●	松本 航	〃
30	〃	〃	㉒	4-6	●	増田 達至	〃
31	〃	〃	㉓	5-4	○	公文 克彦	〃
9月 (14勝10敗)							
1	ベルーナD	ソ	⑲	6-0	○	平良 海馬	〃
2	〃	〃	⑳	2-6	●	高橋 光成	〃
3	〃	〃	㉑	2-3	●	與座 海人	〃
5	ほっと神戸	オ	㉑	3-0	○	田村伊知郎	⑥
6	〃	〃	㉒	4-3	○	今井 達也	⑤
8	エスコンF	日	㉒	6-0	○	平良 海馬	〃
9	〃	〃	㉒	7-2	○	隅田知一郎	〃
10	〃	〃	㉓	10-0	○	高橋 光成	〃
12	ベルーナD	ソ	㉒	4-8	●	公文 克彦	〃
13	〃	〃	㉓	4-2	○	與座 海人	〃
14	〃	〃	㉔	4-2	○	今井 達也	〃
16	〃	ロ	⑱	1-5	●	平良 海馬	〃
17	〃	〃	⑲	1-2	●	隅田知一郎	〃
18	〃	〃	⑳	1-2	●	ボー・タカハシ	〃
19	〃	日	㉔	7-4	○	松本 航	〃
20	〃	〃	㉕	4-1	○	渡邉勇太朗	〃
21	楽天モバイル	楽	㉔	7-2	○	今井 達也	〃
23	ベルーナD	〃	㉕	3-2	○	平良 海馬	〃
24	京セラD	オ	㉓	1-4	●	隅田知一郎	〃
25	〃	〃	㉔	3-4	●	田村伊知郎	〃
26	〃	〃	㉕	7-1	○	田村伊知郎	〃
27	ベルーナD	楽	㉕	2-1	○	平井 克典	〃
29	PayPayD	ソ	㉕	0-1	●	今井 達也	〃
30	ZOZO	ロ	㉒	4-5	●	水上 由伸	〃
10月 (1勝2敗)							
1	ZOZO	ロ	㉓	2-3	●	隅田知一郎	〃 ※
2	〃	〃	㉔	1-2	●	エンス	〃
3	〃	〃	㉕	4-1	○	松本 航	〃

日本ハム（60勝82敗1分）

日	球場	相手	試合	スコア	勝敗	投手	順位
3月 (0勝1敗)							
30	エスコンF	楽	①	1-3	●	加藤 貴之	②
31	ー	ー					④
4月 (9勝15敗)							
1	エスコンF	楽	②	4-3	○	鈴木 健矢	③
2	〃	〃	③	1-2	●	北山 亘基	④
4	ZOZO	ロ	①	4-6	●	ポンセ	〃
5	〃	〃	②	1-2	●	メネセス	⑥
6	〃	〃	③	1-6	●	加藤 貴之	〃
7	京セラD	オ	②	2-4	●	上原 健太	〃
8	〃	〃	②	6-2	○	上沢 直之	〃
9	〃	〃	③	7-2	○	金村 尚真	〃
11	PayPayD	ソ	②	2-4	●	ロドリゲス	〃
12	〃	〃	②	2-5	●	伊藤 大海	〃
14	エスコンF	武	①	5-2	○	加藤 貴之	〃
15	〃	〃	②	0-10	●	上沢 直之	〃
16	〃	〃	③	2-6	●	上原 健太	〃
18	〃	ロ	④	2-4	●	金村 尚真	〃
19	〃	〃	⑤	2-0	○	伊藤 大海	〃
20	〃	〃	⑥	2-0	○	鈴木 健矢	〃
21	楽天モバイル	楽	④	7-8	●	田中 正義	〃
22	〃	〃	⑤	5-3	○	上沢 直之	〃
23	〃	〃	⑥	3-4	●	玉井 大翔	〃
25	エスコンF	オ	④	7-8	●	伊藤 大海	〃
26	〃	〃	⑤	3-6	●	鈴木 健矢	〃
28	〃	ソ	③	3-6	●	池田 隆英	〃
29	〃	〃	④	3-1	○	上沢 直之	〃
30	〃	〃	⑤	5-1	○	堀 瑞輝	〃
5月 (14勝11敗)							
2	ベルーナD	武	④	7-1	○	伊藤 大海	〃
3	〃	〃	⑤	1-0	○	鈴木 健矢	〃
4	〃	〃	⑥	1-0	●	北山 亘基	〃
5	エスコンF	楽	⑦	5-2	○	宮内 春輝	⑤
6	〃	〃	⑧	0-5	●	上沢 直之	⑤
7	〃	〃	⑨	3-2	○	田中 正義	⑤
8	熊本	ソ	⑦	6-1	○	ロドリゲス	〃
10	PayPayD	〃	⑦	0-1	●	齋藤 綱記	〃
11	〃	〃	⑧	3-6	●	北山 亘基	〃
13	エスコンF	ロ	⑧	5-0	○	加藤 貴之	〃
14	〃	〃	⑨	2-3	●	メネセス	〃
16	〃	武	⑦	2-4	●	杉浦 稔大	⑥
17	〃	〃	⑧	3-0	○	上沢 直之	⑤
18	〃	〃	⑨	3-1	○	伊藤 大海	〃
19	京セラD	オ	⑥	1-0	○	加藤 貴之	④

パシフィック・リーグ

日	球場	相手		スコア		投手	順位
20	京セラD	オ	⑦	5 - 3	○	北山　亘基	④
21	〃	〃	⑧	4 - 10	●	鈴木　健矢	〃
23	エスコンF	ソ	⑨	2 - 4	●	河野　竜生	〃
24	〃	〃	⑩	1 - 2	●	上沢　直之	〃
25	〃	〃	⑪	5 - 1	○	加藤　貴之	〃
26	楽天モバイル	楽	⑩	3 - 4	●	伊藤　大海	〃
27	〃	〃	⑪			鈴木　健矢	〃
28	〃	〃	⑫	2 - 3	●	ロドリゲス	〃
30	エスコンF	ヤ	①	3 - 2	○	上原　健太	〃
31	〃	〃	②	5 - 2	○	上沢　直之	〃
6月（10勝12敗）							
1	エスコンF	ヤ	③	0 - 5	●	加藤　貴之	〃
2	東京ドーム	巨	①	8 - 2	○	鈴木　健矢	〃
3	〃	〃	②	2 - 3	●	玉井　大翔	〃
4	〃	〃	③	10 - 3	○	北山　亘基	〃
6	エスコンF	広	①	2 - 3	●	宮西　尚生	〃
7	〃	〃	②	0 - 1	●	加藤　貴之	〃
8	〃	〃	③	2 - 7	●	上沢　直之	〃
9	〃	神	①	4 - 0	○	鈴木　健矢	〃
10	〃	〃	②	2 - 3	●	宮西　尚生	〃
11	〃	〃	③	0 - 1	●	北山　亘基	〃
13	横浜	ディ	①	3 - 5	●	上原　健太	〃
14	〃	〃	②			加藤　貴之	〃
15	〃			ノーゲーム			
16	バンテリンD	中	①	2 - 1	○	上沢　直之	〃
17	〃	〃	②	6 - 3	○	伊藤　大海	〃
18	〃	〃	③	4 - 0	○	北山　亘基	〃
19	横浜	ディ	③	5 - 3	○	田中　正義	〃
23	ZOZO	ロ	⑨	5 - 3	○	宮西　尚生	〃
24	〃	〃	⑩	4 - 5	●	生田目　翼	〃
25	〃	〃	⑪	5 - 6	●	伊藤　大海	〃
27	那覇	武	⑩	2 - 1	○	河野　竜生	〃
28	〃	〃	⑪	0 - 2	●	加藤　貴之	〃
30	エスコンF	オ	⑨	1 - 5	●	加藤　貴之	〃
7月（5勝16敗）							
1	エスコンF	オ	⑩	1 - 3	●	上沢　直之	〃
2	〃	〃	⑪	6 - 3	○	北山　亘基	〃
4	PayPayD	ソ	⑫	10 - 3	○	伊藤　大海	〃
5	〃	〃	⑬	1 - 5	●	鈴木　健矢	〃
6	〃	〃	⑭	3 - 4	●	河野　竜生	〃
8	エスコンF	ロ	⑫	2 - 3	●	上沢　直之	〃
9	〃	〃	⑬	2 - 3	●	池田　隆英	⑤
11	〃	楽	⑬	1 - 5	●	北山　亘基	〃
12	〃	〃	⑭	3 - 4	●	伊藤　大海	〃
13	〃	〃	⑮	2 - 3	●	田中　正義	〃
15	ベルーナD	武	⑫	0 - 1	●	池田　隆英	〃
16	〃	〃	⑬	0 - 2	●	上原　健太	⑥
17	〃	〃	⑭	2 - 7	●	鈴木　健矢	〃
22	ほっと神戸	オ	⑫	4 - 5	●	宮西　尚生	〃
23	〃	〃	⑬	5 - 7	●	ポンセ	〃
25	楽天モバイル	楽	⑯	1 - 3	●	加藤　貴之	〃
26	〃	〃	⑰	3 - 2	○	池田　隆英	〃
27	〃	〃	⑱	9 - 5	○	北山　亘基	〃
28	エスコンF	オ	⑭	4 - 0	○	上沢　直之	〃
29	〃	〃	⑮	3 - 4	●	伊藤　大海	〃
30	〃	〃	⑯	2 - 9	●	ポンセ	〃
8月（14勝11敗1分）							
1	ZOZO	ロ	⑭	3 - 2	○	ロドリゲス	〃
2	〃	〃	⑮	8 - 6	○	マーベル	〃
3	〃	〃	⑯	5 - 7	●	北山　亘基	〃
4	エスコンF	ソ	⑮	5 - 4	○	福田　俊	〃
5	〃	〃	⑯	6 - 11	●	立野　和明	〃
6	〃	〃	⑰	1 - 6	●	ポンセ	〃
8	〃	武	⑯	3 - 6	●	加藤　貴之	〃
9	〃	〃	⑯	0 - 6	●	マーベル	〃
10	〃	〃	⑰	0 - 6	●	根本　悠楓	〃
11	PayPayD	ソ	⑱	4 - 7	●	池田　隆英	〃
12	〃	〃	⑲	9 - 0	○	伊藤　大海	〃
13	〃	〃	⑲	3 - 7	●	上原　健太	〃
15	エスコンF	ロ	⑰	6 - 5	○	加藤　貴之	〃
16	〃	〃	⑱	5 - 0	○	ポンセ	〃
17	〃	〃	⑱	5 - 0	○	マーベル	〃
18	京セラD	オ	⑰	1 - 1	△	田中　正義	〃

日	球場	相手		スコア		投手	順位
19	京セラD	オ	⑱	1 - 2	●	伊藤　大海	⑥
20	〃	〃	⑲	0 - 1	●	ロドリゲス	〃
22	エスコンF	楽	⑲	6 - 2	○	加藤　貴之	〃
23	〃	〃	⑳	10 - 4	○	ポンセ	〃
25	ベルーナD	武	⑱	0 - 5	●	上沢　直之	〃
26	〃	〃	⑲	7 - 0	○	伊藤　大海	〃
27	〃	〃	⑳	4 - 3	○	上原　健太	⑤
29	ZOZO	ロ	⑳	0 - 6	●	マーベル	〃
30	〃	〃	㉑	3 - 2	○	ポンセ	〃
31	〃	〃	㉒	4 - 6	●	ロドリゲス	〃
9月（7勝14敗）							
1	エスコンF	オ	⑳	3 - 0	○	上沢　直之	〃
2	〃	〃	㉑	0 - 1	●	伊藤　大海	〃
3	〃	〃	㉒	1 - 3	●	上原　健太	〃
5	楽天モバイル	楽		中止			
6				中止			⑥
8	エスコンF	武	㉑	0 - 6	●	上沢　直之	〃
9	〃	〃	㉒	1 - 9	●	加藤　貴之	〃
10	〃	〃	㉓	0 - 10	●	伊藤　大海	〃
12	〃	オ	㉓	1 - 8	●	ポンセ	〃
13	〃	〃	㉓	1 - 5	●	上原　健太	〃
16	〃	ソ	㉓	3 - 1	○	河野　竜生	〃
17	〃	〃	㉓	1 - 3	●	根本　悠楓	〃
18	〃	〃	㉓	1 - 3	●	河野　竜生	〃
19	ベルーナD	武	㉔	4 - 7	●	ロドリゲス	〃
20	〃	〃	㉕	1 - 4	●	上原　健太	〃
22	楽天モバイル	楽	㉔	3 - 0	○	金村　尚真	〃
23	〃	〃	㉔	1 - 4	●	上沢　直之	〃
24	〃	〃	㉔	1 - 9	●	池田　隆英	〃
25	エスコンF	ロ	㉑	1 - 9	●	伊藤　大海	〃
26	〃	ロ	㉑	7 - 0	○	ポンセ	〃
27	〃	〃	㉑	9 - 2	○	上原　健太	〃
28	〃	〃	㉑	2 - 3	●	根本　悠楓	〃
30	PayPayD	ソ	㉔	2 - 3	●	田中　正義	〃
10月（1勝2敗）							
1	PayPayD	ソ	㉕	4 - 3	○	上沢　直之	〃
2	京セラD	オ	㉕	0 - 3	●	ロドリゲス	〃
5	楽天モバイル	楽	㉕	3 - 5	●	根本　悠楓	〃

球場／エスコンF：エスコンフィールドHOKKAIDO（北広島）
楽天モバイル：楽天モバイルパーク宮城（仙台）
ベルーナD：ベルーナドーム（所沢）
東京D：東京ドーム
ZOZO：ZOZOマリンスタジアム（千葉）
バンテリンD：バンテリンドーム　ナゴヤ
京セラD：京セラドーム大阪
ほっと神戸：ほっともっとフィールド神戸
マツダ：MAZDA Zoom-Zoomスタジアム広島
PayPayD：福岡PayPayドーム

2023・パシフィック・リーグ打撃成績

チーム打撃成績

▲打撃妨害出塁　　　　　　　　　　　　　　出塁率＝（安打＋四死球）÷（打数＋四死球＋犠飛）

チーム	試合	打席	打数	得点	安打	二塁打	三塁打	本塁打	塁打	打点	盗塁	盗塁刺	犠打	犠飛	四球計	故意四球	死球	三振	併殺打	残塁	打率	長打率	出塁率
オリックス	143	5324	4782	508	1194	211	17	109	1766	482	52	32	83	25	371	8	63	986	106	991	.250	.369	.311
ソフトバンク	143	5454	4786	536	1185	195	15	104	1722	513	73	30	107	38	470	14	53	1053	88	1082	.248	.360	.319
楽天	143	5369	▲4667	513	1140	168	25	104	1670	485	102	38	125	33	490	9	52	937	108	1049	.244	.358	.321
ロッテ	143	5414	4744	505	1135	220	12	100	1679	475	73	21	116	39	453	20	62	1011	79	1059	.244	.354	.311
西武	143	5222	4672	435	1088	188	21	90	1588	414	80	38	90	28	387	9	45	1045	97	962	.233	.340	.296
日本ハム	143	5248	4688	464	1082	195	18	100	1613	443	75	49	84	25	397	10	54	1111	78	952	.231	.344	.297
合計	483	32031	▲28339	2961	6824	1177	108	607	10038	2812	455	208	605	188	2568	70	329	6143	556	6095	.241	.354	.309

試合計＝リーグ内対戦375＋交流戦108

個人打撃成績

（規定打席443）

頁位	選手名	チーム	試合	打席	打数	得点	安打	二塁打	三塁打	本塁打	塁打	打点	盗塁	盗塁刺	犠打	犠飛	四球計	故意四球	死球	三振	併殺打	残塁	打率	長打率	出塁率
①	頓宮 裕真	(オ)	113	451	401	49	123	23	0	16	194	49	0	0	1	2	41	0	6	69	11	88	.307	.484	.378
②	*近藤 健介	(ソ)	143	613	492	75	149	33	0	26	260	87	3	4	0	6	109	7	6	117	7	136	.303	.528	.431
③	柳田 悠岐	(ソ)	143	625	546	57	163	29	3	22	264	85	1	0	0	6	64	1	9	97	9	157	.299	.484	.378
④	*森 友哉	(オ)	110	453	384	49	113	24	2	18	195	64	4	1	1	7	54	4	7	61	9	99	.294	.508	.385
⑤	松本 剛	(日)	134	561	507	51	140	16	2	3	169	30	12	12	7	3	37	3	7	57	11	107	.276	.333	.332
⑥	紅林弘太郎	(オ)	127	482	443	37	122	19	1	8	167	39	4	6	7	3	28	0	1	63	19	96	.275	.377	.318
⑦	*中村 晃	(ソ)	136	585	511	52	140	19	5	7	172	37	0	2	7	4	60	3	3	53	8	118	.27397	.387	.351
⑧	浅村 栄斗	(楽)	143	601	522	64	143	20	0	26	241	78	2	1	6	1	75	4	3	108	9	128	.27394	.462	.368
⑨	中川 圭太	(オ)	135	563	506	66	136	29	5	12	211	55	5	5	6	1	43	0	7	90	9	106	.269	.417	.334
⑩	万波 中正	(日)	141	582	533	69	141	33	0	25	249	74	2	1	2	4	41	2	4	138	12	107	.265	.467	.321
⑪	*辰己 涼介	(楽)	133	495	434	45	114	16	5	9	167	43	13	4	8	1	40	0	12	99	3	107	.263	.385	.341
⑫	外崎 修汰	(武)	136	571	503	60	131	28	3	12	201	54	26	3	3	4	56	0	5	114	11	112	.260	.400	.338
⑬	マキノン	(武)	127	514	464	50	120	17	2	15	186	50	1	1	0	2	48	0	0	91	7	85	.259	.401	.327
⑭	*小深田大翔	(楽)	134	549	477	67	123	8	9	5	158	37	36	6	20	1	48	0	3	83	8	105	.258	.331	.329
⑮	今宮 健太	(ソ)	126	484	427	38	109	22	0	9	158	48	4	0	24	4	27	1	2	58	14	100	.255	.370	.300
⑯	マルティネス	(日)	119	444	386	39	95	24	0	15	164	66	0	4	0	3	44	0	11	99	15	76	.246	.425	.338
⑰	*宗 佑磨	(オ)	122	478	428	38	105	17	3	2	134	22	1	1	9	1	36	1	4	94	3	94	.245	.313	.309
⑱	*ポランコ	(ロ)	125	497	447	43	108	15	0	26	201	75	0	0	0	3	47	5	0	92	3	92	.242	.450	.312
⑲	*安田 尚憲	(ロ)	122	472	416	39	100	24	0	9	150	43	2	0	3	4	49	2	2	95	10	103	.238	.361	.318
⑳	野村 佑希	(日)	125	473	423	42	100	21	0	13	162	43	4	1	0	4	42	0	4	112	3	91	.236	.383	.309
㉑	山口 航輝	(ロ)	115	474	421	46	99	21	0	14	162	57	0	0	0	1	50	1	5	122	7	83	.235	.385	.310
㉒	中村 奨吾	(ロ)	137	584	508	61	112	23	0	11	168	48	3	1	13	4	52	2	7	89	20	107	.220	.331	.299

▽項目リーダー

試合…近藤 健介(ソ) 143		万波 中正(日) 33	周東 佑京(ソ) 36	三振…万波 中正(日) 138
柳田 悠岐(ソ) 143	三塁打…小深田大翔(楽) 9	盗塁刺…松本 剛(日) 12	併殺打…中村 奨吾(ロ) 20
浅村 栄斗(楽) 143	本塁打…近藤 健介(ソ) 26	犠打…太田 光(楽) 28	残塁…柳田 悠岐(ソ) 157
打席…柳田 悠岐(ソ) 625	ポランコ(ロ) 26	犠飛…森 友哉(オ) 7	長打率…近藤 健介(ソ) .528
打数…柳田 悠岐(ソ) 546	塁打…近藤 健介(ソ) 264	岡島 豪郎(楽) 7	出塁率…近藤 健介(ソ) .431
得点…近藤 健介(ソ) 75	打点…近藤 健介(ソ) 87	四球計…近藤 健介(ソ) 109	
安打…柳田 悠岐(ソ) 163	盗塁…小深田大翔(楽) 36	故意四球…近藤 健介(ソ) 7	
二塁打…近藤 健介(ソ) 33		死球…辰巳 涼介(楽) 12	

全 選 手 打 撃 成 績

▲打撃妨害出塁

(50音順)

選手名	チーム	試合	打席	打数	得点	安打	二塁打	三塁打	本塁打	塁打	打点	盗塁	盗塁刺	犠打	犠飛	四球計	故意四球	死球	三振	併殺打	残塁	打率	長打率	出塁率
アストゥディーヨ	(ソ)	20	50	44	2	6	1	0	1	10	3	0	0	0	1	2	0	3	2	3	6	.136	.227	.22
+アルカンタラ	(日)	41	125	113	14	23	6	0	4	41	10	1	0	3	0	9	0	0	41	1	18	.204	.363	.26
愛　斗	(武)	73	267	257	19	55	18	0	4	85	15	2	5	4	1	3	2	2	55	7	41	.214	.331	.22
青山美夏人	(武)	39	0	0	0	0	0	0	0	0	0	0	0	0	0	0	0	0	0	0	0	.000	.000	.00
*淺間　大基	(日)	13	38	36	2	8	3	1	0	13	4	0	0	1	0	1	0	0	10	1	7	.222	.361	.24
浅村　栄斗	(楽)	143	601	522	64	143	20	0	26	241	78	2	1	0	1	75	4	3	108	9	128	.274	.462	.36
東　晃平	(オ)	10	0	0	0	0	0	0	0	0	0	0	0	0	0	0	0	0	0	0	0	.000	.000	.00
安達　了一	(オ)	23	68	60	4	11	0	0	0	11	4	1	1	3	0	5	0	0	18	0	12	.183	.183	.24
東妻　勇輔	(ロ)	36	0	0	0	0	0	0	0	0	0	0	0	0	0	0	0	0	0	0	0	.000	.000	.00
*阿部　翔太	(オ)	49	0	0	0	0	0	0	0	0	0	0	0	0	0	0	0	0	0	0	0	.000	.000	.00
阿部　寿樹	(楽)	78	253	216	16	55	17	1	4	86	24	0	0	6	2	27	1	2	47	12	60	.255	.398	.34
有薗　直輝	(日)	1	5	5	0	0	0	0	0	0	0	0	0	0	0	0	0	0	4	0	0	.000	.000	.00
有原　航平	(ソ)	17	2	2	0	1	0	0	0	1	0	0	0	0	0	0	0	0	1	0	1	.500	.500	.50
*安樂　智大	(楽)	57	0	0	0	0	0	0	0	0	0	0	0	0	0	0	0	0	0	0	0	.000	.000	.00
*生　海	(ソ)	13	21	20	2	4	0	0	0	4	0	0	0	0	0	1	0	0	5	0	1	.200	.200	.23
井口　和朋	(日)	5	0	0	0	0	0	0	0	0	0	0	0	0	0	0	0	0	0	0	0	.000	.000	.00
池田　隆英	(楽)	51	0	0	0	0	0	0	0	0	0	0	0	0	0	0	0	0	0	0	0	.000	.000	.00
池田　来翔	(ロ)	40	118	104	17	28	6	1	2	42	8	0	0	5	0	6	0	3	17	1	19	.269	.404	.32
池田　陵真	(オ)	12	39	34	4	7	1	0	0	8	0	1	0	0	0	4	0	1	9	1	5	.206	.235	.30
*石井　一成	(日)	36	100	83	8	14	3	2	0	21	4	3	0	3	0	14	1	0	27	0	20	.169	.253	.28
石川　柊太	(ソ)	23	3	3	0	0	0	0	0	0	0	0	0	0	0	0	0	0	2	1	0	.000	.000	.00
石川　慎吾	(ロ)	44	118	112	11	39	6	0	2	51	10	0	0	0	0	6	1	0	20	2	15	.348	.455	.xx
石川　直也	(日)	16	0	0	0	0	0	0	0	0	0	0	0	0	0	0	0	0	0	0	0	.000	.000	.00
石川　亮	(オ)	14	11	11	0	1	0	0	0	1	0	0	0	0	0	0	0	0	3	0	2	.091	.091	.09
*石橋　良太	(楽)	2	0	0	0	0	0	0	0	0	0	0	0	0	0	0	0	0	0	0	0	.000	.000	.00
泉　圭輔	(ソ)	3	0	0	0	0	0	0	0	0	0	0	0	0	0	0	0	0	0	0	0	.000	.000	.00
*五十幡亮汰	(日)	70	205	193	23	44	2	3	0	52	6	17	6	6	0	4	0	2	50	1	26	.228	.269	.25
*伊藤　大海	(日)	24	5	5	0	1	0	0	0	1	0	0	0	0	0	0	0	0	2	0	1	.200	.200	.20
*伊藤　茉央	(楽)	25	0	0	0	0	0	0	0	0	0	0	0	0	0	0	0	0	0	0	0	.000	.400	.00
伊藤裕季也	(楽)	87	216	188	20	46	6	1	5	69	16	3	2	10	2	15	0	1	48	3	39	.245	.367	.30
井上　晴哉	(ロ)	32	106	95	3	17	6	0	1	26	8	1	0	0	1	9	0	1	24	2	18	.179	.274	.25
井上　朋也	(ソ)	15	41	38	5	10	2	0	1	15	3	0	0	0	0	3	0	0	10	0	5	.263	.395	.31
今井　達也	(武)	19	0	0	0	0	0	0	0	0	0	0	0	0	0	0	0	0	0	0	0	.000	.000	.00
今川　優馬	(日)	28	69	61	7	12	1	0	0	13	1	3	2	0	0	6	0	2	17	0	11	.197	.213	.29
今宮　健太	(ソ)	126	484	427	38	109	22	0	9	158	48	4	0	24	4	27	1	2	58	14	100	.255	.370	.30
岩下　大輝	(ロ)	27	0	0	0	0	0	0	0	0	0	0	0	0	0	0	0	0	0	0	0	.000	.000	.00
*呉　念庭	(武)	41	92	78	8	16	2	1	1	23	11	1	0	1	0	13	0	0	25	2	24	.205	.295	.31
植田　将太	(日)	4	3	3	0	0	0	0	0	0	0	0	0	0	0	0	0	0	0	0	0	.000	.000	.00
*上原　健太	(日)	19	4	4	0	1	0	0	0	1	0	0	0	0	0	0	0	0	2	1	0	.250	.250	.25
*上林　誠知	(ソ)	56	99	92	14	17	3	1	0	22	9	1	1	2	1	3	0	1	30	1	15	.185	.239	.21
*宇佐見真吾	(日)	9	16	15	0	0	0	0	0	0	0	0	0	0	0	1	0	0	4	0	2	.000	.000	.06
宇田川優希	(オ)	46	0	0	0	0	0	0	0	0	0	0	0	0	0	0	0	0	0	0	0	.000	.000	.00
*内　星龍	(楽)	53	0	0	0	0	0	0	0	0	0	0	0	0	0	0	0	0	0	0	0	.000	.000	.00
海野　隆司	(ソ)	8	2	1	0	0	0	0	0	0	0	0	0	0	0	0	0	0	1	0	0	.000	.000	.00
梅林　優貴	(日)	7	6	6	0	3	0	0	0	3	0	0	0	0	0	0	0	0	1	1	3	.500	.500	.50
*漆原　大晟	(オ)	16	0	0	0	0	0	0	0	0	0	0	0	0	0	0	0	0	0	0	0	.000	.000	.00
上沢　直之	(日)	24	3	3	0	1	0	0	0	1	0	0	0	0	0	0	0	0	2	0	0	.333	.333	.00
*エ　ン　ス	(武)	12	1	1	0	1	0	0	0	1	0	0	0	0	0	0	0	0	0	0	0	1.000	2.000	1.00
江越　大賀	(日)	100	176	150	17	27	4	2	5	50	13	9	8	12	1	11	0	2	77	0	39	.180	.333	.24
江村　直也	(ロ)	4	10	9	0	0	0	0	0	0	0	0	0	0	0	1	0	0	4	0	0	.000	.000	.10
オ　ス　ナ	(ソ)	49	0	0	0	0	0	0	0	0	0	0	0	0	0	0	0	0	0	0	0	.000	.000	.00
*大里　昂生	(武)	5	2	2	1	0	0	0	0	0	0	0	0	0	0	0	0	0	1	0	1	.000	.000	.00
大下誠一郎	(ロ)	23	28	22	2	5	2	0	0	7	3	0	0	0	0	3	0	0	7	0	6	.227	.364	.32
大城　滉二	(オ)	57	51	46	7	9	3	0	1	15	10	1	0	0	0	4	0	1	8	2	22	.196	.326	.27
*大関　友久	(ソ)	17	0	0	0	0	0	0	0	0	0	0	0	0	0	0	0	0	0	0	0	.000	.000	.00
太田　光	(楽)	104	233	173	19	42	6	0	3	57	14	1	0	28	1	27	0	4	47	6	54	.243	.329	.35
太田　椋	(オ)	18	70	60	9	15	3	0	2	24	7	0	0	0	0	8	1	1	13	1	13	.250	.400	.33
*大津　亮介	(武)	46	0	0	0	0	0	0	0	0	0	0	0	0	0	0	0	0	0	0	0	.000	.000	.00
大曲　錬	(武)	11	0	0	0	0	0	0	0	0	0	0	0	0	0	0	0	0	0	0	0	.000	.000	.00
岡　大海	(ロ)	109	372	319	50	90	16	3	7	133	33	15	4	0	0	37	0	8	56	5	84	.282	.417	.37
*岡島　豪郎	(楽)	114	410	▲361	33	96	20	0	6	134	43	3	2	5	7	33	1	3	67	10	75	.266	.371	.32
*尾形　崇斗	(楽)	12	0	0	0	0	0	0	0	0	0	0	0	0	0	0	0	0	0	0	0	.000	.000	.00
*小川　龍成	(ロ)	52	24	20	7	3	0	0	0	3	0	2	0	0	0	0	0	0	21	0	0	.150	.200	.15
荻野　貴司	(ロ)	50	203	183	19	44	8	1	1	57	19	1	0	2	1	11	1	6	16	4	42	.240	.311	.30
*小郷　裕哉	(楽)	120	441	390	53	102	19	3	10	154	49	6	1	6	1	36	0	1	85	3	82	.262	.395	.32

選手名	チーム	試合	打席	打数	得点	安打	二塁打	三塁打	本塁打	塁打	打点	盗塁	盗塁刺	犠打	犠飛	四球計	故意四球	死球	三振	併殺打	残塁	打率	長打率	出塁率
*上川畑大悟(日)		108	346	293	16	62	5	1	0	69	18	3	4	12	1	34	1	6	51	5	80	.212	.235	.305
*嘉弥真新也(ソ)		23	0	0	0	0	0	0	0	0	0	0	0	0	0	0	0	0	0	0	0	.000	.000	.000
唐川侑己(ロ)		6	0	0	0	0	0	0	0	0	0	0	0	0	0	0	0	0	0	0	0	.000	.000	.000
辛島航(楽)		10	1	1	0	0	0	0	0	0	0	0	0	0	0	0	0	0	1	0	0	.000	.000	.000
*川越誠司(武)		12	38	30	2	4	0	0	1	7	5	0	0	1	0	6	0	1	13	0	7	.133	.233	.297
*川瀬晃(ソ)		102	208	178	25	42	7	3	0	55	15	2	2	18	1	9	1	2	23	3	44	.236	.309	.279
*河野竜生(ソ)		50	0	0	0	0	0	0	0	0	0	0	0	0	0	0	0	0	0	0	0	.000	.000	.000
川原田純平(ソ)		2	1	1	0	0	0	0	0	0	0	0	0	0	0	0	0	0	0	0	0	.000	.000	.000
菊地吏玖(ロ)		1	0	0	0	0	0	0	0	0	0	0	0	0	0	0	0	0	0	0	0	.000	.000	.000
岸潤一郎(武)		61	197	177	16	37	5	0	3	51	12	3	2	4	1	11	0	4	33	6	37	.209	.288	.269
岸孝之(楽)		20	1	1	0	0	0	0	0	0	0	0	0	0	0	0	0	0	1	0	0	.000	.000	.000
*来田涼斗(オ)		4	11	10	0	0	0	0	0	0	0	0	0	0	0	1	0	0	6	0	1	.000	.000	.091
*北浦竜次(日)		12	0	0	0	0	0	0	0	0	0	0	0	0	0	0	0	0	0	0	0	.000	.000	.000
北山亘基(日)		14	7	7	1	2	0	0	0	2	0	0	0	0	0	0	0	0	3	0	1	.286	.286	.286
木村文紀(日)		1	2	2	0	1	1	0	0	2	0	0	0	0	0	0	0	0	1	0	0	.500	1.000	.500
*清宮幸太郎(日)		99	416	356	41	87	20	1	10	139	41	2	2	0	4	53	1	3	69	6	77	.244	.390	.344
*宜保翔(オ)		62	162	147	14	41	5	0	0	46	9	1	2	7	1	6	0	1	25	4	34	.279	.313	.310
*銀次(楽)		6	10	10	0	1	0	0	0	1	0	0	0	0	0	0	0	0	1	0	0	.100	.100	.100
クリスキー(武)		14	0	0	0	0	0	0	0	0	0	0	0	0	0	0	0	0	0	0	0	.000	.000	.000
国吉佑樹(ロ)		3	0	0	0	0	0	0	0	0	0	0	0	0	0	0	0	0	0	0	0	.000	.000	.000
*公文克彦(武)		7	0	0	0	0	0	0	0	0	0	0	0	0	0	0	0	0	0	0	0	.000	.000	.000
*栗原陵矢(ソ)		96	387	352	24	84	14	0	13	137	49	0	1	2	2	28	0	4	81	6	65	.239	.389	.301
*栗山巧(武)		77	191	157	17	34	4	0	7	59	19	1	0	0	2	31	1	1	32	7	23	.217	.376	.346
紅林弘太郎(オ)		127	482	443	37	122	19	1	8	167	39	4	6	7	3	28	0	1	63	19	96	.275	.377	.318
*黒川史陽(楽)		9	24	22	1	2	0	0	1	5	2	0	0	1	1	0	0	0	5	0	1	.091	.227	.087
*黒木優太(オ)		12	0	0	0	0	0	0	0	0	0	0	0	0	0	0	0	0	0	0	0	.000	.000	.000
*郡司裕也(日)		55	187	169	15	43	4	0	3	56	19	2	1	2	0	16	0	0	30	4	39	.254	.331	.319
*源田壮亮(武)		100	435	397	30	102	9	4	0	119	22	5	6	8	1	26	0	3	88	5	83	.257	.300	.307
コットン(オ)		7	0	0	0	0	0	0	0	0	0	0	0	0	0	0	0	0	0	0	0	.000	.000	.000
+ゴンザレス(オ)		84	321	299	28	65	14	0	12	115	38	2	0	1	1	15	0	5	85	3	40	.217	.385	.266
郡拓也(日)		7	15	15	2	4	1	0	0	5	0	0	0	0	0	0	0	0	4	0	4	.267	.333	.267
古賀悠斗(武)		100	282	239	12	52	14	0	2	72	20	1	0	17	0	23	2	3	54	8	65	.218	.301	.294
小木田敦也(オ)		38	0	0	0	0	0	0	0	0	0	0	0	0	0	0	0	0	0	0	0	.000	.000	.000
児玉亮涼(武)		56	132	122	11	27	3	0	0	34	8	2	3	5	1	4	0	0	30	2	26	.221	.279	.244
*小深田大翔(楽)		134	549	477	67	123	8	6	5	158	37	36	6	20	1	48	0	3	83	8	105	.258	.331	.329
小孫竜二(楽)		4	0	0	0	0	0	0	0	0	0	0	0	0	0	0	0	0	0	0	0	.000	.000	.000
*近藤健介(ソ)		143	613	492	75	149	33	4	26	260	87	3	4	0	6	109	7	6	117	7	136	.303	.528	.431
近藤大亮(オ)		12	0	0	0	0	0	0	0	0	0	0	0	0	0	0	0	0	0	0	0	.000	.000	.000
齋藤響介(オ)		1	0	0	0	0	0	0	0	0	0	0	0	0	0	0	0	0	0	0	0	.000	.000	.000
*齋藤綱記(日)		4	0	0	0	0	0	0	0	0	0	0	0	0	0	0	0	0	0	0	0	.000	.000	.000
*齊藤誠人(武)		1	0	0	0	0	0	0	0	0	0	0	0	0	0	0	0	0	0	0	0	.000	.000	.000
酒居知史(楽)		47	0	0	0	0	0	0	0	0	0	0	0	0	0	0	0	0	0	0	0	.000	.000	.000
坂本光士郎(ロ)		51	0	0	0	0	0	0	0	0	0	0	0	0	0	0	0	0	0	0	0	.000	.000	.000
*佐々木健(武)		21	0	0	0	0	0	0	0	0	0	0	0	0	0	0	0	0	0	0	0	.000	.000	.000
佐々木千隼(ロ)		2	0	0	0	0	0	0	0	0	0	0	0	0	0	0	0	0	0	0	0	.000	.000	.000
佐々木朗希(ロ)		15	4	4	0	0	0	0	0	0	0	0	0	0	0	0	0	0	4	0	0	.000	.000	.000
*佐藤隼輔(武)		47	0	0	0	0	0	0	0	0	0	0	0	0	0	0	0	0	0	0	0	.000	.000	.000
*佐藤都志也(ロ)		103	278	239	19	52	12	1	4	78	22	0	2	12	2	22	0	3	45	4	34	.218	.326	.289
佐藤直樹(ソ)		41	31	30	6	5	1	0	1	9	2	3	1	1	0	6	0	0	16	0	10	.167	.300	.167
佐藤龍世(武)		91	257	209	27	55	9	3	3	79	16	2	1	3	1	42	0	2	41	6	63	.263	.378	.390
佐野皓大(オ)		47	38	36	11	6	0	0	1	9	3	5	1	2	0	0	0	0	7	0	9	.167	.250	.167
澤田圭佑(ロ)		17	0	0	0	0	0	0	0	0	0	0	0	0	0	0	0	0	0	0	0	.000	.000	.000
澤村拓一(ロ)		34	0	0	0	0	0	0	0	0	0	0	0	0	0	0	0	0	0	0	0	.000	.000	.000
シュウィンデル(オ)		20	70	69	4	13	3	0	1	19	11	0	0	0	0	0	0	1	17	2	8	.188	.275	.186
椎野新(ソ)		11	0	0	0	0	0	0	0	0	0	0	0	0	0	0	0	0	0	0	0	.000	.000	.000
*塩見貴洋(楽)		1	0	0	0	0	0	0	0	0	0	0	0	0	0	0	0	0	0	0	0	.000	.000	.000
*島内宏明(楽)		104	369	322	21	76	13	0	7	110	38	2	0	0	3	41	1	3	41	5	64	.236	.342	.325
清水優心(楽)		32	60	50	3	13	1	0	0	14	5	1	0	6	0	4	0	0	13	1	14	.260	.280	.315
*周東佑京(ソ)		114	268	237	52	57	5	1	2	70	17	36	6	1	1	20	0	3	56	3	54	.241	.295	.307
荘司康誠(楽)		19	2	2	0	0	0	0	0	0	0	0	0	0	0	0	0	0	2	0	0	.000	.000	.000
正隨優弥(楽)		1	2	1	0	0	0	0	0	0	0	0	0	0	0	0	0	1	0	0	0	.000	.000	.500
スチュワート・ジュニア(ソ)		14	2	2	0	0	0	0	0	0	0	0	0	0	0	0	0	0	2	0	0	.000	.000	.000
*菅野剛士(日)		6	11	10	0	1	0	0	0	1	0	0	0	0	0	1	0	0	2	0	2	.100	.100	.182
杉浦稔大(日)		24	0	0	0	0	0	0	0	0	0	0	0	0	0	0	0	0	0	0	0	.000	.000	.000
*杉澤龍(オ)		2	5	5	0	1	0	0	0	1	0	0	0	0	0	0	0	0	2	0	1	.200	.200	.200
杉本裕太郎(オ)		96	370	339	34	82	12	1	16	144	41	0	1	1	2	19	1	9	101	2	53	.242	.425	.298
*鈴木健矢(日)		24	3	3	0	0	0	0	0	0	0	0	0	0	0	0	0	0	2	0	0	.000	.000	.000
*鈴木昭汰(ロ)		13	0	0	0	0	0	0	0	0	0	0	0	0	0	0	0	0	0	0	0	.000	.000	.000
*鈴木将平(武)		72	267	242	19	58	8	2	0	70	15	10	0	8	1	15	0	1	34	3	46	.240	.289	.286
鈴木翔天(楽)		61	0	0	0	0	0	0	0	0	0	0	0	0	0	0	0	0	0	0	0	.000	.000	.000

パシフィック・リーグ

選手名	チーム	試合	打席	打数	得点	安打	二塁打	三塁打	本塁打	塁打	打点	盗塁	盗塁刺	犠打	犠飛	四球計	故意四球	死球	三振	併殺打	残塁	打率	長打率	出塁率
*鈴木 大地	(楽)	101	292	250	25	61	9	1	5	87	27	0	2	7	2	24	0	9	36	6	51	.244	.348	.330
炭谷銀仁朗	(楽)	65	145	131	9	29	2	0	1	34	10	0	6	1	5	0	2	23	2	17		.221	.260	.259
*隅田知一郎	(武)	22	2	2	0	0	0	0	0	0	0	0	0	0	0	0	0	0	1	0	0	.000	.000	.000
セデーニョ	(オ)	57	187	176	12	43	7	0	9	77	34	0	0	2	8	0	1	47	5	28		.244	.438	.000
*曽谷 龍平	(オ)	10	1	1	0	0	0	0	0	0	0	0	0	0	0	0	0	1	0	0		.000	.000	.000
*宋 家豪	(楽)	49	0	0	0	0	0	0	0	0	0	0	0	0	0	0	0	0	0	0		.000	.000	.000
*平良 海馬	(武)	23	6	6	0	0	0	0	0	0	0	0	0	0	0	0	0	4	0	0		.000	.000	.000
*田浦 文丸	(ソ)	45	0	0	0	0	0	0	0	0	0	0	0	0	0	0	0	0	0	0		.000	.000	.000
*高木 渉	(武)	5	19	19	0	3	0	0	0	3	0	0	0	0	0	0	0	8	0	3		.158	.158	.158
高田 孝一	(楽)	7	0	0	0	0	0	0	0	0	0	0	0	0	0	0	0	0	0	0		.000	.000	.000
*高野 脩汰	(ロ)	7	0	0	0	0	0	0	0	0	0	0	0	0	0	0	0	0	0	0		.000	.000	.000
高橋 光成	(武)	23	3	3	0	0	0	0	0	0	0	0	0	0	0	0	0	3	0	0		.000	.000	.000
高橋 札	(ロ)	5	0	0	0	0	0	0	0	0	0	0	0	0	0	0	0	0	0	0		.000	.000	.000
*高松 渡	(武)	2	1	1	0	0	0	0	0	0	0	0	1	0	0	0	0	1	0	0		.000	.000	.000
*滝澤 夏央	(武)	16	17	16	4	3	0	0	1	6	1	0	1	0	0	0	0	4	0	4		.188	.375	.18
瀧中 瞭太	(楽)	8	0	0	0	0	0	0	0	0	0	0	0	0	0	0	0	0	0	0		.000	.000	.000
武田 翔太	(ソ)	20	0	0	0	0	0	0	0	0	0	0	0	0	0	0	0	0	0	0		.000	.000	.000
竹安 大知	(オ)	2	0	0	0	0	0	0	0	0	0	0	0	0	0	0	0	0	0	0		.000	.000	.000
*田嶋 大樹	(オ)	13	0	0	0	0	0	0	0	0	0	0	0	0	0	0	0	0	0	0		.000	.000	.000
*辰己 涼介	(楽)	133	495	434	45	114	16	5	9	167	43	13	4	8	1	40	0	12	99	3	107	.263	.385	.34
立野 和明	(日)	4	0	0	0	0	0	0	0	0	0	0	0	0	0	0	0	0	0	0		.000	.000	.000
*田中 瑛斗	(日)	2	0	0	0	0	0	0	0	0	0	0	0	0	0	0	0	0	0	0		.000	.000	.000
+田中 和基	(楽)	95	41	34	22	3	0	0	0	3	3	2	2	0	0	5	0	0	13	1	16	.088	.265	.26
田中 正義	(日)	47	0	0	0	0	0	0	0	0	0	0	0	0	0	0	0	0	0	0		.000	.000	.000
田中 将大	(楽)	24	2	2	0	0	0	0	0	0	0	0	0	0	0	0	0	0	2	0	0	.000	.000	.000
*谷川原健太	(ソ)	61	46	43	8	10	1	0	0	11	3	2	1	0	3	0	0	12	0	18		.233	.256	.28
種市 篤暉	(ロ)	23	4	3	0	0	0	0	0	0	0	0	0	0	1	0	0	0	2	0	0	.000	.000	.000
玉井 大翔	(日)	50	0	0	0	0	0	0	0	0	0	0	0	0	0	0	0	0	0	0		.000	.000	.000
*田宮 裕涼	(日)	10	31	31	4	8	1	0	2	15	9	2	0	0	0	0	0	7	0	2		.258	.484	.25
*田村伊知郎	(武)	24	0	0	0	0	0	0	0	0	0	0	0	0	0	0	0	0	0	0		.000	.000	.000
田村 龍弘	(ロ)	78	214	181	6	30	6	0	2	39	19	0	1	15	3	13	0	2	38	3	27	.166	.215	.22
茶谷 健太	(ソ)	79	187	169	18	48	6	1	0	56	9	2	4	1	11	0	2	26	2	47	.284	.331	.33
*茶野 篤政	(オ)	91	344	312	37	74	7	0	1	84	23	7	5	1	16	0	8	76	1	52	.237	.269	.28
張 奕	(武)	5	0	0	0	0	0	0	0	0	0	0	0	0	0	0	0	0	0	0		.000	.000	.000
柘植 世那	(武)	59	137	125	5	23	4	0	1	30	7	13	0	1	6	0	3	23	5	20	.184	.216	.21
津森 宥紀	(ソ)	56	0	0	0	0	0	0	0	0	0	0	0	0	0	0	0	0	0	0		.000	.000	.000
津留崎大成	(楽)	7	0	0	0	0	0	0	0	0	0	0	0	0	0	0	0	0	0	0		.000	.000	.000
*Ｔ－岡田	(オ)	20	42	39	3	7	0	0	0	7	4	0	0	0	1	2	0	9	0	2		.179	.179	.21
ティノコ	(武)	38	0	0	0	0	0	0	0	0	0	0	0	0	0	0	0	0	0	0		.000	.000	.000
デスパイネ	(ソ)	20	49	42	0	3	0	0	0	3	0	0	0	0	0	0	0	13	2	6		.071	.071	.20
東條 大樹	(ロ)	11	0	0	0	0	0	0	0	0	0	0	0	0	0	0	0	0	0	0		.000	.000	.000
外崎 修汰	(武)	136	571	503	60	131	28	3	12	201	54	26	3	3	4	56	0	5	114	11	112	.260	.400	.33
友杉 篤輝	(ロ)	64	209	185	21	47	7	0	0	54	9	9	3	14	1	9	0	0	31	1	42	.254	.292	.28
頓宮 裕真	(オ)	113	451	401	49	123	23	0	16	194	49	0	0	1	2	41	0	6	69	11	88	.307	.484	.37
中川 圭太	(オ)	135	563	506	66	136	29	5	12	211	55	5	6	1	43	0	7	90	9	106		.269	.417	.33
*中島 卓也	(日)	17	32	29	3	6	0	0	0	6	2	2	1	1	0	2	0	0	5	0	10	.207	.207	.25
*中村 晃	(ソ)	136	585	511	52	140	13	2	5	172	37	0	2	7	4	60	3	3	53	8	118	.274	.337	.35
中村 奨吾	(ソ)	137	584	508	61	112	23	0	11	168	48	3	1	13	4	52	2	7	89	20	107	.220	.331	.29
中村 剛也	(武)	88	322	283	34	73	12	0	17	136	40	1	0	3	31	3	5	76	7	55	.258	.481	.35
*中村 稔弥	(ロ)	17	0	0	0	0	0	0	0	0	0	0	0	0	0	0	0	0	0	0		.000	.000	.000
*中森 俊介	(ロ)	13	0	0	0	0	0	0	0	0	0	0	0	0	0	0	0	0	0	0		.000	.000	.000
生田目 翼	(日)	5	0	0	0	0	0	0	0	0	0	0	0	0	0	0	0	0	0	0		.000	.000	.000
奈良間大己	(日)	65	196	181	20	44	12	2	2	66	15	2	2	3	1	8	1	3	50	4	36	.243	.365	.28
ニックス	(オ)	2	0	0	0	0	0	0	0	0	0	0	0	0	0	0	0	0	0	0		.000	.000	.000
*西川 遥輝	(楽)	35	87	▲72	11	13	2	1	1	20	4	2	0	2	1	11	0	0	24	0	18	.181	.278	.28
*西川 愛也	(武)	41	109	97	9	22	4	0	1	29	8	4	1	5	1	5	0	1	16	0	23	.227	.299	.26
*西垣 雅矢	(楽)	1	0	0	0	0	0	0	0	0	0	0	0	0	0	0	0	0	0	0		.000	.000	.000
西口 直人	(楽)	26	0	0	0	0	0	0	0	0	0	0	0	0	0	0	0	0	0	0		.000	.000	.000
*西野 真弘	(オ)	43	138	122	9	24	6	0	0	30	9	1	2	1	8	0	1	9	4	25		.197	.246	.24
西野 勇士	(ロ)	18	0	0	0	0	0	0	0	0	0	0	0	0	0	0	0	0	0	0		.000	.000	.000
西村 天裕	(ロ)	44	0	0	0	0	0	0	0	0	0	0	0	0	0	0	0	0	0	0		.000	.000	.000
*根本 悠楓	(日)	5	0	0	0	0	0	0	0	0	0	0	0	0	0	0	0	0	0	0		.000	.000	.000
*野口 智哉	(オ)	76	257	226	19	51	11	3	2	74	19	4	2	5	2	21	0	5	70	3	47	.226	.327	.30
野村 勇	(ソ)	50	95	81	14	13	2	0	3	24	7	1	0	1	1	4	0	0	22	0	10	.160	.296	.20
野村 大樹	(ソ)	41	83	74	7	16	2	0	1	21	4	1	0	1	4	0	0	22	5	10		.216	.284	.25
野村 佑希	(日)	125	473	423	42	100	21	1	13	162	43	4	1	0	4	42	0	4	112	9	91	.236	.383	.30
*則本 昂大	(楽)	24	3	3	0	0	0	0	0	0	0	0	0	0	0	1	0	0	3	0	0	.000	.000	.00
+ハンソン	(日)	39	96	90	9	13	3	0	2	22	7	1	0	0	5	0	0	12	3	10		.144	.311	.18
バニュエロス	(楽)	1	0	0	0	0	0	0	0	0	0	0	0	0	0	0	0	0	0	0		.000	.000	.000
長谷川信哉	(武)	59	198	180	17	40	9	0	6	67	12	3	4	2	11	1	3	34	3	41	.222	.339	.27

選手名	チーム	試合	打席	打数	得点	安打	二塁打	三塁打	本塁打	塁打	打点	盗塁	盗塁刺	犠打	犠飛	四球計	故意四球	死球	三振	併殺打	残塁	打率	長打率	出塁率
*長谷川 威展	(日)	9	0	0	0	0	0	0	0	0	0	0	0	0	0	0	0	0	0	0	0	.000	.000	.000
*早川 隆久	(楽)	17	3	3	1	1	0	0	0	1	0	0	0	0	0	0	0	0	0	0	0	.333	.333	.333
板東 湧梧	(オ)	30	2	2	0	0	0	0	0	0	0	0	0	0	0	0	0	0	2	0	0	.000	.000	.000
比嘉 幹貴	(オ)	31	0	0	0	0	0	0	0	0	0	0	0	0	0	0	0	0	0	0	0	.000	.000	.000
東浜 巨	(ソ)	17	2	2	0	0	0	0	0	0	0	0	0	0	0	0	0	0	2	0	0	.000	.000	.000
平井 克典	(武)	54	0	0	0	0	0	0	0	0	0	0	0	0	0	0	0	0	0	0	0	.000	.000	.000
*平沢 大河	(ロ)	57	170	135	19	23	1	0	3	33	8	3	1	6	1	25	0	3	43	4	35	.170	.244	.311
*平沼 翔太	(武)	67	110	102	16	25	2	2	2	37	6	3	1	1	1	5	0	1	18	3	29	.245	.363	.284
平野 大和	(日)	4	5	5	1	1	0	0	0	1	0	0	0	0	0	0	0	0	2	0	1	.200	.200	.200
平野 佳寿	(オ)	42	0	0	0	0	0	0	0	0	0	0	0	0	0	0	0	0	0	0	0	.000	.000	.000
*蛭間 拓哉	(武)	56	223	198	17	46	6	0	2	58	20	0	0	9	2	14	0	1	37	2	38	.232	.293	.280
廣岡 大志	(オ)	44	103	90	12	18	4	1	1	27	9	0	2	1	0	12	1	0	26	2	20	.200	.300	.294
廣畑 敦也	(オ)	8	0	0	0	0	0	0	0	0	0	0	0	0	0	0	0	0	0	0	0	.000	.000	.000
フランコ	(楽)	95	334	312	31	69	11	0	12	116	32	0	0	0	0	21	0	1	52	11	46	.221	.372	.272
ブロッソー	(ロ)	37	147	136	9	26	10	0	1	39	11	0	0	5	2	4	0	0	30	1	22	.191	.287	.218
*福田 光輝	(日)	24	63	57	8	10	3	0	2	19	7	0	0	1	0	4	0	1	19	1	11	.175	.333	.242
*福田 秀平	(ソ)	3	9	8	0	2	0	0	0	2	0	0	0	0	0	1	0	0	3	0	2	.250	.250	.333
*福田 周平	(オ)	36	114	94	6	18	1	0	0	19	5	5	1	3	1	15	0	1	15	1	26	.191	.202	.306
*福田 俊	(武)	29	0	0	0	0	0	0	0	0	0	0	0	0	0	0	0	0	0	0	0	.000	.000	.000
福永 奨	(オ)	3	2	2	0	0	0	0	0	0	0	0	0	0	0	0	0	0	1	0	0	.000	.000	.000
伏見 寅威	(日)	89	251	229	13	46	5	0	3	60	12	0	0	10	0	8	0	4	42	4	38	.201	.262	.241
*藤井 皓哉	(楽)	34	2	2	0	0	0	0	0	0	0	0	0	0	0	0	0	0	1	0	0	.000	.000	.000
*藤井 聖	(楽)	10	0	0	0	0	0	0	0	0	0	0	0	0	0	0	0	0	0	0	0	.000	.000	.000
*藤岡 裕大	(ロ)	93	380	310	34	86	20	0	1	109	22	7	2	10	2	54	1	4	66	4	94	.277	.352	.389
藤平 尚真	(楽)	11	0	0	0	0	0	0	0	0	0	0	0	0	0	0	0	0	0	0	0	.000	.000	.000
*藤原 恭大	(ロ)	103	361	328	35	78	15	2	3	106	21	5	2	10	1	18	0	4	78	3	63	.238	.323	.285
古市 尊	(武)	29	56	50	2	8	0	0	0	8	0	0	1	3	0	2	0	1	13	0	9	.160	.160	.208
*古川 裕大	(日)	17	47	43	2	8	4	0	0	12	4	0	0	1	2	1	0	0	15	1	7	.186	.279	.196
古川 侑利	(ソ)	9	0	0	0	0	0	0	0	0	0	0	0	0	0	0	0	0	0	0	0	.000	.000	.000
*ヘルナンデス	(ソ)	1	0	0	0	0	0	0	0	0	0	0	0	0	0	0	0	0	0	0	0	.000	.000	.000
*ベイトン	(武)	57	225	205	18	44	8	0	5	67	22	1	2	3	2	14	0	1	46	6	39	.215	.327	.266
ベルドモ	(ロ)	53	0	0	0	0	0	0	0	0	0	0	0	0	0	0	0	0	0	0	0	.000	.000	.000
ホーキンス	(ソ)	3	10	9	0	0	0	0	0	0	0	0	0	0	0	1	0	0	4	0	1	.000	.000	.000
ポータカハシ	(ソ)	28	0	0	0	0	0	0	0	0	0	0	0	0	0	0	0	0	0	0	0	.000	.000	.000
*ポランコ	(ロ)	125	497	447	43	108	15	0	26	201	75	0	0	0	3	47	5	0	92	3	92	.242	.450	.312
ポンセ	(日)	10	0	0	0	0	0	0	0	0	0	0	0	0	0	0	0	0	0	0	0	.000	.000	.000
*細川 凌平	(日)	60	112	97	11	21	5	1	1	31	10	1	2	8	0	7	0	0	26	0	29	.216	.320	.269
*堀 瑞輝	(日)	5	0	0	0	0	0	0	0	0	0	0	0	0	0	0	0	0	0	0	0	.000	.000	.000
*堀内 謙伍	(楽)	3	3	2	0	1	0	0	0	1	0	0	0	0	0	0	0	0	2	0	0	.500	.500	.667
本田 圭佑	(武)	25	0	0	0	0	0	0	0	0	0	0	0	0	0	0	0	0	0	0	0	.000	.000	.000
*本田 仁海	(オ)	28	0	0	0	0	0	0	0	0	0	0	0	0	0	0	0	0	0	0	0	.000	.000	.000
マーベル	(日)	8	0	0	0	0	0	0	0	0	0	0	0	0	0	0	0	0	0	0	0	.000	.000	.000
マキノン	(武)	127	514	464	50	120	17	2	15	186	50	1	1	0	2	48	0	3	91	7	85	.259	.401	.327
マルティネス	(日)	119	444	386	39	95	24	0	15	164	66	0	4	0	3	44	0	11	99	15	76	.246	.425	.338
*牧原 大成	(ソ)	91	387	359	40	93	13	1	2	114	32	3	2	7	5	11	1	5	66	6	75	.259	.318	.287
正木 智也	(ソ)	15	30	26	2	1	0	0	0	1	1	0	0	0	3	0	1	10	0	6		.038	.038	.167
増田 珠	(ソ)	35	75	66	7	12	2	0	1	17	3	0	0	1	0	5	0	3	17	0	9	.182	.258	.270
増田 達至	(武)	40	0	0	0	0	0	0	0	0	0	0	0	0	0	0	0	0	0	0	0	.000	.000	.000
益田 直也	(ロ)	58	0	0	0	0	0	0	0	0	0	0	0	0	0	0	0	0	0	0	0	.000	.000	.000
又吉 克樹	(ソ)	32	0	0	0	0	0	0	0	0	0	0	0	0	0	0	0	0	0	0	0	.000	.000	.000
松井 友飛	(楽)	6	0	0	0	0	0	0	0	0	0	0	0	0	0	0	0	0	0	0	0	.000	.000	.000
*松井 裕樹	(楽)	59	0	0	0	0	0	0	0	0	0	0	0	0	0	0	0	0	0	0	0	.000	.000	.000
松川 虎生	(ロ)	9	18	16	1	3	0	0	0	3	1	0	0	1	0	1	0	0	4	1	3	.188	.188	.235
松本 剛	(日)	134	561	507	51	140	16	2	3	169	30	12	12	7	3	37	3	7	57	11	107	.276	.333	.332
*松本 晴	(ソ)	3	0	0	0	0	0	0	0	0	0	0	0	0	0	0	0	0	0	0	0	.000	.000	.000
*松本 裕樹	(武)	53	0	0	0	0	0	0	0	0	0	0	0	0	0	0	0	0	0	0	0	.000	.000	.000
松本 航	(武)	20	5	4	0	0	0	0	0	0	0	0	0	0	0	0	0	0	3	0	0	.000	.000	.000
豆田 泰志	(武)	16	0	0	0	0	0	0	0	0	0	0	0	0	0	0	0	0	0	0	0	.000	.000	.000
*万波 中正	(日)	141	582	533	69	141	33	0	25	249	74	2	1	2	2	41	2	4	138	12	107	.265	.467	.321
水上 由伸	(武)	23	0	0	0	0	0	0	0	0	0	0	0	0	0	0	0	0	0	0	0	.000	.000	.000
*水野 達稀	(日)	31	62	56	1	9	4	1	0	15	6	1	1	1	1	4	0	0	21	0	9	.161	.268	.213
嶺井 博希	(ソ)	44	39	34	3	7	2	0	2	15	6	0	0	3	1	0	0	1	10	1	8	.206	.441	.222
美馬 学	(ロ)	18	2	2	0	0	0	0	0	0	0	0	0	0	0	0	0	0	1	0	0	.000	.000	.000
*三森 大貴	(ソ)	102	316	296	40	77	8	2	5	104	21	14	8	0	0	12	0	0	48	4	60	.260	.351	.289
宮内 春輝	(日)	15	0	0	0	0	0	0	0	0	0	0	0	0	0	0	0	0	0	0	0	.000	.000	.000
宮川 哲	(オ)	4	0	0	0	0	0	0	0	0	0	0	0	0	0	0	0	0	0	0	0	.000	.000	.000
*宮城 大弥	(オ)	22	6	6	0	2	0	0	0	2	0	0	0	0	0	0	0	0	3	0	1	.333	.333	.333
宮西 尚生	(日)	31	0	0	0	0	0	0	0	0	0	0	0	0	0	0	0	0	0	0	0	.000	.000	.000
宮森 智志	(楽)	24	0	0	0	0	0	0	0	0	0	0	0	0	0	0	0	0	0	0	0	.000	.000	.000

パシフィック・リーグ

選手名	チーム	試合	打席	打数	得点	安打	二塁打	三塁打	本塁打	塁打	打点	盗塁	盗塁刺	犠打	犠飛	四球計	故意四球	死球	三振	併殺打	残塁	打率	長打率	出塁率
*宗　佑磨	(オ)	122	478	428	38	105	17	3	2	134	22	1	1	9	1	36	1	4	55	9	94	.245	.313	.309
*村西　良太	(オ)	7	0	0	0	0	0	0	0	0	0	0	0	0	0	0	0	0	0	0	0	.000	.000	.000
村林　一輝	(楽)	98	340	301	35	77	14	2	2	101	32	11	5	12	2	21	0	4	55	12	72	.256	.336	.311
*メネズ	(日)	12	0	0	0	0	0	0	0	0	0	0	0	0	0	0	0	0	0	0	0	.000	.000	.000
+メルセデス	(ロ)	22	3	3	0	0	0	0	0	0	0	0	0	0	0	0	0	0	3	0	0	.000	.000	.000
*モイネロ	(ソ)	27	0	0	0	0	0	0	0	0	0	0	0	0	0	0	0	0	0	0	0	.000	.000	.000
*茂木栄五郎	(楽)	8	15	12	1	1	0	0	0	1	1	0	0	0	0	3	0	0	3	1	4	.083	.083	.267
*本前　郁也	(ロ)	1	0	0	0	0	0	0	0	0	0	0	0	0	0	0	0	0	0	0	0	.000	.000	.000
*森　友哉	(オ)	110	453	384	49	113	24	2	18	195	64	4	1	1	7	54	4	7	61	9	99	.294	.508	.385
森　唯斗	(ソ)	6	0	0	0	0	0	0	0	0	0	0	0	0	0	0	0	0	0	0	0	.000	.000	.000
*森　遼大朗	(ロ)	7	0	0	0	0	0	0	0	0	0	0	0	0	0	0	0	0	0	0	0	.000	.000	.000
森脇　亮介	(武)	31	0	0	0	0	0	0	0	0	0	0	0	0	0	0	0	0	0	0	0	.000	.000	.000
八木　彬	(ロ)	3	0	0	0	0	0	0	0	0	0	0	0	0	0	0	0	0	0	0	0	.000	.000	.000
矢澤　宏太	(日)	37	107	96	13	17	4	0	1	24	4	2	2	1	1	8	0	1	35	0	13	.177	.250	.249
*安田　尚憲	(ロ)	122	472	416	33	99	24	0	9	150	43	2	0		5	49	2	2	95	10	103	.238	.361	.318
*安田　悠馬	(楽)	53	127	110	7	24	2	0	3	35	7	0	0	0		16	0	1	25	5	25	.218	.318	.323
谷内　亮太	(日)	44	88	76	6	15	0	0	0	15	5	0	0	4		8	0	0	9	1	13	.197	.197	.274
*柳田　悠岐	(ソ)	143	625	546	57	163	29	3	22	264	85	1	0	0	6	64	1	9	97	9	157	.299	.484	.378
*柳町　達	(ソ)	116	375	311	27	80	18	1	0	100	34	2	1	4	1	58	0	1	104	8	83	.257	.322	.375
山足　達也	(オ)	32	27	25	7	5	1	0	0	6	0	2	0	0	0	2	0	0	5	1	13	.200	.240	.259
*山岡　泰輔	(オ)	31	3	3	0	0	0	0	0	0	0	0	0	0	0	0	0	0	2	0	0	.000	.000	.000
山川　穂高	(武)	17	62	59	3	15	4	0	0	19	5	0	0	0	0	3	0	0	17	1	7	.254	.322	.290
山口　航輝	(ロ)	115	474	421	46	99	21	0	14	162	57	0	0		5	43	6	5	122	7	83	.235	.385	.310
*山崎　福也	(オ)	23	5	5	1	2	0	0	0	2	1			0	0	0	0	0	0	0	1	.400	.400	.400
*山﨑　剛	(楽)	117	307	261	29	53	6	5	2	75	19	13	6	7	1	35	2	3	58	9	70	.203	.287	.303
山﨑颯一郎	(オ)	53	0	0	0	0	0	0	0	0	0	0	0	0	0	0	0	0	0	0	0	.000	.000	.000
山下舜平大	(オ)	16	2	2	0	1	0	0	0	1	0	0	0	0	0	0	0	0	1	0	0	.500	.500	.500
*山田　修義	(オ)	32	0	0	0	0	0	0	0	0	0	0	0	0	0	0	0	0	0	0	0	.000	.000	.000
山田　遥楓	(日)	29	46	41	1	11	2	0	0	13	1	0	0	0		4	0	1	6	0	10	.268	.317	.348
山野辺　翔	(武)	35	43	39	4	8	1	0	0	9	2	6	2	2	0	1	0		3	0	16	.205	.231	.244
*山村　崇嘉	(武)	4	15	14	3	4	0	0	2	10	3	0	0	0	0				5	0	0	.286	.714	.333
山本　拓実	(武)	26	0	0	0	0	0	0	0	0	0	0	0	0	0	0	0	0	0	0	0	.000	.000	.000
山本　大斗	(ロ)	2	7	7	0	1	0	0	0	1	0	0	0	0	0	0	0	0	4	1	1	.143	.143	.143
山本　由伸	(オ)	23	3	3	0	0	0	0	0	0	0	0	0	0	0	0	0	0	0	0	0	.000	.000	.000
*弓削　隼人	(楽)	12	0	0	0	0	0	0	0	0	0	0	0	0	0	0	0	0	0	0	0	.000	.000	.000
陽川　尚将	(武)	9	28	24	1	4	1	0	1	7	1	0	0	0	0	2	0	2	11	0	3	.167	.292	.286
+横山　楓	(オ)	4	0	0	0	0	0	0	0	0	0	0	0	0	0	0	0	0	0	0	0	.000	.000	.000
横山　陸人	(ロ)	38	0	0	0	0	0	0	0	0	0	0	0	0	0	0	0	0	0	0	0	.000	.000	.000
與座　海人	(武)	15	3	3	0	0	0	0	0	0	0	0	0	0	0	0	0	0	2	0	0	.000	.000	.000
吉田　賢吾	(ソ)	1	1	1	0	0	0	0	0	0	0	0	0	0	0	0	0	0	1	0	0	.000	.000	.000
吉田　輝星	(日)	3	0	0	0	0	0	0	0	0	0	0	0	0	0	0	0	0	0	0	0	.000	.000	.000
吉田　凌	(オ)	19	0	0	0	0	0	0	0	0	0	0	0	0	0	0	0	0	0	0	0	.000	.000	.000
リチャード	(ソ)	22	64	61	2	7	1	0	0	8	1	0	0	0		2	0	1	25	0	4	.115	.131	.156
ロドリゲス	(オ)	37	0	0	0	0	0	0	0	0	0	0	0	0	0	0	0	0	0	0	0	.000	.000	.000
ワゲスパック	(オ)	31	0	0	0	0	0	0	0	0	0	0	0	0	0	0	0	0	0	0	0	.000	.000	.000
若月　健矢	(オ)	96	318	286	27	73	14	1	6	107	17	2	1	16	0	15	1	1	66	15	53	.255	.374	.291
若林　楽人	(武)	36	94	90	7	22	5	1	1	32	7	4	2	2	0	2	0	0	30	2	20	.244	.356	.264
渡部　健人	(ロ)	57	209	192	17	41	13	0	6	72	25	2	1	0	1	11	0	5	63	2	25	.214	.375	.271
渡辺　翔太	(楽)	51	0	0	0	0	0	0	0	0	0	0	0	0	0	0	0	0	0	0	0	.000	.000	.000
渡邉　大樹	(オ)	1	2	2	0	0	0	0	0	0	0	0	0	0	0	0	0	0	0	0	0	.000	.000	.000
*渡部　遼人	(オ)	32	52	41	7	7	2	0	0	9	1	2	1	2	1	8	0	0	7	1	13	.171	.220	.300
渡邉勇太朗	(武)	2	0	0	0	0	0	0	0	0	0	0	0	0	0	0	0	0	0	0	0	.000	.000	.000
*渡邊　佳明	(楽)	25	57	49	3	7	0	0	0	7	3	0	0	0	0	7	0	1	7	3	11	.143	.143	.224
和田康士朗	(ロ)	80	113	98	30	26	4	2	3	43	9	20	1	3	0	9	0	3	32	0	38	.265	.439	.345
*和田　毅	(ソ)	21	2	2	0	0	0	0	0	0	0	0	0	0	0	0	0	0	0	0	0	.000	.000	.000
和田　恋	(楽)	2	6	5	0	1	0	0	0	1	2	0	0	1	0	0	0	0	3	1	1	.200	.200	.167
*王　柏融	(日)	20	45	42	5	10	0	1	1	15	5	0	0	0	0	3	0	0	16	1	7	.238	.357	.281

指 名 打 者 成 績

チ ー ム 打 撃 成 績

チーム	試合	打席	打数	得点	安打	二塁打	三塁打	本塁打	塁打	打点	盗塁	盗塁刺	犠打	犠飛	四球計	故意四球	死球	三振	併殺打	残塁	打率	長打率	出塁率
ソフトバンク	134	582	502	55	137	25	1	20	224	83	2	3	2	4	69	2	5	108	10	138	.273	.446	.364
楽天	134	569	503	50	135	20	0	16	203	68	4	0	1	3	61	3	1	84	14	124	.268	.404	.347
西武	134	557	482	64	125	20	0	25	220	61	5	2	1	3	65	3	6	108	12	115	.259	.456	.353
オリックス	134	565	512	51	126	26	0	19	209	84	3	2	2	8	35	2	8	133	14	105	.246	.408	.300
日本ハム	134	556	492	53	116	29	2	14	191	56	5	1	2	3	50	1	9	134	12	110	.23577	.388	.316
ロッテ	134	570	509	51	120	18	0	26	216	81	6	0	4	3	53	6	1	111	3	117	.23575	.424	.307
合計	429	3399	3000	324	759	138	3	120	1263	433	25	8	12	24	333	17	30	678	65	709	.253	.421	.331

チ ー ム 別 個 人 成 績

オリックス

選手名	試合	打席	打数	得点	安打	二塁打	三塁打	本塁打	塁打	打点	盗塁	盗塁刺	犠打	犠飛	四球計	故意四球	死球	三振	併殺打	残塁	打率	長打率	出塁率
＊森　友哉	46	198	166	22	49	11	0	6	78	29	3	0	1	5	21	2	5	30	5	39	.295	.470	.381
セデーニョ	39	159	149	12	39	7	0	9	73	32	0	0	0	2	7	0	1	41	4	26	.262	.490	.296
シュウィンデル	16	66	65	4	13	3	0	1	19	11	0	0	1	0	0	0	2	16	2	7	.200	.292	.197
杉本裕太郎	16	65	61	5	10	4	0	2	20	5	0	0	1	0	1	0	2	24	1	8	.164	.328	.203
頓宮　裕真	8	33	33	0	6	0	0	0	6	2	0	0	0	0	0	0	0	10	0	7	.182	.182	.182
＋ゴンザレス	4	16	13	2	2	0	0	0	2	0	0	0	0	0	3	0	0	4	0	3	.154	.154	.313
若月　健矢	4	15	14	1	3	1	0	0	4	3	0	0	0	0	1	0	0	4	2	1	.214	.286	.267
廣岡　大志	4	1	0	1	0	0	0	0	0	0	0	0	0	0	1	0	0	0	0	1	.000	.000	1.000
佐野　皓大	3	0	0	1	0	0	0	0	0	0	0	0	0	0	0	0	0	0	0	0	.000	.000	.000
中川　圭太	2	8	7	1	3	0	0	1	6	4	0	0	0	0	1	0	0	1	0	2	.429	.857	.500
＊大里　昂生	2	1	1	1	0	0	0	0	0	0	0	0	0	0	0	0	0	0	0	1	.000	.000	.000
＊宜保　翔	2	0	0	0	0	0	0	0	0	0	0	0	0	0	0	0	0	0	0	0	.000	.000	.000
＊茶野　篤政	1	1	1	0	1	0	0	0	1	0	0	0	0	0	0	0	0	0	0	2	1.000	1.000	1.000
＊西野　真弘	1	1	1	0	0	0	0	0	0	0	0	0	0	0	0	0	0	1	0	0	.000	.000	.000
＊福田　周平	1	1	1	0	0	0	0	0	0	0	0	0	0	0	0	0	0	0	0	0	.000	.000	.000
＊小田　裕也	1	0	0	0	0	0	0	0	0	0	0	0	0	0	0	0	0	0	0	0	.000	.000	.000
＊野口　智哉	1	0	0	0	0	0	0	0	0	0	0	0	0	0	0	0	0	0	0	0	.000	.000	.000
＊宗　佑磨	1	0	0	0	0	0	0	0	0	0	0	0	0	0	0	0	0	0	0	1	.000	.000	.000
山足　達也	1	0	0	0	0	0	0	0	0	0	0	0	0	0	0	0	0	0	0	0	.000	.000	.000
＊渡部　遼人	1	0	0	0	0	0	0	0	0	0	0	0	0	0	0	0	0	0	0	1	.000	.000	.000
計	134	565	512	51	126	26	0	19	209	84	3	2	2	8	35	2	8	133	14	105	.246	.408	.300

ロッテ

選手名	試合	打席	打数	得点	安打	二塁打	三塁打	本塁打	塁打	打点	盗塁	盗塁刺	犠打	犠飛	四球計	故意四球	死球	三振	併殺打	残塁	打率	長打率	出塁率
＊ポランコ	112	456	414	41	100	15	0	25	190	70	0	0	0	0	39	5	0	84	2	80	.242	.459	.305
井上　晴哉	7	25	22	0	6	2	0	0	11	3	0	0	0	0	3	0	0	4	0	7	.273	.500	.360
＊角中　勝也	6	23	20	0	5	1	0	0	6	4	0	0	0	0	2	1	0	6	0	6	.250	.300	.318
友杉　篤輝	5	2	2	2	1	0	0	0	1	0	0	0	0	0	0	0	0	2	0	4	.500	.500	.500
＊小川　龍成	5	2	2	1	0	0	0	0	0	1	0	0	0	0	0	0	0	2	0	3	.000	.000	.000
中村　奨吾	4	18	13	1	2	0	0	0	2	1	0	0	0	0	4	0	0	2	0	6	.154	.154	.353
石川　慎吾	4	11	9	1	1	0	0	0	1	0	0	0	0	0	2	0	0	1	0	4	.111	.111	.273
大下誠一郎	3	8	4	0	2	0	0	0	2	1	0	0	0	0	1	0	0	3	1	2	.250	.250	.571
＊福田　秀平	2	8	8	0	2	0	0	0	2	0	0	0	0	0	0	0	0	1	0	4	.250	.250	.250
＊和田康士朗	2	1	1	2	0	0	0	0	0	1	0	0	0	0	0	0	0	0	0	0	.000	.000	.000
池田　来翔	1	5	5	0	1	0	0	0	1	0	0	0	0	0	0	0	0	1	0	1	.200	.200	.200
ブロッソー	1	5	5	0	1	0	0	0	1	0	0	0	0	0	0	0	0	1	0	1	.200	.200	.200
山口　航輝	1	4	4	0	0	0	0	0	0	0	0	0	0	0	0	0	0	3	0	1	.000	.000	.000
＊佐藤都志也	1	4	3	0	0	0	0	0	0	0	0	0	0	0	1	0	0	0	0	1	.000	.000	.333
＊安田　尚憲	1	3	3	0	1	0	0	0	1	0	0	0	0	0	0	0	0	2	0	1	.333	.333	.333
＊藤原　恭大	1																						
計	134	570	509	51	120	18	0	26	216	81	6	0	4	3	53	6	1	111	3	117	.236	.424	.307

ソフトバンク

選手名	試合	打席	打数	得点	安打	二塁打	三塁打	本塁打	塁打	打点	盗塁	盗塁刺	犠打	犠飛	四球計	故意四球	死球	三振	併殺打	残塁	打率	長打率	出塁率
*柳田 悠岐	67	300	262	26	83	17	1	11	135	48	1	0	0	2	32	0	4	50	5	83	.317	.515	.397
*近藤 健介	39	164	135	21	37	8	0	8	69	29	1	2	0	1	27	2	1	31	2	30	.274	.511	.396
デスパイネ	10	39	33	0	3	0	0	0	3	0	0	0	0	0	6	0	0	8	2	6	.091	.091	.231
野村 大樹	7	21	19	3	5	0	0	0	5	1	0	0	0	1	1	0	0	7	1	1	.263	.263	.300
野村 勇	4	3	3	1	0	0	0	0	0	0	0	0	0	0	0	0	0	2	0	2	.000	.000	.000
*中村 晃	3	15	14	0	5	0	0	0	5	1	0	0	0	0	1	0	0	1	0	5	.357	.357	.400
*栗原 陵矢	3	13	11	2	3	0	0	1	6	3	0	0	0	0	2	0	0	3	0	2	.273	.545	.385
ホーキンス	3	10	9	0	0	0	0	0	0	1	0	0	0	1	0	0	0	4	0	1	.000	.000	.000
アストゥディーヨ	2	6	6	0	0	0	0	0	0	0	0	0	0	0	0	0	0	1	0	0	.000	.000	.000
*生 海	2	4	4	0	1	0	0	0	1	0	0	0	0	0	0	0	0	1	0	0	.250	.250	.250
*柳町 達	2	4	4	0	0	0	0	0	0	0	0	0	0	0	0	0	0	1	0	0	.000	.000	.000
佐藤 直樹	2	0	0	0	0	0	0	0	0	0	0	0	0	0	0	0	0	0	0	0	.000	.000	.000
正木 智也	2	0	0	1	0	0	0	0	0	0	0	0	0	0	0	0	0	0	0	1	.000	.000	.000
嶺井 博希	1	2	1	0	0	0	0	0	0	0	0	0	0	1	0	0	0	0	0	0	.000	.000	.000
+ガルビス	1	1	1	0	0	0	0	0	0	0	0	0	0	0	0	0	0	0	0	1	.000	.000	.000
*川瀬 晃	1	1	1	0	0	0	0	0	0	0	0	0	0	0	0	0	0	0	0	1	.000	.000	.000
*谷川原健太	1	1	0	0	0	0	0	0	0	0	0	0	0	0	0	0	0	0	0	1	.000	.000	.000
増田 珠	1	1	0	1	0	0	0	0	0	0	0	0	0	0	0	0	0	0	0	0	.000	.000	.000
*三森 大貴	1	1	0	0	0	0	0	0	0	0	0	0	0	0	0	0	0	0	0	1	.000	.000	.000
計	134	582	502	55	137	25	1	20	224	83	2	3	2	4	69	2	5	108	10	138	.273	.446	.364

楽天

選手名	試合	打席	打数	得点	安打	二塁打	三塁打	本塁打	塁打	打点	盗塁	盗塁刺	犠打	犠飛	四球計	故意四球	死球	三振	併殺打	残塁	打率	長打率	出塁率
浅村 栄斗	69	295	261	29	75	12	0	12	123	46	1	0	0	0	33	3	1	50	6	66	.287	.471	.369
*島内 宏明	38	161	139	5	34	4	0	1	41	13	0	0	0	3	19	0	0	18	2	32	.245	.295	.329
フランコ	28	104	97	7	26	4	0	3	39	8	0	0	1	0	7	0	0	15	5	17	.268	.402	.317
+田中 和基	7	2	1	3	0	0	0	0	0	0	1	0	0	1	0	0	0	0	0	0	.000	.000	.000
*西川 遥輝	3	1	0	2	0	0	0	0	0	0	0	0	0	0	1	0	0	0	0	2	.000	.000	1.000
伊藤裕季也	2	0	0	0	0	0	0	0	0	0	0	0	0	0	0	0	0	0	0	0	.000	.000	.000
*小郷 裕哉	2	1	0	0	0	0	0	0	0	0	0	0	0	0	1	0	0	0	0	1	.000	.000	.000
*安田 悠馬	1	4	3	0	0	0	0	0	0	1	0	0	0	0	1	0	0	1	0	1	.000	.000	.250
炭谷銀仁朗	1	1	1	0	0	0	0	0	0	0	0	0	0	0	0	0	0	0	0	0	.000	.000	.000
*渡邊 佳明	1	1	0	0	0	0	0	0	0	0	0	0	0	0	1	0	0	0	0	1	.000	.000	.000
*岡島 豪郎	1	1	0	1	0	0	0	0	0	0	0	0	0	0	0	0	0	0	0	0	.000	.000	.000
*辰己 涼介	1	0	0	0	0	0	0	0	0	0	0	0	0	0	0	0	0	0	0	0	.000	.000	.000
*山崎 剛	1	0	0	1	0	0	0	0	0	0	0	0	0	0	0	0	0	0	0	0	.000	.000	.000
計	134	569	503	50	135	20	0	16	203	68	4	0	1	3	61	3	1	84	14	124	.268	.404	.347

西武

選手名	試合	打席	打数	得点	安打	二塁打	三塁打	本塁打	塁打	打点	盗塁	盗塁刺	犠打	犠飛	四球計	故意四球	死球	三振	併殺打	残塁	打率	長打率	出塁率
中村 剛也	74	308	271	34	72	12	0	17	135	39	1	0	0	3	29	2	5	70	7	55	.266	.498	.344
*栗山 巧	37	151	123	16	30	4	0	6	52	15	1	0	0	0	27	1	1	21	5	22	.244	.423	.384
マキノン	13	54	49	4	14	3	0	1	20	4	0	1	0	0	5	0	0	10	0	13	.286	.408	.352
山野辺 翔	13	6	6	2	2	0	0	0	2	0	0	0	0	0	0	0	0	0	0	9	.333	.333	.333
*平沼 翔太	7	3	2	2	0	0	0	0	0	0	0	0	0	0	1	0	0	0	0	4	.000	.000	.333
若林 楽人	4	4	4	0	0	0	0	0	0	0	0	0	0	0	0	0	0	1	0	0	.000	.000	.000
陽川 尚将	3	9	8	0	1	0	0	0	1	0	0	0	0	0	1	0	0	4	0	2	.125	.125	.222
山川 穂高	2	7	7	0	3	1	0	0	4	0	0	0	0	0	0	0	0	1	0	0	.429	.571	.429
*呉 念庭	2	2	0	0	0	0	0	0	0	0	0	0	0	0	0	0	0	0	0	0	.000	.000	.000
外崎 修汰	1	4	4	0	1	0	0	0	1	0	0	0	0	0	0	0	0	1	0	0	.250	.250	.250
*源田 壮亮	1	4	3	0	0	0	0	0	0	0	0	0	0	0	1	0	0	1	0	0	.000	.000	.250
*ベイトン	1	4	3	0	1	0	0	0	1	0	0	1	0	0	0	0	0	0	0	2	.333	.333	.333
佐藤 龍世	1	4	2	1	1	0	0	1	4	1	0	0	0	0	2	0	0	0	0	2	.500	2.000	.750
岸 潤一郎	1	1	1	0	0	0	0	0	0	0	0	0	0	0	0	0	0	1	0	0	.000	.000	.000
古賀 悠斗	1	1	1	0	0	0	0	0	0	0	0	0	0	0	0	0	0	0	0	0	.000	.000	.000
児玉 亮涼	1	1	1	0	1	0	0	0	1	0	0	0	0	0	0	0	0	0	0	0	.000	.000	.000
+金子 侑司	1	0	0	0	0	0	0	0	0	0	0	0	0	0	0	0	0	0	0	0	.000	.000	.000
*高松 渡	1	0	0	1	0	0	0	0	0	0	0	0	0	0	0	0	0	0	0	0	.000	.000	.000
*滝澤 夏央	1	0	0	1	0	0	0	0	0	0	0	0	0	0	0	0	0	0	0	1	.000	.000	.000
長谷川信哉	1	0	0	0	0	0	0	0	0	0	0	0	0	0	0	0	0	1	0	0	.000	.000	.000
計	134	557	482	64	125	20	0	25	220	61	5	2	1	3	65	3	6	108	12	115	.259	.456	.353

日本ハム

選手名	試合	打席	打数	得点	安打	二塁打	三塁打	本塁打	塁打	打点	盗塁	盗塁刺	犠打	犠飛	四球計	故意四球	死球	三振	併殺打	残塁	打率	長打率	出塁率
マルティネス	41	163	140	12	31	10	0	5	56	21	0	1	0	1	16	0	6	43	5	34	.221	.400	.325
野村　佑希	25	107	93	11	28	7	0	4	47	14	1	0	0	2	11	0	1	29	2	24	.301	.505	.374
郡司　裕也	22	81	73	9	20	3	0	3	32	11	2	0	1	0	7	0	0	12	3	19	.274	.438	.338
松本　剛	11	48	44	5	7	1	0	0	8	0	0	0	0	0	3	0	1	7	0	4	.159	.182	.229
＊王　柏融	11	33	31	5	9	1	0	1	14	5	0	0	0	0	2	0	0	13	0	1	.290	.452	.333
＋ハンソン	8	26	23	2	2	1	0	1	6	2	0	0	0	0	3	0	0	3	2	6	.087	.261	.192
＊加藤　豪将	6	21	18	1	5	1	0	0	6	2	0	0	0	0	3	0	0	4	0	4	.278	.333	.381
万波　中正	5	23	23	3	6	4	0	0	10	2	0	0	0	0	0	0	0	8	0	3	.261	.435	.261
＊石井　一成	4	13	9	0	2	0	1	0	4	0	0	0	0	0	4	1	0	3	0	6	.222	.444	.462
今川　優馬	4	12	12	0	0	0	0	0	0	0	0	0	0	0	0	0	0	6	0	0	.000	.000	.000
＊五十幡亮汰	3	1	1	2	1	1	0	0	2	0	2	0	0	0	0	0	0	0	0	1	1.000	2.000	1.000
江越　大賀	2	2	2	0	1	0	0	0	1	0	0	0	0	0	0	0	0	1	0	2	.500	.500	.500
＊上川畑大悟	2	2	2	0	0	0	0	0	0	0	0	0	0	0	0	0	0	0	0	1	.000	.000	.000
＊細川　凌平	2	1	0	1	0	0	0	0	0	0	0	0	1	0	0	0	0	0	0	1	.000	.000	.000
田宮　裕涼	1	5	5	0	0	0	0	0	0	0	0	0	0	0	0	0	0	0	0	1	.000	.000	.000
＊清宮幸太郎	1	4	4	0	1	0	0	0	1	1	0	0	0	0	0	0	0	2	0	1	.250	.250	.250
郡　　拓也	1	4	4	1	1	0	0	0	1	1	0	0	0	0	0	0	0	1	0	1	.250	.250	.250
＊淺間　大基	1	3	3	0	0	0	0	0	0	0	0	0	0	0	0	0	0	0	0	0	.000	.000	.000
＊水野　達稀	1	2	2	0	0	0	0	0	0	0	0	0	0	0	0	0	0	0	0	0	.000	.000	.000
＋アルカンタラ	1	2	1	0	0	0	0	0	0	0	0	0	0	0	1	0	0	0	0	1	.000	.000	.500
＊中島　卓也	1	1	1	1	1	0	0	0	1	0	0	0	0	0	0	0	0	0	0	0	1.000	1.000	1.000
＊古川　裕大	1	1	1	0	1	1	0	0	2	0	0	0	0	0	0	0	0	0	0	0	1.000	2.000	1.000
＊宇佐見真吾	1	1	1	0	0	0	0	0	0	0	0	0	0	0	0	0	0	0	0	0	.000	.000	.000
＊矢澤　宏太	1	0	0	0	0	0	0	0	0	0	0	0	0	0	0	0	0	0	0	0	.000	.000	.000
計	134	556	492	53	116	29	2	14	191	56	5	1	2	3	50	1	9	134	12	110	.236	.388	.316

2023・パシフィック・リーグ投手成績

チ ー ム 投 手 成 績

HP＝ホールドポイント（ホールド＋救援勝）　　▲打撃妨害

(注) 試合計＝リーグ内対戦375＋交流戦10
（　）内数字・チームは非自責点、個人は自責点

チーム	勝率順位	試合	完投	交代完了	試合当初	補回試合	無失点勝	無四球試	勝利	敗北	引分	セーブ	ホールド	HP	勝率	打者	打数	投球回	安打	本塁打	犠打	犠飛	四球計	故意四球	死球	三振	暴投	ボーク	失点	自責点	防御率
オリックス	1	143	5	138	138	13	★	24	11	86	53	4	46	117	142	.619	5339	4764	1290	1097	73	96	20	405	8	54	1155	36	1	428	391	2.7
西　武	5	143	10	133	133	12		20	4	65	77	1	35	98	112	.458	5310	4618	1270	1056	96	96	26	511	13	59	1160	40	3	465	(1) 414	2.9
日本ハム	6	143	8	135	135	11		15	15	60	82	1	29	99	112	.423	5309	4750	1268.2	1189	106	106	40	363	14	50	942	34	4	496	433	3.0
ソフトバンク	3	143	4	139	139	15	★	13	7	71	69	3	33	129	154	.507	5361	▲4698	1279.2	1121	111	116	33	451	15	62	1068	19	0	507	465	3.2
ロッテ	2	143	1	142	142	16	★	9	10	70	68	5	45	134	158	.507	5366	▲4789	1289	1194	101	85	33	412	16	46	1102	51	1	524	485	3.4
楽　天	4	143	1	142	142	10		9	7	71	72	2	43	121	147	.496	5409	4783	1268	1206	101	105	42	440	15	39	921	52	1	556	496	3.5
合　計		483	29	829	829	43		90	52	422	420	9	230	698	825	.501	32094	28402	7660	6863	587	604	194	2582	81	310	6198	232	10	2976	(1) 2685	3.1

★0－0の無得点試合

(注) 補回試合計＝リーグ内対戦34＋交流戦9、引分計＝リーグ内対戦7＋交流戦2

個 人 投 手 成 績

（規定投球回数143）

順位	選手名	チーム	試合	完投	交代完了	試合当初	補回試合	無失点勝	無四球試	勝利	敗北	引分	セーブ	ホールド	HP	勝率	打者	打数	投球回	安打	本塁打	犠打	犠飛	四球計	故意四球	死球	三振	暴投	ボーク	失点	自責点	防御率
①	山本 由伸	(オ)	23	2	0	21	0	1	0	16	6	0	0	0	0	.727	636	591	164	117	2	9	2	28	0	6	169	1	0	27	22	1.2
②	髙橋 光成	(武)	23	4	0	19	0	2	1	10	8	0	0	0	0	.556	626	557	155	123	8	13	2	47	1	7	120	7	0	47	38	2.2
③ *	宮城 大弥	(オ)	22	3	0	19	0	3	2	10	4	0	0	0	0	.714	575	528	146.2	107	7	10	1	31	1	5	122	1	0	38	37	2.2
*	平良 海馬	(武)	23	0	0	23	0	0	0	11	7	0	0	0	0	.611	611	540	150	111	10	10	1	55	2	5	153	0	0	47	40	2.4
⑤	則本 昂大	(楽)	24	0	0	24	0	0	0	8	8	0	0	0	0	.500	636	567	155	134	7	19	5	44	0	1	111	5	0	57	45	2.6
⑥ *	加藤 貴之	(日)	24	3	0	21	0	1	3	7	9	0	0	0	0	.438	644	619	163.1	162	14	8	4	16	2	1	83	2	1	59	52	2.8
⑦	上沢 直之	(日)	24	2	0	22	0	2	0	9	9	0	0	0	0	.500	696	638	170	162	14	11	1	41	0	5	124	5	1	66	55	2.9
*	伊藤 大海	(日)	24	0	0	21	0	1	2	7	10	0	0	0	0	.412	649	578	153.1	147	11	20	2	41	0	8	134	2	0	64	59	3.4
⑨ *	小島 和哉	(ロ)	25	0	0	25	0	0	0	10	6	0	0	0	0	.625	657	586	158.1	143	14	6	2	57	0	6	114	2	0	64	61	3.4

各項目リーダー

試　合	…鈴木 翔天(楽)	61	セーブ	…松井 裕樹(楽)	39	犠　飛	…田中 将大(楽)	7
完　投	…髙橋 光成(武)	4	ホールド	…ベルドモ(ロ)	41	四球計	…石川 柊太(ソ)	61
交代完了	…松井 裕樹(楽)	49	HP	…ベルドモ(ロ)	61	故意四球	…今井 達也(武)	6
試合当初	…小島 和哉(ロ)	25	勝　率	…山本 由伸(オ)	.727		…坂本光士郎(ロ)	3
先　発	…小島 和哉(ロ)	25	打　者	…上沢 直之(日)	696		…岩下 大輝(日)	3
補回試合	…	ー	打　数	…上沢 直之(日)	638		…鈴木 翔天(楽)	3
無失点勝	…宮城 大弥(オ)	3	投球回	…上沢 直之(日)	170		…渡辺 翔太(楽)	3
無四球試	…加藤 貴之(日)	3	安　打	…田中 将大(楽)	162		…平井 克典(武)	3
勝　利	…山本 由伸(オ)	16	本塁打	…石川 柊太(ソ)	15		…ロドリゲス(日)	3
敗　北	…田中 将大(楽)	11		…田中 将大(楽)	15		…宮西 尚生(日)	3
引　分	…横山 陸人(ロ)	2	犠　打	…伊藤 大海(日)	20	死　球	…石川 柊太(ソ)	8

安樂	智大(楽)	
今井	達也(武)	
伊藤	大海(日)	
三　振	…山本 由伸(オ)	16
暴　投	…佐々木朗希(ロ)	
ボーク	…北山 亘基	
失　点	…田中 将大(楽)	
自責点	…田中 将大(楽)	
防御率	…山本 由伸(オ)	1.2

全 投 手 成 績

(50音順)

選手名	チーム	試合	完投	交代完了	試合当初	補回試合	無失点勝	無四球試	勝利北	敗	引分	セーブ	ホールド	ＨＰ	勝率	打者	打数	投球回	安打	本塁打	犠打	犠飛	四球計	故意四球	死球	三振	暴投	ボーク	失点	自責点	防御率
青山美夏人	(武)	39	0	15	1	0	0	0	0	1		3	1	1	.000	186	159	45.2	32	4	2	2	23	0	0	34	5	1	15	15	2.96
東 晃平	(オ)	10	0	0	8	0	0	0	6	0	0	0	0	0	1.000	209		52.1	45	2	2	0	9	0	5	40	1	0	14	12	2.06
東妻勇輔	(オ)	36	0	4	0	0	0	0					11	11	.000	141	▲122	34	29	3	5	0	12	0	1	28	4	0	11	11	2.91
阿部翔太	(オ)	49	0	5	0	0	0	0	3	5	0	1	21	24	.375	193	171	46.2	37	4	3	2	12	1	5	42	1	0	17	14	2.70
有原航平	(オ)	17	1	0	16	0	0	1	10	5	0	0	0	0	.667	450		122.0	105	13	7	1	25	1	7	74	1	0	40	31	2.31
安樂智大	(楽)	57	0	10	0	0	0	0	3	2	0	0	10	13	.600	214	178	47.1	48	2	5	5	18	1	8	32	4	0	16	16	3.04
井口和朋	(日)	5	0	4	0	0	0	0	0	0	0	0	3	3	.000	23	18	5	6	0	0	2	3	0	0	2	4	0	3	3	5.40
池田隆英	(楽)	51	0	6	1	0	0	0	1	5	0	0	25	26	.167	195	179	50.1	33	5	2	0	12	0	2	45	1	0	18	16	2.86
石川柊太	(日)	23	1	0	22	0	1	0	6	12	0	0	0	0	.333	550	469	125.2	108	15	11	1	61	2	8	119	3	0	63	58	4.15
石川直也	(日)	16	0	8	0	0	0	0	0	0	0	1	3	3	.000	67	60	15.1	17	1	2	0	4	0	1	12	3	0	10	10	5.87
石橋良太	(楽)	2	0	1	0	0	0	0	0	0	0	0	0	0	.000	18	16	3.1	8	1	0	1	1	0	0	2	0	0	7	7	18.90
泉 圭輔	(ソ)	3	0	0	0	0	0	0	0	0	0	0	0	0	.000	17	12	2.2	4	1	0	0	3	0	2	2	0	0	5	5	16.88
伊藤大海	(日)	24	3	0	21	0	1	2	7	10	0	0	0	0	.412	649	578	153.1	147	11	20	2	41	0	8	134	2	0	64	59	3.45
伊藤茉央	(楽)	25	0	5	0	0	0	0	1	0	0	0	3	4	1.000	99	75	22	18	1	4	2	14	0	3	21	0	1	8	8	3.27
今井達也	(武)	19	2	0	17	0	1	0	10	5	0	0	0	0	.667	533	454	133	87	11	9	1	61	0	8	130	4	0	38	34	2.30
岩下大輝	(ロ)	27	0	8	1	0	0	0	3	0	0	0	3	4	1.000	130	112	30.2	25	2	1	1	14	3	1	28	0	0	11	10	2.93
*上原健太	(日)	19	0	0	18	0	0	0	4	7	0	0	0	0	.364	424	386	101.1	101	7	8	4	22	1	4	74	0	0	40	31	2.75
宇田川優希	(オ)	46	0	9	0	0	0	0	4	0	0	2	20	24	1.000	192	157	45.2	32	3	0	3	30	1	2	52	4	0	9	9	1.77
内 星龍	(楽)	53	0	16	0	0	0	0	4	2	0	0	7	11	.667	222	199	55.1	38	5	4	1	17	2	1	35	1	1	17	14	2.28
漆原大晟	(オ)	16	0	8	0	0	0	0	0	0	0	0	0	0	.000	99	80	23	11	3	1	3	10	4	0	10	4	0	10	9	3.00
上沢直之	(武)	24	2	0	22	0	2	0	9	9	0	0	0	0	.500	638	570	152	114	11	4	1	41	0	5	124	5	1	66	56	2.96
*エンス	(武)	12	0	0	12	0	0	0	1	10	0	0	0	0	.091	236	196	54	53	6	9	3	23	0	5	30	1	0	37	31	5.17
オスナ	(ソ)	49	0	36	0	0	0	0	3	2	0	26	12	15	.600	170	162	49	28	3	2	0	6	1	0	42	0	0	5	5	0.92
*大関友久	(ソ)	17	2	0	15	0	1	0	5	7	0	0	0	0	.417	427	370	104.2	86	11	11	5	35	0	6	76	1	0	36	34	2.92
大津亮介	(ソ)	46	0	8	0	0	0	0	2	0	0	0	13	15	1.000	164	146	40.2	34	5	0	0	11	2	2	21	1	0	14	11	2.43
大曲 錬	(武)	10	0	3	0	0	0	0	0	0	0	0	0	0	.000	50	41	10	14	0	1	0	8	0	0	5	2	1	6	6	5.40
尾形崇斗	(ソ)	12	0	6	0	0	0	0	0	1	0	0	0	0	.000	▲67		18	18	3	2	1	3	0	1	15	0	0	11	8	4.00
*小島和哉	(ロ)	25	0	0	25	0	0	0	10	6	0	0	0	0	.625	657	▲586	158.1	143	14	6	2	57	0	6	114	2	0	64	61	3.47
小沼健太	(ロ)	4	0	2	0	0	0	0	0	0	0	0	0	0	.000	34	29	7	9	0	1	3	1	0	1	4	0	0	7	7	9.00
小野泰己	(オ)	5	0	2	1	0	0	0	0	0	0	0	0	0	.000	23		6	6	1	0	1	0	10	0	1	6	0	0	4	4	6.00
小野 郁	(ロ)	10	0	2	0	0	0	0	0	0	0	0	4	4	.000	41	36	11.1	8	0	2	1	8	0	1	11	0	0	6	6	4.66
カスティーヨ	(ロ)	12	0	0	9	0	0	0	3	3	0	0	1	1	.500	200	191	49	52	2	4	0	3	0	2	34	1	0	18	17	3.12
ガンケル	(ソ)	5	0	0	0	0	0	0	0	0	0	0	0	0	.000	80	69	17	21	3	2	2	5	0	0	14	1	1	11	11	5.82
甲斐野 央	(ソ)	46	0	15	0	0	0	0	3	1	0	0	8	11	.750	172	151	42.2	33	2	6	0	2	8	11	39	0	0	12	12	1.59
*笠谷俊介	(ソ)	8	0	0	0	0	0	0	0	0	0	0	0	0	.000	47	36	11.1	8	0	2	1	8	0	0	11	0	0	2	2	1.59
*加藤貴之	(日)	24	3	0	21	0	1	3	7	9	0	0	0	0	.438	648	619	163.1	162	14	8	4	16	2	1	83	2	1	59	52	2.87
金村尚真	(日)	4	0	0	4	0	0	0	2	1	0	0	0	0	.667	97	92	25	18	0	0	5	5	0	0	23	2	0	7	5	1.80
嘉弥真新也	(ソ)	23	0	2	0	0	0	0	1	0	0	0	7	8	1.000	56	44	12	16	1	3	2	6	0	1	7	0	0	6	6	5.25
唐川侑己	(ロ)	6	0	1	0	0	0	0	0	0	0	0	1	0	.000	37	35	7.2	15	1	1	0	2	0	0	2	0	0	6	6	7.04
辛島 航	(楽)	10	0	0	10	0	0	0	1	5	0	0	0	0	.167	224	204	51.1	57	7	2	1	16	0	1	27	2	6	28	26	4.56
*河野竜生	(日)	50	0	5	0	0	0	0	1	4	0	0	20	21	.200	164	148	42.1	30	1	3	0	13	0	0	35	0	0	9	8	1.70
菊地吏玖	(ロ)	1	0	0	1	0	0	0	0	0	0	0	0	0	.000	22	18	4	7	1	1	0	3	0	0	2	1	0	2	1	2.25
岸 孝之	(楽)	20	1	0	19	0	1	9	9	5	0	0	0	0	.643	506	474	120.1	123	10	4	5	20	0	3	76	2	0	44	41	3.07
*北浦竜次	(日)	12	0	8	0	0	0	0	0	0	0	0	0	0	.000	47	45	11.2	12	1	0	0	4	0	0	11	0	0	4	4	3.09
北山亘基	(日)	14	0	0	11	0	0	0	6	5	0	0	0	0	.545	273	230	66	49	6	4	3	34	1	0	58	1	2	26	25	3.41
クリスキー	(武)	14	0	9	0	0	0	0	0	0	0	7	2	2	.000	56	47	14	6	1	0	0	9	1	0	13	3	0	3	3	1.93
国吉佑樹	(ロ)	3	0	0	0	0	0	0	0	0	0	0	0	0	.000	13	10	3.2	1	0	1	0	2	0	0	5	0	0	5	5	9.64
公文克彦	(オ)	7	0	2	0	0	0	0	1	1	0	0	0	1	.500	25	19	4.2	7	2	1	0	1	0	0	5	0	0	5	5	9.64
黒木優太	(オ)	12	0	0	4	0	0	0	1	5	0	0	1	2	.167	102		26	33	2	3	0	16	0	1	20	1	9	19	19	6.58
コットン	(オ)	7	0	0	7	0	0	0	1	1	0	0	1	2	.500	84	78	18.1	24	4	0	1	6	0	0	22	0	0	12	12	5.89
小木田敦也	(オ)	38	0	9	0	0	0	0	4	0	0	0	7	11	1.000	193	174	49.1	37	4	2	4	13	0	0	37	1	0	16	12	2.19
小孫竜二	(楽)	4	0	1	0	0	0	0	0	0	0	0	0	0	.000	23	15	4	4	1	1	0	1	0	0	3	1	0	4	4	9.00
近藤大亮	(オ)	12	0	6	0	0	0	0	0	0	0	0	0	0	.000	57	46	12.1	12	1	1	1	8	0	1	16	0	0	7	7	5.11
齋藤響介	(オ)	1	0	0	1	0	0	0	0	0	0	0	0	0	.000	15	14	3.1	2	0	1	1	1	0	0	5	0	0	0	0	0.00
*齋藤綱記	(オ)	4	0	1	0	0	0	0	1	0	0	0	1	1	1.000	15	14	3.1	2	0	0	1	1	0	0	2	0	0	4	4	10.80
酒居知史	(楽)	47	0	12	0	0	0	0	5	3	0	1	20	25	.625	184	153	42.1	36	1	3	2	15	2	0	42	2	0	17	14	2.98
坂本光士郎	(ロ)	51	0	6	0	0	0	0	1	0	0	0	16	17	1.000	209	180	47.2	46	5	3	2	23	2	2	48	2	0	18	17	3.21
*佐々木健	(武)	21	0	6	0	0	0	0	0	0	0	0	4	4	.000	83	70	20.2	14	0	1	1	13	0	1	13	0	1	2	2	0.87
佐々木千隼	(ロ)	5	0	4	0	0	0	0	0	0	0	0	0	0	.000	57	44	14.1	14	1	1	1	4	0	0	13	0	0	5	5	1.88
佐々木朗希	(ロ)	15	0	0	15	0	0	0	7	4	0	0	0	0	.636	345	317	91	51	1	4	2	17	0	5	135	12	0	19	18	1.78
*佐藤隼輔	(武)	47	0	7	0	0	0	0	1	2	0	0	18	19	.333	167	148	39.2	35	1	3	0	16	2	0	27	2	0	15	11	2.50
澤田圭佑	(ロ)	17	0	8	0	0	0	0	1	0	0	2	3	6	1.000	73	66	16.2	11	1	1	0	6	0	0	18	0	0	2	2	1.08
澤村拓一	(ロ)	34	0	7	0	0	0	0	4	3	0	3	14	18	.571	148	122	33	33	6	2	1	18	2	2	24	0	1	18	18	4.91
椎野 新	(ソ)	11	0	6	0	0	0	0	0	0	0	0	0	0	.000	73	61	16.1	17	1	2	0	7	1	0	17	1	0	9	7	3.86
塩見貴洋	(楽)	1	0	0	1	0	0	0	0	0	0	0	0	0	.000	17	16	4	4	0	2	0	1	0	0	4	0	0	4	4	9.00

パシフィック・リーグ

選手名	チーム	試合	完投	交代完了	試合当初	補回試合	無失点試合	無四球試合	勝利	敗北	引分	セーブ	ホールド	HP	勝率	打者	打数	投球回	安打	本塁打	犠打	犠飛	四球計	故意四球	死球	三振	暴投	ボーク	失点	自責点	防御率
荘司 康誠	(楽)	19	0	0	19	0	0	0	5	3	0	0	0	0	.625	460	399	109.2	90	6	2		48	0	5	93	3	0	43	41	3.36
スチュワートジュニア	(ソ)	14	0	0	14	0	0	0	3	6	0	0	0	0	.333	344	289	77.1	70	7	8	4	42	1	1	67	3	0	31	29	3.38
杉浦 稔大	(日)	24	0	7	0	0	0	0	1	0	0	0	0	0	.000	99	83	22.2	22	4	3	1	10	1	2	22	1	0	9	7	2.78
鈴木 健矢	(日)	24	0	2	12	0	0	0	6	4	0	0	1	2	.600	273	244	65	59	3	5	0	21	0	3	23	0	0	24	19	2.63
*鈴木 昭汰	(ロ)	13	0	9	0	0	0	0	0	0	0	0	0	0	.000	67	59	16.1	12	2	1	0	7	0	0	13	0	0	8	5	2.76
*鈴木 翔天	(楽)	61	0	7	0	0	0	0	1	1	0	1	22	23	.500	195	157	43.2	37	5	8	2	25	3	3	47	4	0	18	16	3.30
*隅田知一郎	(武)	22	2	0	20	0	1	0	9	10	0	0	0	0	.474	554	501	131	123	11	4	1	41	0	7	128	2	0	52	50	3.44
*曽谷 龍平	(オ)	10	0	1	7	0	0	0	1	3	0	0	0	0	.333	138	118	32.2	33	0	3	1	15	0	1	27	2	0	16	14	3.86
宋 家豪	(武)	49	0	9	0	0	0	0	2	1	0		16	18	.667	188	173	46.2	41	5	4	0	11	0	0	35	3	0	16	15	2.89
平良 海馬	(武)	23	0	0	23	0	0	0	11	7	0	0	0	0	.611	611	540	150	115	10	10	1	55	2	5	153	0	0	47	40	2.40
*田浦 文丸	(ソ)	45	0	7	0	0	0	0	2	1	0	0	7	9	.667	150	127	34	31	1	0		12	1	7	28	3	0	9	9	2.38
高田 孝一	(楽)	7	0	5	0	0	0	0	1	0	0	0	0	0	.000	44	41	9.2	14	0	1	0	2	0	0	6	2	0	4		
*高野 脩汰	(日)	7	0	5	0	0	0	0	0	0	0	0	0	0	.000	45	40	11	9	1	0	0	5	0	0	8	1	0	4	2	1.64
髙橋 光成	(武)	23	4	0	19	0	2	1	10	8	0	0	0	0	.556	626	557	155	123	8	13	2	47	1	7	120	7	0	47	38	2.21
髙橋 礼	(ソ)	5	0	2	3	0	0	0	0	2	0	0	0	0	.000	63	54	11.2	23	3	2	0	6	0	1	2	0	0	14	14	10.80
瀧中 瞭太	(楽)	8	0	0	8	0	0	0	2	4	0	0	0	0	.333	179	165	42.1	45	3	1	1	11	0	1	18	4	0	20	18	3.83
武田 翔	(オ)	29	0	6	2	0	0	0	1	2	0	0	2	3	.333	197	172	46	45	1	3	1	19	0	2	38	1	0	20	20	3.91
竹安 大知	(オ)	2	0	2	0	0	0	0	0	0	0	0	0	0	.000	26	22	4.1	12	0	0	0	3	0	1	1	0	0	5	5	10.38
*田嶋 大樹	(オ)	13	0	0	13	0	0	0	6	4	0	0	0	0	.600	338	309	81.2	73	9	8	1	18	0	2	64	2	0	31	28	3.09
立野 和明	(日)	4	0	2	0	0	0	0	0	1	0	0	0	0	.000	29	28	6	10	2	0	0	1	0	0	7	1	0	4	4	6.00
田中 瑛斗	(日)	4	0	1	0	0	0	0	0	0	0	0	0	0	.000	41	32	8.1	11	1	0	1	7	0	1	4	0	0	5	5	5.40
田中 正義	(日)	47	0	35	0	0	0	0	2	3	1	25	8	10	.400	194	171	46.1	43	6	4	6	13	0	0	46	0	0	18	18	3.50
田中 将大	(楽)	24	0	0	24	0	0	0	7	11	0	0	0	0	.389	600	539	139.1	156	15	11	7	38	0	5	81	5	0	79	76	4.91
種市 篤暉	(ロ)	23	0	0	23	0	0	0	10	7	0	0	0	0	.588	571	511	136.2	124	12	4	4	45	1	7	157	3	0	56	52	3.42
玉井 大翔	(日)	50	0	0	0	0	0	0	1	0	0		10	10	.000	162	150	37.2	43	3	2	1	13	1	3	21	3	0	14	11	2.63
田村伊知郎	(武)	24	0	10	0	0	0	0	2	1			6	8	.667	93	83	23.2	14	1	2	0	8	0	0	20	4	0	4	4	1.52
張 奕	(ソ)	5	0	3	0	0	0	0	0	0	0	0	0	0	.000	25	23	5	3	1	0	0	3	0	0	5	0	0	3	3	9.00
津森 宥紀	(ソ)	56	0	8	0	0	0	0	4	4	1	0	22	26	.500	202	171	48.2	37	4	6	1	21	2	3	44	0	0	20	19	3.51
津留崎大成	(楽)	7	0	0	0	0	0	0	0	0	0	0	0	0	.000	38	37	9.2	11	1	1	0	0	0	0	7	0	0	2	2	1.86
ティノコ	(武)	38	0	9	0	0	0	0	0	3	0	0	8	8	.000	160	134	35	33	1	2	1	20	2	3	29	0	0	13(1)	11	2.83
東條 大樹	(ロ)	11	0	7	0	0	0	0	0	0	0	1	2	2	.000	45	37	9.2	12	1	1	2	5	0	0	10	1	0	9	8	7.45
*中村 稔弥	(ロ)	22	0	7	0	0	0	0	3	1	0	0	0	3	.750	99	87	23.1	22	0	3	2	6	0	1	19	1	0	6	6	2.31
中森 俊介	(ロ)	13	0	3	0	0	0	0	3	2	0	0	0	3	.600	86	72	20.1	17	2	2	1	8	0	1	10	1	0	8	8	3.54
生田目 翼	(日)	5	0	1	0	0	0	0	0	1	0	0	0	0	.000	35	28	6	10	1	0	0	5	0	2	5	2	0	7		
ニックス	(日)	2	0	0	2	0	0	0	0	1	0	0	0	0	.000	30	24	6	7	1	0	0	7	0	0	7	0	0	7	7	10.50
西垣 雅矢	(楽)	1	0	0	0	0	0	0	0	0	0	0	0	0	.000	4	1	0.1	1	0	1	0	1	0	0	0	0	0	3	3	81.00
西口 直人	(楽)	26	0	7	0	0	0	0	0	4	1	0	7	7	.000	109	99	23.2	32	4	0	1	9	0	0	18	1	0	14	12	4.56
西野 勇士	(ロ)	18	1	0	17	0	0	0	8	6	0	0	0	0	.615	464	427	117	109	4	6	4	23	0	4	92	1	0	39	35	2.69
*西村 天裕	(ロ)	14	0	4	0	0	0	0	1	0	0		14	18	1.000	174	154	43.1	28	2	1	1	16	0	1	41	3	0	7	6	1.25
*根本 悠楓	(日)	5	0	0	5	0	0	0	3	1	0	0	0	0	.750	105	88	25	12	0	0	2	14	0	3	23	0	0	8	8	2.88
則本 昂大	(楽)	24	0	0	24	0	0	0	8	8	0	0	0	0	.500	636	567	155	134	7	19	5	44	0	1	111	5	0	57	45	2.61
*バニュエロス	(楽)	1	0	0	0	0	0	0	0	0	0	0	0	0	.000	4	0.2	3	1	0	0	0	2	0	2	0	0	0	6	6	81.00
*長谷川威展	(楽)	9	0	4	0	0	0	0	0	0	0	0	0	0	.000	35	29	8.1	8	0	1	1	3	0	1	5	0	0	1	1	1.08
*早川 隆久	(楽)	17	0	0	17	0	0	0	6	7	0	0	0	0	.462	413	378	96.2	102	13	6	0	27	0	2	78	0	0	42	37	3.44
板東 湧梧	(ソ)	19	0	6	11	0	0	0	5	4	1	0	1	3	.556	349	308	83	73	5	3	1	34	0	3	58	1	0	32	28	3.04
比嘉 幹貴	(オ)	31	0	4	0	0	0	0	1	0	0	0	6	8	1.000	83	78	20	21	3	1	2	0	0	2	24	0	0	5	5	2.25
東浜 巨	(ソ)	17	0	0	17	0	0	0	6	7	0	0	0	0	.462	428	394	99.2	114	6	8	2	24	0	1	73	1	0	50	50	4.52
平井 克典	(武)	54	0	7	0	0	0	0	4	3	0	0	28	32	.571	222	191	53	46	3	6	2	23	3	1	29	1	0	15	15	2.55
平野 佳寿	(オ)	42	0	37	0	0	0	0	2	6	0	29	5	8	.250	167	146	40	36	1	8	0	13	0	0	24	1	0	5	5	1.12
廣畑 敦也	(ロ)	8	0	3	1	0	0	0	1	1	0	0	0	1	.500	50	41	11	14	1	2	1	2	0	0	11	0	0	7	7	5.73
*福田 俊	(日)	29	0	6	0	0	0	0	1	0	0	0	3	4	1.000	100	86	26.1	11	0	6	2	10	0	2	19	4	0	0	0	0.00
藤井 皓哉	(ソ)	22	0	3	0	0	0	0	5	3	0	0	9	9	.625	288	240	69.2	46	6	2	3	33	1	7	84	1	0	21	18	2.33
*藤井 聖	(楽)	10	0	2	6	0	0	0	1	2	0	0	0	0	.333	231	201	50.2	50	5	0	1	18	0	0	41	2	0	30	25	4.44
藤平 尚真	(楽)	40	0	32	0	0	0	0	4	4	0	19	6	10	.500	169	157	38	44	5	1	2	7	0	0	24	2	0	23	23	5.45
古川 侑利	(ソ)	9	0	2	0	0	0	0	0	0	0	0	0	0	.333	78	69	18.2	19	3	0	0	12	0	1	10	1	0	7	7	3.38
*ヘルナンデス	(ソ)	1	0	0	0	0	0	0	0	0	0	0	0	0	.000	7	5	0.2	3	1	0	0	1	0	0	1	0	0	2	2	27.00
ペルドモ	(ロ)	53	0	4	0	0	0	0	3	0	1	1	41	42	.250	209	189	50.2	49	1	4	1	15	0	0	41	1	0	15	12	2.13
ポータカハシ	(武)	20	0	12	0	0	0	0	0	0	0	0	0	0	.000	151	120	36	20	1	2	3	19	0	7	27	2	0	13	12	3.00
ポンセ	(オ)	10	0	0	10	0	0	0	4	5	0	0	0	0	.444	237	205	51.2	59	3	10	2	17	0	3	43	2	0	27	21	3.66
*堀 瑞輝	(日)	5	0	2	0	0	0	0	0	0	0	0	1	1	1.000	21	19	4	3	0	0	0	0	0	0	3	0	0	4	4	9.00
本田 圭佑	(武)	25	0	4	2	0	0	0	0	2	2	.000				148	129	34.2	36	4	0	1	5	0	0	29	1	0	7	6	1.56
本田 仁海	(オ)	28	0	5	2	0	0	0	2	1	0	0	2	2	.667	145	129	32.2	35	5	4	0	12	0	4	23	0	0	23	23	6.34
マーベル	(日)	8	0	0	8	0	0	0	0	5	0	0	0	0	.500	93	82	21.2	21	1	6	1	9	0	0	12	0	0	9	6	2.49
前 佑囲斗	(オ)	2	0	1	0	0	0	0	0	0	0	0	0	0	.000	40	40	10	12	3	1	0	1	0	0	9	0	0	6	2	1.80
増田 達至	(武)	40	0	32	0	0	0	0	4	4	0	19	6	10	.500	169	157	38	44	5	1	2	7	0	0	24	2	0	23	23	5.45
益田 直也	(ロ)	58	0	43	0	0	0	0	2	5	0	36	13	15	.286	222	204	53.1	49	3	0	1	14	1	0	54	4	0	23	22	3.71
又吉 克樹	(ソ)	32	0	2	0	0	0	0	5	0	0	0	12	10	.555	113	98	28	21	2	1	2	10	0	2	15	1	0	7	7	2.25
松井 友飛	(楽)	4	0	0	4	0	0	0	0	1	0	0	0	0	.000	78	69	18.2	21	3	0	0	12	0	1	10	1	0	7	7	3.38
*松井 裕樹	(楽)	59	0	49	0	0	0	0	3	0	0	39	8	10	.400	222	201	57.1	38	3	0	1	13	2	0	72	0	0	14	10	1.57
*松本 晴	(ソ)	3	0	1	0	0	0	0	0	0	0	0	0	0	.000	31	27	6.1	9	1	0	0	5	0	0	5	0	0	4	4	5.68

選手名	チーム	試合	完投	交代完了	試合当初	補回試合	無失点試合	無四球試合	勝利	敗北	引分	セーブ	ホールド	HP	勝率	打者	打数	投球回	安打	本塁打	犠打	犠飛	四球計	故意四球	死球	三振	暴投	ボーク	失点	自責点	防御率
松本 裕樹	(ソ)	53	0	8	0	0	0	0	2	2	0		25	27	.500	189	167	47	32	5	4	1	17	1	0	60	1	0	16	14	2.68
松本 航	(武)	20	1	0	19	0	0	0	6	8	0	0	0		.429	496	432	116.2	102	14	9	2	48	1	5	89	3	1	48	45	3.47
豆田 泰志	(武)	16	0	5	0	0	0	0	0	0	0	1	6	6	.000	62	53	15.1	8	0	1	0	7	0	1	12	0	0	1	1	0.59
水上 由伸	(武)	23	0	3	0	0	0	0	2	0	1	5	5		.000	75	57	17	12	1	4	0	14	0	0	13	0	0	4	4	2.12
美馬 学	(ロ)	18	0	0	18	0	0	0	3	9	0	0	0		.250	429	386	98.1	106	13	8	0	32	1	3	67	1	0	55	52	4.76
宮内 春輝	(日)	15	0	3	0	0	0	0	1	0	0	0	1	2	1.000	78	68	16.2	23	1	2	3	5	1	0	18	0	0	12	12	6.48
宮川 哲	(武)	4	0	4	0	0	0	0	0	1	0	0	0		.333	83	67	16.1	23	3	0	1	13	0	2	9	1	0	13	13	7.16
＊宮城 大弥	(オ)	22	3	0	19	0	3	2	10	4	0	0	0		.714	575	528	146.2	107	7	10	1	31	1	5	122	0	1	38	37	2.66
＊宮西 尚生	(オ)	31	0	6	0	0	0	0	1	3	0	1	13	14	.250	111	93	23.2	29	3	4	1	10	3	3	24	1	0	7	7	2.66
宮森 智志	(楽)	24	0	7	0	0	0	0	0	2	0	3	3		.000	106	88	21	30	2	3	1	14	0	0	15	1	0	18	18	7.71
村西 良太	(オ)	7	0	4	1	0	0	0	0	0	0	0	0		.000	52	46	11.2	11	1	0	0	5	0	1	17	0	0	8	8	6.17
＊メ ネ ズ	(日)	12	0	1	4	0	0	0	0	2	0	0	0		.000	116	93	25.2	24	1	5	2	14	0	2	19	1	0	13	9	3.16
＊メルセデス	(武)	22	0	1	20	0	0	0	4	8	0	1	0	0	.333	483	430	116.1	111	8	10	5	36	0	2	58	3	0	46	43	3.33
＊モイネロ	(ソ)	27	0	9	0	0	0	0				5	13	16	1.000	97	90	27.2	11	0	2	0	15	0	0	37	0	0	3	3	0.98
＊本前 郁也	(ロ)	1	0	0	1	0	0	0	0	0	0	0	0		.000	22	18	5	4	1	0	0	4	0	0	5	0	0	2	2	3.60
森 唯斗	(ソ)	6	0	6	0	0	0	0	2	3	0	0	0		.400	126	112	29.1	28	2	3	2	9	0	0	27	0	0	15	15	4.60
森 遼大朗	(ロ)	7	0	6	0	0	0	1	4	0	0	0	0		.200	153	139	33	41	3	2	0	10	0	2	29	0	0	23	22	6.00
森脇 亮介	(武)	31	0	6	0	0	0	2	1	0	3	12	14		.667	117	100	27.2	22	1	0	2	15	0	0	26	1	0	8	6	1.95
八木 彬	(ロ)	3	0	2	0	0	0	0	0	0	0	0	0		.000	20	17	3	9	1	0	1	2	0	0	2	0	0	6	6	18.00
矢澤 宏太	(日)	2	0	2	0	0	0	0	0	0	0	0	0		.000	7	7	2	1	0	0	0	0	0	0	3	0	0	0	0	0.00
山岡 泰輔	(オ)	31	0	7	12	0	0	0	2	1	1	3	8	9	.667	390	345	94	75	4	6	3	33	2	3	97	7	0	26	24	2.30
＊山﨑 福也	(オ)	23	0	0	23	0	0	0	11	5	0	0	0		.688	537	495	130.1	127	7	11	2	24	0	5	80	0	0	48	47	3.25
山﨑 颯一郎	(オ)	53	0	18	0	0	0	1	1	9	27	28		.500	211	185	52	42	3	8	0	18	0	0	60	0	0	12	12	2.08	
山下 舜平大	(オ)	16	0	0	16	0	0	0	9	3	0	0	0		.750	383	345	95	71	2	4	0	30	0	4	101	4	1	21	17	1.61
＊山田 修義	(オ)	32	0	4	0	0	0	0	0	0	0	6	6		.000	121	109	31.1	23	1	1	0	10	0	1	29	0	0	4	4	1.15
山本 拓実	(オ)	26	0	2	1	0	0	0	0	0	0	3	3		.000	97	88	24	23	2	1	2	6	0	0	19	1	0	4	4	1.50
山本 由伸	(オ)	23	2	0	21	0	1	0	16	6	0	0	0		.727	636	591	164	117	2	9	2	28	0	6	169	1	0	27	22	1.21
＊弓削 隼人	(楽)	12	0	4	0	0	0	0	0	0	0	0	0		.000	47	37	9.2	12	1	3	1	4	1	2	5	0	0	7	6	5.59
横山 楓	(オ)	4	0	0	0	0	0	0	0	0	0	0	0		.000	18	14	3.2	4	0	0	0	3	0	0	1	0	0	3	3	7.36
横山 陸人	(ロ)	38	0	13	1	0	0	0	2	3	2	1	8	10	.400	172	150	39.1	41	3	3	0	18	2	1	42	3	0	25	23	5.26
興座 海人	(武)	15	1	0	14	0	1	1	2	6	0	0	0		.250	340	303	83	72	9	9	2	21	0	1	39	1	0	38	34	3.69
吉田 輝星	(日)	3	0	3	0	0	0	0	0	0	0	0	0		.000	15	11	3	5	1	2	0	2	1	0	2	0	0	3	3	9.00
吉田 凌	(オ)	19	0	7	0	0	0	0	0	1	0	4	4		.000	79	65	16.2	16	1	2	0	10	0	1	12	0	0	8	6	3.24
ロドリゲス	(日)	37	0	9	1	0	0	0	1	7	0	0	12	13	.125	163	138	35.1	42	5	4	1	20	3	0	20	1	0	21	20	5.09
ワゲスパック	(ソ)	31	0	11	4	0	0	0	4	7	1	2	4	7	.364	201	171	43.2	44	4	2	1	26	0	1	67	2	0	30	28	5.77
渡辺 翔太	(楽)	51	0	5	0	0	0	0	8	3	0	1	25	33	.727	197	171	48.2	30	1	4	0	20	3	2	41	3	0	15	13	2.40
渡邉 勇太朗	(武)	2	0	2	0	0	0	0	1	0	0	0	0		1.000	42	37	11	7	0	0	5	0	0	4	0	0	1	1	0.82	
＊和田 毅	(ソ)	21	0	0	20	0	0	0	8	6	0	0	0		.571	414	367	100	89	10	11	4	29	0	3	85	0	0	39	36	3.24

2023・パシフィック・リーグ守備成績

チ ー ム 守 備 成 績

チ ー ム	試合	守備会	刺殺	補殺	失策	併殺 参加数	殺 球団	捕逸	守備率
ソフトバンク	143	5292	3839	1401	52	256	94	3	.990
オリックス	143	5344	3870	1414	60	261	97	1	.989
西 武	143	5345	3810	1459	76	329	121	5	.986
ロ ッ テ	143	5476	3849	1544	83	356	129	4	.9848
楽 天	143	5355	3806	1467	82	271	102	7	.9846
日本ハム	143	5308	3806	1408	94	309	111	6	.982
合 計	483	32120	22980	8693	447	1782	654	26	.986

個 人 守 備 成 績

規定試合数　野手　95
捕手　72
（投手は投球回数）投手　143

一 塁 手

選手名	チーム	試合	刺殺	補殺	失策	併殺	守備率
＊中村　　晃	(ソ)	128	959	55	2	56	.998
頓宮　裕真	(オ)	102	791	54	11	51	.987

(50音順)

選手名	チーム	試合	刺殺	補殺	失策	併殺	守備率
アストゥディーヨ	(ソ)	10	57	5	1	7	.984
アルカンタラ	(日)	1	2	0	0	0	1.000
浅間　大基	(日)	1	8	0	0	1	1.000
浅村　栄斗	(楽)	3	2	3	0	0	1.000
安達　了一	(オ)	1	0	0	0	0	.000
阿部　寿樹	(楽)	54	358	24	1	17	.997
池田　来翔	(ロ)	22	154	13	2	12	.988
伊藤裕季也	(楽)	38	253	16	1	21	.996
井上　晴哉	(ロ)	22	153	12	2	16	.988
井上　朋也	(ソ)	3	13	1	0	2	1.000
呉　　念庭	(武)	14	48	7	1	6	.982
大里　昂生	(日)	1	1	1	0	0	1.000
大下誠一郎	(ロ)	7	9	2	0	1	1.000
太田　椋	(オ)	6	36	3	0	1	1.000
加藤　豪将	(日)	26	174	10	0	7	1.000
川瀬　晃	(ソ)	15	29	2	0	6	1.000
清宮幸太郎	(日)	18	98	8	0	6	1.000
銀　　次	(楽)	4	11	0	0	0	1.000
黒川　史陽	(楽)	3	3	0	0	1	1.000
郡司　裕也	(日)	15	114	7	1	8	.992
ゴンザレス	(オ)	25	169	13	0	13	1.000
郡　　拓也	(日)	3	7	1	0	1	1.000
佐藤都志也	(ロ)	10	64	5	0	4	1.000
佐藤　龍世	(武)	1	3	0	0	0	1.000
佐野　皓大	(オ)	1	2	0	0	0	1.000
清水　優心	(日)	1	0	0	0	0	.000
鈴木　大地	(楽)	74	511	29	3	41	.994
セデーニョ	(オ)	4	24	0	0	4	1.000

選手名	チーム	試合	刺殺	補殺	失策	併殺	守備率
茶谷　健太	(ロ)	45	234	15	2	18	.992
＊Ｔ－岡田	(オ)	10	52	3	0	4	1.000
頓宮　裕真	(オ)	102	791	54	11	51	.987
中川　圭太	(オ)	27	62	8	0	10	1.000
＊中村　晃	(ソ)	128	959	55	2	56	.998
野村　大樹	(ソ)	14	74	9	0	7	1.000
野村　佑希	(日)	50	301	28	2	34	.994
平沼　翔太	(武)	12	22	2	1	3	.960
廣岡　大志	(オ)	12	13	1	0	2	1.000
フランコ	(楽)	10	62	3	1	4	.985
細川　凌平	(日)	1	1	0	0	0	1.000
マキノン	(武)	87	688	46	1	57	.999
マルティネス	(日)	41	329	28	2	27	.994
増田　珠	(ソ)	1	6	1	0	1	1.000
万波　中正	(日)	23	137	17	3	14	.981
三森　大貴	(ソ)	2	3	0	0	0	1.000
村林　一輝	(楽)	2	5	0	0	0	1.000
安田　尚憲	(ロ)	14	125	8	2	8	.985
安田　悠馬	(楽)	1	2	0	0	0	1.000
谷内　亮太	(日)	3	2	1	0	1	1.000
山足　達也	(オ)	25	48	7	0	2	1.000
山川　穂高	(武)	14	104	8	2	13	.982
山口　航輝	(ロ)	68	542	37	7	51	.988
山田　遥楓	(日)	8	10	0	0	2	1.000
山村　崇嘉	(武)	1	1	0	0	0	1.000
陽川　尚将	(武)	2	10	2	0	1	1.000
リチャード	(ソ)	3	14	0	0	0	1.000
渡部　健人	(武)	45	364	34	4	29	.990
渡邊　佳明	(楽)	9	58	3	0	4	1.000
和田　　恋	(楽)	1	0	1	0	0	1.000
王　　柏融	(日)	1	0	1	0	0	1.000

二　塁　手

選手名	チーム	試合	刺殺	補殺	失策	併殺	守備率
中村　奨吾	(ロ)	133	248	405	6	92	.991
外崎　修汰	(武)	135	275	409	13	81	.981
(50音順)							
アルカンタラ	(日)	10	13	21	1	3	.971
浅村　栄斗	(楽)	73	126	216	7	28	.980
安達　了一	(オ)	21	38	45	1	10	.988
池田　来翔	(ロ)	5	6	7	0	1	1.000
石井　一成	(日)	29	42	52	1	9	.989
伊藤裕季也	(楽)	4	0	0	0	0	1.000
呉　念庭	(武)	1	0	0	0	0	.000
大城　滉二	(オ)	40	22	45	2	8	.971
太田　椋	(オ)	12	21	26	2	4	.959
小川　龍成	(ロ)	16	6	24	0	3	1.000
ガルビス	(ソ)	10	14	6	0	3	1.000
加藤　豪将	(日)	33	48	78	2	20	.984
上川畑大悟	(日)	26	37	60	2	10	.980
川瀬　晃	(ソ)	27	37	27	0	6	1.000
川原田純平	(ソ)	1	0	1	0	1	1.000
宜保　翔	(オ)	54	79	110	6	16	.969
黒川　史陽	(楽)	2	2	2	0	0	1.000
郡司　裕也	(日)	2	0	2	0	0	1.000
ゴンザレス	(オ)	48	72	122	1	18	.995
郡　拓也	(日)	1	0	0	0	0	.000
児玉　亮涼	(武)	4	5	11	0	2	1.000
小深田大翔	(楽)	77	126	198	6	35	.982
佐藤　龍世	(武)	8	8	11	1	5	.950
周東　佑京	(ソ)	5	15	13	0	3	1.000
髙松　渡	(武)	1	0	0	0	0	.000
茶谷　健太	(ロ)	10	14	11	0	4	1.000
外崎　修汰	(武)	135	275	409	13	81	.981
中島　卓也	(日)	3	1	3	0	0	1.000
中村　奨吾	(ロ)	133	248	405	6	92	.991
奈良間大己	(日)	21	28	39	1	8	.985
西野　真弘	(オ)	26	51	65	1	10	.991
野村　勇	(ソ)	9	12	15	0	1	1.000
野村　佑希	(日)	2	0	1	0	0	1.000
ハンソン	(日)	8	9	17	0	1	1.000
平沼　翔太	(武)	3	2	6	0	1	1.000
廣岡　大志	(オ)	2	4	7	0	0	1.000
ブロッソー	(日)	1	2	1	0	0	1.000
福田　光輝	(日)	11	14	28	0	6	1.000
細川　凌平	(日)	20	17	25	2	4	.955
牧原　大成	(ソ)	44	79	115	2	18	.990
水野　達稀	(日)	21	22	33	0	7	1.000
三森　大貴	(ソ)	91	174	208	5	42	.987
村林　一輝	(楽)	5	0	3	0	1	1.000
谷内　亮太	(日)	24	38	33	1	10	.986
山足　達也	(オ)	3	2	7	0	1	1.000
山﨑　剛	(楽)	3	1	0	0	0	1.000
山田　遥楓	(日)	8	8	11	1	3	.950
山野辺　翔	(武)	1	1	0	0	0	.500
山村　崇嘉	(武)	1	3	0	0	0	1.000
渡邊　佳明	(楽)	1	2	0	0	0	1.000

三　塁　手

選手名	チーム	試合	刺殺	補殺	失策	併殺	守備率
安田　尚憲	(ロ)	106	66	156	8	17	.965
宗　佑磨	(オ)	121	64	168	9	11	.963
(50音順)							
アルカンタラ	(日)	11	5	13	1	2	.947
阿部　寿樹	(楽)	18	3	9	3	1	.800
有薗　直輝	(日)	1	1	0	0	0	1.000
池田　来翔	(ロ)	7	1	10	0	1	1.000
石井　一成	(日)	1	1	2	0	0	1.000
伊藤裕季也	(楽)	38	10	38	5	3	.906
井上　朋也	(ソ)	12	7	10	0	0	1.000
呉　念庭	(武)	21	14	19	0	0	1.000
大里　昂生	(オ)	2	0	1	0	0	1.000
大下誠一郎	(ロ)	2	0	1	0	0	1.000
大城　滉二	(オ)	12	2	3	1	0	.833
小川　龍成	(ロ)	2	1	0	0	0	1.000
ガルビス	(ソ)	3	0	0	0	0	.000
加藤　豪将	(日)	1	0	0	0	0	.000
川瀬　晃	(ソ)	43	12	21	0	1	1.000
清宮幸太郎	(日)	88	76	138	13	12	.943
栗原　陵矢	(ソ)	93	57	147	7	9	.967
紅林弘太郎	(オ)	2	0	0	0	0	.000
黒川　史陽	(楽)	6	3	9	1	1	.923
ゴンザレス	(オ)	13	8	10	1	1	.947
郡　拓也	(日)	1	0	0	0	0	.000
児玉　亮涼	(武)	5	0	2	0	1	1.000
小深田大翔	(楽)	46	23	49	7	2	.911
佐藤　龍世	(武)	78	35	80	10	6	.920
周東　佑京	(ソ)	14	7	13	1	1	.952
鈴木　大地	(楽)	14	1	7	1	0	.889
茶谷　健太	(ロ)	11	0	8	0	0	1.000
中島　卓也	(日)	1	0	0	0	0	.000
奈良間大己	(日)	5	2	2	0	0	1.000
西野　真弘	(オ)	11	5	13	1	1	.947
野口　智哉	(オ)	2	0	0	0	0	.000
野村　勇	(ソ)	25	8	18	1	1	.963
野村　佑希	(日)	34	27	43	2	5	.972
平沼　翔太	(武)	23	10	32	0	3	1.000
廣岡　大志	(オ)	14	4	9	2	0	.867
フランコ	(楽)	54	27	56	3	6	.965
ブロッソー	(ロ)	35	13	52	5	4	.929
福田　光輝	(日)	14	2	10	0	1	1.000
細川　凌平	(日)	7	2	1	0	0	1.000
マキノン	(武)	33	22	39	1	4	.984
牧原　大成	(ソ)	1	1	0	0	0	1.000
水野　達稀	(日)	2	1	0	0	0	1.000
宗　佑磨	(オ)	121	64	168	9	11	.963
村林　一輝	(楽)	26	9	16	1	0	.962
茂木栄五郎	(楽)	7	1	5	0	0	1.000
安田　尚憲	(ロ)	106	66	156	8	17	.965
谷内　亮太	(日)	20	3	6	0	0	1.000
山足　達也	(オ)	1	0	0	0	0	.000
山﨑　剛	(楽)	28	2	11	0	3	1.000
山田　遥楓	(日)	2	0	0	0	0	.000
山野辺　翔	(武)	11	5	5	0	0	1.000
山村　崇嘉	(武)	2	1	0	0	0	1.000
陽川　尚将	(武)	5	2	4	0	0	1.000
リチャード	(ソ)	17	9	26	2	6	.946
渡部　健人	(武)	8	6	12	0	1	1.000

パシフィック・リーグ

遊撃手

選手名	チーム	試合	刺殺	補殺	失策	併殺	守備率
紅林弘太郎	(オ)	127	200	320	6	62	.989
源田 壮亮	(武)	99	169	280	9	61	.9803
今宮 健太	(ソ)	125	186	297	10	50	.9797

(50音順)

選手名	チーム	試合	刺殺	補殺	失策	併殺	守備率
安達 了一	(オ)	1	0	2	0	0	1.000
伊藤裕季也	(楽)	2	0	4	0	0	1.000
今宮 健太	(ソ)	125	186	297	10	50	.980
呉 念庭	(武)	1	1	0	0	0	1.000
大城 滉二	(オ)	5	0	3	0	1	
ガルビス	(オ)	2	1	0	0	0	1.000
上川畑大悟	(日)	81	91	189	8	38	.972
川瀬 晃	(ソ)	26	31	56	1	11	.989
川原田純平	(ソ)	1	3	0	0	0	1.000
宜保 翔	(オ)	7	6	12	0	0	1.000
紅林弘太郎	(オ)	127	200	320	6	62	.989
源田 壮亮	(武)	99	169	280	9	61	.980
ゴンザレス	(オ)	5	7	9	0	0	1.000
児玉 亮涼	(武)	45	77	106	3	24	.984
小深田大翔	(楽)	2	2	1	0	1	1.000
滝澤 夏央	(武)	13	13	21	1	2	.971
茶谷 健太	(ロ)	17	23	44	0	8	1.000
友杉 篤輝	(ロ)	52	66	151	6	27	.973
中島 卓也	(日)	9	14	17	0	4	1.000
奈良間大己	(日)	44	65	95	5	21	.970
野口 智哉	(オ)	17	18	32	1	6	.980
野村 勇	(ソ)	5	3	9	0	1	1.000
ハンソン	(日)	9	14	12	2	3	.929
平沼 翔太	(武)	7	3	2	0	0	1.000
藤岡 裕大	(ロ)	88	138	231	6	58	.984
細川 凌平	(日)	6	6	15	3	1	.875
牧原 大成	(ソ)	1	0	3	0	2	1.000
水野 達稀	(日)	7	8	19	3	3	.900
村林 一輝	(楽)	75	112	226	8	48	.977
谷内 亮太	(オ)	6	6	9	1	1	.938
山足 達也	(オ)	1	2	2	0	0	1.000
山﨑 剛	(楽)	83	135	205	8	31	.977
山田 遥楓	(日)	13	12	13	3	6	.893
山村 崇嘉	(武)	2	8	6	0	3	1.000

外 野 手

選手名	チーム	試合	刺殺	補殺	失策	併殺	守備率
辰己 涼介	(楽)	130	347	2	1	0	.997
松本 剛	(日)	122	254	6	1	0	.9961
近藤 健介	(ソ)	103	216	7	1	0	.9955
*藤原 恭大	(ロ)	102	208	3	2	1	.991
岡島 豪郎	(楽)	107	197	5	2	2	.990
中川 圭太	(オ)	127	257	4	3	1	.989
万波 中正	(日)	117	226	5	4	2	.9829
柳町 達	(ソ)	101	167	5	3	2	.9828
小郷 裕哉	(楽)	115	214	7	5	2	.978
岡 大海	(ロ)	106	165	4	4	1	.977

(50音順)

選手名	チーム	試合	刺殺	補殺	失策	併殺	守備率
アルカンタラ	(日)	17	29	1	0	1	1.000
愛 斗	(武)	71	134	5	1	1	.993
淺間 大基	(日)	10	17	0	0	0	1.000
阿部 寿樹	(楽)	15	27	0	0	0	1.000
生 海	(ソ)	4	1	0	0	0	1.000
池田 陵真	(オ)	12	9	1	1	0	.909
石川 慎吾	(ロ)	28	46	1	0	0	1.000
五十幡亮汰	(日)	63	136	4	2	1	.986
今川 優馬	(日)	19	25	1	0	0	1.000
上林 誠知	(ソ)	52	58	0	0	0	1.000
江越 大賀	(日)	88	137	4	1	0	.993
岡 大海	(ロ)	106	165	4	4	1	.977
岡島 豪郎	(楽)	107	197	5	2	2	.990
小川 龍成	(ロ)	19	10	2	1	0	.909
荻野 貴司	(ロ)	49	79	2	1	0	.988
小郷 裕哉	(楽)	115	214	7	5	2	.978
小田 裕也	(オ)	72	44	1	0	0	1.000
角中 勝也	(ロ)	56	67	0	2	0	.971
金子 侑司	(武)	41	53	1	0	0	1.000
*川越 誠司	(武)	11	24	0	0	0	1.000
岸 潤一郎	(武)	60	93	2	0	0	1.000
来田 涼斗	(オ)	3	7	0	0	0	1.000
木村 文紀	(日)	1	0	0	0	0	1.000
郡司 裕也	(日)	5	4	0	0	0	1.000
小深田大翔	(楽)	30	46	2	2	0	.960
近藤 健介	(ソ)	103	216	7	1	1	.996
佐藤 直樹	(ソ)	31	17	0	0	0	1.000
佐野 皓大	(オ)	42	29	0	0	0	1.000
*島内 宏明	(楽)	50	81	0	1	0	.988
周東 佑京	(ソ)	94	136	5	0	1	1.000
正隨 優弥	(楽)	1	0	0	1	0	.000
菅野 剛士	(ロ)	3	6	0	1	0	.857
杉澤 龍	(楽)	1	0	0	0	0	1.000
杉本裕太郎	(オ)	79	122	1	0	0	1.000
*鈴木 将平	(武)	65	113	2	1	0	.991
高木 渉	(武)	5	9	0	0	0	1.000
辰己 涼介	(楽)	130	347	2	1	0	.997
田中 和基	(楽)	81	40	2	0	1	1.000
谷川原健太	(ソ)	31	9	0	0	0	1.000
田宮 裕涼	(日)	3	2	0	0	0	1.000
茶野 篤政	(オ)	89	155	3	0	1	1.000
*T－岡田	(オ)	1	1	0	0	0	1.000
中川 圭太	(オ)	127	257	4	3	1	.989
*中村 晃	(ソ)	12	19	0	0	0	1.000
西川 遥輝	(楽)	24	48	0	0	0	1.000
西川 愛也	(武)	40	67	0	0	0	1.000
野口 智哉	(オ)	59	103	3	0	0	1.000
野村 勇	(オ)	1	0	0	0	0	
野村 佑希	(日)	21	29	1	0	0	1.000
長谷川信哉	(武)	58	109	4	2	0	.983
平沢 大河	(ロ)	57	77	2	2	0	.975
平野	(オ)	4	0	0	0	0	.000
*蛭間 拓哉	(武)	56	103	0	0	0	1.000
廣岡 大志	(オ)	19	25	1	1	0	.963
福田 周平	(オ)	32	49	0	0	0	1.000
*藤原 恭大	(ロ)	102	208	3	2	1	.991
*ペイトン	(武)	55	101	0	3	0	.971
*ポランコ	(ロ)	11	11	1	0	0	1.000
細川 凌平	(日)	22	33	2	1	0	.972
牧原 大成	(ソ)	55	105	3	0	0	1.000
正木 智也	(ソ)	10	16	0	1	0	.941
増田 珠	(ソ)	19	30	1	1	0	.969
松本 剛	(日)	122	254	6	1	0	.996

選手名	チーム	試合	刺殺	補殺	失策	併殺	守備率
万波　中正	(日)	117	226	5	4	2	.983
森　　友哉	(オ)	6	7	0	0	0	1.000
*矢澤　宏太	(日)	32	58	2	0	0	1.000
谷内　亮太	(日)	1	0	0	0	0	.000
柳田　悠岐	(ソ)	76	121	7	1	2	.992
柳町　　達	(ソ)	101	167	5	3	0	.983
山口　航輝	(武)	55	72	2	1	0	.987
山野辺　翔	(武)	5	3	0	0	0	1.000
山本　大斗	(ロ)	2	1	0	0	0	1.000
若林　楽人	(武)	27	48	0	0	0	1.000
渡邉　大樹	(オ)	1	2	0	0	0	1.000
*渡部　遼人	(オ)	29	29	1	0	0	1.000
渡邊　佳明	(楽)	4	4	0	0	0	1.000
*和田康士朗	(ロ)	74	88	1	0	0	1.000
和田　　恋	(楽)	1	4	0	0	0	1.000
王　　柏融	(日)	1	0	0	0	0	.000

捕　手

選手名	チーム	試合	刺殺	補殺	失策	併殺	捕逸	守備率
若月　健矢	(オ)	92	657	54	2	3	1	.997
太田　　光	(楽)	103	481	71	2	5	3	.996
甲斐　拓也	(ソ)	139	931	101	5	10	3	.995
伏見　寅威	(オ)	88	501	38	4	4	3	.993
古賀　悠斗	(武)	98	584	77	5	8	4	.992
佐藤都志也	(ロ)	92	486	86	5	8	4	.991
田村　龍弘	(ロ)	76	421	42	5	5	0	.989

(50音順)

選手名	チーム	試合	刺殺	補殺	失策	併殺	捕逸	守備率
石川　　亮	(オ)	14	36	3	0	0	0	1.000
植田　将太	(オ)	4	11	1	0	0	0	1.000
宇佐見真吾	(日)	8	22	6	0	1	0	1.000
海野　隆司	(ソ)	8	15	3	0	0	1	1.000
梅林　優貴	(日)	6	14	0	0	0	0	1.000
江村　直也	(ロ)	4	27	1	0	0	0	1.000
太田　　光	(楽)	103	481	71	2	5	3	.996
甲斐　拓也	(ソ)	139	931	101	5	10	3	.995
柿沼　友哉	(ロ)	17	99	9	2	1	0	.982
郡司　裕也	(日)	9	34	4	0	0	0	1.000
古賀　悠斗	(武)	98	584	77	5	8	4	.992
齊藤　誠人	(武)	1	1	0	0	0	0	1.000
佐藤都志也	(ロ)	92	486	86	5	8	4	.991
清水　優心	(日)	31	131	8	3	1	0	.979
炭谷銀仁朗	(楽)	59	255	28	1	1	2	1.000
谷川原健太	(ソ)	20	47	6	0	0	0	1.000
田宮　裕涼	(日)	6	29	4	1	1	0	.971
田村　龍弘	(ロ)	76	421	42	5	5	0	.989
柘植　世那	(武)	59	294	31	3	2	0	.991
頓宮　裕真	(オ)	1	3	0	0	0	0	1.000
福永　　奨	(オ)	4	0	1	0	0	0	.800
伏見　寅威	(オ)	88	501	38	4	4	3	.993
古市　　尊	(武)	28	116	18	1	0	3	.993
古川　裕大	(日)	15	74	5	1	0	0	.988
堀内　謙伍	(楽)	3	3	1	0	0	0	1.000
マルティネス	(日)	31	175	18	2	1	1	.990
松川　虎生	(ロ)	9	47	6	0	0	0	1.000
嶺井　博希	(ソ)	40	88	9	3	1	1	.970

選手名	チーム	試合	刺殺	補殺	失策	併殺	捕逸	守備率
森　　友哉	(オ)	57	444	59	0	7	0	1.000
安田　悠馬	(楽)	45	161	26	1	2	2	.995
若月　健矢	(オ)	92	657	54	2	3	1	.997

投　手

選手名	チーム	試合	刺殺	補殺	失策	併殺	守備率
山本　由伸	(オ)	23	10	30	0	4	1.000
*小島　和哉	(ロ)	25	7	28	0	8	1.000
伊藤　大海	(日)	24	10	34	1	2	.978
髙橋　光成	(武)	23	12	24	1	6	.973
*加藤　貴之	(日)	24	9	26	1	1	.972
則本　昂大	(楽)	24	5	27	1	1	.970
*宮城　大弥	(オ)	22	13	25	2	1	.950
上沢　直之	(日)	24	14	24	3	2	.927
平良　海馬	(武)	23	5	18	2	1	.920

(50音順)

選手名	チーム	試合	刺殺	補殺	失策	併殺	守備率
青山美夏人	(武)	39	3	3	0	0	1.000
東　　晃平	(オ)	10	3	6	0	0	1.000
東妻　勇輔	(ロ)	36	4	7	0	1	1.000
阿部　翔太	(オ)	49	2	6	0	0	1.000
有原　航平	(ソ)	17	8	18	0	0	1.000
安樂　智大	(楽)	57	0	6	1	0	.857
井口　和朋	(日)	5	0	0	0	0	1.000
池田　隆英	(楽)	51	7	3	0	0	1.000
石川　柊太	(武)	23	3	21	0	0	1.000
石川　直也	(日)	16	0	0	0	0	1.000
石橋　良太	(楽)	2	0	0	0	0	.000
泉　　圭輔	(ソ)	3	0	0	0	0	.000
伊藤　大海	(日)	24	10	34	1	2	.978
伊藤　茉央	(楽)	25	2	4	0	1	1.000
今井　達也	(武)	19	3	16	1	1	.950
岩下　大輝	(ロ)	27	2	3	0	0	1.000
*上原　健太	(日)	19	10	19	0	2	1.000
宇田川優希	(オ)	46	0	3	2	0	.600
内　　星龍	(楽)	53	2	4	1	0	.857
漆原　大晟	(オ)	16	1	6	0	0	1.000
上沢　直之	(日)	24	14	24	3	1	.927
*エンスナ	(武)	12	2	14	3	0	.842
オスナ	(ソ)	49	2	8	0	1	1.000
*大関　友久	(ソ)	17	5	14	0	0	1.000
大津　亮介	(ソ)	46	1	0	0	0	1.000
大曲　　錬	(武)	10	0	1	0	0	1.000
尾形　崇斗	(ソ)	12	0	3	1	0	.750
*小島　和哉	(ロ)	25	7	28	0	8	1.000
小沼　健太	(ロ)	4	0	0	0	0	.000
小野　泰己	(オ)	5	1	1	0	0	1.000
小野　　郁	(ロ)	10	0	2	0	0	1.000
カスティーヨ	(ロ)	12	3	6	1	0	.900
ガンケル	(ソ)	5	0	4	0	0	1.000
甲斐野　央	(ソ)	46	1	9	0	0	1.000
*笠谷　俊介	(ソ)	8	0	0	0	0	.000
*加藤　貴之	(日)	24	9	26	1	1	.972
金村　尚真	(日)	4	1	4	0	1	1.000
*嘉弥真新也	(楽)	23	1	4	0	0	1.000
唐川　侑己	(ロ)	6	0	6	0	0	1.000
*辛島　　航	(楽)	10	1	6	0	0	1.000

パシフィック・リーグ

選手名	チーム	試合	刺殺	補殺	失策	併殺	守備率
*河野 竜生	(日)	50	3	9	2	2	.857
菊地 吏玖	(ロ)	1	1	1	0	0	1.000
岸 孝之	(楽)	20	2	17	0	0	1.000
*北浦 竜次	(日)	12	1	0	0	0	1.000
北山 亘基	(日)	14	2	8	0	0	1.000
クリスキー	(武)	14	0	0	0	0	.000
国吉 佑樹	(日)	3	0	1	0	0	1.000
*公文 克彦	(武)	7	0	0	0	0	.000
黒木 優太	(オ)	12	3	2	0	0	1.000
コットン	(オ)	7	0	0	0	0	.000
小木田敦也	(オ)	38	7	9	0	0	1.000
小孫 竜二	(楽)	4	0	2	1	0	.667
近藤 大亮	(オ)	12	0	2	0	0	1.000
齋藤 響介	(オ)	1	0	0	0	0	.000
*齋藤 綱記	(日)	4	0	3	0	0	1.000
酒居 知史	(楽)	47	1	3	0	0	1.000
坂本光士郎	(ロ)	51	0	4	1	0	.800
*佐々木 健	(武)	21	1	10	0	0	1.000
佐々木千隼	(ロ)	2	0	0	0	0	.000
佐々木朗希	(ロ)	15	4	4	2	0	.800
*佐藤 隼輔	(武)	47	0	4	2	1	.667
澤田 圭佑	(ロ)	17	0	1	0	0	1.000
澤村 拓一	(ロ)	34	0	8	0	0	1.000
椎野 新	(ソ)	11	0	1	0	0	1.000
*塩見 貴洋	(楽)	1	1	1	0	0	1.000
荘司 康誠	(楽)	19	5	12	0	1	1.000
スチュワート・ジュニア	(ソ)	14	5	8	1	1	.929
杉浦 稔大	(日)	24	0	6	1	1	.857
鈴木 健矢	(日)	24	3	11	3	2	.824
*鈴木 昭汰	(ロ)	13	1	3	0	0	1.000
*鈴木 翔天	(楽)	61	1	7	2	0	.800
*隅田知一郎	(武)	22	8	12	1	1	.952
*曽谷 龍平	(オ)	10	1	6	1	0	.875
宋 家豪	(楽)	49	2	6	0	0	1.000
平良 海馬	(武)	23	5	18	2	1	.920
*田浦 文丸	(ソ)	45	1	6	0	0	1.000
高田 孝一	(ロ)	7	1	3	1	0	.800
*高野 脩汰	(ロ)	7	0	1	1	1	.500
高橋 光成	(武)	23	12	24	1	6	.973
高橋 礼	(ソ)	5	0	1	0	0	1.000
瀧中 瞭太	(楽)	8	1	8	0	0	1.000
武田 翔太	(ソ)	29	3	7	0	0	1.000
竹安 大知	(オ)	2	1	0	0	0	1.000
*田嶋 大樹	(オ)	13	5	11	0	0	1.000
立野 和明	(日)	4	0	0	0	0	.000
田中 瑛斗	(日)	2	0	3	0	0	1.000
田中 正義	(日)	47	5	4	1	0	.900
田中 将大	(楽)	24	6	22	0	4	1.000
種市 篤暉	(ロ)	23	9	17	1	0	.963
玉井 大翔	(日)	50	4	7	0	0	1.000
田村伊知郎	(武)	24	1	4	0	0	1.000
張 奕	(ロ)	5	0	0	0	0	.000
津森 宥紀	(ソ)	56	2	7	0	0	1.000
津留崎大成	(楽)	7	0	1	0	1	1.000
ティノコ	(武)	38	1	3	0	0	1.000
東條 大樹	(ロ)	11	0	1	1	0	.500
*中村 稔弥	(ロ)	17	1	4	0	0	1.000
中森 俊介	(ロ)	13	0	5	0	1	1.000

選手名	チーム	試合	刺殺	補殺	失策	併殺	守備率
生田目 翼	(日)	5	2	2	0	1	1.000
ニックス	(オ)	2	0	2	0	0	1.000
西垣 雅矢	(楽)	1	0	1	0	0	1.000
西口 直人	(楽)	26	0	6	0	0	1.000
西野 勇士	(ロ)	18	8	13	0	1	1.000
西村 天裕	(ロ)	44	1	6	0	1	1.000
*根本 悠楓	(日)	5	0	2	0	0	1.000
則本 昂大	(楽)	24	5	27	1	1	.970
*バニュエロス	(楽)	1	0	0	0	0	.000
*長谷川威展	(日)	9	2	1	0	0	1.000
*早川 隆久	(楽)	17	6	14	0	0	1.000
板東 湧梧	(ソ)	30	5	8	0	0	1.000
比嘉 幹貴	(オ)	31	2	3	0	1	1.000
東浜 巨	(ソ)	17	5	18	1	0	.958
平井 克典	(武)	54	3	14	0	1	1.000
平野 佳寿	(オ)	42	3	7	0	0	1.000
廣畑 敦也	(オロ)	8	0	4	0	0	1.000
福田 俊	(日)	29	0	3	1	0	.750
藤井 皓哉	(ソ)	34	2	7	0	0	1.000
*藤井 聖	(楽)	10	1	7	0	1	1.000
藤平 尚真	(楽)	11	3	6	1	0	.900
古川 侑利	(ソ)	9	0	4	0	0	1.000
*ヘルナンデス	(ソ)	1	0	0	0	0	.000
ペルドモ	(ロ)	53	5	12	0	0	1.000
ボー・タカハシ	(武)	28	1	2	0	0	1.000
ポンセ	(日)	10	2	7	0	0	1.000
*堀 瑞輝	(日)	5	1	1	0	0	1.000
本田 圭佑	(武)	25	0	4	0	0	1.000
本田 仁海	(オ)	28	0	4	0	0	1.000
マーベル	(日)	8	1	2	0	0	1.000
前 佑囲斗	(オ)	2	0	0	0	0	.000
増田 達至	(武)	40	3	3	0	0	1.000
益田 直也	(ロ)	58	2	3	2	0	.714
又吉 克樹	(ソ)	32	2	7	1	0	1.000
松井 友飛	(楽)	6	0	1	0	0	1.000
*松井 裕樹	(楽)	59	4	6	0	0	1.000
*松井 晴	(ソ)	3	0	0	0	0	.000
松本 裕樹	(ソ)	53	1	6	1	0	.875
松本 航	(武)	20	2	12	1	1	.933
豆田 泰志	(武)	16	0	3	0	0	1.000
水上 由伸	(武)	23	1	3	0	0	1.000
美馬 学	(ロ)	18	5	19	0	0	1.000
宮内 春輝	(ロ)	15	0	3	0	0	1.000
宮川 哲	(武)	4	2	2	0	0	1.000
*宮城 大弥	(オ)	22	13	25	2	1	.950
*宮西 尚生	(日)	31	0	5	0	0	1.000
宮森 智志	(楽)	24	2	5	0	0	1.000
村西 良太	(オ)	7	1	3	0	0	1.000
*メネズ	(日)	12	1	6	1	1	.875
*メルセデス	(ロ)	22	5	28	1	1	.971
*モイネロ	(ソ)	27	1	8	0	0	1.000
*本前 郁也	(ソ)	1	0	0	0	0	.000
森 唯斗	(ソ)	6	0	7	0	0	1.000
森 遼大朗	(ロ)	7	1	3	1	0	.800
森脇 亮介	(武)	31	1	5	0	0	.857
八木 彬	(ロ)	3	0	0	0	0	.000
*矢澤 宏太	(日)	2	1	1	0	0	1.000
山岡 泰輔	(オ)	31	7	12	1	0	.950

選手名	チーム	試合	刺殺	補殺	失策	併殺	守備率	選手名	チーム	試合	刺殺	補殺	失策	併殺	守備率
＊山﨑　福也	(オ)	23	12	20	1	3	.970	興座　海人	(武)	15	9	16	0	1	1.000
山﨑颯一郎	(オ)	53	3	6	0	0	1.000	吉田　輝星	(日)	3	0	2	0	0	1.000
山下舜平大	(オ)	16	3	14	0	2	1.000	吉田　凌	(オ)	19	2	1	0	1	1.000
＊山田　修義	(オ)	32	3	2	0	0	1.000	ロドリゲス	(日)	37	0	6	0	2	1.000
山本　拓実	(日)	26	1	7	0	1	1.000	ワゲスパック	(オ)	31	1	2	0	0	1.000
山本　由伸	(オ)	23	10	30	0	4	1.000	渡辺　翔太	(楽)	51	0	10	2	0	.833
＊弓削　隼人	(楽)	12	1	2	1	0	.750	渡邉勇太朗	(武)	2	0	3	0	0	.000
横山　楓	(オ)	4	0	1	0	0	1.000	＊和田　毅	(ソ)	21	3	14	1	2	.944
横山　陸人	(ロ)	38	1	7	0	0	1.000								

2023・捕手盗塁阻止成績

盗塁企図数は許盗塁計と盗塁刺計の合計。
（　）内は重盗。重盗は許盗塁1とする。
捕手けん制刺は盗塁企図数に含まない。

チーム	選手名	試合	盗企塁数	許盗塁 計	二	三	本	盗塁刺 計	二	三	本	捕けん制手刺	盗阻止塁率
オリックス	若月　健矢	92	41	29	29	0	0	12	12	0	0	1	.293
	森　　友哉	57	32	21	19	2	0	11	10	1	0	0	.344
	石川　　亮	14	7	6	6	0	0	1	1	0	0	0	.143
	福永　　奨	3	1	1	1	0	0	0	0	0	0	0	.000
	頓宮　裕真	1	0	0	0	0	0	0	0	0	0	0	—
	計	143	81	57	55	2	0	24	23	1	0	1	.296
ロッテ	佐藤都志也	92	47	32(1)	30	3	0	15	13	1	1	2	.319
	田村　龍弘	76	50	35	35	0	0	15	14	0	1	3	.300
	柿沼　友哉	17	9	6	6	0	0	3	3	0	0	0	.333
	松川　虎生	9	5	5	4	1	0	0	0	0	0	0	.000
	江村　直也	4	3	3(1)	3	1	0	0	0	0	0	0	.000
	植田　将太	4	0	0	0	0	0	0	0	0	0	0	—
	計	143	114	81(2)	78	5	0	33	30	1	2	5	.289
ソフトバンク	甲斐　拓也	139	76	51(1)	50	2	0	25	24	0	1	1	.329
	嶺井　博希	40	12	11	11	0	0	1	1	0	0	0	.083
	谷川原健太	20	2	1	1	0	0	1	1	0	0	0	.500
	海野　隆司	8	2	2	2	0	0	0	0	0	0	0	.000
	計	143	92	65(1)	64	2	0	27	26	0	1	1	.293
楽天	太田　　光	103	42	27(1)	27	0	1	15	15	0	0	0	.357
	炭谷銀仁朗	59	41	32(1)	32	0	1	9	9	0	0	0	.220
	安田　悠馬	45	17	13	13	0	0	4	4	0	0	0	.235
	堀内　謙伍	3	0	0	0	0	0	0	0	0	0	0	—
	計	143	100	72(2)	72	0	2	28	28	0	0		.280
西武	古賀　悠斗	98	68	40	40	0	0	28	25	0	3	0	.412
	柘植　世那	59	30	19(1)	18	1	1	11	9	1	1	0	.367
	古市　　尊	28	11	6	6	0	0	5	5	0	0	0	.455
	齊藤　誠人	1	1	1	1	0	0	0	0	0	0	0	.000
	計	143	110	66(1)	65	1	1	44	39	1	4	0	.400
日本ハム	伏見　寅威	88	53	45	45	0	0	8	8	0	0	0	.151
	マルティネス	31	26	21	21	0	0	5	4	1	0	0	.192
	清水　優心	31	18	16	15	1	0	2	1	0	1	0	.111
	古川　裕大	15	5	5	5	0	0	0	0	0	0	0	.000
	郡司　裕也	9	10	7	7	0	0	3	3	0	0	0	.300
	宇佐見真吾	8	5	4	4	0	0	1	1	0	0	1	.200
	田宮　裕涼	6	8	4	4	0	0	4	4	0	0	0	.500
	梅林　優貴	6	1	1	1	0	0	0	0	0	0	0	.000
	計	143	126	103	102	1	0	23	21	1	1	1	.183
	合　　計	483	623	444(6)	436	11	3	179	167	4	8	8	.287

2023・パシフィック・リーグ代打成績

チーム代打成績

チーム	起用回数	打数	安打	本塁打	打点	四球	死球	三振	打率
楽　天	202	174	44	7	22	18	3	40	.253
ロッテ	146	130	32	3	18	13	1	34	.246
オリックス	116	105	23	0	20	8	0	23	.219
日本ハム	154	139	30	2	11	9	1	43	.216
ソフトバンク	189	168	32	3	15	12	3	58	.190
西　武	138	120	21	2	10	13	1	37	.175
合　計	945	836	182	17	96	73	9	235	.218

個人代打成績

オリックス

選手名	起用回数	打数	安打	本塁打	打点	四球	死球	三振	打率
セデーニョ	15	14	2	0	1	1	0	3	.143
＊T－岡田	12	11	2	0	3	1	0	3	.182
廣岡　大志	11	9	0	0	0	2	0	4	.000
＊西野　真弘	9	9	2	0	0	0	0	2	.222
＊小田　裕也	8	8	2	0	2	0	0	2	.250
大城　滉二	7	6	1	0	3	0	0	1	.167
＊福田　周平	6	4	1	0	2	0	0	1	.250
＊宗　佑磨	5	5	3	0	0	0	0	0	.600
シュウィンデル	5	5	0	0	0	0	0	1	.000
安達　了一	4	3	2	0	0	0	0	1	.667
平野　大和	3	3	1	0	0	0	0	1	.333
＊渡部　遼人	3	3	1	0	0	0	0	0	.333
＊森　友哉	3	3	0	0	0	0	0	0	.000
頓宮　裕真	3	2	2	0	4	1	0	0	1.000
＊茶野　篤政	3	2	1	0	0	0	0	1	.500
中川　圭太	3	2	1	0	2	0	0	0	.500
紅林弘太郎	2	2	1	0	1	0	0	0	.500
＋ゴンザレス	2	2	1	0	1	0	0	0	.500
佐野　皓大	2	2	0	0	0	0	0	0	.000
杉本裕太郎	2	2	0	0	0	0	0	0	.000
＊大里　昂生	1	1	0	0	0	0	0	0	.000
太田　椋	1	1	0	0	0	0	0	0	.000
＊来田　涼斗	1	1	0	0	0	0	0	0	.000
＊宜保　翔	1	1	0	0	0	0	0	0	.000
＊杉澤　龍	1	1	0	0	0	0	0	1	.000
＊野口　智哉	1	1	0	0	0	0	0	0	.000
山足　達也	1	1	0	0	0	0	0	1	.000
若月　健矢	1	1	0	0	0	0	0	0	.000
計	116	105	23	0	20	8	0	23	.219

ロッテ

選手名	起用回数	打数	安打	本塁打	打点	四球	死球	三振	打率
＊角中　勝也	30	25	11	2	6	5	0	5	.440
＊佐藤都志也	26	25	3	0	1	1	0	7	.120
石川　慎吾	16	15	6	0	3	1	0	3	.400
大下誠一郎	15	14	4	1	2	0	1	4	.286
池田　来翔	10	8	0	0	2	1	0	2	.000
茶谷　健太	8	8	3	0	1	0	0	1	.375
岡　大海	6	6	2	0	2	0	0	2	.333
＊藤岡　裕大	6	6	1	0	0	0	0	3	.167
＊ポランコ	6	5	0	0	0	1	0	1	.000
＊安田　尚憲	5	4	1	0	2	1	0	2	.250
井上　晴哉	4	3	0	0	0	1	0	0	.000
田村　龍弘	3	3	1	0	1	0	0	1	.333
＊菅野　剛士	3	3	0	0	0	0	0	1	.000
友杉　篤輝	3	2	0	0	0	0	0	1	.000
荻野　貴司	1	1	0	0	0	0	0	0	.000
＊平沢　大河	1	1	0	0	0	0	0	1	.000
山口　航輝	1	1	0	0	0	0	0	0	.000
柿沼　友哉	1	1	0	0	0	0	0	0	.000
＊福田　秀平	1	0	0	0	0	0	0	0	.000
計	146	130	32	3	18	13	1	34	.246

パシフィック・リーグ

ソフトバンク

選手名	起用回数	打数	安打	本塁打	打点	四球	死球	三振	打率
*柳町　達	23	20	5	0	3	3	0	7	.250
野村　大樹	22	20	5	1	2	1	0	4	.250
増田　珠	16	15	0	0	0	0	1	9	.000
*谷川原健太	16	14	1	0	0	2	0	7	.071
*川瀬　晃	14	11	2	0	2	0	0	0	.182
+ガルビス	11	10	2	0	0	0	1	4	.200
*上林　誠知	11	10	1	0	0	1	0	6	.100
*生　海	10	10	3	0	0	0	0	2	.300
デスパイネ	10	9	0	0	0	0	0	5	.000
*三森　大貴	9	9	2	0	1	0	0	0	.222
アストゥディーヨ	9	8	1	0	0	0	1	1	.125
野村　勇	9	6	3	1	3	3	0	2	.500
嶺井　博希	7	6	3	0	1	0	0	0	.500
リチャード	5	4	0	0	0	0	0	2	.000
佐藤　直樹	4	4	0	0	0	0	0	4	.000
正木　智也	3	3	1	0	0	0	0	1	.333
*中村　晃	3	2	1	0	0	0	0	0	.500
*周東　佑京	2	2	0	0	0	0	0	1	.000
井上　朋也	1	1	1	0	0	0	0	0	1.000
*近藤　健介	1	1	1	0	1	0	0	0	1.000
今宮　健太	1	1	0	0	0	0	0	0	.000
*牧原　大成	1	1	0	0	0	0	0	1	.000
吉田　賢吾	1	1	0	0	0	0	0	1	.000
計	189	168	32	3	15	12	3	58	.190

楽　天

選手名	起用回数	打数	安打	本塁打	打点	四球	死球	三振	打率
*鈴木　大地	38	35	12	1	5	3	0	6	.343
伊藤裕季也	18	15	5	1	2	1	1	7	.333
*島内　宏明	18	15	5	0	1	2	1	2	.333
安田　悠馬	18	15	1	0	0	2	1	2	.067
岡島　豪郎	15	11	4	1	4	3	0	4	.364
*渡邊　佳明	14	11	0	0	0	2	0	0	.000
フランコ	11	11	1	1	1	3	0	0	.091
阿部　寿樹	11	10	2	0	1	0	0	5	.200
*西川　遥輝	9	7	2	1	2	1	0	1	.286
炭谷銀仁朗	8	7	3	0	1	0	0	2	.429
*小郷　裕哉	7	7	2	1	1	0	0	1	.286
*小深田大翔	6	6	2	0	0	0	0	3	.333
*銀　次	5	5	1	0	1	0	0	1	.200
+田中　和基	5	5	0	0	0	2	0	2	.000
太田　光	4	3	1	0	0	0	0	1	.333
*山﨑　剛	4	2	0	0	0	2	0	1	.000
*辰己　涼介	3	3	1	0	0	0	0	0	.333
*黒川　史陽	2	2	1	1	1	0	0	2	.500
村林　一輝	2	2	0	0	0	0	0	0	.000
浅村　栄斗	1	1	1	0	0	0	0	0	1.000
*堀内　謙伍	1	1	0	0	0	0	0	0	.000
*茂木栄五郎	1	1	0	0	0	0	0	0	.000
和田　恋	1	1	0	0	0	0	0	1	.000
計	202	174	44	7	22	18	3	40	.253

西　武

選手名	起用回数	打数	安打	本塁打	打点	四球	死球	三振	打率
*栗山　巧	40	34	4	1	4	4	0	11	.118
*平沼　翔太	23	18	4	1	2	4	0	4	.222
中村　剛也	14	12	1	0	1	2	0	6	.083
*鈴木　将平	10	10	3	0	1	0	0	1	.300
佐藤　龍世	9	9	2	0	1	0	0	2	.222
愛　斗	7	7	1	0	0	0	0	3	.143
*呉　念庭	7	5	1	0	0	1	0	1	.200
+金子　侑司	5	4	1	0	0	1	0	1	.250
渡部　健人	5	5	1	0	0	0	1	1	.250
山野辺　翔	4	4	1	0	0	0	0	1	.250
古賀　悠斗	2	2	1	0	1	0	0	0	.500
*川越　誠司	2	2	0	0	0	0	0	0	.000
*蛭間　拓哉	2	2	0	0	0	0	0	1	.000
*ペイトン	2	2	0	0	0	0	0	2	.000
若林　楽人	2	2	0	0	0	0	0	0	.000
古市　尊	1	1	1	0	0	0	0	0	1.000
柘植　世那	1	1	0	0	0	0	0	0	.000
陽川　尚将	1	1	0	0	0	0	0	0	.000
マキノン	1	0	0	0	0	0	1	0	.000
計	138	120	21	2	10	13	1	37	.175

日本ハム

選手名	起用回数	打数	安打	本塁打	打点	四球	死球	三振	打率
+ハンソン	18	18	2	1	2	0	0	5	.111
今川　優馬	13	13	3	0	1	0	0	5	.231
*王　柏融	10	10	2	0	0	0	0	3	.200
野村　佑希	10	9	1	0	1	1	0	4	.111
郡司　裕也	10	8	4	0	2	2	0	1	.500
*加藤　豪将	8	7	1	1	1	1	0	2	.143
+アルカンタラ	8	6	1	0	0	2	0	4	.167
マルティネス	7	6	1	0	1	0	0	2	.167
谷内　亮太	6	5	1	0	0	0	0	0	.200
江越　大賀	6	4	2	0	0	0	0	2	.500
*中島　卓也	5	5	2	0	0	0	0	1	.400
*福田　光輝	5	5	0	0	0	0	0	0	.000
*古川　裕大	5	4	1	0	0	0	0	1	.250
山田　遥楓	5	4	1	0	0	0	1	0	.250
*上川畑大悟	5	4	0	0	0	0	0	1	.000
*水野　達稀	4	4	1	0	0	0	0	1	.250
*浅間　大基	4	3	2	0	1	1	0	1	.667
*細川　凌平	4	3	1	0	0	0	0	1	.333
*石井　一成	3	3	1	0	0	0	0	1	.333
郡　拓也	3	3	0	0	0	0	0	0	.000
万波　中正	3	3	0	0	0	0	0	0	.000
*五十幡亮汰	2	2	1	0	0	0	0	0	.500
*矢澤　宏太	2	2	0	0	0	0	0	1	.000
清水　優心	2	2	0	0	0	0	0	0	.000
伏見　寅威	2	2	0	0	0	0	0	2	.000
松本　剛	2	2	0	0	0	0	0	0	.000
梅林　優貴	1	1	1	0	0	0	0	0	1.000
*宇佐見真吾	1	1	0	0	0	0	0	0	.000
計	154	139	30	2	11	9	1	43	.216

パシフィック・リーグ　チーム別投手成績

○中数字は引分

各チーム欄の数値は「試 勝 敗 S H」の順。

オリックス

［投手］	ロッテ	ソフトバンク	楽天	西武	日本ハム	交流戦	計
東　　晃平	2 2 0 0 0	1 0 0 0 0	1 0 0 0 0	1 1 0 0 0	5 3 0 0 0	—————	10 6 0 0 0
阿部　翔太	8 0 0 0 7	10 1 0 0 5	7 0 1 0 3	10 1 3 0 1	8 1 1 1 2	6 0 0 0 3	49 3 5 1 21
宇田川優希	7 0 0 0 4	8 0 0 2 3	10 3 0 0 3	11 1 0 0 3	8 0 0 0 5	2 0 0 0 0	46 4 0 2 20
漆原　大晟	3 0 0 0 0	4 0 0 0 1	4 0 0 0 0	1 0 0 0 0	3 0 0 0 0	—————	16 0 0 0 1
小野　泰己	2 0 0 0 0	1 0 0 0 0	—————	1 0 0 0 0	1 0 0 0 0	—————	5 0 0 0 0
黒木　優太	1 0 0 0 0	2 0 1 0 0	2 0 0 0 0	4 0 1 0 0	2 1 0 0 0	1 0 1 0 0	12 1 3 0 0
コットン	2 0 1 0 1	1 0 0 0 0	1 0 0 0 0	—————	3 1 0 0 0	—————	7 1 1 0 1
小木田敦也	8 3 0 0 3	5 0 0 0 1	7 1 0 0 1	5 0 0 0 1	6 0 0 0 1	7 0 0 0 0	38 4 0 0 7
近藤　大亮	1 0 1 0 0	1 0 0 0 0	4 0 0 0 0	2 0 0 0 0	2 0 0 0 0	2 0 0 0 0	12 0 1 0 0
齋藤　響介				1 0 0 0 0			2 0 0 0 0
＊曽谷　龍平	1 0 0 0 0	2 1 0 0 0	2 0 0 0 0	—————	1 0 0 0 0	2 0 0 0 0	10 1 2 0 0
竹安　大知	1 0 0 0 0	—————	—————	—————	1 0 1 0 0	—————	2 0 1 0 0
＊田嶋　大樹	1 0 1 0 0	4 3 1 0 0	6 3 1 0 0	—————	1 0 1 0 0	1 0 1 0 0	13 6 4 0 0
ニックス	—————	—————	—————	1 0 0 0 0	1 0 1 0 0	—————	2 0 1 0 0
比嘉　幹貴	6 0 0 0 2	3 0 0 0 0	1 0 0 0 1	8 2 0 0 0	8 0 0 0 1	5 0 0 0 2	31 2 0 0 6
平野　佳寿	11 1 0 8 2	9 0 2 5 1	5 1 0 3 0	6 0 0 6 0	9 1 0 5 2	2 0 0 2 0	42 3 2 29 5
本田　仁海	4 0 0 0 3	5 0 0 0 0	4 0 0 0 0	4 1 0 0 0	7 1 0 0 2	4 0 1 0 2	28 2 1 0 7
前　佑囲斗	—————	—————	—————	—————	—————	2 0 0 0 0	2 0 0 0 0
＊宮城　大弥	6 3 0 0 0	5 2 1 0 0	4 1 1 0 0	4 1 0 0 0	3 2 1 0 0	—————	22 10 4 0 0
村西　良太	4 0 0 0 0	—————	1 0 0 0 0	—————	2 0 1 0 0	—————	7 0 1 0 0
山岡　泰輔	5 0 0 1 2	2 0 0 0 0	5 0 0 1 2	1 0 0 0 0	10 1 1 0 3	3 0 0 0 0	31 2 1 3 8
＊山﨑　福也	6 2 1 0 0	3 2 1 0 0	3 1 1 0 0	3 1 0 0 0	5 2 0 0 0	3 2 1 0 0	23 11 5 0 0
山﨑颯一郎	9 0 0 0 7	8 0 0 0 4	9 1 0 3 4	8 0 1 0 5	10 0 0 3 5	9 0 0 3 2	53 1 1 9 27
山下舜平大	2 1 0 0 0	1 0 0 0 0	3 2 1 0 0	3 2 1 0 0	2 1 0 0 0	3 2 1 0 0	16 9 3 0 0
＊山田　修義	3 0 0 0 0	4 0 0 0 0	5 0 0 0 0	1 0 0 0 0	7 0 0 0 1	8 0 0 0 0	32 0 0 0 1
山本　由伸	4 3 1 0 0	6 3 3 0 0	4 1 1 0 0	5 3 1 0 0	3 3 0 0 0	3 3 0 0 0	23 16 6 0 0
横山　　楓	2 0 1 0 0	—————	2 0 0 0 0	—————	—————	—————	4 0 1 0 0
吉田　　凌	5 0 0 0 1	2 0 0 0 1	5 0 0 0 0	—————	3 0 0 0 1	4 0 0 0 1	19 0 0 0 4
ワゲスパック	5 0 1 0 0	4 0 2 0 0	7 1 2 1 0	7 2 1 1 2	4 0 0 0 1	4 1 0 1 2	31 4 7 2 4
計	25 15 8 9 34	25 13 11 7 16 ①	25 15 10 8 17	25 17 8 8 15	25 15 9 ① 24	18 11 7 5 11 ④	143 86 53 46 117

ロッテ

［投手］	オリックス	ソフトバンク	楽天	西武	日本ハム	交流戦	計
東妻　勇輔	4 0 0 0 1	9 0 1 0 3	5 0 0 0 1	5 0 0 0 1	4 0 0 0 0	9 0 0 0 5	36 0 1 0 11
岩下　大輝	5 1 1 0 0	5 0 0 0 0	6 0 0 0 0	5 0 0 0 0	2 2 0 0 0	6 0 0 0 1	27 3 1 0 3
＊小島　和哉	3 1 2 0 0	5 1 2 0 0	7 1 1 0 0	6 5 0 0 0	2 2 0 0 0	2 0 1 0 0	25 10 6 0 0
小沼　健太	2 0 0 0 0	—————	—————	—————	—————	2 0 0 0 0	4 0 0 0 0
小野　　郁	3 0 1 0 0	2 0 0 0 1	1 0 0 0 0	1 0 0 0 0	—————	3 0 0 0 0	10 0 1 0 1
カスティーヨ	3 0 1 0 0	2 1 0 0 0	1 0 0 0 0	—————	3 1 0 0 1	3 1 2 0 0	12 3 3 0 1
唐川　侑己	1 0 0 0 0	1 0 0 0 0	1 0 0 0 0	2 0 1 0 0	1 0 0 0 1	—————	6 0 1 0 1
菊地　吏玖	—————	—————	1 0 0 0 0	1 0 1 0 0	—————	—————	1 0 1 0 0
国吉　佑樹	1 0 0 0 0	1 0 0 0 0	1 0 0 0 0	—————	—————	—————	1 0 1 0 0
＊坂本光士郎	6 0 0 0 2	15 1 0 0 5	9 0 0 0 3	—————	8 0 0 0 3	13 0 0 0 2	51 1 0 0 16
佐々木千隼	1 0 0 0 0	1 0 0 0 0	—————	—————	—————	—————	2 0 0 0 0
佐々木朗希	5 2 1 0 0	4 2 0 0 0	—————	2 1 1 0 0	1 1 0 0 0	1 1 0 0 0	
澤田　圭佑	4 0 0 1 0	2 0 0 0 0	3 1 0 0 1	1 0 0 0 0	5 1 0 1 2	2 1 0 0 0	17 2 0 2 2
澤村　拓一	5 1 0 1 1	7 0 2 0 3	6 2 0 0 0	6 0 0 1 4	6 1 0 1 4	4 0 1 0 2	34 4 3 3 14
＊鈴木　昭汰	4 0 0 0 0	3 0 0 0 0	2 0 0 0 0	2 0 0 0 0	—————	—————	13 0 0 0 0
＊高野　脩汰	1 0 0 0 0	—————	—————	2 0 0 0 0	—————	—————	7 0 0 0 0
種市　篤暉	5 1 2 0 0	5 2 2 0 0	7 4 1 0 0	1 0 0 0 0	3 1 2 0 0	—————	23 10 7 0 0
東條　大樹	2 0 0 0 0	1 0 0 0 0	1 0 0 0 0	4 0 0 1 1	1 0 0 0 0	—————	11 0 0 1 2
中村　稔弥	2 1 0 0 0	2 1 0 0 0	3 0 0 0 0	3 0 0 0 0	4 0 1 0 0	3 1 0 0 0	17 3 1 0 0
中森　俊介	4 1 0 0 0	—————	3 0 0 0 0	2 1 0 0 0	3 0 0 0 0	1 0 0 0 0	13 3 2 0 0
西野　勇士	—————	2 1 1 0 0	2 1 1 0 0	2 1 1 0 0	2 1 0 0 0	1 0 0 0 0	18 8 5 0 0
西村　天裕	10 0 0 0 2	8 1 0 0 4	9 1 0 0 1	7 1 0 0 3	5 1 0 0 2	5 0 0 0 2	44 4 0 0 14
廣畑　敦也	3 0 1 0 0	—————	1 0 0 0 0	1 1 0 0 0	—————	—————	8 1 1 0 0
ペルドモ	—————	2 0 0 0 7			7 0 0 0 6		53 1 3 1 41
益田　直也	10 0 1 4 4	10 0 0 6 4	10 0 3 6 0	9 0 0 6 3	11 1 1 7 0	8 1 0 5 2	58 2 5 36 13
美馬　　学	3 0 2 0 0	2 0 0 0 0	3 1 0 0 0	2 0 0 0 0	4 1 2 0 0	3 0 0 0 0	18 3 9 0 0
＊メルセデス	2 0 2 0 0	3 1 0 0 0	2 1 0 0 0	3 1 1 0 0	6 0 3 1 0	—————	22 4 8 1 0
＊本前　郁也	—————	—————	—————	—————	1 0 0 0 0	—————	1 0 0 0 0
森　遼大朗	1 0 1 0 0	—————	—————	2 0 1 0 0	—————	3 1 0 0 0	7 1 2 0 0
八木　　彬							
横山　陸人	6 0 1 0 2	6 1 1 0 3	8 0 0 0 1	6 1 0 0 1	6 0 1 1 1	6 0 0 0 0	38 2 3 1 8
計	25 8 15 6 19	25 12 12 6 33 ①	25 13 12 8 13	25 16 9 9 21	25 14 11 11 28	18 7 9 5 20 ②	143 70 68 45 134 ⑤

パシフィック・リーグ

ソフトバンク〔投手〕

〔投手〕	オリックス 試	勝	敗	S	H	ロッテ 試	勝	敗	S	H	楽天 試	勝	敗	S	H	西武 試	勝	敗	S	H	日本ハム 試	勝	敗	S	H	交流戦 試	勝	敗	S	H	計 試	勝	敗	S	H
有原 航平	6	3	3	0	0	3	3	0	0	0	2	0	1	0	0	4	3	1	0	0	—	—	—	—	—	2	1	0	0	0	17	10	5	0	0
石川 柊太	2	2	0	0	0	4	0	0	0	0	3	0	2	0	0	6	2	3	0	0	5	0	1	0	0	3	0	2	0	0	23	4	8	0	0
泉 圭輔	—	—	—	—	—	2	0	0	0	0	—	—	—	—	—	—	—	—	—	—	1	0	0	0	0	—	—	—	—	—	3	0	0	0	0
オスナ	7	2	0	2	3	10	0	1	4	4	9	0	0	6	2	8	1	0	6	1	11	0	1	6	2	4	0	0	2	0	49	3	2	26	12
*大関 友久	1	0	1	0	0	4	1	3	0	0	5	1	2	0	0	2	0	1	0	0	4	2	0	0	0	1	1	0	0	0	17	5	7	0	0
大津 亮介	6	0	0	0	3	8	0	0	0	3	10	1	0	0	2	9	0	0	0	1	5	0	0	0	2	8	1	0	0	2	46	2	0	0	13
尾形 崇斗	3	0	0	0	0	1	0	0	0	0	1	0	0	0	0	2	0	0	0	0	1	0	0	0	0	4	0	1	0	0	12	0	1	0	0
ガンケル	1	0	0	0	0	—	—	—	—	—	—	—	—	—	—	—	—	—	—	—	1	0	1	0	0	2	0	0	0	0	5	0	1	0	0
甲斐野 央	7	0	0	0	0	7	0	0	1	3	7	1	1	0	0	8	0	0	1	1	8	2	0	0	1	9	0	0	0	3	46	3	1	2	8
*笠谷 俊介	1	0	0	0	0	2	0	0	0	0	2	0	0	0	0	1	0	0	0	0	2	0	0	0	0	—	—	—	—	—	8	0	0	0	0
*嘉弥真新也	7	0	0	0	1	7	1	0	0	2	4	0	0	0	2	2	0	0	0	2	1	0	0	0	0	2	0	0	0	0	23	1	0	0	7
椎野 新	2	0	0	0	0	3	0	0	0	0	3	0	0	0	0	—	—	—	—	—	2	0	1	0	0	1	0	0	0	0	11	0	1	0	0
スチュワート・ジュニア	4	2	2	0	0	2	0	2	0	0	3	0	0	0	0	2	0	1	0	0	2	1	1	0	0	1	0	0	0	0	14	3	6	0	0
*田浦 文丸	8	0	0	0	0	7	0	0	0	2	11	0	1	0	0	6	1	0	0	0	6	0	0	0	2	7	1	0	0	1	45	2	1	0	7
高橋 礼	2	0	1	0	0	—	—	—	—	—	—	—	—	—	—	1	0	0	0	0	2	0	1	0	0	—	—	—	—	—	5	0	2	0	0
武田 翔太	2	0	1	0	0	5	0	1	0	0	6	0	0	0	0	6	0	0	0	1	4	0	0	0	0	6	1	0	0	1	29	1	2	0	2
津森 宥紀	6	0	0	0	2	11	0	1	0	4	11	1	0	0	4	9	1	2	0	2	10	2	0	0	6	9	0	1	0	4	56	4	4	0	22
板東 湧梧	6	0	1	0	1	5	1	0	0	0	3	0	2	0	0	4	2	1	0	0	7	1	0	0	0	5	1	0	0	0	30	5	4	0	1
東浜 巨	3	0	1	0	0	4	3	1	0	0	1	0	1	0	0	3	0	2	0	0	3	1	1	0	0	3	2	1	0	0	17	6	7	0	0
藤井 皓哉	4	0	0	0	0	7	1	2	0	2	8	0	0	0	3	7	2	0	0	3	6	1	1	0	1	2	1	0	0	0	34	5	3	0	9
古川 侑利	3	0	0	0	0	3	0	0	0	0	—	—	—	—	—	—	—	—	—	—	1	0	0	0	0	2	0	0	0	0	9	0	0	0	0
*ヘルナンデス	—	—	—	—	—	1	0	0	0	0	—	—	—	—	—	—	—	—	—	—	—	—	—	—	—	—	—	—	—	—	1	0	0	0	0
又吉 克樹	4	0	0	0	0	6	0	1	0	2	9	0	1	0	3	8	0	0	0	4	5	2	0	0	1	—	—	—	—	—	32	2	2	0	10
*松本 晴	—	—	—	—	—	—	—	—	—	—	1	0	1	0	0	—	—	—	—	—	—	—	—	—	—	2	0	0	0	0	3	0	1	0	0
松本 裕樹	7	0	1	0	1	14	1	1	0	8	6	0	0	0	4	10	0	0	0	4	11	1	1	0	5	5	0	0	0	3	53	2	2	0	25
モイネロ	4	1	0	0	2	2	0	0	1	1	4	1	0	0	3	5	0	0	1	3	4	0	0	0	2	8	1	0	3	2	27	3	0	5	13
森 唯斗	1	0	1	0	0	—	—	—	—	—	1	1	0	0	0	—	—	—	—	—	2	1	1	0	0	1	0	1	0	0	6	2	3	0	0
*和田 毅	5	1	1	0	0	3	1	0	0	0	7	4	2	0	0	—	—	—	—	—	3	1	2	0	0	3	1	1	0	0	21	8	6	0	0
計	25	11	13	2	15 ①	25	12	12	6	31	25	10	14	6	23 ①	25	13	12	8	22	25	14	11	6	22	18	11	7	5	16	143	71	69	33	129 ③

楽天〔投手〕

〔投手〕	オリックス 試	勝	敗	S	H	ロッテ 試	勝	敗	S	H	ソフトバンク 試	勝	敗	S	H	西武 試	勝	敗	S	H	日本ハム 試	勝	敗	S	H	交流戦 試	勝	敗	S	H	計 試	勝	敗	S	H
安樂 智大	9	1	2	0	0	10	2	0	0	2	8	0	0	0	0	12	0	0	0	2	9	0	0	0	3	9	0	0	0	3	57	3	2	0	10
石橋 良太	—	—	—	—	—	—	—	—	—	—	—	—	—	—	—	1	0	0	0	0	1	0	0	0	0	—	—	—	—	—	2	0	0	0	0
伊藤 茉央	5	1	0	0	0	6	0	0	0	0	2	0	0	0	0	5	0	0	0	0	5	0	0	0	0	2	0	0	0	0	25	1	0	0	0
内 星龍	9	0	0	0	1	8	0	1	0	1	7	0	1	0	0	11	1	0	0	1	7	2	0	0	1	11	1	0	0	0	53	4	2	0	1
*辛島 航	—	—	—	—	—	3	0	1	0	0	1	1	0	0	0	4	0	4	0	0	—	—	—	—	—	2	0	0	0	0	10	1	5	0	0
岸 孝之	5	4	1	0	0	5	1	4	0	0	5	1	0	0	0	1	1	0	0	0	3	1	0	0	0	1	1	0	0	0	20	9	5	0	0
小孫 竜二	—	—	—	—	—	1	0	0	0	0	1	0	0	0	0	1	0	0	0	0	—	—	—	—	—	2	0	0	0	0	4	0	0	0	0
酒居 知史	9	0	0	0	4	6	2	1	0	0	6	0	0	0	3	7	1	1	1	2	10	2	0	0	4	9	0	1	0	7	47	5	3	1	20
*塩見 貴洋	—	—	—	—	—	—	—	—	—	—	—	—	—	—	—	1	0	1	0	0	—	—	—	—	—	—	—	—	—	—	1	0	1	0	0
荘司 康誠	4	2	0	0	0	2	1	0	0	0	4	2	1	0	0	1	0	0	0	0	6	0	1	0	0	2	0	1	0	0	19	5	3	0	0
*鈴木 翔天	10	0	0	0	3	12	0	0	0	5	17	0	1	0	0	8	0	0	1	1	9	0	0	0	2	5	0	0	0	1	61	1	1	1	12
宋 家豪	10	1	0	1	2	8	0	0	0	2	7	0	0	0	5	8	0	0	0	1	11	2	0	0	3	5	0	0	0	3	49	2	1	1	16
高田 孝一	3	0	0	0	0	—	—	—	—	—	1	0	0	0	0	1	0	0	0	0	1	0	0	0	0	—	—	—	—	—	7	0	0	0	0
瀧中 瞭太	—	—	—	—	—	2	0	1	0	0	1	0	1	0	0	1	1	0	0	0	2	1	0	0	0	2	0	2	0	0	8	2	4	0	0
田中 将大	4	1	3	0	0	1	0	0	0	0	6	3	3	0	0	4	0	3	0	0	6	2	1	0	0	3	1	1	0	0	24	7	11	0	0
津留﨑 大成	—	—	—	—	—	1	0	0	0	0	—	—	—	—	—	1	0	0	0	0	—	—	—	—	—	—	—	—	—	—	7	0	0	0	0
西垣 雅矢	1	0	0	0	0	—	—	—	—	—	—	—	—	—	—	—	—	—	—	—	—	—	—	—	—	—	—	—	—	—	1	0	0	0	0
西口 直人	4	0	1	0	1	3	0	1	0	0	3	0	1	0	0	5	0	0	0	0	5	0	0	0	0	5	0	0	0	0	26	0	4	0	1
則本 昂大	4	1	2	0	0	8	1	3	0	0	3	2	1	0	0	3	2	1	0	0	6	2	1	0	0	—	—	—	—	—	24	8	8	0	0
*バニュエロス	—	—	—	—	—	1	0	0	0	0	—	—	—	—	—	—	—	—	—	—	—	—	—	—	—	—	—	—	—	—	1	0	0	0	0
*早川 隆久	5	0	3	0	0	—	—	—	—	—	3	2	1	0	0	3	1	1	0	0	3	1	1	0	0	3	2	1	0	0	17	6	7	0	0
*藤井 聖	—	—	—	—	—	4	1	0	0	0	4	2	0	0	0	1	0	0	0	0	1	0	0	0	0	—	—	—	—	—	10	3	0	0	0
藤平 尚真	3	0	1	0	0	—	—	—	—	—	—	—	—	—	—	1	0	0	0	0	3	1	1	0	0	4	1	0	0	0	11	2	4	0	0
松井 友飛	2	0	0	0	0	1	1	0	0	0	—	—	—	—	—	1	0	0	0	0	2	0	2	0	0	—	—	—	—	—	6	1	2	0	0
*松井 裕樹	8	0	1	3	1	13	0	1	10	1	11	0	0	8	2	7	1	0	2	3	11	1	0	8	2	9	0	1	7	0	59	2	3	39	9
宮森 智志	3	0	0	0	0	5	0	0	0	0	3	0	0	0	1	6	0	0	0	1	4	0	0	0	1	3	0	0	0	0	24	0	2	0	0
弓削 隼人	3	0	0	0	0	—	—	—	—	—	—	—	—	—	—	1	0	0	0	0	5	1	0	0	0	1	0	0	0	0	12	0	0	0	0
渡辺 翔太	6	0	0	0	4	10	3	0	0	5	12	1	1	0	7	9	1	2	0	3	7	1	0	1	4	7	2	0	0	2	51	8	3	1	25
計	25	10	15	3	13	25	12	13	10	16	25	14	10	8	29 ①	25	10	14	5	16 ①	25	15	10	9	27	18	9	9	7	20	143	70	71	42	112 ②

西　武

〔投手〕	オリックス					ロッテ					ソフトバンク					楽　天					日本ハム					交　流　戦					計				
	試	勝	敗	S	H	試	勝	敗	S	H	試	勝	敗	S	H	試	勝	敗	S	H	試	勝	敗	S	H	試	勝	敗	S	H	試	勝	敗	S	H
青山美夏人	9	0	0	2	0	7	0	1	0	0	6	0	0	0	0	6	0	0	1	0	6	0	0	0	0	5	0	0	0	1	39	0	1	3	1
今井　達也	4	1	2	0	0	4	1	2	0	0	3	2	1	0	0	7	6	0	0	0	1	0	0	0	0	－	－	－	－	－	19	10	5	0	0
＊エ　ン　ス	3	0	3	0	0	2	0	2	0	0	1	0	1	0	0	2	0	1	0	0	3	1	2	0	0	1	0	1	0	0	12	1	10	0	0
大曲　　錬	3	0	0	2	0	2	0	0	0	0	1	0	0	0	0	2	0	0	0	0	2	0	0	0	0						10	0	0	0	0
クリスキー	3	0	0	2	0	4	0	0	2	1	3	0	0	1	1	2	0	0	2	0	2	0	0	0	0						14	0	0	7	2
＊公文　克彦	－	－	－	－	－	－	－	－	－	－	2	0	1	0	0	1	1	0	0	0	1	0	0	0	0	3	0	0	0	0	7	1	1	0	0
＊佐藤　隼輔	8	1	0	0	4	5	0	0	0	1	9	0	0	0	2	8	0	0	0	2	8	0	2	0	5	9	0	0	0	4	47	1	2	0	18
＊隅田知一郎	3	0	3	0	0	4	1	2	0	0	4	2	2	0	0	6	2	2	0	0	3	3	0	0	0	2	1	1	0	0	22	9	10	0	0
平良　海馬	3	1	0	0	0	7	3	3	0	0	4	3	1	0	0	1	0	1	0	0	5	3	1	0	0	3	1	1	0	0	23	11	7	0	0
高橋　光成	5	1	2	0	0	5	2	1	0	0	5	2	1	0	0	3	2	1	0	0	5	4	1	0	0	3	0	3	0	0	23	10	8	0	0
田村伊知郎	6	2	1	0	0	6	0	0	0	4	3	0	0	0	1	3	0	0	0	1	6	0	0	1	0	－	－	－	－	－	24	2	1	1	6
張　　　奕	1	0	0	0	0	1	0	0	0	0	－	－	－	－	－	1	0	0	0	0	2	0	0	0	0						5	0	0	0	0
ティノコ	4	0	1	0	0	5	0	1	0	0	4	0	0	0	0	9	0	0	0	4	8	0	0	0	2	8	0	1	0	2	38	0	3	0	8
平井　克典	8	1	0	0	4	10	0	0	0	7	11	1	1	0	4	11	2	1	0	6	8	0	0	0	3	6	0	1	0	4	54	4	3	0	28
ボー・タカハシ	8	0	0	0	0	5	0	1	0	0	5	0	0	0	0	4	0	0	0	0	5	0	0	0	0	1	0	0	0	0	28	0	1	0	0
本田　圭佑	5	0	0	0	0	4	0	1	0	1	7	0	0	0	0	3	0	0	0	1	4	0	0	0	0	2	0	1	0	2	25	0	1	0	2
増田　達至	4	1	1	1	0	5	0	1	2	2	8	0	0	7	1	10	0	2	5	2	6	2	0	2	0	7	1	0	2	1	40	4	4	19	6
松本　　航	4	0	2	0	0	3	2	0	0	0	4	1	2	0	0	4	1	1	0	0	3	1	2	0	0	2	1	1	0	0	20	6	8	0	0
豆田　泰志	2	0	0	0	1	4	0	0	1	1	3	0	0	0	0	4	0	0	0	2	3	0	0	0	2	－	－	－	－	－	16	0	0	1	6
水上　由伸	7	0	0	0	2	2	0	1	0	1	6	0	0	0	1	2	0	1	0	0	6	0	0	1	1						23	0	2	1	5
宮川　　哲	2	0	1	0	0																					2	1	1	0	0	4	1	2	0	0
森脇　亮介	3	0	1	0	1	3	0	0	0	1	4	0	0	0	2	8	0	0	2	3	5	1	0	1	1	8	1	0	0	4	31	2	1	3	12
興座　海人	1	0	0	0	0	2	1	0	0	0	4	1	3	0	0	1	0	0	0	0	4	0	1	0	0	3	0	2	0	0	15	2	6	0	0
渡邉勇太朗	－	－	－	－	－	－	－	－	－	－	① 1	0	0	0	0	1	0	0	0	0	1	1	0	0	0	－	－	－	－	－	① 2	1	0	0	0
計	25	8	17	5	12	25	9	16	5	19	25	12	13	8	13	25	14	10	10	24	25	16	9	5	14	18	6	12	2	16	143	65	77	35	98

日本ハム

〔投手〕	オリックス					ロッテ					ソフトバンク					楽　天					西　武					交　流　戦					計				
	試	勝	敗	S	H	試	勝	敗	S	H	試	勝	敗	S	H	試	勝	敗	S	H	試	勝	敗	S	H	試	勝	敗	S	H	試	勝	敗	S	H
井口　和朋	－	－	－	－	－	3	0	0	0	0	1	0	0	0	0						1	0	0	0	0	－	－	－	－	－	5	0	0	0	0
池田　隆英	9	0	0	0	6	9	0	1	0	3	10	0	2	0	4	9	1	1	0	7	7	0	1	0	3	7	0	0	0	2	51	1	5	0	25
石川　直也	4	0	0	0	0	3	0	0	1	0	4	0	0	0	0	2	0	0	0	1	3	0	0	0	0						16	0	0	1	3
伊藤　大海	5	0	4	0	0	2	0	1	0	0	6	2	1	0	0	3	0	3	0	0	5	4	1	0	0	3	1	0	0	0	24	7	10	0	0
＊上原　健太	4	1	2	0	0	3	0	1	0	0	1	1	0	0	0	2	0	0	0	0	5	1	3	0	0	4	1	1	0	0	19	4	7	0	0
上沢　直之	5	3	1	0	0	2	0	1	0	0	5	2	1	0	0	4	1	2	0	0	5	1	3	0	0	3	2	1	0	0	24	9	9	0	0
＊加藤　貴之	2	1	1	0	0	5	3	1	0	0	4	1	0	0	0	7	1	2	0	0	3	1	2	0	0	3	0	3	0	0	24	7	9	0	0
金村　尚真	1	1	0	0	0	1	0	1	0	0	1	0	0	0	0	2	1	0	0	0	－	－	－	－	－	－	－	－	－	－	4	2	1	0	0
河野　竜生	4	0	0	0	0	8	0	0	0	4	12	1	3	0	5	12	0	0	0	7	6	0	1	0	2	8	0	0	0	2	50	1	4	0	20
＊北浦　竜次	2	0	0	0	0	3	0	0	0	0	2	0	0	0	0	2	0	0	0	0	3	0	0	0	0						12	0	0	0	0
北山　亘基	2	2	0	0	0	2	0	1	0	1	2	0	1	0	0	2	0	1	0	0	5	1	2	0	0	1	1	0	0	0	14	6	5	0	1
＊齋藤　綱記	－	－	－	－	－	－	－	－	－	－	2	1	0	0	0	1	0	0	0	0	－	－	－	－	－	1	0	0	0	0	4	1	0	0	0
杉浦　稔大	3	0	0	0	0	3	0	0	0	0	5	0	0	0	0	3	0	0	0	0	3	0	1	0	0	7	0	0	0	0	24	0	1	0	0
鈴木　健矢	6	1	1	0	1	4	1	0	0	0	4	1	0	0	0	3	2	0	0	0	5	0	2	0	0	2	2	0	0	0	24	6	4	0	1
立野　和明	1	0	0	0	0	－	－	－	－	－	2	0	1	0	0	1	0	0	0	0	－	－	－	－	－	－	－	－	－	－	4	0	1	0	0
田中　瑛斗	－	－	－	－	－	1	0	0	0	0	1	0	0	0	0	－	－	－	－	－	－	－	－	－	－	－	－	－	－	－	2	0	0	0	0
田中　正義	7	0	0	5	1	8	0	0	5	1	7	0	1	3	3	11	1	2	4	2	7	0	0	4	0	7	1	0	4	1	47	2	3	25	8
玉井　大翔	9	0	0	0	0	9	0	0	0	1	9	0	0	0	2	8	0	1	0	3	9	0	0	0	2	6	0	1	2	1	50	0	2	2	10
生田目　翼	2	0	0	0	0	1	0	0	0	0	1	0	0	0	0	1	0	0	0	0	－	－	－	－	－	1	0	0	0	0	6	0	0	0	0
＊根本　悠楓	－	－	－	－	－	2	1	0	0	0	1	1	0	0	0	1	1	0	0	0	－	－	－	－	－	－	－	－	－	－	5	3	1	0	0
＊長谷川威展	－	－	－	－	－	1	0	0	0	0	2	0	0	0	0	3	0	0	0	0	2	0	0	0	0	1	0	0	0	0	9	0	0	0	0
＊福田　　俊	4	0	0	0	0	6	0	0	1	0	7	1	0	0	2	5	0	0	0	0	5	0	0	0	0	2	0	0	0	1	29	1	0	0	3
ポ　ン　セ	3	0	3	0	0	4	3	1	0	0											1	0	1	0	0						10	4	5	0	0
＊堀　瑞輝	2	0	0	0	0	－	－	－	－	－	1	1	0	0	0	－	－	－	－	－	1	0	0	0	0	1	0	0	0	0	5	1	0	0	0
マーベル	1	0	0	0	0	3	2	1	0	0	－	－	－	－	－	1	0	0	0	0	3	0	1	0	0	－	－	－	－	－	8	2	3	0	0
宮内　春輝	2	0	0	0	0	2	0	0	0	0	4	0	0	0	1	1	0	0	0	1	3	0	0	0	0	3	0	0	0	0	15	1	0	0	1
＊宮西　尚生	7	0	1	0	3	4	0	1	0	0	5	0	0	0	0	3	0	0	0	1	7	0	1	0	3	5	1	1	0	2	31	1	3	1	13
＊メ　ネ　ズ	1	0	0	0	0	2	0	0	0	0	4	0	0	0	0	4	0	0	0	0	－	－	－	－	－	1	0	0	0	0	12	0	0	0	0
＊矢澤　宏太	7	0	0	0	0	－	－	－	－	－	－	－	－	－	－	－	－	－	－	－	－	－	－	－	－	1	0	0	0	0	8	0	0	0	0
山本　拓実	7	0	0	0	1	6	0	0	0	0	3	0	0	0	0	－	－	－	－	－	6	0	0	0	0	－	－	－	－	－	26	0	0	0	3
吉田　輝星	－	－	－	－	－	2	0	0	0	0	－	－	－	－	－	－	－	－	－	－	1	0	0	0	0	－	－	－	－	－	3	0	0	0	0
ロドリゲス	4	0	2	0	0	7	1	1	0	3	8	0	2	0	2	7	0	1	0	3	9	0	1	0	4	2	0	0	0	0	37	1	7	0	12
計	25	9	15	5	13	25	11	14	6	15	25	11	14	3	24	25	10	15	5	26	25	9	16	4	13	18	10	8	6	8	143	60	82	29	99

パシフィック・リーグ　各球場における本塁打

チーム	エスコンフィールド	楽天モバイルパーク	ベルーナドーム	ZOZOマリン	京セラD大阪	PayPayドーム	東京ドーム	神宮	横浜	バンテリンドーム	甲子園	マツダ	盛岡	山形	県営大宮	ほっともっと神戸	北九州	長崎	熊本	宮崎	鹿児島	那覇	合計
試合	71	69	66	71	66	64	13	9	9	9	9	9	1	1	2	7	1	1	1	1	1	2	483
オリックス	14	11	13	8	34	9	3	5	－	1	3	－	－	－	－	8	－	－	－	－	－	－	109
ロッテ	5	8	6	63	3	10	2	－	1	－	2	－	－	－	－	0	－	－	－	－	－	－	100
ソフトバンク	8	5	7	12	9	55	1	5	－	1	－	1	－	－	－	0	0	0	0	0	0	0	104
楽　天	11	39	10	18	7	6	5	0	－	－	－	4	3	0	－	1	－	－	－	－	－	－	104
西　武	9	9	40	8	5	4	5	－	4	－	－	2	－	－	－	4	－	－	－	－	－	－	90
日本ハム	47	5	6	5	6	18	5	－	2	－	1	2	－	－	－	1	－	－	－	1	－	1	100
合　計	94	77	82	114	64	102	21	10	7	2	6	9	3	0	0	14	0	0	0	1	0	1	607

エスコンフィールド
オリックス＝14＝杉本4、森4、紅林2、大城、頓宮、中川圭、若月
ロッテ＝5＝角中2、井上、藤原、安田
ソフトバンク＝8＝柳田3、近藤2、今宮、栗原、佐藤直
楽　天＝11＝浅村2、伊藤裕2、小郷2、フランコ2、岡島、小深田、辰己
西　武＝9＝外崎2、マキノン2、古賀、滝澤、中村、長谷川、蛭間
日本ハム＝47＝万波11、マルティネス6、清宮5、野村5、江越3、アルカンタラ2、加藤豪2、郡司2、奈良間2、伏見、田宮、ハンソン、福田光、細川、松本剛、矢澤、王

楽天モバイルパーク
オリックス＝11＝ゴンザレス4、杉本2、太田、佐野皓、野口、森、若月
ロッテ＝8＝ポランコ4、佐藤都、中村奨、安田、山口
ソフトバンク＝5＝柳田2、今宮、栗原、中村晃
楽　天＝39＝浅村13、フランコ5、小深田3、鈴木大3、辰己3、伊藤裕2、岡島2、安田2、阿部、太田、島内、西川、村林、山﨑
西　武＝9＝マキノン3、渡部2、岸、中村、蛭間、ペイトン
日本ハム＝5＝万波2、加藤豪、ハンソン、松本剛

ベルーナドーム
オリックス＝13＝中川圭3、杉本2、森2、紅林、ゴンザレス、セデーニョ、頓宮、廣岡、宗
ロッテ＝6＝中村奨2、池田、岡、角中、ポランコ
ソフトバンク＝7＝甲斐2、野村勇2、近藤、増田、三森
楽　天＝10＝島内2、鈴木大2、フランコ2、浅村、小郷、辰己、安田
西　武＝40＝マキノン9、中村8、栗山4、外崎4、愛斗3、長谷川2、渡部2、呉、川越、岸、佐藤龍、西川、平沼、ペイトン、若林
日本ハム＝6＝マルティネス2、加藤豪、清宮、野村、万波

ZOZOマリン
オリックス＝8＝杉本3、太田、紅林、ゴンザレス、頓宮、中川圭
ロッテ＝63＝ポランコ17、山口9、岡6、中村奨6、安田6、角中4、平沢3、佐藤都2、田村2、藤原2、和田2、池田、石川慎、荻野、ブロッソー
ソフトバンク＝12＝柳田4、近藤3、アストゥディーヨ、井上、栗原、中村晃、野村大
楽　天＝18＝浅村3、阿部2、小郷2、島内2、辰己2、太田、黒川、小深田、炭谷、田中和、フランコ
西　武＝8＝栗山2、中村2、山村2、佐藤龍、ペイトン
日本ハム＝5＝野村2、清宮、マルティネス、万波

京セラD大阪
オリックス＝34＝森8、頓宮5、ゴンザレス4、杉本4、セデーニョ3、中川圭3、若月3、小田、紅林、シュウィンデル、茶野
ロッテ＝3＝角中、ポランコ、安田
ソフトバンク＝9＝近藤3、今宮、甲斐、栗原、周東、三森、柳田
楽　天＝7＝浅村3、太田、岡島、小郷、村林
西　武＝5＝栗山、古賀、外崎、中村、マキノン
日本ハム＝6＝万波3、清宮、野村、福田光

PayPayドーム　オリックス＝ 9＝頓宮3、セデーニョ2、中川圭2、宗、森
　　　　　　　ロ ッ テ＝10＝ポランコ2、山口2、石川慎、角中、佐藤都、中村奨、藤岡、和田
　　　　　　　ソフトバンク＝55＝近藤15、柳田10、栗原8、甲斐7、今宮5、三森3、中村晃2、牧原大2、嶺井2、周東
　　　　　　　楽　　　天＝ 6＝小郷2、浅村、島内、辰己、フランコ
　　　　　　　西　　　武＝ 4＝外崎、中村、ペイトン、陽川
　　　　　　　日本ハム＝18＝万波4、野村3、マルティネス3、アルカンタラ2、江越2、清宮、郡司、田宮、伏見

東京ドーム　　オリックス＝ 3＝頓宮2、セデーニョ
　　　　　　　ロ ッ テ＝ 2＝ポランコ、山口
　　　　　　　ソフトバンク＝ 1＝柳田
　　　　　　　楽　　　天＝ 5＝小郷2、浅村、伊藤裕、辰己
　　　　　　　西　　　武＝ 5＝外崎2、佐藤龍、中村、ペイトン
　　　　　　　日本ハム＝ 5＝加藤豪2、野村、ハンソン、マルティネス

神　　　宮　　オリックス＝ 5＝頓宮2、紅林、ゴンザレス、森
　　　　　　　ソフトバンク＝ 5＝近藤2、今宮、栗原、中村晃

横　　　浜　　ロ ッ テ＝ 1＝中村奨
　　　　　　　西　　　武＝ 2＝外崎、平沼
　　　　　　　日本ハム＝ 4＝万波2、ハンソン、松本剛

バンテリンドーム　オリックス＝ 1＝森
　　　　　　　日本ハム＝ 1＝マルティネス

甲 子 園　　オリックス＝ 3＝ゴンザレス、杉本、頓宮
　　　　　　　ロ ッ テ＝ 2＝大下、山口
　　　　　　　ソフトバンク＝ 1＝野村勇

マ ツ ダ　　ソフトバンク＝ 1＝柳田
　　　　　　　楽　　　天＝ 4＝岡島2、浅村、田中和
　　　　　　　西　　　武＝ 4＝岸、外崎、長谷川、渡部

盛　　　岡　　楽　　　天＝ 3＝浅村、フランコ、山崎

ほっともっと神戸　オリックス＝ 8＝紅林2、セデーニョ2、中川圭2、野口、若月
　　　　　　　楽　　　天＝ 1＝島内
　　　　　　　西　　　武＝ 3＝中村2、渡部
　　　　　　　日本ハム＝ 2＝清宮、マルティネス

宮　　　崎　　西　　　武＝ 1＝愛斗

那　　　覇　　日本ハム＝ 1＝万波

満 塁 本 塁 打

① 栗原　陵矢（ソ）　4. 27 対 楽④　6回一死　投手　鈴木　翔天　PayPayドーム
② 茶野　篤政（オ）　6. 1 対 広③　8回二死　投手　薮田　和樹　京セラD大阪　〈初本塁打〉
③ 山口　航輝（ロ）　6. 11 対 広③　3回一死　投手　黒原　拓未　ZOZOマリン
④ ゴンザレス（オ）　6. 18 対 ヤ③　7回二死　投手　今野　龍太　神　　宮
⑤ 頓宮　裕真（オ）　7. 4 対 楽⑪　1回無死　投手　田中　将大　東京ドーム
⑥ 浅村　栄斗（楽）　7. 4 対 オ⑪　4回二死　投手　小木田敦也　東京ドーム
⑦ セデーニョ（オ）　7. 11 対 ロ⑪　3回一死　投手　メルセデス　京セラD大阪
⑧ マルティネス（日）　7. 23 対 オ⑬　9回無死　投手　本田　仁海　ほっともっと神戸
⑨ ポランコ（ロ）　8. 4 対 楽⑭　1回無死　投手　岸　　孝之　楽天モバイルパーク
⑩ 周東　佑京（ソ）　9. 8 対 楽⑱　6回二死　投手　岸　　孝之　PayPayドーム

サ ヨ ナ ラ 本 塁 打

① 紅林弘太郎（オ）　5. 24 対 楽⑩　9回一死　投手　松井　裕樹　ほっともっと神戸
② 長谷川信哉（武）　6. 7 対 中②　9回一死　投手　祖父江大輔　ベルーナドーム
③ 小深田大翔（楽）　6. 8 対 神③　9回二死　投手　湯浅　京己　楽天モバイルパーク
④ 森　　友哉（オ）　6. 27 対 ロ⑨　9回無死　投手　益田　直也　京セラD大阪
⑤ 若月　健矢（オ）　7. 22 対 日⑫　9回一死　投手　宮西　尚生　ほっともっと神戸
⑥ 角中　勝也（ロ）　7. 24 対 ソ⑬　9回二死　投手　オ　ス　ナ　ZOZOマリン　〈代打〉
⑦ 岸　潤一郎（武）　8. 4 対 オ⑮　9回一死　投手　阿部　翔太　ベルーナドーム
⑧ 浅村　栄斗（楽）　8. 30 対 武㉒　9回無死　投手　増田　達至　楽天モバイルパーク
⑨ 万波　中正（日）　9. 16 対 ソ㉑　9回一死　投手　オ　ス　ナ　エスコンフィールド
⑩ 島内　宏明（楽）　9. 24 対 日㉓　9回一死　投手　池田　隆英　楽天モバイルパーク
⑪ 中村　　晃（ソ）　9. 30 対 日㉔　9回一死　投手　田中　正義　PayPayドーム

※**各チームに対する本塁打**は98ページ参照。

セ・パ交流戦

勝　　敗　　表
打　撃　成　績
投　手　成　績

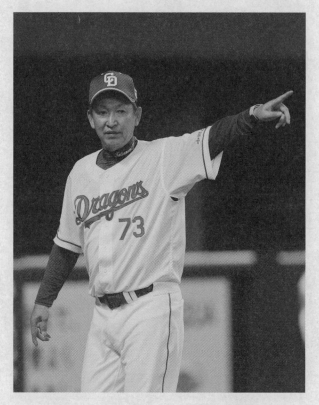

2023・日本生命セ・パ交流戦成績

交流戦チーム勝敗表

	チーム	試合	勝利	敗北	引分	勝率
①	DeNA	18	11	7	0	.611
②	ソフトバンク	18	11	7	0	.611
③	巨人	18	11	7	0	.611
④	オリックス	18	11	7	0	.611
⑤	日本ハム	18	10	8	0	.556
⑥	楽天	18	9	9	0	.500
⑦	広島	18	9	9	0	.500
⑧	ロッテ	18	7	9	2	.438
⑨	中日	18	7	10	1	.412
⑩	阪神	18	7	10	1	.412
⑪	ヤクルト	18	7	11	0	.389
⑫	西武	18	6	12	0	.333

優勝チーム　MVP

年	優勝チーム	選手名	
2005	ロッテ	小林　宏之	(ロ)
2006	ロッテ	小林　雅英	(ロ)
2007	日本ハム	グリン	(日)
2008	ソフトバンク	川﨑　宗則	(ソ)
2009	ソフトバンク	杉内　俊哉	(ソ)
2010	オリックス	T－岡田	(オ)
2011	ソフトバンク	内川　聖一	(ソ)
2012	巨人	内海　哲也	(巨)
2013	ソフトバンク	長谷川　勇也	(ソ)
2014	巨人	亀井　善行	(巨)
2015	ソフトバンク	柳田　悠岐	(ソ)
2016	ソフトバンク	城所　龍磨	(ソ)
2017	ソフトバンク	柳田　悠岐	(ソ)
2018	ヤクルト	吉田　正尚	(オ)
2019	ソフトバンク	松田　宣浩	(ソ)
2020	新型コロナウイルスの影響により中止		
2021	オリックス	山本　由伸	(オ)
2022	ヤクルト	村上　宗隆	(ヤ)
2023	DeNA	岡本　和真	(巨)

(注) 勝率が並んだ場合
2チームが並んだ場合
1．勝数
2．直接対戦成績
3．交流戦のTQB（(得点/攻撃イニング)－(失点/守備イニング)）が大きいチーム
4．交流戦のER-TQB（(相手自責点による得点/攻撃イニング)－(自責点/守備イニング)）が大きいチーム
5．交流戦のチーム打率
6．2022年度交流戦の上位チーム

3チーム以上が並んだ場合
1．勝数
2．交流戦のTQB（(得点/攻撃イニング)－(失点/守備イニング)）が大きいチーム
3．交流戦のER-TQB（(相手自責点による得点/攻撃イニング)－(自責点/守備イニング)）が大きいチーム
4．交流戦のチーム打率
5．2022年度交流戦の上位チーム

セ・チーム対戦別勝敗表

チーム	試合	勝利	敗北	引分	勝率	ソフトバンク	オリックス	日本ハム	楽天	ロッテ	西武
DeNA	18	11	7	0	.611	1-2	2-1	2-1	2-1	2-1	2-1
巨人	18	11	7	0	.611	2-1	2-1	1-2	1-2	2-1	3-0
広島	18	9	9	0	.500	1-2	1-2	3-0	1-2	1-2	2-1
中日	18	7	10	1	.412	2-1	1-2	0-3	1-2	①1	2-1
阪神	18	7	10	1	.412	1-2	2-1	1-2	2-1	①0	1-2
ヤクルト	18	7	11	0	.389	0-3	0-3	1-2	3-0	1-2	2-1

パ・チーム対戦別勝敗表

チーム	試合	勝利	敗北	引分	勝率	DeNA	巨人	広島	中日	阪神	ヤクルト
ソフトバンク	18	11	7	0	.611	2-1	1-2	2-1	1-2	2-1	3-0
オリックス	18	11	7	0	.611	1-2	1-2	2-1	2-1	2-1	3-0
日本ハム	18	10	8	0	.556	1-2	2-1	0-3	3-0	2-1	2-1
楽天	18	9	9	0	.500	1-2	2-1	2-1	2-1	2-1	0-3
ロッテ	18	7	9	2	.438	1-2	1-2	2-1	①1	0①2	2-1
西武	18	6	12	0	.333	1-2	0-3	1-2	1-2	2-1	1-2

2023・交流戦打撃成績

チ ー ム 打 撃 成 績

出塁率＝(安打＋四死球)÷(打数＋四死球＋犠飛

チーム	試合	打席	打数	得点	安打	二塁打	三塁打	本塁打	塁打	打点	盗塁	盗塁刺	犠打	犠飛	四球計	故意四球	死球	三振	併殺打	残塁	打率	長打率	出
巨　　人	18	690	631	72	173	24	2	25	276	70	9	4	9	1	46	5	3	136	10	137	.274	.437	.33
ソフトバンク	18	704	623	86	166	32	0	16	246	82	6	3	8	5	57	0	11	139	11	139	.266	.395	.32
楽　　天	18	665	588	65	153	20	4	14	223	59	8	3	20	3	45	0	9	116	13	127	.260	.379	.32
ＤｅＮＡ	18	676	608	80	157	42	3	8	229	77	5	3	11	7	43	2	7	109	5	125	.258	.377	.32
ヤクルト	18	671	594	69	149	24	1	13	214	64	5	1	12	5	60	1	0	145	16	122	.251	.360	.31
日本ハム	18	659	592	59	141	24	0	19	222	56	10	6	14	2	43	0	8	140	7	120	.2381	.375	.2
広　　島	18	661	588	61	140	24	1	7	187	58	13	7	16	2	51	1	4	152	8	125	.2380	.318	.30
オリックス	18	663	598	66	139	31	0	15	215	62	7	3	6	1	51	2	7	128	17	114	.23244	.360	.30
中　　日	18	673	611	54	142	20	5	10	202	52	11	5	11	5	43	3	3	134	8	122	.23240	.331	.26
ロ ッ テ	18	674	596	55	128	24	2	13	191	52	13	7	10	5	61	2	2	144	12	123	.215	.320	.2
西　　武	18	628	567	48	120	24	2	11	181	46	8	4	10	4	41	2	6	118	10	102	.212	.319	.2
阪　　神	18	685	595	58	125	21	10	5	181	56	13	13	8	4	69	5	7	164	10	137	.210	.304	.2
計	108	8049	7191	773	1733	306	30	156	2567	734	108	49	135	46	610	23	67	1625	129	1493	.241	.357	.3

個 人 打 撃 成 績

(規定打席5●

順位	選手名	チーム	試合	打席	打数	得点	安打	二塁打	三塁打	本塁打	塁打	打点	盗塁	盗塁刺	犠打	犠飛	四球計	故意四球	死球	三振	併殺打	残塁	打率	長打率	出
①	＊近藤　健介	(ソ)	18	77	63	13	26	1	0	5	48	15	0	0	0	1	13	0	1	15	2	21	.413	.762	.5
②	岡本　和真	(巨)	18	77	60	12	23	5	0	8	52	19	0	0	0	1	15	2	1	12	2	19	.383	.867	.5
③	牧　　秀悟	(ディ)	18	76	71	13	27	8	1	2	43	13	1	0	0	0	4	0	0	10	0	16	.380	.606	.4
④	紅林弘太郎	(オ)	18	59	53	5	20	4	0	1	27	2	0	1	1	0	5	0	0	9	4	15	.377	.509	.4
⑤	頓宮　裕真	(オ)	18	74	64	10	23	6	0	6	47	10	0	0	0	0	7	1	0	7	1	17	.359	.734	.4
⑥	宮﨑　敏郎	(ディ)	16	58	55	8	19	5	0	4	36	15	0	0	0	0	2	1	0	6	2	11	.345	.655	.3
⑦	＊岡島　豪郎	(楽)	17	68	61	7	21	5	0	2	32	9	1	0	0	0	7	0	0	9	0	15	.344	.525	.4
⑧	＊西川　龍馬	(広)	18	74	70	5	24	4	0	0	28	7	2	3	0	0	4	0	0	7	2	17	.343	.400	.3
⑨	＊坂倉　将吾	(広)	16	58	47	9	16	4	1	1	25	4	0	0	0	0	10	1	1	11	1	17	.340	.532	.4
⑩	浅村　栄斗	(楽)	18	70	63	7	21	3	0	3	33	9	0	0	0	0	7	0	0	13	1	16	.333	.524	.4
⑩	＊岡林　勇希	(中)	18	80	72	12	24	3	2	1	34	5	3	2	1	0	7	0	0	12	1	18	.333	.472	.3
⑫	万波　中正	(日)	18	74	67	14	22	2	0	4	36	6	1	0	0	4	0	2	3	0	10	.328	.537	.3
⑬	＊小郷　裕哉	(楽)	17	66	61	9	19	3	1	2	30	9	1	1	1	1	3	0	0	14	1	12	.311	.492	.3
⑭	福永　裕基	(中)	16	61	55	7	17	4	0	1	24	5	2	0	0	0	5	0	1	11	1	8	.309	.436	.3
⑮	＊牧原　大成	(ソ)	18	80	78	9	24	3	0	0	27	10	0	1	0	0	1	0	1	14	1	17	.308	.346	.3
⑯	マルティネス	(中)	17	61	49	5	15	4	0	3	28	14	0	2	0	0	9	3	0	10	0	12	.306	.571	.4
⑰	坂本　勇人	(巨)	18	81	72	8	22	4	0	4	38	10	0	0	0	0	16	0	0	22	0	15	.306	.528	.4
⑱	＊辰己　涼介	(楽)	18	66	56	10	16	2	0	3	27	6	0	1	1	3	6	0	0	9	0	14	.286	.482	.3
⑲	＊中村　　晃	(ソ)	18	87	74	13	21	4	1	0	28	9	1	0	0	1	9	0	3	10	4	24	.284	.378	.3
⑳	＊丸　　佳浩	(巨)	17	68	64	13	18	4	0	5	37	9	1	0	0	0	4	0	0	8	0	9	.281	.578	.3
㉑	甲斐　拓也	(ソ)	18	65	61	9	17	3	0	4	32	10	0	0	1	0	3	0	0	1	8	.279	.525	.3
㉑	＊秋広　優人	(巨)	18	68	61	5	17	1	0	0	18	2	0	0	0	0	6	1	0	12	1	12	.279	.295	.3
㉑	＊加藤　豪将	(日)	17	68	61	7	17	1	0	4	31	9	0	0	0	1	6	0	0	7	1	10	.279	.508	.3
㉑	＊村上　宗隆	(ヤ)	18	75	61	11	17	3	0	2	26	9	0	0	0	0	26	0	0	15	0	19	.279	.426	.4
㉕	細川　成也	(中)	18	76	65	6	18	4	3	5	43	15	0	0	0	0	10	1	1	26	1	18	.277	.538	.3
㉖	渡部　健人	(武)	17	61	58	7	16	0	0	4	28	5	0	0	0	0	3	0	0	14	1	9	.276	.483	.3
㉗	サンタナ	(ヤ)	17	73	67	5	18	4	0	2	28	12	0	0	0	0	4	0	0	15	3	14	.269	.418	.3
㉘	＊佐野　恵太	(ディ)	18	77	72	12	19	4	0	0	23	8	0	0	0	0	4	1	1	11	1	11	.264	.319	.3
㉙	＊青木　宣親	(ヤ)	17	68	57	6	15	1	0	2	22	5	0	0	1	0	11	0	0	9	4	15	.263	.386	.3
㉚	関根　大気	(ディ)	18	84	76	16	19	2	0	1	24	6	2	2	1	0	7	0	0	12		.250	.316	.3
㉚	＊吉川　尚輝	(巨)	17	56	52	7	13	3	1	0	18	2	0	2	1	0	0	0	0	14		.250	.346	.2
㉜	大山　悠輔	(神)	18	78	61	12	15	6	0	2	27	10	1	0	0	1	15	1	1	16	0	19	.2459	.443	.3
㉝	中田　　翔	(巨)	17	61	57	5	14	1	0	2	21	6	0	0	0	4	1	0	12	3	.2456	.368	.2
㉞	オ ス ナ	(ヤ)	18	72	66	8	16	3	0	4	31	12	0	0	0	0	5	0	1	11	2	.242	.470	.2
㉞	外崎　修汰	(武)	18	76	66	6	16	4	0	3	29	5	2	2	0	0	8	0	2	12	1	12	.242	.379	.3

選手名	チーム	試合	打席	打数	得点	安打	二塁打	三塁打	本塁打	塁打	打点	盗塁	盗塁刺	犠打	犠飛	四球計	故意四球	死球	三振	併殺打	残塁	打率	長打率	出塁率
岡　大海	(ロ)	17	66	58	9	14	3	0	1	20	4	4	1	0	0	8	0	0	10	1	14	.241	.345	.333
杉本裕太郎	(オ)	17	66	60	4	14	3	0	1	20	2	0	0	0	0	4	0	2	14	0	9	.233	.333	.303
茶野　篤政	(オ)	15	58	52	8	12	2	0	1	17	10	1	0	0	0	5	0	0	14	0	11	.231	.327	.293
山口　航輝	(ロ)	18	73	66	9	15	1	0	4	28	15	0	0	0	0	6	0	1	20	2	7	.227	.424	.301
村松　開人	(中)	18	72	62	5	14	0	0	0	14	6	0	2	3	2	4	0	1	11	0	11	.226	.226	.275
近本　光司	(神)	18	84	71	10	16	3	0	2	23	5	7	0	0	1	12	0	0	17	1	19	.225	.324	.333
大城　卓三	(巨)	18	63	58	4	13	0	0	3	22	10	0	0	0	2	0	0	1	17	2	6	.224	.379	.262
松本　剛	(日)	18	73	72	5	16	3	0	2	27	5	0	1	0	0	0	0	0	12	1	10	.222	.375	.233
小深田大翔	(楽)	17	66	54	9	12	1	0	1	17	4	2	2	0	0	7	0	1	0	0	12	.222	.315	.323
中野　拓夢	(神)	18	82	72	14	16	0	3	0	22	2	2	2	0	0	8	0	1	20	0	17	.222	.306	.317
源田　壮亮	(武)	18	76	69	6	15	2	1	0	19	2	1	1	0	0	6	0	0	11	3	11	.2173	.275	.280
マキノン	(武)	18	74	69	6	15	2	0	0	17	2	0	1	0	0	5	0	1	11	3	14	.2173	.246	.270
森　友哉	(オ)	17	66	60	4	13	4	0	4	29	14	1	1	0	0	5	1	1	10	1	12	.2166	.483	.288
菊池　涼介	(広)	17	70	61	2	13	3	0	0	16	7	2	0	4	0	4	0	0	17	1	12	.213	.262	.258
柳田　悠岐	(ソ)	18	81	71	5	15	6	1	0	24	7	0	0	0	1	9	0	1	19	2	19	.2112	.338	.296
中川　圭太	(オ)	17	61	57	5	12	4	0	0	16	5	1	0	0	0	0	1	1	5	0	16	.2105	.281	.262
木浪　聖也	(神)	16	59	53	1	11	1	0	0	12	5	1	0	0	4	0	0	1	15	1	14	.208	.226	.236
秋山　翔吾	(広)	18	76	68	7	14	2	0	1	19	8	2	0	1	0	6	0	0	17	1	14	.206	.279	.280
栗原　陵矢	(ソ)	18	71	59	4	12	3	0	2	21	7	1	0	3	0	9	0	3	14	0	11	.203	.356	.338
中村　奨吾	(ロ)	18	79	65	8	13	2	0	2	21	5	1	0	2	1	11	1	0	15	3	12	.200	.323	.312
安田　尚憲	(ロ)	18	68	57	3	11	0	0	1	17	3	0	0	0	0	10	1	0	14	1	17	.193	.298	.309
佐藤　輝明	(神)	18	68	60	5	11	3	0	3	23	8	0	0	0	0	8	1	0	21	2	13	.183	.383	.279
山崎　剛	(楽)	18	69	63	4	11	0	3	0	15	5	0	2	0	0	5	0	0	10	1	15	.175	.238	.235
山田　哲人	(ヤ)	17	76	69	5	12	3	1	0	23	8	6	0	0	0	6	0	0	22	1	9	.174	.333	.224
ノイジー	(神)	16	66	57	4	8	1	0	0	9	6	0	0	0	0	5	0	0	13	1	8	.140	.158	.242

チ ー ム 別 個 人 打 撃 成 績

(50音順)

選手名	試合	打数	安打	本塁打	打点	盗塁	打率	選手名	試合	打数	安打	本塁打	打点	盗塁	打率
阪　　神								西　勇輝	3	2	0	0	0	0	.000
＊糸原　健斗	6	8	2	0	0	0	.250	浜地　真澄	7	0	0	0	0	0	.000
＋植田　海	5	0	0	0	0	1	.000	ビーズリー	1	1	0	0	0	0	.000
梅野隆太郎	13	40	10	1	3	1	.250	＊村上　頌樹	3	2	0	0	0	0	.000
大山　悠輔	18	61	15	2	10	1	.246	湯浅　京己	6	0	0	0	0	0	.000
小野寺　暖	7	6	1	0	2	0	.167	計	18	595	125	5	56	13	.210
＊小幡　竜平	4	11	3	0	3	0	.273								
木浪　聖也	16	53	11	0	5	1	.208	**広　　島**							
坂本誠志郎	7	17	4	0	2	0	.235	會澤　翼	6	12	2	1	1	0	.167
＊佐藤　輝明	17	60	11	1	8	0	.183	＊秋山　翔吾	18	68	14	1	8	2	.206
＊島田　海吏	12	20	4	0	2	1	.200	磯村　嘉孝	2	4	0	0	0	0	.000
＊近本　光司	18	71	16	0	5	7	.225	上本　崇司	11	23	4	0	2	0	.174
＊中野　拓夢	18	72	16	0	2	2	.222	菊池　涼介	17	61	13	0	7	2	.213
ノイジー	16	57	8	0	6	0	.140	＊坂倉　将吾	16	47	16	1	4	0	.340
原口　文仁	6	7	2	0	1	0	.286	末包　昇大	4	7	3	1	1	0	.429
＊前川　右京	12	39	10	0	2	0	.256	＊曽根　海成	8	8	1	0	0	1	.125
ミエセス	11	21	5	1	4	0	.238	＊田中　広輔	15	40	13	1	3	0	.325
森下　翔太	5	15	3	0	0	0	.200	デビッドソン	8	27	5	0	1	0	.185
渡邉　諒	9	19	2	0	4	0	.105	堂林　翔太	10	23	4	0	2	0	.174
(以下投手)								＊中村　貴浩	4	5	0	0	1	0	.000
石井　大智	1	0	0	0	0	0	.000	＊西川　龍馬	18	70	24	1	7	2	.343
＊伊藤　将司	3	3	1	0	1	0	.333	＊韮澤　雄也	10	11	0	0	0	0	.000
＊岩貞　祐太	4	0	0	0	0	0	.000	＊野間　峻祥	11	42	13	0	6	1	.310
＊岩崎　優	3	0	0	0	0	0	.000	＊羽月隆太郎	8	12	2	0	2	3	.167
＊大竹耕太郎	3	4	0	0	0	0	.000	＊林　晃汰	11	27	5	0	1	0	.185
及川　雅貴	5	0	0	0	0	0	.000	マクブルーム	9	30	5	1	1	0	.167
加治屋　蓮	7	0	0	0	0	0	.000	＊松山　竜平	13	32	7	0	4	0	.219
＊桐敷　拓馬	1	2	1	0	0	0	.500	＊矢野　雅哉	13	28	7	0	1	0	.250
K.ケラー	4	0	0	0	0	0	.000	(以下投手)							
才木　浩人	3	4	0	0	0	0	.000	アンダーソン	1	1	0	0	0	0	.000
＊島本　浩也	4	0	0	0	0	0	.000	大瀬良大地	3	1	0	0	0	0	.000
富田　蓮	3	0	0	0	0	0	.000	大道　温貴	4	0	0	0	0	0	.000
西　純矢	3	0	0	0	0	0	.000								

セ・パ交流戦

選手名	試合	打数	安打	本塁打	打点	盗塁	打率	選手名	試合	打数	安打	本塁打	打点	盗塁	打率
河野　佳	1	2	0	0	0	0	.000	＊門脇　誠	14	24	5	0	2	1	.208
九里　亜蓮	3	1	0	0	0	0	.000	岸田　行倫	6	7	2	0	0	0	.286
栗林　良吏	6	0	0	0	0	0	.000	北村　拓己	2	3	0	0	0	0	.000
＊黒原　拓未	1	0	0	0	0	0	.000	小林　誠司	2	0	0	0	0	0	.000
コルニエル	3	0	0	0	0	0	.000	坂本　勇人	18	72	22	4	10	0	.306
島内颯太郎	6	0	0	0	0	0	.000	＊重信慎之介	11	17	6	0	0	4	.353
＊ターリー	6	0	0	0	0	0	.000	中田　翔	17	57	14	2	4	0	.246
＊床田　寛樹	3	3	0	0	0	0	.000	＊中山　礼都	7	17	6	0	0	2	.353
＊戸根　千明	5	0	0	0	0	0	.000	萩尾　匡也	3	4	0	0	0	0	.000
中崎　翔太	5	0	0	0	0	0	.000	プリンソン	7	18	1	0	1	0	.056
中村　祐太	4	0	0	0	0	0	.000	＊松原　聖弥	8	3	0	0	0	0	.000
＊森　翔平	1	0	0	0	0	0	.000	＊丸　佳浩	17	64	18	5	9	1	.281
＊森浦　大輔	7	0	0	0	0	0	.000	＊吉川　尚輝	17	52	13	0	2	0	.250
森下　暢仁	3	3	2	0	1	0	.667	＋若林　晃弘	6	3	1	0	0	0	.333
矢崎　拓也	8	0	0	0	0	0	.000	（以下投手）							
薮田　和樹	1	0	0	0	0	0	.000	＊今村　信貴	2	0	0	0	0	0	.000
計	18	588	140	7	58	13	.238	＊大江　竜聖	4	0	0	0	0	0	.000
DeNA								＊菊地　大稀	9	0	0	0	0	0	.000
伊藤　光	8	20	1	0	0	0	.050	＊グリフィン	2	4	0	0	0	0	.000
蝦名　達夫	5	12	1	0	0	0	.083	鍬原　拓也	1	0	0	0	0	0	.000
オースティン	16	39	13	0	6	0	.333	菅野　智之	2	2	0	0	0	0	.000
大田　泰示	8	12	0	0	0	0	.000	鈴木　康平	7	0	0	0	0	0	.000
＊梶原　昂希	2	7	0	0	0	0	.000	大　勢	7	0	0	0	0	0	.000
神里　和毅	14	8	1	0	2	0	.125	＊高梨　雄平	8	0	0	0	0	0	.000
＊京田　陽太	16	42	10	0	3	0	.238	＊高橋　優貴	2	0	0	0	0	0	.000
＊楠本　泰史	7	10	2	0	1	0	.200	田中　千晴	3	0	0	0	0	0	.000
桑原　将志	12	41	9	1	8	0	.220	戸郷　翔征	3	1	0	0	0	1	.000
＊佐野　恵太	18	72	19	0	8	0	.264	＊中川　皓太	7	0	0	0	0	0	.000
＊柴田　竜拓	13	4	0	0	0	0	.000	ビーディ	5	0	0	0	0	0	.000
＊関根　大気	18	76	19	1	6	2	.250	平内　龍太	2	0	0	0	0	0	.000
ソ　ト	14	41	10	0	6	0	.244	松井　颯	1	0	0	0	0	0	.000
＊戸柱　恭孝	12	35	10	0	5	0	.286	三上　朋也	2	0	0	0	0	0	.000
＊林　琢真	6	8	1	0	1	1	.125	＊メンデス	1	2	1	0	0	0	.500
牧　秀悟	18	71	27	2	13	1	.380	＊山﨑　伊織	3	3	0	0	0	0	.000
宮﨑　敏郎	16	55	19	4	15	0	.345	＊横川　凱	3	3	0	0	0	0	.000
＊森　敬斗	2	2	1	0	0	1	.500	計	18	631	173	25	70	9	.274
大　和	11	29	10	0	3	0	.345	**ヤクルト**							
山本　祐大	4	11	2	0	0	0	.182	＊青木　宣親	17	57	15	2	7	1	.263
（以下投手）								内山　壮真	14	44	13	1	4	0	.295
＊東　克樹	2	0	0	0	0	0	.000	オスナ	18	66	16	4	12	0	.242
石川　達也	2	1	0	0	0	0	.000	＊太田　賢吾	6	8	0	0	0	0	.000
＊石田　健大	3	1	0	0	0	0	.000	＊川端　慎吾	12	30	11	0	2	0	.367
伊勢　大夢	7	0	0	0	0	0	.000	古賀　優大	7	4	2	0	0	0	.500
＊今永　昇太	3	2	1	0	0	0	.500	サンタナ	18	67	18	2	12	0	.269
入江　大生	6	0	0	0	0	0	.000	＊武岡　龍世	14	19	4	0	0	0	.211
ウェンデルケン	2	0	0	0	0	0	.000	中村　悠平	16	45	10	0	3	0	.222
＊エスコバー	2	0	0	0	0	0	.000	＊長岡　秀樹	15	48	14	0	4	0	.292
大貫　晋一	2	1	0	0	0	0	.000	並木　秀尊	9	2	1	0	0	2	.500
ガゼルマン	2	1	0	0	0	0	.000	西浦　直亨	1	1	0	0	0	0	.000
上茶谷大河	5	1	0	0	0	0	.000	西田　明央	2	2	0	0	0	0	.000
坂本　裕哉	2	0	0	0	0	0	.000	濱田　太貴	11	21	4	0	1	0	.190
平良拳太郎	2	0	0	0	0	0	.000	三ツ俣大樹	2	2	0	0	0	0	.000
中川　虎大	3	0	0	0	0	0	.000	＊宮本　丈	4	4	1	0	1	0	.250
バウアー	3	5	0	0	0	0	.000	＊村上　宗隆	18	61	17	2	7	0	.279
＊濵口　遥大	1	1	1	0	0	0	1.000	＊山崎晃大朗	14	33	9	0	0	2	.273
＋三嶋　一輝	5	0	0	0	0	0	.000	山田　哲人	17	69	12	2	8	0	.174
＊森原　康平	3	0	0	0	0	0	.000	（以下投手）							
山﨑　康晃	6	0	0	0	0	0	.000	石川　雅規	3	0	0	0	0	0	.000
計	18	608	157	8	77	5	.258	石山　泰稚	2	0	0	0	0	0	.000
巨　人								市川　悠太	2	0	0	0	0	0	.000
＊秋広　優人	18	61	17	0	2	0	.279	大西　広樹	8	0	0	0	0	0	.000
ウォーカー	11	29	10	2	5	0	.345	小川　泰弘	2	1	0	0	0	0	.000
オコエ瑠偉	10	20	5	0	3	1	.250	＊尾仲　祐哉	1	0	0	0	0	0	.000
＊大城　卓三	17	58	13	3	10	0	.224	金久保優斗	1	2	1	0	0	0	.500
岡本　和真	18	60	23	8	19	0	.383	木澤　尚文	6	3	1	0	0	0	.000
＊梶谷　隆幸	16	48	16	1	5	0	.333	＊小澤　怜史	7	3	0	0	0	0	.000
								今野　龍太	3	0	0	0	0	0	.000
								サイスニード	3	2	1	0	0	0	.500

選手名	試合	打数	安打	本塁打	打点	盗塁	打率
* 清水　昇	7	0	0	0	0	0	.000
* 高橋　奎二斗	2	1	0	0	0	0	.000
* 田口　麗斗	6	0	0	0	0	0	.000
* ピーターズ	3	1	0	0	0	0	.000
星　知弥	7	0	0	0	0	0	.000
丸山翔大	6	0	0	0	0	0	.000
* 山本　大貴	7	0	0	0	0	0	.000
計	18	594	149	13	64	5	.251

中日

選手名	試合	打数	安打	本塁打	打点	盗塁	打率
石川　昂弥	15	47	4	0	2	0	.085
石橋　康太	6	16	7	0	1	0	.438
伊藤　康祐	10	3	0	0	0	0	.000
鵜飼　航丞	7	25	3	2	3	1	.120
* 大島　洋平	13	47	11	0	1	1	.234
岡林　勇希	18	72	24	1	5	3	.333
+ 加藤　翔平	10	5	1	0	0	0	.200
加藤　匠馬	5	1	0	0	0	0	.000
木下　拓哉	13	46	13	1	3	0	.283
郡司　裕也	1	1	0	0	0	0	.000
* 後藤　駿太	1	1	1	0	0	0	1.000
* 高橋　周平	14	30	7	0	3	1	.233
ビシエド	13	45	7	1	6	0	.156
ブライト健太	8	23	8	0	4	2	.348
福田　永将	5	8	0	0	0	0	.000
福永　裕基	16	55	17	1	5	2	.309
細川　成也	18	65	18	4	15	0	.277
* 溝脇　隼人	11	7	1	0	1	0	.143
* 味谷　大誠	2	1	0	0	0	0	.000
* 村松　開人	18	62	14	0	6	0	.226
* 龍　空	17	35	6	0	1	0	.171
(以下投手)							
* 上田洸太朗	3	0	0	0	0	0	.000
* 小笠原慎之介	3	4	0	0	0	0	.000
勝野　昌慶	6	0	0	0	0	0	.000
清水　達也	6	0	0	0	0	0	.000
鈴木　博志	3	0	0	0	0	0	.000
祖父江大輔	7	0	0	0	0	0	.000
* 高橋　宏斗	3	6	0	0	0	0	.000
* 橋本　侑樹	1	0	0	0	0	0	.000
* 福　敬登	7	0	0	0	0	0	.000
福谷　浩司	2	1	0	0	0	0	.000
藤嶋　健人	7	0	0	0	0	0	.000
* マルティネス	5	0	0	0	0	0	.000
* 松葉　貴大	3	2	0	0	1	0	.000
松山　晋也	2	0	0	0	0	0	.000
柳　裕也	3	2	0	0	0	0	.000
山本　拓実	2	0	0	0	0	0	.000
涌井　秀章	3	1	0	0	0	0	.000
計	18	611	142	10	52	11	.232

オリックス

選手名	試合	打数	安打	本塁打	打点	盗塁	打率
安達　了一	8	20	3	0	0	0	.150
石川　亮	1	0	0	0	0	0	.000
大城　滉二	4	5	1	0	0	0	.200
* 小田　裕也	13	10	2	0	2	0	.200
* 宜保　翔	5	4	2	0	0	0	.500
紅林弘太郎	18	53	20	1	2	0	.377
+ ゴンザレス	14	54	12	2	8	0	.222
佐野　皓大	7	6	2	0	0	1	.333
杉本裕太郎	17	60	14	1	2	0	.233
セデーニョ	3	3	0	0	0	0	.000
* 茶野　篤政	15	52	12	1	10	1	.231
頓宮　裕真	18	64	23	6	16	0	.359
中川　圭太	17	57	12	0	5	1	.211
* 西野　真弘	2	0	0	0	0	0	.000
野口　智哉	10	23	3	0	0	1	.130
廣岡　大志	15	36	7	0	4	0	.194

選手名	試合	打数	安打	本塁打	打点	盗塁	打率
* 福田　周平	4	10	3	0	1	1	.300
* 宗　佑磨	8	23	2	0	0	1	.087
* 森　友哉	17	60	13	4	14	1	.217
若月　健矢	8	24	3	0	0	0	.125
(以下投手)							
* 阿部　翔太	6	0	0	0	0	0	.000
宇田川優希	2	0	0	0	0	0	.000
* 漆原　大晟	1	0	0	0	0	0	.000
* 黒木　優太	1	0	0	0	0	0	.000
小木田敦也	7	0	0	0	0	0	.000
近藤　大亮	2	0	0	0	0	0	.000
* 曽谷　龍平	2	1	0	0	0	0	.000
* 田嶋　大樹	1	0	0	0	0	0	.000
比嘉　幹貴	5	0	0	0	0	0	.000
平野　佳寿	2	0	0	0	0	0	.000
* 本田　仁海	4	0	0	0	0	0	.000
前　佑囲斗	3	0	0	0	0	0	.000
* 宮城　大弥	3	6	2	0	1	0	.333
* 山岡　泰輔	3	3	0	0	0	0	.000
* 山崎　福也	3	5	2	0	1	0	.400
山崎颯一郎	9	0	0	0	0	0	.000
山下舜平大	3	2	1	0	0	0	.500
* 山田　修義	8	3	0	0	0	0	.000
山本　由伸	3	3	0	0	0	0	.000
ワゲスパック	4	0	0	0	0	0	.000
計	18	598	139	15	62	7	.232

ロッテ

選手名	試合	打数	安打	本塁打	打点	盗塁	打率
池田　来翔	14	31	8	0	2	0	.258
植田　将太	4	3	0	0	0	0	.000
大下誠一郎	6	8	3	1	2	0	.375
岡　大海	17	58	14	1	4	4	.241
* 小川　龍成	8	3	1	0	0	1	.333
* 角中　勝也	11	28	9	1	8	0	.321
* 佐藤都志也	14	39	9	1	8	0	.231
* 菅野　剛士	6	10	1	0	1	0	.100
田村　龍弘	10	29	5	1	4	0	.172
茶谷　健太	11	26	3	0	0	0	.115
友杉　篤輝	9	28	5	0	0	2	.179
中村　奨吾	18	65	13	2	5	1	.200
* 平沢　大河	7	8	0	0	0	1	.000
* 藤岡　裕大	13	43	11	0	3	0	.256
* 藤原　恭大	6	25	6	0	2	0	.240
* ポランコ	11	37	10	2	5	0	.270
* 安田　尚憲	18	57	11	1	3	0	.193
山口　航輝	18	66	15	4	15	0	.227
* 和田康士朗	12	14	3	0	0	3	.214
(以下投手)							
東妻　勇輔	9	0	0	0	0	0	.000
岩下　大輝	6	0	0	0	0	0	.000
* 小島　和哉	2	4	0	0	0	0	.000
小沼　健太	2	1	0	0	0	0	.000
カスティーヨ	3	1	0	0	0	0	.000
坂本光士郎	7	0	0	0	0	0	.000
佐々木朗希	3	4	0	0	0	0	.000
澤村　拓一	4	0	0	0	0	0	.000
種市　篤暉	4	0	0	0	0	0	.000
西野　勇士	3	0	0	0	0	0	.000
西村　天裕	5	0	0	0	0	0	.000
廣畑　敦也	1	0	0	0	0	0	.000
ペルドモ	8	0	0	0	0	0	.000
益田　直也	8	0	0	0	0	0	.000
* 美馬　学	2	2	1	0	0	0	.500
+ メルセデス	3	3	0	0	0	0	.000
* 本前　郁也	1	0	0	0	0	0	.000
八木　彬	3	6	0	0	0	0	.000
横山　陸人	6	0	0	0	0	0	.000
計	18	596	128	13	52	13	.215

セ・パ交流戦

ソフトバンク

選手名	試合	打数	安打	本塁打	打点	盗塁	打率
今宮 健太	12	44	15	2	8	0	.341
＊上林 誠知	6	9	3	0	2	0	.333
＋ガルビス	1	0	0	0	0	0	.000
甲斐 拓也	18	61	17	4	10	0	.279
＊川瀬 晃	8	22	4	0	3	0	.182
＊栗原 陵矢	18	59	12	2	7	0	.203
＊近藤 健介	18	63	26	5	15	0	.413
佐藤 直樹	10	3	0	0	0	1	.000
＊周東 佑京	15	20	4	0	1	2	.200
谷川原 健太	13	8	2	0	1	0	.250
＊中村 晃	18	74	21	1	9	0	.284
野村 勇	7	9	3	1	3	0	.333
野村 大樹	10	13	4	0	0	0	.308
＊牧原 大成	18	78	24	0	10	0	.308
正木 智也	6	11	1	0	0	0	.091
増田 珠	3	0	0	0	0	0	.000
嶺井 博希	4	3	2	0	1	0	.667
＊三森 大貴	9	10	3	0	1	2	.300
＊柳田 悠岐	18	71	15	1	7	0	.211
＊柳町 達	18	45	9	0	5	0	.200
リチャード	3	2	0	0	0	0	.000
(以下投手)							
有原 航平	2	2	1	0	0	0	.500
石川 柊太	3	3	0	0	0	0	.000
オスナ	4	0	0	0	0	0	.000
＊大関 友久	1	0	0	0	0	0	.000
＊大津 亮介	8	0	0	0	0	0	.000
尾形 崇斗	4	0	0	0	0	0	.000
ガンケル	3	0	0	0	0	0	.000
＊甲斐野 央	9	0	0	0	0	0	.000
＊嘉弥真新也	1	0	0	0	0	0	.000
スチュワート・ジュニア	2	2	0	0	0	0	.000
＊田浦 文丸	7	0	0	0	0	0	.000
武田 翔太	6	0	0	0	0	0	.000
津森 宥紀	6	0	0	0	0	0	.000
板東 湧梧	5	2	0	0	0	0	.000
東浜 巨	3	2	0	0	0	0	.000
＊藤井 皓哉	2	2	0	0	0	0	.000
古川 侑利	2	0	0	0	0	0	.000
＊松本 晴	3	0	0	0	0	0	.000
＊松本 裕樹	5	0	0	0	0	0	.000
＊モイネロ	8	0	0	0	0	0	.000
森 唯斗	1	0	0	0	0	0	.000
＊和田 毅	3	2	0	0	0	0	.000
計	18	623	166	16	82	6	.266

楽天

選手名	試合	打数	安打	本塁打	打点	盗塁	打率
浅村 栄斗	18	63	21	3	9	0	.333
阿部 寿樹	12	29	5	0	3	0	.172
伊藤 裕季也	11	22	5	1	5	0	.227
太田 光	13	24	9	0	5	1	.375
＊岡島 豪郎	17	61	21	2	9	0	.344
＊小郷 裕哉	17	61	19	2	9	1	.311
黒川 史陽	1	3	0	0	0	0	.000
＊小深田 大翔	17	54	12	1	4	2	.222
＊島内 宏明	11	11	2	0	1	0	.182
＊鈴木 大地	14	36	10	0	1	0	.278
炭谷 銀仁朗	8	17	5	0	0	0	.294
＊辰己 涼介	18	56	16	3	6	0	.286
＋田中 和基	12	2	2	1	2	0	1.000
フランコ	12	34	5	0	2	0	.147
村林 一輝	7	4	1	0	0	0	.250
＊安田 悠馬	8	19	5	1	1	0	.263
＊山崎 剛	18	63	11	0	5	2	.175
＊渡邊 佳明	7	12	2	0	0	0	.167
和田 恋	2	5	1	0	2	0	.200
(以下投手)							
＊安樂 智大	9	0	0	0	0	0	.000
＊石橋 良太	1	0	0	0	0	0	.000
＊伊藤 茉央	2	0	0	0	0	0	.000
＊内 星龍	11	0	0	0	0	0	.000
＊辛島 航	2	1	0	0	0	0	.000
岸 孝之	1	1	0	0	0	0	.000
小孫 竜二	2	0	0	0	0	0	.000
酒居 知史	9	2	0	0	0	0	.000
荘司 康誠	2	2	0	0	0	0	.000
＊鈴木 翔天	5	0	0	0	0	0	.000
＊宋 家豪	5	0	0	0	0	0	.000
瀧中 瞭太	2	0	0	0	0	0	.000
田中 将大	3	2	0	0	0	0	.000
津留崎 大成	5	0	0	0	0	0	.000
西口 直人	3	0	0	0	0	0	.000
＊則本 昂大	3	3	0	0	0	0	.000
＊早川 隆久	3	3	1	0	0	0	.333
藤平 尚真	2	0	0	0	0	0	.000
＊松井 裕樹	9	0	0	0	0	0	.000
宮森 智志	1	0	0	0	0	0	.000
＊弓削 隼人	1	0	0	0	0	0	.000
渡辺 翔太	7	0	0	0	0	0	.000
計	18	588	153	14	59	8	.260

西　武

選手名	試合	打数	安打	本塁打	打点	盗塁	打率
愛 斗	5	7	0	0	0	0	.000
＋金子 侑司	6	11	2	0	1	0	.182
＊川越 誠司	12	30	4	1	5	0	.133
岸 潤一郎	5	21	4	1	3	0	.190
栗山 巧	10	21	2	1	1	0	.095
＊源田 壮亮	18	69	15	0	2	1	.217
古賀 悠斗	13	23	3	0	1	0	.130
児玉 亮涼	2	3	0	0	0	0	.000
佐藤 龍世	9	4	1	0	0	0	.250
＊鈴木 将平	13	45	12	0	5	0	.267
柘植 世那	8	11	1	0	3	0	.091
外崎 修汰	18	66	16	2	7	3	.242
長谷川 信哉	12	36	9	3	2	0	.250
＊平沼 翔太	12	21	5	1	0	0	.238
古市 尊	6	12	2	0	0	0	.167
マキノン	18	69	15	0	2	0	.217
陽川 尚将	1	3	0	0	0	0	.000
若林 楽人	12	38	12	0	1	2	.316
渡部 健人	17	58	16	2	7	2	.276
(以下投手)							
青山 美夏人	5	0	0	0	0	0	.000
＊エンス	1	1	1	0	0	0	1.000
大曲 錬	1	0	0	0	0	0	.000
＊公文 克彦	3	0	0	0	0	0	.000
＊佐々木 健	8	0	0	0	0	0	.000
＊佐藤 隼輔	9	0	0	0	0	0	.000
＊隅田知一郎	2	2	0	0	0	0	.000
＊平良 海馬	3	6	0	0	0	0	.000
高橋 光成	3	3	0	0	0	0	.000
ティノコ	8	0	0	0	0	0	.000
平井 克典	6	0	0	0	0	0	.000
ボー・タカハシ	5	0	0	0	0	0	.000
本田 圭佑	7	0	0	0	0	0	.000
増田 達至	7	0	0	0	0	0	.000
松本 航	2	4	0	0	0	0	.000
宮川 哲	2	0	0	0	0	0	.000
森脇 亮介	3	0	0	0	0	0	.000
與座 海人	3	3	0	0	0	0	.000
計	18	567	120	11	46	8	.212

日本ハム

選手名	試合	打数	安打	本塁打	打点	盗塁	打率
＋アルカンタラ	10	21	6	0	0	1	.286
石井 一成	6	9	1	0	0	0	.111
江越 大賀	17	30	7	1	1	3	.233

選手名	試合	打数	安打	本塁打	打点	盗塁	打率	選手名	試合	打数	安打	本塁打	打点	盗塁	打率
*加藤　豪将	17	61	17	4	9	0	.279	*伊藤　大海	3	5	1	0	1	0	.200
*上川畑大悟	16	41	8	0	1	1	.195	*上原　健太	4	4	1	0	0	0	.250
*清宮幸太郎	5	19	5	0	1	1	.263	上沢　直之	3	3	1	0	0	0	.333
郡　拓也	5	13	4	0	0	1	.308	*加藤　貴之	3	2	0	0	0	0	.000
清水　優心	6	7	2	0	2	0	.286	*河野　竜生	8	0	0	0	0	0	.000
奈良間大己	3	11	1	0	0	0	.091	北山　亘基	3	7	2	0	2	0	.286
野村　佑希	17	49	10	1	2	1	.204	杉浦　稔大	7	0	0	0	0	0	.000
+ハンソン	13	32	4	2	3	1	.125	*鈴木　健矢	2	3	0	0	1	0	.000
*福田　光輝	7	15	3	1	1	0	.200	田中　正義	7	0	0	0	0	0	.000
伏見　寅威	10	20	7	1	0	3	.350	玉井　大翔	6	0	0	0	0	0	.000
*細川　凌平	13	27	6	0	2	0	.222	*長谷川威展	2	0	0	0	0	0	.000
マルティネス	17	49	15	3	14	0	.306	*福田　俊	2	0	0	0	0	0	.000
松本　剛	18	72	16	2	5	0	.222	宮内　春輝	4	0	0	0	0	0	.000
万波　中正	18	67	22	4	6	1	.328	*宮西　尚生	5	0	0	0	0	0	.000
*水野　達稀	5	9	0	0	0	0	.000	*矢澤　宏太	4	5	0	0	0	0	.000
谷内　亮太	10	11	2	0	0	0	.182	ロドリゲス	2	0	0	0	0	0	.000
（以下投手）								計	18	592	141	19	56	10	.238
池田　隆英	7	0	0	0	0	0	.000								

2023・交流戦投手成績

チーム投手成績

HP＝ホールドポイント（ホールド＋救援勝）　　　　　　　　　　　　（　）内数字・チームは非自責点、個人は自責点

チーム	勝率順位	試合	完投	交代完了	試合当初	補回試合	無失点勝	無四球試	勝利	敗北	引分	セーブ	ホールド	HP	勝率	打者	打数	投球回	安打	本塁打	犠打	犠飛	四球計	故意四球	死球	三振	暴投	ボーク	失点	自責点	防御率
日本ハム	5	18	1	17	17	2	2	2	10	8	0	6	8	10	.556	656	595	161	135	7	9	2	46	4	4	127	0	1	45	40	2.24
オリックス	4	18	2	14	17	2	4	2	11	5	0	5	11	12	.611	666	606	163.2	130	11	7	2	47	2	4	157	4	0	56	50	2.75
中　日	9	18	2	16	16	2	1	1	7	10	1	3	12	14	.412	672	608	163.1	137	5	10	3	45	0	6	127	4	0	58	51	2.81
DeNA	8	18	2	16	16	1	0	0	11	7	0	4	8	10	.611	650	584	159.2	133	18	9	0	53	3	4	146	6	0	59	52	2.93
巨　人	3	18	0	18	18	3	3	0	11	7	0	4	15	20	.611	675	601	162	144	8	10	4	51	1	9	134	4	0	55	54	3.00
西　武	12	18	0	18	18	1	1	0	6	12	0	2	16	18	.333	661	579	156.1	150	7	17	5	57	2	3	137	2	1	62 (1)	55	3.17
阪　神	10	18	2	16	16	2	2	2	7	10	1	3	15	17	.412	671	608	161.2	138	15	8	2	50	1	3	146	3	0	56	51	2.84
ソフトバンク	2	18	0	18	18	1	2	0	11	7	0	5	16	21	.611	681	601	161	145	14	13	7	51	3	5	150	5	0	65	59	3.30
ヤクルト	11	18	0	18	18	1	3	0	7	11	0	3	12	13	.389	657	576	158	145	19	13	6	52	1	10	115	3	0	65	62	3.53
広　島	7	18	1	17	17	0	2	0	9	9	0	6	8	10	.500	668	587	158.1	150	13	18	5	47	0	11	117	6	0	76	68	3.87
ロッテ	1	18	1	17	17	0	2	0	9	7	2	5	20	23	.438	697	624	165.1	150	13	9	2	58	5	4	169	6	1	77	75	4.08
楽　天	6	18	0	18	18	0	1	0	9	7	2	0	21	23	.563	698	621	157.1	176	14	12	8	53	1	4	100	3	0	89	75	4.29 (1)
計		108	9	207	207	9	22	8	106	106	2	53	161	189		8049	7191	1927.2	1733	156	135	46	610	23	67	1625	46	3	773	699	3.26 (1)

勝率順位は交流戦の規定による順位

個 人 投 手 成 績

（規定投球回数18）

	選手名	チーム	試合	完投	交代完了	試合当初	補回試合	無失点勝	無四球試	勝利	敗北	引分	セーブ	ホールド	HP	勝率	打者	打数	投球回	安打	本塁打	犠打	犠飛	四球計	故意四球	死球	三振	暴投	ボーク	失点	自責点	防御率
①	髙橋 宏斗	(中)	3	1	0	2	0	1	0	2	0	0	0	0	0	1.000	91	84	22.2	15	0	0	0	7	0	0	27	0	0	2	0	0.00
①	才木 浩人	(神)	3	1	0	2	0	1	0	2	0	0	0	0	0	1.000	77	70	21	9	0	0	0	7	0	0	24	0	0	0	0	0.00
③	山本 由伸	(オ)	3	0	0	3	0	0	0	2	0	0	0	0	0	1.000	84	82	24	8	0	1	0	1	0	1	25	0	0	1	1	0.38
③	九里 亜蓮	(広)	3	0	0	3	0	0	0	2	0	0	0	0	0	1.000	79	70	21	8	1	2	0	4	3	19	0	0	3	2	0.86
⑤	山﨑 伊織	(巨)	3	0	0	3	0	0	0	2	0	0	0	0	0	1.000	89	79	23	16	0	1	3	6	1	0	16	0	0	3	3	1.17
⑥	バウアー	(デ)	3	1	0	2	0	0	0	3	0	0	0	0	0	1.000	88	80	24	11	4	0	0	8	0	0	31	0	0	5	4	1.50
⑥	上沢 直之	(日)	3	0	0	3	0	0	0	2	1	0	0	0	0	.667	93	85	24	14	1	1	0	7	0	0	20	0	0	7	4	1.50
⑧	床田 寛樹	(広)	3	1	0	2	0	0	0	2	1	0	0	0	0	.667	85	82	23	17	1	0	0	2	0	0	12	0	0	4	4	1.57
⑨	涌井 秀章	(中)	3	0	0	3	0	0	1	1	0	0	0	0	0	.500	83	74	21	15	0	3	1	6	0	0	16	0	0	4	4	1.71
⑨	平良 海馬	(武)	3	1	0	2	0	0	0	1	1	0	0	0	0	.500	82	76	21	16	0	2	0	4	0	0	25	0	0	4	4	1.71
⑪	*今永 昇太	(デ)	3	1	0	2	0	0	0	3	0	0	0	0	0	1.000	90	83	24	15	3	1	0	5	1	0	22	0	0	5	5	1.88
⑫	北山 亘基	(日)	3	0	0	3	0	0	0	2	1	0	0	0	0	.667	74	65	18.1	12	2	0	0	9	0	1	19	0	1	4	4	1.96
⑬	戸郷 翔征	(巨)	3	1	0	2	0	0	0	2	1	0	0	0	0	1.000	89	81	21	19	3	0	0	6	0	1	18	0	0	5	5	2.14
⑭	*森下 暢仁	(広)	3	1	0	2	0	0	0	2	0	0	0	0	0	1.000	80	73	20	15	1	0	1	5	0	1	19	1	0	5	5	2.25
⑭	柳 裕也	(中)	3	1	0	2	0	0	1	1	0	0	0	0	0	1.000	92	88	24	17	1	0	3	1	0	15	0	0	6	6	2.25
⑭	村上 頌樹	(神)	3	1	0	2	0	0	1	2	0	0	0	0	0	.333	91	87	24	15	2	0	0	0	0	24	0	0	7	6	2.25
⑰	*加藤 貴之	(日)	3	1	0	2	0	0	0	2	2	0	0	0	0	.000	88	84	22.2	20	2	2	0	4	0	0	20	0	0	7	6	2.38
⑱	*山﨑 福也	(オ)	3	0	0	3	0	1	0	1	0	0	0	0	0	1.000	74	67	18.1	14	0	2	0	4	1	0	15	0	0	5	5	2.45
⑲	*大竹耕太郎	(神)	3	0	0	3	0	0	0	2	2	0	0	0	0	.000	80	76	19.1	14	1	0	1	4	0	0	19	0	0	7	6	2.79
⑳	*メルセデス	(日)	3	0	0	3	0	1	0	2	0	0	0	0	0	1.000	78	71	19	14	2	2	0	7	0	0	6	0	0	6	6	2.84
㉑	*上原 健太	(日)	4	0	0	4	0	0	0	1	1	0	0	0	0	.500	91	84	21.1	24	0	1	0	6	0	0	17	0	0	7	7	2.95
㉒	伊藤 大海	(日)	3	0	0	3	0	0	0	1	0	0	0	0	0	1.000	90	83	21	21	0	3	0	1	0	0	16	0	0	7	7	3.00
㉓	*小笠原慎之介	(中)	3	0	0	3	0	0	0	1	2	0	0	0	0	.000	85	79	20.2	21	0	2	1	3	0	0	18	1	0	9	7	3.05
㉔	與座 海人	(武)	3	0	0	3	0	0	0	2	0	0	0	0	0	1.000	78	72	19.2	15	1	2	0	1	0	0	10	0	0	7	7	3.20
㉕	佐々木朗希	(ロ)	3	0	0	3	0	0	1	2	1	0	0	0	0	.333	76	67	19	12	1	0	0	7	0	1	27	3	0	7	7	3.32
㉖	東浜 巨	(ソ)	3	0	0	3	0	0	0	2	1	0	0	0	0	.667	77	71	18.1	18	2	0	0	7	0	0	18	0	0	7	7	3.44
㉖	西 勇輝	(神)	3	0	0	3	0	0	0	2	1	0	0	0	0	.667	70	70	18.1	21	3	2	0	6	1	0	9	0	0	7	7	3.44
㉘	田中 将大	(楽)	3	0	0	3	0	0	0	1	1	0	0	0	0	.500	79	69	18	20	1	3	0	6	1	0	9	0	0	8	7	3.50
㉙	*宮城 大弥	(オ)	3	0	0	3	0	0	0	2	1	0	0	0	0	.667	74	70	17.2	15	0	3	0	5	0	0	15	0	0	8	7	3.60
㉚	*伊藤 将司	(神)	3	0	0	3	0	0	0	1	1	0	0	0	0	.500	77	70	16.2	16	1	1	2	6	0	0	12	1	0	8	7	3.79
㉛	大瀬良大地	(広)	3	0	0	3	0	0	0	2	0	0	0	0	0	.000	77	68	18	21	2	3	1	6	0	0	12	0	0	9	9	4.50
㉛	サイスニード	(ヤ)	3	0	0	3	0	0	0	1	1	0	0	0	0	.500	79	71	18	18	1	1	1	5	0	1	12	0	0	9	9	4.50

チーム別個人投手成績

(50音順)

阪　神

選手名	試合	完投	勝利	敗北	セーブ	投球回	三振	自責点	防御率
石井 大智	1	0	0	0	0	0.1	1	0	0.00
＊伊藤 将司	3	0	0	1	0	19	12	8	3.79
＊岩貞 祐太	3	0	0	0	0	3	3	0	0.00
＊岩崎 優	8	0	0	1	1	7.2	10	3	3.52
大竹耕太郎	3	0	0	1	0	19.1	19	6	2.79
＊及川 雅貴	5	0	0	0	0	4.2	6	4	7.71
加治屋 蓮	7	0	0	1	0	6	4	3	4.50
桐敷 拓馬	1	0	0	0	0	4.2	3	4	7.71
K.ケラー	4	0	0	0	0	4	7	1	2.25
才木 浩人	3	1	2	0	0	21	24	0	0.00
＊島本 浩也	4	0	0	0	0	5.1	4	0	0.00
＊富田 蓮	1	0	0	0	0	3	2	2	6.00
西 純矢	3	0	0	0	0	5.2	7	1	1.59
西 勇輝	3	0	2	1	0	18.1	6	7	3.44
浜地 真澄	7	0	1	0	0	6.1	3	5	7.11
ビーズリー	4	0	0	0	0	4	6	1	2.25
村上 頌樹	3	1	1	2	0	24	24	6	2.25
湯浅 京己	6	0	0	2	2	5.1	5	7	11.81
計	18	2	7	10	3	161.2	146	58	3.23

広　島

選手名	試合	完投	勝利	敗北	セーブ	投球回	三振	自責点	防御率
アンダーソン	1	0	0	0	0	5	5	0	0.00
大瀬良大地	3	0	0	2	0	18	14	9	4.50
大道 温貴	4	0	0	0	0	3.1	2	1	2.70
河野 佳	1	0	0	1	0	5	6	5	9.00
九里 亜蓮	3	0	2	0	0	21	19	2	0.86
栗林 良吏	6	0	1	0	0	5.1	6	6	10.13
＊黒原 拓未	1	0	0	0	0	4.1	3	5	10.38
コルニエル	3	0	1	1	0	13.2	8	10	6.59
島内颯太郎	6	0	0	1	0	6	4	4	6.00
＊ターリー	6	0	0	0	0	6	2	1	1.50
＊床田 寛樹	3	1	2	1	0	23	12	4	1.57
戸根 千明	2	0	0	0	0	2	1	2	9.00
中崎 翔太	5	0	0	1	0	5.1	3	2	3.38
中村 祐太	4	0	0	0	0	6	2	1	1.50
＊森 翔平	1	0	0	0	0	0.2	1	2	27.00
＊森浦 大輔	7	0	0	0	0	5.2	2	3	4.76
森下 暢仁	3	0	1	0	0	20	19	5	2.25
矢崎 拓也	8	0	1	0	0	5	7	8	5.14
薮田 和樹	1	0	0	0	0	1	0	4	36.00
計	18	1	9	9	6	158.1	117	68	3.87

DeNA

選手名	試合	完投	勝利	敗北	セーブ	投球回	三振	自責点	防御率
＊東 克樹	2	0	2	0	0	14	11	3	1.93
＊石川 達也	2	0	0	0	0	3	4	2	6.00
＊石田 健大	3	0	0	1	0	15.1	15	3	1.76
伊勢 大夢	7	0	0	1	0	5.2	4	5	7.94
＊今永 昇太	3	1	2	0	0	24	22	5	1.88
入江 大生	6	0	1	0	0	5.1	6	1	1.69
ウェンデルケン	7	0	0	1	0	7	4	3	3.86
＊エスコバー	2	0	0	0	0	3	1	0	0.00
大貫 晋一	2	0	2	0	0	12	5	4	3.00
ガゼルマン	2	0	0	0	0	10.1	6	7	6.10
上茶谷大河	5	0	0	0	0	9.2	13	1	0.93
坂本 裕哉	3	0	0	0	0	2	4	0	0.00
平良拳太郎	1	0	0	0	0	3	1	4	12.00
中川 虎大	3	0	0	0	0	4	1	1	2.25
バウアー	3	1	3	0	0	24	31	4	1.50
＊濵口 遥大	1	0	0	0	0	4.2	4	3	5.79
三嶋 一輝	3	0	0	0	0	3.2	3	4	9.82
森原 康平	3	0	1	0	0	6	4	2	3.00
山﨑 康晃	6	0	0	1	0	6	4	2	3.00
計	18	2	11	7	4	159.2	146	52	2.93

巨　人

選手名	試合	完投	勝利	敗北	セーブ	投球回	三振	自責点	防御率
＊今村 信貴	2	0	0	0	0	3.1	1	3	8.10
＊大江 竜聖	4	0	2	0	0	3.1	2	1	2.70
菊地 大稀	9	0	1	0	0	10.2	14	0	0.00
＊グリフィン	2	0	0	1	0	14	9	3	1.93
鍬原 拓也	1	0	0	0	0	0.2	0	4	54.00
菅野 智之	2	0	0	1	0	11	8	3	2.45
鈴木 康平	7	0	0	0	0	5.2	5	4	6.35
大 勢	7	0	0	0	4	7	11	2	2.57
＊高梨 雄平	8	0	0	0	0	6.1	8	1	1.42
＊高橋 優貴	1	0	0	0	0	6.2	6	3	4.05
田中 千晴	6	0	0	0	0	5.2	7	1	1.59
戸郷 翔征	3	0	0	0	0	21	18	5	2.14
＊中川 皓太	5	0	0	0	0	7	7	0	0.00
ビーディ	5	0	0	0	0	7	7	0	0.00
平内 龍太	2	0	0	0	0	4	1	4	9.00
松井 颯	1	0	0	0	0	3	4	5	15.00
三上 朋也	1	0	0	0	0	3	1	1	3.00
＊メンデス	1	0	1	0	0	6	6	0	0.00
山﨑 伊織	3	0	1	0	0	23	16	3	1.17
＊横川 凱	3	0	0	2	0	15.2	8	11	6.32
計	18	0	11	7	4	162	134	54	3.00

ヤクルト

選手名	試合	完投	勝利	敗北	セーブ	投球回	三振	自責点	防御率
＊石川 雅規	3	0	1	2	0	15.2	5	8	4.60
石山 泰稚	2	0	0	0	0	2	1	1	4.50
市川 悠太	2	0	0	0	0	7	4	4	5.14
大西 広樹	8	0	0	0	0	7.1	5	1	1.23
小川 泰弘	2	0	1	1	0	11	8	6	4.91
尾仲 祐哉	1	0	0	0	0	2	1	0	0.00
金久保優斗	1	0	0	0	0	1	2	0	0.00
木澤 尚文	6	0	0	0	0	6.2	11	1	1.35
小澤 怜史	3	0	2	0	0	17	10	2	1.06
今野 龍太	7	0	0	0	0	7.1	4	4	4.91
サイスニード	2	0	1	1	0	18	12	9	4.50
清水 昇	7	0	0	1	0	9.1	10	4	3.86
＊高橋 奎二	2	0	0	0	0	10.2	12	6	5.06
＊田口 麗斗	7	0	0	0	3	6	5	0	0.00
＊ピーターズ	3	0	1	2	0	16.1	7	8	4.41
星 知弥	3	0	0	0	0	5.2	9	3	4.76
丸山 翔大	7	0	0	0	0	6.1	2	4	5.68
＊山本 大貴	7	0	1	0	0	9	7	2	2.00
計	18	0	7	11	3	158	115	62	3.53

中　日

選手名	試合	完投	勝利	敗北	セーブ	投球回	三振	自責点	防御率
＊上田洸太朗	3	0	0	0	0	4	3	0	0.00
小笠原慎之介	3	0	0	0	0	20.2	18	7	3.05
勝野 昌慶	6	0	1	1	0	5.2	5	2	3.18
清水 達也	6	0	1	0	0	5.2	8	1	1.59
鈴木 博志	3	0	0	0	0	8.2	1	2	2.08
祖父江大輔	3	0	0	0	0	5	4	6	10.80
髙橋 宏斗	3	1	2	0	0	22.2	27	0	0.00
＊橋本 侑樹	3	0	0	0	0	2	3	0	—
＊福 敬登	7	0	0	0	0	4	3	3	6.75
福谷 浩司	2	0	0	2	0	9.1	2	5	4.82
藤嶋 健人	7	0	0	1	0	7.2	8	3	3.52
マルティネス	5	0	0	0	5	5	8	0	0.00
＊松葉 貴大	3	0	0	1	0	15.2	3	4	2.30
松山 晋也	7	0	0	0	0	1.1	3	0	0.00
柳 裕也	3	1	1	0	0	24	15	6	2.25
山本 拓実	3	0	0	0	0	2	3	4	18.00
涌井 秀章	3	0	1	1	0	21	16	4	1.71
計	18	2	7	10	3	163.1	127	51	2.81

セ・パ交流戦

オリックス

選手名	試合	完投	勝利	敗北	セーブ	投球回	三振	自責点	防御率
阿部 翔太	6	0	0	0	0	6.1	8	0	0.00
宇田川優希	2	0	0	0	0	2	2	1	4.50
漆原 大晟	1	0	0	0	0	1	0	4	36.00
黒木 優太	1	0	0	1	0	1	0	3	27.00
小木田敦也	7	0	0	0	0	9.1	4	2	1.93
近藤 大亮	2	0	0	0	0	2	2	2	9.00
*曽谷 龍平	2	0	0	0	0	8.1	8	7	7.56
*田嶋 大樹	1	0	0	0	0	6	5	0	0.00
比嘉 幹貴	5	0	0	0	0	3	2	1	3.00
平野 佳寿	5	0	0	0	0	2	1	0	0.00
本田 仁海	4	0	0	0	0	4.1	5	7	14.54
前 佑囲斗	2	0	0	0	0	2	2	0	0.00
*宮城 大弥	3	1	2	1	0	20	15	8	3.60
山岡 泰輔	3	0	0	0	0	17.1	16	2	1.04
*山﨑 福也	3	0	0	0	0	18.1	15	5	2.45
山﨑颯一郎	9	0	0	0	3	9	12	0	0.00
山下舜平大	3	0	2	1	0	17	19	5	2.65
*山田 修義	8	0	0	0	0	7	10	0	0.00
山本 由伸	3	0	3	0	0	24	25	1	0.38
ワゲスパック	4	0	1	1	0	3.2	6	2	4.91
計	18	1	11	7	5	163.2	157	50	2.75

ロッテ

選手名	試合	完投	勝利	敗北	セーブ	投球回	三振	自責点	防御率
東妻 勇輔	9	0	0	0	0	8	8	2	2.25
岩下 大輝	6	0	0	0	0	7	8	2	2.57
*小島 和哉	2	0	0	0	0	12	11	11	8.25
小沼 健太	2	0	0	0	0	4	3	3	6.75
カスティーヨ	3	0	1	2	0	12	9	6	6.75
*坂本光士郎	7	0	0	0	0	7	12	2	2.57
佐々木朗希	3	0	1	2	0	19	27	7	3.32
澤村 拓一	4	0	0	1	0	4	6	5	11.25
種市 篤暉	2	0	0	1	0	11.2	16	4	3.09
西野 勇士	2	0	0	0	0	13.2	12	4	2.63
西村 天裕	5	0	0	0	0	6	6	2	3.00
廣畑 敦也	1	0	0	0	0	0.1	1	1	27.00
ベルドモ	7	0	0	0	0	6.1	4	1	1.42
益田 直也	8	0	1	0	8	13	8	3	3.38
美馬 学	3	0	0	0	0	13.1	10	5	3.38
*メルセデス	3	0	2	0	0	19	9	6	2.84
*本前 郁也	3	0	0	0	0	2	3	2	3.60
八木 彬	1	0	0	0	0	3	2	6	18.00
横山 陸人	6	0	0	0	0	6	7	0	0.00
計	18	0	7	9	5	165.1	169	75	4.08

ソフトバンク

選手名	試合	完投	勝利	敗北	セーブ	投球回	三振	自責点	防御率
有原 航平	2	0	1	0	0	12.2	4	1	0.71
石川 柊太	3	0	0	2	0	13.1	16	12	8.10
オスナ	4	0	0	2	2	4	2	1	2.25
*大関 友久	1	0	1	0	0	7	3	3	3.86
大津 亮介	8	0	1	0	0	6.1	2	2	2.84
尾形 崇斗	4	0	0	0	0	5.1	4	3	5.06
ガンケル	3	0	0	0	0	5.2	3	4	6.35
甲斐野 央	9	0	0	0	2	10	12	3	3.00
*嘉弥真新也	2	0	0	0	0	1.1	0	2	13.50
スチュワート・ジュニア	1	0	0	0	0	5.1	8	0	0.00
*田浦 文丸	7	0	0	0	0	3.1	5	1	2.70
武田 翔太	6	0	1	0	0	7.2	8	0	0.00
津森 宥紀	9	0	1	0	0	7.1	9	2	2.45
板東 湧梧	5	0	1	2	0	13.1	7	5	3.38
東浜 巨	3	0	2	1	0	18.1	18	7	3.44
藤井 皓哉	5	0	1	0	0	8.1	9	1	1.08
古川 侑利	2	0	0	0	0	3	3	2	9.00
*松本 晴	2	0	0	0	0	3	3	0	0.00
松本 裕樹	5	0	0	0	0	4.2	8	0	0.00
*モイネロ	8	0	1	0	3	7.2	14	0	0.00
森 唯斗	2	0	0	0	0	2.2	2	5	16.88
*和田 毅	3	0	1	1	0	12.2	12	5	3.55
計	18	0	11	7	5	161	150	59	3.30

楽 天

選手名	試合	完投	勝利	敗北	セーブ	投球回	三振	自責点	防御率
安樂 智大	9	0	0	0	0	6.1	2	1	1.42
石橋 良太	1	0	0	0	0	1	0	5	45.00
伊藤 茉央	4	0	0	0	0	3.2	3	1	2.45
内 星龍	11	0	1	0	0	10.1	6	7	6.10
*辛島 航	2	0	0	0	0	11.2	7	3	2.31
岸 孝之	2	0	0	0	0	5	4	1	1.80
小孫 竜二	2	0	0	0	0	3	2	2	6.00
酒居 知史	9	0	0	1	0	8	5	4	4.50
荘司 康誠	2	0	0	1	0	7	5	5	6.43
鈴木 翔天	5	0	0	0	0	3.2	5	0	0.00
*宋 家豪	5	0	0	0	0	5	5	0	0.00
瀧中 瞭太	3	0	0	2	0	7.1	0	9	11.05
田中 将大	3	0	1	1	0	18	9	7	3.50
津留﨑大成	5	0	0	0	0	6	4	2	3.00
西口 直人	3	0	0	0	0	5	1	4	7.20
則本 昂大	3	0	2	1	0	17	9	4	2.12
*早川 隆久	3	0	1	1	0	15	10	7	4.20
藤平 尚真	3	0	0	0	0	7	9	8	10.29
*松井 裕樹	9	0	0	1	7	8.1	10	1	1.08
宮森 智志	1	0	0	0	0	1	4	0	——
*弓削 隼人	1	0	0	0	0	0	0	0	0.00
渡辺 翔太	7	0	0	0	0	8	6	0	0.00
計	18	0	9	9	7	157.1	100	75	4.29

西 武

選手名	試合	完投	勝利	敗北	セーブ	投球回	三振	自責点	防御率
青山美夏人	5	0	0	0	0	6	6	3	4.50
*エンス	1	0	0	1	0	2.2	1	4	13.50
大曲 錬	1	0	0	0	0	1	0	2	18.00
*公文 克彦	3	0	0	0	0	2.1	0	1	3.86
*佐々木 健	8	0	0	0	0	7.1	4	0	0.00
*佐藤 隼輔	9	0	0	0	0	7.1	5	2	2.45
*隅田知一郎	2	0	1	1	0	11	15	3	2.45
平良 海馬	3	0	1	1	0	21	25	4	1.71
髙橋 光成	3	0	1	2	0	17	12	7	3.71
ティノコ	8	0	0	1	0	7	9	(1)3	3.38
平井 克典	6	0	0	1	0	5.1	0	2	3.38
ボー・タカハシ	2	0	0	0	0	5.2	7	3	4.76
本田 圭佑	7	0	0	1	0	5.1	4	2	3.38
増田 達至	7	0	0	0	0	7	10	3	3.86
松本 航	2	0	1	1	0	11	11	5	4.09
宮川 哲	5	0	0	1	0	10	6	7	6.30
森脇 亮介	8	0	0	0	0	7	8	0	0.00
興座 海人	3	0	1	0	0	19.2	10	7	3.20
計	18	0	6	12	2	156.1	137	(1)55	3.17

日本ハム

選手名	試合	完投	勝利	敗北	セーブ	投球回	三振	自責点	防御率
池田 隆英	7	0	0	0	0	5.2	8	1	1.59
伊藤 大海	3	0	1	0	0	21	16	7	3.00
*上原 健太	4	0	1	1	0	21.1	17	7	2.95
上沢 直之	3	0	2	1	0	24	20	4	1.50
*加藤 貴之	3	0	0	3	0	22.2	8	6	2.38
*河野 竜生	8	0	0	0	0	5.1	8	1	1.69
北山 亘基	3	0	1	0	0	18.1	19	4	1.96
杉浦 稔大	7	0	0	0	0	6	5	0	0.00
鈴木 健矢	7	0	0	0	0	11.2	4	2	1.54
田中 正義	4	0	1	0	0	7	6	0	0.00
玉井 大翔	2	0	0	0	0	3.2	1	2	2.45
*長谷川威展	2	0	0	0	0	1.2	1	0	0.00
*福田 俊	2	0	0	0	0	1.1	1	0	0.00
宮内 春輝	4	0	0	0	0	4.1	6	2	4.15
*宮西 尚生	5	0	1	1	0	4	5	2	4.50
*矢澤 宏太	1	0	0	0	0	1	0	0	0.00
ロドリゲス	2	0	0	0	0	2	3	0	13.50
計	18	1	10	8	6	161	127	40	2.24

クライマックスシリーズ

各 試 合 成 績
個 人 成 績
各 年 度 成 績
記 　 録 　 集
ライフタイム

※1973〜82 パ・前後期プレーオフ
2004〜06 パ・プレーオフ含む

JINGU STADIUM

明治神宮野球場

http://www.jingu-stadium.com

竣功 大正15年10月22日　〒160-0013 東京都新宿区霞ヶ丘3-1　テレフォンサービス0570-03-5589

2023・クライマックスシリーズ・セ

ファーストステージ　※3試合制で2勝0敗の広島がファイナルステージ進出

10月14日(土)　1回戦　マツダ	31,041人 3時間52分

```
ＤｅＮＡ　0 0 0　0 0 2　0 0 0　0 0 …… 2
広　　島　0 0 0　0 0 1　0 1 0　0 1X …… 3
```

10月15日(日)　2回戦　マツダ	31,059人 3時間32分

```
ＤｅＮＡ　0 0 0　0 0 0　2 0 0　0 …… 2
広　　島　1 0 0　0 0 1　0 2 X …… 4
```

1回戦 打撃

ＤｅＮＡ　打安点

位置	選手	打	安	点
(遊)	林	6	2	0
(中)	桑原	4	0	0
打	大和	1	0	0
投	上茶谷	0	0	0
投	伊勢	0	0	0
投	ウェンデルケン	0	0	0
(右)	大田	4	2	0
(二三)	牧	5	0	0
(一)	宮﨑	5	2	2
(捕)	山本	4	0	0
走捕	知野	0	0	0
(左)	伊藤	3	0	0
(投)	東	4	3	0
打	柴田	3	0	0
中	蝦名	1	0	0
併残 1 11		42	12	2

広　島　打安点

位置	選手	打	安	点
(二)	菊池	4	1	1
(中右)	野間	5	4	1
(左)	西川	5	4	1
(一)	堂林	4	3	0
(遊)	小園	3	3	0
(右)	末包	3	0	0
打	松山	1	0	0
投	九里	0	0	0
打	中村	0	0	0
(捕)	坂倉	5	1	0
(三)	デビッドソン	1	0	0
走	羽月	0	0	0
投	栗林	0	0	0
中	秋山	1	1	1
(投)	床田	0	0	0
打	マクブルーム	1	0	0
投	矢崎	0	0	0
打遊	矢野	0	0	0
併残 0 9		33	9	3

1回戦 投手

	選手	打者	投回	安打	四球	死球	三振	失点	自責
	東	29	8	5	2	0	5	2	2
H	上茶谷	5	1	1	1	0	0	0	0
H	伊勢	5	1	1	1	0	0	0	0
●	ウェンデルケン (0-1)	5	0.2	2	1	0	0	1	1
	床田	24	5.1	8	1	0	0	2	2
	大道	3	0.2	1	0	0	1	0	0
	矢崎	4	1	0	1	0	0	0	0
	島内	4	1	1	0	0	2	0	0
H	栗林	4	1	1	0	0	0	0	0
H	九里	7	1.2	2	0	0	1	0	0
○	ターリー (1-0)	1	0.1	0	0	0	1	0	0

本塁打　ディ　宮﨑1号（6回2ラン＝床田）
二塁打　ディ　大田、山本
　　　　広　　堂林
盗塁　　広　　羽月
盗塁刺　ディ　林
　　　　広　　野間

2回戦 打撃

ＤｅＮＡ　打安点

位置	選手	打	安	点
(遊)	林	4	1	0
(左)	楠本	2	0	0
走中	桑原	0	0	0
(右)	大田	4	0	0
(二三)	牧	4	1	0
(一)	宮﨑	2	1	0
走	知野	0	0	0
投	上茶谷	0	0	0
投	石川	0	0	0
投	森原	0	0	0
打	大田	1	0	0
(捕)	山本	3	0	0
(中左)	関根	4	2	1
(投)	今永	2	0	0
投	エスコバー	0	0	0
打一	ソト	1	0	1
併残 0 7		31	7	2

広　島　打安点

位置	選手	打	安	点
(二)	菊池	3	2	0
(左)	西川	2	1	1
(一)	松山	2	0	0
打遊	矢野	1	0	0
打三	小園	1	1	0
(中)	秋山	3	0	1
(捕)	會澤	4	0	0
(三一)	デビッドソン	3	0	0
(投)	森下	2	0	0
打投	大道	1	1	0
投	中﨑	0	0	0
投	ターリー	0	0	0
投	マクブルーム	1	0	0
投	島内	0	0	0
投	栗林	0	0	0
(右)	末包	3	2	0
併残 0 6		29	7	4

2回戦 投手

	選手	打者	投回	安打	四球	死球	三振	失点	自責
	今永	20	5+	4	1	0	3	2	2
	伊勢	2	0.2	1	0	0	0	0	0
	エスコバー	2	0.1	0	1	0	1	0	0
●	上茶谷 (0-1)	7	1+	3	0	1	1	2	2
	石川	2	0.2	0	0	1	0	0	0
	森原	1	0.1	0	0	0	1	0	0
	森下	20	5.1	3	1	0	0	0	0
H	大道	2	0.2	0	0	0	2	0	0
	中﨑	3	0.1	2	0	0	2	2	2
	ターリー	3	0.1	1	0	0	1	0	0
○	島内 (1-0)	4	1	0	1	0	1	0	0
S	栗林	4	1	1	0	0	2	0	0

本塁打　広　西川1号（1回ソロ＝今永）
　　　　　　　末包1号（6回ソロ＝今永）
二塁打　ディ　林
盗塁　　ディ　楠本、牧

打　撃　成　績

	試合	打数	得点	安打	二塁打	三塁打	本塁打	塁打	打点	盗塁	盗塁刺	犠打	犠飛	四球	死球	三振	併殺打	残塁	打率	失策
DeNA																				
伊藤　　光	1	0	0	0	0	0	0	0	0	0	0	0	0	0	0	0	0	0	.000	0
蝦名　達夫	1	1	0	0	0	0	0	0	0	0	0	0	0	0	0	0	0	0	.000	0
大田　泰示	2	8	1	2	1	0	0	3	0	0	0	0	0	1	0	1	0	2	.250	0
＊楠本　泰史	1	2	0	1	0	0	0	1	0	1	0	1	0	1	0	0	0	1	.500	0
桑原　将志	2	4	0	0	0	0	0	0	0	0	0	0	0	0	0	0	0	1	.000	0
＊柴田　竜拓	1	0	0	0	0	0	0	0	0	0	0	1	0	0	0	0	0	0	.000	0
＊関根　大気	2	8	0	5	0	0	0	5	1	0	0	1	0	0	0	0	0	5	.625	0
ソ　　ト	2	5	0	1	0	0	0	1	1	0	0	0	1	1	0	1	0	2	.200	0
知野　直人	2	1	0	0	0	0	0	0	0	0	0	0	0	0	0	0	0	1	.000	0
＊林　琢真	2	10	0	3	1	0	0	4	0	0	0	1	0	0	0	2	0	2	.300	0
＊藤田　一也	1	1	0	0	0	0	0	0	0	0	0	0	0	0	0	0	0	1	.000	0
牧　秀悟	2	9	0	1	0	0	0	1	1	0	0	0	0	0	0	0	0	1	.111	0
宮﨑　敏郎	2	9	2	3	0	0	1	6	2	0	0	0	0	0	0	1	0	1	.333	0
大　和	2	3	0	1	0	0	0	1	0	0	0	1	0	0	0	0	0	1	.333	0
山本　祐大	2	8	0	2	1	0	0	3	0	0	0	1	0	0	0	3	0	1	.250	0
＊東　克樹	1	3	0	0	0	0	0	0	0	0	0	0	0	0	0	0	0	0	.000	0
石川　達也	1	0	0	0	0	0	0	0	0	0	0	0	0	0	0	0	0	0	.000	0
伊勢　大夢	1	0	0	0	0	0	0	0	0	0	0	0	0	0	0	0	0	0	.000	0
＊今永　昇太	1	2	0	0	0	0	0	0	0	0	0	0	0	0	0	0	0	0	.000	0
ウェンデルケン	1	0	0	0	0	0	0	0	0	0	0	0	0	0	0	0	0	0	.000	0
エスコバー	1	0	0	0	0	0	0	0	0	0	0	0	0	0	0	0	0	0	.000	0
上茶谷　大河	2	0	0	0	0	0	0	0	0	0	0	0	0	0	0	0	0	0	.000	0
＊森原　康平	1	0	0	0	0	0	0	0	0	0	0	0	0	0	0	0	0	0	.000	0
計	2	73	4	19	3	0	1	25	4	2	1	4	1	4	0	9	0	18	.260	0
広　　島																				
會澤　　翼	1	4	0	0	0	0	0	0	0	0	0	0	0	0	0	1	0	0	.000	0
＊秋山　翔吾	2	4	0	1	0	0	0	1	1	2	0	0	0	1	0	1	0	3	.250	0
菊池　涼介	2	8	2	3	0	0	0	3	0	1	0	1	0	0	0	1	0	1	.375	0
＊小園　海斗	2	6	1	1	0	0	0	1	1	0	0	0	0	3	0	1	0	2	.167	0
坂倉　将吾	1	5	0	1	0	0	0	1	1	0	0	0	0	0	0	0	0	2	.200	0
末包　昇大	2	4	1	1	0	0	1	4	1	0	0	0	0	0	0	0	0	1	.250	0
＊田中　広輔	2	2	0	1	0	0	0	1	1	0	0	0	0	0	0	0	0	1	.500	0
デビッドソン	2	4	0	0	0	0	0	0	0	0	0	0	0	2	0	3	0	1	.000	0
堂林　翔太	2	6	0	1	1	0	0	2	0	0	0	1	0	0	0	2	0	1	.167	0
＊西川　龍馬	2	6	1	2	0	0	1	5	2	0	0	2	1	0	0	1	1	2	.333	0
＊野間　峻祥	2	8	1	5	0	0	0	5	0	0	1	0	0	1	0	1	0	3	.625	0
＊羽月　隆太郎	1	0	1	0	0	0	0	0	0	0	0	1	0	0	0	0	0	0	.000	0
マクブルーム	2	2	0	0	0	0	0	0	0	0	0	0	0	0	0	0	0	0	.000	0
＊松山　竜平	2	2	0	0	0	0	0	0	0	0	0	0	0	0	0	0	0	0	.000	0
＊矢野　雅哉	2	0	0	0	0	0	0	0	0	0	0	2	0	0	0	0	0	0	.000	0
大道　温貴	2	0	0	0	0	0	0	0	0	0	0	0	0	0	0	0	0	0	.000	0
九里　亜蓮	1	0	0	0	0	0	0	0	0	0	0	0	0	0	0	0	0	0	.000	0
栗林　良吏	2	0	0	0	0	0	0	0	0	0	0	0	0	0	0	0	0	0	.000	0
島内　颯太郎	1	0	0	0	0	0	0	0	0	0	0	0	0	0	0	0	0	0	.000	0
＊ターリー	2	0	0	0	0	0	0	0	0	0	0	0	0	0	0	0	0	0	.000	0
＊床田　寛樹	1	0	0	0	0	0	0	0	0	0	0	0	1	0	0	0	0	0	.000	0
中﨑　翔太	1	0	0	0	0	0	0	0	0	0	0	0	0	0	0	0	0	0	.000	0
森下　暢仁	1	1	0	0	0	0	0	0	0	0	0	0	0	0	0	1	0	0	.000	0
矢崎　拓也	1	0	0	0	0	0	0	0	0	0	0	0	0	0	0	0	0	0	.000	0
計	2	62	7	16	1	0	2	23	7	1	1	7	2	7	0	12	1	15	.258	0

投 手 成 績

	試合	完投	完了	先発	無失点勝	勝利	敗北	引分	セーブ	ホールド	打者	投球回	安打	本塁打	四球	死球	三振	失点	自責点	防御率
DeNA																				
*東　克樹	1	0	0	1	0	0	0	0	0	0	29	8	5	0	2	0	5	2	2	2.25
*石川　達也	1	0	0	0	0	0	0	0	0	0	2	0.2	0	0	0	0	1	0	0	0.00
伊勢　大夢	2	0	0	0	0	0	0	0	0	1	7	1.2	1	0	1	0	1	0	0	0.00
*今永　昇太	1	0	0	1	0	0	0	0	0	0	20	5	4	2	1	0	3	2	2	3.60
ウェンデルケン	1	0	1	0	0	0	1	0	0	0	5	0.2	2	0	1	0	0	1	1	13.50
*エスコバー	1	0	0	0	0	0	0	0	0	0	2	0.1	1	0	0	0	1	0	0	0.00
上茶谷　大河	2	0	0	0	0	0	1	0	0	1	12	2	4	0	1	0	1	2	2	9.00
森原　康平	1	0	1	0	0	0	0	0	0	0	1	0.1	0	0	0	0	1	0	0	0.00
計	2	0	2	2	0	0	2	0	0	2	78	18.2	16	2	7	0	12	7	7	3.38
広　島																				
大道　温貴	2	0	0	0	0	0	0	0	0	1	5	1.1	1	0	0	0	1	0	0	0.00
九里　亜蓮	1	0	0	0	0	0	0	0	0	1	7	1.2	2	0	0	0	0	0	0	0.00
栗林　良吏	2	0	1	0	0	0	0	0	1	1	8	2	2	0	0	0	2	0	0	0.00
島内　颯太郎	2	0	0	0	0	0	0	0	0	2	8	2	2	0	2	0	3	0	0	0.00
*ターリー	2	0	1	0	0	1	0	0	0	0	4	1	1	0	0	0	2	0	0	0.00
*床田　寛樹	1	0	0	1	0	0	0	0	0	0	24	5.1	8	1	1	0	2	2	2	3.38
中﨑　翔太	1	0	0	0	0	0	0	0	0	0	3	0.1	1	0	0	0	0	2	2	54.00
森下　暢仁	1	0	0	1	0	0	1	0	0	0	20	5.1	3	0	1	0	1	0	0	0.00
矢崎　拓也	1	0	0	0	0	0	0	0	0	0	3	1	0	0	0	0	0	0	0	0.00
計	2	0	2	2	0	2	0	0	1	3	82	20	19	1	4	0	9	4	4	1.80

クライマックスシリーズ・セ

ファイナルステージ

※6試合制で4勝0敗（阪神に1勝のアドバンテージ含む）の阪神が日本シリーズ出場
最優秀選手…木浪聖也（神）

10月18日㈬　1回戦　甲子園	42,641人 2時間52分

	1	2	3		4	5	6		7	8	9		計
広　島	0	0	0		1	0	0		0	0	0	……	1
阪　神	0	0	0		1	3	0		0	0	X	……	4

広　島

守	選手	打	安	点
(二)	菊池	3	0	0
(右)	野間	3	0	0
(遊)	小園	3	2	0
(左)	西川	4	0	0
(中)	秋山	3	1	0
(捕)	坂倉	3	1	0
打	上田	1	0	0
(三)	韮澤	1	3	0
(一)	堂林	3	2	0
打(投)	田中	1	0	0
投	九里	1	0	0
投	アドゥワ	0	0	0
打	中崎	1	0	0
投	松山	0	0	0
投	アンダーソン	1	0	0
	併 0　残 5	28	4	1

阪　神

守	選手	打	安	点
(中)	近本	4	1	2
(二)	中野	4	3	2
(右)	森下	4	3	2
(一三)	大山	4	0	0
(左)	佐藤輝	4	2	0
(遊)	ノイジー	4	2	0
(投)	坂本	2	1	1
打走	木浪	1	0	0
投投	上敷	0	0	0
打	桐原	0	0	0
投	糸原	0	0	0
投	植田	0	0	0
投	井上	0	0	0
	併 0　残 5	29	5	4

広島 投手		打者	投回	安	四球	死球	三振	失点	自責
●	九里 (0-1)	22	5	5	1	1	3	4	4
	アドゥワ	3	1	0	0	0	0	0	0
	中崎	4	1	0	1	0	2	0	0
	アンダーソン	4	1	0	1	0	1	0	0

阪神 投手		打者	投回	安	四球	死球	三振	失点	自責
○	村上 (1-0)	23	6	3	3	0	6	1	1
H	桐敷	3	1	0	0	0	3	0	0
	石井	2	0.2	0	0	0	0	0	0
	島本	1	0.1	0	0	0	0	0	0
S	岩崎	4	1	1	0	0	3	0	0

本塁打　神　森下1号（4回ソロ＝九里）
三塁打　広　小園
二塁打　神　森下、村上
盗塁　　神　近本
盗塁刺　広　野間

10月19日㈭　2回戦　甲子園	42,630人 3時間13分

	1	2	3		4	5	6		7	8	9		計
広　島	1	0	0		0	0	0		0	0	0	……	1
阪　神	0	1	0		0	0	0		0	0	1X	……	2

広　島

守	選手	打	安	点
(二)	菊池	4	2	0
(中右)	野間	3	1	0
(遊)	小園	4	2	1
(一)	松山	4	1	0
打投	堂林	1	0	0
投	栗林	1	0	0
(捕)	西川	0	0	0
(遊)	内川	1	0	0
(左三)	上本	4	1	0
(右)	末包	4	0	0
(中)	曽根	3	0	0
(捕)	會澤	3	0	0
(投)	大瀬良	3	1	1
打一	大田	1	0	0
	併 0　残 6	31	7	1

阪　神

守	選手	打	安	点
(中)	近本	3	0	0
(二)	中野	4	1	0
(右)	森下	4	0	0
(一三)	大山	4	1	0
(左)	佐藤輝	4	3	0
(遊)	ノイジー	3	1	0
(捕)	木浪	3	1	0
(投)	坂本	3	0	0
	伊藤将	1	0	0
投投	石井	0	0	0
打	島本	1	0	0
投	ブルワー	0	0	0
投	岩崎	0	0	0
	併 2　残 7	30	5	1

広島 投手		打者	投回	安	四球	死球	三振	失点	自責
	大瀬良	26	7	3	2	0	5	1	0
H	島内	3	1	0	0	0	1	0	0
●	栗林 (0-1)	6	0.2	2	2	0	1	1	1

阪神 投手		打者	投回	安	四球	死球	三振	失点	自責
	伊藤将	26	7	5	2	0	3	1	1
H	石井	2	0.2	0	0	0	0	0	0
	島本	2	0+	2	0	0	0	0	0
H	ブルワー	1	0.1	0	0	0	0	1	0
○	岩崎 (1-0)	3	1	0	0	0	2	0	0

二塁打　広　菊池
　　　　神　大山
失策　　広　末包

10月20日㈮　3回戦　甲子園　　42,642人
3時間41分

		1	2	3		4	5	6		7	8	9		計
広 島		0	0	0		1	1	0		0	0	0	……	2
阪 神		0	0	0		2	0	1		1	0	X	……	4

広島

守	選手	打	安	点
(二)	菊池	4	2	0
投打	島内	0	0	0
(右)中	磯村	0	1	0
(遊)	野間	4	0	1
(一)	小園	3	5	2
(左)	堂林	4	4	0
(三)	西川	4	2	0
(中)	上本	4	2	1
打右	秋山	3	1	0
(捕)	末包	4	0	0
走二	坂倉	0	0	0
(投)	曽根	4	0	0
投打	床田	3	0	0
投捕	矢崎	0	0	0
	大道	1	0	0
	松山			
	會澤			

併 0　残 12　37 10 2

阪神

守	選手	打	安	点
(中)	近本	4	0	0
(二)(右)	中野	3	1	0
(右)	森下	3	2	1
(一)	大山	2	0	1
(三)	佐藤輝	4	1	1
(左)	ノイジー	3	1	2
(捕)	坂本	4	1	0
(遊)	木浪	4	1	0
(投)	大竹	1	0	0
打投打	渡邉	0	0	0
投走投	桐敷	0	0	0
	小幡	0	0	0
	岩貞	0	0	0
	石島	0	0	0
	糸原	0	0	0
	熊谷	0	0	0
	岩崎	0	0	0

併 0　残 9　29 7 4

			打者	投回	安打	四球	死球	三振	失点	自責
●	床田	(0-1)	25	6	5	3	0	2	3	3
	矢崎		5	0.1	1	3	0	0	1	1
	大道		2	0.2	1	0	0	1	0	0
	島内		5	1	1	1	0	1	0	0
	大竹		24	5	7	1	0	3	2	2
○	桐敷	(1-0)	7	2	0	1	0	3	0	0
H	岩貞		2	0.1	1	0	0	0	0	0
H	石井		2	0.1	1	0	0	0	0	0
H	島本		1	0.1	0	0	0	0	0	0
S	岩崎		5	1	1	1	0	1	0	0

二塁打　広　上本
盗塁　　広　小園
失策　　神　大山

打　撃　成　績

	試合	打数	得点	安打	二塁打	三塁打	本塁打	塁打	打点	盗塁	盗塁刺	犠打	犠飛	四球	死球	三振	併殺打	残塁	打率	失策
広　　島																				
會澤　　翼	2	3	0	0	0	0	0	0	0	0	0	0	0	0	0	1	0	0	.000	0
＊秋山　翔吾	2	6	0	1	0	0	0	1	1	0	0	0	1	0	0	2	0	1	.167	0
磯村　嘉孝	1	1	0	0	0	0	0	0	0	0	0	0	0	0	0	0	0	0	.000	0
上本　崇司	3	9	1	3	1	0	0	4	0	0	0	0	0	0	0	2	0	1	.333	0
菊池　涼介	3	11	2	4	1	0	0	5	0	0	0	0	0	1	0	0	0	4	.364	0
＊小園　海斗	3	12	1	6	0	1	0	8	1	1	0	0	0	1	0	2	0	7	.500	0
＊坂倉　将吾	2	7	0	3	0	0	0	3	1	0	0	0	0	0	0	3	0	2	.429	0
末包　昇大	2	5	0	0	0	0	0	0	0	0	0	0	0	0	0	1	0	0	.000	1
＊曽根　海成	2	0	0	0	0	0	0	0	0	0	0	0	0	0	0	0	0	1	.000	0
＊田中　広輔	2	4	0	1	0	0	0	1	0	0	0	0	0	0	0	3	0	1	.250	0
堂林　翔太	3	7	0	0	0	0	0	0	0	0	0	1	0	1	0	4	1	1	.000	0
＊西川　龍馬	3	12	0	1	0	0	0	1	0	0	0	0	0	1	0	4	0	2	.083	0
＊韮澤　雄也	1	2	0	0	0	0	0	0	0	0	0	0	0	0	0	0	0	0	.000	0
＊野間　峻祥	3	9	0	2	0	0	0	2	0	0	1	1	0	3	0	2	0	3	.222	0
＊松山　竜平	3	3	0	0	0	0	0	0	0	0	0	0	0	0	0	1	0	0	.000	0
アドゥワ誠	1	0	0	0	0	0	0	0	0	0	0	0	0	0	0	0	0	0	.000	0
アンダーソン	1	0	0	0	0	0	0	0	0	0	0	0	0	0	0	0	0	0	.000	0
大瀬良大地	1	1	0	0	0	0	0	0	0	0	0	0	0	1	0	0	0	0	.000	0
大道　温貴	1	0	0	0	0	0	0	0	0	0	0	0	0	0	0	0	0	0	.000	0
九里　亜蓮	1	1	0	0	0	0	0	0	0	0	0	0	0	0	0	1	0	0	.000	0
栗林　良吏	1	0	0	0	0	0	0	0	0	0	0	0	0	0	0	0	0	0	.000	0
島内　颯太郎	2	0	0	0	0	0	0	0	0	0	0	0	0	0	0	0	0	0	.000	0
＊床田　寛樹	1	3	0	0	0	0	0	0	0	0	0	0	0	0	0	0	0	0	.000	0
中﨑　翔太	1	0	0	0	0	0	0	0	0	0	0	0	0	0	0	0	0	0	.000	0
矢崎　拓也	1	0	0	0	0	0	0	0	0	0	0	0	0	0	0	0	0	0	.000	0
計	3	96	4	21	2	1	0	25	4	1	1	2	2	8	0	27	1	23	.219	1
阪　　神																				
＊糸原　健斗	2	0	0	0	0	0	0	0	0	0	0	0	0	2	0	0	0	0	.000	0
＋植田　　海	1	0	0	0	0	0	0	0	0	0	0	0	0	0	0	0	0	1	.000	0
大山　悠輔	3	9	2	1	1	0	0	2	0	0	0	0	0	3	0	0	0	1	.111	1
＊小幡　竜平	1	0	0	0	0	0	0	0	0	0	0	1	0	0	0	0	0	0	.000	0
＊木浪　聖也	3	10	2	5	0	0	0	5	1	0	0	0	0	1	0	2	0	4	.500	0
熊谷　敬宥	1	0	0	0	0	0	0	0	0	0	0	0	0	0	0	0	0	1	.000	0
坂本誠志郎	3	9	1	2	0	0	0	2	2	0	0	0	0	1	1	2	0	3	.222	0
＊佐藤　輝明	3	12	1	2	0	0	0	2	0	0	0	0	0	0	0	2	0	0	.167	0
＊近本　光司	3	11	0	1	0	0	0	1	2	1	0	0	0	2	0	1	0	3	.091	0
＊中野　拓夢	3	11	1	1	0	0	0	1	0	0	0	0	0	1	0	3	0	1	.091	0
ノイジー	3	10	0	2	0	0	0	2	1	0	0	0	0	2	0	1	0	4	.200	0
ミエセス	1	1	0	0	0	0	0	0	0	0	0	0	0	0	0	0	0	0	.000	0
森下　翔太	3	10	1	2	1	0	1	6	2	0	0	0	0	0	0	3	0	3	.200	0
渡邉　　諒	1	1	0	0	0	0	0	0	0	0	0	0	0	0	0	0	0	0	.000	0
石井　大智	3	0	0	0	0	0	0	0	0	0	0	0	0	0	0	0	0	0	.000	0
＊伊藤　将司	1	1	0	0	0	0	0	0	0	0	0	0	0	1	0	0	0	0	.000	0
＊岩貞　祐太	1	0	0	0	0	0	0	0	0	0	0	0	0	0	0	0	0	0	.000	0
＊岩崎　　優	3	0	0	0	0	0	0	0	0	0	0	0	0	0	0	0	0	0	.000	0
＊大竹耕太郎	1	1	0	0	0	0	0	0	0	0	0	0	0	0	0	0	0	0	.000	0
＊桐敷　拓馬	2	0	0	0	0	0	0	0	0	0	0	0	0	0	0	0	0	0	.000	0
＊島本　浩也	3	0	0	0	0	0	0	0	0	0	0	0	0	0	0	0	0	0	.000	0
ブルワー	1	0	0	0	0	0	0	0	0	0	0	0	0	0	0	0	0	0	.000	0
＊村上　頌樹	1	2	1	1	1	0	0	2	1	0	0	0	0	0	0	1	0	0	.500	0
計	3	88	10	17	3	0	1	23	9	1	0	2	0	14	1	16	0	21	.193	1

投 手 成 績

	試合	完投	完了	当初	無失点勝	勝利	敗北	引分	セーブ	ホールド	打者	投球回	安打	本塁打	四球	死球	三振	失点	自責点	防御率
広 島																				
アドゥワ誠	1	0	0	0	0	0	0	0	0	0	3	1	0	0	0	0	0	0	0	0.00
アンダーソン	1	0	1	0	0	0	0	0	0	0	4	1	0	0	1	0	1	0	0	0.00
大瀬良大地	1	0	0	1	0	0	1	0	0	0	26	7	3	0	2	0	5	1	0	0.00
大道温貴	1	0	0	0	0	0	0	0	0	0	2	0.2	0	0	0	0	0	0	0	0.00
九里亜蓮	1	0	0	1	0	0	1	0	0	0	22	5	5	1	1	1	3	4	4	7.20
栗林良吏	1	0	1	0	0	0	0	0	0	0	6	0.2	2	0	0	0	1	1	1	13.50
島内颯太郎	2	0	1	0	0	0	0	0	0	1	8	2	1	0	1	0	2	0	0	0.00
*床田寛樹	1	0	0	1	0	0	1	0	0	0	25	6	5	0	3	0	2	3	3	4.50
中﨑翔太	1	0	0	0	0	0	0	0	0	0	4	1	0	0	1	0	2	0	0	0.00
矢崎拓也	1	0	0	0	0	0	0	0	0	0	5	0.1	1	0	3	0	1	0	1	27.00
計	3	0	3	3	0	0	3	0	0	1	105	24.2	17	1	14	1	16	10	9	3.28
阪 神																				
石井大智	3	0	0	0	0	0	0	0	0	2	6	1.2	1	0	0	0	1	0	0	0.00
*伊藤将司	1	0	0	1	0	0	0	0	0	0	26	7	5	0	2	0	3	1	1	1.29
*岩貞祐太	1	0	0	0	0	0	0	0	0	1	2	0.1	1	0	1	0	0	0	0	0.00
*岩崎優	3	0	3	0	0	1	0	0	2	0	12	3	2	0	1	0	6	0	0	0.00
大竹耕太郎	1	0	0	1	0	0	0	0	0	0	24	5	7	0	1	0	3	2	2	3.60
*桐敷拓馬	2	0	0	0	0	1	0	0	0	1	10	3	0	0	1	0	2	0	0	0.00
*島本浩也	3	0	0	0	0	0	0	0	0	1	4	0.2	2	0	0	0	0	0	0	0.00
ブルワー	1	0	0	0	0	0	0	0	0	1	1	0.1	0	0	0	0	1	0	0	0.00
村上頌樹	1	0	0	1	0	1	0	0	0	0	23	6	3	0	3	0	6	1	1	1.50
計	3	0	3	3	0	3	0	0	2	6	108	27	21	0	8	0	27	4	4	1.33

各年度クライマックスシリーズ・セ成績

2007 第1ステージ 　中 日 (2勝)　阪 神 (0勝)

	月日	球場			本塁打	入場者
①	10.13	ナゴヤドーム	○川 上7－0下 柳●		タイロン・ウッズ、森野(中)	38,385
②	10.14	〃	○中 田5－3上 園●		李炳圭(中)	38,275

第2ステージ 　巨 人 (0勝)　中 日 (3勝)

①	10.18	東京ドーム	●内 海2－5小 笠 原○	谷(巨)、タイロン・ウッズ(中)	44,232
②	10.19	〃	●木 佐 貫4－7川 上○	ホリンズ(巨)、李炳圭(中)	45,074
③	10.20	〃	●高 橋 尚2－4中 田○	二岡(巨)、タイロン・ウッズ、谷繁(中)	46,081

2008 第1ステージ 　阪 神 (1勝)　中 日 (2勝)

①	10.18	京セラD大阪	●安 藤0－2川 上○	森野(中)	33,824
②	10.19	〃	●下 柳7－3チェン○	鳥谷2(神)、森野、タイロン・ウッズ(中)	33,881
③	10.20	〃	●藤 川0－2吉 見○	タイロン・ウッズ(中)	33,021

第2ステージ ※ 　巨 人 (3勝)(1分)　中 日 (1勝)　最優秀選手 ラミレス(巨)
(巨人にアドバンテージ1勝)

①	10.22	東京ドーム	○クルーン3－4小 林○	谷(巨)、李炳圭、タイロン・ウッズ(中)	44,072
②	10.23	〃	○上 原11－2朝 倉●	小笠原2、ラミレス、李承燁(巨)、森野、平田(中)	43,536
③	10.24	〃	△東 野5－5朝 倉△	鶴岡、李承燁(巨)、和田、タイロン・ウッズ(中)	45,846
④	10.25	〃	○クルーン6－2高 橋●	ラミレス(巨)、タイロン・ウッズ(中)	46,797

※上位球団の勝利数が下位球団の勝利数と同数となることが確定したため、規定により上位球団が勝者となる。

2009 第1ステージ 　中 日 (2勝)　ヤクルト (1勝)

①	10.17	ナゴヤドーム	●チェン2－3石 川○	和田(中)、デントナ(ヤ)	38,391
②	10.18	〃	○吉 見3－2館 山●	谷繁(中)、川本(ヤ)	38,171
③	10.19	〃	○中 田7－4由 規●	和田(中)	32,897

第2ステージ 　巨 人 (4勝)　中 日 (1勝)　最優秀選手 脇谷 亮太(巨)
(巨人にアドバンテージ1勝)

①	10.21	東京ドーム	●ゴンザレス2－7小 笠 原○	野本、ブランコ(中)	41,259
②	10.22	〃	○オビスポ6－4チェン●	阿部(巨)、森野、藤井(中)	40,452
③	10.23	〃	○豊 田5－4浅 尾●	ラミレス、亀井(巨)、森野(中)	45,409
④	10.24	〃	○越 智8－2中 田●	谷(巨)、ブランコ(中)	46,535

2010 ファーストステージ 　阪 神 (0勝)　巨 人 (2勝)

①	10.16	甲 子 園	●能 見1－3東 野○	ブラゼル(神)、坂本(巨)	46,868
②	10.17	〃	●藤 川 球6－7越 智○	高橋(巨)	46,875

ファイナルステージ 　中 日 (4勝)　巨 人 (1勝)　最優秀選手 和田 一浩(中)
(中日にアドバンテージ1勝)

①	10.20	ナゴヤドーム	○チェン5－0東 野●		37,659
②	10.21	〃	○吉 見2－0内 海●		37,298
③	10.22	〃	●岩 瀬2－3越 智○	野本(中)、阿部(巨)	38,432
④	10.23	〃	○浅 尾4－3久 保●		38,432

2011 ファーストステージ 　ヤクルト (2勝)　巨 人 (1勝)

①	10.29	神 宮	○村 中3－2高 木●	大村(巨)	32,339
②	10.30	〃	●石 川2－6内 海○	阿部(巨)	32,148
③	10.31	〃	○赤 川3－1ゴンザレス●	相川(ヤ)、小笠原(巨)	31,687

ファイナルステージ 　中 日 (4勝)　ヤクルト (2勝)　最優秀選手 吉見 一起(中)
(中日にアドバンテージ1勝)

①	11.2	ナゴヤドーム	○吉 見2－1増 渕●		34,689
②	11.3	〃	●チェン1－3石 川○	森野(中)、飯原(ヤ)	38,414
③	11.4	〃	●山 井1－2バーネット○		37,599
④	11.5	〃	○川 井5－1赤 川●	ブランコ(中)	38,342
⑤	11.6	〃	○吉 見2－1館 山●	井端(中)	38,252

2012 ファーストステージ　　　中　日　　　ヤクルト
（2勝）　（1勝）

①	10.13	ナゴヤドーム	○中 田 賢 6 - 1 石 　川●	和田(中)、バレンティン(ヤ)	31,146
②	10.14	〃	●山 　内 0 - 1 館 　山○	バレンティン(ヤ)	33,852
③	10.15	〃	○浅 　尾 4 - 1 山 本 哲●	ブランコ(中)	23,264

ファイナルステージ　　　巨　人　　　中　日　　最優秀選手　石井　義人（巨）
（巨人にアドバンテージ1勝）　（4勝）　（3勝）

①	10.17	東京ドーム	●内 　海 1 - 3 大 　野○		40,039
②	10.18	〃	●ホールトン 2 - 5 伊 　藤○	大島(中)	39,135
③	10.19	〃	●西 　村 4 - 5 武 　藤○	村田、高橋由(巨)、和田(中)	44,744
④	10.20	〃	○澤 　村 3 - 1 川 　上●		46,158
⑤	10.21	〃	○マシソン 3 - 2 岩 　瀬●	ブランコ(中)	45,897
⑥	10.22	〃	○ホールトン 4 - 2 伊 　藤●	村田(巨)	44,351

2013 ファーストステージ　　　阪　神　　　広　島
（0勝）　（2勝）

①	10.12	甲 子 園	●藤 　浪 1 - 8 前 田 健○	キラ、丸、岩本(広)	46,923
②	10.13	〃	●メッセンジャー 4 - 7 バリントン○	西岡、桧山(神)	46,902

ファイナルステージ　　　巨　人　　　広　島　　最優秀選手　菅野　智之（巨）
（巨人にアドバンテージ1勝）　（4勝）　（0勝）

①	10.16	東京ドーム	○山 　口 3 - 2 横 　山●	坂本(巨)	45,107
②	10.17	〃	○菅 　野 3 - 0 前 田 健●	寺内(巨)	45,316
③	10.18	〃	○杉 　内 3 - 1 野 　村●		46,081

2014 ファーストステージ　　　阪　神　　　広　島
（1勝）（1分）（0勝）

①	10.11	甲 子 園	○メッセンジャー 1 - 0 前 　田●	福留(神)	46,721
②	10.12	〃	△福 　原 0 - 0 中 　﨑△		46,815

※上位球団の勝利数が下位球団の勝利数と同数となることが確定したため、規定により上位球団が勝者となる。

ファイナルステージ　　　巨　人　　　阪　神　　最優秀選手　呉　昇桓（神）
（巨人にアドバンテージ1勝）　（1勝）　（4勝）

①	10.15	東京ドーム	●内 　海 1 - 4 藤 　浪○	阿部(巨)、ゴメス(神)	44,871
②	10.16	〃	●澤 　村 2 - 5 岩 　田○	井端(巨)	44,728
③	10.17	〃	●山 　口 2 - 4 安 　藤○	亀井(巨)	46,025
④	10.18	〃	●小 　山 4 - 8 能 　見○	亀井、セペダ、坂本(巨)、マートン、福留、西岡(神)	46,311

2015 ファーストステージ　　　巨　人　　　阪　神
（2勝）　（1勝）

①	10.10	東京ドーム	○澤 　村 3 - 2 安 　藤●		45,298
②	10.11	〃	●菅 　野 2 - 4 メッセンジャー○	アンダーソン(巨)、ゴメス、マートン(神)	46,698
③	10.12	〃	○ポレダ 3 - 1 能 　見●	福留(神)	46,067

ファイナルステージ　　　ヤクルト　　　巨　人　　最優秀選手　川端　慎吾（ヤ）
（ヤクルトにアドバンテージ1勝）　（4勝）　（1勝）

①	10.14	神 　宮	●石 　川 1 - 4 山 　口○	畠山(ヤ)、坂本(巨)	31,502
②	10.15	〃	○小 　川 4 - 0 マイコラス●		31,274
③	10.16	〃	○館 　山 2 - 0 菅 　野●		33,102
④	10.17	〃	○杉 　浦 3 - 2 ポレダ●		34,038

2016 ファーストステージ　　　巨　人　　　DeNA
（1勝）　（2勝）

①	10. 8	東京ドーム	●マイコラス 3 - 5 井 　納○	坂本(巨)、梶谷、筒香、ロペス(ディ)	45,633
②	10. 9	〃	○マシソン 2 - 1 三 　上●	坂本(巨)	45,683
③	10.10	〃	●澤 　村 3 - 4 田 　中○	阿部、村田(巨)、ロペス(ディ)	45,477

ファイナルステージ　　　広　島　　　DeNA　　最優秀選手　田中　広輔（広）
（広島にアドバンテージ1勝）　（4勝）　（1勝）

①	10.12	マ ツ ダ	○ジョンソン 5 - 0 モスコーソ●		31,276
②	10.13	〃	○野 　村 3 - 0 三 　嶋●	田中(広)	31,264
③	10.14	〃	●黒 　田 0 - 3 井 　納○	エリアン(ディ)	31,291
④	10.15	〃	○岡 　田 8 - 7 今 　永●	エルドレッド(広)、梶谷、ロペス(ディ)	31,313

2017　ファーストステージ　　阪　神　　　DeNA
　　　　　　　　　　　　　　（1勝）　　（2勝）
① 10.14　甲 子 園　○メッセンジャー 2 － 0 井　　納●　福留(神)　　　　　　　　　　　　　　46,748
② 10.15　　〃　　●桑　原 6 － 13 三　　上○　大山(神)、乙坂(ディ)　　　　　　　　　46,761
③ 10.17　　〃　　●能　見 1 － 6 ウィーランド○　ロペス(ディ)　　　　　　　　　　　　　46,319
10.16（甲子園）は雨天中止

ファイナルステージ　　広　島　　　DeNA　　最優秀選手　ロ　ペ　ス(ディ)
（広島にアドバンテージ1勝）　　（2勝）　　（4勝）
① 10.18　マ ツ ダ　○薮　田 3 － 0 石　　田●　　　　　　　　　　　　　　　　　　　　　30,810
② 10.19　　〃　　○野　村 2 － 6 濱　　口●　宮﨑(ディ)　　　　　　　　　　　　　　31,165
③ 10.20　　〃　　○ジョンソン 0 － 1 井　　納●　　　　　　　　　　　　　　　　　　　31,279
④ 10.23　　〃　　●薮　田 3 － 4 ウィーランド○　丸(広)、筒香(ディ)　　　　　　　　　31,311
⑤ 10.24　　〃　　●野　村 3 － 9 三　　嶋○　新井(広)、宮﨑、桑原、筒香2、梶谷(ディ)　31,230
10.21、22（マツダ）は雨天中止

2018　ファーストステージ　　ヤクルト　　巨　人
　　　　　　　　　　　　　　（0勝）　　（2勝）
① 10.13　神　　宮　●小　川 1 － 4 上　　原○　坂本勇(巨)　　　　　　　　　　　　　　30,735
② 10.14　　〃　　●原　　 0 － 4 菅　　野○　長野、マギー、亀井(巨)　　　　　　　30,798

ファイナルステージ　　広　島　　　巨　人　　最優秀選手　菊池　涼介(広)
（広島にアドバンテージ1勝）　　（4勝）　　（0勝）
① 10.17　マ ツ ダ　○大瀬良 6 － 1 メルセデス●　鈴木、丸(広)　　　　　　　　　　　　31,311
② 10.18　　〃　　○ジョンソン 4 － 1 畠　　●　菊池(広)　　　　　　　　　　　　　　31,356
③ 10.19　　〃　　○九　里 5 － 1 今　村　●　丸(広)　　　　　　　　　　　　　　　　31,371

2019　ファーストステージ　　DeNA　　　阪　神
　　　　　　　　　　　　　　（1勝）　　（2勝）
① 10.5　横　　浜　●エスコバー 7 － 8 ドリス○　筒香(ディ)、北條(神)　　　　　　　　　31,832
② 10.6　　〃　　○山　﨑 6 － 4 岩　崎●　ロペス、筒香、乙坂(ディ)、福留(神)　31,818
③ 10.7　　〃　　●エスコバー 1 － 2 ドリス○　　　　　　　　　　　　　　　　　　　31,807

ファイナルステージ　　巨　人　　　阪　神　　最優秀選手　岡本　和真(巨)
（巨人にアドバンテージ1勝）　　（4勝）　　（1勝）
① 10.9　東京ドーム　○山　口 5 － 2 望　　月●　丸、岡本(巨)　　　　　　　　　　　　45,277
② 10.10　　〃　　○メルセデス 6 － 0 高橋　遥●　ゲレーロ(巨)　　　　　　　　　　　　45,168
③ 10.11　　〃　　●中　川 6 － 7 藤　　川○　陽、岡本(巨)、梅野、大山(神)　　　　45,677
④ 10.13　　〃　　○大　竹 4 － 1 西　　●　岡本、ゲレーロ(巨)　　　　　　　　　45,931
10.12（東京ドーム）は台風接近のため中止

2020　新型コロナウイルスの影響による開幕延期のため、開催せず。

2021　ファーストステージ　　阪　神　　　巨　人
　　　　　　　　　　　　　　（0勝）　　（2勝）
① 11.6　甲 子 園　●高　橋 0 － 4 菅　　野○　　　　　　　　　　　　　　　　　　　　21,478
② 11.7　　〃　　●青　柳 2 － 4 高　　木○　　　　　　　　　　　　　　　　　　　　21,492

ファイナルステージ　　ヤクルト　　巨　人　　最優秀選手　奥川　恭伸(ヤ)
（ヤクルトにアドバンテージ1勝）　（3勝）（1分）（0勝）
① 11.10　神　　宮　○奥　川 4 － 0 山　　口●　サンタナ(ヤ)　　　　　　　　　　　　　17,792
② 11.11　　〃　　○高　橋 5 － 0 菅　　野●　　　　　　　　　　　　　　　　　　　17,230
③ 11.12　　〃　　△マクガフ 2 － 2 中　　川△　　　　　　　　　　　　　　　　　　　19,022
※上位球団の勝利数が下位球団の勝利数と同数以上となることが確定したため、規定により上位球団が勝者となる。

2022　ファーストステージ　　DeNA　　　阪　神
　　　　　　　　　　　　　　（1勝）　　（2勝）
① 10.8　横　　浜　●今　永 0 － 2 青　　柳○　　　　　　　　　　　　　　　　　　　33,033
② 10.9　　〃　　○大　貫 1 － 0 伊藤　将●　　　　　　　　　　　　　　　　　　　33,037
③ 10.10　　〃　　●濱　口 2 － 3 岩　　貞○　宮﨑(ディ)、佐藤輝(神)　　　　　　　32,977

ファイナルステージ　　ヤクルト　　阪　神　　最優秀選手　オスナ(ヤ)
（ヤクルトにアドバンテージ1勝）　（4勝）　　（0勝）
① 10.12　神　　宮　○小　川 7 － 1 西　勇●　オスナ、サンタナ(ヤ)　　　　　　　　26,499
② 10.13　　〃　　○サイスニード 5 － 3 藤　　浪●　村上、長岡、オスナ(ヤ)　　　　　26,071
③ 10.14　　〃　　○田　口 6 － 3 青　　柳●　　　　　　　　　　　　　　　　　　　29,343

2023 ファーストステージ　　広　　島　　　DeNA
　　　　　　　　　　　　　（２勝）　　（０勝）
① 10.14　マ　ツ　ダ　○ターリー 3 - 2 ウェンデルケン●　宮崎（ディ）　　　　　31,041
② 10.15　　〃　　　　○島　　内 4 - 2 上 茶 谷●　西川、末包（広）　　31,059

ファイナルステージ　　阪　　神　　広　　島　最優秀選手　木浪　聖也（神）
（阪神にアドバンテージ１勝）　　（４勝）　　（０勝）
① 10.18　甲　子　園　○村　　上 4 - 1 九　　里●　森下（神）　　　　　42,641
② 10.19　　〃　　　　○岩　　崎 2 - 1 栗　　林●　　　　　　　　　42,630
③ 10.20　　〃　　　　○桐　　敷 4 - 2 床　　田●　　　　　　　　　42,642

2023・クライマックスシリーズ・パ

ファーストステージ　※3試合制で2勝1敗のロッテがファイナルステージ進出

10月14日(土)　1回戦　ZOZOマリン	29,126人 3時間2分

ソフトバンク	0 0 0	0 0 2	0 0 0	…… 2
ロ ッ テ	2 0 2	0 0 3	0 1 X	…… 8

ソフトバンク	打 安 点			ロッテ	打 安 点		
(中)	周東	川	4 0 0	(右)	荻野	岡	3 2 1
中			0 0 0	(遊)	藤岡	中	3 0 0
(三)	柳原瀬田		4 1 2	(左)	角	岡	1 0 0
(指)	近野柳		4 1 1	打左			1 0 0
(左)	藤勇晃森	村	4 0 0	(指)	ポランコ		4 2 2
走		村	0 0 0	(三)	山田口		4 4 0
(一)	今中三		4 4 3	(一)	原川奨		4 1 0
(二)	柳甲		3 2 1	(中)	藤松		4 3 0
(遊)	町斐林井		2 2 0	(捕)			
(右)	上嶺		1 0 0	(二)	中 村		3 0 0
打捕						
	併 残				併 残		
	1 5	31 4 2			0 2	30 9 7	

	打者	投回	安打	四球	死球	三振	失点	自責
● ｽﾁｭﾜｰﾄ・ｼﾞｭﾆｱ (0-1)	12	2.1	2	3	0	2	4	3
ヘルナンデス	2	0.2	0	0	0	0	0	0
大嘉津 津	5	1.1	1	0	0	0	0	0
嘉弥真 森	4	0.2	3	0	0	0	3	0
津笠 谷	3	1	1	0	0	0	0	0
笠	8	2	2	0	0	2	1	1
○ 佐々木 朗	9	3	0	0	0	4	0	0
中村 稔 (1-0)	9	2	1	2	0	3	0	0
坂本村	5	1	1	1	0	2	2	0
西澤田	4	1	1	0	0	0	0	0
澤 村	3	1	0	0	0	2	0	0
	4	1	1	0	0	0	0	0

本塁打　ソ　柳田1号（6回2ラン＝坂本）
　　　　ロ　荻野1号（1回ソロ＝スチュワート・ジュニア）、
　　　　　　ポランコ1号（1回ソロ＝スチュワート・ジュニア）
二塁打　ロ　安田、岡
失策　ソ　三森

10月15日(日)　2回戦　ZOZOマリン	29,147人 3時間23分

ソフトバンク	1 0 2	0 0 0	0 0 0	…… 3
ロ ッ テ	1 0 0	0 0 0	0 0 0	…… 1

ソフトバンク	打 安 点			ロッテ	打 安 点		
(二)	三川	森	5 3 0	(右)	荻野	岡	4 1 0
(三)	瀬		5 5 1	(遊)	藤岡	角	4 2 0
(指)	柳近田		5 3 1	(左)	安田口	ランコ	4 1 0
(左)	中村		5 1 1	(指)			4 4 0
(一)	近見		3 3 2	(三)			4 4 0
(右)	柳野谷	村川	3 1 0	(中)	原村		4 2 0
打右	大原宮		1 0 0	(捕)	藤田	奨	2 0 0
(遊)	今上甲		4 0 0	打捕	佐		1 0 0
(中)	林斐		4 3 0	(二)	中 村	藤	2 1 3
(捕)	甲		4 3 0				
	併 残				併 残		
	2 9	36 8 3			0 5	30 6 1	

	打者	投回	安打	四球	死球	三振	失点	自責
○ 有原 井 (1-0)	22	6	5	1	0	4	1	1
H 藤井裕	4	1	0	1	0	2	0	0
H 松 本	3	1	0	0	0	2	0	0
S オスナ	4	1	1	0	0	2	0	0
● 西野 (0-1)	15	3	6	0	0	1	3	3
東妻	5	1	1	1	0	0	0	0
鈴中木森 (12 2.2)	12	2.2	1	2	0	3	0	0
澤村	4	1.1	0	0	0	1	0	0
中	3	1	0	0	0	0	0	0

二塁打　ソ　三森2、柳田
盗塁　ソ　三森
盗塁刺　ロ　藤岡
失策　ロ　山口

10月16日(月)　3回戦　ZOZOマリン　　29,050人
　　　　　　　　　　　　　　　　　　　4時間18分

	1	2	3	4	5	6	7	8	9	10	計
ソフトバンク	0	0	0	0	0	0	0	0	0	3	3
ロッテ	0	0	0	0	0	0	0	0	0	4X	4

ソフトバンク

守	選手	打	安	点
(中)	周東	4	1	1
(二)	川瀬	5	2	1
(右)	柳田	5	2	1
(捕)	嶺井	5	0	0
(左)	近藤晃	4	1	0
(一)	中村	3	1	0
(遊)	今宮	4	3	0
(二)	三森勇	4	3	0
(三)	野村	3	1	0
(指)	上柳	3	0	0
打指	柳町	3	1	1
走指	上林	1	0	0
(捕)	甲斐	2	0	0
打	生海	2	1	0
右	谷川原	0	0	0
	併　残			
	1　7	36	8	3

ロッテ

守	選手	打	安	点
(右)	荻野	4	2	0
(遊)	藤岡	3	1	3
(左)	石川慎	4	1	0
(中)	中藤原	4	0	0
(指)	ポランコ	4	0	0
(中)左	岡	5	1	0
(三)	ブロッソー	2	2	0
打三	安田	2	1	1
(一)	茶都	2	0	0
(捕)	佐都奨	3	0	0
(二)	中村	0	0	0
打	角中	1	1	0
	併　残			
	0　9	33	8	4

投手成績

	投手	打者	投回	安打	四球	死球	三振	失点	自責
	和田	19	5	2	2	0	3	0	0
H	又吉	2	0.2	0	1	0	0	0	0
H	ヘルナンデス	1	0.1	0	0	0	1	0	0
H	藤井	5	1	0	2	0	1	0	0
H	松本裕	4	1	0	1	0	2	0	0
H	オスナ	4	1	1	0	0	1	0	0
	津森	3	0+	3	0	0	0	3	3
●	大津 (0-1)	4	0.2	2	0	0	0	1	1
	小島	25	6.1	4	2	1	5	0	0
H	西村	2	0.2	0	0	0	1	0	0
H	澤田	3	1	0	0	0	0	0	0
H	益田	3	1	0	0	0	1	0	0
	澤村	5	0.2	3	0	0	2	3	3
○	坂本 (1-0)	2	0.1	1	0	0	0	0	0

本塁打　ロ　藤岡1号（10回3ラン＝津森）
三塁打　ソ　川瀬
二塁打　ソ　柳田、柳町
　　　　ロ　安田
盗　塁　ソ　川瀬

打 撃 成 績

	試合	打数	得点	安打	二塁打	三塁打	本塁打	塁打	打点	盗塁	盗塁刺	犠打	犠飛	四球	死球	三振	併殺打	残塁	打率	失策
ソフトバンク																				
*生　　海	1	1	0	0	0	0	0	0	0	0	0	0	0	0	0	1	0	0	.000	0
井上　朋也	1	3	0	0	0	0	0	0	0	0	0	0	0	0	0	2	0	0	.000	0
今宮　健太	3	11	0	0	0	0	0	0	0	0	0	0	0	1	0	3	0	2	.000	0
*上林　誠知	3	5	1	0	0	0	0	0	0	0	0	0	0	1	0	0	0	0	.000	0
甲斐　拓也	3	7	0	0	0	0	0	0	0	0	0	0	0	1	1	4	0	2	.000	0
*川瀬　　晃	3	13	3	4	0	1	0	6	1	1	0	0	0	1	0	2	0	2	.308	0
*近藤　健介	3	11	0	3	0	0	0	3	1	0	0	0	0	2	0	4	0	4	.273	0
*周東　佑京	2	8	1	1	0	0	0	1	1	1	0	1	0	0	0	1	0	0	.125	0
*谷川原健太	3	0	0	0	0	0	0	0	0	0	0	0	0	0	0	0	0	0	.000	0
*中村　　晃	3	10	0	3	0	0	0	3	1	0	0	0	0	2	0	0	0	4	.300	0
野村　　勇	2	1	0	0	0	0	0	0	0	0	0	0	0	0	0	1	0	0	.000	0
野村　大樹	1	1	0	0	0	0	0	0	0	0	0	0	0	0	0	1	0	0	.000	0
嶺井　博希	1	2	0	0	0	0	0	0	0	0	0	0	0	0	0	0	0	0	.000	0
*三森　大貴	3	12	1	3	2	0	0	5	0	1	0	0	0	0	0	2	0	3	.250	1
*柳田　悠岐	3	14	2	4	2	0	1	9	4	0	0	0	0	0	0	2	0	2	.286	0
*柳町　　達	3	6	0	2	1	0	0	3	0	0	0	0	0	1	0	1	0	2	.333	0
計	3	103	8	20	5	1	1	30	8	2	0	1	0	8	1	24	0	21	.194	1
ロ ッ テ																				
石川　慎吾	1	4	0	1	0	0	0	1	0	0	0	0	0	0	0	1	1	1	.250	0
岡　　大海	2	7	3	3	1	0	0	4	0	0	0	0	0	0	0	0	0	1	.429	0
荻野　貴司	3	11	2	5	0	0	1	8	1	0	0	1	0	1	0	1	0	3	.455	0
*角中　勝也	3	6	1	2	0	0	0	2	0	0	0	0	0	1	0	2	0	1	.333	0
*佐藤都志也	2	4	0	0	0	0	0	0	0	0	0	0	0	1	0	1	0	2	.000	0
田村　龍弘	1	2	0	0	0	0	0	0	0	0	0	0	0	0	0	0	0	0	.000	0
茶谷　健太	1	2	0	0	0	0	0	0	0	0	0	2	0	0	0	2	0	0	.000	0
中村　奨吾	3	7	1	1	0	0	0	1	0	0	0	0	0	2	0	3	0	2	.143	0
ブロッソー	1	2	0	0	0	0	0	0	0	0	0	0	0	0	0	1	0	0	.000	0
*藤岡　裕大	3	10	3	3	0	0	1	6	3	0	1	1	0	2	0	1	1	0	.300	0
*藤原　恭大	3	7	0	1	0	0	0	1	2	0	0	0	0	2	0	0	0	1	.143	0
*ポ ラ ン コ	3	10	2	3	1	0	1	6	3	0	0	0	1	2	0	0	0	2	.300	0
松川　虎生	1	3	0	0	0	0	0	0	0	0	0	0	0	0	0	1	0	0	.000	0
*安田　尚憲	3	10	1	4	2	0	0	6	3	0	0	0	0	1	0	3	1	4	.400	0
山口　航輝	2	8	0	0	0	0	0	0	0	0	0	0	0	0	0	2	0	0	.000	1
計	3	93	13	23	3	0	3	35	12	0	1	4	1	11	0	21	3	16	.247	1

投 手 成 績

	試合	完投	完了	当初	無失点勝	勝利	敗北	引分	セーブ	ホールド	打者	投球回	安打	本塁打	四球	死球	三振	失点	自責点	防御率
ソフトバンク																				
有原 航平	1	0	0	1	0	1	0	0	0	0	22	6	5	0	1	0	4	1	1	1.50
オ ス ナ	2	0	1	0	0	0	0	0	1	1	8	2	2	0	0	0	3	0	0	0.00
大津 亮介	2	0	1	0	0	0	1	0	0	0	9	2	3	0	0	0	0	1	1	4.50
＊笠谷 俊介	1	0	1	0	0	0	0	0	0	0	8	2	2	0	0	0	2	1	1	4.50
＊嘉弥真新也	1	0	0	0	0	0	0	0	0	0	4	0.2	3	0	0	0	0	3	3	40.50
スチュワート・ジュニア	1	0	0	1	0	0	1	0	0	0	12	2.1	2	2	3	0	2	4	3	11.57
津森 宥紀	2	0	0	0	0	0	0	0	0	0	6	1	4	1	0	0	3	3	3	27.00
藤井 皓哉	2	0	0	0	0	0	0	0	0	2	9	2	0	0	3	0	3	0	0	0.00
＊ヘルナンデス	2	0	0	0	0	0	0	0	1	1	3	1	0	0	0	0	0	0	0	0.00
又吉 克樹	1	0	0	0	0	0	0	0	0	1	2	0.2	0	0	1	0	0	0	0	0.00
松本 裕樹	2	0	0	0	0	0	0	0	0	2	7	2	0	0	1	0	3	0	0	0.00
＊和田 毅	1	0	1	0	0	0	0	0	0	0	19	5	2	0	2	0	3	0	0	0.00
計	3	0	3	3	0	1	2	0	1	7	109	26.2	23	3	11	0	21	13	12	4.05
ロ ッ テ																				
東妻 勇輔	1	0	0	0	0	0	0	0	0	0	5	1	1	0	1	0	0	0	0	0.00
＊小島 和哉	1	0	0	1	0	0	0	0	0	0	25	6.1	4	0	2	1	5	0	0	0.00
＊坂本光士郎	2	0	1	0	0	1	0	0	0	0	7	1.1	2	1	1	0	1	2	2	13.50
佐々木朗希	1	0	0	1	0	0	0	0	0	0	9	3	0	0	0	0	4	0	0	0.00
澤田 圭佑	2	0	0	0	0	0	0	0	0	1	6	2	0	0	0	0	0	0	0	0.00
澤村 拓一	3	0	2	0	0	0	0	0	0	0	12	2.2	4	0	0	0	2	3	3	10.13
＊鈴木 昭汰	1	0	0	0	0	0	0	0	0	0	12	2.2	1	0	2	0	3	0	0	0.00
＊中村 稔弥	1	0	0	0	0	0	0	0	0	0	9	2	1	0	2	0	3	0	0	0.00
中森 俊介	1	0	0	0	0	0	0	0	0	0	4	1.1	0	0	0	0	1	0	0	0.00
西野 勇士	1	0	0	1	0	0	1	0	0	0	15	3	6	0	0	0	1	3	3	9.00
西村 天裕	2	0	0	0	0	0	0	0	0	1	6	1.2	1	0	0	0	1	0	0	0.00
益田 直也	1	0	0	0	0	0	0	0	0	1	3	1	1	0	0	0	1	0	0	0.00
計	3	0	3	3	0	2	1	0	0	3	113	28	20	1	8	1	24	8	8	2.57

ファイナルステージ

※6試合制で4勝1敗（オリックスに1勝のアドバンテージ含む）のオリックスが日本シリーズ出場
最優秀選手…杉本裕太郎（オ）

10月18日(水) 1回戦 京セラD大阪 35,930人 3時間9分

チーム	1	2	3	4	5	6	7	8	9	計
ロッテ	3	0	0	0	0	1	1	0	0	5
オリックス	0	0	0	3	0	4	0	1	X	8

ロッテ 打安点

守	選手	打	安	点
(右)	荻野	4	2	1
(遊)	藤岡	2	0	0
(左)	角中	2	1	2
(指)	ポランコ	4	2	3
(三)	安田	4	2	0
(中)	岡	4	2	0
(一)	山口	4	1	1
(捕)	松川	2	0	0
打捕	佐藤都	1	0	0
(二)	中村奨	4	0	0

併残 0 8　　33 11 5

オリックス 打安点

守	選手	打	安	点
(中)	中川圭	4	1	1
(二)	西野	4	0	0
(右)	森	4	1	1
(指)	セデーニョ	3	1	0
(左)	杉本	4	1	1
左	小田	0	0	0
(一)	ゴンザレス	4	0	0
(遊)	紅林	4	2	3
(三)	宗	3	2	1
(捕)	若月	4	1	1

併残 1 5　　32 9 8

	選手	打者	投回	安打	四球	死球	三振	失点	自責
	美馬	18	4	4	1	1	0	3	3
H	中森	3	1	0	0	0	0	0	0
●	中村稔 (0-1)	3	0+	1	2	0	0	3	3
	東妻	5	1	1	0	1	0	1	1
	坂本	3	1	0	0	0	1	1	1
	鈴木	5	1	2	0	0	1	1	1
○	山本 (1-0)	32	7	10	2	1	9	5	5
H	山﨑颯	4	1	1	0	0	2	0	0
S	平野佳	4	1	0	1	0	1	0	0

二塁打　ロ　ポランコ
　　　　オ　森、紅林、杉本、宗、若月
暴投　　ロ　東妻

10月19日(木) 2回戦 京セラD大阪 33,634人 3時間22分

チーム	1	2	3	4	5	6	7	8	9	計
ロッテ	1	0	0	0	0	3	0	0	2	6
オリックス	3	0	0	0	0	0	2	0	0	5

ロッテ 打安点

守	選手	打	安	点
(右)	荻野	3	0	0
(遊)	藤岡	2	1	0
(左)	石川慎	2	1	0
(中)	藤原	1	0	0
(指)	ポランコ	3	0	0
(中左)	岡	3	1	1
打	角中	0	0	0
走左	中田	0	0	0
(三)	安田	4	2	3
走	小	0	0	0
捕	佐藤都	3	0	0
(一三)	茶谷	3	0	0
(捕)	田村	3	1	0
打一	山口	3	0	1
(二)	中村奨	3	0	0

併残 0 3　　28 5 6

オリックス 打安点

守	選手	打	安	点
(一)	中川圭	5	0	0
(三)	宗	5	2	0
(捕)	森	3	1	0
走指	宜保	3	0	0
(指)	セデーニョ	5	2	3
(左)	杉本	3	1	0
左	小田	3	0	0
(遊)	紅林	3	1	0
(二)	ゴンザレス	3	1	1
(中)	福田	4	0	0
(右)	廣岡	3	1	0
打右	頓宮	1	0	0

併残 1 8　　35 9 5

	選手	打者	投回	安打	四球	死球	三振	失点	自責
	メルセデス	23	5	7	1	0	4	3	3
H	西村	4	1	0	1	0	2	2	0
	澤田	5	1	1	0	1	2	2	0
○	東條 (1-0)	4	1	1	0	0	2	0	0
S	益田	4	1	0	1	0	2	0	0
	田嶋	24	6	4	0	2	4	4	4
	小木田	4	1	0	1	0	0	0	0
H	宇田川	3	1	0	0	2	0	0	0
●	山岡 (0-1)	5	1	1	1	0	0	2	2

本塁打　オ　セデーニョ1号（7回2ラン＝澤田）
二塁打　ロ　岡、安田
　　　　オ　ゴンザレス
盗塁　　ロ　和田

10月20日㈮　3回戦　京セラD大阪　35,943人　3時間9分

ロッテ	000	000	000	……0
オリックス	000	000	02X	……2

ロッテ	打	安	点
(右)荻野	3	0	0
(遊)藤岡	4	2	0
(左)角中	3	1	0
(指)ポランコ	4	0	0
(三)安田	4	0	0
(中)岡	3	1	0
(一)山口	4	1	0
(捕)佐藤都	4	1	0
(二)中村奨	1	0	0
打 石川慎	1	0	0
併 残			
0 9	31	6	0

オリックス	打	安	点
(中)中川圭	5	2	0
中 渡部	0	0	0
(三)宗	3	0	0
(右)森	3	0	0
右 野口	0	0	0
(指)セデーニョ	4	0	0
(左)杉本	3	2	0
走左 小田	0	0	0
(遊)紅林	3	0	0
(一)ゴンザレス	4	0	0
(捕)若月	4	3	1
(二)宜保	3	0	0
打 頓宮	1	1	1
走二 大城	0	0	0
併 残			
0 12	33	8	2

	打者	投回	安打	四球	死球	三振	失点	自責
澤村	6	1	1	2	0	1	0	0
H 中森	13	3	1	2	0	4	0	0
H 国吉	9	2	2	1	0	1	0	0
H 坂本	3	1	0	0	0	1	0	0
● 西村 (0−1)	6	0.2	4	0	0	0	2	2
東妻	1	0.1	0	0	0	0	0	0
東	20	5	4	1	0	4	0	0
H 小木田	5	1	1	1	0	1	0	0
H 山岡	4	1	0	0	1	0	0	0
○ 宇田川 (1−0)	3	1	0	0	0	0	0	0
S 平野佳	4	1	1	0	0	1	0	0

二塁打　ロ　岡
　　　　オ　杉本、頓宮
盗　塁　オ　宜保
失　策　ロ　佐藤都

10月21日㈯　4回戦　京セラD大阪　35,804人　2時間32分

ロッテ	000	000	011	……2
オリックス	200	001	00X	……3

ロッテ	打	安	点
(右)荻野	4	1	0
(遊)藤岡	4	0	0
(左)石川慎	4	1	0
(指)ポランコ	4	1	1
(二)茶谷	3	2	0
打 角中	1	0	0
(三)安田	4	1	0
(一)山口	4	0	0
(捕)佐藤都	3	0	0
(中)藤原	3	1	1
併 残			
0 5	34	7	2

オリックス	打	安	点
(中)中川圭	3	1	0
(二)西野	2	0	0
打 T－岡田	1	1	0
走二 大城	0	0	0
(右)森	3	2	2
左 小田	0	0	0
(指)セデーニョ	4	0	0
(左)杉本	4	2	1
右 渡部	0	0	0
(三)宗	4	2	0
(捕)若月	4	0	0
(一)ゴンザレス	4	0	0
(遊)野口	3	1	0
併 残			
0 8	32	9	3

	打者	投回	安打	四球	死球	三振	失点	自責
● 種市 (0−1)	12	3	2	1	0	4	2	2
東妻	5	1	2	0	0	1	0	0
森	8	2	2	0	0	1	1	1
東條	4	0.2	2	0	0	0	0	0
坂本	2	0.1	0	1	0	0	0	0
澤田	4	1	1	0	0	0	0	0
○ 宮城 (1−0)	22	6	4	0	0	4	0	0
H 阿部	4	1	1	0	0	1	0	0
H 山﨑颯	4	1	1	0	0	1	1	1
S 平野佳	4	1	1	0	0	0	1	1

本塁打　ロ　藤原1号（8回ソロ＝山﨑颯）、
　　　　　　ポランコ1号（9回ソロ＝平野佳）
　　　　オ　森1号（1回2ラン＝種市）
二塁打　ロ　荻野
　　　　オ　森、杉本

打 撃 成 績

	試合	打数	得点	安打	二塁打	三塁打	本塁打	塁打	打点	盗塁	盗塁刺	犠打	犠飛	四球	死球	三振	併殺打	残塁	打率	失策
ロ ッ テ																				
石川　慎吾	3	7	1	2	0	0	0	2	0	0	0	0	0	1	0	0	0	1	.286	0
岡　　大海	3	10	1	4	2	0	0	6	1	0	0	0	0	1	0	4	0	2	.400	0
＊小川　龍成	1	0	1	0	0	0	0	0	0	0	0	0	0	0	0	0	0	0	.000	0
荻野　貴司	4	14	2	3	1	0	0	4	1	0	0	1	0	1	1	2	0	3	.214	0
＊角中　勝也	4	6	0	2	0	0	0	2	0	0	0	1	0	4	0	1	0	4	.333	0
＊佐藤都志也	4	8	0	1	0	0	0	1	0	0	0	0	0	0	0	1	0	2	.125	1
田村　龍弘	1	3	0	1	0	0	0	1	0	0	0	0	0	0	0	0	0	0	.333	0
茶谷　健太	2	6	0	2	0	0	0	2	0	0	0	1	0	0	0	1	0	2	.333	0
中村　奨吾	3	8	0	0	0	0	0	0	0	0	0	1	0	1	1	4	1	1	.000	0
＊藤岡　裕大	4	16	2	4	0	0	0	4	0	0	0	0	0	0	0	3	0	3	.250	0
＊藤原　恭大	2	4	1	1	0	0	1	4	1	0	0	0	0	0	0	1	0	2	.250	0
＊ポ ラ ン コ	4	15	3	3	1	0	1	7	5	0	0	1	0	0	0	3	0	2	.200	0
松川　虎生	1	2	0	0	0	0	0	0	0	0	0	0	0	1	0	1	0	0	.000	0
＊安田　尚憲	4	15	0	4	1	0	0	5	3	0	0	0	0	1	0	2	1	2	.267	0
山口　航輝	4	12	1	2	0	0	0	2	2	0	0	1	0	0	0	5	0	3	.167	0
＊和田康士朗	1	0	1	0	0	0	0	0	0	1	0	0	0	0	0	0	0	0	.000	0
計	4	126	13	29	5	0	2	40	13	1	0	5	2	11	2	27	2	25	.230	1
オリックス																				
大城　滉二	3	0	0	0	0	0	0	0	0	0	0	0	0	0	0	0	0	2	.000	0
＊小田　裕也	4	0	1	0	0	0	0	0	0	0	0	0	0	0	0	0	0	0	.000	0
＊宜保　　翔	2	3	0	0	0	0	0	0	1	0	0	0	0	0	0	1	0	2	.000	0
紅林弘太郎	3	10	2	3	1	0	0	4	3	0	0	0	0	2	0	1	0	3	.300	0
＋ゴンザレス	4	13	2	1	1	0	0	2	1	0	0	0	1	2	0	5	0	1	.077	0
杉本裕太郎	4	14	1	6	3	0	0	9	3	0	0	0	0	2	0	0	0	6	.429	0
セデーニョ	4	16	4	3	0	0	1	6	3	0	0	0	0	0	0	8	0	0	.188	0
＊Ｔ－岡田	1	1	0	1	0	0	0	1	0	0	0	0	0	0	0	0	0	0	1.000	0
頓宮　裕真	2	2	0	1	1	0	0	2	0	0	0	0	0	0	0	0	0	0	.500	0
中川　圭太	4	17	0	4	0	0	0	4	1	0	0	1	0	1	0	3	0	6	.235	0
＊西野　真弘	2	6	1	0	0	0	0	0	0	0	0	1	0	1	0	1	0	0	.000	0
＊野口　智哉	3	3	0	1	0	0	0	1	0	0	0	0	0	0	0	2	0	1	.333	0
廣岡　大志	1	3	0	1	0	0	0	1	0	0	0	0	0	0	0	2	0	0	.333	0
＊福田　周平	1	4	0	0	0	0	0	0	0	0	0	0	0	0	0	2	0	0	.000	0
＊宗　　佑磨	4	15	2	6	1	0	0	7	1	0	0	0	0	2	0	1	0	5	.400	0
＊森　　友哉	4	13	4	4	2	0	1	9	2	0	0	0	0	3	1	1	0	4	.308	0
若月　健矢	3	12	1	4	1	0	0	5	3	0	0	0	0	0	0	1	0	3	.333	0
＊渡部　遼人	2	0	0	0	0	0	0	0	0	0	0	0	0	0	0	0	0	0	.000	0
計	4	132	18	35	10	0	2	51	18	1	0	2	1	13	2	26	0	33	.265	0

投手成績

	試合	完投	完了	当初	無失点勝	勝利	敗北	引分	セーブ	ホールド	打者	投球回	安打	本塁打	四球	死球	三振	失点	自責点	防御率
ロッテ																				
東妻　勇輔	3	0	1	0	0	0	0	0	0	0	11	2.1	4	0	0	0	1	1	1	3.86
国吉　佑樹	1	0	0	0	0	0	0	0	0	1	9	2	2	0	1	0	1	0	0	0.00
＊坂本光士郎	3	0	0	0	0	0	0	0	0	1	8	2.1	0	0	1	0	2	0	0	0.00
澤田　圭佑	2	0	1	0	0	0	0	0	0	0	9	2	2	1	0	1	1	2	2	9.00
澤村　拓一	1	0	0	1	0	0	0	0	0	0	6	1	1	0	2	0	1	0	0	0.00
＊鈴木　昭汰	1	0	1	0	0	0	0	0	0	0	5	1	2	0	0	0	1	1	1	9.00
種市　篤暉	1	0	0	1	0	1	0	0	0	0	12	3	2	1	1	0	4	2	2	6.00
東條　大樹	1	0	0	0	0	0	1	0	0	0	8	1.2	3	0	1	0	2	0	0	0.00
＊中村　稔弥	1	0	0	0	0	0	1	0	0	0	3	0	1	0	2	0	0	3	3	—
中森　俊介	2	0	0	0	0	0	0	0	0	2	16	4	1	0	2	0	4	0	0	0.00
西村　天裕	2	0	0	0	0	0	1	0	0	1	10	1.2	4	0	1	0	2	2	2	10.80
益田　直也	2	0	1	0	0	0	0	0	1	0	4	1	0	0	0	0	2	0	0	0.00
美馬　学	1	0	0	1	0	0	0	0	0	0	18	4	4	0	1	1	4	3	3	6.75
＊メルセデス	1	0	0	1	0	0	0	0	0	0	23	5	7	0	1	0	4	3	3	5.40
森　遼大朗	1	0	0	0	0	0	0	0	0	0	8	2	2	0	0	0	1	1	1	4.50
計	4	0	4	4	0	1	3	0	1	5	150	33	35	2	13	2	26	18	18	4.91
オリックス																				
東　晃平	1	0	0	1	1	1	0	0	0	0	20	5	4	0	1	0	4	0	0	0.00
阿部　翔太	1	0	0	0	0	0	0	0	0	1	4	1	1	0	0	0	1	0	0	0.00
宇田川優希	2	0	0	0	0	0	0	0	0	1	6	2	0	0	0	0	2	0	0	0.00
小木田敦也	2	0	0	0	0	0	0	0	0	1	9	2	1	0	2	0	1	0	0	0.00
＊田嶋　大樹	1	0	0	1	0	1	0	0	0	0	24	6	4	0	4	0	2	4	4	6.00
平野　佳寿	3	0	3	0	0	0	0	0	3	0	12	3	2	1	1	0	1	1	1	3.00
＊宮城　大弥	1	0	0	1	0	0	0	0	0	0	22	6	4	0	1	0	5	0	0	0.00
山岡　泰輔	2	0	1	0	0	0	1	0	0	0	9	2	2	0	1	1	0	2	2	9.00
山﨑颯一郎	2	0	0	0	0	0	0	0	0	2	8	2	2	1	0	0	3	1	1	4.50
＊山本　由伸	1	0	0	1	0	1	0	0	0	0	32	7	10	0	2	1	9	5	5	6.43
計	4	0	4	4	1	3	1	0	3	6	146	36	29	2	11	2	27	13	13	3.25

各年度プレーオフ／クライマックスシリーズ・パ成績

1973　　　　　　　　　　　南　海　　阪　急　　**最優秀選手　佐藤　道郎（南）**
　　　　　　　　　　　　　　　（3勝）　　（2勝）

	月 日	球　場							本塁打	入場者
①	10.19	大　　阪	○佐　藤	4－2	米　田●				福本、岡田（急）	13,800
②	10.20	〃	●山　内	7－9	山　田○				門田博2、ジョーンズ（南）、住友2（急）	19,700
③	10.22	西　　宮	○江　本	6－3	水　谷●				ジョーンズ2、野村（南）	8,500
④	10.23	〃	●西　岡	1－13	米　田○				佐野（南）、住友、大橋（急）	13,500
⑤	10.24	〃	○佐　藤	2－1	山　田●				広瀬、スミス（南）、当銀（急）	17,000

10.21（西宮）は雨天中止

1974　　　　　　　　　　　阪　急　　ロッテ　　**最優秀選手　村田　兆治（ロ）**
　　　　　　　　　　　　　　　（0勝）　　（3勝）

	月 日	球　場							本塁打	入場者
①	10.5	西　　宮	●足　立	2－3	水　谷○					20,000
②	10.6	〃	●水　谷	3－8	金　田○				長池（急）、山崎（ロ）	32,000
③	10.9	仙　　台	●米　田	0－4	村　田○				得津（ロ）	20,000

10.8（仙台）は雨天中止

1975　　　　　　　　　　　阪　急　　近　鉄　　**最優秀選手　長池　徳二（急）**
　　　　　　　　　　　　　　　（3勝）　　（1勝）

	月 日	球　場							本塁打	入場者
①	10.15	西　　宮	●山　田	7－11	芝　池○				大熊、マルカーノ（急）、伊勢、有田修（近）	14,000
②	10.16	〃	○山　口	5－4	神　部●				長池、マルカーノ、河村（急）	10,500
③	10.19	藤 井 寺	○足　立	3－0	鈴　木●				長池（急）	32,000
④	10.20	〃	○山　口	5－3	芝　池●				福本、加藤（急）	21,000

10.18（藤井寺）は雨天中止

1977　　　　　　　　　　　阪　急　　ロッテ　　**最優秀選手　山田　久志（急）**
　　　　　　　　　　　　　　　（3勝）　　（2勝）

	月 日	球　場							本塁打	入場者
①	10.9	西　　宮	○山　田	18－1	村　田●				藤井、大橋（急）、リー（ロ）	28,000
②	10.10	〃	●足　立	0－3	三　井○				飯塚（ロ）	28,000
③	10.12	仙　　台	●稲　葉	1－3	金　田○				有藤（ロ）	16,000
④	10.13	〃	○山　田	4－2	村　田●				加藤秀（急）、リー（ロ）	17,500
⑤	10.15	〃	○足　立	7－0	三　井●					20,000

10.14（仙台）は雨天中止

1979　　　　　　　　　　　近　鉄　　阪　急　　**最優秀選手　山口　哲治（近）**
　　　　　　　　　　　　　　　（3勝）　　（1勝）

	月 日	球　場							本塁打	入場者
①	10.13	大　　阪	○井　本	5－1	山　田●				小川、栗橋（近）	25,000
②	10.14	〃	○鈴　木	7－4	白　石●				平野、小川、有田修（近）、高井（急）	32,000
③	10.16	西　　宮	○山　口	2－1	稲　葉●				福本（急）	22,000

1980　　　　　　　　　　　ロッテ　　近　鉄　　**最優秀選手　平野　光泰（近）**
　　　　　　　　　　　　　　　（0勝）　　（3勝）

	月 日	球　場							本塁打	入場者
①	10.15	川　　崎	●仁　科	1－4	井　本○				平野、栗橋、羽田（近）	18,000
②	10.16	〃	●水　谷	2－4	鈴　木○				有藤（ロ）	19,000
③	10.18	大　　阪	●仁　科	4－13	村　田○				張本（ロ）、平野、吹石、梨田、アーノルド（近）	32,000

1981　　　　　　　　　　　ロッテ　　日本ハム　　**最優秀選手　柏原　純一（日）**
　　　　　　　　　　　　　　　（1勝）（1分）　（3勝）

	月 日	球　場							本塁打	入場者
①	10.7	川　　崎	●村　田	0－1	高橋一○				柏原（日）	17,000
②	10.10	〃	△三　井	5－5	江　夏△				高代（日）	25,000
③	10.11	後 楽 園	●水　谷	1－4	間　柴○					38,000
④	10.12	〃	○村　田	11－6	高橋里●				有藤、落合、水上（ロ）	25,000
⑤	10.13	〃	●仁　科	4－8	木　田○				有藤、レオン、土肥（ロ）	24,000

10.8, 9（川崎）は雨天中止

1982　　　　　　　　　　　西　武　　日本ハム　　**最優秀選手　大田　卓司（武）**
　　　　　　　　　　　　　　　（3勝）　　（1勝）

	月 日	球　場							本塁打	入場者
①	10.9	西　　武	○東　尾	6－0	江　夏●					15,000
②	10.10	〃	○工　藤	3－2	江　夏●				古屋（日）	40,000
③	10.12	後 楽 園	●杉　本	1－2	工　藤○					25,000
④	10.14	〃	○東　尾	7－5	高橋一●				テリー2、黒田（武）、クルーズ、ソレイタ、古屋（日）	24,000

10.11（後楽園）は雨天中止

2004 第1ステージ　　　　西　　武　　日本ハム
　　　　　　　　　　　　　　（2勝）　　（1勝）
① 10. 1　西武ドーム　○松坂 大10-7金　村●　フェルナンデス2、佐藤、細川(武)、小笠原、セギノール(日)　30,000
② 10. 2　　〃　　　　●張　　4-5ミラバル○　小笠原(日)　45,000
③ 10. 3　　〃　　　　○豊　田6-5横　山●　カブレラ、和田(武)、セギノール、木元(日)　38,000

第2ステージ　　　　　　ダイエー　　西　　武
　　　　　　　　　　　　　　（2勝）　　（3勝）
① 10. 6　福岡ドーム　○新　垣9-3石井貴●　城島、井口、松中、ズレータ(ダ)、カブレラ(武)　47,000
② 10. 7　　〃　　　　●和　田1-11松坂 大○　和田、高木浩(武)　47,000
③ 10. 9　　〃　　　　○斉　藤5-6長　田●　井口、城島(ダ)、フェルナンデス2、中島、野田(武)　48,000
④ 10.10　　〃　　　　○倉　野4-1帆　足●　川崎(ダ)、和田(武)　47,000
⑤ 10.11　　〃　　　　●三　瀬3-4豊　田○　城島、井口(ダ)　47,000

2005 第1ステージ　　　　ロッテ　　西　　武
　　　　　　　　　　　　　　（2勝）　　（0勝）
① 10. 8　千葉マリン　○薮　田2-1三　井●　栗山(武)　28,979
② 10. 9　　〃　　　　○小林宏3-1西　口●　中村(武)　28,996

第2ステージ　　　　　ソフトバンク　　ロッテ
　　　　　　　　　　　　　　（2勝）　　（3勝）
① 10.12　福岡ヤフードーム　●杉　内2-4藤　田○　カブレラ(ソ)、里崎(ロ)　31,848
② 10.13　　〃　　　　●斉　藤2-3清　水○　カブレラ、川崎(ソ)　31,696
③ 10.15　　〃　　　　○馬　原5-4小　野●　34,757
④ 10.16　　〃　　　　○吉　武3-2小林宏●　ズレータ2(ソ)、里崎(ロ)　34,772
⑤ 10.17　　〃　　　　●三　瀬2-3藤　田○　35,071

2006 第1ステージ　　　　西　　武　　ソフトバンク
　　　　　　　　　　　　　　（1勝）　　（2勝）
① 10. 7　インボイス　○松 坂大1-0斉藤和●　中島(武)、松中、ズレータ(ソ)　29,187
② 10. 8　　〃　　　　●松　永3-11柳　瀬○　中島(武)、松中、ズレータ(ソ)　31,338
③ 10. 9　　〃　　　　●星　野1-6柳　瀬○　中村(武)、ズレータ(ソ)　27,344

第2ステージ　　　　　　日本ハム　　ソフトバンク
（日本ハムにアドバンテージ1勝）（3勝）　　（0勝）
① 10.11　札幌ドーム　○ダルビッシュ3-1杉　内●　42,380
② 10.12　　〃　　　　○八　木1-0斉藤和●　42,380

2007 第1ステージ　　　　ロッテ　　ソフトバンク　　最優秀選手　サブロー（ロ）
　　　　　　　　　　　　　　（2勝）　　（1勝）
① 10. 8　千葉マリン　○渡辺俊8-4斉藤和●　オーティズ(ロ)　30,010
② 10. 9　　〃　　　　●小林宏3-8杉　内○　福浦(ロ)、松中、ブキャナン(ソ)　29,411
③ 10.10　　〃　　　　○成　瀬4-0スタンドリッジ●　30,011

第2ステージ　　　　　　日本ハム　　ロッテ　　最優秀選手　ダルビッシュ 有（日）
　　　　　　　　　　　　　　（3勝）　　（2勝）
① 10.13　札幌ドーム　○ダルビッシュ5-2久　保●　42,222
② 10.14　　〃　　　　●武田勝1-8高　木○　里崎2、オーティズ、サブロー、早川(ロ)　42,222
③ 10.15　　〃　　　　○グリン7-0渡辺俊●　42,222
④ 10.16　　〃　　　　●武田勝1-5川　崎○　里崎(ロ)　42,222
⑤ 10.18　　〃　　　　○ダルビッシュ6-2成　瀬●　セギノール(日)　42,222

2008 第1ステージ　　　　オリックス　　日本ハム
　　　　　　　　　　　　　　（0勝）　　（2勝）
① 10.11　京セラD大阪　●近　藤1-4ダルビッシュ○　スレッジ(日)　25,532
② 10.12　　〃　　　　●小　松2-7藤　井○　ボッツ(日)　26,703

第2ステージ　　　　　　西　　武　　日本ハム　　最優秀選手　涌井 秀章（武）
（西武にアドバンテージ1勝）（4勝）　　（2勝）
① 10.17　県営大宮　○涌　井10-3グリン●　中島2、後藤(武)、スレッジ(日)　20,500
② 10.18　西武ドーム　●岸　　0-5ダルビッシュ○　金子誠(日)　30,918
③ 10.19　　〃　　　　●帆　足4-7武田勝○　スレッジ(日)　33,078
④ 10.21　　〃　　　　○石井 一9-4スウィーニー●　細川、赤田(武)、ボッツ(日)　18,704
⑤ 10.22　　〃　　　　○涌　井9-0グリン●　後藤(武)　21,731

クライマックスシリーズ・パ

2009 第1ステージ 　　　　楽　天　　ソフトバンク
　　　　　　　　　　　　　　（2勝）　　（0勝）
① 10.16　Kスタ宮城　○岩　　隈11－4杉　　内●　高須、山﨑武、中島、セギノール(楽)　　21,303
② 10.17　　〃　　　　○田　　中4－1ホールトン●　山﨑武(楽)　　　　　　　　　　　　　　21,388

第2ステージ 　　　　　　日本ハム　　楽　天　　**最優秀選手　スレッジ（日）**
（日本ハムにアドバンテージ1勝）　（4勝）　　（1勝）
① 10.21　札幌ドーム　○林　　　9－8福　　盛●　スレッジ(日)、鉄平(楽)　　　　　　　　38,235
② 10.22　　〃　　　　○糸　　数3－1岩　　隈●　セギノール(楽)　　　　　　　　　　　　32,713
③ 10.23　　〃　　　　●八　　木2－3田　　中○　高橋(日)、渡辺直(楽)　　　　　　　　　42,328
④ 10.24　　〃　　　　○藤　　井9－4藤　　原●　スレッジ、森本(日)　　　　　　　　　　42,328

2010 ファーストステージ 　　西　武　　ロッテ
　　　　　　　　　　　　　　（0勝）　　（2勝）
① 10. 9　西武ドーム　●土　　肥5－6小林宏○　中村(武)、西岡、福浦(ロ)　　　　　　　33,918
② 10.10　　〃　　　　●小野寺4－5内　　○　今江、里崎(ロ)　　　　　　　　　　　　　33,911

ファイナルステージ 　　　ソフトバンク　ロッテ　**最優秀選手　成瀬　善久（ロ）**
（ソフトバンクにアドバンテージ1勝）　（3勝）　　（4勝）
① 10.14　福岡ヤフードーム　●杉　内1－3成　　瀬○　大松(ロ)　　　　　　　　　　　　35,118
② 10.15　　〃　　　　○和　　田3－1ペン　　●　清田(ロ)　　　　　　　　　　　　　　35,876
③ 10.16　　〃　　　　○ホールトン1－0マーフィー●　　　　　　　　　　　　　　　　　　　36,664
④ 10.17　　〃　　　　●　陽　　2－4渡辺俊○　今岡(ロ)　　　　　　　　　　　　　　　36,235
⑤ 10.18　　〃　　　　●ファルケンボーグ2－5内　　○　清田(ロ)　　　　　　　　　　　　　　33,108
⑥ 10.19　　〃　　　　●杉　　内0－7成　　瀬○　大松(ロ)　　　　　　　　　　　　　　33,515

2011 ファーストステージ 　　日本ハム　　西　武
　　　　　　　　　　　　　　（0勝）　　（2勝）
① 10.29　札幌ドーム　●榊　　原2－5牧　　田○　ホフパワー(日)、中村(武)　　　　　　 42,063
② 10.30　　〃　　　　●石　　井1－8西　　口○　　　　　　　　　　　　　　　　　　　41,926

ファイナルステージ 　　　ソフトバンク　西　武　**最優秀選手　内川　聖一（ソ）**
（ソフトバンクにアドバンテージ1勝）　（4勝）　　（0勝）
① 11. 3　福岡ヤフードーム　○和　田4－2帆　足●　中村(武)　　　　　　　　　　　　　37,025
② 11. 4　　〃　　　　○摂　　津7－2岸　　●　松田、松中(ソ)　　　　　　　　　　　　35,021
③ 11. 5　　〃　　　　○馬　　原2－1牧　　田●　　　　　　　　　　　　　　　　　　　37,025

2012 ファーストステージ 　　西　武　　ソフトバンク
　　　　　　　　　　　　　　（1勝）　　（2勝）
① 10.13　西武ドーム　●牧　　田1－2摂　　津○　　　　　　　　　　　　　　　　　　　32,074
② 10.14　　〃　　　　○　岸　　8－0武　　田●　　　　　　　　　　　　　　　　　　　33,918
③ 10.15　　〃　　　　●石　　井2－3大　　隣○　中村、オーティズ(武)　　　　　　　　25,002

ファイナルステージ 　　　日本ハム　　ソフトバンク　**最優秀選手　糸井　嘉男（日）**
（日本ハムにアドバンテージ1勝）　（4勝）　　（0勝）
① 10.17　札幌ドーム　○吉　　川3－2藤　　岡●　糸井(日)　　　　　　　　　　　　　　31,022
② 10.18　　〃　　　　○武田勝3－0新　　垣●　糸井(日)　　　　　　　　　　　　　　23,610
③ 10.19　　〃　　　　○ウルフ4－2摂　　津●　ペーニャ(ソ)　　　　　　　　　　　　　37,166

2013 ファーストステージ 　　西　武　　ロッテ
　　　　　　　　　　　　　　（1勝）　　（2勝）
① 10.12　西武ドーム　●　岸　　1－11西　　野○　中村(武)、井口、サブロー、加藤(ロ)　　32,880
② 10.13　　〃　　　　○岡本洋15－0松　　永●　片岡、栗山(武)　　　　　　　　　　　33,914
③ 10.14　　〃　　　　●牧　　田1－4唐　　川○　鈴木、井口(ロ)　　　　　　　　　　　33,832

ファイナルステージ 　　　楽　天　　ロッテ　　**最優秀選手　田中　将大（楽）**
（楽天にアドバンテージ1勝）　（4勝）　　（1勝）
① 10.17　Kスタ宮城　○田　　中2－0成　　瀬●　銀次(楽)　　　　　　　　　　　　　　24,332
② 10.18　　〃　　　　●金　　刃2－4内　　○　ジョーンズ、聖澤(楽)、ブラゼル(ロ)　　24,097
③ 10.19　　〃　　　　○美　　馬2－0古　　谷●　　　　　　　　　　　　　　　　　　　24,396
④ 10.21　　〃　　　　○斎　　藤8－5カルロス・ロサ●　ジョーンズ、マギー(楽)、G.G.佐藤(ロ)　24,264
10.20(Kスタ宮城)は雨天中止

2014 ファーストステージ　　オリックス　　日本ハム
　　　　　　　　　　　　　　　（1勝）　　　（2勝）
① 10.11 京セラD大阪 ●岸　　田 3 － 6 大　　谷○　　　　　　　　　　　　35,889
② 10.12　　〃　　○馬　　原 6 － 4 谷　　元● 　T－岡田(オ)、ミランダ(日)　36,012
③ 10.14　　〃　　●平野佳 1 － 2 クロッタ○ 　駿太(オ)、中田(日)　　　32,588
10.13(京セラD大阪)は台風接近のため中止

ファイナルステージ　　ソフトバンク　日本ハム　**最優秀選手　吉村　裕基(ソ)**
(ソフトバンクにアドバンテージ1勝)　　（4勝）　　　（3勝）
① 10.15 福岡ヤフオクドーム ○五十嵐 3 － 2 浦　　野● 　中田(日)　　　　　　　28,087
② 10.16　　〃　　●武　　田 1 － 5 鍵　　谷○ 　内川(ソ)、中田(日)　　　29,775
③ 10.17　　〃　　●攝　　津 4 － 12 吉　　川○ 　内川(ソ)、陽2、小谷野、中田(日)　31,176
④ 10.18　　〃　　○中　　田 5 － 2 木佐貫● 　柳田(ソ)　　　　　　　31,647
⑤ 10.19　　〃　　●サファテ 4 － 6 鍵　　谷○ 　中田(日)　　　　　　　34,070
⑥ 10.20　　〃　　○大　　隣 4 － 1 上　　沢● 　細川(ソ)　　　　　　　38,561

2015 ファーストステージ　　日本ハム　　ロッテ
　　　　　　　　　　　　　　　（1勝）　　　（1勝）
① 10.10 札幌ドーム ●大　　谷 3 － 9 石　　川○ 　清田(ロ)　　　　　　　41,138
② 10.11　　〃　　○有　　原 4 － 2 大　　谷● 　　　　　　　　　　　　41,138
③ 10.12　　〃　　●有　　原 1 － 2 涌　　井○ 　井口、デスパイネ(ロ)　　32,201

ファイナルステージ　　ソフトバンク　ロッテ　**最優秀選手　内川　聖一(ソ)**
(ソフトバンクにアドバンテージ1勝)　　（4勝）　　　（0勝）
① 10.14 福岡ヤフオクドーム ○五十嵐 3 － 2 内　　● 　柳田(ソ)　　　　　　　37,360
② 10.15　　〃　　○バンデンハーク 6 － 1 古　　谷● 　李大浩(ソ)　　　　　　37,603
③ 10.16　　〃　　○中　　田 3 － 1 石　　川● 　李大浩(ソ)　　　　　　37,235

2016 ファーストステージ　　ソフトバンク　ロッテ
　　　　　　　　　　　　　　　（2勝）　　　（0勝）
① 10. 8 福岡ヤフオクドーム ○スアレス 4 － 3 内　　● 　内川(ソ)、デスパイネ2、清田(ロ)　36,077
② 10. 9　　〃　　○バンデンハーク 4 － 1 石　　川● 　清田(ロ)　　　　　　　38,500

ファイナルステージ　　日本ハム　ソフトバンク　**最優秀選手　中田　翔(日)**
(日本ハムにアドバンテージ1勝)　　（4勝）　　　（2勝）
① 10.12 札幌ドーム ○大　　谷 6 － 0 武　　田● 　中田(日)　　　　　　　36,633
② 10.13　　〃　　●マーティン 4 － 6 岩　　嵜○ 　レアード(日)、松田(ソ)　26,548
③ 10.14　　〃　　○有　　原 4 － 1 千　　賀● 　レアード(日)、中村晃(ソ)　39,456
④ 10.15　　〃　　●高　　梨 2 － 5 バンデンハーク○ 　長谷川、今宮、松田(ソ)　41,138
⑤ 10.16　　〃　　○バース 7 － 4 東　　浜● 　中田(日)、松田(ソ)　　41,138

2017 ファーストステージ　　西　武　　楽　天
　　　　　　　　　　　　　　　（1勝）　　　（2勝）
① 10.14 メットライフドーム ○菊　　池 10 － 0 則　　本● 　浅村、中村(武)　　　　32,547
② 10.15　　〃　　●亀　　田 1 － 4 岸　　○ 　茂木(楽)　　　　　　　32,508
③ 10.16　　〃　　●野　　上 2 － 5 宋家豪○ 　浅村(武)、ウィーラー、枡田(楽)　31,755

ファイナルステージ　　ソフトバンク　楽　天　**最優秀選手　内川　聖一(ソ)**
(ソフトバンクにアドバンテージ1勝)　　（4勝）　　　（2勝）
① 10.18 福岡ヤフオクドーム ●東　　浜 2 － 3 塩　　見○ 　今宮、内川(ソ)、茂木、アマダー、ウィーラー(楽)　35,125
② 10.19　　〃　　●千　　賀 1 － 2 宋家豪○ 　内川(ソ)　　　　　　　36,380
③ 10.20　　〃　　○岩　　嵜 7 － 5 福　　山● 　内川、中村晃(ソ)、アマダー(楽)　35,333
④ 10.21　　〃　　○石　　川 4 － 3 宋家豪● 　デスパイネ、内川、中村晃(ソ)、銀次(楽)　37,455
⑤ 10.22　　〃　　○武　　田 7 － 0 美　　馬● 　松田(ソ)　　　　　　　35,387

2018 ファーストステージ　　ソフトバンク　日本ハム
　　　　　　　　　　　　　　　（2勝）　　　（1勝）
① 10.13 福岡ヤフオクドーム ○武　　田 8 － 3 上　　沢● 　デスパイネ、甲斐(ソ)、近藤(日)　35,301
② 10.14　　〃　　●加治屋 2 － 4 マルティネス○ 　中村晃(ソ)、横尾(日)　38,125
③ 10.15　　〃　　○石　　川 5 － 2 杉　　浦● 　明石、デスパイネ2、松田宣、中村晃(ソ)、横尾(日)　34,794

ファイナルステージ　　西　武　ソフトバンク　**最優秀選手　柳田　悠岐(ソ)**
(西武にアドバンテージ1勝)　　（2勝）　　　（4勝）
① 10.17 メットライフドーム ●菊　　池 4 － 10 バンデンハーク○ 　栗山、山川(武)　　　　31,961
② 10.18　　〃　　○多和田 13 － 5 ミランダ● 　栗山、浅村(武)　　　　31,106
③ 10.19　　〃　　●榎　　田 4 － 15 千　　賀○ 　山川、外崎(武)、上林、内川(ソ)　31,238
④ 10.20　　〃　　○今　　井 2 － 8 武　　田○ 　木村(武)、柳田、甲斐(ソ)　32,170
⑤ 10.21　　〃　　●ウルフ 5 － 6 石　　川○ 　浅村、中村(武)、柳田(ソ)　31,532

2019 ファーストステージ　　　ソフトバンク　　楽　　天
　　　　　　　　　　　　　　　　　　（2勝）　　（1勝）
① 10. 5　福岡ヤフオクドーム　●千　　賀 3 － 5 則 本 昂○　今宮、内川聖一（ソ）、浅村2、オコエ、茂木（楽）　39,745
② 10. 6　　　〃　　　　　　　○嘉 弥 真 6 － 4 美 　馬●　柳田、デスパイネ、福田（ソ）、浅村（楽）　　　40,178
③ 10. 7　　　〃　　　　　　　○甲 斐 野 2 － 1 宋 家 豪●　内川聖一（ソ）、浅村（楽）　　　　　　　　　38,265

ファイナルステージ　　　西　　武　　ソフトバンク　最優秀選手　今宮　健太（ソ）
（西武にアドバンテージ1勝）　　　（1勝）　　（4勝）
① 10. 9　メットライフドーム　●平　　井 4 － 8 甲 斐 野○　グラシアル（ソ）　　　　　　　　　　　　　29,679
② 10.10　　　〃　　　　　　　●今　　井 6 － 8 石 　川○　外崎（武）、中村晃、グラシアル（ソ）　　　30,599
③ 10.11　　　〃　　　　　　　●十　　亀 0 － 7 千 　賀○　牧原（ソ）　　　　　　　　　　　　　　　　29,828
④ 10.13　　　〃　　　　　　　●本　　田 3 － 9 髙 橋 純○　メヒア、山川（武）、今宮3、グラシアル（ソ）　29,146
　　　10.12（メットライフドーム）は台風接近のため中止

2020　　　　　　　　　　　　ソフトバンク　　ロッテ　　最優秀選手　中村　　晃（ソ）
（ソフトバンクにアドバンテージ1勝）　（3勝）　　（0勝）
① 11.14　福岡PayPayドーム　○モイネロ 4 － 3 澤　　村●　柳田（ソ）、安田（ロ）　　　　　　　　　　19,901
② 11.15　　　〃　　　　　　　○モイネロ 6 － 4 チェン・ウェイン●　中村晃2、松田宣（ソ）　　　　　　　　　19,995

2021 ファーストステージ　　　ロッテ　　　楽　　天
　　　　　　　　　　　　　　　　（1勝）（1分）　（1勝）
① 11. 6　ZOZOマリン　　　○益　　田 5 － 4 宋 家 豪●　エチェバリア（ロ）　　　　　　　　　　　　14,904
② 11. 7　　　〃　　　　　　　△益　　田 4 － 4 松 　井△　山口、マーティン（ロ）、炭谷（楽）　　　　14,891
　　　※上位球団の勝利数が下位球団の勝利数と同数以上となることが確定したため、規定により上位球団が勝者となる。

ファイナルステージ　　　オリックス　　ロッテ　　最優秀選手　杉本裕太郎（オ）
（オリックスにアドバンテージ1勝）　（3勝）（1分）
① 11.10　京セラD大阪　　○山　　本 1 － 0 石 　川●　　　　　　　　　　　　　　　　　　　　　17,915
② 11.11　　　〃　　　　　　　○田　　嶋 2 － 0 美 　馬●　杉本（オ）　　　　　　　　　　　　　　　　17,913
③ 11.12　　　〃　　　　　　　△増　　田 3 － 3 益 　田△　宗（オ）、中村奨（ロ）　　　　　　　　　　18,006
　　　※上位球団の勝利数が下位球団の勝利数と同数以上となることが確定したため、規定により上位球団が勝者となる。

2022 ファーストステージ　　　ソフトバンク　　西　　武
　　　　　　　　　　　　　　　　（2勝）　　（0勝）
① 10. 8　福岡PayPayドーム　○千　　賀 5 － 3 髙 橋 光 成●　柳田（ソ）、森（武）　　　　　　　　　　　32,134
② 10. 9　　　〃　　　　　　　○東　　浜 8 － 2 今 　井●　柳田（ソ）、山川（武）　　　　　　　　　　39,354

ファイナルステージ　　　オリックス　　ソフトバンク　最優秀選手　吉田　正尚（オ）
（オリックスにアドバンテージ1勝）　（4勝）
① 10.12　京セラD大阪　　○山　　本 5 － 0 石 　川●　吉田正（オ）　　　　　　　　　　　　　　　24,509
② 10.13　　　〃　　　　　　　○宮　　城 4 － 3 大 　関●　杉本（オ）　　　　　　　　　　　　　　　　18,572
③ 10.14　　　〃　　　　　　　●田　　嶋 0 － 3 千 　賀○　野村勇（ソ）　　　　　　　　　　　　　　　27,526
④ 10.15　　　〃　　　　　　　○阿　　部 3 － 2 モイネロ●　吉田正（オ）、デスパイネ（ソ）　　　　　　33,717

2023 ファーストステージ　　　ロッテ　　　ソフトバンク
　　　　　　　　　　　　　　　　（2勝）　　（1勝）
① 10.14　ZOZOマリン　　　○中 村 稔 8 － 2 スチュワート・ジュニア●　荻野、ポランコ（ロ）、柳田（ソ）　　　29,126
② 10.15　　　〃　　　　　　　●西　　野 1 － 3 有 　原○　　　　　　　　　　　　　　　　　　　　　29,147
③ 10.16　　　〃　　　　　　　○坂　　本 4 － 3 大 　津●　藤岡（ロ）　　　　　　　　　　　　　　　　29,050

ファイナルステージ　　　オリックス　　ロッテ　　最優秀選手　杉本裕太郎（オ）
（オリックスにアドバンテージ1勝）　（4勝）　　（1勝）
① 10.18　京セラD大阪　　○山　　本 8 － 5 中 村 稔●　　　　　　　　　　　　　　　　　　　　　35,930
② 10.19　　　〃　　　　　　　●山　　岡 5 － 6 東 　條○　セデーニョ（オ）　　　　　　　　　　　　　33,634
③ 10.20　　　〃　　　　　　　○宇 田 川 2 － 0 西 　村●　　　　　　　　　　　　　　　　　　　　　35,943
④ 10.21　　　〃　　　　　　　○宮　　城 3 － 2 種 　市●　森（オ）、藤原、ポランコ（ロ）　　　　　　35,804

クライマックスシリーズ記録集

（パ・前後期プレーオフ、パ・プレーオフ含む）
（第1は現在のファーストステージ、第2はファイナルステージ）
（2020年は4試合制でパ・ファイナルのみ実施）

Ⅰ．全般記録

A．補回試合
セ－10回…2012第2③　　12回…2008第2③
　　　　　2015第1①　　　　　2014第1②
　　　11回…2016第1③　　　（12回表終了規定コールド）
　　　　　2023第1①
パ－10回…1979③　　　　11回…2010第1①②
　　　　　2004第2⑤　　　　　2011第1①
　　　　　2005第1④　　　　　2014第2⑤
　　　　　2013第2②　　　12回…2011第2③
　　　　　2014第1①
　　　　　2015第2①
　　　　　2023第1③

B．最長時間試合（9回で4時間以上）
セ－
〈9回〉4時間35分…2017第1②　甲子園　　　神6－13ディ
　　　　4時間32分…2019第2③　東京ドーム　巨6－7神
　　　　4時間5分…2008第2①　東京ドーム　巨3－4中
　　　　4時間3分…2009第1①　ナゴヤドーム　中7－4ヤ
〈補回〉4時間42分…2008第2③　東京ドーム(12回)　巨5－5中
パ－
〈9回〉5時間17分…1981②　川崎　　　　　ロ5－5日
　　　　4時間31分…2004第1③　西武ドーム　武6－5日
　　　　4時間26分…2019第2②　メットライフ　武6－8ソ
　　　　4時間20分…2014第2④　ヤフオクドーム　ソ5－2日
　　　　4時間1分…2014第1①　京セラドーム大阪　オ3－6武
　　　　4時間　　…2004第2③　福岡ドーム　ダ5－6武
　　　　　　　　　2019第2④　メットライフ　武3－9ソ
〈補回〉4時間26分…2014第2⑤　ヤフオクドーム(11回)　ソ4－6日

C．最短時間試合（9回以上試合）
セ－2時間26分…2013第2②　東京ドーム　巨3－0広
パ－2時間16分…1974　③　仙台　　　　ロ4－0急

D．サヨナラ試合
セ－2010第2④　中4－3巨　9回　和田　一浩(中)単打
　　2012第2⑤　巨3－2中　9回　石井　義人(巨)単打
　　2015第1①　巨3－2神　10回　高橋　由伸(巨)四球
　　2019第1②　ディ6－4神　9回　乙坂　智(ディ)本塁打
　　2023第1①　広3－2ディ　11回　秋山　翔吾(広)単打
　　2023第2①　神2－1広　9回　木浪　聖也(神)単打
パ－2004第1③　武6－5日　9回　和田　一浩(武)本塁打
　　2005第2①　ソ5－4ロ　10回　川崎　宗則(ソ)単打
　　2006第2②　日1－0ソ　9回　稲葉　篤紀(日)単打
　　2009第2①　日9－8楽　9回　スレッジ(日)本塁打
　　2011第2①　ソ2－1武　12回　長谷川勇也(ソ)単打
　　2014第2①　ソ3－2日　9回　吉村　裕基(ソ)二塁打
　　2015第2①　ソ3－2ロ　10回　内川　聖一(ソ)単打
　　2021第2①　ソ5－4楽　9回　佐藤都志也(ロ)単打
　　2022第2④　オ3－2ソ　9回　中川　圭太(オ)単打
　　2023第1③　ロ4－3ソ　10回　安田　尚憲(ロ)二塁打

E．引き分け試合
セ－2008第2③　巨5－5中　（12回）
　　2014第1②　神0－0広　（12回表終了規定コールド）

　　2021第2③　ヤ2－2巨　（9回表終了規定コールド）
パ－1981②　ロ5－5日　（9回）
　　2021第1②　ロ4－4楽　9回表終了規定コールド）
　　2021第2③　オ3x－3ロ　（9回裏無死規定コールド）

F．天候によるコールド試合
セ－2017第2①　広3－0ディ　5回裏終了　降雨
パ－なし

G．規定によりコールド試合
セ－2014第1②　神0－0広　（12回表終了）
　　2021第2③　ヤ2－2巨　（9回表終了）
パ－2021第1②　ロ4－4楽　9回表終了）
　　2021第2③　オ3x－3ロ　（9回裏無死）

H．出場人員
Ⅰ　ゲーム最多出場人員
　セ－22…ＤｅＮＡ　2017第1②
　　　　　阪　神　2019第1①
　パ－22…ロッテ　1980③
　　　　　日本ハム　1981①
　　　　　オリックス　2021第2③
　　　23…ソフトバンク　2023第1③(補回)
Ⅱ　ゲーム投手最多出場人員
　セ－8…中　日　2012第2⑤
　　　　　阪　神　2019第1①
　　　　　巨　人　2021第1①
　パ－7…ロッテ　2007第1②
　　　　　日本ハム　2007第2①
　　　　　ソフトバンク　2019第2④
　　　　　　　　　　　2020　　②
　　　　　オリックス　2021第2③
　　　8…ソフトバンク　2023第1③(補回)
Ⅲ　ゲーム最多出場人員合計　－両チーム－
　セ－43…阪　神　21－22　ＤｅＮＡ　2017第1②
　パ－42…ロッテ　20－22　日本ハム　1981②
　　　42…日本ハム　21－21　武　2011第1①(補回)
Ⅳ　ゲーム投手最多出場人員合計　－両チーム－
　セ－14…阪　神　7－7　ＤｅＮＡ　2017第2⑤
　　　　　広　島　6－7　ＤｅＮＡ　2017第2⑤
　パ－13…西　武　6－7　ソフトバンク　2019第2④
　　　　　ソフトバンク　7－6　ロッテ　2020　②
　　　14…ソフトバンク　7－6　ロッテ　2023第1③(補回)
Ⅴ　ゲーム最少出場人員合計　－両チーム－
　セ－23…広　島　12－11　ＤｅＮＡ　2016第2①
　　　18…広　島　9－9　ＤｅＮＡ　2017第2①(交代なし)
　　　　　（5回コールド）
　パ－20…日本ハム　10－10　ソフトバンク　2006第2②(交代なし)
Ⅵ　退場
　セ－　Ｍ.中　村(巨)2009第2①　危険球
　　　　澤村　拓一(巨)2014第2②　危険球
　パ－　坂本文次郎(近,コーチ)1979②　塁審に暴行

Ⅱ．個人打撃記録

通算記録においてセ・パの◆はセ・パ合計でも最多
各シリーズ記録の（　）内数字は各ステージでの内訳

A．試合
a．通算最多試合
セ－52…坂本　勇人(巨)

パー 55…松田　宣浩（ソ）◆

B．打　　率

a．通算最高打率　－50打数以上－
セー .383…大島　洋平（中）
　　　　　　打数－ 60　安打－23
パー .367…福浦　和也（ロ）
　　　　　　打数－ 90　安打－33

C．打　　数

a．通算最多打数
セー 191…坂本　勇人（巨）◆
パー 190…松田　宣浩（ソ）
b．シリーズ最多打数
セー 42…大島　洋平（中）2012第1(13)第2(29)
パー 40…陽　岱鋼（日）2014第1(14)第2(26)
c．ゲーム最多打数
セー 6…梶谷　隆幸（ディ）2017第1②
　　　　筒香　嘉智（ディ）2017第1②
　　　　宮崎　敏郎（ディ）2017第1②
　　　　桑原　将志（ディ）2017第2⑤
　　　　北條　史也（神）2019第2③
　6…桑原　将志（ディ）2016第1③(補回)
　　　　林　琢真（ディ）2023第1①(補回)
パー 6…根元　俊一（ロ）2013第1①
　　　　上林　誠知（ソ）2018第2③
　　　　中村　晃（ソ）2018第2③
　　　　デスパイネ（ソ）2019第2④
d．イニング最多打数
セー 2…梶谷　隆幸（ディ）2017第1②(7回)
パー 2…多数あり

D．得　　点

a．通算最多得点
セー 25…坂本　勇人（巨）
パー 30…柳田　悠岐（ソ）◆
b．シリーズ最多得点
セー 8…桑原　将志（ディ）2017第1(4)第2(4)
パー 9…中田　翔（日）2014第1(4)第2(5)
　　　　柳田　悠岐（ソ）2019第1(3)第2(6)
c．ゲーム最多得点
セー 3…亀井　義行（巨）2008第2②
　　　　田中　広輔（広）2016第2②
　　　　小窪　哲也（広）2016第2④
　　　　大山　悠輔（神）2017第1②
　　　　桑原　将志（ディ）2017第1②
パー 4…ヘルマン（武）2013第1②
d．イニング最多得点
セー 1…多数あり
パー 2…福本　豊（急）1977①5回
　　　　大熊　忠義（急）1977①5回
e．連続試合得点（シリーズ）
セー 5…タイロン・ウッズ（中）2007第1①～第2③
パー 6…赤田　将吾（武）2004第1①～第2③
　　　　中田　翔（日）2014第1①～第2③

E．安　　打

a．通算最多安打
セー 46…坂本　勇人（巨）
パー 54…内川　聖一（ソ）◆
b．シリーズ最多安打
セー 18…大島　洋平（中）2012第1(9)第2(9)
パー 13…和田　一浩（武）2004第1(5)第2(8)
　　　　TSUYOSHI（ロ）2007第1(7)第2(6)
　　　　グラシアル（ソ）2018第1(3)第2(10)
c．ゲーム最多安打
セー 4…谷繁　元信（中）2007第2②
　　　　大島　洋平（中）2012第1②
　　　　菊池　涼介（広）2013第2①

阿部慎之助（巨）2015第2①
大山　悠輔（神）2017第1②
筒香　嘉智（ディ）2017第1②
神里　和毅（ディ）2019第1①
中野　拓夢（神）2022第1①
　4…野間　峻祥（広）2023第1①(補回)
パー 5…今宮　健太（ソ）2019第2④
　4…9人、10度
　　　（最新）松田　宣浩（ソ）2014第2④
　4…大野　奨太（日）2014第2⑤(補回)
d．連続試合安打（シリーズ）
セー 9…大島　洋平（中）2012第1①～第2⑥
パー 7…和田　一浩（武）2004第1①～第2⑥
　　　　鈴木　大地（ロ）2013第1①～第2④
　　　　角中　勝也（ロ）2013第1①～第2④
　　　　デスパイネ（ソ）2018第1①～第2④
　　　　　　　　　　　　2019第1①～第2④
　　　　中村　晃（ソ）2018第1①～第2④
　　　　グラシアル（ソ）2019第1①～第2④
e．通算最多猛打賞
通ー 5…西岡　剛（神）◆2005第2③2007第1①2014第1②第2④
セー 5…宮崎　敏郎（ディ）◆2016第2④2017第2②⑤2019第1①②
パー 4…田中　賢介（日）2007第2③2008第1②第2①2009第2①
f．連続打数安打
セー 6…田中　広輔（広）2016第2②①③③④②
　　5…大島　洋平（中）2012第1②④③①(連続打席)
　　　　川端　慎吾（ヤ）2015第2②②③③
　　　　大山　悠輔（神）2017第1①②④(連続打席)
パー 6…松田　宣浩（ソ）2014第2③①④④⑤①
　　　　　　　　　　　　　　　　(連続打席)
　　5…後藤　武敏（武）2008第2②④②⑤③
　　　　今宮　健太（ソ）2019第2④⑤
g．イニング最多安打
セー 1…多数あり
パー 2…西村　俊二（近）1975①6回
　　　　大熊　忠義（急）1977①5回
　　　　島谷　金二（急）1977①5回

F．二塁打

a．通算最多二塁打
セー 13…坂本　勇人（巨）◆
パー 10…小谷野栄一（日）
b．シリーズ最多二塁打
セー 5…藤井　淳志（中）2009第1(4)第2(1)
パー 5…福浦　和也（ロ）2005第1(2)第2(3)
c．ゲーム最多二塁打
　2…多数あり
d．連続試合二塁打（シリーズ）
セー 3…立岡宗一郎（巨）2015第2②～④
パー 4…小谷野栄一（日）2014第1①～第2①

G．三塁打

a．通算最多三塁打
セー 2…立岡宗一郎（巨）
パー 2…上林　誠知（ソ）◆
b．シリーズ最多三塁打
セー 2…立岡宗一郎（巨）2015第1(2)第2(0)
パー 2…上林　誠知（ソ）2018第1(0)第2(3)
c．ゲーム最多三塁打
　1…多数あり
d．連続試合三塁打（シリーズ）
セー 1…立岡宗一郎（巨）2015第1②～③
パー 1…多数あり

H．本塁打

a．通算最多本塁打
セー 8…タイロン・ウッズ（中）
パー 10…内川　聖一（ソ）◆
b．シリーズ最多本塁打
セー 5…タイロン・ウッズ（中）2008第1(2)第2(3)

　　　　4…なし
パ－ 5…中田 翔　　（日）2014第1(1)第2(4)
　　　4…フェルナンデス（武）2004第1(2)第2(2)
　　　　内川 聖一　　（ソ）2017第2(4)
　　　　浅村 栄斗　　（楽）2019第1(4)
　　　　今宮 健太　　（ソ）2019第1(1)第2(3)
c．ゲーム最多本塁打
セ－ 2…鳥谷 敬　　　（神）2008第1②
　　　　小笠原道大　（巨）2008第2②（連続打席）
　　　　筒香 嘉智　（ディ）2017第2⑤（連続打席）
パ－ 3…今宮 健太　　（ソ）2019第2④
　　　2…住友 平　　　（急）1973②　　（連続打席）
　　　　門田 博光　　（南）1973②
　　　　ジョーンズ　　（南）1973③　　（連続打席）
　　　　テリー　　　　（武）1982④
　　　　フェルナンデス（武）2004第1①（連続打席）
　　　　　　　　　　　　　　2004第2③
　　　　ズレータ　　　（ソ）2005第2④（連続打席）
　　　　里崎 智也　　（ロ）2007第2②
　　　　中島 裕之　　（武）2008第2①（連続打席）
　　　　陽 岱鋼　　　（日）2014第2③（連続打席）
　　　　デスパイネ　　（ロ）2016第1①
　　　　　　　　　　　（ソ）2018第1③（連続打席）
　　　　浅村 栄斗　　（楽）2019第1①
　　　　中村 晃　　　（ソ）2020　②（連続打席）
d．連続試合本塁打
セ－ 3…タイロン・ウッズ（中）2008第1②〜第2①
パ－ 4…中田 翔　　　（日）2014第1③〜第2③
　　　　内川 聖一　　（ソ）2017第2①〜④
　　　3…浅村 栄斗　　（楽）2019第1①〜③
e．連続イニング本塁打
セ－ 2…小笠原道大　（巨）2008第2②1,2回
パ－ 2…住友 平　　　（急）1973②④,5回
　　　　テリー　　　　（武）1982④④,5回
　　　　フェルナンデス（武）2004第1①⑥,7回
f．満塁本塁打（セ3本、パ10本）
セ－　　小笠原道大　（巨）2008第2②
　　　　谷 佳知　　　（巨）2009第2④
　　　　ブランコ　　　（中）2012第1③
パ－　　伊勢 孝夫　　（急）1975①
　　　　藤井 栄治　　（急）1977①
　　　　テリー　　　　（武）1982④
　　　　フェルナンデス（武）2004第1①
　　　　カブレラ　　　（武）2004第2①
　　　　和田 一浩　　（武）2004第2②
　　　　スレッジ　　　（日）2009第2①
　　　　松中 信彦　　（ソ）2011第2②
　　　　デスパイネ　　（ソ）2018第1②
　　　　柳田 悠岐　　（ソ）2022第1②
g．満塁サヨナラ本塁打（セなし、パ1本）
パ－　　スレッジ　　　（日）2009第2①
h．代打満塁本塁打（セなし、パ2本）
パ－　　藤井 栄治　　（急）1977①
　　　　松中 信彦　　（ソ）2011第2②
i．サヨナラ本塁打（セ1本、パ2本）
セ－　　乙坂 智　　（ディ）2019第1②
パ－　　和田 一浩　　（武）2004第1③
　　　　スレッジ　　　（日）2009第2①
j．代打サヨナラ本塁打（セ1本、パなし）
セ－　　乙坂 智　　（ディ）2019第1②
k．代打本塁打（セ10人11本、パ5本）
セ－　　平田 良介　　（中）2008第2②
　　　　野本 圭　　　（中）2010第2③
　　　　大村 三郎　　（ロ）2011第1①
　　　　飯原 誉士　　（ヤ）2011第2②
　　　　岩本 貴裕　　（広）2013第1①
　　　　桧山進次郎　　（神）2013第1②
　　　　セ ペ ダ　　　（巨）2014第2④
　　　　アンダーソン　（巨）2015第1②
　　　　乙坂 智　　（ディ）2017第1②
　　　　　　　　　　　　　　2019第1②
　　　　末包 昇大　　（広）2023第1②
パ－　　ジョーンズ　　（南）1973②

　　　　佐野 嘉幸　　（南）1973④
　　　　当銀 秀崇　　（急）1973⑤
　　　　藤井 栄治　　（急）1977①
　　　　松中 信彦　　（ソ）2011第2②
l．初回先頭打者本塁打（セ2本、パ9人11本）
セ－　　李 炳圭　　　（中）2008第2①表
　　　　西岡 剛　　　（神）2013第12②裏
パ－　　福本 豊　　　（急）1973①表
　　　　平野 光泰　　（近）1980①表
　　　　栗山 巧　　　（武）2005第1①表（初球）
　　　　高須 洋介　　（楽）2009第1①裏
　　　　駿 太　　　　（オ）2014第1③裏（初球）
　　　　柳田 悠岐　　（ソ）2014第2④裏
　　　　清田 育宏　　（ロ）2016第1①表
　　　　　　　　　　　　　　2016第1②表（初球）
　　　　茂木栄五郎　　（楽）2017第1②裏（初球）
　　　　　　　　　　　　　　2017第2①表
　　　　荻野 貴司　　（ロ）2023第1①裏
m．ランニング本塁打
セ、パともになし

Ｉ．塁　打

a．通算最多塁打
セ－ 80…坂本 勇人　（巨）
パ－ 93…内川 聖一　（ソ）◆
b．シリーズ最多塁打
セ－ 23…タイロン・ウッズ（中）2008第1(9)第2(14)
　　　　大島 洋平　　（中）2012第1(10)第2(13)
パ－ 28…中田 翔　　（日）2014第1(7)第2(21)
c．ゲーム最多塁打
セ－ 9…大山 悠輔　（神）2017第1②
パ－ 14…今宮 健太　（ソ）2019第2④
d．イニング最多塁打
　　　4…多数あり

Ｊ．長　打

a．通算最多長打
セ－ 20…坂本 勇人　（巨）◆
パ－ 18…内川 聖一　（ソ）
b．シリーズ最多長打
セ－ 6…藤井 淳志　（中）2009第1(4)第2(2)
　　　　立岡宗一郎　（巨）2015第1(2)第2(4)
パ－ 7…中田 翔　　（日）2014第1(2)第2(5)
　　　　上林 誠知　（日）2018第1(1)第2(6)
c．ゲーム最多長打
セ－ 3…大山 悠輔　（神）2017第1②　二2,本1
パ－ 3…門田 博光　（南）1973②　　二1,本2
　　　　テリー　　　（武）1982④　　二1,本2
　　　　今宮 健太　（ソ）2019第2④　本3

Ｋ．打　点

a．通算最多打点
セ－ 17…森野 将彦　（中）
　　　　阿部慎之助　（巨）
パ－ 32…柳田 悠岐　（ソ）◆
b．シリーズ最多打点
セ－ 8…タイロン・ウッズ（中）2008第1(4)第2(4)
　　　　ゴメス　　　（中）2014第1(0)第2(8)
パ－ 13…カブレラ　（武）2004第1(9)第2(4)
c．ゲーム最多打点
セ－ 6…小笠原道大　（巨）2008第2②
パ－ 6…大橋 穣　　（急）1973④
　　　　栗山 巧　　（武）2018第2②
　　　　上林 誠知　（日）2018第2②
　　　　今宮 健太　（ソ）2019第2④
d．連続試合打点
セ－ 4…タイロン・ウッズ（中）2008第1①〜第2①
　　　　和田 一浩　（中）2009第1①〜第2①
　　　　マ ギ ー　　（巨）2018第1②〜第2③
　　　　岡本 和真　（巨）2019第2①〜④

パー 5…カブレラ (武) 2004第1①～第2②
　　　内川 聖一 (ソ) 2017第2①～⑤

L. 盗 塁
a. 通算最多盗塁
セー 6…荒木 雅博 (中)
パー 12…西岡 剛 (ロ)◆
b. シリーズ最多盗塁
セー 3…荒木 雅博 (中) 2008第1(0)第2(3)
　　　田中 俊太 (巨) 2018第1(2)第2(1)
　　　近本 光司 (神) 2019第1(2)第2(1)
パー 5…福本 豊 (急) 1973
　　　西岡 剛 (ロ) 2005第1(0)第2(5)
c. ゲーム最多盗塁
セー 2…近本 光司 (神) 2019第1①
パー 3…福本 豊 (急) 1973⑤
d. イニング最多盗塁
セー 1…多数あり
パー 2…福田 秀平 (ソ) 2016第2②9回
e. 連続試合盗塁
セー 3…荒木 雅博 (中) 2008第2②～④
パー 3…西岡 剛 (ロ) 2005第2③～⑤
　　　(TSUYOSHI) 2007第1②～第2①

M. 盗塁刺
a. 通算最多盗塁刺
セー 3…菊池 涼介 (広)◆
パー 3…本多 雄一 (ソ)◆
b. シリーズ最多盗塁刺
セー 3…荒木 雅博 (中) 2009第1(1)第2(1)
　　　和田 一浩 (中) 2011第2(2)
　　　梶谷 隆幸 (ディ) 2017第1(1)第2(1)
パー 2…大橋 穣 (急) 1973
　　　弘田 澄男 (ロ) 1977
　　　大熊 忠義 (急) 1977
　　　甲斐 拓也 (ソ) 2022第1(0)第2(2)
c. ゲーム最多盗塁刺
セー 2…和田 一浩 (中) 2011第2①
パー 2…甲斐 拓也 (ソ) 2022第2②③

N. 犠 打
a. 通算最多犠打
セー 14…荒木 雅博 (中)◆
　　　菊池 涼介 (広)◆
パー 14…中島 卓也 (日)◆
b. シリーズ最多犠打
セー 6…荒木 雅博 (中) 2008第1(3)第2(3)
　　　　　　　　　　　 2012第1(4)第2(2)
パー 8…中島 卓也 (日) 2014第1(4)第2(4)
c. ゲーム最多犠打
セー 3…英 智 (中) 2009第1①
パー 2…多数あり
　　　(最新) 甲斐 拓也 (ソ) 2022第1②

O. 犠 飛
a. 通算最多犠飛
セー 3…井端 弘和 (巨)
パー 4…カブレラ (ソ)◆
b. シリーズ最多犠飛
セー 2…井端 弘和 (巨) 2012第1(1)第2(1)
　　　梅野隆太郎 (神) 2019第1(2)第2(0)
　　　マルテ (神) 2022第1(0)第2(2)
パー 2…堀 幸一 (ロ) 2005第1(2)第2(0)
　　　カブレラ (オ) 2008第1(2)第2(1)
　　　鶴岡 慎也 (日) 2008第1(1)第2(1)
c. ゲーム最多犠飛
セー 2…マルテ (神) 2022第2②
パー 1…多数あり

P. 四 球
a. 通算最多四球
通 32…和田 一浩 (中)
セー 23…井端 弘和 (巨)
　　　坂本 勇人 (巨)
パー 26…柳田 悠岐 (ソ)
b. シリーズ最多四球
セー 8…ブランコ (中) 2012第1(3)第2(5)
　　　森野 将彦 (中) 2012第1(1)第2(7)
パー 9…サブロー (ロ) 2010第1(2)第2(7)
c. ゲーム最多四球
セー 3…和田 一浩 (中) 2011第2③
　　　バレンティン (ヤ) 2012第1③
　　　井端 弘和 (中) 2012第2②
　　　柴田 竜拓 (ディ) 2017第2④
　　　丸 佳浩 (巨) 2019第2③
パー 4…ソレイタ (日) 1981⑤
d. イニング最多四球
　　1…多数あり

Q. 死 球
a. 通算最多死球
セー 6…村田 修一 (巨)◆
パー 5…川﨑 宗則 (ソ)
b. シリーズ最多死球
セー 3…福留 孝介 (神) 2019第1(2)第2(1)
パー 4…川﨑 宗則 (ソ) 2006第1(3)第2(1)
c. ゲーム最多死球
セー 1…多数あり
パー 2…城島 健司 (ダ) 2004第2②
　　　松中 信彦 (ソ) 2010第2③

R. 三 振
a. 通算最多三振
セー 39…坂本 勇人 (巨)◆
パー 41…松田 宣浩 (日)◆
b. シリーズ最多三振
セー 12…ブランコ (中) 2009第1(3)第2(9)
パー 22…陽 岱鋼 (日) 2014第1(8)第2(14)
c. ゲーム最多三振
セー 4…ブランコ (中) 2009第2②
　　　4…高橋 由伸 (巨) 2008第2③(補回)
パー 4…大宮 龍男 (日) 1981②
　　　李 承燁 (ロ) 2005第2②
　　　4…陽 岱鋼 (日) 2014第2⑤(補回)
d. イニング最多三振
　　1…多数あり
e. 連続試合三振(シリーズ)
セー 9…ブランコ (中) 2012第1①～第2⑥
パー 9…陽 岱鋼 (日) 2014第1①～第2⑥

S. 併殺打
a. 通算最多併殺打
通 7…和田 一浩 (中)
セー 6…高橋 由伸 (巨)
パー 6…内川 聖一 (ソ)
b. シリーズ最多併殺打
セー 4…高橋 由伸 (巨) 2012第2(4)
パー 3…マルカーノ (急) 1979
　　　柳田 悠岐 (ソ) 2016第1(0)第2(3)
c. ゲーム最多併殺打
セー 3…高橋 由伸 (巨) 2012第2④
パー 2…マルカーノ (急) 1979
　　　田淵 幸一 (武) 1982①
　　　カブレラ (ソ) 2011第2③
　　　里崎 智也 (ロ) 2013第2①
　　　デスパイネ (ロ) 2015第1①
　　　柳田 悠岐 (ソ) 2016第2④
　　　ペゲーロ (楽) 2017第1②

Ⅲ．チーム打撃記録

A．打　率

a．シリーズ最高打率　　　　　　　　打数　安打
セ－.301…巨　人　2008第2　143　43　(4試合)
パ－.337…西　武　2013第1　104　35　(3試合)
b．シリーズ最低打率
セ－.070…ヤクルト　2018第1　　57　　4　(2試合)
パ－.169…ソフトバンク　2010第2　178　30　(6試合)
c．ゲーム最高打率
セ－.467…ＤｅＮＡ　2017第1②　45　21
パ－.488…西　武　2013第1②　41　20
d．ゲーム最低打率
セ－.000…ヤクルト　2018第1②　27　　0
パ－.036…ソフトバンク　2016第2①　28　　1

B．打　数

a．シリーズ最多打数
セ－301…中　日　2012第1第2(9試合)
パ－310…日本ハム　2014第1第2(9試合)
b．シリーズ最少打数
セ－57…ヤクルト　2018第1(2試合)
パ－57…日本ハム　2006第2(2試合)
c．ゲーム最多打数
セ－45…ＤｅＮＡ　2017第1②
パ－43…ソフトバンク　2018第2①
　　　　　　　　　　　2019第2④
　　　43…ロッテ　2010第1②(11回)
　　　　　日本ハム　2014第2⑤(11回)
d．ゲーム最多打数合計　－両チーム－
セ－78…神33－45ディ　2017第1②
パ－79…武36－43ソ　2019第2④
(補回)
セ－84…巨41－43中　2008第2③(12回)
パ－83…武42－41ロ　2010第1①(11回)
　　　ソ40－43日　2014第2⑤(11回)
e．ゲーム最少打数(コールド除く)
セ－26…阪　神　2019第2④(9回)
　　24…広　島　2016第2②(9回三死未満)
パ－26…ソフトバンク　2005第2⑤(9回)
　　　　　　　　　　2006第2②(9回)
　　25…ソフトバンク　2010第2③(9回三死未満)
f．ゲーム最少打数合計　－両チーム－(コールド除く)
セ－53…ディ26－27神　2022第1②
パ－55…日29－26ソ　2006第2②
g．イニング最多打者数
セ－11…広　島　2016第2④1回
パ－15…阪　急　1977①5回
h．イニング最多打数
セ－9…ＤｅＮＡ　2017第1②7回
パ－10…近　鉄　1975①6回
　　　　阪　急　1977①5回

C．得　点

a．シリーズ最多得点
セ－39…ＤｅＮＡ　2017第1第2(8試合)
パ－59…ソフトバンク　2018第1第2(8試合)
b．シリーズ最少得点
セ－0…広　島　2014第1(2試合)
パ－2…西　武　2005第1(2試合)
c．ゲーム最多得点
セ－13…ＤｅＮＡ　2017第1②
パ－18…阪　急　1977①
d．ゲーム最多得点合計　－両チーム－
セ－19…神　6－13ディ　2017第1②
パ－19…急18－1ロ　1977①
　　　武　4－15ソ　2018第2③
e．ゲーム最少得点合計　－両チーム－

セ－0…神0－0広　2014第1②
パ－1…ロ0－1日　1981①
　　　武1－0ソ　2006第1①
　　　日1－0ソ　2006第2①
　　　ソ1－0ロ　2010第2③
　　　オ1－0ロ　2021第2①
f．最多得点差
セ－9…巨11－2中　2008第2②
パ－17…急18－1ロ　1977①
g．最多得点完封試合
セ－7…中7－0神　2007第1①
パ－15…武15－0ロ　2013第1②
h．イニング最多得点
セ－6…広　島　2016第2④1回
　　　ＤｅＮＡ　2017第1②7回
パ－10…阪　急　1977①5回
i．イニング最多連続得点
セ－5…中　日　2007第1②1回
　　　巨　人　2009第2④3回
　　　広　島　2016第2④1回
　　　ヤクルト　2022第2③7回
パ－6…日本ハム　2007第2③7回
j．最多連続イニング得点
セ－4…広　島　2013第1②6～9回
　　　ＤｅＮＡ　2017第2⑤2～5回
パ－7…ソフトバンク　2019第2①7回～②4回
k．最多連続イニング無得点
セ－25…巨　人　2015第2①7回～④4回
　　23…巨　人　2010第1②9回～第2③4回
パ－21…ロッテ　2021第1②8回～第2③2回
　　18…近　鉄　1975②6回～④5回
　　　ロッテ　2010第2②9回～④1回

D．安　打

a．シリーズ最多安打
セ－81…中　日　2012第1第2(9試合)
パ－93…ソフトバンク　2018第1第2(8試合)
b．シリーズ最少安打
セ－4…ヤクルト　2018第1(2試合)
パ－11…ロッテ　2016第1(2試合)
c．ゲーム最多安打
セ－21…ＤｅＮＡ　2017第1②
パ－20…西　武　2013第1②
d．ゲーム最少安打
セ－0…ヤクルト　2018第1②
パ－1…ソフトバンク　2016第2①
e．ゲーム最多安打合計　－両チーム－
セ－31…神10－21ディ　2017第1②
パ－27…急10－17近　1975①
　　　武10－17ソ　2019第2④
f．ゲーム最少安打合計　－両チーム－
セ－6…広3－3巨　2018第2②
　　5…広3－2ディ　2017第2①(5回コールド)
パ－6…ソ4－2ロ　2010第2②
g．イニング最多安打
セ－7…ＤｅＮＡ　2017第1②7回
パ－8…阪　急　1977①5回
h．イニング最多連続打数安打
セ－5…6度
　　(最新)ＤｅＮＡ　2019第1①1回(連続打席)
パ－6…日本ハム　2007第2③7回(1死球を挟む)
　　　西　武　2011第1②9回(1犠打、1四球を挟む)
　　　ソフトバンク　2015第2②6回(1死球を挟む)
i．最多連続試合2ケタ安打
セ－3…中　日　2012第2②11③11④11
　　　阪　神　2014第2②10③11④11
パ－4…ソフトバンク　2019第2①11②13③14④17
　　3…日本ハム　2007第2③13④11⑤11
　　　ソフトバンク　2018第2③16④11⑤12
j．全員安打
セ、パともになし
k．毎回安打

セーなし
パー　　ソフトバンク　2019第1②計12安打(8回)
　　　　　　　　　　　　第2③計14安打(9回)
　　　　　　　　　　　　第2④計17安打(9回)

E. 二 塁 打

a. シリーズ最多二塁打
セー 13…中　日　2009第1第2(7試合)
パー 17…ソフトバンク　2019第1第2(7試合)
b. ゲーム最多二塁打
セー 4…中　日　2009第1③
　　　　　　　　2010第2①
　　　　巨　人　2009第2①
　　　　　　　　2019第2②
　　　　広　島　2016第2①
パー 5…ロッテ　2010第2⑤
　　　　　　　　2013第1①
　　　　西　武　2013第1②
　　　　ソフトバンク　2019第2④
　　　　オリックス　2023第2①
c. ゲーム最多二塁打合計 －両チーム－
セー 6…中 4－2ヤ 2009第1③
　　　　巨 4－2中 2009第2②
パー 7…ソ 2－5ロ 2010第2①
　　　　日 3－4ロ 2015第1①
d. イニング最多二塁打
セー 2…13度
　　　　(最新) 阪　神 2022第2③5回
パー 3…ロッテ 2010第2⑤7回
　　　　　　　　2015第1①3回(連続)
　　　　日本ハム 2018第1①8回(連続)
　　　　ソフトバンク 2019第2②3回

F. 三 塁 打

a. シリーズ最多三塁打
セー 2…広　島　2013第1第2(5試合)
　　　　巨　人　2015第1第2(7試合)
　　　　阪　神　2019第1第2(7試合)
パー 3…日本ハム 2007第2(5試合)
　　　　西　武　2008第2(5試合)
　　　　ロッテ　2013第1(5試合)
　　　　ソフトバンク 2018第1第2(8試合)
b. ゲーム最多三塁打
セー 2…広 島 2013第1②
パー 2…近 鉄 1979①
　　　　西　武 2008第2①
　　　　ロッテ 2013第1①
c. イニング最多三塁打
セー 1…多数あり
パー 2…ロッテ 2013第1①8回

G. 本 塁 打

a. シリーズ最多本塁打
セー 11…中　日　2008第1第2(7試合)
パー 14…西　武　2004第1第2(8試合)
　　　　　ソフトバンク 2019第1第2(7試合)
b. シリーズ最少本塁打
セー 0…阪　神　2007第1(2試合)
　　　　広　島　2014第1(2試合)
　　　　ヤクルト 2018第1(2試合)
　　　　阪　神　2021第1(2試合)
　　　　巨　人　2021第1第2(5試合)
パー 0…日本ハム 2006第2(2試合)
　　　　　　　　　2015第1(3試合)
　　　　オリックス 2008第1(2試合)
　　　　ソフトバンク 2009第1(2試合)
　　　　　　　　　　2010第2(6試合)
c. ゲーム最多本塁打
セー 5…DeNA 2017第2⑤
パー 5…ロッテ 2007第2②

　　　　　　　ソフトバンク　2018第1③
d. ゲーム最多本塁打合計 －両チーム－
セー 6…巨 4－2中 2008第2②
　　　　巨 3－3神 2014第2②
　　　　広 1－5ディ 2017第2⑤
パー 6…日 3－3武 1982④
　　　　武 4－2日 2004第1①
　　　　ダ 2－4武 2004第2③
　　　　ソ 5－1日 2018第1③
　　　　ソ 2－4楽 2019第1①
　　　　武 2－4ソ 2019第2④
e. イニング最多本塁打
セー 2…8度
　　　　(最新)巨　人　2019第2①1回
パー 3…日本ハム 1982④3回
　　　　西　　武 2004第1①7回
　　　　ダイエー 2004第2①7回
f. 連続試合本塁打
セー 7…中　日　2008第1①～第2④
　　　　　　　　2009第1①～第2④
パー 7…ソフトバンク 2019第1①～第2④
g. 連続イニング本塁打
セー 3…ヤクルト 2022第2②3～5回
パー 3…阪　急　1975②6～8回
　　　　西　武　1982④4～6回
h. 連続打者本塁打
セー 2…巨　人 2009第2③6回(ラミレス、亀井)
　　　　　　　 2014第2④9回(セペダ、坂本)
　　　　　　　 2019第2①1回(丸、岡本)
　　　　阪　神 2014第2④1回(マートン、福留)
　　　　　　　 2015第1②1回(ゴメス、マートン)
パー 2…10度
　　　　(最新)ソフトバンク 2020②4回(中村晃、松田)

H. 塁　打

a. シリーズ最多塁打
セー114…DeNA　2017第1第2(8試合)
パー151…ソフトバンク 2018第1第2(8試合)
b. シリーズ最少塁打
セー 6…ヤクルト 2018第1(2試合)
パー 13…日本ハム 2006第2(2試合)
c. ゲーム最多塁打
セー 33…巨　人　2008第2②
パー 34…ロッテ　2013第1①
　　　　　ソフトバンク 2019第2④
d. ゲーム最少塁打（天候によるコールド除く）
セー 0…ヤクルト 2018第1②
パー 2…ソフトバンク 2016第2①
　　　　西　武　2019第2③
e. ゲーム最多塁打合計 －両チーム－
セー 45…広14－31ディ 2017第2⑤
パー 51…武17－34ソ 2019第2④
f. ゲーム最少塁打合計 －両チーム－（天候による
コールド除く）
セー 8…ディ 6－2神 2022第1②
パー 8…日 5－3ソ 2006第2②
g. イニング最多塁打
セー 10…巨　人　2008第2②2回
　　　　　　　　2009第2②4回
　　　　阪　神　2014第2④1回
　　　　DeNA　2017第1①7回
パー 14…日本ハム 1982④3回

I. 長　打

a. シリーズ最多長打
セー 23…中　日　2009第1第2(7試合)
パー 31…ソフトバンク 2019第1第2(7試合)
b. シリーズ最少長打
セー 0…広　島　2014第1(2試合)
パー 0…日本ハム 2006第2(2試合)
　　　　オリックス 2008第1(2試合)

c．ゲーム最多長打
セー 7…巨　　人　2008第2②　二2 三1 本4
パー 10…ロッテ　2013第1①　二5 三2 本3
d．ゲーム最多長打合計　－両チーム－
セー 9…巨 7－ 2中　2008第2②
　　　　巨 5－ 4中　2009第2②
　　　　巨 4－ 5神　2015第1②
パー 12…武 3－ 9ソ　2019第2④
e．ゲーム最少長打合計（天候によるコールド除く）
セー 0…中－ヤ　2011第2③
パー 0…日－ソ　2006第2①
　　　　日－ソ　2006第2②
f．イニング最多長打
セー 3…中　　日　2008第2③4回
　　　　巨　　人　2009第2②4回
　　　　広　　島　2017第2④1回
パー 4…阪　　急　1977①5回
　　　　日本ハム　1982④3回
　　　　西　　武　2008第2③3回
　　　　ロッテ　2013第1①8回
　　　　ソフトバンク　2019第2②3回

J．打　　点

a．シリーズ最多打点
セー 38…DeNA　2017第1第2(8試合)
パー 56…ソフトバンク　2018第1第2(8試合)
b．シリーズ最少打点
セー 0…広　　島　2014第1(2試合)
パー 2…西　　武　2005第1(2試合)
　　　　ソフトバンク　2009第1(2試合)
c．ゲーム最多打点
セー 13…DeNA　2017第1②
パー 18…阪　　急　1977①
d．ゲーム最多打点合計　－両チーム－
セー 19…神 6－13ディ 2017第1②
パー 19…急18－ 1ロ 1977①
e．ゲーム最少打点合計　－両チーム－
セー 0…神－広　2014第1②
パー 0…ソ－ロ　2010第2③
f．イニング最多打点
セー 6…広　　島　2016第2④1回
　　　　DeNA　2017第2①7回
パー 10…阪　　急　1977①5回

K．盗　　塁

a．シリーズ最多盗塁
セー 7…阪　　神　2019第1第2(7試合)
パー 11…阪　　急　1973(5試合)
b．ゲーム最多盗塁
セー 4…阪　　神　2022第1①
パー 4…ロッテ　1974②
　　　　ソフトバンク　2016第2②
c．ゲーム最多盗塁合計　－両チーム－
セー 5…巨 3－ 2神　2019第2②
パー 5…武 2－ 3日　2011第1②
d．イニング最多盗塁
セー 2…巨　　人　2008第2③6回
　　　　　　　　　2019第2②5回
　　　　阪　　神　2019第1①8回
　　　　　　　　　2022第1①8回
　　　　DeNA　2023第1①4回
パー 4…ソフトバンク　2016第2②9回

L．盗塁刺

a．シリーズ最多盗塁刺
セー 3…中　　日　2011第2(5試合)
　　　　広　　島　2018第2(3試合)
　　　　阪　　神　2019第1第2(7試合)
パー 4…阪　　急　1977(5試合)
b．ゲーム最多盗塁刺

セー 2…4度
　　　　(最新)阪　神　2019第2④
パー 2…6度
　　　　(最新)ソフトバンク　2022第2③

M．犠　　打

a．シリーズ最多犠打
セー 10…中　　日　2008第1第2(7試合)
　　　　　　　　　 2009第1第2(7試合)
パー 17…日本ハム　2014第1第2(9試合)
　　　　楽　　天　2017第1第2(8試合)
b．ゲーム最多犠打
セー 5…広　　島　2013第1②
　　　　　　　　　2023第1①(9回まで)
パー 5…ソフトバンク　2005第2⑤
　　　　　　　　　2007第1②
c．ゲーム最多犠打　－両チーム－
セー 5…7度
　　　　(最新)広 4－ 1ディ 2023第1①(9回まで)
　　　7…広 5－ 2ディ 2023第1①(補回)
パー 5…10度
　　　　(最新)武 1－ 4ソ 2019第2③
　　　5…オ 3－ 2日 2014第1③(補回)
d．イニング最多犠打
セー 2…中　　日　2007第2②7回
　　　　広　　島　2013第1②8回
　　　　阪　　神　2017第1②4回
　　　　　　　　　2017第2②6回
　　　　広　　島　2023第1①8回
パー 2…ソフトバンク　2007第1③
　　　　楽　　天　2013第2②1回
　　　　日本ハム　2016第2②5回

N．犠　　飛

a．シリーズ最多犠飛
セー 4…広　　島　2023第1第2(5試合)
　　　3…中　　日　2012第1第2(9試合)
　　　　阪　　神　2019第1第2(7試合)
　　　　　　　　　2022第1第2(6試合)
パー 3…日本ハム　1981(5試合)
　　　　　　　　　2009第2(4試合)
　　　　西　　武　2004第2(8試合)
　　　　ロッテ　2007第1第2(8試合)
　　　　　　　　　2023第1第2(7試合)
b．ゲーム最多犠飛
セー 2…阪　　神　2010第1②
　　　　　　　　　2022第2②
　　　　DeNA　2017第1②
パー 2…日本ハム　1981②
　　　　西　　武　2004第2⑤

O．四　　球

a．シリーズ最多四球
セー 40…中　　日　2012第1第2(9試合)
パー 38…西　　武　2004第1第2(8試合)
b．シリーズ最少四球
セー 2…広　　島　2014第1(2試合)
パー 2…ソフトバンク　2009第1(2試合)
c．ゲーム最多四球
セー 10…ヤクルト　2022第2②
パー 10…近　　鉄　1980③
　　　　日本ハム　1981⑤
　　　　ロッテ　2015第2⑤
d．ゲーム最多四球合計　－両チーム－
セー 14…ヤ10－ 4神 2022第2②
パー 15…日 8－ 7ロ 1981②
e．ゲーム最少四球合計　－両チーム－
セー 1…神 0－ 1中 2008第1③
　　　　ディ 1－ 0神 2022第1②
パー 1…ロ 1－ 0武 2005第1②

ソ 0－ 1日 2012第2①
f．イニング最多四球
セ－ 4…巨　　　人　2015第1①10回
パ－ 4…阪　　　急　1973②9回
　　　　　ソフトバンク　2018第2④7回
g．イニング最多連続四球
セ－ 3…巨　　　人　2015第1①10回
　　　　　阪　　　神　2023第2③7回
パ－ 3…日本ハム　1981②1回
　　　　　　　　　　　2014第2④2回
　　　　　　　　　　　2018第1①4回
　　　　　ロ ッ テ　2007第2②3回
　　　　　ソフトバンク　2018第2②3回
　　　　　オリックス　2022第2①5回

P．死　　球

a．シリーズ最多死球
セ－ 6…阪　　　神　2019第1第2(7試合)
パ－10…ソフトバンク　2006第1第2(5試合)
b．ゲーム最多死球
セ－ 3…中　　　日　2009第2②
　　　　　広　　　島　2013第2①
パ－ 4…ソフトバンク　2006第1①
c．ゲーム最多死球合計　－両チーム－
セ－ 3…巨 0－ 3中　2009第2②
　　　　　巨 0－ 3広　2013第2①
パ－ 4…武 0－ 4ソ　2006第1①
　　　　　ソ 3－ 1ロ　2010第2③
d．イニング最多死球
セ－ 2…巨　　　人　2012第2⑤2回
パ－ 2…近　　　鉄　1975①7回
　　　　　西　　　武　2004第1①3回
　　　　　日本ハム　2007第2②6回
　　　　　オリックス　2014第1①2回
e．イニング最多連続死球
セ－ 1…多数あり
パ－ 2…近　　　鉄　1975①7回
　　　　　西　　　武　2004第1①3回

Q．三　　振

a．シリーズ最多三振
セ－65…DeNA　2017第1第2(8試合)
パ－89…日本ハム　2014第1第2(9試合)
b．シリーズ最少三振
セ－ 9…阪　　　神　2010第1(2試合)
パ－ 8…日本ハム　2011第1(2試合)
c．ゲーム最多三振
セ－14…阪　　　神　2022第1②
パ－15…日本ハム　2008第2④
　　　18…ソフトバンク　2014第2⑤(補回)
d．ゲーム最少三振
セ－ 2… 4度
　　　　(最新)中　　　日　2012第1③
　　　 2…DeNA　2017第2①(5回終了コールド)
パ－ 0…南　　　海　1973④
　　　　　ロ ッ テ　1977④
　　　　　西　　　武　2005第1①
e．ゲーム最多三振合計　－両チーム－
セ－25…巨13－12中　2007第2③
パ－24…ソ14－10日　2014第2⑤(9回まで)
　　　32…ソ18－14日　2014第2⑤(補回)
f．ゲーム最少三振合計　－両チーム－
セ－ 6…中 2－ 4ヤ　2011第2②
　　　 5…広 3－ 2ディ　2017第2①(5回終了コールド)
パ－ 4…南 1－ 3急　1973①
g．イニング最多三振
セ－ 3…多数あり
h．毎回三振
セ－巨　　　人　2011第1②　計10三振(9回)
　　　　　　　　　2018第1②　計12三振(9回)
　　　広　　　島　2013第1①　計11三振(9回)

DeNA　2019第1②　計12三振(9回)
パ－日本ハム　2004第1③　計13三振(9回)
　　　ロ ッ テ　2005第2②　計11三振(9回)
　　　ソフトバンク　2014第2⑤　計18三振(11回)
　　　西　　　武　2018第2①　計12三振(9回)
　　　　　　　　　2022第1①　計13三振(9回)
i．全員三振
セ、パともになし
j．連続三振
セ－ 5…中　　　日　2007第2③8～9回
　　　　　DeNA　2019第1①7～9回
　　　　　ヤクルト　2022第2①4～5回
パ－ 5…ロ ッ テ　2013第1③8～9回

R．併　殺　打

a．シリーズ最多併殺打
セ－ 7…DeNA　2017第1第2(8試合)
パ－ 7…ロ ッ テ　2005第1第2(7試合)
　　　　　　　　　　　　2013第1第2(7試合)
b．ゲーム最多併殺打
セ－ 4…巨　　　人　2012第2④
パ－ 3…近　　　鉄　1979③
　　　　　西　　　武　1982①
　　　　　ソフトバンク　2011第2③
　　　　　　　　　　　2014第2④
　　　　　ロ ッ テ　2013第1②
c．ゲーム最多併殺打合計　－両チーム－
セ－ 6…巨 4－ 2中　2012第2④
パ－ 5…急 2－ 3近　1979③

S．残　　塁

a．ゲーム最多残塁
セ－14…中　　　日　2009第1③
パ－14…ロ ッ テ　1981②
　　　　　楽　　　天　2009第2②
b．ゲーム最多残塁合計　－両チーム－
セ－26…ヤ13－13神　2022第2②
パ－26…ロ14－12日　1981②
c．ゲーム最少残塁
セ－ 1…ヤクルト　2018第1②
　　　　　阪　　　神　2022第1②
　　　 1…DeNA　2017第2①(5回終了コールド)
パ－ 1…ロ ッ テ　1977①
d．ゲーム最少残塁合計　－両チーム－
セ－ 4…ディ 3－ 1神　2022第1②
　　　 4…広 3－ 1ディ　2017第2①(5回終了コールド)
パ－ 5…ロ 2－ 3ソ　2010第2②
e．毎回残塁
セ－中　　　日　2009第1③　計14残塁(8回)
　　　ヤクルト　2022第2②　計13残塁(8回)
パ－日本ハム　2008第2①　計13残塁(9回)
　　　楽　　　天　2009第2②　計14残塁(9回)
　　　ソフトバンク　2019第2③　計11残塁(9回)

Ⅳ．個人投手記録

通算記録においてセ・パの◆はセ・パ合計でも最多

A．試　　合

a．通算最多試合
セ－24…山口　鉄也(巨)◆
パ－23…森　唯斗(ソ)
b．シリーズ最多試合　(　)内数字は試合数
セ－ 7…山井　大介(中)　2012第1(3)第2(4)
パ－ 7…高梨　雄平(楽)　2017第1(3)第2(4)

B．完　投

a．通算最多完投
セ－ 2…菅野　智之（巨）
パ－ 4…山田　久志（急）◆
　　　　　ダルビッシュ有（日）◆
b．シリーズ最多完投
セ－ 1…菅野　智之（巨）2013第2②
　　　　　　　　　　　　　　2018第1②
　　　　　ジョンソン（広）2016第2①
　　　　　薮田　和樹（広）2017第2①（5回終了コールド）
　　　　　石田　健大（ディ）2017第2①（5回終了コールド）
　　　　　奥川　恭伸（ヤ）2021第2①
パ－ 2…山口　高志（急）1975②④
　　　　　山田　久志（急）1977①④
　　　　　村田　兆治（ロ）1981①④
　　　　　斉藤　和巳（ソ）2006第1①第2②
　　　　　ダルビッシュ有（日）2008第1①第2②
　　　　　岩隈　久志（楽）2009第1①第2②
　　　　　田中　将大（楽）2009第1②第2③
　　　　　成瀬　善久（ロ）2010第2①⑥

C．無失点勝利

a．通算最多無失点勝利
セ－ 2…菅野　智之（巨）◆ 2013第2②2018第1②
パ－ 2…足立　光宏（急）1975③1977⑤
　　　　　成瀬　善久（ロ）2007第1③2010第2⑥
b．無安打無得点
セ－菅野　智之（巨）2018第1②
　　　　　打者28 四死球1 三振7 球数113
パ－なし
c．初登板無失点勝利
セ－菅野　智之（巨）2013第2②
　　　ジョンソン（広）2016第2①
　　　薮田　和樹（広）2017第2①（5回終了コールド）
　　　奥川　恭伸（ヤ）2021第2①
パ－八木　智哉（日）2006第2②
　　　成瀬　善久（ロ）2007第1③
　　　岡本　洋介（武）2013第1①
　　　美馬　学（楽）2013第2③
　　　菊池　雄星（武）2017第1①
　　　山本　由伸（オ）2021第2①
d．1－0無失点勝利
セ－なし
パ－松坂　大輔（武）2006第1①
　　　八木　智哉（日）2006第2②
　　　山本　由伸（オ）2021第2①

D．勝　利

a．通算最多勝利
通－ 6…中田　賢一（ソ）
セ－ 5…吉見　一起（中）
パ－ 5…ダルビッシュ有（日）
b．シリーズ最多勝利
セ－ 2…川上　憲伸（中）2007第1①第2②
　　　　　中田　賢一（中）2007第1②第2②
　　　　　越智　大祐（巨）2010第1②第2③
　　　　　吉見　一起（中）2011第2①⑤
　　　　　井納　翔一（ディ）2016第1①第2③
　　　　　ウィーランド（ディ）2017第1③第2④
　　　　　ドリス（神）2019第1①③
パ－ 2…多数あり
　　　　（最新）千賀　滉大（ソ）2022第1①第2③
c．通算最多連続勝利
セ－ 5…吉見　一起（中）◆ 2008第1③2009第1②
　　　　　　　　　　　　　　　2010第2②2011第2①⑤
パ－ 5…ダルビッシュ有（日）◆ 2006第2①2007第2①⑤
　　　　　　　　　　　　　　　　2008第1①第2②
d．最少投球数勝利
セ－ 3…高木　京介（巨）2021第1②
パ－ 2…藤田　宗一（ロ）2005第2⑤

　　　　　内　竜也（ロ）2010第1②
e．打者1人に投げて勝利
セ－小林　正人（中）2008第2①
　　　ターリー（広）2023第1①
パ－藤田　宗一（ロ）2005第2⑤
　　　内　竜也（ロ）2010第1②
　　　五十嵐亮太（ソ）2014第2①
　　　鍵谷　陽平（日）2014第2⑤
f．2チーム以上で勝利
　　　豊田　清（武、巨）
　　　ホールトン（ソ、巨）
　　　杉内　俊哉（ソ、巨）
　　　馬原　孝浩（ソ、オ）
　　　中田　賢一（中、ソ）
　　　涌井　秀章（武、ロ、楽）
　　　岸　孝之（武、楽）
　　　有原　航平（日、ソ）

E．敗　北

a．通算最多敗北
通－ 5…チェン・ウェイン（ロ）
セ－ 4…チェン（中）
　　　　　内海　哲也（巨）
パ－ 5…斉藤　和巳（ソ）◆
　　　　　杉内　俊哉（ソ）◆
b．シリーズ最多敗北
セ－ 2…チェン（中）2009第1①第2②
　　　　　菅野　智之（巨）2015第1②第2③
　　　　　野村　祐輔（広）2017第2②第2⑤
パ－ 2…村田　兆治（ロ）1977①④
　　　　　仁科　時成（ロ）1980①④
　　　　　江夏　豊（日）1982①②
　　　　　斉藤　和巳（ソ）2006第1①第2②
　　　　　武田　勝（日）2007第2②④
　　　　　グリン（日）2008第2①⑤
　　　　　杉内　俊哉（ソ）2010第2①⑤
c．通算最多連続敗北
セ－ 3…チェン（中）2008第1②2009第1①第2②
パ－ 5…斉藤　和巳（ソ）◆ 2004第2③2005第2②
　　　　　　　　　　　　　　　2006第1①第2②2007第1①
d．最少投球数敗北
セ－ 5…山本　哲哉（ヤ）2012第1③
パ－ 2…土肥　義弘（武）2010第1①
e．打者1人に投げて敗北
セ－山本　哲哉（ヤ）2012第1③
パ－土肥　義弘（武）2010第1①
　　　藤岡　好明（ソ）2012第2①
f．2チーム以上で敗北
　　　ホールトン（ソ、巨）
　　　木佐貫　洋（巨、ロ）
　　　澤村　拓一（巨、ロ）
　　　チェン・ウェイン（中、ロ）
　　　美馬　学（楽、ロ）

F．セーブ

a．通算最多セーブ
セ－10…岩瀬　仁紀（中）◆
パ－ 8…サファテ（ソ）
b．シリーズ最多セーブ
セ－ 4…岩瀬　仁紀（中）2007第1②第2①②③
　　　　　呉　昇桓（神）2014第1②第2①②③
パ－ 5…小林　雅英（武）2005第1①②第2①②③
c．最少投球数セーブ
セ－ 1…林　昌勇（ヤ）2011第1①
パ－ 4…横山　道哉（ロ）2004第1②

G．ホールド

a．通算最多ホールド
セ－ 8…山口　鉄也（巨）◆
パ－ 6…宮西　尚生（日）

　　　　　嘉弥真新也（ソ）
b．シリーズ最多ホールド
セー　3…浅尾　拓也（中）2012第1①第2①②
　　　　　山口　鉄也（巨）2012第2③④⑥
　　　　　高宮　和也（神）2014第2①②③
　　　　　エスコバー（ディ）2017第1②第2③④
パー　3…藪田　安彦（ロ）2005第2①②③
　　　　　増井　浩俊（日）2012第2①②⑤
　　　　　宮西　尚生（日）2014第1①③第2⑤
　　　　　松永　昂大（ロ）2015第1②③第2①
　　　　　高梨　雄平（楽）2017第1③第2①②
　　　　　福山　博之（楽）2017第1③第2①②
　　　　　モイネロ（ソ）2019第1②③第2①

H．投 球 数
a．ゲーム最多投球数
セー128…濵口　遥大（ディ）2017第2②（先発7回勝利）
パー192…山口　高志（急）1975②（9回完投勝利）
b．ゲーム最少投球数完投
セー　98…奥川　恭伸（ヤ）2021第2①（9回完封勝利）
　　　64…藪田　和樹（広）2017第2①（5回コールド勝利）
パー　88…足立　光宏（急）1977⑤（9回完封勝利）
c．イニング最多投球数
セー　48…今永　昇太（ディ）2016第2④1回
パー　52…仁科　時成（ロ）1977①6回

I．投 球 回
a．通算最多投球回
セー48⅓…内海　哲也（巨）
パー69⅓…千賀　滉大（ソ）◆
b．ゲーム最多投球回
セー　9 …菅野　智之（巨）2013第2②
　　　　　　　　　　　　　2018第1②
　　　　　　ジョンソン（広）2016第2①
　　　　　　奥川　恭伸（ヤ）2021第2①
パー　9⅔…涌井　秀章（武）2011第2③
c．先発投手最短投球回降板
セー　⅓…西　勇輝（神）2019第1①
パー　⅓…稲葉　光雄（急）1977③

J．被 安 打
a．通算最多被安打
通－56…杉内　俊哉（巨）
セー－52…内海　哲也（巨）
パー－52…岸　孝之（楽）
b．ゲーム最多被安打
セー　9…朝倉　健太（中）2008第2②
　　　　　　チェン（中）2009第2②
　　　　　久保　康友（神）2010第2①
　　　　　内海　哲也（巨）2014第2①
　　　　　メッセンジャー（神）2015第1②
パー　12…山口　高志（急）1975②
　　　　　　仁科　時成（ロ）1977①
　　　　　　ミラバル（ロ）2004第1②
c．ゲーム最少被安打（完投）
セー　0…菅野　智之（巨）2018第1②
パー　2…和田　毅（ソ）2010第2②
d．イニング最多被安打
セー　7…桑原謙太朗（神）2017第1②7回
パー　7…山田　久志（急）1975①7回
e．先発最多イニング無安打
セー9 …菅野　智之（巨）2018第1②（無安打無得点）
　　5⅓…川上　憲伸（中）2007第1①
　　　　　菅野　智之（巨）2013第2②
　　　　　ジョンソン（広）2018第2②
　　　　　メルセデス（巨）2021第2③
パー6⅔…涌井　秀章（武）2008第2②
　　5⅔…上沢　直之（日）2014第2①

K．被 本 塁 打
a．通算最多被本塁打
セー　6…内海　哲也（巨）
パー　11…山田　久志（急）◆
　　　　　千賀　滉大（ソ）◆
b．ゲーム最多被本塁打
セー　3…小山　雄輝（巨）2014第2④
　　　　　原　樹理（ヤ）2018第1②
パー　4…斉藤　和巳（ダ）2004第2③
　　　　　千賀　滉大（ソ）2019第1①
c．イニング最多被本塁打
セー　2…グライシンガー（巨）2008第2①1回
　　　　　　　　　　　　　　李炳圭、タイロン・ウッズ
　　　　　吉見　一起（中）2009第2③6回
　　　　　　　　　　　　　　ラミレス、亀井（連続）
　　　　　小山　雄輝（巨）2014第2④1回
　　　　　　　　　　　　　　マートン、福留（連続）
　　　　　呉　昇桓（神）2014第2④9回
　　　　　　　　　　　　　　セペダ、坂本（連続）
　　　　　菅野　智之（巨）2015第1②1回
　　　　　　　　　　　　　　ゴメス、マートン（連続）
　　　　　原　樹理（ヤ）2018第1②4回
　　　　　　　　　　　　　　マギー、亀井
　　　　　望月　惇志（神）2019第2①1回
　　　　　　　　　　　　　　丸、岡本（連続）
パー　3…大沼　幸二（武）2004第2①7回
　　　　　　　　　　　　　　井口、松中、ズレータ

L．与 四 球
a．通算最多与四球
セー　22…内海　哲也（巨）◆
パー　21…千賀　滉大（ソ）
b．ゲーム最多与四球
セー　5…菅野　智之（巨）2021第2②
パー　6…仁科　時成（ロ）1981②
c．イニング最多与四球
セー　3…藤川　球児（神）2010第1②9回
　　　　　山口　鉄也（巨）2010第2④8回
　　　　　館山　昌平（ヤ）2012第1②4回
　　　　　大竹　寛（広）2013第2④4回
　　　　　高宮　和也（神）2015第1①10回
　　　　　山口　俊（ヤ）2021第2①4回
　　　　　メルセデス（巨）2021第2③4回
　　　　　島本　浩也（神）2022第2⑧8回
　　　　　高橋　奎二（ヤ）2022第2③2回
　　　　　矢崎　拓也（広）2023第2③7回
パー　4…松原　明夫（南）1973②9回
d．イニング最多連続与四球
セー　3…高宮　和也（神）2015第1①10回
　　　　　矢崎　拓也（広）2023第2③7回
パー　3…仁科　時成（ロ）1981②1回（先頭から）
　　　　　スタンドリッジ（ソ）2007第1③6回
　　　　　中田　賢一（ソ）2014第2④2回
　　　　　ミランダ（ソ）2018第1①4回
　　　　　多和田真三郎（武）2018第2②3回
　　　　　大関　友久（ソ）2022第2①5回
e．最多連続イニング無四死球
セー10…吉見　一起（中）2009第1①5～8回第2③1～6回
パー16…田中　将大（楽）2009第1①1～9回第2③1～7回

M．与 死 球
a．通算最多与死球
セー　7…内海　哲也（巨）
パー　6…山田　久志（急）◆
b．ゲーム最多与死球
セー　1…オ　ビ　ス　ポ（巨）2009第2②
パー　4…柴原　大輔（武）2006第1①
c．イニング最多与死球
セー　2…山内　壮馬（中）2012第2⑤2回
パー　2…山田　久志（急）1975①7回

金村　　曉（日）2004第1①3回
川崎　雄介（ロ）2007第2②6回
大谷　翔平（日）2014第1①2回

N. 奪 三 振

a. 通算最多奪三振
セ－ 36…菅野　智之（巨）
パ－ 84…千賀　滉大（ソ）◆
b. ゲーム最多奪三振（10個以上）
セ－ 11…中田　賢一（中）2007第2③
　　　　　菅野　智之（巨）2013第2②
　　　10…大貫　晋一（ディ）2022第1②
パ－ 14…ダルビッシュ有（日）2008第1①
　　　13…松坂　大輔（武）2006第1①
　　　　　石井　一久（武）2008第2④
　　　　　和田　　毅（ソ）2010第2②
　　　12…大谷　翔平（日）2014第2⑤
　　　　　千賀　滉大（ソ）2016第1①
　　　11…ダルビッシュ有（日）2006第2①
　　　　　則本　昂大（楽）2013第2②
　　　　　　　　　　　　　2017第2②
　　　　　千賀　滉大（ソ）2022第1①
　　　10…松坂　大輔（武）2004第1①
　　　　　千賀　滉大（ソ）2019第2③
　　　　　佐々木朗希（ロ）2021第1①
　　　　　山本　由伸（オ）2021第2①
　　　　　　　　　　　　　2022第2①
c. イニング最多奪三振
　　　3…多数あり
d. 最多連続打者奪三振
セ－ 4…チェン（中）2009第1①5～6回
　　　　　メッセンジャー（神）2014第1①2～3回
　　　　　奥川　恭伸（ヤ）2021第1③3～4回
　　　　　大貫　晋一（ディ）2022第1②5～6回
パ－ 5…ウィリアムス（武）2013第1③8～9回

O. 暴　　投

a. 通算最多暴投
セ－ 4…中田　賢一（中）◆
パ－ 2…ダルビッシュ有（日）
　　　　　岸　　孝之（楽）
　　　　　増井　浩俊（日）
　　　　　青山　浩二（楽）
b. ゲーム最多暴投
セ－ 2…中田　賢一（中）2007第2③
　　　　　　　　　　　　　2008第1②
　　　　　クルーン（巨）2009第2②
　　　　　大瀬良大地（広）2014第1②
　　　　　濵口　遥大（ディ）2017第2②
パ－ 2…岸　　孝之（武）2010第1②
c. イニング最多暴投
セ－ 2…中田　賢一（中）2007第2③4回
　　　　　　　　　　　　　2008第1②6回
パ－ 1…多数あり

P. ボ ー ク

セ－ 1…豊田　　清（巨）2009第2①9回
　　　　　野上　亮磨（巨）2018第2③3回
パ－ 1…井本　　隆（近）1975④6回
　　　　　グラマン（武）2011第2①7回
　　　　　則本　昂大（楽）2013第2②9回
　　　　　涌井　秀章（ロ）2016第1①1回
　　　　　ハーマン（楽）2017第2①7回

Q. 失　　点

a. 通算最多失点
通－ 30…杉内　俊哉（巨）
セ－ 24…内海　哲也（巨）
パ－ 27…仁科　時成（ロ）

杉内　俊哉（ソ）
b. ゲーム最多失点
セ－ 7…中田　賢一（中）2009第2④
パ－ 12…仁科　時成（ロ）1977①
c. イニング最多失点
セ－ 6…今永　昇太（ディ）2016第2④1回
　　　　　桑原謙太朗（神）2017第1②7回
パ－ 7…山田　久志（急）1975①6回
　　　　　仁科　時成（ロ）1977①6回
d. 最多連続イニング無失点
セ－ 12…青柳　晃洋（神）2022第1①1～6回第2③1～6回
パ－ 13…渡辺　俊介（ロ）2005第1①2～7回第2③1～7回
　　　　　成瀬　善久（ロ）2010第2①6～9回⑥1～9回
　　　　　涌井　秀章（武）2011第1①2～5回第2③1～9回

R. 自 責 点

a. 通算最多自責点
通－ 30…杉内　俊哉（巨）
セ－ 20…内海　哲也（巨）
パ－ 27…仁科　時成（ロ）
　　　　　杉内　俊哉（ソ）
b. ゲーム最多自責点
セ－ 6…朝倉　健太（中）2008第2②
　　　　　ゴンザレス（巨）2009第2①
　　　　　小山　雄輝（巨）2014第2④
　　　　　今永　昇太（ディ）2016第2④
　　　　　桑原謙太朗（神）2017第1②
パ－ 12…仁科　時成（ロ）1977①
c. イニング最多自責点
セ－ 6…今永　昇太（ディ）2016第2④1回
　　　　　桑原謙太朗（神）2017第1②7回
パ－ 7…山田　久志（急）1975①6回
　　　　　仁科　時成（ロ）1977①6回
d. シリーズ最少自責点－投球回10以上－
セ－ 0…青柳　晃洋（神）2022第1第2　投球回12⅔
パ－ 0…村田　兆治（ロ）1974　投球回10⅓
　　　　　ダルビッシュ有（日）2008第1第2　投球回18
　　　　　田中　将大（楽）2013第2　投球回10

V. チーム投手記録

A. 完　　投

a. シリーズ最多完投
セ－ 1…巨　　人　2013第2（3試合）
　　　　　　　　　　2018第1第2（5試合）
　　　　　広　　島　2016第2（4試合）
　　　　　　　　　　2017第2（5試合）
　　　　　ＤｅＮＡ　2017第1第2（8試合）
　　　　　ヤクルト　2021第2（3試合）
パ－ 4…楽　　天　2009第1第2（6試合）

B. セーブ

a. シリーズ最多セーブ
セ－ 4…中　　日　2007第1第2（5試合）
　　　　　　　　　　2012第1第2（9試合）
　　　　　ヤクルト　2011第1第2（8試合）
　　　　　阪　　神　2014第1第2（6試合）
パ－ 5…ロ ッ テ　2005第1第2（7試合）

C. ホールド

a. シリーズ最多ホールド
セ－ 11…中　　日　2012第1第2（9試合）
パ－ 9…ソフトバンク　2019第1第2（7試合）

D．投　球　回
a．シリーズ最多投球回
セ－ 79⅓…中　　　日　2012第1第2(9試合)
パ－ 80⅓…日本ハム　2014第1第2(9試合)

E．暴　　　投
a．シリーズ最多暴投
セ－ 4…中　　　日　2008第1第2(7試合)
パ－ 3…日本ハム　2008第1第2(7試合)
　　　　　　　　　　　2014第1第2(9試合)
　　　　楽　　天　2009第1第2(6試合)
　　　　ロ ッ テ　2013第1第2(7試合)
　　　　　　　　　　　2015第1第2(6試合)
　　　　西　　武　2019第2(4試合)
b．ゲーム最多暴投
セ－ 2…多数あり
パ－ 2…楽　　天　2009第2①
　　　　西　　武　2010第1②

F．防　御　率
a．シリーズ最高防御率
セ－0.33…巨　　　人　2013第2(3試合)
パ－0.50…日本ハム　2006第2(2試合)
b．シリーズ最低防御率
セ－6.33…阪　　　神　2017第1(3試合)
パ－8.00…西　　　武　2018第2(5試合)

Ⅵ．守　備　記　録

A．個人守備
a．ゲーム最多失策
セ－ 2…荒木　雅博（中）2008第1③（二塁手）
　　　　　　　　　　　　　　2010第2③（遊撃手）
　　　　平野　恵一（神）2010第1②（二塁手）
　　　　坂本　勇人（巨）2018第2③（遊撃手）
パ－ 2…藤原　満（南）1973②（三塁手）
　　　　島谷　金二（急）1979③（三塁手）

B．チーム守備
a．シリーズ最多失策
セ－ 6…阪　　　神　2022第1第2(6試合)
パ－ 7…南　　　海　1973(5試合)
　　　　ロ ッ テ　2010第1第2(8試合)
b．ゲーム最多失策
セ－ 3…中　　　日　2008第1③
　　　　巨　　　人　2021第2②
パ－ 4…南　　　海　1973②
c．ゲーム最多失策合計　－両チーム－
セ－ 5…神 2－ 3中 2008第1③
パ－ 4…南 4－ 0急 1973②
　　　　近 1－ 3急 1979③
　　　　日 3－ 1ロ 1981④
d．シリーズ最多併殺
セ－ 8…中　　　日　2012第1第2(9試合)
　　　　広　　　島　2017第2(5試合)
パ－10…日本ハム　2014第1第2(9試合)
e．ゲーム最多併殺
セ－ 4…中　　　日　2012第2④
パ－ 4…日本ハム　1982①
　　　　西　　　武　2013第1②
f．ゲーム最多併殺合計　－両チーム－
セ－ 6…巨 2－ 4中 2012第2④
　　　　広 3－ 3ディ 2017第2②③
パ－ 5…近 2－ 3急 1979③
　　　　日 4－ 1武 1982①

クライマックスシリーズ・ライフタイム成績

チ ー ム 打 撃 成 績

▲打撃妨害出塁　　　　　　　　　　　　　　　　　　　　　　　　( )内数字は故意四球

ソフトバンク（南海、ダイエー）

年度	試合	打数	得点	安打	二塁打	三塁打	本塁打	塁打	打点	盗塁	盗塁刺	犠打	犠飛	四球	死球	三振	併殺打	残塁	打率	長打率	失策
1973	5	169	20	40	6	0	9	73	20	2	3	0	1	11	4	21	2	33	.237	.432	7
2004	5	173	22	50	10	0	9	87	21	2	1	2	0	14	4	34	1	39	.289	.503	0
2005	5	156	14	36	5	0	5	56	14	1	0	7	1	(1)12	0	28	2	29	.231	.359	0
2006	5	157	18	39	7	0	3	55	18	1	3	6	1	(1)13	10	42	5	34	.248	.350	0
2007	3	93	12	25	3	0	2	34	11	1	0	8	2	4	1	17	3	15	.269	.366	0
2009	2	67	5	13	1	0	0	14	2	0	1	0	2	0	16	1	11	.194	.209	2
2010	6	178	9	30	3	0	0	33	8	4	1	5	1	10	4	33	3	33	.169	.185	0
2011	3	95	13	26	7	2	2	43	13	1	2	5	1	(2)11	3	19	4	21	.274	.453	0
2012	6	193	9	40	6	1	1	51	9	1	3	4	0	4	2	39	2	32	.207	.264	5
2014	6	203	21	55	8	0	4	75	21	3	0	3	1	(1)16	2	45	6	46	.271	.369	0
2015	3	93	12	26	1	0	3	36	12	0	0	6	0	4	2	15	3	17	.280	.387	0
2016	7	220	24	52	8	0	7	81	24	6	1	9	0	(1)23	2	52	5	47	.236	.368	2
2017	5	154	21	41	6	0	9	74	21	2	0	10	1	10	0	43	2	28	.266	.481	1
2018	8	291	59	93	13	3	13	151	56	1	1	6	1	34	1	63	5	64	.320	.519	4
2019	7	250	43	79	17	0	14	138	42	4	3	8	1	(1)24	4	57	2	61	.316	.552	3
2020	2	65	10	21	4	1	4	39	9	0	0	2	0	(1)4	0	10	1	13	.323	.600	0
2022	6	191	21	45	10	1	4	69	20	0	3	6	0	12	2	49	1	34	.236	.361	4
2023	3	103	8	20	5	1	1	30	8	2	0	1	0	8	1	24	0	21	.194	.291	1
														(8)							
〔18〕	87	2851	341	731	120	9	90	1139	329	31	21	89	11	216	44	607	48	578	.256	.400	32

日本ハム

年度	試合	打数	得点	安打	二塁打	三塁打	本塁打	塁打	打点	盗塁	盗塁刺	犠打	犠飛	四球	死球	三振	併殺打	残塁	打率	長打率	失策
1981	5	▲161	24	41	8	0	2	55	23	7	2	4	3	(1)23	2	24	1	41	.255	.342	4
1982	4	125	9	27	7	0	4	46	9	2	0	5	0	(2)8	1	14	1	25	.216	.368	2
2004	3	102	17	24	2	0	5	41	17	0	1	1	0	8	0	37	2	13	.235	.402	1
2006	2	57	4	13	0	0	0	13	4	1	0	4	0	(2)8	0	12	2	15	.228	.228	1
2007	5	▲168	20	52	9	3	1	70	20	4	1	2	2	(1)10	4	31	2	41	.310	.417	0
2008	7	240	30	56	7	1	6	83	27	2	0	5	2	17	2	54	2	47	.233	.346	3
2009	4	131	23	42	6	1	4	62	22	1	1	6	3	(1)12	1	21	1	30	.321	.473	0
2011	2	72	3	13	1	0	1	17	3	3	0	0	0	5	1	8	2	15	.181	.236	2
2012	3	85	10	19	2	1	2	29	8	0	1	5	0	9	0	15	0	18	.224	.341	0
2014	9	310	40	77	14	1	9	120	37	7	3	17	1	34	2	89	1	72	.248	.387	0
2015	3	99	8	27	5	0	0	32	7	1	1	2	0	(1)7	1	16	4	23	.273	.323	0
2016	3	155	23	38	5	0	4	55	23	2	0	9	0	(1)14	0	42	3	29	.245	.355	3
2018	3	99	9	22	3	0	3	34	9	3	2	0	0	14	0	28	2	18	.222	.343	1
		▲2												(9)							
〔13〕	55	1804	220	451	69	7	41	657	209	33	12	61	11	164	14	391	23	387	.250	.364	19

クライマックスシリーズ・ライフタイム

巨　人

年度	試合	打数	得点	安打	二塁打	三塁打	本塁打	塁打	打点	盗塁	盗塁刺	犠打	犠飛		四球	死球	三振	併殺打	残塁	打率	長打率	失策
2007	3	100	8	22	2	0	3	33	8	0	0	0	0		8	2	19	3	21	.220	.330	2
2008	4	143	25	43	6	1	8	75	25	2	0	6	0	(1)	11	2	27	3	26	.301	.524	2
2009	4	132	21	39	9	0	4	60	19	1	0	4	1	(1)	14	0	24	2	31	.295	.455	1
2010	6	209	16	56	10	0	3	75	15	2	0	4	2	(1)	11	3	48	6	51	.268	.359	1
2011	3	98	9	23	4	0	3	36	9	2	0	6	0		7	0	28	0	21	.235	.367	3
2012	6	187	17	44	4	0	3	57	17	1	0	8	0	(3)	17	3	36	6	41	.235	.305	0
2013	3	82	9	19	1	0	2	26	9	0	0	5	1		9	0	16	1	16	.232	.317	1
2014	4	134	9	33	4	0	6	55	9	1	0	3	1		8	3	33	3	32	.246	.410	0
2015	7	225	14	58	8	2	2	76	13	1	2	8	1	(1)	25	2	43	6	60	.258	.338	2
2016	3	100	8	19	3	0	4	34	8	0	0	2	0	(1)	9	1	31	0	20	.190	.340	0
2018	5	156	11	25	6	0	4	43	11	4	0	2	1	(2)	16	0	43	3	29	.160	.276	3
2019	4	123	21	33	7	0	7	61	20	4	1	2	1		13	1	25	4	20	.268	.496	3
2021	5	159	10	31	5	0	0	36	10	1	0	3	2		11	1	42	3	31	.195	.226	3
														(10)								
[13]	57	1848	178	445	69	3	49	667	173	19	3	53	10		159	18	415	40	399	.241	.361	21

西　武

年度	試合	打数	得点	安打	二塁打	三塁打	本塁打	塁打	打点	盗塁	盗塁刺	犠打	犠飛		四球	死球	三振	併殺打	残塁	打率	長打率	失策
1982	4	121	17	31	6	0	3	46	15	0	0	6	1		11	0	10	4	20	.256	.380	0
2004	8	265	45	71	8	0	14	121	45	4	0	6	3	(5)	38	5	49	6	59	.268	.457	2
2005	2	62	2	12	3	0	2	21	2	0	0	2	0	(1)	3	0	10	2	11	.194	.339	1
2006	3	87	5	15	4	0	2	25	5	1	1	3	1		7	0	26	1	15	.172	.287	0
2008	5	170	32	50	7	3	6	81	32	3	0	3	1		16	1	26	2	33	.294	.476	3
2010	2	78	9	22	2	0	1	27	8	0	1	6	1	(1)	13	1	17	1	24	.282	.346	1
2011	3	179	18	41	8	1	2	57	16	5	2	5	1	(3)	11	1	39	3	29	.229	.318	2
2012	3	89	11	20	5	0	2	31	10	4	0	6	0		11	2	21	3	19	.225	.348	1
2013	3	104	17	35	6	0	3	50	17	1	1	2	2		9	2	16	3	24	.337	.481	1
2017	3	99	13	24	5	1	3	40	13	1	0	1	2		9	1	27	0	21	.242	.404	2
2018	5	165	28	41	8	1	9	73	26	0	1	2	0		19	1	48	5	27	.248	.442	3
2019	4	134	13	30	6	1	3	47	13	4	0	3	1		15	0	34	1	32	.224	.351	3
2022	2	66	5	12	3	1	2	23	5	0	0	0	1	(1)	5	0	20	1	13	.182	.348	2
														(11)								
[13]	49	1619	215	404	66	8	52	642	207	23	6	45	14		167	14	343	31	327	.250	.397	21

ロ　ッ　テ

年度	試合	打数	得点	安打	二塁打	三塁打	本塁打	塁打	打点	盗塁	盗塁刺	犠打	犠飛		四球	死球	三振	併殺打	残塁	打率	長打率	失策
1974	3	97	15	24	2	0	2	32	15	7	1	4	0	(1)	8	3	8	0	19	.247	.330	0
1977	5	147	9	25	2	1	4	41	9	2	3	2	1		3	0	16	2	12	.170	.279	3
1980	3	99	7	21	5	0	2	32	7	2	1	1	1		4	2	13	1	19	.212	.323	1
1981	5	▲159	21	41	7	1	6	68	21	2	3	7	0		20	2	23	5	33	.258	.428	3
2005	7	234	21	60	11	1	2	79	21	5	0	2	2		13	1	56	7	49	.256	.338	2
2007	8	263	32	68	8	1	8	102	31	4	2	3	2		26	3	49	5	56	.259	.388	2
2010	8	280	31	65	13	0	9	105	31	5	2	7	0	(2)	26	4	67	4	58	.232	.375	7
2013	7	236	24	58	10	3	0	95	24	4	0	6	1		12	3	50	7	42	.246	.403	4
2015	6	196	17	40	11	0	3	60	17	3	1	4	0		25	1	38	3	44	.204	.306	1
2016	2	64	4	11	0	0	4	24	4	1	0	0	0		4	1	24	1	11	.172	.375	2
2020	2	70	7	20	3	0	1	26	7	1	1	2	0		5	1	21	1	17	.286	.371	1
2021	5	154	12	34	6	0	4	52	11	3	2	2	2	(1)	8	1	42	3	25	.221	.338	1
2023	7	219	26	52	6	0	5	75	25	1	4	9	1		22	2	48	5	41	.237	.342	2
														(4)								
[13]	68	2218	226	519	87	7	57	791	223	40	17	49	13		176	28	455	44	426	.234	.357	30

阪　神

年度	試合	打数	得点	安打	二塁打	三塁打	本塁打	塁打	打点	盗塁	盗塁刺	犠打	犠飛	四球	死球	三振	併殺打	残塁	打率	長打率	失策
2007	2	66	3	13	2	0	0	15	3	0	0	0	1	3	1	16	0	14	.197	.227	1
2008	3	97	7	21	4	0	2	31	5	1	1	1	0	6	0	19	1	19	.216	.320	2
2010	2	65	7	15	1	1	1	21	7	0	0	2	2	(2) 8	1	9	1	17	.231	.323	3
2013	2	62	5	11	0	0	2	17	5	1	0	0	0	4	0	13	2	7	.177	.274	3
2014	6	211	22	56	7	0	5	78	22	2	2	3	0	(2) 20	3	38	2	50	.265	.370	2
2015	3	101	7	24	6	0	3	39	6	1	2	4	1	7	1	26	0	23	.238	.386	1
2017	3	99	9	26	4	0	2	36	9	1	0	4	0	(1) 7	2	20	2	25	.263	.364	1
2019	7	229	24	54	9	2	4	79	22	7	3	2	3	27	6	51	4	59	.236	.345	2
2021	2	68	2	16	4	0	0	20	2	0	1	0	0	8	1	12	1	21	.235	.294	2
2022	6	195	12	45	10	1	1	60	12	5	0	4	3	(1) 16	0	52	4	44	.231	.308	6
2023	3	88	10	17	3	0	1	23	9	1	0	2	0	(4) 14	1	16	0	21	.193	.261	1
〔11〕	39	1281	108	298	50	4	21	419	102	19	9	27	10	(10) 120	16	272	17	300	.232	.327	24

オリックス（阪急）

年度	試合	打数	得点	安打	二塁打	三塁打	本塁打	塁打	打点	盗塁	盗塁刺	犠打	犠飛	四球	死球	三振	併殺打	残塁	打率	長打率	失策
1973	5	169	28	45	3	0	7	69	25	11	2	4	0	22	1	24	5	36	.266	.408	4
1974	3	93	5	19	2	1	1	26	5	0	0	2	0	5	0	18	2	14	.204	.280	2
1975	4	138	20	38	2	1	8	66	19	0	0	0	2	14	0	14	3	29	.275	.478	1
1977	5	174	30	54	1	1	3	70	29	6	4	5	2	15	4	28	1	38	.310	.402	5
1979	3	97	6	18	0	0	3	27	6	1	1	0	1	8	2	14	4	18	.186	.278	4
2008	2	62	3	15	0	0	0	15	3	0	0	1	0	6	0	17	2	13	.242	.242	2
2014	3	90	10	17	5	0	2	28	10	2	1	5	0	14	2	20	2	20	.189	.311	2
2021	3	88	6	19	2	0	2	27	6	2	2	0	0	(3) 8	0	17	0	21	.216	.307	1
2022	3	124	12	31	2	0	3	42	12	3	0	3	1	(1) 15	1	18	2	31	.250	.339	1
2023	4	132	18	35	10	0	2	51	18	1	0	2	1	13	2	26	0	33	.265	.386	0
〔10〕	36	1167	138	291	34	3	30	421	133	26	9	23	9	(4) 120	12	196	21	252	.249	.361	22

ヤクルト

年度	試合	打数	得点	安打	二塁打	三塁打	本塁打	塁打	打点	盗塁	盗塁刺	犠打	犠飛	四球	死球	三振	併殺打	残塁	打率	長打率	失策
2009	3	96	9	23	3	0	2	32	9	0	0	3	0	8	0	22	5	17	.240	.333	2
2011	8	247	16	52	9	0	2	67	16	0	0	9	1	(2) 13	0	48	5	44	.211	.271	2
2012	3	93	3	16	3	0	2	25	3	1	0	1	0	(1) 13	1	18	1	27	.172	.269	1
2015	4	121	10	29	3	0	1	35	7	1	0	1	1	(2) 11	3	22	6	28	.240	.289	0
2018	2	57	1	4	2	0	0	6	1	0	0	0	0	4	0	17	1	6	.070	.105	0
2021	3	81	11	15	6	1	1	26	11	0	0	5	1	(2) 17	1	21	2	22	.185	.321	0
2022	3	87	18	19	4	0	5	38	14	2	0	5	1	(1) 21	1	25	0	25	.218	.437	1
〔7〕	26	782	68	158	30	1	13	229	61	4	0	27	4	(8) 87	6	173	20	169	.202	.293	6

中　日

年度	試合	打数	得点	安打	二塁打	三塁打	本塁打	塁打	打点	盗塁	盗塁刺	犠打	犠飛	四球	死球	三振	併殺打	残塁	打率	長打率	失策
2007	5	172	28	50	5	1	7	78	28	1	0	7	1	(1) 13	3	40	2	39	.291	.453	1
2008	7	234	20	48	5	0	11	86	20	3	0	10	1	(1) 21	3	56	6	51	.205	.368	3
2009	7	233	29	63	13	1	9	105	29	2	2	10	0	(1) 21	4	55	3	56	.270	.451	3
2010	4	123	10	32	5	1	4	51	13	1	0	4	1	(1) 15	1	19	3	31	.260	.341	3
2011	5	143	11	25	4	0	3	38	11	0	3	6	0	(1) 22	0	26	0	34	.175	.266	1
2012	9	301	28	81	11	0	5	107	28	2	2	9	3	(1) 40	0	48	6	85	.269	.355	1
〔6〕	37	1206	129	299	43	3	36	456	129	9	7	46	6	(6) 132	11	244	20	296	.248	.378	12

クライマックスシリーズ・ライフタイム

広　島

年度	試合	打数	得点	安打	二塁打	三塁打	本塁打	塁打	打点	盗塁	盗塁刺	犠打	犠飛		四球	死球	三振	併殺打	残塁	打率	長打率	失策
2013	5	166	18	38	4	2	3	55	15	3	0	7	1		8	4	46	1	33	.229	.331	1
2014	2	70	0	12	0	0	0	12	0	0	1	3	0	(1)	2	0	14	0	12	.171	.171	1
2016	4	117	16	29	5	0	2	40	16	0	2	7	1		14	1	28	0	25	.248	.342	4
2017	5	142	11	30	7	0	2	43	11	2	2	5	0		18	0	38	4	31	.211	.303	2
2018	3	86	15	17	4	1	4	35	13	3	3	2	0		11	2	24	0	14	.198	.407	2
2023	5	158	11	37	3	1	2	48	11	2	2	9	4	(4)	15	0	39	2	38	.234	.304	1
〔6〕	24	739	71	163	23	4	13	233	66	10	10	33	6	(5)	68	7	189	7	153	.221	.315	11

楽　天

年度	試合	打数	得点	安打	二塁打	三塁打	本塁打	塁打	打点	盗塁	盗塁刺	犠打	犠飛		四球	死球	三振	併殺打	残塁	打率	長打率	失策
2009	6	201	31	58	11	0	8	93	31	2	0	6	2	(2)	15	2	27	3	39	.289	.463	3
2013	4	123	14	31	4	0	5	50	14	0	0	6	1		13	2	23	4	29	.252	.407	1
2017	8	250	22	55	10	0	8	89	19	1	0	17	0		20	0	61	5	49	.220	.356	1
2019	3	91	10	18	2	0	6	38	10	0	0	5	0	(1)	17	2	31	2	24	.198	.418	0
2021	2	70	8	16	7	0	1	26	7	0	0	1	0	(3)	9	0	18	0	18	.229	.371	0
〔5〕	23	735	85	178	34	0	28	296	81	3	0	35	3		74	6	160	14	159	.242	.403	5

ＤｅＮＡ

年度	試合	打数	得点	安打	二塁打	三塁打	本塁打	塁打	打点	盗塁	盗塁刺	犠打	犠飛		四球	死球	三振	併殺打	残塁	打率	長打率	失策
2016	7	237	20	50	5	1	7	78	18	0	1	2	2		18	1	54	6	45	.211	.329	1
2017	8	267	39	80	7	0	9	114	38	3	2	5	2	(2)	22	1	65	7	54	.300	.427	3
2019	3	107	14	29	4	0	4	45	13	0	1	0	0	(1)	11	0	28	1	25	.271	.421	2
2022	3	87	3	16	2	0	1	21	2	0	0	3	0		8	0	13	5	17	.184	.241	0
2023	2	73	4	19	3	0	1	25	4	2	1	4	1	(3)	4	0	9	0	18	.260	.342	0
〔5〕	23	771	80	194	21	1	22	283	75	5	5	14	5		63	2	169	19	159	.252	.367	6

近　鉄

年度	試合	打数	得点	安打	二塁打	三塁打	本塁打	塁打	打点	盗塁	盗塁刺	犠打	犠飛		四球	死球	三振	併殺打	残塁	打率	長打率	失策
1975	4	138	18	39	8	0	2	53	18	1	3	2	0		9	3	16	5	26	.283	.384	3
1979	3	93	14	23	0	2	5	42	12	3	1	6	1		13	2	13	4	23	.247	.452	1
1980	3	99	21	29	6	0	7	56	21	1	0	4	1	(2)	17	0	15	2	22	.293	.566	2
〔3〕	10	330	53	91	14	2	14	151	51	5	4	12	2	(2)	39	5	44	11	71	.276	.458	6

個 人 打 撃 成 績 (50音順)

チーム－出場した最終年度に所属したもの。　年数－実際に出場した年の合計。

選手名	チーム	年数	試合	打数	得点	安打	二塁打	三塁打	本塁打	塁打	打点	盗塁	盗塁刺	犠打	犠飛	四球	死球	三振	併殺打	打率	出場した年度
アーノルド	(近)	1	3	13	1	6	1	0	1	10	1	0	0	0	0	0	0	3	0	.462	('80近)
ア　ダ　ム	(ソ)	1	2	4	0	1	0	0	0	1	0	0	0	0	0	0	0	2	0	.250	('07ソ)
アッチソン	(神)	1	2	0	0	0	0	0	0	0	0	0	0	0	0	0	0	0	0	—	('08神)
アドゥワ誠	(広)	1	1	0	0	0	0	0	0	0	0	0	0	0	0	0	0	0	0	—	('23広)
アマダー	(楽)	1	5	17	2	3	0	0	2	9	3	0	0	0	0	0	1	8	0	.176	('17楽)
アルカンタラ	(神)	1	1	0	0	0	0	0	0	0	0	0	0	0	0	0	0	0	0	—	('21神)
＊アル シ ア	(日)	1	3	12	1	4	0	0	0	4	1	0	0	0	0	0	0	5	0	.333	('18日)
＊アンソニー・カーター	(日)	1	2	—	—	—	—	—	—	—	—	—	—	—	—	—	—	—	—	—	('14日)
＊アンダーソン	(巨)	2	10	25	1	9	0	0	1	12	3	0	0	0	0	0	1	4	0	.360	('14,'15巨)
アンダーソン	(広)	1	1	0	0	0	0	0	0	0	0	0	0	0	0	0	0	0	0	—	('23広)
アンドリウス	(近)	1	2	5	0	0	0	0	0	0	0	0	0	0	0	0	0	0	0	.000	('75近)
相川　亮二	(巨)	4	13	44	1	14	4	0	1	21	2	0	0	1	0	1	0	7	0	.318	('09,'11,'12ヤ,'16巨)
會澤　翼	(広)	5	14	29	1	4	1	0	0	5	1	0	0	0	0	1	0	11	0	.138	('14,'16~'18,'23広)
愛　斗	(武)	1	2	6	0	1	0	0	0	1	1	0	0	0	1	1	0	2	0	.167	('22武)
相羽　欣厚	(南)	1	2	2	0	1	0	0	0	1	2	0	0	0	0	0	0	0	0	.500	('73南)
＊青木　高広	(巨)	1	1	0	0	0	0	0	0	0	0	0	0	0	0	0	0	0	0	—	('14巨)
＊青木　宣親	(ヤ)	4	16	54	4	15	3	0	0	18	7	0	0	0	0	4	1	7	0	.278	('09,'11,'21,'22ヤ)
青野　毅	(ロ)	1	2	0	0	0	0	0	0	0	0	0	0	0	0	0	0	0	0	.000	('10ロ)
青柳　晃洋	(神)	3	5	9	1	2	1	0	0	3	0	0	0	0	0	0	0	3	0	.222	('19,'21,'22神)
青山　浩二	(楽)	3	5	—	—	—	—	—	—	—	—	—	—	—	—	—	—	—	—	—	('09,'17,'19楽)
赤川　克紀	(ヤ)	1	1	0	0	0	0	0	0	0	0	1	0	0	0	0	0	1	0	.000	('11,'12ヤ)
＊明石　健志	(ソ)	10	41	104	14	23	2	0	1	28	2	3	0	2	0	8	1	23	0	.221	('09~'12,'14~'19ソ)
＊赤田　将吾	(日)	5	20	59	11	18	3	0	1	24	5	3	0	3	0	3	0	7	0	.305	('04~'06,'08武,'14日)
＊赤星　憲広	(神)	3	5	19	0	3	1	0	0	4	0	1	0	0	0	1	0	3	0	.158	('07,'08神)
赤松　真人	(広)	3	6	0	1	0	0	0	0	0	0	0	0	0	0	0	0	0	0	.000	('13,'14,'16広)
秋山　重雄	(近)	1	1	0	0	0	0	0	0	0	0	0	0	0	0	0	0	0	0	—	('75近)
秋山　翔吾	(広)	7	26	93	8	20	2	0	2	26	9	0	2	2	2	7	2	19	1	.215	('11~'13,'17~'19武,'23広)
＊秋山　拓巳	(神)	1	1	1	0	0	0	0	0	0	0	0	0	0	0	0	0	1	0	.000	('17神)
秋吉　亮	(ヤ)	1	2	0	0	0	0	0	0	0	0	0	0	0	0	0	0	0	0	—	('15ヤ)
朝井　秀樹	(巨)	1	2	0	0	0	0	0	0	0	0	0	0	0	0	0	0	0	0	.000	('10巨)
浅井　良	(神)	2	4	4	0	2	0	0	0	2	0	0	0	0	0	0	0	1	0	.500	('08,'10神)
浅尾　拓也	(中)	5	19	0	0	0	0	0	0	0	0	0	0	0	0	0	0	0	0	—	('08~'12中)
朝倉　健太	(中)	1	1	0	0	0	0	0	0	0	0	0	0	0	0	0	0	0	0	—	('08中)
＊淺間　大基	(日)	1	3	3	0	0	0	0	0	0	0	0	0	0	0	0	0	1	0	.000	('15日)
浅村　栄斗	(楽)	8	25	98	16	29	1	0	8	54	21	4	1	0	1	10	0	18	2	.296	('10~'13,'17,'18武,'19,'21楽)
＊東　克樹	(ディ)	1	1	3	0	0	0	0	0	0	0	0	0	0	0	0	0	0	0	.000	('23ディ)
東　晃平	(オ)	1	1	0	0	0	—	—	—	—	—	—	—	—	—	—	—	—	—	—	('23オ)
足立　光宏	(急)	3	5	1	0	0	0	0	0	0	0	0	0	0	0	0	0	1	0	.000	('74,'75,'77急)
足立　祐一	(楽)	2	4	6	0	0	0	0	0	0	0	0	0	0	0	1	0	1	0	.000	('17,'19楽)
安達　了一	(オ)	3	8	26	0	4	0	0	0	4	0	0	0	3	0	2	0	5	0	.154	('14,'21,'22オ)
東妻　勇輔	(ロ)	2	6	—	—	—	—	—	—	—	—	—	—	—	—	—	—	—	—	—	('21,'23ロ)
＊阿部　翔太	(オ)	2	3	—	—	—	—	—	—	—	—	—	—	—	—	—	—	—	—	—	('22,'23オ)
＊阿部慎之助	(巨)	11	48	166	12	43	2	0	5	60	17	0	0	0	1	(2)18	1	33	2	.259	('07,'09~'16,'18,'19巨)
安部　友裕	(広)	3	8	15	1	1	0	0	0	1	0	0	0	0	0	1	0	6	0	.067	('16~'18広)
＊阿部　成宏	(近)	3	5	13	0	3	0	0	0	3	0	0	0	0	1	1	0	1	0	.231	('75,'79,'80近)
阿部　真宏	(武)	2	6	15	1	3	1	0	0	4	0	0	0	0	2	1	0	3	1	.200	('10,'11武)
天谷宗一郎	(広)	4	10	12	1	4	0	0	0	4	0	0	0	0	0	1	0	4	0	.333	('13,'14,'16,'17広)
新井　貴浩	(広)	7	20	56	7	15	4	0	1	22	6	0	0	0	4	0	0	16	0	.268	('08,'10,'13,'14神,'16~'18広)
新井　良太	(神)	4	10	20	0	5	1	0	0	6	0	0	1	0	0	1	0	5	0	.250	('07,'14神)
新垣　渚	(ソ)	3	4	—	—	—	—	—	—	—	—	—	—	—	—	—	—	—	—	—	('04ダ,'05,'12ソ)
荒金　久雄	(ソ)	2	4	3	0	1	0	0	0	1	2	0	0	0	0	2	0	0	0	.333	('04ダ,'05ソ)
荒木　貴裕	(ヤ)	3	6	6	1	2	0	0	0	2	0	0	0	0	0	0	0	2	0	.333	('15ヤ,'18,'21ヤ)
荒木　郁也	(神)	1	3	0	0	0	0	0	0	0	0	0	0	0	0	0	0	0	0	.000	('14神)
荒木　雅博	(中)	6	37	150	9	38	3	1	0	43	4	6	2	14	0	5	1	12	2	.253	('07~'12中)
荒波　翔	(ディ)	1	1	0	0	0	0	0	0	0	0	0	0	0	0	0	0	2	0	.000	('16ディ)
有田　修三	(近)	3	8	23	3	8	2	0	0	14	8	0	0	0	0	0	0	5	1	.348	('75,'79,'80近)
有藤　道世	(ロ)	4	16	50	7	15	2	0	4	29	12	4	2	1	0	6	3	6	1	.300	('74,'77,'80,'81ロ)
有原　航平	(ソ)	3	2	—	—	—	—	—	—	—	—	—	—	—	—	—	—	—	—	—	('15,'16日,'23ソ)
有銘　兼久	(楽)	1	2	—	—	—	—	—	—	—	—	—	—	—	—	—	—	—	—	—	('09楽)
安藤　優也	(神)	4	6	1	0	0	0	0	0	0	0	0	0	0	0	0	0	0	0	.000	('08,'13~'15神)
安樂　智大	(楽)	1	2	—	—	—	—	—	—	—	—	—	—	—	—	—	—	—	—	—	('21楽)
李　承燁	(巨)	5	17	48	4	11	2	0	2	19	5	0	0	0	1	2	1	14	3	.229	('05ロ,'07~'10巨)
李　大浩	(ソ)	2	9	32	4	13	2	0	2	21	8	0	0	0	0	3	1	9	0	.406	('14,'15ソ)
李　炳圭	(中)	2	12	47	7	10	3	0	3	21	7	0	0	0	0	2	1	14	0	.213	('07,'08中)

クライマックスシリーズ・ライフタイム

選手名	チーム	年数	試合	打数	得点	安打	二塁打	三塁打	本塁打	塁打	打点	盗塁	盗塁刺	犠打	犠飛	四球	死球	三振	併殺打	打率	出場した年度
*李 恵踐	(ヤ)	1	1	0	0	0	0	0	0	0	0	0	0	0	0	0	0	0	0	—	('09ヤ)
李 机浩	(ソ)	1	1	1	0	0	0	0	0	0	0	0	0	0	0	0	0	0	0	.000	('10ソ)
*飯塚 佳寛	(ロ)	3	9	29	6	5	0	1	1	10	1	1	0	1	0	2	0	1	1	.172	('74,'77,'80ロ)
飯原 誉士	(ヤ)	1	5	5	1	1	0	0	1	4	1	0	0	0	0	0	0	0	0	.200	('11ヤ)
飯山 裕志	(日)	8	22	9	3	2	0	0	0	2	1	0	0	0	0	1	0	4	0	.222	('06～'08,'11,'12,'14～'16日)
五十嵐信一	(日)	2	5	6	1	0	0	0	0	0	0	0	0	0	0	0	0	1	0	.000	('81,'82日)
五十嵐亮太	(ソ)	3	8	0	0	0	0	0	0	0	0	0	0	0	0	0	0	0	0	—	('07ヤ,'14,'15ソ)
*生 海	(ソ)	1	1	1	0	0	0	0	0	0	0	0	0	0	0	0	0	1	0	.000	('23ソ)
井口 和朋	(日)	2	3																	—	('16,'18日)
井口 資仁	(ロ)	4	24	87	12	24	6	0	6	48	12	1	0	0	1	9	2	22	1	.276	('04ダ,'10,'13,'15ロ)
池辺 巌	(ロ)	1	3	6	1	2	0	0	0	2	0	0	0	0	0	0	0	0	0	.333	('74ロ)
石井 一久	(武)	3	5	0	0	0	0	0	0	0	0	0	0	0	0	0	0	0	0	—	('08,'11,'12武)
石井 貴	(武)	2	3																	—	('04,'06武)
石井 大智	(神)	1	3																	—	('23神)
*石井 裕也	(日)	5	9	0	0	0	0	0	0	0	0	0	0	0	0	0	0	0	0	—	('07,'11,'12,'15,'16日)
*石井 義人	(巨)	7	17	38	4	14	5	0	0	19	7	0	1	0	0	6	0	8	0	.368	('04～'06,'08,'10武,'12,'13巨)
石川 歩	(ロ)	3	4																	—	('15,'16,'21ロ)
石川 柊太	(ソ)	4	11																	—	('17～'19,'22ソ)
石川 慎吾	(ロ)	2	5	12	1	3	0	0	0	3	0	0	0	0	0	1	0	1	1	.250	('19ロ,'23日)
*石川 雄洋	(ディ)	1	5	10	0	3	0	0	0	3	0	0	0	1	0	1	0	1	0	.300	('17ディ)
石川 達也	(ディ)	1	1	0	0	0	0	0	0	0	0	0	0	0	0	0	0	0	0	—	('23ディ)
石川 直也	(日)	1	1	0	0	0	0	0	0	0	0	0	0	0	0	0	0	0	0	—	('18日)
*石川 雅規	(ヤ)	4	5	6	0	0	0	0	0	0	0	0	0	1	0	0	0	2	0	.000	('09,'11,'12,'15ヤ)
石毛 宏典	(武)	1	4	17	2	6	3	0	0	9	2	0	0	0	0	0	0	0	0	.353	('82武)
石崎 剛	(神)	1	1	0	0	0	0	0	0	0	0	0	0	0	0	0	0	0	0	—	('17神)
*石田 健大	(ディ)	3	5	5	1	2	0	0	0	2	0	0	0	0	0	1	0	1	0	.400	('16,'17,'19ディ)
石原 慶幸	(広)	5	14	31	1	6	0	0	0	6	0	0	3	0	1	2	2	8	2	.194	('13,'14,'16～'18広)
伊志嶺翔大	(ロ)	2	8	14	1	5	0	1	0	5	0	1	0	0	0	1	0	2	0	.357	('13,'15ロ)
*石本 努	(広)	1	2	2	0	0	0	0	0	0	0	0	0	0	0	0	0	1	0	.000	('04日)
石山 一秀	(近)	1	1	0	0	0	0	0	0	0	0	0	0	0	0	0	0	0	0	—	('75近)
石山 泰稚	(ヤ)	3	5	0	0	0	0	0	0	0	0	0	0	0	0	0	0	0	0	—	('18,'21,'22ヤ)
石渡 茂	(近)	3	10	24	7	7	1	0	0	8	4	1	1	3	0	3	0	5	1	.292	('75,'79,'80近)
泉 圭輔	(ソ)	1	2																	—	('22ソ)
伊勢 孝夫	(近)	1	4	14	3	3	1	0	1	7	4	0	0	0	0	3	0	3	0	.214	('75近)
伊勢 大夢	(ディ)	2	5	0	0	0	0	0	0	0	0	0	0	0	0	0	0	0	0	—	('22,'23ディ)
磯村 嘉孝	(広)	1	1	1	0	0	0	0	0	0	0	0	0	0	0	0	0	0	0	.000	('23広)
一岡 竜司	(広)	4	8	0	0	0	0	0	0	0	0	0	0	0	0	0	0	0	0	—	('14,'16～'18広)
市川 友也	(日)	3	9	14	0	2	1	0	0	3	0	0	0	0	0	0	0	3	0	.143	('14～'16日)
一 輝	(オ)	1	2	4	1	2	0	0	0	2	0	0	0	0	1	0	1	1	0	.500	('08オ)
井手正太郎	(ソ)	1	2	3	0	1	0	0	0	1	0	0	1	0	0	0	0	1	0	.333	('06ソ)
*糸井 嘉男	(神)	7	23	70	9	11	0	1	2	19	4	1	0	0	0	10	2	15	2	.157	('08,'09,'11,'12日,'14オ,'17,'21神)
*伊藤 準規	(中)	2	3	5	1	2	0	0	0	2	1	0	0	0	0	0	0	2	0	.400	('09,'12中)
*伊藤 隼太	(神)	3	4	4	0	0	0	0	0	0	0	0	0	0	0	0	0	0	0	.000	('14,'15,'17神)
伊藤 光	(ディ)	4	8	18	0	3	0	0	0	3	0	0	1	0	1	1	1	6	0	.167	('14オ,'19,'22,'23ディ)
*伊藤 将司	(神)	3	3	2	0	0	0	0	0	0	0	0	0	1	0	0	0	2	0	.000	('21～'23神)
伊藤裕季也	(ディ)	1	1	1	0	0	0	0	0	0	0	0	0	0	0	0	0	0	0	.000	('19ディ)
伊藤 義弘	(ロ)	1	4																	—	('10ロ)
糸数 敬作	(日)	1	1																	—	('09日)
*糸原 健斗	(神)	5	20	49	3	11	0	0	0	11	1	0	0	1	1	8	0	4	0	.224	('17,'19,'21～'23神)
*稲田 直人	(日)	4	12	20	4	7	1	0	0	8	0	0	0	0	0	2	0	2	0	.350	('06～'09日)
*稲葉 篤紀	(日)	7	25	74	10	24	5	0	2	29	7	2	0	0	0(1)	8	1	7	0	.324	('06～'09,'11,'12,'14日)
稲嶺 光雄	(急)	2	5																	—	('77,'79急)
+稲嶺 誉	(ソ)	2	5	9	1	3	0	0	0	3	1	0	1	0	0	0	0	1	0	.333	('05,'06ソ)
犬伏 稔昌	(武)	1	1	0	0	0	0	0	0	0	0	0	0	0	0	0	0	0	1	.000	('04武)
井野 卓	(ヤ)	1	1	0	0	0	0	0	0	0	0	0	0	0	0	0	0	0	0	—	('18ヤ)
井納 翔一	(ディ)	2	4	9	0	1	0	0	0	1	0	0	0	0	0	0	0	3	0	.111	('16,'17ディ)
井上 修	(急)	5	13	15	2	5	0	0	0	5	2	2	0	0	0	1	0	1	0	.333	('73～'75,'77,'79急)
*井上 一樹	(中)	3	8	9	1	2	1	0	0	3	0	0	0	0	0	1	0	2	0	.222	('07～'09中)
*井上 純	(ロ)	1	1	0	0	0	0	0	0	0	0	0	0	0	0	0	0	0	0	—	('05ロ)
井上 晴哉	(ロ)	3	8	1	0	0	0	0	0	0	0	0	0	0	0	0	0	1	0	.000	('16,'20ロ)
井上 朋也	(ソ)	1	1	3	0	0	0	0	0	0	0	0	0	0	0	0	0	2	0	.000	('23ソ)
井上 弘昭	(日)	2	6	16	2	5	0	0	0	5	1	1	0	0	0	4	0	2	1	.313	('81,'82日)
井上 洋一	(ロ)	3	8	12	1	1	0	0	0	1	0	0	0	0	1	1	0	2	0	.083	('77,'80,'81ロ)
井上 友和	(日)	1	2																	—	('04日)
井端 弘和	(巨)	8	46	145	16	39	5	0	2	50	13	0	1	10	3	23	2	14	2	.269	('07～'12中,'14,'15巨)
今井 啓介	(広)	1	2	0	0	0	0	0	0	0	0	0	0	0	0	0	0	0	0	—	('13広)
今井 達也	(武)	3	3																	—	('18,'19,'22武)
今江 年晶	(楽)	6	39	130	12	35	7	0	1	45	10	1	0	3	0	10	1	16	3	.269	('05,'07,'10,'13,'15ロ,'17楽)
今岡 誠	(神)	3	9	23	2	4	1	0	0	5	0	0	0	0	0	1	0	5	0	.174	('07,'08神,'10ロ)
今津 光男	(急)	1	1	0	0	0	0	0	0	0	0	0	0	0	0	0	0	0	0	—	('74急)

選手名	チーム	年数	試合	打数	得点	安打	二塁打	三塁打	本塁打	塁打	打点	盗塁	盗塁刺	犠打	犠飛	四球	死球	三振	併殺打	打率	出場した年度
*今永 昇太	(ディ)	5	8	9	0	0	0	0	0	0	0	0	0	0	0	0	0	4	0	.000	('16,'17,'19,'22,'23ディ)
今浪 隆博	(ヤ)	2	4	6	0	1	0	0	0	1	1	0	0	0	0	1	0	0	1	.167	('11日,'15ヤ)
今成 亮太	(神)	2	4	13	0	3	1	0	0	4	1	0	0	1	0	1	0	5	0	.231	('13,'15神)
今宮 健太	(ソ)	9	44	151	12	32	2	0	6	52	18	1	0	10	0	5	1	31	2	.212	('11,'12,'14〜'17,'19,'22,'23ソ)
今村 猛	(広)	2	6	0	0	0	0	0	0	0	0	0	0	0	0	0	0	0	0	—	('16,'17広)
*今村 信貴	(巨)	1	2	3	0	0	0	0	0	0	0	0	0	0	0	0	0	3	0	.000	('18巨)
林 昌勇	(ヤ)	2	5	0	0	0	0	0	0	0	0	0	0	0	0	0	0	0	0	—	('09,'11ヤ)
井本 隆	(近)	3	4	0	0	0	0	0	0	0	0	0	0	0	0	0	0	0	0	—	('75,'79,'80近)
入江 大生	(ディ)	1	2	0	0	0	0	0	0	0	0	0	0	0	0	0	0	0	0	—	('22ディ)
入来 祐作	(日)	1	2	—	—	—	—	—	—	—	—	—	—	—	—	—	—	—	—	—	('04日)
岩隈 久志	(楽)	1	3	—	—	—	—	—	—	—	—	—	—	—	—	—	—	—	—	—	('09楽)
岩崎 恭平	(オ)	1	2	0	1	0	0	0	0	0	0	0	0	0	0	0	0	0	0	.000	('14オ)
岩崎 翔	(ソ)	5	14	—	—	—	—	—	—	—	—	—	—	—	—	—	—	—	—	—	('12,'14,'16,'17,'20ソ)
岩崎 忠義	(日)	3	7	5	0	0	0	0	0	0	0	0	0	0	0	0	0	0	0	.000	('74,'77ロ,'81日)
岩崎 達郎	(中)	2	3	0	1	0	0	0	0	0	0	0	0	0	0	0	0	0	0	.000	('07,'10中)
岩崎 哲也	(武)	1	1	—	—	—	—	—	—	—	—	—	—	—	—	—	—	—	—	—	('08武)
岩貞 祐太	(神)	3	6	0	0	0	0	0	0	0	0	0	0	0	0	0	0	0	0	—	('19,'22,'23神)
岩崎 優	(神)	6	13	0	0	0	0	0	0	0	0	0	0	1	0	0	0	0	0	.000	('15,'17,'19,'21〜'23神)
岩下 大輝	(ロ)	2	2	—	—	—	—	—	—	—	—	—	—	—	—	—	—	—	—	—	('20,'21ロ)
岩瀬 仁紀	(中)	6	19	1	0	0	0	0	0	0	0	0	0	0	0	0	0	1	0	.000	('07〜'12中)
岩田 稔	(神)	3	3	3	1	0	0	0	0	0	0	0	0	0	0	2	0	1	0	.000	('08,'14,'15神)
岩本 貴裕	(広)	2	8	8	1	2	0	0	1	5	3	0	0	0	0	0	0	2	0	.250	('13,'17広)
ウィーラー	(楽)	3	16	53	4	14	2	0	2	22	8	0	0	1	1	(1)6	0	10	1	.264	('17,'19楽,'21巨)
ウィーランド	(ディ)	1	2	4	1	1	0	0	0	1	0	0	0	0	0	2	0	2	0	.250	('17ディ)
B.ウィリアムス	(急)	3	12	27	4	7	1	0	0	8	1	0	0	0	0	3	0	5	0	.259	('75,'77,'79急)
J.ウィリアムス	(武)	2	3	0	0	0	0	0	0	0	0	0	0	0	0	0	0	0	0	—	('07,'08武)
R.ウィリアムス	(武)	2	2	—	—	—	—	—	—	—	—	—	—	—	—	—	—	—	—	—	('12,'13武)
ウェンデルケン	(ディ)	1	1	0	0	0	0	0	0	0	0	0	0	0	0	0	0	0	0	—	('23ディ)
ウルフ	(武)	3	3	—	—	—	—	—	—	—	—	—	—	—	—	—	—	—	—	—	('11,'12日,'18武)
上園 啓史	(神)	1	1	0	0	0	0	0	0	0	0	0	0	0	0	0	0	0	0	—	('07神)
植田 海	(神)	5	11	3	2	1	1	0	0	2	0	1	1	0	0	0	0	0	0	.333	('17,'19,'21〜'23神)
上田 剛史	(ヤ)	4	16	40	1	4	0	0	0	4	0	0	0	1	0	1	0	7	0	.100	('11,'12,'15,'18ヤ)
上田 浩明	(武)	1	4	1	0	0	0	0	0	0	0	0	0	0	0	0	0	0	0	.000	('04武)
上田 佳範	(中)	1	3	0	0	0	0	0	0	0	0	0	0	0	0	0	0	0	0	—	('07中)
上原 浩治	(巨)	3	5	3	1	1	0	0	0	1	0	0	0	0	0	0	0	1	0	.333	('07,'08,'18巨)
上林 誠知	(ソ)	5	16	48	10	10	3	3	1	22	10	0	0	1	0	4	0	11	0	.208	('15,'17,'18,'20,'23ソ)
上本 崇司	(広)	3	8	10	3	3	1	0	0	4	0	1	0	0	0	0	0	3	0	.300	('13,'18,'23広)
上本 達之	(武)	4	6	6	0	1	0	0	0	1	0	0	0	0	0	0	0	2	0	.167	('10〜'13武)
上本 博紀	(神)	6	19	52	8	16	1	0	0	17	2	2	1	4	0	4	2	10	0	.308	('10,'13〜'15,'17,'19神)
宇田 東植	(日)	1	2	—	—	—	—	—	—	—	—	—	—	—	—	—	—	—	—	—	('81日)
宇田川 優希	(オ)	2	4	—	—	—	—	—	—	—	—	—	—	—	—	—	—	—	—	—	('22,'23オ)
内 竜也	(ロ)	4	12	—	—	—	—	—	—	—	—	—	—	—	—	—	—	—	—	—	('10,'13,'15,'16ロ)
内川 聖一	(ヤ)	9	43	152	22	54	7	1	10	93	31	1	0	1	1	(1)10	1	20	6	.355	('11,'12,'14〜'19ソ,'21ヤ)
内村 賢介	(楽)	1	1	0	0	0	0	0	0	0	0	0	0	0	0	0	0	0	0	.000	('09楽)
内山 壮真	(ヤ)	1	1	0	1	0	0	0	0	0	0	0	0	0	0	0	0	0	0	.000	('22ヤ)
内海 哲也	(巨)	9	10	12	0	1	0	0	0	1	1	0	0	3	0	0	0	6	0	.083	('07,'08,'10〜'16巨)
宇野 輝幸	(急)	1	1	0	0	0	0	0	0	0	0	0	0	0	0	0	0	0	0	—	('77急)
海野 隆司	(ソ)	1	1	0	0	0	0	0	0	0	0	0	0	0	0	0	0	0	0	—	('22ソ)
梅沢 義勝	(ロ)	1	2	0	0	0	0	0	0	0	0	0	0	0	0	0	0	0	0	—	('81ロ)
梅野 雄吾	(ヤ)	1	2	0	0	0	0	0	0	0	0	0	0	0	0	0	0	0	0	—	('18ヤ)
梅野 隆太郎	(神)	5	18	47	4	13	5	0	1	21	6	0	1	7	2	4	0	7	1	.277	('15,'17,'19,'21,'22神)
浦野 博司	(日)	2	2	—	—	—	—	—	—	—	—	—	—	—	—	—	—	—	—	—	('14,'18日)
上沢 直之	(日)	2	3	—	—	—	—	—	—	—	—	—	—	—	—	—	—	—	—	—	('14,'18日)
呉 念庭	(武)	1	1	3	0	0	0	0	0	0	0	0	0	0	0	0	1	2	0	.000	('12武)
エスコバー	(ディ)	4	11	1	0	0	0	0	0	0	0	0	0	0	0	0	0	1	0	.000	('17,'19,'22,'23ディ)
A.エチェバリア	(日)	1	3	4	0	1	0	0	0	1	1	0	0	0	0	0	1	1	0	.250	('04日)
A.エチェバリア	(ロ)	1	5	14	3	5	1	0	0	9	1	0	0	0	0	1	0	4	1	.357	('21ロ)
エリアン	(ディ)	1	5	13	2	5	0	0	1	8	2	0	0	1	0	1	0	5	0	.385	('16ディ)
エルドレッド	(広)	4	12	36	0	5	1	0	0	9	5	0	0	0	0	2	1	9	0	.139	('13,'14,'16,'17広)
江柄子裕樹	(巨)	1	3	0	0	0	0	0	0	0	0	0	0	0	0	0	0	0	0	—	('14日)
江川 智晃	(ソ)	4	7	9	1	0	0	0	0	0	0	0	0	0	0	2	0	4	1	.000	('10,'14,'16,'17ソ)
江草 仁貴	(広)	4	12	—	—	—	—	—	—	—	—	—	—	—	—	—	—	—	—	—	('07神,'14広)
江越 大賀	(神)	4	10	10	2	2	1	0	0	5	2	0	0	0	0	0	0	5	0	.200	('15,'17,'19,'22神)
江島 巧	(ロ)	3	6	6	0	0	0	0	0	0	0	0	0	0	0	0	0	0	0	.000	('77,'80,'81ロ)
江尻慎太郎	(日)	2	4	—	—	—	—	—	—	—	—	—	—	—	—	—	—	—	—	—	('04,'09日)
江藤 智	(武)	1	1	2	0	0	0	0	0	0	0	0	0	0	0	1	0	0	0	.000	('06武)
江夏 豊	(武)	2	6	—	—	—	—	—	—	—	—	—	—	—	—	—	—	—	—	—	('81,'82日)
榎田 大樹	(武)	2	2	—	—	—	—	—	—	—	—	—	—	—	—	—	—	—	—	—	('18,'19武)
蝦名 達夫	(ディ)	1	1	1	0	0	0	0	0	0	0	0	0	0	0	0	0	0	0	.000	('23ディ)
江本 孟紀	(南)	1	3	4	0	1	0	0	0	1	0	0	0	0	0	0	0	0	0	.250	('73南)

クライマックスシリーズ・ライフタイム

選手名	チーム	年数	試合	打数	得点	安打	二塁打	三塁打	本塁打	塁打	打点	盗塁	盗塁刺	犠打	犠飛	四球	死球	三振	併殺打	打率	出場した年度
オースチン	(急)	1	1	0	0	0	0	0	0	0	0	0	0	0	0	0	0	0	0	—	('74急)
オースティン	(ディ)	1	2	1	0	1	0	0	0	1	0	0	0	0	0	1	0	0	0	1.000	('22ディ)
オーティズ	(武)	4	19	62	6	13	2	0	3	24	10	0	0	0	1	6	0	19	0	.210	('07ロ,'09,'10ソ,'12武)
*オグレディ	(武)	1	2	4	0	0	0	0	0	0	0	0	0	0	0	0	0	1	0	.000	('22武)
オコエ瑠偉	(楽)	2	7	12	1	3	0	0	1	6	1	1	0	0	0	0	0	3	0	.250	('17,'19楽)
J.オスナ	(ヤ)	2	6	22	3	5	1	0	2	12	5	0	0	0	0	2	0	5	1	.227	('21,'22ヤ)
R.オスナ	(ソ)	1	2	—	—	—	—	—	—	—	—	—	—	—	—	—	—	—	—	—	('23ソ)
オバンドー	(日)	1	3	10	1	4	1	0	0	5	0	0	0	0	0	0	0	1	0	.400	('04日)
オビスポ	(巨)	1	1	3	1	2	0	0	0	2	0	0	0	0	0	0	0	1	0	.667	('09日)
オンドルセク	(ヤ)	1	2	0	0	0	0	0	0	0	0	0	0	0	0	0	0	0	0	—	('15ヤ)
呉 昇桓	(神)	1	6	0	0	0	0	0	0	0	0	0	0	0	0	0	0	0	0	—	('14神)
*大石 達也	(武)	1	1	—	—	—	—	—	—	—	—	—	—	—	—	—	—	—	—	—	('13武)
大石 友好	(武)	1	2	1	0	0	0	0	0	0	0	0	0	0	0	0	0	0	0	.000	('82武)
*大江 竜聖	(巨)	1	1	0	0	0	0	0	0	0	0	0	0	0	0	0	0	0	0	—	('21日)
大熊 忠義	(急)	5	16	55	10	13	3	0	1	19	8	2	2	1	0	3	0	4	2	.236	('73〜'75,'77,'79急)
*大崎雄太朗	(武)	2	8	20	1	6	1	0	0	7	4	1	0	0	0	(1)1	0	2	0	.300	('11,'12武)
*大島 裕行	(武)	2	6	10	2	4	0	0	0	4	3	0	0	1	0	0	0	0	0	.400	('08,'10武)
*大島 洋平	(中)	3	17	60	6	23	2	0	0	28	5	3	1	0	0	(1)6	0	7	0	.383	('10〜'12中)
大城 滉二	(オ)	2	5	0	0	0	0	0	0	0	0	0	0	0	0	0	0	0	0	.000	('22,'23オ)
*大城 卓三	(巨)	3	8	18	0	6	1	0	0	7	0	0	0	0	0	2	0	5	0	.333	('18,'19,'21巨)
*大隅 正人	(急)	1	2	2	1	1	0	0	0	1	0	0	0	0	0	0	0	0	0	.500	('77急)
大瀬良大地	(広)	5	5	4	0	0	0	0	0	0	0	0	0	1	0	0	0	2	0	.000	('14,'16〜'18,'23広)
*大関 友久	(ソ)	1	1	—	—	—	—	—	—	—	—	—	—	—	—	—	—	—	—	—	('22ソ)
*太田 賢吾	(日)	1	1	0	0	0	0	0	0	0	0	0	0	0	0	0	0	0	0	—	('18日)
大田 泰示	(ディ)	4	9	28	3	6	3	0	0	9	1	1	0	0	0	0	0	4	0	.214	('14巨,'18日,'22,'23ディ)
大田 卓司	(武)	1	3	3	1	2	0	0	0	2	4	0	0	0	0	0	0	0	0	.667	('82武)
太田 光	(楽)	2	4	5	0	0	0	0	0	0	0	0	0	0	0	0	0	3	0	.000	('19,'21楽)
太田 椋	(オ)	2	2	1	0	0	0	0	0	0	0	0	0	0	0	0	0	0	0	.000	('21,'22オ)
大竹 寛	(巨)	3	5	4	0	0	0	0	0	0	0	0	0	0	0	0	0	3	0	.000	('13広,'16,'19巨)
*大竹耕太郎	(神)	2	4	1	0	0	0	0	0	0	0	0	0	0	0	0	0	0	0	.000	('18ソ,'23神)
*大谷 翔平	(日)	3	13	34	7	6	2	0	0	8	2	0	1	0	0	(1)2	0	11	1	.176	('14〜'16日)
大谷 智久	(ロ)	2	6	—	—	—	—	—	—	—	—	—	—	—	—	—	—	—	—	—	('15,'16ロ)
*大津 亮介	(ソ)	1	1	—	—	—	—	—	—	—	—	—	—	—	—	—	—	—	—	—	('23ソ)
*大塚 明	(ロ)	2	11	14	1	2	0	0	0	2	0	0	0	0	0	0	0	8	0	.143	('05,'07ロ)
*大隣 憲司	(ソ)	4	5	—	—	—	—	—	—	—	—	—	—	—	—	—	—	—	—	—	('09,'10,'12,'14ソ)
大貫 晋一	(ディ)	1	2	2	0	0	0	0	0	0	0	0	0	0	0	0	0	0	0	.000	('22ディ)
大沼 幸二	(武)	2	4	—	—	—	—	—	—	—	—	—	—	—	—	—	—	—	—	—	('04,'08武)
大野 奨太	(日)	6	22	43	4	15	1	0	0	16	4	0	0	4	0	7	0	3	0	.349	('09,'11,'12,'14〜'16日)
*大野 雄大	(中)	1	2	2	0	0	0	0	0	0	0	0	0	0	0	0	0	1	0	.000	('12中)
大橋 穣	(急)	5	20	63	9	13	4	0	2	20	10	1	2	0	1	8	1	10	2	.206	('73〜'75,'77,'79急)
大引 啓次	(ヤ)	4	16	35	4	6	1	0	0	7	0	0	0	0	0	(1)8	0	13	1	.171	('08オ,'14日,'15,'18ヤ)
*大松 尚逸	(ロ)	2	6	46	3	9	2	0	2	17	7	0	0	0	0	8	1	10	1	.196	('07,'10ロ)
大道 典嘉	(巨)	6	12	13	0	3	1	0	0	4	2	0	0	0	1	1	0	5	1	.231	('04ダ,'05,'06ソ,'07〜'09巨)
大道 温貴	(広)	1	3	0	0	0	0	0	0	0	0	0	0	0	0	0	0	0	0	—	('23広)
*大嶺 祐太	(ロ)	2	2	—	—	—	—	—	—	—	—	—	—	—	—	—	—	—	—	—	('10,'15ロ)
大宮 龍男	(日)	2	9	29	3	5	1	0	0	6	1	0	1	0	0	(1)4	0	8	0	.172	('81,'82日)
*大村 直之	(ソ)	3	11	37	4	9	0	0	0	9	4	1	0	4	1	1	2	3	0	.243	('05〜'07ソ)
大山 悠輔	(神)	5	20	63	9	19	7	0	2	32	7	0	1	0	0	(1)11	0	9	0	.302	('17,'19,'21〜'23神)
岡 大海	(ロ)	4	16	36	5	9	4	0	0	13	3	0	1	0	0	1	1	10	1	.250	('15,'16日,'21,'23ロ)
*岡持 和彦	(日)	2	8	22	0	2	1	0	0	3	3	0	0	0	1	1	1	7	1	.091	('81,'82日)
*岡島 豪郎	(楽)	3	14	50	8	12	4	0	0	16	1	0	0	5	0	3	1	7	1	.240	('13,'17,'21楽)
*岡島 秀樹	(ソ)	2	2	—	—	—	—	—	—	—	—	—	—	—	—	—	—	—	—	—	('12,'14ソ)
*岡田 明丈	(広)	2	2	2	0	1	0	0	0	1	0	0	0	0	0	0	0	1	0	.500	('16,'18広)
岡田 雅利	(武)	2	3	2	0	0	0	0	0	0	0	0	0	0	0	0	0	3	0	.000	('17,'18武)
岡田 幸喜	(急)	1	3	9	2	1	0	0	0	1	0	0	0	0	0	0	2	4	0	.111	('73急)
*岡田 幸文	(ロ)	4	16	32	5	4	1	0	0	5	0	2	1	0	0	0	0	3	1	.125	('10,'13,'15,'16ロ)
岡部 憲章	(日)	1	2	—	—	—	—	—	—	—	—	—	—	—	—	—	—	—	—	—	('81日)
*岡村 隆則	(武)	1	4	9	0	0	0	0	0	0	0	0	0	0	0	0	0	0	0	.000	('82武)
岡本 篤志	(武)	4	7	—	—	—	—	—	—	—	—	—	—	—	—	—	—	—	—	—	('04,'10〜'12武)
岡本 和真	(巨)	2	9	33	4	9	2	0	3	20	8	0	0	0	1	3	0	5	0	.273	('18,'19巨)
*岡本 一光	(急)	1	1	0	0	0	0	0	0	0	0	0	0	0	0	0	0	1	0	.000	('79急)
岡本 克道	(ダ)	1	2	—	—	—	—	—	—	—	—	—	—	—	—	—	—	—	—	—	('04ダ)
岡本 真也	(武)	2	7	0	0	0	0	0	0	0	0	0	0	0	0	0	0	0	0	.000	('07中,'08武)
岡本 洋介	(武)	1	2	—	—	—	—	—	—	—	—	—	—	—	—	—	—	—	—	—	('13武)
*小笠原 孝	(中)	3	4	5	0	0	0	0	0	0	0	0	0	0	0	0	0	3	0	.000	('07〜'09中)
*小笠原道大	(巨)	8	27	91	13	29	3	0	5	47	18	0	0	0	1	(2)12	1	22	1	.319	('04,'06日,'07〜'12巨)
*小川 亨	(近)	3	10	32	7	10	1	0	2	17	3	0	0	1	0	4	2	3	1	.313	('75,'79,'80近)
小川 泰弘	(ヤ)	3	3	0	0	0	0	0	0	0	0	0	0	0	0	0	0	6	0	.000	('15,'18,'22ヤ)
*小川 龍成	(ロ)	1	1	0	0	0	0	0	0	0	0	0	0	0	0	0	0	0	0	.000	('23ロ)
*小川 龍也	(武)	2	6	—	—	—	—	—	—	—	—	—	—	—	—	—	—	—	—	—	('18,'19武)

選手名	チーム	年数	試合	打数	得点	安打	二塁打	三塁打	本塁打	塁打	打点	盗塁	盗塁刺	犠打	犠飛	四球	死球	三振	併殺打	打率	出場した年度
荻野 貴司	ロ	4	19	68	7	19	1	0	1	23	3	2	0	3	0	4	1	6	0	.279	('15,'20,'21,'23ロ)
荻野 忠寛	ロ	1	3	—	—	—	—	—	—	—	—	—	—	—	—	—	—	—	—	—	('07ロ)
奥川 恭伸	ヤ	1	1	2	0	0	0	0	0	0	0	0	0	1	0	0	0	1	0	.000	('21ヤ)
*小郷 裕哉	楽	1	1	0	1	0	0	0	0	0	0	0	0	0	0	0	0	0	0	.000	('21楽)
長田秀一郎	武	3	6	—	—	—	—	—	—	—	—	—	—	—	—	—	—	—	—	—	('04,'10,'12武)
小沢 誠	武	1	2	0	1	0	0	0	0	0	0	0	0	0	0	0	0	0	0	.000	('82武)
押本 健彦	ヤ	4	11	0	0	0	0	0	0	0	0	0	0	0	0	0	0	0	0	—	('07日,'09,'11,'12ヤ)
*小島 和哉	ロ	1	2	—	—	—	—	—	—	—	—	—	—	—	—	—	—	—	—	—	('21,'23ロ)
*小瀬 浩之	オ	1	2	3	0	3	0	0	0	3	0	0	1	0	0	0	0	0	1	1.000	('08オ)
*小関 竜弥	武	1	2	4	0	1	1	0	0	2	0	0	0	0	0	0	0	0	0	.250	('04武)
*小田 幸平	中	2	2	2	0	2	1	0	0	3	2	0	0	0	0	0	0	0	1	1.000	('08,'10中)
*小田 智之	日	2	3	4	0	0	0	0	0	0	0	0	0	0	0	1	0	0	0	.000	('04,'08日)
*小田 裕也	オ	3	9	1	1	1	1	0	0	2	1	0	0	0	0	0	0	0	0	1.000	('21〜'23オ)
越智 大祐	巨	4	9	—	—	—	—	—	—	—	—	—	—	—	—	—	—	—	—	—	('08〜'11巨)
落合 博満	ロ	2	8	25	1	9	2	0	1	14	6	1	0	0	1	5	0	4	0	.360	('80,'81ロ)
*乙坂 智	ディ	2	6	6	2	3	0	0	2	9	7	0	0	0	0	0	0	1	0	.500	('17,'19ディ)
*鬼﨑 裕司	武	4	8	15	2	5	0	0	0	5	0	0	0	1	0	0	0	3	1	.333	('09ヤ,'11〜'13武)
小野 晋吾	ロ	3	6	—	—	—	—	—	—	—	—	—	—	—	—	—	—	—	—	—	('05,'07,'10ロ)
小野 郁	ロ	2	2	—	—	—	—	—	—	—	—	—	—	—	—	—	—	—	—	—	('20,'21ロ)
小野寺 力	武	4	9	—	—	—	—	—	—	—	—	—	—	—	—	—	—	—	—	—	('04,'06,'08,'10武)
*小幡 竜平	神	2	4	3	0	0	0	0	0	0	0	0	0	1	0	0	0	2	1	.000	('22,'23神)
*小俣 進	ロ	2	2	—	—	—	—	—	—	—	—	—	—	—	—	—	—	—	—	—	('80,'81ロ)
*及川 雅貴	神	2	1	0	0	0	0	0	0	0	0	0	0	0	0	0	0	0	0	—	('21神)
*カーター	武	1	3	3	0	0	0	0	0	0	1	0	0	0	0	0	0	1	0	.000	('12武)
カニザレス	ソ	1	2	2	0	0	0	0	0	0	0	0	0	0	0	0	0	1	0	.000	('14ソ)
J.カブレラ	ソ	2	10	36	6	13	4	0	2	23	3	1	0	0	0	2	1	5	1	.361	('05,'06ソ)
A.カブレラ	ソ	4	16	52	5	12	2	0	2	20	16	0	0	0	4	(1)9	1	18	3	.231	('04,'06武,'08オ,'11ソ)
カラシティー	ヤ	1	1	0	0	0	0	0	0	0	0	0	0	0	0	0	0	0	0	—	('18ヤ)
カルロス・ロサ	ロ	1	5	—	—	—	—	—	—	—	—	—	—	—	—	—	—	—	—	—	('13ロ)
*ガイエル	ヤ	1	3	9	0	2	0	0	0	2	0	0	0	0	0	3	0	4	1	.222	('09ヤ)
*ガルシア	神	1	4	0	0	0	0	0	0	0	0	0	0	0	0	0	0	0	0	—	('19神)
甲斐 拓也	ソ	6	28	72	8	17	3	0	2	26	9	0	2	5	0	7	1	25	0	.236	('17〜'19,'20,'22,'23ソ)
*海田 智行	オ	1	1	—	—	—	—	—	—	—	—	—	—	—	—	—	—	—	—	—	('21オ)
*貝塚 政秀	武	2	10	32	1	5	0	0	0	5	0	0	0	0	0	3	0	5	1	.156	('04,'05武)
*甲斐野 央	ソ	2	6	—	—	—	—	—	—	—	—	—	—	—	—	—	—	—	—	—	('19,'22ソ)
垣内 哲也	ロ	1	1	1	0	1	0	0	0	1	0	0	0	0	0	0	0	0	0	1.000	('05ロ)
柿沼 友哉	ロ	1	5	0	0	0	0	0	0	0	0	0	0	0	0	0	0	0	0	.000	('21ロ)
鍵谷 康司	日	2	5	5	0	1	0	0	0	1	0	0	0	0	0	0	0	0	0	.200	('81,'82日)
鍵谷 陽平	巨	4	9	0	0	0	0	0	0	0	0	0	0	0	0	0	0	0	0	—	('14〜'16日,'21巨)
*角中 勝也	ロ	6	27	72	2	19	4	1	0	25	2	0	0	3	0	11	0	18	0	.264	('13,'15,'16,'20,'21,'23ロ)
笠原 将生	巨	1	1	0	0	0	0	0	0	0	0	0	0	0	0	0	0	0	0	—	('14巨)
*笠谷 俊介	ソ	1	1	—	—	—	—	—	—	—	—	—	—	—	—	—	—	—	—	—	('23ソ)
柏原 純一	日	2	9	33	5	8	0	0	1	11	5	1	0	1	0	(1)3	0	3	0	.242	('81日,'82日)
*梶谷 隆幸	ディ	3	17	54	8	15	0	0	3	24	8	0	2	0	0	7	1	18	1	.278	('16,'17,'19ディ)
加治前竜一	日	1	1	4	0	2	0	0	0	2	2	0	0	0	0	0	0	1	0	.500	('08日)
梶本 隆夫	急	1	1	—	—	—	—	—	—	—	—	—	—	—	—	—	—	—	—	—	('73急)
加治屋 蓮	神	2	8	0	0	0	0	0	0	0	0	0	0	0	0	0	0	0	0	—	('18ソ,'22神)
片岡 治大	巨	6	21	67	9	18	2	1	1	25	5	4	0	7	0	1	0	13	1	.269	('05,'06,'08,'13武,'14,'15巨)
*片平 晋作	武	2	6	14	1	2	0	0	0	2	0	0	0	0	0	1	1	1	1	.143	('73南,'82武)
香月 良仁	ロ	1	1	—	—	—	—	—	—	—	—	—	—	—	—	—	—	—	—	—	('15ロ)
甲藤 啓介	ソ	1	2	—	—	—	—	—	—	—	—	—	—	—	—	—	—	—	—	—	('10ソ)
葛城 育郎	神	2	4	6	0	2	0	0	0	2	0	0	0	0	0	0	0	1	0	.333	('07,'08神)
*加藤 健	巨	1	7	9	0	1	0	0	0	1	0	0	0	1	0	2	0	1	0	.111	('15巨)
*加藤 康介	神	1	2	0	0	0	0	0	0	0	0	0	0	0	0	0	0	0	0	—	('13神)
+加藤 翔平	ロ	2	8	7	1	2	1	0	1	6	3	0	0	0	0	0	0	1	0	.286	('13,'16ロ)
*加藤 貴之	日	2	2	—	—	—	—	—	—	—	—	—	—	—	—	—	—	—	—	—	('16,'18日)
加藤 匠馬	オ	1	5	7	0	0	0	0	0	0	0	0	0	0	0	0	0	0	0	.000	('21オ)
加藤 大輔	オ	1	1	—	—	—	—	—	—	—	—	—	—	—	—	—	—	—	—	—	('08オ)
加藤 俊夫	日	1	2	1	0	1	0	0	0	1	0	0	0	0	0	0	1	0	0	1.000	('81日)
*加藤 英司	急	5	19	73	13	22	1	1	2	31	12	2	0	0	3	7	0	11	1	.301	('73〜'75,'77,'79急)
加藤 政義	巨	1	1	0	0	0	0	0	0	0	0	0	0	0	0	0	0	0	0	—	('11巨)
門倉 健	巨	1	2	0	0	0	0	0	0	0	0	0	0	0	0	0	0	0	0	—	('07巨)
*門田 博光	南	1	5	22	4	5	2	0	2	13	3	0	0	0	0	0	0	5	0	.227	('73南)
*金久保優斗	ヤ	1	1	1	0	0	0	0	0	0	0	0	0	0	0	0	0	0	0	.000	('21ヤ)
*金澤 岳	ロ	1	1	1	0	0	0	0	0	0	0	0	0	0	0	0	0	0	0	.000	('13ロ)
金澤 健人	ソ	3	7	—	—	—	—	—	—	—	—	—	—	—	—	—	—	—	—	—	('10〜'12ソ)
金森 敬之	ロ	3	4	—	—	—	—	—	—	—	—	—	—	—	—	—	—	—	—	—	('07,'09日,'15ロ)
+金子 圭輔	ソ	1	3	0	0	0	0	0	0	0	0	0	0	0	0	0	0	0	0	—	('12ソ)
*金子 千尋	オ	2	2	—	—	—	—	—	—	—	—	—	—	—	—	—	—	—	—	—	('08,'14オ)
金子 誠	日	7	25	78	5	17	1	0	1	23	6	0	0	2	0	3	0	13	3	.218	('04,'06〜'09,'11,'12日)

クライマックスシリーズ・ライフタイム

選手名	チーム	年数	試合	打数	得点	安打	二塁打	三塁打	本塁打	塁打	打点	盗塁	盗塁刺	犠打	犠飛	四球	死球	三振	併殺打	打率	出場した年度
+金子 侑司	武	5	15	38	8	11	3	0	0	14	1	2	0	0	0	7	0	9	0	.289	('13,'17〜'19,'22武)
金田 留広	ロ	2	2	3	0	0	0	0	0	0	0	0	0	0	0	0	0	1	0	.000	('74,'77ロ)
*金刃 憲人	楽	2	2	—	—	—	—	—	—	—	—	—	—	—	—	—	—	—	—	—	('09日,'13楽)
金村 暁	日	1	1	—	—	—	—	—	—	—	—	—	—	—	—	—	—	—	—	—	('04日)
*金本 知憲	神	3	6	18	2	3	1	0	0	4	2	0	0	0	0	3	0	4	0	.167	('07,'08,'10神)
釜田 佳直	楽	1	1	—	—	—	—	—	—	—	—	—	—	—	—	—	—	—	—	—	('17楽)
*神内 靖	ソ	2	2	—	—	—	—	—	—	—	—	—	—	—	—	—	—	—	—	—	('04ダ,'06ソ)
*神里 和毅	ディ	2	5	16	3	7	1	0	0	8	1	0	1	0	0	1	0	3	0	.438	('19,'22ディ)
上茶谷大河	ディ	2	3	0	0	0	0	0	0	0	0	0	0	0	0	0	0	0	0	—	('19,'23ディ)
*亀井 善行	巨	12	44	141	21	36	5	0	4	53	10	2	0	4	0	(3)16	0	16	3	.255	('08〜'16,'18,'19,'21巨)
*嘉弥真新也	ソ	6	16	—	—	—	—	—	—	—	—	—	—	—	—	—	—	—	—	—	('17〜'20,'22,'23ソ)
唐川 侑己	ロ	3	6	—	—	—	—	—	—	—	—	—	—	—	—	—	—	—	—	—	('13,'20,'21ロ)
*辛島 航	楽	2	2	—	—	—	—	—	—	—	—	—	—	—	—	—	—	—	—	—	('13,'17楽)
*川井 雄太	中	1	1	2	0	0	0	0	0	0	0	0	0	0	0	0	0	1	0	.000	('11中)
川上 憲伸	中	3	6	9	1	2	0	0	0	2	0	0	0	4	0	0	0	2	0	.222	('07,'08,'12中)
川岸 強	楽	1	2	—	—	—	—	—	—	—	—	—	—	—	—	—	—	—	—	—	('09楽)
川越 英隆	オ	1	2	—	—	—	—	—	—	—	—	—	—	—	—	—	—	—	—	—	('08オ)
*川崎 宗則	ソ	7	29	113	14	32	4	1	2	44	6	3	0	2	1	6	5	18	2	.283	('04ダ,'05〜'07,'09〜'11ソ)
*川崎 雄介	ロ	1	3	—	—	—	—	—	—	—	—	—	—	—	—	—	—	—	—	—	('07ロ)
川島 慶三	ソ	7	16	29	5	10	3	0	0	13	4	0	0	2	0	3	0	3	0	.345	('07日,'15〜'20ソ)
*川瀬 晃	ソ	2	8	20	5	8	1	0	0	11	1	0	0	0	0	1	0	2	0	.400	('22,'23ソ)
川原 昭二	日	1	2	—	—	—	—	—	—	—	—	—	—	—	—	—	—	—	—	—	('82日)
河原 純一	日	2	6	0	0	0	0	0	0	0	0	0	0	0	0	0	0	0	0	—	('09〜'11中)
*川端 慎吾	ヤ	5	11	27	4	7	0	0	0	7	1	0	0	0	0	(1)6	1	1	0	.259	('12,'15,'18,'21,'22ヤ)
川端 崇義	オ	1	3	12	1	2	1	0	0	3	1	0	0	0	0	0	0	1	0	.167	('14オ)
河村健一平	急	4	12	22	2	5	1	0	1	9	1	0	0	0	0	3	0	3	0	.227	('74,'75,'77,'79急)
川本 良平	ヤ	2	6	8	2	4	2	0	1	9	3	0	0	0	0	1	0	2	0	.500	('09,'11ヤ)
*神部 年男	近	1	1	—	—	—	—	—	—	—	—	—	—	—	—	—	—	—	—	—	('75近)
キブレハン	ヤ	1	1	1	0	0	0	0	0	0	0	0	0	0	0	0	0	1	0	.000	('22ヤ)
*キ ラ	広	1	5	20	2	5	1	0	1	9	4	0	0	0	0	2	0	4	1	.250	('13広)
ギッセル	武	1	1	—	—	—	—	—	—	—	—	—	—	—	—	—	—	—	—	—	('06武)
*ギャレット	巨	1	3	11	0	0	0	0	0	0	0	0	0	0	0	0	0	5	0	.000	('16巨)
菊地 和正	日	2	2	—	—	—	—	—	—	—	—	—	—	—	—	—	—	—	—	—	('07,'09日)
*菊池 雄星	武	2	2	—	—	—	—	—	—	—	—	—	—	—	—	—	—	—	—	—	('17,'18武)
菊池 涼介	広	6	24	83	7	24	2	0	1	29	8	1	3	14	1	3	0	9	2	.289	('13,'14,'16〜'18,'23広)
*菊地原 毅	オ	1	1	—	—	—	—	—	—	—	—	—	—	—	—	—	—	—	—	—	('08オ)
*木佐貫 洋	日	2	2	1	0	0	0	0	0	0	0	0	0	0	0	0	0	0	0	—	('07巨,'14日)
木澤 尚文	ヤ	1	1	0	0	0	0	0	0	0	0	0	0	0	0	0	0	0	0	—	('22ヤ)
岸 孝之	楽	8	9	—	—	—	—	—	—	—	—	—	—	—	—	—	—	—	—	—	('08,'10〜'13武,'17,'19,'21楽)
岸田 護	オ	2	3	—	—	—	—	—	—	—	—	—	—	—	—	—	—	—	—	—	('08,'14オ)
北川 博敏	オ	1	2	7	0	1	0	0	0	1	0	0	0	0	0	1	0	1	0	.143	('08オ)
木樽 正明	ロ	1	1	1	0	0	0	0	0	0	0	0	0	0	0	0	0	0	0	.000	('74ロ)
*木田 勇	日	2	2	—	—	—	—	—	—	—	—	—	—	—	—	—	—	—	—	—	('81,'82日)
*城所 龍磨	ソ	6	16	8	1	3	2	0	0	5	0	0	0	0	0	0	0	3	0	.375	('06,'10〜'12,'16,'17ソ)
*木浪 聖也	神	3	11	30	3	10	1	0	0	11	3	0	0	0	0	(1)1	0	3	1	.333	('19,'21,'23神)
金 泰均	ロ	1	8	29	3	8	4	0	0	8	4	0	0	0	0	(1)3	1	6	0	.276	('10ロ)
*木村 昇吾	広	1	4	11	1	1	0	0	0	1	0	1	0	0	0	0	0	4	0	.091	('13広)
+木村 孝	日	2	6	2	0	0	0	0	0	0	1	1	1	0	0	0	0	0	0	.000	('81,'82日)
+木村 拓也	巨	3	8	20	3	6	0	0	0	6	1	0	0	3	0	0	0	5	0	.300	('07〜'09巨)
木村 文紀	武	2	5	9	2	2	0	0	1	5	2	0	0	1	0	0	0	1	0	.222	('18,'19武)
*木元 邦之	日	1	3	10	3	3	1	0	0	7	5	0	0	0	0	0	0	6	0	.300	('04日)
久古健太郎	ヤ	1	3	0	0	0	0	0	0	0	0	0	0	0	0	0	0	0	0	—	('15ヤ)
清田 育宏	ロ	5	25	88	10	19	3	1	5	39	10	2	1	0	0	7	1	20	1	.216	('10,'13,'15,'16,'20ロ)
*清宮幸太郎	日	1	2	2	0	0	0	0	0	0	0	0	0	0	0	0	0	2	0	.000	('18日)
*桐敷 拓馬	神	1	2	—	—	—	—	—	—	—	—	—	—	—	—	—	—	—	—	—	('23神)
*宜保 翔	オ	1	2	3	0	0	0	0	0	0	0	0	0	0	0	0	0	1	0	.000	('23オ)
*銀 次	楽	4	16	59	4	16	1	0	0	23	6	0	0	0	0	8	0	11	1	.271	('13,'17,'19,'21楽)
*T.クルーズ	日	1	4	17	1	7	1	0	2	11	4	0	0	0	0	0	0	1	0	.412	('82日)
L.クルーズ	ロ	1	6	23	3	5	1	0	0	6	1	0	0	0	0	0	0	2	1	.217	('15ロ)
クルーン	巨	3	8	0	0	0	0	0	0	0	0	0	0	0	0	0	0	0	0	—	('08〜'10巨)
クルス	中	1	1	—	—	—	—	—	—	—	—	—	—	—	—	—	—	—	—	—	('07中)
クロッタ	ロ	1	5	—	—	—	—	—	—	—	—	—	—	—	—	—	—	—	—	—	('14ロ)
グライシンガー	ロ	3	4	2	0	0	0	0	0	0	0	0	0	0	0	0	0	0	0	.000	('08,'10巨,'13ロ)
グラシアル	ソ	4	20	66	11	24	5	0	3	38	6	0	0	0	0	9	0	17	1	.364	('18〜'20,'22ソ)
*グラマン	武	2	2	—	—	—	—	—	—	—	—	—	—	—	—	—	—	—	—	—	('08,'11武)
グリン	日	2	4	—	—	—	—	—	—	—	—	—	—	—	—	—	—	—	—	—	('07,'08日)
郭 俊麟	日	1	1	—	—	—	—	—	—	—	—	—	—	—	—	—	—	—	—	—	('18日)
草野 大輔	楽	1	6	23	0	5	1	0	0	6	4	0	0	0	0	0	0	4	0	.217	('09楽)
*楠本 泰史	ディ	2	3	8	0	2	0	0	0	2	0	0	0	0	0	0	0	0	0	.250	('22,'23ディ)
*工藤 公康	武	1	1	—	—	—	—	—	—	—	—	—	—	—	—	—	—	—	—	—	('82武)

選手名	チーム	年数	試合	打数	得点	安打	二塁打	三塁打	本塁打	塁打	打点	盗塁	盗塁刺	犠打	犠飛	四球	死球	三振	併殺打	打率	出場した年度
*工藤 隆人(巨)		3	12	24	3	6	0	1	0	8	4	0	0	0	0	2	1	6	0	.250	('07,'08日,'09巨)
工藤 幹夫(日)		2	3	—	—	—	—	—	—	—	—	—	—	—	—	—	—	—	—	—	('81,'82日)
国吉 佑樹(ロ)		3	6	0	0	0	0	0	0	0	0	0	0	0	0	0	0	0	0	—	('19ディ,'21,'23ロ)
*久保 拓眞(ヤ)		1	1	0	0	0	0	0	0	0	0	0	0	0	0	0	0	0	0	—	('22ヤ)
久保 康友(神)		3	5	2	0	0	0	0	0	0	0	0	0	0	0	0	0	0	0	.000	('07ロ,'10,'13神)
久保 裕也(巨)		3	9	1	0	0	0	0	0	0	0	0	0	0	0	0	0	1	0	.000	('10,'11,'14巨)
久保田智之(神)		3	5	0	0	0	0	0	0	0	0	0	0	0	0	0	0	0	0	—	('07,'08,'10神)
熊谷 敬宥(神)		3	4	1	1	0	0	0	0	0	0	0	0	0	0	0	0	1	0	.000	('21~'23神)
熊代 聖也(武)		5	8	7	0	2	2	0	0	4	2	0	0	1	0	0	0	2	0	.286	('11~'13,'18,'19武)
公文 克彦(武)		2	3	—	—	—	—	—	—	—	—	—	—	—	—	—	—	—	—	—	('18日,'22武)
倉 義和(広)		1	1	0	0	0	0	0	0	0	0	0	0	0	0	0	0	0	0	—	('13広)
倉野 信次(ダ)		1	1	—	—	—	—	—	—	—	—	—	—	—	—	—	—	—	—	—	('04ダ)
倉持 明(ロ)		2	4	—	—	—	—	—	—	—	—	—	—	—	—	—	—	—	—	—	('80,'81ロ)
*倉本 寿彦(ディ)		2	15	53	8	15	2	0	0	17	3	0	0	0	0	3	1	12	1	.283	('16,'17ディ)
九里 亜蓮(広)		4	6	3	0	0	0	0	0	0	0	0	0	1	0	0	0	1	0	.000	('16~'18,'23広)
*栗橋 茂(近)		2	6	17	5	3	0	0	2	9	3	0	0	1	1	4	1	1	2	.176	('79,'80近)
*栗原 陵矢(ソ)		3	5	5	1	0	0	0	0	0	0	0	0	2	0	0	0	2	1	.000	('18~'20ソ)
栗林 良吏(広)		1	3	0	0	0	0	0	0	0	0	0	0	0	0	0	0	0	0	—	('23広)
栗山 巧(武)		10	31	104	13	29	5	1	4	48	19	0	0	4	1	13	1	16	1	.279	('05,'06,'08,'10,'11,'13,'17~'19,'22武)
紅林弘太郎(オ)		3	10	28	2	5	2	0	0	7	3	0	0	1	0	2	0	6	1	.179	('21~'23オ)
*黒木 優太(オ)		1	1	—	—	—	—	—	—	—	—	—	—	—	—	—	—	—	—	—	('22オ)
黒田 博樹(広)		1	1	1	0	0	0	0	0	0	0	0	0	0	0	0	0	0	0	.000	('16広)
黒田 正宏(武)		1	4	8	2	1	0	0	1	4	2	0	0	2	0	1	0	0	0	.125	('82武)
桑原謙太朗(神)		1	2	0	0	0	0	0	0	0	0	0	0	0	0	0	0	0	0	—	('17神)
桑原 将志(ディ)		5	23	75	10	14	4	0	1	21	6	2	0	2	1	5	0	13	2	.187	('16,'17,'19,'22,'23ディ)
ケラー(神)		1	4	—	—	—	—	—	—	—	—	—	—	—	—	—	—	—	—	—	('22神)
ゲレーロ(巨)		2	6	15	2	3	0	0	2	9	4	0	0	0	0	0	0	4	0	.200	('18,'19巨)
*憲 史(楽)		1	3	3	0	0	0	0	0	0	0	0	0	0	0	0	0	0	0	.000	('09楽)
劔持 貴寛(ロ)		2	7	3	0	0	0	0	0	0	0	0	0	0	0	0	0	1	0	.000	('80,'81ロ)
*源田 壮亮(武)		4	14	56	7	12	1	2	0	17	5	2	0	2	0	2	1	12	1	.214	('17~'19,'22武)
G.後藤武敏(ディ)		5	11	26	3	6	1	0	2	13	8	0	0	0	0	4	0	5	0	.231	('05,'08,'10武,'16,'17ディ)
ゴメス(神)		2	9	36	3	11	2	0	2	19	10	0	0	0	0	0	0	12	0	.306	('14,'15神)
L.ゴンザレス(巨)		1	2	4	0	1	0	0	0	1	0	0	0	0	0	0	0	1	0	.250	('07巨)
D.ゴンザレス(巨)		3	3	2	0	1	0	0	0	1	0	0	0	0	0	0	0	0	0	.500	('09~'11巨)
+M.ゴンザレス(オ)		1	4	13	2	1	0	0	0	2	1	0	0	0	1	2	0	5	0	.077	('23オ)
小池 兼司(南)		1	5	7	0	2	0	0	0	2	0	0	0	0	0	1	0	2	0	.286	('73南)
小池 正晃(中)		3	8	5	0	0	0	0	0	0	0	0	1	1	0	0	0	1	2	.000	('08,'09,'11中)
小木田敦也(オ)		1	2	—	—	—	—	—	—	—	—	—	—	—	—	—	—	—	—	—	('23オ)
小窪 哲也(広)		5	9	15	5	4	0	1	0	6	2	0	0	0	0	(1) 2	1	6	0	.267	('13,'14,'16~'18広)
小久保裕紀(ソ)		5	19	66	2	12	2	0	0	14	3	0	0	0	1	4	1	15	1	.182	('07,'09~'12ソ)
*小斉 祐輔(ソ)		1	1	1	0	0	0	0	0	0	0	0	0	0	0	0	0	0	0	.000	('09ソ)
*小坂 誠(楽)		2	6	3	2	1	0	1	0	3	0	0	0	0	0	0	0	0	0	.333	('05ロ,'09楽)
*小園 海斗(広)		1	5	18	2	7	0	1	0	9	1	1	0	0	0	(3) 4	0	3	0	.389	('23広)
小林 慶祐(神)		1	1	0	0	0	0	0	0	0	0	0	0	0	0	0	0	0	0	—	('21神)
小林 誠二(武)		1	2	—	—	—	—	—	—	—	—	—	—	—	—	—	—	—	—	—	('82武)
小林 誠司(巨)		6	20	41	1	1	0	0	0	1	0	0	0	3	0	2	0	16	0	.024	('14~'16,'18,'19,'21巨)
小林 宏(ロ)		3	9	—	—	—	—	—	—	—	—	—	—	—	—	—	—	—	—	—	('05,'07,'10ロ)
*小林 正(中)		3	9	0	0	0	0	0	0	0	0	0	0	0	0	0	0	0	0	—	('08,'09,'12中)
*小林 雅英(ロ)		2	9	—	—	—	—	—	—	—	—	—	—	—	—	—	—	—	—	—	('05,'07ロ)
*小深田大翔(楽)		1	1	1	0	0	0	0	0	0	0	0	0	0	0	0	0	0	0	.000	('21楽)
小松 聖(オ)		1	1	—	—	—	—	—	—	—	—	—	—	—	—	—	—	—	—	—	('08オ)
小宮山 悟(ロ)		1	2	—	—	—	—	—	—	—	—	—	—	—	—	—	—	—	—	—	('07ロ)
小谷野栄一(日)		6	28	108	8	28	10	0	1	41	11	0	0	3	1	4	1	18	2	.259	('07~'09,'11,'12,'14日)
小山伸一郎(楽)		2	3	—	—	—	—	—	—	—	—	—	—	—	—	—	—	—	—	—	('09,'13楽)
小山 雄輝(巨)		2	2	0	0	0	0	0	0	0	0	0	0	0	0	0	0	0	0	—	('12,'14巨)
*紺田 敏正(日)		2	4	2	0	0	0	0	0	0	0	0	0	0	0	0	0	1	0	.000	('07,'08日)
近藤 一樹(ヤ)		2	3	0	0	0	0	0	0	0	0	0	0	0	0	0	0	0	0	—	('08オ,'18ヤ)
*近藤 健介(ソ)		5	22	80	8	24	4	0	1	31	12	1	0	2	1	9	1	15	3	.300	('14~'16,'18日,'23ソ)
*後藤 光尊(オ)		1																4	1	.000	('08オ)
サイスニード(ヤ)		1	1	3	0	0	0	0	0	0	0	0	0	0	0	0	0	3	0	.000	('22ヤ)
サファテ(ソ)		5	13	—	—	—	—	—	—	—	—	—	—	—	—	—	—	—	—	—	('13武,'14~'17ソ)
サブロー(ロ)		5	30	101	13	20	4	1	3	35	12	0	0	0	0	18	1	26	4	.198	('05,'07,'10ロ,'11巨,'13ロ)
サンタナ(ヤ)		2	6	14	3	2	0	0	2	8	5	0	0	0	1	7	0	5	0	.143	('21,'22ヤ)
*ザガースキー(ディ)		1	1	—	—	—	—	—	—	—	—	—	—	—	—	—	—	—	—	—	('16ディ)
歳内 宏明(神)		1	1	0	0	0	0	0	0	0	0	0	0	0	0	0	0	0	0	—	('15神)
才木 浩人(神)		1	1	0	0	0	0	0	0	0	0	0	0	0	0	0	0	1	0	.000	('22神)
斉藤 和巳(ダ)		4	5	1	0	0	0	0	0	0	0	0	0	1	0	0	0	0	0	—	('04ダ,'05~'07ソ)
*斉藤 彰吾(武)		3	7	13	1	0	0	0	0	0	0	0	0	0	0	0	0	0	0	.000	('11~'13武)
斉藤 信介(中)		1	2	0	0	0	0	0	0	0	0	0	0	0	0	0	0	0	0	—	('08中)
斉藤 隆(楽)		1	1	—	—	—	—	—	—	—	—	—	—	—	—	—	—	—	—	—	('13楽)

クライマックスシリーズ・ライフタイム

選手名	年数	試合	打数	得点	安打	二塁打	三塁打	本塁打	塁打	打点	盗塁	盗塁刺	犠打	犠飛	四球	死球	三振	併殺打	打率	出場した年度
*齋藤友貴哉(神)	1	1	0	0	0	0	0	0	0	0	0	0	0	0	0	0	0	0	—	('21神)
*佐伯 貴弘(中)	1	3	2	0	0	0	0	0	0	0	0	0	0	0	1	0	0	0	.000	('11中)
*坂 克彦(神)	4	10	11	0	2	0	0	0	2	0	0	0	0	0	1	0	2	0	.182	('10,'13～'15神)
酒居 知史(楽)	1	2	—	—	—	—	—	—	—	—	—	—	—	—	—	—	—	—	—	('21楽)
榊 親一(ロ)	1	2	1	0	0	0	0	0	0	0	0	0	0	0	0	0	1	0	.000	('77ロ)
榊原 良行(日)	1	3	9	2	3	1	0	0	4	0	0	0	1	0	0	0	0	0	.333	('82日)
榊原 諒(日)	1	1	—	—	—	—	—	—	—	—	—	—	—	—	—	—	—	—	—	('11日)
*坂倉 将吾(広)	1	3	12	0	4	0	0	0	4	1	0	0	0	0	0	0	3	0	.333	('23広)
*坂口 智隆(ヤ)	3	7	27	2	7	1	0	0	8	1	1	0	0	0	1	1	3	0	.259	('08,'14オ,'18ヤ)
+阪田 隆(南)	1	1	0	0	0	0	0	0	0	0	0	0	0	0	0	0	0	0	.000	('73南)
*坂田 遼(武)	2	5	15	0	4	1	0	0	5	1	0	0	0	0	0	0	5	0	.267	('11,'13武)
*坂本光士郎(ロ)	1	5	—	—	—	—	—	—	—	—	—	—	—	—	—	—	—	—	—	('23ロ)
坂本誠志郎(神)	4	9	20	1	3	2	0	0	3	2	0	0	0	0	1	2	5	0	.150	('17,'21～'23神)
坂本 勇人(巨)	12	52	191	25	46	13	0	7	80	16	1	1	3	1	(1)23	2	39	5	.241	('08～'16,'18,'19,'21巨)
坂元弥太郎(日)	2	4	—	—	—	—	—	—	—	—	—	—	—	—	—	—	—	—	—	('08,'09日)
桜井 広大(神)	2	4	5	0	1	0	0	0	1	1	0	0	0	0	0	1	1	1	.200	('07,'10神)
桜井 輝秀(南)	1	5	19	2	4	1	0	0	5	0	0	1	0	0	0	1	1	2	.211	('73南)
桜井 俊貴(巨)	1	1	0	0	0	0	0	0	0	0	0	0	0	0	0	0	0	0	—	('19巨)
佐々木恭介(近)	3	9	31	4	10	3	0	0	13	4	0	1	0	0	1	0	5	1	.323	('75,'79,'80近)
佐々木千隼(ロ)	1	3	0	0	0	0	0	0	0	0	0	0	0	0	0	0	0	0	—	('21ロ)
佐々木朗希(ロ)	2	2	—	—	—	—	—	—	—	—	—	—	—	—	—	—	—	—	—	('21,'23ロ)
*笹本 信二(急)	2	4	4	1	1	1	0	0	2	1	0	0	0	0	0	0	0	0	.250	('77,'79急)
佐藤 健一(ロ)	1	1	0	0	0	0	0	0	0	0	0	0	1	0	0	0	0	0	.000	('81ロ)
佐藤 竹秀(近)	1	2	5	0	0	0	0	0	0	0	0	0	0	0	0	0	2	1	.000	('75近)
佐藤 達也(オ)	1	3	—	—	—	—	—	—	—	—	—	—	—	—	—	—	—	—	—	('14オ)
*佐藤 輝明(神)	3	11	35	4	6	1	0	1	10	2	0	0	0	0	3	0	11	0	.171	('21～'23神)
*佐藤都志也(ロ)	3	11	17	0	3	1	0	0	4	2	0	0	0	0	1	0	2	0	.176	('21,'23ロ)
*佐藤 友亮(武)	6	21	64	10	16	0	0	0	19	3	0	0	3	0	7	1	9	1	.250	('04～'06,'08,'10,'11武)
佐藤 直樹(ソ)	1	3	1	0	0	0	0	0	0	0	0	0	0	0	0	0	1	0	.000	('22ソ)
佐藤 誠(ソ)	2	3	—	—	—	—	—	—	—	—	—	—	—	—	—	—	—	—	—	('04ダ,'09ソ)
佐藤 道郎(南)	1	3	2	0	0	0	0	0	0	0	0	0	0	0	0	0	1	0	.000	('73南)
里崎 智也(ロ)	4	27	80	10	24	5	0	6	47	17	0	1	5	0	4	3	19	2	.300	('05,'07,'10,'13ロ)
實松 一成(巨)	2	3	1	0	0	0	0	0	0	0	0	0	0	0	0	0	0	0	.000	('08,'15巨)
*佐野 恵太(デ)	2	5	11	0	1	0	0	0	1	0	0	0	0	0	(1)2	0	1	1	.091	('19,'22デ)
+佐野 皓大(オ)	2	3	0	0	0	0	0	0	0	0	0	0	0	0	0	0	0	0	—	('21,'22オ)
*佐野 泰雄(武)	1	1	—	—	—	—	—	—	—	—	—	—	—	—	—	—	—	—	—	('19武)
佐野 嘉幸(南)	1	3	11	1	4	0	0	1	7	1	0	0	0	0	0	0	1	0	.364	('73南)
*澤田 圭佑(ロ)	1	4	—	—	—	—	—	—	—	—	—	—	—	—	—	—	—	—	—	('23ロ)
澤村 拓一(ロ)	10	20	4	0	0	0	0	0	0	0	0	0	2	0	0	0	0	0	.000	('11～'16,'18,'19巨,'20,'23ロ)
SHINJO(日)	2	5	19	3	5	0	0	0	5	1	0	0	0	0	2	0	3	0	.263	('04,'06日)
G.G.佐藤(ロ)	2	3	4	1	1	0	0	1	4	3	0	0	0	0	0	0	2	0	.250	('04武,'13ロ)
シーツ(神)	1	2	8	2	2	0	0	0	2	0	0	0	0	0	0	0	3	0	.250	('07神)
シコースキー(武)	1	1	—	—	—	—	—	—	—	—	—	—	—	—	—	—	—	—	—	('10武)
シュリッター(武)	1	2	—	—	—	—	—	—	—	—	—	—	—	—	—	—	—	—	—	('17武)
ジャクソン(広)	3	6	0	0	0	0	0	0	0	0	0	0	0	0	0	0	0	0	—	('16～'18広)
*C.ジョーンズ(近)	2	7	17	3	4	0	0	3	13	6	0	0	0	0	3	0	7	0	.235	('73南,'75近)
A.ジョーンズ(楽)	1	4	16	2	4	1	0	2	11	4	0	0	0	0	1	0	6	0	.250	('13楽)
A.ジョーンズ(オ)	1	3	1	0	0	0	0	0	0	0	0	0	0	0	0	0	3	0	.000	('21オ)
*ジョンソン(広)	3	3	6	0	0	0	0	0	0	0	0	0	1	0	0	0	3	0	.000	('16～'18広)
椎野 新(ソ)	1	1	—	—	—	—	—	—	—	—	—	—	—	—	—	—	—	—	—	('18ソ)
*塩見 貴洋(楽)	1	1	—	—	—	—	—	—	—	—	—	—	—	—	—	—	—	—	—	('17楽)
塩見 泰隆(ヤ)	2	6	21	2	7	4	0	0	13	4	1	0	0	0	5	1	6	0	.333	('21,'22ヤ)
重信慎之介(巨)	3	3	3	0	1	0	0	0	1	0	0	0	0	0	0	0	0	1	.333	('19巨)
志田 宗大(ヤ)	1	1	1	0	0	0	0	0	0	0	0	0	0	0	0	0	0	1	.000	('09ヤ)
七條 祐樹(ヤ)	1	2	—	—	—	—	—	—	—	—	—	—	—	—	—	—	—	—	—	('12ヤ)
*篠原 貴行(ソ)	1	2	—	—	—	—	—	—	—	—	—	—	—	—	—	—	—	—	—	('07ソ)
芝池 博明(近)	1	3	—	—	—	—	—	—	—	—	—	—	—	—	—	—	—	—	—	('75近)
*柴田 講平(神)	2	3	3	0	2	0	0	0	2	1	0	0	0	0	0	0	2	0	.667	('13神)
*柴田 竜拓(デ)	3	12	38	2	13	1	0	0	14	2	1	0	3	0	5	0	9	0	.342	('17,'19,'23デ)
*柴田 博之(武)	1	4	4	1	0	0	0	0	0	0	0	0	0	0	0	0	2	0	.000	('04武)
*柴原 洋(ソ)	5	17	49	2	13	3	0	0	16	2	0	1	3	0	4	1	10	2	.265	('04ダ,'05～'07,'10ソ)
嶋 基宏(楽)	3	12	28	1	3	2	0	0	5	4	0	0	4	0	4	0	12	0	.107	('09,'13,'17楽)
島内颯太郎(広)	1	4	0	0	0	0	0	0	0	0	0	0	0	0	0	0	0	0	—	('23広)
*島内 宏明(楽)	3	13	46	6	12	4	0	0	16	5	0	0	2	0	7	1	11	1	.261	('17,'21楽)
*島谷 金二(急)	2	8	30	3	11	1	0	0	12	1	0	0	0	0	1	2	4	1	.367	('77,'79急)
*島田 海吏(神)	2	6	12	0	4	0	0	0	4	1	1	0	0	0	0	1	4	0	.333	('21,'22神)
島田 一輝(日)	1	2	5	1	1	0	0	0	1	0	0	0	0	0	0	0	3	0	.200	('04日)
縞田 拓弥(オ)	1	2	—	—	—	—	—	—	—	—	—	—	—	—	—	—	—	—	—	('14オ)
*島田 誠(日)	2	9	34	5	9	5	0	0	14	6	3	0	0	0	2	0	3	0	.265	('81,'82日)
島田 育夫(南)	1	5	19	1	4	2	0	0	6	0	0	0	0	0	0	0	3	0	.211	('73南)

選手名	チーム	年数	試合	打数	得点	安打	二塁打	三塁打	本塁打	塁打	打点	盗塁	盗塁刺	犠打	犠飛	四球	死球	三振	併殺打	打率	出場した年度
＊島本 講平	(近)	2	7	20	1	5	1	0	0	6	1	0	1	0	0	0	0	1	0	.250	('75,'80近)
＊島本 浩也	(神)	3	9	0	0	0	0	0	0	0	0	0	0	0	0	0	0	0	0	—	('19,'22,'23神)
＊清水 章夫	(オ)	1	1	—																—	('08オ)
清水 昭信	(中)	1	4	0	0	0	0	0	0	0	0	0	0	0	0	0	0	0	0	—	('08中)
清水 誉	(神)	1	1	0	0	0	0	0	0	0	0	0	0	0	0	0	0	0	0	—	('13神)
清水 隆行	(巨)	1	3	10	0	1	0	0	0	1	0	0	0	0	0	0	0	1	0	.100	('07巨)
清水 直行	(ロ)	2	3	—																—	('05,'07ロ)
清水 昇	(ヤ)	2	5	0	0	0	0	0	0	0	0	0	0	0	0	0	0	0	0	—	('21,'22ヤ)
清水 優心	(日)	1	1	2	0	1	0	0	0	1	0	0	0	0	0	1	0	0	0	.500	('18日)
下水流 昂	(楽)	3	5	5	0	0	0	0	0	0	0	0	0	0	0	0	0	3	0	.000	('13,'16広,'19楽)
下園 辰哉	(ディ)	1	5	5	0	0	0	0	0	0	0	0	0	0	0	0	0	1	0	.000	('16ディ)
下柳 剛	(神)	2	2	3	0	0	0	0	0	0	0	0	0	0	0	0	0	3	0	.000	('07,'08神)
下山 真二	(オ)	1	2	6	0	2	0	0	0	2	0	0	0	0	0	1	0	1	0	.333	('08オ)
周東 佑京	(ソ)	4	17	39	6	9	3	1	0	14	4	0	1	2	0	0	0	5	0	.231	('19,'20,'22,'23ソ)
俊 介	(神)	5	13	20	1	2	0	0	0	2	2	0	0	1	0	2	0	1	0	.100	('10,'13〜'15,'17神)
駿 太	(オ)	1	3	7	3	2	1	0	1	6	1	0	0	1	0	4	0	0	0	.286	('14オ)
正垣 泰祐	(急)	3	8	14	0	3	1	0	0	4	1	0	0	0	0	1	0	0	1	.214	('73〜'75急)
庄司 智久	(ロ)	2	8	28	4	9	3	1	0	14	2	0	1	0	0	0	0	2	1	.321	('80,'81ロ)
庄司 隼人	(広)	1	1	1	0	0	0	0	0	0	0	0	0	0	0	0	0	0	0	.000	('17広)
正津 英志	(武)	1	1	—																—	('05武)
白石 静生	(急)	2	2	—																—	('77,'79急)
白崎 浩之	(ディ)	2	6	8	1	2	0	0	0	2	0	0	0	0	0	1	0	3	0	.250	('16,'17ディ)
白滝 政孝	(近)	1	1	0	0	0	0	0	0	0	0	0	0	0	0	0	0	0	0	.000	('79近)
新谷 嘉孝	(ロ)	1	1	0	0	0	0	0	0	0	0	0	0	0	0	0	0	0	0	—	('81ロ)
城島 健司	(神)	2	7	26	5	9	0	0	3	18	6	0	0	0	0	1	3	2	0	.346	('04ダ,'10神)
R.スアレス	(神)	3	7	0	0	0	0	0	0	0	0	0	0	0	0	0	0	0	0	—	('16,'18ソ,'21神)
A.スアレス	(ヤ)	1	2	0	0	0	0	0	0	0	0	0	0	0	0	0	0	0	0	—	('21ヤ)
スウィーニー	(日)	2	2	—																—	('07,'08日)
スケールズ	(日)	1	2	5	0	0	0	0	0	0	0	0	0	0	0	0	0	2	0	.000	('11日)
スタンリッジ	(ソ)	2	2	—																—	('07,'14ソ)
スチュワート・ジュニア	(ソ)	1	1	—																—	('23ソ)
スティーブ	(武)	1	4	14	1	4	0	0	0	4	0	0	0	0	0	3	0	1	0	.286	('82武)
W.スミス	(南)	1	4	9	2	2	0	0	1	5	2	0	0	0	0	0	0	1	0	.222	('73南)
B.スミス	(武)	1	2	—																—	('22武)
スレッジ	(ソ)	2	11	42	8	11	1	0	5	27	17	0	0	0	1	3	1	13	0	.262	('08,'09日)
ズレータ	(ソ)	3	15	50	9	13	2	0	5	30	10	0	1	0	0	(1) 8	3	13	1	.260	('04ダ,'05,'06ソ)
末包 昇大	(広)	1	4	9	1	1	0	0	1	4	1	0	0	0	0	0	0	2	0	.111	('23広)
末永 吉幸	(ロ)	1	2	0	0	0	0	0	0	0	0	0	0	0	0	0	0	1	0	.000	('77ロ)
菅野 剛士	(ロ)	1	2	6	0	1	0	0	0	1	0	0	0	0	0	2	0	2	0	.167	('20ロ)
菅野 智之	(巨)	4	6	13	0	0	0	0	0	0	0	0	0	2	0	0	0	6	1	.000	('13,'15,'18,'21巨)
菅野 光夫	(日)	2	8	16	4	3	1	0	0	4	0	0	0	3	0	0	0	2	0	.188	('81,'82日)
杉内 俊哉	(巨)	9	13	3	0	0	0	0	0	0	0	0	0	1	0	0	0	2	0	.000	('05〜'07,'09〜'11ソ,'13,'14巨)
杉浦 稔大	(日)	1	2	1	0	0	0	0	0	0	0	0	0	0	0	0	0	0	0	.000	('15ヤ,'18日)
杉本 正	(武)	1	1	—																—	('82武)
杉本裕太郎	(オ)	3	11	36	3	14	3	0	2	23	10	1	0	0	0	(2) 8	0	7	1	.389	('21〜'23オ)
杉谷 拳士	(日)	6	14	16	3	3	0	0	0	4	1	1	3	2	0	2	0	2	0	.188	('11,'12,'14〜'16,'18日)
鈴木 啓示	(近)	3	6	0	0	0	0	0	0	0	0	0	0	0	0	0	0	0	0	—	('75,'79,'80近)
鈴木 昭汰	(ロ)	2	3	—																—	('21,'23ロ)
鈴木 将平	(武)	1	1	3	0	0	0	0	0	0	0	0	0	0	0	0	0	1	0	.000	('22武)
鈴木 誠也	(広)	3	8	25	3	2	0	0	0	5	3	0	1	0	0	6	0	4	0	.080	('14,'16,'18広)
鈴木 尚広	(巨)	9	19	7	4	1	0	0	0	1	0	0	1	1	0	0	1	1	0	.143	('08〜'16巨)
鈴木 大地	(楽)	4	17	62	7	13	6	0	1	22	3	0	2	2	0	2	0	9	1	.210	('13,'15,'16ロ,'21楽)
鈴木葉留彦	(武)	1	2	0	0	0	0	0	0	0	0	0	0	0	0	0	0	0	0	.000	('82武)
鈴木 義広	(中)	3	5	0	0	0	0	0	0	0	0	0	0	0	0	0	0	0	0	—	('07,'09,'11中)
須田 幸太	(ディ)	2	4	0	0	0	0	0	0	0	0	0	0	0	0	0	0	0	0	—	('16,'17ディ)
砂田 毅樹	(ディ)	2	7	1	0	0	0	0	0	0	0	0	0	0	0	0	0	0	0	.000	('16,'17ディ)
炭谷銀仁朗	(楽)	9	20	41	6	15	1	0	0	19	6	1	0	3	1	2	0	3	2	.366	('08,'10〜'13,'17,'18武,'19巨,'21楽)
住友 平	(急)	3	10	31	5	7	1	0	3	17	7	0	0	1	0	2	0	2	0	.226	('73〜'75急)
セギノール	(楽)	4	16	60	10	16	0	0	5	31	15	0	0	1	0	(1) 3	1	17	0	.267	('04,'06,'07日,'09楽)
セデーニョ	(オ)	1	4	16	4	3	0	0	1	6	3	0	0	0	0	1	0	8	0	.188	('23オ)
セベダ	(巨)	1	3	3	1	1	0	0	1	4	1	0	0	0	0	0	0	0	1	.333	('14巨)
セラフィニ	(ロ)	1	2	—																—	('05ロ)
関根 大気	(ディ)	4	8	14	3	5	0	0	0	5	2	0	1	2	0	1	0	3	0	.357	('16,'17,'22,'23ディ)
関本賢太郎	(神)	5	10	23	1	5	1	0	0	6	0	0	0	0	1	0	1	7	0	.217	('07,'08,'10,'14,'15神)
播津 正	(ソ)	6	9	—																—	('09〜'12,'14,'16ソ)
千賀 滉大	(ソ)	7	12	—																—	('15〜'20,'22ソ)
千田 啓介	(日)	1	2	1	0	0	0	0	0	0	0	0	0	0	0	0	0	0	0	.000	('12日)
ソーサ	(中)	1	1	—																—	('12中)
ソーレル	(急)	1	3	0	0	0	0	0	0	0	0	0	0	0	0	0	0	0	0	.000	('73急)
ソト	(ディ)	3	8	24	3	10	2	0	0	12	1	0	0	0	0	(1) 5	0	5	1	.417	('19,'22,'23ディ)

クライマックスシリーズ・ライフタイム

選手名	チーム	年数	試合	打数	得点	安打	二塁打	三塁打	本塁打	塁打	打点	盗塁	盗塁刺	犠打	犠飛	四球	死球	三振	併殺打	打率	出場した年度
*ソレイタ	(日)	2	9	29	3	9	2	0	1	14	2	0	0	0	0	(1) 8	0	6	0	.310	('81,'82日)
*曽根　海成	(広)	1	2	0	0	0	0	0	0	0	0	0	0	0	0	0	0	0	0	.000	('23広)
梵　　英心	(広)	2	7	27	3	7	1	1	0	10	2	1	0	2	0	1	0	5	0	.259	('13,'14広)
*宋　家豪	(楽)	3	8	—	—	—	—	—	—	—	—	—	—	—	—	—	—	—	—	—	('17,'19,'21楽)
*ターリー	(広)	1	2	0	0	0	0	0	0	0	0	0	0	0	0	0	0	0	0	—	('23広)
タイロン・ウッズ	(中)	2	12	43	11	12	1	0	8	37	15	0	0	0	1	9	1	15	0	.279	('07,'08中)
ダーウィン	(神)	1	1	0	0	0	0	0	0	0	0	0	0	0	0	0	0	0	0	—	('07神)
ダルビッシュ有	(日)	4	6	—	—	—	—	—	—	—	—	—	—	—	—	—	—	—	—	—	('06〜'08,'11日)
*平良　海馬	(武)	2	4	—	—	—	—	—	—	—	—	—	—	—	—	—	—	—	—	—	('19,'22武)
平良拳太郎	(ディ)	1	1	1	0	0	0	0	0	0	0	0	0	0	0	0	0	0	0	.000	('19ディ,'21,'23ロ)
高井　保弘	(急)	5	18	33	1	8	1	0	1	12	5	0	1	0	0	2	0	5	2	.242	('73〜'75,'77,'79急)
*高木　京介	(巨)	5	8	0	0	0	0	0	0	0	0	0	0	0	0	0	0	0	0	—	('12,'14,'15,'19,'21巨)
*高木　晃次	(ロ)	1	3	—	—	—	—	—	—	—	—	—	—	—	—	—	—	—	—	—	('07ロ)
高木　勇人	(巨)	1	2	0	0	0	0	0	0	0	0	0	0	0	0	0	0	0	0	—	('15巨)
*高木　浩之	(武)	2	8	22	4	4	0	0	1	7	2	0	0	0	0	3	1	5	0	.182	('04,'06武)
*高木　康成	(巨)	3	4	0	0	0	0	0	0	0	0	0	0	0	0	0	0	0	0	—	('10〜'12巨)
高口　隆行	(日)	1	3	0	0	0	0	0	0	0	0	1	0	0	0	0	0	1	0	.000	('08日)
高代　延博	(日)	2	8	28	3	4	2	0	1	9	2	0	0	2	0	3	0	2	0	.143	('81,'82日)
髙城　俊人	(ディ)	1	2	1	0	0	0	0	0	0	0	0	0	0	0	0	0	0	0	—	('17ディ)
高須　洋介	(楽)	1	6	22	2	5	2	0	1	10	1	0	0	3	0	1	0	3	1	.227	('09楽)
*髙田　知季	(ソ)	2	11	15	2	3	0	0	0	3	2	0	0	2	0	0	0	7	0	.200	('18,'19ソ)
*髙寺　望夢	(神)	1	1	2	0	0	0	0	0	0	0	0	0	0	0	0	0	2	0	.000	('22神)
高梨　裕稔	(日)	1	1	—	—	—	—	—	—	—	—	—	—	—	—	—	—	—	—	—	('16日)
*髙梨　雄平	(巨)	3	10	—	—	—	—	—	—	—	—	—	—	—	—	—	—	—	—	—	('17,'19楽,'21巨)
高波　文一	(武)	1	4	0	1	0	0	0	0	0	0	0	0	0	0	0	0	0	0	.000	('04武)
*髙橋　聡文	(神)	6	14	0	0	0	0	0	0	0	0	0	0	0	0	0	0	0	0	—	('08〜'12中,'17神)
髙橋　一三	(日)	2	3	—	—	—	—	—	—	—	—	—	—	—	—	—	—	—	—	—	('81,'82日)
*髙橋　一奎	(ヤ)	2	2	3	0	0	0	0	0	0	0	0	0	0	0	0	0	2	0	.000	('21,'22ヤ)
髙橋　光成	(武)	2	2	1	1	—	—	—	—	—	—	—	—	—	—	—	—	—	—	—	('22武)
髙橋　里志	(日)	2	4	—	—	—	—	—	—	—	—	—	—	—	—	—	—	—	—	—	('81,'82日)
高橋　信二	(日)	4	19	63	8	11	0	0	1	14	6	0	0	1	1	8	3	19	1	.175	('04,'07〜'09日)
髙橋　純平	(ソ)	1	5	—	—	—	—	—	—	—	—	—	—	—	—	—	—	—	—	—	('19ソ)
*髙橋　朋己	(武)	2	4	—	—	—	—	—	—	—	—	—	—	—	—	—	—	—	—	—	('13,'17武)
*髙橋　直樹	(武)	1	2	—	—	—	—	—	—	—	—	—	—	—	—	—	—	—	—	—	('82武)
*髙橋　遼人	(神)	2	3	2	0	0	0	0	0	0	0	0	0	0	0	0	0	0	0	.000	('19,'21神)
*髙橋　尚成	(巨)	3	3	4	0	0	0	0	0	0	0	0	0	1	0	0	0	2	0	.000	('07〜'09巨)
髙橋　秀聡	(ソ)	1	1	—	—	—	—	—	—	—	—	—	—	—	—	—	—	—	—	—	('05ソ)
髙橋　博士	(ロ)	3	10	19	1	1	0	0	0	1	0	0	0	0	0	0	0	0	0	.053	('77,'80,'81ロ)
髙橋二三男	(ロ)	1	1	3	0	0	0	0	0	0	0	0	0	0	0	0	0	0	0	.000	('77ロ)
*髙橋　光信	(神)	2	3	3	0	0	0	0	0	0	0	0	0	0	0	0	0	0	0	.000	('07,'08神)
*髙橋　優貴	(巨)	2	2	1	0	0	0	0	0	0	0	0	0	0	0	0	0	0	0	.000	('19,'21巨)
髙橋　由伸	(巨)	7	26	77	5	18	6	0	2	30	11	0	0	0	0	5	0	22	6	.234	('07,'08,'10〜'13,'15巨)
髙橋　　礼	(ソ)	3	4	—	—	—	—	—	—	—	—	—	—	—	—	—	—	—	—	—	('18〜'20ソ)
*髙濱　卓也	(ロ)	1	1	—	—	—	—	—	—	—	—	—	—	—	—	—	—	—	—	—	('15ロ)
*髙宮　和也	(神)	2	5	0	0	0	0	0	0	0	0	0	0	0	0	1	0	1	0	.000	('14,'15神)
*髙谷　裕亮	(ソ)	7	30	26	2	6	3	0	0	9	2	0	1	2	0	4	1	8	3	.231	('12,'14〜'19ソ)
*髙山　　俊	(神)	2	8	17	4	5	2	0	0	7	1	1	0	0	0	(1) 3	1	2	1	.294	('17,'19神)
高山　　久	(武)	2	4	9	1	1	0	0	0	1	0	0	1	1	0	1	0	4	0	.111	('10,'12武)
*滝澤　夏央	(武)	1	1	0	0	0	0	0	0	0	0	0	0	0	0	0	0	0	0	—	('22武)
*田口　麗斗	(ヤ)	4	6	3	0	0	0	0	0	0	0	0	0	0	0	0	0	2	0	.000	('16,'18,'19巨,'22ヤ)
田口　昌徳	(ソ)	1	1	0	0	0	0	0	0	0	0	0	0	0	0	0	0	0	0	—	('05ソ)
*武内　晋一	(ヤ)	2	5	5	0	1	1	0	0	2	0	0	0	0	0	0	0	2	0	.200	('11,'12ヤ)
*武隈　祥太	(武)	1	2	—	—	—	—	—	—	—	—	—	—	—	—	—	—	—	—	—	('18武)
武田　翔太	(ソ)	7	9	—	—	—	—	—	—	—	—	—	—	—	—	—	—	—	—	—	('12,'14〜'19ソ)
*武田　　久	(日)	5	11	—	—	—	—	—	—	—	—	—	—	—	—	—	—	—	—	—	('07〜'09,'11,'12日)
*武田　　勝	(日)	6	7	—	—	—	—	—	—	—	—	—	—	—	—	—	—	—	—	—	('07〜'09,'11,'12,'14日)
竹原　直隆	(ロ)	1	2	5	0	0	0	0	0	0	0	0	0	0	0	0	0	2	0	.000	('07ロ)
竹村　一義	(急)	2	4	1	0	0	0	0	0	0	0	0	1	0	0	0	0	0	0	.000	('73,'74急)
*田代将太郎	(ヤ)	1	4	1	1	0	0	0	0	0	0	0	0	0	0	0	0	1	0	.000	('18ヤ)
田島　慎二	(中)	1	6	—	—	—	—	—	—	—	—	—	—	—	—	—	—	—	—	—	('12中)
*田嶋　大樹	(オ)	3	3	—	—	—	—	—	—	—	—	—	—	—	—	—	—	—	—	—	('21〜'23オ)
多田野数人	(日)	1	2	—	—	—	—	—	—	—	—	—	—	—	—	—	—	—	—	—	('08日)
*立花　義家	(武)	1	3	1	0	0	0	0	0	0	0	0	0	0	0	0	0	1	0	.000	('82武)
*立浪　和義	(中)	3	12	12	0	2	1	0	0	3	2	0	0	0	0	0	0	2	0	.167	('07〜'09中)
辰己　涼介	(楽)	2	5	11	1	1	0	0	0	1	0	0	0	0	0	0	1	2	0	.091	('19,'21楽)
*立岡宗一郎	(巨)	4	13	34	5	11	4	2	0	19	0	0	1	0	0	1	0	8	0	.324	('15,'16,'18,'21巨)
館山　昌平	(ヤ)	4	6	8	0	0	0	0	0	0	0	0	0	0	0	0	0	4	0	.000	('09,'11,'12,'15ヤ)
建山　義紀	(日)	2	5	—	—	—	—	—	—	—	—	—	—	—	—	—	—	—	—	—	('04,'08日)
+田中　和基	(楽)	2	6	3	1	1	1	0	0	2	0	0	0	0	0	0	0	2	0	.333	('17,'21楽)
*田中健二朗	(ディ)	2	5	—	—	—	—	—	—	—	—	—	—	—	—	—	—	—	—	—	('16,'17ディ)

選手名	チーム	年数	試合	打数	得点	安打	二塁打	三塁打	本塁打	塁打	打点	盗塁	盗塁刺	犠打	犠飛	四球	死球	三振	併殺打	打率	出場した年度
＊田中 賢介	(日)	8	30	111	10	29	4	2	0	37	8	4	2	4	1	6	0	24	2	.261	('06～'09,'11,'15,'16,'18日)
＊田中 広輔	(広)	5	18	46	11	20	6	2	0	29	7	1	1	0	0	13	1	12	0	.435	('14,'16～'18,'23広)
＊田中 俊太	(日)	2	9	32	2	6	0	0	0	6	0	4	0	0	0	2	0	6	2	.188	('18,'19日)
＊田中 浩康	(デイ)	5	17	48	3	10	1	0	0	11	1	0	0	3	0	(1)2	0	9	2	.208	('09,'11,'12,'15ヤ,'17デイ)
田中 雅彦	(ロ)	2	3	1	0	0	0	0	0	0	0	0	0	0	0	0	0	0	0	.000	('07,'10ロ)
田中 将大	(楽)	2	4	—															—		—	('09,'13楽)
田中 幸雄	(日)	2	3	2	0	0	0	0	0	0	0	0	0	0	0	0	0	1	0	.000	('04,'07日)
谷 佳知	(巨)	6	19	46	7	10	2	0	3	21	7	0	0	4	0	4	1	7	0	.217	('07～'12巨)
＊谷川原健太	(ソ)	2	4	1	0	0	0	0	0	0	0	0	0	0	0	0	0	0	0	.000	('22,'23ソ)
谷口 雄也	(日)	2	4	3	1	1	0	0	0	1	0	0	0	0	0	0	0	0	0	.333	('14日)
谷繁 元信	(中)	6	37	123	9	27	6	0	2	39	14	0	0	3	1	(2)16	1	26	2	.220	('07～'12中)
谷中 真二	(武)	1	1	—															—		—	('08武)
＊谷元 圭介	(日)	3	11	0	0	0	0	0	0	0	0	0	0	0	0	0	0	0	0	—	('14～'16日)
種市 篤暉	(ロ)	1	1	—															—		—	('23ロ)
種茂 雅之	(急)	2	6	12	0	2	0	0	0	2	0	0	0	0	0	1	0	3	0	.167	('73,'74急)
田上 秀則	(ソ)	4	11	31	1	5	0	0	0	5	1	0	0	1	0	0	0	10	1	.161	('06,'07,'09,'10ソ)
＊田原 誠次	(武)	1	4	0	0	0	0	0	0	0	0	0	0	0	0	0	0	0	0	—	('15,'16巨)
田淵 幸一	(武)	1	4	14	3	5	0	0	0	5	1	0	0	0	1	1	0	2	2	.357	('82武)
玉置 隆	(神)	1	1	0	0	0	0	0	0	0	0	0	0	0	0	0	0	0	0	—	('13神)
田村 龍弘	(ロ)	5	15	35	1	7	1	0	0	8	2	0	0	2	0	5	0	6	0	.200	('13,'15,'16,'20,'23ロ)
多村 仁志	(ソ)	4	18	63	4	15	1	0	0	16	4	0	0	0	0	(1)6	0	9	1	.238	('07,'10～'12ソ)
多和田真三郎	(武)	1	1	—															—		—	('18武)
＋代田 建紀	(ロ)	1	1	0	0	0	0	0	0	0	0	0	0	0	0	0	0	0	0	—	('07ロ)
＊チェン・ウェイン	(ロ)	5	7	9	0	1	0	0	0	1	0	0	0	0	0	2	0	2	0	.111	('08～'11中,'20ロ)
＊チェン・グァンユウ	(ロ)	1	1	—															—		—	('15ロ)
＊近本 光司	(神)	4	18	72	5	18	2	1	0	22	9	5	1	0	0	(2)8	0	9	1	.250	('19,'21～'23神)
知野 直人	(デイ)	1	2	0	0	0	0	0	0	0	0	0	0	0	0	0	0	0	0	.000	('23デイ)
茶谷 健太	(ロ)	1	3	8	0	2	0	0	0	2	0	0	0	3	0	0	0	3	0	.250	('23ロ)
＋張 誌家	(武)	1	1	—															—		—	('04武)
長野 久義	(巨)	8	36	130	9	32	4	0	1	39	5	5	0	0	0	(1)14	2	27	4	.246	('10～'16,'18巨)
塚田 正義	(ソ)	1	2	1	0	0	0	0	0	0	0	0	0	0	0	0	0	0	0	.000	('18ソ)
辻 武史	(ソ)	1	1	0	0	0	0	0	0	0	0	0	0	0	0	0	0	0	0	—	('07ソ)
＊辻 東倫	(巨)	1	3	2	1	1	0	0	0	1	0	0	0	0	0	0	0	0	0	.500	('18巨)
筒井 和也	(神)	1	1	0	0	0	0	0	0	0	0	0	0	0	0	0	0	0	0	—	('13神)
筒香 嘉智	(デイ)	3	18	73	8	17	0	0	6	35	13	0	0	0	0	6	0	22	2	.233	('16,'17,'19デイ)
＊坪井 智哉	(日)	4	10	27	2	9	2	0	0	11	4	0	0	0	0	0	0	8	0	.333	('04,'07～'09日)
津森 宥紀	(ソ)	2	4	—															—		—	('22,'23ソ)
鶴岡 一成	(日)	4	10	30	1	6	1	0	1	10	2	0	0	0	0	2	0	6	1	.200	('08巨,'14,'15神)
鶴岡 慎也	(日)	9	23	55	3	17	1	0	0	18	5	1	0	3	2	1	0	7	0	.309	('06～'09,'11,'12日,'14,'17ソ,'18日)
＊Ｔ－岡田	(オ)	4	9	27	2	7	0	0	1	10	4	0	0	0	0	2	0	12	0	.259	('14,'21～'23オ)
＊テ リ ー	(武)	1	4	13	3	6	1	0	2	13	5	0	0	0	0	3	0	1	1	.462	('82武)
デ ラ ロサ	(中)	1	1	1	0	0	0	0	0	0	0	0	0	0	0	0	0	1	0	.000	('08中)
ディクソン	(オ)	1	1	—															—		—	('14オ)
デスパイネ	(ソ)	7	36	134	19	37	3	0	9	67	24	0	0	0	1	13	0	33	5	.276	('15,'16ロ,'17～'20,'22ソ)
デービッドソン	(広)	1	2	4	0	0	0	0	0	0	0	0	0	0	0	0	0	3	0	.000	('23広)
デラロサ	(巨)	2	6	0	0	0	0	0	0	0	0	0	0	0	0	0	0	0	0	—	('19,'21巨)
デントナ	(ヤ)	1	3	10	1	3	0	0	1	6	3	0	0	0	0	0	0	3	0	.300	('09ヤ)
＊鉄 平	(楽)	1	6	20	7	8	3	0	1	14	3	1	0	0	0	(2)5	1	2	0	.400	('09楽)
寺内 崇幸	(巨)	9	22	34	2	8	1	0	1	12	7	0	0	4	0	(1)1	0	10	0	.235	('08～'16巨)
寺原 隼人	(ソ)	4	4	—															—		—	('06,'15,'16,'18ソ)
出口 雄大	(ダ)	1	4	7	0	1	0	0	0	1	1	0	0	0	0	2	0	2	0	.143	('04ダ)
トンキン	(日)	1	2	—															—		—	('18日)
＊ドリス	(神)	2	6	0	0	0	0	0	0	0	0	0	0	0	0	0	0	2	0	—	('17,'19神)
＊当銀 秀崇	(急)	3	10	17	1	5	0	0	1	8	1	0	0	0	0	2	0	2	0	.294	('73～'75急)
東條 大樹	(ロ)	2	3	—															—		—	('20,'23ロ)
東野 峻	(巨)	4	8	4	0	0	0	0	0	0	0	0	0	1	0	0	0	2	0	.000	('08～'11巨)
十亀 剣	(武)	5	6	—															—		—	('12,'13,'17～'19武)
得津 高宏	(ロ)	3	9	29	5	9	1	0	1	13	6	0	0	0	1	(1)1	0	1	0	.310	('74,'77,'80ロ)
＋徳山 武陽	(ヤ)	1	1	0	0	0	0	0	0	0	0	0	0	0	0	0	0	0	0	—	('15ヤ)
＊床田 寛樹	(広)	1	2	3	0	0	0	0	0	0	0	0	0	1	0	0	0	1	0	.000	('23広)
戸郷 翔征	(巨)	2	3	1	0	0	0	0	0	0	0	0	0	1	0	0	0	1	0	.000	('19,'21巨)
戸田 善紀	(急)	2	3	0	0	0	0	0	0	0	0	0	0	0	0	0	0	0	0	—	('73,'74急)
＊戸根 千明	(巨)	2	5	0	0	0	0	0	0	0	0	0	0	0	0	0	0	0	0	—	('15,'16巨)
外崎 修汰	(武)	4	14	53	9	12	2	1	2	22	5	1	0	2	0	3	0	20	0	.226	('17～'19,'22武)
戸柱 恭孝	(デイ)	4	15	32	1	3	1	1	0	6	2	0	0	0	1	3	0	5	0	.094	('16,'17,'19,'22デイ)
＊富山 凌雅	(オ)	1	1	—															—		—	('21オ)
豊田 清	(巨)	4	11	0	0	0	0	0	0	0	0	0	0	0	0	0	0	0	0	—	('04武,'07～'09巨)
鳥越 裕介	(ソ)	2	10	19	2	6	0	0	0	8	4	0	0	2	1	3	0	5	1	.316	('04ダ,'05ソ)
＊鳥谷 敬	(神)	8	25	87	10	22	3	0	2	31	7	1	1	0	0	9	1	14	1	.253	('07,'08,'10,'13～'15,'17,'19神)
頓宮 裕真	(オ)	2	5	9	0	1	0	0	0	2	2	0	0	0	0	0	0	1	0	.111	('22,'23オ)

クライマックスシリーズ・ライフタイム

選手名	チーム	年数	試合	打数	得点	安打	二塁打	三塁打	本塁打	塁打	打点	盗塁	盗塁刺	犠打	犠飛	四球	死球	三振	併殺打	打率	出場した年度
土肥　健二	(ロ)	3	11	26	2	7	1	0	1	11	3	1	0	0	0	1	0	1	0	.269	('77,'80,'81ロ)
＊土肥　義弘	(武)	1	1	―	0	―	―	―	―	―	―	―	―	―	―	―	―	―	―	―	('10武)
堂林　翔太	(広)	2	7	17	0	2	1	0	0	3	1	0	0	1	1 (1)	1	0	7	1	.118	('14,'23広)
＊堂上　剛裕	(巨)	5	14	18	1	3	0	0	0	3	2	0	0	0	0 (1)	4	0	4	0	.167	('10～'12中,'15,'16巨)
堂上　直倫	(中)	3	11	11	0	2	1	0	0	3	1	0	0	0	0	0	0	2	0	.182	('10～'12中)
ナバーロ	(ロ)	1	2	7	0	2	0	0	0	2	0	0	0	0	0	0	0	3	0	.286	('16ロ)
中井　大介	(ディ)	3	4	3	0	0	0	0	0	0	0	0	0	0	0	0	0	1	0	.000	('12,'16巨,'19ディ)
中川　圭太	(オ)	2	8	32	4	10	0	0	0	10	2	0	0	0	0	2	1	7	0	.313	('22,'23オ)
＊中川　皓太	(巨)	3	7	0	0	0	0	0	0	0	0	0	0	0	0	0	0	0	0	―	('18,'19,'21巨)
中崎　翔太	(広)	5	10	0	0	0	0	0	0	0	0	0	0	0	0	0	0	0	0	―	('14,'16～'18,'23広)
中沢　伸二	(急)	5	14	29	3	8	0	0	0	8	4	0	0	1	0	3	1	2	0	.276	('73～'75,'77,'79急)
仲澤　忠厚	(ソ)	1	3	6	1	3	1	0	0	4	3	0	0	0	0	1	0	1	0	.500	('06ソ)
＊中島　卓也	(日)	5	23	65	6	13	0	0	0	13	6	5	2	14	0	8	0	18	1	.200	('12,'14～'16,'18日)
中島　俊哉	(楽)	1	5	9	2	5	1	0	1	9	3	0	0	0	0	2	0	0	0	.556	('09楽)
中嶋　聡	(日)	3	7	0	0	0	0	0	0	0	0	0	0	0	0	0	0	0	0	―	('07～'09日)
中島　宏之	(巨)	8	32	115	15	28	6	0	4	46	10	1	0	2	1 (2)	9	2	27	5	.243	('04～'06,'08,'10～'12武,'21巨)
中田　賢一	(ソ)	7	9	7	0	2	1	0	0	3	0	0	0	2	0	0	0	5	0	.286	('07～'09,'12中,'14～'16ソ)
中田　翔	(巨)	8	28	97	15	25	4	0	7	50	17	0	1	0	0	11	0	21	2	.258	('09,'11,'12,'14～'16,'18日,'21巨)
＊中田　亮二	(中)	1	2	1	0	0	0	0	0	0	0	0	0	0	0	1	0	0	0	.000	('10中)
中田　廉	(広)	2	4	0	0	0	0	0	0	0	0	0	0	0	0	0	0	0	0	―	('13,'17広)
中谷　仁	(楽)	1	4	12	2	5	1	0	0	6	0	0	0	0	0	0	0	1	0	.417	('09楽)
中谷　将大	(神)	2	3	5	0	0	0	0	0	0	0	0	0	0	0	0	0	4	0	.000	('17,'19神)
中西　弘明	(日)	1	1	0	0	0	0	0	0	0	0	0	0	0	0	0	0	0	0	―	('82日)
＊中野　拓夢	(神)	3	11	44	4	12	1	1	0	15	1	2	0	0	0	4	0	8	1	.273	('21～'23神)
＊中東　直己	(広)	1	2	2	0	0	0	0	0	0	0	0	0	0	0	0	0	1	0	.000	('14広)
＊中村　晃	(ソ)	10	47	160	21	43	4	0	8	71	19	1	1	7	0 (1)	18	2	19	0	.269	('12,'14～'20,'22,'23ソ)
中村　一生	(オ)	1	3	0	0	0	0	0	0	0	0	0	0	0	0	0	0	0	0	―	('14オ)
中村　公治	(中)	1	1	1	0	0	0	0	0	0	0	0	0	0	0	0	0	0	0	―	('07中)
中村　奨吾	(ロ)	5	19	53	5	11	0	0	1	14	4	2	0	1	1	4	2	18	1	.208	('15,'16,'20,'21,'23ロ)
中村　剛也	(武)	11	36	128	24	33	6	0	9	66	22	0	0	0	2 (1)	14	2	37	1	.258	('05,'06,'08,'10～'13,'17～'19,'22武)
＊中村　稔弥	(ロ)	2	2	―	―	―	―	―	―	―	―	―	―	―	―	―	―	―	―	―	('23ロ)
中村　紀洋	(中)	2	12	46	3	11	2	0	0	13	3	0	0	1	0	3	1	15	2	.239	('07,'08中)
＊中村　真人	(楽)	1	3	8	0	2	0	0	0	2	1	0	0	0	0	0	0	2	0	.250	('09楽)
＊中村　勝	(日)	1	1	―	―	―	―	―	―	―	―	―	―	―	―	―	―	―	―	―	('14日)
中村　悠平	(ヤ)	4	11	34	2	5	2	0	0	7	1	0	0	3	0	4	0	9	1	.147	('15,'18,'21,'22ヤ)
＊中森　俊介	(ロ)	1	3	―	―	―	―	―	―	―	―	―	―	―	―	―	―	―	―	―	('23ロ)
中山　孝一	(南)	1	2	2	0	0	0	0	0	0	0	0	0	0	0	0	0	0	0	.000	('73南)
中山　慎也	(オ)	1	4	―	―	―	―	―	―	―	―	―	―	―	―	―	―	―	―	―	('14オ)
＊永井　怜	(楽)	1	1	―	―	―	―	―	―	―	―	―	―	―	―	―	―	―	―	―	('09楽)
＊永射　保	(武)	1	3	―	―	―	―	―	―	―	―	―	―	―	―	―	―	―	―	―	('82武)
長池　徳士	(急)	5	16	51	9	14	0	0	3	23	9	2	0	0	0	7	1	9	1	.275	('73～'75,'77,'79急)
永江　恭平	(武)	3	4	1	1	0	0	0	0	0	0	0	0	1	0	0	0	0	0	.000	('12,'13,'18武)
＊永尾　泰憲	(近)	2	4	9	1	2	0	1	0	4	1	0	0	1	0	2	0	0	0	.222	('79,'80近)
＊長岡　秀樹	(ヤ)	1	3	8	3	3	0	0	1	6	1	0	0	2	0	0	0	1	0	.375	('22ヤ)
永川　勝浩	(広)	1	3	0	0	0	0	0	0	0	0	0	0	0	0	0	0	0	0	―	('13広)
＊長峰　昌司	(中)	1	3	0	0	0	0	0	0	0	0	0	0	0	0	0	0	0	0	―	('08中)
永本　裕章	(急)	1	1	―	―	―	―	―	―	―	―	―	―	―	―	―	―	―	―	―	('79急)
梨田　昌崇	(近)	2	5	11	4	2	0	0	1	5	3	0	0	1	0	2	0	3	0	.182	('79,'80近)
奈良原　浩	(日)	1	1	3	1	2	0	0	0	2	0	0	0	0	0	0	0	1	0	.667	('04日)
成重　春生	(ロ)	1	2	―	―	―	―	―	―	―	―	―	―	―	―	―	―	―	―	―	('77ロ)
成田　文男	(日)	2	2	1	0	0	0	0	0	0	0	0	0	0	0	0	0	0	0	.000	('74日,'81日)
＊成瀬　善久	(ロ)	3	6	―	―	―	―	―	―	―	―	―	―	―	―	―	―	―	―	―	('07,'10,'13ロ)
ニール	(武)	1	1	―	―	―	―	―	―	―	―	―	―	―	―	―	―	―	―	―	('19武)
二岡　智宏	(日)	3	5	11	2	4	1	0	1	8	3	0	0	0	0	0	0	0	0	.364	('07巨,'09,'12日)
西　純矢	(神)	1	3	1	0	0	0	0	0	0	0	0	0	2	0	0	0	0	0	1	.000	('22神)
西　勇輝	(神)	3	4	3	0	0	0	0	0	0	0	0	0	0	0	0	0	1	0	.333	('14オ,'19,'22神)
西浦　直亨	(ヤ)	2	5	13	0	1	1	0	0	2	0	0	0	1	1 (2)	2	0	2	1	.077	('18,'21ヤ)
西岡三四郎	(南)	1	1	―	―	―	―	―	―	―	―	―	―	―	―	―	―	―	―	―	('73南)
＋西岡　剛	(神)	6	34	126	16	38	5	0	3	52	8	12	0	1	1 (1)	11	1	19	4	.302	('05,'07,'10ロ,'13～'15神)
西岡　良洋	(武)	1	4	11	1	1	0	0	0	1	0	0	0	0	1	0	0	2	0	.091	('82武)
＊西川　遥輝	(日)	5	22	77	11	18	1	1	0	21	5	5	2	1	0	12	0	24	0	.234	('12,'14～'16,'18日)
＊西川　龍馬	(広)	4	14	36	1	9	0	0	1	12	4	0	2	3	1	3	0	8	1	.250	('16～'18,'23広)
西口　直人	(楽)	1	1	―	―	―	―	―	―	―	―	―	―	―	―	―	―	―	―	―	('21楽)
西口　文也	(武)	4	5	―	―	―	―	―	―	―	―	―	―	―	―	―	―	―	―	―	('05,'06,'11武)
西田　明央	(ヤ)	1	2	3	0	0	0	0	0	0	0	0	0	0	0	0	0	1	0	.000	('18ヤ)
西田　哲朗	(ソ)	1	6	12	5	7	0	0	0	7	0	0	0	2	0	2	0	4	0	.583	('18ソ)
仁科　時成	(ロ)	3	5	―	―	―	―	―	―	―	―	―	―	―	―	―	―	―	―	―	('77,'80,'81ロ)
＊西野　真弘	(オ)	2	6	13	1	1	1	0	0	2	0	0	0	1	0	1	0	2	0	.077	('22,'23オ)
西野　勇士	(ロ)	3	6	―	―	―	―	―	―	―	―	―	―	―	―	―	―	―	―	―	('13,'16,'23ロ)
西村健太朗	(巨)	6	15	0	0	0	0	0	0	0	0	0	0	0	0	0	0	0	0	―	('07,'08,'11,'12～'14巨)

選手名	チーム	年数	試合	打数	得点	安打	二塁打	三塁打	本塁打	塁打	打点	盗塁	盗塁刺	犠打	犠飛	四球	死球	三振	併殺打	打率	出場した年度
西村 俊二	(近)	1	4	15	2	7	2	0	0	9	3	0	0	1	0	0	1	0	0	.467	('75近)
西村 天裕	(ロ)	1	4	—	—	—	—	—	—	—	—	—	—	—	—	—	—	—	—	—	('23ロ)
韮澤 雄也	(広)	1	1	2	0	0	0	0	0	0	0	0	0	0	0	0	0	0	0	.000	('23広)
ネルソン	(中)	1	2	—	—	—	—	—	—	—	—	—	—	—	—	—	—	—	—	—	('09中)
根元 俊一	(ロ)	2	8	30	1	8	0	1	0	10	5	1	0	1	0	2	0	11	0	.267	('10,'13ロ)
ノイジー	(神)	1	3	10	0	2	0	0	0	2	1	0	0	0	0	(1)2	0	1	0	.200	('23神)
能見 篤史	(神)	5	7	4	0	0	0	0	0	0	0	0	0	1	0	1	0	1	0	.000	('14,'15,'17,'19神)
野上 亮磨	(巨)	4	4	—	—	—	—	—	—	—	—	—	—	—	—	—	—	—	—	—	('11,'12,'17武,'18巨)
野口 寿浩	(神)	1	1	4	0	2	0	0	0	2	1	0	0	0	0	0	0	1	0	.500	('07神)
野口 智哉	(オ)	1	3	3	0	1	0	0	0	1	0	0	0	0	0	0	0	1	0	.333	('23オ)
野口 祥順	(ヤ)	2	2	2	0	0	0	0	0	0	0	0	0	0	0	0	0	0	0	.000	('09,'11ヤ)
野田 浩輔	(武)	2	6	15	2	3	0	0	1	6	2	0	0	1	1	0	0	2	0	.200	('04,'05武)
野田 昇吾	(武)	2	3	—	—	—	—	—	—	—	—	—	—	—	—	—	—	—	—	—	('17,'18武)
野間 峻祥	(広)	4	10	30	4	9	1	1	0	12	1	1	2	1	0	4	0	6	0	.300	('16~'18,'23広)
野間口貴彦	(巨)	2	2	—	—	—	—	—	—	—	—	—	—	—	—	—	—	—	—	—	('07,'09巨)
野村 勇	(ソ)	2	5	4	1	1	0	0	0	4	1	0	0	0	0	0	0	1	0	.250	('22,'23ソ)
野村 克也	(南)	1	5	16	1	3	0	0	1	6	2	0	0	0	0	3	1	2	0	.188	('73南)
野村 大樹	(ソ)	1	1	1	0	0	0	0	0	0	0	0	0	0	0	0	0	1	0	.000	('23ソ)
野村 祐輔	(広)	3	4	4	0	0	0	0	0	0	0	0	0	0	0	0	0	1	0	.000	('13,'16,'17広)
野本 圭	(中)	3	11	22	4	6	1	0	2	13	5	0	0	0	0	2	0	2	0	.273	('09,'10,'12中)
則本 昂大	(楽)	4	6	—	—	—	—	—	—	—	—	—	—	—	—	—	—	—	—	—	('13,'17,'19,'21楽)
ハーマン	(ロ)	2	5	—	—	—	—	—	—	—	—	—	—	—	—	—	—	—	—	—	('17楽,'20ロ)
ハ	(ヤ)	1	2	—	—	—	—	—	—	—	—	—	—	—	—	—	—	—	—	—	('18ヤ)
バース	(日)	1	2	—	—	—	—	—	—	—	—	—	—	—	—	—	—	—	—	—	('16日)
バーネット	(ヤ)	3	7	—	—	—	—	—	—	—	—	—	—	—	—	—	—	—	—	—	('11,'12,'15ヤ)
T.バティスタ	(ソ)	1	5	17	1	2	0	0	0	2	0	0	0	0	0	0	0	2	1	.118	('05ソ)
X.バティスタ	(広)	1	5	14	2	3	1	0	0	4	1	0	0	0	0	3	0	6	0	.214	('17広)
バリオス	(ディ)	2	2	—	—	—	—	—	—	—	—	—	—	—	—	—	—	—	—	—	('15ソ,'19ディ)
バリントン	(広)	1	2	2	0	0	0	0	0	0	0	0	0	0	0	0	0	1	0	.000	('13広)
バルガス	(オ)	1	1	—	—	—	—	—	—	—	—	—	—	—	—	—	—	—	—	—	('21オ)
バルディリス	(神)	1	1	2	0	0	0	0	0	0	0	0	0	0	0	0	0	0	0	.000	('08神)
バルデス	(ダ)	1	5	19	2	4	1	0	0	5	1	0	0	0	0	0	0	5	0	.211	('04ダ)
バレンティン	(ヤ)	4	17	49	4	13	1	0	2	20	5	0	0	0	0	(1)10	1	15	3	.265	('11,'12,'15,'18ヤ)
バンデンハーク	(ソ)	5	7	—	—	—	—	—	—	—	—	—	—	—	—	—	—	—	—	—	('15~'19ソ)
バットン	(ディ)	2	7	—	—	—	—	—	—	—	—	—	—	—	—	—	—	—	—	—	('17,'19ディ)
バヤノ	(中)	1	2	—	—	—	—	—	—	—	—	—	—	—	—	—	—	—	—	—	('09中)
袴田 英利	(ロ)	2	2	—	—	—	—	—	—	—	—	—	—	—	—	—	—	—	—	—	('80,'81ロ)
萩原 淳	(日)	1	2	—	—	—	—	—	—	—	—	—	—	—	—	—	—	—	—	—	('07日)
白 仁天	(ロ)	2	6	12	0	2	0	0	0	2	0	0	0	0	0	0	0	1	0	.167	('77,'80ロ)
白村 明弘	(日)	3	7	—	—	—	—	—	—	—	—	—	—	—	—	—	—	—	—	—	('14~'16日)
橋本 到	(巨)	5	11	9	1	0	0	0	0	0	0	1	0	1	0	2	0	1	1	.000	('11,'13~'16巨)
橋本健太郎	(神)	1	1	—	—	—	—	—	—	—	—	—	—	—	—	—	—	—	—	—	('07神)
橋本 将	(巨)	2	10	25	0	4	1	0	0	5	1	0	0	0	0	0	0	6	1	.160	('05,'07巨)
長谷川一夫	(ロ)	1	2	4	1	2	0	0	0	2	1	0	0	1	0	0	0	1	0	.500	('74ロ)
長谷川信哉	(武)	1	2	—	—	—	—	—	—	—	—	—	—	—	—	—	—	—	—	—	('22武)
長谷川勇也	(ソ)	11	43	99	7	27	5	0	1	35	9	0	0	0	0	6	2	21	2	.273	('09~'12,'14~'20ソ)
長谷部康平	(楽)	1	2	—	—	—	—	—	—	—	—	—	—	—	—	—	—	—	—	—	('13楽)
畠 世周	(巨)	2	5	—	—	—	—	—	—	—	—	—	—	—	—	—	—	—	—	—	('18,'21巨)
畠山 和洋	(ヤ)	4	18	58	0	10	0	0	1	13	4	0	0	0	1	5	1	12	2	.172	('09,'11,'12,'15ヤ)
羽田 耕一	(近)	3	10	38	4	8	2	0	1	13	2	1	0	1	0	1	0	3	1	.211	('75,'79,'80近)
羽月隆太郎	(広)	1	1	1	0	0	0	0	0	0	0	0	0	0	0	0	0	0	0	.000	('23広)
初芝 清	(ロ)	1	2	2	1	1	0	0	0	1	0	0	0	0	0	0	0	0	0	.500	('05ロ)
服部 敏和	(日)	2	6	—	—	—	—	—	—	—	—	—	—	—	—	—	—	—	—	—	('75近,'81日)
服部 泰卓	(中)	1	1	—	—	—	—	—	—	—	—	—	—	—	—	—	—	—	—	—	('13中)
濱口 遥大	(ディ)	3	4	6	0	0	0	0	0	0	0	0	0	0	0	0	0	4	0	.000	('17,'19,'22ディ)
浜地 真澄	(神)	1	3	—	—	—	—	—	—	—	—	—	—	—	—	—	—	—	—	—	('22神)
濱中 治	(オ)	2	4	5	0	0	0	0	0	0	0	0	0	0	0	0	0	2	0	.000	('07神,'08オ)
早川 大輔	(ロ)	1	8	31	3	8	1	0	1	12	4	0	1	1	1	2	0	7	1	.258	('07ロ)
早坂 圭介	(ロ)	1	1	2	0	1	0	0	0	1	0	0	0	0	0	0	0	0	0	.500	('05ロ)
林 琢真	(ディ)	1	2	10	0	3	1	0	0	4	0	0	1	0	0	0	0	2	0	.300	('23ディ)
林 俊宏	(南)	1	1	1	0	0	0	0	0	0	0	0	0	0	0	0	0	0	0	.000	('73南)
林 昌範	(日)	3	6	—	—	—	—	—	—	—	—	—	—	—	—	—	—	—	—	—	('07巨,'09,'11日)
林 正広	(近)	1	2	1	0	0	0	0	0	0	0	0	0	0	0	0	0	0	0	.000	('80近)
原 樹理	(ヤ)	2	2	—	—	—	—	—	—	—	—	—	—	—	—	—	—	—	—	—	('18,'21ヤ)
原 拓也	(オ)	5	10	20	1	4	2	0	0	6	3	0	1	4	0	3	0	6	0	.200	('08,'10~'12武,'14オ)
原口 文仁	(神)	3	12	23	0	2	0	0	0	2	1	0	0	1	0	0	1	6	0	.087	('19,'21,'22神)
張本 勲	(ロ)	2	4	13	2	3	1	0	1	7	1	0	0	0	0	2	0	4	0	.231	('80,'81ロ)
馬場 皐輔	(神)	1	2	—	—	—	—	—	—	—	—	—	—	—	—	—	—	—	—	—	('21神)
板東 湧梧	(ソ)	1	1	—	—	—	—	—	—	—	—	—	—	—	—	—	—	—	—	—	('22ソ)
ヒース	(武)	3	7	—	—	—	—	—	—	—	—	—	—	—	—	—	—	—	—	—	('14広,'18,'19武)

クライマックスシリーズ・ライフタイム

選手名	チーム	年数	試合	打数	得点	安打	二塁打	三塁打	本塁打	塁打	打点	盗塁	盗塁刺	犠打	犠飛	四球	死球	三振	併殺打	打率	出場した年度
ヒギンス	(オ)	1	2	—	—	—	—	—	—	—	—	—	—	—	—	—	—	—	—	—	('21オ)
ビエイラ	(巨)	1	2	0	0	0	0	0	0	0	0	0	0	0	0	0	0	0	0	—	('21巨)
比嘉 幹貴	(オ)	1	2	—	—	—	—	—	—	—	—	—	—	—	—	—	—	—	—	—	('14オ)
東尾 修	(武)	1	3	—	—	—	—	—	—	—	—	—	—	—	—	—	—	—	—	—	('82武)
東浜 巨	(ソ)	6	10	—	—	—	—	—	—	—	—	—	—	—	—	—	—	—	—	—	('14,'16～'18,'20,'22ソ)
*久本 祐一	(広)	2	4	0	0	0	0	0	0	0	0	0	0	0	0	0	0	0	0	—	('07中,'13広)
*聖澤 諒	(楽)	3	14	30	4	7	1	0	1	11	1	0	0	0	0	4	0	10	1	.233	('09,'13,'17楽)
*日高 剛	(神)	2	3	8	0	1	0	0	0	1	0	0	0	0	0	2	0	1	0	.125	('08オ,'13神)
*日高 亮	(ヤ)	1	1	0	0	0	0	0	0	0	0	0	0	0	0	0	0	0	0	—	('12ヤ)
英 智	(中)	5	20	18	5	4	0	0	0	4	0	0	0	0	0	5	0	1	0	.222	('05～'12中)
比屋根 渉	(ヤ)	1	3	4	1	2	1	0	0	3	1	0	0	0	1	0	1	0	1	.500	('15ヤ)
*桧山進次郎	(神)	4	8	6	1	1	0	0	1	4	3	0	0	0	1	1	0	3	0	.167	('07,'08,'10,'13神)
平井 克典	(武)	3	6	—	—	—	—	—	—	—	—	—	—	—	—	—	—	—	—	—	('17～'19武)
平井 正史	(中)	2	3	0	0	0	0	0	0	0	0	0	0	0	0	0	0	0	0	—	('07,'11中)
平尾 博嗣	(武)	4	4	6	1	1	0	0	0	1	0	0	0	0	0	1	0	2	1	.167	('05,'06,'08,'11武)
平田 良介	(中)	5	29	66	5	18	4	1	1	27	7	0	0	1	0	7	1	16	1	.273	('07～'09,'11,'12中)
*平沼 翔太	(武)	1	1	3	0	0	0	0	0	0	0	0	0	0	0	0	0	1	0	.000	('22武)
*平野 恵一	(オ)	3	7	19	1	4	1	1	0	7	3	0	0	0	0	2	0	3	0	.211	('08,'10神,'14オ)
平野 光泰	(近)	2	6	21	6	10	2	1	3	23	7	0	0	0	0	1	0	3	1	.476	('79,'80近)
平野 佳寿	(オ)	4	7	0	0	0	0	0	0	0	0	0	0	0	0	0	0	0	0	—	('14,'21～'23オ)
+平林 二郎	(急)	3	5	1	1	0	0	0	0	0	0	1	0	0	0	0	0	0	1	.000	('73,'75,'77急)
廣岡 大志	(オ)	2	5	15	0	5	1	0	0	6	1	1	0	1	0	0	0	5	0	.333	('21巨,'23オ)
廣瀬 純	(広)	1	2	4	0	0	0	0	0	0	0	0	0	1	0	0	0	3	0	.000	('13広)
広瀬 叔功	(南)	1	5	21	0	7	1	0	1	11	2	2	0	0	0	1	0	0	0	.333	('73南)
弘田 澄男	(ロ)	4	16	58	3	11	1	0	0	12	1	2	2	0	0	1	1	5	1	.190	('74,'77,'80,'81ロ)
広橋 公寿	(武)	1	1	2	0	0	0	0	0	0	0	0	0	0	0	0	0	0	0	.000	('82武)
ファルケンボーグ	(ソ)	3	4	—	—	—	—	—	—	—	—	—	—	—	—	—	—	—	—	—	('10～'12ソ)
フェルナンデス	(武)	4	17	69	8	22	5	0	4	39	15	0	1	0	0	(1)7	1	10	2	.319	('04,'05,'10,'11武)
フェルナンド	(楽)	1	3	3	0	0	0	0	0	0	0	0	0	0	0	0	0	1	0	.000	('19楽)
フランコ	(ロ)	1	7	26	0	5	1	0	0	6	3	0	0	0	0	0	0	6	0	.192	('05ロ)
*フランスア	(広)	1	2	0	0	0	0	0	0	0	0	0	0	0	0	0	0	0	0	—	('18広)
ブキャナン	(ソ)	1	2	5	2	2	0	0	0	5	1	0	0	0	0	0	1	1	0	.400	('07ソ)
ブセニッツ	(楽)	1	1	—	—	—	—	—	—	—	—	—	—	—	—	—	—	—	—	—	('19楽)
*ブラウン	(武)	1	3	3	0	1	0	0	0	1	3	0	0	0	1	(1)1	0	1	0	.333	('10武)
*ブラゼル	(ロ)	2	8	22	2	4	0	0	2	10	5	0	0	0	1	(1)1	0	7	0	.182	('10神,'13ロ)
ブラッシュ	(楽)	1	3	9	0	1	1	0	0	2	0	0	0	0	0	4	1	4	1	.111	('19楽)
ブランコ	(中)	4	25	87	16	22	2	0	5	39	13	0	0	0	0	13	2	32	2	.253	('09～'12中)
ブルワー	(神)	1	1	0	0	0	0	0	0	0	0	0	0	0	0	0	0	0	0	—	('23神)
*ブレイシア	(広)	1	1	0	0	0	0	0	0	0	0	0	0	0	0	0	0	0	0	—	('17広)
ブロッソー	(ロ)	1	1	2	0	0	0	0	0	0	0	0	0	0	0	0	0	0	0	.000	('23ロ)
吹石 徳一	(近)	2	4	8	1	3	0	0	1	6	5	0	0	3	0	0	0	0	0	.375	('79,'80近)
福井 優也	(広)	1	1	0	0	0	0	0	0	0	0	0	0	0	0	0	0	0	0	—	('16広)
*福浦 和也	(ロ)	6	30	90	15	33	6	0	2	45	10	0	0	0	1	6	3	18	4	.367	('05,'07,'10,'13,'15,'16ロ)
福田 聡志	(巨)	1	3	0	0	0	0	0	0	0	0	0	0	0	0	0	0	0	0	—	('12巨)
*福田 秀平	(ロ)	8	25	27	5	6	3	0	1	12	4	3	2	2	0	3	1	8	0	.222	('10,'11,'15～'19ソ,'20ロ)
福田 周平	(オ)	3	8	32	1	7	0	0	0	7	0	1	0	1	0	1	0	2	0	.219	('21～'23オ)
+福地 寿樹	(ヤ)	4	13	31	3	5	0	0	0	5	2	1	0	0	0	3	0	3	0	.161	('06武,'09,'11,'12ヤ)
*福留 孝介	(神)	5	21	74	9	17	4	0	5	36	8	1	0	0	0	9	3	22	0	.230	('13～'15,'17,'19神)
福原 忍	(神)	3	7	0	0	0	0	0	0	0	0	0	0	0	0	0	0	0	0	—	('13～'15神)
福間 納	(ロ)	1	1	—	—	—	—	—	—	—	—	—	—	—	—	—	—	—	—	—	('80ロ)
*福本 豊	(急)	5	20	83	13	21	2	1	3	34	7	7	0	2	0	8	0	13	0	.253	('73～'75,'77,'79急)
福盛 和男	(楽)	1	1	—	—	—	—	—	—	—	—	—	—	—	—	—	—	—	—	—	('09楽)
福山 博之	(楽)	1	5	—	—	—	—	—	—	—	—	—	—	—	—	—	—	—	—	—	('17楽)
伏見 寅威	(オ)	2	3	6	0	1	0	0	0	1	0	0	0	0	0	1	0	0	0	.167	('21,'22オ)
藤井 彰人	(神)	4	9	21	1	4	0	0	0	4	0	0	0	0	0	1	0	2	0	.190	('09楽,'13～'15神)
+藤井 淳志	(中)	4	18	38	3	11	5	0	1	19	5	0	0	2	0	5	0	3	1	.289	('07,'09～'11中)
*藤井 栄治	(急)	1	3	4	1	2	0	0	1	5	4	0	0	0	0	1	0	1	0	.500	('77急)
*藤井 晧哉	(ソ)	2	2	—	—	—	—	—	—	—	—	—	—	—	—	—	—	—	—	—	('22,'23ソ)
*藤井 秀悟	(巨)	3	4	0	0	0	0	0	0	0	0	0	0	0	0	0	0	0	0	—	('08,'09日,'10巨)
*藤岡 貴裕	(ロ)	2	3	—	—	—	—	—	—	—	—	—	—	—	—	—	—	—	—	—	('13,'15ロ)
*藤岡 裕大	(ロ)	4	14	46	5	11	1	0	1	15	3	0	1	3	0	(1)4	0	9	1	.239	('20,'21,'23ロ)
藤岡 好明	(ディ)	6	11	0	0	0	0	0	0	0	0	0	0	0	0	0	0	0	0	—	('06,'07,'09,'10,'12ソ,'16ディ)
*藤川 球児	(神)	4	10	0	0	0	0	0	0	0	0	0	0	0	0	0	0	0	0	—	('08,'10,'17,'19神)
藤瀬 史朗	(近)	1	1	3	0	0	0	0	0	0	0	0	0	0	0	0	0	0	0	.000	('79,'80近)
藤田 一也	(ディ)	5	17	47	2	7	1	0	0	8	2	0	0	9	0	4	0	6	1	.149	('13,'17,'19楽,'22,'23ディ)
*藤田 宗一	(ロ)	2	7	—	—	—	—	—	—	—	—	—	—	—	—	—	—	—	—	—	('05,'07ロ)
藤浪晋太郎	(神)	5	5	7	0	0	0	0	0	0	0	0	0	3	0	0	0	3	0	.000	('13～'15,'17,'22神)
藤平 尚真	(楽)	1	1	—	—	—	—	—	—	—	—	—	—	—	—	—	—	—	—	—	('17楽)
藤村 大介	(巨)	1	3	8	0	0	0	0	0	0	0	0	0	0	0	0	0	2	0	.000	('12巨)
*藤本 敦士	(ヤ)	3	8	6	0	3	0	0	0	3	1	0	0	0	0	0	0	1	0	.500	('08神,'11,'12ヤ)

選手名	チーム	年数	試合	打数	得点	安打	二塁打	三塁打	本塁打	塁打	打点	盗塁	盗塁刺	犠打	犠飛	四球	死球	三振	併殺打	打率	出場した年度
藤原 恭大	(ロ)	3	10	21	2	5	0	0	1	8	3	1	1	0	0	2	0	5	1	.238	('20,'21,'23ロ)
藤原 紘通	(楽)	1	2	—	—	—	—	—	—	—	—	—	—	—	—	—	—	—	—	—	('09楽)
藤原 満	(南)	1	5	17	3	3	0	0	0	3	1	0	0	0	0	1	1	1	0	.176	('73南)
古城 茂幸	(巨)	7	23	55	5	15	3	0	0	18	3	0	0	0	0	(2)4	1	14	3	.273	('04日,'07〜'12巨)
古谷 拓哉	(ロ)	2	3	—	—	—	—	—	—	—	—	—	—	—	—	—	—	—	—	—	('13,'15ロ)
古屋 英夫	(日)	2	9	30	3	9	1	0	2	16	4	1	1	2	1	3	0	2	0	.300	('81,'82日)
ヘルナンデス	(ソ)	1	2	—	—	—	—	—	—	—	—	—	—	—	—	—	—	—	—	—	('23ソ)
ヘルマン	(オ)	3	9	31	5	7	3	0	0	10	2	2	0	0	0	5	0	10	1	.226	('12,'13武,'14オ)
ベニー	(ロ)	2	12	39	2	7	1	0	0	8	6	0	0	0	0	4	0	8	2	.179	('05,'07ロ)
ベーニャ	(ソ)	1	6	24	2	5	1	0	1	9	3	1	0	0	0	0	0	7	1	.208	('12ソ)
ペゲーロ	(楽)	1	3	9	0	2	0	0	0	2	0	0	0	0	0	1	0	4	2	.222	('17楽)
ペタジーニ	(ソ)	1	3	8	0	1	0	0	0	1	0	0	0	0	0	0	0	3	0	.125	('10ソ)
ペ	(ロ)	1	1	—	—	—	—	—	—	—	—	—	—	—	—	—	—	—	—	—	('10ロ)
堀内 久雄	(ロ)	1	1	0	0	0	0	0	0	0	0	0	0	1	0	0	0	0	0	.000	('10ロ)
ホールトン	(巨)	3	4	2	0	0	0	0	0	0	0	0	0	1	0	0	0	1	0	.000	('09,'10ソ,'12巨)
ホフパワー	(日)	2	5	14	1	3	0	0	1	6	2	0	0	0	0	0	0	2	0	.214	('11,'12日)
ホリンズ	(巨)	1	3	9	1	2	0	0	1	5	3	0	0	0	0	0	0	2	1	.222	('07巨)
ホワイトセル	(ヤ)	1	4	7	0	2	1	0	0	3	1	0	0	0	0	0	0	1	0	.286	('11ヤ)
ボイヤー	(神)	1	2	0	0	0	0	0	0	0	0	0	0	0	0	0	0	0	0	—	('13神)
ボウカー	(巨)	2	5	11	0	5	1	0	0	6	0	0	0	0	0	0	0	2	1	.455	('12,'13巨)
ボカチカ	(武)	1	3	7	0	1	0	0	0	1	0	0	0	0	0	1	0	3	0	.143	('08武)
ボッツ	(日)	1	6	15	3	6	1	0	2	13	3	0	0	0	0	2	0	7	0	.400	('08日)
ボランコ	(ロ)	1	7	25	5	6	1	0	2	13	8	0	0	0	2	3	0	6	0	.240	('23ロ)
ボレダ	(巨)	1	2	1	0	0	0	0	0	0	0	0	0	1	0	0	0	0	0	.000	('15巨)
帆足 和幸	(武)	3	4	—	—	—	—	—	—	—	—	—	—	—	—	—	—	—	—	—	('04,'08,'11武)
北條 史也	(神)	2	12	33	3	11	4	1	1	20	7	1	0	4	0	2	1	9	0	.333	('19,'22神)
蓬莱 昭彦	(武)	1	1	0	0	0	0	0	0	0	0	0	0	0	0	0	0	0	0	—	('82武)
星 孝典	(武)	2	6	6	0	1	0	0	0	1	1	0	0	1	1	0	0	2	0	.167	('11,'13武)
星 秀和	(武)	1	1	0	0	0	0	0	0	0	0	0	0	0	0	0	0	0	0	—	('12武)
星野 智樹	(武)	4	10	—	—	—	—	—	—	—	—	—	—	—	—	—	—	—	—	—	('04〜'06,'08武)
細川 成也	(ディ)	1	5	3	0	1	0	0	0	1	1	0	0	0	0	2	0	2	0	.333	('17ディ)
細川 亨	(楽)	11	43	86	5	14	1	1	3	26	7	0	0	10	0	6	1	36	1	.163	('04〜'06,'08,'10武,'11,'12,'14〜'16ソ,'17楽)
細谷 圭	(ロ)	2	5	3	0	0	0	0	0	0	0	0	0	0	0	0	0	0	0	.000	('13,'16ロ)
堀 幸一	(ロ)	2	9	25	4	7	0	0	0	7	2	0	0	0	0	0	0	6	0	.280	('05,'07ロ)
堀 瑞輝	(日)	1	2	—	—	—	—	—	—	—	—	—	—	—	—	—	—	—	—	—	('18日)
堀井 和人	(南)	1	2	0	0	0	0	0	0	0	0	0	0	0	0	0	0	0	0	.000	('73南)
堀内 謙伍	(楽)	1	2	1	0	0	0	0	0	0	0	0	0	1	0	1	0	1	0	.000	('19楽)
本田 圭佑	(楽)	2	2	—	—	—	—	—	—	—	—	—	—	—	—	—	—	—	—	—	('19,'22武)
本田 仁海	(オ)	1	1	—	—	—	—	—	—	—	—	—	—	—	—	—	—	—	—	—	('22オ)
本多 雄一	(ソ)	9	36	111	14	24	4	1	0	30	3	6	3	13	0	4	2	23	0	.216	('06,'07,'09〜'12,'15〜'17ソ)
本間 満	(ソ)	4	9	13	1	1	0	0	0	1	0	0	0	1	0	0	0	6	0	.077	('04ダ,'05〜'07ソ)
MICHEAL	(巨)	4	9	0	0	0	0	0	0	0	0	0	0	0	0	0	0	0	0	—	('07,'08日,'09,'10巨)
C.マーティン	(日)	1	2	0	0	0	0	0	0	0	0	0	0	0	0	0	0	0	0	—	('16日)
K.マーティン	(武)	2	4	—	—	—	—	—	—	—	—	—	—	—	—	—	—	—	—	—	('18,'19武)
L.マーティン	(ロ)	1	5	17	3	3	1	0	1	7	1	0	0	0	0	3	0	9	0	.176	('21ロ)
マートン	(神)	4	13	49	6	13	4	0	2	19	6	0	1	0	0	(1)6	1	7	0	.265	('10,'13〜'15神)
マーフィー	(ロ)	1	2	—	—	—	—	—	—	—	—	—	—	—	—	—	—	—	—	—	('10ロ)
マイコラス	(巨)	3	3	7	0	1	1	0	0	2	1	0	0	0	0	0	0	5	0	.143	('15,'16巨)
マエストリ	(オ)	1	1	—	—	—	—	—	—	—	—	—	—	—	—	—	—	—	—	—	('14オ)
マギー	(巨)	2	9	31	2	11	3	0	2	20	6	0	0	0	0	5	0	5	0	.355	('13楽,'18巨)
マクガフ	(ヤ)	2	4	0	0	0	0	0	0	0	0	0	0	0	0	0	0	0	0	—	('21,'22ヤ)
マクブルーム	(広)	1	2	—	—	—	—	—	—	—	—	—	—	—	—	—	—	—	—	—	('23広)
マシーアス	(日)	1	1	2	0	0	0	0	0	0	0	0	0	1	0	0	0	1	0	.000	('06日)
マシソン	(巨)	5	14	1	0	0	0	0	0	0	0	0	0	0	0	0	0	0	0	.000	('12〜'16巨)
マテオ	(神)	1	2	0	0	0	0	0	0	0	0	0	0	0	0	0	0	0	0	—	('17神)
マニエル	(近)	2	6	21	2	4	0	0	0	4	2	0	0	1	0	(1)4	0	3	0	.190	('79,'80近)
マルカーノ	(急)	3	12	41	5	12	0	1	2	20	5	0	0	0	2	4	0	7	3	.293	('75,'77,'79急)
マルティネス	(日)	1	1	—	—	—	—	—	—	—	—	—	—	—	—	—	—	—	—	—	('18日)
マルテ	(神)	3	14	43	1	8	1	0	0	9	2	0	1	0	2	7	1	10	1	.186	('19,'21,'22神)
前田 健太	(広)	2	3	6	1	2	0	0	0	2	0	0	0	0	0	0	0	3	0	.333	('13,'14広)
牧 秀悟	(ディ)	2	5	20	0	5	0	0	0	5	0	1	0	0	0	0	0	2	1	.250	('22,'23ディ)
牧田 和久	(楽)	4	7	0	0	0	0	0	0	0	0	0	0	0	0	0	0	0	0	—	('11〜'13,'17武)
牧田 明久	(楽)	2	4	1	0	0	0	0	0	0	0	0	0	0	0	0	0	0	0	.000	('09,'13楽)
牧原 大成	(ソ)	3	13	52	7	17	3	1	1	25	6	1	2	0	1	0	0	12	0	.327	('19,'20,'22ソ)
正木 智也	(ソ)	1	2	5	0	1	0	0	0	2	0	0	0	0	0	0	0	1	0	.200	('22ソ)
真砂 勇介	(ソ)	1	1	0	0	0	0	0	0	0	0	0	0	0	0	0	0	0	0	—	('20ソ)
間柴 茂有	(日)	1	1	—	—	—	—	—	—	—	—	—	—	—	—	—	—	—	—	—	('81日)
増井 浩俊	(オ)	6	14	—	—	—	—	—	—	—	—	—	—	—	—	—	—	—	—	—	('11,'12,'14〜'16日,'21オ)
枡田慎太郎	(楽)	2	9	24	2	5	3	0	1	11	3	0	0	0	0	1	0	4	3	.208	('13,'17楽)
増田 達至	(武)	5	8	—	—	—	—	—	—	—	—	—	—	—	—	—	—	—	—	—	('13,'17〜'19,'22武)

選手名	チーム	年数	試合	打数	得点	安打	二塁打	三塁打	本塁打	塁打	打点	盗塁	盗塁刺	犠打	犠飛	四球	死球	三振	併殺打	打率	出場した年度
増田 大輝(巨)		1	1	0	1	0	0	0	0	0	0	0	0	0	0	0	0	0	0	.000	('19巨)
益田 直也(ロ)		4	12	0	0	0	0	0	0	0	0	0	0	1	0	0	0	0	0	—	('13,'15,'21,'23ロ)
増渕 竜義(ヤ)		1	2	0	0	0	0	0	0	0	0	0	0	1	0	0	0	0	0	.000	('11ヤ)
又吉 克樹(ソ)		1	1	—	—	—	—	—	—	—	—	—	—	—	—	—	—	—	—	—	('23ソ)
+ 松井稼頭央(楽)		1	4	14	2	3	1	0	0	4	0	0	0	0	0	1	0	3	0	.214	('13楽)
松井 光介(ヤ)		2	4	0	0	0	0	0	0	0	0	0	0	0	0	0	0	0	0	—	('09,'11ヤ)
* 松井 裕樹(楽)		3	8	—	—	—	—	—	—	—	—	—	—	—	—	—	—	—	—	—	('17,'19,'21楽)
松井 佑介(中)		1	4	4	0	1	0	0	0	1	0	0	0	0	0	0	0	0	0	.250	('12中)
松岡 健一(ヤ)		3	7	0	0	0	0	0	0	0	0	0	0	0	0	0	0	0	0	—	('11,'12,'15ヤ)
松川 虎生(ロ)		1	2	5	0	0	0	0	0	0	0	0	0	1	0	0	0	1	0	.000	('23ロ)
松坂 大輔(武)		3	5	—	—	—	—	—	—	—	—	—	—	—	—	—	—	—	—	—	('04～'06武)
松田 宣浩(ソ)		12	55	190	25	45	9	0	7	75	19	0	1	2		(1)12	3	41	4	.237	('07,'09～'12,'14～'20ソ)
松田 遼馬(神)		1	2	0	0	0	0	0	0	0	0	0	0	0	0	0	0	0	0	—	('14神)
* 松中 信彦(ソ)		7	30	90	8	18	4	0	4	34	18	0	0	0	1	(1)11	2	15	1	.200	('04ダ,'05～'07,'10～'12ソ)
* 松永 昂大(ロ)		3	8	—	—	—	—	—	—	—	—	—	—	—	—	—	—	—	—	—	('13,'15,'16ロ)
* 松永 浩典(武)		1	1	—	—	—	—	—	—	—	—	—	—	—	—	—	—	—	—	—	('06武)
* 松沼 博久(武)		1	1	—	—	—	—	—	—	—	—	—	—	—	—	—	—	—	—	—	('82武)
松沼 雅之(武)		1	1	—	—	—	—	—	—	—	—	—	—	—	—	—	—	—	—	—	('82武)
松原 明夫(南)		1	1	0	0	0	0	0	0	0	0	0	0	0	0	0	0	0	0	—	('73南)
* 松原 聖弥(巨)		1	5	19	2	3	1	0	0	4	1	0	0	0	0	1	0	8	0	.158	('21巨)
松本 剛(日)		1	1	0	0	0	0	0	0	0	0	0	0	0	0	0	0	0	0	—	('18日)
* 松本 哲也(巨)		3	15	34	5	9	0	0	0	9	1	2	0	5	0	4	0	6	0	.265	('09,'10,'12巨)
* 松元ユウイチ(ヤ)		2	4	2	0	0	0	0	0	0	0	0	0	0	0	0	0	1	0	.000	('15ヤ)
* 松本 裕樹(ソ)		3	6	—	—	—	—	—	—	—	—	—	—	—	—	—	—	—	—	—	('20,'22,'23ソ)
松本 航(武)		1	2	—	—	—	—	—	—	—	—	—	—	—	—	—	—	—	—	—	('19武)
* 松山 竜平(広)		6	23	50	1	6	2	0	0	8	1	0	0	0	0	4	0	8	0	.120	('13,'14,'16～'18,'23広)
的場 直樹(ロ)		4	14	27	0	4	1	0	0	5	3	0	0	2	0	1	1	9	1	.148	('05～'07ソ,'10ロ)
馬原 孝浩(オ)		6	13	—	—	—	—	—	—	—	—	—	—	—	—	—	—	—	—	—	('05～'07,'10,'11ソ,'14オ)
* 丸 佳浩(巨)		7	28	93	17	24	3	0	5	42	15	2	1	0	2	21	1	25	2	.258	('13,'14,'16～'18広,'19,'21巨)
丸山 和郁(ヤ)		1	1	0	0	0	0	0	0	0	0	0	0	0	0	0	0	0	0	.000	('22ヤ)
ミ エセス(神)		1	1	1	0	0	0	0	0	0	0	0	0	0	0	0	0	0	0	.000	('23神)
ミ コライオ(広)		1	2	0	0	0	0	0	0	0	0	0	0	0	0	0	0	0	0	—	('13広)
+ ミ ラバル(日)		1	1	—	—	—	—	—	—	—	—	—	—	—	—	—	—	—	—	—	('04日)
* J.ミランダ(日)		1	8	18	2	2	1	0	1	6	2	0	0	0	0	5	0	6	0	.111	('14日)
* A.ミランダ(ソ)		1	2	—	—	—	—	—	—	—	—	—	—	—	—	—	—	—	—	—	('18ソ)
ミ レッジ(ヤ)		1	3	11	0	1	0	0	0	1	0	0	0	0	0	0	1	3	0	.091	('12ヤ)
ミ ンチェ(武)		1	3	—	—	—	—	—	—	—	—	—	—	—	—	—	—	—	—	—	('11武)
三上 朋也(ディ)		2	11	0	0	0	0	0	0	0	0	0	0	0	0	0	0	0	0	—	('16,'17ディ)
三木 亮(ロ)		2	4	0	0	0	0	0	0	0	0	0	0	0	0	0	0	0	0	—	('20,'21ロ)
+ 三嶋 一輝(ディ)		3	4	3	0	1	0	0	0	1	0	0	0	0	0	0	0	1	0	.333	('16,'17,'19ディ)
水上 善雄(ロ)		2	8	20	5	7	1	0	1	11	4	0	0	2	0	1	1	3	1	.350	('80,'81ロ)
水上 由伸(武)		1	1	—	—	—	—	—	—	—	—	—	—	—	—	—	—	—	—	—	('22武)
水田 章雄(ソ)		1	2	—	—	—	—	—	—	—	—	—	—	—	—	—	—	—	—	—	('07ソ)
水田 圭介(武)		1	1	0	0	0	0	0	0	0	0	0	0	0	0	0	0	0	0	.000	('07武)
水谷 孝(急)		2	2	0	0	0	0	0	0	0	0	0	0	0	0	0	0	0	0	—	('73,'74急)
* 水谷 則博(ロ)		3	4	1	0	0	0	0	0	0	0	0	0	0	0	0	0	0	0	.000	('74,'80,'81ロ)
* 三瀬 幸司(中)		5	13	0	0	0	0	0	0	0	0	0	0	0	0	0	0	0	0	—	('04ダ,'05,'09ソ,'10,'12中)
* 三井 浩二(武)		4	7	—	—	—	—	—	—	—	—	—	—	—	—	—	—	—	—	—	('04～'06,'08武)
三井 雅晴(ロ)		3	5	1	0	1	0	0	0	1	0	0	0	0	0	0	0	0	0	1.000	('74,'77,'81ロ)
南 昌輝(ロ)		1	2	—	—	—	—	—	—	—	—	—	—	—	—	—	—	—	—	—	('16ロ)
南 竜介(ロ)		1	2	0	0	0	0	0	0	0	0	0	0	0	0	0	0	0	0	—	('10ロ)
嶺井 博希(ソ)		5	13	26	3	7	1	0	0	8	3	0	0	2	0	0	0	7	1	.269	('16,'17,'19,'22ディ,'23ソ)
簑田 浩二(急)		2	8	13	2	3	0	0	0	4	0	1	1	0	0	2	1	3	0	.231	('77,'79急)
* 美馬 学(ロ)		6	7	—	—	—	—	—	—	—	—	—	—	—	—	—	—	—	—	—	('13,'17,'19楽,'20,'21,'23ロ)
* 三森 大貴(ソ)		2	9	35	5	7	1	0	0	12	2	1	0	2	0	1	0	10	0	.200	('22,'23ソ)
* 宮城 大弥(オ)		2	2	—	—	—	—	—	—	—	—	—	—	—	—	—	—	—	—	—	('22,'23オ)
宮國 椋丞(巨)		2	4	0	0	0	0	0	0	0	0	0	0	1	0	0	0	0	0	.000	('12,'15巨)
* 三宅 宗源(ロ)		1	1	—	—	—	—	—	—	—	—	—	—	—	—	—	—	—	—	—	('81ロ)
宮崎 敏郎(ディ)		5	22	82	10	28	5	0	4	45	8	0	0	1	0	(1)6	0	10	2	.341	('16,'17,'19,'22,'23ディ)
* 宮地 克彦(ソ)		2	9	25	2	5	0	0	0	5	0	0	0	0	0	0	0	4	0	.200	('04ダ,'05ソ)
宮出 隆自(楽)		1	5	5	1	2	0	0	0	2	2	0	0	0	0	0	0	2	0	.400	('09楽)
宮西 尚生(日)		6	10	—	—	—	—	—	—	—	—	—	—	—	—	—	—	—	—	—	('08,'09,'11,'14,'16,'18日)
宮本 慎也(ヤ)		3	14	51	3	7	1	0	0	8	1	1	0	3	1	0	0	3	3	.137	('09,'11,'12ヤ)
* 宮本 丈(ヤ)		2	3	2	1	1	0	0	0	1	0	0	0	1	0	2	0	0	0	.500	('21,'22ヤ)
宮本 幸信(急)		1	1	1	0	0	0	0	0	0	0	0	0	0	0	0	0	0	0	.000	('74急)
三好 幸雄(急)		1	1	0	0	0	0	0	0	0	0	0	0	0	0	0	0	0	0	—	('73急)
* 三輪 正義(ヤ)		3	4	0	0	0	0	0	0	0	0	0	0	0	0	0	0	0	0	.000	('09,'11,'15ヤ)
迎 祐一郎(広)		1	2	4	0	0	0	0	0	0	0	0	0	0	0	0	0	0	0	.000	('13広)
武藤 祐太(中)		1	4	—	—	—	—	—	—	—	—	—	—	—	—	—	—	—	—	—	('12中)
* 宗 佑磨(オ)		3	11	42	5	11	4	0	1	15	3	1	0	0	0	3	0			.262	('21～'23オ)

選手名	チーム	年数	試合	打数	得点	安打	二塁打	三塁打	本塁打	塁打	打点	盗塁	盗塁刺	犠打	犠飛	四球	死球	三振	併殺打	打率	出場した年度
村井　英司	(日)	2	5	8	0	2	0	0	0	2	1	0	0	0	0	0	1	1	0	.250	('81,'82日)
村上　公康	(ロ)	2	6	14	0	1	1	0	0	2	3	0	0	0	0	1	0	1	0	.071	('74,'77ロ)
*村上　須樹	(神)	1	1	2	1	1	1	0	0	2	1	0	0	0	0	0	0	1	0	.500	('23神)
*村上　雅則	(日)	2	5	1	0	0	0	0	0	0	0	0	0	0	0	0	0	0	0	.000	('73南,'81日)
*村上　宗隆	(ヤ)	2	6	18	4	5	1	0	1	9	4	0	0	0	0	(1)7	0	3	0	.278	('21,'22ヤ)
*村田　和哉	(日)	3	4	0	0	0	0	0	0	0	0	0	0	0	0	0	0	0	0	.000	('09,'12,'14日)
*村田　修一	(巨)	5	22	66	7	20	1	0	3	30	5	0	0	1	1	5	6	12	0	.303	('12~'16巨)
*村田　辰美	(近)	2	2	—	—	—	—	—	—	—	—	—	—	—	—	—	—	—	—	—	('79,'80近)
*村田　兆治	(ロ)	3	7	3	1	0	0	0	0	0	0	0	1	0	0	0	0	1	0	.000	('74,'77,'81ロ)
*村中　恭兵	(ヤ)	2	2	—	—	—	—	—	—	—	—	—	—	2	0	1	0	2	0	.000	('11,'12ヤ)
村林　一輝	(楽)	3	4	0	0	0	0	0	0	0	0	0	0	0	0	0	0	0	0	.000	('17,'19,'21楽)
*村松　有人	(オ)	1	1	1	0	0	0	0	0	0	0	0	0	0	0	0	0	0	0	.000	('08オ)
メッセンジャー	(神)	4	5	10	0	1	0	0	0	1	0	0	0	0	0	0	0	5	0	.100	('13~'15,'17神)
A.メヒア	(広)	2	4	9	1	2	1	0	0	3	0	0	0	0	0	0	0	4	0	.222	('17,'18広)
E.メヒア	(武)	3	8	18	1	1	0	0	1	4	1	0	0	0	0	1	0	9	1	.056	('17~'19武)
+メルセデス	(ロ)	4	4	6	0	0	0	0	0	0	0	0	0	0	0	0	0	4	0	.000	('18,'19,'21巨,'23ロ)
メンドーサ	(日)	2	2	—	—	—	—	—	—	—	—	—	—	—	—	—	—	—	—	—	('14,'15日)
*モイネロ	(ソ)	5	16	—	—	—	—	—	—	—	—	—	—	—	—	—	—	—	—	—	('17~'20,'22ソ)
モスコーソ	(ディ)	1	1	2	0	0	0	0	0	0	0	0	0	0	0	0	0	2	0	.000	('16ディ)
*茂木栄五郎	(楽)	3	13	48	5	11	0	0	3	20	5	0	0	2	0	7	0	16	0	.229	('17,'19,'21楽)
望月　惇志	(神)	1	1	—	—	—	—	—	—	—	—	—	—	—	—	—	—	—	—	—	('19神)
*森　敬斗	(ディ)	1	2	2	0	0	0	0	0	0	0	0	0	0	0	1	0	1	0	.000	('22ディ)
*森　繁和	(武)	1	1	0	0	0	0	0	0	0	0	0	0	0	0	0	0	0	0	—	('82武)
*森　慎二	(武)	2	3	—	—	—	—	—	—	—	—	—	—	—	—	—	—	—	—	—	('04,'05武)
*森　友哉	(オ)	5	18	60	8	12	4	0	2	20	5	0	0	0	1	9	1	12	0	.200	('17~'19,'22武,'23オ)
森　唯斗	(ソ)	8	23	—	—	—	—	—	—	—	—	—	—	—	—	—	—	—	—	—	('14~'20,'22ソ)
*森　遼大朗	(ロ)	1	1	—	—	—	—	—	—	—	—	—	—	—	—	—	—	—	—	—	('23ロ)
*森岡　良介	(中)	2	10	22	3	5	1	0	0	6	2	0	0	1	0	(1)2	0	3	0	.227	('11,'15ヤ)
森越　祐人	(中)	1	1	0	0	0	0	0	0	0	0	0	0	0	0	0	0	0	0	—	('17中)
森下　翔太	(神)	1	3	10	1	2	1	0	1	6	2	0	0	0	0	2	0	3	0	.200	('23神)
森下　暢仁	(広)	1	1	1	0	0	0	0	0	0	0	0	0	0	0	0	0	1	0	.000	('23広)
*森野　将彦	(中)	6	37	144	20	36	3	0	7	60	17	0	0	1	0	(1)17	0	29	0	.250	('07~'12中)
*森原　康平	(ディ)	1	1	—	—	—	—	—	—	—	—	—	—	—	—	—	—	—	—	—	('19楽,'23ディ)
*森福　允彦	(ソ)	6	19	—	—	—	—	—	—	—	—	—	—	—	—	—	—	—	—	—	('09~'12,'14,'16ソ)
森本　潔	(急)	2	7	21	0	7	2	0	0	9	2	0	0	0	0	3	0	5	0	.333	('74,'75急)
森本　学	(ソ)	2	3	2	0	0	0	0	0	0	0	0	0	0	0	0	0	1	0	.000	('06,'09ソ)
*森本　稀哲	(日)	5	20	70	15	22	2	1	1	29	8	1	1	5	1	7	0	8	2	.314	('04,'06~'09日)
守屋　功輝	(神)	1	2	—	—	—	—	—	—	—	—	—	—	—	—	—	—	—	—	—	('19神)
*森山　周	(楽)	1	2	0	0	0	0	0	0	0	0	0	0	0	0	0	0	0	0	—	('13楽)
*諸積　兼司	(ロ)	1	6	0	0	0	0	0	0	0	0	0	0	0	0	0	0	0	0	.000	('05ロ)
*八百板卓丸	(巨)	1	4	5	1	1	0	0	0	1	0	0	0	0	0	0	0	2	0	.200	('21巨)
*八木　智哉	(日)	2	2	—	—	—	—	—	—	—	—	—	—	—	—	—	—	—	—	—	('06,'09日)
八木沢荘六	(ロ)	2	3	—	—	—	—	—	—	—	—	—	—	—	—	—	—	—	—	—	('74,'77ロ)
矢崎　拓也	(広)	1	2	0	0	0	0	0	0	0	0	0	0	0	0	0	0	0	0	—	('17広)
安木　祥二	(ロ)	3	7	—	—	—	—	—	—	—	—	—	—	—	—	—	—	—	—	—	('77,'80,'81ロ)
*安田　尚憲	(ロ)	3	12	38	4	12	5	0	1	20	11	0	0	1	2	0	2	8	2	.316	('20,'21,'23ロ)
*柳田　悠岐	(ソ)	10	45	168	30	49	7	0	9	83	32	4	1	0	0	(2)26	0	38	5	.292	('12,'14~'20,'22,'23ソ)
柳田　豊	(近)	3	3	—	—	—	—	—	—	—	—	—	—	—	—	—	—	—	—	—	('75,'79,'80近)
*柳町　達	(ソ)	2	6	11	1	3	2	0	0	5	0	0	0	0	3	1	0	2	0	.273	('22,'23ソ)
柳瀬　明宏	(ソ)	4	8	—	—	—	—	—	—	—	—	—	—	—	—	—	—	—	—	—	('06,'07,'12,'14ソ)
矢貫　俊之	(日)	1	1	—	—	—	—	—	—	—	—	—	—	—	—	—	—	—	—	—	('14日)
矢野　輝弘	(神)	2	5	16	1	5	2	0	0	7	0	0	0	0	0	0	0	3	0	.313	('07,'08神)
矢野　謙次	(日)	8	21	32	2	9	1	0	0	10	3	0	0	0	0	2	0	4	0	.281	('07,'10~'14巨,'15,'16日)
*矢野　雅哉	(広)	1	1	2	0	0	0	0	0	0	0	0	0	0	0	0	0	0	0	.000	('23広)
薮田　和樹	(広)	1	2	3	0	0	0	0	0	0	0	0	0	0	0	0	0	1	0	.000	('17広)
薮田　安彦	(ロ)	3	10	—	—	—	—	—	—	—	—	—	—	—	—	—	—	—	—	—	('05,'07,'10ロ)
山足　達也	(オ)	1	1	0	1	0	0	0	0	0	0	0	0	0	0	0	0	0	0	.000	('21オ)
山井　大介	(中)	5	12	3	0	0	0	0	0	0	0	0	0	1	0	0	0	1	0	.000	('08~'12中)
山内　新一	(南)	1	2	1	0	0	0	0	0	0	0	0	0	0	0	0	0	1	0	.000	('73南)
山内　壮馬	(中)	1	2	0	0	0	0	0	0	0	0	0	0	0	0	0	0	0	0	.000	('12中)
*山岡　泰輔	(オ)	2	3	—	—	—	—	—	—	—	—	—	—	—	—	—	—	—	—	—	('22,'23オ)
山川　穂高	(武)	4	14	46	8	14	3	0	4	29	6	0	0	0	0	(1)12	1	16	1	.304	('17~'19,'22武)
山岸　穣	(武)	1	1	—	—	—	—	—	—	—	—	—	—	—	—	—	—	—	—	—	('05,'06武)
山口　航輝	(ロ)	2	10	31	2	6	1	0	1	10	4	0	0	0	1	0	0	9	0	.194	('21,'23ロ)
山口　俊	(巨)	3	3	4	1	0	0	0	0	0	0	0	0	0	0	0	0	1	0	.000	('18,'19,'21巨)
山口　高志	(急)	3	5	—	—	—	—	—	—	—	—	—	—	—	—	—	—	—	—	—	('75,'77,'79急)
山口　哲治	(近)	1	1	—	—	—	—	—	—	—	—	—	—	—	—	—	—	—	—	—	('79近)
*山口　鉄也	(巨)	10	24	3	0	0	0	0	0	0	0	0	0	0	0	0	0	1	0	.000	('07~'16巨)
*山崎晃大朗	(ヤ)	2	6	12	2	1	0	0	0	1	1	1	0	0	0	0	0	7	0	.083	('21,'22ヤ)
山崎　武司	(中)	2	11	28	2	6	1	0	1	13	7	1	0	0	0	3	0	7	1	.214	('09楽,'12中)

クライマックスシリーズ・ライフタイム

選手名	チーム	年数	試合	打数	得点	安打	二塁打	三塁打	本塁打	塁打	打点	盗塁	盗塁刺	犠打	犠飛	四球	死球	三振	併殺打	打率	出場した年度
*山崎 剛(楽)		1	2	10	1	4	2	0	0	6	1	0	0	0	0	0	0	0	0	.400	('21楽)
山崎 康晃(ディ)		4	14	0	0	0	0	0	0	0	0	0	0	0	0	0	0	0	0	—	('16,'17,'19,'22ディ)
山崎 勝己(オ)		4	11	23	1	4	0	0	0	4	2	0	0	1	0	1	1	4	0	.174	('06,'10,'11,'14オ)
*山崎 敏(武)		1	3	—	—	—	—	—	—	—	—	—	—	—	—	—	—	—	—	—	('04武)
山崎 颯一郎(オ)		3	5	—	—	—	—	—	—	—	—	—	—	—	—	—	—	—	—	—	('21~'23オ)
山崎 裕之(武)		3	12	38	5	9	3	0	1	15	4	1	0	5	0	2	1	4	0	.237	('74,'77ロ,'82武)
山田 秋親(ダ)		1	2	—	—	—	—	—	—	—	—	—	—	—	—	—	—	—	—	—	('04ダ)
山田 哲人(ヤ)		5	15	48	7	9	4	0	0	13	3	0	0	0	0	9	0	12	2	.188	('11,'15,'18,'21,'22ヤ)
山田 久志(急)		5	8	7	1	2	0	0	0	2	1	0	0	1	0	0	0	0	0	.286	('73~'75,'77,'79急)
大 和(ディ)		8	22	53	2	8	0	0	0	8	1	1	0	1	0	(2)6	0	10	2	.151	('10,'13~'15,'17神,'19,'22,'23ディ)
*山本 一徳(日)		1	2	—	—	—	—	—	—	—	—	—	—	—	—	—	—	—	—	—	('07日)
山本 桂(日)		1	3	0	1	0	0	0	0	0	0	0	0	0	0	0	0	0	0	.000	('81日)
山本 哲哉(ヤ)		2	2	0	0	0	0	0	0	0	0	0	0	0	0	0	0	0	0	.000	('11,'12ヤ)
*山本 昌(中)		3	4	7	0	0	0	0	0	0	0	0	0	0	0	0	0	4	1	.000	('08,'10,'12中)
山本 泰寛(神)		3	6	11	1	2	1	0	0	3	0	0	0	0	0	0	0	2	0	.182	('16,'19巨,'21神)
山本 祐大(ディ)		1	2	8	0	2	1	0	0	3	0	0	0	1	0	0	0	3	0	.250	('23ディ)
山本 由伸(オ)		3	3	—	—	—	—	—	—	—	—	—	—	—	—	—	—	—	—	—	('21~'23オ)
*陽 耀勲(ソ)		2	2	—	—	—	—	—	—	—	—	—	—	—	—	—	—	—	—	—	('10,'12ソ)
湯浅 京己(神)		1	2	0	0	0	0	0	0	0	0	0	0	0	0	0	0	0	0	—	('22神)
雄 平(ヤ)		3	7	25	0	5	0	0	0	5	0	0	0	0	0	0	0	6	1	.200	('12,'15,'18ヤ)
行沢 久隆(武)		1	3	0	0	0	0	0	0	0	0	0	0	0	0	0	0	0	0	—	('82武)
陽 岱鋼(巨)		7	31	100	12	20	4	0	3	33	9	3	0	2	0	(1)7	1	39	1	.200	('11,'12,'14~'16日,'18,'19巨)
陽川 尚将(神)		2	11	18	0	3	0	0	0	3	1	0	0	0	1	0	0	7	1	.167	('19,'22神)
横尾 俊建(日)		1	3	11	3	4	0	0	2	10	2	0	0	0	0	1	0	3	0	.364	('18日)
横山 道哉(日)		1	2	—	—	—	—	—	—	—	—	—	—	—	—	—	—	—	—	—	('04日)
横山 竜士(広)		1	3	0	0	0	0	0	0	0	0	0	0	0	0	0	0	0	0	—	('13広)
芦岡 俊明(ロ)		2	5	3	0	0	0	0	0	0	0	0	1	0	0	0	0	0	1	.000	('80,'81ロ)
吉川 大幾(巨)		2	4	2	0	0	0	0	0	0	0	0	0	0	0	0	0	2	0	.000	('16,'18巨)
吉川 輝昭(ソ)		1	1	—	—	—	—	—	—	—	—	—	—	—	—	—	—	—	—	—	('12ソ)
吉川 尚輝(巨)		1	5	18	2	4	0	0	0	4	1	0	0	0	0	1	0	3	0	.222	('21巨)
*吉川 昌宏(ヤ)		1	1	0	0	0	0	0	0	0	0	0	0	0	0	0	0	0	0	—	('09ヤ)
*吉川 光夫(巨)		4	6	0	0	0	0	0	0	0	0	0	0	0	0	0	0	0	0	—	('12,'14,'15日,'18巨)
吉川 元浩(ソ)		1	3	3	0	1	0	0	0	1	0	0	0	0	0	0	0	0	1	.333	('09ソ)
吉沢 俊幸(急)		2	3	6	0	0	0	0	0	0	0	0	1	0	0	0	0	0	0	.000	('77,'79急)
吉武真太郎(ソ)		3	6	—	—	—	—	—	—	—	—	—	—	—	—	—	—	—	—	—	('04ダ,'05,'06ソ)
*吉田 正尚(オ)		2	7	23	5	9	0	0	2	15	3	0	0	0	0	(2)4	1	2	0	.391	('21,'22オ)
吉田 裕太(ロ)		1	5	—	—	—	—	—	—	—	—	—	—	—	—	—	—	—	—	—	('15ロ)
吉田 凌(オ)		1	2	—	—	—	—	—	—	—	—	—	—	—	—	—	—	—	—	—	('21オ)
*吉野 誠(オ)		1	2	—	—	—	—	—	—	—	—	—	—	—	—	—	—	—	—	—	('08オ)
*由 規(ヤ)		1	1	1	0	0	0	0	0	0	0	0	0	0	0	0	0	1	0	.000	('09ヤ)
吉見 一起(中)		4	6	15	0	1	0	0	0	1	1	0	0	1	0	0	0	9	1	.067	('08~'11中)
*吉見 祐治(ロ)		1	1	—	—	—	—	—	—	—	—	—	—	—	—	—	—	—	—	—	('10ロ)
吉村 裕基(ソ)		4	15	36	2	8	2	0	0	10	8	0	0	0	0	4	0	8	1	.222	('14~'17ソ)
吉本 亮(ソ)		1	2	0	0	0	0	0	0	0	0	0	0	0	0	0	0	0	0	—	('09ソ)
米田 哲也(急)		2	3	6	0	1	0	0	0	1	0	0	0	1	0	0	0	0	0	.167	('73,'74急)
ライブリー(日)		1	1	—	—	—	—	—	—	—	—	—	—	—	—	—	—	—	—	—	('15日)
ライフィーバー(ロ)		1	3	12	1	3	0	0	0	3	1	0	0	0	0	1	0	1	0	.250	('74ロ)
ラ ペ ロ(オ)		1	3	10	0	1	1	0	0	2	0	0	0	0	0	0	0	2	0	.100	('21オ)
ラミレス(巨)		4	17	67	7	18	2	1	3	31	12	0	0	0	1	2	0	14	2	.269	('08~'11巨)
*リーファー(武)		1	2	4	0	0	0	0	0	0	0	0	0	0	0	0	0	2	0	.000	('06武)
*リー(ロ)		3	12	41	5	8	0	0	2	14	6	1	0	0	0	4	0	14	0	.195	('77,'80,'81ロ)
リチャード(ソ)		1	1	2	0	0	0	0	0	0	0	0	0	0	0	0	0	2	0	.000	('22ソ)
+リンデン(楽)		1	4	13	0	3	1	0	0	4	1	0	0	0	0	1	0	3	0	.231	('09楽)
領 健(ソ)		1	1	—	—	—	—	—	—	—	—	—	—	—	—	—	—	—	—	—	('05ソ)
*林 威助(神)		3	5	10	0	4	0	0	0	4	0	0	0	0	0	0	1	—	0	.400	('07,'08,'10神)
ル ナ(広)		1	1	3	0	0	0	0	0	0	0	0	0	0	0	0	0	0	0	.000	('16広)
レアード(ロ)		3	13	46	6	13	4	0	3	22	7	0	0	0	0	2	0	9	1	.283	('15,'16日,'21ロ)
K.レイ(楽)		1	1	—	—	—	—	—	—	—	—	—	—	—	—	—	—	—	—	—	('13楽)
C.レイ(ソ)		1	1	—	—	—	—	—	—	—	—	—	—	—	—	—	—	—	—	—	('22ソ)
レイ オ(ソ)		2	8	25	3	5	1	0	0	9	2	0	0	1	0	6	1	2	1	.200	('80,'81ロ)
*レデズマ(ロ)		1	3	—	—	—	—	—	—	—	—	—	—	—	—	—	—	—	—	—	('13ロ)
*ロ ー ズ(オ)		1	2	7	0	1	0	0	0	1	1	0	0	0	0	1	0	2	1	.143	('08オ)
ロサリオ(広)		1	2	9	0	2	0	0	0	2	0	0	0	0	0	0	0	2	0	.222	('14広)
ロドリゲス(神)		1	2	5	0	0	0	0	0	0	0	0	0	0	0	1	0	1	0	.000	('12神)
+ロハス・ジュニア(神)		2	5	11	0	2	1	0	0	3	0	0	0	0	0	1	0	3	0	.182	('21,'22神)
ロ ペ ス(ディ)		5	25	89	12	23	1	0	5	39	15	0	0	1	0	(2)6	0	13	5	.258	('13,'14巨,'16,'17,'19ディ)
ロ マ ン(ヤ)		2	3	0	0	0	0	0	0	0	0	0	0	0	0	0	0	0	0	—	('12,'15ヤ)
ワゲスパック(オ)		1	1	—	—	—	—	—	—	—	—	—	—	—	—	—	—	—	—	—	('22オ)
*ワトソン(ロ)		1	2	2	0	0	0	0	0	0	0	0	0	0	0	0	0	1	0	.000	('07ロ)
若月 健矢(オ)		3	8	27	3	6	1	0	0	7	3	0	0	1	0	0	0	5	0	.222	('21~'23オ)

選手名	チーム	年数	試合	打数	得点	安打	二塁打	三塁打	本塁打	塁打	打点	盗塁	盗塁刺	犠打	犠飛	四球	死球	三振	併殺打	打率	出場した年度
若林　晃弘(巨)		2	6	12	1	2	0	0	0	2	1	0	1	0	0	1	1	3	0	.167	('19,'21巨)
脇谷　亮太(巨)		5	16	31	3	11	3	0	0	14	4	1	0	0	0	2	1	9	1	.355	('07~'11巨)
涌井　秀章(ロ)		7	10	0	0	0	0	0	0	0	0	0	0	0	0	0	0	0	0	—	('08,'10~'13武,'15,'16ロ)
渡辺　恒樹(ヤ)		1	1	0	0	0	0	0	0	0	0	0	0	0	0	0	0	0	0	—	('11ヤ)
渡辺　俊介(ロ)		3	6	—	—	—	—	—	—	—	—	—	—	—	—	—	—	—	—	—	('05,'07,'10ロ)
渡邉　大樹(ヤ)		1	3	1	2	0	0	0	0	0	0	0	0	0	0	0	0	0	0	.000	('21ヤ)
渡辺　　勉(急)		4	6	1	0	0	0	0	0	0	0	0	0	0	0	0	0	0	0	.000	('73~'75,'77急)
渡辺　直人(武)		2	7	28	3	8	0	0	1	11	3	0	0	2	0	0	0	1	0	.286	('09楽,'13武)
渡部　遼人(オ)		1	2	0	0	0	0	0	0	0	0	0	0	0	0	0	0	0	0	—	('23オ)
渡辺　正人(ロ)		1	1	1	0	0	0	0	0	0	0	0	0	0	0	0	0	0	0	.000	('07ロ)
渡邊　佳明(楽)		2	3	7	0	0	0	0	0	0	0	0	0	2	0	0	0	1	1	.000	('19,'21楽)
渡辺　亮介(神)		2	3	0	0	0	0	0	0	0	0	0	0	0	0	0	0	0	0	—	('07,'10神)
渡邉　　諒(神)		2	3	5	0	0	0	0	0	0	0	0	0	0	0	0	0	2	0	.000	('18日,'23神)
和田　一浩(中)		8	45	156	18	46	7	0	8	77	24	1	2	0	0	(4)32	1	20	7	.295	('04~'06武,'08~'12中)
和田康士朗(ロ)		3	3	5	1	1	1	0	0	2	0	1	0	0	0	0	0	2	0	.200	('20,'21,'23ロ)

チ ー ム 投 手 成 績

（注） 防御率1982年まで⅓切り捨て、⅔切り上げ1回。1983年より端数まで計算。
チーム右の〔 〕はプレーオフ勝敗。年度太字は日本シリーズ進出。

ソフトバンク（南海、ダイエー）〔8－10〕

年度	試合	完投	交代完了	試合当初	無失点勝	無四球試	勝利	敗北	引分	セーブ	ホールド	HP	勝率	打者	打数	投球回	安打	本塁打	犠打	犠飛	四球	死球	三振	暴投	ボーク	失点	自責点	防御率
1973	5	1	4	4	0	0	3	2	0				.600	196	169	44	45	7	4	0	22	1	24	0	0	28	(1)17	3.48
2004	5	0	5	5	0	0	2	3	0	1			.400	195	168	46	42	8	4	0	(5)20	1	34	0	0	25	25	4.8
2005	5	0	5	5	0	0	2	3	0	1	2	4	.400	186	173	46	43	2	0	0	9	4	44	0	0	16	16	3.1
2006	5	2	3	3	0	0	2	3	0	0	1	3	.400	167	144	42.2	28	2	7	1	(2)15	0	38	2	0	9	9	1.9
2007	2	0	2	2	0	0	1	2	0	0	0	0	.000	107	91	25	22	2	2	0	13	0	20	0	0	15	15	5.4
2009	2	0	2	2	0	0	0	2	0	0	0	0	.000	72	63	16	20	5	2	0	6	0	10	0	0	15	14	7.8
2010	6	1	5	5	1	0	2	4	0	0	0	0	.333	224	196	54	42	5	5	0	(1)20	3	50	1	0	20	20	3.2
2011	5	1	4	4	0	0	3	0	0	1	2	5	1.000	110	104	30	19	1	2	0	(1)3	1	23	0	0	5	5	1.5
2012	5	0	5	5	0	0	2	3	0	0	1	2	.333	208	174	50	39	4	12	0	20	2	36	1	0	21	18	3.2
2014	6	0	6	6	0	0	3	3	0	1	6	7	.500	237	205	56	48	7	10	0	21	1	59	0	0	28	20	3.2
2015	3	0	3	3	0	0	3	0	0	1	0	1	1.000	107	97	28	16	0	0	0	9	1	24	1	0	4	4	1.2
2016	7	0	7	7	0	0	4	3	0	1	4	6	.571	247	219	60	49	8	9	0	(1)18	1	66	0	0	27	22	3.3
2017	5	0	5	5	0	0	3	2	0	2	4	6	.600	179	155	45	34	5	11	0	13	0	40	0	0	13	11	2.2
2018	8	0	8	8	0	0	3	2	0	2	4	8	.750	295	264	71	63	8	7	0	28	1	76	0	0	37	33	4.1
2019	7	0	7	7	1	0	6	1	0	3	9	14	.857	268	225	63	48	8	5	0	(1)32	2	65	2	0	23	22	3.1
2020	2	0	2	2	0	0	2	0	0	2	4	6	1.000	78	70	18	20	1	2	0	5	1	21	0	0	7	7	3.5
2022	6	0	6	6	1	0	2	3	0	0	2	5	.333	216	190	51.2	43	3	2	0	(2)20	1	38	1	0	17	16	2.7
2023	3	0	3	3	0	0	1	2	0	1	2	1	.333	109	93	26.2	23	3	4	0	11	0	21	0	0	13	12	4.03
〔18〕	87	4	83	83	4	1	48	39	0	24	56	78	.552	3201	2800	773	644	86	87	9	(13)285	20	689	8	0	323	(1)286	3.33

日本ハム〔6－7〕

年度	試合	完投	交代完了	試合当初	無失点勝	無四球試	勝利	敗北	引分	セーブ	ホールド	HP	勝率	打者	打数	投球回	安打	本塁打	犠打	犠飛	四球	死球	三振	暴投	ボーク	失点	自責点	防御率
1981	5	1	4	4	1	0	3	1	1	1			.750	189	▲159	45	41	6	7	0	20	2	23	2	0	21	(3)16	3.2
1982	4	1	3	3	0	0	1	3	0				.250	139	121	34	31	6	1	0	11	0	10	0	0	17	15	3.9
2004	3	0	3	3	0	0	1	2	0				.333	122	97	25	29	6	2	1	4	1	8	1	0	20	20	7.20
2006	2	2	0	0	0	0	2	0	0	0	0	0	1.000	67	56	16	10	0	4	1	(1)4	2	15	1	0	1	1	0.56
2007	5	1	4	4	1	1	3	2	0	0	0	0	.600	191	172	45	46	6	1	2	13	3	29	0	0	17	17	3.40
2008	7	2	5	5	0	0	4	3	0	0	2	2	.571	261	232	60	66	3	3	0	22	1	43	3	0	35	33	4.95
2009	4	0	4	4	0	0	3	1	0	4	5		.750	154	138	36	38	3	1	0	(2)9	2	17	0	0	16	16	4.00
2011	2	0	2	2	0	0	0	2	0	0	0	0	.000	87	75	20	21	1	3	0	(2)8	0	16	1	0	12	12	5.40
2012	2	0	2	2	0	0	1	1	0	3	4		1.000	98	95	25	20	1	2	0	10	1	19	1	0	4	4	1.33
2014	9	0	9	9	0	0	5	4	0	3	8	11	.556	338	293	80.1	72	6	8	0	(1)30	6	65	3	0	31	31	3.47
2015	3	0	3	3	0	0	1	2	0	1	2	5	.333	119	99	27	24	3	4	0	16	0	14	0	0	13	13	4.3
2016	6	0	6	6	0	0	3	2	1	2	5	6	.600	180	162	45	36	4	0	0	13	1	42	1	0	16	11	2.20
2018	3	0	3	3	0	0	1	2	0	1	1	1	.333	113	103	25	30	8	1	0	(6)9	0	22	1	0	15	(3)15	5.40
〔13〕	55	7	48	48	6	4	30	24	1	13	28	34	.556	2058	▲1802	487.1	464	55	49	11	174	21	330	15	0	219	204	3.77

巨　人〔5－8〕

年度	試合	完投	交代完了	試合当初	無失点勝	無四球試	勝利	敗北	引分	セーブ	ホールド	HP	勝率	打者	打数	投球回	安打	本塁打	犠打	犠飛	四球	死球	三振	暴投	ボーク	失点	自責点	防御率
2007	3	0	3	3	0	0	0	3	0	0	0	0	.000	122	106	27	29	4	4	1	(1)10	1	30	0	0	16	14	4.67
2008	4	0	4	4	0	0	2	1	0	0	4	5	.667	163	141	39	29	7	6	0	(1)14	1	39	0	0	13	12	2.77
2009	4	0	4	4	0	0	3	1	0	3	3		.750	152	134	36	32	6	3	0	11	4	37	2	1	17	16	4.00
2010	6	0	6	6	0	0	3	3	0	3	2		.500	222	188	51.1	47	2	6	3	(3)23	2	28	0	0	20	19	3.33
2011	3	0	3	3	0	0	1	2	0	3	3		.333	100	92	25	22	1	4	0	16	0	8	1	0	4	4	1.44
2012	6	0	6	6	0	0	3	2	0	2	6		.500	244	209	55	58	4	6	0	28	0	34	1	0	18	17	2.7
2013	3	1	2	2	0	0	1	2	1	3	3		1.000	101	93	27	14	0	1	0	3	3	28	3	0	1	1	0.33
2014	4	0	4	4	0	0	0	4	0	2	2		.000	162	142	36	41	4	2	0	(2)16	0	21	0	0	21	15	3.7
2015	7	0	7	7	0	0	3	4	0	2	2		.429	251	222	61	53	6	3	0	(2)18	4	18	0	0	17	15	2.22
2016	3	0	3	3	0	0	1	2	0	3	3		.333	117	105	29	21	3	8	0	8	2	18	0	0	14	11	3.10
2018	5	1	4	4	0	0	2	2	0	1	2		.400	162	143	42	21	4	6	0	15	4	41	0	0	16	14	3.0
2019	4	0	4	4	0	0	3	1	0	4	6		.750	188	125	36	21	6	5	0	17	3	29	1	0	15	13	4.0
2021	5	0	5	5	0	0	2	4	1	4	6		0.5	182	149	42	31	1	4	0	(2)25	2	33	2	0	13	9	1.93
〔13〕	57	2	55	55	4	2	26	29	2	16	33	46	.473	2126	1849	506.1	423	42	46	14	(11)192	25	416	17	2	182	162	2.88

西　　武〔3-10〕

年度	試合	完投	交代完了	試合当初	無失点勝	無四球試	勝利	敗北	引分	セーブ	ホールド	HP	勝率	打者	打数	投球回	安打	本塁打	犠打	犠飛	四球	死球	三振	暴投	ボーク	失点	自責点	防御率
1982	4	0	4	4	1	0	3	1	0	2			.750	139	125	35	27	4	5	0	(2) 8	1	14	0	0	9	9	2.31
2004	8	0	8	8	0	0	5	2	0	3	0	3	.625	304	275	71	74	14	3	0	22	4	71	2	0	39	37	4.69
2005	2	0	2	2	0	0	0	2	0	0	0	0	.000	70	61	16	17	0	2	2	4	1	12	0	0	5	5	2.81
2006	3	1	2	2	1	0	1	2	0	0	0	0	.333	120	101	27	29	3	2	0	9	8	27	0	0	17	17	5.67
2008	5	1	4	4	1	1	3	2	0	0	0	0	.600	187	169	45	38	4	5	1	11	1	47	1	0	19	15	3.00
2010	2	0	2	2	0	0	0	2	0	0	0	0	.000	93	84	22	23	4	2	0	(1) 6	1	17	2	0	11	11	4.50
2011	5	0	5	5	0	0	2	3	0	0	2	3	.400	193	167	47	39	3	5	1	(2) 16	4	27	1	1	16	16	3.06
2012	3	1	2	2	1	0	1	2	0	0	0	0	.333	105	98	27	20	0	2	0	3	2	20	0	0	5	5	1.67
2013	3	1	2	2	1	0	1	2	0	0	0	0	.333	114	102	27	29	3	1	1	2	1	19	0	0	15	15	5.00
2017	3	1	1	1	1	0	1	2	0	0	0	0	.333	108	95	27	21	3	6	0	7	0	21	1	0	9	9	3.00
2018	5	0	5	5	0	0	1	4	0	0	0	1	.200	220	188	63	65	5	5	1	25	1	41	1	0	44	40	8.00
2019	4	0	4	4	0	0	1	4	0	0	0	1	.000	184	154	36	55	8	7	1	(1) 19	3	27	3	0	32	29	7.25
2022	2	0	2	2	0	0	0	2	0	0	0	0	.000	71	62	16	18	2	5	2	(6) 5	2	11	0	0	13	13	7.31
〔13〕	49	5	44	44	6	1	18	31	0	5	5	6	.367	1908	1681	441	453	55	48	7	142	30	354	13	1	234	221	4.51

ロ ッ テ〔3-10〕

年度	試合	完投	交代完了	試合当初	無失点勝	無四球試	勝利	敗北	引分	セーブ	ホールド	HP	勝率	打者	打数	投球回	安打	本塁打	犠打	犠飛	四球	死球	三振	暴投	ボーク	失点	自責点	防御率
1974	3	1	2	2	1	0	1	2	0	0			1.000	100	93	27	19	1	2	0	5	0	18	0	0	5	5	1.67
1977	5	0	5	5	0	0	2	3	0	1			.400	200	174	44	54	3	5	2	4	0	28	2	0	30	28	5.73
1980	5	0	5	5	0	0	2	3	0	1			.000	121	99	26	29	7	4	1	(2) 17	0	15	0	0	21	21	7.27
1981	5	2	3	3	0	0	1	3	1	0			.250	194	▲161	43	41	6	4	3	(1) 23	4	24	2	0	24	20	4.19
2005	7	1	6	6	0	1	5	2	0	0	1	3	.714	243	▲218	62.1	48	7	9	1	(2) 15	0	38	1	0	16	15	2.17
2007	8	1	6	6	0	1	5	2	0	0	1	3	.500	295	▲261	69	77	3	10	4	14	5	48	2	0	32	29	3.78
2010	8	2	6	6	0	1	6	2	0	0	2	4	.750	297	256	74	52	1	11	2	(1) 23	5	50	1	0	18	13	1.58
2013	7	0	7	7	0	0	3	4	0	1	2	4	.429	264	227	60	66	8	8	3	22	4	39	3	0	31	30	4.50
2015	6	0	6	6	0	0	2	4	0	0	1	1	.333	214	192	51.1	73	6	5	0	(1) 11	3	31	3	0	20	20	3.51
2016	2	0	2	2	0	0	0	1	0	1	0	1	.000	74	58	16	16	1	5	0	(1) 10	1	10	0	1	8	8	4.50
2020	2	0	2	2	0	0	0	2	0	0	1	0	.000	71	65	16	21	4	3	0	4	0	14	0	0	10	9	5.06
2021	5	0	5	5	0	0	1	3	0	0	3	1	.000	193	158	42	55	3	3	2	(3) 17	0	15	1	0	13	13	2.79
2023	7	0	7	7	0	0	3	4	0	1	8	11	.429	263	235	61	55	3	3	1	(13) 21	3	50	1	0	26	26	3.84
〔13〕	68	8	60	60	4	6	30	35	3	13	31	45	.462	2514	▲2 2197	591.2	566	46	74	17	197	27	396	16	1	255	237	3.61

阪　　神〔2-9〕

年度	試合	完投	交代完了	試合当初	無失点勝	無四球試	勝利	敗北	引分	セーブ	ホールド	HP	勝率	打者	打数	投球回	安打	本塁打	犠打	犠飛	四球	死球	三振	暴投	ボーク	失点	自責点	防御率
2007	2	0	2	2	0	0	0	2	0	0	0	1	.000	74	66	16	21	3	3	0	3	2	10	0	0	12	11	6.19
2008	3	0	3	3	0	0	0	2	0	0	0	1	.333	106	93	27	19	4	4	0	7	2	17	1	0	7	7	2.33
2010	2	0	2	2	0	0	0	2	0	0	0	1	.000	84	74	18	24	2	1	1	7	1	16	1	0	10	4	2.00
2013	3	0	3	3	0	0	0	2	0	0	0	0	.000	85	73	18	24	3	5	1	5	1	18	3	0	15	(1)11	5.50
2014	6	0	6	6	0	0	5	1	0	4	5	6	1.000	224	204	57	45	6	5	1	(1) 10	3	47	0	0	9	9	1.42
2015	3	0	3	3	0	0	1	2	0	0	1	2	.333	117	99	26.1	29	1	5	1	(1) 12	0	19	1	0	8	7	2.39
2017	3	0	3	3	0	0	1	2	0	1	3	2	.333	121	110	27	35	2	3	2	6	0	32	0	0	19	19	6.33
2019	7	0	7	7	0	0	3	4	0	1	4	5	.429	258	230	59.1	62	11	2	1	(2) 24	1	53	2	0	35	33	5.01
2021	2	0	2	2	0	0	0	2	0	0	2	0	.000	73	65	16	16	1	4	0	4	0	12	1	0	8	4	2.00
2022	4	0	4	4	0	0	1	2	0	1	4	5	.333	213	174	50	35	6	8	2	(2) 29	1	38	2	0	21	16	2.88
2023	4	0	4	4	0	0	3	0	0	1	8	11	1.000	108	96	27	21	0	2	1	(7)(1) 8	0	17	0	0	4	(1) 4	1.33
〔11〕	39	0	39	39	3	0	16	22	1	12	24	31	.421	1463	1284	343.2	331	38	42	11	115	11	289	11	0	148	125	3.27

オリックス（阪急）〔5-5〕

年度	試合	完投	交代完了	試合当初	無失点勝	無四球試	勝利	敗北	引分	セーブ	ホールド	HP	勝率	打者	打数	投球回	安打	本塁打	犠打	犠飛	四球	死球	三振	暴投	ボーク	失点	自責点	防御率
1973	5	2	3	3	0	0							.400	185	169	44	40	9	0	1	11	4	21	0	0	20	18	3.68
1974	3	0	3	3	0	0	0	3	0	0			.000	112	97	26	24	2	4	0	(1) 8	3	8	0	0	15	13	4.50
1975	4	3	1	1	0	0	3	1	0	0			.750	152	138	36	39	2	2	0	9	3	16	0	0	18	16	4.00
1977	5	3	2	2	0	0	3	2	0	0			.600	153	147	44	25	4	2	1	13	2	13	0	0	9	6	1.23
1979	2	0	2	2	0	0	0	2	0	0			.000	115	93	26	23	5	6	1	13	2	13	0	0	14	11	3.81
2008	2	0	2	2	0	0	0	2	0	0	0	0	.000	79	71	18	18	2	0	0	6	1	7	0	0	11	10	5.00
2014	3	0	3	3	0	0	1	2	0	0	1	2	.333	127	105	28	29	5	6	0	13	1	30	1	0	12	11	3.54
2021	5	2	3	3	0	0	1	0	0	1	3	6	1.000	98	93	26	16	1	0	1	4	0	3	0	0	3	3	1.00
2022	4	0	4	4	0	0	3	1	0	1	3	5	.750	140	129	36	29	4	2	0	11	2	38	0	0	15	15	3.50
2023	4	0	4	4	0	0	3	1	0	1	6	7	.750	146	126	36	29	2	2	0	(1) 11	2	27	0	0	13	13	3.25
〔10〕	36	10	26	26	0	6	14	16	1	6	14	17	.486	1307	1168	321	270	31	30	8	85	16	201	1	0	123	107	3.00

クライマックスシリーズ・ライフタイム

ヤクルト〔3-4〕

年度	試合	完投	交代完了	試合当初	無失点勝	無四球試	勝利	敗北	引分	セーブ	ホールド	HP	勝率	打者	打数	投球回	安打	本塁打	犠打	犠飛	四球	死球	三振	暴投	ボーク	失点	自責点	防御率
2009	3	0	3	3	0	0	1	2	0	1	2	2	.333	116	99	25	31	3	7	0	(1) 10	0	18	1	0	12	11	3.96
2011	8	0	8	8	0	0	4	4	0	1	4	3	.500	282	241	69	48	6	12	0	(1) 29	0	54	0	1	20	17	2.22
2012	3	0	3	3	1	0	1	2	0	1	3	3	.333	109	92	25	23	2	4	1	(1) 12	0	14	0	1	10	10	3.60
2015	4	0	4	4	0	0	3	1	0	2	6	6	.750	144	126	36	29	1	3	0	13	2	24	2	0	6	6	1.50
2018	2	0	2	2	0	0	0	2	0	1	2	2	.000	74	65	18	13	4	1	1	(1) 7	0	23	0	0	8	8	4.00
2021	3	1	2	2	2	2	3	0	0	0	0	0	1.000	103	94	27	15	0	1	0	7	1	30	1	0	7	2	0.67
2022	3	0	3	3	0	0	2	0	1	1	2	2	1.000	115	102	27	28	0	1	3	(4) 9	0	24	2	0	7	7	2.33
〔7〕	26	1	25	25	5	1	14	11	1	10	17	20	.560	943	819	227	187	16	28	6	87	3	187	6	0	65	61	2.42

中　日〔3-3〕

年度	試合	完投	交代完了	試合当初	無失点勝	無四球試	勝利	敗北	引分	セーブ	ホールド	HP	勝率	打者	打数	投球回	安打	本塁打	犠打	犠飛	四球	死球	三振	暴投	ボーク	失点	自責点	防御率
2007	5	0	5	5	1	0	5	0	0	3	3	3	1.000	181	166	45	35	3	0	1	11	3	35	2	0	11	11	2.20
2008	7	0	7	7	2	1	3	3	1	3	2	5	.500	266	240	63	64	10	7	0	(1) 17	2	46	4	0	32	32	4.57
2009	7	0	7	7	2	0	3	4	0	1	5	6	.429	258	228	60	62	6	7	1	(1) 22	0	46	2	0	32	25	3.75
2010	4	0	4	4	2	1	3	1	0	2	3	4	.750	145	135	36	32	3	3	1	(1) 6	0	32	1	0	6	6	1.50
2011	5	0	5	5	2	1	3	2	0	3	6	8	.600	170	155	45	30	1	6	0	(2) 9	0	32	1	0	6	7	1.40
2012	9	0	9	9	2	0	5	4	0	4	11	13	.556	326	280	79.1	60	5	12	0	(4) 30	4	54	1	0	20	20	2.27
〔6〕	37	0	37	37	5	3	22	14	1	15	26	30	.611	1346	1204	328.1	283	26	35	3	93	11	245	10	0	107	101	2.77

広　島〔2-4〕

年度	試合	完投	交代完了	試合当初	無失点勝	無四球試	勝利	敗北	引分	セーブ	ホールド	HP	勝率	打者	打数	投球回	安打	本塁打	犠打	犠飛	四球	死球	三振	暴投	ボーク	失点	自責点	防御率
2013	5	0	5	5	0	0	2	3	0	0	2	2	.400	163	144	42	30	4	5	1	13	0	29	1	0	14	14	3.00
2014	2	0	2	2	0	0	2	0	0	1	1	1	1.000	75	69	19	15	1	1	0	4	1	5	0	0	1	1	0.47
2016	4	1	3	4	1	0	3	1	0	0	1	1	.750	143	132	36	27	1	1	0	10	0	26	0	0	9	9	2.25
2017	5	0	4	4	1	0	1	4	0	0	0	0	.200	176	157	41	45	7	2	0	16	1	33	0	0	20	19	4.17
2018	3	0	3	3	0	0	3	0	0	0	0	0	1.000	101	91	27	12	2	1	0	(1) 9	0	20	0	0	4	3	1.00
2023	5	1	4	4	0	0	2	3	0	0	1	1	.400	187	161	44.2	36	2	6	1	(4) 18	1	33	4	0	14	13	2.62
〔6〕	24	2	22	22	3	0	11	12	1	5	13	15	.478	845	754	209.2	165	17	16	2	70	3	146	4	0	62	59	2.53

楽　天〔1-4〕

年度	試合	完投	交代完了	試合当初	無失点勝	無四球試	勝利	敗北	引分	セーブ	ホールド	HP	勝率	打者	打数	投球回	安打	本塁打	犠打	犠飛	四球	死球	三振	暴投	ボーク	失点	自責点	防御率
2009	6	4	2	2	0	1	3	3	0	0	2	2	.500	223	198	51.1	55	4	7	3	(1) 14	1	37	3	0	28	25	4.38
2013	4	1	3	3	0	0	3	1	0	0	1	1	.750	144	134	40	37	5	4	0	5	1	31	1	1	9	9	2.19
2017	8	0	8	8	0	0	4	4	0	4	8	10	.500	287	253	65	57	12	11	3	19	1	70	1	1	34	34	4.50
2019	3	0	3	3	1	0	1	2	0	1	5	6	.333	103	96	25	24	3	1	0	5	1	30	1	0	11	11	3.96
2021	2	1	1	1	0	0	0	1	1	0	0	0	0	69	61	16.1	18	3	2	1	(1) 4	1	17	1	0	9	9	4.96
〔5〕	23	6	17	17	2	1	11	11	1	5	15	18	.500	826	742	197.2	191	27	25	7	47	5	185	7	2	91	88	4.01

ＤeＮＡ〔1-4〕

年度	試合	完投	交代完了	試合当初	無失点勝	無四球試	勝利	敗北	引分	セーブ	ホールド	HP	勝率	打者	打数	投球回	安打	本塁打	犠打	犠飛	四球	死球	三振	暴投	ボーク	失点	自責点	防御率
2016	7	0	7	7	1	0	3	4	0	1	3	6	.429	252	217	61	48	6	9	1	(1) 23	2	59	2	0	24	24	3.54
2017	8	1	7	7	1	0	6	2	0	3	10	12	.750	277	241	67	56	4	9	0	(1) 25	2	58	2	0	20	20	2.69
2019	3	0	3	3	0	0	1	2	0	0	5	6	.333	124	104	27	31	2	6	1	13	0	30	1	0	14	13	4.33
2022	3	0	3	3	0	0	1	2	0	1	7	7	.333	103	93	27	17	2	4	0	(1) 4	0	28	1	0	5	5	1.67
2023	2	0	2	2	1	1	0	2	0	0	2	2	.000	78	62	18.2	16	1	2	2	(3) 7	0	12	1	0	5	7	3.38
〔5〕	23	1	22	22	3	1	11	12	0	3	11	27	.478	834	717	200.2	168	15	33	5	72	4	179	8	0	70	69	3.09

近　鉄〔2-1〕

年度	試合	完投	交代完了	試合当初	無失点勝	無四球試	勝利	敗北	引分	セーブ	ホールド	HP	勝率	打者	打数	投球回	安打	本塁打	犠打	犠飛	四球	死球	三振	暴投	ボーク	失点	自責点	防御率
1975	4	0	4	4	0	0	1	3	0				.250	154	138	35	35	8	0	2	14	0	14	0	1	20	18	4.63
1979	3	1	2	2	0	0	3	0	0				1.000	108	97	28	21	2	1	1	8	1	14	0	0	6	6	1.93
1980	3	1	2	2	0	0	3	0	0				1.000	107	99	27	21	2	0	1	4	3	13	0	0	7	7	2.33
〔3〕	10	2	8	8	0	0	7	3	0		7		.700	369	334	90	77	12	1	4	26	4	41	0	1	33	31	3.10

個 人 投 手 成 績（50音順）

チーム－登板した最終年度に所属したもの。　年数－実際に登板した年の合計。

選手名	チーム	年数	試合	完投	交代完了	試合当初	無失点勝	無四球試	勝利	敗北	セーブ	ホールド	HP	勝率	打者	投球回	安打	本塁打	犠打	犠飛	四球	死球	三振	暴投	ボーク	失点	自責点	防御率
アッチソン	神	1	2	0	0	0	0	0	0	0	0	0	1	1	.000	11	2.2	2	1	0	0	1	0	0	0	0	1	1	3.38
アドゥワ誠	広	1	1	0	0	0	0	0	0	0	0	0	0	.000	3	1	0	0	0	0	0	0	0	0	0	0	0	0.00
アルカンタラ	神	1	1	0	0	0	0	0	0	0	0	0	0	.000	6	2	0	0	0	0	0	0	0	0	0	0	0	0.00
アンソニー・カーター	神	1	2	0	0	0	0	0	0	0	0	0	0	.000	6	1.2	0	0	0	0	0	0	0	0	0	0	0	0.00
アンダーソン	広	1	1	0	1	0	0	0	0	0	0	0	0	.000	4	1	0	0	0	0	1	0	1	0	0	0	0	0.00
*青木 高広	巨	1	1	0	0	0	0	0	0	0	0	0	0	.000	4	0.2	1	0	0	0	0	0	0	1	0	1	0	—
青柳 晃洋	神	3	5	0	0	5	0	0	1	2	0	0	0	.333	96	21.2	20	2	1	0	10	2	14	0	0	12	5	2.08
青山 浩二	楽	3	5	0	2	0	0	0	0	1	0	1	0	.000	39	8	11	1	0	0	5	2	5	0	0	5	5	5.63
*赤川 克紀	ヤ	2	4	0	0	2	0	0	1	1	0	1	1	.500	54	12.1	11	0	4	0	5	0	7	0	0	5	2	1.46
秋山 拓巳	神	1	1	0	0	1	0	0	0	0	0	0	0	.000	14	3	5	0	0	0	1	0	0	0	0	2	2	6.00
秋吉 亮	ヤ	1	1	0	1	0	0	0	0	0	0	1	1	.000	6	1	1	0	0	0	0	0	1	0	0	0	0	0.00
朝井 秀樹	巨	1	2	0	0	0	0	0	0	0	0	0	0	.000	28	7	5	0	2	0	3	0	2	0	0	2	2	2.57
浅尾 拓也	中	5	19	0	6	0	0	0	2	1	2	7	9	.667	82	19.1	14	1	0	1	(1)6	0	15	0	0	7	4	1.86
朝倉 健太	中	1	2	0	1	0	0	0	0	0	0	0	0	.000	18	3	9	2	1	0	0	2	0	0	0	6	6	18.00
*東 克樹	デイ	1	1	0	0	1	0	0	0	0	0	0	0	.000	29	8	5	0	0	0	3	1	2	0	0	2	2	2.25
東 晃平	オ	1	1	0	0	1	0	0	0	0	0	0	0	.000	20	5	4	0	1	0	1	0	4	0	0	0	0	0.00
足立 光宏	急	3	5	2	0	3	2	1	2	2	0	—	—	.500	128	34	29	2	4	0	(1)4	0	10	0	0	10	9	2.38
東妻 勇輔	ロ	2	6	0	0	0	0	0	0	0	0	1	1	.000	20	4.1	6	1	1	0	1	0	1	0	0	2	2	4.15
新垣 渚	ソ	3	6	0	0	4	0	0	1	1	0	0	0	.500	103	26.1	19	0	1	1	(2)6	1	22	0	0	9	8	2.73
有原 航平	ソ	3	4	0	0	2	0	0	3	1	0	0	0	.750	62	17	12	2	1	0	1	0	13	0	0	3	3	1.59
*有銘 兼久	楽	1	2	0	1	0	0	0	0	0	0	1	0	.000	2	+	0	0	0	0	0	0	0	1	0	1	1	—
安藤 秀也	神	4	6	0	0	1	0	0	1	2	0	1	2	.333	42	9.2	7	0	1	0	4	0	6	0	0	3	3	2.79
安樂 智大	楽	1	2	0	0	0	0	0	0	0	0	0	0	.000	7	2	1	0	0	0	1	0	1	0	0	1	1	4.50
阿部 翔太	オ	2	3	0	0	2	0	0	1	0	0	1	2	1.000	14	3	4	0	0	0	1	0	2	0	0	1	1	3.00
*李 恵踐	ヤ	1	1	0	0	0	0	0	0	0	0	0	0	.000	1	0.1	0	0	0	0	0	0	0	0	0	0	0	—
五十嵐 亮太	ソ	3	8	0	3	0	0	0	1	0	0	3	5	1.000	33	8	4	0	0	0	5	0	5	0	0	3	3	3.38
井口 和朋	日	2	3	0	1	0	0	0	0	0	0	0	0	.000	13	3.2	3	1	0	0	1	0	5	0	0	1	1	2.45
*石井 一久	武	3	5	0	0	2	0	0	1	1	0	0	0	.500	53	12.2	8	2	0	1	(1)7	1	16	0	0	5	3	2.13
石井 貴	武	2	3	0	0	2	0	0	0	1	0	0	0	.000	32	5.2	13	3	0	0	3	0	3	0	0	8	8	12.71
石井 大智	神	1	3	0	0	0	0	0	0	0	0	0	0	.000	6	1.2	1	0	0	0	0	0	1	0	0	0	0	0.00
石井 裕也	日	5	9	0	0	0	0	0	0	0	0	0	0	.000	31	6.1	7	0	1	0	5	0	3	0	0	3	2	2.84
石川 歩	ロ	4	6	0	0	4	0	0	1	3	0	0	0	.250	98	23	23	1	4	0	7	1	10	0	0	8	8	3.13
石川 柊太	ソ	4	11	0	1	4	0	0	4	1	0	3	7	.800	68	16.1	13	1	2	0	8	0	17	1	0	4	4	2.20
石川	デイ	1	1	0	0	1	0	0	0	0	0	0	0	.000	3	0.2	0	0	0	0	1	0	0	0	0	0	0	0.00
石川 直也	日	1	1	0	0	0	0	0	0	0	0	0	0	.000	3	1	0	0	0	0	0	0	0	0	0	0	0	0.00
*石川 雅規	ヤ	4	5	0	0	3	0	0	2	3	0	0	0	.400	107	26.2	21	4	5	0	(1)8	0	17	0	0	8	8	2.70
石崎 剛	神	1	1	0	0	0	0	0	0	0	0	0	0	.000	13	3	3	0	0	0	1	0	3	0	0	0	0	0.00
石田 健大	デイ	3	5	1	0	0	0	0	0	0	0	1	1	.000	68	15.2	13	2	4	1	7	1	13	0	0	9	9	5.17
石山 泰稚	ヤ	3	5	0	2	0	0	0	0	0	0	1	1	.000	17	4.1	4	0	1	0	2	0	2	0	0	1	1	2.08
泉 圭輔	ソ	1	2	0	0	0	0	0	0	0	0	0	0	.000	7	1.1	1	0	0	0	1	0	0	0	0	0	0	0.00
伊勢 大夢	デイ	2	5	0	0	0	0	0	0	0	0	2	2	.000	20	5.1	1	0	1	0	2	0	3	0	0	2	2	3.38
一岡 竜司	広	4	8	0	0	0	0	0	0	0	0	1	1	.000	31	8	5	1	0	0	3	0	7	1	0	3	3	3.38
伊藤 準規	中	2	3	0	0	2	0	0	1	1	0	0	0	.500	41	10	10	0	1	0	2	0	9	0	0	5	5	4.50
*伊藤 将司	神	2	3	0	0	2	0	0	0	0	0	0	0	.000	50	13.1	10	0	1	0	(1)3	0	8	0	0	2	2	1.35
伊藤 義弘	ロ	1	4	0	1	0	0	0	0	0	0	2	2	.000	21	4.2	5	0	0	0	2	0	6	0	0	1	1	1.93
糸数 敬作	近	1	1	0	0	1	0	0	1	0	0	0	0	1.000	31	7	7	1	0	0	(1)4	0	2	0	0	1	1	1.29
稲葉 光雄	急	2	2	0	0	2	0	0	0	0	0	—	—	.000	40	9.2	9	0	0	0	4	0	9	0	0	1	1	0.90
井納 翔一	デイ	2	4	0	0	4	0	0	3	1	0	0	0	.750	102	25.1	17	0	0	0	9	0	25	0	0	4	4	1.42
井場 友和	日	1	1	0	1	0	0	0	0	0	0	0	0	.000	5	0.1	1	0	0	0	0	0	0	0	0	1	1	108.00
今井 啓介	広	1	1	0	0	0	0	0	0	0	0	0	0	.000	14	4	1	0	0	0	3	0	2	0	0	0	0	0.00
今井 達也	武	3	3	0	0	3	0	0	0	0	0	0	0	.000	57	11.1	17	4	2	1	7	1	8	0	0	15	15	11.91
*今永 昇太	デイ	5	8	0	0	5	0	0	0	0	0	0	0	.000	115	26	26	5	3	0	(1)11	1	24	1	0	15	15	5.19
*今村 猛	広	4	6	0	4	0	0	0	0	0	0	1	1	.000	24	6	4	1	0	0	1	0	5	0	0	1	1	1.50
今村 信貴	巨	2	5	0	0	0	0	0	0	0	0	0	0	.000	32	7.1	6	1	1	0	2	0	4	0	0	4	4	4.91
林 昌勇	ヤ	2	5	0	3	0	0	0	0	0	3	0	0	.000	20	4.1	4	0	1	0	3	0	6	0	0	4	4	8.31
井本 隆	近	3	3	0	2	0	0	0	1	0	0	—	—	1.000	86	21.1	14	0	1	0	(1)5	0	10	0	0	5	5	2.14
入江 大生	デイ	3	2	0	0	0	0	0	0	0	0	0	0	.000	10	3	2	0	0	0	5	0	5	0	0	1	0	0.00
入来 祐作	日	1	1	0	0	1	0	0	0	0	0	0	0	.000	20	4	5	0	0	0	4	0	0	0	0	2	1	2.25
岩隈 久志	楽	3	3	2	1	0	0	0	0	0	0	0	0	.000	73	17.1	16	1	3	0	(1)4	1	13	0	0	8	6	3.12
岩嵜 翔	ソ	5	14	0	5	0	0	0	1	0	2	4	6	1.000	67	18	7	0	2	0	4	0	15	1	0	1	1	0.50
岩﨑 哲也	武	1	1	0	0	0	0	0	0	0	0	0	0	.000	7	2	0	0	0	0	1	0	0	0	0	0	0	0.00
*岩貞 祐太	神	2	3	0	0	0	0	0	1	0	0	2	3	1.000	24	7	2	0	0	0	1	0	5	0	0	1	1	1.29
*岩崎 優	神	6	13	0	8	0	0	0	1	1	0	4	5	.500	72	15.2	15	2	4	0	3	0	17	0	0	11	9	5.17
岩下 大輝	ロ	2	2	0	0	2	0	0	0	0	0	0	0	.000	25	7	3	0	0	0	(1)1	0	10	0	0	2	2	2.57
*岩瀬 仁紀	中	6	19	0	16	0	0	0	0	2	10	2	4	.000	71	19	11	1	0	1	(1)6	0	23	0	0	4	4	1.89

クライマックスシリーズ・ライフタイム

選手名	チーム	年数	試合	完投	交代完了	試合当初	無失点勝	無四球試	勝利	敗北	セーブ	ホールド	HP	勝率	打者	投球回	安打	本塁打	犠打	犠飛	四球	死球	三振	暴投	ボーク	失点	自責点	防御率
*岩田 稔	(神)	3	3	0	0	2	0	0	1	0	0	0	0	1.000	60	15.1	11	1	3	0	2	1	12	1	0	4	4	2.35
ウィーランド	(デ)	2	1	0	0	1	0	0	0	1	0	0	0	.000	52	12	12	1	0	0	5	0	8	0	0	4	4	3.00
*J.ウィリアムス	(神)	2	3	0	1	0	0	0	0	0	0	0	0	.000	16	4	3	0	0	0	1	1	6	0	0	0	0	0.00
*R.ウィリアムス	(武)	2	2	0	1	0	0	0	0	0	0	0	0	.000	6	1.2	2	0	0	0	1	0	5	0	0	0	0	0.00
ウェンデルケン	(デ)	1	1	0	1	0	0	0	0	1	0	0	0	.000	5	0.2	2	0	0	0	1	0	0	0	0	1	1	13.50
ウルフ	(武)	3	3	0	0	2	0	0	1	1	0	1	1	.500	55	14	13	2	3	0	0	1	9	0	0	5	5	3.21
上園 啓史	(神)	1	1	0	1	0	0	0	0	1	0	0	0	.000	8	1	3	1	0	0	2	0	0	0	0	5	5	45.00
上原 浩治	(巨)	3	5	0	2	1	0	0	2	1	0	0	1	1.000	44	12.1	7	4	0	0	0	0	15	0	0	4	4	2.92
宇田 東植	(日)	1	2	0	0	0	0	0	0	0	0	—	—	.000	15	4	3	1	2	0	1	0	3	0	0	2	2	4.50
宇田川優希	(オ)	1	1	0	1	0	0	0	0	1	0	0	0	.000	5	1	1	0	0	0	1	0	6	0	0	0	0	0.00
内 竜也	(ロ)	4	12	0	5	0	0	0	3	2	1	1	4	.600	57	13.1	13	2	1	1	5	1	10	1	0	8	6	4.05
*内海 哲也	(巨)	9	10	0	0	10	0	0	1	4	0	0	0	.200	217	48.1	52	6	6	2	(1)22	4	33	2	0	24	20	3.72
梅沢 義勝	(デ)	1	2	0	2	0	0	0	0	0	0	—	—	.000	15	4	4	0	1	0	1	0	2	0	0	1	1	2.25
梅野 雄吾	(ヤ)	1	2	0	0	0	0	0	0	0	0	0	0	.000	7	1.2	0	0	0	0	1	0	2	0	0	0	0	0.00
浦野 博司	(日)	2	2	0	1	1	0	0	0	1	0	0	0	.000	39	9.2	10	0	1	0	1	0	8	1	0	3	3	2.79
上沢 直之	(日)	2	3	0	0	3	0	0	0	2	0	0	0	.000	59	13.1	16	2	2	0	4	1	6	0	0	12	12	8.10
*エスコバー	(デ)	4	11	0	1	0	0	0	0	2	0	4	4	.000	40	9	9	1	0	1	(1)5	1	5	1	0	6	6	6.00
江柄子裕樹	(巨)	1	3	0	0	0	0	0	0	0	0	0	0	.000	16	4.1	1	0	0	0	3	0	1	0	0	0	0	0.00
*江草 仁貴	(広)	2	2	0	0	0	0	0	0	0	0	0	0	.000	8	2.1	1	0	0	0	0	0	4	0	0	0	0	0.00
江尻慎太郎	(日)	2	4	0	0	1	0	0	0	0	0	1	1	.000	27	5.1	7	1	0	0	(1)4	1	2	0	0	5	5	8.44
*江夏 豊	(日)	2	6	0	5	0	0	0	0	0	1	—	—	.000	35	8	9	0	1	0	4	0	4	0	0	6	5	5.63
*榎田 大樹	(武)	2	2	0	1	1	0	0	0	0	0	0	0	.000	24	4	8	1	2	0	(1)5	0	2	0	0	7	7	15.75
江本 孟紀	(南)	1	3	1	2	0	0	0	1	0	—	—	—	1.000	43	11	7	0	0	0	3	0	11	0	0	3	3	2.45
*オースチン	(急)	1	1	0	0	0	0	0	0	1	0	—	—	.000	2	+	1	0	0	0	1	0	0	0	0	0	0	0.00
オスナ	(ソ)	1	2	0	1	0	0	0	0	0	0	1	1	.000	8	2	2	0	1	0	0	0	3	0	0	0	0	0.00
オビスポ	(巨)	1	1	0	0	1	0	0	0	0	0	0	0	1.000	26	5.2	3	1	0	0	4	3	4	0	0	2	2	3.18
オンドルセク	(ヤ)	1	2	0	0	0	0	0	0	0	0	2	2	.000	5	2.1	0	0	0	0	0	0	0	0	0	0	0	0.00
呉 昇桓	(神)	1	6	0	5	0	0	0	0	0	4	1	1	.000	31	8.1	6	2	0	0	1	0	10	0	0	2	2	2.16
大石 達也	(武)	1	1	0	0	0	0	0	0	0	0	0	0	.000	5	0.2	2	0	0	0	1	0	1	0	0	1	1	13.50
*大江 竜聖	(巨)	1	1	0	0	0	0	0	0	0	0	0	0	.000	1	0.1	0	0	0	0	0	0	0	0	0	0	0	0.00
大瀬良大地	(広)	5	5	0	0	3	0	0	0	2	0	0	0	.000	90	22.2	20	1	3	0	(3)5	0	18	2	0	5	4	1.59
*大関 友久	(ソ)	1	4	0	0	0	0	0	0	0	0	0	0	.000	22	5	4	1	1	0	(1)3	0	1	0	0	4	4	7.20
大竹 寛	(巨)	3	5	0	0	1	0	0	0	0	0	0	0	.000	55	15	8	1	2	1	3	0	10	0	0	6	6	3.60
*大竹耕太郎	(神)	2	4	0	1	1	0	0	0	1	0	0	0	.000	40	8	8	1	0	1	5	0	6	0	0	5	5	5.63
大谷 翔平	(日)	3	5	0	1	4	0	0	2	1	0	0	0	.667	100	23.2	18	0	1	0	9	4	30	0	0	12	12	4.56
大谷 智久	(ロ)	2	6	0	2	0	0	0	0	0	0	2	2	.000	23	5.2	6	0	1	0	1	0	5	0	0	3	3	4.76
大津 亮介	(ソ)	1	2	0	0	0	0	0	0	0	0	0	0	.000	9	2	3	0	0	0	1	0	4	0	0	1	1	4.50
*大隣 憲司	(ソ)	4	5	0	0	4	0	0	0	2	0	0	0	.000	104	27.1	20	2	5	0	4	0	23	0	0	5	4	1.32
大貫 晋一	(デ)	1	1	0	0	1	0	0	0	1	0	0	0	.000	20	6.1	2	0	0	0	0	0	1	0	0	0	0	0.00
大沼 幸二	(武)	2	4	0	1	0	0	0	0	0	0	0	0	.000	24	5.2	7	3	1	0	0	0	6	0	0	5	5	7.94
*大野 雄大	(中)	1	2	0	1	1	0	0	0	0	0	0	0	.000	34	8.2	5	0	0	0	3	0	5	0	0	1	1	1.04
大道 温貴	(広)	1	3	0	0	0	0	0	0	0	0	1	1	.000	7	2	1	0	0	0	0	0	0	0	0	0	0	0.00
大嶺 祐太	(ロ)	2	2	0	0	2	0	0	0	0	0	0	0	.000	25	5	8	1	3	0	3	0	5	0	0	3	3	5.40
*岡島 秀樹	(ソ)	2	4	0	1	0	0	0	0	0	0	1	1	.000	15	3.2	3	1	1	0	1	0	5	0	0	1	1	2.45
岡田 明丈	(広)	2	2	0	0	1	0	0	1	0	0	0	0	1.000	25	5.1	8	1	0	0	0	0	4	0	0	3	3	5.06
岡部 憲章	(日)	1	1	0	0	1	0	0	0	0	0	—	—	.000	14	2	4	0	0	0	4	0	1	0	0	3	3	13.50
岡本 篤志	(武)	4	7	0	1	0	0	0	0	0	0	2	2	.000	23	6.2	3	0	0	0	0	0	5	0	0	0	0	0.00
岡本 克道	(ダ)	1	2	0	1	0	0	0	0	0	0	—	—	.000	7	2	1	0	0	0	1	0	0	0	0	0	0	0.00
岡本 真也	(中)	2	7	0	1	0	0	0	0	0	0	2	2	.000	17	4	3	0	0	0	2	0	1	0	0	2	2	4.50
岡本 洋介	(武)	1	1	1	0	0	1	0	0	0	0	0	0	1.000	30	9	6	0	0	0	0	0	9	0	0	0	0	0.00
*小笠原 孝	(中)	3	4	0	0	2	0	0	2	0	0	0	0	1.000	70	17	16	3	0	0	4	0	2	0	0	5	5	2.65
小川 泰弘	(ヤ)	3	3	0	0	3	0	0	2	1	0	0	0	.667	79	21	16	1	2	1	5	0	16	0	0	5	5	2.14
*小川 龍也	(武)	2	6	0	0	0	0	0	0	1	0	1	1	.000	16	3.1	3	0	0	0	1	0	1	0	0	1	1	2.70
荻野 忠寛	(ロ)	1	3	0	2	0	0	0	0	0	0	0	0	.000	10	2.1	4	0	0	0	0	0	3	0	0	0	0	0.00
奥川 恭伸	(ヤ)	1	1	1	0	0	1	1	0	0	0	0	0	1.000	32	9	6	0	0	0	0	0	9	0	0	0	0	0.00
長田秀一郎	(武)	3	6	0	1	0	0	0	0	0	0	0	0	1.000	26	6.1	5	1	0	0	2	1	5	1	0	1	1	1.42
押本 健彦	(ヤ)	4	11	0	1	0	0	0	0	0	0	5	5	.000	44	11.2	8	1	1	0	2	0	11	0	0	1	1	0.77
*小島 和哉	(ロ)	2	2	0	0	2	0	0	0	2	0	0	0	.000	56	12.2	14	1	1	0	4	1	11	0	0	4	4	2.84
越智 大祐	(巨)	4	9	0	1	0	0	0	0	3	0	2	5	1.000	41	9	8	2	1	1	6	0	13	0	0	6	6	6.00
小野 晋吾	(ロ)	3	6	0	1	0	0	0	0	0	0	0	0	.000	43	10.2	13	0	3	0	2	0	6	0	0	3	3	2.53
小野 郁	(ロ)	2	2	0	1	0	0	0	0	0	0	0	0	.000	7	1.2	1	0	0	0	0	0	1	0	0	0	0	0.00
小野寺 力	(ヤ)	4	9	0	3	0	0	0	0	0	0	1	1	.000	38	9.1	6	1	0	0	(1)4	1	9	1	0	3	3	2.89
*小俣 進	(ロ)	1	1	0	0	0	0	0	0	0	0	—	—	.000	5	0.2	2	1	0	0	1	0	0	0	0	3	3	40.50
及川 雅貴	(神)	1	1	0	0	0	0	0	0	0	0	1	1	.000	5	1	2	0	0	0	2	0	1	0	0	1	1	13.50
カラシティー	(ヤ)	1	1	0	0	0	0	0	0	0	0	0	0	.000	5	1	0	0	0	0	2	0	1	0	0	0	0	0.00
カルロス・ロサ	(ロ)	1	5	0	0	0	0	0	0	0	0	2	2	.000	21	5.1	3	0	1	0	2	0	7	1	0	2	1	1.69
*ガルシア	(神)	1	4	0	0	0	0	0	0	0	0	0	0	.000	30	6.2	8	1	0	0	5	1	6	0	0	5	4	5.40
*海田 智行	(オ)	1	1	0	0	0	0	0	0	0	0	—	—	.000	1	+	1	0	0	0	0	0	0	0	0	0	0	0.00
甲斐野 央	(ソ)	2	6	0	2	0	0	0	0	0	0	1	3	1.000	22	5.2	5	0	1	0	2	1	8	0	0	2	2	3.18
鍵谷 陽平	(巨)	4	9	0	1	0	0	0	0	0	0	1	3	1.000	32	9	6	0	0	0	1	0	6	0	0	1	1	1.00

選手名	チーム	年数	試合	完投	交代完了	試合当初	無失点勝	無四球試	勝利	敗北	セーブ	ホールド	HP	勝率	打者	投球回	安打	本塁打	犠打	犠飛	四球	死球	三振	暴投	ボーク	失点	自責点	防御率
笠原 将生(巨)		1	1	0	0	0	0	0	0	0	0	0	0	.000	2	0.2	0	0	0	0	0	0	2	0	0	0	0	0.00
*笠谷 俊介(ソ)		1	1	0	1	0	0	0	0	0	0	0	0	.000	8	2	2	0	0	0	0	0	2	0	0	1	1	4.50
*梶本 隆夫(急)		1	1	0	1	0	0	0	0	0	—	—	—	.000	1	0.1	0	0	0	0	0	0	0	0	0	0	0	0.00
加治屋 蓮(神)		2	8	0	0	0	0	0	0	1	0	2	2	.000	34	8	6	1	1	0	4	0	6	0	0	5	5	5.63
香月 良仁(ロ)		1	1	0	0	0	0	0	0	0	0	0	0	.000	4	1.1	0	0	0	0	0	0	1	0	0	0	0	0.00
甲藤 啓介(ソ)		1	2	0	1	0	0	0	0	0	0	0	0	.000	12	3	2	0	2	0	1	0	4	0	0	1	1	3.00
*加藤 康介(神)		1	2	0	0	0	0	0	0	0	0	0	0	.000	6	1	2	0	1	0	0	0	2	0	0	1	1	9.00
*加藤 貴之(日)		2	2	0	0	1	0	0	0	0	0	0	0	.000	13	2	4	1	1	0	2	0	3	1	0	5	1	4.50
加藤 大輔(オ)		1	2	0	1	0	0	0	0	0	0	0	0	.000	3	0.2	1	0	0	0	0	0	0	0	0	0	0	0.00
門倉 健(巨)		1	2	0	1	0	0	0	0	0	0	0	0	.000	4	1.1	0	0	0	0	0	0	0	0	0	0	0	0.00
金久保優斗(ヤ)		1	1	0	0	0	0	0	0	0	0	0	0	.000	17	3.2	4	0	0	1	2	0	4	0	0	1	1	2.45
金澤 健人(ソ)		3	7	0	3	0	0	0	0	0	0	0	0	.000	30	6.1	10	0	3	0	(1)2	0	4	0	0	2	2	2.84
金森 敬之(ロ)		3	4	0	2	0	0	0	0	0	0	2	2	.000	21	4.2	5	1	0	1	2	0	4	0	0	3	3	5.79
金子 千尋(オ)		2	2	0	0	1	0	0	0	0	0	0	0	.000	28	7	7	0	0	0	1	0	6	0	0	3	3	3.86
金田 留広(ロ)		2	2	0	0	0	0	0	0	2	0	0	—	1.000	56	14.1	13	1	0	0	1	1	9	0	0	4	3	1.93
*金刃 憲人(楽)		2	2	0	0	0	0	0	0	1	0	0	0	.000	5	1	2	0	0	0	0	0	1	0	0	2	2	18.00
金村 暁(日)		1	1	0	0	1	0	0	0	1	0	—	—	.000	28	6	4	2	0	0	4	3	1	0	0	5	5	7.50
釜田 佳直(楽)		1	1	0	0	0	0	0	0	0	0	0	0	.000	9	2	3	0	1	0	0	0	3	0	0	1	1	4.50
*神内 靖(ソ)		2	3	0	0	0	0	0	0	0	0	0	0	.000	16	3.2	3	1	1	0	(1)2	0	4	0	0	2	2	4.91
上茶谷大河(デ)		2	3	0	0	0	0	0	0	0	0	1	1	.000	15	3	4	0	2	0	(1)2	0	1	0	0	2	2	6.00
嘉弥真新也(ソ)		6	16	0	0	0	0	0	0	1	0	0	6	7	1.000	33	7.2	9	0	1	1	2	0	7	0	0	5	5	5.87
唐川 侑己(ロ)		3	6	0	0	2	0	0	0	0	0	0	1	1.000	44	9.2	11	0	1	1	5	1	5	1	0	4	4	3.72
*辛島 航(楽)		2	2	0	0	2	0	0	0	0	0	0	0	1.000	38	9.1	8	2	1	0	2	0	9	1	0	5	5	4.82
*川井 雄太(中)		1	1	0	0	1	0	0	0	0	0	0	0	1.000	19	5	2	0	1	0	2	0	1	0	0	0	0	0.00
川上 憲伸(中)		3	6	0	0	5	0	0	0	3	1	0	0	.750	128	33	26	3	1	0	(1)6	2	28	0	0	11	11	3.00
川岸 強(楽)		1	2	0	0	0	0	0	0	0	0	0	0	.000	2	0.2	0	0	0	0	0	0	0	0	0	0	0	0.00
川越 英隆(オ)		1	2	0	0	0	0	0	0	0	0	0	0	.000	5	1	1	0	1	0	1	0	0	0	0	1	1	9.00
*川崎 雄介(ロ)		1	3	0	0	0	0	0	0	1	0	0	0	1.000	23	5.2	4	0	1	1	1	2	2	0	0	0	0	0.00
川原 昭二(ロ)		1	2	0	1	0	0	0	0	0	0	—	—	.000	9	1.2	3	1	0	0	1	0	1	0	0	2	1	4.50
河原 純一(中)		3	6	0	1	0	0	0	0	0	0	1	1	.000	15	4.1	1	0	0	0	3	0	3	0	0	0	0	0.00
神部 年男(近)		1	1	0	0	0	0	0	0	1	0	—	—	.000	33	7.2	10	1	0	0	1	1	1	0	0	5	5	5.63
ギッセル(武)		1	1	0	0	1	0	0	0	0	1	0	0	.000	5	1.1	1	0	1	0	1	0	1	0	0	1	1	6.75
菊地 和正(日)		2	2	0	0	0	0	0	0	0	0	0	0	.000	5	2	0	0	0	0	1	0	1	0	0	0	0	0.00
菊池 雄星(武)		2	2	1	0	1	0	0	0	1	1	0	0	.500	59	14	14	0	1	0	3	0	16	0	0	6	6	3.86
菊地原 毅(ソ)		1	1	0	0	0	0	0	0	0	0	0	0	.000	2	0.1	1	0	0	0	0	0	0	0	0	1	1	27.00
木佐貫 洋(日)		2	2	0	0	0	0	0	0	1	0	0	0	.000	28	5.2	12	1	1	1	2	0	4	0	0	5	5	7.94
木澤 尚文(ヤ)		1	1	0	0	0	0	0	0	0	0	0	0	.000	4	1	2	0	0	0	0	0	1	0	0	0	0	0.00
岸 孝之(楽)		8	9	0	0	9	0	0	0	2	3	0	0	.400	212	50.1	52	6	4	3	(1)12	4	48	2	0	21	21	3.75
岸田 護(オ)		2	9	0	3	0	0	0	0	0	0	1	1	.000	9	1.2	3	0	0	0	2	0	0	1	0	3	3	16.20
木樽 正明(ロ)		1	1	0	0	0	0	0	0	0	0	—	—	.000	13	3	4	0	0	0	1	0	3	0	0	1	1	3.00
*木田 勇(日)		2	2	0	0	0	0	0	0	0	0	—	—	1.000	33	8.1	7	3	1	0	2	0	4	0	0	4	4	4.50
*久古健太郎(ヤ)		1	3	0	0	0	0	0	0	0	0	2	2	.000	8	2.2	0	0	0	0	1	0	0	0	0	0	0	0.00
*桐敷 拓馬(神)		1	2	0	0	0	0	0	0	0	1	0	1	2	1.000	10	3	1	0	0	0	2	0	3	1	0	0	0	0.00
クルーン(神)		3	8	0	6	0	0	0	0	1	1	2	0	1	.500	29	7.1	3	0	1	0	3	1	8	2	0	2	2	2.45
クルス(中)		1	1	0	0	0	0	0	0	0	0	0	0	.000	3	1	1	0	0	0	0	0	1	0	0	0	0	0.00
クロッタ(日)		1	5	0	0	0	0	0	0	0	0	0	2	3	1.000	19	5.2	2	0	0	0	3	0	2	0	0	0	0	0.00
グライシンガー(ロ)		3	4	0	0	3	0	0	0	0	0	0	0	.000	75	17.1	16	2	4	1	(1)5	0	14	1	0	6	5	2.60
*グラマン(ロ)		2	4	0	2	0	0	0	0	0	0	0	0	.000	16	3	4	1	0	1	2	1	3	0	1	2	2	6.00
グリン(日)		2	4	0	0	3	0	0	0	0	1	0	0	.333	70	14.1	21	4	0	0	7	1	4	0	0	16	16	10.05
郭 俊麟(武)		1	1	0	1	0	0	0	0	0	0	0	0	.000	8	2	0	0	0	0	2	0	2	0	0	0	0	0.00
*工藤 公康(武)		1	1	0	0	0	0	0	0	0	0	—	—	1.000	3	1	0	0	0	0	0	0	0	0	0	0	0	0.00
*工藤 幹夫(日)		2	3	1	0	1	0	0	0	1	0	—	—	1.000	69	18.1	14	0	3	0	5	0	8	0	0	3	3	1.50
国吉 佑樹(ロ)		3	6	0	1	0	0	0	0	0	0	2	2	.000	34	7.2	5	0	0	0	4	0	5	2	0	4	4	4.70
久保 拓眞(ソ)		1	1	0	0	0	0	0	0	0	0	0	0	.000	2	0.1	0	0	0	0	0	0	0	0	0	0	0	0.00
久保 康友(神)		3	5	0	0	2	0	0	0	0	1	0	0	.000	47	9	9	0	0	0	1	3	11	0	0	6	6	6.00
久保 裕也(巨)		3	9	0	3	0	0	0	0	0	0	0	0	.000	37	8	10	0	0	0	4	0	6	0	0	4	4	4.50
久保田智之(武)		2	5	0	0	0	0	0	0	0	0	0	0	.000	34	6.1	15	3	0	0	0	0	8	0	0	5	5	7.11
公文 克彦(武)		2	3	0	0	0	0	0	0	0	0	0	0	.000	8	2.1	2	0	0	1	2	0	2	0	0	0	0	0.00
倉野 信次(ダ)		1	1	0	0	0	0	0	0	0	0	—	—	1.000	21	6	4	0	0	0	2	0	1	0	0	0	0	0.00
倉持 明(ロ)		2	4	0	1	0	0	0	0	0	0	0	0	.000	28	6	6	1	1	1	5	0	2	0	0	1	1	1.50
九里 亜蓮(広)		4	6	0	0	2	0	0	0	1	1	0	0	.500	63	15.1	13	1	2	0	4	1	14	0	0	6	5	2.93
栗林 良吏(広)		1	3	0	0	0	0	0	0	1	1	1	1	.500	14	2.2	4	0	1	0	(1)2	0	3	0	0	1	1	3.38
黒木 優太(オ)		1	1	0	0	0	0	0	0	0	0	0	0	.000	4	1	1	0	0	0	0	0	3	0	0	0	0	0.00
黒田 博樹(広)		1	1	0	0	1	0	0	0	0	1	0	0	.000	24	5	7	1	0	0	2	0	5	0	0	3	3	5.40
桑原謙太朗(神)		1	2	0	0	0	0	0	0	0	0	0	0	.000	13	1.1	8	1	0	0	0	0	1	0	0	6	6	40.50
ケラー(神)		1	4	0	2	0	0	0	0	0	0	0	0	.000	13	3.1	1	0	0	0	2	0	5	0	0	0	0	0.00
ゴンザレス(ロ)		3	3	0	0	2	0	0	0	0	1	0	0	.000	56	14.1	13	1	0	0	5	0	16	0	0	8	7	4.40
小木田敦也(オ)		1	2	0	0	0	0	0	0	0	0	0	0	.000	9	2	1	0	0	0	0	0	2	0	0	0	0	0.00
小林 慶祐(神)		1	1	0	0	0	0	0	0	0	0	0	0	.000	1	0.1	0	0	0	0	0	0	1	0	0	0	0	0.00
小林 誠二(武)		1	3	0	2	0	0	0	0	0	0	0	0	.000	18	5.2	1	0	0	0	1	0	3	0	0	0	0	0.00

クライマックスシリーズ・ライフタイム

選手名	チーム	年数	試合	完投	交代完了	試合当初	無失点勝	無四球試	勝利	敗北	セーブ	ホールド	HP	勝率	打者	投球回	安打	本塁打	犠打	犠飛	四球	死球	三振	暴投	ボーク	失点	自責点	防御率
小林 宏	(ロ)	3	9	1	4	3	0	0	2	2	3	0	1	.500	108	26.2	24	3	3	2	5	2	21	1	0	13	13	4.3
＊小林 正	(中)	3	9	0	3	0	0	0	1	0	0	2	3	1.000	23	6.1	4	0	1	0	2	0	6	0	0	1	1	1.4
小林 雅英	(ロ)	2	9	0	8	0	0	0	0	0	5	0	0	.000	36	9	7	0	1	0	(1)3	0	4	0	0	3	3	3.0
小松 聖	(オ)	1	1	0	0	0	0	0	0	1	0	0	0	.000	29	6	8	0	0	0	3	0	2	0	0	4	3	3.0
小宮山 悟	(ロ)	1	2	0	0	0	0	0	0	0	0	0	0	.000	19	4.1	7	2	3	0	0	0	1	0	0	2	2	4.1
小山伸一郎	(楽)	2	3	0	0	0	0	0	0	0	0	1	1	.000	8	1.2	3	0	1	0	0	0	1	1	0	2	2	10.8
小山 雄輝	(巨)	2	2	0	0	1	0	0	0	1	0	0	0	.000	23	3.2	7	4	1	0	5	5	0	0	0	7	7	17.1
近藤 一樹	(ヤ)	2	3	0	0	1	0	0	1	0	0	0	0	.000	32	7.1	6	1	0	0	(1)3	1	5	0	0	4	4	4.9
サイスニード	(ヤ)	1	1	0	0	0	0	0	1	0	0	0	0	1.000	27	5.2	7	0	1	0	2	0	3	0	0	1	1	1.5
サファテ	(ソ)	5	13	0	10	0	0	0	0	1	8	1	1	.000	56	13.2	10	1	0	0	4	1	22	0	0	5	4	2.6
＊ザガースキー	(ディ)	1	1	0	0	0	0	0	0	1	0	0	0	.000	6	1	2	0	0	0	2	0	3	0	0	1	1	9.0
歳内 宏明	(神)	1	1	0	0	0	0	0	0	0	0	0	0	.000	7	1.2	1	0	0	0	2	0	1	0	0	0	0	0.0
才木 浩人	(神)	1	1	0	0	1	0	0	0	0	0	0	0	.000	12	2.1	2	1	0	0	2	1	2	1	0	2	2	7.7
斉藤 和巳	(ソ)	4	5	2	0	3	0	0	5	0	0	0	0	.000	132	31.2	29	4	1	1	(1)12	0	32	0	0	16	16	4.5
齊藤 信介	(中)	1	1	0	0	0	0	0	0	0	0	0	0	.000	3	0.2	0	0	0	0	0	0	0	0	0	0	0	0.0
斎藤 隆	(楽)	2	3	0	0	0	0	0	0	0	0	0	1	1.000	3	0.2	0	0	0	0	1	0	1	0	0	0	0	0.0
齋藤友貴哉	(神)	1	1	0	0	0	0	0	0	0	0	0	0	.000	3	1	1	0	0	0	0	0	0	0	0	0	0	0.0
酒居 知史	(楽)	1	2	0	0	0	0	0	0	0	0	1	1	.000	7	2	1	1	0	0	1	0	1	0	0	1	1	4.5
榊原 諒	(楽)	1	1	0	0	0	0	0	1	0	0	0	0	.000	5	0.1	2	0	0	0	(0)2	0	0	0	0	3	3	81.0
＊坂本光士郎	(ロ)	1	5	0	1	0	0	0	1	0	0	1	2	1.000	15	3.2	2	1	0	0	1	0	5	0	0	2	2	4.9
坂元弥太郎	(日)	2	4	0	0	0	0	0	0	0	0	0	0	.000	24	6	5	0	0	0	2	0	5	0	0	1	1	1.5
桜井 俊貴	(巨)	1	1	0	0	0	0	0	0	0	0	0	0	.000	9	1	5	0	0	0	4	1	1	0	0	3	3	27.0
佐々木千隼	(ロ)	1	3	0	0	0	0	0	0	0	0	2	2	.000	13	3	1	0	1	0	(1)3	0	1	0	0	0	0	0.0
佐々木朗希	(ロ)	2	2	0	0	2	0	0	0	0	0	0	0	.000	34	9	4	0	0	0	0	0	14	1	0	1	0	0.0
佐藤 達也	(オ)	1	3	0	0	0	0	0	0	0	0	1	1	.000	18	3	5	1	1	1	4	0	3	0	0	3	3	9.0
佐藤 誠	(ソ)	2	3	0	1	0	0	0	0	0	0	0	0	.000	16	4	4	1	1	0	2	0	5	0	0	1	1	2.2
佐藤 道郎	(南)	1	3	0	0	0	0	0	2	0	0	—	—	1.000	28	7.2	4	1	1	0	3	0	5	0	0	1	1	1.2
＊佐野 泰雄	(武)	1	1	0	0	0	0	0	2	0	0	0	0	1.000	12	2.1	3	0	0	0	1	0	1	0	0	1	1	3.8
澤田 圭佑	(オ)	1	4	0	1	0	0	0	0	0	0	1	1	.000	15	4	2	1	0	0	4	0	2	0	0	2	2	4.5
澤村 拓一	(ロ)	10	20	0	10	4	0	0	2	3	2	0	1	.400	153	34	36	1	1	1	16	1	30	0	0	14	13	3.4
シコースキー	(武)	1	1	0	0	0	0	0	0	0	0	0	0	.000	6	0.1	4	0	0	0	0	0	0	0	0	4	4	108.0
シュリッター	(武)	1	1	0	0	0	0	0	0	0	0	0	0	.000	9	2	2	0	0	0	2	0	2	0	0	3	3	13.5
ジャクソン	(広)	3	6	0	0	0	0	0	0	0	0	0	0	.000	23	5.2	4	1	0	0	0	2	7	0	0	2	2	3.1
＊ジョンソン	(広)	3	3	1	0	0	0	0	2	1	0	0	0	.667	80	22	11	0	0	0	6	0	14	0	0	2	2	0.8
椎野 新	(巨)	1	1	0	1	0	0	0	0	0	0	0	0	.000	8	2	1	0	0	0	0	0	1	0	0	1	1	4.5
＊塩見 貴洋	(楽)	1	1	0	0	1	0	0	1	0	0	0	0	1.000	21	6	4	0	0	0	1	0	6	0	0	1	1	1.5
七條 祐樹	(ヤ)	1	1	0	0	0	0	0	0	0	0	0	0	.000	3	1	1	0	0	0	0	0	0	0	0	0	0	0.0
＊篠原 貴行	(ソ)	1	2	0	0	0	0	0	0	0	0	0	0	.000	5	1.1	1	0	0	0	1	0	1	0	0	1	1	6.7
芝池 博明	(近)	1	3	0	3	0	0	0	1	0	0	—	—	.500	39	9	7	2	0	0	2	0	6	0	0	5	3	3.0
島田颯太郎	(広)	1	4	0	1	0	0	0	0	0	0	1	2	1.000	16	4	1	0	0	0	0	0	5	0	0	0	0	0.0
＊島本 浩也	(神)	3	9	0	2	0	0	0	0	0	0	2	2	.000	40	7.2	11	1	1	1	(2)6	0	8	0	0	7	7	8.2
＊清水 章夫	(中)	1	1	0	0	0	0	0	0	0	0	0	0	.000	1	0.1	0	0	0	0	0	0	0	0	0	0	0	0.0
清水 昭信	(中)	1	4	0	0	0	0	0	0	0	0	1	1	.000	25	5.2	5	1	0	0	(1)3	0	4	1	0	3	3	4.8
清水 直行	(中)	2	3	0	1	0	0	0	1	0	0	0	0	1.000	53	14	11	2	0	0	2	0	11	1	0	3	3	1.9
清水 昇	(ヤ)	1	2	0	0	0	0	0	0	0	0	0	0	.000	21	5	6	0	0	0	2	0	4	0	0	1	1	1.8
＊下柳 剛	(神)	2	2	0	1	0	0	0	0	0	0	0	0	.500	40	8.2	11	2	2	0	4	0	6	0	0	5	4	4.1
正津 英志	(武)	1	1	0	1	0	0	0	0	0	0	0	0	.000	2	0.2	1	0	0	0	0	0	0	0	0	0	0	0.0
＊白石 静生	(急)	2	2	0	1	0	0	0	0	0	0	—	—	.000	24	4.2	4	1	2	0	4	0	3	0	0	4	3	5.4
R.スアレス	(神)	3	7	0	3	0	0	0	0	0	0	2	3	1.000	19	6.2	0	0	0	0	1	0	3	0	0	0	0	0.0
A.スアレス	(ヤ)	1	1	0	0	0	0	0	0	0	0	0	0	.000	7	2	0	0	0	0	0	0	2	0	0	0	0	0.0
スウィーニー	(日)	2	2	0	0	2	0	0	0	0	0	0	0	.000	37	7.1	14	1	1	0	3	0	9	0	0	7	7	8.5
スタンリッジ	(ソ)	2	2	0	0	2	0	0	0	0	0	0	0	.000	44	11.1	6	0	1	0	6	0	4	0	0	4	4	3.1
スチュワート・ジュニア	(ソ)	1	2	0	0	2	0	0	0	0	0	0	0	.000	12	2.1	2	0	0	0	4	0	4	0	0	3	3	11.5
スミス	(武)	2	2	0	0	0	0	0	0	0	0	0	0	.000	7	2	0	0	0	0	0	0	1	0	0	0	0	0.0
菅野 智之	(巨)	4	6	2	0	4	0	0	2	2	0	0	0	.500	158	40.2	23	2	3	1	(2)12	2	36	2	0	11	6	1.3
＊杉内 俊哉	(巨)	9	13	0	1	10	0	0	2	5	0	0	0	.286	252	60.1	56	7	5	1	17	5	48	1	0	30	30	4.4
杉浦 稔大	(日)	3	4	0	1	0	0	0	1	1	0	0	0	.500	38	8.1	9	2	0	0	4	0	4	0	0	4	4	4.3
＊杉本 正	(武)	1	1	0	0	0	0	0	0	1	—	—	—	.000	18	4.2	3	0	1	0	1	0	0	0	0	2	2	3.8
＊鈴木 啓示	(近)	3	4	1	0	3	0	0	1	2	—	—	—	.667	100	23.1	22	5	1	1	8	2	9	0	0	13	13	5.0
＊鈴木 昭汰	(ロ)	2	3	0	1	0	0	0	0	0	0	0	0	.000	18	4	3	0	1	0	3	0	3	0	0	1	1	2.2
鈴木 義広	(中)	3	5	0	0	0	0	0	0	0	0	2	2	.000	19	5	4	0	0	0	0	0	1	0	0	1	1	1.8
須田 幸太	(ディ)	2	4	0	0	0	0	0	0	0	0	0	0	.000	9	2.2	1	0	0	0	2	0	2	0	0	0	0	0.0
＊砂田 毅樹	(ディ)	2	7	0	1	0	0	0	0	0	0	2	2	.000	33	7.2	5	0	1	0	1	0	4	0	0	4	4	4.7
＊セラフィニ	(ロ)	1	2	0	0	2	0	0	0	1	0	0	0	.000	48	12	9	1	3	0	2	0	3	0	0	3	3	2.2
攝津 正	(ソ)	6	9	0	0	2	0	0	0	0	5	2	2	.500	109	26	26	4	2	1	(1)7	0	20	0	0	15	12	4.1
千賀 滉大	(ソ)	7	12	0	0	10	0	0	3	2	0	2	2	.571	271	69.1	46	11	10	1	(1)21	0	84	0	0	21	14	1.8
ソーサ	(中)	1	3	0	2	0	0	0	0	0	0	1	1	.000	13	2.2	2	0	0	0	1	0	1	1	0	1	1	6.0
宋 家豪	(楽)	3	8	0	2	0	0	0	2	3	0	0	0	.400	28	6	9	3	0	0	2	0	6	0	0	4	4	6.0
＊ターリー	(広)	1	2	0	1	0	0	0	1	0	0	0	0	1.000	4	1	0	0	0	0	0	0	2	0	0	0	0	0.0
ダーウィン	(神)	1	2	0	0	0	0	0	0	0	0	0	0	.000	6	1	2	0	0	0	0	0	1	0	0	0	0	0.0

選手名	チーム	年数	試合数	完投	交代完了	試合当初	無失点勝	無四球試	勝利	敗北	セーブ	ホールド	HP	勝率	打者	投球回	安打	本塁打	犠打	犠飛	四球	死球	三振	暴投	ボーク	失点	自責点	防御率
ダルビッシュ有	(日)	4	6	4	0	2	1	0	5	0	0	0	0	1.000	188	49.2	33	0	4	3	(1)10	3	48	2	0	6	5	0.91
平良 海馬	(武)	2	4	0	1	0	0	0	0	0	0	0	0	.000	23	4.1	6	0	1	0	0	1	3	1	0	1	1	2.08
平良拳太郎	(デ)	1	1	0	0	1	0	0	0	0	0	0	0	.000	17	3.2	4	0	1	0	0	1	3	0	0	0	0	0.00
＊高木 京介	(日)	5	8	0	1	0	0	0	1	0	0	0	1	1.000	30	8	4	0	2	0	3	0	8	0	0	2	2	2.25
＊高木 晃次	(ロ)	1	3	0	0	0	0	0	1	0	0	0	0	1.000	12	2.2	2	0	0	0	(1)1	1	2	0	0	0	0	0.00
高木 勇人	(巨)	1	2	0	1	0	0	0	0	0	0	0	0	.000	11	3	1	0	0	0	(1)1	1	2	0	0	0	0	0.00
＊高木 康成	(日)	3	4	0	0	0	0	0	0	0	0	0	0	.000	15	3	3	0	1	0	(1)2	0	1	0	0	4	2	6.00
＊高梨 裕稔	(日)	1	1	0	0	1	0	0	0	1	0	0	0	.000	18	4	5	2	0	0	1	0	4	1	0	4	3	6.75
＊高梨 雄平	(神)	3	10	0	0	0	0	0	0	1	0	0	4	.000	24	5.2	2	0	2	0	6	0	5	0	0	1	1	1.59
＊高橋 聡文	(神)	6	14	0	1	0	0	0	0	1	0	5	5	.000	54	12	13	1	3	1	5	0	15	1	0	7	7	5.25
＊高橋 一三	(日)	2	2	0	0	2	0	0	1	1	0	0	—	.500	51	11	13	2	3	0	6	1	3	0	0	9	9	7.36
＊高橋 奎二	(ヤ)	2	2	0	0	2	0	0	1	0	0	0	0	1.000	46	11	6	0	1	0	7	0	15	0	0	3	3	2.45
高橋 光成	(武)	1	1	0	0	1	0	0	0	1	0	0	0	.000	26	6	6	1	0	1	3	0	4	0	0	5	5	7.50
高橋 里志	(日)	2	4	0	0	2	0	0	0	1	0	0	—	.000	62	14.1	13	2	2	1	5	3	4	0	0	7	5	3.21
高橋 純平	(ソ)	1	5	0	1	0	0	0	1	0	0	1	2	1.000	18	4	3	0	1	0	3	1	6	1	0	2	1	2.25
＊高橋 朋己	(武)	2	4	0	0	0	0	0	0	0	0	0	0	.000	11	3	1	0	0	0	0	0	1	0	0	0	0	0.00
＊高橋 直樹	(巨)	1	2	0	0	2	0	0	0	0	0	0	0	.000	36	8.1	8	2	2	0	(1)2	1	3	0	0	3	3	3.38
＊高橋 遥人	(神)	2	3	0	0	3	0	0	0	2	0	0	0	.000	40	11	9	0	1	0	2	0	7	0	0	4	4	3.27
＊高橋 尚成	(巨)	3	3	0	0	3	0	0	0	1	0	0	0	.000	77	19	16	4	2	0	(1)4	1	19	0	0	7	7	3.32
＊高橋 秀聡	(ソ)	1	2	0	0	0	0	0	0	0	0	0	0	.000	5	1	2	0	0	0	0	0	0	0	0	0	0	0.00
＊高橋 優貴	(巨)	2	2	0	0	2	0	0	0	0	0	0	0	.000	31	6.2	7	0	1	1	4	1	8	0	0	3	3	4.05
高橋 礼	(ソ)	3	4	0	0	2	0	0	0	0	0	1	1	.000	53	13	10	1	0	0	4	1	12	0	0	4	4	2.77
＊高宮 和也	(武)	2	5	0	1	0	0	0	0	0	0	4	4	.000	9	2	1	0	0	0	1	0	0	0	0	0	0	0.00
＊田口 麗斗	(ヤ)	4	6	0	1	2	0	0	1	0	1	1	2	1.000	59	16.1	7	0	0	0	4	0	14	1	0	1	1	0.55
＊武隈 祥太	(武)	1	2	0	1	0	0	0	0	0	0	0	0	.000	17	5	4	1	0	0	0	0	4	0	0	1	1	1.80
武田 翔	(ソ)	7	9	0	0	6	0	0	3	3	0	0	2	.500	142	33.2	28	3	8	0	15	0	32	1	0	20	14	3.74
武田 久	(日)	5	11	0	6	0	0	0	0	4	1	1	1	.000	52	12.2	12	0	0	1	1	1	10	0	0	2	2	1.42
＊武田 勝	(日)	6	7	0	1	5	0	0	2	2	0	0	0	.500	108	25.2	29	3	1	1	5	2	10	0	0	15	14	4.91
竹村 一義	(急)	2	4	0	3	0	0	0	0	0	0	—	—	.000	37	9.2	6	0	1	0	2	0	3	0	0	2	2	1.80
田島 慎二	(中)	1	6	0	0	0	0	0	0	0	0	3	3	.000	31	7	7	2	0	0	4	0	5	0	0	4	4	5.14
＊田嶋 大樹	(オ)	3	3	0	0	3	0	0	1	1	0	0	0	.500	71	18.1	14	1	2	0	6	0	9	0	0	7	5	2.45
多田野数人	(巨)	1	3	0	0	0	0	0	0	0	0	0	0	.000	12	3.2	2	1	1	0	1	0	3	0	0	1	1	3.38
館山 昌平	(ヤ)	4	6	0	1	5	0	0	1	1	0	0	0	.500	129	31	24	3	6	0	(1)11	4	27	1	0	7	6	1.74
建山 義紀	(日)	2	5	0	0	0	0	0	0	0	0	0	0	.000	26	5.2	9	1	0	1	0	0	6	0	0	5	5	7.94
＊田中健二朗	(デ)	2	5	0	0	0	0	0	0	0	0	1	2	1.000	16	4	4	0	0	0	1	0	5	0	0	0	0	0.00
田中 将大	(楽)	2	4	3	1	0	0	0	1	0	0	0	0	1.000	108	28	22	1	1	1	2	0	24	0	0	3	2	0.64
田中 真二	(武)	1	1	0	0	0	0	0	0	0	0	0	0	.000	5	1	0	0	0	0	0	0	1	0	0	0	0	0.00
谷元 圭介	(武)	3	11	0	1	0	0	0	0	0	0	0	5	.000	45	12.1	7	1	1	0	5	0	9	0	0	5	5	3.65
種市 篤暉	(ロ)	1	2	0	0	2	0	0	0	1	0	0	—	.000	12	3	2	1	0	0	1	0	2	0	0	2	2	6.00
田原 誠次	(巨)	2	6	0	0	0	0	0	0	0	0	1	1	.000	12	3.1	2	0	0	0	0	1	2	0	0	0	0	0.00
玉置 隆	(神)	1	1	0	1	0	0	0	0	0	0	0	0	.000	3	0.2	1	0	0	0	0	0	0	0	0	1	1	13.50
多和田真三郎	(武)	1	1	0	0	1	0	0	1	0	0	0	0	1.000	27	6	6	0	0	0	1	0	5	0	0	5	4	6.00
＊チェン・ウェイン	(ロ)	5	7	0	0	7	0	0	1	5	0	0	0	.167	153	36.1	42	7	1	0	(1)5	2	27	0	0	20	20	4.95
＊チェン・グァンウ	(ロ)	1	1	0	0	1	0	0	0	0	0	0	0	.000	21	5	5	0	0	0	1	3	3	0	0	1	1	1.80
張 誌家	(武)	1	2	0	0	1	0	0	0	0	0	—	—	.000	40	9	11	3	1	0	4	0	6	0	0	9	9	9.00
＊筒井 和也	(神)	1	2	0	0	0	0	0	0	0	0	0	0	.000	8	1.1	1	0	0	0	0	0	1	0	0	3	2	13.50
津森 宥紀	(ソ)	2	4	0	1	0	0	0	0	0	0	0	0	.000	14	3.1	5	1	0	0	2	0	6	0	0	3	3	8.10
ディクソン	(オ)	2	1	0	0	1	0	0	0	1	0	0	0	.000	23	5.2	5	0	1	0	2	0	6	0	0	2	2	3.18
デラロサ	(巨)	2	6	0	0	0	0	0	0	0	0	1	1	.000	26	5.1	5	0	1	0	2	0	5	0	0	3	3	5.06
寺原 隼人	(ソ)	4	4	0	2	1	0	0	0	0	0	1	1	.000	42	10.2	6	1	2	0	5	0	7	1	0	5	2	1.69
トンキン	(日)	1	2	0	0	0	0	0	0	0	0	0	0	.000	7	1	2	2	0	0	1	0	2	0	0	2	2	18.00
ド リ ス	(神)	2	6	0	2	0	0	0	0	2	1	0	2	.000	24	6	5	1	1	0	1	0	10	0	0	3	3	3.00
東 大樹	(ロ)	2	3	0	0	0	0	0	1	0	0	1	1	1.000	9	2	1	0	0	0	0	0	3	0	0	0	0	0.00
東野 峻	(日)	5	6	0	0	3	0	0	1	1	0	0	0	.500	75	17	17	2	0	0	(1)6	1	12	0	0	7	6	3.18
十亀 剣	(武)	5	6	0	1	2	0	0	0	2	0	0	1	.000	77	15	26	2	4	1	5	1	9	0	0	19	16	9.60
徳山 武陽	(ヤ)	1	1	0	1	0	0	0	0	0	0	0	0	.000	4	0.2	1	0	0	0	0	0	0	0	0	1	1	13.50
＊床田 寛樹	(広)	1	2	0	0	2	0	0	0	0	0	0	0	.000	49	11.1	13	1	0	0	4	0	10	0	0	5	5	3.97
戸郷 翔征	(巨)	1	2	0	0	1	0	0	0	1	0	0	0	.000	34	8	8	1	0	0	3	0	7	0	0	1	1	1.13
戸田 善紀	(急)	2	4	0	1	0	0	0	0	0	0	—	—	.000	33	9	3	0	2	0	4	0	6	0	0	3	3	3.00
＊戸根 千明	(巨)	2	5	0	3	0	0	0	0	0	0	0	0	.000	16	4	3	0	1	0	1	0	3	0	0	0	0	0.00
＊富山 凌雅	(オ)	1	1	0	1	0	0	0	0	0	0	0	0	.000	4	1	0	0	0	0	0	0	1	0	0	0	0	0.00
豊田 清	(巨)	4	11	0	5	0	0	0	1	0	0	2	2	1.000	43	11.2	5	0	1	0	0	0	17	0	0	4	4	3.09
＊土肥 義弘	(武)	1	1	0	0	0	0	0	0	0	0	0	0	.000	1	＋	0	0	0	0	1	0	0	0	0	1	1	—
＊中川 皓太	(巨)	3	7	0	2	0	0	0	0	0	0	0	3	.000	31	7.1	7	1	1	0	6	0	9	0	0	1	1	1.23
中﨑 翔太	(広)	5	10	0	8	0	0	0	0	0	3	0	0	.000	43	10.1	7	0	1	0	6	0	7	0	0	2	2	1.74
中田 賢一	(ソ)	7	9	0	0	8	0	0	6	1	0	0	0	.857	183	41.2	40	4	6	0	(1)19	2	46	4	0	21	19	4.10
中田 廉	(広)	2	4	0	1	0	0	0	0	0	0	0	0	.000	10	2.2	1	0	0	0	0	1	5	0	0	0	0	0.00
中村 稔弥	(ロ)	1	1	0	0	1	0	0	0	1	0	0	—	.000	12	2	2	0	0	0	5	1	1	0	0	3	3	13.50
中村 勝	(日)	1	1	0	0	1	0	0	0	0	0	0	0	.000	18	3.1	3	0	0	0	5	1	1	0	0	1	1	2.70
中森 俊介	(ロ)	1	3	0	0	0	0	0	0	0	0	0	0	.000	20	5.1	1	0	0	0	0	0	5	0	0	0	0	0.00

クライマックスシリーズ・ライフタイム

選手名	チーム	年数	試合	完投	交代完了	試合当初	無失点勝	無四球試	勝利	敗北	セーブ	ホールド	HP	勝率	打者	投球回	安打	本塁打	犠打	犠飛	四球	死球	三振	暴投	ボーク	失点	自責点	防御率
中山 孝一	(南)	1	2	0	1	0	0	0	0	0	—	—	—	.000	35	8	9	2	1	0	3	0	4	0	0	6	5	5.62
*中山 慎也	(オ)	1	1	0	0	0	0	0	0	0	0	0	0	.000	1	0.1	0	0	0	0	1	0	0	0	0	0	0	0.00
永井 怜	(楽)	1	1	0	0	1	0	0	0	0	0	0	0	.000	31	7.1	8	0	2	1	2	0	6	0	0	4	4	4.9
*永射 保	(武)	1	3	0	0	0	0	0	0	0	0	0	0	.000	3	1	0	0	0	0	0	0	0	0	0	0	0	0.00
永川 勝浩	(広)	1	3	0	1	0	0	0	0	0	0	1	1	.000	11	3	3	0	0	0	1	0	2	1	0	1	1	3.00
*長峰 昌司	(中)	1	3	0	2	0	0	0	0	0	0	0	0	.000	10	3	2	0	1	0	0	0	1	0	0	0	0	0.00
永本 裕章	(急)	1	1	0	1	0	0	0	0	0	0	—	—	—	.000	2	0.1	1	0	0	0	0	0	0	0	0	0	0	0.00
成重 春生	(ロ)	1	2	0	0	0	0	0	0	0	0	0	0	.000	5	0.2	1	0	0	0	1	0	1	0	0	2	2	27.00
成田 文男	(ロ)	2	2	0	2	0	0	0	0	0	0	0	0	.000	15	4.2	2	0	0	0	0	0	4	0	0	0	0	0.00
*成瀬 善久	(ロ)	3	6	3	0	3	2	2	3	2	0	0	0	.600	170	44.2	31	3	4	0	10	1	37	0	0	8	8	1.6
ニール	(武)	1	1	0	0	1	0	0	0	0	0	0	0	.000	25	6	5	1	0	0	1	1	3	0	0	3	3	4.50
西 純矢	(神)	1	3	0	0	0	0	0	0	0	0	1	1	.000	27	6	7	2	2	0	(1) 3	0	5	0	0	3	3	4.50
西 勇輝	(神)	3	4	0	0	4	0	0	0	3	0	1	1	.000	73	15.1	22	3	3	1	5	1	14	0	0	11	11	6.4
西岡三四郎	(南)	1	2	0	0	2	0	0	0	0	—	—	—	—	.000	21	3.1	9	1	1	0	1	0	0	0	0	8	5	15.00
西口 直人	(楽)	1	1	0	0	0	0	0	0	0	0	0	0	.000	3	1	0	0	0	0	0	0	0	0	0	0	0	0.00
西口 文也	(武)	3	3	0	0	3	0	0	1	1	0	0	0	.500	83	19.1	21	1	2	1	2	3	9	1	0	5	5	2.3
仁科 時成	(ロ)	3	5	0	1	4	0	0	0	3	0	—	—	.000	105	19.1	31	7	1	3	(2)18	1	8	0	0	27	27	12.7
西野 勇士	(ロ)	3	6	0	1	1	0	0	1	1	0	0	1	.000	43	10	10	1	0	3	0	9	0	0	4	4	3.6
西村健太朗	(巨)	6	15	0	8	0	0	0	1	4	0	0	0	.000	73	16	21	0	3	2	(1) 6	1	6	0	0	7	7	3.9
西村 天裕	(ロ)	1	4	0	0	0	0	0	0	0	1	2	2	.000	16	3.1	5	0	0	0	1	0	2	0	0	2	2	5.4
ネルソン	(中)	1	2	0	0	0	0	0	0	0	0	0	0	.000	11	3	1	0	0	0	1	0	2	0	0	0	0	0.00
*能見 篤史	(神)	5	7	0	0	5	0	0	1	3	0	0	16	.250	112	26.1	30	2	3	2	(1)10	0	16	0	0	9	8	2.7
野上 亮磨	(巨)	4	4	0	0	1	0	0	0	0	3	0	5	.000	38	9	7	0	3	0	3	0	5	2	1	3	3	3.0
*野田 昇吾	(武)	2	3	0	1	0	0	0	0	0	0	0	5	.000	17	3	3	0	0	0	5	0	1	0	0	3	3	9.0
野間口貴彦	(巨)	2	2	0	0	0	0	0	0	0	0	0	0	.000	19	3.2	5	0	0	0	4	0	2	0	0	1	1	2.4
野村 祐輔	(広)	3	4	0	0	4	0	0	1	3	0	0	0	.250	78	18	19	2	0	0	5	0	11	0	0	9	9	4.5
則本 昂大	(楽)	4	6	0	0	1	0	0	1	1	1	1	1	.500	134	31	29	4	3	2	9	3	35	1	1	19	19	5.5
ハーマン	(ロ)	2	5	0	0	0	0	0	1	0	0	3	3	.000	19	4	5	0	0	0	(1) 2	0	5	0	1	1	1	2.2
*ハ	(ヤ)	1	2	0	0	0	0	0	0	0	0	0	0	.000	4	1	1	0	0	0	0	0	1	0	0	0	0	0.00
バース	(日)	1	2	0	1	0	0	0	0	1	0	0	1	1.000	20	5	3	0	1	0	3	0	5	0	0	0	0	0.00
バーネット	(ヤ)	3	7	0	5	0	0	0	0	1	0	3	1	1.000	37	9.2	5	1	0	0	5	0	7	0	0	2	2	1.8
バリオス	(ディ)	2	2	0	0	0	0	0	0	0	1	1	1	.000	10	2.1	3	0	0	0	1	0	0	0	0	2	2	7.7
バリントン	(広)	1	1	0	0	1	0	0	0	1	0	0	0	.000	17	5	1	1	0	0	2	0	2	0	0	1	1	1.8
バルガス	(オ)	1	1	0	0	0	0	0	0	0	0	0	0	.000	6	2	0	0	0	0	0	1	0	0	0	0	0	0.00
バンデンハーク	(ソ)	5	7	0	0	7	0	0	1	0	0	0	0	1.000	160	36.2	37	6	3	0	14	2	36	0	0	17	16	3.9
パットン	(ディ)	2	7	0	1	0	0	0	0	0	0	3	3	.000	23	6	4	0	0	0	2	1	7	0	0	0	0	0.00
*パヤノ	(巨)	1	2	0	0	0	0	0	0	0	0	0	3	.000	11	2.1	2	0	1	0	2	0	3	1	0	0	0	0.00
萩原 淳	(広)	1	2	0	0	0	0	0	0	0	0	0	0	.000	12	3	3	0	0	0	0	0	2	0	0	1	1	3.00
白村 明弘	(日)	3	7	0	2	0	0	0	0	0	0	2	2	.000	36	7.2	10	1	2	0	5	0	3	1	0	4	4	4.7
橋本健太郎	(神)	1	1	0	1	0	0	0	0	0	0	0	0	.000	4	1	1	0	0	0	0	0	1	0	0	0	0	0.00
*長谷部康平	(楽)	1	2	0	0	0	0	0	0	0	0	0	0	.000	4	0.1	3	0	1	0	0	0	0	0	0	1	1	27.00
畠 世周	(巨)	2	5	0	2	0	0	0	0	1	1	1	1	.000	27	5.2	5	1	2	0	3	0	6	0	0	5	5	7.9
*服部 泰卓	(ロ)	1	3	0	0	0	0	0	0	0	1	1	1	.000	11	1.2	6	0	0	0	0	0	1	0	0	3	3	16.2
*濱口 遥大	(ディ)	3	4	0	0	3	0	0	1	1	0	0	1	.500	78	18.2	17	1	3	0	6	0	20	3	0	7	6	2.8
浜地 真澄	(神)	1	3	0	0	0	0	0	0	0	0	1	1	.000	10	2.2	2	0	0	0	1	0	2	0	0	1	0	0.00
*林 昌範	(日)	3	6	0	0	0	0	0	0	0	1	1	2	1.000	18	5	1	1	1	1	2	0	6	0	0	1	1	1.8
原 樹理	(ヤ)	2	2	0	0	2	0	0	0	0	1	0	0	.000	23	5.1	4	3	0	0	2	1	6	0	0	4	4	6.7
馬場 皐輔	(神)	1	1	0	0	0	0	0	0	0	0	0	0	.000	3	1	0	0	0	0	0	0	0	0	0	0	0	0.00
板東 湧梧	(ソ)	1	1	0	1	0	0	0	0	0	0	1	1	.000	15	2.1	8	0	0	1	0	1	1	0	0	2	2	7.7
ヒース	(武)	3	7	0	3	0	0	0	0	0	0	1	1	.000	31	7.2	6	0	1	0	4	1	0	0	0	0	0	0.00
ヒギンス	(オ)	1	2	0	0	0	0	0	0	0	1	1	1	.000	9	2	2	1	0	0	1	0	3	0	0	1	1	4.5
ビエイラ	(巨)	1	2	0	0	0	0	0	0	0	0	0	0	.000	10	1.2	0	0	0	0	3	0	2	0	0	0	0	0.00
比嘉 幹貴	(オ)	1	2	0	0	0	0	0	0	0	0	0	0	.000	7	1	0	0	0	0	0	0	0	0	0	0	0	0.00
東尾 修	(武)	3	3	0	0	2	0	0	2	0	0	—	—	1.000	33	7.2	10	1	2	0	3	0	2	0	0	2	2	2.2
東浜 巨	(ソ)	6	10	0	1	5	0	0	1	2	0	0	0	.333	139	32.1	32	6	2	0	13	1	31	0	0	18	18	5.0
*久本 祐一	(広)	2	4	0	0	0	0	0	0	0	0	0	0	.000	7	1.2	2	0	0	0	0	0	3	0	0	0	0	0.00
*日高 亮	(ヤ)	1	1	0	0	0	0	0	0	0	0	0	0	.000	3	+	2	0	0	0	0	0	1	0	0	3	—	—
平井 克典	(武)	3	6	0	0	0	0	0	0	0	0	1	1	.000	18	3.1	7	0	1	0	5	1	6	0	0	4	3	8.1
平井 正史	(中)	1	1	0	0	0	0	0	0	0	0	0	0	.000	7	2.1	0	0	0	0	1	0	0	0	0	0	0	0.00
平野 佳寿	(オ)	4	7	0	7	0	0	0	0	0	1	5	0	.000	30	8	6	2	1	0	1	0	7	0	0	2	2	2.2
ファルケンボーグ	(ソ)	3	4	0	0	0	0	0	1	0	1	1	1	.000	19	3	8	1	1	0	2	1	3	1	0	7	7	21.0
*フランスア	(広)	1	2	0	0	0	0	0	0	0	0	1	1	.000	7	2.1	0	0	0	0	0	0	1	0	0	0	0	0.00
ブセニッツ	(楽)	1	1	0	0	0	0	0	0	0	0	0	0	.000	4	1	1	0	0	0	0	0	0	0	0	0	0	0.00
ブルワー	(楽)	1	1	0	0	0	0	0	0	0	0	0	0	.000	3	1	0	0	0	0	1	0	1	0	0	0	0	0.00
ブレイシア	(広)	1	1	0	1	0	0	0	0	0	0	0	0	.000	5	1	2	1	0	0	0	0	1	0	0	1	1	9.00
福井 優也	(広)	1	1	0	0	0	0	0	0	0	0	0	0	.000	4	1	1	0	0	0	0	0	0	0	0	0	0	0.00
福田 聡志	(武)	1	1	0	0	0	0	0	0	0	0	0	0	.000	15	3.2	3	1	0	0	2	0	3	0	0	1	1	2.4
福原 忍	(神)	3	7	0	0	0	0	0	0	0	0	0	0	.000	25	6	5	0	0	0	(1) 1	1	4	1	0	0	0	0.00
*福間 納	(ロ)	1	1	0	0	0	0	0	0	0	0	0	0	.000	3	1	0	0	0	0	0	0	1	0	0	0	0	0.00
福盛 和男	(楽)	1	1	0	0	0	0	0	0	0	0	0	0	.000	6	0.1	4	1	0	0	1	0	0	0	0	5	5	135.0

選手名	チーム	年数	試合	完投	交代完了	試合当初	無失点勝	無四球試	勝利	敗北	セーブ	ホールド	HP	勝率	打者	投球回	安打	本塁打	犠打	犠飛	四球	死球	三振	暴投	ボーク	失点	自責点	防御率
福山 博之	楽	1	5	0	0	0	0	0	0	1	0	3	3	.000	24	5.2	7	1	0	0	0	0	5	0	0	3	3	4.76
藤井 皓哉	ソ	2	6	0	1	0	0	0	0	0	0	4	4	.000	26	6	3	0	1	0	5	0	7	0	0	0	0	0.00
藤井 秀悟	巨	3	4	0	0	2	0	0	2	0	0	0	0	1.000	63	15.1	11	0	3	0	7	0	4	0	0	5	5	2.93
藤岡 貴裕	ロ	2	3	0	1	0	0	0	0	0	0	1	1	.000	32	5.2	11	1	0	1	5	0	5	1	0	8	8	12.71
藤岡 好明	ディ	6	11	0	3	0	0	0	0	1	0	1	1	.000	60	14.2	12	0	2	0	5	2	8	0	0	4	4	2.45
藤川 球児	神	4	10	0	8	0	0	0	1	2	2	0	1	.333	57	13.2	7	1	2	1	(1)8	1	13	1	0	4	4	2.63
藤井 宗一	ロ	7	7	0	1	0	0	0	2	0	0	1	3	1.000	17	3.1	7	1	1	0	1	0	2	0	0	2	2	5.40
藤浪晋太郎	神	5	5	0	0	4	0	0	1	2	0	0	0	.333	99	23	23	3	2	0	7	0	24	1	0	9	8	3.13
藤平 尚真	楽	1	1	0	0	0	0	0	0	0	0	0	0	.000	12	2.2	3	1	0	0	1	0	2	0	0	1	1	3.38
藤原 紘通	楽	1	1	0	0	1	0	0	0	0	0	0	0	.000	12	2	6	1	1	1	1	0	1	0	0	4	4	18.00
古谷 拓哉	ロ	2	3	0	0	0	0	0	2	0	0	0	0	.000	62	15	16	2	2	0	1	2	6	0	0	7	7	4.20
ヘルナンデス	ソ	1	2	0	0	0	0	0	0	0	0	1	1	.000	3	1	0	0	0	0	0	0	1	0	0	0	0	0.00
ペ ン	ロ	1	1	0	0	1	0	0	0	0	0	0	0	.000	14	3	3	0	0	1	1	0	1	0	0	3	1	3.00
ホールトン	巨	3	4	0	0	4	0	0	0	2	0	0	0	.500	85	19.1	18	1	2	0	9	0	12	1	0	7	7	3.26
ボイヤー	神	1	2	0	0	0	0	0	0	0	0	0	0	.000	8	1.2	1	0	1	1	1	0	1	0	0	1	(1)1	5.40
ポ レ ダ	巨	2	4	0	0	2	0	0	1	1	0	0	0	.500	32	8	6	1	1	0	1	0	5	0	0	4	3	3.38
帆足 和幸	武	3	4	0	0	4	0	0	0	3	0	0	0	.000	87	19.2	25	2	3	0	1	2	17	0	0	15	13	5.95
星野 智樹	武	4	10	0	0	0	0	0	1	0	0	0	0	.000	22	4.1	4	0	0	0	4	0	7	1	0	4	3	6.23
堀 瑞輝	武	2	2	0	1	0	0	0	0	0	0	0	0	.000	12	2.1	3	0	0	0	2	0	2	0	0	0	0	0.00
本田 圭佑	武	2	2	0	0	1	0	0	0	1	0	0	0	.000	20	4	7	2	0	0	0	0	1	0	0	3	3	6.75
本田 仁海	オ	1	1	0	0	0	0	0	0	0	0	0	0	.000	5	1.2	0	0	0	0	0	0	2	0	0	0	0	0.00
MICHEAL	巨	4	9	0	4	0	0	0	0	0	0	0	0	.000	44	8	13	0	0	1	(1)4	2	9	1	0	6	5	5.63
C.マーティン	日	2	2	0	1	0	0	0	0	0	0	0	0	.000	8	1.1	2	0	0	0	1	1	3	0	0	3	3	20.25
K.マーティン	武	2	4	0	0	0	0	0	0	0	0	0	0	.000	19	3.1	5	1	1	0	4	0	4	0	0	5	5	13.50
マーフィー	ロ	2	4	0	0	0	0	0	0	1	0	0	0	.000	38	7.2	7	0	3	1	5	4	3	1	0	5	4	4.70
マイコラス	巨	2	3	0	0	3	0	0	0	0	0	0	0	.000	74	18.1	19	2	1	2	1	0	15	1	0	9	9	4.42
マエストリ	オ	1	1	0	0	0	0	0	0	0	0	0	0	.000	4	1	0	0	0	0	1	0	0	0	0	0	0	0.00
マクガフ	ヤ	2	4	0	4	0	0	0	0	0	2	0	0	.000	14	4	1	0	0	1	1	0	5	0	0	1	1	2.25
マシソン	神	5	14	0	5	0	0	0	2	0	0	6	8	1.000	56	15.2	6	0	1	0	4	0	20	0	0	0	0	0.00
マ テ オ	神	1	2	0	1	0	0	0	0	0	0	0	0	.000	11	2	4	0	0	0	1	0	4	0	0	3	3	13.50
マルティネス	日	1	1	0	0	1	0	0	1	0	0	0	0	1.000	27	7	5	1	0	0	3	0	2	0	0	2	2	2.57
前田 健太	広	3	3	0	0	3	0	0	1	2	0	0	0	.333	74	18	16	2	2	0	4	1	13	0	0	5	5	2.50
牧田 和久	武	4	7	1	4	1	0	0	1	3	0	0	1	.250	78	19.1	16	2	3	0	(1)4	1	11	0	0	6	6	2.79
間柴 茂有	日	1	1	1	0	0	0	0	1	0	0	—	—	1.000	32	9	4	0	0	1	4	0	3	0	0	1	1	1.00
増井 浩俊	日	6	14	0	8	1	0	0	0	1	0	4	4	.000	82	18.1	21	0	3	0	7	0	15	2	0	8	8	3.93
増田 達至	武	5	8	0	3	0	0	0	0	1	1	5	2	.000	44	8.1	15	2	0	0	3	1	8	0	0	11	11	11.88
益田 直也	ロ	4	12	0	6	0	0	0	1	0	2	4	5	1.000	40	9.1	9	0	0	0	2	1	8	1	0	4	4	3.86
増潤 竜義	ヤ	1	2	0	0	1	0	0	0	1	0	0	0	.000	19	4.1	5	0	2	0	1	0	0	0	0	2	2	4.15
又吉 克樹	ソ	1	1	0	0	0	0	0	0	0	0	1	1	.000	2	0.2	0	0	0	0	0	0	0	0	0	0	0	0.00
松井 光介	ヤ	2	4	0	2	0	0	0	0	0	0	0	0	.000	19	2.2	8	1	0	0	1	0	0	0	0	3	3	10.13
松井 裕樹	楽	3	8	0	7	0	0	0	0	0	4	0	0	.000	29	8	5	3	0	0	1	0	12	0	0	3	3	3.38
松岡 健一	ヤ	3	7	0	1	0	0	0	0	0	0	1	1	.000	25	7	4	0	1	1	2	0	4	0	0	0	0	0.00
松坂 大輔	武	3	5	1	0	4	1	0	3	0	0	0	0	1.000	138	35	28	3	1	1	8	5	35	1	0	9	9	2.31
松田 遼馬	神	1	2	0	0	0	0	0	0	0	0	1	1	.000	8	1.2	1	0	0	0	1	0	1	0	0	0	0	0.00
松永 昂大	ロ	3	8	0	0	0	0	0	0	0	1	3	3	.000	46	10.1	11	1	0	0	(1)4	1	5	1	0	6	6	5.23
松永 浩典	武	1	1	0	0	0	0	0	0	1	0	0	0	.000	16	4	4	0	0	0	2	0	4	0	0	4	4	9.00
松沼 博久	武	1	1	1	0	1	0	0	0	1	0	—	—	.000	22	5.2	8	0	0	0	(1)3	0	2	0	0	1	1	1.50
松沼 雅之	武	1	1	0	0	0	0	0	0	0	0	—	—	.000	2	+	2	1	0	0	0	0	0	0	0	1	1	—
松原 明夫	南	1	2	0	0	0	0	0	0	0	0	—	—	.000	11	2.1	0	0	0	0	5	0	0	0	0	1	1	4.50
松本 裕樹	ソ	1	3	0	0	0	0	0	0	0	0	5	5	.000	19	5.1	1	0	0	0	2	0	6	0	0	0	0	0.00
松本 航	武	1	2	0	0	0	0	0	0	0	0	0	0	.000	19	4	6	1	0	0	2	0	4	0	0	2	2	4.50
馬原 孝浩	オ	6	13	0	11	0	0	0	0	0	3	1	4	1.000	59	14.1	10	0	0	0	6	0	17	0	0	1	0	0.00
ミコライオ	広	1	2	0	0	2	0	0	0	0	0	0	0	.000	8	2	1	0	0	0	0	0	4	0	0	2	2	9.00
ミラバル	日	1	2	0	0	0	0	0	1	0	0	—	—	1.000	41	8.2	12	0	1	1	1	4	2	1	0	4	4	4.15
ミランダ	ソ	1	2	0	0	2	0	0	0	1	0	0	0	.000	34	5.1	11	3	0	0	6	1	5	0	0	10	10	16.88
ミンチェ	武	1	3	0	0	1	0	0	0	0	0	0	0	.000	16	4	2	0	0	0	2	0	0	0	0	3	3	6.75
三上 朋也	ディ	2	11	0	4	0	0	0	1	1	0	4	5	.500	38	7.2	10	2	3	0	(2)3	1	5	0	0	4	4	4.70
三嶋 一輝	ディ	2	2	0	1	0	0	0	0	1	0	1	1	.000	32	7.1	5	1	3	1	3	1	9	1	0	2	2	2.45
水上 由伸	武	1	1	0	0	0	0	0	0	0	0	0	0	.000	4	1	1	0	0	0	0	0	3	0	0	0	0	0.00
水田 章雄	武	1	2	0	0	0	0	0	0	0	0	0	0	.000	10	2.2	2	0	0	0	2	0	1	0	0	0	0	0.00
水谷 孝哉	急	2	2	0	0	2	0	0	0	0	0	—	—	.000	19	3	10	2	0	0	0	0	0	0	0	8	8	24.00
水谷 則博	ロ	3	4	0	0	2	0	0	0	2	0	—	—	.333	82	17.2	21	1	3	0	6	1	11	0	0	9	9	4.50
三瀬 幸司	中	5	13	0	3	0	0	0	0	1	0	2	2	.000	49	12.1	7	0	1	1	(3)6	1	6	0	0	3	3	2.19
三井 浩二	武	4	6	0	3	0	0	0	0	1	0	0	0	.000	29	4.2	8	0	0	0	5	2	2	0	0	5	5	9.64
三井 雅晴	ロ	3	5	0	2	0	0	0	1	1	0	—	—	.500	65	15.2	13	1	3	0	8	0	11	0	0	5	2	1.13
南 昌輝	ロ	1	2	0	0	0	0	0	0	0	0	0	0	.000	6	1	1	0	2	0	(1)2	0	0	0	0	2	2	18.00
美馬 学	ロ	6	7	1	0	6	0	0	1	3	0	0	0	.250	145	35.2	32	5	3	2	8	1	24	1	0	18	17	4.29
宮城 大弥	オ	2	4	0	0	2	0	0	1	0	0	0	0	1.000	43	11	9	0	2	0	3	0	6	0	0	2	1	1.64
宮國 椋丞	巨	2	4	0	1	0	0	0	0	0	0	0	0	.000	40	9	8	0	1	0	7	0	3	0	0	3	3	3.00
三宅 宗源	ロ	1	2	0	0	0	0	0	0	0	0	0	0	.000	14	2	7	0	1	0	1	3	1	0	0	4	4	18.00

選手名	チーム	年数	試合	完投	交代完了	試合当初	無失点勝	無四球試	勝利	敗北	セーブ	ホールド	HP	勝率	打者	投球回	安打	本塁打	犠打	犠飛	四球	死球	三振	暴投	ボーク	失点	自責点	防御率
*宮西 尚生	日	6	10	0	0	2	0	0	0	0	0	6	6	.000	35	7.2	10	3	0	0	3	0	7	0	0	4	4	4.
宮本 幸信	急	1	1	0	0	0	0	0	0	0	0	—	—	.000	17	4	3	0	1	0	1	0	0	0	0	2	2	4.
三好 幸雄	急	1	1	0	0	0	0	0	0	0	0	—	—	.000	5	0.2	2	0	0	0	1	0	0	0	0	1	1	13.
武藤 祐太	中	1	4	0	0	0	0	0	0	0	0	1	2	1.000	11	3.2	0	0	0	0	1	0	0	0	0	0	0	0.
村上 頌樹	神	1	1	0	0	1	0	0	1	0	0	0	0	1.000	23	6	3	0	1	1	3	0	6	0	0	1	1	1.
*村上 雅則	日	2	5	0	0	0	0	0	0	0	0	—	—	.000	18	2.2	6	1	0	0	3	0	2	0	0	6 (2)	2	6.0
*村田 辰美	近	2	2	0	0	0	0	0	0	0	0	—	—	1.000	58	15	12	1	0	0	2	1	8	0	0	3	3	1.
村田 兆治	ロ	3	7	3	3	1	1	0	1	2	3	2	—	.400	156	40.2	27	2	4	1	8	1	24	1	0	15	13	2.
*村中 恭兵	ヤ	2	4	0	0	1	2	0	0	1	0	0	1	1.000	58	14.1	9	2	2	0	6	0	7	0	0	3	3	1.
メッセンジャー	神	4	5	0	0	5	0	0	0	0	0	0	0	.750	126	31.2	26	2	5	0	7	0	26	1	0	6	6	1.
メルセデス	ロ	4	4	0	0	4	0	0	0	1	0	0	0	.500	86	21.1	16	1	0	1	7	1	16	0	0	7	7	2.
メンドーサ	日	2	3	0	0	2	0	0	0	0	0	—	—	.000	58	13	13	1	2	0	9 (1)	0	4	1	0	4	7	2.
*モイネロ	ソ	5	16	0	3	0	0	0	1	2	5	7		.667	63	16	13	1	2	0	4 (1)	0	17	0	0	3	3	1.
モスコーソ	ディ	1	1	0	0	1	0	0	0	0	0	—	—	.000	30	7	8	0	2	0	0	0	7	0	0	4	4	5.
望月 惇志	神	1	1	0	0	1	0	0	0	0	0	—	—	.000	13	2	5	1	0	0	3	0	1	0	0	5	5	22.
森 繁和	武	1	1	0	0	0	0	0	0	0	1	—	—	.000	4	1	1	0	0	0	0	0	1	0	0	0	0	0.
森 慎二	武	2	3	0	2	0	0	0	0	0	0	—	—	.000	18	5.2	1	1	0	0	8	0	1	0	0	1	1	1.
森 唯斗	ソ	8	23	0	13	0	0	0	0	7	2	2		.000	86	22	15	1	1	0	5	0	22	0	0	6	6	2.
森 遼大朗	ソ	1	2	0	2	0	0	0	0	0	0	—	—	.000	8	2	2	0	0	0	0	1	0	0	0	1	1	4.
森下 暢仁	広	1	1	0	0	1	0	0	0	1	0	0		.000	20	5.1	3	0	1	0	1	0	5	0	0	0	0	0.
森原 康平	ディ	2	3	0	2	0	0	0	0	0	0	—	—	.000	11	2.1	3	0	1	0	1	0	0	0	0	0	0	0.
*森福 允彦	ソ	6	19	0	1	0	0	0	1	5	5			.000	61	13.2	13	2	2	0	6 (1)	1	14	0	0	4	4	2.
守屋 功輝	神	1	4	0	2	0	0	0	0	0	0	—	—	.000	18	5	2	0	0	0	1	0	0	0	0	1	0	0.
*八木 智哉	ロ	2	2	1	0	1	1	0	1	0	0	0		.500	50	14	9	1	3	0	1	0	7	0	0	3	3	1.
八木沢荘六	ロ	2	3	0	1	1	0	0	0	0	0	—	—	.000	30	6	12	0	3	0	1	0	3	0	0	4	4	6.
矢崎 拓也	広	1	2	0	0	0	0	0	0	0	0	—	—	.000	8	1.1	1	0	1	0	3 (1)	0	0	0	0	1	1	6.
*安木 祥二	ロ	3	7	0	1	1	0	0	0	0	0	—	—	.000	29	6.1	5	0	1	0	5 (1)	0	6	0	0	4	4	5.
柳田 豊	近	3	3	1	1	1	0	0	0	0	0	—	—	.000	32	7	7	1	0	0	4	1	2	0	0	2	2	2.
柳瀬 明宏	ソ	4	8	0	1	0	0	0	2	0	0	2		1.000	41	9.2	4	1	1	1	7	0	11	0	0	3	3	2.
矢貫 俊之	日	1	1	0	0	0	0	0	0	0	0	—	—	.000	5	1	1	0	0	0	1	0	0	0	0	0	0	0.
藪田 和樹	広	1	2	0	0	0	0	0	0	0	0			.500	35	9	7	1	0	0	5	0	6	1	0	4	4	4.
藪田 安彦	ロ	3	10	0	0	0	0	0	0	4	5			1.000	41	11.1	2	0	2	0	6	2	6	1	0	0	0	0.
山井 大介	中	5	12	0	4	2	0	0	1	3	0	0		.000	97	21.2	22	1	2	0	11 (2)	0	17	2	0	8	8	3.
山内 新一	南	1	2	0	0	0	0	0	0	1	—	—		.000	42	9.1	9	0	1	0	5	1	3	0	0	3	3	3.
山内 壮馬	中	1	2	0	1	0	0	0	0	0	0	—	—	.000	34	8	8	1	2	0	3	0	4	0	0	3	3	3.
山岡 泰輔	オ	2	3	0	1	1	0	0	0	1	0	1	1	.000	23	6	3	0	2	1	1	1	4	0	0	2	2	3.
山岸 穣	武	2	3	0	0	0	0	0	1	0	0	1	1	.000	16	3.1	5	1	0	0	1	1	3	0	0	2	2	5.
山口 俊	巨	3	3	0	1	2	0	0	1	1	0	0	0	.500	52	13.1	7	1	0	0	7 (1)	0	13	2	0	4	4	2.
山口 高志	急	3	5	2	2	0	0	0	1	2	—	—		1.000	122	30.1	27	3	2	0	9	0	13	0	0	11	9	2.
山口 哲治	近	1	3	0	3	0	0	0	1	2	—	—		1.000	21	6.2	5	0	0	0	1	0	2	0	0	2	2	2.
*山口 鉄也	巨	10	24	0	4	0	0	0	2	1	3	8	10	.667	131	30	35	0	5	0	10	0	24	2	0	7	6	1.
山崎 康晃	ディ	4	14	0	14	0	0	0	1	0	6	0	1	1.000	52	15	5	2	0	0	2	0	18	0	0	2	2	1.
*山崎 敏	近	1	3	0	0	1	0	0	0	0	0	—	—	.000	14	3	1	0	1	0	3	1	2	0	0	1	1	0.
山崎颯一郎	オ	3	5	0	0	1	0	0	0	3	3			.000	32	7.2	7	2	0	1	2	0	7	0	0	4	4	4.
山崎 秋親	ダ	1	1	0	0	0	0	0	0	0	0	—	—	.000	5	1	0	0	0	0	2	0	1	0	0	0	0	0.
山田 久志	急	5	8	4	3	1	0	0	3	0	—	—		.500	211	52.2	41	11	3	2	13	6	26	0	0	24	23	3.
*山本 一徳	日	1	2	0	0	0	0	0	0	0	0	—	—	.000	9	2	3	1	0	0	0	0	4	0	0	1	1	4.
山本 哲哉	ヤ	1	2	0	0	0	0	0	0	0	0	—	—	.000	10	2	2	1	0	0	2	0	1	0	0	2	2	9.
*山 本 昌	中	3	4	0	0	1	0	0	0	0	0	1		1.000	74	17.2	15	2	7	0	6	1	11	0	0	6	5	3.
山本 由伸	オ	1	1	0	0	1	1	0	0	0	0	0		1.000	91	24	19	0	3	1	2	1	29	0	0	5	5	1.
*陽 耀勲	ソ	2	2	0	0	2	0	0	0	0	0	—	—	.000	38	10	6	2	3	0	3	0	8	0	0	4	4	3.
湯浅 京己	神	1	2	0	0	0	0	0	0	0	0	—	—	.000	11	2.2	9	2	0	0	2	0	0	0	0	4	4	3.
横山 道哉	日	1	2	0	0	0	0	0	0	0	0	—	—	.000	6	1.1	3	0	1	0	1	0	1	0	0	1	1	6.
横山 竜士	広	1	3	0	0	0	0	0	0	0	1	1	1	.000	14	3.1	3	0	1	0	2	0	5	0	0	2	2	5.
吉川 輝昭	ソ	1	1	0	0	0	0	0	0	0	0	—	—	.000	5	1	2	0	0	0	1	0	0	0	0	0	0	0.
吉川 昌宏	ヤ	1	1	0	0	0	0	0	0	0	0	—	—	.000	8	1.2	2	0	0	0	1	0	1	0	0	0	0	0.
*吉川 光夫	巨	4	6	0	0	3	0	0	0	0	0	1		1.000	83	21.1	19	3	0	0	2 (1)	0	24	0	0	6	6	2.
吉武真太郎	ダ	3	6	0	0	0	0	0	1	0	0	2		1.000	32	7.2	7	1	0	0	2	0	6	0	0	4	4	4.
吉田 凌	オ	1	2	0	0	0	0	0	0	0	0	—	—	.000	8	2	2	0	0	0	3	0	0	0	0	0	0	0.
*吉野 誠	神	1	2	0	0	0	0	0	0	0	0	—	—	.000	7	2.1	0	0	0	0	1	0	3	0	0	0	0	0.
由 規	ヤ	1	1	0	0	1	0	0	0	1	0	0		.000	22	4	7	1	1	0	4 (1)	0	5	0	0	2	2	4.
吉見 一起	中	4	6	0	0	6	0	0	0	5	0	0		1.000	167	44.2	31	3	5	0	4 (1)	1	29	0	0	5	5	1.
*吉見 祐治	ロ	1	1	0	0	0	0	0	0	0	0	—	—	.000	1	0.1	1	0	0	0	0	0	0	0	0	0	0	0.
米田 哲也	急	3	5	0	0	2	0	0	0	1	2	—	—	.333	76	17.2	15	1	0	0	3	4	8	0	0	7	1	4.
ライブリー	日	1	1	0	1	0	0	0	0	1	0	0		.000	9	2	1	1	0	0	1	0	1	0	0	1	1	4.
K.レイ	楽	1	2	0	1	0	0	0	0	0	1	1		.000	10	2.2	2	0	1	0	0	0	1	0	0	0	0	0.
C.レイ	ソ	1	1	0	0	1	0	0	0	0	0	—	—	.000	5	2.2	2	0	0	0	2	0	2	0	0	1	1	9.
レデズマ	ロ	1	2	0	0	0	0	0	0	0	0	1	1	.000	12	2.2	2	0	0	0	2	0	3	0	0	3	3	8.
ロマン	ヤ	2	3	0	0	0	0	0	0	0	1	1		.000	18	3.1	6	0	1	1	1	0	5	0	0	3	3	8.
ワゲスバック	オ	1	2	0	0	0	0	0	0	0	1	1		.000	8	2	1	0	0	0	2	0	2	0	0	0	0	0.

選手名	チーム	年数	試合	完投	交代完了	試合当初	無失点勝	無四球試	勝利	敗北	セーブ	ホールド	HP	勝率	打者	投球回	安打	本塁打	犠打	犠飛	四球	死球	三振	暴投	ボーク	失点	自責点	防御率
井涌 秀章	(ロ)	7	10	1	0	2	6	1	1	3	0	0	0	0	1.000	213	53	45	3	3	0	16	1	43	1	1	9	9	1.53
渡辺 恒樹	(ヤ)	1	1	0	1	0	0	0	0	0	0	0	0	0	.000	1	+	0	0	0	0	1	0	0	0	0	0	0	—
渡辺 俊介	(ロ)	3	6	1	0	0	4	0	0	2	1	0	0	0	.667	164	41.1	33	1	4	0	8	0	22	0	0	10	7	1.52
渡辺 亮太	(神)	2	3	0	0	0	0	0	0	2	1	0	0	0	.000	16	4.2	2	0	4	0	0	0	3	0	0	7	0	0.00
和田 毅	(ソ)	9	10	1	0	0	8	0	0	2	1	0	0	0	.667	192	46.1	38	6	8	0	16	0	39	0	0	22	22	4.27

西スポWEB

OTTO!

未来を創造する
スポーツ応援WEBメディア

日本シリーズ

各試合の経過
出場資格者
各試合成績
個人成績
チーム別優勝年度
各年度成績
記録集
ライフタイム

棋王戦コナミグループ杯

ＳＭＢＣ日本シリーズ2023

　第74回日本シリーズは、２年連続６度目の日本一を目指すオリックスと18年ぶりにリーグ優勝し、38年ぶり２度目の日本一を目指す阪神との戦いとなった。

　59年ぶり２度目となる“関西球団同士”による顔合わせとなったＳＭＢＣ日本シリーズ。第１戦は京セラドーム大阪で幕を開けた。阪神打線は３年連続“投手４冠”の好投手・山本由伸（オ）から７点を奪うなど８−０で快勝し先勝した。第２戦はオリックスが４人の投手リレーで完封勝利。１勝１敗のタイに戻す。阪神の本拠地、甲子園球場で行われた第３戦も１点差でオリックスが勝利するが、第４戦は大山悠輔（神）のサヨナラ安打で阪神が勝利し２勝２敗。

　第５戦も逆転勝利を飾った阪神が日本一に王手をかけるも、第６戦は本拠地の京セラドーム大阪に戻ったオリックスが紅林弘太郎（オ）、頓宮裕真（オ）の本塁打などで勝利し３勝３敗のタイに。日本一をかけた第７戦は12安打と打線が繋がった阪神が勝利し、38年ぶり２度目の日本一に輝いた。

　最高殊勲選手は７試合で14安打、打率.483の成績を残した近本光司（神）。優秀選手にはノイジー（神）、森下翔太（神）、山本由伸（オ）を選出。敢闘選手には紅林弘太郎（オ）が選ばれた。2022年より新設されたＳＭＢＣみんなの声援賞には大山悠輔（神）が選出された。

　株式会社三井住友銀行が10年連続で特別協賛社となり「ＳＭＢＣ日本シリーズ2023」として開催された。

◇第１戦（京セラドーム大阪）【阪神１勝】
　日本シリーズ初先発の村上（神）が７回２安打無失点の力投。打線も13安打８得点の阪神が先勝。

◇第２戦（京セラドーム大阪）【オリックス１勝１敗】
　４−０の７回、満塁から代打ゴンザレス（オ）の走者一掃のタイムリー二塁打など、12安打８得点と打線が繋がったオリックスが勝利。

◇第３戦（甲子園）【オリックス２勝１敗】
　オリックスは４回に頓宮（オ）が今シリーズ両チームを通じて初本塁打となる同点本塁打を放つなど６回までに５−１と４点のリードを奪う。阪神も終盤に追い上げを見せ、最終回一打同点の場面まで攻めるが１点差でオリックスが逃げ切った。

◇第４戦（甲子園）【阪神２勝２敗】
　３−３の同点で迎えた９回裏、１死満塁と阪神がチャンスを作り、４番の大山（神）がレフト前にサヨナラ安打を放ち２勝２敗のタイに戻す。

◇第５戦（甲子園）【阪神３勝２敗】
　阪神は０−２のビハインドで迎えた８回裏、オリックスのリリーフ投手３人を攻め、６安打６得点の猛攻。６−２で逆転勝利を収め日本一に王手をかけた。

◇第６戦（京セラドーム大阪）【オリックス３勝３敗】
　オリックス先発の山本（オ）が日本シリーズ新記録の14奪三振を奪い、１失点完投勝利。オリックスが３勝３敗のタイに戻した。

◇第７戦（京セラドーム大阪）【阪神４勝３敗】
　両チーム無得点の４回表、ノイジー（神）が貴重な先制３点本塁打を放つ。５回にも３点を加え、試合の主導権を握った阪神が最終回に１点を失うが、７−１で勝利を収め、38年ぶり２度目の日本一に輝いた。

日本シリーズ

日本シリーズ出場資格者

〔阪神タイガース〕　　　　　　　　　　　〔オリックス・バファローズ〕

		阪神タイガース			オリックス・バファローズ
(監　督)	80	岡田　彰布	(監　督)	78	中嶋　　聡
(コーチ)	78	平田　勝男	(コーチ)	88	水本　勝己
	88	安藤　優也		75	厚澤　和幸
	83	嶋田　宗彦		72	平井　正史
	77	今岡　真訪		79	辻　竜太郎
	73	水口　栄二		83	小谷野栄一
	81	馬場　敏史		77	梵　　英心
	74	藤本　敦士		81	田口　　壮
	96	筒井　　壮		87	齋藤　俊雄
(投　手)	13	岩崎　　優	(投　手)	11	山﨑　福也
	14	岩貞　祐太		13	宮城　大弥
	15	西　　純矢		16	平野　佳寿
	16	西　　勇輝		17	曽谷　龍平
	17	青柳　晃洋		18	山本　由伸
	18	馬場　皐輔		19	山岡　泰輔
	27	伊藤　将司		26	齋藤　響介
	35	才木　浩人		29	田嶋　大樹
	37	及川　雅貴		35	比嘉　幹貴
	41	村上　頌樹		45	阿部　翔太
	46	島本　浩也		52	横山　　楓
	47	桐敷　拓馬		56	小木田敦也
	49	大竹耕太郎		57	山田　修義
	50	富田　　蓮		58	J.ワゲスパック
	54	加治屋　蓮		63	山﨑颯一郎
	64	岡留　英貴		95	東　　晃平
	65	湯浅　京己		96	宇田川優希
	69	石井　大智	(捕　手)	2	若月　健矢
	98	C.ブルワー		4	森　　友哉
	99	J.ビーズリー		37	石川　　亮
(捕　手)	2	梅野隆太郎		44	頓宮　裕真
	12	坂本誠志郎	(内野手)	3	安達　了一
	39	榮枝　裕貴		5	西野　真弘
	57	長坂　拳弥		6	宗　　佑磨
(内野手)	0	木浪　聖也		8	M.ゴンザレス
	3	大山　悠輔		9	野口　智哉
	4	熊谷　敬宥		10	大城　滉二
	8	佐藤　輝明		24	紅林弘太郎
	25	渡邉　　諒		30	廣岡　大志
	33	糸原　健斗		40	L.セデーニョ
	38	小幡　竜平		53	宜保　　翔
	51	中野　拓夢		67	中川　圭太
	62	植田　　海	(外野手)	0	渡部　遼人
	94	原口　文仁		1	福田　周平
(外野手)	1	森下　翔太		38	来田　涼斗
	5	近本　光司		39	池田　陵真
	7	S.ノイジー		41	佐野　皓大
	53	島田　海吏		50	小田　裕也
	55	J.ミエセス		55	T－岡田
	60	小野寺　暖		99	杉本裕太郎

〔審判員〕　　　川口　亘太　　　　嶋田　哲也　　　　深谷　　篤　　　　　　　津川　　力
　　　　　　　　福家　英登　　　　石山　智也　　　　市川　貴之

〔記録員〕　　　沢崎　大輔　　　　足立　大輔　(補助)　藤原　宏之　　　　　　小熊　陽介

第1戦 10月28日(土) 京セラドーム大阪 開始18:34 終了21:54(試合時間3時間20分) 入場者33,701人

```
阪　　神　000　043　001 ｜ 8
オリックス　000　000　000 ｜ 0
```

〔阪　神〕

			打数	得点	安打	打点	四球	死球	三振
(中)	近	本　野	4	2	3	2	1	0	0
(二)	中	野　下	5	2	3	2	0	0	0
(右)	森	下　山	5	0	1	0	0	0	3
(一)	大　佐	山　藤	2	1	1	0	3	0	1
(三)	輝	一　寺	5	1	1	0	0	0	2
(左)	ノ　イ	ジ　野	5	1	1	0	0	0	2
左	小	渡　邉	0	0	0	0	0	0	0
(指)	糸	諒　原	3	1	1	0	1	0	2
打指	糸	谷	0	0	0	0	0	0	0
走指	熊	浪	0	0	0	0	0	0	0
(遊)	木	浪	4	2	2	1	0	0	0
(捕)	坂	本	4	0	1	1	0	0	2
	計		37	8	13	8	5	0	10

① 一ゴロ ④ 遊安打 右中三 四球 ⑨ 右中二
左安打 一ゴ失 左安打 左安打 中飛
見逃三 遊併打 空三振 ⑦ 空三振 中安打
②遊飛 見逃三 ⑥ 四球 四球 四球
二ゴロ ⑤ 中安打 一ゴロ 投ゴロ 三ゴロ
見逃三 右飛 左安打 空三振 中飛
③空三振 中安打 見逃三 ⑧ 四球
左飛 右安打 左安打 二併打
見逃三 投飛 左線二 空三振

〔オリックス〕

			打数	得点	安打	打点	四球	死球	三振
(左)	池	田	4	0	0	0	0	0	2
(三)	宗		4	0	0	0	0	0	1
(一)	中　川	圭	3	0	0	0	0	0	1
二	宜	保	0	0	0	0	0	0	0
(右)	森		3	0	1	0	0	0	0
(指)	頓	宮	3	0	0	0	0	0	1
(遊)	紅	林	2	0	0	0	1	0	1
(二)一	ゴンザレス		3	0	0	0	0	0	1
(捕)	若	月	3	0	0	0	0	0	1
(中)	野	口	3	0	1	0	0	0	1
	計		28	0	2	0	1	0	8

① 右飛 ④ 見逃三 二併打 空三振
一ゴロ 二ゴロ 右飛 空三振
空三振 右二打 ⑦ 一邪飛
② 一直 ⑤ 右二打 中飛
遊ゴロ 見逃三 左飛
空三振 四球 ⑧ 空三振
③投ゴロ 二飛 空三振
右飛 投ゴロ
⑥ 投安打 ⑨ 空三振
二ゴロ 三ゴロ

〔神〕	試合	勝	敗	S	球数	打者	投回	被安	四球	死球	三振	失点	自責
○村　上	1	1	0	0	100	23	7	2	1	0	4	0	0
加治屋	1	0	0	0	6	3	1	0	0	0	1	0	0
岩　貞	1	0	0	0	13	3	1	0	0	0	3	0	0

〔オ〕	試合	勝	敗	S	球数	打者	投回	被安	四球	死球	三振	失点	自責
●山　本	1	0	1	0	103	27	5.2	10	1	0	7	7	7
山　田	1	0	0	0	11	2	0.1	1	1	0	0	0	0
ワゲスパック	1	0	0	0	23	4	1	0	1	0	2	0	0
山　岡	1	0	0	0	12	3	1	0	1	0	0	0	0
阿　部	1	0	0	0	22	6	1	2	1	0	1	1	1

盗　塁　神　佐藤輝
盗塁刺　神　中野
残　塁　神　7　オ　2
失　策　オ　中川圭
併　殺　神　(中野−木浪−大山) 池田
　　　　オ　(若月−ゴンザレス)、(紅林−ゴンザレス−中川圭) 森下
　　　　　　(宜保−紅林−ゴンザレス) 木浪
審　判　(球)川口 (一)津川 (二)福家 (三)市川 (左)深谷 (右)石山

日本シリーズ

第2戦 10月29日（日）　京セラドーム大阪　開始18：33　終了21：42（試合時間3時間09分）　入場者33,584人

```
阪　　神　0 0 0　0 0 0　0 0 0｜0
オリックス　0 0 1　3 0 0　3 1 X｜8
```

〔阪　　神〕

		打数	得点	安打	打点	四球	死球	三振
(中)	近　本　　本野	4	0	0	0	0	0	1
(二)	中　野	3	0	2	0	1	0	0
(右)	森　下	4	0	0	0	0	0	0
(一)	大山　輝　佐藤	4	0	1	0	0	0	0
(三)	ノイジ　一ス浪本セ	3	0	1	0	0	0	0
(左)	ミ木	3	0	0	0	0	0	1
(指)	エセ	3	0	0	0	0	1	2
(遊)	小幡浪	3	0	0	0	0	0	2
(遊)	小　坂	0	0	0	0	0	0	0
(捕)	坂　本	2	0	0	0	0	0	0
打	糸　原	1	0	0	0	0	0	0
捕	長　坂	0	0	0	0	0	0	0
	計	30	0	4	0	1	0	7

〔オリックス〕

		打数	得点	安打	打点	四球	死球	三振
(中)	中　川　圭	5	0	2	1	0	0	0
(二)	西　野	3	0	1	1	1	0	0
二	大　城	1	1	0	0	0	0	0
(捕)	森	5	0	1	0	0	0	1
(一)	セデーニョ	4	0	1	0	0	0	1
走右	小　田	1	1	1	0	0	0	0
(指)	頓　宮田	2	0	0	0	0	0	0
打指	T－岡田	0	0	0	0	0	0	0
(三)	宗	4	1	0	0	1	0	1
(遊)	紅　林	3	2	1	0	1	0	0
(右)	野　口	1	2	1	2	0	0	0
打一	ゴンザレス	1	0	1	3	0	0	0
(左)	廣　岡	4	1	2	1	0	0	0
	計	38	8	12	8	4	1	3

〔神〕	試合	勝	敗	S	球数	打者	投回	被安	四球	死球	三振	失点	自責
● 西　勇	1	0	1	0	68	19	3.2	6	2	0	2	4	4
ビーズリー	1	0	0	0	44	10	2.1	2	1	0	1	0	0
岡　留	1	0	0	0	28	5	0.2	2	1	0	0	3	3
島　本	1	0	0	0	5	2	0.1	1	0	0	0	0	0
加治屋	2	0	0	0	15	7	1	1	0	1	0	1	0

〔オ〕	試合	勝	敗	S	球数	打者	投回	被安	四球	死球	三振	失点	自責
○ 宮　城	1	1	0	0	104	22	6	4	1	0	5	0	0
宇田川	1	0	0	0	16	3	1	0	0	0	2	0	0
山﨑颯	1	0	0	0	9	3	1	0	0	0	0	0	0
小木田	1	0	0	0	16	3	1	0	0	0	0	0	0

残　塁　神　4　　オ　11
失　策　神　西勇、小幡、大山
併　殺　オ　（紅林－西野－セデーニョ）森下
審　判　（球）市川　（一）福家　（二）深谷　（三）石山　（左）嶋田　（右）津川

第3戦 10月31日(火) 甲子園 開始18：03 終了21：54（試合時間3時間51分） 入場者40,994人

```
オリックス  000  131  000 │5
阪    神   010  000  300 │4
```

〔オリックス〕

		打数	得点	安打	打点	四球	死球	三振					
(中)	中 川 圭	5	0	1	0	0	0	0	①二ゴロ	遊ゴロ	二 飛	中安打	一邪飛
(三)	宗 森	3	0	1	2	1	0	0	左 飛	④左 飛	右中二	投犠打	四 球
(右)	森 野	5	0	2	0	0	0	1	中安打	二 直	二ゴロ	右安打	空三振
投	平 野 佳 宮												
(一)	頓 宮 達	3	1	2	1	0	0	0		中 飛	中本打	⑥左安打	・・・
走二	安	1	1	0	0	0	0	0				左 飛	
(二)	ゴンザレス	3	0	1	0	1	0	0	②遊 飛	遊 飛	四 球	⑧中安打	
(遊)	紅 林 月	3	3	1	0	0	0	1	空三振	⑤右安打	一犠打	捕邪飛	
(捕)	若 月	3	3	1	1	0	0	2	遊ゴロ	中安打	左犠飛	左 飛	
(左)	廣 岡	4	2	1	1	0	0	2	③空三振	遊ゴロ	中 飛	見逃三	
(投)	東	2	0	1	0	0	0	0	二ゴロ	投バ失	・・・		
打	木 田	1	0	0	0	0	0	0	・・・	・・・	⑦三ゴロ		
投	小 岡	0	0	0	0	0	0	0					
投打	セデーニョ 川	1	0	0	0	0	0	0					
投	山 田	0	0	0	0	0	0	0					
打右	西 小 野	1	0	0	0	0	0	0				⑨投ゴロ	
		0	0	0	0	0	0	0					
	計	34	5	9	5	2	0	4					

〔阪 神〕

		打数	得点	安打	打点	四球	死球	三振					
(中)	近 本	3	1	1	0	2	0	1	①空三振	③右安打	四 球	四 球	二ゴロ
(二)	中 野	5	0	0	1	0	0	0	左 飛	左邪飛	左 飛	一ゴロ	空三振
(右)	森 下	5	0	2	2	0	0	1	中 飛	三ゴロ	⑥右安打	右安打	四 球
(一)	大 山	5	1	1	0	0	0	2	②右安打	④見逃三	三ゴロ	三ゴロ	空三振
(三)	佐 藤 輝	4	0	0	0	0	0	3	空三振	空三振	中 飛	⑧空三振	
(左)	ノイジー	4	0	2	0	0	0	0	右安打	右 飛	右 飛	中安打	
走左	島 田	0	0	0	0	0	0	0					
(捕)	坂 本	3	1	1	1	0	0	0	二ゴロ	⑤左 飛	⑦中安打	投犠打	
(遊)	木 浪	4	1	3	0	0	0	1	左中二	右安打	右安打	空三振	
(投)	伊 藤 将	1	0	0	0	0	0	0	二ゴロ	・・・	・・・		
打	渡 邉 諒	1	0	0	0	0	0	0		左 飛			
投	ブルワー	0	0	0	0	0	0	0					
打投	糸 原	1	0	0	0	0	0	0			中 飛		
投	岩 貞	0	0	0	0	0	0	0					
投	石 井	0	0	0	0	0	0	0					
打投	桐 敷	0	0	0	0	1	0	0				⑨四 球	
走	植 田	0	0	0	0	0	0	0					
	計	35	4	10	4	4	0	8					

〔オ〕

	試合	勝	敗	S	球数	打者	投回	被安	四球	死球	三振	失点	自責
○ 東	1	1	0	0	81	20	5	5	1	0	4	1	1
小木田	2	0	0	0	9	4	1	1	0	0	0	0	0
山 岡	2	0	0	0	28	6	0.2	3	1	0	0	3	3
H宇田川	2	0	0	0	19	5	1.1	1	0	0	2	0	0
S平野佳	1	0	0	1	26	5	1	2	2	0	2	0	0

〔神〕

	試合	勝	敗	S	球数	打者	投回	被安	四球	死球	三振	失点	自責
● 伊藤将	1	0	1	0	83	21	5	5	0	0	2	4	2
ブルワー	1	0	0	0	18	5	1	1	1	0	1	0	0
岩 貞	2	0	0	0	18	5	1	2	0	0	0	0	0
石 井	1	0	0	0	18	4	1	1	0	0	1	0	0
桐 敷	1	0	0	0	15	4	1	0	1	0	0	0	0

本塁打 オ 頓宮1号 （ソロ＝伊藤将）
盗塁刺 神 近本
残 塁 オ 7 神 9
失 策 神 伊藤将
審 判 (球)石山 (一)深谷 (二)嶋田 (三)津川 (左)川口 (右)福家

日本シリーズ

第4戦 11月1日(水) 甲子園 開始18:01 終了22:07(試合時間4時間06分) 入場者41,050人

	1	2	3		4	5	6		7	8	9		計
オリックス	0	1	0		0	0	0		2	0	0		3
阪　神	1	1	0		0	1	0		0	0	1X		4

〔オリックス〕

		打数	得点	安打	打点	四球	死球	三振	①	③	⑤		
(中)	中川　圭	4	0	1	0	0	0	1	二ゴロ	左安打	空三振	投犠打	二　飛
(三)	宗	4	0	2	2	1	0	1	左　飛	四　球	右中二	中安打	⑨左　飛
(捕)	森	5	0	2	0	0	0	1	空三振	遊併打	中　飛	投安打	中安打
(一)	頓宮								②中越三	空三振	一邪飛	右　飛	・・・
投	小木田	0	0	0	0	0	0	0					
投	宇田川	0	0	0	0	0	0	0					
打	石川	0	0	0	0	0	0	0					捕犠打
投	ワゲスパック	0	0	0	0	0	0	0					
(二)一	ゴンザレス	4	0	1	0	1	0	2	見逃三	④四　球	⑥中安打	空三振	二ゴロ
(遊)	紅林	3	0	2	1	0	0	0	右安打	一犠打	右　飛	⑧中安打	
(右)	野口	4	0	0	0	0	0	0	見逃三	四　球	一併打	3バ三	
(左)一左	廣岡	4	1	2	0	0	0	0	左安打	中　飛	⑦三ゴ失	中安打	
(投)	山崎福	2	0	0	0	0	0	1	右　飛	空三振			
投	比嘉	0	0	0	0	0	0	0					
投	阿部	0	0	0	0	0	0	0					
打	セデーニョ	1	0	0	0	0	0	0			⑧左安打		
走左	小田	0	1	0	0	0	0	0					
打	T-岡田	0	0	0	0	0	0	0					
打二	安達	1	0	0	0	0	0	0					三ゴロ
	計	35	3	12	3	3	0	8					

〔阪　神〕

		打数	得点	安打	打点	四球	死球	三振	①	③	⑤		
(中)	近本	4	3	3	1	1	0	0	左安打	左安打	中安打	中飛失	四　球
(二)	中野	2	0	0	1	0	1	0	投犠打	二ゴロ	投犠失	投　飛	故意四
(右)	森下	4	0	1	2	0	0	2	左中二	中　飛	遊ゴロ	空三振	故意四
(一)	大山	5	0	1	0	0	0	2	空三振	二　飛	遊ゴロ	空三振	左安打
(左)	ノイジー	4	0	1	0	0	0	0	三ゴロ	左安打	一　飛	⑧三ゴ失	
走左	島田	0	0	0	0	0	0	0					
(三)	佐藤輝	3	0	0	0	0	0	3	②空三振	空三振	⑥見逃三	・・・	
投	石井	0	0	0	0	0	0	0					
投	島本	0	0	0	0	0	0	0					
投	湯浅	0	0	0	0	0	0	0				捕犠打	
打投	岩崎	0	0	0	0	0	0	0					
投	坂本	0	0	0	0	0	0	0					
(捕)	木浪	4	0	0	0	0	0	2	空三振	④二ゴロ	遊ゴロ	空三振	
(遊)	木浪								二安打	遊ゴロ	左　飛	空三振	
(投)	才木	1	0	0	0	1	0	1	四　球	遊ゴロ	空三振		
投三	桐敷	2	0	1	0	0	0	1	・・・	・・・	⑦遊安打	⑨見逃三	
原口													
糸原													
	計	33	4	8	4	4	0	10					

〔オ〕	試合	勝	敗	S	球数	打者	投回	被安	四球	死球	三振	失点	自責
山﨑福	1	0	0	0	75	20	4+	6	1	0	5	3	2
比嘉	1	0	0	0	9	3	1	0	0	0	0	0	0
阿部	2	0	0	0	12	3	1	0	0	0	1	0	0
H小木田	3	0	0	0	13	5	1	1	0	0	0	0	0
H宇田川	3	0	0	0	9	4	1	0	0	0	2	0	0
●ワゲスパック	2	0	1	0	24	5	0.1	1	3	0	1	1	1

〔神〕	試合	勝	敗	S	球数	打者	投回	被安	四球	死球	三振	失点	自責
才木	1	0	0	0	95	22	5	5	3	0	6	1	1
桐敷	2	0	0	0	35	8	1.1	4	0	0	2	1	1
H石井	2	0	0	0	20	5	1	2	0	0	2	0	0
H島本	2	0	0	0	6	1	0.1	0	0	0	0	0	0
H湯浅	1	0	0	0	6	1	0.1	0	0	0	0	0	0
○岩崎	1	1	0	0	10	4	1	1	0	0	0	0	0

盗　塁　オ　廣岡
残　塁　オ　11　神　11
失　策　オ　山﨑福、中川圭、宗
　　　　　神　佐藤輝
併　殺　神　(木浪-大山)森、(大山-木浪-大山)野口
暴　投　オ　山﨑福、ワゲスパック2
審　判　(球)津川　(一)嶋田　(二)川口　(三)福家　(左)市川　(右)深谷

第5戦 11月2日(木) 甲子園 開始18:03 終了21:31 (試合時間3時間28分) 入場者41,031人

	1 2 3	4 5 6	7 8 9	計
オリックス	0 0 0	1 0 0	1 0 0	2
阪　神	0 0 0	0 0 0	0 6 X	6

〔オリックス〕

		打数	得点	安打	打点	四球	死球	三振				
(中)左	廣　岡	5	0	0	0	0	0	1	①遊ゴロ	左　飛	中　飛	三邪飛	空三振
(三)	宗　森	5	1	1	0	0	0	1	二ゴロ	中安打	空三振	中ゴロ	中　飛
(右)一	宮達本圭	4	0	0	0	1	0	0	②左安打	④遊ゴロ	⑥遊ゴロ	遊直	四　球
(一)二	頓安杉	3	0	1	0	1	0	0		空三振	二ゴロ	二ゴ失球	
(左)	川	3	0	0	0	0	0	1		空三振	二ゴロ	左　飛	
走二		1	0	0	0	0	0	0				右　飛	
(二)一	ゴンザレス	4	0	2	1	0	0	0	左安打	左中本	投ゴロ	⑧二ゴロ	
(遊)	紅若林月	4	1	2	0	0	0	1	右　飛	左越二	右安打	空三振	
(捕)	嶋颯川	4	0	0	0	0	0	3	見逃三	三　飛	空三振	空三振	
(投)投	田山宇阿	2	0	0	0	1	0	0	③投ゴロ	⑤投安打	⑦四　球		
投	崎部	0	0	0	0	0	0	0					
投	城	0	1	0	0	0	0	0					
打	大	1	0	0	0	0	0	0				⑨右　飛	
	計	36	2	7	1	2	0	8					

〔阪　神〕

		打数	得点	安打	打点	四球	死球	三振				
(中)二	近中本野	4	2	1	2	1	0	0	①右安打	③中　飛	空三振	右安打	
(二)右	中森下	4	1	1	2	0	0	0	投犠失	中安打	⑥左　飛	捕犠打	
(右)一	森大山	4	1	1	1	0	0	1	二ゴロ	遊併打	二右飛	左中三	
(一)左	大ノ一	3	0	0	0	1	0	0	②二ゴロ	④三ゴロ	⑦遊ゴロ	中安打	
走左	イジ田輝	3	0	0	0	1	0	0		中　飛	四　球		
(三)	島佐本	4	0	1	0	0	0	1	左中二	空三振	一ゴロ	捕邪飛	
(捕)	藤坂浪	4	2	2	0	0	0	0	中　飛	⑤左安打	三　直	右越三	
(遊)	木大竹	2	1	1	1	0	0	0	故意四	投犠打	⑧二安打	二ゴロ	
(投)	渡諒純	1	0	0	0	0	0	0	空三振	二ゴロ			
打	邉本井	1	0	0	0	0	0	0		二ゴロ			
投	島石湯	0	0	0	0	0	0	0					
投	浅原	0	0	0	0	0	0	0					
打	糸田	1	0	1	0	0	0	0			左安打		
走	植岩	0	0	0	0	0	0	0					
投	崎	0	0	0	0	0	0	0					
	計	30	6	10	6	2	0	4					

〔オ〕

	試合	勝	敗	S	球数	打者	投回	被安	四球	死球	三振	失点	自責
●田　嶋	1	0	0	0	83	25	7	4	1	0	4	0	0
山﨑颯	2	0	1	0	15	4	0.1	3	0	0	0	3	2
宇田川	4	0	0	0	11	2	0+	2	0	0	0	2	2
阿　部	3	0	0	0	16	4	0.2	1	1	0	1	0	0

〔神〕

	試合	勝	敗	S	球数	打者	投回	被安	四球	死球	三振	失点	自責
大　竹	1	0	0	0	82	21	5	6	0	0	4	1	1
西　純	1	0	0	0	32	7	1.1	1	1	0	1	1	0
島　本	3	0	0	0	4	2	0.1	0	0	0	0	0	0
石　井	3	0	0	0	8	2	0.1	0	1	0	0	0	0
○湯　浅	2	1	0	0	13	3	1	0	0	0	2	0	0
岩　崎	2	1	0	0	13	3	1	0	0	0	0	0	0

本塁打　オ　ゴンザレス1号(ソロ＝大竹)
盗塁刺　神　森下
残　塁　オ　9　神　5
失　策　オ　田嶋、安達
　　　　神　大山、中野、森下
併　殺　オ　(若月－ゴンザレス)、(紅林－ゴンザレス－頓宮)　森下
審　判　(球)福家　(一)川口　(二)市川　(三)深谷　(左)石山　(右)嶋田

第6戦 11月4日（土） 京セラドーム大阪 開始18:33 終了21:34（試合時間3時間01分） 入場者33,633人

```
阪　　神    0 1 0   0 0 0   0 0 0 │ 1
オリックス  0 2 0   0 2 0   0 1 X │ 5
```

〔阪　神〕		打数	得点	安打	打点	四球	死球	三振	①			
(中)	近本　　光司	5	0	1	0	0	0	1	左　飛	空三振	右　飛	右安打　二安打
(二)	中野　　拓夢	4	0	2	0	0	0	1	中　飛	中安打	見逃三	二安打　ニゴロ
(右)	森下　　翔太	4	0	0	0	0	0	3	空三振	空三振	空三振	二　飛
(一)	大山　　悠輔	4	0	0	0	0	0	2	右　飛	見逃三	一邪飛	空三振
(左)	ノイジー	4	1	1	1	0	0	0	右本打	遊ゴロ	遊ゴロ	遊ゴロ
(三)	佐藤　　輝明	4	0	1	0	0	0	1	右中二	一　直	左　飛	空三振
(指)	糸原　　健斗	4	0	2	0	0	0	1	中安打	二安打	遊ゴロ	空三振
(遊)	木浪　　聖也	4	0	0	0	0	0	2	見逃三	左安打	空三振	右安打
(捕)	坂本　　誠志郎	2	0	0	0	0	0	2	死　球	空三振	空三振	・・・
打	渡邉　　諒	1	0	0	0	0	0	1	・・・	・・・	・・・	見逃三
	計	36	1	9	1	0	1	14				

〔オリックス〕		打数	得点	安打	打点	四球	死球	三振	①			
(中)	中川　　圭太	3	1	2	1	0	0	0	左安打	左犠飛	中安打	遊　直
(三)	宗　　佑磨	2	0	0	0	0	0	0	投犠打	中　飛	投犠打	投ゴロ
(遊)	紅林　　弘太郎	1	1	1	2	3	0	0	四　球	四　球	左中本	四　球
右	森　　友哉	4	0	0	0	0	0	0	中　飛	遊併打	右　飛	左　飛
(一)	小　城宮	4	1	1	1	0	0	1	遊　直	空三振	二　飛	左本打
(二一)	ゴンザレス	4	1	1	0	0	0	1	中安打	三邪飛	一ゴロ	空三振
(左)	杉本　　裕太郎	2	0	1	0	1	0	0	左二塁	死　球	・・・	・・・
走左	福田　　周平	2	0	1	0	0	0	0	・・・	・・・	右線二	右　飛
(指)	セデーニョ	3	0	0	0	0	0	3	見逃三	空三振	空三振	・・・
打指	Ｔ－岡田	1	0	0	0	0	0	0	・・・	・・・	・・・	左　飛
(捕)	若月　　健矢	3	0	1	0	0	0	0	右安打	二　飛	捕ゴロ	・・・
	計	28	5	8	5	3	1	5				

〔神〕	試合	勝	敗	S	球数	打者	投回	被安	四球	死球	三振	失点	自責
●村　上	2	1	1	0	82	23	5	6	2	1	3	4	4
西　勇	2	0	1	0	52	12	3	2	1	0	2	1	1

〔オ〕	試合	勝	敗	S	球数	打者	投回	被安	四球	死球	三振	失点	自責
○山　本	2	1	1	0	138	37	9	9	0	1	14	1	1

本塁打　神　ノイジー1号（ソロ＝山本）
　　　　オ　紅林1号（2ラン＝村上）、頓宮2号（ソロ＝西勇）
残　塁　神　9　オ　6
併　殺　神　（木浪－中野－大山）　森
審　判　（球）深谷　（一）市川　（二）石山　（三）嶋田　（左）津川　（右）川口

第7戦 11月5日(日) 京セラドーム大阪 開始18:34 終了21:44（試合時間3時間10分） 入場者33,405人

```
阪　　神　0 0 0　3 3 0　0 0 1 │ 7
オリックス　0 0 0　0 0 0　0 0 1 │ 1
```

〔阪　神〕

			打数	得点	安打	打点	四球	死球	三振
(中)	近	本	5	1	4	0	0	0	1
(二)	中	野	5	1	1	0	0	0	1
(右)	森	下	4	2	3	2	0	0	0
(一)	大	山	4	1	1	2	1	0	1
(左)	ノイジー		5	1	2	4	0	0	0
(指)	原	口	3	0	0	0	1	0	0
打指	糸	原	1	0	0	0	0	0	1
(三)	佐	藤 輝	4	0	0	0	0	0	3
(遊)	木	浪	4	0	1	0	0	0	2
(捕)	坂	本	3	1	1	0	0	0	2
	計		38	7	12	7	0	1	8

〔オリックス〕

			打数	得点	安打	打点	四球	死球	三振
(中)	中 川 圭		4	0	0	0	0	0	0
(三)	宗		3	0	1	0	1	0	0
(遊)	紅 林		4	0	1	0	0	0	2
(捕)	森		4	0	0	0	0	0	0
(一)	頓 宮		4	1	1	1	0	0	0
(二)	ゴンザレス		4	0	1	0	0	0	0
(指)	杉 本		4	0	0	0	0	0	1
(右)	野 口		3	0	1	0	0	0	0
(左)	福 田		3	0	3	0	0	0	0
	計		33	1	8	1	1	0	5

〔神〕

	試合	勝	敗	S	球数	打者	投回	被安	四球	死球	三振	失点	自責
青 柳	1	0	0	0	79	19	4.2	4	1	0	3	0	0
島 本	4	0	0	0	6	1	0.1	0	0	0	0	0	0
○伊藤将	2	1	1	0	32	9	3	1	0	0	2	0	0
桐 敷	3	0	0	0	12	2	0.2	1	0	0	0	0	0
岩 崎	3	1	0	0	7	3	0.1	2	0	0	1	1	1

〔オ〕

	試合	勝	敗	S	球数	打者	投回	被安	四球	死球	三振	失点	自責
●宮 城	2	1	1	0	74	20	4.2	5	0	1	5	5	5
比 嘉	2	0	0	0	18	4	0.1	3	0	0	1	1	0
小木田	4	0	0	0	15	5	1	0	0	0	1	0	0
宇田川	5	0	0	0	8	3	1	0	0	0	0	0	0
山﨑颯	3	0	0	0	13	4	1	1	0	0	1	0	0
東	2	1	0	0	14	5	1	2	0	0	0	1	1

本塁打　神　ノイジー2号（3ラン＝宮城）
　　　　オ　頓宮3号（ソロ＝岩崎）
残塁　神　7　オ　6
失策　オ　頓宮
併殺　神　（伊藤将－木浪－大山）中川圭、（中野－木浪－大山）森
審判　（球）嶋田　(一)石山　(二)津川　(三)川口　(左)福家　(右)市川

阪 神 打 撃・守 備 成 績

選手名	試合	打席	打数	得点	安打	二塁打	三塁打	本塁打	打点	盗塁	盗塁刺	犠打	犠飛	四球計	故意四球	死球	三振	併殺打	打率	位置	試合	刺殺	補殺	失策	併殺	捕逸	守備率
＊糸原　健斗	7	11	10	0	4	0	0	0	4	0	0	0	0	1	0	0	2	0	.400	(三)	1	0	1	0	0		1.000
＋植田　　海	2	0	0	1	0	0	0	0	0	0	0	0	0	0	0	0	0	0	.000								
大山　悠輔	7	32	28	4	5	0	0	0	5	4	0	0	0	3	0	1	8	0	.179	(一)	7	61	2	2	6		.969
小野寺　暖	1	0	0	0	0	0	0	0	0	0	0	0	0	0	0	0	0	0	.000	(外)	1	0	0	0	0		.000
＊小幡　竜平	2	1	0	0	0	0	0	0	0	0	0	0	0	0	0	0	0	0	.000	(遊)	1	0	0	1	0		.000
＊木浪　聖也	7	27	25	5	10	1	0	0	11	1	0	0	1	1	0	1	6	1	.400	(遊)	7	12	18	0	6		1.000
熊谷　敬宥	3	0	0	0	0	0	0	0	0	0	0	0	0	0	0	0	0	0	.000								
坂本誠志郎	7	25	22	2	5	1	1	0	8	4	0	0	0	1	0	0	8	0	.227	(捕)	7	44	2	0	0	0	1.000
＊佐藤　輝明	7	27	27	1	4	2	0	0	6	1	1	0	0	0	0	0	12	0	.148	(三)	7	8	5	1	0		.928
＊島田　海吏	3	0	0	1	0	0	0	0	0	0	0	0	0	0	0	0	0	0	.000	(外)	3	1	0	0	0		1.000
＊近本　光司	7	33	29	8	14	1	1	0	17	4	0	1	0	4	0	0	5	0	.483	(外)	7	10	1	0	0		1.000
＊中野　拓夢	7	32	25	1	8	0	0	0	8	3	0	1	0	5	0	2	1	2	.320	(二)	7	16	18	1	3		.971
長坂　拳弥																				(捕)	1	0	0	0	0		1.000
ノイジー	7	29	28	3	7	0	0	2	13	5	0	0	0	3	0	0	3	0	.250	(外)	7	16	0	0	0		1.000
原口　文仁	2	4	3	0	0	0	0	0	0	0	0	0	0	0	0	0	2	0	.000	—							
ミエセス																											
森下　翔太	7	32	30	3	8	2	1	0	12	7	0	1	0	7	0	0	7	3	.267	(外)	7	15	0	1	0		.938
渡邉　　諒	4	6	6	1	1	0	0	0	1	1	0	0	0	0	0	0	3	0	.167	—							
青柳　晃洋	1	0	0	0	0	0	0	0	0	0	0	0	0	0	0	0	0	0	.000	(投)	1	0	0	0	0		.000
石井　大智	3	0	0	0	0	0	0	0	0	0	0	0	0	0	0	0	0	0	.000	(投)	3	0	0	0	0		.000
＊伊藤　将司	2	1	0	0	0	0	0	0	0	0	0	0	0	0	0	0	0	0	.000	(投)	2	0	1	1	1		.500
＊岩貞　祐太	2	0	0	0	0	0	0	0	0	0	0	0	0	0	0	0	0	0	.000	(投)	2	0	0	0	0		1.000
＊岩崎　　優	3	0	0	0	0	0	0	0	0	0	0	0	0	0	0	0	0	0	.000	(投)	3	0	1	0	0		1.000
＊大竹耕太郎	1	0	0	0	0	0	0	0	0	0	0	0	0	0	0	0	0	0	.000	(投)	1	0	0	0	0		.000
岡留　英貴	1	0	0	0	0	0	0	0	0	0	0	0	0	0	0	0	0	0	.000	(投)	1	0	0	0	0		.000
加治屋　蓮	2	0	0	0	0	0	0	0	0	0	0	0	0	0	0	0	0	0	.000	(投)	2	0	0	0	0		.000
＊桐敷　拓馬	3	1	0	0	0	0	0	0	0	0	0	0	0	0	0	0	0	0	.000	(投)	3	0	2	0	0		1.000
才木　浩人	1	2	1	0	0	0	0	0	1	0	0	0	0	0	0	0	1	0	.000	(投)	1	0	0	0	0		.000
＊島本　浩也	4	0	0	0	0	0	0	0	0	0	0	0	0	0	0	0	0	0	.000	(投)	4	0	0	0	0		.000
西　　純矢	1	0	0	0	0	0	0	0	0	0	0	0	0	0	0	0	0	0	.000	(投)	1	0	0	0	0		1.000
西　　勇輝	2	1	1	0	0	0	0	0	0	0	0	0	0	0	0	0	1	0	.000	(投)	2	0	3	1	0		.750
ビーズリー	1	0	0	0	0	0	0	0	0	0	0	0	0	0	0	0	0	0	.000	(投)	1	0	0	0	0		.000
ブルワー	1	0	0	0	0	0	0	0	0	0	0	0	0	0	0	0	0	0	.000	(投)	1	0	0	0	0		.000
＊村上　頌樹	2	0	0	0	0	0	0	0	0	0	0	0	0	0	0	0	0	0	.000	(投)	2	0	3	0	0		1.000
湯浅　京己	2	0	0	0	0	0	0	0	0	0	0	0	0	0	0	0	0	0	.000	(投)	2	0	0	0	0		.000
計	7	266	239	30	66	7	3	2	85	30	1	3	9	16	3	2	61	4	.276		7	183	60	6	(16)		.968

併殺欄（ ）内数字は個人合計

阪 神 投 手 成 績

選手名	試合	完投	交代完了	試合当初	補回試合	無失点勝	無四球試合	勝	敗	引分	セーブ	ホールド	HP	勝率	打者	打球数	投球回	安打	本塁打	犠打	犠飛	四球計	故意四球	死球	三振	暴投	ボーク	失点	自責点	防御率
青柳　晃洋	1	0	0	1	0	0	0	0	0	0	0	0	0	.000	19	18	4.2	4	0	0	1	0	0	3	0	0	0	0	0.00
石井　大智	3	0	0	0	0	0	0	0	0	0	0	1	1	.000	11	10	2.1	3	0	0	0	1	0	3	0	0	0	0	0.00
＊伊藤　将司	2	0	0	1	0	0	0	1	1	0	0	0	0	.500	30	30	8	6	1	0	0	1	0	4	0	0	4	2	2.25
＊岩貞　祐太	2	0	1	0	0	0	0	0	0	0	0	0	0	.000	8	7	2.2	3	2	0	0	1	0	1	0	0	1	1	3.86
＊岩崎　　優	3	0	3	0	0	0	0	0	0	0	3	0	0	1.000	10	9	2.1	3	1	0	0	1	0	1	0	0	1	1	3.86
＊大竹耕太郎	1	0	0	1	0	0	0	0	1	0	0	0	0	.000	21	21	5	5	1	0	0	4	0	4	0	0	1	1	1.80
岡留　英貴	1	0	0	0	0	0	0	0	0	0	0	0	0	.000	5	4	2.0	2	0	0	0	0	0	0	0	0	3	3	40.50
加治屋　蓮	2	0	1	0	0	0	0	0	0	0	0	0	0	.000	10	9	2.1	3	0	0	0	2	0	0	0	0	0	0	0.00
＊桐敷　拓馬	3	0	0	0	0	0	0	0	0	0	0	1	1	.000	14	12	3.5	3	0	0	0	2	0	2	0	0	2	1	3.00
才木　浩人	1	0	0	1	0	0	0	0	0	0	0	0	0	.000	22	18	5	5	1	0	0	3	0	5	0	0	1	1	1.80
＊島本　浩也	4	0	0	0	0	0	0	0	0	0	0	1	1	.000	6	6	1.1	1	0	0	0	1	0	4	0	0	0	0	0.00
西　　純矢	1	0	0	0	0	0	0	0	0	0	0	0	0	.000	7	6	1.1	1	0	0	0	1	0	1	0	0	0	0	0.00
西　　勇輝	2	0	1	0	0	0	0	0	0	0	0	0	0	.000	31	28	6.2	8	1	0	0	3	0	5	0	0	6	6	6.75
ビーズリー	1	0	0	0	0	0	0	0	0	0	0	0	0	.000	10	9	2.1	3	0	0	0	1	0	1	0	0	1	1	9.00
ブルワー	1	0	0	0	0	0	0	0	0	0	0	0	0	.000	5	2	1.1	1	0	0	0	1	0	1	0	0	0	0	0.00
村上　頌樹	1	0	0	1	0	0	0	1	0	0	0	0	0	.500	46	39	12	8	1	0	1	4	0	4	0	0	4	4	3.00
湯浅　京己	2	0	0	0	0	0	0	0	0	0	1	2	1	.000	4	4	1.1	0	0	0	0	0	0	3	0	0	0	0	0.00
計	7	0	7	7	0	1	0	4	3	0	0	3	6	.571	259	232	61	58	5	7	2	16	0	2	41	0	0	24	19	2.80

オリックス打撃・守備成績

選手名	試合	打席	打数	得点	安打	二塁打	三塁打	本塁打	塁打	打点	盗塁	盗塁刺	犠打	犠飛	四球	故意四球	死球	三振	併殺打	打率	位置	試合	刺殺	補殺	失策	併殺	捕逸	守備率
安達 了一	3	2	2	1	0	0	0	0	1	0	0	0	0	0	0	0	0	0	0	.000	(二)	3	3	2	1	0		.833
池田 陵真	1	4	4	0	0	0	0	0	0	0	0	0	0	0	0	0	0	2	1	.000	(外)	1	1	1	0	0		1.000
石川 亮	1	1	1	0	0	0	0	0	0	0	0	0	0	0	0	0	0	0	0	.000	(二)	—	—	—	—	—		—
大城 滉二	3	2	2	1	0	0	0	0	1	0	0	0	0	0	0	0	0	0	0	.000	(二)	2	1	1	0	0		1.000
＊小田 裕也	4	1	1	0	0	0	0	0	0	0	0	0	0	0	0	0	0	1	0	.000	(外)	4	0	0	0	0		.000
＊宜保 翔	1	0	0	0	0	0	0	0	0	0	0	0	0	0	0	0	0	0	0	.000	(二)	1	0	1	0	1		1.000
紅林弘太郎	7	28	20	4	8	1	0	1	12	3	0	0	2	0	6	0	0	5	0	.400	(遊)	7	7	21	0	4		1.000
＋ゴンザレス	7	25	23	2	7	1	0	1	11	4	0	0	2	0	0	0	0	5	0	.304	(一)	6	15	0	0	1		1.000
																					(二)	6	18	13	0	4		1.000
杉本裕太郎	3	9	8	1	1	0	0	0	1	0	0	0	0	0	1	0	0	2	0	.125	(外)	2	1	0	0	0		1.000
セデーニョ	4	9	9	0	2	0	0	0	2	0	0	0	0	0	4	0	0	4	0	.222	(外)	1	8	0	0	0		1.000
＊T-岡田	3	2	1	0	0	0	0	0	0	0	0	0	0	0	0	0	0	0	0	.000	—	—	—	—	—	—		—
頓宮 裕真	7	26	25	5	7	0	1	3	18	3	0	0	0	0	0	0	0	5	0	.280	(一)	5	24	0	1	1		.960
中川 圭太	7	27	25	1	6	0	0	0	6	0	0	0	0	0	1	0	0	2	1	.240	(一)	1	5	0	1	1		.833
																					(外)	6	9	0	1	0		.900
＊西野 真弘	2	5	4	0	1	0	0	0	1	0	0	0	0	0	1	0	0	1	0	.250	(二)	1	1	3	0	1		1.000
＊野口 智哉	4	13	12	1	4	0	0	0	4	1	0	0	0	0	1	0	0	3	0	.333	(外)	4	4	0	0	0		1.000
廣岡 大志	4	17	17	3	4	0	0	0	4	2	1	0	0	0	0	0	0	4	0	.235	(一)	1	4	0	0	0		1.000
																					(外)	4	10	0	0	0		1.000
＊福田 周平	2	5	5	0	4	1	0	0	5	1	0	0	0	0	0	0	0	0	0	.800	(外)	2	3	0	0	0		1.000
＊宗 佑磨	7	32	25	2	5	2	0	0	7	0	0	0	3	0	4	0	0	3	0	.200	(三)	7	5	9	1	0		.933
＊森 友哉	7	30	30	0	6	2	0	0	8	0	0	0	0	0	0	0	0	5	3	.200	(捕)	3	24	2	0	0	0	1.000
																					(外)	4	6	0	0	0		1.000
若月 健矢	4	14	13	0	2	1	0	0	3	0	0	0	0	0	0	0	0	3	0	.154	(捕)	4	37	5	0	2	0	1.000
東 晃平	2	2	2	1	0	0	0	0	0	0	0	0	0	0	0	0	0	0	0	.000	(投)	2	0	0	0	0		.000
＊阿部 翔太	1	0	0	0	0	0	0	0	0	0	0	0	0	0	0	0	0	0	0	.000	(投)	1	0	0	0	0		.000
宇田川優希	5	0	0	0	0	0	0	0	0	0	0	0	0	0	0	0	0	0	0	.000	(投)	5	0	1	0	0		1.000
小木田敦也	4	0	0	0	0	0	0	0	0	0	0	0	0	0	0	0	0	0	0	.000	(投)	4	0	0	0	0		.000
＊田嶋 大樹	1	3	2	0	1	0	0	0	1	0	0	0	0	0	0	0	0	1	0	.500	(投)	1	0	1	1	0		.500
比嘉 幹貴	2	0	0	0	0	0	0	0	0	0	0	0	0	0	0	0	0	0	0	.000	(投)	2	0	0	0	0		.000
平野 佳寿	1	0	0	0	0	0	0	0	0	0	0	0	0	0	0	0	0	0	0	.000	(投)	1	0	0	0	0		.000
＊宮城 大弥	1	0	0	0	0	0	0	0	0	0	0	0	0	0	0	0	0	0	0	.000	(投)	2	0	0	0	0		.000
山岡 泰輔	2	0	0	0	0	0	0	0	0	0	0	0	0	0	0	0	0	0	0	.000	(投)	2	0	0	0	0		.000
＊山﨑 福也	1	0	0	0	0	0	0	0	0	0	0	0	0	0	0	0	0	0	0	.000	(投)	1	0	1	1	1		.500
山﨑颯一郎	3	0	0	0	0	0	0	0	0	0	0	0	0	0	0	0	0	0	0	.000	(投)	3	0	0	0	0		.000
＊山田 修義	1	0	0	0	0	0	0	0	0	0	0	0	0	0	0	0	0	0	0	.000	(投)	1	0	0	0	0		.000
山本 由伸	2	0	0	0	0	0	0	0	0	0	0	0	0	0	0	0	0	0	0	.000	(投)	2	1	0	0	0		1.000
ワゲスパック	2	0	0	0	0	0	0	0	0	0	0	0	0	0	0	0	0	0	0	.000	(投)	2	1	0	0	0		1.000
																						(16)						
計	7	259	232	24	58	8	2	5	85	23	1	0	7	2	16	0	2	41	6	.250		7	184	66	7	6	0	.973

併殺欄（　）内数字は個人合計

オリックス投手成績

選手名	試合	完投	交代完了	試合当初	補回試合	無失点試合	無四球試合	勝利	敗北	引分	セーブ	ホールド	HP	勝率	打者	打数	投球回	安打	本塁打	犠打	犠飛	四球	故意四球	死球	三振	暴投	ボーク	失点	自責点	防御率
東 晃平	2	0	1	1	0	0	0	0	0	0	0	0	0	1.000	25	24	6	7	0	0	0	2	0	0	4	0	0	2	2	3.00
阿部 翔太	1	0	1	0	0	0	0	0	0	0	0	0	0	.000	13	11	2.2	3	0	0	0	2	0	0	2	0	0	2	2	6.75
宇田川優希	5	0	0	0	0	0	0	0	0	0	0	2	2	.000	17	15	4.1	3	0	0	2	0	0	0	6	0	0	2	2	4.15
小木田敦也	4	0	0	0	0	0	0	0	0	0	0	1	1	.000	17	16	4	3	0	1	0	0	0	0	4	0	0	0	0	0.00
＊田嶋 大樹	1	0	0	1	0	0	0	0	0	0	0	0	0	.000	25	22	7	4	0	0	0	3	0	0	6	0	0	1	0	0.00
比嘉 幹貴	2	0	0	0	0	0	0	0	0	0	0	0	0	.000	7	7	1.1	3	0	0	0	0	0	0	2	0	0	1	1	6.75
平野 佳寿	1	0	1	0	0	0	0	0	0	0	0	0	0	.000	5	5	1.1	0	0	0	0	0	0	0	1	0	0	0	0	0.00
＊宮城 大弥	2	0	0	2	0	0	0	1	1	0	0	0	0	.500	42	39	10.2	10	1	0	0	1	0	0	10	0	0	5	5	4.22
山岡 泰輔	2	0	0	0	0	0	0	0	1	0	0	0	0	.000	9	7	1.2	4	0	0	0	2	0	0	1	0	0	3	3	16.20
＊山﨑 福也	1	0	0	0	0	0	0	0	0	0	0	0	0	.000	20	17	4	4	0	1	0	1	0	0	2	0	0	3	2	4.50
山﨑颯一郎	3	0	0	0	0	0	0	0	0	0	0	0	0	.000	11	10	2.1	3	0	0	0	1	0	0	2	0	0	2	2	7.71
＊山田 修義	1	0	0	0	0	0	0	0	0	0	0	0	0	.000	2	1	0.1	1	0	0	0	0	0	0	0	0	0	0	0	0.00
山本 由伸	2	1	0	2	0	1	0	1	1	0	0	0	0	.500	64	62	14.2	19	1	1	0	4	0	0	21	1	0	8	8	4.91
ワゲスパック	2	0	2	0	0	0	0	0	0	0	1	0	0	.000	9	7	1.1	2	0	1	0	0	0	0	1	0	0	1	1	6.75
計	7	1	6	6	0	1	0	3	4	0	1	3	3	.429	266	239	61.1	66	2	9	0	16	3	2	61	3	0	30	28	4.11

チーム別優勝年度

巨　　　人（セントラル）… 22　1951～53, 55, 61, 63, 65～73, 81, 89, 94, 2000, 02, 09, 12
西　武（西鉄）（パシフィック）… 13　1956～58, 82, 83, 86～88, 90～92, 2004, 08
ソフトバンク（南海ダイエー）（パシフィック）… 11　1959, 64, 99, 2003, 11, 14, 15, 17～20
ヤクルト（セントラル）… 6　1978, 93, 95, 97, 2001, 21
オリックス（阪急）（パシフィック）… 5　1975～77, 96, 2022
ロッテ（毎日）（パシフィック）… 4　1950, 74, 2005, 10
広　　　島（セントラル）… 3　1979, 80, 84
日本ハム（東映）（パシフィック）… 3　1962, 2006, 16
横　浜（大洋）（セントラル）… 2　1960, 98
中　　　日（セントラル）… 2　1954, 2007
阪　　　神（セントラル）… 2　1985, 2023
楽　　　天（パシフィック）… 1　2013
セントラル・リーグ37勝、パシフィック・リーグ37勝

日本シリーズ監督出場回数

氏　名	チーム	出場	勝敗	内訳
川上　哲治	巨・東	11	11-0	
水原　　茂（円裕）	巨・東	9	5-4	（巨 8 4-4）（東 1 1-0）
鶴岡　一人（山本）	南	9	2-7	
西本　幸雄	毎・急・近	8	0-8	（毎 1 0-1）（急 5 0-5）（近 2 0-2）
森　　祇晶	武	8	6-2	
原　　辰徳	巨	7	3-4	
三原　　脩	西・洋	5	4-1	（西 4 3-1）（洋 1 1-0）
上田　利治	急	5	3-2	
野村　克也	南・ヤ	5	3-2	（南 1 0-1）（ヤ 4 3-1）
長嶋　茂雄	巨	5	2-3	
落合　博満	中	5	1-4	
工藤　公康	ソ	5	5-0	
古葉　竹識	広	4	3-1	
広岡　達朗	ヤ・武	4	3-1	（ヤ 1 1-0）（武 3 2-1）
藤田　元司	巨	4	2-2	
王　　貞治	巨・ダ	4	2-2	（巨 1 0-1）（ダ 3 2-1）
星野　仙一	中・神・楽	4	1-3	（中 2 0-2）（神 1 0-1）（楽 1 1-0）
仰木　　彬	近・オ	3	1-2	（近 1 0-1）（オ 2 1-1）
中嶋　　聡	オ	3	1-2	
藤本　定義	神	2	0-2	
東尾　　修	武	2	0-2	
T.ヒルマン	日	2	1-1	
梨田　昌孝	近・日	2	0-2	（近 1 0-1）（日 1 0-1）
秋山　幸二	ソ	2	2-0	
栗山　英樹	日	2	1-1	
緒方　孝市	広	2	1-1	
髙津　臣吾	ヤ	2	1-1	
岡田　彰布	神	2	1-1	

氏　名	チーム	出場	勝敗
湯浅　禎夫	毎	1	1-0
小西　得郎	松	1	0-1
天知　俊一	中	1	0-1
中西　　太	西ロ	1	0-1
濃人　　渉	ロ	1	0-1
金田　正一	ロ	1	1-0
与那嶺　要	中	1	0-1
大沢　啓二	日	1	0-1
近藤　貞雄	中	1	0-1
吉田　義男	神	1	1-0
阿南　準郎	広	1	0-1
山本　浩二	広	1	0-1
権藤　　博	横	1	1-0
若松　　勉	ヤ	1	1-0
伊原　春樹	武	1	0-1
伊東　　勤	武	1	0-1
B.バレンタイン	ロ	1	1-0
渡辺　久信	武	1	1-0
西村　徳文	ロ	1	1-0
和田　　豊	神	1	0-1
真中　　満	ヤ	1	0-1
A.ラミレス	ディ	1	0-1

対　戦　成　績

1950　毎　日（パ・監督湯浅）4勝、松　竹（セ・監督小西）2勝

	月　日	球　場				本　塁　打	入場者
①	11.　22	神　　宮	○若　林 3－2 大　島●				23,018
②	23	後　楽　園	○野　村 武 5－1 江　田●		呉（毎）		35,541
③	25	甲　子　園	●荒　巻 6－7 真　田○		本堂、荒巻（毎）		19,399
④	26	西　　宮	○若　林 3－5 大　島●		岩本（松）		35,518
⑤	27	中　　日	○野　村 武 3－2 真　田●				12,630
⑥	28	大　　阪	○野　村 武 8－7 大　島●		岩本 2（松）		22,035

1951　巨　人（セ・水原）4勝、南　海（パ・山本）1勝

①	10.　10	大　　阪	○藤　　本 5－0 江　藤●				29,074
②	11	〃	○別　　所 7－0 柚　木●		青田（巨）		27,639
③	13	後　楽　園	○松　　田 3－1 中　原●		樋笠（巨）		35,066
④	16	〃	●中　　尾 3－4 服　部○				31,937
⑤	17	〃	○藤　　本 8－2 柚　木●		与那嶺、千葉、川上、宇野（巨）、村上（南）		15,519
10. 14, 15 雨中止							

1952　巨　人（セ・水原）4勝、南　海（パ・山本）2勝

①	10.　11	後　楽　園	○別　　所 6－3 中　谷●		川上（巨）、飯田（南）		23,794
②	12	〃	○藤　　本 11－0 中　原●		与那嶺、藤本（巨）		26,799
③	14	大　　阪	●大　　友 0－4 柚　木○				23,744
④	15	〃	○別　　所 6－2 服　部●				20,117
⑤	16	〃	●藤　　本 1－4 江　田○				15,297
⑥	18	後　楽　園	○別　　所 3－2 柚　木●		森下（南）		34,595

1953　巨　人（セ・水原）4勝1分、南　海（パ・山本）2勝1分

①	10.　10	大　　阪	●別　　所 3－4 柚　木○				24,913
②	11	〃	○藤　　本 5－3 中　村●		与那嶺、千葉、南村（巨）、飯田（南）		30,524
③	12	後　楽　園	△別　　所 2－2 神　谷△		中原（南）		22,546
④	13	〃	○大　　友 3－0 中　谷●				25,953
⑤	14	大　　阪	○入　　谷 5－0 柚　木●		岩本（巨）		21,652
⑥	15	甲　子　園	●藤　　本 0－2 神　谷○				6,346
⑦	16	後　楽　園	○大　　友 4－2 大　神●		松井、木塚（南）		21,332
10. 12　8回終了降雨コールドゲーム　10. 9雨中止							

1954　中　日（セ・天知）4勝、西　鉄（パ・三原）3勝

①	10.　30	中　　日	○杉　　下 5－1 西　村●		児玉（中）、日比野（西）		29,245
②	31	〃	○石　　川 5－0 大　津●		西沢（中）		30,303
③	11.　2	平　和　台	●大　　島 0－5 河　村○		日比野（西）		23,994
④	3	〃	●杉　　下 0－3 川　崎○				25,185
⑤	4	〃	○杉　　下 3－2 河　村●		日比野（西）		19,771
⑥	6	中　　日	●石　　川 1－4 大　津○				27,776
⑦	7	〃	○杉　　下 1－0 河　村●				23,215

1955　巨　人（セ・水原）4勝、南　海（パ・山本）3勝

①	10.　15	大　　阪	○別　　所 4－1 宅　和●		川上（巨）		22,448
②	16	〃	●大　　友 0－2 小　畑○		飯田（南）		27,784
③	18	後　楽　園	●中　　尾 0－2 戸　川○		岡本（南）		17,324
④	21	〃	●別　　所 2－5 戸　川○				19,373
⑤	22	〃	○別　　所 9－5 小　畑●		藤尾（巨）、飯田、深見（南）		17,320
⑥	23	大　　阪	○中　　尾 3－1 中　村●				22,695
⑦	24	〃	○別　　所 4－0 戸　川●				17,775
10. 19, 20 雨中止							

1956　西　鉄（パ・三原）4勝、巨　人（セ・水原）2勝

①	10.　10	後　楽　園	●川　　崎 0－4 大　友○				24,632
②	11	〃	○島　　原 6－3 別　所●		中西、関口（西）、川上、別所（巨）		19,108
③	13	平　和　台	○稲　　尾 5－4 別　所●		豊田（西）、広岡（巨）		23,528
④	14	〃	○稲　　尾 2－0 大　友●		中西（西）		24,459
⑤	15	〃	●西　　村 7－12 義　原○		関口 2（西）		19,042
⑥	17	後　楽　園	○稲　　尾 5－1 別　所●		関口（西）、岩本（巨）		27,994
10. 9 雨中止							

1957　西　鉄（パ・三原）4勝1分、巨　人（セ・水原）0勝1分

①	10.　26	平　和　台	○稲　　尾 2－1 大　友●		豊田（西）		23,992
②	27	〃	○河　　村 2－1 藤　田●		宮本（巨）		24,373
③	30	後　楽　園	○稲　　尾 5－4 義　原●		大下、関口（西）、与那嶺、宮本（巨）		30,484
④	31	〃	△島　　原 0－0 堀　内△				27,649
⑤	11.　1	〃	○島　　原 6－5 木　戸●		和田 2（西）、十時、川上（巨）		30,519
10. 31 10回日没							

1958　西　鉄（パ・三原）4勝、巨　人（セ・水原）3勝
① 10. 11　後　楽　園　●稲　尾 2－9 大　友○　豊田（西）、広岡、長嶋（巨）　35,217
② 　　12　　〃　　　　●島　原 3－7 堀　内○　豊田（西）　35,953
③ 　　14　平　和　台　●稲　尾 0－1 藤　田○　　31,575
④ 　　16　　〃　　　　○稲　尾 6－4 藤　田●　豊田2（西）、広岡（巨）　27,044
⑤ 　　17　　〃　　　　○稲　尾 4－3 大　友●　中西、稲尾（西）、与那嶺（巨）　25,193
⑥ 　　20　後　楽　園　○稲　尾 2－0 藤　田●　中西（西）　31,745
⑦ 　　21　　〃　　　　○稲　尾 6－1 堀　内●　中西（西）、長嶋（巨）　20,961
10. 15 雨中止

1959　南　海（パ・鶴岡）4勝、巨　人（セ・水原）0勝
① 10. 24　大　　　阪　○杉　浦 10－7 義　原●　岡本2（南）　30,038
② 　　25　　〃　　　　○杉　浦 6－3 藤　田●　長嶋（巨）　30,288
③ 　　27　後　楽　園　○杉　浦 3－2 義　原●　野村（南）、坂崎（巨）　32,056
④ 　　29　　〃　　　　○杉　浦 3－0 藤　田●　　32,266
10. 28 雨中止

1960　大　洋（セ・三原）4勝、大　毎（パ・西本）0勝
① 10. 11　川　　　崎　○秋　山 1－0 中　西●　金光（洋）　18,354
② 　　12　　〃　　　　○島　田　源 3－2 小　野●　榎本（毎）　18,421
③ 　　14　後　楽　園　○権　藤 6－5 中　西●　近藤昭（洋）、柳田（毎）　31,586
④ 　　15　　〃　　　　○秋　山 1－0 小　野●　　32,409

1961　巨　人（セ・川上）4勝、南　海（パ・鶴岡）2勝
① 10. 22　大　　　阪　●中　村　稔 0－6 スタンカ○　野村、寺田、穴吹（南）　30,720
② 　　24　　〃　　　　○堀　本 6－4 皆　川●　穴吹（南）　26,845
③ 　　26　後　楽　園　○伊　藤 5－4 スタンカ●　宮本（南）　30,878
④ 　　29　　〃　　　　○堀　本 4－3 森　中●　広瀬、杉山（南）　33,186
⑤ 　　30　　〃　　　　●藤　田 3－6 スタンカ○　長嶋（巨）、野村、寺田（南）　30,135
⑥ 11. 1　大　　　阪　○中　村　稔 3－2 スタンカ●　王(巨)、野村、寺田（南）　21,565
10. 21, 23, 27, 28 雨中止

1962　東　映（パ・水原）4勝1分、阪　神（セ・藤本）2勝1分
① 10. 13　甲　子　園　●尾　崎 5－6 村　山○　吉田勝（東）　35,731
② 　　14　　〃　　　　●土　橋 0－5 村　山○　藤本（神）　35,995
③ 　　16　神　　　宮　△土　橋 2－2 バッキー△　毒島（東）　38,733
④ 　　17　　〃　　　　○安　藤　元 3－1 小　山●　　37,726
⑤ 　　18　後　楽　園　○土　橋 6－4 小　山●　吉田勝、岩下（東）、藤本（神）　30,187
⑥ 　　20　甲　子　園　○安　藤　元 7－4 村　山●　張本（東）、吉田義（神）　20,681
⑦ 　　21　　〃　　　　○土　橋 2－1 村　山●　西園寺（東）　29,686
10. 16 14回日没

1963　巨　人（セ・川上）4勝、西　鉄（パ・中西）3勝
① 10. 26　平　和　台　●伊　藤 1－6 稲　尾○　山崎正(巨)、和田、ウイルソン（西）　29,806
② 　　27　　〃　　　　○藤　田 9－6 安　部●　王(巨)、ウイルソン（西）　29,969
③ 　　30　後　楽　園　○伊　藤 8－2 稲　尾●　長嶋(巨)　30,384
④ 　　31　　〃　　　　●宮　田 1－4 安　部○　田中久(西)　29,960
⑤ 11. 1　　〃　　　　○高　橋　明 2－1 井　上　善●　長嶋2、王(巨)、バーマ(西)　30,386
⑥ 　 3　平　和　台　●伊　藤 0－6 稲　尾○　バーマ(西)　27,079
⑦ 　 4　　〃　　　　○高　橋　明 18－4 稲　尾●　王2、柳田、柴田、池沢(巨)、伊藤(西)　17,436
10. 29 雨中止

1964　南　海（パ・鶴岡）4勝、阪　神（セ・藤本）3勝
① 10. 1夜　甲　子　園　○スタンカ 2－0 村　山●　　19,904
② 　 2夜　　〃　　　　●杉　浦 2－5 バッキー○　　19,190
③ 　 4夜　大　　　阪　●スタンカ 4－5 石　川○　ローガン、ハドリ（南）、藤井2（神）　29,932
④ 　 5夜　　〃　　　　○新　山 4－3 村　山●　ハドリ（南）、山内2（神）　30,107
⑤ 　 6夜　　〃　　　　●皆　川 3－6 バーンサイド○　森下（南）、安藤、辻佳（神）　26,962
⑥ 　 9夜　甲　子　園　○スタンカ 4－0 バッキー●　　25,471
⑦ 　10夜　　〃　　　　○スタンカ 3－0 村　山●　　15,172
10. 8 雨中止

1965　巨　人（セ・川上）4勝、南　海（パ・鶴岡）1勝
① 10. 30　大　　　阪　○金　田 4－2 杉　浦●　王2、柴田（巨）　30,094
② 　　31　　〃　　　　○宮　田 6－4 三　浦●　長嶋（巨）　30,139
③ 11. 3　後　楽　園　○金　田 9－3 杉　浦●　王、長嶋（巨）　32,151
④ 　 4　　〃　　　　●中　村 2－4 林○　　31,089
⑤ 　 5　　〃　　　　○宮　田 3－2 杉　浦●　野村（南）　26,803
11. 2 雨中止

1966 巨 人（セ・川上） 4勝、南 海（パ・鶴岡） 2勝
①	10. 12	後 楽 園	○城 之 内12－5渡 辺●	長嶋(巨)、堀込、国貞(南)	27,145
②	13	〃	●堀 内2－5渡 辺○	柴田(巨)、小池、中島(南)	27,395
③	16	大 阪 〃	○城 内3－2渡 辺●	王(巨)	29,978
④	17	〃	○金 田8－1皆 川●	王、柳田(巨)、穴吹(南)	30,178
⑤	18	〃	●城 之 内3－4合 田○	長嶋(巨)、ハドリ、小池(南)	19,791
⑥	19	後 楽 園	○益 田4－0皆 川●	柴田、黒江(巨)	29,112

10. 15 雨中止

1967 巨 人（セ・川上） 4勝、阪 急（パ・西本） 2勝
①	10. 21	西 宮	○金 田7－3米 田●	スペンサー(急)	35,455
②	22	〃	○堀 内1－0足 立●		37,591
③	24	後 楽 園	○城 之 内6－1梶 本●	王、森(巨)	26,739
④	25	〃	●金 田5－9足 立○	柴田(巨)、阪本、森本(急)	29,447
⑤	26	〃	○堀 内3－6足 立●	国松2(巨)、スペンサー(急)	29,654
⑥	28	西 宮	○城 之 内9－3梶 本●	長嶋、王、高倉(巨)、スペンサー、岡村(急)	18,601

1968 巨 人（セ・川上） 4勝、阪 急（パ・西本） 2勝
①	10. 12	後 楽 園	●金 田4－5米 田○	長嶋(巨)、矢野、大石(急)	24,482
②	14	〃	○城 之 内6－1足 立●	柴田(巨)、長池(急)	24,923
③	16	西 宮	○金 田9－4米 田●	王2、柴田、森(巨)	19,462
④	17	〃	○金 田6－5石 井 茂●	長嶋(巨)、長池2(急)	16,390
⑤	18	〃	●金 田4－6梶 本○		15,225
⑥	20	後 楽 園	○堀 内7－5大 石●	柴田、王(巨)、山口(急)	29,229

10. 13 雨中止

1969 巨 人（セ・川上） 4勝、阪 急（パ・西本） 2勝
①	10. 26	西 宮	○高 橋 明6－5水 谷●	長嶋(巨)	32,831
②	27	〃	●高 橋 一1－2足 立○	高田(巨)	24,106
③	29	後 楽 園	○堀 内7－3梶 本●	長嶋2(巨)、石井晶、阪本(急)	31,088
④	30	〃	○堀 内9－4宮 本●	王(巨)、長池、石井晶(急)	29,900
⑤	31	〃	●堀 内3－5足 立○	黒江(巨)、ウインディ2、長池(急)	29,197
⑥	11. 2	西 宮	○高 橋 一9－2宮 本●	王、長嶋、黒江(巨)、石井晶(急)	33,242

10. 25 雨中止

1970 巨 人（セ・川上） 4勝、ロッテ（パ・濃人） 1勝
①	10. 27	後 楽 園	○堀 内1－0木 樽●	黒江(巨)	33,209
②	29	〃	○倉 田6－3成 田●	王(巨)、井石(ロ)	31,609
③	31	東 京	○山 内5－3小 山●	長嶋2(巨)	26,542
④	11. 1	〃	●高 橋 一5－6佐 藤 元○	長嶋2、高田、王(巨)、井石(ロ)	31,515
⑤	2	〃	○高 橋 一6－2木 樽●	黒江(巨)、江藤(ロ)	31,281

10. 28 雨中止

1971 巨 人（セ・川上） 4勝、阪 急（パ・西本） 1勝
①	10. 12	西 宮	○堀 内2－1足 立●		23,503
②	13	〃	●菅 原6－8米 田○	王、長嶋、柳田、黒江(巨)	19,914
③	15	後 楽 園	○関 本3－1山 田●	王(巨)	33,867
④	16	〃	○堀 内7－4足 立●	末次(巨)	42,182
⑤	17	〃	○高 橋 一6－1米 田●	長池(急)	43,467

1972 巨 人（セ・川上） 4勝、阪 急（パ・西本） 1勝
①	10. 21	後 楽 園	○堀 内5－3山 田●	末次2(巨)、住友、長池(急)	38,010
②	23	〃	○堀 内6－4児 玉●	長池(急)	39,666
③	25	西 宮	●堀 内3－5足 立○	長嶋(巨)、加藤2(急)	34,582
④	26	〃	○菅 原3－1山 田●		31,129
⑤	28	〃	○高 橋 一8－3戸 田●	王、長嶋、黒江、森(巨)、大熊、長池(急)	27,269

10. 22, 27 雨中止

1973 巨 人（セ・川上） 4勝、南 海（パ・野村） 1勝
①	10. 27	大 阪	●高 橋 一3－4江 本○	土井、森(巨)	27,027
②	28	〃	○堀 内3－2佐 藤●	上田(巨)	28,135
③	30	後 楽 園	○堀 内8－2松 原●	堀内2(巨)、門田博(南)	34,713
④	31	〃	○高 橋 一6－2江 本●	王(巨)	38,270
⑤	11. 1	〃	○倉 田5－1西 岡●	王(巨)	37,671

1974 ロッテ（パ・金田） 4勝、中 日（セ・与那嶺） 2勝
①	10. 16	中 日	●村 田4－5星 野 仙○	弘田(ロ)	22,148
②	17	〃	●成 重8－5星 野 仙○	山崎、有藤(ロ)、広瀬(中)	24,798
③	19	後 楽 園	●成 田4－5松 本○	前田(ロ)、谷沢2、島谷(中)	29,103
④	20	〃	○金 田6－3渋 谷●	弘田、有藤(ロ)、高木守、マーチン(中)	43,128
⑤	21	〃	○木 樽2－0鈴 木 孝●		28,187
⑥	23	中 日	○村 田3－2星 野 仙●	千田(ロ)、大島(中)	23,433

日本シリーズ

1975 阪　急（パ・上田）4勝2分、広　島（セ・古葉）0勝2分

①	10. 25	西　　宮	△山　口 3－3 金　城△	大熊、マルカーノ(急)			24,694
②	26	〃	○佐　田 5－1 伯　内●	シェーン(広)			36,418
③	28	広　　島	○山　口 7－4 宮　本●	中沢、大橋(急)、山本浩(広)			25,000
④	30	〃	△山　口 4－4 外 木 場△	森本(急)、山本浩、山本一(広)			25,002
⑤	31	〃	○山　田 2－1 伯　内●	衣笠(広)			25,077
⑥	11. 2	西　　宮	○戸　田 7－3 池　谷●	中沢(急)、ホプキンス(広)			30,371

10. 29 雨中止

1976 阪　急（パ・上田）4勝、巨　人（セ・長嶋）3勝

①	10. 23	後　楽　園	○山　口 6－4 小　林●	中沢(急)、王(巨)			40,659
②	25	〃	○足　立 5－4 ライト●	王(巨)			47,452
③	27	西　　宮	○山　田 10－3 加　藤●	マルカーノ(急)			29,241
④	29	〃	●山　口 2－4 小　林○	福本(急)、王、柴田(巨)			23,443
⑤	30	〃	●山　田 3－5 ライト○	ライト(巨)			26,099
⑥	11. 1	後　楽　園	●山　口 7－8 小　林○	ウイリアムス(急)、淡口、柴田(巨)			44,948
⑦	2	〃	○足　立 4－2 ライト●	森本、福本(急)、高田(巨)			45,967

10. 24, 28 雨中止

1977 阪　急（パ・上田）4勝、巨　人（セ・長嶋）1勝

①	10. 22	西　　宮	○山　田 7－2 小　林●	王、張本(巨)			27,971
②	23	〃	○足　立 3－0 堀　内●				31,070
③	25	後　楽　園	●山　口 2－5 浅　野○	島谷(急)、王、河埜(巨)			37,914
④	26	〃	○山　田 5－2 浅　野●	張本(巨)			42,433
⑤	27	〃	○白　石 6－3 新　浦●	加藤秀(急)、柴田(巨)			41,006

1978 ヤクルト（セ・広岡）4勝、阪　急（パ・上田）3勝

①	10. 14	後　楽　園	●安　田 5－6 山　田○	船田、マニエル、大矢(ヤ)、高井、河村(急)			34,218
②	15	〃	○松　岡 10－6 今 井 雄●	マニエル、角、大杉(ヤ)、福本、マルカーノ(急)			39,406
③	17	西　　宮	●鈴　木 0－5 足　立○				20,296
④	18	〃	○西　井 6－5 今 井 雄●	ヒルトン(ヤ)			20,456
⑤	19	〃	○井　原 7－3 山　田●	若松、大杉(ヤ)、マルカーノ(急)			18,298
⑥	21	後　楽　園	●鈴　木 3－12 白　石○	船田(ヤ)、島谷、ウイリアムス、中沢、福本(急)			44,956
⑦	22	〃	○松　岡 4－0 足　立●	大杉2、マニエル(ヤ)			36,359

1979 広　島（セ・古葉）4勝、近　鉄（パ・西本）3勝

①	10. 27	大　　阪	●北　別　府 2－5 井　本○				25,121
②	28	〃	●山　根 0－4 鈴　木○	有田修(近)			27,848
③	30	広　　島	●池　谷 3－2 柳　田○	水谷(近)			29,032
④	31	〃	○福　士 5－3 井　本●	水谷、高橋慶(広)、マニエル、有田修(近)			29,057
⑤	11. 1	〃	○山　根 1－0 鈴　木●				29,090
⑥	3	大　　阪	○池　谷 2－6 井　本●	三村、山本浩(広)、梨田(近)			27,813
⑦	4	〃	○山　根 4－3 柳　田●	水沼(広)、平野(近)			24,376

1980 広　島（セ・古葉）4勝、近　鉄（パ・西本）3勝

①	10. 25	広　　島	●江　夏 4－6 柳　田○	ライトル2(広)、羽田(近)			29,037
②	26	〃	●池　谷 2－9 鈴　木○	吹石、マニエル(近)			29,668
③	28	大　　阪	○江　夏 4－3 井　本●	水谷、山本浩(広)			17,371
④	29	〃	○山　根 2－0 井　本●	ライトル(広)			21,254
⑤	30	〃	●池　谷 2－6 鈴　木○	水谷(広)			22,287
⑥	11. 1	広　　島	○福　士 6－2 村　田●	水谷、山本浩(広)、栗橋(近)			29,297
⑦	2	〃	○山　根 8－3 鈴　木●	衣笠(広)			29,952

1981 巨　人（セ・藤田）4勝、日本ハム（パ・大沢）2勝

①	10. 17	後　楽　園	●角　 5－6 工　藤○	松原(巨)、ソレイタ、柏原、岡持(日)			36,056
②	18	〃	○西　本 2－1 間　柴●	ホワイト(巨)、ソレイタ(日)			42,376
③	20	〃	○定　岡 2－3 工　藤●	中畑(巨)			36,180
④	21	〃	○江　川 8－2 成　田●	平田、河埜、原、山倉(巨)、柏原(日)			38,627
⑤	23	〃	○西　本 9－0 高橋一●	平田、山倉、篠塚(巨)			31,419
⑥	25	〃	○江　川 6－3 間　柴●	原、河埜(巨)、井上弘(日)			43,604

10. 22 雨中止

1982 西　武（パ・広岡）4勝、中　日（セ・近藤）2勝

①	10. 23	ナ ゴ ヤ	○東　尾 7－3 小　松●	スティーブ、大田(武)、モッカ(中)			29,196
②	24	〃	○小　林 7－1 都●	西岡(武)			29,194
③	26	西　　武	●東　尾 3－4 牛　島○	上川(中)			25,342
④	27	〃	○小　林 3－5 小　松●	谷沢(中)			29,323
⑤	28	〃	○東　尾 3－1 小　松●	大島(中)			26,230
⑥	30	ナ ゴ ヤ	○小　林 9－4 鈴　木●	大田、片平、テリー(武)			28,725

1983 西 武（パ・広岡）4勝、巨 人（セ・藤田）3勝

①	10. 29	西 武	○松 沼 博	6－3	江 川●	田淵(武)、河埜(巨)		32,954
②	30	〃	●高 橋	0－4	西 本 聖○	原(巨)		33,696
③	11. 1	後 楽 園	○東 尾	4－5	加 藤●	テリー(武)、クルーズ(巨)		40,279
④	2	〃	○松 沼 雅	7－4	加 藤●	立花、山崎(武)、原、山倉(巨)		43,436
⑤	3	〃	●森	2－5	西 本 聖○	田淵(武)、原、クルーズ(巨)		43,500
⑥	5	西 武	○永 射	4－3	江 川●	大田(武)		31,396
⑦	7	〃	○東 尾	3－2	西 本 聖●	山倉(巨)		33,242

11. 6 雨中止

1984 広 島（セ・古葉）4勝、阪 急（パ・上田）3勝

①	10. 13	広 島	○小 林	3－2	山 田●	長嶋(広)、福原(急)		28,863
②	14	〃	●北 別 府	2－5	山 沖○	簑田(急)		31,289
③	16	西 宮	○川 口	8－3	佐 藤●	山本浩、長嶋、高橋、衣笠(広)		19,022
④	18	〃	●大 野	3－2	山 田○	衣笠、松永(急)		22,162
⑤	19	〃	●北 別 府	2－6	今 井○	小林晋(急)		14,442
⑥	21	広 島	●川 口	3－8	山 沖○	達川(広)、福原(急)		30,442
⑦	22	〃	○山 根	7－2	山 田●	衣笠、長嶋(広)、弓岡(急)		25,720

10. 17 雨中止

1985 阪 神（セ・吉田）4勝、西 武（パ・広岡）2勝

①	10. 26	西 武	●池 田	3－0	松 沼 博○	バース(神)		32,463
②	27	〃	○ゲイル	2－1	高 橋●	バース(神)、石毛(武)		32,593
③	29	甲 子 園	●中 田	4－6	東 尾○	バース、嶋田宗(神)、石毛、岡村(武)		51,355
④	30	〃	●福 間	2－4	永 射○	真弓(神)、スティーブ、西岡(武)		51,554
⑤	31	〃	○福 間	7－2	小 野●	掛布、長崎(神)、大田(武)		51,430
⑥	11. 2	西 武	○ゲイル	9－3	高 橋●	長崎、真弓、掛布(神)、石毛(武)		32,371

1986 西 武（パ・森）4勝1分、広 島（セ・阿南）3勝1分

①	10. 18	広 島	△松 沼 雅	2－2	津 田△	小早川、山本浩(広)		26,037
②	19	〃	○工 藤	1－2	大 野●	秋山(武)		26,652
③	21	西 武	●郭	4－7	長 冨○	石毛(武)		31,769
④	22	〃	●渡 辺	1－3	津 田○			32,136
⑤	23	〃	○工 藤	2－1	北 別 府●			32,395
⑥	25	広 島	○渡 辺	3－1	大 野●	大田、清原(武)、長嶋(広)		26,107
⑦	26	〃	○松 沼	3－1	長 冨●	長嶋(広)		26,101
⑧	27	〃	○渡 辺	3－2	金 石●	秋山(武)、金石(広)		16,828

1987 西 武（パ・森）4勝、巨 人（セ・王）2勝

①	10. 25	西 武	●東 尾	3－7	加 藤○	中畑、駒田(巨)		32,365
②	26	〃	○工 藤	6－0	西 本●	石毛、秋山、清原(武)		32,434
③	28	後 楽 園	●郭	2－1	川 口○	ブコビッチ、石毛(武)		40,608
④	29	〃	●松 沼 博	0－4	槙 原○	原、篠塚(巨)		40,829
⑤	30	〃	○東 尾	3－1	桑 田●			41,383
⑥	11. 1	西 武	○工 藤	3－1	水 野●	清家(武)、原(巨)		32,323

10. 24 雨中止

1988 西 武（パ・森）4勝、中 日（セ・星野）1勝

①	10. 22	ナ ゴ ヤ	○渡 辺	5－1	小 野●	清原、石毛(武)		28,963
②	23	〃	●郭	3－7	郭○	川又(中)		28,953
③	25	西 武	○工 藤	4－3	山 本●	石毛、清原、彦野、宇野(中)		32,081
④	26	〃	○森 山	6－0	杉 本●	秋山、清原、辻(武)		32,261
⑤	27	〃	○松 沼 博	7－6	郭●	清原、石毛(武)、宇野(中)		32,304

1989 巨 人（セ・藤田）4勝、近 鉄（パ・仰木）3勝

①	10. 21	藤 井 寺	●斎 藤	3－4	阿 波 野○	岡崎(巨)、大石、鈴木(近)		23,477
②	22	〃	●桑 田	3－6	佐 藤 秀○	中尾(巨)		24,207
③	24	東京ドーム	●宮 本	0－3	加 藤 哲○	光山(近)		45,711
④	25	〃	○香 田	5－0	小 野●			45,825
⑤	26	〃	○斎 藤	6－1	阿 波 野●	原(巨)、ブライアント(近)		45,717
⑥	28	藤 井 寺	○桑 田	3－1	山 崎●	岡崎(巨)、リベラ(近)		23,030
⑦	29	〃	○香 田	8－5	加 藤 哲●	駒田、原、中畑、クロマティ(巨)		23,091
						真喜志、村上、大石(近)		

1990 西 武（パ・森）4勝、巨 人（セ・藤田）0勝

①	10. 20	東京ドーム	○渡 辺 久	5－0	槙 原●	デストラーデ(武)		46,008
②	21	〃	○潮 崎	9－5	斎 藤●	伊東、デストラーデ(武)、岡崎、篠塚(巨)		46,153
③	23	西 武	○渡 辺 智	7－0	桑 田●	秋山(武)		31,804
④	24	〃	○郭	7－3	宮 本●	川相、村田(巨)		31,804

日本シリーズ

1991 西　武（パ・森）4勝、広　島（セ・山本）3勝

①	10. 19	西	武	○工　藤11－3佐々岡●	清原、デストラーデ、秋山、石毛(武)、アレン(広)	31,770
②	20	〃		●　郭　2－4川　口○	デストラーデ(武)	31,903
③	22	広	島	○渡辺久1－0北別府●	秋山(武)	27,713
④	23	〃		●渡辺智3－7佐々岡○	長内(広)	28,591
⑤	24	〃		●工　藤0－3川　口○	アレン(広)	28,669
⑥	26	西	武	○石　井6－1金　石●	秋山(武)	31,900
⑦	28	〃		○工　藤7－1佐々岡●	秋山(武)	32,011

10. 27 雨中止

1992 西　武（パ・森）4勝、ヤクルト（セ・野村）3勝

①	10. 17	神	宮	●鹿　取3－7岡　林○	デストラーデ2(武)、古田、杉浦(ヤ)	34,767
②	18	〃		●　郭　2－0荒　木○	清原(武)	35,876
③	21	西	武	○石　井6－1石　井●	広沢克(ヤ)	31,370
④	22	〃		●鹿　取1－0岡　林○	清原(武)	31,457
⑤	23	〃		●潮　崎6－7伊　東○	デストラーデ(武)、ハウエル、池山(ヤ)	31,489
⑥	25	神	宮	●潮　崎7－8伊　東○	石毛、鈴木健(武)、橋上、池山、ハウエル、秦(ヤ)	35,391
⑦	26	〃		○石　井2－1岡　林●		34,101

10. 20 雨中止

1993 ヤクルト（セ・野村）4勝、西　武（パ・森）3勝

①	10. 23	西	武	○荒　木8－5工　藤●	ハウエル、池山(ヤ)、伊東、秋山(武)	31,785
②	24	〃		○西　村5－2　郭　●		32,169
③	26	神	宮	●伊　東2－7渡　辺久○	田辺、秋山(武)	30,147
④	27	〃		○川　崎1－0石井丈●		33,882
⑤	28	〃		●宮　本2－7鹿　取○	荒井(ヤ)、清原、鈴木健(武)	35,208
⑥	31	西	武	●西　村2－4　郭　○	秋山(武)	32,020
⑦	11. 1	〃		○川　崎4－2渡　辺久●	広沢克(ヤ)、清原(武)	32,028

10. 30 雨中止

1994 巨　人（セ・長嶋）4勝、西　武（パ・森）2勝

①	10. 22	東京ドーム		●桑　田0－11渡辺久○	清原、田辺(武)	46,177
②	23	〃		○横　原1－0工　藤●		46,342
③	25夜	西	武	○石　毛2－1石井丈●		31,838
④	26夜	〃		●木　田5－6石井丈○	松井、大久保(巨)、清原(武)	31,883
⑤	27夜	〃		●桑　田9－3杉　山○	吉村、緒方、コトー(巨)、清原2(武)	31,872
⑥	29	東京ドーム		○横　原3－1工　藤●	コトー(巨)	46,307

1995 ヤクルト（セ・野村）4勝、オリックス（パ・仰木）1勝

①	10. 21夜	神	戸	○ブロス5－2佐　藤●	大野(ヤ)	32,486
②	22夜	〃		○山　部3－2平　井●	オマリー(ヤ)、D・J(オ)	32,475
③	24夜	神	宮	○高　津7－4平　井●	ミューレン、池山(ヤ)	32,915
④	25夜	〃		●伊　東1－2小　林○	小川、D・J(オ)	32,911
⑤	26夜	〃		○ブロス3－1高橋功●	オマリー(ヤ)、イチロー(オ)	33,112

1996 オリックス（パ・仰木）4勝、巨　人（セ・長嶋）1勝

①	10. 19夜	東京ドーム		○鈴　木4－3河　野●	イチロー(オ)、大森(巨)	45,121
②	20夜	〃		○フレーザー2－0横　原●		45,086
③	22夜	神	戸	○野　田5－2ガルベス●	マック、仁志(巨)	33,026
④	23夜	〃		●豊　田1－5木　田○	大森(巨)	33,070
⑤	24夜	〃		○伊　藤5－2斎藤雅●	仁志(巨)	33,222

1997 ヤクルト（セ・野村）4勝、西　武（パ・東尾）1勝

①	10. 18夜	西	武	○石　井一1－0西　口●	テータム(ヤ)	31,634
②	19夜	〃		●山　部5－6　森　慎○	河田(武)	31,397
③	21夜	神	宮	○高　津5－3渡　辺久●	古田(ヤ)	32,867
④	22夜	〃		○川　崎7－1新　谷●	佐藤真(ヤ)	32,877
⑤	23夜	〃		○石　井一3－0西　口●		33,056

1998 横　浜（セ・権藤）4勝、西　武（パ・東尾）2勝

①	10. 18夜	横	浜	○野　村9－4西　口●	高木大(武)	29,025
②	19夜	〃		○斎藤隆4－0豊　田●	石井琢(横)	29,076
③	22夜	西武ドーム		●三　浦2－7潮　崎○	谷繁(横)	31,599
④	23夜	〃		●野　村2－4石　井○	鈴木尚(横)、中嶋、マルティネス(武)	31,685
⑤	24夜	〃		○斎藤隆17－5横　田●	ローズ(横)、鈴木、ペンバートン(武)	31,756
⑥	26夜	横	浜	○阿波野2－1西　口●		29,289

10. 17, 21 雨中止

1999 ダイエー（パ・王）4勝、中　日（セ・星野）1勝

①	10. 23夜	福岡ドーム		○工　藤3－0野　口●	秋山(ダ)	36,199
②	24夜	〃		●若田部2－8川　上○	秋山(ダ)	36,305
③	26夜	ナゴヤドーム		○永　井5－0山　本昌●	城島(ダ)	37,732
④	27夜	〃		●星　野3－0武　田○	小久保(ダ)	37,798
⑤	28夜	〃		○吉　田6－4野　口●	ゴメス、中村(中)	37,911

2000 巨　人（セ・長嶋）4勝、ダイエー（パ・王）2勝

①	10.21夜	東京ドーム	●槙　原3－5吉　田○	松井(巨)、城島、松中、ニエベス(ダ)	43,848
②	22夜	〃	●メ　イ3－8渡辺正○	城島(ダ)	43,850
③	23夜	福岡ドーム	○上　原9－3ラジオ●	高橋由、松井(巨)、城島(ダ)	36,625
④	26夜	〃	○斎藤雅2－1田之上●	江藤(巨)、ニエベス(ダ)	36,701
⑤	27夜	〃	○高橋尚6－0若田部●	高橋由、江藤、村田真(巨)	36,787
⑥	28夜	東京ドーム	○メ　イ9－3永　井●	松井(巨)、城島(ダ)	44,033

2001 ヤクルト（セ・若松）4勝、近　鉄（パ・梨田）1勝

①	10.20夜	大阪ドーム	○石井一7－0パウエル●	ラミレス、古田(ヤ)	33,837
②	21夜	〃	●五十嵐6－9岡　本○	真中(ヤ)、中村、水口、ローズ(近)	33,277
③	23夜	神　宮	○入　来9－2バーグマン●	真中(ヤ)	30,443
④	24夜	〃	○ニューマン2－1岡　本●	副島(ヤ)、ローズ(近)	32,145
⑤	25夜	〃	○山　本4－2パウエル●		32,568

2002 巨　人（セ・原）4勝、西　武（パ・伊原）0勝

①	10.26夜	東京ドーム	○上　原4－1松　坂●	清水、清原(巨)、カブレラ(武)	45,107
②	27夜	〃	○桑　田9－4石　井●	カブレラ(武)	45,223
③	29夜	西武ドーム	○工　藤10－2　張●	清原、二岡、高橋由(巨)、松井(武)	30,933
④	30夜	〃	○高橋尚6－2松　坂●	斉藤(巨)、エバンス(武)	31,072

2003 ダイエー（パ・王）4勝、阪　神（セ・星野）3勝

①	10.18夜	福岡ドーム	○篠　原5－4安　藤●	城島(ダ)	36,105
②	19夜	〃	○杉　内13－0伊良部●	城島、ズレータ、バルデス(ダ)	36,246
③	22夜	甲子園	●篠　原1－2吉　野○	金本(神)	47,159
④	23夜	〃	●新　垣5－6ウィリアムス○	松中(ダ)、金本2(神)	47,200
⑤	24夜	〃	●斉　藤2－3下　柳○	バルデス(ダ)、金本(神)	47,336
⑥	26夜	福岡ドーム	○杉　内5－1伊良部●	井口、バルデス(ダ)、桧山(神)	36,188
⑦	27夜	〃	○和　田6－2ムーア●	城島2、井口(ダ)、関本、広澤(神)	35,963

10.21 雨中止

2004 西　武（パ・伊東）4勝、中　日（セ・落合）3勝

①	10.16夜	ナゴヤドーム	○石井貴2－0川　上●	和田(武)	37,909
②	17夜	〃	●松坂大6－11バルデス○	フェルナンデス、和田(武)、立浪(中)	37,969
③	19夜	西武ドーム	○大　沼10－8岡　本●	カブレラ2、中島(武)、谷繁、リナレス(中)	23,910
④	21夜	〃	●　張　2－8山　井○	中島(武)、リナレス、アレックス、井上(中)	29,073
⑤	22夜	〃	●西　口1－6川　上○	立浪、アレックス(中)	31,526
⑥	24夜	ナゴヤドーム	○松坂大4－2山本昌●	和田2(武)	38,120
⑦	25夜	〃	○石井貴7－2ドミンゴ●	カブレラ、平尾(武)	38,050

10.20 台風接近のため中止

2005 ロッテ（パ・バレンタイン）4勝、阪　神（セ・岡田）0勝

①	10.22夜	千葉マリン	○清　水10－1井　川●	今江、李承燁、里崎、ベニー(ロ)	28,333
②	23夜	〃	○渡辺俊10－0安　藤●	サブロー、フランコ、李承燁(ロ)	28,354
③	25夜	甲子園	○小林宏10－1下　柳●	福浦(ロ)	47,753
④	26夜	〃	○セラフィニ3－2杉　山●	李承燁(ロ)	47,810

10.22 7回裏一死濃霧コールドゲーム

2006 日本ハム（パ・ヒルマン）4勝、中　日（セ・落合）1勝

①	10.21夜	ナゴヤドーム	●ダルビッシュ2－4川　上○	セギノール(日)、井端、福留(中)	38,009
②	22夜	〃	○八　木5－2山本昌●	セギノール(日)、井端、福留(中)	38,095
③	24夜	札幌ドーム	○武田勝6－1朝　倉●	稲葉(日)	41,798
④	25夜	〃	○金　村3－0中　田●		41,835
⑤	26夜	〃	○ダルビッシュ4－1川　上●	セギノール、稲葉(日)	42,030

2007 中　日（セ・落合）4勝、日本ハム（パ・ヒルマン）1勝

①	10.27夜	札幌ドーム	●川　上3－1ダルビッシュ○	セギノール(日)	40,616
②	28夜	〃	○中　田8－1グリン●	李炳圭、森野(中)、セギノール(日)	40,770
③	30夜	ナゴヤドーム	○朝　倉9－1武田勝●		38,068
④	31夜	〃	○鈴　木4－2吉　川●		38,059
⑤	11.1夜	〃	○山　井1－0ダルビッシュ●		38,118

2008 西　武（パ・渡辺）4勝、巨　人（セ・原）3勝

①	11.1夜	東京ドーム	○涌　井2－1上　原●	後藤、中島(武)	44,757
②	2夜	〃	○岡本真2－3越　智●	中島(武)、ラミレス(巨)	44,814
③	4夜	西武ドーム	●石井一2－4内　海○	中村、鈴木尚、ラミレス、小笠原(巨)	24,495
④	5夜	〃	○　岸　5－0グライシンガー●	中村2(武)	27,930
⑤	6夜	〃	●涌　井3－7西村健○	平尾(武)、阿部(巨)	28,763
⑥	8夜	東京ドーム	○　岸　4－1高橋尚●	平尾(武)	44,749
⑦	9夜	〃	○星　野3－2越　智●	ボカチカ(武)、坂本(巨)	44,737

日本シリーズ

2009 巨 人（セ・原）4勝、日本ハム（パ・梨田）2勝
① 10.31夜　札幌ドーム　○ゴンザレス4－3武田勝●　谷（巨）、スレッジ（日）　40,650
② 11. 1夜　　〃　　　　●内　海2－4ダルビッシュ○　亀井（巨）、稲葉（日）　40,718
③ 　　3夜　東京ドーム　○オビスポ7－4糸　数●　李承燁、阿部、小笠原（巨）、稲葉、小谷野、田中（日）　45,150
④ 　　4夜　　〃　　　　●高橋尚4－8八　木○　ラミレス（巨）、高橋（日）　45,133
⑤ 　　5夜　　〃　　　　○山　口3－2武田久●　亀井、阿部（巨）、高橋（日）　45,160
⑥ 　　7夜　札幌ドーム　○内　海2－0武田勝●　40,714

2010 ロッテ（パ・西村）4勝1分、中 日（セ・落合）2勝1分
① 10.30夜　ナゴヤドーム　○成　瀬5－2吉　見●　清田、井口（ロ）、和田、谷繁（中）　38,066
② 　　31夜　　〃　　　　●マーフィー1－12チェン○　ブランコ（中）　38,065
③ 11. 2夜　千葉マリン　○渡辺俊7－1山　井●　26,923
④ 　　3夜　　〃　　　　●伊　藤3－4高　橋○　井口（ロ）　27,197
⑤ 　　4夜　　〃　　　　○ペ　ン10－4中田賢●　サブロー（ロ）、ブランコ（中）　27,209
⑥ 　　6夜　ナゴヤドーム　△小林宏2－2久　本△　38,094
⑦ 　　7夜　　〃　　　　○伊　藤8－7浅　尾●　38,075

2011 ソフトバンク（パ・秋山）4勝、中 日（セ・落合）3勝
① 11. 12　福岡ヤフードーム　●馬　原1－2浅　尾○　和田、小池（中）　34,457
② 　　13夜　　〃　　　　●馬　原1－2平　井○　34,758
③ 　　15夜　ナゴヤドーム　○攝　津4－2ネルソン●　多村、細川（ソ）　38,041
④ 　　16夜　　〃　　　　○ホールトン2－1川　井●　38,041
⑤ 　　17夜　　〃　　　　○山　田5－0チェン●　38,051
⑥ 　　19夜　福岡ヤフードーム　●和　田1－2吉　見○　34,927
⑦ 　　20夜　　〃　　　　○杉　内3－0山　井●　34,737

2012 巨 人（セ・原）4勝、日本ハム（パ・栗山）2勝
① 10. 27夜　東京ドーム　○内　海8－1吉　川●　ボウカー（巨）、陽（日）　44,981
② 　　28夜　　〃　　　　○澤　村1－0武田勝●　長野（巨）　44,932
③ 　　30夜　札幌ドーム　●ホールトン3－7ウルフ○　稲葉（日）　36,942
④ 　　31夜　　〃　　　　●西　村0－1宮　西○　40,433
⑤ 11. 1夜　　〃　　　　○内　海10－2吉　川●　ボウカー（巨）　40,579
⑥ 　　3夜　東京ドーム　○高木京4－3石　井●　長野（巨）、中田（日）　45,018

2013 楽 天（パ・星野）4勝、巨 人（セ・原）3勝
① 10. 26夜　Kスタ宮城　●則　本0－2内　海○　村田（巨）　25,209
② 　　27夜　　〃　　　　○田　中2－1菅　野●　寺内（巨）　25,219
③ 　　29夜　東京ドーム　○美　馬5－1杉　内●　矢野（巨）　44,940
④ 　　30夜　　〃　　　　●長谷部5－6マシソン○　ジョーンズ（楽）　44,968
⑤ 　　31夜　　〃　　　　○則　本4－2西　村●　村田（巨）　44,995
⑥ 11. 2夜　Kスタ宮城　●田　中2－4菅　野○　ロペス（巨）　25,271
⑦ 　　3夜　　〃　　　　○美　馬3－0杉　内●　牧田（楽）　25,249

2014 ソフトバンク（パ・秋山）4勝、阪 神（セ・和田）1勝
① 10. 25夜　甲　子　園　●スタンリッジ2－6メッセンジャー○　李大浩（ソ）　45,293
② 　　26夜　　〃　　　　○武　田2－1能　見●　李大浩（ソ）　45,259
③ 　　28夜　福岡ヤフオクドーム　○大　隣5－1藤　浪●　中村（ソ）　35,527
④ 　　29夜　　〃　　　　○サファテ5－2安　藤●　中村（ソ）　35,861
⑤ 　　30夜　　〃　　　　○五十嵐1－0メッセンジャー●　36,068

2015 ソフトバンク（パ・工藤）4勝、ヤクルト（セ・真中）1勝
① 10. 24夜　福岡ヤフオクドーム　○武　田4－2石　川●　松田（ソ）、畠山（ヤ）　35,732
② 　　25夜　　〃　　　　○バンデンハーク4－0小　川●　李大浩、中村晃（ソ）　35,764
③ 　　27夜　神　　宮　　●千　賀4－8ロマン○　今宮、明石（ソ）、山田3、畠山（ヤ）　31,037
④ 　　28夜　　〃　　　　○攝　津6－4館　山●　細川（ソ）　31,288
⑤ 　　29夜　　〃　　　　○スタンリッジ5－0石　川●　李大浩（ソ）　31,239

2016 日本ハム（パ・栗山）4勝、広 島（セ・緒方）2勝
① 10. 22夜　マ　ツ　ダ　●大　谷1－5ジョンソン○　レアード（日）、松山、エルドレッド（広）　30,619
② 　　23夜　　〃　　　　●増　井1－5野　村○　エルドレッド（広）　30,638
③ 　　25夜　札幌ドーム　○バ　ー　ス4－3大瀬良●　エルドレッド（広）　40,503
④ 　　26夜　　〃　　　　○谷　元3－1ジャクソン●　中田、レアード（日）　40,599
⑤ 　　27夜　　〃　　　　○バ　ー　ス5－1中　崎●　西川（日）　40,633
⑥ 　　29夜　マ　ツ　ダ　○バ　ー　ス10－4ジャクソン●　レアード（日）、丸（広）　30,693

2017 ソフトバンク（パ・工藤）4勝、DeNA（セ・ラミレス）2勝
① 10. 28夜　福岡ヤフオクドーム　○千　賀10－1井　納●　長谷川勇（ソ）　36,183
② 　　29夜　　〃　　　　●石　川4－3パットン○　梶谷、宮崎（ディ）　36,082
③ 　　31夜　横　　浜　　○石　川3－2ウィーランド●　ロペス（ディ）　27,153
④ 11. 1夜　　〃　　　　●和　田0－6濵　口○　宮崎、高城（ディ）　27,162
⑤ 　　2夜　　〃　　　　●モイネロ4－5砂　田○　中村晃（ソ）、筒香（ディ）　27,180
⑥ 　　4夜　福岡ヤフオクドーム　○サファテ4－3エスコバー●　松田、内川（ソ）、白崎（ディ）　36,118

2018　ソフトバンク（パ・工藤）4勝1分、広　島（セ・緒方）1勝1分

①	10. 27夜	マ　ツ　ダ	△モイネロ2－2中　田△	菊池(広)	30,727
②	28夜	〃	●バンデンハーク1－5ジョンソン○		30,724
③	30夜	福岡ヤフオクドーム	○ミランダ9－8九　里●	デスパイネ、髙谷(ソ)、安部2、鈴木2(広)	35,746
④	31夜	〃	○東　浜4－1野　村●	上林、デスパイネ(ソ)、鈴木(広)	35,796
⑤	11. 1夜	〃	○加治屋5－4中　崎●	明石、柳田(ソ)、丸、會澤(広)	35,917
⑥	3夜	マ　ツ　ダ	○バンデンハーク2－0ジョンソン●	グラシアル(ソ)	30,723

2019　ソフトバンク（パ・工藤）4勝、巨　人（セ・原）0勝

①	10. 19夜	福岡ヤフオクドーム	○千　賀7－2山　口●	グラシアル(ソ)、阿部、大城(巨)	37,194
②	20夜	〃	○髙橋礼6－3大　竹●	松田宣、柳田、福田(ソ)	37,052
③	22夜	東京ドーム	○石　川6－2菅　野●	グラシアル(ソ)、亀井2(巨)	44,411
④	23夜	〃	○和　田4－3野　●	グラシアル(ソ)、岡本(巨)	44,708

2020　ソフトバンク（パ・工藤）4勝、巨　人（セ・原）0勝

①	11. 21夜	京セラドーム大阪	○千　賀5－1菅　野●	栗原(ソ)	16,489
②	22夜	〃	○石　川13－2今　村●	甲斐、グラシアル、デスパイネ(ソ)、ウィーラー(巨)	16,333
③	24夜	福岡PayPayドーム	○ム　ア4－0サンチェス●	中村晃(ソ)	17,297
④	25夜	〃	○松　井4－1畠　●	柳田、甲斐(ソ)	19,679

2021　ヤクルト（セ・高津）4勝、オリックス（パ・中嶋）2勝

①	11. 20夜	京セラドーム大阪	●マクガフ3－4比　嘉○	村上(ヤ)、モヤ(オ)	19,297
②	21夜	〃	○髙　橋2－0宮　城●		17,075
③	23夜	東京ドーム	○石　山5－4吉田凌●	サンタナ(ヤ)、杉本(オ)	24,565
④	24夜	〃	○石　川2－1増　井●	サンタナ(ヤ)	20,617
⑤	25夜	〃	●マクガフ5－6山　岡○	村上、山田(ヤ)、ジョーンズ(オ)	20,580
⑥	27夜	ほっともっと神戸	○マクガフ2－1吉田凌●		15,239

2022　オリックス（パ・中嶋）4勝1分、ヤクルト（セ・高津）2勝1分

①	10. 22夜	神　宮	●山　本3－5小　川○	塩見、オスナ、村上(ヤ)	29,402
②	23夜	〃	△近　藤3－3木　澤△	内山壮(ヤ)	29,410
③	25夜	京セラドーム大阪	○宮　城1－7髙　橋●	山田(ヤ)	33,098
④	26夜	〃	○宇田川1－0石　川●		33,210
⑤	27夜	〃	○ワゲスパック6－4マクガフ●	吉田正2(オ)、サンタナ(ヤ)	33,135
⑥	29夜	神　宮	○山﨑福3－0小　川●		29,379
⑦	30夜	〃	○宮　城5－4サイスニード●	太田(オ)、オスナ(ヤ)	29,381

2023　阪神（セ・岡田）4勝、オリックス（パ・中嶋）3勝

①	10. 28夜	京セラドーム大阪	○村　上8－0山　本●		33,701
②	29夜	〃	●西　勇0－8宮　城○		33,584
③	31夜	甲子園	●伊藤将4－5東　○	頓宮(オ)	40,994
④	11. 1夜	〃	○岩　崎4－3ワゲスパック●		41,050
⑤	2夜	〃	○湯　浅6－2山﨑颯●	ゴンザレス(オ)	41,031
⑥	4夜	京セラドーム大阪	●村　上1－5山　本○	ノイジー(神)、紅林(オ)、頓宮(オ)	33,633
⑦	5夜	〃	○伊藤将7－1宮　城●	ノイジー(神)、頓宮(オ)	33,405

退　場

年 月 日	試　　合	球　　場	退場者と理由
1969. 10. 30	巨　人　－　阪　急 ④	（後 楽 園）	阪急・岡村捕手は本塁上での判定を不服とし岡田球審に暴行を働く。
2012. 11. 1	日本ハム　－　巨　　人 ⑤	（札幌ドーム）	日本ハム・多田野投手の投球が巨人・加藤選手の頭部への死球となり、危険球と判定。
2013. 10. 30	巨　人　－　楽　天 ④	（東京ドーム）	楽天・宮川投手の投球が巨人・寺内選手の頭部への死球となり、危険球と判定。

中　断

年 月 日	試　　合	球　　場	中断時間	中　断　理　由
1953. 10. 12	巨　人　－　南　海 ③	（後 楽 園）	12分と 3分	降雨（2度）→コールドゲーム
1954. 11. 2	西　鉄　－　中　日 ③	（平 和 台）	12分と 5分	審判員の判定に抗議（2度）
1957. 11. 1	巨　人　－　西　鉄 ⑤	（後 楽 園）	6分	投手のケガ治療
1965. 10. 31	南　海　－　巨　人 ②	（大　阪）	5分	降雨
1968. 10. 12	巨　人　－　阪　急 ③	（後 楽 園）	6分	審判員の判定に抗議
1969. 10. 30	巨　人　－　阪　急 ④	（後 楽 園）	3分	審判員の判定に抗議 → 退場
1974. 10. 16	中　日　－　ロ ッ テ ③	（中　日）	7分	審判員の判定に抗議
1978. 10. 22	ヤクルト　－　阪　急 ⑦	（後 楽 園）	1時間19分	〃
1984. 10. 21	広　島　－　阪　急 ⑥	（広　島）	6分	打者のケガ治療
1989. 10. 28	近　鉄　－　巨　人 ⑥	（藤 井 寺）	5分	捕手のケガ治療
1996. 10. 24	オリックス　－　巨　人 ⑤	（神　戸）	10分	審判員の判定に抗議
2004. 10. 16	中　日　－　西　武 ①	（ナゴヤドーム）	49分	〃
2005. 10. 22	ロ ッ テ　－　阪　神 ①	（千葉マリン）	34分	濃霧→コールドゲーム

──────◇──────◇──────◇──────◇──────

延長規定
1950～63, 65, 66	日没まで
1964	10時30分以後新しいイニングに入らない。
1967～81	5時30分を過ぎて新しいイニングに入らない。
1982～86	試合開始から4時間30分を過ぎて新しいイニングに入らない。
1987～93	第7戦まで18回で打ち切り、第8戦以降勝敗が決定するまで行う。
1994～2017	第7戦まで15回で打ち切り、第8戦以降勝敗が決定するまで行う。
2018～	第7戦まで12回で打ち切り、第8戦以降勝敗が決定するまで行う。

指名打者制（1975よりパ・リーグで採用）
1975～84, 86	使用しない。
1985, 2020	全試合使用。
1987～	パ・リーグのホームゲームで使用。

ナイトゲーム、デーゲーム
1950～63, 65～93	全試合デーゲーム。
1994	平日ナイトゲーム。
1964, 95～2010, 12～	全試合ナイトゲーム。
2011	第1戦のみデーゲーム。

デーゲーム開催の規定（2008～）
　　　　　　　　①土日、祭日のみ可能。
　　　　　　　　②ナイトゲーム翌日のデーゲームは不可。
　　　　　　　　※予備日を使用した場合の移動を考慮し、第6、7戦はデーゲーム開催不可。

日本シリーズ記録集

（注）（補回・参考）は、9回までのゲーム最多記録を補
　回で上回ったもの。

I. 全般記録

a. シリーズ開始が最も早かったとき
　　'64.10. 1① 甲子園
b. シリーズ終了が最も早かったとき
　　'64.10.10⑦ 甲子園
c. シリーズ開始が最も遅かったとき
　　'50.11.22① 神宮
d. シリーズ終了が最も遅かったとき
　　'50.11.28⑥ 大阪
e. シリーズ補回試合（55試合）
　　15回…'10⑥
　　14回…'62③、'66⑤、'86①
　　13回…'75④
　　12回…14試合
　　11回…10試合
　　10回…26試合
f. シリーズ最多補回試合
　　4…'62 東　映－阪神　①③⑤⑦
　　　　'92 西　武－ヤクルト　①⑤⑥⑦
g. シリーズ最多連続補回試合
　　3…'92 西　武－ヤクルト　⑤～⑦
　　　　'95 ヤクルト－オリックス　②～④
h. 最長時間試合
　　（補回、4時間30分以上）
　　5時間43分…'10⑥ 中 2－2ロ　ナゴヤドーム(15回)
　　5時間 3分…'22② ヤ 3－3オ　神　宮(12回)
　　5時間　 …'21⑥ オ 1－2ヤ　ほっともっと神戸(12回)
　　4時間56分…'10⑦ 中 7－8ロ　ナゴヤドーム(12回)
　　4時間49分…'75④ 広 4－3急　広　島(13回)
　　4時間45分…'97② 武 6－5ヤ　西　武(10回)
　　4時間41分…'10④ ロ 3－4中　千葉マリン(11回)
　　4時間38分…'95④ ヤ 1－2オ　神　宮(12回)
　　　　　　　'18① 広 2－2ソ　マ ツ ダ(12回)
　　4時間36分…'80① 広 4－6近　広　島(12回)
　　4時間32分…'86① 広 2－2武　広　島(14回)
　　（9回、4時間以上）
　　4時間15分…'98⑤ 武 5－17横　西武ドーム
　　4時間18分…'06④ 日 3－0中　札幌ドーム
　　4時間 7分…'78⑦ ヤ 4－0急　後楽園
　　　　　　　（中断1時間19分含む）
　　　　　　　'01② 近 9－6ヤ　大阪ドーム
　　　　　　　'13④ 巨 6－5楽　東京ドーム
　　4時間 6分…'04④ 武 2－8中　西武ドーム
　　　　　　　'15④ ヤ 4－8ソ　神　宮
　　　　　　　'23④ 神 4－3オ　甲子園
　　4時間 4分…'12③ 日 7－3巨　札幌ドーム
　　4時間 1分…'86⑥ 広 2－2武　マ ツ ダ
　　4時間　 …'82⑥ 中 4－9武　ナ ゴ ヤ
　　　　　　　'04③ 武10－8中　西武ドーム
　　　　　　　'04⑥ 中 2－4武　ナゴヤドーム
i. 最短時間試合
　　1時間35分…'52⑤ 南 4－1巨　大　阪
　　1時間36分…'53⑦ 巨 4－2南　後楽園
　　　　　　　'54④ 西 3－0中　平和台
　　1時間38分…'50② 毎 5－1松　後楽園
　　　　　　　'54⑦ 中 1－0西　中　日
j. 継投による完全試合
　　'07⑤ 中　日 投手 山井　大介(8回)
　　　　　　　　　　　岩瀬　仁紀(1回)
k. サヨナラ試合（42試合、※は優勝決定 4試合）
　　'50③ 松7－6毎　 9回 三村　勲(松)単 打
　　　⑥ 毎8－7松 11回 松竹・金山次郎の失策※

'53① 南4－3巨 12回 村上　一治 (南) 単 打(代打)
'57① 西2－1巨 9回 河野　昭修 (西) 単 打
'58⑤ 西4－3巨 10回 稲尾　和久 (西) 本塁打(投手)
'61④ 巨4－3南 9回 宮本　敏雄 (巨) 単 打
'62① 神6－5東 10回 吉田　義男 (神) 二塁打
　 ⑤ 東6－4神 11回 岩下　光一 (東) 本塁打
'64④ 南4－3神 9回 ハ　ド　リ (南) 本塁打
'65⑤ 巨3－2南 9回 土井　正三 (巨) 本塁打※
'66⑤ 南4－3巨 14回 ハ　ド　リ (南) 本塁打
'69② 急2－1巨 10回 長池　徳二 (急) 単 打
'70① 巨1－0ロ 11回 黒江　透修 (巨) 単 打
'71③ 巨3－1急 9回 王　貞治 (巨) 本塁打
'74① 中5－4ロ 9回 高木　守道 (中) 二塁打
'76⑥ 巨8－7急 10回 高田　繁 (巨) 本塁打
'77③ 巨5－2急 12回 河埜　和正 (巨) 本塁打
'81① 日6－5巨 10回 井上　弘昭 (日) 単 打(代打)
'83③ 巨5－4武 9回 中畑　清 (巨) 単 打
　 ⑤ 巨5－2武 9回 クルーズ (巨) 本塁打
　 ⑥ 武4－3巨 10回 金森　栄治 (武) 二塁打(代打)
'86⑤ 武2－1広 12回 工藤　公康 (武) 単 打(投手)
'88⑤ 武7－6中 11回 伊東　勤 (武) 単 打※
'92① ヤ7－3武 12回 杉浦　享 (ヤ) 本塁打(代打)
　 ⑥ ヤ4－2武 10回 秦　真司 (ヤ) 単 打
'94④ 武6－5巨 10回 佐々木　誠 (武) 単 打
'95③ ヤ7－4オ 10回 池山　隆寛 (ヤ) 単 打
'97② 武6－5ヤ 10回 田辺　徳雄 (武) 単 打(代打)
'03① ダ5－4神 10回 ズレータ (ダ) 単 打
　 ③ 神2－1ダ 9回 藤本　敦士 (神) 犠 飛
　 ④ 神6－5ダ 10回 金本　知憲 (神) 本塁打
'08② 巨3－2武 9回 ラミレス (巨) 本塁打
'09⑤ 巨3－2日 9回 阿部慎之助 (巨) 本塁打
'12④ 日1－0巨 12回 飯山　裕志 (日) 二塁打
'14④ ソ1－2神 10回 中村　晃 (ソ) 単 打
'16③ 日4－3広 10回 大谷　翔平 (日) 単 打
　 ⑤ 日5－1広 9回 西川　遥輝 (日) 本塁打
'17⑥ ソ4－3神 11回 川島　慶三 (ソ) 単 打※
'18⑤ ソ5－4広 10回 柳田　悠岐 (ソ) 本塁打
'21① オ4－3ヤ 9回 吉田　正尚 (オ) 単 打
'22⑤ オ6－4ヤ 9回 吉田　正尚 (オ) 本塁打
'23④ 神4－3オ 9回 大山　悠輔 (神) 単 打

l. 引き分け試合（9試合）
　　'53② 巨2－2南 8回裏 降雨コールドゲーム
　　'57④ 巨0－0西 10回 規定（日没）
　　'62③ 東2－2神 14回 規定（日没）
　　'75① 急3－3広 11回 規定（時間切れ）
　　　④ 広4－4急 13回 規定（時間切れ）
　　'86① 広2－2武 14回 規定（時間切れ）
　　'10⑥ 中2－2ロ 15回 規定（延長回制限）
　　'18① 広2－2ソ 12回 規定（延長回制限）
　　'22② ヤ3－3オ 12回 規定（延長回制限）
m. 天候によるコールドゲーム
　　'53③ 巨 2－2南 8回裏終了 降雨
　　'05① ロ10－1神 7回裏一死 濃霧
n. 最多連続勝利
　　12…ソフトバンク '18③～⑥、'19①～④、'20①～④
o. 最多連続敗北
　　9…巨　人 '58④～⑦、'59①～④、'61①
　　　　　　　'13⑦、'19①～④、'20①～④
p. 出場記録
　　Ⅰ 最多出場年数（投手）
　　　14…工藤　公康 '82,'83,'85～'88,'90～'94,'99,'00,'02
　　　10…堀内　恒夫 '66～'73,'76,'77
　　　　　渡辺　久信 '85～'88,'90～'94,'97
　　Ⅱ 最多出場年数（野手）
　　　14…王　貞治 '59,'61,'63,'65～'73,'76,'77
　　　13…森　昌彦 '57,'59,'61,'63,'65～'73
　　　　　柴田　勲 '63,'65～'73,'76,'77,'81

　　　　伊東　　勤（'83,'85〜'88,'90〜'94,'97,'98,'02）
Ⅲ　3チームで出場
　　若生　智男（'60毎、'64神、'75広）
　　永尾　泰憲（'78ヤ、'79、'80近、'85神）
　　大宮　龍男（'81日、'88中、'91、'92武）
　　中尾　孝義（'82、'88中、'89、'90巨、'93武）
　　阿波野秀幸（'89近、'96巨、'98横）
　　工藤　公康（'82、'83、'85〜'88、'90〜'94武、'99ダ、'00、'02巨）
　　中嶋　　聡（'95,'96オ、'98,'02武、'06,'07,'09日）
　　江藤　　智（'91広、'00,'02巨、'08武）
　　岡島　秀樹（'00,'02巨、'06日、'14ソ）
Ⅳ　出場全選手がシリーズ初出場
　　'50　毎日、松竹
　　'51　巨人、南海
　　'54　西鉄
　　'62　東映、阪神
　　'16　広島
Ⅴ　同一シリーズで投手と野手で先発出場
　　大島　信雄（中）'54③投手
　　　　　　　　　　⑤右翼手
　　　　　　　　　　⑥左翼手
　　大谷　翔平（日）'16①投手
　　　　　　　　　　③④⑤指名打者
q．出場人員
Ⅰ　ゲーム最多出場人員
　　23…南　海　'66①
　　　　阪　急　'69⑥
Ⅱ　ゲーム投手最多出場人員
　　8…西　　武　'97④
Ⅲ　ゲーム最多出場人員合計　－両チーム－
　　41…オ…21－20…ヤ　'95③
　　　　　　　　　　（9回まで、12回で43）
　　（補回・参考）
　　44…中…22－22…ロ　'10⑥（15回）
　　　　広…21－23…ソ　'18①（12回）
　　　　ヤ…23－21…オ　'22②（12回）
Ⅳ　ゲーム投手最多出場人員合計　－両チーム－
　　13…中…7－6…ロ　'74②
　　　　オ…7－6…ヤ　'95③
　　　　巨…7－6…ソ　'20②
　　（補回・参考）
　　16…ヤ…8－8…オ　'22②（12回）
Ⅴ　ゲーム最少出場人員合計　－両チーム－
　　19…神…9－10…南　'64④
　　21…ヤ…10－11…武　'97①（DH制）
Ⅵ　シリーズ最多出場人員
　　P－17…阪神 '23
　　C－　4…西鉄 '56、阪神 '62、近鉄 '01
　　1B－　6…広島 '18
　　2B－　5…日本ハム '12、オリックス '23
　　3B－　5…中日 '99、ダイエー '00、阪神 '03
　　SS－　4…近鉄 '01、巨人 '08、日本ハム '12
　　OF－10…南海 '66
Ⅶ　シリーズ投手最少出場人員
　　3…巨　　人　'52、'73
r．2年連続同一投手第1戦先発
　　'06、'07　ダルビッシュ有（日）
　　　　　　　川上　憲伸（中）
s．表彰回数
Ⅰ　通算最多最高殊勲選手賞
　　4…長嶋　茂雄（巨）'63、'65、'69、'70
　　2…6人
Ⅱ　連続年最高殊勲選手賞
　　2…長嶋　茂雄（巨）'69、'70
　　　　堀内　恒夫（巨）'72、'73
　　　　工藤　公康（武）'86、'87
Ⅲ　2チームで最高殊勲選手賞
　　秋山　幸二　'91武、'99ダ
t．入場者
Ⅰ　ゲーム最多入場者
　　51,554…'85④　甲子園　神2－4武
Ⅱ　ゲーム最少入場者
　　6,346…'53⑥　甲子園　南2－0巨
Ⅲ　シリーズ最多入場者
　　4試合－163,365……'19（ソ－巨）
　　5試合－201,767……'06（日－中）
　　6試合－257,525……'09（巨－日）
　　7試合－286,197……'03（ダ－神）
　　8試合－218,025……'86（武－広）
Ⅳ　シリーズ最少入場者
　　4試合－　69,798……'20（ソ－巨）
　　5試合－137,017……'57（西－巨）
　　6試合－117,373……'21（ヤ－オ）
　　7試合－144,719……'55（巨－南）
　　8試合－218,025……'86（武－広）

Ⅱ．個人打撃記録

A．試　合
a．通算最多試合
　77…王　　貞治（巨）
　73…柴田　　勲（巨）
　70…伊東　　勤（武）

B．打　率

a．通算最高打率

			打数	安
200打数以上	.343…長嶋　茂雄（巨）		265	91
100打数以上	.365…川上　哲治（巨）		159	58
70打数以上	.370…張本　　勲（巨）		73	27

b．シリーズ最高打率　－試合×3打席以上－

		打数	安
8試合－.355…清原　和博（武）'86		31	11
7試合－.522…駒田　徳広（巨）'89		23	12
6試合－.565…柴田　　勲（巨）'66		23	13
5試合－.563…南村不可止（巨）'51		16	9
4試合－.667…今江　敏晃（ロ）'05		15	10

c．シリーズ最低打率　－試合×3打席以上－

		打数	安
8試合－.087…伊東　　勤（武）'86		23	2
7試合－.000…谷繁　元信（中）'11		23	0
6試合－.000…石原　慶幸（広）'16		16	0
5試合－.000…柳田　真宏（巨）'77		13	0
井上　一樹（中）'99		13	0
礒部　公一（近）'01		16	0
4試合－.000…和田　一浩（武）'02		15	0

C．打　数
a．通算最多打数
　265…長嶋　茂雄（巨）
　255…石毛　宏典（武）
　251…柴田　　勲（巨）
b．シリーズ最多打数
　8試合－37…石毛　宏典（武）'86
　7試合－36…西岡　　剛（ロ）'10
　6試合－28…河内　卓司（毎）'50
　　　　　　　　福本　　豊（急）'75
　　　　　　　　辻　　発彦（武）'94
　　　　　　　　宗　　佑磨（オ）'21
　5試合－24…土橋　勝征（ヤ）'95
　4試合－19…二岡　智宏（巨）'02
c．ゲーム最多打数
　6…柴田　　勲（巨）'63⑦
　　　広岡　達朗（巨）'63⑦
　　　国松　　彰（巨）'67⑥
　　　弘田　澄男（ロ）'74②
　　　駒田　徳広（横）'98⑤
　　　佐伯　貴弘（横）'98⑤
　　　進藤　達哉（横）'98⑤
　　　周東　佑京（ソ）'20②

（補回・参考）
　7…長嶋　茂雄（巨）'66⑤（14回、9回で4）
　　　森　　昌彦（巨）'66⑤（14回、9回で4）
　　　福本　　豊（急）'75④（13回、9回で5）
　　　西岡　　剛（ロ）'10⑥（15回、9回で4）
　　　荒木　雅博（中）'10⑥（15回、9回で4）
d．イニング最多打数
　2…多数あり

D. 得　　点

a．通算最多得点
　58…王　　貞治（巨）
　49…長嶋　茂雄（巨）
　45…柴田　　勲（巨）
b．シリーズ最多得点
　8試合 − 5…清原　和博（武）'86
　7試合 − 8…玉造　陽二（西）'63
　　　　　　　大杉　勝男（ヤ）'78
　　　　　　　高橋　慶彦（広）'84
　　　　　　　デストラーデ（武）'92
　　　　　　　バルデス（ダ）'03
　　　　　　　和田　一浩（中）'10
　　　　　　　近本　光司（神）'23
　6試合 − 9…石井　琢朗（横）'98
　　　　　　　鈴木　尚典（横）'98
　5試合 − 7…高田　　繁（巨）'73
　4試合 − 6…二岡　智宏（巨）'02
c．ゲーム最多得点
　4…真弓　明信（神）'85⑥
　　　鈴木　尚典（横）'98⑤
d．連続試合得点（シリーズ）
　6…高田　　繁（巨）'68①〜⑥
　　　阪本　敏三（急）'69①〜⑥
　　　鈴木　尚典（横）'98①〜⑥
　　　中島　裕之（武）'08①〜⑥
e．連続試合得点（連続シリーズ）
　12…阪本　敏三（急）
　　　　'68③〜⑥…4試合 '69①〜⑥…6試合
　　　　'71①②…2試合
f．イニング最多得点
　2…池沢　義行（巨）'63⑦4回

E. 安　　打

a．通算最多安打
　91…長嶋　茂雄（巨）
　69…柴田　　勲（巨）
　　　石毛　宏典（武）
b．シリーズ最多安打
　8試合 −11…清原　和博（武）'86
　　　　　　　石毛　宏典（武）'86
　7試合 −16…吉田　義男（神）'62
　6試合 −13…柴田　　勲（巨）'66
　5試合 −10…稲葉　篤紀（ヤ）'97
　4試合 −10…今江　敏晃（ロ）'05
c．ゲーム最多安打（24人、28度）
　4…与那嶺　要（巨）'52⑤
　　　川上　哲治（巨）'53⑤
　　　豊田　泰光（南）'58⑦
　　　岡本伊三美（南）'59①
　　　吉田　義男（神）'62⑦
　　　森　　昌彦（巨）'63⑦
　　　長嶋　茂雄（巨）'66①
　　　土井　正三（巨）'69①
　　　黒江　透修（巨）'69⑥、'70⑤
　　　柴田　　勲（巨）'70①
　　　テリー（武）'82⑥
　　　高橋　慶彦（広）'84⑦
　　　駒田　徳広（巨）'87①、（横）'98⑤
　　　辻　　発彦（武）'90②
　　　橋上　秀樹（ヤ）'92⑥
　　　鈴木　尚典（横）'98②

佐伯　貴弘（横）'98⑤
大塚　光二（武）'98⑥
井端　弘和（中）'04②
今江　敏晃（ロ）'05①②（シリーズ初試合から2試合連続）
　　　　　　　　　'10⑦
李　　承燁（ロ）'05④
金　　泰均（ロ）'10⑤
栗原　陵矢（ソ）'20②
近本　光司（神）'23⑦
d．連続試合安打（シリーズ）
　8…石毛　宏典（武）'86①〜⑧
　7…川上　哲治（巨）'53①〜⑦
　　　与那嶺　要（巨）'53①〜⑦
　　　豊田　泰光（西）'58①〜⑦
　　　吉田　義男（神）'62①〜⑦
　　　柴田　　勲（巨）'76①〜⑦
　　　福本　　豊（急）'76①〜⑦
　　　島谷　金二（広）'78①〜⑦
　　　高橋　慶彦（広）'79①〜⑦
　　　平野　光泰（近）'80①〜⑦
　　　小川　　亨（近）'80①〜⑦
　　　篠塚　利夫（巨）'83①〜⑦
　　　駒田　徳広（巨）'89①〜⑦
　　　野村謙二郎（広）'91①〜⑦
　　　秋山　幸二（武）'92①〜⑦
　　　清原　和博（武）'93①〜⑦
　　　フェルナンデス（武）'04①〜⑦
　　　片岡　易之（武）'08①〜⑦
　　　中島　裕之（武）'08①〜⑦
　　　井口　資仁（ロ）'10①〜⑦
e．連続試合安打（連続シリーズ）
　18…川上　哲治（巨）
　　　'55③〜⑦…5試合 '56①〜⑥…6試合
　　　'57①〜⑤…5試合 '58①②…2試合
　17…石毛　宏典（武）
　　　'85⑤⑥…2試合 '86①〜⑧…8試合
　　　'87①〜⑥…6試合 '88①…1試合
f．猛打賞
　Ⅰ　通算最多猛打賞
　　　12…長嶋　茂雄（巨）
　　　　8…柴田　　勲（巨）
　Ⅱ　シリーズ最多試合猛打賞
　　　3…柴田　　勲（巨）'66②③⑤
　　　　　高橋　慶彦（広）'84③⑥⑦
　　　　　二岡　智宏（巨）'02①〜③
　　　　　近本　光司（神）'23①④⑦
　Ⅲ　最多連続試合猛打賞
　　　3…二岡　智宏（巨）'02①〜③
g．マルチ安打
　Ⅰ　通算最多マルチ安打
　　　26…長嶋　茂雄（巨）
　　　17…王　　貞治（巨）
　　　　　石毛　宏典（武）
　　　　　清原　和博（武）
　Ⅱ　シリーズ最多試合マルチ安打
　　　7…吉田　義男（神）'62
　　　　…5人、6度
　Ⅲ　最多連続試合マルチ安打
　　　7…吉田　義男（神）'62①〜⑦
h．連続打席安打
　8…今江　敏晃（ロ）'05①…4、②…4
　　　　　　　　　　（シリーズ初打席から）
　6…大塚　光二（武）'98⑤…2、⑥…4
i．連続打数安打（1973年規則改正9.23参照）
　8…今江　敏晃（ロ）'05①…4、②…4
　6…辻　　発彦（武）'90①…1、②…4、③…1
　　　　　　　　　　　　　　（犠打1を挟む）
　　　大塚　光二（武）'98⑤…2、⑥…4
　（参考）
　7…柴田　　勲（巨）'66②…3、③…3、④…1
　　　　（四球2を挟む、1972年以前のため参考記録）
j．連続打数無安打（シリーズ）
　23…谷繁　元信（中）

'11①4，②4，③3，④3（犠打１あり），⑤2，
　　⑥4，⑦3（シリーズ無安打）
k．連続打数無安打（連続シリーズ）
　25…仰木　　彬（西）'56⑥…3，'57①〜⑤〜7，
　　　　　　　　　　'58①③〜⑦〜9，'63③〜⑤〜6
　　谷繁　元信（中）'10⑦〜2，'11①〜⑦〜23
l．連続イニング安打
　3…佐伯　貴弘（横）'98⑤7〜9回
　　鳥越　裕介（ダ）'03④6〜8回
　　荒木　雅博（中）'10②1〜3回
m．イニング最多安打
　2…池沢　義行（巨）'63⑦4回
　　広岡　達朗（巨）'63⑦4回
　　森　　昌彦（巨）'63⑦4回
n．第１戦初回先頭打者安打（表）
　二塁打…真弓　明信（神）'85　初球
　　　　　辻　　発彦（武）'90
　　単　打…高田　　繁（巨）'69
　　　　　　大下　剛史（広）'75
　　　　　　高橋　慶彦（広）'79
　　　　　　松本　匡史（巨）'83
　　　　　　辻　　発彦（武）'92
　　　　　　松井稼頭央（武）'02　初球
　　　　　　今岡　　誠（神）'03
　　　　　　片岡　易之（武）'08
　　　　　　西川　遥輝（日）'16
　　　（裏は20人，21度）

F．出　　塁

a．通算最多出塁
　155…王　　貞治（巨）　安打68　四球83　死球4
b．シリーズ最多出塁
　18…柴田　　勲（巨）'66　安打13　四球5
　　今江　敏晃（ロ）'10　安打12　四球6
　　近本　光司（神）'23　安打14　四球4
c．ゲーム最多出塁
　5…10人（最新　中島　卓也（日）'16⑥）
d．連続打席出塁
　10…柴田　　勲（巨）'66②…3，③…4，④…3

G．二塁打

a．通算最多二塁打
　14…長嶋　茂雄（巨）
　11…川上　哲治（巨）
　10…伊東　　勤（武）
　　　松井　秀喜（巨）
b．シリーズ最多二塁打
　8試合－4…ブコビッチ（武）'86
　7試合－5…島谷　金二（急）'78
　　　　　　　森野　将彦（中）'10
　6試合－6…別当　　薫（毎）'50
　5試合－4…中村　紀洋（中）'07
　4試合－3…伊東　　勤（武）'90
　　　　　　　松井　秀喜（巨）'02
c．ゲーム最多二塁打
　3…広瀬　叔功（南）'64⑤
　　佐伯　貴弘（横）'98⑤
d．連続試合二塁打
　4…森野　将彦（中）'10③〜⑥
e．連続打数二塁打
　3…井口　資仁（ロ）'10③④4,7回、④1回（連続打席）

H．三塁打

a．通算最多三塁打
　4…末次　利光（巨）
b．シリーズ最多三塁打
　8試合－1…山崎　隆造（広）'86
　7試合－2…広岡　達朗（巨）'58
　　　　　　　広瀬　叔功（南）'64
　　　　　　　ウイリアムス（急）'76

中畑　　清（巨）'83
川崎　宗則（ダ）'03
6試合－2…西川　遥輝（日）'16
5試合－2…末次　民夫（南）'73
　　　　　　仁村　　徹（中）'88
4試合－1…杉山　光平（南）'59
　　　　　　穴吹　義雄（南）'59
　　　　　　後藤　孝志（巨）'02
　　　　　　橋本　　将（ロ）'05
c．ゲーム最多三塁打
　2…川崎　宗則（ダ）'03②
　　西川　遥輝（日）'16⑥
d．連続試合三塁打
　2…広岡　達朗（巨）'58③④
　　広瀬　叔功（南）'64③④
　　ウイリアムス（急）'76⑤⑥
　　中畑　　清（巨）'83⑤⑥
e．連続打数三塁打
　1…多数あり

I．本塁打

a．通算最多本塁打
　29…王　　貞治（巨）
　25…長嶋　茂雄（巨）
　15…秋山　幸二（ダ）
　　　清原　和博（巨）
b．シリーズ最多本塁打
　8試合－2…秋山　幸二（武）'86
　　　　　　　長嶋　清幸（広）'86
　7試合－4…豊田　泰光（西）'58
　　　　　　　王　　貞治（巨）'63
　　　　　　　大杉　勝男（ヤ）'78
　　　　　　　秋山　幸二（武）'91
　　　　　　　金本　知憲（神）'03
　　　　　　　城島　健司（ダ）'03
　　　　　　　和田　一浩（武）'04
　6試合－4…関口　清治（西）'56
　　　　　　　長嶋　茂雄（巨）'69
　　　　　　　清原　和博（武）'94
　　　　　　　城島　健司（ダ）'00
　5試合－4…長嶋　茂雄（巨）'70
　4試合－3…李　　承燁（ロ）'05
　　　　　　　グラシアル（ソ）'19
c．ゲーム最多本塁打
　3…山田　哲人（ヤ）'15③（連続打席）
　2…岩本　義行（松）'50⑥（連続打席）
　　　関口　清治（西）'56⑤
　　　和田　博実（西）'57⑤（連続打席）
　　　豊田　泰光（西）'58④（連続打席）
　　　岡本伊三美（南）'59①（連続打席）
　　　長嶋　茂雄（巨）'63⑤（連続打席）
　　　　　　　　　　　　'69③（連続打席）
　　　　　　　　　　　　'70③（11回に１本）
　　　　　　　　　　　　'70④
　　　王　　貞治（巨）'63⑦（連続打数）
　　　　　　　　　　　　'65①
　　　　　　　　　　　　'68③（連続打席）
　　　藤井　栄治（神）'64③（連続打席）
　　　山内　一弘（神）'64④（連続打数）
　　　国松　　彰（巨）'67⑤（連続打席）
　　　長池　徳二（急）'68④（連続打席）
　　　ウインディ（急）'69⑤
　　　末次　民夫（巨）'72①（連続打席）
　　　加藤　秀司（急）'72③（連続打席）
　　　堀内　恒夫（巨）'73③（投手）
　　　谷沢　健一（中）'74③（連続打席）
　　　大杉　勝男（ヤ）'78⑦（連続打席）
　　　ライトル（広）'80①
　　　デストラーデ（武）'92①（連続打数）
　　　清原　和博（武）'94⑤（連続打席）
　　　金本　知憲（神）'03④（連続打数・10回に1本）
　　　城島　健司（ダ）'03⑦（連続打席）

<table>
<tr><td>

　　　　カブレラ（武）'04③（連続打数）
　　　　和田　一浩（武）'04⑥（連続打席）
　　　　中村　剛也（武）'08④（連続打席）
　　　　鈴木　誠也（広）'18③（連続打席）
　　　　安部　友裕（広）'18③
　　　　亀井　善行（巨）'19③（連続打席）
　　　　吉田　正尚（オ）'22⑤
d．連続試合本塁打（シリーズ）
　　3…中西　　太（西）'58⑤～⑦
　　　　バ　ー　ス（神）'85①～③
　　　　城島　健司（ダ）'00①～③
　　　　金本　知憲（神）'03③～⑤
　　　　エルドレッド（広）'16①～③
e．連続試合本塁打（連続シリーズ）
　　4…王　　貞治（巨）'73④⑤…2，'76①②…2
f．連続打数本塁打
　　3…長嶋　茂雄（巨）'70③11回、④1，3回
　　　　　　　　　　　　　　　　　（連続打席）
　　　　金本　知憲（神）'03④6，10回、⑤1回
　　　　　　　　　　　　　　　（四球1を挟む）
　　　　山田　哲人（ヤ）'15③1，3，5回（連続打席）
g．連続イニング本塁打
　　2…岩本　義行（松）'50⑥2，3回
　　　　和田　博実（西）'57⑤5，6回
　　　　藤井　栄治（神）'64③2，3回
h．代打・満塁・サヨナラ本塁打
　　　　杉浦　　享（ヤ）'92①
i．満塁・サヨナラ本塁打
　　　　杉浦　　享（ヤ）'92①
　　　　西川　遥輝（日）'16⑤
j．代打・満塁本塁打
　　　　杉浦　　享（ヤ）'92①
　　　　鈴木　　健（武）'93⑤
k．代打・サヨナラ本塁打
　　　　杉浦　　享（ヤ）'92①
l．代打本塁打（31人、33度）
　　　　樋笠　一夫（巨）'51④9回
　　　　村上　一治（南）'51⑤9回
　　　　深見　安博（南）'55⑤7回
　　　　十時　啓視（南）'57⑤3回
　　　　伊藤光四郎（西）'63⑦6回
　　　　森下　整鎮（南）'64⑤7回
　　　　柴田　　勲（巨）'65①5回
　　　　山口富士雄（急）'68⑥8回
　　　　ウインディ（急）'69⑤2回
　　　　井石　礼司（ロ）'70②8回（初打席）
　　　　　　　　　　　　'70④1回
　　　　柳田　俊郎（巨）'71②7回
　　　　前田　益穂（ロ）'74③8回
　　　　河村健一郎（急）'78①8回
　　　　有田　修三（近）'79④9回
　　　　栗橋　　茂（近）'80⑥9回
　　　　松原　　誠（巨）'81①9回（初打席）
　　　　中畑　　清（巨）'89⑦6回
　　　　篠塚　利夫（巨）'90②8回
　　　　杉浦　　享（ヤ）'92①12回
　　　　鈴木　　健（武）'92⑥6回
　　　　　　　　　　　　'93⑤9回
　　　　大久保博元（巨）'94④9回
　　　　大野　雄次（ヤ）'95①8回（初打席）
　　　　大森　　剛（巨）'96①9回
　　　　ペンバートン（武）'98⑤8回
　　　　ニエベベス（ダ）'00①9回
　　　　副島　孔太（ヤ）'01④7回
　　　　広澤　克実（神）'03⑦9回
　　　　ボカチカ（武）'08⑦5回
　　　　モ　　ヤ（オ）'21①7回（初打席）
　　　　ジョーンズ（オ）'21⑤9回
　　　　内山　壮真（ヤ）'22②9回（初打席）
m．満塁本塁打（21人、21度）
　　　　王　　貞治（巨）'69⑥6回
　　　　末次　民夫（巨）'71④3回
　　　　水谷　実雄（広）'80⑥1回

</td><td>

　　　　長嶋　清幸（広）'84③3回
　　　　福原　峰夫（急）'84⑥3回
　　　　長崎　啓二（神）'85⑥1回
　　　　原　　辰徳（巨）'89⑤7回
　　　　石毛　宏典（武）'91①4回
　　　　杉浦　　享（ヤ）'92①12回
　　　　鈴木　　健（武）'93⑤9回
　　　　秋山　幸二（武）'93⑥4回
　　　　田辺　徳雄（武）'94①7回
　　　　緒方　耕一（巨）'94⑤6回
　　　　二岡　智宏（巨）'02③4回
　　　　谷繁　元信（中）'04③6回
　　　　カブレラ（武）'04③7回
　　　　福浦　和也（ロ）'05③7回
　　　　西川　遥輝（日）'16⑤9回
　　　　レアード（日）'16⑥8回
　　　　安部　友裕（広）'18③8回
　　　　デスパイネ（ソ）'20②7回
n．サヨナラ本塁打（17人、18度）
　　稲尾　和久（西）'58⑤10回…1点（投手）
　　岩下　光一（東）'62⑤11回…2点
　　ハ　ド　リ（南）'64④9回…1点
　　　　　　　　　　'66⑤14回…2点
　　黒江　透修（巨）'70①11回…1点
　　王　　貞治（巨）'71③9回…3点
　　河埜　和正（巨）'77③12回…3点
　　クルーズ（巨）'83⑤9回…3点
　　杉浦　　享（ヤ）'92①12回…4点
　　秦　　真司（ヤ）'92⑥10回…1点
　　池山　隆寛（ヤ）'95③10回…3点
　　金本　知憲（神）'03④9回…1点
　　ラミレス（巨）'08②9回…1点
　　阿部慎之助（巨）'09⑤9回…3点
　　中村　　晃（ソ）'14④10回…3点
　　西川　遥輝（日）'16⑤9回…4点
　　柳田　悠岐（ソ）'18⑤10回…1点
　　吉田　正尚（オ）'22⑤9回…2点
o．初回先頭打者本塁打（13人、14度）
　　与那嶺　要（巨）'57③裏
　　吉田　義男（神）'62⑥裏
　　柳田　利夫（巨）'63⑦裏
　　高田　　繁（巨）'70④表
　　高木　守道（中）'74④表
　　福本　　豊（急）'76④裏
　　　　　　　　　　'78②表
　　石毛　宏典（武）'85⑥裏
　　彦野　利勝（中）'88③表
　　大石第二朗（近）'89①裏
　　秋山　幸二（ダ）'99②裏
　　長野　久義（巨）'12②裏
　　亀井　善行（巨）'19③裏
　　太田　　椋（オ）'22⑦表（初球）
p．ランニング本塁打（3人、3度）
　　荒巻　　淳（毎）'50③7回（投手）
　　和田　博実（西）'57⑤6回
　　長嶋　茂雄（西）'58⑦9回
q．初打席本塁打（16人）
　　日比野　武（西）'54①
　　井石　礼司（ロ）'70②（代打）
　　マルカーノ（急）'75①
　　ソレイタ（日）'81①
　　松原　　誠（巨）'81①（代打）
　　福原　峰夫（急）'84①
　　嶋田　宗彦（神）'85③
　　大石第二朗（近）'89①
　　デストラーデン（武）'90①
　　ア　　レ（広）'91①
　　大野　雄次（ヤ）'95①（代打）
　　河田　雄祐（武）'97②
　　今江　敏晃（ロ）'05①
　　スレッジ（ヤ）'09①
　　モ　　ヤ（オ）'21①（代打）
　　内山　壮真（ヤ）'22②（代打）

</td></tr>
</table>

r．2チームで本塁打（14人）
　　柳田　利夫（毎，巨）
　　張本　　勲（東，巨）
　　島谷　金二（中，急）
　　マ ニ エ ル（ヤ，近）
　　山崎　裕之（ロ，武）
　　秋山　幸二（武，ダ）
　　清原　和博（武，巨）
　　広澤　克実（ヤ，神）
　　谷繁　元信（横，中）
　　ラ ミ レ ス（ヤ，巨）
　　李 　 承 燁（ロ，巨）
　　和田　一浩（武，中）
　　井口　資仁（ダ，ロ）
　　ロ 　 ペ 　 ス（巨，ﾃﾞｨ）

J．塁　打

a．通算最多塁打
　　184…長嶋　茂雄（巨）
　　161…王　　貞治（巨）
　　117…清原　和博（巨）
b．シリーズ最多塁打
　　8試合－15…石毛　宏典（武）'86
　　7試合－26…和田　一浩（武）'04
　　6試合－22…長嶋　茂雄（巨）'69
　　5試合－21…長嶋　茂雄（巨）'70
　　4試合－17…李 　 承 燁（ロ）'05
c．ゲーム最多塁打
　　12…山田　哲人（ヤ）'15③本3
d．イニング最多塁打
　　5…池沢　義行（巨）'63⑦4回－単1、本1

K．長　打

a．通算最多長打
　　41…長嶋　茂雄（巨）
　　35…王　　貞治（巨）
　　22…秋山　幸二（ダ）
b．シリーズ最多長打
　　8試合－ 4…ブコビッチ（武）'86 二4，
　　7試合－ 8…和田　一浩（武）'04 二3，三1，本4
　　6試合－ 7…別当　　薫（毎）'50 二3，三1
　　5試合－ 5…長嶋　茂雄（巨）'70 二1，本4
　　4試合－ 5…李 　 承 燁（ロ）'05 二2，本3
c．ゲーム最多長打
　　4…佐伯　貴弘（横）'98⑤二3，三1
d．連続試合長打
　　5…岩本　義行（松）'50②～⑥
e．連続打数長打
　　4…佐伯　貴弘（横）'98⑤二、二、三、⑥二
　　　　　　　　　　　　　　　　（連続打席）
　　　井口　資仁（ロ）'10③二、二、④二、本
　　　　　　　　　　　　　　　　（連続打席）

L．打　点

a．通算最多打点
　　66…長嶋　茂雄（巨）
　　63…王　　貞治（巨）
　　39…清原　和博（巨）
b．シリーズ最多打点
　　8試合－ 5…秋山　幸二（武）'86
　　7試合－10…大杉　勝男（ヤ）'78
　　　　　　　　長嶋　清幸（広）'84
　　6試合－ 9…長嶋　茂雄（巨）'66
　　　　　　　　バ 　 ー 　 ス（神）'85
　　5試合－ 8…李　大浩（ソ）'15
　　4試合－ 8…デストラーデ（武）'90
c．ゲーム最多打点
　　6…柴田　　勲（巨）'63⑦
　　　　カ ブ レ ラ（武）'04③
　　　　デスパイネ（ソ）'20②

d．連続試合打点（シリーズ）
　　4…中西　　太（西）'56②～⑤
　　　　岩下　光一（東）'62③～⑥
　　　　柴田　　勲（巨）'66①～④
　　　　森　　昌彦（巨）'67①～④
　　　　高田　　繁（巨）'69①～④
　　　　阪神　敏男（急）'69①～④
　　　　福本　　豊（急）'76①～④
　　　　王　　貞治（巨）'76①～④
　　　　山本　浩二（広）'84①～④
　　　　デストラーデ（武）'90①～④
　　　　アレックス（中）'04②～⑤
　　　　井上　一樹（中）'04④～⑦
e．連続試合打点（連続シリーズ）
　　7…王　　貞治（巨）'73③～⑤…3，'76①～④…4

M．盗　塁

a．通算最多盗塁
　　14…柴田　　勲（巨）
　　　　福本　　豊（急）
　　10…飯田　徳治（南）
b．シリーズ最多盗塁
　　8試合－ 2…石毛　宏典（武）'86
　　　　　　　　辻　　発彦（武）'86
　　　　　　　　高橋　慶彦（広）'86
　　7試合－ 6…岩本　　堯（巨）'55
　　6試合－ 4…大下　剛史（急）'75
　　5試合－ 4…福本　　豊（急）'77
　　　　　　　　荒木　雅博（中）'07
　　4試合－ 2…土屋　正孝（巨）'59
　　　　　　　　近藤　和彦（洋）'60
　　　　　　　　鈴木　　武（洋）'60
　　　　　　　　山内　和弘（毎）'60
　　　　　　　　鈴木　尚広（巨）'02
　　　　　　　　赤星　憲広（神）'05
　　　　　　　　川島　慶三（ソ）'19
c．ゲーム最多盗塁
　　3…岩本　　堯（巨）'55⑤1回2，4回
　　　　玉造　陽二（西）'56③1，3，6回
　　　　大下　剛史（広）'75①1，3，5回
d．イニング最多盗塁
　　2…広田　順（巨）'53⑤9回
　　　　岩本　　堯（巨）'60③1回
　　　　国松　彰（巨）'61⑤8回
　　　　柴田　勲（巨）'68①9回
　　　　河埜　和正（巨）'83⑦5回
　　　　辻　発彦（武）'86①7回
e．連続試合盗塁
　　3…仰木　　彬（西）'54④～⑥
　　　　福本　　豊（急）'77①～③
　　　　高橋　慶彦（広）'84③～⑤
　　　　荒木　雅博（中）'07②～④
　　　　鈴木　尚広（巨）'09①③⑤
f．本盗（すべて一、三塁からの重盗）
　　2…土井　正三（巨）'68⑤3回、'69④4回
　　1…藤山　和夫（南）'51④3回
　　　　吉田　勝豊（東）'62⑥1回
　　　　鈴木　誠也（広）'16①2回

N．盗塁刺

a．通算最多盗塁刺
　　11…福本　　豊（急）
　　　7…柴田　　勲（巨）
b．シリーズ最多盗塁刺
　　8試合－ 1…6人　　　　　　　　'86
　　7試合－ 3…与那嶺　要（巨）'53
　　　　　　　　福本　　豊（急）'84
　　6試合－ 3…田中　広輔（広）'18
　　5試合－ 2…福本　　豊（急）'71
　　　　　　　　北村　照文（武）'88

ローーズ（近）'01
明石　健志（ソ）'15
4試合－2…柳田　利夫（毎）'60
西岡　剛（ロ）'05
c．ゲーム最多盗塁刺
2…森下　整鎮（南）'61⑥1，6回
石毛　宏典（武）'82①1，6回
高木　大成（武）'98①1，8回

O. 犠　打
a．通算最多犠打
19…平野　謙（武）
14…伊東　勤（武）
13…川相　昌弘（中）
辻　発彦（ヤ）
b．シリーズ最多犠打
8試合－4…伊東　勤（武）'86
7試合－6…弓岡敬二郎（急）'84
平野　謙（武）'93
6試合－6…松本　哲也（巨）'12
今宮　健太（ソ）'17
5試合－6…田中　賢介（日）'06
4試合－4…平野　謙（武）'90
c．ゲーム最多犠打
3…国松　彰（巨）'66④3，7，9回
辻　発彦（武）'87⑤1，2，4回
大石第二朗（近）'89⑥3，5，7回
渡辺　久信（武）'90①5，7回
高田　誠（オ）'96①3，8，9回
市川　友也（日）'16⑤5，7，9回
柴田　竜拓（ディ）'17⑥2，6，8回

P. 犠　飛
a．通算最多犠飛
5…王　貞治（巨）
4…池山　隆寛（ヤ）
b．シリーズ最多犠飛
8試合－1…小早川毅彦（広）'86
長冨　浩志（広）'86
7試合－2…ローガン（南）'64
簑田　浩二（急）'84
池山　隆寛（ヤ）'93
荒木　雅博（中）'10
6試合－2…森本　潔（急）'68
5試合－2…王　貞治（巨）'73
森野　将彦（中）'07
4試合－1…多数あり
c．ゲーム最多犠飛
2…簑田　浩二（急）'84⑤5，8回

Q. 四　球
a．通算最多四球
83…王　貞治（巨）
31…清原　和博（巨）
28…柴田　勲（巨）
福本　豊（急）
b．シリーズ最多四球
8試合－7…達川　光男（広）'86
7試合－9…王　貞治（巨）'76
6試合－9…王　貞治（巨）'67
5試合－8…王　貞治（巨）'70
4試合－5…山内　和弘（毎）'60
松井　秀喜（巨）'02
c．ゲーム最多四球
4…アルトマン（ロ）'70①1，4，5，7回
d．イニング最多四球
2…秋山　幸二（武）'92⑤6回
e．連続試合四球
6…山田　哲人（ヤ）'22②～⑦
f．連続打席四球

4…アルトマン（ロ）'70①
王　貞治（巨）'76⑤⑥
'76⑥⑦
鈴木　誠也（広）'18⑤
g．通算最多故意四球
21…王　貞治（巨）
h．シリーズ最多故意四球
5…王　貞治（巨）'71
i．ゲーム最多故意四球
3…アルトマン（ロ）'70①1，5，7回
王　貞治（巨）'71④1，3，7回

R. 死　球
a．通算最多死球
6…達川　光男（広）
伊東　勤（武）
b．シリーズ最多死球
8試合－2…達川　光男（広）'86
伊東　勤（武）'86
7試合－3…達川　光男（広）'91
6試合－2…高田（巨）'68，末次（巨）'69
長池（急）'75，大熊（急）'75
河埜（巨）'81，伊東（武）'94
江藤（巨）'00
5試合－2…王　貞治（巨）'65
古田　敦也（ヤ）'97
ラミレス（ヤ）'01
小笠原道大（日）'06
李　大浩（ソ）'15
4試合－3…中島　宏之（巨）'20
c．ゲーム最多死球
2…河埜　和正（巨）'83②6，7回
伊東　勤（武）'86④4，9回
森野　将彦（中）'04②3，7回
福浦　和也（ロ）'05④3，5回
塩見　泰隆（ヤ）'22③7，9回
d．連続打席死球
2…河埜　和正（巨）'83②
福浦　和也（ロ）'05④
塩見　泰隆（ヤ）'22③

S. 三　振
a．通算最多三振
54…清原　和博（巨）
53…秋山　幸二（ダ）
46…石毛　宏典（武）
b．シリーズ最多三振
8試合－11…衣笠　祥雄（広）'86
7試合－16…ハウエル（ヤ）'92
6試合－12…丸　佳浩（広）'18
5試合－9…ミューレン（ヤ）'95
4試合－7…デストラーデ（武）'90
坂本　勇人（巨）'20
c．ゲーム最多三振
4…ブコビッチ（武）'87①　連続
ハウエル（ヤ）'92③　連続
バルデス（ダ）'03④
細川　亨（武）'04⑥　連続
桑原　将志（ディ）'17②　連続
丸　佳浩（広）'18③
山田　哲人（ヤ）'22①　連続
（補回・参考）
5…ソロムコ（神）'62③（14回、9回で3）
d．イニング最多三振
2…長村　裕之（急）'84⑥3回
e．連続試合三振（シリーズ）
8…衣笠　祥雄（広）'86①～⑧
7…藤尾　茂（巨）'58①～⑦
吉田　勝豊（東）'62①～⑦
ロ　イ（西）'63①～⑦
秋山　幸二（武）'91①～⑦

　　　　ブ ラ ン コ（中）'10①～⑦
　　　　杉本裕太郎（オ）'22①～⑦
　f. 連続試合三振（連続シリーズ）
　20…藤尾　茂（巨）'56①②、④～⑥…5
　　　　　'57①～⑤…5, '58①～⑦…7,
　　　　　'59①～③…3
　g. 連続打席三振
　5…山本　和生（巨）'76②～④⑦
　　　ハウエル（ヤ）'92②③
　　　広澤　克実（神）'03①～③
　　　バルデス（ダ）'03⑤⑥
　　　桑原　将志（ディ）'17①②

T. 併　殺　打
　a. 通算最多併殺打
　9…土井　正三（巨）
　b. シリーズ最多併殺打
　8試合－2…伊東　勤（武）'86
　7試合－4…ラミレス（巨）'08
　6試合－3…高橋　由伸（巨）'00
　5試合－4…宇野　勝（中）'88
　　　　　タイロン・ウッズ（中）'07
　4試合－2…杉山　光平（南）'59
　c. ゲーム最多併殺打
　2…多数あり
　d. 連続試合併殺打
　3…高橋　由伸（巨）'00④～⑥
　　　和田　一浩（武）'04①～③
　　　タイロン・ウッズ（中）'07①～③

Ⅲ.　チーム打撃記録

A. 打　　率
　a. シリーズ最高打率　　　　　　　打　　安
　8試合－.224…西　　武　'86　286　64
　7試合－.291…広　　島　'84　227　66
　6試合－.322…西　　武　'82　211　68
　5試合－.317…ヤクルト　'01　161　51
　4試合－.336…西　　武　'90　131　44
　b. シリーズ最低打率　　　　　　　打　　安
　8試合－.204…広　　島　'86　274　56
　7試合－.155…中　　日　'11　219　34
　6試合－.187…南　　海　'66　203　38
　5試合－.147…日本ハム　'07　150　22
　4試合－.132…巨　　人　'20　121　16
　c. ゲーム最高打率
　.450…阪　急　'75③　打…40　安…18
　（参考）
　.455…ロッテ　'05①　打…33　安…15
　　　　（7回裏コールドゲーム）
　d. ゲーム最低打率
　.000…日本ハム　'07⑤　打…27　安…0

B. 打　　数
　a. シリーズ最多打数
　8試合－286…西　　武　'86
　7試合－270…ロッテ　'10
　6試合－223…松　　竹　'50
　　　　　　　　阪　　急　'75
　5試合－183…ヤクルト　'95
　4試合－140…巨　　人　'59
　b. シリーズ最少打数
　8試合－274…広　　島　'86
　7試合－207…広　　島　'79
　6試合－181…西　　武　'87
　5試合－147…日本ハム　'06
　4試合－116…阪　　神　'05

　c. ゲーム最多打数
　45…横　浜　'98⑤
　（補回・参考）
　54…阪　急　'75④（13回）
　d. ゲーム最多打数合計　－両チーム－
　83…南　43－40…巨　'59①
　　　横　45－38…武　'98⑤
　（補回・参考）
　101…急　54－47…広　'75④（13回）
　　　　中　52－49…ロ　'10⑥（15回）
　e. ゲーム最少打数
　26（9回）……巨　　人　'61①, '96②
　　　　　　　　広　　島　'86⑧
　　　　　　　　近　　鉄　'01④
　25（9回三死未満）…西　　武　'88⑤, '92④
　　　　　　　　　　　巨　　人　'94②
　　　　　　　　　　　日本ハム　'07①
　f. ゲーム最少打数合計　－両チーム－
　53…南　26－27…巨　'55②
　　　近　26－27…ヤ　'01④
　g. イニング最多打者数
　14…巨　　人　'63⑦4回
　h. イニング最多打数
　11…巨　　人　'63⑦4回

C. 得　　点
　a. シリーズ最多得点
　8試合－19…西　　武　'86
　　　　　　　広　　島　'86
　7試合－40…巨　　人　'63
　6試合－36…巨　　人　'68
　　　　　　　横　　浜　'98
　5試合－28…ヤクルト　'01
　4試合－33…ロッテ　'05
　b. シリーズ最少得点
　8試合－19…西　　武　'86
　　　　　　　広　　島　'86
　7試合－9…中　　日　'11
　6試合－14…巨　　人　'87
　　　　　　　日本ハム　'12
　5試合－7…南　　海　'51
　　　　　　　日本ハム　'07
　4試合－4…阪　　神　'05
　　　　　　　巨　　人　'20
　c. ゲーム最多得点
　18…巨　　人　'63⑦
　17…横　浜　'98⑤
　d. ゲーム最多得点合計　－両チーム－
　22…巨…18－4…西　'63⑦
　　　横…17－5…武　'98⑤
　e. ゲーム最少得点合計　－両チーム－
　0…巨…0－0…西　'57④
　f. 最多得点差
　14…巨…18－4…西　'63⑦
　g. 最多得点完封試合
　13…ダ…13－0…神　'03②
　h. イニング最多得点
　9…巨　　人　'63⑦4回
　i. 最多連続得点　－イニング－
　7…巨　　人　'58②1回, '63⑦4回
　　　阪　　急　'84⑥3回
　　　ロッテ　'05③7回
　j. 最多連続イニング得点
　5…ヤクルト　'01②2～6回
　k. 最多連続イニング得点（連続試合）
　6…巨　　人　'73③⑤5～8回, ④1～2回
　l. 最多連続イニング無得点（シリーズ）
　26…巨　　人　'58⑤2回～⑦8回
　m. 最多連続イニング無得点（連続シリーズ）
　27…阪　神　'64⑤8～9回, ⑥1～9回,
　　　　　　　　　⑦1～9回, '85①1～7回
　n. 最多連続試合二桁得点

3…ロッテ　'05①〜③
o. 連続4試合計最多得点
33…中　日　'04②-11　③-8　④-8　⑤-6
　　ロッテ　'05①-10　②-10　③-10　④-3
p. 連続4試合計最少得点
3…中　日　'11④-1　⑤-0　⑥-2　⑦-0
q. 連続3試合計最多得点
30…ロッテ　'05①-10　②-10　③-10
r. 連続3試合計最少得点
1…南　海　'51①-0　②-0　③-1
　　ヤクルト　'92②-0　③-1　④-0
s. 連続2試合計最多得点
20…ロッテ　'05①-10　②-10
　　　　　　'05①-10　③-10
t. 連続2試合計最少得点
0…南　海　'51①〜②
　　　　　　'53④〜⑤
　　中　日　'54③〜④
　　　　　　'99③〜④
　　巨　人　'55②〜③
　　阪　神　'64⑥〜⑦
u. シリーズ最多無得点試合
8試合-0　　'86
7試合-3…阪　神　'64
6試合-1…多数あり
5試合-3…中　日　'99
4試合-2…大　毎　'60
　　　　　巨　人　'90

D. 安　打

a. シリーズ最多安打
8試合-64…西　武　'86
7試合-76…ロッテ　'10
6試合-68…西　武　'82
5試合-54…ヤクルト　'97
4試合-44…西　武　'90
　　　　　　ロッテ　'05
b. シリーズ最少安打
8試合-56…広　島　'86
7試合-34…中　日　'11
6試合-38…南　海　'66
5試合-22…日本ハム　'07
4試合-16…巨　人　'20
c. ゲーム最多安打
20…横　浜　'98⑤
19…南　海　'59①
　　巨　人　'63⑦
d. ゲーム最少安打
0…日本ハム　'07⑤
1…近　鉄　'01①
　　巨　人　'20③
　　ヤクルト　'22⑥（初回先頭打者のみ）
e. ゲーム最多安打合計　－両チーム－
33…南　19-14…巨　'59①
f. ゲーム最少安打合計　－両チーム－
5…近　2-3…広　'80④
　　日　0-5…中　'07⑤
g. イニング最多安打
9…巨　人　'63⑦4回
h. イニング連続打数安打
7…中　日　'07③1回（犠打1を挟む）
6…阪　急　'78⑥5回（犠打1を挟む）
　　ダイエー　'03②2回（連続打席）
　　ロッテ　'05②6回（連続打席）
　　ソフトバンク　'15①4回（連続打席）
i. 最多連続イニング安打（連続試合）
11…阪　急　'75③1〜9回、④1〜2回
　　巨　人　'87①1〜9回、②1〜2回
j. 最多連続イニング無安打
9…日本ハム　'07⑤1〜9回
k. 最多連続イニング無安打（連続試合）
10…日本ハム　'07④9回、⑤1〜9回

l. シリーズ最多試合二桁安打
5…ヤクルト　'78①②④⑤⑦
m. 最多連続試合二桁安打
3…巨　人　'66④〜⑥、'68②〜④、'83②〜④
　　　　　　　'94④〜⑥
　　阪　急　'76①〜③、'84⑤〜⑦
　　西　武　'82①〜③、'94③〜⑤
　　ヤクルト　'95①〜③、'97②〜④、'01①〜③
　　　　　　　'22①〜③
　　中　日　'04②〜④
　　ロッテ　'05①〜③
　　楽　天　'13③〜⑤
n. 全員安打
　　巨　人　'66⑥
o. 毎回安打
　　南　海　'59①　計19安打（8回）
　　阪　急　'75③　計18安打（9回）
　　中　日　'82④　計13安打（9回）
　　巨　人　'87①　計16安打（9回）
　　日本ハム　'09⑥　計11安打（9回）
　　（参考）
　　ロッテ　'05①　計15安打
　　　　　　　　（7回裏コールドゲーム）
p. イニング連続打席出塁
8…巨　人　'58②1回（5安打2四球1死球）

E. 二　塁　打

a. シリーズ最多二塁打
8試合-8…広　島　'86
7試合-15…西　武　'04
6試合-16…横　浜　'98
5試合-13…ヤクルト　'01
4試合-11…ロッテ　'05
b. シリーズ最少二塁打
8試合-7…西　武　'86
7試合-3…ヤクルト　'78
　　　　　　近　鉄　'79
6試合-3…ソフトバンク　'18
5試合-2…西　武　'57、'97（'57は西鉄）
4試合-1…大　毎　'60
c. ゲーム最多二塁打
9…横　浜　'98⑤
d. ゲーム最多二塁打合計　－両チーム－
9…横　9-0…武　'98⑤
e. イニング最多二塁打
3…巨　人　'52①4回、'59①9回、'66①8回
　　　　　　　'02③3回、'08⑤7回
　　西　武　'88⑤1回、'04②5回、③7回
　　ヤクルト　'93①7回、'01③5回
　　ダイエー　'00②5回
f. イニング連続打数二塁打
3…西　武　'88⑤1回（四球1を挟む）

F. 三　塁　打

a. シリーズ最多三塁打
8試合-1…広　島　'86
7試合-4…阪　急　'76
6試合-3…巨　人　'67
　　　　　　横　浜　'98
　　　　　　西　武　'98
5試合-4…巨　人　'71
4試合-2…南　海　'59
b. シリーズ最少三塁打
各試合-0…多数あり
c. ゲーム最多三塁打
2…中　日　'54⑤
　　巨　人　'55④、'56⑤、'71⑤
　　阪　急　'78④
　　横　浜　'98⑤
　　ダイエー　'03②
　　日本ハム　'16⑥

阪　神　'23⑤

d．ゲーム最多三塁打合計　−両チーム−
　　2…多数あり
　　（補回・参考）
　　3…中　2 − 1…ロ　'10④（11回、9回で2）
e．イニング最多三塁打
　　2…阪　神　'23⑤　8回　森下、坂本

G. 本　塁　打

a．シリーズ最多本塁打
　　8試合− 5…広　島　'86
　　　　　　　　西　　武　'86
　　7試合−13…ヤクルト　'78
　　6試合−12…巨　人　'81
　　5試合− 9…巨　人　'70
　　4試合− 9…ロッテ　'05
b．シリーズ最少本塁打
　　8試合− 5…西　武　'86
　　　　　　　　広　島　'86
　　7試合− 2…中　日　'54, '11
　　　　　　　　巨　人　'55
　　　　　　　　ソフトバンク　'11
　　　　　　　　楽　天　'13
　　　　　　　　阪　神　'23
　　6試合− 2…南　海　'52
　　5試合− 0…阪　神　'14
　　4試合− 0…阪　神　'05
c．ゲーム最多本塁打
　　5…巨　人　'63⑦
d．ゲーム最多本塁打合計　−両チーム−
　　7…巨　人　4 − 3…近　'89⑦
e．イニング最多本塁打
　　4…巨　人　'72⑤ 3回　王、長嶋、黒江、森
　　3…巨　人　'53② 7回　与那嶺、千葉、南村
　　　　　　　　　　　　　　　　　　（3者連続）
　　　　　　　　'63⑦ 4回　柴田、王、池沢
　　　　　　　　'69⑥ 6回　王、長嶋、黒江（3者連続）
　　　　阪　急　'78⑥ 5回　島谷、ウイリアムス、福本
　　　　ロッテ　'05② 6回　サブロー、フランコ、
　　　　　　　　　　　　　　　　李承燁
f．連続試合本塁打（シリーズ）
　　7…西　武　'08①〜⑦
g．連続試合本塁打（連続シリーズ）
　　14…巨　人　'77③〜⑤ 3, '81①〜⑥ 6,
　　　　　　　　'83①〜⑤ 5
h．連続打数本塁打
　　3…巨　人　'53② 7回　与那嶺、千葉、南村
　　　　　　　　'69⑥ 6回　王、長嶋、黒江
　　※'72⑤ 3回 巨人は四球1を挟み4打数連続本塁打
　　'63⑦ 4回 巨人は四球1を挟み3打数連続本塁打
　　（1972以前の規則では四球で途切れるため参考記録）
i．連続イニング本塁打
　　3…巨　人　'71②⑦〜9回
　　　　広　島　'84③ 2〜4回
　　　　近　鉄　'89⑦ 4〜6回

H. 塁　打

a．シリーズ最多塁打
　　8試合− 86…西　武　'86
　　7試合−120…西　武　'04
　　6試合−104…巨　人　'81
　　5試合− 85…巨　人　'70
　　4試合− 84…ロッテ　'05
b．シリーズ最少塁打
　　8試合− 81…広　島　'86
　　7試合− 48…中　日　'11
　　6試合− 53…南　海　'52
　　5試合− 34…阪　神　'14
　　4試合− 21…巨　人　'20
c．ゲーム最多塁打
　　37…巨　人　'63⑦
　　　安打…19，二…1，三…1，本…5
d．ゲーム最少塁打
　　0…日本ハム　'07⑤
e．ゲーム最多塁打合計　−両チーム−
　　53…横　36 − 17…武　'98⑤

	安	二	三	本		安	二	三	本
横	20	2	1		武	11	0	0	2

f．ゲーム最少塁打合計　−両チーム−
　　7…日　0 − 7…中　'07⑤

	安	二	三	本		安	二	三	本
日	0	0	0	0	中	5	2	0	0

g．イニング最多塁打
　　18…巨　人　'63⑦ 4回

	安	二	三	本
18…巨 人 '63⑦ 4回	9	5	0	1
〃 '72⑤ 3回	9	5	0	6
阪 急 '78⑥ 5回	6	1	1	3

I. 長　打

a．シリーズ最多長打

			二	三	本
8 試合 −14…広 島 '86…			8	1	5
7 試合 −28…西 武 '04…			15	2	11
6 試合 −23…横 浜 '98…			16	3	4
5 試合 −18…ヤクルト '01…			13	0	5
4 試合 −21…ロッテ '05…			11	1	9

b．シリーズ最少長打

			二	三	本
8 試合 −12…西 武 '86…			7	0	5
7 試合 − 8…西 鉄 '54…			5	0	3
ソフトバンク '11…			5	0	3
6 試合 − 7…巨 人 '61…			4	0	3
5 試合 − 3…西 武 '97…			2	0	1
4 試合 − 2…阪 神 '05…			1	0	1

c．ゲーム最多長打
　　12…横　浜　'98⑤

	二	三	本
	9	2	1

d．ゲーム最多長打合計　−両チーム−
　　14…横　12 − 2…武　'98⑤

	二	三	本		二	三	本
横	9	2	1	武	0	2	0

e．ゲーム最少長打合計　−両チーム−
　　0…巨　0 − 0…西　'57④
　　　　急　0 − 0…巨　'67②
　　　　急　0 − 0…巨　'72④
　　　　ロ　0 − 0…中　'74⑤
　　　　ヤ　0 − 0…西　'93④
　　　　オ　0 − 0…ヤ　'21②
　　　　ヤ　0 − 0…オ　'22⑥

J. 打　点

a．シリーズ最多打点
　　8試合−18…広　島　'86
　　7試合−38…巨　人　'63
　　6試合−34…巨　人　'68
　　5試合−27…ヤクルト　'01
　　4試合−30…ロッテ　'05
b．シリーズ最少打点
　　8試合−17…西　武　'86
　　7試合− 9…中　日　'11
　　6試合−12…日本ハム　'12
　　5試合− 6…南　海　'51
　　4試合− 4…阪　神　'05
　　　　　　　　巨　人　'20
c．ゲーム最多打点
　　17…巨　人　'63⑦
　　　　　横　浜　'98⑤
d．ゲーム最多打点合計　−両チーム−
　　22…横　17 − 5…武　'98⑤
e．ゲーム最少打点合計　−両チーム−
　　0…巨　0 − 0…西　'57④
f．イニング最多打点
　　8…巨　人　'63⑦ 4回

K. 盗　塁

a. シリーズ最多盗塁
　　8試合－ 8…西　　　武　'86
　　7試合－12…西　　　鉄　'54
　　6試合－ 9…巨　　　人　'68、'81
　　5試合－ 8…巨　　　人　'71
　　　　　　　　　阪　　　急　'77
　　4試合－ 7…巨　　　人　'02
b. シリーズ最少盗塁
　　8試合－ 7…広　　　島　'86
　　7試合－ 0…西　　　鉄　'58
　　　　　　　　　近　　　鉄　'89
　　6試合－ 0…南　　　海　'66
　　　　　　　　　巨　　　人　'87
　　　　　　　　　広　　　島　'18
　　　　　　　　　ヤクルト　'21
　　　　　　　　　オリックス　'21
　　5試合－ 0…ソフトバンク　'65（'65は南海）
　　　　　　　　　日本ハム　'07
　　　　　　　　　阪　　　神　'14
　　4試合－ 0…巨　　　人　'90、'19、'20
c. ゲーム最多盗塁
　　5…巨　　　人　'55⑤、'02④
　　　　大　　　洋　'60③
　　　　中　　　日　'82④
d. ゲーム最多盗塁合計　－両チーム－
　　7…巨…5－2…南　'55⑤
e. イニング最多盗塁
　　3…巨　　　人　'53⑤9回、'55⑤1回、'68①9回
　　　　大　　　洋　'60③1回
　　　　ソフトバンク　'15②1回

L. 盗塁刺

a. シリーズ最多盗塁刺
　　8試合－ 4…西　　　武　'86
　　7試合－ 7…西　　　鉄　'54
　　　　　　　　　南　　　海　'64
　　6試合－ 8…広　　　島　'18
　　5試合－ 5…阪　　　急　'71
　　　　　　　　　ソフトバンク　'15
　　4試合－ 3…巨　　　人　'59
b. ゲーム最多盗塁刺
　　3…南　　　海　'64⑦
　　　　阪　　　急　'71①
　　　　ヤクルト　'78④
c. ゲーム最多盗塁刺合計　－両チーム－
　　5…ヤ…3－2…急　'78④
d. イニング最多盗塁刺
　　2…阪　　　神　'14⑤3回
　　　　ＤｅＮＡ　'17③1回

M. 犠　打

a. シリーズ最多犠打
　　8試合－10…西　　　武　'86
　　　　　　　　　広　　　島　'86
　　7試合－14…西　　　武　'92
　　6試合－10…巨　　　人　'66
　　　　　　　　　西　　　武　'82
　　　　　　　　　ソフトバンク　'17
　　5試合－13…日本ハム　'06
　　4試合－13…西　　　武　'90
b. ゲーム最多犠打
　　4…巨　　　人　'66④
　　　　広　　　島　'84⑦、'91⑤
　　　　西　　　武　'88⑤（9回まで、11回で5）
　　　　　　　　　'90①②④
　　　　　　　　　'91⑥
　　　　日本ハム　'06②、'16⑤
　　　　ＤｅＮＡ　'17⑥
c. ゲーム最多犠打合計　－両チーム－

7…日…4－3…広　'16⑤
d. イニング最多犠打
　　2…多数あり

N. 犠　飛

a. シリーズ最多犠飛
　　8試合－ 2…広　　　島　'86
　　7試合－ 6…中　　　日　'10
　　6試合－ 3…阪　　　急　'68
　　　　　　　　　阪　　　神　'85
　　5試合－ 4…阪　　　急　'77
　　4試合－ 2…ソフトバンク　'59、'19（'59は南海）
b. ゲーム最多犠飛
　　3…巨　　　人　'55⑦
　　　　阪　　　急　'84⑤
　　　　中　　　日　'10⑦
c. ゲーム最多犠飛合計　－両チーム－
　　4…急…3－1…広　'84⑤
　　　　中…3－1…ロ　'10⑦
d. イニング最多犠飛
　　2…巨　　　人　'55⑦9回
　　　　ヤクルト　'95⑤2回
　　　　ロッテ　'10③7回

O. 四　球

a. シリーズ最多四球
　　8試合－22…広　　　島　'86
　　7試合－30…ヤクルト　'93
　　6試合－27…毎　　　日　'50
　　　　　　　　　阪　　　急　'68
　　5試合－26…阪　　　急　'71
　　　　　　　　　ヤクルト　'01
　　4試合－14…大　　　毎　'60
　　　　　　　　　西　　　武　'90
　　　　　　　　　巨　　　人　'19
b. シリーズ最少四球
　　8試合－18…西　　　武　'86
　　7試合－ 8…巨　　　人　'58
　　6試合－ 5…西　　　鉄　'56
　　5試合－ 4…南　　　海　'51
　　4試合－ 6…西　　　武　'02
c. ゲーム最多四球
　　11…西　　　武　'98③
d. ゲーム最多四球合計　－両チーム－
　　14…武…11－3…横　'98③
e. ゲーム最少四球合計　－両チーム－
　　0…ロ…0－0…中　'74⑤
　　　　巨…0－0…日　'12②（日本ハム　死球2）
f. イニング最多四球
　　5…中　　　日　'07②4回
g. イニング連続四球
　　3…南　　　海　'59④1回
　　　　阪　　　急　'68③1回
　　　　巨　　　人　'76④7回、'96④7回
　　　　阪　　　神　'85④1回、'14④1回、'23④3回
　　　　中　　　日　'07②4回
　　　　西　　　武　'08⑥4回

P. 死　球

a. シリーズ最多死球
　　8試合－ 4…西　　　武　'86
　　7試合－ 6…中　　　日　'04
　　　　　　　　　巨　　　人　'08
　　　　　　　　　オリックス　'22
　　6試合－ 6…阪　　　急　'75
　　5試合－ 5…ヤクルト　'01
　　　　　　　　　日本ハム　'06
　　　　　　　　　ソフトバンク　'15
　　4試合－ 5…巨　　　人　'02
b. ゲーム最多死球

　　　　4…巨　人　'08②
c. ゲーム最多死球合計　－両チーム－
　　4…日－3－1…中　'06④
　　　巨－4－0…武　'08②
d. イニング最多死球
　　2…南　海　'55②4回
　　　ロッテ　'74②8回、'10①3回
　　　西　武　'83⑤2回、'93①1回
　　　ヤクルト　'01②3回
　　　巨　人　'02④6回、'08②7回
　　　中　日　'04②3回
　　　日本ハム　'06④3回、'12②1回
e. イニング連続死球
　　2…南　海　'55②4回
　　　ヤクルト　'01②3回
　　　日本ハム　'06④3回

Q. 三　振
a. シリーズ最多三振
　　8試合－68…広　島　'86
　　7試合－71…ヤクルト　'22
　　6試合－64…広　島　'18
　　5試合－42…西　武　'97
　　　　　　　　中　日　'07
　　　　　　　　阪　神　'14
　　4試合－41…巨　人　'20
b. シリーズ最少三振
　　8試合－46…西　武　'86
　　7試合－20…巨　人　'55
　　6試合－11…巨　人　'52
　　5試合－10…巨　人　'51
　　4試合－14…南　海　'59
c. ゲーム最多三振
　　15…ヤクルト　'21①
　　（補回・参考）
　　17…オリックス　'21⑥（12回、9回で12）
d. ゲーム無三振
　　0…毎　日　'50②（8回）
　　　巨　人　'52②（8回）
　　　阪　急　'72③（8回）
　　　ヤクルト　'78④（9回）
e. ゲーム最多三振合計　－両チーム－
　　23…ソ－12－11…ディ　'17②
　　　オ－12－11…ヤ　'21⑥
　　（補回・参考）
　　31…オ－17－14…ヤ　'21⑥（12回、9回で23）
f. ゲーム最少三振合計　－両チーム－
　　1…急－0－1…巨　'72③
g. イニング最多三振
　　3…多数あり
h. 毎回三振
　　日本ハム　'81②　計10三振　（9回）
　　西　武　'93⑦　〃13　〃　（9回）
　　巨　人　'02④　〃13　〃　（9回）
　　西　武　'04①　〃9　〃　（9回）
　　巨　人　'08④　〃10　〃　（9回）
　　中　日　'11⑦　〃12　〃　（9回）
　　巨　人　'12②　〃12　〃　（8回）
　　巨　人　'13②　〃12　〃　（9回）
　　ヤクルト　'21①　〃15　〃　（9回）
　　オリックス　'22⑦　〃10　〃　（9回）

R. 併殺打
a. シリーズ最多併殺打
　　8試合－4…西　武　'86
　　7試合－12…近　鉄　'80
　　6試合－9…ロッテ　'85
　　　　　　　　西　武　'85
　　5試合－6…巨　人　'70
　　　　　　　　南　海　'73
　　　　　　　　中　日　'88、'06

　　4試合－6…阪　神　'05
b. ゲーム最多併殺打
　　5…西　武　'82③
c. ゲーム最多併殺打合計　－両チーム－
　　6…武…5－1…中　'82③
d. イニング最多併殺打
　　2…ヤクルト　'22⑤5回

S. 残　塁
a. ゲーム最多残塁
　　15…ヤクルト　'01⑤
　　（補回・参考）
　　16…巨　人　'76⑥（10回、9回で13）
　　　中　日　'10⑥（15回、9回で6）
b. ゲーム最多残塁合計　－両チーム－
　　24…ヤ－15－9…近　'01⑤
　　（補回・参考）
　　28…ヤ－14－14…オ　'22②（12回、9回で20）
c. ゲーム無残塁
　　0…巨　人　'61①（9回）
　　　日本ハム　'07⑤（9回）
d. ゲーム最少残塁合計　－両チーム－
　　3…中－1－2…武　'88③
e. 毎回残塁
　　巨　人　'53⑥、'67⑥、'76⑥
　　阪　急　'71②
　　中　日　'82④
　　横　浜　'98⑤

IV. 個人投手記録

A. 試　合
a. 通算最多試合登板
　　27…堀内　恒夫　（巨）
　　26…足立　光宏　（急）
　　　工藤　公康　（巨）
b. シリーズ最多試合
　　8試合－5…渡辺　久信　（武）'86
　　　　　　　　津田　恒実　（広）'86
　　7試合－6…中村　大成　（南）'55
　　　　　　　　稲尾　和久　（西）'58
　　　　　　　　藤田　元司　（巨）'58
　　　　　　　　土橋　正幸　（東）'62
　　　　　　　　村山　実　（神）'62
　　　　　　　　小林　繁　（巨）'76
　　　　　　　　吉野　誠　（神）'03
　　　　　　　　西村健太朗　（巨）'08
　　6試合－6…稲尾　和久　（西）'56
　　　　　　　　今村　猛　（広）'16
　　　　　　　　ジャクソン　（広）'16
　　5試合－4…多数あり
　　4試合－4…杉浦　忠　（南）'59
　　　　　　　　秋山　登　（洋）'60
　　　　　　　　森　唯斗　（ソ）'19
c. シリーズ最多連続試合登板
　　6…稲尾　和久　（西）'56①～⑥
　　　吉野　誠　（神）'03②～⑦
　　　今村　猛　（広）'16①～⑥
　　　ジャクソン　（広）'16①～⑥

B. 完　投
a. 通算最多完投
　　9…稲尾　和久　（西）
　　8…山田　久志　（急）
b. シリーズ最多完投
　　8試合－1…大野　豊　（広）'86
　　7試合－4…杉下　茂　（中）'54

　　　　　稲尾　和久（西）'58
6試合－2…多数あり
5試合－2…藤本　英雄（巨）'51
　　　　　稲尾　和久（西）'57
　　　　　堀内　恒夫（巨）'71
　　　　　高橋　一三（巨）'73
4試合－2…杉浦　忠（南）'59

C. 先　　発
a. 通算最多先発
　　19…足立　光宏（急）
b. シリーズ最多先発
　　5…稲尾　和久（西）'58
　　4…杉下　茂（中）'54
　　　　稲尾　和久（西）'63
　　　　スタンカ（南）'64
　　　　渡辺　泰輔（南）'66

D. 補　　回
a. 通算最多補回
　　2…小山　正明（ロ）
　　　　岡林　洋一（ヤ）
b. シリーズ最多補回
　　2…小山　正明（神）'62
　　　　岡林　洋一（ヤ）'92

E. 無失点勝利
a. 通算最多無失点勝利
　　4…スタンカ（南）
b. シリーズ最多無失点勝利
　　8試合－0　　　　　　　　'86
　　7試合－3…スタンカ（南）'64
　　6試合－1…多数あり
　　5試合－1…別所　毅彦（巨）'51
　　　　　　　藤本　英雄（巨）'51
　　　　　　　堀内　恒夫（巨）'70
　　　　　　　足立　光宏（急）'77
　　　　　　　森山　良二（武）'88
　　　　　　　石井　一久（ヤ）'97
　　　　　　　工藤　公康（ダ）'99
　　4試合－1…杉浦　忠（南）'59
　　　　　　　渡辺　久信（武）'90
　　　　　　　渡辺　智男（武）'90
　　　　　　　渡辺　俊介（ロ）'05
c. 最多連続試合無失点勝利（シリーズ）
　　2…スタンカ（南）'64⑥⑦
d. 最多連続試合無失点勝利（連続シリーズ）
　　2…スタンカ（南）'64⑥⑦
　　　　足立　光宏（急）'77②、'78③
　　　　西本　聖（巨）'81⑤、'83②
　　　　渡辺　久信（武）'90①、'91③
e. 無失点勝利最多被安打
　　13…西本　聖（巨）'81⑤
　　10…藤本　英雄（巨）'51①
f. 初登板無失点勝利（13人、※は無四死球）
　　　　藤本　英雄（巨）'51①
　　　　別所　毅彦（巨）'51②
　　※入谷　正典（巨）'53⑤
　　　　スタンカ（南）'61①
　　　　鈴木　啓示（近）'79②
　　　　池田　親興（神）'85①
　　　　香田　勲男（巨）'89④
　　　　渡辺　智男（武）'90③
　　　　斎藤　隆（横）'98②
　　※高橋　尚成（巨）'00⑤
　　※渡辺　俊介（ロ）'05②
　　　　岸　孝之（武）'08④
　　　　高橋　奎二（ヤ）'21②
g. 1－0無失点勝利（7人、8度）
　　　　杉下　茂（中）'54⑦

藤田　元司（巨）'58③
堀内　恒夫（巨）'67②、'70①（11回）
山根　和夫（広）'79⑤
渡辺　久信（武）'91③
槙原　寛己（巨）'94②
石井　一久（ヤ）'97①

F. 無四球試合
a. 通算最多無四球試合
　　2…稲尾　和久（西）
　　　　スタンカ（南）
　　　　村山　実（神）
　　　　渡辺　俊介（ロ）
b. シリーズ最多無四球試合
　　2…稲尾　和久（西）'58③⑥

G. 勝　　利
a. 通算最多勝利
　　11…稲尾　和久（西）
　　　　堀内　恒夫（巨）
　　9…足立　光宏（急）
b. シリーズ最多勝利
　　8試合－2…渡辺　久信（武）'86
　　7試合－4…稲尾　和久（西）'58
　　6試合－3…野村　武史（毎）'50
　　　　　　　別所　毅彦（巨）'52
　　　　　　　稲尾　和久（西）'56
　　　　　　　バース（日）'16
　　5試合－2…藤本　英雄（巨）'51
　　　　　　　稲尾　和久（西）'57
　　　　　　　金田　正一（巨）'65
　　　　　　　宮田　征典（巨）'65
　　　　　　　堀内　恒夫（巨）'71、'72、'73
　　　　　　　山田　久志（急）'77
　　　　　　　ブロス（巨）'95
　　　　　　　石井　一久（ヤ）'97
　　4試合－4…杉浦　忠（南）'59
c. シリーズ勝利3以上
　　4…稲尾　和久（西）'58①❸④❹⑤⑥⑦
　　　　杉浦　忠（南）'59①②③④
　　3…野村　武史（毎）'50①④⑥
　　　　別所　毅彦（巨）'52①④⑥
　　　　　　　　　　　　'55❶④❺⑥-⑦○
　　　　杉下　茂（中）'54①②④❺⑥⑦
　　　　稲尾　和久（西）'56①-②-③④⑤-⑥○
　　　　スタンカ（南）'64①-③❻⑥⑦
　　　　バース（日）'16①-③④-⑤⑥○
d. 最多連続勝利（シリーズ）
　　4…稲尾　和久（西）'58④⑤⑥⑦
　　　　杉浦　忠（南）'59①②③④
e. 最多連続勝利（連続シリーズ）
　　6…渡辺　久信（武）'86⑥⑧、'88①、'90①、
　　　　　　　　　　　　'91③、'93③
f. シリーズ4勝無敗
　　　　杉浦　忠（南）'59①②③④
g. 最少投球数勝利
　　2…岡本　晃（近）'01②
　　　　高木　京介（巨）'12⑥
h. 打者1人に投げて勝利
　　　　村山　実（神）'62①（投球数9）
　　　　永射　保（武）'83⑥（投球数5）
　　　　岡本　晃（近）'01②（投球数3）
　　　　篠原　貴行（ダ）'03①（投球数3）
　　　　高木　京介（巨）'12⑥（投球数2）
i. 3チームで勝利
　　　　工藤　公康（武、ダ、巨）
j. 2チームで勝利
　　　　小林　誠二（武、広）
　　　　阿波野　秀幸（近、横）

H. 敗　北

a．通算最多敗北
　　9…山田　久志（急）
　　6…藤田　元司（巨）
b．シリーズ最多敗北
　　8試合－1…7人　　　　　　'86
　　7試合－3…村山　　実（神）'64
　　　　　　　山田　久志（急）'84
　　6試合－3…別所　毅彦（巨）'56
　　5試合－2…柚木　　進（南）'51
　　　　　　　杉浦　忠志（南）'65
　　　　　　　木樽　正明（ロ）'70
　　　　　　　足立　光宏（急）'71
　　　　　　　山田　久志（急）'72
　　　　　　　平井　正史（オ）'95
　　　　　　　西口　文也（武）'97
　　　　　　　野口　茂樹（中）'99
　　　　　　　パウエル（近）'01
　　　　　　　石川　雅規（ヤ）'15
　　4試合－2…藤田　元司（巨）'59
　　　　　　　義原　武敏（巨）'59
　　　　　　　小野　正一（毎）'60
　　　　　　　中西　勝己（毎）'60
　　　　　　　松坂　大輔（武）'02
c．最多連続敗北（連続シリーズ）
　　5…藤田　元司（巨）'58④⑥、'59②④、'61⑤
　　　村山　　実（神）'62⑥⑦、'64①④⑦
　　　北別府　学（広）'79①、'84②⑤、'86⑤、'91③
　　　西口　文也（武）'97①⑤、'98①⑥、'04⑤
d．シリーズ0勝3敗
　　　別所　毅彦（巨）'56②③⑥
　　　村山　　実（神）'64①④⑦
　　　山田　久志（急）'84①④⑦
e．最少投球数敗北
　　4…大友　　工（巨）'57①
　　　武田　　久（日）'09⑤
f．打者1人に投げて敗北
　　大友　　工（巨）'57①（投球数4）
　　都　裕次郎（中）'82②（投球数6）先発
g．2チームで敗北
　　大島　信雄（松、中）
　　小山　正明（神、ロ）
　　宮本　幸信（急、広）
　　成田　文男（ロ、日）
　　高橋　一三（巨、日）
　　小野　和幸（武、中）
　　岡本　真也（中、武）
　　石井　一久（ヤ、武）
　　増井　浩俊（日、オ）

I. セ　ー　ブ

a．通算最多セーブ
　　8…高津　臣吾（ヤ）
　　6…岩瀬　仁紀（中）
　　5…潮崎　哲也（武）
　　　サファテ（ソ）
　　　森　　唯斗（ソ）
b．シリーズ最多セーブ
　　8試合－2…工藤　公康（武）'86
　　7試合－3…高津　臣吾（ヤ）'93
　　　　　　　豊田　　清（武）'04
　　　　　　　ワゲスパック（オ）'22
　　6試合－3…クルーン（巨）'09
　　　　　　　森　　唯斗（ソ）'18
　　5試合－3…鈴木　　平（オ）'96
　　　　　　　MICHEAL（日）'06
　　4試合－1…潮崎　哲也（武）'90
　　　　　　　小林　雅英（ロ）'05
　　　　　　　森　　唯斗（ソ）'19、'20
c．最多連続試合セーブ（シリーズ）
　　3…高津　臣吾（ヤ）'93②④⑦

　　　鈴木　　平（オ）'96②③⑤
　　　豊田　　清（武）'04①③⑥
　　　クルーン（巨）'09①③⑥
d．最多連続試合セーブ（連続シリーズ）
　　4…高津　臣吾（ヤ）'93②④⑦、'95①
e．最長イニングセーブ
　　4…山田　高志（急）'75⑥
　　　東尾　　修（武）'83①
　　　宮本　和知（巨）'89⑦
f．最少投球数セーブ
　　1…マシソン（巨）'12②
g．打者1人に投げてセーブ
　　鈴木　　平（オ）'96②（投球数6）
　　石毛　博史（巨）'96④（投球数3）
　　岩瀬　仁紀（中）'11①（投球数6）
　　浅尾　拓也（中）'11⑥（投球数3）
　　播津　　正（ソ）'11⑦（投球数6）
　　マシソン（巨）'12②（投球数1）
h．2チームでセーブ
　　江夏　　豊（広、日）

J. ホールド

a．通算最多ホールド
　　7…山口　鉄也（巨）
　　　モイネロ（ソ）
　　6…森　　唯斗（ソ）
　　　嘉弥真新也（ソ）
　　　清水　　昇（ヤ）
b．シリーズ最多ホールド
　　7試合－3…内　　竜也（ロ）'10
　　　　　　　ファルケンボーグ（ソ）'11
　　　　　　　森福　允彦（ソ）'11
　　　　　　　清水　　昇（ヤ）'22
　　　　　　　山﨑颯一郎（オ）'22
　　　　　　　比嘉　幹貴（オ）'22
　　6試合－4…今村　　猛（広）'16
　　5試合－3…岡島　秀樹（日）'06
　　4試合－3…モイネロ（ソ）'19
c．最多連続試合ホールド（シリーズ）
　　3…岡島　秀樹（日）'06③～⑤
　　　越智　大祐（巨）'09①③⑥
　　　バットン（デ）'17④～⑥
　　　高橋　　礼（ソ）'18①③⑤
　　　清水　　昇（ヤ）'21①④⑥
　　　山﨑颯一郎（オ）'22②④⑥
d．最多連続試合ホールド（連続シリーズ）
　　5…清水　　昇（ヤ）'21①④⑥、'22①②
e．3イニング以上ホールド
　　　内　　竜也（ロ）'10⑦（3回）
　　　東浜　　巨（ソ）'14④（3回）
f．最少投球数ホールド
　　1…嘉弥真新也（ソ）'17⑥
　　　砂田　毅樹（デ）'17⑥
　　　バットン（デ）'17⑥
　　　湯浅　京己（神）'23④

K. 投　球　数

a．ゲーム最多投球数
　　169…山田　久志（急）'78①　○完投（9回）
　　（補回・参考）
　　200…外木場義郎（広）'75④　△完投（13回、9回で146）
b．ゲーム最少投球数（9回完投100球未満、※は無失点勝利）
　　90…藤本　英雄（巨）'51⑤　○
　　　　杉下　　茂（中）'54⑦　○※
　　93…別所　毅彦（巨）'52①　○
　　94…稲尾　和久（西）'58③　●
　　96…スタンカ（毎）'64①　○※
　　97…渡辺　俊介（ロ）'10②　○※
　　99…別所　毅彦（巨）'51②　○※
　　　　　　　　　　　　'55⑦　○※
　　　　江藤　　正（南）'52⑤　○

スタンカ（南）'61① ○※
　　　　　　　'64⑥ ○※
（参考）
87…清水　直行（ロ）'05① ○完投（7回）
88…中西　勝己（毎）'60① ●完投（8回）
c．イニング最多投球数
　44…斎藤　雅樹（巨）'96⑤3回
　　　40球以上　11人、11度（上記含む）
d．イニング最少投球数
　3…大島　信雄（松）'50④6回
　　　別所　毅彦（巨）'51②1回
　　　中尾　碩志（巨）'55③7回
　　　山田　久志（急）'71③4回

L. 投 球 回

a．通算最多投球回
　140⅓…堀内　恒夫（巨）
　127⅔…山田　久志（急）
　124 …足立　光宏（急）
b．シリーズ最多投球回
　8試合-20⅓…東尾　修（武）'86
　7試合-47 …稲尾　和久（西）'58
　6試合-29⅓…大島　信雄（松）'50
　　　　　　　　スタンカ（南）'61
　5試合-20⅓…木樽　正明（ロ）'70
　4試合-32 …杉浦　忠（南）'59
c．ゲーム最多投球回
　13…外木場義郎（広）'75④
　12…若林　忠志（毎）'50①
　　　大島　信雄（松）'50①
　　　岡林　洋一（ヤ）'92①

M. 被 安 打

a．通算最多被安打
　122…山田　久志（急）
　117…足立　光宏（急）
　108…堀内　恒夫（巨）
b．シリーズ最多被安打
　8試合-16…東尾　修（武）'86
　7試合-30…稲尾　和久（西）'58
　6試合-24…スタンカ（南）'61
　5試合-19…木樽　正明（ロ）'70
　4試合-27…杉浦　忠（南）'59
c．ゲーム最多被安打
　14…山田　久志（急）'78⑤
　（補回・参考）
　15…外木場義郎（広）'75④（13回、9回で11）
d．ゲーム最少被安打（完投）
　2…河村　久文（西）'54③
　　　村山　実（神）'62②
　　　稲尾　和久（西）'63④
　　　スタンカ（南）'64⑥
　　　木樽　正明（ロ）'74⑤
　　　山根　和夫（広）'79⑤、'80④
　　　西本　聖（巨）'81②
　　　森山　良二（武）'88④
　　　高橋　尚成（巨）'00⑤
　　　川上　憲伸（中）'07①
　（西本'81②、川上'07①以外は無失点勝利）
e．イニング最多被安打
　6…宮本　幸信（急）'69④4回
　　　西井　哲夫（ヤ）'78⑥5回（犠打1挟み連続）
　　　伊東　昭光（ヤ）'93③3回
　　　新谷　博（武）'98⑤9回
　　　伊良部秀輝（神）'03②2回（連続）
　　　石川　雅規（ヤ）'15①4回（連続）
f．最多連続打者無安打
　31人（9⅓回）…河村　久文（西）'54③3回二死～9回
　　　　　　　　　　（四球3含む）
　　　　　　　⑤5回一死～8回一死
　　　　　　　（失策出塁1含む）

（8⅔回）…藤田　元司（巨）'59③2回1死～8回
　　　　　　　　（四死球3含む）
　　　　　④1回～2回
　　　　　（四球3含む）
g．シリーズ登板全イニング無安打
　8……山井　大介（中）'07⑤1回～8回
　7⅓…島原　幸雄（西）'57④5回二死～10回
　　　　　　　　⑤8回一死～9回
　　　　　木田　優夫（巨）'96②6回二死～8回
　　　　　　　　④4回～8回
h．最多連続無走者
　24人…山井　大介（中）'07⑤1回～8回
　23人…村山　実（神）'62①10回二死～1人
　　　　　　②先発～22人
　　　小林　繁（巨）'76④8回二死～4人
　　　　　　⑤9回一死～2人
　　　　　　⑥6回無死～15人
　　　　　　⑦8回一死～2人
　　　川上　憲伸（中）'04①5回二死～7人
　　　　　　⑤先発～16人
i．先発最多イニング無安打（初回先頭から）
　8……山井　大介（中）'07⑤
　7⅓…村山　実（神）'62②
　　　　佐々岡真司（広）'91④
　　　　濱口　遥大（デ）'17④
　7……ムーア（ソ）'20③
　6⅔…高橋　礼（ソ）'19②
　6⅓…石井　一久（ヤ）'01①
　　　　和田　毅（ソ）'11①
　6……山根　和夫（広）'79②
　　　　永井　智浩（ダ）'99③

N. 被 本 塁 打

a．通算最多被本塁打
　23…山田　久志（急）
　15…足立　光宏（急）
b．シリーズ最多被本塁打
　8試合- 3…東尾　修（武）'86
　　　　　　　大野　豊（武）'86
　7試合- 6…山田　久志（急）'78
　6試合- 5…堀本　律雄（巨）'61
　5試合- 5…成田　文男（ロ）'70
　4試合- 2…別所　毅彦（巨）'59
　　　　　　　中西　勝己（毎）'60
　　　　　　　斎藤　雅樹（巨）'90
　　　　　　　郭　泰源（武）'90
　　　　　　　松坂　大輔（武）'02
　　　　　　　井川　慶（神）'05
　　　　　　　安藤　優也（神）'05
　　　　　　　橋本健太郎（神）'05
　　　　　　　バンデンハーク（ソ）'19
　　　　　　　畠　世周（巨）'20
c．ゲーム最多被本塁打
　4…成田　文男（ロ）'70④
　　　戸田　善紀（急）'72⑤
d．イニング最多被本塁打
　4…戸田　善紀（急）'72⑤3回
　　　王、長嶋、黒江、森
　3…中村　大成（神）'53②7回
　　　与那嶺、千葉、南村（連続）
　　　西井　哲夫（ヤ）'78⑥5回
　　　島谷、ウイリアムス、福本
e．初登板、第一打者に被本塁打
　14人（最新　千賀滉大（ソ）'15③　山田）

O. 与 四 球

a．通算最多与四球
　61…堀内　恒夫（巨）
　46…高橋　一三（日）
b．シリーズ最多与四球
　8試合- 6…松沼　博久（武）'86

　　　7試合−14…山口　高志（急）'76
　　　6試合−12…山口　高志（急）'75
　　　5試合−11…堀内　恒夫（巨）'71
　　　4試合− 9…藤田　元司（巨）'59
c．シリーズ最少与四球　 −投球回10以上−
　　　0…安藤　元博（東）'62　投球回15⅔
　　　　　杉内　俊哉（ダ）'03　投球回15
　　　　　内海　哲也（巨）'12　投球回15
　　　　　川崎　徳次（西）'54　投球回14⅔
　　　　　足立　光宏（急）'78　投球回14⅓
　　　　　西口　文也（武）'97　投球回14
　　　　　澤村　拓一（巨）'12　投球回14
　　　　　木樽　正明（ロ）'74　投球回13⅓
　　　　　江藤　正（南）'52　投球回10
d．最多連続イニング無四死球
　　18⅔…別所　毅彦（巨）
　　　　　'55①−1回、④−8回、⑤−3回、⑥−⅔回、
　　　　　⑦−6回
e．ゲーム最多与四球
　　　8…高橋　一三（巨）'72②（ 7⅓回）
　　　　　山口　高志（急）'76⑥（ 6⅔回）
f．イニング最多与四球
　　　4…三浦　大輔（横）'98③ 2回
　　　　　若田部健一（ダ）'99② 1回
g．イニング最多連続与四球
　　　3…藤田　元司（巨）'59④ 1回
　　　　　堀内　恒夫（巨）'68③ 1回
　　　　　山口　高志（急）'76④ 7回
　　　　　松沼　博久（武）'85④ 7回
　　　　　小林　宏（オ）'96④ 7回
　　　　　グリン（オ）'07② 4回
　　　　　東野　峻（巨）'08⑥ 4回
　　　　　中田　賢一（ソ）'14④ 1回、'14④ 3回
　　　　　ワゲスパック（オ）'23④ 9回

P．与死球

a．通算最多与死球
　　　9…足立　光宏（急）
　　　6…松坂　大輔（武）
b．シリーズ最多与死球
　　　8試合− 2…大野　豊（広）'86
　　　7試合− 3…大友　工（巨）'55
　　　　　　　　　松坂　大輔（武）'04
　　　6試合− 2…足立　光宏（急）'69
　　　　　　　　　星野　仙一（中）'74
　　　　　　　　　金城　基泰（広）'75
　　　　　　　　　高橋　一三（日）'81
　　　　　　　　　永井　智浩（ダ）'00
　　　　　　　　　内海　哲也（巨）'12
　　　　　　　　　澤村　拓一（巨）'12
　　　　　　　　　ヘルウェグ（広）'18
　　　5試合− 2…三浦　清弘（南）'65
　　　　　　　　　山内　新一（南）'73
　　　　　　　　　山口　高志（急）'77
　　　　　　　　　前川　勝彦（近）'01
　　　　　　　　　中田　賢一（中）'06
　　　4試合− 3…松坂　大輔（武）'02
c．ゲーム最多与死球
　　　3…松坂　大輔（武）'04②
d．イニング最多与死球
　　　2…大友　工（巨）'55② 4回（連続）
　　　　　西本　聖（巨）'83⑤ 2回
　　　　　荒木　大輔（ヤ）'93① 1回
　　　　　松坂　大輔（武）'02④ 6回、'04② 3回
　　　　　中田　賢一（中）'06④ 3回（連続）
　　　　　吉見　一起（中）'10① 3回
　　　　　澤村　拓一（巨）'12① 1回

Q．奪三振

a．通算最多奪三振
　102…工藤　公康（巨）

　　　　84…稲尾　和久（西）
　　　　82…堀内　恒夫（巨）
b．シリーズ最多奪三振
　　　8試合−17…工藤　公康（武）'86
　　　7試合−32…稲尾　和久（西）'58
　　　6試合−21…山口　高志（急）'75
　　　　　　　　　今永　昇太（デ）'17
　　　5試合−24…ダルビッシュ有（日）'07
　　　4試合−20…杉浦　忠（南）'59
c．ゲーム最多奪三振
　　14…山本　由伸（オ）'23⑥
d．二桁奪三振（22人、26度、補回での達成含む）
　　　　稲尾　茂（中）'54① 12 ← 杉下　茂（中）'54① 12
　　　　稲尾　和久（西）'57① 11
　　　　堀内　庄（巨）'58② 11
　　　　村田　兆治（ロ）'74⑥ 11（10回、 9回で10）
　　　　外木場義郎（広）'75④ 13（13回、 9回で10）
　　　　西本　聖（巨）'81② 10
　　　　槙原　寛己（巨）'87④ 11
　　　　岡林　洋一（ヤ）'92⑦ 10（10回、 9回で 9）
　　　　石井　一久（ヤ）'97① 12
　　　　　　　　　　　　'01① 12
　　　　工藤　公康（ダ）'99① 13
　　　　高橋　尚成（巨）'00⑤ 12
　　　　上原　浩治（巨）'02① 12
　　　　ダルビッシュ有（日）'07① 13
　　　　　　　　　　　　　　⑤ 11
　　　　岸　孝之（武）'08④ 11
　　　　チェン（中）'11① 11
　　　　武田　勝（日）'12② 10
　　　　則本　昂大（楽）'13① 10
　　　　田中　将大（楽）'13② 12
　　　　大谷　翔平（日）'16① 11
　　　　今永　昇太（デ）'17② 10
　　　　　　　　　　　　⑥ 11
　　　　バンデンハーク（ソ）'18⑥ 10
　　　　山本　由伸（オ）'21⑥ 11
　　　　　　　　　　　　'23⑥ 14
e．イニング最多奪三振
　　　3…多数あり
f．最多連続打者奪三振
　　　5…村田　兆治（ロ）'74⑥ 5回…谷木、井上、マーチン
　　　　　　　　　　　　 6回…谷沢、木俣
　　　　槙原　寛己（巨）'94② 2回…鈴木、田辺
　　　　　　　　　　　　 3回…吉竹、伊東、工藤
g．イニング三者連続3球奪三振
　　　　工藤　公康（武）'94② 3回…槙原、グラッデン、川相
h．ゲーム毎回奪三振
　　　　西本　聖（巨）'81②（10三振）
　　　　岸　孝之（武）'08④（10三振）
　　　　田中　将大（楽）'13②（12三振）

R．暴投

a．通算最多暴投
　　　6…渡辺　久信（武）
b．シリーズ最多暴投
　　　8試合− 0　　　　　　　　'86
　　　7試合− 2…松岡　弘（ヤ）'78
　　　　　　　　　渡辺　久信（武）'93
　　　　　　　　　長田秀一郎（武）'04
　　　　　　　　　清水　昭信（中）'10
　　　　　　　　　ワゲスパック（オ）'23
　　　6試合− 2…森　慎二（武）'98
　　　　　　　　　渡辺　正和（ダ）'00
　　　　　　　　　増井　浩俊（日）'16
　　　　　　　　　石田　健大（デ）'17
　　　5試合− 2…中原　宏（南）'51
　　　　　　　　　渡辺　久信（武）'88
　　　　　　　　　石井　一久（ヤ）'95
　　　　　　　　　藤浪晋太郎（神）'14
　　　4試合− 3…江草　仁貴（神）'05
c．ゲーム最多暴投

　　　3…江草　仁貴（神）'05②
d．イニング最多暴投
　　　3…江草　仁貴（神）'05②8回

S．ボーク（15人、15度）

　1…別所　毅彦（巨）'55④1回
　　　林　　俊彦（南）'64②8回
　　　木樽　正明（ロ）'70③7回
　　　倉田　　誠（巨）'73②2回
　　　江本　孟紀（南）'73⑤7回
　　　柴田　保光（武）'82④5回
　　　渡辺　久信（武）'85⑥9回
　　　石井　　貴（武）'98④6回
　　　佐久本昌広（ダ）'99②5回
　　　宣　　銅烈（中）'99④9回
　　　リ　ガ　ン（神）'03④9回
　　　ドミンゴ（中）'04⑦3回
　　　中田　賢一（中）'10⑤2回
　　　オンドルセク（ヤ）'15②7回
　　　鍵谷　陽平（巨）'20②7回

T．失　点

a．通算最多失点
　　　63…足立　光宏（急）
　　　55…山田　久志（急）
b．シリーズ最多失点
　　　8試合− 5…川端　　順（広）'86
　　　　　　　　東尾　　修（武）'86
　　　　　　　　渡辺　久信（武）'86
　　　7試合−14…稲尾　和久（西）'63
　　　　　　　　山田　久志（急）'76
　　　6試合−15…別所　毅彦（巨）'56
　　　5試合−11…スタンカ（南）'65
　　　4試合−11…藤田　元司（巨）'59
c．ゲーム最多失点
　　　10…新谷　　博（武）'98⑤
d．イニング最多失点
　　　7…川口　和久（広）'84⑥3回
　　　　新谷　　博（武）'98⑤9回
e．シリーズ最少失点　─ 投球回10以上 ─
　　　0…岸　　孝之（武）'08投球回14⅔
　　　　石井　　貴（武）'04投球回13
　　　　益田　昭雄（巨）'66投球回12
　　　　美馬　　学（楽）'13投球回11⅔
　　　　石井　一久（ヤ）'97投球回11
f．最多連続イニング無失点（シリーズ）
　　　26…稲尾　和久（西）
　　　　'58④− 2回（8回より）、⑤− 7回、⑥− 9回、
　　　　⑦− 8回
g．最多連続イニング無失点（連続シリーズ）
　　　29…西本　　聖（巨）'81②− 8回、⑤− 9回、
　　　　　　　　　　　　'83②− 9回、⑤− 3回

U．自責点

a．通算最多自責点
　　　57…足立　光宏（急）
　　　50…山田　久志（急）
b．シリーズ最多自責点
　　　8試合− 5…川端　　順（広）'86
　　　　　　　　渡辺　久信（武）'86
　　　7試合−12…稲尾　和久（西）'63
　　　　　　　　山田　久志（急）'76、'78
　　　6試合−11…足立　光宏（急）'67、'69
　　　5試合−10…足立　光宏（急）'71
　　　4試合−10…藤田　元司（巨）'59
c．ゲーム最多自責点
　　　10…新谷　　博（武）'98⑤
d．イニング最多自責点
　　　7…川口　和久（広）'84⑥3回
　　　　新谷　　博（武）'98⑤9回

e．シリーズ最少自責点　─ 投球回10以上 ─
　　　0…岸　　孝之（武）'08投球回14⅔
　　　　東尾　　修（武）'82投球回13⅔
　　　　石井　　貴（武）'04投球回13
　　　　益田　昭雄（巨）'66投球回12
　　　　美馬　　学（楽）'13投球回11⅔
　　　　松沼　雅之（武）'83投球回11
　　　　石井　一久（ヤ）'97投球回11

V．防御率

a．通算最優秀防御率　　　　　　　　投球回　自責点
　　　投球回100以上　2.39…工藤　公康（巨）120⅓ 32
　　　投球回 70以上　1.79…東尾　　修（武）75⅓ 15
　　　投球回 50以上　1.53…西本　　聖（巨）53　 9
b．シリーズ最優秀防御率　─ 投球回10以上 ─
　　　8試合−1.20…工藤　公康（武）'86投15　自 2
　　　7試合−0.00…松沼　雅之（武）'83投11　自 0
　　　　　　　　　石井　　貴（武）'04投13　自 0
　　　　　　　　　岸　　孝之（武）'08投14⅔自 0
　　　　　　　　　美馬　　学（楽）'13投球11⅔自 0
　　　6試合−0.00…益田　昭雄（巨）'66投12　自 0
　　　　　　　　　東尾　　修（武）'82投13⅔自 0
　　　5試合−0.00…石井　一久（ヤ）'97投11　自 0
　　　4試合−0.53…秋山　　登（洋）'60投16⅓自 1

Ⅴ．チーム投手記録

A．完　投

a．シリーズ最多完投
　　　5…阪　急　'78
b．シリーズ最多完投合計　─両チーム─
　　　7…毎　4 − 3　松 '50
　　　　巨　3 − 4　西 '58
c．シリーズ最少完投合計　─両チーム─
　　　0…17度（最新　オ−ヤ '22）

B．セーブ

a．シリーズ最多セーブ
　　　4…オリックス '96
b．シリーズ最多セーブ合計　─両チーム─
　　　6…ソ 3 − 3　中 '11
c．シリーズ最少セーブ合計　─両チーム─
　　　0…巨 0 − 0　武 '02

C．ホールド

a．シリーズ最多ホールド
　　　15…ソフトバンク '18
b．シリーズ最少ホールド
　　　0…阪神 '05、中日 '06、日本ハム '07、
　　　　巨人 '19、'20
c．シリーズ最多ホールド合計　─両チーム─
　　　22…ソ 15 − 7　広 '18
d．シリーズ最少ホールド合計　─両チーム─
　　　2…中 2 − 0　日 '07

D．投球回

a．シリーズ最多投球回
　　　79⅓…広　島　'86
b．シリーズ最少投球回
　　　32⅓…阪　神　'05

E．暴　投

a．シリーズ最多暴投

5…日本ハム '16
b. シリーズ最多暴投合計 －両チーム－
  7…日…5－2…広 '16
c. ゲーム最多暴投
  3…阪　神　'05②
  　　オリックス '23④
d. ゲーム最多暴投合計 －両チーム－
  3…'88①、'95②、'05②、'12③、'16①、'23④

F. 防　御　率
a. シリーズ最高防御率
  1.00…ソフトバンク '20 投球回36　自責点 4
b. シリーズ最低防御率
  8.63…阪　神　'05 投球回32⅓　自責点31

Ⅵ. 個人守備記録

A. 投　　手
a. シリーズ最多刺殺
  8試合－2…東尾　　修 (武) '86
  7試合－3…稲尾　和久 (西) '58
  　　　　　高橋　　明 (巨) '63
  　　　　　ラ　イ　ト (巨) '76
  　　　　　足立　光宏 (急) '76
  　　　　　柳田　　豊 (近) '79
  　　　　　ド ミ ン ゴ (中) '04
  6試合－3…大島　信雄 (松) '50
  　　　　　島原　幸雄 (西) '56
  　　　　　足立　光宏 (急) '67
  　　　　　木樽　正明 (ロ) '74
  5試合－3…ダルビッシュ有 (日) '07
  4試合－2…杉浦　　忠 (南) '59
  　　　　　秋山　　登 (洋) '60
  　　　　　槙原　寛己 (巨) '90
b. ゲーム最多刺殺
  3…ドミンゴ (中) '04③
c. シリーズ最多補殺
  8試合－6…東尾　　修 (武) '86
  　　　　　金石　昭人 (広) '86
  7試合－13…久保田 治 (東) '62
  6試合－9…真田　重男 (松) '50
  　　　　　高橋　一三 (巨) '69
  5試合－9…高橋　一三 (巨) '70
  4試合－6…藤田　元司 (巨) '59
d. ゲーム最多補殺
  7…大島　信雄 (松) '50①
  　　　　　　(中) '54③
e. シリーズ最多失策
  8試合－1…長冨　浩志 (広) '86
  　　　　　大野　　豊 (広) '86
  7試合－2…宮田　征典 (巨) '63
  　　　　　マ ク ガ フ (ヤ) '22
  6試合－2…桑田　真澄 (巨) '87
  5試合－2…野口　茂樹 (中) '99
  4試合－1…荒巻　　淳 (毎) '60
  　　　　　水野　雄仁 (巨) '90
  　　　　　松坂　大輔 (武) '02
  　　　　　戸郷　翔征 (巨) '19
  　　　　　大竹　　寛 (巨) '20
  　　　　　ム　ー　ア (ソ) '20
f. ゲーム最多失策
  2…宮田　征典 (巨) '63④
g. シリーズ最多併殺
  8試合－1…川本　智徳 (武) '86
  7試合－2…小畑　正治 (南) '55
  　　　　　久保田 治 (東) '62
  　　　　　山田　久志 (急) '84
  　　　　　高橋　聡文 (中) '10

  6試合－3…高橋　一三 (巨) '69
  5試合－2…堀内　恒夫 (巨) '73
  4試合－2…藤田　元司 (巨) '59
h. ゲーム最多併殺
  2…小畑　正治 (南) '55②
  　　高橋　一三 (巨) '69⑥
  　　西本　　聖 (巨) '81⑤
  　　鈴木　孝政 (中) '82③

B. 捕　　手
a. シリーズ最多刺殺
  8試合－70…伊東　　勤 (武) '86
  7試合－72…里崎　智也 (ロ) '10
  6試合－56…村田　真一 (巨) '00
  5試合－44…古田　敦也 (ヤ) '97
  4試合－42…甲斐　拓也 (ソ) '20
b. ゲーム最多刺殺
  14…嶋　　基宏 (楽) '13①
  　　若月　健矢 (オ) '23⑥
  　　(補回・参考)
  16…中村　悠平 (ヤ) '22⑥ (12回、9回で11)
c. シリーズ最多補殺
  8試合－6…達川　光男 (広) '86
  7試合－9…大矢　明彦 (ヤ) '78
  6試合－11…甲斐　拓也 (ソ) '18
  5試合－10…細川　　亨 (ソ) '14
  4試合－6…野村　克也 (南) '59
d. ゲーム最多補殺
  4…大矢　明彦 (ヤ) '78④
  　　村田　真一 (巨) '90④
  　　谷繁　元信 (中) '06④
  　　細川　　亨 (ソ) '14⑤
  　　甲斐　拓也 (ソ) '18①
  　　中村　悠平 (ヤ) '21⑥
e. シリーズ最多失策
  8試合－1…伊東　　勤 (武) '86
  7試合－3…和田　博実 (西) '63
  6試合－2…野村　克也 (南) '66
  　　　　　土肥　健二 (ロ) '74
  　　　　　木俣　達彦 (中) '74
  5試合－2…和田　博実 (西) '57
  　　　　　高田　　誠 (オ) '96
  4試合－1…土井　　淳 (洋) '60
f. ゲーム最多失策
  2…和田　博実 (西) '57③、'63②
  　　野村　克也 (南) '66①
g. シリーズ最多併殺
  8試合－0　　　　　　　　'86
  7試合－3…達川　光男 (広) '84
  6試合－3…道原　博幸 (広) '75
  5試合－3…古田　敦也 (ヤ) '97
  　　　　　中村　悠平 (ヤ) '15
  4試合－3…野村　克也 (南) '59
h. ゲーム最多併殺
  2…道原　博幸 (広) '75⑤
  　　達川　光男 (広) '84③
  　　伊東　　勤 (武) '98②
i. シリーズ最多捕逸
  8試合－0　　　　　　　　'86
  7試合－2…達川　光男 (広) '84
  6試合－3…野村　克也 (南) '61
  5試合－1…森　　昌彦 (巨) '70
  　　　　　種茂　雅之 (急) '72
  　　　　　古田　敦也 (ヤ) '97
  　　　　　中村　武志 (中) '99
  4試合－2…野村　克也 (南) '59
j. ゲーム最多捕逸
  2…野村　克也 (南) '61②
k. シリーズ最多盗塁刺
  8試合－3…達川　光男 (広) '86
  7試合－5…辻　　佳紀 (神) '64
  6試合－6…広田　　順 (巨) '52

甲斐 拓也（ソ）'18
5試合－ 5…森 昌彦（巨）'71
中村 悠平（ヤ）'15
4試合－ 3…野村 克也（南）'59
l. シリーズ最多許盗塁
8試合－ 8…達川 光男（広）'86
7試合－ 8…大矢 明彦（ヤ）'78
6試合－ 8…岡村 浩二（急）'68
大宮 龍男（日）'81
5試合－ 7…岡村 浩二（急）'71
吉田 孝司（巨）'77
4試合－ 6…谷本 稔（毎）'60
m. シリーズ最多連続盗塁刺
6…甲斐 拓也（ソ）'18①②③④⑥
4…広田 順（巨）'52④⑤⑥
藤尾 茂（巨）'58①③⑥
n. シリーズ最多連続許盗塁
8…大宮 龍男（日）'81①②③④⑤
7…山本 哲也（神）'62③④⑥
岡村 浩二（急）'71①④⑤
木俣 達彦（中）'74①②⑤
吉田 孝司（巨）'77①②③④⑤
達川 光男（広）'86①②④
伊東 勤（武）'86②③④⑤
o. 通算盗塁阻止率　　　　許　刺
企図20以上 .429…森 昌彦（巨）20 15
企図15以上 .611…藤尾 茂（巨）7 11

C. 一 塁 手

a. シリーズ最多刺殺
8試合－87…小早川毅彦（広）'86
7試合－85…中畑 清（巨）'83
6試合－76…大岡 虎雄（松）'50
5試合－62…飯田 徳治（南）'51
4試合－39…榎本 喜八（毎）'60
b. ゲーム最多刺殺
19…加藤 秀司（急）'72③
中畑 清（巨）'83②
（補回・参考）
23…藤本 勝巳（神）'62③（14回、9回で16）
c. ゲーム最少刺殺（9回）
3…ブーマー（急）'84⑥
清原 和博（巨）'00⑤
中田 翔（巨）'16④
d. シリーズ最多補殺
8試合－ 8…清原 和博（武）'86
7試合－11…小川 亨（近）'79
6試合－ 8…スペンサー（急）'67
加藤 秀司（急）'75
谷沢 健一（中）'82
5試合－ 6…落合 博満（中）'88
4試合－ 2…寺田 陽介（南）'59
駒田 徳広（巨）'90
清原 和博（武）'90
斉藤 宜之（巨）'02
福浦 和也（ロ）'05
シ ー ツ（神）'05
中島 宏之（巨）'20
e. ゲーム最多補殺
4…王 貞治（巨）'63⑤
小川 亨（近）'79⑤
f. シリーズ最多失策
8試合－ 1…小早川毅彦（広）'86
衣笠 祥雄（広）'86
7試合－ 3…広沢 克己（ヤ）'93
6試合－ 2…寺田 陽介（南）'61
スペンサー（急）'67
谷沢 健一（中）'74
5試合－ 2…杉山 光平（南）'65
ブ ル ー ム（南）'65
ジョーンズ（南）'73
D・J（オ）'95

4試合－ 0
g. ゲーム最多失策
2…ブ ル ー ム（南）'65③
杉山 光平（南）'65⑤
ジョーンズ（南）'73④
谷沢 健一（中）'74②
駒田 徳広（巨）'89⑥
D・J（オ）'95⑤
ロ ペ ス（オ）'13⑥
h. イニング最多失策
2…谷沢 健一（中）'74②3回
i. シリーズ最多併殺
8試合－ 5…小早川毅彦（広）'86
7試合－14…水谷 実雄（広）'80
6試合－ 9…谷沢 健一（中）'74
バ ー ス（神）'85
5試合－ 6…王 貞治（巨）'73
小笠原道大（日）'06
4試合－ 5…福浦 和也（ロ）'05
j. ゲーム最多併殺
4…寺田 陽介（南）'61①
水谷 実雄（広）'80①
中畑 清（巨）'81⑤
谷沢 健一（中）'82③
清原 和博（武）'87③
k. 三重殺
1…河野 昭修（西）'56①

D. 二 塁 手

a. シリーズ最多刺殺
8試合－22…正田 耕三（広）'86
7試合－23…土屋 正孝（巨）'58
6試合－21…土井 正三（巨）'69
山田 哲人（ヤ）'21
5試合－18…土橋 勝征（ヤ）'95
4試合－12…岡本伊三美（南）'59
b. ゲーム最多刺殺
8…木下 富雄（広）'84⑤
c. シリーズ最多補殺
8試合－28…正田 耕三（広）'86
7試合－28…土屋 正孝（巨）'58
マルカーノ（急）'78
寺内 崇幸（巨）'13
6試合－26…岡田 彰布（神）'85
5試合－18…山本 一人（巨）'51
4試合－14…近藤 昭仁（洋）'60
d. ゲーム最多補殺
9…前田 益穂（ロ）'70⑤
e. シリーズ最多失策
8試合－ 0 '86
7試合－ 2…船田 和英（巨）'63
森下 整鎮（南）'64
篠塚 利夫（巨）'89
井口 資仁（ロ）'10
6試合－ 2…金山 次郎（松）'50
山崎 裕之（急）'74
マルカーノ（急）'75
明石 健志（ソ）'17
5試合－ 2…内藤 博文（ロ）'57
山崎 裕之（ロ）'70
4試合－ 2…吉川 尚輝（巨）'20
f. ゲーム最多失策
1…多数あり
g. シリーズ最多併殺
8試合－ 4…正田 耕三（広）'86
7試合－ 9…土屋 正孝（巨）'58
6試合－ 9…岡田 彰布（神）'85
5試合－ 6…土井 正三（巨）'72
辻 発彦（武）'88
土橋 勝征（ヤ）'97
4試合－ 3…土屋 正孝（巨）'59
近藤 昭仁（洋）'60

　　　　　堀内　久雄（ロ）'05
　　　　　周東　佑京（ソ）'20
h．ゲーム最多併殺
　　4…辻　　発彦（武）'88①
i．三重殺
　　1…滝内弥瑞生（西）'56①

E．三 塁 手

a．シリーズ最多刺殺
　　8試合－10…衣笠　祥雄（広）'86
　　7試合－11…城戸　則文（西）'63
　　6試合－13…長嶋　茂雄（巨）'61
　　5試合－ 8…森本　　潔（急）'71
　　　　　　　　島谷　金二（急）'77
　　4試合－ 5…桑田　　武（洋）'60
　　　　　　　　岡崎　　郁（巨）'90
b．ゲーム最多刺殺
　　4…土屋　正孝（巨）'56②
　　　　長嶋　茂雄（巨）'61②
　　　　森本　　潔（急）'69①、'71③
　　　　衣笠　祥雄（広）'86⑤
　　　　片岡　篤史（神）'03⑤
　　　　フェルナンデス（武）'04⑤
　　　　今江　敏晃（ロ）'10⑤
　　　　佐藤　輝明（神）'23②
c．シリーズ最多補殺
　　8試合－26…衣笠　祥雄（広）'86
　　7試合－27…森下　正夫（南）'55
　　6試合－26…河内　卓司（毎）'50
　　5試合－18…蔭山　和夫（南）'51
　　4試合－12…長嶋　茂雄（巨）'59
d．ゲーム最多補殺
　　11…原　　辰徳（巨）'83②
e．シリーズ最多失策
　　8試合－ 0　　　　　　　　'86
　　7試合－ 3…森下　正夫（南）'55
　　　　　　　　石毛　宏典（武）'93
　　6試合－ 3…河内　卓司（毎）'50
　　　　　　　　長嶋　茂雄（巨）'69
　　　　　　　　宗　　佑磨（オ）'21
　　5試合－ 1…多数あり
　　4試合－ 1…長嶋　茂雄（巨）'59
　　　　　　　　清原　和博（武）'90
　　　　　　　　今岡　　誠（神）'05
　　　　　　　　山本　泰寛（巨）'19
　　　　　　　　岡本　和真（巨）'19
f．ゲーム最多失策
　　2…長嶋　茂雄（巨）'68①
　　　　リベラ（近）'89⑦
g．イニング最多失策
　　2…長嶋　茂雄（巨）'68①7回
　　　　リベラ（近）'89⑦9回
h．シリーズ最多併殺
　　8試合－ 1…衣笠　祥雄（広）'86
　　7試合－ 3…森下　正夫（南）'55
　　　　　　　　ハウエル（ヤ）'92,'93
　　6試合－ 5…ピート（南）'61
　　5試合－ 3…藤原　　満（南）'73
　　4試合－ 2…今江　敏晃（ロ）'05
i．ゲーム最多併殺
　　3…ピート（南）'61①

F．遊 撃 手

a．シリーズ最多刺殺
　　8試合－18…高橋　慶彦（広）'86
　　7試合－19…木塚　忠助（南）'55
　　6試合－19…小池　兼司（南）'66
　　5試合－13…平井　三郎（巨）'51
　　　　　　　　豊田　泰光（西）'57
　　　　　　　　池山　隆寛（ヤ）'95
　　4試合－16…広岡　達朗（巨）'59

b．ゲーム最多刺殺
　　7…広岡　達朗（巨）'59④
　　　　宇野　　勝（中）'82③
c．シリーズ最多補殺
　　8試合－26…石毛　宏典（武）'86
　　7試合－34…平井　三郎（巨）'53
　　6試合－26…平田　勝男（神）'85
　　5試合－23…今宮　健太（ソ）'14
　　4試合－18…鳥谷　　敬（神）'05
d．ゲーム最多補殺
　　9…宮崎　仁郎（松）'50④
e．シリーズ最多失策
　　8試合－ 2…高橋　慶彦（広）'86
　　7試合－ 4…豊田　泰光（西）'54
　　　　　　　　大橋　　穣（急）'78
　　　　　　　　野村謙二郎（広）'91
　　6試合－ 5…三村　敏之（広）'75
　　5試合－ 4…黒江　透修（巨）'70
　　4試合－ 1…8度
f．ゲーム最多失策
　　3…岩下　光一（東）'62①
g．イニング最多失策
　　2…野村謙二郎（広）'91①4回
h．シリーズ最多併殺
　　8試合－ 3…高橋　慶彦（広）'86
　　7試合－10…高橋　慶彦（広）'80
　　6試合－ 6…小池　兼司（南）'66
　　　　　　　　黒江　透修（巨）'69
　　　　　　　　三村　敏之（広）'75
　　　　　　　　平田　勝男（神）'85
　　　　　　　　井口　忠仁（ダ）'00
　　5試合－ 6…石毛　宏典（武）'88
　　　　　　　　金子　　誠（日）'06
　　4試合－ 5…西岡　　剛（ロ）'05
i．ゲーム最多併殺
　　4…宇野　　勝（中）'82③
j．三重殺
　　1…豊田　泰光（西）'56①

G．外 野 手

a．シリーズ最多刺殺
　　8試合－17…長嶋　清幸（広）'86
　　7試合－22…新井　宏昌（近）'89
　　6試合－27…福本　　豊（急）'75
　　5試合－17…青田　　昇（巨）'51
　　　　　　　　福本　　豊（急）'72
　　4試合－13…坂崎　一彦（巨）'59
b．ゲーム最多刺殺
　　7…張本　　勲（東）'62④
　　　　大熊　忠義（急）'68①
　　　　岡村　隆則（武）'85①
　　　　柴原　　洋（ダ）'03⑦
c．シリーズ最多補殺
　　8試合－ 1…4人　　　　　　　'86
　　7試合－ 2…毒島　章一（東）'62
　　　　　　　　福本　　豊（急）'78
　　　　　　　　スミス（巨）'83
　　　　　　　　飯田　哲也（ヤ）'93
　　　　　　　　秋山　幸二（武）'93
　　6試合－ 2…堀井　数男（南）'52
　　　　　　　　福本　　豊（急）'75
　　5試合－ 2…堀井　数男（南）'51
　　　　　　　　中尾　孝義（中）'88
　　　　　　　　イチロー（オ）'95
　　4試合－ 2…坂崎　一彦（巨）'59
d．ゲーム最多補殺
　　2…堀井　数男（南）'51①
　　　　福本　　豊（急）'78①
e．シリーズ最多失策
　　8試合－ 1…ブコビッチ（武）'86
　　7試合－ 2…マニエル（近）'79
　　6試合－ 2…木村　　勉（松）'50

          岩本　義行（松）'50
          広瀬　叔功（南）'61
          クロマティ（巨）'87
　5試合－ 1…柴田　　勲（巨）'70
          ソーレル（急）'72
          島野　育夫（南）'73
          ホージー（ヤ）'97
          村松　有人（ダ）'99
          ニエベス（ダ）'99
          磯部　公一（近）'01
　4試合－ 2…原　　辰徳（巨）'90
f．ゲーム最多失策
　2…岩本　義行（松）'50⑥
　　広瀬　叔功（南）'61②
g．イニング最多失策
　2…岩本　義行（松）'50⑥ 4回
h．シリーズ最多併殺
　8試合－ 1…岡村　隆則（武）'86
　7試合－ 2…毒島　章一（東）'62
　6試合－ 1…岩本　義行（松）'50
          与那嶺　要（巨）'56
          福本　　豊（急）'75
          島田　　誠（日）'81
          高橋　由伸（巨）'00
          ニエベス（ダ）'00
          近藤　健介（日）'16
　5試合－ 1…ロ　ペ　ス（ロ）'70
          相羽　欣厚（南）'73
          柴田　　勲（巨）'77
          本西　厚博（オ）'95
          松井　秀喜（巨）'96
          村松　有人（ダ）'99
          秋山　幸二（ダ）'99
          磯部　公一（近）'01
　4試合－ 1…大沢　昌芳（南）'59
          坂崎　一彦（巨）'59
          金光　秀憲（洋）'60
i．ゲーム最多併殺
　1…多数あり
　（補回・参考）
　2…毒島　章一（東）'62③（14回、9回で1）

Ⅶ．チーム守備記録

A．守 備 率

a．シリーズ最高守備率

			刺	補	失	併
8試合－ .994…西	武	'86	237	83	2	4
7試合－ .996…西	武	'08	187	74	1	5
6試合－ .995…ダイエー		'00	159	58	1	8
日本ハム		'12	162	55	1	5
5試合－1.000…巨	人	'96	132	55	0	3
ソフトバンク		'14	135	70	0	5
4試合－ .993…巨	人	'19	108	44	1	2

b．シリーズ最低守備率

			刺	補	失	併
8試合－ .983…広	島	'86	238	113	6	5
7試合－ .968…阪	神	'23	183	60	8	6
6試合－ .961…松	竹	'50	173	97	11	6
5試合－ .962…南	海	'73	132	47	7	6
4試合－ .972…巨	人	'19	102	35	4	1

B．刺 殺

a．シリーズ最多刺殺
　　8試合－238…広　　島　'86
　　7試合－219…ロ　ッ　テ　'10
　　6試合－180…阪　　急　'75
　　5試合－153…ヤクルト　'95
　　4試合－111…南　　海　'59
b．シリーズ最少刺殺
　　8試合－237…西　　武　'86
　　7試合－180…西　　鉄　'54
　　　　　　　　広　　島　'79、'91
　　　　　　　　近　　鉄　'79
　　6試合－153…南　　海　'52
　　　　　　　　西　　武　'98
　　5試合－126…近　　鉄　'01
　　　　　　　　中　　日　'06
　　　　　　　　日本ハム　'07
　　4試合－ 97…阪　　神　'05
c．ゲーム最多刺殺 ―外野手― 　左 中 右
　　14…東　　映　'62④ 9回　 7　4　3
d．ゲーム最少刺殺 ―外野手―
　　0…巨　　人　'83② 9回
e．ゲーム最多刺殺 ―内野手― 　一 二 三 遊
　　23…阪　　神　'55① 9回　 17 3 1 2
f．ゲーム最少刺殺 ―内野手― 　一 二 三 遊
　　6…ヤクルト　'95① 9回　　 4 1 1 0
　　　　西　　武　'08④ 9回　　 5 1 0 0
g．全員刺殺
　　ダイエー　'59④、'03⑦（'59は南海）
　　巨　　人　'66⑥

C．補 殺

a．シリーズ最多補殺
　　8試合－113…広　　島　'86
　　7試合－ 99…巨　　人　'83
　　6試合－ 97…松　　竹　'50
　　5試合－ 73…中　　日　'88
　　4試合－ 48…巨　　人　'59
b．シリーズ最少補殺
　　8試合－ 83…西　　武　'86
　　7試合－ 53…阪　　急　'76
　　6試合－ 49…巨　　人　'00
　　5試合－ 42…ヤクルト　'15
　　4試合－ 27…西　　武　'02
c．ゲーム最多補殺
　　22…巨　　人　'81⑤
　　（補回・参考）
　　24…巨　　人　'13⑤（10回、9回で20）
d．ゲーム最少補殺
　　3…阪　　急　'84⑥
　　　　ヤクルト　'95①
　　　　巨　　人　'00⑤
e．ゲーム最多補殺合計 ―両チーム―
　　35…ヤ…19―16…急　'78④
　　（補回・参考）
　　39…東…17―22…神　'62③（14回、9回で28）
　　　　中…21―18…ロ　'10⑥（15回、9回で20）
f．ゲーム最少補殺合計 ―両チーム―
　　8…ロ…4― 4…武　'02④
g．イニング最多補殺
　　6…中　日　'88③ 3回
　　　　ソフトバンク　'19② 9回
h．ゲーム最多補殺 ―内野手― 　一 二 三 遊
　　19…巨　　人　'81⑤ 9回　 1 8 3 7
i．ゲーム最少補殺 ―内野手― 　一 二 三 遊
　　1…日本ハム　'81⑥ 9回　 0 0 1 1
　　　　西　　武　'86② 9回　 0 0 1 0
　　　　　　'91⑦ 9回　　　　 0 1 0 0

D．失 策

a．シリーズ最多失策
　　8試合－ 6…広　　島　'86
　　7試合－ 9…南　　海　'53
　　6試合－11…松　　竹　'50
　　5試合－ 7…南　　海　'73
　　4試合－ 7…巨　　人　'90、'19
b．シリーズ最少失策
　　8試合－ 2…西　　武　'86
　　7試合－ 1…西　　武　'08

6試合－1…ダイエー　'00
　　　　　日本ハム　'12
5試合－0…巨　　人　'96
　　　　　ソフトバンク　'14
4試合－1…大　　洋　'60
　　　　　西　　武　'90
　　　　　巨　　人　'02
　　　　　ロッテ　'05
　　　　　ソフトバンク　'19
c．ゲーム最多失策
　　5…東　　映　'62①
　　　　西　　武　'63②、'83⑦（'63は西鉄）
　　　　南　　海　'66①
　　　　巨　　人　'76②
　　（補回・参考）
　　6…松　　竹　'50⑥（11回、9回で4）
d．ゲーム最多失策合計　－両チーム－
　　7…西　5－2…巨　'63②
e．イニング最多失策
　　3…松　　竹　'50⑥4回…右2、遊1
　　　　東　　映　'62①3回…投、二、遊（連続）
　　　　巨　　人　'68①7回…三2、中1
　　　　　　　　　'87⑤1回…投1、三1、中1
　　　　西　　武　'83⑦5回…投2、遊1
f．シリーズ最多無失策試合
　　8試合－6…西　　武　'86
　　7試合－6…西　　武　'08
　　　　　　　巨　　人　'08
　　6試合－5…西　　武　'98
　　　　　　　ダイエー　'00
　　　　　　　日本ハム　'12
　　5試合－5…巨　　人　'96
　　　　　　　ソフトバンク　'14
　　4試合－3…大　　洋　'60、'05（'60は大毎）
　　　　　　　ロッテ
　　　　　　　西　　武　'90
　　　　　　　巨　　人
　　　　　　　ソフトバンク　'19、'20
g．連続試合無失策
　　6…西　　武　'08②～⑦

E．併　殺

a．シリーズ最多併殺
　　8試合－5…広　　島　'86
　　7試合－15…広　　島　'80
　　6試合－9…松　　竹　'50
　　　　　　　南　　海　'61
　　　　　　　巨　　人　'69
　　　　　　　中　　日　'74
　　　　　　　広　　島　'75
　　　　　　　阪　　神　'85
　　5試合－8…西　　武　'88
　　4試合－7…ロッテ　'05
b．シリーズ最少併殺
　　8試合－4…西　　武　'86
　　7試合－2…西　　武　'83、'91
　　　　　　　楽　　天　'13
　　6試合－1…阪　　急　'69
　　　　　　　広　　島　'18
　　5試合－0…西　　鉄　'57
　　4試合－0…巨　　人　'20
c．ゲーム最多併殺
　　4…松　　竹　'50②
　　　　南　　海　'55②、'61①
　　　　広　　島　'80①⑦
　　　　巨　　人　'81⑤
　　　　中　　日　'82③
　　　　西　　武　'87③、'88①
　　　　ロッテ　'05④
d．ゲーム最多併殺合計　－両チーム－
　　5…松　4－1…毎　'50②
　　　　南　4－1…巨　'55②

南…4－1…巨　'61①
巨…3－2…ロ　'70①（9回まで、11回で6）
南…3－2…巨　'73①
広…4－1…近　'80⑦
中…4－1…武　'82③
武…4－1…中　'88①
オ…3－2…巨　'96②
ヤ…3－2…武　'97③
日…3－2…中　'06③
（補回・参考）
　7…東　4－3…神　'62③（14回、9回で3）
e．連続イニング併殺
　4…松　　竹　'50②3～6回
f．三重殺
　1…西　　鉄　'56①

出場審判・記録員

a．審判員

セントラル・リーグ
'50…島、杉村、津田、筒井
'51…島、杉村、津田、筒井
'52…島、杉村、津田、筒井
'53…島、津田、円城寺、筒井
'54…津田、円城寺、国友、筒井
'55…島、津田、円城寺、筒井
'56…島、金政、津田、円城寺
'57…島、円城寺、筒井、小柴
'58…島、津田、円城寺、筒井
'59…島、円城寺、筒井、滝野
'60…島、筒井、佐藤、富沢
'61…津田、円城寺、筒井、滝野
'62…国友、筒井、有津、富沢
'63…国友、筒井、有津、岡田功
'64…筒井、富沢、岡田功、田代
'65…有津、富沢、岡田功、松橋
'66…筒井、富沢、岡田功、田代
'67…筒井、富沢、岡田功、田代
'68…竹元、富沢、松橋、谷村
'69…筒井、富沢、竹元、岡田功
'70…竹元、岡田功、松橋、谷村
'71…富沢、竹元、岡田功、松橋
'72…竹元、岡田功、松橋、谷村
'73…富沢、岡田功、谷村、山本
'74…竹元、岡田和、松橋、久保田
'75…岡田和、谷村、山本、平光
'76…岡田和、松橋、谷村、山本
'77…岡田和、丸山、谷村、久保田
'78…富沢、岡田和、谷村、山本
'79…岡田和、山本、福井、久保田
'80…岡田和、松橋、谷村、山本
'81…岡田和、谷村、福井、平光
'82…丸山、山本、福井、久保田
'83…岡田功、谷村、山本、三浦
'84…福井、平光、井上
'85…山本、田中、井上、久保田
'86…山本、福井、田中、山本
'87…山本、福井、田中、井上
'88…山本、福井、田中、小林
'89…福井、平光、小林、井野
'90…山本文、福井、平光、小林
'91…岡田、井上、小林、井野
'92…小林、井野、谷、友寄
'93…福井、井野、小林毅、友寄
'94…井上、小林毅、井野、友寄
'95…久保田、小林毅、井野、谷
'96…井上、小林毅、井野、友寄
'97…小林毅、井野、谷、友寄
'98…小林毅、井野、谷、友寄
'99…井野、谷、友寄、橘高

'00…小林毅、井野、谷、友寄
'01…井野、谷、友寄、森
'02…友寄、森、笠原、真鍋
'03…谷、渡田、橘高、笠原
'04…友寄、橘高、杉永、佐々木
'05…井野、谷、森、真鍋
'06…友寄、渡田、笠原、真鍋
'07…渡田、橘高、杉永、佐々木
'08…谷、笠原、真鍋、有隅
'09…森、西本、真鍋、佐々木
'10…友寄、渡田、杉永、笠原
パシフィック・リーグ
'50…二出川、横沢三、浜崎、上田
'51…横沢三、小島、浜崎、井野川
'52…二出川、横沢三、上田、苅田
'53…二出川、横沢三、浜崎、上田
'54…二出川、横沢三、苅田、長谷川
'55…二出川、横沢三、浜崎、上田
'56…二出川、横沢三、上田、苅田
'57…二出川、横沢三、浜崎、角谷
'58…二出川、横沢三、浜崎、上田
'59…二出川、横沢三、浜崎、川瀬
'60…二出川、上田、川瀬、田川
'61…二出川、浜崎、上田、田川
'62…二出川、小島、上田、田川
'63…小島、横沢七、川瀬、田川
'64…小島、上田、井野川、川瀬
'65…小島、川瀬、田川、道仏
'66…小島、川瀬、田川、久喜
'67…田川、沖、道仏、久喜
'68…田川、沖、道仏、久喜
'69…田川、沖、道仏、久喜
'70…田川、沖、道仏、斎田
'71…田川、沖、道仏、斎田
'72…田川、沖、道仏、斎田
'73…道仏、斎田、岡田豊、吉田
'74…道仏、大野、斎田、岡田豊
'75…道仏、久喜、大野、岡田豊
'76…道仏、久保山、斎田、吉田
'77…岡田哲、久保山、斎田、吉田
'78…久保山、斎田、藤本、前川
'79…岡田哲、斎田、藤本、前川
'80…岡田哲、斎田、藤本、前川
'81…岡田哲、村田、藤本、前川
'82…斎田、村田、藤本、前川
'83…岡田哲、斎田、藤本、前川
'84…大野、藤本、前川、五十嵐
'85…斎田、寺本、藤本、前川
'86…村田、藤本、前川、五十嵐
'87…寺本、村田、藤本、前川
'88…斎田、村田、藤本、前川
'89…寺本、五十嵐、牧野、小林一
'90…寺本、前川、林忠、山本隆
'91…藤本、前川、牧野、橘
'92…寺本、藤本、前川、五十嵐
'93…五十嵐、村越、林忠、前田
'94…寺本、前川、五十嵐、永見
'95…前川、永見、前田、山本
'96…五十嵐、林、山本、東
'97…五十嵐、林、前田、中村
'98…藤本、五十嵐、永見、山本
'99…林、東、小寺、中村
'00…永見、橘、中村、佐藤
'01…林、橘、前田、中村
'02…山本、東、中村、山村
'03…柿木園、山本、東、中村
'04…山本、東、中村、栄村
'05…山本、東、中村、佐藤
'06…東、中村、佐藤、川口
'07…東、中村、柳田、秋村
'08…中村、佐藤、丹波、津川
'09…中村、山村、丹波、柳田
'10…中村、良川、川口、津川

※2011年よりセ・パ統合
'11…東、橘高、笠原、眞鍋、佐々木、丹波、川口、本田
'12…渡田、佐藤、柳田、柿木園、西本、小林和、吉本、敷田
'13…杉永、森、佐々木、山村達、有隅、飯塚、木内、秋村
'14…橘高、東、川口、本田、白井、名幸、嶋田、深谷
'15…笠原、佐藤、眞鍋、有隅、佐々木、丹波、木内
'16…有隅、丹波、小林、川口、本田、白井、嶋田
'17…橘高、西本、土山、秋村、深谷、津川、牧田
'18…笠原、眞鍋、川口、本田、白井、山本貴、石山
'19…森、笠原、吉本、名幸、津川、福家、山本貴
'20…笠原、有隅、敷田、嶋田、深谷、津川、山本貴
'21…西本、有隅、吉本、白井、深谷、牧田、山路
'22…川口、本田、山本、土山、深谷、津川、福家、市川
'23…川口、嶋田、深谷、津川、福家、石山、市川

b. 記録員

セントラル・リーグ

'50～'52 ………… 広瀬	'82, '88, '94 ………… 河野
'53～'59 ………… 萩原	'83, '89, '95, '00	
'60, '61, '63, '65	'06 ………… 石井
'67, '69, '71, '73	'90, '96, '01, '05 … 東水流
'74, '76, '78 ………… 柳原	'02 ………… 山本
'62, '64 ………… 中川	'03 ………… 嵯峨
'66, '68, '70, '72	'04 ………… 中村晃
'75, '77, '84 ………… 藤森	'07 ………… 加藤木
'79, '85, '91, '97 … 丸山	'08 ………… 西原
'80, '86, '92, '98 … 東田	'09 ………… 生原
'81, '87, '93, '99 … 中沢聖	

パシフィック・リーグ

'50～'61 ………… 山内	'82, '92 ………… 帖地
'62, '63, '66 ………… 佐藤	'84, '93 ………… 花田
'64, '69, '73 ………… 中沢正	'85, '94, '99 ………… 関口
'65, '70 ………… 桑原	'86, '95, '00 ………… 安藤
'67, '71 ………… 針原	'87, '96, '04, '07 … 吉村
'68, '72, '76, '79	'89 ………… 近藤
'83, '88 ………… 千葉	'98, '05 ………… 山川
'74, '77, '80, '91 … 梅田英	'01, '06 ………… 山田
'75, '78, '81, '90	'02, '08 ………… 藤原
'97 ………… 五十嵐	'03, '09 ………… 村林

※2010年よりセ・パ統合
'10 ………… 山本、山川
'11 ………… 嵯峨、中村晃
'12 ………… 加藤木、近江屋
'13 ………… 西原、荒木
'14 ………… 生原、荻野
'15 ………… 山田、関
'16 ………… 山本、新
'17 ………… 藤原、沢崎
'18 ………… 嵯峨、中村晃
'19 ………… 村林、小熊
'20 ………… 近江屋、伊藤
'21 ………… 荒木、中村鉄
'22 ………… 西原、荻野
'23 ………… 沢崎、足立

表彰選手

'50… 最高殊勲選手 … 別当　薫(毎)
'51… 最高殊勲選手 … 南村不可止(巨)
'52… 最高殊勲選手 … 別所　毅彦(巨)
　　　最高打撃賞 … 与那嶺　要(巨)
　　　ホームラン王賞 … 川上　哲治(巨)
'53… 最高殊勲選手賞}… 川上　哲治(巨)
　　　首位打者賞}
　　　敢闘賞 … 簑原　宏(南)
　　　最優秀投手賞 … 大友　工(巨)
　　　技能賞}… 与那嶺　要(巨)
　　　本塁打王賞}

日本シリーズ記録集

年	賞	選手（球団）
'54…	最高殊勲選手賞 } 最優秀投手賞 }	杉下　茂（中）
	首位打者賞 } 最本塁打賞 }	日比野　武（西）
	首位打点賞	西沢　道夫（中）
	最優秀技能賞	本多　逸郎（中）
	敢　闘　賞	大下　弘（西）
'55…	最優秀選手賞 } 最優秀投手賞 }	別所　毅彦（巨）
	首位打者賞	飯田　徳治（南）
	敢　闘　賞	戸川　一郎（南）
	技　能　賞	木塚　忠助（南）
'56…	最優秀選手賞 } 首位打者賞 }	豊田　泰光（西）
	敢　闘　賞 } 最優秀投手賞 }	稲尾　和久（西）
	技　能　賞	関口　清治（西）
'57…	最優秀選手賞 } 首位打者賞 }	大下　弘（西）
	技　能　賞	和田　博実（西）
	敢　闘　賞	宮本　敏雄（西）
	優　秀　選　手　賞	豊田　泰光（西）
	最優秀投手賞	稲尾　和久（西）
'58…	最優秀選手賞 } 最優秀投手賞 }	稲尾　和久（西）
	技　能　賞	川上　哲治（巨）
	首位打者賞	豊田　泰光（西）
	優　秀　選　手　賞	中西　太（西）
	敢　闘　賞	藤田　元司（巨）
'59…	最優秀選手賞 } 最優秀投手賞 }	杉浦　忠（南）
	技　能　賞	岡本伊三美（南）
	首位打者賞	寺田　陽介（南）
	優　秀　選　手　賞	杉山　光平（南）
	敢　闘　賞	土屋　正孝（巨）
'60…	最優秀選手賞 } 技　能　賞 }	近藤　昭仁（洋）
	首位打者賞	鈴木　武（洋）
	敢　闘　賞	金光　秀憲（洋）
	優　秀　選　手　賞	近藤　和彦（洋）
	最優秀投手賞	秋山　登（洋）
	敢　闘　賞	田宮謙次郎（毎）
'61…	最優秀選手賞 } 首位打者賞 }	宮本　敏雄（巨）
	技　能　賞	中村　稔（巨）
	敢　闘　賞	スタンカ（南）
	優　秀　選　手　賞	塩原　明雄（巨）
	最優秀投手賞	堀本　律雄（巨）
'62…	最優秀選手賞 }	土橋　正幸（東）
		種茂　雅之（東）
	優　秀　選　手　賞	岩下　光一（東）
	技　能　賞	張本　勲（東）
	敢　闘　賞 } 首位打者賞 }	吉田　義男（神）
	最優秀投手賞	安藤　元博（東）
'63…	最優秀選手賞 }	長嶋　茂雄（巨）
	最優秀投手賞	高橋　明（巨）
	敢　闘　賞	稲尾　和久（西）
	優　秀　選　手　賞	王　貞治（巨）
	首位打者賞	城戸　則文（西）
	技　能　賞	広岡　達朗（巨）
'64…	最優秀選手賞 } 最優秀投手賞 }	スタンカ（南）
	打　撃　賞	山内　一弘（神）
	敢　闘　賞 } 技　能　賞 }	小池　兼司（南）
	優　秀　選　手　賞	ハドリ（南）
'65…	最優秀選手賞 } 最優秀投手賞 }	長嶋　茂雄（巨）
	打　撃　賞	森　昌彦（巨）
	敢　闘　賞	森下　整鎮（南）
	技　能　賞	宮田　征典（巨）
	優　秀　選　手　賞	王　貞治（巨）
		林　俊彦（南）
'66…	最優秀選手賞 } 打　撃　賞 }	柴田　勲（巨）
	敢　闘　賞	渡辺　泰輔（南）
	最優秀投手賞	城之内邦雄（巨）
	技　能　賞	王　貞治（巨）
	優　秀　選　手　賞	長嶋　昌彦（巨）
'67…	最優秀選手賞 }	森　昌彦（巨）
	打　撃　賞	森本　潔（急）
	敢　闘　賞	足立　光宏（急）
	最優秀投手賞	城之内邦雄（巨）
	技　能　賞	高倉　照幸（巨）
	優　秀　選　手　賞	スペンサー（急）
'68…	最優秀選手賞 }	高田　繁（巨）
	打　撃　賞	スペンサー（急）
	敢　闘　賞	長池　徳二（急）
	最優秀投手賞	金田　正一（巨）
	技　能　賞	王　貞治（巨）
	優　秀　選　手　賞	柴田　勲（巨）
'69…	最優秀選手賞 }	長嶋　茂雄（巨）
	打　撃　賞 } 敢　闘　賞 }	長池　徳二（急）
	最優秀投手賞	高橋　一三（巨）
	技　能　賞	高田　繁（巨）
	優　秀　選　手　賞	足立　光宏（急）
'70…	最優秀選手賞 }	長嶋　茂雄（巨）
	打　撃　賞 } 敢　闘　賞 }	井石　礼司（ロ）
	最優秀投手賞	堀内　恒夫（巨）
	技　能　賞	王　貞治（巨）
	優　秀　選　手　賞	黒江　透修（巨）
'71…	最優秀選手賞 }	末次　民夫（巨）
	打　撃　賞 } 敢　闘　賞 }	山田　陽介（急）
	最優秀投手賞	堀内　恒夫（巨）
	技　能　賞	王　貞治（巨）
	優　秀　選　手　賞	黒江　透修（巨）
'72…	最優秀選手賞 }	堀内　恒夫（巨）
	打　撃　賞	王　貞治（巨）
	敢　闘　賞	足立　光宏（急）
	技　能　賞	末次　民夫（巨）
	優　秀　選　手　賞	長嶋　茂雄（巨）
'73…	最優秀選手賞 } 最優秀投手賞 }	堀内　恒夫（巨）
	打　撃　賞	末次　民夫（南）
	敢　闘　賞	野村　克也（南）
	技　能　賞	王　貞治（巨）
	優　秀　選　手　賞	弘田　澄男（ロ）
'74…	最優秀選手賞 } 打　撃　賞 } 技　能　賞 }	有藤　通世（ロ）
	敢　闘　賞	高木　守道（中）
	最優秀投手賞	村田　兆治（ロ）
	優　秀　選　手　賞	山崎　裕之（ロ）
'75…	最優秀選手賞	山口　高志（急）
	打　撃　賞	大橋　穣（急）
	敢　闘　賞	山本　浩二（広）
	最優秀投手賞	山田　久志（急）
	技　能　賞	福本　豊（急）
		中沢　伸二（広）
	優　秀　選　手　賞	外木場義郎（広）
'76…	最優秀選手賞 } 打　撃　賞 }	福本　豊（急）
	敢　闘　賞	柴田　勲（巨）
	最優秀投手賞	足立　光宏（急）
	技　能　賞	マルカーノ（急）
	優　秀　選　手　賞	ウイリアムス（急）

'77… 最優秀選手賞 … 山田　久志（急）
　　　打　撃　賞 … 張本　　勲（巨）
　　　敢　闘　賞 … 河埜　和正（巨）
　　　最優秀投手賞 … 足立　光宏（急）
　　　技　能　賞 … 大熊　忠義（急）
　　　優秀選手賞 … 福本　　豊（急）
'78… 最優秀選手賞 … 大杉　勝男（ヤ）
　　　打　撃　賞 … 島谷　金次（急）
　　　敢　闘　賞 … 足立　光宏（ヤ）
　　　最優秀投手賞 … 松岡　　弘（ヤ）
　　　技　能　賞 … ヒルトン（ヤ）
　　　優秀選手賞 … 若松　　勉（ヤ）
'79… 最優秀選手賞 } … 高橋　慶彦（広）
　　　打　撃　賞 }
　　　敢　闘　賞 … 井本　　隆（広）
　　　最優秀投手賞 … 山根　和夫（広）
　　　技　能　賞 … 三村　敏之（広）
　　　優秀選手賞 … 水谷　実雄（広）
'80… 最優秀選手賞 … ライト（近）
　　　敢闘選手賞 … 小川　　亨（近）
　　　優秀選手賞 … 木下　富雄（広）
　　　　　　　　　　山根　和夫（広）
　　　　　　　　　　平野　光泰（近）
'81… 最優秀選手賞 … 西本　　聖（巨）
　　　敢闘選手賞 … 井上　弘昭（日）
　　　優秀選手賞 … 平田　　薫（巨）
　　　　　　　　　　江川　　卓（巨）
　　　　　　　　　　河埜　和正（巨）
'82… 最優秀選手賞 … 東尾　　修（武）
　　　敢闘選手賞 … 上川　誠二（中）
　　　優秀選手賞 … 大田　卓司（武）
　　　　　　　　　　スティーブ（武）
　　　　　　　　　　中尾　孝義（中）
'83… 最優秀選手賞 … 大田　卓司（武）
　　　敢闘選手賞 … 西本　　聖（巨）
　　　優秀選手賞 … 田淵　幸一（武）
　　　　　　　　　　テリー（武）
　　　　　　　　　　中畑　　清（巨）
'84… 最優秀選手賞 … 長嶋　清幸（広）
　　　敢闘選手賞 … 山沖　之彦（急）
　　　優秀選手賞 … 山本　浩二（広）
　　　　　　　　　　高橋　慶彦（広）
　　　　　　　　　　福本　　豊（急）
'85… 最優秀選手賞 … バース（神）
　　　敢闘選手賞 … 石毛　宏典（武）
　　　優秀選手賞 … ゲイル（神）
　　　　　　　　　　弓　明信（神）
　　　　　　　　　　長崎　啓二（神）
'86… 最高殊勲選手賞 … 工藤　公康（武）
　　　敢闘選手賞 … 達川　光男（広）
　　　優秀選手賞 … 清原　和博（武）
　　　　　　　　　　石毛　宏典（武）
　　　　　　　　　　津田　恒実（広）
'87… 最高殊勲選手賞 … 工藤　公康（武）
　　　敢闘選手賞 … 篠塚　利夫（巨）
　　　優秀選手賞 … 石毛　宏典（武）
　　　　　　　　　　秋山　幸二（武）
　　　　　　　　　　槙原　寛己（巨）
'88… 最高殊勲選手賞 … 石毛　宏典（武）
　　　敢闘選手賞 … 宇野　　勝（中）
　　　優秀選手賞 … 清原　和博（武）
　　　　　　　　　　森　（中）
　　　　　　　　　　郭　源治（中）
'89… 最高殊勲選手賞 … 駒田　徳広（巨）
　　　敢闘選手賞 … 新井　宏昌（近）
　　　優秀選手賞 … 岡崎　　郁（巨）
　　　　　　　　　　香田　勲男（巨）
　　　　　　　　　　阿波野秀幸（近）
'90… 最高殊勲選手賞 … デストラーデ（武）
　　　敢闘選手賞 … 岡崎　　郁（巨）
　　　優秀選手賞 … 渡辺　久信（武）
　　　　　　　　　　辻　発彦（武）
　　　　　　　　　　伊東　　勤（武）

'91… 最高殊勲選手賞 … 秋山　幸二（武）
　　　敢闘選手賞 … 川口　和久（広）
　　　優秀選手賞 … 工藤　公康（武）
　　　　　　　　　　渡辺　久信（武）
　　　　　　　　　　野村謙二郎（広）
'92… 最高殊勲選手賞 … 石井　丈裕（武）
　　　敢闘選手 … 岡林　洋一（ヤ）
　　　優秀選手賞 … 石毛　宏典（武）
　　　　　　　　　　秋山　幸二（武）
　　　　　　　　　　飯田　哲也（ヤ）
'93… 最高殊勲選手賞 … 川崎憲次郎（ヤ）
　　　敢闘選手 … 清原　和博（武）
　　　優秀選手賞 … 飯田　哲也（ヤ）
　　　　　　　　　　高津　臣吾（ヤ）
　　　　　　　　　　潮崎　哲也（武）
'94… 最高殊勲選手賞 … 槙原　寛己（巨）
　　　敢闘選手 … 清原　和博（武）
　　　優秀選手賞 … 桑田　真澄（巨）
　　　　　　　　　　コトー（巨）
　　　　　　　　　　辻　発彦（武）
'95… 最高殊勲選手賞 … オマリー（ヤ）
　　　敢闘選手 … 小林　　宏（オ）
　　　優秀選手賞 … ブロス（ヤ）
　　　　　　　　　　池山　隆寛（ヤ）
　　　　　　　　　　高津　臣吾（ヤ）
'96… 最高殊勲選手賞 … ニール（オ）
　　　敢闘選手 … 仁志　敏久（巨）
　　　優秀選手賞 … 大島　公一（オ）
　　　　　　　　　　鈴木　　平（オ）
　　　　　　　　　　イチロー（オ）
'97… 最高殊勲選手賞 … 古田　敦也（ヤ）
　　　敢闘選手 … 松井稼頭央（武）
　　　優秀選手賞 … 石井　一久（ヤ）
　　　　　　　　　　稲葉　篤紀（ヤ）
　　　　　　　　　　池山　隆寛（ヤ）
'98… 最高殊勲選手賞 … 鈴木　尚典（横）
　　　敢闘選手 … 大塚　光二（武）
　　　優秀選手賞 … 斎藤　　隆（横）
　　　　　　　　　　石井　琢朗（横）
　　　　　　　　　　駒田　徳広（横）
'99… 最高殊勲選手賞 … 秋山　幸二（ダ）
　　　敢闘選手 … 川上　憲伸（中）
　　　優秀選手賞 … 工藤　公康（ダ）
　　　　　　　　　　永井　智浩（ダ）
　　　　　　　　　　城島　健司（ダ）
'00… 最高殊勲選手賞 … 松井　秀喜（巨）
　　　敢闘選手 … 城島　健司（ダ）
　　　優秀選手賞 … 高橋　尚成（巨）
　　　　　　　　　　仁志　敏久（巨）
　　　　　　　　　　村田　真一（巨）
'01… 最高殊勲選手賞 … 古田　敦也（ヤ）
　　　敢闘選手 … ローズ（近）
　　　優秀選手賞 … 石井　一久（ヤ）
　　　　　　　　　　真中　　満（ヤ）
　　　　　　　　　　岩村　明憲（ヤ）
'02… 最高殊勲選手賞 … 二岡　智宏（巨）
　　　敢闘選手 … カブレラ（武）
　　　優秀選手賞 … 上原　浩治（巨）
　　　　　　　　　　清原　和博（巨）
　　　　　　　　　　斉藤　宜之（巨）
'03… 最高殊勲選手賞 … 杉内　俊哉（ダ）
　　　敢闘選手 … 金本　知憲（神）
　　　優秀選手賞 … 井口　資仁（ダ）
　　　　　　　　　　城島　健司（ダ）
　　　　　　　　　　桧山進次郎（神）
'04… 最高殊勲選手賞 … 石井　　貴（武）
　　　敢闘選手 … 井上　一樹（中）
　　　優秀選手賞 … カブレラ（武）
　　　　　　　　　　和田　一浩（武）
　　　　　　　　　　谷繁　元信（中）

'05…　最高殊勲選手賞　…　今江　敏晃　（ロ）
　　　敢　闘　選　手　賞　…　矢野　輝弘　（神）
　　　優　秀　選　手　賞　…　渡辺　俊介　（ロ）
　　　　　　　　　　　　　　　李　承燁　（ロ）
　　　　　　　　　　　　　　　サブロー　（ロ）

'06…　最高殊勲選手賞　…　稲葉　篤紀　（日）
　　　敢　闘　選　手　賞　…　川上　憲伸　（中）
　　　優　秀　選　手　賞　…　セギノール　（日）
　　　　　　　　　　　　　　　森本　稀哲　（日）
　　　　　　　　　　　　　　　ダルビッシュ有　（日）

'07…　最高殊勲選手賞　…　中村　紀洋　（中）
　　　敢　闘　選　手　賞　…　ダルビッシュ有　（日）
　　　優　秀　選　手　賞　…　山井　大介　（中）
　　　　　　　　　　　　　　　荒木　雅博　（中）
　　　　　　　　　　　　　　　森野　将彦　（中）

'08…　最高殊勲選手賞　…　岸　孝之　（武）
　　　敢　闘　選　手　賞　…　ラミレス　（巨）
　　　優　秀　選　手　賞　…　平尾　博嗣　（武）
　　　　　　　　　　　　　　　中島　裕之　（武）
　　　　　　　　　　　　　　　鈴木　尚広　（巨）

'09…　最高殊勲選手賞　…　阿部慎之助　（巨）
　　　敢　闘　選　手　賞　…　高橋　信二　（日）
　　　優　秀　選　手　賞　…　亀井　義行　（巨）
　　　　　　　　　　　　　　　ゴンザレス　（巨）
　　　　　　　　　　　　　　　小谷野栄一　（日）

'10…　最高殊勲選手賞　…　今江　敏晃　（ロ）
　　　敢　闘　選　手　賞　…　和田　一浩　（中）
　　　優　秀　選　手　賞　…　清田　育宏　（ロ）
　　　　　　　　　　　　　　　内　竜也　（ロ）
　　　　　　　　　　　　　　　大島　洋平　（中）

'11…　最高殊勲選手賞　…　小久保裕紀　（ソ）
　　　敢　闘　選　手　賞　…　吉見　一起　（中）
　　　優　秀　選　手　賞　…　杉内　俊哉　（ソ）
　　　　　　　　　　　　　　　ファルケンボーグ　（ソ）
　　　　　　　　　　　　　　　和田　一浩　（中）

'12…　最高殊勲選手賞　…　内海　哲也　（巨）
　　　敢　闘　選　手　賞　…　稲葉　篤紀　（日）
　　　優　秀　選　手　賞　…　長野　久義　（巨）
　　　　　　　　　　　　　　　ボウカー　（巨）
　　　　　　　　　　　　　　　阿部慎之助　（巨）

'13…　最高殊勲選手賞　…　美馬　学　（楽）
　　　敢　闘　選　手　賞　…　長野　久義　（巨）
　　　優　秀　選　手　賞　…　田中　将大　（楽）
　　　　　　　　　　　　　　　銀次　（楽）
　　　　　　　　　　　　　　　内海　哲也　（巨）

'14…　最高殊勲選手賞　…　内川　聖一　（ソ）
　　　敢　闘　選　手　賞　…　メッセンジャー　（神）
　　　優　秀　選　手　賞　…　柳田　悠岐　（ソ）
　　　　　　　　　　　　　　　サファテ　（ソ）
　　　　　　　　　　　　　　　武田　翔太　（ソ）

'15…　最高殊勲選手賞　…　李　大浩　（ソ）
　　　敢　闘　選　手　賞　…　山田　哲人　（ヤ）
　　　優　秀　選　手　賞　…　明石　健志　（ソ）
　　　　　　　　　　　　　　　武田　翔太　（ソ）
　　　　　　　　　　　　　　　バンデンハーク　（ソ）

'16…　最高殊勲選手賞　…　レアード　（日）
　　　敢　闘　選　手　賞　…　エルドレッド　（広）
　　　優　秀　選　手　賞　…　バース　（日）
　　　　　　　　　　　　　　　西川　遥輝　（日）
　　　　　　　　　　　　　　　中田　翔　（日）

'17…　最高殊勲選手賞　…　サファテ　（ソ）
　　　敢　闘　選　手　賞　…　宮﨑　敏郎　（ディ）
　　　優　秀　選　手　賞　…　柳田　悠岐　（ソ）
　　　　　　　　　　　　　　　内川　聖一　（ソ）
　　　　　　　　　　　　　　　濱口　遥大　（ディ）

'18…　最高殊勲選手賞　…　甲斐　拓也　（ソ）
　　　敢　闘　選　手　賞　…　鈴木　誠也　（広）
　　　優　秀　選　手　賞　…　森　唯斗　（ソ）
　　　　　　　　　　　　　　　柳田　悠岐　（ソ）
　　　　　　　　　　　　　　　中村　晃　（ソ）

'19…　最高殊勲選手賞　…　グラシアル　（ソ）
　　　敢　闘　選　手　賞　…　亀井　善行　（巨）
　　　優　秀　選　手　賞　…　高橋　礼　（ソ）
　　　　　　　　　　　　　　　デスパイネ　（ソ）
　　　　　　　　　　　　　　　松田　宣浩　（ソ）

'20…　最高殊勲選手賞　…　栗原　陵矢　（ソ）
　　　敢　闘　選　手　賞　…　戸郷　翔征　（巨）
　　　優　秀　選　手　賞　…　ムーア　（ソ）
　　　　　　　　　　　　　　　中村　晃　（ソ）
　　　　　　　　　　　　　　　柳田　悠岐　（ソ）

'21…　最高殊勲選手賞　…　中村　悠平　（ヤ）
　　　敢　闘　選　手　賞　…　山本　由伸　（オ）
　　　優　秀　選　手　賞　…　高橋　奎二　（ヤ）
　　　　　　　　　　　　　　　サンタナ　（ヤ）
　　　　　　　　　　　　　　　杉本裕太郎　（オ）

'22…　最高殊勲選手賞　…　杉本裕太郎　（オ）
　　　敢　闘　選　手　賞　…　オスナ　（ヤ）
　　　優　秀　選　手　賞　…　山﨑　福也　（オ）
　　　　　　　　　　　　　　　吉田　正尚　（オ）
　　　　　　　　　　　　　　　塩見　泰隆　（ヤ）

'23…　最高殊勲選手賞　…　近本　光司　（神）
　　　敢　闘　選　手　賞　…　紅林弘太郎　（オ）
　　　優　秀　選　手　賞　…　森下　翔太　（神）
　　　　　　　　　　　　　　　ノイジー　（神）
　　　　　　　　　　　　　　　山本　由伸　（オ）

日本シリーズ・ライフタイム成績

チ ー ム 打 撃 成 績

▲打撃妨害出塁　　　　　　　　　　　　　　　　　　　　( )内数字は故意四球

巨　　人

年度	試合	打数	得点	安打	二塁打	三塁打	本塁打	塁打	打点	盗塁	盗塁刺	犠打	犠飛	四球	死球	三振	併殺打	残塁	打率	長打率	失策
1951	5	▲160	26	44	7	0	6	69	26	6	0	6	—	22	0	10	4	34	.275	.431	3
1952	6	196	27	58	11	1	3	80	26	1	3	6	—	22	1	11	3	45	.296	.408	4
1953	7	227	22	60	8	1	4	82	20	8	5	11	—	23	2	22	8	52	.264	.361	6
1955	7	226	22	58	14	2	2	82	21	9	4	7	3	(4)22	2	20	6	49	.257	.363	5
1956	6	200	24	47	6	2	4	69	23	7	3	0	0	(2)9	1	39	0	27	.235	.345	5
1957	5	▲165	12	34	6	0	5	55	11	2	3	3	0	(2)13	1	33	0	33	.206	.333	4
1958	7	232	25	50	7	3	5	78	25	1	1	2	1	(1)8	2	44	2	34	.216	.336	6
1959	4	140	12	36	6	0	2	48	12	4	3	1	0	8	2	24	1	28	.257	.343	2
1961	6	198	21	48	4	0	3	61	18	3	1	7	0	16	1	24	8	40	.242	.308	5
1963	7	228	40	56	10	1	11	101	38	3	1	5	1	25	2	36	6	38	.246	.443	5
1965	5	165	24	38	5	0	6	61	24	1	0	3	3	(2)15	4	20	4	33	.230	.370	3
1966	6	214	32	64	9	2	8	101	30	6	5	10	0	(3)23	1	27	6	45	.299	.472	2
1967	6	202	31	52	7	3	8	89	30	3	5	2	1	(1)24	3	27	5	42	.257	.441	3
1968	6	205	36	58	10	1	9	97	34	9	3	5	1	(2)18	2	39	3	39	.283	.473	6
1969	6	205	35	50	8	1	9	87	31	6	3	3	1	(2)17	3	17	1	35	.244	.424	5
1970	5	178	23	50	4	2	9	85	22	3	0	5	1	(3)18	2	18	6	40	.281	.478	6
1971	5	160	24	35	3	4	6	64	24	8	2	1	1	(6)13	1	20	0	24	.219	.400	3
1972	5	166	25	39	6	0	7	66	24	4	0	0	2	(1)15	1	13	2	30	.235	.398	2
1973	5	163	25	38	5	2	7	68	24	5	1	3	2	(2)23	4	16	4	38	.233	.417	3
1976	7	232	30	57	8	2	8	93	29	3	1	5	5	(5)28	2	51	4	53	.246	.401	7
1977	5	173	12	39	4	0	6	61	12	2	2	6	0	(2)12	3	30	3	40	.225	.353	5
1981	6	208	32	59	9	0	12	104	31	9	1	2	1	(2)25	3	32	5	51	.284	.500	3
1983	7	238	26	54	6	2	8	88	25	7	4	5	1	(1)26	3	50	1	57	.227	.370	7
1987	6	197	14	47	6	0	5	68	14	0	1	3	0	25	0	33	3	36	.239	.345	7
1989	7	223	28	54	9	0	8	87	27	4	1	5	0	(2)25	0	31	7	43	.242	.390	6
1990	4	126	8	25	3	0	4	40	8	0	1	3	1	9	2	25	2	25	.198	.317	4
1994	6	200	20	45	8	2	6	75	19	1	1	8	2	(2)19	1	49	3	42	.225	.375	2
1996	5	▲159	12	32	6	0	5	53	12	2	2	6	1	(1)21	2	35	4	40	.201	.333	0
2000	6	200	32	57	8	0	8	89	31	1	0	7	0	(2)21	3	36	7	40	.285	.445	3
2002	4	136	29	38	8	1	6	66	29	7	1	2	1	12	5	34	1	25	.279	.485	1
2008	7	219	20	44	12	2	6	78	18	2	2	5	1	14	6	52	5	38	.201	.356	2
2009	6	197	22	50	7	0	8	81	21	4	2	5	1	(1)8	2	29	4	33	.254	.411	5
2012	6	208	26	59	9	0	4	80	25	6	0	7	2	17	3	44	5	49	.284	.385	2
2013	7	225	16	41	8	0	5	64	16	3	1	5	1	(1)22	5	62	2	53	.182	.284	5
2019	4	125	10	22	3	0	5	40	9	0	0	1	0	14	2	35	1	24	.176	.320	4
2020	4	121	4	16	2	0	1	21	4	0	0	1	1	13	3	41	3	27	.132	.174	3
		▲3												(51)							
〔36〕	206	6817	827	1654	252	34	219	2631	793	140	60	156	35	629	80	1116	129	1382	.243	.386	144

西　　武（西鉄）('54〜'63・西鉄）

年度	試合	打数	得点	安打	二塁打	三塁打	本塁打	塁打	打点	盗塁	盗塁刺	犠打	犠飛	四球	死球	三振	併殺打	残塁	打率	長打率	失策
1954	7	217	15	50	5	0	3	64	15	12	7	0	1	19	1	48	7	40	.230	.295	8
1956	6	204	27	60	7	0	7	88	25	5	2	4	1	35	3	32	3	32	.294	.431	2
1957	5	164	16	37	2	2	5	58	16	1	3	4	2	(1)10	1	28	1	31	.226	.354	2
1958	7	216	23	45	6	1	8	77	23	0	4	5	2	(1)19	2	36	8	34	.208	.356	5
1963	7	237	29	61	9	0	7	91	25	1	1	3	3	(1)17	1	35	3	49	.257	.384	7
1982	6	211	32	68	9	0	6	95	31	4	1	4	1	(2)14	3	35	6	48	.322	.450	7
1983	7	239	26	64	9	1	6	93	25	2	3	0	0	15	2	42	5	48	.268	.389	8
1985	6	196	16	49	8	1	7	80	16	3	2	6	0	(2)20	0	29	9	44	.250	.408	3
1986	8	286	19	64	7	0	8	86	17	8	4	10	0	(4)18	4	46	4	61	.224	.301	2
1987	6	181	17	40	6	0	6	64	16	1	3	9	0	(3)15	1	49	3	33	.221	.354	2

年度	試合	打数	得点	安打	二塁打	三塁打	本塁打	塁打	打点	盗塁	盗塁刺	犠打	犠飛	四球	死球	三振	併殺打	残塁	打率	長打率	失策
1988	5	156	25	39	7	2	8	74	22	3	3	10	1	(1) 14	0	35	2	22	.250	.474	2
1990	4	131	28	44	10	0	4	66	27	3	2	13	1	14	1	24	1	30	.336	.504	1
1991	7	220	30	53	8	1	8	87	29	6	2	11	0	(1) 22	2	49	3	45	.241	.395	3
1992	7	240	27	58	5	0	7	84	27	3	1	14	2	(1) 15	2	37	2	45	.242	.350	2
1993	7	224	27	52	6	0	8	82	26	1	3	8	1	(1) 26	4	47	4	50	.232	.366	5
1994	6	214	22	54	6	1	5	77	21	4	1	3	1	13	2	41	4	39	.252	.360	4
1997	5	157	10	36	2	0	1	41	10	3	3	4	1	(2) 20	2	42	5	38	.229	.261	3
1998	6	188	21	45	6	3	5	72	20	3	2	8	0	21	0	27	6	40	.239	.383	3
2002	4	129	9	27	6	0	4	45	9	1	0	2	0	6	1	33	3	21	.209	.349	2
2004	7	248	32	68	15	2	11	120	30	3	1	2	0	(3) 17	3	52	5	52	.274	.484	3
2008	7	227	23	52	5	1	9	86	23	5	0	6	0	18	4	56	4	46	.229	.379	1
													(23)								
[21]	130	4285	474	1066	144	15	130	1630	453	69	50	135	17	338	37	826	88	848	.249	.380	80

ソフトバンク（南海、ダイエー） ('51〜'73・南海、'99〜'03・ダイエー)

年度	試合	打数	得点	安打	二塁打	三塁打	本塁打	塁打	打点	盗塁	盗塁刺	犠打	犠飛	四球	死球	三振	併殺打	残塁	打率	長打率	失策
1951	5	159	7	36	4	1	1	45	6	5	3	3	—	4	0	21	4	24	.226	.283	2
1952	6	187	15	40	5	1	2	53	15	4	6	1	—	12	0	20	3	29	.214	.283	9
1953	7	▲ 226	13	46	9	0	4	67	12	7	2	5	—	12	1	27	4	42	.204	.296	9
1955	7	219	16	41	6	0	4	59	14	5	5	5	0	10	5	28	4	34	.187	.269	6
1959	4	135	22	39	6	2	3	58	21	3	1	2		12	1	14	4	24	.289	.430	2
1961	6	192	25	41	6	0	10	77	21	5	3	4	1	18	3	36	4	31	.214	.401	8
1964	7	232	22	62	12	2	4	90	22	6	7	6	4	(1) 11	1	41	4	45	.267	.388	5
1965	7	165	15	35	5	0	1	43	15	0	0	4	2	9	0	32	4	27	.212	.261	6
1966	6	203	17	38	4	1	7	65	17	0	0	4		(1) 13	0	35	6	24	.187	.320	7
1973	7	162	11	30	3	0	1	36	10	4	0	2		(1) 14	0	28	6	29	.185	.222	7
1999	6	163	19	35	10	0	4	57	17	5	1	5	0	(3) 19	1	37	3	35	.215	.350	3
2000	6	198	20	40	10	1	0	73	19	5	1	1	0	(1) 6	2	62	2	25	.202	.369	1
2003	7	238	37	67	9	2	11	113	36	7	4	5	1	23	5	58	4	50	.282	.475	4
2011	7	235	17	55	5	1	2	68	16	7	4	8	0	(2) 13	1	66	1	48	.234	.289	2
2014	5	162	15	39	6	0	2	51	14	0	1	9	1	9	1	40	1	36	.241	.315	0
2015	5	166	23	47	9	0	7	77	22	7	5	4	0	19	5	40	0	42	.283	.464	2
2017	6	192	25	42	8	1	4	64	25	6	0	10	1	(2) 25	2	51	2	44	.219	.333	3
2018	6	200	23	43	3	0	7	67	22	1	0	9	0	(5) 22	3	47	1	46	.215	.335	2
2019	4	129	23	32	4	0	6	54	22	4	0	4	2	13	1	30	1	24	.248	.419	1
2020	4	▲ 134	26	36	5	0	7	62	23	1	2	1		(1) 11	4	31	0	23	.269	.463	2
													(18)								
[20]	113	3697	391	844	129	12	94	1279	369	82	45	87	17	277	34	744	58	686	.228	.346	75

オリックス（阪急） ('67〜'84・阪急)

年度	試合	打数	得点	安打	二塁打	三塁打	本塁打	塁打	打点	盗塁	盗塁刺	犠打	犠飛	四球	死球	三振	併殺打	残塁	打率	長打率	失策
1967	6	207	22	51	6	1	6	77	22	2	2	1	0	15	0	33	2	39	.246	.372	3
1968	6	199	26	46	5	0	6	69	26	3	1	1	3	(2) 27	1	28	6	46	.231	.347	4
1969	6	201	21	50	6	0	8	80	21	3	3	4	0	(3) 21	0	22	8	41	.249	.398	6
1971	5	158	15	33	8	0	1	44	15	2	2	5	1	(2) 26	2	20	2	41	.209	.278	4
1972	5	157	16	37	3	0	8	61	16	1	2	1	1	21	1	31	4	33	.236	.389	4
1975	6	223	28	60	7	1	6	87	28	2	7	5	0	16	4	42	5	48	.269	.390	5
1976	7	235	37	62	9	4	6	97	36	8	7	0	(1)	24	1	38	5	41	.264	.413	3
1977	5	166	23	37	9	1	2	54	21	8	1	4	4	(2) 12	2	31	5	27	.223	.325	3
1978	7	245	37	68	11	3	9	112	36	8	4	4	0	(2) 23	2	30	3	51	.278	.457	6
1984	7	232	28	66	9	1	6	95	27	7	4	7	3	(2) 24	1	37	4	53	.284	.409	3
1995	5	176	11	37	3	1	4	54	10	2	1	2	0	(1) 23	2	37	3	47	.210	.307	2
1996	5	154	17	34	7	2	1	48	17	3	0	7	0	16	0	36	1	28	.221	.312	4
2021	6	204	16	49	7	1	3	67	15	0	3	8	0	(3) 15	2	47	4	45	.240	.328	6
2022	7	243	22	60	9	1	3	80	16	3	1	9	1	(3) 25	6	51	3	68	.247	.329	6
2023	7	232	24	58	8	2	5	85	23	1	0	7	3	16	2	52	5	52	.250	.366	7
													(21)								
[15]	90	3032	343	748	107	18	73	1110	329	53	37	75	16	304	28	524	61	660	.247	.366	68

中 日

年度	試合	打数	得点	安打	二塁打	三塁打	本塁打	塁打	打点	盗塁	盗塁刺	犠打	犠飛	四球	死球	三振	併殺打	残塁	打率	長打率	失策
1954	7	213	15	43	10	3	2	65	14	3	1	6	1	17	1	32	2	43	.202	.305	5
1974	6 ▲	197	20	41	6	0	7	68	20	1	0	6	1	(1) 11	0	40	1	33	.208	.345	9
1982	6	204	18	50	6	1	4	70	16	8	1	4	1	(3) 19	0	26	5	48	.245	.343	6
1988	5	154	17	30	3	2	4	49	15	1	1	7	1	(1) 10	2	29	6	19	.195	.318	4
1999	5	158	12	31	6	0	2	43	11	6	1	3	0	20	1	31	4	35	.196	.272	6
2004	7	234	37	58	11	2	8	97	36	5	2	4	1	(1) 26	6	49	6	47	.248	.415	6
2006	5	155	8	36	6	0	2	48	8	2	0	0	1	(1) 15	2	31	6	38	.232	.310	1
2007	5	149	23	34	6	0	2	48	22	4	0	3	3	(1) 23	2	42	5	31	.228	.322	1
2010	7	269	32	69	12	3	4	99	31	5	0	7	6	(1) 23	3	65	5	57	.257	.368	3
2011	7 ▲	219	9	34	6	1	2	48	9	1	4	5	1	(1) 19	0	58	2	40	.155	.219	3
〔10〕	60	1952	191	426	74	12	37	635	182	36	10	51	15	(10) 182	17	403	42	391	.218	.325	44

ヤクルト

年度	試合	打数	得点	安打	二塁打	三塁打	本塁打	塁打	打点	盗塁	盗塁刺	犠打	犠飛	四球	死球	三振	併殺打	残塁	打率	長打率	失策
1978	7	234	35	64	3	0	13	106	35	11	3	8	1	18	3	25	4	46	.274	.453	5
1992	7	253	24	61	8	1	9	98	23	3	4	5	0	(3) 17	3	55	3	51	.241	.387	4
1993	7	224	24	50	7	2	4	73	24	1	3	4	3	(2) 30	1	51	3	52	.223	.326	6
1995	5	183	19	48	4	0	5	67	19	2	2	6	3	(3) 18	1	41	1	44	.262	.366	3
1997	5	173	21	54	9	1	3	74	19	2	1	5	1	7	2	24	5	38	.312	.428	4
2001	5	161	28	51	13	0	5	79	27	7	1	7	1	(4) 26	5	34	5	46	.317	.491	1
2015	5	159	14	29	3	0	5	47	14	1	1	1	0	12	0	34	2	26	.182	.296	2
2021	6	202	19	43	4	1	5	64	16	0	2	3	0	(1) 21	2	58	4	44	.213	.317	3
2022	7	247	23	60	10	1	7	93	23	5	0	2	0	(1) 26	2	71	7	59	.243	.377	5
〔9〕	54	1836	207	460	61	6	56	701	200	32	17	41	9	(14) 175	19	393	34	406	.251	.382	32

広 島

年度	試合	打数	得点	安打	二塁打	三塁打	本塁打	塁打	打点	盗塁	盗塁刺	犠打	犠飛	四球	死球	三振	併殺打	残塁	打率	長打率	失策
1975	6	217	16	46	4	1	6	70	16	7	3	1	1	(1) 23	1	36	3	47	.212	.323	6
1979	7	207	17	47	8	0	6	73	17	1	3	4	1	(1) 12	3	48	9	30	.227	.353	4
1980	7	236	28	49	11	0	9	87	28	5	1	4	0	(1) 21	1	35	7	42	.208	.369	5
1984	7	227	28	66	4	0	9	100	26	7	4	10	1	(2) 22	3	37	6	52	.291	.441	3
1986	8	274	19	56	8	1	5	81	18	7	2	10	2	(5) 22	2	68	2	54	.204	.296	6
1991	7	215	19	43	5	1	3	59	19	6	1	9	0	(2) 22	5	47	1	49	.200	.274	6
2016	6	188	19	42	6	1	5	65	14	6	2	7	2	26	0	48	3	45	.223	.346	4
2018	6	204	20	50	7	0	8	81	20	0	8	5	1	19	0	64	2	38	.245	.397	3
〔8〕	54	1768	166	399	56	4	51	616	158	39	24	50	8	(12) 167	15	383	33	357	.226	.348	37

日本ハム（東映）('62・東映)

年度	試合	打数	得点	安打	二塁打	三塁打	本塁打	塁打	打点	盗塁	盗塁刺	犠打	犠飛	四球	死球	三振	併殺打	残塁	打率	長打率	失策
1962	7	252	25	54	7	1	6	81	22	11	3	8	1	(6) 20	0	50	6	40	.214	.321	8
1981	6	202	15	52	7	1	6	79	15	2	2	3	1	(2) 17	0	34	5	49	.257	.391	5
2006	5	147	20	37	6	1	4	57	20	3	1	13	2	(2) 12	5	28	2	33	.252	.388	1
2007	5	150	7	22	7	0	2	35	7	0	0	4	0	10	3	38	2	28	.147	.233	1
2009	6	207	21	54	7	1	4	84	19	3	2	0	0	16	1	48	3	49	.261	.406	3
2012	6	203	14	45	10	0	3	64	12	1	3	5	0	(1) 13	4	42	1	45	.222	.315	1
2016	6	193	24	44	8	2	5	71	23	4	0	9	1	25	0	48	4	47	.228	.368	1
〔7〕	41	1354	126	308	52	6	33	471	118	24	11	47	5	(11) 113	17	288	23	291	.227	.348	23

日本シリーズ・ライフタイム

ロッテ（毎日、大毎）（'50・毎日、'60・大毎）

年度	試合	打数	得点	安打	二塁打	三塁打	本塁打	塁打	打点	盗塁	盗塁刺	犠打	犠飛	四球	死球	三振	併殺打	残塁	打率	長打率	失策
1950	6	216	28	53	9	1	3	73	23	5	4	4	—	27	1	13	6	47	.245	.338	7
1960	4	125	7	26	1	0	2	33	7	4	2	2	0	(2) 14	0	23	3	26	.208	.264	2
1970	5	173	14	34	4	0	3	47	13	1	0	2	1	(7) 20	2	33	4	40	.197	.272	3
1974	5	206	27	58	9	0	7	88	27	7	0	6	0	(4) 16	3	23	9	45	.282	.427	8
2005	4	135	33	44	11	1	9	84	30	1	2	1	2	27	2	27	2	19	.326	.622	4
2010	7	270	36	76	13	3	4	107	35	1	0	12	4	(3) 18	5	47	2	57	.281	.396	4
〔6〕	32	1125	145	291	47	5	28	432	135	19	8	28		(16) 104	13	166	26	234	.259	.384	25

阪　神

年度	試合	打数	得点	安打	二塁打	三塁打	本塁打	塁打	打点	盗塁	盗塁刺	犠打	犠飛	四球	死球	三振	併殺打	残塁	打率	長打率	失策
1962	7	269	23	63	12	1	3	86	22	7	3	2	2	(2) 14	1	39	8	48	.234	.320	4
1964	7	220	19	43	5	0	6	66	17	5	4	2	1	9	1	43	7	28	.195	.300	5
1985	6	194	27	44	9	1	10	85	27	2	0	5	3	17	2	21	1	35	.227	.438	2
2003	7	220	18	44	4	1	7	71	18	3	1	7	1	(2) 15	2	40	6	37	.200	.323	2
2005	4	116	4	22	2	0	0	24	4	2	0	0	1	7	0	25	6	18	.190	.207	2
2014	5	150	10	28	6	0	2	34	10	0	2	3	1	18	0	42	5	27	.187	.227	1
2023	7	239	30	66	7	3	2	85	30	1	3	9	0	(3) 16	2	61	4	52	.276	.356	8
〔7〕	43	1408	131	310	45	6	28	451	128	20	13	28	9	(7) 96	7	271	37	245	.220	.320	24

近　鉄

年度	試合	打数	得点	安打	二塁打	三塁打	本塁打	塁打	打点	盗塁	盗塁刺	犠打	犠飛	四球	死球	三振	併殺打	残塁	打率	長打率	失策
1979	7	209	23	43	3	1	5	63	23	8	3	8	2	(5) 19	4	30	2	39	.206	.301	3
1980	7	240	29	61	12	0	4	85	29	4	1	3	1	(3) 25	1	52	12	46	.254	.354	7
1989	7	221	20	46	7	2	8	81	20	0	0	5	0	(3) 22	1	48	5	46	.208	.367	5
2001	5	152	14	26	3	0	4	41	14	1	2	2	1	(1) 16	2	39	1	27	.171	.270	3
〔4〕	26	822	86	176	25	3	21	270	86	13	6	18	4	(12) 82	8	169	20	158	.214	.328	18

ＤｅＮＡ（大洋、横浜）（'60・大洋、'98・横浜）

年度	試合	打数	得点	安打	二塁打	三塁打	本塁打	塁打	打点	盗塁	盗塁刺	犠打	犠飛	四球	死球	三振	併殺打	残塁	打率	長打率	失策
1960	4	127	11	31	4	0	2	41	9	6	1	4	0	7	2	19	1	27	.244	.323	1
1998	6	204	36	58	16	3	4	92	33	7	2	4	0	(3) 23	2	40	3	44	.284	.451	2
2017	6	197	20	47	6	0	7	74	20	2	4	7	1	(1) 18	1	52	2	42	.239	.376	4
〔3〕	16	528	67	136	26	3	13	207	62	15	7	15	1	(4) 48	5	111	6	113	.258	.392	7

松　竹

年度	試合	打数	得点	安打	二塁打	三塁打	本塁打	塁打	打点	盗塁	盗塁刺	犠打	犠飛	四球	死球	三振	併殺打	残塁	打率	長打率	失策
1950	6	223	24	48	8	2	3	69	24	5	2	1	—	18	1	15	3	44	.215	.309	11

楽　天

年度	試合	打数	得点	安打	二塁打	三塁打	本塁打	塁打	打点	盗塁	盗塁刺	犠打	犠飛	四球	死球	三振	併殺打	残塁	打率	長打率	失策
2013	7	232	21	62	9	0	2	77	19	2	1	8	0	(1) 25	5	43	5	63	.267	.332	6

個 人 打 撃 成 績 (50音順)

チーム－出場した最終年度に所属したもの。　年数－実際に出場した年の合計。

選手名	チーム	年数	試合	打数	得点	安打	二塁打	三塁打	本塁打	塁打	打点	盗塁	盗塁刺	犠打	犠飛	四球	死球	三振	併殺打	打率	出場した年度
アーノルド	(近)	2	12	26	2	3	0	0	0	3	2	0	0	0	1	2	0	6	2	.115	('79,'80近)
*アグリー	(急)	1	4	4	1	0	0	0	0	0	0	0	0	0	0	1	0	0	0	.000	('69急)
*アドゥウ誠	(広)	1	1	—	—	—	—	—	—	—	—	—	—	—	—	—	—	—	—	.000	('18広)
アリアス	(神)	1	7	23	0	6	0	0	0	6	2	0	1	0	0	(1) 3	1	6	1	.261	('03神)
*アルトマン	(ロ)	1	5	15	1	3	1	0	0	4	1	0	0	0	0	(3) 7	0	4	0	.200	('70ロ)
アレックス	(中)	2	12	42	5	10	1	0	2	17	7	0	0	0	1	2	0	6	1	.238	('04,'06中)
アレン	(広)	1	7	23	3	7	0	0	2	13	5	1	0	0	0	(1) 2	1	5	0	.304	('91広)
愛敬　尚史	(近)	1	1	—	—	—	—	—	—	—	—	—	—	—	—	—	—	—	—	.000	('01近)
*愛甲　猛	(中)	1	2	2	0	1	0	0	0	1	0	0	0	0	0	0	0	0	0	.500	('99中)
會澤　翼	(広)	2	7	18	2	5	0	0	1	8	3	0	0	0	0	3	0	6	0	.278	('16,'18広)
相羽　欽厚	(南)	4	9	14	1	3	0	0	0	3	1	0	0	0	0	1	0	2	1	.214	('65,'67,'69巨,'73南)
青木　高治	(巨)	1	1	0	0	0	0	0	0	0	0	0	0	0	0	0	0	0	0	.000	('13巨)
*青木　宣親	(ヤ)	2	12	38	4	9	2	0	0	11	2	0	0	0	0	3	0	7	2	.237	('21,'22ヤ)
青木　実	(ヤ)	1	2	0	0	0	0	0	0	0	1	0	0	0	0	0	0	0	0	.000	('78ヤ)
青田　昇	(巨)	2	11	▲44	7	9	0	0	1	12	5	0	0	1	—	2	0	3	1	.205	('51,'52巨)
青野　修三	(南)	2	9	24	4	8	0	1	0	10	2	0	0	1	0	0	0	4	0	.333	('62東,'73南)
青野　毅	(ロ)	1	2	2	0	0	0	0	0	0	0	0	0	0	0	0	0	1	0	.000	('10ロ)
青柳　晃洋	(神)	1	1	—	—	—	—	—	—	—	—	—	—	—	—	—	—	—	—	.000	('23神)
青柳　進	(ヤ)	1	1	0	0	0	0	0	0	0	0	0	0	0	0	0	0	0	0	.000	('95ヤ)
*明石　健志	(ソ)	7	27	58	14	16	3	0	2	25	4	5	2	5	0	16	1	8	0	.276	('11,'14,'15,'17～'20ソ)
赤田　将吾	(武)	2	12	35	4	10	3	1	0	15	1	2	0	2	0	6	0	6	0	.286	('04,'08武)
*赤星　憲広	(神)	2	11	37	2	6	2	0	0	8	0	3	0	1	0	2	0	4	1	.162	('03,'05神)
赤松　真人	(広)	1	5	1	1	0	0	0	0	0	0	0	0	0	0	0	0	1	0	.000	('16広)
秋山　幸二	(ダ)	10	61	235	34	56	7	0	15	108	34	6	5	5	1	(1) 16	2	53	5	.238	('85～'88,'90～'93武,'99,'00ダ)
秋山　登	(洋)	1	4	5	0	0	0	0	0	0	0	0	0	0	0	0	0	2	0	.000	('60洋)
秋吉　亮	(ヤ)	1	3	0	0	0	0	0	0	0	0	0	0	0	0	0	0	0	0	.000	('15ヤ)
朝井　茂治	(神)	2	9	20	3	3	0	0	0	3	0	1	0	0	0	0	0	8	1	.150	('62,'64神)
浅尾　拓也	(中)	2	9	0	0	0	0	0	0	0	0	0	0	0	0	0	0	0	0	.000	('10,'11中)
朝倉　健太	(中)	3	4	2	0	0	0	0	0	0	0	0	0	0	0	0	0	0	0	.000	('04,'06,'07中)
浅越　桂一	(神)	2	7	9	0	1	0	0	0	1	2	0	0	0	0	0	0	0	0	.111	('62,'64神)
浅野　啓司	(巨)	1	1	0	0	0	0	0	0	0	0	0	0	0	0	0	0	1	0	.000	('77巨)
東　晃平	(オ)	1	2	1	0	0	0	0	0	0	0	0	0	0	0	0	0	0	0	.000	('23オ)
麻生　実男	(洋)	1	2	1	0	0	0	0	0	0	0	0	0	0	0	0	0	0	0	.000	('60洋)
*安達　俊也	(近)	1	2	1	0	0	0	0	0	0	0	0	0	0	0	0	0	1	0	.000	('89近)
足立　光宏	(急)	9	26	35	2	8	1	0	0	9	4	2	1	0	0	2	0	8	0	.229	('67～'69,'71,'72,'75～'78急)
安達　了一	(オ)	3	12	26	4	5	1	0	1	6	0	0	0	2	0	6	0	8	1	.192	('21～'23オ)
*足立　了(義雄)	(広)	1	1	—	—	—	—	—	—	—	—	—	—	—	—	—	—	—	—	.000	('91広)
穴吹隆洋(義雄)	(南)	5	19	53	6	12	0	1	3	23	4	0	0	0	0	5	0	9	1	.226	('59,'61,'64～'66南)
安仁屋宗八	(広)	1	5	0	0	0	0	0	0	0	0	0	0	0	0	0	0	0	0	.000	('80広)
安部　理	(武)	8	30	65	3	17	3	0	0	20	10	0	1	3	0	(1) 8	0	12	1	.262	('86～'88,'90～'94武)
安部　和春	(西)	1	4	2	0	0	0	0	0	0	0	0	0	0	0	0	0	0	0	.000	('63西)
阿部　翔太	(オ)	2	6	0	0	0	0	0	0	0	0	0	0	0	0	0	0	0	0	.000	('22,'23オ)
*阿部慎之助	(巨)	6	30	94	10	21	4	0	4	37	14	1	0	0	1	9	5	21	1	.223	('02,'08,'09,'12,'13,'19巨)
阿部　俊人	(楽)	1	1	0	0	0	0	0	0	0	0	0	0	0	0	0	0	0	0	.000	('13楽)
*安部　友裕	(広)	2	11	34	2	8	0	0	0	8	2	1	0	2	0	1	0	6	1	.235	('16,'18広)
阿部　成宏	(近)	2	11	9	1	0	0	0	0	0	0	0	0	0	0	0	0	1	0	.000	('79,'80近)
阿部　真宏	(オ)	1	1	0	0	0	0	0	0	0	0	0	0	0	0	0	0	0	0	.000	('01近)
新井　貴浩	(広)	2	9	16	1	2	0	0	0	2	0	0	0	0	0	3	0	4	1	.125	('16,'18広)
*新井　宏昌	(近)	1	7	27	1	9	2	0	0	11	1	0	0	0	0	2	0	3	1	.333	('89近)
新井　昌則	(ロ)	1	5	3	0	0	0	0	0	0	0	0	0	0	0	0	0	0	0	.000	('74ロ)
荒井　幸雄	(横)	4	18	48	3	13	2	0	1	18	3	0	2	4	0	6	0	5	1	.271	('92,'93,'95ヤ,'98横)
新井　良太	(神)	2	3	4	0	0	0	0	0	0	0	0	0	0	0	0	0	1	1	.000	('07中,'14神)
新垣　渚	(ダ)	1	1	—	—	—	—	—	—	—	—	—	—	—	—	—	—	—	—	.000	('03ダ)
荒川　昇治	(松)	1	6	23	4	9	3	1	0	14	1	2	0	0	—	4	0	1	0	.391	('50松)
荒　博	(毎)	1	1	0	0	0	0	0	0	0	0	0	0	0	0	0	0	0	0	.000	('60毎)
荒木　貴裕	(ヤ)	2	6	0	0	0	0	0	0	0	0	0	0	0	0	0	0	0	0	.000	('15,'21ヤ)
*荒木　大輔	(ヤ)	2	5	2	0	0	0	0	0	0	0	0	1	0	0	0	0	0	0	.000	('92,'93ヤ)
*荒木　郁也	(神)	1	1	0	0	0	0	0	0	0	0	0	0	0	0	0	0	0	0	.000	('14神)
*荒木　雅博	(中)	5	31	130	16	33	5	0	1	40	8	8	1	2	3	5	2	17	1	.254	('04,'06,'07,'10,'11中)
*荒巻　淳	(毎)	2	5	4	2	2	0	0	1	5	2	0	0	0	1	0	0	1	0	.500	('50,'60毎)
有賀　佳弘	(急)	1	1	1	0	0	0	0	0	0	0	0	0	0	0	0	0	1	0	.000	('84急)
有田　修三	(巨)	3	13	24	3	6	0	0	2	12	4	0	0	2	0	4	2	4	0	.250	('79,'80近,'87巨)
有藤　通世	(ロ)	2	11	42	7	13	0	0	2	19	3	0	0	0	(2)	5	2	7	0	.310	('70,'74ロ)
有原　航平	(日)	1	1	—	—	—	—	—	—	—	—	—	—	—	—	—	—	—	—	.000	('16日)
淡口　憲治	(近)	5	29	49	5	8	1	0	1	13	6	0	0	1	(1)	7	0	13	3	.163	('76,'77,'81,'83巨,'89近)

日本シリーズ・ライフタイム

選手名	チーム	年数	試合	打数	得点	安打	二塁打	三塁打	本塁打	塁打	打点	盗塁	盗塁刺	犠打	犠飛	四球	死球	三振	併殺打	打率	出場した年度
*阿波野秀幸	横	3	8	2	0	0	0	0	0	0	0	0	0	0	0	0	0	1	0	.000	('89近,'96巨,'98横)
*安藤真児(信二)	武	2	2	2	0	0	0	0	0	0	0	0	0	0	0	0	0	1	0	.000	('92,'94武)
安藤順三	東	1	3	10	0	1	0	0	0	1	0	0	0	0	0	1	0	0	0	.100	('62東)
安藤統夫	神	2	10	16	2	3	0	0	0	6	2	0	0	0	0	1	0	4	1	.188	('62,'64神)
安藤元博	東	1	3	5	0	1	0	0	0	1	0	0	0	1	0	0	0	2	0	.200	('62東)
安藤優也	神	3	7	0	0	0	0	0	0	0	0	0	0	0	0	0	0	0	0	.000	('03,'05,'14神)
イチロー(鈴木一朗)	オ	2	10	38	4	10	0	0	2	16	3	2	0	0	1	(1) 5	1	5	0	.263	('95,'96オ)
*李 承燁	巨	3	17	41	7	11	2	0	4	25	8	0	1	0	0	5	2	16	1	.268	('05ロ,'08,'09巨)
李 大浩	ソ	2	10	34	4	14	2	0	3	25	12	0	0	0	1	3	2	10	1	.412	('14,'15ソ)
*李 炳圭	中	1	5	18	2	2	1	0	1	6	5	0	0	0	0	0	0	5	0	.111	('07中)
飯尾 為男	毎	1	1	2	0	0	0	0	0	0	0	0	0	0	0	0	0	0	0	.000	('50毎)
*井石 礼司	ロ	1	4	8	2	4	0	0	2	10	6	0	0	0	0	1	0	3	0	.500	('70ロ)
飯島 滋弥	南	1	4	6	0	0	0	0	0	0	0	0	0	0	0	0	0	3	0	.000	('50南)
飯島 秀雄	ロ	1	3	0	0	0	0	0	0	0	0	0	0	0	0	0	0	0	0	.000	('70ロ)
飯田 哲也	ヤ	4	24	82	8	26	4	2	0	34	7	3	3	3	1	9	1	11	1	.317	('92,'93,'95,'01ヤ)
飯田 徳治	南	4	25	90	8	25	4	0	4	41	14	10	3	0	0	6	2	6	3	.278	('51~'53,'55南)
飯田 幸夫	中	1	1	0	0	0	0	0	0	0	0	0	0	0	0	0	0	1	0	.000	('74中)
*飯塚 佳寛	ロ	2	10	16	3	3	1	0	0	4	0	1	0	1	0	0	0	1	0	.188	('70,'74ロ)
飯山 裕志	日	4	14	9	1	1	1	0	0	2	1	0	0	0	0	0	0	2	0	.111	('06,'07,'09,'12日)
五十嵐信一	日	1	1	1	1	0	0	0	0	0	0	0	0	0	0	0	0	0	0	.000	('81日)
五十嵐英樹	横	1	1	—	—	—	—	—	—	—	—	—	—	—	—	—	—	—	—	.000	('98横)
五十嵐亮太	ソ	4	7	0	0	0	0	0	0	0	0	0	0	0	0	0	0	0	0	.000	('01ヤ,'14,'15,'17ソ)
*井川 慶	神	2	3	1	0	0	0	0	0	0	0	0	0	0	0	1	0	0	0	.000	('03,'05神)
井口 和朋	日	1	2	0	0	0	0	0	0	0	0	0	0	0	0	0	0	0	0	.000	('16日)
井口資仁(忠仁)	ロ	4	25	95	11	27	6	1	4	47	10	5	2	1	0	(2) 10	0	21	2	.284	('99,'00,'03ダ,'10ロ)
池上 誠一	近	1	3	0	0	0	0	0	0	0	0	0	0	0	0	0	0	0	0	.000	('89近)
池谷公二郎	広	3	7	6	0	2	1	0	0	3	1	0	0	0	0	1	0	2	0	.333	('75,'79,'80広)
*池沢 義行	巨	1	7	21	3	5	1	0	1	9	4	0	0	0	0	1	0	2	0	.238	('63巨)
池田 親興	神	1	1	—	—	—	—	—	—	—	—	—	—	—	—	—	—	—	—	.000	('85神)
池田 陵真	オ	1	1	4	0	0	0	0	0	0	0	0	0	0	0	0	0	2	1	.000	('23オ)
池辺豪則(巌)	近	3	13	27	3	5	1	0	0	6	2	0	0	0	0	(2) 3	1	6	2	.185	('70,'74ロ,'79近)
池山 隆寛	ヤ	5	25	91	9	20	1	0	4	33	17	2	0	0	4	(2) 8	0	21	1	.220	('92,'93,'95,'97,'01ヤ)
石井 昭男	中	1	4	4	0	0	0	0	0	0	0	0	0	0	0	0	0	0	0	.000	('82中)
石井 晶	急	4	19	32	3	11	1	0	3	21	6	0	0	0	0	1	0	3	1	.344	('67~'69,'71急)
*石井 一久	武	6	9	0	0	0	0	0	0	0	0	0	0	0	0	0	0	0	0	.000	('92,'93,'95,'97,'01ヤ,'08武)
石井 茂雄	急	4	10	3	0	1	0	0	0	1	0	0	0	0	0	0	0	1	0	.333	('67~'69,'71急)
石井 貴	武	4	8	8	0	0	0	0	0	0	0	0	0	1	0	0	0	7	0	.000	('97,'98,'02,'04武)
石井 琢朗	横	1	6	22	9	8	0	0	1	11	1	3	0	0	0	6	0	4	0	.364	('98横)
*石井 毅	武	2	3	0	0	0	0	0	0	0	0	0	0	0	0	0	0	1	0	.000	('85,'86武)
石井 丈裕	武	5	11	4	0	1	0	0	0	1	0	0	0	1	0	0	0	2	0	.250	('91~'94,'97武)
石井 大智	神	1	1	0	0	0	0	0	0	0	0	0	0	0	0	0	0	0	0	.000	('23神)
*石井 弘寿	ヤ	1	1	0	0	0	0	0	0	0	0	0	0	0	0	0	0	0	0	.000	('01ヤ)
石井 雅博	巨	1	2	1	0	0	0	0	0	0	0	0	0	0	0	0	0	1	0	.000	('87巨)
*石井 裕也	日	3	6	0	0	0	0	0	0	0	0	0	0	0	0	0	0	0	0	.000	('06中,'12,'16日)
*石井 義人	巨	4	15	22	1	6	0	0	0	6	3	0	0	0	0	0	2	7	0	.273	('04,'08武,'12,'13巨)
石川 克彦	中	1	3	3	2	1	0	0	0	1	0	0	0	0	0	0	1	0	0	.333	('54中)
石川 柊太	ソ	4	7	0	0	0	0	0	0	0	0	0	0	0	0	0	0	0	0	.000	('17~'20ソ)
石川 慎吾	巨	2	4	3	0	0	0	0	0	0	0	0	0	0	0	0	0	1	0	.000	('19,'20巨)
*石川 進	急	3	8	11	0	5	0	0	0	5	0	1	0	0	0	0	0	1	1	.455	('60毎,'67,'68急)
*石川 雅規	ヤ	3	4	3	0	0	0	0	0	0	0	0	0	0	0	0	0	1	0	.000	('15,'21,'22ヤ)
石川 緑	神	2	5	1	0	0	0	0	0	0	0	0	0	0	0	1	0	0	0	.000	('62,'64神)
石川 亮	オ	1	1	0	0	0	0	0	0	0	0	0	0	1	0	0	0	0	0	.000	('23オ)
石毛 博史	神	3	5	0	0	0	0	0	0	0	0	0	0	0	0	0	0	1	0	.000	('94,'96中,'03神)
石毛 宏典	武	11	67	255	35	69	9	1	11	113	29	4	5	9	1	(2) 19	2	46	6	.271	('82,'83,'85~'88,'90~'94武)
*石田 健大	ディ	1	3	0	0	0	0	0	0	0	0	0	0	0	0	0	0	1	0	.000	('17ディ)
*石貫 宏臣	広	1	3	0	0	0	0	0	0	0	0	0	0	0	0	0	0	0	0	.000	('91広)
石原 碩夫	東	1	2	0	0	0	0	0	0	0	0	0	0	0	0	0	0	0	0	.000	('62東)
石原 慶幸	広	2	8	20	0	0	0	0	0	0	0	0	0	0	0	3	0	5	0	.000	('16,'18広)
石橋 文雄	広	1	2	2	0	1	0	0	0	1	0	0	0	0	0	0	0	0	0	.500	('91広)
石嶺 和彦	急	1	6	6	0	2	0	0	0	2	0	0	0	0	0	0	0	1	0	.333	('84急)
*石本 貴昭	近	1	1	0	0	0	0	0	0	0	0	0	0	0	0	0	0	0	0	.000	('89近)
石山 一秀	近	1	1	1	0	0	0	0	0	0	0	0	0	0	0	0	0	0	1	.000	('80近)
石山 泰稚	ヤ	3	11	0	0	0	0	0	0	0	0	0	0	0	0	0	0	0	0	.000	('15,'21,'22ヤ)
石渡 茂	巨	3	17	51	4	13	3	0	0	16	5	0	0	3	0	1	0	8	2	.255	('78,'80近,'83巨)
伊勢 孝夫	ヤ	2	2	2	0	1	0	0	0	1	0	0	0	0	0	0	0	0	0	.500	('78ヤ)
*礒部 公一	近	1	5	16	0	0	0	0	0	0	0	0	0	0	0	0	0	1	0	.000	('01近)
一岡 竜司	広	1	5	0	0	0	0	0	0	0	0	0	0	0	0	0	0	0	0	.000	('18広)
市川 友也	日	1	1	0	0	0	0	0	0	0	0	0	0	0	0	0	0	0	0	.000	('16日)
市原 圭	近	1	1	0	0	0	0	0	0	0	0	0	0	0	0	0	0	0	0	.000	('01近)
*市村 則紀	武	1	2	0	0	0	0	0	0	0	0	0	0	0	0	0	0	0	0	.000	('86武)

選手名	チーム	年数	試合	打数	得点	安打	二塁打	三塁打	本塁打	塁打	打点	盗塁	盗塁刺	犠打	犠飛	四球	死球	三振	併殺打	打率	出場した年度
井筒 研一	(松)	1	1	2	0	1	0	0	0	1	0	0	0	0	—	0	0	0	0	.500	('50松)
井手 峻	(中)	1	5	0	1	0	0	0	0	0	0	0	0	0	0	0	0	0	0	.000	('74中)
*糸井 嘉男	(日)	2	11	41	2	13	3	0	0	16	3	2	1	0	0	5	0	8	1	.317	('09,'12日)
伊東 昭光	(ヤ)	3	9	2	0	0	0	0	0	0	0	0	0	0	0	0	0	0	0	.000	('92,'93,'95ヤ)
*伊藤光四郎	(西)	1	3	3	1	1	0	0	1	4	1	0	0	0	0	1	0	1	0	.333	('63西)
伊藤 庄七	(毎)	1	6	22	1	4	2	0	0	6	3	2	0	0	—	0	0	1	0	.182	('50毎)
伊藤 隆偉	(オ)	2	6	0	0	0	0	0	0	0	0	0	0	0	0	1	0	0	0	.000	('95,'96オ)
伊東 勤	(武)	13	70	211	14	49	10	0	2	65	14	2	2	14	1	(8)23	6	41	5	.232	('83,'85~'88,'90~'94,'97,'98,'02武)
伊藤 寿文	(広)	1	1	0	0	0	0	0	0	0	0	0	0	0	0	0	0	0	0	.000	('84広)
伊藤 智仁	(ヤ)	1	3	0	0	0	0	0	0	0	0	0	0	0	0	0	0	0	0	.000	('97ヤ)
*伊藤 隼太	(神)	1	2	2	0	0	0	0	0	0	0	0	0	0	0	0	0	1	0	.000	('14神)
伊藤 宏光	(神)	1	1	—	—	—	—	—	—	—	—	—	—	—	—	—	—	—	—	.000	('85神)
*伊藤 将司	(神)	1	1	0	0	0	0	0	0	0	0	0	0	0	0	0	0	0	0	.000	('23神)
*伊藤 芳明	(巨)	3	6	7	0	3	0	0	0	3	0	0	0	1	0	0	0	1	0	.429	('59,'61,'63巨)
伊藤 義弘	(ロ)	1	4	0	0	0	0	0	0	0	0	0	0	0	0	0	0	0	0	.000	('10ロ)
糸数 敬作	(日)	1	1	2	0	0	0	0	0	0	0	0	0	0	0	0	0	2	0	.000	('09日)
*糸原 健斗	(神)	1	7	10	0	4	0	0	0	4	0	0	0	1	0	0	0	2	0	.400	('23神)
稲尾 和久	(西)	4	18	36	3	9	3	0	1	15	3	0	0	1	1	5	6	8	0	.250	('56~'58,'63西)
稲垣 正夫	(東)	1	5	9	0	1	0	0	0	1	0	0	0	2	0	(1)2	0	1	0	.111	('62東)
*稲田 直人	(日)	3	11	18	1	2	1	0	0	3	0	0	0	1	0	3	0	2	0	.111	('06,'07,'09日)
*稲葉 篤紀	(日)	7	37	130	15	35	7	1	5	59	17	1	1	2	3	14	2	31	4	.269	('95,'97,'01ヤ,'06,'07,'09,'12日)
稲葉 光雄	(急)	3	4	2	0	0	0	0	0	0	0	0	0	0	0	1	0	1	0	.000	('74中,'77,'78急)
*稲嶺 誉	(ダ)	3	4	0	0	0	0	0	0	0	0	0	0	0	0	0	0	0	0	.000	('03ダ)
犬伏 稔昌	(武)	2	5	7	1	0	0	0	0	0	0	0	0	0	0	1	0	3	0	.000	('02,'04武)
井納 翔一	(ディ)	1	3	0	0	0	0	0	0	0	0	0	0	0	0	0	0	0	0	.000	('17ディ)
井上 修	(急)	3	9	6	4	0	0	0	0	0	0	0	0	0	0	0	0	0	0	.000	('72,'75,'78急)
*井上 一樹	(中)	4	17	46	1	11	2	0	1	16	9	0	0	0	(2)	7	0	10	1	.239	('99,'04,'06,'07中)
*井上 慎二	(南)	1	2	0	0	0	0	0	0	0	0	0	0	0	0	0	0	0	0	.000	('52南)
井上 真二	(巨)	3	6	6	0	1	0	0	0	1	1	0	0	0	0	0	0	2	1	.167	('89,'90,'96巨)
*井上 純	(ロ)	2	3	5	0	2	2	0	0	4	1	0	0	0	0	1	0	2	0	.400	('98横,'05ロ)
井上 忠行	(西)	1	2	1	0	0	0	0	0	0	0	0	0	0	0	0	0	0	0	.000	('63西)
井上 登	(南)	3	12	29	2	7	1	1	0	10	3	0	0	2	0	3	0	4	1	.241	('54南,'64,'65南)
井上 弘昭	(日)	2	12	39	5	10	2	0	1	15	5	1	0	0	0	6	0	6	0	.256	('74中,'81日)
*井上 善夫	(西)	1	1	0	0	0	0	0	0	0	0	0	0	0	0	0	0	1	0	.000	('63西)
井原慎一朗	(ヤ)	1	4	3	0	2	0	0	0	2	0	0	0	0	0	0	0	0	0	.667	('78ヤ)
井端 弘和	(中)	5	30	121	10	22	1	0	1	26	5	3	2	3	0	8	2	17	3	.182	('04,'06,'07,'10,'11中)
今井 譲二	(広)	1	5	0	0	0	0	0	0	0	0	0	0	0	0	0	0	0	0	.000	('86広)
今井雄太郎	(急)	5	9	9	1	1	0	0	0	1	1	0	0	0	0	0	0	2	0	.111	('78,'84急)
今江 敏晃	(ロ)	2	11	42	9	22	4	1	1	31	10	0	0	2	1	(2)6	0	2	0	.524	('05,'10ロ)
今岡 誠	(ロ)	3	14	47	2	12	0	0	0	12	1	0	0	0	0	0	0	5	2	.255	('03,'05神,'10ロ)
今久留主功	(毎)	1	5	9	2	1	0	0	0	1	2	0	0	1	—	2	0	0	0	.111	('50毎)
今久留主淳	(西)	2	9	12	0	2	0	0	0	2	1	0	0	1	0	0	0	3	0	.167	('54,'56西)
*今津 光男	(急)	1	5	0	0	0	0	0	0	0	0	0	0	0	0	0	0	0	0	.000	('75急)
*今永 昇太	(ディ)	1	1	—	—	—	—	—	—	—	—	—	—	—	—	—	—	—	—	.000	('17ディ)
*今浪 隆博	(ヤ)	2	8	26	1	6	0	0	0	6	0	0	1	0	0	2	0	4	0	.231	('12日,'15ヤ)
今宮 健太	(ソ)	6	25	85	13	22	4	1	1	31	4	4	0	10	0	2	1	18	0	.259	('11,'14,'15,'17~'19ソ)
*今村 猛	(広)	2	7	0	0	0	0	0	0	0	0	0	0	0	0	0	0	0	0	.000	('16,'18広)
今村 信貴	(巨)	2	3	0	0	0	0	0	0	0	0	0	0	0	0	0	0	0	0	.000	('13,'20広)
井本 隆	(近)	2	7	12	1	1	0	0	0	1	0	0	0	2	0	1	0	7	0	.083	('79,'80近)
伊良部秀輝	(神)	1	2	—	—	—	—	—	—	—	—	—	—	—	—	—	—	—	—	.000	('03神)
入来 智	(ヤ)	1	1	1	0	0	0	0	0	0	0	0	0	0	0	0	0	0	0	.000	('01ヤ)
入谷 正典	(巨)	1	1	4	0	0	0	0	0	0	0	0	0	0	0	0	0	1	0	.000	('53巨)
岩隈 久志	(近)	1	1	—	—	—	—	—	—	—	—	—	—	—	—	—	—	—	—	.000	('01近)
岩嵜 翔	(ソ)	2	8	0	0	0	0	0	0	0	0	0	0	0	0	0	0	0	0	.000	('14,'17,'20ソ)
岩崎 忠義	(ロ)	2	8	17	2	6	0	0	0	6	2	1	0	1	0	2	0	3	0	.353	('70,'74ロ)
岩崎 達郎	(中)	1	4	1	0	0	0	0	0	0	0	0	0	0	0	0	0	0	0	.000	('10中)
*岩貞 祐太	(神)	1	2	0	0	0	0	0	0	0	0	0	0	0	0	0	0	0	0	.000	('23神)
*岩崎 優	(神)	1	6	0	0	0	0	0	0	0	0	0	0	0	0	0	0	0	0	.000	('23神)
岩下 光一	(東)	1	7	28	2	8	1	0	0	12	6	0	0	0	(2)	2	0	1	2	.286	('62東)
岩下 守道	(巨)	4	6	4	1	0	0	0	0	0	0	0	0	0	0	0	0	2	0	.000	('55,'56~'58巨)
*岩瀬 仁紀	(中)	6	20	0	0	0	0	0	0	0	0	0	0	0	0	0	0	0	0	.000	('99,'04,'06,'07,'10,'11中)
*岩田 稔	(神)	1	1	—	—	—	—	—	—	—	—	—	—	—	—	—	—	—	—	.000	('14神)
*岩舘 学	(巨)	1	1	1	0	0	0	0	0	0	0	0	0	0	0	0	0	0	0	.000	('12巨)
*岩村 明憲	(ヤ)	1	5	20	1	9	2	0	0	11	5	2	0	0	0	1	1	4	0	.450	('01ヤ)
岩本 堯	(洋)	6	34	87	9	24	3	0	2	33	10	6	1	0	0	8	1	17	3	.276	('53,'55~'58巨,'60洋)
岩本 好広	(中)	2	5	0	0	0	0	0	0	0	0	0	0	0	0	0	0	0	0	.000	('84急,'88中)
岩本 義行	(松)	1	6	25	6	7	3	0	3	19	7	0	1	0	—	2	0	0	0	.280	('50松)
ウィーラー	(巨)	1	4	13	1	2	0	0	0	5	3	0	0	0	1	2	0	6	0	.154	('20巨)
ウィーランド	(ディ)	1	1	0	0	0	0	0	0	0	0	0	0	0	0	0	0	0	0	.000	('17ディ)
ウィリアム	(中)	1	5	4	0	0	0	0	0	0	0	0	0	0	0	0	0	0	0	.000	('74中)

日本シリーズ・ライフタイム

選手名(チーム)	年数	試合	打数	得点	安打	二塁打	三塁打	本塁打	塁打	打点	盗塁	盗塁刺	犠打	犠飛	四球	死球	三振	併殺打	打率	出場した年度
B.ウイリアムス(急)	4	25	70	13	20	3	2	2	33	10	5	2	1	0	3	1	13	0	.286	('75～'78急)
J.ウイリアムス(神)	2	4	0	0	0	0	0	0	0	0	0	0	0	0	0	0	0	0	.000	('03,'05神)
*ウイルソン(西)	1	6	17	2	5	0	0	2	11	4	0	0	0	0	2	0	2	0	.294	('63西)
ウインディ(急)	3	16	51	8	16	2	1	2	26	5	0	0	1	0	4	1	11	1	.314	('67～'69急)
ウルフ(日)	1	1	—	—	—	—	—	—	—	—	—	—	—	—	—	—	—	—	.000	('12日)
+植田　海(神)	1	2	0	1	0	0	0	0	0	0	0	0	0	0	0	0	0	0	.000	('23神)
上田　和明(巨)	1	1	2	0	1	0	0	0	1	0	0	0	0	0	0	0	0	0	.500	('90巨)
上田　武司(巨)	5	13	17	3	6	1	0	1	10	3	0	0	3	0	1	1	3	0	.353	('70,'71,'73,'76,'77巨)
*上田　剛史(ヤ)	1	5	17	1	3	1	0	0	4	2	0	1	1	0	2	0	2	0	.176	('15ヤ)
+上田　浩明(武)	1	2	0	0	0	0	0	0	0	0	0	0	0	0	0	0	0	0	.000	('98武)
植田　幸弘(武)	2	3	2	0	0	0	0	0	0	0	0	0	0	0	0	0	1	0	.000	('91広,'94武)
*上田　佳範(中)	2	5	3	0	0	0	0	0	0	0	0	0	0	0	0	0	1	0	.000	('06,'07中)
上原　晃(中)	1	1	2	0	0	0	0	0	0	0	0	0	0	0	0	0	0	0	.000	('88中)
上原　浩治(巨)	3	4	5	1	1	0	0	0	1	0	0	0	0	0	0	0	1	0	.200	('00,'02,'08巨)
*上林　誠知(ソ)	4	11	26	2	3	0	0	1	6	2	0	0	0	0	(1)1	0	8	0	.115	('15,'17,'18,'20ソ)
+上本　崇司(広)	1	3	0	0	0	0	0	0	0	0	0	1	0	0	0	0	0	0	.000	('18広)
上本　博紀(神)	1	5	17	3	4	1	0	0	5	0	0	1	1	0	3	0	5	0	.235	('14神)
鵜久森淳志(日)	1	2	2	0	0	0	0	0	0	0	0	0	0	0	0	0	2	0	.000	('12日)
牛島　和彦(中)	1	4	1	0	0	0	0	0	0	0	0	0	0	0	0	0	0	0	.000	('82中)
宇田　東植(日)	1	1	0	0	0	0	0	0	0	0	0	0	0	0	0	0	0	0	.000	('81日)
宇田川優希(オ)	2	9	0	0	0	0	0	0	0	0	0	0	0	0	0	0	0	0	.000	('22,'23オ)
内　竜也(ロ)	1	1	0	0	0	0	0	0	0	0	0	0	1	0	0	0	1	0	.000	('10ロ)
内川　聖一(ヤ)	6	29	102	4	25	5	0	1	33	8	0	0	4	0	(2)7	1	10	2	.245	('11,'14,'17～'19ソ,'21ヤ)
*内川　順三(広)	2	4	4	1	1	0	0	0	1	1	0	0	0	0	0	0	0	1	.250	('79,'80広)
内山　壮真(ヤ)	1	3	3	1	1	0	0	1	4	3	0	0	0	0	0	0	2	0	.333	('22ヤ)
*内山　智之(武)	1	1	—	—	—	—	—	—	—	—	—	—	—	—	—	—	—	—	.000	('93武)
*内海　哲也(巨)	4	9	7	0	0	0	0	0	0	0	0	0	0	0	0	0	4	0	.000	('08,'09,'12,'13巨)
宇野　輝幸(急)	3	6	0	0	0	0	0	0	0	0	0	0	0	0	0	0	0	0	.000	('76～'78急)
宇野　勝(中)	2	11	37	6	7	1	0	2	14	6	1	1	0	0	(2)6	1	11	5	.189	('82,'88中)
宇野　光雄(巨)	3	18	48	5	5	0	0	1	8	2	2	0	1	—	5	0	2	4	.104	('51～'53巨)
梅野隆太郎(神)	1	1	0	0	0	0	0	0	0	0	0	0	0	0	0	0	0	0	.000	('14神)
エイデア(急)	1	4	10	1	4	1	0	0	5	1	0	0	0	0	0	0	1	0	.400	('71急)
*エスコバー(ディ)	1	4	0	0	0	0	0	0	0	0	0	0	0	0	0	0	0	0	.000	('17ディ)
エドガー(巨)	1	2	5	1	2	0	0	1	5	3	0	0	0	0	0	0	2	0	.400	('12巨)
エバンス(武)	1	1	5	1	1	0	0	1	4	1	0	0	0	0	0	0	4	0	.200	('02武)
エルドレッド(広)	1	6	22	4	7	0	0	3	16	5	0	0	0	1	0	0	7	2	.318	('16広)
江川　卓(巨)	3	7	12	0	3	1	0	0	4	1	0	0	2	0	1	0	6	0	.250	('81,'83,'87巨)
江川　智晃(ソ)	1	1	2	0	0	0	0	0	0	0	0	0	0	0	0	0	2	0	.000	('17ソ)
*江草　仁貴(神)	1	1	—	—	—	—	—	—	—	—	—	—	—	—	—	—	—	—	.000	('05神)
江島　巧(ロ)	1	5	8	1	1	0	0	0	1	0	0	0	0	0	0	1	0	0	.125	('74ロ)
江尻慎太郎(日)	1	3	0	0	0	0	0	0	0	0	0	0	0	0	0	0	0	0	.000	('09日)
江田　貢一(松)	1	2	2	0	0	0	0	0	0	0	0	0	0	0	0	0	0	0	.000	('50松)
江藤　智(武)	4	13	32	6	8	1	0	2	15	2	0	0	1	0	3	2	7	0	.250	('91広,'00,'02巨,'08武)
江藤　省三(中)	1	5	5	0	0	0	0	0	0	0	0	0	0	0	0	0	1	0	.000	('74中)
江藤　慎一(ロ)	1	4	8	1	2	0	0	1	5	2	0	0	0	0	(1)2	0	0	0	.250	('70ロ)
江藤　正(南)	2	5	4	1	2	0	0	0	2	0	—	—	—	0	0	0	1	0	.500	('51,'52南)
*江夏　豊(日)	3	9	5	0	1	0	0	0	1	0	0	0	0	0	0	0	3	0	.200	('79,'80広,'81日)
*榎本　喜八(ロ)	2	7	22	2	6	0	0	1	9	3	0	0	1	0	(1)1	0	4	1	.273	('60毎,'70ロ)
江本　孟紀(南)	1	3	4	0	0	0	0	0	0	0	0	0	0	0	0	0	1	0	.000	('73南)
遠藤　政隆(中)	1	1	—	—	—	—	—	—	—	—	—	—	—	—	—	—	—	—	.000	('04中)
オーティズ(ソ)	1	3	0	0	0	0	0	0	0	0	0	0	0	0	0	0	1	0	.000	('11ソ)
オスナ(ヤ)	2	13	54	3	18	4	0	2	28	9	0	1	0	0	1	0	12	3	.333	('21,'22ヤ)
オビスポ(巨)	1	1	2	0	0	0	0	0	0	0	0	0	0	0	0	0	0	0	.000	('09巨)
オマリー(ヤ)	1	3	17	2	9	1	0	2	16	4	0	0	0	0	(3)7	0	4	0	.529	('95ヤ)
オンドルセク(ヤ)	1	3	0	0	0	0	0	0	0	0	0	0	0	0	0	0	0	0	.000	('15ヤ)
呉　昇桓(神)	1	3	0	0	0	0	0	0	0	0	0	0	0	0	0	0	0	0	.000	('14神)
*王　貞治(巨)	14	77	242	58	68	6	0	29	161	63	5	3	0	5	(21)83	4	37	4	.281	('59,'61,'63,'65～'73,'76,'77巨)
大石　清(急)	3	10	3	2	2	0	0	1	5	1	0	0	0	0	0	0	2	0	.667	('67～'69急)
大石第二朗(近)	1	7	24	2	2	0	0	0	2	0	0	0	0	0	0	0	2	1	.083	('89近)
大石　友好(中)	3	12	13	0	0	0	0	0	0	0	0	0	3	0	3	1	0	0	.000	('82,'83武,'88中)
大石　正彦(洋)	1	1	—	—	—	—	—	—	—	—	—	—	—	—	—	—	—	—	.000	('60洋)
*大江　竜聖(巨)	1	2	—	—	—	—	—	—	—	—	—	—	—	—	—	—	—	—	.000	('20巨)
大岡　虎雄(松)	1	6	26	0	3	0	0	0	3	5	0	0	1	0	1	0	2	0	.115	('50松)
大神　武俊(南)	3	8	5	0	0	0	0	0	0	0	0	0	1	0	0	0	0	0	.000	('52,'53,'55南)
仰木　彬(西)	5	26	46	5	6	1	0	0	7	3	3	2	0	0	3	0	11	0	.130	('54,'56～'58西,'63西)
大久保博元(巨)	3	7	11	1	1	0	0	0	1	1	0	0	0	0	0	0	1	0	.091	('87,'88武,'94巨)
大熊　忠義(急)	8	44	149	17	43	7	0	2	56	14	0	6	0	1	10	0	15	4	.289	('65,'69,'71,'72,'75～'78急)
大越　基(ダ)	3	7	5	1	1	0	0	0	1	0	0	0	0	0	0	0	5	0	.200	('99,'00,'03ダ)
大沢啓二(昌芳)(南)	3	11	17	1	2	0	0	0	2	2	0	0	0	0	0	0	5	0	.118	('59,'61,'64南)
大下誠一郎(オ)	1	2	—	—	—	—	—	—	—	—	—	—	—	—	—	—	—	—	.000	('21オ)

選手名	チーム	年数	試合	打数	得点	安打	二塁打	三塁打	本塁打	塁打	打点	盗塁	盗塁刺	犠打	犠飛	四球	死球	三振	併殺打	打率	出場した年度
大下 剛史	(広)	1	6	26	2	5	0	0	0	5	0	4	2	0	0	4	0	4	0	.192	('75広)
＊大下 弘	(西)	4	24	84	5	21	1	1	1	27	7	2	1	1	1	5	0	3	2	.250	('54,'56～'58西)
＊大島 公一	(オ)	1	5	19	3	7	0	1	0	9	3	0	0	1	0	1	0	2	0	.368	('96オ)
＊大島 信雄	(中)	2	8	20	2	6	2	0	0	8	0	0	0	0	0	2	0	3	0	.300	('50松,'54中)
＊大島 裕行	(武)	1	2	2	0	1	0	0	0	1	0	0	0	0	0	0	0	0	0	.500	('08武)
大島 康徳	(中)	2	12	33	3	6	1	0	2	13	2	0	0	0	0	1	0	5	0	.182	('74,'82中)
大島 洋平	(中)	2	11	36	2	10	1	1	0	13	5	2	1	2	0	(1) 3	1	6	0	.278	('10,'11中)
大城 滉二	(オ)	2	4	2	1	0	0	0	0	0	0	0	0	0	0	0	0	0	0	.000	('22,'23オ)
＊大城 卓三	(巨)	2	8	20	1	3	0	0	1	6	1	0	0	0	0	1	0	7	0	.150	('19,'20巨)
大杉 勝男	(ヤ)	1	7	29	8	9	0	0	4	21	10	0	0	0	0	2	0	3	1	.310	('78ヤ)
＊大隅 正人	(急)	2	7	1	0	0	0	0	0	0	0	0	0	0	0	0	0	0	0	.000	('77,'78急)
大瀬良 大地	(広)	2	4	1	0	0	0	0	0	0	0	0	0	0	0	0	0	0	0	.000	('16,'18広)
＊太田 紘一	(神)	1	1	0	0	0	0	0	0	0	0	0	0	0	0	0	0	0	0	.000	('62神)
太田 幸司	(近)	1	1	0	0	0	0	0	0	0	0	0	0	0	0	0	0	0	0	.000	('80近)
太田 卓司	(武)	4	23	85	12	29	1	0	5	45	11	1	0	2	0	1	0	11	1	.341	('82,'83,'85,'86武)
太田 椋	(オ)	2	7	21	4	8	1	1	1	14	2	0	0	1	0	3	0	4	0	.381	('21,'22オ)
大竹 寛	(巨)	2	3	—	—	—	—	—	—	—	—	—	—	—	—	—	—	—	—	.000	('19,'20巨)
＊大竹耕太郎	(神)	2	2	1	0	0	0	0	0	0	0	0	0	0	0	0	0	1	0	.000	('18ソ,'23神)
＊大谷 翔平	(日)	1	5	16	1	6	4	0	0	10	1	0	0	0	0	1	0	5	0	.375	('16日)
大津 守	(西)	1	3	4	0	0	0	0	0	0	0	0	0	0	0	0	0	3	0	.000	('54西)
大塚 晶文	(近)	1	2	0	0	0	0	0	0	0	0	0	0	0	0	0	0	0	0	.000	('01近)
大塚 明	(ロ)	1	4	4	2	1	0	0	0	1	0	0	0	0	0	0	0	0	0	.250	('05ロ)
＊大塚 光二	(武)	4	20	58	13	23	2	1	0	27	3	1	0	5	0	5	1	4	0	.397	('92,'94,'97,'98武)
大塚 徹	(南)	1	3	2	0	1	0	0	0	1	0	0	0	0	0	1	0	1	0	.500	('73南)
大塚弥寿男	(ロ)	1	1	2	0	0	0	0	0	0	0	0	0	0	0	0	0	1	0	.000	('70ロ)
大戸 雄記	(南)	1	5	4	1	0	0	0	0	0	0	0	0	0	0	0	0	2	0	.000	('55南)
＊大隣 憲司	(ソ)	1	1	—	—	—	—	—	—	—	—	—	—	—	—	—	—	—	—	.000	('14ソ)
＊大友 進	(武)	3	11	27	3	6	1	0	0	7	3	1	1	5	0	3	1	5	2	.222	('97,'98,'02武)
大友 工	(巨)	7	19	27	1	2	0	0	0	2	0	0	0	2	0	0	0	8	0	.074	('51～'53,'55～'58巨)
大西 崇之	(中)	2	6	10	1	1	0	0	0	1	0	1	0	0	0	0	0	2	0	.100	('99,'04中)
大西 広樹	(ヤ)	2	3	0	0	0	0	0	0	0	0	0	0	0	0	0	0	0	0	.000	('21,'22ヤ)
大沼 幸二	(武)	2	4	0	0	0	0	0	0	0	0	0	0	0	0	0	0	0	0	.000	('04,'08武)
大野 奨太	(日)	3	14	23	1	3	1	0	0	4	0	1	0	4	0	2	0	3	0	.130	('09,'12,'16日)
大野 雄次	(ヤ)	2	5	3	1	2	0	0	0	2	1	0	0	0	0	0	0	0	0	.667	('95,'97ヤ)
大野 豊	(広)	5	12	7	0	1	0	0	0	1	0	0	0	0	0	0	0	3	0	.143	('79,'80,'84,'86,'91広)
大橋 穣	(急)	5	30	89	11	21	2	1	1	28	13	1	1	6	1	9	1	16	4	.236	('72,'75～'78急)
大引 啓次	(ヤ)	1	2	4	0	1	0	0	0	1	0	0	0	0	0	1	0	1	0	.250	('15ヤ)
大松 尚逸	(ロ)	1	1	1	0	1	0	0	0	1	0	0	0	0	0	0	0	0	0	1.000	('10ロ)
＊大道典嘉(典良)	(巨)	5	18	31	2	7	1	0	0	14	2	0	0	0	0	3	1	4	0	.290	('99,'00,'03ダ,'08,'09巨)
大宮 龍男	(武)	4	10	23	2	7	0	1	0	9	1	1	0	1	0	2	0	2	0	.304	('81日,'88,'91,'92武)
＊大村 直之	(近)	1	5	21	2	6	0	0	0	6	1	0	0	0	0	0	0	3	0	.286	('01近)
＊大森 剛	(巨)	2	7	15	3	3	1	0	2	10	3	0	0	(1) 2	0	5	0	2	0	.200	('90,'96巨)
大矢 明彦	(ヤ)	1	7	24	2	6	0	0	1	9	4	1	0	0	0	2	0	1	0	.250	('78ヤ)
大山 悠輔	(神)	1	7	28	4	5	0	0	0	5	4	0	0	0	0	3	1	8	0	.179	('23神)
岡 大海	(日)	1	6	21	2	5	0	0	0	5	2	2	0	0	1	2	1	6	0	.238	('16日)
岡 義朗	(広)	1	4	0	0	0	0	0	0	0	0	0	0	0	0	0	0	0	0	.000	('79広)
岡崎 郁	(巨)	4	21	66	7	20	3	1	3	34	11	0	0	4	2	10	0	7	2	.303	('87,'89,'90,'94巨)
＊岡持 和彦	(日)	1	6	10	1	2	0	0	1	5	2	0	0	0	0	1	0	4	0	.200	('81日)
＊岡島 豪郎	(楽)	1	7	27	3	7	1	0	0	8	2	0	0	1	0	2	2	3	0	.259	('13楽)
岡島 秀樹	(ソ)	4	9	0	0	0	0	0	0	0	0	0	0	0	0	0	0	0	0	.000	('00,'02巨,'06日,'14ソ)
岡嶋 博治	(中)	1	4	9	2	1	0	0	0	1	1	0	0	0	0	0	0	2	1	.111	('54中)
＊岡田 明丈	(広)	2	3	0	0	0	0	0	0	0	0	0	0	0	0	0	0	0	0	.000	('16,'18広)
＊岡田 彰布	(神)	1	6	22	1	5	2	0	0	7	0	1	0	0	0	2	1	3	0	.227	('85神)
岡田 和生	(巨)	1	2	1	0	0	0	0	0	0	0	0	0	0	0	0	0	1	0	.000	('54巨)
岡田 幸喜	(急)	3	9	8	0	0	0	0	0	0	0	0	0	0	0	1	0	3	0	.000	('69,'71,'72急)
＊岡田 幸文	(ロ)	1	7	25	3	8	1	1	0	11	2	0	0	0	0	1	0	1	0	.320	('10ロ)
岡留 英貴	(神)	1	1	—	—	—	—	—	—	—	—	—	—	—	—	—	—	—	—	.000	('23神)
＊岡林 洋一	(ヤ)	1	3	7	0	2	0	0	0	2	0	0	0	1	0	0	0	0	1	.286	('92ヤ)
岡部 憲章	(日)	1	2	0	0	0	0	0	0	0	0	0	0	0	0	0	0	0	0	.000	('81日)
岡村 浩二	(急)	4	23	69	4	14	1	0	1	18	4	0	0			(2) 7	1	6	3	.203	('67～'69,'71急)
岡村 隆則	(武)	5	25	46	6	10	1	1	0	13	3	0	2	1	0	6	0	7	0	.217	('82,'83,'85～'87武)
岡本 晃	(近)	1	3	0	0	0	0	0	0	0	0	0	0	0	0	0	0	0	0	.000	('01近)
岡本 篤志	(武)	1	2	0	0	0	0	0	0	0	0	0	0	0	0	0	0	0	0	.000	('04武)
岡本伊三美	(南)	5	25	85	12	22	6	0	3	37	6	2	1	5	1	5	1	11	1	.259	('51～'53,'55,'59南)
岡本 和真	(巨)	2	8	29	2	4	0	0	1	7	3	0	0	0	0	3	0	8	1	.138	('19,'20巨)
岡本 克道	(ダ)	1	5	0	0	0	0	0	0	0	0	0	0	0	0	0	0	0	0	.000	('03ダ)
岡本 圭右	(巨)	1	2	2	0	0	0	0	0	0	0	0	0	0	0	0	0	0	0	.000	('87巨)
岡本 光	(巨)	1	2	0	0	0	0	0	0	0	0	0	0	0	0	0	0	0	0	.000	('87巨)
＊岡本 真也	(武)	4	9	0	0	0	0	0	0	0	0	0	0	0	0	0	0	0	0	.000	('04,'06,'07中,'08武)
＊小笠原 孝	(中)	1	1	1	0	0	0	0	0	0	0	0	0	0	0	0	0	0	0	.000	('07中)

日本シリーズ・ライフタイム

選手名	チーム	年数	試合	打数	得点	安打	二塁打	三塁打	本塁打	塁打	打点	盗塁	盗塁刺	犠打	犠飛	四球	死球	三振	併殺打	打率	出場した年度
*小笠原道大	(巨)	4	20	67	8	14	5	1	2	27	6	0	0	0	0	(1)9	3	13	0	.209	('06日,'08,'09,'12巨)
緒方 孝市	(広)	1	7	4	0	0	0	0	0	0	0	0	1	0	0	1	0	1	0	.000	('91広)
+緒方 耕一	(巨)	3	15	28	2	6	0	0	1	9	5	3	1	1	1	2	0	5	0	.214	('89,'90,'94巨)
小川 達明	(広)	2	12	6	0	0	0	0	0	0	0	1	0	0	0	1	0	2	0	.000	('84,'86広)
*小川 亨	(近)	2	14	47	5	15	5	0	0	20	8	2	1	3	0	2	0	4	1	.319	('79,'80近)
小川 博文	(オ)	2	10	32	4	10	3	0	1	16	5	1	0	1	0	2	0	8	0	.313	('95,'96オ)
小川 泰弘	(ヤ)	3	4	4	0	0	0	0	0	0	0	0	0	0	0	1	0	2	0	.000	('15,'21,'22ヤ)
沖原 佳典	(神)	1	6	5	0	0	0	0	0	0	0	0	0	0	0	0	0	2	0	.000	('03神)
*沖山 光利	(洋)	1	2	3	0	1	0	0	0	1	0	0	0	0	0	0	0	0	0	.333	('60洋)
荻 孝雄	(西)	1	2	1	0	0	0	0	0	0	0	0	0	0	0	0	0	0	1	.000	('58西)
奥川 恭伸	(ヤ)	1	1	—	—	—	—	—	—	—	—	—	—	—	—	—	—	—	0	.000	('21ヤ)
奥田 元	(毎)	1	5	9	1	3	0	0	0	3	0	0	1	—	0	0	0	0	0	.333	('50毎)
*奥村 展征	(ヤ)	1	1	1	0	1	0	0	0	1	0	0	0	0	0	0	0	0	1	1.000	('22ヤ)
長田秀一郎	(武)	1	3	0	0	0	0	0	0	0	0	0	0	0	0	0	0	0	0	.000	('04武)
*長内 孝	(広)	3	14	25	1	7	0	0	1	10	4	2	1	0	0	(1)2	0	4	0	.280	('84,'86,'91広)
尾崎 行雄	(東)	1	1	1	0	0	0	0	0	0	0	0	0	0	0	0	0	0	0	.000	('62東)
小沢 誠	(武)	1	2	0	0	0	0	0	0	0	0	0	0	0	0	0	0	0	0	.000	('82武)
押本 健彦	(日)	1	3	0	0	0	0	0	0	0	0	0	0	0	0	0	0	0	0	.000	('07日)
*小關竜弥	(竜)	3	16	42	3	9	2	1	0	13	1	0	1	0	0	6	0	5	0	.214	('98,'02,'04武)
小田 幸平	(中)	1	4	1	0	0	0	0	0	0	0	0	0	0	0	0	0	1	0	.000	('10中)
*小田 真也	(武)	4	7	0	0	0	0	0	0	0	0	0	0	0	0	0	0	0	0	.000	('87,'88,'91,'92武)
*小田 智之	(日)	2	3	1	0	0	0	0	0	0	0	0	0	0	0	(1)1	0	1	0	.000	('06,'07日)
*小田 裕也	(オ)	3	13	3	3	1	0	0	0	1	1	1	0	0	0	0	0	1	0	.333	('21~'23オ)
越智 大祐	(巨)	2	8	0	0	0	0	0	0	0	0	0	0	0	0	0	0	0	0	.000	('08,'09巨)
落合 英二	(中)	2	6	0	0	0	0	0	0	0	0	0	0	0	0	0	0	0	0	.000	('99,'04中)
落合 博満	(巨)	3	11	35	6	10	2	0	0	12	1	0	0	0	0	(1)10	1	4	0	.286	('88中,'94,'96巨)
音 重鎮	(広)	2	11	22	1	4	0	0	0	4	3	1	0	0	0	0	0	4	0	.182	('88中,'91広)
*乙坂 智	(ディ)	1	5	8	1	0	0	0	0	0	0	0	0	0	0	0	0	2	0	.000	('17ディ)
小野 和幸	(中)	1	2	1	0	0	0	0	0	0	0	0	0	0	0	0	0	1	0	.000	('85~'87武,'88中)
*小野 和義	(武)	2	3	2	0	0	0	0	0	0	0	0	0	0	0	0	0	1	0	.000	('89近,'94武)
*小野 正一	(毎)	1	2	4	0	0	0	0	0	0	0	0	0	0	0	0	0	1	0	.000	('60毎)
小野 晋吾	(ロ)	2	6	2	0	0	0	0	0	0	0	0	0	0	0	0	0	1	0	.000	('05,'10ロ)
尾上 旭	(中)	1	2	1	0	0	0	0	0	0	0	0	0	0	0	0	0	0	0	.000	('82中)
小野寺 暖	(神)	1	2	0	0	0	0	0	0	0	0	0	0	0	0	0	0	0	0	.000	('23神)
小野寺 力	(武)	2	6	0	0	0	0	0	0	0	0	0	0	0	0	0	0	0	0	.000	('04,'08武)
小畑 正治	(南)	3	7	6	0	0	0	0	0	0	0	0	0	1	0	0	0	2	0	.000	('52,'53,'55南)
*小幡 竜平	(神)	1	2	0	0	0	0	0	0	0	0	0	0	1	0	0	0	0	0	.000	('23神)
小山 桂司	(中)	1	2	0	0	0	0	0	0	0	0	0	1	0	0	0	0	0	0	.000	('11中)
カニザレス	(ソ)	1	1	1	0	0	0	0	0	0	0	0	0	0	0	0	0	0	0	.000	('15ソ)
カブレラ	(ソ)	3	17	47	6	14	4	0	5	33	14	0	0	0	0	(1)5	1	15	0	.298	('02,'04武,'11ソ)
ガルベス	(巨)	1	1	—	—	—	—	—	—	—	—	—	—	—	—	—	—	—	0	.000	('96巨)
甲斐 拓也	(ソ)	4	18	39	7	6	1	0	2	13	4	1	1	3	0	(1)6	0	11	0	.154	('17~'20ソ)
貝塚 政秀	(武)	2	3	4	0	1	0	0	0	1	0	0	0	0	0	0	0	2	0	.250	('02,'04武)
*甲斐野 央	(ソ)	1	3	1	0	1	0	0	0	1	0	0	0	0	0	0	0	0	1	1.000	('19ソ)
垣内 哲也	(武)	3	10	20	3	5	1	0	0	6	0	1	0	0	0	0	2	2	1	.250	('93,'94,'02武)
*鍵谷 康司	(日)	1	4	8	0	3	1	0	0	4	2	0	0	0	0	0	0	2	1	.375	('81日)
鍵谷 陽平	(日)	3	5	0	0	0	0	0	0	0	0	0	0	0	0	0	0	0	0	.000	('16日,'19,'20巨)
郭 源治	(中)	2	3	1	0	0	0	0	0	0	0	0	0	0	0	0	0	0	0	.000	('82,'88中)
郭 泰源	(武)	8	11	9	0	3	1	0	0	4	0	0	0	2	0	0	0	3	0	.333	('86~'88,'90~'94武)
*加倉井 実	(巨)	4	15	32	5	9	4	1	0	15	4	2	0	0	1	5	0	6	1	.281	('55~'57,'59巨)
*掛布 雅之	(神)	1	6	20	4	7	2	0	2	15	6	0	0	0	1	4	0	5	0	.350	('85神)
藤山 和夫	(南)	4	24	69	9	14	1	1	0	17	3	3	2	1	0	10	0	17	1	.203	('51~'53,'55南)
*笠原 和夫	(南)	3	14	21	0	6	1	1	0	7	0	0	1	0	—	2	0	2	1	.286	('51~'53南)
笠間 雄二	(巨)	1	1	2	0	0	0	0	0	0	0	0	0	0	0	0	0	0	0	.000	('77巨)
風岡 尚幸	(オ)	1	1	1	0	0	0	0	0	0	0	0	0	0	0	0	0	1	0	.000	('95オ)
鹿島 忠	(中)	1	3	0	0	0	0	0	0	0	0	0	0	0	0	0	0	0	0	.000	('88中)
*柏枝 文治	(巨)	2	13	37	1	10	3	0	0	13	2	0	0	1	0	2	0	1	1	.270	('53,'55巨)
柏原 純一	(日)	1	6	19	3	8	2	0	2	16	2	0	2	0	0	(1)7	0	1	1	.421	('81日)
*梶谷 隆幸	(ディ)	1	6	23	0	5	1	0	1	9	1	0	1	0	0	0	0	6	0	.217	('17ディ)
*梶間 健一	(ヤ)	1	3	1	0	1	0	0	0	1	0	0	0	0	0	0	0	1	0	1.000	('78ヤ)
加治前竜一	(巨)	1	1	0	0	0	0	0	0	0	0	0	0	0	0	0	0	0	0	.000	('08巨)
梶本 隆夫	(急)	4	10	2	0	0	0	0	0	0	0	0	0	0	0	1	0	0	0	.000	('67~'69,'71急)
加治屋 蓮	(神)	2	5	0	0	0	0	0	0	0	0	0	0	0	0	0	0	0	0	.000	('18ソ,'23神)
*片岡 篤史	(神)	2	7	14	1	2	0	0	0	2	1	0	0	0	0	3	0	1	0	.143	('95,'03,'05神)
片岡 博国	(毎)	1	6	15	0	4	0	0	0	4	2	0	0	—	0	0	0	0	1	.267	('50毎)
片岡 易之	(武)	1	7	27	5	8	1	0	0	9	0	5	0	2	0	1	1	1	1	.296	('08武)
*片平晋作(伸作)	(武)	5	21	23	2	6	0	0	1	9	2	1	0	0	0	4	3	4	3	.261	('73南,'82,'83,'85,'86武)
葛城 隆雄	(毎)	1	4	16	0	4	1	0	0	5	2	1	0	0	0	0	0	1	0	.250	('60毎)
加藤 健	(巨)	2	6	5	0	3	0	0	0	3	0	0	0	0	0	0	1	0	0	.600	('08,'12巨)
加藤 進	(中)	1	3	0	0	0	0	0	0	0	0	0	0	0	0	0	0	0	0	.000	('54中)

選手名	チーム	年数	試合	打数	得点	安打	二塁打	三塁打	本塁打	塁打	打点	盗塁	盗塁刺	犠打	犠飛	四球	死球	三振	併殺打	打率	出場した年度
加藤 貴之	日	1	1	—	—	—	—	—	—	—	—	—	—	—	—	—	—	—	—	.000	('16日)
加藤 哲郎	近	1	3	2	0	0	0	0	0	0	0	0	0	0	0	1	0	2	0	.000	('89近)
加藤 俊夫	日	1	3	3	0	0	0	0	0	0	0	0	0	0	0	0	0	1	0	.000	('81日)
加藤 初	巨	5	15	0	0	0	0	0	0	0	0	0	0	0	0	1	0	0	0	.000	('76,'77,'81,'83,'87巨)
加藤 秀司	急	6	32	113	6	24	2	2	3	39	18	1	1	0	1	12	1	22	2	.212	('71,'72,'75~'78急)
加藤 博人	ヤ	2	5	0	0	0	0	0	0	0	0	0	0	0	0	0	0	0	0	.000	('95,'97ヤ)
鹿取 義隆	武	8	20	1	0	0	0	0	0	0	0	0	0	0	0	0	0	0	0	.000	('83,'87,'89日,'90~'94武)
門田 博光	南	1	5	17	3	3	0	0	1	6	2	0	0	0	1	2	0	0	1	.176	('73南)
金澤 健人	ソ	2	4	0	0	0	0	0	0	0	0	0	0	0	0	0	0	0	0	.000	('03神,'11ソ)
金沢 次男	ヤ	2	7	1	0	0	0	0	0	0	0	0	0	0	0	0	0	1	0	.000	('92,'93ヤ)
金森栄治(永時)	ヤ	6	25	46	2	9	2	0	0	11	2	1	0	3	0	4	0	5	1	.196	('83,'85~'87武,'93,'95ヤ)
金森 敬之	日	1	2	0	0	0	0	0	0	0	0	0	0	0	0	0	0	0	0	.000	('09日)
金山 次郎	松	1	6	26	3	7	1	0	0	8	1	0	1	1	—	3	0	3	0	.269	('50松)
金石 昭人	広	2	5	4	1	2	0	0	1	5	3	0	0	0	1	0	0	0	0	.500	('86,'91広)
金子 誠	日	4	18	54	0	10	2	0	0	12	7	0	0	3	0	1	0	15	0	.185	('06,'07,'09,'12日)
金城 基泰	広	1	4	2	0	0	0	0	0	0	0	0	0	0	0	0	0	1	0	.000	('75広)
金田 留広	ロ	1	2	5	0	1	0	0	0	1	0	0	0	0	0	0	0	0	2	.200	('74ロ)
金田 正一	巨	5	12	21	1	6	0	0	0	6	4	0	0	0	0	0	0	5	1	.286	('65~'69巨)
金田 政彦	オ	1	1	—	—	—	—	—	—	—	—	—	—	—	—	—	—	—	—	.000	('96オ)
金刃 憲人	楽	2	3	0	0	0	0	0	0	0	0	0	0	0	0	0	0	0	0	.000	('09日,'13楽)
金光 秀憲	洋	1	4	15	1	6	1	0	1	10	4	0	0	0	0	0	0	0	0	.400	('60洋)
金村 曉	日	1	1	—	—	—	—	—	—	—	—	—	—	—	—	—	—	—	—	.000	('06日)
金村 義明	武	3	12	21	0	3	2	0	0	5	1	0	0	2	0	3	0	6	1	.143	('89近,'97,'98武)
金本 知憲	神	2	11	39	7	6	0	0	4	18	4	1	0	0	0	5	0	8	1	.154	('03,'05神)
狩野 恵輔	神	1	2	2	1	1	0	0	0	1	0	0	0	0	0	0	0	0	0	.500	('14神)
鎌田 実	神	2	9	34	1	4	0	0	0	4	0	1	1	0	0	1	0	3	2	.118	('62,'64神)
上川 誠二	中	1	6	21	2	6	2	0	1	11	6	0	0	1	0	0	0	3	0	.286	('82中)
亀井善行(義行)	巨	6	29	87	13	18	7	0	4	37	7	1	0	1	0	7	0	11	1	.207	('08,'09,'12,'13,'19,'20巨)
嘉弥真新也	ソ	4	12	0	0	0	0	0	0	0	0	0	0	0	0	0	0	0	0	.000	('17~'20ソ)
唐川 侑己	ロ	1	1	—	—	—	—	—	—	—	—	—	—	—	—	—	—	—	—	.000	('10ロ)
唐崎 信男	南	3	9	5	3	0	0	0	0	0	0	0	1	1	0	0	0	4	0	.000	('64~'66南)
辛島 航	楽	2	4	1	1	0	0	0	0	0	0	0	0	0	0	0	0	0	0	.000	('13楽)
川相 昌弘	中	9	31	69	4	13	3	0	1	19	6	1	0	13	2	9	0	15	0	.188	('87,'89,'90,'94,'96,'00,'02巨,'04,'06中)
河合 保彦	西	2	9	16	2	4	0	1	0	6	3	0	0	1	0	0	0	7	0	.250	('54中,'63西)
川井 雄太	中	1	1	1	0	0	0	0	0	0	0	0	0	0	0	0	0	0	0	.000	('11中)
川上 憲伸	中	4	7	3	0	0	0	0	0	0	0	0	0	1	0	1	0	3	0	.000	('99,'04,'06,'07中)
川上 哲治	巨	7	43	▲159	23	58	11	0	5	84	19	3	3	0	0	(5)16	3	12	4	.365	('51~'53,'55~'58巨)
川口 和久	巨	3	10	6	0	0	0	0	0	0	0	0	0	2	0	0	0	1	1	.000	('84,'91広,'96巨)
川口 憲史	近	1	1	6	0	1	0	0	0	1	1	0	0	0	0	0	0	2	0	.167	('01近)
川越 透	ダ	1	1	1	0	0	0	0	0	0	0	0	0	0	0	0	0	1	0	.000	('99ダ)
川崎憲次郎	ヤ	3	4	7	1	1	0	0	0	1	0	0	0	1	0	0	0	3	0	.143	('93,'95,'97ヤ)
川崎 徳次	西	2	6	8	0	1	0	0	0	1	0	0	0	0	0	0	0	4	0	.125	('54,'56西)
川崎 宗則	ソ	2	14	52	8	18	2	2	0	24	4	5	1	2	0	5	1	14	0	.346	('03ダ,'11ソ)
川島 慶三	ソ	6	20	35	4	8	2	0	0	10	3	2	1	0	0	9	1	11	1	.229	('07日,'15,'17~'20ソ)
川瀬 晃	ソ	1	2	2	0	1	0	0	0	1	0	0	0	0	0	0	0	0	0	.500	('20ソ)
河田 雄祐	武	2	7	9	2	4	0	0	1	7	2	0	0	1	0	1	0	1	0	.444	('97,'98武)
川中 基嗣	巨	1	1	0	0	0	0	0	0	0	0	0	0	0	0	0	0	0	0	.000	('02巨)
河野 正	巨	1	2	0	1	0	0	0	0	0	0	0	0	0	0	1	0	0	0	.000	('59巨)
河原 純一	中	3	7	0	0	0	0	0	0	0	0	0	0	0	0	0	0	0	0	.000	('02巨,'10,'11中)
川端 慎吾	ヤ	3	10	23	2	4	0	0	0	4	2	0	0	3	0	1	0	3	1	.174	('15,'21,'22ヤ)
川端 順	広	3	8	3	1	1	0	0	0	1	0	1	0	0	0	0	0	1	0	.333	('84,'86,'91広)
川畑 泰暉	中	1	1	—	—	—	—	—	—	—	—	—	—	—	—	—	—	—	—	.000	('88中)
川端 龍	ヤ	1	4	0	0	0	0	0	0	0	0	0	0	0	0	0	0	0	0	.000	('01ヤ)
川又 米利	中	3	8	20	1	3	2	0	1	8	2	0	0	0	0	0	0	4	0	.250	('82,'88中)
河村健一郎	急	4	12	25	2	8	0	0	1	11	2	0	0	0	0	(1)2	0	3	1	.320	('75~'78急)
川村 丈夫	横	1	1	2	0	0	0	0	0	0	0	0	0	0	0	0	0	0	0	.000	('98横)
河村 久文	西	4	12	15	2	2	0	0	0	2	0	0	0	1	0	1	0	4	0	.133	('54,'56~'58西)
川本 智徳	武	1	1	0	0	0	0	0	0	0	0	0	0	0	0	0	0	0	0	.000	('88武)
キブレハン	ヤ	1	4	9	0	2	1	0	0	3	0	0	0	0	0	0	0	2	0	.222	('22ヤ)
ギブンス	武	1	1	0	0	0	0	0	0	0	0	0	0	0	0	0	0	0	0	.000	('97武)
ギャレット	広	1	5	14	0	3	0	0	0	3	1	0	0	0	0	0	0	3	0	.214	('79広)
ギルバート	近	1	5	11	0	0	0	0	0	0	0	0	0	0	0	0	0	3	0	.000	('01近)
菊地 和正	日	2	2	0	0	0	0	0	0	0	0	0	0	0	0	0	0	0	0	.000	('07,'09日)
菊池 涼介	広	3	12	47	4	12	1	0	1	16	2	0	0	4	0	3	0	15	0	.255	('16,'18広)
木澤 尚文	ヤ	1	4	0	0	0	0	0	0	0	0	0	0	0	0	0	0	0	0	.000	('22ヤ)
岸 孝之	武	1	2	2	0	0	0	0	0	0	0	0	0	0	0	0	0	2	0	.000	('08武)
岸川 勝也	巨	2	7	▲8	1	3	1	0	0	4	1	0	0	0	0	3	1	2	0	.375	('94,'96巨)
岸田 行倫	巨	1	1	0	0	0	0	0	0	0	0	0	0	0	0	1	0	1	0	.000	('20巨)
来田 涼斗	オ	1	1	1	0	0	0	0	0	0	0	0	0	0	0	0	0	1	0	.000	('22オ)
北川 博敏	近	1	5	14	1	7	0	0	0	7	3	0	0	0	0	0	0	0	0	.500	('01近)

選手名	チーム	年数	試合	打数	得点	安打	二塁打	三塁打	本塁打	塁打	打点	盗塁	盗塁刺	犠打	犠飛	四球	死球	三振	併殺打	打率	出場した年度
北川　芳男	(巨)	2	4	0	0	0	0	0	0	0	0	0	0	0	0	0	0	0	0	.000	('63,'65巨)
北原　啓	(西)	1	1	0	0	0	0	0	0	0	0	0	0	0	0	0	0	0	0	.000	('54西)
北別府	(広)	5	11	15	0	1	0	0	0	1	0	0	0	0	0	0	0	6	0	.067	('79,'80,'84,'86,'91広)
北村　照文	(武)	2	10	12	1	2	1	0	0	3	0	0	2	0	0	2	1	4	0	.167	('85神,'88武)
木樽　正明	(ロ)	2	7	12	0	3	0	0	0	3	0	0	0	0	0	1	0	2	1	.250	('70,'74ロ)
＊木田　勇	(日)	1	2	1	0	0	0	0	0	0	0	0	0	0	0	0	0	1	0	.000	('81日)
木田　優夫	(巨)	3	6	0	0	0	0	0	0	0	0	0	0	0	0	0	0	0	0	.000	('90,'94,'96巨)
木塚　忠助	(南)	4	23	81	4	10	1	0	1	14	2	3	0	3	0	0	1	8	2	.123	('51〜'53,'55南)
紀藤　真琴	(広)	1	2	—	—	—	—	—	—	—	—	—	—	—	—	—	—	—	—	.000	('91広)
木戸　克彦	(神)	1	6	20	0	1	0	0	0	1	0	0	0	1	0	0	0	1	0	.050	('85神)
城戸　則文	(西)	2	10	26	2	9	1	0	0	10	0	0	0	0	0	1	0	5	1	.346	('58,'63西)
木戸　美摸	(巨)	2	5	1	0	1	0	0	0	1	0	0	0	0	0	0	0	0	0	1.000	('57,'59巨)
＊城所　龍磨	(ソ)	2	9	4	2	0	0	0	0	0	0	0	0	1	0	0	0	2	0	.000	('11,'17ソ)
＊木浪　聖也	(神)	1	7	25	5	10	1	0	0	11	1	0	0	1	0 (1)	1	0	6	1	.400	('23神)
衣笠　祥雄	(広)	5	34	116	12	18	2	0	5	35	8	2	0	3	0	15	2	38	4	.155	('75,'79,'80,'84,'86広)
木下　貞一	(中)	1	1	0	0	0	0	0	0	0	0	0	0	0	0	0	0	0	0	.000	('54中)
木下　富雄	(広)	5	22	36	3	13	2	0	0	15	2	3	1	4	0	3	0	5	1	.361	('75,'79,'80,'84,'86広)
＊木下　文信	(近)	1	1	0	0	0	0	0	0	0	0	0	0	0	0	0	0	0	0	.000	('89近)
木俣　達彦	(中)	2	10	▲ 22	0	4	1	0	0	5	2	0	0	0	1 (2)	3	0	1	0	.182	('74,'82中)
＊君波　隆祥	(ヤ)	1	2	1	0	0	0	0	0	0	0	0	0	0	0	0	0	0	0	.000	('92ヤ)
金　泰均	(ロ)	1	7	29	2	10	0	0	0	10	2	0	0	0	0	1	2	5	0	.345	('10ロ)
木村　正太	(巨)	1	2	0	0	0	0	0	0	0	0	0	0	0	0	0	0	0	0	.000	('09巨)
＋木村　孝	(日)	1	3	0	0	0	0	0	0	0	0	0	0	0	0	0	0	0	0	.000	('81日)
＋木村　拓也	(巨)	2	10	32	1	5	0	0	0	5	0	0	1	2	0	1	1	9	0	.156	('08,'09巨)
木村　勉	(松)	1	6	23	2	5	0	1	0	7	2	2	0	0	0	0	0	1	0	.217	('50松)
＊木村　博	(中)	1	4	7	1	1	0	0	0	2	1	0	0	0	0	1	0	1	0	.143	('54中)
木村　広	(武)	1	2	0	0	0	0	0	0	0	0	0	0	0	0	0	0	0	0	.000	('83武)
木村　龍治	(巨)	1	3	0	0	0	0	0	0	0	0	0	0	0	0	0	0	0	0	.000	('00巨)
久古健太郎	(ヤ)	1	3	0	0	0	0	0	0	0	0	0	0	0	0	0	0	0	0	.000	('15ヤ)
＊清川　栄治	(広)	1	3	0	0	0	0	0	0	0	0	0	0	0	0	0	0	0	0	.000	('86広)
清田　育宏	(ロ)	1	7	30	6	10	1	1	1	16	6	0	0	2	0	1	2	6	0	.333	('10ロ)
清原　和博	(神)	10	60	219	42	66	6	0	15	117	39	2	0	0	1 (1)31	3	54	4	.301	('86〜'88,'90〜'94武,'00,'02巨)
＊清原　雄一	(オ)	1	2	0	0	0	0	0	0	0	0	0	0	0	0	0	0	0	0	.000	('95オ)
＊桐敷　拓馬	(神)	1	2	0	0	0	0	0	0	0	0	0	0	0	0	0	0	0	0	.000	('23神)
＊宜保　翔	(オ)	1	1	0	0	0	0	0	0	0	0	0	0	0	0	0	0	0	0	.000	('23オ)
＊鉄次(赤見内鉄次)	(楽)	1	7	29	1	7	2	0	0	9	5	0	0	0	0	2	1	2	0	.241	('13楽)
クルーズ	(巨)	1	6	18	3	4	0	0	2	10	5	0	0	0	0	0	0	3	0	.222	('83巨)
クルーン	(巨)	2	5	0	0	0	0	0	0	0	0	0	0	0	0	0	0	0	0	.000	('08,'09巨)
クルス	(中)	1	1	—	—	—	—	—	—	—	—	—	—	—	—	—	—	—	—	.000	('07中)
＊クロマティ	(巨)	3	17	66	8	20	4	0	1	27	2	0	1	0	0 (2)	4	0	9	1	.303	('87,'89,'90巨)
グライシンガー	(巨)	1	1	—	—	—	—	—	—	—	—	—	—	—	—	—	—	—	—	.000	('08巨)
グラシアル	(ソ)	3	13	50	13	16	0	0	5	31	10	0	0	1	0	4	1	8	0	.320	('18〜'20ソ)
グラッデン	(武)	1	5	18	1	1	0	0	0	1	0	0	0	0	0	0	0	8	0	.056	('94武)
＊グラマン	(武)	1	2	0	0	0	0	0	0	0	0	0	0	0	0	0	0	0	0	.000	('08武)
グリン	(日)	1	1	—	—	—	—	—	—	—	—	—	—	—	—	—	—	—	—	.000	('07日)
＊久慈　照嘉	(神)	2	5	10	0	0	0	0	0	0	0	0	0	0	0	0	0	1	0	.000	('99中,'05神)
楠　協郎	(巨)	3	7	16	1	2	2	0	0	4	3	0	0	2	—	2	0	3	1	.125	('51〜'53巨)
工藤　一彦	(神)	1	1	—	—	—	—	—	—	—	—	—	—	—	—	—	—	—	—	.000	('85神)
＊工藤　公康	(巨)	14	26	16	0	3	1	0	0	4	2	0	0	3	0	0	0	9	0	.188	('82,'83,'85〜'88,'90〜'94武,'99ダ,'00,'02巨)
＊工藤　隆人	(巨)	2	6	16	1	4	2	0	0	6	1	0	0	0	0	0	0	4	0	.250	('07日,'09巨)
工藤　幹夫	(日)	1	5	0	0	0	0	0	0	0	0	0	0	0	0	0	0	0	0	.000	('81日)
国枝　利通	(中)	1	1	0	0	0	0	0	0	0	0	0	0	0	0	0	0	0	0	.000	('54中)
国貞　泰汎	(南)	3	17	44	4	10	3	0	1	16	7	1	0	0	1 (1)	3	0	5	0	.227	('64〜'66南)
＊国松　彰	(巨)	9	44	132	16	29	4	1	2	41	13	2	1	4	0	5	1	11	3	.220	('58,'59,'61,'65〜'70巨)
＊久保　拓眞	(ヤ)	1	1	—	—	—	—	—	—	—	—	—	—	—	—	—	—	—	—	.000	('22ヤ)
久保　俊巳	(広)	1	6	5	1	1	0	0	0	1	0	0	0	0	0	0	0	2	0	.200	('75広)
久保　康生	(近)	1	1	0	0	0	0	0	0	0	0	0	0	0	0	0	0	0	0	.000	('80近)
久保　裕也	(巨)	1	1	0	0	0	0	0	0	0	0	0	0	0	0	0	0	0	0	.000	('08巨)
久保田　治	(東)	1	4	7	0	0	0	0	0	0	0	0	0	0	0	0	0	1	0	.000	('62東)
久保田智之	(神)	1	1	0	0	0	0	0	0	0	0	0	0	0	0	0	0	0	0	.000	('05神)
久保山　誠	(西)	1	3	1	0	0	0	0	0	0	0	0	0	0	0	0	0	0	0	.000	('56西)
熊谷　敬宥	(神)	1	1	0	0	0	0	0	0	0	0	0	0	0	0	0	0	1	0	.000	('23神)
倉田　誠	(巨)	4	8	8	0	2	0	0	0	2	2	0	0	0	0	0	0	1	0	.250	('68,'70,'73,'76巨)
倉本　寿彦	(ディ)	1	6	21	1	7	0	0	0	7	0	0	0	1	1	0	0	4	0	.333	('17ディ)
＊九里　亜蓮	(広)	1	1	—	—	—	—	—	—	—	—	—	—	—	—	—	—	—	—	.000	('18広)
＊栗橋　茂	(近)	3	15	35	3	5	0	0	1	8	2	0	0	0	0	7	2	10	2	.143	('79,'80,'89近)
＊栗原　陵矢	(ソ)	2	5	14	3	7	2	0	1	12	4	0	0	1	0 (1)	2	1	4	0	.500	('20,'23ソ)
＊栗山　巧	(武)	1	7	24	2	4	1	0	0	5	1	0	0	0	0	2	0	2	0	.167	('08武)
紅林弘太郎	(オ)	3	20	69	10	23	5	0	1	31	5	0	0	4	0	8	0	13	1	.333	('21〜'23オ)
黒江　透修	(巨)	9	43	151	23	39	5	0	1	47	12	2	0	1	0	4	2	15	2	.258	('65〜'73巨)

選手名	チーム	年数	試合	打数	得点	安打	二塁打	三塁打	本塁打	塁打	打点	盗塁	盗塁刺	犠打	犠飛	四球	死球	三振	併殺打	打率	出場した年度
黒崎　武(東)		1	1	0	0	0	0	0	0	0	0	1	0	0	0	0	0	0	0	.000	('62東)
黒田　一博(南)		3	17	38	1	4	0	0	0	4	1	0	0	0	－	0	0	5	1	.105	('51～'53南)
黒田　博樹(広)		1	1	－	－	－	－	－	－	－	－	－	－	－	－	－	－	－	－	.000	('16広)
黒田　正宏(武)		2	9	19	2	4	0	0	0	4	3	0	0	1	0	0	0	2	0	.211	('82,'83武)
黒原　祐二(武)		1	1	－	－	－	－	－	－	－	－	－	－	－	－	－	－	－	－	.000	('88武)
桑田　武(洋)		1	4	15	1	3	0	0	0	3	1	1	1	0	0	1	0	2	0	.200	('60洋)
桑田　真澄(巨)		6	10	4	1	1	0	0	0	1	0	0	0	0	0	0	0	0	0	.250	('87,'89,'90,'94,'00,'02巨)
桑原　将志(ディ)		1	6	26	2	4	0	0	0	4	1	1	2	0	0	2	0	10	0	.154	('17ディ)
K-鈴木(鈴木翔)(オ)		1	3	0	0	0	0	0	0	0	0	0	0	0	0	0	0	0	0	.000	('21オ)
ゲーリー(中)		1	3	6	0	0	0	0	0	0	1	0	0	0	1	0	0	0	0	.000	('88中)
ゲイル(神)		1	2	－	－	－	－	－	－	－	－	－	－	－	－	－	－	－	－	.000	('85神)
ゲレーロ(巨)		1	4	12	0	4	1	0	0	5	0	0	0	0	0	1	0	3	0	.333	('19巨)
コトー(広)		1	6	21	3	6	0	1	2	14	3	0	0	1	0	0	1	5	0	.286	('94巨)
L.ゴメス(中)		1	5	20	1	4	2	0	1	9	5	0	1	0	0	2	0	4	1	.200	('99中)
M.ゴメス(神)		1	5	17	1	3	1	0	0	4	3	0	0	0	0	4	0	6	2	.176	('14神)
D.ゴンザレス(巨)		2	4	0	0	0	0	0	0	0	0	0	0	2	0	0	0	0	0	.000	('09,'12巨)
M.ゴンザレス(オ)		1	7	23	2	7	1	0	1	11	4	0	0	0	0	2	0	5	0	.304	('23オ)
小池　兼司(南)		5	24	72	7	19	4	0	2	29	4	1	2	3	0	4	0	12	3	.264	('61,'64～'66,'73南)
小池　正晃(中)		2	8	15	1	3	0	0	1	6	1	0	0	2	0	0	0	6	0	.200	('11中)
高　信二(広)		1	6	3	1	1	0	0	0	1	1	0	0	0	0	2	0	0	0	.333	('91広)
香田　勲男(近)		4	6	4	0	0	0	0	0	0	0	0	0	0	0	0	0	1	0	.000	('89,'90,'94近,'01近)
河内　卓司(毎)		1	6	28	3	6	0	0	0	6	0	0	1	0	－	2	0	2	0	.214	('50毎)
河野　昭修(西)		4	24	68	6	13	2	0	0	15	3	2	0	3	0	6	0	13	2	.191	('54,'56～'58西)
河埜　和正(巨)		4	23	67	8	19	1	0	4	32	8	4	2	4	0	(2)9	5	23	1	.284	('76,'77,'81,'83巨)
鴻野　淳基(巨)		1	4	11	0	1	0	0	0	1	1	0	0	0	0	1	0	2	0	.091	('87巨)
河野　博文(巨)		1	2	1	0	0	0	0	0	0	0	0	0	0	0	0	0	1	0	.000	('96巨)
神戸　拓光(ロ)		1	3	1	0	0	0	0	0	0	0	0	0	0	0	0	0	1	0	.000	('10ロ)
小木田敦也(オ)		1	4	0	0	0	0	0	0	0	0	0	0	0	0	0	0	0	0	.000	('23オ)
小窪　哲也(広)		2	5	7	0	1	1	0	0	2	1	0	0	1	0	4	0	4	0	.143	('16,'18広)
小久保裕紀(ソ)		3	17	59	5	14	3	0	1	20	5	1	0	1	0	4	0	15	0	.237	('99,'00ダ,'11ソ)
小澤　怜史(ヤ)		1	1	－	－	－	－	－	－	－	－	－	－	－	－	－	－	－	－	.000	('22ヤ)
児玉　好弘(急)		1	1	－	－	－	－	－	－	－	－	－	－	－	－	－	－	－	－	.000	('72急)
児玉　利一(中)		1	7	22	1	8	3	0	1	14	2	0	1	0	0	4	0	2	0	.364	('54中)
小鶴　誠(松)		1	6	23	3	4	1	0	0	5	2	0	0	0	－	4	0	3	0	.174	('50松)
小早川毅彦(広)		4	24	76	2	15	3	0	1	21	5	0	0	0	1	4	0	19	5	.197	('84,'86,'91広,'97ヤ)
小林　国男(ヤ)		1	1	－	－	－	－	－	－	－	－	－	－	－	－	－	－	－	－	.000	('78ヤ)
小林　繁(巨)		2	10	8	2	3	0	0	0	3	0	0	0	1	0	0	0	1	0	.375	('76,'77巨)
小林　晋哉(急)		1	6	19	3	6	0	0	1	9	1	1	0	0	0	2	0	1	1	.316	('84急)
小林　誠二(広)		4	10	3	0	1	0	0	0	1	0	0	0	0	0	0	0	1	0	.333	('82,'83武,'84,'86広)
小林　誠司(巨)		1	3	4	0	0	0	0	0	0	0	0	0	0	0	0	0	1	0	.000	('19巨)
小林宏(小林宏之)(ロ)		2	5	2	0	0	0	0	0	0	0	0	0	0	0	0	0	1	0	.000	('05,'10ロ)
小林　宏(オ)		2	5	0	0	0	0	0	0	0	0	0	0	0	0	0	0	0	0	.000	('95,'96オ)
小林　正人(中)		2	4	0	0	0	0	0	0	0	0	0	0	0	0	0	0	0	0	.000	('06,'11中)
小林　雅英(ロ)		1	4	0	0	0	0	0	0	0	0	0	0	0	0	0	0	0	0	.000	('05ロ)
小淵　泰輔(西)		2	6	6	0	2	1	0	0	3	0	0	0	0	0	0	0	1	0	.333	('57,'58西)
駒崎　幸一(武)		1	2	2	0	0	0	0	0	0	0	0	0	0	0	0	0	1	0	.000	('88武)
駒田　徳広(横)		5	26	90	10	28	5	1	2	41	14	1	0	0	0	6	0	15	0	.311	('83,'87,'89,'90巨,'98横)
小松　健二(急)		1	1	1	0	1	0	0	0	1	0	0	0	0	0	0	0	0	1	1.000	('72急)
小松　辰雄(中)		2	7	3	1	0	0	0	0	0	2	0	0	0	0	0	0	1	0	.667	('82,'88中)
小松崎善久(中)		1	3	3	1	1	0	0	0	1	0	0	0	0	0	0	0	1	0	.333	('88中)
小松原博喜(巨)		2	5	4	0	0	0	0	0	0	0	0	0	0	－	1	0	1	0	.000	('51,'52巨)
小谷野栄一(日)		3	17	56	4	17	3	0	1	23	6	0	0	0	0	4	0	7	0	.304	('07,'09,'12日)
小山伸一郎(楽)		1	2	0	0	0	0	0	0	0	0	0	0	0	0	0	0	0	0	.000	('13楽)
小山　正明(毎)		2	8	13	0	1	0	0	0	1	0	0	0	1	0	0	0	1	0	.077	('62神,'70ロ)
小山　雄輝(巨)		2	2	1	0	0	0	0	0	0	0	0	0	0	0	0	0	1	0	.000	('12,'13巨)
紺田　敏正(日)		3	6	2	1	0	0	0	0	0	0	1	0	0	0	0	0	1	0	.000	('06,'07,'09日)
近藤　昭仁(洋)		1	4	15	1	3	0	0	0	3	0	0	0	0	0	0	0	2	1	.200	('60洋)
近藤　和彦(洋)		1	4	15	2	6	1	0	0	7	0	2	0	0	0	0	0	2	0	.400	('60洋)
近藤　健介(日)		2	9	20	2	3	1	0	0	4	0	0	1	1	0	1	0	3	1	.150	('12,'16日)
近藤　真一(中)		1	1	－	－	－	－	－	－	－	－	－	－	－	－	－	－	－	－	.000	('88中)
近藤　大亮(オ)		1	3	0	0	0	0	0	0	0	0	0	0	0	0	0	0	0	0	.000	('22オ)
今野　龍太(ヤ)		2	3	0	0	0	0	0	0	0	0	0	0	0	0	0	0	0	0	.000	('21,'22ヤ)
呉　昌征(毎)		1	6	22	6	4	1	0	0	8	4	1	0	0	－	4	1	3	0	.182	('50毎)
合田　栄蔵(南)		1	2	0	0	0	0	0	0	0	0	0	0	0	0	0	0	2	0	.000	('66南)
後関　昌彦(近)		1	3	2	0	0	0	0	0	0	0	0	0	0	0	0	1	0	0	.000	('89近)
後藤　修(南)		1	1	0	0	0	0	0	0	0	0	0	0	0	0	0	0	0	0	.000	('61南)
後藤　孝志(巨)		4	12	18	1	3	0	0	0	5	2	1	0	1	0	0	0	5	0	.167	('94,'96,'00,'02巨)
後藤　武敏(武)		1	7	23	1	3	0	0	0	6	1	0	0	0	0	0	0	7	0	.130	('08武)
後藤　光貴(武)		1	1	0	0	0	0	0	0	0	0	0	0	0	0	0	0	0	0	.000	('02武)
権藤　正利(洋)		1	2	1	0	0	0	0	0	0	0	0	0	0	0	0	0	1	0	.000	('60洋)

日本シリーズ・ライフタイム

選手名	チーム	年数	試合	打数	得点	安打	二塁打	三塁打	本塁打	塁打	打点	盗塁	盗塁刺	犠打	犠飛	四球	死球	三振	併殺打	打率	出場した年度
サイスニード	(ヤ)	1	2	0	0	0	0	0	0	0	0	0	0	0	0	0	0	2	0	.000	('22ヤ)
サファテ	(ソ)	3	10	0	0	0	0	0	0	0	0	0	0	0	0	0	0	0	0	.000	('14,'15,'17ソ)
サブロー(大村三郎)	(ロ)	2	11	47	7	13	2	0	2	21	10	1	0	0	1	3	1	7	0	.277	('05,'10ロ)
サンタナ	(ヤ)	2	13	43	7	8	0	0	3	17	4	0	0	0	0	8	0	17	1	.186	('21,'22ヤ)
+サンチェス	(巨)	1	1	—	—	—	—	—	—	—	—	—	—	—	—	—	—	—	—	.000	('20巨)
歳内 宏明	(神)	1	1	—	—	—	—	—	—	—	—	—	—	—	—	—	—	—	—	.000	('14神)
西園寺昭夫	(東)	1	7	27	6	5	1	0	1	9	1	2	2	1	0	5	0	6	1	.185	('62東)
才木 浩人	(神)	1	1	1	0	0	0	0	0	0	0	0	0	0	0	0	0	0	0	.000	('23神)
斉藤 和巳	(ダ)	2	5	2	0	0	0	0	0	0	0	0	0	0	0	0	0	0	1	.000	('00,'03ダ)
*斎藤 隆	(楽)	2	3	2	0	0	0	0	0	0	0	0	0	0	0	0	0	1	0	.000	('98横,'13楽)
*斉藤 宜之	(巨)	2	4	8	3	4	0	0	1	7	3	1	0	0	0	0	0	0	0	.500	('00,'02巨)
斉藤 浩行	(広)	1	1	1	0	0	0	0	0	0	0	0	0	0	0	0	0	0	0	.000	('84広)
斎藤 雅樹	(巨)	5	8	7	2	3	0	0	0	3	0	0	0	1	0	0	0	1	0	.429	('89,'90,'94,'96,'00巨)
斎藤 佑樹	(日)	1	1	—	—	—	—	—	—	—	—	—	—	—	—	—	—	—	—	.000	('12日)
斎藤 喜	(急)	1	3	0	1	0	0	0	0	0	0	0	1	0	0	0	0	0	0	.000	('67急)
佐伯 和司	(広)	1	1	2	0	1	0	0	0	1	0	0	0	0	0	0	0	0	1	.500	('75広)
*佐伯 貴弘	(中)	2	7	22	2	8	4	1	0	14	4	0	1	0	0	(2)3	0	5	1	.364	('98横,'11中)
三枝 規悦	(急)	1	1	1	0	0	0	0	0	0	0	0	0	0	0	0	0	1	0	.000	('78急)
*坂 克彦	(神)	1	2	1	0	0	0	0	0	0	0	0	0	0	0	0	0	1	0	.000	('14神)
榊 親一	(ロ)	2	5	3	0	0	0	0	0	0	0	0	0	0	0	0	0	1	0	.000	('70,'74ロ)
*坂口 智隆	(ヤ)	1	4	5	0	1	0	0	0	1	0	0	0	0	0	0	0	0	0	.200	('21ヤ)
*坂崎 一彦	(巨)	6	30	81	6	15	2	1	1	22	6	1	0	0	0	2	0	18	1	.185	('56〜'59,'61,'63巨)
坂本誠志郎	(神)	1	7	22	2	5	1	1	0	8	4	0	2	0	0	1	0	8	0	.227	('23神)
阪本 敏三	(急)	4	23	96	18	22	6	0	2	34	12	3	1	2	0	6	0	6	0	.229	('67〜'69,'71急)
坂本 勇人	(巨)	6	34	116	12	25	8	0	1	36	8	1	0	2	1	14	1	35	0	.216	('08,'09,'12,'13,'19,'20巨)
坂本文次郎	(毎)	1	3	9	1	2	0	0	0	2	0	0	1	0	0	0	0	2	0	.222	('60毎)
*佐久本昌広	(ダ)	1	2	1	0	0	0	0	0	0	0	0	0	0	0	1	0	0	0	.000	('99ダ)
桜井 伸一	(ヤ)	1	2	1	0	0	0	0	0	0	0	0	0	0	0	1	0	0	0	.000	('93ヤ)
桜井 輝秀	(南)	1	5	19	1	5	2	0	0	7	2	0	0	0	1	0	5	2		.263	('73南)
桜井 俊貴	(巨)	1	1	—	—	—	—	—	—	—	—	—	—	—	—	—	—	—	—	.000	('19巨)
佐々岡真司	(広)	1	3	3	0	1	0	0	0	1	0	0	0	0	0	0	0	1	0	.500	('91広)
佐々木主浩	(横)	1	3	0	0	0	0	0	0	0	0	0	0	0	0	0	0	1	0	.000	('98横)
佐々木恭介	(近)	2	10	18	1	4	0	0	0	4	3	3	0	0	0	3	1	3	1	.222	('79,'80近)
佐々木誠吾	(急)	1	3	0	0	0	0	0	0	0	0	0	0	0	0	0	0	1	0	.000	('67急)
*佐々木 誠	(武)	2	11	45	4	12	1	0	0	13	8	3	0	0	0	1	0	6	2	.267	('94,'97武)
*笹本 信二	(巨)	2	3	2	0	1	0	0	0	1	0	0	0	0	0	0	0	0	0	.500	('78,'83巨)
桟原 将司	(神)	1	1	0	0	0	0	0	0	0	0	0	0	0	0	0	0	0	0	.000	('05神)
定岡 正二	(巨)	2	3	2	0	0	0	0	0	0	0	0	0	0	0	0	0	0	0	.000	('81,'83巨)
佐藤 真一	(ヤ)	1	4	2	1	1	0	0	1	4	2	0	0	0	0	0	0	0	0	.500	('97ヤ)
*佐藤 輝明	(神)	1	7	27	1	4	2	0	0	6	1	1	0	0	0	0	0	12	0	.148	('23神)
佐藤 友亮	(武)	3	17	56	8	20	4	0	0	24	4	0	1	1	0	1	0	8	0	.357	('02,'04,'08武)
*佐藤 秀明	(近)	2	4	—	—	—	—	—	—	—	—	—	—	—	—	—	—	—	—	.000	('85神,'89近)
佐藤 平七	(毎)	1	1	1	0	0	0	0	0	0	0	0	0	0	0	0	0	0	0	.000	('50毎)
佐藤 誠	(ダ)	1	1	0	0	0	0	0	0	0	0	0	0	0	0	0	0	0	0	.000	('03ダ)
佐藤 道郎	(南)	1	2	1	0	0	0	0	0	0	0	0	0	0	0	0	0	1	0	.000	('73南)
佐藤 元彦	(ロ)	1	3	2	0	1	0	0	0	1	0	0	0	0	0	0	0	1	0	.500	('70ロ)
佐藤 義則	(オ)	3	4	2	1	1	1	0	0	2	0	0	0	0	0	0	0	1	0	.500	('77,'84急,'95オ)
里崎 智也	(ロ)	2	11	40	5	6	1	0	1	10	6	0	0	4	0	(1)2	0	13	0	.150	('05,'10ロ)
真田 重男	(松)	1	5	8	1	1	0	0	0	1	1	0	0	0	0	0	1	1	1	.125	('50松)
實松 一成	(巨)	1	4	5	0	2	0	0	0	2	0	0	0	0	0	1	0	2	0	.400	('12巨)
+佐野 皓大	(オ)	2	9	5	1	1	1	0	0	2	0	1	0	0	0	0	0	1	0	.200	('21,'22オ)
佐野 仙好	(神)	1	3	11	0	0	0	0	0	0	0	0	0	0	0	0	0	1	0	.000	('85神)
佐野 嘉幸	(広)	2	9	16	0	1	1	0	0	2	1	0	0	0	0	1	0	3	0	.063	('73南,'75広)
澤村 拓一	(巨)	3	8	4	0	1	1	0	0	2	0	0	0	0	0	0	0	1	0	.250	('12,'13,'19巨)
SHINJO	(日)	3	15	17	1	6	1	0	0	7	1	1	0	1	1	0	1	2	1	.353	('06日)
シーツ	(神)	1	4	15	1	4	1	0	0	5	0	0	0	0	0	0	0	3	1	.267	('05神)
+シェーン	(広)	1	6	22	2	4	1	0	0	5	1	0	0	0	0	1	0	1	0	.182	('75広)
ジャクソン	(広)	2	7	0	0	0	0	0	0	0	0	0	0	0	0	0	0	0	0	.000	('16,'18広)
*C.ジョーンズ	(南)	1	5	15	0	3	0	0	0	3	1	0	0	0	0	0	0	3	0	.200	('73南)
J.ジョーンズ	(巨)	1	1	—	—	—	—	—	—	—	—	—	—	—	—	—	—	—	—	.000	('94巨)
A.ジョーンズ	(楽)	1	7	24	1	7	1	0	1	11	5	0	1	0	0	0	0	7	0	.292	('13楽)
A.ジョーンズ	(オ)	1	6	4	1	1	0	0	1	4	1	0	0	0	0	(1)2	0	3	0	.250	('21オ)
D.ジョンソン	(巨)	1	6	13	0	0	0	0	0	0	0	0	0	0	0	0	0	6	0	.000	('76巨)
*K.ジョンソン	(広)	2	4	6	0	0	0	0	0	0	0	0	0	0	0	0	0	5	0	.000	('16,'18広)
椎野 新	(ソ)	1	1	—	—	—	—	—	—	—	—	—	—	—	—	—	—	—	—	.000	('20ソ)
潮崎 哲也	(武)	8	21	3	1	1	0	0	0	1	0	0	0	1	0	0	0	2	0	.333	('90〜'94,'97,'98,'02武)
塩津 義雄	(毎)	1	1	0	0	0	0	0	0	0	0	0	0	0	0	0	0	0	0	.000	('60毎)
塩原 明	(巨)	4	17	31	0	8	1	0	0	9	2	0	1	5	0	0	0	1	0	.258	('61,'63,'65,'66巨)
塩見 泰隆	(ヤ)	2	13	52	7	16	1	1	1	22	2	1	1	0	0	6	3	18	0	.308	('21,'22ヤ)
*重信慎之介	(巨)	2	6	7	2	1	0	0	0	1	0	0	0	0	0	0	0	5	0	.143	('19,'20巨)

選手名	チーム	年数	試合	打数	得点	安打	二塁打	三塁打	本塁打	塁打	打点	盗塁	盗塁刺	犠打	犠飛	四球	死球	三振	併殺打	打率	出場した年度
＊篠塚和典(利夫)	巨	6	31	106	8	31	5	0	3	45	11	2	0	1	0	8	0	10	5	.292	('81,'83,'87,'89,'90,'94巨)
＊篠原　貴行	ダ	3	9	2	0	0	0	0	0	0	0	0	0	0	0	0	0	2	0	.000	('99,'00,'03ダ)
-柴田　　勲	巨	13	73	251	45	69	6	3	11	114	34	14	7	4	2	(1)28	2	39	1	.275	('63,'65~'73,'76,'77,'81巨)
＊柴田佳主也	近	1	4	0	0	0	0	0	0	0	0	0	0	0	0	0	0	0	0	.000	('01近)
＊柴田　竜拓	ディ	1	6	18	0	2	0	0	0	2	0	0	0	4	0	3	0	3	1	.111	('17ディ)
＊柴田　博之	武	1	2	2	0	1	0	0	0	1	0	1	0	0	0	0	0	0	0	.500	('02武)
柴田　保光	武	1	1	0	0	0	0	0	0	0	0	0	0	0	0	0	0	0	0	.000	('82武)
＊柴原　　洋	ダ	3	16	52	4	13	4	0	0	17	6	1	1	1	0	2	0	12	0	.250	('99,'00,'03ダ)
柴原　　実	オ	2	4	3	1	0	0	0	0	0	0	0	0	0	0	1	0	2	0	.000	('95,'96オ)
渋谷　幸春	中	1	3	0	0	0	0	0	0	0	0	0	0	0	0	0	0	0	0	.000	('74中)
嶋　　基宏	楽	1	7	23	2	6	0	0	0	6	1	0	0	2	0	3	0	5	1	.261	('13楽)
＊島内　宏明	楽	1	1	1	0	0	0	0	0	0	0	0	0	0	0	0	0	0	0	.000	('13楽)
＊島谷　金二	急	3	18	61	11	19	7	0	3	35	12	0	0	2	1	6	0	4	4	.311	('74,'77,'78急)
＊島谷　海更	神	1	3	0	1	0	0	0	0	0	0	0	0	0	0	1	0	0	0	.000	('23神)
島田源太郎	洋	1	2	4	0	0	0	0	0	0	0	0	0	1	0	0	0	2	0	.000	('60洋)
島田　直也	ヤ	2	2	—	—	—	—	—	—	—	—	—	—	—	—	—	—	—	—	.000	('98横,'01ヤ)
＊島田　　誠	日	1	6	25	1	4	1	0	0	5	0	1	0	1	0	(1)2	0	1	0	.160	('81日)
＊嶋田　宗彦	神	1	1	1	1	1	0	0	1	4	1	0	0	0	0	0	0	0	0	1.000	('85神)
＊島田　雄二	東	1	4	0	0	0	0	0	0	0	0	0	0	0	0	0	0	3	0	.000	('62東)
＊島田　幸雄	洋	1	4	8	0	1	0	0	0	1	0	1	0	0	0	0	0	2	0	.125	('60洋)
島野　育夫	南	1	5	20	3	5	1	0	0	6	0	2	0	0	0	2	0	1	0	.250	('73南)
＊島原　輝夫	南	6	28	62	5	19	2	0	0	21	2	0	1	1	0	1	0	3	0	.306	('51~'53,'55,'59,'61南)
＊島原　幸雄	西	3	9	6	0	1	0	0	0	1	0	0	0	1	0	0	0	2	1	.167	('56~'58西)
＊島本　讚平	近	1	4	2	0	0	0	0	0	0	0	0	0	0	0	0	0	1	0	.000	('80近)
＊島本　浩也	神	1	4	0	0	0	0	0	0	0	0	0	0	0	0	0	0	0	0	.000	('23神)
清水　昭信	中	1	1	0	0	0	0	0	0	0	0	0	0	0	0	0	0	0	0	.000	('10中)
＊清水　隆行	巨	3	14	38	3	5	0	0	1	8	3	1	0	0	0	1	1	3	2	.132	('96,'00,'02巨)
清水　直行	ロ	1	1	—	—	—	—	—	—	—	—	—	—	—	—	—	—	—	—	.000	('05ロ)
＊清水　　昇	ヤ	2	8	0	0	0	0	0	0	0	0	0	0	0	0	0	0	0	0	.000	('21,'22ヤ)
清水　雅治	武	2	5	6	2	2	1	1	0	5	0	0	0	1	0	0	0	0	0	.333	('97,'98武)
清水　優心	日	1	1	0	0	0	0	0	0	0	0	0	0	0	0	0	0	0	0	.000	('16日)
清水　義之	武	1	1	0	0	0	0	0	0	0	0	0	0	0	0	1	0	0	0	.000	('93武)
下水流　昂	広	1	4	6	0	2	1	0	0	3	1	0	0	0	0	0	0	1	0	.333	('16広)
下柳　　剛	神	2	2	2	0	0	0	0	0	0	0	0	0	0	0	0	0	0	0	.000	('03,'05神)
許　　銘傑	武	1	2	0	0	0	0	0	0	0	0	0	0	0	0	0	0	0	0	.000	('02武)
＊秀太(田中秀太)	神	1	3	0	0	0	0	0	0	0	0	0	0	0	0	0	0	0	0	.000	('03神)
＊周東　佑京	ソ	2	8	16	5	1	0	0	0	1	0	1	1	1	0	1	2	5	0	.063	('19,'20ソ)
俊介(藤川俊介)	神	1	1	0	0	0	0	0	0	0	0	0	0	0	0	0	0	0	0	.000	('14神)
＊正田宏樹(泰祐)	広	6	19	27	0	5	1	0	0	6	0	0	0	1	0	4	1	9	0	.185	('69,'71,'72,'76急,'79,'80広)
正田　耕三	広	2	15	46	8	10	3	0	0	13	3	2	0	1	0	4	0	12	0	.217	('86,'91広)
正津　英志	中	1	3	0	0	0	0	0	0	0	0	0	0	0	0	0	0	0	0	.000	('99中)
＊白石　静生	急	3	4	6	1	1	0	0	0	1	0	0	0	2	0	0	0	2	0	.167	('76~'78急)
白川　　一	毎	1	3	0	0	0	0	0	0	0	0	1	0	0	0	—	0	0	0	.000	('50毎)
＊白崎　浩之	ディ	1	2	5	1	2	0	0	1	5	1	0	1	0	0	0	0	2	0	.400	('17ディ)
＊白幡隆宗(勝弘)	武	3	7	11	1	2	0	0	0	2	0	0	0	0	0	1	0	3	0	.182	('85~'87武)
新谷　　博	武	5	6	0	0	0	0	0	0	0	0	0	0	0	0	0	0	0	0	.000	('92~'94,'97,'98武)
進藤　達哉	横	1	6	24	0	2	0	0	0	2	0	0	0	0	0	1	0	9	0	.083	('98横)
城　　友博	ヤ	3	3	5	0	1	1	0	0	2	0	0	0	0	0	0	0	0	0	.200	('93,'95,'97ヤ)
城島　健司	ダ	3	18	70	15	20	2	0	9	49	16	1	1	0	0	3	1	10	2	.286	('99,'00,'03ダ)
城之内邦雄	巨	6	11	24	3	5	3	0	0	8	3	0	0	1	0	1	1	11	0	.208	('63,'65~'69巨)
篠辺　　剛	巨	1	1	—	—	—	—	—	—	—	—	—	—	—	—	—	—	—	—	.000	('02巨)
神野　純一	中	1	4	5	1	0	0	0	0	0	0	0	0	0	0	3	0	4	0	.000	('99中)
R.スアレス	ソ	1	4	0	0	0	0	0	0	0	0	0	0	0	0	0	0	0	0	.000	('19ソ)
A.スアレス	ヤ	1	1	0	0	0	0	0	0	0	0	0	0	0	0	0	0	0	0	.000	('21ヤ)
スウィーニー	日	1	1	0	0	0	0	0	0	0	0	0	0	0	0	0	0	0	0	.000	('07日)
スタンカ	南	3	12	24	2	4	1	0	0	5	1	0	0	3	0	1	1	9	0	.167	('61,'64,'65南)
スタンリッジ	ソ	2	2	2	0	0	0	0	0	0	0	0	0	0	0	0	0	1	0	.000	('14,'15ソ)
スティーブ	武	3	19	74	9	21	4	0	2	31	12	0	0	0	0	(1)8	0	11	2	.284	('82,'83,'85武)
D.スペンサー	急	4	16	46	6	15	1	0	3	25	10	0	0	1	0	6	0	9	1	.326	('67,'68,'71,'72急)
S.スペンサー	神	1	2	3	0	0	0	0	0	0	0	0	0	0	0	0	0	1	0	.000	('05神)
＊W.スミス	南	1	3	0	0	0	0	0	0	0	0	0	0	0	0	0	0	0	0	.000	('73南)
-R.スミス	巨	1	7	25	1	4	0	0	0	4	2	1	0	0	0	5	0	8	0	.160	('83巨)
＊スレッジ	日	1	6	22	3	4	1	0	1	8	2	0	0	0	0	3	0	7	0	.182	('09日)
スレータ	ダ	1	6	15	3	5	0	0	0	5	0	0	0	0	0	3	0	3	0	.333	('03ダ)
＊末次利光(民夫)	巨	10	45	123	21	36	6	4	3	59	18	2	1	4	1	5	3	6	4	.293	('66~'73,'76,'77巨)
菅野　智之	巨	3	4	2	0	0	0	0	0	0	0	0	0	0	0	0	0	1	0	.000	('13,'19,'20巨)
菅野　光夫	日	1	6	12	0	5	2	0	0	7	0	0	0	0	0	0	0	2	0	.417	('81日)
菅原　勝矢	巨	3	3	3	0	0	0	0	0	0	0	0	0	0	0	0	0	0	0	.000	('67,'71,'72巨)
＊杉内　俊哉	巨	3	6	0	0	0	0	0	0	0	0	0	0	0	0	0	0	0	0	.000	('03ダ,'11ソ,'13巨)
杉浦　　忠	南	4	11	18	1	3	0	0	0	3	1	0	0	1	0	0	0	6	0	.167	('59,'64~'66南)

日本シリーズ・ライフタイム

選手名	チーム	年数	試合	打数	得点	安打	二塁打	三塁打	本塁打	塁打	打点	盗塁	盗塁刺	犠打	犠飛	四球	死球	三振	併殺打	打率	出場した年度
*杉浦 享(亨)	(ヤ)	3	15	35	3	9	1	0	1	13	9	3	1	0	0	5	1	5	0	.257	('78,'92,'93ヤ)
杉浦 稔大	(ヤ)	1	1	1	0	0	0	0	0	0	0	0	0	0	0	0	0	0	0	.000	('15ヤ)
杉下 茂	(中)	1	5	16	0	2	0	0	0	2	2	0	0	0	0	0	0	4	0	.125	('54中)
*杉本 正	(中)	3	5	7	0	2	0	0	0	2	0	0	0	0	0	0	0	2	0	.286	('82,'83武,'88中)
杉本裕太郎	(オ)	3	16	58	3	14	1	0	1	18	6	0	1	0	0	(1) 2	4	19	0	.241	('21~'23オ)
+杉谷 拳士	(日)	2	6	10	1	2	1	0	0	3	0	0	1	0	0	0	1	2	0	.200	('12,'16日)
杉山 一樹	(ソ)	1	1	—	—	—	—	—	—	—	—	—	—	—	—	—	—	—	—	.000	('20ソ)
*杉山 賢人	(武)	4	12	0	0	0	0	0	0	0	0	0	0	0	0	0	0	0	0	.000	('93,'94,'97,'98武)
*杉山 光平	(南)	6	26	78	7	20	3	1	1	28	11	1	0	1	0	5	1	7	3	.256	('55,'59,'61,'64~'66南)
杉山 悟	(中)	1	1	3	0	1	0	0	0	1	1	0	0	0	0	0	0	1	0	.333	('54中)
杉山 茂	(巨)	1	3	2	0	0	0	0	0	0	0	0	0	0	0	0	0	0	0	.000	('77巨)
杉山 知隆	(日)	1	1	0	0	0	0	0	0	0	0	0	0	0	0	0	0	0	0	.000	('81日)
杉山 直輝	(巨)	1	5	8	0	1	0	0	0	1	1	0	0	0	0	0	1	1	1	.125	('96巨)
杉山 直久	(神)	1	1	1	0	0	0	0	0	0	0	0	0	0	0	0	0	1	0	.000	('05神)
勝呂壽統(博憲)	(オ)	3	8	5	0	1	0	0	0	1	0	0	0	0	0	0	2	3	0	.200	('89巨,'95,'96オ)
*鈴木 啓示	(近)	2	6	13	0	1	0	0	0	1	0	0	0	0	0	0	0	5	0	.077	('79,'80近)
*鈴木 健	(武)	7	34	92	8	26	3	0	3	38	11	0	0	0	0	11	0	16	2	.283	('91~'94,'97,'98,'02武)
*鈴木 誠也	(広)	2	12	40	7	14	1	1	3	26	8	2	1	0	1	11	0	12	0	.350	('16,'18広)
鈴木 平	(オ)	2	7	0	0	0	0	0	0	0	0	0	0	0	0	0	0	0	0	.000	('95,'96オ)
鈴木 孝雄	(南)	3	3	1	0	0	0	0	0	0	0	0	0	0	0	0	0	0	0	.000	('61,'64,'66南)
*鈴木 隆	(洋)	1	2	2	0	1	1	0	0	2	1	0	0	0	0	0	0	0	0	.500	('60洋)
*鈴木 尚典	(横)	1	6	25	9	12	3	0	1	18	8	2	1	0	0	(1) 2	0	3	0	.480	('98横)
鈴木 貴久	(近)	1	7	24	1	4	2	0	1	9	4	0	0	0	0	2	0	6	1	.167	('89近)
鈴木 尚広	(巨)	5	18	32	6	9	1	0	1	13	5	6	2	1	0	1	0	2	0	.281	('02,'08,'09,'12,'13巨)
鈴木 孝政	(中)	2	7	7	0	0	0	0	0	0	0	0	0	1	0	1	0	3	0	.000	('74,'82中)
鈴木 正	(洋)	1	4	14	3	3	0	0	0	3	1	2	0	2	0	1	0	1	0	.214	('60洋)
鈴木 正	(南)	4	8	6	0	0	0	0	0	0	1	0	0	0	1	0	0	1	0	.000	('61,'64~'66南)
*鈴木 哲	(武)	1	1	0	0	0	0	0	0	0	0	0	0	0	0	0	0	0	0	.000	('91武)
*鈴木葉留彦	(武)	2	8	8	0	1	0	0	0	1	0	0	0	0	0	0	0	1	0	.125	('82,'83武)
鈴木 秀幸	(毎)	1	1	1	0	0	0	0	0	0	0	0	0	0	0	0	0	1	0	.000	('60毎)
鈴木 郁洋	(中)	1	1	0	0	0	0	0	0	0	0	0	0	0	0	0	0	0	0	.000	('99中)
鈴木康二朗	(ヤ)	1	2	1	0	0	0	0	0	0	0	0	0	0	0	0	0	1	0	.000	('78ヤ)
鈴木 康友	(武)	4	8	7	1	2	0	0	0	2	2	0	0	0	0	0	0	0	0	.286	('81,'83中,'85,'91武)
鈴木 義広	(中)	4	7	0	0	0	0	0	0	0	0	0	0	0	0	0	0	0	0	.000	('06,'07,'10,'11中)
須田 幸太	(ディ)	1	1	—	—	—	—	—	—	—	—	—	—	—	—	—	—	—	—	.000	('17ディ)
須藤 豊	(巨)	5	10	11	0	1	0	0	0	1	0	0	0	0	0	0	0	1	0	.091	('60毎,'63,'65~'67巨)
*砂田 毅樹	(ディ)	1	5	0	0	0	0	0	0	0	0	0	0	0	0	0	0	0	0	.000	('17ディ)
角 富士夫	(ヤ)	3	9	12	1	1	0	0	1	4	1	0	0	0	0	0	0	3	0	.083	('78,'92,'93ヤ)
*角 三男	(巨)	2	3	0	0	0	0	0	0	0	0	0	0	0	0	0	0	0	0	.000	('81,'83巨)
炭谷銀仁朗(銀仁朗)	(巨)	3	5	7	0	0	0	0	0	0	0	0	0	0	0	1	0	2	1	.000	('08武,'19,'20巨)
住友 平	(急)	5	21	54	5	10	0	0	1	13	2	0	1	0	1	8	1	12	1	.185	('67~'69,'71,'72急)
+セギノール	(日)	2	10	29	7	9	2	0	4	23	10	0	0	0	0	5	2	7	0	.310	('06,'07日)
セデーニョ	(オ)	1	4	9	0	2	0	0	0	2	0	0	0	0	0	0	0	4	0	.222	('23オ)
セラフィニ	(ロ)	1	4	0	0	0	0	0	0	0	0	0	0	0	0	0	0	0	0	.000	('05ロ)
清家 政和	(武)	3	8	18	1	2	0	0	0	2	5	1	0	0	1	(1) 1	0	3	0	.111	('86~'88武)
*関川 浩一	(中)	1	5	21	2	2	0	0	0	2	0	1	0	0	0	0	1	2	0	.095	('99中)
*関口 伊織	(近)	2	4	0	0	0	0	0	0	0	0	0	0	0	0	0	0	0	0	.000	('98横,'01近)
関口 清治	(西)	4	25	80	7	21	1	0	5	37	11	1	1	0	1	(1) 6	0	12	1	.263	('54,'56~'58西)
*関根 潤三	(近)	1	3	3	0	1	0	0	0	1	0	0	0	0	0	0	0	0	0	.333	('65近)
*関根 大気	(ディ)	1	2	0	0	0	0	0	0	0	0	0	0	0	0	0	0	0	0	.000	('17ディ)
関本賢太郎(賢太郎)	(神)	3	6	14	1	2	0	0	0	1	5	2	0	0	0	2	0	2	1	.143	('03,'05,'14神)
関本四十四	(巨)	2	4	3	0	0	0	0	0	0	0	0	0	0	0	0	0	1	0	.000	('71,'72巨)
播津 正	(ソ)	4	6	6	0	0	0	0	0	0	0	0	0	0	0	0	0	5	1	.000	('11,'14,'15,'17ソ)
*千賀 滉大	(ソ)	5	7	1	0	0	0	0	0	0	0	0	0	0	0	0	0	1	0	.000	('15,'17~'20ソ)
千田 啓介	(ロ)	4	13	22	4	6	1	0	1	10	2	1	0	0	1	0	0	4	0	.273	('66,'68巨,'70,'74ロ)
*ソーレル	(急)	1	5	14	3	6	0	0	0	6	1	0	0	0	0	2	0	0	1	.429	('72急)
*ソレイタ	(日)	1	6	24	2	4	1	0	2	11	2	0	0	0	0	6	1	6	1	.167	('81日)
ソロムコ	(神)	1	7	25	1	5	2	0	0	7	2	0	1	0	1	0	0	9	1	.200	('62神)
*副島 孔太	(ヤ)	1	3	3	1	1	0	0	0	1	4	1	0	0	0	0	0	3	0	.333	('01ヤ)
外木場義郎	(広)	1	2	9	0	1	0	0	0	1	0	0	1	0	0	0	0	0	0	.111	('75広)
曽根 海成	(広)	1	3	0	0	0	0	0	0	0	0	2	0	0	0	0	0	0	0	.000	('18広)
苑田 聡彦	(広)	1	1	1	0	0	0	0	0	0	0	0	0	0	0	0	0	1	0	.000	('75広)
空谷 泰	(中)	1	1	0	0	0	0	0	0	0	0	0	0	0	0	0	0	0	0	.000	('54中)
宣 銅烈	(中)	1	1	0	0	0	0	0	0	0	0	0	0	0	0	0	0	0	0	.000	('99中)
タイロン・ウッズ	(中)	2	10	32	6	8	1	0	2	9	2	0	0	0	0	8	0	13	4	.250	('06,'07中)
ダルビッシュ有	(日)	3	5	4	0	0	0	0	0	0	0	0	0	0	0	0	0	3	0	.000	('06,'07,'09日)
*田尾 安志	(中)	3	18	65	8	20	2	1	0	24	2	2	1	1	0	6	0	8	3	.308	('84,'85,'86武)
高井 保弘	(急)	7	22	37	3	7	0	0	1	10	4	0	0	0	0	1	0	6	0	.189	('67,'68,'72,'75~'78急)
*高木 京介	(巨)	2	5	0	0	0	0	0	0	0	0	0	0	0	0	0	0	0	0	.000	('12,'19巨)
*高木 大成	(武)	3	12	40	2	7	0	0	1	10	2	1	0	0	1	2	0	9	0	.175	('97,'98,'02武)

選手名	チーム	年数	試合	打数	得点	安打	二塁打	三塁打	本塁打	塁打	打点	盗塁	盗塁刺	犠打	犠飛	四球	死球	三振	併殺打	打率	出場した年度
高木　浩之	(武)	4	19	52	3	16	0	0	0	16	1	0	1	2	0	(1)5	1	4	0	.308	('97,'98,'02,'04武)
高木　守道	(中)	1	5	22	4	8	1	0	1	12	3	0	0	0	0	0	0	1	0	.364	('74中)
高木　康成	(巨)	1	1	—	—	—	—	—	—	—	—	—	—	—	—	—	—	—	—	.000	('12巨)
高倉　照幸	(巨)	7	37	116	8	27	5	0	1	35	13	3	5	1	1	(1) 7	1	18	2	.233	('54,'56～'58,'63西,'67,'68巨)
高代　延博	(日)	1	6	22	0	5	1	0	0	6	1	0	0	0	1	0	0	5	1	.227	('81日)
高城　俊人	(ディ)	1	2	5	1	3	0	0	1	6	3	0	0	0	0	0	0	2	0	.600	('17ディ)
高田　知季	(ソ)	2	4	1	0	1	0	0	0	1	0	0	0	0	0	0	0	0	0	1.000	('15,'18ソ)
高田　　繁	(巨)	8	44	163	33	46	7	2	3	66	13	5	3	6	1	(1)15	5	18	2	.282	('68～'73,'76,'77巨)
高田　　誠	(オ)	2	8	13	2	2	0	0	0	2	0	0	0	3	0	1	0	4	0	.154	('95,'96オ)
高津　臣吾	(ヤ)	4	11	2	0	1	0	0	0	1	1	0	0	0	0	0	0	0	0	.500	('93,'95,'97,'01ヤ)
高梨　裕稔	(ヤ)	2	2	—	—	—	—	—	—	—	—	—	—	—	—	—	—	—	—	.000	('16日,'21ヤ)
高梨　雄平	(巨)	1	2	—	—	—	—	—	—	—	—	—	—	—	—	—	—	—	—	.000	('20巨)
高波　文一	(武)	1	1	0	0	0	0	0	0	0	0	0	0	0	0	0	0	0	0	.000	('04武)
高野　　光	(ヤ)	1	1	—	—	—	—	—	—	—	—	—	—	—	—	—	—	—	—	.000	('92ヤ)
鷹野　史寿	(近)	1	4	3	1	1	0	0	0	1	1	0	0	0	0	0	0	1	0	.333	('01近)
高橋(高橋)聡文	(中)	3	6	0	0	0	0	0	0	0	0	0	0	0	0	0	0	0	0	.000	('04,'07,'10中)
高橋　　明	(巨)	4	10	11	2	2	0	0	0	2	1	0	0	2	0	1	0	1	0	.182	('63,'66,'68,'69巨)
高橋栄一郎	(南)	2	3	0	0	0	0	0	0	0	0	0	0	0	0	0	0	0	0	.000	('61巨,'64南)
高橋　一三	(日)	8	18	40	2	4	1	0	0	5	3	0	0	1	0	0	0	8	0	.100	('67～'73巨,'81日)
高橋　奎二	(ヤ)	2	2	—	—	—	—	—	—	—	—	—	—	—	—	—	—	—	—	.000	('21,'22ヤ)
高橋　功一	(オ)	1	1	1	0	0	0	0	0	0	0	0	0	0	0	0	0	1	0	.000	('95オ)
高橋　里志	(巨)	1	1	0	0	0	0	0	0	0	0	0	0	0	0	0	0	0	0	.000	('80巨)
高橋　　智	(オ)	2	6	8	0	0	0	0	0	0	0	0	0	0	1	0	0	2	0	.000	('95,'96オ)
高橋　信二	(日)	3	13	42	5	13	3	0	2	22	5	0	0	0	1	0	0	6	1	.310	('06,'07,'09日)
高橋　純平	(ソ)	1	1	—	—	—	—	—	—	—	—	—	—	—	—	—	—	—	—	.000	('19ソ)
高橋　直樹	(武)	3	6	5	0	1	0	0	0	1	0	0	0	0	0	0	0	2	0	.200	('82,'83,'85武)
高橋　尚成	(巨)	4	5	3	0	0	0	0	0	0	0	0	0	1	0	0	0	1	0	.000	('00,'02,'08,'09巨)
高橋　　博	(南)	1	6	0	0	0	0	0	0	0	0	0	0	0	0	0	0	0	0	.000	('66南)
高橋　光信	(中)	1	5	11	1	2	0	0	0	2	1	0	0	0	1	0	0	3	0	.182	('04中)
高橋　優貴	(巨)	2	2	0	0	0	0	0	0	0	0	0	0	0	0	0	0	0	0	.000	('19,'20巨)
高橋　由伸	(巨)	4	21	74	7	17	1	0	3	27	10	0	0	0	0	4	2	18	3	.230	('00,'02,'12,'13巨)
高橋　慶彦	(広)	4	29	122	17	39	6	0	2	51	5	8	4	1	0	5	1	17	0	.320	('79,'80,'84,'86広)
高橋　良昌	(ソ)	1	1	0	0	0	0	0	0	0	0	0	0	0	0	0	0	0	0	.000	('77日)
高橋　　礼	(ソ)	3	6	0	0	0	0	0	0	0	0	0	0	0	0	0	0	0	0	.000	('18～'20ソ)
高林　恒夫	(巨)	1	6	12	1	2	0	0	0	3	1	0	0	0	0	3	0	1	0	.167	('61巨)
高宮　和也	(神)	1	2	0	0	0	0	0	0	0	0	0	0	0	0	0	0	0	0	.000	('14神)
高谷　裕亮	(ソ)	4	18	18	2	6	0	0	1	9	4	0	0	4	0	3	1	2	0	.333	('15,'17～'19ソ)
高柳　出己	(近)	1	2	0	0	0	0	0	0	0	0	0	0	0	0	0	0	0	0	.000	('89近)
田上　健一	(神)	1	1	0	0	0	0	0	0	0	0	0	0	0	0	0	0	0	0	.000	('14神)
滝　　安治	(巨)	2	3	2	0	0	0	0	0	0	0	0	0	0	0	0	0	0	0	.000	('70,'73巨)
滝内弥瑞生	(西)	5	16	17	1	0	0	0	0	0	0	0	0	0	0	0	0	3	0	.000	('54,'56～'58,'63西)
滝川　博巳	(神)	1	1	0	0	0	0	0	0	0	0	0	0	0	0	0	0	0	0	.000	('64神)
滝田　政治	(神)	1	5	6	0	3	0	0	0	3	1	0	0	0	0	0	0	1	0	.500	('62神)
宅和　本司	(南)	1	3	3	0	1	0	0	0	1	0	0	0	0	0	0	0	0	0	.333	('59南)
田口　麗斗	(ヤ)	4	9	0	0	0	0	0	0	0	0	0	0	0	0	0	0	0	0	.000	('19,'20巨,'21,'22ヤ)
田口　　壮	(オ)	2	10	41	5	10	2	0	0	12	2	1	0	3	0	1	0	5	1	.244	('95,'96オ)
竹下　　潤	(武)	1	4	0	0	0	0	0	0	0	0	0	0	0	0	0	0	0	0	.000	('98武)
武田　一浩	(中)	1	1	0	0	0	0	0	0	0	0	0	0	0	0	0	0	0	0	.000	('99中)
武田　翔太	(ソ)	4	8	4	0	0	0	0	0	0	0	0	0	0	0	0	0	0	0	.000	('14,'15,'17,'18ソ)
武田　　久	(日)	4	10	0	0	0	0	0	0	0	0	0	0	0	0	0	0	0	0	.000	('06,'07,'09,'12日)
竹田　和史	(中)	1	3	1	0	0	0	0	0	0	0	0	0	0	0	0	0	1	0	.000	('74中)
武田　　勝	(日)	4	6	2	0	0	0	0	0	0	0	0	0	1	0	0	0	2	0	.000	('06,'07,'09,'12日)
竹安　大知	(オ)	1	1	—	—	—	—	—	—	—	—	—	—	—	—	—	—	—	—	.000	('22オ)
田沢　芳夫	(南)	1	1	0	0	0	0	0	0	0	0	0	0	0	0	0	0	0	0	.000	('59南)
田嶋　大樹	(オ)	3	3	3	0	1	0	0	0	1	0	0	0	1	0	1	0	1	0	.333	('21～'23オ)
多田野数人	(日)	1	1	—	—	—	—	—	—	—	—	—	—	—	—	—	—	—	—	.000	('12日)
橘　　健治	(近)	1	1	0	0	0	0	0	0	0	0	0	0	0	0	0	0	0	0	.000	('79,'80近)
立花　義家	(武)	6	17	39	3	7	2	0	1	12	2	0	0	0	1	0	1	13	1	.179	('82,'83,'85～'88武)
達川　光男	(広)	3	22	60	6	16	2	0	1	21	3	0	0	2	0	(4)10	6	10	1	.267	('84,'86,'91広)
立浪　和義	(中)	5	24	78	11	20	1	0	2	27	8	3	0	0	0	11	1	13	1	.256	('88,'99,'04,'06,'07中)
館山　昌平	(ヤ)	1	3	0	0	0	0	0	0	0	0	0	0	0	0	0	0	0	0	.000	('15ヤ)
建山　義紀	(日)	3	5	1	0	0	0	0	0	0	0	0	0	0	0	0	0	1	0	.000	('06,'07,'09日)
田中　一朗	(南)	2	2	0	0	0	0	0	0	0	0	0	0	—	—	—	—	—	—	.000	('52,'53南)
田中久寿男	(巨)	6	19	48	6	9	1	0	1	13	2	0	1	0	0	1	0	9	2	.188	('56,'58,'63西,'66～'68巨)
田中健二朗	(ディ)	1	1	—	—	—	—	—	—	—	—	—	—	—	—	—	—	—	—	.000	('17ディ)
田中　賢介	(日)	4	22	79	10	21	2	1	1	28	3	3	0	8	0	7	1	14	0	.266	('06,'07,'09,'16日)
田中　広輔	(広)	2	12	50	6	12	4	0	0	16	0	1	3	0	0	6	0	9	0	.240	('16,'18広)
田中　俊太	(巨)	2	8	17	0	5	0	0	0	5	0	0	1	0	0	0	0	5	0	.294	('19,'20巨)
田中　　勉	(西)	1	4	1	0	1	1	0	0	2	0	0	0	0	0	0	0	0	0	1.000	('63西)
田中　浩康	(ディ)	2	7	4	0	0	0	0	0	0	0	0	0	0	0	0	0	0	0	.000	('15ヤ,'17ディ)

日本シリーズ・ライフタイム

選手名	チーム	年数	試合	打数	得点	安打	二塁打	三塁打	本塁打	塁打	打点	盗塁	盗塁刺	犠打	犠飛	四球	死球	三振	併殺打	打率	出場した年度
田中 雅彦	(ロ)	1	1	0	0	0	0	0	0	0	0	0	0	1	0	0	0	0	0	.000	('10ロ)
田中 将大	(楽)	1	3	─	─	─	─	─	─	─	─	─	─	─	─	─	─	─	─	.000	('13楽)
田中 幸雄	(日)	2	2	1	0	0	0	0	0	0	0	0	0	0	0	1	0	0	0	.000	('06,'07日)
田辺 徳雄	(武)	7	30	72	3	16	2	0	2	24	11	1	0	5	0	3	1	11	2	.222	('90～'94,'97,'98武)
田辺 義三	(西)	3	4	2	0	0	0	0	0	0	0	0	0	0	0	0	0	1	0	.000	('56～'58西)
谷 佳知	(巨)	4	14	30	3	6	1	0	1	10	2	0	0	1	0	2	1	5	0	.200	('08,'09,'12,'13巨)
谷 良治	(急)	1	1	0	0	0	0	0	0	0	0	0	0	0	0	0	0	0	0	.000	('84急)
谷川 勉	(神)	1	2	2	0	0	0	0	0	0	0	0	0	0	0	0	0	1	0	.000	('62神)
*谷木 恭平	(中)	1	6	8	2	1	0	0	0	1	0	0	0	1	0	2	0	3	1	.125	('74中)
*谷口 雄也	(日)	1	5	3	0	0	0	0	0	0	0	0	0	0	0	0	0	0	0	.000	('16日)
谷繁 元信	(中)	6	37	119	9	27	5	0	3	41	19	0	0	6	1	15	3	27	3	.227	('98横,'04,'06,'07,'10,'11中)
谷中 真二	(武)	1	2	─	─	─	─	─	─	─	─	─	─	─	─	─	─	─	─	.000	('08武)
谷村 智啓	(急)	1	1	0	0	0	0	0	0	0	0	0	0	0	0	0	0	0	0	.000	('84急)
谷元 圭介	(日)	2	5	0	0	0	0	0	0	0	0	0	0	0	0	0	0	0	0	.000	('12,'16日)
谷本 稔	(毎)	1	4	15	1	3	0	0	0	3	0	0	0	0	0	1	0	1	1	.200	('60毎)
種田 仁	(中)	3	3	4	0	1	0	0	0	1	0	0	0	1	0	0	0	1	0	.250	('99中)
種部 儀康	(巨)	2	2	0	0	0	0	0	0	0	0	0	0	0	0	0	0	0	0	.000	('65,'66巨)
種茂 雅之	(急)	2	10	25	2	8	2	0	0	10	5	0	0	0	1	(1)3	0	2	2	.320	('62東,'72急)
田之上慶三郎	(ダ)	1	3	0	0	0	0	0	0	0	0	0	0	0	0	0	0	0	0	.000	('00ダ)
田野倉正樹	(中)	1	2	0	0	0	0	0	0	0	0	0	0	0	0	0	0	0	0	.000	('82中)
田畑 一也	(ヤ)	1	1	─	─	─	─	─	─	─	─	─	─	─	─	─	─	─	─	.000	('97ヤ)
田淵 幸一	(武)	2	13	40	6	14	1	0	2	21	8	0	0	0	1	6	1	8	1	.350	('82,'83武)
玉木 春雄	(西)	1	1	1	0	0	0	0	0	0	0	0	0	0	0	0	0	0	0	.000	('56西)
*玉造 陽二	(西)	4	25	67	12	18	1	0	0	19	2	4	0	1	0	6	0	12	0	.269	('56～'58,'63西)
*田宮謙次郎	(毎)	1	4	14	2	5	0	0	0	5	1	0	0	0	0	2	0	1	0	.357	('60毎)
多村 仁志	(ソ)	1	7	27	2	10	1	0	1	14	4	0	0	0	0	0	0	7	0	.370	('11ソ)
醍醐 猛夫	(ロ)	2	6	17	0	2	0	0	0	2	0	0	0	0	0	1	0	5	0	.118	('70,'74ロ)
*チェン	(中)	2	4	7	1	1	1	0	0	2	0	0	0	0	0	0	0	5	0	.143	('10,'11中)
*近本 光司	(神)	1	7	29	8	14	1	1	0	17	4	0	1	0	0	4	0	5	0	.483	('23神)
千葉 茂	(巨)	4	24	81	4	19	2	0	2	27	12	1	0	6	0	(1)15	0	6	3	.235	('51～'53,'55巨)
+張 誌家	(武)	2	2	─	─	─	─	─	─	─	─	─	─	─	─	─	─	─	─	.000	('02,'04武)
長野 久義	(巨)	2	13	50	6	16	1	0	2	23	6	2	0	0	0	(1) 5	2	10	3	.320	('12,'13巨)
塚田 正義	(ソ)	1	1	0	0	0	0	0	0	0	0	0	0	0	0	0	0	0	0	.000	('18ソ)
塚本 悦郎	(西)	2	7	16	1	2	0	0	0	2	0	1	0	0	0	1	0	1	0	.125	('54,'56西)
辻 発彦	(ヤ)	10	58	211	28	57	8	2	1	72	11	8	4	13	0	(1)17	2	25	1	.270	('85～'88,'90～'94武,'97ヤ)
辻 佳紀	(神)	1	6	14	1	1	0	0	1	4	1	0	0	0	0	1	0	2	1	.071	('64神)
*津末 英明	(巨)	1	2	2	0	0	0	0	0	0	0	0	0	0	0	1	0	1	0	.000	('89巨)
津田 恒実	(広)	1	6	2	0	0	0	0	0	0	0	0	0	1	0	0	0	0	0	.000	('86広)
槌田 誠	(巨)	4	6	2	2	1	1	0	0	2	1	0	0	0	0	1	0	1	0	.500	('68～'70,'76巨)
*土谷 鉄平	(中)	1	5	0	1	0	0	0	0	0	0	0	0	0	0	0	0	0	0	.000	('04中)
土屋 亨	(中)	1	3	8	0	1	0	0	0	1	0	0	0	0	0	0	0	0	0	.125	('54中)
土屋 正孝	(巨)	4	20	72	7	19	3	0	0	22	9	3	1	1	0	1	0	13	0	.264	('56～'59巨)
筒井 敬三	(南)	4	19	35	3	7	0	0	0	7	0	0	0	0	0	2	0	3	0	.200	('51～'53,'55南)
筒井 壮	(中)	1	4	5	0	1	1	0	0	2	0	0	0	0	0	0	0	2	0	.200	('99中)
*筒香 嘉智	(デ)	1	6	20	3	5	2	0	1	10	3	0	0	0	0	5	0	8	0	.250	('17デ)
綱島 新八	(松)	1	2	1	1	0	0	0	0	0	0	0	0	0	0	0	0	0	0	.000	('50松)
*坪井 智哉	(日)	3	8	7	0	2	0	0	0	2	0	0	0	0	0	0	0	1	0	.286	('06,'07,'09日)
鶴岡 一成	(神)	2	9	16	1	1	0	0	0	1	1	0	0	2	1	1	0	7	0	.063	('08,'14神)
鶴岡 慎也	(ソ)	6	21	41	0	5	1	0	0	6	0	0	0	7	0	0	0	12	0	.122	('06,'07,'09,'12日,'15,'17ソ)
鶴田 泰	(中)	1	1	0	0	0	0	0	0	0	0	0	0	0	0	0	0	0	0	.000	('99中)
*T-岡田 (岡田貴弘)	(オ)	3	10	23	0	4	0	0	0	4	2	0	0	0	0	1	1	6	1	.174	('21～'23オ)
*D・J	(オ)	2	9	27	2	4	0	0	2	10	5	0	0	0	0	4	1	9	1	.148	('95,'96オ)
テータム	(ヤ)	1	5	16	1	2	1	0	0	5	1	1	0	0	0	0	0	2	1	.125	('97ヤ)
*テリー	(武)	2	13	52	6	18	2	0	3	29	9	0	0	0	0	(1) 2	1	4	3	.346	('82,'83武)
+デストラーデ	(武)	3	18	66	14	19	3	0	7	43	15	2	3	0	0	9	0	21	0	.288	('90～'92武)
デスパイネ	(ソ)	4	18	60	6	14	1	0	3	24	19	0	0	2	(1) 6	1		14	0	.233	('17～'20ソ)
デニー (友利結)	(武)	2	6	0	0	0	0	0	0	0	0	0	0	0	0	0	0	0	0	.000	('97,'98武)
デュプリー	(広)	1	7	25	2	5	0	0	0	5	0	0	0	1	0	0	0	2	1	.200	('80広)
デラロサ	(巨)	1	2	0	0	0	0	0	0	0	0	0	0	0	0	0	0	0	0	.000	('19,'20巨)
手塚 明治	(巨)	1	2	2	0	1	0	0	0	1	0	0	0	0	0	0	0	0	0	.500	('53巨)
寺内 崇幸	(巨)	4	20	44	4	9	1	0	1	13	2	4	1	2	0	3	0	12	2	.205	('08,'09,'12,'13巨)
寺田 陽介	(南)	2	10	32	5	11	1	0	3	21	8	0	0	0	1	3	2	4	1	.344	('59,'61南)
寺原 隼人	(ソ)	1	1	─	─	─	─	─	─	─	─	─	─	─	─	─	─	─	─	.000	('17ソ)
出口 雄大	(ダ)	3	6	7	0	2	0	0	0	2	1	0	1	0	0	0	0	2	0	.286	('91巨,'00,'03ダ)
*トーマス	(日)	1	1	─	─	─	─	─	─	─	─	─	─	─	─	─	─	─	─	.000	('06日)
*トマソン	(巨)	1	3	6	0	1	0	0	0	1	0	0	0	0	0	0	0	2	0	.167	('81巨)
ドミンゴ	(巨)	1	2	0	0	0	0	0	0	0	0	0	0	0	0	0	0	0	0	.000	('04巨)
*当銀 秀崇	(急)	5	12	3	0	0	0	0	0	0	0	0	0	0	0	1	0	2	0	.000	('69,'71,'72,'75,'76急)
東野 峻	(巨)	2	4	0	0	0	0	0	0	0	0	0	0	0	0	0	0	0	0	.000	('08巨,'09巨)
*遠井 吾郎	(神)	2	13	31	1	5	1	0	0	6	2	0	1	0	0	1	0	3	1	.161	('62,'64神)

選手名	チーム	年数	試合	打数	得点	安打	二塁打	三塁打	本塁打	塁打	打点	盗塁	盗塁刺	犠打	犠飛	四球	死球	三振	併殺打	打率	出場した年度
渡海 昇二	巨	2	6	6	1	0	0	0	0	0	0	0	0	0	0	1	1	1	2	.000	('61,'63巨)
戸梶 正夫	神	1	3	2	1	0	0	0	0	0	0	0	0	0	0	0	1	0	0	.000	('62神)
戸叶 尚	横	1	1	—	—	—	—	—	—	—	—	—	—	—	—	—	—	—	—	.000	('98横)
戸川 一郎	南	1	3	5	0	0	0	0	0	0	0	0	0	0	0	0	0	0	0	.000	('55南)
*得津 高宏	ロ	2	8	19	2	4	0	0	0	4	4	1	0	1	0	1	0	2	1	.211	('70,'74ロ)
徳永喜久夫	中	1	1	1	0	0	0	0	0	0	0	0	0	0	0	0	0	1	0	.000	('54中)
戸倉 勝城	毎	1	2	6	0	3	0	0	0	3	0	0	—	1	0	0	0	0	0	.500	('50毎)
戸郷 翔征	巨	2	4	0	0	0	0	0	0	0	0	0	0	0	0	0	0	0	0	.000	('19,'20巨)
戸田 善紀	急	4	11	2	1	1	0	0	0	1	0	0	0	0	0	0	0	2	0	.500	('69,'72,'75,'76急)
*十時 啓視	巨	4	9	11	2	4	0	0	1	7	2	0	1	0	0	2	0			.364	('56〜'59巨)
*戸柱 恭孝	ディ	1	4	8	0	0	0	0	0	0	0	0	0	0	0	0	0	1	0	.000	('17ディ)
+笘篠 賢治	ヤ	2	10	23	4	2	0	0	0	2	1	0	1	2	0	(1) 3	0	4	0	.087	('92,'93ヤ)
+笘篠 誠治	武	8	22	20	3	3	1	0	0	4	2	0	0	0	0	4	0	4	0	.150	('86〜'88,'90〜'94武)
渡真利克則	神	1	1	1	0	0	0	0	0	0	0	0	0	0	0	0	0	0	0	.000	('85神)
富田 勝	巨	1	5	16	4	3	1	0	0	4	1	0	0	0	0	2	1	2	0	.188	('73巨)
富永 格郎	東	1	3	1	0	0	0	0	0	0	0	0	0	0	0	0	0	0	0	.000	('62東)
*富山 凌雅	オ	1	3	0	0	0	0	0	0	0	0	0	0	0	0	0	0	0	0	.000	('21オ)
豊田 清	巨	5	12	1	0	0	0	0	0	0	0	0	0	0	0	0	0	0	0	.000	('98,'02,'04武,'08,'09巨)
豊田 次郎	オ	1	1	—	—	—	—	—	—	—	—	—	—	—	—	—	—	—	—	.000	('96オ)
豊田成佑	中	2	7	9	0	3	0	0	0	3	1	1	0	0	0	1	0	1	0	.333	('82,'88中)
豊田 泰光	西	4	25	94	16	34	6	1	6	60	17	1	2	2	0	8	0	14	3	.362	('54,'56〜'58西)
鳥越 裕介	ダ	3	15	39	4	8	4	0	0	12	7	2	0	1	1	6	0	13	0	.205	('99,'00,'03ダ)
*鳥谷 敬	神	2	9	32	2	9	1	0	0	10	1	0	0	0	0	4	0	5	1	.281	('05,'14神)
頓宮 裕真	オ	3	12	34	5	8	0	1	3	19	3	0	0	0	0	3	0	6	0	.235	('21〜'23オ)
土井 淳	洋	1	4	12	1	2	0	0	0	2	0	0	0	1	0	2	0	1	0	.167	('60洋)
土肥 健二	ロ	1	5	7	0	3	1	0	0	4	1	0	0	0	0	0	0	0	0	.429	('74ロ)
土井 正三	巨	11	57	212	22	55	9	1	1	69	19	9	0	9	1	(1) 6	2	9	9	.259	('65〜'73,'76,'77巨)
*土肥 義弘	武	1	2	0	0	0	0	0	0	0	0	0	0	0	0	0	0	0	0	.000	('02武)
*土井垣 武	毎	1	6	23	3	5	0	0	0	5	3	1	0	0	—	4	0	1	0	.217	('50毎)
堂上 剛裕	中	3	6	5	0	1	0	0	0	1	0	0	0	0	0	1	0	1	0	.200	('07,'10,'11中)
堂上 照	中	1	4	0	0	0	0	0	0	0	0	0	0	0	0	0	0	0	0	.000	('82中)
堂上 直倫	中	2	8	10	0	2	0	0	0	2	0	0	0	0	0	0	0	4	0	.200	('10,'11中)
土橋 勝征	ヤ	5	24	66	6	16	4	0	0	20	4	0	1	1	0	4	0	10	4	.242	('92,'93,'95,'97,'01ヤ)
土橋 正幸	東	1	6	6	1	0	0	0	0	0	0	0	0	0	0	0	0	3	0	.000	('62東)
*ナ イ ト	ダ	1	1	1	0	0	0	0	0	0	0	0	0	0	0	0	0	1	0	.000	('03ダ)
内藤 尚行	ヤ	1	1	—	—	—	—	—	—	—	—	—	—	—	—	—	—	—	—	.000	('92ヤ)
内藤 博文	巨	5	14	28	2	3	0	0	0	3	0	2	0	0	0	1	0	4	0	.107	('52,'53,'55〜'57巨)
中井 大介	巨	1	2	4	0	1	0	0	0	1	0	0	0	0	0	1	0	1	0	.250	('13巨)
中井 康之	巨	2	9	10	2	2	0	0	0	2	0	0	0	0	0	1	0	1	0	.200	('81,'83巨)
中尾 明生	広	1	1	0	1	0	0	0	0	0	0	0	0	0	0	0	0	0	0	.000	('80広)
中尾 孝義	武	5	20	62	6	15	2	0	1	20	5	1	0	1	0	1	1	12	2	.242	('82,'88中,'89,'90巨,'93武)
*中尾 碩志	巨	4	8	7	0	2	0	0	0	2	1	0	0	1	0	0	0	1	0	.286	('51,'53,'55,'56巨)
*中川 圭太	オ	2	14	56	4	13	0	1	0	15	2	0	0	1	1	1	1	9	1	.232	('22,'23オ)
*中川 皓太	巨	2	4	0	0	0	0	0	0	0	0	0	0	0	0	0	0	0	0	.000	('19,'20巨)
中川 隆	毎	1	2	0	0	0	0	0	0	0	0	0	0	0	0	0	0	0	0	.000	('60毎)
中崎 翔太	広	2	6	0	0	0	0	0	0	0	0	0	0	0	0	0	0	0	0	.000	('16,'18広)
*中里 篤史	中	1	2	—	—	—	—	—	—	—	—	—	—	—	—	—	—	—	—	.000	('06中)
中沢 伸二	急	7	29	70	11	19	2	1	4	35	15	0	0	1	0	7	0	12	0	.271	('68,'69,'75〜'78,'84急)
*中澤 雅人	ヤ	1	1	—	—	—	—	—	—	—	—	—	—	—	—	—	—	—	—	.000	('15ヤ)
*中島 卓也	日	2	10	19	4	6	1	0	0	7	0	0	0	2	0	5	0	5	0	.316	('12,'16日)
中島 俊哉	楽	1	5	6	0	1	0	0	0	1	0	0	0	0	0	0	0	1	0	.167	('13楽)
中嶋 聡	オ	7	20	30	2	6	0	0	1	9	4	0	0	3	0	4	1	4	1	.200	('95,'96オ,'98,'02武,'06,'07,'09日)
中島 博征	南	3	9	15	2	3	0	0	0	3	1	0	0	1	0	3	0	2	0	.200	('64〜'66南)
*中島宏之(裕之)	武	3	18	61	12	16	2	0	4	30	7	0	0	0	0	(1) 6	5	17	2	.262	('04,'08武,'20巨)
*中島 輝士	巨	1	2	0	0	0	0	0	0	0	0	0	0	0	0	0	0	0	0	.000	('53巨)
中田 賢一	ソ	5	5	1	0	0	0	0	0	0	0	0	0	0	0	0	0	1	0	.000	('06,'07,'10中,'14,'15ソ)
中田 翔	巨	3	14	43	7	10	1	0	2	17	8	0	0	0	0	7	1	13	2	.233	('09,'12,'16日)
中田 昌宏	急	2	7	8	1	1	0	0	0	1	0	0	0	0	0	0	0	0	0	.125	('67,'68急)
*中田 亮二	中	1	4	6	0	1	0	0	0	2	0	0	0	0	0	0	0	3	0	.167	('10中)
中田 廉	広	1	2	0	0	0	0	0	0	0	0	0	0	0	0	0	0	0	0	.000	('18広)
中谷 準志	西	2	5	6	1	2	0	0	0	2	3	0	0	0	0	1	1	1	1	.333	('56,'57西)
*中谷 忠己	近	1	5	0	0	0	0	0	0	0	0	0	0	0	0	0	0	1	0	.000	('89近)
中谷 信夫	南	3	6	0	0	0	0	0	0	0	0	0	0	0	0	0	0	0	0	.000	('51〜'53南)
仲田 秀司	武	3	6	0	0	0	0	0	0	0	0	0	0	0	0	0	0	0	0	.000	('86,'91武)
仲田 良弘	神	1	1	—	—	—	—	—	—	—	—	—	—	—	—	—	—	—	—	.000	('85神)
中司 得三	巨	1	3	0	0	0	0	0	0	0	0	0	0	0	0	0	0	0	0	.000	('81巨)
中西 亮二	巨	1	3	4	0	1	0	0	0	1	0	0	0	0	0	0	0	0	0	.250	('67巨)
中西 清起	神	1	2	—	—	—	—	—	—	—	—	—	—	—	—	—	—	—	—	.000	('85神)
中西 太	西	5	28	98	14	29	1	0	5	45	19	2	2	0	2	(1)10	0	23	4	.296	('54,'56〜'58,'63西)
中根 仁	横	2	7	11	1	3	0	0	0	3	1	0	0	0	0	1	0	1	0	.273	('89近,'98横)

日本シリーズ・ライフタイム

選手名	チーム	年数	試合	打数	得点	安打	二塁打	三塁打	本塁打	塁打	打点	盗塁	盗塁刺	犠打	犠飛	四球	死球	三振	併殺打	打率	出場した年度
＊中野 拓夢	(神)	1	7	25	1	8	0	0	0	8	3	0	1	5	0	(1)2	0	2	0	.320	('23神)
中畑 清	(巨)	4	22	76	10	17	1	2	3	31	9	2	0	0	0	(1)7	1	6	3	.224	('81,'83,'87,'89巨)
中原 宏	(南)	3	7	5	1	1	0	0	1	4	1	0	0	0	－	0	0	0	0	.200	('51～'53南)
＊中村 晃	(ソ)	6	30	106	7	24	2	0	4	38	16	0	0	0	1	(1)10	0	23	0	.226	('14,'15,'17～'20ソ)
＊中村 大成	(南)	2	8	9	0	0	0	0	0	0	0	0	0	0	0	0	0	5	0	.000	('53,'55南)
中村 武志	(中)	2	9	26	1	7	0	0	1	10	2	0	0	1	0	0	0	5	0	.269	('88,'99中)
中村 剛也	(武)	1	7	24	5	3	0	0	3	12	7	0	0	0	0	6	0	9	0	.125	('08武)
中村 敏行	(洋)	1	1	1	0	0	0	0	0	0	0	0	0	0	0	0	0	－	－	.000	('60洋)
＊中村 紀洋	(近)	2	10	36	5	10	5	0	1	18	5	0	0	0	0	(1)4	0	8	1	.278	('01近,'07中)
中村 勝	(日)	1	1	－	－	－	－	－	－	－	－	－	－	－	－	－	－	－	－	.000	('12日)
中村 稔	(巨)	4	10	6	0	0	0	0	0	0	0	0	0	0	0	1	0	3	0	.000	('61,'63,'65,'66巨)
中村 祐太	(広)	1	1	－	－	－	－	－	－	－	－	－	－	－	－	－	－	－	－	.000	('18広)
中村 悠平	(ヤ)	3	18	67	3	16	2	0	0	18	6	1	0	1	0	1	0	15	2	.239	('15,'21,'22ヤ)
中村 豊	(神)	2	2	1	0	0	0	0	0	0	0	0	0	0	0	0	0	0	0	.000	('03,'05神)
中山 孝一	(南)	1	2	0	0	0	0	0	0	0	0	0	0	0	0	0	0	0	0	.000	('73南)
中山 裕章	(神)	1	1	0	0	0	0	0	0	0	0	0	0	0	0	0	0	0	0	.000	('99神)
＊永射 保	(武)	4	13	0	0	0	0	0	0	0	0	0	0	0	0	0	0	0	0	.000	('82,'83,'85,'86武)
＊永井 智浩	(ダ)	2	3	4	0	1	0	0	0	1	0	0	0	0	0	0	0	2	0	.250	('99,'00ダ)
長池 徳二	(急)	9	39	126	15	31	3	0	9	61	24	1	1	0	1	(2)16	2	20	5	.246	('67～'69,'71,'72,'75～'78急)
＊永尾 泰憲	(神)	4	15	31	3	9	1	0	0	10	1	2	0	0	0	1	0	3	0	.290	('78ヤ,'79,'80近,'85神)
＊長岡 秀樹	(ヤ)	1	7	26	1	4	0	0	0	4	1	0	0	1	0	(1)1	0	3	0	.154	('22ヤ)
＊長坂 拳弥	(神)	1	1	0	0	0	0	0	0	0	0	0	0	0	0	0	0	0	0	.000	('23神)
＊長崎 啓二	(神)	1	4	9	3	2	0	0	0	8	6	1	0	0	0	1	0	0	0	.222	('85神)
長沢 正二	(南)	1	2	2	0	0	0	0	0	0	0	0	0	0	－	0	0	0	0	.000	('51南)
＊長嶋 清幸	(広)	2	15	57	7	14	2	0	5	31	12	1	0	2	0	(2)6	0	10	0	.246	('84,'86広)
長嶋 茂雄	(巨)	12	68	265	49	91	14	2	25	184	66	3	6	0	3	(1)27	1	21	5	.343	('58,'59,'61,'63,'65～'72巨)
長島 進	(毎)	1	2	2	0	0	0	0	0	0	0	0	0	0	－	0	0	1	0	.000	('50毎)
＊永利 勇吉	(西)	1	1	1	0	0	0	0	0	0	0	0	0	0	－	0	0	1	0	.000	('54西)
長冨 浩志	(ダ)	2	3	2	0	0	0	0	0	0	0	0	0	0	1	0	0	1	0	.000	('86広,'00ダ)
長村 裕之	(急)	1	4	4	0	0	0	0	0	0	0	0	0	0	0	0	0	3	0	.000	('84急)
流 敏晴	(急)	1	1	0	0	0	0	0	0	0	0	0	0	0	0	0	0	0	0	.000	('72急)
梨田 昌崇	(近)	2	11	30	3	7	1	0	1	11	2	0	1	0	0	2	0	5	0	.233	('79,'80近)
並木 輝男	(神)	2	14	51	6	10	3	1	0	15	2	4	0	1	0	5	1	5	2	.196	('62,'64神)
並木 秀尊	(ヤ)	1	1	0	0	0	0	0	0	0	0	0	0	0	0	0	0	0	0	.000	('22ヤ)
奈良原 浩	(中)	6	20	15	3	3	1	0	0	4	1	0	0	1	0	1	0	3	0	.200	('91～'94,'97武,'06中)
成重 春生	(ロ)	1	2	0	0	0	0	0	0	0	0	0	0	0	0	0	0	0	0	.000	('74ロ)
成田 文男	(ロ)	3	5	4	0	1	1	0	0	2	0	0	0	0	0	0	0	2	0	.250	('70,'74ロ,'81日)
＊成瀬 善久	(ロ)	1	2	2	0	0	0	0	0	0	0	0	0	1	0	0	0	1	0	.000	('10ロ)
難波昭二郎	(巨)	1	2	3	0	0	0	0	0	0	0	0	0	0	0	0	0	1	0	.000	('58巨)
＊ニ ール	(オ)	2	10	30	1	7	1	0	0	8	8	0	0	0	0	0	0	10	2	.233	('95,'96オ)
＋ニエベス	(ダ)	2	11	27	3	4	1	0	2	11	5	0	0	0	0	3	0	13	1	.148	('99,'00ダ)
＊ニューマン	(ヤ)	1	3	1	0	0	0	0	0	0	0	0	0	0	0	0	0	1	0	.000	('01ヤ)
新美 敏	(広)	1	1	0	0	0	0	0	0	0	0	0	0	0	0	0	0	0	0	.000	('84広)
新山 彰忠	(南)	3	5	0	0	0	0	0	0	0	0	0	0	0	0	0	0	0	0	.000	('64～'66南)
＊新浦 寿夫	(巨)	2	5	2	0	1	0	0	0	1	2	0	0	0	0	0	0	0	0	.500	('76,'77巨)
二岡 智宏	(日)	4	18	58	10	20	4	0	1	27	9	1	2	0	0	(1)3	0	10	1	.345	('00,'02巨,'09,'12日)
西 純矢	(神)	1	1	0	0	0	0	0	0	0	0	0	0	0	0	0	0	0	0	.000	('23神)
仁志 敏久	(巨)	3	15	60	7	17	6	0	2	29	7	1	1	2	0	(1)5	0	7	0	.283	('96,'00,'02巨)
西 勇輝	(神)	1	2	－	－	－	－	－	－	－	－	－	－	－	－	－	－	－	－	.000	('23神)
西井 哲夫	(ヤ)	1	3	1	0	0	0	0	0	0	0	0	0	0	0	0	0	1	0	.000	('78ヤ)
西浦 直亨	(ヤ)	1	6	20	1	4	0	0	0	4	0	0	0	0	0	(1)4	0	7	0	.200	('21ヤ)
西岡三四郎	(南)	1	2	0	0	0	0	0	0	0	0	0	0	0	0	0	0	0	0	.000	('73南)
＋西岡 剛	(神)	3	16	72	11	15	5	0	0	20	5	1	2	0	1	4	0	13	2	.208	('05,'10ロ,'14神)
西岡 良洋	(急)	7	23	23	2	6	0	0	2	12	3	1	0	2	0	(1)5	0	2	1	.261	('82,'83,'85～'87武,'90,'94巨)
＊西川 遥輝	(日)	2	9	31	4	6	0	2	1	13	6	1	0	2	0	2	0	6	0	.194	('12,'16日)
＊西川 龍馬	(広)	2	5	6	0	1	0	0	0	1	0	0	0	0	0	0	0	1	0	.167	('16,'18広)
西口 文也	(武)	5	7	4	0	0	0	0	0	0	0	0	0	1	0	0	0	4	0	.000	('97,'98,'02,'04,'08武)
西崎 幸広	(武)	1	2	－	－	－	－	－	－	－	－	－	－	－	－	－	－	－	－	.000	('98武)
西沢 道夫	(中)	1	7	26	2	6	1	0	1	10	4	0	0	1	0	2	0	3	1	.231	('54中)
西田 明央	(ヤ)	1	1	0	0	0	0	0	0	0	0	0	0	0	0	0	0	0	0	.000	('15ヤ)
＊西田 真二	(広)	3	12	23	0	4	1	0	0	5	3	0	0	0	0	5	0	8	0	.174	('84,'86,'91広)
西田 孝之	(ロ)	1	2	1	1	0	0	0	0	0	0	0	0	0	0	0	0	0	0	.000	('70ロ)
西田 哲朗	(ソ)	1	3	9	1	1	0	0	0	1	0	0	0	0	0	0	0	3	0	.111	('18ソ)
西田 暢	(神)	1	1	0	0	0	0	0	0	0	0	0	0	0	0	0	0	0	0	.000	('74神)
＊西野 真弘	(オ)	2	7	15	2	6	0	1	0	8	3	0	0	0	1	0	0	1	0	.400	('22,'23オ)
西原 恭治	(西)	1	1	0	0	0	0	0	0	0	0	0	0	0	0	0	0	0	0	.000	('57西)
西村健太朗	(巨)	3	11	0	0	0	0	0	0	0	0	0	0	0	0	0	0	0	0	.000	('08,'12,'13巨)
西村 貞朗	(西)	3	9	1	0	0	0	0	0	0	0	0	0	0	0	0	0	2	0	.000	('54,'56,'58西)
西村 龍次	(ヤ)	1	3	0	0	0	0	0	0	0	0	0	0	0	0	0	0	0	0	.000	('93ヤ)
西本 和人	(武)	1	1	－	－	－	－	－	－	－	－	－	－	－	－	－	－	－	－	.000	('85武)

選手名	チーム	年数	試合	打数	得点	安打	二塁打	三塁打	本塁打	塁打	打点	盗塁	盗塁刺	犠打	犠飛	四球	死球	三振	併殺打	打率	出場した年度
西本　聖(巨)		3	8	16	1	4	0	0	0	4	2	0	0	1	1	0	0	3	0	.250	('81,'83,'87巨)
*西本　幸雄(毎)		1	4	8	2	3	0	0	0	3	1	0	1	1	—	3	0	0	0	.375	('50毎)
西山　一字(巨)		1	2	—	—	—	—	—	—	—	—	—	—	—	—	—	—	—	—	.000	('96巨)
西山　和良(神)		1	5	4	0	0	0	0	0	0	0	0	0	0	0	1	0	0	1	.000	('62神)
西山　秀二(広)		1	5	8	1	1	0	0	0	1	0	0	0	1	0	0	0	1	0	.125	('91広)
二宮　至(巨)		1	3	0	0	0	0	0	0	0	0	0	0	0	0	0	0	0	0	.000	('77巨)
仁村　薫(中)		1	2	5	0	1	0	0	0	1	0	0	0	0	0	0	0	1	0	.200	('88中)
仁村　徹(中)		1	5	16	2	4	0	2	0	8	2	0	0	1	0	1	0	6	0	.250	('88中)
ネルソン(中)		2	5	2	0	0	0	0	0	0	0	0	0	0	0	0	0	1	0	.000	('10,'11中)
根来　広光(急)		1	3	2	0	0	0	0	0	0	0	0	0	0	0	0	0	0	0	.000	('67急)
*根元　俊一(ロ)		1	3	2	0	0	0	0	0	0	0	0	0	1	0	0	0	1	0	.000	('10ロ)
ノイジー(神)		1	7	28	3	7	0	0	2	13	5	0	0	0	1	0	3	0		.250	('23神)
*能見　篤史(オ)		3	4	1	0	0	0	0	0	0	0	0	0	0	0	0	0	0	0	.000	('05,'14神,'21オ)
野口　明(中)		1	4	8	0	0	0	0	0	0	0	0	0	0	0	1	0	1	0	.000	('54中)
*野口　茂樹(中)		1	2	1	0	0	0	0	0	0	0	0	0	0	0	0	0	0	0	.000	('99中)
野口　寿浩(神)		3	3	0	1	0	0	0	0	0	0	0	0	0	0	0	0	0	0	.000	('95ヤ,'03,'05神)
*野口　智哉(オ)		2	6	14	1	5	0	0	0	5	1	0	0	0	0	1	0	4	1	.357	('22,'23オ)
野田　浩司(オ)		2	4	0	0	0	0	0	0	0	0	0	0	0	0	0	0	0	0	.000	('95,'96オ)
野田　浩輔(武)		3	9	13	0	0	0	0	0	0	0	0	0	0	0	2	0	2	1	.000	('02,'04,'08武)
*野間　峻祥(広)		2	8	21	1	5	0	0	0	5	0	0	1	0	0	1	0	7	0	.238	('16,'18広)
野間口貴彦(巨)		1	1	0	0	0	0	0	0	0	0	0	0	0	0	0	0	0	0	.000	('09巨)
野村　収(神)		1	2	—	—	—	—	—	—	—	—	—	—	—	—	—	—	—	—	.000	('85神)
野村　克也(南)		6	33	122	12	28	3	0	5	46	17	2	0	0	1	9	0	22	6	.230	('59,'61,'64～'66,'73南)
*野村謙二郎(広)		1	7	27	5	9	0	0	0	9	2	1	1	0	0	3	0	7	0	.333	('91広)
*野村　貴仁(オ)		2	7	0	0	0	0	0	0	0	0	0	0	0	0	0	0	0	0	.000	('95,'96オ)
野村　武史(毎)		1	4	10	0	0	0	0	0	0	0	0	0	1	—	0	0	1	2	.000	('50毎)
野村　弘樹(横)		1	2	3	2	2	2	0	0	4	0	0	0	0	0	0	0	1	0	.667	('98横)
*野村　祐輔(広)		2	3	2	0	0	0	0	0	0	0	0	0	1	0	0	0	1	0	.000	('16,'18広)
*野母　得見(南)		1	2	0	0	0	0	0	0	0	0	0	0	0	0	0	0	0	0	.000	('55南)
*野本　圭(中)		2	11	26	3	5	0	0	0	5	3	0	0	1	(1)	4	0	6	1	.192	('10,'11中)
*則本　昂大(楽)		1	3	1	1	0	0	0	0	0	0	0	0	0	0	1	0	0	0	.000	('13楽)
*ハウエル(ヤ)		2	14	54	6	11	3	0	3	23	7	1	0	0	(1)	8	0	21	0	.204	('92,'93ヤ)
*ハウザー(楽)		1	2	2	1	0	0	0	0	0	0	0	0	0	0	0	0	0	0	.000	('13楽)
*ハドラー(ヤ)		1	7	24	2	4	1	0	0	5	2	0	0	0	0	1	0	7	0	.167	('93ヤ)
*ハ　ドリ(南)		3	18	59	7	10	1	0	3	20	8	0	0	1	0	3	0	14	1	.169	('64～'66南)
バークレオ(武)		1	5	10	1	2	0	0	0	4	2	0	0	0	0	4	0	5	0	.200	('88武)
バーグマン(近)		1	2	2	0	0	0	0	0	0	0	0	0	0	0	0	0	2	0	.000	('01近)
*R.バース(神)		1	6	19	6	7	0	0	3	16	9	0	0	0	0	6	0	1	0	.368	('85神)
A.バース(日)		1	5	1	1	1	0	0	0	1	1	0	0	0	0	0	0	0	0	1.000	('16日)
バーネット(ヤ)		1	2	0	0	0	0	0	0	0	0	0	0	0	0	0	0	0	0	.000	('15ヤ)
バー　マ(西)		1	7	25	5	6	1	0	2	13	3	0	0	0	0	4	1	1	0	.240	('63西)
バーンサイド(神)		1	1	2	0	0	0	0	0	0	0	0	0	1	0	0	0	2	0	.000	('64神)
バッキー(神)		2	6	7	0	1	0	0	0	1	0	0	0	0	0	0	0	2	0	.143	('62,'64神)
バティスタ(広)		1	3	9	1	2	0	0	0	2	0	0	0	0	0	0	0	3	0	.222	('18広)
バリオス(ソ)		1	2	0	0	0	0	0	0	0	0	0	0	0	0	0	0	0	0	.000	('15ソ)
バルガス(オ)		1	2	0	0	0	0	0	0	0	0	0	0	0	0	0	0	0	0	.000	('21オ)
*P.バルデス(ダ)		1	7	28	8	9	0	0	3	18	6	0	0	0	0	3	0	15	1	.321	('03ダ)
M.バルデス(中)		1	2	0	0	0	0	0	0	0	0	0	0	0	0	0	0	0	0	.000	('04中)
バレンティン(ヤ)		1	5	17	2	3	0	0	0	3	0	0	0	0	0	0	0	6	1	.176	('15ヤ)
バンデンハーク(ソ)		4	5	8	1	0	0	0	0	0	0	0	0	0	0	0	0	4	0	.000	('15,'17～'19ソ)
パウエル(近)		1	2	0	0	0	0	0	0	0	0	0	0	0	0	0	0	0	0	.000	('01近)
*パグリアルーロ(武)		1	1	0	0	0	0	0	0	0	0	0	0	0	0	0	0	0	0	.000	('94武)
*パットン(ディ)		1	5	0	0	0	0	0	0	0	0	0	0	0	0	0	0	0	0	.000	('17ディ)
*パッテ(ヤ)		1	3	10	2	4	0	0	0	4	1	0	0	0	0	1	1	4	0	.400	('92ヤ)
萩原　寛(巨)		1	2	0	1	0	0	0	0	0	0	0	0	0	—	0	0	0	0	.000	('52巨)
萩原　淳(日)		1	2	0	0	0	0	0	0	0	0	0	0	0	0	0	0	0	0	.000	('07日)
*萩原　康弘(広)		5	13	15	2	2	0	1	0	4	0	0	0	0	1	1		2	0	.133	('71～'73巨,'79,'80広)
*橋上　秀樹(ヤ)		3	11	18	5	6	1	0	1	10	1	1	1	0	0	4	0	1	0	.333	('92,'93,'95ヤ)
*橋詰　文男(東)		1	4	0	0	0	0	0	0	0	0	0	0	0	0	0	0	0	0	.000	('62東)
*橋本　到(日)		1	2	5	0	0	0	0	0	0	0	0	0	0	0	0	0	3	0	.000	('13日)
橋本　清(巨)		1	2	—	—	—	—	—	—	—	—	—	—	—	—	—	—	—	—	.000	('94巨)
橋本健太郎(神)		1	2	0	0	0	0	0	0	0	0	0	0	0	0	0	0	0	0	.000	('05神)
*橋本　武広(武)		3	9	0	0	0	0	0	0	0	0	0	0	0	0	0	0	0	0	.000	('94,'97,'98武)
*橋本　将(武)		3	9	8	1	2	0	1	0	4	3	0	0	0	0	0	0	3	1	.250	('05ロ)
*長谷川一夫(ロ)		1	3	4	1	1	0	0	0	1	0	0	0	0	0	(1)	1	0	0	.250	('74ロ)
長谷川繁雄(南)		2	8	10	3	1	0	0	0	1	2	1	0	0	0	5	0	1	1	.100	('59,'61南)
長谷川滋利(オ)		2	2	2	0	0	0	0	0	0	0	0	0	0	0	0	0	0	0	.000	('95,'96オ)
*長谷川勇也(ソ)		7	26	45	5	10	2	0	1	15	5	0	1	2	1	(2) 3	0	15	0	.222	('11,'14,'15,'17～'20ソ)
*長谷部康平(楽)		1	1	0	0	0	0	0	0	0	0	0	0	0	0	0	0	0	0	.000	('13楽)
*秦　真司(ヤ)		4	21	61	5	20	4	0	1	25	3	0	1	0	(1)	5	0	11	0	.328	('92,'93,'95,'97ヤ)

日本シリーズ・ライフタイム

選手名	チーム	年数	試合	打数	得点	安打	二塁打	三塁打	本塁打	塁打	打点	盗塁	盗塁刺	犠打	犠飛	四球	死球	三振	併殺打	打率	出場した年度
*畑　　隆幸（西）		2	4	1	0	0	0	0	0	0	0	0	0	0	0	0	0	1	0	.000	('58,'63西）
*畠　　世周（巨）		1	1	—	—	—	—	—	—	—	—	—	—	—	—	—	—	—	—	.000	('20巨）
畠山　和洋（ヤ）		1	5	18	2	4	0	0	2	10	3	0	0	0	0	2	0	7	0	.222	('15ヤ）
畠山　　準（横）		1	1	0	0	0	0	0	0	0	0	0	0	0	0	0	0	0	0	.000	('98横）
羽田　耕一（近）		3	17	51	7	12	1	1	1	18	8	1	0	0	0	2	0	9	1	.235	('79,'80,'89近）
初芝　　清（ロ）		1	1	0	0	0	0	0	0	0	0	0	0	0	0	0	0	0	0	.000	('05ロ）
*八田　　正（急）		3	13	14	1	2	0	0	0	2	0	0	0	0	0	1	0	2	1	.143	('60毎,'69,'71急）
服部　武夫（南）		2	5	7	0	1	0	0	0	1	0	0	0	1	—	0	0	1	0	.143	('51,'52南）
服部　受弘（中）		1	4	4	0	0	0	0	0	0	0	0	0	0	0	0	0	1	0	.000	('54中）
服部　敏和（日）		1	4	3	1	1	0	0	0	1	0	0	0	0	0	0	0	0	0	.333	('81日）
*花井　　悠（西）		3	15	17	2	2	0	0	0	2	0	0	1	0	0	2	0	5	0	.118	('57,'58,'63西）
+羽生田忠克（武）		3	7	6	1	1	0	0	0	1	0	0	0	1	0	0	0	1	0	.167	('91,'92,'94武）
*濱口　遥大（ディ）		1	1	0	0	0	0	0	0	0	0	0	0	1	0	0	0	1	0	.000	('17ディ）
*浜名　千広（ダ）		1	5	5	2	2	0	0	0	2	0	0	0	0	0	1	0	0	0	.400	('99ダ）
濱中おさむ（濱中治）（神）		2	7	15	0	1	0	0	0	1	1	0	0	0	0	0	0	2	1	.067	('03,'05神）
浜中　祥和（洋）		1	2	0	0	0	0	0	0	0	0	0	0	0	0	0	0	0	0	.000	('60洋）
林　　孝哉（ダ）		2	4	4	0	0	0	0	0	0	0	0	0	0	0	0	0	3	0	.000	('99,'00ダ）
+林　俊宏（俊彦）（南）		4	7	4	0	2	0	0	0	2	0	0	0	0	0	0	0	0	0	.500	('64～'66,'73南）
*林　　昌範（日）		1	5	0	0	0	0	0	0	0	0	0	0	0	0	0	0	0	0	.000	('09日）
林　　正広（近）		1	3	3	0	0	0	0	0	0	0	0	0	0	0	0	0	2	0	.000	('80近）
*早瀬　方禧（急）		2	5	14	0	3	1	0	0	4	0	0	0	0	0	2	0	3	0	.214	('67,'68急）
*原　伸樹（伸次）（広）		3	10	11	1	2	1	0	0	3	0	0	0	0	0	1	0	3	0	.182	('84,'86,'91広）
原　　樹理（ヤ）		1	1	2	0	0	0	0	0	0	0	0	0	0	0	0	0	1	0	.000	('21ヤ）
原　　辰徳（巨）		6	36	138	19	32	4	0	9	63	24	0	1	0	0	11	1	23	3	.232	('81,'83,'87,'89,'90,'94巨）
原井　和也（武）		1	4	6	0	1	0	0	0	1	0	0	1	0	0	0	0	3	0	.167	('97武）
祓川　正敏（南）		2	3	0	0	0	0	0	0	0	0	0	0	0	0	0	0	0	0	.000	('59,'61南）
原口　文仁（神）		1	2	3	0	0	0	0	0	0	0	0	0	0	0	1	0	1	0	.000	('23神）
*原田　徳光（中）		1	7	23	1	3	0	1	0	5	1	1	0	3	0	0	0	3	0	.130	('54中）
*原田　治明（巨）		2	11	8	0	2	1	0	0	3	1	0	0	0	0	0	0	3	0	.250	('76,'77巨）
*張本　　勲（巨）		3	19	73	8	27	3	0	3	39	8	3	0	0	1	(2) 7	0	3	0	.370	('62東,'76,'77巨）
波留　敏夫（横）		1	6	24	5	5	0	1	0	7	3	1	0	1	0	1	1	2	1	.208	('98横）
カールトン半田（半田春夫）（南）		2	5	12	0	2	0	0	0	2	1	0	1	0	0	1	0	0	0	.167	('59,'61南）
馬場　敏史（ヤ）		3	13	24	2	5	1	0	0	6	0	0	1	2	0	4	0	5	0	.208	('95,'96オ,'97ヤ）
ヒギンス（オ）		1	3	3	0	0	0	0	0	0	0	0	0	0	0	0	0	0	0	.000	('21オ）
ヒルトン（ヤ）		1	7	29	4	8	2	0	1	13	4	1	0	0	0	2	0	0	0	.276	('78ヤ）
ビーズリー（神）		1	1	—	—	—	—	—	—	—	—	—	—	—	—	—	—	—	—	.000	('23神）
ビエイラ（巨）		1	2	—	—	—	—	—	—	—	—	—	—	—	—	—	—	—	—	.000	('20巨）
ピート（南）		1	6	18	0	3	1	0	0	4	1	1	1	0	0	3	0	0	0	.167	('61南）
比嘉　幹貴（オ）		3	11	0	0	0	0	0	0	0	0	0	0	0	0	0	0	0	0	.000	('21～'23オ）
樋笠　一夫（巨）		5	17	32	3	8	0	0	1	11	4	0	0	1	0	2	0	4	1	.250	('51～'53,'55,'56巨）
東尾　　修（武）		6	18	19	0	2	0	0	0	2	1	0	0	1	1	0	0	6	1	.105	('82,'83,'85～'88武）
東浜　　巨（ソ）		3	4	—	—	—	—	—	—	—	—	—	—	—	—	—	—	—	—	.000	('14,'17,'18ソ）
*樋口　正蔵（南）		3	13	39	3	11	0	0	0	11	1	2	1	0	0	2	1	2	1	.282	('64～'66南）
彦野　利勝（中）		1	5	18	2	2	0	0	1	5	1	0	0	3	0	1	0	1	1	.111	('88中）
久本　祐一（中）		4	7	0	0	0	0	0	0	0	0	0	0	0	0	0	0	0	0	.000	('06,'07,'10,'11中）
*聖澤　　諒（楽）		1	7	17	1	8	2	0	0	10	1	1	0	2	0	2	0	4	0	.471	('13楽）
英智（蔵本英智）（中）		4	17	28	5	5	0	1	0	7	1	0	0	1	0	1	0	8	0	.179	('04,'06,'10,'11中）
日比野　武（西）		3	19	49	5	16	1	0	3	26	4	1	1	2	0	2	0	6	2	.327	('54,'56,'58西）
緋本　祥好（東）		1	6	2	0	0	0	0	0	0	0	0	0	0	0	0	0	1	0	.000	('62東）
比屋根　渉（ヤ）		1	3	5	0	0	0	0	0	0	0	0	0	0	0	0	0	1	0	.000	('15ヤ）
*桧山進次郎（神）		2	11	37	4	9	1	0	1	13	7	1	0	0	0	2	0	5	2	.243	('03,'05神）
平手三郎（正明）（巨）		6	32	92	11	18	4	0	0	22	6	6	0	6	1	(1)10	0	2	0	.196	('51～'53,'55～'57巨）
平井　正史（中）		7	13	1	0	0	0	0	0	0	0	0	0	0	0	0	0	0	0	.000	('95,'96オ,'04,'06,'07,'10,'11中）
平尾　博嗣（武）		3	13	39	3	16	3	1	3	30	7	1	0	0	0	1	1	4	2	.410	('02,'04,'08武）
*平岡　一郎（ロ）		1	1	0	0	0	0	0	0	0	0	0	0	0	0	0	0	0	0	.000	('70ロ）
*平下　晃司（神）		1	2	0	0	0	0	0	0	0	0	0	0	0	0	0	0	0	0	.000	('03神）
平田　　薫（巨）		2	8	14	4	8	3	0	2	17	4	0	0	0	0	0	0	0	0	.571	('81,'83巨）
平田　勝男（ディ）		1	6	22	0	7	1	0	0	8	2	0	1	0	0	0	0	0	0	.318	('85神）
平田　真吾（ディ）		1	1	—	—	—	—	—	—	—	—	—	—	—	—	—	—	—	—	.000	('17ディ）
平田　良介（中）		3	15	31	2	7	1	0	0	8	2	0	1	1	1	(1) 4	0	11	0	.226	('07,'10,'11中）
+平野　　謙（武）		6	34	112	13	25	5	1	0	32	8	4	3	19	1	7	0	13	1	.223	('82中,'88,'90～'93武）
平野　謙二（松）		1	3	3	0	0	0	0	0	0	0	0	0	0	0	0	0	0	0	.000	('50松）
平野　光泰（近）		2	14	43	8	10	1	0	1	14	6	0	0	1	1	(4)12	0	5	0	.233	('79,'80近）
平野　佳寿（オ）		3	9	0	0	0	0	0	0	0	0	0	0	0	0	0	0	0	0	.000	('21～'23オ）
+平林　二郎（急）		5	9	3	0	0	0	0	0	0	0	0	0	0	0	0	0	0	0	.000	('72,'75～'78急）
*平松　一宏（巨）		1	2	0	0	0	0	0	0	0	0	0	0	0	0	0	0	0	0	.000	('00巨）
廣岡　大志（オ）		1	4	17	3	4	0	0	2	10	0	0	0	0	0	0	0	3	0	.235	('23オ）
広岡　達朗（巨）		8	45	139	20	32	6	2	3	51	12	2	2	0	0	12	3	20	5	.230	('55～'59,'61,'63,'65巨）
広澤克実(広沢克己)（神）		3	18	65	5	13	0	0	3	22	7	0	0	0	0	3	2	20	1	.200	('92,'93オ,'03神）
広瀬　　幸（中）		2	10	19	1	5	0	0	0	5	0	0	0	0	0	0	0	4	1	.263	('70ロ,'74中）

選手名　チーム	年数	試合	打数	得点	安打	二塁打	三塁打	本塁打	塁打	打点	盗塁	盗塁刺	犠打	犠飛	四球	死球	三振	併殺打	打率	出場した年度
広瀬　叔功(南)	6	32	128	17	32	6	3	1	47	10	4	2	0	0	8	0	17	2	.250	('59,'61,'64〜'66,'73南)
広田　順(巨)	4	18	55	5	10	3	0	0	13	3	2	1	0	0	4	1	5	0	.182	('52,'53,'55,'56巨)
弘田　澄男(神)	2	12	47	8	13	2	0	2	21	8	2	0	4	1	1	0	2	1	.277	('74ロ,'85神)
廣田(広田)浩章(ヤ)	3	6	0	0	0	0	0	0	0	0	0	0	0	0	0	0	0	0	.000	('87,'90巨,'97ヤ)
*広野　功(巨)	1	2	2	0	0	0	0	0	0	0	0	0	0	0	0	0	0	0	.000	('71巨)
広橋　公寿(武)	5	13	9	2	3	0	0	0	3	0	1	0	0	0	0	0	3	0	.333	('82,'83,'85,'86,'88武)
ファルケンボーグ(ソ)	1	5	0	0	0	0	0	0	0	0	0	0	0	0	0	0	0	0	.000	('11ソ)
フェルナンデス(武)	1	7	29	4	9	2	0	1	14	6	0	0	0	0	1	2	9	0	.310	('04武)
*フランコ(ロ)	1	4	10	4	3	1	0	1	7	1	0	0	0	0	3	0	2	0	.300	('05ロ)
*フランスア(広)	1	4	0	0	0	0	0	0	0	0	0	0	0	0	0	0	0	0	.000	('18広)
フレーザー(オ)	1	1	1	0	0	0	0	0	0	0	0	0	1	0	0	0	1	0	.000	('96オ)
ブーマー(急)	1	7	28	3	6	1	0	0	7	3	0	0	0	1	(1) 1	0	4	0	.214	('84急)
*ブコビッチ(武)	2	11	38	1	8	4	0	1	15	3	0	0	0	0	1	1	8	1	.211	('86,'87武)
*ブライアント(近)	1	7	24	3	4	1	0	1	8	2	0	0	0	0	(2) 3	1	8	0	.167	('89近)
ブラウン(巨)	1	2	4	0	0	0	0	0	0	0	0	0	0	0	0	0	2	0	.000	('90巨)
ブランコ(中)	2	14	54	3	11	4	0	2	21	9	0	0	0	1	5	2	22	0	.204	('10,'11中)
*ブリューワ(武)	1	3	5	0	0	0	0	0	0	0	0	0	0	0	0	0	2	0	.000	('94武)
*ブルーム(南)	2	11	34	3	7	0	0	0	7	4	0	0	0	0	(1) 2	0	5	0	.206	('65,'66南)
ブルワ(神)	1	1	0	0	0	0	0	0	0	0	0	0	0	0	0	0	0	0	.000	('23神)
ブロス(ヤ)	2	3	2	0	0	0	0	0	0	0	0	0	0	0	0	0	2	0	.000	('95,'97ヤ)
深沢　修一(広)	2	4	7	1	2	0	0	0	2	0	2	0	0	0	2	0	2	0	.286	('75,'80広)
深見　安博(南)	1	5	9	1	1	0	0	1	4	1	0	0	0	0	0	0	1	0	.111	('55南)
吹石　徳一(近)	2	8	20	5	6	3	0	1	12	4	1	0	1	1	0	0	5	2	.300	('79,'80近)
*福浦　和也(ロ)	2	8	21	4	6	2	0	1	11	6	0	0	0	1	1	2	4	1	.286	('05,'10ロ)
*福王　昭仁(巨)	5	17	20	1	1	0	0	0	1	0	0	0	1	0	3	0	7	0	.050	('87,'89,'90,'94,'96巨)
福士敬章(松原明夫)(広)	3	7	11	0	0	0	0	0	0	0	0	0	2	0	0	0	4	0	.000	('73南,'79,'80広)
福田　聡志(巨)	1	3	0	0	0	0	0	0	0	0	0	0	0	0	0	0	0	0	.000	('12巨)
*福田　秀平(ソ)	5	19	27	3	7	0	0	1	10	5	3	2	2	0	4	0	5	0	.259	('11,'15,'17〜'19ソ)
*福田　周平(オ)	3	13	39	2	11	1	0	0	12	2	0	1	0	0	6	0	4	1	.282	('21〜'23オ)
福田　永将(中)	1	1	1	0	0	0	0	0	0	0	0	0	0	0	0	0	0	0	.000	('11中)
福島昌人(弘文)(巨)	2	7	4	1	0	0	0	0	0	0	0	0	0	0	0	0	4	0	.000	('61南,'63巨)
福塚　勝哉(神)	2	8	13	1	2	0	0	0	2	0	0	0	0	0	1	0	1	0	.154	('62,'64神)
*福富　邦夫(ヤ)	1	3	2	0	0	0	0	0	0	0	0	0	0	1	0	0	0	0	.000	('78ヤ)
*福留　孝介(神)	3	15	53	4	9	3	0	1	15	4	2	0	1	0	8	0	19	2	.170	('99,'06中,'14神)
福原　忍(神)	3	4	0	0	0	0	0	0	0	0	0	0	0	0	0	0	0	0	.000	('03,'05,'14神)
福原　峰夫(急)	1	7	26	4	5	1	0	2	12	7	1	0	0	0	2	0	2	0	.192	('84急)
*福間　納(神)	1	3	—	—	0	0	0	0	0	0	0	0	0	0	0	0	—	—	.000	('85神)
福本　豊(急)	8	44	157	28	46	7	2	4	69	22	14	11	1	0	(2)28	1	23	3	.293	('69,'71,'72,'75〜'78,'84急)
福盛　和男(横)	1	—	—	—	—	—	—	—	—	—	—	—	—	—	—	—	—	—	.000	('98横)
福良　淳一(オ)	2	10	28	2	6	0	1	0	8	0	0	0	3	0	4	0	5	0	.214	('95,'96オ)
伏見　寅威(オ)	2	10	24	1	6	2	0	0	8	1	0	0	2	0	1	1	4	0	.250	('21,'22オ)
*藤井　彰人(近)	1	7	12	1	2	0	0	0	2	0	0	0	1	0	1	0	1	0	.167	('01近,'14神)
+藤井　淳志(中)	4	13	23	2	0	0	0	0	0	1	0	0	0	0	3	0	10	0	.000	('06,'07,'10,'11中)
*藤井　栄治(急)	4	17	56	4	16	2	0	2	24	10	0	1	0	0	4	0	5	0	.286	('62,'64神,'77,'78急)
*藤井　秀悟(日)	1	1	—	—	0	0	0	0	0	0	0	0	0	0	0	0	—	—	.000	('01ヤ,'09日)
藤井　将雄(ダ)	1	2	1	0	0	0	0	0	0	0	0	0	0	0	0	0	1	0	.000	('99ダ)
*藤井　康雄(オ)	2	9	19	1	4	2	1	0	8	0	0	0	0	0	4	0	3	0	.211	('95,'96オ)
藤江　清志(南)	1	2	—	—	0	0	0	0	0	0	0	0	0	—	0	0	—	—	.000	('59南)
藤尾　茂(巨)	7	33	96	9	18	3	2	1	28	8	1	1	1	0	4	0	30	1	.188	('55〜'59,'61,'63巨)
*藤川　球児(神)	1	2	—	—	0	0	0	0	0	0	0	0	0	0	0	0	—	—	.000	('05神)
藤沢　公也(中)	1	1	0	0	0	0	0	0	0	0	0	0	0	0	0	0	0	0	.000	('82中)
藤瀬　史朗(近)	2	6	2	3	0	0	0	0	0	0	2	1	0	0	0	0	2	0	.000	('79,'80近)
*藤田　一也(楽)	1	7	27	3	7	1	0	0	8	4	0	0	1	0	2	2	3	0	.259	('13楽)
*藤田　宗一(ロ)	1	1	—	—	0	0	0	0	0	0	0	0	0	0	0	0	—	—	.000	('05ロ)
藤田　浩雅(急)	1	7	24	2	7	1	1	0	10	0	0	0	0	0	3	0	6	1	.292	('84急)
藤田　元司(巨)	5	17	20	1	0	0	0	0	0	0	0	1	1	0	1	0	5	0	.000	('57〜'59,'61,'63巨)
藤浪晋太郎(神)	1	1	—	—	0	0	0	0	0	0	0	0	0	0	0	0	—	—	.000	('14神)
*藤波　行雄(中)	2	9	10	0	1	0	0	0	1	0	0	0	0	0	0	0	3	0	.100	('74,'82中)
*藤村　大介(巨)	1	2	2	0	0	0	0	0	0	0	1	0	0	0	0	0	2	0	.000	('12巨)
*藤本　敦士(神)	2	10	24	1	2	0	0	0	2	0	0	0	4	0	4	0	4	0	.083	('03,'05神)
藤本　勝巳(神)	2	10	36	5	11	2	0	2	19	6	0	0	0	0	(1) 2	0	10	1	.306	('62,'64神)
藤本　修二(武)	1	1	—	—	0	0	0	0	0	0	0	0	0	0	0	0	—	—	.000	('93武)
藤本　伸(巨)	3	7	12	0	1	0	0	0	1	0	0	0	1	0	1	0	3	0	.083	('57,'58,'61巨)
藤本　英雄(巨)	3	8	19	5	6	1	0	1	10	5	1	0	0	0	2	0	1	0	.316	('51〜'53巨)
藤原　満(南)	1	5	18	0	1	0	0	0	1	2	0	0	0	0	(1) 1	0	2	1	.056	('73南)
船田　和英(ヤ)	2	13	39	9	11	1	0	2	18	5	0	0	3	1	2	1	7	1	.282	('63巨,'78ヤ)
*古城　茂幸(巨)	3	12	19	0	5	1	0	0	6	0	0	0	1	1	0	0	2	0	.263	('08,'09,'12巨)
古久保健二(近)	1	4	7	2	1	0	0	0	1	0	0	0	0	0	2	0	2	0	.143	('01近)
*古田　敦也(ヤ)	5	29	115	18	31	6	1	3	48	12	1	0	0	0	10	4	16	3	.270	('92,'93,'95,'97,'01ヤ)
*古谷　拓哉(ロ)	1	4	0	0	0	0	0	0	0	0	0	0	0	0	0	0	0	0	.000	('10ロ)

選手名	チーム	年数	試合	打数	得点	安打	二塁打	三塁打	本塁打	塁打	打点	盗塁	盗塁刺	犠打	犠飛	四球	死球	三振	併殺打	打率	出場した年度
古屋 英夫 (日)		1	6	23	1	5	0	0	0	5	0	0	0	1	0	0	0	2	0	.217	('81日)
*毒島 章一 (東)		1	7	29	3	3	0	0	1	6	1	1	0	1	0	3	0	7	0	.103	('62東)
ヘーゲンズ (広)		1	2	0	0	0	0	0	0	0	0	0	0	0	0	0	0	0	0	.000	('16広)
ヘルウェグ (広)		1	4	0	0	0	0	0	0	0	0	0	0	0	0	0	0	0	0	.000	('18広)
ベニー (ロ)		1	3	9	2	4	1	0	1	8	3	0	0	0	1	2	0	1	0	.444	('05ロ)
*ペタジーニ (ヤ)		1	5	16	3	6	1	0	0	7	4	1	0	0	0	(2) 7	0	3	0	.375	('01ヤ)
ペドラザ (ダ)		2	5	0	0	0	0	0	0	0	0	0	0	0	0	0	0	0	0	.000	('99,'00ダ)
ペ ン (ロ)		1	1	—	—	—	—	—	—	—	—	—	—	—	—	—	—	—	—	.000	('10ロ)
ペンバートン (ロ)		2	5	7	1	1	0	0	1	4	2	0	0	0	0	1	0	3	0	.143	('97,'98武)
*堀内 久雄 (ロ)		2	9	7	1	1	0	0	0	1	0	0	0	1	0	0	0	1	0	.143	('05,'10ロ)
別所 毅彦 (巨)		7	22	35	3	11	2	0	1	16	8	0	0	3	0	1	0	3	1	.314	('51〜'53,'55〜'57,'59巨)
別当 薫 (毎)		1	6	24	6	12	6	1	0	20	3	0	1	0	—	5	0	0	0	.500	('50毎)
+ホージー (ヤ)		1	5	20	0	4	0	0	0	4	3	0	0	0	0	1	0	3	0	.200	('97ヤ)
ホールトン (巨)		3	3	3	0	1	0	0	0	1	0	0	0	0	0	0	0	2	0	.333	('11ソ,'12,'13巨)
ホッジス (ヤ)		1	1	2	0	1	0	0	0	1	0	0	0	0	0	0	0	1	0	.500	('01ヤ)
*ホフパワー (日)		1	6	10	1	1	0	0	0	1	1	0	0	0	0	2	0	1	0	.100	('12日)
*ホプキンス (広)		1	6	24	2	8	2	0	1	13	2	0	0	0	0	4	1	4	0	.333	('75広)
+ホワイト (巨)		1	6	20	5	7	0	0	1	10	2	2	0	0	0	6	1	3	1	.350	('81巨)
*ボウカー (巨)		2	10	28	3	4	1	0	2	11	7	0	0	1	0	3	0	8	2	.143	('12,'13巨)
ボカチカ (武)		1	4	10	1	2	0	0	1	5	1	0	0	0	0	1	0	5	1	.200	('08武)
*帆足 和幸 (武)		2	3	3	0	0	0	0	0	0	0	0	0	0	0	0	0	2	0	.000	('04,'08武)
*蓬莱 昭彦 (武)		2	3	1	0	0	0	0	0	0	0	0	0	0	0	1	0	0	0	.000	('82,'83武)
保坂 幸永 (毎)		1	3	0	0	0	0	0	0	0	0	0	0	0	0	0	0	0	0	.000	('60毎)
星野 順治 (ダ)		2	3	2	0	0	0	0	0	0	0	0	0	0	0	0	0	2	0	.000	('99,'00ダ)
星野 仙一 (中)		1	3	2	0	0	0	0	0	0	0	0	0	0	0	0	0	1	0	.000	('74中)
星野 智樹 (武)		2	5	0	0	0	0	0	0	0	0	0	0	0	0	0	0	0	0	.000	('04,'08武)
*星野 伸之 (オ)		2	4	2	0	0	0	0	0	0	0	0	0	0	0	0	0	2	0	.000	('95,'96オ)
*星野 秀孝 (中)		1	2	0	0	0	0	0	0	0	0	0	0	0	0	0	0	0	0	.000	('74中)
細川 成也 (ディ)		1	4	4	0	2	1	0	0	3	0	0	0	0	0	0	0	1	0	.500	('17ディ)
細川 亨 (ソ)		5	25	63	3	11	2	0	2	19	4	0	0	1	0	0	0	27	0	.175	('04,'08武,'11,'14,'15ソ)
細谷 圭 (ロ)		1	2	0	0	0	0	0	0	0	0	0	0	0	0	0	0	0	0	.000	('10ロ)
堀 幸一 (ロ)		1	2	5	2	2	1	0	0	3	0	0	0	0	0	2	0	0	0	.400	('05ロ)
堀井 数男 (南)		4	25	88	11	18	6	1	0	26	5	1	4	0	0	5	1	5	0	.205	('51〜'53,'55南)
堀内 和人 (南)		1	1	0	0	0	0	0	0	0	0	0	0	0	0	0	0	0	0	.000	('73南)
堀内 庄 (巨)		4	11	14	1	2	0	0	0	2	1	0	0	0	0	0	0	2	0	.143	('56〜'58,'61巨)
堀内 恒夫 (巨)		10	27	50	2	9	1	0	2	16	6	0	0	0	0	0	0	13	0	.180	('66〜'73,'76,'77巨)
*堀込 基明 (南)		3	13	44	4	9	4	0	1	16	4	0	0	1	1	0	0	12	0	.205	('64〜'66南)
堀田 一郎 (巨)		1	2	0	0	0	0	0	0	0	0	0	0	0	0	0	0	0	0	.000	('00巨)
堀本 律雄 (巨)		1	3	8	1	1	0	0	0	1	0	0	0	2	0	0	0	1	1	.125	('61巨)
*本多 逸郎 (中)		1	7	29	2	7	3	0	0	10	1	1	0	0	0	0	0	4	0	.241	('54中)
*本田 仁海 (オ)		1	3	0	0	0	0	0	0	0	0	0	0	0	0	0	0	0	0	.000	('22オ)
*本多 雄一 (ソ)		4	17	29	5	6	0	1	0	8	0	1	1	6	0	1	0	7	0	.207	('11,'14,'15,'17ソ)
本堂 保次 (毎)		1	6	22	2	6	0	0	1	9	3	0	0	0	—	5	0	3	1	.273	('50毎)
本間 勝 (神)		1	1	1	0	0	0	0	0	0	0	0	0	0	0	0	0	0	0	.000	('64神)
*本間 満 (ダ)		2	5	8	1	1	0	0	0	1	1	0	0	0	0	0	0	5	0	.125	('00,'03ダ)
*坊西 浩嗣 (ダ)		2	2	1	0	0	0	0	0	0	0	0	0	0	0	0	0	1	0	.000	('99,'00ダ)
MICHEAL(中村ﾞ) (日)		1	4	0	0	0	0	0	0	0	0	0	0	0	0	0	0	0	0	.000	('06日)
*マーチン (中)		1	6	22	2	4	0	0	1	7	2	0	0	0	0	2	0	6	0	.182	('74中)
*マートン (神)		1	5	17	1	4	1	0	0	5	3	0	1	0	1	0	0	2	0	.235	('14神)
*マーフィー (ロ)		1	1	0	0	0	0	0	0	0	0	0	0	0	0	0	0	0	0	.000	('10ロ)
マ ギー (楽)		1	7	25	0	6	1	0	0	7	0	0	0	0	0	(1) 5	0	6	3	.240	('13楽)
マクガフ (ヤ)		2	9	0	0	0	0	0	0	0	0	0	0	0	0	0	0	0	0	.000	('21,'22ヤ)
マクレーン (武)		1	3	11	0	4	1	0	0	5	1	0	0	0	0	0	0	0	0	.364	('02武)
+マシーアス (ロ)		1	3	3	0	0	0	0	0	0	0	0	0	0	0	0	0	0	0	.000	('06日)
マシソン (巨)		3	7	0	0	0	0	0	0	0	0	0	0	0	0	0	0	0	0	.000	('12,'13,'19巨)
マ ック (巨)		1	5	18	3	5	0	0	1	8	5	0	0	0	0	1	0	6	0	.278	('96巨)
*マニエル (近)		3	20	65	7	20	0	0	5	35	12	0	0	0	0	(4)11	0	9	3	.308	('78ヤ,'79,'80近)
マリオ (巨)		1	1	—	—	—	—	—	—	—	—	—	—	—	—	—	—	—	—	.000	('96巨)
マルカーノ (急)		4	25	99	17	30	6	0	4	48	19	2	2	0	0	(2) 7	2	12	1	.303	('75〜'78急)
マルティネス (巨)		3	15	43	4	6	0	0	1	9	0	0	0	0	0	4	0	14	3	.140	('97,'98武,'00巨)
*前川 勝彦 (近)		1	4	2	0	0	0	0	0	0	0	0	0	0	0	0	0	2	0	.000	('01近)
*前田 忠節 (近)		1	3	0	0	0	0	0	0	0	0	0	0	0	0	0	0	0	0	.000	('01近)
*前田 智徳 (広)		1	7	19	2	3	0	1	0	5	2	2	0	4	0	2	0	2	0	.158	('91広)
*前田 浩継 (ヤ)		1	1	0	0	0	0	0	0	0	0	0	0	0	0	0	0	1	0	.000	('01ヤ)
前田 益穂 (ロ)		2	7	13	1	4	0	0	0	4	0	0	0	2	0	1	0	2	0	.308	('70,'74ロ)
*前田 康雄 (ロ)		1	1	0	0	0	0	0	0	0	0	0	0	0	0	0	0	0	0	.000	('70ロ)
*前田 幸長 (巨)		2	2	0	0	0	0	0	0	0	0	0	0	0	0	0	0	0	0	.000	('99中,'02巨)
牧 勝彦 (神)		1	2	0	0	0	0	0	0	0	0	0	0	0	0	0	0	0	0	.000	('62神)
牧 憲二郎 (急)		1	2	0	0	0	0	0	0	0	0	0	0	0	0	0	0	0	0	.000	('72急)
真喜志康永 (近)		1	7	22	4	8	0	0	1	11	0	0	0	0	0	0	0	3	0	.364	('89近)

選手名	チーム	年数	試合	打数	得点	安打	二塁打	三塁打	本塁打	塁打	打点	盗塁	盗塁刺	犠打	犠飛	四球	死球	三振	併殺打	打率	出場した年度
牧田 明久	(楽)	1	4	10	1	3	0	0	1	6	1	0	0	1	0	0	0	3	0	.300	('13楽)
牧野 茂	(中)	1	5	10	0	3	0	0	0	2	0	0	0	1	0	1	0	2	0	.200	('54中)
※牧田 大成	(ソ)	2	8	23	4	5	2	0	0	7	2	0	0	0	0	0	0	8	0	.217	('19,'20ソ)
槙原 寛己	(巨)	7	9	12	0	1	0	0	0	1	1	0	0	2	0	1	0	7	2	.083	('83,'87,'89,'90,'94,'96,'00巨)
正岡 真二	(中)	2	4	4	0	2	0	0	0	2	0	0	0	0	0	0	0	1	0	.500	('74,'82中)
真砂 勇介	(ソ)	1	1	1	1	1	0	0	0	1	0	0	0	0	0	0	0	0	0	1.000	('20ソ)
※間柴 茂有	(日)	1	2	2	0	0	0	0	0	0	0	0	0	0	0	0	0	2	0	.000	('81日)
増井 浩俊	(オ)	3	7	3	0	0	0	0	0	0	0	0	0	0	0	0	0	3	0	.000	('12,'16日,'21オ)
益田 昭雄	(巨)	1	3	3	0	1	0	0	0	1	0	0	0	0	0	0	0	0	0	.333	('65,'66巨)
※枡田慎太郎	(楽)	1	4	8	1	1	0	0	0	1	0	1	0	0	0	1	0	3	1	.125	('13楽)
増田 大輝	(巨)	2	3	2	0	0	0	0	0	0	0	0	0	0	0	0	0	0	0	.000	('19,'20巨)
益田 大介	(近)	2	7	12	1	5	0	0	0	5	0	0	0	0	0	2	0	2	0	.417	('99中,'01近)
増田 浩	(中)	1	2	2	0	0	0	0	0	0	0	0	0	0	0	0	0	0	0	.000	('61中)
松井 淳	(南)	4	21	37	2	5	0	0	1	8	2	0	0	1	0	3	0	4	3	.135	('51〜'53,'55南)
※松井稼頭央	(楽)	4	22	89	7	23	2	0	1	28	6	3	0	0	0	3	0	22	1	.258	('97,'98,'02武,'13楽)
松井 隆昌	(広)	1	3	2	0	0	0	0	0	0	1	0	0	0	0	0	1	0	0	.000	('91広)
松井 武雄	(洋)	1	1	0	0	0	0	0	0	0	0	0	0	0	0	0	0	0	0	.000	('60洋)
※松井 秀喜	(巨)	4	21	77	13	22	10	0	4	44	14	2	1	0	0	(2)14	2	22	0	.286	('94,'96,'00,'02巨)
松井 優典	(南)	1	3	2	0	0	0	0	0	0	0	0	0	0	0	0	0	0	0	.000	('73南)
松岡 健一	(ヤ)	1	2	0	0	0	0	0	0	0	0	0	0	0	0	0	0	0	0	.000	('15ヤ)
松岡 弘	(ヤ)	1	4	6	1	1	0	0	0	1	0	0	0	1	0	0	0	0	0	.167	('78ヤ)
※松坂 大輔	(武)	2	5	7	0	2	0	0	0	2	0	0	0	0	0	0	0	3	0	.286	('02,'04武)
松田 清	(巨)	1	1	2	0	0	0	0	0	0	0	0	0	-	0	0	0	0	0	.000	('51巨)
松田 宣浩	(ソ)	7	36	129	9	24	2	0	3	35	11	4	2	1	0	7	2	33	1	.186	('11,'14,'15,'17〜'20ソ)
松田 遼馬	(神)	1	2	0	0	0	0	0	0	0	0	0	0	0	0	0	0	0	0	.000	('14神)
※松中 信彦	(ソ)	5	24	70	9	14	5	0	2	25	10	0	1	0	0	(1)12	0	18	3	.200	('99,'00,'03ダ,'11,'14ソ)
※松永 浩美	(急)	1	7	26	4	11	1	0	1	15	3	1	1	0	0	3	0	2	1	.423	('84急)
※松沼 博久	(武)	6	11	9	0	0	0	0	0	0	0	0	0	0	0	0	0	3	0	.000	('82,'83,'85〜'88武)
※松沼 雅之	(武)	5	16	2	0	0	0	0	0	0	0	0	0	0	0	0	0	0	0	.000	('82,'83,'85〜'87武)
松葉 昇	(南)	1	4	8	0	1	0	0	0	1	0	0	0	0	-	0	0	2	1	.125	('51南)
松原 聖弥	(巨)	1	4	9	0	0	0	0	0	0	0	0	0	0	0	0	0	3	0	.000	('20巨)
※松原 誠	(巨)	1	2	2	1	1	0	0	1	4	1	0	0	0	0	0	0	0	0	.500	('81巨)
※松本 正志	(急)	1	1	0	0	0	0	0	0	0	0	0	0	0	0	0	0	0	0	.000	('78急)
※松本 匡史	(巨)	4	14	46	4	10	2	0	0	12	2	6	2	1	0	6	0	5	0	.217	('77,'81,'83,'87巨)
松本 哲也	(巨)	3	17	48	8	14	0	0	0	14	2	2	0	8	0	3	0	8	0	.292	('09,'12,'13巨)
松元ユウイチ	(ヤ)	1	4	3	0	0	0	0	0	0	0	0	0	0	0	0	0	0	0	.000	('15ヤ)
※松本 裕樹	(ソ)	1	1	—	—	—	—	—	—	—	—	—	—	—	—	—	—	—	—	.000	('20ソ)
松本 幸行	(中)	1	3	5	0	0	0	0	0	0	0	1	0	0	0	0	0	0	0	.000	('74中)
松山 秀明	(オ)	1	3	0	0	0	0	0	0	0	0	0	0	0	0	0	0	0	0	.000	('95オ)
松山 竜平	(広)	2	11	37	4	10	3	0	1	16	3	0	0	0	0	3	0	7	1	.270	('16,'18広)
的場 直樹	(ロ)	1	1	0	0	0	0	0	0	0	0	0	0	0	0	0	0	0	0	.000	('10ロ)
的山 哲也	(近)	1	3	2	0	0	0	0	0	0	0	0	0	0	0	0	0	1	0	.000	('01近)
※真中 満	(ヤ)	4	16	52	8	19	3	0	2	28	7	0	1	2	0	(1)4	1	8	0	.365	('93,'95,'97,'01ヤ)
馬原 孝浩	(ソ)	1	3	0	0	0	0	0	0	0	0	0	0	0	0	0	0	0	0	.000	('11ソ)
真弓 明信	(神)	1	6	25	8	9	4	0	2	19	2	0	0	0	0	2	0	2	0	.360	('85神)
※丸 佳浩	(巨)	4	20	74	7	14	3	0	2	23	6	2	1	1	1	9	0	25	1	.189	('16,'18広,'19,'20巨)
円子 宏	(南)	1	1	1	0	0	0	0	0	0	0	0	0	0	0	0	0	0	0	.000	('55南)
※丸山 和郁	(ヤ)	1	7	8	2	4	1	0	0	5	2	2	0	0	0	0	0	3	0	.500	('22ヤ)
万永 貴司	(横)	1	1	1	0	0	0	0	0	0	0	1	0	0	0	0	0	0	0	.000	('98横)
ミエセス	(神)	1	1	3	0	0	0	0	0	0	0	0	0	0	0	0	0	2	0	.000	('23神)
ミューレン	(ヤ)	1	5	20	4	6	0	0	1	9	2	1	0	0	1	1	0	9	0	.300	('95ヤ)
※ミランダ	(ソ)	1	1	—	—	—	—	—	—	—	—	—	—	—	—	—	—	—	—	.000	('18ソ)
三浦 清弘	(南)	4	8	3	0	0	0	0	0	0	0	0	0	0	0	0	0	0	0	.000	('59,'64〜'66南)
三浦 大輔	(横)	1	1	—	—	—	—	—	—	—	—	—	—	—	—	—	—	—	—	.000	('98横)
三上 朋也	(ディ)	1	3	0	0	0	0	0	0	0	0	0	0	0	0	0	0	0	0	.000	('17ディ)
三木 肇	(ヤ)	1	3	0	1	0	0	0	0	0	0	0	0	0	0	0	0	0	0	.000	('01ヤ)
※三澤(三沢)興一	(近)	2	4	0	0	0	0	0	0	0	0	0	0	0	0	0	0	0	0	.000	('00巨,'01近)
三沢 淳	(中)	2	5	3	0	1	0	0	0	1	0	0	0	0	0	0	0	1	0	.333	('74,'82中)
水口 栄二	(近)	1	5	14	2	2	0	0	0	2	1	0	0	2	0	3	1	2	1	.143	('01近)
水谷新太郎	(近)	1	7	20	2	3	0	0	0	3	0	3	1	1	0	1	0	5	0	.150	('01近)
※水谷 実雄	(急)	4	20	58	5	12	1	0	5	28	12	0	0	0	0	4	0	11	5	.207	('75,'79,'80広,'84急)
水谷 孝	(急)	2	3	0	0	0	0	0	0	0	0	0	0	0	0	0	0	0	0	.000	('68,'69急)
水谷 則博	(ロ)	1	2	0	0	0	0	0	0	0	0	0	0	0	0	0	0	0	0	.000	('74中)
水谷 寿伸	(中)	1	2	0	0	0	0	0	0	0	0	0	0	0	0	0	0	0	0	.000	('74中)
水谷実智郎	(ロ)	1	1	0	0	0	0	0	0	0	0	0	0	0	0	0	0	0	0	.000	('70ロ)
水沼 四郎	(広)	3	20	51	5	8	4	0	1	15	3	0	0	0	0	(1)5	0	13	3	.157	('75,'79,'80広)
水野 雄仁	(巨)	5	11	0	0	0	0	0	0	0	0	0	0	0	0	0	0	0	0	.000	('87,'89,'90,'94,'96巨)
三瀬 幸司	(南)	2	3	0	0	0	0	0	0	0	0	0	0	0	0	0	0	0	0	.000	('10,'11南)
道原 博幸	(広)	2	7	11	0	3	0	0	0	3	0	0	0	0	0	0	0	0	0	.273	('75,'79広)
※三井 浩二	(武)	3	5	0	0	0	0	0	0	0	0	0	0	0	0	0	0	0	0	.000	('02,'04,'08武)

日本シリーズ・ライフタイム

選手名	チーム	年数	試合	打数	得点	安打	二塁打	三塁打	本塁打	塁打	打点	盗塁	盗塁刺	犠打	犠飛	四球	死球	三振	併殺打	打率	出場した年度
三井　雅晴	(ロ)	1	1	0	0	0	0	0	0	0	0	0	0	0	0	0	0	0	0	.000	('74ロ)
光山　英和	(近)	1	5	10	2	3	0	0	1	6	2	0	0	0	0	0	0	2	0	.300	('89近)
皆川　睦男	(南)	5	10	6	0	0	0	0	0	0	0	0	0	0	0	0	0	4	0	.000	('59,'61,'64〜'66南)
南　竜介	(ロ)	1	2	2	0	0	0	0	0	0	0	0	0	0	0	1	0	1	0	.000	('10ロ)
蔚村俌甠(不可止)	(巨)	6	28	96	12	34	8	0	1	45	10	2	3	1	1	14	0	3	1	.354	('51〜'53,'55〜'57巨)
嶺井　博希	(デ)	1	4	10	0	2	0	0	0	2	1	0	0	1	0	1	0	1	0	.200	('17デ)
養田　浩二	(ロ)	5	21	67	9	15	4	1	1	24	6	6	1	1	2	(1)11	0	11	0	.224	('76〜'78,'84急,'89巨)
養原　宏	(南)	3	16	▲36	1	8	2	0	0	10	2	0	1	0	0	1	0	4	0	.222	('51〜'53南)
＊三平　晴樹	(毎)	1	2	0	0	0	0	0	0	0	0	0	0	0	0	0	0	0	0	.000	('60毎)
＊美馬　学	(楽)	1	2	2	0	0	0	0	0	0	0	0	0	0	0	1	0	1	0	.000	('13楽)
三村　勲	(松)	1	6	27	2	4	0	0	0	4	4	1	0	0	1	0	0	0	1	.148	('50松)
三村　敏之	(広)	3	17	55	4	12	2	0	1	17	6	0	0	2	1	5	0	11	1	.218	('75,'79,'80広)
宮川　将	(楽)	1	1	0	0	0	0	0	0	0	0	0	0	0	0	0	0	0	0	.000	('13楽)
＊宮城　大弥	(オ)	3	5	2	1	0	0	0	0	1	0	0	0	0	0	0	0	1	0	.500	('21〜'23オ)
宮國　椋丞	(巨)	1	1	—	—	—	—	—	—	—	—	—	—	—	—	—	—	—	—	.000	('12巨)
三宅　孝夫	(西)	1	1	0	0	0	0	0	0	0	0	0	0	0	0	0	0	0	0	.000	('63西)
三宅　宅三	(毎)	1	2	2	0	0	0	0	0	0	0	0	0	0	0	0	0	0	1	.000	('50毎)
三宅　秀史	(神)	1	4	8	0	2	0	0	0	2	1	1	0	0	0	0	0	3	0	.250	('64神)
＊都　裕次郎	(中)	1	4	0	0	0	0	0	0	0	0	0	0	0	0	0	0	0	0	.000	('82中)
宮崎　仁郎	(松)	1	6	16	0	3	0	0	0	3	1	0	0	—	0	0	1	1	1	.188	('50松)
宮崎　敏郎	(デ)	1	6	20	3	8	0	0	2	14	5	0	0	0	0	(1)4	1	2	1	.400	('17デ)
＊宮地　克彦	(武)	1	2	6	0	2	1	0	0	3	0	0	0	0	0	0	0	2	0	.333	('02武)
宮田　征典	(巨)	2	5	3	0	0	0	0	0	0	0	0	0	0	0	0	0	2	0	.000	('63,'65巨)
＊宮西　尚生	(日)	3	10	0	0	0	0	0	0	0	0	0	0	0	0	0	0	0	0	.000	('09,'12,'16日)
＊宮本　和知	(巨)	4	8	0	0	0	0	0	0	0	0	0	0	0	0	0	0	0	0	.000	('89,'90,'94,'96巨)
宮本　和佳	(洋)	1	4	0	0	0	0	0	0	0	0	0	0	0	0	0	0	0	0	.000	('60洋)
宮本　賢治	(ヤ)	2	5	0	0	0	0	0	0	0	0	0	0	1	0	0	0	0	0	.000	('93,'95ヤ)
＊宮本　四郎	(急)	2	4	0	0	0	0	0	0	0	0	0	0	0	0	0	0	0	0	.000	('84急)
宮本　慎也	(ヤ)	3	15	37	5	14	3	0	0	17	1	1	1	7	0	1	0	7	0	.378	('95,'97,'01ヤ)
＊宮本　丈	(ヤ)	2	6	12	1	3	1	0	0	4	0	0	0	2	0	0	0	4	0	.250	('21,'22ヤ)
宮本　敏雄	(巨)	5	27	84	8	24	3	0	0	36	13	1	1	1	0	6	0	18	0	.286	('56〜'59,'61巨)
宮本　幸信	(急)	4	12	3	0	0	0	0	0	0	0	0	0	0	0	0	0	3	0	.000	('68,'69,'71急,'75広)
三輪　隆	(オ)	2	4	7	0	1	0	0	0	1	0	0	0	0	0	1	0	1	0	.143	('95,'96オ)
＊三輪　正義	(ヤ)	1	2	1	1	0	0	0	0	0	0	0	0	0	0	0	0	0	0	.000	('15ヤ)
＊T.ムーア	(神)	1	2	2	0	1	0	0	0	1	0	0	0	0	0	0	0	0	0	.500	('05神)
＊M.ムーア	(ソ)	1	1	—	—	—	—	—	—	—	—	—	—	—	—	—	—	—	—	.000	('20ソ)
＊無徒　史朗	(南)	1	2	2	0	0	0	0	0	0	0	0	0	0	0	0	0	1	0	.000	('65南)
＊宗　佑磨	(オ)	3	20	85	3	18	4	0	0	22	7	1	2	4	0	5	0	13	1	.212	('21〜'23オ)
村井　英司	(日)	1	4	4	0	2	0	0	0	2	0	0	0	0	0	0	0	1	0	.500	('81日)
＋村岡　耕一	(武)	1	1	0	0	0	0	0	0	0	0	0	0	0	0	0	0	0	0	.000	('90武)
村上　一治	(南)	3	7	7	1	4	0	0	1	7	4	0	0	0	—	0	0	2	0	.571	('51〜'53南)
村上　公康	(ロ)	1	6	15	0	4	0	0	0	4	1	0	0	1	0	(1)1	0	3	2	.267	('74ロ)
＊村上　頌樹	(神)	1	2	—	—	—	—	—	—	—	—	—	—	—	—	—	—	—	—	.000	('23神)
＊村上　信一	(急)	1	4	0	0	0	0	0	0	0	0	0	0	0	0	0	0	0	0	.500	('84急)
村上　隆行	(近)	1	6	8	1	3	0	0	0	3	2	0	0	0	0	1	0	2	0	.375	('89近)
＊村上　雅則	(日)	3	8	2	0	0	0	0	0	0	0	0	0	0	0	0	0	1	0	.000	('66,'73南,'81日)
＊村上　宗隆	(ヤ)	2	13	49	7	10	2	1	3	23	8	0	0	0	0	7	1	14	1	.204	('21,'22ヤ)
＊村上　和哉	(日)	2	3	1	0	0	0	0	0	0	0	0	0	0	0	0	0	1	0	.000	('09,'12日)
村田　勝喜	(武)	1	1	—	—	—	—	—	—	—	—	—	—	—	—	—	—	—	—	.000	('94武)
村田　修一	(巨)	2	13	49	4	11	1	0	2	18	4	0	0	0	0	4	1	8	1	.224	('12,'13巨)
村田　真一	(巨)	4	18	54	6	15	3	0	2	24	10	0	0	1	0	(1)2	0	15	0	.278	('90,'94,'96,'00巨)
＊村田　辰美	(近)	3	8	2	0	1	0	0	0	1	0	0	0	0	0	0	0	1	0	.500	('79,'80,'89近)
村田　兆治	(ロ)	1	4	4	0	0	0	0	0	0	0	0	0	0	0	0	0	1	0	.000	('74ロ)
村田　善則	(武)	1	1	0	0	0	0	0	0	0	0	0	0	0	0	0	0	1	0	.333	('00武)
＊村松　有人	(ダ)	3	16	54	3	11	1	0	0	12	1	2	0	0	0	0	2	5	0	.204	('99,'00,'03ダ)
村山　実	(神)	2	9	13	0	1	1	0	0	2	0	0	0	0	1	0	0	6	0	.077	('62,'64神)
＊メ　イ	(巨)	1	2	2	1	0	0	0	0	0	0	0	0	0	0	0	0	1	1	.000	('00巨)
メッセンジャー	(神)	1	4	3	0	0	0	0	0	0	0	0	0	1	0	0	0	1	0	.000	('14神)
メ ヒ ア	(広)	1	3	3	0	0	0	0	0	0	0	0	0	0	0	1	0	1	0	.000	('18広)
＋メルセデス	(巨)	1	1	—	—	—	—	—	—	—	—	—	—	—	—	—	—	—	—	.000	('19巨)
メンドーサ	(日)	1	2	0	0	0	0	0	0	0	0	0	0	0	0	0	0	0	0	.000	('16日)
＊モイネロ	(ソ)	4	14	0	0	0	0	0	0	0	0	0	0	0	0	0	0	0	0	.000	('17〜'20ソ)
モッカ	(中)	1	6	23	1	4	0	0	0	7	2	0	0	0	0	0	0	2	0	.174	('82中)
＊モ ヤ	(オ)	1	6	12	1	4	0	0	1	7	2	0	0	0	0	1	0	5	0	.333	('21オ)
＊モルケン	(日)	1	2	0	0	0	0	0	0	0	0	0	0	0	0	0	0	0	0	.000	('12日)
元木　大介	(巨)	4	17	36	1	4	0	0	0	4	2	0	0	2	1	2	0	2	2	.111	('94,'96,'00,'02巨)
本西　厚博	(オ)	2	7	12	0	2	0	0	0	2	0	0	0	0	0	3	0	1	0	.167	('95,'96オ)
本屋敷錦吾	(神)	1	7	19	1	3	0	0	0	3	0	1	0	0	0	0	0	1	0	.158	('64神)
＊元山　飛優	(ヤ)	1	4	1	0	0	0	0	0	0	0	0	0	0	0	0	0	0	0	.000	('21ヤ)
森　繁和	(武)	4	8	2	0	1	1	0	0	2	0	0	0	0	0	0	0	2	0	.500	('82,'83,'85,'87武)

選手名	チーム	年数	試合	打数	得点	安打	二塁打	三塁打	本塁打	塁打	打点	盗塁	盗塁刺	犠打	犠飛	四球	死球	三振	併殺打	打率	出場した年度
森 章剛	(中)	1	5	11	1	1	0	0	0	1	0	0	0	0	0	1	0	5	1	.091	('04中)
森 慎二	(武)	4	8	1	0	0	0	0	0	0	0	0	0	0	0	0	0	0	0	.000	('97,'98,'02,'04武)
森 友哉	(オ)	1	7	30	0	6	2	0	0	8	0	0	0	0	0	0	0	5	3	.200	('23オ)
森 博幸	(武)	3	6	4	1	1	0	0	0	1	2	0	0	0	0	1	1	0	0	.250	('91～'93武)
森 昌彦	(巨)	13	69	221	22	51	4	1	4	69	22	3	0	0	2	(3)18	1	15	6	.231	('57,'59,'61,'63,'65～'73巨)
森 唯斗	(ソ)	6	21	0	0	0	0	0	0	0	0	0	0	0	0	0	0	0	0	.000	('14,'15,'17～'20ソ)
森内 壽春	(日)	1	2	0	0	0	0	0	0	0	0	0	0	0	0	0	0	0	0	.000	('12日)
守岡 茂樹	(広)	1	2	3	0	1	1	0	0	2	0	0	0	0	0	0	0	0	0	.333	('75広)
森岡 良介	(ヤ)	1	3	3	0	1	0	0	0	1	0	0	0	0	0	0	0	1	0	.333	('15ヤ)
森下 翔太	(神)	1	7	30	3	8	2	1	0	12	7	0	1	0	0	(1) 2	0	7	3	.267	('23神)
森下整鎮 (正夫)	(南)	8	38	107	12	29	5	0	2	40	7	4	6	2	1	7	1	13	4	.271	('52,'53,'55,'59,'61,'64～'66南)
盛田 幸妃	(近)	1	1	0	0	0	0	0	0	0	0	0	0	0	0	0	0	0	0	.000	('01近)
森中千香良	(南)	4	9	1	0	0	0	0	0	0	0	0	0	0	0	0	0	0	0	.000	('61,'64～'66南)
森永 勝也	(巨)	3	11	12	1	3	1	0	0	6	1	0	0	0	0	2	0	0	0	.250	('67～'69巨)
森野 将彦	(中)	5	30	94	10	25	9	1	1	39	7	0	0	3	2	12	2	21	4	.266	('04,'06,'07,'10,'11中)
森福 允彦	(ソ)	2	6	0	0	0	0	0	0	0	0	0	0	0	0	0	0	0	0	.000	('11,'14ソ)
森本 潔	(急)	7	41	143	11	33	5	0	3	47	16	0	1	0	2	(1)19	1	12	3	.231	('67～'69,'71,'72,'75,'76急)
森本 稀哲	(日)	3	16	55	8	13	0	1	0	15	1	0	1	2	0	1	0	10	3	.236	('06,'07,'09日)
森山 周	(楽)	1	4	0	0	0	0	0	0	0	0	0	0	0	0	0	0	0	0	.000	('13楽)
森山 良二	(武)	2	2	—	—	—	—	—	—	—	—	—	—	—	—	—	—	—	—	.000	('87,'88武)
森脇 浩司	(広)	1	1	1	0	0	0	0	0	0	0	0	0	0	0	0	0	1	0	.000	('86広)
諸積 兼司	(ロ)	1	3	0	1	0	0	0	0	0	0	0	0	0	0	0	0	0	0	.000	('05ロ)
八重樫幸雄	(ヤ)	3	4	2	0	0	0	0	0	0	0	0	0	0	0	1	0	0	0	.000	('78,'92,'93ヤ)
八木 智哉	(日)	2	2	4	0	0	0	0	0	0	0	0	0	0	0	0	0	0	0	.000	('06,'09日)
八木 裕	(神)	1	4	5	0	0	0	0	0	0	0	0	0	0	0	1	0	2	0	.000	('03神)
八木沢荘六	(ロ)	1	4	0	0	0	0	0	0	0	0	0	0	0	0	0	0	0	0	.000	('70,'74ロ)
谷沢 健一	(中)	2	12	45	7	15	2	0	3	26	9	2	0	0	0	4	0	4	0	.333	('74,'82中)
矢沢 正	(巨)	1	4	5	0	0	0	0	0	0	0	0	0	0	0	1	0	2	0	.000	('76巨)
屋鋪 要	(巨)	1	3	0	0	0	0	0	0	0	0	0	0	0	0	1	0	0	0	.000	('94巨)
安木 祥二	(中)	1	4	0	0	0	0	0	0	0	0	0	0	0	0	0	0	0	0	.000	('82中)
安田 猛	(ヤ)	1	2	2	0	0	0	0	0	0	0	0	0	1	0	0	0	0	0	.000	('78ヤ)
安原 達佳	(巨)	4	9	3	0	1	0	0	0	1	1	0	0	0	0	0	0	1	0	.333	('55,'56,'59,'61巨)
矢頭 高雄	(毎)	1	3	6	0	0	0	0	0	0	0	0	0	0	0	1	0	2	0	.000	('60毎)
柳田 聖人	(ダ)	2	8	10	1	1	0	0	0	1	0	0	0	0	0	0	0	1	0	.100	('99,'00ダ)
柳田 悠岐	(ソ)	6	30	112	25	33	5	0	3	47	17	3	0	0	0	(2)17	4	29	0	.295	('14,'15,'17～'20ソ)
柳田 利夫	(巨)	4	16	41	9	9	2	0	3	20	7	0	2	0	0	10	0	9	0	.220	('60毎,'63,'65,'66巨)
柳田真宏 (俊郎)	(巨)	7	25	46	4	7	2	0	1	12	4	2	0	1	0	11	0	8	0	.152	('69,'71～'73,'76,'77,'81巨)
柳田 豊	(近)	2	6	2	0	1	0	0	0	1	0	0	0	1	0	0	0	0	0	.500	('79,'80近)
柳原 隆弘	(ヤ)	1	2	0	0	0	0	0	0	0	0	0	0	0	0	0	0	0	0	.000	('78ヤ)
柳田 浩一	(ヤ)	1	2	1	0	0	0	0	0	0	0	0	0	0	0	0	0	0	0	.000	('92ヤ)
矢貫 俊之	(日)	1	1	0	0	0	0	0	0	0	0	0	0	0	0	0	0	0	0	.000	('12日)
矢野 輝弘	(神)	2	11	35	0	11	1	1	0	14	2	0	0	0	0	(1) 2	0	6	2	.314	('03,'05神)
矢野 清	(急)	3	14	33	3	5	1	0	1	9	2	0	0	0	0	(1) 5	0	7	2	.152	('67～'69急)
矢野 謙次	(日)	3	12	26	4	7	0	0	1	10	4	0	0	0	1	2	1	4	1	.269	('12,'13,'16日)
薮田 安彦	(ロ)	2	6	0	0	0	0	0	0	0	0	0	0	0	0	0	0	0	0	.000	('05,'10ロ)
山足 達也	(オ)	1	1	0	0	0	0	0	0	0	0	0	0	0	0	0	1	0	0	.000	('21オ)
山井 大介	(中)	4	6	2	0	0	0	0	0	0	0	0	0	0	0	0	1	0	0	.000	('04,'07,'10,'11中)
山内一弘(和弘)	(毎)	2	11	36	6	11	0	0	2	17	3	2	0	0	0	(2) 8	0	9	0	.306	('60毎,'64神)
山内 新一	(南)	3	11	5	0	0	0	0	0	0	0	0	0	0	0	0	0	1	0	.000	('70,'71巨,'73南)
山岡 泰輔	(オ)	3	4	0	0	0	0	0	0	0	0	0	0	0	0	0	0	0	0	.000	('21～'23オ)
山沖 之彦	(急)	4	4	4	1	1	0	0	0	1	0	0	0	0	0	0	0	3	0	.250	('84急)
山倉 和博	(巨)	4	20	62	7	11	2	0	4	25	5	0	0	0	1	5	0	13	1	.177	('81,'83,'87,'89巨)
山口 重幸	(ヤ)	1	1	0	0	0	0	0	0	0	0	0	0	0	0	0	0	0	0	.000	('95ヤ)
山口 俊	(巨)	1	1	—	—	—	—	—	—	—	—	—	—	—	—	—	—	—	—	.000	('19巨)
山口 高志	(急)	3	11	20	0	6	0	0	0	6	2	0	0	1	0	0	0	4	0	.300	('75～'77急)
山口 哲治	(近)	1	3	0	0	0	0	0	0	0	0	0	0	0	0	0	0	0	0	.000	('79近)
山口 鉄也	(巨)	4	14	0	0	0	0	0	0	0	0	0	0	0	0	0	0	0	0	.000	('08,'09,'12,'13巨)
山口富士雄	(急)	3	13	40	4	3	1	0	1	7	3	1	1	2	0	(1) 3	0	5	0	.075	('68,'69,'71急)
山崎 章弘	(巨)	1	1	2	0	0	0	0	0	0	0	0	0	0	0	0	0	0	0	.000	('87巨)
山﨑晃大朗	(ヤ)	2	10	13	1	2	0	0	0	2	0	0	0	1	0	2	0	5	0	.154	('21,'22ヤ)
山崎 福也	(オ)	3	4	7	1	1	0	0	0	1	0	0	0	0	0	0	0	1	0	.143	('21～'23オ)
山崎慎太郎	(近)	1	2	—	—	—	—	—	—	—	—	—	—	—	—	—	—	—	—	.000	('89近)
山崎 善平	(中)	1	4	4	1	0	0	0	0	0	0	0	0	0	0	0	0	0	0	.000	('54中)
山崎 康晃	(ディ)	1	3	0	0	0	0	0	0	0	0	0	0	0	0	0	0	0	0	.000	('17ディ)
山崎 隆造	(広)	5	30	93	6	16	2	1	0	20	6	2	3	8	1	9	0	14	0	.172	('79,'80,'84,'86,'91広)
山崎 勝己	(ソ)	1	4	3	0	1	0	0	0	1	1	0	0	0	0	1	0	1	0	.333	('11ソ)
山崎颯一郎	(オ)	3	11	0	0	0	0	0	0	0	0	0	0	0	0	0	0	0	0	.000	('21～'23オ)
山崎 裕之	(武)	4	23	86	8	23	6	0	2	34	10	0	1	5	0	10	0	16	3	.267	('70,'74ロ,'82,'83武)
山崎 正之	(巨)	1	6	16	2	3	1	0	1	7	3	1	0	0	0	0	0	5	0	.188	('63巨)
山下 和彦	(近)	1	6	9	1	1	0	0	0	1	0	0	0	0	0	(1) 2	0	4	1	.111	('89近)

日本シリーズ・ライフタイム

選手名	チーム	年数	試合	打数	得点	安打	二塁打	三塁打	本塁打	塁打	打点	盗塁	盗塁刺	犠打	犠飛	四球	死球	三振	併殺打	打率	出場した年度
山下　慶徳	(ヤ)	1	2	2	0	0	0	0	0	0	0	0	0	0	0	0	0	1	1	.000	('78ヤ)
山下　司	(巨)	1	1	0	0	0	0	0	0	0	0	0	0	0	0	0	0	1	0	.000	('69巨)
*山下　輝	(ヤ)	1	1	—	—	—	—	—	—	—	—	—	—	—	—	—	—	—	—	.000	('22ヤ)
山田　和利	(中)	1	3	2	0	0	0	0	0	0	0	0	0	0	0	0	0	1	0	.000	('88中)
山田　潤	(武)	1	1	3	0	0	0	0	0	0	0	0	0	0	0	0	0	1	0	.000	('97武)
山田　勉	(ダ)	2	3	0	0	0	0	0	0	0	0	0	0	0	0	0	0	0	0	.000	('93ヤ,'99ダ)
山田　哲人	(ヤ)	3	18	67	7	10	1	0	5	26	11	1	0	0	0	12	0	21	1	.149	('15,'21,'22ヤ)
*山田　修義	(オ)	1	1	—	—	—	—	—	—	—	—	—	—	—	—	—	—	—	—	.000	('23オ)
山田　久志	(急)	7	21	45	2	6	3	0	0	9	3	0	0	2	0	1	0	19	0	.133	('71,'72,'75〜'78,'84急)
*山田　大樹	(ソ)	1	1	2	0	0	0	0	0	0	0	0	0	0	0	0	0	2	0	.000	('11ソ)
山田　真実	(近)	1	1	0	0	0	0	0	0	0	0	0	0	0	0	0	0	0	0	.000	('89近)
大和(前田大和)	(神)	1	5	16	1	1	0	0	0	1	0	0	0	0	0	0	0	7	0	.063	('14神)
山中　潔	(広)	2	3	0	0	0	0	0	0	0	0	0	0	0	0	0	0	0	0	.000	('84,'86広)
山根　和夫	(武)	4	11	20	2	4	0	0	0	4	0	0	0	2	0	0	0	5	0	.200	('79,'80,'84広,'88武)
*山野　和明	(武)	1	2	1	0	0	0	0	0	0	0	0	0	0	0	0	0	1	0	.000	('93武)
*山部　太	(ヤ)	2	4	0	0	0	0	0	0	0	0	0	0	0	0	0	0	0	0	.000	('95,'97ヤ)
山村　宏樹	(近)	1	1	—	—	—	—	—	—	—	—	—	—	—	—	—	—	—	—	.000	('01近)
山本　和生	(巨)	1	4	5	0	0	0	0	0	0	0	0	0	0	0	0	0	5	0	.000	('76巨)
*山本　和男	(広)	1	1	0	0	0	0	0	0	0	0	0	0	0	0	0	0	0	0	.000	('84広)
山本　一人	(南)	2	6	20	0	8	0	0	0	8	2	0	1	0	0	0	0	0	0	.400	('51,'52南)
*山本　一徳	(日)	1	1	—	—	—	—	—	—	—	—	—	—	—	—	—	—	—	—	.000	('07日)
*山本　一義	(広)	1	5	11	1	1	0	0	0	4	1	0	0	0	1	0	2	0	.091	('75広)
山本　桂	(日)	1	1	0	0	0	0	0	0	0	0	0	0	0	0	0	0	0	0	.000	('81日)
山本　公士	(急)	3	9	2	3	0	0	0	0	0	0	0	2	0	0	0	0	2	0	.000	('67〜'69急)
山本　浩二	(広)	5	35	132	15	33	4	1	7	60	18	1	1	0	1	(2)15	1	14	3	.250	('75,'79,'80,'84,'86広)
山本　功児	(巨)	4	13	12	0	1	0	0	0	1	0	0	0	0	0	0	0	1	0	.083	('76,'77,'81,'83巨)
*山本　樹	(ヤ)	2	6	0	0	0	0	0	0	0	0	0	0	1	0	0	0	0	0	.000	('97,'01ヤ)
*山本　多聞	(南)	1	4	1	1	0	0	0	0	0	0	0	0	0	0	0	0	0	0	.000	('66南)
山本　哲也	(神)	2	7	9	0	1	0	0	0	1	0	0	0	0	0	1	0	1	0	.111	('62,'64神)
山本　八郎	(東)	1	3	6	0	0	0	0	0	0	0	0	0	0	0	0	0	3	0	.000	('62東)
山本　秀一	(西)	1	2	0	0	0	0	0	0	0	0	0	0	0	0	0	0	0	0	.000	('63西)
*山本昌(山本昌広)	(中)	5	6	5	0	0	0	0	0	0	0	0	0	2	0	0	0	2	0	.000	('88,'99,'04,'06,'10中)
山本　泰寛	(巨)	1	2	3	0	0	0	0	0	0	0	0	0	0	0	0	0	0	0	.000	('19巨)
山本　由伸	(オ)	3	5	2	0	0	0	0	0	0	0	0	0	0	0	0	0	1	0	.000	('21〜'23オ)
山森　雅文	(急)	1	5	8	1	3	0	0	0	3	0	0	0	0	0	1	0	0	1	.375	('79,'80,'84急)
湯浅　京己	(神)	1	2	0	0	0	0	0	0	0	0	0	0	0	0	0	0	0	0	.000	('23神)
*雄平(高井雄平)	(ヤ)	1	5	20	1	3	1	0	0	4	0	0	0	0	0	0	0	5	0	.150	('15ヤ)
湯上谷站志	(ダ)	1	1	0	0	0	0	0	0	0	0	0	0	0	0	0	0	1	0	.000	('00ダ)
柚木　進	(南)	4	8	9	0	1	0	0	0	1	0	0	0	0	0	0	0	2	0	.111	('51〜'53,'55南)
行沢　久隆	(武)	6	19	10	1	4	0	0	0	4	0	0	0	0	0	0	0	1	0	.400	('82,'83,'85〜'88武)
弓岡敬二郎	(急)	1	7	22	3	7	1	0	1	11	2	0	0	6	0	3	0	2	0	.318	('84急)
陽岱鋼(仲寿)	(巨)	4	15	36	3	4	1	0	1	8	1	0	0	1	0	1	2	14	0	.111	('07,'12,'16日,'19巨)
横地　久則	(武)	1	1	—	—	—	—	—	—	—	—	—	—	—	—	—	—	—	—	.000	('98武)
横田　由松	(神)	1	6	8	0	0	0	0	0	0	0	0	0	0	0	0	0	1	0	.000	('62神)
横山　光次	(神)	2	7	6	0	3	1	0	0	4	1	0	0	0	0	0	0	1	0	.500	('62,'64神)
横山　道哉	(横)	1	2	—	—	—	—	—	—	—	—	—	—	—	—	—	—	—	—	.000	('98横)
吉井　理人	(ヤ/ロ)	3	7	2	1	1	0	0	0	1	0	0	0	0	0	0	0	0	0	.500	('89近,'95,'97ヤ)
*吉岡　悟	(ロ)	1	1	0	0	0	0	0	0	0	0	0	0	0	0	0	0	0	0	.000	('74ロ)
吉岡　雄二	(近)	1	5	15	1	1	0	0	0	1	0	0	0	0	0	2	0	5	0	.067	('01近)
*吉川　尚輝	(巨)	1	4	10	0	1	0	0	0	1	0	0	0	0	0	0	0	1	0	.100	('20巨)
*吉川　光夫	(日)	2	4	4	0	0	0	0	0	0	0	0	0	0	0	0	0	3	0	.000	('07,'12日)
吉沢　俊幸	(急)	2	5	0	0	0	0	0	0	0	0	0	1	0	0	0	0	0	0	.000	('77,'84急)
*吉竹　春樹	(武)	6	28	48	5	5	1	1	0	8	2	0	0	3	1	0	0	12	1	.104	('85神,'88,'90,'91,'93,'94武)
吉田　和生	(松)	1	4	7	0	1	0	0	0	1	0	0	0	0	—	1	0	1	0	.143	('50松)
吉田　勝豊	(東)	4	15	43	4	9	0	0	2	15	5	2	1	0	0	3	1	14	2	.209	('62東,'65〜'67巨)
*吉田　修司	(ダ)	4	9	1	0	0	0	0	0	0	0	0	0	1	0	0	0	1	0	.000	('89巨,'99,'00,'03ダ)
吉田　孝司	(巨)	6	20	39	2	5	0	0	0	5	2	1	0	0	0	2	0	9	0	.128	('70,'71,'73,'76,'77,'81巨)
吉田　剛	(近)	1	1	—	—	—	—	—	—	—	—	—	—	—	—	—	—	—	—	.000	('96近)
*吉田　正尚	(オ)	2	13	50	7	10	4	0	2	20	6	0	0	0	0	(4)9	1	6	1	.200	('21,'22オ)
吉田　義男	(神)	2	14	61	10	22	5	0	1	30	5	5	2	0	0	(1)1	1	2	4	.361	('62,'64神)
吉田　凌	(オ)	1	2	—	—	—	—	—	—	—	—	—	—	—	—	—	—	—	—	.000	('21オ)
*吉永幸一郎	(巨)	3	7	5	0	1	0	0	0	1	0	0	0	0	0	(1)2	0	1	0	.200	('99,'00ダ,'02巨)
*吉野　誠	(神)	1	3	0	0	0	0	0	0	0	0	0	0	0	0	0	0	0	0	.000	('03神)
吉原　孝介	(巨)	1	3	2	0	0	0	0	0	0	0	0	0	0	0	0	0	1	0	.000	('96巨)
*義原　武敏	(巨)	4	10	3	0	0	0	0	0	0	0	0	0	0	0	0	0	1	0	.000	('56〜'59巨)
吉見　一起	(中)	3	5	2	0	0	0	0	0	0	0	0	0	0	0	0	0	2	0	.000	('06,'10,'11中)
*吉見　祐治	(ロ)	1	1	0	0	0	0	0	0	0	0	0	0	0	0	0	0	0	0	.000	('05ロ)
*吉村　禎章	(巨)	6	21	51	4	15	1	0	1	19	3	0	1	0	0	(1)4	0	6	1	.294	('83,'87,'89,'90,'94,'96巨)
吉村　裕基	(ソ)	3	10	19	3	3	0	0	0	3	0	0	0	0	0	1	0	7	0	.158	('14,'15,'17ソ)
吉本　安徳	(急)	1	1	0	0	0	0	0	0	0	0	0	0	0	0	0	0	0	0	.000	('67急)

選手名	チーム	年数	試合	打数	得点	安打	二塁打	三塁打	本塁打	塁打	打点	盗塁	盗塁刺	犠打	犠飛	四球	死球	三振	併殺打	打率	出場した年度
＊四條　　稔	(オ)	2	6	4	0	0	0	0	0	0	0	0	0	0	0	0	1	1	0	.000	('90巨,'96オ)
与田　順欣	(西)	1	3	0	0	0	0	0	0	0	0	0	0	0	0	0	0	0	0	.000	('63西)
＊与那嶺　要	(巨)	7	40	151	21	47	6	2	5	72	16	2	4	3	0	(2)14	0	11	0	.311	('51〜'53,'56〜'59巨)
＊米崎　薫臣	(近)	1	1	0	0	0	0	0	0	0	0	0	0	0	0	0	0	0	0	.000	('89近)
米田　哲也	(急)	5	14	8	0	2	0	0	0	2	0	0	0	0	0	1	0	2	0	.250	('67〜'69,'71,'72急)
ライ　ト	(巨)	2	5	9	2	2	1	0	1	6	2	0	0	0	0	0	0	2	0	.222	('76,'77巨)
ライトル	(広)	2	14	49	5	14	2	0	3	25	7	0	0	0	0	(1)3	1	9	1	.286	('79,'80広)
ラジオ	(ダ)	1	1	－	－	－	－	－	－	－	－	－	－	－	－	－	－	－	－	.000	('00ダ)
ラ　ド　ラ	(東)	1	6	25	1	4	1	0	0	5	0	0	0	0	0	1	0	4	1	.160	('62東)
ラフィーバー	(ロ)	1	6	19	2	3	2	0	0	5	3	0	0	0	0	3	1	2	1	.158	('74ロ)
ラ　ベ　ロ	(オ)	1	2	6	0	0	0	0	0	0	0	0	0	0	0	1	0	1	1	.000	('21オ)
ラミレス	(巨)	3	18	70	7	17	7	0	4	36	9	0	0	0	0	(1)2	2	13	6	.243	('01ヤ,'08,'09巨)
リ　ガ　ン	(神)	1	4	0	0	0	0	0	0	0	0	0	0	0	0	0	0	0	0	.000	('03神)
リナレス	(中)	1	6	18	7	7	3	0	2	16	2	1	0	0	0	6	1	2	1	.389	('04中)
リ　ベ　ラ	(近)	1	7	24	4	7	2	0	1	12	5	0	0	0	0	4	0	4	1	.292	('89近)
李　　鍾範	(中)	1	5	12	1	2	2	0	0	4	2	0	0	0	0	0	0	5	0	.167	('99中)
林　　威助	(神)	1	1	0	0	0	0	0	0	0	0	0	0	0	0	0	0	0	0	.000	('05神)
レアード	(日)	1	6	22	3	6	0	0	3	15	7	0	0	0	0	2	1	5	0	.273	('16日)
レ　　イ	(楽)	1	1	0	0	0	0	0	0	0	0	0	0	0	0	0	0	0	0	.000	('13楽)
ローガン	(南)	1	7	24	2	6	1	0	1	10	3	0	0	0	2	0	0	2	1	.250	('64南)
R.ローズ	(横)	1	6	21	3	4	3	0	1	10	5	0	0	0	0	5	0	4	0	.190	('98横)
T.ローズ	(近)	1	5	15	2	5	1	0	2	12	7	1	2	0	1	3	1	6	0	.333	('01近)
ロ　　イ	(西)	1	7	23	1	8	2	0	0	10	3	0	0	2	0	3	0	8	0	.348	('63西)
A.ロペス	(ロ)	1	4	13	0	1	0	0	0	1	0	0	0	0	0	0	0	1	0	.077	('70ロ)
J.ロペス	(ディ)	2	13	47	6	11	2	0	2	19	6	0	0	0	0	1	0	11	0	.234	('13巨,'17ディ)
ロ　マ　ン	(ヤ)	1	2	0	0	0	0	0	0	0	0	0	0	0	0	0	0	0	0	.000	('15ヤ)
呂　　明賜	(巨)	1	2	5	0	1	0	0	0	1	1	0	1	0	0	0	0	0	0	.200	('89巨)
ワゲスパック	(オ)	2	7	0	0	0	0	0	0	0	0	0	0	0	0	0	0	1	0	.000	('22,'23オ)
若田部健一	(ダ)	2	3	1	0	0	0	0	0	0	0	0	0	0	0	0	0	1	0	.000	('99,'00ダ)
＊若月　健矢	(オ)	3	12	29	1	7	1	0	0	8	3	0	0	2	1	2	0	7	0	.241	('21〜'23オ)
若林　晃弘	(巨)	2	7	10	1	2	1	0	0	3	0	0	0	0	0	1	1	5	0	.200	('19,'20巨)
若林　忠志	(毎)	1	3	9	0	0	0	0	0	0	0	0	0	0	－	0	1	1	1	.000	('50毎)
若松　　勉	(ヤ)	1	7	27	5	9	0	0	1	12	3	2	1	0	0	4	1	0	0	.333	('78ヤ)
脇谷　亮太	(巨)	3	10	15	2	2	0	1	0	4	2	0	0	0	0	1	0	2	0	.133	('08,'09,'13巨)
涌井　秀章	(武)	1	3	3	0	0	0	0	0	0	0	0	0	0	0	0	0	0	0	.000	('08武)
若生　忠男	(巨)	4	6	4	0	1	0	0	0	1	0	0	0	0	0	0	0	1	0	.250	('57,'58,'63西,'69巨)
若生　智男	(広)	3	6	1	0	0	0	0	0	0	0	0	0	0	0	0	0	1	0	.000	('60毎,'64神,'75広)
渡辺　　清	(洋)	1	4	11	1	4	1	0	0	5	0	0	0	0	0	0	0	1	0	.364	('60洋)
渡辺　俊介	(ロ)	2	3	0	0	0	0	0	0	0	0	0	0	1	0	0	0	0	0	.000	('05,'10ロ)
渡辺　省三	(神)	2	5	1	0	0	0	0	0	0	0	0	0	1	0	0	0	0	0	.000	('62,'64神)
渡辺　　進	(ヤ)	1	2	2	1	0	0	0	0	0	0	0	0	0	0	0	0	1	0	.000	('78ヤ)
渡辺　泰輔	(南)	1	4	5	0	2	0	0	0	2	1	0	0	2	0	0	0	1	0	.400	('66南)
渡邉　大樹	(ヤ)	1	5	0	0	0	0	0	0	0	0	0	0	0	0	0	0	0	0	.000	('21ヤ)
渡辺　　勉	(急)	3	8	1	0	0	0	0	0	0	0	0	0	0	0	0	0	0	0	.000	('75〜'77急)
渡辺　智男	(武)	3	3	1	0	0	0	0	0	0	0	0	0	0	0	0	0	1	0	.000	('90〜'92武)
渡辺　伸彦	(オ)	1	1	－	－	－	－	－	－	－	－	－	－	－	－	－	－	－	－	.000	('95オ)
渡辺　久信	(武)	10	23	21	0	1	1	0	0	2	0	0	0	3	0	1	0	9	0	.048	('85〜'88,'90〜'94,'97武)
渡辺　秀一	(ダ)	2	2	－	－	－	－	－	－	－	－	－	－	－	－	－	－	－	－	.000	('99,'00ダ)
渡辺　秀武	(広)	8	17	4	0	0	0	0	0	0	0	0	0	0	0	0	0	3	0	.000	('66,'67,'69〜'72巨,'79,'80広)
渡辺　弘基	(広)	1	3	0	0	0	0	0	0	0	0	0	0	0	0	0	0	0	0	.000	('75広)
渡邉(渡辺)博幸	(中)	3	10	9	0	1	0	0	0	1	0	0	0	0	0	0	0	5	0	.111	('99,'04,'06中)
＊渡辺　正和	(ダ)	2	5	1	0	0	0	0	0	0	0	0	0	0	0	0	0	0	0	.000	('00,'03ダ)
渡辺　正人	(ロ)	1	2	4	1	1	0	0	0	1	0	0	0	0	0	0	0	1	0	.250	('05ロ)
渡邉　　諒	(神)	1	4	6	1	1	0	0	0	1	1	0	0	0	0	0	0	3	0	.167	('23神)
渡会　純男	(南)	1	1	0	0	0	0	0	0	0	0	0	0	0	0	0	0	0	0	.000	('65南)
和田　一浩	(中)	6	29	98	13	26	5	3	6	55	15	1	0	0	1	13	0	14	6	.265	('97,'98,'02,'04武,'10,'11中)
和田　　毅	(ソ)	5	7	4	0	0	0	0	0	0	0	0	0	1	0	0	0	3	0	.000	('03ダ,'11,'17,'19,'20ソ)
和田博実(博美)	(西)	4	22	48	6	10	1	1	3	22	9	0	0	1	2	1	1	6	0	.208	('56〜'58,'63西)

チーム投手成績

(注) 1963年まで⅓、⅔切り上げ1回。1964年～1982年は⅓切り捨て、⅔切り上げ1回。1983年より⅓、⅔端数まで計算
チーム右の〔 〕内数字は日本シリーズ勝敗。四球欄（ ）内数字は故意四球。自責点欄（ ）内数字はチームは非自
責点、個人は自責点。

巨　人〔22-14〕

年度	試合	完投	交代完了	試合当初	無失点勝	無四球試	勝利	敗北	引分	セーブ	ホールド	HP	勝率	打者	打数	投球回	安打	本塁打	犠打	犠飛	四球	死球	三振	暴投	ボーク	失点	自責点	防御率
1951	5	3	2	2	2	1	4	1	0	-	-	-	.800	166	159	45	36	1	3	-	4	0	21	1	0	7	6	1.2
1952	6	4	2	2	1	0	4	2	0	-	-	-	.667	187	200	52	40	2	1	-	12	0	20	0	0	15	12	2.0
1953	7	3	4	4	2	2	4	2	0	-	-	-	.667	245	▲226	63.1	46	4	5	-	12	1	27	0	0	13	11	1.5
1955	7	3	4	1	1	1	3	4	0	-	-	-	.571	239	219	63	41	4	5	0	10	5	28	0	1	16	13	1.8
1956	7	1	5	5	1	2	2	4	0	-	-	-	.333	215	204	52	60	7	4	1	5	1	35	0	0	27	20	3.4
1957	5	0	5	5	0	1	0	4	1	☆0	-	-	.000	181	164	44.2	37	5	4	2	(1) 10	1	28	0	0	16	14	2.8
1958	7	3	4	4	1	0	3	4	0	-	-	-	.429	244	216	62.1	45	8	5	2	(1) 19	2	36	0	0	23	18	2.5
1959	4	0	4	4	0	0	0	4	0	-	-	-	.000	151	135	35	39	3	1	2	12	1	14	0	0	22	20	5.1
1961	6	1	5	5	0	0	4	2	0	-	-	-	.667	218	192	54	41	10	4	1	18	3	36	3	0	25	18	3.0
1963	7	3	4	4	0	0	4	3	0	-	-	-	.571	261	237	61	61	7	3	3	(1) 17	1	35	3	0	29	24	3.5
1965	5	1	4	4	0	1	4	1	0	-	-	-	.800	180	165	46	35	1	4	2	9	0	32	0	0	15	13	2.5
1966	5	3	3	3	1	0	4	2	0	-	-	-	.667	220	203	58.1	38	7	4	0	(1) 13	0	35	1	0	17	15	2.3
1967	6	2	4	4	1	0	4	2	0	-	-	-	.667	223	207	54	51	6	1	0	15	0	27	0	0	22	22	3.6
1968	6	2	4	4	0	0	4	2	0	-	-	-	.667	231	199	53	46	6	1	3	(2) 27	1	28	1	0	26	22	3.2
1969	6	1	5	5	0	0	4	2	0	-	-	-	.667	226	201	54.2	50	8	4	0	(3) 21	0	22	1	0	21	18	2.9
1970	5	2	3	3	1	1	4	1	0	-	-	-	.800	198	173	48	34	3	2	1	(7) 20	2	33	0	0	14	13	2.4
1971	5	4	1	1	0	0	4	1	0	-	-	-	.800	208	188	54	33	1	1	5	(2) 26	2	20	2	0	15	12	2.0
1972	5	2	3	3	0	0	4	1	0	-	-	-	.800	181	157	44	37	1	1	1	21	1	31	1	0	16	16	3.2
1973	5	3	2	2	0	2	4	1	0	-	-	-	.800	178	162	46	30	1	0	2	(1) 14	0	28	0	1	11	10	1.9
1976	7	0	7	7	0	0	3	4	0	1	-	-	.429	267	235	63	62	6	7	0	(1) 24	1	38	1	0	37	35	5.0
1977	5	0	5	5	0	0	1	4	0	0	-	-	.200	188	166	46	37	2	4	0	(1) 22	1	31	0	0	23	13	2.5
1981	6	4	2	2	0	0	4	2	0	-	-	-	.667	224	202	53.1	52	6	3	0	(2) 17	1	34	0	0	15	13	2.2
1983	7	2	5	5	1	1	3	4	0	-	-	-	.429	259	239	61.2	64	6	3	0	23	2	42	0	0	26	23	3.4
1987	6	1	5	5	1	1	2	4	0	0	-	-	.333	206	181	52	40	6	9	0	(3) 15	1	49	0	0	17	12	2.0
1989	7	2	5	5	1	1	4	3	0	-	-	-	.571	249	221	61	46	8	5	0	(3) 22	1	48	1	0	20	20	2.9
1990	4	0	4	4	0	0	0	4	0	-	-	-	.000	160	131	34	44	4	13	1	24	2	28	0	0	28	25	6.6
1994	6	3	3	3	1	0	4	2	0	-	-	-	.667	233	214	57.1	54	3	8	0	13	2	41	2	0	22	17	3.5
1996	5	0	5	5	0	0	1	4	0	-	-	-	.200	177	154	44	34	1	7	0	16	0	36	0	0	17	15	3.0
2000	6	1	5	5	1	0	4	2	0	-	-	-	.667	207	198	54	40	7	1	0	(1) 20	0	62	0	0	20	18	3.0
2002	4	1	3	3	0	1	4	0	0	-	-	-	1.000	138	129	36	27	4	2	0	6	1	33	1	0	9	9	2.2
2008	7	0	7	7	0	0	3	4	0	1	5	7	.429	255	227	59	52	9	6	0	18	4	56	1	0	23	22	3.3
2009	6	0	6	6	1	0	4	2	0	3	7	9	.667	229	207	53	54	7	5	0	16	1	48	0	0	14	13	2.2
2012	6	0	6	6	1	2	4	2	0	2	6	7	.667	225	203	55.1	44	3	3	0	(1) 18	4	42	3	0	14	13	2.1
2013	7	0	7	7	0	0	3	4	0	2	6	8	.429	270	232	62	62	2	8	0	(1) 33	1	53	1	0	21	19	2.7
2019	4	0	4	4	0	0	0	4	0	-	-	-	.000	170	149	34	34	3	1	1	13	3	31	0	0	26	23	6.0
2020	4	0	4	4	0	0	0	4	0	-	-	-	.000	151	134	34	36	1	1	1	(1) 11	4	31	0	1	26	23	6.0
〔36〕	206	56	150	150☆	20	18	109	95	2	15	21	27	.534	7532	▲6766	1843	1581	180	139	31	(34) 543	52	1230	29	3	712	624	3.0

☆ 0-0の無得点試合

西　武（西鉄）〔13-8〕

年度	試合	完投	交代完了	試合当初	無失点勝	無四球試	勝利	敗北	引分	セーブ	ホールド	HP	勝率	打者	打数	投球回	安打	本塁打	犠打	犠飛	四球	死球	三振	暴投	ボーク	失点	自責点	防御率
1954	7	2	5	5	2	1	3	4	0	-	-	-	.429	238	213	60	43	2	6	1	17	1	32	0	0	15	12	1.8
1956	6	1	5	5	1	0	4	2	0	-	-	-	.667	210	200	53	47	4	0	0	(2) 9	1	39	1	0	24	20	3.4
1957	5	3	2	2	☆0	0	4	0	1	-	-	-	1.000	183	▲165	46	34	5	2	0	(2) 13	1	33	0	0	12	11	2.2
1958	7	2	5	5	1	2	4	3	0	-	-	-	.571	245	232	62	50	5	2	1	8	2	44	0	0	25	23	3.3
1963	7	2	5	5	1	1	3	4	0	-	-	-	.429	261	228	61	56	11	5	1	25	2	36	2	0	40	33	4.8
1982	7	2	5	5	2	0	4	2	0	-	-	-	.667	228	204	54	54	4	1	3	(3) 19	0	26	0	1	18	13	2.1
1983	7	0	7	7	0	0	3	4	0	2	-	-	.571	273	238	63.1	54	8	5	1	(1) 26	3	50	0	0	26	25	3.5
1985	6	0	6	6	0	0	3	3	0	-	-	-	.333	221	194	53	44	10	5	3	17	2	21	1	0	27	25	4.2
1986	8	0	8	8	0	1	4	3	1	3	-	-	.571	310	274	79	56	5	10	2	(5) 22	2	68	0	0	19	17	1.9
1987	6	3	3	3	0	1	4	2	0	-	-	-	.667	209	197	53	47	5	3	0	(1) 10	3	29	2	0	17	14	2.4
1988	5	1	4	4	0	0	4	1	0	-	-	-	.800	174	154	46	30	4	7	1	(1) 10	2	29	2	0	17	14	2.7
1990	4	2	2	2	0	0	4	0	0	-	-	-	1.000	141	126	36	25	4	3	1	10	5	34	1	0	2	1	2.0
1991	7	2	5	5	1	0	3	4	0	-	-	-	.571	251	215	61	43	3	9	0	(2) 25	1	47	1	0	19	16	2.3
1992	7	2	5	5	1	2	3	4	0	-	-	-	.571	278	253	67.2	61	9	5	0	(2) 20	1	44	0	0	30	30	3.9
1993	7	0	7	7	0	0	3	4	0	2	-	-	.429	262	224	62	44	4	3	0	(1) 30	1	51	3	0	24	22	3.1
1994	6	0	6	6	1	0	2	4	0	-	-	-	.333	233	200	56	44	6	8	2	(2) 19	1	49	0	0	21	18	2.8
1997	5	1	4	4	0	0	1	4	0	-	-	-	.200	200	188	51	51	4	7	1	7	2	24	2	0	18	15	2.6
1998	6	1	5	5	1	0	2	4	0	-	-	-	.333	233	204	51	58	4	4	0	(3) 23	2	40	2	1	36	33	5.8
2002	4	0	4	4	0	0	0	4	0	-	-	-	.000	153	136	34	34	3	4	1	(1) 12	5	34	1	0	28	28	7.4
2004	7	0	7	7	0	1	4	3	0	-	-	-	.571	270	234	62	58	5	0	0	(1) 25	6	49	0	0	37	37	5.3
2008	7	1	6	6	0	0	3	4	0	-	-	-	.571	245	219	62.1	44	6	1	1	14	6	52	3	0	20	19	2.7
〔21〕	130	26	104	104☆	15	8	68	60	2	20	2	4	.531	4806	▲4283	1165.1	987	116	99	21	(29) 353	49	837	24	3	475	422	3.2

☆ 0-0の無得点試合

ソフトバンク（南海、ダイエー）〔11－9〕

年度	試合	完投	交代完了	試合当初	無失点勝	無四球試	勝利	敗北	引分	セーブ	ホールド	HP	勝率	打者	打数	投球回	安打	本塁打	犠打	犠飛	四球	死球	三振	暴投	ボーク	失点	自責点	防御率
'51	5	0	5	5	0	0	1	4	0	—	—	—	.200	189	▲160	43	44	6	6	—	22	0	10	2	0	26	24	5.02
'52	6	2	4	4	1	1	2	4	1	—	—	—	.333	225	196	51	58	3	6	—	22	1	11	1	0	27	27	4.76
'53	7	1	6	6	1	0	2	4	1	—	—	—	.333	263	227	63	60	4	11	—	23	2	22	0	0	22	15	2.14
'55	7	0	7	7	2	0	3	4	0	—	—	—	.429	260	226	63	58	2	7	3	(4) 22	2	20	0	0	22	16	2.29
'59	4	2	2	2	1	0	4	0	0	—	—	1.000	151	140	37	36	2	1	0	—	8	2	24	1	0	12	11	2.68
'61	6	2	4	4	1	1	2	4	0	—	—	—	.333	222	198	53.2	48	3	7	0	—	16	1	24	1	0	21	15	2.50
'64	7	3	4	4	3	1	4	3	0	—	—	—	.571	233	220	62	43	6	2	1	—	9	1	43	0	1	19	18	2.61
'65	5	1	4	4	0	0	1	4	0	—	—	—	.200	190	165	44.1	38	6	3	0	(2) 15	4	20	0	0	24	17	3.48
'66	6	1	5	5	0	0	2	4	0	—	—	—	.333	248	214	57	64	8	10	0	(3) 23	1	27	0	0	32	28	4.42
'73	5	1	4	4	0	0	1	4	0	—	—	—	.200	195	163	44	38	7	3	2	(2) 23	4	16	1	1	25	20	4.09
'99	5	1	4	4	3	0	4	1	0	2	—	—	.800	182	158	45	31	2	3	0	—	20	1	31	0	1	12	11	2.20
'00	5	1	4	4	3	0	2	4	0	—	—	—	.333	231	200	53	57	3	7	0	(2) 21	3	36	4	0	32	32	5.43
'03	7	1	6	6	1	3	4	3	0	—	—	—	.571	244	220	63	44	7	7	1	(2) 15	1	40	0	0	18	17	2.43
'11	7	0	7	7	2	0	4	3	0	3	7	7	.571	244	219	65	34	2	5	1	(1) 19	0	58	0	0	9	8	1.11
'14	5	0	5	5	0	0	4	1	0	2	5	7	.800	172	150	45	28	0	3	1	—	18	0	42	0	0	10	10	2.00
'15	5	1	4	4	2	1	4	1	0	1	2	2	.800	172	159	44	29	5	1	0	(2) 13	0	34	0	0	14	12	2.45
'17	6	0	6	6	0	0	4	2	0	2	6	9	.667	224	197	54	47	7	7	1	(1) 18	1	52	0	0	19	19	3.17
'18	6	0	6	6	1	1	4	1	1	3	5	16	.800	229	204	57	50	8	5	1	0	19	0	64	0	0	20	18	2.84
'19	4	0	4	4	0	0	4	0	0	1	3	4	1.000	142	125	36	22	5	1	1	0	14	2	35	2	0	10	10	2.50
'20	4	0	4	4	0	0	4	0	0	1	4	5	1.000	139	▲121	36	16	1	1	1	0	13	3	41	1	0	4	4	1.00
〔20〕	113	16	97	97	20	8	60	51	2	17	42	50	.541	4155	3662	1016	845	92	96	15	(17) 352	29	650	13	3	379	332	2.94

オリックス（阪急）〔5－10〕

年度	試合	完投	交代完了	試合当初	無失点勝	無四球試	勝利	敗北	引分	セーブ	ホールド	HP	勝率	打者	打数	投球回	安打	本塁打	犠打	犠飛	四球	死球	三振	暴投	ボーク	失点	自責点	防御率
'67	6	2	4	4	0	0	2	4	0	—	—	—	.333	232	202	53	53	8	2	1	(1) 24	3	27	0	0	31	31	5.26
'68	6	2	4	4	0	0	2	4	0	—	—	—	.333	231	205	52	58	5	9	1	(2) 18	2	26	2	0	36	34	5.88
'69	6	1	5	5	0	0	2	4	0	—	—	—	.333	235	205	53	50	9	3	1	(2) 17	3	17	1	0	35	28	4.75
'71	5	1	4	4	0	0	1	4	0	—	—	—	.200	176	160	42.2	35	6	1	0	(6) 13	1	20	0	0	24	24	5.02
'72	5	1	4	4	0	0	1	4	0	—	—	—	.200	184	166	43	39	7	0	2	(1) 15	1	13	0	0	25	21	4.40
'75	5	1	4	4	0	0	4	0	2	—	—	1.000	243	217	60	46	6	1	1	(1) 23	1	36	0	0	16	15	2.25
'76	7	2	5	5	0	0	4	3	0	1	—	—	.571	272	232	63	57	8	5	5	(5) 28	2	51	0	0	30	27	3.86
'77	7	5	2	3	3	1	4	1	0	1	—	—	.800	194	173	47.1	39	6	6	0	(2) 12	3	30	0	0	12	12	2.30
'78	7	5	2	2	1	2	3	4	0	—	—	—	.429	264	234	61	64	13	8	1	—	18	3	25	0	0	35	31	4.57
'84	7	2	5	5	0	0	3	4	0	—	—	—	.429	263	227	66	60	10	1	2	(2) 23	3	37	0	0	28	24	3.54
'95	5	0	5	5	0	0	1	4	0	—	—	—	.200	211	183	49.1	48	5	6	3	(3) 18	1	41	2	0	19	18	3.28
'96	5	0	5	5	0	0	4	1	0	—	—	—	.800	199	▲190	46	32	5	6	1	(1) 21	2	35	4	0	12	12	2.35
'21	5	0	5	5	0	0	2	4	0	1	7	9	.333	228	202	55	63	8	4	5	(1) 21	2	58	0	0	19	16	2.62
'22	7	0	7	7	2	0	4	2	1	3	11	13	.667	277	247	65	60	7	2	0	(1) 26	2	71	1	2	22	22	3.05
'23	7	1	6	6	1	0	3	4	0	1	3	3	.429	266	239	61.1	66	2	9	0	(1) 16	2	61	3	0	30	28	4.11
〔15〕	90	19	71	71	6	2	40	47	3	14	21	25	.460	3460	3051	812.2	755	105	67	18	(31) 292	31	548	13	0	375	343	3.80

中　　日〔2－8〕

年度	試合	完投	交代完了	試合当初	無失点勝	無四球試	勝利	敗北	引分	セーブ	ホールド	HP	勝率	打者	打数	投球回	安打	本塁打	犠打	犠飛	四球	死球	三振	暴投	ボーク	失点	自責点	防御率
'54	7	4	3	3	2	1	4	3	0	—	—	—	.571	238	217	61	50	3	0	1	—	19	1	48	0	0	15	14	2.07
'74	7	0	6	6	0	0	2	4	0	—	—	—	.333	231	206	53	58	6	0	—	(4) 16	3	23	1	0	27	24	4.08
'82	6	0	6	6	0	0	2	4	0	—	—	—	.333	239	211	53	68	6	10	1	(2) 14	3	35	2	0	32	25	4.23
'88	5	0	5	5	0	0	1	4	0	—	—	—	.200	181	156	44.2	39	8	10	1	(1) 14	0	35	3	0	25	22	4.43
'99	5	0	5	5	0	0	1	4	0	—	—	—	.200	186	163	44	33	3	3	0	(3) 19	1	37	2	1	19	12	2.45
'04	5	0	5	5	0	0	3	4	0	1	2	0	.429	270	248	62	68	11	2	0	(2) 17	3	52	2	1	32	(1)28	4.06
'06	5	0	5	5	0	0	1	4	0	1	2	0	.200	179	147	42	37	4	13	2	(2) 12	5	28	1	0	20	18	3.86
'07	5	1	4	4	1	1	4	1	0	1	0	0	.800	167	150	44	22	0	3	0	—	13	0	38	0	0	7	7	1.43
'10	7	0	7	7	0	0	2	4	1	1	6	6	.333	309	270	72	76	4	12	4	(3) 18	5	47	4	1	36	34	4.25
'11	7	0	7	7	0	0	3	4	0	1	3	4	.429	257	235	64	55	2	8	0	(1) 13	1	66	0	0	17	15	2.11
〔10〕	60	5	55	55	3	6	23	36	1	9	13	9	.390	2257	2003	539.2	508	51	68	9	(20) 152	25	409	15	3	230	199	3.32

ヤクルト〔6－3〕

年度	試合	完投	交代完了	試合当初	無失点勝	無四球試	勝利	敗北	引分	セーブ	ホールド	HP	勝率	打者	打数	投球回	安打	本塁打	犠打	犠飛	四球	死球	三振	暴投	ボーク	失点	自責点	防御率
'78	7	1	6	6	1	0	4	3	0	—	—	—	.571	274	245	62	68	9	4	0	(2) 23	2	30	3	0	37	35	5.08
'92	7	3	4	4	0	1	3	4	0	—	—	—	.429	273	240	67	58	7	14	2	(1) 15	2	37	1	0	27	25	3.36
'93	7	0	7	7	1	0	4	3	0	3	—	—	.571	263	224	62	52	8	1	1	(1) 26	4	47	2	0	27	24	3.48

年度	試合	完投	交代完了	試合当初	無失点勝	無四球試	勝利	敗北	引分	セーブ	ホールド	HP	勝率	打者	打数	投球回	安打	本塁打	犠打	犠飛	四球	死球	三振	暴投	ボーク	失点	自責点	防御率
1995	5	0	5	5	0	0	4	1	0	2	-	-	.800	211	176	51	37	4	9	1	(1)23	2	37	2	0	11	10	1.7
1997	5	1	4	4	2	0	4	1	0	2	-	-	.800	184	157	45.1	36	4	1		(2)20	2	42	0	0	10	8	1.5
2001	5	0	5	5	1	0	4	1	0	2	-	-	.800	173	152	44	26	4	2	1	(1)16	2	39	1	0	14	13	2.6
2015	5	0	5	5	0	0	1	4	0	0	3	4	.200	194	166	43	47	7	4	0	19	5	40	2	1	23	11	2.3
2021	6	1	5	5	1	1	4	2	0	2	6	8	.667	229	204	56	49	3	8	0	(3)15	2	47	0	0	16	13	2.0
2022	7	0	7	7	0	0	2	4	1	1	8	8	.333	284	243	64.2	60	3	9	1	(3)25	6	51	1	0	22	15	2.0
〔9〕	54	6	48	48	6	2	30	23	1	13	17	20	.566	2085	1807	495	433	46	62	7	(14)182	27	370	14	1	187	164	2.9

広 島〔3-5〕

年度	試合	完投	交代完了	試合当初	無失点勝	無四球試	勝利	敗北	引分	セーブ	ホールド	HP	勝率	打者	打数	投球回	安打	本塁打	犠打	犠飛	四球	死球	三振	暴投	ボーク	失点	自責点	防御率
1975	6	1	5	5	0	0	0	4	2	0	-	-	.000	250	223	58	60	6	5	0	16	6	42	0	0	28	27	4.1
1979	7	2	5	5	1	0	4	3	0	0	-	-	.571	242	209	60	43	5	8	2	(5)19	4	30	0	0	23	21	3.3
1980	7	2	5	5	0	0	3	0	1		-	-	.571	270	240	65	61	4	3	1	(3)25	1	52	0	0	29	27	3.7
1984	7	2	5	5	0	0	4	3	0		-	-	.571	267	232	62	66	6	7	3	(2)14	3	41	0	0	28	27	3.9
1986	8	1	7	7	0	0	3	4	1		-	-	.429	318	286	79.1	64	5	10	0	(4)18	4	46	0	0	19	18	2.0
1991	7	0	7	7	1	0	3	4	0		-	-	.429	255	220	60	53	8	11	0	(1)22	2	49	1	0	30	25	3.7
2016	7	0	6	6	0	0	2	4	0	0	6	6	.333	231	193	53.1	44	5	9	1	25	3	48	2	0	24	20	3.3
2018	6	0	6	6	0	0	1	4	0	0	7	7	.200	234	200	55	43	7	6	0	(5)22	3	47	1	0	23	21	3.4
〔8〕	54	8	46	46	3	0	21	29	4	6	13	13	.420	2067	1803	492.2	434	46	62	7	(20)171	24	351	5	0	204	186	3.4

日 本 ハ ム（東映）〔3-4〕

年度	試合	完投	交代完了	試合当初	無失点勝	無四球試	勝利	敗北	引分	セーブ	ホールド	HP	勝率	打者	打数	投球回	安打	本塁打	犠打	犠飛	四球	死球	三振	暴投	ボーク	失点	自責点	防御率
1962	7	1	6	6	0	2	4	2	1	-	-	-	.667	288	269	72.1	63	3	2	2	(2)14	1	39	0	0	23	19	2.3
1981	6	0	6	6	0	0	2	4	0	1	-	-	.333	239	208	52	59	12	2	1	(2)25	3	32	2	0	32	(1)27	4.6
2006	5	0	5	5	1	1	4	1	0	0	3	6	.800	178	155	44	36	2	6	0	(1)15	2	31	0	0	8	8	1.6
2007	5	1	4	4	0	0	1	4	0	0	0	0	.200	180	149	42	34	2	3	3	(1)23	2	42	2	0	23	22	4.7
2009	6	0	6	6	0	0	2	4	0	1	3	3	.333	212	197	52.1	50	8	2	3	(1)8	2	29	3	0	22	19	3.2
2012	6	0	6	6	0	0	1	5	0	1	5	6	.333	237	208	54	59	4	7	2	17	3	44	2	0	26	25	4.1
2016	6	0	6	6	0	0	2	4	0	1	2	6	.667	223	188	53	42	5	7	2	(7)26	0	48	5	0	19	(1)18	2.3
〔7〕	41	2	39	39	2	6	19	21	1	6	16	21	.475	1557	1374	369.2	343	36	32	10	128	13	265	14	0	153	134	3.2

阪 神〔2-5〕

年度	試合	完投	交代完了	試合当初	無失点勝	無四球試	勝利	敗北	引分	セーブ	ホールド	HP	勝率	打者	打数	投球回	安打	本塁打	犠打	犠飛	四球	死球	三振	暴投	ボーク	失点	自責点	防御率
1962	7	1	6	6	1	1	2	4	1	-	-	-	.333	281	252	72	54	6	8	1	(6)20	1	50	1	0	25	23	2.8
1964	7	2	5	5	0	1	3	4	0	-	-	-	.429	254	232	62.1	62	4	6	1	(1)11	1	41	0	0	22	20	2.8
1985	6	2	4	4	1	0	4	2	0	-	-	-	.667	222	196	54	49	7	6	0	(2)20	0	29	0	0	16	16	2.6
2003	7	0	7	7	0	0	3	4	0	-	-	-	.429	272	238	61.2	67	11	5	1	23	5	58	1	1	37	35	5.1
2005	4	0	4	4	0	0	0	4	0	0	0	0	.000	149	135	32.1	44	9	2	1	9	2	24	0	0	33	31	8.6
2014	5	0	5	5	0	0	1	4	0	0	1	1	.200	182	162	43.2	39	2	9	1	(1)9	1	40	3	0	15	15	3.0
2023	7	0	7	7	1	0	4	3	0	0	3	6	.571	259	232	61	58	5	7	2	(10)16	2	41	0	0	24	19	2.8
〔7〕	43	5	38	38	3	2	17	25	1	2	4	7	.405	1619	1447	387	373	44	43	10	(10)108	11	286	9	1	172	159	3.7

ロ ッ テ（毎日、大毎）〔4-2〕

年度	試合	完投	交代完了	試合当初	無失点勝	無四球試	勝利	敗北	引分	セーブ	ホールド	HP	勝率	打者	打数	投球回	安打	本塁打	犠打	犠飛	四球	死球	三振	暴投	ボーク	失点	自責点	防御率
1950	6	4	2	2	0	0	4	2	0	-	-	-	.667	243	223	58.1	48	3	1	-	18	1	15	0	0	24	20	3.0
1960	4	1	3	3	0	0	0	4	0	-	-	-	.000	140	127	34	31	2	4	0	7	2	19	0	0	11	8	2.2
1970	5	1	4	4	0	0	1	4	0	-	-	-	.200	204	178	47	50	9	5	1	(3)18	2	18	0	1	23	20	3.8
1974	6	2	4	4	1	0	4	2	0	1	-	-	.667	216	▲197	54.1	41	7	4	0	11	0	40	0	0	20	18	3.0
2005	4	0	4	4	0	0	4	0	0	0	3	3	1.000	124	116	34	22	0	0	1	7	0	25	1	0	4	4	1.0
2010	7	1	6	6	0	0	4	2	1	1	9	10	.667	308	269	73	69	4	7	6	(5)23	3	65	1	0	32	28	3.4
〔6〕	32	11	21	21	2	0		3	12	13			.548	1235	1110	300.2	261	25	23	9	84	8	182	2	1	114	98	2.9

近　鉄〔0－4〕

年度	試合	完投	交代完了	試合当初	無失点勝	無四球試	勝利	敗北	引分	セーブ	ホールド	HP	勝率	打者	打数	投球回	安打	本塁打	犠打	犠飛	四球	死球	三振	暴投	ボーク	失点	自責点	防御率
1979	7	3	4	4	1	1	3	4	0	0	－	－	.429	227	207	60	47	6	4	1	(1) 12	3	48	0	0	17	16	2.40
1980	7	3	4	4	1	0	3	4	0	0	－	－	.429	262	236	64	49	9	4	0	(1) 21	1	35	2	0	28	26	3.66
1989	7	1	6	6	1	0	3	4	0	0	－	－	.429	254	223	61	54	8	5	1	(2) 25	0	31	0	0	28	26	3.84
2001	5	0	5	5	0	0	1	4	0	1	－	－	.200	200	161	42	51	5	7	1	(4)(8) 26	5	34	3	0	28	28	6.00
〔4〕	26	7	19	19	2	1	10	16	0	2	－	－	.385	943	827	227	201	28	20	3	84	9	148	5	0	101	96	3.81

ＤｅＮＡ（大洋、横浜）〔2－1〕

年度	試合	完投	交代完了	試合当初	無失点勝	無四球試	勝利	敗北	引分	セーブ	ホールド	HP	勝率	打者	打数	投球回	安打	本塁打	犠打	犠飛	四球	死球	三振	暴投	ボーク	失点	自責点	防御率
1960	4	0	4	4	2	0	4	0	0	－	－	－	1.000	125	36	26	2	2	0	(2) 14	0	23	0	0	7	7	1.75
1998	6	1	5	5	1	0	4	0	0	－	－	－	.667	217	188	52	45	5	8	0	21	0	27	0	0	19	19	3.29
2017	6	0	6	6	1	0	2	4	0	1	7	8	.333	230	192	53.2	42	4	10	1	(2)(4) 25	2	51	3	0	25	22	3.69
〔3〕	16	1	15	15	4	0	10	6	0	2	7	8	.625	588	505	141.2	113	11	20	1	60	2	101	3	0	53	48	3.05

松　竹〔0－1〕

年度	試合	完投	交代完了	試合当初	無失点勝	無四球試	勝利	敗北	引分	セーブ	ホールド	HP	勝率	打者	打数	投球回	安打	本塁打	犠打	犠飛	四球	死球	三振	暴投	ボーク	失点	自責点	防御率
1950	6	3	3	3	0	0	2	4	0	－	－	－	.333	248	216	57.2	53	3	4	－	27	1	13	0	0	28	23	3.57

楽　天〔1－0〕

年度	試合	完投	交代完了	試合当初	無失点勝	無四球試	勝利	敗北	引分	セーブ	ホールド	HP	勝率	打者	打数	投球回	安打	本塁打	犠打	犠飛	四球	死球	三振	暴投	ボーク	失点	自責点	防御率
2013	7	2	5	5	1	1	4	3	0	1	1	2	.571	258	225	63	41	5	5	1	(1) 22	5	62	1	0	16	15	2.14

◇ ─── ◇ ─── ◇ ─── ◇ ─── ◇

日本シリーズ出場回数

セ				パ			
巨　　　人	(38)	36	㉒	西　武（西鉄）	(23)	21	⑬
中　　　日	(9)	10	②	ソフトバンク（南・ダ）	(19)	20	⑪
ヤクルト		9	⑥	オリックス（阪急）		15	⑤
広　　　島	(9)	8	③	日本ハム（東映）		7	③
阪　　　神	(6)	7	②	ロッテ（毎日・大毎）	(5)	6	④
DeNA（大洋・横浜）	(2)	3	②	近　　　鉄		4	－
松　　　竹		1	－	楽　　　天		1	①

（　）内数字はレギュラーシーズン優勝回数
○　内数字は日本シリーズ優勝回数

優勝回数

一リーグ		
巨　　　人		9
阪　　　神		4
南　　　海		2

個 人 投 手 成 績 (50音順)

チーム－登板した最終年度に所属したもの。　年数－実際に登板した年の合計。

選手名	チーム	年数	試合	完投	交代完了	試合当初	無失点勝	無四球試	勝利	敗北	セーブ	ホールド	HP	勝率	打者	投球回	安打	本塁打	犠打	犠飛	四球	死球	三振	暴投	ボーク	失点	自責点	防御率
アドゥワ誠	(広)	1	1	0	0	0	0	0	0	0	0	0	－	－	.000	4	1	0	0	0	0	1	0	1	0	0	0	0	0.00
愛敬尚史	(近)	1	1	0	0	0	0	0	0	0	0	0	－	－	.000	5	1	3	0	0	0	0	0	2	0	0	2	2	18.00
*青木高広	(巨)	1	3	0	2	0	0	0	0	0	0	0	－	－	.000	13	2.2	4	0	0	0	(1)1	0	1	0	0	1	1	3.38
青柳晃洋	(神)	1	1	0	0	1	0	0	0	0	0	0	0	0	.000	19	4.2	4	0	0	0	1	0	3	0	0	1	1	1.93
秋山登	(洋)	1	4	0	3	0	0	0	2	0	－	－	－	－	1.000	61	16.1	12	0	0	0	(1)5	0	10	0	0	1	1	0.55
秋吉亮	(ヤ)	1	3	0	0	0	0	0	0	0	0	0	－	－	.000	19	4.2	5	1	1	0	1	0	6	0	0	2	2	3.86
浅尾拓也	(中)	2	9	0	2	0	0	0	1	1	1	1	2	.500	60	14	11	0	3	0	(2)5	1	16	0	0	3	3	1.93
朝倉健太	(中)	3	4	0	2	2	0	0	1	1	0	0	－	.500	64	16.1	14	0	3	1	(1)3	0	6	0	0	5	5	2.76
浅野啓司	(巨)	1	3	0	1	0	0	0	1	1	0	0	－	.500	21	4.1	6	0	0	0	2	0	5	0	0	5	5	11.25
東哲平	(オ)	1	2	0	1	1	0	0	1	0	－	－	－	1.000	25	6	7	0	0	0	3	0	3	0	0	2	2	3.00
足立光宏	(急)	9	26	7	3	12	2	1	9	5	0	－	－	.643	519	124	117	15	6	4	(6)23	9	46	1	0	63	57	4.14
足立	(急)	1	1	0	1	0	0	0	0	0	0	0	－	－	.000	3	1	0	0	0	0	0	0	0	0	0	0	0	0.00
安仁屋宗八	(広)	1	1	0	1	0	0	0	0	0	0	0	－	－	.000	2	0.1	0	0	0	0	0	0	0	0	0	0	0	0.00
安部和春	(西)	1	4	0	2	0	0	0	0	1	0	0	－	.500	45	9.1	11	3	1	0	5	1	4	1	0	10	7	6.75
阿部翔太	(オ)	2	6	0	2	0	0	0	0	0	0	1	0	.000	30	6	8	1	0	0	4	0	5	0	0	5	5	7.50
新垣渚	(ダ)	1	2	0	2	0	0	0	0	0	0	0	－	－	.000	14	3.1	3	1	0	0	1	0	1	0	0	2	2	5.40
荒木大輔	(ヤ)	2	3	0	0	3	0	0	1	1	0	0	－	.500	72	16	16	3	5	1	3	2	4	0	0	9	7	3.94
*荒巻淳	(毎)	2	4	0	2	1	0	0	0	1	0	0	－	.500	56	12	15	2	0	0	3	0	8	0	0	10	9	6.75
有原航平	(日)	1	1	0	0	1	0	0	0	0	0	0	0	0	.000	27	7	4	1	0	0	2	0	4	0	0	2	2	2.57
*阿波野秀幸	(横)	3	8	1	0	1	0	0	2	1	0	－	－	.667	83	21.2	14	1	1	0	(1)9	3	22	0	0	5	5	2.08
安藤元博	(東)	3	1	0	1	0	0	0	1	0	－	－	－	1.000	57	15.2	10	1	0	0	7	0	7	0	0	5	5	2.87
安藤優也	(神)	3	7	0	1	1	0	0	1	2	0	－	－	.333	59	12.1	13	2	2	0	9	0	10	0	0	9	9	6.57
飯尾為男	(毎)	1	1	0	0	0	0	0	0	0	0	0	－	－	.000	5	1	0	0	0	0	2	0	0	0	0	0	0	0.00
五十嵐英樹	(横)	1	1	0	0	0	0	0	0	0	0	0	－	－	.000	6	1	3	2	0	0	0	0	0	0	0	3	3	27.00
五十嵐亮太	(ソ)	4	7	0	2	0	0	0	1	1	0	2	3	.500	35	8	8	3	0	0	3	0	7	0	0	7	7	7.88
*井川慶	(神)	2	3	0	0	0	0	0	0	0	0	0	－	－	.000	81	17.2	26	4	0	1	2	2	24	0	0	12	12	6.11
井口和朋	(神)	1	2	0	0	0	0	0	0	0	0	0	0	0	.000	8	2	1	0	1	0	1	0	2	0	0	0	0	0.00
池上誠一	(近)	1	1	0	0	0	0	0	0	0	0	0	－	－	.000	5	0.2	1	0	0	0	2	0	1	0	0	0	0	0.00
池谷公二郎	(広)	3	7	0	0	5	0	0	1	1	0	0	－	.200	102	22	29	3	2	0	10	0	18	0	0	21	20	8.18
池田親興	(神)	1	1	0	1	0	1	0	1	0	0	0	－	1.000	51	12	13	1	1	0	2	0	9	0	0	4	4	3.00
*石井一久	(武)	6	9	1	1	1	1	0	3	2	0	0	－	.600	145	36.1	18	3	4	0	18	2	43	3	0	9	9	2.23
石井茂雄	(急)	4	10	0	2	2	0	0	0	0	0	0	－	.000	92	19.2	23	1	3	0	(2)12	0	2	0	0	13	12	5.49
石井貴	(武)	4	8	0	0	4	0	0	3	1	0	0	－	.750	120	31	26	1	2	0	5	0	19	0	1	13	12	3.48
石井毅	(武)	2	3	0	0	0	0	0	0	0	0	0	－	－	.000	21	5	4	1	1	0	1	0	2	0	0	2	2	3.60
石井丈裕	(武)	5	11	2	4	1	0	0	2	1	0	0	－	.667	158	41	26	2	3	2	(1)6	2	36	0	0	8	4	0.88
石井大智	(神)	1	3	0	0	0	0	0	0	0	0	1	1	.000	11	2.1	3	0	0	0	1	0	2	0	0	0	0	0.00
*石井弘寿	(ヤ)	1	3	0	0	0	0	0	0	0	0	0	1	0	.000	3	1	0	0	0	0	1	0	0	0	0	0	0	0.00
*石井裕也	(日)	4	8	0	0	0	0	0	0	0	0	1	1	.000	24	5	6	0	3	0	3	0	5	0	0	6	6	10.80
石川克彦	(中)	1	2	0	0	0	0	0	0	1	0	0	－	.500	57	13.1	12	0	0	1	6	0	12	0	0	4	4	2.57
石川柊太	(ソ)	4	7	0	0	1	0	0	1	0	0	1	4	1.000	50	12.2	8	1	1	3	3	1	14	0	0	3	3	2.13
*石川雅規	(ヤ)	3	4	0	0	4	0	0	1	3	0	0	0	.250	81	19.1	18	2	0	0	7	1	14	0	0	9	7	3.26
石川緑	(神)	2	5	0	1	0	0	0	1	0	0	0	－	1.000	38	10	7	1	1	0	0	0	6	0	0	2	2	1.80
石毛博史	(神)	3	5	0	2	0	0	0	0	1	0	1	－	.000	27	6.1	3	1	0	0	5	0	4	0	0	1	1	1.42
*石田健大	(デ)	1	1	0	0	0	0	0	0	0	0	0	－	－	.000	23	4.2	6	1	1	1	2	0	2	2	0	4	4	7.71
*石貫宏臣	(広)	1	3	0	0	0	0	0	0	0	0	0	－	－	.000	16	2.2	2	1	1	0	(1)5	0	1	0	0	1	1	3.38
石原碩夫	(東)	1	1	0	0	0	0	0	0	0	－	－	－	－	.000	5	2	2	0	0	0	1	0	0	0	0	1	1	9.00
*石本貴昭	(近)	1	1	0	0	0	0	0	0	0	0	0	－	－	.000	2	0.1	0	0	0	0	0	0	0	0	0	0	0	0.00
石山泰稚	(ヤ)	3	11	0	0	0	0	0	0	0	0	3	4	1.000	50	11.1	15	0	2	0	1	0	16	0	0	3	3	2.38
一岡竜司	(ヤ)	1	1	0	0	0	0	0	0	0	0	0	－	－	.000	14	3.2	2	0	0	0	1	0	3	0	0	0	0	0.00
*市村則紀	(武)	1	2	0	0	0	0	0	0	0	0	0	－	－	.000	2	+	2	0	0	0	0	0	1	0	0	0	0	—
井筒研一	(松)	1	1	0	0	0	0	0	0	0	0	0	－	－	.000	20	5	6	0	0	－	2	0	0	0	0	1	1	1.80
伊東昭光	(ヤ)	3	9	0	4	1	0	0	0	2	0	0	－	.000	87	20.2	17	3	0	0	8	1	9	0	0	12	11	4.79
伊藤隆偉	(オ)	1	3	0	1	0	0	0	0	0	0	0	－	－	.000	55	13.1	10	1	4	0	(1)4	0	12	1	0	3	3	2.03
伊藤智仁	(ヤ)	1	3	0	2	0	0	0	0	0	0	0	－	－	.000	11	3	2	0	0	0	1	0	4	0	0	0	0	0.00
伊藤宏光	(神)	1	2	0	0	0	0	0	0	0	0	0	－	－	.000	27	6	4	1	0	0	4	0	4	0	0	2	2	3.00
伊藤将司	(神)	1	2	0	0	1	0	0	1	1	0	0	0	.500	30	8	6	1	0	0	3	0	6	0	0	4	2	2.25
*伊藤芳明	(巨)	3	6	1	0	2	0	0	0	2	0	0	－	.000	114	25.1	32	4	1	0	(1)10	0	19	2	0	16	16	5.68
伊藤義弘	(ロ)	1	1	0	0	0	0	0	0	0	0	0	1	.500	23	6	3	0	1	0	2	0	7	0	0	1	1	1.50
糸数敬作	(日)	1	1	0	0	1	0	0	0	0	0	0	0	0	.000	22	5	6	0	3	0	2	0	7	0	0	5	5	9.00
稲尾和久	(西)	4	18	9	4	4	2	2	11	4	－	－	－	.733	436	113.2	82	10	4	2	(3)19	0	84	0	0	35	31	2.45
稲葉光雄	(急)	3	4	0	1	2	0	0	0	0	0	0	－	.000	49	11.1	10	1	1	0	7	0	6	0	0	5	5	3.97
井納翔一	(デ)	1	3	0	1	0	0	0	0	0	0	1	1	.000	29	5.2	7	1	2	0	4	0	3	0	0	6	6	9.53
井上慎一	(南)	1	2	0	1	0	0	0	0	0	0	0	－	－	.000	10	1	3	0	0	0	4	0	1	0	0	2	2	18.00
*井上善夫	(西)	1	1	0	1	0	0	0	0	0	0	0	－	－	.000	21	6	2	0	1	0	(1)3	0	3	0	0	3	3	4.50
井原慎一朗	(ヤ)	1	4	0	1	0	0	0	0	0	0	0	－	1.000	43	9.2	9	0	1	0	(1)4	1	3	0	0	2	2	1.86

選手名	チーム	年数	試合	完投	交代完了	試合当初	無失点勝	無四球試	勝利	敗北	セーブ	ホールド	HP	勝率	打者	投球回	安打	本塁打	犠打	犠飛	四球	死球	三振	暴投	ボーク	失点	自責点	防御率
今井雄太郎	(急)	2	5	1	0	3	0	0	1	2	0	—	—	.333	121	28	35	2	3	1	(1)8	1	8	0	0	19	15	4.82
*今永 昇太	(デ)	1	2	0	0	1	0	0	0	0	0	—	—	.000	51	13	7	1	2	0	5	0	21	0	0	3	3	2.08
今村 猛	(広)	2	7	0	0	0	0	0	0	0	0	4	4	.000	27	6.1	4	0	2	1	3	0	7	0	0	2	2	2.84
*今村 信貴	(巨)	1	3	0	0	1	0	0	0	0	0	—	—	.000	23	4.2	7	1	0	0	2	0	2	0	0	4	3	5.79
井本 隆	(近)	2	7	3	1	3	0	1	2	3	0	—	—	.400	183	47	29	6	4	1	(1)14	1	29	1	0	16	14	2.68
伊良部秀輝	(神)	1	2	0	0	2	0	0	0	2	0	—	—	.000	30	5	12	2	0	0	2	1	2	0	0	8	7	12.60
入来 智	(ヤ)	1	1	0	0	1	0	0	1	0	—	—	—	1.000	18	5	2	0	0	0	2	0	6	0	0	1	1	1.80
入谷 正典	(巨)	1	1	1	0	1	1	1	1	0	—	—	—	1.000	32	9	5	0	0	—	0	0	6	0	0	0	0	0.00
岩隈 久志	(近)	1	1	1	0	0	0	1	0	1	0	—	—	.000	14	2.1	4	0	1	0	2	1	1	0	0	3	3	11.57
岩嵜 翔	(ソ)	3	6	0	1	0	0	0	0	0	0	2	2	.000	21	6	3	0	1	0	0	0	6	0	0	0	0	0.00
*岩貞 祐太	(神)	1	2	0	1	0	0	0	0	0	0	—	—	.000	8	2	3	0	1	0	0	0	3	0	0	0	0	0.00
*岩崎 優	(神)	1	3	0	3	0	0	0	0	0	0	0	1	1.000	10	2.1	3	1	1	0	0	0	1	0	0	1	1	3.86
岩瀬 仁紀	(中)	6	20	0	14	0	0	0	0	0	6	2	2	.000	64	17.2	6	0	1	0	(1)5	0	19	0	0	2	2	2.00
*岩田 稔	(神)	1	1	0	0	1	0	0	0	0	—	—	—	.000	31	7	6	0	2	0	(1)4	0	6	0	0	2	2	2.57
ウィーランド	(デ)	1	1	0	0	1	0	0	0	0	—	—	—	.000	24	5.1	6	0	1	0	3	0	5	0	0	3	3	5.06
*ウィリアムス	(神)	2	4	0	3	0	0	0	1	0	0	—	—	1.000	17	5.1	1	0	1	0	1	0	10	0	0	0	0	0.00
ウルフ	(日)	1	1	0	0	1	0	0	1	0	0	—	—	1.000	22	5	5	0	0	0	3	1	3	1	0	2	2	3.60
上原 晃	(中)	1	2	0	1	0	0	0	0	0	0	—	—	.000	15	3	4	1	0	2	1	0	2	1	0	3	3	9.00
上原 浩治	(巨)	3	4	1	0	3	0	0	2	1	0	—	—	.667	109	27	26	4	0	0	3	1	33	0	0	8	7	2.33
牛島 和彦	(中)	1	4	0	3	0	0	0	1	0	1	—	—	1.000	22	5	5	1	2	0	1	0	5	0	0	2	2	3.60
宇田 東植	(日)	1	1	0	0	0	0	0	0	0	0	—	—	.000	5	1	0	0	1	0	0	0	1	0	0	1	1	9.00
宇田川優希	(オ)	2	9	0	0	0	0	0	1	0	0	4	5	1.000	41	10	5	0	2	0	5	0	16	1	0	2	2	1.80
内 竜也	(中)	1	4	0	0	0	0	0	0	0	0	3	3	.000	31	8	6	0	1	0	1	0	13	0	0	0	0	0.00
内山 智之	(武)	1	1	0	0	0	0	0	0	0	0	—	—	.000	9	2.2	3	1	1	0	1	0	0	0	0	1	1	3.38
内海 哲也	(巨)	4	9	0	0	7	0	0	5	1	0	—	—	.833	192	48	45	2	4	0	6	3	37	1	0	12	12	2.25
*エスコバー	(デ)	1	4	0	1	0	0	0	0	1	0	1	1	.000	18	4.1	2	0	1	0	(1)1	0	3	0	0	1	1	2.08
*江川 卓	(巨)	3	7	2	1	4	0	0	2	3	0	—	—	.400	176	40.2	46	7	5	1	(1)7	1	26	0	0	21	18	3.98
*江草 仁貴	(神)	1	1	0	1	0	0	0	0	0	0	—	—	.000	14	2.2	5	1	0	0	1	0	3	0	0	4	4	13.50
江尻慎太郎	(日)	1	1	0	1	0	0	0	0	0	0	—	—	.000	11	2.1	2	0	0	0	1	0	1	0	0	0	0	0.00
江田 貢一	(松)	1	2	0	0	2	0	0	0	0	—	—	—	.000	32	5.2	11	0	0	—	5	0	0	0	0	10	10	15.00
江藤 正	(南)	2	5	1	1	1	0	1	1	1	—	—	—	.500	77	17.2	22	2	—	5	0	4	0	0	6	6	3.00
*江夏 豊	(南)	3	9	0	6	0	0	0	1	1	—	—	—	.500	74	18.2	15	3	0	2	(1)6	1	17	1	0	8	(1)8	3.79
江本 孟紀	(南)	1	3	1	1	1	0	0	1	1	—	—	—	.500	55	13	9	2	0	1	8	1	5	0	1	9	5	3.46
遠藤 政隆	(中)	1	1	0	0	0	0	0	0	0	—	—	—	.000	3	0.1	0	0	0	0	1	0	0	0	0	0	0	0.00
オビスポ	(巨)	1	1	0	1	0	0	0	0	0	0	—	—	1.000	23	6	4	3	0	0	4	0	4	0	0	3	3	4.50
オンドルセク	(ヤ)	1	3	0	3	0	0	0	0	0	0	—	—	.000	12	2.2	1	0	0	0	1	0	3	1	0	1	1	5.40
呉 昇桓	(神)	1	3	0	3	0	0	0	0	0	1	3		.000	6	1.2	1	0	0	0	1	0	3	0	0	1	1	5.40
大石 清	(急)	3	10	0	2	0	0	0	1	1	—	—	—	.500	66	15.2	13	3	2	1	(1)6	1	8	0	0	11	11	6.19
大石 正彦	(洋)	1	1	0	0	0	0	0	0	0	—	—	—	.000	3	1	0	0	1	0	0	0	0	0	0	0	0	0.00
*大江 竜聖	(巨)	1	2	0	1	0	0	0	0	0	0	—	—	.000	9	1.2	2	0	0	0	2	0	4	0	0	0	0	0.00
大神 武俊	(南)	3	8	1	3	2	1	0	1	0	—	—	—	.500	111	24.2	29	0	4	0	12	3	11	0	0	10	9	3.24
*大島 信雄	(中)	2	5	2	2	1	0	0	1	3	—	—	—	.250	145	34.1	27	1	1	0	14	1	9	0	0	10	8	2.06
大瀬良大地	(広)	2	4	0	2	2	0	0	0	1	0	—	—	.000	50	12.1	9	0	2	0	5	0	13	0	0	6	5	3.65
*太田 紘一	(近)	1	2	0	0	0	0	0	0	0	—	—	—	.000	6	1.1	2	1	0	0	2	0	0	0	0	1	1	9.00
太田 幸司	(近)	1	1	0	0	0	0	0	0	0	—	—	—	.000	7	2	1	0	0	0	1	0	4	0	0	1	1	4.50
大竹 寛	(巨)	2	3	0	1	0	0	0	0	0	0	—	—	.000	11	1	6	1	0	0	1	0	0	0	0	5	2	18.00
*大竹耕太郎	(神)	2	2	0	0	1	0	0	0	0	—	—	—	.000	27	7	7	1	0	0	0	0	6	0	0	1	1	1.29
大谷 翔平	(日)	1	1	0	0	1	0	0	0	0	—	—	—	.000	27	6	5	2	0	0	4	0	11	0	0	3	3	4.50
大津 守	(西)	1	3	0	1	0	0	0	0	1	—	—	—	.500	48	10.2	12	1	1	1	4	0	3	0	0	6	5	4.09
大塚 晶文	(近)	1	2	0	1	0	0	0	0	0	0	—	—	.000	8	2.1	0	0	0	0	0	0	5	0	0	0	0	0.00
大隣 憲司	(ソ)	1	1	0	0	1	0	0	1	0	—	—	—	1.000	23	7	3	0	0	0	2	0	4	0	0	0	0	0.00
大友 工	(巨)	7	19	4	9	4	2	0	4	5	—	—	—	.444	301	79.1	63	3	4	0	10	5	43	1	0	23	20	2.25
大西 広樹	(ヤ)	2	3	0	0	0	0	0	0	0	0	—	—	.000	17	3.1	5	0	0	0	3	0	3	0	0	2	2	5.40
大沼 幸二	(武)	1	1	0	1	0	0	0	1	0	—	—	—	1.000	18	3.2	7	1	0	0	1	0	1	0	0	5	5	12.27
大野 豊	(広)	5	12	1	5	1	0	0	2	1	2	—	—	.667	130	31	30	4	4	2	(1)5	3	27	0	0	12	9	2.61
岡島 秀樹	(ソ)	4	9	0	4	0	0	0	0	1	3	3		.000	35	10	3	1	0	0	4	0	11	0	0	2	2	1.80
岡田 明丈	(広)	2	3	0	0	0	0	0	0	0	—	—	—	.000	37	8	9	2	0	0	3	1	8	0	0	5	5	5.63
岡田 展和	(神)	1	1	0	0	0	0	0	0	0	—	—	—	.000	5	0.2	2	0	0	0	1	0	0	0	0	3	3	40.50
岡留 英貴	(神)	1	1	0	0	0	0	0	0	0	—	—	—	.000	5	0.2	3	0	0	0	1	0	0	0	0	3	3	40.50
岡林 洋一	(ヤ)	1	3	3	0	0	0	0	1	2	—	—	—	.333	113	30	22	3	1	0	(1)3	0	22	0	0	6	5	1.50
岡部 憲章	(近)	1	2	0	0	0	0	0	0	0	—	—	—	.000	27	7	4	2	0	0	2	0	4	0	0	3	3	3.86
岡本 晃	(近)	1	3	0	1	0	0	0	1	1	0	—	—	.500	13	2.1	4	1	0	1	1	0	4	0	0	1	1	3.86
岡本 篤志	(武)	1	1	0	1	0	0	0	0	0	—	—	—	.000	8	2	1	0	0	0	0	0	0	0	0	0	0	0.00
岡本 克道	(ダ)	1	5	0	2	0	0	0	0	0	—	—	—	.000	28	7.2	3	0	2	0	(1)1	0	10	0	0	0	0	0.00
岡本 光	(巨)	1	2	0	1	0	0	0	0	0	—	—	—	.000	12	3	2	0	0	0	2	0	4	0	0	0	0	0.00
岡本 真也	(武)	4	9	0	2	0	0	0	0	2	1	1		.000	46	9.1	14	3	1	0	5	2	11	1	0	9	9	8.68
*小笠原 孝	(中)	1	1	0	0	0	0	0	0	0	—	—	—	.000	24	4.2	6	0	0	0	4	0	3	0	0	2	2	3.86
小川 泰弘	(ヤ)	3	4	0	0	4	0	0	1	2	0	—	—	.333	95	21.2	20	2	3	0	(1)8	2	17	0	0	8	7	2.91
奥川 恭伸	(ヤ)	1	1	0	0	1	0	0	0	0	—	—	—	.000	29	7	6	0	1	0	2	0	9	0	0	1	1	1.29
長田秀一郎	(武)	1	3	0	1	0	0	0	0	0	—	—	—	.000	12	3	3	0	0	0	2	0	4	0	0	2	2	6.00

日本シリーズ・ライフタイム

選手名	チーム	年数	試合	完投	交代完了	試合当初	無失点勝	無四球試	勝利	敗北	セーブ	ホールド	HP	勝率	打者	投球回	安打	本塁打	犠打	犠飛	四球	死球	三振	暴投	ボーク	失点	自責点	防御率
尾崎 行雄	(東)	1	1	0	1	0	0	0	0	1	−	−	−	.000	5	0.2	2	0	0	0	1	0	1	0	0	1	1	9.00
押本 健彦	(日)	1	3	0	0	0	0	0	0	0	−	−	−	.000	21	5.2	2	1	0	0	1	0	6	0	0	2	2	3.00
*小田 真也	(武)	4	7	0	0	0	0	0	0	0	0	−	−	.000	16	4.2	2	0	0	0	0	3	3	0	0	0	0	0.00
越智 大祐	(巨)	2	8	0	1	0	0	0	1	1	0	5	6	.500	44	10.1	5	1	0	0	7	1	10	0	0	2	2	1.74
落合 英二	(中)	2	6	0	1	0	0	0	0	0	0	−	−	.000	25	5	7	1	1	0	(3)4	0	3	0	0	3	2	3.60
小野 和幸	(中)	3	4	0	0	3	0	0	0	2	0	−	−	.000	45	9	13	3	2	0	6	0	7	1	0	11	11	11.00
*小野 和義	(武)	2	3	0	0	2	0	0	0	1	0	−	−	.000	57	13.2	10	0	1	1	6	0	7	0	0	6	5	3.29
*小野 正吾	(毎)	1	2	0	0	2	0	0	0	2	−	−	−	.000	43	10.1	10	0	1	0	2	0	8	0	0	4	4	3.48
小野 晋吾	(ロ)	1	1	0	0	1	0	0	0	0	−	−	−	.000	50	11	15	0	0	1	3	2	5	0	0	6	5	4.09
小野寺 力	(武)	2	6	0	1	0	0	0	0	0	0	2	2	.000	27	6.1	5	3	0	0	2	1	1	0	0	4	4	5.68
小畑 正治	(南)	3	7	0	4	2	0	0	1	1	−	−	−	.500	86	19.2	17	1	4	2	(1)12	0	0	0	0	12	8	3.66
ガルベス	(巨)	1	1	0	0	1	0	0	0	1	−	−	−	.000	9	1.1	4	0	0	0	2	0	0	0	0	4	4	27.00
甲斐野 央	(ソ)	1	3	0	0	0	0	0	0	0	0	1	1	.000	13	3	4	0	0	0	0	0	6	0	0	1	1	3.00
鍵谷 陽平	(巨)	3	5	0	1	0	0	0	0	0	1	1		.000	21	4.1	5	3	0	1	3	1	5	1	1	6	(1)6	12.46
郭 源治	(中)	2	3	0	2	0	0	0	0	0	−	−		.500	33	9	5	2	4	0	(1)3	0	11	0	0	3	3	3.00
郭 泰源	(武)	8	11	1	1	9	0	0	4	4	1	−	−	.500	234	57	55	3	8	1	(1)15	1	41	0	0	26	25	3.95
鹿島 忠	(中)	1	3	0	0	0	0	0	0	0	−	−	−	.000	25	8	4	0	1	0	1	0	8	0	0	1	1	1.13
*梶間 健一	(ヤ)	1	3	0	0	0	0	0	0	0	−	−	−	.000	21	5.2	1	0	0	0	4	0	5	0	0	1	1	1.59
*梶本 隆夫	(急)	2	4	0	1	2	0	0	1	3	−	−	−	.250	74	16.1	17	3	2	0	10	1	13	1	0	13	12	6.61
加治屋 蓮	(神)	2	5	0	2	0	0	0	0	0	1	2	1	1.000	26	5.1	6	2	1	0	2	1	4	0	0	6	5	8.44
*加藤 貴之	(日)	1	1	0	0	1	0	0	0	0	0	0		.000	11	1.1	4	0	1	0	0	0	1	0	0	1	1	6.75
加藤 哲郎	(近)	1	3	0	0	2	0	0	1	1	0	−	−	.500	39	10	7	1	1	0	2	0	4	0	0	3	1	0.90
加藤 初	(巨)	5	15	0	3	1	0	0	2	2	0	−	−	.500	123	28	25	4	3	1	(3)19	0	26	0	0	14	12	3.86
*加藤 博人	(ヤ)	2	5	0	0	0	0	0	0	0	−	−		.000	22	5	4	0	0	0	2	1	3	0	0	1	1	1.80
鹿取 義隆	(巨)	8	20	0	8	0	0	0	2	1	−	−		.667	143	33.2	37	3	4	0	(2)7	1	25	0	0	14	14	3.74
金澤 健人	(ソ)	2	4	0	2	0	0	0	0	0	−	−		.000	25	5	7	2	0	1	1	0	3	0	0	9	7	12.60
金沢 次男	(ヤ)	2	7	0	2	0	0	0	0	0	−	−		.000	69	16.2	17	2	3	0	2	1	12	0	0	8	7	3.78
金森 敬之	(日)	1	2	0	0	0	0	0	0	0	1	1		.000	9	1.1	3	1	0	0	1	0	1	0	0	7	7	13.50
金石 昭人	(広)	3	5	0	1	0	0	0	0	0	−	−		.000	77	18.1	18	1	3	0	(1)5	1	9	0	0	7	7	3.44
金城 基泰	(広)	1	4	0	1	1	0	0	0	0	−	−		.000	42	10	9	0	2	0	2	2	7	0	0	4	4	3.60
金田 留広	(ロ)	1	2	0	1	0	0	0	1	0	−	−		1.000	47	11	13	2	1	0	2	0	8	0	0	6	6	4.91
金田 正一	(国)	5	12	3	3	4	0	0	6	3	−	−	−	.667	239	56.2	46	4	2	3	(1)27	0	43	0	0	21	19	3.00
*金田 政彦	(オ)	1	1	0	0	0	0	0	0	0	−	−		.000	15	3	2	1	2	0	2	0	0	0	0	2	1	3.00
*金刃 憲人	(楽)	1	1	0	0	0	0	0	0	0	−	−		.000	8	2.1	1	0	1	0	2	0	2	0	0	1	1	3.86
金村 曉	(日)	1	1	0	0	1	0	0	1	0	−	−		1.000	25	5	5	0	0	0	0	0	3	0	0	0	0	0.00
*嘉弥真 新也	(ソ)	4	12	0	1	0	0	0	0	0	0	6	6	.000	19	5.1	1	0	0	0	1	0	7	0	0	0	0	0.00
唐川 侑己	(ロ)	1	1	0	0	1	0	0	0	0	−	−		.000	14	3.1	5	0	1	0	1	0	4	0	0	2	2	5.40
辛島 航	(楽)	1	1	0	0	1	0	0	0	0	−	−		.000	18	5	1	0	0	0	2	0	4	0	0	2	1	1.80
*川井 雄太	(中)	1	1	0	0	1	0	0	0	0	−	−		.000	20	5	5	0	0	0	0	0	3	0	0	1	1	1.80
川上 憲伸	(中)	4	7	1	1	5	0	0	2	2	−	−		.500	182	47	31	4	6	1	(1)10	1	41	1	0	13	12	2.30
*川口 和久	(広)	3	9	1	1	3	0	0	3	1	0	−	−	.750	136	33	27	2	4	0	14	1	27	1	0	14	14	3.82
川崎 憲次郎	(ヤ)	3	4	0	0	4	0	0	3	0	0	−	−	1.000	115	28.2	23	2	5	0	11	0	21	2	0	4	4	1.26
川崎 徳次	(西)	2	6	1	2	2	0	0	1	1	−	−		.500	65	17	17	0	2	0	(1)3	2	6	0	0	7	4	2.12
河原 純一	(巨)	3	6	0	1	0	0	0	0	0	2	2		.000	34	6.2	9	0	0	0	(1)3	2	6	0	0	3	3	4.05
川端 順	(広)	3	8	0	0	1	0	0	0	0	−	−		.000	66	15.1	13	2	4	0	(1)6	0	14	0	0	7	7	4.11
川畑 泰博	(中)	1	1	0	0	0	0	0	0	0	−	−		.000	3	1	1	0	0	0	0	0	0	0	0	0	0	0.00
河端 龍	(ヤ)	1	4	0	2	0	0	0	0	0	−	−		.000	12	3.2	1	0	0	0	0	0	1	0	0	0	0	0.00
川村 丈夫	(横)	1	1	0	1	0	0	0	0	0	−	−		.000	29	7.1	6	0	2	0	2	0	5	0	0	0	0	0.00
河村 久文	(西)	4	12	2	2	3	0	0	2	2	−	−		.500	192	48.2	35	3	3	0	15	0	29	0	0	13	12	2.22
川本 徳神	(武)	1	1	0	0	0	0	0	0	0	−	−		.000	3	1	1	0	0	0	0	0	0	0	0	0	0	0.00
*ギブンス	(武)	1	1	0	0	0	0	0	0	0	−	−		.000	5	1	3	1	1	0	0	0	0	0	0	2	2	18.00
菊地 和正	(日)	2	2	0	0	0	0	0	0	0	0	0		.000	12	2	4	1	1	0	0	0	2	0	0	4	4	18.00
木澤 尚文	(ヤ)	1	1	0	0	0	0	0	0	0	1	1		.000	18	4.1	3	0	1	0	2	0	4	0	0	1	0	0.00
岸 孝之	(楽)	1	4	0	0	2	0	0	0	0	0	1	1	1.000	54	14.2	8	0	0	0	2	0	16	1	0	2	2	1.23
北川 芳男	(巨)	2	4	0	2	0	0	0	0	0	−	−		.000	15	3.2	2	0	0	1	2	0	1	0	0	2	2	4.50
*北原 啓	(西)	1	1	0	0	0	0	0	0	0	−	−		.000	6	2	0	0	0	0	0	0	4	0	0	0	0	0.00
北別府 学	(広)	5	11	0	3	6	0	0	0	5	0	−	−	.000	227	53.1	50	3	9	1	(2)18	1	21	0	0	21	19	3.2?
木樽 正明	(ロ)	2	7	2	1	2	0	0	2	1	−	−		.333	133	33.2	27	3	5	1	(2)4	1	9	0	0	10	9	2.35
*木田 勇	(日)	1	1	0	0	0	0	0	0	0	−	−		.000	30	6	8	2	0	0	1	0	2	0	0	5	5	7.50
木田 優夫	(武)	3	5	0	0	0	0	0	0	0	1	1		.500	46	12.2	7	0	2	0	1	0	8	0	0	3	3	2.13
紀藤 真琴	(広)	2	2	0	0	0	0	0	0	0	−	−		.000	22	4.2	7	2	1	0	1	0	4	0	0	2	(1)2	3.86
木戸 美摸	(近)	2	5	0	0	0	0	0	0	0	−	−		.000	29	7.1	6	0	1	1	1	0	6	0	0	3	3	3.38
*木下 文治	(巨)	1	1	0	0	0	0	0	0	0	−	−		.000	4	0.2	0	0	1	0	2	0	3	0	0	1	1	13.50
木村 太郎	(巨)	1	1	0	0	0	0	0	0	0	−	−		.000	6	2	4	0	1	0	0	0	0	0	0	2	2	27.00
木村 広	(武)	1	1	0	0	0	0	0	0	0	−	−		.000	4	1	0	0	0	0	0	0	0	0	0	0	0	0.00
木村 龍治	(巨)	1	3	0	0	0	0	0	0	0	−	−		.000	7	1.2	2	0	0	0	0	0	2	0	0	2	2	10.80
久古 健太郎	(ヤ)	1	1	0	0	0	0	0	0	0	−	−		.000	8	2.2	1	0	0	0	0	0	1	0	0	0	0	0.00
*清川 栄治	(広)	2	4	0	1	0	0	0	0	0	−	−		.000	10	2.1	2	0	0	0	(2)2	0	4	0	0	0	0	0.00
*清原 雄一	(オ)	1	2	0	1	0	0	0	0	0	−	−		.000	4	0.2	2	1	0	0	0	0	0	0	0	1	1	13.50
*桐敷 拓馬	(神)	1	1	0	0	0	0	0	0	0	−	−		.000	14	5	1	0	0	0	2	0	1	0	0	0	0	0.00

選手名	チーム	年数	試合	完投	交代完了	試合当初	無失点勝	無四球試	勝利	敗北	セーブ	ホールド	HP	勝率	打者	投球回	安打	本塁打	犠打	犠飛	四球	死球	三振	暴投	ボーク	失点	自責点	防御率
クルーン	(巨)	2	5	0	5	0	0	0	0	0	4	0	0	.000	24	5.1	5	1	0	0	2	0	8	0	0	2	2	3.38
クルス	(中)	1	1	0	0	1	0	0	0	0	0	0	0	.000	2	+	1	0	0	0	0	0	0	0	0	0	0	—
グライシンガー	(巨)	1	1	0	0	1	0	0	0	1	0	0	0	.000	22	5	6	2	0	0	0	0	2	0	0	5	5	9.00
*グラマン	(武)	1	2	0	0	1	0	0	0	0	2	0	0	.000	9	3.1	1	0	0	0	3	0	1	0	0	0	0	0.00
グリン	(日)	1	1	0	0	1	0	0	0	1	0	0	0	.000	15	3.1	3	0	0	1	3	0	1	0	0	4	4	10.80
工藤 一彦	(神)	1	1	0	0	1	0	0	0	0	0	—	—	.000	16	4	4	0	1	0	2	0	2	0	0	1	1	2.25
*工藤 公康	(巨)	14	26	5	6	11	2	0	8	5	3	—	—	.615	479	120.1	82	13	16	2	(4)44	5	102	2	0	35	32	2.39
工藤 幹夫	(日)	1	2	0	0	1	0	0	2	0	0	—	—	1.000	30	6.2	7	0	1	0	(2)4	0	0	0	0	0	0	0.00
*久保 拓眞	(ヤ)	1	2	0	1	0	0	0	0	0	0	—	—	.000	3	0.2	1	0	0	0	0	0	0	0	0	0	0	0.00
*久保 康生	(近)	1	1	0	0	0	0	0	0	0	0	—	—	.000	14	3	3	0	0	0	1	0	0	0	0	1	1	3.00
久保 裕也	(巨)	1	1	0	0	1	0	0	0	0	0	—	—	.000	6	2	0	0	0	0	1	0	1	0	0	0	0	0.00
久保田 治	(東)	1	4	0	0	3	0	0	0	0	0	—	—	.000	110	27	24	1	2	0	(1)8	0	13	0	0	5	5	1.67
久保田 智之	(神)	1	1	0	1	0	0	0	0	0	0	—	—	.000	4	1	1	0	0	0	0	0	0	0	0	0	0	0.00
倉田 誠	(巨)	4	8	0	3	2	0	0	1	0	0	—	—	1.000	92	21	20	1	2	0	(1)9	0	11	0	1	8	8	3.43
九里 亜蓮	(広)	1	1	0	0	1	0	0	0	0	0	—	—	.000	22	4.1	6	0	1	0	0	0	4	0	0	4	3	6.23
黒田 博樹	(広)	1	1	0	0	1	0	0	0	0	0	—	—	.000	21	5.2	4	0	1	0	1	0	2	0	0	1	1	1.59
黒田 祐二	(武)	1	1	0	0	0	0	0	0	0	0	—	—	.000	1	0.1	0	0	0	0	0	0	0	0	0	0	0	0.00
桑田 真澄	(巨)	6	10	2	2	6	0	0	3	4	1	—	—	.429	219	49.2	58	5	6	1	(3)14	2	34	0	0	28	24	4.35
K-鈴木(鈴木康平)	(オ)	1	1	0	1	0	0	0	0	0	0	—	—	.000	1	+	0	0	0	0	0	0	0	0	0	0	0	0.00
ゲイル	(神)	1	2	1	0	1	0	0	1	0	0	—	—	1.000	62	16	12	2	1	0	6	0	6	0	0	4	4	2.25
D.ゴンザレス	(巨)	2	4	0	0	2	0	0	1	0	0	—	—	1.000	64	15.1	14	3	0	0	2	0	8	1	0	5	3	1.76
香田 勲男	(近)	4	6	1	1	1	1	0	1	1	0	—	—	.500	75	19.1	12	4	1	1	6	1	18	0	0	7	6	2.79
*河野 博文	(日)	1	2	0	0	0	0	0	0	0	0	—	—	.000	7	1.1	1	1	0	0	1	0	2	0	0	1	1	6.75
小木田 敦也	(オ)	1	4	0	1	0	0	0	0	0	0	—	—	.000	17	4	3	0	1	0	1	0	2	0	0	1	1	2.25
小澤 怜史	(ヤ)	1	1	0	1	0	0	0	0	0	0	—	—	.000	5	0.2	3	0	0	0	0	0	0	0	0	1	1	13.50
児玉 好弘	(急)	1	3	0	1	0	0	0	0	1	0	—	—	.000	23	5	8	0	0	0	(1)1	0	1	0	0	6	4	7.20
*小林 国男	(ヤ)	1	3	0	1	0	0	0	0	0	0	—	—	.000	8	2	3	0	0	0	0	0	1	0	0	0	0	0.00
小林 繁	(巨)	2	10	0	4	1	0	0	2	2	1	—	—	.500	100	25.2	21	2	1	1	6	1	16	0	0	10	10	3.46
小林 誠二	(広)	4	10	0	4	0	0	0	3	1	0	—	—	.750	78	18	17	1	3	1	(2)8	2	16	0	0	5	5	2.50
小林宏(小林宏之)	(ロ)	2	5	0	3	1	0	0	0	1	0	—	—	.000	48	12	10	0	1	0	1	0	3	0	0	2	2	1.50
小林 宏	(オ)	2	5	0	1	0	0	0	1	0	0	—	—	1.000	26	5	4	0	0	0	1	0	6	0	0	5	3	5.40
*小林 正人	(中)	2	4	0	0	0	0	0	0	0	0	—	—	.000	3	1	1	0	0	0	0	0	0	0	0	1	1	9.00
小林 雅英	(ロ)	1	1	0	1	0	0	0	0	0	0	—	—	.000	3	1	0	0	0	0	0	0	1	0	0	0	0	0.00
小松 辰雄	(中)	2	7	0	1	0	0	0	1	2	0	—	—	.333	76	16.2	23	3	0	0	4	1	13	0	0	12	10	5.40
小山伸一郎	(楽)	1	2	0	0	0	0	0	0	0	0	—	—	.000	12	2.2	1	0	0	0	1	0	2	0	0	2	1	3.38
小山 正明	(巨)	2	7	0	2	4	0	0	0	3	0	—	—	.000	168	41	35	4	2	1	(4)17	0	26	0	0	16	15	3.29
小山 雄輝	(巨)	1	1	0	0	1	0	0	0	0	0	—	—	.000	22	4.2	5	0	0	0	1	0	3	0	0	1	1	1.93
*近藤 真一	(中)	1	1	0	0	1	0	0	0	0	0	—	—	.000	8	2	1	0	0	0	2	0	4	0	0	2	1	4.50
近藤 大亮	(オ)	1	3	0	1	0	0	0	0	0	0	—	—	.000	13	2.2	5	0	0	0	1	0	1	0	0	2	2	6.75
今野 龍太	(ヤ)	2	3	0	1	0	0	0	0	0	0	—	—	.000	15	3.2	1	0	0	0	1	0	3	0	0	1	0	0.00
合田 栄蔵	(南)	1	1	0	0	1	0	0	1	0	0	—	—	1.000	39	8.2	13	0	2	0	(2)2	1	2	0	0	5	4	4.00
*後藤 修	(南)	1	1	0	0	0	0	0	0	0	0	—	—	.000	10	2	3	0	0	0	1	0	1	0	0	2	1	4.50
後藤 光貴	(武)	1	1	0	0	0	0	0	0	0	0	—	—	.000	9	2	1	0	0	0	(1)1	0	1	0	0	0	0	0.00
*権藤 正利	(洋)	1	2	0	0	0	0	0	1	0	0	—	—	1.000	8	1.2	1	1	0	0	(1)4	0	2	0	0	2	2	9.00
サイスニード	(ヤ)	1	2	0	0	2	0	0	0	0	0	—	—	.000	41	8.2	12	1	0	0	(1)2	0	3	0	0	3	3	3.12
サファテ	(ソ)	3	10	0	10	0	0	0	1	0	5	0	0	1.000	48	12	8	0	0	0	(1)6	0	13	0	0	1	1	0.75
サンチェス	(巨)	1	1	0	0	1	0	0	0	0	0	—	—	.000	27	6.1	6	1	0	0	(1)2	0	7	0	0	3	3	4.26
歳内 宏明	(神)	1	1	0	0	0	0	0	0	0	0	—	—	.000	8	2	1	0	0	0	1	0	2	0	0	0	0	0.00
才木 浩人	(神)	1	1	0	0	1	0	0	0	0	0	—	—	.000	22	5	5	0	0	0	1	0	5	0	0	1	1	1.80
斉藤 和巳	(ダ)	2	5	0	3	2	0	0	0	0	0	—	—	.000	67	16.2	11	1	0	0	8	0	11	0	0	6	6	3.24
斎藤 隆	(楽)	2	3	1	1	1	1	0	1	0	0	—	—	1.000	63	17	11	0	1	0	8	0	9	0	0	2	2	1.06
斎藤 雅樹	(巨)	5	8	1	1	6	0	0	2	3	0	—	—	.400	186	43	41	7	7	0	(1)17	1	29	2	0	26	25	5.23
斎藤 佑樹	(日)	1	1	0	0	1	0	0	0	0	0	—	—	.000	11	2	4	0	0	0	1	0	3	0	0	2	2	9.00
佐伯 和司	(毎)	1	1	0	0	1	0	0	0	0	0	—	—	.000	36	8	10	0	0	0	4	1	9	0	0	7	7	7.88
三枝 規悦	(急)	1	1	0	0	0	0	0	0	0	0	—	—	.000	16	3	4	1	0	0	1	0	0	0	0	1	1	3.00
佐久本 昌広	(ダ)	1	2	0	0	0	0	0	0	0	0	—	—	.000	29	6	5	1	0	0	2	0	5	0	0	3	3	4.50
桜井 俊貴	(巨)	1	1	0	0	0	0	0	0	0	0	—	—	.000	7	1.1	2	0	0	0	1	0	1	0	0	2	2	13.50
佐々岡 真司	(広)	3	4	0	1	0	0	0	1	2	0	—	—	.333	61	15	15	1	1	0	(1)2	1	12	0	0	10	10	6.00
佐々木 主浩	(横)	1	3	0	3	0	0	0	0	0	0	—	—	.000	12	3.1	1	0	0	0	2	0	6	0	0	2	1	2.70
佐々木 誠吾	(急)	1	3	0	0	0	0	0	0	0	0	—	—	.000	29	6.1	10	0	0	0	2	0	1	0	0	3	3	4.26
桟原 将司	(神)	1	1	0	0	0	0	0	0	0	0	—	—	.000	4	+	1	0	0	0	0	0	0	0	0	3	3	—
定岡 正二	(巨)	2	3	0	0	1	0	0	0	0	0	—	—	.000	34	7.1	9	1	0	0	5	0	4	0	0	4	4	4.91
*定岡 秀明	(近)	1	2	0	1	0	0	0	1	0	0	—	—	1.000	35	8.1	7	0	0	0	(1)3	0	5	0	0	3	3	3.24
佐藤 平七	(毎)	1	2	0	1	0	0	0	0	0	0	—	—	.000	13	3	2	0	0	0	0	0	0	0	0	2	2	6.00
佐藤 誠	(ダ)	1	1	0	0	0	0	0	0	0	0	—	—	.000	3	0.2	0	0	0	0	1	0	1	0	0	0	0	0.00
佐藤 道郎	(南)	1	1	0	0	0	0	0	0	0	0	—	—	.000	31	8	5	1	0	0	2	0	2	0	0	2	2	2.25
佐藤 元彦	(ロ)	1	1	0	0	1	0	0	1	0	0	—	—	1.000	19	4.2	4	0	0	0	1	1	0	0	0	2	2	3.86
佐藤 義則	(オ)	3	4	0	0	2	0	0	0	2	0	—	—	.000	72	14	22	3	0	0	9	0	15	0	0	14	14	9.00
真田 重男(真田重蔵)	(松)	1	2	1	0	1	0	0	1	1	0	—	—	.500	74	17.2	14	0	3	0	11	0	7	0	0	9	6	3.06
澤村 拓一	(巨)	3	8	0	0	2	0	0	0	2	0	—	—	.000	95	23.2	18	2	3	1	12	0	22	1	0	6	6	2.28

日本シリーズ・ライフタイム

選手名	チーム	年数	試合	完投	交代完了	試合当初	無失点勝	無四球試	勝利	敗北	セーブ	ホールド	HP	勝率	打者	投球回	安打	本塁打	犠打	犠飛	四球	死球	三振	暴投	ボーク	失点	自責点	防御率
ジャクソン	(広)	2	7	0	1	0	0	0	0	2	0	2	2	.000	34	6.1	9	2	2	0	(1)5	1	6	0	0	10	10	14.2
ジョーンズ	(巨)	1	1	0	0	1	0	0	0	0	0	0	0	.000	22	5.2	6	0	0	0	1	0	0	0	0	1	0	0.0
＊ジョンソン	(広)	2	4	0	0	4	0	0	2	1	0	0	0	.667	104	25.2	20	2	5	0	(1)8	0	21	2	0	4	4	1.4
椎野 新	(ソ)	1	1	0	0	1	0	0	0	0	0	0	0	.000	3	1	1	0	0	0	0	0	0	0	0	0	0	0.0
潮崎 哲也	(武)	8	21	0	12	2	0	0	2	2	5	－	－	.500	171	42.2	35	5	0	1	(1)9	4	31	0	0	15	13	2.7
＊篠原 貴行	(ダ)	3	9	0	2	0	0	0	1	1	0	－	－	.500	50	11.2	12	0	1	1	(1)5	0	7	0	0	4	4	3.0
＊柴田佳主也	(近)	1	4	0	1	0	0	0	0	1	0	－	－	.000	15	4	3	1	0	0	1	0	3	0	0	1	1	2.2
柴田 保光	(中)	1	1	0	0	0	0	0	0	1	0	－	－	.000	8	1.2	3	1	0	0	1	0	3	0	0	1	1	4.5
渋谷 幸春	(中)	1	3	0	0	0	0	0	0	0	1	－	－	.000	11	2	4	2	0	0	1	0	2	0	0	3	3	13.5
島田源太郎	(洋)	1	2	0	0	2	0	0	0	1	0	－	－	1.000	48	11.2	10	1	1	0	3	0	7	0	0	2	2	1.5
島田 直也	(ヤ)	2	2	0	0	0	0	0	0	0	0	－	－	.000	5	1	1	0	0	0	0	0	0	0	0	1	1	9.0
島原 幸雄	(西)	3	9	0	3	2	0	0	2	1		－	－	.667	94	24	13	1	1	0	(2)9	0	18	0	0	5	4	1.5
＊島本 浩也	(神)	1	4	0	0	0	0	0	0	0	0	1	1	.000	6	1.1	1	0	0	0	0	0	2	0	0	0	0	0.0
清水 昭信	(中)	1	3	0	0	0	0	0	0	0	0	－	－	.000	24	6	5	0	0	1	2	2	0	1	2	0	3	4.5
清水 直行	(ロ)	1	1	0	0	1	0	0	0	1	0	－	－	1.000	26	7	5	0	0	1	0	1	6	0	1	1	1	1.2
清水 昇	(ヤ)	2	8	0	1	0	0	0	0	0	0	6	6	.000	40	10	7	0	4	0	(1)4	0	8	0	0	1	1	0.9
＊下柳 剛	(神)	4	22	0	2	2	0	1	1	0	0	0	0	.500	43	11	8	1	0	1	4	0	4	1	0	5	4	4.0
許 銘傑	(武)	1	2	0	0	0	0	0	0	0	0	－	－	.000	22	5	7	0	0	0	1	0	5	0	0	3	3	5.4
正津 英志	(中)	1	3	0	1	0	0	0	0	0	0	－	－	.000	14	3.2	1	0	0	0	1	1	1	0	0	0	0	0.0
＊白石 静生	(急)	3	4	1	0	1	0	0	2	0	0	－	－	1.000	78	18.1	15	2	4	0	(1)9	1	12	0	0	5	4	2.0
新谷 博	(武)	5	6	0	2	1	0	0	0	0	0	－	－	.000	98	20.2	31	1	2	0	(1)6	2	18	0	0	15	15	6.5
城之内邦雄	(巨)	6	11	2	1	7	0	0	5	1	－	－	－	.833	261	66	54	6	2	1	(2)15	2	28	1	0	24	21	2.8
條辺 剛	(巨)	1	1	0	1	0	0	0	0	0	0	－	－	.000	3	1	0	0	0	0	0	0	1	0	0	0	0	0.0
R.スアレス	(ソ)	1	1	0	1	0	0	0	0	0	0	0	0	.000	5	0.2	1	1	0	0	0	1	0	0	0	2	2	27.0
A.スアレス	(ヤ)	1	2	0	0	1	0	0	0	0	0	1	1	.000	11	2.2	5	1	0	1	2	0	1	0	0	1	1	3.3
スウィーニー	(日)	1	1	0	0	0	0	0	0	0	0	－	－	.000	5	0.1	4	0	1	0	0	0	0	0	0	2	2	54.0
スタンカ	(南)	3	12	5	2	4	4	2	5	4	－	－	－	.556	275	71.1	48	3	3	2	(2)15	1	39	1	0	25	17	2.1
スタンリッジ	(ソ)	2	2	0	0	2	0	0	1	1	0	－	－	.500	46	10.2	10	0	1	0	5	0	8	0	0	6	6	5.0
菅野 智之	(巨)	3	3	0	0	4	0	0	1	3	0	0	0	.250	99	24.2	21	2	2	0	4	1	21	0	0	11	9	3.2
菅原 勝矢	(巨)	3	3	0	1	0	0	0	1	1	－	－	－	.500	33	7	4	0	0	0	4	1	4	0	0	4	4	5.1
＊杉内 俊哉	(巨)	3	6	0	0	6	0	0	3	2	0	0	0	.600	130	33	25	1	3	0	7	2	26	1	0	8	7	1.9
杉浦 忠	(南)	4	10	2	2	4	1	0	4	3	－	－	－	.571	218	54.2	48	7	3	0	7	4	32	1	0	17	15	2.4
杉浦 稔大	(ヤ)	1	1	0	0	1	0	0	0	0	0	－	－	.000	22	4.1	6	2	0	0	2	1	5	0	0	4	4	8.3
杉下 茂	(中)	1	5	4	0	1	0	0	1	3	－	－	－	.750	138	38.2	27	2	0	0	5	1	28	0	0	6	6	1.3
＊杉本 正	(中)	1	5	0	0	1	0	0	0	1	0	－	－	.000	100	24	22	2	0	0	9	0	15	0	0	9	9	3.3
杉山 一樹	(ソ)	1	1	0	0	0	0	0	0	0	0	0	0	.000	4	1	0	0	0	0	0	0	2	0	0	0	0	0.0
杉山 賢人	(武)	4	12	0	1	0	0	0	0	0	0	0	0	.000	41	9.2	5	0	0	1	(1)5	0	15	1	0	6	5	4.6
杉山 知隆	(日)	1	1	0	0	0	0	0	0	0	0	－	－	.000	8	1.3	2	0	0	1	1	0	2	0	0	5	5	45.0
杉山 直久	(神)	1	1	0	0	1	0	0	0	0	0	－	－	.000	15	3.1	3	1	0	1	2	1	3	0	0	3	3	8.1
＊鈴木 啓示	(近)	2	6	3	0	2	1	0	3	2	－	－	－	.600	147	37.2	33	1	3	0	(1)6	2	25	1	0	9	8	1.8
鈴木 平	(オ)	2	7	0	3	0	0	0	1	0	3	－	－	1.000	33	9.1	7	0	0	1	3	0	10	0	0	2	2	1.9
＊鈴木 隆	(洋)	2	7	0	0	2	0	0	0	2	0	－	－	.000	20	5.1	3	1	0	0	2	0	4	0	0	2	2	3.0
鈴木 孝政	(中)	2	7	0	1	3	0	0	0	2	1	－	－	.000	106	27.2	22	2	0	0	3	1	15	1	0	6	5	1.4
鈴木 哲	(武)	1	2	0	1	0	0	0	0	0	0	－	－	.000	11	3	3	1	0	1	0	0	1	0	0	2	2	4.5
鈴木康二朗	(ヤ)	1	2	0	1	0	0	0	0	0	0	－	－	.000	36	8	9	1	0	0	(1)4	1	3	0	0	9	9	10.1
鈴木 義広	(中)	4	9	0	2	0	0	0	0	0	0	0	1	1.000	39	9.2	9	1	1	0	2	0	8	0	0	1	1	0.9
須田 幸太	(デ)	1	1	0	0	0	0	0	0	0	0	0	0	.000	3	1	0	0	0	0	0	0	2	0	0	0	0	0.0
＊砂田 毅樹	(デ)	1	5	0	1	0	0	0	0	0	0	2	2	1.000	10	3	1	0	0	0	0	1	3	0	0	1	1	2.7
＊角 三男	(巨)	2	3	0	0	0	0	0	0	0	0	－	－	.000	16	3.1	4	0	0	0	2	0	1	0	0	1	1	2.7
＊セラフィニ	(ロ)	1	2	0	1	0	0	0	0	0	0	0	0	.000	22	5.1	5	0	0	0	3	0	2	0	0	2	2	3.3
＊関口 伊織	(近)	2	4	0	0	0	0	0	0	0	0	－	－	.000	20	3.2	5	0	0	0	3	1	6	0	0	4	4	9.8
関本四十四	(巨)	2	4	1	1	1	0	0	1	0	0	－	－	1.000	52	14	8	0	1	0	(3)3	0	4	1	0	6	6	3.8
攝津 正	(ソ)	4	6	0	2	3	0	0	2	0	1	1	1	1.000	85	20.1	19	0	0	0	7	0	26	0	0	7	6	3.5
千賀 滉大	(ソ)	5	7	0	0	5	0	0	3	1	0	1	1	.750	125	32	18	3	0	0	(1)12	0	23	1	0	7	7	2.0
外木場義郎	(広)	1	1	0	1	0	0	0	0	0	0	－	－	.000	38	21.1	19	3	0	0	5	1	19	0	0	7	7	3.0
空谷 泰	(中)	1	1	0	0	0	0	0	0	0	0	－	－	.000	3	1	1	0	0	0	0	0	2	0	0	0	0	0.0
宣 銅烈	(中)	1	1	0	0	0	0	0	0	0	0	0	0	.000	4	0.2	2	0	0	0	1	0	1	0	0	0	0	0.0
ダルビッシュ有	(日)	3	5	1	0	5	0	0	3	2	0	0	0	.600	143	35.1	29	1	4	2	(1)12	1	43	1	0	6	6	3.0
＊高木 京介	(巨)	2	5	0	0	0	0	0	0	0	0	1	1	.000	10	3	1	0	0	0	1	0	3	0	0	0	0	0.0
＊高木 康成	(巨)	1	1	0	0	0	0	0	0	0	0	－	－	.000	6	1.1	1	0	0	0	1	0	0	0	0	0	0	0.0
高津 臣吾	(ヤ)	4	11	0	10	0	0	0	0	2	8	－	－	1.000	64	16.2	10	0	0	0	4	1	19	0	0	1	1	0.5
高梨 裕稔	(ヤ)	2	2	0	0	0	0	0	0	0	0	－	－	.000	9	2	1	0	0	0	6	1	9	0	0	0	0	0.0
＊高梨 雄平	(ヤ)	1	1	0	0	0	0	0	0	0	0	1	1	.000	6	1.1	1	0	0	0	1	0	1	0	0	1	1	6.7
高野 光	(ヤ)	1	1	0	0	0	0	0	0	0	0	－	－	.000	24	5.1	5	0	0	0	(2)1	0	5	0	0	3	3	5.0
＊髙橋(髙橋聡文)	(中)	3	6	0	1	0	0	0	0	0	0	1	2	1.000	23	7	2	0	0	0	2	1	4	0	0	0	0	0.0
高橋 明	(巨)	4	10	2	2	2	0	0	1	0	0	－	－	1.000	155	37	37	9	0	0	9	0	16	1	0	17	15	3.6
高橋栄一郎	(巨)	1	1	0	0	0	0	0	0	0	0	－	－	.000	11	3	0	0	0	0	1	0	0	0	0	0	0	0.0
＊高橋 一三	(日)	8	18	6	2	6	0	1	5	4	－	－	－	.556	424	98	82	9	4	2	(6)46	4	68	3	0	40	35	3.2
＊高橋 奎二	(ヤ)	2	2	0	0	2	0	0	0	0	0	－	－	.000	55	15	8	0	0	0	4	0	12	0	0	0	0	0.0
高橋 功一	(オ)	1	1	0	0	1	0	0	0	0	0	－	－	.000	14	2.2	5	0	0	1	(1)1	2	1	0	0	3	3	0.0

選手名	チーム	年数	試合	完投	交代完了	試合当初	無失点勝	無四球試	勝利	敗北	セーブ	ホールド	HP	勝率	打者	投球回	安打	本塁打	犠打	犠飛	四球	死球	三振	暴投	ボーク	失点	自責点	防御率
高橋 里志	(日)	1	3	0	1	0	0	0	0	0	0	—	—	.000	15	3.2	2	0	0	0	3	0	1	0	0	0	0	0.00
高橋 純平	(ソ)	1	1	0	0	0	0	0	0	0	0	—	—	.000	4	0.1	0	0	0	0	3	0	0	0	0	3	3	81.00
高橋 直樹	(武)	1	3	0	0	6	0	0	0	3	0	—	—	.000	96	23.2	18	5	0	0	5	0	15	0	0	15	11	4.18
高橋 尚成	(巨)	4	5	1	0	4	1	1	2	2	0	0	0	.500	116	29.1	19	3	3	0	7	0	31	0	0	12	12	3.68
高橋 優貴	(巨)	2	2	0	0	1	0	0	0	1	0	—	—	.000	19	3.2	4	1	0	0	4	0	2	0	0	3	3	7.36
高橋 良昌	(巨)	1	1	0	0	0	0	0	0	0	0	—	—	.000	9	2.1	2	0	0	0	0	0	3	0	0	1	1	4.50
高橋 礼	(ソ)	3	6	0	0	1	0	0	1	0	0	4	4	1.000	36	10	3	0	1	0	3	1	9	0	0	0	0	0.00
高宮 和也	(神)	2	6	0	0	0	0	0	0	0	0	—	—	.000	5	1	1	0	1	0	0	1	1	0	0	2	2	18.00
高柳 出己	(近)	1	3	0	0	0	0	0	0	0	1	—	—	.000	5	1	1	0	1	0	0	0	1	0	0	2	2	18.00
宅和 本司	(南)	1	3	0	0	2	0	0	0	1	—	—	—	.000	38	7	14	2	1	0	(1) 6	0	1	0	0	7	6	7.71
田口 麗斗	(ヤ)	4	9	0	0	2	0	0	0	0	0	3	3	.000	36	8.2	8	1	0	1	(1) 3	0	7	0	0	4	4	4.15
竹下 潤	(武)	1	4	0	0	1	0	0	0	1	0	—	—	.000	16	4	3	0	1	0	0	1	4	0	0	0	0	0.00
武田 一浩	(ソ)	1	4	0	0	0	0	0	0	1	0	—	—	.000	27	6	6	1	1	0	3	0	6	0	0	3	3	4.50
武田 翔太	(ソ)	4	8	1	0	2	0	0	2	0	0	3	3	1.000	106	27.2	17	3	1	0	10	1	16	0	0	5	3	0.98
武田 久	(日)	4	10	0	6	0	0	0	0	1	1	3	3	.000	55	13.1	15	2	1	0	3	0	5	0	0	4	4	2.70
竹田 和史	(中)	1	1	0	0	0	0	0	0	0	0	—	—	.000	15	4	3	0	1	0	1	0	4	0	0	2	2	4.50
武田 勝	(日)	4	6	0	0	6	0	0	1	4	0	0	0	.200	112	27	30	3	4	0	(1) 5	1	18	0	0	15	14	4.67
竹安 大知	(オ)	1	1	0	0	1	0	0	0	0	0	—	—	.000	7	1	1	0	0	0	2	1	1	0	0	1	1	9.00
田沢 芳夫	(南)	1	1	0	0	1	0	0	0	0	—	—	—	.000	7	1	3	1	0	0	0	0	0	0	0	2	2	18.00
田嶋 大樹	(オ)	3	3	0	0	3	0	0	0	1	0	0	0	.000	67	15.2	13	1	2	0	(2) 7	1	12	0	0	3	3	1.72
多田野数人	(日)	2	2	0	2	0	0	0	0	0	0	—	—	.000	3	0.1	2	0	0	0	0	0	0	1	0	1	0	0.00
橘 健治	(近)	2	2	0	2	0	0	0	0	0	0	—	—	.000	12	3	3	0	0	0	1	0	3	0	0	2	2	6.00
館山 昌平	(ヤ)	1	1	0	0	1	0	0	0	0	0	—	—	.000	17	3	4	0	0	0	4	0	3	0	0	5	4	12.00
建山 義紀	(日)	3	5	0	0	0	0	0	0	0	0	1	1	.000	22	4.1	4	0	0	0	(1) 4	2	3	0	0	4	3	6.23
田中健二朗	(ディ)	1	1	0	0	0	0	0	0	0	0	—	—	.000	5	0.2	2	0	0	0	2	0	0	0	0	3	3	40.50
田中 勉	(西)	1	4	0	0	2	0	0	0	0	0	—	—	.000	44	8.1	13	3	1	0	0	0	0	0	0	8	7	7.00
田中 将大	(楽)	1	3	2	1	0	0	0	1	1	0	0	0	.500	78	19	17	2	1	0	4	1	21	1	0	5	5	2.37
谷 良治	(急)	1	1	0	0	0	0	0	0	0	0	—	—	.000	6	2	1	0	0	0	0	0	0	0	0	0	0	0.00
谷中 真二	(武)	1	2	0	1	0	0	0	0	0	0	—	—	.000	6	1.1	1	0	0	0	0	0	3	0	0	1	1	6.75
谷村 智啓	(急)	1	1	0	0	0	0	0	0	0	0	—	—	.000	8	2	3	1	0	0	0	0	2	0	0	1	1	4.50
谷元 圭介	(日)	2	5	0	0	0	0	0	1	0	0	1	2	1.000	29	7	5	0	0	0	3	0	7	1	0	1	1	1.29
種部 儀康	(近)	2	2	0	0	0	0	0	0	0	0	—	—	.000	12	2.2	3	0	1	0	1	0	3	0	0	1	1	3.00
田之上慶三郎	(ダ)	1	3	0	0	1	0	0	0	0	1	—	—	.000	30	7	7	1	0	0	(1) 3	0	5	0	0	2	2	2.57
田畑 一也	(ヤ)	2	4	0	0	1	0	0	0	1	1	0	0	.500	8	1	5	1	0	0	0	1	0	0	0	3	3	27.00
チェン	(中)	2	4	0	0	2	0	0	1	1	0	0	0	.500	110	28	21	0	5	1	5	1	23	1	0	8	8	2.57
張 誌家	(武)	2	2	0	0	2	0	0	0	0	0	—	—	.000	33	6.1	11	4	1	0	4	0	5	0	0	10	10	14.21
津田 恒実	(広)	1	5	0	5	0	0	0	0	1	0	1	1	1.000	21	5.1	3	0	0	0	1	0	6	0	0	1	1	1.69
鶴田 泰	(中)	1	1	0	0	0	0	0	0	0	0	—	—	.000	25	6	3	0	1	0	1	0	4	0	0	1	1	1.50
デニー(友利)	(武)	2	6	0	0	0	0	0	0	0	0	—	—	.000	26	6	3	0	0	0	4	0	5	0	0	0	0	0.00
デラロサ	(巨)	2	2	0	2	0	0	0	0	0	0	—	—	.000	10	3	2	0	0	0	1	0	3	0	0	0	0	0.00
寺原 隼人	(ソ)	1	1	0	0	0	0	0	0	0	0	—	—	.000	3	0.1	2	0	0	0	0	0	0	0	0	0	0	0.00
トーマス	(中)	1	1	0	0	0	0	0	0	0	0	—	—	.000	3	0.1	0	0	0	0	1	0	0	0	0	0	0	0.00
ドミンゴ	(中)	1	2	0	0	0	0	0	0	0	1	—	—	.000	31	7.2	8	2	0	0	1	0	6	0	1	8	6	7.04
東野 峻	(巨)	2	4	0	0	1	0	0	0	0	0	—	—	.000	29	6.2	7	0	0	0	5	0	7	0	0	3	3	4.05
戸叶 尚	(横)	1	1	0	0	0	0	0	0	0	0	—	—	.000	12	2	3	0	0	0	1	0	3	0	0	3	3	13.50
戸川 一郎	(南)	1	3	0	0	2	0	0	2	1	—	—	—	.667	52	14	11	0	3	0	(1) 2	0	6	0	0	2	2	1.29
徳永喜久夫	(中)	1	1	0	0	0	0	0	0	0	0	—	—	.000	17	3	6	0	0	0	3	0	3	0	0	2	2	6.00
戸郷 翔征	(巨)	1	1	0	0	1	0	0	0	0	0	—	—	.000	29	6	5	1	1	0	5	0	9	0	0	2	2	2.84
戸田 善紀	(急)	4	11	0	4	0	0	0	1	1	—	—	—	.500	80	21.1	10	6	1	0	6	1	8	0	0	7	7	2.95
富永 格郎	(東)	1	3	0	1	0	0	0	0	1	—	—	—	.000	22	6	4	1	0	0	0	0	4	0	0	3	3	4.50
富山 凌雅	(オ)	1	3	0	0	0	0	0	0	0	0	—	—	.000	8	2.2	2	0	0	0	2	0	2	0	0	2	2	6.75
豊田 清	(巨)	5	12	0	7	1	0	0	0	2	2	3	2	.000	64	15.2	14	1	1	0	5	0	16	0	0	5	5	2.87
豊田 次郎	(オ)	1	1	0	0	0	0	0	0	0	0	—	—	.000	10	2	3	0	1	0	0	0	2	0	0	2	2	9.00
土肥 弘己	(武)	1	1	0	0	0	0	0	0	0	0	—	—	.000	5	1.1	1	0	0	0	1	0	1	0	0	1	1	6.75
堂上 照	(中)	1	4	0	0	0	0	0	0	0	0	—	—	.000	12	2.1	3	0	0	0	1	0	1	0	0	1	1	4.50
土橋 正幸	(東)	1	6	0	4	2	0	0	2	1	—	—	—	.667	83	20.2	20	0	0	1	(1) 3	1	12	0	0	8	4	1.71
ナイト	(ダ)	2	3	0	0	2	0	0	0	0	2	—	—	.000	20	5	3	0	0	0	4	0	3	0	0	3	3	5.40
中尾 碩志	(巨)	4	8	0	0	5	0	0	0	1	2	—	—	.333	105	28	15	2	0	0	4	3	15	0	0	6	6	1.93
中川 皓太	(巨)	2	4	0	2	0	0	0	0	0	0	—	—	.000	13	4.1	2	0	0	0	0	0	6	0	0	0	0	0.00
中川 隆	(毎)	1	1	0	0	0	0	0	0	0	0	—	—	.000	3	1	0	0	0	0	0	0	0	0	0	0	0	0.00
中崎 翔太	(広)	2	6	0	5	0	0	0	0	0	1	1	1	.000	26	5.1	5	2	0	0	(1) 4	1	7	0	0	5	5	8.44
中里 篤史	(中)	2	5	0	1	0	0	0	0	0	0	—	—	.000	5	1.1	2	1	0	0	1	0	1	0	0	1	1	6.75
中澤 雅人	(ヤ)	1	1	0	0	0	0	0	0	0	0	—	—	.000	6	1.1	1	0	0	0	1	0	1	0	0	1	1	6.75
中田 賢一	(ソ)	5	7	0	0	5	0	0	0	1	2	0	0	.333	113	24.2	24	4	2	2	12	3	19	0	1	17	16	5.84
中田 廉	(広)	1	2	0	1	0	0	0	0	0	0	—	—	.000	9	2	1	1	0	0	2	1	1	0	0	1	1	4.50
中谷 信夫	(南)	3	6	0	2	1	0	0	0	0	0	—	—	.000	55	11.1	17	2	2	—	7	0	0	0	0	11	10	7.50
中田 良弘	(神)	1	1	0	0	0	0	0	0	0	0	—	—	.000	10	1.1	5	1	0	0	1	0	6	0	0	4	4	27.00
中西 勝己	(毎)	1	3	0	1	2	0	0	0	0	1	—	—	.000	47	12	9	2	1	0	3	0	6	0	0	2	2	1.50
中西 清起	(神)	1	1	0	0	0	0	0	0	0	0	—	—	.000	11	3	2	0	1	0	1	0	3	0	0	0	0	0.00
中原 宏	(南)	3	6	0	2	0	0	0	0	0	1	—	—	.000	72	17	18	1	3	—	6	0	1	0	0	10	9	4.76

日本シリーズ・ライフタイム

選手名	チーム	年数	試合	完投	交代完了	試合当初	無失点勝	無四球試	勝利	敗北	セーブ	ホールド	HP	勝率	打者	投球回	安打	本塁打	犠打	犠飛	四球	死球	三振	暴投	ボーク	失点	自責点	防御率
中村 大成 (南)		2	8	0	2	3	0	0	0	2	−	−	−	.000	130	31.2	28	4	2	1	(1)9	2	14	0	0	10	8	2.2
中村 勝 (日)		1	1	0	0	1	0	0	0	2	−	−	−	.000	25	7	5	0	2	0	4	0	3	0	0	6	6	0.0
中村 稔 (巨)		4	10	0	6	3	0	0	1	2	−	−	−	.333	133	32.2	30	4	5	2	7	1	19	0	0	13	11	3.0
中村 祐太 (広)		1	1	0	0	0	0	0	0	0	−	−	−	.000	5	1	1	0	0	1	0	1	0	0	0	0	0	0.0
中山 孝一 (南)		1	2	0	0	0	0	0	0	0	−	−	−	.000	19	4	3	1	0	1	4	0	4	0	0	3	3	6.7
中山 裕章 (中)		1	1	0	1	0	0	0	0	0	−	−	−	.000	3	1	0	0	0	0	0	0	1	0	0	0	0	0.0
*永射 保 (武)		4	13	0	1	0	0	0	2	0	0	−	−	1.000	21	4.1	4	0	0	0	(1)4	0	6	0	0	2	2	4.1
永井 智浩 (ダ)		2	3	0	0	2	0	0	0	1	0	−	−	.500	47	11.2	5	0	0	0	8	2	2	0	0	6	6	4.6
長冨 浩志 (ダ)		2	3	0	0	2	0	0	0	1	1	0	−	.500	44	11	10	0	2	0	3	0	2	0	0	2	2	1.6
成重 春生 (ロ)		1	2	0	0	0	0	0	0	1	0	−	−	.000	8	2	2	0	0	0	0	0	2	0	0	0	0	0.0
成田 文男 (日)		3	5	0	1	3	0	0	0	0	3	−	−	.000	70	14.2	16	9	2	0	(1)9	0	12	0	0	16	13	7.8
*成瀬 善久 (ロ)		1	2	0	0	0	0	0	0	0	0	0	0	1.000	43	11	9	2	2	0	2	0	13	0	0	4	4	3.2
*ニューマン (ヤ)		1	1	0	0	0	0	0	0	0	0	−	−	.000	14	3.1	3	0	0	0	1	0	0	0	0	1	0	0.0
*新美 敏 (広)		1	1	0	0	0	0	0	0	0	0	−	−	.000	8	2	3	0	0	0	0	0	1	0	0	0	0	0.0
新山 彰忠 (南)		3	5	0	3	0	0	0	1	0	0	−	−	1.000	28	8	4	0	1	0	2	0	7	0	0	1	1	1.1
*新浦 寿夫 (巨)		2	5	0	3	1	0	0	0	1	2	−	−	.000	51	12	12	1	1	2	3	0	9	0	0	6	5	3.7
西 純矢 (神)		1	1	0	0	0	0	0	0	0	0	−	−	.000	7	1.1	1	0	0	0	1	0	1	0	0	1	0	0.0
西 勇輝 (神)		1	2	0	1	1	0	0	0	1	0	−	−	.000	31	6.2	8	1	0	0	3	0	6	0	0	5	5	6.7
西井 哲夫 (ヤ)		1	3	0	1	0	0	0	0	1	0	−	−	1.000	42	9	13	3	2	0	3	0	6	0	0	8	8	8.0
西岡三四郎 (南)		1	2	0	1	1	0	0	0	0	−	−	−	.000	17	3	4	1	0	0	2	1	0	0	0	3	2	6.0
西口 文也 (武)		5	7	2	0	5	0	1	0	5	0	0	−	.000	160	37.2	29	3	4	1	(2)19	0	33	1	0	17	17	4.0
西崎 幸広 (武)		1	1	0	1	0	0	0	0	0	1	−	−	.000	7	1.2	0	0	0	0	2	0	3	0	0	0	0	0.0
*西原 恭治 (西)		1	1	0	0	0	0	0	0	0	0	−	−	.000	1	＋	1	0	0	0	0	0	0	0	0	1	1	−
西村健太朗 (巨)		3	11	0	5	0	0	0	0	1	2	1	2	.333	52	11.2	14	2	4	0	1	2	8	0	0	5	5	3.8
西村 貞朗 (南)		3	8	0	1	3	0	0	0	1	3	−	−	.000	103	23	27	3	1	0	7	3	16	0	0	17	15	5.8
西村 龍次 (ヤ)		1	2	0	0	2	0	0	0	1	0	−	−	.500	52	11.1	11	1	1	0	8	1	2	1	0	6	6	4.7
西本 和人 (武)		1	1	0	0	0	0	0	0	1	0	−	−	.000	4	1	1	0	1	0	0	0	1	0	0	0	0	0.0
西本 聖 (巨)		3	8	4	0	2	2	1	4	2	0	−	−	.667	207	53	44	4	0	0	(2)9	2	38	0	0	10	9	1.5
西山 一宇 (南)		1	1	0	0	0	0	0	0	0	1	0	0	.000	18	4.2	3	0	1	0	0	0	1	0	0	1	1	1.9
ネルソン (中)		2	5	0	0	1	0	0	0	0	1	1	1	.000	66	16	15	1	2	0	(1)3	0	18	1	0	5	3	1.6
*能見 篤史 (オ)		3	4	0	1	1	0	0	0	0	0	1	1	.000	30	8	7	1	1	0	0	0	5	0	0	2	2	2.2
*野口 茂樹 (中)		1	2	0	0	2	0	0	0	1	0	−	−	.000	44	9.2	7	1	0	0	(1)7	0	6	0	0	9	3	2.7
野田 浩司 (オ)		2	4	0	1	2	0	0	0	1	0	−	−	1.000	64	16.1	16	2	0	0	3	0	16	1	0	4	4	2.2
野間口貴彦 (巨)		1	1	0	0	0	0	0	0	0	0	−	−	.000	7	2	1	0	0	0	0	0	0	0	0	0	0	0.0
野村 収 (神)		1	1	0	0	0	0	0	0	0	0	−	−	.000	4	1.1	0	0	0	0	0	0	1	0	0	0	0	0.0
野村 貴仁 (オ)		2	7	0	0	0	0	0	0	0	0	−	−	.000	16	4	3	0	1	0	(1)4	0	2	0	0	0	0	0.0
野村 武史 (毎)		1	3	2	0	1	0	0	0	3	0	−	−	1.000	85	21.1	15	0	0	0	6	1	5	0	0	3	1	0.4
*野村 弘樹 (横)		2	3	0	0	2	0	0	0	1	1	0	−	.500	51	11.2	16	3	1	0	2	0	8	0	0	8	8	6.1
野村 祐輔 (広)		2	3	0	0	2	0	0	0	0	2	−	−	.000	63	14.1	14	2	1	0	4	1	13	0	0	8	8	4.5
*野母 得見 (南)		1	1	0	1	0	0	0	0	0	0	−	−	.000	3	1	0	0	0	0	0	0	1	0	0	0	0	0.0
則本 昂大 (楽)		1	3	0	1	1	0	0	0	1	0	1	2	.500	59	15	9	2	1	0	3	1	18	0	0	4	4	2.4
*ハウザー (楽)		1	2	0	1	1	0	0	0	0	1	0	0	.000	17	3.1	3	0	0	0	4	1	2	0	0	1	1	2.7
*バーグマン (近)		1	2	0	1	1	0	0	0	0	0	−	−	.000	26	6	5	0	1	1	(1)2	0	3	0	0	3	3	4.5
バース (神)		1	5	0	2	0	0	0	0	0	0	3	1	1.000	26	6.2	4	0	1	1	3	0	8	1	0	4	4	5.5
バーネット (ヤ)		1	2	0	0	0	0	0	0	0	0	−	−	.000	9	2	2	0	1	0	1	0	1	0	0	1	1	4.5
*バーンサイド (神)		1	1	0	0	0	0	0	0	0	0	−	−	1.000	26	6	8	1	0	0	1	0	4	0	0	3	3	4.5
バッキー (神)		2	6	1	3	1	0	0	0	0	0	−	−	.500	101	25.2	21	1	2	1	(1)8	1	20	0	0	6	6	2.0
バリオス (ソ)		1	2	0	0	0	0	0	0	0	0	−	−	.000	11	3	0	0	1	0	2	0	3	0	0	0	0	0.0
バルガス (オ)		1	2	0	0	1	0	0	0	0	0	−	−	.000	12	2.1	2	0	1	0	1	0	4	0	0	1	1	3.8
バルデス (中)		1	2	0	0	0	0	0	0	1	0	−	−	1.000	8	2	2	1	0	0	1	0	0	0	0	1	1	4.5
バンデンハーク (ソ)		4	5	0	0	5	0	0	0	2	1	0	0	.667	109	28.1	23	3	1	1	4	0	38	0	0	11	9	2.8
パウエル (近)		1	2	0	0	2	0	0	0	1	1	0	0	.500	36	7	10	1	3	0	4	1	5	0	0	7	7	9.0
パットン (デ)		1	5	0	2	0	0	0	0	0	0	3	3	.000	16	3	3	0	1	0	(1)2	0	4	0	0	0	0	0.0
萩原 誠 (近)		1	1	0	0	0	0	0	0	0	0	−	−	.000	11	3	1	0	0	0	0	0	0	0	0	0	0	0.0
*橋詰 文男 (東)		1	4	0	0	0	0	0	0	0	0	−	−	.000	6	1.2	1	0	0	0	1	0	1	0	0	0	0	0.0
橋本 清 (巨)		1	2	0	1	0	0	0	0	0	0	−	−	.000	15	3.1	4	0	1	0	3	1	2	1	0	5	5	19.2
橋本健太郎 (神)		1	2	0	1	0	0	0	0	0	0	−	−	.000	13	2.1	6	2	0	0	0	0	2	0	0	5	5	19.2
*橋本 武広 (広)		3	9	0	6	0	0	0	0	0	0	1	1	.000	23	4.1	7	1	0	0	(1)4	0	6	1	0	1	1	2.0
長谷川滋利 (オ)		2	2	0	0	0	0	0	0	0	0	−	−	.000	31	8.1	6	0	0	0	3	0	7	0	0	1	1	1.0
*長谷部康平 (楽)		1	1	0	0	0	0	0	0	0	0	−	−	.000	11	2	2	0	1	0	(1)1	0	1	0	0	0	0	0.0
*畑 隆幸 (西)		2	4	0	0	2	0	0	0	0	0	−	−	.000	20	4.1	6	0	2	0	0	0	4	0	0	4	4	7.2
畠 世周 (巨)		1	1	0	0	0	0	0	0	0	0	−	−	.000	9	1.2	4	0	1	0	2	0	3	0	0	4	4	21.6
服部 武夫 (南)		2	5	0	0	2	0	0	0	1	1	−	−	.500	103	25.2	19	2	2	−	11	0	8	0	0	8	7	2.4
*濵口 遥大 (デ)		1	2	0	0	2	0	0	0	1	0	−	−	.000	28	7.2	2	0	1	2	1	1	7	1	0	0	0	0.0
*林 俊宏(俊彦) (南)		3	5	1	2	0	0	0	0	1	0	−	−	1.000	59	15	11	1	2	1	4	1	6	0	1	6	6	3.6
*林 昌範 (日)		1	5	0	1	0	0	0	0	0	0	−	−	.000	13	3.2	2	0	0	0	3	0	2	0	0	1	1	2.4
原 樹理 (ヤ)		1	1	0	0	1	0	0	0	1	0	−	−	.000	22	5.2	6	0	0	0	2	0	3	0	0	1	1	1.5
祇川 正敏 (南)		1	1	0	0	0	0	0	0	1	0	−	−	.000	14	2	5	0	1	0	1	0	2	0	0	4	3	13.5
ヒギンス (オ)		1	1	0	1	0	0	0	0	0	0	−	−	.000	14	2.1	4	2	0	0	0	0	3	0	0	5	5	19.2
ビーズリー (神)		1	1	0	1	0	0	0	0	0	0	−	−	.000	10	1.1	3	0	0	0	3	0	3	0	0	2	2	13.5

選手名	チーム	年数	試合	完投	交代完了	試合当初	無失点勝	無四球試	勝利	敗北	セーブ	ホールド	HP	勝率	打者	投球回	安打	本塁打	犠打	犠飛	四球	死球	三振	暴投	ボーク	失点	自責点	防御率
ビエイラ	巨	1	2	0	1	0	0	0	0	0	0	0	0	.000	10	2.2	2	1	0	0	1	0	3	0	0	0	0	0.00
比嘉 幹貴	オ	3	11	0	1	0	0	0	1	0	0	5	6	1.000	29	7.2	6	0	0	0	1	0	10	0	0	1	1	1.17
東尾 修	武	6	18	0	10	5	0	0	5	3	4	—	—	.625	298	75.1	68	8	8	0	(1)14	0	39	1	0	20	15	1.79
東浜 巨	ソ	3	4	0	3	0	0	0	0	0	0	1	1	1.000	70	17.2	14	3	2	0	7	0	18	0	0	6	6	3.06
久本 祐一	中	4	7	0	4	0	0	0	0	0	0	0	0	.000	22	6.2	1	1	0	0	(1)1	1	9	1	0	1	1	1.35
平井 正史	中	7	13	0	3	0	0	0	1	2	1	1	2	.333	71	15	20	6	1	0	6	0	9	0	0	10	10	6.00
平岡 一郎	ロ	1	4	0	0	0	0	0	0	0	—	—	—	.000	7	2.1	0	0	0	0	1	0	2	0	0	0	0	0.00
平田 真吾	ディ	1	1	0	0	0	0	0	0	0	0	—	—	.000	3	1	0	0	0	0	0	0	1	0	0	0	0	0.00
平野 佳寿	オ	3	6	0	3	0	0	0	0	0	2	2	2	.000	25	6	4	1	0	0	3	0	7	0	0	1	1	1.50
平松 一宏	巨	1	2	0	0	0	0	0	0	0	0	—	—	.000	9	2.1	2	0	0	0	0	0	0	0	0	0	0	0.00
廣田(広田浩章)	ヤ	3	6	0	1	0	0	0	0	0	0	—	—	.000	23	6	4	1	0	0	2	0	6	0	0	3	3	4.50
ファルケンボーグ	ソ	1	5	0	2	0	0	0	0	0	2	3	3	.000	20	6.1	1	0	0	0	1	0	10	0	0	0	0	0.00
フランスア	広	1	4	0	1	0	0	0	0	0	1	1	1	.000	27	7.2	3	1	1	0	1	0	6	0	0	1	1	1.17
フレージャー	オ	1	1	0	0	1	0	0	0	0	0	1	1	1.000	21	6	2	0	1	0	1	0	3	0	0	0	0	0.00
ブルワー	神	1	1	0	0	0	0	0	0	0	0	—	—	.000	5	1	1	0	1	1	1	0	1	0	0	1	1	9.00
ブロス	ヤ	3	2	0	0	3	0	0	2	0	—	—	—	1.000	80	20	15	1	2	0	9	0	13	0	0	3	2	0.90
福士敬章(松原明夫)	広	3	7	2	0	3	0	0	2	1	0	—	—	.667	149	36	32	4	4	0	(4)15	1	25	1	0	11	11	2.75
福田 聡志	巨	1	3	0	0	0	0	0	0	0	2	2	2	.000	12	2.2	2	0	1	0	2	0	0	0	0	0	0	0.00
福原 忍	神	3	4	0	0	0	0	0	0	0	1	1	1	.000	30	8	6	0	0	0	2	1	7	0	0	1	1	1.13
福間 納	神	1	3	0	1	0	0	0	1	1	0	—	—	.500	27	7	5	1	2	0	(1)2	0	3	0	0	2	2	2.57
福盛 和男	横	1	1	0	0	0	0	0	0	0	0	—	—	.000	7	1.2	1	0	0	0	2	0	1	0	0	0	0	0.00
藤井 秀悟	日	2	2	0	0	2	0	0	0	0	0	—	—	.000	54	12.2	11	1	3	1	(1)5	1	5	0	0	5	5	3.55
藤井 将雄	ダ	1	2	0	0	0	0	0	0	0	0	—	—	.000	9	2	3	0	0	0	0	1	1	0	0	0	0	0.00
藤江 清志	南	1	3	0	2	0	0	0	0	0	—	—	—	.000	31	8.2	3	0	2	—	4	0	2	0	0	2	1	1.00
藤川 球児	神	1	3	0	2	0	0	0	0	0	0	—	—	.000	13	3	2	0	0	0	1	0	4	0	0	4	3	9.00
藤沢 公也	中	1	1	0	0	0	0	0	0	0	0	—	—	.000	10	1	5	0	1	0	(1)3	0	0	0	0	5	5	45.00
藤田 宗一	ロ	1	2	0	0	0	0	0	0	0	1	1	1	.000	7	2	1	0	0	0	0	0	2	0	0	0	0	0.00
藤田 元司	巨	5	17	2	3	7	1	0	2	6	—	—	—	.250	306	74.2	62	7	6	3	(2)29	1	37	1	0	33	22	2.64
藤浪晋太郎	神	1	1	0	0	1	0	0	0	0	0	—	—	.000	27	5.2	7	2	2	0	2	0	6	0	0	3	3	4.76
藤本 修二	武	1	1	0	1	0	0	0	0	0	0	—	—	.000	13	3	4	0	0	0	0	0	1	0	0	2	2	6.00
藤本 英雄	巨	3	7	3	0	4	2	1	4	2	—	—	—	.667	181	45	43	3	0	0	0	0	19	0	0	13	10	2.00
古谷 拓哉	ロ	1	4	0	0	0	0	0	0	0	0	—	—	.000	14	3	3	1	0	0	1	0	2	0	0	2	2	6.00
ヘーゲンズ	広	1	2	0	0	0	0	0	0	0	1	1	1	.000	10	2.1	0	0	0	0	4	0	2	0	0	0	0	0.00
ヘルウェグ	広	1	4	0	0	0	0	0	0	0	0	—	—	.000	12	2.1	1	0	0	0	(1)3	1	1	0	0	0	0	0.00
ベドラザ	ダ	2	5	0	5	0	0	0	0	0	—	—	—	.000	17	5.1	2	0	0	0	1	0	4	0	0	0	0	0.00
ベン	ロ	1	1	0	0	0	0	0	0	0	0	0	0	1.000	23	5.1	4	0	0	0	2	0	2	0	0	2	2	3.38
別所 毅彦	巨	7	22	6	6	5	2	0	7	5	—	—	—	.583	397	100.2	91	10	8	1	16	0	39	0	1	37	27	2.41
ホールトン	巨	3	3	0	0	3	0	0	1	1	0	—	—	.500	54	10.2	16	2	1	0	9	1	5	1	0	10	10	8.44
ホッジス	ヤ	1	1	0	0	0	0	0	0	0	0	—	—	.000	20	4.2	4	0	0	0	1	1	5	1	0	2	2	3.86
帆足 和幸	武	2	3	0	0	2	0	0	0	0	0	—	—	.000	62	13.2	15	0	1	1	5	0	9	0	0	6	5	3.29
星野 順治	ダ	2	3	0	0	2	0	0	0	0	—	—	—	1.000	42	10.2	8	1	0	0	(1)2	0	4	1	0	2	2	1.69
星野 仙一	中	1	3	0	2	0	0	0	1	2	0	—	—	.333	39	9	9	1	2	0	3	2	4	0	0	6	5	5.00
星野 智樹	武	2	5	0	0	0	0	0	0	0	1	2	1	.000	13	3.1	1	0	0	0	2	0	4	0	0	0	0	0.00
星野 伸之	オ	2	4	0	3	0	0	0	1	2	0	—	—	.000	53	12.1	12	1	2	0	4	0	12	0	0	4	4	2.92
星野 秀孝	中	1	2	0	1	0	0	0	0	0	—	—	—	.000	8	2	2	0	0	0	(1)1	0	0	0	0	0	0	0.00
堀内 庄	巨	4	11	1	1	5	0	0	1	1	—	—	—	.500	196	49.2	41	6	5	1	11	0	31	1	0	16	15	2.70
堀内 恒夫	巨	10	27	7	8	11	2	0	11	5	0	—	—	.688	573	140.1	108	9	6	2	(4)61	2	82	3	0	50	45	2.89
堀本 律雄	巨	1	3	1	0	2	0	0	2	1	—	—	—	1.000	90	24.1	15	5	1	0	6	1	17	1	0	9	8	2.88
本田 仁海	オ	1	3	0	1	0	0	0	0	0	1	1	1	.000	16	3	5	1	1	0	2	0	6	0	0	2	2	6.00
本間 勝	神	1	1	0	0	0	0	0	0	0	0	—	—	.000	8	1.1	3	0	1	0	2	0	0	0	0	1	1	9.00
MICHEAL(中村(中)	ロ	1	4	0	4	0	0	0	0	0	3	0	0	.000	12	4	0	0	0	0	0	0	2	0	0	0	0	0.00
マーフィー	ロ	1	1	0	0	0	0	0	0	0	0	—	—	.000	13	1.1	6	0	0	0	3	0	2	0	0	7	4	27.00
マクガフ	ヤ	2	9	0	7	0	0	0	1	3	1		2	.250	46	8.2	12	2	4	1	(1)5	1	8	0	0	9	6	6.23
マシソン	巨	2	6	0	1	0	0	0	0	2	3		3	1.000	26	6.1	1	0	1	0	6	0	10	0	0	1	1	1.42
マリオ	巨	1	1	0	0	0	0	0	0	0	0	—	—	.000	3	1	1	0	1	0	0	0	0	0	0	0	0	0.00
前川 勝彦	近	1	4	0	1	0	0	0	0	0	—	—	—	.000	39	7.2	8	0	1	0	7	2	4	1	0	3	3	3.52
前田 浩継	ヤ	1	1	0	0	0	0	0	0	0	0	—	—	.000	20	6	2	1	0	0	1	0	5	0	0	1	1	1.50
前田 康雄	ロ	1	1	0	0	0	0	0	0	0	—	—	—	.000	3	0.1	1	0	0	0	0	1	1	0	0	0	0	0.00
前田 幸長	神	1	2	0	0	0	0	0	0	0	0	—	—	.000	8	1.2	3	0	0	0	0	0	1	0	0	2	2	10.80
牧 憲二郎	急	1	2	0	1	0	0	0	0	0	—	—	—	.000	17	4.2	0	0	0	0	2	0	3	0	0	0	0	0.00
槙原 寛己	巨	7	9	3	1	4	0	0	3	3	0	—	—	.500	201	51.2	40	4	7	0	(1)11	1	46	1	0	15	15	2.61
間柴 茂有	日	3	4	0	0	0	0	0	0	0	1	1	1	.000	45	10	15	1	0	1	2	1	4	0	0	5	5	4.50
増井 浩俊	オ	3	7	0	2	0	0	0	0	0	1	1	1	.000	60	14	14	0	2	0	5	0	9	0	0	5	5	3.21
益田 昭雄	巨	2	4	1	0	0	0	0	0	0	—	—	—	1.000	47	13.1	7	0	1	0	0	1	8	0	0	5	5	3.38
松岡 健一	ヤ	1	2	0	0	0	0	0	0	0	0	—	—	.000	10	3	2	1	0	0	3	0	1	0	0	1	1	3.00
松岡 弘	ヤ	1	4	1	2	1	1	0	2	2	0	—	—	1.000	79	18.2	20	3	1	0	5	0	11	2	0	8	6	2.84
松坂 大輔	武	2	5	0	0	3	0	0	1	2	0	—	—	.250	99	20.1	23	3	3	0	(1)9	6	21	0	0	18	17	7.52
松田 清	巨	1	1	0	0	1	0	0	1	0	—	—	—	1.000	25	7	4	0	1	0	0	0	1	0	0	1	1	1.29
松田 達馬	神	1	1	0	0	0	0	0	0	0	0	—	—	.000	3	1	1	0	0	0	0	0	0	0	0	0	0	0.00

日本シリーズ・ライフタイム

選手名	チーム	年数	試合	完投	交代完了	試合当初	無失点勝	無四球試	勝利	敗北	セーブ	ホールド	HP	勝率	打者	投球回	安打	本塁打	犠打	犠飛	四球	死球	三振	暴投	ボーク	失点	自責点	防御率
松沼 博久(武)		6	11	0	1	10	0	0	3	2	0	-	-	.600	196	46.1	37	7	8	1	(4)17	1	29	0	0	20	17	3.3
松沼 雅之(武)		5	16	0	4	0	0	0	1	0	0	-	-	1.000	99	25	16	0	3	1	8	1	12	0	0	4	3	1.0
*松本 正志(急)		1	1	0	0	0	0	0	0	0	0	-	-	.000	3	0.2	1	1	0	0	0	0	1	0	0	1	1	13.5
松本 裕樹(ソ)		1	1	0	0	0	0	0	0	0	0	0	1	1.000	10	2.2	0	0	0	0	0	0	4	1	0	0	0	0.0
*松本 幸行(中)		1	3	0	0	3	0	0	1	0	0	-	-	1.000	65	14	20	2	1	0	(1)3	0	4	0	0	8	7	4.5
馬原 孝浩(ソ)		1	4	0	3	0	0	0	0	2	0	0	0	.000	18	3.2	6	1	1	0	(1)2	0	1	0	0	2	2	4.9
円子 宏(南)		1	1	0	0	0	0	0	0	0	0	-	-	.000	12	3	3	0	0	0	0	0	1	0	0	1	1	3.0
*ミランダ(ソ)		1	1	0	0	0	0	0	0	0	0	0	1	1.000	23	5	7	2	1	0	2	0	7	0	0	3	3	5.4
三浦 清弘(南)		4	8	0	1	1	0	0	0	2	0	-	-	.000	83	18.2	20	2	2	1	7	2	10	0	0	8	8	3.7
三浦 大輔(横)		1	1	0	0	0	0	0	0	1	0	-	-	.000	16	2.1	2	0	1	0	6	0	2	0	0	4	2	7.7
三上 朋也(デ)		1	3	0	1	0	0	0	0	0	0	1	1	.000	5	1	2	0	1	0	0	0	1	0	0	1	1	9.0
三澤(三沢)興一(近)		2	4	0	1	0	0	0	0	0	0	-	-	.000	24	6	4	1	0	0	(2)5	0	3	1	0	2	2	3.0
三沢 淳(中)		2	5	0	0	2	0	0	0	0	0	-	-	.000	66	14	16	2	3	0	(3)7	0	11	0	0	8	4	2.5
水谷 孝(急)		2	3	0	0	0	0	0	0	1	0	-	-	.000	22	4	8	1	1	0	3	0	4	0	0	4	4	9.0
*水谷 則博(ロ)		1	3	0	0	0	0	0	0	0	0	-	-	.000	8	1.1	3	0	1	0	1	0	0	0	0	0	0	0.0
水谷 寿伸(中)		1	2	0	0	0	0	0	0	0	0	-	-	.000	12	2.2	2	0	0	0	1	1	0	0	0	1	1	3.0
水野 雄仁(巨)		5	10	0	4	1	0	0	0	1	1	-	-	.000	66	16	14	2	4	0	4	0	20	0	0	7	5	2.8
*三瀬 幸司(中)		2	3	0	0	0	0	0	0	0	0	-	-	.000	5	1	1	0	0	0	1	0	1	0	0	0	0	0.0
*三井 浩二(武)		3	5	0	0	0	0	0	0	0	0	-	-	.000	38	9	7	1	0	0	4	1	6	0	0	4	4	4.0
三井 雅晴(ロ)		1	1	0	0	0	0	0	0	0	0	-	-	.000	4	0.2	1	0	0	0	1	0	1	0	0	0	0	0.0
皆川 睦男(南)		4	9	0	1	4	0	0	0	4	0	-	-	.000	129	28.2	37	4	3	0	(1)10	0	13	0	0	15	12	3.7
*三平 晴樹(毎)		1	2	0	0	0	0	0	0	0	0	-	-	.000	12	2.1	4	0	1	0	0	0	0	0	0	2	1	3.8
美馬 学(楽)		1	2	0	0	2	0	0	1	0	0	0	0	1.000	44	11.2	5	0	2	0	3	1	10	0	0	2	2	1.5
*宮城 大弥(オ)		3	5	0	0	5	0	0	2	0	0	-	-	.400	112	28.2	23	2	1	0	3	1	27	0	0	9	9	2.8
宮國 椋丞(巨)		1	1	0	0	0	0	0	0	0	0	-	-	.000	25	7	3	0	0	0	1	0	0	0	0	0	0	0.0
*都 裕次郎(中)		1	4	0	1	2	0	0	0	1	0	-	-	.000	20	3.2	10	0	1	0	2	0	4	0	0	3	2	4.5
宮田 征典(巨)		2	5	0	3	0	0	0	2	1	0	-	-	.667	51	13.2	7	0	0	1	2	0	14	1	0	2	2	1.9
*宮西 尚生(日)		3	10	0	4	0	0	0	0	1	1	3	4	1.000	37	9.1	8	0	0	0	2	0	12	0	0	2	2	1.9
*宮本 和知(巨)		4	8	0	2	3	0	0	0	2	1	-	-	.000	79	17.1	23	1	3	0	8	0	15	0	0	13	13	6.7
宮本 賢治(ヤ)		2	5	0	0	0	0	0	0	0	0	-	-	.000	30	7	5	1	1	0	(1)5	3	7	0	0	3	3	3.8
*宮本 四郎(急)		1	2	0	0	0	0	0	0	0	0	-	-	.000	11	2	3	1	0	0	2	0	3	0	0	1	1	4.5
宮本 幸信(広)		4	12	0	6	3	0	0	0	3	0	-	-	.000	113	26.2	22	3	1	1	(1)11	2	6	0	0	14	9	3.0
*T.ムーア(神)		2	3	0	0	0	0	0	0	0	0	-	-	.000	42	10	9	2	2	0	2	0	6	0	0	6	6	5.4
*M.ムーア(ソ)		1	1	0	0	0	0	0	0	0	0	-	-	1.000	24	7	0	0	0	0	0	0	4	0	0	0	0	0.0
村上 頌樹(神)		1	2	0	0	2	0	0	0	0	0	-	-	.500	46	12	8	1	1	0	3	1	7	0	0	4	4	3.0
*村上 雅則(日)		3	8	0	2	0	0	0	0	0	0	-	-	.000	47	11	11	4	1	0	4	0	8	0	0	9	9	7.3
村田 勝喜(急)		1	1	0	1	0	0	0	0	0	0	-	-	.000	6	1	2	0	0	0	1	0	1	0	0	1	1	9.0
*村田 辰美(近)		3	8	0	1	3	0	0	0	1	0	-	-	.000	56	13.1	13	4	0	0	8	0	5	0	0	10	10	6.7
村田 兆治(ロ)		1	4	1	3	0	0	0	0	1	0	-	-	.500	59	15.1	10	1	1	1	4	0	17	0	0	3	3	1.8
村山 実(神)		2	9	2	2	4	1	2	2	5	-	-	-	.286	173	43.2	38	4	7	3	(2)7	0	34	1	0	20	17	3.4
メ(巨)		1	2	0	0	2	0	0	0	1	0	-	-	.500	42	9.2	12	1	0	0	1	0	14	0	0	7	5	4.6
メッセンジャー(神)		1	2	0	0	2	0	0	0	1	0	-	-	.500	61	14.2	15	0	3	1	1	0	14	1	0	4	4	2.5
*メルセデス(ソ)		1	1	0	0	1	0	0	0	0	0	-	-	.000	21	6	1	0	0	0	2	0	7	0	0	0	0	0.0
メンドーサ(日)		1	2	0	1	0	0	0	0	0	0	-	-	.000	22	6.2	2	0	1	0	2	0	2	0	0	0	0	0.0
*モイネロ(ソ)		4	14	0	1	0	0	0	0	0	0	7	7	.000	50	13.1	4	1	0	0	6	1	15	0	0	2	2	1.3
モルケン(武)		1	2	0	0	0	0	0	0	0	0	-	-	.000	13	2.1	5	0	0	0	1	0	2	0	0	2	2	7.7
森 繁和(武)		4	8	0	4	0	0	0	0	1	1	-	-	.000	38	7.1	11	1	1	0	7	0	3	0	0	5	5	6.1
森 慎二(武)		4	8	0	4	0	0	0	0	1	0	-	-	1.000	59	13	19	0	0	2	(1)3	0	13	0	0	13	11	7.6
森 唯斗(ソ)		6	21	0	11	0	0	0	0	5	6	6	6	.000	82	20	19	2	1	1	5	1	20	0	0	3	3	1.3
森内 壽春(日)		1	2	0	0	0	0	0	0	0	0	0	0	.000	17	3.2	3	0	0	1	2	0	2	0	0	2	2	4.9
盛田 幸妃(近)		1	1	0	0	0	0	0	0	0	0	-	-	.000	3	1	0	0	0	0	0	0	0	0	0	0	0	0.0
森中千香良(南)		4	9	0	5	0	0	0	0	2	0	-	-	.000	57	13	10	1	2	0	4	0	9	0	0	6	6	4.1
*森脇 允彦(ロ)		1	3	0	1	0	0	0	0	0	0	3	3	.000	18	5.2	2	0	0	0	0	0	0	0	0	0	0	0.0
森山 良二(武)		2	2	1	1	0	1	0	1	0	0	-	-	1.000	34	10	3	0	0	0	0	0	0	0	0	0	0	0.0
*八木 智哉(日)		2	2	0	0	2	0	0	0	1	0	-	-	1.000	44	11	11	2	0	0	3	0	9	0	0	3	3	2.4
八木沢荘六(日)		2	4	0	1	0	0	0	0	0	0	-	-	.000	15	3.1	4	0	0	0	1	0	1	0	0	2	2	3.0
*安木 祥二(中)		1	4	0	1	0	0	0	0	0	0	-	-	.000	15	3.1	4	0	0	0	3	0	0	0	0	2	2	3.0
*安田 猛(ヤ)		1	4	0	0	0	0	0	0	0	0	-	-	.000	45	9	15	2	1	0	2	0	5	0	0	8	8	8.0
安原 達佳(巨)		3	7	0	4	1	0	0	0	0	0	-	-	.000	32	8.1	6	1	1	0	2	0	5	0	0	3	3	3.0
柳田 豊(近)		2	6	0	2	0	0	0	0	1	2	-	-	.333	62	15.2	12	3	0	0	2	1	17	0	0	9	9	5.0
矢貫 俊之(日)		1	1	0	0	0	0	0	0	0	0	-	-	.000	4	1	0	0	0	0	0	0	1	0	0	0	0	0.0
薮田 安彦(ロ)		2	6	0	1	0	0	0	0	0	0	3	3	.000	28	7.2	1	0	1	0	2	0	9	0	0	1	1	1.2
山井 大介(中)		4	6	0	0	4	0	0	0	2	0	-	-	.500	90	22	18	1	2	0	6	0	19	1	0	7	(1)7	2.8
山内 新一(南)		3	5	0	2	1	0	0	0	1	0	-	-	1.000	62	15	11	1	1	0	(1)5	2	8	0	0	4	4	2.4
山岡 泰輔(オ)		3	4	0	0	1	0	0	0	1	0	0	1	1.000	31	6.2	8	0	1	0	5	0	6	0	0	3	3	4.0
山沖 之彦(急)		2	4	0	0	0	0	0	0	2	0	1	-	1.000	43	10.2	7	0	0	0	5	0	8	0	0	4	4	3.3
山口 俊(巨)		1	1	0	0	0	0	0	0	0	0	-	-	.000	24	6	5	1	0	0	(3)1	0	8	0	0	4	3	4.5
山口 高志(急)		3	11	1	9	1	0	0	2	2	3	-	-	.500	214	50	35	6	2	0	(3)28	2	47	0	0	20	20	3.6
山口 哲治(近)		1	3	0	0	0	0	0	0	0	0	-	-	.000	15	4	10	0	0	0	1	0	0	0	0	0	0	0.0

選手名	チーム	年数	試合	完投	交代完了	試合当初	無失点勝	無四球試	勝利	敗北	セーブ	ホールド	H・P	勝率	打者	投球回	安打	本塁打	犠打	犠飛	四球	死球	三振	暴投	ボーク	失点	自責点	防御率
山口 鉄也	(巨)	4	14	0	4	0	0	0	1	0	2	7	8	1.000	77	18.1	13	1	1	0	(1)9	1	14	0	0	2	1	0.49
山崎 福也	(オ)	3	4	0	0	4	0	0	0	1	0	0	—	.000	79	18.2	16	1	2	0	(1)8	0	18	0	0	5	4	1.93
山崎慎太郎	(近)	1	2	0	0	2	0	0	0	1	0	1	0	.000	45	10.1	12	0	1	0	6	0	3	0	0	4	4	3.48
山崎 康晃	(ディ)	1	3	0	2	0	0	0	0	1	0	0	0	.000	15	3.1	4	1	0	0	0	0	4	0	0	1	1	2.70
山崎颯一郎	(オ)	3	8	0	0	1	0	0	0	1	0	3	3	.000	52	12.2	13	2	1	0	3	0	11	0	0	8	7	4.97
山下 輝	(ヤ)	1	1	0	0	1	0	0	0	0	0	0	0	.000	24	5	7	1	0	0	1	1	2	0	0	3	3	5.40
山田 勉	(巨)	2	3	0	3	0	0	0	0	0	0	0	—	.000	21	4	5	2	0	0	4	0	6	0	0	6	6	13.50
山田 修義	(オ)	1	1	0	0	0	0	0	0	0	0	0	—	.000	2	0.1	1	0	0	0	0	0	0	0	0	0	0	0.00
山田 久志	(急)	7	21	8	5	7	0	0	6	9	1	—	—	.400	534	127.2	122	23	12	4	(5)36	4	59	0	0	55	50	3.52
山田 大樹	(ソ)	1	1	0	0	1	0	0	1	0	0	—	—	1.000	21	6	3	0	0	0	0	0	5	0	0	0	0	0.00
山田 真実	(近)	1	1	0	0	1	0	0	0	0	0	—	—	.000	6	1.1	1	0	0	0	0	0	0	0	0	0	0	0.00
山根 和夫	(武)	4	11	3	1	6	2	0	5	1	0	—	—	.833	250	64.2	47	4	2	0	(3)18	2	31	0	0	17	15	2.09
山部 太	(ヤ)	2	4	0	1	0	0	0	1	1	0	—	—	.500	23	5.2	4	0	3	0	(1)2	1	3	0	0	1	1	1.59
山村 宏樹	(近)	1	1	0	0	0	0	0	0	0	0	—	—	.000	6	1.2	2	1	0	0	0	0	0	0	0	1	1	5.40
山本 和男	(広)	1	2	0	1	0	0	0	0	0	0	—	—	.000	5	1.1	1	0	0	0	0	0	1	0	0	0	0	0.00
山本 一徳	(日)	1	1	0	0	0	0	0	0	0	0	—	—	.000	4	1.1	0	0	0	0	0	0	1	0	0	0	0	0.00
山本 樹	(ヤ)	2	6	0	0	0	0	0	1	0	0	0	—	1.000	35	9.2	4	0	0	0	3	1	14	0	0	0	0	0.00
山本昌(山本昌広)	(中)	5	6	0	0	6	0	0	0	4	0	0	0	.000	128	30.1	32	5	5	0	3	0	23	0	2	20	15	4.45
山本 由伸	(オ)	3	5	1	0	4	0	0	1	2	0	0	0	.333	141	33.2	34	3	2	0	5	2	45	0	0	14	14	3.74
湯浅 京己	(神)	1	2	0	0	0	0	0	1	0	0	1	2	1.000	4	1.1	0	0	0	0	0	0	2	0	0	0	0	0.00
柚木 進	(南)	4	8	1	2	5	0	0	2	4	—	—	—	.333	157	37.2	36	1	4	0	11	0	8	1	0	16	13	3.08
横田 久則	(武)	1	1	0	0	0	0	0	0	1	—	—	—	.000	12	2	5	0	0	0	0	0	0	0	0	3	3	13.50
横山 道哉	(横)	1	2	0	0	2	0	0	0	0	—	—	—	.000	8	2	2	0	0	0	0	0	2	0	0	0	0	0.00
吉井 理人	(ヤ)	3	7	0	4	2	0	0	0	1	—	—	—	.000	75	17.2	15	3	3	2	(1)10	0	12	1	0	10	10	5.09
吉川 光夫	(日)	2	4	0	0	2	0	0	0	3	0	0	0	.000	63	12.2	16	2	4	1	8	1	11	1	0	12	11	7.82
吉田 修司	(ダ)	4	9	0	2	0	0	0	2	0	0	—	—	1.000	49	10.1	13	1	2	0	7	0	11	0	0	8	8	6.97
吉田 凌	(オ)	1	5	0	1	0	0	0	0	2	0	1	1	.000	14	3	5	1	0	0	0	0	4	0	0	3	2	6.00
吉野 誠	(神)	1	6	0	1	0	0	0	1	0	0	—	—	1.000	22	6.1	3	0	1	0	1	0	6	0	0	0	0	0.00
義原 武敏	(巨)	2	4	0	0	3	0	0	1	3	—	—	—	.250	90	20.2	19	4	1	1	5	2	5	0	0	14	12	5.14
吉見 一起	(中)	3	5	0	1	4	0	0	1	1	0	—	—	.500	94	22	26	1	5	1	(1)4	3	16	0	0	8	8	3.27
吉見 祐治	(ロ)	1	2	0	1	0	0	0	0	0	0	—	—	.000	12	3	3	1	0	0	0	0	2	0	0	6	6	6.00
与田 順欣	(中)	1	3	0	2	0	0	0	0	2	—	—	—	.000	20	6	1	0	0	0	1	1	3	0	0	1	1	1.50
米田 哲也	(急)	5	14	0	3	7	0	0	2	3	—	—	—	.400	174	38.2	39	8	1	1	(1)19	1	26	1	0	23	23	5.31
ラ イ ト	(巨)	2	5	0	0	0	0	0	1	2	—	—	—	.333	102	25.2	24	2	4	0	6	0	6	1	0	13	12	4.15
ラ ジ オ	(ダ)	1	1	0	0	1	0	0	0	0	0	—	—	.000	17	2.2	7	1	0	0	0	0	2	0	0	7	7	23.63
リ ガ ン	(神)	1	4	0	0	0	0	0	0	0	0	—	—	.000	18	4	5	1	1	0	0	0	3	1	1	2	2	4.50
レ イ ン	(楽)	1	1	0	0	0	0	0	0	0	0	—	—	.000	9	2.1	2	0	0	0	0	0	3	0	0	1	1	3.86
ロ マ ン	(ダ)	1	3	0	1	0	0	0	1	0	0	—	—	1.000	14	2.2	2	0	0	0	3	1	0	0	0	0	0	0.00
ワゲスパック	(オ)	2	7	0	5	0	0	0	1	1	3	1	2	.500	28	6.1	4	0	0	0	(2)5	0	10	2	0	1	1	1.42
若田部健一	(ダ)	2	3	0	0	0	0	0	0	2	0	—	—	.000	61	12.1	17	4	2	0	9	1	11	1	0	11	11	8.03
若林 忠志	(毎)	1	3	2	0	0	0	0	1	1	—	—	—	.500	100	24.2	19	1	1	—	6	0	3	0	0	9	8	2.88
涌井 秀章	(武)	1	3	0	0	2	0	0	1	1	0	0	0	.500	60	16.1	8	1	2	0	3	1	18	0	0	6	5	2.76
若生 忠男	(巨)	4	6	0	0	1	0	0	0	0	—	—	—	.000	69	16	17	1	1	0	5	2	4	0	0	9	8	4.50
若生 智男	(広)	3	6	0	3	1	0	0	0	0	—	—	—	.000	38	9	2	0	2	0	1	1	3	0	0	3	2	1.80
渡辺 俊介	(ロ)	2	3	2	0	1	1	0	1	0	0	0	0	1.000	75	20	14	0	1	2	1	1	10	0	0	5	5	2.25
渡辺 省三	(神)	2	5	0	1	0	0	0	0	0	—	—	—	.000	50	13	13	0	1	0	8	0	2	0	0	2	2	1.38
渡辺 泰輔	(南)	1	4	1	0	3	0	0	1	2	—	—	—	.333	86	21.2	19	2	2	0	8	0	12	0	0	7	7	2.86
渡辺 智男	(武)	3	3	1	0	2	1	0	1	1	0	—	—	.500	61	13.1	12	0	1	0	8	0	7	0	0	2	2	1.35
渡辺 伸彦	(オ)	1	1	0	0	0	0	0	0	0	0	—	—	.000	4	1.1	1	0	0	0	0	0	1	0	0	0	0	0.00
渡辺 久信	(武)	10	22	2	4	10	2	0	7	3	—	—	—	.700	368	90.1	69	11	11	4	(1)30	5	73	6	1	33	31	3.09
渡辺 秀一	(ダ)	2	2	0	0	0	0	0	0	0	—	—	—	.000	7	1.1	2	0	0	0	1	0	2	0	0	0	0	0.00
渡辺 秀武	(広)	8	17	0	6	1	0	0	0	4	—	—	—	.000	100	24.2	19	6	0	1	4	1	13	1	0	15	12	4.32
渡辺 弘基	(広)	1	3	0	0	0	0	0	0	0	—	—	—	.000	14	3.2	3	0	0	0	0	0	0	0	0	0	0	0.00
渡辺 正和	(オ)	3	5	0	0	0	0	0	1	0	0	—	—	1.000	25	6.2	4	0	2	0	2	0	2	0	0	2	2	2.70
和田 毅	(ソ)	5	7	1	0	6	0	1	2	2	0	—	—	.500	153	40	25	5	5	1	9	0	29	0	0	9	9	2.03

投手として不出場の年がある選手…小野 和幸（'86武）、高橋栄一郎（'64南）、内藤 尚行（'92ヤ）、林俊宏（林俊彦）（'73南）、皆川 睦男（'65南）、安原 達佳（'61巨）

記者ハンドブック
新聞用字用語集
第14版

初版は1956年、ロングセラー商品！
自治体・企業の広報担当者からWEBライターまで、文章を書くすべての人に！

記者
ハンドブック
新聞用字用語集
第14版

共同通信社

電子書籍版も発売中！

新書判　並製　752ページ
定価：2,090円（本体1900円＋税）

主な内容

時差集／年齢早見表／記事の書き方
◆新聞漢字・仮名遣い
漢字表／表外漢字字体表／人名用漢字／現代仮名遣い／
「ぢ」「じ」、「づ」「ず」の使い分け／送り仮名の付け方
◆書き方の基本
用字について（漢字・平仮名・片仮名使用、学術用語、動植物名）
用語について（句読点、引用符など）
◆用字用語集
誤りやすい語句、差別語、不快語、ジェンダー平等への配慮
◆記事のフォーム
日時・地名・人名・年齢の書き方／数字の書き方／運動記事の書き方／皇室用語
◆資料編
全国の市名・町名／紛らわしい地名、社名／紛らわしい法令関連用語／病名・身体
諸器官の表記／年号・西暦対照表／外来語・片仮名語用例集／運動用語仮名表記／
外国地名一覧／新聞略語集／主な計測単位と種類／世界のメディア、他

お求めはお近くの書店、または（株）共同通信社出版センターまで
お問い合わせ：hanbai@kyodonews.jp

オールスター・ゲーム

マイナビオールスターゲーム2023

第1戦（7月19日・バンテリンドーム ナゴヤ）は全パが圧倒的な強さで勝利を収めた。打撃では初回先頭打者からの4者連続安打を含む5安打の猛攻で4点を先取し、3回には柳田が昨年に引き続き本塁打を放ち、7回には初出場の万波が初打席でダメ押しとなる本塁打を放つなど15安打8得点と全セを突き放した。投げては佐々木朗が2年連続で先発し、8人の投手で1失点と相手に流れを渡さなかった。全セは走者を出すものの宮崎の本塁打による得点に抑えられた。

第2戦（7月20日・MAZDA Zoom-Zoomスタジアム広島）は前日に引き続き圧倒的な強さで全パが連勝を収めた。4回に2試合連続で万波が本塁打を放つなど2試合続けて二桁安打となる13安打6得点で快勝した。投げては先発山下が2イニングを投げて初登板初勝利。2試合で2失点と投手陣も奮闘し、2017、2018以来の2年連続での2連勝へと導いた。

通算成績は全パの90勝80敗11分。特別協賛は今回で6回目となる株式会社マイナビ。

出場者（注）　◎印はファン投票選抜、☆は選手間投票選抜、◇はプラスワン選抜、他は監督選抜による。

回数欄の数字は選抜回数（監督・コーチの最初の数字は、それぞれ監督またはコーチとしての選抜回数・後の数字は全選抜回数）、○中数字は上記回数中怪我等のため不出場の回数。

セントラル・リーグ				パシフィック・リーグ			
守備位置	選手名	球団	出場回数	守備位置	選手名	球団	出場回数
監督	高津 臣吾	ヤクルト	2・8	監督	中嶋 聡	オリックス	2・8
コーチ	三浦 大輔	ＤｅＮＡ	1・7	コーチ	藤本 博史	ソフトバンク	1・1
	岡田 彰布	阪神	5・13		松井 稼頭央	西武	1・10
先発	◎☆村上 頌樹	阪神	1	先発	◎佐々木 朗希	ロッテ	2
中継	◎岩崎 優	阪神	3	中継	◎山﨑 颯一郎	オリックス	1
抑え	◎湯浅 京己	阪神	2	抑え	◎R.オスナ	ソフトバンク	1
投手	清水 昇	ヤクルト	2	投手	☆山下 舜平大	オリックス	1
	田口 麗斗	ヤクルト	2		山﨑 福也	オリックス	1
	サイスニード	ヤクルト	1		◇山本 由伸	オリックス	5
	東 克樹	ＤｅＮＡ	2		津森 宥紀	ソフトバンク	2
	山﨑 康晃	ＤｅＮＡ	7		和田 毅	ソフトバンク	6
	今永 昇太	ＤｅＮＡ	2		平良 海馬	西武	3
	◇T.バウアー	ＤｅＮＡ	1		田中 将大	楽天	8①
	大竹 耕太郎	阪神	13		種市 篤暉	ロッテ	1
	戸郷 翔征	巨人	13		L.ペルドモ	ロッテ	1
	九里 亜蓮	広島	1		加藤 貴之	日本ハム	3
	◆N.ターリー	広島	11		上沢 直之	日本ハム	13
	小笠原 慎之介	中日	1		田中 正義	日本ハム	1
	R.マルティネス	中日	2				
捕手	◎梅野 隆太郎	阪神	4	捕手	◎☆森 友哉	オリックス	6
	☆大城 卓三	巨人	1		◆若月 健矢	オリックス	1
					A.マルティネス	日本ハム	1
一塁手	◎大山 悠輔	阪神	2	一塁手	◎頓宮 裕真	オリックス	1
	☆中田 翔	巨人	10①		☆中村 晃	ソフトバンク	2
二塁手	◎中野 拓夢	阪神	3	二塁手	◎☆外崎 修汰	西武	3
	☆牧 秀悟	ＤｅＮＡ	2				
三塁手	◎佐藤 輝明	阪神	3	三塁手	◎栗原 陵矢	ソフトバンク	2
	☆宮﨑 敏郎	ＤｅＮＡ	3				
遊撃手	◎木浪 聖也	阪神	1	遊撃手	◎源田 壮亮	西武	5
	☆坂本 勇人	巨人	14①				
内野手	◆長岡 秀樹	ヤクルト	2	内野手	紅林 弘太郎	オリックス	1
	岡本 和真	巨人	5①		小深田 大翔	楽天	3
					安田 尚憲	ロッテ	1
外野手	◎☆近本 光司	阪神	4	外野手	◎近藤 健介	ソフトバンク	5②
	◎☆秋山 翔吾	広島	6		◎☆松本 剛	日本ハム	2①
	◎S.ノイジー	阪神	1		◎杉本 裕太郎	オリックス	2
	◎佐野 恵太	ＤｅＮＡ	3		☆万波 中正	日本ハム	1
	◆関根 大気	ＤｅＮＡ	1				
	◆西川 龍馬	広島	1				
	細川 成也	中日	1				
				DH	◎☆柳田 悠岐	ソフトバンク	9①
					◎中村 剛也	西武	9①

柳田 悠岐（ソフトバンク）…選手間投票は外野手で選抜

【セントラル・リーグ】

▼出場辞退
湯浅京己（阪神）坂本勇人（巨人）近本光司（阪神）西川龍馬（広島）けがのため欠場
◆補充選手
N.ターリー（広島）長岡秀樹（ヤクルト）関根大気（ＤｅＮＡ）西川龍馬（広島）

【パシフィック・リーグ】

▼出場辞退
森友哉（オリックス）けがのため欠場
◆補充選手
若月健矢（オリックス）

オールスター・ゲーム

7月19日（水）　バンテリンドーム ナゴヤ　開始 18:35　終了 21:06（試合時間 2時間31分）　入場者35,437人

	1	2	3	4	5	6	7	8	9	計
パシフィック	4	0	1	0	0	2	1	0	0	8
セントラル	0	0	0	0	0	0	1	0	0	1

〔パシフィック〕

守	選手	打数	得点	安打	打点	四球	死球	三振	打撃結果
(二)	外崎	4	1	1	0	0	0	1	①左安打　左飛　⑤空三振　右飛　二ゴロ
打二	深田	3	1	3	0	0	0	0	右安打　左越安　二塁打　⑦一ゴロ　⑨遊飛
(左)	近藤	2	1	0	1	0	0	0	右安打　③遊ゴロ　右飛
左	中村	3	2	0	1	1	0	0	⑦一ゴロ　⑨遊飛
(中)	松本	3	1	1	1	0	0	0	右安打　③遊ゴロ　右飛　右本打　一邪飛
中	万波	3	2	2	2	0	0	0	中安打　右本打　遊ゴロ　中安打　左中二
(右)	柳田	2	0	1	0	0	0	0	
右	杉本	5	1	1	0	1	0	3	空三振　空三振　⑥左安打　空三振　三ゴロ
(指)	中村	2	1	1	1	0	0	0	中安打　左飛　右安打　左邪飛　三ゴロ
(三)	栗原	2	2	0	1	0	0	0	遊ゴロ　④左飛　右犠飛　⑧三邪飛
打三	安田	3	3	0	2	0	0	0	空三振　二ゴロ　右中二　三ゴロ
(一)	頓宮	3	0	1	1	0	0	1	
(遊)	源田	1	2	0	0	1	0	0	②二ゴロ　二直
打遊	紅林	1	0	0	0	0	0	0	
(捕)	若月	2	0	1	0	0	0	0	一ゴロ　右安打
打捕	マルティネス								
	計	40	8	15	8	0	0	5	

```
最優秀選手賞……柳　　田（パ）
敢闘選手賞……近　　藤（パ）
　　　　　　　万　　波（パ）
　　　　　　　宮　　﨑（セ）
マイナビ賞……柳　　田（パ）
```

〔セントラル〕

守	選手	打数	得点	安打	打点	四球	死球	三振	打撃結果
(二)	中野	3	0	1	0	0	0	1	①空三振　遊直　⑥右安打　⑧中飛
二	牧	3	0	0	0	0	0	2	空三振　見逃三　左安打　二ゴロ
(中)	秋山	3	0	0	0	0	0	0	中安打　④右飛　三直　一直
中	関根	1	0	0	0	0	0	0	
(左)	ノイジー	3	0	0	0	0	0	0	三ゴロ　捕邪飛　二飛　⑨左飛
一	佐野	1	0	0	0	0	0	0	
(一)	大山	3	0	0	0	0	0	0	中飛
一	中田翔	1	0	0	0	0	0	0	
(指)	岡本和	4	0	1	0	0	0	1	②右飛　空三振　遊飛
(三)	佐藤輝	2	0	2	0	0	0	0	中越二　⑤右安打　二飛
三	宮﨑	2	1	1	1	0	0	0	⑦右本打
(右)	細川	3	0	0	0	0	0	2	空三振　見逃三　中飛
(捕)	梅野	2	0	0	0	0	0	0	一邪飛　左飛　中飛
捕	大城	1	0	0	0	0	0	0	
(遊)	木浪	2	0	0	0	0	0	0	③遊ゴロ　左飛　中飛
遊	長岡	1	0	0	0	0	0	0	
	計	33	1	6	1	0	0	6	

投手成績

〔パ〕	試合	勝	敗	S	球数	打者	投回	被安	四球	死球	三振	失点	自責
○佐々木朗	1	1	0	0	18	4	1	1	0	0	2	0	0
山本	1	0	0	0	15	4	1	1	0	0	1	0	0
田中将	1	0	0	0	11	3	1	0	0	0	1	0	0
和田	1	0	0	0	15	3	1	0	1	0	1	0	0
山﨑福	1	0	0	0	17	4	1	0	0	0	1	0	0
山﨑颯	1	0	0	0	12	5	1	2	0	0	0	0	0
田中正	1	0	0	0	9	4	1	1	0	0	1	1	1
加藤貴	1	0	0	0	16	6	2	0	0	0	0	0	0

〔セ〕	試合	勝	敗	S	球数	打者	投回	被安	四球	死球	三振	失点	自責
●村上	1	0	1	0	40	11	2	6	0	0	2	4	4
小笠原	1	0	0	0	29	7	2	1	0	0	1	1	1
東	1	0	0	0	14	4	1	1	0	0	1	0	2
岩崎	1	0	0	0	19	6	1	3	0	0	1	0	0
清水	1	0	0	0	14	5	1	2	0	0	1	0	0
山	1	0	0	0	6	4	1	1	0	0	0	0	0
マルティネス	1	0	0	0	9	4	1	1	0	0	1	0	0

本塁打　パ　柳田1号（ソロ＝小笠原）　万波1号（ソロ＝清水）
　　　　セ　宮﨑1号（ソロ＝田中正）
残塁　　パ 6　セ 5
審判　　(球)須山　(一)梅木　(二)敷田　(三)村山　(左)長井　(右)白井

2回戦 7月20日（木） マツダスタジアム 開始 18:34 終了 20:54（試合時間 2時間20分） 入場者30,925人

```
パシフィック   0 1 0   2 0 0   1 2 0 │ 6
セントラル    0 0 0   0 1 0   0 0 0 │ 1
```

〔パシフィック〕

		打数	得点	安打	打点	四球	死球	三振					
(右)	杉　本　　本　剛	3	0	1	0	0	0	0	①左　飛	③遊ゴロ	⑤三安打		
右	松　本　　晃　剛	2	0	1	0	0	0	1				中安打	⑨空三振
(一)	中　村　　原　晃	3	0	1	0	0	0	0	中安打	左　飛	一　直		
三一	栗　原　　藤　崎	1	3	0	1	1	0	0	空三振	空三振	一ゴロ	右犠飛	右安打
(左)	近　外　　崎　藤	3	2	0	0	0	0	2				中　飛	遊併打
(中)	万　　　　　波	4	1	2	1	0	0	0	左　飛	④左中本	⑥右中二	⑧一邪飛	
(指)	柳　頓　　田　宮	3	1	1	0	0	0	0	②右中二	二ゴロ	左　飛		
指	紅　林　　宮　田	0	1	0	0	1	0	0				四　球	
(遊)	紅　林	4	0	2	3	0	0	0	左安打	中安打	三ゴロ	中安打	
(三一)	安　田　　源　田	3	0	1	0	0	0	1	空三振	左安打	二ゴロ		
打遊	若　　　　　月	1	1	0	2	0	0	0				左　飛	
(捕)	マルティネス	2	1	0	0	2	0	0	中犠飛	三ゴロ			
(二)左	小　深　　田	4	0	0	0	0	0	0	左　飛	一　飛	⑦中安打	右線三	
										二ゴロ	二ゴロ		
	計	36	6	13	6	1	0	4					

```
最優秀選手賞……万　　　波（パ）
敢闘選手賞……山　　　下（パ）
　　　　　　　マルティネス（パ）
　　　　　　　岡　本　和（セ）
マイナビ賞……万　　　波（パ）
```

〔セントラル〕

		打数	得点	安打	打点	四球	死球	三振					
(右)	関　根　　野　根	4	0	0	0	0	0	0	①中　飛	④中　飛	捕ゴロ	二ゴロ	
(左)	佐　野　　一　根	2	0	0	0	0	0	0	一ゴロ	右　飛			
左	ノイジー	2	0	0	0	0	0	0			⑦二ゴロ	捕ゴロ	
(中)	秋　山　　川　山	2	0	0	0	0	0	0	左　飛	左　飛			
中	細　川	1	0	0	0	0	0	0			捕邪飛		
(三三)	岡　佐　　和　輝	2	1	1	0	0	0	0	②左安打	⑤右中二	三邪飛		
(三三三)	本　藤　　牧	2	0	1	1	0	0	1	空三振	中安打			
三二一	中　中　　野	1	0	0	0	0	0	0			⑧左安打		
(一)	中　大　　田　山	2	0	0	0	0	0	0	三併打	三ゴロ	遊併打		
(指)	宮　崎　　﨑　卓	3	0	1	0	0	0	0	③投ゴロ	三併打	三ゴロ		
(捕)	大　城　　城	2	0	1	0	0	0	1	中　飛	⑥空三振			
捕	大　梅　　野　岡	1	0	0	0	0	0	0			二ゴロ		
(遊)	長　木　　浪	1	0	1	0	0	0	0	左　飛	空三振	中安打		
	計	29	1	5	1	0	0	3					

〔パ〕投手成績

	試合	勝	敗	S	球数	打者	投回	被安	四球	死球	三振	失点	自責
○山　下	1	1	0	0	18	6	2	1	0	0	1	0	0
上　沢	1	0	0	0	9	3	1	0	0	0	0	0	0
種　市	1	0	0	0	6	3	1	0	0	0	0	0	0
津　森	1	0	0	0	11	4	1	0	0	0	0	0	0
ベルドモ	1	0	0	0	15	3	1	0	0	0	0	0	0
オスナ	1	0	0	0	9	3	1	0	0	0	0	0	0
平　良	1	0	0	0	19	7	2	2	0	0	0	0	0

〔セ〕投手成績

	試合	勝	敗	S	球数	打者	投回	被安	四球	死球	三振	失点	自責
●九　里	1	0	1	0	35	9	2	3	0	0	2	1	1
今　永	1	0	0	0	10	3	1	0	0	0	1	0	0
バウアー	1	0	0	0	24	6	1	3	1	0	0	1	1
サイスニード	1	0	0	0	14	3	1	1	0	0	0	0	0
戸　郷	1	0	0	0	10	4	1	1	0	0	1	0	0
大　竹	1	0	0	0	14	5	1	2	1	0	0	1	2
ターリー	1	0	0	0	26	6	1	2	0	0	1	2	2
田　口	1	0	0	0	12	3	1	1	0	0	1	0	1

本塁打　パ　万波2号（ソロ＝バウアー）
残塁　パ　6　セ　1
失策　セ　大城卓
併殺　パ　（安田－小深田－中村晃）中田翔、（安田－小深田－中村晃）宮﨑、（源田－外崎－栗原）大山
　　　セ　（中田翔）、（木浪－中野－大山）外崎
審判　（球）長井　（一）村山　（二）白井　（三）梅木　（左）須山　（右）敷田

セントラル打撃・守備成績

選手名	試合	打席	打数	得点	安打	二塁打	三塁打	本塁打	塁打	打点	盗塁	盗塁刺	犠打	犠飛	四球	死球	三振	併殺打	残塁	打率	位置	試合	刺殺	補殺	失策	併殺	捕逸	守備率
*秋山　翔吾	2	5	5	0	1	0	0	0	1	0	0	0	0	0	0	0	2	0	1	.200	(外)	2	1	0	0	0	−	1.00
梅野隆太郎	2	3	3	0	0	0	0	0	0	0	0	0	0	0	0	0	0	0	0	.000	(捕)	2	5	0	0	0	1	1.00
*大城　卓三	2	3	3	0	0	0	0	0	0	0	0	0	0	0	1	0	0	0	0	.000	(捕)	2	4	0	1	0	0	.80
大山　悠輔	2	4	4	0	0	0	0	0	0	0	0	0	0	0	0	0	1	0	0	.000	(一)	2	9	0	0	1	−	1.00
岡本　和真	2	6	6	1	2	1	0	0	3	0	0	0	0	0	0	0	0	1	0	.333	(三)	1	2	2	0	0	−	1.00
*木浪　聖也	2	3	3	0	1	0	0	0	1	0	0	0	0	0	0	0	0	0	1	.333	(遊)	2	4	0	1	1	−	1.00
*佐藤　輝明	2	3	3	0	2	1	0	0	3	0	0	0	0	0	0	0	0	0	2	.667	(三)	2	6	0	0	0	−	.00
*佐野　恵太	2	3	3	0	0	0	0	0	0	0	0	0	0	0	0	0	0	0	0	.000	(外)	2	2	0	0	0	−	1.00
*関根　大気	2	5	5	0	0	0	0	0	0	0	0	0	0	0	0	0	1	0	0	.000	(外)	2	1	0	0	0	−	1.00
中田　　翔	2	3	3	0	0	0	0	0	0	0	0	0	0	0	0	0	1	0	0	.000	(一)	2	14	0	0	1	−	1.00
*中野　拓夢	2	4	4	0	2	0	0	0	2	0	0	0	0	0	0	0	1	0	0	.500	(二)	2	4	5	0	1	−	1.00
長岡　秀樹	2	3	3	0	0	0	0	0	0	0	0	0	0	0	0	0	0	0	0	.000	(遊)	2	1	1	0	0	−	1.00
ノイジー	2	5	5	0	1	0	0	0	1	0	0	0	0	0	0	0	0	0	1	.200	(外)	2	1	0	0	0	−	1.00
細川　成也	2	4	4	0	0	0	0	0	0	0	0	0	0	0	0	0	2	0	0	.000	(外)	2	4	0	0	0	−	1.00
牧　　秀悟	2	3	3	0	1	0	0	0	1	0	0	0	0	0	0	0	0	0	0	.333	(二)	2	3	0	0	0	−	1.00
宮﨑　敏郎	2	5	5	1	1	0	0	1	4	1	0	0	0	0	0	0	1	0	0	.200	(三)	1	1	2	0	0	−	1.00
*東　　克樹	1	0	0	0	0	0	0	0	0	0	0	0	0	0	0	0	0	0	0	.000	(投)	1	0	0	0	0	−	.00
*今永　昇太	1	0	0	0	0	0	0	0	0	0	0	0	0	0	0	0	0	0	0	.000	(投)	1	0	0	0	0	−	.00
*岩崎　　優	1	0	0	0	0	0	0	0	0	0	0	0	0	0	0	0	0	0	0	.000	(投)	1	0	0	0	0	−	.00
*大竹耕太郎	1	0	0	0	0	0	0	0	0	0	0	0	0	0	0	0	0	0	0	.000	(投)	1	0	0	0	0	−	.00
*小笠原慎之介	1	0	0	0	0	0	0	0	0	0	0	0	0	0	0	0	0	0	0	.000	(投)	1	0	0	0	0	−	.00
九里　亜蓮	1	0	0	0	0	0	0	0	0	0	0	0	0	0	0	0	0	0	0	.000	(投)	1	0	0	0	0	−	.00
サイスニード	1	0	0	0	0	0	0	0	0	0	0	0	0	0	0	0	0	0	0	.000	(投)	1	0	0	0	0	−	.00
清水　　昇	1	0	0	0	0	0	0	0	0	0	0	0	0	0	0	0	0	0	0	.000	(投)	1	0	0	0	0	−	.00
*ターリー	1	0	0	0	0	0	0	0	0	0	0	0	0	0	0	0	0	0	0	.000	(投)	1	0	0	0	0	−	.00
*田口　麗斗	1	0	0	0	0	0	0	0	0	0	0	0	0	0	0	0	0	0	0	.000	(投)	1	0	0	0	0	−	.00
戸郷　翔征	1	0	0	0	0	0	0	0	0	0	0	0	0	0	0	0	0	0	0	.000	(投)	1	0	0	0	0	−	.00
バウアー	1	0	0	0	0	0	0	0	0	0	0	0	0	0	0	0	0	0	0	.000	(投)	1	0	0	0	0	−	.00
*マルティネス	1	0	0	0	0	0	0	0	0	0	0	0	0	0	0	0	0	0	0	.000	(投)	1	0	0	0	0	−	.00
*村上　頌樹	1	0	0	0	0	0	0	0	0	0	0	0	0	0	0	0	0	0	0	.000	(投)	1	0	0	0	0	−	.00
*山﨑　康晃	1	0	0	0	0	0	0	0	0	0	0	0	0	0	0	0	0	0	0	.000	(投)	1	0	0	0	0	−	.00
計	2	62	62	2	11	2	0	1	16	2	0	0	0	0	0	9	3	6		.177		2	54	18	1	2(4)	0	.98

併殺欄（　）内数字は個人合計

セントラル投手成績

選手名	試合	交代完了	試合当初	勝利	敗北	引分	セーブ	勝率	打者	打数	投球回	安打	本塁打	犠打	犠飛	四球	死球	三振	暴投	ボーク	失点	自責点	防御率
*東　　克樹	1	0	0	0	0	0	0	.000	4	4	1	1	0	0	0	0	0	1	0	0	0	0	0.0
*今永　昇太	1	0	0	0	0	0	0	.000	3	3	1	1	0	0	0	0	0	1	0	0	0	0	0.0
*岩崎　　優	1	0	0	0	0	0	0	.000	6	5	1	3	0	1	0	0	0	0	0	0	2	2	18.0
*大竹耕太郎	1	0	0	0	0	0	0	.000	5	5	1	1	1	0	0	0	0	1	0	0	0	0	0.0
*小笠原慎之介	1	0	0	0	0	0	0	.000	7	7	2	1	0	0	0	0	0	1			1	1	4.5
九里　亜蓮	1	0	1	0	1	0	0	.000	9	8	2	3	0	0	0	2	0	0			1	1	4.5
サイスニード	1	0	0	0	0	0	0	.000	3	3	1	1	0	0	2	0	0	0			0	0	0.0
清水　　昇	1	0	0	0	0	0	0	.000	5	5	1	2	0	0	1	0	0	1			1	1	9.0
*ターリー	1	0	0	0	0	0	0	.000	6	6	1	1	0	0	2	0	0	2			2	2	18.0
*田口　麗斗	1	1	0	0	0	0	0	.000	4	4	1	1	0	0	1	0	0	0			0	0	0.0
戸郷　翔征	1	0	0	0	0	0	0	.000	4	3	1	1	1	0	0	0	0	0			0	0	0.0
バウアー	1	0	0	0	0	0	0	.000	6	6	1	3	1	0	1	0	0	0			0	0	0.0
マルティネス	1	1	0	0	0	0	0	.000	4	4	1	0	0	0	0	0	0	0			0	0	0.0
村上　頌樹	1	0	1	0	1	0	0	.000	11	11	2	6	0	0	4	0	0	4			4	4	18.0
山﨑　康晃	1	0	0	0	0	0	0	.000	4	4	1	0	0	0	0	0	0	0			0	0	0.0
計	2	2	2	0	2	0	0	.000	80	76	18	28	3	0	3	1	0	9	0	0	14	12	6.0

パシフィック打撃・守備成績

選手名	試合	打席	打数	得点	安打	二塁打	三塁打	本塁打	塁打	打点	盗塁	盗塁刺	犠打	犠飛	四球	死球	三振	併殺打	残塁	打率	位置	試合	刺殺	補殺	失策	併殺	捕逸	守備率
*栗原 陵矢	2	4	3	0	2	0	0	0	2	2	0	0	0	1	0	0	0	0	0	.667	(一)	1	5	0	0	1	—	1.000
																					(二)	2	1	1	0	0	—	1.000
紅林弘太郎	2	5	5	2	3	0	0	0	3	0	0	0	0	0	0	0	0	0	1	.600	(三)	1	0	1	0	0	—	.000
*源田 壮亮	2	4	4	0	1	1	0	0	2	1	0	0	0	0	0	0	1	0	1	.250	(遊)	2	2	2	0	1	—	1.000
																					(二)	2	4	3	0	2	—	1.000
*小深田大翔	2	5	5	0	0	0	0	0	0	0	0	0	0	0	0	0	0	0	0	.000	(外)	1	0	0	0	0	—	.000
*近藤 健介	2	6	6	1	3	0	0	0	3	0	0	0	0	0	0	0	2	0	1	.500	(外)	2	5	0	0	0	—	1.000
*杉本裕太郎	2	5	5	0	3	1	0	0	4	1	0	0	0	0	0	0	0	0	2	.600	(外)	2	1	0	0	0	—	1.000
外崎 修汰	2	6	6	1	1	0	0	0	1	0	0	0	0	0	0	0	0	1	0	.167	(二)	2	2	4	0	1	—	1.000
頓宮 裕真	2	5	3	1	0	0	0	0	0	2	0	0	0	1	1	0	0	0	0	.000	(一)	1	5	0	0	2	—	1.000
*中村 晃	2	5	5	0	1	0	0	0	1	0	0	0	0	0	0	0	0	0	0	.200	(一)	1	4	0	0	2	—	1.000
																					(外)	1	1	0	0	0	—	1.000
中村 剛也	1	5	5	1	1	0	0	0	1	0	0	0	0	0	0	0	3	0	0	.200	—	—	—	—	—	—	—	—
マルティネス	2	4	4	1	3	0	1	0	5	2	0	0	0	0	0	0	0	0	2	.750	(捕)	2	3	2	0	0	0	1.000
松本 剛	2	5	5	1	2	0	0	0	2	1	0	0	0	0	0	0	1	0	1	.400	(外)	2	0	0	0	0	—	.000
万波 中正	2	6	6	2	3	1	0	2	10	3	0	0	0	0	0	0	0	0	1	.500	(外)	2	8	0	0	0	—	1.000
*安田 尚憲	2	5	5	1	2	0	0	0	2	0	0	0	0	0	0	0	1	0	1	.400	(一)	1	2	0	0	0	—	.000
																					(三)	2	1	3	0	2	—	1.000
*柳田 悠岐	2	6	6	3	3	1	0	1	7	2	0	0	0	0	0	0	1	0	2	.500	(外)	2	2	0	0	0	—	1.000
若月 健矢	2	4	3	0	0	0	0	0	0	0	0	0	0	1	0	0	0	0	0	.000	(捕)	2	8	0	0	0	0	1.000
上沢 直之	1	0	0	0	0	0	0	0	0	0	0	0	0	0	0	0	0	0	0	.000	(投)	1	0	1	0	0	—	1.000
オスナ	1	0	0	0	0	0	0	0	0	0	0	0	0	0	0	0	0	0	0	.000	(投)	1	0	0	0	0	—	.000
*加藤 貴之	1	0	0	0	0	0	0	0	0	0	0	0	0	0	0	0	0	0	0	.000	(投)	1	0	0	0	0	—	.000
佐々木朗希	1	0	0	0	0	0	0	0	0	0	0	0	0	0	0	0	0	0	0	.000	(投)	1	0	0	0	0	—	.000
*平良 海馬	1	0	0	0	0	0	0	0	0	0	0	0	0	0	0	0	0	0	0	.000	(投)	1	0	0	0	0	—	.000
田中 正義	1	0	0	0	0	0	0	0	0	0	0	0	0	0	0	0	0	0	0	.000	(投)	1	0	0	0	0	—	.000
田中 将大	1	0	0	0	0	0	0	0	0	0	0	0	0	0	0	0	0	0	0	.000	(投)	1	0	0	0	0	—	.000
種市 篤暉	1	0	0	0	0	0	0	0	0	0	0	0	0	0	0	0	0	0	0	.000	(投)	1	0	0	0	0	—	.000
津森 宥紀	1	0	0	0	0	0	0	0	0	0	0	0	0	0	0	0	0	0	0	.000	(投)	1	0	0	0	0	—	.000
ペルドモ	1	0	0	0	0	0	0	0	0	0	0	0	0	0	0	0	0	0	0	.000	(投)	1	0	0	0	0	—	.000
*山﨑 福也	1	0	0	0	0	0	0	0	0	0	0	0	0	0	0	0	0	0	0	.000	(投)	1	0	0	0	0	—	.000
山﨑颯一郎	1	0	0	0	0	0	0	0	0	0	0	0	0	0	0	0	0	0	0	.000	(投)	1	0	0	0	0	—	.000
山下舜平大	1	0	0	0	0	0	0	0	0	0	0	0	0	0	0	0	0	0	0	.000	(投)	1	0	0	0	0	—	.000
山本 由伸	1	0	0	0	0	0	0	0	0	0	0	0	0	0	0	0	0	0	0	.000	(投)	1	0	0	0	0	—	.000
*和田 毅	1	0	0	0	0	0	0	0	0	0	0	0	0	0	0	0	0	0	0	.000	(投)	1	0	0	0	0	—	.000
計	2	80	76	14	28	4	1	3	43	14	0	0	0	3	1	0	9	1	12	.368		2	54	17	0	3 (9)	0	1.000

併殺欄（ ）内数字は個人合計

パシフィック投手成績

選手名	試合	交代完了	試合当初	勝利	敗北	引分	セーブ	勝率	打者	打数	投球回	安打	本塁打	犠打	犠飛	四球	死球	三振	暴投	ボーク	失点	自責点	防御率
上沢 直之	1	0	0	0	0	0	0	.000	3	3	1	0	0	0	0	0	0	0	0	0	0	0	0.00
オスナ	1	0	0	0	0	0	0	.000	3	3	1	0	0	0	0	0	0	0	0	0	0	0	0.00
*加藤 貴之	1	1	0	0	0	0	0	.000	6	6	2	0	0	0	0	0	0	0	0	0	0	0	0.00
佐々木朗希	1	0	1	1	0	0	0	1.000	4	4	1	1	0	0	0	0	0	1	0	0	0	0	0.00
平良 海馬	1	1	0	0	0	0	0	.000	7	7	2	1	0	0	0	0	0	1	0	0	0	0	0.00
田中 正義	1	0	0	0	0	0	0	.000	4	4	1	1	1	0	0	0	0	0	0	0	1	1	9.00
田中 将大	1	0	1	0	0	0	0	.000	3	3	1	0	0	0	0	0	0	1	0	0	0	0	0.00
種市 篤暉	1	0	0	0	0	0	0	.000	4	4	1	0	0	0	0	0	0	1	0	0	0	0	0.00
津森 宥紀	1	0	0	0	0	0	0	.000	4	4	1	1	0	0	0	0	0	0	0	0	1	1	9.00
ペルドモ	1	0	0	0	0	0	0	.000	3	3	1	0	0	0	0	0	0	1	0	0	0	0	0.00
*山﨑 福也	1	0	0	0	0	0	0	.000	4	4	1	0	0	0	0	1	0	0	0	0	0	0	0.00
山﨑颯一郎	1	0	0	0	0	0	0	.000	5	5	1	2	0	0	0	0	0	1	0	0	0	0	0.00
山下舜平大	1	0	1	1	0	0	0	1.000	4	4	1	1	0	0	0	0	0	1	0	0	0	0	0.00
山本 由伸	1	0	0	0	0	0	0	.000	4	4	1	1	0	0	0	0	0	1	0	0	0	0	0.00
*和田 毅	1	0	0	0	0	0	0	.000	3	3	1	0	0	0	0	0	0	0	0	0	0	0	0.00
計	2	2	2	2	0	0	0	1.000	62	62	18	11	1	0	0	0	0	9	0	0	2	2	1.00

1951～2023オールスター・ファン投票数および投票方法

1951 － 101,006	1969 － 215,106	1987 － 606,465	2005 － 3,323,900
1952 － 43,310	1970 － 204,111	1988 － 619,414	2006 － 4,888,474
1953 － 262,801	1971 － 396,073	1989 － 547,879	2007 － 4,711,129
1954 － 705,282	1972 － 340,901	1990 － 1,198,754	2008 － 2,593,885
1955 － 1,036,599	1973 － 310,223	1991 － 1,243,315	2009 － 2,575,428
1956 － 338,665	1974 － 393,410	1992 － 1,269,800	2010 － 2,319,013
1957 － 247,737	1975 － 637,581	1993 － 1,425,455	2011 － 2,093,228
1958 － 358,830	1976 － 416,445	1994 － 1,633,509	2012 － 1,976,869
1959 － 171,686	1977 － 565,037	1995 － 2,262,303	2013 － 1,804,181
1960 － 225,557	1978 － 755,259	1996 － 2,368,886	2014 － 1,627,450
1961 － 180,287	1979 － 479,370	1997 － 2,428,073	2015 － 1,904,185
1962 － 156,206	1980 － 527,445	1998 － 2,546,392	2016 － 1,782,821
1963 － 118,707	1981 － 525,404	1999 － 3,726,389	2017 － 2,129,517
1964 － 127,180	1982 － 469,716	2000 － 3,898,377	2018 － 2,132,077
1965 － 183,165	1983 － 566,531	2001 － 3,679,488	2019 － 1,934,801
1966 － 137,902	1984 － 436,521	2002 － 5,851,295	2021 － 1,323,106
1967 － 194,971	1985 － 453,671	2003 － 7,309,478	2022 － 1,720,754
1968 － 130,720	1986 － 446,555	2004 － 3,960,247	2023 － 2,464,880

1951～52	……18名連記のはがきで全て郵送。
1953	……単記のはがきで全て郵送。
1954～55	……単記・連記自由ではがき、新聞刷込みまたははがき大用紙の郵送、持込み自由。
1956	……はがきは単記・連記自由、新聞刷込み用紙は18名連記で何れも郵送。小包は認めず。
1957～70	……18名連記ではがき、新聞刷込み用紙何れも郵送。小包は認めず。
1971～72	……セ・パ同一守備位置各1、計2名ではがき郵送。
1973～75	……セ・パ守備位置任意の各2、計4名ではがき郵送。
1976～86	……18名連記（守備、球団、背番号記入方式）ではがき郵送。
1987～89	……単記・連記自由（守備、背番号、球団ニックネーム・アルファベット頭文字記入方式）ではがき郵送。
1990～	……ノミネートマーク方式採用、はがき郵送。
1994～	……球場でノミネートマーク方式用紙の配布、回収。
1996～	……インターネットを通じての投票を開始。
1999～	……パ・リーグのみ指名打者を追加。
2001～	……携帯電話を通じての投票を開始。投手部門を先発・中継・抑えの3人を選ぶ方式に。
2008～	……ファン投票と別に選手間投票で選出。
2010	……「マツダプレマシープラスワンドリーム」でセ・パ各1人選出。
2011	……「SKYACTIV TECHNOLOGYプラスワンチャレンジ」でセ・パ各1人選出。
2012	……「SKYACTIV TECHNOLOGYプラスワンドリーム」でセ・パ各1人選出。
2013, 18, 19, 22, 23…	「プラスワン投票」でセ・パ各1人選出。

対戦成績（通算パ90勝、セ80勝、11分）

年		月日	球場	(セ)	(パ)	本 塁 打	入場者	監督(セ)	(パ)
1951	①	7. 4	甲 子 園	○別　所 2－1 江　藤	●	西沢(セ)	48,671	天知	湯浅
	②	7	後 楽 園	○杉　下 4－2 米　川	●		39,060		
	③	8	〃	●藤　本 3－4 林	○	千葉(セ)、飯田、中谷、飯島(パ)	40,378		
1952	①	7. 3	西　　宮	△松　田 2－2 スタルヒン	△	蔭山(パ)	23,139	水原	山本
	②	5	後 楽 園	●別　所 1－8 川　崎	○	飯島(パ)	36,418		
			(7.1、2 西宮雨天中止)						
1953	①	7. 1	後 楽 園	●杉　下 0－2 林	○		40,638	水原	山本
	②	6	甲 子 園	○大　友 2－0 川　崎	●		33,147		
	③	8	中　　日	●藤　本 0－3 川　崎	○		20,711		
			(7.4 中日、5 甲子園、7 中日雨天中止)						
1954	①	7. 3	西　　宮	●長谷川 2－5 西　村	○	藤村(セ)、山内、中西(パ)	32,167	水原	山本
	②	4	後 楽 園	●金　田 1－2 田　中	○		43,727		
1955	①	7. 2	大　　阪	●西　村 0－2 米　川	○	山内(パ)	30,032	水原	三原
	②	3	甲 子 園	○大　友 9－4 西　村	●	西沢2(セ)、中谷(パ)	33,663		
1956	①	7. 3	後 楽 園	●別　所 0－8 島　原	○	佃(パ)	32,855	水原	山本
	②	4	〃	○中　山 2－0 梶　本	●		28,257		
1957	①	7.11	中　　日	●金　田 2－5 梶　本	○	田宮(セ)、山内(パ)	28,769	水原	三原
	②	13	〃	○金　田 5－4 稲　尾	●	宮本(セ)	25,395		
			(7.9、10、12 中日雨天中止)						
1958	①	7.27	平 和 台	○小　山 5－2 杉　浦	●	榎本(パ)	32,606	水原	三原
	②	29	広　　島	●藤　田 3－8 米　田	○	中西、小玉(パ)	29,580		
1959	①	7.28	西　　宮	●北　川 0－9 杉　浦	○	山内(パ)	25,600	水原	三原
	②	29	大　　阪	○村　山 6－4 杉　浦	●	長嶋、中(セ)	27,418		
1960	①	7.25	川　　崎	●金　田 1－3 米　田	○	大和田(セ)、山内(パ)	20,768	水原	鶴岡
	②	26	後 楽 園	○金　田 5－4 土　橋	●	長嶋(セ)、半田(パ)	29,439		
	③	27	〃	●村　田 5－6 ミケンズ	○	佐藤、ソロムコ、巽(セ)、張本(パ)	29,405		
1961	①	7.18	中　　日	●森　滝 0－3 米　川	○	広瀬(パ)	24,452	三原	鶴岡
	②	19	甲 子 園	●金　田 2－4 久保田	○		33,635		
1962	①	7.24	平 和 台	●権藤博 0－7 稲　尾	○	ブルーム、山内(パ)	29,216	川上	水原
	②	26	広　　島	●大　石 4－5 尾　崎	○	王、江藤(セ)、張本2(パ)	27,083		
1963	①	7.22	後 楽 園	●秋　山 6－4 稲　尾	●	王、近藤和(セ)	29,537	藤本	水原
	②	23	東　京	○稲　田 11－9 米　田	●	長嶋、藤井、王(セ)、榎本2、高倉、小玉(パ)	29,119		
	③	24	神　宮	○小　山 8－5 久　保	●	マーシャル(セ)、山内、山本八(パ)	30,625		
1964	①	7.20	川　　崎	○金　田 1－0 石井茂	●	重松(セ)	25,451	川上	中西
	②	21	中　　日	○伊　藤 5－1 小　山	●	重松(セ)	24,977		
	③	22	大　　阪	●高橋重 2－10 スタンカ	○	山内(セ)、スペンサー、石井晶(パ)	29,877		
1965	①	7.19	後 楽 園	●村　山 2－5 杉　浦	○	近藤和(セ)、スペンサー、高木、毒島(パ)	31,693	藤本	鶴岡
	②	20	西　　宮	●安仁屋 3－6 梶　本	○		23,334		
	③	21	平 和 台	△柿　本 1－1 皆　川	△	近藤昭(セ)、高倉(パ)	22,792		
1966	①	7.19	東　京	●バッキー 2－6 足　立	○	王(セ)、広瀬、毒島、船田(パ)	29,322	川上	鶴岡
	②	20	甲 子 園	●山　中 3－6 池　永	○	榎本、張本(パ)	34,323		
	③	21	広　　島	○大　羽 5－1 成　田	●	古葉、遠井(セ)	26,501		
1967	①	7.25	神　宮	●鈴　木 4－9 米　田	○	長嶋(セ)、土井2、張本(パ)	32,088	川上	鶴岡
	②	26	中　　日	●小　川 3－7 成　田	○	王(セ)、長池、ブレイザー(パ)	26,101		
	③	27	大　　阪	●江　夏 6－9 渡　辺	○	長嶋(セ)、大杉、野村、ボレス(パ)	27,967		
1968	①	7.23	川　　崎	○外木場 2－1 石井茂	●	江藤(セ)、ロペス(パ)	25,459	川上	西本
	②	24	後 楽 園	○安仁屋 8－3 鈴　木	●	柴田(セ)、野村(パ)	29,475		
	③	25	西　　宮	●島　田 4－5 森　安	○	船田、小池(パ)	22,866		
1969	①	7.19	東　京	●村　山 6－7 清	○	江藤、田淵、王(セ)、土井(パ)	29,043	川上	西本
	②	20	甲 子 園	○江　夏 3－6 米　田	●	広瀬(パ)	35,050		
	③	22	平 和 台	△平　松 4－4 佐々木	△	王(セ)、永淵、矢野(パ)	30,435		

1970	①	7.18	神　　宮	●渡　辺 9－13鈴　木○	田淵、王(セ)、山崎、有藤、長池、張本(パ)	38,887	川上	西本
	②	19	大　　阪	○江　夏 4－1皆　川●	中塚(セ)	28,740		
	③	21	広　　島	○高橋一 8－6佐　藤●	三村、遠井(セ)	25,878		
1971	①	7.17	西　　宮	○江　夏 5－0米　田●	江夏(セ)	28,160	川上	濃人
	②	19	中　　日	●松　岡 0－4金　田○	長池(パ)	30,759		
	③	20	後 楽 園	●平　松 2－3山　田○	長嶋(セ)、張本(パ)	39,035		
			(7.18 中日雨天中止)					
1972	①	7.22	東　　京	○谷　村 2－5足　立○	田淵(セ)、野村、阪本、大杉(パ)	26,604	川上	西本
	②	23	川　　崎	●坂　井 0－4山　田○	阪本、大杉(パ)	25,251		
	③	25	甲 子 園	○江　夏 1－0太　田●		31,937		
1973	①	7.21	神　　宮	○高橋一 9－3鈴　木●	高田(セ)	31,583	川上	西本
	②	22	大　　阪	●上　田 0－1山　内○		27,565		
	③	24	安　　田	●安　田 1－2田　中○	若松(セ)	28,247		
1974	①	7.21	後 楽 園	●松岡弘 2－3山　田○	高井(セ)	46,160	川上	野村
	②	22	西　　宮	●松　本 3－6太田幸○	長嶋(セ)、福本、ビュフォード(パ)	24,567		
	③	23	広　　島	●外木場 0－1新　美○		25,924		
			(7.20 後楽園雨天中止)					
1975	①	7.19	甲 子 園	○江　夏 8－0太田幸●	山本浩2、衣笠2(セ)	42,637	与那嶺	金田
	②	20	中　　日	○鈴木孝 4－3村　田●	藤田、松原(セ)、有藤(パ)	29,105		
	③	22	神　　宮	○安　田 0－3水　谷●	土井(セ)	37,347		
1976	①	7.17	川　　崎	●山本和 1－2東　尾○	福本(パ)	25,544	古葉	上田
	②	18	後 楽 園	○小　林 11－1山　口●	山本浩(セ)、門田博、福本、大熊(パ)	44,864		
	③	20	大　　阪	○山　本 5－1江　夏●		27,585		
1977	①	7.23	平 和 台	●梶　間 2－1稲　葉○	若菜(パ)	27,271	長嶋	上田
	②	24	西　　宮	●古　沢 0－4山　口○	リー(パ)	28,085		
	③	26	神　　宮	○梶　間 4－3藤　田●	王(セ)、島谷(パ)	34,363		
1978	①	7.22	広　　島	○松原明 7－5高橋直●	ギャレット3(セ)、ミッチェル(パ)	29,137	長嶋	広瀬
	②	23	甲 子 園	●山　本 0－9山　田○		37,787		
	③	25	後 楽 園	○野　村 8－5佐　伯●	掛布3、山本浩(セ)、藤原(パ)	39,233		
1979	①	7.21	大　　阪	○江　夏 11－2山　内●	王(セ)	22,429	広岡	梶本
	②	22	ナ ゴ ヤ	○星　野 7－3山　田●	山本浩(セ)	28,200		
	③	24	神　　宮	○新　浦 7－5柳　田●	王2、山本2(セ)、白、リー、有藤、柏原(パ)	28,438		
1980	①	7.19	西　　宮	○小　林 7－6間　柴●	王、岡田(セ)、リー2、門田(パ)	26,729	古葉	西本
	②	20	川　　崎	●平　松 1－3山　内○	平野(パ)	22,285		
	③	22	後 楽 園	○山本和 2－1高橋直●	掛布(セ)	33,910		
1981	①	7.25	甲 子 園	●斉藤明 3－5柳　田○	ライトル(セ)	40,049	古葉	西本
	②	26	横　　浜	○　角　 6－3柳　田●	掛布2、山本浩(セ)、庄司(パ)	29,573		
	③	28	神　　宮	○江　川 6－0村　田●	山倉、掛布(セ)	32,104		
1982	①	7.24	後 楽 園	●江　川 2－7木　田○	柏原(パ)	35,389	藤田	大沢
	②	25	武　　蔵	△斉藤明 5－5工　藤△	山本浩(セ)、福本、柏原(パ)	33,059		
	③	27	大　　阪	●郭　 3－2工　藤○	掛布(セ)	23,450		
1983	①	7.23	神　　宮	●松　岡 3－5松沼博○	山本浩2(セ)、門田2、テリー、大石大(パ)	31,827	近藤	広岡
	②	24	西　　宮	●　角　 3－4松沼雅○	山本浩(セ)、落合(パ)	28,540		
	③	26	広　　島	●江　川 1－4森　繁○	落合2、福本(パ)	31,362		
1984	①	7.21	後 楽 園	●西本聖 5－14松沼雅○	山本浩(セ)、石毛、簑田(パ)	34,572	王	広岡
	②	22	甲 子 園	●西本聖 5－6鈴木康○	中畑、谷沢(セ)、石毛、ブーマー、門田(パ)	34,448		
	③	24	ナ ゴ ヤ	○江　川 4－1鈴木康●	中畑(セ)、ブーマー(パ)	28,430		
1985	①	7.20	神　　宮	○尾　花 2－0津　野●		28,499	古葉	上田
	②	21	川　　崎	○小　松 6－5松沼博●	若菜、クロマティ(セ)、落合2、伊東(パ)	21,445		
	③	23	藤 井 寺	●尾　花 2－10村　田辰○	山本浩(セ)、簑田(パ)	23,515		
1986	①	7.19	後 楽 園	●金　石 4－6石　本○	高木豊(セ)、大石(パ)	39,868	吉田	森
	②	20	大　　阪	●山本和 3－4アニマル○	山本、清原(パ)	28,188		
	③	22	広　　島	○山本和 5－3小野幸●	吉村2、落合(パ)	26,384		
1987	①	7.25	西　　武	●小　松 4－7山　田○	原(セ)、石毛、高沢(パ)	30,389	阿南	森
	②	26	横　　浜	●杉　本 3－8小　川○	バース、石毛、石毛(パ)	27,819		
	③	28	甲 子 園	●桑　田 7－9阿波野○	小早川、バース、衣笠(セ)　村上2、清原、デービス、石嶺(パ)	39,610		

年		月日	球場		試合		本塁打	観衆	監督	
1988	①	7.24	西　宮	●新	浦1－3津	野○	池山(セ)、ブーマー(パ)	27,365	王	森
	②	25	ナゴヤ	○中	山4－1渡	辺●	岡田(セ)、伊東(パ)	26,473		
	③	26	東京D	○中	山4－3牛	島●	高沢(パ)	42,061		
			(7.23 西宮雨天中止)							
1989	①	7.25	神　宮	●西	本0－6村	田○	田村、藤井、山本(パ)	33,705	星野	森
	②	26	藤井寺	○長	冨4－1佐藤誠●		彦野、宇野(セ)、ブーマー(パ)	21,514		
1990	①	7.24	横　浜	●斎	藤0－7阿	波野○	ブライアント、清原(パ)	27,431	藤田	仰木
	②	25	平和台	○川	崎7－12西	崎●	落合2(セ)、清原2、石嶺、大石、鈴木(パ)	23,541		
1991	①	7.23	東京D	○槙	原1－0野	茂●		44,011	藤田	森
	②	24	広　島	△槙	原3－3小	宮山△	新井、中嶋、門田(パ)	28,371		
1992	①	7.18	甲子園	●小	松1－6渡 辺久○		石井、田辺、佐々木(パ)	44,747	山本	森
	②	19	千　葉	○桑	田6－4前	田●	古田(セ)、大石(パ)	25,552		
	③	21	仙　台	○山 本 昌4－2伊 藤 敦●			駒田(セ)、佐々木、清原(パ)	16,065		
1993	①	7.20	東京D	●有	働8－10野	田○	落合博2、広沢克(セ)、山本、佐々木誠、清原(パ)	43,366	野村	森
	②	21	神　戸	○野	村10－8白井康●		オマリー(セ)、ブライアント、清原(パ)	28,992		
1994	①	7.19	西　武	●斎藤雅1－8伊 良 部○			佐々木、秋山、小川(パ)	24,999	野村	森
	②	20	ナゴヤ	○斎藤隆7－3西	崎●		彦野(セ)	26,441		
1995	①	7.25	横　浜	△古	溝4－4平	井△	落合(セ)	27,340	長嶋	東尾
	②	26	広　島	○山	内7－6伊 良 部●		清原、小久保、金本(セ)	25,611		
1996	①	7.20	福岡D	●藪	4－7グロス○		イチロー、ブリトー、山本(パ)	32,296	野村	仰木
	②	21	東京D	●ガルベス3－7島	崎○			42,938		
	③	23	富　山	○斎藤隆4－2今	関●		金本(セ)	19,340		
1997	①	7.23	大阪D	●藪	0－5小 宮 山○			30,300	長嶋	仰木
	②	24	神　宮	○山本昌6－3西	口●		清原2、松井(セ)	31,194		
1998	①	7.22	ナゴヤD	○川	上4－1高	村●	松井(セ)	34,736	野村	東尾
	②	23	千　葉	△趙	3－3大	塚△	松井(セ)、大村(パ)	24,994		
1999	①	7.24	西武D	○上	原8－4松	坂●	松井(セ)、イチロー、大友、ローズ(パ)	28,217	権藤	東尾
	②	25	甲子園	○藪	9－5黒	木●	ローズ(セ)	43,639		
	③	27	倉　敷	○石 井 一2－1小 宮 山●			新庄(セ)	27,202		
2000	①	7.22	東京D	○高橋建5－4建	山●		ペタジーニ2、ローズ(セ)、小久保(パ)	40,937	星野	王
	②	23	神　戸	○藪	12－4松	坂●	松井(セ)	28,538		
	③	26	長　崎	○工 藤9－3小	野●		清原、坪井、新庄(セ)、イチロー(パ)	17,929		
			(7.25長崎は皇太后さま斂葬の儀で一日繰り下げる)							
2001	①	7.21	福岡D	●入 来 祐1－7黒	木○		松井(セ)、中村、松井(パ)	31,848	長嶋	王
	②	22	横　浜	○上	原12－6松	坂●	松井(セ)、中村、田口、カブレラ(パ)	26,291		
	③	24	札幌D	●野	口4－8藤	田○	高橋由、ペタジーニ、松井(セ)、カブレラ、中村、城島(パ)	37,322		
2002	①	7.12	東京D	○ムー ア4－1山	口●		アリアス、片岡(セ)	40,346	若松	梨田
	②	13	松　山	●ホッジス2－4パウエル○			新井(セ)	27,063		
2003	①	7.15	大阪D	△永	川4－4吉	田△	高橋由2、アリアス(セ)、谷、松井、カブレラ	29,797	原	伊原
	②	16	千　葉	○伊 良 部5－3清 水 直●			金本2、アリアス(セ)、カブレラ2、小笠原(パ)	25,108		
2004	①	7.10	ナゴヤD	●三	浦3－6松坂大○		松中、城島、ズレータ、中村(パ)	34,971	岡田	王
	②	11	長　野	●福	原1－2張	○	高橋由(セ)	26,963		
2005	①	7.22	インボイス	○五 十 嵐6－5西	口●		清原(セ)、小笠原(パ)	25,761	落合	伊東
	②	23	甲子園	○黒	田5－3杉	内●	李承燁、城島(パ)	45,296		
2006	①	7.21	神　宮	○三	浦3－1吉	井●	青木、岩村(セ)、里崎(パ)	30,488	岡田	バレンタイン
	②	23	宮　崎	○永	川7－4馬	原●	アレックス、シーツ(セ)、森本(パ)	29,777		
			(7.22宮崎雨天中止)							
2007	①	7.20	東京D	○久	保4－0馬	原●	ラミレス、前田智、森野(セ)	39,710	落合	ヒルマン
	②	21	フルキャスト	○高橋尚11－5田	中●		阿部、新井、ラミレス(セ)、山﨑武(パ)	20,958		
			(7.21 8回表無死降雨コールド)							
2008	①	7.31	京セラD大阪	●久	保4－5加	藤○	金本(セ)	33,618	原	梨田
	②	8.1	横　浜	○石	川11－6杉	内●	タイロン・ウッズ(セ)、大松2、松中、日高(パ)	27,433		

オールスター・ゲーム

2009	①	7.24	札幌 D	○三　浦10－8武　田　久●	ラミレス、青木(セ)	38,370	原	渡辺
	②	25	マツダ	●吉　見4－7杉　内○	宮本(セ)、松中2、中村、サブロー(パ)	30,866		
2010	①	7.23	ヤフー D	○前　田　健4－1和　田●	山﨑(パ)	33,791	原	梨田
	②	24	新　潟	△林　昌　勇5－5シコースキー△	ブラゼル(セ)、山﨑、里崎(パ)	28,426		
2011	①	7.22	ナゴヤ D	○山　口9－4武　田　勝●	荒木、畠山、バレンティン、長野(セ)、稲葉(パ)	38,008	落合	秋山
	②	23	QVCマリン	●館　山3－4唐　川○	坂本(セ)、中村2(パ)	27,311		
	③	24	Kスタ宮城	●由　規0－5田　中○	稲葉、T－岡田(パ)	21,347		
2012	①	7.20	京セラD大阪	○杉　内4－1斎藤　佑●	中村(セ)、陽(パ)	33,335	髙木	秋山
	②	21	前　田　健4－0成　瀬●		坂本(セ)	25,612		
	③	23	盛　岡	●三　浦2－6塩　見○	畠山、陽(パ)	14,806		
2013	①	7.19	札幌 D	△西　村1－1平野　佳△		34,339	原	栗山
	②	20	神　宮	○小　川3－1牧　田●		31,816		
	③	22	い わ き	●山本　哲1－3益　田○		18,365		
2014	①	7.18	西武 D	○前　田7－0西　　●	エルドレッド(セ)	30,973	原	伊東
	②	19	甲子園	●藤　浪6－12大　谷○	山田、坂本、堂林(セ)、ペーニャ、柳田(パ)	45,361		
2015	①	7.17	東京 D	○藤　浪8－6涌　井●	阿部(セ)、清田(パ)	45,012	原	工藤
	②	18	マツダ	○前　田8－3ディクソン●	會澤、平田(セ)、秋山、森友(パ)	30,641		
2016	①	7.15	ヤフオク D	○藤　浪5－4石　川●	坂本、筒香、バレンティン(セ)、長谷川、栗山(パ)	35,653	真中	工藤
	②	16	横　浜	△山﨑　康5－5有　原△	筒香、丸(セ)、大谷、浅村(パ)	26,760		
2017	①	7.14	ナゴヤ D	●マテ　オ2－6山　岡○	筒香(セ)、秋山、西川、中田(パ)	36,111	緒方	栗山
	②	15	ZOZOマリン	●井　納1－3美　馬○	小林(セ)、デスパイネ、鈴木(パ)	26,407		
2018	①	7.13	京セラD大阪	●ガルシア6－7宮　西○	鈴木、宮崎、筒香(セ)、秋山、森友哉(パ)	33,497	緒方	工藤
	②	14	熊　本	●岩　貞1－5アルバース○		13,760		
2019	①	7.12	東京 D	●大瀬　良3－6千　賀○	原口(セ)、森、浅村、山川(パ)	44,791	緒方	辻
	②	13	甲子園	○菅　野11－3山　岡●	近本、原口、梅野、筒香、鈴木(セ)、吉田(パ)	45,217		
2020			新型コロナウイルスの影響により中止					
2021	①	7.16	メットライフ	○ビエイラ5－4益　田●	菊池涼(セ)、レアード(パ)	8,992	原	工藤
	②	17	楽天生命	●栗　林3－4宋　家豪○	佐藤輝(セ)、杉本(パ)	14,852		
2022	①	7.26	PayPayD	●森　下2－3松井　裕○	ビシエド(セ)、山川、清宮(パ)	35,534	髙津	中嶋
	②	27	松　山	●岩　崎1－2小　野○	柳田(パ)	25,230		
2023	①	7.19	バンテリンD	●村　上1－8佐々木朗○	宮崎(セ)、柳田、万波、万波(パ)	35,437	髙津	中嶋
	②	20	マツダ	●九　里1－6山　下○	万波(パ)	30,925		

中 断

年 月 日		球 場	中断時間	中 断 理 由
1959. 7. 28	①	(西 宮)	8分	審判員の判定に抗議
1969. 7. 22	③	(平 和 台)	51分	停 電
1979. 7. 22	②	(ナ ゴ ヤ)	9分	〃
1982. 7. 25	②	(西 武)	5分	降 雨
1986. 7. 22	③	(広 島)	15分	ハーフタイムショー
1989. 7. 25	①	(神 宮)	21分	降 雨
2002. 7. 12	①	(東京ドーム)	14分	表彰式
7. 13	②	(松 山)	9分	〃
2003. 7. 16	②	(千葉マリン)	8分	〃
2004. 7. 10	①	(ナゴヤドーム)	11分	〃
2005. 7. 22	①	(インボイス)	8分	〃
2007. 7. 21	②	(フルキャスト宮城)	12分	降 雨→コールドゲーム

延長規定

1951, 52	規定無し
1953	12回まで
1954, 55	日没まで
1956～58, 65～67	22時15分以後新しいイニングに入らない
1959～64	22時30分以後新しいイニングに入らない
1968～73	22時20分以後新しいイニングに入らない
1974	21時30分以後新しいイニングに入らない
1975～87	試合開始から3時間を過ぎて新しいイニングに入らない
1988～91	試合開始から4時間、12回打ち切りと併用
1992～	9回打ち切り

指名打者制

1983	パ・リーグのみ全試合使用
1990	第2戦両チーム使用
1991	第1戦両チーム使用
1992	第2・3戦両チーム使用
1993～	全試合両チーム使用

オールスター・ゲーム記録集

※ゴシックは改めて記録精査の結果、修正・追加しました。

Ｉ．全 般 記 録

a. 最多観客試合
　ゲーム － 48,671…'51①甲子園
　2試合 － 90,008…'19①東京ドーム②甲子園
　3試合 － 128,109…'51①甲子園②③後楽園
b. 最少観客試合
　ゲーム － 8,992…'21①メットライフ
　2試合 － 23,844…'21①メットライフ②楽天生命
　3試合 － 73,459…'85①神宮②川崎③藤井寺
c. 最長時間試合
　〈補回〉4時間30分（2:06～ 6:36）'52①（21回）
　〈9回〉3時間15分（7:01～10:16）'70①
d. 最短時間試合
　　　　　1時間46分（2:05～ 3:51）'53②
e. 最長補回試合
　　　　　21…'52①
f. サヨナラ試合（13試合）
　'54② 2 - 1　10回　山内 和弘（パ）単 打
　'63① 6 - 4　9回　近藤 和彦（セ）本塁打
　'68① 2 - 1　10回　江藤 慎一（セ）本塁打
　　 ③ 5 - 4　11回　小池 兼司（パ）単 打
　'73③ 2 - 1　9回　山崎 裕之（パ）単 打
　'74① 3 - 2　9回　高井 保弘（パ）本塁打（代打）
　'79③ 7 - 5　9回　山本 浩二（セ）本塁打
　'81② 6 - 3　10回　掛布 雅之（セ）本塁打
　'86② 4 - 3　11回　セ・原辰徳の失策
　　 ③ 5 - 4　10回　吉村 禎章（セ）本塁打
　'88③ 4 - 3　12回　水野 雄仁（セ）犠 飛（代打）
　'08① 5 - 4　9回　山崎 武司（パ）単 打（代打）
　'22① 3 - 2　9回　清宮幸太郎（パ）本塁打
g. コールドゲーム
　　　'07② 8 表無死（降雨）
h. 最多連続勝利
　通算 － 8…セ '97②～'00③（引分を含む）
　　　　　 － セ '05①～'07②
　3試合シリーズ － 3…セ '63, '99, '00
　　　　　　　　　　　　 パ '67, '74, '83, '87
i. 最多出場監督
　11度…水原 茂 （セ）'52～'60 （パ）'62, '63
　　　　川上 哲治（セ）'62, '64, '66～'74
j. 最多勝利監督
　17勝…鶴岡 一人(旧姓山本)（パ）
　　　　 '52②, '53①③, '54①②, '56①,
　　　　 '60①③, '61①②, '65①②, '66①②,
　　　　 '67①②③
k. 最多出場コーチ
　9度…上田 利治（パ）'74, '75, '82, '84, '87,
　　　　　　　　　　　　 '88, '90, '97, '99
　　　　仰木 彬（パ）'76, '89, '91, '92, '94,
　　　　　　　　　　　 '95, '98～'00
l. 最多出場選手
　21度…野村 克也（パ）'57～'68, '70～'77, '80
m. 最多連続出場選手
　18度…秋山 幸二（パ）'85～'02
n. 最年長選手
　45歳 0月…野村 克也（パ）'80
o. 最年少選手
　17歳10月…尾崎 行雄（パ）'62
p. 最年長安打
　43歳 6月…谷繁 元信（セ）'14①
q. 最年長投手（登板）
　43歳 3月…上原 浩治（セ）'18② 6回

r. 最年少投手（登板）
　17歳10月…尾崎 行雄（パ）'62① 9回、②8～9回
s. 両リーグから出場した選手（86人）
　飯田 徳治（'51～'56…パ '57, '59, '60…セ）
　河合 保彦（'55, '56…セ '59…パ）
　田宮謙次郎（'55～'58…セ '60～'62…パ）
　豊田 泰光（'55～'60, '62, '63, '64…セ）
　山内 一弘（'54～'63…パ '64～'66, '68～'70…セ）
　小山 正明（'57～'60, '62, '63…セ '64～'67, '70…パ）
　本屋敷錦吾（'60…パ '65…セ）
　吉田 勝豊（'60, '62…パ '65…セ）
　吉沢 岳男（'57, '60…セ '65, '68…パ）
　矢ノ浦国満（'63, '64…パ '66…セ）
　船田 和英（'63, '64…セ '66, '68, '69…パ）
　森中千香良（'63…パ '67…セ）
　小野 正一（'59～'61, '63…パ '69, '70…セ）
　辻 佳紀（'65～'67…セ '70…パ）
　江藤 慎一（'59, '61～'69…セ '71…パ）
　国貞 泰汎（'66, '68…パ '71…セ）
　坂井 勝二（'64, '68…パ '72…セ）
　大下 剛史（'67, '70, '71, '73…パ '75…セ）
　張本 勲（'60～'64, '66～'75…パ '76～'78…セ）
　江夏 豊（'67～'75,'78～'80…セ '76,'81～'83…パ）
　江本 孟紀（'74…パ '76, '77, '79…セ）
　加藤 初（'72～'74…パ '76, '79, '86…セ）
　島谷 金二（'75, '76…セ '77～'80…パ）
　高橋 一三（'69～'71, '73…セ '77, '81…パ）
　金城 基泰（'74…セ '77, '82…パ）
　稲葉 光雄（'72, '73…セ '77…パ）
　大杉 勝男（'67, '69, '70, '72～'74…パ '77, '81…セ）
　佐伯 和司（'73, '76…セ '78…パ）
　野村 収（'72, '76…パ '78, '80…セ）
　若菜 嘉晴（'77…セ '79～'82, '85…パ）
　田淵 幸一（'69～'76, '78…セ '79, '84…パ）
　真弓 明信（'78…パ '80～'82, '85～'88, '91…セ）
　基 満男（'68, '71～'73, '77…パ '80…セ）
　鈴木康二朗（'77, '78…セ '84…パ）
　田尾 安志（'80～'84…セ '85, '86…パ）
　山本 功児（'82…セ '85…パ）
　杉本 正（'82…パ '86, '87…セ）
　落合 博満（'81～'86,'97…パ '87～'91,'93,'95,'96…セ）
　牛島 和彦（'83, '84…セ '87～'89…パ）
　平野 謙（'86…セ '88…パ）
　小野 和幸（'86…パ '88…セ）
　鹿取 義隆（'87…セ '91, '93…パ）
　金石 昭人（'86…セ '92…パ）
　宇野 勝（'87, '89…セ '93…パ）
　吉井 理人（'88, '06…パ '95～'97…セ）
　辻 発彦（'86, '88～'94…パ '95…セ）
　清原 和博（'86～'96,'00…パ '97,'98,'00～'02,'05…セ）
　西村 龍次（'91…セ '98…パ）
　武田 一浩（'90, '91, '96…パ '99…セ）
　工藤 公康（'86,'87,'91,'93,'95,'97,'99…パ '00,'04,'05…セ）
　小宮山 悟（'91, '93, '95, '97～'99…パ '00…セ）
　成本 年秀（'95, '96…パ '01…セ）
　盛田 幸妃（'92, '95…セ '01…パ）
　片岡 篤史（'93, '97～'00…パ '02…セ）
　坪井 智哉（'00…セ '03…パ）
　鈴木 健（'97, '98…パ '03…セ）
　伊良部秀輝（'94～'96…パ '03…セ）
　ミンチー（'98…セ '03…パ）
　ＳＨＩＮＪＯ（'94, '97, '99, '00…セ '04～'06…パ）
　ローズ（'97～'03, '07, '08…パ '04…セ）
　小久保裕紀（'95～'97,'00～'02,'07～'09,'11…パ '04…セ）
　下柳 剛（'94, '97, '01…パ '05, '08…セ）
　李 承燁（'05…パ '06…セ）
　稲葉 篤紀（'97, '01…セ '07～'12…パ）
　小笠原道大（'99～'06…パ '07, '09, '10…セ）

谷　　佳知（'01〜'04, '06…パ '07…セ）
ラロッカ　（'04…セ '07…パ）
山﨑　武司（'96, '00…セ '07, '08, '10, '11…パ）
和田　一浩（'03〜'05…パ '08, '10, '12…セ）
二岡　智宏（'99, '00, '03, '04, '06…セ '09, '10…パ）
平野　恵一（'05…パ '10〜'12…セ）
木佐貫　洋（'03…セ '10, '13…パ）
城島　健司（'97〜'01, '03〜'05…パ '10…セ）
寺原　隼人（'08…セ '11…パ）
内川　聖一（'08, '09…セ '11〜'13, '17…パ）
中村　紀洋（'95, '96, '99〜'02, '04…パ '12, '13…セ）
杉内　俊哉（'05, '07〜'11…パ '12…セ）
西岡　　剛（'05〜'08, '10…パ '13…セ）
五十嵐亮太（'00, '02〜'05…セ '14…パ）
サファテ　（'11…セ '14, '16…パ）
大引　啓次（'13, '14…パ '16…セ）
糸井　嘉男（'09〜'16…パ '17, '18…セ）
松坂　大輔（'99〜'01, '04〜'06…パ '18…セ）
坂口　智隆（'11…パ '18…セ）
秋山　翔吾（'15〜'19…パ '23…セ）
中田　　翔（'11〜'18…パ '23…セ）

t. 最多出場人員
　　ゲーム−26…セ　'11①
　　　　　　　　　パ　'22②
　　ゲーム両チーム計−50…セ−24−26…パ　'22②
　　ゲーム守備位置別
　　　　　一塁手−3…多数あり
　　　　　二塁手−3…多数あり
　　　　　三塁手−4…セ '76③
　　　　　　　　　　 パ '21②
　　　　　遊撃手−4…パ '77③
　　　　　　　　　　 セ '84①, '11③
　　　　　外野手−8…セ '70③
　　　　　　　　　　 パ '86③
　　　　　捕　手−3…多数あり
　　　　　投　手−11…パ '22②
　　ゲーム両チーム投手−18…セ−7−11…パ '22②
u. 最少出場人員
　　ゲーム−12…パ '51①
　　ゲーム両チーム計−27…パ−12−15…セ '51①
　　ゲーム投手（9回）−3…セ '51①, '58①, '70②,
　　　　　　　　　　　　　'75①
　　　　　　　　　　　　パ '54①, '65①, '72②,
　　　　　　　　　　　　　'78②, '96①
　　ゲーム両チーム投手−6…セ−3−3…パ '51①
　　　　　　　　　　　　　セ−3−3…パ '54①
v. 投手の代打
　　　　別所　毅彦（セ）'55①
　　　　金田　正一（セ）'63③, '68③, '69①
　　　　梶本　隆夫（パ）'65③, '68②
　　　　村山　　実（セ）'69③
　　　　山内　新一（パ）'80③
　　　　水野　雄仁（セ）'88③
　　　　野茂　英雄（パ）'91②
　　　　高津　臣吾（セ）'96②
　　　　大谷　翔平（パ）'16①
w. 投手の代走
　　　　堀内　恒夫（セ）'68③
　　　　池永　正明（パ）'68③, '69②
　　　　倉持　　明（パ）'80③
　　　　大野　　豊（セ）'88③
　　　　河内　貴哉（セ）'04②
　　　　由　　　規（セ）'09②
x. 投手から野手
　　　　大谷　翔平（パ）'13①
y. 野手から投手
　　　　イチロー（パ）'96②
z. 両リーグでのMVP
　　　　落合　博満（パ）'83③
　　　　　　　　　　（セ）'95①
　　　　清原　和博（パ）'86②, '87③, '90②, '93①, '96②
　　　　　　　　　　（セ）'97②, '00③
　　　　新庄　剛志（セ）'99③

　　　　　　　　　　（パ）'04②
山﨑　武司（セ）'00②
　　　　　　（パ）'08①
中村　紀洋（パ）'01③
　　　　　　（セ）'12①

II. 個人打撃記録

A. 試　合
a. 通算最多試合
　　58…王　　貞治（セ）

B. 打　率
a. 通算最高打率
　　150打数以上 .313…長嶋　茂雄（セ）
　　100打数以上 .365…落合　博満（パ・セ）
　　　　　　　　　　　　　清原　和博（パ・セ）
　　 60打数以上 .394…イチロー（パ）
　　 30打数以上 .433…和田　豊（セ）
b. シリーズ最高打率
　　2試合－.857…井端　弘和（セ）'09
　　　（6打席以上）　　（打数7安打6）
　　3試合－.800…福本　豊（パ）'74
　　　（9打席以上）　　（打数5安打4）
　　　　　　 .700…掛布　雅之（セ）'78
　　　　　　　　　　 古田　敦也（セ）'00
　　　　　　　　　　 ペタジーニ（セ）'01
　　　　　　　　　　（打数10安打7）

C. 打　数
a. 通算最多打数
　　188…王　　貞治（セ）
b. シリーズ最多打数
　　2試合－13…川上　哲治（セ）'52
　　　　　　　　岩本　義行（セ）'52
　　　　　　　　与那嶺　要（セ）'52
　　　　　　　　別当　　薫（パ）'52
　　3試合－15…柴田　　勲（セ）'63
c. ゲーム最多打数
　　6…長池　徳二（パ）'70①
　　　　大石大二郎（パ）'84①
　　　　坪井　智哉（セ）'00②
　　　　新庄　剛志（セ）'00②
　　　　ペタジーニ（セ）'00②
　　　　石井　琢朗（セ）'01②
　　　　松井　秀喜（セ）'01②
　　　　柳田　悠岐（パ）'14②

D. 得　点
a. 通算最多得点
　　26…福本　豊（パ）
　　　　清原　和博（パ・セ）
b. シリーズ最多得点
　　2試合－6…清原　和博（パ）'90
　　3試合－5…土井　正博（パ）'67
　　　　　　　　掛布　雅之（セ）'78
　　　　　　　　山本　浩二（セ）'79
　　　　　　　　ブーマー（パ）'84
　　　　　　　　イチロー（パ）'96
　　　　　　　　中村　紀洋（パ）'01
　　　　　　　　松井稼頭央（パ）'01
c. ゲーム最多得点
　　4…清原　和博（パ）'90②
d. イニング最多得点
　　2…長池　徳二（パ）'70① 1回

E. 安　打

a. 通算最多安打
　48…野村　克也（パ）
b. シリーズ最多安打
　2試合－6…和田　豊（セ）'93
　　　　　　　井端　弘和（セ）'09
　　　　　　　陽　岱鋼（パ）'14
　3試合－8…福本　豊（パ）'82
c. ゲーム最多安打
　5…ペタジーニ（セ）'01②
　　　近本　光司（セ）'19②
　4…高倉　照幸（パ）'64①
　　　長池　徳二（パ）'70①
　　　マルカーノ（パ）'75②
　　　門田　博光（パ）'76②
　　　福本　豊（パ）'82①
　　　古田　敦也（セ）'92②, '00③
　　　清原　和博（パ）'93①
　　　和田　豊（セ）'93②
　　　オマリー（セ）'93②
　　　イチロー（パ）'99①, '00②
　　　石井　琢朗（セ）'01②
　　　内川　聖一（セ）'08②
　　　井端　弘和（セ）'09②
　　　森野　将彦（セ）'10①
　　　片岡　易之（パ）'10②
　　　柳田　悠岐（パ）'14②
　　　菊池　涼介（セ）'21①
d. イニング最多安打
　2…長池　徳二（パ）'70①1回
　　　張本　勲（パ）'70①1回
　　　アルトマン（パ）'70①1回
　　　相川　亮二（セ）'11①5回
　　　荒木　雅博（パ）'11①5回
e. 連続打数安打（シリーズ）
　6…ペタジーニ（セ）'01①1, 3, 6, 7, 8回, ③1回
　　　　　　　　（1四球を挟む）
　5…和田　豊（セ）'93①4, 6回, ②1, 2, 4回
　　　　　　　（1四球を挟む）
　　　イチロー（パ）'00①9回, ②1, 3, 6, 9回
　　　　　　　（連続打席）
　　　内川　聖一（セ）'08①7回, ②2, 4, 5, 6回
　　　　　　　（連続打席, 初打席から）
　　　井端　弘和（セ）'09①7, 8回, ②1, 2, 5回
　　　　　　　（連続打席）
　　　近本　光司（セ）'19②1, 2, 3, 5, 7回
　　　　　　　（連続打席）
　　　菊池　涼介（セ）'21①3, 5, 6, 9回, ②8回
　　　　　　　（連続打席）
f. 連続打数安打（連続シリーズ）
　7…近本　光司（セ）'19②1, 2, 3, 5, 7回,
　　　　　　　'21①3, 5回（連続打席）
g. 連続試合安打（連続シリーズ）
　11…イチロー（パ）'96③〜'00③
h. サイクル安打
　　　古田　敦也（セ）'92②
　　　近本　光司（セ）'19②
i. ゲーム投手最多安打
　2…久保田　治（パ）'61②
j. サヨナラ単打
　　　山内　和弘（パ）'54②10回一死
　　　小池　兼司（パ）'68③11回二死
　　　山崎　裕之（パ）'73③9回二死
　　　山崎　武司（パ）'08①9回一死
k. 連続打席無安打（連続シリーズ）
　38…王　貞治（セ）
　　　'74②2, ③3, '75①4, ②4, ③4,
　　　'76①4, ②3, ③4, '77①5, ②4, ③1
l. 通算最多単打
　33…張本　勲（パ・セ）
m. シリーズ最多単打
　2試合－5…和田　豊（セ）'93

内川　聖一（セ）'08
　3試合－6…永淵　洋三（パ）'69
　　　　　　　福本　豊（パ）'82
n. ゲーム最多単打
　4…高倉　照幸（パ）'64①
　　　福本　豊（パ）'82①
　　　内川　聖一（セ）'08②
o. イニング最多単打
　2…張本　勲（パ）'70①1回
　　　アルトマン（パ）'70①1回

F. 二塁打

a. 通算最多二塁打
　15…野村　克也（パ）
b. シリーズ最多二塁打
　2試合－3…井端　弘和（セ）'09
　3試合－4…野村　克也（パ）'70
　　　　　　　藤原　満（パ）'79
　　　　　　　清原　和博（パ）'96
c. ゲーム最多二塁打
　3…藤原　満（パ）'76②
d. 連続試合二塁打（シリーズ）
　3…藤原　満（パ）'79①②③
　　　清原　和博（パ）'96①②③
e. 連続試合二塁打（連続シリーズ）
　4…井端　弘和（セ）'08②, '09①②, '11①
　3…野村　克也（パ）'68③, '70①②
　　　藤原　満（パ）'79①②③
　　　清原　和博（パ）'87②③, '88①
　　　　　　　'96①②③
　　　筒香　嘉智（セ）'15①②, 16①

G. 三塁打

a. 通算最多三塁打
　4…柴田　勲（セ）
b. シリーズ最多三塁打
　1…多数あり

H. 本塁打

a. 通算最多本塁打
　14…山本　浩二（セ）
　13…王　貞治（パ・セ）
　　　清原　和博（パ・セ）
b. シリーズ最多本塁打
　2試合－3…清原　和博（パ）'90
　　　　　　　カブレラ（セ）'03
　　　　2…西沢　道夫（セ）'55
　　　　　張本　勲（セ）'62
　　　　　落合　博満（セ）'90, '93
　　　　　清原　和博（セ）'93
　　　　　　　（セ）'97
　　　　　松井　秀喜（セ）'98
　　　　　高橋　由伸（セ）'03
　　　　　金本　知憲（セ）'03
　　　　　アリアス（セ）'03
　　　　　アラミレス（パ）'07
　　　　　大松　尚逸（パ）'08
　　　　　松中　信彦（パ）'09
　　　　　山崎　武司（セ）'10
　　　　　筒香　嘉智（セ）'16
　　　　　原口　文仁（セ）'19
　　　　　万波　中正（パ）'23
　3試合－3…ギャレット（セ）'78
　　　　　掛布　雅之（セ）'78, '81
　　　　　王　貞治（セ）'79
　　　　　山本　浩二（セ）'79, '83
　　　　　落合　博満（セ）'83
　　　　　松井　秀喜（セ）'01
　　　　　中村　紀洋（パ）'01

c．ゲーム最多本塁打
3…ギャレット （セ）'78① 2, 4, 8回
　　掛布　雅之 （セ）'78③ 4, 5, 8回
2…西沢　道夫 （セ）'55② 3, 5回
　　張本　　勲 （パ）'62② 2, 9回
　　榎本　喜八 （パ）'63② 1, 6回
　　土井　正博 （パ）'67① 1, 8回
　　山本　浩二 （セ）'75① 1, 2回
　　　　　　　　　　'79③ 2, 9回
　　　　　　　　　　'83① 4, 8回
　　衣笠　祥雄 （セ）'75① 1, 3回
　　王　　貞治 （セ）'79③ 2, 6回
　　リ　　　一 （パ）'80① 1, 5回
　　掛布　雅之 （セ）'81② 9,10回
　　門田　博光 （パ）'83① 1, 6回
　　落合　博満 （パ）'83③ 4, 9回
　　　　　　　　　　'85② 6, 8回
　　　　　　　（セ）'90② 3, 9回
　　　　　　　　　　'93① 3, 9回
　　吉村　禎章 （セ）'86③ 2,10回
　　村上　隆行 （パ）'87③ 6, 7回
　　清原　和博 （パ）'90② 2, 6回
　　　　　　　　　　'97② 2, 4回
　　ペタジーニ （セ）'00① 2, 8回
　　高橋　由伸 （セ）'03① 7, 9回
　　金本　知憲 （セ）'03② 1, 3回
　　カブレラ　 （パ）'03② 4, 6回
　　大松　尚逸 （パ）'08② 3, 5回
　　松中　信彦 （パ）'09② 4, 6回
　　中村　剛也 （パ）'11② 1, 4回
d．連続打数本塁打（シリーズ）
3…掛布　雅之 （セ）'78③ 4, 5, 8回
2…西沢　道夫 （セ）'55② 3, 5回
　　山本　浩二 （セ）'75① 1, 2回
　　　　　　　　　　'79③ 9,③2回
　　衣笠　祥雄 （セ）'75① 1, 3回
　　ギャレット （セ）'78① 2, 4回
　　掛布　雅之 （セ）'81② 9,10回
　　門田　博光 （パ）'83① 1, 6回（1死球挟む）
　　中畑　　清 （セ）'84② 4,③8回
　　落合　博満 （パ）'85② 6, 8回
　　村上　隆行 （パ）'87③ 6, 7回
　　清原　和博 （パ）'90② 2, 6回（1四球挟む）
　　　　　　　（セ）'97② 2, 4回
　　カブレラ　 （パ）'01② 6,③1回（1四球挟む）
　　　　　　　　　　'03② 4, 6回
　　高橋　由伸 （セ）'03① 7, 9回
　　金本　知憲 （セ）'03② 1, 3回
　　ラミレス　 （セ）'07① 7,②8回
　　大松　尚逸 （パ）'08② 3, 5回
　　松中　信彦 （パ）'09② 4, 6回
　　山﨑　武司 （パ）'10① 8,②2回
　　中村　剛也 （パ）'11② 1, 4回
　　原口　文仁 （セ）'19① 9,②2回
e．連続打数本塁打（連続シリーズ）
2…王　　貞治 （セ）'79③6,'80①1回（1四球挟む）
　　リ　　　一 （パ）'79③6,'80①1回
　　柏原　純一 （パ）'79③9,'82①1回
　　中村　紀洋 （パ）'04①9,'12①2回（1四球挟む）
f．連続試合本塁打（シリーズ）
3…松井　秀喜 （セ）'01①②③
　　中村　紀洋 （パ）'01①②③
2…王　　貞治 （セ）'63①②
　　阪本　敏三 （パ）'72①②
　　大杉　勝男 （パ）'72①②
　　福本　　豊 （パ）'76①②
　　山本　浩二 （セ）'79②③
　　　　　　　　　　'83①②
　　掛布　雅之 （セ）'81②③
　　柏原　純一 （パ）'82①②
　　落合　博満 （パ）'83②③
　　石毛　宏典 （パ）'84①②
　　　　　　　　　　'87①②

ブーマー　　 （パ）'84②③
中畑　　清 （セ）'84②③
バース　　　 （セ）'87②③
清原　和博 （パ）'90①②
　　　　　　　　'93①②
松井　秀喜 （セ）'98①②
松井稼頭央 （パ）'01①②
カブレラ　 （パ）'01②③
　　　　　　　　'03①②
アリアス　 （セ）'03①②
ラミレス　 （セ）'07①②
山﨑　武司 （パ）'10①②
筒香　嘉智 （セ）'16①②
原口　文仁 （セ）'19①②
万波　中正 （パ）'23①②
g．連続試合本塁打（連続シリーズ）
4…松井　秀喜 （セ）'97②, '98①②, '99①
3…王　　貞治 （セ）'62②, '63①②
　　柏原　純一 （パ）'79③, '82①②
　　清原　和博 （パ）'92③, '93①②
　　筒香　嘉智 （セ）'16①②, '17①
h．連続年本塁打
5…山本　浩二 （セ）'81～'85
　　松井　秀喜 （セ）'97～'01
i．満塁本塁打
榎本　喜八 （パ）'63② 1回
大杉　勝男 （パ）'67③ 4回
j．代打本塁打（38本）
西沢　道夫 （セ）'51②
藤村富美男 （セ）'54①
中谷　準志 （パ）'55②
中西　　太 （パ）'58②
小玉　明利 （パ）'58②
藤井　栄治 （セ）'62③
高倉　照幸 （セ）'62③
マーシャル （セ）'63③
ボレス　　 （パ）'67③
土井　正博 （パ）'69①
広瀬　叔功 （パ）'69②
矢野　　清 （パ）'69③
遠井　吾郎 （セ）'70③
大杉　勝男 （パ）'72②
高井　保弘 （パ）'74①
松原　　誠 （セ）'75②
島谷　金二 （セ）'77③
ミッチェル （パ）'78①
リ　　　一 （パ）'79③
岡田　彰布 （セ）'80①
門田　博光 （パ）'80①, '91②
掛布　雅之 （セ）'80③
簑田　浩二 （パ）'85③
大石大二郎 （パ）'87②, '92②
衣笠　祥雄 （セ）'87③
山本　和範 （パ）'96①
松井　秀喜 （セ）'00②
カブレラ　 （パ）'01②
高橋　由伸 （セ）'03①, '04②
前田　智徳 （セ）'07①
森野　将彦 （セ）'07①
ラミレス　 （セ）'07②
山﨑　武司 （パ）'10①
森　　友哉 （パ）'15②
原口　文仁 （セ）'19①
k．サヨナラ本塁打
近藤　和彦 （セ）'63① 9回2ラン
江藤　慎一 （セ）'68①10回ソロ
高井　保弘 （パ）'74① 9回2ラン
山本　浩二 （セ）'79③ 9回2ラン
掛布　雅之 （セ）'81②10回3ラン
吉村　禎章 （セ）'86③10回2ラン
清宮幸太郎 （パ）'22① 9回ソロ
l．代打サヨナラ本塁打
高井　保弘 （パ）'74① 9回

m. ランニング本塁打
　　半田　春夫（パ）'60② 7回
　　遠井　吾郎（セ）'70③ 4回（代打）
　　藤原　満（パ）'78③ 2回
　　大友　進（パ）'99① 6回
n. 初回先頭打者本塁打
　表…ロ　ペ　ス（パ）'68①（初球）
　　　中塚　政幸（セ）'70②（初球）
　　　若松　勉（セ）'73③
　　　高沢　秀昭（パ）'88③
　　　高橋　由伸（セ）'01③
　　　秋山　翔吾（パ）'17①
　裏…ブルーム（セ）'62①
　　　イチロー（パ）'96①（初球）
　　　陽　岱鋼（パ）'12①
　　　秋山　翔吾（パ）'18①
　　　近本　光司（セ）'19②
o. 初打席本塁打（18人）
　　巽　一（セ）'60③ 7回
　　藤井　栄治（セ）'63③ 3回
　　ロ　ペ　ス（パ）'68① 1回
　　有藤　通世（パ）'70① 1回
　　高井　保弘（パ）'74① 9回
　　若菜　嘉晴（パ）'77① 7回
　　ギャレット（セ）'78① 2回
　　ミッチェル（セ）'78① 9回
　　岡田　彰布（セ）'80① 4回
　　テリー（パ）'83① 2回
　　ブリトー（パ）'96① 1回
　　大村　直之（パ）'98② 3回
　　大友　進（パ）'99① 6回
　　森野　将彦（セ）'07① 8回
　　陽　岱鋼（パ）'12① 1回
　　栗山　巧（パ）'16① 9回
　　小林　誠司（セ）'17② 3回
　　万波　中正（パ）'23① 7回
p. 投手の本塁打
　　巽　一（セ）'60③ 7回 9番 投手
　　江夏　豊（セ）'71① 2回 9番 投手
　　大谷　翔平（パ）'16② 5回 5番 指名打者
q. 両リーグでの本塁打
　　山内　一弘（パ）'54, '55, '57, '59, '60, '62, '63
　　　　　　　（セ）'64
　　若菜　嘉晴（パ）'77
　　　　　　　（セ）'85
　　落合　博満（パ）'83, '85, '86
　　　　　　　（セ）'90, '93, '95
　　清原　和博（パ）'86, '87, '90, '92, '93, '95
　　　　　　　（セ）'97, '00, '05
　　中村　紀洋（パ）'01, '04
　　　　　　　（セ）'12

I. 塁　打
a. 通算最多塁打
　　96…清原　和博（パ・セ）
b. シリーズ最多塁打
　　2試合-15…清原　和博（パ）'90
　　3試合-18…掛布　雅之（セ）'78
　　　　　　　山本　浩二（セ）'79
c. ゲーム最多塁打
　　12…ギャレット（セ）'78①
　　　　掛布　雅之（セ）'78③
　　　　近本　光司（セ）'19②
d. イニング最多塁打
　　6…長池　徳二（パ）'70① 1回

J. 長　打
a. 通算最多長打
　　23…清原　和博（パ・セ）
b. シリーズ最多長打
　　2試合-4…清原　和博（パ）'90　二1, 本3
　　　　　　　近本　光司（セ）'19　二2, 三1, 本1
　　3試合-5…掛布　雅之（セ）'78　二2, 本3
c. ゲーム最多長打
　　4…近本　光司（セ）'19②　二2, 三1, 本1
d. イニング最多長打
　　2…長池　徳二（パ）'70① 1回　二1, 本1

K. 打　点
a. 通算最多打点
　　34…清原　和博（パ・セ）
b. シリーズ最多打点
　　2試合-5…落合　博満（セ）'90
　　　　　　　清原　和博（パ）'93
　　3試合-8…掛布　雅之（セ）'81
c. ゲーム最多打点
　　6…土井　正博（パ）'67①
　　　　大杉　勝男（パ）'67③
　　　　ギャレット（セ）'78①
　　　　ローズ（セ）'99②
d. イニング最多打点
　　4…榎本　喜八（パ）'63② 1回
　　　　大杉　勝男（パ）'67③ 4回

L. 盗　塁
a. 通算最多盗塁
　　17…福本　豊（パ）
b. 連続機会成功
　　9…福本　豊（パ）'76② 2③ 1, '77② 1③ 1
　　　　　　　　　'78① 1②②, '79① 1
c. シリーズ最多盗塁
　　2試合-5…松井稼頭央（パ）'97
　　3試合-4…柴田　勲（セ）'68
　　　　　　　藤原　満（パ）'78
d. ゲーム最多盗塁
　　4…松井稼頭央（パ）'97①
e. イニング最多盗塁
　　2…柴田　勲（セ）'68① 9回
　　　　福本　豊（パ）'76② 1回
　　　　河埜　和正（セ）'77③ 7回
　　　　藤原　満（パ）'78② 8回
　　　　山本　和範（パ）'90② 8回
　　　　松井稼頭央（パ）'97① 3, 5回
　　　　ホージー（セ）'97② 2回
　　　　イチロー（パ）'97② 9回
　　　　青木　宣親（セ）'10② 1回
　　　　大島　洋平（セ）'14① 4回
f. 本塁盗塁
　　簑田　浩二（パ）'78② 7回（重盗）
　　SHINJO（パ）'04② 3回（単独）
　　森本　稀哲（パ）'06② 5回（重盗）

M. 盗塁刺
a. 通算最多盗塁刺
　　9…福本　豊（パ）
b. シリーズ最多盗塁刺
　　2試合-2…千葉　茂（セ）'52
　　3試合-3…福本　豊（パ）'72
c. ゲーム最多盗塁刺
　　2…張本　勲（パ）'67①
　　　　福本　豊（パ）'72②
　　　　加藤　俊夫（パ）'77③

N. 犠　打
a. 通算最多犠打
　　3…吉田　義男（セ）
b. シリーズ最多犠打
　　2試合-1…多数あり
　　3試合-2…河埜　和正（セ）'79

O. 犠　飛

a. 通算最多犠飛
　　3…王　　貞治（セ）
b. シリーズ最多犠飛
　　2試合－2…荒木　雅博（セ）'09
　　3試合－1…多数あり
c. サヨナラ犠飛
　　水野　雄仁（セ）'88③

P. 四　球

a. 通算最多四球
　　33…王　　貞治（セ）
b. シリーズ最多四球
　　2試合－4…藤山　和夫（パ）'52
　　　　3…千葉　　茂（セ）'52
　　　　　　土井垣　武（パ）'52
　　　　　　野村　克也（パ）'57
　　　　　　吉田　義男（セ）'57
　　　　　　長嶋　茂雄（セ）'62
　　3試合－5…スペンサー（パ）'65
　　　　　　　王　　貞治（セ）'72
c. ゲーム最多四球
　　3…藤山　和夫（パ）'52②
　　　掛布　雅之（セ）'77①

Q. 死　球

a. 通算最多死球
　　3…加藤　英司（パ）
b. シリーズ最多死球
　　1…多数あり

R. 三　振

a. 通算最多三振
　　40…清原　和博（パ・セ）
b. シリーズ最多三振
　　2試合－6…別当　　薫（パ）'52
　　3試合－6…野村　克也（パ）'63
　　　　　　　田淵　幸一（パ）'72
　　　　　　　福本　　豊（パ）'76
　　　　　　　松井稼頭央（パ）'01
c. ゲーム最多三振
　　4…野村　克也（パ）'63②
　　　長池　徳二（パ）'67③
d. 連続打席三振（シリーズ）
　　4…野村　克也（パ）'63②3, 6, 7, 9回
　　　石井　　晶（パ）'64①6, 8回，②7回，③5回
　　　長池　徳二（パ）'67③2, 4, 6, 8回
　　　谷沢　健一（セ）'71①4回，②1, 3回，③7回
　　　シ ピン（セ）'72①4, 7, 9回，②1回
　　　ブライアント（パ）'92①1, 4回，②2, 4回
　　　松永　浩美（パ）'92②7, 9回，③1, 3回
　　　ボーリック（パ）'00①4, 5, 8回，②7回
　　　小笠原道大（パ）'01①7回，②2, 4回，③7回
e. 連続打席三振（連続シリーズ）
　　6…小久保裕紀（パ・セ）…（パ）'02②1, 3, 6回，
　　　　　　　　　　　　　　（セ）'04①7回，②1, 4回

S. 併殺打

a. 通算最多併殺打
　　6…長嶋　茂雄（セ）
b. シリーズ最多併殺打
　　2試合－2…箱田　　淳（セ）'56
　　　　　　　古田　敦也（セ）'93
　　　　　　　松井稼頭央（パ）'97
　　　　　　　近藤　健介（パ）'19
　　3試合－3…長嶋　茂雄（セ）'72
c. ゲーム最多併殺打
　　2…箱田　　淳（セ）'56②4, 6回

　　柏原　純一（パ）'82③2, 9回
　　古田　敦也（セ）'93①2, 4回
　　松井稼頭央（パ）'97①1, 8回
　　内川　聖一（パ）'13②1, 6回
　　近藤　健介（パ）'19②5, 7回

Ⅲ. チーム打撃記録

A. 打　率

a. シリーズ最高打率
　　2試合－.378…セ　'08　打…74　安…28
　　3試合－.368…パ　'87　打…117　安…43
b. シリーズ最低打率
　　2試合－.130…セ　'52　打…100　安…13
　　3試合－.111…パ　'71　打…90　安…10
c. ゲーム最高打率
　　.511…セ　'01②　打…45　安…23
d. ゲーム最低打率
　　.000…パ　'71①　打…28　安…0
e. ゲーム両チーム最高打率
　　.395…'01②　打…81　安…32
f. ゲーム両チーム最低打率
　　.100…'71①　打…60　安…6
g. イニング10割
　　セ　'86②7回

B. 打　数

a. シリーズ最多打数
　　2試合－110…パ　'52
　　3試合－118…セ　'69
　　　　　　　　　パ　'69
b. シリーズ最少打数
　　2試合－ 59…セ　'56
　　　　　　　　　パ　'07
　　3試合－ 87…セ　'72
c. ゲーム最多打数
　　45…セ　'01②
d. ゲーム最少打数
　　27…パ　'53②, '57②, '07①（9回）
　　25…セ　'53②（9回三死未満）
e. ゲーム最多打数合計　－両チーム－
　　85…パ…44－41…セ　'87③
f. ゲーム最少打数合計　－両チーム－
　　52…セ…25－27…パ　'53②
g. イニング最多打数
　　13…パ　'70①1回
　　　　セ　'11①5回

C. 得　点

a. シリーズ最多得点
　　2試合－19…パ　'90
　　3試合－26…セ　'00
b. シリーズ最少得点
　　2試合－ 2…セ　'56, '61, '23
　　3試合－ 2…セ　'53
c. ゲーム最多得点
　　14…パ　'84①
d. ゲーム最多得点合計　－両チーム－
　　22…パ…13－9…セ　'70①
e. ゲーム最少得点合計　－両チーム－
　　1…パ…0－1…セ　'64①
　　　パ…0－1…セ　'72③
　　　セ…0－1…パ　'73②
　　　セ…0－1…パ　'74③
　　　パ…0－1…セ　'91①
f. イニング最多得点
　　8…パ　'70①1回

セ　'11①5回
g．最多連続得点　－イニング－
8…セ　'11①5回
h．イニング最多得点合計　－両チーム－
10…セ…6－4…パ　'63②1回
i．第1回最多得点
8…パ　'70①（表）
j．第9回最多得点
5…セ　'79①（表）
k．補回以後最多得点
3…セ　'63③10回（表）
'81②10回（裏）
l．二死無走者以後最多得点
3…パ　'53③9回，'60③2回，'93①5回，
'01③1回，'14②7回
セ　'81③10回，'93①3回，'15②5回
m．ゲーム最多得点イニング
7…パ　'76②1, 2, 5, 6, 7, 8, 9回
n．最多連続イニング得点　－ゲーム－
5…パ　'76②5回～9回
o．最多連続イニング無得点　－シリーズ－
25…セ　'52①5回～②8回

D．安　　打

a．シリーズ最多安打
2試合－29…セ　'93, '19
3試合－43…パ　'87
b．シリーズ最少安打
2試合－9…セ　'54
3試合－10…セ　'71
c．ゲーム最多安打
23…セ　'01②
18…パ　'14②
d．ゲーム最少安打
0…パ　'71①
1…セ　'76②
パ　'07①
e．無安打無得点
パ　'71①　打数28，四球1，失策出塁1
f．ゲーム最多安打合計　－両チーム－
33…パ…17－16…セ　'87③
g．ゲーム最少安打合計　－両チーム－
6…セ…3－3…パ　'53②
パ…0－6…セ　'71①
h．イニング最多安打
10…パ　'70①1回
セ　'11①5回
i．イニング最多連続打数安打
8…セ　'11①5回（連続打席）
j．最多連続イニング安打　－シリーズ－
12…セ　'03①5回～②7回
'19①6回～②8回
k．最多連続イニング無安打　－ゲーム－
9…パ　'71①1回～9回
l．最多連続イニング無安打　－連続シリーズ－
14…パ　'70③5回，'71①1回～9回
m．ゲーム最多安打打者数
13…セ　'00②（DH制打者15人）
'01②（DH制打者18人）
n．シリーズ最多単打
2試合－24…パ　'59
3試合－30…パ　'78
o．シリーズ最少単打
2試合－5…パ　'55, '10
セ　'02, '04
3試合－5…セ　'71
p．ゲーム最多単打
17…セ　'01②
q．ゲーム最少単打
0…パ　'71①
セ　'76②
r．ゲーム最多単打合計　－両チーム－

22…パ…12－10…セ　'09①
s．ゲーム最少単打合計　－両チーム－
3…パ…0－3…セ　'71①
t．イニング最多単打
7…パ　'85③5回
セ　'00②8回
u．最多連続イニング出塁
13…セ　'03①4回～②7回
'06①5回～②9回
パ　'96②4回～③8回
v．最多連続イニング無走者－ゲーム－
8…パ　'07①2回～9回
w．毎回安打
セ　'19②

E．二　塁　打

a．シリーズ最多二塁打
2試合－9…セ　'09
3試合－10…セ　'63
b．シリーズ最少二塁打
2試合－0…パ　'56, '97
パ　'91
3試合－1…パ　'66, '71, '80, '88
c．ゲーム最多二塁打
6…パ　'70①, '76②
セ　'08②, '19②
d．ゲーム最多二塁打合計　－両チーム－
9…セ…5－4…パ　'84①
e．ゲーム最少二塁打合計　－両チーム－
0…多数あり
f．イニング最多二塁打
3…パ　'70①1回, '76②6回, '01①3回
セ　'99②2回, '07②2回, '08②5回

F．三　塁　打

a．シリーズ最多三塁打
2試合－2…パ　'05
セ　'10, '19
3試合－3…セ　'92
パ　'96
b．シリーズ最少三塁打合計　－両チーム－
2試合－0…多数あり
3試合－0…多数あり
c．ゲーム最多三塁打
2…セ　'68②, '70①, '75①, '79①, '92②
パ　'05①
d．イニング最多三塁打
2…セ　'75①1回, '79①9回
パ　'05①3回

G．本　塁　打

a．シリーズ最多本塁打
2試合－7…パ　'90
3試合－9…パ　'87, '01
b．シリーズ最少本塁打
2試合－0…セ　'52, '56, '58, '61, '91
パ　'97, '02
3試合－0…セ　'53, '13
パ　'53, '73, '13
c．ゲーム最多本塁打
5…パ　'87③, '90②
セ　'19②
d．ゲーム最多本塁打合計　－両チーム－
8…セ…4－4…パ　'79③
パ…5－3…セ　'87③
e．ゲーム最少本塁打合計　－両チーム－
0…多数あり
f．イニング最多本塁打
4…セ　'11①5回
g．最多連続本塁打

3…パ '92① 5回
（石井浩郎，田辺徳雄，佐々木誠）

H. 塁　打
a. シリーズ最多塁打
　2試合−57…セ '19
　3試合−79…パ '87
b. シリーズ最少塁打
　2試合−12…セ '56, '61
　3試合−14…セ '53
c. ゲーム最多塁打
　43…セ '19②
d. ゲーム最少塁打
　0…パ '71①
e. ゲーム最多塁打合計　−両チーム−
　63…パ…36−27…セ '87③
f. ゲーム最少塁打合計　−両チーム−
　8…パ…2−6…セ '51①
　　　　セ…3−5…パ '53②
g. イニング最多塁打
　24…セ '11① 5回

I. 長　打
a. シリーズ最多長打
　2試合−14…セ '19
　3試合−18…セ '63
　　　　　パ '87
b. シリーズ最少長打
　2試合−0…セ '56
　3試合−2…パ '73
c. ゲーム最多長打
　12…セ '19②
d. ゲーム最少長打
　0…多数あり
e. ゲーム最多長打合計　−両チーム−
　15…パ…10−5…セ '70①
　　　　セ…12−3…パ '19②
f. イニング最多長打
　6…パ '70① 1回
　　セ '11① 5回
g. 最多連続長打
　4…パ '70① 1回
　　セ '79① 9回（四球1挟む）

J. 打　点
a. シリーズ最多打点
　2試合−18…パ '93
　3試合−26…セ '00
b. シリーズ最少打点
　2試合−1…セ '61
　3試合−2…セ '53, '72
c. ゲーム最多打点
　12…パ '70①, '84①, '14②
　　　セ '00②, '01②
d. ゲーム最少打点
　0…多数あり
e. ゲーム最多打点合計　−両チーム−
　21…パ…12−9…セ '70①
f. ゲーム最少打点合計　−両チーム−
　1…パ…0−1…セ '64①
　　　パ…0−1…セ '72③
　　　セ…0−1…パ '73②
　　　セ…0−1…パ '74③
　　　パ…0−1…セ '91①
g. イニング最多打点
　8…セ '11① 5回

K. 盗　塁
a. シリーズ最多盗塁
　2試合−8…パ '97
　3試合−13…パ '78
b. シリーズ最少盗塁
　2試合−0…多数あり
　3試合−0…多数あり
c. ゲーム最多盗塁
　9…パ '78②
d. ゲーム最多盗塁合計　−両チーム−
　9…パ…9−0…セ '78②
e. イニング最多盗塁
　3…パ '78② 1, 7, 8回
　　　　'86① 4回
　　　　'90② 8回

L. 盗塁刺
a. シリーズ最多盗塁刺
　2試合−4…セ '58
　3試合−3…セ '63, '74, '79, '80, '86
　　　　　パ '72, '79
b. シリーズ最少盗塁刺
　2試合−0…多数あり
　3試合−0…多数あり
c. ゲーム最多盗塁刺
　3…パ '91①
d. ゲーム最多盗塁刺合計　−両チーム−
　3…過去10度
e. イニング最多盗塁刺
　2…セ '79① 5回

M. 犠　打
a. シリーズ最多犠打
　2試合−2…セ '55, '57, '62
　　　　　パ '55
　3試合−3…セ '79
b. シリーズ最少犠打
　2試合−0…多数あり
　3試合−0…多数あり
c. ゲーム最多犠打
　2…セ '57②, '62②, '79③
　　　パ '68③
d. ゲーム最多犠打合計　−両チーム−
　3…セ…2−1…パ '57②
e. イニング最多犠打
　2…パ '68③ 7回

N. 犠　飛
a. シリーズ最多犠飛
　2試合−3…パ '23
　3試合−2…セ '60, '76, '77, '84, '00
　　　　　パ '79, '99
b. シリーズ最少犠飛
　2試合−0…多数あり
　3試合−0…多数あり
c. ゲーム最多犠飛
　2…セ '60②, '76③
　　　パ '99②, '23②
d. ゲーム最多犠飛合計　−両チーム−
　2…セ…2−0…パ '60②
　　　パ…1−1…セ '74①
　　　セ…2−0…パ '76③
　　　パ…1−1…セ '83②
　　　パ…1−1…セ '92②
　　　パ…2−0…セ '99②
　　　セ…1−1…パ '09②
　　　パ…2−0…セ '23②
e. イニング最多犠飛
　2…セ '76③ 1回

O. 四　球

a. シリーズ最多四球
   2試合－10…パ　'57
   　　　　　　　セ　'62
   3試合－14…パ　'53
b. シリーズ最少四球
   2試合－ 0…セ　'02, '16, '19, '22, '23
   　　　　　　　パ　'06, '07, '08, '10, '17, '19
   3試合－ 0…パ　'12, '13
c. ゲーム最多四球
   7…セ　'62①
   　　パ　'57②
d. ゲーム最少四球
   0…多数あり
e. ゲーム最多四球合計　－両チーム－
   13…パ… 7 － 6 …セ　'57②
f. ゲーム最少四球合計　－両チーム－
   0…多数あり
g. イニング最多四球
   4…セ　'76③ 1回, '92③ 8回
h. イニング最多連続四球
   3…パ　'51② 6回

P. 死　球

a. シリーズ最多死球
   2試合－ 1 …多数あり
   3試合－ 3 …セ　'77
b. ゲーム最多死球
   2…パ　'71②, '75②, '96②
   　　　　セ　'77①
c. ゲーム最多死球合計　－両チーム－
   2…多数あり

Q. 三　振

a. シリーズ最多三振
   2試合－27…セ　'04
   3試合－32…パ　'92
b. シリーズ最少三振
   2試合－ 4 …セ　'06
   3試合－ 8 …セ　'51, '53
   　　　　　　　パ　'75
c. シリーズ最多三振合計　－両チーム－
   2試合－43…セ…27－16…パ　'04
   3試合－58…セ…29－29…パ　'88
   　　　　　　パ…32－26…セ　'92
d. ゲーム最多三振
   16…パ　'71①, '80③
e. ゲーム最少三振
   1…セ　'51③, '53①, '13③
   　　パ　'78①
f. ゲーム無三振
   セ　'08②（ 8 回）
g. ゲーム最多三振合計　－両チーム－
   24…セ…15－ 9 …パ　'59①
   　　パ…16－ 8 …セ　'71①
h. ゲーム最少三振合計　－両チーム－
   3…セ…0－ 3 …パ　'08②
   　　セ…1－ 2 …パ　'13③
i. イニング最多三振
   3…パ　過去50度
   　　セ　過去32度
j. 毎回三振
   パ　'67③, '84③, '01③
   セ　'77③, '95②
k. 最多連続三振
   10…パ　'71① 1回一死～ 4 回一死

R. 併殺打

a. シリーズ最多併殺打
   2試合－ 5 …セ　'56, '08
   3試合－ 7 …パ　'82
b. シリーズ最少併殺打
   2試合－ 0 …多数あり
   3試合－ 0 …パ　'67, '70, '87
   　　　　　　　セ　'71, '77, '78, '86, '13
c. ゲーム最多併殺打
   4…セ　'56②
   　　パ　'82③
d. ゲーム最多併殺打合計　－両チーム－
   5…セ… 4 － 1 …パ　'56②
e. 最多連続イニング併殺打
   3…パ　'71② 1回～ 3 回

S. 残　塁

a. シリーズ最多残塁
   2試合－22…パ　'62
   3試合－26…セ　'85, '86, '01
b. シリーズ最少残塁
   2試合－ 6 …パ　'90, '16
   　　　　　　　セ　'07, '17, '23
   3試合－ 9 …パ　'12
c. ゲーム最多残塁
   13…セ　'01②, '10①
d. ゲーム最少残塁
   0…セ　'76②
e. ゲーム最多残塁合計　－両チーム－
   21…パ…11－10…セ　'62①
f. ゲーム最少残塁合計　－両チーム－
   4…パ… 1 － 3 …セ　'07①
   　　パ… 1 － 3 …セ　'16①

T. その他

a. イニング 3 球でチェンジ
   パ　'12① 2回

Ⅳ. 代 打 者 記 録

A. 起用人数

a. シリーズ最多起用数
   2試合－13…セ　'55① 7 , ② 6
   　　　　　　　パ　'58① 5 , ② 8
   3試合－23…パ　'80① 7 , ② 6 , ③10
b. ゲーム最多起用数
   10…パ　'80③
c. ゲーム最多起用数合計　－両チーム－
   16…パ…10－ 6 …セ　'80③
d. ゲーム代打起用 0
   セ　'94①, '05②, '17②, '23①②
   パ　'51①, '94①
e. イニング最多起用数
   4…パ　'60② 8 回, '00① 9 回
   　　セ　'80③ 7 回, '81② 7 回, '83③ 5 回,
   　　　　'21② 8 回
f. シリーズ個人最多起用数
   2試合－ 2 …多数あり
   3試合－ 3 …多数あり

B. 打　率

a. シリーズ最高打率
   2試合－1.000…セ　'93　打数 3 　安打 3
   　　　　　　　　パ　'94　打数 1 　安打 1
   3試合－ .750…セ　'99　打数 4 　安打 3

b．ゲーム最高打率
　1.000（3打数3安打）…パ '85③
　　　　　　　　　　　セ '00②
　　　（2打数2安打）…セ '70③, '93①, '07①,
　　　　　　　　　　　　　'19①
　　　　　　　　　　　パ '83②, '88③, '06①,
　　　　　　　　　　　　　'08①
　　　（1打数1安打）…セ '70②, '93②, '98①,
　　　　　　　　　　　　　'99①②, '09①
　　　　　　　　　　　パ '94②, '03①, '07②,
　　　　　　　　　　　　　'22②
c．シリーズ最低打率
　2試合－.000（9打数0安打）…セ '59
　　　　　　　（8打数0安打）…セ '52, '89, '02
　　　　　　　　　　　　　　　　パ '16
　　　　　　　（7打数以下）…セ6度, パ4度
　3試合－.000（12打数0安打）…セ '71
　　　　　　　（11打数0安打）…パ '53
　　　　　　　（10打数以下）…セ3度, パ4度
d．ゲーム最低打率
　.000（7打数0安打）…パ '79①
　　　（6打数0安打）…セ '55①, '65③, '76②,
　　　　　　　　　　　　　'82②, '83①, '91①
　　　（5打数以下多数）

C． 安 打
a．シリーズ最多安打
　2試合－5…パ '18①2, ②3
　3試合－7…セ '87①1, ②1, ③5
b．ゲーム最多安打
　5…セ '87③（小早川, 松本, 衣笠, 八重樫, 屋鋪）
c．ゲーム最多安打合計 －両チーム－
　7…セ '87③ 5－2 パ '87③
d．イニング最多安打
　3…セ '00②8回, '21②8回
e．シリーズ個人最多安打
　2試合－2…荒井 幸雄（セ）
　　　　　　　'93①二塁打 ②単打
　3試合－3…門田 博光（パ）
　　　　　　　'80①本塁打 ②単打 ③単打
f．シリーズ最多出塁
　2試合－5…パ '18①2, ②3
　3試合－8…パ '80①4, ②2, ③2
g．シリーズ最少出塁
　2試合－0…セ '59（機会9）
　　　　　　　'52, '89, '02（機会8）
　　　　　　パ '16（機会8）
　　　　　　　（機会7以下, 0含む）
　　　　　　　セ7度, パ2度
　3試合－0…セ '71（機会12）
　　　　　　　'92（機会6）
　　　　　　　'11（機会5）
　　　　　　　'13（機会8）
　　　　　　パ '51（機会4）
　　　　　　　'12（機会8）
h．ゲーム最多出塁
　5…セ '87③
i．ゲーム最多出塁合計 －両チーム－
　7…パ '80① 4－3…セ '80①
　　　セ '87③ 5－2 パ '87③
j．ゲーム最少出塁
　0…多数あり

D． 二 塁 打
　過去45度

E． 三 塁 打
　野口　明（セ）'51②
　国松　彰（セ）'63①
　中塚 政幸（セ）'70①

　吉田 孝司（セ）'76③
　ブラッグス（セ）'94②

F． 本 塁 打
a．ゲーム最多代打本塁打
　2…パ '58②中西4回, 小玉9回
　　　セ '07①前田智7回, 森野8回
b．代打本塁打
　前掲

G． 塁 打
a．シリーズ最多塁打
　2試合－12…セ '07
　3試合－15…パ '69
b．ゲーム最多塁打
　9…パ '58② 中西（本塁打）, 小玉（本塁打）,
　　　　　　　広瀬（単打）
　　　セ '87③ 衣笠（本塁打）, 松本（二塁打）,
　　　　　　　小早川（単打）, 八重樫（単打）,
　　　　　　　屋鋪（単打）
c．ゲーム最多塁打合計 －両チーム－
　11…パ－6－5…セ '80①
　　　セ－9－2…パ '87③
d．イニング最多塁打
　7…セ '51②7回
e．シリーズ個人最多塁打
　2試合－4…多数あり
　3試合－6…門田 博光（パ）
　　　　　　　'80①4, ②1, ③1

H． 長 打
a．ゲーム最多長打
　2…セ '51②野口　　　（三塁打）
　　　　　　　西沢　　　（本塁打）
　　　　　'75②若松　　　（二塁打）
　　　　　　　松原　　　（本塁打）
　　　　　'87③松本　　　（二塁打）
　　　　　　　衣笠　　　（本塁打）
　　　　　'03①高橋由　　（本塁打）
　　　　　　　立浪　　　（二塁打）
　　　　　'07①前田智　　（本塁打）
　　　　　　　森野　　　（本塁打）
　　　パ '58②中西　　　（本塁打）
　　　　　　　小玉　　　（本塁打）
　　　　　'79③藤原　　　（二塁打）
　　　　　　　リー　　　（本塁打）
　　　　　'01②カブレラ　（本塁打）
　　　　　　　大道　　　（二塁打）

I． 打 点
a．シリーズ最多打点
　2試合－4…パ '58②4
　　　　　　　セ '07①2, ②2
　3試合－6…セ '63②2, ③4
b．ゲーム最多打点
　5…セ '01②佐伯2, 清原1, 古田1, 中村1
c．ゲーム最多打点合計 －両チーム－
　7…セ '01② 5－2 パ '01②
d．イニング最多打点
　4…セ '51②7回
e．シリーズ個人最多打点
　4…高倉 照幸（パ）'63①2, ②2
f．ゲーム個人最多打点
　3…中西　太（パ）'58②4回
　　　マーシャル（セ）'63③8回
　　　遠井 吾郎（セ）'70③4回
　　　岡田 彰布（セ）'80①4回
　　　簑田 浩二（パ）'85③8回
　　　ブラッグス（セ）'94②6回

　　　　　山本　和範（パ）'96①6回

J. 犠　飛
藤村富美男（セ）'54②
高倉　照幸（パ）'66①
白　仁天（パ）'70①
秋山　幸二（パ）'86③
山倉　和博（セ）'87①
水野　雄仁（セ）'88③
古田　敦也（セ）'01②
森野　将彦（セ）'10②

K. 四　球
a. シリーズ最多四球
　2試合-2…セ '55①1、②1
　　　　　　　'57①1、②1
　　　　　　　'09①1、②1
　　　　　パ '59①2
　3試合-5…セ '79①2、②2、③1
b. ゲーム最多四球
　2…セ '79①、'79②
　　　パ '59①、'74③、'81①
c. ゲーム最多四球合計　－両チーム－
　3…パ2－1セ '74③
d. シリーズ個人最多四球
　3…中塚　政幸（セ）'79

L. 死　球
a. シリーズ最多死球
　2試合-0
　3試合-1…多数あり
b. ゲーム最多死球
　1…多数あり
c. ゲーム最多死球合計　－両チーム－
　1…多数あり

M. 三　振
a. シリーズ最多三振
　2試合-5…セ '59①4、②1
　3試合-6…セ '71①2、②1、③3
　　　　　　　'72①2、②4、③0
b. ゲーム最多三振
　4…セ '59①、'72②
c. ゲーム最多三振合計　－両チーム－
　6…セ…4－2…パ '59①
d. イニング最多三振
　3…パ '00②7回
e. シリーズ個人最多三振
　2…過去18度

N. 併殺打
過去27度

V. 個人投手記録

A. 全般記録
a. 通算最多登板
　28…金田　正一（セ）
b. シリーズ最多登板
　2試合-2…多数あり
　3試合-3…林　義一（パ）'51
　　　　　　荒巻　淳（パ）'53
　　　　　　川崎　徳次（パ）'53
　　　　　　大友　工（セ）'53

　　　　　　金田　正一（セ）'53
　　　　　　別所　毅彦（セ）'53
　　　　　　梶本　隆夫（パ）'63
　　　　　　江夏　豊（パ）'67
　　　　　　　　　　　　（パ）'83
　　　　　　金田　留広（パ）'69
　　　　　　佐藤　道郎（パ）'70
　　　　　　太田　幸司（パ）'70
　　　　　　永射　保（パ）'77
　　　　　　梶間　健一（セ）'79
　　　　　　角　三男（セ）'81
　　　　　　鈴木康二朗（パ）'84
c. 通算最多先発
　7…村山　実（セ）
　　　米田　哲也（パ）
d. シリーズ最多先発
　2試合-2…別所　毅彦（セ）'52
　　　　　　柚木　進（パ）'52
　　　　　　宅和　本司（パ）'55
　　　　　　西村　一孔（セ）'55
　3試合-2…別所　毅彦（セ）'51
e. 通算最多完了
　9…江夏　豊（セ・パ）
f. シリーズ最多完了
　2試合-2…金田　正一（セ）'58
　　　　　　権藤　博（セ）'61
　　　　　　尾崎　行雄（パ）'62
　　　　　　小宮山　悟（パ）'91
　　　　　　赤堀　元之（パ）'94
　　　　　　古溝　克之（パ）'95
　　　　　　クルーン（セ）'06
　3試合-3…林　義一（パ）'51
　　　　　　角　三男（セ）'81
　　　　　　江夏　豊（パ）'83
g. 1球も投げず降板
　別所　毅彦（セ）'53③9回

B. 勝　利
a. 通算最多勝利
　7…山田　久志（パ）
　5…江夏　豊（セ）
b. シリーズ最多勝利
　2試合-1…多数あり
　3試合-2…梶間　健一（セ）'77
　　　　　　中山　裕章（セ）'88
c. 両リーグで勝利投手
　伊良部秀輝（パ）'94①（セ）'03②
　杉内　俊哉（パ）'09②（セ）'12①

C. 敗　北
a. 通算最多敗北
　4…金田　正一（セ）
b. シリーズ最多敗北
　2試合-1…多数あり
　3試合-2…西本　聖（セ）'84
c. 両リーグで敗戦投手
　江夏　豊（セ）'67③, '69②（パ）'76③

D. セーブ
a. 通算最多セーブ
　6…江夏　豊（セ・パ）
b. シリーズ最多セーブ
　2試合-2…クルーン（セ）'06
　3試合-2…鈴木　孝政（セ）'77
　　　　　　江夏　豊（セ）'80（パ）'83
　　　　　　山本　和行（セ）'85
　　　　　　牛島　和彦（パ）'87
c. 通算最多連続セーブ　－連続シリーズ－
　4…牛島　和彦（セ・パ）'84③, '87①③, '88①
d. 両リーグでセーブ投手

江夏　　豊（セ）'78③, '80①③（パ）'81①, '83①②
牛島　和彦（セ）'84③（パ）'87①③, '88①
e. 3イニングセーブ
　　　安仁屋宗八（セ）'75①
　　　山口　高志（パ）'75③
　　　野村　　収（パ）'76①
　　　鈴木　孝政（セ）'77①
　　　東尾　　修（パ）'78②, '84②
　　　村田　兆治（パ）'79②
　　　川崎憲次郎（セ）'91①
　　　高村　　祐（パ）'96①
　　　山本　由伸（パ）'19①

E. 投　球　回

a. 通算最多投球回
　　64⅔…金田　正一（セ）
b. シリーズ最多投球回
　　　2試合-6…野村　武史（パ）'52
　　　　　　　　川崎　徳次（パ）'52
　　　　　　　　山根　俊英（パ）'52
　　　　　　　　金田　正一（セ）'52
　　　　　　　　別所　毅彦（セ）'52
　　　　　　　　長谷川良平（セ）'57
　　　3試合-8…荒巻　　淳（セ）'53
　　　　　　　　川崎　徳次（パ）'53
c. ゲーム最多投球回
　　　5…斉藤　明夫（セ）'82②

F. 被　安　打

a. 通算最多被安打
　　53…金田　正一（セ）
b. シリーズ最多被安打
　　2試合-11…成瀬　善久（パ）'08
　　3試合-11…西本　　聖（セ）'84
c. シリーズ最少被安打
　　0…野村　武史（パ）'52（投球回6）
d. ゲーム最多被安打
　　11…成瀬　善久（パ）'08②
e. ゲーム最少被安打
　　0…杉下　　茂（セ）'52①（投球回4）
　　　　山根　俊英（パ）'52①（　〃　）
　　0…多数あり　　　　（投球回3）
f. イニング最多被安打
　　9…小林　雅英（パ）'00②8回
g. イニング連続打数被安打
　　8…武田　　勝（パ）'11①5回（連続打席）
h. 一死も取れず降板（過去20人、うち先発4人）
　　　　　斎藤　雅樹（セ）'90①4回
　　　　　　打者6　被安打5　四球1
　　　　　渡辺　秀武（セ）'70①1回（先発）
　　　　　　打者5　被安打5
　　（先発最新）
　　　　　渡辺　秀武（セ）'70①
　　　　　　打者5　被安打5
　　（最新）
　　　　　藪田　安彦（パ）'07②8回
　　　　　　打者2　被安打2
i. 通算最低被安打率（10回以上）
　　.027…柚木　　進（パ）
　　　　　打数37　安打1
j. 最多連続打者無安打　－シリーズ－
　　19人(6回)…野村　武史（パ）'52①4回無死～6回
　　　　　　　　　　　　　（四球1含む）
　　　　　　　　　　　　②5回無死～7回
　　　　　　　　　　　　（失策出塁1含む）
k. 最多連続打者無安打　－連続シリーズ－
　　27人(8⅔回)　野村　武史（パ）'51③⑤5回無死～7回二死
　　　　　　　　　　　　　（失策出塁1含む）
　　　　　　　　　　　'52①4回無死～6回
　　　　　　　　　　　　（四球1含む）

②5回無死～7回
（失策出塁1含む）
l. 最多連続無走者　－シリーズ－
　　15人…江夏　　豊（セ）'71①1回～3回
　　　　　　　　　　　　③6回～7回
m. 最多連続無走者　－連続シリーズ－
　　26人…江夏　　豊（セ）'70②2回～3回
　　　　　　　　　　　　'71①1回～3回
　　　　　　　　　　　　③6回～7回
　　　　　　　　　　　　'72①1回～5人
n. ゲーム全イニング無走者（16人）
　　3…川崎　徳次（パ）'53①（打者8人）
　　　　森安　敏明（パ）'68①
　　　　平松　政次（セ）'70②
　　　　上田　二朗（セ）'70③
　　　　江夏　　豊（セ）'71①（先発）
　　　　成田　文男（パ）'73①　〃
　　　　山口　高志（パ）'76②　〃
　　　　松原　明夫（セ）'78①　〃
　　　　山根　和夫（セ）'80②　〃
　　　　江川　　卓（セ）'84③　〃
　　　　西崎　幸広（パ）'88③（先発）
　　　　赤堀　元之（パ）'92③　〃
　　　　伊良部秀輝（パ）'96②（先発）
　　　　斎藤　雅樹（セ）'96②　〃
　　　　赤川　克紀（パ）'12③　〃
　　　　藤浪晋太郎（セ）'15①

G. 被本塁打

a. 通算最多被本塁打
　　6…金田　正一（セ）
b. シリーズ最多被本塁打
　　2試合-3…木佐貫　洋（セ）'03
　　　　　　　高橋　光成（パ）'19
　　3試合-4…武田　　勝（パ）'11
c. ゲーム最多被本塁打
　　4…武田　　勝（パ）'11①
d. イニング最多被本塁打
　　4…武田　　勝（パ）'11①5回
e. イニング最多連続打席被本塁打
　　3…小松　辰雄（セ）'92①5回

H. 与　四　球

a. 通算最多与四球
　　24…金田　正一（セ）
b. シリーズ最多与四球
　　2試合-4…梶本　隆夫（パ）'62
　　3試合-6…金田　正一（セ）'53
c. ゲーム最多与四球
　　4…江夏　　豊（パ）'76③
d. イニング最多与四球
　　4…江夏　　豊（パ）'76③1回
e. イニング最多連続与四球
　　2…多数あり

I. 与　死　球

a. 通算最多与死球
　　2…バッキー（セ）
　　　　小林　　繁（セ）
　　　　太田　幸司（パ）
　　　　高橋　直樹（パ）
　　　　永射　　保（パ）
　　　　梶間　健一（セ）
　　　　ガルベス（セ）
b. シリーズ最多与死球
　　2試合-1…多数あり
　　3試合-2…ガルベス（セ）'96
c. ゲーム最多与死球
　　2…ガルベス（セ）'96②

J．奪 三 振

- a．通算最多奪三振
  84…金田　正一（セ）
- b．シリーズ最多奪三振
  2試合－10…稲尾　和久（パ）'58
  3試合－13…江夏　豊（セ）'71
- c．ゲーム最多奪三振
  9…江夏　豊（セ）'71①
- d．ゲーム最多連続奪三振
  9…江夏　豊（セ）'71① 1回～3回
- e．劈頭最多連続奪三振
  9…江夏　豊（セ）'71① 1回～3回
- f．通算最多連続奪三振　－連続シリーズ－
  15…江夏　豊（セ）'70② 2回二死～3回
  　　　　　　　　　　'71① 1回～3回
  　　　　　　　　　　'71③ 6回一死
- g．イニング最多奪三振
  3…多数あり

K．暴　投

- a．通算最多暴投
  3…村田　兆治（パ）
- b．三振目の暴投　　　　　　打者
  藤田　元司（セ）'57② 6回（大下）
  木田　優夫（セ）'90① 5回（ブライアント）
  小林　雅英（パ）'03② 9回（二岡）

L．失　点

- a．通算最多失点
  22…金田　正一（セ）
- b．シリーズ最多失点
  2試合－8…成瀬　善久（パ）'08
  3試合－9…武田　勝（パ）'11
- c．ゲーム最多失点
  9…武田　勝（パ）'11①
- d．イニング最多失点
  8…武田　勝（パ）'11① 5回
- e．通算最多連続回無失点
  19…江夏　豊（セ）'70②，'71①③，'72②，
  　　　　　　　　　'73②③，'74②，'75①
- f．シリーズ最多連続回無失点
  8…荒巻　淳（パ）'53①②③

M．防御率

- a．通算最優秀防御率
  2.20…江夏　豊（セ・パ）投球回45（40回以上）
  1.44…堀内　恒夫（セ）　投球回25（20回以上）
  0.00…池永　正明（パ）　投球回15⅔（10回以上）
  　　　林　義一（パ）　　投球回13⅓
  　　　柚木　進（パ）　　投球回12
  　　　梶間　健一（セ）　投球回11⅔
  　　　津田　恒実（セ）　投球回10⅓
  　　　鈴木康二朗（セ・パ）投球回10
- b．シリーズ最優秀防御率　－投球回6以上－
  2試合－0.00…野村　武史（パ）'52 投球回6
  　　　　　　　川崎　徳次（パ）'52 投球回6
  3試合－0.00…荒巻　淳（パ）'53 投球回8
  　　　　　　　大友　工（セ）'53 投球回7
  　　　　　　　林　義一（パ）'51 投球回6 ⅓
  　　　　　　　バッキー（セ）'65 投球回6

（注）守備のゲーム最少記録は9回を守った試合の記録のみ。

A．守備機会

- a．ゲーム最多守備機会
  47…セ '84②，'09①
- b．ゲーム最少守備機会
  30…パ '04①，'22①，'23①
  　　セ '19①
- c．ゲーム最多守備機会投手
  7…パ '98②
- d．ゲーム最少守備機会投手
  0…多数あり
- e．ゲーム最多守備機会捕手
  18…パ '59①
- f．ゲーム最少守備機会捕手
  1…パ '53①
  　　セ '78①
- g．ゲーム最多守備機会内野手
  37…セ '84②，'09①
- h．ゲーム最少守備機会内野手
  9…パ '86①，'04①
- i．ゲーム最多守備機会内野手守備位置別
  一塁手－18…セ '51③
  　　　　　　　パ '84②
  二塁手－12…セ '84②
  　　　　　　　パ '10②
  三塁手－ 8…セ '66②，'75①，'16①
  遊撃手－11…セ '72③，'09①
- j．ゲーム最少守備機会内野手守備位置別
  一塁手－ 3…セ '98②
  　　　　　　　パ '06②，'22①
  二塁手－ 0…セ '63②，'70②，'94②
  三塁手－ 0…多数あり
  遊撃手－ 0…パ '62①，'71①
- k．ゲーム最多守備機会外野手
  15…セ '13③
- l．ゲーム最少守備機会外野手
  0…セ '84③

B．刺　殺

- a．ゲーム最多刺殺投手
  5…'98②
- b．ゲーム最多刺殺捕手
  16…セ '71①，'80③
- c．ゲーム最少刺殺捕手
  1…パ '53①
  　　セ '78①
- d．ゲーム最多刺殺内野手
  20…パ '51③
  　　　'53①（9回まで）
  　　　'61①
  　　　'79③
  　　　'18①
  　　セ '82③
- e．ゲーム最少刺殺内野手
  5…パ '22②
- f．ゲーム最多刺殺内野手守備位置別
  一塁手－18…セ '51③
  二塁手－ 7…パ '56②，'73①
  　　　　　　　セ '68③（9回まで）
  三塁手－ 5…セ '06②
  遊撃手－ 5…パ '51③，'72③，'82①
  　　　　　　　'71③，'79②，'91①
- g．ゲーム最少刺殺内野手守備位置別
  一塁手－ 3…セ '63②，'71①，'98②
  　　　　　　　パ '65②，'83②，'06②，'22①
  二塁手－ 0…多数あり

三塁手 - 0…多数あり
遊撃手 - 0…多数あり
h. ゲーム最多刺殺外野手
　15…セ '13③
i. ゲーム最少刺殺外野手
　0…セ '84③

C. 補　殺

a. ゲーム最多補殺
　19…セ '82③, '84②
b. ゲーム最少補殺
　3…パ '04①, '22①, '23①
　　　セ '71①, '94②, '19①
c. ゲーム最多補殺投手
　6…パ '55②, '79③
d. ゲーム最多補殺捕手
　3…パ '89②
　　　セ '89②, '91①
e. ゲーム最多補殺内野手
　17…パ '83①
　　　セ '84②
f. ゲーム最少補殺内野手
　2…パ '60③, '85③, '86①
　　　セ '71①
g. ゲーム最多補殺内野手守備位置別
　一塁手 - 6…パ '98②
　二塁手 - 10…セ '84②
　三塁手 - 7…セ '66②
　遊撃手 - 8…セ '78③, '85③, '09①
　　　　　　パ '83①, '03②
h. ゲーム最少補殺内野手守備位置別
　一塁手 - 0…多数あり
　二塁手 - 0…多数あり
　三塁手 - 0…多数あり
　遊撃手 - 0…多数あり
i. ゲーム最多補殺外野手
　2…パ '92①, '14②
　　　セ '97①, '08①

D. 失　策

a. ゲーム最多失策
　4…パ '54①
　　　セ '56①, '61②, '70①, '77③, '84①
b. ゲーム最多失策合計　－両チーム－
　6…セ・4 - 2…パ '70①
c. ゲーム最多失策投手
　2…パ '54①
d. ゲーム最多失策捕手
　2…パ '59①
　　　セ '69①
e. ゲーム最多失策内野手
　4…セ '61②
f. ゲーム最多失策内野手合計　－両チーム－
　5…セ・3 - 2…パ '55②
　　　セ・4 - 1…パ '61②
g. ゲーム最多失策内野手守備位置別
　一塁手 - 2…セ '82①
　二塁手 - 2…セ '61②
　三塁手 - 2…パ '55②
　　　　　　セ '77③
　遊撃手 - 3…セ '68②
h. ゲーム最多失策外野手
　2…セ '56①, '12③
　　　パ '13③
i. ゲーム最多失策外野手合計　－両チーム－
　2…セ・2 - 0…パ '56①
　　　セ・1 - 1…パ '70①
　　　セ・2 - 0…パ '12③
　　　パ・2 - 0…セ '13③
j. イニング最多失策
　3…セ '70①4 回

E. 捕　逸

a. ゲーム最多捕逸
　2…パ '77①
b. 三振目の捕逸
　森　昌彦（セ）'62②4 回（打者高倉）

F. 併　殺

a. シリーズ最多併殺合計　－両チーム－
　2試合 - 7…パ・5 - 2…セ '56
　3試合 - 9…パ・6 - 3…セ '72
　　　　　　パ・5 - 4…セ '79
　　　　　　セ・7 - 2…パ '82
b. ゲーム最多併殺
　4…パ '56②
　　　セ '82③
c. ゲーム最多併殺合計　－両チーム－
　5…パ・4 - 1…セ '56②
　　　セ・3 - 2…パ '79②
　　　セ・4 - 1…パ '82③
　　　パ・3 - 2…セ '99③
　　　パ・3 - 2…セ '23②
d. ゲーム最多併殺投手
　2…パ '79③
e. ゲーム最多併殺捕手
　2…セ '77③
f. ゲーム最多併殺内野手守備位置別
　一塁手 - 4…パ '56②
　　　　　　セ '82③
　二塁手 - 4…パ '56②
　　　　　　セ '82③
　三塁手 - 2…パ '87③, '93①, '99③, '23②
　遊撃手 - 4…パ '56②
g. ゲーム最多併殺外野手
　1…多数あり
h. 連続イニング併殺
　3…セ '71②1 回～3 回
i. 最多同一順併殺
　4…パ '56②豊田（遊）, 佐々木（二）, 榎本（一）
　　　　　　1, 2, 4, 6回
j. ゲーム最多三重殺
　1…パ '64③（3 回）
　　　　　　小玉（三）, ブルーム（二）, 榎本（一）
　　　　セ '82③（7 回）
　　　　　　真弓(遊)，篠塚(二)，掛布(一)，山倉(捕)

k. ゲーム最多失策（個人守備位置別）
　投 手 - 2…梶本　隆夫（パ）'54①
　捕 手 - 2…野村　克也（パ）'59①
　　　　　　　田淵　幸一（セ）'69①
　一塁手 - 2…モッカ（セ）'82①
　二塁手 - 2…土屋　正孝（セ）'61②
　三塁手 - 2…中西　　太（パ）'55②
　遊撃手 - 3…黒江　透修（セ）'68②
　外野手 - 2…高橋　由伸（セ）'12③

出場審判・記録員

a. 審　判　員
　セントラル・リーグ
　'51…島, 筒井, 小柴
　'52…島, 津田, 筒井
　'53…島, 津田, 筒井
　'54…島, 金政, 杉村
　'55…島, 円城寺, 国友
　'56…島, 円城寺, 小柴
　'57…島, 津田, 筒井
　'58…島, 国友, 筒井
　'59…島, 円城寺, 小柴, 富沢

'60…島, 国友, 有津, 滝野
'61…島, 津田, 筒井, 佐藤
'62…島, 富沢, 竹元, 岡田功
'63…円城寺, 国友, 筒井, 有津, 稲田
'64…円城寺, 筒井, 竹元, 田代, 松橋
'65…有津, 富沢, 岡田功, 丸山, 谷村
'66…筒井, 竹元, 田代, 松橋
'67…筒井, 富沢, 松橋, 谷村
'68…竹元, 岡田功, 大谷, 大里
'69…有津, 富沢, 柏木, 平光
'70…竹元, 丸山, 松橋, 原田
'71…岡田功, 大里, 山本文, 福井
'72…竹元, 平光, 井上, 久保田
'73…富沢, 谷村, 松橋, 福井
'74…竹元, 岡田和, 丸山, 柏木
'75…谷村, 岡田和, 山本文, 久保田
'76…富沢, 柏木, 谷村, 平光
'77…岡田和, 丸山, 松橋, 福井
'78…富沢, 竹元, 山本文, 平光
'79…谷村, 岡田和, 井上, 久保田
'80…竹元, 鈴木, 太田, 平光
'81…松橋, 手沢, 松下, 三浦
'82…丸山, 柏木, 山本文, 平光
'83…富沢, 大里, 佐藤, 井上
'84…岡田功, 福井, 久保, 小林毅
'85…鈴木, 太田, 田中, 久保田
'86…丸山, 松橋, 山本文, 井野
'87…大里, 平光, 井上, 友寄
'88…久保田, 久保, 小林毅, 谷
'89…福井, 鈴木, 井野
'90…平光, 友寄, 鷲谷, 渡田
'91…岡田功, 山本, 井上, 久保田
'92…鈴木, 久保, 井野, 友寄
'93…田中, 渡田, 橘高, 上本
'94…久保田, 小林毅, 井野, 友寄
'95…小林毅, 笠原
'96…山本, 井上, 井野
'97…田中, 渡田, 杉永, 友寄
'98…井野, 渡田, 友寄
'99…小林毅, 谷, 笠原
'00…小林毅, 森, 佐々木
'01…橘高, 上本, 真鍋
'02…杉永, 有隅, 渡真利
'03…渡田, 西本, 佐々木
'04…橘高, 森, 笠原
'05…谷, 真鍋, 本田
'06…友寄, 吉本, 敷田
'07…杉永, 有隅, 小林
'08…西本, 木内, 名幸
'09…土山, 深谷, 嶋田
'10…渡田, 眞鍋, 斎田

パシフィック・リーグ
'51…横沢三, 小島, 上田
'52…二出川, 横沢三, 苅田
'53…二出川, 横沢三, 上田
'54…二出川, 横沢三, 上田
'55…二出川, 横沢三, 角谷
'56…二出川, 横沢三, 長谷川
'57…二出川, 横沢三, 長谷川
'58…二出川, 横沢三, 上田
'59…二出川, 横沢三, 浜崎, 井野川
'60…浜崎, 上田, 川瀬, 田川
'61…二出川, 川瀬, 田川, 沖
'62…二出川, 小島, 上田, 田川
'63…小島, 横沢七, 川瀬, 田川, 道仏
'64…井野川, 砂川, 沖, 道仏, 久喜
'65…小島, 中川透, 川瀬, 小松, 萩原
'66…浜崎, 横沢七, 道仏, 久喜
'67…上田, 沖, 大野, 斎田
'68…砂川, 沖, 大野, 岡田豊
'69…坂本, 田川, 久保山, 吉田
'70…道仏, 大野, 斎田, 露崎
'71…砂川, 久喜, 加藤, 中村浩

'72…沖, 久保山, 土井垣, 岡田豊
'73…田川, 道仏, 加藤, 寺本
'74…久喜, 中川透, 吉田, 露崎
'75…大野, 斎田, 村田, 前川
'76…岡田豊, 加藤, 藤本, 五十嵐
'77…久保山, 吉田, 中村浩, 藤本
'78…久喜, 寺本, 前川, 林達
'79…大野, 斎田, 村田, 牧野
'80…中川透, 岡田哲, 五十嵐, 馬場
'81…久保山, 加藤, 藤本, 小林晋
'82…中川透, 斎田, 寺本, 中村浩
'83…大野, 前川, 牧野, 村越
'84…村田, 五十嵐, 永見, 小林一
'85…斎田, 藤本, 林忠, 橘
'86…寺本, 前川, 躑池, 高木
'87…村田, 小林一, 新屋, 前田
'88…久保山, 斎田, 林忠, 山本隆
'89…寺本, 五十嵐, 牧野, 村越
'90…躑池, 永見, 高木, 橘
'91…前川, 柿木園, 前田, 東
'92…五十嵐, 牧野, 林忠, 山本隆
'93…永見, 山崎, 小寺, 中村
'94…村越, 新屋, 柿木園, 東
'95…橘, 小寺
'96…村田, 前川, 桃井
'97…藤本, 柿木園, 栄村
'98…藤本, 中村, 佐藤
'99…橘, 佐藤, 山村
'00…東, 良川, 栄村
'01…永見, 丹波, 川口
'02…前田, 山本, 柳田
'03…小寺, 中村, 秋村
'04…林, 丹波, 川口
'05…前田, 佐藤, 津川
'06…山村, 飯塚, 柳田
'07…林, 山崎, 白井
'08…山本, 小寺, 杉本
'09…良川, 秋村, 山路
'10…山崎, 東, 橋本
※2011よりセ・パ統合
'11…橘高, 栄村, 佐々木, 川口, 本田, 山本
'12…中村, 森, 柿木園, 杉本, 篠原, 石山
'13…友寄, 杉永, 山村達, 有隅, 丹波, 津川
'14…佐藤, 笠原, 吉本, 敷田, 白井, 原
'15…東, 西本, 柳田, 小林和, 飯塚, 木内
'16…橘高, 名幸, 土山, 嶋田, 秋村, 市川
'17…眞鍋, 深谷, 牧田, 橋本, 村山, 坂井
'18…森, 中村, 山本貴, 山路, 山口, 芦原
'19…佐々木, 川口, 本田, 杉本, 福家, 石山
'21…有隅, 吉本, 柳田, 木内, 秋村, 長井
'22…小林, 吉本, 嶋田, 津川, 芦原, 岩下
'23…敷田, 白井, 村山, 長井, 須山, 梅木

b. 記録員

	(セ)	(パ)		(セ)	(パ)
'51	広瀬	山内	'81	石井	安藤
'52	広瀬	山内	'82	中沢聖	梅田英
'53	萩原	山内	'83	河野	吉村
'54	萩原	山内	'84	丸山	五十嵐
'55	萩原	山内	'85	東田	帖地
'56	萩原	山内	'86	中沢聖	千葉
'57	萩原	山内	'87	河野	近藤
'58	柳原	山内	'88	石井	関口
'59	萩原	山内	'89	東水流	花田
'60	柳原	佐藤	'90	丸山	安藤
'61	中川	中沢正	'91	東田	帖地
'62	藤森	針原	'92	中沢聖	吉村
'63	藤森	桑原	'93	河野	五十嵐
'64	柳原	佐藤	'94	石井	梅田英
'65	藤森	針原	'95	東水流	花田
'66	柳原	千葉	'96	山本	近藤
'67	中川	中沢正	'97	嵯峨	山川
'68	丸山	桑原	'98	中沢聖	関口
'69	東田	針原	'99	東田	安藤

'70	中沢聖 千葉	'00	東水流 山田	'11	村林 荒木
'71	河野 梅田英	'01	中村晃 藤原	'12	生原 沢崎
'72	柳原 中沢正	'02	加藤木 村林	'13	山川 小熊
'73	藤森 五十嵐	'03	西原 吉村	'14	山本 新
'74	丸山 針原	'04	及川 山川	'15	嵯峨 伊藤
'75	東田 千葉	'05	生原 山田	'16	山田 中村鉄
'76	中沢聖 梅田英	'06	山本 荒井	'17	中村晃 近江屋
'77	河野 五十嵐	'07	嵯峨 藤原	'18	加藤木 西原
'78	丸山 帖地	'08	中村晃 近江屋	'19	藤原 貞比良
'79	東田 花田	'09	加藤木 荻野	'21	荻野 足立
'80	藤森 関口			'22	村林 荒木
※2010よりセ・パ統合				'23	小熊 沢崎
'10	西原 関				

表彰選手

('51～'79殊勲選手、'80～最優秀選手)

年度　最優秀選手

'51 ① 川上 哲治 (巨)
　　② 野口 明 (名)
　　③ 林 義一 (大)
　　〔3試合通じ最高殊勲…
　　　　杉下 茂 (名)〕

'52 ① なし
　　② 飯島 滋弥 (大)
　　〔2試合通じ最高殊勲…
　　　　飯島 滋弥 (大)〕

'53 ① 飯田 徳治 (南)
　　② 平井 三郎 (巨)
　　③ 堀井 数男 (南)
　　〔3試合通じ最高殊勲…
　　　　堀井 数男 (南)〕

'54 ① 中西 太 (西)
　　② 山内 和弘 (毎)
　　〔2試合通じ最高殊勲…
　　　　山内 和弘 (毎)〕

'55 ① 山内 和弘 (毎)
　　② 西沢 道夫 (中)
　　〔2試合通じ最高殊勲…
　　　　西沢 道夫 (中)〕

'56 ① 森下 正夫 (南)
　　② 吉田 義男 (神)
　　〔2試合通じ最高殊勲…
　　　　金田 正一 (国)〕

'57 ① 大下 弘 (西)
　　② 宮本 敏雄 (巨)
　　〔2試合通じ最高殊勲…
　　　　大下 弘 (西)〕

'58 ① 宮本 敏雄 (巨)
　　② 中西 太 (西)
　　〔2試合通じ最高殊勲…
　　　　野村 克也 (南)〕

'59 ① 山内 和弘 (毎)
　　② 中 利夫 (中)
　　〔2試合通じ最高殊勲…
　　　　山内 和弘 (毎)〕

'60 ① 森下 整鎮 (南)
　　② 金田 正一 (国)
　　③ 張本 勲 (東)

'61 ① 広瀬 叔功 (南)
　　② 田宮謙次郎 (毎)

'62 ① ブルーム (近)
　　② 張本 勲 (東)

'63 ① 近藤 和彦 (洋)
　　② 王 貞治 (巨)
　　③ 古葉 竹識 (広)

'64 ① 金田 正一 (国)
　　② マーシャル (中)
　　③ スタンカ (南)

'65 ① スペンサー (急)
　　② 高倉 照幸 (西)
　　③ 江藤 慎一 (中)

'66 ① 広瀬 叔功 (南)
　　② 榎本 喜八 (京)
　　③ 古葉 竹識 (広)

'67 ① 土井 正博 (近)
　　② 長池 徳二 (急)
　　③ 大杉 勝男 (東)

'68 ① 江藤 慎一 (中)
　　② 柴田 勲 (巨)
　　③ 小池 兼司 (南)

'69 ① 土井 正博 (近)
　　② 船田 和英 (西)
　　③ な し

'70 ① 長池 徳二 (急)
　　② 江夏 豊 (神)
　　③ 遠井 吾郎 (神)

'71 ① 江夏 豊 (神)
　　② 長池 徳二 (急)
　　③ 加藤 秀司 (急)

'72 ① 野村 克也 (南)
　　② 阪本 敏三 (東)
　　③ 池田 祥浩 (神)

'73 ① 若松 勉 (ヤ)
　　② 福本 豊 (急)
　　③ 山崎 裕之 (ロ)

'74 ① 高井 保弘 (急)
　　② 福本 豊 (急)
　　③ 張本 勲 (日)

'75 ① 山本 浩二 (広)
　　② 松原 誠 (洋)
　　③ 土井 正博 (平)

'76 ① 有藤 道世 (ロ)
　　② 門田 博光 (南)
　　③ 吉田 孝司 (巨)

'77 ① 若松 勉 (ヤ)
　　② 野村 克也 (南)
　　③ 王 貞治 (巨)

'78 ① ギャレット (広)
　　② 簑田 浩二 (急)
　　③ 掛布 雅之 (神)

'79 ① 王 貞治 (巨)
　　② マルカーノ (急)
　　③ 山本 浩二 (広)

'80 ① 岡田 彰布 (神)
　　② 平野 光泰 (近)
　　③ 江夏 豊 (広)

'81 ① 藤原 満 (南)
　　② 掛布 雅之 (神)
　　③ 山倉 和博 (巨)

'82 ① 福本 豊 (急)
　　② 柏原 純一 (日)
　　③ 掛布 雅之 (神)

'83 ① 門田 博光 (南)
　　② 梨田 昌崇 (近)
　　③ 落合 博満 (ロ)

'84 ① 簑田 浩二 (急)
　　② ブーマー (急)
　　③ 江川 卓 (巨)

'85 ① 高木 豊 (洋)
　　② クロマティ (巨)
　　③ 松永 浩美 (急)

'86 ① 山本 和範 (南)
　　② 清原 和博 (武)
　　③ 吉村 禎章 (巨)

'87 ① 高沢 秀昭 (ロ)
　　② 石毛 宏典 (武)
　　③ 清原 和博 (武)

'88 ① ブーマー (急)
　　② 岡田 彰布 (神)
　　③ 正田 耕三 (広)

'89 ① 村田 兆治 (ロ)
　　② 彦野 利勝 (中)

'90 ① ブライアント (近)
　　② 清原 和博 (武)

'91	①	古田　敦也	（ヤ）		'13	①	澤村　拓一	（巨）
	②	広沢　克己	（ヤ）			②	新井　貴浩	（神）
'92	①	石井　浩郎	（近）			③	内川　聖一	（ソ）
	②	古田　敦也	（ヤ）		'14	①	エルドレッド	（広）
	③	駒田　徳広	（巨）			②	柳田　悠岐	（ソ）
'93	①	清原　和博	（武）		'15	①	藤浪晋太郎	（神）
	②	オマリー	（神）			②	會澤　翼	（広）
'94	①	秋山　幸二	（ダ）		'16	①	筒香　嘉智	（ディ）
	②	ブラッグス	（横）			②	大谷　翔平	（日）
'95	①	落合　博満	（巨）		'17	①	内川　聖一	（ソ）
	②	松井　秀喜	（巨）			②	デスパイネ	（ソ）
'96	①	山本　和範	（近）		'18	①	森　友哉	（武）
	②	清原　和博	（武）			②	源田　壮亮	（武）
	③	金本　知憲	（広）		'19	①	森　友哉	（武）
'97	①	松井稼頭央	（武）			②	近本　光司	（神）
	②	清原　和博	（巨）		'21	①	菊池　涼介	（広）
'98	①	川上　憲伸	（中）			②	島内　宏明	（楽）
	②	松井　秀喜	（巨）		'22	①	清宮幸太郎	（日）
'99	①	松井　秀喜	（巨）			②	柳田　悠岐	（ソ）
	②	ローズ	（横）		'23	①	柳田　悠岐	（ソ）
	③	新庄　剛志	（神）			②	万波　中正	（日）
'00	①	ペタジーニ	（ヤ）					
	②	山﨑　武司	（中）					
	③	清原　和博	（巨）					
'01	①	松井稼頭央	（武）					
	②	ペタジーニ	（ヤ）					
	③	中村　紀洋	（近）					
'02	①	アリアス	（神）					
	②	的山　哲也	（近）					
'03	①	高橋　由伸	（巨）					
	②	金本　知憲	（神）					
'04	①	松坂　大輔	（武）					
	②	SHINJO（新庄剛志）	（日）					
'05	①	金城　龍彦	（横）					
	②	前田　智徳	（広）					
'06	①	青木　宣親	（ヤ）					
	②	藤本　敦士	（神）					
'07	①	ラミレス	（ヤ）					
	②	阿部慎之助	（巨）					
'08	①	山﨑　武司	（楽）					
	②	荒木　雅博	（中）					
'09	①	青木　宣親	（ヤ）					
	②	松中　信彦	（ソ）					
'10	①	阿部慎之助	（巨）					
	②	片岡　易之	（武）					
'11	①	畠山　和洋	（ヤ）					
	②	中村　剛也	（武）					
	③	稲葉　篤紀	（日）					
'12	①	中村　紀洋	（ディ）					
	②	前田　健太	（広）					
	③	陽　岱鋼	（日）					

オールスター・ゲーム・ライフタイム成績

セ・リーグ打撃成績

（ ）内数字は故意四球

年度	試合	打数	得点	安打	二塁打	三塁打	本塁打	塁打	打点	盗塁	盗塁刺	犠打	犠飛	四球	死球	三振	併殺打	打率	失策
1951	3	94	9	17	3	1	2	28	8	1	1	0	–	7	1	8	1	.181	2
1952	2	100	3	13	2	0	0	15	3	0	2	1	–	7	0	9	2	.130	2
1953	3	90	2	11	3	0	0	14	2	1	1	2	–	8	0	8	1	.122	3
1954	2	63	3	9	1	0	1	13	2	1	0	0	1	9	0	12	2	.143	1
1955	2	63	9	14	3	0	2	23	9	2	1	2	0	5	1	7	1	.222	3
1956	2	59	2	12	0	0	0	12	2	1	1	0	0	5	0	10	5	.203	5
1957	2	61	7	14	2	0	2	22	7	0	1	2	0	8	0	13	1	.230	1
1958	2	65	8	15	3	0	0	18	7	1	4	0	1	6	0	21	0	.231	0
1959	2	65	6	15	3	0	2	23	6	3	1	0	1	5	0	20	0	.231	1
1960	3	98	11	20	2	1	5	39	10	2	1	1	2	8	1	20	2	.204	4
1961	2	62	2	10	2	0	0	12	1	1	1	0	0	9	0	10	2	.161	5
1962	2	62	4	13	3	0	2	22	4	1	2	2	0	10	1	11	1	.210	3
1963	3	113	25	35	10	2	6	67	22	2	3	1	1	12	0	17	1	.310	3
1964	3	96	8	29	4	0	2	39	8	0	1	1	0	10	1	15	1	.302	3
1965	3	116	6	22	4	0	2	32	6	1	0	0	1	2	0	27	1	.190	1
1966	3	102	10	27	5	1	3	43	10	2	0	1	0	8	0	14	1	.265	2
1967	3	102	13	28	5	2	3	46	13	0	0	1	1	6	0	19	5	.275	3
1968	3	110	14	30	3	2	2	43	12	6	2	1	1	(1) 8	0	19	1	.273	4
1969	3	118	13	33	6	0	4	51	12	5	1	1	0	8	0	22	4	.280	3
1970	3	111	21	35	3	2	5	57	21	5	0	0	0	8	1	20	2	.315	4
1971	3	90	7	10	3	0	2	19	7	4	1	1	0	10	0	26	0	.111	4
1972	3	87	3	14	3	0	1	20	2	0	1	0	0	12	0	23	6	.161	1
1973	3	95	10	17	2	0	2	25	9	0	0	0	0	5	1	13	2	.179	2
1974	3	97	5	20	5	1	1	30	5	1	3	0	1	6	0	15	1	.206	3
1975	3	92	12	21	2	2	6	45	12	4	0	0	0	8	0	13	3	.228	1
1976	3	94	7	16	2	1	1	23	7	1	0	0	2	8	0	23	3	.170	2
1977	3	88	6	17	2	0	1	22	4	3	2	0	2	8	3	19	0	.193	5
1978	3	95	15	20	2	1	7	45	14	0	0	2	0	8	1	13	0	.211	2
1979	3	94	19	27	3	2	6	52	19	4	3	3	0	11	1	18	5	.287	2
1980	3	102	10	28	4	0	3	41	9	7	3	1	0	8	0	19	1	.275	1
1981	3	98	15	21	2	1	6	43	15	2	2	0	0	7	1	18	1	.214	1
1982	3	110	10	27	6	0	2	39	10	1	1	0	0	10	1	19	1	.245	4
1983	3	94	7	19	3	1	3	33	7	1	1	0	1	7	2	15	4	.202	3
1984	3	103	14	26	8	1	4	48	14	5	1	0	2	6	0	13	1	.252	5
1985	3	105	10	28	9	0	3	46	10	2	1	0	1	8	0	28	1	.267	2
1986	3	115	12	35	7	1	3	53	11	3	3	1	1	8	0	27	0	.304	1
1987	3	107	14	29	5	2	5	53	14	2	0	0	1	2	0	22	3	.271	1
1988	3	103	9	20	2	1	2	30	8	4	1	0	1	5	0	29	1	.194	4
1989	2	63	4	11	1	0	2	18	4	0	1	0	0	3	1	19	0	.175	1
1990	2	68	7	15	3	0	2	24	7	1	0	0	0	6	0	16	1	.221	0
1991	2	78	4	17	5	0	0	22	4	1	0	0	0	(1) 7	0	20	3	.218	1
1992	3	98	11	24	4	3	2	40	11	1	2	0	1	9	0	26	2	.245	1
1993	2	79	18	29	2	1	4	45	17	4	0	0	0	8	0	17	2	.367	0
1994	2	65	8	18	2	1	1	25	8	6	0	0	0	7	0	11	4	.277	2
1995	2	73	11	24	4	1	2	36	10	1	0	1	3	1	1	15	0	.329	1
1996	3	98	11	22	3	1	1	30	11	2	0	0	1	0	0	20	2	.224	1
1997	2	63	6	14	0	0	3	23	6	5	0	0	0	4	1	18	1	.222	1
1998	2	69	7	19	3	0	2	28	6	1	0	0	0	5	0	13	3	.275	2
1999	3	101	19	30	6	0	3	45	16	3	1	0	2	8	3	18	3	.297	1
2000	3	116	26	40	6	0	7	67	26	3	0	0	2	8	1	23	1	.345	3
2001	3	116	17	41	9	1	5	67	17	4	0	0	1	3	1	24	2	.353	2
2002	2	68	6	15	6	1	3	32	6	0	0	0	1	1	0	12	1	.221	0
2003	2	73	9	21	5	0	6	44	9	3	0	0	1	3	0	14	2	.288	1
2004	2	63	4	10	4	1	0	17	4	0	0	0	1	4	1	27	0	.159	0
2005	2	77	11	27	4	1	1	36	11	1	1	0	0	3	0	16	1	.351	0
2006	2	71	10	24	3	0	4	39	10	2	0	0	1	2	0	4	2	.338	1
2007	2	65	15	20	4	0	6	42	15	0	0	0	0	1	0	8	0	.308	0
2008	2	74	15	28	7	0	2	41	14	0	1	0	1	1	0	5	5	.378	1
2009	2	77	14	28	9	0	3	46	14	3	1	0	2	3	0	9	0	.364	3
2010	2	80	9	26	6	2	1	39	9	2	1	0	1	1	0	13	1	.325	1
2011	3	111	12	37	7	0	5	59	12	0	1	0	0	2	0	16	4	.333	2
2012	3	103	10	28	2	0	3	39	10	0	1	0	1	1	1	18	3	.272	2
2013	3	99	5	22	3	0	0	25	4	4	0	0	0	6	0	11	0	.222	1
2014	2	78	13	28	6	0	4	46	13	2	0	0	0	2	0	14	2	.359	0
2015	2	73	16	27	6	1	3	44	16	2	1	0	1	1	0	13	1	.370	0
2016	2	70	10	20	3	0	5	38	10	1	0	0	1	0	0	11	2	.286	0

オールスター・ゲーム・ライフタイム

年度	試合	打数	得点	安打	二塁打	三塁打	本塁打	塁打	打点	盗塁	盗塁刺	犠打	犠飛	四球	死球	三振	併殺打	打率	失策
2017	2	62	3	10	2	0	2	18	3	1	0	0	0	1	0	12	2	.161	0
2018	2	69	7	17	4	0	3	30	7	1	0	0	0	1	0	8	2	.246	4
2019	2	77	14	29	6	2	6	57	14	1	2	0	0	0	0	9	2	.377	2
2021	2	70	8	17	2	1	2	27	7	1	0	1	0	(1) 3	0	15	0	.243	3
2022	2	68	3	15	1	0	1	19	3	2	0	0	0	0	0	18	0	.221	1
2023	2	62	2	11	2	0	1	16	2	0	0	0	0	0	0	9	3	.177	1
計	181	6196	706	1561	276	41	197	2510	678	137	59	25	40	(3)391	24	1157	124	.252	137

パ・リーグ打撃成績

年度	試合	打数	得点	安打	二塁打	三塁打	本塁打	塁打	打点	盗塁	盗塁刺	犠打	犠飛	四球	死球	三振	併殺打	打率	失策
1951	3	93	7	16	3	1	3	30	7	1	1	0	–	9	0	17	2	.172	2
1952	2	110	10	23	4	0	2	33	9	6	2	0	–	9	1	27	2	.209	2
1953	2	96	5	17	7	0	0	24	5	2	2	1	–	14	0	24	3	.177	2
1954	2	65	7	14	2	0	2	22	6	2	0	1	0	4	0	19	0	.215	4
1955	2	63	6	10	2	1	2	20	5	1	0	2	0	5	1	21	1	.159	2
1956	2	67	8	16	3	0	1	22	6	2	1	0	0	6	0	18	2	.239	2
1957	2	60	9	11	4	0	1	18	8	1	2	0	0	10	0	12	2	.183	0
1958	2	68	10	17	3	1	3	31	9	1	2	0	0	2	1	15	0	.250	3
1959	2	76	13	28	2	1	1	35	13	2	1	0	0	7	0	18	1	.368	3
1960	3	108	13	29	6	1	3	46	13	8	0	1	1	8	0	27	1	.269	5
1961	2	71	7	17	3	1	1	25	6	1	1	0	0	3	0	8	1	.239	2
1962	2	75	12	23	4	0	4	39	12	1	0	0	1	9	0	12	1	.307	0
1963	3	115	18	32	4	0	6	54	18	3	1	0	0	(1)9	0	20	1	.278	5
1964	3	101	11	25	2	0	2	33	10	2	1	0	0	8	2	17	2	.248	5
1965	3	111	12	23	3	0	4	38	11	1	0	1	0	(1)8	1	16	5	.207	1
1966	3	98	13	21	1	1	5	39	12	0	0	0	1	7	0	16	1	.214	2
1967	3	108	25	36	4	1	8	66	25	1	2	2	0	8	2	27	0	.333	2
1968	3	109	9	22	2	0	4	36	9	1	0	2	0	10	0	30	2	.202	2
1969	3	118	17	34	3	2	4	53	15	5	2	0	0	6	0	23	2	.288	0
1970	3	107	20	26	9	0	4	47	19	2	1	0	1	7	0	28	0	.243	2
1971	3	92	7	13	1	0	2	20	6	0	0	0	0	5	2	30	3	.141	1
1972	3	96	9	24	5	0	5	44	9	2	3	0	0	7	0	21	3	.250	2
1973	3	90	6	18	2	0	0	20	6	4	1	2	1	(1)9	0	10	3	.200	5
1974	3	94	10	23	4	0	3	36	9	4	2	0	1	9	0	18	2	.245	1
1975	3	97	6	22	5	0	2	33	6	0	2	1	0	7	2	8	4	.227	1
1976	3	107	15	31	8	0	4	51	15	5	0	0	1	4	1	31	3	.290	3
1977	3	100	8	21	2	0	3	32	6	7	2	0	0	5	0	21	1	.210	3
1978	3	116	19	38	5	1	2	51	18	13	0	0	1	6	0	10	3	.328	1
1979	3	96	10	22	6	0	4	40	10	2	3	0	2	4	2	18	2	.229	1
1980	3	94	10	19	1	0	4	32	10	1	1	0	0	6	0	25	2	.202	2
1981	3	103	8	24	5	0	1	32	8	4	1	0	0	8	1	23	2	.233	0
1982	3	107	14	33	5	0	3	47	13	3	0	1	1	11	0	16	7	.308	0
1983	3	95	13	18	2	0	8	44	13	2	1	0	1	(1)8	1	16	1	.189	0
1984	3	105	21	27	7	0	6	52	19	4	2	1	0	7	1	21	4	.257	5
1985	3	108	15	32	7	0	4	51	15	2	1	0	0	3	0	17	1	.296	2
1986	3	111	13	30	3	0	4	45	12	6	1	1	1	3	1	20	2	.270	1
1987	3	117	24	43	9	0	9	79	24	6	1	0	1	1	0	18	0	.368	1
1988	3	104	7	20	1	1	3	32	6	2	2	0	0	7	1	29	2	.192	3
1989	2	63	7	13	1	0	4	26	6	1	2	0	0	4	0	14	0	.206	0
1990	2	72	19	23	4	1	7	50	16	5	0	0	0	4	0	16	3	.319	0
1991	2	69	3	11	0	0	3	20	3	0	3	1	0	5	0	16	1	.159	2
1992	3	104	12	27	4	0	6	49	11	1	1	0	1	2	0	32	2	.260	3
1993	2	76	18	27	6	1	5	50	18	3	0	0	2	3	0	16	2	.355	2
1994	2	74	11	22	5	0	3	36	10	2	0	0	2	2	0	18	1	.297	1
1995	2	71	10	20	2	1	2	30	9	5	0	0	2	2	0	22	1	.282	1
1996	3	94	16	24	5	3	3	44	16	3	2	0	1	8	2	28	1	.255	0
1997	2	69	8	23	6	0	0	29	8	8	0	0	0	2	0	12	2	.333	0
1998	2	69	4	15	5	1	1	25	4	2	1	0	0	(1)2	0	14	0	.217	2
1999	3	105	10	29	7	0	3	45	9	3	0	0	2	5	1	18	2	.276	4
2000	3	100	11	21	4	1	2	33	11	2	0	0	0	9	0	24	4	.210	2
2001	3	105	21	31	6	0	9	64	20	1	0	0	1	4	0	26	1	.295	0
2002	2	64	5	13	1	0	0	14	5	0	0	0	1	3	1	17	2	.203	1
2003	2	70	7	17	2	0	6	37	7	3	0	0	0	0	0	15	1	.243	0
2004	2	67	8	17	4	0	4	33	7	2	0	0	0	3	0	16	1	.254	0
2005	2	71	8	21	4	2	3	38	8	1	3	0	0	4	1	14	1	.296	2
2006	2	71	5	20	4	1	2	32	4	2	1	0	0	0	1	15	2	.282	0
2007	2	59	5	14	3	0	1	20	5	2	1	0	1	0	1	10	1	.237	0
2008	2	75	11	26	3	0	4	41	10	1	0	0	1	0	0	9	1	.347	3
2009	2	76	15	26	4	0	4	42	11	1	0	0	1	2	1	7	3	.342	0
2010	2	67	6	14	6	0	3	29	6	1	0	0	0	0	0	0	0	.209	3
2011	3	100	13	30	7	1	5	54	13	1	1	0	0	2	0	12	3	.300	2
2012	3	94	7	19	4	1	2	31	7	1	1	0	0	0	0	15	2	.202	2
2013	3	100	5	24	5	1	0	31	4	1	0	0	0	0	0	11	3	.240	3
2014	2	76	12	24	7	1	2	39	12	1	0	0	1	7	0	13	1	.316	0
2015	2	68	9	16	3	0	3	28	9	1	0	0	0	3	0	16	2	.235	3
2016	2	67	9	16	3	0	4	31	9	1	0	0	0	2	0	15	3	.239	0
2017	2	68	9	18	2	1	5	37	9	1	0	0	0	0	0	16	1	.265	0
2018	2	78	12	27	4	0	2	37	12	1	0	0	0	4	1	6	3	.346	1
2019	2	72	9	18	4	0	4	34	9	1	0	0	0	0	0	13	2	.250	1
2021	2	66	8	18	3	0	2	27	7	1	0	0	0	3	0	9	2	.273	2

オールスター・ゲーム・ライフタイム

年度	試合	打数	得点	安打	二塁打	三塁打	本塁打	塁打	打点	盗塁	盗塁刺	犠打	犠飛	四球	死球	三振	併殺打	打率	失策
2022	2	68	5	18	1	0	3	28	5	1	0	0	0	3	1	10	4	.265	1
2023	2	76	14	28	4	1	3	43	14	0	0	0	3	1	0	9	1	.368	0
計	181	6275	779	1608	282	29	237	2659	737	168	58	18	32	(5)350	30	1258	132	.256	110

（注）1983年パ・リーグのみ指名打者ルールを使用（セ・リーグは使用せず）
　　　1990年第2戦、1991年第1戦、1992年第2、第3戦、1993年〜指名打者ルールを使用

個 人 打 撃 成 績 （50音順）

チーム－出場した最終年度に所属したもの。 年数－実際に出場した年の合計。

選手名	年数	試合	打数	得点	安打	二塁打	三塁打	本塁打	塁打	打点	盗塁	盗塁刺	犠打	犠飛	四球	死球	三振	併殺打	打率	出場した年度('20中止)
＊アグリー（西）	1	3	5	0	0	0	0	0	0	0	0	0	0	0	0	0	1	1	.000	('65西)
アニマル（急）	1	2	1	0	0	0	0	0	0	0	0	0	0	0	0	0	1	0	.000	('86急)
アリアス（神）	3	6	21	4	7	2	0	3	18	4	1	0	0	0	0	0	6	0	.333	('02～'04神)
＊アルトマン（ロ）	4	12	21	2	4	0	0	0	4	1	0	0	1	0	0	0	5	1	.190	('70,'71,'73,'74ロ)
アルバース（オ）	1	1	—	—	—	—	—	—	—	—	—	—	—	—	—	—	—	—	—	('18オ)
アレックス（中）	1	2	5	2	4	1	0	1	8	2	0	0	0	0	0	0	0	0	.800	('06中)
相川 亮二（ヤ）	5	10	12	1	2	1	0	0	3	0	0	0	0	0	1	0	4	0	.167	('07横,'09～'12ヤ)
愛甲 猛（ヤ）	2	4	4	0	2	0	0	0	2	0	0	0	0	0	0	0	0	0	.500	('89,'91ロ)
會澤 翼（広）	3	4	9	1	2	0	0	1	5	1	0	0	0	0	0	0	0	0	.222	('15,'18,'19広)
＊青木 宣親（ヤ）	8	17	61	7	17	5	1	2	30	8	4	3	0	0	2	0	5	2	.279	('05～'11,'18ヤ)
青田 昇（洋）	6	13	21	0	1	0	0	0	1	0	0	0	0	0	0	0	3	1	.048	('51,'52巨,'53,'55～'57洋)
青野 修三（東）	2	5	2	0	0	0	0	0	0	0	0	0	0	0	0	0	0	1	.000	('63,'65東)
青柳 晃洋（神）	3	3	—	—	—	—	—	—	—	—	—	—	—	—	—	—	—	—	—	('19,'21,'22神)
青山 浩二（楽）	2	4	—	—	—	—	—	—	—	—	—	—	—	—	—	—	—	—	—	('12,'13楽)
赤川 克紀（ヤ）	1	1	—	—	—	—	—	—	—	—	—	—	—	—	—	—	—	—	—	('12ヤ)
明石 健志（ソ）	1	3	3	0	1	0	0	0	1	0	0	1	0	0	0	0	0	0	.333	('12ソ)
＊赤星 憲広（神）	3	6	15	1	2	0	0	0	2	0	1	0	0	0	0	0	4	0	.133	('03,'05,'06神)
赤堀 元之（近）	3	3	—	—	—	—	—	—	—	—	—	—	—	—	—	—	—	—	—	('92～'94近)
赤松 真人（広）	1	2	5	3	2	0	0	0	2	0	2	0	0	0	0	0	0	0	.400	('09広)
秋山 幸二（ダ）	18	45	105	12	21	5	1	3	31	7	5	3	0	1	2	0	28	1	.200	('85～'93武,'94～'02ダ)
＊秋山 翔吾（広）	6	12	33	6	10	1	0	3	20	4	2	0	0	0	2	0	7	0	.303	('15～'19武,'23広)
秋山 拓巳（神）	1	1	—	—	—	—	—	—	—	—	—	—	—	—	—	—	—	—	—	('17神)
秋山 登（洋）	9	10	5	2	2	0	0	0	2	0	0	0	0	0	0	0	1	0	.400	('56～'64洋)
秋吉 亮（ヤ）	1	1	—	—	—	—	—	—	—	—	—	—	—	—	—	—	—	—	—	('16ヤ)
浅尾 拓也（中）	2	2	—	—	—	—	—	—	—	—	—	—	—	—	—	—	—	—	—	('10,'11中)
朝倉 健太（中）	1	1	—	—	—	—	—	—	—	—	—	—	—	—	—	—	—	—	—	('06中)
浅野 啓司（ヤ）	1	1	—	—	—	—	—	—	—	—	—	—	—	—	—	—	0	0	.000	('74ヤ)
浅村 栄斗（楽）	8	16	36	3	10	2	0	2	18	4	0	0	0	0	1	0	7	0	.278	('13～'18武,'19,'22楽)
東 克樹（ディ）	2	2	—	—	—	—	—	—	—	—	—	—	—	—	—	—	—	—	—	('18,'23ディ)
麻生 実男（洋）	1	2	2	0	1	0	0	0	1	0	0	0	0	0	0	0	1	0	.500	('62洋)
＊安達 俊也（近）	1	2	1	1	0	0	0	0	1	0	1	0	0	0	0	0	0	0	1.000	('90近)
足立 光宏（急）	6	7	1	0	0	0	0	0	0	0	0	0	0	0	0	0	1	0	.000	('64,'66,'67,'71,'72,'76急)
安達 了一（オ）	1	2	4	1	1	0	0	0	1	0	1	0	0	0	0	0	0	0	.250	('18オ)
安仁屋宗八（神）	3	3	1	0	0	0	0	0	0	0	0	0	0	0	0	0	1	0	.000	('65,'68広,'75神)
＊阿部慎之助（巨）	13	27	47	3	12	3	0	2	21	7	0	0	0	0	9	0	9	0	.255	('03,'04,'06～'15,'17巨)
阿部 真宏（近）	1	2	0	0	0	0	0	0	0	0	0	0	0	0	0	0	0	0	.000	('03近)
＊新井 貴浩（広）	8	17	32	4	13	2	0	2	21	4	0	0	0	0	4	0	4	0	.406	('02,'05,'07広,'08,'13神,'15～'17広)
＊新井 宏昌（近）	4	10	17	4	5	0	1	0	10	1	0	0	0	0	1	0	0	0	.294	('87～'89,'91近)
荒井 幸雄（ヤ）	1	2	2	0	2	1	0	0	3	1	0	0	0	0	0	0	0	0	1.000	('93ヤ)
新垣 渚（ダ）	1	1	—	—	—	—	—	—	—	—	—	—	—	—	—	—	—	—	—	('04ダ)
＊荒川 昇治（松）	1	3	4	0	—	—	—	—	0	0	0	0	0	0	0	0	1	0	.000	('51松)
＊荒川 博（毎）	1	3	3	0	0	0	0	0	0	0	1	0	0	0	0	0	0	0	.000	('53毎)
荒木 大輔（ヤ）	1	1	1	0	0	0	0	0	0	0	0	0	0	0	0	0	0	0	.000	('86ヤ)
荒木 雅博（中）	5	10	17	3	6	1	0	1	10	7	0	1	0	2	0	0	4	0	.353	('05,'08,'09,'11,'12中)
荒巻 淳（毎）	5	9	2	0	0	0	0	0	0	0	0	0	0	0	0	0	1	0	.000	('53～'57毎)
有田 修三（近）	2	5	7	2	2	1	0	0	3	0	0	0	0	0	0	0	2	0	.286	('76,'78近)
＊有藤道世(通世)（ロ）	13	39	99	11	22	1	1	3	34	5	2	1	0	0	5	1	26	5	.222	('70～'82ロ)
有原 航平（日）	2	2	—	—	—	—	—	—	—	—	—	—	—	—	—	—	—	—	—	('16,'19日)
有銘 兼久（楽）	1	1	—	—	—	—	—	—	—	—	—	—	—	—	—	—	—	—	—	('09楽)
阿波野秀幸（近）	4	4	4	0	0	0	0	0	0	0	0	0	0	0	0	0	1	0	.000	('87～'90近)
安藤 順三（東）	3	4	0	0	0	0	0	0	0	0	0	0	0	0	0	0	0	0	.000	('61～'63東)
安藤 統夫（神）	1	3	6	2	3	0	0	0	3	1	1	0	0	0	0	0	1	0	.500	('70神)
イチロー(鈴木一朗)（オ）	7	17	71	16	28	4	1	3	43	9	7	0	0	0	4	0	4	1	.394	('94～'00オ)
李 承燁（巨）	2	4	9	1	2	1	0	1	6	4	0	0	0	0	4	0	0	0	.222	('05ロ,'06巨)
李 大浩（ソ）	3	8	16	0	3	1	0	0	4	1	0	0	0	0	1	0	1	0	.188	('12,'13オ,'14ソ)
飯尾 為男（東）	1	1	0	0	0	0	0	0	0	0	0	0	0	0	0	0	0	0	.000	('59東)
飯石 礼司（京）	1	3	6	1	2	0	1	0	4	0	0	0	0	0	0	0	1	0	.333	('66京)
飯島 滋弥（大）	3	6	16	3	6	2	0	2	14	5	0	0	0	0	0	0	2	0	.375	('51,'52,'54大)
飯田 哲也（ヤ）	3	6	3	0	1	0	0	0	1	0	2	0	0	0	0	0	0	0	.333	('92,'93ヤ)
飯田 徳治（国）	9	20	58	4	10	4	0	1	17	3	4	1	0	0	6	1	17	1	.172	('51～'56南,'57,'59,'60国)
＊五十嵐亮太（ソ）	6	8	0	0	0	0	0	0	0	0	0	0	0	0	0	0	0	0	.000	('00,'02～'05ヤ,'14ソ)
井川 慶（神）	3	3	—	—	—	—	—	—	—	—	—	—	—	—	—	—	—	—	—	('01～'03神)
＊井口 資仁（ロ）	9	22	40	2	6	1	0	0	7	2	0	0	0	0	1	0	3	2	.150	('01～'04ダ,'09～'13ロ)
池谷公二郎（広）	2	2	0	0	0	0	0	0	0	0	0	0	0	0	0	0	0	0	.000	('75,'76広)
池田 祥浩（神）	2	6	10	0	2	0	0	0	2	0	0	0	0	0	0	0	1	0	.200	('72,'73神)

オールスター・ゲーム・ライフタイム

選手名	チーム	年数	試合	打数	得点	安打	二塁打	三塁打	本塁打	塁打	打点	盗塁	盗塁刺	犠打	犠飛	四球	死球	三振	併殺打	打率	出場した年度('20中止)
池永 正明(西)		5	8	3	2	0	0	0	0	0	0	0	0	0	0	1	0	2	0	.000	('65～'69西)
池辺 巌(ロ)		4	12	13	2	2	0	0	0	2	0	0	0	0	0	0	0	6	0	.154	('67京,'69～'71ロ)
池山 隆寛(ヤ)		7	15	45	4	10	0	1	1	15	3	1	0	0	1	2	0	15	0	.222	('88～'92,'94,'98ヤ)
石井 晶(急)		1	3	6	1	1	0	0	1	4	1	0	0	0	0	0	0	5	0	.167	('64急)
*石井 一久(ヤ)		1	1	-	-	-	-	-	-	-	-	-	-	-	-	-	-	-	-	-	('99ヤ)
石井 茂雄(急)		3	3	0	0	0	0	0	0	0	0	0	0	0	0	0	0	0	0	.000	('64,'65,'68急)
石井 貴(武)		3	4	-	-	-	-	-	-	-	-	-	-	-	-	-	-	-	-	-	('97,'99,'00武)
*石井 琢朗(横)		6	13	31	4	8	1	0	0	9	2	3	1	0	1	1	1	5	2	.258	('95,'97～'01横)
石井 丈裕(武)		2	2	-	-	-	-	-	-	-	-	-	-	-	-	-	-	-	-	-	('90,'92武)
石井 浩郎(近)		3	7	17	4	7	4	0	1	14	3	0	0	0	1	0	0	6	0	.412	('92～'94近)
*石井 弘寿(ヤ)		2	2	-	-	-	-	-	-	-	-	-	-	-	-	-	-	-	-	-	('02,'05ヤ)
*石井 義人(武)		1	2	4	0	0	0	0	0	0	0	0	0	0	0	0	0	0	1	.000	('05武)
*石川 歩(ロ)		2	2	-	-	-	-	-	-	-	-	-	-	-	-	-	-	-	-	-	('16,'18ロ)
*石川 雅規(ヤ)		2	2	-	-	-	-	-	-	-	-	-	-	-	-	-	-	-	-	-	('06,'08ヤ)
石川 賢(ロ)		1	1	0	0	0	0	0	0	0	0	0	0	0	0	0	0	0	0	.000	('84ロ)
石川 陽造(東)		1	1	0	0	0	0	0	0	0	0	0	0	0	0	0	0	0	0	.000	('63東)
石毛 博史(巨)		1	1	-	-	-	-	-	-	-	-	-	-	-	-	-	-	-	-	-	('93巨)
石毛 宏典(武)		14	37	76	10	23	3	0	4	38	12	1	1	0	0	2	0	14	1	.303	('81～'94武)
*石田 健大(ディ)		1	1	-	-	-	-	-	-	-	-	-	-	-	-	-	-	-	-	-	('16ディ)
石戸 四六(ア)		2	2	0	0	0	0	0	0	0	0	0	0	0	0	0	0	0	0	.000	('68サ,'69ア)
石原 慶幸(広)		3	6	6	1	2	0	0	0	2	0	0	0	0	0	0	0	1	0	.333	('08,'09,'11広)
石嶺 和彦(急)		4	10	28	6	11	2	0	2	19	5	0	0	0	0	4	0	3	0	.393	('86,'87急,'90,'91オ)
*石本 貴昭(近)		1	2	0	0	0	0	0	0	0	0	0	0	1	0	0	0	0	0	.000	('86近)
石山 泰稚(ヤ)		2	2	-	-	-	-	-	-	-	-	-	-	-	-	-	-	-	-	-	('13,'18ヤ)
石渡 茂(近)		2	6	7	0	0	0	0	0	0	0	0	0	0	0	0	0	0	0	.000	('77,'80近)
伊勢 大夢(ディ)		1	1	-	-	-	-	-	-	-	-	-	-	-	-	-	-	-	-	-	('22ディ)
伊勢川真澄(急)		1	2	2	0	0	0	0	0	0	0	0	0	0	0	0	0	1	0	.000	('53急)
*磯部 公一(楽)		3	6	12	2	4	1	0	0	5	2	0	0	0	0	0	0	2	0	.333	('04近,'05,'07楽)
一枝 修平(中)		1	3	8	0	2	0	0	0	2	1	0	1	0	0	0	0	1	0	.250	('68中)
一岡 竜司(広)		1	2	-	-	-	-	-	-	-	-	-	-	-	-	-	-	-	-	-	('14広)
井出 竜也(日)		2	4	6	0	0	0	0	0	0	0	0	0	0	1	0	0	2	0	.000	('97,'01日)
*糸井 嘉男(神)		10	22	42	5	10	3	1	0	15	3	2	0	0	0	5	0	3	0	.238	('09～'12日,'13～'16オ,'17,'18神)
伊東 昭光(ヤ)		1	1	0	0	0	0	0	0	0	0	0	0	0	0	0	0	0	0	.000	('88ヤ)
伊藤 敦規(オ)		1	1	-	-	-	-	-	-	-	-	-	-	-	-	-	-	-	-	-	('92オ)
伊藤 勲(洋)		5	10	11	1	2	0	0	0	2	0	0	0	0	0	0	0	3	1	.182	('64,'68,'69,'72,'73洋)
*伊藤光四郎(西)		1	1	-	-	-	-	-	-	-	-	-	-	-	-	-	-	-	-	-	('68西)
伊藤 庄七(毎)		1	3	3	0	0	0	0	0	0	0	0	0	0	0	0	0	1	0	.000	('51毎)
伊藤 四郎(高)		1	1	0	0	0	0	0	0	0	0	0	0	0	0	0	0	0	0	.000	('56高)
伊東 勤(武)		16	37	48	4	14	3	0	2	23	6	0	0	1	0	1	0	10	1	.292	('84～'98,'02武)
伊藤 光(オ)		2	5	5	0	1	0	0	0	1	0	0	0	0	0	0	0	0	0	.200	('13,'14オ)
伊藤 久敏(中)		1	1	0	0	0	0	0	0	0	0	0	0	0	0	0	0	0	0	.000	('71中)
*伊藤 大海(日)		1	1	-	-	-	-	-	-	-	-	-	-	-	-	-	-	-	-	-	('22日)
*伊藤 将司(神)		1	1	-	-	-	-	-	-	-	-	-	-	-	-	-	-	-	-	-	('22神)
*伊藤 芳明(巨)		3	4	-	-	-	-	-	-	-	-	-	-	-	-	-	-	-	-	-	('61,'63,'64巨)
*糸原 健斗(神)		1	2	3	0	1	1	0	0	2	1	0	0	0	0	0	0	0	0	.333	('18神)
*伊奈 努(中)		1	1	0	0	0	0	0	0	0	0	0	0	0	0	0	0	0	0	.000	('57中)
稲尾 和久(西)		7	12	3	0	1	0	0	0	1	0	0	0	1	0	0	0	1	0	.333	('57～'59,'61～'63,'66西)
稲川 誠(洋)		3	4	2	0	0	0	0	0	0	0	0	0	0	0	0	0	1	0	.000	('63～'65洋)
稲葉 篤紀(日)		8	18	34	3	12	2	0	2	20	5	0	0	0	0	1	1	3	1	.353	('97,'01ヤ,'07～'12日)
稲葉 光雄(急)		3	5	0	0	0	0	0	0	0	0	0	0	0	0	0	0	0	0	.000	('72,'73中,'77急)
井納 翔一(ディ)		3	3	-	-	-	-	-	-	-	-	-	-	-	-	-	-	-	-	-	('14,'16,'17ディ)
井上 真二(巨)		1	1	-	-	-	-	-	-	-	-	-	-	-	1	0	0	-	-	-	('89巨)
井上 登(中)		4	9	25	2	4	0	0	0	4	1	0	0	0	0	4	0	3	0	.160	('56～'58,'60中)
井上 弘昭(中)		2	9	9	1	2	0	0	0	2	1	0	0	0	0	1	0	1	0	.222	('75,'79中)
*井上 善夫(西)		1	1	0	0	0	0	0	0	0	0	0	0	0	0	0	0	0	0	.000	('64西)
井上慎一朗(ヤ)		2	2	0	0	0	0	0	0	0	0	0	0	1	0	0	0	0	0	.000	('78,'81ヤ)
井端 弘和(神)		8	17	32	4	12	7	0	0	19	4	2	1	0	0	1	0	3	0	.375	('01,'02,'05,'07～'11中)
今井 達也(武)		1	1	-	-	-	-	-	-	-	-	-	-	-	-	-	-	-	-	-	('21武)
今井雄太郎(急)		4	5	0	0	0	0	0	0	0	0	0	0	0	0	0	0	0	0	.000	('79,'81,'83,'84急)
今江年晶(敏男)(楽)		3	7	15	0	3	0	0	0	3	1	0	0	0	0	0	0	2	0	.200	('06,'13ロ,'18楽)
今岡 誠(神)		5	10	27	1	5	1	0	0	6	3	0	0	0	1	0	0	8	0	.185	('98,'02～'05神)
今関 勝(日)		1	1	-	-	-	-	-	-	-	-	-	-	-	-	-	-	-	-	-	('96日)
*今中 慎二(中)		4	4	0	0	0	0	0	0	0	0	0	0	0	0	0	0	0	0	.000	('91,'93～'95中)
*今永 昇太(ディ)		2	2	-	-	-	-	-	-	-	-	-	-	-	-	-	-	-	-	-	('19,'22ディ)
今宮 健太(ソ)		5	10	21	2	5	3	0	0	8	2	0	0	0	0	0	0	5	1	.238	('14～'17,'22ソ)
林 昌勇(ヤ)		3	3	-	-	-	-	-	-	-	-	-	-	-	-	-	-	-	-	-	('09～'11ヤ)
井本 隆(近)		3	3	-	-	-	-	-	-	-	-	-	-	-	-	-	-	-	-	-	('79,'80近)
伊良部秀輝(神)		4	4	-	-	-	-	-	-	-	-	-	-	-	-	-	-	-	-	-	('94～'96ロ,'03神)
入来 智(ヤ)		1	1	-	-	-	-	-	-	-	-	-	-	-	-	-	-	-	-	-	('01ヤ)
入来 祐作(巨)		1	1	-	-	-	-	-	-	-	-	-	-	-	-	-	-	-	-	-	('01巨)

選手名	チーム	年数	試合	打数	得点	安打	二塁打	三塁打	本塁打	塁打	打点	盗塁	盗塁刺	犠打	犠飛	四球	死球	三振	併殺打	打率	出場した年度('20中止)
岩隈 久志	楽	3	3	—	—	—	—	—	—	—	—	—	—	—	—	—	—	—	—	—	'03,'04近,'08楽
岩嵜 翔	ソ	1	1	—	—	—	—	—	—	—	—	—	—	—	—	—	—	—	—	—	'13ソ
※岩貞 祐太	神	2	2	—	—	—	—	—	—	—	—	—	—	—	—	—	—	—	—	—	'16,'18神
※岩崎 優	神	3	3	—	—	—	—	—	—	—	—	—	—	—	—	—	—	—	—	—	'21~'23神
※岩瀬 仁紀	中	9	9	—	—	—	—	—	—	—	—	—	—	—	—	—	—	—	—	—	'00,'01,'03,'05~'07,'10,'11,'13中
岩村 明憲	ヤ	4	9	22	4	10	1	1	1	16	2	1	0	0	0	0	1	7	0	.455	'01,'04~'06ヤ
岩本ツトム	日	3	3	—	—	—	—	—	—	—	—	—	—	—	—	—	—	—	—	—	'98~'00日
岩本 義行	洋	3	8	27	1	6	0	0	0	6	0	0	0	0	1	0	0	1	0	.222	'51松,'52,'53洋
ウィーラー	巨	1	2	4	1	3	1	0	0	4	0	0	0	0	0	0	0	1	0	.750	'21巨
B.ウイリアムス	急	1	3	3	0	0	0	0	0	0	0	0	0	0	0	0	0	2	0	.000	'76急
W.ウイリアムス	日	1	3	5	1	1	0	0	0	1	0	0	0	0	0	0	0	1	0	.200	'77日
ウィン	オ	1	1	—	—	—	—	—	—	—	—	—	—	—	—	—	—	—	—	—	'98オ
※ウインタース	日	2	4	10	1	1	0	0	0	1	1	0	0	0	0	2	0	2	1	.100	'91,'93日
ウォーカー	巨	1	2	4	1	1	0	0	0	1	0	0	0	0	0	0	0	1	0	.250	'22巨
ウォーレン	ロ	1	2	—	—	—	—	—	—	—	—	—	—	—	—	—	—	—	—	—	'99ロ
※呉 念庭	武	1	2	3	0	0	0	0	0	0	0	0	0	0	0	0	0	0	0	.000	'21武
※上田 二朗	神	2	4	0	0	0	0	0	0	0	0	0	0	0	0	0	0	0	0	.000	'70,'73神
上原 浩治	巨	8	8	0	0	0	0	0	0	0	0	0	0	0	0	0	0	0	0	.000	'99,'01~'05,'07,'18巨
※上林 誠知	ソ	1	2	2	0	0	0	0	0	0	0	0	0	0	0	0	0	1	0	.000	'17ソ
植村 義信	毎	2	2	0	0	0	0	0	0	0	0	0	0	0	0	0	0	0	0	.000	'55,'59毎
鵜飼 勝美	国	1	1	1	0	0	0	0	0	0	0	0	0	0	0	0	0	1	0	.000	'56国
牛島 和彦	ロ	5	8	0	0	0	0	0	0	0	0	0	0	0	0	0	0	0	0	.000	'83,'84中,'87~'89ロ
内 竜也	ロ	1	1	—	—	—	—	—	—	—	—	—	—	—	—	—	—	—	—	—	'18ロ
内川 聖一	ソ	6	14	28	6	13	3	0	0	16	9	0	0	0	0	0	0	1	2	.464	'08,'09横,'11~'13,'17ソ
※内海 哲也	巨	5	5	—	—	—	—	—	—	—	—	—	—	—	—	—	—	—	—	—	'06,'07,'10~'12巨
有働 克也	横	1	1	—	—	—	—	—	—	—	—	—	—	—	—	—	—	—	—	—	'93横
宇野 勝	ロ	3	7	13	3	4	0	1	1	9	1	0	0	0	0	0	0	3	0	.308	'87,'89中,'93ロ
宇野 光雄	国	2	5	10	1	3	0	0	0	3	0	0	0	0	1	0	0	0	0	.300	'53中,'54国
梅野隆太郎	神	4	8	14	2	4	0	1	1	9	2	0	0	0	0	0	0	0	0	.286	'17,'19,'21,'23神
上沢 直之	日	3	3	—	—	—	—	—	—	—	—	—	—	—	—	—	—	—	—	—	'18,'21,'23日
エルドレッド	広	2	4	9	1	4	0	0	1	7	4	0	0	0	0	0	0	2	0	.444	'14,'16広
江川 卓	巨	8	9	2	0	0	0	0	0	0	0	0	0	0	0	0	0	1	0	.000	'80~'87巨
※江尻 亮	洋	2	4	4	1	1	0	0	0	1	0	1	0	0	0	0	0	2	0	.250	'70,'73洋
江尻慎太郎	日	1	2	—	—	—	—	—	—	—	—	—	—	—	—	—	—	—	—	—	'11横
枝村 勉	大	1	1	1	0	0	0	0	0	0	0	0	0	0	0	0	0	1	0	.000	'57大
江藤 智	巨	6	13	32	4	5	2	0	0	7	2	0	0	0	0	0	3	12	1	.156	'93,'95,'96,'98,'99広,'01巨
江藤 慎一	ロ	11	30	92	8	23	4	0	3	36	9	0	0	0	0	5	1	16	4	.250	'59,'61~'69中,'71ロ
江藤 正	南	1	1	0	0	0	0	0	0	0	0	0	0	0	0	0	0	1	0	.000	'51南
※江夏 豊	日	16	26	6	2	3	1	0	1	7	5	0	0	0	0	0	0	0	0	.500	'67~'75神,'76南,'78~'80広,'81~'83日
榎田 大樹	神	1	2	—	—	—	—	—	—	—	—	—	—	—	—	—	—	—	—	—	'11神
※榎本 喜八	京	12	29	71	10	18	3	1	4	35	13	1	0	0	0	11	0	11	5	.254	'55~'63毎,'64,'66,'68京
戎 信行	オ	1	1	—	—	—	—	—	—	—	—	—	—	—	—	—	—	—	—	—	'00オ
※江本 孟紀	神	4	4	3	0	0	0	0	0	0	0	0	0	0	0	0	0	2	0	.000	'74南,'76,'77,'79神
※遠藤 一彦	洋	5	6	1	0	0	0	0	0	0	0	0	0	0	0	0	0	1	0	.000	'79,'84~'86,'90洋
オーティズ	オ	1	2	2	0	0	0	0	0	0	0	0	0	0	0	0	1	0	0	.000	'04オ
※オグリビー	近	1	3	6	0	1	0	0	0	1	0	0	0	0	0	0	0	1	0	.167	'88近
オスナ	ソ	1	1	—	—	—	—	—	—	—	—	—	—	—	—	—	—	—	—	—	'23ソ
オマリー	ヤ	3	7	24	6	8	1	0	1	12	3	0	0	0	0	4	0	5	0	.333	'93,'94神,'96ヤ
呉 昇桓	神	1	1	0	0	0	0	0	0	0	0	0	0	0	0	0	0	0	0	.000	'15神
王 貞治	巨	20	58	188	25	40	8	0	13	87	31	0	0	0	3	33	1	32	5	.213	'60~'64,'66~'80巨
大石 清	広	3	6	0	0	0	0	0	0	0	0	0	0	0	0	0	0	0	0	.000	'60,'62,'64広
※大石大二郎(第二期)	近	9	23	55	11	18	5	0	5	38	12	3	3	0	0	0	0	6	0	.327	'82~'84,'86,'87,'89,'90,'92,'93近
大石 友好	武	1	3	0	0	0	0	0	0	0	0	0	0	0	0	0	0	0	0	.000	'81武
大石弥太郎	広	1	2	—	—	—	—	—	—	—	—	—	—	—	—	—	—	—	—	—	'67,'70~'72広
仰木 彬	西	1	2	5	0	1	0	0	0	1	0	0	0	0	0	0	1	0	0	.200	'61西
大久保博元	巨	1	3	4	0	0	0	0	0	0	0	0	0	0	0	0	0	2	0	.000	'92巨
大熊 忠義	急	1	2	4	0	1	0	0	0	1	0	0	0	0	0	0	0	1	0	.250	'76急
大沢 昌芳	南	1	2	2	0	0	0	0	0	0	0	0	0	0	0	0	0	1	0	.000	'56南
大下 剛史	広	5	14	23	1	4	1	0	0	5	0	0	0	0	1	0	0	6	0	.174	'67,'70,'71東,'73拓,'75広
・大下 弘	西	6	14	49	5	10	5	0	0	15	5	1	1	1	0	2	1	13	0	.204	'51東,'52~'55,'57西
・大島 公一	オ	1	3	7	0	3	0	0	0	3	1	0	0	0	0	0	0	0	0	.429	'00オ
大島 康徳	中	4	12	13	0	4	1	0	0	5	2	1	0	0	0	3	0	1	0	.308	'77,'79,'83,'84中
※大島 洋平	中	5	11	21	3	4	0	0	0	4	1	4	0	0	0	1	0	1	0	.190	'12~'14,'17,'21中
大城 卓三	巨	1	2	3	0	0	0	0	0	0	0	0	0	0	0	0	0	1	0	.000	'23巨
大杉 勝男	ヤ	8	23	56	8	14	3	0	3	26	10	0	0	0	0	3	1	18	0	.250	'67,'69,'70,'72東,'73拓,'74日,'77,'81ヤ
大瀬良大地	広	2	2	—	—	—	—	—	—	—	—	—	—	—	—	—	—	—	—	—	'18,'19広
大関 友久	ソ	2	2	—	—	—	—	—	—	—	—	—	—	—	—	—	—	—	—	—	'22ソ
太田 幸司	近	7	9	1	0	0	0	0	0	0	0	0	0	0	0	0	0	1	0	.000	'70~'75,'77近
※太田 卓司	武	3	8	7	0	0	0	0	0	0	0	0	0	0	(1)1	0	0	2	0	.000	'76平,'82,'83武
大竹 寛	広	4	4	—	—	—	—	—	—	—	—	—	—	—	—	—	—	—	—	—	'08,'09,'12,'13広

オールスター・ゲーム・ライフタイム

選手名	チーム	年数	試合	打数	得点	安打	二塁打	三塁打	本塁打	塁打	打点	盗塁	盗塁刺	犠打	犠飛	四球	死球	三振	併殺打	打率	出場した年度('20中止)
*大竹耕太郎	(神)	1	1	–	–	–	–	–	–	–	–	–	–	–	–	–	–	–	–	–	('23神)
*大谷　翔平	(日)	5	9	15	4	5	1	0	1	9	3	0	0	0	0	0	0	3	0	.333	('13～'17日)
大津　淳	(神)	2	3	3	0	0	0	0	0	0	0	0	0	0	0	0	0	1	0	.000	('56,'58神)
大津　守	(西)	1	1	0	0	0	0	0	0	0	0	0	0	0	0	0	0	0	0	.000	('55西)
大塚　晶文	(近)	1	1	–	–	–	–	–	–	–	–	–	–	–	–	–	–	–	–	–	('98近)
*大隣　憲司	(ソ)	1	1	–	–	–	–	–	–	–	–	–	–	–	–	–	–	–	–	–	('12ソ)
大友　工	(巨)	4	7	3	0	0	0	0	0	0	0	0	0	0	0	0	0	2	0	.000	('52～'55巨)
*大友　進	(武)	1	3	5	1	1	0	0	1	4	1	0	0	0	0	0	0	0	0	.200	('99武)
大野　奨太	(日)	1	2	1	2	1	1	0	0	2	0	0	0	0	0	0	1	0	0	1.000	('14日)
*大野　雄大	(中)	3	3	–	–	–	–	–	–	–	–	–	–	–	–	–	–	–	–	–	('14,'15,'22中)
*大野　豊	(広)	10	13	1	0	0	0	0	0	0	0	0	0	0	0	0	0	1	0	.000	('80,'82,'84,'85,'87,'88,'91～'93,'97広)
大橋　穣	(急)	3	9	7	0	0	0	0	0	0	0	0	0	0	0	2	0	1	0	.000	('70東,'73,'75急)
*大羽　進	(広)	1	1	1	0	1	0	0	0	1	0	0	0	0	0	0	0	0	0	1.000	('66広)
大引　啓次	(ヤ)	3	7	11	0	2	0	0	0	2	2	0	0	0	0	1	0	2	0	.182	('13,'14日,'16ヤ)
*大松　尚逸	(ロ)	1	2	6	2	2	0	0	2	8	2	0	0	0	0	0	0	0	0	.333	('08ロ)
大道　典嘉	(ダ)	2	5	6	0	3	2	0	0	5	1	0	0	0	0	0	0	0	0	.500	('01,'03ダ)
大宮　龍男	(日)	3	9	13	0	2	1	0	0	3	0	0	0	0	0	0	0	2	2	.154	('81,'82,'84日)
*大村　直之	(オ)	5	10	18	3	7	3	0	1	13	1	0	0	0	0	0	0	2	0	.389	('98,'02近,'06,'07ソ,'09オ)
大矢　明彦	(ヤ)	7	15	15	1	3	2	0	0	5	0	0	0	1	0	0	0	4	1	.200	('71,'72,'74,'75,'78～'80ヤ)
大矢根博臣	(洋)	2	3	0	0	0	0	0	0	0	0	0	0	0	0	0	0	0	0	.000	('58,'60洋)
大山　悠輔	(神)	2	4	8	0	0	0	0	0	0	0	0	0	0	0	0	0	1	1	.000	('22,'23神)
大和田　明	(広)	4	10	18	1	1	0	0	1	4	1	0	0	0	0	1	0	5	1	.056	('59,'60,'63,'64広)
岡崎　郁	(巨)	4	9	21	3	7	1	1	0	10	1	0	0	0	0	0	0	9	0	.333	('89～'92巨)
*岡島　豪郎	(楽)	1	2	4	0	0	0	0	0	0	0	0	0	0	0	0	0	0	1	.000	('16楽)
*岡島　秀樹	(巨)	3	4	–	–	–	–	–	–	–	–	–	–	–	–	–	–	–	–	–	('00～'02巨)
岡嶋　博治	(中)	1	2	2	0	0	0	0	0	0	0	0	0	0	0	2	0	1	1	.000	('57中)
*岡田　明丈	(広)	1	1	–	–	–	–	–	–	–	–	–	–	–	–	–	–	–	–	–	('17広)
岡田　彰布	(神)	8	22	47	5	7	1	0	2	14	7	2	0	0	0	7	0	13	0	.149	('80～'82,'85,'86,'88～'90神)
*岡林　洋一	(ヤ)	3	3	–	–	–	–	–	–	–	–	–	–	–	–	–	–	–	–	–	('92～'94ヤ)
*岡村　浩二	(急)	5	9	10	1	1	0	0	0	1	0	0	0	0	0	0	0	3	0	.100	('64,'67,'69～'71急)
岡本　晃	(近)	2	2	–	–	–	–	–	–	–	–	–	–	–	–	–	–	–	–	–	('01,'02近)
岡本伊三美	(南)	4	9	23	3	3	0	0	0	3	1	1	0	1	0	4	0	10	1	.130	('53,'55,'56,'59南)
岡本　和真	(巨)	4	8	20	2	3	1	0	0	4	0	1	0	0	0	0	0	5	1	.150	('18,'19,'21,'23巨)
岡本　和也	(中)	1	1	0	0	0	0	0	0	0	0	0	0	0	0	0	0	0	0	.000	('04中)
*小笠原慎之介	(中)	1	1	–	–	–	–	–	–	–	–	–	–	–	–	–	–	–	–	–	('23中)
*小笠原　孝	(中)	1	1	–	–	–	–	–	–	–	–	–	–	–	–	–	–	–	–	–	('08中)
*小笠原道大	(巨)	11	24	60	7	15	3	0	2	24	5	0	0	0	0	2	0	18	1	.250	('99～'06巨,'07,'09,'10巨)
緒方　孝市	(広)	1	2	5	0	0	0	0	0	0	0	0	0	0	0	0	0	1	0	.000	('99広)
小川健太郎	(中)	4	5	0	0	0	0	0	0	0	0	0	0	0	0	0	0	0	0	.000	('66～'69中)
*小川　亨	(近)	2	6	8	1	1	0	0	0	1	0	0	0	0	0	1	0	1	0	.125	('74,'75近)
小川　博	(ロ)	1	2	0	0	0	0	0	0	0	0	0	0	0	0	0	0	0	0	.000	('88ロ)
小川　博文	(オ)	3	6	8	1	2	0	0	1	5	3	0	0	0	1	0	0	1	0	.250	('91,'92,'94オ)
小川　泰弘	(ヤ)	3	5	–	–	–	–	–	–	–	–	–	–	–	–	–	–	–	–	–	('13,'17ヤ)
興津立雄(達雄)	(広)	3	5	5	0	2	0	0	0	2	0	0	0	0	0	0	0	4	0	.400	('60,'63,'64広)
荻野　貴司	(ロ)	2	3	9	1	4	2	0	0	6	1	0	0	0	0	0	0	0	0	.444	('19,'21ロ)
奥江　英幸	(洋)	1	1	0	0	0	0	0	0	0	0	0	0	0	0	0	0	0	0	.000	('76洋)
小倉　恒	(オ)	2	2	–	–	–	–	–	–	–	–	–	–	–	–	–	–	–	–	–	('00,'01オ)
*長内　孝	(広)	3	5	10	0	3	2	0	0	5	1	0	0	0	0	3	0	3	0	.300	('85,'89広)
尾崎　行雄	(東)	3	5	1	0	0	0	0	0	0	0	0	0	0	0	0	0	0	0	.000	('62,'64,'66東)
小田　義人	(日)	1	3	6	1	3	0	0	0	3	1	0	0	0	0	0	0	0	0	.500	('76日)
越智　大祐	(巨)	1	1	–	–	–	–	–	–	–	–	–	–	–	–	–	–	–	–	–	('10巨)
落合　英二	(中)	2	2	–	–	–	–	–	–	–	–	–	–	–	–	–	–	–	–	–	('99,'03中)
落合　博満	(中)	15	39	126	23	46	9	0	11	88	27	3	0	0	1	10	0	27	2	.365	('81～'86中,'87～'91,'93中,'95,'96巨,'97日)
小野　和幸	(中)	2	3	0	0	0	0	0	0	0	0	0	0	0	0	0	0	0	0	.000	('86武,'88中)
*小野　和義	(近)	4	4	1	0	0	0	0	0	0	0	0	0	0	0	0	0	1	0	.000	('86～'89近)
*小野　正一	(中)	6	7	3	0	0	0	0	0	0	0	0	0	0	0	0	0	1	0	.000	('59～'61,'63毎,'69,'70中)
小野　晋吾	(ロ)	1	1	–	–	–	–	–	–	–	–	–	–	–	–	–	–	–	–	–	('00ロ)
小野　郁	(ロ)	1	1	–	–	–	–	–	–	–	–	–	–	–	–	–	–	–	–	–	('22ロ)
尾花　高夫	(ヤ)	3	4	1	0	1	0	0	0	1	0	0	0	0	0	0	0	0	0	1.000	('82,'85,'88ヤ)
小山田保裕	(広)	1	1	–	–	–	–	–	–	–	–	–	–	–	–	–	–	–	–	–	('02広)
カブレラ	(武)	5	11	34	5	13	1	0	5	29	10	0	0	0	0	1	0	10	1	.382	('01～'03,'06,'07武)
*ガルシア	(中)	1	1	–	–	–	–	–	–	–	–	–	–	–	–	–	–	–	–	–	('18中)
ガルベス	(巨)	1	1	–	–	–	–	–	–	–	–	–	–	–	–	–	–	–	–	–	('96巨)
甲斐　拓也	(ソ)	3	5	10	1	4	0	0	0	4	1	0	0	0	0	0	0	1	0	.400	('18,'19,'21ソ)
香川　伸行	(南)	2	6	10	0	0	0	0	0	0	0	0	0	0	0	0	0	2	1	.000	('83,'84南)
垣内　哲也	(武)	1	2	2	1	0	0	0	0	0	0	0	0	0	0	0	0	1	0	.000	('95武)
柿本　実	(中)	3	4	1	0	0	0	0	0	0	0	0	0	0	0	0	0	1	0	.000	('62,'63,'65中)
郭　源治	(中)	4	5	0	0	0	0	0	0	0	0	0	0	0	0	0	0	0	0	.000	('82,'84,'88,'91中)
郭　泰源	(武)	2	3	0	0	0	0	0	0	0	0	0	0	0	0	0	0	2	0	.000	('90,'95武)
*角中　勝也	(ロ)	3	7	14	1	1	1	0	0	2	0	0	0	0	0	0	0	0	0	.071	('12,'15,'16ロ)

選手名	チーム	年数	試合	打数	得点	安打	二塁打	三塁打	本塁打	塁打	打点	盗塁	盗塁刺	犠打	犠飛	四球	死球	三振	併殺打	打率	出場した年度('20中止)
掛布 雅之(神)		10	30	85	13	25	2	0	8	51	17	0	0	0	1	8	0	12	2	.294	('76～'85神)
藤山 和夫(南)		4	9	22	3	6	1	0	0	10	2	4	2	1	0	11	0	6	0	.273	('51～'54南)
笠間 雄二(神)		1	3	4	0	0	0	0	0	0	0	0	0	0	0	0	0	1	0	.000	('83神)
柏原 純一(日)		3	9	21	3	8	1	0	3	18	6	0	0	0	1	1	0	2	2	.381	('78,'79,'82日)
梶岡 忠義(神)		1	1	1	0	0	0	0	0	0	0	0	0	0	—	0	0	0	0	.000	('52神)
梶谷 隆幸(ディ)		1	2	9	2	4	1	0	0	5	3	0	0	0	0	0	0	4	0	.444	('15ディ)
梶間 健一(ヤ)		5	10	1	0	0	0	0	0	0	0	0	0	0	0	0	0	1	0	.000	('77,'79,'80,'83,'84ヤ)
梶本 隆夫(急)		12	19	9	0	2	0	0	0	2	1	0	0	0	0	0	0	4	0	.222	('54,'56～'58,'60～'63,'65,'67～'69急)
加治屋 蓮(ソ)		1	1	—	—	—	—	—	—	—	—	—	—	—	—	—	—	—	—	—	('18ソ)
片岡 篤史(神)		6	14	29	3	5	2	0	1	10	3	0	0	0	0	1	0	7	0	.172	('93,'97～'00日,'02神)
片岡 博国(毎)		1	1	1	0	0	0	0	0	0	0	0	0	0	—	0	0	0	0	.000	('51毎)
片岡 易之(武)		2	3	8	2	5	2	0	0	7	0	1	0	0	0	0	0	1	0	.625	('08,'10武)
片平 晋作(南)		1	3	6	0	3	0	0	0	3	1	0	0	0	0	0	0	1	0	.500	('80南)
葛城 隆雄(毎)		5	11	24	2	7	2	1	0	11	3	0	0	0	0	3	0	2	0	.292	('57～'60,'62毎)
加藤 伸一(オ)		3	3	0	0	0	0	0	0	0	0	0	0	0	0	0	0	0	0	.000	('85,'88南,'01オ)
加藤 貴之(日)		1	1	—	—	—	—	—	—	—	—	—	—	—	—	—	—	—	—	—	('23日)
加藤 大輔(オ)		2	2	—	—	—	—	—	—	—	—	—	—	—	—	—	—	—	—	—	('07,'08オ)
加藤 俊夫(日)		4	9	12	2	1	0	0	0	1	0	0	2	0	0	2	0	1	2	.083	('73拓,'77,'78,'80日)
加藤 初(巨)		6	7	11	0	0	0	0	0	0	0	0	0	0	0	1	0	1	0	.000	('72西,'73,'74平,'76,'79,'86巨)
加藤英司(秀司)(急)		11	31	87	8	18	4	0	0	22	4	2	0	0	1	5	3	15	0	.207	('71,'73～'82急)
加藤 博一(洋)		1	3	10	2	3	1	0	0	4	1	2	0	0	0	1	0	2	0	.300	('86洋)
鹿取 義隆(武)		3	4	0	0	0	0	0	0	0	0	0	0	0	0	0	0	0	0	.000	('87巨,'91,'93武)
門田 博光(ダ)		14	39	78	9	25	2	0	6	45	14	0	0	0	0	5	1	19	2	.321	('72,'75～'77,'80～'84,'87,'88南,'89,'90オ,'91ダ)
金森 永時(武)		3	9	12	1	2	1	0	0	3	0	0	0	0	0	1	0	0	0	.167	('85～'87武)
金山 次郎(松)		1	2	1	0	0	0	0	0	0	0	0	0	0	0	0	0	0	0	.000	('51松)
金石 昭人(日)		2	3	0	0	0	0	0	0	0	0	0	0	0	0	0	0	0	0	.000	('86広,'92日)
金子 千尋(オ)		3	3	—	—	—	—	—	—	—	—	—	—	—	—	—	—	—	—	—	('09,'14,'17オ)
金子 誠(日)		3	6	9	1	3	0	0	0	4	0	0	0	0	0	0	0	3	0	.333	('02,'04,'09日)
金城 基泰(南)		3	5	0	0	0	0	0	0	0	0	0	0	0	0	0	0	0	0	.000	('74広,'77,'82南)
金田 留広(東)		3	5	3	0	2	1	0	0	3	0	0	0	0	0	0	0	0	0	.667	('69～'71東)
金田 正一(巨)		17	31	14	1	5	0	0	0	5	2	0	0	0	0	1	0	2	0	.357	('51～'64国,'67～'69巨)
金田 政彦(オ)		1	1	—	—	—	—	—	—	—	—	—	—	—	—	—	—	—	—	—	('99,'02オ)
金田 正泰(神)		3	6	12	0	3	0	0	0	3	0	1	0	0	0	2	0	2	0	.250	('53～'55神)
金村 暁(曉)(日)		2	2	—	—	—	—	—	—	—	—	—	—	—	—	—	—	—	—	—	('98,'04日)
金村 義明(近)		1	2	6	1	1	0	0	0	1	1	0	0	0	0	0	0	1	0	.167	('90近)
金本 知憲(神)		11	25	59	8	14	1	0	5	30	10	0	0	0	0	1	2	16	0	.237	('95～'97,'00,'01広,'03～'06,'08,'09神)
神里 和毅(ディ)		1	1	2	0	0	0	0	0	0	0	0	0	0	0	0	0	0	0	.000	('19ディ)
亀山 努(神)		2	5	7	1	1	0	0	0	1	0	1	0	0	0	0	0	2	0	.143	('92,'94神)
唐川 侑己(ロ)		1	1	—	—	—	—	—	—	—	—	—	—	—	—	—	—	—	—	—	('11ロ)
川相 昌弘(巨)		2	3	3	0	0	0	0	0	0	0	0	0	0	0	0	0	0	0	.000	('90,'93巨)
河合 保彦(西)		3	4	3	0	0	0	0	0	0	0	0	0	0	0	0	0	2	0	.000	('55,'56中,'59西)
川井 雄太(中)		1	1	—	—	—	—	—	—	—	—	—	—	—	—	—	—	—	—	—	('09中)
河内 貴哉(広)		1	2	0	0	0	0	0	0	0	0	0	0	0	0	0	0	0	0	.000	('04広)
川上 憲伸(中)		6	6	—	—	—	—	—	—	—	—	—	—	—	—	—	—	—	—	—	('98,'02,'04～'06,'08中)
川上 哲治(巨)		7	16	53	2	12	0	0	0	12	4	0	0	0	0	2	0	7	2	.226	('51～'54,'56～'58巨)
川岸 強(楽)		1	1	—	—	—	—	—	—	—	—	—	—	—	—	—	—	—	—	—	('10楽)
川口 和久(広)		6	6	0	0	0	0	0	0	0	0	0	0	0	0	0	0	0	0	.000	('83,'86～'90広)
川越 英隆(オ)		1	1	—	—	—	—	—	—	—	—	—	—	—	—	—	—	—	—	—	('99オ)
川崎憲次郎(ヤ)		4	4	—	—	—	—	—	—	—	—	—	—	—	—	—	—	—	—	—	('90,'91,'98,'00ヤ)
川崎 徳次(西)		3	6	5	0	1	0	0	0	1	0	0	0	0	0	0	0	1	0	.200	('51～'53西)
川崎 宗則(ソ)		8	17	35	6	7	0	1	0	9	0	2	1	0	0	0	1	5	2	.200	('04ダ,'05～'11ソ)
川尻 哲郎(神)		1	1	—	—	—	—	—	—	—	—	—	—	—	—	—	—	—	—	—	('98神)
川藤 幸三(神)		1	3	2	0	1	0	0	0	1	0	0	0	0	0	1	0	0	0	.500	('86神)
川原 昭二(日)		1	2	0	0	0	0	0	0	0	0	0	0	0	0	0	0	0	0	.000	('84日)
河原 純一(巨)		1	1	—	—	—	—	—	—	—	—	—	—	—	—	—	—	—	—	—	('02巨)
川端 慎吾(ヤ)		2	4	10	1	2	0	0	0	2	1	0	0	0	0	0	0	1	1	.200	('15,'16ヤ)
川端 順(広)		1	1	—	—	—	—	—	—	—	—	—	—	—	—	—	—	—	—	—	('85広)
河村健一郎(急)		1	1	0	0	0	0	0	0	0	0	0	0	0	0	0	0	0	0	.000	('76急)
川村 丈夫(横)		2	2	—	—	—	—	—	—	—	—	—	—	—	—	—	—	—	—	—	('98,'99横)
河村 久文(西)		3	3	1	0	0	0	0	0	0	0	0	0	0	0	0	0	1	0	.000	('54,'55,'57西)
河村 保彦(中)		1	1	1	0	0	0	0	0	0	0	0	0	0	0	0	0	0	0	.000	('63中)
河本 育之(ロ)		2	3	—	—	—	—	—	—	—	—	—	—	—	—	—	—	—	—	—	('92,'97ロ)
神部 年男(近)		3	3	0	0	0	0	0	0	0	0	0	0	0	0	0	0	0	0	.000	('72,'74,'75近)
ギ ラ(広)		1	2	4	0	0	0	0	0	0	0	0	0	0	0	0	0	2	0	.000	('14広)
ギャラード(中)		2	2	—	—	—	—	—	—	—	—	—	—	—	—	—	—	—	—	—	('00,'01中)
ギャレット(広)		1	3	11	4	4	0	0	3	13	6	0	0	0	0	0	0	1	0	.364	('78広)
菊池 雄星(武)		3	3	—	—	—	—	—	—	—	—	—	—	—	—	—	—	—	—	—	('13,'17,'18武)
菊池 涼介(広)		7	13	29	8	11	1	0	1	15	3	0	0	0	0	0	1	0	1	.379	('14～'19,'21広)
菊地原 毅(オ)		1	1	—	—	—	—	—	—	—	—	—	—	—	—	—	—	—	—	—	('06オ)
木佐貫 洋(日)		3	3	—	—	—	—	—	—	—	—	—	—	—	—	—	—	—	—	—	('03巨,'10オ,'13日)

選手名	チーム	年数	試合	打数	得点	安打	二塁打	三塁打	本塁打	塁打	打点	盗塁	盗塁刺	犠打	犠飛	四球	死球	三振	併殺打	打率	出場した年度（'20 中止）
岸　孝之	(楽)	5	5	—	—	—	—	—	—	—	—	—	—	—	—	—	—	—	—	—	('09,'12,'14武,'18,'22楽)
岸田　護	(オ)	2	3	—	—	—	—	—	—	—	—	—	—	—	—	—	—	—	—	—	('11,'12オ)
北川　芳男	(巨)	3	3	1	0	0	0	0	0	0	0	0	0	0	0	0	0	1	0	.000	('59,'61国,'63巨)
北別府　学	(広)	7	8	1	0	0	0	0	0	0	0	0	0	0	0	0	0	0	0	.000	('79〜'83,'88,'92広)
木樽　正明	(ロ)	5	5	2	1	1	0	0	0	1	1	0	0	0	0	0	0	0	1	.500	('69〜'71,'73,'74ロ)
＊木田　勇	(日)	3	5	3	0	0	0	0	0	0	0	0	0	0	0	0	0	3	0	.000	('80〜'82日)
木田　優夫	(ヤ)	2	2	0	0	0	0	0	0	0	0	0	0	0	0	0	0	0	0	.000	('90巨,'06ヤ)
木塚　敦志	(横)	1	1	—	—	—	—	—	—	—	—	—	—	—	—	—	—	—	—	—	('07横)
木塚　忠助	(南)	6	13	42	2	8	1	1	0	11	0	0	0	0	0	0	0	10	1	.190	('51〜'56南)
＊鬼頭　洋	(洋)	1	1	0	0	0	0	0	0	0	0	0	0	0	0	0	0	0	0	.000	('64洋)
紀藤　真琴	(広)	2	2	—	—	—	—	—	—	—	—	—	—	—	—	—	—	—	—	—	('94,'96広)
木戸　克彦	(神)	2	5	5	0	0	0	0	0	0	0	0	0	0	0	0	0	3	0	.000	('86,'88神)
城戸　則文	(西)	1	2	2	1	1	0	0	0	1	0	0	0	0	0	0	0	0	0	.500	('64西)
＊木浪　聖也	(神)	1	2	3	0	1	0	0	0	1	0	0	0	0	0	0	0	0	0	.333	('23神)
衣笠　祥雄	(広)	13	39	56	6	12	1	0	3	22	4	3	1	0	1	4	0	18	0	.214	('71,'74〜'77,'80〜'87広)
木下　拓哉	(中)	2	3	5	0	0	0	0	0	0	0	0	0	0	0	0	0	2	0	.000	('21,'22中)
木俣　達彦	(中)	8	14	16	0	2	0	0	0	2	0	0	0	0	0	0	0	5	1	.125	('70,'71,'74,'75,'77〜'80中)
金　泰均	(ロ)	1	2	3	0	0	0	0	0	0	0	0	0	0	0	0	0	0	0	.000	('10ロ)
＋木村　拓也	(広)	2	6	9	0	4	1	1	0	7	1	0	0	0	0	1	0	2	0	.444	('00,'01広)
木村　保	(南)	1	1	—	—	—	—	—	—	—	—	—	—	—	—	—	—	—	—	—	('57南)
＊木元　邦之	(日)	1	2	4	0	2	0	0	0	2	0	0	0	0	0	0	0	0	0	.500	('05日)
＊京田　陽太	(中)	1	2	3	0	0	0	0	0	0	0	0	0	0	0	0	0	1	0	.000	('19中)
清田　育宏	(ロ)	1	2	6	1	1	0	0	0	4	3	0	0	0	0	0	0	2	0	.167	('15ロ)
清原　和博	(武)	18	43	126	26	46	9	1	13	96	34	2	0	0	1	7	2	40	0	.365	('86〜'96武,'97,'98,'00〜02,'05巨,'06オ)
＊清原幸太郎	(日)	1	2	5	1	2	0	0	1	5	1	0	0	0	0	1	0	2	0	.400	('22日)
＋金城　龍彦	(横)	3	6	11	1	4	2	0	0	6	3	0	0	0	0	1	0	1	0	.364	('03,'05,'06横)
＊歐(赤見内鉄欧)	(楽)	2	4	10	0	2	1	0	0	3	1	0	0	0	0	2	0	1	0	.200	('14,'19楽)
＊Ｔ．クルーズ	(日)	2	6	12	2	3	1	0	0	4	0	0	0	0	0	2	0	1	1	.250	('82,'84日)
Ｌ．クルーズ	(ロ)	1	2	4	0	2	0	0	0	2	0	0	0	0	0	1	0	0	0	.500	('15ロ)
クルーン	(巨)	4	5	0	0	0	0	0	0	0	0	0	0	0	0	0	0	0	0	.000	('05〜'07横,'08巨)
クレス	(洋)	1	3	8	0	1	0	0	1	1	0	0	1	0	0	0	0	2	0	.125	('64洋)
クロッタ	(日)	1	1	—	—	—	—	—	—	—	—	—	—	—	—	—	—	—	—	—	('14日)
＊クロマティ	(巨)	3	7	16	2	2	1	0	1	6	1	0	0	0	0	1	0	5	0	.125	('85,'89,'90巨)
グライシンガー	(ヤ)	1	1	—	—	—	—	—	—	—	—	—	—	—	—	—	—	—	—	—	('07ヤ)
グラシアル	(ソ)	2	4	7	1	0	0	0	0	0	0	0	0	0	0	1	1	1	0	.000	('19,'22ソ)
グロス	(日)	2	2	—	—	—	—	—	—	—	—	—	—	—	—	—	—	—	—	—	('96,'97日)
具　喜晟	(オ)	1	2	—	—	—	—	—	—	—	—	—	—	—	—	—	—	—	—	—	('01オ)
＊日下　隆	(近)	1	2	1	1	0	0	0	0	0	0	0	0	0	0	0	0	0	0	.000	('54近)
＊草野　大輔	(楽)	1	2	5	0	1	0	0	0	1	0	0	0	0	0	0	0	0	1	.200	('09楽)
＊久慈　照嘉	(神)	4	9	7	1	1	0	0	0	1	1	0	0	0	0	2	0	1	0	.143	('92,'95〜'97神)
楠　協郎	(巨)	1	2	2	0	0	0	0	0	0	0	0	—	2	0	0	0	0	0	.000	('52巨)
工藤　一彦	(神)	1	1	1	0	0	0	0	0	0	0	0	0	0	0	0	0	0	0	.000	('82神)
＊工藤　公康	(巨)	10	11	0	0	0	0	0	0	0	0	0	0	0	0	0	0	0	0	.000	('86,'87,'91,'93武,'95,'97,'99ダ,'00,'04,'05巨)
工藤　幹夫	(日)	1	2	2	0	0	0	0	0	0	0	0	0	0	0	0	0	0	0	.000	('82日)
国貞　泰汎	(広)	3	8	12	1	3	1	1	1	0	0	0	0	4	0	1	1	.250			('66,'68南,'71広)
＊国松　彰	(巨)	2	5	11	2	2	0	1	0	4	1	0	0	1	0	2	0	.182			('61,'63巨)
久保　征弘	(近)	2	3	1	0	0	0	0	0	0	0	0	0	0	0	0	0	0	0	.000	('62,'63近)
久保　康友	(神)	1	1	—	—	—	—	—	—	—	—	—	—	—	—	—	—	—	—	—	('10神)
久保　裕也	(巨)	2	3	—	—	—	—	—	—	—	—	—	—	—	—	—	—	—	—	—	('10,'11巨)
久保田　治	(東)	2	2	2	1	2	0	0	0	2	0	0	0	0	0	0	0	0	0	1.000	('61,'63東)
久保田智之	(神)	2	3	—	—	—	—	—	—	—	—	—	—	—	—	—	—	—	—	—	('07,'08神)
倉持　明	(ロ)	1	3	0	0	0	0	0	0	0	0	0	0	0	0	0	0	0	0	.000	('80ロ)
九里　亜蓮	(広)	1	1	—	—	—	—	—	—	—	—	—	—	—	—	—	—	—	—	—	('23広)
＊栗橋　茂	(近)	4	11	22	2	5	2	0	0	7	2	0	0	0	0	3	1	.227			('78,'80,'82,'84近)
栗原　健太	(広)	3	7	17	2	3	2	0	0	5	0	0	0	0	0	1	0	3	0	.176	('07,'09,'11広)
＊栗原　陵矢	(ソ)	2	4	7	0	2	0	0	0	2	2	0	0	0	1	0	0	1	0	.286	('21,'23ソ)
＊栗林　良吏	(広)	2	2	—	—	—	—	—	—	—	—	—	—	—	—	—	—	—	—	—	('21,'22広)
＊栗山　巧	(武)	1	2	4	1	3	1	0	1	7	2	0	0	0	0	0	0	0	0	.750	('16武)
紅林弘太郎	(オ)	1	2	5	2	3	0	0	0	3	0	0	0	0	0	0	0	0	0	.600	('23オ)
黒江　透修	(巨)	6	17	28	4	4	0	0	0	5	1	0	0	0	0	2	0	4	1	.143	('67〜'69,'71〜'73巨)
黒木　知宏	(ロ)	3	3	—	—	—	—	—	—	—	—	—	—	—	—	—	—	—	—	—	('98,'99,'01ロ)
黒木　基康	(洋)	1	3	4	0	0	0	0	0	0	0	0	0	0	0	0	0	0	0	.000	('65洋)
＊黒木　優太	(オ)	1	1	—	—	—	—	—	—	—	—	—	—	—	—	—	—	—	—	—	('17オ)
黒田　博樹	(広)	5	5	—	—	—	—	—	—	—	—	—	—	—	—	—	—	—	—	—	('01,'05〜'07,'15広)
桑田　武	(洋)	6	14	38	1	6	0	0	0	6	1	0	1	0	1	3	0	11	0	.158	('59〜'62,'64,'65洋)
桑田　真澄	(巨)	8	8	2	0	1	0	0	0	1	0	0	0	0	0	0	0	1	0	.500	('87〜'89,'91〜'94,'97巨)
＊ゲーリー	(中)	1	2	6	0	1	1	0	0	2	1	0	0	0	0	0	0	1	0	.167	('87中)
ゲレーロ	(中)	1	2	6	0	1	0	0	0	1	0	0	0	0	0	0	0	3	0	.167	('17中)
＊源田　壮亮	(武)	5	10	19	2	3	0	0	0	6	2	0	0	0	0	2	0	1	0	.158	('17〜'19,'21,'23武)
ゴメス	(中)	1	2	4	0	0	0	0	0	0	0	0	0	0	0	0	0	0	0	.000	('00中)

選手名	チーム	年数	試合	打数	得点	安打	二塁打	三塁打	本塁打	塁打	打点	盗塁	盗塁刺	犠打	犠飛	四球	死球	三振	併殺打	打率	出場した年度（'20 中止）
ゴンザレス(巨)		1	1	－	－	－	－	－	－	－	－	－	－	－	－	－	－	－	－	－	('09巨)
小池 兼司(南)		5	13	18	2	4	1	0	1	8	6	0	0	0	0	4	0	2	0	.222	('64～'68南)
小池 秀郎(近)		1	1	－	－	－	－	－	－	－	－	－	－	－	－	－	－	－	－	－	('99近)
香田 勲男(近)		1	1	－	－	－	－	－	－	－	－	－	－	－	－	－	－	－	－	－	('97近)
河内 卓司(高)		1	1	1	0	1	0	0	0	1	0	0	0	0	0	0	0	0	0	1.000	('54高)
河野 昭修(西)		1	2	3	0	0	0	0	0	0	0	0	0	0	0	0	0	1	0	.000	('57西)
河埜 和正(巨)		4	12	19	4	5	0	1	0	7	0	2	0	1	1	4	0	4	0	.263	('77～'79,'83巨)
河埜 敬幸(南)		4	12	9	2	2	0	1	0	2	0	1	0	0	0	0	0	1	0	.222	('79,'81,'82,'84南)
小久保裕紀(ソ)		11	26	54	4	13	0	1	2	21	7	1	0	0	1	3	1	21	0	.241	('95～'97,'00～'02ダ,'04巨,'07～'09,'11ソ)
小坂 誠(ロ)		5	12	18	4	4	2	0	0	6	0	2	0	0	1	0	0	5	0	.222	('97,'99,～'01,'03ロ)
小坂 佳隆(広)		2	4	6	0	1	0	0	0	1	0	1	1	0	0	1	0	4	1	.167	('59,'62広)
小園 海斗(広)		1	2	4	0	0	0	0	0	0	0	0	0	0	0	0	0	1	0	.000	('22広)
小谷 正勝(洋)		1	1	0	0	0	0	0	0	0	0	0	0	1	0	0	0	0	0	.000	('71洋)
小玉 明利(近)		9	21	42	3	15	2	0	2	23	9	0	0	0	0	2	0	3	0	.357	('57～'65近)
児玉 利一(中)		3	7	11	1	2	0	0	0	2	1	0	0	0	0	2	0	1	1	.182	('53名,'55,'56中)
小鶴 誠(広)		3	8	15	0	2	1	0	0	3	0	0	1	0	2	0	0	4	0	.133	('51松,'53,'56広)
古葉竹識(毅)(広)		3	8	15	4	5	2	0	1	10	5	1	0	0	0	0	0	0	0	.333	('63,'64,'66広)
小早川毅彦(広)		2	5	7	1	2	0	0	1	5	2	0	0	0	0	0	0	2	0	.286	('84,'87広)
小林 幹英(広)		1	1	－	－	－	－	－	－	－	－	－	－	－	－	－	－	－	－	－	('98広)
小林 繁(神)		7	7	2	0	0	0	0	0	0	0	0	0	0	0	0	0	1	0	.000	('76～'78巨,'79～'81,'83神)
小林 誠司(巨)		3	5	8	1	2	1	0	1	6	1	0	0	0	0	2	1	2	1	.250	('17,'18,'22巨)
小林宏(小林宏2)(ロ)		5	5	－	－	－	－	－	－	－	－	－	－	－	－	－	－	－	－	－	('02,'04,'05,'07,'10ロ)
小林 宏(オ)		1	1	－	－	－	－	－	－	－	－	－	－	－	－	－	－	－	－	－	('97オ)
小林 雅英(ロ)		5	6	－	－	－	－	－	－	－	－	－	－	－	－	－	－	－	－	－	('00,'01,'03,'05,'06ロ)
小深田大翔(楽)		3	6	14	2	1	0	0	0	1	0	0	0	0	0	1	0	0	0	.071	('21～'23楽)
駒田 徳広(横)		6	13	36	3	4	0	0	1	7	1	0	0	0	0	1	0	8	0	.111	('90～'92巨,'95,'97,'98横)
小松 聖(オ)		1	1	－	－	－	－	－	－	－	－	－	－	－	－	－	－	－	－	－	('08オ)
小松 辰雄(中)		4	5	1	0	1	1	0	0	2	0	0	0	0	0	0	0	0	0	1.000	('81,'85,'87,'92中)
小宮山 悟(横)		7	8	0	0	0	0	0	0	0	0	0	0	0	0	0	0	0	0	.000	('91,'93,'95,'97～'99ロ,'00横)
小谷野栄一(日)		1	2	3	0	0	0	0	0	0	0	0	0	0	0	0	0	0	0	.000	('10日)
小山 正明(ロ)		11	14	2	1	1	0	0	0	1	0	0	0	1	0	0	0	0	0	.500	('57～'60,'62,'63神,'64～'67京,'70ロ)
近藤 昭仁(洋)		2	5	10	1	1	0	0	1	4	1	0	0	0	0	0	0	0	0	.100	('62,'65洋)
近藤 和彦(洋)		9	25	74	10	25	6	0	2	37	6	1	1	0	0	9	0	8	0	.338	('60～'68洋)
近藤 健介(ソ)		3	6	17	2	6	0	0	0	6	0	1	0	0	0	2	0	2	3	.353	('18,'19,'23ソ)
呉 昌征(毎)		2	4	5	0	0	0	0	0	0	0	0	0	0	0	－	0	1	0	.000	('51,'53毎)
権藤 博(中)		3	4	1	0	1	0	0	0	1	0	0	0	0	0	0	0	0	0	1.000	('61～'63中)
権藤 正利(神)		3	3	2	0	0	0	0	0	0	0	0	0	0	0	0	0	1	0	.000	('54,'62洋,'68神)
サイスニード(ヤ)		1	1	－	－	－	－	－	－	－	－	－	－	－	－	－	－	－	－	－	('23ヤ)
サファテ(ソ)		3	3	－	－	－	－	－	－	－	－	－	－	－	－	－	－	－	－	－	('11広,'14,'16ソ)
サブロー(大村三郎)(ロ)		2	4	6	2	3	0	0	1	6	1	0	0	0	0	0	0	0	0	.500	('02,'09ロ)
サンチェ(巨)		1	1	0	0	0	0	0	0	0	0	0	0	0	0	0	0	0	0	.000	('86巨)
西園寺昭夫(東)		2	4	5	0	0	0	0	0	0	0	0	0	0	0	0	0	2	0	.000	('59,'61東)
斉藤明夫(明雄)(洋)		6	7	1	0	0	0	0	0	0	0	0	0	0	0	0	0	0	0	.000	('78,'81～'83,'85,'87洋)
斉藤 和巳(ソ)		1	1	－	－	－	－	－	－	－	－	－	－	－	－	－	－	－	－	－	('03ダ,'06ソ)
斎藤 隆(横)		4	4	－	－	－	－	－	－	－	－	－	－	－	－	－	－	－	－	－	('94,'96,'99,'01横)
斎藤 雅樹(巨)		6	6	0	0	0	0	0	0	0	0	0	0	0	0	0	0	0	0	.000	('89,'90,'94～'96,'98巨)
斎藤 佑樹(日)		2	3	－	－	－	－	－	－	－	－	－	－	－	－	－	－	－	－	－	('11,'12日)
佐伯 和司(日)		3	3	－	－	－	－	－	－	－	－	－	－	－	－	－	－	－	－	－	('73,'76広,'78日)
佐伯 貴弘(横)		3	6	11	1	3	1	0	0	4	3	0	0	0	0	2	0	2	0	.273	('95,'96,'01横)
坂井 勝二(洋)		3	3	0	0	0	0	0	0	0	0	0	0	0	0	0	0	0	0	.000	('64,'68京,'72洋)
酒井 勉(オ)		1	1	－	－	－	－	－	－	－	－	－	－	－	－	－	－	－	－	－	('92オ)
坂倉 将吾(広)		2	2	3	0	0	0	0	0	0	0	0	0	0	0	0	0	1	0	.000	('22広)
坂口 智隆(ヤ)		2	5	11	0	2	1	0	0	3	1	0	0	0	0	1	0	1	0	.182	('11オ,'18ヤ)
坂崎 一彦(巨)		2	5	9	0	2	0	0	0	2	0	0	0	0	0	2	0	2	0	.222	('58,'59,'62巨)
阪本 敏三(東)		5	15	40	5	11	2	0	2	19	5	2	1	0	0	0	0	5	1	.275	('68～'71急,'72東)
坂本 勇人(巨)		12	27	66	9	20	2	0	4	34	7	2	0	0	0	0	0	12	1	.303	('08～'14,'16～'19,'21巨)
坂本文次郎(大)		2	4	4	0	0	0	0	0	0	0	0	0	0	0	0	0	1	1	.000	('55,'56大)
嵯峨健四郎(東)		1	1	0	0	0	0	0	0	0	0	0	0	0	0	0	0	0	0	.000	('66東)
桜井 輝秀(南)		2	6	10	2	3	0	0	0	3	0	0	0	0	0	1	0	1	1	.300	('73,'74南)
佐々岡真司(広)		5	6	0	0	0	0	0	0	0	0	0	0	0	0	0	0	0	0	.000	('90,'91,'96,'99,'01広)
佐々木主浩(横)		8	10	0	0	0	0	0	0	0	0	0	0	0	0	0	0	0	0	.000	('92洋,'93,'95～'99,'04横)
佐々木恭介(近)		2	6	7	0	2	0	0	0	2	0	0	0	0	1	0	0	3	0	.286	('75,'78近)
佐々木宏一郎(近)		2	3	0	0	0	0	0	0	0	0	0	0	0	0	1	0	0	0	.000	('68,'69近)
佐々木信也(ロ)		1	2	5	1	2	0	0	0	2	0	0	0	0	0	1	0	2	0	.400	('56高)
佐々木千隼(ロ)		1	1	－	－	－	－	－	－	－	－	－	－	－	－	－	－	－	－	－	('21ロ)
佐々木 誠(武)		6	14	38	7	10	0	0	4	22	5	1	0	0	0	0	0	8	0	.263	('88南,'91～'93ダ,'94,'95武)
佐々木朗希(ロ)		2	2	－	－	－	－	－	－	－	－	－	－	－	－	－	－	－	－	－	('22,'23ロ)
定岡 正二(巨)		1	1	0	0	0	0	0	0	0	0	0	0	0	0	0	0	0	0	.000	('82巨)
定岡 智秋(南)		3	9	5	3	2	0	0	0	2	1	0	0	0	0	0	0	2	1	.400	('75～'77南)
佐藤 誠一(日)		1	1	0	0	0	0	0	0	0	0	0	0	0	0	0	0	0	0	.000	('89日)

オールスター・ゲーム・ライフタイム

選手名	チーム	年数	試合	打数	得点	安打	二塁打	三塁打	本塁打	塁打	打点	盗塁	盗塁刺	犠打	犠飛	四球	死球	三振	併殺打	打率	出場した年度('20中止)
佐藤 孝夫(国)		2	5	5	2	1	0	0	1	4	1	0	1	1	0	1	1	0	0	.200	('55,'60国)
佐藤 達也(オ)		2	2	–	–	–	–	–	–	–	–	–	–	–	–	–	–	–	–	–	('13,'14オ)
*佐藤 輝明(神)		3	6	16	1	3	1	0	1	7	2	0	0	0	1	0	0	8	0	.188	('21~'23神)
佐藤 平七(毎)		1	1	0	0	0	0	0	0	0	0	0	0	0	–	0	0	0	0	.000	('51毎)
佐藤 道郎(南)		3	7	1	0	1	0	0	0	1	0	0	0	0	0	0	0	0	1	1.000	('70,'72,'76南)
佐藤 元彦(京)		1	2	0	0	0	0	0	0	0	0	0	0	0	0	0	0	0	0	.000	('68京)
佐藤 義則(オ)		7	8	2	0	0	0	0	0	0	0	0	0	0	0	0	0	1	0	.000	('78,'84,'85,'88急,'89,'93,'94オ)
里崎 智也(ロ)		7	12	21	2	5	0	0	2	11	5	0	0	0	1	3	0	5	0	.238	('05~'07,'09~'12ロ)
*佐野 恵太(ディ)		3	6	11	0	1	0	0	0	1	0	0	0	0	0	1	0	1	0	.091	('21~'23ディ)
佐野 嘉幸(東)		1	2	2	0	0	0	0	0	0	0	0	0	0	0	0	0	1	0	.000	('69東)
澤崎 俊和(広)		1	1	–	–	–	–	–	–	–	–	–	–	–	–	–	–	–	–	–	('97広)
澤村 拓一(巨)		2	2	–	–	–	–	–	–	–	–	–	–	–	–	–	–	–	–	–	('11,'13巨)
SHINJO(新庄剛志)		7	16	41	8	14	5	0	2	25	4	3	1	0	0	1	0	5	1	.341	('94,'97,'99,'00神,'04~'06日)
G.G.佐藤(佐藤隆彦)(武)		1	2	7	0	4	1	0	0	5	0	0	0	0	0	0	0	0	0	.571	('08武)
*L．シーツ(洋)		1	3	4	0	0	0	0	0	0	0	0	1	0	0	1	0	0	1	.000	('92洋)
A．シーツ(神)		1	2	6	3	3	0	0	1	6	1	0	0	0	0	0	0	0	1	.500	('06神)
シコースキー(武)		2	2	–	–	–	–	–	–	–	–	–	–	–	–	–	–	–	–	–	('09ロ,'10武)
シピン(巨)		5	15	37	0	3	0	0	0	3	0	0	0	0	0	0	0	11	0	.081	('72~'74,'77,'79巨)
*L．ジャクソン(サ)		1	3	7	1	0	0	0	0	0	0	0	0	0	0	1	0	1	0	.000	('67サ)
D．ジャクソン(武)		1	2	3	0	0	0	0	0	0	0	1	0	0	0	1	0	1	1	.000	('95武)
*C．ジョーンズ(南)		1	3	4	0	0	0	0	0	0	1	0	0	0	0	1	0	1	0	.000	('72南)
A．ジョーンズ(楽)		1	3	6	0	1	0	0	0	1	0	0	0	0	0	0	0	0	0	.167	('13楽)
ジョンソン(神)		1	1	–	–	–	–	–	–	–	–	–	–	–	–	–	–	–	–	–	('19神)
潮崎 哲也(武)		1	1	–	–	–	–	–	–	–	–	–	–	–	–	–	–	–	–	–	('95武)
塩谷 和彦(オ)		1	2	1	0	0	0	0	0	0	0	0	0	0	0	0	0	0	0	.000	('03オ)
*塩見 貴洋(楽)		1	1	–	–	–	–	–	–	–	–	–	–	–	–	–	–	–	–	–	('12楽)
塩見 泰隆(ヤ)		1	2	7	1	1	0	0	0	1	0	1	0	0	0	0	0	2	0	.143	('22ヤ)
重松 省三(洋)		1	2	3	1	1	0	0	1	4	1	0	0	0	0	0	0	1	0	.333	('64洋)
*篠塚 利夫(巨)		9	25	55	8	18	5	1	0	25	1	0	0	0	0	1	0	5	1	.327	('82~'89,'91巨)
*篠原 貴行(ダ)		2	2	–	–	–	–	–	–	–	–	–	–	–	–	–	–	–	–	–	('99,'03ダ)
+柴田 勲(巨)		12	36	89	12	22	3	4	1	36	11	10	2	0	0	11	1	19	1	.247	('63~'68,'70,'71,'73,'74,'77,'78巨)
柴田 英治(急)		1	1	0	0	0	0	0	0	0	0	–	0	0	0	4	0	0	0	.000	('53急)
柴田 保光(日)		3	5	0	0	0	0	0	0	0	0	0	0	0	0	0	0	0	0	.000	('85,'86,'91日)
*柴原 洋(ソ)		3	7	10	0	1	0	0	0	1	0	0	0	0	0	0	0	2	0	.100	('00,'01ダ,'06ソ)
渋谷 誠司(サ)		1	2	0	0	0	0	0	0	0	0	0	0	0	0	0	0	0	0	.000	('65サ)
渋谷 幸春(中)		2	3	0	0	0	0	0	0	0	0	0	0	0	0	0	0	0	0	.000	('71,'73中)
*嶋 重宣(広)		1	2	3	0	0	0	0	0	0	0	0	0	0	0	0	0	0	0	.000	('04広)
嶋 基宏(楽)		8	18	20	1	2	0	0	0	2	0	0	0	0	0	1	0	5	0	.100	('07,'10~'15,'17楽)
島内 宏明(楽)		2	4	11	1	6	1	0	0	7	3	1	0	0	0	1	0	1	0	.545	('21,'22楽)
島崎 毅(日)		1	1	–	–	–	–	–	–	–	–	–	–	–	–	–	–	–	–	–	('96日)
島谷 金二(急)		6	18	35	2	11	1	0	1	15	4	1	0	0	0	4	0	4	1	.314	('75,'76中,'77~'80急)
島田源太郎(洋)		2	3	0	0	0	0	0	0	0	0	0	0	0	0	0	0	0	0	.000	('60,'68洋)
島田 直也(横)		1	1	–	–	–	–	–	–	–	–	–	–	–	–	–	–	–	–	–	('99横)
*島田 誠(日)		6	18	44	2	9	0	0	0	9	1	2	1	0	0	1	0	9	0	.205	('79~'83,'85日)
島原 幸雄(西)		2	3	1	0	1	0	0	0	1	1	0	0	0	0	0	0	0	0	1.000	('56,'59西)
*島本 講平(近)		3	9	9	0	2	0	0	0	2	1	0	0	0	0	1	0	4	0	.222	('71南,'76,'77近)
*清水 隆行(巨)		2	4	5	0	0	0	0	0	0	0	0	0	0	0	0	1	0	0	.000	('98,'02巨)
清水 直行(ロ)		3	3	–	–	–	–	–	–	–	–	–	–	–	–	–	–	–	–	–	('03,'05,'08ロ)
*清水 昇(ヤ)		2	2	–	–	–	–	–	–	–	–	–	–	–	–	–	–	–	–	–	('21,'23ヤ)
*下柳 剛(神)		5	5	–	–	–	–	–	–	–	–	–	–	–	–	–	–	–	–	–	('94ダ,'97,'01日,'05,'08神)
許 銘傑(武)		1	1	–	–	–	–	–	–	–	–	–	–	–	–	–	–	–	–	–	('01武)
庄司 智久(ロ)		1	3	6	3	2	0	0	1	5	2	2	0	0	0	1	0	2	0	.333	('81ロ)
+正田 耕三(広)		5	12	18	4	6	0	1	0	8	3	3	1	0	0	3	0	0	0	.333	('87~'90,'92広)
+白井 一幸(日)		2	5	11	3	4	1	0	2	11	0	2	1	0	0	0	0	2	0	.364	('87,'91日)
白井 康勝(日)		2	3	0	0	0	0	0	0	0	0	0	0	0	0	0	0	0	0	.000	('92,'93日)
白石 勝巳(広)		1	3	2	0	0	0	0	0	0	0	0	–	0	1	0	0	0	0	.000	('53広)
*白石 静生(広)		1	1	1	0	0	0	0	0	0	0	0	0	0	0	0	0	0	0	.000	('70広)
白坂 長栄(神)		3	5	9	0	1	1	0	0	2	0	0	0	0	0	0	0	0	0	.111	('52,'54,'55神)
白武 佳久(ロ)		1	1	–	–	–	–	–	–	–	–	–	–	–	–	–	–	–	–	–	('90ロ)
新宅 洋志(中)		1	1	0	0	0	0	0	0	0	0	0	0	0	0	0	0	0	0	.000	('67中)
新谷 博(武)		1	1	–	–	–	–	–	–	–	–	–	–	–	–	–	–	–	–	–	('94武)
城島 健司(ソ)		9	21	46	6	14	3	0	3	26	4	0	0	0	1	1	0	3	2	.304	('97~'01,'03,'04ダ,'05ソ,'10神)
城之内邦雄(巨)		4	6	4	0	2	0	0	0	2	0	0	0	0	0	0	0	2	0	.500	('63,'65~'67巨)
ス アレス(神)		1	1	–	–	–	–	–	–	–	–	–	–	–	–	–	–	–	–	–	('21神)
ス コット(ヤ)		1	3	3	0	0	0	0	0	0	0	0	0	0	0	0	0	1	0	.000	('80ヤ)
スタルヒン(大)		1	1	1	0	0	0	0	0	0	0	0	0	0	0	0	0	0	0	.000	('52大)
スタンカ(南)		2	2	1	0	1	0	0	0	1	2	0	0	0	0	0	0	1	0	1.000	('60,'64南)
*スティーブ(武)		1	3	9	1	1	0	0	0	1	0	0	0	0	0	0	0	1	0	.111	('83武)
スペンサー(急)		2	6	20	4	5	1	0	2	12	4	0	0	0	(1)7	0	0	5	2	.250	('64,'65急)
ズレータ(ソ)		2	4	9	1	1	0	0	1	4	1	0	0	0	0	0	0	2	0	.111	('04ダ,'05ソ)

選手名	チーム	年数	試合	打数	得点	安打	二塁打	三塁打	本塁打	塁打	打点	盗塁	盗塁刺	犠打	犠飛	四球	死球	三振	併殺打	打率	出場した年度（'20中止）
末次利光(民夫)	(巨)	5	15	20	2	2	0	0	0	2	0	0	0	0	0	2	0	8	0	.100	('72〜'76巨)
末吉 俊信	(毎)	1	1	1	0	0	0	0	0	0	0	0	0	0	0	0	0	0	0	.000	('52毎)
菅野 智之	(巨)	7	7	—	—	—	—	—	—	—	—	—	—	—	—	—	—	—	—	—	('13〜'19巨)
菅原 勝矢	(巨)	1	1	0	0	0	0	0	0	0	0	0	0	0	0	0	0	0	0	.000	('67巨)
菅原 道裕	(大)	1	1	2	0	0	0	0	0	0	0	0	0	0	0	0	0	1	0	.000	('53大)
＊杉内 俊哉	(巨)	7	7	—	—	—	—	—	—	—	—	—	—	—	—	—	—	—	—	—	('05,'07〜'11ソ,'12巨)
杉浦 忠	(南)	6	9	4	0	0	0	0	0	0	0	0	0	0	0	2	0	0	0	.000	('58〜'61,'64,'65南)
＊杉浦 享(亨)	(ヤ)	3	9	11	2	3	1	0	0	4	2	1	0	0	0	3	0	4	0	.273	('79,'82,'85ヤ)
＊杉下 茂	(中)	6	9	3	0	0	0	0	0	0	0	0	0	0	0	1	0	0	0	.000	('51〜'53名,'54〜'56中)
＊杉本 正	(中)	3	4	1	0	0	0	0	0	0	0	0	0	0	0	0	0	1	0	.000	('82武,'86,'87中)
杉本裕太郎	(オ)	2	4	10	1	5	1	0	1	9	1	0	0	0	0	0	0	1	0	.500	('21,'23オ)
杉山 賢人	(武)	1	1	—	—	—	—	—	—	—	—	—	—	—	—	—	—	—	—	—	('94武)
＊杉山 光平	(南)	3	6	9	0	2	0	0	0	2	0	0	0	0	0	3	0	1	0	.222	('56,'58,'61南)
杉山 悟	(中)	3	7	15	0	1	1	0	0	2	0	0	0	0	0	0	0	4	0	.067	('53名,'54,'55中)
杉山 知隆	(洋)	1	1	—	—	—	—	—	—	—	—	—	—	—	—	—	—	—	—	—	('77洋)
鈴木 皓武	(サ)	1	1	0	0	0	0	0	0	0	0	0	0	0	0	0	0	0	0	.000	('67サ)
＊鈴木 啓示	(近)	15	20	8	0	3	0	0	0	3	0	0	0	0	0	0	0	4	1	.375	('66〜'73,'75〜'78,'80,'83,'84近)
＊鈴木 健	(ヤ)	3	6	15	0	5	2	0	0	7	0	0	0	0	0	1	0	4	1	.333	('97,'98,'03ヤ)
鈴木 誠也	(広)	5	10	27	4	9	2	0	2	17	4	0	0	0	1	1	0	1	0	.333	('16〜'19,'21広)
鈴木 平	(オ)	1	1	—	—	—	—	—	—	—	—	—	—	—	—	—	—	—	—	—	('96オ)
＊鈴木 隆	(洋)	3	3	0	0	0	0	0	0	0	0	0	0	0	0	0	0	0	0	.000	('58〜'60洋)
＊鈴木 尚典	(横)	4	8	22	1	9	1	0	0	10	1	0	0	0	0	0	0	6	1	.409	('97〜'99,'01横)
鈴木 貴久	(近)	3	6	8	2	2	0	1	1	7	2	0	0	0	0	1	0	3	0	.250	('90,'91,'94近)
鈴木 尚広	(巨)	1	2	0	1	0	0	0	0	0	0	2	1	0	0	0	0	0	0	.000	('15巨)
鈴木 孝政	(中)	7	13	0	0	0	0	0	0	0	0	0	0	0	0	0	0	0	0	.000	('75〜'78,'84,'85,'87中)
＊鈴木 大地	(近)	5	11	18	4	6	2	1	1	13	3	0	0	1	0	0	0	4	0	.333	('13,'14,'16,'17,'19ロ)
鈴木康二朗	(近)	3	6	1	0	0	0	0	0	0	0	0	0	0	0	0	0	0	0	.000	('77,'78ヤ,'84近)
鈴木 慶裕	(日)	1	3	4	0	0	0	0	0	0	0	0	0	0	0	1	0	0	0	.000	('92日)
角 富士夫	(ヤ)	1	3	1	0	0	0	0	0	0	0	0	0	0	0	1	0	0	0	.000	('78ヤ)
＊角 三男	(巨)	2	5	1	0	0	0	0	0	0	0	0	0	0	0	0	0	0	0	.000	('81,'83巨)
鈴谷（鈴仁朗）	(武)	3	5	8	0	1	0	0	0	1	0	0	0	0	0	0	0	2	1	.125	('11,'15,'16武)
清 俊彦	(近)	2	5	0	0	0	0	0	0	0	0	0	0	0	0	0	0	0	0	.000	('69,'70近)
＊関川 浩一	(中)	2	5	9	5	2	0	1	0	2	0	1	0	0	0	0	0	1	0	.222	('95神,'99中)
関口 清治	(西)	5	8	8	0	1	0	0	0	1	0	0	0	0	0	0	0	4	0	.000	('54,'55,'57,'58,'60西)
＊関根 潤三	(近)	5	11	9	0	1	0	0	0	1	0	0	0	0	0	2	0	4	0	.111	('53,'59,'60,'62,'63近)
＊関根 大気	(ディ)	1	2	5	0	0	0	0	0	0	0	0	0	0	0	0	0	0	0	.000	('23ディ)
関根 裕之	(日)	1	1	—	—	—	—	—	—	—	—	—	—	—	—	—	—	—	—	—	('98日)
関本四十四	(巨)	1	1	0	0	0	0	0	0	0	0	0	0	0	0	0	0	0	0	.000	('74日)
攝津 正	(ソ)	2	2	—	—	—	—	—	—	—	—	—	—	—	—	—	—	—	—	—	('09,'11ソ)
千賀 滉大	(ソ)	3	3	—	—	—	—	—	—	—	—	—	—	—	—	—	—	—	—	—	('13,'17,'19ソ)
千田 啓介	(ロ)	1	3	0	0	0	0	0	0	0	0	0	0	0	0	0	0	0	0	.000	('74ロ)
千藤三樹男	(日)	1	3	3	0	1	0	0	0	1	0	0	0	0	0	0	0	0	0	.333	('78日)
鋲村 健四	(広)	1	2	0	0	0	0	0	0	0	0	0	0	0	0	0	0	0	0	.000	('54広)
＊ソレイタ	(日)	1	3	1	0	0	0	0	0	0	0	0	0	0	0	2	0	0	0	.000	('81日)
ソロムコ	(神)	1	2	5	1	2	0	0	0	0	0	0	0	0	0	0	0	1	1	.400	('60神)
荘 勝雄	(ロ)	1	2	0	0	0	0	0	0	0	0	0	0	0	0	0	0	0	0	.000	('85ロ)
外木場義郎	(広)	5	8	2	0	0	0	0	0	0	0	0	0	0	0	0	0	1	0	.000	('68〜'70,'74,'75広)
宋 家豪	(楽)	1	1	—	—	—	—	—	—	—	—	—	—	—	—	—	—	—	—	—	('21楽)
＊宣 銅烈	(中)	1	1	—	—	—	—	—	—	—	—	—	—	—	—	—	—	—	—	—	('97中)
＊ターリー	(広)	1	1	—	—	—	—	—	—	—	—	—	—	—	—	—	—	—	—	—	('23広)
タイロン・ウッズ	(中)	3	6	16	3	5	2	0	1	10	1	0	0	0	0	0	0	3	1	.313	('03横,'07,'08中)
ダルビッシュ有	(日)	5	5	—	—	—	—	—	—	—	—	—	—	—	—	—	—	—	—	—	('07〜'11日)
大豊 泰昭	(中)	3	7	15	1	2	0	0	0	3	1	0	0	0	0	0	0	3	1	.133	('91,'94,'96中)
平良 海馬	(武)	3	3	—	—	—	—	—	—	—	—	—	—	—	—	—	—	—	—	—	('21〜'23武)
田尾 安志	(武)	7	21	39	2	5	1	0	0	6	2	1	1	0	0	2	0	8	0	.128	('80〜'84中,'85,'86武)
高井 保弘	(急)	1	2	1	1	1	0	0	1	4	2	0	0	0	0	1	0	0	0	1.000	('74急)
高木 大成	(武)	3	7	12	3	3	0	0	0	3	0	0	0	0	0	(1)1	0	2	0	.250	('97〜'99武)
高木 喬	(近)	2	6	10	2	4	1	0	1	8	2	0	0	0	0	2	0	0	0	.400	('65,'67近)
＊高木 宣宏	(広)	1	2	0	0	0	0	0	0	0	0	0	0	0	0	0	0	0	0	.000	('85広)
高木 勇人	(巨)	1	1	—	—	—	—	—	—	—	—	—	—	—	—	—	—	—	—	—	('15巨)
＊高木 浩之	(武)	2	5	3	0	1	0	0	0	1	0	0	0	0	0	0	0	0	0	.333	('99,'03武)
＊高木 守道	(中)	4	12	26	5	5	2	0	0	7	1	0	0	0	0	3	1	6	1	.192	('66,'67,'73,'79中)
＊高木 豊	(洋)	8	20	36	5	9	1	0	0	13	6	2	0	0	0	4	0	6	0	.250	('83〜'86,'88,'90〜'92洋)
高木 嘉一	(洋)	1	2	3	0	1	0	0	0	2	1	0	0	0	0	0	0	0	0	.333	('77,'78洋)
高倉 照幸	(西)	9	19	41	6	14	1	0	2	21	8	1	1	0	1	2	1	5	1	.341	('56,'57,'59,'61〜'66西)
高沢 秀昭	(ロ)	5	13	23	4	4	0	0	2	10	5	2	0	0	0	1	0	4	0	.174	('84,'86〜'89ロ)
高代 延博	(日)	3	8	4	0	0	0	0	0	0	0	0	0	0	0	0	0	0	0	.000	('79,'80,'83日)
高須 洋介	(楽)	1	2	4	0	0	0	0	0	0	0	0	0	0	0	0	0	0	0	.000	('07楽)
＊高田 繁	(巨)	8	24	46	5	8	1	0	1	12	2	4	0	0	0	2	0	10	0	.174	('68〜'73,'75,'76巨)
高津 臣吾	(ヤ)	6	7	1	0	0	0	0	0	0	0	0	0	0	0	0	0	0	0	.000	('94,'96,'99,'00,'03,'07ヤ)

オールスター・ゲーム・ライフタイム

選手名	年数	試合	打数	得点	安打	二塁打	三塁打	本塁打	塁打	打点	盗塁	盗塁刺	犠打	犠飛	四球	死球	三振	併殺打	打率	出場した年度（'20中止）
＊高梨 雄平(巨)	1	1	—	—	—	—	—	—	—	—	—	—	—	—	—	—	—	—	—	('21巨)
高野 光(ヤ)	1	2	0	0	0	0	0	0	0	0	0	0	0	0	0	0	0	0	.000	('86ヤ)
高野 裕良(洋)	2	2	0	0	0	0	0	0	0	0	0	—	0	0	0	0	0	0	.000	('51,'52洋)
高橋栄一郎(南)	1	1	0	0	0	0	0	0	0	0	0	0	0	0	0	1	0	0	.000	('63南)
＊高橋 一三(日)	6	9	1	0	0	0	0	0	0	0	0	0	0	0	0	0	0	0	.000	('69～'71,'73巨,'77,'81日)
＊高橋 奎二(ヤ)	1	1	—	—	—	—	—	—	—	—	—	—	—	—	—	—	—	—	—	('22ヤ)
＊高橋 建(広)	4	5	0	0	0	0	0	0	0	0	0	0	0	0	0	0	0	0	.000	('00,'01,'03,'08広)
高橋 光成(武)	1	1	—	—	—	—	—	—	—	—	—	—	—	—	—	—	—	—	—	('19武)
高橋 里志(広)	1	1	0	0	0	0	0	0	0	0	0	0	0	0	0	0	0	0	.000	('77広)
高橋 智(オ)	2	5	13	2	5	1	1	0	8	1	0	0	0	0	2	0	5	0	.385	('92,'93オ)
高橋 重行(洋)	3	4	0	0	0	0	0	0	0	0	0	0	0	0	0	0	0	0	.000	('64,'65,'78洋)
＊高橋 周平(中)	1	2	5	3	4	2	0	0	6	2	0	0	0	0	0	0	0	0	.800	('19中)
高橋 信二(日)	3	5	10	2	4	1	0	0	5	2	0	0	0	0	0	0	2	0	.400	('04,'07,'09日)
＊高橋 朋己(武)	1	1	—	—	—	—	—	—	—	—	—	—	—	—	—	—	—	—	—	('15武)
＊高橋 直樹(武)	6	7	1	0	0	0	0	0	0	0	0	0	0	0	0	0	1	0	.000	('75,'77～'80日,'83武)
＊高橋 尚成(巨)	1	1	—	—	—	—	—	—	—	—	—	—	—	—	—	—	—	—	—	('07巨)
高橋 博(南)	1	3	10	1	0	0	0	0	0	0	0	0	0	0	0	0	1	0	.000	('71南)
＊高橋 優貴(巨)	1	1	—	—	—	—	—	—	—	—	—	—	—	—	—	—	—	—	—	('21巨)
＊高橋 由伸(巨)	9	21	51	9	17	1	1	4	32	8	1	0	0	0	2	1	8	0	.333	('98～'04,'07,'12巨)
＋高橋 慶彦(広)	6	18	55	6	15	4	1	0	21	5	5	4	1	1	3	1	7	1	.273	('79,'80,'83～'86広)
高橋 善正(東)	2	2	0	0	0	0	0	0	0	0	0	0	0	0	0	0	0	0	.000	('68,'72東)
高橋 礼(ソ)	1	1	—	—	—	—	—	—	—	—	—	—	—	—	—	—	—	—	—	('19ソ)
高林 恒夫(巨)	1	2	1	0	0	0	0	0	0	0	0	0	0	0	0	0	0	0	.000	('61巨)
＊高部 瑛斗(ロ)	1	2	8	0	1	0	0	0	1	0	1	0	0	0	0	0	0	1	.125	('22ロ)
高村 祐(近)	2	2	—	—	—	—	—	—	—	—	—	—	—	—	—	—	—	—	—	('96,'98近)
＊髙山 俊(神)	1	2	5	0	1	0	0	0	1	0	1	0	0	0	0	0	1	0	.200	('16神)
宅和 本司(南)	1	2	1	0	0	0	0	0	0	0	0	0	0	0	0	0	1	0	.000	('55南)
＊田口 麗斗(ヤ)	2	2	—	—	—	—	—	—	—	—	—	—	—	—	—	—	—	—	—	('17巨,'23ヤ)
田口 壮(オ)	4	10	15	2	6	0	0	1	9	5	0	0	0	1	0	1	3	0	.400	('95～'97,'01オ)
武上 四郎(ヤ)	4	12	23	3	7	1	1	0	10	3	0	0	2	0	1	0	7	0	.304	('68サ,'69ア,'70,'71ヤ)
竹下 光郎(近)	1	1	2	0	1	0	0	0	1	0	0	0	0	0	0	0	1	0	.500	('60近)
武末 悉昌(西)	1	1	1	0	0	0	0	0	0	0	0	—	0	0	0	0	0	0	.000	('51西)
＊武田 一浩(中)	5	5	0	0	0	0	0	0	0	0	0	0	0	0	0	0	0	0	.000	('90,'91日,'96,'98ダ,'99中)
＊武田 翔太(ソ)	1	1	—	—	—	—	—	—	—	—	—	—	—	—	—	—	—	—	—	('15ソ)
＊武田 久(日)	6	6	—	—	—	—	—	—	—	—	—	—	—	—	—	—	—	—	—	('06～'09,'11,'12日)
＊武田 勝(日)	1	1	—	—	—	—	—	—	—	—	—	—	—	—	—	—	—	—	—	('11日)
武智 修(近)	1	1	1	0	0	0	0	0	0	0	0	—	0	0	0	0	0	0	.000	('55近)
武智(田中)文雄(近)	2	2	0	0	0	0	0	0	0	0	0	0	0	0	0	0	0	0	.000	('54,'56近)
田代 富雄(洋)	2	3	4	0	0	0	0	0	0	0	0	0	0	0	0	0	1	0	.000	('77洋)
田島 慎二(中)	2	2	—	—	—	—	—	—	—	—	—	—	—	—	—	—	—	—	—	('12,'16中)
達川 光男(広)	7	14	14	0	2	0	0	0	2	0	0	0	1	0	0	0	4	2	.143	('83,'86～'89,'91,'92広)
＊立浪 和義(中)	11	22	45	5	10	2	1	0	14	1	1	0	0	0	(1)7	0	9	0	.222	('88,'91,'94～'98,'00,'02～'04中)
＊巽 一(国)	1	1	1	0	1	0	0	0	1	0	0	0	0	0	0	0	0	—	1.000	('60国)
館山 昌平(ヤ)	4	4	—	—	—	—	—	—	—	—	—	—	—	—	—	—	—	—	—	('08,'09,'11,'12ヤ)
建山 義紀(日)	1	1	—	—	—	—	—	—	—	—	—	—	—	—	—	—	—	—	—	('00日)
田中 章(平)	1	2	0	0	0	0	0	0	0	0	0	0	0	0	0	0	0	0	.000	('73平)
田中久寿男(西)	1	2	4	0	0	0	0	0	0	0	0	0	0	0	0	0	2	0	.000	('61西)
＊田中健二朗(ディ)	1	1	—	—	—	—	—	—	—	—	—	—	—	—	—	—	—	—	—	('15ディ)
＊田中 賢介(日)	3	6	9	1	2	0	0	0	2	0	0	0	0	0	0	0	1	1	.222	('08,'10,'12日)
＊田中 広輔(広)	3	6	10	1	4	0	1	0	6	3	1	0	0	0	0	0	1	0	.400	('15,'17,'18広)
田中 正義(日)	1	1	—	—	—	—	—	—	—	—	—	—	—	—	—	—	—	—	—	('23日)
田中 尊(広)	2	5	5	0	0	0	0	0	0	0	0	0	0	0	0	0	1	0	.000	('66,'68広)
田中 富生(日)	1	1	0	0	0	0	0	0	0	0	0	0	0	0	0	0	0	0	.000	('84日)
田中 将大(楽)	7	7	—	—	—	—	—	—	—	—	—	—	—	—	—	—	—	—	—	('07～'09,'11～'13,'23楽)
＊田中 調(東)	3	5	0	0	0	0	0	0	0	0	0	0	0	0	0	0	0	0	.000	('65,'67,'69東)
田中 幸雄(日)	9	21	45	2	6	2	0	0	8	2	1	0	0	0	4	1	13	1	.133	('88～'91,'94～'97,'99日)
田辺 徳雄(武)	2	4	10	3	5	1	0	1	9	1	0	0	0	0	0	0	2	0	.500	('92,'94武)
谷 佳知(オ)	6	13	41	7	10	1	0	1	14	4	1	0	0	0	0	0	6	1	.244	('01～'04,'06オ,'07巨)
谷繁 元信(中)	12	22	33	7	9	4	0	0	13	2	0	0	0	1	2	0	7	2	.273	('93,'97～'01横,'02,'05,'07,'12～'14中)
谷村 智博(神)	1	1	0	0	0	0	0	0	0	0	0	0	0	0	0	0	0	0	.000	('72神)
谷元 圭介(日)	1	2	—	—	—	—	—	—	—	—	—	—	—	—	—	—	—	—	—	('17日)
谷本 稔(毎)	2	3	4	0	1	0	0	0	1	0	0	0	0	0	0	0	1	1	.250	('60,'63毎)
種市 篤暉(ロ)	1	1	—	—	—	—	—	—	—	—	—	—	—	—	—	—	—	—	—	('23ロ)
種田 仁(横)	3	5	7	0	0	0	0	0	0	0	0	0	0	0	0	0	2	0	.000	('93ロ,'04,'05横)
種茂 雅之(東)	1	1	0	0	0	0	0	0	0	0	0	0	0	0	0	0	0	0	.000	('66東)
田上 秀則(ソ)	1	2	3	0	1	0	0	0	1	0	0	0	0	0	0	0	0	0	.333	('09ソ)
田畑 一也(ヤ)	2	3	—	—	—	—	—	—	—	—	—	—	—	—	—	—	—	—	—	('96,'97ヤ)
田淵 幸一(武)	11	30	78	9	15	3	0	3	27	6	0	1	0	0	8	2	23	1	.192	('69～'76,'78神,'79,'84武)
＊玉造 陽二(西)	1	3	5	0	1	0	0	0	1	0	0	0	0	0	0	0	1	0	.200	('64西)
＊田宮謙次郎(毎)	7	15	38	3	11	3	0	1	17	6	1	2	0	0	5	0	6	1	.289	('55～'58神,'60～'62毎)

選手名	チーム	年数	試合	打数	得点	安打	二塁打	三塁打	本塁打	塁打	打点	盗塁	盗塁刺	犠打	犠飛	四球	死球	三振	併殺打	打率	出場した年度('20 中止)
田村 龍弘	(ロ)	2	4	6	0	1	0	0	0	1	1	0	0	0	0	0	0	1	0	.167	('16,'17ロ)
多村 仁志	(ソ)	1	2	4	0	1	0	0	0	1	1	0	0	0	0	0	0	1	0	.250	('10ソ)
田村 藤夫	(日)	9	20	28	3	6	0	0	1	9	2	0	0	0	1	0	0	7	0	.214	('86~'94日)
醍醐 猛夫	(ロ)	4	7	8	1	3	1	0	0	4	0	0	0	0	0	0	0	2	0	.375	('65,'68京,'69,'71ロ)
-チェコ	(広)	1	1	-	-	-	-	-	-	-	-	-	-	-	-	-	-	-	-	-	('95広)
*近本 光司	(神)	3	6	15	3	11	2	1	1	18	3	2	1	0	0	(1)1	0	1	0	.733	('19,'21,'22神)
*千原陽三郎	(中)	1	2	2	0	0	0	0	0	0	0	0	0	0	0	0	0	1	0	.000	('68中)
千葉 茂	(巨)	5	11	36	4	6	2	0	1	11	1	0	2	0	0	8	0	4	0	.167	('51~'55巨)
-張 誌家	(武)	1	1	-	-	-	-	-	-	-	-	-	-	-	-	-	-	-	-	-	('04武)
趙 成珉	(巨)	1	1	-	-	-	-	-	-	-	-	-	-	-	-	-	-	-	-	-	('98巨)
*長野 久義	(巨)	3	9	26	3	8	0	0	1	11	1	0	0	0	0	0	0	4	1	.308	('11~'13巨)
*塚原 頌平	(オ)	1	2	-	-	-	-	-	-	-	-	-	-	-	-	-	-	-	-	-	('16オ)
佃 明宏	(毎)	1	2	5	2	1	0	0	1	4	2	0	0	0	0	0	0	3	0	.200	('56毎)
*辻 発彦	(ヤ)	9	20	27	4	5	1	0	0	6	1	2	0	0	0	0	0	4	0	.185	('86,'88~'94武,'96ヤ)
辻 佳紀	(近)	4	9	8	0	2	0	0	0	2	0	0	0	0	0	1	0	1	1	.250	('65~'67神,'70近)
津田恒実(恒美)	(広)	5	7	0	0	0	0	0	0	0	0	0	0	0	0	0	0	0	0	.000	('83,'86~'89広)
土屋 正孝	(国)	1	2	6	0	0	0	0	0	0	0	0	0	0	0	2	0	1	0	.000	('61国)
筒井 敬三	(南)	2	4	4	0	1	0	0	0	1	0	0	0	0	0	0	0	1	0	.250	('53,'55南)
*筒香 嘉智	(ディ)	5	10	29	7	12	3	0	5	30	11	0	0	0	1	1	0	5	1	.414	('15~'19ディ)
津野 浩	(日)	2	2	1	0	0	0	0	0	0	0	0	0	0	0	0	0	0	0	.000	('85,'88日)
坪井 智哉	(日)	2	4	13	3	3	1	0	1	7	5	0	0	0	0	0	0	1	0	.231	('00神,'03日)
坪内 道典	(名)	1	3	4	0	0	0	0	0	0	0	0	0	0	0	0	0	1	0	.000	('51名)
津森 宥紀	(ソ)	2	2	-	-	-	-	-	-	-	-	-	-	-	-	-	-	-	-	-	('21,'23ソ)
鶴岡 慎也	(日)	2	5	3	0	1	0	0	0	1	0	0	0	0	0	0	0	0	0	.333	('12,'13日)
*T-岡田(岡田貴弘)	(オ)	3	7	18	2	3	1	0	1	7	1	0	0	0	0	0	0	5	0	.167	('10,'11,'17オ)
*テーラー	(神)	3	8	8	0	0	0	0	0	0	0	0	0	0	0	1	0	2	0	.000	('74神)
*テリー	(武)	1	3	9	1	2	0	1	0	5	2	0	1	0	0	2	0	3	0	.222	('83武)
*デービス	(近)	1	3	9	1	4	2	0	1	9	2	1	0	0	0	0	0	0	0	.444	('87近)
ディアズ	(武)	1	3	9	0	0	0	0	0	0	0	0	0	0	0	0	0	0	0	.000	('89ディ)
ディクソン	(オ)	1	1	-	-	-	-	-	-	-	-	-	-	-	-	-	-	-	-	-	('15オ)
-デストラーデ	(武)	1	3	9	0	0	0	0	0	0	0	0	0	0	0	0	0	4	0	.000	('92武)
デスパイネ	(ソ)	3	6	11	1	6	0	0	1	9	3	0	0	0	0	1	0	1	0	.545	('17~'19ソ)
デニー(友利結)	(武)	1	1	-	-	-	-	-	-	-	-	-	-	-	-	-	-	-	-	-	('98武)
鉄平(土谷鉄平)	(楽)	2	4	5	1	1	1	0	0	2	0	0	0	0	0	0	0	1	0	.200	('07,'10楽)
寺内 崇幸	(巨)	1	2	1	0	1	0	0	0	1	0	0	0	0	0	0	0	0	0	1.000	('13日)
寺田 陽介	(南)	1	2	4	1	1	1	0	0	2	0	0	0	0	0	0	0	1	0	.250	('59南)
寺原 隼人	(オ)	2	2	-	-	-	-	-	-	-	-	-	-	-	-	-	-	-	-	-	('08横,'11オ)
*トラックスラー	(ダ)	1	2	4	0	3	0	0	0	3	1	0	0	0	0	0	0	0	0	.750	('94ダ)
*トレーバー	(近)	1	2	4	0	0	0	0	0	0	0	0	0	0	0	0	0	0	0	.000	('91近)
東野 峻	(巨)	1	1	-	-	-	-	-	-	-	-	-	-	-	-	-	-	-	-	-	('10巨)
*遠井 吾郎	(神)	3	8	12	2	4	0	0	0	10	7	0	0	0	0	0	0	2	2	.333	('66,'67,'70神)
*遠山 奬志	(神)	1	1	-	-	-	-	-	-	-	-	-	-	-	-	-	-	-	-	-	('00神)
十亀 剣	(武)	1	1	-	-	-	-	-	-	-	-	-	-	-	-	-	-	-	-	-	('15武)
徳網 茂	(神)	4	7	8	0	2	1	0	0	3	1	0	0	1	0	2	0	0	0	.250	('51,'53~'55神)
徳武 定之	(国)	1	2	1	1	0	0	0	0	0	0	0	0	0	0	1	0	0	0	.000	('63国)
-得津 高宏	(ロ)	1	3	3	0	0	0	0	0	0	0	0	0	0	0	0	0	1	0	.000	('77ロ)
徳久 利明	(近)	2	4	0	0	0	0	0	0	0	0	0	0	0	0	0	0	0	0	.000	('64,'65近)
戸倉 勝城	(急)	4	7	6	0	0	0	0	0	0	0	0	0	0	0	1	0	5	0	.000	('51,'53,'55,'56急)
床田 寛樹	(広)	2	2	-	-	-	-	-	-	-	-	-	-	-	-	-	-	-	-	-	('19,'22広)
戸郷 翔征	(巨)	3	3	-	-	-	-	-	-	-	-	-	-	-	-	-	-	-	-	-	('21~'23巨)
戸田 善紀	(急)	1	1	0	0	0	0	0	0	0	0	0	0	0	0	0	0	0	0	.000	('76急)
外崎 修汰	(武)	2	4	11	2	2	0	0	0	2	0	0	0	0	0	0	0	3	2	.182	('18,'23武)
*戸柱 恭孝	(ディ)	2	3	4	0	1	0	0	0	1	2	0	0	0	0	0	0	1	0	.250	('16,'17ディ)
富田 勝	(南)	2	6	10	0	4	0	0	0	4	2	0	0	0	0	1	0	3	1	.400	('70南,'78日)
豊田 清	(武)	4	4	-	-	-	-	-	-	-	-	-	-	-	-	-	-	-	-	-	('97,'01~'03武)
豊田 泰光	(国)	9	19	53	13	17	2	0	0	19	1	1	2	0	0	10	0	13	0	.321	('55~'60,'62西,'63,'64国)
鳥谷 敬	(神)	7	16	38	6	12	2	0	0	14	2	0	0	0	0	3	0	3	0	.316	('05,'06,'12~'15,'17神)
頓宮 裕真	(オ)	1	2	3	1	0	0	0	0	0	0	1	0	0	0	0	0	0	0	.000	('23オ)
土井 淳	(洋)	7	13	14	0	1	0	0	0	1	0	0	0	0	0	0	0	3	0	.071	('56~'62洋)
土井 正三	(巨)	4	12	15	2	6	1	0	0	10	2	1	0	0	1	2	0	6	0	.400	('67~'69,'73巨)
土井 正博	(武)	15	44	96	10	22	1	0	4	35	14	0	1	0	0	11	1	20	0	.229	('63~'69,'71,'73,'74近,'75,'76平,'78ク,'79,'80武)
土井垣 武	(毎)	2	5	21	0	3	1	0	0	4	1	0	0	0	3	0	2	2	1	.143	('51,'52毎)
堂林 翔太	(広)	3	8	12	2	3	0	0	1	6	1	0	0	0	0	1	0	2	0	.250	('12~'14広)
堂上 照	(中)	1	1	0	0	0	0	0	0	0	0	0	0	0	0	0	0	0	0	.000	('78中)
土橋 勝征	(ヤ)	1	2	3	0	1	0	0	0	1	0	0	0	0	0	0	0	1	0	.333	('95ヤ)
土橋 正幸	(東)	7	8	2	0	1	0	0	0	1	0	0	0	0	0	0	0	1	0	.500	('58~'64東)
内藤 尚行	(ヤ)	1	1	-	-	-	-	-	-	-	-	-	-	-	-	-	-	-	-	-	('91ヤ)
*中 暁生	(中)	6	17	41	4	14	3	0	1	20	9	3	0	0	0	0	0	7	0	.341	('59,'60,'66,'67,'69,'70中)
*中尾 孝義	(巨)	3	8	14	2	4	0	0	0	6	1	0	0	0	0	1	0	3	2	.286	('82,'84中,'89巨)
中尾 碩志	(巨)	1	1	-	-	-	-	-	0	-	-	-	-	0	-	-	-	-	-	.000	('51巨)

オールスター・ゲーム・ライフタイム

選手名	チーム	年数	試合	打数	得点	安打	二塁打	三塁打	本塁打	塁打	打点	盗塁	盗塁刺	犠打	犠飛	四球	死球	三振	併殺打	打率	出場した年度('20 中止)
中込　伸	(神)	1	1	－	－	－	－	－	－	－	－	－	－	－	－	－	－	－	－	－	('92神)
中崎　翔太	(広)	2	2	－	－	－	－	－	－	－	－	－	－	－	－	－	－	－	－	－	('16,'18広)
中沢　伸二	(急)	6	13	10	0	1	1	0	0	2	1	0	0	1	0	0	0	5	0	.100	('74,'75,'78,'79,'82,'83急)
＊中島　卓也	(日)	1	2	4	0	1	0	0	0	1	0	0	0	0	0	0	0	2	0	.250	('15日)
中嶋　聡	(武)	6	11	9	1	5	0	0	1	8	1	0	0	0	0	2	0	1	1	.556	('89～'91,'95,'96オ,'99武)
中島　輝士	(日)	1	3	2	0	1	0	0	0	1	0	0	0	0	0	0	0	0	1	.500	('92日)
中島　裕之	(武)	8	18	45	5	13	5	2	0	22	1	1	0	0	0	0	0	12	0	.289	('04,'06～'12武)
中田　賢一	(中)	1	1	－	－	－	－	－	－	－	－	－	－	－	－	－	－	－	－	－	('07中)
中田　翔	(巨)	9	20	51	7	13	4	0	1	20	4	0	0	0	0	0	1	12	3	.255	('11～'18日,'23巨)
中田　昌宏	(急)	1	2	4	0	0	0	0	0	0	0	0	0	0	0	0	0	1	0	.000	('59急)
中谷準志(順次)	(西)	3	7	14	3	6	0	1	2	14	3	0	0	1	0	1	0	4	0	.429	('51,'52急,'55西)
＊仲田　幸司	(神)	1	1	0	0	0	0	0	0	0	0	0	0	0	0	0	0	0	0	.000	('92神)
中田　良弘	(神)	1	1	－	－	－	－	－	－	－	－	－	－	－	－	－	－	－	－	－	('90神)
＊中塚　政幸	(洋)	4	12	19	4	7	2	1	1	14	2	1	2	0	0	6	0	1	1	.368	('70,'74,'75,'79洋)
中西　勝己	(毎)	1	1	0	0	0	0	0	0	0	0	0	0	0	0	0	0	0	0	.000	('60毎)
中西　清起	(神)	2	2	0	0	0	0	0	0	0	0	0	0	0	0	0	0	0	0	.000	('87,'88神)
中西　太	(西)	7	13	29	5	5	2	0	2	13	5	0	0	0	0	3	0	9	0	.172	('53～'55,'57,'58,'61,'63西)
＊中野　拓夢	(神)	3	6	10	0	2	0	0	0	2	1	0	0	0	1	0	0	3	0	.200	('21～'23神)
中畑　清	(巨)	6	18	29	5	9	3	1	2	20	5	0	0	0	0	2	0	6	1	.310	('81～'85,'88巨)
＊中村　晃	(ソ)	2	4	10	1	2	0	0	0	2	0	0	0	0	0	0	0	0	1	.200	('18,'23ソ)
中村　勝広	(神)	3	8	7	0	0	0	0	0	0	0	0	0	0	0	1	0	2	1	.000	('72,'75,'77神)
中村　奨吾	(ロ)	2	4	7	1	3	0	0	0	3	0	0	0	0	0	1	0	1	0	.429	('18,'21ロ)
中村　武志	(中)	8	15	17	0	3	1	0	0	4	1	0	0	0	0	0	0	4	0	.176	('88～'91,'93,'96,'98,'01中)
中村　剛也	(武)	8	17	42	5	8	1	0	3	18	4	0	0	0	1	1	0	15	1	.190	('08,'09,'11,'12,'14,'15,'21,'23武)
中村　紀洋	(デ)	9	24	57	8	16	1	0	5	32	10	0	0	1	0	5	0	21	0	.281	('95,'96,'99～'02,'04近,'12,'13デ)
中村　稔	(巨)	3	3	0	0	0	0	0	0	0	0	0	0	0	0	0	0	0	0	.000	('62,'65,'66巨)
中村　悠平	(ヤ)	7	13	14	1	3	0	0	0	3	0	0	0	1	0	0	0	3	0	.214	('14～'16,'18,'19,'21,'22ヤ)
＊中山　俊丈	(中)	2	2	0	1	0	0	0	0	0	0	0	0	0	0	0	1	0	0	.000	('56,'57中)
中山　裕章	(中)	3	4	0	0	0	0	0	0	0	0	0	0	0	0	0	0	0	0	.000	('88,'89洋,'96中)
永井　怜	(楽)	1	1	－	－	－	－	－	－	－	－	－	－	－	－	－	－	－	－	－	('10楽)
＊永射　保	(武)	2	5	0	0	0	0	0	0	0	0	0	0	0	0	0	0	0	0	.000	('77ク,'81武)
長池　徳二	(急)	9	27	80	6	17	2	1	3	30	13	0	1	0	2	3	0	17	2	.213	('67～'75急)
＊長岡　秀樹	(ヤ)	2	4	6	0	1	1	0	0	2	0	0	0	0	0	1	0	1	0	.167	('22,'23ヤ)
永川　勝浩	(広)	3	3	－	－	－	－	－	－	－	－	－	－	－	－	－	－	－	－	－	('03,'06,'09広)
＊長崎　啓二	(洋)	1	3	4	0	0	0	0	0	0	0	0	0	0	0	0	0	1	0	.000	('82洋)
長嶋　茂雄	(巨)	16	43	150	21	47	10	0	7	78	21	8	3	0	1	17	0	13	6	.313	('58～'63,'65～'74巨)
長冨　浩志	(広)	1	1	0	0	0	0	0	0	0	0	0	0	0	0	0	0	0	0	.000	('89広)
永淵　洋三	(近)	3	8	22	2	8	0	0	1	11	3	2	0	0	0	1	0	5	0	.364	('69,'70,'72近)
梨田昌孝(昌崇)	(近)	6	18	23	2	5	1	0	0	6	2	1	0	0	0	0	0	3	1	.217	('79～'81,'83,'85,'86近)
＊並木　輝男	(神)	2	4	5	0	0	0	0	0	0	0	0	0	0	0	0	0	1	0	.000	('60,'62神)
成田　文男	(ロ)	8	9	6	0	0	0	0	0	0	0	0	0	0	0	0	0	5	0	.000	('66～'68京,'69～'73ロ)
成本　年秀	(神)	3	4	－	－	－	－	－	－	－	－	－	－	－	－	－	－	－	－	－	('95,'96ロ,'01神)
＊成瀬　善久	(ロ)	3	3	－	－	－	－	－	－	－	－	－	－	－	－	－	－	－	－	－	('07,'08,'12ロ)
ニューベリー	(急)	1	2	0	0	0	0	0	0	0	0	0	0	0	0	0	0	0	0	.000	('52急)
新美　敏	(日)	1	2	0	0	0	0	0	0	0	0	0	0	0	0	0	0	0	0	.000	('74日)
＊新浦壽夫(寿夫)	(洋)	5	5	1	0	0	0	0	0	0	0	0	0	0	0	0	0	0	0	.000	('76,'78,'79巨,'87,'88洋)
二岡　智宏	(日)	7	16	31	1	5	1	0	0	6	0	0	0	0	0	0	0	8	3	.161	('99,'00,'03,'04,'06巨,'09,'10日)
仁志　敏久	(横)	5	11	23	3	8	1	0	0	9	3	3	0	0	0	2	0	2	1	.348	('98,'00,'01,'04ロ,'07横)
西　勇輝	(オ)	3	3	－	－	－	－	－	－	－	－	－	－	－	－	－	－	－	－	－	('12,'14,'15オ)
西岡三四郎	(南)	1	1	0	0	0	0	0	0	0	0	0	0	0	0	0	0	0	0	.000	('73南)
＋西岡剛(TSUYOSHI)	(神)	6	13	27	1	5	0	0	0	5	0	3	2	0	0	0	0	3	0	.185	('05～'08,'10ロ,'13神)
＊西川　遥輝	(神)	2	4	9	2	6	0	0	1	9	3	0	0	0	0	0	0	0	0	.667	('17,'19日)
＊西川　佳輝	(南)	1	1	0	0	0	0	0	0	0	0	0	0	0	0	0	0	0	0	.000	('86南)
西口　文也	(武)	4	4	－	－	－	－	－	－	－	－	－	－	－	－	－	－	－	－	－	('96,'97,'99,'05武)
西崎　幸広	(日)	7	7	0	0	0	0	0	0	0	0	0	0	0	0	0	0	1	0	.000	('88～'90,'93～'96日)
西沢　道夫	(名)	5	10	17	3	5	0	0	3	14	6	0	0	0	0	2	0	1	1	.294	('51～'53名,'54,'55中)
西田　亨	(東)	1	2	0	0	0	0	0	0	0	0	0	0	0	0	0	0	0	0	.000	('58東)
仁科　時成	(ロ)	1	2	0	0	0	0	0	0	0	0	0	0	0	0	0	0	0	0	.000	('80ロ)
西野　勇士	(ロ)	2	2	－	－	－	－	－	－	－	－	－	－	－	－	－	－	－	－	－	('13,'16ロ)
西村　一孔	(神)	1	2	0	0	0	0	0	0	0	0	0	0	0	0	0	0	0	0	.000	('55神)
西村健太朗	(巨)	1	2	－	－	－	－	－	－	－	－	－	－	－	－	－	－	－	－	－	('13巨)
西村　貞朗	(西)	2	2	1	0	0	0	0	0	0	0	0	0	0	0	0	0	0	0	.000	('54,'55西)
西村　龍次	(ダ)	2	2	－	－	－	－	－	－	－	－	－	－	－	－	－	－	－	－	－	('91ヤ,'98ダ)
＋西村　徳文	(ロ)	5	10	12	1	2	1	0	0	3	0	1	0	0	0	0	0	3	0	.167	('85,'87,'88,'90,'93ロ)
西本　聖	(中)	8	9	0	0	0	0	0	0	0	0	0	0	0	0	0	0	0	0	.000	('80～'84,'86巨,'89,'90中)
西山　秀二	(広)	2	4	3	0	1	0	0	0	1	1	0	0	0	0	0	0	1	1	.333	('94,'96広)
根来　広光	(サ)	4	8	7	0	2	0	0	0	2	0	0	0	0	0	0	0	3	1	.286	('61,'63,'64,国,'65サ)
ノイジー	(神)	2	2	5	0	1	0	0	0	1	0	0	0	0	0	0	0	0	0	.200	('23神)
＊能見　篤史	(神)	2	2	－	－	－	－	－	－	－	－	－	－	－	－	－	－	－	－	－	('12,'13神)
野口　明	(中)	4	9	16	1	5	0	0	0	8	2	0	0	0	0	0	0	2	1	.313	('51～'53名,'54中)

選手名	チーム	年数	試合	打数	得点	安打	二塁打	三塁打	本塁打	塁打	打点	盗塁	盗塁刺	犠打	犠飛	四球	死球	三振	併殺打	打率	出場した年度（'20 中止）
＊野口　茂樹（中）		3	3	－	－	－	－	－	－	－	－	－	－	－	－	－	－	－	－		('98,'99,'01中)
＊野口　寿浩（日）		2	5	4	0	0	0	0	0	0	0	0	0	0	0	0	0	2	1	.000	('98,'00日)
野田　浩司（オ）		1	1	－	－	－	－	－	－	－	－	－	－	－	－	－	－	－	－		('93オ)
野村　収（洋）		4	5	0	0	0	0	0	0	0	0	0	0	0	0	0	0	0	0	.000	('72ロ,'76日,'78,'80洋)
野村　克也（武）		21	57	167	25	48	15	1	3	74	16	4	0	0	0	(1)16	0	34	2	.287	('57～'68,'70～'77南,'80武)
＊野村謙二郎（広）		8	16	51	4	13	1	1	0	16	3	5	0	0	0	2	0	6	2	.255	('90,'91,'93～'98広)
＊野村　貴仁（オ）		2	2	－	－	－	－	－	－	－	－	－	－	－	－	－	－	－	－		('96,'97オ)
＊野村　武史（毎）		2	4	4	0	1	0	0	0	1	0	0	0	0	0	0	0	0	0	.250	('51,'52毎)
＊野村　弘樹（横）		3	3	0	0	0	0	0	0	0	0	0	0	0	0	0	0	0	0	.000	('90,'91洋,'93横)
＊野村　祐輔（広）		2	2	－	－	－	－	－	－	－	－	－	－	－	－	－	－	－	－		('12,'16広)
野茂　英雄（近）		5	7	1	0	0	0	0	0	0	0	0	0	0	0	0	0	1	0	.000	('90～'94近)
＊則本　昂大（楽）		5	5	－	－	－	－	－	－	－	－	－	－	－	－	－	－	－	－		('14,'16,'17,'21,'22楽)
＊ハ ウ エ ル（ヤ）		1	2	5	1	1	0	0	0	1	0	0	0	0	0	0	0	1	0	.200	('93ヤ)
＊ハ ド リ（南）		1	3	5	0	2	1	0	0	3	0	0	0	0	0	0	0	0	0	.400	('63南)
＊バ ー ス（神）		3	9	25	2	6	0	0	2	12	5	0	0	0	0	1	0	9	0	.240	('85～'87神)
バーネット（ヤ）		2	2	0	0	0	0	0	0	0	0	0	0	0	0	0	0	0	0	.000	('12,'15ヤ)
バ ー マ（西）		1	3	6	1	0	0	0	0	0	0	0	0	0	0	1	0	2	0	.000	('66西)
＊バ ウ ア ー（ディ）		1	1	－	－	－	－	－	－	－	－	－	－	－	－	－	－	－	－		('23ディ)
＊バッキー（神）		5	7	5	0	0	0	0	0	0	0	0	0	1	0	0	0	3	0	.000	('64～'68神)
バリントン（広）		1	1	－	－	－	－	－	－	－	－	－	－	－	－	－	－	－	－		('11広)
バ ル ボ ン（急）		2	4	12	0	2	0	0	0	2	0	0	0	0	0	0	0	3	0	.167	('58,'59急)
バレンティン（ヤ）		6	15	39	4	12	3	0	2	21	8	0	1	0	1	0	0	8	1	.308	('11～'14,'16,'18ヤ)
バ ン チ（中）		1	1	－	－	－	－	－	－	－	－	－	－	－	－	－	－	－	－		('00中)
A. パウエル（中）		2	3	7	1	2	0	0	0	2	0	0	0	0	0	0	0	0	0	.286	('94,'96中)
J. パウエル（近）		1	1	－	－	－	－	－	－	－	－	－	－	－	－	－	－	－	－		('02近)
パチョレック（神）		2	5	11	0	4	1	0	0	5	1	0	0	0	0	2	0	3	0	.364	('92,'93神)
パリッシュ（神）		2	4	8	0	1	0	0	0	1	0	0	0	0	1	0	1	2	1	.125	('89ヤ,'90神)
＊バルデス（中）		1	1	－	－	－	－	－	－	－	－	－	－	－	－	－	－	－	－		('17中)
袴田　英利（ロ）		2	3	1	0	0	0	0	0	0	0	0	0	0	0	1	0	0	0	.000	('82,'85ロ)
白　仁天（ロ）		4	9	21	2	11	2	0	1	16	6	0	0	0	1	1	0	3	0	.524	('67,'70,'72東,'79ロ)
箱田　淳（国）		3	4	6	0	1	0	0	0	1	1	0	1	0	0	0	0	1	2	.167	('56～'58国)
スタンレー橋本（東）		1	2	3	0	0	0	0	0	0	0	0	0	0	0	0	0	1	0	.000	('58東)
＊橋本　武広（武）		1	1	－	－	－	－	－	－	－	－	－	－	－	－	－	－	－	－		('01武)
＊長谷川一夫（ロ）		1	3	2	0	0	0	0	0	0	0	0	0	0	0	0	0	0	0	.000	('73ロ)
＊長谷川繁雄（東）		1	2	2	0	1	0	0	0	1	0	1	0	0	0	0	0	0	0	.500	('58東)
長谷川滋利（オ）		1	1	－	－	－	－	－	－	－	－	－	－	－	－	－	－	－	－		('95オ)
＊長谷川勇也（ソ）		4	9	20	3	7	1	0	1	11	5	0	0	0	0	1	1	2	0	.350	('09,'13,'14,'16ソ)
長谷川良平（広）		7	10	5	0	0	0	0	0	0	0	0	0	0	0	0	0	2	0	.000	('51,'53～'58広)
＊秦　真司（ヤ）		1	1	－	－	－	－	－	－	－	－	－	－	－	－	－	－	－	－		('91ヤ)
＊畑　隆幸（西）		1	1	0	0	0	0	0	0	0	0	0	0	0	0	0	0	0	0	.000	('60西)
畠山　和洋（ヤ）		2	6	18	3	6	0	0	2	12	5	0	0	0	0	0	0	2	1	.333	('11,'12ヤ)
畠山　準（横）		3	6	9	1	3	1	0	0	4	0	0	0	0	1	0	5	0	0	.333	('93～'95横)
羽田　耕一（近）		3	7	8	2	1	0	0	0	1	0	0	0	0	0	4	0	1	0	.125	('74,'82,'83近)
初芝　清（ロ）		4	7	17	1	4	2	0	0	6	2	0	0	0	0	0	0	4	0	.235	('94～'96,'98ロ)
浜田　義雄（東）		1	2	1	0	0	0	0	0	0	0	0	0	0	－	0	0	1	0	.000	('51東)
＊浜名　千広（ダ）		3	8	7	2	1	0	0	0	1	0	1	0	0	0	0	0	0	0	.143	('92,'95,'96ダ)
＊濱中　治（神）		1	2	4	0	1	0	0	0	1	0	0	0	0	0	0	0	0	0	.250	('06神)
林　義一（大）		3	6	3	0	0	0	0	0	0	0	0	0	0	－	0	0	1	0	.000	('51～'53大)
＊林　俊彦（南）		1	1	0	0	0	0	0	0	0	0	0	0	0	0	0	0	0	0	.000	('65南)
＊林　昌範（巨）		1	1	－	－	－	－	－	－	－	－	－	－	－	－	－	－	－	－		('07巨)
隼人（中村隼人）（日）		1	1	－	－	－	－	－	－	－	－	－	－	－	－	－	－	－	－		('02日)
原　辰徳（巨）		11	31	95	6	16	4	0	1	23	5	0	0	0	0	5	0	24	1	.168	('81～'88,'90～'92巨)
原口　文仁（神）		2	4	7	3	3	1	0	2	10	4	0	0	0	0	0	0	1	0	.429	('16,'19神)
＊原口　徳光（中）		1	2	－	－	－	－	－	－	－	－	－	－	－	－	－	－	－	－		('51～'53名,'55中)
＊張本　勲（巨）		18	51	161	22	47	7	0	7	75	21	6	3	1	1	(1)9	1	24	1	.292	('60～'64,'66～'72東,'73拓,'74,'75日,'76～'78巨)
波留　敏夫（横）		1	1	3	2	1	0	0	0	1	0	0	0	0	0	0	0	0	0	.333	('97横)
半田　春夫（南）		2	5	7	3	3	0	1	0	5	0	0	0	0	0	1	0	3	0	.429	('59,'60南)
板東　英二（中）		3	4	0	0	0	0	0	0	0	0	0	0	0	0	0	0	0	0	.000	('60,'66,'67中)
ヒルトン（ヤ）		1	3	10	1	1	0	1	0	3	2	0	0	0	0	2	0	2	0	.100	('78ヤ)
＊ヒルマン（ロ）		1	1	－	－	－	－	－	－	－	－	－	－	－	－	－	－	－	－		('96ロ)
ビエイラ（巨）		1	1	－	－	－	－	－	－	－	－	－	－	－	－	－	－	－	－		('21巨)
ビシエド（中）		3	6	12	2	5	0	0	1	8	1	0	0	0	0	0	0	2	0	.417	('16,'21,'22中)
・ビュフォード（平）		2	6	14	1	3	0	0	1	6	1	1	0	0	0	0	0	0	1	.214	('73,'74平)
ビ ー ト（南）		2	4	6	0	1	1	0	0	2	1	0	0	0	0	0	0	0	1	.167	('62,'63南)
東尾　修（武）		10	12	4	0	0	0	0	0	0	0	0	0	0	0	0	0	1	1	.000	('72西,'73,'75,'76平,'78ク,'82,'84～'87武)
東田　正義（西）		2	6	8	1	2	0	0	0	2	0	0	0	0	0	1	0	2	0	.250	('71,'72西)
＊東出　輝裕（広）		4	8	15	1	3	0	0	0	3	0	0	0	1	0	0	0	0	0	.200	('06,'08～'10広)
＊東浜　巨（ソ）		1	1	－	－	－	－	－	－	－	－	－	－	－	－	－	－	－	－		('22ソ)
彦野　利勝（中）		3	5	11	3	4	0	0	2	10	3	0	0	0	0	1	0	1	0	.364	('89,'90,'94中)
聖澤　諒（楽）		1	2	6	0	1	0	0	0	1	0	0	0	0	0	0	0	3	1	.167	('12楽)

オールスター・ゲーム・ライフタイム

選手名	チーム	年数	試合	打数	得点	安打	二塁打	三塁打	本塁打	塁打	打点	盗塁	盗塁刺	犠打	犠飛	四球	死球	三振	併殺打	打率	出場した年度('20中止)
*日高　剛	オ	5	9	12	1	3	0	0	1	6	2	0	0	0	0	0	0	0	1	.250	('00～'02,'06,'08オ)
日比野　武	西	2	2	1	0	0	0	0	0	0	0	0	0	0	0	0	0	0	0	.000	('55,'56西)
*桧山進次郎	神	3	6	11	1	2	0	0	0	2	0	1	0	0	0	0	0	1	1	.182	('97,'02,'03神)
平井　克典	武	1	1	－	－	－	－	－	－	－	－	－	－	－	－	－	－	－	－	－	('19武)
平井三郎(正明)	巨	3	8	25	0	3	1	0	0	4	2	0	2	1	－	1	0	2	0	.120	('51～'53巨)
平井　正史	オ	1	1	－	－	－	－	－	－	－	－	－	－	－	－	－	－	－	－	－	('95オ)
*平井　光親	ロ	1	2	4	0	1	1	0	0	2	1	0	0	0	0	0	0	0	0	.250	('98ロ)
平田　勝男	神	1	3	3	0	0	0	0	0	0	0	0	0	0	0	0	0	0	0	.000	('85神)
平田　良介	中	2	4	7	1	1	0	0	1	4	2	0	0	0	0	0	0	2	0	.143	('15,'18中)
平塚　克洋	神	1	2	2	0	0	0	0	0	0	0	0	0	0	0	0	0	0	0	.000	('97神)
*平野　恵一	オ	4	10	17	0	7	1	0	0	8	0	0	0	0	0	1	0	1	0	.412	('05オ,'10～'12神)
+平野　謙	武	2	6	12	2	6	0	0	0	6	0	1	1	0	0	0	0	3	0	.500	('86中,'88武)
平野　光泰	近	4	11	20	1	5	1	0	1	9	5	0	0	0	0	0	0	4	0	.250	('79～'82近)
平野　佳寿	オ	6	6	0	0	0	0	0	0	0	0	0	0	0	0	0	0	0	0	.000	('06,'10～'14オ)
平松　政次	洋	8	9	2	0	1	0	0	0	1	0	0	0	0	0	0	0	0	0	.500	('69～'74,'76,'80洋)
平山　智	広	2	3	6	2	2	0	0	0	2	0	1	1	0	0	0	0	2	0	.333	('56,'58広)
広岡　達朗	巨	6	12	14	0	1	0	0	0	1	0	0	0	0	1	0	2	0	0	.071	('54,'55,'57～'59,'65巨)
広沢　克己	ヤ	8	18	36	3	7	3	0	1	13	4	2	0	0	0	5	0	10	0	.194	('87～'94ヤ)
廣瀬　純	広	2	5	7	0	0	0	0	0	0	0	0	0	0	0	0	0	2	0	.000	('10,'13広)
広瀬　哲朗	日	2	4	9	0	0	0	0	0	0	0	0	0	0	0	0	1	2	1	.000	('93,'94日)
広瀬　叔功	南	9	23	64	15	16	1	0	3	26	10	7	0	0	0	3	0	5	2	.250	('58～'63,'65,'66,'69南)
広田　順	巨	4	8	9	0	1	0	0	0	1	1	0	0	0	0	0	0	1	0	.111	('52～'55巨)
弘田　澄男	ロ	3	9	11	1	2	1	0	0	3	0	1	1	0	0	1	0	2	0	.182	('74,'75,'77ロ)
*広野　功	西	1	3	5	0	0	0	0	0	0	0	0	0	0	0	0	2	3	0	.000	('69西)
備前(大田原)喜夫	広	2	2	0	0	0	0	0	0	0	0	0	0	0	0	0	0	0	0	.000	('56,'59広)
ファルケンボーグ	ソ	2	2	－	－	－	－	－	－	－	－	－	－	－	－	－	－	－	－	－	('09,'10ソ)
フェルナンデス	楽	1	2	5	0	2	0	0	0	2	0	0	0	0	0	0	0	0	0	.400	('06楽)
J.フランコ	ロ	2	4	13	1	4	0	1	0	6	2	2	0	0	0	0	0	3	0	.308	('95,'98ロ)
M.フランコ	ロ	1	2	5	0	2	0	0	0	2	0	0	0	0	0	0	0	0	0	.400	('05ロ)
*フランスア	広	1	1	－	－	－	－	－	－	－	－	－	－	－	－	－	－	－	－	－	('19広)
ブーマー	オ	5	14	51	10	12	0	0	4	24	8	0	0	0	1	2	0	3	3	.235	('84～'86,'88急,'89オ)
*ブライアント	近	3	7	17	3	4	1	0	2	11	5	0	0	0	0	0	0	8	0	.235	('90,'92,'93近)
*ブラゼル	神	1	2	5	1	2	0	0	1	5	1	0	0	0	1	0	0	2	0	.400	('10神)
ブラッグス	横	2	4	8	3	4	2	1	0	8	5	0	0	0	0	0	0	2	0	.500	('94,'95横)
ブランコ	ディ	4	9	23	2	8	2	0	0	10	4	0	0	0	0	2	0	5	1	.348	('09,'10中,'13,'14ディ)
ブリーデン	神	1	3	4	1	1	0	0	0	1	0	0	0	0	0	0	0	2	0	.250	('77神)
*ブリットン	急	1	2	0	0	0	0	0	0	0	0	0	0	0	0	0	0	0	0	.000	('52急)
ブリトー	日	1	3	8	2	2	0	0	1	5	3	0	0	0	0	0	0	2	0	.250	('96日)
ブリューワ	日	1	3	7	0	1	0	0	0	1	0	0	0	0	0	0	0	3	0	.143	('87日)
*ブルーム	南	5	13	40	5	12	0	0	0	15	3	0	0	0	0	0	0	2	1	.300	('61～'64近,'66南)
*ブレイザー	南	3	9	24	5	7	1	1	1	13	2	0	0	0	0	0	0	2	0	.292	('67～'69南)
深沢　恵雄	ロ	1	1	1	0	0	0	0	0	0	0	0	0	0	0	0	0	0	0	.000	('84ロ)
深見　安博	東	1	2	1	0	0	0	0	0	0	0	0	0	0	0	0	0	1	0	.000	('53東)
*福浦　和也	ロ	3	7	8	1	1	0	0	0	1	1	0	0	0	0	0	0	1	0	.125	('00,'04,'05ロ)
福士敬章(松原明夫)	広	3	4	1	0	0	0	0	0	0	0	0	0	0	0	0	0	1	0	.000	('78,'80,'81広)
福嶋　久晃	洋	3	8	6	0	3	1	0	0	4	1	0	0	0	0	0	0	1	0	.500	('76,'77,'81洋)
福谷　浩司	中	1	1	－	－	－	－	－	－	－	－	－	－	－	－	－	－	－	－	－	('14中)
*福富　邦夫	ヤ	1	3	4	0	0	0	0	0	0	0	0	0	0	0	0	0	3	0	.000	('71ヤ)
*福留　孝介	神	5	10	26	3	5	2	0	0	7	1	1	0	0	0	1	0	5	0	.192	('99,'02～'04,'07中)
福原　忍	神	1	1	－	－	－	－	－	－	－	－	－	－	－	－	－	－	－	－	－	('04神)
*福本　豊	急	17	50	126	26	38	9	0	5	62	11	17	9	0	0	14	1	22	0	.302	('70,'72～'87急)
福盛　和男	楽	1	1	－	－	－	－	－	－	－	－	－	－	－	－	－	－	－	－	－	('06楽)
福山　博之	楽	1	2	－	－	－	－	－	－	－	－	－	－	－	－	－	－	－	－	－	('14楽)
福良　淳一	急	1	3	7	1	0	0	0	0	0	0	0	0	0	0	0	0	0	0	.000	('88急)
藤井　彰人	楽	1	1	3	0	1	0	0	0	1	0	0	0	0	0	0	0	0	0	.333	('13楽)
*藤井　栄治	神	3	8	10	1	2	0	0	1	5	3	0	0	0	0	0	0	2	0	.200	('63～'65神)
*藤井　秀悟	ヤ	2	2	－	－	－	－	－	－	－	－	－	－	－	－	－	－	－	－	－	('01,'05ヤ)
藤井　弘	広	3	6	8	0	2	0	0	0	2	1	0	0	0	0	0	0	2	0	.250	('57,'58,'62広)
*藤井　康雄	オ	1	2	5	1	1	0	0	1	4	2	0	0	0	0	0	0	2	0	.200	('89オ)
藤尾　茂	巨	4	8	8	0	0	0	0	0	0	0	0	0	0	0	0	0	7	0	.000	('56～'59巨)
*藤川　球児	神	9	12	－	－	－	－	－	－	－	－	－	－	－	－	－	－	－	－	－	('05～'12,'19神)
藤沢　公也	中	1	1	－	－	－	－	－	－	－	－	－	－	－	－	－	－	－	－	－	('79中)
*藤田　一也	楽	1	2	5	0	2	0	0	0	2	0	0	0	0	0	0	0	0	0	.400	('14楽)
藤田　宗一	ロ	1	2	－	－	－	－	－	－	－	－	－	－	－	－	－	－	－	－	－	('01ロ)
*藤田　平	神	8	24	69	7	16	5	1	1	26	5	1	1	0	0	2	0	5	1	.232	('67,'69,'71,'73～'76,'81神)
藤田　学	南	3	6	0	0	0	0	0	0	0	0	0	0	0	0	0	0	0	0	.000	('77,'78,'81南)
藤田　元司	巨	3	6	6	0	0	0	0	0	0	0	0	0	0	0	0	0	0	0	.000	('57～'59,'64巨)
藤浪晋太郎	神	4	4	－	－	－	－	－	－	－	－	－	－	－	－	－	－	－	－	－	('13～'16神)
藤村　隆男	神	3	4	2	0	0	0	0	0	0	0	0	0	0	0	0	0	0	0	.000	('51～'53神)
藤村富美男	神	5	11	30	2	5	0	0	0	5	1	0	0	0	0	0	0	2	0	.167	('51～'55神)

選手名	チーム	年数	試合	打数	得点	安打	二塁打	三塁打	本塁打	塁打	打点	盗塁	盗塁刺	犠打	犠飛	四球	死球	三振	併殺打	打率	出場した年度('20 中止)
藤本 敦士(神)		3	6	12	1	5	0	0	0	5	2	0	0	0	0	0	0	2	0	.417	('03,'05,'06神)
藤本 修二(南)		1	1	0	0	0	0	0	0	0	0	0	0	0	0	0	0	0	0	.000	('87南)
藤本 英雄(巨)		2	2	1	0	0	0	0	0	0	0	0	0	0	-	0	0	0	0	.000	('51,'53巨)
藤原 満(南)		5	15	40	8	16	8	0	1	27	13	6	2	0	0	1	0	5	2	.400	('75,'76,'78,'79,'81南)
二木 康太(ロ)		2	2	-	-	-	-	-	-	-	-	-	-	-	-	-	-	-	-	-	('17,'19ロ)
船田 和英(西)		5	15	31	4	8	0	0	2	14	2	1	1	0	0	4	0	8	0	.258	('63,'64巨,'66,'68,'69西)
古久保健二(近)		1	2	0	0	0	0	0	0	0	0	0	0	0	0	0	0	0	0	.000	('95近)
古沢 憲司(神)		2	2	1	0	1	0	0	0	1	0	0	0	0	0	0	0	0	0	1.000	('74,'77神)
古田 敦也(ヤ)		17	39	72	10	24	4	1	1	33	10	2	1	0	1	4	0	12	3	.333	('90〜'06ヤ)
古溝 克之(神)		1	2	-	-	-	-	-	-	-	-	-	-	-	-	-	-	-	-	-	('95神)
古屋 英夫(日)		2	6	9	0	3	1	0	0	4	3	0	0	0	0	0	1	2	0	.333	('79,'85日)
毒島 章一(東)		8	18	21	6	8	2	0	2	16	3	0	0	0	0	2	0	6	0	.381	('56〜'58,'60〜'62,'65,'66東)
ベバリン(ヤ)		1	1	0	0	0	0	0	0	0	0	0	0	0	0	0	0	0	0	.000	('04ヤ)
ベーニャ(オ)		2	5	8	2	2	0	0	1	5	3	0	0	0	0	0	0	2	1	.250	('12ソ,'14オ)
ペタジーニ(ヤ)		3	8	29	7	12	3	0	3	24	6	0	0	0	0	1	0	10	0	.414	('99〜'01ヤ)
ペドラザ(ダ)		4	6	-	-	-	-	-	-	-	-	-	-	-	-	-	-	-	-	-	('99〜'02ダ)
ベルドモ(ロ)		1	1	-	-	-	-	-	-	-	-	-	-	-	-	-	-	-	-	-	('23ロ)
別所 毅彦(巨)		6	11	5	0	0	0	0	0	0	0	0	0	0	0	0	0	0	0	.000	('51〜'56巨)
別当 薫(毎)		5	12	43	5	6	2	0	0	8	2	1	1	0	0	5	0	12	1	.140	('51〜'55毎)
ホージー(ヤ)		1	2	6	0	3	0	0	0	3	0	3	0	0	0	2	0	1	0	.500	('97ヤ)
ホッジス(ヤ)		1	1	-	-	-	-	-	-	-	-	-	-	-	-	-	-	-	-	-	('02ヤ)
ホプキンス(広)		1	3	3	0	2	0	0	0	2	0	0	0	0	0	0	0	1	0	.667	('76広)
ボーリック(ロ)		1	3	9	0	0	0	0	0	0	0	0	0	0	0	0	0	4	0	.000	('00ロ)
ボルシンガー(ロ)		1	1	-	-	-	-	-	-	-	-	-	-	-	-	-	-	-	-	-	('18ロ)
ボ レ ス(近)		2	3	3	2	1	0	0	1	4	2	0	0	0	0	0	0	1	0	.333	('66,'67近)
ボン セ(洋)		1	3	13	1	3	1	0	0	4	1	0	0	0	0	0	0	5	0	.231	('88洋)
帆足 和幸(武)		2	2	-	-	-	-	-	-	-	-	-	-	-	-	-	-	-	-	-	('05,'08武)
星野 仙一(中)		6	6	0	0	0	0	0	0	0	0	0	0	0	0	0	0	0	0	.000	('69,'74〜'76,'79,'81中)
星野 伸之(オ)		7	7	0	0	0	0	0	0	0	0	0	0	0	0	0	0	0	0	.000	('87,'88急,'89,'91,'95〜'97オ)
細川 成也(中)		1	2	4	0	0	0	0	0	0	0	0	0	0	0	0	0	2	0	.000	('23中)
細川 亨(武)		1	2	2	0	0	0	0	0	0	0	0	0	0	0	0	0	0	0	.000	('08武)
堀 幸一(ロ)		2	4	11	1	5	1	0	0	6	0	1	1	0	0	0	0	2	0	.455	('95,'96ロ)
堀井 数男(南)		3	6	14	2	4	2	0	0	6	5	1	0	0	0	1	0	3	1	.286	('52〜'54南)
堀内 恒夫(巨)		9	15	4	0	0	0	0	0	0	0	0	0	0	0	0	0	1	0	.000	('66,'68〜'75巨)
堀込 基明(南)		2	4	10	1	3	0	0	0	3	0	0	0	0	0	0	0	0	0	.300	('64,'65南)
堀本 律雄(巨)		1	1	1	0	0	0	0	0	0	0	0	0	0	0	0	0	0	0	.000	('61巨)
本田 圭佑(武)		1	2	-	-	-	-	-	-	-	-	-	-	-	-	-	-	-	-	-	('22武)
本多 雄一(ソ)		1	3	8	1	4	0	0	0	4	1	0	1	0	0	0	0	0	0	.500	('11ソ)
本堂 保弥(毎)		2	5	12	1	2	1	0	0	3	0	0	0	0	0	0	0	1	1	.167	('52,'53毎)
本間 満(ソ)		1	2	2	0	0	0	0	0	0	0	0	0	0	0	0	0	0	0	.000	('06ソ)
マーシャル(中)		3	9	21	2	5	1	0	1	9	6	0	0	0	0	0	0	2	0	.238	('63〜'65中)
C.マーティン(日)		1	1	-	-	-	-	-	-	-	-	-	-	-	-	-	-	-	-	-	('16日)
L.マーティン(ロ)		1	2	2	1	0	0	0	0	0	0	0	0	0	0	0	0	0	0	.000	('21ロ)
マートン(神)		4	10	27	2	8	1	0	0	9	2	0	0	0	0	0	0	3	0	.296	('10,'11,'13,'14神)
マ ギー(巨)		1	2	4	0	0	0	0	0	0	0	0	0	0	0	0	0	2	1	.000	('17巨)
マクガフ(ヤ)		3	3	-	-	-	-	-	-	-	-	-	-	-	-	-	-	-	-	-	('19,'21,'22ヤ)
マシソン(巨)		1	1	-	-	-	-	-	-	-	-	-	-	-	-	-	-	-	-	-	('16巨)
マ テ オ(神)		1	1	-	-	-	-	-	-	-	-	-	-	-	-	-	-	-	-	-	('17神)
マルカーノ(急)		5	15	34	3	9	3	0	0	12	2	1	1	0	0	4	1			.265	('75,'76,'78〜'80急)
マ ル テ(神)		1	2	4	0	1	0	0	0	1	1	0	0	0	0	0	0	1	0	.250	('21神)
A.マルティネス(日)		1	2	4	1	3	0	1	0	5	2	0	0	0	0	0	0	0	0	.750	('23日)
R.マルティネス(中)		1	2	-	-	-	-	-	-	-	-	-	-	-	-	-	-	-	-	-	('22,'23中)
前川 勝彦(近)		2	2	-	-	-	-	-	-	-	-	-	-	-	-	-	-	-	-	-	('00,'01近)
前田 健太(広)		5	5	-	-	-	-	-	-	-	-	-	-	-	-	-	-	-	-	-	('10,'12〜'15広)
前田 智徳(広)		7	14	38	3	11	1	0	1	15	4	0	0	0	0	0	0	1	0	.289	('93,'94,'96,'98,'05,'07,'08広)
前田 益穂(京)		3	9	16	1	1	0	0	0	1	0	0	0	0	0	0	0	5	0	.063	('65〜'67京)
前田 幸長(ロ)		1	1	-	-	-	-	-	-	-	-	-	-	-	-	-	-	-	-	-	('92中)
前田 博文(中)		1	2	1	0	1	0	0	0	1	0	0	0	0	0	0	0	0	0	1.000	('92中)
牧 秀悟(ディ)		2	4	6	0	2	0	0	0	2	2	0	0	0	1	0	0	2	0	.333	('22,'23ディ)
牧田 和久(武)		4	4	-	-	-	-	-	-	-	-	-	-	-	-	-	-	-	-	-	('11,'13,'16,'17武)
牧野 伸(東)		1	1	0	0	0	0	0	0	0	0	0	0	0	0	0	0	0	0	.000	('57東)
牧原 大成(ソ)		1	2	4	0	2	0	0	0	2	0	0	0	0	0	0	0	0	0	.500	('22ソ)
槙原 寛己(巨)		6	7	0	0	0	0	0	0	0	0	0	0	0	0	0	0	0	0	.000	('88,'89,'91,'92,'94,'99巨)
間柴 茂有(ロ)		2	3	-	-	-	-	-	-	-	-	-	-	-	-	-	-	-	-	-	('80,'83日)
増井 浩俊(オ)		3	4	0	0	0	0	0	0	0	0	0	0	0	0	0	0	0	0	.000	('11,'13日,'18オ)
増田 達至(武)		2	2	-	-	-	-	-	-	-	-	-	-	-	-	-	-	-	-	-	('15,'19武)
益田 直也(ロ)		5	6	-	-	-	-	-	-	-	-	-	-	-	-	-	-	-	-	-	('12,'13,'16,'21,'22ロ)
又吉 克樹(中)		2	2	-	-	-	-	-	-	-	-	-	-	-	-	-	-	-	-	-	('17,'21中)
町田 行彦(国)		3	6	5	1	0	0	0	0	0	0	0	0	0	0	1	0	3	0	.000	('55,'57,'61国)
松井稼頭央(楽)		9	22	68	11	16	3	0	3	28	5	6	0	0	0	1	1	18	4	.235	('97〜'03西,'13,'15楽)

オールスター・ゲーム・ライフタイム

選手名	チーム	年数	試合	打数	得点	安打	二塁打	三塁打	本塁打	塁打	打点	盗塁	盗塁刺	犠打	犠飛	四球	死球	三振	併殺打	打率	出場した年度（'20 中止）
松井　淳	(南)	1	3	5	0	1	0	0	0	1	1	0	0	0	－	0	0	0	0	.200	('53南)
＊松井　秀喜	(巨)	9	22	78	14	25	3	0	8	52	18	2	0	0	1	4	0	12	1	.321	('94〜'02巨)
＊松井　裕樹	(楽)	5	6	0	0	0	0	0	0	0	0	0	0	0	0	0	0	0	0	.000	('15,'17,'19,'21,'22楽)
松浦　宏明	(日)	1	1	0	0	0	0	0	0	0	0	0	0	0	0	0	0	0	0	.000	('87日)
松岡　弘	(ヤ)	8	11	0	0	0	0	0	0	0	0	0	0	0	0	0	0	0	0	.000	('71〜'76,'81,'83ヤ)
松川　虎生	(ロ)	1	2	4	0	1	0	0	0	1	1	0	0	0	0	0	0	1	1	.250	('22ロ)
松坂　大輔	(中)	7	7	－	－	－	－	－	－	－	－	－	－	－	－	－	－	－	－	－	('99〜'01,'04〜'06武,'18中)
＊松田　清	(巨)	1	1	0	0	0	0	0	0	0	0	0	0	0	0	0	0	0	0	.000	('52巨)
＊松田　宣浩	(ソ)	9	21	49	6	9	4	1	0	15	0	1	0	0	0	0	0	9	1	.184	('11〜'13,'15〜'19,'21ソ)
＊松中　信彦	(ソ)	9	19	39	6	11	3	1	4	28	9	0	0	0	1	2	0	6	0	.282	('99〜'01,'03,'04ダ,'05,'07〜'09ソ)
＋松永　浩美	(ダ)	11	26	63	5	13	4	0	0	17	6	2	1	0	0	6	0	20	1	.206	('83〜'86,'88急,'89〜'92オ,'94,'95ダ)
＊松沼　博久	(武)	5	6	0	0	0	0	0	0	0	0	0	0	0	0	0	0	0	0	.000	('79,'80,'83,'85,'89武)
松沼　雅之	(武)	4	4	0	0	0	0	0	0	0	0	0	0	1	0	0	0	0	0	.000	('81〜'84武)
松原　誠	(洋)	11	31	44	4	8	2	0	1	13	4	1	0	0	1	2	0	11	1	.182	('66〜'72,'74〜'76,'78洋)
松本　剛	(日)	1	2	5	1	2	0	0	0	2	1	0	0	0	0	0	0	0	0	.400	('23日)
＋松本　匡史	(巨)	6	18	40	4	9	3	0	0	12	2	4	3	0	1	4	0	8	0	.225	('81〜'85,'87巨)
＊松本　哲也	(巨)	1	2	4	1	1	0	0	0	1	0	0	0	0	0	0	0	0	0	.250	('10巨)
＊松本　幸行	(中)	3	3	0	0	0	0	0	0	0	0	0	0	0	0	0	0	0	0	.000	('72,'74,'75中)
松本　航	(武)	1	1	－	－	－	－	－	－	－	－	－	－	－	－	－	－	－	－	－	('21武)
松山　昇	(広)	1	1	1	0	0	0	0	0	0	0	0	0	0	0	0	0	0	1	.000	('54広)
的山　哲也	(近)	2	4	5	0	3	0	0	0	3	1	2	0	0	0	0	1	0	0	.600	('99,'02近)
＊真中　満	(ヤ)	1	3	7	2	3	1	0	0	4	0	0	0	0	0	1	0	1	0	.429	('01ヤ)
馬原　孝浩	(ソ)	3	3	－	－	－	－	－	－	－	－	－	－	－	－	－	－	－	－	－	('06,'07,'10ソ)
真弓　明信	(神)	9	26	58	4	13	2	0	0	15	3	2	0	0	0	0	0	12	2	.224	('78ダ,'80〜'82,'85〜'88,'91神)
＊丸　佳浩	(巨)	6	13	38	4	8	2	0	1	13	1	0	0	0	0	0	0	6	2	.211	('13〜'17広,'19巨)
万波　中正	(日)	1	2	6	2	3	1	0	2	10	2	0	0	0	0	0	0	0	0	.500	('23日)
ミ　ケンズ	(近)	2	3	2	0	0	0	0	0	0	0	0	0	1	0	0	0	0	0	.000	('60,'61近)
ミ　コライオ	(広)	1	1	－	－	－	－	－	－	－	－	－	－	－	－	－	－	－	－	－	('14広)
ミ　ッチェル	(日)	1	3	5	1	2	0	0	1	5	1	0	0	0	0	0	0	1	0	.400	('78日)
ミ　ンチー	(ロ)	2	2	－	－	－	－	－	－	－	－	－	－	－	－	－	－	－	－	－	('98広,'03ロ)
三浦　清弘	(南)	2	3	1	0	0	0	0	0	0	0	0	0	0	0	0	0	0	0	.000	('65,'66南)
三浦　大輔	(デ)	6	6	－	－	－	－	－	－	－	－	－	－	－	－	－	－	－	－	－	('02,'04,'06,'09横,'12,'13ディ)
三浦　広之	(急)	1	2	0	0	0	0	0	0	0	0	0	0	0	0	0	0	0	0	.000	('79急)
三浦　方義	(大)	1	1	0	0	0	0	0	0	0	0	0	0	0	0	0	0	0	0	.000	('56大)
三上　朋也	(デ)	1	1	－	－	－	－	－	－	－	－	－	－	－	－	－	－	－	－	－	('14,'16ディ)
＊三沢　淳	(中)	1	1	0	0	0	0	0	0	0	0	0	0	0	0	0	0	0	0	.000	('79中)
＋三嶋　一輝	(デ)	2	2	－	－	－	－	－	－	－	－	－	－	－	－	－	－	－	－	－	('13,'21ディ)
水上　由伸	(武)	1	1	－	－	－	－	－	－	－	－	－	－	－	－	－	－	－	－	－	('22武)
水口　栄二	(近)	1	3	1	0	0	0	0	0	0	0	0	1	0	0	0	0	1	0	.000	('96近)
水谷　実雄	(広)	1	3	3	0	0	0	0	0	0	0	0	0	0	0	0	0	0	0	.000	('71広)
＊水谷　則博	(ロ)	2	3	0	0	0	0	0	0	0	0	0	0	0	0	0	0	0	0	.000	('75,'83ロ)
水谷　寿伸	(中)	2	2	0	0	0	0	0	0	0	0	0	0	0	0	0	0	0	0	.000	('71,'72中)
水野　雄仁	(巨)	1	2	0	0	0	0	0	0	0	1	0	0	0	1	0	0	0	0	.000	('88巨)
＊三瀬　幸司	(ダ)	1	1	－	－	－	－	－	－	－	－	－	－	－	－	－	－	－	－	－	('04ダ)
三井　浩二	(武)	1	1	－	－	－	－	－	－	－	－	－	－	－	－	－	－	－	－	－	('02武)
＊三富　恒雄	(名)	1	1	1	0	0	0	0	0	0	0	0	0	0	0	0	0	0	0	.000	('51名)
皆川睦雄(鉄男)	(南)	6	7	1	0	1	0	0	0	1	1	0	0	0	0	0	0	0	0	1.000	('57,'65〜'68,'70南)
皆川　康夫	(東)	1	2	0	0	0	0	0	0	0	0	0	0	0	0	0	0	0	0	.000	('71東)
南村　侑広	(巨)	3	7	7	0	1	0	0	0	1	0	0	0	0	0	0	2	0	1	.143	('52〜'54巨)
簑田　浩二	(急)	4	12	38	8	12	4	0	2	22	12	3	0	0	1	2	0	8	0	.316	('78,'83〜'85急)
＊美馬　学	(楽)	2	2	－	－	－	－	－	－	－	－	－	－	－	－	－	－	－	－	－	('17,'19楽)
三村　敏之	(広)	4	9	14	1	2	0	0	1	5	1	0	0	0	0	0	0	3	1	.143	('70,'72,'74,'79広)
＊宮城　大弥	(オ)	1	1	－	－	－	－	－	－	－	－	－	－	－	－	－	－	－	－	－	('21オ)
三宅　宅三	(毎)	1	3	3	0	2	0	0	0	2	0	0	0	0	0	0	0	0	0	.667	('52毎)
三宅　秀史	(神)	4	8	18	0	3	0	1	0	5	1	0	0	0	1	0	0	3	0	.167	('57〜'60神)
＊都　裕次郎	(中)	1	1	1	0	0	0	0	0	0	0	0	0	0	0	0	0	0	0	.000	('82中)
＊宮崎　敏郎	(デ)	3	6	13	2	4	0	0	2	10	3	0	0	0	0	0	0	0	1	.308	('17,'18,'23ディ)
＊宮地　克彦	(ソ)	1	2	3	0	0	0	0	0	0	0	0	0	1	0	0	0	0	0	.000	('05ソ)
宮田　征典	(巨)	1	2	1	0	0	0	0	0	0	0	0	0	0	0	0	1	0	0	.000	('65巨)
宮寺　勝利	(平)	2	2	1	0	1	0	0	0	1	0	0	0	0	0	0	0	0	0	1.000	('67西,'73平)
＊宮西　尚生	(日)	3	3	－	－	－	－	－	－	－	－	－	－	－	－	－	－	－	－	－	('15,'18,'19日)
宮本　慎也	(ヤ)	8	18	29	3	9	3	0	1	15	3	0	0	0	1	0	0	3	2	.310	('02,'03,'07〜'09,'11〜'13ヤ)
宮本　敏雄	(巨)	3	6	18	2	6	2	0	1	11	2	0	0	0	0	2	0	3	0	.333	('56〜'58巨)
三輪　悟	(西)	1	1	0	0	0	0	0	0	0	0	0	0	0	0	0	0	0	0	.000	('70西)
三輪　隆	(オ)	1	2	4	0	2	0	0	0	2	0	1	0	0	0	0	0	1	0	.500	('03オ)
＊ムーア	(神)	1	1	－	－	－	－	－	－	－	－	－	－	－	－	－	－	－	－	－	('02神)
＊武藤　孝司	(近)	1	2	3	0	0	0	0	0	0	0	0	1	0	0	0	0	2	0	.000	('98近)
＊宗　佑磨	(オ)	1	2	5	0	1	0	0	0	1	1	0	0	0	0	0	0	0	0	.200	('22オ)
村上　公康	(ロ)	3	7	11	0	2	0	0	0	2	0	0	0	0	0	0	0	0	0	.182	('69西,'74,'75ロ)
＊村上　頌樹	(神)	1	1	－	－	－	－	－	－	－	－	－	－	－	－	－	－	－	－	－	('23神)

選手名	チーム	年数	試合	打数	得点	安打	二塁打	三塁打	本塁打	塁打	打点	盗塁	盗塁刺	犠打	犠飛	四球	死球	三振	併殺打	打率	出場した年度('20中止)
村上 隆行	(近)	1	3	4	2	3	1	0	2	10	4	0	0	0	0	0	0	1	0	.750	('87近)
村上 雅則	(南)	1	2	0	0	0	0	0	0	0	0	0	0	0	0	0	0	0	0	.000	('71南)
村上 宗隆	(ヤ)	3	6	15	0	4	1	0	0	5	0	0	0	0	0	0	0	5	0	.267	('19,'21,'22ヤ)
村田 勝喜	(ダ)	2	2	1	0	0	0	0	0	0	0	0	0	0	0	0	0	0	0	.000	('91,'93ダ)
村田 元一	(国)	3	4	0	0	0	0	0	0	0	0	0	0	0	0	0	0	0	0	.000	('58,'60,'62国)
村田 修一	(巨)	5	11	28	4	6	1	0	0	7	2	0	0	0	1	0	0	5	2	.214	('06,'08,'11横,'12,'14巨)
村田 真一	(巨)	2	3	3	0	1	0	0	0	1	1	0	0	0	0	0	0	1	0	.333	('94,'95巨)
村田 辰美	(近)	3	6	1	0	0	0	0	0	0	0	0	0	0	0	0	0	1	0	.000	('79,'82,'85近)
村田 兆治	(ロ)	13	16	5	0	0	0	0	0	0	0	0	0	0	0	0	0	5	0	.000	('71,'74~'81,'85,'86,'88,'89ロ)
村松 有人	(オ)	3	7	15	1	5	0	1	0	7	4	2	0	0	1	0	0	1	1	.333	('96,'03ダ,'04オ)
村山 実	(神)	8	12	5	0	1	0	0	0	1	0	0	0	1	0	1	0	2	0	.200	('59~'61,'64~'67,'69神)
メ イ	(巨)	1	1	–	–	–	–	–	–	–	–	–	–	–	–	–	–	–	–	–	('00巨)
メッセンジャー	(神)	1	1	–	–	–	–	–	–	–	–	–	–	–	–	–	–	–	–	–	('18神)
メ ヒ ア	(武)	1	2	4	0	0	0	0	0	0	0	0	0	0	0	0	0	1	1	.000	('16武)
モイネロ	(ソ)	1	2	–	–	–	–	–	–	–	–	–	–	–	–	–	–	–	–	–	('22ソ)
モ ッ カ	(中)	1	3	5	0	1	0	0	0	1	1	0	0	0	0	0	0	1	0	.200	('82中)
茂木栄五郎	(楽)	1	3	3	0	0	0	0	0	0	0	0	0	0	0	0	0	1	0	.000	('19楽)
望月 充	(神)	1	3	2	0	0	0	0	0	0	0	0	0	0	0	0	0	1	1	.000	('72神)
基 満男	(洋)	6	15	28	2	2	1	0	0	3	0	0	0	1	0	0	0	7	1	.071	('68,'71,'72西,'73平,'77ク,'80洋)
元木 大介	(巨)	2	5	4	0	1	0	0	0	1	0	0	0	0	0	0	0	0	2	.250	('98,'99巨)
本原 正治	(ダ)	1	1	0	0	0	0	0	0	0	0	0	0	0	0	0	0	0	0	.000	('91ダ)
本屋敷錦吾	(神)	2	6	8	1	1	0	0	0	1	0	1	0	0	0	0	0	1	0	.125	('60急,'65神)
森 繁和	(武)	2	4	0	0	0	0	0	0	0	0	0	0	0	0	0	0	0	0	.000	('81,'83武)
森 慎二	(武)	5	6	–	–	–	–	–	–	–	–	–	–	–	–	–	–	–	–	–	('98,'00,'02~'04武)
森 徹	(洋)	5	12	31	0	4	1	0	0	5	3	0	2	0	0	2	0	10	1	.129	('59~'61中,'62,'63洋)
森 友哉	(武)	5	10	21	4	5	1	0	3	15	8	0	0	0	0	2	0	3	1	.238	('15,'18,'19,'21,'22武)
森 昌彦	(巨)	11	29	36	5	11	2	1	0	15	2	0	1	0	1	2	1	5	0	.306	('60~'70巨)
森 唯斗	(ソ)	2	3	–	–	–	–	–	–	–	–	–	–	–	–	–	–	–	–	–	('15,'18ソ)
森下整鎮(正夫)	(南)	4	9	27	1	6	1	0	0	7	3	1	0	0	1	0	0	5	0	.222	('54,'56,'57,'60南)
森下 暢仁	(広)	2	2	–	–	–	–	–	–	–	–	–	–	–	–	–	–	–	–	–	('21,'22広)
森田 幸一	(中)	1	1	1	0	0	0	0	0	0	0	0	0	0	0	0	0	0	0	.000	('91中)
盛田幸妃(幸希)	(近)	3	4	0	0	0	0	0	0	0	0	0	0	0	0	0	0	1	0	.000	('92洋,'95横,'01近)
森滝 義巳	(国)	1	3	0	0	0	0	0	0	0	0	0	0	0	0	0	0	1	0	.000	('61国)
森中千香良	(洋)	2	2	0	0	0	0	0	0	0	0	0	0	0	0	0	0	0	0	.000	('63南,'67洋)
森永 勝治	(広)	2	3	4	0	0	0	0	0	0	0	0	0	0	0	0	0	2	0	.000	('59,'62広)
森野 将彦	(中)	2	4	10	4	7	1	0	1	11	3	0	0	0	1	1	0	0	0	.700	('07,'10中)
森福 允彦	(ソ)	2	3	–	–	–	–	–	–	–	–	–	–	–	–	–	–	–	–	–	('11,'12ソ)
森本 潔	(急)	2	5	16	4	5	0	0	0	5	2	0	0	0	0	3	1	3	1	.313	('67,'72急)
森本 稀哲	(日)	3	6	14	4	5	0	0	1	8	4	3	0	0	0	0	0	3	0	.357	('06~'08日)
森安 敏明	(東)	3	5	1	0	0	0	0	0	0	0	0	0	0	0	0	0	1	0	.000	('66~'68東)
衆樹 資宏	(急)	2	4	5	2	1	0	0	0	1	0	1	0	0	0	1	0	0	0	.200	('60,'64急)
八重樫幸雄	(ヤ)	3	5	6	1	2	0	0	0	2	0	0	0	0	0	0	0	1	1	.333	('84,'85,'87ヤ)
八木 智哉	(日)	1	1	–	–	–	–	–	–	–	–	–	–	–	–	–	–	–	–	–	('06日)
八木 裕	(神)	1	3	2	1	0	0	0	0	3	3	0	0	0	0	0	0	2	0	.500	('92神)
谷沢 健一	(中)	9	27	39	2	10	0	0	1	13	4	0	0	0	1	3	0	13	2	.256	('70~'73,'76,'80,'81,'83,'84中)
屋鋪 要	(洋)	3	6	6	0	2	0	1	0	4	0	0	0	0	0	0	0	1	0	.333	('87洋)
安井 智規	(近)	1	3	6	1	2	0	1	0	4	1	0	0	0	0	0	0	1	0	.333	('69近)
安田 猛	(ヤ)	3	4	0	0	0	0	0	0	0	0	0	0	0	0	0	0	0	0	.000	('73,'75,'77ヤ)
安田 尚憲	(ロ)	1	2	5	1	2	0	0	0	2	0	0	0	0	0	0	0	1	0	.400	('23ロ)
矢頭 高雄	(毎)	2	4	0	1	0	0	0	0	1	0	0	0	0	0	0	0	0	0	.250	('58毎)
柳 裕也	(中)	2	2	–	–	–	–	–	–	–	–	–	–	–	–	–	–	–	–	–	('19,'21中)
柳田 聖人	(ダ)	1	2	2	0	0	0	0	0	0	0	0	0	0	0	0	0	1	0	.000	('98ダ)
柳田 悠岐	(ソ)	8	16	43	7	13	1	0	3	23	6	1	0	0	0	1	0	9	0	.302	('14~'18,'21~'23ソ)
柳田 利夫	(南)	1	3	5	0	1	0	0	0	1	0	0	0	0	0	0	0	1	0	.200	('68南)
柳田 豊	(近)	3	6	0	0	0	0	0	0	0	0	0	0	0	0	0	0	0	0	.000	('78,'79,'81近)
矢貫 俊之	(日)	1	2	0	0	0	0	0	0	0	0	0	0	0	0	0	0	0	0	.000	('13日)
矢野 輝弘	(神)	7	11	15	2	4	2	0	0	6	1	0	0	0	0	2	0	2	0	.267	('99,'02~'06,'08神)
矢野 清	(急)	1	2	2	1	2	0	0	0	5	1	0	0	0	0	0	0	0	0	1.000	('69急)
矢ノ浦国満	(サ)	3	8	6	3	1	1	0	0	2	0	0	0	0	0	0	0	3	0	.167	('63,'64近,'66サ)
薮 恵壹(恵市)	(神)	6	6	–	–	–	–	–	–	–	–	–	–	–	–	–	–	–	–	–	('94~'97,'99,'00神)
薮田 和樹	(広)	1	1	–	–	–	–	–	–	–	–	–	–	–	–	–	–	–	–	–	('17広)
薮田 安彦	(ロ)	2	3	–	–	–	–	–	–	–	–	–	–	–	–	–	–	–	–	–	('05,'07ロ)
山井 大介	(中)	1	1	–	–	–	–	–	–	–	–	–	–	–	–	–	–	–	–	–	('14中)
山内一弘(和弘)	(広)	16	38	105	17	33	2	0	8	59	24	1	0	0	1	12	0	15	3	.314	('54~'63南,'64~'66神,'68~'70広)
山内 和宏	(南)	3	3	0	0	0	0	0	0	0	0	0	0	0	0	0	0	0	0	.000	('83,'84,'87南)
山内 新一	(南)	6	7	2	0	0	0	0	0	0	0	0	0	0	0	0	0	1	0	.000	('73~'76,'79,'80南)
山内 孝徳	(南)	3	4	1	0	1	0	0	0	0	0	0	0	0	0	0	0	0	0	1.000	('82,'83,'85南)
山内 泰幸	(広)	2	2	–	–	–	–	–	–	–	–	–	–	–	–	–	–	–	–	–	('95,'97広)
山岡 泰輔	(オ)	3	3	–	–	–	–	–	–	–	–	–	–	–	–	–	–	–	–	–	('17,'19,'22オ)
山沖 之彦	(オ)	2	2	1	0	0	0	0	0	0	0	0	0	0	0	0	0	0	0	.000	('87急,'90オ)

オールスター・ゲーム・ライフタイム

選手名	チーム	年数	試合数	打数	得点	安打	二塁打	三塁打	本塁打	塁打	打点	盗塁	盗塁刺	犠打	犠飛	四球	死球	三振	併殺打	打率	出場した年度 ('20 中止)
山川 穂高	(武)	4	8	21	2	6	1	0	2	13	5	0	0	0	0	1	0	3	0	.286	('18,'19,'21,'22武)
山倉 和博	(巨)	8	23	24	2	3	1	0	1	7	2	0	0	0	1	1	1	8	1	.125	('81~'87,'90巨)
山口 和男	(オ)	1	1	—	—	—	—	—	—	—	—	—	—	—	—	—	—	—	—	—	('02オ)
山口 俊	(巨)	3	5	—	—	—	—	—	—	—	—	—	—	—	—	—	—	—	—	—	('10,'11横,'19巨)
山口 高志	(急)	4	7	2	0	1	0	0	0	1	0	0	0	0	0	0	0	0	0	.500	('75~'78急)
*山口 鉄也	(巨)	5	5	—	—	—	—	—	—	—	—	—	—	—	—	—	—	—	—	—	('09,'12~'15巨)
山口富士雄	(急)	1	3	7	1	2	0	0	0	2	0	0	0	0	0	0	1	2	0	.286	('67急)
*山崎 福也	(オ)	1	1	—	—	—	—	—	—	—	—	—	—	—	—	—	—	—	—	—	('23オ)
*山崎慎太郎	(近)	1	1	—	—	—	—	—	—	—	—	—	—	—	—	—	—	—	—	—	('94近)
山崎(山崎)武司	(楽)	6	13	33	7	11	1	0	3	21	8	0	0	0	0	0	0	5	1	.333	('96,'00中,'07,'08,'10,'11楽)
山崎 康晃	(ディ)	7	7	—	—	—	—	—	—	—	—	—	—	—	—	—	—	—	—	—	('15~'19,'21,'23ディ)
+山崎 隆造	(広)	3	6	10	0	1	0	0	0	1	0	0	0	0	0	1	0	3	0	.100	('84,'87,'91広)
*山崎 賢一	(洋)	2	4	8	1	4	1	0	0	5	3	0	0	0	0	0	0	1	0	.500	('89,'90洋)
山崎颯一郎	(オ)	1	1	—	—	—	—	—	—	—	—	—	—	—	—	—	—	—	—	—	('23オ)
山崎 裕之	(武)	11	31	61	3	7	1	0	1	11	5	2	0	0	0	8	0	18	1	.115	('69,'70,'72~'77ロ,'80,'81,'83武)
山下 和彦	(近)	1	1	1	0	0	0	0	0	0	0	0	0	0	0	0	0	1	0	.000	('87近)
山下舜平大	(オ)	1	1	—	—	—	—	—	—	—	—	—	—	—	—	—	—	—	—	—	('23オ)
山下 健	(急)	1	1	1	0	0	0	0	0	0	0	0	0	0	0	0	0	1	0	.000	('56急)
山下 大輔	(洋)	4	12	11	2	2	0	0	0	2	0	0	0	0	0	0	0	1	0	.182	('74,'75,'78,'81洋)
山田 哲人	(ヤ)	7	14	36	5	9	2	1	1	16	2	0	0	0	0	0	0	9	0	.250	('14~'16,'18,'19,'21,'22ヤ)
*山田 利昭	(ト)	1	2	2	0	0	0	0	0	0	0	0	0	0	0	0	0	0	0	.000	('55ト)
山田 久志	(急)	13	14	5	0	2	0	0	0	2	0	0	0	0	0	0	0	1	0	.400	('71,'72,'74~'79,'81,'82,'85~'87急)
山中 巽	(中)	1	2	0	0	0	0	0	0	0	0	0	0	0	0	0	0	0	0	—	('66中)
山根 和夫	(広)	2	2	1	0	1	0	0	0	1	1	0	0	0	0	0	0	0	0	1.000	('80,'84広)
山根 俊英	(毎)	1	2	2	0	0	0	0	0	0	0	0	0	0	0	0	—	1	0	.000	('52毎)
*山部 太	(ヤ)	2	2	—	—	—	—	—	—	—	—	—	—	—	—	—	—	—	—	—	('95,'96ヤ)
山村 宏樹	(近)	1	1	—	—	—	—	—	—	—	—	—	—	—	—	—	—	—	—	—	('00近)
山本 一人	(南)	2	5	10	1	3	1	0	0	4	0	0	1	0	—	3	0	1	0	.300	('51,'52南)
*山本 和範	(近)	5	12	28	6	9	1	0	4	22	10	3	1	0	0	1	0	4	1	.321	('86南,'89,'90,'93ダ,'96近)
*山本 和行	(神)	7	11	0	0	0	0	0	0	0	0	0	0	0	0	0	0	0	0	—	('76,'78,'80,'82,'84~'86神)
*山本 一義	(広)	5	15	24	0	8	2	0	0	10	1	0	1	0	0	0	0	5	0	.333	('65~'69広)
山本二(浩司)	(広)	14	41	117	25	37	5	1	14	86	27	3	1	0	0	13	0	14	1	.316	('73~'86広)
*山本 功児	(ロ)	2	6	5	0	3	1	0	0	4	0	0	0	0	0	0	0	0	0	.600	('82ロ,'85ロ)
*山本 省吾	(オ)	1	1	—	—	—	—	—	—	—	—	—	—	—	—	—	—	—	—	—	('08オ)
山本 哲也	(神)	2	4	4	0	1	0	0	0	1	0	0	0	0	0	0	0	0	0	.250	('58,'59神)
山本 哲哉	(ヤ)	1	2	—	—	—	—	—	—	—	—	—	—	—	—	—	—	—	—	—	('13ヤ)
山本 八郎	(近)	4	10	16	2	2	0	0	1	5	1	1	1	1	0	1	1	2	0	.125	('57東,'63~'65近)
*山本昌(山本昌広)	(中)	6	6	0	0	0	0	0	0	0	0	0	0	0	0	0	0	0	0	.000	('89,'92~'94,'97,'04中)
山本 由伸	(オ)	5	5	—	—	—	—	—	—	—	—	—	—	—	—	—	—	—	—	—	('18,'19,'21~'23オ)
湯浅 京己	(神)	1	1	—	—	—	—	—	—	—	—	—	—	—	—	—	—	—	—	—	('22神)
*雄平(高井雄平)	(ヤ)	2	4	11	0	1	0	0	0	1	0	0	0	0	0	0	0	3	0	.091	('14,'15ヤ)
柚木 進	(南)	4	5	1	0	0	0	0	0	0	0	0	0	0	0	0	0	0	0	.000	('51~'54南)
*湯舟 敏郎	(神)	1	1	—	—	—	—	—	—	—	—	—	—	—	—	—	—	—	—	—	('93神)
弓岡敬二郎	(急)	1	1	3	2	1	0	0	0	1	0	1	0	0	0	0	0	0	0	.000	('84急)
陽 岱鋼	(日)	3	7	24	4	12	4	1	2	24	6	0	0	0	0	0	0	5	0	.500	('12~'14日)
*横溝 桂	(広)	1	3	3	0	1	0	0	0	1	0	0	0	0	0	0	0	0	0	.333	('66広)
横山 道哉	(日)	1	1	—	—	—	—	—	—	—	—	—	—	—	—	—	—	—	—	—	('04日)
吉井 理人	(日)	5	5	0	0	0	0	0	0	0	0	0	0	0	0	0	0	0	0	.000	('88近,'95~'97ヤ,'06オ)
吉岡 雄二	(近)	1	2	2	0	0	0	0	0	0	0	0	0	0	0	0	0	0	0	.000	('02近)
*吉川 光夫	(日)	3	3	—	—	—	—	—	—	—	—	—	—	—	—	—	—	—	—	—	('12,'13,'15日)
*吉崎 勝	(日)	1	1	—	—	—	—	—	—	—	—	—	—	—	—	—	—	—	—	—	('03日)
吉沢 岳男	(近)	4	6	4	0	1	0	0	0	1	0	0	0	0	0	0	0	1	0	.250	('57,'60中,'65,'68近)
吉武真太郎	(ソ)	1	1	—	—	—	—	—	—	—	—	—	—	—	—	—	—	—	—	—	('05ソ)
*吉竹 春樹	(武)	1	1	—	—	—	—	—	—	—	—	—	—	—	—	—	—	—	—	—	
吉田 勝豊	(巨)	3	7	11	0	2	0	0	0	2	2	1	0	0	0	0	0	1	0	.182	('60,'62東,'65巨)
*吉田 修司	(ダ)	2	3	—	—	—	—	—	—	—	—	—	—	—	—	—	—	—	—	—	('00,'02ダ)
*吉田 孝司	(巨)	2	6	5	0	1	0	0	0	3	2	0	0	0	0	0	0	2	0	.200	('76,'77巨)
*吉田 豊彦	(ダ)	3	4	0	0	0	0	0	0	0	0	0	0	0	0	0	0	0	0	.000	('92,'94ダ,'03近)
*吉田 博之	(南)	1	2	1	0	0	0	0	0	0	0	0	0	0	0	0	0	0	1	.000	('88南)
*吉田 正尚	(オ)	4	8	21	3	10	1	0	1	14	3	0	0	0	0	0	0	1	0	.476	('18,'19,'21,'22オ)
吉田 義男	(神)	13	31	60	6	15	2	0	0	17	3	2	1	3	1	10	1	4	1	.250	('54~'66神)
吉永幸一郎	(ダ)	6	15	21	0	5	1	0	0	6	3	0	0	0	0	1	0	3	0	.238	('92~'94,'96,'97,'99ダ)
*由規(佐藤由規)	(ヤ)	2	2	0	0	0	0	0	0	0	0	0	0	0	0	0	0	0	0	.000	('09,'11ヤ)
吉見 一起	(中)	2	2	—	—	—	—	—	—	—	—	—	—	—	—	—	—	—	—	—	('09~'11中)
吉村 禎章	(巨)	4	9	21	2	6	1	0	2	13	4	0	0	0	0	0	0	5	1	.286	('86,'87,'91,'93巨)
与田 剛	(中)	2	3	0	0	0	0	0	0	0	0	0	0	0	0	0	0	0	0	.000	('90,'92中)
*与那嶺 要	(巨)	8	17	49	5	8	2	0	0	10	1	2	0	0	0	0	0	10	0	.163	('52~'59巨)
米川 泰夫	(東)	4	5	3	0	0	0	0	0	0	0	0	0	0	0	0	0	0	0	.000	('51,'53~'55東)
米田 哲也	(急)	14	17	14	0	0	0	0	0	0	0	0	0	0	0	0	0	2	0	.000	('56,'58~'60,'62~'64,'66~'71,'73急)
*ライトル	(広)	1	3	5	1	1	0	0	0	1	4	0	0	0	0	0	0	1	1	.200	('81広)

選手名	チーム	年数	試合	打数	得点	安打	二塁打	三塁打	本塁打	塁打	打点	盗塁	盗塁刺	犠打	犠飛	四球	死球	三振	併殺打	打率	出場した年度('20 中止)
＊ラインバック	(神)	2	6	15	1	5	0	0	0	5	0	0	1	0	0	0	0	2	0	.333	('79,'80神)
ラ ド ラ	(東)	1	2	3	0	0	0	0	0	0	0	0	0	0	0	0	0	1	0	.000	('58東)
ラ ミ レ ス	(ディ)	8	18	42	6	13	3	0	3	25	7	0	0	0	0	0	0	3	2	.310	('02,'03,'07ヤ,'08〜'11巨,'12ディ)
ラ ロ ッ カ	(オ)	2	4	5	0	2	0	0	0	2	0	0	0	0	0	0	1	1	0	.400	('04広,'07オ)
＊リ 一	(ロ)	4	12	24	4	7	0	0	4	19	6	1	0	0	0	1	0	8	0	.292	('77,'79〜'81ロ)
リ ッ ク	(楽)	1	2	4	1	2	1	0	0	3	0	0	0	0	0	0	0	0	0	.500	('08楽)
竜 憲一	(広)	1	2	0	0	0	0	0	0	0	0	0	0	0	0	0	0	0	0	.000	('66広)
C．ルイス	(毎)	2	4	14	0	3	0	0	0	3	2	0	0	0	0	0	0	3	0	.214	('54,'55毎)
C．ルイス	(広)	1	1	－	－	－	－	－	－	－	－	－	－	－	－	－	－	－	－	－	('09広)
ル ナ	(中)	1	2	4	2	2	0	0	0	2	0	0	0	0	0	1	0	2	0	.500	('15中)
レ ア ー ド	(ロ)	5	10	24	3	5	1	0	1	9	1	0	0	0	0	0	0	7	2	.208	('16,'17,'19,'21,'22ロ)
レ イ ン ズ	(急)	2	4	8	1	1	0	0	0	1	0	0	0	0	0	0	0	1	0	.125	('53,'54急)
R．ロ ー ズ	(横)	4	9	21	3	5	1	0	2	12	10	0	0	0	0	0	0	2	5	.238	('95,'97,'99,'00横)
＊T．ロ ー ズ	(オ)	10	22	64	7	13	2	0	1	18	6	1	0	0	1	5	0	20	0	.203	('97〜'03近,'04巨,'07,'08オ)
ロ ー ン	(中)	1	2	2	0	0	0	0	0	0	0	1	0	0	0	0	0	0	0	.000	('75中)
＊ロ イ	(西)	1	3	5	0	0	0	0	0	0	0	0	0	0	0	0	0	3	0	.000	('65西)
ロ バ ー ツ	(ヤ)	4	12	22	2	2	0	0	0	2	0	0	0	0	0	(1)4	0	7	0	.091	('68サ,'69ア,'71,'72ヤ)
＊A．ロ ペ ス	(京)	1	3	14	2	3	1	0	1	7	1	0	0	0	0	0	0	2	0	.214	('68京)
J．ロ ペ ス	(ディ)	3	5	11	1	4	1	0	0	5	1	0	0	0	0	0	0	1	0	.364	('15,'18,'19ディ)
呂 明賜	(巨)	1	3	7	0	0	0	0	0	0	0	0	0	0	0	0	0	2	0	.000	('88巨)
若田部健一	(ダ)	1	1	－	－	－	－	－	－	－	－	－	－	－	－	－	－	－	－	－	('02ダ)
若月 健矢	(オ)	1	2	3	0	0	0	0	0	0	2	0	0	0	1	0	0	0	0	.000	('23オ)
若菜 嘉晴	(洋)	6	16	25	5	7	1	0	2	14	3	0	1	0	0	0	0	5	0	.280	('77ク,'79〜'82神,'85洋)
＊若松 勉	(ヤ)	11	33	81	7	21	3	2	1	31	9	2	0	1	1	5	0	2	2	.259	('72〜'80,'83,'84ヤ)
涌井 秀章	(ロ)	6	6	－	－	－	－	－	－	－	－	－	－	－	－	－	－	－	－	－	('06,'07,'09,'10武,'15,'16ロ)
若生 智男	(神)	1	1	1	0	0	0	0	0	0	0	0	0	0	0	0	0	0	0	.000	('69神)
渡辺 俊介	(ロ)	2	2	－	－	－	－	－	－	－	－	－	－	－	－	－	－	－	－	－	('04,'05ロ)
渡辺 泰輔	(南)	1	1	1	0	0	0	0	0	0	0	0	0	0	0	0	0	1	0	.000	('67南)
＊渡辺 智男	(武)	1	1	－	－	－	－	－	－	－	－	－	－	－	－	－	－	－	－	－	('90武)
渡辺 直人	(横)	1	3	6	0	3	0	0	0	3	0	0	0	0	0	0	0	0	0	.500	('11横)
渡辺 久信	(武)	6	8	2	0	0	0	0	0	0	0	0	0	0	0	0	0	1	0	.000	('85,'86,'88〜'90,'92武)
渡辺 秀武	(巨)	2	4	0	0	0	0	0	0	0	0	0	0	0	0	0	0	0	0	.000	('70,'71巨)
渡辺 博之	(神)	2	4	8	2	1	1	0	0	2	1	0	0	0	0	0	0	0	1	.125	('54,'55神)
和田 一浩	(中)	6	13	30	3	12	3	1	0	17	2	1	0	0	0	0	0	2	2	.400	('03〜'05武,'08,'10,'12中)
＊和田 毅	(ソ)	6	6	－	－	－	－	－	－	－	－	－	－	－	－	－	－	－	－	－	('03,'04ダ,'10,'11,'16,'23ソ)
和田 博実	(西)	5	7	5	0	2	0	0	0	2	0	0	0	0	0	0	0	0	0	.400	('58,'59,'61,'64,'66西)
和田 豊	(神)	7	16	30	5	13	2	1	0	17	5	1	0	0	0	5	0	4	2	.433	('89,'92〜'96,'99神)

セ・リ ー グ 投 手 成 績

(注) 1963年まで⅓，⅔切り上げ1回。1964〜1982年⅓切り捨て，⅔切り上げ1回，1回未満の⅓，⅔は端数のまま計算。1983年より⅓，⅔端数まで計算。

（　）内数字は故意四球

年度	試合	補回試	無点勝	勝利	敗北	引分	セーブ	勝率	打者	打数	投球回	安打	本塁打	犠打	犠飛	四球	死球	三振	暴投	ボーク	失点	自責点	防御率
1951	3	0	0	2	1	0	—	.667	102	93	27	16	3	0	—	9	0	17	0	1	7	7	2.33
1952	2	1	0	0	1	0	—	.000	120	110	30	23	2	0	—	9	0	27	0	0	10	10	3.00
1953	3	1	1	1	2	0	—	.333	111	96	29	17	0	1	—	14	0	24	0	0	5	5	1.55
1954	2	1	0	0	2	0	—	.000	70	65	17.1	14	2	1	0	4	0	19	2	0	7	7	3.50
1955	2	0	0	1	1	0	—	.500	71	63	18	10	2	2	0	5	1	21	0	0	6	4	2.00
1956	2	0	1	1	1	0	—	.500	73	67	17	16	1	0	0	6	0	18	1	0	8	6	3.18
1957	2	0	0	1	1	0	—	.500	71	60	18	11	1	1	0	10	0	12	1	0	9	9	4.50
1958	2	0	0	1	1	0	—	.500	71	68	18	17	3	0	0	2	1	15	0	0	10	10	5.00
1959	2	0	0	1	1	0	—	.500	83	76	17	28	1	0	0	7	0	18	0	1	13	13	6.88
1960	3	0	0	1	2	0	—	.333	118	108	27	29	3	1	1	8	0	27	0	0	13	12	4.00
1961	2	0	0	0	2	0	—	.000	74	71	18	17	1	0	0	3	0	8	0	0	7	5	2.50
1962	2	0	0	0	2	0	—	.000	85	75	17	23	4	0	1	9	0	12	0	0	12	11	5.82
1963	3	1	0	3	0	0	—	1.000	124	115	28	32	6	0	0	(1) 9	0	20	0	0	18	16	5.14
1964	3	1	0	2	1	0	0	.667	111	101	26	25	2	0	0	8	2	17	1	0	11	9	3.12
1965	3	1	0	0	2	1	—	.000	121	111	31	23	4	1	0	(1) 8	1	16	1	0	12	11	3.19
1966	3	0	0	1	2	0	—	.333	106	98	26	21	5	0	1	7	0	16	0	0	13	12	4.15
1967	3	0	0	0	3	0	—	.000	120	108	26	36	8	2	0	8	2	27	0	0	25	21	7.27
1968	3	2	0	2	1	0	—	.667	121	109	29.2	22	4	2	0	10	0	30	0	0	9	7	2.10
1969	3	1	0	0	2	1	—	.000	124	118	30	34	4	0	0	6	0	23	1	0	17	15	4.50
1970	3	0	0	2	1	0	—	.667	115	107	27	26	4	0	1	7	0	28	1	0	20	14	4.67
1971	3	0	1	1	2	0	—	.333	99	92	27	13	2	0	0	5	2	30	0	0	7	6	2.00
1972	3	0	1	1	2	0	—	.333	103	96	26	24	5	0	0	9	0	21	0	0	9	9	3.12
1973	3	0	0	1	2	0	—	.333	102	90	25.2	18	0	2	(1)	9	0	10	0	0	6	4	1.38
1974	3	0	0	0	3	0	0	.000	104	94	25.1	23	3	0	1	9	0	18	1	0	10	9	3.24
1975	3	0	1	2	1	0	2	.667	107	97	27	22	2	1	0	7	2	8	1	0	6	5	1.67
1976	3	0	0	1	2	0	—	.333	113	107	27	31	4	0	1	4	1	31	0	0	15	13	4.33
1977	3	0	0	2	1	0	—	.667	105	100	26	21	3	0	0	5	0	21	0	0	8	4	1.38
1978	3	0	0	2	1	0	1	.667	123	116	27	38	2	0	1	6	0	10	0	0	19	18	6.00
1979	3	0	0	2	1	0	—	.667	104	96	27	22	4	0	0	4	2	18	0	0	10	10	3.33
1980	3	0	0	2	1	0	—	.667	100	94	26	19	4	0	0	6	0	25	0	0	10	10	3.46
1981	3	1	1	2	1	0	0	.667	112	103	28	24	1	0	0	8	1	23	0	0	8	8	2.57
1982	3	1	0	1	1	1	1	.500	120	107	28	33	3	1	1	11	0	16	0	0	14	13	4.18
1983	3	0	0	0	3	0	0	.000	105	95	26	18	8	0	1	(1) 8	1	16	0	0	13	12	4.15
1984	3	0	0	1	2	0	1	.333	114	105	27	27	4	0	1	7	1	21	0	0	21	14	4.67
1985	3	0	1	2	1	0	2	.667	111	108	26	32	4	0	0	3	1	17	0	0	15	15	5.19
1986	3	2	0	1	2	0	—	.333	117	111	28.2	30	4	1	1	3	1	20	0	0	13	12	3.77
1987	3	0	0	0	3	0	0	.000	119	117	26	43	9	0	1	1	0	18	0	0	24	24	8.31
1988	3	0	0	2	1	0	1	.667	112	104	29	20	3	0	0	7	1	29	0	0	7	5	1.55
1989	2	0	0	1	1	0	—	.500	68	63	18	13	4	0	1	4	0	14	0	0	7	6	3.00
1990	2	0	0	0	2	0	—	.000	76	72	17	23	7	0	0	4	0	16	1	1	19	19	10.06
1991	2	1	1	1	0	1	1	1.000	75	69	21	11	3	0	0	5	0	16	0	0	3	3	1.29
1992	3	0	0	2	1	0	1	.667	107	104	27	27	6	0	1	2	0	32	0	0	12	11	3.67
1993	2	0	0	1	1	0	1	.500	81	76	18	27	5	0	2	3	0	16	0	0	18	18	9.00
1994	2	0	0	1	1	0	0	.500	76	74	17	22	3	0	0	4	0	18	0	0	11	9	4.76
1995	2	0	0	0	1	1	1	.000	74	71	18	20	2	0	1	3	0	22	0	0	10	9	4.50
1996	3	0	0	1	2	0	—	.333	105	94	25	24	3	0	1	8	2	28	1	0	16	16	5.76
1997	2	0	0	1	1	0	—	.500	72	69	17	23	0	0	1	2	0	12	1	0	8	8	4.24
1998	2	0	0	0	1	1	1	.000	71	69	18	15	1	0	0	(1) 2	0	14	0	0	4	3	1.50
1999	3	0	0	3	0	0	1	1.000	113	105	27	29	3	0	2	5	1	18	1	0	10	9	3.00
2000	3	0	0	3	0	0	1	1.000	109	100	27	21	2	0	0	6	0	24	0	0	11	10	3.33
2001	3	0	0	1	2	0	0	.333	110	105	25	31	9	0	1	4	0	26	1	0	21	19	6.84
2002	2	0	0	1	1	0	1	.500	69	64	18	13	0	0	1	3	1	17	1	0	5	5	2.50
2003	2	0	0	0	1	1	1	.000	72	70	18	17	6	0	0	2	0	15	0	0	7	7	3.50
2004	2	0	0	0	2	0	0	.000	70	67	17	17	4	0	0	3	0	16	0	0	8	8	4.24
2005	2	0	0	2	0	0	2	1.000	75	71	18	21	3	0	0	4	0	14	0	0	8	8	4.00
2006	2	0	0	2	0	0	2	1.000	72	71	18	20	2	0	0	1	0	15	0	0	5	5	2.50
2007	2	0	0	2	0	0	0	1.000	61	59	16	14	1	0	1	0	1	10	0	0	5	5	2.81
2008	2	0	0	1	1	0	—	.500	76	75	17.1	26	4	0	1	0	0	9	0	0	11	10	5.19
2009	2	0	0	1	1	0	—	.500	80	76	18	26	4	0	1	2	1	7	0	0	15	11	5.50
2010	2	0	0	1	0	1	1	.500	67	64	18	14	3	0	0	2	0	12	0	0	6	6	3.00
2011	3	0	0	1	2	0	—	.333	102	100	25	30	5	0	0	2	0	12	0	0	13	12	4.32
2012	3	0	0	2	1	0	—	.667	94	94	26	19	2	0	0	0	0	15	0	0	7	6	2.08
2013	3	0	0	1	1	1	1	.500	100	100	26	24	0	1	0	0	0	11	0	0	5	5	1.73
2014	2	0	1	1	1	0	—	.500	84	76	18	24	2	0	1	7	0	13	0	0	12	12	6.00
2015	2	0	0	2	0	0	1	1.000	71	68	18	16	3	0	0	3	0	16	0	0	9	9	4.50
2016	2	0	0	1	1	0	1	1.000	69	67	18	16	4	0	0	2	0	9	0	0	9	9	4.50
2017	2	0	0	0	2	0	—	.000	68	68	17	18	5	0	0	0	0	16	0	0	9	9	4.76
2018	2	0	0	1	1	0	—	.500	83	78	17	27	2	0	0	4	1	6	0	0	12	10	5.29
2019	2	0	0	1	1	0	—	.500	73	72	18	18	4	0	0	3	0	9	0	0	9	9	4.50
2021	2	0	0	1	1	0	1	.500	69	66	17	18	1	0	0	3	0	9	0	0	8	7	3.71
2022	2	0	0	0	2	0	0	.000	72	68	17.2	18	3	0	0	3	1	10	0	0	5	5	2.55
2023	2	0	0	0	2	0	0	.000	80	76	18	28	3	0	0	3	0	9	0	0	14	12	6.00
計	181	14	12	80	90	11	33	.471	6705	6275	1628.2	1608	237	18	32	(5)350	30	1258	17	3	779	705	3.90

パ・リーグ投手成績

年度	試合	補回試	無点勝	勝利	敗北	引分	セーブ	勝率	打者	打数	投球回	安打	本塁打	犠打	犠飛	四球	死球	三振	暴投	ボーク	失点	自責点	防御率
1951	3	0	0	1	2	0	－	.333	102	94	26	17	2	0	－	7	1	8	0	0	9	8	2.77
1952	2	1	0	1	0	1	－	1.000	108	100	30	13	0	1	－	7	0	9	0	0	3	3	0.90
1953	3	1	2	2	1	0	－	.667	100	90	28	11	0	2	－	8	0	8	0	0	2	1	0.32
1954	2	1	0	2	0	0	－	1.000	73	63	19	9	1	0	1	9	0	12	0	1	3	2	0.95
1955	2	0	1	1	1	0	－	.500	71	63	17	14	2	0	0	5	1	7	0	0	9	9	4.76
1956	2	0	1	1	1	0	－	.500	64	59	18	12	0	0	0	5	0	10	0	0	2	2	1.00
1957	2	0	0	1	1	0	－	.500	71	61	17	14	2	2	0	8	0	13	0	0	7	6	3.18
1958	2	0	0	1	1	0	－	.500	72	65	18	15	0	0	1	6	0	21	1	0	8	6	3.00
1959	2	0	1	1	1	0	－	.500	71	65	18	15	2	0	1	6	0	20	1	0	6	6	3.00
1960	3	0	0	2	1	0	－	.667	110	98	27	20	5	2	2	8	1	20	1	0	11	9	3.00
1961	2	0	1	2	0	0	－	1.000	71	62	18	10	0	0	0	9	0	10	0	0	2	1	0.50
1962	2	0	1	2	0	0	－	1.000	75	62	18	13	2	2	0	10	1	11	0	0	4	4	2.00
1963	3	1	0	0	3	0	－	.000	127	113	27.1	35	6	1	1	12	0	17	2	0	25	19	6.11
1964	3	0	0	1	2	0	－	.333	108	96	25	29	2	1	0	10	1	15	0	0	8	8	2.88
1965	3	1	0	2	0	1	－	1.000	119	116	32	22	2	0	1	2	0	27	0	0	6	6	1.69
1966	3	0	0	2	1	0	－	.667	111	102	26	27	3	1	1	8	0	14	1	0	10	8	2.77
1967	3	0	0	3	0	0	－	1.000	110	102	27	28	3	1	1	8	0	19	0	0	13	11	3.67
1968	3	2	0	1	2	0	－	.333	120	110	28	30	2	1	1	(1)8	0	19	2	0	14	11	3.54
1969	3	1	0	2	0	1	－	1.000	127	118	31	33	4	1	0	8	0	22	0	0	13	13	3.77
1970	3	0	0	1	2	0	－	.333	120	111	26	35	5	0	0	8	1	20	2	0	21	19	6.58
1971	3	0	1	2	1	0	－	.667	101	90	27	10	2	1	0	10	0	26	1	0	7	7	2.33
1972	3	0	1	2	1	0	－	.667	99	82	26	14	1	0	0	12	0	23	0	0	3	3	1.04
1973	3	0	1	2	1	0	－	.667	101	95	26	17	2	0	0	5	1	13	0	1	10	7	2.42
1974	3	0	1	3	0	0	1	1.000	104	97	27	20	1	0	1	6	0	15	0	0	5	5	1.67
1975	3	0	1	1	2	0	1	.333	100	92	25	21	6	0	0	8	0	13	0	0	12	12	4.32
1976	3	0	0	2	1	0	1	.667	104	94	26	16	1	0	2	8	0	23	2	0	7	6	2.00
1977	3	0	1	1	2	0	0	.333	101	88	26	17	1	0	2	8	3	19	0	0	6	4	1.38
1978	3	0	1	1	2	0	1	.333	106	95	26	20	7	2	0	8	1	13	1	0	15	15	5.19
1979	3	0	0	1	2	0	1	.333	109	94	26	27	6	3	0	11	1	18	0	0	19	18	6.23
1980	3	0	0	1	2	0	1	.333	111	102	26	28	3	1	0	8	0	19	0	0	10	9	3.12
1981	3	1	0	1	2	0	1	.333	106	98	26.2	21	6	0	0	7	1	18	2	0	15	15	5.00
1982	3	1	0	1	1	1	0	.500	121	110	29	27	2	0	0	10	1	19	1	0	10	10	3.10
1983	3	0	0	3	0	0	2	1.000	104	94	27	19	3	0	1	7	2	15	0	0	7	7	2.33
1984	3	0	0	2	1	0	1	.667	111	103	26	26	4	0	2	6	0	13	0	0	14	9	3.12
1985	3	0	0	1	2	0	0	.333	114	105	26	28	3	0	1	8	0	28	0	0	10	10	3.46
1986	3	2	0	2	1	0	1	.667	125	115	29	35	3	1	1	8	0	27	2	0	12	11	3.41
1987	3	0	0	3	0	0	3	1.000	110	107	27	29	5	0	1	2	0	22	1	0	14	14	4.67
1988	3	1	0	1	2	0	1	.333	109	103	28.1	20	2	0	0	5	0	29	2	0	9	8	2.54
1989	2	0	1	1	1	0	0	.500	67	63	18	11	2	0	0	3	1	19	0	0	4	4	2.00
1990	2	0	1	2	0	0	0	1.000	74	68	18	15	2	0	0	6	0	16	0	0	7	7	3.50
1991	2	1	0	0	2	0	0	.000	85	78	21	17	0	0	0	(1)7	0	20	0	0	4	4	1.71
1992	3	0	0	1	2	0	0	.333	108	98	27	24	2	0	1	9	0	26	0	0	11	10	3.33
1993	2	0	0	1	1	0	0	.500	87	79	18	29	4	0	0	8	0	19	1	0	18	18	9.00
1994	2	0	0	1	1	0	0	.500	72	65	17	18	1	0	0	7	0	11	2	0	8	8	4.24
1995	2	0	0	0	1	1	0	.000	78	73	17	24	2	0	1	3	1	15	0	0	11	10	5.29
1996	3	0	0	2	1	0	0	.667	99	98	26	22	1	0	0	1	0	20	0	0	11	11	3.81
1997	2	0	1	1	1	0	0	.500	68	63	17	14	3	0	0	4	1	18	0	0	6	6	3.18
1998	2	0	0	0	1	1	0	.000	74	69	17	19	2	0	0	5	0	13	1	0	7	7	3.71
1999	3	0	0	0	3	0	0	.000	108	101	25	30	3	0	1	6	0	18	0	0	19	13	4.68
2000	3	0	0	0	3	0	0	.000	127	116	26	40	7	0	2	8	1	23	0	0	26	26	9.00
2001	3	0	0	2	1	0	0	.667	121	116	26	41	5	0	1	3	1	24	0	0	17	17	5.88
2002	2	0	0	1	1	0	0	.500	70	68	18	15	3	0	1	0	1	12	0	0	6	6	3.00
2003	2	0	0	0	1	1	0	.000	77	73	18	21	6	0	1	3	0	14	2	0	9	9	4.50
2004	2	0	0	2	0	0	2	1.000	69	63	18	10	1	0	1	4	1	27	1	0	4	4	2.00
2005	2	0	0	0	2	0	0	.000	80	77	17	27	1	0	0	3	0	16	0	0	11	11	5.82
2006	2	0	0	0	2	0	0	.000	74	71	17	24	4	0	1	2	0	4	0	0	10	10	5.29
2007	2	0	0	0	1	1	0	.000	66	65	15	20	6	0	0	1	0	8	0	0	15	15	9.00
2008	2	0	0	1	1	0	0	.500	76	74	17	28	2	0	1	0	0	15	1	0	15	14	6.35
2009	2	0	0	1	1	0	0	.500	82	77	18	28	3	0	2	3	0	9	1	0	14	14	7.00
2010	2	0	0	0	1	1	0	.000	82	80	18	26	1	0	1	1	0	13	1	0	9	7	3.50
2011	3	0	1	2	1	0	1	.667	113	111	26	37	5	0	0	2	0	16	1	0	12	11	3.81
2012	3	0	0	1	2	0	0	.333	106	103	26	28	3	0	1	1	0	18	1	0	10	10	3.46
2013	3	0	0	1	1	1	0	.500	105	99	26	22	0	0	0	6	0	11	0	0	5	4	1.38
2014	2	0	0	1	1	0	0	.500	80	78	18	28	4	0	0	1	0	14	0	0	13	13	6.50
2015	2	0	0	0	2	0	0	.000	75	73	16	27	3	0	1	1	0	11	1	0	16	15	8.44
2016	2	0	0	0	1	1	0	.000	71	70	18	20	5	0	1	1	0	11	1	0	10	10	5.00
2017	2	0	0	2	0	0	1	1.000	63	62	18	10	2	0	0	1	0	12	0	0	3	3	1.50
2018	2	0	0	2	0	0	1	1.000	70	69	18	17	3	0	0	1	0	8	1	0	7	7	3.50
2019	2	0	0	1	1	0	0	.500	77	77	17	29	6	0	0	0	0	9	0	0	14	13	6.88
2021	2	0	0	1	1	0	0	.500	74	70	18	17	2	1	0	(1)3	0	15	0	0	8	6	3.00
2022	2	0	0	2	0	0	1	1.000	70	68	18	15	1	0	2	0	0	18	0	0	3	3	1.50
2023	2	0	0	2	0	0	0	1.000	62	62	18	11	1	0	0	0	0	15	0	0	2	2	1.00
計	181	14	18	90	80	11	27	.529	6676	6196	1623.1	1561	197	25	40	(3)391	24	1157	35	2	706	648	3.59

個 人 投 手 成 績 （50音順）

選手名	チーム	年数	試合	交代完了	試合当初	勝利	敗北	セーブ	勝率	打者	打数	投球回	安打	本塁打	犠打	犠飛	四球	死球	三振	暴投	ボーク	失点	自責点	防御率
アニマル	(急)	1	2	1	0	1	0	0	1.000	12	9	2.1	4	0	0	0	1	0	2	0	0	1	1	3.86
*アルバース	(オ)	1	1	0	0	1	0	0	1.000	7	6	2	1	0	0	0	1	0	0	0	0	0	0	0.00
青柳　晃洋	(神)	3	3	0	1	0	0	0	.000	19	17	5	2	1	0	0	2	0	2	0	0	1	1	1.80
青山　浩二	(楽)	2	4	2	0	0	0	1	.000	16	15	4	5	0	0	0	1	0	2	0	0	2	2	4.50
*赤川　克紀	(ヤ)	1	1	1	0	0	0	0	.000	9	9	3	0	0	0	0	0	0	2	0	0	0	0	0.00
赤堀　元之	(近)	3	4	3	0	0	0	1	.000	21	21	6	4	1	0	0	0	0	3	0	0	1	1	1.50
秋山　拓巳	(神)	1	1	0	0	0	0	0	.000	7	7	2	1	1	0	0	0	0	0	0	0	1	1	4.50
秋山　登	(洋)	9	10	4	0	1	0	-	1.000	82	75	21.2	14	0	0	0	6	1	21	1	0	5	4	1.64
秋吉　亮	(ヤ)	1	1	0	0	0	0	0	.000	5	5	1	2	0	0	0	0	0	1	0	0	1	1	9.00
浅尾　拓也	(中)	2	2	0	0	0	0	0	.000	9	9	2	3	0	0	0	0	0	1	0	0	1	1	4.50
朝倉　健太	(中)	1	1	0	0	0	0	0	.000	11	11	2	7	0	0	0	0	0	0	0	0	2	2	9.00
浅野　啓司	(ヤ)	1	1	0	0	0	0	0	.000	12	11	3	3	0	0	0	1	0	2	0	0	0	0	0.00
*東　克樹	(デ)	2	2	1	0	0	0	0	.000	12	11	3	3	0	0	0	0	0	2	0	0	0	0	0.00
足立　光宏	(急)	6	7	0	0	2	0	0	1.000	60	59	15.1	15	2	1	0	0	0	10	0	0	4	4	2.40
安仁屋宗八	(神)	3	3	1	1	1	1	1	.500	34	32	8	9	0	0	0	0	0	5	0	0	2	2	2.25
新垣　渚	(ダ)	1	1	0	0	0	0	0	.000	7	6	2	0	0	0	0	0	0	2	1	0	0	0	0.00
荒木　大輔	(ヤ)	1	1	0	1	0	0	0	.000	10	10	3	1	0	0	0	0	0	2	0	0	0	0	0.00
*荒巻　淳	(毎)	5	9	3	0	0	0	-	.000	63	58	17.2	8	1	1	0	4	0	7	0	0	1	1	0.50
有原　航平	(日)	2	2	1	0	0	0	0	.000	20	20	5	5	0	0	0	0	0	1	0	0	3	2	3.60
*有銘　兼久	(楽)	1	1	0	0	0	0	0	.000	6	4	0.1	3	0	0	0	0	0	0	0	0	4	4	108.00
*阿波野秀幸	(近)	4	4	0	3	2	0	0	1.000	44	44	12	4	0	0	0	0	0	12	0	0	2	2	1.50
イチロー(鈴木一郎)	(オ)	1	1	1	0	0	0	0	.000	1	1	0.1	0	0	0	0	0	0	0	0	0	0	0	0.00
飯尾　為男	(東)	1	1	1	0	0	0	0	.000	3	3	1	0	0	0	0	0	0	0	0	0	0	0	0.00
五十嵐亮太	(ソ)	6	8	0	0	1	0	0	1.000	36	31	8	8	1	0	0	5	0	9	0	0	5	5	5.63
井川　慶	(神)	3	3	0	2	1	0	0	.000	31	30	8	7	2	0	0	0	0	10	0	0	3	3	3.38
池谷公二郎	(広)	2	2	0	1	0	0	0	.000	24	22	6	4	0	0	0	0	0	5	0	0	1	1	1.50
池永　正明	(西)	5	6	0	5	1	0	-	1.000	54	48	15.2	6	0	0	1	5	0	7	1	0	1	0	0.00
*石井　一久	(ヤ)	3	3	1	0	1	0	0	1.000	9	9	2	2	0	0	0	0	0	1	0	0	0	0	0.00
石井　茂雄	(急)	3	3	3	0	0	0	0	.000	18	16	4	4	0	1	1	0	0	1	0	0	3	3	6.75
石井　貴	(武)	3	4	0	1	0	0	0	.000	23	21	4.1	8	1	0	0	1	0	5	0	0	6	6	12.46
石井　丈裕	(武)	2	2	0	0	0	0	0	.000	16	14	4	4	1	0	0	2	0	4	0	0	2	2	4.50
*石井　弘寿	(ヤ)	2	2	1	0	0	0	0	.000	6	6	2	2	0	0	0	0	0	1	0	0	1	1	3.00
石川　歩	(ロ)	2	2	0	0	0	0	0	.000	10	10	3	3	0	0	0	2	1	3	0	0	1	1	3.00
*石川　雅規	(ヤ)	1	1	0	0	0	0	0	.000	13	13	3	4	0	0	0	0	0	1	0	0	1	1	3.00
石川　賢	(ロ)	1	1	0	0	0	0	0	.000	3	3	1	0	0	0	0	0	0	0	0	0	0	0	0.00
石川　陽造	(東)	1	1	0	0	0	0	-	.000	9	7	1.2	3	0	0	0	0	0	1	0	0	0	0	0.00
石毛　博史	(巨)	1	1	1	0	0	0	0	.000	8	8	2	3	2	0	0	0	0	2	0	0	2	2	9.00
*石田　健大	(デ)	1	1	1	0	0	0	0	.000	7	7	2	1	0	0	0	0	0	3	0	0	0	0	0.00
石戸　四六	(ア)	2	2	1	0	0	0	0	.000	13	13	1.1	7	0	0	0	0	0	2	0	0	6	4	36.00
*石本　貴昭	(近)	2	2	0	0	1	0	0	1.000	19	19	5	4	1	0	0	0	0	5	0	0	2	2	3.60
石山　泰稚	(ヤ)	2	2	0	0	0	0	0	.000	11	11	2	5	0	0	0	0	0	2	1	0	1	1	4.50
伊勢　大夢	(デ)	1	1	0	0	0	0	0	.000	7	5	1	2	0	0	0	1	1	2	0	0	1	1	9.00
一岡　竜司	(広)	1	2	0	0	0	0	0	.000	6	6	1.1	3	0	0	0	0	0	1	0	0	1	1	6.75
伊東　昭光	(ヤ)	1	1	0	0	0	0	0	.000	9	9	2	3	0	0	0	0	0	1	0	0	1	1	4.50
伊藤　敦規	(オ)	1	1	0	0	0	0	0	.000	5	4	1	1	0	0	0	0	0	2	1	0	1	1	9.00
伊藤　四郎	(高)	1	1	0	0	0	0	0	.000	7	7	2.1	1	0	0	0	0	0	1	0	0	0	0	0.00
*伊藤　久敏	(ヤ)	1	1	1	0	0	0	0	.000	9	9	2.1	2	0	0	0	0	0	0	0	0	0	0	0.00
伊藤　大海	(日)	1	1	0	0	0	0	0	.000	3	3	1	0	0	0	0	0	0	2	0	0	0	0	0.00
*伊藤　将司	(神)	1	1	0	0	0	0	0	.000	3	3	1	0	0	0	0	0	0	1	0	0	0	0	0.00
*伊藤　芳明	(巨)	3	4	0	0	0	0	-	1.000	27	24	6	6	2	0	0	0	0	2	1	0	5	4	6.00
*伊奈　努	(中)	1	1	0	0	0	0	-	.000	10	9	3	0	0	0	0	1	0	1	0	0	0	0	0.00
稲尾　和久	(西)	7	12	4	2	1	2	0	.333	106	93	25.1	20	2	0	1	12	0	29	0	0	6	6	2.16
稲川　誠	(洋)	3	4	1	1	1	0	0	1.000	28	22	5	8	0	1	0	6	0	2	0	0	9	9	16.20
稲葉　光雄	(急)	3	5	2	1	0	0	0	.000	23	19	5.1	5	1	0	0	0	0	3	0	0	3	2	3.60
井納　翔一	(デ)	3	3	0	0	0	0	0	.000	27	24	5.2	8	0	0	0	3	0	5	0	0	4	4	6.35
*井上　善夫	(西)	1	1	0	0	0	0	0	.000	5	4	1	1	0	0	0	0	0	1	0	0	0	0	0.00
井原慎一朗	(ヤ)	1	1	0	0	0	0	0	.000	13	12	2.1	5	0	0	0	0	0	1	0	0	3	3	13.50
今井　達也	(武)	1	1	0	0	0	0	0	.000	9	9	2	2	0	0	0	0	0	2	0	0	0	0	0.00
今井雄太郎	(急)	4	5	1	0	0	0	0	.000	29	27	6.2	7	2	0	0	0	0	1	0	0	7	6	8.10
今関　勝	(日)	1	1	0	1	0	0	0	.000	10	10	2	4	1	0	0	0	0	2	0	0	3	3	13.50
*今中　慎二	(中)	4	4	1	0	0	0	0	.000	26	26	7	7	0	0	0	0	0	3	0	0	2	2	2.57
*今永　昇太	(デ)	1	1	0	0	0	0	0	.000	9	9	3	0	0	0	0	0	0	2	0	0	0	0	0.00
林　太勇	(ヤ)	1	1	0	0	0	0	0	.000	3	3	1	0	0	0	0	0	0	1	0	0	1	1	3.00
井本　隆	(近)	3	3	0	1	0	0	0	.000	20	19	5	4	0	0	0	0	0	2	0	0	1	1	1.80
伊良部秀輝	(神)	4	4	0	3	2	1	0	.667	44	41	11	6	1	0	0	1	0	13	0	0	3	3	2.45

選手名	チーム	年数	試合	交代完了	試合当初	勝利	敗北	セーブ	勝率	打者	打数	投球回	安打	本塁打	犠打	犠飛	四球	死球	三振	暴投	ボーク	失点	自責点	防御率
入来 智	(ヤ)	1	1	0	0	0	0	0	.000	10	10	2.1	3	1	0	0	0	0	1	0	0	1	1	3.86
入来 祐作	(巨)	1	1	0	1	0	1	0	.000	14	13	2.2	6	1	0	1	0	0	1	1	0	6	6	20.25
岩隈 久志	(楽)	3	3	0	3	0	0	0	.000	26	25	6	8	1	0	1	0	0	4	0	0	3	3	4.50
岩嵜 翔	(ソ)	1	1	0	0	0	0	0	.000	9	9	2	3	0	0	0	0	0	0	0	0	1	0	0.00
*岩貞 祐太	(神)	2	2	0	0	0	1	0	.000	16	16	4	7	0	0	0	0	0	1	0	0	2	2	4.50
*岩崎 優	(神)	3	3	0	0	0	1	0	.000	13	12	3	4	1	0	1	0	0	1	0	0	3	3	9.00
*岩瀬 仁紀	(中)	9	9	0	1	0	0	0	.000	34	33	9.1	6	1	0	0	1	0	8	0	0	2	1	0.96
岩本ツトム(勉)	(日)	3	3	0	1	0	0	0	.000	30	28	7	8	3	0	0	2	0	2	0	0	4	4	5.14
ウィン	(オ)	1	1	0	0	0	0	0	.000	4	4	1	1	0	0	0	0	0	3	0	0	0	0	0.00
ウォーレン	(ロ)	1	2	2	0	0	0	0	.000	6	6	2	0	0	0	0	0	0	0	0	0	0	0	0.00
上田 二朗	(神)	2	4	1	1	0	0	—	.000	32	27	8	5	0	1	2	2	0	5	0	0	5	1	1.13
上原 浩治	(巨)	8	8	0	4	2	0	0	1.000	67	61	16	14	4	0	0	5	1	17	0	0	6	6	3.38
植村 義信	(毎)	2	2	0	0	0	0	0	.000	6	5	0.1	4	1	0	0	1	0	0	0	0	4	4	36.00
牛島 和彦	(ロ)	5	8	6	0	0	1	4	.000	57	52	13.1	11	0	0	1	4	0	11	1	0	5	2	1.35
内 竜也	(ロ)	1	1	0	0	0	0	0	.000	4	4	1	1	0	0	0	0	0	1	0	0	1	1	9.00
*内海 哲也	(巨)	5	5	1	1	0	0	0	.000	38	37	9	12	0	0	0	0	0	6	0	0	3	3	3.00
有働 克也	(横)	1	1	0	0	0	1	0	.000	5	5	1	2	0	0	0	0	0	1	0	0	1	1	9.00
上沢 直之	(日)	3	3	0	0	0	0	0	.000	21	21	5	7	1	0	0	0	0	2	0	0	4	4	7.20
江川 卓	(巨)	8	9	0	5	2	2	0	.500	74	74	22	10	2	0	0	0	0	30	0	0	4	4	1.64
江尻慎太郎	(横)	1	1	0	0	0	0	0	.000	12	12	3	4	0	0	0	0	0	3	0	0	1	1	3.00
江藤 正	(南)	1	1	0	0	0	1	—	.000	12	11	3	3	0	0	—	1	0	1	0	0	1	1	3.00
*江夏 豊	(日)	16	26	9	6	5	3	6	.625	173	152	45	27	5	4	3	14	0	62	0	0	17	11	2.20
*榎田 大樹	(日)	1	2	0	0	0	0	0	.000	7	7	2	2	1	0	0	0	0	0	0	0	1	1	4.50
戎 信行	(オ)	1	1	0	0	0	0	0	.000	6	6	2	0	0	0	0	0	0	3	0	0	0	0	0.00
江本 孟紀	(神)	4	4	0	4	1	0	0	1.000	44	41	12	7	0	0	0	0	3	6	0	0	1	1	0.75
遠藤 一彦	(洋)	5	6	1	1	0	0	0	.000	43	41	11	9	4	0	0	2	0	10	0	0	5	5	4.09
オ スナ	(ソ)	1	1	1	0	0	0	0	.000	3	3	1	0	0	0	0	0	0	0	0	0	0	0	0.00
呉 昇桓	(神)	1	1	1	0	0	0	0	.000	3	3	1	0	0	0	0	0	0	0	0	0	0	0	0.00
大石 清	(広)	3	6	1	0	0	1	—	.000	43	41	9.2	11	2	0	0	1	1	7	0	0	4	4	3.60
大石弥太郎	(広)	4	4	1	0	0	0	—	.000	25	23	6.1	5	2	0	0	2	0	3	0	0	5	5	7.50
大瀬良大地	(広)	2	2	0	1	0	1	0	.000	11	11	3	2	1	0	0	0	0	2	0	0	2	2	6.00
*大関 友久	(ソ)	1	1	0	1	0	0	0	.000	5	4	1	2	0	0	1	0	0	1	0	0	1	1	9.00
太田 幸司	(近)	7	9	1	3	0	1	0	.333	61	54	12	17	2	0	0	5	2	6	0	0	11	8	6.00
大竹 寛	(広)	4	4	0	0	0	0	0	.000	37	37	9.1	10	1	0	0	0	0	6	0	0	3	2	1.93
*大竹耕太郎	(広)	1	1	0	0	0	0	0	.000	5	4	1	2	0	0	0	0	0	0	0	0	1	1	9.00
大谷 翔平	(日)	3	3	0	2	1	0	0	1.000	18	18	4	7	0	0	0	0	0	4	0	0	2	2	4.50
大津 守	(西)	1	1	1	0	0	0	0	.000	3	3	1	0	0	0	0	0	0	1	0	0	0	0	0.00
大塚 晶文	(近)	1	1	1	0	0	0	0	.000	4	4	1	1	0	0	0	0	0	1	0	0	1	1	9.00
*大隣 憲司	(ソ)	1	1	1	0	0	0	0	.000	14	13	3	5	1	0	0	0	0	1	0	0	1	1	3.00
大友 工	(巨)	4	7	1	1	2	0	—	1.000	63	59	18	5	1	0	0	0	3	24	0	0	1	1	0.50
*大野 雄大	(中)	3	3	0	0	0	0	0	.000	24	23	6	5	1	0	0	0	0	4	0	0	2	2	3.00
*大野 豊	(広)	10	12	2	2	0	0	1	.000	78	72	18.2	18	5	1	0	5	0	17	0	0	9	9	4.34
*大羽 進	(広)	1	1	0	1	1	0	—	1.000	11	10	3	2	1	0	0	1	0	0	0	0	0	0	0.00
大矢根博臣	(中)	2	3	2	0	0	0	0	.000	17	16	3.2	6	1	0	0	0	0	2	0	0	3	3	6.75
*岡島 秀樹	(巨)	3	4	0	0	0	0	0	.000	21	18	5	4	1	0	0	0	0	3	0	0	2	2	3.60
岡田 明丈	(広)	1	1	0	0	0	0	0	.000	6	6	2	2	0	0	0	0	0	1	0	0	0	0	0.00
岡林 洋一	(ヤ)	3	3	0	0	0	0	0	.000	26	25	6	7	1	0	0	1	0	9	0	0	5	5	7.50
岡本 晃	(近)	2	2	0	0	0	0	0	.000	8	8	1.1	4	0	0	0	0	0	3	0	0	3	3	20.25
岡本 真也	(中)	1	1	1	0	0	0	0	.000	4	4	1	1	1	0	0	0	0	1	0	0	1	1	9.00
*小笠原慎之介	(中)	1	1	0	0	0	0	0	.000	7	7	2	1	0	0	0	0	0	1	0	0	1	1	4.50
*小笠原 孝	(中)	1	1	0	0	0	0	0	.000	8	8	2	4	0	0	0	0	0	1	0	0	0	0	0.00
小川 健太郎	(中)	4	5	1	2	0	1	—	.000	52	47	12	14	2	0	0	4	1	8	0	0	6	5	3.75
小川 博	(ロ)	1	2	0	0	0	0	0	.000	13	12	3	3	1	0	0	0	0	5	0	0	1	1	3.00
小川 泰弘	(ヤ)	2	2	0	0	1	0		1.000	12	12	3	2	0	0	0	1	0	3	0	0	1	1	3.00
奥江 英幸	(洋)	1	1	0	0	0	0	0	.000	8	8	2	3	0	0	0	0	0	0	0	0	0	0	0.00
小倉 恒	(オ)	2	2	0	0	0	0	0	.000	14	13	2.2	6	0	0	1	0	0	2	0	0	2	2	6.75
尾崎 行雄	(東)	3	5	3	0	0	1	—	1.000	42	38	10	4	1	1	0	3	0	12	0	0	3	3	2.70
越智 大祐	(巨)	1	1	0	0	0	0	0	.000	3	3	1	1	0	0	0	0	0	0	0	0	0	0	0.00
落合 英二	(中)	2	2	1	0	0	0	0	.000	6	6	2	0	0	0	0	0	0	2	0	0	0	0	0.00
小野 和幸	(中)	2	3	1	1	0	1	0	.000	22	21	4.2	5	2	0	0	1	0	3	1	0	4	4	7.71
*小野 和義	(近)	4	4	0	1	1	0	0	1.000	34	33	9.1	8	0	0	0	0	0	9	0	0	0	0	0.00
*小野 正一	(中)	6	7	1	2	0	0	0	.000	66	60	18	11	1	1	0	5	0	14	0	0	3	2	1.00
*小野 晋吾	(ロ)	1	1	0	0	0	0	0	.000	6	6	2	2	0	0	0	0	0	2	0	0	1	1	4.50
小野 和幸	(ロ)	1	1	0	0	0	1	0	1.000	6	6	2	3	0	0	0	0	0	4	0	0	0	0	0.00
尾花 高夫	(ヤ)	3	4	0	1	1	1	0	.500	44	41	8.2	17	1	0	1	1	0	3	0	0	9	9	9.35
小山田保裕	(広)	1	1	0	0	0	0	0	.000	3	3	1	0	0	0	0	0	0	0	0	0	0	0	0.00
*ガルシア	(中)	1	1	0	0	0	0	0	.000	16	16	3.6	9	0	0	0	0	0	1	0	0	2	2	6.00
ガルベス	(巨)	1	1	0	0	0	0	0	.000	13	10	2	4	0	0	0	0	0	0	0	0	5	5	22.50
柿本 実	(中)	3	4	1	0	0	0	—	.000	24	20	6	5	0	1	0	(1)3	0	1	0	0	0	0	0.00
郭 源治	(中)	4	5	1	0	0	0	0	1.000	33	29	9	4	0	0	0	4	0	12	0	0	1	1	1.00

オールスター・ゲーム・ライフタイム

選手名	チーム	年数	試合	交代完了	試合当初	勝利	敗北	セーブ	勝率	打者	打数	投球回	安打	本塁打	犠打	犠飛	四球	死球	三振	暴投	ボーク	失点	自責点	防御率
郭 泰源	(武)	2	2	0	0	0	0	0	.000	12	12	3	3	0	0	0	0	0	0	0	0	1	1	3.00
梶岡 忠義	(神)	1	1	0	0	0	0	-	.000	12	9	3	1	0	0	-	3	0	0	0	0	1	1	9.00
*梶間 健一	(ヤ)	5	10	0	0	2	0	0	1.000	44	41	11.2	5	1	0	0	1	2	7	0	0	2	0	0.00
*梶本 隆夫	(急)	12	17	1	3	2	1	-	.667	142	120	33.1	28	2	0	1	20	1	26	1	0	10	9	2.45
加治屋 蓮	(ソ)	1	1	0	0	0	0	0	.000	5	5	1	2	0	0	0	0	0	1	0	0	1	1	9.00
加藤 伸一	(オ)	3	3	0	0	0	0	0	.000	21	19	5	8	0	0	1	1	0	3	0	0	3	3	5.40
*加藤 貴之	(日)	1	1	1	0	0	0	0	.000	6	6	2	0	0	0	0	0	0	0	0	0	0	0	0.00
加藤 大輔	(オ)	2	2	1	0	1	0	0	1.000	10	10	3	1	1	0	0	0	0	2	0	0	1	1	3.00
加藤 初	(巨)	6	7	0	2	0	0	0	.000	47	44	12.1	9	2	0	0	3	0	11	0	0	3	3	2.19
鹿取 義隆	(武)	3	4	0	0	0	0	0	.000	19	19	4.2	7	0	0	0	0	0	1	0	0	1	1	1.93
金石 昭人	(日)	3	3	0	1	0	1	0	.000	24	23	5.2	8	0	1	0	0	0	5	0	0	4	4	6.35
金子 千尋	(オ)	3	3	0	0	0	0	0	.000	18	18	5	3	1	0	0	0	0	1	0	0	1	1	1.80
金城 基泰	(南)	3	4	1	1	0	0	0	.000	27	24	6.1	4	0	0	0	3	0	4	0	0	0	0	0.00
金田 留広	(東)	3	5	1	1	1	0	-	1.000	38	33	10	4	2	0	0	5	0	12	0	0	4	4	3.60
*金田 正一	(巨)	17	28	8	4	3	4	-	.429	263	235	64.2	53	6	3	0	24	1	84	1	1	22	17	2.35
*金田 政彦	(オ)	2	2	1	0	0	0	0	.000	17	17	4	4	0	0	0	0	0	4	0	0	0	0	0.00
金村 暁	(楽)	2	2	0	0	0	0	0	.000	15	13	3	6	0	0	1	1	0	3	0	0	3	3	9.00
唐川 侑己	(ロ)	1	1	0	1	1	0	0	1.000	10	9	2	4	0	0	0	0	0	1	0	0	0	0	0.00
*川井 雄太	(中)	1	1	0	0	0	0	0	.000	14	13	2	8	0	0	0	1	0	1	0	0	6	3	13.50
*河内 貴哉	(広)	1	1	0	0	0	0	0	.000	5	4	1	1	0	0	0	0	0	0	0	0	1	1	9.00
川上 憲伸	(中)	6	6	0	3	1	0	0	1.000	42	42	11	9	2	0	0	0	0	8	0	0	2	2	1.64
川岸 強	(楽)	1	1	0	0	0	0	0	.000	4	4	1	1	1	0	0	0	0	2	0	0	1	1	9.00
*川口 和久	(広)	6	6	0	1	0	0	0	.000	39	37	10	8	3	0	0	2	0	6	0	0	4	4	3.60
川越 英隆	(オ)	1	1	0	0	0	0	0	.000	12	11	2	4	0	0	0	0	0	1	0	0	4	4	4.00
川崎憲次郎	(ヤ)	4	4	1	0	0	1	0	.000	35	33	9	9	1	0	0	2	0	5	0	0	4	4	4.00
川崎 徳次	(西)	3	6	1	0	2	1	-	.667	58	56	17	6	0	0	-	2	0	4	0	0	2	1	0.53
川尻 哲郎	(神)	1	1	0	0	0	0	0	.000	3	3	1	0	0	0	0	0	0	0	0	0	0	0	0.00
川原 昭二	(日)	1	2	1	0	0	0	0	.000	8	8	2	2	1	0	0	0	0	2	0	0	2	2	9.00
河原 純一	(巨)	1	1	1	0	0	0	1	.000	3	3	1	0	0	0	0	1	0	1	0	0	0	0	0.00
川端 順	(広)	1	1	0	0	0	0	0	.000	7	6	1.1	2	1	0	0	1	0	0	0	0	1	1	6.75
川村 丈夫	(横)	2	2	0	1	0	0	0	.000	25	25	6	8	2	0	0	0	0	6	0	0	2	2	3.00
河村 久文	(南)	3	3	0	0	0	0	-	.000	20	17	4.1	5	0	0	0	3	0	1	0	1	4	4	7.20
河村 保彦	(中)	1	2	1	0	0	0	0	.000	12	11	1.2	6	2	0	0	1	0	0	0	0	5	5	22.50
*河本 育之	(ロ)	2	3	1	0	0	0	0	.000	21	19	5	4	0	0	0	2	0	4	0	0	0	0	0.00
*神部 年男	(近)	3	3	0	0	0	0	0	.000	29	29	7	8	2	0	0	0	0	9	0	0	4	4	5.14
ギャラード	(中)	2	2	2	0	0	0	0	.000	12	9	2	5	0	0	0	0	3	2	0	0	4	4	18.00
*菊池 雄星	(武)	3	3	1	0	0	0	0	.000	22	21	5	6	3	0	0	0	0	1	0	0	4	4	7.20
*菊地原 毅	(オ)	1	1	0	0	0	0	0	.000	4	4	1	1	0	0	0	0	0	0	0	0	0	0	0.00
木佐貫 洋	(日)	3	3	0	1	0	0	0	.000	31	31	7	10	3	0	0	0	0	4	0	0	4	4	5.14
岸 孝之	(楽)	5	5	0	0	0	0	0	.000	35	34	9	8	0	0	1	0	0	11	0	0	2	2	2.00
岸田 護	(オ)	2	3	3	0	0	0	0	.000	10	10	3	1	0	0	0	0	0	4	0	0	0	0	0.00
北川 芳男	(日)	3	3	1	0	0	0	-	.000	29	28	6	10	2	0	0	1	0	6	0	0	5	4	6.00
北別府 学	(広)	7	8	1	1	0	0	0	.000	52	51	14.1	9	2	0	0	1	0	4	0	0	3	3	1.88
木樽 正明	(ロ)	5	5	1	2	0	0	0	.000	52	45	12.2	11	2	1	1	5	0	3	0	1	7	7	4.85
*木田 勇	(日)	1	1	1	3	1	0	0	1.000	41	34	10	6	0	0	0	7	0	8	1	0	2	2	1.80
木田 優夫	(ヤ)	2	2	0	0	0	0	0	.000	11	11	3	2	0	0	0	0	0	1	0	0	2	2	6.00
木塚 敦志	(横)	1	1	0	0	0	0	0	.000	3	3	1	0	0	0	0	0	0	1	0	0	0	0	0.00
*鬼頭 洋	(洋)	1	1	0	0	0	0	-	.000	7	7	0.2	5	1	0	0	0	0	0	0	0	3	3	40.50
紀藤 真琴	(広)	2	2	0	1	0	0	0	.000	23	23	5	8	2	0	0	0	0	4	0	0	4	4	7.20
木村 保	(南)	1	1	0	1	0	0	-	.000	4	3	1	0	0	0	0	1	0	1	0	0	0	0	0.00
クルーン	(巨)	4	5	3	0	0	0	3	.000	18	17	4.1	4	1	0	0	0	1	4	0	0	2	2	4.15
クロッタ	(ヤ)	1	1	0	0	0	0	0	.000	6	6	1	3	1	0	0	0	0	0	0	0	2	2	18.00
グライシンガー	(ヤ)	1	1	0	0	0	0	0	.000	4	4	1	2	0	0	0	0	0	1	0	0	2	2	18.00
グロス	(日)	2	2	0	1	0	0	0	1.000	23	22	5	9	2	0	0	1	0	3	0	0	6	6	10.80
*具 臺晟	(オ)	1	2	0	0	0	0	0	.000	10	10	3	1	0	0	0	0	0	5	0	0	0	0	0.00
工藤 一彦	(神)	1	1	0	1	0	0	0	.000	11	9	3	2	0	0	0	2	0	0	0	0	1	1	3.00
*工藤 公康	(巨)	10	10	0	5	1	0	0	1.000	90	85	22.2	22	3	0	0	4	1	21	0	0	9	9	3.57
工藤 幹夫	(日)	1	2	1	0	0	0	0	.000	12	12	3.1	3	0	0	0	0	0	0	0	0	1	1	3.00
久保 征弘	(近)	2	3	0	1	0	0	-	.000	27	24	5	11	2	0	1	1	0	0	0	0	8	6	10.80
久保 康友	(神)	1	1	0	0	0	0	0	.000	6	6	2	0	0	0	0	0	0	0	0	0	0	0	0.00
久保 裕也	(ヤ)	2	3	1	0	0	0	0	.000	9	9	3	1	0	0	0	1	0	1	0	0	0	0	0.00
久保田 治	(東)	2	2	0	0	1	0	0	1.000	18	17	4.2	3	0	0	0	1	0	4	0	0	0	0	0.00
久保田智之	(神)	3	3	1	0	0	1	0	.500	12	12	2.1	5	0	0	0	0	0	2	0	0	2	2	7.71
倉持 明	(ロ)	2	2	0	0	0	0	1	.000	9	8	2.2	3	0	0	0	1	0	1	0	0	1	1	4.50
九里 亜蓮	(広)	1	1	0	1	0	0	0	.000	8	8	2	3	0	0	0	1	0	0	0	0	1	1	4.50
栗林 良吏	(広)	2	2	0	0	0	1	0	.000	8	7	1.2	3	0	0	0	0	0	1	0	0	1	1	5.40
黒木 知宏	(ロ)	3	3	0	2	1	1	0	.500	31	28	6	11	1	0	0	3	0	8	1	0	8	8	12.00
黒木 優太	(オ)	1	1	0	0	0	0	0	.000	3	3	1	0	0	0	0	0	0	0	0	0	1	1	9.00
黒田 博樹	(広)	5	5	0	0	1	0	0	1.000	33	32	8	11	0	0	1	0	0	6	0	0	2	2	2.25
桑田 真澄	(巨)	8	8	0	0	1	1	0	.500	78	74	17	25	4	1	1	5	0	12	0	0	12	12	6.35

選手名	チーム	年数	試合	交代完了	試合当初	勝利	敗北	セーブ	勝率	打者	打数	投球回	安打	本塁打	犠打	犠飛	四球	死球	三振	暴投	ボーク	失点	自責点	防御率
ゴンザレス	(巨)	1	1	0	1	0	0	0	.000	8	7	2	1	0	0	0	1	0	0	0	0	1	0	0.00
*小池 秀郎	(近)	1	1	0	1	0	0	0	.000	7	6	2	0	0	0	0	1	0	2	0	0	0	0	0.00
香田 勲男	(近)	1	1	0	0	0	0	0	.000	4	4	1	1	0	0	0	0	0	2	0	0	0	0	0.00
小谷 正勝	(洋)	1	1	1	0	0	0	0	.000	8	8	2.2	0	0	0	0	0	0	4	0	0	0	0	0.00
小林 幹英	(広)	1	1	0	0	0	0	0	.000	3	3	1	0	0	0	0	0	0	0	0	0	0	0	0.00
小林 繁	(神)	7	7	1	6	1	1	0	.500	81	75	20	20	3	0	2	2	2	14	0	0	11	9	4.05
小林宏(小林宏之)	(ロ)	5	5	0	0	0	0	0	.000	39	36	9	8	1	0	1	1	1	9	0	0	4	3	3.00
小林 宏	(オ)	1	1	1	0	0	0	0	.000	4	3	1	4	0	0	0	0	0	1	0	0	0	0	0.00
小林 雅英	(ロ)	5	6	4	0	0	0	0	.000	32	31	6	15	1	0	1	0	0	2	0	0	8	8	12.00
小松 聖	(オ)	1	1	1	0	0	0	0	.000	5	5	1	2	0	0	0	0	0	0	0	0	0	0	0.00
小松 辰雄	(中)	4	5	0	1	1	2	0	.333	49	47	12	15	5	0	0	2	0	7	0	0	10	10	7.50
小宮山 悟	(横)	7	8	3	2	1	1	0	.500	69	65	16.1	17	0	0	0	(1)3	1	14	0	0	3	3	1.65
小山 正明	(ロ)	11	13	0	5	2	1	-	.667	117	111	26.1	31	4	0	0	(1)6	0	15	0	0	16	15	5.19
権藤 博	(中)	3	4	2	1	0	0	0	.000	28	24	6.2	6	1	0	0	3	0	6	0	0	3	3	3.86
*権藤 正利	(神)	3	3	0	0	0	0	0	.000	28	24	6.1	5	0	0	1	3	0	5	1	0	3	3	4.50
サイスニード	(ヤ)	1	1	0	0	0	0	0	.000	3	3	1	0	0	0	0	1	0	1	0	0	0	0	0.00
サファテ	(ソ)	3	3	1	0	0	0	0	.000	14	13	3	4	0	0	0	1	0	4	1	0	2	2	6.00
サンチェ	(巨)	1	1	0	0	0	0	0	.000	4	3	0.1	2	0	0	0	0	0	0	0	0	0	0	0.00
斉藤明夫(明雄)	(洋)	6	7	4	0	0	1	0	.000	66	63	14	25	1	0	1	2	0	10	0	0	13	13	8.36
斉藤 和巳	(ソ)	2	2	0	1	0	0	0	.000	19	19	4	8	1	0	0	0	0	3	0	0	3	3	6.75
斎藤 隆	(横)	4	4	1	1	2	0	0	1.000	29	27	7	6	0	0	0	1	0	9	0	0	1	1	1.29
斎藤 雅樹	(巨)	6	6	0	2	0	2	0	.000	44	43	9	17	3	0	0	0	0	10	0	0	12	10	10.00
斎藤 佑樹	(日)	2	3	0	1	0	1	0	.000	25	25	5.2	9	1	0	0	1	0	4	0	0	3	3	4.76
佐伯 和司	(日)	3	4	0	0	0	1	0	.000	26	25	5.2	10	1	1	0	0	0	1	0	0	6	6	9.00
坂井 勝二	(洋)	3	3	1	2	0	0	-	.000	36	32	8	9	0	0	0	4	0	2	1	0	3	3	3.38
酒井 勉	(オ)	1	1	0	0	0	0	0	.000	10	9	2	4	0	0	0	1	0	1	0	0	2	2	9.00
嵯峨健四郎	(東)	1	1	0	0	0	0	0	.000	6	6	1	3	1	0	0	0	0	0	0	0	1	1	9.00
佐々岡真司	(広)	5	6	2	1	0	0	1	.000	42	42	11	9	0	0	0	0	0	11	0	0	3	1	0.82
佐々木主浩	(横)	8	10	6	1	0	0	2	.000	49	47	12.1	12	1	0	0	2	0	20	0	0	3	3	2.19
佐々木宏一郎	(近)	2	3	1	0	0	0	0	.000	30	29	6.1	12	0	0	0	1	0	5	0	0	3	3	3.00
佐々木千隼	(ロ)	1	1	0	0	0	0	0	.000	3	3	1	0	0	0	0	1	0	1	0	0	0	0	3.00
佐々木朗希	(ロ)	2	2	0	2	1	0	0	1.000	10	9	2	4	0	0	0	0	0	2	0	0	1	1	4.50
定岡 正二	(巨)	1	1	0	0	0	1	0	.000	6	5	1	3	0	0	0	0	0	1	0	0	2	2	18.00
佐藤 誠一	(日)	1	1	0	0	0	0	0	.000	17	16	4	4	0	0	0	0	0	3	0	0	1	1	2.25
佐藤 平七	(毎)	1	1	0	0	0	0	-	.000	7	5	0.2	3	0	0	0	-	2	0	0	0	2	2	18.00
佐藤 道郎	(南)	3	7	4	0	0	1	0	.000	40	36	9.1	8	0	0	0	4	0	11	0	0	4	4	4.00
佐藤 道彦	(京)	2	2	1	0	0	0	0	.000	10	9	2.1	2	0	1	0	0	0	1	0	0	1	0	0.00
佐藤 義則	(オ)	7	8	1	2	0	0	0	.000	69	64	16.1	16	5	0	0	1	0	14	2	0	10	9	4.96
澤崎 俊和	(広)	1	1	0	0	0	0	0	.000	12	12	2	7	0	0	0	0	0	1	0	0	2	2	9.00
澤村 拓一	(巨)	2	2	0	0	0	0	0	.000	19	18	5	3	0	0	0	0	0	4	0	0	1	1	1.80
シコースキー	(武)	2	2	1	0	0	0	0	.000	9	7	2	2	0	0	0	1	1	1	0	0	1	1	4.50
ジョンソン	(神)	1	1	0	0	0	0	0	.000	4	4	1	2	0	0	0	0	0	1	0	0	0	0	0.00
潮崎 哲也	(武)	1	1	0	0	0	0	0	.000	5	4	1	2	0	0	0	1	0	1	0	0	1	1	9.00
*塩見 貴洋	(楽)	1	1	0	1	1	0	0	1.000	11	11	3	2	1	0	0	0	0	2	0	0	1	1	3.00
*篠原 貴行	(ダ)	2	2	0	0	0	0	0	.000	11	10	2.1	4	2	0	0	1	0	3	0	0	3	3	11.57
柴田 英治	(急)	1	1	1	0	0	0	-	.000	4	3	1	1	0	1	-	0	0	0	0	0	0	0	0.00
柴田 保光	(日)	3	5	3	0	0	0	1	.000	26	22	6.1	2	0	0	0	4	0	7	0	0	1	1	1.42
*渋谷 誠司	(サ)	3	5	2	0	0	0	0	.000	7	7	2	1	0	0	0	0	0	0	0	0	0	0	0.00
渋谷 幸春	(中)	2	3	0	0	0	0	0	.000	11	9	2.2	0	0	0	0	1	0	1	0	0	0	0	0.00
島崎 毅	(日)	1	1	0	0	1	0	0	1.000	6	5	2	0	0	0	0	1	0	0	0	0	0	0	0.00
島田源太郎	(洋)	2	3	1	1	0	1	0	.000	33	30	7	10	1	1	0	2	0	6	0	0	5	4	5.14
島田 直也	(横)	1	1	0	0	0	0	0	.000	8	7	2	2	0	0	0	1	0	0	0	0	1	1	4.50
島原 幸雄	(西)	2	2	2	0	1	0	0	1.000	26	24	7	5	0	0	0	0	0	4	0	0	1	1	1.29
清水 直行	(ロ)	3	3	0	1	0	1	0	.000	22	22	6	5	1	0	0	0	0	7	0	0	1	1	1.50
清水 昇	(ヤ)	2	2	0	0	0	0	0	.000	8	8	2	4	0	0	0	0	0	3	0	0	1	1	4.50
*下柳 剛	(神)	5	5	1	0	0	0	0	.000	31	30	6.2	10	1	0	0	2	0	8	0	0	4	3	4.05
許 銘傑	(武)	1	1	0	0	0	0	-	.000	10	9	2	3	2	0	0	1	0	2	0	0	2	2	9.00
白川 康勝	(日)	2	3	0	0	0	1	0	.000	20	17	4	5	0	0	0	3	0	1	0	0	7	7	15.75
*白石 静生	(広)	1	1	0	0	0	0	0	.000	7	5	1.1	0	0	0	0	2	0	0	0	0	2	2	18.00
白武 佳久	(ロ)	1	1	1	0	0	0	0	.000	2	2	0.2	0	0	0	0	0	0	1	0	0	0	0	0.00
新谷 博	(武)	1	1	0	0	0	0	0	.000	5	5	1.2	1	0	0	0	0	0	0	0	0	0	0	0.00
城之内邦雄	(巨)	4	6	0	3	0	0	-	.000	63	59	15.1	16	1	0	0	4	0	6	0	0	6	6	3.60
スアレス	(神)	1	1	0	0	0	0	1	.000	4	4	1	1	0	0	0	0	0	2	0	0	0	0	0.00
スタルヒン	(大)	1	1	1	0	0	0	0	.000	10	10	3	1	0	0	0	-	0	1	0	0	0	0	0.00
スタンカ	(南)	2	2	1	0	1	0	-	1.000	25	21	6	4	1	0	0	4	0	6	0	0	1	1	1.50
末吉 俊信	(毎)	1	1	0	0	0	0	0	.000	8	6	2	1	0	0	0	0	0	2	0	0	0	0	0.00
菅野 智之	(巨)	7	7	0	6	1	0	0	1.000	59	54	15	11	1	0	0	3	0	16	0	0	6	6	3.60
菅原 勝矢	(巨)	1	1	0	0	0	0	0	.000	3	3	1	0	0	0	0	0	0	0	0	0	0	0	0.00
*杉内 俊哉	(巨)	7	7	0	3	2	2	0	.500	53	51	12	15	2	0	0	0	0	10	0	0	9	8	6.00

オールスター・ゲーム・ライフタイム

選手名	チーム	年数	試合	交代完了	試合当初	勝利	敗北	セーブ	勝率	打者	打数	投球回	安打	本塁打	犠打	犠飛	四球	死球	三振	暴投	ボーク	失点	自責点	防御率
杉浦　忠	(南)	6	9	2	4	3	2	−	.600	78	73	18.2	21	2	1	0	3	1	14	1	0	7	6	2.84
杉下　茂	(中)	6	9	4	2	2	2	−	.500	97	83	21.2	15	0	1	0	13	0	18	0	0	9	9	3.68
＊杉本　正	(中)	3	4	0	1	0	1	0	.000	29	28	6.2	9	2	0	0	1	0	6	0	0	5	5	6.75
＊杉山　賢人	(武)	1	1	0	0	0	0	0	.000	2	1	＋	1	0	0	0	1	0	0	0	0	0	0	
杉山　知隆	(洋)	1	1	0	0	0	0	0	.000	9	8	2	2	1	0	0	1	0	1	0	0	1	1	4.50
鈴木　皓武	(サ)	1	1	0	0	0	1	−	.000	9	6	1.1	3	2	1	0	1	1	2	0	0	5	5	45.00
＊鈴木　啓示	(近)	15	20	2	6	1	2	0	.333	177	169	46	33	5	1	0	7	0	43	1	0	16	12	2.35
鈴木　平	(オ)	3	3	1	0	0	0	−	.000	3	3	1	0	0	0	0	0	0	2	0	0	0	0	
＊鈴木　隆	(洋)	3	3	1	0	0	0	−	.000	15	13	3.2	2	0	0	0	2	0	2	0	0	2	2	4.50
鈴木　孝政	(中)	7	13	4	0	1	0	2	1.000	85	78	19.1	22	4	0	1	6	0	15	0	0	14	10	4.66
鈴木康二朗	(近)	3	6	1	0	1	1	0	.500	41	39	10	9	0	0	0	2	0	8	0	0	0	0	0.00
＊角　三男	(巨)	2	5	5	0	1	1	0	.500	35	32	8	9	2	0	0	(1)3	0	5	0	0	4	4	4.50
清　俊彦	(近)	2	3	0	0	1	0	−	1.000	27	26	6.2	7	2	0	0	1	0	6	0	0	5	5	6.43
＊関根　潤三	(近)	1	1	0	0	0	0	−	.000	11	8	2	2	0	0	−	0	0	3	0	0	0	0	0.00
関根　裕之	(日)	1	1	0	0	0	0	0	.000	6	4	1	1	0	0	0	2	0	1	0	0	0	0	0.00
関本四十四	(巨)	1	1	0	0	0	0	0	.000	3	3	1	0	0	0	0	0	0	0	0	0	0	0	0.00
播津　正	(ソ)	2	2	0	0	0	0	0	.000	10	10	2.2	3	0	0	0	0	0	2	0	0	0	0	0.00
千賀　滉大	(ソ)	3	3	0	2	0	0	0	1.000	23	21	6	3	0	0	0	0	0	10	0	0	0	0	0.00
荘　勝雄	(ロ)	3	3	1	0	0	0	−	.000	10	10	3	1	0	0	0	0	0	5	0	0	0	0	0.00
外木場義郎	(広)	5	8	2	1	1	1	0	.500	64	60	16.2	13	0	0	0	4	0	11	1	0	5	5	2.65
宋　家豪	(楽)	1	1	0	0	0	0	1	1.000	7	7	1	3	0	0	0	0	0	2	0	0	0	0	0.00
宣　銅烈	(中)	1	1	1	0	0	0	1	.000	4	4	1	1	0	0	0	0	0	0	0	0	0	0	0.00
＊ターリー	(広)	1	1	0	0	0	0	1	.000	6	5	1	2	0	0	0	1	0	0	0	0	2	2	18.00
ダルビッシュ有	(日)	5	5	0	3	0	0	0	.000	31	31	8	10	1	0	0	0	0	11	0	0	2	1	1.13
平良　海馬	(武)	3	3	1	0	0	0	0	.000	13	13	4	2	0	0	0	0	0	3	0	0	0	0	0.00
＊高木　宣宏	(広)	1	2	0	0	0	0	0	.000	5	4	0.2	0	0	0	0	1	0	0	0	0	0	0	0.00
高木　勇人	(巨)	1	1	0	0	0	0	0	.000	4	4	1	1	0	0	0	0	0	1	0	0	0	0	0.00
高津　臣吾	(ヤ)	6	6	4	0	0	0	3	.000	22	22	6	4	1	0	0	0	0	5	0	0	2	1	1.50
＊高梨　雄平	(巨)	1	1	0	0	0	0	0	.000	1	1	0.1	0	0	0	0	0	0	0	0	0	0	0	0.00
高野　光	(ヤ)	1	2	0	0	0	0	0	.000	11	9	3.1	0	0	0	0	2	0	1	0	0	1	1	2.70
高野　裕良	(洋)	1	2	0	0	0	0	−	.000	10	10	2	3	0	0	−	0	0	2	0	0	2	2	9.00
高橋栄一郎	(南)	1	1	0	0	0	0	−	.000	15	14	2.2	3	0	0	0	1	0	1	1	0	4	4	12.00
＊高橋　一三	(日)	6	9	1	0	2	2	0	.500	53	47	13	9	3	0	0	6	0	13	0	0	6	6	4.15
＊高橋　奎二	(ヤ)	1	1	0	0	0	0	0	.000	3	3	1	0	0	0	0	0	0	0	0	0	0	0	0.00
＊高橋　建	(日)	4	5	1	1	1	0	0	1.000	36	33	9	7	1	0	0	2	0	10	0	0	4	4	4.00
高橋　光成	(武)	1	1	0	0	0	0	0	.000	10	10	1	7	3	0	0	0	0	0	0	0	6	6	54.00
高橋　里志	(広)	1	1	0	0	0	0	0	.000	7	6	1.2	1	0	0	0	0	0	1	0	0	1	1	4.50
高橋　重行	(洋)	3	4	1	1	0	1	0	.000	24	23	6	5	2	0	0	1	0	2	0	0	5	4	6.00
＊高橋　朋己	(武)	1	1	0	0	0	0	0	.000	5	5	1	2	1	0	0	0	0	1	0	0	1	1	9.00
高橋　直樹	(武)	6	7	0	2	0	0	0	.000	59	54	14	18	3	1	0	2	2	13	0	0	10	10	6.43
＊高橋　尚成	(巨)	1	1	0	0	0	0	0	1.000	9	9	2	3	1	0	0	0	0	2	0	0	2	2	9.00
＊高橋　優貴	(巨)	1	1	0	0	0	0	0	.000	9	8	2	2	0	0	0	1	0	1	0	0	2	2	9.00
高橋　善正	(東)	2	2	0	0	0	0	−	.000	14	14	4	3	0	0	0	0	0	3	0	0	0	0	0.00
高橋　礼	(ソ)	1	1	0	0	0	0	0	.000	9	9	2	4	0	0	0	0	0	1	0	0	1	1	4.50
高村　祐	(近)	2	2	1	1	1	0	0	1.000	22	22	5	7	1	0	0	1	0	6	0	0	4	4	7.20
宅和　本司	(南)	1	2	0	0	0	0	0	.000	17	15	4	2	0	0	0	0	0	1	0	0	0	0	0.00
＊田口　麗斗	(ヤ)	2	2	1	0	0	0	0	.000	9	9	3	1	0	0	0	2	0	2	0	0	0	0	0.00
武末　悉昌	(西)	1	1	0	0	0	0	0	.000	14	12	3	2	0	0	−	2	0	2	0	0	0	0	0.00
武田　一浩	(中)	5	5	1	0	0	0	0	.000	42	39	10.2	9	1	0	1	1	1	3	0	0	7	6	5.06
武田　翔太	(ソ)	1	1	0	0	0	0	0	.000	3	3	1	0	0	0	0	0	0	1	0	0	0	0	0.00
武田　久	(日)	6	6	4	0	0	1	1	.000	28	28	6	11	2	0	0	0	0	0	0	0	5	4	6.00
＊武田　勝	(日)	1	1	0	0	0	1	0	.000	14	14	1.1	10	4	0	0	0	0	0	0	0	9	9	60.75
武智(田中)文雄	(近)	2	2	2	0	0	0	0	1.000	10	10	3	2	0	0	0	0	0	3	0	0	0	0	0.00
田島　慎二	(中)	1	1	0	0	0	0	0	.000	9	9	2	3	0	0	0	1	0	1	0	0	1	1	4.50
＊巽　一	(国)	1	1	0	0	0	0	0	.000	10	10	3	1	0	0	0	0	0	3	0	0	0	0	0.00
館山　昌平	(ヤ)	4	4	0	1	0	0	0	.000	37	37	8	14	2	0	0	0	0	5	0	0	5	5	5.63
建山　義紀	(日)	1	1	0	0	0	0	0	.000	9	9	1.2	3	1	0	0	0	0	3	0	0	3	3	16.20
田中　章	(平)	1	1	0	0	0	0	0	1.000	12	12	2.2	4	0	0	0	0	0	2	0	0	1	1	6.00
＊田中健二朗	(ディ)	1	1	0	0	0	0	0	.000	4	4	1	1	0	0	0	0	0	1	0	0	1	1	9.00
田中　正義	(日)	1	1	0	0	0	0	0	.000	4	4	1	1	0	0	0	0	0	1	0	0	1	1	9.00
田中　富生	(洋)	1	1	0	0	0	0	0	.000	10	10	2	3	0	0	0	0	0	1	0	0	1	1	4.50
田中　将大	(楽)	7	7	1	0	1	1	0	.500	50	50	12	15	2	0	0	1	0	7	1	0	7	7	5.25
＊田中　調	(東)	3	5	1	0	0	0	0	.000	19	16	4	6	1	0	0	3	0	3	0	0	2	2	4.50
谷村　智博	(神)	1	1	0	0	0	0	0	.000	15	15	3	6	0	0	0	0	0	3	0	0	3	3	9.00
谷元　圭介	(日)	1	2	1	0	0	0	1	.000	7	7	2	1	0	0	0	0	0	1	0	0	0	0	0.00
種市　篤暉	(ロ)	1	1	0	0	0	0	0	.000	3	3	1	0	0	0	0	0	0	0	0	0	0	0	0.00
田畑　一也	(ヤ)	2	3	1	0	0	0	0	.000	16	14	4	3	0	0	0	3	0	1	1	0	1	1	2.25
チェコ	(広)	1	1	0	0	0	0	0	.000	8	8	2	2	0	0	0	0	0	3	0	0	1	1	4.50
張　誌家	(武)	1	1	0	0	0	0	0	1.000	9	6	2	3	0	0	0	0	0	3	0	0	0	0	0.00
趙　成珉	(巨)	1	1	0	0	0	0	0	.000	9	7	2	1	0	0	0	(1)2	0	1	0	0	0	0	0.00

選手名	チーム	年数	試合	交代完了	試合当初	勝利	敗北	セーブ	勝率	打者	打数	投球回	安打	本塁打	犠打	犠飛	四球	死球	三振	暴投	ボーク	失点	自責点	防御率
塚原 頌平	(オ)	1	2	0	0	0	0	0	.000	7	7	2	2	1	0	0	0	0	1	0	0	1	1	4.50
津田恒実(恒美)	(広)	5	7	5	1	0	0	2	.000	34	31	10.1	1	0	0	1	2	0	12	0	0	0	0	0.00
津野 浩	(日)	2	2	0	0	1	1	0	.500	16	15	4	3	0	0	0	1	0	4	0	0	2	2	4.50
津森 宥紀	(ソ)	1	1	0	0	0	0	0	.000	7	7	2	2	0	0	0	0	0	0	0	0	1	1	4.50
ディクソン	(オ)	1	1	0	0	0	1	0	.000	4	4	1	1	1	0	0	0	0	0	0	0	1	1	9.00
デニー(デニー友利)	(武)	1	1	1	0	0	0	0	.000	5	5	1	2	0	0	0	0	0	0	0	0	0	0	0.00
寺原 隼人	(オ)	2	2	0	1	0	0	0	.000	14	14	4	2	0	0	0	0	0	4	0	0	0	0	0.00
東野 峻	(巨)	1	1	0	1	0	0	0	.000	11	11	2	6	2	0	0	0	0	0	0	0	4	4	18.00
*遠山 奬志	(神)	1	1	0	0	0	0	0	.000	5	5	1.1	1	0	0	0	0	0	0	0	0	0	0	0.00
十亀 剣	(武)	1	1	0	0	0	0	0	.000	14	13	2	7	0	0	0	1	0	1	0	0	6	5	22.50
徳久 利明	(近)	2	4	0	0	0	0	－	.000	30	28	8	7	0	0	0	2	0	6	0	0	0	0	0.00
*床田 寛樹	(広)	2	2	0	1	0	0	0	.000	14	14	3	7	0	0	0	0	0	1	0	0	1	1	3.00
戸郷 翔征	(巨)	3	3	0	0	0	0	0	.000	17	17	4	4	1	0	0	0	0	3	0	0	1	1	2.25
戸田 善紀	(急)	1	1	0	0	0	0	0	.000	3	3	1	0	0	0	0	0	0	0	0	0	1	1	9.00
豊田 清	(武)	4	4	2	0	0	0	1	.000	14	14	4	2	0	0	0	0	0	6	0	0	0	0	0.00
堂上 照	(中)	1	2	0	0	0	0	0	.000	15	15	4	3	0	0	0	0	0	1	0	0	1	1	2.25
土橋 正幸	(東)	7	8	2	2	0	1	－	.000	67	63	15	19	3	0	0	4	0	9	1	0	11	11	6.60
内藤 尚行	(ヤ)	1	1	0	0	0	0	0	.000	8	7	2	2	0	0	0	1	0	4	0	0	1	1	4.50
*中尾 碩志	(巨)	1	1	0	0	0	0	0	.000	3	3	0.1	2	0	0	－	0	0	0	0	1	1	1	9.00
中込 伸	(神)	1	1	0	0	0	0	0	.000	8	7	2	2	0	0	1	0	0	3	0	0	1	1	4.50
中﨑 翔太	(広)	2	2	0	0	0	0	1	.000	8	7	2	2	1	0	0	0	0	2	0	0	2	2	9.00
中田 賢一	(中)	1	1	0	0	0	0	0	.000	9	9	2	3	0	0	0	0	0	3	0	0	1	1	4.50
*仲田 幸司	(神)	1	1	1	0	0	0	0	.000	11	11	3	3	0	0	0	0	0	5	0	0	0	0	0.00
中田 良弘	(神)	1	1	1	0	0	0	0	.000	9	8	1	3	5	2	0	0	0	0	0	0	5	5	45.00
中西 勝己	(毎)	1	1	0	0	0	0	－	.000	13	11	3	3	0	0	2	0	0	2	1	0	3	3	3.00
西 清起	(神)	1	1	0	0	0	0	0	.000	10	10	2	4	3	0	0	0	0	2	0	0	4	4	18.00
中村 稔	(巨)	3	3	0	0	0	0	0	.000	15	14	2.2	4	3	0	0	1	0	3	1	0	4	3	9.00
*中山 俊丈	(中)	2	2	0	0	1	0	－	1.000	13	11	3	3	0	0	0	1	0	1	0	0	2	2	6.00
中山 章裕	(神)	3	4	2	0	2	0	0	1.000	18	17	5	5	0	0	0	1	0	0	0	0	1	1	1.80
永井 怜	(楽)	1	1	0	0	0	0	0	.000	11	10	2	5	0	0	1	0	0	1	0	0	3	3	13.50
*永射 保	(武)	2	5	2	0	0	0	0	.000	33	29	8.2	5	0	0	0	1	0	3	0	0	2	2	2.08
永川 勝浩	(広)	3	3	2	0	1	0	0	1.000	14	12	3	5	0	0	0	1	0	2	0	0	2	2	6.00
長冨 浩志	(日)	1	1	0	0	0	0	0	.000	11	10	3	3	0	0	0	1	0	1	0	0	1	1	3.00
成田 文男	(ロ)	8	9	1	6	1	1	－	.500	77	71	20.1	14	1	0	0	6	0	11	0	0	6	6	2.70
成本 年秀	(ロ)	3	4	3	0	0	0	0	.000	13	12	3	3	0	0	0	1	0	2	0	0	1	1	3.00
*成瀬 善久	(ロ)	3	3	0	1	0	1	0	.000	33	33	6	14	1	0	0	0	0	9	0	0	8	8	12.00
ニューベリー	(急)	1	1	0	0	0	0	0	.000	4	4	+	4	0	0	－	0	0	0	0	0	2	2	
新美 敏	(急)	1	2	0	0	1	0	0	1.000	15	13	4	1	0	0	0	1	0	5	0	0	0	0	0.00
*新浦壽夫(寿夫)	(洋)	5	5	3	0	1	1	0	.500	46	42	9	15	4	0	0	4	0	11	0	0	9	9	9.00
西 勇輝	(オ)	3	3	0	0	0	1	0	.000	24	22	5	9	0	0	1	1	0	4	0	0	4	4	7.20
西岡三四郎	(南)	1	1	0	0	0	0	－	.000	9	9	3	0	0	0	0	0	0	1	0	0	0	0	0.00
*西川 佳明	(南)	1	1	1	0	0	0	0	.000	10	10	3	1	0	0	0	0	0	0	0	0	1	1	3.00
*西口 文也	(武)	4	4	0	1	0	2	0	.000	33	31	7.1	9	3	0	0	2	0	4	0	0	8	8	9.82
西崎 幸広	(日)	7	7	0	2	1	1	0	.500	48	46	12.2	10	1	0	0	2	0	13	0	0	6	6	4.26
西山 亭	(東)	2	2	1	0	0	0	0	.000	10	10	3	0	0	0	0	0	0	1	0	0	0	0	0.00
仁科 時成	(ロ)	1	1	0	0	0	0	0	.000	8	8	1.2	3	0	0	0	0	0	1	0	0	1	1	4.50
西野 勇士	(ロ)	2	2	0	0	0	0	0	.000	12	12	3	3	0	0	0	0	0	3	0	0	0	0	0.00
西村 一孔	(神)	1	2	0	0	0	1	0	.000	15	13	3.1	3	1	1	0	0	0	4	0	0	2	2	4.50
西村健太朗	(巨)	1	2	2	0	0	0	0	.000	4	4	1.1	0	0	0	0	0	0	1	0	0	0	0	0.00
西村 貞朗	(西)	1	2	0	0	1	1	－	.500	21	19	5.2	3	1	1	0	1	0	3	0	0	3	3	3.00
西村 龍次	(ダ)	2	2	0	0	0	0	0	.000	9	9	3	1	0	0	0	0	0	2	0	0	0	0	0.00
西本 聖	(中)	8	9	0	3	0	3	0	.000	84	78	18.2	27	3	1	1	4	0	10	0	1	15	15	7.23
*能見 篤史	(神)	3	3	0	1	0	1	0	.000	15	15	4	2	0	0	0	0	0	7	0	0	5	5	6.43
*野田 茂樹	(中)	3	3	0	2	0	1	0	.000	30	28	7	8	2	0	0	2	0	7	0	0	9	9	6.43
野田 浩司	(オ)	1	1	0	0	1	0	0	1.000	9	9	2	3	1	0	0	0	0	2	0	0	1	1	3.00
野村 収	(洋)	4	5	1	0	1	0	1	1.000	35	31	9	8	0	0	0	4	0	7	1	0	2	2	2.25
*野村 貴仁	(オ)	2	2	0	0	0	0	0	.000	9	9	2.1	2	0	0	0	0	0	0	0	0	1	1	3.86
*野村 武史	(毎)	3	4	0	0	0	0	－	.000	40	38	12	2	0	0	0	1	1	5	0	0	1	1	0.75
*野村 弘樹	(横)	3	4	0	1	1	0	0	1.000	25	24	6.2	4	2	0	0	0	0	9	0	0	3	3	4.05
野村 祐輔	(広)	2	2	0	0	0	0	0	.000	16	16	5	2	1	0	0	0	0	4	0	0	1	1	1.80
野茂 英雄	(近)	5	6	0	4	0	1	0	.000	61	49	11.2	14	1	0	0	12	0	19	1	0	6	6	4.63
則本 昂大	(楽)	5	5	0	0	0	1	0	.000	35	34	9	9	0	0	0	1	0	11	0	0	3	3	3.00
バーネット	(ヤ)	2	2	1	0	0	0	0	.000	7	7	2	2	0	0	0	0	0	1	0	0	0	0	0.00
バウアー	(ディ)	1	1	0	0	0	0	0	.000	7	7	2	0	0	0	0	0	0	0	0	0	2	0	0.00
バッキー	(神)	5	7	1	3	0	1	－	.000	67	61	16.1	17	2	0	1	3	2	11	0	0	9	9	5.06
バリントン	(広)	1	1	0	0	0	0	0	.000	8	8	2	2	1	0	0	0	0	1	0	0	1	1	4.50
*バルデス	(中)	1	1	0	0	0	0	0	.000	8	8	2	2	1	0	0	0	0	1	0	0	1	1	4.50
バンチ	(中)	1	1	0	0	0	0	0	.000	6	6	2	2	0	0	0	0	0	0	0	0	1	1	4.50
*バウエル	(近)	1	1	0	0	1	0	0	1.000	7	7	2	1	0	0	0	1	0	2	0	0	0	0	0.00
*橋本 武広	(武)	1	2	0	0	0	0	0	.000	7	5	2	1	0	0	0	2	0	1	0	0	0	0	0.00

オールスター・ゲーム・ライフタイム

選手名	チーム	年数	試合	交代完了	試合当初	勝利	敗北	セーブ	勝率	打者	打数	投球回	安打	本塁打	犠打	犠飛	四球	死球	三振	暴投	ボーク	失点	自責点	防御率
長谷川滋利	(オ)	1	1	0	0	0	0	0	.000	7	7	2	1	1	0	0	0	0	1	0	0	1	1	4.50
長谷川良平	(広)	7	10	1	1	0	1	−	.000	74	68	19.1	16	4	0	0	6	0	9	0	0	9	9	4.05
*畑 隆幸	(西)	1	1	0	0	0	0	−	.000	7	6	2	0	0	0	0	0	0	1	0	0	0	0	0.00
林 義一	(大)	3	6	4	0	2	0	−	1.000	46	42	13.1	5	0	2	−	2	0	3	0	0	0	0	0.00
*林 俊彦	(南)	1	1	0	0	0	0	−	.000	10	10	3	1	0	0	0	0	0	1	0	0	0	0	0.00
*林 昌範	(巨)	1	1	0	0	0	0	0	.000	3	3	1	0	0	0	0	0	0	1	0	0	0	0	0.00
隼人(中村隼人)	(日)	1	1	0	0	0	0	0	.000	7	7	2	1	1	0	0	0	0	1	0	0	1	1	4.50
板東英二	(中)	3	5	1	0	0	0	−	.000	22	21	5	6	2	0	0	1	0	5	0	0	4	4	7.20
*ヒルマン	(ロ)	1	1	0	1	0	0	0	.000	11	11	3	2	0	0	0	0	0	0	0	0	0	0	0.00
ビエイラ	(巨)	1	1	0	0	1	0	0	1.000	4	4	1	1	0	0	0	0	0	1	0	0	0	0	0.00
東尾 修	(武)	10	12	4	0	1	0	2	1.000	110	97	28	20	0	1	2	10	0	11	2	0	7	5	1.61
東浜 巨	(ソ)	1	1	0	0	0	0	0	.000	3	3	1	0	0	0	0	0	0	0	0	0	0	0	0.00
平井克典	(武)	1	1	0	0	0	0	0	.000	4	4	1	1	0	0	0	0	0	0	0	0	0	0	0.00
平井正史	(オ)	1	1	1	0	0	0	0	.000	4	4	1	1	0	0	0	0	0	0	0	0	0	0	0.00
平野佳寿	(オ)	6	6	1	0	0	0	0	.000	26	25	7	8	2	0	0	1	0	3	0	0	2	2	2.57
平松政次	(洋)	8	9	4	1	0	0	0	.000	82	80	20	19	2	0	0	0	0	17	0	0	10	9	4.05
備前(太田垣)喜夫	(広)	2	2	0	0	0	0	−	.000	5	5	1	2	0	0	0	0	0	0	0	0	0	0	0.00
ファルケンボーグ	(ソ)	2	2	0	0	0	0	0	.000	9	9	2	2	0	0	0	0	0	2	0	0	0	0	0.00
*フランスア	(広)	1	1	0	0	0	0	0	.000	3	3	1	0	0	0	0	0	0	0	0	0	0	0	0.00
深沢恵雄	(ロ)	1	1	0	0	0	0	0	.000	12	12	3	3	0	0	0	0	0	3	0	0	1	0	0.00
福士敬章(松原明夫)	(広)	3	4	0	1	1	0	0	1.000	35	32	8.1	8	1	0	0	3	0	8	0	0	5	4	4.50
福谷浩司	(中)	1	1	0	0	0	0	0	.000	7	7	1.1	3	0	0	0	0	0	2	0	0	1	1	6.75
福原 忍	(神)	1	1	0	1	0	1	0	.000	13	13	3	4	0	0	0	0	0	1	0	0	1	1	3.00
福盛和男	(楽)	1	1	0	0	0	0	0	.000	4	3	1	0	0	0	0	1	0	0	0	0	0	0	0.00
福山博之	(楽)	1	2	1	0	0	0	0	.000	17	17	4	6	1	0	0	0	0	3	0	0	2	2	4.50
*藤井秀悟	(ヤ)	2	2	0	0	0	0	0	.000	23	23	4	11	3	0	0	0	0	3	0	0	8	8	18.00
藤川球児	(神)	9	12	7	0	0	0	2	.000	37	36	11.2	3	1	0	0	1	0	14	0	0	1	1	0.77
藤沢公也	(中)	1	1	0	0	0	0	0	.000	9	8	2	3	0	0	0	1	0	1	0	0	2	2	9.00
*藤田宗一	(ロ)	1	2	0	0	1	0	0	1.000	11	9	2	2	1	0	0	1	0	3	0	0	3	3	13.50
藤田 学	(南)	3	6	1	1	0	1	0	.000	37	29	7.2	9	1	1	1	6	0	1	0	0	5	5	5.63
藤田元司	(巨)	4	6	1	1	0	0	−	.000	38	37	9.2	8	0	0	0	0	0	8	1	0	6	6	5.40
藤浪晋太郎	(神)	4	4	0	1	2	1	0	.667	34	32	9	6	1	0	0	2	0	5	0	0	4	4	4.00
藤村隆男	(神)	3	4	1	2	0	0	−	.000	35	33	9.1	6	1	0	0	2	0	4	0	0	1	1	0.90
藤本修二	(南)	1	1	0	0	0	0	0	.000	12	12	3	4	0	0	0	0	0	0	0	0	1	1	3.00
藤本英雄	(巨)	1	1	1	0	0	0	−	.000	18	17	3.2	6	1	0	−	1	0	4	0	0	4	4	9.00
二木康太	(ロ)	2	2	0	0	0	0	0	.000	11	11	3	4	0	0	0	0	0	0	0	0	1	1	3.00
古沢憲司	(神)	2	2	0	1	0	1	0	.000	18	16	4	4	0	0	0	2	0	4	1	0	3	2	4.50
*古溝克之	(神)	1	2	2	0	0	0	1	.000	9	8	2	2	1	0	0	1	0	0	0	0	1	1	4.50
ベバリン	(ヤ)	1	1	0	0	0	0	0	.000	3	2	1	0	0	0	0	0	0	1	0	0	0	0	0.00
ペドラザ	(ダ)	4	6	3	0	0	0	0	.000	25	25	6	8	2	0	0	0	0	4	0	0	3	3	4.50
ベルドモ	(ロ)	1	1	0	0	0	0	0	.000	3	3	1	0	0	0	0	0	0	2	0	0	0	0	0.00
別所毅彦	(巨)	6	10	2	6	1	2	−	.333	80	75	20	18	1	0	0	5	0	11	0	0	8	8	3.60
ホッジス	(ヤ)	1	1	0	1	0	1	0	.000	12	10	2	5	0	0	1	0	1	1	0	0	4	4	18.00
ボルシンガー	(ロ)	1	1	0	0	0	0	0	.000	6	6	2	0	0	0	0	0	0	0	0	0	0	0	0.00
*帆足和幸	(武)	2	2	0	0	0	0	0	.000	21	20	4	10	0	0	0	1	0	2	0	0	4	3	6.75
星野仙一	(中)	6	6	1	2	0	0	0	.000	42	38	10	13	3	0	1	2	0	2	0	0	7	7	6.30
*星野伸之	(オ)	7	7	0	2	0	0	0	.000	60	58	14	18	1	0	0	2	0	16	1	0	7	6	3.86
堀内恒夫	(巨)	9	14	4	2	0	0	1	.000	101	89	25	19	2	0	1	12	0	16	0	0	4	4	1.44
堀本律雄	(巨)	1	1	0	0	0	0	−	.000	12	11	3	2	0	0	0	1	0	1	0	0	1	1	3.00
本田圭佑	(武)	1	1	0	0	0	0	0	.000	8	8	2	0	0	0	0	0	0	2	0	0	0	0	0.00
C.マーティン	(日)	1	1	0	0	0	0	0	.000	4	4	1	1	0	0	0	0	0	1	0	0	0	0	0.00
マクガフ	(ヤ)	3	3	1	0	0	0	0	.000	12	12	3	3	0	0	0	0	0	4	0	0	1	0	0.00
マシソン	(巨)	1	1	0	0	0	0	0	.000	4	4	1	2	0	0	0	0	0	1	1	0	1	1	9.00
マテオ	(神)	1	1	0	0	0	0	0	.000	6	6	1	3	1	0	0	0	0	1	0	0	3	3	27.00
R.マルティネス	(中)	2	2	1	0	0	0	0	.000	8	8	2	0	0	0	0	0	0	1	0	0	0	0	0.00
*前田勝彦	(近)	2	2	0	1	0	0	0	.000	22	20	5	6	0	0	1	0	0	5	0	0	2	2	3.60
前田健太	(広)	5	5	0	4	4	0	0	1.000	45	44	12	8	0	0	0	0	0	7	0	0	1	1	0.75
*前田幸長	(ロ)	1	1	0	1	0	0	0	.000	9	8	2	3	0	0	0	1	0	1	0	0	2	2	9.00
牧田和久	(武)	4	4	0	0	1	0	0	.000	32	31	7	11	0	0	0	1	0	1	0	0	4	4	5.14
牧野 伸	(東)	1	1	0	0	0	0	−	.000	7	4	1.2	0	0	1	0	2	0	1	0	0	1	0	0.00
槙原寛己	(巨)	6	7	1	3	1	0	0	1.000	53	50	14	9	2	0	0	0	0	16	1	0	3	3	1.93
*間柴茂有	(日)	2	3	0	0	0	0	0	.000	17	14	2.2	8	2	1	0	2	0	0	0	0	5	5	16.88
増井浩俊	(オ)	3	4	1	0	0	0	0	.000	13	13	4	1	0	0	0	0	0	2	0	0	0	0	0.00
増田達至	(武)	1	1	0	0	0	0	0	.000	7	7	2	1	0	0	0	0	0	1	0	0	0	0	0.00
益田直也	(ロ)	5	6	2	0	1	1	1	.500	27	22	5.1	7	0	1	1	(1)3	0	2	1	0	2	2	3.38
又吉克樹	(中)	2	2	0	0	0	0	0	.000	9	9	2	4	0	0	0	0	0	3	0	0	1	1	4.50
*松井裕樹	(楽)	5	6	4	0	1	0	0	1.000	16	16	4.2	1	0	0	0	0	0	5	0	0	0	0	0.00
松浦宏明	(日)	1	1	0	0	0	0	0	.000	6	6	2	0	0	0	0	0	0	1	0	0	0	0	0.00
松岡 弘	(ヤ)	8	11	3	3	0	3	0	.000	88	83	21.1	22	5	0	0	4	0	17	0	0	13	11	4.64
松坂大輔	(中)	7	7	0	4	1	1	0	.250	74	63	13	26	3	0	0	1	0	13	0	0	19	17	11.77

選手名	チーム	年数	試合	交代完了	試合当初	勝利	敗北	セーブ	勝率	打者	打数	投球回	安打	本塁打	犠打	犠飛	四球	死球	三振	暴投	ボーク	失点	自責点	防御率
＊松田 清	(巨)	1	1	1	0	0	0	－	.000	3	3	1	1	0	0	－	0	0	0	0	0	0	0	0.00
松沼 博久	(武)	5	6	1	1	1	1	0	.500	42	36	9.2	9	1	0	0	6	0	6	0	0	3	3	2.79
松沼 雅之	(武)	4	4	0	2	2	0	0	1.000	47	44	10	15	4	0	0	3	0	8	0	0	11	11	9.90
＊松本 幸行	(中)	3	3	0	0	0	1	0	.000	19	17	4	6	0	0	0	1	1	2	0	0	2	2	4.50
松本 航	(武)	1	1	0	0	0	0	0	.000	7	7	2	1	0	0	0	0	0	3	0	0	0	0	0.00
松山 昇	(広)	1	1	0	0	0	0	－	.000	10	10	3	1	0	0	0	0	0	2	0	0	0	0	0.00
馬原 孝浩	(ソ)	3	3	1	0	0	2	0	.000	17	17	3	8	2	0	0	0	0	3	0	0	5	5	15.00
ミ ケンズ	(近)	2	3	1	1	1	0	－	1.000	30	27	8.1	3	0	0	0	3	0	4	0	0	0	0	0.00
ミコライオ	(広)	2	2	1	0	0	0	0	.000	3	3	1	0	0	0	0	0	0	0	0	0	0	0	0.00
ミンチー	(ロ)	2	2	0	0	0	0	0	.000	16	15	4	4	1	0	0	1	0	0	0	0	2	1	2.25
三浦 清弘	(南)	2	3	0	0	0	0	－	.000	25	24	7	4	0	0	0	1	0	7	0	0	2	1	1.29
三浦 大輔	(ディ)	6	6	1	1	2	2	0	.500	49	48	12.2	11	2	0	0	0	1	10	0	0	5	5	3.55
三浦 広之	(急)	1	1	0	0	0	0	0	.000	12	11	3	4	0	1	0	0	0	2	0	0	2	2	6.00
三浦 方義	(大)	1	1	0	0	0	0	0	.000	5	4	1.1	0	0	0	0	1	0	1	0	0	0	0	0.00
三上 朋也	(ディ)	2	2	1	0	0	0	0	.000	6	6	2	0	0	0	0	0	0	1	0	0	0	0	0.00
三沢 淳	(中)	1	1	0	0	0	0	－	.000	12	10	3	3	0	0	0	1	1	2	0	0	1	1	3.00
三嶋 一輝	(ディ)	1	1	0	0	0	0	0	.000	12	12	3	4	0	0	0	0	0	2	0	0	0	0	0.00
水上 由伸	(武)	1	1	0	0	0	0	0	.000	4	4	1	1	0	0	0	0	0	1	0	0	0	0	0.00
＊水谷 則博	(ロ)	2	3	0	1	1	0	0	1.000	30	28	8	5	0	0	0	2	0	2	0	0	0	0	0.00
水谷 寿伸	(中)	1	1	0	0	0	0	－	.000	13	12	3.1	3	2	0	0	1	0	0	0	0	2	2	6.00
水野 雄仁	(巨)	1	1	0	0	0	0	0	.000	9	8	2	2	1	0	0	0	0	1	0	0	1	1	4.50
＊三瀬 幸司	(ダ)	1	1	0	0	0	0	0	.000	3	3	1	0	0	0	0	0	0	1	0	0	0	0	0.00
＊三井 浩二	(武)	1	1	0	1	0	0	0	.000	11	11	3	2	0	0	0	0	0	3	0	0	1	1	4.50
＊三富 恒雄	(名)	1	1	0	0	0	0	－	.000	8	8	2	2	1	0	－	0	0	1	0	0	1	1	4.50
皆川睦雄(鉄明)	(南)	6	7	2	1	0	1	－	.000	47	44	10.1	15	2	0	1	2	0	1	0	0	8	8	7.20
皆川 康夫	(東)	1	2	0	1	0	0	－	.000	7	6	2	0	0	0	0	0	1	0	0	0	0	0	0.00
美馬 学	(楽)	2	2	0	0	1	0	0	1.000	11	11	3	3	0	0	0	0	0	1	0	0	1	1	3.00
＊宮城 大弥	(オ)	1	1	0	0	0	0	0	.000	8	8	2	2	1	0	0	0	0	2	0	0	1	1	4.50
＊都 裕次郎	(中)	1	1	1	0	0	0	0	.000	12	10	3	3	1	0	0	2	0	2	0	0	1	0	0.00
宮田 征典	(巨)	1	2	0	0	0	0	－	.000	17	16	4.1	3	2	0	0	1	0	4	0	0	2	2	4.50
＊宮西 尚生	(日)	3	3	0	0	1	0	0	1.000	10	10	2.2	2	0	0	0	1	0	3	0	0	1	1	3.38
三輪 悟	(西)	1	1	0	0	0	0	0	.000	3	2	1	0	0	0	0	1	0	0	0	0	0	0	0.00
＊ムーア	(神)	1	1	0	0	1	0	0	1.000	8	6	2	2	0	0	0	0	0	2	0	0	0	0	0.00
村上 頌樹	(神)	1	1	0	0	0	1	0	.000	11	11	3	6	0	0	0	0	0	3	0	0	4	4	18.00
村上 雅則	(南)	1	2	1	0	0	0	0	.000	11	11	3	2	0	0	0	0	0	2	0	0	0	0	0.00
村田 勝喜	(ダ)	2	2	0	1	0	0	0	.000	20	18	5	3	0	0	0	0	0	3	0	0	0	0	0.00
村田 元一	(国)	3	4	0	1	0	0	－	.000	32	28	6.2	10	2	0	1	3	0	3	0	0	6	6	7.71
＊村田 辰美	(近)	3	4	1	0	1	0	0	1.000	42	39	11	8	2	1	0	1	1	5	0	0	5	4	3.27
＊村田 兆治	(ロ)	13	16	7	6	1	2	2	.333	140	129	36	26	4	1	0	10	0	34	3	0	11	10	2.50
村山 実	(神)	8	11	1	7	1	2	－	.333	106	100	27	24	1	0	0	6	0	25	0	0	7	6	2.00
＊メ イ	(巨)	1	1	0	0	0	0	0	.000	13	12	3	3	0	0	0	1	0	3	0	0	1	1	3.00
メッセンジャー	(神)	1	1	0	0	0	0	0	.000	9	9	2	2	0	0	0	0	0	1	0	0	0	0	0.00
＊モイネロ	(ソ)	1	2	0	0	0	0	0	.000	4	4	1.1	0	0	0	0	0	0	2	0	0	0	0	0.00
本原 正治	(ダ)	1	1	0	0	0	0	0	.000	9	7	1.1	3	0	0	0	0	0	1	0	0	2	2	13.50
森 繁和	(武)	2	4	0	0	1	0	0	1.000	19	19	5.1	4	0	0	3	2	0	2	0	0	1	1	1.69
森 慎二	(武)	5	6	3	0	0	0	0	.000	25	23	6	5	1	0	0	0	0	10	1	0	2	2	3.00
森 唯斗	(ソ)	2	3	1	0	0	0	0	.000	11	11	3	3	0	0	0	0	0	2	0	0	0	0	0.00
森下 暢仁	(広)	2	2	1	0	0	1	0	.000	15	15	3.2	5	1	0	0	0	0	0	0	0	3	3	7.36
森田 幸一	(中)	1	1	0	0	0	0	0	.000	7	5	2.1	0	0	0	0	1	0	2	0	0	0	0	0.00
盛田幸妃(幸希)	(近)	3	3	0	0	0	0	0	.000	18	18	4.2	3	0	0	0	1	0	2	0	0	2	1	1.93
森滝 義巳	(国)	1	1	0	0	0	1	－	.000	2	2	0.1	1	0	0	0	0	0	0	0	0	1	1	9.00
森中千香良	(洋)	2	2	1	0	0	0	0	.000	19	19	5	5	3	0	0	0	0	0	0	0	5	4	7.20
＊森福 允彦	(ソ)	2	3	0	0	0	0	0	.000	10	10	3	1	0	0	0	0	0	4	0	0	0	0	0.00
森安 敏明	(東)	3	5	3	0	1	0	0	1.000	38	35	10	6	1	0	0	(1)3	0	3	0	0	1	1	0.90
八木 智哉	(日)	1	1	0	0	0	0	0	.000	9	9	2	3	1	0	0	0	0	2	0	0	1	1	4.50
＊安田 猛	(ヤ)	3	4	1	2	0	2	0	.000	37	32	8.1	8	1	1	0	(1)4	0	2	0	0	4	2	2.25
柳 裕也	(中)	2	2	0	1	0	0	0	.000	17	17	4	5	2	0	0	1	0	3	0	0	4	4	9.00
柳田 豊	(近)	3	6	4	1	1	2	0	.333	30	29	7.2	6	3	0	0	1	0	7	0	0	6	6	6.75
矢貫 俊之	(日)	1	2	0	0	0	0	0	.000	8	7	2	2	0	0	0	0	0	1	0	0	1	1	4.50
藪 恵壹(恵市)	(神)	6	6	0	2	2	2	0	.500	63	58	14.2	19	2	0	3	2	0	11	1	0	11	11	6.75
藪田 和樹	(広)	1	1	1	0	0	0	0	.000	3	3	1	0	0	0	0	0	0	1	0	0	0	0	0.00
藪田 安彦	(ロ)	2	2	1	0	0	0	0	.000	9	9	2	3	0	0	0	0	0	2	0	0	2	2	9.00
山井 大介	(中)	1	1	0	0	0	0	0	.000	12	11	1.2	6	1	0	0	1	0	1	0	0	5	5	27.00
山内 和宏	(南)	3	3	0	2	0	0	0	.000	31	26	7	7	1	0	1	3	1	4	0	0	5	5	6.43
山内 新一	(南)	6	6	0	2	2	1	0	.667	48	45	13	8	1	0	0	3	0	4	0	0	3	3	2.08
山内 孝徳	(南)	3	4	1	1	0	0	0	.000	38	35	9	8	2	0	0	2	1	8	0	0	4	4	4.00
山内 孝幸	(広)	2	2	0	0	1	0	0	1.000	12	12	3	3	0	0	0	0	0	4	0	0	2	2	6.00
山岡 泰輔	(オ)	3	3	0	0	0	0	0	.000	18	18	4	5	0	0	0	1	0	4	0	0	2	2	9.00
山沖 之彦	(オ)	2	2	1	0	0	0	0	.000	18	18	5	4	0	0	0	0	0	0	0	0	0	0	0.00
山口 和男	(オ)	1	1	0	0	0	0	0	.000	3	3	0.2	1	0	0	0	0	0	3	0	0	1	1	13.50

オールスター・ゲーム・ライフタイム

選手名	チーム	年数	試合	交代完了	試合当初	勝利	敗北	セーブ	勝率	打者	打数	投球回	安打	本塁打	犠打	犠飛	四球	死球	三振	暴投	ボーク	失点	自責点	防御率
山口　俊	(巨)	3	5	0	0	1	0	0	1.000	25	25	6	7	2	0	0	0	0	2	0	0	3	3	4.50
山口　高志	(急)	4	7	2	1	1	0	1	1.000	48	44	14.1	5	2	0	1	3	0	14	0	0	3	2	1.29
山口　鉄也	(巨)	5	5	0	0	0	0	0	.000	16	16	5	1	0	0	0	0	0	1	0	0	0	0	0.00
*山崎　福也	(オ)	1	1	0	0	0	0	0	.000	4	4	1	1	0	0	0	0	0	0	0	0	0	0	0.00
山崎慎太郎	(近)	1	1	0	0	0	0	0	.000	11	10	2	5	0	0	0	1	0	0	0	0	2	2	9.00
山崎　康晃	(ディ)	7	7	4	0	0	0	0	.000	35	34	7	13	1	0	0	0	1	4	0	0	7	5	6.43
山崎颯一郎	(オ)	1	1	0	0	0	0	0	.000	5	5	1	2	0	0	0	0	0	0	0	0	0	0	0.00
山下舜平大	(オ)	1	1	0	1	1	0	0	1.000	6	6	2	1	0	0	0	0	0	1	0	0	0	0	0.00
山田　久志	(急)	13	14	2	6	7	0	0	1.000	123	112	30	23	4	0	1	10	0	27	0	0	11	11	3.30
山中　巽	(中)	1	2	0	0	0	1	-	.000	11	9	2	3	1	0	0	2	0	2	0	0	3	2	9.00
山根　和夫	(広)	2	2	0	2	0	0	0	.000	20	20	6	2	1	0	0	0	0	1	0	0	1	1	1.50
山根　俊英	(毎)	1	2	1	0	0	0	-	.000	20	18	6	2	0	0	-	2	0	2	0	0	1	1	1.50
*山部　太	(ヤ)	2	2	0	0	0	0	0	.000	17	15	4	6	0	0	0	2	0	1	1	0	4	3	6.75
山村　宏樹	(近)	1	1	0	0	0	0	0	.000	7	6	1.1	2	0	0	0	0	1	1	0	0	1	1	6.75
*山本　和行	(神)	7	11	7	1	2	3	3	.400	72	71	18.1	16	0	0	0	1	0	14	0	0	6	3	1.47
*山本　省吾	(オ)	1	1	0	0	0	0	0	.000	6	6	2	0	0	0	0	0	0	2	0	0	0	0	0.00
山本　哲哉	(ヤ)	1	2	1	0	0	1	1	.000	9	9	1.2	4	0	0	0	0	0	0	0	0	3	3	16.20
*山本昌(山本昌広)	(中)	6	6	0	3	2	0	0	1.000	41	39	11	6	2	0	0	0	0	13	0	0	5	4	3.27
山本　由伸	(オ)	5	5	1	1	0	0	1	.000	33	33	8	9	2	0	0	0	0	5	0	0	4	4	4.50
湯浅　京己	(神)	1	1	0	0	0	0	0	.000	5	4	1	1	0	0	0	1	0	0	0	0	0	0	0.00
*柚木　進	(南)	4	5	0	4	0	0	-	.000	41	37	12	1	0	0	0	4	0	5	0	0	0	0	0.00
*湯舟　敏郎	(神)	1	1	1	0	0	0	0	.000	13	11	3	3	0	0	1	1	0	1	0	0	3	3	9.00
横山　道哉	(日)	1	1	0	0	0	0	1	.000	4	4	1	1	0	0	0	0	0	2	0	0	0	0	0.00
吉井　理人	(オ)	5	5	1	0	0	1	0	.000	36	34	9	8	1	0	0	2	0	4	0	0	4	4	4.00
*吉川　光夫	(日)	3	3	0	1	0	0	0	.000	26	26	7	5	1	0	0	0	0	6	0	0	2	2	2.57
*吉崎　勝	(日)	1	1	0	0	0	0	0	.000	8	8	2	2	0	0	0	0	0	1	0	0	0	0	0.00
吉武真太郎	(ソ)	1	1	0	0	0	0	0	.000	3	3	1	2	0	0	0	0	0	1	0	0	0	0	0.00
*吉田　修司	(ダ)	2	3	0	0	0	0	0	.000	9	9	2.2	1	0	0	0	0	0	2	0	0	0	0	0.00
*吉田　豊彦	(近)	3	4	2	0	0	0	0	.000	21	21	6	6	1	0	0	0	0	6	0	0	2	2	3.00
由規(佐藤由規)	(ヤ)	1	1	0	1	0	1	0	.000	8	8	2	3	1	0	0	0	0	2	0	0	2	2	9.00
吉見　一起	(中)	3	3	0	0	0	1	0	.000	24	24	6	5	2	0	0	0	0	1	0	0	3	3	4.50
与田　剛	(中)	2	3	0	1	0	0	0	.000	18	18	4	7	1	0	0	0	0	3	0	0	3	3	6.75
米川　泰夫	(東)	4	5	0	1	1	1	-	.500	49	43	11.2	11	1	1	1	3	1	5	0	0	8	8	6.00
米田　哲也	(急)	14	17	1	7	4	2	-	.667	142	126	32.1	37	4	0	1	15	0	18	1	0	20	16	4.50
竜　憲一	(広)	1	2	1	0	0	0	0	.000	8	8	2.1	1	1	0	0	0	0	2	0	0	1	1	4.50
ルイス	(広)	1	1	0	0	0	0	0	.000	8	8	2	2	1	0	0	0	0	2	0	0	1	1	4.50
若田部健一	(ダ)	1	1	0	0	0	0	0	.000	9	9	2	3	0	0	0	0	0	1	1	0	1	1	4.50
涌井　秀章	(ロ)	6	6	0	2	0	1	0	.000	57	56	12	22	3	0	1	0	0	4	0	0	12	12	9.00
若生　智男	(神)	1	1	0	0	0	0	-	.000	13	13	3	4	0	0	0	0	0	1	1	0	0	0	0.00
渡辺　俊介	(ロ)	2	2	0	0	0	0	0	.000	14	14	4	3	0	0	0	0	0	5	0	0	0	0	0.00
渡辺　泰輔	(南)	1	1	0	0	1	0	-	1.000	10	10	3	2	0	0	0	0	0	0	0	0	0	0	0.00
渡辺　智男	(武)	1	1	0	0	0	0	0	.000	9	8	2	2	0	0	0	1	0	2	0	0	1	1	4.50
渡辺　久信	(武)	6	8	2	0	1	1	0	.500	61	58	14.1	16	1	0	0	3	0	13	1	0	2	2	1.26
渡辺　秀武	(巨)	2	4	1	1	0	1	0	.000	23	23	5	8	0	0	0	0	0	6	1	0	5	3	5.40
*和田　毅	(ソ)	6	6	0	3	0	1	0	.000	38	37	10	7	0	0	0	1	0	10	0	0	1	1	0.90

投手として不出場の年がある選手…由規(佐藤　由規)('09ヤ)、大谷　翔平('16, '17日)

出　場　監　督　・　コ　ー　チ （50音順）

氏　名	年数	出場した年度
安藤　統男	②	(コ)'82,'83
阿南　準郎	③	(監)'87,(コ)'86,'88
青田　昇	①	(コ)'72
秋山　幸二	⑥	(監)'11,'12,(コ)'07,'08,'10,'13
天知　俊一	③	(監)'51,(コ)'54,'57
荒川　博	①	(コ)'75
井口　資仁	②	(コ)'21,'22
伊東　勤	⑦	(監)'05,'14,(コ)'04,'06,'07,'16,'17
伊原　春樹	②	(監)'03,(コ)'02
飯田　徳治	②	(コ)'67,'69
石井　一久	①	(コ)'22
石本　秀一	①	(コ)'55
稲尾　和久	②	(コ)'85,'86
岩本　堯	③	(コ)'71～'73
宇野　光雄	④	(コ)'56,'59,'60,'62
上田　利治	⑫	(監)'76,'77,'85
		(コ)'74,'75,'82,'84,'87,'88,'90,'97,'99
牛島　和彦	①	(コ)'06
江尻　亮	①	(コ)'96
大石大二郎	①	(コ)'09
大久保博元	①	(コ)'14
大沢　啓二	⑧	(監)'82,(コ)'72,'79～'81,'83,'84,'94
大下　弘	①	(コ)'68
大島　康徳	①	(監)'01
王　貞治	⑪	(監)'84,'88,'00,'01,'04,(コ)'85～'87,'02,'03,'05
仰木　彬	⑫	(監)'90,'96,'97
		(コ)'76,'89,'91,'92,'94,'95,'98～'00
岡田　彰布	⑤	(監)'04,'06,(コ)'07,'08,'23
緒方　孝市	④	(監)'17～'19,(コ)'15
小川　淳司	④	(監)'10,'12,'13,'19
落合　博満	⑧	(監)'05,'07,'11,(コ)'04,'06,'08,'09,'10
岡本伊三美	②	(監)'86,'87
梶本　隆夫	②	(監)'79,(コ)'80
金田　正一	①	(監)'75
金田　正泰	③	(コ)'55,'73,'74
金本　知憲	②	(監)'16,'18
川上　哲治	⑬	(監)'62,'64,'66～'74,(コ)'63,'65
川崎　徳次	①	(コ)'61
木俣　達彦	①	(コ)'95
工藤　公康	⑥	(監)'15,'16,'18,'21,(コ)'17,'19
栗山　英樹	⑥	(監)'13,'17,(コ)'12,'15,'16,'19
小西　得郎	②	(コ)'52,'53
古葉　竹識	⑧	(監)'76,'80,'81,'85,(コ)'77,'79,'82,'84
後藤　次男	①	(コ)'69
駒田　徳広	①	(コ)'22
近藤　貞雄	③	(監)'83,(コ)'72,'89
権藤　博	③	(監)'99,(コ)'98,'00
佐々木恭介	①	(コ)'98
白井　一幸	①	(コ)'05
白石　勝巳	②	(コ)'58,'64
須藤　豊	①	(コ)'91
杉浦　清	①	(コ)'63
杉下　茂	①	(コ)'66
鈴木　啓示	②	(コ)'93,'95
砂押　邦信	①	(コ)'61
関口　清治	①	(コ)'83
関根　潤三	①	(コ)'84
田中　義雄	②	(コ)'58,'59
高田　繁	①	(監)'88
高木　守道	④	(監)'12,(コ)'92,'94,'13
高津　臣吾	②	(監)'22,'23
高橋　由伸	②	(監)'16,'17
高畠　康真	①	(コ)'77
滝内弥瑞生	①	(コ)'76
武上　四郎	①	(コ)'81
田辺　徳雄	①	(コ)'14
辻　発彦	③	(監)'19,(コ)'18,'21
土屋　弘光	②	(コ)'74,'77
鶴岡　一人	⑮	(監)'52～'54,'56,'60,'61,'65～'67
（山本）		(コ)'55,'57～'59,'63,'64
寺岡　孝	①	(コ)'75
土井　淳	①	(コ)'80
土井　正三	③	(コ)'91～'93
戸倉　勝城	①	(コ)'60
徳武　定之	①	(コ)'78
中　利夫	②	(コ)'78,'80
中嶋　聡	②	(監)'22,'23
中田　昌宏	①	(コ)'78
中西　太	③	(監)'64,(コ)'66,'68
中村　勝広	①	(コ)'93
長嶋　茂雄	⑫	(監)'77,'78,'95,'97,'01
		(コ)'75,'79,'93,'94,'96,'99,'00
梨田　昌孝	⑥	(監)'02,'08,'10,(コ)'03,'04,'09
西沢　道夫	①	(コ)'67
西村　徳文	①	(コ)'11
西本　幸雄	⑪	(監)'68～'70,'72,'73,'80,'81,(コ)'60,'65,'67,'79
根本　陸夫	①	(コ)'69
野口　明	①	(コ)'55
野村　克也	⑦	(監)'74,'93,'94,'96,'98,(コ)'71,'92
野村謙二郎	①	(コ)'14
濃人　渉	④	(監)'71,(コ)'61,'69,'70
B.バレンタイン	②	(監)'06,(コ)'08
長谷川良平	①	(コ)'66
浜崎　真二	①	(コ)'51
原　辰徳	⑫	(監)'03,'08～'10,'13～'15,'21,(コ)'02,'11,'12,'19
T.ヒルマン	①	(監)'07
東尾　修	⑦	(監)'95,'98,'99,(コ)'96,'97,'00,'01
平石　洋介	①	(コ)'18
広岡　達朗	⑤	(監)'79,'83,'84,(コ)'78,'85
広瀬　叔功	①	(監)'78
M.ブラウン	①	(コ)'10
D.ブレイザー	①	(コ)'73
福良　淳一	①	(コ)'15
藤田　元司	⑥	(監)'82,'90,'91,(コ)'81,'83,'89
藤村富美男	③	(コ)'55～'57
藤本　定義	⑩	(監)'63,'65,(コ)'52～'54,'58,'61,'62,'64,'68
藤本　博史	①	(コ)'23
古田　敦也	①	(コ)'07
別当　薫	⑦	(監)'56,'57,'59,'62,'63,'70,'71
星野　仙一	⑦	(監)'89,'00,(コ)'88,'90,'97,'99,'01
堀内　恒夫	①	(コ)'04,'05
本多　逸郎	①	(コ)'68
松井稼頭央	①	(コ)'23
松木謙治郎	④	(コ)'51～'54
真中　満	①	(監)'16
真弓　明信	②	(コ)'09,'11
三浦　大輔	①	(コ)'23
三原　脩	⑪	(監)'55,'57～'59,'61,(コ)'51,'54,'56,'60,'65,'70
三村　敏之	②	(コ)'95～'98
水原　茂	⑰	(監)'52～'60,'62,'63,(コ)'51,'61,'64～'67
村山　実	②	(コ)'70,'71
森祇晶(祇晶)	⑪	(監)'86～'89,'91～'94,(コ)'90,'01,'02
森脇　浩司	①	(コ)'06
門前真佐人	①	(コ)'62
矢野　燿大	②	(コ)'21,'22
山内　一弘	②	(コ)'81,'85
山田　久志	①	(コ)'03
山本　一義	①	(コ)'82
山本　浩二	④	(監)'92,(コ)'89～'91
湯浅　禎夫	②	(監)'51,(コ)'52
与那嶺　要	③	(監)'75,(コ)'73,'74,'76
吉田　義男	④	(監)'86,(コ)'76,'77,'87
与田　剛	①	(コ)'21
A.ラミレス	②	(コ)'17,'18
若林　忠志	①	(コ)'53
若松　勉	③	(監)'02,(コ)'03,'05
和田　豊	②	(コ)'14,'15
渡辺　久信	④	(監)'09,(コ)'11～'13

選抜され試合に出場しなかった選手

1951－大島信雄、白坂長栄(セ)　荒巻淳、関根潤三、筒井敬三(パ)
1952－藤本英雄、杉山悟、大島信雄(セ)　江藤正、中原宏、伊勢川真澄、筒井敬三(パ)
1953－石川克彦、金田正泰、中尾碩志、梶岡忠義(セ)　姫野好治、沢藤光郎、大津守(パ)
1954－中尾碩志(セ)　大神武俊、松井淳、日比野武(パ)　1955－中尾碩志(セ)
1956－広岡達朗、渡辺博之(セ)　河村久文(セ)　和田博実、岡本伊三美、戸倉勝城(パ)
1958－山下健、河村久文(パ)　1961－弘瀬昌彦、西尾慈高、島田源太郎(セ)　皆川睦男(パ)
1962－久保田治、皆川睦男、河合保彦(パ)　1972－外木場義郎(セ)　種茂雅之、加藤義夫(パ)
1973－木俣達彦(セ)　1977－新浦壽夫(セ)　＜第一試合練習中負傷＞　2005－金村曉(パ)
2006－松中信彦(パ)　2007－早川大輔、福盛和男(パ)　2021－田中将大、浅村栄斗、近藤健介(パ)

選抜されたがけが等により辞退した選手

1955－川上哲治(セ)　1956－小山正明(セ)中西太(パ)　1957－西沢道夫(セ)小野正一(パ)
1959－藤本勝巳(セ)谷本稔、田宮謙次郎(パ)　1960－堀本律雄(セ)若生忠男、穴吹義雄(パ)　1961－豊田泰光(パ)
1962－村山実、根来広光(セ)山田昌史、広岡達朗、ソロムコ(セ)
1964－長嶋茂雄(セ)中勉、岩下光一、石黒和弘、広瀬叔功(パ)
1965－金田正一、王貞治(セ)和田博実、中西太、ブルーム、張本勲(パ)　1966－石岡康三(セ)田中勉、土橋正幸(パ)
1967－高倉照幸、桑田武(セ)　1968－岡村浩二、広瀬叔功(パ)　1969－田中勉(セ)野村克也(パ)
1970－浅野啓司、藤田平(セ)ロペス(パ)　1972－国貞泰汎(セ)アルトマン、土井正博(パ)　1973－千田啓介、江本孟紀(パ)
1976－ジョンソン、中塚政幸(セ)　1977－高田繁、柳田真宏(セ)　1979－平松政次(セ)
1980－田代富雄、大杉勝男(セ)山田久志(パ)　1982－小林繁(セ)梨田昌崇、大石友好(パ)
1983－田淵幸一(パ)バース(セ)山田久志(パ)　1985－郭泰源、鈴木啓示、大石大二郎(パ)　1987－ホーナー(セ)
1988－山倉和博、吉村禎章(セ)　1989－原辰徳、尾花高夫(セ)　1990－内藤尚行、野田浩司(セ)吉田豊彦(パ)
1991－渡辺智男、小野和義、西崎幸広(パ)　1992－落合博満、斎藤雅樹(セ)郭泰源(パ)　1993－池山隆寛(セ)
1994－八木裕(セ)高橋智(パ)　1995－石井丈裕(パ)　1996－今中慎二(セ)　1997－和田豊、江藤智(セ)
1998－小久保裕紀(パ)　1999－清原和博(セ)　2000－上原浩治、マルティネス、江藤智、佐々岡真司(セ)石井浩郎、川越英隆(パ)
2002－松坂大輔、城島健司(パ)　2003－濱中おさむ(セ)松坂大輔(パ)　2004－豊田清(パ)
2006－小久保裕紀、福留孝介(セ)福浦和也(パ)　2007－松本輝(パ)　2008－吉見一起、ルイス(セ)柴原洋(パ)
2010－栗原健太(セ)中村剛也(パ)　2011－馬原孝浩(パ)　2012－ブランコ、榎田大樹(セ)スレッジ、唐川侑己(パ)
2013－ルナ(セ)　2014－松田宣浩(パ)　2015－バリオス(パ)　2016－山口俊(セ)
2017－濱口遥大(セ)近藤健介、茂木栄五郎(パ)　2018－大田泰示、荻野貴司(パ)
2019－石山泰稚(セ)今宮健太、大田泰示、柳田悠岐(パ)　2022－坂本勇人(セ)又吉克樹、松本剛(パ)
2023－湯浅京己、坂本勇人、近本光司、西川龍馬(セ)森友哉(パ)

選抜されたが新型コロナウイルス陽性判定のため辞退した選手

2022－大勢、菅野智之、中田翔、岡本和真、丸佳浩(セ)増田達至、野村佑希、東條大樹(パ)

ファン投票で選抜されたが辞退した選手

1978－古屋英夫、菅野光夫(パ)

特例による途中交代

1986①負傷のサンチェ(セ)に代り③西本聖出場

ファン投票最終発表前に辞退した選手

2003－川崎憲次郎(セ)

病気のため辞退したオールスター監督

1978－上田利治(パ)→代わりに広瀬叔功(パ)
2014－星野仙一(パ)→代わりに伊東　勤(パ)

新型コロナウイルス陽性判定のため辞退したオールスターコーチ

2022－原辰徳(セ)→代わりに駒田徳広(セ)

外国人選手枠

　　～1966　各リーグ3名以内
1967～1981　各リーグ2名以内
1982～1987　各リーグ2名以内（1982～ファン投票で選出された場合は制限がなくなる）
1988～1997　各リーグ3名以内（但し同時出場出来るのは2名以内）
1998～1999　各リーグ4名（投手・野手各2名）以内（但し同時出場出来るのは投手1名野手2名以内）
2000～2001　各リーグ6名（投手・野手各3名）以内（但し同時出場出来るのは投手1名野手3名以内）
2002　　　　各リーグ4名（投手・野手各2名）以内（但し同時出場出来るのは投手1名野手2名以内）
2003～2006　各リーグ4名（投手・野手各3名）以内（但し同時出場出来るのは投手1名野手3名以内）
2007　　　　各リーグ6名以内（同時出場出来るのは投手1名野手3名以内）
2008～2010　各リーグ4名（投手・野手各3名）以内（但し同時出場出来るのは投手1名野手3名以内）
2011　　　　各リーグ5名（投手・野手各4名）以内（但し同時出場出来るのは投手1名野手3名以内）
2012～2019　各リーグ4名（投手・野手各3名）以内（但し同時出場出来るのは投手1名野手3名以内）
2021　　　　各リーグ7名（投手・野手各4名）以内（但し同時出場出来るのは投手1名野手3名以内）
2022～2023　各リーグ5名（投手・野手各3名）以内（但し同時出場出来るのは投手1名野手3名以内）
　（注）1980　パ・リーグ、ソレイタ（一塁手）マルカーノ（二塁手）リー（外野手）それぞれのポジションで3人ともファン
　　　　得票で最高。しかし外国人の出場は1チーム2名以内という規定があり、得票数の一番少ないソレイタが選ばれなかった。

野球殿堂

野　球　殿　堂

　野球殿堂博物館の2024年の殿堂入りメンバーに、競技者表彰のプレーヤー表彰では谷繁元信氏、黒田博樹氏が選出された。また、特別表彰では谷村友一氏が選出された。なお、競技者表彰のエキスパート表彰は、当選に必要な得票数を満たした候補者がおらず、該当者なしとなった。

　これで殿堂入りした野球人は、競技者表彰委員会選出者104人、特別表彰委員会選出者114人の計218人となった。

　野球殿堂入りの表彰規定は、競技者表彰がプレーヤー表彰（選手経験者限定）とエキスパート表彰（監督、コーチ）に分かれ、プレーヤー表彰は野球報道年数15年以上の経験を持つ委員（358名）の有効投票の75％（266票）以上、エキスパート表彰は殿堂入りした人と競技者表彰委員会の幹事、野球報道年数30年以上の経験を持つ委員（153名）の有効投票の75％（111票）以上で選出。特別表彰は新旧のプロ野球役員、アマチュア野球の役員、野球関係学識経験者の委員（14名）の有効投票の75％（11票）以上で選出となる。

選出対象者：「競技者表彰委員会」と「特別表彰委員会」により選出

「競技者表彰委員会」

【プレーヤー表彰】

　現役を引退したプロ野球選手で、引退後5年以上経過した人。その後15年間が選考対象となる。

【エキスパート表彰】

①　現役を引退したプロ野球の監督、コーチで、引退後6ヶ月以上経過している人。

②　現役を引退したプロ野球選手で、引退後21年以上経過した人。

「特別表彰委員会」

【特別表彰】

①　アマチュア野球の選手・指導者を引退した人。選手は現役を引退した後5年、指導者は退任した後6ヶ月を経過していること。

②　NPB及びアマチュア野球の審判員を引退した人。また、引退した後6ヶ月を経過していること。

③　プロ及びアマチュア野球の組織や管理に貢献した人、又はしている人。

④　野球に関する文芸・学術・美術・音楽等の著作物を有する人や、報道関係者としての実績がある人。

◇2024年　【競技者表彰】（プレーヤー表彰）

谷繁　元信（たにしげ・もとのぶ）氏

　1970年生まれ、広島県出身。捕手。右投右打。江の川高から1988年ドラフト1位で大洋に入団。投手の持ち味を引き出すリードで、98年には横浜の38年ぶりの日本一に貢献。2002年に中日へ移籍。司令塔として、4度のリーグ優勝、07年には53年ぶりとなる日本一へとチームを導いた。13年には通算2,000本安打を達成。実働27年で、日本記録となる通算3,021試合に出場し、27年連続して安打、本塁打を放った。14年から2年間は中日の選手兼任監督、16年は監督としてチームを率いた。

　NPB通算3,021試合出場、2,108安打、1,040打点、229本塁打、打率.240。オールスターゲーム出場12回。ベストナイン1回。ゴールデン・グラブ賞6回。
監督としては3年で390試合、171勝208敗11分、勝率.396　　　　写真提供：ベースボール・マガジン社

◇2024年　【競技者表彰】（プレーヤー表彰）

黒田　博樹（くろだ・ひろき）氏

　1975年生まれ、大阪府出身。投手。右投右打。上宮高、専修大を経て、1996年ドラフト2位で広島に入団。2003年から5年連続で開幕投手を務めるなどエースとしてチームを牽引。04年にはアテネオリンピックの日本代表に選出、銅メダル獲得に貢献した。08年海外FAでドジャースに移籍し、12年からはヤンキースでプレー。安定してローテーションを守り、5年連続二桁勝利を記録するなど、MLB通算79勝をあげる。15年に広島へ復帰すると、16年7月23日には史上2人目となる日米通算200勝を達成した。この年は10勝をあげチームを25年ぶりのリーグ優勝へ導いた。

　NPB通算321試合登板、124勝105敗1セーブ、防御率3.55。オールスターゲーム出場5回。ベストナイン1回。ゴールデン・グラブ賞1回。　　　　写真提供：ベースボール・マガジン社

◇2024年　【特別表彰】

谷村　友一（たにむら・ともいち）氏

　1927年生まれ、米国ニューヨーク州出身。同志社大学で主将を務め、卒業後、一般企業に勤めながら1952年都市対抗野球大会に京都クラブの二塁手として出場した。その後、大学野球、高校野球、社会人野球の審判員として活躍。58年の全国高等学校野球選手権大会では、延長18回引き分け再試合となった徳島商と魚津高の三塁塁審を務めた。59年にセントラル・リーグ審判員となり、歴代17位の通算3,026試合に出場した。現役を退いた後は後進の育成にあたった。

　通算3,026試合出場。日本シリーズ出場11回。オールスターゲーム出場6回。
　　　　写真提供：ベースボール・マガジン社

殿堂入り表彰者一覧

○競技者表彰、他は特別表彰

1959	正力松太郎	日米野球を成功させ巨人を創設	1974	○藤本 定義	29年で5球団を指揮した名監督	
	平岡 熙	我が国初の野球チームを結成		○藤村富美男	猛打の初代ミスタータイガース	
	青井 鉞男	米チームを破った一高投手		野田 誠三	甲子園球場の設計工事責任者	
	安部 磯雄	学生野球の父	1975	(委員会開催日変更のため、年度がとぶ)		
	橋戸 信	都市対抗野球大会を創設	1976	○中上 英雄	プロ野球完全試合達成第一号	
	押川 清	初のプロチーム"日本運動協会"を創設		小泉 信三	学徒出陣壮行早慶戦実施	
	久慈 次郎	早大・函館オーシャンの名捕手	1977	○水原 茂	巨人第2期黄金時代の名監督	
	沢村 栄治	初期プロ野球界不滅の大投手		○西沢 道夫	14歳でプロ入り、投打に活躍	
	小野三千麿	対大リーグ初の勝利投手		森 茂雄	早大監督で9回優勝	
1960	○ヴィクトル・スタルヒン	プロ野球初の300勝投手		西村 幸生	草創期のタイガースを支えたエース	
	飛田 忠順	穂州の名で健筆をふるった早大名監督	1978	○松木謙治郎	初代タイガース主将、猛打で沢村と対決	
	河野安通志	早大初渡米後ワインドアップ投法を導入		○浜崎 真二	48歳で投げた小さな大投手	
	桜井彌一郎	第1回早慶戦勝利投手		伊丹 安広	早大の頭脳的名捕手	
1962	池田 豊	学生・プロの名審判		吉原 正喜	巨人第1期黄金時代の強肩捕手	
	市岡 忠男	職業野球連盟初代理事長		岡田源三郎	全ポジションを守った明大万能選手	
1963	中島 治康	プロ野球初の三冠王	1979	○別所 毅彦	310勝をあげた南海、巨人のエース	
1964	若林 忠志	七色の変化球を投げた頭脳派投手		平沼 亮三	東京六大学野球連盟第2代会長	
	宮原 清	社会人野球協会初代会長		谷口 五郎	大正時代の早大エース	
1965	○川上 哲治	打撃の神様、V9達成の巨人監督	1980	○大下 弘	"青バット"の天才打者	
	○鶴岡 一人	南海黄金時代を築いた名監督		○小鶴 誠	シーズン51本の本塁打王	
	井上 登	第2代コミッショナー		千葉 茂	"猛牛"といわれた巨人名二塁手	
	宮武 三郎	投打に活躍した学生野球のヒーロー	1981	○飯田 徳治	1246試合連続出場	
	景浦 将	猛打タイガースの強打者		○岩本 義行	神主打法で1試合4ホーマー	
1966	守山恒太郎	一高の名サウスポー		佐伯 達夫	第3代高野連会長	
1967	腰本 寿	慶大黄金時代の名監督		小川正太郎	社会人野球協会結成に貢献	
1968	鈴木惣太郎	プロ野球草創期日米野球の交流に尽力	1982	鈴木 龍二	セ会長を長年務め、球界の発展に尽力	
	田辺 宗英	後楽園スタヂアム第4代社長		外岡茂十郎	学生野球憲章制定に尽力	
	小林 一三	宝塚運動協会・阪急球団結成	1983	○三原 脩	"魔術師"と称された名監督	
1969	苅田 久徳	華麗な守備の名二塁手		内村 祐之	第3代コミッショナー	
	三宅 大輔	巨人、阪急の初代監督	1984	桐原 眞二	早慶戦復活に尽力した慶大主将	
	田部 武雄	攻走守揃った天才的プレーヤー	1985	○杉下 茂	フォークボールの大投手	
	森岡 二朗	日本野球連盟初代会長		○白石 勝巳	巨人初期黄金時代の名遊撃手	
	島田 善介	慶大・三田倶楽部名捕手		○荒巻 淳	"火の玉投手"と呼ばれたパ・リーグ初代新人王	
	有馬 頼寧	東京セネタースを結成		田中 勝雄	早大で首位打者3度のスラッガー	
1970	天知 俊一	中日監督で日本シリーズ制覇		山内以九士	野球規則・記録の研究、整備に貢献	
	○二出川延明	初代パ・リーグ審判部長	1986	中河 美芳	名物の守備で活躍した投手兼一塁手	
	田村駒治郎	松竹ロビンスオーナー		松方 正雄	タイガース初代会長	
	直木松太郎	野球規則を本格的に翻訳出版	1987	藤田 信男	法大初優勝監督	
	中馬 庚	ベースボールを"野球"と訳す		山下 実	慶大黄金時代の強打者	
1971	小西 得郎	独特の話法で人気を博した名解説者	1988	○長嶋 茂雄	"神宮の星"から"ミスタープロ野球"へ	
	水野 利八	用具の生産・改良に尽力		○別当 薫	天性の好打者、4球団の監督歴任	
1972	○石本 秀一	広島カープ初代監督		○西本 幸雄	監督歴20年、8度のパ・リーグ優勝	
	中野 武二	審判の権威と信頼を確立		○金田 正一	400勝、4490奪三振	
	太田 茂	運動記者の草分け		横沢 三郎	プロ野球草創期の名審判	
1973	内海 弘蔵	明大野球部長		芥田 武夫	早大の名外野手	
	天野 貞祐	学生野球協会第2代会長		永田 雅一	東京球場をつくる	
	広瀬 謙三	スポーツ記録の第一人者				

1989	○島　秀之助	初代セ・リーグ審判部長
	○野村　克也	戦後初の三冠王捕手
	○野口　二郎	延長28回完投の鉄腕投手
	池田　恒雄	出版活動を通じ、野球界の発展に貢献
	伊達　正男	大リーグに挑んだ早大の鉄腕投手
1990	○真田　重藏	ノーヒット・ノーラン２度達成
	○張本　勲	広角打法で3085安打達成
	佐伯　勇	近鉄バファローズオーナー
1991	○牧野　茂	高度なチームプレーを確立
	○筒井　修	審判員の3000試合出場
	○島岡　吉郎	神宮を沸かせた名物明大監督
	中澤　良夫	春夏甲子園大会の基盤をつくる
1992	○廣岡　達朗	セ・パ両リーグで日本一監督
	○坪内　道則	1000試合出場、1000安打第一号
	○吉田　義男	“今牛若丸”と呼ばれた名ショート
	吉田　正男	中京商業夏の甲子園３連覇投手
1993	○稲尾　和久	シーズン42勝をあげた西鉄の鉄腕エース
	○村山　実	２代目ミスタータイガース
1994	○王　貞治	一本足打法の世界のホームラン王
	○与那嶺　要	ハワイの日系二世、三拍子揃った名外野手
	廣岡　知男	野球のオリンピック参加に貢献
1995	○杉浦　忠	日本シリーズ全４戦全勝の南海エース
	○石井藤吉郎	アマ球界の強打者から全日本監督へ
	呉　昌征	俊足、強肩の名外野手“人間機関車”
	村上　實	プロ野球草創期の阪急球団代表
1996	○藤田　元司	巨人のエースから名監督へ
	○衣笠　祥雄	2215試合連続出場の“鉄人”
	牧野　直隆	第４代高野連会長
	保坂　誠	日本初ドーム球場建設
1997	○大杉　勝男	両リーグで1000試合出場、1000安打達成
	山本英一郎	国際派の野球人として活躍
1998	中尾　碩志	速球派から技巧派へ、通算209勝
	井口新次郎	和歌山中、早大の名選手
1999	○中西　太	“怪童”と呼ばれた本塁打王
	○広瀬　叔功	名外野手で盗塁王
	○古葉　竹識	カープの黄金時代を築いた名監督
	○近藤　貞雄	投手分業制を導入
	吉國　一郎	第９代コミッショナー
2000	福島慎太郎	パ・リーグ会長を２度務めた
	○米田　哲也	949試合登板、350勝の鉄腕
2001	○根本　陸夫	西武黄金時代の基礎を築く
	○小山　正明	抜群の制球力で歴代３位の320勝
	武田　孟	日米大学野球開催に尽力
	長谷川良平	広島を支えた小さな大投手
2002	○山内　一弘	大毎ミサイル打線の中心打者
	○鈴木　啓示	近鉄一筋、歴代４位の317勝
	○福本　豊	攻走守三拍子そろった盗塁王
	○田宮謙次郎	15シーズンで打率３割以上７回
	中澤不二雄	パ・リーグ初代専任会長
	生原　昭宏	日米野球交流の中心的役割を果たす
	フランク・オドール	日本の野球技術向上に尽力
	正岡　子規	野球を愛した明治の俳人・歌人
2003	○上田　利治	熱血指導で阪急を常勝チームに
	○関根　潤三	投手と野手でオールスター出場
	松田　耕平	大リーグを手本に球団改革を推進
	ホーレス・ウィルソン	明治５年に野球を伝えた“日本野球のルーツ”
	鈴鹿　栄	軟式ボールを考案し野球の普及に尽力
2004	○仰木　彬	“イチロー”を誕生させた名監督
	秋山　登	大洋初の日本一に貢献した大エース
2005	○村田　兆治	豪快な“マサカリ投法”で大活躍
	○森　祇晶	日本一３連覇を２度達成した名監督
	志村　正順	野球人気に貢献した名アナウンサー
2006	○門田　博光	怪我を克服し、史上最年長ＭＶＰに
	○高木　守道	攻走守三拍子そろったバックトスの名手
	○山田　久志	独特のサブマリン投法で通算284勝
	川島　廣守	プロ・アマの協調体制を加速させる
	豊田　泰光	西鉄黄金時代にクリーンアップを打つ
2007	○梶本　隆夫	９連続奪三振は今も日本記録
	松永　怜一	優れたアマ指導者でロス五輪優勝監督
2008	○山本　浩二	“ミスター赤ヘル”と呼ばれた広島の４番打者
	○堀内　恒夫	ルーキーで16勝をあげエースとしてＶ９に貢献
	嶋　清一	夏の甲子園の準決勝、決勝でノーヒットノーラン
2009	○若松　勉	生涯打率.319の“小さな大打者”
	○青田　昇	“じゃじゃ馬”と呼ばれたホームランバッター
	大社　義規	野球とチームを愛した日本ハム初代オーナー
	君島　一郎	日本野球発祥の研究をし、『日本野球創世記』を著す
2010	○東尾　修	通算251勝、ライオンズのエース
	○江藤　慎一	史上初の両リーグで首位打者
	古田　昌幸	都市対抗16回出場“ミスター社会人”
2011	○落合　博満	史上初の三冠王を３度達成
	○皆川　睦雄	南海の黄金時代を支えたサイドスロー
2012	○北別府　学	“広島の精密機械”通算213勝
	○津田　恒実	炎のストッパー
	長船　騏郎	学生野球の要職を長く務めた
	大本　修	バットの安全性を高めた
2013	○大野　豊	軟式野球からプロ入り、広島黄金時代を支える
	○外木場義郎	完全試合を含む３度のノーヒットノーラン
	福嶋　一雄	エースとして夏の甲子園２連覇
2014	○野茂　英雄	「トルネード投法」で日米席巻
	○秋山　幸二	ファイブツールプレーヤーの代名詞
	○佐々木主浩	「ハマの大魔神」から「DAIMAJIN」に
	相田　暢一	「最後の早慶戦」実現のために奔走
2015	○古田　敦也	ID野球の申し子
	林　和男	リトルシニアを創設
	村山　龍平	全国高等学校野球選手権大会を創設
2016	○斎藤　雅樹	平成の大エース
	○工藤　公康	リーグ優勝14度、日本一11度の“優勝請負人”
	○榎本　喜八	史上最年少で2000安打達成
	松本　瀧藏	戦後の野球再興に貢献
	山中　正竹	東京六大学最多勝記録を樹立

2017	○伊東	勤	80～90年代の西武黄金期を支えた名捕手
	○星野	仙一	監督成績1181勝の闘将
	○平松	政次	「カミソリシュート」で大洋初の200勝投手
	郷司	裕	審判技術の向上でアマ球界に貢献
	鈴木	美嶺	プロ・アマ統一の「公認野球規則」を制作
2018	○松井	秀喜	国民栄誉賞を受賞した平成のスラッガー
	○金本	知憲	1492試合全イニング連続試合出場の鉄人
	○原	辰徳	選手、監督で巨人をけん引、第2回WBC優勝監督
	瀧	正男	アマチュア野球界の発展に貢献
2019	立浪	和義	中日一筋、2480安打の名内野手
	○権藤	博	98年横浜を38年振りの日本一に導く
	脇村	春夫	プロ・アマ交流促進に尽力した高野連会長
2020	○田淵	幸一	474本塁打の強打の捕手
	前田	祐吉	「早慶六連戦」を指揮した慶大監督
	石井	連藏	「早慶六連戦」を制した早大監督
2021	川島	勝司	アマチュア球界の名将
	佐山	和夫	日米野球史の著書を多数執筆
2022	○髙津	臣吾	日米通算313セーブを挙げた守護神
	○山本	昌広	最年長勝利を挙げた、中日一筋32年の200勝投手
	松前	重義	首都大学野球連盟を設立。野球の国際化にも尽力
2023	○A.ラミレス		2年連続でMVPに輝き、2000安打も達成
	○R.バース		阪神優勝の立役者となった最強助っ人
	古関	裕而	時代を超える多くの応援歌を作曲

WORLD YEARBOOK
世界年鑑2024

激動・混迷の世界情勢を的確に捉えるために―

WORLD YEARBOOK
世界年鑑
2024

共同通信社

信頼と実績を誇る「総合国際年鑑」の決定版！
共同通信社の海外全支局、通信網、編集局外信部などの記者が総力取材した膨大な情報をもとに、200を超す世界各国・地域の最新情勢を提供する。

B5判　588ページ（予定）　定価：7480円（本体6800円＋税）

お求めはお近くの書店、または㈱共同通信社出版センターまで
お問い合わせ：hanbai@kyodonews.jp

ファーム成績

2023・イースタン・リーグ

チーム勝敗表

○中数字は引分

チーム	試合	勝利	敗北	引分	勝率	ゲーム差	巨人	楽天	西武	DeNA	日本ハム	ヤクルト	ロッテ	交流戦計
巨　人	124	74	44	6	.627	－	－	13①9	11－10	14②6	10－9	14①5	12②5	－
楽　天	129	78	48	3	.619	0.0	9①13	－	12－8	12－11	12①7	16－5	16①2	1－2
西　武	124	71	49	4	.592	4.0	10－11	8－12	－	15①4	13－10	11①8	13②4	1－0
ＤｅＮＡ	132	59	66	7	.472	18.5	6②14	11－12	4①15	－	14③7	9①9	12－9	3－0
日本ハム	128	54	67	7	.446	21.5	9－10	7①12	10－13	7③14	－	14①4	7①13	0①1
ヤクルト	122	45	73	4	.381	29.0	5①14	5－16	8①11	9①9	4①14	－	14－9	－
ロッテ	124	43	75	6	.364	31.0	5②12	2①16	4②13	9－12	13①7	9－14	－	1－1

チーム別個人打撃成績

▲打撃妨害出塁　　　　　（50音順）

選手名	試合	打数	安打	本塁打	打点	盗塁	打率	選手名	試合	打数	安打	本塁打	打点	盗塁	打率
巨　人								増田　大輝	47	125	34	1	12	11	.272
相澤　白虎	1	1	1	0	0	0	1.000	増田　陸	76	214	49	5	33	1	.229
＊秋広　優人	13	44	15	1	8	0	.341	松田　宣浩	54	130	30	2	21	0	.231
浅野　翔吾	77	237	62	7	27	6	.262	＊松原　聖弥	90	218	52	0	18	7	.239
石川　慎吾	47	120	43	4	26	0	.358	＊丸　佳浩	7	20	6	1	2	0	.300
ウォーカー	52	163	42	7	20	0	.258	山瀬慎之助	72	179	48	5	26	1	.268
オコエ瑠偉	57	170	52	5	18	4	.306	湯浅　大	71	143	31	1	10	5	.217
岡田　悠希	90	256	72	12	42	2	.281	＋若林　晃弘	58	185	50	4	28	4	.270
岡本　大翔	18	46	9	1	5	0	.196	（以下投手）							
＊梶谷　隆幸	9	19	5	0	3	0	.263	赤星　優志	11	0	0	0	0	0	.000
香月　一也	106	312	82	8	46	0	.263	＊石田　隼都	8	0	0	0	0	0	.000
								伊藤　優輔	1	0	0	0	0	0	.000
＊加藤　廉	34	106	21	1	11	0	.198	井上　温大	11	0	0	0	0	0	.000
＊門脇　誠	3	8	2	0	0	0	.250	＊今村　信貴	21	0	0	0	0	0	.000
亀田　啓太	17	37	9	0	2	0	.243	＊大江　竜聖	14	0	0	0	0	0	.000
菊田　拡和	103	327	84	7	32	0	.257	太田　龍	1	0	0	0	0	0	.000
岸田　行倫	21	54	11	3	15	0	.204	小沼　健太	19	0	0	0	0	0	.000
喜多　隆介	62	138	33	0	14	0	.239	鍵谷　陽平	19	0	0	0	0	0	.000
北村　拓己	68	190	58	3	24	0	.305	笠島　尚樹	3	0	0	0	0	0	.000
小林　誠司	3	9	1	0	0	0	.111								
坂本　勇人	2	5	1	0	0	0	.200	川嵜　陽仁	5	0	0	0	0	0	.000
笹原　操希	16	31	7	1	4	0	.226	＊菊地　大稀	6	0	0	0	0	0	.000
								木下　幹也	1	0	0	0	0	0	.000
＊重信慎之介	8	17	5	1	3	1	.294	京本　眞	15	0	0	0	0	0	.000
鈴木　大和	18	25	4	0	2	1	.160	鍬原　拓也	27	0	0	0	0	0	.000
長野　久義	10	21	4	0	0	0	.190	＊代木　大和	5	0	0	0	0	0	.000
ティマ	1	1	0	0	0	0	.000	菅野　智之	2	0	0	0	0	0	.000
中島　宏之	67	135	36	0	19	0	.267	鈴木　康平	2	0	0	0	0	0	.000
中田　歩夢	5	3	1	0	0	0	.333	大　勢	2	0	0	0	0	0	.000
中田　翔	5	14	3	0	1	0	.214	＊高木　京介	27	0	0	0	0	0	.000
＊中山　礼都	3	9	2	0	2	0	.222								
萩尾　匡也	101	307	87	7	36	1	.283	＊高梨　雄平	4	0	0	0	0	0	.000
＊萩原　哲	15	28	8	0	4	0	.286	＊髙橋　優貴	17	0	0	0	0	0	.000
								田中　千晴	12	0	0	0	0	0	.000
廣岡　大志	20	61	22	4	7	3	.361	田中　豊樹	26	0	0	0	0	0	.000
ブリンソン	17	45	13	2	5	0	.289	谷岡　竜平	10	0	0	0	0	0	.000
＊保科　広一	3	11	2	0	0	0	.182	田村　朋輝	1	0	0	0	0	0	.000
＊前田　研輝	10	24	6	1	3	0	.250	戸田　懐生	15	0	0	0	0	0	.000

イースタン・リーグ

選手名	試合	打数	安打	本塁打	打点	盗塁	打率		選手名	試合	打数	安打	本塁打	打点	盗塁	打率
＊富田　　龍	25	0	0	0	0	0	.000		＊辛島　　航	11	0	0	0	0	0	.000
直江　大輔	22	0	0	0	0	0	.000		岸　　孝之	4	0	0	0	0	0	.000
＊中川　皓太	5	0	0	0	0	0	.000		小孫　竜二	39	0	0	0	0	0	.000
＊バルドナード	6	0	0	0	0	0	.000		酒居　知史	7	0	0	0	0	0	.000
＊畠　　世周	5	0	0	0	0	0	.000		＊佐藤　輝輝	2	0	0	0	0	0	.000
ビーディ	7	0	0	0	0	0	.000		＊塩見　貴洋	16	0	0	0	0	0	.000
＊船迫　大雅	21	0	0	0	0	0	.000		荘司　康誠	3	0	0	0	0	0	.000
平内　龍太	16	0	0	0	0	0	.000		＊鈴木　翔天	4	0	0	0	0	0	.000
堀田　賢慎	13	0	0	0	0	0	.000		＊清宮虎多朗	39	0	0	0	0	0	.000
堀岡　隼人	43	0	0	0	0	0	.000		＊宋　　家豪	9	0	0	0	0	0	.000
松井　　颯	16	0	0	0	0	0	.000		髙田　萌生	28	0	0	0	0	0	.000
三上　朋也	20	0	0	0	0	0	.000		髙田　孝一	15	0	0	0	0	0	.000
＊メンデス	3	2	1	0	1	0	.500		瀧中　瞭太	14	0	0	0	0	0	.000
＊山﨑　伊織	3	0	0	0	0	0	.000		竹下　瑛広	15	0	0	0	0	0	.000
山﨑　友輔	19	0	0	0	0	0	.000		津留﨑大成	22	0	0	0	0	0	.000
＊山田　龍聖	18	0	0	0	0	0	.000		＊西垣　雅矢	24	0	0	0	0	0	.000
＊山本　一輝	7	0	0	0	0	0	.000		西口　直人	11	0	0	0	0	0	.000
＊横川　　凱	4	1	0	0	0	0	.000		＊則本　昂大	1	0	0	0	0	0	.000
ロ　ペ　ス	14	0	0	0	0	0	.000		バニュエロス	18	0	0	0	0	0	.000
									＊早川　隆久	6	0	0	0	0	0	.000
計	124	4191	1104	94	530	47	.263		＊林　　優樹	24	0	0	0	0	0	.000
（小沼はロッテでも出場あり）									引地秀一郎	11	0	0	0	0	0	.000
楽　　天									福森　耀真	5	0	0	0	0	0	.000
阿部　寿樹	30	83	27	3	15	0	.325		＊藤井　　聖	17	0	0	0	0	0	.000
石原　　彪	42	81	19	3	11	0	.235		藤平　尚真	17	0	0	0	0	0	.000
伊藤裕季也	2	8	3	1	1	0	.375		松井　友飛	17	0	0	0	0	0	.000
入江　大樹	107	287	72	3	38	0	.251		宮森　智志	23	0	0	0	0	0	.000
ウレーニャ	66	186	45	5	18	0	.242		＊弓削　隼人	33	0	0	0	0	0	.000
江川　侑斗	25	47	8	0	3	0	.170		吉川　雄大	40	0	0	0	0	0	.000
大河原　翔	27	28	6	1	3	1	.214		渡辺　翔太	6	0	0	0	0	0	.000
＊岡島　豪郎	15	48	16	2	9	1	.333									
＊小郷　裕哉	2	9	4	0	1	0	.444		＊王　　彦程	11	0	0	0	0	0	.000
ギッテンス	14	35	12	2	15	0	.343		計	129	4337	1201	79	571	58	.277
＊銀　　次	87	▲182	50	1	22	0	.275		**西　　武**							
＊黒川　史陽	92	339	104	5	55	1	.307		愛斗	29	115	35	5	21	5	.304
＊澤野　聖悠	33	52	5	0	5	1	.096		＊呉　　念庭	50	176	60	2	24	4	.341
＊島内　宏明	17	48	15	3	13	0	.313		＋金子　侑司	33	129	31	0	11	9	.240
正隨　優弥	105	286	80	7	53	3	.280		川越　誠司	38	120	35	7	25	0	.292
＊鈴木　大地	11	28	7	0	3	2	.250		＋川野　涼多	41	110	20	3	10	0	.182
平良　竜哉	102	247	64	2	26	6	.259		岸　潤一郎	39	133	32	6	11	7	.241
辰見鴻之介	96	283	71	0	10	17	.251		栗山　　巧	1	3	2	0	1	0	.667
＊辰己　涼介	5	18	9	0	2	0	.500		＊源田　壮亮	5	13	4	0	1	0	.308
＋田中　和基	1	5	2	0	1	0	.400		コドラド	4	10	3	0	4	0	.300
									古賀　悠斗	3	8	1	0	0	0	.125
＊田中　貴也	55	89	18	3	14	0	.202									
＊永ս颯太郎	58	143	32	0	11	1	.224		児玉　亮涼	43	163	45	1	14	5	.276
＊西川　遥輝	63	179	66	5	29	8	.369		是澤　涼輔	26	58	12	2	2	0	.207
フランコ	6	20	5	1	4	0	.250		＊齊藤　誠人	44	66	15	0	7	0	.227
＊堀内　謙伍	76	174	46	2	19	2	.264		佐藤　龍世	3	7	2	1	2	0	.286
前田　銀治	22	51	10	0	4	0	.196		＋ジョセフ	22	29	5	0	4	3	.172
水上　　桂	37	79	22	0	4	1	.278		＊鈴木　将平	24	73	20	0	6	2	.274
＊武藤　敦貴	90	201	52	3	17	5	.259		＊髙木　　渉	87	322	80	6	44	1	.248
村林　一輝	32	67	17	1	4	2	.254		＊髙松　　渡	28	30	6	0	0	4	.200
＊茂木栄五郎	72	155	46	3	23	1	.297		＊滝澤　夏央	82	265	61	1	23	11	.230
									栁植　世那	29	85	20	0	8	0	.235
＊安田　悠馬	18	55	17	0	2	0	.309									
柳澤　大空	77	64	13	0	6	0	.203		＊中熊　大智	2	7	1	0	0	0	.143
＊山﨑　　剛	2	6	1	0	0	0	.167		仲三河優太	11	29	10	1	5	0	.345
横尾　遥建	98	198	57	6	26	0	.288		中村　剛也	6	18	4	0	2	0	.222
吉野　創士	6	5	0	0	0	0	.000		＊中山　誠吾	31	75	14	0	3	0	.187
＊渡邊　佳明	77	250	93	1	37	1	.372		＊西川　愛也	61	211	49	0	26	9	.232
和田　　恋	105	301	87	16	71	3	.289		野田　海人	15	33	4	0	2	1	.121
（以下投手）									野村　和輝	4	14	1	0	0	0	.071
＊石橋　良太	34	0	0	0	0	0	.000		長谷川信哉	52	205	68	8	37	18	.332
＊伊藤　茉央	23	0	0	0	0	0	.000		＊平沼　翔太	10	28	6	0	1	2	.214
内間　拓馬	17	0	0	0	0	0	.000									

選手名	試合	打数	安打	本塁打	打点	盗塁	打率
*蛭間 拓哉	41	151	45	3	23	3	.298
ブランドン	37	122	33	4	15	1	.270
古市 尊	40	116	37	0	15	6	.319
古川 雄大	1	0	0	0	0	0	.000
*ペイトン	25	82	19	1	14	0	.232
マキノン	1	3	3	2	3	0	1.000
*牧野 翔矢	42	113	25	2	12	0	.221
モンテル	21	47	13	1	2	2	.277
山川 穂高	3	9	3	0	1	0	.333
山野辺 翔	47	142	40	7	22	13	.282
*山村 崇嘉	85	299	77	7	40	4	.258
陽川 尚将	89	292	77	9	53	0	.264
若林 楽人	40	141	31	3	17	4	.220
渡部 健人	51	172	43	7	20	1	.250
(以下投手)							
赤上 優人	1	0	0	0	0	0	.000
粟津 凱士	30	0	0	0	0	0	.000
出井 敏博	21	0	0	0	0	0	.000
伊藤 翔	30	0	0	0	0	0	.000
井上 広輝	24	0	0	0	0	0	.000
今井 達也	5	0	0	0	0	0	.000
上間 永遠	3	0	0	0	0	0	.000
*エ ン ス	11	0	0	0	0	0	.000
大曲 錬	31	0	0	0	0	0	.000
クリスキー	4	0	0	0	0	0	.000
*公文 克彦	23	0	0	0	0	0	.000
黒田 将矢	13	0	0	0	0	0	.000
齊藤 大将	40	0	0	0	0	0	.000
*佐々木 健	11	0	0	0	0	0	.000
*佐藤 隼輔	7	0	0	0	0	0	.000
*菅井 信也	15	0	0	0	0	0	.000
*隅田知一郎	2	0	0	0	0	0	.000
*田村伊知郎	33	0	0	0	0	0	.000
張 奕	5	0	0	0	0	0	.000
ティノコ	14	0	0	0	0	0	.000
*羽田慎之介	8	0	0	0	0	0	.000
*浜屋 将太	17	0	0	0	0	0	.000
ヘ レ ラ	9	0	0	0	0	0	.000
ボー・タカハシ	14	0	0	0	0	0	.000
本田 圭佑	6	0	0	0	0	0	.000
増田 達至	8	0	0	0	0	0	.000
松本 航	4	0	0	0	0	0	.000
豆田 泰志	26	0	0	0	0	0	.000
*三浦 大輝	13	0	0	0	0	0	.000
水上 由伸	13	0	0	0	0	0	.000
宮川 哲	20	0	0	0	0	0	.000
山田 陽翔	3	0	0	0	0	0	.000
與座 海人	10	0	0	0	0	0	.000
渡邉勇太朗	14	0	0	0	0	0	.000
計	124	4224	1092	89	537	116	.259

DeNA

選手名	試合	打数	安打	本塁打	打点	盗塁	打率
アンバギー	66	186	32	7	27	1	.172
*粟飯原龍之介	78	220	43	4	17	2	.195
東妻 純平	61	155	35	4	16	1	.226
蝦名 達夫	39	143	46	4	27	2	.322
オースティン	23	74	20	4	15	0	.270
大田 泰示	8	30	12	1	6	0	.400
*大橋 武尊	81	155	35	0	13	11	.226
*梶原 昂希	73	290	98	7	29	15	.338
勝又 温史	105	342	93	6	30	0	.272
*神里 和毅	16	57	19	6	13	2	.333
*京田 陽太	17	67	18	1	8	0	.269

選手名	試合	打数	安打	本塁打	打点	盗塁	打率
*楠本 泰史	5	16	6	1	4	0	.375
桑原 将志	2	2	0	0	0	0	.000
*小深田大地	87	273	56	4	28	1	.205
*上甲 凌大	64	199	48	3	16	1	.241
ソ ト	9	32	7	0	1	0	.219
*田中 俊太	103	235	57	0	20	11	.243
知野 直人	64	222	61	5	37	10	.275
*戸柱 恭孝	2	6	1	0	0	0	.167
西浦 直亨	15	53	9	0	3	0	.170
西巻 賢二	100	310	77	2	23	16	.248
*林 琢真	27	103	24	0	14	6	.233
*藤田 一也	30	46	14	0	10	0	.304
益子 京右	70	157	39	0	16	1	.248
松尾 汐恩	104	343	95	7	51	6	.277
宮﨑 敏郎	2	2	1	0	0	0	.500
*村川 凪	108	332	93	0	24	29	.280
*森 敬斗	57	217	54	2	21	9	.249
大山 祐大	1	3	1	0	0	0	.333
山本 祐大	1	3	2	0	0	0	.667
蓮	71	173	37	1	11	0	.214
(以下投手)							
*東 克樹	1	1	0	0	0	0	.000
*池谷 蒼大	35	0	0	0	0	0	.000
石川 達也	11	0	0	0	0	0	.000
*石田 健大	8	0	0	0	0	0	.000
*今永 昇太	2	1	0	0	0	0	.000
ウェンデルケン	3	0	0	0	0	0	.000
*エスコバー	13	0	0	0	0	0	.000
大貫 晋一	15	2	0	0	0	0	.000
ガゼルマン	10	0	0	0	0	0	.000
*笠原祥太郎	21	0	0	0	0	0	.000
加藤 大	11	0	0	0	0	0	.000
上茶谷大河	1	0	0	0	0	0	.000
京山 将弥	39	0	0	0	0	0	.000
草野 陽斗	5	0	0	0	0	0	.000
小園 健太	17	0	0	0	0	0	.000
今野 瑠斗	8	0	0	0	0	0	.000
*阪口 皓亮	23	0	0	0	0	0	.000
*坂本 裕哉	16	0	0	0	0	0	.000
*櫻井 周斗	36	0	0	0	0	0	.000
スターリン	10	0	0	0	0	0	.000
平良拳太郎	9	1	0	0	0	0	.000
*髙田 琢登	24	0	0	0	0	0	.000
*田中健二朗	27	0	0	0	0	0	.000
*ディアス	5	0	0	0	0	0	.000
徳山 壮磨	22	0	0	0	0	0	.000
中川 虎大	33	0	0	0	0	0	.000
バウアー	5	2	0	0	0	0	.000
橋本 達弥	32	0	0	0	0	0	.000
*濵口 遥大	10	1	0	0	0	0	.000
平田 真吾	2	0	0	0	0	0	.000
深沢 鳳介	18	0	0	0	0	0	.000
マルセリーノ	8	0	0	0	0	0	.000
*松本隆之介	9	0	0	0	0	0	.000
三浦 銀二	36	0	0	0	0	0	.000
+三嶋 一輝	18	0	0	0	0	0	.000
宮城 滝太	38	0	0	0	0	0	.000
宮國 椋丞	31	0	0	0	0	0	.000
*森下 瑠大	9	0	0	0	0	0	.000
*森原 康平	2	0	0	0	0	0	.000
山﨑 康晃	3	0	0	0	0	0	.000
吉野 光樹	4	0	0	0	0	0	.000
渡辺 明貴	13	0	0	0	0	0	.000

イースタン・リーグ

選手名	試合	打数	安打	本塁打	打点	盗塁	打率
計	132	4454	1133	69	480	124	.254

(西浦、阪口はヤクルトでも出場あり)

日本ハム

選手名	試合	打数	安打	本塁打	打点	盗塁	打率
+アルカンタラ	42	154	37	10	21	3	.240
*浅間　大基	24	74	19	4	7	0	.257
+阿部　和広	96	234	43	0	12	13	.184
有薗　直輝	96	332	70	6	35	0	.211
*石井　一成	50	143	31	3	17	6	.217
*五十幡亮汰	4	12	2	0	0	0	.167
今川　優馬	27	91	28	4	11	1	.308
*宇佐見真吾	32	110	28	3	16	0	.255
梅林　優貴	63	194	47	2	29	8	.242
江越　大賀	3	11	5	1	6	0	.455
*加藤　豪将	16	53	16	0	2	0	.302
*上川畑大悟	11	42	15	0	4	0	.357
木村　文紀	49	142	36	6	20	2	.254
*清宮幸太郎	4	9	2	2	4	0	.222
郡司　裕也	5	15	6	1	1	0	.400
郡　拓也	101	337	79	9	35	8	.234
*阪口　樂	96	283	57	2	18	2	.201
清水　優心	24	79	19	1	11	0	.241
*田宮　裕涼	91	277	61	1	22	6	.220
*中島　卓也	64	181	46	1	19	12	.254
奈良間大己	51	171	57	2	11	5	.333
野村　佑希	9	34	12	5	15	0	.353
+ハンソン	25	84	20	1	6	1	.238
*福田　光輝	64	204	52	5	31	0	.255
*古川　裕大	60	191	46	5	23	1	.241
*細川　凌平	39	128	35	3	11	9	.273
*水野　達稀	51	168	44	4	19	6	.262
谷内　亮太	31	82	24	0	7	0	.293
山口アタル	36	132	31	2	8	3	.235
山田　遥楓	12	35	14	0	3	3	.400
*王　柏融	56	174	38	7	19	0	.218
(以下投手)							
安西　叶翔	3	0	0	0	0	0	.000
井口　和朋	38	0	0	0	0	0	.000
池田　隆英	2	0	0	0	0	0	.000
石川　直也	15	0	0	0	0	0	.000
*伊藤　大海	1	0	0	0	0	0	.000
*上原　健太	6	13	3	0	2	0	.231
ガ　ン　ト	3	0	0	0	0	0	.000
柿木　蓮	33	1	0	0	0	0	.000
金村　尚真	7	0	0	0	0	0	.000
*河野　竜生	7	0	0	0	0	0	.000
*北浦　竜次	12	0	0	0	0	0	.000
北山　亘基	9	0	0	0	0	0	.000
畔柳　亨丞	17	0	0	0	0	0	.000
*齋藤　綱記	15	0	0	0	0	0	.000
齊藤　伸治	43	1	0	0	0	0	.000
杉浦　稔大	15	0	0	0	0	0	.000
*鈴木　健矢	5	0	0	0	0	0	.000
達　孝太	14	0	0	0	0	0	.000
立野　和明	31	1	0	0	0	0	.000
*田中　瑛斗	14	0	0	0	0	0	.000
中山　晶量	13	0	0	0	0	0	.000
生田目　翼	13	0	0	0	0	0	.000
*根本　悠楓	16	0	0	0	0	0	.000
*長谷川威展	34	0	0	0	0	0	.000
姫野　優也	17	0	0	0	0	0	.000
福島　蓮	17	0	0	0	0	0	.000
*福田　俊	12	0	0	0	0	0	.000
ポ　ン　セ	4	0	0	0	0	0	.000
*堀　瑞輝	18	0	0	0	0	0	.000
マーベル	6	0	0	0	0	0	.000
*松浦　慶斗	6	0	0	0	0	0	.000
松岡　洸希	23	0	0	0	0	0	.000
松本　遼大	25	0	0	0	0	0	.000
宮内　春輝	26	0	0	0	0	0	.000
*宮西　尚生	7	0	0	0	0	0	.000
*メ　ネ　ズ	3	0	0	0	0	0	.000
矢澤　宏太	32	82	19	2	3	3	.232
柳川　大晟	13	0	0	0	0	0	.000
*山本　晃大	34	0	0	0	0	0	.000
山本　拓実	1	0	0	0	0	0	.000
吉田　輝星	40	0	0	0	0	0	.000
ロドリゲス	7	0	0	0	0	0	.000
計	128	4274	1042	95	448	90	.244

ヤクルト

選手名	試合	打数	安打	本塁打	打点	盗塁	打率
赤羽　由紘	68	242	45	7	28	0	.186
荒木　貴裕	75	209	48	0	18	0	.230
*岩田　幸宏	43	136	38	0	9	10	.279
内山　壮真	6	17	3	1	1	0	.176
*太田　賢吾	51	164	53	6	27	2	.323
*奥村　展征	81	234	44	2	13	2	.188
*川端　慎吾	8	24	8	0	0	0	.333
北村　恵吾	96	320	75	10	46	1	.234
古賀　優大	3	8	1	0	1	0	.125
小森航大郎	49	126	29	3	16	8	.230
サンタナ	3	7	2	0	0	0	.286
*澤井　廉	90	321	84	18	56	2	.262
塩見　泰隆	27	74	16	1	2	1	.216
*武岡　龍世	20	74	16	1	5	1	.216
並木　秀尊	7	24	6	0	2	0	.250
西浦　直亨	32	108	33	4	20	0	.306
西田　明央	63	200	46	3	23	0	.230
*西村瑠伊斗	91	278	51	4	22	2	.183
橋本　星哉	70	188	53	2	14	2	.282
濱田　太貴	6	16	3	1	2	0	.188
フェリペ	37	90	20	3	13	0	.222
*松井　聖	85	221	60	3	32	2	.271
松本　直樹	66	196	56	4	24	1	.286
松本　友	97	313	84	6	40	2	.268
*丸山　和郁	8	18	5	0	0	0	.278
三ツ俣大樹	28	77	22	0	6	0	.286
*宮本　丈	23	80	26	2	11	1	.325
*元山　飛優	52	172	35	5	15	4	.203
*山崎晃大朗	31	94	20	0	4	9	.213
山田　哲人	3	7	1	0	0	0	.143
(以下投手)							
*石川　雅規	5	2	0	0	0	0	.000
石山　泰稚	4	0	0	0	0	0	.000
市川　悠太	18	1	0	0	0	0	.000
梅野　雄吾	35	0	0	0	0	0	.000
エスピナル	20	2	0	0	0	0	.000
*大下　佑馬	29	0	0	0	0	0	.000
大西　広樹	4	0	0	0	0	0	.000
奥川　恭伸	8	0	0	0	0	0	.000
*尾仲　祐哉	26	3	0	0	0	0	.000
嘉手苅浩太	16	0	0	0	0	0	.000
*金久保優斗	15	3	1	0	2	0	.333
*久保　拓眞	38	2	0	0	0	0	.000
ケ　ー　ラ	15	0	0	0	0	0	.000
*小澤　怜史	11	0	0	0	0	0	.000
近藤　弘樹	16	1	0	0	0	0	.000
今野　龍太	18	0	0	0	0	0	.000

選手名	試合	打数	安打	本塁打	打点	盗塁	打率
サイスニード	1	0	0	0	0	0	.000
*阪口 皓亮	2	0	0	0	0	0	.000
*坂本 拓己	8	0	0	0	0	0	.000
柴田 大地	40	0	0	0	0	0	.000
*下 慎之介	13	0	0	0	0	0	.000
*杉山 晃基	10	0	0	0	0	0	.000
鈴木 裕太	26	1	0	0	0	0	.000
高梨 裕稔	11	3	0	0	0	0	.000
*高橋 奎二	3	0	0	0	0	0	.000
竹山 日向	14	0	0	0	0	0	.000
*成田 翔	37	2	0	0	0	0	.000
沼田 翔平	19	4	0	0	0	0	.000
*長谷川宙輝	38	0	0	0	0	0	.000
原 樹理	17	3	0	0	0	0	.000
*ピーターズ	2	0	0	0	0	0	.000
星 知弥	5	0	0	0	0	0	.000
*丸山 翔大	16	0	0	0	0	0	.000
山下 輝	1	0	0	0	0	0	.000
*山野 太一	13	2	0	0	0	0	.000
*山本 大貴	6	1	0	0	0	0	.000
吉田 大喜	11	1	0	0	0	0	.000
吉村貢司郎	6	2	0	0	0	0	.000
ロドリゲス	1	0	0	0	0	0	.000
計	122	4071	984	86	453	50	.242

(西浦、阪口はDeNAでも出場あり)

ロッテ

選手名	試合	打数	安打	本塁打	打点	盗塁	打率
アポステル	24	61	9	1	3	0	.148
池田 来翔	69	231	58	5	19	2	.251
井上 晴哉	66	191	56	7	31	0	.293
植田 将太	66	154	39	3	18	1	.253
江村 直也	10	15	3	0	1	1	.200
大下誠一郎	52	165	42	2	12	0	.255
岡 大海	3	8	3	1	4	0	.375
*小川 龍成	45	172	48	0	11	16	.279
荻野 貴司	7	16	7	0	1	1	.438
柿沼 友哉	31	54	12	0	6	0	.222
勝又 琉偉	109	347	69	0	29	6	.199
*金田 優太	70	229	46	0	15	1	.201
黒川 凱星	18	21	0	0	0	0	.000
*佐藤都志也	2	7	4	0	1	0	.571
*菅野 剛士	55	161	42	2	19	2	.261
*高部 瑛斗	17	61	20	1	6	4	.328
谷川 唯人	89	243	54	0	12	2	.222
茶谷 健太	4	13	4	0	1	0	.308
友杉 篤輝	6	21	5	0	4	1	.238
西川 僚祐	83	263	53	6	24	2	.202
速水 将大	75	163	32	0	9	1	.196
*平沢 大河	66	225	63	5	19	7	.280
ブロッソー	8	21	8	0	1	0	.381
*福田 秀平	91	250	71	5	23	9	.284

選手名	試合	打数	安打	本塁打	打点	盗塁	打率
*藤岡 裕大	3	11	4	0	0	0	.364
*藤原 恭大	13	46	17	3	5	1	.370
*ポランコ	1	3	1	0	0	0	.333
松川 虎生	99	326	76	1	28	1	.233
三木 亮	64	157	33	3	19	0	.210
村山 亮介	13	27	5	0	3	0	.185
*安田 尚憲	5	17	7	0	3	0	.412
山口 航輝	7	20	6	1	7	0	.300
山本 大斗	65	250	55	9	30	4	.220
*和田康士朗	29	106	24	1	2	14	.226
（以下投手）							
*秋山 正雲	22	0	0	0	0	0	.000
東妻 勇輔	17	0	0	0	0	0	.000
石川 歩	3	0	0	0	0	0	.000
岩下 大輝	9	0	0	0	0	0	.000
小沼 健太	15	0	0	0	0	0	.000
カスティーヨ	9	0	0	0	0	0	.000
唐川 侑己	29	0	0	0	0	0	.000
*菊地 吏玖	14	0	0	0	0	0	.000
国吉 佑樹	28	0	0	0	0	0	.000
*坂本光士郎	1	0	0	0	0	0	.000
佐々木千隼	26	0	0	0	0	0	.000
*佐藤 奨真	24	0	0	0	0	0	.000
澤田 圭佑	19	0	0	0	0	0	.000
澤村 拓一	1	0	0	0	0	0	.000
*鈴木 昭汰	25	0	0	0	0	0	.000
*高野 脩汰	22	0	0	0	0	0	.000
*田中 晴也	5	0	0	0	0	0	.000
田中 楓基	20	0	0	0	0	0	.000
東條 大樹	36	0	0	0	0	0	.000
土居 豪人	7	0	0	0	0	0	.000
*土肥 星也	34	0	0	0	0	0	.000
*中村 稔弥	11	0	0	0	0	0	.000
*中森 俊介	15	0	0	0	0	0	.000
永島田輝斗	9	0	0	0	0	0	.000
西野 勇士	1	0	0	0	0	0	.000
西村 天裕	2	0	0	0	0	0	.000
廣畑 敦也	31	0	0	0	0	0	.000
*フェリス	20	0	0	0	0	0	.000
二木 康太	4	0	0	0	0	0	.000
古谷 拓郎	23	0	0	0	0	0	.000
*美馬 学	4	0	0	0	0	0	.000
+メルセデス	2	0	0	0	0	0	.000
*本前 郁也	21	0	0	0	0	0	.000
*森 遼大朗	11	0	0	0	0	0	.000
八木 彬	24	0	0	0	0	0	.000
横山 陸人	17	0	0	0	0	0	.000
*吉川 悠斗	1	0	0	0	0	0	.000
計	124	4055	976	56	366	76	.241

(小沼は巨人でも出場あり)

イースタン・リーグ

チーム別個人投手成績

( ) 内個人自責点合計

選手名	試合	完投	勝利	敗北	セーブ	投球回	三振	自責点	防御率
巨　人									
赤星　優志	11	1	3	3	0	60	47	20	3.00
＊石田　隼都	8	0	3	2	0	32.2	26	12	3.31
伊藤　優輔	1	0	0	0	0	1	2	1	9.00
井上　温大	11	2	7	0	0	72.1	84	6	0.75
＊今村　信貴	21	0	1	0	2	28.1	20	4	1.27
＊大江　竜聖	14	0	1	0	0	13.1	17	4	2.70
太田　龍	1	0	0	0	0	1	0	0	0.00
小沼　健太	19	0	2	2	0	19.2	12	4	1.83
鍵谷　陽平	19	0	0	1	0	20	13	6	2.70
笠島　尚樹	3	0	0	0	0	7	5	3	3.86
川嶋　陽仁	5	0	0	1	0	8.1	6	9	9.72
菊地　大稀	6	0	0	0	0	11	18	2	1.64
木下　幹也	1	0	0	0	0	4	4	3	6.75
京本　眞	15	0	5	4	0	76.1	70	20	2.36
鍬原　拓也	27	0	2	2	6	30.1	25	5	1.48
＊代木　大和	2	0	1	1	0	17	9	10	5.29
菅野　智之	2	0	0	0	0	8.1	3	1	1.08
鈴木　康平	5	0	0	1	0	5	5	4	7.20
大　勢	2	0	0	0	0	2	4	2	9.00
＊高木　京介	27	0	0	3	1	27.1	22	7	2.30
＊高梨　雄平	4	0	0	0	0	3.1	5	0	0.00
＊高橋　優貴	17	1	6	2	0	57.2	46	15	2.34
田中　千晴	12	0	0	2	0	25.2	19	13	4.56
田中　豊樹	26	0	3	2	0	24.2	18	15	5.47
谷岡　竜平	10	0	1	1	0	9.2	11	4	3.72
田村　懐生	1	0	0	0	0	3	0	2	6.00
戸田　懐生	15	0	3	1	0	46	31	18	3.52
＊富田　龍	25	0	4	0	0	28.2	30	15	4.71
直江　大輔	20	0	4	4	0	65.2	51	28	3.84
＊中川　皓太	5	0	0	0	0	5	5	0	0.00
＊バルドナード	6	0	1	0	0	6	7	1	1.50
畠　世周	5	0	1	0	0	10	16	0	0.00
ビーディ	7	0	0	1	0	25.1	15	12	4.26
船迫　大雅	21	0	4	0	2	22.2	19	7	2.78
平内　龍太	16	0	0	3	0	17	14	12	6.35
堀田　賢慎	13	0	0	2	0	20	21	14	6.30
堀岡　隼人	43	0	5	1	8	53	57	11	1.87
松井　颯	16	0	8	2	0	88.1	74	20	2.04
三上　朋也	20	0	0	2	5	21	19	3	1.29
＊メンデス	3	0	0	0	0	5	4	3	4.85
山﨑　伊織	3	0	2	0	0	15	15	5	3.00
山﨑　友輔	19	0	3	0	0	27.2	25	6	1.95
＊山田　龍聖	18	0	3	0	0	29	32	8	2.48
＊山本　一輝	7	0	0	1	0	13	6	9	6.23
＊横川　凱	4	0	1	2	0	20	14	7	3.15
ロペス	14	0	0	0	0	15	13	5	3.00
計	124	4	74	44	26	1110.1	964	360	2.92

(小沼はロッテでも出場あり)

選手名	試合	完投	勝利	敗北	セーブ	投球回	三振	自責点	防御率
楽　天									
石橋　良太	34	0	3	0	4	34.2	36	10	2.60
伊藤　茉央	23	0	2	2	0	20.2	21	8	3.48
内間　拓馬	17	0	3	0	0	53.1	33	23	3.88
＊辛島　航	11	0	4	3	0	56.1	43	18	2.88
岸　孝之	4	1	3	0	0	28	21	6	1.93
小孫　竜二	39	0	1	0	3	34.1	37	11	2.88
酒居　知史	5	0	0	0	0	7	2	0	0.00
＊佐藤　智輝	2	0	0	0	0	0.2	1	3	40.50
＊塩見　貴洋	16	0	2	2	0	92.2	64	31	3.01
荘司　康誠	3	0	2	1	0	19	14	7	3.32
＊鈴木　翔天	4	0	0	0	0	4	5	0	0.00
清宮　虎多朗	39	0	2	2	22	36	39	16	4.00
宋　家豪	9	0	0	0	1	9	8	4	4.00
高田　萌生	28	0	2	3	0	23	22	22	8.61
高田　孝一	15	0	1	0	1	21	20	8	3.43
瀧中　瞭太	14	0	7	5	0	87	41	42	4.34
竹下　瑛広	15	0	1	2	1	27.1	18	20	6.59
津留﨑　大成	22	0	1	1	1	21.1	14	4	1.69
西垣　雅矢	24	0	0	0	0	21	20	7	3.00
西口　直人	11	0	1	0	1	9.2	7	11	10.24
則本　昂大	1	0	0	1	0	3	2	1	3.00
＊バニュエロス	18	1	7	6	0	90	77	39	3.90
早川　隆久	6	0	1	2	1	28	24	6	1.93
＊林　優樹	24	0	1	0	1	20.2	25	5	2.18
引地秀一郎	11	0	1	2	0	14	11	10	6.43
福森　耀真	5	0	0	0	0	4.2	6	4	7.71
＊藤井　聖	17	0	6	3	0	85.2	57	35	3.68
藤平　尚真	8	0	2	1	0	48.1	42	10	1.86
松井　友飛	17	1	6	4	0	97.1	75	28	2.59
宮森　智志	23	0	0	0	0	21.1	12	6	2.53
弓削　隼人	33	0	3	2	1	26	23	5	1.73
吉川　雄大	40	0	4	1	2	53.1	38	26	4.39
渡辺　翔太	6	0	0	0	0	6	5	1	1.50
＊王　彦程	11	1	3	1	0	41.1	24	17	3.70
計	129	4	78	48	39	1145.2	887	444	3.49

選手名	試合	完投	勝利	敗北	セーブ	投球回	三振	自責点	防御率
西　武									
赤上　優人	1	0	0	0	0	1.1	1	0	0.00
粟津　凱士	30	0	2	3	1	55.1	37	12	1.95
出井　敏博	20	0	3	2	1	35	27	15	3.86
伊藤　翔	30	0	2	0	0	38.1	23	16	3.76
井上　広輝	24	0	1	0	0	25.1	15	13	4.62
今井　達也	5	0	2	1	0	25	31	9	3.24
上間　永遠	3	0	1	2	0	12.2	6	14	9.95
＊エンス	11	0	6	0	0	66.1	69	17	2.31
大曲　錬	31	0	4	0	0	33.2	31	12	3.21
クリスキー	4	0	0	0	0	3.1	4	2	5.40
＊公文　克彦	23	0	3	1	3	24.2	23	5	1.82
黒田　将矢	33	0	3	3	0	52.2	44	23	3.93
齊藤　大将	40	0	3	4	0	43.1	42	13	2.70
＊佐々木　健	11	0	0	0	0	12	9	0	0.00
＊佐藤　隼輔	7	0	0	1	1	7	11	2	2.57
菅井　信也	15	0	4	2	0	66.1	54	23	3.12
＊隅田知一郎	2	0	1	0	0	12	10	3	2.25
田村伊知郎	33	0	3	1	15	35.2	40	5	1.26
張　奕	5	0	0	0	1	5	5	2	3.60
ティノコ	14	0	0	0	1	15	14	7	4.20
＊羽田慎之介	8	0	1	2	0	29.1	28	7	2.15
＊浜屋　将太	17	0	7	6	0	98	60	51	4.68
ヘレラ	9	0	2	4	0	52	30	19	3.29
ポータカハシ	14	0	1	0	3	14	8	3	1.93
本田　圭佑	6	0	0	0	0	11	3	7	5.73
増田　達至	8	0	0	0	0	4	1	0	0.00
松本　航	4	1	0	0	0	24	17	2	0.75
豆田　泰志	26	0	0	1	0	29.2	38	8	2.43
三浦　瑞樹	13	0	1	1	0	16.1	13	11	6.06
水上　由伸	13	0	1	0	0	12.1	8	13	9.49
宮川　哲	20	0	6	2	0	103	81	28	2.45

選手名	試合	完投	勝利	敗北	セーブ	投球回	三振	自責点	防御率
山田 陽翔	3	0	0	0	0	7.2	3	5	5.87
奥座 海人	10	1	5	2	0	57	32	20	3.16
渡邉勇太朗	14	0	5	4	0	76	66	32	3.79
計	124	3	71	49	34	1108.1	887	399	3.24

DeNA

選手名	試合	完投	勝利	敗北	セーブ	投球回	三振	自責点	防御率
*東 克樹	1	0	1	0	0	5	5	2	3.60
*池谷 蒼大	35	0	5	2	0	28.1	27	15	4.76
*石川 達也	11	0	0	2	0	13	15	1	0.69
*石田 健大	1	0	1	0	0	3	4	0	0.00
*今永 昇太	2	0	0	1	0	11	14	1	0.82
ウェンデルケン	3	0	0	0	1	3	4	0	0.00
*エスコバー	13	0	2	1	1	12.2	8	3	2.13
大貫 晋一	15	0	6	1	0	78.1	56	14	1.61
ガゼルマン	10	0	1	4	0	52	29	28	4.85
*笠原祥太郎	21	0	4	5	0	65.1	39	24	3.31
加藤 大	11	0	0	1	0	11.2	7	4	3.09
上茶谷大河	1	0	0	0	0	2	1	1	4.50
京山 将弥	39	0	3	4	3	53	41	18	3.06
草野 陽斗	5	0	0	0	0	5	2	2	3.60
小園 健太	17	0	2	5	0	83.1	40	39	4.21
今野 瑠斗	8	0	0	0	0	7	7	4	5.14
阪口 皓亮	23	0	0	3	1	30	30	20	6.00
*坂本 裕哉	16	0	2	2	0	45	36	9	1.80
*櫻井 周斗	36	0	1	2	0	40	32	15	3.38
スターリン	10	0	0	1	0	6.1	6	14	19.89
平良拳太郎	9	0	3	2	0	45.1	39	17	3.38
*髙田 琢登	24	0	0	3	0	34.2	25	30	7.79
*田中健二朗	27	0	1	0	1	26.1	22	4	1.37
*ディアス	5	0	0	1	0	4.1	5	3	6.23
徳山 壮磨	22	0	1	2	1	39	24	14	3.23
中川 虎大	33	0	1	4	11	31.1	38	11	3.16
バウアー	5	0	1	0	0	26	30	5	1.73
橋本 達弥	32	0	4	3	0	33	33	11	3.00
*濱口 遥大	10	0	3	1	0	55	43	15	2.45
平田 真吾	29	0	0	1	1	28.2	29	8	2.51
深沢 鳳介	18	1	6	6	1	93.1	68	34	3.28
マルセリーノ	8	0	1	0	0	8.1	11	2	2.16
*松本隆之介	9	0	1	0	0	14	20	2	1.29
三浦 銀二	36	0	1	3	0	37.1	29	22	5.30
三嶋 一輝	18	0	1	0	0	16	12	4	2.25
宮城 滝太	38	0	2	2	5	37.1	40	9	2.17
宮國 椋丞	31	0	3	3	0	34.1	25	18	4.72
*森下 瑠胍	9	0	0	1	0	28.1	22	7	2.22
*森原 康平	2	0	0	0	0	2	2	0	0.00
山﨑 康晃	3	0	0	0	0	3	4	1	3.00
吉野 光樹	4	0	1	1	0	11.1	7	15	11.91
渡辺 明貴	13	0	1	0	1	11.2	9	4	3.09
計	132	1	59	66	28	1175.2	936	450	3.44

(阪口はヤクルトでも出場あり)

日本ハム

選手名	試合	完投	勝利	敗北	セーブ	投球回	三振	自責点	防御率
安西 叶翔	3	0	0	0	0	3	1	1	3.00
井口 和朋	38	0	4	3	2	41.1	30	19	4.14
池田 隆英	2	0	0	0	0	3	4	0	0.00
石川 直也	15	0	0	0	0	15	12	5	3.00
伊藤 大海	2	0	0	0	0	4	6	0	0.00
*上原 健太	5	0	1	3	0	23	26	10	3.91
ガント	3	0	0	2	0	9.2	11	7	6.52
柿木 蓮	33	0	4	2	0	40.2	21	10	2.21
金村 尚真	7	0	2	0	0	30	32	10	3.00
*河野 竜生	7	0	0	3	0	10	13	1	0.90

選手名	試合	完投	勝利	敗北	セーブ	投球回	三振	自責点	防御率
*北浦 竜次	12	0	0	0	1	14	15	2	1.29
北山 亘基	9	0	1	3	0	27	31	13	4.33
畔柳 亨丞	17	0	0	2	0	24	17	19	7.13
*齋藤 綱記	15	0	0	0	1	19	19	6	2.84
齊藤 伸治	43	0	3	5	2	54.1	48	17	2.82
杉浦 稔大	15	0	0	0	1	4	4	2	2.12
鈴木 健矢	5	0	0	0	0	12	10	5	3.75
達 孝太	14	0	2	0	0	43.2	42	25	5.15
立野 和明	31	0	4	4	0	60.2	55	18	2.67
田中 瑛斗	14	0	0	4	0	51.1	35	19	3.33
中山 晶量	13	0	0	0	1	14.2	10	6	3.68
生田目 翼	13	0	1	0	1	28.2	27	3	0.94
*根本 悠楓	16	0	3	3	0	66.2	53	23	3.11
*長谷川威展	34	0	8	0	0	42	43	14	3.00
姫野 優也	17	0	1	2	0	22.2	24	10	3.97
福島 蓮	17	0	0	2	0	51.2	51	16	2.79
*福田 俊	12	0	0	0	0	14.2	17	2	1.23
ポンセ	4	0	1	3	0	16.2	9	10	5.40
*堀 瑞輝	18	0	0	0	1	18.2	27	10	4.82
マーベル	6	0	0	1	0	17.1	10	12	6.23
*松浦 慶斗	5	0	0	0	0	5	5	5	8.44
松岡 洸希	23	0	2	6	0	86	64	46	4.81
松本 遼大	25	0	5	2	1	47	49	20	3.83
宮内 春輝	26	0	2	2	3	36.1	41	10	2.48
*宮西 尚生	7	0	0	0	0	6.2	4	4	5.40
*メネズ	3	0	0	2	0	7.1	6	21	25.77
*矢澤 宏太	5	0	1	0	0	6	5	5	7.50
柳川 大晟	13	0	1	0	1	15.2	20	3	1.72
*山本 晃大	34	0	1	0	0	57.1	46	36	5.65
山本 拓実	1	0	0	0	0	1	2	0	0.00
吉田 輝星	40	0	2	5	4	60	46	32	4.80
ロドリゲス	7	0	0	1	0	8.1	7	8	8.64
計	128	0	54	67	28	1133.1	1008	487	3.87

ヤクルト

選手名	試合	完投	勝利	敗北	セーブ	投球回	三振	自責点	防御率
*石川 雅規	5	0	0	3	0	14.1	5	12	7.53
石山 泰稚	4	0	0	0	0	6	2	4	4.50
市川 悠太	18	0	2	7	0	75	64	47	5.64
梅野 雄吾	35	0	4	7	7	54.2	38	26	4.28
エスピナル	20	0	3	4	0	44	25	25	5.11
大下 佑馬	29	0	3	1	1	26.1	18	22	7.52
大西 広樹	4	0	1	0	2	5	3	0	0.00
奥川 恭伸	4	0	0	2	0	27.1	20	19	6.26
尾仲 祐哉	26	0	2	2	0	30.1	26	9	2.67
嘉手苅浩太	16	0	1	0	0	29.1	13	18	5.52
金久保優斗	15	0	1	4	0	48.2	29	28	5.18
*久保 拓眞	38	0	4	3	1	33.2	29	17	4.54
ケラ	15	0	0	2	0	14	16	12	7.71
小澤 怜史	1	0	0	0	0	1	1	2	18.00
近藤 弘樹	16	0	0	1	0	16	6	2	1.13
今野 龍太	18	0	1	0	0	19.1	14	5	2.33
サイスニード	2	0	0	0	0	5	3	0	0.00
阪口 皓亮	2	0	0	0	0	3	3	0	0.00
*坂本 拓己	8	0	1	0	0	15.1	10	3	1.76
柴田 大地	40	0	1	2	0	38.2	24	24	5.59
*下 慎之介	12	0	1	0	0	38.1	22	30	7.04
杉山 晃基	4	0	0	0	0	11	9	11	9.00
鈴木 裕太	26	0	1	0	0	26.1	15	21	7.18
高梨 裕稔	11	0	2	3	0	53.1	46	22	3.71
*高橋 奎二	1	0	0	0	0	12.2	12	3	2.13
*竹山 日向	14	0	2	0	0	35.1	20	17	4.33
*成田 翔	37	0	1	2	0	36.2	21	21	5.15
沼田 翔平	19	0	1	0	0	79	44	45	5.13

イースタン・リーグ

選手名	試合	完投	勝利	敗北	セーブ	投球回	三振	自責点	防御率
＊長谷川宙輝	38	0	1	2	0	43	32	14	2.93
原　樹理	17	0	2	6	0	59	35	34	5.19
＊ピーターズ	2	0	0	0	0	7.2	6	5	5.87
星　知弥	5	0	0	0	0	5	5	1	1.80
丸山　翔大	16	0	1	2	2	17.2	14	6	3.06
＊山下　輝	1	0	0	0	0	1	1	2	18.00
＊山野　太一	13	0	3	2	0	63.1	27	10	1.42
＊山本　大貴	6	0	0	1	0	17	10⑴	11	5.82
吉田　大喜	11	0	2	3	0	42.1	20	18	3.83
吉村貢司郎	6	0	2	2	0	21.1	7	5	2.11
ロドリゲス	1	0	0	1	0	4	2	5	11.25
							⑴		
計	122	0	45	73	24	1079	714	553	4.61

(阪口はDeNAでも出場あり)

ロッテ

選手名	試合	完投	勝利	敗北	セーブ	投球回	三振	自責点	防御率
＊秋山　正雲	22	0	3	3	1	44.1	28	28	5.68
東妻　勇輔	17	0	0	1	0	16	6	3	1.69
石川　歩	3	0	0	2	0	4.2	3	4	7.71
岩下　大輝	9	0	0	0	1	11	15	3	2.45
小沼　健太	15	0	0	2	2	17	12	8	4.24
カスティーヨ	9	0	1	2	0	40	39	11	2.48
唐川　侑己	29	0	2	6	2	64	48	24	3.38
菊地　吏玖	14	0	4	5	0	59.2	52	28	4.22
国吉　佑樹	28	0	2	3	0	31.1	29	21	6.03
＊坂本光士郎	1	0	0	0	0	1	1	0	0.00
佐々木千隼	26	0	4	7	1	79.2	35	34	3.84
＊佐藤　奨真	24	1	1	9	0	75	45	39	4.68
澤田　圭佑	19	0	0	0	0	17.2	16	9	4.58

選手名	試合	完投	勝利	敗北	セーブ	投球回	三振	自責点	防御率
澤村　拓一	1	0	0	0	0	1	1	0	0.00
＊鈴木　昭汰	25	0	1	2	1	27	33	10	3.33
＊高野　脩汰	22	0	1	1	2	34.2	31	17	4.41
田中　晴也	5	0	0	1	0	8	7	1	1.13
田中　楓基	20	0	1	3	0	35	19	30	7.71
東條　大樹	36	0	1	3	1	36.2	31	21	5.15
土居　豪人	7	0	0	0	0	6.1	3	1	1.42
＊土肥　星也	34	0	3	1	0	51.2	40	17	2.96
＊中村　稔弥	22	0	2	2	0	18.1	17	5	2.45
中森　俊介	15	0	1	1	2	41.1	27	12	2.61
永島田輝斗	9	0	0	0	0	7	2	5	6.43
西野　勇士	1	0	0	1	0	2.1	1	1	3.86
西村　天裕	2	0	0	0	0	2	1	0	0.00
廣畑　敦也	31	1	3	4	4	56.2	47	23	3.65
＊フェリス	20	0	0	1	0	25.2	28	12	4.21
二木　康太	4	0	0	0	0	8.1	8	1	1.08
古谷　拓郎	23	0	3	1	0	34	21	16	4.24
美馬　学	4	0	1	0	0	25	11	4	1.44
＊メルセデス	2	0	0	0	0	9	7	4	4.00
＊本前　郁也	21	0	3	9	0	104	84	48	4.15
森　遼大朗	11	0	4	2	0	44.1	40	12	2.44
八木　彬	24	0	3	3	0	27.1	25	10	3.29
横山　陸人	17	0	0	1	1	16	20	2	1.13
＊吉川　悠斗	1	0	0	0	1	1	1	0	0.00
計	124	2	43	75	22	1084	834	464	3.85

(小沼は巨人でも出場あり)

首位打者……渡邊　佳明(楽)※　　打率　.372
最多本塁打……澤井　廉(ヤ)　　本塁打　18
最多打点……和田　恋(楽)　　打点　71
最多盗塁……村川　凪(ディ)　　盗塁　29
最高出塁率……渡邊　佳明(楽)※　　出塁率　.437
※規定打席不足も規定により首位打者、最高出塁率者

最優秀防御率……宮川　哲(武)　　防御率　2.45
最多勝利……松井　颯(巨)　　勝利　8
　　　　　　　塩見　貴洋(楽)　　8
　　　　　　　長谷川威展(日)　　8
最多セーブ……清宮虎多朗(楽)　　セーブ　22
勝率第一位……宮川　哲(武)　　勝率　.750
（6勝2敗）

2023・ウエスタン・リーグ

チーム勝敗表

○中数字は引分

チーム	試合	勝利	敗北	引分	勝率	ゲーム差	ソフトバンク	オリックス	広島	阪神	中日	交流戦計
ソフトバンク	123	67	49	7	.578	—	…	17②12	16-11	17②13	16③10	1-3
オリックス	122	64	49	9	.566	1.5	12②17	…	15②13	17②8	18②10	2①1
広　島	113	53	52	8	.505	8.5	11-16	13②15	…	15③14	14③7	…
阪　神	119	56	55	8	.505	8.5	13②17	8②17	14③15	…	21①5	0-1
中　日	112	33	70	9	.320	27.5	10③16	10②18	7③14	5①21	…	1-1

チーム別個人打撃成績

▲打撃妨害出塁　　　（50音順）

選手名	試合	打数	安打	本塁打	打点	盗塁	打率	選手名	試合	打数	安打	本塁打	打点	盗塁	打率
ソフトバンク								＊三森　大貴	21	83	23	1	9	7	.277
アストゥディーヨ	36	92	28	4	15	0	.304	＊柳町　達	15	46	17	1	9	0	.370
＊生　　海	69	249	58	8	40	2	.233	山下　恭吾	2	6	3	0	0	0	.500
石塚綜一郎	5	14	3	0	1	0	.214	＊山本　恵大	5	5	2	0	0	0	.400
伊藤　大将	24	48	9	0	6	1	.188	吉田　賢吾	32	87	27	2	15	0	.310
井上　朋也	89	289	73	9	38	6	.253	リチャード	72	236	53	19	56	0	.225
今宮　健太	1	3	0	0	0	0	.000	＊渡邉　陸	79	182	41	2	17	4	.225
＊上林　誠知	56	174	42	4	17	4	.241	（以下投手）							
海野　隆司	52	118	25	4	16	0	.212	＊アルメンタ	3	0	0	0	0	0	.000
＊緒方　理貢	50	57	8	0	1	4	.140	有原　航平	8	0	0	0	0	0	.000
＋ガルビス	41	105	26	2	18	0	.248	石川　柊太	2	0	0	0	0	0	.000
								泉　圭輔	46	0	0	0	0	0	.000
甲斐　拓也	2	7	2	0	1	0	.286	＊大関　友久	7	0	0	0	0	0	.000
＊勝連　大稀	64	120	24	0	11	3	.200	＊大津　亮介	5	0	0	0	0	0	.000
＊川瀬　晃	2	9	1	0	0	0	.111	＊尾形　崇斗	41	0	0	0	0	0	.000
＊川村　友斗	68	177	46	6	20	6	.260	奥村　政稔	11	0	0	0	0	0	.000
川原田純平	59	118	21	1	7	3	.178	ガンケル	16	0	0	0	0	0	.000
九鬼　隆平	27	45	10	1	7	1	.222	＊甲斐野　央	15	0	0	0	0	0	.000
栗原　陵矢	6	21	6	0	1	0	.286								
＊笹川　吉康	90	227	48	4	29	11	.211	＊笠谷　俊介	28	0	0	0	0	0	.000
佐藤　航太	1	1	1	0	0	0	1.000	＊嘉弥真新也	23	0	0	0	0	0	.000
佐藤　直樹	17	46	10	0	2	5	.217	＊木村　光	17	0	0	0	0	0	.000
								桑原　秀侍	1	3	1	0	1	0	.333
＊周東　佑京	4	15	4	0	0	3	.267	＊佐藤　宏樹	1	0	0	0	0	0	.000
＊谷川原健太	20	42	7	0	3	3	.167	椎野　新	29	0	0	0	0	0	.000
デスパイネ	19	56	13	2	9	0	.232	重田　倫明	6	0	0	0	0	0	.000
＋仲田　慶介	70	226	62	1	18	8	.274	スチュワート・ジュニア	4	0	0	0	0	0	.000
＊西尾　歩真	70	162	37	0	14	0	.228	杉山　一樹	14	0	0	0	0	0	.000
野村　勇	12	43	18	1	2	1	.419	＊田浦　文丸	5	0	0	0	0	0	.000
野村　大樹	48	118	37	0	19	1	.314								
藤野　恵音	2	2	1	1	1	0	.500	髙橋　純平	29	0	0	0	0	0	.000
ホーキンス	82	186	42	4	17	0	.226	髙橋　礼	21	0	0	0	0	0	.000
＊牧原　巧汰	5	7	1	0	1	0	.143	武田　翔太	12	0	0	0	0	0	.000
								田上　奏大	11	0	0	0	0	0	.000
＊牧原　大成	8	24	8	0	2	0	.333	津森　宥紀	3	0	0	0	0	0	.000
正木　智也	22	78	13	0	7	0	.167	中村　亮太	53	0	0	0	0	0	.000
増田　珠	61	184	46	1	14	2	.250	板東　湧梧	7	0	0	0	0	0	.000
三代　祥貴	3	4	1	0	0	0	.250	東浜　巨	2	0	0	0	0	0	.000
水谷　瞬	83	232	60	4	35	1	.259	フェリックス	6	0	0	0	0	0	.000
嶺井　博希	9	23	5	1	4	0	.217	＊藤井　皓哉	2	0	0	0	0	0	.000

ウエスタン・リーグ

選手名	試合	打数	安打	本塁打	打点	盗塁	打率
古川　侑利	34	0	0	0	0	0	.000
＊ヘルナンデス	10	0	0	0	0	0	.000
＊前田　純	1	0	0	0	0	0	.000
又吉　克樹	27	0	0	0	0	0	.000
松本　晴	17	0	0	0	0	0	.000
＊松本　裕樹	2	0	0	0	0	0	.000
三浦　瑞樹	5	0	0	0	0	0	.000
＊村上　舜	2	0	0	0	0	0	.000
＊モイネロ	1	0	0	0	0	0	.000
森　唯斗	12	0	0	0	0	0	.000
＊渡邊　佑樹	21	0	0	0	0	0	.000
＊和田　毅	1	0	0	0	0	0	.000
計	123	3970	963	83	486	78	.243

オリックス

選手名	試合	打数	安打	本塁打	打点	盗塁	打率
安達　了一	20	49	9	1	5	1	.184
池田　陵真	90	282	85	5	27	2	.301
＊石岡　諒太	43	74	16	0	6	0	.216
石川　亮	9	15	5	0	1	0	.333
上野　響平	80	164	35	1	12	4	.213
＊大里　昂生	53	139	30	2	14	4	.216
大城　滉二	6	14	3	0	4	1	.214
太田　椋	16	53	17	0	4	0	.321
＊小田　裕也	7	17	2	0	1	0	.118
＊来田　涼斗	84	251	68	3	26	2	.271
＊宜保　翔	11	41	12	0	5	1	.293
紅林弘太郎	16	57	16	0	2	0	.281
元　謙太	89	207	48	1	18	5	.232
＋ゴンザレス	6	18	1	0	1	0	.056
佐野　皓大	30	92	28	0	6	3	.304
＊佐野　如一	77	141	25	0	4	2	.177
シュウインデル	13	37	13	0	10	0	.351
＊杉澤　龍	92	278	62	3	38	8	.223
杉本裕太郎	20	56	16	3	15	0	.286
セデーニョ	40	123	41	4	19	1	.333
園部　佳太	43	72	20	1	13	0	.278
茶野　篤政	23	81	28	0	9	6	.346
釣　寿生	4	6	2	1	0	0	.333
＊Ｔ－岡田	50	125	29	3	11	0	.232
頓宮　裕真	5	14	3	1	1	0	.214
内藤　鵬	28	106	21	2	15	0	.198
中川　拓真	20	18	3	0	1	0	.167
西野　真弘	43	96	27	0	14	1	.281
＊野口　智哉	43	153	50	6	20	0	.327
平野　大和	43	90	22	0	6	0	.244
廣岡　大志	35	110	30	2	14	2	.273
＊福田　周平	45	120	26	0	7	1	.217
福永　奨	104	260	50	3	26	0	.192
＊宗　佑磨	2	6	1	0	0	0	.167
村上喬一朗	35	59	16	0	5	0	.271
＊森　友哉	8	19	6	0	3	0	.316
山足　達也	55	140	38	1	19	2	.271
山中　尭之	63	165	36	6	18	1	.218
若月　健矢	1	3	0	0	0	0	.000
渡邉　大樹	48	90	19	2	12	2	.211
＊渡部　遼人	75	199	51	0	10	20	.256
（以下投手）							
東　晃平	12	0	0	0	0	0	.000
＊阿部　翔太	4	0	0	0	0	0	.000
入山　海斗	44	0	0	0	0	0	.000
宇田川優希	6	0	0	0	0	0	.000
＊漆原　大晟	32	0	0	0	0	0	.000
小野　泰己	19	0	0	0	0	0	.000

選手名	試合	打数	安打	本塁打	打点	盗塁	打率
川瀬　堅斗	16	0	0	0	0	0	.000
＊黒木　優太	24	0	0	0	0	0	.000
コットン	11	0	0	0	0	0	.000
小木田敦也	12	0	0	0	0	0	.000
近藤　大亮	33	0	0	0	0	0	.000
才木　海翔	10	0	0	0	0	0	.000
齋藤　響介	11	0	0	0	0	0	.000
＊佐藤　一磨	19	0	0	0	0	0	.000
鈴木　康平	12	0	0	0	0	0	.000
＊曽谷　龍平	16	0	0	0	0	0	.000
竹安　大知	5	0	0	0	0	0	.000
＊田嶋　大樹	6	0	0	0	0	0	.000
＊辻垣　高良	20	0	0	0	0	0	.000
＊富山　凌雅	1	0	0	0	0	0	.000
＊中川　颯	21	0	0	0	0	0	.000
中田　惟斗	19	0	0	0	0	0	.000
ニックス	5	0	0	0	0	0	.000
＊西濱　勇星	3	0	0	0	0	0	.000
比嘉　幹貴	4	0	0	0	0	0	.000
＊日髙　暖己	12	0	0	0	0	0	.000
平野　佳寿	1	0	0	0	0	0	.000
＊本田　仁海	10	0	0	0	0	0	.000
前　佑囲斗	40	0	0	0	0	0	.000
＊宮城　大弥	1	0	0	0	0	0	.000
＊村西　良太	22	0	0	0	0	0	.000
＊山﨑　福也	2	0	0	0	0	0	.000
山﨑颯一郎	1	0	0	0	0	0	.000
＊山田　修義	13	0	0	0	0	0	.000
山本　由伸	1	0	0	0	0	0	.000
＋横山　楓	32	0	0	0	0	0	.000
吉田　凌	30	0	0	0	0	0	.000
ワゲスパック	5	0	0	0	0	0	.000
計	122	4040	1010	51	423	69	.250

広　島

選手名	試合	打数	安打	本塁打	打点	盗塁	打率
＊秋山　翔吾	2	6	3	0	0	0	.500
石原　貴規	54	136	32	3	19	1	.235
磯村　嘉孝	20	52	13	0	5	0	.250
上本　崇司	3	7	1	0	0	0	.143
＊宇草　孔基	66	157	33	1	10	2	.210
内田　湘大	87	246	40	0	22	0	.163
＊大盛　穂	38	145	42	3	14	8	.290
＊木下　元秀	69	129	27	0	14	0	.209
久保　修	61	116	22	0	6	2	.190
＊小園　海斗	40	151	39	3	14	1	.258
＊清水　叶人	28	49	9	1	2	1	.184
末包　昇大	44	155	45	3	28	1	.290
＊曽根　海成	36	31	5	0	4	8	.161
髙木　翔斗	27	34	5	0	6	0	.147
＊田村　俊介	59	194	54	4	29	1	.278
デビッドソン	5	13	8	2	3	0	.615
中村　健人	83	205	42	3	25	4	.205
中村　奨成	38	96	31	3	10	2	.323
＊中村　貴浩	82	291	71	8	36	6	.244
名原　典彦	59	106	24	0	6	11	.226
＊西川　龍馬	2	6	2	0	1	0	.333
＊韮澤　雄也	50	149	43	1	10	3	.289
＊野間　峻祥	3	6	1	0	0	0	.167
＊羽月　隆太郎	25	91	25	0	7	10	.275
＊林　晃汰	87	308	73	10	41	3	.237
二俣　翔一	107	366	94	5	36	1	.257
マクブルーム	23	71	18	0	6	0	.254
前川　誠太	56	124	23	1	6	3	.185

選手名	試合	打数	安打	本塁打	打点	盗塁	打率
三好 匠	59	29	3	1	3	0	.103
＊持丸 泰輝	57	129	23	3	14	0	.178
＊矢野 雅哉	20	57	15	0	4	2	.263
（以下投手）							
アドゥワ 誠	18	0	0	0	0	0	.000
アンダーソン	8	2	0	0	0	0	.000
一岡 竜司	24	0	0	0	0	0	.000
遠藤 淳志	13	8	0	0	0	0	.000
大道 温貴	7	0	0	0	0	0	.000
＊岡田 明丈	19	0	0	0	0	0	.000
河野 佳	19	1	0	0	0	0	.000
九里 亜蓮	1	1	0	0	0	0	.000
栗林 良吏	1	1	0	0	0	0	.000
＊黒原 拓未	17	10	0	0	0	0	.000
ケムナ 誠	2	0	0	0	0	0	.000
コルニエル	12	7	1	0	1	0	.143
小林 樹斗	16	8	1	0	1	0	.125
＊斉藤 優汰	5	1	0	0	0	0	.000
坂田 怜	9	0	0	0	0	0	.000
＊新家 颯	24	0	0	0	0	0	.000
＊ターリー	2	0	0	0	0	0	.000
＊高橋 昂也	12	0	0	0	0	0	.000
玉村 昇悟	11	6	0	0	0	0	.000
＊辻 大雅	3	1	0	0	0	0	.000
＊戸根 千明	11	0	0	0	0	0	.000
中崎 翔太	7	0	0	0	0	0	.000
中村 祐太	28	0	0	0	0	0	.000
＊中村 来生	5	0	0	0	0	0	.000
行木 俊	19	0	0	0	0	0	.000
野村 祐輔	13	6	2	0	0	0	.333
＊長谷部銀次	39	0	0	0	0	0	.000
藤井 黎來	25	0	0	0	0	0	.000
＊薮江 敦哉	24	0	0	0	0	0	.000
益田 武尚	22	4	0	0	0	0	.000
松本 竜也	23	0	0	0	0	0	.000
＊森 翔平	10	10	2	0	0	0	.200
＊森浦 大輔	25	0	0	0	0	0	.000
森下 暢仁	5	2	0	0	0	0	.000
矢崎 拓也	5	0	0	0	0	0	.000
藪田 和樹	23	0	0	0	0	0	.000
計	113	3722	872	55	384	64	.234

阪 神

選手名	試合	打数	安打	本塁打	打点	盗塁	打率
＊板山祐太郎	72	193	44	2	15	0	.228
井坪 陽生	93	226	56	3	34	4	.248
＊糸原 健斗	7	24	7	0	2	0	.292
井上 広大	94	337	79	11	48	0	.234
＊植田 海	5	15	3	1	1	0	.200
＊遠藤 成	112	296	80	2	37	10	.270
小野寺 暖	38	141	43	3	22	3	.305
＊小幡 竜平	5	20	3	0	2	1	.150
＊片山 雄哉	79	163	47	0	15	3	.288
熊谷 敬宥	41	84	16	0	5	3	.190
榮枝 裕貴	63	129	31	2	20	7	.240
＊佐藤 輝明	5	20	9	1	4	0	.450
＊島田 海吏	6	18	3	0	1	0	.167
高寺 望夢	106	231	60	3	25	4	.260
高濱 祐仁	69	156	30	3	12	2	.192
＊高山 俊	92	▲261	65	9	37	0	.249
戸井 零士	69	139	20	2	13	1	.144
豊田 寛	93	236	64	3	17	5	.271
中川 勇斗	57	132	35	3	18	0	.265
＊中野 拓夢	1	4	1	0	0	0	.250

選手名	試合	打数	安打	本塁打	打点	盗塁	打率
長坂 拳弥	27	58	10	0	2	0	.172
野口 恭佑	67	198	60	6	18	0	.303
原口 文仁	13	44	16	2	6	0	.364
藤田 健斗	50	85	18	1	10	0	.212
北條 史也	78	214	50	2	19	0	.234
＊前川 右京	39	125	40	2	17	0	.320
ミ エ セ ス	16	44	14	2	7	0	.318
森下 翔太	27	99	36	3	20	1	.364
山本 泰寛	85	220	54	0	25	5	.245
渡邉 諒	23	70	19	2	10	0	.271
（以下投手）							
青柳 晃洋	5	0	0	0	0	0	.000
＊秋山 拓巳	17	0	0	0	0	0	.000
石井 大智	6	0	0	0	0	0	.000
＊伊藤 将司	2	1	0	0	0	0	.000
茨木 秀俊	12	0	0	0	0	0	.000
＊岩貞 祐太	3	0	0	0	0	0	.000
＊岩田 将貴	44	0	0	0	0	0	.000
＊大竹耕太郎	2	1	0	0	0	0	.000
岡留 英貴	31	0	0	0	0	0	.000
小川 一平	2	0	0	0	0	0	.000
＊及川 雅貴	10	0	0	0	0	0	.000
加治屋 蓮	4	0	0	0	0	0	.000
川原 陸	26	0	0	0	0	0	.000
＊桐敷 拓馬	12	0	0	0	0	0	.000
B.ケラー	2	0	0	0	0	0	.000
小林 慶祐	39	0	0	0	0	0	.000
才木 浩人	5	0	0	0	0	0	.000
佐藤 蓮	19	0	0	0	0	0	.000
＊島本 浩也	14	0	0	0	0	0	.000
＊鈴木 勇斗	21	0	0	0	0	0	.000
＊富田 蓮	14	0	0	0	0	0	.000
西 純矢	13	2	0	0	0	0	.000
西 勇輝	4	0	0	0	0	0	.000
二保 旭	43	0	0	0	0	0	.000
浜地 真澄	13	0	0	0	0	0	.000
馬場 皐輔	28	0	0	0	0	0	.000
ビーズリー	9	0	0	0	0	0	.000
ブルワー	1	0	0	0	0	0	.000
望月 惇志	13	0	0	0	0	0	.000
森木 大智	15	0	0	0	0	0	.000
＊門別 啓人	12	0	0	0	0	0	.000
湯浅 京己	7	0	0	0	0	0	.000
＊渡邉 雄大	30	0	0	0	0	0	.000
計	119	3986	1013	▲67	462	47	.254

中 日

選手名	試合	打数	安打	本塁打	打点	盗塁	打率
アキーノ	68	202	37	7	25	0	.183
＋アルモンテ	33	90	21	0	11	0	.233
石川 昂弥	5	11	6	2	4	0	.545
石垣 雅海	66	211	60	4	26	1	.284
石橋 康太	22	48	9	0	1	0	.188
伊藤 康祐	52	161	35	0	13	2	.217
鵜飼 航丞	73	279	80	7	38	3	.287
大野 奨太	33	44	10	0	3	0	.227
カリステ	31	98	26	2	13	1	.265
＊ガルシア	35	98	23	2	10	0	.235
＋加藤 翔平	25	68	15	0	4	0	.221
加藤 匠馬	30	43	6	0	1	0	.140
＊川越 誠司	1	3	1	0	0	0	.333
木下 拓哉	7	22	8	1	4	0	.364
郡司 裕也	33	88	23	2	10	0	.261
＊後藤 駿太	22	69	17	0	8	1	.246
＊高橋 周平	5	16	3	0	2	0	.188

ウエスタン・リーグ

選手名	試合	打数	安打	本塁打	打点	盗塁	打率	選手名	試合	打数	安打	本塁打	打点	盗塁	打率
＊高松　渡	16	26	8	0	1	2	.308	＊近藤　廉	29	0	0	0	0	0	.000
田中　幹也	8	15	2	0	0	1	.133	＊齋藤　綱記	2	0	0	0	0	0	.000
堂上　直倫	72	189	38	0	18	0	.201	清水　達也	1	0	0	0	0	0	.000
＊濱　将乃介	88	273	56	1	13	6	.205	鈴木　博志	15	0	0	0	0	0	.000
ビシエド	15	50	18	0	7	0	.360	＊砂田　毅樹	24	0	0	0	0	0	.000
＊樋口　正修	104	315	64	0	13	0	.203	＊祖父江大輔	11	0	0	0	0	0	.000
ブライト健太	57	207	64	7	25	6	.309	髙橋　宏斗	1	0	0	0	0	0	.000
福田　永将	26	75	25	2	9	0	.333	田島　慎二	1	0	0	0	0	0	.000
福永　裕基	15	52	17	1	6	0	.327	谷元　圭介	32	0	0	0	0	0	.000
福元　悠真	58	193	62	2	15	0	.321	仲地　礼亜	9	0	0	0	0	0	.000
星野　真生	47	83	17	1	6	2	.205	＊根尾　昂	23	0	0	0	0	0	.000
細川　成也	2	9	3	1	1	0	.333	＊橋本　侑樹	30	0	0	0	0	0	.000
＊溝脇　隼人	15	51	9	0	3	0	.176	フェリス	22	0	0	0	0	0	.000
＊味谷　大誠	54	128	29	0	11	1	.227	＊福　敬登	22	0	0	0	0	0	.000
＊三好　大倫	63	152	39	0	16	9	.257	＊福島　章太	33	0	0	0	0	0	.000
＊村松　開人	18	70	16	0	3	1	.229	福谷　浩司	13	0	0	0	0	0	.000
＊山浅龍之介	67	148	25	0	5	0	.169	藤嶋　健人	6	0	0	0	0	0	.000
＊龍　空	13	44	7	0	1	2	.159	松木平優太	16	0	0	0	0	0	.000
レビーラ	48	128	24	3	14	0	.188	＊松田　亘哲	12	0	0	0	0	0	.000
（以下投手）								＊松葉　貴大	10	0	0	0	0	0	.000
アルバレス	17	0	0	0	0	0	.000								
＊石森　大誠	22	0	0	0	0	0	.000	松山　晋也	23	0	0	0	0	0	.000
＊上田洸太朗	11	0	0	0	0	0	.000	メヒア	3	0	0	0	0	0	.000
梅津　晃大	8	0	0	0	0	0	.000	森　博人	33	0	0	0	0	0	.000
＊大野　雄大	3	0	0	0	0	0	.000	＊森山　暁生	4	0	0	0	0	0	.000
岡野祐一郎	18	0	0	0	0	0	.000	山本　拓実	10	0	0	0	0	0	.000
＊垣越　建伸	22	0	0	0	0	0	.000	涌井　秀章	1	0	0	0	0	0	.000
勝野　昌慶	3	0	0	0	0	0	.000								
加藤　翼	8	0	0	0	0	0	.000	計	112	3759	903	49	343	46	.240

チーム別個人投手成績

（ ）内個人自責点合計

選手名	試合	完投	勝利	敗北	セーブ	投球回	三振	自責点	防御率	選手名	試合	完投	勝利	敗北	セーブ	投球回	三振	自責点	防御率
ソフトバンク										板東　湧梧	3	0	2	1	0	18	19	2	1.00
＊アルメンタ	3	0	0	0	0	4	4	5	11.25	東浜　巨	2	0	2	0	0	12	9	2	1.50
有原　航平	8	0	2	0	0	42.1	18	18	3.83	フェリックス	6	0	0	1	0	7.2	5	5	5.87
石川　柊太	7	0	1	1	0	7	7	1	1.29	藤井　皓哉	2	0	0	0	0	2	6	0	0.00
泉　圭輔	46	0	4	2	2	47.1	32	22	4.18	古川　侑利	34	0	2	2	3	37.2	42	6	1.43
＊大関　友久	7	0	1	3	0	32	14	14	3.94	＊ヘルナンデス	10	0	1	1	0	10	18	3	2.70
大津　亮介	7	0	0	0	0	6	4	1	1.50	＊前田　純	1	0	0	1	0	4.1	6	2	4.15
尾形　崇斗	41	0	2	1	16	46	59	5	0.98	又吉　克樹	27	0	1	2	2	25	26	7	2.52
奥村　政稔	10	0	3	2	0	43.2	31	24	4.95	＊松本　晴	17	0	1	2	1	65.1	47	24	3.31
ガンケル	16	0	6	6	0	79	55	31	3.53	松本　裕樹	2	0	0	0	0	2	4	2	9.00
甲斐野　央	15	0	0	0	3	15.2	25	6	3.45										
										＊三浦　瑞樹	5	0	0	3	0	20	15	14	6.30
＊笠谷　俊介	28	0	3	0	0	28	42	3	0.96	＊村上　舜	1	0	0	0	0	2	1	0	0.00
＊嘉弥真新也	23	0	1	0	0	22.1	16	12	4.84	＊モイネロ	1	0	0	0	0	1.1	0	0	0.00
木村　光	17	0	2	4	0	63.1	48	24	3.41	森　唯斗	12	1	5	5	0	64.1	57	11	1.54
＊佐藤　宏樹	1	0	0	0	0	1	0	0	0.00	＊渡邊　佑樹	21	0	2	1	0	20	15	7	3.15
椎野　新	29	0	2	1	3	31	42	4	1.16	＊和田　毅	1	0	1	0	0	5	6	0	0.00
重田　倫明	6	0	2	1	0	13.2	9	6	3.95									(351)	
スチュワート・ジュニア	4	0	0	0	0	23	29	3	1.17	計	123	1	67	49	32	1087	955	350	2.90
杉山　一樹	14	0	1	0	0	27.2	25	11	3.58										
＊田浦　文丸	5	0	0	0	0	4.1	7	0	0.00	**オリックス**									
高橋　純平	29	0	0	0	0	33	25	18	4.91	東　晃平	12	0	5	2	0	62	47	15	2.18
										阿部　翔太	4	0	0	0	1	4.2	5	0	0.00
高橋　礼	21	0	7	1	1	79.2	57	11	1.24	入山　海斗	44	0	5	3	13	42	31	11	2.36
武田　翔太	12	0	1	0	1	37	38	14	3.41	宇田川優希	6	0	0	0	0	6.1	7	5	7.11
田上　奏大	11	0	4	5	0	50.2	31	20	3.55	漆原　大晟	32	0	3	0	0	31.1	23	15	4.31
津森　宥紀	3	0	1	0	0	3	3	1	3.00	小野　泰己	19	0	2	5	1	50.1	47	20	3.58
中村　亮太	53	0	4	2	0	49.2	47	12	2.17	川瀬　堅斗	16	0	0	4	0	57.1	37	23	3.61

選手名	試合	完投	勝利	敗北	セーブ	投球回	三振	自責点	防御率
黒木　優太	24	0	4	1	1	47	41	15	2.87
コット	11	0	2	2	1	38	32	16	3.79
小木田　敦也	12	0	0	0	1	11	19	3	2.45
近藤　大亮	33	0	1	0	6	33.1	33	4	1.08
才木　海翔	10	0	0	0	0	10.1	10	8	6.97
齋藤　響介	11	0	1	3	0	36	32	9	2.25
*佐藤　一磨	19	0	8	3	0	96	66	42	3.94
鈴木　康平	12	0	0	2	1	18.1	17	11	5.40
*曽谷　龍平	16	1	6	2	1	84.1	87	24	2.56
竹安　大知	5	0	2	0	0	22.1	16	0	0.00
*田嶋　大樹	6	0	1	0	0	22	18	4	1.64
*辻垣　高良	20	0	3	5	0	47.1	39	38	7.23
*富山　凌雅	1	0	0	0	0	1	1	0	0.00
中川　颯	21	0	0	0	0	32.2	34	5	1.38
中田　惟斗	19	0	0	0	0	19.2	13	8	3.66
ニックス	5	0	1	2	0	23.2	22	9	3.42
西濱　勇星	3	0	0	0	0	3	2	3	9.00
比嘉　幹貴	4	0	0	0	0	3.1	3	0	0.00
日髙　暖己	12	0	1	1	0	20	9	7	3.15
平野　佳寿	1	0	0	0	0	1	0	1	9.00
本田　仁海	10	0	0	0	0	12.1	15	8	5.68
前　佑囲斗	40	0	3	3	0	39	33	19	4.38
*宮城　大弥	1	0	1	0	0	6	5	0	0.00
村西　良太	22	0	6	5	0	99	69	19	1.73
*山﨑　福也	2	0	1	0	0	11.1	13	6	4.76
山﨑　颯一郎	1	0	0	0	0	1	2	0	0.00
*山下　修義	13	0	0	0	0	11.1	10	4	3.18
山本　由伸	1	0	1	0	0	7	7	0	0.00
横山　楓	32	0	2	2	2	29	26	15	4.66
吉田　凌	30	0	2	0	4	27.2	27	6	1.95
ワゲスパック	5	0	0	0	0	13	11	2	1.38
計	122	1	64	49	31	1081.1	909	375	3.12

広　島

選手名	試合	完投	勝利	敗北	セーブ	投球回	三振	自責点	防御率
アドゥワ　誠	18	0	2	1	3	20.1	21	5	2.21
アンダーソン	8	0	1	2	0	22	27	3	1.23
一岡　竜司	24	0	0	0	3	23.1	9	17	6.56
遠藤　淳志	13	0	4	3	0	63	51	20	2.86
大道　温貴	7	0	1	0	2	9.1	12	1	0.96
岡田　明丈	19	0	0	1	0	18.2	13	14	6.75
河野　佳	19	0	4	3	4	40	28	12	2.70
九里　亜蓮	1	0	0	1	0	3	2	1	3.00
栗林　良吏	1	0	0	0	1	1	1	0	0.00
*黒原　拓未	17	0	6	1	0	90.2	81	26	2.58
ケムナ　誠	2	0	0	0	0	3	2	1	3.00
コルニエル	12	0	3	4	0	57.1	55	13	2.04
小林　樹斗	16	0	3	3	0	79.1	51	26	2.95
斉藤　優汰	10	0	1	5	0	15.2	15	7	4.02
坂田　怜	9	0	0	0	0	7.2	2	7	8.22
*新家　颯	24	0	1	1	1	23	24	10	3.91
ターリー	2	0	0	0	0	2	3	0	0.00
*高橋　昂也	12	0	1	0	0	22.1	15	21	8.46
玉村　昇悟	11	0	3	3	0	62.1	48	16	2.31
*辻　大雅	1	0	0	0	0	6	6	3	4.50
*戸根　千明	11	0	0	0	0	13	13	7	4.85
中崎　翔太	7	0	1	0	2	7.2	7	0	0.00
中村　祐太	28	0	2	1	1	33.1	35	4	1.08
中村　来生	5	0	0	1	0	3.1	2	4	10.80
行木　俊	19	0	1	2	0	21.2	10	8	3.32
野村　祐輔	13	0	2	6	0	60.1	28	21	3.13
*長谷部　銀次	39	0	2	5	2	41.2	33	26	5.62
藤井　黎來	25	0	2	1	0	25	21	11	3.96
*塹江　敦哉	24	0	1	1	1	24	28	14	5.25
益田　武尚	22	0	0	4	0	46.1	33	24	4.66
松本　竜也	23	0	0	4	0	23.2	19	12	4.56
*森　翔平	10	0	4	2	0	44	50	9	1.84
*森浦　大輔	25	0	2	3	0	24.2	46	5	1.82
森下　暢仁	5	0	1	1	0	18	14	5	2.50
矢崎　拓也	5	0	1	0	1	5	3	0	0.00
藪田　和樹	23	0	1	1	0	31	18	(371) 5	5.23
計	113	0	53	52	30	992.2	824	370	3.35

阪　神

選手名	試合	完投	勝利	敗北	セーブ	投球回	三振	自責点	防御率
青柳　晃洋	5	0	2	1	0	32	21	8	2.25
秋山　拓巳	17	0	8	5	0	109.1	62	48	3.95
石井　大智	3	0	0	0	0	6	6	0	0.00
*伊藤　将司	2	0	0	0	0	8	6	3	3.38
茨木　秀俊	12	0	0	3	0	38.1	30	28	6.57
*岩貞　祐太	3	0	0	0	0	3	2	0	0.00
*岩田　将貴	44	0	0	3	0	42.2	39	23	4.85
*大竹　耕太郎	2	0	0	1	0	10	9	2	1.80
岡留　英貴	31	0	2	1	0	34.1	41	5	1.31
小川　一平	2	0	1	0	0	2	1	1	4.50
*及川　雅貴	10	0	2	0	0	16.2	22	3	1.62
加治屋　蓮	4	0	0	0	2	4	5	0	0.00
川原　陸	26	0	2	6	2	65	40	31	4.29
桐敷　拓馬	12	1	3	2	0	72.1	50	32	3.98
B.ケラー	3	0	2	1	0	15.2	14	6	3.45
小林　慶祐	39	0	1	4	16	39.1	41	14	3.20
才木　浩人	5	0	0	1	0	15	21	0	0.00
佐藤　蓮	19	0	0	0	0	22.1	27	15	6.04
*島本　浩也	14	0	0	1	1	12.1	6	7	5.11
*鈴木　勇斗	21	2	5	0	0	75.2	48	31	3.69
*富田　蓮	14	0	2	3	0	71.1	60	14	1.77
西　純矢	13	1	3	3	0	53	39	17	2.89
西　勇輝	4	0	0	2	0	20	12	4	1.80
二保　旭	13	0	0	0	0	38.2	27	26	6.05
浜地　真澄	13	0	0	1	0	13	16	2	1.38
馬場　皐輔	28	0	3	1	0	32	37	7	1.97
ビーズリー	9	0	1	3	0	44	43	11	2.25
ブルワー	1	0	0	0	0	1	0	0	0.00
*望月　惇志	13	0	0	1	0	11.1	3	11	8.74
森木　大智	15	0	3	4	0	52.2	34	36	6.15
*門別　啓人	12	0	2	2	2	55	43	17	2.78
湯浅　京己	7	0	0	0	2	7	4	2	2.57
*渡邉　雄大	30	0	1	2	0	24.2	34	11	4.01
計	119	4	56	55	29	1047.2	848	415	3.57

中　日

選手名	試合	完投	勝利	敗北	セーブ	投球回	三振	自責点	防御率
アルバレス	17	0	2	3	0	22.2	17	14	5.56
石森　大誠	22	0	0	1	0	19.2	21	23	10.53
*上田　洸太朗	11	0	3	3	0	51.2	35	24	4.18
梅津　晃大	8	0	1	0	0	32.2	30	14	3.86
*大野　雄大	3	0	0	1	0	4.1	5	4	8.31
岡野　祐一郎	18	0	6	6	0	65	51	37	5.12
垣越　建伸	22	0	3	3	0	84	28	41	4.39
勝野　昌慶	3	0	0	1	0	2.2	1	0	0.00
加藤　翼	8	0	0	1	0	6	4	8	12.00
近藤　廉	29	0	2	0	0	27.2	13	19	6.18
*齋藤　綱記	3	0	0	0	0	3.1	5	0	0.00
清水　達也	3	0	0	0	0	1	3	1	9.00
鈴木　博志	15	0	3	5	0	66.1	47	27	3.66
*砂田　毅樹	24	0	1	0	0	22.2	19	9	3.57
祖父江　大輔	11	0	1	0	0	9.2	9	1	0.93
髙橋　宏斗	1	0	0	0	0	2	1	1	4.50

選手名	試合	完投	勝利	敗北	セーブ	投球回	三振	自責点	防御率
田島　慎二	9	0	0	1	2	9	8	4	4.00
谷元　圭介	32	0	0	2	0	29	22	7	2.17
仲地　礼亜	9	0	4	2	0	49.1	45	20	3.65
根尾　昂	23	0	0	7	0	76	64	29	3.43
＊橋本　侑樹	30	0	0	5	0	39.2	37	23	5.22
フェリス	1	0	0	0	1	1	1	0	0.00
＊福　敬登	22	0	0	2	0	21.1	17	6	2.53
＊福島　章太	33	0	1	3	1	36.2	23	11	2.70
福谷　浩司	8	0	1	1	0	31	23	15	4.35
藤嶋　健人	6	0	1	1	0	4.1	5	4	8.31
松木平優太	16	0	5	4	0	81	34	41	4.56

選手名	試合	完投	勝利	敗北	セーブ	投球回	三振	自責点	防御率
＊松田　亘哲	12	0	0	0	0	10.1	8	8	6.97
＊松葉　貴大	10	1	2	4	0	60	27	21	3.15
松山　晋也	23	0	0	1	10	21.1	23	7	2.95
メヒア	3	0	0	1	0	14	11	3	1.93
森　博人	33	0	2	4	1	33	26	21	5.73
＊森山　暁生	4	0	0	1	0	23	7	8	3.13
山本　拓実	10	0	0	0	0	11	6	2	1.64
涌井　秀章	1	0	0	0	0	2	4	0	0.00
								(454)	
計	112	1	33	70	21	976.1	685	452	4.17

首位打者……池田　陵真(オ)※　打率 .301
最多本塁打……リチャード(ソ)　本塁打 19
最多打点……リチャード(ソ)　打点 56
最多盗塁……渡部　遼人(オ)　盗塁 20
最高出塁率……池田　陵真(オ)※　出塁率 .362
※規定打席不足も規定により首位打者、最高出塁率者

最優秀防御率……村西　良太(オ)　防御率 1.73
最多勝利……佐藤　一磨(オ)　勝利 8
　　　　　　秋山　拓巳(神)　勝利 8
最多セーブ……尾形　崇斗(ソ)　セーブ 16
　　　　　　小林　慶祐(神)　セーブ 16
勝率第一位……黒原　拓未(広)　勝率 .857
（6勝1敗）

各 年 度 優 勝 チ ー ム

◆の年度は引分を0.5勝0.5敗として計算

イースタン・リーグ

年度	チーム	試合	勝利	敗北	引分	勝率
1961	巨　　人	56	29	27	0	.518
	東　　映	58	29	27	2	.518
1962	◆大　　毎	56	34	21	1	.616
1963	◆大　　毎	56	31	23	2	.571
1964	◆東　　京	56	34	19	3	.634
1965	◆巨　　人	56	33	18	5	.634
1966	◆巨　　人	48	31	13	4	.688
1967	◆巨　　人	48	35	13	0	.729
1968	◆大　　洋	56	38	16	2	.696
1969	巨　　人	64	38	25	1	.603
1970	ロ ッ テ	64	41	19	4	.683
1971	ヤクルト	64	38	23	3	.623
1972	ヤクルト	64	46	18	0	.719
1973	巨　　人	64	48	15	1	.762
1974	巨　　人	56	36	18	2	.667
1975	大　　洋	64	37	24	3	.607
1976	巨　　人	64	41	22	1	.651
1977	巨　　人	64	45	13	6	.776
1978	巨　　人	64	41	23	0	.641
1979	ヤクルト	70	42	23	5	.646
1980	日本ハム	70	38	30	2	.559
1981	西　　武	70	41	27	2	.603
1982	大　　洋	80	44	30	6	.595
1983	西　　武	80	47	29	4	.618
1984	西　　武	80	49	27	4	.645
1985	西　　武	80	48	29	3	.623
1986	巨　　人	80	54	24	2	.692
1987	巨　　人	80	52	23	5	.693
1988	巨　　人	80	53	21	6	.716
1989	巨　　人	80	46	27	7	.630
1990	巨　　人	80	51	26	3	.662
1991	巨　　人	80	46	31	3	.597
1992	巨　　人	90	54	32	4	.628
1993	巨　　人	100	60	36	4	.625
1994	巨　　人	100	53	39	8	.576
1995	巨　　人	100	53	39	8	.576
1996	ロ ッ テ	100	54	39	7	.581
1997	日本ハム	100	63	35	2	.643
1998	ヤクルト	100	60	38	2	.612
1999	日本ハム	100	60	38	2	.612
2000	巨　　人	100	64	32	4	.667
2001	西　　武	100	66	31	3	.680
2002	西　　武	100	59	39	2	.602
2003	日本ハム	100	61	37	2	.622
2004	日本ハム	99	56	43	0	.566
2005	ロ ッ テ	96	57	38	1	.600
2006	ロ ッ テ	96	53	40	3	.570
2007	巨　　人	96	53	40	3	.570
2008	ヤクルト	96	55	34	7	.618
2009	巨　　人	108	60	46	2	.566
2010	ロ ッ テ	108	60	45	3	.571
2011	日本ハム	108	58	45	5	.563
2012	ロ ッ テ	108	67	38	3	.638
2013	ヤクルト	108	60	42	6	.588
2014	ロ ッ テ	108	64	41	3	.610
2015	巨　　人	116	59	48	9	.551
2016	巨　　人	121	70	47	4	.598
2017	巨　　人	125	74	44	7	.627
2018	巨　　人	118	73	41	4	.640

ウエスタン・リーグ

年度	チーム	試合	勝利	敗北	引分	勝率
1955	阪　　神	24	14	9	1	.609
1956	◆中　　日	36	21	14	1	.597
1957	阪　　急	25	15	9	1	.625
1958	◆中　　日	24	18	6	0	.750
1959	◆阪　　神	24	18	6	0	.750
1960	◆広　　島	24	15	8	1	.646
1961	阪　　神	48	34	14	0	.708
1962	南　　海	48	29	17	2	.630
1963	阪　　神	48	31	16	1	.660
1964	阪　　神	48	27	19	2	.587
1965	阪　　急	48	30	18	0	.625
1966	阪　　急	48	37	10	1	.787
1967	広　　島	48	40	7	1	.851
1968	広　　島	60	34	22	4	.607
1969	中　　日	60	38	19	3	.667
1970	広　　島	60	39	18	3	.684
1971	中　　日	60	39	16	5	.709
1972	阪　　神	60	37	20	3	.649
1973	近　　鉄	60	40	18	2	.690
1974	中　　日	60	37	19	4	.661
1975	南　　海	60	40	18	2	.690
1976	広　　島	60	36	22	2	.621
1977	阪　　急	60	33	21	6	.611
1978	阪　　急	72	44	24	2	.657
1979	近　　鉄	70	40	25	5	.615
1980	南　　海	70	39	26	5	.600
1981	南　　海	70	43	25	2	.632
1982	広　　島	80	50	27	3	.649
1983	中　　日	80	41	31	8	.569
1984	南　　海	80	44	33	3	.571
1985	広　　島	80	48	28	4	.632
1986	阪　　神	80	44	22	14	.667
1987	中　　日	80	42	31	7	.575
1988	中　　日	80	46	32	2	.590
1989	オリックス	80	51	25	4	.671
1990	中　　日	80	49	31	0	.613
1991	広　　島	80	37	32	11	.536
1992	中　　日	90	53	31	6	.631
1993	中　　日	100	67	29	4	.698
1994	オリックス	98	58	32	8	.644
1995	近　　鉄	99	52	39	8	.571
1996	近　　鉄	95	57	37	1	.606
1997	オリックス	100	58	35	7	.624
1998	阪　　神	100	58	35	7	.624
1999	中　　日	100	59	33	8	.641
2000	中　　日	100	67	26	7	.720
2001	阪　　神	80	50	25	5	.667
2002	阪　　神	90	51	33	6	.607
2003	阪　　神	90	53	30	7	.639
2004	中　　日	90	44	38	8	.537
2005	阪　　神	88	55	27	6	.671
2006	阪　　神	88	47	29	12	.618
2007	阪　　神	88	49	31	8	.613
2008	ソフトバンク	88	46	32	10	.590
2009	中　　日	96	55	34	7	.618
2010	阪　　神	104	50	42	12	.543
2011	中　　日	108	65	33	10	.663
2012	ソフトバンク	106	56	42	8	.571
2013	ソフトバンク	107	61	42	4	.592
2014	ソフトバンク	108	68	37	3	.648
2015	ソフトバンク	110	66	35	9	.653
2016	ソフトバンク	120	72	42	6	.632
2017	広　　島	115	57	49	9	.538
2018	阪　　神	115	68	40	7	.630

各年度優勝チーム

年度	チーム	試合	勝利	敗北	引分	勝率
2019	楽　　天	123	70	48	5	.593
2020	楽　　天	79	42	28	9	.600
2021	ロ　ッ　テ	108	60	42	6	.588
2022	楽　　天	114	69	42	3	.622
2023	巨　　人	124	74	44	6	.627

1961は同率両チーム優勝。
1979に西武イースタン・リーグに加盟。
2005に楽天イースタン・リーグに加盟。

年度	チーム	試合	勝利	敗北	引分	勝率
2019	ソフトバンク	117	62	46	9	.574
2020	ソフトバンク	75	43	26	6	.623
2021	阪　　神	106	65	34	7	.657
2022	阪　　神	110	66	39	5	.629
2023	ソフトバンク	123	67	49	7	.578

1964は阪神、南海同率首位のため優勝決定戦を行い2勝1敗で阪神が優勝。
2003, 2004は前後期制を採用。各期優勝チームで優勝決定試合を行う。

フレッシュオールスター・ゲーム

(注) 1963〜1997まで「ジュニア・オールスターゲーム」(1993のみ「フレッシュスター・ゲーム」)、1998、1999、2002〜「フレッシュオールスター・ゲーム」、2000、2001は「コナミフレッシュ」として開催。

7月18日(火) 富山	イースタン	0 0 0	0 0 2	0 1 0	3
(晴) 入場者 12,529人	ウエスタン	2 0 1	0 0 0	4 0 x	7

(イ) ●小園、菊地、竹山、高野、井上、深沢、林、山田 —— 松尾、古市、山瀬

(ウ) ○門別、木村光、曽谷、仲地、松本晴、益田、入山、桐敷 —— 渡邉陸、山浅、福永

各年度対戦成績 (通算 ウ30勝, イ22勝, 6分 / パ 0勝, セ 1勝, 1分)

年 月 日	球場	ウエスタン			イースタン	MVP	本 塁 打	入場者
963.7.24	神 宮	● 村 上(南)	0-2	種 部(巨)	○ 河 東(巨)			10,000
964.7.20	川 崎	△ 西 川(広)	2-2	永 田(京)	△ 迫 田(京)			5,000
21	中 日	○ 西 川(広)	2-1	佐 藤(国)	● 西 川(広)			12,000
22	大 阪	△ 安仁屋(広)	2-2	半 沢(国)	△ ———		滝 2(巨)、富恵(神)	3,000
965.7.19	後楽園	○ 尾 崎(西)	2-1	新 治(洋)	● 佐々木(中)	佐々木(中)		5,000
966年は開催せず								
967.7.25	神 宮	○ 石 床(神)	5-3	宇佐美(巨)	● ———			8,000
968.7.23	川 崎	△ 五十嵐(近)	4-4	高 垣(洋)	△ ———			3,000
		(延長10回)						
969.7.20	甲子園	○ 前 田(南)	13-3	井 上(洋)	● 後 藤(神)	溜池(ア)、大島(中)		7,000
970.7.18	神 宮	● 泉 沢(西)	0-5	佐藤敬(ロ)	○ 佐藤敬(ロ)	阿野(巨)		7,000
971.7.19	中 日	○ 渡 部(中)	8-2	井 原(ヤ)	● 大 島(中)	大島(中)		———
972.7.22	東 京	○ 三 沢(中)	5-2	横 山(巨)	● 今 西(神)	伊藤(中)、八重樫(ヤ)		———
		(時間制限のため7回打ち切り)						
973.7.22	大 阪	● 五月女(神)	0-1	小 林(ヤ)	○ 尾 崎(ヤ)	尾崎(ヤ)		———
974.7.21	後楽園	○ 石田真(急)	6-4	三 井(ロ)	● 栗 橋(近)	木本(広)、伊達(ロ)		10,000
975.7.19	甲子園	○ 土 屋(中)	6-3	塩 月(巨)	● 笹 本(神)	矢野(洋)		7,000
976.7.17	川 崎	○ 長谷川(神)	9-4	大 川(洋)	● 簑 田(急)	高橋(広)、角(ヤ)		3,000
977.7.24	西 宮	● 佐藤義(急)	2-3	斉藤明(洋)	○ 島 田(急)	吉沢(急)		5,000
978.7.21	横 浜	● 伊 藤(神)	5-6	角 (ヤ)	○ 屋 鋪(洋)	屋鋪(洋)		30,000
979.7.21	横 浜	● 登 記(近)	2-5	福 間(ロ)	○ 加 倉(武)	松下(南)、加倉(武)		27,000
980.7.18	西 武	○ 大久保(広)	8-5	平 田(ロ)	● 香 川(南)	角(巨)、香川(南)、八木(急)		19,000
981.7.24	ナゴヤ	○ 中 田(神)	3x-2	高橋正(日)	● 藤 倉(神)			30,000
		(延長11回)						
982.7.23	横 浜	○ 川 口(広)	6-1	石 田(洋)	● 金 村(近)	金村(近)		22,000
983.7.22	後楽園	○ 畠 山(南)	9-2	荒 木(ヤ)	● 畠 山(南)	定岡(広)、李(南)、赤星(南)、君波(ヤ)、神田(南)		50,000
984.7.20	大 阪	○ 中 西(神)	4-2	鈴木孝(武)	● 吉 村(南)	小松崎(中)		30,000
985.7.19	後楽園	● 仲 田(神)	2-8	小 川(ロ)	○ 白 幡(武)	広沢(ヤ)、白幡(武)2、田辺(武)		35,000

フレッシュオールスター・ゲーム

年 月 日	球場	ウエスタン		イースタン	MVP	本 塁 打	入場者
1986. 7.18	ナゴヤ	● 宮 下(中)	3－6	水 野(巨)	● 広 瀬(日)	広瀬(日)、山田(中)	35,00
1987. 7.24	後楽園	● 田 嶋(南)	2－3	高橋一(洋)	● 大久保(武)	井上(巨)	40,00
1988. 7.22	東京ドーム	○ 野 田(神)	1－0	染 宮(ヤ)	● 藤 井(急)	藤井(急)	51,00
1989. 7.24	大 阪	○ 今 中(中)	2－3	渡辺弘(日)	○ 大 村(ロ)	山崎(中)	25,00
1990. 7.23	神 宮	△ 石 貫(広)	5－5	石 毛(巨)	△ 石 井(近)	石井2(近)	13,00
			(延長10回)				
1991. 7.22	千葉マリン	○ 長谷川(オ)	2－1	榎 (ロ)	● 種 田(中)		24,00
1992. 7.17	東京ドーム	○ 品 田(近)	4－3	有 働(洋)	● 鈴 木(オ)	町田(広)、鈴木(オ)	21,00
1993. 7.19	福岡ドーム	○ 大 越(ダ)	6－4	門 奈(巨)	● 桧 山(神)	桧山(神)	23,00
1994. 7.17	札 幌	○ 平 田(中)	11－10	石井貴(武)	● 井 上(中)	井上2(中)、浅井(広)、山田(武)、高梨(ヤ)、徳田(日)、大貝(日)	23,00
1995. 7.22	福 井	○ 久保貴(ダ)	5－4	小野晋(ロ)	● 北 川(神)		11,00
1996. 7.19	熊 本	○ 丸 尾(オ)	9－0	寺 本(武)	● 朝 山(広)	朝山(広)	11,00
1997. 7.19	相模原	△ 倉 野(ダ)	2－2	矢 野(日)	△ 倉 野(ダ)		10,00
1998. 7.21	富 山	○ 木村茂(ダ)	7－6	神 田(横)	● ケサダ(広)	ケサダ(広)	6,00
1999. 7.23	横 浜	● 星 野(ダ)	2－4	伊 藤(日)	○ 古 木(横)		12,00
2000. 7.21	松 山	○ 河 内(広)	3－0	正 田(日)	● 河 内(広)	森野(中)	18,00
2001. 7.20	東京ドーム	● 山 本(近)	4－10	高橋一(ヤ)	○ 里 崎(ロ)	里崎(ロ)、蔵本(中)	28,00
2002. 7.11	長 野	○ 横 松(広)	4－2	秦 (湘)	● 藤 本(神)	前田新(広)、藤本(神)、小田(武)	16,00
2003. 7.13	札幌ドーム	● 三 東(神)	3－4	山 口(広)	○ 今 江(ロ)	喜田(神)	15,00
2004. 7. 9	大阪ドーム	● 馬 原(ダ)	0－10	須 永(日)	○ 青 木(ヤ)	矢野(巨)、吉村(湘)、黒瀬(武)	32,00
		パシフィック		セントラル			
2005. 7.24	宮 崎	△ 内 (ロ)	4－4	能 見(神)	△ 鶴 岡(日)	鶴岡(日)、大松(ロ)、武山(湘)	12,85
2006. 7.20	東京ドーム	● 古 谷(ロ)	4－8	山 口(湘)	○ 飯 原(ヤ)	中村一(中)、岡田(サ)	21,83
		ウエスタン		イースタン			
2007. 7.19	松 山	○ 甲 藤(ソ)	1－0	大 嶺(ロ)	● 中 東(広)		13,09
2008. 8. 2	山 形	● 鶴 (神)	3－8	唐 川(ロ)	○ 原 (武)	吉良(サ)、中井(巨)、原(武)	8,73
2009. 7.23	札幌ドーム	巽 (ソ)	0－7	辻 内(巨)	● 中 田(日)		17,44
2010. 7.22	長 崎	○ 今 村(広)	6－3	戸 村(楽)	● 岩﨑恭(中)	岩﨑恭(中)、猪本(ソ)、堂林(広)、細谷(ロ)	19,43
2011. 7.21	富 山	● 矢 地(中)	0－10	阿 部(ロ)	○ 荒 木(ヤ)		9,64
2012. 7.19	新 潟	○ 歳 内(神)	4－0	八 木(ヤ)	● 中 谷(神)		11,31
2013. 7.18	秋 田	● 戸 田(オ)	1－7	中 﨑(武)	○ 加 藤(ロ)	加藤(ロ)、石川(日)	6,02
2014. 7.17	長 崎	● 笠 原(ソ)	6－7	吉 原(ロ)	○ 井 上(ロ)	井上2(ロ)、山川(武)、奥浪(オ)	13,67
2015年は台風のため中止							
2016. 7.14	倉 敷	● 青 柳(神)	1－6	長谷川(巨)	○ 岡 本(巨)	岡本(巨)、板山(神)	15,09
2017. 7.13	静 岡	△ 古 谷(ソ)	0－0	畠 (巨)	△ 曽 根(ソ)		10,02
2018. 7.12	弘 前	● 高橋礼(ソ)	3－1	寺 島(ヤ)	● 石 垣(中)	清宮(日)、石垣(中)	8,71
2019. 7.11	楽天生命	○ 梅 津(中)	5－1	吉田輝(日)	● 小 園(広)	小園(広)	17,57
2020年は新型コロナウイルスの影響により中止							
2021. 7.15	松 山	● 森 (中)	1－3	佐々木(武)	○ 内山壮(ヤ)	内山壮(ヤ)	7,10
2022. 7.23	長 崎	● 大 道(広)	4－7x	宮 森(楽)	○ 赤 羽(ヤ)	赤羽(ヤ)、遠藤(神)	8,20
2023. 7.18	富 山	○ 門 別(神)	7－3	小 園(ディ)	● 森 下(神)	野口(オ)	12,52

注 チーム名表示の (湘) は湘南、(サ) はサーパス

ファーム日本選手権

(注) 1987〜1995まで「ジュニア・日本選手権」、1999〜2001まで「コナミファーム日本選手権」として開催。

10月7日(土) 宮崎	ソフトバンク	0 0 0	1 0 2	0 3 0	6
(曇) 入場者 5,039人	巨 人	0 0 1	4 0 0	0 0 0	5

(ソ) 森、高橋礼、中村亮、○泉、ヘルナンデス、S尾形 —— 海野、渡邉陸
(巨) 松井、●井上、田中千 —— 山瀬

各年度対戦成績（通算 ウ 19勝，イ 17勝，引分再試合 1）

年 月 日	球 場	ウエスタン		イースタン		MVP	本塁打	入場者
1987. 9.14	平 塚	●斉 藤	中 日	0 - 9	巨 人	加茂川 ○	加茂川(巨)	佐藤(巨)	16,000
1988. 9.12	西京極	●高 島	中 日	2 - 5	巨 人	松 原 ○	松 原(巨)	福王(巨)、仲根(中)	23,000
1989. 9.18	平 塚	●高 木	オリックス	0 - 3	巨 人	橋 本 ○	橋 本(巨)	呂(巨)	14,000
1990. 9.18	大 阪	3回表一死 降雨ノーゲーム)						
1990. 10. 7	東京ドーム	○田中富	中 日	6x - 4	巨 人	石 毛 ●	清 水(中)	清水(中)	15,000
1991. 9.20	平 塚	△西 広 島		5 - 5	巨 人	木 田 △		藤本(巨)、松本隆、バークレオ(広)	6,500
		(7回裏二死 降雨コールドゲーム)						
1991. 9.21	平 塚	●西 広 島		7 - 8x	巨 人	橋 本 ○	呂 (巨)	呂、高田(巨)、千代丸(広)	5,000
分再試合)								
1992. 10. 3	川 崎	●小 島	中 日	2 - 3x	巨 人	岡 田 ○	杉 山(巨)	山本保、山崎(中)、杉山(巨)	10,000
		(延長10回)						
1993. 10.10	福 井	●井手元	中 日	1 - 4	巨 人	松 谷 ○	松 谷(巨)		15,000
1994. 10. 9	相模原	○戎	オリックス	6 - 4	巨 人	門 奈 ●	戎 (オ)	井上、杉山(巨)	13,000
1995. 10. 7	富 山	●背 尾	近 鉄	0 - 1	巨 人	門 奈 ○	門 奈(巨)		10,000
1996年は開催せず)								
1997. 10.10	宜野湾	●戎	オリックス	0 - 1x	日本ハム	黒 木 ○	大 貝(日)	大貝(日)	6,000
1998. 10.10	宜野湾	●井 上	阪 神	1 - 4	ヤクルト	五十嵐 ○	五十嵐(ヤ)		8,500
1999. 10. 9	浦 添	○金 澤	阪 神	7 - 3	日本ハム	厚 沢 ●	濱 中(神)	濱中2、吉本(神)	8,000
2000. 10. 7	浦 添	○矢 口	中 日	4 - 2	巨 人	平 松 ●	筒 井(中)	川中(巨)、筒井(中)	12,000
2001. 10. 6	松 山	●山 岡	阪 神	0 - 5	西 武	三 井 ○	三 井(武)		14,000
2002. 10.12	松 山	○安 藤	阪 神	16 - 3	西 武	帆 足 ●	藤 原(神)	鈴木(武)	10,000
2003. 10.11	長 野	○谷	中 日	3 - 0	日本ハム	隼 人 ●	早 川(神)	早川、斉藤(神)	8,000
2004. 10. 9	宮 崎	○遠 藤	中 日	4x - 3	日本ハム	関 根 ●	土 谷(中)	阿久根(日)	8,000
2005. 10. 8	スカイマーク	●前 川	阪 神	5 - 7	ロッテ	成 瀬 ○	辻 (ロ)	大松(ロ)、喜田、林(神)	9,574
2006. 9.30	山 形	○中村泰	阪 神	6 - 0	ロッテ	成 瀬 ●	中村泰(神)	桜井2、喜田、藤原(神)	6,631
2007. 9.29	山 形	○吉 見	中 日	7 - 2	巨 人	深 田 ●	吉 見(中)	堂上剛、森岡、平田(中)	9,159
2008. 10. 4	長 崎	○岩 嵜	ソフトバンク	5 - 1	ヤクルト	高 市 ●	岩 嵜(ソ)		10,465
2009. 10. 3	富 山	●伊 藤	中 日	2 - 0	巨 人	久 保 ○	鈴 木(中)	井上(中)	14,150
2010. 10. 2	新 潟	●横 山	阪 神	5 - 6	ロッテ	橋 本 ○	細 谷(ロ)		15,702
		(延長10回)						
2011. 10. 8	宮 崎	○大 野	中 日	4 - 3	日本ハム	矢 貫 ●	前 田(中)	前田(中)	8,420
2012. 10. 6	松 山	●二 保	ソフトバンク	0 - 4	ロッテ	植 松 ○	塀 内(ロ)		6,639
2013. 10. 6	宮 崎	○山 中	ソフトバンク	4 - 3	ヤクルト	阿 部 ●	田 上(ソ)	田上(ソ)	5,593
2014. 10. 4	宮 崎	●巽	ソフトバンク	4 - 6	ロッテ	服 部 ○	大嶺翔(ロ)	大嶺翔(ロ)、江川、李杜軒、猪本(ソ)	5,785
2015. 10. 3	宮 崎	○岩 嵜	ソフトバンク	2 - 0	巨 人	平 良 ●	岩 嵜(ソ)		6,427

ファーム日本選手権

年　月日	球場		ウエスタン		イースタン		MVP	本塁打	入場
2016.10. 1	宮　崎	● 笠　原	ソフトバンク	2－6	巨　人	中　川 ○	岡　本(巨)	岡本(巨)	5,6
2017.10. 7	宮　崎	○ 高橋昂	広　島	5－2	巨　人	高木勇 ●	坂　倉(広)	岡本(巨)、坂倉(広)	6,2
2018.10. 6	宮　崎	○ 飯　田	阪　神	8－4	巨　人	髙　田 ●	熊　谷(神)	江越(神)、増田(巨)	5,3
2019.10. 5	宮　崎	○ 二　保	ソフトバンク	6－3	楽　天	藤　平 ●	二　保(ソ)		5,0
2020.11. 7	宮　崎	● 大　竹	ソフトバンク	4－6	楽　天	西　口 ○	村　林(楽)	下水流(楽)	4,2
2021.10. 9	宮　崎	○ 齋　藤	阪　神	3－2	ロッテ	小　沼 ●	遠　藤(神)		4,0
2022.10. 8	宮　崎	● 桐　敷	阪　神	2－8	楽　天	松井友 ○	渡邊佳(楽)	小郷(楽)、髙山、前川(神)	4,0
2023.10. 7	宮　崎	○ 泉	ソフトバンク	6－5	巨　人	井　上 ●	川　村(ソ)	山瀬(巨)、リチャード(ソ)	5,0

外国チームとの試合

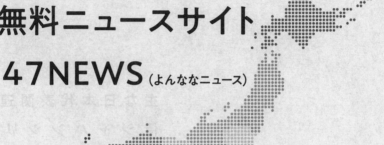

主な日本代表関連試合

年	月日	球場	結果	本塁打	入場者	監督
2003	福岡ドーム10周年記念　ENEOS SUPERSTAR BASEBALL 2003　日本代表壮行試合					
	11. 1	福 岡 ド ー ム	● 日　本　1−3　プロ野球選抜 ○	谷	40,000	長　嶋
	アジア野球選手権 2003（アテネ五輪アジア予選）					
	11. 5	札 幌 ド ー ム	○ 日　本　13−1　中　　　　国 ●		14,800	長　嶋
	11. 6	〃	○ 日　本　9−0　チャイニーズ・タイペイ ●		28,700	
	11. 7	〃	○ 日　本　2−0　韓　　　　国 ●		39,000	
2004	ENEOS ワールドチャレンジ					
	7.13	東 京 ド ー ム	△ 日　本　1−1　キ ュ ー バ △		25,000	長　嶋
	7.14	〃	● 日　本　5−6　キ ュ ー バ ○	中村	25,000	
	第28回オリンピック競技大会（2004/アテネ）―予選リーグ―					
	8.15		○ 日　本　12−0　イ タ リ ア ●	中村、福留	1,693	長　嶋
	8.16		○ 日　本　8−3　オ ラ ン ダ ●	藤本	1,610	
	8.17		○ 日　本　6−3　キ ュ ー バ ●	和田一、城島、中村	2,928	
	8.18		● 日　本　4−9　オーストラリア ○	福留	1,653	
	8.20		○ 日　本　9−1　カ ナ ダ ●	高橋由、谷、和田一	1,358	
	8.21		○ 日　本　4−3　チャイニーズ・タイペイ ●	高橋由	2,088	
	8.22		○ 日　本　6−1　ギ リ シ ャ ●	福留、高橋由	6,763	
	第28回オリンピック競技大会（2004/アテネ）―決勝トーナメント―					
	8.24		● 日　本　0−1　オーストラリア ○		3,532	
	8.25		○ 日　本　11−2　カ ナ ダ ●	城島	4,145	
2006	アサヒスーパードライ チャレンジ2006　WORLD BASEBALL CLASSIC 日本代表エキシビジョンゲーム					
	2.24	福岡ヤフードーム	○ 日　本　7−0　12球団選抜 ●		11,582	王
	2.25	〃	○ 日　本　3−1　12球団選抜 ●		18,714	
	2.26	〃	○ 日　本　5−1　ロ ッ テ ●	小笠原	14,427	
	3. 1	東 京 ド ー ム	○ 日　本　2−0　巨　　　　人 ●		12,611	
	2006　WORLD BASEBALL CLASSIC　―第1ラウンド―					
	3. 3	東 京 ド ー ム	○ 日　本　18−2　中　　　　国 ●	西岡、福留、多村	15,869	王
	3. 4	〃	○ 日　本　14−3　チャイニーズ・タイペイ ●	多村	31,047	
	3. 5	〃	● 日　本　2−3　韓　　　　国 ○	川崎	40,353	
	2006　WORLD BASEBALL CLASSIC　―第2ラウンド―					
	3.12	Angel Stadium	● 日　本　3−4　ア メ リ カ ○	イチロー	32,896	
	3.14	〃	○ 日　本　6−1　メ キ シ コ ●	里崎	16,591	
	3.15	〃	● 日　本　1−2　韓　　　　国 ○	西岡	39,679	
	2006　WORLD BASEBALL CLASSIC　―決勝ラウンド―					
	3.18	P E T C O Park	○ 日　本　6−0　韓　　　　国 ●	福留、多村	42,639	
	3.20	〃	○ 日　本　10−6　キ ュ ー バ ●		42,696	
2007	日豪親善　野球日本代表最終強化試合					
	11.22	福岡ヤフードーム	○ 日　本　6−0　オーストラリア ●		16,929	星　野
	11.23	〃	○ 日　本　5−1　オーストラリア ●		24,647	
	アジア野球選手権2007（北京五輪アジア予選）					
	12. 1	台中インターコンチネンタル	○ 日　本　10−0　フ ィ リ ピ ン ●	稲葉	3,837	星　野
	12. 2	〃	○ 日　本　4−3　韓　　　　国 ●		11,733	
	12. 3	〃	○ 日　本　10−2　チャイニーズ・タイペイ ●	新井	14,000	
2008	日本代表強化試合					
	8. 8	東 京 ド ー ム	○ 日　本　6−4　パ・リーグ選抜 ●	里崎	20,001	星　野
	8. 9	〃	● 日　本　2−11　セ・リーグ選抜 ○	村田	28,227	
	第29回オリンピック競技大会（2008/北京）―予選リーグ―					
	8.13		● 日　本　2−4　キ ュ ー バ ○		7,486	星　野
	8.14		○ 日　本　6−1　チャイニーズ・タイペイ ●	阿部	7,690	
	8.15		○ 日　本　6−0　オ ラ ン ダ ●	G.G.佐藤	6,600	
	8.16		● 日　本　3−5　韓　　　　国 ○	新井	8,124	
	8.18		○ 日　本　1−0　カ ナ ダ ●	稲葉	2,752	
	8.19		○ 日　本　10−0　中　　　　国 ●	西岡	1,680	
	8.20		● 日　本　2−4　ア メ リ カ ○		8,552	
	第29回オリンピック競技大会（2008/北京）―決勝トーナメント―					
	8.22		● 日　本　2−6　韓　　　　国 ○		8,480	
	8.23		● 日　本　4−8　ア メ リ カ ○	荒木、青木	8,750	

主な日本代表関連試合

年	月日	球場	結果	本塁打	入場者	監督
2009	**アサヒビールチャレンジ2009　WORLD BASEBALL CLASSIC　強化試合**					
	2.24	京セラドーム	○日　本　8−2　オーストラリア●		33,611	原
	2.25	〃	○日　本　11−2　オーストラリア●		33,205	
	2.28	東京ドーム	●日　本　2−7　西　　武○		41,586	
	3.1	〃	●日　本　2−1　巨　　人●		42,822	
	2009　WORLD BASEBALL CLASSIC　―第1ラウンド―					
	3.5	東京ドーム	○日　本　4−0　中　　国●	村田	43,428	原
	3.7	〃	○日　本　14−2　韓　　国●	村田、城島	45,640	
	3.9	〃	●日　本　0−1　韓　　国○		42,879	
	2009　WORLD BASEBALL CLASSIC　―第2ラウンド―					
	3.15	PETCO Park	○日　本　6−0　キューバ●		20,179	
	3.17	〃	●日　本　1−4　韓　　国○		15,332	
	3.18	〃	○日　本　5−0　キューバ●		9,774	
	3.19	〃	○日　本　6−2　韓　　国●	内川	14,832	
	2009　WORLD BASEBALL CLASSIC　―決勝ラウンド―					
	3.22	Dodger Stadium	○日　本　9−4　アメリカ●		43,630	
	3.23	〃	○日　本　5−3　韓　　国●		54,846	
2012	**東日本大震災復興支援ベースボールマッチ**					
	3.10	東京ドーム	○日　本　9−2　プロ野球台湾代表●	栗原	35,505	秋山
	侍ジャパンマッチ2012					
	11.16	福岡ヤフードーム	○日　本　2−0　キューバ●	炭谷	17,468	山本
	11.18	札幌ドーム	○日　本　3−1　キューバ●		21,236	
2013	**侍ジャパン強化試合**					
	2.17	サンマリン宮崎	●日　本　0−7　広　　島○		27,692	山本
	2013　WORLD BASEBALL CLASSIC　壮行試合					
	2.23	京セラドーム	○日　本　3−2　オーストラリア●	相川	29,740	山本
	2.24	〃	○日　本　10−3　オーストラリア●		28,293	
	2013　WORLD BASEBALL CLASSIC　強化試合					
	2.26	京セラドーム	●日　本　0−1　阪　　神●		28,492	山本
	2.28	福岡ヤフオクドーム	○日　本　6−1　巨　　人●		19,662	
	2013　WORLD BASEBALL CLASSIC　―第1ラウンド―					
	3.2	福岡ヤフオクドーム	○日　本　5−3　ブラジル●		28,181	山本
	3.3	〃	○日　本　5−2　中　　国●		13,891	
	3.6	〃	●日　本　3−6　キューバ○		26,860	
	2013　WORLD BASEBALL CLASSIC　―第2ラウンド―					
	3.8	東京ドーム	○日　本　4−3　チャイニーズ・タイペイ●		43,527	
	3.10	〃	○日　本　16−4　オランダ●	鳥谷、松田、内川、稲葉、糸井、坂本	37,745	
	3.12	〃	○日　本　10−6　オランダ●	阿部2	30,301	
	2013　WORLD BASEBALL CLASSIC　―決勝ラウンド―					
	3.17	AT&T Park	●日　本　1−3　プエルトリコ○		33,683	
	BASEBALL CHALLENGE「日本VSチャイニーズ・タイペイ」					
	11.8	台北・新荘	○日　本　4−2　チャイニーズ・タイペイ●		7,277	小久保
	11.9	〃	○日　本　4−2　チャイニーズ・タイペイ●		9,752	
	11.10	台北・天母	○日　本　1−0　チャイニーズ・タイペイ●		8,081	
2014	**2014 SUZUKI　日米野球壮行試合**					
	11.10	福岡ヤフオクドーム	●日　本　0−1　ソフトバンク・日本ハム連合○		23,446	小久保
	2014 SUZUKI　日米野球					
	11.12	京セラドーム	○日　本　2−0　アメリカ大リーグ選抜●		33,003	小久保
	11.14	東京ドーム	○日　本　8−4　アメリカ大リーグ選抜●	松田	42,277	
	11.15	〃	○日　本　4−0　アメリカ大リーグ選抜●	坂本、中田	46,084	
	11.16	〃	●日　本　1−6　アメリカ大リーグ選抜○		43,705	
	11.18	札幌ドーム	●日　本　1−3　アメリカ大リーグ選抜○		30,159	
	2014 SUZUKI　日米野球シリーズ親善試合					
	11.20	沖縄セルラー	○日　本　6−4　アメリカ大リーグ選抜●		17,941	小久保

年	月日	球場	結果	本塁打	入場者	監督
2015	ひかりTV 4K GLOBAL BASEBALL MATCH 2015					
	3.10	東京ドーム	○日　本　4－3　欧　州　代　表●		21,267	小久保
	3.11	〃	●日　本　2－6　欧　州　代　表○	山田	23,132	
	ひかりTV 4K presents　世界野球 WBSC プレミア12　侍ジャパン強化試合					
	11. 5	福岡ヤフオクドーム	○日　本　8－3　プエルトリコ●	秋山、筒香	14,104	小久保
	11. 6	〃	○日　本　3－2　プエルトリコ●		18,867	
	2015 WBSC プレミア12　―1次ラウンド―					
	11. 8	札幌ドーム	○日　本　5－0　韓　　　　国●	坂本	28,848	小久保
	11.11	台湾・天母	○日　本　6－5　メ キ シ コ●	中田	6,523	
	11.12	台湾・桃園	○日　本　4－2　ドミニカ共和国●		3,500	
	11.14	〃	○日　本　10－2　ア メ リ カ●	中田、松田	10,437	
	11.15	〃	○日　本　6－5　ベ ネ ズ エ ラ●		6,547	
	2015 WBSC プレミア12　―決勝トーナメント―					
	11.16	台湾・桃園	○日　本　9－3　プエルトリコ●		8,000	
	11.19	東京ドーム	●日　本　3－4　韓　　　　国○		40,258	
	11.21	〃	○日　本　11－1　メ キ シ コ●	山田2、中田、松田、秋山	40,411	
2016	日本通運 presents　侍ジャパン強化試合					
	3. 5	ナゴヤドーム	○日　本　5－0　チャイニーズ・タイペイ●		34,910	小久保
	3. 6	京セラドーム	○日　本　9－3　チャイニーズ・タイペイ●	筒香	32,232	
	侍ジャパン強化試合					
	11.10	東京ドーム	●日　本　3－7　メ キ シ コ○		25,414	小久保
	11.11	〃	○日　本　11－4　メ キ シ コ●	中村晃	27,086	
	11.12	〃	○日　本　9－8　オ ラ ン ダ●	大谷	37,101	
	11.13	〃	○日　本　12－10　オ ラ ン ダ●	松田、鈴木	24,888	
2017	侍ジャパンオープニングマッチ					
	2.25	サンマリン宮崎	●日　本　0－2　ソフトバンク○		27,003	小久保
	アサヒスーパードライ プレゼンツ　侍ジャパン壮行試合					
	2.28	福岡ヤフオクドーム	○日　本　5－8　CPBL選抜チャイニーズ・タイペイ○		22,477	小久保
	3. 1	〃	○日　本　9－1　CPBL選抜チャイニーズ・タイペイ●	山田	25,521	
	2017 WORLD BASEBALL CLASSIC　強化試合					
	3. 3	京セラドーム	●日　本　2－4　阪　　　　神○	中田	29,380	小久保
	3. 5	〃	○日　本　5－3　オ リ ッ ク ス●	鈴木	28,414	
	2017 WORLD BASEBALL CLASSIC　―1次ラウンド―					
	3. 7	東京ドーム	○日　本　11－6　キ ュ ー バ●	松田、筒香	44,908	小久保
	3. 8	〃	○日　本　4－1　オーストラリア●	中田、筒香	41,408	
	3.10	〃	○日　本　7－1　中　　　　国●	小林、中田	40,053	
	2017 WORLD BASEBALL CLASSIC　―2次ラウンド―					
	3.12	東京ドーム	○日　本　8－6　オ ラ ン ダ●	中田	44,326	
	3.14	〃	○日　本　8－5　キ ュ ー バ●	山田2	32,717	
	3.15	〃	○日　本　8－3　イ ス ラ エ ル●	筒香	43,179	
	2017 WORLD BASEBALL CLASSIC　―決勝ラウンド―					
	3.22	Dodger Stadium	●日　本　1－2　ア メ リ カ○	菊池	33,462	
	ENEOS　アジアプロ野球チャンピオンシップ 2017					
	11.16	東京ドーム	○日　本　8－7　韓　　　　国●	山川、上林	32,815	稲葉
	11.18	〃	○日　本　8－2　チャイニーズ・タイペイ●	外崎	35,473	
	11.19	〃	○日　本　7－0　韓　　　　国●	西川	30,498	
2018	ENEOS　侍ジャパンシリーズ 2018					
	3. 3	ナゴヤドーム	○日　本　2－0　オーストラリア●		33,748	稲葉
	3. 4	京セラドーム	○日　本　6－0　オーストラリア●		27,951	
	ENEOS　侍ジャパンシリーズ 2018					
	11. 7	福岡ヤフオクドーム	●日　本　5－6　チャイニーズ・タイペイ○		28,143	稲葉
	2018 日米野球					
	11. 9	東京ドーム	○日　本　7－6　アメリカ大リーグ選抜●	柳田	44,934	稲葉
	11.10	〃	○日　本　12－6　アメリカ大リーグ選抜●	柳田	45,450	
	11.11	〃	●日　本　3－7　アメリカ大リーグ選抜○		45,147	
	11.13	マ ツ ダ	○日　本　5－3　アメリカ大リーグ選抜●	秋山	30,751	
	11.14	ナゴヤドーム	○日　本　6－5　アメリカ大リーグ選抜●	岡本	28,319	
	11.15	〃	○日　本　4－1　アメリカ大リーグ選抜●		25,890	

主な日本代表関連試合

年	月日	球場	結果	本塁打	入場者	監督
2019		ENEOS　侍ジャパンシリーズ 2019				
	3. 9	京セラドーム	●日　本　2－4　メ キ シ コ○		28,933	稲　葉
	3.10	〃	○日　本　6－0　メ キ シ コ●	吉田	28,622	
		ENEOS　侍ジャパンシリーズ 2019				
	10.31	沖縄セルラー	●日　本　5－6　カ　ナ　ダ○		14,858	稲　葉
	11. 1	〃	○日　本　3－0　カ　ナ　ダ●		15,253	
		2019 WBSC プレミア12　―オープニングラウンド―				
	11. 5	台湾・桃園	○日　本　8－4　ベネズエラ●		3,868	稲　葉
	11. 6	〃	○日　本　4－0　プエルトリコ●	鈴木	4,209	
	11. 7	台中インターコンチネンタル	○日　本　8－1　チャイニーズ・タイペイ●	鈴木	20,465	
		2019 WBSC プレミア12　―スーパーラウンド―				
	11.11	ZOZOマリン	○日　本　3－2　オーストラリア●	鈴木	17,819	
	11.12	東京ドーム	●日　本　3－4　アメリカ○		27,827	
	11.13	〃	○日　本　3－1　メ キ シ コ●		31,776	
	11.16	〃	○日　本　10－8　韓　国●		44,224	
		2019 WBSC プレミア12　―決勝―				
	11.17	東京ドーム	○日　本　5－3　韓　国●	山田	44,960	
2021		ENEOS　侍ジャパン強化試合				
	7.24	楽天生命パーク	●日　本　3－5　楽　天○		13,216	稲　葉
	7.25	〃	○日　本　5－0　巨　人●		13,344	
		第32回オリンピック競技大会（2021/東京）―オープニングラウンド―				
	7.28	福島・県営あづま	○日　本　4－3　ドミニカ共和国●		無観客	稲　葉
	7.31	横　　　浜	○日　本　7－4　メ キ シ コ●	山田、坂本	無観客	
		第32回オリンピック競技大会（2021/東京）―ノックアウトステージ―				
	8. 2	横　　　浜	○日　本　7－6　アメリカ●	鈴木	無観客	
	8. 4	横　　　浜	○日　本　5－2　韓　国●		無観客	
		第32回オリンピック競技大会（2021/東京）―決勝―				
	8. 7	横　　　浜	○日　本　2－0　アメリカ●	村上	無観客	

※新型コロナウイルスの影響により、第32回オリンピック競技大会（2020東京大会）は2021年に延期。

年	月日	球場	結果	本塁打	入場者	監督
2022		侍ジャパンシリーズ2022				
	11. 5	東京ドーム	○日　本　5－4　日本ハム●	牧、森、村上	40,712	栗　山
	11. 6	〃	○日　本　8－4　巨　人●	村上2、山田、塩見	40,787	
		侍ジャパンシリーズ2022				
	11. 9	札幌ドーム	○日　本　8－1　オーストラリア●	村上	18,321	
	11.10	〃	○日　本　9－0　オーストラリア●		16,764	
2023		カーネクスト 侍ジャパンシリーズ2023				
	2.25	ひなたサンマリン宮崎	○日　本　8－4　ソフトバンク●		26,212	栗　山
	2.26	〃	○日　本　4－2　ソフトバンク●		26,382	
	3. 3	バンテリンドーム	●日　本　2－7　中　日○		35,833	
	3. 4	〃	○日　本　8－1　中　日●	岡本、万波	35,897	
		カーネクスト 2023 WORLD BASEBALL CLASSIC 強化試合				
	3. 6	京セラドーム	○日　本　8－1　阪　神●	大谷2	33,460	栗　山
	3. 7	〃	○日　本　9－1　オリックス●	村上、山川	33,357	
		2023　WORLD BASEBALL CLASSIC　―1次ラウンド―				
	3. 9	東京ドーム	○日　本　8－1　中　国●	牧	41,616	栗　山
	3.10	〃	○日　本　13－4　韓　国●	近藤	41,629	
	3.11	〃	○日　本　10－2　チ　ェ　コ●	牧	41,637	
	3.12	〃	○日　本　7－1　オーストラリア●	大谷	41,664	
		2023　WORLD BASEBALL CLASSIC　―準々決勝ラウンド―				
	3.16	東京ドーム	○日　本　9－3　イタリア●	岡本、吉田	41,723	
		2023　WORLD BASEBALL CLASSIC　―決勝ラウンド―				
	3.21	LoanDepot Park	○日　本　6－5　メ キ シ コ●	吉田	35,933	
	3.22	〃	○日　本　3－2　アメリカ●	村上、岡本	36,098	
		カーネクスト アジアプロ野球チャンピオンシップ2023				
	11.16	東京ドーム	○日　本　4－0　チャイニーズ・タイペイ●	森下	24,288	井　端
	11.17	〃	○日　本　2－1　韓　国●	万波	35,223	
	11.18	〃	○日　本　10－0　オーストラリア●		37,221	
	11.19	〃	○日　本　4－3　韓　国●	牧	41,883	

2023 WORLD BASEBALL CLASSIC　ロースター

守備位置		背番号	選手名	球団
監督		89	栗山英樹	
コーチ		90	白井一幸	
		77	吉村禎章	
		87	清水雅治	
		81	吉井理人	
		75	厚澤和幸	
		79	城石憲之	
		74	村田善則	
投手		11	ダルビッシュ有	パドレス
		12	戸郷翔征	巨人
		13	松井裕樹	楽天
		14	佐々木朗希	ロッテ
		15	大勢	巨人
		16	大谷翔平	エンゼルス
		17	伊藤大海	日本ハム
		18	山本由伸	オリックス
	●	20	栗林良吏	広島
		21	今永昇太	DeNA
		22	湯浅京己	阪神
		26	宇田川優希	オリックス
		28	髙橋宏斗	中日
		29	宮城大弥	オリックス
		47	髙橋奎二	ヤクルト
	☆	63	山﨑颯一郎	オリックス
捕手		10	甲斐拓也	ソフトバンク
		24	大城卓三	巨人
		27	中村悠平	ヤクルト
内野手		1	山田哲人	ヤクルト
		2	源田壮亮	西武
		3	牧秀悟	DeNA
	☆	5	牧原大成	ソフトバンク
		7	中野拓夢	阪神
		25	岡本和真	巨人
		33	山川穂高	西武
		55	村上宗隆	ヤクルト
外野手		8	近藤健介	ソフトバンク
		9	周東佑京	ソフトバンク
		23	ラーズ・ヌートバー	カージナルス
		34	吉田正尚	レッドソックス
	★	51	鈴木誠也	カブス

★…けがにより出場辞退
●…けがにより途中離脱
☆…追加招集

カーネクスト　侍ジャパンシリーズ2023　日本 vs ソフトバンク

2月25日（土）　宮崎　開始13:35　終了16:58（試合時間3時間23分）　入場者　26,212人

```
ソフトバンク   0 0 0   0 0 4   0 0 0 │ 4
日      本   0 0 0   4 2 0   2 0 X │ 8
```

※試合終了後、タイプレークを想定した練習を実施。

〔ソフトバンク〕

			打数	得点	安打	打点	四球	死球	三振				
(中)	牧原	大	4	1	2	1	0	0	0	①二安打	④遊　飛	右線二	二ゴロ ・・・
右	谷川原	健	1	0	0	0	0	0	0				投ゴロ
(一)	中村	晃	2	0	0	0	0	0	0	二　飛	一ゴロ	・・・	
打一	正木	智也	2	0	1	1	0	0	1			右安打	空三振
(右)	柳町	達	2	0	0	0	0	0	1	空三振	三　直	・・・	
右中	上林	誠知	2	0	0	1	0	0	1			一ゴロ	⑧空三振
(左)	ホーキンス		3	0	0	0	0	0	1	②左　飛	⑤投ゴロ	空三振	
左	柳町	達	0	0	0	0	1	0	0				四　球
(三)	栗原	陵矢	4	0	1	0	0	0	2	空三振	見逃三	左安打	二併打
(遊)	川瀬	晃	0	0	0	0	0	0	0				
遊三	今宮	健太	3	0	0	0	1	0	0	空三振	見逃三	右　飛	
(指)	リチャード		2	1	0	0	1	0	1	③空三振	⑥四　球	⑦四　球	四　二
(捕)	渡邉	陸	2	1	1	0	0	0	1	空三振	三ゴ失	・・・	
打捕	嶺井	博希	2	0	2	0	0	0	0			右安打	左安打
(二)	三森	大貴	4	1	0	1	0	0	0	右　飛	遊ゴ失	投ゴロ	中　飛
	計		33	4	6	4	4	0	10				

〔日　本〕

			打数	得点	安打	打点	四球	死球	三振				
(二)	山田	哲人	3	0	0	0	0	0	2	①左邪飛	見逃三	空三振	⑥四　球	右安打
遊	中野	拓夢	1	2	0	0	0	0	0		左　飛	中　飛		
(遊)	源田	壮亮	2	1	1	0	0	0	0			⑤四　球	左安打	三ゴ失
打二	牧	秀悟	2	1	1	0	0	0	0			捕邪飛	④四　球	投犠打	二ゴロ
(指)	山川	穂高	2	1	0	0	1	0	1			右　飛		
打指	村上	宗隆	2	1	0	0	1	0	1	②四　球	見逃三	四　球	空三振	⑧二ゴロ
(三)	中村	信	2	0	0	0	0	0	1					
走中	重信	慎之介	2	1	1	0	0	0	0	四　球	中安打	中安打	遊ゴロ	中　飛
走左	近藤	健介	2	0	1	1	1	0	0					
(左)	西川	愛也	2	0	1	1	0	0	0	二併打	四　球	⑦中　飛	見逃三	
(捕)	甲斐	拓也	1	2	0	0	1	0	0			四　球	遊ゴロ	
打捕	大城	卓三	4	1	2	3	0	0	1	二　飛	右中二	左安打	⑦中　飛	
(一)	岡本	和真	4	3	1	1	0	0	1	③右　飛	遊ゴロ	空三振	左線二	
(中三)	周東	佑京								中安打	四　球	空三振	二ゴ失	
(右)	松原	聖弥												
	計		32	8	8	6	9	0	7				

〔ソ〕		球数	打者	投回	被安	四球	死球	三振	失点	自責
●大関	友久	45	11	3	1	2	0	1	0	0
椎野	新	36	9	1+	2	4	0	2	3	1
尾形	崇斗	29	7	1	2	2	0	2	1	0
武田	翔太	48	12	3	2	1	0	3	4	0
古川	侑利	6	3	1	0	0	0	0	0	0

〔日〕		球数	打者	投回	被安	四球	死球	三振	失点	自責
佐々木	朗希	26	6	2	1	0	0	3	0	0
○今永	昇太	19	8	2	0	0	0	2	0	0
伊藤	大海	8	3	1	0	1	0	0	0	0
宮城	大弥	54	13	1.2	4	2	1	2	4	0
宇田川	優希	15	4	1.1	0	1	0	1	0	0
戸郷	翔征	20	5	1	1	1	0	0	0	0

盗　塁　日　松原
盗塁刺　ソ　牧原大
残　塁　ソ　6　日　10
失　策　ソ　三森2、栗原2
　　　　日　周東、中野
併　殺　ソ　（三森－今宮－中村晃）甲斐
　　　　日　（牧－中野－岡本）栗原
審　判　（球）鈴木　宏基　（一）須山　祐多　（二）深谷　篤　（三）牧田　匡平
※日本の重信慎之介、西川愛也、松原聖弥はサポートメンバー

カーネクスト 侍ジャパンシリーズ2023　ソフトバンク vs 日本

2月26日（日）　宮崎　開始14:08　終了17:36（試合時間3時間28分）　入場者　26,382人

```
日　　本　0 0 0　0 2 0　0 0 2 ｜ 4
ソフトバンク　0 2 0　0 0 0　0 0 0 ｜ 2
```

〔日　　本〕

		打数	得点	安打	打点	四球	死球	三振					
(指)	山　　田	3	1	0	0	1	0	2	①左　飛	見逃三	⑤四　球	見逃三	・・・
打指	大 城	1	0	0	0	0	0	1	・・・	・・・	・・・	・・・	⑨空三振
(中)	近 藤	2	0	2	0	1	0	0	中安打	③四　球	中安打	⑦見逃三	左安打
走中	周 東	2	2	1	0	0	0	0	・・・	・・・	・・・	・・・	・・・
(左)	岡 本	3	0	1	1	0	0	0	三　飛	遊安打	二ゴロ	中　飛	右安打
(遊)	源 田	3	1	1	0	1	0	0	・・・	・・・	・・・	中　飛	・・・
(三)	村 上	3	0	0	0	0	0	0	一ゴロ	一　飛	四　球	・・・	左犠飛
中	松 原	0	0	0	0	0	0	0	・・・	・・・	・・・	・・・	・・・
(一)	山 川	3	0	0	0	0	0	1	②右　飛	空三振	二　直	⑧中安打	二　飛
(捕)	重 信	2	0	1	0	1	0	0	中安打	中　飛	⑥四　球	・・・	・・・
捕	村 斐	0	0	0	0	0	0	0	・・・	・・・	・・・	三犠打	・・・
(二)	中 甲	0	0	0	0	0	0	0	四　球	④右安打	遊併打	見逃三	・・・
(遊)二	牧	3	0	1	0	1	0	1	中安打	遊併打	遊安打	四　球	・・・
(右)	中 野	3	0	2	0	0	0	1	一ゴロ	右　飛	右安打	空三振	・・・
	西 川	4	0	1	0	0	0	1					
	計	33	4	11	3	6	0	7					

〔ソフトバンク〕

		打数	得点	安打	打点	四球	死球	三振					
(中)	牧 原 大	2	0	0	0	0	0	0	①左　飛	投ゴロ	・・・	・・・	・・・
打	ホーキンス	1	0	0	0	0	0	1	・・・	・・・	空三振	・・・	・・・
左	柳 町	2	0	0	0	0	0	1	・・・	・・・	・・・	⑦二ゴロ	空三振
(左)	中 村 晃	1	0	0	0	2	0	0	四　球	③二ゴロ	四　球	・・・	・・・
走中	上 林	1	0	0	0	0	0	0	・・・	・・・	・・・	一ゴロ	・・・
(三)	栗 原	4	0	1	0	0	0	2	空三振	空三振	中安打	投ゴロ	・・・
(指)	柳 田	3	0	0	0	0	0	1	空三振	二ゴロ	三ゴロ	・・・	・・・
打指	リチャード	1	0	0	0	0	0	1	・・・	・・・	・・・	⑧見逃三	・・・
(一)	アストゥディーヨ	4	0	0	0	0	0	0	②二ゴロ	④二ゴロ	⑥遊ゴロ	左　飛	・・・
(右)	正 木	3	1	2	0	0	1	1	左線二	左越二	四　球	空三振	・・・
(遊)	ガルビス	2	1	1	0	2	0	0	右線二	空三振	四　球	⑨右安打	・・・
走捕	宮 井	1	0	1	0	0	0	0	・・・	・・・	・・・	・・・	・・・
(捕)	今 嶺谷原	3	0	0	0	0	0	0	二ゴロ	右　飛	右　飛	一ゴロ	・・・
	川	1	0	0	0	0	0	0					
(二)	三 森	1	0	0	0	0	0	0	三ゴ失	⑤遊ゴロ	三邪飛	・・・	・・・
打二	渡 邉陸	1	0	0	0	0	0	1	・・・	・・・	・・・	二ゴロ	・・・
	計	33	2	5	1	4	0	8					

〔日〕		球数	打者	投回	被安	四球	死球	三振	失点	自責
山 橋	本	39	13	3	2	1	0	2	2	1
高	奎	44	9	3	2	1	0	3	0	0
松 井		20	5	1	0	2	0	0	0	0
湯	浅	18	3	1	0	0	0	1	0	0
○大	勢	8	3	1	1	0	0	2	0	0
S栗	林	14	4	1	1	0	0	0	0	0

〔ソ〕		球数	打者	投回	被安	四球	死球	三振	失点	自責
藤 井	谷	65	15	3	4	2	0	2	0	0
笠 津		33	8	2	2	0	0	2	0	0
大		28	5	1	2	1	0	0	0	0
泉 野		14	3	1	0	1	0	1	0	0
甲 斐		19	5	1	1	0	0	1	0	0
●松 本 裕		16	5	1	2	0	1	0	2	0

盗　塁　日　周東
残　塁　日　10　ソ　8
失　策　日　村上
　　　　ソ　三森、谷川原、正木
併　殺　ソ　（ガルビス－三森－アストゥディーヨ）中野、（三森－アストゥディーヨ）、
　　　　　　（ガルビス－川瀬－アストゥディーヨ）牧
暴　投　ソ　笠谷
審　判　（球）須山　祐多　（一）鈴木　宏基　（二）牧田　匡平　（三）深谷　篤
※日本の重信慎之介、西川愛也、松原聖弥はサポートメンバー

カーネクスト 侍ジャパンシリーズ2023　日本 vs 中日

3月3日（金）　バンテリンドーム　開始19:07　終了22:33（試合時間3時間26分）　入場者　35,833人

```
中　日　0 0 1　0 0 2　4 0 0 │ 7
日　本　0 0 0　1 0 0　0 1 0 │ 2
```

※試合終了後、タイブレークを想定した練習を実施。

〔中　日〕

			打数	得点	安打	打点	四球	死球	三振					
(左)	大	島	3	0	0	0	0	0	1	①空三振	遊　飛	一ゴロ	・・・	・・・
(中)	ブライト	3	2	0	0	0	1	0			中　飛	空三振
(指)	カリステ	2	2	1	1	1	0	0	四　球	左安打	一　飛		
打指	アルモンテ	1	0	0	0	1	0	1	・・・	・・・	空三振	四　球	
走指	山　浅川	1	0	0	0	0	0	0	・・・	・・・	・・・	・・・	
(中)左	細　ドノ	5	3	1	2	1	0	2	右安打	見逃三	⑥中　飛	左線二	空三振
(一)	ビシエド	3	1	2	0	1	1	2	空三振	④死　球	一邪飛	四　球	⑨中飛
右	アキーノ	4	0	1	1	0	1	2	②空三振	空三振	左本打	四　球	中二飛
(三)	高　橋	5	0	2	1	0	0	2	空三振	空三振	左中二	中安打	遊ゴロ
(捕)	木下	4	0	2	0	3	0	1	空三振	右　飛	右中二	左安打	
(遊)	龍空	4	0	0	0	3	0	3	③空三振	⑤三邪飛	空三振	空三振	
(二)	田中	3	0	1	0	0	0	1	左安打	三安打	⑦四　球	⑧空三振	
	計		36	7	10	7	5	1	15					

〔日　本〕

			打数	得点	安打	打点	四球	死球	三振					
(二)	山　田	3	0	0	0	1	0	2	①空三振	四　球	見逃三	右　飛	
二	中野	3	0	0	0	0	0	1	・・・	・・・	・・・	・・・	
(右)中	近藤	3	0	1	0	0	0	1	見逃三	二ゴロ	⑥中安打	空三振	
走中	岡	1	0	0	0	0	0	1	・・・	・・・	・・・	空三振	
(一)	牧	3	2	1	1	0	0	0	遊ゴロ	④遊安打	四　球	右線二	
(三)	村上	4	0	1	0	0	0	0	②遊ゴロ	右安打	二ゴロ	二ゴロ	
(左)	岡本	3	0	1	1	0	0	2	左安打	三ゴロ	空三振		
左	万波	1	0	0	0	0	0	0	・・・	・・・	・・・	⑨二ゴロ	
(指)	山川	4	0	0	0	0	0	2	空三振	右　飛	⑦三ゴロ	空三振	
(遊)	源田	3	0	0	0	1	0	0	空三振	二ゴロ	中　飛	四　球	
(捕)	大城	2	0	0	0	1	0	0	③一ゴロ	⑤遊ゴロ			
捕	中村	1	0	0	0	0	0	0	・・・	・・・	二ゴロ	四　球	
(中)右	周東	4	1	1	0	0	0	0	二ゴロ	遊ゴロ	⑧右越二	遊ゴロ	
	計		32	2	6	2	4	0	8					

〔中〕			球数	打者	投回	被安	四球	死球	三振	失点	自責	〔日〕			球数	打者	投回	被安	四球	死球	三振	失点	自責
○小	笠	原	79	19	5	1	3	1	5	1	1		今	永	56	12	3	3	1	0	7	1	1
涌	井	12	4	1	1	0	1	0	0	●戸	郷	56	14	3	4	2	1	3	1	1	
谷	元	9	3	1	1	0	0	1	0	0	松	井	28	7	0.2	2	1	0	1	4	0	
祖父江	19	5	1	0	0	0	1	1	0	栗	林	27	6	1.1	1	0	0	4	0	0	
清	水	24	6	2	1	1	0	1	0	0	大	勢	15	3	1	0	0	0	3	0	0

本塁打　中　アキーノ（ソロ＝戸郷）
盗　塁　中　田中2、ビシエド
盗塁刺　日　岡
残　塁　中　8　　日　7
失　策　日　大城
暴　投　中　涌井
　　　　日　戸郷
審　判　（球）長井　功一　（一）長川　真也　（二）本田　英志　（三）西本　欣司

※日本の岡大海、万波中正はサポートメンバー

カーネクスト 侍ジャパンシリーズ2023　中日 vs 日本

３月４日（土）　バンテリンドーム　開始19：01　終了21：49（試合時間２時間48分）　入場者　35,897人

日　本	0 0 1	0 0 0	1 2 0	4
中　日	0 0 0	1 0 0	0 0 0	1

〔日　本〕

		打数	得点	安打	打点	四球	死球	三振				
(右)中	近　　藤	3	0	2	1	0	0	0	①一ゴロ	左中二	⑥右中二	中本打
走中	万　波	1	2	1	2	0	0	0				死　球
(遊)	中　　野	2	0	0	0	0	1	0	中　飛	遊ゴロ	捕犠打	見逃三
(二)	牧	4	0	0	0	0	0	1	②空三振	④三ゴロ	遊ゴロ	一ゴロ
(指)	村　上	4	0	1	0	1	0	1	捕邪飛	左　飛	遊ゴロ	一遊ゴロ
(三)	岡　本	3	1	1	1	1	0	0	中　飛	四　球	⑦左本打	⑨左　飛
(一)	山　川	4	0	0	0	0	0	0	③四　球	遊ゴロ	三邪飛	遊ゴロ
(左)	周　東	3	0	0	0	1	0	0		投ゴロ	左　飛	遊　球
(捕)	甲　斐	3	0	0	0	1	0	0		二ゴロ	空三振	四　球
(中)	藤　原	2	2	1	0	0	1	0	右中二	空三振		
打右	岡	2	1	0	0	0	0	0			⑧遊ゴ失	三ゴロ
	計	31	4	5	4	3	1	4				

〔中　日〕

		打数	得点	安打	打点	四球	死球	三振				
(指)	カリステ	2	0	0	0	1	0	1	①遊ゴロ	空三振	⑥四　球	
走指	三　好	0	0	0	0	0	0	1				⑨空三振
打指	アルモンテ	1	0	0	0	0	0	0			右　飛	
(左)	大　島	4	0	1	0	0	0	1	三安打	④空三振	左　飛	
(中)右	細　川	4	0	0	0	0	0	2	遊ゴロ	空三振	空三振	二ゴロ
(一)	ビ シ エ ド	2	0	0	0	0	0	2	四　球	空三振	⑦空三振	
一	福　元	0	0	0	0	0	0	0				
(右)	アキーノ	3	1	1	1	0	0	0	空三振	左本打	空三振	
中	ブ ラ イ ト	0	0	0	0	0	0	1				
(三)	高　橋	2	0	0	0	1	0	0	②四　球	中　飛	空三振	
(捕)	木　下	2	0	0	0	0	0	0	投併打	⑤右邪飛		
捕	山　浅	1	0	0	0	0	0	0			⑧空三振	
(遊)	龍　空	3	0	0	0	1	0	1	左　飛	空三振	投ゴロ	
(二)	田　中	2	0	1	0	0	0	0	③二ゴロ	右安打		
二	村　松	1	0	0	0	0	0	0				左　飛
	計	27	1	3	1	3	0	12				

〔日〕	球数	打者	投回	被安	四球	死球	三振	失点	自責
佐々木	53	11	3	1	2	0	3	0	0
宮　城	36	7	2	2	0	0	3	1	0
○髙橋宏	30	6	2	0	1	0	4	0	0
S伊　藤	26	6	2	0	0	0	2	0	0

〔中〕	球数	打者	投回	被安	四球	死球	三振	失点	自責
大野雄	37	11	3	2	1	0	1	1	1
●柳	47	15	4	2	1	0	2	1	1
仲　地	12	6	1	0	1	0	1	1	1
砂　田	15	4	1	0	1	0	0	0	0

本塁打　日　岡本（ソロ＝柳）、万波（２ラン＝仲地）
　　　　中　アキーノ（ソロ＝宮城）
盗塁刺　中　田中、三好
残　塁　日　5　中　2
失　策　中　龍空、福元
併　殺　日　（佐々木－牧－山川）木下
　　　　中　（龍空－田中－ビシエド）甲斐
暴　投　日　佐々木
審　判　（球）原　信一朗　（一）西本　欣司　（二）長川　真也　（三）本田　英志

※日本の岡大海、万波中正、藤原恭大はサポートメンバー

カーネクスト　2023 WBC 強化試合　阪神 vs 日本

3月6日（月）　京セラドーム大阪　開始18：11　終了21：21（試合時間3時間10分）　入場者　33,460人

	1	2	3		4	5	6		7	8	9	計
日　本	0	0	4		0	4	0		0	0	0	8
阪　神	0	0	1		0	0	0		0	0	0	1

〔日　本〕

	選手	打数	得点	安打	打点	四球	死球	三振
(中)	ヌートバー	3	1	2	1	0	0	1
打中	牧　原	2	0	0	0	0	0	2
(右)	近　藤	3	2	1	0	2	0	0
(指)	大　谷	3	2	2	6	0	0	1
打指	山　川	2	0	0	0	0	0	2
(三)	村　上	4	1	1	0	0	0	2
(左)	吉　田	3	0	1	1	0	0	2
左	周　東	1	0	0	0	0	0	0
(一)	岡　本	3	0	0	0	1	0	0
(二)	山　田	4	0	0	0	0	0	1
(遊)	源　田	3	2	3	0	0	0	0
走遊	中　野	1	0	0	0	0	0	1
(捕)	中　村	4	0	0	0	0	0	1
捕	大　城							
	計	36	8	10	8	3	0	13

打席内容（日本）

選手	1	2	3	4	5
ヌートバー	①中安打	中安打	空三振		
牧原				空三振	見逃三
近藤	二併打	四球	四球	二ゴロ	左線二
大谷	空三振	中本打	中本打		
山川				⑦空三振	空三振
村上	②二飛	空三振	二安打	空三振	
吉田	空三振	④見逃三	左越二		
周東				遊ゴロ	
岡本	左飛	右飛	四球	⑧中遊飛	
山田	③遊飛	左飛	空三振		
源田	右線二	⑤遊安打	⑥左安打		
中野				見逃三	
中村	右飛	投ゴロ	遊ゴロ	⑨空三振	

〔阪　神〕

	選手	打数	得点	安打	打点	四球	死球	三振
(中)	近　本	3	1	1	1	0	0	0
中	島　田	1	0	0	0	0	0	0
(二)	渡邉諒	3	0	1	0	0	0	0
二三	熊　谷	1	0	0	0	0	0	1
(右)	板　山	2	0	2	0	0	0	0
打右	森　下	2	0	0	0	0	0	1
(一)	大　山	4	0	0	0	0	0	2
(三)	佐藤輝	4	0	0	0	0	0	2
(指)	糸　原	1	0	0	0	0	0	1
打指	原　口	2	0	1	0	0	0	0
打指	髙　山	1	0	0	0	0	0	1
(左)	井　上	3	0	0	0	0	0	2
(捕)	梅　野	3	0	0	0	0	0	2
捕	坂　本							
(遊)	木　浪	3	0	1	0	0	0	0
	計	33	1	6	1	0	0	12

打席内容（阪神）

選手	1	2	3	4
近本	①遊直	右本打	中飛	
島田				⑧投ゴロ
渡邉諒	三ゴロ	左安打	左飛	
熊谷				空三振
板山	中安打	中安打		
森下			空三振	右飛
大山	空三振	⑥遊ゴロ	⑨遊ゴロ	空三振
佐藤輝	②三邪飛	④見逃三	左飛	空三振
糸原	空三振			
原口	左中二	遊ゴロ		
髙山			空三振	
井上	遊ゴロ	空三振	⑦空三振	
梅野	③空三振	見逃三	中飛	
木浪	二ゴロ	⑤遊安打	三ゴロ	

投手成績

〔日〕	球数	打者	投回	被安	四球	死球	三振	失点	自責
○山　本	50	13	3	4	0	0	4	1	1
高橋奎	45	11	3	2	0	0	4	0	0
松　井	11	3	1	0	0	0	1	0	0
湯　浅	6	3	1	1	0	0	0	0	0
栗　林	14	3	1	0	0	0	2	0	0

〔神〕	球数	打者	投回	被安	四球	死球	三振	失点	自責
●才　木	64	16	4	4	1	0	4	4	4
富　田	37	8	0.2	4	2	0	1	4	4
加治屋	4	1	0.1	0	0	0	1	0	0
西　純	63	14	4	2	0	0	7	0	0

本塁打　日　大谷（3ラン＝才木）、大谷（3ラン＝富田）
　　　　神　近本（ソロ＝山本）
残塁　　日 4　神 5
併殺　　神 （渡邉諒－木浪－大山）　近藤
審判　　(球)梅木　謙一　(一)山村　裕也　(二)嶋田　哲也　(三)吉本　文弘

カーネクスト 2023 WBC 強化試合　日本 vs オリックス

3月7日（火）　京セラドーム大阪　開始19:02　終了22:20（試合時間3時間18分）　入場者　33,357人

チーム	1	2	3	4	5	6	7	8	9	計
オリックス	0	0	0	0	0	0	1	0	0	1
日　本	4	3	0	1	0	0	0	1	X	9

〔オリックス〕

守備	選手	打数	得点	安打	打点	四球	死球	三振
(中)	福田	2	0	0	0	1	0	1
右	杉澤	1	0	0	0	0	0	0
(一)	ゴンザレス	2	0	0	0	1	0	1
左	来田	2	0	1	0	0	0	0
(左)一	中川圭	2	0	0	0	0	0	0
打	内藤	1	0	0	0	0	0	0
一	石岡	0	0	0	0	0	0	0
(右)	杉本	2	0	0	0	0	0	1
打中	野口	2	0	0	0	0	0	0
(捕)	森	1	0	0	0	0	0	1
走三	宜保	1	1	0	0	0	0	0
(指)	シュウィンデル	2	0	0	0	0	0	0
走指	佐野皓	0	0	0	0	0	0	0
打指	安達	1	0	0	0	0	0	0
(三)	宗	3	0	1	0	0	0	0
捕	石川	0	0	0	0	0	0	1
(遊)	紅林	4	0	0	0	0	0	0
(二)	太田	2	0	1	0	1	0	0
	計	28	1	3	0	7	0	5

〔日　本〕

守備	選手	打数	得点	安打	打点	四球	死球	三振
(中)	ヌートバー	5	0	1	0	0	0	1
走右	周東	0	0	0	0	0	0	0
(右)	近藤	1	2	1	0	2	0	0
走中	牧原大	1	1	0	0	0	0	1
(指)	大山	1	2	1	0	1	0	0
打指一	山川	2	1	2	2	0	0	0
(左)	吉田	4	1	3	4	0	0	0
遊	中野	1	0	0	0	0	0	1
(一)左	岡本	4	0	2	0	1	0	0
(三)	村上	5	1	1	3	0	0	1
(二)一	牧	5	0	0	0	0	0	0
投	山﨑	0	0	0	0	0	0	0
(遊)	源田	3	0	0	0	0	0	0
打二	山田	1	0	0	0	1	0	0
(捕)	甲斐	1	1	0	1	0	0	1
打捕	大城	2	0	1	0	0	0	0
	計	36	9	12	9	6	1	7

投手成績

〔オ〕	球数	打者	投回	被安	四球	死球	三振	失点	自責
● 東	66	14	2	4	4	0	2	7	7
吉田	45	10	2	3	1	0	0	0	0
近藤	12	4	1	1	0	0	0	0	0
阿部	30	6	1	1	0	0	1	0	0
小木田	27	9	2	3	0	1	0	1	1

〔日〕	球数	打者	投回	被安	四球	死球	三振	失点	自責
○ 種市	48	13	4	0	2	0	2	0	0
岩下	56	15	3	2	5	0	2	1	0
宇田川	14	4	1	1	0	0	0	0	0
山﨑	11	3	1	0	0	0	1	0	0

本塁打　日　村上（3ラン＝東）、山川（ソロ＝小木田）
残塁　オ 7　日 10
併殺　日（源田－牧－岡本）中川圭、（牧－源田－岡本）紅林
審判　(球)山本　貴則　(一)白井　一行　(二)眞鍋　勝巳　(三)山村　裕也

※日本の種市篤暉、岩下大輝、山﨑颯一郎は予備登録メンバー

WBC　1次ラウンド　プールB　日本 vs 中国

3月9日（木）　東京ドーム　開始19：08　終了22：49（試合時間3時間41分）　入場者　41,616人

```
中　国　0 0 0　0 0 1　0 0 0 │ 1
日　本　1 0 0　2 0 0　1 4 X │ 8
```

〔中　国〕

守備	選手	打数	得点	安打	打点	四球	死球	三振	打撃結果
（右）	梁　培	4	1	1	1	0	0	2	①空三振　④捕ゴロ　左本打　空三振
（遊）	楊　普	4	0	1	0	0	0	2	遊ゴロ　左安打　空三振　⑨見逃三
（中）	真　砂	4	0	1	0	0	0	1	三ゴロ　空三振　⑦左線二　右飛
（三）	陳　晨	4	0	0	0	0	1	2	②一ゴロ　見逃三　遊邪飛　空三振
（指）	チャン傑	3	0	0	0	1	0	2	見逃三　⑤空三振　四球
（一）	曹　康	3	0	0	0	0	0	3	空三振　空三振　空三振
（左）	寇　永	3	0	0	0	0	0	2	③遊ゴロ　空三振　空三振
（二）	羅錦駿	3	0	0	0	0	0	2	中飛　⑥空三振　⑧空三振
（捕）	李　寧	3	0	0	0	0	0	1	二ゴロ　左飛　空三振
	計	30	1	3	1	1	0	17	

〔日　本〕

守備	選手	打数	得点	安打	打点	四球	死球	三振	打撃結果
（中）	ヌートバー	4	2	2	0	2	0	0	①中安打　四球　一安打　遊併打　一ゴ失　四球
走中	牧原	0	0	0	0	0	0	0	
（右）	近藤	4	1	1	0	2	0	2	四球　四球　右安打　⑥見逃三　空三振　一ゴロ
走右	周東	0	0	0	0	0	0	0	
（指）	大谷	4	1	2	2	2	0	2	四球　遊ゴロ　左中二　故意四　空三振　中飛
（三）	村上	3	0	0	0	2	0	2	四球　③空三振　二直　⑧空三振　四球
（左）	吉田	3	1	0	0	1	1	0	遊飛　二直　死球　二ゴロ　四球
（一）	岡本	2	1	0	0	3	0	0	右飛　四球　四球　三ゴロ　四球
（二）	牧	4	1	2	1	1	0	0	②三ゴロ　四球　遊ゴロ　⑦右本打　左安打
走二	山田	0	0	0	0	0	0	0	
（遊）	源田	4	0	1	1	0	0	1	二安打　投ゴロ　⑤見逃三　二ゴロ　四球
遊	中野	0	0	0	0	0	0	0	
（捕）	甲斐	3	0	1	2	2	0	1	四球　④三ゴロ　四球　見逃三　左越二
	計	31	8	9	8	16	1	6	

投手成績

〔中〕		球数	打者	投回	被安	四球	死球	三振	失点	自責
●	王翔	41	11	1.2	2	6	0	0	1	1
	王唯竜	36	10	1.2	3	2	0	1	2	2
	孫海竜	46	10	2	4	0	0	2	1	1
	蘇長竜	27	7	1.2	0	1	0	2	1	4
	伊健宸	30	6	0.1	2	1	0	1	4	4
	王宇	17	4	0.2	1	1	0	0	0	0

〔日〕		球数	打者	投回	被安	四球	死球	三振	失点	自責
○	大谷	49	13	4	1	0	0	5	0	0
	戸郷	52	12	3	2	1	0	7	1	0
	湯浅	16	3	1	0	0	0	3	0	0
	伊藤	8	3	1	0	0	0	2	0	0

本塁打　中　梁培1号（ソロ＝戸郷）
　　　　日　牧1号（ソロ＝蘇長竜）
盗　塁　日　ヌートバー
残　塁　中　3　　日　16
失　策　中　王翔、曹傑
併　殺　中　（楊普－羅錦駿－曹傑）ヌートバー、（梁培－曹傑－李寧）
暴　投　中　孫海竜
審　判　（球）スクルウォーター　（一）スアレス　（二）メイ　（三）コロン

WBC　1次ラウンド　プールB　日本 vs 韓国

3月10日（金）　東京ドーム　開始19:08　終了23:12（試合時間4時間4分）　入場者　41,629人

	1	2	3	4	5	6	7	8	9	計
韓　国	0	0	3	0	0	1	0	0	0	4
日　本	0	0	4	0	2	5	2	0	X	13

〔韓　国〕

		打数	得点	安打	打点	四球	死球	三振				
(二)	エドマン	4	0	0	0	0	0	1	①二ゴロ	右　飛	空三振	三邪飛
(遊)	金　河成	4	1	0	0	0	1	0	遊ゴロ	三ゴ失	中　飛	空三振
(中)	李　政厚	4	0	2	1	0	0	0	左安打	②左線二	左線二	⑧中　飛
(一)	朴　炳鎬	4	2	0	0	0	0	1	②空三振	死　球	右　・・・	右　飛
一	朴　旻昊	1	0	0	0	0	0	0				
(左)	金　賢洙	4	0	0	0	0	0	1	一ゴロ	左　飛	⑥左　飛	空三振
左	崔　知訓	0	0	0	0	0	0	0				
(右)	朴　健祐	4	1	1	1	0	0	0	右　飛	④投　直	右本打	⑨空三振
(指)	朴　虎白	4	0	1	0	0	0	1	③左中二	空三振	空三振	二ゴロ
(捕)	姜　智義	4	1	1	2	0	0	1	左本打	遊ゴロ	三ゴロ	遊ゴロ
(三)	崔　廷	3	1	1	0	0	0	0	中　飛	⑤左安打	⑦見逃三	
	計	34	4	6	4	0	1	8				

〔日　本〕

		打数	得点	安打	打点	四球	死球	三振				
(中)	ヌートバー	4	2	2	1	0	1	0	①中　飛	中安打	中　飛	死　球	右安打
走中	牧原	1	0	0	0	0	0	0				
(右)	近藤	3	3	3	2	0	0	1	空三振	中二打	⑤右本打	四　球	四　球
(指)	大谷	3	2	2	1	1	0	2	空三振	故意四	右線二	右安打	四　球
(三)	村上	4	0	0	0	0	0	2	②見逃三	遊　飛	二ゴロ	左犠飛	見逃三
(左)	吉田	3	1	1	0	0	0	0	二安打	中安打	右犠飛	右安打	四　球
走左	周東	0	1	0	0	0	0	0				
(一)	岡本	5	0	2	1	0	0	0	空三振	投　直	中安打	左安打	左　飛
(二)	牧	5	0	1	0	0	0	0	空三振	投ゴロ	三ゴロ	三併打	⑧二ゴロ
(遊)	源田	0	1	0	0	1	0	0	③四　・・・			
遊	中野	4	2	2	0	0	0	0	④一ゴロ	⑥右線三	⑦左安打	二ゴロ
(捕)	中村	2	0	0	0	2	0	1	四　球	空三振	四　球	左　飛
打捕	大城	1	0	0	0	0	0	1				空三振
	計	34	13	13	12	8	1	8				

〔韓〕

		球数	打者	投回	被安	四球	死球	三振	失点	自責
● 金　広鉉		59	11	2+	3	2	0	5	4	4
元　兌仁		29	9	2+	2	1	0	1	1	1
郭　彬		13	4	0.2	1	1	0	1	1	1
鄭　哲元		15	4	0.1	1	1	0	1	1	1
金　允元		14	3	0+	2	1	0	1	3	3
金　栄模		7	2	0.2	0	0	0	0	1	0
鄭　又模		6	2	0.2	1	0	0	0	0	0
具　昌義		10	3	0.1	1	0	0	2	2	2
李　義理		22	4	1	2	2	1	0	0	0
朴　世雄		11	4	1.1	0	1	0	1	0	0

〔日〕

		球数	打者	投回	被安	四球	死球	三振	失点	自責
○ ダルビッシュ		48	14	3	3	0	1	1	3	2
今永		48	12	3	3	0	0	3	1	1
宇田川		11	3	1	0	0	0	2	0	0
松井		23	3	1	0	0	0	1	0	0
髙橋宏		12	3	1	0	0	0	1	0	0

本塁打　韓　姜義智2号（2ラン＝ダルビッシュ）、朴健祐1号（ソロ＝今永）
　　　　日　近藤1号（ソロ＝元兌仁）
盗　塁　日　源田
残　塁　韓　4　　日　8
失　策　韓　エドマン
　　　　日　村上
併　殺　韓　（崔廷－エドマン－朴炳鎬）牧
暴　投　韓　李義理
審　判　（球）ディアス（一）スクルウォーター（二）コロン（三）スアレス

WBC　1次ラウンド　プールB　日本 vs チェコ

3月11日(土)　東京ドーム　開始19：08　終了22：34　(試合時間3時間26分)　入場者　41,637人

	1	2	3		4	5	6		7	8	9	計
チ　ェ　コ	1	0	0		0	0	1		0	0	0	2
日　　　本	0	0	3		4	1	0		0	2	X	10

〔チェコ〕

守	選手	打数	得点	安打	打点	四球	死球	三振
(遊)	V.メンシク	4	1	1	0	0	0	1
(指)	ソガード	3	0	2	0	0	0	1
打指	ジーマ	1	0	0	0	0	0	0
(中)	フルプ	3	1	1	0	1	0	2
(捕)	チェルベンカ	3	0	0	1	0	0	1
捕	バブルシャ	1	0	0	0	0	0	1
(右)	M.メンシク	2	0	0	0	0	0	1
右	グレプル	2	0	0	0	0	0	2
(一)	ムジーク	3	0	0	0	0	0	2
打	プロコップ	1	0	0	0	0	0	1
(左)	エスカラ	2	0	0	0	0	1	1
打	ドゥボビーラ	1	0	0	0	0	0	1
(三)	スモラ	1	0	0	0	1	0	1
三	クビッツァ	1	0	0	0	0	0	0
(二)	ハイトマル	3	0	0	0	0	0	1
	計	31	2	4	1	2	1	16

打席結果（チェコ）
- V.メンシク：①右飛　③空三振　⑤左安打　遊ゴロ
- ソガード：空三振　右安打　右安打　⑧一ゴロ
- フルプ：左線二　四球　空三振　⑧空三振
- チェルベンカ：遊ゴ失　空三振　遊ゴロ
- バブルシャ：見逃三
- M.メンシク：空三振　中飛
- グレプル：⑥見逃三　⑨空三振
- ムジーク：②空三振　④空三振　右飛　空三振
- エスカラ：空三振　死球　投ゴロ
- ドゥボビーラ：空三振
- スモラ：四球　空三振
- クビッツァ：⑦遊ゴロ
- ハイトマル：遊ゴロ　空三振　一直

〔日　本〕

守	選手	打数	得点	安打	打点	四球	死球	三振
(中)	ヌートバー	3	1	1	0	0	0	1
中	牧原	2	0	1	0	0	0	0
(右)	近藤	4	2	2	2	0	0	1
右	周東	1	0	0	0	0	0	1
(指)	大谷	3	1	1	1	1	0	1
打指	牧	1	1	1	1	0	0	0
(三)	村上	2	2	1	1	3	0	1
(左)	吉田	2	1	2	2	0	1	0
左	岡本	0	0	0	0	1	0	0
(二)	山田	3	0	1	1	1	0	0
(一)	山川	4	0	1	2	0	0	1
(遊)	中野	3	2	0	0	3	0	1
(捕)	甲斐	4	0	0	0	0	0	0
	計	32	10	11	10	9	1	7

打席結果（日本）
- ヌートバー：①空三振　③一ゴロ　中安打
- 牧原：左安打　右飛
- 近藤：見逃三　右二打　右線二　左飛
- 周東：空三振
- 大谷：一ゴロ　空三振　右越二　⑥四球
- 牧：⑧左本打　右安打
- 村上：②見逃三　四球　四球　見逃三
- 吉田：中安打　左線二　中犠飛　死球
- 岡本：四球
- 山田：四球　左安打　右飛　遊ゴ失
- 山川：中安打　二飛　⑤空三振　三併打　右犠飛
- 中野：二飛　④四球　四球　⑦四球　中飛
- 甲斐：三ゴロ　投犠打　二飛　中飛

投手成績

〔チ〕	球数	打者	投回	被安	四球	死球	三振	失点	自責
●サトリア	69	16	3	5	2	0	4	3	3
フロウフ	26	6	0.1	3	2	0	4	4	4
トメク	32	7	1.2	1	0	1	1	0	0
ドゥフェク	36	9	2	0	2	1	2	0	2
チャプカ	17	4	0+	2	0	0	1	1	1
ラビノウィッツ	7	3	1	0	0	0	0	0	0

〔日〕	球数	打者	投回	被安	四球	死球	三振	失点	自責
○佐々木	66	17	3.2	2	2	1	8	1	0
宇田川	3	1	0.1	0	0	0	1	0	0
宮城	68	16	5	2	0	0	7	1	1

本塁打　日　牧2号（ソロ＝チャプカ）
盗塁　日　山田、大谷、中野
残塁　チ5　日11
失策　チ　V.メンシク
　　　日　中野
併殺　チ（クビッツァ－ハイトマル－ムジーク）山川
暴投　日　宮城
審判　(球)メイ　(一)デヘスス　(二)スアレス　(三)ファブリーツィ

WBC　1次ラウンド　プールB　オーストラリア vs 日本

3月12日（日）　東京ドーム　開始19：08　終了22：26（試合時間3時間18分）　入場者　41,664人

```
日      本　3 2 0　1 1 0　0 0 0 │ 7
オーストラリア　0 0 0　0 0 0　0 0 1 │ 1
```

〔日　本〕

		打数	得点	安打	打点	四球	死球	三振	①	②	③	④	⑤
(中)	ヌートバー	3	2	1	1	2	0	2	四　球	中安打	四　球	空三振	空三振
(右)	近　藤	4	1	2	1	1	0	1	右安打	右中二	四　球	空三振	⑧中　飛
右	牧原	0	0	0	0	0	0	0	・・・	・・・	・・・	・・・	・・・
(指)	大谷	2	1	1	4	2	0	1	右中本	故意四	・・・	⑥空三振	
打指	山川	1	0	0	0	0	0	1	・・・	・・・	・・・	左　飛	球飛
(三)	村上	4	0	1	0	0	0	1	中　飛	二ゴロ	空三振	左安打	四　球
(左)	吉田	4	0	0	0	1	0	0	死　球	中　飛	二　直	投ゴロ	左　飛
左	周東	0	0	0	0	0	0	0	・・・	・・・	・・・	・・・	・・・
(一)	岡本	3	1	0	0	1	0	1	空三振	③中安打	⑤四　球	右　飛	⑨遊安打
打一	牧	1	0	0	0	0	0	1	・・・	・・・	・・・	・・・	見逃三
(二)	山田	5	0	0	0	0	0	3	左　飛	見逃三	中　飛	⑦見逃三	見逃三
(遊)	中野	4	1	1	0	0	0	0	②左安打	中　飛	四　球	二ゴロ	見逃三
(捕)	中村	3	1	3	1	0	0	0	一犠打	④左安打	右線二	右線二	
打捕	大城	1	0	0	0	0	0	0	・・・	・・・	・・・	・・・	右　飛
	計	35	7	10	7	8	1	10					

〔オーストラリア〕

		打数	得点	安打	打点	四球	死球	三振	①	②	③	④
(右)	ケネリー	2	0	0	0	0	0	1	①空三振	二ゴロ	空三振	二ゴロ
右	マカードル	2	0	0	0	0	0	0	・・・	・・・	空三振	二ゴロ
(指)	ホール	4	1	1	1	0	0	0	二ゴロ	④左　飛	中　飛	⑨右中本
(二)	グレンディニング	3	0	1	0	0	0	2	見逃三	空三振	⑦右安打	空三振
打	ボーウィ	1	0	0	0	0	0	1	・・・	・・・	・・・	空三振
(三)	ジョージ	2	0	0	0	0	0	0	②空三振	投併打	一ゴロ	
	スペンス	2	0	0	0	0	0	0	・・・	・・・	・・・	
(中)	ホワイトフィールド	2	0	0	0	0	0	1	一ゴロ	⑤空三振	・・・	
打中	キャンベル	2	0	0	0	0	0	2	・・・	・・・	見逃三	空三振
(一)	ウィングローブ	3	0	0	0	0	0	1	空三振	右　飛	⑧右　飛	
(遊)	ウェード	1	0	0	0	0	0	1	③空三振	右　飛	・・・	
打遊	デール	2	0	1	0	0	0	0	・・・	投ゴロ	遊安打	
(捕)	パーキンス	2	0	1	0	0	0	0	左安打	⑥遊ゴロ	・・・	
捕	バタグリア	0	0	0	0	1	0	0	・・・	・・・	四　球	
(左)	ボジャルスキ	3	0	1	0	0	0	1	空三振	中安打	中　飛	
	計	31	1	5	1	1	0	13				

〔日〕

	球数	打者	投回	被安	四球	死球	三振	失点	自責
○山　本	60	13	4	1	0	0	8	0	0
高橋奎	28	7	2	1	0	0	2	0	0
大　勢	13	3	1	1	0	0	1	0	0
湯浅	16	5	1	0	1	0	1	0	0
髙橋宏	16	4	1	1	0	1	1	1	1

〔オ〕

	球数	打者	投回	被安	四球	死球	三振	失点	自責
●シェリフ	25	6	0.2	2	1	1	1	3	3
ウィルキンス	42	12	2.1	4	1	0	1	3	3
タウンゼント	21	5	1	0	3	0	1	1	0
ドーラン	28	6	1	2	0	0	2	1	0
バンスティーンセル	37	8	2	1	0	0	3	0	0
ガイヤー	20	4	1	0	0	0	0	0	0
ホランド	18	4	1	1	0	0	2	0	0

本塁打　日　大谷1号（3ラン＝シェリフ）
　　　　オ　ホール1号（ソロ＝髙橋宏）
盗　塁　日　中野、ヌートバー
残　塁　日　11　オ　4
併　殺　日　（大勢－中野－岡本）スペンス
　　　　オ　（グレンディニングーウェード）
審　判　（球）ホバーグ　（一）スアレス　（二）ハマリ　（三）チャン

WBC　準々決勝ラウンド　準々決勝　日本 vs イタリア

3月16日(木)　東京ドーム　開始19:08　終了22:32（試合時間3時間24分）　入場者　41,723人

```
イタリア  000  020  010 │3
日  本   004  030  20X │9
```

〔イタリア〕

		打数	得点	安打	打点	四球	死球	三振				
(左)	フレリク	5	0	0	0	0	0	2	①空三振	二ゴロ	中　飛	遊ゴロ　見逃三
(遊)	ロ ペ ス	3	0	1	0	0	1	0	三ゴロ	④左安打	死　球	⑧右　飛
(右)	Do.フレッチャー	4	1	3	3	0	0	1	中安打	空三振	右安打	左中本
(捕)	サリバン	4	0	1	0	0	0	1	二ゴロ	空三振	遊　飛	右安打
(一)	パスクアンティノ	3	0	0	0	1	0	1	②空三振	四　球	⑥遊ゴロ	二併打
(二)	マストロボニ	4	0	1	0	0	0	2	一ゴロ	左　飛	空三振	⑨右安打
(指)	フリシア	3	0	0	0	0	0	0	空三振	⑤二ゴロ	空三振	・・・
打指	ミ ネ ス	1	0	1	0	0	0	0	・・・	・・・	・・・	中安打
(中)	デルジオ	3	0	0	0	0	1	0	③遊ゴロ	死　球	⑦見逃三	捕邪飛
(三)	Da.フレッチャー	4	1	1	0	0	0	0	三ゴロ	右安打	三ゴロ	二ゴロ
	計	34	3	8	3	1	2	9				

〔日　本〕

		打数	得点	安打	打点	四球	死球	三振				
(中)	ヌートバー	5	0	1	0	0	0	2	①左安打	③二ゴロ	見逃三	⑥見逃三　右　飛
(右)	近　藤	3	1	0	0	2	0	2	四　球	四　球	二ゴロ	空三振　⑧見逃三
(指)	大谷	4	2	1	0	2	0	1	遊　直	投バ安	⑤四　球	遊ゴロ　空三振
(左)	吉田	3	2	2	1	2	1	0	三邪飛	遊ゴロ	死　球	⑦右本打
(三)	村上	3	0	0	2	1	0	1	見逃三	四　球	中越二	左越二　空三振
(一)	岡本	4	1	2	5	2	0	1	②四　球	左本打	右中二	故意四
	牧	4	0	0	0	0	0	1	空三振	三ゴロ	右　飛	右邪飛
(左)	牧　原	0	0	0	0	0	0	0	・・・	・・・	・・・	・・・
(遊)	源田	3	0	1	1	1	0	0	四　球	④遊ゴロ	遊　飛	右安打
(捕)	甲斐	3	0	0	0	0	0	3	空三振	四　球	空三振	空三振
捕	中村	0	0	0	0	0	0	0	・・・	・・・	・・・	・・・
	計	31	9	8	9	8	1	11				

〔イ〕	球数	打者	投回	被安	四球	死球	三振	失点	自責
カステラニ	39	9	2	1	3	0	3	0	0
●ラソーサ	26	7	1	2	0	0	4	4	4
パランテ	29	6	1+	2	1	1	2	1	0
ニ ト リ	12	5	1	2	0	0	1	1	2
マルシアノ	22	6	1+	1	0	0	2	2	2
フェスタ	16	4	1	1	0	0	1	0	0
スタンポ	14	3	1	0	1	0	0	0	0

〔日〕	球数	打者	投回	被安	四球	死球	三振	失点	自責
○大　谷	71	21	4.2	4	1	2	5	2	2
伊　藤	7	1	0.1	0	0	0	0	2	0
今　永	11	3	1	0	0	0	2	0	0
ダルビッシュ	27	7	1	2	2	0	1	1	0
大　勢	21	5	1	2	0	0	1	0	0

本塁打　イ　Do.フレッチャー1号（ソロ＝ダルビッシュ）
　　　　日　岡本1号（3ラン＝ラソーサ）、吉田1号（ソロ＝マルシアノ）
盗　塁　日　源田
盗塁刺　日　岡本
残　塁　イ　7　　日　7
失　策　イ　ラソーサ
併　殺　日　（山田－源田－岡本）パスクアンティノ
審　判　（球）ホバーグ　（一）ディアス　（二）コロン　（三）スアレス

WBC　決勝ラウンド　準決勝　日本 vs メキシコ

3月20日（月）ローンデポパーク　開始19：09　終了22：45（試合時間3時間36分）　入場者　35,933人
※日時は現地時間

```
メキシコ  0 0 0  3 0 0  0 2 0 | 5
日　　本  0 0 0  0 0 0  3 1 2X | 6
```

〔メキシコ〕

		打数	得点	安打	打点	四球	死球	三振				
(左)	アロサレナ	3	1	1	0	1	0	1	①空三振	一　直	四　球	右越二
(右)	ベルドゥーゴ	4	0	1	1	0	0	1	左　飛	④空三振	二ゴロ	左中二
走右	デュラン	0	1	0	0	0	0	0	・・・	・・・	・・・	・・・
(一)	メネセス	4	0	1	0	0	0	0	空三振	左　飛	⑥二ゴロ	左安打
(指)	テ　レ	4	1	1	0	0	0	2	②遊ゴロ	左安打	空三振	空三振
(三)	パレデス	4	1	3	1	0	0	0	左安打	三安打	一邪飛	左安打
(二)	L.ウリアス	4	1	2	3	0	0	0	投安打	左中本	⑦遊ゴロ	⑨右　飛
(遊)	トレホ	3	0	0	0	1	0	0	遊併打	遊ゴロ	四　球	遊　飛
(中)	トーマス	3	0	0	0	0	1	2	③一ゴロ	⑤空三振	空三振	死　球
(捕)	バーンズ	4	0	0	0	0	0	2	三ゴロ	三ゴロ	⑧空三振	空三振
	計	33	5	9	5	2	1	9				

〔日　本〕

		打数	得点	安打	打点	四球	死球	三振				
(中)	ヌートバー	3	0	0	0	2	0	1	①空三振	④遊ゴロ	四　球	左　飛	四　球
(右)	近　藤	5	1	2	0	0	0	2	見逃三	右安打	左　飛	右安打	見逃三
(指)	大谷	4	1	2	2	1	0	1	見逃三	中　飛	⑥左安打	四　球	⑨右中二
(左)	吉田	4	1	3	3	1	0	0	②中安打	左安打	一ゴロ	右本打	四　球
走	周東	0	1	0	0	0	0	0				
(三)	村上	5	0	1	2	0	0	3	空三振	見逃三	空三振	三邪飛	中越二
(一)	岡本	5	2	0	1	0	0	0	遊併打	⑤左　飛	四　球	⑧死　球	
走二	山田	0	1	0	0	0	0	0				
(二)	中田	3	2	2	0	1	0	1	③空三振	右安打	四　球	左安打	
(遊)	源田	3	0	0	0	1	0	0	投ゴロ	四　球	左　飛	一犠打	
(捕)	中村	1	0	0	0	0	0	0	二　直				
打	牧	1	0	0	0	0	0	0		遊ゴロ			
捕	甲斐	1	0	0	0	0	1	0			⑦空三振		
打	山川	1	0	0	0	0	0	0				左犠飛	
捕	大城	0	0	0	0	0	0	0					
	計	31	6	10	6	7	1	9				

〔メ〕

	球数	打者	投回	被安	四球	死球	三振	失点	自責
サンドバル	66	17	4.1	4	1	0	6	0	0
ウルキディ	47	12	2.1	2	3	0	0	1	1
ロメロ	16	3	0.1	1	0	0	0	2	2
クルス	11	4	0.2	1	0	0	1	0	0
レイエス	9	2	0.1	1	1	0	1	0	0
●ガジェゴス	9	3	0+	2	1	0	0	2	2

〔日〕

	球数	打者	投回	被安	四球	死球	三振	失点	自責
佐々木	64	16	4	5	0	0	3	3	3
山本	52	14	3.1	2	3	0	4	2	2
湯浅	8	2	0.2	1	0	0	1	0	0
○大勢	12	4	1	0	0	1	1	0	0

本塁打　メ　L.ウリアス1号（3ラン＝佐々木）
　　　　日　吉田2号（3ラン＝ロメロ）
盗　塁　メ　メネセス
盗塁刺　メ　トレホ
残　塁　メ　4　日　11
併　殺　メ　（トレホ―ウリアス―メネセス）岡本
　　　　日　（源田―山田―岡本）トレホ、（甲斐―源田）
審　判　（球）ウォルコット　（一）アルファーロ　（二）朴鍾哲　（三）バークスデール
　　　　（左）ピナレス　（右）タンペイン

WBC　決勝ラウンド　決勝　日本 vs アメリカ

3月21日(火)　ローンデポパーク　開始19:25　終了22:43（試合時間3時間18分）　入場者　36,098人
※日時は現地時間

	1	2	3	4	5	6	7	8	9	計
アメリカ	0	1	0	0	0	0	0	1	0	2
日　本	0	2	0	1	0	0	0	0	X	3

〔アメリカ〕

守	選手	打数	得点	安打	打点	四球	死球	三振
(右)	ベッツ	5	0	2	0	0	0	0
(中)	トラウト	5	0	1	0	0	0	3
(一)	ゴールドシュミット	4	0	0	0	0	0	2
(三)	アレナード	3	0	1	0	1	0	0
(指)	シュワーバー	3	1	1	1	1	0	0
(遊)	ターナー	4	1	2	1	0	0	1
(捕)	リアルミュート	4	0	1	0	0	0	0
(左)	マリンズ	4	0	0	0	0	0	2
(二)	アンダーソン	2	0	1	0	0	0	0
打二	マクニール	0	0	0	0	2	0	0
走	ウィット	0	0	0	0	0	0	0
	計	34	2	9	2	4	0	8

打席結果（アメリカ）

選手	①	②	③	④	⑤
ベッツ	①右飛	左飛	⑤三安打	左安打	二併打
トラウト	右二打	③空三振	空三振	右飛	空三振
ゴールドシュミット	空三振	左飛	見逃三	遊併打	
アレナード	一ゴロ	四球	左安打	⑧中飛	
シュワーバー	②右飛	四球	中飛	右本打	
ターナー	左本打	空三振	⑥中飛	中安打	
リアルミュート	左安打	④遊直	三ゴロ	遊飛	
マリンズ	見逃三	左飛	空三振	中飛	
アンダーソン	中安打	右	・・・		
マクニール			⑦四球	⑨四球	
ウィット		・・・			

〔日　本〕

守	選手	打数	得点	安打	打点	四球	死球	三振
(中左)	ヌートバー	4	0	0	1	0	0	0
(右)	近藤	3	0	0	0	1	0	0
(指投)	大谷	3	0	1	0	1	0	1
(左)	吉田	3	0	0	0	1	0	1
(中)	牧原	0	0	0	0	1	0	0
(三)	村上	4	1	1	1	0	0	2
(一)	岡本	4	2	2	1	0	0	2
(二)	山田	2	0	0	0	2	0	0
(遊)	源田	3	0	1	0	1	0	1
(捕)	中村	1	0	0	0	2	0	0
	計	27	3	5	3	8	0	7

打席結果（日本）

選手	①	②	③	④
ヌートバー	①左飛	一ゴロ	⑤右飛	右飛
近藤	遊ゴロ	中飛	四球	⑦三飛
大谷	四球	③見逃三	二ゴロ	遊安打
吉田	見逃三	四球	投ゴロ	三併打
牧原			四球	
村上	②右本打	二併打	⑥空三振	⑧空三振
岡本	右安打	④左中本	空三振	空三振
山田	右飛	右飛	四球	四球
源田	左安打	空三振	四球	三ゴロ
中村	四球	三ゴロ	四球	

投手成績

〔ア〕	球数	打者	投回	被安	四球	死球	三振	失点	自責
●ケリー	36	9	1.1	3	2	0	1	2	2
ルーブ	9	2	0.2	0	0	0	2	0	0
フリーランド	41	11	3	1	2	0	2	1	1
アダム	31	6	1	0	3	0	2	0	0
ベッドナー	17	3	1	1	0	0	0	0	0
ウィリアムズ	21	4	1	0	2	0	2	0	0

〔日〕	球数	打者	投回	被安	四球	死球	三振	失点	自責
○今永	30	10	2	4	0	0	2	1	1
戸郷	35	8	2	2	0	0	2	1	0
髙橋宏	20	5	1	2	0	0	2	0	0
伊藤	14	3	1	0	0	0	1	0	0
大勢	13	4	1	1	1	0	1	0	0
ダルビッシュ	18	5	1	1	0	0	2	1	1
S大谷	15	3	1	0	1	0	1	0	0

本塁打　ア　ターナー5号（ソロ＝今永）、シュワーバー2号（ソロ＝ダルビッシュ）
　　　　日　村上1号（ソロ＝ケリー）、岡本2号（ソロ＝フリーランド）
盗塁　日　山田2
残塁　ア　9　日　8
併殺　ア　（アンダーソン－ターナー－ゴールドシュミット）村上、
　　　　　（アレナード－ターナー－ゴールドシュミット）吉田
　　　日　（源田－山田－岡本）ゴールドシュミット、（山田－源田－岡本）ベッツ
審判　(球)バークスデール　(一)タンペイン　(二)ピナレス　(三)アルファーロ
　　　(左)朴鍾哲　(右)ウォルコット

日 本 代 表　打 撃 成 績

選手名	試合	打席	打数	得点	安打	二塁打	三塁打	本塁打	塁打	打点	盗塁	盗塁刺	犠打	犠飛	四球計	故意四球	死球	三振	併殺打	打率	長打率	出塁率
大城　卓三	3	2	2	0	0	0	0	0	0	0	0	0	0	0	0	0	0	1	0	.000	.000	.000
大谷　翔平	7	33	23	9	10	4	0	1	17	8	1	0	0	0	10	2	0	6	0	.435	.739	.606
岡本　和真	7	27	18	5	6	1	0	2	13	7	0	1	0	0	8	1	1	4	1	.333	.722	.556
甲斐　拓也	4	15	11	0	1	1	0	0	2	2	0	0	1	0	3	0	0	5	0	.091	.182	.286
源田　壮亮	5	18	12	2	3	0	0	0	3	2	2	0	1	0	5	0	0	0	0	.250	.250	.471
近藤　健介	7	34	26	9	9	4	0	1	16	5	0	0	0	0	8	0	0	9	0	.346	.615	.500
周東　佑京	5	1	1	2	0	0	0	0	0	0	4	0	0	0	0	0	0	0	0	.000	.000	.000
中野　拓夢	5	14	10	3	3	0	1	0	5	1	2	0	0	0	4	0	0	1	1	.300	.500	.500
中村　悠平	5	12	7	3	3	2	0	0	5	1	0	0	1	0	4	0	0	1	1	.429	.714	.636
ヌートバー	7	33	26	8	7	0	0	0	7	2	0	0	0	0	6	0	1	6	1	.269	.269	.424
牧　秀悟	6	16	15	2	3	0	0	2	9	4	0	0	0	0	1	0	0	3	0	.200	.600	.250
牧原　大成	6	2	2	1	1	0	0	0	1	0	0	0	0	0	0	0	0	0	0	.500	.500	.500
村上　宗隆	7	33	26	6	6	3	0	1	12	6	0	0	0	1	6	0	0	13	1	.231	.462	.364
山川　穂高	3	7	5	0	1	0	0	0	1	2	0	0	0	2	0	0	0	0	0	.200	.200	.143
山田　哲人	6	20	15	1	4	0	0	0	4	2	1	0	0	0	5	0	0	5	0	.267	.267	.450
吉田　正尚	7	32	22	5	9	1	0	2	16	13	0	0	0	2	4	1	4	4	1	.409	.727	.531
計	7	299	221	56	66	16	1	9	111	55	10	1	3	5	64	4	6	58	6	.299	.502	.459

日 本 代 表　投 手 成 績

選手名	試合	完投	交代完了	試合当初	補回試合	無失点試合	無四球試合	勝利	敗北	引分	セーブ	勝率	打者	打数	投球回	安打	本塁打	犠打	犠飛	四球計	故意四球	死球	三振	暴投	ボーク	失点	自責点	防御率
伊藤　大海	3	0	1	0	0	0	0	0	0	0	0	.000	7	7	2.1	0	0	0	0	0	0	0	3	0	0	0	0	0.00
今永　昇太	3	0	0	1	0	0	0	1	0	0	0	1.000	25	25	6	7	2	0	0	0	0	0	7	0	0	2	2	3.00
宇田川優希	2	0	0	0	0	0	0	0	0	0	0	.000	4	4	1.1	0	0	0	0	0	0	0	3	0	0	0	0	0.00
大谷　翔平	3	0	1	2	0	0	0	2	0	0	1	1.000	37	33	9.2	5	0	0	0	2	0	2	11	0	0	2	2	1.86
佐々木朗希	2	0	0	2	0	0	0	1	0	0	0	1.000	33	30	7.2	7	1	0	0	2	0	1	11	0	0	4	3	3.52
ダルビッシュ有	2	0	1	0	0	0	0	1	0	0	0	1.000	26	25	6	7	3	0	0	1	0	0	5	0	0	5	4	6.00
大勢	4	0	2	0	0	0	0	1	0	0	1	1.000	16	14	4	3	0	0	0	1	0	1	3	0	0	0	0	0.00
高橋　奎二	1	0	0	0	0	0	0	0	0	0	0	.000	7	7	2	1	0	0	0	0	0	0	2	0	0	0	0	0.00
高橋　宏斗	2	0	0	0	0	0	0	0	0	0	0	.000	12	12	3	3	1	0	0	0	0	0	6	0	0	1	1	3.00
戸郷　翔征	2	0	0	2	0	0	0	0	0	0	0	.000	20	17	5	2	1	0	0	3	0	0	9	0	0	1	1	1.80
松井　裕樹	1	0	0	0	0	0	0	0	0	0	0	.000	3	3	1	0	0	0	0	0	0	0	1	0	0	0	0	0.00
宮城　大弥	2	0	1	0	0	0	0	0	0	0	0	.000	16	16	5	2	0	0	0	0	0	0	7	1	0	1	1	1.80
山本　由伸	2	0	1	0	0	0	0	1	0	0	0	1.000	27	25	7.1	5	0	0	0	2	0	0	8	0	0	2	2	2.45
湯浅　京己	3	0	0	0	0	0	0	0	0	0	0	.000	10	9	2.2	2	0	0	0	0	0	1	4	0	0	0	0	0.00
計	7	0	7	7	0	0	0	7	0	0	2	1.000	243	227	63	44	8	0	0	11	0	5	80	1	0	18	16	2.29

カーネクスト アジアプロ野球チャンピオンシップ2023　ロースター

守備位置		背番号	選手名	球団
監督		89	井端 弘和	
コーチ		88	金子 誠	
		74	村田 善則	
		77	梵 英心	
		79	亀井 善行	
		81	吉見 一起	
投手		15	早川 隆久	楽天
		16	隅田 知一郎	西武
		17	赤星 優志	巨人
		19	佐藤 隼輔	西武
		20	横山 陸人	ロッテ
		21	吉村 貢司郎	ヤクルト
		34	田口 麗斗	ヤクルト
		37	及川 雅貴	阪神
		47	桐敷 拓馬	阪神
		48	今井 達也	西武
		50	清水 達也	中日
		59	根本 悠楓	日本ハム
捕手		22	古賀 悠斗	西武
		31	坂倉 将吾	広島
		58	石橋 康太	中日
内野手		2	牧 秀悟	DeNA
	☆	5	野村 佑希	日本ハム
		8	佐藤 輝明	阪神
		9	野口 智哉	オリックス
	★	24	紅林 弘太郎	オリックス
		35	門脇 誠	巨人
		51	小園 海斗	広島
外野手		1	藤原 恭大	ロッテ
		23	森下 翔太	阪神
		55	秋広 優人	巨人
		60	岡林 勇希	中日
		66	万波 中正	日本ハム

★…けがにより出場辞退
☆…追加招集

カーネクスト アジアプロ野球チャンピオンシップ2023　予選リーグ　チャイニーズ・タイペイ vs 日本

11月16日（木）　東京ドーム　開始19：03　終了22：18（試合時間3時間15分）　入場者24,288人

```
日　　本    0 0 0   0 0 0   1 0 3 ┃ 4
チャイニーズ・タイペイ  0 0 0   0 0 0   0 0 0 ┃ 0
```

〔日　　本〕

			打数	得点	安打	打点	四球	死球	三振					
(中)	岡	林	5	0	0	0	0	0	1	①左　飛	④二ゴロ	空三振	中　飛	右　飛
(遊)	小園		4	0	1	0	0	0	0	二ゴロ	左　飛	⑦左安打	⑨中　飛	
(左)	森下		4	2	2	1	0	0	0	遊　飛	右邪飛	左本打	右安打	
(一)	牧		4	1	1	0	0	0	0	②二ゴロ	⑤遊ゴロ	遊　飛	左安打	
(三)	佐藤　輝		4	0	1	0	0	0	1	見逃三振	三邪飛	中安打		
(右)	万波		4	0	1	1	0	0	0	③一ゴロ	⑥遊ゴロ	⑧中安打	遊ゴロ	
(捕)	坂倉		4	0	1	1	0	0	0	右　飛		左　飛	中安打	
(二)	門脇		4	0	3	1	0	0	0	右　飛	右中二	左安打	右安打	
(指)	秋広		3	0	0	0	0	0	0	二ゴロ	一ゴロ	遊　飛		
打指	野村		0	0	0	0	0	0	0				四　球	
	計		36	4	10	4	1	0	2					

〔チャイニーズ・タイペイ〕

			打数	得点	安打	打点	四球	死球	三振					
(左)	林岳	程華	3	0	0	0	0	0	1	①中　飛	投ゴロ	空三振	・・・	
打左	孝政	凱	1	0	0	0	0	0	1				空三振	
(二)	林 靖	信	4	0	0	0	0	0	0	右　飛	④三ゴロ	⑥空三振	⑨右　飛	
(右)	郭 天	鴻	3	0	1	0	0	0	1	二ゴロ	中安打	空三振	四　球	
(三)	劉 基	憲	3	0	0	0	0	0	2	②空三振	右　飛	⑦右　飛	空三振	
(中)	陳 政	禹	3	0	1	0	0	0	0	左安打	四　球	左　飛	遊ゴロ	
(遊)	張 傑	森	2	0	0	0	1	0	0	中　飛	二ゴロ	・・・		
打遊	馬 少	宏	1	0	0	0	0	0	2			一　飛		
(指)	蔣 恆	佑	3	0	1	0	0	0	0	遊ゴロ	⑤空三振	空三振		
(一)	何 元	旭	2	0	0	0	0	0	1	③空三振	遊安打	・・・		
打一	辛	峰	1	0	0	0	0	0	0			⑧右　飛		
(捕)	戴 培		3	0	0	0	0	0	0	二ゴロ	二ゴロ	左　飛		
	計		30	0	3	0	2	0	9					

〔日〕

	球数	打者	投回	被安	四球	死球	三振	失点	自責
赤星	72	18	4.2	3	1	0	3	0	0
及川	6	1	0.1	0	0	0	1	0	0
〇根本	24	6	2	0	0	0	3	0	0
桐敷	23	5	1	0	1	0	1	0	0
田口	20	4	1	0	1	0	1	0	0

〔チ〕

	球数	打者	投回	被安	四球	死球	三振	失点	自責
●古林 叡煬	86	22	6.2	3	0	0	2	1	1
王 志煊	4	1	0.1	2	0	0	0	0	0
林 凱威	19	5	1	2	0	0	0	0	0
曽 峻岳	27	5	0.2	4	0	0	0	3	0
陳 柏清	16	3	0.1	1	1	0	0	0	0

本塁打　日　森下1号（ソロ＝古林叡煬）
盗塁刺　日　小園
残　塁　日　6　チ　5
暴　投　チ　陳柏清
審　判　(球)ラッタ　(一)文章均　(二)ナッシュ　(三)金槙國

カーネクスト アジアプロ野球チャンピオンシップ2023　予選リーグ　日本 vs 韓国

11月17日（金）　東京ドーム　開始19:03　終了21:46（試合時間2時間43分）　入場者35,223人

		1	2	3	4	5	6	7	8	9		計
韓	国	0	0	0	0	0	0	0	0	1		1
日	本	0	0	1	1	0	0	0	0	X		2

〔韓　国〕

		打数	得点	安打	打点	四球	死球	三振	①	④	⑥	
(二)	金　慧　成	4	0	2	0	0	0	0	二ゴロ	一安打	一ゴロ	左安打
(三)	金　倒　賢	4	0	1	0	0	0	3	空三振	見逃三	右安打	空三振
(右)	尹　檀　享	4	0	1	0	0	0	0	投ゴロ	中　飛	三ゴロ	二ゴロ
(一)	盧　施　盛	4	0	1	0	0	0	1	② 空三振	左安打	遊ゴロ	⑨ 右　飛
(指)	文　賢　挥	4	0	1	0	0	0	1	一ゴロ	投ゴロ	⑦ 空三振	三ゴロ
(捕)	金　盛　周	3	0	0	0	0	0	0	左　飛	⑤ 空三振	二ゴ失	・・・
走捕	金　関	0	0	0	0	0	0	0	・・・	・・・	・・・	・・・
打	金　賓	1	1	1	1	0	0	0	・・・	・・・	・・・	左本打
(遊)	金　揮　執	3	0	0	0	0	0	1	③ 二　直	死　球	三　直	空三振
(左)	孫　元　訓	3	0	0	0	0	1	2	空三振	二　飛	⑧ 空三振	
(中)	朴承知	崔	2	0	0	0	1	0	1	空三振	一ゴロ	四　球
	計	32	1	5	1	1	1	10				

〔日　本〕

		打数	得点	安打	打点	四球	死球	三振	①	③	⑤	
(中)	岡　林	2	1	0	0	2	0	1	四　球	四　球	見逃三	捕邪飛
(遊)	小　園	4	0	3	0	0	0	0	右安打	右安打	中安打	⑧ 空三振
(左)	森　下	3	0	2	0	1	0	0	中安打	四　球	左　飛	右安打
(二)	牧　藤	4	0	0	0	0	0	2	左安打	遊併打	⑥ 中　飛	空三振
(三)	佐　輝	4	0	1	0	0	0	2	空三振	空三振	右　飛	右安打
(右)	万　波	4	1	1	1	0	0	1	中　飛	④ 中本打	二ゴロ	二ゴロ
(捕)	坂　倉	3	0	0	0	0	0	0	② 左ゴロ	投ゴロ	⑦ 空三振	
(二)	門　脇	3	0	1	0	0	0	0	二ゴロ	三　直	中安打	
(指)	野　村	3	0	1	0	0	0	0	一　飛	二ゴロ	右　飛	
	計	30	2	9	1	3	0	6				

〔韓〕		球数	打者	投回	被安	四球	死球	三振	失点	自責	〔日〕		球数	打者	投回	被安	四球	死球	三振	失点	自責
●	李　義　理	96	24	6	6	3	0	3	2	2	○	隅　田	77	25	7	3	1	0	7	0	0
	呉　源　錫	19	4	1	1	0	0	3	0	0		横　山	25	5	1	1	1	0	2	1	0
	崔　俊　鏞	12	5	1	2	0	0	2	0	0	S	田　口	14	4	1	1	0	0	1	1	1

本塁打　韓　金揮執1号（ソロ＝田口）
　　　　日　万波1号（ソロ＝李義理）
盗塁刺　日　岡林、小園
残　塁　韓　6　　日　7
失　策　日　門脇
併　殺　韓　（金周元－金慧成－盧施煥）　牧
　　　　日　（佐藤輝－牧）
審　判　（球）王俊宏　(一)ナッシュ　(二)張展栄　(三)ラッタ

カーネクスト アジアプロ野球チャンピオンシップ2023 予選リーグ オーストラリア vs 日本

11月18日(土) 東京ドーム 開始12:03 終了15:09(試合時間3時間6分) 入場者 37,221人

	1	2	3	4	5	6	7	8	9		計
日 本	1	0	2	1	0	1	3	2			10
オーストラリア	0	0	0	0	0	0	0	0			0

※大会規定によりコールド

〔日 本〕

		打数	得点	安打	打点	四球	死球	三振						
(左)中	藤 原	4	2	3	2	2	0	0	①三安打	③二ゴロ	四 球	⑥中安打	右安打	四 球
(中)	岡 林	2	1	2	0	1	0	0	四 球	投安打	投安打	・・・	・・・	
打捕	石 橋	3	0	1	2	1	0	1			三ゴロ	遊併打	左安打	空三振
(遊)	小 園	4	1	2	2	1	0	0	中安打	右安打	四 球	遊ゴロ	空三振	
(右)	万 波	5	1	1	1	0	0	2	空三振	右越三	三併打	空三振	⑧三ゴ失	
(指)	佐 藤 輝	5	5	1	1	0	0	0	見逃三	遊 直	⑤右安打	⑦三ゴ失	中 飛	球
(一)	秋 広	5	3	1	0	0	0	2	②二ゴロ	四 球	遊ゴロ	二ゴロ	四 球	
(三)	野 口	4	1	0	0	1	0	2	遊ゴロ	空三振	中 飛	四 球	空三振	
(捕)	古 賀	2	1	0	1	2	0	0	四 球	④二 直	四 球	四 球		
左	野 村	2	1	2	0	0	0	0	・・・	・・・	・・・	二安打	右中二	
(二)	門 脇	4	1	1	0	1	0	0	中 飛	遊安打	一ゴロ	一 直	四 球	
	計	37	10	13	8	10	0	6						

〔オーストラリア〕

		打数	得点	安打	打点	四球	死球	三振			
(遊)	スペンス	3	0	0	0	0	0	0	①左 飛	④二 飛	⑦遊ゴロ
(中)	ホワイトフィールド	3	0	0	0	0	0	1	三ゴロ	投ゴロ	空三振
中	バーク										
(指)	ウィングローブ	2	0	0	0	1	0	1	二ゴロ	空三振	四 球
(左)	A.ホール	2	0	0	0	1	0	1	②空三振	⑤右 飛	四 球
左	ナイト										
(一)	キャンベル	3	0	1	0	0	0	0	中 飛	左 飛	中安打
(三)	スミス	3	0	0	0	0	0	1	空三振	見逃三	二 飛
(捕)	バーンズ	3	0	0	0	0	0	2	③空三振	⑥投ゴロ	⑧三邪飛
(右)	スケプトン	3	0	0	0	0	0	2	空三振	遊ゴロ	空三振
(二)	ウィリアムス	3	0	0	0	0	0	2	空三振	空三振	空三振
	計	25	0	1	0	2	0	11			

〔日〕

		球数	打者	投回	被安	四球	死球	三振	失点	自責
○早	川	63	15	5	0	0	0	7	0	0
吉	村	21	5	1.2	0	0	0	2	0	0
佐	藤 隼	23	4	0.1	1	2	0	0	0	0
清	水	9	3	1	0	0	0	2	0	0

〔オ〕

		球数	打者	投回	被安	四球	死球	三振	失点	自責
●ブシェル		37	9	2	2	2	0	2	1	1
K.ホール		46	12	1.1	5	3	0	1	3	2
ラバーティー		20	6	1.2	1	0	0	2	0	0
クーパーバサラキズ		73	17	2.2	5	2	0	6	6	0
ビーティー		18	3	0.1	0	2	0	1	0	0

盗塁刺 日 小園
残 塁 日 13 オ 3
失 策 オ ウィリアムス、スミス2
併 殺 オ (スミス-ウィリアムス-キャンベル) 万波 、(スペンス-キャンベル) 小園
捕 逸 オ バーンズ
審 判 (球)金槙國 (一)張展栄 (二)文童均 (三)王俊宏

カーネクスト アジアプロ野球チャンピオンシップ2023　決勝戦　日本 vs 韓国

11月19日（日）東京ドーム　開始18:09　終了21:59（試合時間3時間50分）　入場者 41,883人

	1	2	3	4	5	6	7	8	9	10	計
韓　国	0	0	2	0	0	0	0	0	0	1	3
日　本	0	0	0	0	1	1	0	0	0	2X	4

※10回より無死一・二塁、継続打順でタイブレーク

〔韓　国〕

	選手	打数	得点	安打	打点	四球	死球	三振
(二)	金慧成	3	1	1	0	1	0	0
(三)	金成允	4	1	0	0	0	0	2
(右)	羅承燁	5	0	2	1	0	0	1
(一)三	尹熙煥	5	0	2	2	0	0	0
(指)	盧施煥	5	0	0	0	0	0	3
(遊)	金周元	4	0	0	0	0	0	1
(捕)	金亨俊	4	0	0	0	1	0	2
(左)	金文賢	3	2	1	0	0	0	1
打左	朴承訓	2	0	0	0	1	0	0
(中)	崔知勲	4	1	2	0	0	0	0
	計	37	3	9	3	2	0	10

打席結果（韓国）

選手	1	2	3	4	5
金慧成	①遊ゴロ	③四球	右安打	投犠打	二飛
金成允	見逃三	一犠失	右飛	空三振	⑩遊併打
羅承燁	右安打	見逃三	遊ゴロ	遊ゴロ	中安打
尹熙煥	右安打	左中二	遊ゴロ	⑧三ゴロ	右安打
盧施煥	②空三振	捕邪飛	見逃三	三ゴロ	見逃三
金周元	左飛	二ゴロ	⑥空三振	遊安打	空三振
金亨俊	四球	見逃三	見逃三	空三振	
金文賢	左安打	空三振	遊ゴロ		
朴承訓				遊ゴロ	⑨右飛
崔知勲	左飛	右安打	⑦三バ安	右飛	

〔日　本〕

	選手	打数	得点	安打	打点	四球	死球	三振
(指)	藤原	5	1	0	0	0	0	2
(遊)	小園	5	0	1	0	0	0	0
(左)	森下	4	0	1	0	0	0	1
打	古賀	0	0	0	0	1	0	0
(一)	牧	4	1	1	1	1	0	1
(捕)	坂倉	4	0	1	2	1	0	0
(右)	万波	4	1	3	0	1	0	0
(二)	門脇	4	0	1	0	0	0	2
(三)	佐藤輝	2	0	0	1	1	0	0
(中)	岡林	3	0	1	0	1	0	0
	計	33	4	8	4	6	0	8

打席結果（日本）

選手	1	2	3	4	5
藤原	①中飛	右飛	空三振	⑦左飛	見逃三
小園	二飛	③中安打	⑤遊直	遊ゴロ	遊ゴロ
森下	中安打	三ゴロ	空三振	二ゴロ	
古賀					⑩投犠打
牧	見逃三	遊飛	左中本	⑧二ゴロ	故意四
坂倉	②見逃三	四球	二飛	四球	中犠飛
万波	右越二	遊ゴロ	⑥右線二	空三振	左安打
門脇	一飛	④見逃三	一犠打	二ゴロ	左安打
佐藤輝	四球	見逃三	中犠飛	二ゴロ	故意四
岡林	四球	⑨右安打	二ゴロ	左飛	

投手成績

〔韓〕	球数	打者	投回	被安	四球	死球	三振	失点	自責
郭斌	88	23	5	5	3	0	6	1	1
崔承鎔	13	4	1.1	1	0	0	1	1	0
崔俊鏞	25	6	1.1	1	0	0	1	0	0
崔智旻	26	5	1.2	0	0	0	2	0	0
●鄭海英	4	5	0.2	1	2	0	0	2	0

〔日〕	球数	打者	投回	被安	四球	死球	三振	失点	自責
今井	77	20	4	5	2	0	4	2	1
根本	45	10	3	1	1	0	0	1	0
桐敷	16	4	1	1	0	0	1	0	0
田口	18	3	1	2	0	0	1	1	0
○吉村	15	4	1	2	0	0	1	0	0

本塁打　日　牧1号（ソロ＝郭斌）
残塁　韓　10　日　12
失策　日　牧
併殺　日（小園－門脇－牧）金倒永
審判　(球)張展栄　(一)ナッシュ　(二)王俊宏　(三)ラッタ

日 本 代 表　打 撃 成 績

選手名	試合	打席	打数	得点	安打	二塁打	三塁打	本塁打	塁打	打点	盗塁	盗塁刺	犠打	犠飛	四球計	故意四球	死球	三振	併殺打	打率	長打率	出塁率
＊秋広　優人	2	8	6	1	0	0	0	0	0	0	0	0	0	0	2	0	0	0	0	.000	.000	.250
石橋　康太	1	3	3	0	1	0	0	0	1	1	0	0	0	0	0	0	0	1	0	.333	.333	.333
＊岡林　勇希	4	16	12	2	3	0	0	0	3	0	0	1	0	0	4	0	0	2	0	.250	.250	.438
＊門脇　誠	4	17	15	1	6	1	0	0	7	2	0	0	1	0	1	0	0	2	0	.400	.467	.438
古賀　悠斗	2	4	1	0	0	0	0	0	0	0	0	0	1	0	2	0	0	0	0	.000	.000	.667
＊小園　海斗	4	18	17	2	7	0	0	0	7	2	0	1	0	0	1	0	0	1	1	.412	.412	.444
小坂　将吾	3	12	9	0	1	0	0	0	1	2	0	0	0	1	2	0	0	2	0	.111	.111	.250
＊佐藤　輝明	4	17	15	1	3	0	0	0	3	1	0	0	0	1	1	0	0	5	0	.200	.200	.235
野口　智哉	1	5	4	1	0	0	0	0	0	0	0	0	0	0	1	0	0	2	0	.000	.000	.200
＊野村　佑希	3	6	5	1	2	1	0	0	3	2	0	0	0	0	1	0	0	0	0	.400	.600	.500
＊藤原　恭大	2	11	9	3	3	0	0	0	3	2	0	1	0	0	2	0	0	2	0	.333	.333	.455
牧　秀悟	3	13	12	2	3	0	0	1	6	1	0	0	0	0	1	0	0	2	1	.250	.500	.308
万波　中正	4	18	17	4	6	2	1	1	13	3	0	1	0	0	1	1	0	1	0	.353	.765	.389
森下　翔太	3	12	11	2	5	0	0	1	8	1	0	0	0	0	1	1	0	1	0	.455	.727	.500
計	4	160	136	20	40	4	1	3	55	17	0	4	2	2	20	2	0	22	3	.294	.404	.380

日 本 代 表　投 手 成 績

選手名	試合	完投	交代完了	試合当初	補回試合	無失点試合	無四球試	勝利	敗北	引分	セーブ	勝率	打者	打数	投球回	安打	本塁打	犠打	犠飛	四球計	故意四球	死球	三振	暴投	ボーク	失点	自責点	防御率
赤星　優志	1	0	0	1	0	0	0	0	0	0	0	.000	18	17	4.2	3	0	0	0	1	0	0	5	0	0	0	0	0.00
今井　達也	1	0	0	1	0	0	0	0	0	0	0	.000	20	17	4	5	0	1	0	2	0	0	4	0	0	2	1	2.25
＊及川　雅貴	1	0	0	0	0	0	0	0	0	0	0	.000	1	1	0.1	0	0	0	0	0	0	0	0	0	0	0	0	0.00
桐敷　拓馬	2	0	0	0	0	0	0	0	0	0	0	.000	7	7	2	1	0	0	0	0	0	0	2	0	0	0	0	0.00
＊佐藤　隼輔	1	0	0	0	0	0	0	0	0	0	0	.000	4	2	0.1	1	0	0	0	2	0	0	1	0	0	0	0	0.00
清水　達也	1	0	1	0	0	0	0	0	0	0	0	.000	3	3	1	0	0	0	0	0	0	0	1	0	0	0	0	0.00
＊隅田　知一郎	1	0	0	1	0	1	0	1	0	0	0	1.000	25	24	7	3	0	0	0	1	0	0	7	0	0	0	0	0.00
＊田口　麗斗	3	0	2	0	0	0	0	0	0	0	1	.000	11	10	3	1	1	0	0	0	0	1	2	0	0	1	1	3.00
＊根本　悠楓	2	0	0	0	1	0	0	1	0	0	0	1.000	16	15	5	3	0	1	0	0	0	0	7	0	0	1	0	0.00
＊早川　隆久	1	0	0	1	0	1	0	1	0	0	0	1.000	15	15	5	0	0	0	0	0	0	0	5	0	0	0	0	0.00
横山　陸人	1	0	0	0	0	0	0	0	0	0	0	.000	5	4	1	1	0	0	0	1	0	0	2	0	0	0	0	0.00
吉村　貢司郎	2	0	1	0	0	0	0	0	0	0	0	1.000	9	9	2.2	0	0	0	0	0	0	0	4	0	0	0	0	0.00
計	4	0	4	4	1	2	0	4	0	0	1	1.000	134	124	36	18	1	2	0	7	0	1	40	0	0	4	2	0.50

過去の外国チームとの試合

日本チームの勝敗

年	招へい団体	チーム	試	勝	敗	分
1908	(明治41)	リーチ・オール・アメリカン	17	0	17	0
1913	(大正 2)	世界周遊野球チーム	1	0	1	0
1920	(〃 9)	オール・アメリカン・ナショナル	20	0	20	0
1922	(〃 11)	アメリカ大リーグ選抜	16	1	15	0
1927	(昭和2)	ロイヤルジャイアンツ（ニグロリーグ）	24	0	23	1
1931	(〃 6・読　売)	アメリカ大リーグ選抜	17	0	17	0
1932	(〃 7)	ロイヤルジャイアンツ（ニグロリーグ）	24	1	23	0
1934	(〃 9・読　売)	アメリカ大リーグ選抜	18	0	18	0
1949	(〃 24・G.H.Q)	サンフランシスコ・シールズ（3A）	7	0	7	0
1951	(〃 26・読　売)	アメリカ大リーグ選抜	16	1	13	2
1953	(〃 28・読　売）秋	ニューヨーク・ジャイアンツ	14	1	12	1
1953	(〃 28・毎　日）秋	アメリカ大リーグ選抜	12	1	11	0
1955	(〃 30・毎　日)	ニューヨーク・ヤンキース	16	0	15	1
1956	(〃 31・読　売)	ブルックリン・ドジャース	19	4	14	1
1958	(〃 33・毎　日)	セントルイス・カージナルス	16	2	14	0
1960	(〃 35・読　売)	サンフランシスコ・ジャイアンツ	16	4	11	1
1962	(〃 37・毎　日)	デトロイト・タイガース	18	4	12	2
1966	(〃 41・共　同）春	メキシコ・タイガース（2A）	13	13	0	0
1966	(〃 41・読　売）秋	ロサンゼルス・ドジャース	18	8	9	1
1968	(〃 43・読　売)	セントルイス・カージナルス	18	5	13	0
1970	(〃 45・ロッテ）春	サンフランシスコ・ジャイアンツ	9	6	3	0
1971	(〃 46・読　売)	ボルチモア・オリオールズ	18	2	12	4
1974	(〃 49・読　売)	ニューヨーク・メッツ	18	7	9	2
1978	(〃 53・読　売)	シンシナティ・レッズ	17	2	14	1
1979	(〃 54・スポニチ)	米ナ・ア両リーグオールスター	2	1	1	0
1981	(〃 56・読　売)	カンザスシティ・ロイヤルズ	17	7	9	1
1984	(〃 59・読　売)	ボルチモア・オリオールズ	14	5	8	1
1986	(〃 61・毎　日)	アメリカ大リーグ選抜	7	1	6	0
1988	(〃 63・読　売)	〃	7	2	3	2
1990	(平成2・毎　日)	〃	8	4	3	1
1991	(〃 3・中　日)	韓国プロ野球選抜	6	4	2	0
1992	(〃 4・読　売)	アメリカ大リーグ選抜	8	1	6	1
1993	(〃 5・ダイエー)	ロサンゼルス・ドジャース	2	2	0	0
1995	(〃 7・中　日)	韓国プロ野球選抜	6	2	2	2
1996	(〃 8・毎　日)	アメリカ大リーグ選抜	8	2	4	2
1998	(〃 10・読　売)	△　　〃	☆ 7	2	5	0
1999	(〃 11・中　日)	韓国プロ野球選抜	4	2	1	1
2000	(〃 12・毎　日)	△アメリカ大リーグ選抜	8	2	5	1
2002	(〃 14・読　売)	△　　〃	☆ 7	3	4	0
2004	(〃 16・毎　日)	△　　〃	8	3	5	0
2006	(〃 18・読　売)	△　　〃	☆ 5	0	5	0
2014	(〃 26・読　売)	△　　〃	□ 5	3	2	0
2018	(〃 30・読　売)	△　　〃	☆ 6	5	1	0

米国プロチームに対する初勝利…1922年11月19日（芝浦）三田クラブ9－3（勝投手・小野）。
プロ野球チームの初勝利…1951年11月13日（岡山）全パシフィック3－1（勝投手・柚木）。
全日本の全米チームに対する初勝利…1979年11月20日（後楽園）3－2（勝投手・北別府）。
1949年シールズは上記以外に在日アメリカ駐留軍チームに3勝1敗。
1979年は上記以外にナショナル、アメリカン両リーグオールスターが対戦し、ナショナル・リーグが4勝2敗1分。
1984年第1戦から第5戦までは日米決戦として、1983年ワールドシリーズの勝者オリオールズと1984年日本シリーズの勝者広島の間で行われ、オリオールズが4勝1敗。
1994年大リーグ労使紛争のため大リーグ選抜の来日が中止（毎日）。
△1998年以降の大リーグ選抜は、全日本（固定メンバー）との賞金制シリーズを行う。
☆1998、2002、2006、2018年は巨人との親善試合が1試合ずつあり1998、2002、2018年は大リーグ選抜の勝利、2006年は引分。
□2014年11月　上記以外に親善試合を行い、日本の勝利。また、阪神・巨人連合チームが80周年記念試合を行い、大リーグ選抜の勝利。
日本での大リーグ公式戦に先立ち、「日米プレシーズンゲーム」を行う。
　2000年3月　メッツ、カブス（対巨人、西武　ともに1勝1敗）
　2004年3月　ヤンキース（対巨人、阪神　1勝1敗）、デビルレイズ（同　1勝1分）
　2008年3月　レッドソックス（対巨人、阪神　2勝0敗）、アスレチックス（同　2勝0敗）
　2012年3月　アスレチックス（対巨人、阪神　1勝1敗）、マリナーズ（同　0勝2敗）
　2019年3月　アスレチックス（対日本ハム　1勝1分）、マリナーズ（対巨人　2勝）

アジアシリーズ・日韓クラブチャンピオンシップ

過去の出場チーム

◎＝優勝
○＝準優勝

2005　KONAMI CUP アジアシリーズ2005　【東京ドーム（日本）】
◎千葉ロッテマリーンズ	日本野球機構（NPB）
チャイナスターズ	中国棒球協会（CBA）
興農ブルズ	中華職業棒球大連盟（CPBL）
○サムスンライオンズ	韓国野球委員会（KBO）

2006　KONAMI CUP アジアシリーズ2006　【東京ドーム（日本）】
◎北海道日本ハムファイターズ	日本野球機構（NPB）
チャイナスターズ	中国棒球協会（CBA）
○LA NEW ベアーズ	中華職業棒球大連盟（CPBL）
サムスンライオンズ	韓国野球委員会（KBO）

2007　KONAMI CUP アジアシリーズ2007　【東京ドーム（日本）】
◎中日ドラゴンズ	日本野球機構（NPB）
チャイナスターズ	中国棒球協会（CBA）
統一ライオンズ	中華職業棒球大連盟（CPBL）
○ＳＫワイバーンズ	韓国野球委員会（KBO）

2008　アジアシリーズ2008　【東京ドーム（日本）】
◎埼玉西武ライオンズ	日本野球機構（NPB）
天津ライオンズ	中国棒球協会（CBA）
○統一ライオンズ	中華職業棒球大連盟（CPBL）
ＳＫワイバーンズ	韓国野球委員会（KBO）

2009　日韓クラブチャンピオンシップ　【長崎県営野球場（日本）】
◎読売ジャイアンツ	日本野球機構（NPB）
KIAタイガース	韓国野球委員会（KBO）

2010　日韓クラブチャンピオンシップ2010　【東京ドーム（日本）】
◎千葉ロッテマリーンズ	日本野球機構（NPB）
SKワイバーンズ	韓国野球委員会（KBO）

2011　アジアシリーズ2011　【台中インターコンチネンタル球場、桃園国際球場（中華台北）】
○福岡ソフトバンクホークス	日本野球機構（NPB）
パースヒート	オーストラリア野球連盟（ABF）
統一ライオンズ	中華職業棒球大連盟（CPBL）
◎サムスンライオンズ	韓国野球委員会（KBO）

2012　マグ・マネジャー アジアシリーズ2012　【釜山サジク運動場（韓国）】
◎読売ジャイアンツ	日本野球機構（NPB）
パースヒート	オーストラリア野球連盟（ABF）
チャイナスターズ	中国棒球協会（CBA）
○ラミゴモンキーズ	中華職業棒球大連盟（CPBL）
サムスンライオンズ	韓国野球委員会（KBO）
ロッテジャイアンツ	韓国野球委員会（KBO）

2013　アジアシリーズ2013　【台中インターコンチネンタル球場、桃園国際球場（中華台北）】
東北楽天ゴールデンイーグルス	日本野球機構（NPB）
◎キャンベラキャバリリー	オーストラリア野球連盟（ABF）
フォルティトゥードボローニャ	ヨーロッパ野球連盟（CEB）
○統一ライオンズ	中華職業棒球大連盟（CPBL）
義大ライノス	中華職業棒球大連盟（CPBL）
サムスンライオンズ	韓国野球委員会（KBO）

発掘された日本列島2023
調査研究最前線

「発掘された日本列島2023」展公式図録

◆**我がまちが誇る遺跡**
　　宮城県、愛知県名古屋市、大阪府八尾市の歴史と遺跡を紹介。

◆**新発見考古速報**
　　縄文時代から近世までの10遺跡の最新研究成果を報告する。

◆**特集「遺跡から読み解く多様な歴史文化」**

　　B5判　72ページ　定価1,980円（税込み）

記　録　集

記　録　集

1936年の記録

1936年の記録は、下記コミッショナー決定（1972年3月11日）に従い集計されている。

① 甲子園、鳴海、宝塚、三都（戸塚、甲子園、山本）、秋季の各大会は、それぞれ別個のものとして取り扱い、一連の試合として通算しない。

② 秋季大会については、最優秀各プレーヤー決定の対象とする。

③ 秋季大会に関する同率首位による選手権決定試合（洲崎球場12月9日～11日）については、選手権を除くその他の事項を公式記録に算入せず別個に取り扱う。

◇まず4月29日から5月5日まで大阪（甲子園）に於いて、渡米中の巨人を除いた6球団で第1回日本職業野球リーグ戦が挙行され、セネタースが4勝1敗で優勝した。他のチームは金鯱3勝1敗1分。タイガース3勝2敗。阪急2勝3敗。名古屋2勝3敗。大東京4敗1分。

◆打撃1位　藤井　勇（タイガース）　.526

◇巨人と内、外地遠征の金鯱不在で5月16日、17日、鳴海大会が行われ、セネタースが3勝で優勝した。他のチームは、阪急1勝2敗。タイガース1勝1敗。名古屋1勝1敗。大東京2敗。

◆打撃1位　宮武　三郎（阪　　急）　.583

◇巨人、金鯱欠場のまま5月22日～24日、宝塚大会が開かれ、阪急2勝とセネタース2勝で優勝した。他のチームは、タイガース1勝1敗。名古屋2敗。大東京2敗。

◆打撃1位　北井　正雄（阪　　急）　.750

◇巨人、金鯱の帰国を待って7月1日から19日まで東京（戸塚）、大阪（甲子園）、名古屋（山本）の三都市で、連盟結成記念第1回全日本野球選手権試合（トーナメント形式）が挙行された。その結果、東京（戸塚）では名古屋が3勝で優勝した。他のチームは、セネタース2勝1敗。巨人1勝2敗。金鯱1勝2敗。タイガース1勝1敗。阪急1勝1敗。大東京2敗。

　大阪（甲子園）では阪急が3勝で優勝。他のチームは、セネタース2勝1敗。金鯱1勝1敗。巨人1敗。タイガース1敗。名古屋1敗。大東京1敗。

　名古屋（山本）ではタイガースが3勝で優勝。他のチームは、阪急2勝1敗。巨人1勝2敗。名古屋1勝2敗。セネタース1勝1敗。金鯱1勝1敗。大東京2敗。3大会を通じての主な個人記録1位は次の通りである。

◆打　撃1位	小川　年安（タイガース）　.706	◆防御率1位	北井　正雄（阪　　急）　1.96
◆本塁打1位	山下　実（阪　　急）　3 高橋　吉雄（名古屋）　3	◆勝　率1位	北井　正雄（阪　　急）　1.000
◆打　点1位	山下　好一（阪　　急）　13	◆勝　数1位	北井　正雄（阪　　急）　4 野口　明（セネタース）　4 松浦　一義（名古屋）　4

◇秋季は4リーグ戦、2優勝戦（トーナメント）を催し、それぞれの優勝チームに1点を与え（第1位が二者の場合は双方に0.5点）その最高点獲得チームを秋季（第2回全日本野球選手権試合）の優勝とする方式がとられた。その結果、巨人とタイガースが同点となり、選手権決定試合が行われ、巨人が優勝。18勝9敗（決定試合を除く）。他のチームはタイガース24勝6敗1分。阪急17勝12敗1分。名古屋12勝14敗。セネタース12勝16敗。金鯱9勝19敗。大東京5勝21敗2分。秋季大会の記録は、最優秀（1位）各プレーヤー決定の対象であり、主な個人記録1位は次の通りである。

◆打　撃1位	中根　之（名古屋）　.376	◆防御率1位	景浦　将（タイガース）　0.79
◆本塁打1位	古谷倉之助（金　　鯱）　2 山下　実（阪　　急）　2 藤村富美男（タイガース）　2	◆勝　率1位	景浦　将（タイガース）　1.000
◆打　点1位	古谷倉之助（金　　鯱）　23	◆勝　数1位	沢村　栄治（巨　　人）　13

日本野球連盟優勝チーム

年	優勝チーム	監督	試合	勝利	敗北	引分	勝率	2位とのゲーム差
1936秋	巨人	藤本 定義	27	18	9	0	—	—
(4.29〜7.19までは優勝チームを決定しなかった。)								
1937春	巨人	藤本 定義	56	41	13	2	.759	0.5
秋	※タイガース	石本 秀一	49	39	9	1	.813	9
1938春	※タイガース	石本 秀一	35	29	6	0	.829	5
秋	巨人	藤本 定義	40	30	9	1	.769	3.5
1939	巨人	藤本 定義	96	66	26	4	.717	3.5
1940	巨人	藤本 定義	104	76	28	0	.731	10.5
1941	巨人	藤本 定義	86	62	22	2	.738	9
1942	巨人	藤本 定義	105	73	27	5	.730	12.5
1943	巨人	中島 治康	84	54	27	3	.667	4
1944	阪神	若林 忠志	35	27	6	2	.818	8
1946	グレートリング	山本 一人	105	65	38	2	.631	1
1947	阪神	若林 忠志	119	79	37	3	.681	12.5
1948	南海	山本 一人	140	87	49	4	.640	5
1949	巨人	三原 脩	134	85	48	1	.639	16

(注) ※印は年度選手権決定戦優勝チーム

セントラル・リーグ優勝チーム

年	優勝チーム	監督	試合	勝利	敗北	引分	勝率	2位とのゲーム差
1950	松竹	小西 得郎	137	98	35	4	.737	9
1951	巨人	水原 茂	114	79	29	6	.731	18
1952	巨人	水原 茂	120	83	37	0	.692	3.5
1953	巨人	水原 茂	125	87	37	1	.702	16
1954	中日	天知 俊一	130	86	40	4	.683	5.5
1955	巨人	水原 円裕	130	92	37	1	.713	15
1956	巨人	水原 円裕	130	82	44	4	.646	4.5
1957	巨人	水原 円裕	130	74	53	3	.581	1
1958	巨人	水原 円裕	130	77	52	1	.596	5.5
1959	巨人	水原 円裕	130	77	48	5	.612	13
1960	大洋	三原 脩	130	70	56	4	.554	4.5
1961	巨人	川上 哲治	130	71	53	6	.569	1
1962	阪神	藤本 定義	133	75	55	3	.577	4
1963	巨人	川上 哲治	140	83	55	2	.601	2.5
1964	阪神	藤本 定義	140	80	56	4	.588	1
1965	巨人	川上 哲治	140	91	47	2	.659	13
1966	巨人	川上 哲治	134	89	41	4	.685	13
1967	巨人	川上 哲治	134	84	46	4	.646	12
1968	巨人	川上 哲治	134	77	53	4	.592	5
1969	巨人	川上 哲治	130	73	51	6	.589	6.5
1970	巨人	川上 哲治	130	79	47	4	.627	2
1971	巨人	川上 哲治	130	70	52	8	.574	6.5
1972	巨人	川上 哲治	130	74	52	4	.587	3.5
1973	巨人	川上 哲治	130	66	60	4	.524	0.5
1974	中日	与那嶺 要	130	70	49	11	.588	0
1975	広島	古葉 竹識	130	72	47	11	.605	4.5
1976	巨人	長嶋 茂雄	130	76	45	9	.628	2
1977	巨人	長嶋 茂雄	130	80	46	4	.635	15
1978	ヤクルト	広岡 達朗	130	68	46	16	.596	3
1979	広島	古葉 竹識	130	67	50	13	.573	6
1980	広島	古葉 竹識	130	73	44	13	.624	6.5
1981	巨人	藤田 元司	130	73	48	9	.603	6
1982	中日	近藤 貞雄	130	64	47	19	.577	0.5
1983	巨人	藤田 元司	130	72	50	8	.590	6
1984	広島	古葉 竹識	130	75	45	10	.625	3
1985	阪神	吉田 義男	130	74	49	7	.602	7
1986	広島	阿南 準郎	130	73	46	11	.613	8
1987	巨人	王 貞治	130	76	43	11	.639	8
1988	中日	星野 仙一	130	79	46	5	.632	12
1989	巨人	藤田 元司	130	84	44	2	.656	9
1990	巨人	藤田 元司	130	88	42	0	.677	22
1991	広島	山本 浩二	132	74	56	2	.569	3
1992	ヤクルト	野村 克也	131	69	61	1	.531	2

年	優勝チーム	監督	試合	勝利	敗北	引分	勝率	2位との ゲーム差
1993	ヤクルト	野村　克也	132	80	50	2	.615	7
1994	巨　　人	長嶋　茂雄	130	70	60	0	.538	1
1995	ヤクルト	野村　克也	130	82	48	0	.631	8
1996	巨　　人	長嶋　茂雄	130	77	53	0	.592	5
1997	ヤクルト	野村　克也	137	83	52	2	.615	11
1998	横　　浜	権藤　　博	136	79	56	1	.585	4
1999	中　　日	星野　仙一	135	81	54	0	.600	6
2000	巨　　人	長嶋　茂雄	135	78	57	0	.578	8
2001	ヤクルト	若松　　勉	140	76	58	6	.567	－
2002	巨　　人	原　　辰徳	140	86	52	2	.623	11
2003	阪　　神	星野　仙一	140	87	51	2	.630	14.5
2004	中　　日	落合　博満	138	79	56	3	.585	7.5
2005	阪　　神	岡田　彰布	146	87	54	5	.617	10
2006	中　　日	落合　博満	146	87	54	5	.617	3.5
2007	巨　　人	原　　辰徳	144	80	63	1	.559	1.5
2008	巨　　人	原　　辰徳	144	84	57	3	.596	2
2009	巨　　人	原　　辰徳	144	89	46	9	.659	12
2010	中　　日	落合　博満	144	79	62	3	.560	1
2011	中　　日	落合　博満	144	75	59	10	.560	2.5
2012	巨　　人	原　　辰徳	144	86	43	15	.667	10.5
2013	巨　　人	原　　辰徳	144	84	53	7	.613	12.5
2014	巨　　人	原　　辰徳	144	82	61	1	.573	7
2015	ヤクルト	真中　　満	143	76	65	2	.539	1.5
2016	広　　島	緒方　孝市	143	89	52	2	.631	17.5
2017	広　　島	緒方　孝市	143	88	51	4	.633	10
2018	広　　島	緒方　孝市	143	82	59	2	.582	7
2019	巨　　人	原　　辰徳	143	77	64	2	.546	5.5
2020	巨　　人	原　　辰徳	120	67	45	8	.598	7.5
2021	ヤクルト	高津　臣吾	143	73	52	18	.584	0
2022	ヤクルト	高津　臣吾	143	80	59	4	.576	8
2023	阪　　神	岡田　彰布	143	85	53	5	.616	11.5

㊟　2001年は勝利数で順位決定のため、ゲーム差はなし。

パシフィック・リーグ優勝チーム

年	優勝チーム	監督	試合	勝利	敗北	引分	勝率	2位との ゲーム差
1950	毎　　日	湯浅　禎夫	120	81	34	5	.704	15
1951	南　　海	山本　一人	104	72	24	8	.750	18.5
1952	南　　海	山本　一人	121	76	44	1	.633	1
1953	南　　海	山本　一人	120	71	48	1	.597	4
1954	西　　鉄	三原　　脩	140	90	47	3	.657	0.5
1955	南　　海	山本　一人	143	99	41	3	.707	9
1956	西　　鉄	三原　　脩	154	96	51	7	.646	0.5
1957	西　　鉄	三原　　脩	132	83	44	5	.648	7
1958	西　　鉄	三原　　脩	130	78	47	5	.619	1
1959	南　　海	鶴岡　一人	134	88	42	4	.677	6
1960	大　　毎	西本　幸雄	133	82	48	3	.631	4
1961	南　　海	鶴岡　一人	140	85	49	6	.629	2.5
1962	東　　映	水原　　茂	133	78	52	3	.600	5
1963	西　　鉄	中西　　太	150	86	60	4	.589	1
1964	南　　海	鶴岡　一人	150	84	63	3	.571	3.5
1965	南　　海	鶴岡　一人	140	88	49	3	.642	12
1966	南　　海	鶴岡　一人	133	79	51	3	.608	4
1967	阪　　急	西本　幸雄	134	75	55	4	.577	9
1968	阪　　急	西本　幸雄	134	80	50	4	.615	1
1969	阪　　急	西本　幸雄	130	76	50	4	.603	2
1970	ロッテ	濃人　　渉	130	80	47	3	.630	10.5
1971	阪　　急	西本　幸雄	130	80	39	11	.672	3.5
1972	阪　　急	西本　幸雄	130	80	48	2	.625	14
1973	南　　海	野村　克也	130	68	58	4	.540	－
1974	ロッテ	金田　正一	130	69	50	11	.580	－
1975	阪　　急	上田　利治	130	64	59	7	.520	－
1976	阪　　急	上田　利治	130	79	45	6	.637	－
1977	阪　　急	上田　利治	130	69	51	10	.575	－
1978	阪　　急	上田　利治	130	82	39	9	.678	－
1979	近　　鉄	西本　幸雄	130	74	45	11	.622	－

記録集

年	優勝チーム	監　督	試合	勝利	敗北	引分	勝率	2位との ゲーム差
1980	近　　鉄	西本　幸雄	130	68	54	8	.557	－
1981	日本ハム	大沢　啓二	130	68	54	8	.557	－
1982	西　　武	広岡　達朗	130	68	58	4	.540	－
1983	西　　武	広岡　達朗	130	86	40	4	.683	17
1984	阪　　急	上田　利治	130	75	45	10	.625	8.5
1985	西　　武	広岡　達朗	130	79	45	6	.637	15
1986	西　　武	森　祇晶	130	68	49	13	.581	2.5
1987	西　　武	森　祇晶	130	71	45	14	.612	9
1988	西　　武	森　祇晶	130	73	51	6	.589	0
1989	近　　鉄	仰木　彬	130	71	54	5	.568	0
1990	西　　武	森　祇晶	130	81	45	4	.643	12
1991	西　　武	森　祇晶	130	81	43	6	.653	4.5
1992	西　　武	森　祇晶	130	80	47	3	.630	4.5
1993	西　　武	森　祇晶	130	74	53	3	.583	1
1994	西　　武	森　祇晶	130	76	52	2	.594	7.5
1995	オリックス	仰木　彬	130	82	47	1	.636	12
1996	オリックス	仰木　彬	130	74	50	6	.597	7
1997	西　　武	東尾　修	135	76	56	3	.576	5
1998	西　　武	東尾　修	135	70	61	4	.534	3.5
1999	ダイエー	王　貞治	135	78	54	3	.591	4
2000	ダイエー	王　貞治	135	73	60	2	.549	2.5
2001	近　　鉄	梨田　昌孝	140	78	60	2	.565	2.5
2002	西　　武	伊原　春樹	140	90	49	1	.647	16.5
2003	ダイエー	王　貞治	140	82	55	3	.599	5.5
2004	西　　武	伊東　勤	133	74	58	1	.561	－
2005	ロッテ	バレンタイン	136	84	49	3	.632	－
2006	日本ハム	ヒルマン	136	82	54	0	.603	－
2007	日本ハム	ヒルマン	144	79	60	5	.568	2
2008	西　　武	渡辺　久信	144	76	64	4	.543	2.5
2009	日本ハム	梨田　昌孝	144	82	60	2	.577	5.5
2010	ソフトバンク	秋山　幸二	144	76	63	5	.547	0
2011	ソフトバンク	秋山　幸二	144	88	46	10	.657	17.5
2012	日本ハム	栗山　英樹	144	74	59	11	.556	3
2013	楽　　天	星野　仙一	144	82	59	3	.582	7.5
2014	ソフトバンク	秋山　幸二	144	78	60	6	.565	0
2015	ソフトバンク	工藤　公康	143	90	49	4	.647	12
2016	日本ハム	栗山　英樹	143	87	53	3	.621	2.5
2017	ソフトバンク	工藤　公康	143	94	49	0	.657	13.5
2018	西　　武	辻　発彦	143	88	53	2	.624	6.5
2019	西　　武	辻　発彦	143	80	62	1	.563	2
2020	ソフトバンク	工藤　公康	120	73	42	5	.635	14
2021	オリックス	中嶋　聡	143	70	55	18	.560	2.5
2022	オリックス	中嶋　聡	143	76	65	2	.539	0
2023	オリックス	中嶋　聡	143	86	53	4	.619	15.5

㊟　1973年〜1982年は前後期制のため、2004年〜2006年はプレーオフ制のため、ゲーム差はなし。

チ ー ム 順 位

	試合	勝利	敗北	引分	勝率	打率	防御率	本塁打

1937年春

	試合	勝利	敗北	引分	勝率	打率	防御率	本塁打
①巨　　人	56	41	13	2	.759	.242	1.53	7
②タイガース	56	41	14	1	.745	.246	1.72	10
③セネタース	56	30	26	0	.536	.214	2.55	4
④阪　　急	56	28	26	2	.519	.223	2.81	7
⑤金　　鯱	56	25	30	1	.455	.231	3.03	5
⑥大 東 京	56	21	31	4	.404	.2196	3.01	8
⑦名 古 屋	56	21	35	0	.375	.2199	4.14	1
⑧イーグルス	56	12	44	0	.214	.216	3.97	5
(3.26〜7.17)								

1937年秋

	試合	勝利	敗北	引分	勝率	打率	防御率	本塁打
①タイガース	49	39	9	1	.813	.258	2.03	13
②巨　　人	48	30	18	0	.625	.255	2.31	21
③イーグルス	49	28	19	2	.596	.247	3.26	12
④金　　鯱	49	23	25	1	.479	.230	3.40	14
⑤セネタース	48	20	27	1	.426	.200	3.61	13
⑥ライオン	49	19	29	1	.396	.233	4.45	12
⑦阪　　急	49	17	29	3	.370	.218	3.84	19
⑧名 古 屋	49	13	33	3	.283	.222	4.00	4
(8.29〜11.30)								

1938年春

	試合	勝利	敗北	引分	勝率	打率	防御率	本塁打
①タイガース	35	29	6	0	.829	.268	2.05	12
②巨　　人	35	24	11	0	.686	.250	2.69	7
③阪　　急	35	21	13	1	.618	.225	2.13	7
④イーグルス	35	18	15	2	.545	.229	2.45	11
⑤セネタース	35	13	21	1	.382	.217	3.58	7
⑥金　　鯱	35	13	22	0	.371	.213	4.28	4
⑦名 古 屋	35	11	24	0	.314	.216	3.49	5
⑧ライオン	35	9	26	0	.257	.211	3.71	8
(4.29〜7.17)								

1938年秋

	試合	勝利	敗北	引分	勝率	打率	防御率	本塁打
①巨　　人	40	30	9	1	.769	.241	2.04	22
②タイガース	40	27	13	0	.675	.254	2.46	11
③阪　　急	40	21	17	2	.553	.233	3.13	16
④名 古 屋	40	19	18	3	.514	.211	3.34	12
⑤セネタース	40	19	20	1	.487	.222	3.99	16
⑥ライオン	40	19	20	1	.487	.216	2.62	9
⑦イーグルス	40	15	20	5	.429	.180	2.30	13
⑧南　　海	40	11	26	3	.297	.202	2.82	5
⑨金　　鯱	40	11	29	0	.275	.209	3.73	6
(8.27〜11.17)								

1939年

	試合	勝利	敗北	引分	勝率	打率	防御率	本塁打
①巨　　人	96	66	26	4	.717	.266	2.07	26
②タイガース	96	63	30	3	.677	.239	2.02	32
③阪　　急	96	58	36	2	.617	.234	2.16	11
④セネタース	96	49	38	9	.563	.203	2.21	12
⑤南　　海	96	40	50	6	.444	.230	2.51	15
⑥名 古 屋	96	38	53	5	.418	.216	2.44	19
⑦金　　鯱	96	36	56	4	.391	.204	2.86	13
⑧ライオン	96	33	58	5	.363	.217	3.11	8
⑨イーグルス	96	29	65	2	.309	.200	3.17	20
(3.18〜11.16)								

1940年

	試合	勝利	敗北	引分	勝率	打率	防御率	本塁打
①巨　　人	104	76	28	0	.731	.237	1.56	23
②阪　　神	104	64	37	3	.634	.223	1.66	13
③阪　　急	104	61	38	5	.616	.214	1.57	9
④　　翼	105	56	39	10	.589	.206	2.00	17
⑤名 古 屋	104	58	41	5	.586	.191	1.90	12
⑥黒　　鷲	104	46	54	4	.460	.197	2.24	9
⑦金　　鯱	104	34	63	7	.351	.200	2.98	14
⑧南　　海	105	28	71	6	.283	.196	2.44	6
⑨ライオン	104	24	76	4	.240	.187	2.76	3
(3.15〜12.8)								

1941年

	試合	勝利	敗北	引分	勝率	打率	防御率	本塁打
①巨　　人	86	62	22	2	.738	.249	1.750	23
②阪　　急	85	53	31	1	.631	.207	1.59	14
③大　　洋	84	47	37	3	.560	.189	1.33	9
④南　　海	84	43	41	0	.512	.195	1.82	12
⑤阪　　神	84	41	43	0	.488	.197	1.61	6
⑥名 古 屋	84	37	47	0	.440	.182	1.747	13
⑦黒　　鷲	85	28	56	1	.333	.193	2.85	13
⑧朝　　日	85	25	59	1	.298	.191	2.24	10
(4. 3〜11.17)								

1942年

	試合	勝利	敗北	引分	勝率	打率	防御率	本塁打
①巨　　人	105	73	27	5	.730	.231	1.57	19
②大　　洋	105	60	39	6	.606	.191	1.42	18
③阪　　神	105	52	48	5	.520	.204	1.82	9
④阪　　急	105	49	50	6	.495	.1890	1.73	7
⑤朝　　日	105	49	50	6	.495	.1892	1.41	2
⑥南　　海	105	49	56	0	.467	.202	1.90	11
⑦名 古 屋	105	39	60	6	.394	.185	1.93	24
⑧大　　和	105	27	68	10	.284	.181	2.29	10
(黒鷲・大和)								
(3.28〜11.18)								

1943年

	試合	勝利	敗北	引分	勝率	打率	防御率	本塁打
①巨　　人	84	54	27	3	.667	.208	1.38	12
②名 古 屋	84	48	29	7	.623	.1984	1.41	18
③阪　　神	84	41	36	7	.532	.201	1.80	12
④朝　　日	84	41	36	7	.532	.211	1.63	5
⑤西　　鉄	84	39	37	8	.513	.1975	2.21	7
⑥大　　和	84	35	43	6	.449	.180	2.41	9
⑦阪　　急	84	31	51	2	.378	.185	2.25	4
⑧南　　海	84	26	56	2	.317	.184	2.48	6
(4. 3〜11. 7)								

1944年

	試合	勝利	敗北	引分	勝率	打率	防御率	本塁打
①阪　　神	35	27	6	2	.818	.248	1.53	1
②巨　　人	35	19	14	2	.576	.236	1.92	5
③阪　　急	35	19	15	1	.559	.243	2.40	3
④産　　業	35	13	21	1	.382	.184	3.10	7
⑤朝　　日	35	12	22	1	.353	.237	2.85	4
⑥近畿日本	35	11	23	1	.324	.201	2.09	3
(南海・近畿日本)								
(4. 3〜8.30)								

1946年

	試合	勝利	敗北	引分	勝率	打率	防御率	本塁打
①グレートリング	105	65	38	2	.631	.273	3.08	24
②巨　　人	105	64	39	2	.621	.2572	2.59	24
③阪　　神	105	59	46	0	.562	.288	3.232	28
④阪　　急	105	51	52	2	.495	.2571	3.17	14
⑤セネタース	105	47	58	0	.448	.238	3.67	43
⑥ゴールドスター	105	43	60	2	.417	.231	3.54	8
⑦パシフィック	105	42	60	3	.412	.232	3.228	24
⑧中部日本	105	42	60	3	.412	.248	4.40	46
(4.27〜11. 5)								

1947年

	試合	勝利	敗北	引分	勝率	打率	防御率	本塁打
①阪　　神	119	79	37	3	.681	.258	2.18	17
②中　　日	119	67	50	2	.573	.2285	2.03	41
③南　　海	119	59	55	5	.518	.231	2.39	24
④阪　　急	119	58	57	4	.504	.2294	2.38	28
⑤巨　　人	119	56	59	4	.487	.242	2.65	27
⑥東　　急	119	51	65	3	.440	.218	2.53	45
⑦太　　陽	119	50	64	5	.439	.228	2.55	36
⑧金　　星	119	41	74	4	.357	.220	2.98	22
(4.18〜11.12)								

記録集

	試合	勝利	敗北	引分	勝率	打率	防御率	本塁打
1948年								
①南　海	140	87	49	4	.640	.255	2.18	45
②巨　人	140	83	55	2	.601	.256	2.27	95
③阪　神	140	70	66	4	.515	.262	2.88	50
④阪　急	140	66	68	6	.493	.241	2.63	25
⑤急　映	140	59	70	11	.457	.228	3.08	49
⑥大　陽	140	61	74	5	.452	.236	3.47	39
⑦金　星	140	60	73	7	.451	.229	2.84	43
⑧中　日	140	52	83	5	.385	.232	2.99	45
（4. 4～11.15）								

	試合	勝利	敗北	引分	勝率	打率	防御率	本塁打
1949年								
①巨　人	134	85	48	1	.639	.273	3.15	125
②南　急	136	69	64	3	.519	.2649	3.63	67
③大　映	134	67	65	2	.508	.272	4.15	130
④南　海	135	67	67	1	.500	.270	3.95	90
⑤中　日	137	66	68	3	.493	.268	3.77	136
⑥阪　神	137	65	69	3	.485	.283	4.47	141
⑦東　急	138	64	73	1	.467	.243	4.18	93
⑧大　陽	133	52	81	0	.391	.2645	4.59	92
（4. 2～11.29）								

セントラル・リーグ　　　　　　パシフィック・リーグ

(註)　▲印の年度は引分を0.5勝0.5敗として計算。
　　■'73～'82、'04～'06パはプレーオフで優勝決定（'76、'78は前・後期優勝が同一球団のため、プレーオフは行わず）。
　　※'01セの順位表記は勝利数上位球団が上位。
　　同率時の扱い…セ・リーグは'07～、パ・リーグは'06～全順位付けをする。

	試合	勝利	敗北	引分	勝率	打率	防御率	本塁打
1950年								
①松　竹	137	98	35	4	.737	.287	3.23	179
②中　日	137	89	44	4	.669	.274	3.73	144
③巨　人	140	82	54	4	.603	.268	2.90	126
④阪　神	140	70	67	3	.511	.270	4.19	120
⑤大　洋	140	69	68	3	.504	.273	4.47	111
⑥西日本	136	50	83	3	.376	.261	4.66	106
⑦国　鉄	138	42	94	2	.309	.244	4.67	66
⑧広　島	138	41	96	1	.299	.243	5.20	81

	試合	勝利	敗北	引分	勝率	打率	防御率	本塁打
1950年								
①毎　日	120	81	34	5	.704	.286	3.42	124
②南　海	120	66	49	5	.574	.279	3.38	88
③大　映	120	62	54	4	.534	.260	3.70	91
④阪　急	120	54	64	2	.458	.244	3.69	69
⑤西　鉄	120	51	67	2	.432	.254	3.87	79
⑥東　急	120	51	69	0	.425	.256	4.52	82
⑦近　鉄	120	44	72	4	.379	.242	3.85	86

	試合	勝利	敗北	引分	勝率	打率	防御率	本塁打
1951年								
①巨　人	114	79	29	6	.731	.291	2.62	92
②名古屋	113	62	48	3	.564	.272	3.47	67
③阪　神	116	61	52	3	.540	.269	3.26	78
④松　竹	115	53	57	5	.482	.268	4.41	105
⑤国　鉄	107	46	59	2	.438	.2454	3.96	36
⑥大　洋	108	40	64	4	.385	.253	4.84	86
⑦広　島	99	32	64	3	.333	.2449	4.62	42

	試合	勝利	敗北	引分	勝率	打率	防御率	本塁打
1951年								
①南　海	104	72	24	8	.750	.276	2.40	48
②西　鉄	105	53	42	10	.558	.242	2.75	63
③毎　日	110	54	51	5	.514	.258	3.25	59
④阪　急	101	41	52	8	.441	.239	3.33	46
⑤大　映	96	37	51	8	.420	.243	3.32	45
⑥東　急	102	38	56	8	.404	.241	3.64	71
⑦近　鉄	98	37	56	5	.398	.223	3.13	37

	試合	勝利	敗北	引分	勝率	打率	防御率	本塁打
1952年								
①巨　人	120	83	37	0	.692	.292	2.45	77
②阪　神	120	79	40	1	.664	.268	2.77	61
③名古屋	120	75	43	2	.636	.264	2.82	77
④大　洋	120	58	62	0	.483	.248	3.68	57
⑤国　鉄	120	50	70	0	.417	.238	3.38	67
⑥広　島	120	37	80	3	.316	.233	3.83	29
⑦松　竹	120	34	84	2	.288	.223	4.05	53

	試合	勝利	敗北	引分	勝率	打率	防御率	本塁打
1952年								
①南　海	121	76	44	1	.633	.268	2.84	83
②毎　日	120	75	45	0	.625	.264	2.87	72
③西　鉄	120	67	52	1	.563	.261	3.08	94
④大　映	120	55	65	1	.4583	.2428	3.38	68
⑤阪　急	108	49	58	1	.4579	.246	3.70	39
⑥東　急	108	49	59	0	.454	.251	3.95	51
⑦近　鉄	108	30	78	0	.278	.2429	4.06	37

	試合	勝利	敗北	引分	勝率	打率	防御率	本塁打
1953年								
①巨　人	125	87	37	1	.702	.283	2.48	80
②阪　神	130	74	56	0	.569	.270	3.15	87
③名古屋	130	70	57	3	.551	.251	3.24	66
④広　島	130	53	75	2	.414	.242	4.00	73
⑤洋　松	130	52	77	1	.403	.246	4.10	63
⑥国　鉄	125	45	79	1	.363	.235	3.36	55

	試合	勝利	敗北	引分	勝率	打率	防御率	本塁打
1953年								
①南　海	120	71	48	1	.597	.265	3.02	61
②阪　急	120	67	52	1	.563	.258	2.68	44
③大　映	120	63	53	4	.543	.237	2.67	30
④西　鉄	120	57	61	2	.483	.253	3.05	114
⑤毎　日	120	56	62	2	.475	.252	3.13	56
⑥東　急	120	50	67	3	.427	.220	3.26	50
⑦近　鉄	120	48	69	3	.410	.246	2.93	31

	試合	勝利	敗北	引分	勝率	打率	防御率	本塁打
1954年								
①中　日	130	86	40	4	.683	.256	2.32	70
②巨　人	130	82	47	1	.636	.271	2.38	88
③阪　神	130	71	57	2	.555	.266	2.78	68
④広　島	130	56	69	5	.448	.245	3.81	55
⑤国　鉄	130	55	73	2	.430	.258	3.34	61
⑥洋　松	130	32	96	2	.250	.227	4.13	68

	試合	勝利	敗北	引分	勝率	打率	防御率	本塁打
1954年								
①西　鉄	140	90	47	3	.657	.256	2.17	134
②南　海	140	91	49	0	.650	.250	2.50	82
③毎　日	140	79	57	4	.581	.236	2.69	89
④近　鉄	140	74	63	3	.540	.247	2.66	27
⑤阪　急	140	66	70	4	.485	.260	3.23	63
⑥高　橋	140	53	84	3	.387	.229	3.43	51
⑦東　映	140	52	86	2	.377	.234	3.73	46
⑧大　映	140	43	92	5	.319	.222	3.53	47

1955年（セントラル）

		試合	勝利	敗北	引分	勝率	打率	防御率	本塁打
①	巨　人	130	92	37	1	.713	.266	1.75	84
②	中　日	130	77	52	1	.597	.238	2.02	64
③	阪　神	130	71	57	2	.555	.251	2.49	51
④	広　島	130	58	70	2	.453	.226	3.29	64
⑤	国　鉄	130	57	71	2	.445	.228	2.69	93
⑥	大　洋	130	31	99	0	.238	.209	3.69	51

1955年（パシフィック）

		試合	勝利	敗北	引分	勝率	打率	防御率	本塁打
①	南　海	143	99	41	3	.707	.249	2.61	90
②	西　鉄	144	90	50	4	.643	.259	2.68	140
③	毎　日	142	85	55	2	.607	.251	2.46	89
④	阪　急	142	80	60	2	.571	.267	2.70	39
⑤	近　鉄	142	60	80	2	.429	.252	3.45	35
⑥	大　映	141	53	87	1	.379	.228	2.99	41
⑦	東　映	143	51	89	3	.364	.232	3.18	40
⑧	トンボ	141	42	98	1	.300	.227	3.94	40

1956年▲（セントラル）

		試合	勝利	敗北	引分	勝率	打率	防御率	本塁打
①	巨　人	130	82	44	4	.646	.258	2.08	100
②	阪　神	130	79	50	1	.612	.224	1.77	54
③	中　日	130	74	56	0	.569	.228	2.03	52
④	国　鉄	130	61	65	4	.485	.218	2.64	58
⑤	広　島	130	45	82	3	.358	.213	3.04	60
⑥	大　洋	130	43	87	0	.331	.208	3.15	74

1956年▲（パシフィック）

		試合	勝利	敗北	引分	勝率	打率	防御率	本塁打
①	西　鉄	154	96	51	7	.646	.254	1.87	95
②	南　海	154	96	52	6	.643	.250	2.23	68
③	阪　急	154	88	64	2	.578	.238	2.38	43
④	毎　日	154	84	66	4	.558	.234	2.40	95
⑤	近　鉄	154	68	82	4	.455	.226	3.17	48
⑥	東　映	154	58	92	4	.390	.216	2.86	41
⑦	大　映	154	57	94	3	.380	.227	2.89	46
⑧	高　橋	154	52	98	4	.351	.214	3.26	50

1957年▲（セントラル）

		試合	勝利	敗北	引分	勝率	打率	防御率	本塁打
①	巨　人	130	74	53	3	.581	.241	2.39	93
②	阪　神	130	73	54	3	.573	.240	2.38	68
③	中　日	130	70	57	3	.550	.219	2.26	63
④	国　鉄	130	58	68	4	.462	.226	2.74	83
⑤	広　島	130	54	75	1	.419	.214	2.78	65
⑥	大　洋	130	52	74	4	.415	.229	3.10	63

1957年▲（パシフィック）

		試合	勝利	敗北	引分	勝率	打率	防御率	本塁打
①	西　鉄	132	83	44	5	.648	.255	2.15	94
②	南　海	132	78	53	1	.595	.252	2.68	98
③	毎　日	132	75	52	5	.587	.239	2.47	80
④	阪　急	132	71	55	6	.561	.231	2.41	56
⑤	東　映	132	56	73	3	.436	.227	2.80	45
⑥	近　鉄	132	44	82	6	.356	.225	3.22	35
⑦	大　映	132	41	89	2	.318	.213	3.63	48

1958年▲（セントラル）

		試合	勝利	敗北	引分	勝率	打率	防御率	本塁打
①	巨　人	130	77	52	1	.596	.253	2.37	101
②	阪　神	130	72	58	0	.554	.238	2.55	88
③	中　日	130	66	59	5	.527	.233	2.40	86
④	国　鉄	130	58	68	4	.462	.223	3.10	59
⑤	広　島	130	54	68	4	.446	.222	2.92	80
⑥	大　洋	130	51	73	6	.415	.215	2.75	78

1958年▲（パシフィック）

		試合	勝利	敗北	引分	勝率	打率	防御率	本塁打
①	西　鉄	130	78	47	5	.619	.243	2.37	83
②	南　海	130	77	48	5	.612	.248	2.53	93
③	阪　急	130	73	51	6	.585	.234	2.54	41
④	大　毎	130	62	63	5	.496	.239	2.79	72
⑤	東　映	130	57	70	3	.450	.237	2.70	40
⑥	近　鉄	130	29	97	4	.238	.215	4.04	41

1959年▲（セントラル）

		試合	勝利	敗北	引分	勝率	打率	防御率	本塁打
①	巨　人	130	77	48	5	.612	.245	2.54	117
②	阪　神	130	62	59	9	.512	.2369	2.37	76
②	中　日	130	64	61	5	.512	.2374	2.77	106
④	国　鉄	130	63	65	2	.492	.230	3.19	62
⑤	広　島	130	59	64	7	.481	.218	2.62	71
⑥	大　洋	130	49	77	4	.392	.214	3.47	73

1959年（パシフィック）

		試合	勝利	敗北	引分	勝率	打率	防御率	本塁打
①	南　海	134	88	42	4	.677	.265	2.44	90
②	大　毎	136	82	48	6	.631	.255	2.76	114
③	東　映	135	67	63	5	.515	.242	2.98	78
④	西　鉄	144	66	64	14	.508	.236	2.66	69
⑤	阪　急	134	48	82	4	.369	.222	3.26	57
⑥	近　鉄	133	39	91	3	.300	.229	3.68	48

1960年▲（セントラル）

		試合	勝利	敗北	引分	勝率	打率	防御率	本塁打
①	大　洋	130	70	56	4	.554	.2302	2.33	60
②	巨　人	130	66	61	3	.519	.229	3.0852	106
③	阪　神	130	64	62	4	.508	.242	2.62	87
④	広　島	130	62	61	7	.504	.2296	2.70	84
⑤	中　日	130	63	67	0	.485	.2295	3.08	87
⑥	国　鉄	130	54	72	4	.431	.232	3.0854	73

1960年（パシフィック）

		試合	勝利	敗北	引分	勝率	打率	防御率	本塁打
①	大　毎	133	82	48	3	.631	.262	2.66	100
②	南　海	136	78	52	6	.600	.247	2.88	103
③	西　鉄	136	70	60	6	.538	.251	3.05	97
④	阪　急	136	65	65	6	.500	.243	2.99	64
⑤	東　映	132	52	78	2	.400	.2355	2.92	80
⑥	近　鉄	131	43	87	1	.331	.2358	3.61	69

1961年▲（セントラル）

		試合	勝利	敗北	引分	勝率	打率	防御率	本塁打
①	巨　人	130	71	53	6	.569	.2265	2.50	89
②	中　日	130	72	56	2	.562	.241	2.48	79
③	国　鉄	130	67	60	3	.527	.2274	2.29	58
④	阪　神	130	60	67	3	.473	.244	2.60	80
⑤	広　島	130	58	67	5	.465	.239	3.11	74
⑥	大　洋	130	50	75	5	.404	.236	3.10	76

1961年▲（パシフィック）

		試合	勝利	敗北	引分	勝率	打率	防御率	本塁打
①	南　海	140	85	49	6	.629	.262	2.96	117
②	東　映	140	83	52	5	.611	.264	2.39	108
③	西　鉄	140	81	56	3	.589	.249	2.83	110
④	大　毎	140	72	66	2	.521	.258	3.23	103
⑤	阪　急	140	53	84	3	.389	.225	3.56	65
⑥	近　鉄	140	36	103	1	.261	.229	3.96	68

1962年（セントラル）

		試合	勝利	敗北	引分	勝率	打率	防御率	本塁打
①	阪　神	133	75	55	3	.577	.223	2.03	64
②	大　洋	134	71	59	4	.546	.242	2.73	100
③	中　日	133	70	60	3	.538	.249	2.68	107
④	巨　人	134	67	63	4	.515	.232	2.47	102
⑤	広　島	134	56	74	4	.431	.239	3.30	75
⑥	国　鉄	134	51	79	4	.392	.201	2.61	60

1962年（パシフィック）

		試合	勝利	敗北	引分	勝率	打率	防御率	本塁打
①	東　映	133	78	52	3	.600	.2520	2.42	85
②	南　海	133	73	57	3	.562	.253	3.27	119
③	西　鉄	136	62	68	6	.477	.245	3.00	92
④	大　毎	132	60	70	2	.462	.268	3.71	92
⑤	阪　急	131	60	70	1	.462	.229	3.36	60
⑥	近　鉄	131	57	73	1	.438	.2524	3.40	70

記録集

	試合	勝利	敗北	引分	勝率	打率	防御率	本塁打		試合	勝利	敗北	引分	勝率	打率	防御率	本塁打
1963年									**1963年**								
①巨　　人	140	83	55	2	.601	.247	2.57	143	①西　　鉄	150	86	60	4	.589	.244	2.69	146
②中　　日	140	80	57	3	.584	.246	2.84	120	②南　　海	150	85	61	4	.582	.25621	2.70	184
③阪　　神	140	69	70	1	.496	.239	3.20	95	③東　　映	150	76	71	3	.517	.236	3.02	114
④国　　鉄	140	65	73	2	.471	.241	3.15	95	④近　　鉄	150	74	73	3	.503	.25620	3.44	98
⑤大　　洋	140	59	79	2	.428	.237	3.29	110	⑤大　　毎	150	64	85	1	.430	.246	3.05	117
⑥広　　島	140	58	80	2	.420	.253	3.83	92	⑥阪　　急	150	57	92	1	.383	.228	3.69	86
1964年									**1964年**								
①阪　　神	140	80	56	4	.588	.240	2.75	114	①南　　海	150	84	63	3	.571	.259	3.12	144
②大　　洋	140	80	58	2	.580	.255	3.03	134	②阪　　急	150	79	65	6	.549	.245	3.01	141
③巨　　人	140	71	69	0	.507	.235	3.01	147	③東　　映	150	78	68	4	.534	.250	2.95	100
④広　　島	140	64	73	3	.467	.2421	3.30	98	④東　　京	150	77	68	5	.531	.249	2.86	93
⑤国　　鉄	140	61	74	5	.452	.2424	3.43	117	⑤西　　鉄	150	63	81	6	.438	.242	3.57	116
⑥中　　日	140	57	83	0	.407	.254	3.63	114	⑥近　　鉄	150	55	91	4	.377	.254	3.63	112
1965年									**1965年**								
①巨　　人	140	91	47	2	.659	.246	2.54	106	①南　　海	140	88	49	3	.642	.255	2.80	153
②中　　日	140	77	59	4	.566	.247	2.60	100	②東　　映	140	76	61	3	.555	.240	2.88	107
③阪　　神	140	71	66	3	.518	.220	2.47	94	③西　　鉄	140	72	64	4	.529	.246	3.00	112
④大　　洋	140	68	70	2	.493	.244	2.81	136	④阪　　急	140	67	71	2	.486	.234	3.33	130
⑤広　　島	140	59	77	4	.434	.230	2.84	72	⑤東　　京	140	62	74	4	.456	.232	2.90	117
⑥サンケイ	140	44	91	5	.326	.221	3.42	64	⑥近　　鉄	140	46	92	2	.333	.235	3.61	91
1966年									**1966年**								
①巨　　人	134	89	41	4	.685	.243	2.24	114	①南　　海	133	79	51	3	.608	.245	2.59	108
②中　　日	132	76	54	2	.585	.253	2.54	123	②西　　鉄	138	75	55	8	.577	.231	2.13	125
③阪　　神	135	64	66	5	.492	.233	2.52	81	③東　　映	136	70	60	6	.538	.256	2.75	91
④広　　島	136	57	73	6	.438	.234	3.45	78	④東　　京	134	61	69	4	.469	.240	2.93	112
⑤大　　洋	130	52	78	0	.400	.247	3.74	116	⑤阪　　急	134	57	73	4	.438	.229	3.31	89
⑤サンケイ	135	52	78	5	.400	.214	3.16	86	⑥近　　鉄	133	48	82	3	.369	.228	3.60	100
1967年									**1967年**								
①巨　　人	134	84	46	4	.646	.265	2.87	162	①阪　　急	134	75	55	4	.577	.2513	2.79	143
②中　　日	134	72	58	4	.554	.248	3.31	148	②西　　鉄	140	66	64	10	.508	.222	2.50	98
③阪　　神	136	70	60	6	.538	.2446	2.60	101	③東　　映	134	65	65	4	.500	.260	3.19	97
④大　　洋	135	59	71	5	.454	.2449	3.28	130	④南　　海	133	64	66	3	.492	.235	3.04	108
⑤サンケイ	135	58	72	5	.446	.240	3.68	120	⑤東　　京	137	61	69	7	.469	.240	3.01	87
⑥広　　島	138	47	83	8	.362	.225	3.41	82	⑥近　　鉄	132	59	71	2	.454	.2510	3.60	104
1968年									**1968年**								
①巨　　人	134	77	53	4	.592	.262	3.35	177	①阪　　急	134	80	50	4	.615	.242	2.922	154
②阪　　神	133	72	58	3	.554	.229	2.67	119	②南　　海	136	79	51	6	.608	.243	2.921	127
③広　　島	134	68	62	4	.523	.224	2.91	112	③東　　京	139	67	63	9	.515	.262	3.32	155
④サンケイ	134	64	66	4	.492	.239	3.28	130	④近　　鉄	135	57	73	5	.438	.234	3.28	84
⑤大　　洋	133	59	71	4	.454	.236	3.71	131	⑤西　　鉄	133	56	74	3	.431	.237	3.17	110
⑥中　　日	134	50	80	4	.385	.246	3.72	142	⑥東　　映	135	51	79	5	.392	.248	3.97	118
1969年									**1969年**								
①巨　　人	130	73	51	6	.589	.263	3.30	147	①阪　　急	130	76	50	4	.603	.2536	3.18	154
②阪　　神	130	68	59	3	.535	.222	2.41	114	②近　　鉄	130	73	51	6	.589	.243	2.78	118
③大　　洋	130	61	61	8	.500	.239	3.19	125	③ロ　ッ　テ	130	69	54	7	.561	.260	3.11	142
④中　　日	130	59	65	6	.476	.231	3.11	145	④東　　映	130	57	70	3	.449	.2537	3.35	116
⑤アトムズ	130	58	69	3	.457	.244	3.71	139	⑤西　　鉄	130	51	75	4	.405	.225	3.40	119
⑥広　　島	130	56	70	4	.444	.221	3.24	121	⑥南　　海	130	50	76	4	.397	.241	3.56	85
1970年									**1970年**								
①巨　　人	130	79	47	4	.627	.240	2.46	131	①ロ　ッ　テ	130	80	47	3	.630	.263	3.23	166
②阪　　神	130	77	49	4	.611	.245	2.36	110	②南　　海	130	69	57	4	.548	.255	3.43	147
③大　　洋	130	69	57	4	.548	.241	2.75	106	③近　　鉄	130	65	59	6	.524	.233	2.98	108
④広　　島	130	62	60	8	.508	.226	3.00	108	④阪　　急	130	64	62	2	.500	.244	3.57	116
⑤中　　日	130	55	70	5	.440	.234	3.20	118	⑤東　　映	130	54	70	6	.435	.253	4.18	147
⑥ヤクルト	130	33	92	5	.264	.215	3.78	69	⑥西　　鉄	130	43	78	9	.355	.225	4.12	137
1971年									**1971年**								
①巨　　人	130	70	52	8	.574	.253	2.94	123	①阪　　急	130	80	39	11	.672	.273	3.17	166
②中　　日	130	65	60	5	.520	.226	2.97	127	②ロ　ッ　テ	130	80	46	4	.635	.270	3.77	193
③大　　洋	130	61	59	10	.5083	.216	2.31	82	③近　　鉄	130	65	60	5	.520	.241	3.21	151
④広　　島	130	63	61	6	.5080	.233	3.11	89	④南　　海	130	61	65	4	.484	.267	4.27	156
⑤阪　　神	130	57	64	9	.471	.220	2.76	101	⑤東　　映	130	44	74	12	.373	.241	3.96	131
⑥ヤクルト	130	52	72	6	.419	.234	3.03	94	⑥西　　鉄	130	38	84	8	.311	.231	4.31	114

セントラル・リーグ

	試合	勝利	敗北	引分	勝率	打率	防御率	本塁打
1972年								
①巨人	130	74	52	4	.587	.2544	3.43	158
②阪神	130	71	56	3	.559	.239	3.00	125
③中日	130	67	59	4	.532	.232	3.29	123
④ヤクルト	130	60	67	3	.472	.2536	3.73	115
⑤大洋	130	57	69	4	.452	.242	3.66	135
⑥広島	130	49	75	6	.395	.250	3.57	117
1973年								
①巨人	130	66	60	4	.524	.253	3.25	149
②阪神	130	64	59	7	.520	.234	2.82	115
③中日	130	64	61	5	.512	.242	2.98	108
④ヤクルト	130	62	65	3	.488	.228	2.60	78
⑤大洋	130	60	64	6	.484	.243	3.30	125
⑥広島	130	60	67	3	.472	.223	3.04	104
1974年								
①中日	130	70	49	11	.588	.264	3.75	150
②巨人	130	71	50	9	.587	.253	3.05	159
③ヤクルト	130	60	63	7	.488	.233	3.14	111
④阪神	130	57	64	9	.471	.237	3.45	136
⑤大洋	130	55	69	6	.444	.265	4.28	143
⑥広島	130	54	72	4	.429	.242	3.61	127
1975年								
①広島	130	72	47	11	.605	.256	2.96	131
②中日	130	69	53	8	.566	.271	3.18	133
③阪神	130	68	55	7	.553	.252	3.34	128
④ヤクルト	130	57	64	9	.471	.245	3.31	101
⑤大洋	130	51	69	10	.425	.249	3.93	137
⑥巨人	130	47	76	7	.382	.236	3.53	117
1976年								
①巨人	130	76	45	9	.628	.280	3.58	167
②阪神	130	72	45	13	.615	.258	3.54	193
③広島	130	61	58	11	.513	.270	4.02	169
④中日	130	54	66	10	.450	.266	4.50	138
⑤ヤクルト	130	52	68	10	.433	.260	3.88	128
⑥大洋	130	45	78	7	.366	.256	4.45	172
1977年								
①巨人	130	80	46	4	.635	.280	3.48	181
②ヤクルト	130	62	58	10	.517	.26674	4.01	170
③中日	130	64	61	5	.512	.275	4.381	176
④阪神	130	55	63	12	.466	.26675	4.384	184
⑤広島	130	51	67	12	.432	.2678	4.83	163
⑥大洋	130	51	68	11	.429	.2680	4.94	176
1978年								
①ヤクルト	130	68	46	16	.596	.279	4.382	157
②巨人	130	65	49	16	.570	.270	3.61	136
③広島	130	62	50	18	.554	.284	4.378	205
④大洋	130	64	57	9	.529	.273	3.90	132
⑤中日	130	53	71	6	.427	.252	4.45	141
⑥阪神	130	41	80	9	.339	.254	4.79	139
1979年								
①広島	130	67	50	13	.573	.257	3.74	172
②大洋	130	59	54	17	.522	.266	4.05	135
③中日	130	59	57	14	.509	.2678	3.97	155
④阪神	130	61	60	9	.504	.2683	4.15	172
⑤巨人	130	58	62	10	.483	.259	3.85	154
⑥ヤクルト	130	48	69	13	.410	.252	4.60	157
1980年								
①広島	130	73	44	13	.624	.263	3.37	161
②ヤクルト	130	68	52	10	.567	.270	3.17	132
③巨人	130	61	60	9	.504	.243	2.95	153
④大洋	130	59	62	9	.488	.259	4.18	135
⑤阪神	130	54	66	10	.450	.262	3.73	134
⑥中日	130	45	76	9	.372	.261	4.43	134

パシフィック・リーグ

	試合	勝利	敗北	引分	勝率	打率	防御率	本塁打
1972年								
①阪急	130	80	48	2	.625	.260	3.19	167
②近鉄	130	64	60	6	.5161	.248	3.07	123
③南海	130	65	61	4	.5158	.253	3.48	133
④東映	130	63	61	6	.508	.270	3.82	149
⑤ロッテ	130	59	68	3	.465	.264	4.54	148
⑥西鉄	130	47	80	3	.370	.242	4.12	110
1973年								
①南海■	130	68	58	4	.540	.260	3.35	113
②阪急	130	77	48	5	.616	.270	3.30	151
③ロッテ	130	70	49	11	.588	.264	3.43	139
④太平洋	130	59	64	7	.480	.239	3.58	116
⑤日拓	130	55	69	6	.444	.254	3.97	133
⑥近鉄	130	42	83	5	.336	.237	3.83	113
1974年								
①ロッテ■	130	69	50	11	.580	.265	3.18	114
②阪急	130	69	51	10	.575	.258	3.52	125
③南海	130	59	55	16	.518	.2456	3.06	124
④太平洋	130	59	64	7	.480	.235	3.46	90
⑤近鉄	130	56	66	8	.459	.230	3.63	131
⑥日本ハム	130	49	75	6	.395	.2463	4.11	96
1975年								
①阪急■	130	64	59	7	.520	.257	3.49	143
②近鉄	130	71	50	9	.587	.2459	3.09	115
③太平洋	130	58	62	10	.483	.261	3.73	135
④ロッテ	130	59	65	6	.476	.259	3.33	108
⑤南海	130	57	65	8	.467	.2457	2.98	102
⑥日本ハム	130	55	63	12	.466	.258	3.89	100
1976年								
①阪急	130	79	45	6	.637	.256	3.30	139
②南海	130	71	56	3	.559	.2585	2.91	97
③ロッテ	130	63	56	11	.529	.25781	2.96	99
④近鉄	130	57	66	7	.463	.245	3.04	102
⑤日本ハム	130	52	67	11	.437	.25786	3.72	107
⑥太平洋	130	44	76	10	.367	.2587	4.08	115
1977年								
①阪急■	130	69	51	10	.575	.269	3.23	147
②南海	130	63	55	12	.534	.250	3.15	108
③ロッテ	130	60	57	13	.513	.270	3.17	111
④近鉄	130	59	61	10	.492	.2446	3.31	92
⑤日本ハム	130	58	61	11	.487	.2454	3.36	113
⑥クラウン	130	49	73	8	.402	.249	4.27	128
1978年								
①阪急	130	82	39	9	.678	.283	3.13	176
②近鉄	130	71	46	13	.607	.266	3.21	115
③日本ハム	130	55	63	12	.466	.264	3.98	131
④ロッテ	130	53	62	15	.461	.269	4.01	115
⑤クラウン	130	51	67	12	.432	.268	3.75	109
⑥南海	130	42	77	11	.353	.239	4.01	78
1979年								
①近鉄■	130	74	45	11	.622	.285	3.70	195
②阪急	130	75	44	11	.630	.281	3.84	193
③日本ハム	130	63	60	7	.512	.266	4.09	131
④ロッテ	130	55	63	12	.466	.274	4.30	150
⑤南海	130	46	73	11	.387	.276	4.86	125
⑥西武	130	45	73	12	.381	.259	4.60	140
1980年								
①近鉄■	130	68	54	8	.557	.290	4.96	239
②ロッテ	130	64	51	15	.557	.280	4.15	184
③日本ハム	130	66	53	11	.555	.264	3.61	167
④西武	130	62	64	4	.492	.267	4.43	219
⑤阪急	130	58	67	5	.464	.262	5.08	204
⑥南海	130	48	77	5	.384	.274	5.63	183

記録集

セントラル・リーグ

		試合	勝利	敗北	引分	勝率	打率	防御率	本塁打
1981年									
①	巨　人	130	73	48	9	.603	.26796	2.88	135
②	広　島	130	67	54	9	.554	.274	3.66	181
③	阪　神	130	67	58	5	.536	.272	3.32	114
④	ヤクルト	130	56	58	16	.491	.255	4.30	120
⑤	中　日	130	58	65	7	.472	.26791	3.71	151
⑥	大　洋	130	42	80	8	.344	.252	4.41	105
1982年									
①	中　日	130	64	47	19	.577	.266	3.27	143
②	巨　人	130	66	50	14	.569	.2537	2.93	133
③	阪　神	130	65	57	8	.533	.262	3.44	118
④	広　島	130	59	58	13	.504	.2544	3.30	139
⑤	大　洋	130	53	65	12	.449	.250	3.92	125
⑥	ヤクルト	130	45	75	10	.375	.240	3.64	95
1983年									
①	巨　人	130	72	50	8	.590	.275	3.77	156
②	広　島	130	65	55	10	.542	.269	3.65	164
③	大　洋	130	61	61	8	.500	.272	4.523	137
④	阪　神	130	62	63	5	.496	.274	4.22	169
⑤	中　日	130	54	69	7	.439	.263	4.11	160
⑥	ヤクルト	130	53	69	8	.434	.266	4.515	149
1984年									
①	広　島	130	75	45	10	.625	.274	3.37	167
②	中　日	130	73	49	8	.598	.282	3.82	191
③	巨　人	130	67	54	9	.554	.268	3.66	186
④	阪　神	130	53	69	8	.434	.2638	4.46	165
⑤	ヤクルト	130	51	71	8	.418	.2640	4.76	101
⑥	大　洋	130	46	77	7	.374	.263	4.55	100
1985年									
①	阪　神	130	74	49	7	.602	.285	4.16	219
②	広　島	130	68	57	5	.544	.271	4.13	160
③	巨　人	130	61	60	9	.504	.279	3.96	157
④	大　洋	130	57	61	12	.483	.267	4.59	132
⑤	中　日	130	56	61	13	.479	.265	4.08	136
⑥	ヤクルト	130	46	74	10	.383	.264	4.75	143
1986年									
①	広　島	130	73	46	11	.613	.254	2.89	137
②	巨　人	130	75	48	7	.610	.270	3.12	155
③	阪　神	130	60	60	10	.500	.271	3.69	184
④	大　洋	130	56	69	5	.448	.264	3.81	84
⑤	中　日	130	54	67	9	.446	.242	3.70	131
⑥	ヤクルト	130	49	77	4	.389	.252	4.27	119
1987年									
①	巨　人	130	76	43	11	.639	.281	3.06	159
②	中　日	130	68	51	11	.571	.265	3.64	168
③	広　島	130	65	55	10	.542	.268	3.14	143
④	ヤクルト	130	58	64	8	.475	.260	4.51	159
⑤	大　洋	130	56	68	6	.452	.259	4.26	113
⑥	阪　神	130	41	83	6	.331	.242	4.36	140
1988年									
①	中　日	130	79	46	5	.632	.258	3.20	131
②	巨　人	130	68	59	3	.535	.268	3.09	134
③	広　島	130	65	62	3	.512	.244	3.06	105
④	大　洋	130	59	67	4	.468	.273	3.93	85
⑤	ヤクルト	130	58	69	3	.457	.246	3.79	147
⑥	阪　神	130	51	77	2	.398	.248	3.82	82
1989年									
①	巨　人	130	84	44	2	.656	.263	2.56	106
②	広　島	130	73	51	6	.589	.271	3.01	101
③	中　日	130	68	59	3	.535	.256	3.68	149
④	ヤクルト	130	55	72	3	.433	.254	3.97	140
⑤	阪　神	130	54	75	1	.419	.257	4.15	135
⑥	大　洋	130	47	80	3	.370	.260	4.07	76

パシフィック・リーグ

		試合	勝利	敗北	引分	勝率	打率	防御率	本塁打
1981年									
①	日本ハム■	130	68	54	8	.557	.276	3.81	126
②	阪　急	130	68	58	4	.540	.2666	4.01	140
③	ロッテ	130	63	57	10	.525	.277	4.16	126
④	西　武	130	61	61	8	.500	.2673	3.62	143
⑤	南　海	130	53	65	12	.449	.273	4.37	128
⑥	近　鉄	130	54	72	4	.429	.253	4.10	149
1982年									
①	西　武■	130	68	58	4	.540	.253	3.31	131
②	日本ハム	130	67	52	11	.563	.266	3.63	127
③	近　鉄	130	63	57	10	.525	.258	4.11	151
④	阪　急	130	62	60	8	.508	.256	3.73	150
⑤	ロッテ	130	54	69	7	.439	.263	4.24	123
⑥	南　海	130	53	71	6	.427	.255	4.05	90
1983年									
①	西　武	130	86	40	4	.683	.278	3.20	182
②	阪　急	130	67	55	8	.549	.272	4.16	157
③	日本ハム	130	64	59	7	.520	.275	3.82	153
④	近　鉄	130	52	65	13	.444	.262	4.49	134
⑤	南　海	130	52	69	9	.430	.268	4.75	128
⑥	ロッテ	130	43	76	11	.361	.264	5.12	128
1984年									
①	阪　急	130	75	45	10	.625	.272	3.72	166
②	ロッテ	130	64	51	15	.557	.275	4.22	149
③	西　武	130	62	61	7	.504	.256	4.10	153
④	近　鉄	130	58	61	11	.487	.257	4.36	174
⑤	南　海	130	53	65	12	.449	.269	4.89	159
⑥	日本ハム	130	44	73	13	.376	.259	4.98	144
1985年									
①	西　武	130	79	45	6	.637	.2715	3.82	155
②	ロッテ	130	64	60	6	.516	.287	4.80	168
③	近　鉄	130	63	60	7	.5121	.2718	5.10	212
④	阪　急	130	64	61	5	.5120	.274	4.98	197
⑤	日本ハム	130	53	65	12	.449	.265	4.36	169
⑥	南　海	130	44	76	10	.367	.260	5.05	149
1986年									
①	西　武	130	68	49	13	.581	.2806	3.69	185
②	近　鉄	130	66	52	12	.559	.271	4.337	183
③	阪　急	130	63	57	10	.525	.277	4.11	180
④	ロッテ	130	57	64	9	.471	.2808	4.342	171
⑤	日本ハム	130	57	65	8	.467	.262	4.10	151
⑥	南　海	130	49	73	8	.402	.251	4.46	136
1987年									
①	西　武	130	71	45	14	.612	.249	2.96	153
②	阪　急	130	64	56	10	.533	.272	3.89	152
③	日本ハム	130	63	60	7	.512	.259	3.96	128
④	南　海	130	57	63	10	.475	.261	3.86	132
⑤	ロッテ	130	51	65	14	.440	.264	3.67	104
⑥	近　鉄	130	52	69	9	.430	.270	4.22	135
1988年									
①	西　武	130	73	51	6	.589	.270	3.61	176
②	近　鉄	130	74	52	4	.587	.253	3.23	154
③	日本ハム	130	62	65	3	.488	.245	3.12	101
④	阪　急	130	60	68	2	.469	.264	4.08	117
⑤	南　海	130	58	71	1	.450	.267	4.07	162
⑥	ロッテ	130	54	74	2	.422	.262	4.38	100
1989年									
①	近　鉄	130	71	54	5	.568	.261	3.859	157
②	オリックス	130	72	55	3	.567	.278	4.26	170
③	西　武	130	69	53	8	.566	.271	3.856	150
④	ダイエー	130	59	64	7	.480	.257	4.74	166
⑤	日本ハム	130	54	73	3	.425	.2659	4.20	131
⑥	ロッテ	130	48	74	8	.393	.2657	4.50	119

1990年（セ・リーグ）

	チーム	試合	勝利	敗北	引分	勝率	打率	防御率	本塁打
①	巨　人	130	88	42	0	.677	.2666	2.83	134
②	広　島	132	66	64	2	.508	.2671	3.57	140
③	大　洋	133	64	66	3	.492	.266	3.94	90
④	中　日	131	62	68	1	.477	.264	4.26	162
⑤	ヤクルト	130	58	72	0	.446	.257	4.24	123
⑥	阪　神	130	52	78	0	.400	.252	4.58	135

1990年（パ・リーグ）

	チーム	試合	勝利	敗北	引分	勝率	打率	防御率	本塁打
①	西　武	130	81	45	4	.643	.2628	3.48	162
②	オリックス	130	69	57	4	.548	.271	4.30	186
③	近　鉄	130	67	60	3	.528	.275	4.34	181
④	日本ハム	130	66	63	1	.512	.2627	3.68	128
⑤	ロッテ	130	57	71	2	.445	.262	4.22	132
⑥	ダイエー	130	41	85	4	.325	.251	5.56	116

1991年（セ・リーグ）

	チーム	試合	勝利	敗北	引分	勝率	打率	防御率	本塁打
①	広　島	132	74	56	2	.569	.254	3.23	88
②	中　日	131	71	59	1	.546	.262	3.59	178
③	ヤクルト	132	67	63	2	.515	.259	3.93	140
④	巨　人	130	66	64	0	.508	.253	3.72	128
⑤	大　洋	131	64	66	1	.492	.269	3.74	66
⑥	阪　神	130	48	82	0	.369	.237	4.37	111

1991年（パ・リーグ）

	チーム	試合	勝利	敗北	引分	勝率	打率	防御率	本塁打
①	西　武	130	81	43	6	.653	.2651	3.22	155
②	近　鉄	130	77	48	5	.616	.2650	3.46	157
③	オリックス	130	64	63	3	.504	.261	3.90	127
④	日本ハム	130	53	72	5	.424	.251	3.72	112
⑤	ダイエー	130	53	73	4	.421	.253	4.74	152
⑥	ロッテ	130	48	77	5	.384	.260	4.23	89

1992年（セ・リーグ）

	チーム	試合	勝利	敗北	引分	勝率	打率	防御率	本塁打
①	ヤクルト	131	69	61	1	.531	.261	3.79	173
②	巨　人	130	67	63	0	.515	.262	3.69	139
③	阪　神	132	67	63	2	.515	.250	2.90	86
④	広　島	130	66	64	0	.508	.260	3.60	122
⑤	大　洋	131	61	69	1	.469	.249	3.75	97
⑥	中　日	130	60	70	0	.462	.252	3.91	108

1992年（パ・リーグ）

	チーム	試合	勝利	敗北	引分	勝率	打率	防御率	本塁打
①	西　武	130	80	47	3	.630	.278	3.52	159
②	近　鉄	130	74	50	6	.597	.247	3.69	155
③	オリックス	130	61	64	5	.488	.272	3.58	88
④	ダイエー	130	57	72	1	.442	.258	4.60	139
⑤	日本ハム	130	54	73	3	.425	.259	4.20	99
⑥	ロッテ	130	54	74	2	.422	.241	3.82	89

1993年（セ・リーグ）

	チーム	試合	勝利	敗北	引分	勝率	打率	防御率	本塁打
①	ヤクルト	132	80	50	2	.615	.263	3.20	140
②	中　日	132	73	57	2	.562	.256	3.12	158
③	巨　人	134	64	66	1	.492	.238	3.22	105
④	阪　神	132	63	67	2	.485	.253	3.88	86
⑤	横　浜	130	57	73	0	.438	.249	3.83	87
⑥	広　島	131	53	77	1	.408	.253	4.29	155

1993年（パ・リーグ）

	チーム	試合	勝利	敗北	引分	勝率	打率	防御率	本塁打
①	西　武	130	74	53	3	.583	.260	2.96	114
②	日本ハム	130	71	52	7	.577	.259	3.37	106
③	オリックス	130	70	56	4	.556	.253	3.24	125
④	近　鉄	130	66	59	5	.528	.258	3.62	145
⑤	ロッテ	130	51	77	2	.398	.251	4.08	95
⑥	ダイエー	130	45	80	5	.360	.246	4.22	97

1994年（セ・リーグ）

	チーム	試合	勝利	敗北	引分	勝率	打率	防御率	本塁打
①	巨　人	130	70	60	0	.538	.2583	3.41	122
②	中　日	130	69	61	0	.531	.2581	3.45	108
③	広　島	130	66	64	0	.508	.276	4.18	126
④	ヤクルト	130	62	68	0	.477	.250	4.05	130
⑤	阪　神	130	62	68	0	.477	.256	3.43	92
⑥	横　浜	130	61	69	0	.469	.261	3.76	107

1994年（パ・リーグ）

	チーム	試合	勝利	敗北	引分	勝率	打率	防御率	本塁打
①	西　武	130	76	52	2	.594	.279	3.81	122
②	オリックス	130	68	59	3	.5354	.285	3.93	92
③	近　鉄	130	68	59	3	.5354	.274	4.24	169
④	ダイエー	130	69	60	1	.5348	.275	4.10	132
⑤	ロッテ	130	55	73	2	.430	.261	4.50	104
⑥	日本ハム	130	46	79	5	.368	.252	4.62	101

1995年（セ・リーグ）

	チーム	試合	勝利	敗北	引分	勝率	打率	防御率	本塁打
①	ヤクルト	130	82	48	0	.631	.2606	3.60	147
②	広　島	131	74	56	1	.569	.263	3.57	166
③	巨　人	131	72	58	1	.554	.252	3.40	139
④	横　浜	130	66	64	0	.508	.2609	4.37	114
⑤	中　日	130	50	80	0	.385	.251	4.75	136
⑥	阪　神	130	46	84	0	.354	.244	3.83	88

1995年（パ・リーグ）

	チーム	試合	勝利	敗北	引分	勝率	打率	防御率	本塁打
①	オリックス	130	82	47	1	.636	.2593	2.88	115
②	ロッテ	130	69	58	3	.543	.254	3.27	88
③	西　武	130	67	57	6	.540	.246	2.98	117
④	日本ハム	130	59	68	3	.465	.237	3.56	105
⑤	ダイエー	130	54	72	4	.429	.2586	4.16	94
⑥	近　鉄	130	49	78	3	.386	.234	3.97	105

1996年（セ・リーグ）

	チーム	試合	勝利	敗北	引分	勝率	打率	防御率	本塁打
①	巨　人	130	77	53	0	.592	.253	3.47	147
②	中　日	130	72	58	0	.554	.278	4.01	119
③	広　島	130	71	59	0	.546	.281	4.08	162
④	ヤクルト	130	61	69	0	.469	.264	4.00	103
⑤	横　浜	130	55	75	0	.423	.270	4.67	85
⑥	阪　神	130	54	76	0	.415	.245	4.12	89

1996年（パ・リーグ）

	チーム	試合	勝利	敗北	引分	勝率	打率	防御率	本塁打
①	オリックス	130	74	50	6	.597	.271	3.55	124
②	日本ハム	130	68	58	4	.540	.249	3.49	130
③	西　武	130	62	64	4	.492	.258	3.58	141
④	近　鉄	130	62	67	1	.481	.255	4.01	146
⑤	ロッテ	130	60	67	3	.472	.252	3.68	85
⑥	ダイエー	130	54	74	2	.422	.263	4.04	97

1997年（セ・リーグ）

	チーム	試合	勝利	敗北	引分	勝率	打率	防御率	本塁打
①	ヤクルト	137	83	52	2	.615	.276	3.26	138
②	横　浜	135	72	63	0	.533	.273	3.703	105
③	広　島	135	66	69	0	.489	.259	4.44	164
④	巨　人	135	63	72	0	.467	.251	3.69	150
⑤	阪　神	136	62	73	1	.459	.244	3.698	103
⑥	中　日	136	59	76	1	.437	.243	4.33	115

1997年（パ・リーグ）

	チーム	試合	勝利	敗北	引分	勝率	打率	防御率	本塁打
①	西　武	135	76	56	3	.576	.281	3.63	110
②	オリックス	135	71	61	3	.538	.263	3.61	111
③	近　鉄	135	68	63	4	.519	.274	3.79	112
④	日本ハム	135	63	71	0	.470	.265	4.18	128
④	ダイエー	135	63	71	1	.470	.264	4.26	132
⑥	ロッテ	135	57	76	2	.429	.249	3.84	75

1998年（セ・リーグ）

	チーム	試合	勝利	敗北	引分	勝率	打率	防御率	本塁打
①	横　浜	136	79	56	1	.585	.277	3.49	100
②	中　日	136	75	60	1	.556	.248	3.14	100
③	巨　人	135	73	62	0	.541	.267	3.74	148
④	ヤクルト	135	66	69	0	.489	.253	3.69	97
⑤	広　島	135	60	75	0	.444	.265	4.01	131
⑥	阪　神	135	52	83	0	.385	.242	3.95	86

1998年（パ・リーグ）

	チーム	試合	勝利	敗北	引分	勝率	打率	防御率	本塁打
①	西　武	135	70	61	4	.534	.270	3.66	115
②	日本ハム	135	67	65	3	.508	.255	3.83	150
③	オリックス	135	66	66	3	.500	.2639	4.03	140
④	ダイエー	135	67	67	1	.500	.2637	4.02	100
⑤	近　鉄	135	66	67	2	.496	.267	4.28	126
⑥	ロッテ	135	61	71	3	.462	.271	3.70	102

記録集

セントラル・リーグ / パシフィック・リーグ

1999年

	試合	勝利	敗北	引分	勝率	打率	防御率	本塁打
①中　日	135	81	54	0	.600	.263	3.39	120
②巨　人	135	75	60	0	.556	.265	3.84	182
③横　浜	135	71	64	0	.526	.294	4.44	140
④ヤクルト	135	66	69	0	.489	.264	4.23	141
⑤広　島	135	57	78	0	.422	.260	4.78	152
⑥阪　神	135	55	80	0	.407	.259	4.04	97
①ダイエー	135	78	54	3	.591	.2573	3.65	140
②西　武	135	75	59	1	.560	.258	3.58	89
③オリックス	135	68	65	2	.511	.263	3.637	112
④ロッテ	135	63	70	2	.474	.2567	3.644	97
⑤日本ハム	135	60	73	2	.451	.260	4.34	148
⑥近　鉄	135	54	77	4	.412	.2572	4.54	151

2000年

	試合	勝利	敗北	引分	勝率	打率	防御率	本塁打
①巨　人	135	78	57	0	.578	.263	3.34	203
②中　日	135	70	65	0	.519	.266	4.19	111
③横　浜	136	69	66	1	.511	.277	3.92	103
④ヤクルト	136	66	69	1	.489	.264	3.62	137
⑤広　島	136	65	70	1	.481	.256	4.48	150
⑥阪　神	136	57	78	1	.422	.244	3.90	114
①ダイエー	135	73	60	2	.549	.268	4.03	129
②西　武	135	69	61	5	.531	.255	3.68	97
③日本ハム	135	69	65	1	.515	.278	4.70	177
④オリックス	135	64	67	4	.489	.260	4.64	148
⑤ロッテ	135	62	67	6	.481	.259	4.73	109
⑥近　鉄	135	58	75	2	.436	.262	4.66	125

2001年※

	試合	勝利	敗北	引分	勝率	打率	防御率	本塁打
①ヤクルト	140	76	58	6	.567	.274	3.41	148
②巨　人	140	75	63	2	.543	.271	4.45	196
③横　浜	140	69	67	4	.507	.267	3.747	94
④広　島	140	68	65	7	.511	.269	3.82	155
⑤中　日	140	62	74	4	.456	.253	3.48	98
⑥阪　神	140	57	80	3	.416	.243	3.749	90
①近　鉄	140	78	60	2	.565	.280	4.98	211
②ダイエー	140	76	63	1	.547	.273	4.49	203
③西　武	140	73	67	0	.521	.2559	3.88	184
④オリックス	140	70	66	4	.515	.263	4.11	143
⑤ロッテ	140	64	74	2	.464	.258	3.93	143
⑥日本ハム	140	53	84	3	.387	.2557	4.79	147

2002年

	試合	勝利	敗北	引分	勝率	打率	防御率	本塁打
①巨　人	140	86	52	2	.623	.272	3.04	186
②ヤクルト	140	74	62	4	.544	.263	3.39	142
③中　日	140	69	66	5	.511	.257	3.19	125
④阪　神	140	66	70	4	.485	.253	3.41	122
⑤広　島	140	64	72	4	.471	.259	4.36	154
⑥横　浜	140	49	86	5	.363	.240	4.09	97
①西　武	140	90	49	1	.647	.278	3.20	183
②近　鉄	140	73	65	2	.529	.258	3.93	177
③ダイエー	140	73	65	2	.529	.267	3.856107	160
④ロッテ	140	67	72	1	.482	.2466	3.72	101
⑤日本ハム	140	61	76	3	.445	.2469	3.856105	146
⑥オリックス	140	50	87	3	.365	.235	3.58	102

2003年

	試合	勝利	敗北	引分	勝率	打率	防御率	本塁打
①阪　神	140	87	51	2	.630	.287	3.53	141
②中　日	140	73	66	1	.525	.268	3.80	137
③巨　人	140	71	66	3	.518	.262	4.43	205
④ヤクルト	140	71	66	3	.518	.283	4.12	159
⑤広　島	140	67	71	2	.486	.259	4.23	153
⑥横　浜	140	45	94	1	.324	.258	4.80	192
①ダイエー	140	82	55	3	.599	.297	3.94	154
②西　武	140	77	61	2	.558	.2714	4.43	191
③近　鉄	140	74	64	2	.536	.274	4.30	187
④ロッテ	140	68	69	3	.496	.2713	4.37	145
⑤日本ハム	140	62	74	4	.456	.269	4.88	149
⑥オリックス	140	48	88	4	.353	.276	5.95	174

2004年

	試合	勝利	敗北	引分	勝率	打率	防御率	本塁打
①中　日	138	79	56	3	.585	.274	3.86	111
②ヤクルト	138	72	64	2	.529	.2754	4.70	181
③巨　人	138	71	64	3	.526	.2749	4.50	259
④阪　神	138	66	70	2	.485	.273	4.08	142
⑤広　島	138	60	77	1	.438	.276	4.75	187
⑥横　浜	138	59	76	3	.437	.279	4.47	194
①西　武■	133	74	58	1	.561	.276	4.29	183
②ダイエー	133	77	52	4	.597	.292	4.58	183
③日本ハム	133	66	65	2	.504	.281	4.72	178
④ロッテ	133	65	65	3	.500	.264	4.40	143
⑤近　鉄	133	61	70	2	.466	.269	4.46	121
⑥オリックス	133	49	82	2	.374	.283	5.66	112

2005年

	試合	勝利	敗北	引分	勝率	打率	防御率	本塁打
①阪　神	146	87	54	5	.617	.274	3.24	140
②中　日	146	79	66	1	.545	.269	4.13	139
③横　浜	146	69	70	7	.496	.265	3.68	143
④ヤクルト	146	71	73	2	.493	.276	4.00	128
⑤巨　人	146	62	80	4	.437	.260	4.79846	186
⑥広　島	146	58	84	4	.408	.275	4.79844	184
①ロッテ■	136	84	49	3	.632	.282	3.21	143
②ソフトバンク	136	89	45	2	.664	.281	3.46	172
③西　武	136	67	69	0	.493	.269	4.27	162
④オリックス	136	62	70	4	.470	.260	3.84	97
⑤日本ハム	136	62	71	3	.466	.254	3.98	165
⑥楽　天	136	38	97	1	.281	.255	5.67	88

2006年

	試合	勝利	敗北	引分	勝率	打率	防御率	本塁打
①中　日	146	87	54	5	.617	.270	3.10	139
②阪　神	146	84	58	4	.592	.267	3.13	133
③ヤクルト	146	70	73	3	.490	.269	3.91	161
④巨　人	146	65	79	2	.451	.251	3.65	134
⑤広　島	146	62	79	5	.440	.266	3.96	127
⑥横　浜	146	58	84	4	.408	.257	4.25	127
①日本ハム■	136	82	54	0	.603	.269	3.05	135
②西　武	136	80	54	2	.597	.275	3.64	131
③ソフトバンク	136	75	56	5	.573	.259	3.13	82
④ロッテ	136	65	70	1	.481	.252	3.78	111
⑤オリックス	136	52	81	3	.391	.253	3.84	106
⑥楽　天	136	47	85	4	.356	.258	4.30	67

2007年

	試合	勝利	敗北	引分	勝率	打率	防御率	本塁打
①巨　人	144	80	63	1	.559	.276	3.58	191
②中　日	144	78	64	2	.549	.261	3.59	121
③阪　神	144	74	66	4	.529	.255	3.56	111
④横　浜	144	71	72	1	.497	.265	4.01	124
⑤広　島	144	60	82	2	.423	.263	4.22	132
⑥ヤクルト	144	60	84	0	.417	.269	4.07	139
①日本ハム	144	79	60	5	.568	.25871	3.22	73
②ロッテ	144	76	61	7	.555	.2623	3.26	107
③ソフトバンク	144	73	66	5	.525	.267	3.18	106
④楽　天	144	67	75	2	.472	.2624	4.31	111
⑤西　武	144	66	76	2	.465	.264	3.82	126
⑥オリックス	144	62	77	5	.446	.25870	3.67	119

	試合	勝利	敗北	引分	勝率	打率	防御率	本塁打
2008年								
①巨　　人	144	84	57	3	.596	.26577	3.37	177
②阪　　神	144	82	59	3	.582	.268	3.29	83
③中　　日	144	71	68	5	.511	.253	3.53	140
④広　　島	144	69	70	5	.496	.271	3.78	100
⑤ヤクルト	144	66	74	4	.471	.26576	3.75	83
⑥横　　浜	144	48	94	2	.338	.2655	4.74	145
2009年								
①巨　　人	144	89	46	9	.659	.275	2.94	182
②中　　日	144	81	62	1	.566	.258	3.17	136
③ヤクルト	144	71	72	1	.497	.259	3.97	116
④阪　　神	144	67	73	4	.479	.255	3.28	106
⑤広　　島	144	65	75	4	.464	.245	3.59	101
⑥横　　浜	144	51	93	0	.354	.239	4.36	128
2010年								
①中　　日	144	79	62	3	.560	.258	3.29	119
②阪　　神	144	78	63	3	.553	.290	4.05	173
③巨　　人	144	79	64	1	.552	.266	3.89	226
④ヤクルト	144	72	68	4	.514	.268	3.85	124
⑤広　　島	144	58	84	2	.408	.263	4.80	104
⑥横　　浜	144	48	95	1	.336	.255	4.88	117
2011年								
①中　　日	144	75	59	10	.560	.228	2.46	82
②ヤクルト	144	70	59	15	.543	.244	3.36	85
③巨　　人	144	71	62	11	.534	.243	2.61	108
④阪　　神	144	68	70	6	.493	.255	2.83	80
⑤広　　島	144	60	76	8	.441	.245	3.22	52
⑥横　　浜	144	47	86	11	.353	.239	3.87	78
2012年								
①巨　　人	144	86	43	15	.667	.256	2.16	94
②中　　日	144	75	53	16	.586	.245	2.58	70
③ヤクルト	144	68	65	11	.511	.260	3.35	90
④広　　島	144	61	71	12	.462	.23342	2.72	76
⑤阪　　神	144	55	75	14	.423	.236	2.65	58
⑥ＤｅＮＡ	144	46	85	13	.351	.23340	3.76	66
2013年								
①巨　　人	144	84	53	7	.613	.2619	3.21	145
②阪　　神	144	73	67	4	.521	.255	3.07	82
③広　　島	144	69	72	3	.489	.248	3.46	110
④中　　日	144	64	77	3	.454	.245	3.81	111
⑤ＤｅＮＡ	144	64	79	1	.448	.2617	4.50	132
⑥ヤクルト	144	57	83	4	.407	.253	4.26	134
2014年								
①巨　　人	144	82	61	1	.573	.257	3.58	144
②阪　　神	144	75	68	1	.524	.264	3.88	94
③広　　島	144	74	68	2	.521	.272	3.79	153
④中　　日	144	67	73	4	.479	.258	3.69	87
⑤ＤｅＮＡ	144	67	75	2	.472	.253	3.76	121
⑥ヤクルト	144	60	81	3	.426	.279	4.62	139
2015年								
①ヤクルト	143	76	65	2	.539	.257	3.31	107
②巨　　人	143	75	67	1	.528	.243	2.78	98
③阪　　神	143	70	71	2	.496	.247	3.47	78
④広　　島	143	69	71	3	.493	.246	2.92	105
⑤中　　日	143	62	77	4	.446	.253	3.19	71
⑥ＤｅＮＡ	143	62	80	1	.437	.249	3.80	112
2016年								
①広　　島	143	89	52	2	.631	.272	3.20	153
②巨　　人	143	71	69	3	.507	.251	3.45	128
③ＤｅＮＡ	143	69	71	3	.493	.249	3.76	140
④阪　　神	143	64	76	3	.457	.2445	3.38	90
⑤ヤクルト	143	64	78	1	.451	.256	4.73	113
⑥中　　日	143	58	82	3	.414	.2451	3.65	89

	試合	勝利	敗北	引分	勝率	打率	防御率	本塁打
2008年								
①西　　武	144	76	64	4	.543	.270	3.86	198
②オリックス	144	75	68	1	.524	.262	3.93	152
③日本ハム	144	73	69	2	.514	.255	3.54	82
④ロ　ッ　テ	144	73	70	1	.510	.268	4.14	127
⑤楽　　天	144	65	76	3	.461	.272	3.89	94
⑥ソフトバンク	144	64	77	3	.454	.265	4.05	99
2009年								
①日本ハム	144	82	60	2	.577	.278	3.65	112
②楽　　天	144	77	66	1	.538	.267	4.012	108
③ソフトバンク	144	74	65	5	.532	.263	3.69	129
④西　　武	144	70	70	4	.500	.261	4.007	163
⑤ロ　ッ　テ	144	62	77	5	.446	.256	4.23	135
⑥オリックス	144	56	86	2	.394	.274	4.58	118
2010年								
①ソフトバンク	144	76	63	5	.547	.267	3.89	134
②西　　武	144	78	65	1	.545	.2710	4.19	150
③ロ　ッ　テ	144	75	67	2	.528	.275	4.10	126
④日本ハム	144	74	67	3	.525	.274	3.52	91
⑤オリックス	144	69	71	4	.493	.2709	3.97	146
⑥楽　　天	144	62	79	3	.440	.265	3.98	95
2011年								
①ソフトバンク	144	88	46	10	.657	.267	2.32	90
②日本ハム	144	72	65	7	.526	.251	2.68	86
③西　　武	144	68	67	9	.5037	.253	3.15	103
④オリックス	144	69	68	7	.5036	.248	3.33	76
⑤楽　　天	144	66	71	7	.482	.245	2.85	53
⑥ロ　ッ　テ	144	54	79	11	.406	.241	3.40	46
2012年								
①日本ハム	144	74	59	11	.556	.256	2.89	90
②西　　武	144	72	63	9	.533	.251	3.24	78
③ソフトバンク	144	67	65	12	.508	.2524	2.56	70
④楽　　天	144	67	67	10	.500	.2515	2.99	52
⑤ロ　ッ　テ	144	62	67	15	.481	.257	3.13	64
⑥オリックス	144	57	77	10	.425	.241	3.34	73
2013年								
①楽　　天	144	82	59	3	.582	.267	3.51	97
②西　　武	144	74	66	4	.529	.257	3.54	86
③ロ　ッ　テ	144	74	68	2	.521	.262	3.77	91
④ソフトバンク	144	73	69	2	.514	.274	3.56	125
⑤オリックス	144	66	73	5	.475	.2559	3.31	93
⑥日本ハム	144	64	78	2	.451	.2563	3.74	105
2014年								
①ソフトバンク	144	78	60	6	.565	.280	3.25	95
②オリックス	144	80	62	2	.563	.258	2.89	110
③日本ハム	144	73	68	3	.518	.2511	3.61	119
④ロ　ッ　テ	144	66	76	2	.465	.2508	4.14	96
⑤西　　武	144	63	77	4	.450	.248	3.77	125
⑥楽　　天	144	64	80	0	.444	.255	3.97	78
2015年								
①ソフトバンク	143	90	49	4	.647	.267	3.16	141
②日本ハム	143	79	62	2	.560	.258	3.62	106
③ロ　ッ　テ	143	73	69	1	.514	.257	3.693	85
④西　　武	143	69	69	5	.500	.263	3.685	136
⑤オリックス	143	61	80	2	.433	.249	3.59	94
⑥楽　　天	143	57	83	3	.407	.241	3.82	85
2016年								
①日本ハム	143	87	53	3	.621	.266	3.06	121
②ソフトバンク	143	83	54	6	.606	.261	3.09	114
③ロ　ッ　テ	143	72	68	3	.514	.256	3.66	80
④西　　武	143	64	76	3	.457	.264	3.85	128
⑤楽　　天	143	62	78	3	.443	.257	4.11	101
⑥オリックス	143	57	83	3	.407	.253	4.18	84

記録集

2017年（セントラル・リーグ）

	試合	勝利	敗北	引分	勝率	打率	防御率	本塁打
①広　島	143	88	51	4	.633	.273	3.39	152
②阪　神	143	78	61	4	.561	.2485	3.29	113
③ＤｅＮＡ	143	73	65	5	.529	.252	3.81	134
④巨　人	143	72	68	3	.514	.2492	3.31	113
⑤中　日	143	59	79	5	.428	.247	4.05	111
⑥ヤクルト	143	45	96	2	.319	.234	4.21	95

2017年（パシフィック・リーグ）

	試合	勝利	敗北	引分	勝率	打率	防御率	本塁打
①ソフトバンク	143	94	49	0	.657	.259	3.22	164
②西　武	143	79	61	3	.564	.264	3.53	153
③楽　天	143	77	63	3	.550	.254	3.33	135
④オリックス	143	63	79	1	.444	.251	3.83	127
⑤日本ハム	143	60	83	0	.420	.242	3.82	108
⑥ロ ッ テ	143	54	87	2	.383	.233	4.22	95

2018年（セントラル・リーグ）

	試合	勝利	敗北	引分	勝率	打率	防御率	本塁打
①広　島	143	82	59	2	.582	.262	4.12	175
②ヤクルト	143	75	66	2	.532	.266	4.13	135
③巨　人	143	67	71	5	.486	.257	3.79	152
④ＤｅＮＡ	143	67	74	2	.475	.250	4.18	181
⑤中　日	143	63	78	2	.447	.265	4.36	97
⑥阪　神	143	62	79	2	.440	.253	4.03	85

2018年（パシフィック・リーグ）

	試合	勝利	敗北	引分	勝率	打率	防御率	本塁打
①西　武	143	88	53	2	.624	.273	4.24	196
②ソフトバンク	143	82	60	1	.577	.266	3.90	202
③日本ハム	143	74	66	3	.529	.251	3.77	140
④オリックス	143	65	73	5	.471	.244	3.69	108
⑤ロ ッ テ	143	59	81	3	.421	.247	4.04	78
⑥楽　天	143	58	82	3	.414	.241	3.78	132

2019年（セントラル・リーグ）

	試合	勝利	敗北	引分	勝率	打率	防御率	本塁打
①巨　人	143	77	64	2	.546	.257	3.77	183
②ＤｅＮＡ	143	71	69	3	.507	.246	3.93	163
③阪　神	143	69	68	6	.504	.251	3.46	94
④広　島	143	70	70	3	.500	.254	3.68	140
⑤中　日	143	68	73	2	.482	.263	3.72	90
⑥ヤクルト	143	59	82	2	.418	.244	4.78	167

2019年（パシフィック・リーグ）

	試合	勝利	敗北	引分	勝率	打率	防御率	本塁打
①西　武	143	80	62	1	.563	.265	4.35	174
②ソフトバンク	143	76	62	5	.551	.2510	3.63	183
③楽　天	143	71	68	4	.511	.2509	3.74	141
④ロ ッ テ	143	69	70	4	.496	.249	3.90	158
⑤日本ハム	143	65	73	5	.471	.2511	3.76	93
⑥オリックス	143	61	75	7	.449	.242	4.05	102

2020年（セントラル・リーグ）

	試合	勝利	敗北	引分	勝率	打率	防御率	本塁打
①巨　人	120	67	45	8	.598	.255	3.34	135
②阪　神	120	60	53	7	.531	.246	3.35	110
③中　日	120	60	55	5	.522	.252	3.84	70
④ＤｅＮＡ	120	56	58	6	.491	.266	3.76	135
⑤広　島	120	52	56	12	.481	.262	4.06	110
⑥ヤクルト	120	41	69	10	.373	.242	4.61	114

2020年（パシフィック・リーグ）

	試合	勝利	敗北	引分	勝率	打率	防御率	本塁打
①ソフトバンク	120	73	42	5	.635	.2489	2.92	126
②ロ ッ テ	120	60	57	3	.513	.235	3.81	90
③西　武	120	58	58	4	.500	.238	4.28	107
④楽　天	120	55	57	8	.491		4.19	112
⑤日本ハム	120	53	62	5	.461	.2494	4.02	89
⑥オリックス	120	45	68	7	.398	.247	3.97	90

2021年（セントラル・リーグ）

	試合	勝利	敗北	引分	勝率	打率	防御率	本塁打
①ヤクルト	143	73	52	18	.584	.254	3.48	142
②阪　神	143	77	56	10	.579	.247	3.30	121
③巨　人	143	61	62	20	.496	.242	3.63	169
④広　島	143	63	68	12	.481	.264	3.81	123
⑤中　日	143	55	71	17	.437	.237	3.22	69
⑥ＤｅＮＡ	143	54	73	16	.425	.258	4.15	136

2021年（パシフィック・リーグ）

	試合	勝利	敗北	引分	勝率	打率	防御率	本塁打
①オリックス	143	70	55	18	.560	.2471	3.31	133
②ロ ッ テ	143	67	57	19	.540	.2393	3.67	126
③楽　天	143	66	62	15	.516	.243	3.40	108
④ソフトバンク	143	60	62	21	.492	.2468	3.25	132
⑤日本ハム	143	55	68	20	.447	.231	3.32	78
⑥西　武	143	55	70	18	.440	.2394	3.94	112

2022年（セントラル・リーグ）

	試合	勝利	敗北	引分	勝率	打率	防御率	本塁打
①ヤクルト	143	80	59	4	.576	.250	3.52	174
②ＤｅＮＡ	143	73	68	2	.518	.251	3.48	117
③阪　神	143	68	71	4	.489	.243	2.67	84
④巨　人	143	68	72	3	.486	.242	3.69	163
⑤広　島	143	66	74	3	.471	.257	3.54	91
⑥中　日	143	66	75	2	.468	.247	3.28	62

2022年（パシフィック・リーグ）

	試合	勝利	敗北	引分	勝率	打率	防御率	本塁打
①オリックス	143	76	65	2	.539	.246	2.84	89
②ソフトバンク	143	76	65	2	.539	.255	3.07	108
③西　武	143	72	68	3	.514	.229	2.75	118
④楽　天	143	69	71	3	.493	.243	3.47	101
⑤ロ ッ テ	143	69	73	1	.486	.231	3.39	97
⑥日本ハム	143	59	81	3	.421	.234	3.46	100

2023年（セントラル・リーグ）

	試合	勝利	敗北	引分	勝率	打率	防御率	本塁打
①阪　神	143	85	53	5	.616	.247120	2.66	84
②広　島	143	74	65	4	.532	.246	3.20	96
③ＤｅＮＡ	143	74	66	3	.529	.247125	3.16	105
④巨　人	143	71	70	2	.504	.252	3.39	164
⑤ヤクルト	143	57	83	3	.407	.239	3.66	123
⑥中　日	143	56	82	5	.406	.234	3.08	71

2023年（パシフィック・リーグ）

	試合	勝利	敗北	引分	勝率	打率	防御率	本塁打
①オリックス	143	86	53	4	.619	.250	2.73	109
②ロ ッ テ	143	70	68	5	.5072	.239	3.40	100
③ソフトバンク	143	71	69	3	.5071	.248	3.27	104
④楽　天	143	70	71	2	.496	.244	3.52	104
⑤西　武	143	65	77	1	.458	.233	2.93	90
⑥日本ハム	143	60	82	1	.423	.231	3.08	100

パシフィック・リーグ・前・後期チーム順位

(1973～1982)

	試合	勝利	敗北	引分	勝率		試合	勝利	敗北	引分	勝率
1973年前						**1973年後**					
①南　　海	65	38	26	1	.594	①阪　　急	65	43	19	3	.694
②ロ ッ テ	65	35	27	3	.565	②ロ ッ テ	65	35	22	8	.614
③阪　　急	65	34	29	2	.540	③南　　海	65	30	32	3	.484
④太 平 洋	65	32	30	3	.516	③日　　拓	65	30	32	3	.484
⑤日　　拓	65	25	37	3	.403	⑤太 平 洋	65	27	34	4	.443
⑥近　　鉄	65	23	38	4	.377	⑥近　　鉄	65	19	45	1	.297
1974年前						**1974年後**					
①阪　　急	65	36	23	6	.610	①ロ ッ テ	65	38	23	4	.623
②ロ ッ テ	65	31	27	7	.534	②南　　海	65	32	27	6	.542
③太 平 洋	65	30	30	5	.500	③阪　　急	65	33	28	4	.541
④南　　海	65	27	28	10	.491	④太 平 洋	65	29	34	2	.460
⑤近　　鉄	65	27	32	6	.458	④近　　鉄	65	29	34	2	.460
⑥日本ハム	65	25	36	4	.410	⑥日本ハム	65	24	39	2	.381
1975年前						**1975年後**					
①阪　　急	65	38	25	2	.603	①近　　鉄	65	40	20	5	.667
②太 平 洋	65	30	29	6	.5084	②ロ ッ テ	65	32	31	2	.508
③近　　鉄	65	31	30	4	.5081	③南　　海	65	30	33	2	.476
④日本ハム	65	27	30	8	.474	④太 平 洋	65	28	33	4	.459
⑤南　　海	65	27	32	6	.458	④日本ハム	65	28	33	4	.459
⑥ロ ッ テ	65	27	34	4	.443	⑥阪　　急	65	26	34	5	.433
1976年前						**1976年後**					
①阪　　急	65	42	21	2	.667	①阪　　急	65	37	24	4	.607
②南　　海	65	35	29	1	.547	②南　　海	65	36	27	2	.571
③ロ ッ テ	65	29	28	8	.509	③ロ ッ テ	65	34	28	3	.548
④日本ハム	65	26	31	8	.456	④近　　鉄	65	30	31	4	.492
⑤近　　鉄	65	27	35	3	.435	⑤日本ハム	65	26	36	3	.419
⑥太 平 洋	65	21	36	8	.368	⑥太 平 洋	65	23	40	2	.365
1977年前						**1977年後**					
①阪　　急	65	35	25	5	.583	①ロ ッ テ	65	33	24	8	.579
②南　　海	65	33	26	6	.559	②阪　　急	65	34	26	5	.567
③近　　鉄	65	31	26	8	.544	③南　　海	65	30	29	6	.508
④日本ハム	65	31	29	5	.517	④日本ハム	65	27	32	6	.458
⑤ロ ッ テ	65	27	33	5	.450	⑤クラウン	65	29	35	1	.453
⑥クラウン	65	20	38	7	.345	⑥近　　鉄	65	28	35	2	.444
1978年前						**1978年後**					
①阪　　急	65	44	20	1	.688	①阪　　急	65	38	19	8	.667
②近　　鉄	65	32	26	7	.552	②近　　鉄	65	39	20	6	.661
③日本ハム	65	29	31	5	.483	③ロ ッ テ	65	28	29	8	.491
④クラウン	65	28	31	6	.475	④日本ハム	65	26	32	7	.448
⑤ロ ッ テ	65	25	33	7	.431	⑤クラウン	65	23	36	6	.390
⑥南　　海	65	22	39	4	.361	⑥南　　海	65	20	38	7	.345
1979年前						**1979年後**					
①近　　鉄	65	39	19	7	.672	①阪　　急	65	36	23	6	.610
②阪　　急	65	39	21	5	.650	②近　　鉄	65	35	26	4	.574
③日本ハム	65	34	26	5	.567	③ロ ッ テ	65	29	29	7	.500
④ロ ッ テ	65	26	34	5	.433	④日本ハム	65	29	34	2	.460
⑤南　　海	65	23	39	3	.371	⑤西　　武	65	27	33	5	.450
⑥西　　武	65	18	40	7	.310	⑥南　　海	65	23	34	8	.404
1980年前						**1980年後**					
①ロ ッ テ	65	33	25	7	.569	①近　　鉄	65	35	26	4	.574
②近　　鉄	65	33	28	4	.541	②日本ハム	65	33	25	7	.569
③日本ハム	65	33	28	4	.541	③ロ ッ テ	65	31	26	8	.544
④阪　　急	65	29	34	2	.460	④西　　武	65	35	30	0	.538
⑤南　　海	65	28	34	3	.452	⑤阪　　急	65	29	33	3	.468
⑥西　　武	65	27	34	4	.443	⑥南　　海	65	20	43	2	.317

記録集

1981年前	試合	勝利	敗北	引分	勝率
①ロッテ	65	35	26	4	.574
②西武	65	33	28	4	.541
③阪急	65	32	30	3	.516
④日本ハム	65	31	31	3	.500
⑤南海	65	29	32	4	.475
⑥近鉄	65	25	38	2	.397

1981年後	試合	勝利	敗北	引分	勝率
①日本ハム	65	37	23	5	.617
②阪急	65	36	28	1	.563
③ロッテ	65	28	31	6	.475
④近鉄	65	29	34	2	.460
⑤西武	65	28	33	4	.459
⑥南海	65	24	33	8	.421

1982年前	試合	勝利	敗北	引分	勝率
①西武	65	36	27	2	.571
②阪急	65	33	28	4	.541
③近鉄	65	30	27	8	.526
④日本ハム	65	32	29	4	.525
⑤南海	65	27	34	4	.443
⑥ロッテ	65	23	36	6	.390

1982年後	試合	勝利	敗北	引分	勝率
①日本ハム	65	35	23	7	.603
②近鉄	65	33	30	2	.524
③西武	65	32	31	2	.508
④ロッテ	65	31	33	1	.484
⑤阪急	65	29	32	4	.475
⑥南海	65	26	37	2	.413

通　算　勝　敗

1936年 ～ 2023年

チーム	試合	勝利－敗北	引分	勝率	本塁打
巨　　人	11164	6266－4540	358	.580	10974
ソフトバンク	11018	5616－5000	402	.529	9288
西　　武	9993	5074－4528	391	.528	9589
阪　　神	11190	5609－5237	344	.517	8429
オリックス	11183	5530－5260	393	.513	8875
中　　日	11176	5519－5278	379	.511	9037
ロ ッ テ	9980	4803－4778	399	.501	8225
広　　島	9942	4624－4941	377	.483	8840
日本ハム	10457	4827－5247	383	.479	8427
ヤクルト	9942	4490－5113	339	.468	8535
楽　　天	2688	1220－1390	78	.467	1862
ＤeＮＡ	9943	4323－5300	320	.449	8352

チーム	試合	勝利－敗北	引分	勝率	本塁打
西　　鉄	276	146－ 113	17	.564	34
翼	426	213－ 191	22	.527	74
近　　鉄	7252	3261－3720	271	.467	6540
大　　映	1527	626－ 858	43	.422	620
松　　竹	1600	647－ 896	57	.419	605
金　　鯱	420	157－ 249	14	.387	59
大　　和	654	238－ 384	32	.383	102
西 日 本	136	50－ 83	3	.376	106
高　　橋	435	147－ 280	8	.344	141

	試　合	本塁打
一リーグ	4988	2653
セ	31313	53412
パ	31848	52649
計	※65701	108714

※2005年～2023年の交流戦計2448試合

1950年 ～ 2023年

セ・リーグ

チーム	試合	勝利－敗北	引分	勝率	本塁打
巨　　人	9943	5483－4130	330	.570	10535
中　　日	9945	4976－4633	336	.518	8643
阪　　神	9955	4879－4765	311	.506	8064
広　　島	9942	4624－4941	377	.483	8840
ヤクルト	9942	4490－5113	339	.468	8535
ＤeＮＡ	9943	4323－5300	320	.449	8352
松　　竹	372	185－ 176	11	.512	337
西 日 本	136	50－ 83	3	.376	106
計	31313	——	—	—	53412

(注) セ・パの試合数は交流戦を含む。

パ・リーグ

チーム	試合	勝利－敗北	引分	勝率	本塁打
ソフトバンク	9970	5130－4468	372	.534	9047
西　　武	9993	5074－4528	391	.528	9589
オリックス	9946	4900－4694	352	.511	8631
ロ ッ テ	9980	4803－4778	399	.501	8225
日本ハム	9955	4606－4981	368	.480	8197
楽　　天	2688	1220－1390	78	.467	1862
近　　鉄	7252	3261－3720	271	.467	6540
大　　映	1029	415－ 586	28	.415	417
高　　橋	435	147－ 280	8	.344	141
計	31848	——	—	—	52649

首 位 打 者

年	選手名	チーム	試合	打数	安打	打率	年	選手名	チーム	試合	打数	安打	打率
1936秋	中根　之	名古屋	25	93	35	.376	1942	呉　波	巨人	105	370	106	.286
1937春	松木謙治郎	タイガース	56	207	70	.338	1943	呉　昌征	巨人	84	297	89	.300
〃秋	景浦　将	タイガース	38	120	40	.333	1944	岡村俊昭	近畿日本	35	130	48	.369
1938春	中島治康	巨人	35	145	50	.345	1946	金田正泰	阪神	105	438	152	.347
〃秋	中島治康※	巨人	38	155	56	.361	1947	大下　弘	東急	117	435	137	.315
1939	川上哲治	巨人	94	343	116	.338	1948	青田　昇	巨人	140	569	174	.306
1940	鬼頭数雄	ライオン	102	386	124	.321	1949	小鶴　誠	大映	129	501	181	.361
1941	川上哲治	巨人	86	339	105	.310							

セントラル・リーグ

年	選手名	チーム	試合	打数	安打	打率
1950	藤村富美男	阪神	140	527	191	.362
1951	川上哲治	巨人	97	374	141	.377
1952	西沢道夫	名古屋	113	433	153	.353
1953	川上哲治	巨人	121	467	162	.347
1954	与那嶺要	巨人	125	477	172	.361
1955	川上哲治	巨人	120	435	147	.338
1956	与那嶺要	巨人	123	453	153	.338
1957	与那嶺要	巨人	126	467	160	.343
1958	田宮謙次郎	阪神	120	387	124	.320
1959	長嶋茂雄	巨人	124	449	150	.334
1960	長嶋茂雄	巨人	126	452	151	.334
1961	長嶋茂雄	巨人	130	448	158	.353
1962	森永勝治	広島	130	476	146	.307
1963	長嶋茂雄	巨人	134	478	163	.341
1964	江藤慎一	中日	140	468	151	.323
1965	江藤慎一	中日	129	443	149	.336
1966	長嶋茂雄	巨人	128	474	163	.344
1967	中暁生	中日	101	376	129	.343
1968	王貞治	巨人	131	442	144	.326
1969	王貞治	巨人	130	452	156	.345
1970	王貞治	巨人	129	425	138	.325
1971	長嶋茂雄	巨人	130	485	155	.320
1972	若松勉	ヤクルト	115	365	120	.329
1973	王貞治※	巨人	130	428	152	.355
1974	王貞治※	巨人	130	385	128	.332
1975	山本浩二	広島	130	451	144	.319
1976	谷沢健一	中日	127	496	176	.355
1977	若松勉	ヤクルト	122	441	158	.358
1978	水谷実雄	広島	119	402	140	.348
1979	ミヤーン	大洋	98	364	126	.346
1980	谷沢健一	中日	120	425	157	.369
1981	藤田平	阪神	107	369	132	.358
1982	長崎啓二	大洋	114	396	139	.351
1983	真弓明信	阪神	112	448	158	.353
1984	篠塚利夫	巨人	126	461	154	.334
1985	バース※	阪神	126	497	174	.350
1986	バース※	阪神	126	453	176	.389
1987	篠塚利夫	巨人	115	429	143	.333
	正田耕三	広島	123	393	131	.333
1988	正田耕三	広島	104	394	134	.340
1989	クロマティ	巨人	124	439	166	.378
1990	パチョレック	大洋	133	527	172	.326
1991	古田敦也	ヤクルト	128	412	140	.340
1992	ハウエル	ヤクルト	113	387	128	.331
1993	オマリー	阪神	125	434	143	.329
1994	パウエル	中日	110	423	137	.324
1995	パウエル	中日	101	389	138	.355
1996	パウエル	中日	130	518	176	.340
1997	鈴木尚典	横浜	125	478	160	.335
1998	鈴木尚典	横浜	131	514	173	.337
1999	ローズ	横浜	134	521	192	.369
2000	金城龍彦	横浜	110	419	145	.346

パシフィック・リーグ

年	選手名	チーム	試合	打数	安打	打率
1950	大下弘	東急	106	401	136	.339
1951	大下弘	東急	89	321	123	.383
1952	飯島滋弥	大映	119	411	138	.336
1953	岡本伊三美	南海	116	450	143	.318
1954	レインズ	阪急	137	546	184	.337
1955	中西太	西鉄	135	473	157	.332
1956	豊田泰光	西鉄	148	529	172	.325
1957	山内和弘	毎日	126	435	144	.331
1958	中西太	西鉄	126	404	127	.314
1959	杉山光平	南海	115	418	135	.323
1960	榎本喜八	毎日	133	494	170	.344
1961	張本勲	東映	129	473	159	.336
1962	ブルーム	近鉄	112	401	150	.374
1963	ブルーム	近鉄	121	439	147	.335
1964	広瀬叔功	南海	141	456	167	.366
1965	野村克也※	南海	136	488	156	.320
1966	榎本喜八	東京	133	476	167	.351
1967	張本勲	東映	120	414	139	.336
1968	張本勲	東映	114	363	122	.336
1969	永淵洋三	近鉄	127	486	162	.333
	張本勲	東映	129	480	160	.333
1970	張本勲	東映	125	459	176	.383
1971	江藤慎一	ロッテ	114	389	131	.337
1972	張本勲	東映	127	472	169	.358
1973	加藤秀司	阪急	118	436	147	.337
1974	張本勲	日本ハム	120	406	138	.340
1975	白仁天	太平洋	102	379	121	.319
1976	吉岡悟	太平洋	110	382	118	.309
1977	有藤道世	ロッテ	115	404	133	.329
1978	佐々木恭介	近鉄	109	376	133	.354
1979	加藤英司	阪急	122	448	163	.364
1980	リー	ロッテ	127	489	175	.358
1981	落合博満	ロッテ	127	423	138	.326
1982	落合博満※	ロッテ	128	462	150	.325
1983	落合博満	ロッテ	119	428	142	.332
1984	ブーマー	阪急	128	482	171	.355
1985	落合博満※	ロッテ	130	460	169	.367
1986	落合博満※	ロッテ	123	417	150	.360
1987	新井宏昌	近鉄	128	503	184	.366
1988	高沢秀昭	ロッテ	125	483	158	.327
1989	ブーマー	オリックス	130	512	165	.322
1990	西村徳文	ロッテ	117	438	148	.338
1991	平井光親	ロッテ	110	353	111	.314
1992	佐々木誠	ダイエー	126	509	164	.322
1993	辻発彦	西武	130	429	137	.319
1994	イチロー(鈴木一朗)	オリックス	130	546	210	.385
1995	イチロー(鈴木一朗)	オリックス	130	524	179	.342
1996	イチロー(鈴木一朗)	オリックス	130	542	193	.356
1997	イチロー(鈴木一朗)	オリックス	135	536	185	.345
1998	イチロー(鈴木一朗)	オリックス	135	506	181	.358
1999	イチロー(鈴木一朗)	オリックス	103	411	141	.343
2000	イチロー(鈴木一朗)	オリックス	105	395	153	.387

年	選手名	チーム	試合	打数	安打	打率	年	選手名	チーム	試合	打数	安打	打率
2001	松井 秀喜	巨人	140	481	160	.333	2001	福浦 和也	ロッテ	120	451	156	.346
2002	福留 孝介	中日	140	542	186	.343	2002	小笠原道大	日本ハム	135	486	165	.340
2003	今岡 誠	阪神	120	485	165	.340	2003	小笠原道大	日本ハム	128	445	160	.360
2004	嶋 重宜	広島	137	561	189	.337	2004	松中 信彦※	ダイエー	130	478	171	.358
2005	青木 宣親	ヤクルト	144	588	202	.344	2005	和田 一浩	西武	129	475	153	.322
2006	福留 孝介	中日	130	496	174	.351	2006	松中 信彦	ソフトバンク	131	447	145	.324
2007	青木 宣親	ヤクルト	143	557	193	.346	2007	稲葉 篤紀	日本ハム	137	527	176	.334
2008	内川 聖一	横浜	135	500	189	.378	2008	リック	楽天	134	491	163	.332
2009	ラミレス	巨人	144	577	186	.322	2009	鉄平(土谷鉄平)	楽天	132	496	162	.327
2010	青木 宣親	ヤクルト	144	583	209	.358	2010	西岡 剛	ロッテ	144	596	206	.346
2011	長野 久義	巨人	140	519	164	.316	2011	内川 聖一	ソフトバンク	114	429	145	.338
2012	阿部慎之助	巨人	138	467	159	.340	2012	角中 勝也	ロッテ	128	477	149	.312
2013	ブランコ	DeNA	134	483	161	.333	2013	長谷川勇也	ソフトバンク	144	580	198	.341
2014	マートン	阪神	142	532	180	.338	2014	糸井 嘉男	オリックス	140	502	166	.331
2015	川端 慎吾	ヤクルト	143	581	195	.336	2015	柳田 悠岐	ソフトバンク	138	502	182	.363
2016	坂本 勇人	巨人	137	488	168	.344	2016	角中 勝也	ロッテ	143	525	178	.339
2017	宮﨑 敏郎	DeNA	128	480	155	.323	2017	秋山 翔吾	西武	143	575	185	.322
2018	ビシエド	中日	135	512	178	.348	2018	柳田 悠岐	ソフトバンク	130	475	167	.352
2019	鈴木 誠也	広島	140	499	167	.335	2019	森 友哉	西武	135	492	162	.329
2020	佐野 恵太	DeNA	106	402	132	.328	2020	吉田 正尚	オリックス	120	408	143	.350
2021	鈴木 誠也	広島	132	435	138	.317	2021	吉田 正尚	オリックス	110	389	132	.339
2022	村上 宗隆※	ヤクルト	141	487	155	.318	2022	松本 剛	日本ハム	117	395	137	.347
2023	宮﨑 敏郎	DeNA	124	408	133	.326	2023	頓宮 裕真	オリックス	113	401	123	.307

※印は三冠王。

最 多 安 打

年	選手名	チーム	安打	年	選手名	チーム	安打
1936秋	藤井 勇	タイガース	40	1942	中島 治康	巨人	111
1937春	松木謙治郎	タイガース	70	1943	呉 昌征	巨人	89
〃秋	ハ リ ス	イーグルス	62	1944	岡村 俊昭	近畿日本	48
1938春	中島 治康	巨人	50	1946	金田 正泰	阪神	152
〃秋	中島 治康	巨人	56	1947	｛川上 哲治	巨人	137
1939	川上 哲治	巨人	116		大下 弘	東急	137
1940	鬼頭 数雄	ライオン	124	1948	青田 昇	巨人	174
1941	川上 哲治	巨人	105	1949	藤村富美男	阪神	187

セントラル・リーグ

年	選手名	チーム	安打
1950	藤村富美男	阪神	191
1951	後藤 次男	阪神	155
1952	与那嶺 要	巨人	163
1953	川上 哲治	巨人	162
1954	与那嶺 要	巨人	172
1955	｛川上 哲治	巨人	147
	吉田 義男	阪神	147
1956	川上 哲治	巨人	160
1957	与那嶺 要	巨人	160
1958	長嶋 茂雄	巨人	153
1959	長嶋 茂雄	巨人	150
1960	長嶋 茂雄	巨人	151
1961	長嶋 茂雄	巨人	158
1962	長嶋 茂雄	巨人	151
1963	長嶋 茂雄	巨人	163
1964	桑田 武	大洋	161
1965	近藤 和彦	大洋	152
1966	長嶋 茂雄	巨人	163
1967	藤田 平	阪神	154
1968	長嶋 茂雄	巨人	157
1969	｛王 貞治	巨人	156
	長嶋 茂雄	巨人	156
1970	王 貞治	巨人	138
1971	長嶋 茂雄	巨人	155
1972	衣笠 祥雄	広島	147
1973	王 貞治	巨人	152

パシフィック・リーグ

年	選手名	チーム	安打
1950	別当 薫	毎日	160
1951	木塚 忠助	南海	130
1952	飯田 徳治	南海	153
1953	中西 太	西鉄	146
1954	レインズ	阪急	184
1955	｛飯田 徳治	南海	163
	バルボン	阪急	163
1956	佐々木信也	高橋	180
1957	中西 太	西鉄	154
1958	葛城 隆雄	大毎	147
1959	葛城 隆雄	大毎	163
1960	榎本 喜八	大毎	170
1961	榎本 喜八	大毎	180
1962	榎本 喜八	大毎	160
1963	広瀬 叔功	南海	187
1964	土井 正博	近鉄	168
1965	野村 克也	南海	156
1966	榎本 喜八	東京	167
1967	土井 正博	近鉄	170
1968	アルトマン	東京	170
1969	永淵 洋三	近鉄	162
1970	張本 勲	東映	176
1971	大杉 勝男	東映	154
1972	張本 勲	東映	169
1973	福本 豊	阪急	152
1974	福本 豊	阪急	156

記録集

年	選手名	チーム	安打		年	選手名	チーム	安打
1974	松原　誠	大洋	157		1975	弘田　澄男	ロッテ	148
1975	井上　弘昭	中日	149		1976	藤原　満	南海	159
1976	張本　勲	日ハ	182		1977	福本　豊	阪急	165
1977	若松　勉	ヤクルト	158		1978	福本　豊	阪急	171
1978	松原　誠	大洋	164		1979	加藤　英司	阪急	163
1979	大島　康徳	中日	159		1980	リー	ロッテ	175
1980	高橋　慶彦	広島	169		1981	藤原　満	南海	154
1981	ライトル	広島	157		1982	落合　博満	ロッテ	150
1982	田尾　安志	中日	174		1983	スティーブ	西武	153
1983	田尾　安志	中日	161		1984	ブーマー	阪急	171
1984	田尾　安志	中日	166		1985	ブーマー	阪急	173
	谷沢　健一	中日	166		1986	ブーマー	阪急	173
1985	バース	阪神	174		1987	新井　宏昌	近鉄	184
1986	バース	阪神	176		1988	高沢　秀昭	ロッテ	158
1987	ポンセ	大洋	159		1989	ブーマー	オリックス	165
1988	パチョレック	大洋	165		1990	トレーバー	近鉄	150
1989	クロマティ	巨人	166		1991	佐々木　誠	ダイエー	158
1990	パチョレック	大洋	172		1992	佐々木　誠	ダイエー	164
1991	野村謙二郎	広島	170		1993	石井　浩郎	近鉄	147
1992	パチョレック	阪神	159		1994	イチロー(鈴木一朗)	オリックス	210
1993	古田　敦也	ヤクルト	161		1995	イチロー(鈴木一朗)	オリックス	179
	和田　豊	阪神	161		1996	イチロー(鈴木一朗)	オリックス	193
1994	野村謙二郎	広島	169		1997	イチロー(鈴木一朗)	オリックス	185
1995	野村謙二郎	広島	173		1998	イチロー(鈴木一朗)	オリックス	181
1996	パウエル	中日	176		1999	松井稼頭央	西武	178
1997	ロペス	広島	170		2000	小笠原道大	日本ハム	182
1998	石井　琢朗	横浜	174		2001	小笠原道大	日本ハム	195
1999	ローズ	横浜	192		2002	松井稼頭央	西武	193
2000	ローズ	横浜	168		2003	谷　佳知	オリックス	189
2001	石井　琢朗	横浜	171		2004	川﨑　宗則	ダイエー	171
2002	清水　隆行	巨人	191			松中　信彦	ダイエー	171
2003	ラミレス	ヤクルト	189		2005	和田　一浩	西武	153
2004	嶋　重宣	広島	189		2006	大村　直之	ソフトバンク	165
2005	青木　宣親	ヤクルト	202		2007	稲葉　篤紀	日本ハム	176
2006	青木　宣親	ヤクルト	192		2008	片岡　易之	西武	167
2007	ラミレス	ヤクルト	204			栗山　巧	西武	167
2008	内川　聖一	横浜	189		2009	中島　裕之	西武	173
2009	ラミレス	巨人	186		2010	西岡　剛	ロッテ	206
2010	マートン	阪神	214		2011	坂口　智隆	オリックス	175
2011	マートン	阪神	180		2012	内川　聖一	ソフトバンク	157
2012	坂本　勇人	巨人	173		2013	長谷川勇也	ソフトバンク	198
	長野　久義	巨人	173		2014	中村　晃	ソフトバンク	176
2013	マートン	阪神	178		2015	秋山　翔吾	西武	216
2014	山田　哲人	ヤクルト	193		2016	角中　勝也	ロッテ	178
2015	川端　慎吾	ヤクルト	195		2017	秋山　翔吾	西武	185
2016	菊池　涼介	広島	181		2018	秋山　翔吾	西武	195
2017	丸　佳浩	広島	171		2019	秋山　翔吾	西武	179
	ロペス	DeNA	171		2020	柳田　悠岐	ソフトバンク	146
2018	ビシエド	中日	178		2021	荻野　貴司	ロッテ	169
2019	大島　洋平	中日	174		2022	島内　宏明	楽天	161
2020	大島　洋平	中日	146		2023	柳田　悠岐	ソフトバンク	163
2021	近本　光司	阪神	178					
2022	佐野　恵太	DeNA	161					
	岡林　勇希	中日	161					
2023	中野　拓夢	阪神	164					
	牧　秀悟	DeNA	164					

(注)　両リーグ共、'94〜表彰。

最　多　二　塁　打

年	選手名	チーム	二塁打		年	選手名	チーム	二塁打
1936秋	高橋　輝彦	セネタース	10		1942	伊藤健太郎	巨人	18
1937春	門前真佐人	タイガース	15		1943	中谷　順次	朝日	14
〃秋	ハリス	イーグルス	17		1944	坪内　道則	朝日	11
1938春	苅田　久徳	セネタース	11		1946	藤村富美男	阪神	31
〃秋	藤村富美男	タイガース	11		1947	藤村富美男	阪神	36
1939	中島　治康	巨人	22		1948	笠原　和夫	南海	40
1940	本堂　保次	阪神	26		1949	川上　哲治	巨人	36
1941	川上　哲治	巨人	21					

セントラル・リーグ

年	選手名	チーム	二塁打
1950	大沢 清	大洋	45
1951	坪内 道典	名古屋	28
1952	与那嶺 要	巨人	33
1953	小鶴 誠	広島	32
1953	佐藤 孝夫	国鉄	32
1954	与那嶺 要	巨人	40
1955	小松原博喜	国鉄	29
1956	田宮 次郎	阪神	33
1957	三宅 秀史	阪神	31
1958	長嶋 茂雄	巨人	34
1959	大和田 明	広島	34
1960	並木 輝男	阪神	31
1961	長嶋 茂雄	巨人	32
1962	長嶋 茂雄	巨人	38
1963	王 貞治	巨人	30
1964	藤井 栄治	阪神	30
1964	桑田 武	大洋	30
1965	山本 一義	広島	25
1966	松原 誠	大洋	32
1967	藤田 平	阪神	30
1968	藤田 平	阪神	30
1969	福富 邦夫	アトムズ	33
1970	中塚 政幸	大洋	28
1971	高田 繁	巨人	26
1972	藤原 誠司	阪神	27
1972	松原 誠	大洋	27
1972	山本 浩二	広島	27
1973	若松 勉	ヤクルト	29
1974	谷沢 健一	中日	31
1975	島谷 金二	中日	27
1976	谷沢 健一	中日	36
1977	水谷 実雄	広島	31
1978	松原 誠	大洋	45
1979	大島 康徳	中日	33
1980	若松 勉	ヤクルト	36
1981	山下 大輔	大洋	31
1982	掛布 雅之	阪神	27
1983	山下 大輔	大洋	33
1983	谷沢 健一	中日	33
1984	篠塚 利夫	巨人	35
1985	クロマティ	巨人	34
1986	高木 豊	大洋	37
1987	落合 博満	中日	33
1988	中畑 清	巨人	36
1989	クロマティ	巨人	33
1989	ポンセ	大洋	33
1990	パチョレック	大洋	36
1991	レイ	ヤクルト	36
1992	パチョレック	阪神	33
1993	ローズ	横浜	33
1993	前田 智徳	広島	33
1994	駒田 徳広	横浜	33
1995	土橋 勝征	ヤクルト	32
1995	ローズ	横浜	32
1996	パウエル	中日	42
1997	ローペ	広島	37
1998	前田 智徳	広島	36
1999	ローズ	横浜	34
2000	木村 拓也	広島	34
2001	石井 琢朗	横浜	34
2002	福留 孝介	中日	42
2003	鈴木 健	ヤクルト	36
2004	清水 隆行	巨人	39
2005	福留 孝介	中日	39
2006	福留 孝介	中日	47
2007	ラミレス	ヤクルト	41
2008	内川 聖一	横浜	37
2009	森野 将彦	中日	42
2010	森野 将彦	中日	45

パシフィック・リーグ

年	選手名	チーム	二塁打
1950	飯田 徳治	南海	33
1951	伊庭 庄七	毎日	28
1952	飯田 徳治	南海	29
1953	飯田 徳治	南海	36
1954	レインズ	阪急	38
1955	山内 和弘	毎日	31
1955	ルイス	毎日	31
1956	山内 和弘	毎日	47
1957	中西 太	西鉄	31
1958	広瀬 叔功	南海	36
1959	田宮謙次郎	毎日	32
1959	山内 和弘	毎日	32
1960	榎本 喜八	大毎	37
1961	小玉 明利	近鉄	42
1962	山内 一弘	大毎	38
1962	岡嶋 博治	大毎	38
1963	土井 正博	近鉄	33
1964	広瀬 叔功	南海	33
1965	広瀬 叔功	南海	33
1966	榎本 喜八	東京	31
1967	野村 克也	南海	27
1967	池辺 巌	東京	27
1968	アルトマン	東京	33
1969	基 満男	西鉄	34
1970	白 仁天	東映	30
1971	加藤 秀司	阪急	35
1972	白 仁天	東映	33
1973	福本 豊	阪急	29
1974	山崎 裕之	ロッテ	32
1975	アルー	太平洋	25
1976	門田 博光	南海	32
1977	リー	ロッテ	30
1978	福本 豊	阪急	35
1979	加藤 英司	阪急	32
1980	久保寺雄二	南海	29
1981	クルーズ	日本ハム	30
1982	落合 博満	ロッテ	30
1983	山崎 裕之	西武	30
1984	クルーズ	日本ハム	36
1985	石毛 宏典	西武	26
1985	ブーマー	阪急	26
1986	松永 浩美	阪急	31
1986	新井 宏昌	近鉄	31
1987	ブーマー	阪急	30
1988	愛甲 猛	ロッテ	30
1989	愛甲 猛	ロッテ	34
1990	佐々木 誠	ダイエー	33
1991	佐々木 誠	ダイエー	33
1992	松永 浩美	オリックス	34
1993	田中 幸雄	日本ハム	32
1994	イチロー(鈴木一朗)	オリックス	41
1995	スチーブンス	近鉄	29
1996	清原 和博	西武	30
1997	ローズ	近鉄	37
1997	小久保裕紀	ダイエー	37
1998	クラーク	近鉄	48
1999	ローズ	近鉄	38
2000	松井稼頭央	西武	40
2001	谷 佳知	オリックス	52
2002	松井稼頭央	西武	46
2003	福浦 和也	ロッテ	50
2004	福浦 和也	ロッテ	42
2005	今江 敏晃	ロッテ	35
2006	セギノール	日本ハム	37
2007	稲葉 篤紀	日本ハム	39
2008	フェルナンデス	楽天	40
2009	糸井 嘉男	日本ハム	40

年	選手名	チーム	二塁打
2011	栗原 健太	広島	29
2012	坂本 勇人	巨人	35
2013	マートン	阪神	37
2014	菊池 涼介	広島	39
	山田 哲人	ヤクルト	39
2015	山田 哲人	ヤクルト	39
2016	村田 修一	巨人	32
2017	マギー	巨人	48
2018	青木 宣親	ヤクルト	37
	アルモンテ	中日	37
2019	ビシエド	中日	43
2020	丸 佳浩	巨人	31
2021	桑原 将志	DeNA	39
2022	牧 秀悟	DeNA	36
2023	牧 秀悟	DeNA	39

年	選手名	チーム	二塁打
2010	井口 資仁	ロッテ	44
2011	松井稼頭央	楽天	34
2012	バルディリス	オリックス	31
2013	浅村 栄斗	西武	38
2014	糸井 嘉男	オリックス	36
2015	清田 育宏	ロッテ	38
2016	浅村 栄斗	西武	40
2017	秋山 翔吾	西武	38
2018	秋山 翔吾	西武	39
2019	荻野 貴司	ロッテ	35
2020	近藤 健介	日本ハム	31
2021	近藤 健介	日本ハム	31
2022	島内 宏明	楽天	36
2023	近藤 健介	ソフトバンク	33
	万波 中正	日本ハム	33

最 多 三 塁 打

年	選手名	チーム	三塁打
1936秋	伊藤健太郎	巨人	4
1937春	呉 波	巨人	8
	伊賀上良平	タイガース	8
1937秋	松木謙治郎	タイガース	6
1938春	千葉 茂	巨人	7
〃 秋	菊矢 吉男	ライオン	4
1939	川上 哲治	巨人	12
1940	鬼頭 数雄	ライオン	13
1941	川上 哲治	巨人	9

年	選手名	チーム	三塁打
1942	呉 昌征	巨人	11
1943	野口 明	西鉄	8
1944	黒沢 俊夫	巨人	4
1946	鈴木 清一	セネタース	14
1947	金田 正泰	阪神	11
	大下 弘	東急	11
1948	藤村富美男	阪神	13
1949	平井 正明	阪急	11

セントラル・リーグ

年	選手名	チーム	三塁打
1950	荒川 昇治	松竹	12
	原田 徳光	中日	12
	永利 勇吉	西日本	12
1951	金田 正泰	阪神	18
1952	小島 勝治	阪神	10
1953	金田 正泰	阪神	11
1954	金田 正泰	阪神	10
1955	岩本 堯	巨人	10
1956	箱田 淳	国鉄	13
1957	田宮謙次郎	阪神	8
1958	田宮謙次郎	阪神	9
1959	坂崎 一彦	巨人	9
1960	長嶋 茂雄	巨人	12
1961	中 利夫	中日	11
1962	中 利夫	中日	10
1963	長嶋 茂雄	巨人	6
	高木 守道	中日	6
	高林 恒夫	国鉄	6
1964	中 利夫	中日	10
1965	古葉 竹識	広島	8
1966	古葉 竹識	広島	8
1967	藤田 平	阪神	10
1968	高田 繁	巨人	9
1969	中 暁生	中日	7
1970	谷沢 健一	中日	6
1971	土井 正三	巨人	5
1972	柴田 勲	巨人	6
1973	柴田 勲	巨人	7
1974	河埜 和正	巨人	7
1975	ロー	阪神	7
1976	掛布 雅之	阪神	7
1977	柴田 勲	巨人	7
1978	高橋 慶彦	広島	10
1979	高橋 慶彦	広島	7

パシフィック・リーグ

年	選手名	チーム	三塁打
1950	蔭山 和夫	南海	15
1951	蔭山 和夫	南海	13
1952	蔭山 和夫	南海	10
	別当 薫	毎日	10
1953	レインズ	阪急	16
1954	蔭山 和夫	南海	12
1955	バルボン	阪急	12
1956	関口 清治	西鉄	13
1957	毒島 章一	東映	10
1958	バルボン	阪急	13
	本屋敷錦吾	阪急	10
1959	城戸 則文	西鉄	9
	関根 潤三	近鉄	9
1960	広瀬 叔功	南海	10
1961	毒島 章一	東映	11
1962	毒島 章一	東映	11
1963	樋口 正蔵	南海	9
1964	ラドラ	近鉄	7
	矢ノ浦国満	近鉄	7
	山本 八郎	南海	7
1965	広瀬 叔功	南海	10
1966	毒島 章一	東映	9
1967	阪本 敏三	阪急	7
	山口 富士雄	南海	7
1968	広瀬 叔功	南海	7
1969	ブレイザー	南海	7
	白 仁天	東映	5
1970	有藤 通世	ロッテ	5
	富田 勝	南海	5
1971	小川 亨	近鉄	5
	高橋 博士	南海	5
1972	小川 亨	近鉄	8
1973	福本 豊	阪急	10

年	選手名	チーム	三塁打
1980	高橋 慶彦	広島	11
1981	中畑 清	巨人	7
	水谷新太郎	ヤクルト	7
1982	杉浦 享	ヤクルト	8
	山崎 隆造	広島	5
1983	高木 豊	大洋	5
	杉浦 享	ヤクルト	5
1984	松本 匡史	巨人	7
	加藤 英司	大洋	5
	高木 豊	大洋	5
	屋鋪 要	大洋	5
	野平 謙二	中日	5
	上川 誠二	中日	5
1985	松本 匡史	巨人	8
	長嶋 清幸	広島	5
1986	高木 豊	大洋	5
	屋鋪 要	大洋	5
1987	正田 耕三	広島	7
1988	正田 耕三	広島	7
1989	ポンセ	大洋	8
1990	野村謙二郎	広島	7
1991	野村謙二郎	広島	8
	飯田 哲也	ヤクルト	8
1992	久慈 照嘉	阪神	8
	和田 豊	阪神	8
1993	石井 琢朗	横浜	5
1994	新庄 剛志	阪神	7
1995	飯田 哲也	ヤクルト	6
1996	緒方 孝市	広島	6
	ローズ	横浜	6
1997	益田 大介	中日	8
1998	真中 満	ヤクルト	8
1999	新庄 剛志	阪神	7
2000	岩村 明憲	ヤクルト	9
2001	稲葉 篤紀	ヤクルト	5
	木村 拓也	広島	5
	東出 輝裕	広島	5
2002	清水 隆行	巨人	5
2003	福留 孝介	中日	11
2004	福留 孝介	中日	7
2005	赤星 憲広	阪神	9
2006	梵 英心	広島	8
2007	田中 浩康	ヤクルト	8
2008	飯原 誉士	ヤクルト	7
	福地 寿樹	ヤクルト	7
	東出 輝裕	広島	7
2009	脇谷 亮太	巨人	8
2010	鳥谷 敬	阪神	7
2011	荒波 翔	DeNA	7
2012	丸 佳浩	広島	5
2013	梶谷 隆幸	DeNA	9
2014	田中 広輔	広島	9
2015	大島 洋平	中日	9
2016	京田 陽太	中日	8
2017	田中 広輔	広島	10
2018	近本 光司	阪神	7
2019	京田 陽太	中日	7
2020	京田 陽太	中日	7
2021	塩見 泰隆	ヤクルト	7
2022	岡林 勇希	中日	10
2023	近本 光司	阪神	12

年	選手名	チーム	三塁打
1974	福本 豊	阪急	7
	マルカーノ	阪急	6
1975	阿部 成宏	近鉄	6
	長谷川一夫	ロッテ	6
	弘田 澄男	ロッテ	6
1976	吉岡 悟	太平洋	13
1977	福本 豊	阪急	9
1978	福本 豊	阪急	10
1979	福本 豊	阪急	9
	簑田 浩二	阪急	9
1980	島田 誠	日本ハム	8
1981	新井 宏昌	南海	7
1982	福本 豊	阪急	8
1983	石毛 宏典	西武	7
	福本 豊	阪急	7
	松永 浩美	阪急	7
1984	松永 浩美	阪急	9
1985	西村 徳文	ロッテ	6
1986	大石大二郎	近鉄	12
1987	横田 真之	ロッテ	5
	新井 宏昌	近鉄	5
1988	大石第二朗	近鉄	9
1989	平野 謙	西武	7
1990	大石第二朗	近鉄	6
	山下 徳人	ロッテ	6
1991	松永 浩美	オリックス	10
1992	高橋 智	オリックス	7
1993	浜名 千広	ダイエー	9
1994	平井 光親	ロッテ	6
1995	小久保裕紀	ダイエー	9
1996	村松 有人	ダイエー	9
1997	松井稼頭央	西武	13
1998	小坂 誠	ロッテ	8
1999	小坂 誠	ロッテ	10
2000	松井稼頭央	西武	11
	野口 寿浩	日本ハム	11
2001	柴田 博之	西武	8
	小坂 誠	ロッテ	8
2002	松井稼頭央	西武	6
	小坂 誠	ロッテ	6
2003	村松 有人	ダイエー	13
2004	川﨑 宗則	ダイエー	7
2005	西岡 剛	ロッテ	11
2006	川﨑 宗則	ソフトバンク	7
	西岡 剛	ロッテ	7
	鉄平(土谷鉄平)	楽天	7
2007	早川 大輔	ロッテ	8
2008	松田 宣浩	ソフトバンク	10
2009	鉄平(土谷鉄平)	楽天	13
2010	本多 雄一	ソフトバンク	10
	坂口 智隆	オリックス	10
	川﨑 宗則	ソフトバンク	10
2011	本多 雄一	ソフトバンク	7
	松田 宣浩	ソフトバンク	7
	坂口 智隆	オリックス	7
2012	秋山 翔吾	西武	8
2013	鈴木 大地	ロッテ	11
2014	西川 遥輝	日本ハム	13
2015	秋山 翔吾	西武	10
2016	茂木栄五郎	楽天	7
	西野 真弘	オリックス	7
2017	源田 壮亮	西武	10
2018	上林 誠知	ソフトバンク	14
2019	荻野 貴司	ロッテ	7
2020	スパンジェンバーグ	西武	8
2021	宗 佑磨	オリックス	7
	源田 壮亮	西武	7
2022	中川 圭太	オリックス	9
2023	小深田大翔	楽天	6

最 多 本 塁 打

年	選手名	チーム	本塁打	試合	打数
1936秋	藤村富美男	タイガース	2	25	52
	山下　実	阪急	2	29	109
	古谷倉之助	金鯱	2	28	105
1937春	中島　治康	巨人	4	56	221
	松木謙治郎	タイガース	4	56	207
〃秋	高橋　吉雄	イーグルス	6	49	167
1938春	中島　治康※	イーグルス	6	35	139
〃秋	ハ　リ　ス	イーグルス	10	38	155
1939	鶴岡　一人	南海	10	92	330
1940	川上　哲治	巨人	9	104	392
1941	服部　受弘	名古屋	8	77	278
1942	古川　清蔵	名古屋	8	101	394
1943	岩本　章	名古屋	4	59	208
	加藤　正二	名古屋	4	58	212
1944	古川　清蔵	名古屋	4	80	303
	金山　次郎	産業	3	35	131
1946	大下　弘	セネタース	20	104	395
1947	大下　弘	東急	17	117	435
1948	青田　昇	巨人	25	140	569
	川上　哲治	巨人	25	135	504
1949	藤村富美男	阪神	46	137	563

セントラル・リーグ

年	選手名	チーム	本塁打	試合	打数
1950	小鶴　誠	松竹	51	130	516
1951	青田　昇	巨人	32	114	471
1952	杉山　悟	名古屋	27	99	360
1953	藤村富美男	大阪	27	130	459
1954	青田　昇	洋松	31	124	469
1955	町田　行彦	国鉄	31	125	468
1956	青田　昇	洋松	25	129	502
1957	佐藤　孝夫	国鉄	22	127	430
	青田　昇	大洋	22	129	497
1958	長嶋　茂雄	巨人	29	130	502
1959	森　徹	大洋	31	130	486
	桑田　武	大洋	31	125	435
1960	藤本　勝巳	大阪	22	119	413
1961	長嶋　茂雄	巨人	28	130	448
1962	王　貞治	巨人	38	134	497
1963	王　貞治	巨人	40	140	478
1964	王　貞治	巨人	55	140	472
1965	王　貞治	巨人	42	135	428
1966	王　貞治	巨人	48	129	396
1967	王　貞治	巨人	47	133	426
1968	王　貞治	巨人	49	131	442
1969	王　貞治	巨人	44	130	452
1970	王　貞治	巨人	47	129	425
1971	王　貞治	巨人	39	130	434
1972	王　貞治	巨人	48	130	456
1973	王　貞治※	巨人	51	130	428
1974	王　貞治※	巨人	49	130	385
1975	田淵　幸一	阪神	43	130	426
1976	王　貞治	巨人	49	122	400
1977	王　貞治	巨人	50	130	432
1978	山本　浩二	広島	44	130	473
1979	掛布　雅之	阪神	48	122	468
1980	山本　浩二	広島	44	130	440
1981	山本　浩二	広島	43	130	473
1982	掛布　雅之	阪神	35	130	464
1983	山本　浩二	広島	36	129	462
	大島　康徳	中日	36	130	473
1984	宇野　勝	中日	37	130	458
	掛布　雅之	阪神	37	130	442
1985	バ　ー　ス※	阪神	54	126	497
1986	バ　ー　ス※	阪神	47	126	453
1987	ランス	広島	39	121	403
1988	ポンセ	大洋	33	130	497
1989	パリッシュ	ヤクルト	42	130	493
1990	落合　博満	中日	34	130	458
1991	落合　博満	中日	37	112	374
1992	ハウエル	ヤクルト	38	113	387
1993	江藤　智	広島	34	131	482

パシフィック・リーグ

年	選手名	チーム	本塁打	試合	打数
1950	別当　薫	毎日	43	120	477
1951	大下　弘	東急	26	89	321
1952	深見　安博	西鉄	25	108	415
1953	中西　太	西鉄	36	120	465
1954	中西　太	西鉄	31	130	493
1955	中西　太	西鉄	35	135	473
1956	中西　太	西鉄	29	137	462
1957	野村　克也	南海	30	132	474
1958	中西　太	西鉄	23	126	404
1959	山内　和弘	大毎	25	112	425
1960	山内　和弘	大毎	32	133	483
1961	野村　克也	南海	29	136	494
	中田　昌宏	阪急	29	138	513
1962	野村　克也	南海	44	133	489
1963	野村　克也	南海	52	150	558
1964	野村　克也	南海	41	148	488
1965	野村　克也※	南海	42	136	488
1966	野村　克也	南海	34	133	472
1967	野村　克也	南海	35	133	458
1968	野村　克也	南海	38	133	458
1969	長池　徳二	阪急	44	129	487
1970	大杉　勝男	東映	44	130	492
1971	大杉　勝男	東映	41	130	489
1972	長池　徳二	阪急	41	111	386
1973	長池　徳	阪急	43	128	479
1974	ジョーンズ	近鉄	38	130	411
1975	土井　正博	太平洋	34	130	481
1976	ジョーンズ	近鉄	36	114	377
1977	リ　ー	ロッテ	34	124	467
1978	ミッチェル	日本ハム	36	128	470
1979	マニエル	近鉄	37	97	333
1980	マニエル	近鉄	48	118	459
1981	ソレイタ	日本ハム	44	128	454
	門田　博光	南海	44	127	438
1982	落合　博満※	ロッテ	32	128	462
1983	門田　博光	南海	40	122	396
1984	ブーマー※	阪急	37	128	482
1985	落合　博満※	ロッテ	52	130	460
1986	落合　博満※	ロッテ	50	123	417
1987	秋山　幸二	西武	43	130	496
1988	門田　博光	南海	44	130	447
1989	ブライアント	近鉄	49	129	476
1990	デストラーデ	西武	42	130	476
1991	デストラーデ	西武	39	130	437
1992	デストラーデ	西武	41	128	468
1993	ブライアント	近鉄	42	127	497
1994	ブライアント	近鉄	35	105	437

年	選手名	チーム	本塁打	試合	打数
1994	大豊 泰昭	中　日	38	130	477
1995	江藤 智	広　島	39	127	462
1996	山崎 武司	中　日	39	127	453
1997	ホージー	ヤクルト	38	137	498
1998	松井 秀喜	巨　人	34	135	487
1999	ペタジーニ	ヤクルト	44	134	452
2000	松井 秀喜	巨　人	42	135	474
2001	ペタジーニ	ヤクルト	39	138	463
2002	松井 秀喜	巨　人	50	140	500
2003	{ラミレス	ヤクルト	40	140	567
	{タイロン・ウッズ	横　浜	40	136	479
2004	{ロ ー ズ	巨　人	45	134	523
	{タイロン・ウッズ	横　浜	45	130	476
2005	新井 貴浩	広　島	43	142	541
2006	タイロン・ウッズ	中　日	47	144	523
2007	村田 修一	横　浜	36	144	526
2008	村田 修一	横　浜	46	132	489
2009	ブランコ	中　日	39	144	549
2010	ラミレス	巨　人	49	144	566
2011	バレンティン	ヤクルト	31	140	486
2012	バレンティン	ヤクルト	31	106	353
2013	バレンティン	ヤクルト	60	130	439
2014	エルドレッド	広　島	37	118	454
2015	山田 哲人	ヤクルト	38	143	469
2016	筒香 嘉智	ＤeＮＡ	44	133	469
2017	ゲレーロ	中　日	35	130	469
2018	ソ ト	ＤeＮＡ	41	107	416
2019	ソ ト	ＤeＮＡ	43	141	516
2020	岡本 和真	巨　人	31	118	440
2021	{村上 宗隆	ヤクルト	39	143	500
	{岡本 和真	巨　人	39	143	521
2022	村上 宗隆※	ヤクルト	56	141	487
2023	岡本 和真	巨　人	41	140	503

年	選手名	チーム	本塁打	試合	打数
1995	小久保裕紀	ダイエー	28	130	465
1996	ニ ー ル	オリックス	32	124	430
1997	ウィルソン	日本ハム	37	134	478
1998	ウィルソン	日本ハム	33	133	506
1999	ロ ー ズ	近　鉄	40	131	491
2000	中村 紀洋	近　鉄	39	127	476
2001	ロ ー ズ	近　鉄	55	140	550
2002	カブレラ	西　武	55	128	447
2003	ロ ー ズ	近　鉄	51	138	508
2004	{松中 信彦※	ダイエー	44	130	478
	{セギノール	日本ハム	44	125	443
2005	松中 信彦	ソフトバンク	46	132	483
2006	小笠原道大	日本ハム	32	135	496
2007	山崎 武司	楽　天	43	134	506
2008	中村 剛也	西　武	46	143	524
2009	中村 剛也	西　武	48	128	501
2010	T-岡田(岡田貴弘)	オリックス	33	129	461
2011	中村 剛也	西　武	48	144	525
2012	中村 剛也	西　武	27	123	432
2013	アブレイユ	日本ハム	31	138	504
2014	{中村 剛也	西　武	34	111	382
	{メ ヒ ア	西　武	34	106	396
2015	中村 剛也	西　武	37	139	521
2016	レアード	日本ハム	39	143	547
2017	デスパイネ	ソフトバンク	35	136	478
2018	山川 穂高	西　武	47	143	541
2019	山川 穂高	西　武	43	143	524
2020	浅村 栄斗	楽　天	32	120	432
2021	杉本裕太郎	オリックス	32	134	478
2022	山川 穂高	西　武	41	129	448
2023	{ポランコ	ロ ッ テ	26	125	447
	{近藤 健介	ソフトバンク	26	143	492
	{浅村 栄斗	楽　天	26	143	522

(注) ※印は三冠王

最　多　打　点

年	選手名	チーム	打点	試合	安打
1936秋	古谷倉之助	金　鯱	23	28	36
1937春	景浦 将	タイガース	47	55	55
〃 秋	中島 治康	巨　人	37	40	49
1938春	景浦 将	タイガース	31	31	34
〃 秋	中島 治康※	巨　人	38	38	56
1939	川上 哲治	巨　人	75	94	116
1940	中島 治康	巨　人	67	103	106
1941	川上 哲治	巨　人	57	86	105
1942	中島 治康	巨　人	60	105	111

年	選手名	チーム	打点	試合	安打
1943	{青田 昇	巨　人	42	84	72
	{野口 明	西　鉄	42	84	74
1944	藤村富美男	阪　神	25	35	41
1946	山本 一人	グレートリング	95	104	122
1947	藤村富美男	阪　神	71	119	132
1948	藤村富美男	阪　神	108	140	166
1949	藤村富美男	阪　神	142	137	187

セントラル・リーグ

年	選手名	チーム	打点	試合	安打
1950	小鶴 誠	松　竹	161	130	183
1951	青田 昇	巨　人	105	114	147
1952	西沢 道夫	名 古 屋	98	113	153
1953	藤村富美男	阪　神	98	130	135
1954	{杉山 悟	中　日	91	129	129
	{渡辺 博之	阪　神	91	129	170
1955	川上 哲治	巨　人	79	120	147
1956	宮本 敏雄	巨　人	69	113	103
1957	宮本 敏雄	巨　人	78	129	119
1958	長嶋 茂雄	巨　人	92	130	153
1959	森 徹	中　日	87	130	137

パシフィック・リーグ

年	選手名	チーム	打点	試合	安打
1950	別当 薫	毎　日	105	120	160
1951	飯田 徳治	南　海	87	100	119
1952	飯田 徳治	南　海	86	121	153
1953	中西 太	西　鉄	86	120	146
1954	山内 和弘	毎　日	97	140	155
1955	中西 太	西　鉄	99	137	160
1956	中西 太	西　鉄	95	137	150
1957	中西 太	西　鉄	100	132	154
1958	葛城 隆雄	大　毎	85	125	147
1959	葛城 隆雄	大　毎	95	132	163
1960	山内 和弘	大　毎	103	133	151

記録集

(左表)

年	選手名	チーム	打点	試合	安打
1960	藤本　勝巳	阪神	76	119	104
1961	桑田　武	大洋	94	130	132
1962	王　貞治	巨人	85	134	135
1963	長嶋　茂雄	巨人	112	134	163
1964	王　貞治	巨人	119	140	151
1965	王　貞治	巨人	104	135	138
1966	王　貞治	巨人	116	129	123
1967	王　貞治	巨人	108	133	139
1968	長嶋　茂雄	巨人	125	131	157
1969	長嶋　茂雄	巨人	115	126	156
1970	長嶋　茂雄	巨人	105	127	128
1971	王　貞治	巨人	101	130	120
1972	王　貞治	巨人	120	130	135
1973	王　貞治※	巨人	114	130	152
1974	王　貞治※	巨人	107	130	128
1975	王　貞治	巨人	96	128	112
1976	王　貞治	巨人	123	122	130
1977	王　貞治	巨人	124	130	140
1978	王　貞治	巨人	118	130	132
1979	山本　浩二	広島	113	130	137
1980	山本　浩二	広島	112	130	148
1981	山本　浩二	広島	103	130	156
1982	掛布　雅之	阪神	95	130	151
1983	原　辰徳	巨人	103	130	151
1984	衣笠　祥雄	広島	102	130	161
1985	バース※	阪神	134	126	174
1986	バース※	阪神	109	126	176
1987	ポンセ	大洋	98	130	159
1988	ポンセ	大洋	102	130	145
1989	落合　博満	中日	116	130	153
1990	落合　博満	中日	102	131	133
1991	広沢　克己	ヤクルト	99	132	137
1992	シ　ー　ツ	大洋	100	131	150
1993	広沢　克己	ヤクルト	94	132	151
1993	ロ　ー　ズ	横浜	94	130	158
1994	大豊　泰昭	中日	107	130	148
1995	江藤　智	広島	106	127	132
1996	ロ　ペ　ス	広島	109	130	157
1997	ロ　ペ　ス	広島	112	134	170
1998	松井　秀喜	巨人	100	135	142
1999	ロ　ー　ズ	横浜	153	134	192
2000	松井　秀喜	巨人	108	135	150
2001	ペタジーニ	ヤクルト	127	138	149
2002	松井　秀喜	巨人	107	140	167
2003	ラ　ミ　レ　ス	ヤクルト	124	140	189
2004	金本　知憲	阪神	113	138	165
2005	今岡　誠	阪神	147	146	156
2006	タイロン・ウッズ	中日	144	144	162
2007	ラ　ミ　レ　ス	ヤクルト	122	144	204
2008	ラ　ミ　レ　ス	巨人	125	144	175
2009	ブ　ラ　ン　コ	中日	110	144	151
2010	ラ　ミ　レ　ス	巨人	129	144	172
2011	新井　貴浩	阪神	93	144	148
2012	阿部慎之助	巨人	104	138	159
2013	ブ　ラ　ン　コ	DeNA	136	134	161
2014	ゴ　メ　ス	阪神	109	143	152
2015	畠山　和洋	ヤクルト	105	137	137
2016	筒香　嘉智	DeNA	110	133	151
2017	ロ　ペ　ス	DeNA	105	142	171
2018	バレンティン	ヤクルト	131	142	138
2019	ソ　ト	DeNA	108	141	139
2020	岡本　和真	巨人	97	118	121
2021	岡本　和真	巨人	113	143	138
2022	村上　宗隆※	ヤクルト	134	141	155
2023	牧　秀悟	DeNA	103	143	164

(注)　※印は三冠王

(右表)

年	選手名	チーム	打点	試合	安打
1961	山内　和弘	大毎	112	140	155
1962	野村　克也	南海	104	133	151
1963	野村　克也	南海	135	150	160
1964	野村　克也	南海	115	148	146
1965	野村　克也※	南海	110	136	156
1966	野村　克也	南海	97	133	148
1967	野村　克也	南海	100	133	144
1968	アルトマン	東京	100	139	170
1969	長池　徳二	阪急	101	129	154
1970	大杉　勝男	東映	129	130	167
1971	門田　博光	南海	120	129	152
1972	野村　克也	南海	101	129	138
1972	大杉　勝男	東映	101	130	145
1973	長池　徳二	阪急	109	128	150
1974	長池　徳二	阪急	96	121	128
1975	加藤　秀司	阪急	97	126	141
1976	加藤　秀司	阪急	82	120	129
1977	リ　ー	ロッテ	109	124	148
1978	マルカーノ	阪急	94	126	157
1979	加藤　英司	阪急	104	122	163
1980	マニエル	近鉄	129	118	149
1981	ソレイタ	日本ハム	108	130	136
1982	落合　博満※	ロッテ	99	128	150
1983	水谷　実雄	阪急	114	130	139
1984	ブーマー※	阪急	130	128	171
1985	落合　博満※	ロッテ	146	130	169
1986	落合　博満※	ロッテ	116	123	170
1987	ブーマー	阪急	119	129	170
1988	門田　博光	南海	125	130	139
1989	ブーマー	オリックス	124	130	165
1990	デストラーデ	西武	106	130	125
1990	石嶺　和彦	オリックス	106	130	129
1991	デストラーデ	西武	92	130	117
1991	トレーバー	近鉄	92	124	132
1992	ブーマー	ダイエー	97	129	137
1993	ブライアント	近鉄	107	127	125
1994	石井　浩郎	近鉄	111	130	154
1995	イチロー(鈴木一朗)	オリックス	80	130	179
1995	初芝　清	ロッテ	80	123	138
1995	田中　幸雄	日本ハム	80	130	142
1996	ニ　ー　ル	オリックス	111	124	118
1997	小久保裕紀	ダイエー	114	135	159
1998	ウィルソン	日本ハム	124	133	129
1999	ロ　ー　ズ	近鉄	101	131	148
2000	中村　紀洋	近鉄	110	127	132
2001	中村　紀洋	近鉄	132	140	168
2002	ロ　ー　ズ	近鉄	117	138	145
2003	松中　信彦	ダイエー	123	130	160
2004	松中　信彦※	ダイエー	120	130	171
2005	松中　信彦	ソフトバンク	121	132	152
2006	小笠原道大	日本ハム	100	135	155
2006	カブレラ	西武	100	126	147
2007	山崎　武司	楽天	108	141	132
2008	ロ　ー　ズ	オリックス	118	142	138
2009	中村　剛也	西武	122	128	143
2010	小谷野栄一	日本ハム	109	144	177
2011	中村　剛也	西武	116	144	141
2012	李　大浩	オリックス	91	144	150
2013	浅村　栄斗	西武	110	144	167
2014	中田　翔	日本ハム	100	144	143
2015	中村　剛也	西武	124	139	145
2016	中田　翔	日本ハム	110	141	142
2017	デスパイネ	ソフトバンク	103	136	175
2018	浅村　栄斗	西武	127	143	175
2019	中村　剛也	西武	123	135	142
2020	中田　翔	日本ハム	108	119	105
2021	島内　宏明	楽天	96	141	125
2022	山川　穂高	西武	90	129	119
2023	近藤　健介	ソフトバンク	87	143	149

最 多 勝 利 打 点

(1981〜1988)

セントラル・リーグ

年	選手名	チーム	勝打点	試合
1981	佐野 仙好	阪神	15	127
1982	原 辰徳	巨人	14	130
1983	原 辰徳	巨人	20	130
1984	クロマティ	巨人	14	122
1985	バース	阪神	22	126
1986	クロマティ	巨人	18	124
1987	小早川毅彦	広島	16	124
1988	落合 博満	中日	19	130

パシフィック・リーグ

年	選手名	チーム	勝打点	試合
1981	ソレイタ	日本ハム	17	128
1982	落合 博満	ロッテ	13	128
1983	スティーブ	西武	16	129
1984	ブーマー	阪急	21	128
1985	秋山 幸二	西武	12	130
	落合 博満	ロッテ	12	130
	デービス	近鉄	12	128
	古屋 英夫	日本ハム	12	127
1986	パットナム	日本ハム	17	128
1987	秋山 幸二	西武	18	130
1988	清原 和博	西武	15	130

最 多 盗 塁

年	選手名	チーム	盗塁	試合
1936秋	苅田 久徳	セネタース	16	28
1937春	山口 政信	タイガース	29	54
〃秋	島 秀之助	金鯱	22	48
	鬼頭 数雄	ライオン	22	49
1938春	江口 行男	金鯱	14	35
〃秋	佐々木常助	金鯱	20	40
1939	山田 伝	阪急	30	94
	五味 芳夫	金鯱	30	88
1940	石田 政良	名古屋	32	66

年	選手名	チーム	盗塁	試合
1941	坪内 道則	朝日	26	81
1942	坪内 道則	朝日	44	104
1943	山田 伝	阪神	56	83
1944	県 昌征	阪急	19	20
	呉 新享	巨人	19	32
1946	河西 俊雄	グレートリング	39	86
1947	河西 俊雄	南海	53	107
1948	河西 俊雄	南海	66	138
1949	木塚 忠助	南海	59	135

セントラル・リーグ

年	選手名	チーム	盗塁	試合
1950	金山 次郎	松竹	74	137
1951	土屋 五郎	国鉄	52	75
1952	金山 次郎	松竹	63	117
1953	金山 次郎	広島	58	117
1954	吉田 義男	阪神	51	119
1955	本多 逸郎	中日	42	130
1956	吉田 義男	阪神	50	127
1957	飯田 徳治	国鉄	40	130
1958	岡嶋 博治	中日	47	130
1959	岡嶋 博治	中日	41	128
1960	中 利夫	中日	50	130
1961	近藤 和彦	大洋	35	130
1962	河野 旭輝	中日	26	114
1963	高木 守道	中日	50	133
1964	古葉 竹識	広島	57	120
1965	高木 守道	中日	44	132
1966	柴田 勲	巨人	46	114
1967	柴田 勲	巨人	70	126
1968	古葉 竹識	広島	39	116
1969	柴田 勲	巨人	35	111
1970	東田 正義	ヤクルト	28	130
1971	高田 繁	巨人	28	127
1972	柴田 勲	巨人	45	128
1973	高木 守道	中日	28	122
1974	中塚 政幸	大洋	29	129
1975	大下 剛史	広島	44	117

パシフィック・リーグ

年	選手名	チーム	盗塁	試合
1950	木塚 忠助	南海	78	116
1951	木塚 忠助	南海	55	104
1952	木塚 忠助	南海	55	115
1953	レイン	阪急	61	120
1954	鈴木 武	近鉄	71	132
1955	森下 正夫	南海	59	133
1956	河野 旭輝	阪急	85	144
1957	河野 旭輝	阪急	56	123
1958	バルボン	阪急	38	128
1959	バルボン	阪急	38	132
1960	バルボン	阪急	32	116
1961	広瀬 叔功	南海	42	135
1962	広瀬 叔功	南海	50	130
1963	広瀬 叔功	南海	45	149
1964	広瀬 叔功	南海	72	141
1965	広瀬 叔功	南海	39	122
1966	山本 公士	阪急	32	106
1967	西田 孝之	東映	32	111
1968	安井 智規	近鉄	54	135
1969	阪本 敏三	近鉄	47	129
1970	福本 豊	阪急	75	127
1971	福本 豊	阪急	67	117
1972	福本 豊	阪急	106	122
1973	福本 豊	阪急	95	123
1974	福本 豊	阪急	94	129
1975	福本 豊	阪急	63	130

セントラル・リーグ

年	選手名	チーム	盗塁	試合
1976	衣笠 祥雄	広島	31	130
1977	柴田 勲	巨人	34	127
1978	柴田 勲	巨人	34	125
1979	高橋 慶彦	広島	55	120
1980	高橋 慶彦	広島	38	130
1981	青木 実	ヤクルト	34	104
1982	松本 匡史	巨人	61	113
1983	松本 匡史	巨人	76	125
1984	高木 豊	大洋	56	117
1985	高橋 慶彦	広島	73	130
1986	屋鋪 要	大洋	48	127
	平野 謙	中日	48	130
1987	屋鋪 要	大洋	48	130
1988	屋鋪 要	大洋	33	121
1989	正田 耕三	広島	34	128
1990	緒方 耕一	巨人	33	119
	野村 謙二郎	広島	33	125
1991	野村 謙二郎	広島	31	132
1992	飯田 哲也	ヤクルト	33	125
1993	緒方 耕一	巨人	24	108
	石井 琢朗	横浜	24	121
1994	野村 謙二郎	広島	37	130
1995	緒方 孝市	広島	47	101
1996	緒方 孝市	広島	50	129
1997	緒方 孝市	広島	49	135
1998	石井 琢朗	横浜	39	135
1999	石井 琢朗	横浜	39	131
2000	石井 琢朗	横浜	35	134
2001	赤星 憲広	阪神	39	140
2002	赤星 憲広	阪神	26	78
2003	赤星 憲広	阪神	61	140
2004	赤星 憲広	阪神	64	138
2005	赤星 憲広	阪神	60	145
2006	青木 宣親	ヤクルト	41	146
2007	荒木 雅博	中日	31	113
2008	福地 寿樹	ヤクルト	42	131
2009	福地 寿樹	ヤクルト	42	137
2010	梵 英心	広島	43	144
2011	藤村 大介	巨人	28	119
2012	大島 洋平	中日	32	144
2013	丸 佳浩	広島	29	140
2014	梶谷 隆幸	DeNA	39	142
2015	山田 哲人	ヤクルト	34	143
2016	山田 哲人	ヤクルト	30	133
2017	田中 広輔	広島	35	143
2018	山田 哲人	ヤクルト	33	140
2019	近本 光司	阪神	36	142
2020	近本 光司	阪神	31	120
2021	中野 拓夢	阪神	30	135
2022	近本 光司	阪神	30	132
2023	近本 光司	阪神	28	129

パシフィック・リーグ

年	選手名	チーム	盗塁	試合
1976	福本 豊	阪急	62	129
1977	福本 豊	阪急	61	130
1978	福本 豊	阪急	70	130
1979	福本 豊	阪急	60	128
1980	福本 豊	阪急	54	128
1981	福本 豊	阪急	54	130
1982	福本 豊	阪急	54	127
1983	大石 大二郎	近鉄	60	130
1984	大石 大二郎	近鉄	46	130
1985	松永 浩美	阪急	38	130
1986	西村 徳文	ロッテ	36	105
1987	西村 徳文	ロッテ	41	114
	大石 第二朗	近鉄	41	130
1988	西村 徳文	ロッテ	55	130
1989	西村 徳文	ロッテ	42	96
1990	秋山 幸二	西武	51	130
1991	大野 久	ダイエー	42	130
1992	佐々木 誠	ダイエー	40	126
1993	大石 大二郎	近鉄	31	127
1994	佐々木 誠	西武	37	126
1995	イチロー(鈴木一朗)	オリックス	49	130
1996	村松 有人	ダイエー	58	108
1997	松井 稼頭央	西武	62	135
1998	松井 稼頭央	西武	43	135
	小坂 誠	ロッテ	43	124
1999	松井 稼頭央	西武	32	135
2000	小坂 誠	ロッテ	33	135
2001	井口 資仁	ダイエー	44	140
2002	谷 佳知	オリックス	41	138
2003	井口 資仁	ダイエー	42	135
2004	川﨑 宗則	ダイエー	42	133
2005	西岡 剛	ロッテ	41	122
2006	西岡 剛	ロッテ	33	115
2007	片岡 易之	西武	38	116
2008	片岡 易之	西武	50	139
2009	片岡 易之	西武	51	139
2010	片岡 易之	西武	59	144
	本多 雄一	ソフトバンク	59	137
2011	本多 雄一	ソフトバンク	60	144
2012	聖澤 諒	楽天	54	138
2013	陽 岱鋼	日本ハム	47	144
2014	西川 遥輝	日本ハム	43	143
2015	中島 卓也	日本ハム	34	143
2016	金子 侑司	西武	53	129
	糸井 嘉男	オリックス	53	143
2017	西川 遥輝	日本ハム	39	138
2018	西川 遥輝	日本ハム	44	140
2019	金子 侑司	西武	41	133
2020	周東 佑京	ソフトバンク	50	103
2021	荻野 貴司	ロッテ	24	143
	和田 康士朗	ロッテ	24	96
	西川 遥輝	日本ハム	24	130
	源田 壮亮	西武	24	119
2022	髙部 瑛斗	ロッテ	44	137
2023	周東 佑京	ソフトバンク	36	114
	小深田 大翔	楽天	36	134

最 高 長 打 率

セントラル・リーグ

年	選手名	チーム	長打率	打数	塁打
1950	小鶴 誠	松竹	.729	516	376
1951	岩本 義行	松竹	.628	422	265

パシフィック・リーグ

年	選手名	チーム	長打率	打数	塁打
1950	別当 薫	毎日	.671	477	320
1951	大下 弘	東急	.704	321	226

年	選手名	チーム	長打率	打数	塁打
1952	杉山　悟	名古屋	.639	360	230
1953	西沢　道夫	名古屋	.545	446	243
1954	青田　昇	洋松	.542	469	254
1955	町田　行彦	国鉄	.534	468	250
1956	田宮謙次郎	阪神	.498	454	226
1957	田宮謙次郎	阪神	.500	390	195
1958	長嶋　茂雄	巨人	.578	502	290
1959	長嶋　茂雄	巨人	.612	449	275
1960	長嶋　茂雄	巨人	.542	452	245
1961	長嶋　茂雄	巨人	.652	448	292
1962	王　貞治	巨人	.565	497	281
1963	長嶋　茂雄	巨人	.657	472	314
1964	王　貞治	巨人	.720	472	340
1965	王　貞治	巨人	.666	428	285
1966	王　貞治	巨人	.715	396	283
1967	王　貞治	巨人	.723	426	308
1968	王　貞治	巨人	.722	442	319
1969	王　貞治	巨人	.690	452	312
1970	王　貞治	巨人	.713	425	303
1971	王　貞治	巨人	.597	434	259
1972	王　貞治	巨人	.654	456	298
1973	王　貞治	巨人	.755	428	323
1974	王　貞治	巨人	.761	385	293
1975	田淵　幸一	阪神	.657	426	280
1976	王　貞治	巨人	.725	400	290
1977	王　貞治	巨人	.706	432	305
1978	山本　浩二	広島	.662	473	313
1979	掛布　雅之	阪神	.690	468	323
1980	山本　浩二	広島	.714	440	314
1981	山本　浩二	広島	.647	473	306
1982	掛布　雅之	阪神	.610	464	283
1983	バース	阪神	.612	371	227
1984	バース	阪神	.598	356	213
1985	バース	阪神	.718	497	357
1986	バース	阪神	.777	453	352
1987	ポンセ	大洋	.616	492	303
1988	落合　博満	中日	.580	450	261
1989	フィルダー	阪神	.628	384	241
1990	バンスロー	中日	.560	457	256
1991	落合　博満	中日	.682	374	255
1992	ハウエル	ヤクルト	.685	387	265
1993	パウエル	中日	.579	394	228
1994	ブラッグス	横浜	.609	448	273
1995	江藤　智	広島	.608	462	281
1996	山崎　武司	中日	.625	453	283
1997	ホージー	ヤクルト	.594	498	296
1998	松井　秀喜	巨人	.563	487	274
1999	ペタジーニ	ヤクルト	.677	452	306
2000	松井　秀喜	巨人	.654	474	310
2001	ペタジーニ	ヤクルト	.633	463	293
2002	松井　秀喜	巨人	.692	500	346
2003	ペタジーニ※	巨人	.683	331	226
2004	ローズ	巨人	.677	436	295
2005	金本　知憲	阪神	.615	559	344
2006	福留　孝介	中日	.653	496	324
2007	高橋　由伸	巨人	.579	503	291
2008	村田　修一	横浜	.665	489	325
2009	阿部慎之助	巨人	.587	409	240
2010	和田　一浩	中日	.624	505	315
2011	阿部慎之助※	巨人	.500	390	195
2012	阿部慎之助	巨人	.565	467	264
2013	バレンティン	ヤクルト	.779	439	342
2014	バレンティン	ヤクルト	.587	366	215
2015	山田　哲人	ヤクルト	.610	557	340
2016	筒香　嘉智	ＤｅＮＡ	.680	469	319
2017	ゲレーロ	中日	.563	469	264
2018	ソト	ＤｅＮＡ	.644	416	268
2019	坂本　勇人	巨人	.575	555	319
2020	村上　宗隆	ヤクルト	.585	424	248

年	選手名	チーム	長打率	打数	塁打
1952	深見　安博	西鉄・東急	.547	415	227
1953	中西　太	西鉄	.619	465	288
1954	中西　太	西鉄	.574	493	283
1955	中西　太	西鉄	.630	473	298
1956	中西　太	西鉄	.593	462	274
1957	山内　和弘	毎日	.621	435	270
1958	中西　太	西鉄	.537	404	217
1959	山内　和弘	大毎	.600	425	255
1960	山内　和弘	大毎	.580	483	280
1961	張本　勲	東映	.596	473	282
1962	野村　克也	南海	.636	489	311
1963	野村　克也	南海	.618	550	340
1964	スペンサー	阪急	.656	511	284
1965	スペンサー	阪急	.649	405	263
1966	榎本　喜八	東京	.571	476	272
1967	張本　勲	東映	.597	414	247
1968	張本　勲	東映	.579	363	210
1969	長池　徳二	阪急	.622	487	303
1970	大杉　勝男	東映	.671	492	330
1971	アルトマン	ロッテ	.670	388	260
1972	長池　徳二	阪急	.642	386	248
1973	長池　徳士	阪急	.624	479	299
1974	ジョーンズ	近鉄	.538	411	221
1975	加藤　秀司	阪急	.572	456	261
1976	ジョーンズ	近鉄	.568	377	214
1977	リー	ロッテ	.612	467	286
1978	マルカーノ	阪急	.574	488	280
1979	マニエル	近鉄	.712	333	237
1980	マニエル	近鉄	.673	459	309
1981	門田　博光	南海	.655	438	287
1982	落合　博満	ロッテ	.606	462	280
1983	門田　博光	南海	.636	396	252
1984	ブーマー	阪急	.641	482	309
1985	落合　博満	ロッテ	.763	460	351
1986	落合　博満	ロッテ	.746	417	311
1987	ブーマー	阪急	.624	513	320
1988	門田　博光	南海	.633	447	283
1989	ブライアント	近鉄	.628	494	310
1990	清原　和博	西武	.615	436	268
1991	秋山　幸二	西武	.591	455	269
1992	デストラーデ	西武	.583	448	261
1993	ブライアント	近鉄	.549	497	273
1994	石井　浩郎	近鉄	.591	487	288
1995	小久保裕紀	ダイエー	.548	465	255
1996	ニール	オリックス	.553	430	238
1997	小久保裕紀	ダイエー	.588	527	310
1998	クラーク	近鉄	.593	531	315
1999	ローズ	近鉄	.627	491	308
2000	オバンドー	日本ハム	.616	385	237
2001	ローズ	近鉄	.662	550	364
2002	カブレラ	西武	.756	447	338
2003	カブレラ	西武	.705	457	322
2004	松中　信彦	ダイエー	.715	478	342
2005	松中　信彦	ソフトバンク	.663	483	320
2006	小笠原道大	日本ハム	.573	496	284
2007	ローズ	オリックス	.603	464	280
2008	カブレラ	オリックス	.593	504	299
2009	中村　剛也	西武	.651	501	326
2010	Ｔ－岡田（岡田貴弘）	オリックス	.575	461	265
2011	中村　剛也	西武	.600	525	315
2012	ペーニャ	ソフトバンク	.490	461	226
2013	浅村　栄斗	西武	.554	543	301
2014	メヒア	西武	.581	396	230
2015	柳田　悠岐	ソフトバンク	.631	502	317
2016	柳田　悠岐	ソフトバンク	.523	428	224
2017	柳田　悠岐	ソフトバンク	.589	448	264
2018	柳田　悠岐	ソフトバンク	.661	475	314
2019	グラシアル※	ソフトバンク	.595	373	222

記録集

年	選手名	チーム	長打率	打数	塁打
2021	鈴木 誠也	広 島	.639	435	278
2022	村上 宗隆	ヤクルト	.710	487	346
2023	岡本 和真	巨 人	.584	503	294

年	選手名	チーム	長打率	打数	塁打
2020	柳田 悠岐	ソフトバンク	.623	427	266
2021	吉田 正尚	オリックス	.563	389	219
2022	山川 穂高	西 武	.578	448	259
2023	近藤 健介	ソフトバンク	.528	492	260

※印は規定打席不足も、野球規則により最高長打率打者となる。

最 高 出 塁 率

セントラル・リーグ

年	選手名	チーム	出塁数	打数	安打	四死球
1967	王 貞治	巨 人	276	426	139	137
1968	王 貞治	巨 人	275	442	144	131
1969	王 貞治	巨 人	272	452	156	116
1970	王 貞治	巨 人	263	425	138	125
1971	王 貞治	巨 人	246	434	120	126
1972	王 貞治	巨 人	249	456	135	114
1973	王 貞治	巨 人	280	428	152	128
1974	王 貞治	巨 人	294	385	128	166
1975	王 貞治	巨 人	236	393	112	124
1976	王 貞治	巨 人	257	400	130	127
1977	王 貞治	巨 人	272	432	140	132
1978	王 貞治	巨 人	247	440	132	115
1979	山本 浩二	広 島	220	467	137	83
1980	山本 浩二	広 島	240	440	148	92
1981	掛布 雅之	阪 神	243	458	156	87
1982	{ 田尾 安志	中 日	232	497	174	58
	掛布 雅之	阪 神	232	464	151	81
1983	山本 浩二	広	234	462	146	88
1984	谷沢 健一	中 日	231	505	166	65

パシフィック・リーグ

年	選手名	チーム	出塁率	打数	安打	四死球
1962	張本 勲	東映	.440	472	157	90
1963	ブルーム	近鉄	.397	439	147	45
1964	張本 勲	東映	.426	461	151	79
1965	スペンサー	阪急	.424	405	126	79
1966	榎本 喜八	東京	.439	476	167	75
1967	張本 勲	東映	.439	414	139	76
1968	張本 勲	東映	.437	363	122	65
1969	張本 勲	東映	.421	460	160	73
1970	張本 勲	東映	.467	459	176	72
1971	江藤 慎一	ロッテ	.414	389	131	51
1972	張本 勲	東映	.443	472	169	72
1973	張本 勲	日拓	.448	441	143	74
1974	張本 勲	日本ハム	.452	406	138	83
1975	小川 亨	近鉄	.383	430	131	78
1976	加藤 秀司	阪急	.394	453	129	75
1977	加藤 秀司	阪急	.405	423	135	61
1978	佐々木 恭介	近鉄	.407	376	133	34
1979	加藤 英司	阪急	.443	448	163	64
1980	栗橋 茂	近鉄	.412	436	143	62
1981	門田 博光	南海	.434	438	137	94
1982	落合 博満	ロッテ	.431	462	150	76
1983	スティーブ	西武	.423	476	153	84
1984	スティーブ	西武	.443	461	156	87

年	選手名	チーム	出塁率	打数	安打	四死球	犠飛
1985	バース	阪神	.428	497	174	70	3
1986	バース	阪神	.481	453	176	84	4
1987	落合 博満	中日	.435	432	143	83	4
1988	落合 博満	中日	.418	450	132	101	6
1989	クロマティ	巨人	.449	439	166	59	3
1990	落合 博満	中日	.416	458	133	104	8
1991	落合 博満	中日	.473	374	127	99	5
1992	オマリー	阪神	.460	381	124	96	1
1993	オマリー	阪神	.427	434	143	77	4
1994	オマリー	阪神	.429	430	135	90	4
1995	オマリー	ヤクルト	.429	421	127	98	5
1996	江藤 智	広島	.431	388	122	80	1
1997	ローズ	横浜	.444	463	152	102	7
1998	松井 秀喜	巨人	.421	487	142	112	4
1999	ペタジーニ	ヤクルト	.469	452	147	123	1
2000	松井 秀喜	巨人	.438	474	150	108	7
2001	ペタジーニ	ヤクルト	.466	463	149	127	2
2002	松井 秀喜	巨人	.461	500	167	120	1
2003	福留 孝介	中日	.401	528	165	82	6
2004	ラロッカ	広島	.425	432	143	75	2
2005	福留 孝介	中日	.430	515	169	94	3
2006	福留 孝介	中日	.438	496	174	79	3
2007	青木 宣親	ヤクルト	.434	557	193	88	3
2008	内川 聖一	横浜	.416	500	189	35	4
2009	青木 宣親	ヤクルト	.400	531	161	88	4

年	選手名	チーム	出塁率	打数	安打	四死球	犠飛
1985	落合 博満	ロッテ	.481	460	169	104	4
1986	落合 博満	ロッテ	.487	417	150	104	4
1987	門田 博光	南海	.428	379	120	76	3
1988	門田 博光	南海	.429	447	139	100	10
1989	松永 浩美	オリックス	.431	470	145	101	0
1990	清原 和博	西武	.454	364	134	120	4
1991	白井 一幸	日本ハム	.428	328	102	68	1
1992	清原 和博	西武	.401	464	134	89	3
1993	辻 発彦	西武	.395	429	137	57	5
1994	イチロー(鈴木一朗)	オリックス	.445	546	210	61	2
1995	イチロー(鈴木一朗)	オリックス	.432	524	179	86	3
1996	イチロー(鈴木一朗)	オリックス	.422	542	193	65	4
1997	鈴木 健	西武	.431	471	147	101	4
1998	片岡 篤史	日本ハム	.435	466	140	114	4
1999	イチロー(鈴木一朗)	オリックス	.412	411	141	52	5
2000	イチロー(鈴木一朗)	オリックス	.460	395	153	58	6
2001	中村 紀洋	近鉄	.434	525	168	108	3
2002	カブレラ	西武	.467	500	150	111	0
2003	小笠原 道大	日本ハム	.473	445	160	98	3
2004	松中 信彦	ダイエー	.464	478	171	96	2
2005	松中 信彦	ソフトバンク	.412	389	152	85	0
2006	松中 信彦	ソフトバンク	.453	447	145	108	4
2007	ローズ	オリックス	.403	464	135	98	3
2008	中島 裕之	西武	.410	486	161	67	3
2009	中島 裕之	西武	.398	560	173	85	3

年	選手名	チーム	出塁率	打数	安打	四死球	犠飛
2010	和田　一浩	中　　日	.437	505	171	92	5
2011	鳥谷　　敬	阪　　神	.395	500	150	82	5
2012	阿部慎之助	巨　　人	.429	467	159	78	8
2013	バレンティン	ヤクルト	.455	439	145	104	4
2014	バレンティン	ヤクルト	.419	366	110	77	3
2015	山田　哲人	ヤクルト	.416	557	183	86	3
2016	坂本　勇人	巨　　人	.433	488	168	81	6
2017	田中　広輔	広　　島	.398	565	164	104	4
2018	丸　　佳浩	広　　島	.468	432	132	133	1
2019	鈴木　誠也	広　　島	.453	499	167	110	3
2020	村上　宗隆	ヤクルト	.427	424	130	90	1
2021	鈴木　誠也	広　　島	.433	435	138	93	5
2022	村上　宗隆	ヤクルト	.458	487	155	125	0
2023	大山　悠輔	阪　　神	.403	513	148	104	8

年	選手名	チーム	出塁率	打数	安打	四死球	犠飛
2010	カブレラ	オリックス	.428	408	135	71	2
2011	糸井　嘉男	日本ハム	.411	489	156	78	2
2012	糸井　嘉男	日本ハム	.404	510	155	86	1
2013	ヘルマン	西　　武	.418	518	165	92	5
2014	糸井　嘉男	オリックス	.424	502	166	84	4
2015	柳田　悠岐	ソフトバンク	.469	502	182	102	1
2016	柳田　悠岐	ソフトバンク	.446	428	131	108	0
2017	柳田　悠岐	ソフトバンク	.426	448	139	96	7
2018	柳田　悠岐	ソフトバンク	.431	475	167	70	5
2019	近藤　健介	日本ハム	.422	490	148	105	5
2020	近藤　健介	日本ハム	.465	371	126	91	5
2021	吉田　正尚	オリックス	.429	389	132	63	3
2022	吉田　正尚	オリックス	.447	412	138	89	7
2023	近藤　健介	ソフトバンク	.431	492	149	115	6

最　優　秀　勝　率　投　手

年	選手名	チーム	試合	勝利	敗北	勝率
1936秋	景浦　　将	タイガース	8	6	0	1.000
1937春	沢村　栄治	巨　　人	30	24	4	.857
〃秋	御園生崇男	タイガース	15	11	0	1.000
1938春	御園生崇男	タイガース	16	10	1	.909
〃秋	スタルヒン	巨　　人	24	19	2	.905
1939	若林　忠志	タイガース	48	28	7	.800
1940	須田　　博	巨　　人	55	38	12	.760
1941	森　弘太郎	阪　　急	48	30	8	.789

年	選手名	チーム	試合	勝利	敗北	勝率
1942	広瀬　習一	巨　　人	32	21	6	.778
1943	藤本　英雄	巨　　人	56	34	11	.756
1944	若林　忠志	阪　　神	31	22	4	.846
1946	藤本　英雄	巨　　人	31	21	6	.778
1947	御園生崇男	阪　　神	30	18	6	.750
1948	別所　　昭	南　　海	42	26	10	.722
1949	藤本　英雄	巨　　人	39	24	7	.774

セントラル・リーグ

年	選手名	チーム	試合	勝利	敗北	勝率
1950	大島　信雄	松　　竹	34	20	4	.833
1951	松田　　清	巨　　人	34	23	3	.885
1952	藤村　隆男	阪　　神	46	25	6	.806
1953	大友　　工	巨　　人	43	27	6	.818
1953	石川　克彦	名古屋	38	18	4	.818
1954	杉下　　茂	中　　日	63	32	12	.727
1955	大友　　工	巨　　人	42	30	6	.833
1956	堀内　　庄	巨　　人	37	14	4	.778
1957	木戸　美摸	巨　　人	44	17	7	.708
1958	藤田　元司	巨　　人	58	29	13	.690
1959	藤田　元司	巨　　人	55	27	11	.711
1960	秋山　　登	大　　洋	59	21	10	.677
1961	伊藤　芳明	巨　　人	51	13	6	.684
1962	小山　正明	阪　　神	47	27	11	.711
1963	山中　　巽	阪　　神	45	15	6	.714
1964	石川　　緑	中　　日	36	10	3	.769
1965	山中　　巽	中　　日	31	12	2	.857
1966	堀内　恒夫	巨　　人	33	16	2	.889
1967	堀内　恒夫	巨　　人	23	12	2	.857
1968	島田源太郎	大　　洋	41	14	6	.700
1969	高橋　一三	巨　　人	45	22	5	.815
1970	村山　　実	阪　　神	25	14	3	.824
1971	坂井　勝二	大　　洋	25	9	4	.692
1972	堀内　恒夫	巨　　人	48	26	9	.743
1973	倉田　　誠	巨　　人	49	18	9	.667
1974	松本　幸行	中　　日	40	20	9	.690
1975	星野　仙一	中　　日	40	17	5	.773
1976	加藤　　初	巨　　人	46	15	4	.789

パシフィック・リーグ

年	選手名	チーム	試合	勝利	敗北	勝率
1950	野村　武史	毎　　日	34	18	4	.818
1951	中谷　信夫	南　　海	40	14	2	.875
1952	柚木　　進	南　　海	40	19	7	.731
1953	大神　武俊	西　　鉄	43	19	8	.704
1954	西村　貞朗	西　　鉄	46	22	5	.815
1955	中村　大成	毎　　日	51	23	4	.852
1956	植村　義信	毎　　日	58	19	5	.792
1957	稲尾　和久	西　　鉄	68	35	6	.854
1958	秋本　祐作	阪　　急	48	14	4	.778
1959	杉浦　　忠	南　　海	69	38	4	.905
1960	小野　正一	大　　毎	67	33	11	.750
1961	稲尾　和久	西　　鉄	78	42	14	.750
1962	皆川　睦男	南　　海	59	19	4	.826
1963	田中　　勉	西　　鉄	51	17	8	.680
1963	森中千香良	南　　海	47	17	8	.680
1964	スタンカ	南　　海	47	26	7	.788
1965	林　　俊彦	南　　海	33	17	3	.850
1966	皆川　睦男	南　　海	46	18	7	.720
1967	石井　茂雄	南　　海	36	9	4	.692
1968	村上　雅則	南　　海	47	18	7	.720
1969	清　　俊彦	近　　鉄	47	18	7	.720
1970	佐々木宏一郎	近　　鉄	43	17	5	.773
1971	山田　久志	阪　　急	46	22	6	.786
1972	佐藤　道郎	南　　海	64	9	3	.750
1973	八木沢荘六	ロッテ	55	7	1	.875
1974	竹村　一義	ロッテ	31	9	3	.750
1975	鈴木　啓示	近　　鉄	33	22	6	.786
1975	野村　　収	日本ハム	37	11	3	.786

記録集

年	選手名	チーム	試合	勝利	敗北	勝率
1977	新浦 寿夫	巨　人	44	11	3	.786
1978	鈴木康二朗	ヤクルト	37	13	3	.813
1979	藤沢 公也	中日	33	13	5	.722
1980	福士 敬章	広島	31	15	6	.714
1981	江川 卓	巨人	31	20	6	.769
1982	都 裕次郎	中日	43	16	5	.762
1983	津田 恒美	広島	19	9	3	.750
1984	江川 卓	巨人	15	15	5	.750
1985	北別府 学	広島	35	16	6	.727
1986	北別府 学	広島	30	18	4	.818
1987	川端 順	広島	57	10	2	.833
1988	小野 和幸	中日	29	18	4	.818
1989	西本 聖	中日	30	20	6	.769
1990	斎藤 雅樹	巨人	27	20	5	.800
1991	北別府 学	広島	25	11	4	.733
1992	斎藤 雅樹	巨人	25	17	6	.739
1993	山本 昌広	中日	27	17	5	.773
1994	紀藤 真琴	広島	30	16	5	.762
1995	石井 一久	ヤクルト	26	13	4	.765
1996	斎藤 雅樹	巨人	25	16	4	.800
1997	三浦 大輔	横浜	26	10	3	.769
1998	桑田 真澄	巨人	27	16	5	.762
1999	上原 浩治	巨人	25	20	4	.833
2000	工藤 公康	巨人	21	12	5	.706
2001	入来 祐作	巨人	27	13	4	.765
2002	上原 浩治	巨人	27	17	5	.773
2003	井川 慶	阪神	29	20	5	.800
2004	上原 浩治	巨人	22	13	5	.722
2005	安藤 優也	阪神	24	11	5	.688
2006	川上 憲伸	中日	29	17	7	.708
2007	高橋 尚成	巨人	28	14	4	.778
2008	館山 昌平	ヤクルト	24	12	3	.800
2009	ゴンザレス	巨人	23	15	2	.882
2010	久保 康友	阪神	29	14	5	.737
2011	吉見 一起	中日	24	18	3	.857
2012	杉内 俊哉	巨人	24	12	4	.750
2013	小川 泰弘	ヤクルト	26	16	4	.800
2014	山井 大介	中日	27	13	5	.722
2015	マイコラス	巨人	21	13	3	.813
2016	野村 祐輔	広島	25	16	3	.842
2017	薮田 和樹※	広島	38	15	3	.833
2018	大瀬良大地	広島	27	15	7	.682
2019	山口 俊	巨人	26	15	4	.789
2020	菅野 智之	巨人	20	14	2	.875
2021	青柳 晃洋	阪神	25	13	6	.684
2022	青柳 晃洋	阪神	24	13	4	.765
2023	東 克樹	DeNA	24	16	3	.842

年	選手名	チーム	試合	勝利	敗北	勝率
1976	山田 久志	阪急	39	26	7	.788
1977	稲葉 光雄	阪急	30	17	6	.739
1978	山田 久志	阪急	35	18	4	.818
1979	山田 久志	阪急	36	21	5	.808
1980	木田 勇	日本ハム	40	22	8	.733
1981	間柴 茂有	日本ハム	27	15	0	1.000
1982	工藤 幹夫	日本ハム	28	20	4	.833
1983	高橋 直樹	西武	25	13	3	.813
1984	石川 賢	ロッテ	27	15	4	.789
1985	石本 貴昭	近鉄	70	19	3	.864
1986	渡辺 久信	西武	39	16	6	.727
1987	工藤 公康	西武	27	15	4	.789
1988	郭 泰源	西武	19	13	3	.813
1989	星野 伸之	オリックス	28	15	6	.714
1990	野茂 英雄	近鉄	29	18	8	.692
1991	工藤 公康	西武	25	16	3	.842
1992	石井 丈裕	西武	27	15	3	.833
1993	工藤 公康	西武	24	15	3	.833
1994	郭 泰源	西武	27	15	5	.722
1995	平井 正史※	オリックス	53	15	5	.750
1996	星野 伸之	オリックス	22	13	5	.722
1997	西口 文也	西武	32	15	5	.750
1998	黒木 知宏	ロッテ	31	13	9	.591
1999	篠原 貴行※	ダイエー	60	14	1	.933
2000	小野 晋吾	ロッテ	26	13	5	.722
2001	田之上慶三郎	ダイエー	29	13	7	.650
2002	パウエル	近鉄	32	17	10	.630
2003	斉藤 和巳	ダイエー	26	20	3	.870
2004	岩隈 久志	近鉄	21	15	2	.882
2005	斉藤 和巳	ソフトバンク	22	16	1	.941
2006	斉藤 和巳	ソフトバンク	26	18	5	.783
2007	成瀬 善久	ロッテ	24	16	1	.941
2008	岩隈 久志	楽天	28	21	4	.840
2009	ダルビッシュ有	日本ハム	23	15	5	.750
2009	杉内 俊哉	ソフトバンク	26	15	5	.750
2010	杉内 俊哉	ソフトバンク	27	16	7	.696
2011	田中 将大	楽天	27	19	5	.792
2012	攝津 正	ソフトバンク	27	17	7	.708
2013	田中 将大	楽天	28	24	0	1.000
2014	岸 孝之	西武	23	13	4	.765
2015	大谷 翔平	日本ハム	22	15	5	.750
2016	和田 毅	ソフトバンク	24	15	5	.750
2017	千賀 滉大	ソフトバンク	22	13	4	.765
2018	ボルシンガー※	ロッテ	20	13	2	.867
2019	山岡 泰輔	オリックス	26	13	4	.765
2020	石川 柊太※	ソフトバンク	18	11	3	.786
2021	山本 由伸	オリックス	26	18	5	.783
2022	山本 由伸	オリックス	26	15	5	.750
2023	山本 由伸	オリックス	23	16	6	.727

（セ・リーグは'72まで表彰。'13～は13勝以上の勝率第1位投手として表彰。'20は10勝以上の勝率第1位投手として表彰。）

（パ・リーグは'86～は13勝以上の勝率第1位投手で、'50～'53と'02～'12は最優秀投手、'54～'01、'13～は勝率第1位投手として表彰。'20は10勝以上の勝率第1位投手として表彰。）

（註）※印は規定投球回未満

最　優　秀　防　御　率　投　手

年	選手名	チーム	試合	投球回	自責点	防御率
1936秋	景浦 将	タイガース	8	57	5	0.79
1937春	沢村 栄治	巨人	30	244	22	0.81
〃秋	西村 幸生	タイガース	25	182⅓	30	1.48
1938春	西村 幸生	タイガース	19	129⅓	22	1.52
〃秋	スタルヒン	巨人	24	197⅔	23	1.05
1939	若林 忠志	タイガース	48	330	40	1.09
1940	野口 二郎	翼	57	387	40	0.93
1941	野口 二郎	大洋	48	338	33	0.88

年	選手名	チーム	試合	投球回	自責点	防御率
1942	林 安夫	朝日	71	541⅓	61	1.01
1943	藤本 英雄	巨人	56	432⅔	35	0.73
1944	若林 忠志	阪神	31	248	43	1.56
1946	藤本 英雄	巨人	31	217⅓	51	2.11
1947	白木義一郎	東急	59	439	85	1.74
1948	中尾 碩志	巨人	47	343	70	1.84
1949	藤本 英雄	巨	39	288	62	1.94

セントラル・リーグ

年	選手名	チーム	試合	投球回	自責点	防御率
1950	大島　信雄	松竹	34	225⅓	51	2.03
1951	松田　清	巨人	34	227⅔	51	2.01
1952	梶岡　忠義	阪神	38	257⅔	49	1.71
1953	大友　工	巨人	43	281⅓	58	1.85
1954	杉下　茂	中日	63	395⅓	61	1.39
1955	別所　毅彦	巨人	50	312	46	1.33
1956	渡辺　省三	阪神	52	260⅓	42	1.45
1957	金田　正一	国鉄	61	353	64	1.63
1958	金田　正一	国鉄	56	332⅓	48	1.30
1959	村山　実	阪神	54	295⅓	39	1.19
1960	秋山　登	大洋	59	262⅓	51	1.75
1961	権藤　博	中日	69	429⅓	81	1.70
1962	村山　実	阪神	57	366⅓	49	1.20
1963	柿本　実	中日	48	260	49	1.70
1964	バッキー	阪神	46	353⅓	74	1.89
1965	金田　正一	巨人	28	141⅔	29	1.84
1966	堀内　恒夫	巨人	33	181	28	1.39
1967	権藤　正利	阪神	40	135	21	1.40
1968	外木場義郎	広島	45	302⅓	65	1.94
1969	江夏　豊	阪神	44	258⅓	52	1.81
1970	村山　実	阪神	25	156	17	0.98
1971	藤本　和宏	広島	43	157⅔	30	1.71
1972	安田　猛	ヤクルト	50	168⅔	39	2.08
1973	安田　猛	ヤクルト	53	208⅔	47	2.02
1974	関本四十四	巨人	37	162	41	2.28
1975	安仁屋宗八	阪神	66	140⅔	30	1.91
1976	鈴木　孝政	中日	60	148⅓	49	2.98
1977	新浦　寿夫	巨人	44	136	35	2.32
1978	新浦　寿夫	巨人	63	189	59	2.81
1979	平松　政次	大洋	30	196	52	2.39
1980	松岡　弘	ヤクルト	29	157	41	2.35
1981	江川　卓	巨人	31	240⅓	61	2.29
1982	斉藤　明夫	大洋	56	134⅔	31	2.07
1983	福間　納	阪神	69	130⅔	38	2.62
1984	小林　誠二	広島	55	130⅔	32	2.20
1985	小松　辰雄	中日	33	210⅓	62	2.65
1986	北別府　学	広島	30	230	62	2.43
1987	桑田　真澄	巨人	28	207⅔	50	2.17
1988	大野　豊	広島	24	185	35	1.70
1989	斎藤　雅樹	巨人	30	245	44	1.62
1990	斎藤　雅樹	巨人	27	224	54	2.17
1991	佐々岡真司	広島	33	240	65	2.44
1992	盛田　幸妃	大洋	52	131⅔	30	2.05
1993	山本　昌広	中日	27	188⅓	43	2.05
1994	郭　源治	中日	21	139⅓	38	2.45
1995	ブロス	ヤクルト	32	162⅓	42	2.33
1996	斎藤　雅樹	巨人	25	187	49	2.36
1997	大野　豊	広島	23	135⅔	43	2.85
1998	野口　茂樹	中日	27	192	50	2.34
1999	上原　浩治	巨人	25	197⅔	46	2.09
2000	石井　一久	ヤクルト	29	183	53	2.61
2001	野口　茂樹	中日	26	193⅔	53	2.46
2002	桑田　真澄	巨人	23	158⅓	39	2.22
2003	井川　慶	阪神	29	206	64	2.80
2004	上原　浩治	巨人	22	163	47	2.60
2005	三浦　大輔	横浜	28	214⅔	60	2.52
2006	黒田　博樹	広島	26	189⅓	39	1.85
2007	高橋　尚成	巨人	28	186⅔	57	2.75
2008	石川　雅規	ヤクルト	30	195	58	2.68
2009	チェン	中日	24	164	28	1.54
2010	前田　健太	広島	28	215⅔	53	2.21
2011	吉見　一起	中日	26	190⅔	35	1.65
2012	前田　健太	広島	29	206⅓	35	1.53
2013	前田　健太	広島	26	175⅔	41	2.10
2014	菅野　智之	巨人	23	158⅔	41	2.33
2015	ジョンソン	広島	28	194⅓	40	1.85
2016	菅野　智之	巨人	26	183⅓	41	2.01

パシフィック・リーグ

年	選手名	チーム	試合	投球回	自責点	防御率
1950	荒巻　淳	毎日	48	274⅔	63	2.06
1951	柚木　進※	南海	36	198⅓	46	2.08
1952	柚木　進	南海	40	193	41	1.91
1953	川崎　徳次	西鉄	47	294⅓	65	1.98
1954	宅和　本司	南海	60	329⅔	58	1.58
1955	中川　隆	毎日	49	229	53	2.08
1956	稲尾　和久	西鉄	61	262⅓	31	1.06
1957	稲尾　和久	西鉄	68	373⅔	57	1.37
1958	稲尾　和久	西鉄	72	373	59	1.42
1959	杉浦　忠	南海	69	371⅓	58	1.40
1960	小野　正一	大毎	67	304	67	1.98
1961	稲尾　和久	西鉄	78	404	76	1.69
1962	久保田　治	東映	43	190⅔	45	2.12
1963	久保　征弘	近鉄	62	251⅔	66	2.36
1964	妻島　芳郎	東京	56	151⅓	36	2.15
1965	三浦　清弘	南海	41	178⅓	31	1.57
1966	稲尾　和久	西鉄	54	185⅔	37	1.79
1967	足立　光宏	阪急	43	268	52	1.75
1968	皆川　睦男	南海	56	352⅓	63	1.61
1969	木樽　正明	ロッテ	51	162	31	1.72
1970	佐藤　道郎	南海	55	144⅔	33	2.05
1971	山田　久志	阪急	46	270	71	2.37
1972	清　俊彦	近鉄	45	236⅓	62	2.36
1973	米田　哲也	阪急	32	175⅓	48	2.47
1974	佐藤　道郎	南海	68	131⅔	28	1.91
1975	村田　兆治	ロッテ	39	191⅔	47	2.20
1976	村田　兆治	ロッテ	46	257⅓	52	1.82
1977	山田　久志	阪急	44	240⅔	61	2.28
1978	鈴木　啓示	近鉄	37	294⅓	66	2.02
1979	山口　哲治	近鉄	36	148⅓	41	2.49
1980	木田　勇	日本ハム	40	253	64	2.28
1981	岡部　憲章	日本ハム	27	130	39	2.70
1982	高橋　里志	日本ハム	29	132	27	1.84
1983	東尾　修	西武	32	213	69	2.92
1984	今井雄太郎	阪急	32	218	71	2.93
1985	工藤　公康	西武	34	137	42	2.76
1986	佐藤　義則	阪急	21	162	51	2.83
1987	工藤　公康	西武	27	223⅔	60	2.41
1988	河野　博文	日本ハム	46	144	38	2.38
1989	村田　兆治	ロッテ	22	179⅔	50	2.50
1990	野茂　英雄	近鉄	29	235	76	2.91
1991	渡辺　智男	西武	22	157	41	2.35
1992	赤堀　元之	近鉄	50	130	26	1.80
1993	工藤　公康	西武	24	170	39	2.06
1994	新谷　博	西武	41	130	42	2.91
1995	伊良部秀輝	ロッテ	28	203	57	2.53
1996	伊良部秀輝	ロッテ	23	157⅓	42	2.40
1997	小宮山　悟	ロッテ	27	187⅔	52	2.49
1998	金村　曉	日本ハム	31	135	41	2.73
1999	工藤　公康	ダイエー	26	196⅓	52	2.38
2000	戎　信行	オリックス	21	135	49	3.27
2001	ミンチー	ロッテ	30	204⅓	74	3.26
2002	金田　政彦	オリックス	23	140⅔	39	2.50
2003	斉藤　和巳	ダイエー	26	194	61	2.83
2003	松坂　大輔	西武	29	194	61	2.83
2004	松坂　大輔	西武	23	146	47	2.90
2005	杉内　俊哉	ソフトバンク	26	196⅔	46	2.11
2006	斉藤　和巳	ソフトバンク	26	201	39	1.75
2007	成瀬　善久	ロッテ	24	173⅓	35	1.82
2008	岩隈　久志	楽天	28	201⅔	42	1.87
2009	ダルビッシュ有	日本ハム	23	182	35	1.73
2010	ダルビッシュ有	日本ハム	26	202	40	1.78
2011	田中　将大	楽天	27	226⅓	32	1.27
2012	吉川　光夫	日本ハム	25	173⅔	33	1.71
2013	田中　将大	楽天	28	212	30	1.27
2014	金子　千尋	オリックス	26	191	42	1.98
2015	大谷　翔平	日本ハム	22	160⅔	40	2.24

年	選手名	チーム	試合	投球回	自責点	防御率
2017	菅野　智之	巨人	25	187⅓	33	1.59
2018	菅野　智之	巨人	28	202	48	2.14
2019	大野　雄大	中日	25	177⅔	51	2.58
2020	大野　雄大	中日	20	148⅔	30	1.82
2021	柳　裕也	中日	26	172	42	2.20
2022	青柳　晃洋	阪神	24	162⅓	37	2.05
2023	村上　頌樹	阪神	22	144⅓	28	1.75

年	選手名	チーム	試合	投球回	自責点	防御率
2016	石川　歩	ロッテ	23	162⅓	39	2.16
2017	菊池　雄星	西武	26	187⅔	41	1.97
2018	岸　孝之	楽天	23	159	48	2.72
2019	山本　由伸	オリックス	20	143	31	1.95
2020	千賀　滉大	ソフトバンク	18	121	29	2.16
2021	山本　由伸	オリックス	26	193⅔	30	1.39
2022	山本　由伸	オリックス	26	193	36	1.68
2023	山本　由伸	オリックス	23	164	22	1.21

(注) '37秋～'63は⅓、⅔はすべて切り上げ1回として計算、'36、'64～'82は⅓を切り捨て、⅔を切り上げ1回として計算、'37春および'83より⅓、⅔の端数まで計算。

※'51の1位は、投球回数155、自責点35、防御率2.03の服部武夫（南海）であるが、同年に限り採用された資格投球回数算定法による標準回数が、南海の場合164となり、服部はこの投球回数に達しなかったため柚木となった。

最多勝利投手

年	選手名	チーム	試合	勝利	敗北
1936秋	沢村　栄治	巨人	15	13	2
1937春	沢村　栄治	巨人	30	24	4
〃秋	｛西村　幸生	タイガース	25	15	3
	｛スタルヒン	巨人	26	15	7
	｛野口　明	セネタース	33	15	15
1938春	スタルヒン	巨人	24	14	3
〃秋	スタルヒン	巨人	24	19	2
1939	スタルヒン	巨人	68	42	15
1940	須田　博	巨人	55	38	12

年	選手名	チーム	試合	勝利	敗北
1941	森　弘太郎	阪急	48	30	8
1942	野口　二郎	大洋	66	40	17
1943	藤本　英雄	巨人	56	34	11
1944	若林　忠志	阪神	31	22	4
1946	白木義一郎	セネタース	59	30	22
1947	別所　昭	南海	55	30	19
1948	｛川崎　徳次	巨人	47	27	15
	｛中尾　碩志	巨人	47	27	12
1949	スタルヒン	大映	52	27	17

セントラル・リーグ

年	選手名	チーム	試合	勝利	敗北
1950	真田　重男	松竹	61	39	12
1951	杉下　　茂	名古屋	58	28	13
1952	別所　毅彦	巨人	52	33	13
1953	大友　　工	巨人	43	27	6
1954	杉下　　茂	中日	63	32	12
1955	｛大友　　工	巨人	42	30	6
	｛長谷川良平	広島	54	30	17
1956	別所　毅彦	巨人	54	27	15
1957	金田　正一	国鉄	61	28	16
1958	金田　正一	国鉄	56	31	14
1959	藤田　元司	巨人	55	27	11
1960	堀本　律雄	巨人	69	29	18
1961	権藤　　博	中日	69	35	19
1962	権藤　　博	中日	61	30	17
1963	金田　正一	国鉄	53	30	17
1964	バッキー	阪神	46	29	9
1965	村山　　実	阪神	39	25	13
1966	村山　　実	阪神	38	24	9
1967	小川　健太郎	中日	55	29	12
1968	江夏　　豊	阪神	49	25	12
1969	高橋　一三	巨人	45	22	5
1970	平松　政次	大洋	43	25	19
1971	平松　政次	大洋	43	17	13
1972	堀内　恒夫	巨人	48	26	9
1973	江夏　　豊	阪神	53	24	13
1974	｛松本　幸行	中日	40	20	9
	｛金城　基泰	広島	44	20	15
1975	外木場義郎	広島	41	20	13
1976	池谷公二郎	広島	51	20	15
1977	高橋　里志	広島	44	20	14
1978	野村　　収	大洋	44	17	11
1979	小林　　繁	阪神	37	22	9

パシフィック・リーグ

年	選手名	チーム	試合	勝利	敗北
1950	荒巻　　淳	毎日	48	26	8
1951	江藤　　正	西鉄	45	24	5
1952	野口　正明	西鉄	45	23	12
1953	川崎　徳次	西鉄	47	24	15
1954	宅和　本司	南海	60	26	9
1955	｛宅和　本司	南海	47	26	15
	｛田中　文雄	近鉄	58	24	11
1956	三浦　方義	大映	61	29	14
1957	稲尾　和久	西鉄	68	35	6
1958	稲尾　和久	西鉄	72	33	10
1959	杉浦　　忠	南海	69	38	4
1960	小野　正一	大毎	67	33	11
1961	稲尾　和久	西鉄	78	42	14
1962	久保　征弘	近鉄	66	28	21
1963	稲尾　和久	西鉄	74	28	16
1964	小山　正明	東京	53	30	12
1965	尾崎　行雄	東映	61	27	12
1966	米田　哲也	阪急	55	25	17
1967	池永　正明	西鉄	54	23	14
1968	皆川　睦男	南海	56	31	10
1969	鈴木　啓示	近鉄	46	24	13
1970	成田　文男	ロッテ	38	25	8
1971	木樽　正明	ロッテ	43	24	9
1972	｛山田　久志	阪急	43	20	8
	｛金田　留広	東映	51	20	12
1973	金田　留広	ロッテ	52	21	10
1974	金田　留広	ロッテ	36	16	7
1975	東尾　　修	太平洋	54	23	15
1976	山田　久志	阪急	39	26	7
1977	鈴木　啓示	近鉄	39	20	13
1978	鈴木　啓示	近鉄	37	16	10
1979	山田　久志	阪急	36	21	5

年	選手名	チーム	試合	勝利	敗北
1980	江川 卓	巨人	34	16	12
1981	江川 卓	巨人	31	20	6
1982	北別府 学	広島	36	20	8
1983	遠藤 一彦	大洋	36	18	9
1984	遠藤 一彦	大洋	38	17	17
1985	小松 辰雄	中日	33	17	8
1986	北別府 学	広島	30	18	4
1987	小松 辰雄	中日	28	17	8
1988	{小野 和幸	中日	29	18	4
	伊東 昭光※	ヤクルト	55	18	9
1989	{斎藤 雅樹	巨人	30	20	7
	西本 聖	中日	30	20	6
1990	斎藤 雅樹	巨人	30	20	5
1991	佐々岡真司	広島	33	17	9
1992	斎藤 雅樹	巨人	25	17	6
1993	{今中 慎二	中日	31	17	7
	山本 昌広	中日	27	17	5
	野村 弘樹	横浜	28	17	6
1994	山本 昌広	中日	29	19	8
1995	斎藤 雅樹	巨人	28	18	10
1996	{ガルベス	巨人	28	16	6
	斎藤 雅樹	巨人	25	16	4
1997	山本 昌広	中日	29	18	7
1998	川崎憲次郎	ヤクルト	29	17	10
1999	上原 浩治	巨人	25	20	4
2000	バンチ	中日	27	14	8
2001	藤井 秀悟	ヤクルト	27	14	8
2002	{上原 浩治	巨人	26	17	5
	ホッジス	ヤクルト	32	17	8
2003	井川 慶	阪神	29	20	5
2004	川上 憲伸	中日	27	17	7
2005	{下柳 剛※	阪神	24	15	3
	黒田 博樹	広島	29	15	12
2006	川上 憲伸	中日	29	17	7
2007	グライシンガー	ヤクルト	30	16	9
2008	グライシンガー	巨人	31	17	9
2009	{吉見 一起	中日	27	16	7
	館山 昌平	ヤクルト	27	16	6
2010	前田 健太	広島	28	15	8
2011	{吉見 一起	中日	26	18	3
	内海 哲也	巨人	28	18	5
2012	内海 哲也	巨人	28	15	6
2013	小川 泰弘	ヤクルト	26	16	4
2014	{メッセンジャー	阪神	31	13	10
	山井 大介	中日	27	13	5
2015	前田 健太	広島	29	15	8
2016	野村 祐輔	広島	25	16	3
2017	菅野 智之	巨人	25	17	6
2018	{大瀬良大地	広島	27	15	7
	菅野 智之	巨人	28	15	8
2019	山口 俊	巨人	26	15	4
2020	菅野 智之	巨人	20	14	2
2021	{青柳 晃洋	阪神	25	13	6
	九里 亜蓮	広島	25	13	9
2022	青柳 晃洋	阪神	24	13	4
2023	東 克樹	DeNA	24	16	3

（セ・リーグは'73〜表彰。）
（注）※印は規定投球回未満

年	選手名	チーム	試合	勝利	敗北
1980	木田 勇	日本ハム	40	22	8
1981	{今井雄太郎	阪急	36	19	15
	村田 兆治	ロッテ	32	19	8
1982	工藤 幹夫	日本ハム	28	20	4
1983	{東尾 修	西武	32	18	9
	山内 和宏	南海	35	18	10
1984	今井雄太郎	阪急	32	21	8
1985	佐藤 義則	阪急	35	21	11
1986	渡辺 久信	西武	39	16	6
1987	山沖 之彦	阪急	32	19	10
1988	{渡辺 久信	西武	28	15	7
	西崎 幸広	日本ハム	29	15	11
	松浦 宏明	日本ハム	36	15	5
1989	阿波野秀幸	近鉄	29	19	8
1990	{渡辺 久信	西武	30	18	10
	野茂 英雄	近鉄	29	18	8
1991	野茂 英雄	近鉄	31	17	11
1992	野茂 英雄	近鉄	30	18	8
1993	{野口 浩司	オリックス	32	17	12
	野茂 英雄	近鉄	32	17	12
1994	伊良部秀輝	ロッテ	27	15	10
1995	グロス	日本ハム	31	16	13
1996	グロス	日本ハム	28	17	8
1997	{西口 文也	西武	32	15	5
	小池 秀郎	近鉄	33	15	12
1998	{西口 文也	西武	33	13	12
	武田 一浩	ダイエー	28	13	10
	黒木 知宏	ロッテ	31	13	9
1999	松坂 大輔	西武	25	16	5
2000	松坂 大輔	西武	27	14	7
2001	松坂 大輔	西武	33	15	15
2002	パウエル	近鉄	32	17	10
2003	斉藤 和巳	ダイエー	26	20	3
2004	岩隈 久志	近鉄	21	15	2
2005	杉内 俊哉	ソフトバンク	26	18	4
2006	斉藤 和巳	ソフトバンク	26	18	5
2007	涌井 秀章	西武	28	17	10
2008	岩隈 久志	楽天	28	21	4
2009	涌井 秀章	西武	27	16	6
2010	{和田 毅	ソフトバンク	26	17	8
	金子 千尋	オリックス	30	17	6
2011	{ホールトン	ソフトバンク	26	19	6
	田中 将大	楽天	27	19	5
2012	攝津 正	ソフトバンク	27	17	5
2013	田中 将大	楽天	28	24	0
2014	金子 千尋	オリックス	26	16	5
2015	{大谷 翔平	日本ハム	22	15	5
	涌井 秀章	ロッテ	28	15	9
2016	和田 毅	ソフトバンク	24	15	5
2017	{東浜 巨	ソフトバンク	24	16	5
	菊池 雄星	西武	26	16	6
2018	多和田真三郎	西武	26	16	5
2019	有原 航平	日本ハム	24	15	8
2020	{石川 柊太※	ソフトバンク	18	11	3
	千賀 滉大	ソフトバンク	18	11	6
	涌井 秀章	楽天	20	11	4
2021	山本 由伸	オリックス	26	18	5
2022	山本 由伸	オリックス	26	15	5
2023	山本 由伸	オリックス	23	16	6

（パ・リーグは'59〜表彰。）

最 多 セ ー ブ 投 手

(1974年制定)

セントラル・リーグ

年	選手名	チーム	試合	セーブ
1974	星野 仙一	中日	49	10
1975	鈴木 孝政	中日	67	21
1976	鈴木 孝政	中日	60	26
1977	新浦 寿夫	巨人	57	9
1977	山本 和行	阪神	58	9
1978	新浦 寿夫	巨人	63	15
1979	江夏 豊	広島	55	22
1980	江夏 豊	広島	53	21
1981	角 三男	巨人	51	20
1982	斉藤 明夫	大洋	56	30
1983	斉藤 明夫	大洋	54	22
1984	牛島 和彦	中日	50	29
1985	中西 清起	阪神	63	19
1986	斉藤 明夫	大洋	44	23
1987	郭 源治	中日	59	26
1988	郭 源治	中日	61	37
1989	津田 恒実	広島	51	28
1990	与田 剛	中日	50	31
1991	大野 豊	広島	37	26
1992	大野 豊	広島	42	30
1993	石毛 博史	巨人	48	19
1994	石毛 博史	巨人	45	19
1994	高津 臣吾	ヤクルト	47	19
1995	佐々木 主浩	横浜	47	32
1996	佐々木 主浩	横浜	39	25
1997	佐々木 主浩	横浜	49	38
1997	宣 銅烈	中日	43	38
1998	佐々木 主浩	横浜	51	45
1999	高津 臣吾	ヤクルト	40	30
2000	ギャラード	中日	51	35
2001	高津 臣吾	ヤクルト	52	37
2002	ギャラード	中日	47	34
2003	高津 臣吾	ヤクルト	44	34
2004	五十嵐 亮太	ヤクルト	66	37
2005	岩瀬 仁紀	中日	60	46
2006	岩瀬 仁紀	中日	56	40
2007	藤川 球児	阪神	71	46
2008	クルーン	巨人	61	41
2009	岩瀬 仁紀	中日	54	41
2010	岩瀬 仁紀	中日	54	42
2011	藤川 球児	阪神	56	41
2012	岩瀬 仁紀	中日	54	33
2012	バーネット	ヤクルト	57	33
2013	西村 健太朗	巨人	71	42
2014	呉 昇桓	阪神	64	39
2014	バーネット	ヤクルト	59	41
2015	呉 昇桓	阪神	63	41
2016	澤村 拓一	巨人	63	37
2017	ドリス	阪神	63	37
2018	山﨑 康晃	DeNA	57	37
2019	山﨑 康晃	DeNA	61	30
2020	スアレス	阪神	51	25
2021	スアレス	阪神	62	42
2022	R.マルティネス	中日	56	39
2023	岩崎 優	阪神	60	35

（セ・リーグは'74、'75と'05〜表彰。但し、'74、'75は10セーブ以上。）

パシフィック・リーグ

年	選手名	チーム	試合	セーブ
1974	佐藤 道郎	南海	68	13
1975	村田 兆治	ロッテ	39	13
1976	佐藤 道郎	南海	54	16
1977	江夏 豊	南海	41	19
1978	山口 高志	阪急	42	14
1979	金城 基泰	南海	53	16
1980	倉持 明	ロッテ	39	18
1981	江夏 豊	日本ハム	45	25
1982	江夏 豊	日本ハム	55	29
1983	森 繁和	西武	59	34
1983	江夏 豊	日本ハム	51	34
1984	鈴木 康二朗	近鉄	46	18
1985	鈴木 康二朗	近鉄	47	12
1986	石本 貴昭	近鉄	64	24
1987	牛島 和彦	ロッテ	41	24
1988	牛島 和彦	ロッテ	38	25
1989	井上 祐二	ダイエー	37	21
1990	鹿取 義隆	西武	37	24
1991	武田 一浩	日本ハム	41	18
1992	赤堀 元之	近鉄	50	22
1993	赤堀 元之	近鉄	46	26
1994	赤堀 元之	近鉄	45	24
1995	平井 正史	オリックス	53	27
1996	成本 年秀	ロッテ	45	23
1997	河本 育之	ロッテ	49	25
1998	大塚 晶則	近鉄	49	35
1999	ウォーレン	ロッテ	49	30
2000	ペドラザ	ダイエー	51	35
2001	ペドラザ	ダイエー	54	34
2002	豊田 清	西武	57	38
2003	豊田 清	西武	58	38
2004	三瀬 幸司	ダイエー	58	28
2004	横山 道哉	日本ハム	58	28
2005	小林 雅英	ロッテ	46	29
2006	MICHEAL（中村マイケル）	日本ハム	54	39
2007	馬原 孝浩	ソフトバンク	54	38
2008	加藤 大輔	オリックス	63	33
2009	武田 久	日本ハム	55	34
2010	シコースキー	西武	58	33
2011	武田 久	日本ハム	53	37
2012	武田 久	日本ハム	56	32
2013	益田 直也	ロッテ	68	33
2014	平野 佳寿	オリックス	62	40
2015	サファテ	ソフトバンク	65	41
2016	サファテ	ソフトバンク	64	43
2017	サファテ	ソフトバンク	66	54
2018	森 唯斗	ソフトバンク	66	37
2019	松井 裕樹	楽天	68	38
2020	増田 達至	西武	48	33
2021	益田 直也	ロッテ	67	38
2022	松井 裕樹	楽天	53	38
2023	松井 裕樹	楽天	59	39

（パ・リーグは'74〜'76と'05〜表彰。但し、'74〜'76は10セーブ以上。）

最 優 秀 救 援 投 手

セーブポイント＝セーブ＋救援勝利

セントラル・リーグ
（1976年制定）

年	選手名	チーム	試合	セーブ	救援勝	セーブポイント
1976	鈴木 孝政	中 日	60	26	6	32
1977	鈴木 孝政	中 日	57	9	14	23
1978	新浦 寿夫	巨 人	63	15	10	25
1979	江夏 豊	広 島	55	22	9	31
1980	江夏 豊	広 島	53	21	9	30
1981	角 三男	巨 人	51	20	8	28
1982	山本 和行	阪 神	63	26	14	40
1983	斉藤 明夫	大 洋	54	22	10	32
1984	山本 和行	阪 神	52	24	10	34
1985	中西 清起	阪 神	63	19	11	30
1986	斉藤 明夫	大 洋	44	23	5	28
1987	郭 源治	中 日	59	26	4	30
1988	郭 源治	中 日	61	37	7	44
1989	津田 恒実	広 島	51	28	12	40
1990	与田 剛	中 日	50	31	4	35
1991	大野 豊	広 島	37	26	6	32
1992	佐々木主浩	大 洋	53	21	12	33
1993	石毛 博史	巨 人	48	30	6	36
1994	高津 臣吾	ヤクルト	47	19	8	27
1995	佐々木主浩	横 浜	47	32	7	39
1996	佐々木主浩	横 浜	39	25	4	29
1997	佐々木主浩	横 浜	49	38	3	41
1998	佐々木主浩	横 浜	51	45	1	46
1999	高津 臣吾	ヤクルト	40	30	1	31
2000	ギャラード	中 日	51	35	1	36
2001	高津 臣吾	ヤクルト	52	37	0	37
2002	ギャラード	中 日	47	34	1	35
2003	高津 臣吾	ヤクルト	44	34	2	36
2004	五十嵐亮太	ヤクルト	66	37	5	42

（セ・リーグは'76～'04に表彰。）

パシフィック・リーグ
（1977年制定）

年	選手名	チーム	試合	セーブ	救援勝	セーブポイント
1977	江夏 豊	南 海	41	19	3	22
1978	山口 高志	阪 急	42	14	12	26
1979	金城 基泰	南 海	53	16	4	20
1980	金城 基泰	南 海	53	13	6	19
1981	江夏 豊	日本ハム	45	25	3	28
1982	江夏 豊	日本ハム	55	29	8	37
1983	森 繁和	西 武	59	34	5	39
1984	山沖 之彦	阪 急	58	15	10	25
1985	石本 貴昭	近 鉄	70	7	19	26
1986	石本 貴昭	近 鉄	64	32	8	40
1987	牛島 和彦	ロッテ	41	24	2	26
1988	吉井 理人	近 鉄	50	24	10	34
1989	井上 祐二	ダイエー	57	21	6	27
1990	鹿取 義隆	西 武	57	24	3	27
1991	武田 一浩	日本ハム	41	18	4	22
1992	赤堀 元之	近 鉄	50	22	10	32
1993	赤堀 元之	近 鉄	46	24	9	33
1994	赤堀 元之	近 鉄	45	24	9	33
1995	平井 正史	オリックス	53	27	15	42
1996	赤堀 元之	近 鉄	44	21	9	30
1996	成本 年秀	ロッテ	45	23	7	30
1997	赤堀 元之	近 鉄	57	23	10	33
1998	大塚 晶文	近 鉄	49	35	3	38
1999	ウォーレン	ロッテ	49	30	1	31
2000	ペドラザ	ダイエー	51	35	3	38
2001	ペドラザ	ダイエー	54	34	4	38
2002	豊田 清	西 武	57	38	6	44
2003	豊田 清	西 武	58	38	2	40
2004	三瀬 幸司	ダイエー	55	28	4	32
2004	横山 道哉	日本ハム	58	28	4	32

（パ・リーグは'77～'04に表彰。）

最 優 秀 中 継 ぎ 投 手

（1996年制定）

ホールドポイント（HP）＝ホールド＋救援勝利（2005年から採用）

セントラル・リーグ

年	選手名	チーム	試合	リリーフポイント
1996	河野 博文	巨 人	36	12.45
1997	島田 直也	横 浜	59	24.75
1998	落合 英二	中 日	50	19.70
1999	岩瀬 仁紀	中 日	65	28.15
2000	岩瀬 仁紀	中 日	58	26.20
2001	木塚 敦志	横 浜	69	28.40
2002	石井 弘寿	ヤクルト	69	35.50
2003	岩瀬 仁紀	中 日	58	31.15
2004	岡本 真也	中 日	63	24.80

パシフィック・リーグ

年	選手名	チーム	試合	ホールド
1996	島崎 毅	日本ハム	54	16
1997	橋本 武広	西 武	65	25
1998	吉田 修司	ダイエー	63	21
1999	藤井 将雄	ダイエー	59	26
2000	藤田 宗一	ロッテ	70	19
2001	吉田 修司	ダイエー	68	19
2002	森 慎二	西 武	71	32
2003	森 慎二	西 武	61	26
2004	建山 義紀	日本ハム	41	13

年	選手名	チーム	試合	HP		年	選手名	チーム	試合	HP
2005	藤川 球児	阪神	80	53		2005	菊地原 毅	オリックス	71	36
2006	藤川 球児	阪神	63	35		2006	武田 久	日本ハム	75	45
2006	加藤 武治	横浜	65	35		2007	薮田 安彦	ロッテ	58	38
2007	久保田 智之	阪神	90	55		2008	川﨑 雄介	ロッテ	65	31
2008	久保田 智之	阪神	69	37		2009	攝津 正	ソフトバンク	70	39
2009	山口 鉄也	巨人	73	44		2010	攝津 正	ソフトバンク	71	42
2010	浅尾 拓也	中日	72	59		2010	ファルケンボーグ	ソフトバンク	60	42
2011	浅尾 拓也	中日	79	52		2011	平野 佳寿	オリックス	72	49
2012	山口 鉄也	巨人	72	47		2012	増井 浩俊	日本ハム	73	50
2013	マシソン	巨人	63	42		2013	佐藤 達也	オリックス	67	42
2013	山口 鉄也	巨人	64	42		2014	佐藤 達也	オリックス	67	48
2014	福原 忍	阪神	60	42		2015	増田 達至	西武	72	42
2015	福原 忍	阪神	61	39		2016	宮西 尚生	日本ハム	58	42
2016	マシソン	巨人	70	49		2017	岩嵜 翔	ソフトバンク	72	46
2017	桑原 謙太朗	阪神	67	43		2018	宮西 尚生	日本ハム	55	41
2017	マテオ	阪神	63	43		2019	宮西 尚生	日本ハム	55	44
2018	近藤 一樹	ヤクルト	74	42		2020	モイネロ	ソフトバンク	50	40
2019	ロドリゲス	中日	64	44		2021	堀 瑞輝	日本ハム	60	42
2020	祖父江 大輔	中日	54	30		2022	平良 海馬	西武	61	35
2020	福 敬登	中日	53	30		2022	水上 由伸	西武	60	35
2020	清水 昇	ヤクルト	52	30		2023	ペルドモ	ロッテ	53	42
2021	清水 昇	ヤクルト	72	53						
2022	湯浅 京己	阪神	59	45						
2022	ロドリゲス	中日	56	45						
2023	島内 颯太郎	広島	62	42						

（パ・リーグは'96〜表彰。）

（セ・リーグは'96〜'00特別賞、'01〜表彰。）

最 多 三 振 奪 取 投 手

年	選手名	チーム	試合	投球回	奪三振		年	選手名	チーム	試合	投球回	奪三振
1936秋	内藤 幸三	金鯱	24	133⅔	139		1942	野口 二郎	大洋	66	527⅓	264
1937春	沢村 栄治	巨人	30	244	196		1943	藤本 英雄	巨人	56	432⅔	253
〃秋	沢村 栄治	巨人	20	140	129		1944	藤本 英雄	巨人	21	169⅔	113
1938春	亀田 忠	イーグルス	29	187⅔	137		1946	真田 重蔵	パシフィック	63	464⅔	200
〃秋	スタルヒン	巨人	24	197⅔	146		1947	別所 昭	南海	55	448⅓	191
1939	スタルヒン	巨人	68	458⅓	282		1948	中尾 碩志	巨人	47	343	187
1940	亀田 忠	黒鷲	56	456⅔	297		1949	武末 悉昌	南海	51	333⅓	183
1941	中尾 輝三	巨人	41	299	179							

セントラル・リーグ　　　　　　　　　　パシフィック・リーグ

年	選手名	チーム	試合	投球回	奪三振		年	選手名	チーム	試合	投球回	奪三振
1950	杉下 茂	中日	55	325⅔	209		1950	米川 泰夫	東急	58	363⅔	207
1951	金田 正一	国鉄	55	350	233		1951	阿部 八郎	阪急	40	254⅔	150
1952	金田 正一	国鉄	64	358	269		1952	柚木 進	南海	40	193	104
1953	金田 正一	国鉄	47	303⅔	229		1953	米川 泰夫	東急	45	274	180
1954	杉下 茂	中日	63	395⅓	273		1954	宅和 本司	南海	60	329⅔	275
1955	金田 正一	国鉄	62	400	350		1955	河村 久文	西鉄	58	279⅓	225
1956	金田 正一	国鉄	68	367⅓	316		1956	梶本 隆夫	阪急	68	364⅓	327
1957	秋山 登	大洋	65	406	312		1957	梶本 隆夫	阪急	53	337⅓	301
1958	金田 正一	国鉄	56	332⅓	311		1958	稲尾 和久	西鉄	72	373	334
1959	金田 正一	国鉄	58	304⅓	313		1959	杉浦 忠	南海	69	371⅓	336
1960	金田 正一	国鉄	57	320⅓	284		1960	杉浦 忠	南海	57	332⅔	317
1961	権藤 博	中日	69	429⅓	310		1961	稲尾 和久	西鉄	78	404	353
1962	小山 正明	阪神	47	352⅔	270		1962	米田 哲也	阪急	52	261⅔	231
1963	金田 正一	国鉄	53	337	287		1963	尾崎 行雄	東映	74	386	226
1964	金田 正一	国鉄	44	310	231		1964	尾崎 行雄	東映	55	286	197
1965	村山 実	阪神	39	307⅔	205		1965	尾崎 行雄	東映	61	378	259
1966	村山 実	阪神	42	290⅓	207		1966	田中 勉	西鉄	56	296⅓	217
1967	江夏 豊	阪神	42	230⅓	225		1967	鈴木 啓示	近鉄	44	276	222
1968	江夏 豊	阪神	49	329	401		1968	鈴木 啓示	近鉄	57	359	305

年	選手名	チーム	試合	投球回	奪三振
1969	江夏　豊	阪神	44	258⅓	262
1970	江夏　豊	阪神	52	337⅔	340
1971	江夏　豊	阪神	45	263⅔	267
1972	江夏　豊	阪神	49	269⅔	233
1973	高橋　一三	巨人	45	306⅓	238
1974	金城　基泰	広島	44	252	207
1975	外木場義郎	広島	41	287	193
1976	池谷公二郎	広島	51	290⅓	207
1977	池谷公二郎	広島	44	226	176
1978	斉藤　明雄	大洋	47	241	162
1979	新浦　寿夫	巨人	45	236⅓	223
1980	江川　卓	巨人	34	261⅓	219
1981	江川　卓	巨人	31	240⅓	221
1982	江川　卓	巨人	31	263⅓	196
1983	遠藤　一彦	大洋	36	238⅓	186
1984	遠藤　一彦	大洋	38	276⅔	208
1985	小松　辰雄	中日	33	210⅓	172
1986	遠藤　一彦	大洋	31	233	185
1987	川口　和久	広島	27	183⅓	184
1988	槙原　寛己	巨人	27	208⅔	187
1989	川口　和久	広島	26	208⅓	192
1990	木田　優夫	巨人	32	182⅔	182
1991	川口　和久	広島	29	205	230
1992	仲田　幸司	阪神	35	217⅓	194
1993	今中　慎二	中日	31	249	247
1994	桑田　真澄	巨人	28	207⅓	185
1995	斎藤　雅樹	巨人	28	213	187
1996	斎藤　隆	横浜	28	196⅔	206
1997	山本　昌広	中日	29	206⅔	159
1998	石井　一久	ヤクルト	28	196⅓	241
1999	上原　浩治	巨人	25	197⅔	179
2000	石井　一久	ヤクルト	29	183	210
2001	野口　茂樹	中日	26	193⅔	187
2002	井川　慶	阪神	31	209⅔	206
2003	上原　浩治	巨人	27	207⅓	194
2004	井川　慶	阪神	29	200⅓	228
2005	門倉　健	横浜	29	197⅔	177
	三浦　大輔	横浜	28	214⅔	177
2006	川上　憲伸	中日	29	215	194
	井川　慶	阪神	29	209	194
2007	内海　哲也	巨人	28	187⅔	180
2008	ルイス	広島	26	178	183
2009	ルイス	広島	29	176⅓	186
2010	前田　健太	広島	28	215⅔	174
2011	前田　健太	広島	31	216	192
2012	杉内　俊哉	巨人	24	163	172
	能見　篤史	阪神	29	182	172
2013	メッセンジャー	阪神	30	196⅓	183
2014	メッセンジャー	阪神	31	208⅓	226
2015	藤浪晋太郎	阪神	28	199	221
2016	菅野　智之	巨人	26	183⅓	189
2017	マイコラス	巨人	27	188	187
2018	菅野　智之	巨人	28	202	200
2019	山口　俊	巨人	26	170	188
2020	大野　雄大	中日	20	148⅔	148
2021	柳　裕也	中日	26	172	168
2022	戸郷　翔征	巨人	25	171⅔	154
2023	今永　昇太	ＤｅＮＡ	22	148	174

（セ・リーグは'91～表彰。）

年	選手名	チーム	試合	投球回	奪三振
1969	鈴木　啓示	近鉄	46	330⅔	286
1970	鈴木　啓示	近鉄	45	313⅔	247
1971	鈴木　啓示	近鉄	43	291⅓	269
1972	鈴木　啓示	近鉄	43	242	180
1973	成田　文男	ロッテ	52	273⅔	178
1974	鈴木　啓示	近鉄	36	229	141
1975	東尾　修	太平洋	54	317⅔	154
1976	村田　兆治	ロッテ	46	257⅓	202
1977	村田　兆治	ロッテ	47	235	180
1978	鈴木　啓示	近鉄	37	294⅓	178
1979	村田　兆治	ロッテ	37	255	230
1980	木田　勇	日本ハム	40	253	225
1981	村田　兆治	ロッテ	32	230⅔	154
1982	松沼　博久	西武	34	180⅔	152
1983	山沖　之彦	阪急	34	233	143
1984	佐藤　義則	阪急	33	210⅓	136
1985	佐藤　義則	阪急	35	260⅓	188
1986	渡辺　久信	西武	39	219⅔	178
1987	阿波野秀幸	近鉄	32	249⅔	201
1988	小川　博	ロッテ	31	203⅔	204
1989	阿波野秀幸	近鉄	29	235⅔	183
1990	野茂　英雄	近鉄	29	235	287
1991	野茂　英雄	近鉄	31	242⅓	287
1992	野茂　英雄	近鉄	30	216⅔	228
1993	野茂　英雄	近鉄	32	243⅓	276
1994	伊良部秀輝	ロッテ	27	207⅓	239
1995	伊良部秀輝	ロッテ	28	203	239
1996	工藤　公康	ダイエー	29	202⅔	178
1997	西口　文也	西武	32	207⅔	192
1998	西口　文也	西武	33	181	148
1999	工藤　公康	ダイエー	26	196⅓	196
2000	松坂　大輔	西武	27	167⅔	144
2001	松坂　大輔	西武	33	240⅓	214
2002	パウエル	近鉄	32	216⅔	182
2003	松坂　大輔	西武	29	194	215
2004	新垣　渚	ダイエー	25	192⅓	177
2005	松坂　大輔	西武	28	215	226
2006	斉藤　和巳	ソフトバンク	26	201	205
2007	ダルビッシュ有	日本ハム	26	207⅔	210
2008	杉内　俊哉	ソフトバンク	25	196	213
2009	杉内　俊哉	ソフトバンク	26	191	204
2010	ダルビッシュ有	日本ハム	26	202	222
2011	ダルビッシュ有	日本ハム	28	232	276
2012	田中　将大	楽天	22	173	169
2013	金子　千尋	オリックス	29	223⅓	200
2014	則本　昂大	楽天	30	202⅔	204
2015	則本　昂大	楽天	28	194⅔	215
2016	則本　昂大	楽天	28	195	216
2017	則本　昂大	楽天	25	185⅔	222
2018	則本　昂大	楽天	27	180⅓	187
2019	千賀　滉大	ソフトバンク	26	180⅓	227
2020	千賀　滉大	ソフトバンク	18	121	149
	山本　由伸	オリックス	18	126⅔	149
2021	山本　由伸	オリックス	26	193⅔	206
2022	山本　由伸	オリックス	26	193	205
2023	山本　由伸	オリックス	23	164	169

（パ・リーグは'89～表彰。）

無 安 打 無 得 点 試 合

☆印は完全試合
※印は延長11回
交は交流戦

（プロ野球88人、100度。完全試合は16人、16度。）

	選手名		達成年月日	相　手	打者	四死球	三振	残塁	球　場	得点
①	沢村　栄治	（巨　　人）	1936. 9.25	タイガース	31	4	7	4	甲子園	1
②	沢村　栄治	（巨　　人）	1937. 5. 1	タイガース	30	3	11	3	洲崎	4
③	スタルヒン	（巨　　人）	1937. 7. 3	イーグルス	31	3	6	4	洲崎	4
④	石田　光彦	（阪　　急）	1937. 7.16	セネタース	30	1	6	3	洲崎	6
⑤	中尾　輝三	（巨　　人）	1939.11. 3	セネタース	35	10	6	8	後楽園	15
⑥	亀田　　忠	（イーグルス）	1940. 3.18	ライオン	34	9	6	7	西宮	9
⑦	浅野勝三郎	（阪　　急）	1940. 4.14	タイガース	28	1	5	4	甲子園	5
⑧	沢村　栄治	（巨　　人）	1940. 7. 6	名古屋	32	5	4	9	西宮	4
⑨	三輪　八郎	（タイガース）	1940. 8. 3	名古屋	33	4	4	6	大連	1
⑩	石田　光彦	（阪　　急）	1940. 8.22	ライオン	32	4	6	5	後楽園	9
⑪	亀田　　忠	（黒　　鷲）	1941. 4.14	阪急	33	4	5	6	後楽園	1
⑫	中尾　輝三	（巨　　人）	1941. 7.16	名古屋	33	8	5	6	後楽園	2
⑬	森　弘太郎	（阪　　急）	1941.10.27	名古屋	32	5	3	2	西宮	3
⑭	西沢　道夫	（名古屋）	1942. 7.18	阪神	28	3	2	5	後楽園	2
⑮	天保　義夫	（阪　　急）	1943. 5. 2	南海	32	6	4	5	甲子園	3
⑯	藤本　英雄	（巨　　人）	1943. 5.22	名古屋	30	4	4	3	後楽園	3
⑰	別所　　昭	（南　　海）	1943. 5.26	大和	28	2	7	2	戸塚	2
⑱	石丸　進一	（名古屋）	1943.10.12	大和	29	1	2	3	後楽園	1
⑲	呉　　昌征	（阪　　神）	1946. 6.16	セネタース	30	1	5	3	西宮	11
⑳	梶岡　忠義	（阪　　神）	1948. 8.24	南海	29	2	5	5	神宮	3
㉑	真田　重蔵	（大　　陽）	1948. 9. 6第2	阪神	28	0	2	1	甲子園	3

（16人で21度。）

セントラル・リーグ

	選手名		達成年月日	相　手	打者	四死球	三振	残塁	球　場	得点
☆①	藤本　英雄	（巨　　人）	1950. 6.28	西日本	27	0	7	0	青森	4
②	金田　正一	（国　　鉄）	1951. 9. 5	阪神	32	5	4	5	大阪	1
③	真田　重男	（大　　洋）	1952. 5. 7	広島	28	1	4	1	甲子園	12
④	大友　　工	（巨　　人）	1952. 7.26	松竹	28	1	13	1	大阪	17
⑤	杉下　　茂	（中　　日）	1955. 5.10	広島	28	1	13	1	川崎	5
⑥	大脇　照夫	（国　　鉄）	1956. 5. 3第2	中日	30	1	2	0	中日	1
☆⑦	宮地　惟友	（国　　鉄）	1956. 9.19第2	中日	27	0	3	0	金沢	6
☆⑧	金田　正一	（国　　鉄）	1957. 8.21第2	中日	27	0	10	0	後楽園	1
⑨	大矢根博臣	（中　　日）	1957.10.12	阪神	29	3	2	1	甲子園	3
☆⑩	島田源太郎	（大　　洋）	1960. 8.11第1	中日	27	0	3	0	川崎	1
☆⑪	森滝　義巳	（国　　鉄）	1961. 6.20	阪神	27	0	4	0	後楽園	1
⑫	中山　義朗	（中　　日）	1964. 8.18	大洋	29	2	4	2	中日	3
⑬	バッキー	（阪　　神）	1965. 6.28	巨人	29	2	3	1	甲子園	7
⑭	外木場義郎	（広　　島）	1965.10. 2	巨人	28	1	3	3	後楽園	1
☆⑮	佐々木吉郎	（大　　洋）	1966. 5. 1第2	広島	27	1	7	0	広島	1
⑯	堀内　恒夫	（巨　　人）	1967.10.10第1	広島	31	4	3	4	後楽園	11
⑰	城之内邦雄	（巨　　人）	1968. 5.16	大洋	28	2	1	0	後楽園	16
☆⑱	外木場義郎	（広　　島）	1968. 9.14	大洋	27	0	16	0	広島	2
⑲	渡辺　秀武	（巨　　人）	1970. 5.18	広島	28	2	6	1	後楽園	2
⑳	鬼頭　　洋	（大　　洋）	1970. 6. 9	ヤクルト	30	3	2	2	川崎	2
㉑	藤本　和宏	（広　　島）	1971. 8.19第2	日本ハム	27	2	9	1	広島	6
㉒	外木場義郎	（広　　島）	1972. 4.29	中日	28	1	2	1	広島	3
※㉓	江夏　　豊	（阪　　神）	1973. 8.30	中日	34	2	5	1	甲子園	1
㉔	加藤　　初	（巨　　人）	1976. 4.18	広島	29	2	7	2	広島	5
㉕	近藤　真一	（中　　日）	1987. 8. 9	巨人	30	2	13	2	ナゴヤ	5
㉖	湯舟　敏郎	（阪　　神）	1992. 6.14	広島	29	2	11	0	甲子園	6
☆㉗	槙原　寛己	（巨　　人）	1994. 5.18	広島	27	0	7	0	福岡ドーム	6
㉘	ブ　ロ　ス	（ヤクルト）	1995. 9. 9	巨人	28	1	10	0	東京ドーム	4
㉙	野口　茂樹	（中　　日）	1996. 8.11	巨人	33	4	7	3	東京ドーム	5
㉚	石井　一久	（ヤクルト）	1997. 9. 2	横浜	29	4	9	2	横浜	3
㉛	川尻　哲郎	（阪　　神）	1998. 5.26	中日	29	2	6	3	倉敷	2
㉜	佐々岡真司	（広　　島）	1999. 5. 8	中日	28	1	9	4	広島	6
㉝	バ　ン　チ	（中　　日）	2000. 4. 7	横浜	30	1	7	3	横浜	4
㉞	川上　憲伸	（中　　日）	2002. 8. 1	巨人	28	1	5	8	東京ドーム	1
㉟	井川　　慶	（阪　　神）	2004.10. 4	広島	30	2	8	3	広島	1

	選手名		達成年月日	相手	打者	四死球	三振	残塁	球場	得点
交㊱	ガトームソン	（ヤクルト）	2006. 5.25	楽天	29	1	9	2	神宮	6
㊲	山本昌(山本昌広)	（中日）	2006. 9.16	阪神	28	0	5	1	ナゴヤドーム	3
㊳	前田健太	（広島）	2012. 4. 6	ＤｅＮＡ	29	2	6	2	横浜	2
交㊴	杉内俊哉	（巨人）	2012. 5.30	楽天	28	1	14	1	東京ドーム	2
㊵	山井大介	（中日）	2013. 6.28	ＤｅＮＡ	29	4	3	2	横浜	9
㊶	山口俊	（巨人）	2018. 7.27	中日	28	1	5	1	東京ドーム	5
㊷	大野雄大	（中日）	2019. 9.14	阪神	29	1	9	2	ナゴヤドーム	3
㊸	小川泰弘	（ヤクルト）	2020. 8.15	ＤｅＮＡ	32	3	10	5	横浜	9
交㊹	今永昇太	（ＤｅＮＡ）	2022. 6. 7	日本ハム	28	1	9	1	札幌ドーム	2

（41人で44度、藤本と真田は一リーグで1度達成。完全試合8度。）

パシフィック・リーグ

	選手名		達成年月日	相手	打者	四死球	三振	残塁	球場	得点
①	林義一	（大映）	1952. 4.27第1	阪急	28	1	2	1	高崎	2
②	山下登	（近鉄）	1954. 8. 7	高橋	30	3	8	3	中日台	4
③	大津守	（西鉄）	1955. 6. 4	高橋	30	4	8	3	平和台	8
☆④	武智文雄	（近鉄）	1955. 6.19第2	大映	27	0	6	0	大阪	1
☆⑤	西村貞朗	（西鉄）	1958. 7.19	東映	27	0	6	1	駒沢	1
⑥	井上善夫	（西鉄）	1964. 5.16	阪急	28	2	10	1	平和台	2
☆⑦	田中勉	（西鉄）	1966. 5.12	南海	27	0	7	0	大阪	1
⑧	清俊彦	（西鉄）	1966. 6.12第2	近鉄	28	3	6	1	小倉	8
⑨	若生忠男	（西鉄）	1967. 9.17第2	阪急	31	4	4	2	西宮	4
⑩	鈴木啓示	（近鉄）	1968. 8. 8	東映	29	2	11	3	日生	4
⑪	成田文男	（ロッテ）	1969. 8.16第2	阪急	30	3	10	3	西宮	1
☆⑫	佐々宏一郎	（近鉄）	1970.10. 6	南海	30	0	6	3	大阪	3
☆⑬	高橋善正	（東映）	1971. 8.21第2	西鉄	27	0	1	0	後楽園	4
⑭	鈴木啓示	（近鉄）	1971. 9. 9	西鉄	29	4	12	2	日生	1
⑮	高橋直樹	（日拓）	1973. 6.16第2	南海	27	1	5	0	仙台	1
☆⑯	八木沢荘六	（ロッテ）	1973.10.10第1	太平洋	27	1	6	0	平和台	1
⑰	神部年男	（近鉄）	1975. 4.20第2	南海	30	0	1	3	藤井寺	5
⑱	戸田善紀	（阪急）	1976. 5.11	南海	27	0	3	4	大阪	1
☆⑲	今井雄太郎	（阪急）	1978. 8.31	ロッテ	27	0	3	3	仙台	5
⑳	郭泰源	（西武）	1985. 6. 4	日本ハム	30	0	4	3	平和台	7
㉑	田中幸雄	（日本ハム）	1985. 6. 9	近鉄	32	6	11	5	後楽園	12
㉒	柴田保光	（日本ハム）	1990. 4.25	近鉄	28	1	8	1	東京ドーム	3
㉓	西崎幸広	（日本ハム）	1995. 7. 5	西武	28	1	12	4	東京ドーム	1
㉔	佐藤義則	（オリックス）	1995. 8.26	近鉄	29	1	7	2	藤井寺	7
㉕	渡辺久信	（西武）	1996. 6.11	オリックス	29	5	3	2	西武	9
㉖	エルビラ	（近鉄）	2000. 6.20	西武	29	3	9	2	大阪ドーム	3
㉗	西勇輝	（オリックス）	2012.10. 8	ソフトバンク	27	0	9	2	福岡ヤフードーム	3
㉘	岸孝之	（西武）	2014. 5. 2	ロッテ	28	1	8	1	QVCマリン	2
㉙	千賀滉大	（ソフトバンク）	2019. 9. 6	ロッテ	31	4	12	4	福岡ヤフオクドーム	2
☆㉚	佐々木朗希	（ロッテ）	2022. 4.10	オリックス	27	0	19	0	ZOZOマリン	6
㉛	東浜巨	（ソフトバンク）	2022. 5.11	西武	27	0	6	0	福岡PayPayドーム	2
㉜	山本由伸	（オリックス）	2022. 6.18	西武	28	2	9	1	ベルーナドーム	1
㉝	ポンセ	（日本ハム）	2022. 8.27	ソフトバンク	28	1	6	1	札幌ドーム	8
㉞	石川柊太	（ソフトバンク）	2023. 8.18	西武	31	4	8	4	福岡PayPayドーム	8
㉟	山本由伸	（オリックス）	2023. 9. 9	ロッテ	29	2	8	2	ZOZOマリン	4

（33人で35度、完全試合8度。）

（参考）継投による無安打無得点試合

	チーム名	年月日	相手	登板人数
一リーグ―	黒鷲	1941. 6.22	名古屋	2
	阪急	1941. 8. 2	名古屋	2
セ―	巨人	2017. 6.14	ソフトバンク	3
パ―	日本ハム	2006. 4.15	ソフトバンク	3
	ソフトバンク	2021. 8.15	日本ハム	6

（注）日本ハムは延長12回。
　　ソフトバンクは0対0の引分。

（参考）コールドゲームによる無安打無得点試合

	選手名	年月日	相手	投球回
一リーグ―	藤村富美男(夕)	1937. 4. 8	大東京	5
セ―	菅原勝矢(巨)	1971. 9. 6	ヤクルト	6
	江夏豊(神)	1975. 6.21	広島	5
パ―	和田功(毎)	1956. 6.10	近鉄	5
	☆金田留広(東)	1970. 9.15	ロッテ	5
	三井雅晴(ロ)	1976. 4.14	近鉄	5+

（注）全て降雨。藤村と江夏は0対0の引分。

打 率 ベ ス ト 10

1937春	1937秋	1938春	1938秋	1939
松木謙治郎(タ).338	景浦 将(タ).333	中島 治康(巨).345	中島 治康(巨).361	川上 哲治(巨).338
中根 之(イ).308	鬼頭 数雄(ラ).321	桝 嘉一(名).330	ハ リ ス(イ).320	大沢 清(名).310
黒沢 俊夫(鯱).295	藤村富美男(タ).317	石田 政良(名).3243	尾茂田 叶(セ).300	平山 菊二(名).307
景浦 将(タ).2894	山下 好一(急).313	ハ リ ス(イ).3237	中村 金次(南).290	千葉 茂(巨).305
呉 波(巨).2886	ハ リ ス(イ).310	伊藤健太郎(イ).320	伊藤健太郎(イ).289	鬼頭 数雄(ラ).304
中島 治康(巨).285	高橋 吉雄(イ).305	白石 敏男(巨).302	桝 嘉一(名).285	松木謙治郎(タ).286
山下 好一(急).279	藤井 勇(タ).299	藤村富美男(タ).301	黒田 健吾(急).280	鶴岡 一人(南).285
西村 正夫(急).277	中島 治康(巨).295	山口 政信(急).2991	松木謙治郎(タ).274	中河 美芳(イ).282
石丸 藤吉(名).276	田中 義雄(タ).291	苅田 久徳(セ).2985	大沢 清(名).272	中島 治康(巨).278
鬼頭 数雄(大).275	水原 茂(巨).290	千葉 茂(巨).295	川上 哲治(巨).263	尾茂田 叶(セ).276

1940	1941	1942	1943	1944
鬼頭 数雄(ラ).321	川上 哲治(巨).310	呉 波(南).286	呉 昌征(巨).300	岡村 俊昭(畿).369
川上 哲治(巨).311	白石 敏男(巨).267	岩本 義行(南).274	山田 伝(急).272	黒沢 俊夫(巨).348
田中 義雄(神).293	中島 治康(巨).255	中島 治康(巨).261	吉田猪佐喜(名).254	坪内 道則(朝).338
千葉 茂(巨).281	水原 茂(巨).253	山田 伝(急).250	白石 敏男(巨).2483	呉 新亨(巨).326
山田 伝(急).272	中島 喬(急).251	坪内 道則(朝).241	中谷 順次(朝).2480	藤村富美男(神).315
小林 茂太(翼).265	吉原 正喜(巨).250	伊藤健太郎(巨).239	下社 邦男(急).236	阪田 清春(急).310
白石 敏男(巨).2641	坪内 道則(朝).237	木村 孝平(名).2364	坪内 道則(朝).234	山田 伝(急).277
中島 治康(巨).2636	中河 美芳(黒).236	白石 敏男(巨).2362	野口 明(西).233	本堂 保次(神).269
野口 二郎(翼).260	千葉 茂(巨).2341	野口 明(洋).221	上田 藤夫(急).232	藤本 英雄(巨).268
伊賀上良平(神).257	山田 伝(急).2337	小鶴 誠(名).216	堀井 数男(南).229	上田 藤夫(急).259

1946	1947	1948	1949	
金田 正泰(神).347	大下 弘(東).315	青田 昇(巨).306	小鶴 誠(大).361	
田川 豊(グ).341	金田 正泰(神).311	小鶴 誠(映).3053	藤村富美男(神).332	
土井垣 武(神).325	川上 哲治(巨).309	山本 一人(南).3051	川上 哲治(巨).330	
藤村富美男(神).323	塚本 博睦(神).300	辻井 弘(陽).29764	土井垣 武(神).328	
坪内 道則(ゴ).314	千葉 茂(巨).299	川上 哲治(巨).29761	飯田 徳治(南).3221	
山本 一人(グ).314	堀井 数男(南).284	笠原 和夫(南).296	別当 薫(神).3216	
飯島 滋弥(セ).312	本堂 保次(神).283	藤村富美男(神).290	中谷 順次(急).320	
黒沢 俊夫(巨).308	山川 喜作(巨).278	土井垣 武(神).285	西沢 道夫(中).309	
野口 二郎(急).298	山本 一人(南).276	千葉 茂(巨).284	千葉 茂(巨).307	
本堂 保次(神).297	藤村富美男(神).274	坪内 道則(金).283	松本 和雄(陽).305	
			(3割打者15人)	

セントラル・リーグ

1950	1951	1952	1953	1954
藤村富美男(神).362	川上 哲治(巨).377	西沢 道夫(名).353	川上 哲治(巨).347	与那嶺 要(巨).361
小鶴 誠(松).355	岩本 義行(松).351	与那嶺 要(巨).344	金田 正泰(神).327	渡辺 博之(国).353
青田 昇(巨).332	金田 正泰(神).322	川上 哲治(巨).320	西沢 道夫(名).325	西沢 道夫(中).341
藤井 勇(洋).3271	安居 玉一(洋).321	南村不可止(巨).315	千葉 茂(巨).320	箱田 弘志(国).323
大沢 清(洋).3269	藤村富美男(神).318	藤村富美男(神).314	与那嶺 要(巨).307	川上 哲治(巨).322
後藤 次男(神).322	原田 徳光(名).316	千葉 茂(巨).312	児玉 利一(名).303	広岡 達朗(巨).314
岩本 義行(松).319	武智 修(広).314	杉山 悟(名).306	藤井 秀郎(洋).299	金田 正泰(神).309
川上 哲治(巨).313	青田 昇(巨).312	国枝 利通(名).303	与儀 真助(巨).295	藤村富美男(神).300
金山 次郎(松).3114	後藤 次男(神).309	後藤 次男(神).300	藤村富美男(神).294	小鶴 誠(広).2973
西沢 道夫(中).3113	宇野 光雄(巨).303	安居 玉一(洋).291	平井 三郎(巨).291	本多 逸郎(中).2971
(3割打者15人)	(3割打者10人)			

1955	1956	1957	1958	1959
川上 哲治(巨).338	与那嶺 要(巨).338	与那嶺 要(巨).343	田宮謙次郎(神).320	長嶋 茂雄(巨).334
児玉 利一(中).315	川上 哲治(巨).327	田宮謙次郎(神).308	長嶋 茂雄(巨).305	飯田 徳治(国).296
渡辺 博之(国).313	田宮謙次郎(神).300	吉田 義男(神).297	与那嶺 要(巨).293	渡辺 博之(国).287
与那嶺 要(巨).311	吉田 義男(神).290	飯田 徳治(国).293	吉田 義男(神).286	坂崎 一彦(巨).282
田宮謙次郎(神).288	藤尾 茂(巨).276	川上 哲治(巨).284	藤尾 茂(巨).283	森 徹(中).282
小鶴 誠(広).285	児玉 利一(中).275	青田 昇(神).274	井上 登(神).280	江藤 慎一(中).281
井上 登(神).284	井上 登(神).271	三宅 秀史(神).267	広岡 達朗(巨).277	宮下 守道(国).280
吉田 義男(神).281	宮本 敏雄(巨).263	大津 淳(神).262	西沢 道夫(中).2746	近藤 和彦(洋).279
平井 三郎(巨).2804	中 利夫(中).262	宮本 敏雄(巨).259	児玉 利一(洋).2745	藤本 勝巳(神).278
町井 行彦(国).2799	箱田 淳(国).259	佐藤 孝夫(中).256	藤井 弘(広).272	吉田 義男(神).272
		小鶴 誠(広).256		

1960	1961	1962	1963	1964
長嶋　茂雄(巨).334	長嶋　茂雄(巨).353	森永　勝也(広).307	長嶋　茂雄(巨).341	江藤　慎一(中).323
近藤　和彦(洋).316	近藤　和彦(洋).316	近藤　和彦(洋).293	古葉　毅(広).339	王　貞治(巨).320
中　利夫(中).312	藤本　勝巳(神).300	並木　輝男(神).290	王　貞治(巨).3054	吉田　義男(神).318
並木　輝男(神).306	井上　登(中).293	江藤　慎一(中).2880	近藤　和彦(洋).3051	長嶋　茂雄(巨).314
桑田　武(洋).301	古葉　毅(広).286	長嶋　茂雄(巨).2876	興津　立雄(広).303	小淵　泰輔(国).306
佐藤　孝夫(国).280	桑田　武(洋).280	前田　益穂(中).284	徳武　定之(国).2996	桑田　武(洋).299
森　徹(国).275	森永　勝治(広).279	坂崎　一彦(巨).279	藤井　一彦(巨).2995	重松　省三(神).296
飯田　徳治(国).272	河野　旭輝(中).275	中　利夫(中).275	河野　旭輝(中).294	高木　守道(中).293
三宅　秀史(神).271	三宅　秀史(神).273	王　貞治(巨).272	豊田　泰光(国).292	山本　一義(広).290
王　貞治(巨).270	中　利夫(中).271	吉田　義男(神).261	大和田　明(広).291	マーシャル(中).280

1965	1966	1967	1968	1969
江藤　慎一(中).336	長嶋　茂雄(巨).344	中　暁生(中).343	王　貞治(巨).326	王　貞治(巨).345
王　貞治(巨).322	遠井　吾郎(神).326	近藤　和彦(洋).327	長嶋　茂雄(巨).318	ロバーツ(ア).318
近藤　和彦(洋).308	中　暁生(中).322	王　貞治(巨).326	山内　一弘(広).313	長嶋　茂雄(巨).311
高木　守道(中).302	江藤　慎一(中).321	山本　一義(広).311	江藤　慎一(中).302	高田　繁(巨).2943
長嶋　茂雄(巨).300	王　貞治(巨).311	遠井　吾郎(神).309	ロバーツ(サ).296	山本　一義(広).2935
長嶋　茂雄(巨).288	高木　守道(中).306	武上　四郎(サ).299	土井　正三(巨).295	黒江　透修(巨).2931
近藤　昭仁(洋).285	近藤　和彦(洋).301	ジャクソン(サ).296	福富　邦夫(サ).292	藤田　平(神).2927
中　暁生(中).283	山本　一義(広).300	高木　守道(中).292	葛城　隆雄(中).291	中　暁生(中).290
森　昌彦(巨).277	松原　誠(広).294	藤田　平(神).291	近藤　和彦(洋).290	江尻　亮(洋).283
興津　立雄(広).274	藤井　栄治(神).281	土井　正三(巨).289	木俣　達彦(中).289	福富　邦夫(ア).281

1970	1971	1972	1973	1974
王　貞治(巨).325	長嶋　茂雄(巨).320	若松　勉(ヤ).329	王　貞治(巨).355	王　貞治(巨).332
安藤　統夫(神).294	衣笠　祥雄(広).285	三村　敏之(広).308	若松　勉(ヤ).313	木俣　達彦(中).322
遠井　吾郎(神).284	水谷　実雄(広).283	王　貞治(巨).296	谷沢　健一(中).2951	松原　誠(洋).317
木俣　達彦(中).283	柴田　勲(巨).282	衣笠　祥雄(広).295	シピン(中).2949	末次　利光(巨).316
松原　誠(広).281	江尻　亮(洋).2801	柴田　勲(巨).2930	江藤　慎一(洋).282	若松　勉(ヤ).312
藤田　平(神).275	木俣　達彦(中).2796	ロペス(ヤ).2929	松原　誠(洋).278	シピン(中).306
中　暁生(中).2717	黒江　透修(巨).278	谷沢　健一(中).290	柴田　勲(巨).277	藤田　平(神).302
山本　一義(広).2716	国貞　泰汎(広).274	池田　祥浩(神).283	高木　守道(中).273	中塚　政幸(洋).29106
江尻　亮(洋).271	武上　四郎(ヤ).272	末次　民夫(巨).283		江藤　慎一(洋).29100
長嶋　茂雄(巨).269				谷沢　健一(中).290

1975	1976	1977	1978	1979
山本　浩二(広).319	谷沢　健一(中).3548	若松　勉(ヤ).358	水谷　実雄(広).348	ミヤーン(洋).346
井上　弘昭(中).318	張本　勲(巨).3547	張本　勲(巨).348	若松　勉(ヤ).341	掛布　雅之(神).327
田淵　幸一(神).303	若松　勉(ヤ).344	柳田　真宏(巨).340	松原　誠(洋).329	大島　康徳(中).317
高木　守道(中).298	ホプキンス(広).329	大島　康徳(中).333	大杉　勝男(ヤ).327	シピン(巨).313
シピン(洋).295	掛布　雅之(神).3251	掛布　雅之(神).331	高木　嘉一(洋).326	木俣　達彦(中).312
谷沢　健一(中).294	王　貞治(巨).3250	大杉　勝男(ヤ).329	山本　浩二(広).323	ラインバック(神).309
ロジャー(ヤ).292	水谷　実雄(広).308	ラインバック(神).325	掛布　雅之(神).318	中塚　政幸(洋).3062
若松　勉(ヤ).291	シェーン(広).3069	王　貞治(巨).324	ヒルトン(ヤ).3173	若松　勉(ヤ).3059
藤田　平(神).290	シピン(洋).3066	高木　嘉一(洋).323	中塚　政幸(洋).3165	高橋　慶彦(広).304
王　貞治(巨).285	高田　繁(巨).305	マニエル(広).316	シピン(巨).315	若菜　嘉晴(神).303
	（3割打者14人）	（3割打者18人）	（3割打者15人）	（3割打者12人）

1980	1981	1982	1983	1984
谷沢　健一(中).369	藤田　平(神).358	長崎　啓二(洋).351	真弓　明信(神).353	篠塚　利夫(巨).334
若松　勉(ヤ).351	篠塚　利夫(巨).357	田尾　安志(中).350	若松　勉(ヤ).337	谷沢　健一(中).3287
山本　浩二(広).336	大杉　勝男(ヤ).343	掛布　雅之(神).325	田尾　安志(中).318	衣笠　祥雄(広).3285
基　満男(洋).3144	掛布　雅之(神).341	篠塚　利夫(巨).315	山本　浩二(広).316	バース(神).326
加藤　英司(広).3139	水谷　実雄(広).337	若松　勉(ヤ).310	谷沢　健一(中).314	若松　勉(ヤ).325
杉浦　亨(ヤ).311	山本　浩二(広).330	山本　浩二(広).306	篠塚　利夫(巨).307	レオン(洋).321
高橋　慶彦(広).307	中畑　清(巨).322	水谷　実雄(広).303	高橋　慶彦(広).30537	山崎　隆造(広).319
大杉　勝男(ヤ).301	ライトル(広).3184	岡田　彰布(神).300	山崎　隆造(広).30532	モッカ(中).316
田尾　安志(中).299	谷沢　健一(中).3181	真弓　明信(神).293	長崎　啓二(洋).3049	弘田　澄男(神).313
木俣　達彦(中).298	田尾　安志(中).303			田尾　安志(中).310
	（3割打者11人）		（3割打者14人）	（3割打者16人）

記録集

1985		1986		1987		1988		1989	
バース（神）	.350	バース（神）	.389	篠塚　利夫（巨）	.333	正田　耕三（広）	.340	クロマティ（巨）	.378
岡田　彰布（神）	.342	クロマティ（巨）	.363	正田　耕三（広）	.333	パチョレック（洋）	.332	パチョレック（洋）	.333
吉村　禎章（巨）	.3284	ポンセ（洋）	.322	落合　博満（中）	.331	篠塚　利夫（巨）	.316	正田　耕三（広）	.323
山崎　隆造（広）	.3280	レオン（ヤ）	.319	ポンセ（洋）	.323	駒田　徳広（巨）	.307	落合　博満（中）	.321
真弓　明信（神）	.322	吉村　禎章（巨）	.312	吉村　禎章（巨）	.322	高木　豊（洋）	.3004	山崎　賢一（洋）	.309
高木　豊（洋）	.318	高木　豊（洋）	.310	中畑　清（巨）	.321	原　辰徳（巨）	.2997	宇野　勝（中）	.304
杉浦　享（ヤ）	.314	真弓　明信（神）	.307	バース（神）	.320	中畑　清（巨）	.295	大野　久（神）	.3027
クロマティ（巨）	.309	上川　誠二（中）	.295	原　辰徳（巨）	.307	高橋　雅裕（ヤ）	.29335	駒田　徳広（巨）	.3026
篠塚　利夫（巨）	.307	ローマン（洋）	.2914	杉浦　享（ヤ）	.304	落合　博満（中）	.29333	フィルダー（神）	.302
八重樫幸雄（ヤ）	.304	篠塚　利夫（巨）	.2907	荒井　幸雄（ヤ）	.301	ゲーリー（中）	.2932	小早川毅彦（広）	.301
（3割打者17人）				（3割打者12人）				（3割打者11人）	

1990		1991		1992		1993		1994	
パチョレック（洋）	.326	古田　敦也（ヤ）	.3398	ハウエル（ヤ）	.331	オマリー（神）	.329	パウエル（中）	.324
高木　豊（洋）	.323	落合　博満（中）	.3395	オマリー（神）	.325	ローズ（横）	.325	前田　智徳（広）	.3211
広沢　克己（ヤ）	.317	高木　豊（洋）	.324	古田　敦也（ヤ）	.319	パウエル（中）	.3172	江藤　智（広）	.3205
バンスロー（中）	.313	野村謙二郎（広）	.324	パチョレック（神）	.311	前田　智徳（広）	.3166	和田　豊（神）	.318
和田　豊（神）	.304	レイノルズ（洋）	.316	前田　智徳（広）	.3083	和田　豊（神）	.315	ブラッグス（横）	.315
立浪　和義（中）	.3033	駒田　徳広（巨）	.314	シーツ（洋）	.3080	古田　敦也（ヤ）	.308	オマリー（神）	.314
原　辰徳（巨）	.3032	パチョレック（洋）	.310	駒田　徳広（横）	.307	ハドラー（ヤ）	.300	大豊　泰昭（中）	.310
池山　隆寛（ヤ）	.3027	オマリー（神）	.307	正田　耕三（広）	.3008	ハウエル（ヤ）	.295	野村謙二郎（広）	.303
正田　耕三（広）	.3008	山崎　隆造（広）	.301	立浪　和義（中）	.3007	荒井　幸雄（ヤ）	.291	川相　昌弘（巨）	.302
角　富士夫（ヤ）	.3005	レイ（ヤ）	.299	高木　豊（洋）	.300	川相　昌弘（巨）	.290	ローズ（横）	.296
（3割打者10人）				（3割打者10人）					

1995		1996		1997		1998		1999	
パウエル（中）	.355	パウエル（中）	.340	鈴木　尚典（横）	.335	鈴木　尚典（横）	.337	ローズ（横）	.369
ローズ（横）	.3150	辻　発彦（ヤ）	.333	ローズ（横）	.328	前田　智徳（広）	.335	関川　浩一（中）	.330
野村謙二郎（広）	.3145	立浪　和義（中）	.323	古田　敦也（ヤ）	.322	坪井　智哉（神）	.327	鈴木　尚典（横）	.328
落合　博満（巨）	.311	山崎　武司（中）	.322	ロペス（広）	.320	緒方　孝市（広）	.326	ペタジーニ（ヤ）	.325
波留　敏夫（横）	.310	オマリー（ヤ）	.315	石井　琢朗（横）	.319	ローズ（横）	.325	高橋　由伸（巨）	.315
石井　琢朗（横）	.309	江藤　智（広）	.3144	ゴメス（神）	.315	石井　琢朗（横）	.314	真中　満（ヤ）	.308
オマリー（ヤ）	.302	松井　秀喜（巨）	.3141	駒田　徳広（横）	.308	清水　隆行（巨）	.301	緒方　孝市（広）	.305
立浪　和義（中）	.301	西山　秀二（広）	.3138	飯田　哲也（ヤ）	.306	高橋　由伸（巨）	.300	坪井　智哉（神）	.3037
関川　浩一（神）	.295	前田　智徳（広）	.313	清水　隆行（巨）	.3044	元木　大介（巨）	.297	松井　秀喜（巨）	.3036
古田　敦也（ヤ）	.294	ロペス（広）	.312	前田　智徳（広）	.3036	今岡　誠（神）	.293	矢野　輝弘（神）	.3035
		（3割打者16人）		（3割打者12人）				（3割打者12人）	

2000		2001		2002		2003		2004	
金城　龍彦（横）	.346	松井　秀喜（巨）	.333	福留　孝介（中）	.343	今岡　誠（神）	.340	嶋　重宣（広）	.337
ローズ（横）	.332	古田　敦也（ヤ）	.324	松井　秀喜（巨）	.334	ラミレス（ヤ）	.333	ラロッカ（広）	.328
松井　秀喜（巨）	.3164	ペタジーニ（ヤ）	.322	ペタジーニ（ヤ）	.322	矢野　輝弘（神）	.328	佐伯　貴弘（横）	.322
ペタジーニ（ヤ）	.3161	鈴木　尚典（横）	.315	岩村　明憲（ヤ）	.320	高橋　由伸（巨）	.323	金本　知憲（神）	.3169
金本　知憲（広）	.315	金本　知憲（広）	.314	今岡　誠（神）	.317	鈴木　健（ヤ）	.317	高橋　由伸（巨）	.3166
山崎　武司（中）	.311	真中　満（ヤ）	.312	清水　隆行（巨）	.314	シーツ（広）	.3132	小久保裕紀（巨）	.314
立浪　和義（中）	.310	稲葉　篤紀（ヤ）	.311	前田　智徳（広）	.308	福留　孝介（中）	.3125	前田　智徳（広）	.312
石井　琢朗（横）	.302	ロペス（広）	.308	高橋　由伸（巨）	.306	赤星　憲広（神）	.312	清水　隆行（巨）	.3079
宮本　慎也（ヤ）	.300	ディアス（横）	.304	立浪　和義（中）	.302	鈴木　尚典（横）	.311	立浪　和義（中）	.3078
仁志　敏久（巨）	.298	佐伯　貴弘（横）	.302	緒方　孝市（広）	.300	金城　龍彦（横）	.302	古田　敦也（ヤ）	.306
		（3割打者12人）		（3割打者11人）		（3割打者13人）		（3割打者21人）	

2005		2006		2007		2008		2009	
青木　宣親（ヤ）	.344	福留　孝介（中）	.351	青木　宣親（ヤ）	.346	内川　聖一（横）	.378	ラミレス（巨）	.322
福留　孝介（中）	.328	李　承燁（巨）	.323	ラミレス（ヤ）	.343	青木　宣親（ヤ）	.347	内川　聖一（横）	.309
金本　知憲（神）	.327	青木　宣親（ヤ）	.321	谷　佳知（巨）	.318	栗原　健太（広）	.332	小笠原道大（巨）	.309
金城　龍彦（横）	.324	前田　智徳（広）	.314	小笠原道大（巨）	.313	村田　修一（横）	.323	坂本　勇人（巨）	.3063
井端　弘和（中）	.323	岩村　明憲（ヤ）	.311	栗原　健太（広）	.310	森野　将彦（中）	.321	井端　弘和（中）	.3057
岩村　明憲（ヤ）	.3193	シーツ（神）	.3103	高橋　由伸（巨）	.308	福地　寿樹（ヤ）	.320	青木　宣親（ヤ）	.303
前田　智徳（広）	.3185	タイロン・ウッズ（中）	.3097	佐伯　貴弘（横）	.3019	ラミレス（巨）	.319	和田　一浩（中）	.302
赤星　憲広（神）	.316	金本　知憲（神）	.302	相川　亮二（横）	.3017	赤星　憲広（神）	.317	東出　輝裕（広）	.2942
種田　仁（横）	.310	濱中　治（神）	.302	赤星　憲広（神）	.3000	東出　輝裕（広）	.3103	森野　将彦（中）	.2939
タイロン・ウッズ（中）	.306	荒木　雅博（中）	.300	宮本　慎也（ヤ）	.2995	小笠原道大（巨）	.3096	阿部慎之助（巨）	.293
（3割打者16人）		（3割打者10人）		（3割打者10人）		（3割打者15人）			

2010	2011	2012	2013	2014
青木 宣親(ヤ).358	長野 久義(巨).316	阿部慎之助(巨).340	ブランコ(ディ).333	マートン(神).338
平野 恵一(神).350	マートン(神).311	坂本 勇人(巨).311	バレンティン(ヤ).330	菊池 涼介(広).325
マートン(神).349	宮本 慎也(ヤ).302	大島 洋平(中).310	村田 修一(巨).316	山田 哲人(ヤ).324
和田 一浩(中).339	平野 恵一(神).295	長野 久義(巨).301	マートン(神).314	大島 洋平(中).318
森野 将彦(中).327	栗原 健太(広).293	ミレッジ(ヤ).300	ロペス(巨).303	ルナ(中).317
内川 聖一(横).315	青木 宣親(ヤ).292	ラミレス(ディ).300	阿部慎之助(巨).296	雄平(高井雄平)(ヤ).316
新井 貴浩(神).311	ブラゼル(神).282	川端 慎吾(ヤ).298	西岡 剛(神).290	鳥谷 敬(神).313
廣瀬 純(広).309	ラミレス(巨).279	和田 一浩(中).285	森野 将彦(中).286	畠山 和洋(ヤ).3104
小笠原道大(巨).308	東出 輝裕(広).278	井端 弘和(中).284	鳥谷 敬(神).282	丸 佳浩(広).3097
梵 英心(広).306		中村 紀洋(ディ).274	長野 久義(巨).281	川端 慎吾(ヤ).305
（3割打者14人）				（3割打者12人）

2015	2016	2017	2018	2019
川端 慎吾(ヤ).336	坂本 勇人(巨).344	宮﨑 敏郎(ディ).323	ビシエド(中).348	鈴木 誠也(広).335
山田 哲人(ヤ).329	鈴木 誠也(広).335	マギー(巨).315	坂本 勇人(巨).345	ビシエド(中).315
筒香 嘉智(ディ).317	筒香 嘉智(ディ).322	大島 洋平(中).313	平田 良介(中).329	糸井 嘉男(神).314
ルナ(中).292	菊池 涼介(広).315	丸 佳浩(広).308	アルモンテ(中).321	大島 洋平(中).3118
ロペス(ディ).291	福留 孝介(神).311	ロペス(ディ).301	鈴木 誠也(広).320	坂本 勇人(巨).3117
平田 良介(中).283	山田 哲人(ヤ).304	鈴木 誠也(広).300	雄平(高井雄平)(ヤ).3183	西川 龍馬(広).2971
鳥谷 敬(神).2813	村田 修一(巨).3024	鳥谷 敬(神).293	宮﨑 敏郎(ディ).3176	青木 宣親(ヤ).2965
福留 孝介(神).2808	川端 慎吾(ヤ).3023	坂本 勇人(巨).291	坂口 智隆(ヤ).317	高橋 周平(中).293
マートン(神).276	新井 貴浩(広).300	糸井 嘉男(神).290	山田 哲人(ヤ).315	丸 佳浩(広).292
梶谷 隆幸(ディ).275	坂口 智隆(ヤ).295		青木 宣親(ヤ).314	阿部 寿樹(中).291
			（3割打者15人）	

2020	2021	2022	2023
佐野 恵太(ディ).328	鈴木 誠也(広).317	村上 宗隆(ヤ).318	宮﨑 敏郎(ディ).326
梶谷 隆幸(ディ).323	坂倉 将吾(広).315	大島 洋平(中).314	西川 龍馬(広).305
青木 宣親(ヤ).317	牧 秀悟(ディ).314	佐野 恵太(ディ).306	サンタナ(ヤ).300
大島 洋平(中).316	別本 光司(ディ).313	宮﨑 敏郎(ディ).300	牧 秀悟(ディ).293
村上 宗隆(ヤ).307	桑原 将志(ディ).310	ビシエド(中).294	大島 洋平(中).289
高橋 周平(中).305	佐野 恵太(ディ).303	近本 光司(神).293	大山 悠輔(神).2884
宮﨑 敏郎(ディ).301	村上 宗隆(ヤ).301	岡林 勇希(中).2911	坂本 勇人(巨).2878
鈴木 誠也(広).300	小園 海斗(広).298	牧 秀悟(ディ).2907	近本 光司(神).2854
近本 光司(神).293	大島 洋平(中).292	坂倉 将吾(広).288	中野 拓夢(神).2852
坂本 勇人(巨).289	糸原 健斗(神).286	吉川 尚輝(巨).277	大城 卓三(巨).281

パシフィック・リーグ

1950	1951	1952	1953	1954
大下 弘(東).339	大下 弘(東).383	飯島 滋弥(大).336	岡本伊三美(南).318	レインズ(急).337
別当 薫(毎).335	藤山 和夫(南).315	甲斐 友治(近).327	中西 太(西).3139	大下 弘(西).321
飯田 徳治(南).327	山本 一人(南).311	飯田 徳治(南).323	堀井 数男(南).3137	川合 幸三(急).315
呉 昌征(毎).3224	別当 薫(毎).3090	鬼頭 数雄(近).320	大下 弘(西).307	山内 和弘(毎).308
土井垣 武(毎).3215	木塚 忠助(南).3087	ブリットン(急).316	藤山 和夫(南).303	戸倉 勝城(近).300
飯島 滋弥(大).3215	伊藤 庄七(毎).303	大下 弘(西).307	島原 輝夫(南).297	日下 隆(近).2964
本堂 保次(南).306	呉 昌征(毎).302	斎藤 宏(南).3010	飯田 徳治(南).293	中西 太(西).2961
木塚 忠助(南).301	飯田 徳治(南).296	戸倉 勝城(急).3008	菅原 道裕(大).287	ルイス(毎).293
中谷 順次(急).299	飯島 滋弥(大).2939	岡本伊三美(南).299	レインズ(急).286	鬼頭 政一(急).292
伊勢川真澄(大).296	永利 勇吉(西).2938	堀井 数男(南).297	日下 隆(近).285	笠原 和夫(高).290

1955	1956	1957	1958	1959
中西 太(西).332	豊田 泰光(西).3251	山内 和弘(毎).331	中西 太(西).314	杉山 光平(南).323
山内 和弘(毎).325	中西 太(西).3246	中西 太(西).317	毒島 章一(東).306	山内 和弘(毎).320
戸倉 勝城(急).321	山内 和弘(毎).304	毒島 章一(東).307	葛城 隆雄(毎).305	葛城 隆雄(毎).3098
飯田 徳治(南).310	杉山 光平(南).300	大下 弘(西).320	小玉 明利(近).301	広瀬 叔功(南).3096
渡辺 清(急).303	戸倉 勝城(急).293	野村 克也(南).302	杉山 光平(南).299	高倉 照幸(西).304
大下 弘(西).301	佐々木信也(高).289	関口 清治(西).300	スタンレー橋本(東).291	西園寺昭夫(東).3000
武智 修(南).300	木村 保久(南).302	小玉 明利(近).287	広瀬 叔功(南).288	豊田 泰光(西).2997
毒島 章一(東).2983	森下 正夫(毎).284	豊田 泰光(西).287	矢頭 高雄(毎).285	小玉 明利(近).293
関口 清治(西).2982	榎本 喜八(毎).282	関根 潤三(近).284	長谷川繁雄(南).2764	関根 潤三(近).291
榎本 喜八(毎).2979	小玉 明利(近).273	高倉 照幸(西).279	関口 清治(西).2756	穴吹 義雄(南).287

1960
榎本　喜八（毎）.344
田宮謙次郎（毎）.317
山内　和弘（毎）.313
張本　　勲（東）.302
小玉　明利（近）.301
葛城　隆雄（毎）.295
野村　克也（南）.291
衆樹　資宏（急）.288
豊田　泰光（西）.287
関根　潤三（近）.282

1961
張本　　勲（東）.336
榎本　喜八（毎）.331
田宮謙次郎（毎）.328
杉山　光平（南）.321
山内　和弘（毎）.311
田中久寿男（西）.306
高倉　照幸（西）.301
吉田　勝豊（東）.298
豊田　泰光（西）.297
広瀬　叔功（南）.296

1962
ブルーム（近）.374
山内　一弘（毎）.334
葛城　隆雄（毎）.3333
張本　　勲（東）.3326
榎本　喜八（毎）.331
和田　博実（西）.325
小玉　明利（近）.313
関根　潤三（近）.310
野村　克也（南）.309
田宮謙次郎（毎）.308
（3割打者11人）

1963
ブルーム（近）.335
榎本　喜八（毎）.318
樋口　正蔵（東）.313
小玉　明利（近）.306
広瀬　叔功（南）.299
関根　潤三（近）.296
ハ　ド　リ（南）.295
野村　克也（南）.291
山内　一弘（毎）.283
張本　　勲（東）.280

1964
広瀬　叔功（南）.366
張本　　勲（東）.328
高倉　照幸（西）.317
小玉　明利（近）.304
榎本　喜八（京）.298
土井　正博（近）.296
ブルーム（近）.294
岩下　光一（南）.288
矢ノ浦国満（近）.286
城戸　則文（西）.284

1965
野村　克也（南）.320
スペンサー（急）.311
高木　　喬（近）.3043
小玉　明利（近）.3039
広瀬　叔功（南）.298
張本　　勲（東）.2923
ロ　　イ（西）.2916
アグリー（西）.282
堀込　基明（南）.277
八田　　正（京）.275

1966
榎本　喜八（京）.351
張本　　勲（東）.330
野村　克也（南）.312
毒島　章一（東）.298
種茂　雅之（東）.291
高倉　照幸（西）.2788
ハ　ド　リ（南）.285
スペンサー（急）.278
クレス（近）.277
土井　正博（近）.275

1967
張本　　勲（東）.336
土井　正博（近）.323
野村　克也（南）.3050
ボ　レ　ス（近）.3045
高木　　喬（近）.29128
大杉　勝男（東）.29124
榎本　喜八（京）.290
池辺　　巌（東）.286
ウインディ（急）.285
長池　徳二（急）.281

1968
張本　　勲（東）.336
アルトマン（京）.320
土井　正博（近）.309
榎本　喜八（京）.306
広瀬　叔功（南）.294
ロ　ペ　ス（京）.289
船田　和英（京）.286
大熊　忠義（急）.285
阪本　敏三（急）.278
国貞　泰汎（南）.276

1969
永淵　洋三（近）.333
張本　　勲（東）.333
池辺　　巌（ロ）.322
長池　徳二（急）.316
山崎　裕之（ロ）.3010
ロ　ペ　ス（ロ）.3006
土井　正博（近）.300
基　　満男（西）.295
白　　仁天（東）.291
大杉　勝男（東）.285

1970
張本　　勲（東）.383
大杉　勝男（東）.339
アルトマン（ロ）.319
ロ　ペ　ス（ロ）.313
長池　徳二（急）.309
有藤　通世（ロ）.306
大下　剛史（東）.301
野村　克也（南）.2952
永淵　洋三（近）.2950
富田　　勝（南）.287

1971
江藤　慎一（ロ）.337
加藤　秀司（急）.321
アルトマン（ロ）.320
長池　徳二（急）.313
小川　　亨（近）.3154
大杉　勝男（東）.3149
土井　正博（近）.309
大熊　忠義（急）.307
ロ　ペ　ス（ロ）.301
（3割打者12人）

1972
張本　　勲（東）.358
アルトマン（ロ）.328
白　　仁天（東）.315
門田　博光（南）.309
福本　　豊（急）.3008
基　　満男（西）.3006
土井　正博（近）.3004
永淵　洋三（近）.3001
大杉　勝男（東）.295
ジョーンズ（南）.292

1973
加藤　秀司（急）.337
張本　　勲（拓）.324
土井　正博（近）.316
長池　徳二（急）.313
門田　博光（南）.310
野村　克也（南）.309
アルトマン（ロ）.307
福本　　豊（急）.306
有藤　通世（ロ）.300
弘田　澄男（ロ）.295

1974
張本　勲（日）.340
ビュフォード（平）.330
福本　　豊（急）.327
加藤　秀司（急）.322
パーカー（南）.301
弘田　澄男（ロ）.295
長池　徳二（急）.290
阪本　敏三（近）.280
山崎　裕之（ロ）.27753
森本　　潔（急）.27751

1975
白　　仁天（平）.3192
小田　義人（日）.3187
加藤　秀司（急）.309
佐々木恭介（近）.305
弘田　澄男（ロ）.3014
得津　高宏（ロ）.3011
マルカーノ（急）.298
小川　　亨（近）.289
基　　満男（平）.2818
ア　ル　ー（平）.2816

1976
吉岡　　悟（平）.309
藤原　　満（南）.302
門田　博光（南）.3004
加藤　秀司（急）.3000
白　　仁天（平）.288
ウイリアムス（日）.2854
弘田　澄男（ロ）.2853
富田　　勝（南）.284
福本　　豊（急）.282
小田　義人（日）.281

1977
有藤　道世（ロ）.329
島谷　金二（急）.325
加藤　秀司（急）.319
リ　ー（ロ）.317
門田　博光（南）.313
富田　　勝（南）.307
福本　　豊（急）.305
藤原　　満（南）.300
石渡　　茂（近）.285
白　　仁天（ロ）.281

1978
佐々木恭介（近）.354
福本　　豊（急）.325
マルカーノ（急）.322
リ　ー（ロ）.317
レ　オ　ン（ロ）.316
メ　　　（南）.312
箕田　浩二（南）.3073
富田　　勝（南）.3066
土井　正博（ク）.303
高井　保弘（近）.302
（3割打者10人）

1979
加藤　英司（急）.364
新井　宏昌（南）.358
白　　仁天（ロ）.340
リ　ー（ロ）.333
片平　晋作（南）.329
マ　ニ　エ　ル（近）.3243
高井　保弘（急）.3242
佐々木恭介（近）.320
古屋　英夫（日）.313
島谷　金二（急）.312
（3割打者13人）

1980
リ　ー（ロ）.358
レ　オ　ン（ロ）.340
栗橋　　茂（近）.328
メ　　　（近）.326
マ　ニ　エ　ル（近）.325
小川　　亨（近）.323
福本　　豊（急）.321
加藤　英司（急）.3181
佐々木恭介（近）.3175
クルーズ（日）.309
（3割打者14人）

1981
落合　博満（ロ）.326
島田　　誠（日）.318
テ　リ　ー（武）.316
加藤　英司（急）.314
門田　博光（南）.313
タイロン（南）.3109
弘田　澄男（ロ）.3104
石毛　宏典（武）.310
柏原　純一（日）.302
レ　オ　ン（ロ）.301
（3割打者13人）

1982
落合　博満（ロ）.325
新井　宏昌（南）.315
栗橋　　茂（近）.311
スティーブ（武）.307
福本　　豊（急）.303
中沢　伸二（近）.302
有藤　道世（ロ）.301
古屋　英夫（日）.291
島田　　誠（日）.286
柏原　純一（日）.285

1983
落合　博満（ロ）.332
スティーブ（武）.321
クルーズ（日）.320
リ　ー（ロ）.317
箕田　浩二（南）.312
古屋　英夫（日）.306
ブーマー（近）.304
石毛　宏典（武）.3029
島田　　誠（日）.3026
水上　善雄（ロ）.302
（3割打者10人）

1984
ブーマー（急）.355
クルーズ（日）.348
スティーブ（武）.338
高沢　秀昭（ロ）.317
落合　博満（ロ）.314
松永　浩美（急）.310
リ　ー（ロ）.309
弓岡敬二郎（急）.302
山本　功児（ロ）.301
河埜　敬幸（南）.296

1985
落合　博満(ロ).367
デービス(近).343
リー(ロ).328
ブーマー(急).327
クルーズ(日).321
松永　浩美(急).320
スティーブ(武).315
金森　永時(武).312
西村　徳文(ロ).311
横田　真之(ロ).300
（3割打者11人）

1986
落合　博満(ロ).360
ブーマー(急).350
デービス(近).337
石毛　宏典(武).329
ブリューワ(日).321
福良　淳一(急).309
清原　和博(武).3044
横田　真之(ロ).3040
松永　浩美(急).301
（3割打者11人）

1987
新井　宏昌(近).366
ブーマー(急).331
石嶺　和彦(急).3171
門田　博光(南).3166
ブリューワ(日).303
オグリビー(近).300
松永　浩美(急).290
佐々木　誠(南).288
横田　真之(ロ).281

1988
高沢　秀昭(ロ).327
松永　浩美(急).326
福良　淳一(急).320
バナザード(南).315
オグリビー(近).3112
門田　博光(南).3109
イースラー(武).304
平野　謙(武).303
石嶺　和彦(急).296
秋山　幸二(武).292

1989
ブーマー(オ).322
田辺　徳雄(武).316
松永　浩美(オ).309
山本　和範(近).308
ブリューワ(日).306
門田　博光(オ).305
辻　発彦(武).304
愛甲　猛(ロ).303
新井　宏昌(近).302
秋山　幸二(武).301
（3割打者11人）

1990
西村　徳文(ロ).338
大石第二朗(近).314
ディアズ(ロ).311
清原　和博(武).307
トレーバー(近).303
石毛　宏典(武).298
ブリューワ(日).295
新井　宏昌(近).292
田中　幸雄(日).287
藤井　康雄(オ).285

1991
平井　光親(ロ).3144
松永　浩美(オ).3140
白井　一幸(日).311
佐々木　誠(ダ).302
ブーマー(オ).300
秋山　幸二(武).297
大野　久(ダ).289
平野　謙(武).281
西村　徳文(ロ).275

1992
佐々木　誠(ダ).322
トーベ(オ).305
田辺　徳雄(武).302
松永　浩美(オ).298
石毛　宏典(武).2968
高橋　智(武).2967
秋山　幸二(武).296
吉永幸一郎(ダ).2904
中島　輝士(日).2902
片岡　篤史(日).2900

1993
辻　発彦(武).319
石井　浩郎(近).309
石毛　宏典(武).306
山本　和範(近).301
ホール(ロ).296
吉永幸一郎(ダ).291
片岡　篤史(日).287
広瀬　哲朗(日).279
佐々木　誠(ダ).277
石嶺　和彦(オ).273

1994
イチロー(鈴木一朗)(オ).385
カズ山本(山本和範)(ダ).317
石井　浩郎(近).316
松永　浩美(ダ).314
小川　博文(オ).303
福良　淳一(近).301
ライマー(武).298
辻　発彦(武).294
ブライアント(近).293
初芝　清(ロ).290

1995
イチロー(鈴木一朗)(オ).342
堀　幸一(ロ).309
フランコ(ロ).306
初芝　清(ロ).301
田中　幸雄(日).291
諸積　兼司(ロ).290
ジャクソン(武).289
小久保裕紀(ダ).286
浜名　千広(ダ).276
小川　博文(オ).272

1996
イチロー(鈴木一朗)(オ).356
片岡　篤史(日).315
堀　幸一(ロ).312
鈴木　健(武).302
秋山　幸二(ダ).300
吉永幸一郎(ダ).295
ローズ(近).2934
村松　有人(ダ).2931
松井稼頭央(武).283
水口　栄二(近).281

1997
イチロー(鈴木一朗)(オ).345
クラーク(近).331
鈴木　健(武).312
松井稼頭央(武).309
城島　健司(ダ).308
ローズ(近).307
マルティネス(武).305
佐々木　誠(武).304
ドネルス(オ).3020
小久保裕紀(ダ).3017
（3割打者12人）

1998
イチロー(鈴木一朗)(オ).358
平井　光親(ロ).3204
クラーク(近).3201
柴原　洋(ダ).314
松井稼頭央(武).311
大村　直之(近).310
片岡　篤史(日).300
初芝　清(ロ).296
ロペス(ダ).294
フランコ(ロ).290

1999
イチロー(鈴木一朗)(オ).343
松井稼頭央(武).330
城島　健司(ダ).306
ローズ(近).301
谷　佳知(オ).291
クラーク(近).287
小笠原道大(日).285
プリアム(ロ).2802
諸積　兼司(ロ).28009
小坂　誠(ロ).28008

2000
イチロー(鈴木一朗)(オ).387
オバンドー(日).332
小笠原道大(日).329
フェルナンデス(武).327
松井稼頭央(武).322
松中　信彦(ダ).312
武藤　孝司(近).311
柴原　洋(ダ).310
野口　寿浩(日).298
ボーリック(ロ).296

2001
福浦　和也(ロ).346
小笠原道大(日).339
松中　信彦(ダ).334
ローズ(近).327
谷　佳知(オ).325
礒部　公一(近).3202
中村　紀洋(近).3200
バルデス(ダ).310
松井稼頭央(武).308
柴原　洋(ダ).302
（3割打者10人）

2002
小笠原道大(日).340
カブレラ(武).336
松井稼頭央(武).332
谷　佳知(オ).326
和田　一浩(武).319
小関　竜也(武).314
バルデス(ダ).303
福浦　和也(ロ).300
中村　紀洋(近).294
城島　健司(ダ).293

2003
小笠原道大(日).360
谷　佳知(オ).350
和田　一浩(武).346
井口　資仁(ダ).340
柴原　洋(ダ).333
城島　健司(ダ).3303
坪井　智哉(日).3295
村松　有人(ダ).3239
松中　信彦(ダ).32388
カブレラ(武).32385
（3割打者19人）

2004
松中　信彦(ダ).358
小笠原道大(日).345
城島　健司(ダ).338
井口　資仁(ダ).333
村松　有人(オ).3202
和田　一浩(武).3197
谷　佳知(オ).317
ベニー(ロ).315
福浦　和也(ロ).314
礒部　公一(近).309
（3割打者15人）

2005
和田　一浩(武).322
ズレータ(ソ).319
松中　信彦(ソ).315
石井　義人(武).312
宮地　克彦(ソ).311
今江　敏晃(ロ).310
城島　健司(ソ).309
堀　幸一(ロ).307
フランコ(ロ).29956
カブレラ(武).29954
（3割打者11人）

2006
松中　信彦(ソ).324
カブレラ(武).315
リック(楽).314
小笠原道大(日).313
福浦　和也(ロ).3119
川﨑　宗則(ソ).3118
稲葉　篤紀(日).307
中島　裕之(武).306
鉄平(土谷鉄平)(楽).3030
村松　有人(オ).3025
（3割打者13人）

2007
稲葉　篤紀(日).334
リック(楽).330
大村　直之(ソ).319
和田　一浩(武).313
中島　裕之(武).3001
森本　稀哲(日).2996
TSUYOSHI(西岡剛)(ロ).2995
カブレラ(武).295
ローズ(オ).291
村松　有人(武).289

2008
リック(楽).332
中島　裕之(武).331
川崎　宗則(ソ).321
栗山　巧(武).317
カブレラ(武).315
今江　敏晃(ロ).309
G.G.佐藤(佐藤隆彦)(武).302
稲葉　篤紀(日).3013
フェルナンデス(楽).3012
西岡　剛(ロ).300
（3割打者10人）

2009
鉄平(土谷鉄平)(楽).327
坂口　智隆(オ).317
サブロー(大村三郎)(ロ).314
長谷川勇也(ソ).312
高橋　信二(日).3090
中島　裕之(武).3089
糸井　嘉男(日).306
草野　大輔(楽).305
金子　誠(日).304
稲葉　篤紀(日).300
（3割打者10人）

記録集

2010
西岡　　剛(ロ).346
田中　賢介(日).335
今江　敏晃(ロ).3314
カブレラ(オ).3308
多村　仁志(ソ).324
鉄平(土谷鉄平)(楽).318
川﨑　宗則(ソ).316
嶋　　基宏(楽).315
中島　裕之(武).314
小谷野栄一(日).311
（3割打者13人）

2011
内川　聖一(ソ).338
糸井　嘉男(日).319
後藤　光尊(オ).312
栗山　　巧(武).307
本多　雄一(ソ).305
中島　裕之(武).2968
坂口　智隆(オ).2966
長谷川勇也(ソ).293
聖澤　　諒(楽).288
松田　宣浩(ソ).282

2012
角中　勝也(ロ).312
中島　裕之(武).311
糸井　嘉男(日).304
内川　聖一(ソ).3001
田中　賢介(日).2997
秋山　翔吾(武).293
稲葉　篤紀(日).290
栗山　　巧(武).289
陽　　岱鋼(日).287
李　　大浩(オ).286

2013
長谷川勇也(ソ).341
今江　敏晃(ロ).325
ヘルマン(武).319
鍛冶舎(赤見内鍛冶舎)(楽).3174
浅村　栄斗(武).3167
内川　聖一(ソ).316
中村　　晃(ソ).307
中田　　翔(日).305
李　　大浩(オ).303
糸井　嘉男(オ).300
（3割打者10人）

2014
糸井　嘉男(オ).331
鍛冶舎(赤見内鍛冶舎)(楽).327
柳田　悠岐(ソ).317
中村　　晃(ソ).308
内川　聖一(ソ).307
李　　大浩(ソ).3003
長谷川勇也(ソ).3002
陽　　岱鋼(日).293
松井稼頭央(楽).291
メヒア(武).290

2015
柳田　悠岐(ソ).363
秋山　翔吾(武).359
近藤　健介(日).326
清田　育宏(ロ).317
中村　　晃(ソ).300
角中　勝也(ロ).293
松田　宣浩(ソ).2870
森　　友哉(武).2869
田中　賢介(日).2838
内川　聖一(ソ).2835

2016
角中　勝也(ロ).339
西川　遥輝(日).314
浅村　栄斗(武).309
糸井　嘉男(オ).3063
柳田　悠岐(ソ).3060
内川　聖一(ソ).304
秋山　翔吾(武).296
陽　　岱鋼(日).293
中村　　晃(ソ).287
鈴木　大地(ロ).285

2017
秋山　翔吾(武).322
柳田　悠岐(ソ).310
茂木栄五郎(楽).2964
西川　遥輝(日).2957
鍛冶舎(赤見内鍛冶舎)(楽).293
浅村　栄斗(武).291
中島　宏之(オ).285
ペゲーロ(楽).281
小谷野栄一(オ).277
松本　　剛(日).274

2018
柳田　悠岐(ソ).352
秋山　翔吾(武).3233
近藤　健介(日).3225
吉田　正尚(オ).321
浅村　栄斗(武).310
中村　　晃(ソ).2924
井上　晴哉(ロ).2920
島内　宏明(楽).2918
外崎　修汰(武).287
中村　奨吾(ロ).284

2019
森　　友哉(武).329
吉田　正尚(オ).322
荻野　貴司(ロ).315
鍛冶舎(赤見内鍛冶舎)(楽).304
秋山　翔吾(武).303
近藤　健介(日).302
大田　泰示(日).289
鈴木　大地(楽).2884
西川　遥輝(日).2883
島内　宏明(楽).287

2020
吉田　正尚(オ).350
柳田　悠岐(ソ).342
近藤　健介(日).340
西川　遥輝(日).306
鈴木　大地(楽).295
小深田大翔(楽).288
渡邉　　諒(日).283
島内　宏明(楽).281
浅村　栄斗(楽).280
大田　泰示(日).275

2021
吉田　正尚(オ).339
森　　友哉(武).309
杉本裕太郎(オ).301
柳田　悠岐(ソ).300
近藤　健介(日).298
荻野　貴司(ロ).296
中村　剛也(武).283
中村　奨吾(ロ).283
岡島　豪郎(楽).280
鈴木　大地(楽).277

2022
松本　　剛(日).347
吉田　正尚(オ).335
島内　宏明(楽).298
今宮　健太(ソ).296
中川　圭太(オ).283
柳田　悠岐(ソ).275
髙部　瑛斗(ロ).2713
宗　　佑磨(オ).2707
福田　周平(オ).268

2023
頓宮　裕真(オ).307
近藤　健介(日).303
柳田　悠岐(ソ).299
森　　友哉(オ).294
松本　　剛(日).276
紅林弘太郎(オ).275
中村　　晃(ソ).27397
浅村　栄斗(楽).27394
中川　圭太(オ).269
万波　中正(日).265

防　御　率　ベ　ス　ト　10

1937春
沢村　栄治(巨)0.81
景浦　　将(タ)0.93
藤村富美男(タ)1.30
スタルヒン(巨)1.53
野口　　明(セ)1.58
御園生崇男(タ)1.75
若林　忠志(タ)1.76
古谷倉之助(鯱)2.16
菊矢　吉男(大)2.20
西村　幸生(タ)2.24

1937秋
西村　幸生(タ)1.48
スタルヒン(巨)1.85
中河　美芳(タ)2.05
御園生崇男(タ)2.32
菊矢　吉男(ラ)2.34
沢村　栄治(巨)2.38
若林　忠志(鯱)2.43
若林　忠志(タ)2.49
青柴　憲一(イ)2.67
石田　光彦(急)2.76

1938春
西村　幸生(タ)1.52
小田野　柏(急)1.69
御園生崇男(タ)1.74
スタルヒン(巨)2.04
西沢　道夫(名)2.05
亀山　　忠(イ)2.06
川上　哲治(巨)2.55
中山　正嘉(鯱)2.86
浅岡　三郎(セ)2.93
近藤　　久(ラ)3.06

1938秋
スタルヒン(巨)1.05
水原　　茂(巨)1.76
中河　美芳(タ)1.98
御園生崇男(タ)2.20
宮口　美吉(南)2.25
石田　光彦(急)2.39
菊矢　吉男(ラ)2.477
西村　幸生(タ)2.478
亀田　　忠(イ)2.54
近藤　　久(ラ)2.67

1939
若林　忠志(タ)1.09
高橋　　敏(急)1.60
スタルヒン(巨)1.73
御園生崇男(タ)1.96
中山　正嘉(鯱)2.036
野口　二郎(セ)2.039
重松　通雄(急)2.16
政野　岩夫(南)2.21
繁里　　栄(名)2.31
西村　幸生(タ)2.41

1940
野口　二郎(翼)0.93
須田　　博(巨)0.97
森　弘太郎(急)1.29
三輪　八郎(巨)1.53
村松　幸雄(名)1.52
浅野勝三郎(急)1.63
浅岡　三郎(翼)1.66
松尾　幸造(急)1.675
石田　光彦(急)1.679
長谷川重一(黒)1.72

1941
野口　二郎(洋)0.88
森　弘太郎(急)0.89
村松　幸雄(名)0.98
須田　　博(巨)1.20
若林　忠志(神)1.45
河村　　章(名)1.48
林　　輝三(ラ)1.54
鈴木　鶴雄(急)2.43
西沢　道夫(名)1.58
神田　武夫(南)1.59
浅岡　三郎(洋)1.60

1942
林　　安夫(朝)1.01
須田　　博(巨)1.11
神田　武夫(南)1.14
広瀬　習一(名)1.185
野口　二郎(洋)1.193
森　弘太郎(急)1.31
三冨　恒雄(名)1.41
若林　忠志(神)1.5952
石原　繁三(洋)1.5954
御園生崇男(神)1.68

1943
藤本　英雄(巨)0.73
林　　安夫(朝)0.89
若林　忠志(神)1.06
石丸　進一(名)1.15
野口　正明(名)1.38
野口　二郎(西)1.45
真田　恒雄(神)1.97
天保　義夫(急)2.01
畑岡　俊英(和)2.13
片山　栄次(和)2.17

1944
若林　忠志(神)1.56
藤本　英雄(巨)1.59
笠松　　実(急)1.78
清水　秀雄(畿)1.90
内海　幸三(朝)2.10
中本　政夫(畿)2.16
天保　義夫(急)2.22
森井　　茂(産)2.86
野口　正明(産)3.06
—以下規定投球回未満—

1946	1947	1948	1949
藤本　英雄(巨)2.11	白木義一郎(東)1.74	中尾　碩志(巨)1.84	藤本　英雄(巨)1.94
近藤　貞雄(巨)2.18	服部　受弘(中)1.81	柚木　進(南)1.89	別所　毅彦(巨)2.35
別所　昭(グ)2.46	藤本　英雄(巨)1.83	中谷　信夫(南)1.98	スタルヒン(大)2.61
白木義一郎(セ)2.58	別所　昭(南)1.86	別所　昭(南)2.05	天保　義夫(急)2.91
野口　二郎(急)2.67	今西錬太郎(急)1.91	スタルヒン(金)2.17	服部　受弘(中)3.00
今西錬太郎(急)2.80	梶岡　忠義(神)1.92	真田　重男(陽)2.22	今西錬太郎(急)3.10
御園生崇男(神)2.83	清水　秀雄(神)1.93	川崎　徳次(巨)2.31	武末　悉昌(南)3.13
内藤　幸三(ゴ)2.90	御園生崇男(神)1.99	天保　義夫(急)2.33	若林　忠志(神)3.29
呉　昌征(神)3.02	井筒　研一(陽)2.05	若林　忠志(神)2.48	多田文久三(巨)3.34
井筒　研一(パ)3.07	若林　忠志(神)2.09	梶岡　忠義(神)2.54	近藤　貞雄(巨)3.61

セントラル・リーグ

1950	1951	1952	1953	1954
大島　信雄(松)2.03	松田　清(巨)2.01	梶岡　忠義(神)1.71	大友　工(巨)1.85	杉下　茂(中)1.39
藤本　英雄(巨)2.44	杉下　茂(中)2.35	別所　毅彦(巨)1.94	藤本　英雄(巨)2.08	大友　工(巨)1.68
別所　毅彦(巨)2.55	大友　工(巨)2.41	真田　重男(神)1.97	石川　克彦(名)2.31	別所　毅彦(巨)1.80
江田　貢一(松)2.83	別所　毅彦(巨)2.44	大友　工(巨)2.25	金田　正一(国)2.37	長谷川良平(広)1.82
多田文久三(巨)2.91	藤村　隆男(神)2.63	杉下　茂(名)2.33	徳永喜久夫(名)2.62	石川　克彦(名)2.24
服部　受弘(中)2.94	大島　信雄(松)2.74	藤本　英雄(巨)2.36	別所　毅彦(巨)2.63	金田　正一(国)2.63
緒方　俊明(本)2.98	金田　正一(国)2.83	藤村　隆男(神)2.63	長谷川良平(広)2.66	権藤　正利(洋)2.83
真田　重男(松)3.05	林　直明(松)3.00	大島　信雄(名)2.82	中尾　碩志(巨)2.72	松山　昇(広)3.01
杉下　茂(中)3.20	三富　恒雄(名)3.09	杉浦竜太郎(広)2.94	藤村　隆男(神)2.74	—以下規定投球回未満—
梶岡　忠義(神)3.57	藤本　英雄(巨)3.13	金田　正一(国)3.17	権藤　正利(洋)2.77	

1955	1956	1957	1958	1959
別所　毅彦(巨)1.33	渡辺　省三(神)1.45	金田　正一(国)1.63	金田　正一(国)1.30	村山　実(神)1.19
石川　克彦(中)1.44	堀内　庄(巨)1.46	堀内　庄(巨)1.71	藤田　元司(巨)1.53	藤田　元司(巨)1.83
杉下　茂(中)1.56	大矢根博臣(中)1.53	中山　俊丈(中)1.82	大矢根博臣(中)1.61	小山　正明(神)1.86
長谷川良平(広)1.69	中山　俊丈(中)1.61	渡辺　省三(神)1.88	小山　正明(神)1.69	児玉　泰(急)2.07
安原　達佳(神)1.74	大崎　三男(神)1.65	大崎　三男(神)2.09	杉下　茂(中)1.78	備前　喜夫(中)2.19
大友　工(巨)1.75	小山　正明(神)1.66	木戸　美摸(巨)2.36	秋山　登(洋)2.51	北川　芳男(国)2.51
金田　正一(国)1.78	別所　毅彦(巨)1.74	石川　良照(神)2.37	大石　正彦(洋)2.63	鵜狩　道夫(洋)2.527
西村　一孔(神)2.01	別所　毅彦(巨)1.93	小山　正明(神)2.38	鈴木　隆(洋)2.72	伊奈　努(洋)2.528
渡辺　省三(神)2.40	杉下　茂(中)2.00	田所善次郎(国)2.41	堀内　庄(巨)2.77	金田　正一(国)2.54
大田垣喜夫(広)2.54	長谷川良平(広)2.15	藤田　元司(巨)2.48	渡辺　省三(神)2.81	安原　達佳(巨)2.69

1960	1961	1962	1963	1964
秋山　登(洋)1.75	権藤　博(中)1.70	村山　実(神)1.20	柿本　実(中)1.70	バッキー(神)1.89
堀本　律雄(巨)2.00	北川　芳男(国)1.90	小山　正明(神)1.66	伊藤　芳明(巨)1.90	城之内邦雄(巨)2.23
長谷川良平(広)2.18	伊藤　芳明(国)2.11	金田　正一(国)1.73	金田　正一(国)1.98	藤田　元司(巨)2.725
広島　衛(洋)2.24	金田　正一(国)2.12	秋山　登(洋)1.92	稲川　誠(洋)2.42	秋山　登(洋)2.734
島田源太郎(洋)2.29	中村　稔(巨)2.13	稲川　誠(洋)1.98	池田　英俊(広)2.57	高橋　重行(洋)2.76
小山　正明(神)2.361	村田　元一(国)2.27	藤田　元司(巨)2.03	河村　保彦(中)2.68	金田　正一(国)2.79
石川　緑(中)2.363	小山　正明(神)2.40	柿本　実(中)2.06	城之内邦雄(巨)2.69	柿本　実(中)2.85
村田　元一(国)2.52	大石　清(広)2.44	城之内邦雄(巨)2.21	高橋　明(巨)2.80	石川　緑(神)2.90
大石　清(広)2.56	河村　保彦(中)2.53	中村　稔(巨)2.28	山中　巽(中)2.82	稲川　誠(洋)2.91
金田　正一(国)2.58		権藤　博(中)2.33	弘瀬　昌彦(広)2.99	大石　清(広)2.92

1965	1966	1967	1968	1969
金田　正一(巨)1.84	堀内　恒夫(巨)1.39	権藤　正利(神)1.40	外木場義郎(広)1.94	江夏　豊(神)1.81
村山　実(神)1.96	村山　実(神)1.55	安仁屋宗八(広)2.14	安仁屋宗八(広)2.07	村山　実(神)2.01
山中　巽(中)1.97	若生　智男(神)1.96	堀内　恒夫(巨)2.17	江夏　豊(神)2.13	鈴木　皓武(洋)2.17
宮田　征典(巨)2.07	城之内邦雄(巨)2.01	金田　正一(巨)2.28	バッキー(神)2.19	高橋　一三(巨)2.21
中村　稔(巨)2.21	小川健太郎(中)2.19	バッキー(神)2.30	河村　保彦(中)2.42	伊藤　久敏(広)2.25
板東　英二(中)2.25	権藤　正利(神)2.25	小川健太郎(中)2.51	石岡　康三(洋)2.67	山下　律夫(洋)2.54
バッキー(神)2.28	鈴木　皓次(サ)2.33	渡辺　秀武(巨)2.55	村山　実(神)2.73	平松　政次(洋)2.56
竜　憲一(広)2.31	秋元　秀武(巨)2.34	城之内邦雄(巨)2.577	石戸　四六(中)2.84	浅野　啓司(ア)2.639
高橋　重行(洋)2.40	山中　巽(中)2.44	巽　一(サ)2.579	山中　巽(中)2.88	小野　正一(ア)2.642
小川健太郎(中)2.43	板東　英二(中)2.57	江夏　豊(神)2.74	島田源太郎(洋)2.89	小川健太郎(中)2.68
		高橋　重行(洋)2.74		

記録集

1970
村山　　　実(神)0.98
平松　政次(洋)1.95
田辺　　　修(中)1.98
堀内　恒夫(巨)2.07
江夏　　　豊(神)2.13
若生　智男(神)2.17
大石弥太郎(神)2.22
鬼頭　　　洋(洋)2.40
渡辺　秀武(巨)2.53
渋谷　幸春(中)2.54

1971
藤本　和宏(広)1.71
坂井　勝二(洋)1.87
古沢　憲司(中)2.05
小谷　正勝(洋)2.13
関本四十四(巨)2.14
若生　智男(神)2.17
平松　政次(洋)2.23
江夏　　　豊(神)2.39
伊藤　久敏(中)2.41
鬼頭　　　洋(洋)2.43

1972
安田　　　猛(ヤ)2.08
谷村　智博(神)2.26
江夏　　　豊(神)2.53
水谷　寿伸(中)2.65
稲葉　光雄(中)2.76
大石弥太郎(中)2.79
堀内　和行(巨)2.91
高橋　一三(巨)2.99
坂井　勝二(神)3.01
佐伯　和司(巨)3.07

1973
安田　　　猛(ヤ)2.02
高橋　一三(巨)2.21
上田　二朗(神)2.226
松岡　　　弘(ヤ)2.227
佐伯　和司(巨)2.30
浅野　啓司(ヤ)2.376
松本　幸行(中)2.384
金城　基泰(広)2.54
三沢　　　淳(中)2.56
江夏　　　豊(神)2.58

1974
関本四十四(巨)2.28
浅野　啓司(ヤ)2.39
小林　　　繁(洋)2.42
堀内　恒夫(巨)2.66
江夏　　　豊(神)2.73
松岡　　　弘(ヤ)2.80
外木場義郎(広)2.82
星野　仙一(中)2.87
松本　幸行(中)3.13
西井　哲夫(ヤ)3.18

1975
安仁屋宗八(神)1.91
松岡　　　弘(ヤ)2.32
松本　幸行(中)2.41
安田　　　猛(ヤ)2.73
星野　仙一(中)2.766
稲葉　光雄(中)2.769
佐伯　和司(広)2.95
外木場義郎(広)2.95
鈴木　孝政(中)2.98
江夏　　　豊(神)3.07

1976
鈴木　孝政(中)2.98
小林　　　繁(巨)2.99
新浦　寿夫(巨)3.11
池谷公二郎(広)3.26
ラ　イ　ト(巨)3.323
松岡　　　弘(ヤ)3.324
古沢　憲司(神)3.30
会田　照夫(ヤ)3.61
加藤　　　初(巨)3.70
江本　孟紀(神)3.75

1977
新浦　寿夫(巨)2.32
小林　　　繁(巨)2.92
梶間　健一(ヤ)3.34
星野　仙一(中)3.53
鈴木康二朗(ヤ)3.67
江本　孟紀(神)3.70
山本　和行(神)3.71
高橋　里志(広)3.73
安田　　　猛(ヤ)3.74
鈴木　孝政(中)3.76

1978
新浦　寿夫(巨)2.81
江本　孟紀(神)3.10
斉藤　明雄(洋)3.136
野村　　　収(洋)3.138
井原慎一朗(広)3.38
高橋　重行(洋)3.39
三沢　　　淳(中)3.40
堀内　恒夫(巨)3.54
松原　　　明(広)3.60
加藤　　　初(巨)3.61

1979
平松　政次(洋)2.39
西本　　　聖(巨)2.76
江川　　　卓(巨)2.80
藤沢　公也(中)2.82
小林　　　繁(神)2.89
山根　和夫(広)2.91
新浦　寿夫(巨)3.43
福士　明夫(ヤ)3.57
北別府　学(広)3.58
池内　　　豊(神)3.67

1980
松岡　　　弘(ヤ)2.35
江川　　　卓(巨)2.48
定岡　正二(巨)2.54
西本　　　聖(巨)2.59
梶間　健一(ヤ)2.76
山根　和夫(広)2.96
鈴木康二郎(ヤ)2.98
尾花　高夫(ヤ)3.01
小林　　　繁(神)3.02
山本　和行(神)3.26

1981
江川　　　卓(巨)2.29
西本　　　聖(巨)2.58
加藤　　　初(巨)2.91
小林　　　繁(神)3.01
小松　辰雄(中)3.06
山根　和夫(広)3.09
北別府　学(広)3.30
三沢　　　淳(中)3.35
伊藤　宏光(神)3.67

1982
斉藤　明夫(洋)2.07
江川　　　卓(巨)2.36
山本　和行(神)2.41
北別府　学(広)2.43
西本　　　聖(巨)2.58
尾花　高夫(ヤ)2.60
工藤　一彦(神)2.98
遠藤　一彦(洋)3.06
鈴木　孝政(中)3.11
都　裕次郎(神)3.14

1983
福間　　　納(神)2.62
遠藤　一彦(洋)2.87
川口　和久(広)2.92
津田　恒美(広)3.07
小松　辰雄(中)3.20
梶間　健一(ヤ)3.21
江川　　　卓(巨)3.27
鈴木　孝政(中)3.65
槙原　寛己(巨)3.67
郭　源治(中)3.75

1984
小林　誠二(広)2.20
大野　　　豊(広)2.94
小松　辰雄(中)3.05
西本　　　聖(巨)3.12
郭　源治(中)3.25
北別府　学(広)3.31
加藤　　　初(巨)3.36
山根　和夫(広)3.41
尾花　高夫(ヤ)3.45
江川　　　卓(巨)3.48

1985
小松　辰雄(中)2.65
川端　　　順(広)2.72
斎藤　雅樹(巨)2.96
遠藤　一彦(洋)3.15
郭　源治(中)3.48
北別府　学(広)3.57
西本　　　聖(巨)4.03
大野　　　豊(広)4.06
鈴木　孝政(中)4.15
梶間　健一(ヤ)4.22

1986
北別府　学(広)2.43
金石　昭人(広)2.68
江川　　　卓(巨)2.69
加藤　　　初(巨)2.76
杉本　　　正(巨)3.005
川口　和久(広)3.006
遠藤　一彦(洋)3.012
高野　　　光(ヤ)3.095
仲田　幸司(神)3.101
鈴木　孝政(中)3.15

1987
桑田　真澄(巨)2.17
川端　　　順(広)2.42
小松　辰雄(中)2.74
遠藤　一彦(洋)2.88
大野　　　豊(広)2.93
槙原　寛己(巨)3.40
江川　　　卓(巨)3.51
西本　　　聖(巨)3.67
キ　ー　オ(神)3.80

1988
大野　　　豊(広)1.70
槙原　寛己(巨)2.16
中山　裕章(洋)2.28
川口　和久(広)2.55
小野　和幸(中)2.60
キ　ー　オ(神)2.76
尾花　高夫(ヤ)2.87
ガリクソン(巨)3.10
北別府　学(広)3.13
欠端　光則(洋)3.22

1989
斎藤　雅樹(巨)1.62
槙原　寛己(巨)1.79
大野　　　豊(広)1.92
西本　　　聖(巨)2.44
川口　和久(広)2.51
桑田　真澄(巨)2.60
内藤　尚行(ヤ)2.82
加藤　博人(ヤ)2.83
山本　昌広(中)2.93
欠端　光則(洋)3.31

1990
斎藤　雅樹(巨)2.17
桑田　真澄(巨)2.51
木田　優夫(巨)2.71
香田　勲男(巨)2.90
佐々岡真司(広)3.15
宮本　賢治(ヤ)3.16
西本　　　聖(巨)3.25
猪俣　　　隆(神)3.27
野村　弘樹(洋)3.50
長冨　浩志(広)3.52

1991
佐々岡真司(広)2.44
今中　慎二(中)2.52
郭　源治(中)2.71
西村　龍次(ヤ)2.80
川口　和久(広)2.90
川崎憲次郎(ヤ)2.91
野村　弘樹(洋)3.159
桑田　真澄(巨)3.162
猪俣　　　隆(神)3.29
宮本　和知(ヤ)3.37

1992
盛田　幸妃(洋)2.05
中込　　　伸(神)2.42
仲田　幸司(神)2.53
北別府　学(広)2.58
斎藤　雅樹(巨)2.59
伊東　昭光(ヤ)2.77
湯舟　敏郎(神)2.82
岡林　洋一(ヤ)2.97
宮本　和知(巨)3.21
岡本　　　透(洋)3.23

1993
山本　昌広(中)2.05
今中　慎二(中)2.20
槙原　寛己(巨)2.28
野村　弘樹(横)2.51
伊東　昭光(ヤ)3.11
斎藤　雅樹(巨)3.19
木田　優夫(巨)3.35
川崎憲次郎(ヤ)3.48
湯舟　敏郎(神)3.52
川口　和久(広)3.54

1994
郭　源治(中)2.45
桑田　真澄(巨)2.52
斎藤　雅樹(巨)2.53
槙原　寛己(巨)2.82
今中　慎二(中)2.88
岡林　洋一(ヤ)2.99
湯舟　敏郎(神)3.05
斎藤　　　隆(横)3.13
佐藤　秀樹(中)3.14
藪　恵市(神)3.18

1995
ブ ロ ス(ヤ)2.33
斎藤 雅樹(巨)2.70
チ ェ コ(広)2.74
石井 一久(ヤ)2.76
槙原 寛己(巨)2.88
藪 恵壹(神)2.98
山内 泰幸(広)3.03
川尻 哲郎(神)3.10
吉井 理人(ヤ)3.12
今中 慎二(中)3.29

1996
斎藤 雅樹(巨)2.36
ガ ル ベ ス(巨)3.05
吉井 理人(ヤ)3.24
川尻 哲郎(神)3.26
斎藤 隆(横)3.29
今中 慎二(中)3.31
山崎 健(広)3.38
田畑 一也(ヤ)3.51
ブ ロ ス(ヤ)3.61
山本 昌広(中)3.67

1997
大野 豊(広)2.85
山本 昌広(中)2.92
田畑 一也(ヤ)2.96
吉井 理人(ヤ)2.99
竹内 昌也(神)3.01
ガ ル ベ ス(巨)3.316
川村 丈夫(横)3.323
三浦 大輔(横)3.35
槙原 寛己(巨)3.46
湯舟 敏郎(神)3.56

1998
野口 茂樹(中)2.34
川上 憲伸(中)2.57
伊藤 智仁(ヤ)2.72
ミ ン チ ー(広)2.75
川尻 哲郎(神)2.84
斎藤 隆(横)2.94
加藤 伸一(広)2.99
川崎憲次郎(ヤ)3.04
斎藤 雅樹(巨)3.08
三浦 大輔(横)3.18

1999
上原 浩治(巨)2.09
野口 茂樹(中)2.65
山本 昌広(中)2.96
川村 丈夫(横)3.00
佐々岡真司(広)3.27
武田 一浩(中)3.50
ガ ル ベ ス(巨)3.66
高木 晃次(ヤ)3.79
川崎憲次郎(ヤ)3.85
藪 恵壹(神)3.95

2000
石井 一久(ヤ)2.606
山本 昌広(中)2.610
メ イ(巨)2.95
バ ン チ(広)2.98
工藤 公康(巨)3.11
川尻 哲郎(神)3.17
高橋 尚成(巨)3.18
三浦 大輔(横)3.22
ミ ン チ ー(広)3.49
川崎憲次郎(ヤ)3.55

2001
野口 茂樹(中)2.46
井川 慶(神)2.67
三浦 大輔(横)2.88
小宮山 悟(横)3.026
黒田 博樹(広)3.031
藤井 秀悟(ヤ)3.17
バ ン チ(広)3.38
石井 一久(ヤ)3.39
ハ ン セ ル(神)3.49
佐々岡真司(広)3.59

2002
桑田 真澄(巨)2.22
川上 憲伸(中)2.35
井川 慶(神)2.49
上原 浩治(巨)2.60
朝倉 健太(中)2.61
工藤 公康(巨)2.91
藤井 秀悟(ヤ)2.97
高橋 尚成(巨)3.09
ム ー ア(神)3.325
石川 雅規(ヤ)3.330

2003
井川 慶(神)2.80
平井 正史(中)3.06
黒田 博樹(広)3.11
上原 浩治(巨)3.17
木佐貫 洋(巨)3.34
山 本 昌(中)3.58
高橋 尚成(巨)3.66
石川 雅規(ヤ)3.79
伊良部秀輝(神)3.85
ブ ロ ッ ク(広)3.94

2004
上原 浩治(巨)2.60
山 本 昌(中)3.15
川島 亮(ヤ)3.17
川上 憲伸(中)3.32
井川 慶(神)3.73
ド ミ ン ゴ(中)3.76
福原 忍(神)3.87
ベ イ ル(広)4.21
三浦 大輔(横)4.25
石川 雅規(ヤ)4.35

2005
三浦 大輔(横)2.52
黒田 博樹(広)3.17
上原 浩治(巨)3.31
門倉 健(横)3.37
安藤 優也(神)3.39
藤井 秀悟(ヤ)3.43
福原 忍(神)3.51
川上 憲伸(中)3.74
土肥 義弘(横)3.83
井川 慶(神)3.86

2006
黒田 博樹(広)1.85
福原 忍(神)2.09
川上 憲伸(中)2.51
内海 哲也(巨)2.78
朝倉 健太(中)2.79
ガトームソン(広)2.85
井川 慶(神)2.97
下柳 剛(神)3.17
上原 浩治(巨)3.21
パ ウ エ ル(広)3.31

2007
高橋 尚成(巨)2.75
グライシンガー(ヤ)2.84
内海 哲也(巨)3.02
三浦 大輔(横)3.06
木佐貫 洋(巨)3.09
朝倉 健太(中)3.355
寺原 隼人(横)3.362
川上 憲伸(中)3.55
黒田 博樹(広)3.56
中田 賢一(中)3.59

2008
石川 雅規(ヤ)2.676
ル イ ス(広)2.679
内海 哲也(巨)2.73
館山 昌平(ヤ)2.9934
下柳 剛(神)2.9938
グライシンガー(巨)3.06
安藤 優也(神)3.20
岩田 稔(神)3.28
三浦 大輔(横)3.56
大竹 寛(広)3.84

2009
チ ェ ン(中)1.54
吉見 一起(中)2.00
ゴ ン ザ レ ス(巨)2.11
能見 篤史(神)2.62
大竹 寛(広)2.81
高橋 尚成(巨)2.94
内海 哲也(巨)2.955
ル イ ス(広)2.960
東野 峻(巨)3.17
三浦 大輔(横)3.32

2010
前田 健太(広)2.21
チ ェ ン(中)2.87
館山 昌平(ヤ)2.93
久保 康友(神)3.25
東野 峻(巨)3.27
村中 恭兵(ヤ)3.44
吉見 一起(中)3.50
石川 雅規(ヤ)3.53
由規(佐藤由規)(ヤ)3.60
加賀 繁(横)3.66

2011
吉見 一起(中)1.65
内海 哲也(巨)1.70
澤村 拓一(巨)2.03
館山 昌平(ヤ)2.04
岩田 稔(神)2.29
バ リ ン ト ン(広)2.42
前田 健太(広)2.46
能見 篤史(神)2.52
ネ ル ソ ン(巨)2.54
チ ェ ン(中)2.68

2012
前田 健太(広)1.53
野村 祐輔(広)1.980
内海 哲也(巨)1.983
杉内 俊哉(巨)2.04
館山 昌平(ヤ)2.25
大竹 寛(広)2.36
能見 篤史(神)2.42
山内 壮馬(中)2.43
ホ ー ル ト ン(巨)2.45
メッセンジャー(神)2.52

2013
前田 健太(広)2.10
能見 篤史(神)2.69
スタンリッジ(神)2.74
メッセンジャー(神)2.89
小川 泰弘(ヤ)2.93
菅野 智之(巨)3.12
澤村 拓一(巨)3.13
バ リ ン ト ン(広)3.23
内海 哲也(巨)3.31
杉内 俊哉(巨)3.35

2014
菅野 智之(巨)2.33
岩田 稔(神)2.54
前田 健太(広)2.60
大野 雄大(中)2.89
杉内 俊哉(巨)3.16
内海 哲也(巨)3.17
メッセンジャー(神)3.20
山井 大介(中)3.21
久保 康友(ディ)3.33
モスコーソ(ディ)3.39

2015
ジ ョ ン ソ ン(広)1.85
菅野 智之(巨)1.91
マイコラス(巨)1.92
前田 健太(広)2.09
藤浪晋太郎(神)2.40
大野 雄大(中)2.52
黒田 博樹(広)2.55
ポ レ ダ(巨)2.94
メッセンジャー(神)2.97
小川 泰弘(ヤ)3.11

2016
菅野 智之(巨)2.01
ジ ョ ン ソ ン(広)2.15
野村 祐輔(広)2.71
田口 麗斗(巨)2.72
岩貞 祐太(神)2.90
黒田 博樹(広)3.09
石田 健大(ディ)3.12
藤浪晋太郎(神)3.25
井納 翔一(ディ)3.50

2017
菅野 智之(巨)1.59
マイコラス(巨)2.25
メッセンジャー(神)2.39
野村 祐輔(広)2.78
今永 昇太(ディ)2.98
秋山 拓巳(神)3.01
田口 麗斗(巨)3.01
大瀬良大地(広)3.65
ブ キ ャ ナ ン(ヤ)3.66
バ ル デ ス(中)3.76

2018
菅野 智之(巨)2.14
東 克樹(ディ)2.45
大瀬良大地(広)2.62
ガ ル シ ア(広)2.99
ジョンソン(広)3.11
メッセンジャー(神)3.63
山口 俊(巨)3.68
ブキャナン(ヤ)4.03
—以下規定投球回未満—

2019
大野 雄大(中)2.58
ジョンソン(広)2.59
山口 俊(巨)2.91
今永 昇太(ディ)2.91
西 勇輝(神)2.92
青柳 晃洋(神)3.14
大瀬良大地(広)3.530
柳 裕也(中)3.533
小川 泰弘(ヤ)4.57
—以下規定投球回未満—

記録集

2020	2021	2022	2023
大野 雄大(中)1.82	柳 裕也(中)2.20	青柳 晃洋(神)2.05	村上 頌樹(神)1.75
森下 暢仁(広)1.91	青柳 晃洋(神)2.48	西 勇輝(神)2.18	東 克樹(ディ)1.98
菅野 智之(巨)1.97	大野 雄大(中)2.95	今永 昇太(ディ)2.26	床田 寛樹(広)2.19
西 勇輝(神)2.26	森下 暢仁(広)2.98	大野 雄大(中)2.46	戸郷 翔征(巨)2.38
九里 亜蓮(広)2.96	大瀬良大地(広)3.07	戸郷 翔征(巨)2.62	伊藤 将司(神)2.39
青柳 晃洋(神)3.36	小笠原慎之介(中)3.64	小笠原慎之介(中)2.76	柳 裕也(中)2.44
—以下規定投球回未満—	西 勇輝(神)3.76	小川 泰弘(ヤ)2.82	高橋 宏斗(中)2.527
	九里 亜蓮(広)3.81	菅野 智之(巨)3.12	九里 亜蓮(広)2.529
	戸郷 翔征(巨)4.27	森下 暢仁(広)3.17	山﨑 伊織(巨)2.72
	—以下規定投球回未満—	柳 裕也(中)3.64	今永 昇太(ディ)2.80

パシフィック・リーグ

1950	1951	1952	1953	1954
荒巻 淳(毎)2.06	服部 武夫(南)2.03	柚木 進(南)1.91	川崎 徳次(西)1.98	宅和 本司(南)1.58
林 義一(大)2.40	柚木 進(南)2.08	野口 正明(南)2.59	黒尾 重明(近)2.02	西村 貞朗(西)1.77
柚木 進(南)2.79	江藤 正(南)2.28	服部 武夫(南)2.60	姫野 好治(大)2.06	大津 守(南)1.78
江藤 正(南)2.92	川崎 徳次(西)2.31	大津 守(南)2.73	荒巻 淳(毎)2.14	河村 久文(西)1.99
武末 悉昌(西)3.09	米川 泰夫(東)2.35	川崎 徳次(西)2.75	大神 武俊(西)2.23	田中 文雄(近)2.16
野口 二郎(急)3.16	三輪 淳(毎)2.42	野村 武史(毎)2.76	ゲインズ(近)2.52	滝 良彦(西)2.20
米川 泰夫(東)3.24	中谷 信夫(東)2.44	林 義一(大)2.97	柚木 進(南)2.54	植村 義信(毎)2.25
黒尾 重明(近)3.340	野村 武史(毎)2.51	山根 俊英(南)3.14	沢藤 光郎(近)2.64	荒巻 淳(毎)2.32
野村 武史(毎)3.344	林 義一(大)2.54	ニューベリー(急)3.22	林 義一(大)2.66	米川 泰夫(東)2.43
中原 宏(南)3.36	緒方 俊明(西)2.61	姫野 好治(大)3.27	スタルヒン(大)2.67	関根 潤三(近)2.44

1955	1956	1957	1958	1959
中川 隆(毎)2.08	稲尾 和久(西)1.06	稲尾 和久(西)1.37	稲尾 和久(西)1.42	杉浦 忠(南)1.40
林 義一(大)2.127	島原 幸雄(毎)1.35	小野 正一(毎)1.73	皆川 睦男(南)1.83	稲尾 和久(西)1.65
中村 大成(南)2.133	種田 弘(急)1.56	米田 哲也(急)1.86	秋本 祐作(急)1.89	米田 哲也(急)2.11
阿部 八郎(急)2.20	西村 貞朗(西)1.71	梶本 隆夫(急)1.92	杉浦 忠(南)2.05	小野 正一(東)2.34
和田 功(南)2.24	三浦 方義(東)1.77	牧野 伸(毎)2.06	米田 哲也(急)2.117	土橋 正幸(東)2.36
米川 泰夫(東)2.26	伊藤 四郎(高)2.00	河村 久文(西)2.24	土橋 正幸(東)2.119	島原 幸雄(東)2.39
河村 久文(西)2.346	植村 義信(毎)2.01	皆川 睦男(南)2.36	荒巻 淳(毎)2.13	ミケンズ(西)2.41
荒巻 淳(毎)2.351	梶本 隆夫(急)2.24	木村 保(近)2.50	西田 亨(南)2.30	祓川 正敏(南)2.48
林 義一(大)2.36	武智 文雄(近)2.43	榎原 好(近)2.67	河村 久文(西)2.58	飯尾 為男(東)3.09
川崎 徳次(西)2.39			大津 守(近)2.99	大津 守(近)3.17

1960	1961	1962	1963	1964
小野 正一(毎)1.98	稲尾 和久(西)1.69	久保田 治(東)2.12	久保 征弘(近)2.36	妻島 芳郎(京)2.15
杉浦 忠(南)2.05	土橋 正幸(東)1.90	稲尾 和久(西)2.30	三浦 清弘(南)2.536	スタンカ(南)2.40
中西 勝己(毎)2.13	久保田 治(東)2.16	安藤 元博(東)2.32	稲尾 和久(西)2.541	小山 正明(京)2.47
若生 智男(毎)2.15	杉浦 忠(南)2.79	土橋 正幸(東)2.38	石川 陽造(急)2.543	坂井 勝二(南)2.50
ミケンズ(近)2.48	梶本 隆夫(急)2.87	若生 忠男(東)2.42	森中 千香良(毎)2.60	米田 哲也(急)2.53
梶本 隆夫(急)2.54	畑 隆幸(西)3.16	尾崎 行雄(東)2.42	坂井 勝二(南)2.61	尾崎 行雄(東)2.55
稲尾 和久(西)2.59	小野 正一(東)3.26	三浦 清弘(南)2.62	杉浦 忠(南)2.63	石川 陽造(急)2.62
米田 哲也(急)2.73	徳久 利明(近)3.26	若生 智男(南)2.73	田中 勉(西)2.65	嵯峨 健四郎(東)2.68
三平 晴樹(毎)2.81	スタンカ(南)3.30	ミケンズ(近)2.79	石井 茂雄(急)2.92	安部 和春(西)2.75
	米田 哲也(急)3.55		徳久 利明(近)2.93	足立 光宏(急)2.78

1965	1966	1967	1968	1969
三浦 清弘(南)1.57	稲尾 和久(西)1.79	足立 光宏(急)1.75	皆川 睦男(南)1.61	木樽 正明(ロ)1.72
尾崎 行雄(東)1.88	小山 正明(京)2.07	宮崎 昭二(東)2.10	村上 雅則(南)2.38	清 俊彦(ロ)2.23
永易 将之(南)1.93	渡辺 泰輔(南)2.115	成田 文男(京)2.11	池永 正明(西)2.45	佐々木宏一郎(ロ)2.35
林 俊彦(南)2.25	皆川 睦男(南)2.122	田中 勉(西)2.17	鈴木 啓示(近)2.48	高橋 直樹(東)2.42
池永 正明(西)2.27	池永 正明(西)2.18	皆川 睦男(南)2.29	稲田 和久(西)2.77	西岡 三四郎(南)2.44
小山 正明(京)2.35	嵯峨 健四郎(東)2.32	池永 正明(西)2.31	米田 哲也(急)2.79	鈴木 啓示(近)2.50
稲尾 和久(西)2.38	田中 勉(西)2.34	梶本 隆夫(急)2.441	水谷 孝(東)2.83	池永 正明(西)2.57
妻島 芳郎(京)2.41	尾崎 行雄(東)2.62	与田 順欣(西)2.442	田中 勉(西)2.85	皆川 睦男(南)2.62
皆川 睦男(南)2.63	足立 光宏(急)2.63	高橋 善正(東)2.46	益田 昭雄(西)2.88	成田 文男(ロ)2.73
足立 光宏(急)2.74	三浦 清弘(南)2.70	木樽 正明(京)2.53	成田 文男(京)2.90	田中 調(東)2.78

1970	1971	1972	1973	1974
佐藤　道郎(南)2.048	山田　久志(急)2.37	清　俊彦(近)2.36	米田　哲也(急)2.47	佐藤　道郎(南)1.91
佐々木宏一郎(近)2.054	足立　光宏(急)2.49	神部　年男(近)2.388	田中　章(平)2.58	神部　年男(近)2.38
小山　正明(ロ)2.30	清　俊彦(急)2.97	田中　章(西)2.391	成田　文男(ロ)2.63	田中　章(平)2.61
木樽　正明(ロ)2.53	金田　留広(東)2.99	佐藤　道郎(南)2.63	水谷　孝(急)2.67	村田　兆治(ロ)2.69
金田　留広(東)2.71	佐々木宏一郎(近)3.20	江本　孟紀(南)3.04	江本　孟紀(南)2.74	金田　留広(東)2.90
鈴木　啓示(近)2.75	神部　年男(近)3.21	山田　久志(急)3.08	八木沢荘六(ロ)2.77	水谷　孝(急)2.91
三輪　悟(西)2.91	鈴木　啓示(近)3.22	三浦　清弘(南)3.15	木樽　正明(ロ)2.84	加藤　初(平)2.95
山田　久志(急)3.19	小山　正明(ロ)3.24	米田　哲也(急)3.23	松原　明夫(南)2.87	中山　孝一(南)3.038
成田　文男(ロ)3.205	高橋　善正(東)3.26	金田　留広(東)3.24	西岡三四郎(南)2.93	松原　明夫(南)3.043
三浦　清弘(南)3.214	村田　兆治(ロ)3.34		戸田　善紀(急)3.04	山田　久志(急)3.05

1975	1976	1977	1978	1979
村田　兆治(ロ)2.20	村田　兆治(ロ)1.82	山田　久志(急)2.28	鈴木　啓示(近)2.02	山口　哲治(近)2.49
鈴木　啓示(近)2.26	藤田　学(南)1.98	鈴木　啓示(近)2.35	今井雄太郎(急)2.38	山田　久志(急)2.73
東尾　修(平)2.38	佐藤　道郎(南)2.25	稲葉　光雄(急)2.45	山田　久志(急)2.66	高橋　直樹(日)2.75
佐藤　道郎(南)2.50	山内　新一(南)2.28	金城　基泰(南)2.51	藤田　学(南)2.87	村田　兆治(ロ)2.96
山内　新一(南)2.55	山田　久志(急)2.39	八木沢荘六(ロ)2.62	高橋　直樹(日)2.88	太田　幸司(近)3.31
足立　光宏(急)2.72	八木沢荘六(ロ)2.46	村田　兆治(ロ)2.68	村田　兆治(ロ)2.905	村田　辰美(近)3.42
木原　義隆(平)2.76	足立　光宏(急)2.54	高橋　直樹(日)2.97	稲葉　光雄(急)2.908	宇田　東植(近)3.466
水谷　則博(ロ)2.80	柳田　豊(近)2.57	山口　高志(急)3.05	東尾　修(ク)2.94	佐々木宏一郎(近)3.471
山口　高志(急)2.93	鈴木　啓示(近)2.67	山内　新一(南)3.20	村上　雅則(日)3.02	井本　隆(近)3.61
高橋　直樹(日)2.95	山口　高志(急)2.82	太田　幸司(近)3.21	森口　益光(南)3.29	仁科　時成(ロ)4.00

1980	1981	1982	1983	1984
木田　勇(日)2.28	岡部　憲章(日)2.70	高橋　里志(日)1.84	東尾　修(武)2.92	今井雄太郎(急)2.93
山田　久志(急)2.96	稲葉　光雄(急)2.93	工藤　幹夫(日)2.10	高橋　直樹(武)3.03	山田　久志(急)3.27
仁科　時成(ロ)3.19	高橋　一三(日)2.939	松沼　雅之(武)2.76	松沼　雅之(武)3.25	東尾　修(武)3.32
水谷　則博(ロ)3.49	山田　久志(急)2.942	松沼　博久(武)2.83	山田　久志(急)3.32	坂巻　明(日)3.33
高橋　一三(日)3.56	村田　兆治(ロ)2.96	水谷　則博(ロ)2.96	川原　昭二(日)3.40	佐藤　義則(急)3.51
山内　新一(南)3.78	梅沢　義勝(日)3.25	山内　孝徳(南)3.04	杉本　正(武)3.43	谷　実(日)3.57
東尾　修(武)3.79	村田　辰美(近)3.34	山内　和宏(南)3.15	山沖　之彦(急)3.48	松沼　雅之(武)3.68
間柴　茂有(日)3.83	間柴　茂有(日)3.456	東尾　修(武)3.28	鈴木　啓示(近)3.70	仁科　時成(ロ)3.71
鈴木　啓示(近)3.87	松沼　雅之(武)3.457	永本　裕章(南)3.34	松沼　博久(武)3.82	深沢　恵雄(ロ)3.74
松本　幸行(急)3.88	橘　健治(近)3.461		山内　和宏(南)3.93	鈴木　啓示(近)3.76

1985	1986	1987	1988	1989
工藤　公康(武)2.76	佐藤　義則(急)2.83	工藤　公康(武)2.41	河野　博文(日)2.38	村田　兆治(ロ)2.50
渡辺　久信(武)3.20	渡辺　久信(武)2.87	東尾　修(武)2.59	郭　泰源(武)2.41	阿波野秀幸(近)2.71
柴田　保光(日)3.28	荘　勝雄(ロ)3.15	山沖　之彦(急)2.75	西崎　幸広(日)2.50	郭　泰源(武)3.27
東尾　修(武)3.30	工藤　公康(武)3.22	阿波野秀幸(近)2.88	小野　和義(近)2.59	小野　和義(近)3.39
石本　貴昭(近)3.56	柴田　保光(日)3.38	西崎　幸広(日)2.89	阿波野秀幸(近)2.61	渡辺　久信(武)3.41
加藤　伸一(南)4.09	藤本　修二(南)3.78	郭　泰源(武)3.02	松浦　宏明(日)2.76	星野　伸之(急)3.48
荘　勝雄(ロ)4.15	金沢　次男(武)3.79	藤本　修二(南)3.15	津野　浩(日)2.92	渡辺　智男(武)3.52
松沼　博久(武)4.16	山田　久志(急)3.81	山内　和宏(南)3.22	星野　伸之(急)3.06	西崎　幸広(日)3.55
河野　博文(日)4.17	星野　伸之(急)3.88	河野　博文(日)3.29	山崎慎太郎(近)3.10	酒井　勉(オ)3.61
佐藤　義則(急)4.29	西川　佳明(南)3.89	荘　勝雄(ロ)3.32	佐藤　義則(急)3.22	牛島　和彦(ロ)3.63

1990	1991	1992	1993	1994
野茂　英雄(近)2.91	渡辺　智男(武)2.35	赤堀　元之(近)1.80	工藤　公康(武)2.06	新谷　博(武)2.91
渡辺　久信(武)2.97	柴田　保光(日)2.48	石井　丈裕(武)1.94	西崎　幸広(日)2.20	伊良部秀輝(ロ)3.04
柴田　保光(日)3.11	郭　泰源(武)2.59	郭　泰源(武)2.41	野田　浩司(オ)2.56	長谷川滋利(オ)3.11
小宮山　悟(ロ)3.27	工藤　公康(武)2.82	野茂　英雄(近)2.66	白井　康勝(オ)2.66	山崎慎太郎(近)3.41
渡辺　智男(武)3.38	小野　和義(近)2.86	高村　祐(近)3.15	長谷川滋利(オ)2.71	工藤　公康(武)3.44
石井　丈裕(武)3.38	野茂　英雄(近)3.05	柴田　保光(日)3.16	伊良部秀輝(ロ)3.10	佐藤　義則(オ)3.52
酒井光次郎(日)3.46	伊藤　敦規(オ)3.08	長谷川滋利(オ)3.17	石井　丈裕(武)3.19	星野　伸之(オ)3.58
松浦　宏明(日)3.47	佐々木　修(近)3.21	酒井　勉(オ)3.29	村田　勝喜(ダ)3.21	吉田　豊彦(ダ)3.78
山沖　之彦(オ)3.74	山沖　之彦(オ)3.30	工藤　公康(武)3.52	武田　一浩(日)3.33	河野　博文(日)3.84
西崎　幸広(日)3.88	星野　伸之(オ)3.53	星野　伸之(オ)3.62	星野　伸之(オ)3.35	若田部健一(ダ)4.03

記録集

1995

伊良部秀輝(ロ)2.53
郭　泰源(武)2.54
小宮山　悟(ロ)2.60
ヒルマン(ロ)2.87
長谷川滋利(オ)2.89
新谷　博(武)2.93
グロス(オ)3.04
岩本　勉(日)3.07
野田　浩司(オ)3.08
星野　伸之(オ)3.39

1996

伊良部秀輝(ロ)2.402
ヒルマン(ロ)2.404
ヒデカズ(渡辺秀一)(ダ)2.54
西崎　幸広(日)2.87
星野　伸之(オ)3.05
野田　浩司(オ)3.14
西口　文也(武)3.17
今関　勝(日)3.22
酒井　弘樹(近)3.30
新谷　博(武)3.41

1997

小宮山　悟(ロ)2.49
岡本　晃(近)2.82
潮崎　哲也(武)2.90
豊田　清(武)2.93
小池　秀郎(近)2.96
黒木　知宏(ロ)2.99
西口　文也(武)3.12
星野　伸之(オ)3.24
野田　浩司(オ)3.29
工藤　公康(ダ)3.35

1998

金村　暁(日)2.73
黒木　知宏(ロ)3.2893
石井　貴(武)3.2896
西村　龍次(ダ)3.3602
関根　裕之(日)3.3609
西口　文也(武)3.38
小宮山　悟(ロ)3.57
武田　一浩(ダ)3.62
武藤潤一郎(ロ)3.76
芝草　宇宙(日)3.90

1999

工藤　公康(ダ)2.38
黒木　知宏(ロ)2.50
松坂　大輔(武)2.60
川越　英隆(武)2.85
永井　智浩(ダ)3.06
石井　貴(武)3.07
若田部健一(ダ)3.29
西口　文也(武)3.41
金田　政彦(日)3.49
岩本ツトム(日)3.81

2000

戎　信行(オ)3.27
小野　晋吾(ロ)3.45
西口　文也(武)3.77
松坂　大輔(武)3.97
前川　勝彦(近)4.16
ラジオ(ダ)4.20
石井　貴(武)4.31
若田部健一(ダ)4.43
関根　裕之(日)4.90
山村　宏樹(近)5.01

2001

ミンチー(ロ)3.26
許　銘傑(武)3.47
松坂　大輔(武)3.60
小倉　恒(オ)3.62
加藤　伸一(オ)3.69
小野　晋吾(ロ)3.74
田之上慶三郎(ダ)3.77
加藤　康介(ロ)4.11
星野　順治(日)4.35
西口　文也(武)4.35

2002

金田　政彦(オ)2.50
具　喜晟(オ)2.52
ミンチー(ロ)2.85
若田部健一(ダ)2.99
三井　浩二(武)3.15
金村　曉(日)3.17
正田　樹(日)3.45
西口　文也(武)3.51
シールバック(オ)3.60
ヤーナル(オ)3.61

2003

斉藤　和巳(ダ)2.83
松坂　大輔(武)2.83
清水　直行(ロ)3.13
杉内　俊哉(ダ)3.375
和田　毅(ダ)3.380
岩隈　久志(近)3.45
渡辺　俊介(ロ)3.66
後藤　光貴(武)3.81
小林　宏之(ロ)3.84
パウエル(近)4.13

2004

松坂　大輔(武)2.90
岩隈　久志(近)3.01
新垣　渚(ダ)3.28
清水　直行(ロ)3.40
渡辺　俊介(ロ)3.59
張　誌家(武)3.70
バーン(ロ)3.89
パウエル(近)3.90
金村　曉(日)3.93
川越　英隆(オ)4.17

2005

杉内　俊哉(ソ)2.11
渡辺　俊介(ロ)2.17
松坂　大輔(武)2.30
西口　文也(武)2.77
セラフィニ(ロ)2.91
斉藤　和巳(ソ)2.92
和田　毅(ソ)3.27
小林　宏之(ロ)3.30
入来　祐作(日)3.35
JP(パウエル)(オ)3.51

2006

斉藤　和巳(ソ)1.75
松坂　大輔(武)2.13
八木　智哉(日)2.48
デイビー(ロ)2.62
小野　晋吾(ロ)2.66
小林　宏之(ロ)2.78
ダルビッシュ有(日)2.89
和田　毅(ソ)2.98
新垣　渚(ソ)3.01
川越　英隆(オ)3.14

2007

成瀬　善久(ロ)1.817
ダルビッシュ有(日)1.820
グリン(日)2.21
渡辺　俊介(ロ)2.44
杉内　俊哉(ソ)2.46
武田　勝(日)2.54
小林　宏之(ロ)2.73
涌井　秀章(武)2.79
和田　毅(ソ)2.82
朝井　秀樹(楽)3.12

2008

岩隈　久志(楽)1.87
ダルビッシュ有(日)1.88
小松　聖(オ)2.51
帆足　和幸(武)2.63
杉内　俊哉(ソ)2.66
大隣　憲司(ソ)3.12
成瀬　善久(ロ)3.23
山本　省吾(オ)3.38
岸　孝之(武)3.42
近藤　一樹(オ)3.44

2009

ダルビッシュ有(日)1.73
涌井　秀章(武)2.30
田中　将大(楽)2.33
杉内　俊哉(ソ)2.36
金子　千尋(オ)2.57
ホールトン(ソ)2.89
岩隈　久志(楽)3.25
岸　孝之(武)3.26
成瀬　善久(ロ)3.28
永井　怜(楽)3.42

2010

ダルビッシュ有(日)1.78
武田　勝(日)2.41
田中　将大(楽)2.50
岩隈　久志(楽)2.82
和田　毅(ソ)3.14
金子　千尋(オ)3.30
成瀬　善久(ロ)3.31
ケッペル(日)3.35
杉内　俊哉(ソ)3.55
涌井　秀章(武)3.67

2011

田中　将大(楽)1.27
ダルビッシュ有(日)1.44
和田　毅(ソ)1.51
杉内　俊哉(ソ)1.94
ホールトン(ソ)2.19
唐川　侑己(ロ)2.41
金子　千尋(オ)2.43
武田　勝(日)2.46
攝津　正(ソ)2.79
帆足　和幸(武)2.83

2012

吉川　光夫(日)1.71
田中　将大(楽)1.87
攝津　正(ソ)1.91
大隣　憲司(ソ)2.03
グライシンガー(ロ)2.24
武田　勝(日)2.36
牧田　和久(武)2.43
岸　孝之(武)2.45
木佐貫　洋(オ)2.60
ウルフ(日)2.66

2013

田中　将大(楽)1.27
金子　千尋(オ)2.01
牧田　和久(武)2.60
攝津　正(ソ)3.05
岸　孝之(武)3.08
吉川　光夫(日)3.31
則本　昂大(楽)3.34
十亀　剣(武)3.45
西　勇輝(オ)3.63
木佐貫　洋(日)3.66

2014

金子　千尋(オ)1.98
岸　孝之(武)2.51
大谷　翔平(日)2.61
則本　昂大(楽)3.02
西　勇輝(オ)3.29
スタンリッジ(ソ)3.30
ディクソン(オ)3.33
石川　歩(ロ)3.43
牧田　和久(武)3.74
辛島　航(楽)3.79

2015

大谷　翔平(日)2.24
西　勇輝(オ)2.38
則本　昂大(楽)2.91
武田　翔太(ソ)3.17
中田　賢一(ソ)3.24
石川　歩(ロ)3.27
東明　大貴(オ)3.35
涌井　秀章(ロ)3.39
メンドーサ(日)3.51
十亀　剣(武)3.55

2016

石川　歩(ロ)2.16
菊池　雄星(武)2.58
千賀　滉大(ソ)2.61
有原　航平(日)2.94
武田　翔太(ソ)2.95
涌井　秀章(ロ)2.99
和田　毅(ソ)3.04
スタンリッジ(ロ)3.56
金子　千尋(オ)3.83

2017

菊池　雄星(武)1.97
則本　昂大(楽)2.57
千賀　滉大(ソ)2.6433
東浜　巨(ソ)2.6437
岸　孝之(楽)2.76
バンデンハーク(ソ)3.24
美馬　学(楽)3.26
二木　康太(ロ)3.39
金子　千尋(オ)3.47
野上　亮磨(ソ)3.63

2018

岸　孝之(楽)2.72
菊池　雄星(武)3.08
上沢　直之(日)3.16
マルティネス(ソ)3.51
西　勇輝(オ)3.60
則本　昂大(楽)3.69
涌井　秀章(ロ)3.70
多和田真三郎(武)3.81
山岡　泰輔(オ)3.95
—以下規定投球回未満—

2019

山本　由伸(オ)1.95
有原　航平(日)2.46
千賀　滉大(ソ)2.79
高橋　礼(ソ)3.34
山岡　泰輔(オ)3.71
美馬　学(楽)4.01
—以下規定投球回未満—

2020	2021	2022	2023
千賀　滉大(ソ)2.16	山本　由伸(オ)1.39	山本　由伸(オ)1.68	山本　由伸(オ)1.21
山本　由伸(オ)2.20	宮城　大弥(オ)2.51	千賀　滉大(ソ)1.94	髙橋　光成(武)2.21
有原　航平(日)3.46	上沢　直之(日)2.81	宮城　大弥(オ)2.01	宮城　大弥(オ)2.27
涌井　秀章(楽)3.60	伊藤　大海(日)2.90	髙橋　光成(武)2.20	平良　海馬(武)2.40
髙橋　光成(武)3.74	田中　将大(楽)3.01	伊藤　大海(日)2.95	則本　昂大(楽)2.61
美馬　学(ロ)3.95	則本　昂大(楽)3.17	小島　和哉(ロ)3.14	小島　和哉(ロ)2.87
田嶋　大樹(オ)4.05	今井　達也(武)3.30	宮城　大弥(オ)3.16	上沢　直之(日)2.96
石川　歩(ロ)4.25	石川　柊太(ソ)3.40	田中　将大(楽)3.31	伊藤　大海(日)3.46
—以下規定投球回未満—	加藤　貴之(日)3.42	上沢　直之(日)3.38	小島　和哉(ロ)3.47
	岸　孝之(楽)3.44	—以下規定投球回未満—	—以下規定投球回未満—

記者選考による表彰選手
最 優 秀 選 手

(1962年まで最高殊勲選手と称し、1963年から点数制となる。※印は優勝チーム以外からの選出、◎印は満票。点数制後の◎は1位票が満票。)

年	選手	チーム	守備		年	選手	チーム	守備
1937春	沢村　栄治	巨人	投手		1942	水原　茂	巨人	内野手
〃秋	※ハリス	イーグルス	捕手		1943	呉　昌征	巨人	外野手
1938春	苅田　久徳	セネタース	内野手		1944	若林　忠志	阪神	投手、監督
〃秋	中島　治康	巨人	外野手		1946	山本　一人	グレートリング	内野手、監督
1939	スタルヒン	巨人	投手		1947	若林　忠志	阪神	投手、監督
1940	須田　博	巨人	投手		1948	山本　一人	南海	内野手、監督
1941	川上　哲治	巨人	内野手		1949	※藤村富美男	阪神	内野手

セントラル・リーグ

年	選手	守備	成績	本塁打／勝敗	打点	1位票	得票・点数	投票数
1950	小鶴　誠(松)	外	.355	51	161		27	41
1951	川上　哲治(巨)	内	.377	15	81		43	46
1952	別所　毅彦(巨)	投	1.94	33-13			35	42
1953	大友　工(巨)	投	1.85	27-6			46	74
1954	杉下　茂(中)	投	1.39	32-12			113	113◎
1955	川上　哲治(巨)	内	.338	12	79		107	136
1956	別所　毅彦(巨)	投	1.93	27-15			95	144
1957	与那嶺　要(巨)	外	.343	12	48		156	157
1958	藤田　元司(巨)	投	1.53	29-13			153	153
1959	藤田　元司(巨)	投	1.83	27-11			98	154
1960	秋山　登(洋)	投	1.75	21-10			80	162
1961	長嶋　茂雄(巨)	内	.353	28	86		175	175◎
1962	村山　実(神)	投	1.20	25-14			93	166
1963	長嶋　茂雄(巨)	内	.341	37	112		838	169
1964	※王　貞治(巨)	内	.320	55	119		624	152
1965	王　貞治(巨)	内	.322	42	104		650	170
1966	長嶋　茂雄(巨)	内	.344	26	105		799	170
1967	王　貞治(巨)	内	.326	47	108		902	182
1968	長嶋　茂雄(巨)	内	.318	39	125		811	196
1969	王　貞治(巨)	内	.345	44	103		810	189
1970	王　貞治(巨)	内	.325	47	93		996	196
1971	長嶋　茂雄(巨)	内	.320	34	86		995	199◎
1972	堀内　恒夫(巨)	投	2.91	26-9			950	199
1973	王　貞治(巨)	内	.355	51	114		970	194◎
1974	※王　貞治(巨)	内	.332	49	107		957	202
1975	山本　浩二(広)	外	.319	30	84		939	201
1976	王　貞治(巨)	内	.325	49	123		917	197
1977	王　貞治(巨)	内	.324	50	124		970	194◎
1978	若松　勉(ヤ)	外	.341	17	71		781	198
1979	江夏　豊(広)	投	2.66	9-5		(22)	806	204
1980	山本　浩二(広)	外	.336	44	112		1057	215
1981	江川　卓(巨)	投	2.29	20-6		◎	885	263
1982	中尾　孝義(中)	捕	.282	18	47		816	238
1983	原　辰徳(巨)	内	.302	32	103		973	215
1984	衣笠　祥雄(広)	内	.329	31	102		1250	252
1985	バース(神)	内	.350	54	134		1165	239
1986	北別府　学(広)	投	2.43	18-4		◎	1044	245
1987	山倉　和博(巨)	捕	.273	22	66		565	227

パシフィック・リーグ

年	選手	守備	成績	本塁打／勝敗	打点	1位票	得票・点数	投票数
1950	別当　薫(毎)	外	.335	43	105		27	31
1951	山本　一人(南)	内監	.311	2	58		37	40
1952	柚木　進(南)	投	1.91	19-7			18	45
1953	岡本伊三美(南)	内	.318	19	77		63	74
1954	大田　弘(南)	外	.321	22	88		110	116
1955	飯田　徳治(南)	外	.310	14	75		107	134
1956	中西　太(西)	内	.325	29	95		61	130
1957	稲尾　和久(西)	投	1.37	35-6			137	142
1958	稲尾　和久(西)	投	1.42	33-10			98	145
1959	杉浦　忠(南)	投	1.40	38-4			141	141◎
1960	山内　和弘(南)	外	.313	32	103		136	148
1961	野村　克也(南)	捕	.296	29	89		111	160
1962	張本　勲(東)	外	.333	31	99		70	156
1963	※野村　克也(南)	捕	.291	52	135		668	154
1964	スタンカ(南)	投	2.40	26-7			600	140
1965	野村　克也(南)	捕	.320	42	110		815	163◎
1966	野村　克也(南)	捕	.312	34	97		709	163
1967	足立　光宏(急)	投	1.75	20-10			662	176
1968	皆川　睦雄(南)	投	2.79	29-13			775	184
1969	長池　徳二(急)	外	.316	41	101		929	189
1970	木樽　正明(ロ)	投	2.53	21-10			642	186
1971	長池　徳二(急)	外	.317	40	114		713	199
1972	福本　豊(急)	外	.301	14	40		922	195
1973	野村　克也(南)	捕監	.309	28	96		841	193
1974	金田　留広(ロ)	投	2.90	16-7		(7)	818	200
1975	加藤　秀司(急)	内	.309	32	97		763	196
1976	山田　久志(急)	投	2.39	26-7		(5)	917	186
1977	山田　久志(急)	投	2.28	16-10		(7)	888	183
1978	山田　久志(急)	投	2.66	18-4		(4)	646	190
1979	マニエル(近)	指	.324	37	94		837	188
1980	※木田　勇(日)	投	2.28	22-8		(4)	832	195
1981	江夏　豊(日)	投	2.82	3-6		(25)	698	222
1982	※落合　博満(ロ)	内	.325	32	99		870	188
1983	東尾　修(武)	投	2.92	18-9		(2)	620	178
1984	ブーマー(急)	内	.355	37	130		1089	222
1985	※落合　博満(ロ)	内	.367	52	146		1009	212
1986	石毛　宏典(武)	内	.329	27	89		582	201
1987	東尾　修(武)	投	2.59	15-9		◎	750	196

記録集

(注)　打者は打率、本塁打、打点。投手は防御率、勝敗、勝敗右の○中数字はセーブ、□内数字はホールド。投票数は有効投票総数。

最　優　秀　新　人

（◎印は満票。）

年						得票	投票数
1975	該当者なし						
1976	田尾 安志(中)	外	.277	3	21	140	197
1977	斉藤 明雄(洋)	投	4.40	8- 9 ⓪		113	194
1978	角 三男(巨)	投	2.87	5- 7 ⑦		182	198
1979	藤沢 公也(中)	投	2.82	13- 5 ⓪		114	204
1980	岡田 彰布(神)	内	.290	18	54	214	215
1981	原 辰徳(巨)	内	.268	22	67	262	263
1982	津田 恒美(広)	投	3.88	11- 6 ⓪		210	238
1983	槙原 寛己(巨)②	投	3.67	12- 9 ①		213	215
1984	小早川 毅彦(広)	内	.280	16	59	231	252
1985	川端 順(広)②	投	2.72	11- 7 ⑦		218	239
1986	長冨 浩志(広)	投	3.04	10- 2 ②		241	245
1987	荒井 幸雄(ヤ)②	外	.301	9	38	154	227
1988	立浪 和義(中)	内	.223	4	18	200	240
1989	笘篠 賢治(ヤ)	内	.263	5	27	206	224
1990	与田 剛(中)	投	3.26	4- 5 ㉛		102	162
1991	森田 幸一(中)	投	3.03	10- 3 ⑰		118	172
1992	久慈 照嘉(神)	内	.245	0	21	85	173
1993	伊藤 智仁(ヤ)	投	0.91	7- 2 ⓪		124	175
1994	藪 恵市(神)	投	3.18	9- 9 ⓪		160	160◎
1995	山内 泰幸(広)	投	3.03	14-10 ⓪		163	164
1996	仁志 敏久(巨)	内	.270	7	24	108	172
1997	澤崎 俊和(広)	投	3.74	12- 8 ⓪		148	177
1998	川上 憲伸(中)	投	2.57	14- 6 ⓪		111	193
1999	上原 浩治(巨)	投	2.09	20- 4 ⓪		196	201
2000	金城 龍彦(横)②	内	.346	3	36	178	196
2001	赤星 憲広(神)	外	.292	1	23	152	188
2002	石川 雅規(ヤ)	投	3.33	12- 9 ⓪		161	201
2003	木佐貫 洋(巨)	投	3.34	10- 7 ⓪		135	198
2004	川島 亮(ヤ)	投	3.17	10- 4 ⓪		174	192
2005	青木 宣親(ヤ)②	外	.344	3	28	209	215
2006	梵 英心(広)	内	.289	8	36	110	213
2007	上園 啓史(神)	投	2.42	8- 5 ⓪		104	204
2008	山口 鉄也(巨)③	投	2.32	11- 2 ②[23]		91	199
2009	松本 哲也(巨)③	外	.293	0	15	197	226
2010	長野 久義(巨)	外	.288	19	52	233	255
2011	澤村 拓一(巨)	投	2.03	11-11 ⓪		235	250
2012	野村 祐輔(広)	投	1.98	9-11 [0]		200	261
2013	小川 泰弘(ヤ)	投	2.93	16- 4 ⓪⓪		252	273
2014	大瀬良 大地(広)	投	4.05	10- 8 ⓪⓪		217	267
2015	山崎 康晃(ディ)	投	1.92	2- 4 ㊲[7]		241	270
2016	髙山 俊(神)	外	.275	8	65	220	269
2017	京田 陽太(中)	内	.264	4	36	208	286
2018	東 克樹(ディ)	投	2.45	11- 5 ⓪⓪		290	294
2019	村上 宗隆(ヤ)②	内	.231	36	96	168	299
2020	森下 暢仁(広)	投	1.91	10- 3 ⓪⓪		303	313
2021	栗林 良吏(広)	投	0.86	0- 1 ㊲⓪		201	306
2022	大 勢(巨)	投	2.05	1- 3 ㊲[8]		209	299
2023	村上 頌樹(神)③	投	1.75	10- 6 ⓪[1]		285	306

年						得票	投票数
1975	山口 高志(急)	投	2.93	12-13 ①		195	196
1976	藤田 学(南)③	投	1.98	11- 3 ⓪		98	186
1977	佐藤 義則(急)	投	3.85	7- 3 ①		169	183
1978	村上 之宏(南)	投	3.61	5- 8 ③		96	190
1979	松沼 博久(武)	投	4.03	16-10 ⓪		156	188
1980	木田 勇(日)	投	2.28	22- 8 ④		195	195◎
1981	石毛 宏典(武)	内	.311	21	55	221	222
1982	大石大二郎(近)②	内	.274	12	41	173	188
1983	二村 忠美(南)	外	.282	13	35	135	178
1984	藤田 浩雅(急)	捕	.287	22	69	221	222
1985	熊野 輝光(急)	外	.295	14	60	83	212
1986	清原 和博(武)	内	.304	31	78	197	201
1987	阿波野秀幸(近)	投	2.88	15-12 ⓪		141	196
1988	森山 良二(武)	投	3.46	10- 9 ⓪		171	204
1989	酒井 勉(急)	投	3.61	9- 7 ⓪		157	189
1990	野茂 英雄(近)	投	2.91	18- 8 ⓪		126	129
1991	長谷川滋利(オ)	投	3.55	12- 9 ①		134	135
1992	高村 祐(近)	投	3.15	13- 9 ⓪		96	133
1993	杉山 賢人(武)	投	2.80	7- 2 ⑤		124	129
1994	渡辺 秀一(ダ)	投	3.20	8- 4 ⓪		79	124
1995	平井 正史(オ)	投	2.32	15- 5 ㉗		122	124
1996	金子 誠(日)	内	.261	4	33	98	136
1997	小坂 誠(ロ)	内	.261	1	30	106	142
1998	小関 竜也(武)	外	.283	3	24	63	149
1999	松坂 大輔(武)	投	2.60	16- 5 ⓪		150	152
2000	該当者なし						
2001	大久保勝信(オ)	投	2.68	7- 5 ⑭		83	140
2002	正田 樹(日)	投	3.45	9-11 ⓪		104	147
2003	和田 毅(ダ)	投	3.38	14- 5 ⓪		134	134◎
2004	三瀬 幸司(ダ)	投	3.06	4- 3 ㉘		146	153
2005	久保 康友(ロ)	投	3.40	10- 3 ⓪⓪		161	170
2006	八木 智哉(日)	投	2.48	12- 8 ⓪⓪		175	180
2007	田中 将大(楽)	投	3.82	11- 7 ⓪⓪		163	171
2008	小松 聖(オ)	投	2.51	15- 3 ⓪		170	171
2009	攝津 正(ソ)	投	1.47	5- 2 ⓪[34]		177	187
2010	榊原 諒(日)	投	2.63	10- 1 ⓪[6]		84	217
2011	牧田 和久(武)	投	2.61	5- 7 ㉒[1]		150	214
2012	益田 直也(ロ)	投	1.67	2- 2 ①[41]		116	210
2013	則本 昂大(楽)	投	3.34	15- 8 ⓪⓪		223	233
2014	石川 歩(ロ)	投	3.43	10- 8 ⓪⓪		155	243
2015	有原 航平(日)	投	4.79	8- 6 ⓪⓪		110	230
2016	高梨 裕稔(日)	投	2.38	10- 2 ①[3]①		131	254
2017	源田 壮亮(武)	内	.270	3	57	252	258
2018	田中 和基(楽)②	外	.265	18	45	112	258
2019	高橋 礼(ソ)	投	3.34	12- 6 ⓪		206	254
2020	平良 海馬(武)	投	1.87	1- 0 ①[33]		144	277
2021	宮城 大弥(オ)②	投	2.51	13- 4 ⓪⓪		255	286
2022	水上 由伸(武)	投	1.77	4- 4 ①[31]⑰		267	267
2023	山下舜平大(オ)③	投	1.61	9- 3 ⓪[1]		241	267

(注)　打者は打率、本塁打、打点。投手は防御率、勝敗、勝敗右の○中数字はセーブ、□内数字はホールド。チーム名右の○数字は選出時の支配下登録年数。投票数は有効投票総数。
　　　現行の有資格者は、支配下登録後5イニング以内で、投手については通算30イニング、打者については通算60打席以内の選手が対象（'76〜）。

ベ ス ト ナ イ ン

	1940	1947	1948	1949
投　手	須田 博(巨)	別所 昭(南)	別所 昭(南)／中尾 碩志(巨)／真田 重男(陽)	藤本 英雄(巨)
捕　手	田中 義雄(神)	土井垣 武(神)	土井垣 武(神)	土井垣 武(神)
一塁手	川上 哲治(巨)	川上 哲治(巨)	川上 哲治(巨)	川上 哲治(巨)
二塁手	苅田 久徳(翼)	千葉 茂(巨)	千葉 茂(巨)	千葉 茂(巨)
三塁手	水原 茂(巨)	藤村富美男(神)	藤村富美男(神)	藤村富美男(神)
遊撃手	上田 藤夫(急)	杉浦 清(中)	木塚 忠助(南)	木塚 忠助(南)
外野手	鬼頭 数雄(ラ)	大下 弘(東)	青田 昇(巨)	小鶴 誠(神)
	山田 伝(巨)	坪内 道則(金)	別当 薫(神)	別当 薫(神)
	中島 治康(巨)	金田 正泰(神)	坪内 道則(金)	大下 弘(東)

記録集

セントラル・リーグ

	1950	1951	1952	1953	1954	1955
投　手	真田　重男(松)	別所　毅彦(巨)	別所　毅彦(巨)	大友　　工(巨)	杉下　　茂(中)	別所　毅彦(巨)
捕　手	荒川　昇治(松)	野口　　明(名)	野口　　明(名)	広田　順治(巨)	広田　順治(巨)	広田　順治(巨)
一塁手	西沢　道夫(中)	川上　哲治(巨)	西沢　道夫(中)	川上　哲治(巨)	西沢　道夫(中)	川上　哲治(巨)
二塁手	千葉　　茂(巨)	千葉　　茂(巨)	千葉　　茂(巨)	千葉　　茂(巨)	箱田　弘志(国)	井上　　登(中)
三塁手	藤村富美男(神)	藤村富美男(神)	藤村富美男(神)	与儀　眞助(神)	宇野　光雄(国)	児玉　利一(中)
遊撃手	白石　勝巳(巨)	平井　正明(巨)	平井　正明(巨)	平井　三郎(巨)	広岡　達朗(巨)	吉田　義男(神)
外野手	小鶴　　誠(松)	金田　正泰(神)	杉山　　悟(名)	金田　正泰(神)	与那嶺　要(巨)	渡辺　博之(神)
	青田　　昇(巨)	青田　　昇(巨)	与那嶺　要(巨)	与那嶺　要(巨)	渡辺　博之(神)	与那嶺　要(巨)
	岩本　義行(松)	岩本　義行(松)	南村不可止(巨)	南村不可止(巨)	杉山　　悟(中)	町田　行彦(国)

	1956	1957	1958	1959	1960	1961
投　手	別所　毅彦(巨)	金田　正一(国)	金田　正一(国)	藤田　元司(巨)	秋山　　登(洋)	権藤　　博(中)
捕　手	藤尾　　茂(巨)	藤尾　　茂(巨)	藤尾　　茂(巨)	藤尾　　茂(巨)	土井　　淳(洋)	森　　昌彦(巨)
一塁手	川上　哲治(巨)	川上　哲治(巨)	川上　哲治(巨)	藤本　勝巳(神)	近藤　和彦(洋)	藤本　勝巳(神)
二塁手	井上　　登(中)	井上　　登(中)	井上　　登(中)	土屋　正孝(国)	井上　　登(中)	土屋　正孝(国)
三塁手	児玉　利一(中)	三宅　秀史(神)	長嶋　茂雄(巨)	長嶋　茂雄(巨)	長嶋　茂雄(巨)	長嶋　茂雄(巨)
遊撃手	吉田　義男(神)	吉田　義男(神)	吉田　義男(神)	吉田　義男(神)	並木　輝男(中)	近藤　和彦(洋)
外野手	与那嶺　要(巨)	与那嶺　要(巨)	与那嶺　要(巨)	森　　　徹(中)	中　　利夫(中)	近藤　和彦(洋)
	田宮謙次郎(神)	田宮謙次郎(神)	与那嶺　要(巨)	坂崎　一彦(巨)	森　　　徹(中)	江藤　慎一(中)
	青田　　昇(洋)	青田　　昇(洋)	森　　　徹(中)	大和田　明(広)	森　　　徹(中)	森永　勝治(広)

	1962	1963	1964	1965	1966	1967
投　手	村山　　実(神)	金田　正一(国)	バッキー(神)	村山　　実(神)	村山　　実(神)	小川健太郎(中)
捕　手	森　　昌彦(巨)	森　　昌彦(巨)	森　　昌彦(巨)	森　　昌彦(巨)	森　　昌彦(巨)	森　　昌彦(巨)
一塁手	王　　貞治(巨)	王　　貞治(巨)	王　　貞治(巨)	王　　貞治(巨)	王　　貞治(巨)	王　　貞治(巨)
二塁手	小坂　佳隆(広)	高木　守道(中)	高木　守道(中)	高木　守道(中)	高木　守道(中)	高木　守道(中)
三塁手	長嶋　茂雄(巨)	長嶋　茂雄(巨)	長嶋　茂雄(巨)	長嶋　茂雄(巨)	長嶋　茂雄(巨)	長嶋　茂雄(巨)
遊撃手	吉田　義男(神)	古葉　竹識(広)	吉田　義男(神)	吉田　義男(神)	一枝　修平(中)	藤田　　平(神)
外野手	森永　勝治(広)	近藤　和彦(洋)	江藤　慎一(中)	江藤　慎一(中)	江藤　慎一(中)	中　　暁生(中)
	近藤　和彦(洋)	江藤　慎一(中)	重松　省三(洋)	近藤　和彦(洋)	中　　暁生(中)	近藤　和彦(洋)
	並木　輝男(神)	藤井　栄治(神)	近藤　和彦(洋)	中　　暁生(中)	山本　一義(広)	柴田　　勲(巨)

	1968	1969	1970	1971	1972	1973
投　手	江夏　　豊(神)	高橋　一三(巨)	平松　政次(洋)	平松　政次(洋)	堀内　恒夫(巨)	高橋　一三(巨)
捕　手	森　　昌彦(巨)	木俣　達彦(中)	木俣　達彦(中)	木俣　達彦(中)	田淵　幸一(神)	田淵　幸一(神)
一塁手	王　　貞治(巨)	王　　貞治(巨)	王　　貞治(巨)	王　　貞治(巨)	王　　貞治(巨)	王　　貞治(巨)
二塁手	土井　正三(巨)	土井　正三(巨)	安藤　統男(神)	国貞　泰汎(広)	シ　ピン(巨)	シ　ピン(巨)
三塁手	長嶋　茂雄(巨)	長嶋　茂雄(巨)	長嶋　茂雄(巨)	長嶋　茂雄(巨)	長嶋　茂雄(巨)	長嶋　茂雄(巨)
遊撃手	黒江　透修(巨)	藤田　　平(神)	藤田　　平(神)	藤田　　平(神)	三村　敏之(広)	柴田　　勲(巨)
外野手	山内　一弘(広)	高田　　繁(巨)	高田　　繁(巨)	高田　　繁(巨)	若松　　勉(ヤ)	柴田　　勲(巨)
	江藤　慎一(中)	ロバーツ(ア)	江尻　　亮(洋)	高田　　繁(巨)	柴田　　勲(巨)	若松　　勉(ヤ)
	ロバーツ(サ)	山本　一義(広)	中　　暁生(中)	水谷　実雄(広)	柴田　　勲(巨)	江尻　　亮(洋)

	1974	1975	1976	1977	1978	1979
投　手	堀内　恒夫(巨)	外木場義郎(広)	池谷公二郎(広)	小林　　繁(巨)	新浦　寿夫(巨)	小林　　繁(神)
捕　手	田淵　幸一(神)	田淵　幸一(神)	田淵　幸一(神)	木俣　達彦(中)	大矢　明彦(ヤ)	木俣　達彦(中)
一塁手	王　　貞治(巨)	王　　貞治(巨)	王　　貞治(巨)	王　　貞治(巨)	王　　貞治(巨)	王　　貞治(巨)
二塁手	高木　守道(中)	大下　剛史(広)	ジョンソン(中)	高木　守道(中)	ヒルトン(ヤ)	ミヤーン(洋)
三塁手	長嶋　茂雄(巨)	衣笠　祥雄(広)	掛布　雅之(神)	掛布　雅之(神)	掛布　雅之(神)	掛布　雅之(神)
遊撃手	藤田　　平(神)	三村　敏之(広)	三村　敏之(広)	河埜　和正(巨)	高橋　慶彦(広)	高橋　慶彦(広)
外野手	若松　　勉(ヤ)	山本　浩二(広)	若松　　勉(ヤ)	若松　　勉(ヤ)	山本　浩二(広)	山本　浩二(広)
	末次　利光(巨)	井上　弘昭(中)	若松　　勉(ヤ)	山本　浩二(広)	若松　　勉(ヤ)	若松　　勉(ヤ)
	マーチン(中)	ロジャー(ヤ)	谷沢　健一(中)	張本　　勲(巨)	マニエル(ヤ)	ラインバック(神)

	1980	1981	1982	1983	1984	1985
投　手	江川　　卓(巨)	江川　　卓(巨)	北別府　学(広)	遠藤　一彦(洋)	山根　和夫(広)	小松　辰雄(中)
捕　手	大矢　明彦(ヤ)	山倉　和博(巨)	中尾　孝義(中)	山倉　和博(巨)	達川　光男(広)	八重樫幸雄(ヤ)
一塁手	谷沢　健一(中)	藤田　　平(神)	谷沢　健一(中)	谷沢　健一(中)	谷沢　健一(中)	バース(神)
二塁手	基　　満男(洋)	篠塚　利夫(巨)	篠塚　利夫(巨)	篠塚　利夫(巨)	篠塚　利夫(巨)	岡田　彰布(神)
三塁手	衣笠　祥雄(広)	掛布　雅之(神)	掛布　雅之(神)	原　　辰徳(巨)	衣笠　祥雄(広)	掛布　雅之(神)
遊撃手	高橋　慶彦(広)	山下　大輔(洋)	宇野　　勝(中)	高橋　慶彦(広)	宇野　　勝(中)	真弓　明信(神)
外野手	山本　浩二(広)	山本　浩二(広)	長崎　啓二(洋)	山本　浩二(広)	山崎　隆造(広)	杉浦　　享(ヤ)
	若松　　勉(ヤ)	ライトル(中)	山本　浩二(広)	松本　匡史(巨)	山本　浩二(広)	山崎　隆造(広)
	杉浦　　享(ヤ)	田尾　安志(中)	山本　浩二(広)	田尾　安志(中)	若松　　勉(ヤ)	山崎　隆造(広)

位置	1986	1987	1988	1989	1990	1991
投　手	北別府　学(広)	桑田　真澄(巨)	小野　和幸(中)	斎藤　雅樹(巨)	斎藤　雅樹(巨)	佐々岡真司(広)
捕　手	達川　光男(広)	山倉　和博(巨)	達川　光男(広)	中尾　孝義(巨)	村田　真一(巨)	古田　敦也(ヤ)
一塁手	バース(神)	バ　ー　ス(神)	落合　博満(中)	パリッシュ(ヤ)	高木　豊(洋)	落合　博満(中)
二塁手	篠塚　利夫(巨)	篠塚　利夫(巨)	正田　耕三(広)	正田　耕三(広)	バンスロー(中)	山崎　隆造(広)
三塁手	レ　オ　ン(ヤ)	原　辰徳(巨)	原　辰徳(巨)	落合　博満(中)	落合　博満(中)	野村謙二郎(広)
遊撃手	高橋　慶彦(広)	宇野　勝(中)	池山　隆寛(ヤ)	ポンセ(洋)	パチョレック(洋)	レイノルズ(ヤ)
外野手	吉村　禎章(巨)	吉村　禎章(巨)	ポンセ(洋)	クロマティ(巨)	広沢　克己(ヤ)	広沢　克己(ヤ)
外野手	山本　浩二(広)	ポンセ(洋)	広沢　克己(ヤ)	山崎　賢一(洋)	原　辰徳(巨)	原　辰徳(巨)
外野手		クロマティ(巨)	パチョレック(洋)	彦野　利勝(中)		

位置	1992	1993	1994	1995	1996	1997
投　手	斎藤　雅樹(巨)	今中　慎二(中)	山本　昌広(中)	斎藤　雅樹(巨)	斎藤　雅樹(巨)	山本　昌広(中)
捕　手	古田　敦也(ヤ)	古田　敦也(ヤ)	西山　秀二(広)	古田　敦也(ヤ)	西山　秀二(広)	古田　敦也(ヤ)
一塁手	パチョレック(神)	広沢　克己(ヤ)	大豊　泰昭(中)	オマリー(ヤ)	ロ　ペ　ス(広)	ロ　ペ　ス(広)
二塁手	和田　豊(神)	ロ　ー　ズ(横)	和田　豊(神)	ロ　ー　ズ(横)	ロ　ー　ズ(横)	ゴ　メ　ス(神)
三塁手	ハウエル(ヤ)	江藤　智(広)	江藤　智(広)	江藤　智(広)	江藤　智(広)	江藤　智(広)
遊撃手	池山　隆寛(ヤ)	池山　隆寛(ヤ)	川相　昌弘(巨)	野村謙二郎(広)	野村謙二郎(広)	石井　琢朗(横)
外野手	前田　智徳(広)	前田　智徳(広)	前田　智徳(広)	前田　智徳(広)	山崎　武司(中)	松井　秀喜(巨)
外野手	飯田　哲也(ヤ)	パウエル(中)	パウエル(中)	パウエル(中)	松井　秀喜(巨)	鈴木　尚典(横)
外野手	シ　ー　ツ(洋)	新庄　剛志(神)	ブラッグス(横)	金本　知憲(広)	パウエル(中)	ホージー(ヤ)

位置	1998	1999	2000	2001	2002	2003
投　手	佐々木主浩(横)	上原　浩治(巨)	工藤　公康(巨)	藤井　秀悟(ヤ)	上原　浩治(巨)	井川　慶(神)
捕　手	谷繁　元信(横)	古田　敦也(ヤ)	古田　敦也(ヤ)	古田　敦也(ヤ)	阿部慎之助(巨)	矢野　輝弘(神)
一塁手	駒田　徳広(横)	ペタジーニ(ヤ)	ペタジーニ(ヤ)	ペタジーニ(ヤ)	ペタジーニ(ヤ)	アリアス(神)
二塁手	ロ　ー　ズ(横)	ロ　ー　ズ(横)	ロ　ー　ズ(横)	ディアス(広)		今岡　誠(神)
三塁手	江藤　智(広)	ゴ　メ　ス(神)	江藤　智(広)	江藤　智(広)	岩村　明憲(ヤ)	鈴木　健(ヤ)
遊撃手	石井　琢朗(横)	石井　琢朗(横)	石井　琢朗(横)	石井　琢朗(横)	井端　弘和(中)	二岡　智宏(巨)
外野手	松井　秀喜(巨)	松井　秀喜(巨)	松井　秀喜(巨)	稲葉　篤紀(ヤ)	福留　孝介(中)	赤星　憲広(神)
外野手	鈴木　尚典(横)	関川　浩一(中)	金本　知憲(広)	金本　知憲(広)	清水　隆行(巨)	ラ　ミ　レ　ス(ヤ)
外野手	前田　智徳(広)	高橋　由伸(巨)	新庄　剛志(神)	新庄　剛志(神)	金本　知憲(広)	福留　孝介(中)

位置	2004	2005	2006	2007	2008	2009
投　手	川上　憲伸(中)	黒田　博樹(広)	川上　憲伸(中)	高橋　尚成(巨)	グライシンガー(巨)	ゴンザレス(巨)
捕　手	古田　敦也(ヤ)	矢野　輝弘(神)	矢野　輝弘(神)	阿部慎之助(巨)	阿部慎之助(巨)	阿部慎之助(巨)
一塁手	タイロン・ウッズ(横)	新井　貴浩(広)	タイロン・ウッズ(中)	タイロン・ウッズ(中)	内川　聖一(横)	ブランコ(中)
二塁手	｛ 荒木　雅博(中) ／ ラロッカ(広) ｝	荒木　雅博(中)	荒木　雅博(中)	田中　浩康(ヤ)	東出　輝裕(広)	東出　輝裕(広)
三塁手	立浪　和義(中)	今岡　誠(神)	岩村　明憲(ヤ)	小笠原道大(巨)	村田　修一(横)	小笠原道大(巨)
遊撃手	井端　弘和(中)	井端　弘和(中)	井端　弘和(中)	井端　弘和(中)	鳥谷　敬(神)	坂本　勇人(巨)
外野手	嶋　重宣(広)	金本　知憲(神)	福留　孝介(中)	小笠原道大(巨)	村田　修一(横)	小笠原道大(巨)
外野手	金本　知憲(神)	青木　宣親(ヤ)	金本　知憲(神)	ラ　ミ　レ　ス(ヤ)	青木　宣親(ヤ)	坂本　勇人(巨)
外野手	ロ　ー　ズ(巨)	赤星　憲広(神)	青木　宣親(ヤ)	高橋　由伸(巨)	金本　知憲(神)	青木　宣親(ヤ)

位置	2010	2011	2012	2013	2014	2015
投　手	前田　健太(広)	吉見　一起(中)	内海　哲也(巨)	前田　健太(広)	菅野　智之(巨)	前田　健太(広)
捕　手	阿部慎之助(巨)	阿部慎之助(巨)	阿部慎之助(巨)	阿部慎之助(巨)	阿部慎之助(巨)	中村　悠平(ヤ)
一塁手	ブラゼル(神)	栗原　健太(広)	ブランコ(中)	ブランコ(ディ)	ゴ　メ　ス(神)	畠山　和洋(ヤ)
二塁手	平野　恵一(神)	平野　恵一(神)	田中　浩康(ヤ)	西岡　剛(神)	山田　哲人(ヤ)	山田　哲人(ヤ)
三塁手	森野　将彦(中)	宮本　慎也(ヤ)	村田　修一(巨)	村田　修一(巨)	ル　ナ(中)	川端　慎吾(ヤ)
遊撃手	鳥谷　敬(神)	鳥谷　敬(神)	坂本　勇人(巨)	坂本　勇人(巨)	鳥谷　敬(神)	鳥谷　敬(神)
外野手	マートン(神)	長野　久義(巨)	長野　久義(巨)	長野　久義(巨)	マートン(神)	筒香　嘉智(ディ)
外野手	青木　宣親(ヤ)	マートン(神)	大島　洋平(中)	バレンティン(ヤ)	丸　佳浩(広)	福留　孝介(神)
外野手	和田　一浩(中)	青木　宣親(ヤ)	バレンティン(ヤ)	マートン(神)	雄平(高井雄平)(ヤ)	平田　良介(中)

位置	2016	2017	2018	2019	2020	2021
投　手	野村　祐輔(広)	菅野　智之(巨)	菅野　智之(巨)	山口　俊(巨)	菅野　智之(巨)	柳　裕也(中)
捕　手	石原　慶幸(広)	會澤　翼(広)	會澤　翼(広)	會澤　翼(広)	中村　悠平(ヤ)	中村　悠平(ヤ)
一塁手	新井　貴浩(広)	ロ　ペ　ス(ディ)	ビシエド(中)	ビシエド(中)	村上　宗隆(ヤ)	マ　ル　テ(神)
二塁手	山田　哲人(ヤ)	菊池　涼介(広)	山田　哲人(ヤ)	山田　哲人(ヤ)	菊池　涼介(広)	山田　哲人(ヤ)
三塁手	村田　修一(巨)	宮﨑　敏郎(ディ)	岡本　和真(巨)	高橋　周平(中)	岡本　和真(巨)	村上　宗隆(ヤ)
遊撃手	坂本　勇人(巨)	田中　広輔(広)	坂本　勇人(巨)	坂本　勇人(巨)	坂本　勇人(巨)	坂本　勇人(巨)
外野手	鈴木　誠也(広)	丸　佳浩(広)	丸　佳浩(広)	鈴木　誠也(広)	鈴木　誠也(広)	近本　光司(神)
外野手	筒香　嘉智(ディ)	鈴木　誠也(広)	鈴木　誠也(広)	丸　佳浩(巨)	佐野　恵太(ディ)	鈴木　誠也(広)
外野手	丸　佳浩(広)	筒香　嘉智(ディ)	ソ　ト(ディ)	ソ　ト(ディ)	丸　佳浩(巨)	塩見　泰隆(ヤ)

記録集

2022 / 2023

	2022	2023
投手	青柳晃洋(神)	東克樹(ディ)
捕手	中村悠平(ヤ)	大城卓三(巨)
一塁手	オスナ(ヤ)	大山悠輔(神)
二塁手	牧秀悟(ディ)	牧秀悟(ディ)
三塁手	村上宗隆(ヤ)	宮﨑敏郎(ディ)
遊撃手	中野拓夢(神)	木浪聖也(神)
外野手	近本光司(神)	近本光司(神)
外野手	佐野恵太(ディ)	西川龍馬(広)
外野手	岡林勇希(中)	岡林勇希(中)

パシフィック・リーグ

	1950	1951	1952	1953	1954	1955
投手	荒巻淳(毎)	江藤正(南)	柚木進(南)	川崎徳次(西)	西村貞朗(西)	中村大成(南)
捕手	土井垣武(毎)	土井垣武(毎)	土井垣武(毎)	松井淳(西)	ルイス(毎)	ルイス(毎)
一塁手	飯田徳治(南)	飯田徳治(南)	飯田徳治(南)	飯田徳治(南)	川合幸三(急)	杉山光平(南)
二塁手	本堂保次(毎)	山本一人(南)	岡本伊三美(南)	岡本伊三美(南)	森下正夫(南)	岡本伊三美(南)
三塁手	中谷順次(南)	蔭山和夫(南)	蔭山和夫(南)	中西太(西)	中西太(西)	中西太(西)
遊撃手	木塚忠助(南)	木塚忠助(南)	木塚忠助(南)	木塚忠助(南)	レインズ(急)	木塚忠助(南)
外野手	別当薫(毎)	大下弘(東)	大下弘(西)	堀井数男(南)	大下弘(西)	山内和弘(毎)
外野手	大下弘(東)	別当薫(毎)	別当薫(毎)	別当薫(西)	山内和弘(毎)	飯田徳治(南)
外野手	飯島滋弥(大)	飯島滋弥(大)	飯島滋弥(大)	大下弘(西)	関口清治(西)	戸倉勝城(急)

	1956	1957	1958	1959	1960	1961
投手	梶本隆夫(急)	稲尾和久(西)	稲尾和久(西)	杉浦忠(南)	小野正一(毎)	稲尾和久(西)
捕手	野村克也(南)	野村克也(南)	野村克也(南)	野村克也(南)	野村克也(南)	野村克也(南)
一塁手	榎本喜八(毎)	岡本健一郎(急)	スタンレー橋本(東)	榎本喜八(毎)	榎本喜八(毎)	榎本喜八(毎)
二塁手	佐々木信也(高)	岡本伊三美(南)	バルボン(急)	岡本伊三美(南)	仰木彬(西)	森下整鎮(南)
三塁手	中西太(西)	中西太(西)	中西太(西)	葛城隆雄(毎)	小玉明利(近)	中西太(西)
遊撃手	豊田泰光(西)	豊田泰光(西)	豊田泰光(西)	豊田泰光(西)	豊田泰光(西)	豊田泰光(西)
外野手	山内和弘(毎)	山内和弘(毎)	毒島章一(東)	山内和弘(毎)	杉山光平(南)	張本勲(東)
外野手	杉山光平(南)	大下弘(西)	関口清治(西)	関口清治(西)	山内和弘(毎)	田宮謙次郎(毎)
外野手	戸倉勝城(急)	毒島章一(東)	杉山光平(南)	高倉照幸(西)	張本勲(東)	山内和弘(毎)

	1962	1963	1964	1965	1966	1967
投手	稲尾和久(西)	稲尾和久(西)	スタンカ(南)	尾崎行雄(東)	田中勉(西)	足立光宏(急)
捕手	野村克也(南)	野村克也(南)	野村克也(南)	野村克也(南)	野村克也(南)	野村克也(南)
一塁手	榎本喜八(毎)	榎本喜八(毎)	榎本喜八(京)	高木喬(近)	榎本喜八(京)	大杉勝男(東)
二塁手	ブルーム(近)	ブルーム(近)	スペンサー(急)	スペンサー(急)	国貞泰汎(西)	ブレイザー(急)
三塁手	小玉明利(近)	小玉明利(近)	小玉明利(近)	小玉明利(近)	ロペス(西)	森本潔(東)
遊撃手	豊田泰光(西)	広瀬叔功(南)	広瀬叔功(南)	広瀬叔功(南)	小池兼司(南)	大下剛史(東)
外野手	張本勲(東)	山内一弘(毎)	広瀬叔功(南)	張本勲(東)	張本勲(東)	土井正博(近)
外野手	山内一弘(毎)	毒島章一(東)	張本勲(東)	高倉照幸(西)	毒島章一(東)	張本勲(東)
外野手	吉田勝豊(東)	張本勲(東)	高倉照幸(西)	高倉照幸(西)	高倉照幸(西)	長池徳二(急)

	1968	1969	1970	1971	1972	1973
投手	皆川睦男(南)	鈴木啓示(近)	木樽正明(ロ)	山田久志(急)	山田久志(急)	成田文男(ロ)
捕手	野村克也(南)	岡村浩二(急)	野村克也(南)	野村克也(南)	野村克也(南)	野村克也(南)
一塁手	榎本喜八(京)	大杉勝男(東)	大杉勝男(東)	大杉勝男(東)	大杉勝男(東)	加藤秀司(急)
二塁手	国貞泰汎(南)	山崎裕之(ロ)	山崎裕之(ロ)	山崎裕之(ロ)	基満男(ロ)	桜井輝秀(南)
三塁手	ブレイザー(南)	阪本敏三(急)	有藤通世(ロ)	有藤通世(ロ)	有藤通世(ロ)	有藤通世(ロ)
遊撃手	阪本敏三(急)	阪本敏三(急)	阪本敏三(急)	阪本敏三(南)	大橋穣(急)	大橋穣(急)
外野手	アルトマン(東)	永淵洋三(近)	張本勲(東)	アルトマン(ロ)	アルトマン(ロ)	張本勲(日)
外野手	土井正博(近)	張本勲(東)	アルトマン(ロ)	長池徳二(急)	福本豊(急)	福本豊(急)
外野手	張本勲(東)	長池徳二(急)	長池徳二(急)	門田博光(南)	長池徳二(急)	長池徳二(急)

	1974	1975	1976	1977	1978	1979
投手	金田留広(ロ)	鈴木啓示(近)	山田久志(急)	山田久志(急)	鈴木啓示(近)	山田久志(急)
捕手	村上公康(ロ)	野村克也(南)	野村克也(南)	加藤俊夫(日)	中沢伸二(近)	梨田昌崇(近)
一塁手	ジョーンズ(近)	加藤秀司(急)	加藤秀司(急)	加藤秀司(急)	柏原純一(日)	加藤英司(急)
二塁手	山崎裕之(ロ)	マルカーノ(急)	マルカーノ(急)	マルカーノ(急)	マルカーノ(急)	マルカーノ(急)
三塁手	有藤通世(ロ)	有藤道世(ロ)	藤原満(南)	有藤道世(ロ)	島谷金二(急)	島谷金二(急)
遊撃手	大橋穣(急)	大橋穣(急)	大橋穣(急)	石渡茂(ロ)	真弓明信(ク)	石渡茂(ロ)
外野手	福本豊(急)	佐々木恭介(近)	門田博光(南)	福本豊(急)	佐々木恭介(近)	栗橋茂(近)
外野手	張本勲(日)	白仁天(平)	福本豊(急)	門田博光(南)	門田博光(南)	新井宏昌(近)
外野手	ビュフォード(平)	弘田澄男(ロ)	弘田澄男(ロ)	リー(ロ)	簑田浩二(急)	マニエル(近)
指名打者		長池徳二(急)	大田卓司(平)	高井保弘(急)	土井正博(ク)	新井宏昌(近)

	1980	1981	1982	1983	1984	1985
投 手	木田 勇(日)	村田 兆治(ロ)	工藤 幹夫(日)	東尾 修(武)	今井雄太郎(急)	東尾 修(武)
捕 手	梨田 昌崇(近)	梨田 昌崇(近)	中沢 伸二(急)	香川 伸行(南)	藤田 浩雅(急)	伊東 勤(武)
一塁手	レオン(ロ)	柏原 純一(日)	柏原 純一(日)	落合 博満(ロ)	ブーマー(急)	デービス(近)
二塁手	山崎 裕之(武)	落合 博満(ロ)	落合 博満(ロ)	大石大二郎(近)	大石大二郎(近)	西村 徳文(ロ)
三塁手	有藤 道世(日)	有藤 道世(日)	スティーブ(武)	スティーブ(武)	落合 博満(ロ)	落合 博満(ロ)
遊撃手	高代 延博(日)	石毛 宏典(武)	石毛 宏典(武)	石毛 宏典(武)	弓岡敬二郎(急)	石毛 宏典(武)
外野手	リー(ロ)	島田 誠(日)	福本 豊(急)	簑田 浩二(急)	簑田 浩二(急)	金森 永時(武)
外野手	福本 豊(急)	テリー(武)	栗橋 茂(近)	テリー(武)	クルーズ(日)	横田 真之(ロ)
外野手	栗橋 茂(近)	福本 豊(急)	新井 宏昌(南)	島田 誠(日)	高沢 秀昭(ロ)	熊野 輝夫(急)
指名打者	マニエル(近)	門田 博光(南)	ソレイタ(日)	門田 博光(南)	リー(ロ)	リー(ロ)

	1986	1987	1988	1989	1990	1991
投 手	渡辺 久信(武)	工藤 公康(武)	西崎 幸広(日)	阿波野秀幸(近)	野茂 英雄(近)	郭 泰源(武)
捕 手	伊東 勤(武)	伊東 勤(武)	伊東 勤(武)	山下 和彦(近)	伊東 勤(武)	伊東 勤(武)
一塁手	ブーマー(急)	ブーマー(急)	清原 和博(武)	ブーマー(オ)	大石第二朗(近)	トレーバー(武)
二塁手	辻 発彦(武)	白井 一幸(日)	福良 淳一(急)	辻 発彦(武)	松永 浩美(オ)	辻 発彦(武)
三塁手	落合 博満(武)	石毛 宏典(武)	松永 浩美(急)	松永 浩美(オ)	松永 浩美(オ)	松永 浩美(オ)
遊撃手	石毛 宏典(武)	水上 善雄(ロ)	田辺 徳雄(武)	田中 幸雄(日)	田中 幸雄(日)	小川 博文(オ)
外野手	秋山 幸二(武)	新井 宏昌(近)	高沢 秀昭(ロ)	秋山 幸二(武)	秋山 幸二(武)	秋山 幸二(武)
外野手	横田 真之(ロ)	秋山 幸二(武)	秋山 幸二(武)	ブライアント(近)	西村 徳文(ロ)	佐々木 誠(ダ)
外野手	新井 宏昌(近)	ブリューワ(急)	平野 謙(急)	藤井 康雄(オ)	石嶺 和彦(オ)	平井 光親(ロ)
指名打者	石嶺 和彦(急)	石嶺 和彦(急)	門田 博光(南)	門田 博光(南)	デストラーデ(武)	デストラーデ(武)

	1992	1993	1994	1995	1996	1997
投 手	石井 丈裕(武)	工藤 公康(武)	伊良部秀輝(ロ)	伊良部秀輝(ロ)	ヒルマン(ロ)	西口 文也(武)
捕 手	伊東 勤(武)	伊東 勤(武)	吉永幸一郎(ダ)	中嶋 聡(オ)	伊東 勤(武)	伊東 勤(武)
一塁手	清原 和博(武)	石井 浩郎(近)	石井 浩郎(近)	フランコ(ロ)	片岡 篤史(日)	クラーク(近)
二塁手	辻 発彦(武)	辻 発彦(武)	福良 淳一(オ)	小久保裕紀(ダ)	大島 公一(オ)	小久保裕紀(ダ)
三塁手	石毛 宏典(武)	石毛 宏典(武)	松永 浩美(オ)	初芝 清(ロ)	中村 紀洋(近)	鈴木 健(武)
遊撃手	田辺 徳雄(武)	広瀬 哲朗(日)	広瀬 哲朗(日)	田中 幸雄(日)	田中 幸雄(日)	松井稼頭央(武)
外野手	佐々木 誠(武)	秋山 幸二(武)	イチロー(鈴木一朗)(オ)	イチロー(鈴木一朗)(オ)	イチロー(鈴木一朗)(オ)	イチロー(鈴木一朗)(オ)
外野手	秋山 幸二(武)	佐々木 誠(ダ)	佐々木 誠(武)	ジャクソン(近)	村松 有人(オ)	ローズ(近)
外野手	高橋 智(オ)	藤井 康雄(オ)	ライマー(ダ)	佐々木 誠(武)	田口 壮(オ)	佐々木 誠(武)
指名打者	デストラーデ(武)	ブライアント(近)	ブライアント(近)	ニール(オ)	ニール(オ)	マルティネス(武)

	1998	1999	2000	2001	2002	2003
投 手	西口 文也(武)	松坂 大輔(武)	松坂 大輔(武)	松坂 大輔(武)	パウエル(近)	斉藤 和巳(ダ)
捕 手	伊東 勤(武)	城島 健司(ダ)	城島 健司(ダ)	城島 健司(ダ)	伊東 勤(武)	城島 健司(ダ)
一塁手	クラーク(近)	小笠原道大(日)	松中 信彦(ダ)	小笠原道大(日)	カブレラ(武)	松中 信彦(ダ)
二塁手	フランコ(ロ)	金子 誠(日)	大島 公一(オ)	井口 資仁(ダ)	高木 浩之(武)	井口 資仁(ダ)
三塁手	片岡 篤史(日)	中村 紀洋(近)	中村 紀洋(近)	中村 紀洋(近)	中村 紀洋(近)	小笠原道大(日)
遊撃手	松井稼頭央(武)	松井稼頭央(武)	松井稼頭央(武)	松井稼頭央(武)	松井稼頭央(武)	松井稼頭央(武)
外野手	イチロー(鈴木一朗)(オ)	イチロー(鈴木一朗)(オ)	イチロー(鈴木一朗)(オ)	ローズ(近)	谷 佳知(オ)	谷 佳知(オ)
外野手	大村 直之(近)	ローズ(近)	柴原 洋(ダ)	谷 佳知(オ)	ローズ(近)	ローズ(近)
外野手	柴原 洋(ダ)	谷 佳知(オ)	オバンドー(日)	礒部 公一(近)	小関 竜也(武)	和田 一浩(武)
指名打者	ウィルソン(日)	クラーク(近)	ウィルソン(日)	ボーリック(ロ)	和田 一浩(武)	カブレラ(武)

	2004	2005	2006	2007	2008	2009
投 手	岩隈 久志(近)	杉内 俊哉(ソ)	斉藤 和巳(ソ)	ダルビッシュ有(日)	岩隈 久志(楽)	ダルビッシュ有(日)
捕 手	城島 健司(ダ)	城島 健司(ソ)	里崎 智也(ロ)	里崎 智也(ロ)	細川 亨(武)	田上 秀則(ソ)
一塁手	松中 信彦(ダ)	ズレータ(ソ)	小笠原道大(日)	小笠原道大(日)	カブレラ(武)	高橋 信二(日)
二塁手	井口 資仁(ダ)	堀 幸一(ロ)	田中 賢介(日)	田中 賢介(日)	片岡 易之(武)	田中 賢介(日)
三塁手	小笠原道大(日)	今江 敏晃(ロ)	フェルナンデス(楽)	川崎 宗則(ソ)	中村 剛也(武)	中村 剛也(武)
遊撃手	川崎 宗則(ソ)	西岡 剛(ロ)	川崎 宗則(ソ)	TSUYOSHI(西岡剛)(ロ)	中島 裕之(武)	中島 裕之(武)
外野手	和田 一浩(武)	和田 一浩(ソ)	稲葉 篤紀(日)	稲葉 篤紀(日)	稲葉 篤紀(日)	糸井 嘉男(日)
外野手	SHINJO(新庄剛志)(日)	宮地 克彦(ソ)	松中 信彦(ソ)	森本 稀哲(日)	栗山 巧(武)	稲葉 篤紀(日)
外野手	谷 佳知(オ)	フランコ(ソ)	和田 一浩(武)	大村 直之(楽)	リック(楽)	鉄平(土谷鉄平)(楽)
指名打者	セギノール(日)	松中 信彦(ソ)	セギノール(日)	山崎 武司(楽)	ローズ(オ)	山崎 武司(楽)

	2010	2011	2012	2013	2014	2015
投　手	和田　　毅(ソ)	田中　将大(楽)	吉川　光夫(日)	田中　将大(楽)	金子　千尋(オ)	大谷　翔平(日)
捕　手	嶋　　基宏(楽)	細川　　亨(ソ)	鶴岡　慎也(日)	嶋　　基宏(楽)	伊藤　　光(オ)	炭谷銀仁朗(武)
一塁手	カブレラ(オ)	小久保裕紀(ソ)	李　大浩(オ)	浅村　栄斗(武)	メ　ヒ　ア(武)	中田　　翔(日)
二塁手	本多　雄介(ソ)	本多　雄介(ソ)	田中　賢介(日)	藤田　一也(楽)	藤田　一也(楽)	浅村　栄斗(武)
三塁手	小谷野栄一(日)	中村　剛也(武)	中村　剛也(武)	マ　ギ　ー(楽)	鈴木　大地(ロ)	中村　剛也(武)
遊撃手	西岡　　剛(ロ)	中島　裕之(武)	中島　裕之(武)	鈴木　大地(ロ)	今宮　健太(ソ)	中島　卓也(日)
外野手	多村　仁志(ソ)	糸井　嘉男(日)	糸井　嘉男(日)	長谷川勇也(ソ)	柳田　悠岐(ソ)	柳田　悠岐(ソ)
	T-岡田(岡田貴弘)(オ)	栗山　　巧(武)	角中　勝也(ロ)	内川　聖一(ソ)	糸井　嘉男(オ)	秋山　翔吾(武)
	栗山　　巧(武)	岡田　貴弘(オ)	内川　聖一(ソ)	中田　　翔(日)	中田　　翔(日)	清田　育宏(ロ)
指名打者	福浦　和也(ロ)	フェルナンデス(武)	ペーニャ(ソ)	アブレイユ(日)	中村　剛也(武)	李　大浩(オ)

	2016	2017	2018	2019	2020	2021
投　手	大谷　翔平(日)	菊池　雄星(武)	菊池　雄星(武)	千賀　滉大(ソ)	千賀　滉大(ソ)	山本　由伸(オ)
捕　手	田村　龍弘(ロ)	甲斐　拓也(ソ)	森　　友哉(武)	森　　友哉(武)	甲斐　拓也(ソ)	森　　友哉(武)
一塁手	中田　　翔(日)	銀次(赤見内銀次)(楽)	山川　穂高(武)	山川　穂高(武)	中田　　翔(日)	レアード(ロ)
二塁手	浅村　栄斗(武)	浅村　栄斗(武)	浅村　栄斗(武)	浅村　栄斗(楽)	浅村　栄斗(楽)	中村　奨吾(ロ)
三塁手	レアード(日)	ウィーラー(楽)	松田　宣浩(ソ)	中村　剛也(武)	鈴木　大地(楽)	宗　佑磨(オ)
遊撃手	今宮　健太(ソ)	今宮　健太(ソ)	源田　壮亮(武)	源田　壮亮(武)	源田　壮亮(武)	源田　壮亮(武)
外野手	角中　勝也(ロ)	秋山　翔吾(武)	秋山　翔吾(武)	秋山　翔吾(武)	柳田　悠岐(ソ)	吉田　正尚(オ)
	糸井　嘉男(オ)	柳田　悠岐(ソ)	柳田　悠岐(ソ)	吉田　正尚(オ)	吉田　正尚(オ)	柳田　悠岐(ソ)
	西川　遥輝(日)	西川　遥輝(日)	吉田　正尚(オ)	荻野　貴司(ロ)	近藤　健介(日)	杉本裕太郎(オ)
指名打者	大谷　翔平(日)	デスパイネ(ソ)	近藤　健介(日)	デスパイネ(ソ)	栗山　　巧(武)	近藤　健介(日)

	2022	2023
投　手	山本　由伸(オ)	山本　由伸(オ)
捕　手	甲斐　拓也(ソ)	森　　友哉(オ)
一塁手	山川　穂高(武)	頓宮　裕真(オ)
二塁手	浅村　栄斗(楽)	浅村　栄斗(楽)
三塁手	宗　佑磨(オ)	宗　佑磨(オ)
遊撃手	今宮　健太(ソ)	紅林弘太郎(オ)
外野手	松本　　剛(日)	近藤　健介(ソ)
	柳田　悠岐(ソ)	万波　中正(日)
	島内　宏明(楽)	柳町　　達(ソ)
指名打者	吉田　正尚(オ)	ポランコ(ロ)

1966年の国貞泰汎（南）は二塁手、三塁手の2ポジションで最多得票だったが、規定により三塁手については次点のロイ（西）が繰り上げ。
2016年より、投手と野手、投手と指名打者の重複投票が可能になり、両方での受賞が認められる。

三井ゴールデン・グラブ賞

(1972年採用)

セントラル・リーグ

	1972	1973	1974	1975	1976	1977
投　手	堀内　恒夫(巨)	堀内　恒夫(巨)	堀内　恒夫(巨)	堀内　恒夫(巨)	堀内　恒夫(巨)	堀内　恒夫(巨)
捕　手	大矢　明彦(ヤ)	田淵　幸一(神)	田淵　幸一(神)	大矢　明彦(ヤ)	大矢　明彦(ヤ)	大矢　明彦(ヤ)
一塁手	王　　貞治(巨)	王　　貞治(巨)	王　　貞治(巨)	王　　貞治(巨)	王　　貞治(巨)	王　　貞治(巨)
二塁手	シ　ピ　ン(洋)	シ　ピ　ン(洋)	高木　守道(中)	大下　剛史(広)	ジョンソン(巨)	高木　守道(中)
三塁手	長嶋　茂雄(巨)	ボイヤー(洋)	ボイヤー(洋)	島谷　金二(中)	高田　　繁(巨)	高田　　繁(巨)
遊撃手	バート(中)	藤田　　平(神)	河埜　和正(巨)	藤田　　平(神)	山下　大輔(洋)	山下　大輔(洋)
外野手	高田　　繁(巨)	高田　　繁(巨)	高田　　繁(巨)	高田　　繁(巨)	池辺　　巌(中)	若松　　勉(ヤ)
	山本　浩司(広)	山本　浩司(広)	山本　浩司(広)	山本　浩司(広)	柴田　　勲(巨)	柴田　　勲(巨)
	柴田　　勲(巨)	柴田　　勲(巨)	柴田　　勲(巨)	ローン(中)	山本　浩司(広)	山本　浩司(広)

	1978	1979	1980	1981	1982	1983
投　手	堀内　恒夫(巨)	西本　　聖(巨)	西本　　聖(巨)	西本　　聖(巨)	西本　　聖(巨)	西本　　聖(巨)
捕　手	大矢　明彦(ヤ)	若菜　嘉晴(神)	大矢　明彦(ヤ)	山倉　和博(巨)	中尾　孝義(中)	山倉　和博(巨)
一塁手	王　　貞治(巨)	王　　貞治(巨)	王　　貞治(巨)	中畑　　清(巨)	中畑　　清(巨)	中畑　　清(巨)
二塁手	土井　正三(巨)	高木　守道(中)	高木　守道(中)	篠塚　利夫(巨)	篠塚　利夫(巨)	篠塚　利夫(巨)
三塁手	掛布　雅之(神)	掛布　雅之(神)	衣笠　祥雄(広)	掛布　雅之(神)	掛布　雅之(神)	掛布　雅之(神)
遊撃手	山下　大輔(洋)	山下　大輔(洋)	山下　大輔(洋)	山下　大輔(洋)	山下　大輔(洋)	山下　大輔(洋)
外野手	山本　浩二(広)	山本　浩二(広)	山本　浩二(広)	山本　浩二(広)	松本　匡史(巨)	松本　匡史(巨)
	若松　　勉(ヤ)	スコット(ヤ)	スコット(ヤ)	ライスター(ヤ)	山本　浩二(広)	長嶋　清幸(広)
	ライトル(広)	ライトル(広)	ライトル(広)	松本　匡史(巨)	長嶋　清幸(広)	山本　浩二(広)

位置	1984	1985	1986	1987	1988	1989
投手	西本 聖(巨)	西本 聖(巨)	北別府 学(広)	桑田 真澄(巨)	桑田 真澄(巨)	西本 聖(中)
捕手	達川 光男(広)	木戸 克彦(神)	達川 光男(広)	山倉 和博(巨)	達川 光男(広)	中尾 孝義(巨)
一塁手	中畑 清(巨)	中畑 清(巨)	中畑 清(巨)	中畑 清(巨)	中畑 清(巨)	駒田 徳広(巨)
二塁手	篠塚 利夫(巨)	岡田 彰布(神)	篠塚 利夫(巨)	篠塚 利夫(巨)	正田 耕三(広)	正田 耕三(広)
三塁手	衣笠 祥雄(広)	掛布 雅之(神)	衣笠 祥雄(広)	原 辰徳(巨)	原 辰徳(巨)	ロー ドン(広)
遊撃手	平田 勝男(神)	平田 勝男(神)	平田 勝男(神)	平田 勝男(神)	立浪 和義(中)	川相 昌弘(巨)
外野手	屋鋪 要(洋)	屋鋪 要(洋)	屋鋪 要(洋)	屋鋪 要(洋)	山崎 隆造(広)	彦野 利勝(中)
外野手	長嶋 清幸(広)	山崎 隆造(広)	山崎 隆造(広)	山崎 隆造(広)	彦野 利勝(中)	山崎 賢一(洋)
外野手	山崎 隆造(広)	平野 謙(中)	長嶋 清幸	長嶋 清幸	長嶋 清幸	栗山 英樹(ヤ)

位置	1990	1991	1992	1993	1994	1995
投手	斎藤 雅樹(巨)	桑田 真澄(巨)	斎藤 雅樹(巨)	今中 慎二(中)／桑田 真澄(巨)	桑田 真澄(巨)	斎藤 雅樹(巨)
捕手	古田 敦也(ヤ)	古田 敦也(ヤ)	古田 敦也(ヤ)	古田 敦也(ヤ)	西山 秀二(広)	古田 敦也(ヤ)
一塁手	駒田 徳広(ヤ)	駒田 徳広(ヤ)	パチョレック(神)	和田 豊(神)	和田 豊(神)	立浪 和義(中)
二塁手	正田 耕三(広)	正田 耕三(広)	和田 豊(神)	和田 豊(神)	和田 豊(神)	立浪 和義(中)
三塁手	岡崎 郁(巨)	角 富士夫(ヤ)	オマリー(神)	石井 琢朗(横)	石井 琢朗(横)	石井 琢朗(横)
遊撃手	川相 昌弘(巨)	川相 昌弘(巨)	池山 隆寛(ヤ)	川相 昌弘(巨)	前田 智徳(広)	野村謙二郎(広)
外野手	彦野 利勝(巨)	レイノルズ(洋)	飯田 哲也(ヤ)	前田 智徳(広)	前田 智徳(広)	飯田 哲也(ヤ)
外野手	山崎 賢一(洋)	前田 智徳(広)	前田 智徳(広)	新庄 剛志(神)	新庄 剛志(神)	緒方 孝市(広)
外野手	柳田 浩一(ヤ)	飯田 哲也(ヤ)	亀山 努(神)	飯田 哲也(ヤ)	飯田 哲也(ヤ)	音 重鎮(広)

位置	1996	1997	1998	1999	2000	2001
投手	斎藤 雅樹(巨)	桑田 真澄(巨)	桑田 真澄(巨)	上原 浩治(巨)	工藤 公康(巨)	野口 茂樹(中)
捕手	西山 秀二(広)	古田 敦也(ヤ)	谷繁 元信(横)	古田 敦也(ヤ)	古田 敦也(ヤ)	古田 敦也(ヤ)
一塁手	駒田 徳広(横)	駒田 徳広(ヤ)	駒田 徳広(横)	ロー ズ(横)	ペタジーニ(ヤ)	ペタジーニ(ヤ)
二塁手	立浪 和義(中)	立浪 和義(中)	ロー ズ(横)	仁志 敏久(巨)	仁志 敏久(巨)	仁志 敏久(巨)
三塁手	江藤 智(広)	進藤 達哉(横)	進藤 達哉(横)	進藤 達哉(横)	岩村 明憲(ヤ)	岩村 明憲(ヤ)
遊撃手	川相 昌弘(巨)	宮本 慎也(ヤ)	石井 琢朗(横)	宮本 慎也(ヤ)	宮本 慎也(ヤ)	石井 琢朗(横)
外野手	緒方 孝市(広)	飯田 哲也(ヤ)	高橋 由伸(巨)	緒方 孝市(広)	高橋 由伸(巨)	高橋 由伸(巨)
外野手	飯田 哲也(ヤ)	緒方 孝市(広)	緒方 孝市(広)	高橋 由伸(巨)	松井 秀喜(巨)	松井 秀喜(巨)
外野手	新庄 剛志(神)	新庄 剛志(神)	新庄 剛志(神)	新庄 剛志(神)	松井 秀喜(巨)	赤星 憲広(神)

位置	2002	2003	2004	2005	2006	2007
投手	桑田 真澄(巨)	上原 浩治(巨)	川上 憲伸(中)	黒田 博樹(広)	川上 憲伸(中)	川上 憲伸(中)
捕手	阿部慎之助(巨)	矢野 輝弘(神)	古田 敦也(ヤ)	矢野 輝弘(神)	谷繁 元信(中)	谷繁 元信(中)
一塁手	ペタジーニ(巨)	アリアス(神)	渡邉 博幸(中)	シーツ(神)	シーツ(神)	シーツ(神)
二塁手	仁志 敏久(巨)	今岡 誠(神)	荒木 雅博(中)	荒木 雅博(中)	荒木 雅博(中)	荒木 雅博(中)
三塁手	岩村 明憲(ヤ)	立浪 和義(中)	岩村 明憲(ヤ)	今岡 誠(神)	岩村 明憲(ヤ)	中村 紀洋(中)
遊撃手	宮本 慎也(ヤ)	宮本 慎也(ヤ)	井端 弘和(中)	アレックス(横)	井端 弘和(中)	井端 弘和(中)
外野手	松井 秀喜(巨)	福留 孝介(中)	英智(蔵本英智)(中)	赤星 憲広(神)	青木 宣親(ヤ)	青木 宣親(ヤ)
外野手	高橋 由伸(巨)	高橋 由伸(巨)	高橋 由伸(巨)	金城 龍彦(横)	赤星 憲広(神)	高橋 由伸(横)
外野手	福留 孝介(中)	赤星 憲広(神)	赤星 憲広(神)	金城 龍彦(横)	青木 宣親(中)	金城 龍彦(横)

位置	2008	2009	2010	2011	2012	2013
投手	石川 雅規(ヤ)	ゴンザレス(巨)	前田 健太(広)	浅尾 拓也(中)	前田 健太(広)	前田 健太(広)
捕手	阿部慎之助(巨)	谷繁 元信(中)	城島 健司(神)	谷繁 元信(中)	谷繁 元信(中)	阿部慎之助(巨)
一塁手	新井 貴浩(神)／栗原 健太(広)	栗原 健太(広)	（該当者なし）	栗原 健太(広)	畠山 和洋(ヤ)	ロ ペ ス(巨)
二塁手	荒木 雅博(中)	荒木 雅博(中)	平野 恵一(神)	平野 恵一(神)	田中 浩康(ヤ)	菊池 涼介(広)
三塁手	中村 紀洋(中)	宮本 慎也(ヤ)	宮本 慎也(ヤ)	宮本 慎也(ヤ)	村田 修一(中)	村田 修一(巨)
遊撃手	梵 英心(広)	井端 弘和(中)	梵 英心(広)	鳥谷 敬(神)	鳥谷 敬(神)	鳥谷 敬(神)
外野手	青木 宣親(ヤ)	青木 宣親(ヤ)	青木 宣親(ヤ)	長野 久義(巨)	大島 洋平(中)	長野 久義(広)
外野手	赤星 憲広(神)	松本 哲也(巨)	廣瀬 純(広)	青木 宣親(ヤ)	長野 久義(巨)	丸 佳浩(広)
外野手	鈴木 尚広(巨)	亀井 義行(巨)	赤松 真人(広)	赤松 真人(広)	荒波 翔(ディ)	荒波 翔(ディ)

位置	2014	2015	2016	2017	2018	2019
投手	前田 健太(広)	前村 中悠平(広)	菅野 智之(巨)	菅野 智之(巨)	菅野 智之(巨)	西 勇輝(神)
捕手	阿部慎之助(巨)	中村 悠平(ヤ)	石原 慶幸(広)	小林 誠司(巨)	梅野隆太郎(神)	梅野隆太郎(神)
一塁手	森野 将彦(中)	畠山 和洋(ヤ)	ロ ペ ス(ディ)	ロ ペ ス(ディ)	ロ ペ ス(ディ)	ロ ペ ス(ディ)
二塁手	菊池 涼介(広)	菊池 涼介(広)	山田 哲人(ヤ)	菊池 涼介(広)	山田 哲人(ヤ)	菊池 涼介(広)
三塁手	村田 修一(巨)	川端 慎吾(ヤ)	村田 修一(巨)	鈴木 敬(広)	宮﨑 敏郎(ディ)	高橋 周平(中)
遊撃手	鳥谷 敬(神)	鳥谷 敬(神)	坂本 勇人(巨)	坂本 勇人(巨)	田中 広輔(広)	坂本 勇人(巨)
外野手	丸 佳浩(広)	福留 孝介(神)	丸 佳浩(広)	丸 佳浩(広)	丸 佳浩(広)	丸 佳浩(巨)
外野手	大島 洋平(中)	丸 佳浩(広)	大島 洋平(中)	大島 洋平(中)	鈴木 誠也(広)	鈴木 誠也(広)
外野手	大和(前田大和)(神)	大島 洋平(中)	鈴木 誠也(広)	鈴木 誠也(広)	桑原 将志(ディ)	大島 洋平(中)

記録集

	2020	2021	2022	2023
投　手	菅野　智之(巨)	柳　裕也(中)	森下　暢仁(広)	東　克樹(ディ)
捕　手	梅野隆太郎(神)	中村　悠平(ヤ)	中村　悠平(ヤ)	坂本誠志郎(神)
一塁手	ビシエド(中)	ビシエド(中)	中田　翔(巨)	大山　悠輔(神)
二塁手	菊池　涼介(広)	菊池　涼介(広)	菊池　涼介(広)	中野　拓夢(神)
三塁手	高橋　周平(中)	岡本　和真(巨)	岡本　和真(巨)	宮崎　敏郎(ディ)
遊撃手	坂本　勇人(巨)	坂本　勇人(巨)	長岡　秀樹(ヤ)	木浪　聖也(神)
外野手	鈴木　誠也(広)	鈴木　誠也(広)	塩見　泰隆(ヤ)	近本　光司(神)
外野手	大島　洋平(中)	近本　光司(神)	岡林　勇希(中)	岡林　勇希(中)
外野手	青木　宣親(ヤ)	大島　洋平(中)	近本　光司(神)	桑原　将志(ディ)

パシフィック・リーグ

	1972	1973	1974	1975	1976	1977
投　手	足立　光宏(急)	成田　文男(ロ)	足立　光宏(急)	足立　光宏(急)	足立　光宏(急)	山田　久志(急)
捕　手	種茂　雅之(急)	野村　克也(南)	村上　公康(ロ)	有田　修三(近)	有田　修三(近)	加藤　俊夫(日)
一塁手	大杉　勝男(東)	ジョーンズ(南)	パーカー(南)	加藤　秀司(急)	加藤　秀司(急)	加藤　秀司(急)
二塁手	大下　剛史(東)	桜井　輝秀(南)	桜井　輝秀(南)	マルカーノ(急)	マルカーノ(南)	山崎　裕之(ロ)
三塁手	有藤　通世(ロ)	有藤　通世(ロ)	有藤　通世(ロ)	有藤　道世(ロ)	藤原　満(南)	島谷　金二(急)
遊撃手	大橋　穣(急)	大橋　穣(急)	大橋　穣(急)	大橋　穣(急)	大橋　穣(急)	大橋　穣(急)
外野手	福本　豊(急)	福本　豊(急)	福本　豊(急)	福本　豊(急)	弘田　澄男(ロ)	福本　豊(急)
外野手	池辺　巌(ロ)	島野　育夫(南)	弘田　澄男(ロ)	島野　育夫(南)	ウイリアムス(急)	弘田　澄男(ロ)
外野手	広瀬　叔功(南)	弘田　澄男(ロ)	島野　育夫(南)	弘田　澄男(ロ)	大熊　忠義(急)	大熊　忠義(急)

	1978	1979	1980	1981	1982	1983
投　手	山田　久志(急)	山田　久志(急)	木田　勇(日)	山田　久志(急)	山田　久志(急)	東尾　修(武)
捕　手	中沢　伸二(急)	梨田　昌崇(近)	梨田　昌崇(近)	梨田　昌崇(近)	大宮　龍男(日)	梨田　昌崇(近)
一塁手	柏原　純一(日)	柏原　純一(日)	小川　亨(近)	柏原　純一(日)	柏原　純一(日)	片平　晋作(武)
二塁手	マルカーノ(急)	マルカーノ(急)	山崎　裕之(ロ)	山崎　裕之(武)	古屋　英夫(日)	大石大二郎(近)
三塁手	島谷　金二(急)	島谷　金二(急)	羽田　耕一(近)	藤原　満(南)	古屋　英夫(日)	古屋　英夫(日)
遊撃手	大橋　穣(急)	高代　延博(近)	水上　善雄(ロ)	石毛　宏典(武)	石毛　宏典(武)	石毛　宏典(武)
外野手	福本　豊(急)	福本　豊(急)	福本　豊(急)	福本　豊(急)	島田　誠(日)	簑田　浩二(急)
外野手	簑田　浩二(急)	簑田　浩二(急)	平野　光泰(近)	簑田　浩二(急)	福本　豊(急)	島田　誠(日)
外野手	ウイリアムス(急)	平野　光泰(近)	簑田　浩二(急)	簑田　浩二(急)	簑田　浩二(急)	福本　豊(急)

	1984	1985	1986	1987	1988	1989
投　手	東尾　修(武)	東尾　修(武)	東尾　修(武)	東尾　修(武)	西崎　幸広(日)	阿波野秀幸(近)
捕　手	藤田　浩雅(急)	伊東　勤(武)	伊東　勤(武)	伊東　勤(武)	伊東　勤(武)	中嶋　聡(オ)
一塁手	山本　功児(ロ)	山本　功児(ロ)	ブーマー(急)	ブーマー(急)	清原　和博(武)	愛甲　猛(ロ)
二塁手	大石大二郎(近)	西村　徳文(ロ)	辻　発彦(武)	白井　一幸(日)	石毛　宏典(武)	松永　浩美(オ)
三塁手	松永　浩美(急)	古屋　英夫(日)	古屋　英夫(日)	石毛　宏典(武)	石毛　宏典(武)	田辺　徳雄(武)
遊撃手	弓岡敬二郎(急)	石毛　宏典(武)	石毛　宏典(武)	弓岡敬二郎(急)	秋山　幸二(武)	秋山　幸二(武)
外野手	簑田　浩二(急)	簑田　浩二(急)	西岡　良洋(武)	山本　和範(南)	平野　謙(武)	平野　謙(武)
外野手	島田　誠(日)	栗橋　茂(近)	山本　和範(南)	高沢　秀昭(ロ)	高沢　秀昭(ロ)	本西　厚博(オ)
外野手	高沢　秀昭(ロ)	金森　永時(武)	山森　雅文(急)	新井　宏昌(近) 島田　誠(武) （島田、新井同数票）	西村　徳文(ロ)	佐々木　誠(ダ)

	1990	1991	1992	1993	1994	1995
投　手	渡辺　久信(武)	郭　泰源(武)	郭　泰源(武)	野田　浩司(オ)	工藤　公康(武)	工藤　公康(ダ)
捕　手	伊東　勤(武)	伊東　勤(武)	伊東　勤(武)	田村　藤夫(日)	伊東　勤(武)	伊東　勤(武)
一塁手	清原　和博(武)	トレーバー(近)	清原　和博(武)	清原　和博(武)	清原　和博(武)	小久保裕紀(ダ)
二塁手	辻　発彦(武)	辻　発彦(武)	辻　発彦(武)	辻　発彦(武)	辻　発彦(武)	馬場　敏史(オ)
三塁手	松永　浩美(オ)	石毛　宏典(武)	石毛　宏典(武)	石毛　宏典(武)	松永　浩美(ダ)	広瀬　哲朗(日)
遊撃手	田辺　徳雄(武)	田辺　徳雄(武)	田辺　徳雄(武)	広瀬　哲朗(日)	広瀬　哲朗(日)	田中　幸雄(日)
外野手	秋山　幸二(武)	秋山　幸二(武)	秋山　幸二(武)	秋山　幸二(武)	秋山　幸二(武)	秋山　幸二(ダ)
外野手	平野　謙(武)	平野　謙(武)	平野　謙(武)	佐々木　誠(ダ)	佐々木　誠(武)	イチロー(鈴木一朗)(オ)
外野手	西村　徳文(ロ)	佐々木　誠(ダ)	佐々木　誠(ダ)	平野　謙(武)	イチロー(鈴木一朗)(オ)	田口　壮(オ)

	1996	1997	1998	1999	2000	2001
投手	西崎 幸広(日)	西口 文也(武)	西口 文也(武)	松坂 大輔(武)	松坂 大輔(武)	松坂 大輔(武)
捕手	高田 誠(オ)	伊東 勤(武)	伊東 勤(武)	城島 健司(ダ)	城島 健司(ダ)	城島 健司(ダ)
一塁手	片岡 篤史(日)	高木 大成(武)	高木 大成(武)	小笠原道大(日)	小笠原道大(日)	小笠原道大(日)
二塁手	大島 公一(オ)	大島 公一(オ)	金子 誠(ダ)	金子 誠(ダ)	大島 公一(オ)	井口 資仁(ダ)
三塁手	馬場 敏史(オ)	片岡 篤史(日)	片岡 篤史(日)	中村 紀洋(近)	中村 紀洋(近)	中村 紀洋(近)
遊撃手	田中 幸雄(日)	松井稼頭央(武)	松井稼頭央(武)	小坂 誠(ロ)	小坂 誠(ロ)	小坂 誠(ロ)
外野手	イチロー(鈴木一朗)(オ)	イチロー(鈴木一朗)(オ)	イチロー(鈴木一朗)(オ)	イチロー(鈴木一朗)(オ)	イチロー(鈴木一朗)(オ)	田口 壮(オ)
外野手	田口 壮(オ)	田口 壮(オ)	大村 直之(近)	秋山 幸二(ダ)	秋山 幸二(ダ)	柴原 洋(ダ)
外野手	秋山 幸二(ダ)	井出 竜也(日)	大友 進(武)	大友 進(武)	柴原 洋(ダ)	谷 佳知(オ)

	2002	2003	2004	2005	2006	2007
投手	西口 文也(武)	松坂 大輔(武)	松坂 大輔(武)	松坂 大輔(武)	松坂 大輔(武)	ダルビッシュ有(日)
捕手	城島 健司(ダ)	城島 健司(ダ)	城島 健司(ダ)	城島 健司(ソ)	里崎 智也(ロ)	里崎 智也(ロ)
一塁手	小笠原道大(日)	福浦 和也(ロ)	松中 信彦(ダ)	福浦 和也(ロ)	小笠原道大(日)	福浦 和也(ロ)
二塁手	高木 浩之(武)	井口 資仁(ダ)	井口 資仁(ダ)			田中 賢介(日)
三塁手	中村 紀洋(近)	小笠原道大(日)	中村 紀洋(近)	今江 敏晃(ロ)	今江 敏晃(ロ)	今江 敏晃(ロ)
遊撃手	松井稼頭央(武)	松井稼頭央(武)	川﨑 宗則(ダ)	小坂 誠(日)	川﨑 宗則(ソ)	TSUYOSHI(西岡剛)(ロ)
外野手	小関 竜也(武)	村松 有人(ダ)	SHINJO(新庄剛志)(日)	SHINJO(新庄剛志)(日)	SHINJO(新庄剛志)(日)	森本 稀哲(日)
外野手	谷 佳知(オ)	谷 佳知(オ)	村松 有人(ダ)	サブロー(大村三郎)(ロ)	稲葉 篤紀(日)	稲葉 篤紀(日)
外野手	井出 竜也(日)	大村 直之(近)	谷 佳知(オ)	大村 直之(ソ)	森本 稀哲(日)	サブロー(大村三郎)(ロ)
外野手		柴原 洋(ダ) (大村、柴原同数票)				

	2008	2009	2010	2011	2012	2013
投手	ダルビッシュ有(日)	涌井 秀章(武)	涌井 秀章(武)	田中 将大(楽)	田中 将大(楽)	田中 将大(楽)
捕手	細川 亨(武)	鶴岡 慎也(日)	嶋 基宏(楽)	細川 亨(武)	炭谷銀仁朗(武)	嶋 基宏(楽)
一塁手	カブレラ(オ)	高橋 信二(日)	小久保裕紀(ソ)	小久保裕紀(ソ)	稲葉 篤紀(日)	浅村 栄斗(武)
二塁手	田中 賢介(日)	田中 賢介(日)	田中 賢介(日)	本多 雄一(ソ)	本多 雄一(ソ)	藤田 一也(楽)
三塁手	今江 敏晃(ロ)	小谷野栄一(日)	小谷野栄一(日)	松田 宣浩(ソ)	小谷野栄一(日)	松田 宣浩(ソ)
遊撃手	中島 裕之(武)	金子 誠(日)	西岡 剛(ロ)	中島 裕之(武)	中島 裕之(武)	今宮 健太(ソ)
外野手	稲葉 篤紀(日)	糸井 嘉男(日)	糸井 嘉男(日)	岡田 幸文(ロ)	陽 岱鋼(日)	陽 岱鋼(日)
外野手	森本 稀哲(日)	坂口 智隆(オ)	坂口 智隆(オ)	糸井 嘉男(日)	糸井 嘉男(日)	糸井 嘉男(日)
外野手	坂口 智隆(オ)	稲葉 篤紀(日)	栗山 巧(武)	栗山 巧(武)	岡田 幸文(ロ)	秋山 翔吾(武)

	2014	2015	2016	2017	2018	2019
投手	金子 千尋(オ)	涌井 秀章(ロ)	涌井 秀章(ロ)	菊池 雄星(武)	岸 孝之(楽)	千賀 滉大(ソ)
捕手	伊藤 光(オ)	炭谷銀仁朗(武)	大野 奨太(日)	甲斐 拓也(ソ)	甲斐 拓也(ソ)	甲斐 拓也(ソ)
一塁手	T-岡田(岡田貴弘)(オ)	中田 翔(日)	中田 翔(日)	銀次(赤見内銀次)(楽)	中田 翔(日)	内川 聖一(ソ)
二塁手	藤田 一也(楽)	クルーズ(日)	藤田 一也(楽)	鈴木 大地(ロ)	浅村 栄斗(武)	浅村 栄斗(楽)
三塁手	松田 宣浩(ソ)	松田 宣浩(ソ)	松田 宣浩(ソ)	松田 宣浩(ソ)	松田 宣浩(ソ)	松田 宣浩(ソ)
遊撃手	今宮 健太(ソ)	今宮 健太(ソ)	今宮 健太(ソ)	今宮 健太(ソ)	源田 壮亮(武)	源田 壮亮(武)
外野手	陽 岱鋼(日)	柳田 悠岐(ソ)	秋山 翔吾(武)	秋山 翔吾(武)	秋山 翔吾(武)	秋山 翔吾(武)
外野手	糸井 嘉男(オ)	秋山 翔吾(武)	陽 岱鋼(日)	柳田 悠岐(ソ)	柳田 悠岐(ソ)	荻野 貴司(ロ)
外野手	柳田 悠岐(ソ)	清田 育宏(ロ)	糸井 嘉男(オ)	西川 遥輝(日)	西川 遥輝(日)	西川 遥輝(日)

	2020	2021	2022	2023
投手	千賀 滉大(ソ)	山本 由伸(オ)	山本 由伸(オ)	山本 由伸(オ)
捕手	甲斐 拓也(ソ)	甲斐 拓也(ソ)	甲斐 拓也(ソ)	若月 健矢(オ)
一塁手	中村 晃(ソ)／中田 翔(日)	中村 晃(ソ)	中村 晃(ソ)	中村 晃(ソ)
二塁手	外崎 修汰(武)	中村 奨吾(ロ)	外崎 修汰(武)	中村 奨吾(ロ)
三塁手	鈴木 大地(楽)	宗 佑磨(オ)	宗 佑磨(オ)	宗 佑磨(オ)
遊撃手	源田 壮亮(武)	源田 壮亮(武)	源田 壮亮(武)	源田 壮亮(武)
外野手	柳田 悠岐(ソ)	荻野 貴司(ロ)	高部 瑛斗(ロ)	辰己 涼介(楽)
外野手	大田 泰示(日)	柳田 悠岐(ソ)	辰己 涼介(楽)	万波 中正(日)
外野手	西川 遥輝(日)	辰己 涼介(楽)	福田 周平(オ)	近藤 健介(ソ)

(注) '72〜'85　ダイヤモンドグラブ賞、'86から三井ゴールデン・グラブ賞となる。

正力松太郎賞

(1977年制定、選考は表彰委員会による。)

年	氏名	所属	役職
1977	王 貞治	(巨 人)	内野手
1978	広岡 達朗	(ヤクルト)	監督
1979	西本 幸雄	(近 鉄)	監督
1980	古葉 竹識	(広 島)	監督
1981	藤田 元司	(巨 人)	監督
1982	広岡 達朗	(西 武)	監督
1983	田淵 幸一	(西 武)	内野手
1984	衣笠 祥雄	(広 島)	内野手
1985	吉田 義男	(阪 神)	監督
1986	森 昌彦	(西 武)	監督
1987	工藤 公康	(西 武)	投手
1988	門田 博光	(南 海)	指名打者
1989	藤田 元司	(巨 人)	監督
1990	森 祇晶	(西 武)	監督
1991	秋山 幸二	(西 武)	外野手
1992	石井 丈裕	(西 武)	投手
1993	野村 克也	(ヤクルト)	監督
1994	{ 長嶋 茂雄	(巨)	監督
	イチロー(鈴木一朗)	(オリックス)	外野手
1995	イチロー(鈴木一朗)	(オリックス)	外野手
1996	仰木 彬	(オリックス)	監督
1997	古田 敦也	(ヤクルト)	捕手
1998	佐々木主浩	(横 浜)	投手
1999	王 貞治	(ダイエー)	監督
2000	松井 秀喜	(巨 人)	外野手
2001	若松 勉	(ヤクルト)	監督
2002	原 辰徳	(巨 人)	監督
2003	{ 王 貞治	(ダイエー)	監督
	星野 仙一	(阪 神)	監督
2004	伊東 勤	(西 武)	監督
	※イチロー(鈴木一朗)	(マリナーズ)	外野手
2005	バレンタイン	(ロッテ)	監督
2006	王 貞治	(ソフトバンク)	監督
2007	落合 博満	(中 日)	監督
2008	渡辺 久信	(西 武)	監督
2009	原 辰徳	(巨 人)	監督
2010	西村 徳文	(ロッテ)	監督
2011	秋山 幸二	(ソフトバンク)	監督
2012	{ 原 辰徳	(巨 人)	監督
	阿部慎之助	(巨 人)	捕手
2013	星野 仙一	(楽 天)	監督
	※田中 将大	(楽 天)	投手
2014	秋山 幸二	(ソフトバンク)	監督
2015	工藤 公康	(ソフトバンク)	監督
2016	栗山 英樹	(日本ハム)	監督
2017	サファテ	(ソフトバンク)	投手
2018	工藤 公康	(ソフトバンク)	監督
2019	工藤 公康	(ソフトバンク)	監督
2020	工藤 公康	(ソフトバンク)	監督
2021	高津 臣吾	(ヤクルト)	監督
	※稲葉 篤紀	(侍ジャパン)	前監督
	{ 大谷 翔平	(エンゼルス)	投・野手
2022	{ 中嶋 聡	(オリックス)	監督
	※村上 宗隆	(ヤクルト)	内野手
2023	岡田 彰布	(阪 神)	監督
	※{ 栗山 英樹	(侍ジャパン)	前監督
	大谷 翔平	(エンゼルス)	投・野手

(注) ※は特別賞

沢村栄治賞

(1947年制定、1950～1988年セ・リーグのみ、1989年から両リーグを対象。)

年	氏名		防御率	勝敗
1947	別所 昭	(南)	1.86	30-19
1948	中尾 碩志	(巨)	1.84	27-12
1949	藤本 英雄	(松)	1.94	24- 7
1950	真田 重男	(松)	3.05	39-12
1951	杉下 茂	(名)	2.35	28-13
1952	杉下 茂	(名)	2.33	32-14
1953	大友 工	(巨)	1.85	27- 6
1954	杉下 茂	(中)	1.39	32-12
1955	別所 毅彦	(巨)	1.33	23- 8
1956	金田 正一	(国)	1.74	25-20
1957	金田 正一	(国)	1.63	28-16
1958	金田 正一	(国)	1.30	31-14
1959	村山 実	(神)	1.19	18-10
1960	堀本 律雄	(中)	2.00	29-18
1961	権藤 博	(中)	1.70	35-19
1962	小山 正明	(神)	1.66	27-11
1963	伊藤 芳明	(巨)	1.90	19- 8
1964	バッキー	(神)	1.89	29- 9
1965	村山 実	(神)	1.96	25-13
1966	{ 村山 実	(神)	1.55	24- 9
	堀内 恒夫	(巨)	1.39	16- 2
1967	小川 健太郎	(中)	2.51	29-12
1968	江夏 豊	(神)	2.13	25-12
1969	高橋 一三	(巨)	2.21	22- 5
1970	平松 政次	(洋)	1.95	25-19
1971	該当者なし			
1972	堀内 恒夫	(巨)	2.91	26- 9
1973	高橋 一三	(巨)	2.21	23-13
1974	星野 仙一	(中)	2.87	15- 9
1975	外木場義郎	(広)	2.95	20-13
1976	池谷公二郎	(広)	3.26	20-15
1977	小林 繁	(巨)	2.92	18- 8
1978	松岡 弘	(ヤ)	3.75	16-11
1979	小林 繁	(神)	2.89	22- 9
1980	該当者なし			
1981	西本 聖	(巨)	2.58	18-12
1982	北別府 学	(広)	2.43	20- 8
1983	遠藤 一彦	(洋)	2.87	18- 9
1984	該当者なし			
1985	小松 辰雄	(中)	2.65	17- 8
1986	北別府 学	(広)	2.43	18- 4
1987	桑田 真澄	(巨)	2.17	15- 6
1988	大野 豊	(広)	1.70	13- 7
1989	斎藤 雅樹	(巨)	1.62	20- 7
1990	野茂 英雄	(近)	2.91	18- 8
1991	佐々岡真司	(広)	2.44	17- 9
1992	石井 丈裕	(武)	1.94	15- 3
1993	今中 慎二	(中)	2.20	17- 7
1994	山本 昌広	(中)	3.49	19- 8
1995	斎藤 雅樹	(巨)	2.70	18-10
1996	斎藤 雅樹	(巨)	2.36	16- 4
1997	西口 文也	(武)	3.12	15- 5
1998	川崎憲次郎	(ヤ)	3.04	17-10
1999	上原 浩治	(巨)	2.09	20- 4
2000	該当者なし			
2001	松坂 大輔	(武)	3.60	15-15

年			防御率	勝 敗	年			防御率	勝 敗
2002	上原 浩治	(巨)	2.60	17- 5	2013	田中 将大	(楽)	1.27	24- 0
2003	斉藤 和巳	(ダ)	2.83	20- 3	2014	金子 千尋	(オ)	1.98	16- 5
	井川 慶	(神)	2.80	20- 5	2015	前田 健太	(広)	2.09	15- 8
2004	川上 憲伸	(中)	3.32	17- 7	2016	ジョンソン	(広)	2.15	15- 7
2005	杉内 俊哉	(ソ)	2.11	18- 4	2017	菅野 智之	(巨)	1.59	17- 5
2006	斉藤 和巳	(ソ)	1.75	18- 5	2018	菅野 智之	(巨)	2.14	15- 8
2007	ダルビッシュ有	(日)	1.82	15- 5	2019	該当者なし			
2008	岩隈 久志	(楽)	1.87	21- 4	2020	大野 雄大	(中)	1.82	11- 6
2009	涌井 秀章	(武)	2.30	16- 6	2021	山本 由伸	(オ)	1.39	18- 5
2010	前田 健太	(広)	2.21	15- 8	2022	山本 由伸	(オ)	1.68	15- 5
2011	田中 将大	(楽)	1.27	19- 5	2023	山本 由伸	(オ)	1.21	16- 6
2012	攝津 正	(ソ)	1.91	17- 5					

(注) '59まで記者投票、'60から選考委員会による。

最 優 秀 投 手

パシフィック・リーグ（1953年〜1959年表彰）

年			防御率	勝 敗	得票	投票数
1953	川崎 徳次	(西)	1.98	24-15	49	74
1954	西村 貞朗	(西)	1.77	22- 5	55	116
1955	中村 大成	(南)	2.13	23- 4	112	134
1956	島原 幸雄	(西)	1.35	25-11	66	130
1957	稲尾 和久	(西)	1.37	35- 6	141	142
1958	稲尾 和久	(西)	1.42	33-10	145	145
1959	杉浦 忠	(南)	1.40	38- 4	140	141

セントラル・リーグ（1967年〜2012年表彰）

年			防御率	勝 敗	得票	投票数	年			防御率	勝 敗	得票	投票数
1967	小川健太郎	(中)	2.51	29-12	178	182	1990	斎藤 雅樹	(巨)	2.17	20- 5	148	148
1968	江夏 豊	(神)	2.13	25-12	192	196	1991	佐々岡真司	(広)	2.44	17- 9	148	172
1969	高橋 一三	(巨)	2.21	22- 5	163	196	1992	斎藤 雅樹	(巨)	2.59	17- 6	95	174
1970	平松 政次	(洋)	1.96	25-19	169	196	1993	今中 慎二	(中)	2.20	17- 7	127	169
1971	平松 政次	(洋)	2.23	17-13	146	199	1994	山本 昌広	(中)	3.49	19- 8	102	163
1972	堀内 恒夫	(巨)	2.91	26- 9	186	199	1995	斎藤 雅樹	(巨)	2.70	18-10	111	161
1973	高橋 一三	(巨)	2.21	23-13	136	194	1996	斎藤 雅樹	(巨)	2.36	16- 4	166	170
1974	堀内 恒夫	(巨)	2.66	19-11	102	202	1997	山本 昌広	(中)	2.92	18- 7	110	169
1975	外木場義郎	(広)	2.95	20-13	192	201	1998	佐々木主浩	(横)	0.64	1- 1	104	192
1976	池谷公二郎	(広)	3.26	15-12	152	197	1999	上原 浩治	(巨)	2.09	20- 4	160	207
1977	小林 繁	(巨)	2.92	18- 8	153	194	2000	工藤 公康	(巨)	3.11	12- 5	106	189
1978	新浦 寿夫	(巨)	2.81	15- 7	86	198	2001	藤井 秀悟	(ヤ)	3.17	14- 8	111	187
1979	小林 繁	(神)	2.89	22- 9	197	204	2002	上原 浩治	(巨)	2.60	17- 5	152	204
1980	江川 卓	(巨)	2.48	16-12	56	215	2003	井川 慶	(神)	2.80	20- 5	200	204
1981	江川 卓	(巨)	2.29	20- 6	211	263	2004	川上 憲伸	(中)	3.32	17- 7	172	200
1982	北別府 学	(広)	2.43	20- 8	162	238	2005	黒田 博樹	(広)	3.17	15-12	69	209
1983	遠藤 一彦	(洋)	2.87	18- 9	180	215	2006	川上 憲伸	(中)	2.51	17- 7	156	201
1984	山根 和夫	(広)	3.41	16- 8	137	252	2007	高橋 尚成	(巨)	2.75	14- 4	85	204
1985	小松 辰雄	(中)	2.65	17- 8	119	239	2008	グライシンガー	(巨)	3.06	17- 9	130	202
1986	北別府 学	(広)	2.43	18- 4	237	245	2009	ゴンザレス	(巨)	2.11	15- 2	117	218
1987	桑田 真澄	(巨)	2.17	15- 6	119	227	2010	前田 健太	(広)	2.21	15- 8	238	246
1988	小野 和幸	(中)	2.60	18- 4	94	240	2011	吉見 一起	(中)	1.65	18- 3	174	243
1989	斎藤 雅樹	(巨)	1.62	20- 7	172	224	2012	内海 哲也	(巨)	1.98	15- 6	121	252

(注) セ・リーグではベストナイン投手がこれにあたる。投票数は有効投票総数。

部門別ランキング

（　）内当時の所属。
※は表彰年度が限定される場合の最多表彰回数とその選手名。

首位打者
7　張本　　勲（東・日）
　　イチロー(鈴木一朗)（オ）
6　長嶋　茂雄（巨）
5　川上　哲治（巨）
　　王　　貞治（巨）
　　落合　博満（ロ）
3　大下　　弘（東）
　　与那嶺　要（巨）
　　江藤慎一郎（中・ロ）
　　パウエル（中）
　　青木　宣親（ヤ）

最多安打
10　長嶋　茂雄（巨）
6　川上　哲治（巨）
5　イチロー(鈴木一朗)（オ）
4　榎本　喜八（毎・京）
　　福本　　豊（急・オ）
　　ブーマー（急・オ）
　　秋山　翔吾（武）
3　中島　治康（巨）
　　与那嶺　要（巨）
　　王　　貞治（巨）
　　張本　　勲（東・巨）
　　田尾　安志（中）
　　パチョレック（洋・神）
　　野村謙二郎（広）
　　ラミレス（ヤ・巨）
　　マートン（神）
※5　イチロー(鈴木一朗)（オ）

最多本塁打
15　王　　貞治（巨）
9　野村　克也（南）
6　中村　剛也（武）
5　青田　　昇（巨・洋）
　　中西　　太（西）
　　落合　博満（ロ・中）
4　山本　浩二（広）
　　ローズ（近・巨）
3　藤村富美男（神）
　　大下　　弘（セ・東）
　　長池　徳二（急）
　　掛布　雅之（神）
　　門田　博光（南）
　　デストラーデ（武）
　　ブライアント（近）
　　松井　秀喜（巨）
　　タイロン・ウッズ（横・中）
　　バレンティン（ヤ）
　　山川　穂高（武）
　　岡本　和真（巨）

最多打点
13　王　　貞治（巨）
7　野村　克也（南）
5　藤村富美男（神）
　　長嶋　茂雄（巨）
　　落合　博満（ロ・中）
4　中島　治康（毎）
　　山内　和弘（毎）
　　ブーマー（急・オ・ダ）
　　ラミレス（ヤ・巨）
　　中村　剛也（武）
3　川上　哲治（巨）
　　中西　　太（西）
　　長池　徳二（急）
　　加藤　英司(秀司)（急）
　　山本　浩二（広）
　　松井　秀喜（巨）
　　松中　信彦（ダ・ソ）
　　ローズ（近・オ）
　　中田　　翔（日）

最多盗塁
13　福本　　豊（急）
6　柴田　　勲（巨）
5　広瀬　叔功（南）
　　赤星　憲広（神）
4　木塚　忠助（南）
　　西村　正夫（神）
　　大石大二郎（近）
　　　（第二朗）
　　石井　琢朗（横）
　　片岡　易之（武）
　　西川　遥輝（日）
　　近藤　光司（中）
3　河西　俊雄（グ・南）
　　金山　次郎（松・広）
　　河野　旭輝（急・中）
　　バルボン（急）
　　高木　守道（中）
　　高橋　慶彦（広）
　　屋鋪　　要（洋）
　　野村謙二郎（広）
　　緒方　孝市（広）
　　松井稼頭央（武）
　　山田　哲人（ヤ）

最高出塁率
9　張本　　勲（東・拓・日）
7　落合　博満（ロ・中）
5　イチロー(鈴木一朗)（オ）
4　オマリー（神・ヤ）
　　柳田　悠岐（ソ）
3　加藤　英司(秀司)（急）
　　門田　博光（南）
　　松井　秀喜（巨）
　　福留　孝介（中）
　　松中　信彦（ダ・ソ）
　　糸井　嘉男（日・オ）
　　近藤　健介（日・ソ）
※9　張本　　勲（東・拓・日）
セ'67～'84は最多出塁数と
して表彰。
その最多は 12 王 貞治（巨）

勝率第1位
4　山田　久志（急）
　　工藤　公康（武・巨）
3　御園生崇男（神）
　　藤本　英雄（巨）
　　堀内　恒夫（巨）
　　北別府　学（広）
　　斎藤　雅樹（巨）
　　上原　浩治（巨）
　　斉藤　和巳（ダ・ソ）
　　杉内　俊哉（ソ・巨）
　　山本　由伸（オ）
※4　山田　久志（急）

最優秀防御率
5　稲尾　和久（西）
4　工藤　公康（武・ダ）
　　菅野　智之（巨）
　　山本　由伸（オ）
3　藤本　英雄（巨）
　　金田　正一（国・巨）
　　村山　　実（神）
　　村田　兆治（ロ）
　　斎藤　雅樹（巨）
　　前田　健太（広）

最多勝利
6　スタルヒン（巨・大）
5　斎藤　雅樹（巨）
4　稲尾　和久（西）
　　野茂　英雄（近）
　　涌井　秀章（武・ロ・楽）
3　別所　毅彦(昭)（南・巨）
　　金田　正一（国）
　　鈴木　啓示（近）
　　山田　久志（急）
　　渡辺　久信（武）
　　山本　昌広（中）
　　松坂　大輔（武）
　　菅野　智之（巨）
　　山本　由伸（オ）
※5　斎藤　雅樹（巨）

最多セーブ
6　江夏　　豊（南・広・日）
5　岩瀬　仁紀（中）
4　高津　臣吾（ヤ）
　　佐々木主浩（横）
3　鈴木　孝政（中）
　　斉藤　明夫（洋）
　　牛島　和彦（中・ロ）
　　赤堀　元之（近）
　　武田　　久（日）
　　サファテ（ソ）
　　松井　裕樹（楽）
※5　岩瀬　仁紀（中）

最優秀中継ぎ
3　岩瀬　仁紀（中）
　　山口　鉄也（巨）
　　宮西　尚生（日）
セ特別賞時代の受賞回数も
含む。

最多奪三振
10　金田　正一（国）
8　鈴木　啓示（近）
6　江夏　　豊（神）
5　則本　昂大（楽）
4　村田　兆治（ロ）
　　野茂　英雄（近）
　　松坂　大輔（武）
　　山本　由伸（オ）
3　稲尾　和久（西）
　　江川　　卓（巨）
　　遠藤　一彦（洋）
　　川口　和久（広）
　　井川　　慶（神）
　　ダルビッシュ有（日）
　　杉内　俊哉（ソ・巨）
※5　則本　昂大（楽）

最優秀選手
9　王　　貞治（巨）
5　長嶋　茂雄（巨）
　　野村　克也（南）
3　山本　一人（グ・南）
　　（鶴岡）
　　川上　哲治（巨）
　　山田　久志（急）
　　イチロー(鈴木一朗)（オ）
　　松井　秀喜（巨）
　　山本　由伸（オ）

三冠王

	年	打率	本塁打	打点	
中島 治康 (巨)	'38秋	.361	10	38	
野村 克也 (南)	'65	.320	42	110	
王 貞治 (巨)	'73	.355	51	114	
	'74	.332	49	107	
落合 博満 (ロ)	'82	.325	32	99	
	'85	.367	52	146	
	'86	.360	50	116	
ブーマー (急)	'84	.355	37	130	
バ ー ス (神)	'85	.350	54	134	
	'86	.389	47	109	
松中 信彦 (ダ)	'04	.358	44	120	〈本塁打はセギノール（日）とタイ〉
村上 宗隆 (ヤ)	'22	.318	56	134	

ベストナイン

〔投 手〕
6 別所 毅彦 (昭) (南・巨)
5 稲尾 和久 (西)
　山田 久志 (急)
　斎藤 雅樹 (巨)

〔捕 手〕
19 野村 克也 (南)
10 伊東 勤 (武)
9 古田 敦也 (ヤ)
　阿部慎之助 (巨)
8 森 昌彦 (巨)
6 土井垣 武 (神・毎)
　城島 健司 (ダ・ソ)
5 田淵 幸一 (神)
　木俣 達彦 (中)

〔一塁手〕
18 王 貞治 (巨)
10 川上 哲治 (巨)
9 榎本 喜八 (毎・京)
5 大杉 勝男 (東)
　加藤 英司(秀司) (急)

〔二塁手〕
7 千葉 茂 (巨)
　高木 守道 (中)
　浅村 栄斗 (武・楽)
6 ロ ー ズ (横)
　田中 賢介 (日)
　山田 哲人 (ヤ)
5 岡本伊三美 (南)
　井上 登 (中)
　山崎 裕之 (ロ・武)
　篠塚 利夫 (巨)
　辻 発彦 (武)

〔三塁手〕
17 長嶋 茂雄 (巨)
10 有藤 道世(通世) (ロ)
7 中西 太 (西)
　掛布 雅之 (神)
　江藤 智 (広・巨)
6 藤村富美男 (神)
　中村 剛也 (武)
5 小玉 明利 (近)
　松永 浩美 (急・オ・ダ)
　中村 紀洋 (近)

〔遊撃手〕
9 吉田 義男 (神)
7 木塚 忠助 (南)
　松井稼頭央 (武)
　坂本 勇人 (巨)
6 豊田 泰光 (西)
　藤田 平 (神)
　鳥谷 敬 (神)
5 大橋 穣 (急)
　高橋 慶彦 (広)
　石毛 宏典 (武)
　池山 隆寛 (ヤ)
　石井 琢朗 (横)
　井端 弘和 (中)

〔外野手〕
16 張本 勲 (東・拓・日・巨)
10 山内 一弘(和弘) (毎・広)
　福本 豊 (急)
　山本 浩二 (広)
9 若松 勉 (ヤ)
8 秋山 幸二 (武)
　松井 秀喜 (巨)
　大下 弘 (東・西)
　柳田 悠岐 (ソ)
7 与那嶺 要 (巨)
　イチロー(鈴木一朗) (オ)
　青木 宣親 (ヤ)

〔指名打者〕('75〜)
4 門田 博光 (南・オ)
3 デストラーデ (武)

全般記録、打撃・投手・守備各記録（個人、チーム）

- ・セ記録、パ記録は、各リーグだけで記録されたもの。
- ・交は2005年より実施のセ・パ交流戦での記録。
- ・1975年以降のパ・リーグ、及び交流戦のパ・リーグホームゲーム（2014年のみセ・リーグホームゲーム）は指名打者制。
- ・ライフタイムにおける選手名・所属チームは、原則として最終出場時（投手は登板時）のもの。
- ・ゲーム最多記録は延長回でのものを除く。
- ・連続打数記録　1973年より規則改正（9.23参照）四死球、犠打、妨害では中断されない。
- ・連続記録は単一シーズンでの記録。「連続シーズン」は、複数シーズンにわたり記録されたもの。

Ⅰ．全 般 記 録

A．勝利記録

```
セ-98…松　　竹　'50　試合137　敗北35　引分4
   92…巨　　人　'55　試合130　敗北37　引分1
パ-99…南　　海　'55　試合143　敗北41　引分3
   96…西　　鉄　'56　試合154　敗北51　引分7
     　南　　海　'56　試合152　敗北52　引分6
日-87…南　　海　'48　試合140　敗北49　引分4
```

B．最高勝率

```
セ-.737…松　　竹　'50　試合137　勝利98　敗北35　引分4
   .731…巨　　人　'51　試合114　勝利90　敗北29　引分6
パ-.750…南　　海　'51　試合104　勝利72　敗北24　引分8
   .707…南　　海　'55　試合143　勝利99　敗北41　引分3
日-.829…タイガース　'38春試合 35　勝利29　敗北 6
```

C．連勝記録

```
セ-15…巨　　人　'51. 7. 16対国〜 8.  3対洋
     　中　　日　'55. 7. 28対巨〜 8. 18対洋
   14…中　　日　'65. 8. 19対巨〜 9. 5対洋第1
     　巨　　人　'76. 5.  4対中〜 5. 23対洋
パ-18…南　　海　'54. 8. 22対東第1〜 9. 21対西
     　大　　毎　'60. 6.  5対近第2〜 6. 29対近第2
                      −途中引分1を挟む−
   17…南　　海　'65. 6. 17対急〜 7. 14対東
                      −途中引分1を挟む−
日-14…タイガース　'37. 9.  8対イ〜10.  4対金
     　　　　　　'46. 6. 24対グ〜 7. 21対セ
```

D．敗北記録

```
セ-99…大　　洋　'55　試合130　勝利31
   96…広　　島　'50　試合138　勝利41　引分1
     　洋　　松　'54　試合130　勝利32　引分2
     　ヤクルト　'17　試合143　勝利45　引分2
パ-103…近　　鉄　'61　試合140　勝利36　引分1
    98…トンボ　'55　試合141　勝利42　引分1
     　高　　橋　'56　試合154　勝利54　引分2
日-83…中　　日　'48　試合140　勝利52　引分5
```

E．最低勝率

```
セ-.238…大　　洋　'55　試合130　勝利31　敗北 99
   .250…洋　　松　'54　試合130　勝利32　敗北 96　引分2
パ-.238…近　　鉄　'58　試合130　勝利29　敗北 97　引分4
```

```
   .261…近　　鉄　'61　試合140　勝利36　敗北103　引分1
日-.214…イーグルス　'37春試合 56　勝利12　敗北 44
```

F．連敗記録

```
セ-16…ヤクルト　'70. 8.  4対神〜 8. 25対中
     　ヤクルト　'19. 5. 14対広〜 6.  1対ディ
   14…国　　鉄　'50. 3. 21対神〜 4. 16対松
                      −途中引分1を挟む−
     　大　　洋　'55. 7.  7対国〜 7. 23対巨第2
     　横　　浜　'08. 9. 14対中〜10.  3対中
                      −途中引分1を挟む−
     　ヤクルト　'17. 7.  1対神〜 7. 21対神
                      −途中引分1を挟む−
パ-18…ロッテ　'98. 6. 13対オ〜 7.  8対オ
                      −途中引分1を挟む−
   15…大　　映　'55. 4. 17対西第1〜5.対近第1
     　南　　海　'69. 6.  4対ロ〜 6. 26対東
                      −途中引分1を挟む−
     　ロッテ　'78. 6.  1対急〜 6. 28対急
                      −途中引分3を挟む−
   14…大　　映　'54. 8.  5対近〜 8. 26対南
     　日本ハム　'84. 7. 10対ロ〜 8.  9対ロ
                      −途中引分3を挟む−
日-16…大 東 京　'36. 9. 28対巨〜11. 22対名
                      −途中引分1を挟む−
   15…金　　鯱　'39. 4. 12対イ〜 5. 19対急
     　中部日本　'46. 8.  5対急〜 9.  1対セ
```

G．最長イニング
（時間）

```
セ-20回　松　2−1　洋　'52. 9. 7　3 : 13
パ-23回　近　1−0　東　'54. 10. 10　4 : 30
   22回　大　4−4　近　'53. 6. 25　4 : 33
   20回　東　4−4　近　'53. 8. 9　4 : 46
日-28回　洋　4−4　名　'42. 5. 24　3 : 47
   20回　洋　1−0　神　'41. 7. 13　2 : 43
```

H．長時間試合
セ-（補回）

6時間26分	神	3− 3	ヤ	'92. 9. 11	（15回）
6時間19分	横	5− 6	ヤヤ横	'96. 9. 8	（14回）
6時間13分	広	6−14	横	'98. 8. 9	（15回）
6時間 2分	神	2− 3	中	'90. 5. 24	（15回）
6時間 1分	広	8− 7	ヤ	'92. 10. 1	（13回）
5時間51分	洋	6− 5	中	'90. 8. 4	（15回）
5時間46分	ヤ	17−16	広	'93. 5. 19	（14回）
	中	6− 5	ヤ	'98. 4. 10	（13回）
5時間45分	広	3− 6	神	'94. 9. 6	（15回）
5時間43分	中	7− 9	広	'94. 8. 25	（15回）
5時間42分	中	5− 5	洋	'91. 4. 14	（15回）
	神	3− 2	ヤ	'94. 8. 16	（15回）
	広	7− 6	巨	'04. 8. 20	（12回）
5時間40分	神	5− 4	ヤ	'00. 8. 24	（14回）
	神	7− 6	中	'04. 5. 22	（12回）
5時間39分	広	5− 5	ディ	'14. 7. 14	（12回）
5時間37分	神	9−10	洋	'04. 7. 28	（11回）
（9回）					
5時間10分	洋	11−12	神	'90. 5. 6	
4時間59分	中	8−10	巨	'90. 5. 24	
4時間53分	神	4− 5	中	'90. 8. 2	
4時間52分	横	12−13	巨	'96. 7. 12	
4時間45分	ヤ	5− 5	洋	'78. 8. 21	
4時間40分	神	9− 7	中	'05. 4. 28	
4時間39分	洋	9− 7	神	'88. 8. 23	
	中	4− 9	ディ	'13. 5. 5	
4時間38分	ヤ	12−13	神	'97. 7. 16	
	広	4− 5	巨	'16. 8. 5	

4時間36分	神	12 - 7	ヤ	'90. 5. 3
4時間34分	横	6 - 8	神	'07. 8. 10
	広	6 - 12	中	'10. 5. 1

パー(補回)

6時間 1分	日	7 - 9	ソ	'13. 9. 4	(12回)
5時間48分	武	8 - 8	日	'14. 8. 16	(12回)
5時間45分	ソ	10 - 10	ロ	'18. 7. 24	(12回)
5時間42分	武	8 - 9	ロ	'09. 7. 2	(12回)
5時間37分	楽	8 - 8	日	'15. 5. 21	(12回)
5時間32分	武	9 - 9	オ	'00. 8. 29	(12回)
5時間29分	武	9 - 16	楽	'05. 6. 26	(10回)
	武	9 - 9	オ	'13. 6. 23	(12回)
5時間28分	オ	7 - 8	武	'01. 6. 24	(12回)
5時間27分	オロ	4 - 8	近	'01. 5. 19	(12回)
	日	3 - 8	ソ	'18. 8. 2	(12回)
5時間23分	武	5 - 5	楽	'10. 8. 28	(12回)
5時間22分	楽	4 - 4	オ	'15. 7. 10	(12回)
5時間21分	日	9 - 9	武	'19. 4. 23	(12回)
	ロ	8 - 7	武	'19. 7. 8	(12回)
5時間20分	ダ	10 - 11	武	'03. 6. 29	(11回)
(9回)					
5時間 6分	ソ	10 - 11	楽	'07. 7. 11	
4時間54分	オ	11 - 21	ダ	'03. 6. 17	
4時間48分	日	6 - 19	近	'03. 8. 18	
4時間47分	ソ	6 - 7	日	'13. 7. 1	
	ソ	4 - 7	ソ	'15. 7. 15	
4時間46分	日	7 - 6	ダ	'98. 6. 23	
4時間45分	ダ	8 - 9	近	'03. 7. 28	
4時間43分	武	4 - 7	日	'04. 8. 15	
4時間41分	楽	15 - 5	日	'08. 9. 30	
4時間40分	武	11 - 17	近	'04. 7. 24	
	楽	6 - 7	武	'09. 7. 5	
4時間38分	近	14 - 8	武	'01. 8. 24	
4時間37分	ダ	7 - 8	武	'90. 4. 14	
	日	10 - 8	武	'98. 5. 20	
	日			'00. 7. 18	
4時間36分	近	9 - 8	平	'73. 5. 12	
	武	5 - 9	ソ	'13. 8. 13	
	ソ	7 - 10	武	'15. 7. 5	
4時間35分	オロ	7 - 6	近	'00. 9. 10	
4時間34分	武	13 - 6	ロ	'90. 6. 23	
	日	3 - 4	ソ	'06. 7. 29	

交ー(補回)

5時間53分	日	6 - 6	横	'07. 6. 14	(12回)
5時間44分	ロ	8 - 10	中	'13. 6. 15	(12回)
(9回)					
4時間48分	巨	5 - 6	オ	'14. 6. 18	
4時間43分	オ	10 - 14	中	'09. 6. 3	

日ー(補回)

3時間47分	洋	4 - 4	名	'42. 5. 24	(28回)
(9回)					
2時間47分	巨	7 - 6	中	'49. 4. 6	

Ⅰ. 短時間試合 (コールド除く)

セー1時間 9分	中	1 - 0	松	'50. 11. 20	
1時間11分	広	0 - 2	神	'50. 5. 16	
	洋	6 - 1	広	'50. 10. 6	
	洋	3 - 0	松	'52. 10. 12	
パー1時間 8分	大	4 - 0	毎	'50. 4. 26	
1時間12分	毎	0 - 3	東	'52. 8. 23	
交ー2時間 1分	巨	2 - 0	楽	'12. 5. 30	
日ー　55分	神	1 - 0	パ	'46. 7. 26	

Ⅱ. 個人打撃記録

A. 永年出場

セー29…	山　本　　昌	(中)	'86～'10、'12～'15
27…	谷繁　元信	(中)	'89～'15
25…	三浦　大輔	(ディ)	'92～'16
パー28…	中嶋　　聡	(日)	'87～'02、'04～'15
26…	野村　克也	(武)	'54、'56～'80
23…	門田　博光	(ダ)	'70～'92
	福浦　和也	(ロ)	'97～'19

20年以上

29…	工藤　公康	(武)	'82～'10
	山　本　　昌	(中)	'86～'10、'12～'15
	中嶋　　聡	(日)	'87～'15
27…	谷繁　元信	(中)	'89～'15
26…	野村　克也	(武)	'54、'56～'80
25…	山崎　武司	(中)	'89～'13
	三浦　大輔	(ディ)	'92～'16
24…	大島　康徳	(日)	'71～'94
	石井　琢朗	(広)	'89～'12
23…	張本　　勲	(南)	'59～'81
	衣笠　祥雄	(広)	'65～'87
	門田　博光	(ダ)	'70～'92
	八重樫幸雄	(ヤ)	'71～'93
	真弓　明信	(神)	'73～'95
	川相　昌弘	(中)	'84～'06
	前田　智徳	(広)	'90～'08、'10～'13
	福浦　和也	(ロ)	'97～'19
22…	広瀬　叔功	(南)	'56～'77
	米田　哲也	(武)	'56～'77
	石井　茂雄	(巨)	'58～'79
	王　　貞治	(巨)	'59～'80
	辻　　恭彦	(洋)	'63～'84
	村田　兆治	(ロ)	'68～'82、'84～'90
	杉浦　　享	(ヤ)	'72～'93
	大野　　豊	(広)	'77～'98
	伊東　　勤	(武)	'82～'03
	田中　幸雄	(日)	'86～'07
	清原　和博	(オ)	'86～'06、'08
	緒方　孝市	(広)	'88～'09
	立浪　和義	(中)	'88～'09
	大道　典嘉	(巨)	'89～'10
	桧山進次郎	(神)	'92～'13
	中村　紀洋	(ディ)	'92～'04、'06～'14
	サブロー	(ロ)	'97～'16
	荒木　雅博	(中)	'97～'18
	石川　雅規	(ヤ)	'02～'23
21…	小山　正明	(洋)	'53～'73
	権藤　正利	(神)	'53～'73
	若生　智男	(広)	'56～'76
	足立　光宏	(急)	'59～'79
	高木　守道	(中)	'60～'80
	中沢　伸二	(急)	'65～'85
	間柴　茂有	(ダ)	'70～'90
	今井雄太郎	(ダ)	'71～'91
	佐藤　義則	(オ)	'77～'80、'82～'98
	堀　　幸一	(ロ)	'89～'09
	下柳　　剛	(楽)	'91、'93～'12
	金本　知憲	(神)	'92～'12
	平井　正史	(中)	'94～'14
	西口　文也	(武)	'95～'15
	内川　聖一	(ヤ)	'01～'19、'21～'22
	中村　剛也	(武)	'03～'23
20…	呉　　昌征	(毎)	'37～'44、'46～'57
	西沢　道夫	(中)	'37～'43、'46～'58
	金田　正一	(巨)	'50～'69
	梶本　隆夫	(急)	'54～'73
	森　　昌彦	(巨)	'55～'74
	遠井　吾郎	(神)	'58～'77
	板東　里視	(近)	'60～'79

伊藤　勲　（南）'61～'80
佐々木宏一郎（南）'62～'81
柴田　勲　（巨）'62～'81
土井　正博（武）'62～'81
松原　誠　（巨）'62～'81
山崎　裕之（近）'65～'84
鈴木　啓示（近）'66～'85
東尾　修　（武）'69～'88
福本　豊　（急）'69～'88
山田　久志（急）'69～'88
久保　康生（近）'78～'97
落合　博満（中）'79～'98
愛甲　猛　（中）'81～'00
秋山　幸二（ダ）'81, '84～'02
桑田　真澄（巨）'86～'95, '97～'06
吉田　豊彦（楽）'88～'07
江藤　智　（武）'90～'09
矢野　燿大（神）'91～'10
稲葉　篤紀（日）'95～'14
金子　誠　（日）'95～'14
新井　貴浩（広）'99～'18
坂口　智隆（ヤ）'03～'22
中島　宏之（巨）'02～'12, '15～'23
栗山　巧　（武）'04～'23

B．多数試合出場

		選手		在籍	1000試合到達日
セ－	3021…	谷繁　元信	（中）	'89～'15	'98. 8. 25
パ－	3017…	野村　克也	（武）	'54～'80	'63. 7. 31

－1000試合以上－ （525人）

No.	試合	選手		在籍	到達日
1	3021…	谷繁　元信	（中）	'89～'15	'98. 8. 25
2	3017…	野村　克也	（武）	'54～'80	'63. 7. 31
3	2831…	王　　貞治	（巨）	'59～'80	'66. 8. 24
4	2752…	張本　勲	（ロ）	'59～'81	'66. 8. 26
5	2677…	衣笠　祥雄	（広）	'65～'87	'75. 4. 24
6	2638…	大島　康徳	（日）	'71～'94	'80. 4. 12
7	2586…	立浪　和義	（中）	'88～'09	'96. 9. 21
8	2578…	金本　知憲	（神）	'92～'12	'01. 8. 15
9	2571…	門田　博光	（ダ）	'70～'92	'78. 5. 11
10	2449…	土井　正博	（武）	'62～'81	'69. 7. 6
11	2413…	井口　琢朗	（広）	'89～'12	'99. 10. 15
12	2401…	福本　豊	（急）	'69～'88	'77. 8. 5
13	2383…	新井　貴浩	（広）	'99～'18	'07. 6. 19
14	2379…	伊東　勤	（武）	'82～'03	'91. 6. 26
15	2338…	清原　和博	（オ）	'86～'08	'93. 9. 9
16	2284…	山本　浩二	（広）	'69～'86	'76. 10. 5
17	2282…	高木　守道	（中）	'60～'80	'69. 7. 30
17	2282…	阿部慎之助	（巨）	'01～'19	'09. 5. 7
19	2267…	中村　紀洋	（ディ）	'92～'14	'01. 9. 2
20	2251…	山崎　裕之	（武）	'65～'84	'74. 5. 21
21	2249…	山崎　武司	（中）	'89～'13	'01. 10. 6
22	2243…	鳥谷　敬	（ロ）	'04～'21	'11. 5. 22
23	2241…	栗山　巧	（武）	'04～'23	'13. 7. 2
24	2236…	田中　幸雄	（日）	'86～'07	'95. 8. 13
25	2236…	落合　博満	（日）	'79～'98	'88. 5. 14
26	2235…	山内　一弘	（ロ）	'52～'70	'61. 4. 23
26	2235…	大杉　勝男	（ヤ）	'65～'83	'73. 6. 2
26	2235…	福浦　和也	（ロ）	'97～'19	'05. 5. 12
29	2221…	榎本　喜八	（西）	'55～'72	'62. 6. 20
30	2220…	荒木　雅博	（中）	'97～'18	'07. 9. 24
31	2213…	稲葉　篤紀	（ヤ）	'95～'14	'04. 9. 9
32	2208…	柴田　勲	（巨）	'62～'81	'71. 5. 23
33	2190…	広瀬　叔功	（南）	'56～'77	'64. 6. 17
33	2190…	松原　誠	（巨）	'62～'81	'71. 8. 29
35	2189…	秋山　幸二	（日）	'81～'02	'92. 6. 10
36	2188…	前田　智徳	（広）	'90～'13	'99. 7. 22
37	2186…	長嶋　茂雄	（巨）	'58～'74	'65. 8. 18
38	2162…	宮本　慎也	（ヤ）	'95～'13	'03. 9. 28
39	2142…	木俣　達彦	（中）	'64～'82	'72. 9. 7
40	2101…	坂本　勇人	（巨）	'07～'23	'14. 9. 24
41	2084…	江藤　慎一	（ロ）	'59～'76	'66. 8. 4
42	2076…	新井　宏昌	（近）	'75～'92	'84. 4. 7
43	2064…	堀　幸一	（ロ）	'89～'09	'98. 7. 28
44	2063…	有藤　道世	（ロ）	'69～'86	'77. 5. 10
44	2063…	駒田　徳広	（横）	'83～'00	'92. 7. 1
46	2062…	若松　勉	（ヤ）	'71～'89	'79. 5. 12
47	2057…	小久保裕紀	（ソ）	'94～'12	'02. 9. 17
48	2056…	毒島　章一	（東）	'54～'71	'62. 4. 19
49	2051…	真弓　明信	（神）	'73～'95	'84. 6. 28
50	2042…	中村　剛也	（武）	'03～'23	'14. 6. 27
51	2028…	加藤　英司	（南）	'69～'87	'78. 9. 8
52	2023…	福留　孝介	（中ヤ）	'99～'22	'07. 4. 6
53	2022…	内川　聖一	（ヤ）	'01～'22	'11. 9. 25
54	2010…	藤田　平	（神）	'66～'84	'74. 5. 30
55	2008…	古田　敦也	（ヤ）	'90～'07	'98. 6. 2
56	2007…	吉田　義男	（神）	'53～'69	'61. 4. 12
57	1996…	金子　誠	（日）	'95～'14	'04. 4. 6
58	1992…	小笠原道大	（中）	'97～'15	'05. 8. 24
59	1979…	川上　哲治	（巨）	'38～'58	'50. 10. 19
60	1969…	白　仁天	（近）	'63～'81	'72. 6. 30
61	1968…	和田　一浩	（中）	'97～'15	'08. 5. 17
62	1965…	飯田　徳治	（国）	'47～'63	'55. 5. 11
63	1959…	桧山進次郎	（神）	'92～'13	'03. 4. 10
64	1955…	中村　武志	（楽）	'87～'05	'96. 7. 17
65	1953…	村田　修一	（巨）	'03～'17	'10. 9. 19
66	1946…	小玉　明利	（神）	'54～'69	'61. 8. 24
67	1933…	中島　宏之	（中）	'02～'23	'11. 6. 30
68	1931…	谷沢　健一	（中）	'70～'86	'79. 9. 23
69	1927…	野村謙二郎	（広）	'89～'05	'97. 4. 16
70	1922…	松田　宣浩	（ロ）	'06～'23	'15. 7. 12
71	1919…	遠井　吾郎	（神）	'58～'77	'68. 6. 19
72	1915…	井口　資仁	（ロ）	'97～'17	'09. 8. 26
73	1914…	基　満男	（洋）	'67～'84	'75. 5. 17
74	1913…	松井稼頭央	（武）	'95～'18	'02. 9. 15
75	1909…	川相　昌弘	（中）	'84～'06	'96. 4. 7
76	1908…	小川　亨	（近）	'68～'84	'76. 5. 26
77	1896…	井端　弘和	（巨）	'98～'15	'07. 7. 16
78	1895…	佐伯　貴弘	（横）	'93～'11	'02. 6. 16
79	1893…	広澤　克実	（神）	'85～'03	'92. 9. 27
80	1892…	大石大二郎	（近）	'81～'97	'89. 7. 16
80	1892…	金城　龍彦	（オ）	'99～'15	'07. 7. 28
82	1888…	谷　佳知	（オ）	'97～'15	'04. 7. 25
83	1884…	森　昌彦	（巨）	'55～'74	'66. 6. 30
84	1877…	中　暁生	（中）	'55～'72	'64. 8. 3
85	1874…	羽田　耕一	（近）	'73～'89	'81. 5. 2
86	1834…	江藤　智	（武）	'90～'09	'97. 7. 17
87	1819…	高橋　由伸	（巨）	'98～'15	'06. 8. 18
88	1816…	松永　浩美	（ダ）	'81～'97	'89. 6. 17
89	1814…	豊田　泰光	（ア）	'53～'69	'60. 8. 7
90	1811…	大島　洋平	（中）	'10～'23	'17. 7. 25
91	1808…	緒方　孝市	（広）	'88～'09	'98. 3. 31
92	1805…	浅村　栄斗	（楽）	'10～'23	'18. 5. 6
93	1802…	宇野　勝	（中）	'77～'94	'87. 4. 14
94	1801…	蔵野　将彦	（中）	'97～'17	'10. 6. 5
95	1799…	前田　益穂	（ロ）	'59～'75	'67. 5. 14
96	1796…	石毛　宏典	（ダ）	'81～'96	'88. 9. 23
97	1793…	高倉　照幸	（ダ）	'53～'70	'62. 6. 30
98	1789…	近藤　和彦	（近）	'58～'73	'65. 9. 11
98	1789…	大村　直之	（オ）	'94～'10	'03. 5. 31
100	1787…	葛城　隆雄	（神）	'55～'70	'63. 6. 23
101	1784…	池山　隆寛	（ヤ）	'84～'02	'93. 9. 12
102	1782…	杉浦　享	（ヤ）	'72～'93	'83. 10. 1
102	1782…	サブロー	（ロ）	'95～'16	'07. 8. 15
104	1780…	松中　信彦	（ソ）	'97～'15	'06. 4. 28
105	1775…	醍醐　猛夫	（ロ）	'54～'77	'67. 4. 8
106	1771…	伊藤　勲	（南）	'61～'80	'72. 6. 24
107	1766…	城戸　則文	（ヤ）	'57～'74	'66. 7. 13
108	1744…	ラミレス	（横）	'01～'13	'08. 4. 18
109	1739…	田淵　幸一	（武）	'69～'84	'77. 8. 31
110	1734…	丸　佳浩	（巨）	'10～'23	'18. 6. 30
111	1732…	田辺　豪介	（ロ）	'62～'79	'72. 8. 30
111	1732…	初芝　清	（ロ）	'89～'05	'98. 6. 12
113	1730…	船田　和英	（ヤ）	'62～'80	'73. 9. 8
114	1729…	水谷　実雄	（急）	'66～'85	'78. 8. 12
115	1727…	糸井　嘉男	（神）	'07～'22	'15. 9. 2

116	1722…高橋　慶彦	(神)	'76〜'92	'85. 8. 20	189	1526…田代　富雄	(洋)	'76〜'91	'84. 5. 9
117	1720…小川　博文	(横)	'89〜'03	'97. 6. 21	190	1523…木村　拓也	(巨)	'92〜'09	'04. 7. 16
118	1713…和田　豊	(神)	'85〜'01	'94. 10. 4	191	1521…古屋　英夫	(神)	'78〜'92	'86. 6. 14
119	1709…青田　昇	(急)	'42〜'59	'53. 4. 25	191	1521…角　富士夫	(ヤ)	'76〜'94	'87. 9. 11
120	1704…西沢　道夫	(中)	'37〜'58	'52. 7. 31	193	1517…鈴木　尚	(横)	'91〜'08	'02. 7. 28
120	1704…今江　年晶	(楽)	'02〜'19	'12. 7. 14	193	1517…日高　剛	(神)	'98〜'14	'07. 5. 17
122	1700…呉　昌征	(毎)	'37〜'57	'50. 5. 1	195	1512…千葉　茂	(巨)	'38〜'56	'51. 7. 28
123	1698…古川　清蔵	(急)	'41〜'59	'53. 5. 16	195	1512…高田　繁	(巨)	'68〜'80	'76. 4. 16
124	1697…原　辰徳	(巨)	'81〜'95	'88. 10. 2	197	1508…奈良原　浩	(中)	'91〜'06	'01. 6. 24
125	1696…中田　翔	(ヤ)	'09〜'23	'17. 8. 13	197	1508…相川　亮二	(ヤ)	'99〜'17	'10. 6. 2
126	1686…鈴木　健	(ヤ)	'89〜'07	'00. 5. 7	199	1507…加藤　俊夫	(洋)	'67〜'85	'78. 7. 30
127	1683…田尾　安志	(神)	'76〜'91	'84. 8. 29	200	1506…井上　登	(中)	'53〜'67	'61. 10. 1
127	1683…平野　謙	(ロ)	'81〜'96	'89. 6. 25	201	1505…飯田　哲也	(ヤ)	'89〜'06	'98. 8. 25
129	1682…島谷　金二	(急)	'69〜'82	'77. 4. 18	202	1504…藤井　弘	(広)	'55〜'69	'64. 8. 18
130	1674…ロ　ー　ズ	(オ)	'96〜'09	'03. 6. 10	203	1503…片平　晋作	(洋)	'72〜'89	'83. 10. 23
131	1673…村松　有人	(ソ)	'92〜'10	'03. 5. 3	204	1501…河野　旭輝	(西)	'58〜'71	'66. 7. 23
132	1669…矢野　燿大	(神)	'91〜'10	'04. 4. 4	204	1501…鈴木　貴久	(近)	'86〜'00	'95. 7. 2
133	1655…小鶴　誠	(広)	'42〜'58	'53. 4. 28	206	1492…東出　輝裕	(広)	'99〜'12	'08. 9. 20
134	1652…青木　宣親	(ヤ)	'04〜'23	'18. 4. 17	207	1491…古溝　竹識	(南)	'54〜'67	'62. 9. 6
135	1651…白石　勝巳	(広)	'36〜'56	'50. 5. 6	208	1488…田宮謙次郎	(毎)	'49〜'63	'60. 5. 29
135	1651…篠塚　和典	(巨)	'77〜'94	'87. 7. 4	209	1487…藤井　勇	(洋)	'36〜'58	'52. 6. 24
137	1650…藤井　栄治	(急)	'62〜'78	'69. 9. 17	210	1485…杉山　光平	(南)	'52〜'66	'61. 9. 27
138	1645…玉造　陽二	(西)	'55〜'67	'63. 5. 14	210	1485…江尻　亮	(洋)	'65〜'79	'74. 6. 9
139	1643…中塚　政幸	(洋)	'68〜'82	'77. 4. 30	210	1485…清水　崇行	(武)	'96〜'09	'04. 6. 1
140	1642…柏原　純一	(南)	'73〜'88	'82. 6. 16	213	1482…鎌田　実	(神)	'57〜'72	'67. 6. 20
141	1641…藤井　康雄	(オ)	'87〜'02	'96. 7. 10	213	1482…大　和	(ディ)	'09〜'23	'19. 4. 30
142	1639…淡口　憲治	(近)	'71〜'89	'83. 6. 11	215	1480…今宮　健太	(ソ)	'11〜'23	'19. 6. 4
142	1639…岡田　彰布	(オ)	'80〜'95	'88. 6. 2	216	1477…長嶋　清幸	(南)	'80〜'97	'89. 9. 30
144	1628…高木　豊	(日)	'81〜'94	'89. 8. 1	217	1476…金田　正泰	(神)	'42〜'57	'52. 9. 11
144	1628…屋鋪　要	(巨)	'78〜'95	'87. 9. 22	218	1474…長崎　啓二	(神)	'73〜'87	'82. 5. 16
146	1625…掛布　雅之	(神)	'74〜'88	'83. 4. 16	219	1466…島野　育夫	(神)	'63〜'80	'74. 7. 13
147	1620…石原　慶幸	(広)	'02〜'19	'12. 6. 14	220	1464…土橋　勝征	(ヤ)	'87〜'06	'01. 6. 30
148	1619…近藤　昭仁	(洋)	'60〜'73	'67. 10. 5	221	1463…藤田　一也	(ディ)	'05〜'23	'16. 5. 17
148	1619…田中　賢介	(日)	'00〜'19	'12. 5. 9	222	1461…大沢　伸夫	(神)	'37〜'54	'51. 4. 18
150	1618…山本　和範	(近)	'80〜'99	'92. 5. 8	223	1457…二岡　智宏	(日)	'99〜'13	'07. 5. 18
151	1616…福富　邦夫	(ヤ)	'65〜'80	'73. 9. 2	224	1452…柴原　洋	(ソ)	'97〜'11	'06. 4. 22
152	1609…山下　大輔	(洋)	'74〜'87	'82. 7. 22	225	1450…岡崎　博治	(東)	'54〜'67	'63. 6. 22
153	1594…山本　一義	(広)	'61〜'75	'69. 10. 2	225	1450…森本　潔	(中)	'65〜'79	'74. 7. 16
154	1592…弘田　澄男	(神)	'72〜'87	'80. 9. 30	227	1449…長池　徳士	(急)	'66〜'79	'74. 7. 8
155	1587…仁志　敏久	(巨)	'96〜'09	'04. 6. 4	228	1447…阪本　敏三	(神)	'67〜'80	'75. 4. 29
156	1586…土井　正三	(巨)	'65〜'78	'73. 6. 17	229	1441…嶋　基宏	(ヤ)	'07〜'22	'15. 8. 9
157	1581…佐々木　誠	(神)	'85〜'00	'94. 5. 4	230	1434…種田　仁	(横)	'90〜'07	'03. 8. 19
158	1580…長野　久義	(ロ)	'10〜'23	'17. 5. 28	231	1433…西村　徳文	(ロ)	'82〜'97	'91. 8. 18
159	1576…島田　誠	(ダ)	'77〜'91	'85. 6. 26	232	1431…小早川毅彦	(ヤ)	'84〜'99	'93. 6. 26
160	1573…森下　整鎮	(南)	'52〜'66	'61. 6. 11	233	1430…中田　昌宏	(急)	'57〜'68	'64. 8. 12
161	1569…片岡　篤史	(ヤ)	'92〜'06	'00. 5. 31	233	1430…河埜　和正	(巨)	'71〜'86	'81. 10. 5
162	1567…三村　敏之	(広)	'67〜'83	'76. 10. 2	233	1430…山田　哲人	(ヤ)	'12〜'23	'20. 8. 23
163	1566…石嶺　和彦	(神)	'81〜'96	'91. 7. 18	236	1429…田中　尊亨	(広)	'57〜'72	'66. 8. 28
164	1565…和田　博実	(西)	'55〜'72	'65. 8. 12	237	1428…細川　亨	(ソ)	'02〜'20	'12. 7. 16
164	1565…正田　耕三	(広)	'85〜'98	'94. 5. 22	238	1423…大熊　忠義	(急)	'64〜'81	'75. 8. 17
166	1562…辻　発彦	(ヤ)	'84〜'99	'93. 6. 2	239	1420…箕田　浩二	(巨)	'76〜'90	'85. 6. 2
167	1561…水口　栄二	(ヤ)	'91〜'07	'01. 8. 29	240	1417…坪内　道典	(名)	'36〜'51	'48. 9. 12
168	1558…藤村富美男	(神)	'36〜'58	'51. 9. 30	240	1417…関根　潤三	(巨)	'50〜'65	'62. 7. 14
169	1557…堀井　数男	(南)	'43〜'59	'53. 6. 13	242	1415…町田　行彦	(巨)	'52〜'65	'61. 7. 26
170	1552…大矢　明彦	(ヤ)	'70〜'85	'78. 8. 6	242	1415…河南　準一	(南)	'56〜'70	'67. 4. 26
170	1552…河埜　敬幸	(ダ)	'75〜'89	'84. 8. 5	242	1415…川又　米利	(中)	'79〜'97	'92. 7. 5
170	1552…田村　藤夫	(ダ)	'81〜'97	'92. 4. 11	245	1414…中村　晃	(ソ)	'11〜'23	'20. 10. 8
173	1550…栗橋　茂	(近)	'74〜'89	'83. 10. 2	246	1413…土井垣　武	(毎)	'40〜'57	'53. 4. 29
173	1550…中嶋　聡	(日)	'87〜'15	'99. 6. 26	246	1413…西園寺昭夫	(ヤ)	'57〜'70	'65. 9. 7
173	1550…鈴木　大地	(楽)	'12〜'23	'19. 7. 15	246	1413…亀井　善行	(巨)	'05〜'21	'17. 9. 2
176	1549…八田　正	(ソ)	'55〜'71	'65. 7. 8	249	1411…SHINJO	(日)	'91〜'06	'00. 7. 20
176	1549…佐野　仙好	(神)	'74〜'89	'83. 9. 17	250	1408…関川　浩一	(楽)	'91〜'07	'01. 6. 29
178	1547…大下　弘	(西)	'46〜'59	'54. 9. 3	251	1398…重松　省三	(洋)	'62〜'75	'71. 7. 12
179	1546…水上　善雄	(ダ)	'76〜'92	'86. 6. 14	251	1398…柳田　悠岐	(ソ)	'11〜'23	'21. 3. 28
180	1545…坂口　智隆	(ヤ)	'03〜'22	'16. 6. 2	253	1394…小谷野栄一	(ロ)	'03〜'18	'13. 9. 29
181	1541…炭谷銀仁朗	(楽)	'06〜'23	'16. 8. 16	254	1393…角中　勝也	(ロ)	'07〜'23	'19. 5. 25
182	1536…小池　兼司	(南)	'61〜'74	'68. 7. 7	255	1392…安居　玉一	(南)	'42〜'57	'54. 6. 13
183	1532…関口　清治	(急)	'48〜'63	'58. 4. 14	256	1391…杉山　悟	(近)	'48〜'60	'56. 7. 15
183	1532…愛甲　猛	(中)	'81〜'00	'93. 5. 19	257	1389…今津　光男	(急)	'58〜'75	'69. 10. 12
185	1531…井上　弘昭	(広)	'68〜'85	'78. 4. 16	257	1389…本西　厚博	(武)	'87〜'01	'96. 8. 7
185	1531…山崎　隆造	(広)	'78〜'93	'89. 6. 30	259	1388…中西　太	(西)	'52〜'69	'61. 5. 7
187	1530…日比野　武	(西)	'39〜'59	'53. 4. 2	260	1387…若菜　嘉晴	(日)	'74〜'91	'86. 6. 15
188	1528…菊池　涼介	(広)	'12〜'23	'19. 7. 24	261	1380…村上　嵩幸	(武)	'84〜'01	'95. 6. 17

順位	記録	選手名	球団	在籍	達成日
262	1378	国松　彰	(巨)	'55～'70	'67. 6. 18
263	1375	大島　公一	(楽)	'93～'05	'01. 8. 12
264	1374	本堂　保弥	(毎)	'37～'57	'52. 7. 20
265	1372	大橋　穣	(高)	'69～'82	'77. 8. 5
266	1371	竹之内雅史	(神)	'68～'82	'77. 9. 26
266	1371	小坂　誠	(楽)	'97～'10	'05. 4. 22
268	1370	岡村　浩司	(日)	'61～'74	'70. 5. 22
268	1370	西川　遥輝	(楽)	'12～'23	'20. 7. 9
270	1368	八木　裕	(神)	'87～'04	'99. 4. 8
270	1368	真中　満	(ヤ)	'93～'08	'04. 7. 16
272	1366	金山　次郎	(広)	'43～'57	'54. 6. 24
272	1366	秋山　翔吾	(広)	'11～'23	'18. 7. 16
274	1364	木下　富雄	(広)	'74～'87	'83. 10. 23
275	1361	後藤　光尊	(楽)	'02～'16	'12. 6. 17
276	1359	中沢　伸二	(急)	'65～'85	'81. 8. 11
276	1359	Ｔ－岡田	(オ)	'06～'23	'18. 5. 6
278	1356	大道　典嘉	(巨)	'89～'10	'03. 4. 1
279	1355	吉沢　岳男	(中)	'54～'69	'65. 4. 17
280	1354	藤原　満	(南)	'69～'82	'80. 4. 28
281	1353	バルボン	(近)	'55～'65	'62. 9. 5
282	1349	大和田　明	(南)	'55～'68	'65. 7. 29
282	1349	吉村　禎章	(巨)	'82～'98	'93. 8. 10
284	1348	八重樫幸雄	(ヤ)	'71～'93	'87. 6. 5
284	1348	進藤　達哉	(ヤ)	'88～'03	'00. 5. 5
286	1342	多村　仁志	(ディ)	'97～'15	'11. 4. 23
287	1334	山田　潔	(大)	'38～'56	'53. 8. 12
287	1334	達川　光男	(広)	'78～'92	'89. 9. 24
289	1333	水沼　四郎	(中)	'69～'83	'79. 7. 13
290	1328	仰木　彬	(西)	'54～'67	'62. 8. 12
291	1327	広岡　達朗	(巨)	'54～'66	'63. 4. 21
292	1324	野口　明	(中)	'36～'55	'51. 8. 18
293	1324	大豊　泰昭	(中)	'89～'02	'98. 4. 22
294	1323	長田　幸雄	(洋)	'61～'76	'71. 5. 12
294	1323	梨田　昌孝	(近)	'72～'88	'81. 5. 12
294	1323	城島　健司	(神)	'95～'12	'04. 9. 21
297	1322	陽　岱鋼	(巨)	'07～'21	'17. 6. 13
298	1315	リ　一	(ロ)	'77～'87	'85. 6. 15
299	1314	滝田　政治	(神)	'48～'62	'59. 5. 2
299	1314	大田　卓司	(武)	'69～'82	'82. 8. 15
301	1313	マルカーノ	(オ)	'75～'85	'83. 5. 27
301	1313	有田　修三	(ダ)	'73～'90	'84. 7. 5
301	1313	本多　雄一	(ダ)	'06～'18	'14. 5. 26
304	1311	礒部　公一	(楽)	'97～'09	'05. 7. 16
305	1310	大下　剛史	(広)	'67～'78	'75. 6. 22
306	1309	今岡　誠	(神)	'97～'11	'05. 8. 2
307	1306	森永　勝也	(巨)	'58～'70	'66. 6. 8
308	1305	得津　高宏	(ロ)	'67～'82	'75. 6. 8
309	1303	吉田　勝豊	(西)	'57～'69	'65. 5. 19
309	1303	富田　勝	(ロ)	'69～'81	'79. 4. 16
311	1297	水谷新太郎	(ヤ)	'74～'89	'84. 10. 8
312	1292	田中　浩康	(ディ)	'05～'18	'13. 9. 29
313	1289	岡本伊三美	(南)	'50～'63	'59. 7. 5
314	1288	木塚　忠助	(近)	'48～'59	'56. 7. 18
314	1288	安井　智規	(近)	'62～'75	'71. 10. 9
314	1288	高橋　博士	(ヤ)	'65～'82	'79. 6. 2
314	1288	大引　啓次	(ヤ)	'07～'19	'16. 4. 27
318	1279	箱田　淳	(洋)	'51～'64	'61. 6. 10
319	1275	佐藤　孝夫	(国)	'52～'63	'61. 5. 9
320	1272	関本賢太郎	(神)	'00～'15	'11. 10. 9
320	1272	森本　稀哲	(武)	'00～'15	'10. 9. 26
322	1268	松井　秀喜	(巨)	'93～'02	'01. 4. 12
323	1265	川端　慎吾	(ヤ)	'06～'23	'19. 6. 4
324	1264	北川　博敏	(ロ)	'95～'12	'09. 8. 6
325	1262	石井　晶	(急)	'60～'71	'69. 7. 13
325	1262	山倉　和博	(巨)	'78～'90	'87. 4. 25
325	1262	金村　義明	(武)	'82～'99	'94. 6. 11
328	1260	平野　恵一	(オ)	'02～'15	'12. 7. 14
329	1257	中村　悠平	(ヤ)	'09～'23	'21. 6. 6
330	1255	レ　オ	(ヤ)	'78～'87	'85. 10. 18
331	1254	福嶋　久晃	(広)	'67～'85	'81. 8. 26
332	1253	フェルナンデス	(オ)	'03～'13	'11. 6. 15
333	1252	国貞　泰汎	(平)	'64～'75	'72. 6. 15
334	1250	吉永幸一郎	(巨)	'90～'03	'99. 5. 1
335	1248	中畑　清	(巨)	'77～'89	'87. 5. 26
336	1242	湯上谷竑志	(ダ)	'85～'00	'96. 8. 4
337	1241	服部　敏和	(日)	'69～'82	'80. 8. 6
338	1240	矢頭　高雄	(京)	'57～'67	'64. 8. 8
338	1240	福良　淳一	(オ)	'85～'97	'94. 8. 20
338	1240	銀　次	(楽)	'10～'23	'19. 8. 23
341	1239	カブレラ	(ソ)	'01～'12	'09. 7. 31
342	1238	松山　竜平	(日)	'08～'23	'21. 4. 23
343	1235	中島　卓也	(日)	'11～'23	'20. 6. 30
344	1234	原田　督二	(毎)	'48～'58	'56. 3. 21
345	1233	坂本文次郎	(毎)	'51～'61	'59. 9. 9
345	1233	長谷川勇也	(ソ)	'08～'21	'16. 8. 10
347	1232	山下　健	(急)	'50～'64	'60. 10. 9
347	1232	塩崎　真	(オ)	'97～'10	'06. 9. 18
349	1230	山口富士雄	(洋)	'63～'73	'71. 7. 7
350	1229	伊勢川真澄	(大)	'40～'57	'53. 8. 5
350	1229	田辺　路朗	(西)	'85～'00	'96. 7. 26
352	1227	興津　立雄	(広)	'59～'71	'68. 9. 26
352	1227	河埜　和正	(巨)	'06～'22	'18. 9. 24
354	1225	戸口　天従	(中)	'53～'66	'63. 9. 22
355	1224	中谷　準志	(西)	'38～'57	'55. 4. 7
356	1223	島内　宏明	(楽)	'12～'23	'22. 4. 30
357	1222	田口　壮	(オ)	'92～'11	'01. 4. 28
358	1220	鶴岡　慎也	(日)	'05～'21	'16. 8. 9
359	1219	木村　拓也	(中)	'39～'58	'56. 5. 9
359	1219	与那嶺　要	(中)	'51～'62	'59. 10. 20
359	1219	三宅　伸和	(神)	'53～'67	'62. 4. 22
362	1218	岡持　和彦	(ロ)	'70～'88	'86. 8. 9
363	1217	山本　功児	(ロ)	'76～'88	'86. 4. 17
364	1216	定岡　智秋	(南)	'74～'87	'83. 9. 11
364	1216	西山　秀二	(中)	'89～'05	'01. 8. 19
366	1215	井上　一樹	(中)	'91～'09	'06. 8. 15
367	1214	末次　利光	(巨)	'65～'77	'75. 5. 6
368	1208	片岡　治大	(巨)	'05～'14	'13. 6. 28
369	1207	坂崎　一彦	(東)	'56～'67	'65. 5. 15
370	1205	元木　大介	(巨)	'92～'05	'02. 7. 23
371	1204	山本　八郎	(サ)	'56～'67	'65. 6. 13
372	1203	門前真佐人	(神)	'36～'56	'54. 9. 16
373	1199	久慈　照嘉	(神)	'92～'05	'00. 5. 8
374	1196	長持　栄吉	(毎)	'46～'57	'55. 7. 28
375	1195	本屋敷錦吾	(神)	'58～'69	'66. 10. 2
376	1194	桑田　武	(ヤ)	'59～'70	'66. 9. 21
376	1194	岩村　明憲	(ヤ)	'98～'14	'11. 5. 10
378	1190	種茂　雅之	(急)	'61～'74	'72. 7. 5
379	1189	佐野　嘉幸	(広)	'63～'79	'74. 9. 26
380	1188	正岡　真二	(中)	'68～'84	'81. 8. 30
381	1187	江島　巧	(ロ)	'68～'83	'79. 7. 1
381	1187	白井　一幸	(オ)	'84～'96	'93. 9. 18
381	1187	川崎　宗則	(ソ)	'01～'17	'10. 9. 25
384	1186	伊藤光四郎	(西)	'56～'70	'68. 7. 10
385	1183	平野　光泰	(近)	'72～'85	'83. 8. 9
386	1182	秦　真司	(ヤ)	'85～'00	'96. 8. 16
387	1177	森　徹	(京)	'58～'68	'66. 5. 29
388	1176	石渡　茂	(巨)	'71～'85	'82. 10. 7
389	1170	上川　誠二	(ロ)	'76～'92	'90. 10. 2
390	1169	石川　雄洋	(ディ)	'06～'19	'16. 8. 13
391	1166	穴吹　義雄	(南)	'56～'68	'67. 7. 31
392	1160	山崎　幸三	(急)	'48～'59	'58. 4. 20
392	1160	浜名　千広	(ロ)	'92～'04	'00. 7. 6
394	1157	近藤　健介	(ソ)	'12～'23	'22. 9. 11
395	1156	岡崎　郁	(巨)	'84～'96	'94. 6. 21
396	1153	山村　善則	(ダ)	'75～'89	'86. 10. 8
397	1152	弓岡敬二郎	(オ)	'81～'91	'89. 6. 3
397	1152	安達　了一	(オ)	'12～'23	'21. 6. 2
399	1150	永淵　洋三	(日)	'68～'79	'77. 7. 17
400	1149	立花　義家	(神)	'78～'92	'89. 4. 25
401	1148	ブーマー	(ダ)	'83～'92	'91. 9. 6
402	1147	高木　由一	(洋)	'72～'87	'85. 6. 4
403	1146	藤波　行雄	(中)	'74～'87	'85. 4. 21
404	1142	武智　修	(洋)	'43～'57	'56. 4. 21
405	1138	土井　淳	(洋)	'56～'68	'66. 5. 18
406	1135	黒江　透修	(巨)	'64～'74	'73. 7. 8
406	1135	高井　保弘	(急)	'66～'82	'80. 8. 14

406	1135…	渡辺　直人	(楽)	'07～'20	'16. 8. 18
409	1134…	村田　真一	(巨)	'84～'01	'00. 5. 10
409	1134…	高須　洋介	(楽)	'98～'13	'11. 7. 29
411	1131…	鈴木　武	(洋)	'53～'63	'62. 7. 19
412	1130…	井上　洋一	(ロ)	'67～'85	'83. 8. 24
412	1130…	鈴木　尚広	(巨)	'02～'16	'14. 8. 22
414	1128…	竹　春樹	(武)	'81～'95	'94. 4. 13
414	1128…	中村　奨吾	(ロ)	'15～'23	'23. 4. 11
416	1127…	赤星　憲広	(神)	'01～'09	'08. 8. 26
417	1125…	田中　剛	(巨)	'03～'18	'15. 5. 14
418	1122…	田中　広輔	(広)	'14～'23	'22. 5. 14
419	1116…	並木　輝男	(京神)	'57～'68	'65. 10. 3
420	1114…	永尾　泰憲	(ロ)	'73～'87	'85. 10. 1
421	1110…	諸積　兼司	(ロ)	'94～'06	'04. 9. 14
422	1108…	田中久寿男	(西)	'56～'69	'67. 8. 6
422	1108…	井出　竜也	(ソ)	'95～'05	'04. 4. 22
424	1106…	畠山　和洋	(ヤ)	'04～'19	'16. 5. 25
425	1104…	バレンティン	(ソ)	'11～'21	'19. 8. 24
426	1103…	藤本　博史	(ロ)	'85～'98	'96. 7. 27
427	1101…	高橋　眞裕	(ロ)	'85～'99	'96. 9. 1
428	1099…	谷木　稔	(神)	'65～'67	'65. 9. 1
429	1098…	野口　二郎	(急)	'39～'53	'51. 9. 1
430	1097…	土屋　正孝	(神)	'55～'65	'64. 4. 26
431	1096…	島原　輝夫	(南)	'53～'62	'62. 7. 29
431	1096…	梵　英心	(広)	'06～'16	'15. 4. 5
433	1094…	藤井　淳志	(中)	'06～'21	'18. 7. 29
434	1092…	池田　純	(神)	'58～'75	'75. 9. 3
434	1092…	中根　仁	(横)	'89～'03	'02. 4. 7
436	1090…	広瀬　宰	(武)	'69～'81	'79. 8. 27
437	1089…	里崎　智也	(ロ)	'04～'14	'12. 9. 8
438	1083…	根来　広光	(急)	'57～'68	'66. 7. 24
439	1082…	石川　進	(急)	'54～'69	'68. 5. 15
440	1081…	宮崎　敏郎	(ディ)	'13～'23	'23. 6. 1
441	1079…	柳田　俊郎	(巨)	'67～'82	'81. 6. 8
442	1078…	安藤　順三	(東)	'54～'70	'68. 7. 17
443	1074…	高木　喬	(洋)	'63～'73	'72. 9. 2
444	1073…	高山　菊治	(洋)	'37～'53	'53. 4. 23
444	1073…	藤井　彰人	(神)	'99～'15	'14. 9. 29
446	1072…	山森　雅彦	(オ)	'80～'93	'92. 9. 1
447	1071…	浅井　保彦	(西)	'52～'67	'66. 7. 23
448	1070…	浅井　樹	(広)	'93～'06	'05. 7. 27
449	1069…	五十嵐信一	(日)	'80～'96	'94. 9. 29
450	1068…	仁村　徹	(神)	'84～'97	'97. 4. 12
451	1067…	平井　光親	(ロ)	'89～'02	'00. 4. 14
452	1066…	荻野　貴司	(ロ)	'10～'23	'22. 9. 7
453	1065…	飯塚　佳寛	(ロ)	'69～'80	'79. 10. 12
454	1063…	小淵　泰輔	(ア)	'57～'69	'69. 5. 11
454	1063…	徳武　定彦	(中)	'61～'70	'68. 9. 11
454	1063…	伊藤　竜彦	(南)	'59～'71	'70. 9. 6
454	1063…	加藤　博一	(洋)	'72～'90	'89. 10. 18
458	1060…	小森　光生	(近)	'54～'66	'65. 8. 5
459	1058…	渡辺　進	(ヤ)	'72～'87	'86. 6. 3
459	1058…	梶谷　隆幸	(巨)	'09～'23	'23. 7. 5
461	1057…	鳥越　裕介	(ソロ)	'94～'05	'05. 8. 13
462	1055…	青野　修三	(広)	'62～'74	'73. 5. 30
463	1054…	横溝　桂	(広)	'55～'69	'69. 5. 5
464	1053…	本多　逸郎	(中)	'50～'61	'59. 9. 17
464	1053…	金田　正一	(巨)	'50～'69	'68. 7. 9
466	1052…	筒井　敬三	(東)	'46～'58	'57. 6. 5
466	1052…	北村　照文	(中)	'80～'90	'90. 9. 15
468	1049…	宮崎　剛	(洋)	'40～'55	'54. 8. 1
469	1048…	金森　栄治	(ヤ)	'82～'96	'95. 9. 29
470	1044…	藤山　和夫	(南)	'50～'59	'59. 4. 19
471	1042…	伊勢　孝夫	(ヤ)	'67～'80	'78. 10. 3
471	1042…	荒井　幸雄	(横)	'86～'00	'99. 4. 27
473	1041…	桜井　輝秀	(南)	'71～'85	'80. 5. 22
473	1041…	佐藤兼伊知	(ロ)	'79～'92	'92. 7. 1
475	1039…	ローズ	(横)	'93～'00	'00. 8. 17
476	1036…	樋口　正蔵	(南)	'62～'71	'71. 7. 3
476	1036…	シ　ピン	(巨)	'72～'80	'80. 6. 11
476	1036…	佐々木恭介	(近)	'72～'81	'81. 7. 12
476	1036…	坪井　智哉	(オ)	'98～'11	'10. 3. 22
476	1036…	森　友哉	(オ)	'14～'23	'23. 8. 22
481	1035…	西田　孝之	(ロ)	'62～'72	'72. 5. 4
481	1035…	井上　修	(急)	'65～'80	'79. 10. 4
483	1034…	大宮　龍男	(武)	'77～'92	'91. 8. 27
483	1034…	酒井　忠晴	(楽)	'90～'06	'05. 7. 19
483	1034…	嶋　重宣	(武)	'97～'13	'12. 3. 31
483	1034…	聖澤　諒	(神)	'06～'18	'17. 6. 9
487	1033…	藤本　勝巳	(神)	'56～'67	'66. 6. 13
487	1033…	一枝　修平	(神)	'64～'74	'74. 6. 22
489	1032…	佐竹　一雄	(南)	'46～'57	'57. 7. 15
489	1032…	丸山　完二	(ヤ)	'62～'71	'70. 10. 8
491	1031…	柳田　利夫	(南)	'59～'70	'70. 5. 31
492	1029…	島田　光二	(武)	'55～'67	'66. 8. 18
492	1029…	浜田　義雄	(東)	'48～'58	'58. 8. 18
493	1027…	寺田　陽介	(東)	'56～'64	'64. 7. 5
493	1027…	上田　忠好	(武)	'95～'08	'06. 10. 10
493	1027…	桑原　将志	(ディ)	'12～'23	'23. 8. 29
497	1026…	的山　哲也	(ソ)	'94～'08	'08. 5. 1
497	1026…	栗原　健太	(広)	'02～'13	'12. 4. 21
497	1020…	白坂　長栄	(神)	'48～'58	'57. 10. 7
499	1020…	吹石　徳一	(近)	'76～'89	'88. 9. 18
499	1020…	長内　孝	(横)	'80～'93	'93. 9. 2
501	1019…	酒沢　成治	(急)	'38～'54	'53. 10. 7
502	1019…	渡辺　博之	(近)	'50～'59	'59. 8. 27
504	1018…	伊藤　光	(ヤ)	'08～'23	'23. 8. 6
505	1012…	松本　匡史	(巨)	'77～'87	'87. 8. 30
506	1012…	吉田　剛	(神)	'85～'00	'00. 9. 16
506	1012…	吉岡　雄二	(武)	'93～'08	'07. 9. 1
506	1012…	堂上　直倫	(中)	'08～'23	'22. 9. 30
509	1009…	平井　三郎	(巨)	'48～'57	'57. 8. 13
509	1009…	小林　章良	(武)	'43～'58	'58. 9. 29
509	1009…	菅野　光夫	(日)	'75～'85	'85. 8. 29
509	1009…	福地　寿樹	(ヤ)	'97～'12	'12. 9. 26
513	1008…	明石　健志	(ソ)	'04～'22	'22. 6. 24
514	1007…	宮本　敏雄	(国)	'55～'64	'64. 9. 6
515	1006…	森下　重好	(近)	'46～'55	'55. 10. 1
515	1006…	岩本　堯	(洋)	'53～'61	'61. 9. 26
515	1006…	小川　史	(ダ)	'80～'92	'92. 9. 19
518	1005…	高沢　秀昭	(ロ)	'80～'92	'92. 9. 19
518	1005…	會澤　翼	(広)	'09～'23	'23. 9. 16
520	1004…	行沢　久隆	(武)	'76～'88	'88. 10. 1
521	1002…	高木　浩之	(武)	'95～'08	'07. 10. 1
521	1002…	鉄　矢	(中)	'04～'15	'15. 7. 10
521	1002…	岩瀬　仁紀	(中)	'99～'18	'18. 9. 28
524	1001…	山川　武範	(広)	'40～'54	'54. 10. 2
524	1001…	藤本　敦士	(ヤ)	'01～'13	'13. 9. 21

2000試合到達日　　　到達時の所属

①	山内　一弘	'68. 8. 2	(武)
②	吉田　義男	'69. 9. 17	(神)
③	榎本　喜八	'69. 10. 12	(ロ)
④	毒島　章一	'70. 7. 10	(東)
⑤	野村　克也	'71. 5. 1	(南)
⑥	長嶋　茂雄	'73. 7. 16	(巨)
⑦	広瀬　叔功	'74. 4. 13	(南)
⑧	王　貞治	'74. 8. 29	(巨)
⑨	張本　勲	'74. 8. 29	(日)
⑩	江藤　慎一	'75. 8. 27	(平)
⑪	土井　正博	'77. 8. 31	(ク)
⑫	高木　守道	'78. 4. 7	(中)
⑬	柴田　勲	'79. 5. 23	(巨)
⑭	松原　誠	'79. 8. 12	(洋)
⑮	木俣　達彦	'81. 4. 30	(中)
⑯	大杉　勝男	'81. 7. 31	(ヤ)
⑰	山崎　裕之	'82. 8. 17	(武)
⑱	衣笠　祥雄	'82. 8. 29	(広)
⑲	山本　浩二	'84. 8. 1	(広)
⑳	藤田　平	'84. 8. 25	(神)
㉑	福本　豊	'85. 6. 12	(急)
㉒	有藤　道世	'85. 10. 17	(ロ)
㉓	加藤　英司	'87. 8. 29	(南)
㉔	門田　博光	'87. 9. 8	(南)
㉕	大島　康徳	'88. 6. 28	(日)
㉖	若松　勉	'88. 9. 14	(ヤ)

㉗	新井 宏昌	'92. 5. 17	（近）
㉘	真弓 明信	'94. 7. 31	（神）
㉙	落合 博満	'96. 5. 29	（巨）
㉚	伊東 勤	'00. 4. 23	（武）
㉛	駒田 徳広	'00. 4. 30	（横）
㉜	秋山 幸二	'00. 8. 18	（ダ）巨
㉝	清原 和博	'03. 4. 11	（巨）
㉞	立浪 和義	'04. 6. 29	（中）
㉟	田中 幸雄	'04. 6. 30	（日）中
㊱	谷繁 元信	'06. 7. 26	（中）
㊲	古田 敦也	'07. 4. 19	（ヤ）
㊳	金本 知憲	'08. 8. 16	（神）
㊴	堀 幸一	'08. 8. 20	（ロ）
㊵	前田 智徳	'08. 10. 6	（広）
㊶	山﨑 武司	'10. 9. 22	（楽）
㊷	中村 紀洋	'11. 10. 4	（横）
㊸	稲葉 篤紀	'12. 5. 31	（日）ヤ
㊹	宮本 慎也	'12. 6. 11	（ヤ）
㊺	小久保裕紀	'12. 6. 28	（ソ）
㊻	新井 貴浩	'15. 5. 24	（広）
㊼	福浦 和也	'15. 6. 15	（ロ）
㊽	荒木 雅博	'16. 4. 9	（中）
㊾	阿部慎之助	'17. 5. 20	（巨）
㊿	鳥谷 敬	'18. 5. 4	（神）
(51)	栗山 巧	'21. 6. 12	（武）
(52)	内川 聖一	'21. 7. 6	（ヤ）
(53)	福留 孝介	'21. 10. 10	（中）
(54)	坂本 勇人	'23. 4. 18	（巨）
(55)	中村 剛也	'23. 7. 6	（武）

	3000試合到達日	到達時の所属
①	野村 克也 '80. 8. 1	（武）
②	谷繁 元信 '15. 4. 30	（中）

連続試合出場

1. 連続試合出場

セ－2215…衣笠 祥雄 （広） '70. 10. 19～'87. 10. 22
パ－1163…浅村 栄斗 （楽） '15. 8. 8～'23. 10. 10
　　－ライフタイム500以上－ （48人、49度）※継続中

①	2215…衣笠 祥雄	（広）	'70. 10. 19～'87. 10. 22
②	1939…鳥谷 敬	（神）	'04. 9. 9～'18. 5. 27
③	1766…金本 知憲	（神）	'98. 7. 10～'11. 4. 14
④	1250…松井 秀喜	（巨）	'93. 8. 22～'02. 10. 11
⑤	1246…飯田 徳治	（国）	'48. 9. 12～'58. 5. 3
⑥	1180…広沢 克己	（巨）	'86. 10. 12～'95. 10. 8
※⑦	1163…浅村 栄斗	（楽）	'15. 8. 8～'23. 10. 10
⑧	1143…松井稼頭央	（武）	'95. 7. 22～'03. 10. 1
⑨	1014…藤村富美男	（神）	'46. 8. 30～'54. 7. 31
⑩	985…ラミレス	（巨）	'04. 8. 8～'11. 7. 14
⑪	894…石嶺 和彦	（神）	'88. 8. 14～'95. 7. 12
⑫	890…大杉 勝男	（ヤ）	'68. 9. 21～'75. 8. 20
⑬	882…三宅 秀史	（神）	'56. 4. 11～'63. 6. 6
⑭	872…山本 浩二	（広）	'76. 10. 22第2～'83. 8. 28
⑮	833…秋山 幸二	（武）	'85. 4. 7～'91. 6. 16
⑯	825…秋山 翔吾	（武）	'14. 5. 9～'19. 9. 26
⑰	821…徳武 定之	（サ）	'61. 4. 9～'67. 4. 10
⑱	815…松田 宣浩	（ソ）	'14. 8. 26～'20. 9. 9
⑲	809…江藤 慎一	（中）	'59. 4. 11～'65. 4. 16
⑳	803…山崎 隆造	（広）	'83. 10. 16～'90. 4. 28
㉑	763…イチロー	（オ）	'94. 4. 9～'99. 8. 24
㉒	739…駒田 徳広	（横）	'93. 10. 21～'99. 7. 16
㉓	733…堀井 数男	（南）	'50. 4. 19～'56. 3. 24
㉔	717…柏原 純一	（日）	'79. 8. 14～'85. 5. 9
㉕	708…引地 信之	（広）	'52. 5. 18～'58. 8. 29
㉖	700…丸 佳浩	（広）	'13. 5. 20～'18. 4. 28
㉗	694…愛甲 猛	（ロ）	'87. 10. 20～'93. 6. 6
㉘	694…中村 紀洋	（近）	'98. 5. 12～'03. 5. 21
㉙	676…村田 修一	（横）	'09. 9. 21～'14. 7. 26
㉚	663…掛布 雅之	（神）	'81. 4. 4～'86. 4. 20
㉛	662…坂本 勇人	（巨）	'09. 7. 28～'14. 4. 30
㉜	648…王 貞治	（巨）	'70. 4. 23～'75. 4. 9
㉝	646…古屋 英夫	（日）	'80. 8. 13～'85. 8. 17
㉞	637…井端 弘和	（中）	'04. 4. 2～'08. 6. 15
㉟	636…田中 広輔	（広）	'15. 4. 1～'19. 6. 20
㊱	630…中村 奨吾	（ロ）	'17. 6. 28～'22. 4. 2
㊲	620…田中 賢介	（日）	'06. 3. 7～'10. 8. 14
㊳	616…池山 隆寛	（ヤ）	'87. 6. 7～'92. 8. 8
㊴	577…王 貞治	（巨）	'61. 5. 18～'65. 7. 11
㊵	559…福本 豊	（急）	'82. 8. 24～'87. 4. 18
㊶	553…水上 善雄	（ロ）	'79. 10. 1～'84. 5. 3
㊷	548…田中 幸雄	（日）	'87. 5. 9～'91. 10. 10
㊸	532…鈴木 大地	（ロ）	'15. 5. 21～'18. 10. 13
㊹	528…和田 豊	（神）	'93. 7. 16～'97. 7. 13
㊺	521…辻 発彦	（武）	'87. 10. 20～'91. 10. 10第2
㊻	512…小笠原道大	（日）	'98. 10. 7第2～'02. 8. 20
㊼	512…吉田 正尚	（オ）	'17. 10. 7～'21. 9. 4
㊽	510…青田 昇	（巨）	'48. 8. 24～'50. 7. 30
㊾	503…村上 宗隆	（ヤ）	'19. 3. 29～'22. 8. 5

2. 連続試合全イニング出場

セ－1492…金本 知憲 （神） '99. 7. 21～'10. 4. 17
パ－739…秋山 翔吾 （武） '14. 9. 6～'19. 9. 26
　　－ライフタイム5位まで－

①	1492…金本 知憲	（神）	'99. 7. 21～'10. 4. 17
②	739…秋山 翔吾	（武）	'14. 9. 6～'19. 9. 26
③	700…三宅 秀史	（神）	'57. 7. 15～'62. 9. 5
④	678…衣笠 祥雄	（広）	'74. 4. 17～'79. 5. 27
⑤	667…鳥谷 敬	（神）	'13. 3. 30～'16. 7. 23

C. 打　率

1. 最高打率

a. ライフタイム　　－4000打数以上－
セ－.319…若松 勉 （ヤ） 打数6808 安打2173
パ－.3200…リー （ロ） 打数4934 安打1579
　　－ライフタイム3割以上－ （25人）

	打率	氏名		打数	安打
①	.320	…リー	（ロ）	打数4934	安打1579
②	.31918	…若松 勉	（ヤ）	6808	2173
③	.31915	…張本 勲	（ロ）	9666	3085
④	.317	…ブーマー	（ダ）	4451	1413
⑤	.315	…青木 宣親	（ヤ）	6126	1929
⑥	.3134	…川上 哲治	（巨）	7500	2351
⑦	.3128	…柳田 悠岐	（ソ）	4929	1542
⑧	.3110	…与那嶺 要	（中）	4298	1337
⑨	.3108	…落合 博満	（中）	7627	2371
⑩	.310	…小笠原道大	（中）	6828	2120
⑪	.308	…レオン	（ヤ）	4667	1436
⑫	.307	…中西 太	（西）	4116	1262
⑬	.305	…長嶋 茂雄	（巨）	8094	2471
⑭	.3043	…篠塚 和典	（巨）	5572	1696
⑮	.3040	…松井 秀喜	（巨）	4572	1390
⑯	.3034	…鈴木 尚	（横）	4798	1456
⑰	.3033	…カブレラ	（ソ）	4510	1368
⑱	.3030	…大下 弘	（西）	5500	1667
⑲	.3029	…和田 一浩	（中）	6766	2050
⑳	.3024	…谷沢 健一	（中）	6818	2062
㉑	.30236	…前田 智徳	（広）	7008	2119
㉒	.30235	…内川 聖一	（ヤ）	7230	2186
㉓	.3011	…王 貞治	（巨）	9250	2786
㉔	.3006	…ラミレス	（ディ）	6708	2017
㉕	.300	…藤村富美男	（神）	5648	1694

　　－参考5000打数以上－ （20位まで）

①	.31918	…若松 勉	（ヤ）	上記参照
②	.31915	…張本 勲	（ロ）	〃
③	.315	…青木 宣親	（ヤ）	〃
④	.313	…川上 哲治	（巨）	〃
⑤	.311	…落合 博満	（中）	〃
⑥	.310	…小笠原道大	（中）	〃
⑦	.305	…長嶋 茂雄	（巨）	〃
⑧	.304	…篠塚 和典	（巨）	〃
⑨	.3030	…大下 弘	（西）	〃
⑩	.3029	…和田 一浩	（中）	〃
⑪	.3024	…谷沢 健一	（中）	〃
⑫	.30236	…前田 智徳	（広）	〃
⑬	.30235	…内川 聖一	（ヤ）	〃

⑭ .3011 …王　　貞治（巨）　　上記参照
⑮ .3006 …ラミレス（ディ）　　〃
⑯ .300 …藤村富美男（神）　　〃
⑰ .298 …榎本　喜八（西）　　打数7763　安打2314
⑱ .2973 …秋山　翔吾（広）　　　　5263　　　1565
⑲ .2972 …加藤　英司（南）　　　　6914　　　2055
⑳ .2969 …谷　　佳知（オ）　　　　6492　　　1928
b．シーズン
セ-.389 …バ　ー　ス（神）'86 試126 打453 安176
.3781…クロマティ（巨）'89 試124 打429 安166
.3780…内川　聖一（横）'08 試135 打500 安189
パ-.387 …イチロー（オ）'00 試105 打395 安153
.385 …イチロー（オ）'94 試130 打546 安210
.383 …張本　　勲（東）'70 試125 打459 安176
日-.376 …中根　　之（名）'36秋試 25 打 93 安 35

長打率
a．ライフタイム　-4000打数以上-
セ-.634 …王　　貞治（巨） 打数9250 塁打5862
パ-.592 …カブレラ（ソ） 打数4510 塁打2672
-ライフタイム10位まで-
① .634 …王　　貞治（巨） 打数9250 塁打5862
② .592 …カブレラ（ソ）　　　　4510　　2672
③ .582 …松井　秀喜（巨）　　　　4572　　2663
④ .564 …落合　博満（日）　　　　7627　　4302
⑤ .559 …ロ　ー　ズ（オ）　　　　6274　　3509
⑥ .555 …ブ　ー　マ　ー（ダ）　　4451　　2470
⑦ .553 …中西　　太（西）　　　　4116　　2277
⑧ .5419 …リ（ロ）　　　　　　　4934　　2674
⑨ .5416 …山本　浩二（広）　　　　8052　　4361
⑩ .5400 …柳田　悠岐（ソ）　　　　4929　　2662
b．シーズン
セ-.779…バレンティン（ヤ）'13 試130 打439 塁342
パ-.763…落合　博満（ロ）'85 試130 打460 塁351
日-.650…藤村富美男（神）'49 試137 打563 塁366

出塁率
'85規定以降
a．シーズン 試 打 安 球 飛
セ-.481…バ　ー　ス（神）'86 126 453 176 84 4
パ-.487…落合　博満（ロ）'86 123 417 150 104 1

D．打　　席
1．最多打席
a．ライフタイム
セ-11866…王　　貞治（巨）'59～'80 試合2831
10634…衣笠　祥雄（広）'65～'87 試合2677
パ-11970…野村　克也（武）'54～'80 試合3017
10304…門田　博光（ダ）'70～'92 試合2571
-ライフタイム10位まで-
① 11970…野村　克也（武）'54～'80 試合3017
② 11866…王　　貞治（巨）'59～'80 2831
③ 11122…張本　　勲（ロ）'59～'81 2752
④ 10634…衣笠　祥雄（広）'65～'87 2677
⑤ 10431…金本　知憲（神）'92～'12 2578
⑥ 10336…谷繁　元信（中）'89～'15 3021
⑦ 10304…門田　博光（ダ）'70～'92 2571
⑧ 10130…福本　　豊（急）'69～'88 2401
⑨ 10033…立浪　和義（中）'88～'09 2586
⑩ 9967…石井　琢朗（広）'89～'12 2413
b．シーズン
セ-689…赤星　憲広（神）'05 試合145
688…石井　琢朗（横）'05 試合146
685…山田　哲人（ヤ）'14 試合143
パ-692…西岡　　剛（ロ）'10 試合144
685…秋山　翔吾（武）'18 試合143
田中　賢介（日）'09 試合144
日-641…坪内　道典（中）'49 試合137
c．イニング
セ- 2…多数あり

パー 3…大松　尚逸（ロ）'09. 6.11対広の6回
日- 2…多数あり

E．打　　数
1．最多打数
a．ライフタイム
セ- 9404…衣笠　祥雄（広）'65～'87 試合2677
9250…王　　貞治（巨）'59～'80 試合2831
パ-10472…野村　克也（武）'54～'80 試合3017
8868…門田　博光（ダ）'70～'92 試合2571
-ライフタイム10位まで-
① 10472…野村　克也（武）'54～'80 試合3017
② 9666…張本　　勲（ロ）'59～'81 2752
③ 9404…衣笠　祥雄（広）'65～'87 2677
④ 9250…王　　貞治（巨）'59～'80 2831
⑤ 8915…金本　知憲（神）'92～'12 2578
⑥ 8868…門田　博光（ダ）'70～'92 2571
⑦ 8774…谷繁　元信（中）'89～'15 3021
⑧ 8745…福本　　豊（急）'69～'88 2401
⑨ 8716…立浪　和義（中）'88～'09 2586
⑩ 8694…土井　正博（武）'62～'81 2449
b．シーズン
セ-623…荒木　雅博（中）'05 試合145
613…マートン（神）'10 試合144
パ-626…広瀬　叔功（南）'63 試合149
622…佐々木信也（高）'56 試合154
日-597…坪内　道典（中）'49 試合137
c．ゲーム
セ、パ、日- 7…多数あり
d．イニング
セ- 2…多数あり
パー 3…大松　尚逸（ロ）'09. 6.11対広の6回
日- 2…多数あり

F．得　　点
1．最多得点
a．ライフタイム
セ-1967…王　　貞治（巨）'59～'80 試合2831
パ-1656…福本　　豊（急）'69～'88 試合2401
-ライフタイム1000以上-（46人）
① 1967…王　　貞治（巨）'59～'80 試合2831
② 1656…福本　　豊（急）'69～'88 2401
③ 1523…張本　　勲（ロ）'59～'81 2752
④ 1509…野村　克也（武）'54～'80 3017
⑤ 1430…金本　知憲（神）'92～'12 2578
⑥ 1372…衣笠　祥雄（広）'65～'87 2677
⑦ 1365…山本　浩二（広）'69～'86 2284
⑧ 1335…落合　博満（日）'79～'98 2236
⑨ 1319…門田　博光（ダ）'70～'92 2571
⑩ 1298…石井　琢朗（広）'89～'12 2413
⑪ 1280…清原　和博（オ）'86～'08 2338
⑫ 1270…長嶋　茂雄（巨）'58～'74 2186
⑬ 1231…秋山　幸二（ダ）'81～'02 2189
⑭ 1223…柴田　　勲（巨）'62～'81 2208
⑮ 1218…山内　一弘（広）'52～'70 2235
⑯ 1205…広瀬　叔功（南）'56～'77 2190
⑰ 1181…坂本　勇人（巨）'07～'23 2101
⑱ 1175…立浪　和義（中）'88～'09 2586
⑲ 1171…有藤　通世（ロ）'69～'86 2063
⑳ 1169…榎本　喜八（西）'55～'72 2222
㉑ 1126…小笠原道大（中）'97～'15 1992
㉒ 1120…高木　守道（中）'60～'80 2282
㉓ 1116…大石大二郎（近）'81～'97 1892
㉔ 1105…土井　正博（武）'62～'81 2449
㉕ 1100…ロ　ー　ズ（オ）'96～'09 1674
㉖ 1099…山崎　裕之（武）'65～'84 2251
㉗ 1091…小久保裕紀（ソ）'94～'12 2057
㉘ 1080…大杉　勝男（ヤ）'65～'83 2235
㉙ 1076…中村　紀洋（ディ）'92～'14 2267
㉚ 1065…松井稼頭央（武）'95～'18 1913
㉛ 1059…松永　浩美（ダ）'81～'97 1816

㉜	1054…	新井　貴浩	(広)	'99～'18	試合2383
㉝	1049…	石毛　宏典	(ダ)	'81～'96	1796
㉞	1042…	大島　康徳	(日)	'71～'94	2638
㉟	1040…	福留　孝介	(中)	'99～'22	2023
㉟	1040…	中村　剛也	(武)	'03～'23	2042
㊲	1031…	加藤　英司	(南)	'69～'87	2028
㊳	1028…	川上　哲治	(巨)	'38～'58	1979
㊴	1021…	稲葉　篤紀	(日)	'95～'14	2213
㊵	1019…	飯田　徳治	(国)	'47～'63	1965
㊶	1015…	若松　勉	(ヤ)	'71～'89	2062
㊷	1006…	青木　宣親	(ヤ)	'04～'23	1652
㊸	1004…	鳥谷　敬	(ロ)	'04～'21	2243
㊹	1003…	高橋　慶彦	(神)	'76～'92	1722
㊹	1003…	古田　敦也	(ヤ)	'90～'07	2008
㊻	1001…	江藤　智	(武)	'90～'09	1834

b．シーズン
セ-143…小鶴　　誠（松）'50　試合130
　　130…藤村富美男（神）'50　試合140
　　　　　山田　哲人（ヤ）'18　試合140
パ-137…ロ　ー　ズ（近）'01　試合140
　　126…小笠原道大（日）'00　試合135
日-137…別当　　薫（神）'49　試合137

c．ゲーム
セ-　6…石井　琢朗（横）'99. 7. 22　対ヤ
パ-　6…中村　紀洋（近）'00. 9. 5　対オ
日-　6…千葉　　茂（巨）'48. 10. 16　対陽
　　　　　塚本　博睦（東）'49. 11. 19　対陽

d．イニング
セ、パ、日-　2…多数あり

2．連続試合得点
セ-15…脇谷　亮太（巨）'10. 7. 16～ 8. 5
パ-17…小笠原道大（日）'01. 8. 5～ 8. 27
　　16…呉　　昌征（毎）'50. 5. 15～ 6. 21
　　15…河埜　敬幸（南）'82. 4. 23～ 5. 13
日-14…景浦　　将（タ）'38. 7. 9～ 9. 9

G. 安　打

1．最多安打
a．ライフタイム
セ-2786…王　　貞治（巨）'59～'80　試合2831
パ-2901…野村　克也（武）'54～'80　試合3017
-1000安打以上-（317人）

1	3085…	張本　　勲	(ロ)	'59～'81	試合2752
2	2901…	野村　克也	(武)	'54～'80	3017
3	2786…	王　　貞治	(巨)	'59～'80	2831
4	2566…	門田　博光	(ダ)	'70～'92	2571
5	2543…	衣笠　祥雄	(広)	'65～'87	2677
5	2543…	福本　　豊	(急)	'69～'88	2401
7	2539…	金本　知憲	(神)	'92～'12	2578
8	2480…	立浪　和義	(中)	'88～'09	2586
9	2471…	長嶋　茂雄	(巨)	'58～'74	2186
10	2452…	土井　正博	(武)	'62～'81	2449
11	2432…	石井　琢朗	(広)	'89～'12	2413
12	2371…	落合　博満	(中)	'79～'98	2236
13	2351…	川上　哲治	(巨)	'38～'58	1979
14	2339…	山本　浩二	(広)	'69～'86	2284
15	2314…	坂本　勇人	(巨)	'07～'23	2101
16	2314…	榎本　喜八	(西)	'55～'72	2222
17	2274…	高木　守道	(中)	'60～'80	2282
18	2271…	山内　一弘	(ヤ)	'52～'70	2235
19	2228…	大杉　勝男	(ヤ)	'65～'83	2235
20	2204…	大島　康徳	(日)	'71～'94	2638
21	2203…	新井　貴浩	(広)	'99～'18	2383
22	2186…	内川　聖一	(ヤ)	'01～'22	2022
23	2173…	若松　　勉	(ヤ)	'71～'89	2062
24	2167…	稲葉　篤紀	(日)	'95～'14	2213
25	2157…	広瀬　叔功	(南)	'56～'77	2190
25	2157…	秋山　幸二	(ダ)	'81～'02	2189
27	2133…	宮本　慎也	(ヤ)	'95～'13	2162
28	2132…	阿部慎之助	(巨)	'01～'19	2282
29	2122…	清原　和博	(オ)	'86～'08	2338
30	2120…	小笠原道大	(中)	'97～'15	1992

30	2120…	栗山　　巧	(武)	'04～'23	試合2241
32	2119…	前田　智徳	(広)	'90～'13	2188
33	2108…	谷繁　元信	(中)	'89～'15	3021
34	2101…	中島　宏之	(ディ)	'92～'14	2267
35	2099…	鳥谷　　敬	(ロ)	'04～'21	2243
36	2097…	古田　敦也	(ヤ)	'90～'07	2008
37	2095…	松原　　誠	(ヤ)	'62～'81	2190
38	2090…	松井稼頭央	(武)	'95～'18	1913
39	2081…	山崎　裕之	(武)	'65～'84	2251
40	2064…	藤田　　平	(神)	'66～'84	2010
41	2062…	谷沢　健一	(中)	'70～'86	1931
42	2057…	江藤　慎一	(ロ)	'59～'76	2084
42	2057…	有藤　道世	(ロ)	'69～'86	2063
44	2055…	加藤　英司	(南)	'69～'87	2028
45	2050…	和田　一浩	(中)	'97～'15	1968
46	2045…	荒木　雅博	(中)	'97～'18	2220
47	2041…	小久保裕紀	(ソ)	'94～'12	2057
48	2038…	新井　宏昌	(近)	'75～'92	2076
49	2021…	大島　洋平	(中)	'10～'23	1811
50	2020…	野村謙二郎	(広)	'89～'05	1927
51	2018…	柴田　　勲	(巨)	'62～'81	2208
52	2017…	ラ　ミ　レ　ス	(ディ)	'01～'13	1744
53	2012…	田中　幸雄	(日)	'86～'07	2238
54	2006…	駒田　徳広	(横)	'83～'00	2063
55	2000…	福浦　和也	(ロ)	'97～'19	2235
56	1978…	飯田　徳治	(国)	'47～'63	1965
57	1977…	毒島　章一	(東)	'54～'71	2056
58	1963…	小玉　明利	(神)	'54～'69	1946
59	1952…	福留　孝介	(中)	'99～'22	2023
60	1929…	青木　宣親	(ヤ)	'04～'23	1652
61	1928…	谷　　佳知	(オ)	'97～'15	1888
61	1928…	中島　宏之	(巨)	'02～'23	1933
63	1912…	井端　弘和	(巨)	'98～'15	1896
64	1904…	永淵　洋三	(ダ)	'81～'97	1816
65	1888…	真弓　明信	(神)	'73～'95	2051
66	1876…	木俣　達彦	(中)	'64～'82	2142
67	1865…	大村　直之	(オ)	'94～'10	1789
67	1865…	村田　修一	(巨)	'03～'17	1953
69	1864…	吉田　義男	(神)	'53～'69	2007
70	1845…	浅村　栄斗	(楽)	'10～'23	1805
71	1834…	山崎　武司	(中)	'87～'13	2249
72	1833…	石毛　宏典	(ダ)	'81～'96	1796
73	1832…	松田　宣浩	(ソ)	'06～'23	1922
74	1831…	白　　仁天	(近)	'63～'81	1969
75	1827…	青田　　昇	(急)	'42～'59	1709
75	1827…	堀　　幸一	(ロ)	'89～'09	2064
77	1826…	高橋　慶彦	(神)	'76～'92	1722
78	1824…	大石大二郎	(近)	'81～'97	1892
79	1820…	一枝　修平	(中)		1877
80	1792…	ロ　ー　ズ	(オ)	'96～'09	1674
81	1771…	中村　剛也	(武)	'03～'23	2042
82	1767…	松中　信彦	(ソ)	'97～'15	1780
83	1760…	山口　資仁	(神)	'97～'17	1915
84	1755…	糸井　嘉男	(神)	'07～'22	1727
85	1753…	高橋　由伸	(巨)	'98～'15	1819
86	1745…	葛城　隆雄	(神)	'55～'70	1787
87	1739…	和田　　豊	(神)	'85～'01	1713
88	1738…	伊東　　勤	(武)	'82～'03	2379
89	1736…	近藤　和彦	(近)	'58～'73	1789
89	1736…	広澤　克実	(神)	'85～'03	1893
91	1734…	基　　満男	(洋)	'67～'84	1914
92	1717…	西沢　道夫	(中)	'37～'58	1704
92	1717…	小鶴　　誠	(広)	'42～'58	1655
94	1716…	高木　　豊	(日)	'81～'94	1628
95	1699…	豊田　泰光	(ア)	'53～'69	1814
96	1696…	篠塚　和典	(巨)	'77～'94	1651
96	1696…	丸　　佳浩	(巨)	'10～'23	1704
98	1694…	藤村富美男	(神)	'36～'58	1558
99	1682…	今江　年晶	(楽)	'02～'19	1704
100	1675…	原　　辰徳	(巨)	'81～'95	1697
101	1667…	大下　　弘	(西)	'46～'59	1547
102	1656…	掛布　雅之	(神)	'74～'88	1625
103	1648…	金城　龍彦	(巨)	'99～'15	1892

104	1634…	小川　　亨	(近)	'68～'84	試合1908
105	1627…	金子　　誠	(日)	'95～'14	1996
106	1620…	宇野　　勝	(ロ)	'77～'94	1802
107	1611…	高倉　照幸	(ヤ)	'53～'70	1793
108	1605…	千葉　　茂	(巨)	'38～'56	1512
109	1599…	佐々木　誠	(神)	'85～'00	1581
110	1597…	佐伯　貴弘	(中)	'93～'11	1895
111	1591…	仁志　敏久	(横)	'96～'09	1587
111	1591…	菊池　涼介	(広)	'12～'23	1528
113	1581…	森野　将彦	(中)	'97～'17	1801
114	1579…	リ　　一巳	(ロ)	'77～'87	1315
115	1574…	白石　勝巳	(広)	'36～'56	1651
116	1565…	秋山　翔吾	(広)	'11～'23	1366
117	1560…	田尾　安志	(神)	'76～'91	1683
118	1559…	江藤　　智	(武)	'90～'09	1834
119	1551…	平野　　謙	(中)	'81～'96	1683
120	1546…	正田　耕三	(広)	'85～'98	1565
121	1542…	柳田　悠岐	(ソ)	'11～'23	1398
122	1532…	田淵　幸一	(武)	'69～'84	1739
123	1527…	金田　正泰	(神)	'42～'57	1476
124	1526…	坂口　智隆	(ヤ)	'03～'22	1545
125	1525…	初芝　　清	(ロ)	'89～'05	1732
126	1523…	中田　　翔	(巨)	'09～'23	1696
127	1522…	水谷　実雄	(急)	'66～'85	1729
128	1521…	池山　隆寛	(ヤ)	'84～'02	1784
129	1520…	岡田　彰布	(オ)	'80～'95	1639
130	1514…	島谷　金二	(急)	'69～'82	1682
131	1513…	堀井　数男	(南)	'43～'59	1557
132	1506…	弘田　澄男	(神)	'72～'87	1592
132	1506…	緒方　孝市	(広)	'88～'09	1808
134	1504…	羽田　耕一	(近)	'73～'89	1874
134	1504…	島田　　誠	(ダ)	'77～'91	1576
136	1499…	田中　賢介	(日)	'00～'19	1619
137	1488…	山田　哲人	(ヤ)	'12～'23	1430
138	1486…	長野　久義	(巨)	'10～'23	1580
139	1482…	藤井　　勇	(洋)	'36～'58	1487
140	1472…	坪内　道典	(名)	'36～'51	1417
141	1462…	辻　　発彦	(ヤ)	'84～'99	1562
142	1459…	鈴木　大地	(楽)	'12～'23	1550
143	1456…	鈴木　　尚	(横)	'91～'08	1517
144	1446…	鈴木　　健	(ヤ)	'89～'07	1686
145	1440…	中塚　政幸	(洋)	'68～'82	1643
146	1439…	大沢　伸夫	(広)	'37～'54	1461
147	1437…	柏原　純一	(神)	'73～'88	1642
148	1436…	遠井　吾郎	(神)	'58～'77	1919
148	1436…	レオン	(ヤ)	'78～'87	1255
150	1434…	杉浦　　享	(ヤ)	'72～'93	1782
151	1428…	清水　崇行	(武)	'96～'09	1485
152	1427…	田宮謙次郎	(毎)	'49～'63	1488
153	1425…	片岡　篤史	(神)	'92～'06	1569
154	1419…	古川　清蔵	(急)	'41～'59	1698
154	1419…	石嶺　和彦	(神)	'81～'96	1566
156	1418…	マルカーノ	(ヤ)	'75～'85	1313
157	1413…	ブーマー	(ダ)	'83～'92	1148
158	1406…	古屋　英夫	(神)	'78～'92	1521
158	1406…	小川　博文	(横)	'89～'03	1720
158	1406…	城島　健司	(神)	'95～'12	1323
161	1404…	山崎　隆造	(広)	'78～'93	1531
162	1400…	山本　和範	(近)	'80～'99	1618
163	1390…	長池　徳士	(急)	'66～'79	1449
163	1390…	松井　秀喜	(巨)	'93～'02	1268
165	1387…	中村　　晃	(ソ)	'11～'23	1414
166	1384…	高田　　繁	(巨)	'68～'80	1512
166	1384…	河埜　敬幸	(ダ)	'75～'89	1552
168	1382…	柴原　　洋	(ソ)	'97～'11	1452
169	1380…	中村　武志	(楽)	'87～'05	1955
169	1380…	村松　有人	(オ)	'92～'10	1673
171	1378…	山下　大輔	(洋)	'74～'87	1609
172	1377…	池辺　豪則	(近)	'62～'79	1732
173	1376…	川崎　宗則	(ソ)	'01～'17	1187
174	1369…	古葉　竹識	(南)	'58～'71	1501
175	1368…	カブレラ	(ソ)	'01～'12	1239
176	1366…	東出　輝裕	(広)	'99～'12	1492
177	1363…	サブロー	(ロ)	'95～'16	試合1782
178	1351…	土井垣　武	(急)	'40～'57	1413
179	1347…	矢野　燿大	(神)	'91～'10	1669
180	1344…	藤井　栄治	(急)	'62～'78	1650
181	1341…	森　　昌彦	(巨)	'55～'74	1884
182	1337…	与那嶺　要	(中)	'51～'62	1219
183	1334…	藤原　　満	(南)	'69～'82	1354
184	1326…	呉　　昌征	(巨)	'37～'57	1700
184	1326…	西川　遥輝	(楽)	'12～'23	1370
186	1322…	井上　　登	(中)	'53～'67	1506
187	1321…	田代　富雄	(洋)	'76～'91	1526
188	1316…	佐野　仙好	(神)	'74～'89	1549
189	1314…	二岡　智宏	(日)	'99～'13	1457
190	1309…	SHINJO	(日)	'91～'06	1411
191	1308…	山本　一義	(広)	'61～'75	1594
192	1305…	杉山　光平	(南)	'52～'66	1485
193	1303…	阪本　敏三	(近)	'67～'80	1447
194	1301…	栗橋　　茂	(近)	'74～'89	1550
195	1298…	安居　玉一	(大)	'42～'57	1392
195	1298…	関口　清治	(急)	'48～'63	1532
195	1298…	西村　徳文	(ロ)	'82～'97	1433
198	1294…	中畑　　清	(巨)	'77～'89	1248
199	1289…	本多　雄一	(ソ)	'06～'18	1313
200	1286…	簑田　浩二	(巨)	'76～'90	1420
200	1286…	フェルナンデス	(オ)	'03～'13	1253
202	1284…	今岡　　誠	(神)	'97～'11	1309
202	1284…	角中　勝也	(ロ)	'07～'23	1393
204	1282…	玉造　陽二	(西)	'55～'67	1645
205	1281…	金山　次郎	(西)	'43～'57	1366
205	1281…	船田　和英	(ヤ)	'62～'80	1730
207	1278…	イチロー	(オ)	'92～'00	951
208	1276…	赤星　憲広	(神)	'01～'09	1127
209	1275…	土井　正三	(巨)	'65～'78	1586
209	1275…	ローズ	(近)	'93～'00	1039
211	1265…	後藤　光尊	(楽)	'02～'16	1361
212	1263…	桧山進次郎	(神)	'92～'13	1959
213	1262…	中西　　太	(西)	'52～'69	1388
214	1260…	小谷野栄一	(オ)	'03～'18	1394
215	1250…	今宮　健太	(ソ)	'11～'23	1480
216	1249…	江尻　　亮	(洋)	'65～'79	1485
217	1248…	飯田　哲也	(ソ)	'89～'06	1505
218	1245…	三村　敏之	(広)	'67～'83	1567
219	1242…	本堂　保弥	(毎)	'37～'57	1374
220	1239…	銀　　　次	(楽)	'10～'23	1240
221	1233…	大下　剛史	(広)	'67～'78	1310
222	1226…	鈴木　貴久	(近)	'86～'00	1501
223	1225…	礒部　公一	(楽)	'97～'09	1311
224	1219…	田口　　壮	(オ)	'92～'11	1222
225	1216…	木塚　忠助	(南)	'48～'59	1288
226	1213…	河野　旭輝	(西)	'54～'67	1491
226	1213…	水口　栄二	(オ)	'91～'07	1561
228	1212…	別当　督康	(中)	'48～'58	1234
229	1207…	藤井　康雄	(オ)	'87～'02	1641
230	1205…	前田　益穂	(ロ)	'59～'75	1799
231	1199…	川相　昌弘	(中)	'84～'06	1909
232	1196…	角　　富士夫	(ヤ)	'76～'94	1521
233	1192…	Ｔ－岡田	(オ)	'06～'23	1359
234	1191…	西岡　　剛	(神)	'03～'18	1125
235	1188…	森下　整鎮	(南)	'52～'66	1573
236	1184…	杉山　　悟	(近)	'48～'60	1391
236	1184…	平野　恵一	(オ)	'02～'15	1260
238	1183…	近藤　昭仁	(洋)	'60～'73	1619
239	1181…	片平　晋作	(洋)	'72～'89	1503
240	1174…	川島　治彦	(ヤ)	'05～'16	1208
241	1172…	岩村　明憲	(ヤ)	'98～'14	1194
242	1169…	野口　　明	(中)	'36～'55	1326
243	1168…	長嶋　清幸	(神)	'73～'87	1474
244	1165…	近藤　健介	(ソ)	'12～'23	1157
245	1164…	陽　　岱鋼	(巨)	'07～'21	1322
246	1162…	多村　仁志	(デ)	'97～'15	1342
247	1150…	相川　亮二	(ヤ)	'99～'17	1508
248	1148…	八田　　正	(急)	'55～'71	1549
248	1148…	宮崎　敏郎	(デ)	'13～'23	1081

250	1146…	屋鋪　　要	(巨)	'78～'95	試合1628
250	1146…	島内　宏明	(楽)	'12～'23	1223
252	1144…	西園寺昭夫	(ヤ)	'57～'70	1413
252	1144…	大矢　明彦	(ヤ)	'70～'85	1552
254	1142…	愛甲　　猛	(中)	'81～'00	1532
255	1137…	関根　潤三	(巨)	'50～'65	1417
256	1133…	大和田　明	(ヤ)	'55～'68	1349
257	1132…	醍醐　猛夫	(ロ)	'57～'74	1775
258	1129…	関川　浩一	(楽)	'91～'07	1408
259	1124…	シ　ピ　ン	(ヤ)	'72～'80	1036
260	1123…	バルボン	(近)	'55～'65	1353
260	1123…	田村　藤夫	(ダ)	'81～'97	1552
262	1122…	森本　　潔	(ヤ)	'65～'79	1450
262	1122…	真中　　満	(ヤ)	'93～'08	1368
264	1121…	土橋　勝征	(ヤ)	'87～'06	1464
265	1118…	木村　　勉	(近)	'39～'58	1219
266	1116…	福良　淳一	(オ)	'85～'97	1240
267	1112…	桑田　　武	(ヤ)	'59～'70	1194
268	1108…	長谷川勇也	(ソ)	'08～'21	1233
269	1104…	和田　博実	(西)	'55～'72	1565
270	1102…	種田　　仁	(横)	'90～'07	1434
271	1100…	山本　八郎	(サ)	'56～'67	1204
272	1097…	坂本文次郎	(毎)	'51～'61	1233
273	1093…	小早川毅彦	(ヤ)	'84～'99	1431
274	1091…	長嶋　清幸	(神)	'80～'97	1477
275	1089…	大豊　泰昭	(中)	'89～'02	1324
276	1088…	大島　公一	(楽)	'93～'05	1375
276	1088…	荻野　貴司	(ロ)	'10～'23	1066
278	1087…	富田　　勝	(中)	'69～'81	1303
279	1086…	川端　慎吾	(ヤ)	'06～'23	1265
280	1085…	竹之内雅史	(西)	'68～'82	1371
281	1083…	中谷　準志	(西)	'38～'57	1224
282	1082…	栗原　健太朗	(広)	'02～'13	1026
283	1081…	広岡　達朗	(巨)	'54～'66	1327
284	1076…	福富　邦夫	(ヤ)	'65～'80	1616
284	1076…	淡口　憲治	(近)	'71～'89	1639
284	1076…	北川　博敏	(ヤ)	'55～'12	1264
287	1073…	大熊　忠義	(急)	'64～'81	1423
288	1069…	小坂　　誠	(楽)	'97～'10	1371
288	1069…	亀井　善行	(巨)	'05～'21	1413
290	1058…	城戸　則文	(ヤ)	'57～'74	1766
291	1058…	井上　弘昭	(武)	'68～'85	1531
292	1057…	吉永幸一郎	(南)	'90～'03	1250
293	1055…	平野　光泰	(近)	'72～'85	1183
294	1054…	伊藤　　勲	(南)	'61～'80	1771
295	1051…	河埜　和正	(巨)	'71～'86	1430
296	1049…	吉田　勝豊	(西)	'57～'69	1303
296	1049…	木村　拓也	(巨)	'92～'09	1523
298	1048…	日比野　武	(巨)	'39～'59	1530
299	1046…	平田　良介	(中)	'06～'22	1227
300	1042…	岡嶋　博治	(東)	'54～'67	1450
301	1041…	鎌田　　実	(神)	'57～'72	1482
302	1037…	若菜　嘉晴	(日)	'74～'91	1387
303	1035…	藤井　　弘	(広)	'55～'69	1504
304	1034…	藤田　一也	(デ)	'05～'23	1463
305	1027…	川合　幸三	(急)	'48～'59	1160
306	1022…	石原　慶幸	(広)	'02～'20	1620
306	1022…	森　　友哉	(オ)	'14～'23	1036
308	1020…	マートン	(神)	'10～'15	832
309	1018…	岡本伊三美	(南)	'50～'63	1289
309	1018…	田中　浩康	(ヤ)	'05～'18	1292
311	1011…	水上　善雄	(ダ)	'76～'92	1546
312	1004…	大引　啓次	(ヤ)	'07～'19	1288
313	1003…	小池　兼司	(南)	'61～'74	1536
313	1003…	石川　雄洋	(デ)	'06～'19	1169
313	1003…	ビシエド	(中)	'16～'23	943
316	1001…	ロ　ペ　ス	(デ)	'13～'20	993
316	1001…	バレンティン	(ソ)	'11～'21	1104

2000安打到達日　　　到達時の所属

①	川上　哲治	'56. 5. 31	(巨)
②	山内　一弘	'67. 10. 14	(神)
③	榎本　喜八	'68. 7. 21	(京)
④	野村　克也	'70. 10. 18	(南)
⑤	長嶋　茂雄	'71. 5. 25	(巨)
⑥	広瀬　叔功	'72. 7. 1	(南)
⑦	張本　　勲	'72. 8. 19	(東)
⑧	王　　貞治	'74. 8. 4	(巨)
⑨	江藤　慎一	'75. 9. 6	(平)
⑩	土井　正博	'77. 7. 5	(ク)
⑪	高木　守道	'78. 4. 5	(中)
⑫	松原　　誠	'80. 4. 23	(洋)
⑬	柴田　　勲	'80. 8. 7	(巨)
⑭	大杉　勝男	'81. 7. 21	(ヤ)
⑮	藤田　　平	'83. 5. 3	(神)
⑯	衣笠　祥雄	'83. 8. 9	(広)
⑰	福本　　豊	'83. 9. 1	(急)
⑱	山崎　裕之	'83. 9. 18	(武)
⑲	山本　浩二	'84. 5. 5	(広)
⑳	有藤　道世	'85. 7. 11	(ロ)
㉑	若松　　勉	'85. 10. 9	(ヤ)
㉒	谷沢　健一	'85. 10. 23	(中)
㉓	加藤　英司	'87. 5. 7	(南)
㉔	門田　博光	'87. 8. 26	(南)
㉕	大島　康徳	'90. 8. 21	(日)
㉖	新井　宏昌	'92. 7. 8	(近)
㉗	落合　博満	'95. 4. 15	(巨)
㉘	秋山　幸二	'00. 8. 18	(ダ)
㉙	駒田　徳広	'00. 9. 6	(横)
㉚	立浪　和義	'03. 7. 5	(中)
㉛	清原　和博	'04. 6. 4	(巨)
㉜	古田　敦也	'05. 4. 24	(ヤ)
㉝	野村謙二郎	'05. 6. 23	(広)
㉞	石井　琢朗	'06. 5. 11	(横)
㉟	田中　幸雄	'06. 5. 17	(日)
㊱	前田　智徳	'07. 9. 2	(広)
㊲	金本　知憲	'08. 4. 12	(神)
㊳	小笠原道大	'11. 5. 5	(巨)
㊴	稲葉　篤紀	'12. 4. 28	(日)
㊵	宮本　慎也	'12. 5. 4	(ヤ)
㊶	小久保裕紀	'12. 6. 24	(ソ)
㊷	ラミレス	'13. 4. 6	(デ)
㊸	中村　紀洋	'13. 5. 5	(デ)
㊹	谷繁　元信	'13. 5. 6	(中)
㊺	和田　一浩	'15. 6. 11	(中)
㊻	松井稼頭央	'15. 7. 28	(楽)
㊼	新井　貴浩	'16. 4. 26	(広)
㊽	荒木　雅博	'17. 6. 3	(中)
㊾	阿部慎之助	'17. 8. 13	(巨)
㊿	鳥谷　　敬	'17. 9. 8	(神)
51	内川　聖一	'18. 5. 5	(ソ)
52	福浦　和也	'18. 9. 22	(ロ)
53	坂本　勇人	'20. 11. 8	(巨)
54	栗山　　巧	'21. 9. 4	(武)
55	大島　洋平	'23. 8. 26	(中)

3000安打到達日　　　到達時の所属

①	張本　　勲	'80. 5. 28	(ロ)

b．シーズン

セ-214…	マートン	(神)	'10	試合144	打数613
209…	青木　宣親	(ヤ)	'10	試合144	打数583
204…	ラミレス	(ヤ)	'07	試合144	打数594
202…	青木　宣親	(ヤ)	'05	試合144	打数588
パ-216…	秋山　翔吾	(武)	'15	試合143	打数602
210…	イチロー	(オ)	'94	試合130	打数546
206…	西岡　　剛	(ロ)	'10	試合144	打数596
198…	長谷川勇也	(ソ)	'13	試合144	打数580
日-198…	藤村富美男	(神)	'49	試合137	打数563

c．ゲーム

セ- 6…	大沢　伸夫	(洋)	'51. 8. 26	対広
	渡辺　博之	(神)	'54. 5. 26	対中
	高田　　繁	(巨)	'74. 5. 10	対中
	大山　悠輔	(神)	'18. 9. 16	対デ
	大島　洋平	(中)	'22. 8. 3	対ヤ
パ- 6…	仰木　　彬	(西)	'55. 5. 22	対オ
	城島　健司	(ダ)	'03. 7. 27	対オ
日- 7…	大下　　弘	(東)	'49. 11. 19	対陽

d．イニング
セ、パ、日－ 2…多数あり
2．連続安打　－シーズン－
　a．連続試合安打
セ－33…高橋　慶彦　(広)'79. 6. 6～ 7. 31
　　30…張本　　勲　(神)'76. 5. 13～ 6. 20
　　　　マートン　　　(神)'11. 9. 4～10. 11
　　　　近本　光司　(神)'22. 5. 28～ 7. 6
　　29…ブラッグス　(横)'93. 6. 2～ 7. 15
　　　　　　(6.27は1打席(死球)のみで交代)
　　　　岡林　勇希　(中)'23. 7. 11～ 8. 18
　　28…桧山進次郎　(神)'01. 7. 3～ 8. 12
　　27…岩本　義行　(松)'51. 4. 22～ 6. 6
　　　　ラミレス　　(巨)'08. 5. 3～ 6. 4
　　　　西川　龍馬　(広)'19. 5. 1～ 6. 5
　　　　松原　聖弥　(巨)'21. 9. 11～10. 13
　　26…山崎　隆造　(広)'84. 6. 6～ 7. 14
　　　　大豊　泰昭　(中)'99. 8. 24～10. 1
パ－32…長池　徳二　(急)'71. 5. 28～ 7. 6
　　31…秋山　翔吾　(武)'15. 6. 3～ 7. 12
　　30…福本　　豊　(急)'77. 5. 18～ 7. 10
　　28…バナザード　(南)'88. 7. 31～ 9. 16
　　27…広瀬　叔功　(南)'64. 5. 14～ 6. 13
　　26…ペ　　ス　(京)'68. 6. 12～ 7. 17
　　　　後藤　光尊　(オ)'11. 8. 16～ 9. 15
日－31…野口　二郎　(急)'46. 8. 29～10. 26
　b．連続打数安打 (1973年改正 野球規則9.23参照)
セ－11…レイノルズ　(洋)'91. 8. 1～ 8. 4
　　　　　　　　　　　　　　　(4試合)
　　　　高橋　由伸　(巨)'03. 6. 7～ 6. 11
　　　　(3四球(含む故意四球1)を挟む)(4試合)
　　10…マニエル　　(ヤ)'78. 6. 1～ 6. 5
　　　　　　　　　　　　　　　(3試合)
　　　　掛布　雅之　(神)'81. 8. 5～ 8. 7
　　　　　　(2四球を挟む)(3試合)
　　9…山本　浩司　(広)'72. 7. 6～ 7. 8
　　　　　　　　　　　　　　　(2試合)
　　　　中畑　　清　(巨)'85. 7. 12～ 7. 16
　　　　　　(3四球を挟む)(3試合)
　　　　クロマティ　(巨)'88. 5. 7～ 5. 11
　　　　(1四球1死球を挟む)(4試合)
　　　　清水　隆行　(巨)'97. 4. 23～ 4. 25
　　　　(1四球1死球を挟む)(3試合)
　　　　ロ　ー　ズ　(横)'97. 4. 29～ 4. 30
　　　　(故意四球1を挟む)(2試合)
　　　　　　　　　　　　'98. 7. 25～ 7. 26
　　　　(故意四球1を挟む)(2試合)
　　　　小笠原道大　(巨)'07. 6. 26～ 7. 1
　　　　　　(3四球を挟む)(4試合)
　　　　坂本　勇人　(巨)'10. 3. 31～ 4. 2
　　　　　　(1犠打を挟む)(3試合)
　　　　ポランコ　　(巨)'22. 5. 12～ 5. 14
　　　　　　(2四球を挟む)(3試合)
　　　　村上　宗隆　(ヤ)'22. 8. 26～ 8. 28
　　　　　　(5四球を挟む)(3試合)
パ－10…坂本文次郎　(大)'54. 7. 24～ 7. 25第2
　　　　　　　　　　　　　　　(3試合)
　　9…張本　　勲　(日)'74. 5. 23～ 5. 26
　　　　　　(4四球を挟む)(4試合)
　　　　本西　厚博　(オ)'94. 6. 7～ 6. 10
　　　　　　(3四球を挟む)(3試合)
　　　　サブロー　　(ロ)'07. 6. 3～ 6. 6
　　　　　　　　　　　　　　　(3試合)
　　　　フェルナンデス(武)'10. 9. 19～ 9. 20
　　　　　　　　　　　　　　　(2試合)
日－ 9…川上　哲治　(巨)'39. 4. 9～ 4. 11
　　　　　　　　　　　　　　　(3試合)
3．連続打席無安打
　a．シーズン
セ－59…佐藤　輝明　(神)'21. 8. 22～10. 3
　　57…大石　正彦　(洋)'55. 4. 3～ 9. 22
　　54…入来　祐作　(巨)'01. 4. 12～ 9. 4
　　　　黒田　博樹　(広)'03. 3. 28～ 9. 6

　　53…村田　元一　(国)'60. 4. 6～ 6. 26
　　　　中村　　稔　(巨)'62. 4. 17～ 7. 28
パ－77…嵯峨健四郎　(東)'64. 3. 31～ 9. 17
　　63…佐々木宏一郎(近)'66. 4. 10～10. 4
　　53…板東　里視　(近)'68. 4. 6～ 8. 24
　　　　ト　ー　ベ　(オ)'93. 8. 7～10. 2
日－64…笠松　　実　(急)'42. 5. 5～ 8. 16
　b．連続シーズン
セ－84…工藤　公康　(巨)'00. 4. 11～'02. 7. 26
　　80…大野　雄大　(中)'17. 3. 31～'19. 5. 29
パ－90…嵯峨健四郎　(東)'64. 3. 31～'65. 8. 19
日－64…笠松　　実　(急)'42. 5. 5～ 8. 16
4．サイクル安打 (71人、76度) ※延長
　(セ－38人、41度)
　　　　藤村富美男　(神)'50. 5. 25　対広
　　　　門前真佐人　(洋)'50. 6. 27　対中
　　　　山川　武範　(広)'52. 6. 26　対国
　　　　青田　　昇　(洋)'53. 4. 23　対中
　　　　原田　徳光　(名)'53. 8. 17　対巨第2
　　　　川上　哲治　(巨)'54. 7. 25　対広第2
　　　　大和田　明　(国)'59. 6. 20　対洋
　　　　町田　行彦　(国)'59. 7. 26　対中第1
　　　　近藤　和彦　(洋)'61. 7. 8　対神
　　　　前田　益穂　(中)'62. 9. 16　対洋第2
　　　　王　　貞治　(巨)'63. 4. 25　対神
　　　　衣笠　祥雄　(広)'76. 7. 7　対巨
　　　　若松　　勉　(ヤ)'76. 7. 9　対中
　　　　長崎　慶一　(洋)'78. 5. 20　対中
　　　　真弓　明信　(神)'79. 7. 7　対中
　　　　山本　浩二　(広)'83. 4. 30　対神
　　　　池山　隆寛　(ヤ)'90. 8. 23　対中
　　　　ハウエルズ　(ヤ)'92. 7. 29　対広
　　　　ロ　ー　ズ　(横)'95. 5. 2　対ヤ
　　　　　　　　　　　　'97. 4. 29　対広
　　　　　　　　　　　　'99. 6. 30　対広
　　　　立浪　和義　(中)'97. 8. 22　対神
　　　　広沢　　克　(巨)'97. 9. 26　対中
　　　　金本　知憲　(広)'99. 4. 24　対中
　　　　仁志　敏久　(巨)'99. 6. 25　対広
　　　　ロドリゲス　(横)'02. 7. 27　対広
　　　　井端　弘和　(中)'02. 9. 21　対横
　　　　福留　孝介　(中)'03. 6. 8　対広
　　　　　　　　　　(神)'16. 7. 30　対中
　　　　稲葉　篤紀　(ヤ)'03. 7. 1　対横
　　　　桧山進次郎　(ヤ)'03. 7. 2　対中
　　　　※アレックス　(中)'04. 4. 13　対巨
　　　　小笠原道大　(巨)'08. 9. 3　対広
　　　　ロサリオ　　(広)'14. 9. 2　対巨
　　　　大島　洋平　(中)'16. 7. 20　対広
　　　　山田　哲人　(ヤ)'18. 4. 3　対巨
　　　　桑原　将志　(デ)'18. 7. 20　対中
　　　　平田　良介　(中)'18. 8. 16　対デ
　　　　梅野隆太郎　(神)'19. 4. 9　対デ
　　　　牧　　秀悟　(デ)'21. 8. 25　対巨
　　　　塩見　泰隆　(ヤ)'21. 9. 18　対巨
　(パ－32人、33度)
　　　　東谷　夏樹　(急)'52. 4. 20　対毎
　　　　浅井　直人　(東)'52. 4. 30　対近第1
　　　　滝田　政治　(大)'52. 6. 22　対東第2
　　　　※大下　　弘　(西)'55. 7. 15　対純
　　　　※飯田　徳治　(南)'55. 8. 24　対ト
　　　　毒島　章一　(鉄)'57. 6. 23　対近第2
　　　　※渡辺　　清　(急)'57. 7. 19　対純
　　　　葛城　隆雄　(毎)'57. 8. 27　対南
　　　　小淵　泰輔　(西)'60. 8. 6　対東
　　　　張本　　勲　(東)'61. 5. 7　対東第2
　　　　※スペンサー　(急)'65. 7. 16　対近
　　　　和田　博実　(西)'68. 5. 28　対南
　　　　山崎　裕之　(ロ)'71. 8. 14　対東第1
　　　　弘田　澄男　(ロ)'73. 7. 11　対拓
　　　　得津　高宏　(ロ)'76. 4. 17　対平
　　　　平野　光泰　(近)'80. 7. 17　対急
　　　　大宮　龍男　(日)'80. 7. 29　対南

　福本　　豊（急）'81. 5. 21　対武
　松永　浩美（急）'82. 10. 8　対南
　　　　　　（オ）'91. 5. 24　対ロ
　栗橋　　茂（近）'85. 5. 21　対南
　岡村　隆則（武）'85. 5. 22　対ロ
　金村　義明（近）'86. 7. 17　対急
　秋山　幸二（武）'89. 7. 13　対近
　田村　藤夫（日）'89. 10. 1　対ダ
　藤本　博史（南）'90. 7. 7　対日
　中村　紀洋（近）'94. 9. 18　対日
　松井稼頭央（武）'00. 6. 7　対近
　※オーティス（オ）'03. 5. 3　対武
　村松　有人（ダ）'03. 7. 1　対近
　細川　　亨（武）'04. 4. 4　対日
　ズレータ（ダ）'07. 9. 22　対楽
　柳田　悠岐（ソ）'18. 4. 21　対日
　（日－2人、2度）
　藤村富美男（神）'48. 10. 2　対金
　金田　正泰（神）'49. 4. 16　対南

5. 連続出塁　－シーズン－
　a. 連続試合出塁
　セ－65…松井　秀喜（巨）'01. 5. 5～ 8. 3
　パ－69…イチロー（オ）'94. 5. 21～ 8. 26
　日－44…水原　　茂（巨）'41. 8. 1～11. 16
　b. 連続打席出塁
　セ－15…廣瀬　　純（広）'13. 4. 21～ 4. 26
　　14…高橋　由伸（巨）'03. 6. 7～ 6. 11
　　　　　村上　宗隆（ヤ）'22. 8. 26～ 8. 28
　パ－14…南渕　時高（ロ）'93. 7. 16～ 7. 25
　　　　　小笠原道大（日）'03. 8. 23～ 8. 27
　日－10…川上　哲治（巨）'39. 4. 8～ 4. 11
　　　　　小鶴　　誠（大）'49. 6. 12第2～ 6. 15
　　　　　藤井　　勇（陽）'49. 8. 4～ 8. 7第1

H. 二塁打

1. 最多二塁打
　a. ライフタイム
　セ－487…立浪　和義（中）'88～'09　試合2586
　パ－449…福本　　豊（急）'69～'88　試合2401
　－ライフタイム300以上－（76人）
①　487…立浪　和義（中）'88～'09　試合2586
②　449…福本　　豊（急）'69～'88　2401
③　448…山内　一弘（広）'52～'70　2235
④　445…坂本　勇人（巨）'07～'23　2101
⑤　440…金本　知憲（神）'92～'12　2578
⑥　429…稲葉　篤紀（日）'95～'14　2213
⑦　422…王　　貞治（巨）'59～'80　2831
⑧　420…張本　　勲（ロ）'59～'81　2752
⑨　418…長嶋　茂雄（巨）'58～'74　2186
⑩　411…松井稼頭央（武）'95～'18　1913
⑪　409…榎本　喜八（西）'55～'72　2222
⑪　409…福留　孝介（中）'99～'22　2023
⑬　408…川上　哲治（巨）'38～'58　1979
⑭　405…松原　　誠（巨）'62～'81　2190
⑮　399…栗山　　巧（武）'04～'23　2241
⑯　397…野村　克也（武）'54～'80　3017
⑰　394…広瀬　叔功（南）'56～'77　2190
⑰　394…田中　幸雄（日）'86～'07　2238
⑲　393…谷繁　元信（中）'89～'15　3021
⑳　388…福浦　和也（ロ）'97～'19　2235
㉑　387…新井　貴浩（広）'99～'18　2383
㉒　385…小笠原道大（日）'97～'15　1992
㉓　383…門田　博光（ダ）'70～'92　2571
㉔　381…小久保裕紀（ソ）'94～'12　2057
㉕　377…秋山　幸二（中）'81～'02　2189
㉖　375…和田　一浩（中）'97～'15　1968
㉗　373…衣笠　祥雄（広）'65～'87　2677
㉗　373…石井　琢朗（広）'89～'12　2413
㉙　372…山本　浩二（広）'69～'86　2284
㉚　371…山崎　裕之（武）'65～'84　2251
㉚　371…落合　博満（日）'79～'98　2236
㉜　368…古田　敦也（ヤ）'90～'07　2008

㉝　367…加藤　英司（南）'69～'87　試合2028
㉝　367…井口　資仁（ロ）'97～'17　1915
㉟　363…井端　弘和（ディ）'92～'14　2267
㊱　360…内川　聖一（ヤ）'01～'22　2022
㊲　358…小玉　明利（神）'54～'69　1946
㊳　357…駒田　徳広（横）'83～'00　2063
㊳　355…藤田　　平（神）'66～'84　2010
㊳　355…若松　　勉（ヤ）'71～'89　2062
㊳　355…山崎　武司（オ）'89～'13　2249
㊳　355…谷　　佳知（オ）'97～'15　1888
㊳　355…阿部慎之助（巨）'01～'19　2282
㊹　353…前田　智徳（広）'90～'13　2188
㊹　353…鳥谷　　敬（オ）'04～'21　2243
㊻　351…堀　　幸一（ロ）'89～'09　2064
㊼　349…村田　修一（ディ）'03～'17　1953
㊼　349…中島　宏之（巨）'02～'23　1933
㊾　348…谷沢　健一（中）'70～'86　1931
㊿　346…高木　守道（中）'60～'80　2282
(51)　345…清原　和博（オ）'86～'08　2338
(52)　343…中村　剛也（武）'03～'23　2042
(53)　341…松永　浩美（神）'81～'97　1816
(54)　340…飯田　徳治（国）'47～'63　1965
(55)　339…藤村富美男（神）'36～'58　1558
(55)　339…糸井　嘉男（神）'07～'22　1727
(57)　338…新井　宏昌（近）'75～'92　2076
(58)　333…森野　将彦（中）'97～'17　1801
(58)　333…松田　宣浩（ロ）'06～'23　1922
(60)　332…初芝　　清（ロ）'89～'05　1732
(61)　330…大島　康徳（日）'71～'94　2638
(61)　330…松中　信彦（ソ）'97～'15　1780
(61)　330…今江　年晶（楽）'02～'19　1704
(64)　328…有藤　道世（ロ）'69～'86　2063
(64)　328…ラミレス（ディ）'01～'13　1744
(66)　323…青木　宣親（ヤ）'04～'23　1652
(67)　319…浅村　栄斗（楽）'10～'23　1805
(68)　316…高木　　豊（日）'81～'94　1628
(68)　316…丸　　佳浩（巨）'10～'23　1734
(70)　314…石毛　宏典（ダ）'81～'96　1796
(71)　313…野村謙二郎（広）'89～'05　1927
(72)　311…ローズ（オ）'96～'09　1674
(73)　309…土井　正博（武）'62～'81　2449
(74)　306…大杉　勝男（ヤ）'65～'83　2235
(75)　305…柴田　　勲（巨）'62～'81　2208
(76)　304…葛城　隆雄（神）'55～'70　1787

　b. シーズン
　セ－48…マギー（巨）'17　試合139
　　47…福留　孝介（中）'06　試合130
　　45…大沢　　清（洋）'50　試合139
　　　　松原　　誠（洋）'78　試合129
　　　　森野　将彦（中）'10　試合144
　パ－52…谷　　佳知（オロ）'01　試合136
　　50…福浦　和也（ロ）'03　試合140
　　48…クラーク（近）'98　試合135
　　47…山内　和弘（毎）'56　試合147
　日－40…笠原　和夫（南）'48　試合140
　c. ゲーム
　セ－ 4…藤井　　勇（洋）'51. 8. 5　対広
　　　　　基　　満男（洋）'79. 5. 9　対神
　　　　　渡辺　　進（ヤ）'81. 9. 24　対洋
　　　　　岩村　明憲（ヤ）'14. 6. 14　対洋
　　　　　雄平（ヤ）'17. 5. 7　対ディ
　パ－ 4…高沢　秀昭（ロ）'84. 5. 30　対近
　　　　　大野　　久（ダ）'92. 7. 5　対日
　　　　　イチロー（オ）'94. 9. 11　対近
　　　　　柴原　　洋（ダ）'01. 4. 29　対近
　　　　　井口　資仁（ダ）'03. 7. 26　対ヤ
　　　　　糸井　嘉男（日）'10. 6. 15　対オ
　　　　　近藤　健介（日）'20. 10. 15　対武
　日－ 4…門前真佐人（タ）'37. 6. 13　対イ
　d. イニング
　セ、パ－ 2…多数あり

2. 連続二塁打　－シーズン－
a. 連続試合二塁打
セー 6…ヒルトン　　（ヤ）'78. 4. 1～ 4. 8
　　　　クロマティ　（巨）'85. 5. 25～ 6. 1
　　　　ラミレス　　（巨）'10. 9. 4～ 9. 11
パー 7…金子　　誠　（日）'09. 4. 7～ 4. 15
　　　　近藤　健介　（日）'21. 9. 30～10. 7
日ー 5…坪内　道則　（朝）'44. 8. 6～ 8. 20
　　　　富樫　　淳　（神）'47. 5. 9～ 5. 22
　　　　藤村富美男　（神）'48. 5. 9～ 5. 16
　　　　　　　　　　　　　'49. 9. 21～ 9. 28
b. 連続打数二塁打（1973年改正　野球規則9.23参照）
セー 5…牧　　秀悟　（ディ）'21. 10. 23～10. 26
パー 5…井口　資仁　（ダ）'03. 7. 26～ 7. 27
　　　　　　　　　　　　　（1四球を挟む）
日ー 4…小島　茂男　（名）'37. 10. 10～10. 14

I．三塁打
1. 最多三塁打
a. ライフタイム
セー 81…中　　暁生　（中）'55～'72　試合1877
パー115…福本　　豊　（急）'69～'88　試合2401
－ライフタイム10位まで－
① 115…福本　　豊　（急）'69～'88　2401
② 106…毒島　章一　（東）'54～'71　2056
③ 103…金田　正泰　（神）'42～'57　1476
④ 99…川上　哲治　（巨）'38～'58　1979
⑤ 88…広瀬　叔功　（南）'56～'77　2190
⑥ 81…呉　　昌征　（毎）'37～'57　1700
⑥ 81…中　　暁生　（中）'55～'72　1877
⑧ 74…長嶋　茂雄　（巨）'58～'74　2186
⑨ 72…張本　　勲　（ロ）'59～'81　2752
⑩ 70…吉田　義男　（神）'53～'69　2007
b. シーズン
セー 18…金田　正泰　（神）'51　試合116
　　 13…箱田　　淳　（国）'56　試合130
パー 16…レインズ　　（急）'53　試合120
　　 15…薩山　和夫　（南）'51　試合120
日ー 14…鈴木　清一　（セ）'46　試合101
c. ゲーム
セー 2…多数あり
パー 3…薩山　和夫　（南）'51. 9. 28　対近
　　　　吉岡　　悟　（平）'76. 6. 20　対日
日ー 3…堀尾　文人　（急）'36. 11. 14　対名
　　　　川上　哲治　（巨）'39. 6. 21　対南
　　　　川合　幸三　（急）'48. 11. 1　対巨第2
d. イニング
セ、パー 1…多数あり
日ー 2…金田　正泰　（神）'46. 7. 25　対巨の5回
　　　　杉浦　　清　（神）'46. 9. 7　対ゴの9回
2. 連続三塁打　－シーズン－
a. 連続試合三塁打
セー 4…長嶋　茂雄　（巨）'60. 5. 8～ 5. 14
　　 3…安井　亀和　（洋）'50. 4. 15～ 4. 18
　　　　平井　正明　（洋）'51. 9. 14～ 9. 19
　　　　金田　正泰　（神）'51. 9. 30～10. 3
　　　　野村謙二郎　（広）'90. 4. 8～ 4. 11
　　　　髙城　俊人　（ディ）'17. 5. 30～ 6. 14
パー 3…薩山　和夫　（南）'54. 9. 29～10. 2
　　　　三宅　宅三　（毎）'55. 10. 5第2～10. 6第2
　　　　本屋敷錦吾　（急）'58. 7. 19～ 7. 20第2
　　　　浜名　千広　（ダ）'93. 6. 9～ 6. 11
　　　　早川　大輔　（ロ）'07. 8. 3～ 8. 5
　　　　鈴木　大地　（ロ）'13. 4. 18～ 4. 20
　　　　細谷　　圭　（ロ）'16. 3. 30～ 4. 2
　　　　源田　壮亮　（武）'18. 4. 28～ 4. 30
日ー 3…中島　治康　（巨）'37. 7. 4～ 7. 8
　　　　藤村富美男　（タ）'38. 5. 30～ 6. 3
　　　　川上　哲治　（巨）'41. 8. 4～ 8. 10
　　　　坪内　道則　（ゴ）'46. 9. 1～ 9. 5
b. 連続打数三塁打（1973年改正　野球規則9.23参照）
セー 3…河埜　和正　（巨）'74. 5. 29～ 5. 30

パー 3…薩山　和夫　（南）'51. 9. 28～ 9. 29
日ー 3…堀尾　文人　（急）'36. 11. 14

J．本塁打
1. 最多本塁打
a. ライフタイム
セー 868…王　　貞治　（巨）'59～'80　試合2831
パー 657…野村　克也　（武）'54～'80　試合3017
－100本塁打以上－（307人）
1 868…王　　貞治　（巨）'59～'80　試合2831
2 657…野村　克也　（武）'54～'80　3017
3 567…門田　博光　（ダ）'70～'92　2571
4 536…山本　浩二　（広）'69～'86　2284
5 525…清原　和博　（オ）'86～'08　2338
6 510…落合　博満　（日）'79～'98　2236
7 504…張本　　勲　（ロ）'59～'81　2752
7 504…衣笠　祥雄　（広）'65～'87　2677
9 486…大杉　勝男　（ヤ）'65～'83　2235
10 476…金本　知憲　（神）'92～'12　2578
11 474…田淵　幸一　（武）'69～'84　1739
12 471…中村　剛也　（武）'03～'23　2042
13 465…土井　正博　（武）'62～'81　2449
14 464…ローズ　　（オ）'96～'09　1674
15 444…長嶋　茂雄　（巨）'58～'74　2186
16 437…秋山　幸二　（ダ）'81～'02　2189
17 413…小久保裕紀　（ソ）'94～'12　2057
18 406…阿部慎之助　（巨）'01～'19　2282
19 404…中村　紀洋　（ディ）'92～'14　2267
20 403…山崎　武司　（オ）'89～'13　2249
21 396…山内　一弘　（広）'52～'70　2235
22 382…大島　康徳　（日）'71～'94　2638
22 382…原　　辰徳　（巨）'81～'95　1697
24 380…ラミレス　（ディ）'01～'13　1744
25 378…小笠原道大　（中）'97～'15　1992
26 367…江藤　慎一　（ロ）'59～'76　2084
27 364…江藤　　智　（武）'90～'09　1834
28 360…村田　修一　（巨）'03～'17　1953
29 357…カブレラ　（オ）'01～'12　1239
30 352…松中　信彦　（ソ）'97～'15　1780
31 349…掛布　雅之　（神）'74～'88　1625
32 348…有藤　道世　（ロ）'69～'86　2063
33 347…加藤　英司　（南）'69～'87　2028
34 338…長池　徳士　（急）'66～'79　1449
34 338…宇野　　勝　（ロ）'77～'94　1802
36 332…松井　秀喜　（巨）'93～'02　1268
37 331…松原　　誠　（ロ）'62～'81　2190
38 321…高橋　由伸　（巨）'98～'15　1819
39 319…和田　一浩　（中）'97～'15　1968
39 319…新井　貴浩　（広）'99～'18　2383
41 306…広澤　克実　（武）'85～'03　1893
42 303…池山　隆寛　（ヤ）'84～'02　1784
43 303…中田　　翔　（巨）'09～'23　1696
44 301…バレンティン　（ソ）'11～'21　1104
44 301…前田　宣浩　（オ）'06～'23　1922
46 295…前田　智徳　（広）'90～'13　2188
47 292…真弓　明信　（神）'73～'95　2051
48 287…坂本　勇人　（巨）'07～'23　2101
49 287…田中　幸雄　（日）'86～'07　2238
50 285…木俣　達彦　（中）'64～'82　2142
50 285…福留　孝介　（中）'99～'22　2023
50 285…山田　哲人　（ヤ）'12～'23　1430
53 285…リ　　　　（ロ）'77～'87　1315
53 283…浅村　栄斗　（楽）'10～'23　1805
55 282…藤井　康雄　（オ）'87～'02　1641
56 278…田代　富雄　（洋）'76～'91　1526
57 277…ブーマー　（ダ）'83～'92　1148
57 277…大豊　泰昭　（中）'89～'02　1324
59 270…谷沢　健一　（中）'70～'86　1931
60 270…山崎　裕之　（武）'65～'84　2251
61 269…石嶺　和彦　（神）'81～'96　1566
61 269…丸　　佳浩　（巨）'10～'23　1734
63 268…レオン　（ヤ）'78～'87　1255

64	265…	青田　昇	(急)	'42～'59	試合1709
65	263…	豊田　泰光	(ア)	'53～'69	1814
66	261…	稲葉　篤紀	(日)	'95～'14	2213
67	260…	柳田　悠岐	(ソ)	'11～'23	1398
68	259…	ブライアント	(近)	'88～'95	773
69	251…	井口　資仁	(ロ)	'97～'17	1915
70	247…	岡田　彰布	(オ)	'80～'95	1639
71	246…	榎本　喜八	(西)	'55～'72	2222
71	246…	ジョーンズ	(近)	'70～'77	961
73	244…	中西　太	(西)	'52～'69	1388
73	244…	水谷　実雄	(急)	'66～'85	1729
73	244…	城島　健司	(神)	'95～'12	1323
76	241…	緒方　孝市	(広)	'88～'09	1808
77	240…	タイロン・ウッズ	(中)	'03～'08	824
78	236…	高木　守道	(中)	'60～'80	2282
78	236…	石毛　宏典	(ダ)	'81～'96	1796
80	233…	ペタジーニ	(ソ)	'99～'10	837
81	232…	マルカーノ	(ア)	'75～'85	1313
81	232…	柏原　純一	(神)	'73～'88	1642
81	232…	初芝　清	(ロ)	'89～'05	1732
84	230…	小鶴　誠	(急)	'42～'58	1655
85	229…	島谷　金二	(急)	'69～'82	1682
85	229…	谷繁　元信	(中)	'89～'15	3021
87	225…	羽田　耕一	(近)	'73～'89	1874
88	224…	藤村富美男	(神)	'36～'58	1558
88	224…	杉浦　享	(ヤ)	'72～'93	1782
90	223…	桑田　武	(ヤ)	'59～'70	1194
91	220…	若松　勉	(ヤ)	'71～'89	2062
92	218…	シ ピ ン	(巨)	'72～'80	1036
92	218…	山川　穂高	(武)	'14～'23	786
94	217…	古田　敦也	(ヤ)	'90～'07	2008
95	216…	竹之内雅史	(神)	'68～'82	1371
96	215…	栗橋　茂	(近)	'74～'89	1550
97	213…	レ アード	(ロ)	'15～'22	969
98	212…	西沢　道夫	(中)	'37～'58	1704
99	209…	杉山　悟	(近)	'48～'60	1391
99	209…	白　仁天	(近)	'63～'81	1969
99	209…	中島　宏之	(巨)	'02～'23	1933
102	208…	福本　豊	(急)	'69～'88	2401
103	207…	藤田　平	(神)	'66～'84	2010
104	206…	フェルナンデス	(オ)	'03～'13	1253
104	206…	岡本　和真	(巨)	'15～'23	862
106	205…	アルトマン	(神)	'68～'75	935
106	205…	ＳＨＩＮＪＯ	(日)	'91～'06	1411
106	205…	筒香　嘉智	(ディ)	'10～'19	968
109	204…	簑田　浩二	(巨)	'76～'90	1420
109	204…	Ｔ－岡田	(オ)	'06～'23	1359
111	203…	松永　浩美	(ダ)	'81～'97	1816
112	202…	バ ー ス	(神)	'83～'88	614
113	201…	大下　弘	(西)	'46～'59	1547
113	201…	松井稼頭央	(武)	'95～'18	1913
115	198…	ロ ペ ス	(ディ)	'13～'20	993
116	196…	内川　聖一	(ヤ)	'01～'22	2022
117	195…	駒田　徳広	(横)	'83～'00	2063
117	195…	多村　仁志	(ディ)	'97～'15	1342
119	194…	柴田　勲	(巨)	'62～'81	2208
120	193…	岩村　明憲	(ヤ)	'98～'14	1194
121	192…	鈴木　貴久	(近)	'86～'00	1501
122	191…	村上　宗隆	(ヤ)	'18～'23	693
123	189…	森　徹	(京)	'58～'68	1177
123	189…	マーチン	(洋)	'74～'79	746
123	189…	マ ニ エ ル	(ヤ)	'76～'81	621
123	189…	基　満男	(神)	'67～'84	1914
123	189…	鈴木　健	(ヤ)	'89～'07	1686
128	184…	デスパイネ	(ソ)	'14～'23	878
129	183…	飯田　徳治	(国)	'47～'63	1965
129	183…	ロ バ ー ツ	(近)	'67～'73	814
129	183…	堀　幸一	(ロ)	'89～'09	2064
132	182…	鈴木　誠也	(広)	'13～'21	902
133	181…	川上　哲治	(巨)	'38～'58	1979
133	181…	ブラ ン コ	(オ)	'09～'16	750
135	180…	古屋　英夫	(神)	'78～'92	1521
136	177…	藤井　弘	(広)	'55～'69	1504
137	176…	片平　晋作	(洋)	'72～'89	試合1503
138	175…	山本　和範	(近)	'80～'99	1618
139	174…	葛城　隆雄	(神)	'55～'70	1787
140	173…	二岡　智宏	(日)	'99～'13	1457
141	172…	セギノール	(オ)	'02～'10	767
142	171…	山本　一義	(広)	'61～'75	1594
142	171…	大田　卓司	(武)	'69～'86	1314
142	171…	中畑　清	(巨)	'77～'89	1248
142	171…	クロマティ	(巨)	'84～'90	779
142	171…	小早川毅彦	(ヤ)	'84～'99	1431
142	171…	立浪　和義	(中)	'88～'09	2586
142	171…	糸井　嘉男	(神)	'07～'22	1727
149	170…	佐々木　誠	(神)	'85～'00	1581
150	169…	野村謙二郎	(広)	'89～'05	1927
151	168…	高倉　照幸	(ヤ)	'53～'70	1793
152	167…	ロ ー ズ	(横)	'93～'00	1039
153	166…	関口　清治	(急)	'48～'63	1532
153	166…	ライトル	(南)	'77～'83	876
155	165…	森野　将彦	(中)	'97～'17	1801
156	164…	片岡　篤史	(神)	'92～'06	1569
157	163…	高橋　慶彦	(広)	'76～'92	1722
157	163…	長野　久義	(巨)	'10～'23	1580
159	162…	小川　亨	(近)	'68～'84	1908
159	162…	石井　浩郎	(横)	'90～'02	974
161	161…	アリアス	(巨)	'00～'06	639
161	161…	ソ ト	(ディ)	'18～'23	711
163	160…	ウインタース	(別)	'90～'94	637
163	160…	デストラーデ	(武)	'89～'95	517
165	159…	李　承燁	(オ)	'04～'11	797
165	159…	桧山進次郎	(神)	'92～'13	1959
167	156…	池辺　豪則	(近)	'62～'79	1732
167	156…	伊東　勤	(武)	'82～'03	2379
167	156…	佐伯　貴弘	(ディ)	'93～'11	1895
170	155…	別当　薫	(毎)	'48～'57	891
170	155…	ソレイタ	(日)	'80～'83	510
170	155…	井上　弘昭	(急)	'68～'85	1531
173	154…	中田　昌宏	(急)	'57～'68	1430
173	154…	仁志　敏久	(横)	'96～'09	1587
175	153…	ゴ メ ス	(ヤ)	'97～'02	660
175	153…	吉永幸一郎	(巨)	'90～'03	1250
175	153…	栗原　健太	(広)	'02～'13	1026
178	152…	スペンサー	(急)	'64～'72	731
178	152…	伊藤　勲	(南)	'61～'80	1771
180	150…	佐藤　孝夫	(国)	'52～'63	1275
181	149…	三村　敏之	(広)	'67～'83	1567
181	149…	田尾　安志	(神)	'76～'91	1683
181	149…	吉村　禎章	(巨)	'82～'98	1349
184	148…	大石大二郎	(近)	'81～'97	1892
185	147…	大和田　明	(南)	'55～'68	1349
185	147…	村上　嵩幸	(武)	'84～'01	1380
187	146…	藤井　勇	(洋)	'36～'58	1487
187	146…	森本　潔	(中)	'65～'79	1450
187	146…	長崎　啓二	(神)	'73～'87	1474
187	146…	鈴木　尚	(神)	'91～'08	1517
191	145…	興津　立雄	(広)	'59～'71	1227
191	145…	ズレータ	(オ)	'03～'08	604
191	145…	青木　宣親	(ヤ)	'04～'23	1652
194	144…	佐野　仙好	(神)	'74～'89	1549
195	142…	メ ヒ ア	(武)	'14～'21	738
196	139…	中　暁生	(中)	'55～'72	1877
196	139…	高田　繁	(巨)	'68～'80	1512
198	138…	鳥谷　敬	(神)	'04～'21	2243
198	138…	宮崎　敏郎	(ディ)	'13～'23	1081
198	138…	ビ シ エ ド	(中)	'16～'23	943
201	137…	遠井　吾郎	(神)	'58～'77	1919
201	137…	中村　武志	(楽)	'87～'05	1955
203	136…	ニ ー ル	(オ)	'95～'00	614
204	135…	オーティズ	(武)	'03～'13	821
204	135…	ウィーラー	(神)	'15～'22	845
206	133…	ブラゼル	(ロ)	'08～'14	670
206	133…	谷　佳知	(オ)	'97～'15	1888
206	133…	エルドレッド	(広)	'12～'18	577
206	133…	吉田　正尚	(オ)	'16～'22	762

210	131…	ハ ド リ	(南)	'62〜'67	試合	781
210	131…	広瀬　叔功	(南)	'56〜'77		2190
210	131…	吉岡　雄二	(楽)	'93〜'08		1012
210	131…	清水　崇行	(武)	'96〜'09		1485
210	131…	吉村　裕基	(ソ)	'03〜'17		968
215	130…	小玉　明利	(武)	'54〜'69		1946
215	130…	高井　保弘	(急)	'66〜'82		1135
217	129…	町田　行彦	(巨)	'52〜'65		1415
217	129…	山下　大輔	(洋)	'74〜'87		1609
217	129…	ロ　ペ　ス	(広)	'96〜'02		709
220	128…	有田　修三	(ダ)	'73〜'90		1313
220	128…	角　富士夫	(ヤ)	'76〜'94		1521
220	128…	畠山　和洋	(ヤ)	'04〜'19		1106
223	127…	金村　義明	(武)	'82〜'99		1262
223	127…	サブロー	(ロ)	'95〜'16		1782
223	127…	栗山　巧	(武)	'04〜'23		2241
226	126…	ロ　　　イ	(近)	'63〜'68		779
226	126…	カークランド	(神)	'68〜'73		703
226	126…	八木　裕	(神)	'87〜'04		1368
226	126…	嶋　重宣	(武)	'97〜'13		1034
230	125…	杉浦　清	(国)	'46〜'53		899
230	125…	岡本伊三美	(南)	'50〜'63		1289
230	125…	梶谷　隆幸	(巨)	'09〜'23		1058
230	125…	秋山　翔吾	(広)	'11〜'23		1366
234	124…	高橋　智	(ヤ)	'87〜'01		945
235	123…	岩本　義行	(東)	'40〜'57		856
235	123…	東田　正義	(神)	'48〜'77		953
235	123…	オマリー	(ヤ)	'91〜'96		742
235	123…	ラロッカ	(オ)	'04〜'10		583
235	123…	大山　悠輔	(神)	'17〜'23		847
240	122…	毒島　章一	(東)	'54〜'71		2056
240	122…	ロジャー	(ヤ)	'73〜'77		526
240	122…	山岡　誠	(ロ)	'97〜'11		1309
240	122…	菊池　涼介	(広)	'12〜'23		1528
244	120…	クルーズ	(日)	'80〜'85		712
244	120…	森　友哉	(オ)	'14〜'23		1036
246	119…	ポ　ン　セ	(洋)	'86〜'90		533
246	119…	ウィルソン	(近)	'97〜'02		461
248	118…	淡口　憲治	(巨)	'71〜'89		1639
248	118…	イチロー	(オ)	'92〜'00		951
248	118…	福浦　和也	(ロ)	'97〜'19		2235
251	117…	広岡　達朗	(巨)	'54〜'66		1327
251	117…	西園寺昭夫	(ヤ)	'57〜'70		1413
251	117…	ボ　レ　ス	(西)	'66〜'71		577
251	117…	前田　益穂	(ロ)	'59〜'75		1799
251	117…	デービス	(近)	'84〜'88		461
256	116…	ロ　ペ　ス	(ヤ)	'68〜'73		750
256	116…	江尻　亮	(洋)	'65〜'79		1485
256	116…	加藤　俊夫	(洋)	'67〜'85		1507
256	116…	パウエル	(神)	'92〜'98		710
260	115…	鈴島　滋弥	(南)	'46〜'55		953
260	115…	河埜　和正	(巨)	'71〜'86		1430
262	113…	藤本　勝巳	(神)	'56〜'67		1033
262	113…	山本　八郎	(サ)	'56〜'67		1204
262	113…	ミッチェル	(日)	'76〜'79		474
262	113…	梨田　昌孝	(近)	'72〜'88		1323
262	113…	山倉　和博	(巨)	'78〜'90		1262
267	112…	矢野　燿大	(神)	'91〜'10		1669
268	111…	井上　登	(中)	'53〜'67		1506
269	110…	田村　藤夫	(ダ)	'81〜'97		1552
269	110…	垣内　哲也	(ロ)	'91〜'06		917
271	109…	近藤　和彦	(近)	'58〜'73		1789
271	109…	永淵　洋三	(日)	'68〜'79		1150
271	109…	中尾　孝義	(武)	'81〜'93		980
274	108…	愛甲　猛	(中)	'81〜'00		1532
274	108…	屋鋪　智也	(ロ)	'00〜'14		1089
274	108…	今江　年晶	(楽)	'02〜'19		1704
277	107…	末次　利光	(巨)	'65〜'77		1214
277	107…	富田　勝	(南)	'69〜'81		1303
277	107…	福嶋　久晃	(広)	'67〜'85		1254
277	107…	平野　光泰	(近)	'72〜'85		1183
277	107…	長嶋　清幸	(神)	'80〜'97		1477
282	106…	田宮謙次郎	(毎)	'49〜'63		1488

283	105…	吉田　勝豊	(西)	'57〜'69	試合	1303
283	105…	船田　和英	(ヤ)	'62〜'80		1730
283	105…	佐々木恭介	(近)	'72〜'81		1036
283	105…	水上　善雄	(ダ)	'76〜'92		1546
283	105…	藤本　博史	(オ)	'85〜'98		1103
283	105…	陽　岱鋼	(巨)	'07〜'21		1322
283	105…	平田　良介	(中)	'06〜'22		1227
290	104…	小池　兼司	(南)	'61〜'74		1536
290	104…	長内　孝	(横)	'80〜'93		1020
290	104…	マルティネス	(巨)	'97〜'01		538
290	104…	進藤　達哉	(オ)	'88〜'03		1348
290	104…	金城　龍彦	(横)	'99〜'15		1892
290	104…	島内　宏明	(楽)	'12〜'23		1223
296	103…	八重樫幸雄	(ヤ)	'71〜'93		1348
297	102…	ギャレット	(中)	'77〜'79		384
297	102…	高木　由一	(洋)	'72〜'87		1147
297	102…	オバンドー	(日)	'99〜'05		437
297	102…	石井　琢朗	(広)	'89〜'12		2413
297	102…	北川　博敏	(オ)	'95〜'12		1264
302	101…	大熊　忠義	(急)	'64〜'81		1423
302	101…	亀井　善行	(巨)	'05〜'21		1413
304	100…	三宅　伸和	(神)	'53〜'67		1219
304	100…	和田　博実	(西)	'55〜'72		1565
304	100…	ハウエル	(ヤ)	'92〜'95		405
304	100…	小川　博文	(横)	'89〜'03		1720

b．シーズン

セ-60…	バレンティン	(ヤ)	'13	試合	130
56…	村上　宗隆	(ヤ)	'22	試合	141
55…	王　貞治	(巨)	'64	試合	140
54…	バ　ー　ス	(神)	'85	試合	126
51…	小鶴　誠	(松)	'50	試合	130
	王　貞治	(巨)	'73	試合	130
50…	王　貞治	(巨)	'77	試合	130
	松井　秀喜	(巨)	'02	試合	140
パ-55…	ロ　ー　ズ	(近)	'01	試合	140
	カブレラ	(武)	'02	試合	128
52…	野村　克也	(南)	'63	試合	150
	落合　博満	(ロ)	'85	試合	130
51…	ロ　ー　ズ	(近)	'03	試合	138
50…	落合　博満	(ロ)	'86	試合	123
	カブレラ	(武)	'03	試合	124
日-46…	藤村富美男	(神)	'49	試合	137

c．ゲーム

セ- 4…	岩本　義行	(松)	'51. 8. 1	対神(6打席)	
	王　貞治	(巨)	'64. 5. 3	対広(5打席)	
	古田　敦也	(ヤ)	'03. 6. 28	対広(5打席)	
パ- 4…	ソレイタ	(日)	'80. 4. 20	対南第2 (5打席)	
	ウィルソン	(日)	'97. 6. 21	対近(5打席)	
日- 3…	10度				

d．イニング

セ- 2…	白石　勝巳	(広)	'50. 5. 28	対本の8回
	山内　一弘	(神)	'65. 10. 3	対広第1の4回
	カークランド	(神)	'69. 8. 14	対国の2回
	大島　康徳	(中)	'72. 8. 2	対ヤ第2の2回
			'77. 8. 9	対巨の6回
	掛布　雅之	(神)	'82. 8. 24	対洋7回
	原　辰徳	(巨)	'85. 5. 12	対洋の8回
	池山　隆寛	(ヤ)	'93. 5. 19	対広の3回
	ラロッカ	(ヤ)	'06. 5. 10	対武の4回
	ブラゼル	(神)	'09. 8. 26	対横の5回
	ビシエド	(中)	'16. 5. 7	対巨の2回
	大山　悠輔	(神)	'18. 5. 16	対デの3回
パ- 2…	飯島　滋弥	(大)	'51. 10. 5	対急の7回
	中田　昌宏	(急)	'64. 5. 31	対近第1の7回
	山崎　裕之	(武)	'80. 8. 7	対日の8回
			'83. 9. 1	対日の8回
	岡村　隆則	(武)	'85. 10. 22	対日第1の6回
	石毛　宏典	(武)	'94. 6. 11	対ダの2回
	ニ　ー　ル	(オ)	'98. 8. 9	対ダの5回
	城島　健司	(ダ)	'01. 4. 13	対オの9回
	ミッチェル	(ダ)	'01. 4. 18	対ロの2回
	辰己　涼介	(楽)	'22. 6. 12	対巨の2回

日－2…川上　哲治（巨）'48. 5. 16　対金の1回

2. 連続試合本塁打

セ－7…王　　貞治（巨）'72. 9. 11～ 9. 20
　　　　バ　ー　ス（神）'86. 6. 18～ 6. 26
　　6…ラ　ン　ス（広）'87. 6. 9～ 6. 16
　　　　阿部慎之助（巨）'04. 4. 9～ 4. 16
　　　　新井　貴浩（広）'05. 6. 22～ 6. 28
　　　　ゲレーロ（中）'17. 5. 28～ 6. 3
　　　　鈴木　誠也（広）'21. 9. 3～ 9. 9
　　5…長田　幸雄（洋）'68. 6. 8～ 6. 13
　　　　王　　貞治（巨）'70. 6. 16～ 6. 23
　　　　　　　　　　　'73. 6. 16～ 6. 21
　　　　　　　　　　　'73. 8. 26～ 8. 30
　　　　　　　　　　　'77. 7. 12～ 7. 17
　　　　衣笠　祥雄（広）'71. 6. 6～ 6. 10
　　　　カークランド（神）'72. 9. 24～10. 1
　　　　田代　富雄（洋）'77. 4. 5～ 4. 10
　　　　スコット（ヤ）'79. 5.23～5.27第2
　　　　大島　康徳（中）'79. 10. 8～10. 17
　　　　真弓　明信（神）'80. 6. 25～ 7. 6
　　　　　　　　　　　'86. 7. 5～ 7. 6
　　　　マニエル（ヤ）'81. 6. 3～6.7第2
　　　　モ　ッ　カ（中）'84. 5. 27～ 6. 2
　　　　バ　ー　ス（神）'85. 4. 17～ 4. 22
　　　　クロマティ（巨）'85. 7. 28～ 8. 2
　　　　パリッシュ（ヤ）'89. 4. 29～ 5. 4
　　　　落合　博満（中）'89. 10. 10～10. 14
　　　　吉村　禎章（巨）'90. 9. 9～ 9. 15
　　　　大豊　泰昭（中）'96. 4. 11～ 4. 16
　　　　江藤　智（広）'97. 5. 11～ 5. 21
　　　　　　　　　　（5.14 全打席四球）
　　　　　　　　　（巨）'00. 5. 30～ 6. 4
　　　　前田　智徳（広）'98. 8. 6～ 8. 11
　　　　松井　秀喜（巨）'99. 6. 5～ 6. 10
　　　　ペタジーニ（ヤ）'00. 8. 4～ 8. 9
　　　　　　　　　（巨）'04. 8. 3～ 8. 7
　　　　ラミレス（ヤ）'03. 4. 13～ 4. 18
　　　　福留　孝介（中）'03. 9. 9～ 9. 13
　　　　タイロン・ウッズ（横）'04. 7. 28～ 8. 6
　　　　　　　　　（中）'05. 8. 6～ 8. 11
　　　　ガイエル（ヤ）'07. 9. 13～ 9. 17
　　　　村田　修一（横）'08. 7. 15～ 7. 19
　　　　阿部慎之助（巨）'09. 9. 5～ 9. 10
　　　　ブラゼル（神）'10. 6. 12～ 6. 22
　　　　ブランコ（ディ）'13. 4. 18～ 4. 23
　　　　バレンティン（ヤ）'17. 7. 25～ 7. 29
　　　　　　　　　　　'19. 7. 21～ 7. 26
　　　　佐野　恵太（ディ）'20. 10. 11～10. 16
　パ－6…大杉　勝男（拓）'73. 10. 2～10. 9
　　　　アルトマン（ロ）'74. 6. 13～ 6. 23
　　　　土井　正博（ク）'78. 5. 14～ 5. 22
　　　　デービス（近）'85. 8. 2～ 8. 8
　　　　石嶺　和彦（急）'87. 9. 2～ 9. 10
　　　　スティーブンス（近）'95. 4. 7～ 4. 13
　　　　カブレラ（武）'03. 9. 9～ 9. 15
　　　　松中　信彦（ダ）'04. 7. 17～ 7. 23
　　　　中村　剛也（武）'18. 8. 4～ 8. 10
　　5…森下　重好（近）'50. 10. 1～10. 13
　　　　加藤　正二（大）'52.9.15第2～ 9.28
　　　　柳田　利夫（毎）'62.9.28第2～10. 6
　　　　大杉　勝男（東）'69. 6. 20～ 6. 26
　　　　野村　克也（南）'70. 7. 15～ 7. 26
　　　　ジョーンズ（南）'71. 6. 9～ 6. 15
　　　　　　　　　　　'76. 5. 27～ 6. 2
　　　　土井　正博（近）'73. 7. 29～ 8. 3
　　　　マニエル（日）'79. 5. 23～ 5. 27
　　　　クルーズ（日）'80. 7. 29～ 8. 3
　　　　ソレイタ（日）'81. 4. 21～ 4. 26
　　　　門田　博光（南）'81. 7. 1～ 7. 7
　　　　　　　　　　　'81. 7. 9～7.12第2
　　　　秋山　幸二（武）'85. 5. 19～ 5. 26
　　　　　　　　　　　'91. 5. 4～ 5. 9
　　　　ブーマー（急）'87. 9. 6～ 9. 11
　　　　　　　　　（オ）'89. 4. 9～ 4. 16
　　　　中村　紀洋（近）'00. 6. 3～ 6. 9
　　　　松井稼頭央（武）'02. 6. 12～ 6. 20
　　　　シェルドン（オ）'02. 7. 10～ 7. 19
　　　　ズレータ（ダ）'04. 9. 14～ 9. 23
　　　　李　承燁（ロ）'05. 5. 18～ 5. 22
　　　　カブレラ（武）'05. 7. 9～ 7. 15
　　　　大谷　翔平（日）'16. 5. 4～ 5. 17
　日－5…中島　治康（巨）'38. 10. 11～10. 22

3. 連続打数本塁打（1973年改正 野球規則9.23参照）

セ－打…村上　宗隆（ヤ）'22. 7.31対神～8. 2対中
　　　　　　　　　　　　（2試合）
　　4…青田　昇（洋）'56. 5. 6対広第1～第2
　　　　　　　　　　　　（1試合）
　　　　王　　貞治（巨）'64. 5. 3対神（1試合）
　　　　田淵　幸一（神）'73. 5. 9対巨～5.10対巨
　　　　　　　　　　　（1死球を挟む）（2試合）
　　　　松原　誠（洋）'76. 6. 1対神～6. 2対神
　　　　　　　　　　　　（2試合）
　　　　高木　守道（中）'77. 6.12対神第1～6.14対洋
　　　　　　　　　　　　（3試合）
　　　　掛布　雅之（神）'78. 8. 31対広～9. 1対ヤ
　　　　　　　　　　　（1四球を挟む）（2試合）
　　　　谷沢　健一（中）'81. 9. 20対巨～9.21対巨
　　　　　　　　　　　　（2試合）
　　　　バ　ー　ス（神）'86. 5. 31対洋～6. 1対洋
　　　　　　　　　　　　（2試合）
　　　　ア　レ　ン（広）'90. 5. 10対ヤ～5.12対巨
　　　　　　　　　　　　（2試合）
　　　　古田　敦也（ヤ）'03. 6. 28対広
　　　　　　　　　　　（1四球を挟む）（1試合）
　　　　バレンティン（ヤ）'13. 6. 8対日～6. 12対ソ
　　　　　　　　　　　（2四球を挟む）（3試合）
　　　　山田　哲人（ヤ）'15. 8. 21対中～8. 22対中
　　　　　　　　　　　（1四球を挟む）（2試合）
　パ－4…長池　徳二（急）'67. 6. 4対東第2～6. 6対南
　　　　　　　　　　　　（2試合）
　　　　醍醐　猛夫（ロ）'71. 7. 3対東第2～7. 4対東
　　　　　　　　　　　　（2試合）
　　　　羽田　耕一（近）'74. 4. 29対急～5. 1対平
　　　　　　　　　　　　（2試合）
　　　　ソレイタ（日）'80. 4. 20対南第2
　　　　　　　　　　　（1死球を挟む）（1試合）
　　　　　　　　　　　'80. 9. 4対近～9. 5対武
　　　　　　　　　　　　（2試合）
　　　　ブライアント（近）'89. 10. 12対武第1～第2
　　　　　　　　　　　（故意四球1を挟む）（2試合）
　　　　D・J（オ）'95. 8. 8対近～8. 9対近
　　　　　　　　　　　　（2試合）
　　　　ウィルソン（日）'97. 6. 21対近（1試合）
　　　　レアード（日）'17. 5. 12対ロ～5.13対ロ
　　　　　　　　　　　（2四球を挟む）（2試合）

4. 満塁本塁打
a. ライフタイム
セ－15…王　　貞治（巨）
　　　　'60…2　'63…2　'65…2　'66…2　'67…1
　　　　'71…2　'73…1　'74…1　'77…1　'78…1
パ－22…中村　剛也（武）
　　　　'05…2　'07…1　'08…2　'09…2　'10…3　'11…1
　　　　'14…1　'15…4　'19…4　'20…1　'21…1
－7本以上－
22…中村　剛也（武）　　15…王　　貞治（巨）
14…藤井　康雄（オ）　　14…中村　紀洋（ディ）
13…駒田　徳広（横）　　13…江藤　智（武）
13…小久保裕紀（ソ）　　13…井口　資仁（ロ）
12…江藤　慎一（中）　　12…野村　克也（武）
11…山本　浩二（広）　　11…門田　博光（ダ）
11…清原　和博（オ）　　10…田淵　幸一（武）
10…ラミレス（ディ）　　10…新井　貴浩（広）
10…打阿部慎之助（巨）　9…西沢　道夫（中）
9…岡田　彰布（オ）　　　9…秋山　幸二（ダ）
9…山﨑　武司（中）　　　9…高橋　由伸（巨）

9…山田　哲人　(ヤ)	9…浅村　栄斗　(楽)	
8…青田　昇　(急)	8…松原　誠　(巨)	
8…山崎　裕之　(武)	8…原　辰徳　(巨)	
8…大島　康徳　(日)	8…石嶺　和彦　(神)	
8…イチロー　(オ)	8…ローズ　(横)	
8…伊東　勤　(武)	8…タイロン・ウッズ　(中)	
8…立浪　和義　(中)	8…ローズ　(オ)	
8…金本　知憲　(神)	8…和田　一浩　(中)	
8…ローズ　(ディ)	8…中島　宏之　(国)	
7…藤村富美男　(神)	7…杉浦　清　(国)	
7…藤本　勝巳　(神)	7…葛城　隆雄　(神)	
7…張本　勲　(急)	7…長嶋　茂雄　(巨)	
7…長池　徳士　(急)	7…大杉　勝男　(ヤ)	
7…衣笠　祥雄　(広)	7…田代　富雄　(洋)	
7…宇野　勝　(ダ)	7…ブーマー　(ダ)	
7…吉岡　雄二　(楽)	7…緒方　孝市　(広)	
7…SHINJO　(日)	7…カブレラ　(ソ)	
7…中田　翔　(巨)	7…村上　宗隆　(ヤ)	

b. シーズン

セ…5…	西沢　道夫	(中)	'50 試合137
4…	今岡　誠	(神)	'05 試合144
	タイロン・ウッズ	(中)	'06 試合146
	村上　宗隆	(ヤ)	'22 試合141
3…	杉浦　清	(中)	'50 試合127
	江藤　慎一	(中)	'66 試合102
	シ　ピ　ン	(洋)	'72 試合120
	ブリーデン	(洋)	'77 試合120
	田淵　幸一	(神)	'78 試合117
	衣笠　祥雄	(広)	'83 試合130
	山本　浩二	(広)	'84 試合123
	高橋　由伸	(巨)	'99 試合118
	ローズ	(横)	'99 試合134
	鈴木　尚典	(横)	'99 試合134
	江藤　智	(巨)	'00 試合127
	ロ　ペ　ス	(広)	'00 試合93
	ラ　ロッカ	(ヤ)	'04 試合122
	新井　良太	(神)	'13 試合119
	ロ　ペ　ス	(ディ)	'19 試合142
パ…4…	門田　博光	(南)	'83 試合130
	ブーマー	(急)	'87 試合129
	バークレオ	(武)	'88 試合118
	中村　剛也	(武)	'15 試合139
			'19 試合135
3…	飯島　滋弥	(大)	'51 試合85
	葛城　隆雄	(毎)	'57 試合129
	山内　和弘	(毎)	'59 試合112
	江藤　慎一	(ロ)	'71 試合114
	長池　徳二	(急)	'71 試合130
	簑田　浩二	(急)	'80 試合130
	デービス	(近)	'85 試合128
	石嶺　和彦	(オ)	'90 試合130
	中村　紀洋	(近)	'00 試合127
			'01 試合140
	吉岡　雄二	(近)	'01 試合127
	藤井　康雄	(オ)	'01 試合88
	ローズ	(近)	'03 試合138
	和田　一浩	(武)	'04 試合125
	大松　尚逸	(ロ)	'08 試合134
	中村　剛也	(武)	'10 試合85
	バルディリス	(オ)	'13 試合142
	森　友哉	(武)	'18 試合136
	レアード	(ロ)	'19 試合139
日…3…	原田　徳光	(中)	'49 試合135

c. ゲーム

セ…2…	二岡　智宏	(巨)	'06. 4. 30　対中の4、5回
パ…2…	飯島　滋弥	(大)	'51.10. 5　対急の1、7回
日…1…	多数あり		

d. 連続試合

セ…2…	藤村富美男	(神)	'53. 4. 28～ 4. 29
	タイロン・ウッズ	(中)	'06.10. 9～10.10
	村上　宗隆	(ヤ)	'22. 5. 6～ 5. 7
パ…2…	坂本文次郎	(大)	'57.10.11～10.12
	秋山　幸二	(武)	'93. 8.21～ 8.22
	ローズ	(近)	'03. 6.23～ 6.25
	ペニー	(ロ)	'05. 4. 6～ 4. 8
	ホフパワー	(ロ)	'13. 5. 2～ 5. 3
	杉本裕太郎	(オ)	'18. 7.11～ 7.17
日…1…	多数あり		

5. 満塁サヨナラ本塁打 (81人、86度)　※代打　◆開幕戦

(セ…44人、46度)

青田　昇	(洋)	'54. 4.27	対巨の9回
平井　三郎	(巨)	'55. 4. 6	対国の9回
※樋笠　一夫	(広)	'56. 3.25	対中第2の9回
※藤村富美男	(神)	'56. 6.24	対広第1の9回
王　貞治	(巨)	'60. 9.21	対神の9回
桑田　武	(洋)	'61. 7.12	対国の11回
ク　レ　ス	(洋)	'65. 5.19	対中の9回
広野　功	(中)	'66. 8. 2	対国の9回
※		'71. 5.20	対ヤの9回
田中久寿男	(巨)	'67. 8.19	対中の9回
ジャクソン	(巨)	'68. 9.16	対神の9回
※池田　純一	(神)	'70. 7.29	対ヤの13回
井上　弘昭	(広)	'70. 9.23	対洋の9回
バート	(中)	'72. 4. 9	対神の9回
※飯田　幸夫	(中)	'74. 9. 3	対広の9回
末次　利光	(巨)	'76. 6. 8	対神の9回
竹之内雅史	(ヤ)	'80. 5.27	対神の9回
※岩下　正明	(ヤ)	'82. 4. 6	対広の9回
長崎　啓二	(洋)	'82. 5.23	対中の9回
田尾　安志	(中)	'88. 8.27	対広の10回
進藤　達哉	(横)	'93. 4.16	対神の9回
新庄　剛志	(神)	'94. 5.13	対ヤの12回
※緒方　孝市	(広)	'96. 5. 1	対神の10回
緒方　孝市	(広)	'97. 9.11	対神の9回
浅井　樹	(広)	'00. 5. 7	対神の9回
稲葉　篤紀	(ヤ)	'01. 5.31	対巨の9回
谷繁　元信	(横)	'01. 7. 7	対巨の9回
清原　和博	(巨)	'01. 7.14	対広の11回
立浪　和義	(中)	'02. 5.21	対ヤの9回
		'06. 4. 7	対神の9回
※小田嶋正邦	(横)	'03. 7.18	対巨の11回
タイロン・ウッズ	(中)	'04. 8.11	対神の10回
◆アレックス	(巨)	'05. 4. 1	対横の9回
阿部慎之助	(巨)	'07. 8.19	対ヤの10回
シーボル	(横)	'08. 7.27	対神の9回
ハーパー	(横)	'10. 7.18	対巨の9回
※長野　久義	(巨)	'11.10.22	対横の9回
福留　孝介	(神)	'13. 4.19	対ヤの12回
畠山　和洋	(ヤ)	'13. 5.17	対ロの9回
村田　修一	(巨)	'16. 9.27	対中の10回
※鵜久森淳志	(ヤ)	'17. 4. 2	対ディの10回
荒木　貴裕	(ヤ)	'17. 5.14	対神の9回
※髙山　俊	(神)	'19. 5.29	対巨の12回
山田　哲人	(ヤ)	'19. 9. 4	対巨の9回
村上　宗隆	(ヤ)	'20. 7. 2	対広の9回
佐野　恵太	(ディ)	'20. 7.24	対広の9回

(パ…35人、36度)

坂本　埋留	(近)	'50.11.20	対西第2の12回
堀井　数男	(南)	'54. 8. 1	対毎の9回
坂本文次郎	(南)	'57.10.12	対毎の9回
山内　和弘	(毎)	'59. 8.16	対東第1の9回
木村　保	(南)	'61. 5.18	対東の9回
ロ　イ	(西)	'63. 4. 9	対近の11回
醍醐　猛夫	(京)	'64. 6.16	対西の9回
野村　克也	(南)	'66. 5.14	対急の9回
白　仁天	(東)	'71. 8.26	対南の9回
※今井　務	(東)	'72. 8.30	対ロの10回
ジョーンズ	(近)	'75. 7.26	対ロの10回
山崎　裕之	(ロ)	'79.10. 3	対近の9回
松永　浩美	(急)	'83. 8.31	対ロの9回
加藤　英司	(近)	'84. 6. 9	対南の9回
※柳原　隆弘	(南)	'84. 6.11	対急の9回
山森　雅文	(急)	'85. 6.16	対ロの9回
※藤田　浩雅	(急)	'88. 6.18	対南の9回
福良　淳一	(急)	'88. 7.30	対武の9回
デストラーデ	(武)	'89. 8.13	対オの9回

大石第二朗	（近）	'90. 6. 26	対ロの9回
門田　博光	（オ）	'90. 9. 9	対武の9回
ウインタース	（日）	'93. 8. 18	対オの9回
◆伊東　勤	（武）	'94. 4. 9	対近の9回
ロ　ー　ズ	（近）	'96. 5. 19	対武の9回
田口　壮	（オ）	'97. 5. 21	対日の9回
※広永　益隆	（オ）	'98. 7. 7	対ロの12回
井口　忠仁	（ダ）	'99. 9. 8	対武の9回
（井口　資仁）		'09. 4. 16	対楽の10回
ボーリック	（ロ）	'01. 7. 9	対ダの10回
※北川　博敏	（近）	'01. 9. 26	対オの9回
※藤井　康雄	（オ）	'01. 9. 30	対内の9回
和田　一浩	（武）	'04. 4. 11	対近の9回
清原　和博	（オ）	'06. 5. 27	対横の9回
赤田　将吾	（武）	'08. 4. 25	対オの11回
グラシアル	（ソ）	'18. 8. 26	対武の12回
◆中田　翔	（日）	'19. 3. 29	対オの10回
（日－4人、4度）			
倉本　信護	（名）	'38. 10. 19	対セの10回
青田　昇	（急）	'47. 6. 7	対巨の9回
川上　哲治	（巨）	'49. 4. 12	対南の9回
飯田　徳治	（南）	'49. 5. 21	対巨の11回

6. 代打満塁本塁打（166人、193度）※サヨナラ　◆開幕戦
（セー88人、101度）

服部　受弘	（名）	'52. 8. 2	対巨の6回
柏枝　文治	（巨）	'53. 5. 12	対広の6回
※樋笠　一夫	（松）	'56. 3. 25	対中第2の9回
長持　栄吉	（広）	'56. 5. 31	対洋第1の4回
※藤村富美男	（神）	'56. 6. 24	対広第1の9回
桧垣　忠	（松）	'57. 4. 14	対洋第2の1回
中島　執	（洋）	'59. 8. 20	対国の5回
町田　行彦	（国）	'60. 4. 9	対巨の8回（2打席目）
国松　彰	（巨）	'60. 8. 21	対国第2の10回
箱田　淳	（洋）	'61. 4. 23	対巨の2回
		'62. 8. 26	対神の6回
桑田　武	（洋）	'61. 8. 17	対巨の4回
横山　光次	（神）	'64. 6. 11	対中の6回
宮川　孝雄	（広）	'66. 10. 11	対サの6回
槌田　誠	（巨）	'67. 6. 6	対洋の9回
吉田　勝豊	（巨）	'67. 8. 3	対神の6回
スチュアート	（洋）	'68. 7. 21	対広の3回
ロジャース	（洋）	'69. 8. 7	対広の6回
江島　巧	（中）	'70. 6. 7	対洋の5回
※池田　純一	（神）	'70. 7. 29	対ヤの13回
※広野　功	（巨）	'71. 5. 20	対ヤの9回
		'73. 4. 27	対中の9回
衣笠　祥雄	（広）	'73. 10. 10	対ヤの4回
※飯田　幸夫	（中）	'74. 9. 3	対巨の9回
久保　俊已	（中）	'75. 8. 9	対神の7回
正垣　宏倫	（広）	'77. 8. 27	対洋の8回
福富　邦夫	（ヤ）	'78. 7. 6	対洋の9回
山本　功児	（巨）	'78. 8. 13	対洋の7回
森永　潔	（中）	'78. 9. 6	対広第1の9回
ピータース	（洋）	'81. 4. 4	対神の4回
※岩下　正明	（ヤ）	'82. 4. 6	対広の9回
駒田　徳広	（巨）	'84. 5. 2	対洋の4回
		'89. 4. 16	対巨の4回
藤波　行雄	（中）	'84. 5. 20	対ヤの8回
佐野　仙好	（神）	'85. 5. 20	対巨の7回
平田　薫	（洋）	'85. 9. 8	対巨の7回
クロマティ	（巨）	'86. 10. 3	対ヤの6回
原　辰徳	（巨）	'87. 4. 19	対広の2回
中尾　孝義	（巨）	'87. 8. 13	対洋の4回
篠塚　利夫	（巨）	'88. 8. 4	対ヤの9回
西田　真二	（広）	'89. 8. 4	対神の8回
長内　孝	（広）	'89. 10. 4	対中の9回
吉村　禎章	（巨）	'90. 5. 20	対神の5回
		'95. 5. 23	対神の9回
仁村　徹	（中）	'90. 6. 30	対ヤの7回
ア　レ　ン	（広）	'90. 7. 7	対ヤの6回
江藤　智	（広）	'90. 9. 30	対ヤの8回
		'00. 5. 7	対ヤの7回
真弓　明信	（神）	'91. 6. 14	対中の3回

		'94. 6. 1	対広の8回
中村　武志	（中）	'91. 7. 19	対巨の8回
松井　隆昌	（広）	'91. 9. 29	対ヤの6回
横谷　彰将	（洋）	'92. 8. 26	対ヤの9回
青山　道司	（洋）	'92. 9. 9	対巨の5回
秦　真司	（ヤ）	'94. 4. 10	対神の8回
鈴木　尚典	（横）	'94. 8. 3	対巨の4回
町田公二郎	（広）	'95. 9. 10	対中の9回
		'96. 4. 21	対ヤの1回
（町田康嗣郎）		'98. 7. 1	対横の7回
		'01. 10. 11	対ヤの8回
大野　雄次	（ヤ）	'96. 4. 16	対神の9回
		'96. 8. 10	対広の8回
※グ　レ　ン	（神）	'96. 5. 1	対横の10回
星野　修	（神）	'96. 6. 8	対横の5回
塩谷　和彦	（神）	'96. 10. 9	対中の1回
本西　厚博	（神）	'97. 8. 12	対ヤの6回
石井　浩郎	（巨）	'98. 7. 29	対ヤの10回
波留　敏夫	（中）	'01. 8. 16	対巨の5回
片岡　篤史	（神）	'02. 5. 3	対広の7回
八木　裕	（神）	'02. 7. 30	対神の6回
※小田嶋正邦	（横）	'03. 7. 18	対巨の11回
浅井　樹	（広）	'04. 6. 11	対巨の9回
新井　貴浩	（広）	'05. 5. 21	対楽の9回
矢野　謙次	（巨）	'07. 5. 31	対ソの7回
		'11. 9. 30	対広の8回
桧山進次郎	（神）	'07. 8. 21	対ヤの4回
立浪　和義	（中）	'07. 8. 28	対横の6回
中村　紀洋	（中）	'07. 10. 6	対ヤの6回
谷　佳知	（巨）	'10. 4. 24	対広の6回
エドガー	（巨）	'10. 7. 30	対広の6回
スレッジ	（横）	'11. 6. 29	対中の5回
※長野　久義	（巨）	'11. 10. 22	対横の6回
武内　晋一	（ヤ）	'13. 5. 6	対中の6回
丸　佳浩	（広）	'13. 5. 12	対中の4回
		'23. 6. 8	対オの10回
関本賢太郎	（神）	'14. 7. 13	対巨の7回
小窪　哲也	（広）	'15. 5. 2	対ヤの8回
		'16. 7. 30	対ディの9回
堂上　剛裕	（中）	'15. 8. 12	対ディの4回
※鵜久森淳志	（ヤ）	'17. 4. 2	対ディの10回
荒木　貴裕	（ヤ）	'18. 5. 4	対ディの8回
佐野　恵太	（ディ）	'19. 4. 4	対ヤの7回
※髙山　俊	（神）	'19. 5. 29	対巨の12回
堂上　直倫	（中）	'19. 6. 4	対ソの6回
楠本　泰史	（ディ）	'19. 6. 4	対武の8回
梶谷　隆幸	（ディ）	'19. 9. 19	対広の6回
中谷　将大	（神）	'20. 8. 6	対巨の9回
小野寺　暖	（神）	'22. 4. 21	対ディの4回
堂林　翔太	（広）	'22. 7. 17	対巨の4回
知野　直人	（ディ）	'23. 9. 3	対巨の8回
大城　卓三	（巨）	'23. 9. 21	対神の6回
（パー81人、91度）			
戸倉　勝城	（急）	'52. 8. 7	対東第1の4回
浅原　直人	（東）	'53. 10. 11	対西の8回
中西　太	（西）	'55. 7. 26	対大第1の2回
		'59. 9. 20	対急第2の8回
簑原　宏	（東）	'55. 9. 21	対急第2の8回
笠原　和夫	（高）	'56. 5. 17	対大第1の7回
蒲山　和夫	（南）	'57. 5. 3	対急の4回
高倉　照幸	（西）	'58. 10. 2	対近第2の6回
青田　昇	（急）	'59. 8. 5	対近の4回
島田　光二	（近）	'61. 9. 5	対南の6回
島田　二二	（東）	'61. 9. 26	対南の9回
醍醐　猛夫	（毎）	'62. 7. 12	対西の9回
吉田　勝豊	（急）	'62. 10. 6	対近第1の10回
小森　光生	（近）	'63. 5. 13	対南の4回
井上　登	（南）	'63. 10. 3	対東の11回
ブルーム	（近）	'64. 8. 6	対東の6回
白　仁天	（東）	'68. 7. 10	対京の7回
長南　恒夫	（東）	'68. 9. 7	対急の6回
青野　修三	（南）	'70. 8. 6	対ロの9回
		'71. 6. 8	対ロの9回

作道　　烝（東）'71. 5. 3　対ロの10回
江藤　慎一（ロ）'71. 5. 22　対西の4回
　　　　　　　　'71. 7. 30　対急の7回
宮原　秀明（近）'71. 7. 29　対ロの6回
※今井　　務（東）'72. 8. 30　対ロの10回
◆正垣　泰祐（急）'73. 4. 14　対近第1の5回
小川　　亨（近）'73. 5. 23　対ロ第2の3回
佐藤　竹秀（近）'74. 6. 9　対平の8回
　　　　　　　　'76. 5. 31　対平の6回
　　　　　　　　'76. 7. 11　対ロ第1の5回
伊勢　孝夫（近）'76. 6. 26　対急の8回
鈴木　治彦（ク）'77. 4. 12　対ロの5回
河村健一郎（急）'77. 6. 4　対南の6回
　　　　　　　　'79. 8. 17　対近の6回
渋谷　　通（日）'77. 7. 4　対南の8回
村井　英司（近）'77. 8. 16　対日の8回
長池　二二（急）'78. 9. 11　対近の7回
田淵　幸一（武）'79. 6. 25　対ロの8回
新井　宏昌（南）'82. 5. 8　対近の1回
江島　　巧（日）'82. 5. 27　対日の4回
岡持　和彦（日）'83. 5. 24　対南の7回
※柳原　隆弘（近）'84. 6. 11　対南の9回
仲根　政裕（近）'84. 7. 1　対南の6回
小林　晋哉（急）'85. 7. 16　対南の9回
ヒックス（急）'85. 8. 22　対南の5回
有藤　道世（ロ）'85. 10. 14　対武の8回
羽田　耕一（近）'86. 6. 29　対ロの8回
山本　功児（ロ）'87. 6. 13　対武の6回
山村　善則（南）'87. 6. 19　対ロの1回
※藤田　浩雅（急）'88. 6. 18　対南の9回
斉藤　　巧（ロ）'88. 9. 7　対武の7回
岸川　勝也（南）'88. 9. 16　対急の5回
淡口　憲治（近）'89. 5. 26　対オの1回
栗橋　　茂（近）'89. 6. 4　対日の6回
鈴木　慶裕（日）'89. 9. 23　対近の6回
村上　信一（オ）'90. 5. 31　対近の7回
柴原　　実（オ）'90. 6. 19　対日の6回
鈴木　貴久（近）'91. 8. 24　対オの5回
大島　康徳（日）'91. 9. 18　対武の6回
　　　　　　　　'94. 5. 4　対日の6回
村上　嵩幸（近）'92. 9. 10　対ロの6回
田辺　徳雄（武）'94. 10. 2　対近の5回
鈴木　　健（武）'95. 5. 4　対ロの3回
河野　　亮（ダ）'97. 5. 25　対近の6回
佐藤　幸彦（ロ）'98. 5. 2　対武の8回
※広永　益隆（ダ）'98. 7. 7　対ロの12回
山本　和範（近）'98. 8. 21　対日の9回
ポール（武）'99. 7. 4　対日の8回
堀　　幸一（ロ）'00. 5. 20　対日の7回
藤井　康雄（オ）'00. 7. 19　対武の6回
　　　　　　　　'01. 6. 1　対日の7回
　　　　　　　　'01. 8. 1　対日の8回
※　　　　　　　　'01. 9. 30　対ロの6回
※北川　博敏（近）'01. 9. 26　対オの9回
平尾　博嗣（武）'03. 4. 27　対日の4回
カブレラ（武）'06. 4. 28　対オの7回
田中　幸雄（日）'07. 7. 28　対楽の7回
大松　尚逸（ロ）'08. 9. 4　対ソの6回
橋本　　将（ロ）'08. 9. 7　対ソの6回
福浦　和也（ロ）'10. 5. 13　対横の6回
山崎　武司（楽）'10. 5. 14　対広の6回
中村　剛也（武）'10. 9. 16　対ヤの9回
Ｔ－岡田（オ）'10. 9. 16　対武の8回
二岡　智宏（日）'11. 7. 9　対ディの8回
駿太（オ）'14. 6. 11　対ディの8回
細谷　　圭（ロ）'16. 5. 15　対楽の6回
森　　友哉（武）'18. 6. 1　対ヤの9回
福田　秀平（ソ）'19. 6. 21　対巨の6回
ロメロ（楽）'20. 7. 28　対ロの4回
長谷川勇也（ソ）'20. 10. 15　対オの6回
髙濱　祐仁（日）'21. 6. 5　対巨の7回
（日－1人、1度）
野口　二郎（洋）'41. 4. 14　対朝の3回

7. サヨナラ本塁打
　a. ライフタイム
セ－8…王　　貞治（巨）
　　　　'60…1　'65…1　'68…1　'70…3
　　　　'75…1　'77…1
　　　8…若松　　勉（ヤ）
　　　　'73…2　'77…2　'79…1　'81…3
パ－11…野村　克也（南）
　　　　'60…2　'62…1　'63…2　'66…1
　　　　'67…1　'68…1　'69…2　'72…1
　　　－6本以上－
　　　12…清原　和博（オ）　　11…野村　克也（武）
　　　10…中村　紀洋（ディ）　　8…王　　貞治（巨）
　　　8…若松　　勉（ヤ）　　　7…豊田　泰光（ア）
　　　7…長嶋　茂雄（巨）　　　7…藤井　康雄（オ）
　　　7…井口　資仁（ロ）　　　7…阿部慎之助（巨）
　　　7…亀井　善行（巨）　　　6…飯田　徳治（国）
　　　6…山内　一弘（広）　　　6…毒島　章一（東）
　　　6…矢野　　清（急）　　　6…張本　　勲（急）
　　　6…松原　　誠（巨）　　　6…長池　徳士（急）
　　　6…田淵　幸一（武）　　　6…門田　博光（ダ）
　　　6…広澤　克実（神）　　　6…池山　隆寛（ヤ）
　　　6…二岡　智宏（神）　　　6…ローズ（オ）
　　　6…金本　知憲（神）　　　6…ペタジーニ（ソ）
　　　6…カブレラ（ソ）　　　　6…坂本　勇人（巨）
　b. シーズン
セ－5…ハウエル（ヤ）'93　試合121
　　　3…桑田　　武（洋）'61　試合130
　　　　王　　貞治（巨）'70　試合129
　　　　長崎　慶一（洋）'74　試合95
　　　　田淵　幸一（神）'75　試合130
　　　　若松　　勉（ヤ）'81　試合95
　　　　田尾　安志（神）'88　試合80
　　　　亀井　義行（巨）'09　試合134
　　　　坂本　勇人（巨）'10　試合144
パ－3…大杉　勝男（東）'69　試合130
　　　　矢野　　清（急）'69　試合112
　　　　岸川　勝也（ダ）'89　試合123
　　　　ローズ（近）'96　試合130
　　　　ニール（オ）'96　試合124
　　　　松井稼頭央（武）'02　試合140
　　　　松田　宣浩（ソ）'15　試合143
日－2…飯田　徳治（南）'49　試合135
　c. 連続試合
セ－2…桑田　　武（洋）'61. 4. 8～4. 9
　　　　豊田　泰光（サ）'68. 8. 24(代打)～8. 25(代打)
　　　　若松　　勉（ヤ）'77. 6. 12(代打)～6. 13(代打)
　　　　長嶋　清幸（広）'84. 9. 15～9. 16
　　　　デシンセイ（ヤ）'88. 6. 5～6. 18
　　　　平田　良介（中）'11. 6. 4～6. 5
　　　　鈴木　誠也（広）'16. 6. 17～6. 18
パ－2…門田　博光（オ）'90. 9. 9～9. 10
　　　　松井稼頭央（武）'02. 5. 10～5. 11
　　　　バルディリス（オ）'12. 4. 30～5. 1
日－1…多数あり
8. 代打サヨナラ本塁打（128人、142度）※満塁◆開幕戦
　（セ－69人、75度）
　　　谷田比呂美（神）'53. 7. 28　対洋の13回
※樋笠　一夫（巨）'56. 3. 25　対中第2の9回
　　　　　　　　'56. 4. 22　対神の10回
　　　加倉井　実（巨）'56. 4. 5　対神の9回
※藤村富美男（神）'56. 6. 24　対広第1の9回
　　　浅越　桂一（神）'61. 9. 6　対広第1の9回
　　　伊藤　　勲（神）'63. 5. 30　対国の9回
　　　横山　光次（神）'63. 10. 3　対中第2の10回
　　　福富　邦夫（サ）'66. 8. 10　対広の10回
　　　高山　忠克（中）'66. 9. 1　対神の9回
　　　重松　省三（洋）'67. 10. 11　対サ第1の9回
　　　豊田　泰光（サ）'68. 8. 24　対中の9回
　　　　　　　　'68. 8. 25　対中の10回
　　　加藤　俊夫（ヤ）'70. 6. 3　対広の9回
※池田　純一（神）'70. 7. 29　対ヤの13回
※広野　　功（巨）'71. 5. 20　対ヤの9回

菱川　章（中）'71. 8. 15　対ヤの9回
※飯田幸夫（中）'74. 9. 3　対広の9回
長田幸雄（洋）'75. 9. 28　対巨第2の9回
遠井吾郎（神）'76. 4. 25　対洋第2の10回
永尾泰憲（ヤ）'76. 6. 11　対広の9回
内田順三（広）'77. 5. 8　対中の9回
大島　忠（神）'77. 5. 19　対中の10回
若松　勉（ヤ）'77. 6. 12　対広の10回
　　　　　　　'77. 6. 13　対広の9回
　　　　　　　'79. 7. 11　対中の9回
辻　恭彦（洋）'77. 8. 28　対広の9回
ブリーデン（神）'77. 9. 14　対広の9回
大下剛史（広）'77. 9. 20　対洋の9回
井上弘昭（中）'78. 4. 2　対洋第1の9回
大矢明彦（ヤ）'78. 4. 5　対神の9回
三村敏之（広）'81. 7. 31　対巨の9回
※岩下正明（ヤ）'82. 4. 6　対広の9回
渡辺　進（ヤ）'83. 7. 31　対洋の10回
平田　薫（巨）'83. 9. 14　対神の9回
川藤幸三（神）'84. 6. 4　対洋の10回
基　満男（洋）'84. 8. 5　対中の9回
西田真二（広）'85. 6. 1　対ヤの9回
長崎啓二（神）'85. 7. 27　対洋の9回
片岡光宏（広）'87. 7. 11　対ヤの9回
田尾安志（神）'88. 9. 11　対巨の9回
河野誉彦（洋）'89. 10. 12　対ヤの9回
木戸克彦（神）'90. 6. 24　対ヤの11回
町田公二郎（広）'92. 10. 1　対ヤの13回
大久保博元（巨）'94. 9. 17　対神の9回
広永益隆（ヤ）'95. 4. 20　対巨の10回
※グレン（神）'96. 5. 1　対横の10回
石井浩郎（巨）'99. 4. 15　対中の9回
大豊泰昭（神）'99. 5. 14　対中の9回
ジョンソン（神）'99. 7. 8　対神の9回
川中基嗣（巨）'02. 9. 14　対神の11回
※小田嶋正邦（横）'03. 7. 18　対巨の11回
栗原健太（巨）'04. 4. 17　対神の9回
高橋光信（中）'05. 5. 2　対横の9回
関本健太郎（神）'06. 5. 2　対巨の9回
堂上剛裕（中）'07. 8. 11　対巨の12回
尾形佳紀（広）'07. 8. 24　対巨の9回
平田良介（中）'08. 9. 7　対横の9回
亀井義行（巨）'09. 4. 25　対ディの9回
◆　　　　　　'21. 3. 26　対ディの9回
川本良平（ヤ）'10. 4. 3　対横の9回
小池正晃（中）'11. 6. 19　対オの9回
高橋由伸（巨）'11. 10. 12　対中の10回
※長野久義（巨）'11. 10. 22　対横の9回
矢野謙次（巨）'12. 10. 7　対ディの9回
小笠原道大（巨）'13. 6. 5　対巨の11回
ブランコ（ディ）'14. 9. 15　対中の9回
※鵜久森淳志（ヤ）'17. 4. 2　対ディの10回
大松尚逸（ヤ）'17. 5. 9　対広の12回
　　　　　　　'17. 7. 26　対中の9回
青木宣親（ヤ）'19. 4. 6　対中の10回
※髙山俊（神）'19. 5. 29　対巨の12回
石川慎吾（巨）'19. 8. 24　対ディの11回
西浦直亨（ヤ）'20. 6. 25　対神の9回
岸田行倫（巨）'23. 6. 30　対神の10回
（パ・60人、65度）
五井孝蔵（近）'51. 9. 16　対急の9回
伊藤庄七（東）'54. 4. 4　対南第2の9回
毒島章一（東）'59. 10. 20　対西第1の9回
岡本健一郎（西）'60. 6. 5　対東第2の9回
三宅孝夫（西）'62. 8. 9　対近の9回
渡会純男（南）'63. 6. 15　対西の10回
穴吹義洋（南）'63. 10. 16　対西の13回
ローガン（南）'64. 7. 2　対西の9回
樋口正蔵（南）'64. 7. 18　対急の9回
矢野　清（急）'65. 8. 24　対洋の9回
　　　　　　　'69. 10. 11　対南第2の9回
住友　平（急）'66. 7. 3　対近第1の11回
下須崎詔一（西）'66. 7. 16　対急の11回

中西　太（西）'66. 8. 16　対南第2の9回
三沢今朝治（東）'67. 5. 28　対急第1の9回
宮原務本（東）'67. 9. 5　対京の9回
伊藤光四郎（西）'70. 4. 14　対ロの10回
木村重視（近）'70. 4. 19　対ロ第1の9回
榎本喜八（ロ）'70. 6. 13　対西の9回
宮寺勝利（西）'71. 5. 6　対南の9回
児玉弘義（近）'71. 6. 30　対ロの9回
北川公一（近）'72. 7. 2　対急の9回
※今井　務（東）'72. 8. 30　対ロの9回
榊　親一（ロ）'73. 5. 30　対南第2の9回
　　　　　　　'75. 5. 24　対急の9回
林　俊宏（南）'73. 7. 3　対拓の10回
土肥健二（ロ）'73. 9. 25　対近の12回
高井保弘（急）'74. 4. 17　対日の9回
　　　　　　　'76. 4. 3　対日の11回
　　　　　　　'81. 9. 3　対武の9回
当銀秀崇（急）'74. 8. 2　対南の9回
伊勢孝夫（近）'74. 8. 3　対平の9回
永淵洋三（近）'74. 9. 19　対急の10回
村井英司（日）'74. 9. 28　対南第2の10回
加藤俊夫（日）'75. 6. 7　対平の11回
岡本一光（急）'80. 6. 24　対日の9回
門田博光（南）'80. 6. 25　対ロの9回
大田卓司（武）'80. 9. 9　対近の9回
※柳原隆弘（近）'84. 6. 11　対南の9回
パターソン（日）'85. 9. 16　対南の12回
五十嵐信一（南）'85. 10. 4　対南の9回
大宮龍男（日）'87. 4. 16　対近の9回
※藤田浩雅（急）'88. 6. 18　対南の9回
中島輝士（日）'90. 9. 1　対ロの11回
堀　幸一（ロ）'91. 9. 17　対ダの10回
村上隆行（近）'91. 10. 9　対日の9回
中尾孝義（武）'93. 6. 10　対オの11回
鈴木　健（武）'94. 7. 24　対日の9回
※広永益隆（オ）'98. 7. 7　対ロの12回
石井浩郎（オ）'01. 6. 17　対ダの9回
※北川博敏（近）'01. 9. 26　対オの9回
※藤井康雄（オ）'01. 9. 30　対ロの9回
犬伏稔昌（武）'02. 6. 20　対ダの9回
林　孝哉（武）'02. 7. 26　対ダの9回
三輪　隆（オ）'03. 10. 7　対近の11回
フェルナンデス（武）'05. 8. 18　対ロの12回
田中賢介（日）'05. 9. 28　対ロの11回
パスクチ（ロ）'06. 8. 5　対ソの10回
高山久（武）'07. 6. 30　対楽の9回
平尾博嗣（武）'08. 8. 16　対オの9回
栗山巧（武）'17. 8. 17　対楽の9回
　　　　　　　'22. 5. 29　対オの12回
吉村裕基（ソ）'17. 10. 6　対オの9回
メヒア（武）'19. 9. 20　対楽の9回
角中勝也（ロ）'23. 7. 24　対ソの9回
（日・2人、2度）
浅岡三郎（セ）'38. 10. 24　対ラの10回
藤本英雄（巨）'49. 6. 18　対南の9回

9. 代打本塁打
 a. ライフタイム
　セ・20…町田公二郎（神）
　パ・27…高井保弘（急）
　　-10本以上-
27…高井保弘（急）　　20…大島康徳（日）
20…町田公二郎（神）　17…淡口憲治（近）
16…川又米利（中）　　15…河村健一郎（急）
14…吉村禎章（巨）　　14…広永益隆（オ）
14…桧山進次郎（神）　13…中西　太（西）
13…穴吹義雄（南）　　13…柳原俊郎（巨）
13…岡持和彦（広）　　13…長崎啓二（神）
13…西田真二（広）　　13…秦　真司（神）
13…小早川毅彦（ヤ）　13…八木　裕（神）
13…大道典嘉（ヤ）　　12…門田博光（ダ）
12…福富邦夫（ヤ）　　12…太田卓司（武）
12…若松　勉（ヤ）　　12…八重樫幸雄（ヤ）
11…宮原秀明（洋）　　11…伊勢孝夫（ヤ）

11…佐藤　竹秀（ヤ）　　11…江島　　巧（ロ）
11…川藤　幸三（神）　　11…山本　功児（ロ）
11…石嶺　和彦（中）　　11…村上　嵩幸（武）
11…大豊　泰昭（中）　　11…垣内　哲也（武）
11…鈴木　　健（ヤ）　　11…高橋　光信（神）
11…後藤G武敏（ディ）　11…新井　貴浩（広）
10…藤井　　弘（広）　　10…江藤　慎一（ロ）
10…遠井　吾郎（神）　　10…得津　高宏（ロ）
10…井上　弘昭（ヤ）　　10…岡本　伸一（巨）
10…杉浦　　享（ヤ）　　10…真弓　明信（神）
10…山本　和範（近）　　10…藤井　康雄（オ）
10…江藤　　智（武）　　10…平尾　博嗣（武）
10…嶋　　重宣（武）　　10…金本　知憲（神）
10…矢野　謙次（日）

b．シーズン　　　　　　　　（代打の試合）
セ－7…大島　康徳（中）'76　試合54
　　6…大豊　泰昭（神）'99　試合43
　　5…伊藤　泰憲（中）'76　試合45
　　　　川藤　幸三（神）'86　試合49
　　　　長内　　孝（広）'89　試合29
　　　　秦　　真司（ヤ）'96　試合54
パ－6…高井　保弘（急）'74　試合83
　　　　石嶺　和彦（急）'85　試合45
　　5…中西　　太（西）'66　試合29
　　　　高井　保弘（急）'72　試合29
　　　　佐藤　竹秀（近）'74　試合83
　　　　河村健一郎（急）'79　試合53
　　　　藤井　康雄（オ）'01　試合38
日－2…板倉　正男（金）'48　試合10
　　　　木暮　力三（陽）'49　試合25
　　　　櫟　　信平（東）'49　試合28

10．左右両打席本塁打（20人、43度）
（セ－4人、7度）
　　シェーン（広）'75. 5. 17　対洋
　　　　　　　　　'76. 4. 16　対巨
　　ホワイト（巨）'80. 6. 12　対広
　　高橋　慶彦（広）'83. 4. 26　対ヤ
　　金城　龍彦（横）'03. 8. 13　対神
　　　　　　　　　'03. 8. 16　対広
　　　　　　　　　'06. 8. 19　対広

（パ－16人、36度）
　　ラフィーバー（ロ）'75. 5. 30　対平
　　ハ　リ　ス（近）'81. 7. 5　対武
　　　　　　　　　'83. 9. 1　対南
　　松永　浩美（急）'82. 5. 15　対日
　　　　　　　　　'83. 9. 23　対南
　　　　　　　　　'85. 4. 13　対近
　　　　　　　　　'87. 10. 15　対日
　　　　　　（オ）'90. 5. 9　対ロ
　　　　　　　　　'90. 8. 12　対ダ
　　スティーブ（武）'83. 5. 7　対ロ
　　白井　一幸（日）'87. 7. 8　対近
　　バナザード（南）'88. 9. 8　対近
　　　　　　　（ダ）'89. 8. 16　対武
　　　　　　　　　'89. 10. 6　対オ
　　デストラーデ（武）'90. 9. 9　対オ
　　　　　　　　　'91. 6. 18　対オ
　　　　　　　　　'91. 10. 3　対ロ
　　ライト（ダ）'93. 5. 1　対近
　　フランクリン（日）'99. 4. 10　対ロ
　　ニエベス（ダ）'00. 6. 20　対ロ
　　松井稼頭央（武）'00. 9. 12　対日
　　　　　　　　　'01. 8. 20　対日
　　　　　　　　　'03. 8. 1　対近
　　セギノール（オ）'02. 5. 5　対近
　　　　　　　　　'02. 5. 9　対日
　　　　　　　　　'02. 7. 26　対近
　　　　　　　（日）'04. 5. 21　対近
　　　　　　　　　'04. 6. 29　対武
　　　　　　　　　'06. 9. 9　対オ
　　　　　　　　　'07. 6. 19　対広
　　　　　　　（楽）'08. 8. 30　対ロ
　　　　　　　　　'09. 8. 18　対日

　　赤田　将吾（オ）'10. 5. 18　対広
　　田中　和基（楽）'18. 8. 1　対オ
　　杉谷　拳士（日）'19. 5. 23　対楽
　　アルカンタラ（日）'22. 4. 24　対ソ
（日－なし）

11．初回先頭打者本塁打
a．ライフタイム
セ－38…真弓　明信（神）表21　裏17
　　32…高橋　慶彦（神）表12　裏20
パ－43…福本　　豊（急）表24　裏19
　　30…石毛　宏典（ダ）表18　裏12
　　－20本以上－
　　43…福本　　豊（急）表24　裏19
　　41…真弓　明信（神）表24　裏17
　　34…高橋　慶彦（神）表13　裏21
　　30…石毛　宏典（ダ）表18　裏12
　　28…緒方　孝市（広）表22　裏6
　　26…松井稼頭央（武）表9　裏15
　　25…柴田　　勲（巨）表9　裏16
　　24…仁志　敏久（横）表9　裏15
　　22…山崎　裕之（武）表9　裏13
　　21…野村謙二郎（広）表6　裏15
　　　　秋山　翔吾（武）表6　裏15
　　20…高田　　繁（巨）表10　裏10

b．シーズン
セ－9…高橋　由伸（巨）'07　試合133
　　8…ヒルトン（ヤ）'78　試合128
　　　　緒方　孝市（広）'99　試合132
パ－8…福本　　豊（急）'72　試合122
　　　　石毛　宏典（武）'86　試合129
　　　　デューシー（ロ）'96　試合120
　　　　西岡　　剛（ロ）'09　試合120
日－4…坪内　道典（中）'49　試合137

c．連続試合
セ－3…松永　浩美（神）'93. 8. 20～8.22
パ－2…ワイヤット（西）'52. 6. 25～6.27
　　　　レインズ（急）'53. 7. 21～7.22
　　　　河野　旭輝（急）'65. 8. 14～8.15第1
　　　　大熊　忠義（急）'68. 6. 22～6.23
　　　　山崎　裕之（武）'71. 8. 7～8.8
　　　　　　　　　（武）'80. 4. 15～4.16
　　　　福本　　豊（急）'72. 7. 7～7.8
　　　　　　　　　　　'80. 8. 9～8.10
　　　　ウイリアムス（日）'76. 8. 21～8.22
　　　　島田　　誠（日）'85. 4. 14～4.16
　　　　石毛　宏典（武）'86. 9. 11～9.13
　　　　佐々木　誠（南）'87. 6. 28～6.30
　　　　森本　稀哲（日）'06. 4. 5～4.26
　　　　TSUYOSHI（ロ）'07. 6. 3～6.5
　　　　片岡　易之（武）'10. 9. 18～9.19
　　　　荻野　貴司（ロ）'21. 6. 10～6.7
日－2…苅田　久徳（セ）'38. 6. 16～6.18

d．初回先頭打者ランニング本塁打　※初球
セ－三宅　秀史（神）'58. 6. 25　対巨　表
　　柴田　　勲（巨）'67. 9. 20　対サ　裏
　　飯田　哲也（ヤ）'92. 4. 26　対広　裏
　　坪井　智哉（日）'98. 7. 4　対広　表
　　青木　宣親（ヤ）'18. 6. 14　対武　表
パ－木村　　勉（近）'56. 9. 2　対東　表
　　松井稼頭央（武）'98. 6. 28　対ダ　表
　　宮地　克彦（武）'00. 9. 2　対近　裏
　　※荻野　貴司（ロ）'14. 5. 6　対オ　表
日－なし

12．初打席本塁打（セ－35人、パ－31人、日－1人）
　　※代打　◆満塁　◎サヨナラ　☆初球　★開幕戦
セ－　高木　守道（中）'60. 5. 7　対洋の8回
　　※相川　　進（中）'66. 9. 28　対サ第1の7回
　　　スチュアート（洋）'67. 4. 19　対神の1回
　　※中井　康之（神）'79. 4. 11　対神の5回
　　◆駒田　徳広（巨）'83. 4. 10　対洋の1回
　　☆森　　厚三（広）'84. 5. 30　対ヤの8回
　　※阿部　慶二（広）'84. 8. 8　対巨の6回
　　※青島　健太（ヤ）'85. 5. 11　対神の6回

米村　　明	(中)	'86. 8. 23	対ヤの9回	
★デシンセイ	(ヤ)	'88. 4. 8	対巨の2回	
呂　　明賜	(巨)	'88. 6. 14	対ヤの1回	
★ディステファーノ	(中)	'90. 4. 7	対洋の1回	
★ブラッドリー	(巨)	'91. 4. 6	対中の1回	
森田　幸一	(中)	'91. 4. 10	対広の8回	
稲葉　篤紀	(ヤ)	'95. 6. 21	対広の2回	
出口　雄大	(巨)	'95. 9. 19	対中の2回	
小野　公誠	(ヤ)	'97. 7. 20	対巨の2回	
広池　浩司	(広)	'99. 9. 29	対神の5回	
☆ショーゴー	(中)	'01. 5. 1	対巨の9回	
野口　祥順	(ヤ)	'02. 9. 13	対横の2回	
※比嘉　寿光	(広)	'05. 9. 19	対横の8回	
◎加治前竜一	(巨)	'08. 6. 6	対ロの10回	
★ブランコ	(中)	'09. 4. 3	対横の9回	
※福田　永将	(中)	'09. 7. 7	対ヤの9回	
ランドルフ	(横)	'09. 8. 16	対広の2回	
※森田　一成	(神)	'11. 7. 26	対中の2回	
★ロ　ペ　ス	(ディ)	'13. 3. 29	対広の3回	
★☆西浦　直亨	(ヤ)	'14. 3. 28	対ディの1回	
※乙坂　智	(ディ)	'14. 5. 31	対ヤの9回	
廣岡　大志	(ヤ)	'16. 9. 29	対ディの2回	
※バティスタ	(広)	'17. 6. 3	対ロの6回	
細川　成也	(ディ)	'17. 10. 3	対中の1回	
マルティネス	(巨)	'18. 7. 27	対中の2回	
※山本　祐大	(ディ)	'18. 8. 19	対広の8回	
村上　宗隆	(ヤ)	'18. 9. 16	対広の2回	
パ―　☆戸倉　勝城	(毎)	'50. 3. 11	対西の1回	
☆塩瀬　盛道	(東)	'50. 5. 11	対大の6回	
ハ　ド　リ	(毎)	'52. 5. 1	対西の1回	
後藤　忠弘	(近)	'62. 8. 21	対毎の3回	
☆※小室　光男	(西)	'68. 8. 21	対近の8回	
※山村　善則	(平)	'75. 5. 30	対ロの8回	
バチスタ	(日)	'75. 6. 3	対南の1回	
ミッチェル	(日)	'76. 4. 27	対近の2回	
香川　伸行	(南)	'80. 7. 8	対近の5回	
ハンプトン	(近)	'81. 6. 5	対ロの2回	
※村上　信一	(急)	'84. 8. 5	対南の10回	
イースラー	(日)	'88. 5. 19	対ロの1回	
★広永　益隆	(ダ)	'89. 4. 6	対日の5回	
※林　博康	(ロ)	'90. 6. 29	対ダの6回	
佐伯　秀喜	(近)	'90. 9. 24	対日の2回	
☆シュルジー	(オ)	'91. 5. 29	対近の11回	
★マーシャル	(日)	'92. 4. 4	対武の2回	
★◆ミッチェル	(ダ)	'95. 4. 1	対武の1回	
☆福留　宏紀	(オ)	'97. 9. 15	対武の2回	
ボーリック	(ロ)	'99. 4. 14	対オの8回	
ポ　―　ル	(武)	'99. 6. 25	対ダの2回	
ナナリー	(オ)	'00. 6. 28	対近の1回	
堀内　久雄	(オ)	'02. 4. 2	対日の3回	
★オーティズ	(ロ)	'03. 3. 28	対近の2回	
マルハーン	(武)	'11. 8. 5	対ソの2回	
☆加藤　翔平	(ロ)	'13. 5. 12	対楽の3回	
メ　ヒ　ア	(武)	'14. 5. 15	対日の2回	
ペ　レ　ス	(楽)	'16. 7. 12	対武の1回	
☆コラ　ス　ス	(ソ)	'19. 8. 18	対武の2回	
大下誠一郎	(オ)	'20. 9. 15	対楽の2回	
☆来田　涼斗	(オ)	'21. 7. 13	対日の1回	
日―※金光　彬夫	(朝)	'44. 4. 22	対巨の7回	

K. 塁　打

1. 最多塁打

a. ライフタイム

セ―5862…王　　貞治	(巨)	'59～'80	試合2831	
パ―5315…野村　克也	(武)	'54～'80	試合3017	

―ライフタイム3000以上―　(62人)

①	5862…王　　貞治	(巨)	'59～'80	試合2831	
②	5315…野村　克也	(武)	'54～'80		3017
③	5161…張本　　勲	(ロ)	'59～'81		2752
④	4688…門田　博光	(ダ)	'70～'92		2571
⑤	4481…金本　知憲	(神)	'92～'12		2578
⑥	4474…衣笠　祥雄	(広)	'65～'87		2677
⑦	4369…長嶋　茂雄	(巨)	'58～'74	試合2186	
⑧	4361…山本　浩二	(広)	'69～'86		2284
⑨	4302…落合　博満	(日)	'79～'98		2236
⑩	4178…土井　正博	(武)	'62～'81		2449
⑪	4066…清原　和博	(オ)	'86～'08		2338
⑫	4030…大杉　勝男	(ヤ)	'65～'83		2235
⑬	4015…山内　一弘	(広)	'52～'70		2235
⑭	3927…秋山　幸二	(ダ)	'81～'02		2189
⑮	3846…福本　　豊	(急)	'69～'88		2401
⑯	3723…阿部慎之助	(日)	'01～'19		2282
⑰	3716…大島　康徳	(日)	'71～'94		2638
⑱	3709…小久保裕紀	(ソ)	'94～'12		2057
⑲	3702…中村　紀洋	(ディ)	'92～'14		2267
⑳	3687…小笠原道大	(中)	'97～'15		1992
㉑	3674…坂本　勇人	(巨)	'07～'23		2101
㉒	3591…新井　貴浩	(広)	'99～'18		2383
㉓	3556…立浪　和義	(中)	'88～'09		2586
㉔	3555…榎本　喜八	(西)	'55～'72		2222
㉕	3553…中村　剛也	(武)	'03～'23		2042
㉖	3537…加藤　英司	(南)	'69～'87		2028
㉗	3523…松原　誠	(巨)	'62～'81		2190
㉘	3521…有藤　道世	(ロ)	'69～'86		2063
㉙	3509…ロ　ー　ズ	(オ)	'96～'09		1674
㉙	3509…ラ　ミ　レ　ス	(ディ)	'01～'13		1744
㉛	3500…川上　哲治	(巨)	'38～'58		1979
㉜	3477…稲葉　篤紀	(日)	'95～'14		2213
㉝	3462…江藤　慎一	(ロ)	'59～'76		2084
㉞	3456…和田　一浩	(中)	'97～'15		1968
㉟	3438…高木　守道	(中)	'60～'80		2282
㊱	3426…山﨑　武司	(中)	'89～'13		2249
㊲	3391…前田　智徳	(広)	'90～'13		2188
㊳	3364…山崎　裕之	(武)	'65～'84		2251
㊴	3333…田中　幸雄	(日)	'86～'07		2238
㊵	3316…福留　孝介	(中)	'99～'22		2023
㊶	3314…村田　修一	(巨)	'03～'17		1953
㊷	3279…谷沢　健一	(中)	'70～'86		1931
㊸	3274…若松　　勉	(ヤ)	'71～'89		2062
㊹	3234…松井稼頭央	(武)	'95～'18		1913
㊺	3228…谷繁　元信	(中)	'89～'15		3021
㊻	3211…石井　琢朗	(広)	'89～'12		2413
㊼	3202…松田　宣浩	(巨)	'06～'23		1922
㊽	3183…松中　信彦	(ソ)	'97～'15		1780
㊾	3180…内川　聖一	(ロ)	'01～'22		2022
㊿	3154…古田　敦也	(ヤ)	'90～'07		2008
51	3145…田淵　幸一	(武)	'69～'84		1739
52	3144…原　　辰徳	(巨)	'81～'95		1697
53	3140…藤田　　平	(神)	'66～'84		2010
54	3120…広瀬　叔功	(南)	'56～'77		2190
55	3090…真弓　明信	(神)	'73～'95		2051
56	3059…浅村　栄斗	(楽)	'10～'23		1805
57	3031…高橋　由伸	(巨)	'98～'15		1819
58	3029…柴田　　勲	(巨)	'62～'81		2208
59	3022…木俣　達彦	(中)	'64～'82		2142
60	3015…掛布　雅之	(神)	'74～'88		1625
61	3002…駒田　徳広	(横)	'83～'00		2063
62	3001…飯田　徳治	(国)	'47～'63		1965

b. シーズン

セ―376…小鶴　　誠	(松)	'50	試合130
357…バ　ー　ス	(神)	'85	試合126
パ―364…ロ　ー　ズ	(近)	'01	試合140
359…松井稼頭央	(武)	'02	試合140
日―366…藤村富美男	(神)	'49	試合137

c. ゲーム

セ―18…岩本　義行	(松)	'51. 8. 1	対神
16…後藤　次男	(神)	'50. 3. 30	対洋
王　　貞治	(巨)	'64. 5. 3	対神
古田　敦也	(ヤ)	'03. 6. 28	対広
パ―17…藤山　和夫	(南)	'51. 9. 28	対近
ウィルソン	(近)	'97. 6. 21	対南第2
16…ソ　レ　イ　タ	(日)	'80. 4. 20	対武
ブライアント	(近)	'89. 5. 24	対武
日―15…青田　　昇	(巨)	'48. 10. 14	対陽
千葉　　茂	(巨)	'48. 10. 16	対陽

d. イニング
セ - 8…白石　勝巳　(広) '50. 5. 28 対本の8回
　　　山内　一弘　(神) '65. 10. 3 対広第1の4回
　　　カークランド　(神) '69. 8. 14 対巨の2回
　　　大島　康徳　(中) '72. 8. 2 対ヤ第2の2回
　　　　　　　　　　　'77. 8. 9 対巨の6回
　　　掛布　雅之　(神) '82. 8. 24 対洋の8回
　　　原　辰徳　(巨) '85. 5. 12 対洋の8回
　　　池山　隆寛　(ヤ) '93. 5. 19 対広の3回
　　　ラロッカ　(ヤ) '06. 5. 10 対武の4回
　　　ブラゼル　(神) '09. 8. 26 対横の5回
　　　ビシエド　(中) '16. 5. 7 対巨の2回
　　　大山　悠輔　(神) '18. 9. 16 対ディの3回
パー 8…飯島　滋弥　(大) '51. 10. 5 対急の7回
　　　中田　昌宏　(急) '64. 5. 31 対近第1の7回
　　　山崎　裕之　(武) '80. 8. 7 対武の7回
　　　　　　　　　　　'83. 9. 1 対日の8回
　　　岡村　隆則　(武) '85. 10. 22 対日第1の6回
　　　石毛　宏典　(武) '94. 6. 11 対ダの7回
　　　ニール　(オ) '98. 8. 9 対ダの5回
　　　城島　健司　(ダ) '01. 4. 13 対オの9回
　　　ミッチェル　(ダ) '01. 4. 18 対ロの2回
　　　辰己　涼介　(楽) '22. 6. 12 対日の2回
日 - 8…川上　哲治　(巨) '48. 5. 16 対金の1回
2. 連続打席最多塁打
セ - 25…後藤　次男　(神) '50. 3. 29～ 4. 2
　　22…村上　宗隆　(ヤ) '22. 7. 31～ 8. 2
パー 21…藤山　和夫　(南) '51. 9. 24～ 9. 29
　　　シェルドン　(オ) '02. 7. 17～ 7. 19
　　　　　　　　　　　　　　(3四球挟む)
　　　ガルシア　(オ) '05. 8. 10～ 8. 11
日 - 14…中島　治康　(巨) '38. 10. 17～10. 18
　　　鈴木　清一　(セ) '46. 7. 14～ 7. 15

L. 長　打

1. 最多長打
a. ライフタイム
セ - 1315…王　貞治　(巨) '59～'80 試合2831
パー 1077…野村　克也　(武) '54～'80 試合3017
- ライフタイム10位まで -
① 1315…王　貞治　(巨) '59～'80 試合2831
② 1077…野村　克也　(武) '54～'80 3017
③ 996…張本　勲　(ロ) '59～'81 2752
④ 969…門田　博光　(ダ) '70～'92 2571
⑤ 953…金本　知憲　(神) '92～'12 2578
⑥ 936…長嶋　茂雄　(巨) '58～'74 2186
⑦ 929…山本　浩二　(広) '69～'86 2284
⑧ 900…衣笠　祥雄　(広) '65～'87 2677
⑨ 898…山内　一弘　(広) '52～'70 2235
⑩ 896…落合　博満　(日) '79～'98 2236
b. シーズン
セ - 85…小鶴　誠　(松) '50 試合130
　　83…藤村富美男　(神) '50 試合140
　　　　福留　孝介　(中) '06 試合146
パー 88…松井稼頭央　(武) '02 試合140
　　86…中村　剛也　(武) '09 試合128
　　82…松中　信彦　(ダ) '04 試合133
日 - 84…藤村富美男　(神) '49 試合137
c. ゲーム
　　　　　　　　　　　　　　　　二三本
セ - 5…後藤　次男　(神) '50. 3. 30 対洋 2 - 3
　　　岩本　義行　(松) '51. 8. 1 対神 1 - 4
パー 5…藤山　和夫　(南) '51. 9. 28 対近 - 3 2
　　　ブライアント　(近) '89. 5. 24 対武 2 - 3
日 - 4…多数あり

M. 打　点

1. 最多打点
a. ライフタイム
セ - 2170…王　貞治　(巨) '59～'80 試合2831
パー 1988…野村　克也　(武) '54～'80 試合3017
- ライフタイム1000以上 - (49人)

① 2170…王　貞治　(巨) '59～'80 試合2831
② 1988…野村　克也　(武) '54～'80 3017
③ 1678…門田　博光　(ダ) '70～'92 2571
④ 1676…張本　勲　(ロ) '59～'81 2752
⑤ 1564…落合　博満　(日) '79～'98 2236
⑥ 1530…清原　和博　(オ) '86～'08 2338
⑦ 1522…長嶋　茂雄　(巨) '58～'74 2186
⑧ 1521…金本　知憲　(神) '92～'12 2578
⑨ 1507…大杉　勝男　(ヤ) '65～'83 2235
⑩ 1475…山本　浩二　(広) '69～'86 2284
⑪ 1448…衣笠　祥雄　(広) '65～'87 2677
⑫ 1400…土井　正博　(武) '62～'81 2449
⑬ 1348…中村　紀洋　(ディ) '92～'14 2267
⑭ 1342…中村　剛也　(武) '03～'23 2042
⑮ 1319…川上　哲治　(巨) '38～'58 1979
⑯ 1312…秋山　幸二　(ダ) '81～'02 2189
⑰ 1304…小久保裕紀　(ソ) '94～'12 2057
⑱ 1303…新井　貴浩　(広) '99～'18 2383
⑲ 1286…山内　一弘　(広) '52～'70 2235
⑳ 1285…阿部慎之助　(巨) '01～'19 2282
㉑ 1272…ラミレス　(ディ) '01～'13 1744
㉒ 1269…ローズ　(南) '96～'09 1674
㉓ 1268…加藤　英司　(南) '69～'87 2028
㉔ 1234…大島　康徳　(日) '71～'94 2638
㉕ 1205…山崎　武司　(楽) '89～'13 2249
㉖ 1189…江藤　慎一　(ロ) '59～'76 2084
㉗ 1180…松原　誠　(巨) '62～'81 2190
㉘ 1169…小笠原道大　(中) '97～'15 1992
㉙ 1168…松中　信彦　(ソ) '97～'15 1780
㉚ 1135…田淵　幸一　(武) '69～'84 1739
㉛ 1126…藤村富美男　(神) '36～'58 1558
㉜ 1123…村田　修一　(巨) '03～'17 1953
㉝ 1112…前田　智徳　(広) '90～'13 2188
㉞ 1093…原　辰徳　(巨) '81～'95 1697
㉟ 1081…和田　一浩　(中) '97～'15 1968
㊱ 1078…福留　孝介　(中) '99～'22 2023
㊲ 1072…浅村　栄斗　(楽) '10～'23 1805
㊳ 1062…中田　翔　(巨) '09～'23 1696
㊴ 1061…有藤　道世　(ロ) '69～'86 2063
㊵ 1050…稲葉　篤紀　(武) '95～'14 2213
㊶ 1040…谷繁　元信　(中) '89～'15 3021
㊷ 1037…立浪　和義　(中) '88～'09 2586
㊸ 1034…青田　昇　(急) '42～'59 1709
㊹ 1026…田中　幸雄　(日) '86～'07 2238
㊺ 1020…江藤　智　(神) '90～'09 1834
㊻ 1019…掛布　雅之　(神) '74～'88 1625
㊼ 1017…井口　資仁　(ロ) '97～'17 1915
㊽ 1009…古田　敦也　(ヤ) '90～'07 2008
㊾ 1004…坂本　勇人　(巨) '07～'23 2101
b. シーズン
セ - 161…小鶴　誠　(松) '50 試合130
　　153…ローズ　(横) '99 試合134
パー 146…落合　博満　(ロ) '85 試合130
　　135…野村　克也　(南) '63 試合150
日 - 142…藤村富美男　(神) '49 試合137
c. ゲーム
セ - 10…レオンズ　(洋) '85. 8. 10 対広
　　　ローズ　(横) '99. 7. 22 対ヤ
　　　江藤　智宏　(広) '99. 8. 12 対横
　　　二岡　智宏　(巨) '06. 4. 30 対中
　　9…藤村富美男　(神) '51. 5. 29 対名
　　　小早川毅彦　(広) '91. 5. 9 対巨
　　　清原　和博　(巨) '01. 6. 9 対神
　　　ラミレス　(ヤ) '02. 7. 6 対神
パー 11…飯島　滋弥　(大) '51. 10. 5 対急
　　10…ソレイタ　(日) '80. 4. 20 対南第2
　　9…山内　和弘　(毎) '59. 7. 5 対南
　　　デービス　(近) '87. 4. 28 対急
　　　ブライアント　(近) '93. 9. 7 対日
日 - 9…山崎　徳次　(巨) '49. 4. 26 対大
d. イニング
セ - 7…池山　隆寛　(ヤ) '93. 5. 19 対広の3回
　　5…高田　繁　(巨) '72. 6. 23 対ヤの6回

大島　康徳（中）'72. 8. 2　対ヤ第2の2回
　　　　　　　　'77. 8. 9　対巨の6回
金本　知憲（神）'03. 5. 31　対巨の9回
ラロッカ（広）'04. 8. 8　対横の8回
原口　文仁（神）'16. 7. 27　対ヤの4回
丸　佳浩（巨）'19. 8. 29　対広の3回
パ－ 7…飯島　滋弥（大）'51. 10. 5　対急の7回
　－ 5…飯田　徳治（南）'50. 7. 5　対大の6回
ジョーンズ（近）'75. 6. 23　対日第2の3回
山崎　裕之（武）'80. 8. 7　対近の7回
　　　　　　　'83. 9. 1　対日の8回
岡村　隆則（武）'85. 10. 22　対日第1の6回
石毛　宏典（武）'94. 6. 11　対ダの7回
城島　健司（ダ）'01. 4. 13　対オの9回
フェルナンデス（武）'05. 5. 4　対日の1回
浅村　栄斗（楽）'20. 6. 27　対日の5回
日－ 5…川上　哲治（巨）'48. 5. 16　対金の1回
　　　　　　　'48. 10. 16　対陽の5回

2. 連続試合打点
セ－13…バース（神）'86. 6. 18～ 7. 4
　－12…山田　哲人（ヤ）'18. 7. 20～ 8. 4
　－11…ペタジーニ（ヤ）'04. 7. 27～ 8. 7
パ－11…長池　徳二（急）'74. 6. 8～ 6. 25
　　　　リ　　ー（ロ）'77. 5. 8～ 5. 19
　　　鈴木（武）'97. 5. 7～ 5. 22
日－11…西沢　道夫（中）'49. 5. 8第2～ 5. 29第1

N. 盗　塁

1. 最多盗塁
 a. ライフタイム
セ－ 579…柴田　勲（巨）'62～'81　試合2208
パ－1065…福本　豊（急）'69～'88　試合2401
－ライフタイム250以上－（48人）

①	1065…福本　豊（急）'69～'88	試合2401
②	596…広瀬　叔功（南）'56～'77	2190
③	579…柴田　勲（巨）'62～'81	2208
④	479…木塚　忠助（近）'48～'59	1288
⑤	477…高橋　慶彦（神）'76～'92	1722
⑥	456…金山　次郎（和）'43～'57	1366
⑦	415…大石大二郎（近）'81～'97	1892
⑧	390…飯田　徳治（国）'47～'63	1965
⑨	381…呉　昌征（毎）'37～'57	1700
⑨	381…赤星　憲広（神）'01～'09	1127
⑪	378…荒木　雅博（中）'97～'18	2220
⑫	370…古川　清蔵（急）'41～'59	1698
⑬	369…高木　守道（中）'60～'80	2282
⑭	363…西村　徳文（ロ）'82～'97	1433
⑭	363…松井稼頭央（武）'95～'18	1913
⑯	358…石井　琢朗（広）'89～'12	2413
⑰	352…島田　誠（ダ）'77～'91	1576
⑱	350…吉田　義男（神）'53～'69	2007
⑲	347…中　暁生（中）'55～'72	1877
⑳	344…坪内　道典（名）'36～'51	1417
㉑	342…松本　匡史（巨）'77～'87	1016
㉑	342…本多　雄一（ソ）'06～'18	1313
㉓	332…西川　遥輝（楽）'12～'23	1370
㉔	327…屋舗　要（巨）'78～'95	1628
㉕	321…高木　豊（日）'81～'94	1628
㉖	320…片岡　治大（巨）'05～'16	1208
㉗	319…根本　勉（南）'59～'81	2752
㉘	315…森下　整鎮（南）'52～'66	1573
㉙	308…バルボン（近）'55～'65	1353
㉚	303…秋山　幸二（ダ）'81～'02	2189
㉛	300…糸井　嘉男（神）'07～'22	1727
㉜	295…大下　剛史（広）'67～'78	1310
㉝	294…松本　澄男（広）'72～'87	1592
㉞	293…河野　旭輝（西）'54～'67	1491
㉟	284…川合　幸三（急）'48～'59	1160
㊱	282…有藤　道世（ロ）'69～'86	2063
㊲	279…小坂　誠（楽）'97～'10	1371
㊳	270…村松　有人（ソ）'92～'10	1673
㊴	268…緒方　孝市（広）'88～'09	1808

㊵	267…川崎　宗則（ソ）'01～'17	試合1187
㊶	266…衣笠　祥雄（広）'65～'87	2677
㊶	266…大島　洋平（中）'10～'23	1811
㊸	263…古葉　竹識（南）'58～'71	1501
㊹	260…荻野　貴司（ロ）'10～'23	1066
㊺	251…島野　育夫（神）'63～'80	1466
㊺	251…福地　寿樹（ヤ）'97～'12	1009
㊼	250…簑田　浩二（巨）'76～'90	1420
㊼	250…野村謙二郎（広）'89～'05	1927

b. シーズン
セ－ 76…松本　匡史（巨）'83　試合125
　－ 74…金山　次郎（松）'50　試合137
　－ 73…高橋　慶彦（広）'85　試合130
パ－106…福本　豊（急）'72　試合122
　－ 95…福本　豊（急）'73　試合123
日－ 66…河西　俊雄（南）'48　試合138

c. ゲーム
セ－ 6…山崎　善平（名）'52. 6. 3　対洋第2
　　　正田　耕三（広）'89. 10. 15　対中
　－ 5…国枝　利通（名）'52. 7. 17　対国
　　　土屋　伍郎（国）'53. 4. 9　対名
　　　高木　守道（中）'64. 8. 5　対洋
パ－ 5…福本　豊（急）'72. 5. 3　対東
日－ 4…多数あり

d. イニング
セ－ 3…与那嶺　要（巨）'51. 9. 12　対国の7回
　　　土屋　伍郎（国）'53. 4. 9　対名の1回
　　　村上　宗隆（ヤ）'20. 11. 5　対神の2回
パ－ 3…奥田　元宋（毎）'50. 4. 10　対急の6回
　　　木塚　忠助（南）'50. 7. 5　対西の7回
　　　別当　薫（毎）'51. 7. 26　対対の3回
　　　河内　卓司（毎）'52. 8. 16　対大の6回
　　　鈴木　武（近）'54. 5. 20　対急の5回
　　　森下　正夫（南）'56. 9. 18　対近第2の3回
　　　城戸　則文（西）'59. 10. 12　対近第1の2回
　　　岡嶋　博治（急）'61. 9. 7　対毎の6回
　　　島田　誠（日）'79. 6. 5　対武の3回
日－ 3…柳沢　騰市（ラ）'37. 8. 29　対鯱の9回
　　　漆原　進（イ）'38. 6. 1　対ラの2回
　　　玉腰　忠義（和）'42. 9. 16　対巨の3回
　　　坪内　道則（朝）'43. 10. 3　対巨の5回
　　　本堂　保次（陽）'48. 9. 6　対神第2の4回

2. 連続試合盗塁
セ－10…緒方　孝市（広）'95. 9. 20～10. 8
パ－13…周東　佑京（ソ）'20. 10. 16～10. 30
　－11…福本　豊（急）'71. 4. 27～ 5. 12
　　　　　　　'74. 4. 10～ 4. 28
日－ 7…山口　政信（タ）'37. 7. 2～ 7. 11

3. 最多本盗
 a. ゲーム
セ－ 2…与那嶺　要（巨）'51. 9. 12　対国の6、7回
　　　山崎　善平（名）'52. 6. 3　対洋第2の3、9回
パ－ 1…多数あり
日－ 2…黒沢　俊夫（巨）'44. 5. 20　対南の1、6回

O. 盗塁刺

1. 最多盗塁刺
 a. ライフタイム
セ－202…高橋　慶彦（神）'76～'89,'91～'92　試合1622
パ－299…福本　豊（急）'69～'88　試合2401
－ライフタイム10位まで－

①	299…福本　豊（急）'69～'88	試合2401
②	206…高橋　慶彦（神）'76～'92	1722
③	193…柴田　勲（巨）'62～'81	2208
④	178…高木　豊（日）'81～'94	1628
⑤	169…石井　琢朗（広）'89～'12	2413
⑥	167…中　暁生（中）'55～'72	1877
⑦	161…飯田　徳治（国）'47～'63	1965
⑧	159…吉田　義男（神）'53～'69	2007
⑨	155…古川　清蔵（急）'41～'59	1698
⑩	151…金山　次郎（広）'43～'57	1366

b．シーズン

セ−28…高橋　慶彦（広）'83　試合124
　　　高木　　豊（洋）'84　試合117
パ−29…河野　旭輝（急）'56　試合144
　　26…村松　有人（ダ）'96　試合108

c．ゲーム

セ− 3…高木　　豊（洋）'89. 10. 15　対神第2
パ− 3…森下　正夫（南）'55. 6. 25　対近
　　　小玉　明利（近）'56. 4. 15　対西第1
　　　大沢　昌芳（南）'56. 6. 16　対東
　　　加藤　俊夫（日）'79. 5. 3　対ロ第2
　　　福本　　豊（急）'80. 6. 19　対南
　　　鈴木　慶裕（日）'89. 6. 1　対ロ
　　　松井稼頭央（武）'98. 10. 11　対ロ
日− 2…多数あり

d．イニング

セ− 1…多数あり
パ− 2…中島　裕之（武）'12. 3. 31　対日の3回
日− 1…多数あり

P．犠　打

1．最多犠打

a．ライフタイム

セ−533…川相　昌弘（中）'84〜'06　試合1909
パ−370…今宮　健太（ソ）'11〜'23　試合1480

− ライフタイム200以上 −（44人）

①	533…	川相　昌弘	（中）	'84〜'06	試合1909
②	451…	平野　　謙	（ロ）	'81〜'96	1683
③	408…	宮本　慎也	（ヤ）	'95〜'13	2162
④	370…	今宮　健太	（ソ）	'11〜'23	1480
⑤	336…	菊池　涼介	（広）	'12〜'23	1528
⑥	305…	伊東　　勤	（武）	'82〜'03	2379
⑦	302…	田中　浩康	（ディ）	'05〜'18	1292
⑧	300…	新井　宏昌	（近）	'75〜'92	2076
⑨	296…	細川　　亨	（オ）	'02〜'20	1428
⑩	292…	金子　　誠	（日）	'95〜'14	1996
⑪	289…	石井　琢朗	（広）	'89〜'12	2413
⑫	284…	荒木　雅博	（中）	'97〜'18	2220
⑬	282…	正田　耕三	（広）	'85〜'98	1565
⑭	279…	水口　栄二	（オ）	'91〜'07	1561
⑮	267…	小坂　　誠	（楽）	'97〜'10	1371
⑯	265…	大島　公一	（楽）	'93〜'05	1375
⑰	264…	吉田　義男	（神）	'53〜'69	2007
⑰	264…	東出　輝裕	（広）	'99〜'12	1492
⑲	256…	平野　恵一	（オ）	'02〜'15	1260
⑳	254…	中島　卓也	（日）	'11〜'23	1235
㉑	252…	谷繁　元信	（中）	'89〜'15	3021
㉒	248…	井端　弘和	（巨）	'98〜'15	1896
㉓	243…	本多　雄一	（ソ）	'06〜'18	1313
㉔	242…	土井　正三	（巨）	'65〜'78	1586
㉕	240…	弓岡敬二郎	（オ）	'81〜'91	1152
㉖	239…	近藤　昭仁	（洋）	'60〜'73	1619
㉗	236…	大石大二郎	（近）	'81〜'97	1892
㉘	235…	藤田　一也	（ディ）	'05〜'23	1463
㉙	234…	大引　啓次	（ヤ）	'07〜'19	1288
㉚	233…	久慈　照嘉	（神）	'92〜'05	1199
㉚	233…	炭谷銀仁朗	（楽）	'06〜'23	1541
㉜	231…	安達　了一	（オ）	'12〜'23	1152
㉝	224…	福良　淳一	（オ）	'85〜'97	1240
㉞	222…	片岡　治大	（巨）	'05〜'16	1208
㉟	218…	石毛　宏典	（ダ）	'81〜'96	1796
㊱	215…	山崎　隆造	（広）	'78〜'93	1531
㊲	215…	奈良原　浩	（中）	'91〜'06	1508
㊳	212…	和田　　豊	（神）	'85〜'01	1713
㊳	212…	嶋　　基宏	（楽）	'07〜'22	1441
㊵	211…	小関　竜也	（横）	'96〜'08	982
㊶	210…	水上　善雄	（ダ）	'76〜'92	1546
㊷	208…	白井　一幸	（日）	'84〜'96	1187
㊸	205…	角　富士夫	（ヤ）	'76〜'94	1521
㊹	200…	高木　守道	（中）	'60〜'80	2282

b．シーズン

セ−67…宮本　慎也（ヤ）'01　試合125
　　66…川相　昌弘（巨）'91　試合126
　　62…田中　浩康（ヤ）'11　試合142
パ−62…今宮　健太（ソ）'13　試合143
　　　中島　卓也（日）'16　試合143
　　　　　　　　　　'14　試合144
日−33…猪子　利男（南）'42　試合105

c．ゲーム

セ− 4…平田　勝男（神）'85. 7. 18　対広
　　　栗山　英樹（ヤ）'89. 6. 4　対中
　　　石井　琢朗（横）'03. 7. 8　対中
　　　関本賢太郎（神）'08. 6. 17　対楽
パ− 4…弓岡敬二郎（急）'85. 6. 9　対南
　　　平野　　謙（武）'91. 6. 19　対オ
　　　佐藤　幸彦（ロ）'93. 7. 9　対武
　　　関川　浩一（楽）'06. 9. 5　対ロ
日− 3…佐々木常助（鯱）'37. 4. 11　対イ
　　　木村　　勉（南）'40. 12. 6　対翼
　　　坪内　道則（朝）'41. 10. 9　対洋
　　　猪子　利男（南）'42. 4. 18　対洋
　　　金田　正泰（神）'43. 5. 1　対和
　　　武智　　修（金）'48. 10. 19　対巨

d．イニング

セ、パ、日− 1…多数あり

Q．犠　飛

1．最多犠飛

a．ライフタイム

セ−100…王　　貞治（巨）'59〜'80　試合2831
パ−113…野村　克也（武）'54〜'80　試合3017

− ライフタイム10位まで −

①	113…	野村　克也	（武）	'54〜'80	試合3017
②	105…	加藤　英司	（南）	'69〜'87	2028
③	100…	王　　貞治	（巨）	'59〜'80	2831
④	95…	門田　博光	（ダ）	'70〜'92	2571
⑤	90…	長嶋　茂雄	（巨）	'58〜'74	2186
⑤	90…	張本　　勲	（ロ）	'59〜'81	2752
⑦	88…	山内　一弘	（広）	'52〜'70	2235
⑦	88…	落合　博満	（中）	'79〜'98	2236
⑨	86…	大杉　勝男	（ヤ）	'65〜'83	2235
⑩	81…	新井　貴浩	（広）	'99〜'18	2383

b．シーズン

セ−12…原　　辰徳（巨）'91　試合127
　　　江藤　　智（広）'95　試合127
　　　ロ　ー　ズ（横）'96　試合126
　　11…王　　貞治（巨）'78　試合130
　　　清原　和博（巨）'98　試合116
パ−15…大杉　勝男（東）'70　試合130
　　13…中田　　翔（日）'18　試合143
　　12…佐々木恭介（近）'75　試合117
日− 2…門前真佐人（タ）'39　試合 91

c．ゲーム

セ− 3…野村謙二郎（広）'96. 6. 30　対巨
パ− 3…豊田　泰光（西）'60. 9. 17　対急第2
日− 2…御園生崇男（タ）'39. 5. 14　対ラ
　　　永沢富士雄（巨）'39. 8. 6　対鯱
　　　瀬井　　清（鯱）'39. 9. 14　対タ
　　　中島　治康（巨）'39. 10. 8　対セ
　　　　　　　　　　'40. 11. 15　対黒
　　　玉腰　年男（ラ）'40. 5. 12　対南
　　　室脇　正信（鯱）'40. 11. 1　対急

d．イニング

セ、パ、日− 1…多数あり

R．四　球

1．最多四球

a．ライフタイム

セ−2390…王　　貞治（巨）'59〜'80　試合2831
パ−1273…門田　博光（ダ）'70〜'92　試合2571

− ライフタイム1000以上 −（18人）

①	2390…	王　　貞治	（巨）	'59〜'80	試合2831

② 1475…落合　博満　（日）'79～'98　試合2236
③ 1368…金本　知憲　（神）'92～'12　2578
④ 1346…清原　和博　（オ）'86～'08　2338
⑤ 1274…張本　勲　（ロ）'59～'81　2752
⑥ 1273…門田　博光　（ダ）'70～'92　2571
⑦ 1252…野村　克也　（武）'54～'80　3017
⑧ 1234…福本　豊　（急）'69～'88　2401
⑨ 1168…山本　浩二　（広）'69～'86　2284
⑩ 1133…谷繁　元信　（中）'89～'15　3021
⑪ 1086…立浪　和義　（中）'88～'09　2586
⑫ 1062…榎本　喜八　（西）'55～'72　2222
⑬ 1061…山内　一弘　（広）'52～'70　2235
⑭ 1055…鳥谷　敬　（ロ）'04～'21　2243
⑮ 1030…中村　紀洋　（ディ）'92～'14　2267
⑯ 1025…栗山　巧　（武）'04～'23　2241
⑰ 1009…福留　孝介　（中）'99～'22　2023
⑱ 1002…丸　佳浩　（巨）'10～'23　1734

b．シーズン
セ-158…王　貞治　（巨）'74　試合130
142…王　貞治　（巨）'66　試合129
138…王　貞治　（巨）'65　試合135
130…王　貞治　（巨）'67　試合133
丸　佳浩　（広）'18　試合125
パ-118…ジョーンズ　（楽）'14　試合138
113…片岡　篤史　（武）'98　試合133
109…近藤　健介　（ソ）'23　試合143
107…ボーリック　（ロ）'01　試合132
105…清原　和博　（武）'90　試合129
ジョーンズ　（楽）'13　試合143
日- 95…山田　潔　（和）'42　試合 97

c．ゲーム
セ- 6…落合　博満　（中）'91. 10. 13　対ヤ
5…王　貞治　（巨）'71. 9. 24　対神
'73. 8. 14　対ヤ
'74. 10. 4　対神
田尾　安志　（中）'82. 10. 18　対洋
宇野　勝　（中）'84. 10. 3　対神
'84. 10. 5　対神
掛布　雅之　（神）'84. 10. 3　対中
'84. 10. 5　対中
金本　知憲　（広）'01. 10. 11　対ヤ
アレックス　（中）'04. 8. 4　対横
坂本　勇人　（巨）'14. 6. 6　対武
鈴木　誠也　（広）'17. 8. 16　対武
パ- 5…土井　正博　（近）'74. 5. 24　対南
清原　和博　（武）'87. 9. 6　対近
'89. 5. 20　対ダ
門田　博光　（南）'88. 5. 27　対急
中村　紀洋　（近）'03. 5. 3　対オ
銀　次　（楽）'14. 10. 4　対オ
マーティン　（ロ）'20. 9. 27　対ソ
日- 5…鈴木　実　（名）'36. 5. 3　対南
山口　政信　（タ）'38. 8. 29　対南
大沢　清　（名）'41. 5. 27　対南
古川　清蔵　（名）'43. 4. 24　対西
山川　喜作　（巨）'46. 8. 31　対中
安井　亀和　（南）'49. 5. 10　対大

d．イニング
セ、パ、日- 2…多数あり

2．連続四球　－シーズン－
a．連続試合四球
セ-18…王　貞治　（巨）'70. 6. 17～ 7. 15
15…王　貞治　（巨）'65. 5. 18～ 6. 9
落合　博満　（中）'91. 8. 29～ 9. 18
パ-18…柳田　悠岐　（ソ）'16. 3. 25～ 4. 19
15…田部　輝男　（西）'51. 5. 9～ 6. 1
日-13…飯島　滋弥　（東）'47. 4. 20～ 5. 10

b．連続打席四球
セ-10…宇野　勝　（中）'84. 10. 3～10. 5
掛布　雅之　（神）'84. 10. 3～10. 5
7…王　貞治　（巨）'71. 9. 23～ 9. 27
'73. 8. 12～ 8. 15
堀場　英孝　（広）'85. 5. 1～ 5. 3

パ-11…松永　浩美　（急）'88. 10. 22～10. 23第2
8…スペンサー　（急）'65. 8. 14～ 8. 15第2
日- 6…皆川　定之　（タ）'39. 3. 21～ 3. 26
山川　喜作　（巨）'46. 8. 30～ 8. 31

3．故意四球　－1955年以降－
a．ライフタイム
セ-427…王　貞治　（巨）'59～'80　試合2831
パ-223…張本　勲　（ロ）'59～'75　試合2308
'80～'81

－ライフタイム10位まで－
① 427…王　貞治　（巨）'59～'80　試合2831
② 228…張本　勲　（ロ）'59～'81　2752
③ 205…長嶋　茂雄　（巨）'58～'74　2186
④ 189…野村　克也　（武）'54～'80　3017
⑤ 182…門田　博光　（ダ）'70～'92　2571
⑥ 160…落合　博満　（日）'79～'98　2236
⑦ 158…谷繁　元信　（中）'89～'15　3021
⑧ 125…田淵　幸一　（武）'69～'84　1739
⑨ 118…江藤　慎一　（巨）'59～'76　2084
⑩ 112…中村　武志　（楽）'87～'05　1955

b．シーズン
セ-45…王　貞治　（巨）'74　試合130
41…王　貞治　（巨）'66　試合129
パ-37…野村　克也　（南）'68　試合133
29…カブレラ　（武）'02　試合128

S．死　球

1．最多死球
a．ライフタイム
セ-161…衣笠　祥雄　（広）'65～'87　試合2677
パ-146…井口　資仁　（ロ）'97～'04,'09～'17　試合1915

－ライフタイム100以上－（23人）
① 196…清原　和博　（オ）'86～'08　試合2338
② 166…竹之内雅史　（神）'68～'82　1371
③ 161…衣笠　祥雄　（広）'65～'87　2677
④ 152…阿部慎之助　（巨）'01～'19　2282
⑤ 150…村田　修一　（巨）'03～'17　1953
⑥ 146…井口　資仁　（ロ）'97～'17　1915
⑦ 139…中島　宏之　（巨）'02～'23　1933
⑧ 138…稲葉　篤紀　（武）'95～'14　2213
⑨ 137…井上　弘昭　（武）'68～'85　1531
⑩ 128…田淵　幸一　（武）'69～'84　1739
⑪ 123…青木　宣親　（ヤ）'04～'23　1652
⑫ 122…野村　克也　（武）'54～'80　3017
⑫ 122…鈴木　大地　（楽）'12～'23　1550
⑭ 118…松中　信彦　（ソ）'97～'15　1780
⑮ 116…加藤　俊夫　（洋）'67～'85　1507
⑯ 114…王　貞治　（巨）'59～'80　2831
⑰ 114…谷繁　元信　（中）'89～'15　3021
⑱ 113…城島　健司　（神）'95～'12　1323
⑲ 111…古田　敦也　（ヤ）'90～'07　2008
⑲ 111…糸井　嘉男　（神）'07～'22　1727
㉑ 110…高橋　由伸　（巨）'98～'15　1819
㉒ 109…ラロッカ　（オ）'04～'10　583
㉓ 104…田宮謙次郎　（毎）'49～'63　1488

b．シーズン
セ-24…岩本　義行　（洋）'52　試合120
23…ラロッカ　（広）'04　試合122
ガイエル　（ヤ）'07　試合142
パ-28…ラロッカ　（オ）'07　試合136
22…城島　健司　（ダ）'04　試合116
渡辺　直人　（楽）'08　試合132
中村　奨吾　（ロ）'18　試合143
日-12…坪内　道典　（中）'49　試合137

c．ゲーム
セ- 2…関本賢太郎　（神）'08. 9. 10　対ヤ
パ- 3…竹之内雅史　（西）'70. 5. 24　対急
日- 2…多数あり

d．イニング
セ- 2…衣笠　祥雄　（広）'76. 8. 31　対中の3回
ガイエル　（ヤ）'07. 8. 1　対神の5回
平野　恵一　（神）'10. 8. 25　対広の7回

パ－1…多数あり
日－1…多数あり

2. 連続死球　－シーズン－

a．連続試合死球

セ－5…岩本　義行　(洋) '52. 5. 4～ 5. 8
　　　4…キンケード　(神) '04. 4. 2～ 4. 6
　　　　　ラロッカ　　(広) '04. 7. 29～ 8. 5
　　　　　村田　修一　(横) '11. 9. 28～10. 1
パ－4…スティーブ　(武) '85. 5.24第1～ 5. 27
　　　　池之上　格　(南) '83. 6. 21～ 6. 28
　　　　エチェバリア　(日) '03. 6. 3～ 7. 4
　　　　島内　宏明　(楽) '19. 7. 20～ 7. 25
日－2…多数あり

b．連続打席死球

セ－5…松本　泰文　(広) '05. 4. 21～ 6. 9
　　　3…達川　光男　(広) '88. 4. 23～ 4. 24
パ－3…エチェバリア　(日) '03. 5. 17～ 5. 18
日－2…多数あり

T. 三　振

1. 最多三振

a．ライフタイム

セ－1838…谷繁　元信　(中) '89～'15　試合3021
パ－2066…中村　剛也　(武) '03～'23　試合2042

－ライフタイム1000以上－ (76人)

順	三振	選手	球団	期間	試合
①	2066	中村　剛也	(武)	'03～'23	試合2042
②	1955	清原　和博	(オ)	'86～'08	2338
③	1838	谷繁　元信	(中)	'89～'15	3021
④	1715	中村　武志	(中)	'89～'13	2249
⑤	1712	秋山　幸二	(ダ)	'81～'02	2189
⑥	1703	金本　知憲	(神)	'92～'12	2578
⑦	1693	新井　貴浩	(広)	'99～'18	2383
⑧	1691	中村　紀洋	(ディ)	'92～'14	2267
⑨	1655	ローズ	(オ)	'96～'09	1674
⑩	1587	衣笠　祥雄	(広)	'65～'87	2677
⑪	1529	広澤　克実	(神)	'85～'03	1893
⑫	1520	門田　博光	(ダ)	'70～'92	2571
⑬	1520	松田　宣浩	(巨)	'06～'23	1922
⑭	1516	小久保裕紀	(ソ)	'94～'12	2057
⑮	1494	福留　孝介	(中)	'99～'22	2023
⑯	1478	野村　克也	(南)	'54～'80	3017
⑰	1462	大島　康徳	(日)	'71～'94	2638
⑰	1462	村田　修一	(巨)	'03～'17	1953
⑲	1440	池山　隆寛	(ヤ)	'84～'02	1784
⑳	1416	田中　幸雄	(日)	'86～'07	2238
㉑	1409	井口　資仁	(ロ)	'97～'17	1915
㉒	1399	坂本　勇人	(巨)	'07～'23	2101
㉓	1370	栗山　巧	(武)	'04～'23	2241
㉓	1370	浅村　栄斗	(楽)	'10～'23	1805
㉕	1358	丸　佳浩	(広)	'10～'23	1734
㉖	1319	王　貞治	(巨)	'59～'80	2831
㉗	1306	宇野　勝	(ロ)	'77～'94	1802
㉗	1306	阿部慎之助	(巨)	'01～'19	2282
㉙	1296	中島　宏之	(巨)	'02～'23	1933
㉚	1295	堀　幸一	(ロ)	'89～'09	2064
㉛	1293	中田　翔	(巨)	'09～'23	1696
㉜	1269	稲葉　篤紀	(日)	'95～'14	2213
㉝	1267	山崎　裕之	(武)	'65～'84	2251
㉞	1259	ラミレス	(ディ)	'01～'13	1744
㉟	1258	鳥谷　敬	(ロ)	'04～'21	2243
㊱	1247	小笠原道大	(中)	'97～'15	1992
㊲	1241	石井　琢朗	(広)	'89～'12	2413
㊳	1220	松井稼頭央	(武)	'95～'18	1913
㊴	1204	有藤　道世	(ロ)	'69～'86	2063
㊵	1190	サブロー	(ヤ)	'95～'16	1782
㊶	1186	ブライアント	(近)	'88～'95	773
㊷	1181	T－岡田	(オ)	'06～'23	1359
㊸	1175	江藤　智	(広)	'90～'09	1834
㊹	1173	高橋　由伸	(巨)	'98～'15	1819
㊺	1168	柳田　悠岐	(ソ)	'11～'23	1398
㊻	1152	藤井　康雄	(オ)	'87～'02	1641
㊻	1152	山田　哲人	(ヤ)	'12～'23	1430
㊽	1143	カブレラ	(ソ)	'01～'12	試合1239
㊾	1135	落合　博満	(日)	'79～'98	2236
㊿	1127	石毛　宏典	(ダ)	'81～'96	1796
51	1123	山本　浩二	(広)	'69～'86	2284
52	1116	大杉　勝男	(ヤ)	'65～'83	2235
53	1113	駒田　徳広	(横)	'83～'00	2063
54	1100	桧山進次郎	(神)	'92～'13	1959
55	1099	片岡　篤史	(神)	'92～'06	1569
56	1096	陽　岱鋼	(巨)	'07～'21	1322
57	1089	矢野　燿大	(神)	'91～'10	1669
57	1089	福浦　和也	(ロ)	'97～'19	2235
59	1087	柴田　勲	(巨)	'62～'81	2208
60	1086	佐伯　貴弘	(中)	'93～'11	1895
60	1086	金子　誠	(日)	'95～'14	1996
62	1082	初芝　清	(ロ)	'89～'05	1732
63	1081	田代　富雄	(洋)	'76～'91	1526
64	1080	西川　遥輝	(楽)	'12～'23	1370
65	1072	中村　武志	(楽)	'87～'05	1955
66	1067	加藤　英司	(南)	'69～'87	2028
67	1057	大豊　泰昭	(中)	'89～'02	1324
68	1054	福本　豊	(急)	'69～'88	2401
69	1052	菊池　涼介	(広)	'12～'23	1528
70	1050	糸井　嘉男	(神)	'07～'22	1727
71	1046	松永　浩美	(神)	'81～'97	1816
72	1044	伊東　勤	(武)	'82～'03	2379
73	1043	荒木　雅博	(中)	'97～'18	2220
74	1024	豊田　泰光	(ア)	'53～'69	1814
75	1007	立浪　和義	(中)	'88～'09	2586
76	1005	細川　亨	(ロ)	'02～'20	1428

b．シーズン

セ－184…村上　宗隆　(ヤ) '19　試合143
　　173…岩村　明憲　(ヤ) '04　試合138
　　173…佐藤　輝明　(神) '21　試合126
　　169…エルドレッド　(広) '14　試合118
　　168…村上　宗隆　(ヤ) '23　試合140
パ－204…ブライアント　(近) '93　試合127
　　198…ブライアント　(近) '90　試合108
　　187…ブライアント　(近) '89　試合129
　　176…ブライアント　(近) '92　試合119
　　172…中村　剛也　(武) '15　試合139
日－86…杉山　悟　(中) '48　試合134

c．ゲーム (※は投手)

セ－5…若菜　嘉晴　(神) '79. 5. 29　対洋
　　　　ゲイル　　　(神) '86. 4. 18　対中※
　　　　鶴田　泰　　(中) '93. 9. 7　対広※
　　　　大豊　泰昭　(中) '97. 6. 3　対横
　　　　上原　浩治　(巨) '00. 5. 6　対ヤ※
　　　　仁志　敏久　(巨) '05. 4. 16　対ヤ
　　　　館山　昌平　(ヤ) '11. 9. 15　対広※
　　　　橋本　到　　(巨) '14. 8. 30　対ディ
　　　　神里　和毅　(ディ) '19. 4. 21　対広
　　　　坂本　勇人　(巨) '19. 6. 21　対ソ
　　　　秋山　拓巳　(神) '20. 7. 28　対ヤ※
　　　　九里　亜蓮　(広) '23. 6. 30　対ヤ※
パ－5…ソレイタ　　(日) '80. 7. 4　対ロ
　　　　愛甲　猛　　(ロ) '92. 7. 11　対日
　　　　デューシー　(日) '96. 5. 26　対ダ
　　　　金子　誠　　(日) '97. 6. 14　対武
　　　　渡辺　俊介　(ロ) '05. 5. 8　対横※
　　　　里崎　智也　(ロ) '06. 5. 2　対オ
　　　　茂木栄五郎　(楽) '16. 4. 20　対オ
　　　　柳田　悠岐　(ソ) '22. 5. 31　対巨
日－4…多数あり

d．イニング

セ、パ－2…多数あり

2. 最少三振　－シーズン－ (300打数以上)

セ－6…川上　哲治　(巨) '51　試合97　打数374
パ－6…酒沢　政夫　(大) '51　試合91　打数363
　　7…得津　高宏　(ロ) '78　試合114　打数391
日－6…坪内　道則　(ゴ) '46　試合103　打数393

3. 連続三振　－シーズン－

a．連続試合三振

セ－34…スタントン　(神) '79. 8. 1～ 9. 22

パ－31…ブライアント（近）'90. 6. 29〜 8. 29
日－11…瀬井　　清（鯱）'37. 10. 9〜10. 28
b. 連続打席三振
セ－18…ドミンゴ（横）'03. 3. 29〜 5. 13
パ－13…高野　一彦（東）'59. 5. 21〜 9. 3
　　　徳久　利明（近）'63. 7. 14第2〜 8. 24
日－ 7…野崎　泰一（神）'48. 9. 3〜 9. 10
4. 連続打席無三振　－シーズン－
セ－208…藤田　　平（神）'78. 4. 30〜 7. 5
　179…吉田　義男（神）'64. 3. 28〜 6. 2
パ－216…イチロー（オ）'97. 4. 16〜 6. 25
　180…小川　　亨（近）'75. 7. 10〜 9. 6

U. 併殺打

1. 最多併殺打
a. ライフタイム
セ－267…衣笠　祥雄（広）'65〜'87　試合2677
パ－378…野村　克也（武）'54〜'80　試合3017
　　－ライフタイム10位まで－
① 　378…野村　克也（武）'54〜'80　試合3017
② 　267…衣笠　祥雄（広）'65〜'87　　2677
③ 　266…大杉　勝男（ヤ）'65〜'83　　2235
④ 　257…長嶋　茂雄（巨）'58〜'74　　2186
④ 　257…中村　紀洋（ディ）'92〜'14　　2267
⑥ 　242…新井　貴浩（広）'99〜'18　　2383
⑦ 　236…落合　博満（中）'79〜'98　　2236
⑦ 　236…谷繁　元信（中）'89〜'15　　3021
⑨ 　235…土井　正博（武）'62〜'81　　2449
⑩ 　230…山崎　武司（中）'89〜'13　　2249
b. シーズン
セ－29…駒田　徳広（横）'94　試合130
　28…ラミレス（ヤ）'06　試合146
　27…大杉　勝男（ヤ）'78　試合125
パ－34…ブーマー（オ）'89　試合130
　31…野村　克也（南）'73　試合129
　28…葛城　隆雄（毎）'59　試合132
　　　山﨑　武司（楽）'07　試合141
c. ゲーム
セ－ 3…岡本　三男（本）'50. 9. 26　対中
　　　鵜飼　勝美（国）'56. 4. 28　対広
　　　山内　一弘（洋）'64. 4. 1　対国
　　　大橋　　勲（洋）'71. 4. 28　対ヤ
　　　野田　征稔（神）'72. 6. 25　対洋第1
　　　田淵　幸一（神）'73. 5. 24　対ヤ
　　　松原　　誠（洋）'73. 8. 18　対巨
　　　高木　守道（中）'79. 7. 29　対ヤ
　　　ローズ（横）'94. 8. 6　対ヤ
　　　ズ（横）'96. 4. 6　対横
　　　ミューレン（神）'99. 5. 5　対巨
　　　和田　　豊（神）'99. 7. 6　対広
　　　谷繁　元信（横）'99. 7. 6　対巨
　　　鈴木　尚典（横）'01. 6. 24　対神
　　　ペタジーニ（ヤ）'01. 6. 24　対神
　　　内川　聖一（横）'05. 5. 1　対神
パ－ 3…前川　忠男（高）'56. 7. 25　対毎
　　　関口　清治（西）'58. 7. 16　対毎
　　　　　　　　　　　'58. 10. 2　対毎第2
　　　田中久寿男（西）'60. 6. 4　対南
　　　谷本　　稔（毎）'61. 5. 7　対急第1
　　　山本　八郎（毎）'65. 6. 18　対南
　　　パリス（南）'66. 8. 27　対急
　　　ナイマン（南）'85. 4. 25　対近
　　　二村　忠美（日）'85. 8. 4　対武
　　　古屋　英夫（日）'86. 8. 20　対南
　　　吉田　博之（南）'88. 5. 17　対急
　　　ブリューワ（ロ）'90. 10. 14　対ロ第1
　　　立川　隆史（ロ）'98. 7. 9　対オ
　　　田口　　壮（オ）'98. 9. 9　対武
　　　野口　寿浩（日）'00. 7. 1　対武
　　　レアード（日）'15. 4. 11　対ソ

Ⅲ.　チーム打撃記録

A. 打　　率

1. 最高打率
a. シーズン
セ－.294…横　　浜　'99　試合135
　.292…巨　　人　'52　試合120
パ－.297…ダイエー　'03　試合140
　.292…ダイエー　'04　試合133
日－.288…阪　　神　'46　試合105
b. ゲーム
セ－.575…阪　　神　'85. 5. 6 対中　打数40安打23
パ－.582…ダイエー　'03. 7. 27 対オ　打数55安打32
日－.537…阪　　神　'46. 7. 20 対パ　打数41安打22
2. 最低打率
a. シーズン
セ－.201…国　　鉄　'62　試合134
　.208…大　　洋　'56　試合130
パ－.213…大　　映　'57　試合132
　.214…高　　橋　'56　試合154
日－.180…大　　和　'43　試合 84

B. 打　　数

1. 最多打数
a. シーズン
セ－5113…阪　　神　'05　試合146
　5036…阪　　神　'10　試合144
パ－5209…南　　海　'56　試合154
　5135…大　　映　'56　試合154
日－4890…阪　　神　'49　試合137
b. ゲーム
セ－58…大　　洋　'50. 10. 17　対中日
パ－55…ダイエー　'03. 7. 27　対オリックス
　　　　　　　　　'03. 8. 1　対オリックス
日－55…阪　　急　'49. 8. 12　対南海
c. ゲーム　－両チーム－
セ－95…大　　洋　58－37　中　　日　'50. 10. 17
パ－93…毎　　日　52－41　東　　急　'51. 6. 24
　　　ダイエー　55－38　オリックス　'03. 7. 27
交－97…オリックス　52－45　広　　島　'10. 6. 7
日－96…阪　　神　48－48　東　　急　'47. 8. 16
2. 最少打数
a. ゲーム
セ－（9回）23…大　　洋　'84. 5. 22　対ヤ
　　　　　　　大　　広　'85. 6. 23　対ヤ
　（9回三死未満）20…広　　島　'82. 10. 11　対洋第1
パ－（9回）23…西　　武　'82. 7. 14　対近
　　　　　　　西　　武　'92. 8. 16　対近
　（9回三死未満）22…南　　海　'56. 5. 26　対東
　　　　　　　日本ハム　'76. 4. 28　対近
　　　　　　　阪　　急　'79. 7. 6　対ロ
　　　　　　　日本ハム　'80. 5. 13　対武
日－（9回）23…阪　　急　'39. 5. 6　対南第2
b. ゲーム　－両チーム－
セ－48…洋　　　22－26　中　　'56. 6. 24第2
　51…国　　　25－26　神　　'51. 9. 5
　　　ヤ　　　25－26　洋　　'82. 6. 18
　　　神　　　24－27　ヤ　　'08. 5. 1
パ－49…武　　　23－26　西　　'57. 10. 1第2
　53…日　　　25－28　武　　'12. 4. 19
日－50…急　　　23－27　名　　'37. 10. 19
　　　セ　　　25－25　巨　　'39. 11. 3
　　　巨　　　25－25　ラ　　'40. 3. 30
　52…名　　　25－27　黒　　'41. 6. 22
　　　和　　　25－27　神　　'42. 10. 15

C. 得　　点

1. 最多得点

---

a．シーズン
セー908…松　　竹　'50　試合137
　　766…阪　　神　'50　試合140
パー822…ダイエー　'03　試合140
　　791…近　　鉄　'80　試合130
日ー735…阪　　神　'49　試合137
b．ゲーム
セー28…大　　洋　'50．10．17　対中日
　　25…巨　　人　'55．6．22　対広島
パー29…ダイエー　'03．8．1　対オリックス
　　26…ダイエー　'03．7．27　対オリックス
　　　　ロッテ　'05．3．27　対楽天
　　25…南　　海　'85．9．18　対近鉄
日ー32…阪　　急　'40．4．6　対南海
c．イニング
セー13…阪　　神　'69．5．27　対アの6回
　　　　巨　　人　'72．6．23　対ヤの6回
　　　　ヤクルト　'98．4．22　対広の1回
　　　　横　　浜　'00．6．7　対広の5回
　　12…国　　鉄　'50．4．23　対洋の6回
　　　　広　　島　'84．5．30　対ヤの4回
　　　　横　　浜　'99．6．30　対広の5回
　　　　中　　日　'03．9．16　対巨の6回
　　　　巨　　人　'15．8．19　対神の5回
　　　　ヤクルト　'19．4．10　対広の10回
　　　　広　　島　'22．9．10　対ヤの3回
パー15…ロッテ　'09．6．11　対広の6回
　　12…南　　海　'61．5．7　対西第2の2回
　　　　オリックス　'92．7．26　対ダの8回
日ー12…5度
d．ゲーム　ー両チームー
セー33…大　　洋　28－5　中　　日　'50．10．17
　　　　横　　浜　22－11　ヤクルト　'99．7．22
パー35…西　　鉄　21－14　東　　急　'53．3．16
日ー34…阪　　急　32－2　南　　海　'40．4．6

2．連続試合得点
セー129…ヤクルト　'78．4．1～10．8
　　119…巨　　人　'81．4．4～9．20
　　82…巨　　人　'53．4．10～8．13
　　　　ヤクルト　'10．5．19～9．11
パー117…近　　鉄　'80．4．5～9．29
　　105…近　　鉄　'94．5．12～10．9
　　103…西　　武　'04．5．1～9．24
　　102…オリックス　'08．5．13～10．1
日ー95…阪　　神　'49．4．9～9．3

3．連続試合2ケタ得点
セー　4…巨　　人　'51．5．11～5．16
パー　4…ダイエー　'98．7．4～7．8
　　　　日本ハム　'03．5．23～5．26
日ー　3…7度

4．連続イニング得点
セー10…阪　　神　'70．6．26対ヤの9回～
　　　　　　　6．27対ヤの9回
パー10…南　　海　'52．6．7対東の1回～
　　　　　　　6．10対近の1回
　　　　近　　鉄　'80．5．4対南の6回～
　　　　　　　5．5対南の6回
日ー　8…阪　　急　'36．11．10対大の1回～8回
　　　　巨　　人　'38．10．17対タの8回～
　　　　　　　10．18対セの6回
　　　　グレートリング　'46．7．15対ゴの4回～
　　　　　　　7．19対ゴの3回
　　　　中　　日　'49．7．31対急第2の2回～
　　　　　　　7．31対急第2の2回

5．最多連続得点　ーイニングー
セー11…大　　洋　'72．6．21　対ヤの2回
　　　　阪　　神　'84．8．9　対ヤの9回
　　　　阪　　神　'96．8．9　対横の12回
　　　　中　　日　'03．9．16　対巨の6回
　　10…中　　日　'50．5．30　対本の7回
　　　　広　　島　'50．6．7　対洋の7回
　　　　阪　　神　'54．4．4　対洋第2の5回
　　　　国　　鉄　'61．8．10　対巨の3回

阪　　神　'69．5．27　対アの6回
中　　日　'76．6．6　対洋第1の6回
巨　　人　'03．4．27　対横の8回
ヤクルト　'15．7．21　対ディの9回
ヤクルト　'19．4．10　対広の10回
パー14…ロッテ　'09．6．11　対広の6回
　　12…オリックス　'92．7．26　対ダの8回
　　10…阪　　急　'79．8．22　対南の1回
　　　　近　　鉄　'90．10．5　対ダ第2の4回
　　　　ダイエー　'03．7．27　対オの1回
　　　　ロッテ　'05．3．27　対楽の2回
　　　　西　　武　'08．7．22　対楽の2回
　　　　ロッテ　'10．6．7　対ヤの7回
　　　　西　　武　'18．5．31　対広の1回
日ー11…タイガース　'36．4．30　対名の1回

6．全員得点
a．ゲーム
セー中　　日　'50．4．21　対西日本
　　阪　　神　'50．5．31　対巨人
　　松　　竹　'51．8．1　対阪神
　　阪　　神　'51．8．10　対大洋
　　阪　　神　'64．9．30　対中日第1
パー毎　　日　'50．4．20　対近鉄
　　南　　海　'50．11．3　対毎日
　　南　　海　'76．1．4　対日本ハム
　　日本ハム　'76．10．7　対ロッテ
　　近　　鉄　'78．5．14　対阪急
　　日本ハム　'79．6．17　対近鉄
　　日本ハム　'85．7．9　対近鉄
　　ロッテ　'89．5．5　対ダイエー
　　近　　鉄　'03．4．16　対西武
　　楽　　天　'13．4．5　対ロッテ
日ータイガース　'37．11．11　対セネタース
　　阪　　急　'38．5．22　対名古屋
　　イーグルス　'38．9．23　対セネタース
　　ライオン　'40．3．19　対セネタース
　　黒　　鷲　'41．4．26　対巨人
　　西　　鉄　'43．6．22　対阪神
　　グレートリング　'46．6．30　対セネタース
　　グレートリング　'46．7．15　対ゴールドスター
　　巨　　人　'46．11．3　対グレートリング
　　南　　海　'47．8．9　対金星
　　巨　　人　'49．7．20　対中日
　　南　　海　'49．7．31　対東急第2
　　中　　日　'49．7．31　対阪急第1

7．毎回得点
セー阪　　神　'70．6．27　対ヤクルト
　　　　（各回の得点　241　112　111…14）
　　中　　日　'84．6．29　対大洋
　　　　（各回の得点　121　128　151…22）
パー南　　海　'52．6．7　対東急
　　　　（各回の得点　222　221　124…18）
　　阪　　急　'75．5．11　対南海第2
　　　　（各回の得点　132　412　11x…15）
　　阪　　急　'85．7．31　対西武
　　　　（各回の得点　123　131　22x…15）
　　西　　武　'97．5．7　対ダイエー
　　　　（各回の得点　242　211　612…21）
日ーなし

8．最多得点差勝利
セー23…大　　洋　28－5　'50．10．17　対中日
　　21…大　　洋　21－0　'79．5．9　対阪神
パー28…ダイエー　29－1　'03．8．1　対オリックス
　　26…ロッテ　26－0　'05．3．27　対楽天
　　22…西　　武　22－0　'92．9．1　対近鉄
　　21…南　　海　25－4　'85．9．18　対近鉄
　　　　西　　武　21－0　'97．5．7　対ダイエー
　　　　ダイエー　21－0　'04．5．15　対ロッテ
　　20…ロッテ　22－2　'99．4．7　対ダイエー
交ー21…ロッテ　23－2　'09．6．11　対広島
日ー30…阪　　急　32－2　'40．4．6　対南海
　　26…グレートリング　26－0　'46．7．15　対ゴールドスター

D. 安　打

1. 最多安打
a. シーズン
　セ－1458…阪　神　'10　試合144
　　　1417…松　竹　'50　試合137
　パ－1461…ダイエー　'03　試合140
　　　1383…ソフトバンク　'14　試合144
　日－1384…阪　神　'49　試合137
b. ゲーム
　セ－28…広　島　'50. 6. 7　対大洋
　　　　　大　洋　'50. 10. 17　対中日
　パ－32…ダイエー　'03. 7. 27　対オリックス
　　　31…ダイエー　'03. 8. 1　対オリックス
　　　29…西　武　'97. 5. 7　対ダイエー
　　　28…日本ハム　'08. 10. 1　対楽天
　日－28…グレートリング　'46. 7. 15　対ゴールドスター
c. イニング
　セ－12…阪　神　'69. 5. 27　対アの6回
　　　11…ヤクルト　'78. 5. 12　対洋の6回
　　　　　広　島　'86. 6. 3　対洋の9回
　　　　　横　浜　'99. 6. 30　対広の5回
　　　　　横　浜　'00. 6. 30　対広の5回
　　　　　ヤクルト　'06. 10. 10　対広の5回
　　　　　ヤクルト　'09. 6. 14　対オの5回
　　　　　ヤクルト　'15. 7. 21　対ディの9回
　　　　　広　島　'20. 7. 11　対中の9回
　　　パ－13…西　武　'92. 7. 15　対ダの6回
　　　12…ロッテ　'09. 6. 11　対広の6回
　　　11…南　海　'50. 11. 3　対海の5回
　　　　　ロッテ　'05. 3. 27　対楽の2回
　　　　　日本ハム　'18. 7. 31　対ロの1回
　日－12…阪　神　'46. 9. 19　対中の4回
d. ゲーム　－両チーム－
　セ－42…広　島　21－21　大　洋　'86. 4. 29
　　　40…中　日　25－15　大　洋　'84. 6. 29
　　　　　横　浜　20－20　巨　人　'98. 7. 15
　　　　　阪　神　22－18　横　浜　'06. 5. 5
　パ－45…ダイエー　32－13　オリックス　'03. 7. 27
　　　41…南　海　23－18　近　鉄　'63. 4. 16
　交－43…オリックス　25－18　広　島　'10. 6. 7
　　　42…広　島　22－20　オリックス　'05. 5. 5
　日－41…阪　神　21－20　東　急　'47. 8. 16
2. 最少安打　－ゲーム・両チーム－
　セ－ 2…大　洋　1－1　ヤクルト　'82. 6. 18
　　　 3…阪　神　1－2　国　鉄　'56. 5. 6第1
　　　　　広　島　1－2　中　日　'66. 5. 24
　　　　　巨　人　1－2　阪　神　'71. 7. 15第2
　　　　　巨　人　1－2　広　島　'88. 9. 15
　　　　　ヤクルト　1－2　横　浜　'95. 4. 26
　パ－ 2…近　鉄　0－2　日　拓　'73. 6. 16第2
　　　 3…大　映　1－2　近　鉄　'55. 8. 30第1
　　　　　近　鉄　0－3　日本ハム　'90. 5. 15
　日－ 3…ライオン　1－2　阪　急　'40. 7. 19
　　　　　名古屋　1－2　阪　急　'41. 4. 10
　　　　　大　洋　1－2　黒鷲　人　'41. 6. 23
　　　　　朝　日　1－2　巨　人　'42. 5. 17第1
　　　　　朝　日　1－2　阪　急　'42. 9. 13
　　　　　西　鉄　1－2　阪　急　'43. 9. 20
3. 全員毎回安打
　セ－松　竹　'50. 3. 19　対中日
　　　木村5、小鶴4、宮崎4、三村3、真田3、岩本2、
　　　金山3、荒川2、平野、大岡
　　　　　イニング別…441　313　227……………27安打
　　　名古屋　'51. 5. 20　対国鉄第1
　　　野口2、原田2、杉山2、坪内2、児玉2、服部2、松本、
　　　国枝、三富
　　　　　イニング別…122　121　32 x …………14安打
　　　名古屋　'51. 8. 10　対巨人
　　　杉山3、土屋3、国枝3、坪内2、原田2、西沢2、
　　　服部2、野口2、宮下2
　　　　　イニング別…124　223　124 …………21安打
　　　中　日　'00. 4. 7　対横浜

立浪4、山﨑4、福留2、ゴメス2、ディンゴ2、
井上2、中村2、関川、バンチ
　　　イニング別…112　213　415……………20安打
阪　神　'06. 9. 5　対巨人
鳥谷3、濱中2、矢野2、赤星、関本、シーツ、
金本、藤本、福原
　　　イニング別…121　322　11 x …………13安打
パ－大　映　'50. 10. 1　対毎日
飯島2、伊賀上2、伊勢川2、山田、酒沢、加藤、
増田、滝田、小川
　　　イニング別…121　112　112 …………12安打
近　鉄　'53. 4. 7　対東急
日下2、五井2、山本2、根本2、関根2、鈴木、
森下、武智、小田野
　　　イニング別…232　211　21 x …………14安打
大　映　'53. 9. 1　対南海
菅原3、島田2、坂本2、田川2、スタルヒン2、
滝田、増田、山田、上市
　　　イニング別…113　131　221 …………15安打
東　映　'61. 9. 12　対近鉄
張本3、ラドラ3、毒島2、山本八2、安藤2、土橋2、
西園寺、吉田、河津、山本義
　　　イニング別…232　152　21 x …………18安打
日本ハム　'75. 8. 29
小田3、内田2、ジェスター2、中原全2、岡持2、
末永、東田、千藤、高橋博
　　　イニング別…212　141　21 x …………14安打
西　武　'81. 7. 20　対阪急
テリー3、スティーブ3、広橋2、石毛2、山崎2、
大石2、立花2、行沢、田淵、山村、蓬莱
　　　イニング別…212　343　41 x …………20安打
ロッテ　'82. 8. 4　対南海
劒持5、落合3、袴田3、リー2、弘田2、高沢、
レオン、有藤、井上、庄司、水上
　　　イニング別…151　251　15 x …………21安打
ダイエー　'04. 8. 6　対オリックス
大道4、荒金3、川﨑3、宮地3、バルデス2、松中2、
本間2、井口、鳥越、柴原、田口
　　　イニング別…413　513　312 …………23安打
日－南　海　'39. 8. 16　対タイガース
鶴岡3、平井3、岡村2、国久2、吉川2、宮口2、
岩出、中村、小林
　　　イニング別…111　422　221 …………16安打
朝　日　'44. 8. 13　対阪急
田中4、酒沢2、坪内2、金光2、菊矢2、桜沢2、
仁木、大島、内藤
　　　イニング別…311　221　511 …………17安打
グレートリング　'46. 7. 15　対ゴールドスター
河西6、堀井4、田川4、安井3、山本3、別所3、
筒井2、宮崎2、清水
　　　イニング別…121　154　3 11 x …………28安打
阪　神　'46. 7. 20　対パシフィック
金田4、土井垣3、御園生3、呉2、本堂2、藤村2、
長谷川2、渡辺、小林、高山、野崎
　　　イニング別…634　231　21 x …………22安打
南　海　'48. 9. 24　対巨人
笠原3、山本2、木塚2、安井、河西、飯田、堀井、
別所、筒井
　　　イニング別…112　113　31 x …………13安打
巨　人　'49. 5. 10　対東急
萩原5、藤本4、平山3、千葉2、藤原2、白石、青田、
川上、山川、手塚
　　　イニング別…114　132　117 …………21安打

4. 両チーム毎回安打
　セ－松　竹　19－16　巨　人　'52. 3. 25
　　　阪　神　18－12　広　島　'76. 9. 19第1
　　　巨　人　18－17　広　島　'05. 9. 3
　パ－南　海　15－14　西　鉄　'54. 8. 15
　　　阪　急　17－16　西　武　'85. 5. 5
　　　西　武　17－12　ソフトバンク　'11. 4. 17
　日－なし
5. 連続試合毎回安打
　セ－ 2…中　日　'76. 10. 10　対広～10. 11　対広

ヤクルト '80. 6. 15 対中〜 6. 17 対洋
巨　　人 '85. 7. 12 対神〜 7. 13 対神
ヤクルト '92. 6. 25 対神〜 6. 27 対広
阪　　神 '04. 6. 1 対ヤ〜 6. 2 対ヤ
ヤクルト '05. 8. 5 対巨〜 8. 6 対巨
阪　　神 '10. 8. 10 対広〜 8. 12 対広
阪　　神 '14. 7. 6 対ディ〜 7. 8 対広
ヤクルト '21. 9. 18 対巨〜 9. 19 対広
ヤクルト '23. 5. 2 対巨〜 5. 3 対巨
パ- 2…南　　海 '52. 6. 7 対東〜 6. 10 対近
　　　　阪　　急 '79. 7. 18 対南〜 7. 19 対南
　　　　阪　　急 '82. 10. 7 対南〜10. 8 対南
　　　　南　　海 '88. 5. 17 対急〜 5. 18 対急
　　　　日本ハム '00. 8. 24 対オ〜 8. 26 対ダ
　　　　ダイエー '03. 7. 30 対近〜 8. 1 対オ
　　　　ロッテ '06. 5. 28 対巨〜 5. 30 対ヤ
日- 2…阪　　急 '46. 9. 15 対セ〜 9. 19 対パ
　　　　太　　陽 '47. 9. 13 対神〜 9. 15 対神
　　　　阪　　神 '49. 8. 10 対陽〜 8. 12 対陽

6. 連続試合2ケタ安打
セ-15…松　　竹 '50. 10. 19〜11. 10第1
パ-10…阪　　急 '79. 9. 12〜 9. 21
　　　　日本ハム '92. 7. 16〜 8. 5
日- 8…巨　　人 '48. 6. 27〜 7. 10
7. 連続打数安打　-イニング-
セ-11…ヤクルト '09. 6. 14　対オリックスの5回
　　　　　　　　　　　　　　　（途中1四球）
　　10…ヤクルト '98. 4. 22　対中日の1回
　　　　　　　　　　　　（途中4四球(含む故意四球1)）
　　　　ヤクルト '15. 7. 21　対DeNAの9回
　　　　　　　　　　　　　（途中1犠打、1四球）
　　　　阪　　神 '16. 7. 27　対ヤクルトの4回
　　　　　　　　　　　　　（途中1犠打、1四球）
　　9…横　　浜 '94. 5. 13　対巨人の8回
　　　　　　　　　　　　（途中犠打、四死球なし）
　　　　巨　　人 '96. 7. 9　対広島の2回
　　　　　　　　　　　　（途中犠打、四死球なし）
　　　　ヤクルト '04. 5. 3　対中日の2回
　　　　　　　　　　　　（途中犠打、四死球なし）
　　　　ヤクルト '06. 10. 10　対広島の5回
　　　　　　　　　　　　（途中犠打、四死球なし）
パ-10…ダイエー '03. 7. 27　対オリックスの1回
　　　　　　　　　　　　　（途中1犠打、2四球）
　　　　ロッテ '09. 6. 11　対広島の6回
　　　　　　　　　　　　（途中2四球、1死球）
　　　　ロッテ '10. 6. 7　対ヤクルトの7回
　　　　　　　　　　　　（途中犠打、四死球なし）
　　　　オリックス '10. 6. 7　対広島の6回
　　　　　　　　　　　　（途中犠打、四死球なし）
　　9…阪　　急 '76. 4. 3　対近鉄の2回
　　　　　　　　　　　　（途中1四球）
　　　　近　　鉄 '84. 5. 23　対南海の3回
　　　　　　　　　　　　（途中犠打、四死球なし）
　　　　日本ハム '87. 10. 1　対西武の5回
　　　　　　　　　　　　（途中犠打、四死球なし）
　　　　ダイエー '03. 5. 20　対日本ハムの2回
　　　　　　　　　　　　（途中1四球）
　　　　楽　　天 '05. 5. 26　対中日の6回
　　　　　　　　　　　　（途中1犠打、1四球）
　　　　日本ハム '18. 7. 31　対ロッテの2回
　　　　　　　　　　　　（途中1死球）
　　　　西　　武 '23. 8. 20　対ソフトバンクの6回
　　　　　　　　　　　　（途中1犠打）
日- 9…阪　　神 '46. 9. 19　対中部日本の4回
　　　　　　　　　　　　（途中犠打、四死球なし）
※'36. 4.30タイガースが対名古屋の1回に3四球を挟み
　10打数連続安打。
（1972以前の規則では四球で切れるため参考記録）
8. 連続打者安打　-イニング-
セ- 9…横　　浜 '94. 5. 13　対巨人の8回
　　　　巨　　人 '96. 7. 9　対広島の2回
　　　　ヤクルト '04. 5. 3　対中日の2回
　　　　ヤクルト '06. 10. 10　対広島の5回

ヤクルト '09. 6. 14　対オリックスの5回
パ-10…ロッテ '10. 6. 7　対ヤクルトの7回
　　　　オリックス '10. 6. 7　対広島の6回
　　9…近　　鉄 '84. 5. 23　対南海の3回
　　　　日本ハム '87. 10. 1　対西武の5回
日- 9…阪　　神 '46. 9. 19　対中部日本の4回

E. 二塁打
1. 最多二塁打
　a. シーズン
セ-258…大　　洋 '50　試合140
　　254…DeNA '21　試合143
　　246…横　　浜 '99　試合135
パ-290…日本ハム '09　試合144
　　283…ロッテ '03　試合140
　　280…ロッテ '08　試合144
日-242…阪　　神 '49　試合137
　b. ゲーム
セ-10…阪　　神 '85. 9. 10　対大洋
　　9…阪　　神 '50. 8. 3　対西日本
　　　　巨　　人 '54. 9. 29　対広島
　　　　大　　洋 '79. 5. 9　対阪神
　　　　阪　　神 '18. 6. 27　対DeNA
　　　　DeNA '23. 8. 25　対中日
パ-11…楽　　天 '13. 8. 4　対日本ハム
　　9…南　　海 '55. 8. 28　対近鉄第1
　　　　ダイエー '90. 8. 17　対西武
　　　　オリックス '04. 4. 12　対日本ハム
　　　　日本ハム '04. 5. 12　対西武
　　　　日本ハム '09. 4. 19　対西武
　　　　西　　武 '15. 5. 13　対日本ハム
日-11…巨　　人 '48. 10. 16　対大陽
　c. イニング
セ- 6…広　　島 '86. 6. 3　対洋の9回
　　　　巨　　人 '15. 8. 19　対神の5回
　　5…国　　鉄 '59. 7. 25　対中の8回
　　　　国　　鉄 '60. 7. 20　対巨の1回
　　　　広　　島 '83. 5. 11　対巨の6回
　　　　中　　日 '03. 9. 16　対巨の6回
パ- 7…楽　　天 '13. 8. 4　対日の5回
　　5…近　　鉄 '63. 6. 19　対阪の7回
　　　　南　　海 '74. 8. 7　対ロ第1の1回
　　　　近　　鉄 '03. 6. 23　対オの6回
　　　　ロッテ '03. 9. 30　対ダの7回
日- 6…巨　　人 '48. 10. 16　対陽の5回
　d. ゲーム　-両チーム-
セ-13…横　　浜 7-6 ヤクルト '06. 6. 30
　　12…巨　　人 8-4 広　　島 '51. 8. 8
　　　　巨　　人 7-5 大　　洋 '92. 4. 11
　　　　広　　島 7-5 DeNA '20. 9. 4
パ-13…日本ハム 8-5 ダイエー '99. 4. 14
　　　　楽　　天 11-2 日本ハム '13. 8. 4
　　12…西　　鉄 7-5 南　　海 '51. 8. 14
　　　　阪　　急 7-5 ロッテ '85. 6. 5
　　　　西　　武 7-5 ロッテ '94. 5. 22
　　　　ロッテ 7-5 ダイエー '03. 9. 30
　　　　オリックス 9-3 日本ハム '04. 4. 12
　　　　ロッテ 6-6 楽　　天 '14. 4. 12
日-13…巨　　人 7-6 タイガース '36. 7. 19
2. 最多連続二塁打　-イニング-
セ- 5…広　　島 '83. 5. 11　対巨の5回
　　　　　　　　　　　　　（途中1犠打）
　　　　広　　島 '86. 6. 3　対洋の9回
パ- 4…近　　鉄 '60. 9. 10　対毎の1回
　　　　大　　毎 '63. 7. 8　対近の1回
　　　　南　　海 '84. 9. 20　対近の7回
　　　　　　　　　　　　　（途中1犠打、1四球）
　　　　日本ハム '91. 8. 3　対オの4回
　　　　　　　　　　　　　（途中2犠打）
　　　　ロッテ '98. 7. 28　対ダの6回
　　　　ロッテ '03. 9. 30　対ダの4回
　　　　オリックス '08. 7. 20　対日の1回

```
          オリックス　'09. 7. 29　対ロの1回
          ソフトバンク　'13. 6. 3　対神の5回
          楽　　天　'13. 8. 4　対日の5回
          楽　　天　'14. 7. 11　対ロの2回
                              （途中1犠打、1四球）
日－3…多数あり
```

F. 三塁打

1. 最多三塁打
a. シーズン
```
セ－54…中　　日　'50　試合137
    49…松　　竹　'50　試合137
        巨　　人　'59　試合130
パ－66…阪　　急　'55　試合142
    56…西　　鉄　'56　試合154
        東　　映　'61　試合140
日－61…阪　　神　'46　試合105
```
b. ゲーム
```
セ－4…広　島　'50. 3. 14　対国鉄
      巨　人　'57. 8. 27　対大洋
      ヤクルト　'70. 6. 26　対阪神
パ－5…太平洋　'76. 6. 20　対日本ハム
日－6…セネタース　'46. 7. 14　対ゴールドスター
```
c. イニング
```
セ－3…広　　島　'50. 3. 14　対国の6回
      巨　　人　'57. 8. 27　対洋の2回
      広　　島　'62. 5. 6　対洋第1の8回
      ヤクルト　'87. 8. 30　対洋の7回
      阪　　神　'90. 9. 5　対洋の6回
パ－4…オリックス　'19. 6. 23　対広の10回
    3…近　　鉄　'54. 7. 25　対南第2の1回
      阪　　急　'55. 5. 21　対近の2回
      オリックス　'18. 6. 17　対ディの7回
日－4…巨　　人　'47. 8. 16　対急の3回
```
d. ゲーム　－両チーム－
```
セ－5…阪　神　3－2　広　　島　'50. 5. 25
      ヤクルト　4－1　阪　　神　'70. 6. 26
パ－5…西　鉄　4－1　近　鉄　'53. 3. 21第2
      太平洋　5－0　日本ハム　'76. 6. 20
日－9…東　急　5－4　阪　　神　'47. 8. 16
```
2. 最多連続三塁打　－イニング－
```
セ－3…ヤクルト　'87. 8. 30　対洋の7回
      阪　　神　'90. 9. 5　対洋の6回
パ－3…阪　　急　'55. 5. 21　対近の2回
      オリックス　'19. 6. 23　対広の10回
                      （途中2四球）
日－2…多数あり
```

G. 本塁打

1. 最多本塁打
a. シーズン
```
セ－259…巨　　人　'04　試合138
    226…巨　　人　'10　試合144
    219…阪　　神　'85　試合130
    205…広　　島　'78　試合130
        巨　　人　'03　試合140
パ－239…近　　鉄　'80　試合130
    219…西　　武　'80　試合130
    212…近　　鉄　'85　試合130
    211…近　　鉄　'01　試合140
    204…阪　　急　'80　試合130
日－141…阪　　神　'49　試合137
```
b. ゲーム
```
セ－9…松　　竹　'51. 8. 1　対阪神
      阪　　神　'76. 9. 19　対広島第1
    8…大　　洋　'74. 4. 22　対阪神
      中　日　'84. 6. 29　対ヤクルト
      巨　人　'84. 7. 4　対中日
      巨　人　'84. 9. 4　対中日
      巨　人　'85. 6. 28　対阪神
      巨　人　'10. 6. 29　対広島
```

```
パ－9…阪　　急　'80. 8. 9　対近鉄
      ロ ッ テ　'80. 10. 3　対近鉄
    8…ダイエー　'94. 9. 18　対ロッテ
      近　　鉄　'03. 7. 12　対日本ハム
      ソフトバンク　'18. 7. 16　対西武
日－8…大　　映　'49. 4. 26　対巨人
```
c. イニング
```
セ－5…ヤクルト　'77. 9. 14　対洋の8回
    4…中　　日　'50. 4. 11　対国の3回
      大　　洋　'50. 9. 28　対神の3回
      阪　　神　'76. 9. 19　対広第1の6回
      ヤクルト　'79. 6. 23　対洋の7回
      阪　　神　'83. 8. 14　対ヤの3回
      巨　　人　'85. 9. 9　対洋の4回
      ヤクルト　'86. 6. 10　対日の3回
      巨　　人　'87. 5. 12　対神の7回
      中日巨人　'91. 8. 3　対神の5回
      巨　　人　'99. 7. 31　対広の1回
      巨　　人　'00. 6. 21　対中の7回
      横　　浜　'05. 6. 1　対楽の1回
      横　　浜　'05. 9. 23　対ヤの9回
パ－6…西　　武　'86. 8. 6　対近の8回
    5…東　　映　'71. 5. 3　対ロの10回
      西　　武　'80. 8. 7　対日の1回
    4…阪　　急　'71. 5. 29　対南の1回
      太平洋　'75. 5. 11　対近第1の6回
      西　　武　'83. 5. 7　対日の1回
      西　　武　'83. 6. 28　対ロの3回
      日本ハム　'84. 9. 29　対近の7回
      近　　鉄　'85. 10. 1　対急の3回
      近　　鉄　'90. 4. 29　対オの5回
      近　　鉄　'90. 10. 5　対ダ第2の4回
      近　　鉄　'93. 7. 6　対ダの4回
      オリックス　'98. 8. 9　対ダの4回
      ダイエー　'03. 6. 17　対オの7回
      ダイエー　'03. 9. 14　対オの5回
      ソフトバンク　'19. 4. 7　対ロの8回
日－3…多数あり
```
d. ゲーム　－両チーム－
```
セ－12…ヤクルト　7－5　中　　日　'80. 10. 19第1
    11…中　　日　7－4　阪　　神　'50. 4. 18
       松　　竹　9－2　広　　島　'51. 8. 1
       阪　　神　9－2　広　　島　'76. 9. 19第1
       巨　　人　8－3　中　　日　'84. 9. 4
       巨　　人　7－4　横　　浜　'00. 8. 10
       ヤクルト　7－4　広　　島　'07. 7. 11
                  （9回まで、11回でヤ8－4広）
       ヤクルト　6－5　ＤｅＮＡ　'23. 5. 5
パ－13…ロ ッ テ　9－4　近　鉄　'80. 10. 3
    12…阪　　急　7－5　東　映　'69. 10. 9
    11…南　　海　9－2　阪　急　'80. 5. 12
       オリックス　7－4　西　　武　'90. 9. 9
       近　　鉄　8－3　日本ハム　'03. 7. 12
       ロ ッ テ　8－5　オリックス　'05. 8. 13
日－13…大　　映　8－5　巨　　人　'49. 4. 26
```
e. イニング　－両チーム－
```
セ－5…阪　　神　4－1　広　　島　'76. 9.19第1の6回
      ヤクルト　5－0　大　　洋　'77. 9.14の8回
      巨　　人　4－1　中　　日　'00. 6.21の7回
      ヤクルト　3－2　広　　島　'07. 7.11の1回
パ－6…東　　映　5－1　ロ ッ テ　'71. 5. 3の10回
      西　　武　6－0　近　　鉄　'86. 8. 6の8回
    5…南　　海　3－2　毎　日　'50. 3.16の1回
      西　　武　5－0　近　　鉄　'80. 8. 7の7回
交－5…横　　浜　4－1　楽　　天　'05. 6. 1の1回
      西　　武　3－2　広　　島　'05. 6.11の6回
日－5…巨　　人　3－2　大　　映　'49. 4.26の8回
```
2. 連続本塁打　－イニング－
```
セ－4…大　　洋　'50. 9. 28　対神の3回
            大沢－藤井－平山－門前
      阪　　神　'76. 9. 19　対広第1の6回
            中村勝－掛布－ラインバック－田淵
      巨　　人　'85. 9. 9　対洋の4回
```

篠塚－山倉－淡口－中畑
（途中1四球）
　　　ヤクルト　'86. 6. 10　対洋の1回
　　　　若松－レオン－ブロハード－広沢
パ－5…東　　映　'71. 5. 3　対ロの10回
　　　　作道－大下－大橋－張本－大杉
　　4…西　　武　'83. 6. 28　対ロの3回
　　　　立花－スティーブ－田淵－大田
　　　日本ハム　'84. 9. 29　対近の7回
　　　　柏原－二村－古屋－白井
　　　　（途中1四球、1死球）
日－3…南　　海　'49. 8. 14　対急の3回
　　　　笠原－飯田－山本

3. 連続試合本塁打

セ－33…巨　　人　'04. 4. 2～ 5. 12
　　26…ヤクルト　'04. 8. 1～ 9. 1
　　24…巨　　人　'10. 7. 2～ 8. 5
パ－35…西　　武　'86. 8. 14～ 9. 27
　　24…西　　武　'80. 6. 30～ 8. 12
　　　　阪　　急　'85. 5. 23～ 7. 7
　　　　西　　武　'04. 7. 20～ 8. 17
日－10…阪　　神　'49. 5. 24～ 7. 13

4. 満塁本塁打

a．シーズン
セ－12…中　　日　'50　　試合137
　　9…横　　浜　'99　　試合135
　　　　ＤｅＮＡ　'19　　試合143
パ－11…オリックス　'90　　試合130
　　10…近　　鉄　'85　　試合130
日－4…金　　鯱　'37秋　試合37
　　　　中　　日　'49　　試合137
　　　　大　　陽　'49　　試合133
　　　　大　　映　'49　　試合134

b．ゲーム
セ－2…大　洋　'51. 8.15対松 4、5回　宮崎、高野
　　　大　洋　'64. 3.22対中 1、4回　伊藤、重松
　　　中　日　'69. 9. 3対広 3、5回　江藤、江島
　　　広　島　'78. 4.20対中 2、6回　ギャレット、ライトル
　　　中　日　'95. 6.15対ヤ 2、3回　ホール、立浪
　　　阪　神　'96.10. 9対中 1回－2　新庄、塩谷
　　　広　島　'05. 8.10対ヤ 1、1回　前田、ラロッカ
　　　巨　人　'06. 4.30対中 4、5回　二岡2
　　　阪　神　'10. 5. 7対広 1、8回　城島、マートン
　　　広　島　'13. 5.12対中 4、6回　丸、菊池
　　　広　島　'18. 7.27対ディ 1、8回　バティスタ、田中
　　　中　日　'19. 4.13対神 4、8回　京田、堂上
　　　巨　人　'19. 7.28対神 1、6回　ゲレーロ、炭谷
　　　阪　神　'19. 7.28対ヤ 2、6回　ボーア、サンズ
パ－2…大　映　'51.10. 5対急 1、7回　飯田2
　　　毎　日　'56. 9.23対東 3、8回　葛城、鈴木
　　　近　鉄　'77. 4.17対南 5、6回　島本、石渡
　　　近　鉄　'80. 7.17対ロ 1、8回　岡本、片平
　　　日本ハム　'87. 5. 3対近 1、8回　田村、パットナム
　　　近　鉄　'88. 9.22対南 2、3回　山下、新井
　　　近　鉄　'96. 5.25対オ 3、7回　内匠、中村紀
　　　ダイエー　'99. 8.20対日 2回－2　秋山、小久保
　　　ダイエー　'04. 5.30対オ 3、5回　バルデス、城島
　　　楽　天　'07. 4. 1対オ 3回－2　フェルナンデス、山﨑武
　　　日本ハム　'10. 6.20対オ 1、8回　小谷野、金子誠
　　　ロッテ　'13. 8.22対武 3回－2　井口、鈴木
　　　ソフトバンク　'18. 8.26対武 2、12回　今宮、グラシアル
日－1…多数あり

c．イニング
セ－2…阪　神　'96.10. 9対中の1回　新庄、塩谷
パ－2…楽　天　'07. 4. 1対オの3回　フェルナンデス、山﨑武
　　　日本ハム　'10. 6.20対オの8回　小谷野、金子誠
　　　ロッテ　'13. 8.22対武の3回　井口、鈴木
日－1…多数あり

H. 塁　打

1. 最多塁打

a．シーズン
セ－2340…巨　　人　'04　試合138
　　2261…阪　　神　'10　試合144
パ－2265…ダイエー　'03　試合140
　　2249…近　　鉄　'80　試合130
日－2139…阪　　神　'49　試合137
b．ゲーム
セ－54…中　　日　'84. 6. 29　対大洋
　　52…松　　竹　'51. 8. 1　対阪神
パ－60…ダイエー　'03. 8. 1　対オリックス
　　52…近　　鉄　'94. 7. 13　対ロッテ
　　　　ダイエー　'03. 7. 27　対オリックス
日－59…巨　　人　'48. 10. 16　対大陽
c．イニング
セ－23…ヤクルト　'77. 9. 14　対洋の8回
　　21…ヤクルト　'98. 4. 22　対中の1回
　　20…大　　洋　'50. 7. 27　対松の5回
　　　　広　　島　'62. 5. 6　対洋第1の8回
　　　　ヤクルト　'06. 5. 10　対武の4回
　　　　ヤクルト　'15. 7. 21　対ディの9回
　　　　巨　　人　'20. 9. 3　対ディの2回
パ－25…西　　武　'80. 8. 7　対近の7回
　　24…西　　武　'86. 8. 6　対近の8回
　　23…東　　映　'71. 5. 3　対ロの10回
　　　　近　　鉄　'90. 10. 5　対ダ第2の4回
日－21…グレートリング　'46. 7. 15　対ゴの8回
d．ゲーム　－両チーム－
セ－76…松　　竹 52－24 阪　　神　'51. 8. 1
パ－74…阪　　急 39－35 近　　鉄　'83. 10. 21
日－78…巨　　人 59－19 大　　陽　'48. 10. 16

I. 打　点

1. 最多打点

a．シーズン
セ－825…松　　竹　'50　試合137
　　719…巨　　人　'04　試合138
パ－794…ダイエー　'03　試合140
　　764…近　　鉄　'80　試合130
日－685…阪　　神　'49　試合137
b．ゲーム
セ－24…大　　洋　'50. 10. 17　対中日
　　　　巨　　人　'55. 6. 22　対広島
パ－27…ダイエー　'03. 8. 1　対オリックス
　　26…ロッテ　'05. 3. 27　対楽天
　　24…ダイエー　'03. 7. 27　対オリックス
日－29…阪　　急　'40. 4. 6　対南海
c．イニング
セ－13…阪　　神　'69. 5. 27　対アの6回
　　　　巨　　人　'72. 6. 23　対ヤの6回
　　　　ヤクルト　'98. 4. 22　対中の1回
パ－15…ロッテ　'09. 6. 11　対広の6回
　　11…東　　映　'66. 8. 20　対京の1回
　　　　西　　武　'80. 8. 7　対近の5回
　　　　西　　武　'92. 7. 15　対ダの5回
　　　　近　　鉄　'92. 10. 11　対ダの7回
　　　　ロッテ　'05. 3. 27　対楽天
　　　　日本ハム　'12. 8. 21　対オの5回
　　　　日本ハム　'21. 9. 11　対ソの1回
日－12…巨　　人　'41. 5. 11　対急の4回
d．ゲーム　－両チーム－
セ－32…横　　浜 21－11 ヤクルト　'99. 7. 22
　　31…中　　日 21－11 ヤクルト　'50. 10. 6
　　　　阪　　神 20－11 ヤクルト　'14. 8. 5
パ－32…西　　鉄 21－11 東　　急　'50. 3. 16
　　　　毎　　日 21－11 南　　海　'50. 5. 31
　　　　日本ハム 21－11 南　　海　'84. 8. 24
日－31…阪　　急 29－2 南　　海　'40. 4. 6

2. 全員打点

セ－なし

パ－近　鉄 '78. 5. 14 対急　出場野手 9人で計16
日－なし

J. 盗　塁

1. 最多盗塁
 a. シーズン
セ－223…松　竹 '50 試合137
　　212…巨　人 '50 試合140
パ－277…阪　急 '56 試合154
　　245…南　海 '55 試合143
日－218…南　海 '48 試合140
 b. ゲーム
セ－10…松　竹 '50. 9. 28 対国鉄
　　　　阪　神 '54. 4. 11 対中日第2
パ－10…南　海 '50. 6. 5 対西鉄
日－13…タイガース '36. 10. 24 対大東京
 c. イニング
セ－6…ヤクルト '08. 7. 17 対神の9回
パ－6…南　海 '50. 3. 11 対急の5回
　　　　南　海 '50. 6. 5 対急の7回
日－6…大　洋 '41. 4. 4 対南の7回
 d. ゲーム　－両チーム－
セ－11…巨　人 9－2 国　鉄 '51. 9. 12
　　　　阪　神 10－1 中　日 '54. 4. 11第2
パ－12…阪　急 6－6 毎　日 '50. 4. 10
　　　　ソフトバンク 7－5 楽　天 '12. 4. 4
日－18…タイガース 13－5 大 東 京 '36. 10. 24
2. 三重盗　　　　　　　　　　　　　　　　本－三－二
セ－巨　人 '50.11.12対中の3回 宇野、川上、久保木
　名古屋 '52.10. 5対松の1回 原田、西沢、児玉
　名古屋 '53. 5.19対洋の3回 原田、西沢、杉山
　洋　松 '53. 4.13対広の5回 宮崎剛、岩本、目時
　広　島 '57. 4.14対洋の1回 平山、広岡、藤井
　中　日 '60. 5.17対国の6回 森、江藤、太田
　阪　神 '60. 8.11対洋の1回 藤本、三宅、横山
　巨　人 '66. 7.30対広の9回 黒江、王、国松
　ヤクルト '70. 7.30対神の9回 武上、福富、久代
　阪　神 '80. 8.17対巨の5回 竹之内、岡田、藤波
　大　洋 '84.10. 8対ヤの7回 西村、若菜、村岡
　ヤクルト '08. 7.17対神の9回 福地、青木、武内
パ－南　海 '50. 6. 5対西の7回 木塚、飯田、堀井
　南　海 '51. 4.15対西の4回 堀井、島原、筒井
　毎　日 '52. 4.30対西の5回 伊藤、別当、三宅
　近　鉄 '54.10. 1対高の4回 鈴木、山本、鬼頭
　東　映 '56. 6. 4対毎の3回 吉田、山本、松岡
　南　海 '57. 6.30対西の3回 森下、野村、岡本
　ロッテ '71. 8.19対西の9回 西田、有藤、白仁天
　南　海 '72. 5.18対急の2回 野村、富田、小池
　南　海 '72. 9.20対西の6回 野村、小池、桜井
　オリックス '90. 9.11対近の7回 弓岡、福良、松永
　楽　天 '19. 5.28対武の7回 島内、辰己、茂木
日－大東京 '36.10.24対タの5回 水谷、浅原、伊藤
　大東京 '36.11.29対材の4回 遠藤、筒井、中村
　南　海 '38.11.11対名の6回 小林、中端、中村
　ライオン '39. 8.10対イの2回 山本、伊藤、坪内
　金　鯱 '39. 9.18対ラの5回 佐々木、五味、濃人
　朝　日 '42. 7.11対黒の4回 伊勢川、早川、広田
　阪　神 '44. 7. 9対巨の3回 呉、御園生、本堂
　セネタース '46. 6.29対パの8回 長持、鈴木、石原

K. 盗塁刺

1. 最多盗塁刺
 a. シーズン
セ－93…中　日 '58 試合130
　　90…中　日 '59 試合130
パ－127…阪　急 '56 試合154
　　121…近　鉄 '56 試合154
日－97…中　日 '48 試合140
 b. ゲーム
セ－5…名古屋 '51. 8. 23 対大洋
　　　　名古屋 '53. 4. 25 対洋松

大　洋 '60. 6. 1 対巨人
広　島 '91. 8. 27 対大洋
パ－5…毎　日 '53. 9. 8 対西鉄
　　　　ロッテ '77. 4. 24 対阪急第1
　　　　日本ハム '89. 7. 4 対ダイエー
日－5…東　急 '47. 6. 20 対南海

L. 犠　打

1. 最多犠打
 a. シーズン
セ－180…広　島 '11 試合144
　　175…広　島 '12 試合144
パ－180…日本ハム '10 試合144
　　178…日本ハム '16 試合143
日－91…阪　神 '41 試合84
 b. ゲーム
セ－6…中　日 '67. 7. 18 対巨人
　　　　大　洋 '88. 7. 1 対中日
　　　　中　日 '89. 7. 23 対ヤクルト
　　　　中　日 '89. 10. 5 対阪神
　　　　ヤクルト '01. 9. 12 対阪神
パ－7…近　鉄 '87. 6. 6 対南海
　　6…ロッテ '74. 9. 16 対南海
　　　　近　鉄 '89. 7. 21 対ロッテ
　　　　近　鉄 '95. 8. 18 対西武
　　　　オリックス '96. 9. 3 対近鉄
　　　　近　鉄 '99. 9. 3 対西武
　　　　オリックス '10. 4. 21 対日本ハム
日－5…セネタース '37. 4. 12 対金鯱
　　　　名古屋 '37. 5. 6 対阪急
　　　　名古屋 '37. 11. 28 対セネタース
　　　　阪　神 '41. 10. 9 対名古屋
　　　　　　　　　　　（9回まで、13回で6）
　　　　近畿日本 '44. 7. 31 対朝日
 c. イニング
セ、パ－3…多数あり
 d. ゲーム　－両チーム－
セ－8…巨　人 4－4 中　日 '78. 6. 29
　　　　ヤクルト 6－2 阪　神 '01. 9. 12
パ－8…ロッテ 5－3 オリックス '95. 8. 15
　　　　楽　天 4－4 　　　　 '06. 9. 5
　　　　　　　　　（9回まで、12回で楽6－4オ）
　　　　日本ハム 4－4 オリックス '16. 7. 24
交－8…横　浜 5－3 ソフトバンク '06. 5. 24
日－7…朝　日 4－3 大　洋 '41. 10. 9

M. 犠　飛

1. 最多犠飛
 a. シーズン
セ－48…巨　人 '98 試合135
　　47…阪　神 '23 試合143
　　46…阪　神 '08 試合144
パ－54…ロッテ '13 試合144
　　52…近　鉄 '78 試合130
　　51…南　海 '56 試合153
　　　　オリックス '91 試合130
　　　　ロッテ '07 試合144
日－30…阪　急 '40 試合104
 b. ゲーム
セ－4…大　洋 '91. 5. 24 対巨人
パ－4…西　鉄 '60. 9. 17 対阪急第2
　　　　西　鉄 '63. 10. 19 対近鉄第1
　　　　阪　急 '68. 10. 9 対西鉄
　　　　阪　急 '79. 9. 21 対西武
　　　　日本ハム '82. 7. 3 対近鉄
　　　　ロッテ '01. 5. 11 対近鉄
　　　　日本ハム '21. 10. 8 対ロッテ
日－4…巨　人 '39. 10. 8 対セネタース
 c. イニング
セ、パ－2…多数あり
日－2…6度

d. ゲーム　－両チーム－
セ－ 5…巨　　人　3－2　ヤクルト　'75. 7. 25
　　　　広　　島　3－2　横　　浜　'11. 4. 21
パ－ 5…西　　鉄　4－1　近　　鉄　'63. 10. 19第1
　　　　西　　鉄　3－2　南　　海　'64. 8. 16第1
　　　　オリックス　3－2　ダイエー　'90. 6. 7
　　　　日本ハム　3－2　オリックス　'04. 9. 9
日－ 5…金　　鯱　3－2　タイガース　'39. 9. 14

N. 四　　球

1. 最多四球
a. シーズン
セ－599…広　　島　'18　試合143
　　570…巨　　人　'50　試合140
　　　　ヤクルト　'19　試合143
パ－587…近　　鉄　'01　試合140
　　577…日本ハム　'98　試合135
日－512…巨　　人　'40　試合104
b. ゲーム
セ－15…巨　　人　'50. 11. 4　対国鉄第1
　　　　広　　島　'85. 7. 30　対巨人
パ－16…西　　武　'92. 7. 10　対近鉄
　　　　西　　武　'94. 7. 1　対近鉄
　　15…阪　　急　'85. 9. 10　対近鉄
日－19…タイガース　'36. 12. 6　対名古屋
c. イニング
セ－10…広　　島　'78. 7. 6　対巨の2回
　　8…巨　　人　'59. 10. 20　対中第2の5回
パ－ 8…西　　鉄　'54. 6. 12　対高の8回
日－ 7…5度
d. ゲーム　－両チーム－
セ－26…広　　島　13－13　阪　　神　'17. 4. 1
　　　　　　　（9回まで、10回で広13－14神）
　　20…大　　洋　12－8　阪　　神　'90. 5. 6
　　　　中　　日　10－10　ヤクルト　'95. 6. 27
パ－23…西　　武　16－7　近　　鉄　'94. 7. 1
　　21…西　　武　12－9　近　　鉄　'96. 6. 1
　　　　西　　武　11－10　オリックス　'98. 7. 12
　　20…日本ハム　12－8　ダイエー　'93. 4. 15
日－26…金　　鯱　15－11　ライオン　'37. 9. 12
e. 連続四球
セ－ 5…阪　　神　'52. 5. 28　対国の3回
　　　　巨　　人　'63. 5. 3　対国の3回
　　　　大　　洋　'78. 5. 23　対巨の4回
　　　　広　　島　'88. 9. 6　対洋の5回
　　　　中　　日　'03. 7. 26　対神の6回
　　　　中　　日　'13. 7. 27　対巨の5回
　　　　広　　島　'18. 7. 1　対ヤの3回
パ－ 5…西　　鉄　'50. 3. 16　対東の4回
　　　　阪　　急　'71. 7. 4　対近第1の10回
　　　　西　　武　'81. 7. 16　対ロの8回
　　　　ロッテ　'91. 5. 23　対武の2回
　　　　西　　武　'92. 7. 10　対近の5回
　　　　西　　武　'97. 6. 10　対近の1回
　　　　オリックス　'99. 4. 29　対近の8回
　　　　ソフトバンク　'21. 6. 19　対日の5回
日－ 5…5度

O. 死　　球

1. 最多死球
a. シーズン
セ－99…ヤクルト　'10　試合144
　　83…ヤクルト　'08　試合144
パ－90…ダイエー　'04　試合133
　　87…ロッテ　'19　試合143
日－29…東　　急　'47　試合119
b. ゲーム
セ－ 5…大　　洋　'68. 6. 18　対広島
　　　　広　　島　'06. 5. 5　対中日
　　　　ヤクルト　'08. 5. 8　対横浜
　　　　ヤクルト　'10. 8. 20　対中日
パ－ 7…日本ハム　'79. 5. 12　対ロッテ
　　 5…近　　鉄　'53. 8. 11　対南海
　　　　西　　鉄　'72. 8. 29　対南海
　　　　近　　鉄　'81. 4. 18　対西武
　　　　西　　武　'09. 5. 15　対ロッテ
日－ 3…多数あり
c. イニング
セ－ 3…巨　　人　'77. 8. 2　対ヤの5回
　　　　広　　島　'79. 8. 1　対巨の7回
　　　　中　　日　'81. 9. 10　対ヤの3回
　　　　ヤクルト　'07. 8. 1　対神の5回
　　　　横　　浜　'08. 8. 19　対中の8回
　　　　阪　　神　'10. 9. 4　対広の1回
　　　　中　　日　'13. 7. 7　対ヤの7回
　　　　巨　　人　'14. 7. 4　対中の7回
　　　　ヤクルト　'17. 6. 30　対神の5回
パ－ 3…ロッテ　'76. 8. 1　対日第2の6回
　　　　近　　鉄　'77. 5. 19　対日の8回
　　　　日本ハム　'79. 5. 12　対ロの1回
　　　　南　　海　'81. 4. 8　対近の8回
　　　　日本ハム　'85. 7. 9　対近の3回
　　　　ダイエー　'04. 4. 17　対武の4回
　　　　ロッテ　'08. 9. 24　対武の4回
　　　　ロッテ　'14. 7. 14　対ソの3回
　　　　日本ハム　'15. 5. 8　対オの9回
　　　　西　　武　'20. 7. 5　対オの6回
　　　　ソフトバンク　'23. 5. 30　対中の4回
日－ 2…多数あり
d. ゲーム　－両チーム－
セ－ 7…大　　洋　5－2　広　　島　'68. 6. 18
パ－ 7…日本ハム　7－0　ロッテ　'79. 5. 12
　　　　日本ハム　5－2　ダイエー　'99. 4. 15
日－ 4…名古屋　2－2　金　　鯱　'36. 7. 16
e. 連続死球
セ－ 3…巨　　人　'14. 7. 4　対中の7回
パ－ 3…日本ハム　'79. 5. 12　対ロの1回
　　　　ソフトバンク　'23. 5. 30　対中の4回
日－ 2…多数あり

P. 三　　振

1. 最多三振
a. シーズン
セ－1212…ヤクルト　'19　試合143
　　1205…巨　　人　'19　試合143
　　1173…阪　　神　'23　試合143
パ－1234…西　　武　'14　試合144
　　1194…西　　武　'15　試合143
　　1151…日本ハム　'05　試合136
日－ 577…大　　映　'49　試合134
b. ゲーム
セ－19…中　　日　'05. 4. 6　対ヤクルト
　　　　中　　日　'06. 6. 18　対ソフトバンク
　　17…広　　島　'69. 4. 23　対大洋
　　　　巨　　人　'04. 8. 1　対阪神
　　　　ヤクルト　'05. 8. 16　対広島
　　　　巨　　人　'19. 4. 9　対中日
　　　　広　　島　'21. 6. 11　対オリックス
　　　　巨　　人　'23. 7. 7　対DeNA
パ－19…ロッテ　'95. 4. 21　対オリックス
　　　　オリックス　'22. 4. 10　対ロッテ
　　18…オリックス　'00. 8. 1　対ロッテ
　　　　ソフトバンク　'11. 8. 27　対楽天
　　　　日本ハム　'18. 10. 4　対楽天
　　17…阪　　急　'61. 8. 6　対南海第2
　　　　南　　海　'62. 5. 24　対阪急
　　　　オリックス　'90. 4. 29　対近鉄
　　　　近　　鉄　'94. 8. 12　対オリックス
　　　　日本ハム　'11. 6. 26　対ソフトバンク
　　　　西　　武　'14. 9. 6　対ソフトバンク
　　　　西　　武　'15. 5. 2　対楽天
　　　　日本ハム　'22. 4. 17　対ロッテ
日－15…イーグルス　'37. 10. 2　対巨人

阪　　急　'40. 11. 16　対南海
　　　　　　　　　　(9回まで、12回で17)
c．イニング
セ－4…広　　島　'59. 7. 5　対洋第2の2回
　　　阪　　神　'96. 8. 17　対中の4回
　　　阪　　神　'97. 7. 4　対巨の3回
　　　広　　島　'00. 4. 14　対ヤの5回
　　　巨　　人　'04. 8. 1　対神の2回
　　　横　　浜　'05. 4. 6　対巨の6回
　　　阪　　神　'09. 9. 17　対神の2回
　　　ＤｅＮＡ　'12. 4. 13　対巨の5回
　　　阪　　神　'13. 7. 9　対中の7回
　　　阪　　神　'16. 5. 24　対ヤの1回
　　　中　　日　'16. 7. 29　対神の7回
　　　広　　島　'16. 7. 29　対ディの7回
　　　ＤｅＮＡ　'19. 7. 2　対ディの5回
　　　阪　　神　'19. 7. 2　対ディの5回
　　　ヤクルト　'20. 9. 4　対中の9回
　　　中　　日　'21. 10. 26　対神の5回
パ－4…ロッテ　'93. 8. 8　対オの7回
　　　ロッテ　'96. 8. 2　対ダの7回
　　　ロッテ　'97. 4. 12　対武の2回
　　　オリックス　'00. 9. 3　対ダの2回
　　　ロッテ　'03. 4. 14　対ダの8回
　　　ダイエー　'04. 9. 17　対武の6回
　　　ソフトバンク　'07. 6. 3　対武の9回
　　　楽　　天　'13. 4. 17　対ソの7回
　　　西　　武　'15. 6. 6　対ディの9回
　　　西　　武　'18. 5. 4　対楽の9回
　　　ソフトバンク　'18. 7. 8　対オの8回
　　　西　　武　'18. 9. 15　対ロの1回
　　　楽　　天　'22. 7. 1　対ロの1回
　　　ソフトバンク　'23. 4. 8　対武の2回
日－3…多数あり
d．ゲーム　－両チーム－
セ－29…横　　浜　15－14　広　　島　'02. 9. 25
　　28…ヤクルト　16－12　中　　日　'93. 7. 6
　　　　　　　　(9回まで、12回でヤ20－16中)
　　　　巨　　人　15－13　阪　　神　'09. 9. 16
　　　　巨　　人　15－13　ＤｅＮＡ　'23. 7. 7
パ－29…ロッテ　19－10　オリックス　'95. 4. 21
　　　　　　　　(9回まで、10回でロ20－10オ)
　　28…日本ハム　13－15　楽　　天　'18. 5. 13
　　　　楽　　天　10－18　日本ハム　'18. 10. 4
　　　　ロッテ　9－19　オリックス　'22. 4. 10
交－29…中　　日　19－10　ソフトバンク　'06. 6. 18
　　27…西　　武　14－13　阪　　神　'05. 5. 18
　　　　ロッテ　16－11　広　　島　'06. 6. 2
日－21…ライオン　11－10　金　　星　'40. 4. 21
　　　　阪　　急　15－6　南　　海　'40. 11. 16
　　　　　　　　(9回まで、12回で急17－7南)
2．最少三振　ゲーム　－両チーム－
セ－0…大　　洋　－　阪　　神　'50. 3. 30
　　西　日　本　－　阪　　神　'50. 8. 19
　　阪　　神　－　西　日　本　'50. 11. 17
　　大洋　－　阪　　神　'51. 7. 28
　　松　　竹　－　国　　鉄　'51. 8. 2
　　巨　　人　－　広　　島　'52. 9. 6
　　大　　神　－　大　　洋　'53. 5. 27
　　広　　島　－　阪　　神　'54. 6. 8
　　阪　　神　－　中　　日　'63. 10. 8
　　阪　　神　－　広　　島　'63. 10. 18
パ－0…大　　映　－　南　　海　'50. 10. 18
　　西　　鉄　－　近　　鉄　'51. 5. 26
　　西　　鉄　－　毎　　日　'51. 10. 7
　　阪　　急　－　大　　映　'52. 5. 3
　　近　　鉄　－　西　　鉄　'53. 7. 15第1
　　西　　鉄　－　東　　映　'66. 6. 9
　　南　　海　－　近　　鉄　'71. 9. 22第2
　　ロッテ　－　太　平　洋　'74. 4. 28
日－0…23度
3．全員三振　※はDH制ではない試合(=投手含む全員)☆は毎回三振
セ－　阪　　神　'08. 6. 4　対楽　出場野手10人で計13

広　　島　'18. 6. 16　対ソ　出場野手10人で計13
パ－※東　　映　'58. 4. 23　対毎　出場　9人で計10
　　ダイエー　'92. 4. 8　対ロ　出場野手9人で計11
　　オリックス　'92. 8. 11　対ロ　出場野手9人で計9
　　日本ハム　'97. 6. 17　対ダ　出場野手11人で計16
　　オリックス　'99. 9. 26　対武　出場野手9人で計13
　　日本ハム　'02. 8. 25　対近　出場野手10人で計13
　　近　　鉄　'04. 4. 9　対武　出場野手9人で計10
　　ロッテ　'05. 5. 20　対中　出場野手9人で計10
　　ロッテ　'05. 5. 16　対武　出場野手10人で計10
　　ロッテ　'08. 4. 5　対ソ　出場野手9人で計16
　☆ロッテ　'09. 4. 24　対武　出場野手9人で計12
　☆ロッテ　'09. 7. 3　対オ　出場野手10人で計14
　　西　　武　'09. 9. 1　対楽　出場野手9人で計11
　　オリックス　'14. 8. 20　対ロ　出場野手9人で計10
　　日本ハム　'14. 9. 19　対武　出場野手9人で計13
　　西　　武　'14. 9. 21　対ソ　出場野手9人で計14
　☆西　　武　'18. 5. 8　対ソ　出場野手9人で計16
　　西　　武　'19. 6. 1　対ロ　出場野手9人で計15
　　ロッテ　'22. 4. 14　対ソ　出場野手9人で計9
　　日本ハム　'22. 4. 17　対ロ　出場野手10人で計17
日－なし
4．両チーム毎回三振
セ－広　　島　14－10　巨　　人　'04. 4. 30
　　広　　島　11－10　阪　　神　'16. 7. 24
　　巨　　人　11－11　ＤｅＮＡ　'23. 6. 7
パ－西　　武　13－12　日本ハム　'99. 9. 12
　　ロッテ　13－8　西　　武　'04. 9. 20
　　楽　　天　11－13　オリックス　'15. 7. 11
　　ソフトバンク　10－11　楽　　天　'22. 8. 6
交－なし
日－なし

Q．併殺打

1．最多併殺打
a．シーズン
セ－140…ヤクルト　'96　試合130
　　133…国　　鉄　'64　試合140
パ－144…楽　　天　'07　試合144
　　137…南　　海　'73　試合130
b．ゲーム
セ－6…巨　　人　'95. 5. 17　対横浜
　　　横　　浜　'96. 8. 18　対広島
パ－6…阪　　急　'70. 4. 23　対西鉄
c．イニング
セ－2…中　　日　'64. 6. 7　対洋の2回
　　　中　　日　'89. 6. 20　対広の8回
　　　広　　島　'11. 7. 15　対中の3回
パ－2…南　　海　'62. 8. 1　対東第1の1回
　　　日本ハム　'10. 4. 4　対武の4回
　　　楽　　天　'23. 9. 22　対日の2回
d．ゲーム　－両チーム－
セ－8…ヤクルト　5－3　中　　日　'79. 7. 29
　　7…大　　洋　4－3　広　　島　'57. 4. 14第1
　　　阪　　神　5－2　広　　島　'57. 7. 15第2
　　　広　　島　4－3　ヤクルト　'71. 5. 22
　　　大　　洋　4－3　中巨人　'72. 7. 29
　　　大　　洋　5－2　巨　　人　'72. 9. 5
　　　中　　日　5－2　大　　洋　'76. 7. 8
　　　阪　　神　4－3　ヤクルト　'77. 6. 16
　　　巨　　人　4－3　横　　浜　'98. 5. 13
　　　阪　　神　5－2　横　　浜　'04. 4. 7
　　　ＤｅＮＡ　4－3　阪　　神　'14. 4. 23
　　　巨　　人　5－2　中　　日　'14. 5. 4
　　　ＤｅＮＡ　4－3　阪　　神　'21. 6. 26
パ－7…高　　橋　5－2　西　　鉄　'54. 3. 31
　　　阪　　急　6－1　西　　鉄　'70. 4. 23
　　　近　　鉄　4－3　太　平　洋　'74. 4. 13
　　　日本ハム　4－3　阪　　急　'87. 6. 16
　　　ロッテ　5－2　オリックス　'98. 7. 9
　　　近　　鉄　4－3　ダイエー　'99. 4. 10
　　　ロッテ　4－3　近　　鉄　'01. 8. 28

ロッテ	4-3	日本ハム	'05. 7. 6
ロッテ	4-3	西　武	'11. 5. 4

R. 残　塁

1. 最多残塁

a. シーズン
セ-1134…阪　神 '05 試合146
パ-1142…ソフトバンク '14 試合144
日- 974…阪　急 '49 試合136

b. ゲーム
セ-19…DeNA '14. 7. 15 対広島
パ-19…日本ハム '17. 9. 29 対楽天
日-18…阪　神 '43. 10. 16 対阪急

IV. 個人投手記録

A. 投手全般記録

1. 最多試合登板

a. ライフタイム
セ-1002…岩瀬　仁紀 (中) '99～'18　59勝 51敗
パ-914…米田　哲也 (近) '56～'75,'77　340勝 280敗
-500試合以上-(107人)

No.	試合	選手	球団	年	勝	敗
①	1002	岩瀬　仁紀	(中)	'99～'18	59勝	51敗
②	949	米田　哲也	(近)	'56～'77	350	285
③	944	金田　正一	(巨)	'50～'69	400	298
④	867	梶本　隆夫	(急)	'54～'73	254	255
⑤	856	小山　正明	(洋)	'53～'73	320	232
⑥	839	宮西　尚生	(日)	'08～'23	37	40
⑦	829	江夏　豊	(武)	'67～'84	206	158
⑧	823	五十嵐亮太	(ヤ)	'99～'20	65	39
⑨	782	藤川　球児	(神)	'00～'20	60	38
⑩	759	皆川　睦雄	(南)	'54～'71	221	139
⑪	756	稲尾　和久	(西)	'56～'69	276	137
⑫	755	鹿取　義隆	(武)	'79～'97	91	46
⑬	719	権藤　正利	(神)	'53～'73	117	154
⑭	707	大野　豊	(広)	'77～'98	148	100
⑮	705	石井　茂雄	(巨)	'58～'79	189	185
⑯	703	鈴木　啓示	(近)	'66～'85	317	238
⑰	703	益田　直也	(ロ)	'12～'23	32	48
⑱	700	山本　和行	(神)	'72～'88	116	106
⑲	697	東尾　修	(武)	'69～'88	251	247
⑳	685	平野　佳寿	(オ)	'06～'23	55	76
㉑	676	足立　光宏	(急)	'59～'79	187	153
㉒	671	小野　正一	(中)	'56～'70	184	155
㉓	667	佐々木宏一郎	(近)	'62～'81	132	152
㉔	662	別所　毅彦	(巨)	'42～'60	310	178
㉕	660	松岡　弘	(ヤ)	'68～'85	191	190
㉖	655	安仁屋宗八	(広)	'64～'81	119	124
㉗	654	山田　久志	(急)	'69～'88	284	166
㉘	642	山口　鉄也	(巨)	'07～'17	52	27
㉙	639	秋山　登	(洋)	'56～'67	193	171
㉚	635	平松　政次	(洋)	'67～'84	201	196
㉚	635	工藤　公康	(武)	'82～'10	224	142
㉜	628	宮本　智明	(急)	'56～'76	121	120
㉝	627	下柳　剛	(楽)	'91～'12	129	106
㉞	625	青山　浩二	(楽)	'06～'20	42	58
㉟	621	長谷川良平	(広)	'50～'63	197	208
㊱	619	吉田　豊彦	(楽)	'88～'07	81	102
㊲	618	角　盈男	(ヤ)	'78～'92	38	60
㊳	606	渡辺　秀武	(広)	'64～'82	118	100
㊳	606	永射　保	(日)	'72～'90	44	37
㊵	605	坂井　勝二	(日)	'59～'76	166	186
㊶	604	村田　兆治	(ロ)	'68～'90	215	177
㊷	601	斉藤　明夫	(横)	'77～'93	128	125
㊸	600	藤田　宗一	(ソ)	'98～'11	19	21
㊹	598	高津　臣吾	(ヤ)	'91～'07	36	46
㊺	595	高橋　一三	(日)	'65～'83	167	132
㊺	595	前田　幸長	(巨)	'89～'07	78	110
㊺	595	福原　忍	(神)	'99～'16	83	104
㊽	592	新浦　壽夫	(ヤ)	'71～'92	116勝	123敗
㊾	586	スタルヒン	(ト)	'36～'55	303	176
㊾	586	鈴木　孝政	(中)	'73～'89	124	94
51	581	高橋　重行	(洋)	'64～'80	121	135
51	581	山本　昌	(中)	'86～'15	219	165
53	579	板東　里視	(近)	'60～'79	79	98
53	579	野村　収	(神)	'69～'86	121	132
55	578	若生　忠泰	(巨)	'55～'70	105	107
56	577	杉浦　忠	(南)	'58～'70	187	106
57	570	佐々岡真司	(広)	'90～'07	138	153
58	569	平井　正史	(オ)	'94～'14	63	43
59	566	村上　雅則	(日)	'63～'82	103	82
60	560	堀内　恒夫	(巨)	'66～'83	203	139
60	560	橋本　武広	(ロ)	'90～'03	12	22
62	558	豊田　清	(広)	'95～'11	66	50
63	553	三浦　清弘	(平)	'57～'75	132	104
64	551	増田　浩俊	(オ)	'10～'22	41	47
65	550	渡辺　省三	(神)	'53～'65	134	96
65	550	久保　康生	(近)	'78～'97	71	62
67	549	岡島　秀樹	(ディ)	'95～'15	38	40
68	547	増田　達至	(武)	'13～'23	31	38
69	543	古沢　憲司	(神)	'64～'84	87	115
70	542	浅野　啓司	(巨)	'67～'84	86	116
70	542	西井　哲夫	(ロ)	'70～'87	63	66
72	535	三浦　大輔	(ヤ)	'92～'16	172	184
73	534	成田　文男	(ロ)	'65～'82	175	129
74	534	武田　久	(日)	'03～'17	31	30
75	533	吉田　修司	(オ)	'89～'07	37	32
76	533	石川　雅規	(ヤ)	'02～'23	185	185
77	532	髙橋　聡文	(神)	'04～'19	26	15
78	531	柳田　豊	(近)	'70～'87	110	140
79	528	若林　忠志	(毎)	'36～'53	237	144
80	527	永川　勝浩	(広)	'03～'19	38	42
81	525	杉下　茂	(中)	'49～'61	215	123
82	524	谷元　圭介	(中)	'09～'23	28	25
83	523	潮崎　哲也	(武)	'90～'04	82	55
84	520	藪田　安彦	(ロ)	'96～'12	48	72
85	519	鈴木　隆	(洋)	'58～'68	81	102
86	517	野口　二郎	(急)	'39～'52	237	139
86	517	森中千香良	(洋)	'60～'75	114	108
88	516	中尾　碩志	(巨)	'39～'57	209	127
88	516	大石　清	(急)	'59～'70	134	126
88	516	木田　優夫	(日)	'89～'12	73	82
91	515	北別府　学	(広)	'76～'94	213	141
92	509	村山　実	(神)	'59～'72	222	147
93	508	荒巻　淳	(毎)	'50～'62	173	107
94	508	山﨑　康晃	(ディ)	'15～'23	19	31
95	507	横山　竜士	(広)	'97～'14	46	44
96	505	久保　裕也	(楽)	'03～'20	54	37
96	505	川崎　徳次	(西)	'40～'57	188	156
96	505	山下　律夫	(南)	'67～'82	103	101
96	505	三沢　淳	(日)	'72～'86	107	106
100	504	西本　聖	(オ)	'76～'93	165	128
101	502	鈴木　皖武	(ロ)	'62～'75	47	61
102	500	佐藤　義則	(オ)	'77～'98	165	137
102	500	松井　裕樹	(楽)	'14～'23	25	46
102	500	佐藤　道郎	(洋)	'70～'80	88	69
102	500	星野　仙一	(中)	'69～'82	146	121
102	500	間柴　茂有	(ダ)	'70～'90	81	83
102	500	河本　育之	(楽)	'92～'07	36	43

b. シーズン
セ-90…久保田智之 (神) '07　9勝 3敗
-80…藤川　球児 (神) '05　7勝 1敗
パ-81…平井　克典 (武) '19　5勝 4敗
-78…稲尾　和久 (西) '61　42勝 14敗
日-71…林　安夫 (朝) '42　32勝 22敗

c. 最多連続試合登板
セ-10…山本　和行 (神) '75. 7. 15対ヤ～ 8. 1対巨
久保　文雄 (洋) '83. 4. 24対広～ 5. 7対広
藤川　球児 (神) '07. 8. 30対ヤ～ 9. 9対巨
アッチソン (神) '08. 9. 21対巨～10. 5対ヤ
田口　麗斗 (巨) '19. 7. 6対ディ～ 7. 20対広
森浦　大輔 (広) '22. 9. 13対神～10. 2対中

パ－11…佐藤　道郎（南）'72. 6. 29対近～ 7. 18対東
日－14…若林　忠志（神）'44. 5. 1対南～ 7. 15対巨

2. 最多完投

a. ライフタイム

セ－365…金田　正一（巨）'50～'69　試合944
パ－340…鈴木　啓示（近）'66～'85　試合703

－ライフタイム150以上－（24人）

① 365…金田　正一（巨）'50～'69　試合944
② 350…スタルヒン（ト）'36～'55　586
③ 340…鈴木　啓示（近）'66～'85　703
④ 335…別所　毅彦（巨）'42～'60　662
⑤ 290…小山　正明（洋）'53～'73　856
⑥ 283…山田　久志（急）'69～'88　654
⑦ 263…若林　忠志（毎）'36～'53　528
⑧ 262…米田　哲也（近）'56～'77　949
⑨ 259…野口　二郎（急）'39～'52　517
⑩ 247…東尾　修（武）'69～'88　697
⑪ 227…藤本　英雄（巨）'42～'55　367
⑫ 213…長谷川良平（広）'50～'63　621
⑬ 211…真田　重蔵（神）'43～'55　416
⑭ 202…梶本　隆夫（急）'54～'73　867
⑮ 192…村山　実（神）'59～'72　509
⑯ 184…中尾　碩志（巨）'39～'57　516
⑯ 184…村田　兆治（ロ）'68～'90　604
⑱ 179…稲尾　和久（西）'56～'69　756
⑲ 178…堀内　恒夫（巨）'66～'83　560
⑳ 172…川崎　徳次（西）'40～'57　505
㉑ 170…杉下　茂（毎）'49～'61　525
㉒ 160…白木義一郎（急）'46～'52　242
㉓ 154…内藤　幸三（広）'36～'51　368
㉓ 154…江夏　豊（武）'67～'84　829

b. シーズン

セ－34…金田　正一（国）'55　試合62
33…藤本　英雄（巨）'50　試合49
パ－30…鈴木　啓示（近）'78　試合37
28…鈴木　啓示（近）'69　試合46
東尾　修（ク）'78　試合45
日－47…別所　昭（南）'47　試合55

3. 最多投球回

a. ライフタイム

セ－5526⅔…金田　正一（巨）'50～'69　試合944
パ－4993⅓…米田　哲也（近）'56～'75,'77　試合914

－ライフタイム3000以上－（28人）

① 5526⅔…金田　正一（巨）'50～'69　試合944
② 5130…米田　哲也（近）'56～'77　949
③ 4899…小山　正明（洋）'53～'73　856
④ 4600⅓…鈴木　啓示（近）'66～'85　703
⑤ 4350⅔…別所　毅彦（巨）'42～'60　662
⑥ 4208…梶本　隆夫（急）'54～'73　867
⑦ 4175⅓…スタルヒン（ト）'36～'55　586
⑧ 4086…東尾　修（武）'69～'88　697
⑨ 3865…山田　久志（急）'69～'88　654
⑩ 3599…稲尾　和久（西）'56～'69　756
⑪ 3557⅓…若林　忠志（毎）'36～'53　528
⑫ 3447⅓…野口　二郎（急）'39～'52　517
⑬ 3376⅓…長谷川良平（広）'50～'63　621
⑭ 3360⅔…平松　政次（洋）'67～'84　635
⑮ 3348⅔…山本　昌（中）'86～'15　581
⑯ 3336⅔…工藤　公康（武）'82～'10　635
⑰ 3331⅓…村田　兆治（ロ）'68～'90　604
⑱ 3276…三浦　大輔（ディ）'92～'16　535
⑲ 3240…松岡　弘（ヤ）'68～'85　660
⑳ 3196…江夏　豊（武）'67～'84　829
㉑ 3168…石井　茂雄（巨）'58～'79　705
㉒ 3158…皆川　睦雄（南）'54～'71　759
㉓ 3113…北別府　学（広）'76～'94　515
㉔ 3103…足立　光宏（急）'59～'79　676
㉕ 3100⅓…石川　雅規（ヤ）'02～'23　533
㉖ 3057…中尾　碩志（巨）'39～'57　516
㉗ 3050⅓…村山　実（神）'59～'72　509
㉘ 3045…堀内　恒夫（巨）'66～'83　560

b. シーズン

セ－429⅓…権藤　博（中）'61　試合69
406…秋山　登（洋）'57　試合65
パ－404…稲尾　和久（西）'61　試合78
402⅓…稲尾　和久（西）'59　試合75
日－541⅓…林　安夫（朝）'42　試合71

4. 最高勝率

a. ライフタイム　－投球回2000以上－

セ－.668…別所　毅彦（巨）'50～'60　試合451　勝利207　敗北103
パ－.668…稲尾　和久（西）'56～'69　試合756　勝利276　敗北137

－ライフタイム.600以上－（19人）

① .697…藤本　英雄（巨）'42～'55　試合367　勝利200　敗北 87
② .668…稲尾　和久（西）'56～'69　試合756　勝利276　敗北137
③ .652…斎藤　雅樹（巨）'84～'01　試合426　勝利180　敗北 96
④ .648…杉内　俊哉（巨）'02～'15　試合316　勝利142　敗北 77
⑤ .645…和田　毅（ソ）'03～'23　試合326　勝利158　敗北 87
⑥ .638…杉浦　忠（南）'58～'70　試合577　勝利187　敗北106
⑦ .636…杉下　茂（毎）'49～'61　試合525　勝利215　敗北123
⑧ .635…別所　毅彦（巨）'42～'60　試合662　勝利310　敗北178
⑨ .633…スタルヒン（ト）'36～'55　試合586　勝利303　敗北176
⑩ .631…山田　久志（急）'69～'88　試合654　勝利284　敗北166
⑪ .630…野口　二郎（急）'39～'52　試合517　勝利237　敗北139
⑫ .62204…若林　忠志（毎）'36～'53　試合528　勝利237　敗北144
⑬ .62202…中尾　碩志（巨）'39～'57　試合516　勝利209　敗北127
⑭ .618…荒巻　淳（急）'50～'62　試合508　勝利173　敗北107
⑮ .614…皆川　睦雄（南）'54～'71　試合759　勝利221　敗北139
⑯ .612…工藤　公康（武）'82～'10　試合635　勝利224　敗北142
⑰ .607…西口　文也（武）'95～'15　試合436　勝利182　敗北118
⑱ .60169…北別府　学（広）'76～'94　試合515　勝利213　敗北141
⑲ .60162…村山　実（神）'59～'72　試合509　勝利222　敗北147

b. シーズン

セ－.889…堀内　恒夫（巨）'66　試合33勝利16敗北2
.885…松田　清（巨）'51　試合34勝利23敗北3
パ－1.000…間柴　茂有（日）'81　試合27勝利15敗北0
田中　将大（楽）'13　試合28勝利24敗北0
.941…斉藤　和巳（ソ）'05　試合22勝利16敗北1
成瀬　善久（ロ）'07　試合24勝利16敗北1
日－1.000…景浦　将（タ）'36秋　試合 8勝利 6敗北0
御園生崇男（タ）'37秋　試合15勝利11敗北0

5. 最優秀防御率

a. ライフタイム　－投球回2000以上－

セ－2.09…村山　実（神）'59～'72　投球回3050⅓　自責点 709
パ－1.98…稲尾　和久（西）'56～'69　投球回3599　自責点 793

－ライフタイム2.50以下－（16人）

① 1.90…藤本　英雄（巨）'42～'55　投球回2628⅓　自責点 554
② 1.96…野口　二郎（急）'39～'52　投球回3447⅓　自責点 752
③ 1.98…稲尾　和久（西）'56～'69　投球回3599　自責点 793
④ 1.99…若林　忠志（毎）'36～'53　投球回3557⅓　自責点 786

⑤ 2.088…スタルヒン（ト）'36～'55
投球回4175⅓　自責点 969
⑥ 2.092…村山　　実（神）'59～'72
投球回3050⅓　自責点 709
⑦ 2.18 …別所　毅彦（巨）'42～'60
投球回4350⅔　自責点1053
⑧ 2.230…荒巻　　淳（急）'50～'62
投球回2202⅔　自責点 546
⑨ 2.232…杉下　　茂（毎）'49～'61
投球回2841⅔　自責点 705
⑩ 2.34 …金田　正一（巨）'50～'69
投球回5526⅔　自責点1434
⑪ 2.39 …杉浦　　忠（南）'58～'70
投球回2413⅓　自責点 642
⑫ 2.42 …皆川　睦雄（南）'54～'71
投球回3158　自責点 849
⑬ 2.44 …渡辺　省三（神）'53～'65
投球回2018　自責点 546
⑭ 2.45 …小山　正明（洋）'53～'73
投球回4899　自責点1336
⑮ 2.48 …中尾　碩志（巨）'39～'57
投球回3057　自責点 842
⑯ 2.49 …江夏　　豊（武）'67～'84
投球回3196　自責点 884

b．シーズン
セ－0.98 …村山　実（神）'70投球回156　自責点17
1.19 …村山　実（神）'59投球回295⅓自責点39
1.20 …村山　実（神）'62投球回366⅓自責点49
パ－1.06 …稲尾　和久（西）'56投球回262⅓自責点31
1.21 …山本　由伸（オ）'23投球回164　自責点22
1.27 …田中　将大（楽）'11投球回226⅓自責点32
日－0.73 …藤本　英雄（巨）'43投球回432⅔自責点35

B．勝敗記録

1．最多勝利
a．ライフタイム
セ－400…金田　正一（巨）'50～'69　試合944
パ－340…米田　哲也（近）'56～'75、'77　試合914
－100勝以上－（142人）

1	400…金田　正一	（巨）	'50～'69		試合944
2	350…米田　哲也	（近）	'56～'77		949
3	320…小山　正明	（洋）	'53～'73		856
4	317…鈴木　啓示	（近）	'66～'85		703
5	310…別所　毅彦	（巨）	'42～'60		662
6	303…スタルヒン	（ト）	'36～'55		586
7	284…山田　久志	（急）	'69～'88		654
8	276…稲尾　和久	（西）	'56～'69		756
9	254…梶本　隆夫	（急）	'54～'73		867
10	251…東尾　　修	（武）	'69～'88		697
11	237…野口　二郎	（急）	'39～'52		517
11	237…若林　忠志	（毎）	'36～'53		528
13	224…工藤　公康	（武）	'82～'10		635
14	222…村山　　実	（神）	'59～'72		509
15	221…皆川　睦雄	（南）	'54～'71		759
16	219…山　本　昌	（中）	'86～'15		581
17	215…杉下　　茂	（毎）	'49～'61		525
17	215…村田　兆治	（ロ）	'68～'90		604
19	213…北別府　学	（広）	'76～'94		515
20	209…中尾　碩志	（巨）	'39～'57		516
21	206…江夏　　豊	（武）	'67～'84		829
22	203…堀内　恒夫	（巨）	'66～'83		560
23	201…平松　政次	（洋）	'67～'84		635
24	200…藤本　英雄	（巨）	'42～'55		367
25	197…長谷川良平	（広）	'50～'63		621
26	193…秋山　　登	（洋）	'56～'67		639
27	191…松岡　　弘	（ヤ）	'68～'85		660
28	189…石井　茂雄	（巨）	'58～'79		705
29	188…川崎　徳次	（西）	'40～'57		505
30	187…杉浦　　忠	（南）	'58～'70		577
30	187…足立　光宏	（急）	'59～'79		676
32	185…石川　雅規	（ヤ）	'02～'23		533
33	184…小野　正一	（中）	'56～'70		671
34	182…西口　文也	（武）	'95～'15		試合436
35	180…斎藤　雅樹	（巨）	'84～'01		426
36	178…真田　重蔵	（神）	'43～'55		416
37	176…星野　伸之	（神）	'85～'02		427
38	175…成田　文男	（日）	'65～'82		534
39	173…荒巻　　淳	（急）	'50～'62		508
39	173…桑田　真澄	（巨）	'86～'06		442
41	172…三浦　大輔	（ディ）	'92～'16		535
42	169…高橋　直樹	（巨）	'69～'86		493
43	167…高橋　一三	（日）	'65～'83		595
44	166…坂井　勝二	（日）	'59～'76		605
45	165…西本　　聖	（オ）	'76～'93		504
45	165…佐藤　義則	（オ）	'77～'98		501
47	162…土橋　正幸	（東）	'56～'67		455
48	159…槙原　寛己	（巨）	'83～'01		463
48	159…涌井　秀章	（中）	'05～'23		489
50	158…和田　　毅	（ソ）	'03～'23		326
50	158…岸　　孝之	（楽）	'07～'23		368
52	148…大野　　豊	（広）	'77～'98		707
53	146…星野　仙一	（中）	'69～'82		500
54	143…山内　新一	（神）	'69～'85		431
54	143…石井　一久	（武）	'92～'13		419
56	142…杉内　俊哉	（巨）	'02～'15		316
57	141…城之内邦雄	（ロ）	'62～'74		359
57	141…加藤　　初	（巨）	'72～'90		490
59	139…小林　　繁	（神）	'73～'83		374
59	139…川口　和久	（巨）	'81～'98		435
61	138…佐々岡真司	（広）	'90～'07		570
62	135…藤村　隆男	（広）	'40～'57		414
62	135…江川　　卓	（巨）	'79～'87		266
62	135…内海　哲也	（武）	'04～'22		335
65	134…渡辺　省三	（神）	'53～'65		550
65	134…大石　　清	（急）	'59～'70		516
65	134…遠藤　一彦	（洋）	'78～'92		460
68	132…米川　泰夫	（西）	'49～'59		403
68	132…三浦　清弘	（平）	'57～'75		553
68	132…佐々木宏一郎	（南）	'62～'81		667
71	131…梶岡　忠義	（神）	'47～'55		299
71	131…天保　義夫	（急）	'42～'57		431
71	131…外木場義郎	（広）	'65～'79		445
74	130…大友　工司	（近）	'50～'60		294
74	130…今井雄太郎	（ダ）	'71～'91		429
74	130…金子　千尋	（日）	'06～'22		387
76	129…下柳　　剛	（楽）	'91～'12		627
78	128…金田　留広	（広）	'69～'81		434
78	128…斉藤　明夫	（横）	'77～'93		601
80	127…御園生崇男	（神）	'36～'51		285
80	127…西崎　幸広	（武）	'87～'01		330
82	125…渡辺　久信	（ヤ）	'84～'98		389
83	124…鈴木　孝政	（中）	'73～'89		586
83	124…黒田　博樹	（広）	'97～'16		321
85	123…柚木　　進	（南）	'48～'56		281
86	122…小松　辰雄	（中）	'78～'94		432
87	121…若生　智男	（広）	'56～'76		628
87	121…高橋　重行	（洋）	'64～'80		581
87	121…野村　　収	（神）	'69～'86		579
87	121…菅野　智之	（巨）	'13～'23		252
91	119…藤田　元司	（巨）	'57～'64		364
91	119…安仁屋宗八	（広）	'64～'81		655
91	119…田中　将大	（楽）	'07～'23		247
94	118…村田　元一	（ア）	'57～'69		459
94	118…渡辺　秀武	（広）	'64～'82		606
94	118…西　　勇輝	（神）	'09～'23		321
97	117…権藤　正利	（神）	'53～'73		719
97	117…郭　　泰源	（武）	'85～'97		272
97	117…小宮山　悟	（ロ）	'90～'09		455
97	117…川上　憲伸	（中）	'98～'14		275
101	116…山本　和行	（神）	'72～'88		700
101	116…新浦　壽夫	（ヤ）	'71～'92		592
103	115…備前　喜夫	（広）	'52～'62		446
104	114…森中千香良	（洋）	'60～'75		517
104	114…松坂　大輔	（武）	'99～'21		219
104	114…則本　昂大	（楽）	'13～'23		263

107 113…河村　久文（広）'53〜'63　試合414
107 113…江本　孟紀（神）'71〜'81　　　 395
109 112…森　弘太郎（本）'37〜'50　　　 295
109 112…服部　受弘（中）'46〜'55　　　 259
109 112…木樽　正明（ロ）'66〜'76　　　 367
109 112…松沼　博久（武）'79〜'90　　　 297
109 112…尾花　高夫（ヤ）'78〜'91　　　 425
109 112…山沖　之彦（オ）'82〜'94　　　 327
109 112…上原　浩治（巨）'99〜'18　　　 312
116 111…松本　幸行（急）'70〜'81　　　 389
117 110…柳田　　豊（近）'70〜'87　　　 531
117 110…仁科　時成（ロ）'77〜'88　　　 334
119 108…水谷　則博（中）'69〜'87　　　 476
120 107…尾崎　行雄（拓）'62〜'73　　　 364
120 107…三沢　　淳（日）'72〜'86　　　 505
120 107…岩隈　久志（楽）'01〜'11　　　 226
123 106…郭　　源治（中）'81〜'96　　　 496
124 105…若生　忠泰（巨）'55〜'70　　　 578
124 105…清水　直行（横）'00〜'11　　　 294
126 104…稲葉　光雄（急）'71〜'83　　　 331
126 104…能見　篤史（オ）'05〜'22　　　 474
128 103…清水　秀雄（洋）'40〜'53　　　 260
128 103…田中　　勉（中）'61〜'69　　　 326
128 103…池永　正明（西）'65〜'70　　　 238
128 103…村上　雅則（南）'63〜'82　　　 566
128 103…山下　律夫（南）'67〜'82　　　 505
128 103…池谷公二郎（広）'74〜'85　　　 325
134 102…大竹　　寛（巨）'03〜'21　　　 376
134 102…小川　泰弘（ヤ）'13〜'23　　　 252
136 101…野村　弘樹（横）'88〜'02　　　 301
137 100…武智　文雄（洋）'50〜'62　　　 401
137 100…スタンカ（洋）'60〜'66　　　　 264
137 100…バッキー（近）'62〜'69　　　　 251
137 100…清　　俊彦（神）'64〜'76　　　 475
137 100…山内　孝徳（ダ）'81〜'92　　　 319
137 100…中田　賢一（神）'05〜'20　　　 297

200勝利到達日　　　　　到達時の所属
① スタルヒン　　'46.10.20　（パ）
② 若林　忠志　　'47.11. 3　（神）
③ 野口　二郎　　'48. 9. 3　（急）
④ 別所　毅彦　　'54. 6. 5　（巨）
⑤ 中尾　碩志　　'55. 8.11　（巨）
⑥ 藤本　英雄　　'55.10.11　（巨）
⑦ 杉下　　茂　　'57.10.23　（中）
⑧ 金田　正一　　'58. 6. 6　（国）
⑨ 稲尾　和久　　'62. 8.25　（西）
⑩ 小山　正明　　'64. 8.13　（京）
⑪ 米田　哲也　　'66. 8.14　（急）
⑫ 梶本　隆夫　　'67. 6. 6　（急）
⑬ 皆川　睦男　　'68.10. 6　（南）
⑭ 村山　　実　　'70. 7. 7　（神）
⑮ 鈴木　啓示　　'77. 4.26　（近）
⑯ 堀内　恒夫　　'80. 6. 2　（巨）
⑰ 山田　久志　　'82. 4.29　（急）
⑱ 江夏　　豊　　'82. 7. 2　（日）
⑲ 平松　政次　　'83.10.21　（洋）
⑳ 東尾　　修　　'84. 9.15　（武）
㉑ 村田　兆治　　'89. 5.13　（ロ）
㉒ 北別府　学　　'92. 7.16　（広）
㉓ 工藤　公康　　'04. 8.17　（巨）
㉔ 山本　　昌　　'08. 8. 4　（中）

b. シーズン　-30勝以上-
セ-39…真田　重男（松）'50　試合61　敗北12
　　35…権藤　　博（中）'61　　　69　　　 19
　　33…別所　毅彦（巨）'52　　　52　　　 13
　　32…杉下　　茂（名）'52　　　61　　　 14
　　　　　　　　　　（中）'54　　　63　　　 12
　　31…金田　正一（国）'58　　　56　　　 14
　　30…大友　　工（巨）'55　　　42　　　 6
　　　　長谷川良平（広）'55　　　54　　　 17
　　　　権藤　　博（中）'62　　　61　　　 17
　　　　金田　正一（国）'63　　　53　　　 17
パ-42…稲尾　和久（西）'61　　　78　　　 14

38…杉浦　　忠（南）'59　試合69　敗北 4
35…稲尾　和久（西）'57　　　68　　　　 6
33…稲尾　和久（西）'58　　　72　　　 10
　　小野　正一（毎）'60　　　67　　　 11
31…杉浦　　忠（南）'60　　　57　　　 11
　　皆川　睦男（南）'68　　　56　　　 10
30…稲尾　和久（西）'59　　　75　　　 15
　　土橋　正幸（東）'61　　　63　　　 16
　　小山　正明（京）'64　　　53　　　 12
日-42…スタルヒン（巨）'39　　　68　　　 15
40…野口　二郎（洋）'42　　　66　　　 17
38…須田　　博（巨）'40　　　55　　　 12
　（スタルヒン）
34…藤本　英雄（巨）'43　　　56　　　 11
33…野口　二郎（セ）'39　　　69　　　 19
　　　　　　　　（翼）'40　　　57　　　 11
32…林　　安夫（朝）'42　　　71　　　 22
30…森　弘太郎（急）'41　　　48　　　 8
　　白木義一郎（セ）'46　　　59　　　 22
　　別所　　昭（南）'47　　　55　　　 19

2. 最多シーズン20勝以上
セ-14…金田　正一（国）'51〜'64
パ- 8…稲尾　和久（西）'56〜'63
　　　　鈴木　啓示（急）'57、'58、'60、'62、'64〜
　　　　　　　　　　　　'66、'68
　　　　鈴木　啓示（近）'67〜'71、'75、'77、'78
日- 6…スタルヒン（大）'37〜'40、'42、'49
　　　　野口　二郎（急）'39〜'43、'47
　　　　若林　忠志（神）'39、'40、'42〜'44、'47

3. 20勝以上連続
セ-14年連続…金田　正一（国）'51〜'64
'51…22勝21敗　'52…24勝25敗　'53…23勝13敗
'54…23勝23敗　'55…29勝20敗　'56…25勝20敗
'57…28勝16敗　'58…31勝14敗　'59…21勝19敗
'60…20勝22敗　'61…20勝16敗　'62…22勝17敗
'63…30勝17敗　'64…27勝12敗
パ- 8年連続…稲尾　和久（西）'56〜'63
'56…21勝 6敗　'57…35勝 6敗　'58…33勝10敗
'59…30勝15敗　'60…20勝 7敗　'61…42勝14敗
'62…25勝18敗　'63…28勝16敗

4. 最多連続勝利
a. シーズン
セ-19…松田　　清（巨）'51. 5.23対広〜10. 4対名
　　15…高橋　一三（巨）'69. 5. 8対中〜 8.21対ア
　　　　上原　浩治（巨）'99. 5.30対神〜 9.21対神
パ-24…田中　将大（楽）'13. 4. 2対オ〜10. 8対オ
　　20…稲尾　和久（西）'57. 7.18対大〜10. 1対毎第1
　　16…斉藤　和巳（ダ）'03. 4.26対オ〜 8.27対武
　　15…間柴　茂有（日）'81. 4.14対近〜 9.13対武
　　　　斉藤　和巳（ソ）'05. 4.27対日〜 8.31対ロ
　　　　山本　由伸（オ）'21. 5.28対ヤ〜10.25対楽
日-18…須田　　博（巨）'40. 8. 7対鯱〜11.17対神
　（スタルヒン）
b. 連続シーズン
セ-20…松田　　清（巨）'51. 5.23対広〜'52. 3.22対中
　　　　　　　　　　　　　　　　　　　（'51-19、'52-1）
　　18…中田　良弘（神）'81. 7.21対広〜'85. 8.11対中
　　　　　　　　　　　　　　　（'81-4、'82-1、'84-4、'85-9）
パ-28…田中　将大（楽）'12. 8.26対日〜'13.10. 8対オ
　　　　　　　　　　　　　　　　　　　（'12-4、'13-24）
　　20…稲尾　和久（西）'57. 7.18対大〜10. 1対毎第1
日-18…御園生崇男（タ）'37. 7. 3対急〜38. 6. 4対ラ
　　　　　　　　　　　　　（'37春-1、'37秋-11、'38春-6）
　　　　須田　　博（巨）'40. 8. 7対鯱〜11.17対神
　　　　（スタルヒン）

5. 最多連続完投勝利
セ-11…斎藤　雅樹（巨）'89. 5.10対洋〜 7.15対ヤ
パ-10…鈴木　啓示（近）'78. 7.29対南〜 9. 6対日
日- 9…須田　　博（巨）'40. 8.10対南〜10. 6対神
　　　　（スタルヒン）

6. 最多無失点勝利
a. ライフタイム
セ-82…金田　正一（巨）'50〜'69　試合944

パー71…鈴木　啓示（近）'66～'85　試合703
－ライフタイム40以上－ （16人）
① 83…スタルヒン（ト）'36～'55　試合586
② 82…金田　正一（巨）'50～'69　944
③ 74…小山　正明（洋）'53～'73　856
④ 72…別所　毅彦（巨）'42～'60　662
⑤ 71…鈴木　啓示（近）'66～'85　703
⑥ 65…野口　二郎（急）'39～'52　517
⑦ 64…米田　哲也（近）'56～'77　949
⑧ 63…藤本　英雄（巨）'42～'55　367
⑨ 57…若林　忠志（毎）'36～'53　528
⑩ 55…村山　実（神）'59～'72　509
⑪ 45…川崎　徳次（西）'40～'57　505
⑫ 45…中尾　碩志（巨）'39～'57　516
⑫ 45…江夏　豊（武）'67～'84　829
⑭ 43…稲尾　和久（西）'56～'69　756
⑭ 43…梶本　隆夫（急）'54～'73　867
⑯ 40…斎藤　雅樹（巨）'84～'01　426
b．シーズン
セー13…小山　正明（神）'62　試合47
　　12…権藤　博（中）'61　試合69
パー11…米田　哲也（急）'58　試合45
　　 9…杉浦　忠（南）'59　試合69
　　　　土橋　正幸（東）'61　試合63
　　　　成田　文男（ロ）'69　試合48
日－19…野口　二郎（洋）'42　試合66
　　　　藤本　英雄（巨）'43　試合56

7．最多連続無失点勝利
　a．シーズン
セー 5…小山　正明（神）'62. 7. 7対中～ 7.22対中
　　 4…金田　正一（国）'61 4対広～ 5.21対神
　　　　城之内邦雄（巨）'65. 9.11対広～ 9.24対神
パー 3…8人、9度
　（最新）ダルビッシュ有（日）'11. 5.25対中～ 6. 8対中
日－ 6…藤本　英雄（巨）'43. 8. 2対和～ 9.12対朝

8．1球勝利（47人、48度）※プロ初勝利 ◆開幕戦
（セー24人、24度）
　板東　英二（中）'66. 8. 26　対巨
　菅原　勝矢（巨）'67. 8. 15　対神
　安仁屋宗八（広）'68. 6. 30　対神
　宮本洋二郎（広）'71. 5. 13　対ヤ
　弓長　起浩（神）'93. 10. 21　対広
　落合　英二（中）'99. 7. 11　対神
　森中　聖雄（横）'00. 5. 25　対巨
　葛西　稔（神）'00. 8. 3　対中
　林　昌樹（広）'03. 10. 12　対ヤ※
　土肥　義弘（横）'04. 7. 7　対巨
　岡島　秀樹（巨）'04. 7. 27　対広
　五十嵐亮太（ヤ）'06. 5. 2　対広
　平井　正史（中）'07. 7. 31　対広
　小林　正人（中）'09. 4. 24　対巨
　真田　裕貴（横）'10. 8. 1　対ヤ
　渡辺　恒樹（ヤ）'10. 8. 10　対巨
　田島　慎二（中）'13. 8. 31　対巨
　土田　瑞起（巨）'14. 6. 15　対楽※
　金田　和之（神）'14. 7. 22　対広
　島本　浩也（神）'16. 7. 24　対広※
　塹江　敦哉（広）'21. 9. 9　対ディ
　菊池　保則（広）'21. 9. 26　対ディ
　今野　龍太（ヤ）'21. 10. 1　対広
　勝野　昌慶（中）'23. 3. 31　対巨◆
（パー23人、24度）
　ミ ケ ン ズ（近）'63. 8. 21　対南
　高橋　里志（近）'85. 4. 25　対南
　土屋　正勝（ロ）'86. 5. 10　対武
　吉田　修司（ダ）'00. 6. 2　対ロ
　山﨑　貴弘（ロ）'01. 5. 29　対ダ※
　後藤　光貴（武）'01. 7. 27　対日
　愛敬　尚史（近）'01. 9. 24　対武
　小野　晋吾（ロ）'04. 4. 8　対中
　山﨑　健（ロ）'05. 6. 11　対中
　石井　貴（武）'06. 8. 1　対ロ
　江尻慎太郎（日）'07. 8. 12　対武

　ニコースキー（ソ）'07. 9. 7　対オ※
　佐竹　健太（楽）'08. 10. 7　対ソ
　清水　章夫（オ）'09. 8. 25　対日
　石井　裕也（楽）'11. 8. 8　対楽
　山村　宏樹（楽）'11. 8. 8　対広
　谷元　圭介（日）'12. 5. 20　対広
　横山　貴明（楽）'14. 8. 30　対ソ※
　益田　直也（ロ）'14. 9. 9　対武
　金刃　憲人（楽）'16. 6. 11　対広
　　　　　　　　'16. 6. 11　対広
　松永　昂大（ロ）'18. 7. 10　対武
　酒居　知史（ロ）'19. 3. 29　対楽◆
　大津　亮介（ソ）'23. 6. 18　対神※
（日－なし）

9．最多敗北
　a．ライフタイム
セー298…金田　正一（巨）'50～'69　試合944
パー280…米田　哲也（近）'56～'75,'77　試合914
－ライフタイム20位まで－ （150以上29人）
① 298…金田　正一（巨）'50～'69　試合944
② 285…米田　哲也（近）'56～'77　949
③ 255…梶本　隆夫（急）'54～'73　867
④ 247…東尾　修（武）'69～'88　697
⑤ 238…鈴木　啓示（近）'66～'85　703
⑥ 232…小山　正明（洋）'53～'73　856
⑦ 208…長谷川良平（広）'50～'63　621
⑧ 196…平松　政次（洋）'67～'84　635
⑨ 190…松岡　弘（ヤ）'68～'85　660
⑩ 186…坂井　勝二（急）'59～'76　605
⑪ 185…石井　茂雄（武）'58～'79　705
⑪ 185…石川　雅規（ヤ）'02～'23　533
⑬ 184…三浦　大輔（ディ）'92～'16　535
⑭ 178…別所　毅彦（巨）'42～'60　662
⑮ 177…村田　兆治（ロ）'68～'90　604
⑯ 176…スタルヒン（ト）'36～'55　586
⑰ 171…秋山　登（洋）'56～'67　639
⑱ 166…山田　久志（急）'69～'88　654
⑲ 165…山本　昌広（中）'86～'15　581
⑳ 158…江夏　豊（武）'67～'84　829
⑳ 158…高橋　直樹（巨）'69～'86　493
　b．シーズン
セー27…長谷川良平（広）'50　試合56　勝利15
　　　　小林　恒夫（松）'52　試合50　勝利12
　　　　秋山　登（洋）'57　試合65　勝利24
パー25…東尾　修（西）'72　試合55　勝利18
日－29…藤本　英雄（巨）'40　試合61　勝利18

10．最多連続敗北
　a．シーズン
セー13…井上　佳明（国）'53. 5. 9対洋～ 8. 6対神
　　　　権藤　正利（洋）'56. 3. 22対中～ 9. 19対巨
パー15…梶本　隆夫（急）'66. 5. 1対南～ 9. 27対東
　　13…飯尾　為男（高）'56. 5. 13対東第1～
　　　　　　　　　　　　　　　　　 9. 11対大第2
日－12…望月　潤一（イ）'39. 8. 10対ラ～10. 14対急
　b．連続シーズン
セー28…権藤　正利（洋）'55. 7. 9対広～
　　　　　　　　　　　　　　　　 '57. 6. 2対神
　　　　　　　　　（'55－7、'56－13、'57－7）
パー16…梶本　隆夫（急）'66. 5. 1対南～
　　　　　　　　　　　　　　　 '67. 4. 11対西
　　　　　　　　　　　　　（'66－15、'67－1）
日－15…松本　操（黒）'37. 6. 15対巨
　　　　　　　　　　　　　　 '42. 6. 15対巨
　　　　　　　　（'37春－7、'37秋－1、'42－7）

11．1球敗北（26人、27度）※プロ初敗北
（セー12人、12度）
　片山　博（広）'54. 6. 12　対国
　大羽　進（広）'62. 5. 2　対巨
　佐藤　政夫（中）'77. 9. 3　対洋
　星野　仙一（中）'78. 9. 19　対ヤ
　落合　英二（中）'95. 4. 27　対神
　河野　博文（巨）'99. 8. 5　対ヤ
　梅津　智弘（広）'05. 6. 29　対神※

林　昌樹（広）'06. 6. 24　対横
野口　茂樹（巨）'07. 8. 11　対中
藤江　　均（ディ）'12. 10. 7　対巨
加藤　康介（神）'13. 7. 16　対巨
菊地　和正（ディ）'14. 4. 4　対広
（パ−13人、14度）
長光　告直（南）'58. 6. 4　対近
村上　雅則（南）'74. 4. 13　対急
永射　　保（武）'82. 10. 3　対南
森　　浩二（急）'84. 6. 30　対ロ
　　　　　（オ）'89. 7. 22　対ダ
渡辺　久信（武）'85. 6. 6　対日
今野　隆裕（急）'89. 9. 20　対オ
柴田佳主也（近）'97. 5. 14　対ダ※
磯本　恒之（ロ）'99. 9. 15　対武
根本　朋久（ロ）'08. 5. 20　対巨※
吉野　　誠（オ）'08. 7. 29　対武
清水　章夫（オ）'08. 8. 28　対ソ
川岸　　強（楽）'10. 7. 30　対武
柳瀬　明宏（ソ）'12. 9. 5　対武
（日−1人、1度）
川崎　徳次（巨）'48. 5. 29　対中

C. セーブ

（注）'74年採用。

1. 最多セーブ

a. ライフタイム

試合数は'74年セーブ採用以降のもの。

セ−407…岩瀬　仁紀（中）'99〜'18　試合1002
パ−227…小林　雅英（オ）'99〜'07,'11　試合451

−ライフタイム100以上−（35人）

① 407…岩瀬　仁紀（中）'99〜'18　試合1002
② 286…高津　臣吾（ヤ）'91〜'07　598
③ 252…佐々木主浩（横）'90〜'05　439
④ 243…藤川　球児（神）'00〜'20　782
⑤ 242…平野　佳寿（オ）'06〜'23　685
⑥ 236…松井　裕樹（楽）'14〜'23　501
⑦ 234…サファテ（ソ）'11〜'18　427
⑧ 228…小林　雅英（オ）'99〜'11　463
⑨ 227…山﨑　康晃（ディ）'15〜'23　508
⑩ 218…益田　直也（ロ）'12〜'23　703
⑪ 194…増田　達至（武）'13〜'23　547
⑫ 193…江夏　　豊（武）'67〜'84　495
⑬ 182…馬原　孝浩（オ）'04〜'15　385
⑭ 177…クルーン（ロ）'05〜'10　304
⑮ 167…武田　　久（日）'03〜'17　534
⑯ 165…永川　勝浩（広）'03〜'19　527
⑰ 163…増井　浩俊（オ）'10〜'22　551
⑱ 157…豊田　　清（広）'95〜'11　558
⑲ 139…赤堀　元之（近）'89〜'04　380
⑳ 138…大野　　豊（広）'77〜'98　707
㉑ 137…大塚　晶則（中）'97〜'03　305
㉒ 133…斉藤　明夫（横）'77〜'93　601
㉓ 131…鹿取　義隆（ヤ）'79〜'97　755
㉔ 130…山本　和行（神）'72〜'88　654
㉕ 128…林　　昌勇（ヤ）'08〜'12　238
㉖ 127…森　　唯斗（武）'14〜'23　470
㉗ 126…牛島　和彦（ロ）'80〜'93　395
㉘ 123…マルティネス（中）'19〜'23　243
㉙ 122…ギャラード（横）'00〜'04　194
㉚ 117…ペドラザ（巨）'99〜'03　194
㉛ 116…郭　　源治（中）'81〜'96　496
㉜ 115…中﨑　翔太（ディ）'12〜'23　427
㉝ 112…山口　　俊（巨）'06〜'22　443
㉞ 106…佐々岡真司（広）'90〜'07　570
㉟ 104…MICHEAL（武）'05〜'12　288

b. シーズン

セ−46…岩瀬　仁紀（中）'05　試合60
　　　　藤川　球児（神）'07　試合71
　45…佐々木主浩（横）'98　試合51
パ−54…サファテ（ソ）'17　試合66
　43…サファテ（ソ）'16　試合64
　41…サファテ（ソ）'15　試合65

2. 最多連続試合セーブ

セ−22…佐々木主浩（横）'98. 4. 26対ヤ〜 6. 30対広
パ−17…小林　雅英（ロ）'02. 5. 21対日〜 8. 5対ダ
　　　　サファテ（ソ）'17. 8. 9対ロ〜 9. 14対オ

3. 0球セーブ

　セ−なし
パ−金城　基泰（南）'80. 10. 2　対急
　　　三浦　政基（南）'81. 6. 4　対日

4. 1球セーブ（64人、70度）

（セ−33人、37度）
新浦　寿夫（巨）'74. 7. 31　対ヤ
小川　邦和（巨）'75. 6. 16　対広
安仁屋宗八（神）'75. 9. 17　対中
　　　　　　　　'76. 9. 23　対神
松岡　　弘（ヤ）'76. 4. 18　対神
星野　仙一（中）'77. 8. 23　対洋
堂上　　照（中）'77. 9. 4　対洋
梶間　健一（ヤ）'78. 8. 23　対神
　　　　　　　　'84. 8. 20　対中
江本　孟紀（神）'79. 6. 24　対巨
竹内　宏彰（洋）'79. 7. 19　対神
酒井　圭一（ヤ）'80. 5. 7　対神
西本　　聖（巨）'80. 9. 23　対中
鹿取　義隆（巨）'85. 4. 14　対洋
広田　浩章（巨）'89. 6. 2　対神
与田　　剛（中）'90. 6. 26　対洋
渡辺　伸彦（洋）'90. 7. 15　対神
大野　　豊（広）'91. 8. 11　対神
田村　　勤（神）'93. 8. 26　対巨
宣　　銅烈（中）'97. 7. 19　対神
　　　　　　　　'99. 7. 13　対広
葛西　　稔（神）'00. 6. 3　対広
高津　臣吾（ヤ）'01. 8. 24　対横
斎藤　　隆（横）'02. 4. 9　対中
落合　英二（中）'04. 4. 27　対広
クルーン（中）'05. 5. 3　対巨
館山　昌平（ヤ）'06. 10. 10　対広
シュルツ（広）'09. 6. 5　対ソ
岩瀬　仁紀（中）'09. 8. 15　対ヤ
浅尾　拓也（中）'09. 8. 28　対ヤ
林　　昌勇（ヤ）'11. 5. 14　対横
ミコライオ（広）'13. 5. 8　対ディ
　　　　　　　　'14. 4. 1　対ヤ
西村健太朗（巨）'14. 4. 9　対広
バーネット（ヤ）'15. 4. 17　対ディ
近藤　一樹（ヤ）'17. 6. 30　対神
鍵谷　陽平（巨）'21. 5. 22　対中
（パ−31人、33度）
江夏　　豊（南）'76. 9. 25　対急
山田　久志（急）'77. 9. 7　対ク
　　　　　　　　'81. 5. 15　対日
板東　里視（近）'78. 8. 26　対南
村田　兆治（ロ）'80. 7. 2　対南
シャーリー（武）'83. 4. 14　対南
石本　貴昭（近）'86. 9. 26　対武
アニマル（急）'86. 10. 18　対ロ第1
吉井　理人（近）'88. 8. 13　対南
伊藤　隆偉（オ）'93. 6. 5　対ロ
金石　昭人（日）'93. 7. 1　対ロ
渡辺　久信（武）'95. 9. 10　対ロ
西口　文也（武）'96. 4. 23　対オ
橋本　武広（武）'96. 8. 20　対近
杉山　賢人（武）'96. 9. 15　対ダ
鈴木　　平（オ）'97. 7. 2　対武
森　　慎二（武）'98. 4. 24　対日
　　　　　　　　'00. 5. 7　対日
デニー（武）'98. 9. 19　対日
岡本　克道（ダ）'98. 9. 19　対日
黒木　知宏（ロ）'99. 5. 23　対武
岡本　　晃（近）'02. 5. 13　対武
豊田　　清（武）'03. 8. 29　対オ
三瀬　幸司（ダ）'04. 5. 8　対オ

加藤　大輔　（オ）'06. 6. 19　対巨
小宮山　悟　（ロ）'09. 10. 6　対楽
武田　久　（日）'10. 9. 2　対ソ
森福　允彦　（ソ）'11. 5. 1　対ロ
マーティン（日）'16. 7. 11　対オ
増井　浩俊　（日）'17. 6. 11　対巨
益田　直也　（ロ）'21. 6. 4　対ディ
平野　佳寿　（オ）'21. 8. 13　対ディ
堀　瑞輝　（日）'22. 6. 26　対ソ

D. ホールド・ホールドポイント

(注) '05年新設。'96〜'04年にパ・リーグ採用の
ホールドは含まず。

1. 最多ホールド
 a. ライフタイム
 試合数は'05年ホールド採用以降のもの。
セ-273…山口　鉄也　（巨）'07〜'17　試合642
パ-393…宮西　尚生　（日）'08〜'23　試合839
 －ライフタイム10位まで－（100以上46人）
① 393…宮西　尚生　（日）'08〜'23　試合839
② 273…山口　鉄也　（巨）'07〜'17　642
③ 200…浅尾　拓也　（中）'07〜'18　416
④ 174…マ シ ソ ン（巨）'12〜'19　421
⑤ 167…又吉　克樹　（ソ）'14〜'23　463
⑥ 166…益田　直也　（ロ）'12〜'23　703
⑦ 163…五十嵐亮太　（ヤ）'99〜'20　494
⑦ 163…藤川　球児　（神）'00〜'20　708
⑨ 159…青山　浩二　（楽）'06〜'20　625
⑩ 159…増井　浩俊　（オ）'10〜'22　551
 b. シーズン
セ-50…清水　昇　（ヤ）'21　試合72
 47…浅尾　拓也　（中）'10　試合72
パ-45…増井　浩俊　（日）'12　試合73
 44…五十嵐亮太　（ソ）'14　試合63
2. 最多連続試合ホールド
セ-17…藤川　球児　（神）'05. 6. 14対武〜 7. 20横
パ-17…バリオス（ソ）'15. 3. 28対ロ〜 5. 20オ
3. 最多ホールドポイント
 a. ライフタイム
 試合数は'05年ホールド採用以降のもの。
セ-324…山口　鉄也　（巨）'07〜'17　試合642
パ-430…宮西　尚生　（日）'08〜'23　試合839
 －ライフタイム10位まで－（100以上68人）
① 430…宮西　尚生　（日）'08〜'23　試合839
② 324…山口　鉄也　（巨）'07〜'17　642
③ 232…浅尾　拓也　（中）'07〜'18　416
④ 218…藤川　球児　（神）'00〜'20　708
⑤ 210…又吉　克樹　（ソ）'14〜'23　463
⑥ 201…マ シ ソ ン（巨）'12〜'19　421
⑦ 198…益田　直也　（ロ）'12〜'23　703
⑧ 196…青山　浩二　（楽）'06〜'20　625
⑨ 192…平野　佳寿　（オ）'06〜'23　685
⑩ 191…五十嵐亮太　（ヤ）'99〜'20　494
 b. シーズン
セ-59…浅尾　拓也　（中）'10　試合72
 55…久保田智之　（神）'07　試合90
パ-50…増井　浩俊　（日）'12　試合73
 49…平野　佳寿　（オ）'11　試合72
4. 最多連続試合ホールドポイント
セ-25…浅尾　拓也　（中）'10. 7.11対巨〜 9.15対広
パ-17…バリオス（ソ）'15. 3.28対ロ〜 5.20対オ

E. 投球数

1. 最少投球数
 a. ゲーム
セ-73…大崎　三男　（神）'57. 8.30対広（9回）
 平松　政次　（洋）'69. 8.30対神（9回）
 （参考）
 68…徳永喜久夫　（中）'56. 4.29対神第2（8回）
 70…渡辺　省三　（神）'57. 9.26対広第2（9回まで）
 72…大脇　照夫　（国）'55. 9. 6対中（9回まで）

パ-71…柴田　英治　（急）'52. 5.11対近第1（9回）
 植村　義信　（毎）'57. 3.30対西（9回）
 （参考）
 68…田中　文雄　（近）'54. 4.24対南（8回）
日-73…林　直明　（金）'48. 5. 6対中（9回）
 （参考）
 67…別所　昭　（南）'47. 8.10対中（8回）
 73…今西錬太郎　（急）'49. 7.26対東（9回まで）
2. 最多投球数
 a. ゲーム
セ-188…川口　和久　（広）'83. 9. 3対巨（9回）完投
 239…権藤　正利　（洋）'53. 5. 3対巨第2
 (15回)完投
 217…秋山　登　（洋）'56. 6.28対巨（14回）救援
パ-209…木田　勇　（日）'83. 9.21対武（9回）完投
 206…松沼　雅之　（武）'80. 8. 5対近（9回）完投
 （参考）
 264…米川　泰夫　（東）'54.10.10対近（22回）先発
 237…若生　智男　（毎）'59. 4.14対急（15回）完投
 b. イニング
セ- 64…吉野　誠　（神）'04. 4. 7対横の8回
パ- 60…ミ ラ ッ キ（近）'97. 6.27対武の1回
 吉川　勝成　（オ）'05. 9. 2対楽の6回

F. 被安打

1. 最多被安打
 a. ライフタイム
セ-4120…金田　正一　（巨）'50〜'69　投球回5526⅔
パ-4433…米田　哲也　（近）'56〜'75,'77　投球回4993⅓
 －ライフタイム20位まで－（2500以上32人）
① 4561…米田　哲也　（近）'56〜'77　投球回5130
② 4120…金田　正一　（巨）'50〜'69　5526⅔
③ 4095…東尾　修　（武）'69〜'88　4086
④ 4068…小山　正明　（武）'53〜'73　4899
⑤ 4029…鈴木　啓示　（近）'66〜'85　4600⅓
⑥ 3879…梶本　隆夫　（急）'54〜'73　4208
⑦ 3629…別所　毅彦　（巨）'42〜'60　4350⅔
⑧ 3459…山田　久志　（急）'69〜'88　3865
⑨ 3321…石川　雅規　（ヤ）'02〜'23　3100⅓
⑩ 3255…北別府　学　（広）'76〜'94　3113
⑪ 3230…スタルヒン（ト）'36〜'55　4175⅓
⑫ 3226…山 本 昌　（中）'86〜'15　3348⅔
⑬ 3146…三浦　大輔　（ディ）'92〜'16　3276
⑭ 3081…石井　茂雄　（巨）'58〜'79　3168
⑮ 3056…工藤　公康　（武）'82〜'10　3336⅔
⑯ 3037…平松　政次　（洋）'67〜'84　3360⅓
⑰ 3019…村田　兆治　（ロ）'68〜'90　3331⅓
⑱ 2977…長谷川良平　（広）'50〜'63　3376⅓
⑲ 2971…若林　忠志　（毎）'36〜'53　3557⅓
⑳ 2939…松岡　弘　（ヤ）'68〜'85　3240
 b. シーズン
セ-367…高野　裕良　（洋）'50　投球回384⅔
 345…長谷川良平　（広）'50　投球回348⅓
パ-358…稲尾　和久　（西）'63　投球回386
 349…米川　泰夫　（東）'63　投球回363⅔
日-422…真田　重蔵　（パ）'46　投球回464⅔
 c. ゲーム
セ-19…川上　憲伸　（中）'99.10. 2　対横
パ-19…米川　泰夫　（東）'51.10. 7　対大
 児玉　好弘　（急）'74. 6. 2　対日第2
 長谷川滋利　（オ）'95. 6. 13　対武
日-22…真田　重蔵　（パ）'46. 7. 21　対急
 d. イニング
セ-11…高橋　一彦　（洋）'86. 6. 3　対広の9回
パ-11…石川　歩　（ロ）'18. 7. 31　対日の1回
日-10…内藤　幸三　（ゴ）'46. 7. 15　対グの8回

G．被本塁打

1．最多被本塁打
a．ライフタイム
セ－380…北別府　　学　（広）'76～'94　投球回3113
パ－560…鈴木　啓示　（近）'66～'85　投球回4600⅓
－ライフタイム15位まで－　（300以上24人）
① 560…鈴木　啓示　（近）'66～'85　投球回4600⅓
② 490…山田　久志　（急）'69～'88　　　　　3865
③ 412…東尾　　修　（武）'69～'88　　　　　4086
④ 380…北別府　　学　（広）'76～'94　　　　3113
⑤ 379…金田　正一　（巨）'50～'69　　　　5526⅔
⑥ 374…平松　政次　（洋）'67～'84　　　　3360⅔
⑦ 370…米田　哲也　（近）'56～'77　　　　　5130
⑦ 370…石川　雅規　（ヤ）'02～'23　　　　3100⅓
⑨ 365…小山　正明　（洋）'53～'73　　　　　4899
⑩ 362…工藤　公康　（武）'82～'10　　　　3336⅔
⑪ 359…柳田　　豊　（近）'70～'87　　　　2357⅔
⑫ 358…三浦　大輔　（ディ）'92～'16　　　　3276
⑬ 341…山本　昌広　（中）'86～'15　　　　3348⅔
⑭ 328…成田　文男　（ロ）'65～'82　　　　　2781
⑮ 326…松岡　　弘　（ヤ）'68～'85　　　　　3240
b．シーズン
セ－48…池谷公二郎　（広）'77　投球回226
　　42…高橋　里志　（広）'77　投球回284⅔
パ－42…金田　留広　（東）'71　投球回268
　　　　井本　　隆　（近）'80　投球回205⅔
　　　　山田　久志　（急）'85　投球回222⅓
日－35…野口　正明　（大）'49　投球回208⅔
c．ゲーム
セ－ 7…田所善治郎　（国）'58. 6. 1　対洋第1
パ－ 6…涌井　秀章　（西）'17. 5. 12　対日
日－ 8…川崎　徳次　（巨）'49. 4. 26　対大
d．イニング
セ－ 4…成田　啓二　（中）'50. 4. 11　対中の1回
　　　　永本　裕章　（広）'76. 9. 19　対神第1の6回
　　　　井本　　隆　（ヤ）'83. 8. 14　対神の3回
　　　　木田　　勇　（洋）'86. 6. 10　対ヤの1回
　　　　山本　和行　（神）'87. 5. 12　対巨の7回
　　　　藤本　修二　（神）'91. 8. 3　対中の5回
　　　　黒田　博樹　（広）'99. 7. 31　対巨の1回
　　　　佐野　重樹　（中）'00. 6. 21　対巨の7回
　　　　花田　真人　（ヤ）'05. 9. 23　対横の9回
パ－ 4…上田　卓三　（南）'71. 5. 29　対急の1回
　　　　中居　謹蔵　（武）'83. 5. 7　対武の3回
　　　　仁科　時成　（ロ）'83. 6. 28　対武の3回
　　　　石本　貴昭　（近）'86. 8. 6　対武の8回
　　　　古溝　克之　（オ）'90. 4. 29　対武の5回
　　　　山村　宏樹　（楽）'05. 6. 1　対横の1回
　　　　東條　大樹　（ロ）'19. 4. 7　対ソの8回
日－ 3…久野　勝美　（南）'48. 5. 29　対金の2回
　　　　今西錬太郎　（急）'48. 8. 17　対金の4回
　　　　清水　秀雄　（中）'48. 10. 16　対神の3回
　　　　　　　　　　　　'49. 6. 25　対神の9回
　　　　木下　　勇　（陽）'48. 10. 16　対巨の7回
　　　　野口　二郎　（急）'49. 8. 14　対南の3回
　　　　白木義一郎　（東）'49. 9. 20　対巨の4回

2．最多連続被本塁打
セ－ 4…永本　裕章　（広）'76. 9. 19　対神第1の6回
　　　　木田　　勇　（洋）'86. 6. 10　対ヤの1回
パ－ 4…仁科　時成　（ロ）'83. 6. 28　対武の3回
日－ 3…野口　二郎　（急）'49. 8. 14　対南の3回

3．最多被満塁本塁打
a．シーズン
セ－ 4…西村　龍次　（ヤ）'92　投球回200⅔
パ－ 3…上田　卓三　（南）'70　投球回116
　　　　仁科　時成　（ロ）'79　投球回179⅔
　　　　梅沢　義勝　（ロ）'81　投球回130
　　　　山沖　之彦　（オ）'82　投球回163⅔
　　　　村田　辰美　（近）'87　投球回 93⅓
　　　　西崎　幸広　（日）'90　投球回192⅔
　　　　星野　伸之　（オ）'91　投球回193⅔
　　　　涌井　秀章　（武）'06　投球回178

<hr>

（右段冒頭）
日－ 3…黒尾　重明　（東）'49　投球回268⅓
　　　　中原　　宏　（南）'49　投球回253⅔
b．ゲーム
セ－ 2…金森　隆浩　（中）'96. 10. 9　対神
　　　　ゴンザレス　（ヤ）'05. 8. 10　対広
パ－ 2…吉井　理人　（オ）'07. 4. 1　対楽
　　　　阿南　　徹　（オ）'10. 6. 20　対日
　　　　大石　達也　（武）'13. 8. 22　対ロ
日－ 1…多数あり
c．イニング
セ－ 2…金森　隆浩　（中）'96. 10. 9　対神の1回
パ－ 2…吉井　理人　（オ）'07. 4. 1　対楽の3回
　　　　阿南　　徹　（オ）'10. 6. 20　対日の8回
　　　　大石　達也　（武）'13. 8. 22　対ロの3回
日－ 1…多数あり

H．与四球

1．最多与四球
a．ライフタイム
セ－1808…金田　正一　（巨）'50～'69　投球回5526⅔
パ－1430…米田　哲也　（近）'56～'75, '77　投球回4993⅓
－ライフタイム1000以上－（19人）
① 1808…金田　正一　（巨）'50～'69　投球回5526⅔
② 1480…米田　哲也　（近）'56～'77　　　　5130
③ 1436…中尾　碩志　（巨）'39～'57　　　　3057
④ 1244…梶本　隆夫　（急）'54～'73　　　　4208
⑤ 1221…スタルヒン　（ト）'36～'55　　　　4175⅓
⑥ 1206…別所　毅彦　（巨）'42～'60　　　　4350⅔
⑦ 1163…松岡　　弘　（ヤ）'68～'85　　　　3240
⑧ 1144…村田　兆治　（ロ）'68～'90　　　　3331⅓
⑨ 1128…工藤　公康　（武）'82～'10　　　　3336⅔
⑩ 1126…鈴木　啓示　（近）'66～'85　　　　4600⅓
⑪ 1116…小野　正一　（中）'56～'70　　　　2909
⑫ 1108…内藤　幸三　（広）'36～'51　　　　2220⅔
⑬ 1102…東尾　　修　（武）'69～'88　　　　4086
⑭ 1095…堀内　恒夫　（巨）'66～'83　　　　3045
⑮ 1055…佐藤　義則　（オ）'77～'98　　　　2608⅔
⑯ 1026…長谷川良平　（広）'50～'63　　　　3376⅓
⑰ 1021…川口　和久　（巨）'81～'98　　　　2410
⑱ 1019…権藤　正利　（神）'53～'73　　　　2513
⑲ 1007…高橋　一三　（日）'65～'83　　　　2778
b．シーズン
セ－197…金田　正一　（国）'52　投球回358
　　190…金田　正一　（国）'51　投球回350
パ－148…野茂　英雄　（近）'93　投球回243⅓
　　137…加藤　　初　（西）'72　投球回246
日－280…亀田　　忠　（イ）'39　投球回371
c．ゲーム
セ－10…金田　正一　（国）'50. 11. 4　対巨第2
　　　　高野　裕良　（洋）'50. 11. 8　対松
　　　　萩本　　保　（広）'51. 8. 22　対巨
　　　　松岡　　弘　（ヤ）'73. 8. 14　対巨
パ－16…野茂　英雄　（近）'94. 7. 1　対武（毎回）
　　14…野茂　英雄　（近）'92. 7. 10　対武
日－14…小松原博喜　（黒）'42. 4. 22　対巨
d．イニング
セ－ 6…戸叶　　尚　（横）'99. 5. 23　対広の4回
　　　　濱口　遥大　（ディ）'18. 7. 1　対広の3回
パ－ 7…田村　　満　（西）'54. 6. 12　対西の8回
日－ 6…亀田　　忠　（イ）'38. 7. 16　対鯱の8回
　　　　　　　　　　　（黒）'40. 11. 29　対ラの7回
　　　　林　　直明　（神）'46. 4. 29　対セの1回
　　　　井上　嘉弘　（中）'46. 8. 31　対巨の6回

2．最多連続与四球
a．イニング
セ－ 5…木田　　勇　（洋）'88. 9. 6　対広の5回
　　　　吉野　　誠　（神）'03. 7. 26　対中の6回
　　　　濱口　遥大　（ディ）'18. 7. 1　対広の3回
パ－ 5…工藤　公康　（武）'91. 5. 23　対ロの2回
　　　　野茂　英雄　（近）'92. 7. 10　対武の5回
　　　　石毛　博史　（近）'97. 6. 10　対オの1回
　　　　前川　克彦　（近）'99. 4. 29　対オの8回

日－ 5…金子　裕（セ）'38. 6. 21 対名の5回
菊矢　吉男（ラ）'38. 11. 12 対名の1回
石田　光彦（和）'43. 5. 2 対西の1回
林　直明（中）'46. 4. 29 対セの1回

3. 最多無四球試合
a. ライフタイム
セ－47…小山　正明（洋）'53～'63、'73 完投162
パ－78…鈴木　啓示（近）'66～'85 完投340
－ライフタイム30以上－（17人）
① 78…鈴木　啓示（近）'66～'85 完投340
② 73…小山　正明（洋）'53～'73 290
③ 57…野口　二郎（急）'39～'52 259
④ 46…土橋　正幸（東）'56～'67 134
⑤ 43…別所　毅彦（巨）'42～'60 335
⑥ 42…山田　久志（急）'69～'88 283
⑦ 39…白木義一郎（急）'46～'52 160
⑦ 39…金田　正一（巨）'50～'69 365
⑨ 36…高橋　直樹（巨）'69～'86 141
⑨ 36…北別府　学（広）'76～'94 135
⑪ 35…藤本　英雄（巨）'42～'55 227
⑫ 34…稲尾　和久（西）'56～'69 179
⑬ 33…東尾　修（武）'69～'88 247
⑭ 32…村山　実（神）'59～'72 192
⑮ 31…若林　忠志（毎）'36～'53 263
⑮ 31…スタルヒン（ト）'36～'55 350
⑰ 30…石井　茂雄（巨）'58～'79 134
b. シーズン
セ－10…小山　正明（神）'58 完投 24
'62 完投 26
江川　卓（巨）'82 完投 24
パ－11…高橋　直樹（日）'79 完投 21
日－13…野口　二郎（急）'48 完投 24

4. 最多連続イニング無四死球
セ－81…安田　猛（ヤ）
'73. 7. 17対神の9回～ 9. 9対神の8回
50…片山　博（広）
'53. 9. 8対中第2の3回～10. 13対神第1の2回
パ－74…白木義一郎（東）
'50. 3. 12対大の1回～ 5. 25対急の8回
56…土橋　正幸（東）
'61. 7. 29対急の3回～ 8. 23対近の9回
日－40…野口　二郎（急）
'48. 10. 24対金の10回～11. 15対神の3回

I. 与死球

1. 最多与死球
a. ライフタイム
セ－120…平松　政次（洋）'67～'84 投球回3360⅔
パ－165…東尾　修（武）'69～'88 投球回4086
－ライフタイム10位まで－（100以上19人）
① 165…東尾　修（武）'69～'88 投球回4086
② 144…渡辺　秀武（広）'64～'82 2083⅔
③ 143…坂井　勝二（日）'59～'76 2839⅔
③ 143…米田　哲也（近）'56～'77 5130
⑤ 142…仁科　時成（ロ）'77～'88 1816⅓
⑥ 135…山田　久志（急）'69～'88 3865
⑦ 130…足立　光宏（急）'59～'79 3103
⑧ 124…村田　兆治（ロ）'68～'90 3331⅓
⑨ 122…佐々木宏一郎（南）'62～'81 2620⅓
⑩ 120…平松　政次（洋）'67～'84 3360⅔
b. シーズン
セ－20…小林　繁（神）'80 投球回280⅓
19…秋山　登（洋）'56 投球回379⅔
渋谷　幸春（中）'71 投球回186⅔
パ－22…森安　敏明（東）'68 投球回341⅔
21…パウエル（近）'02 投球回216⅔
日－11…スタルヒン（巨）'39 投球回458⅓
政野　岩夫（南）'39 投球回341⅓
c. ゲーム
セ－ 4…権藤　正利（洋）'57. 9. 18 対神第2
加藤　博人（ヤ）'90. 8. 8 対広
佐藤　祥万（横）'08. 5. 8 対ヤ
パ－ 5…村上　雅則（南）'72. 8. 29 対西
4…大神　武俊（南）'53. 8. 11 対近
谷村　智啓（急）'80. 9. 17 対日
深沢　恵雄（ロ）'82. 7. 6 対武
松沼　博久（武）'87. 4. 15 対急
若田部健一（ダ）'99. 4. 15 対日
徳元　敏（オ）'03. 5. 17 対日
山本　由伸（オ）'20. 7. 5 対武
日－ 3…石丸　進一（名）'42. 4. 11 対巨
井筒　研一（パ）'46. 4. 29 対急
松川　博爾（グ）'46. 10. 19 対ゴ
白木義一郎（東）'47. 5. 4 対急
北川桂太郎（東）'47. 7. 4 対陽
d. イニング
セ－ 3…西本　聖（巨）'79. 8. 1 対広の7回
ジオ（広）'10. 9. 4 対神の1回
田島　慎二（中）'14. 7. 4 対巨の7回
青柳　晃洋（神）'17. 6. 30 対ヤの5回
橋本　侑樹（中）'23. 5. 30 対ソの4回
パ－ 3…宮本　幸信（日）'77. 5. 19 対近の8回
望月　卓也（ロ）'79. 5. 12 対日の1回
村田　辰美（近）'81. 4. 8 対南の8回
石井　貴（武）'04. 4. 17 対ダの4回
スタンリッジ（ソ）'14. 7. 14 対ロの3回
塚原　頌平（オ）'15. 5. 8 対日の9回
山本　由伸（オ）'20. 7. 5 対武の6回
日－ 2…多数あり

2. 最多連続与死球
a. イニング
セ－ 3…田島　慎二（中）'14. 7. 4 対巨の7回
橋本　侑樹（中）'23. 5. 30 対ソの4回
パ－ 3…望月　卓也（ロ）'79. 5. 12 対日の1回
日－ 2…多数あり

J. 奪三振

1. 最多奪三振
a. ライフタイム
セ－4490…金田　正一（巨）'50～'69 投球回5526⅔
パ－3316…米田　哲也（近）'56～'75、'77 投球回4993⅓
－1000三振以上－（156人）
1 4490…金田　正一（巨）'50～'69 投球回5526⅔
2 3388…米田　哲也（近）'56～'77 5130
3 3159…小山　正明（洋）'53～'73 4899
4 3061…鈴木　啓示（近）'66～'85 4600⅓
5 2987…江夏　豊（武）'67～'84 3196
6 2945…梶本　隆夫（急）'54～'73 4208
7 2859…工藤　公康（武）'82～'10 3336⅔
8 2574…稲尾　和久（西）'56～'69 3599
9 2481…三浦　大輔（ディ）'92～'16 3276
10 2363…村田　兆治（ロ）'68～'90 3331⅓
11 2310…山本　昌（中）'86～'15 3348⅔
12 2271…村山　実（神）'59～'72 3050⅓
13 2244…小野　正一（中）'56～'70 2909
14 2156…杉内　俊哉（巨）'02～'15 2091⅓
15 2115…石井　一久（武）'92～'13 2153⅓
16 2111…槙原　寛己（巨）'83～'01 2485
17 2092…川口　和久（巨）'81～'98 2410
18 2082…西口　文也（武）'95～'15 2527⅔
19 2072…岸　孝之（楽）'07～'23 2427⅔
20 2058…山田　久志（急）'69～'88 3865
21 2045…平松　政次（洋）'67～'84 3360⅔
22 2041…星野　伸之（神）'85～'02 2669⅓
23 2008…松岡　弘（ヤ）'68～'85 3240
24 1998…涌井　秀章（中）'05～'23 2709
25 1997…高橋　一三（日）'65～'83 2778
26 1980…桑田　真澄（巨）'86～'06 2761⅔
27 1960…スタルヒン（ト）'36～'55 4175⅓
28 1943…権藤　正利（神）'53～'73 2513
29 1934…別所　毅彦（巨）'42～'60 4350⅔
30 1896…秋山　登（洋）'56～'67 2993
31 1883…和田　毅（ソ）'03～'23 2073⅓
32 1865…堀内　恒夫（巨）'66～'83 3045

33　1806…佐々岡真司（広）'90～'07　投球回2344⅓
34　1768…石川　雅規（ヤ）'02～'23　3100⅓
35　1761…杉下　　茂（毎）'49～'61　2841⅔
36　1757…北別府　学（広）'76～'94　3113
37　1756…杉浦　　忠（南）'58～'70　2413⅓
38　1755…佐藤　義則（オ）'77～'98　2608⅔
39　1733…大野　　豊（広）'77～'98　2231
40　1721…金子　千尋（日）'06～'22　2025⅔
41　1717…則本　昂大（楽）'13～'23　1730
42　1707…斎藤　雅樹（巨）'84～'01　2375⅔
43　1706…新浦　壽夫（ヤ）'71～'92　2158⅔
44　1684…東尾　　修（武）'69～'88　4086
45　1678…外木場義郎（広）'65～'79　2419⅓
46　1657…成田　文男（日）'65～'82　2781
47　1654…遠藤　一彦（洋）'78～'92　2208⅓
48　1638…皆川　睦雄（南）'54～'71　3158
49　1610…坂井　勝二（日）'59～'76　2839⅔
50　1609…渡辺　久信（ヤ）'84～'98　2075⅔
51　1597…中尾　碩志（巨）'39～'57　3057
52　1573…西崎　幸広（武）'87～'01　2004
53　1571…田中　将大（楽）'07～'23　1773
54　1564…長谷川良平（広）'50～'63　3376⅓
55　1562…土橋　正幸（東）'56～'67　2518⅓
56　1533…小宮山　悟（ロ）'90～'09　2293
57　1519…内海　哲也（武）'04～'22　2007
58　1517…能見　篤史（オ）'05～'22　1743
59　1500…加藤　　初（巨）'72～'90　2250
60　1482…足立　光宏（急）'59～'79　3103
61　1475…メッセンジャー（神）'10～'19　1606⅓
62　1474…菅野　智之（巨）'13～'23　1700⅓
63　1461…黒田　博樹（広）'97～'16　2021⅔
64　1459…若生　忠泰（巨）'55～'70　1973⅓
65　1446…小松　辰雄（中）'78～'94　1940⅔
66　1435…石井　茂雄（巨）'58～'79　3168
67　1432…安仁屋宗八（広）'64～'81　2090⅓
68　1418…下柳　　剛（楽）'91～'12　1970⅔
69　1415…郭　　源治（中）'81～'96　1971
70　1411…西　　勇輝（神）'09～'23　1939⅔
71　1410…松坂　大輔（武）'99～'21　1464⅓
72　1400…上原　浩治（巨）'99～'18　1583⅔
73　1396…若生　智男（広）'56～'76　2260⅓
74　1395…野口　二郎（急）'39～'52　3447⅓
75　1391…高橋　直樹（巨）'69～'86　2872⅔
76　1381…大石　　清（急）'59～'70　2157⅓
76　1381…川上　憲伸（中）'98～'14　1731
78　1366…江川　　卓（巨）'79～'87　1857⅓
79　1363…高橋　重行（洋）'64～'80　2295
80　1353…佐々木宏一郎（南）'62～'81　2620⅓
81　1350…中田　賢一（神）'05～'20　1550⅓
82　1346…米川　泰夫（西）'49～'59　2274⅓
83　1331…斎藤　　隆（楽）'92～'15　1575
84　1325…野田　浩司（オ）'88～'99　1614⅓
85　1321…斉藤　明夫（横）'77～'93　2173⅓
86　1317…金田　留広（広）'69～'81　2055⅓
87　1292…森中千香良（洋）'60～'75　1947
88　1282…伊良部秀輝（神）'88～'04　1286⅓
89　1279…井川　　慶（オ）'99～'14　1387⅔
90　1273…小林　　繁（神）'73～'83　2029⅓
91　1252…山本　和行（神）'72～'88　1817⅔
91　1252…千賀　滉大（ソ）'12～'22　1089
93　1250…ダルビッシュ有（日）'05～'11　1268⅓
94　1241…前田　幸長（巨）'89～'07　1577
95　1239…西本　　聖（オ）'76～'93　2677
96　1233…前田　健太（広）'08～'15　1509⅔
97　1225…星野　仙一（中）'69～'82　2128⅔
97　1225…尾花　高夫（ヤ）'78～'91　2203
99　1220…藤川　球児（神）'00～'20　935⅓
100　1211…成瀬　善久（オ）'06～'19　1567⅔
101　1204…野茂　英雄（近）'90～'94　1051⅓
102　1201…柳田　　豊（近）'70～'87　2357⅔
103　1189…大野　雄大（中）'11～'23　1505⅔
104　1186…大竹　　寛（巨）'03～'21　1675⅓
105　1181…古沢　憲司（広）'64～'84　1896⅓
106　1177…藤本　英雄（巨）'42～'55　投球回2628⅓
106　1177…小川　泰弘（ヤ）'13～'23　1548⅔
108　1175…岩隈　久志（楽）'01～'11　1541
109　1169…園川　一美（ロ）'86～'99　1543⅓
110　1158…仲田　幸司（ロ）'85～'97　1335
111　1154…清水　直行（横）'00～'11　1677⅓
112　1152…田中　　勉（中）'61～'69　1610
113　1148…川崎　徳次（西）'40～'57　2870⅓
114　1146…紀藤　真琴（楽）'87～'05　1456⅓
114　1146…門倉　　健（巨）'96～'08　1276
116　1144…中山　義朗（中）'55～'65　1605
117　1140…山口　　俊（巨）'06～'22　1160⅔
118　1135…小　林　宏（武）'98～'14　1297⅓
119　1130…江本　孟紀（神）'71～'81　1978⅔
119　1130…久保　康友（ディ）'03～'17　1540⅓
121　1129…今中　慎二（中）'89～'01　1395⅓
122　1122…野口　茂樹（巨）'94～'07　1405⅔
123　1094…髙村　　祐（楽）'92～'05　1476⅔
124　1093…伊藤　芳明（東）'59～'69　1443⅓
125　1084…柴田　保光（日）'79～'93　1621⅔
126　1083…真田　重蔵（神）'43～'55　2717
127　1081…福原　　忍（神）'99～'16　1338⅓
128　1075…野村　　収（神）'69～'86　2355⅔
128　1075…吉田　豊彦（楽）'88～'07　1596
130　1069…荒巻　　淳（急）'50～'62　2202⅔
130　1069…郭　　泰源（武）'85～'97　1682⅓
130　1069…髙橋　尚成（ディ）'00～'15　1348⅓
133　1066…髙橋　　建（広）'95～'10　1459⅔
134　1064…清　　俊彦（神）'64～'76　1776⅔
134　1064…藤井　秀悟（ディ）'00～'13　1463⅓
136　1056…池谷公二郎（広）'74～'85　1622⅓
137　1052…三浦　清弘（平）'57～'75　2280
138　1051…山沖　之彦（オ）'82～'94　1764
139　1049…鈴木　　隆（洋）'58～'68　1625⅔
140　1045…長冨　浩志（ダ）'86～'01　1361
141　1043…浅野　啓司（巨）'67～'84　1715⅔
142　1041…渡辺　秀武（広）'64～'82　2083⅔
143　1036…木田　優夫（日）'89～'12　1269⅔
144　1035…藪　　恵壹（楽）'94～'10　1655⅔
145　1033…美馬　　学（ロ）'11～'23　1441⅔
146　1031…内藤　幸三（広）'36～'51　2220⅔
147　1021…今永　昇太（ディ）'16～'23　1002⅔
148　1016…河村　久文（広）'53～'63　1660
148　1016…梶間　健一（ヤ）'77～'88　1547⅓
150　1011…藤浪晋太郎（神）'13～'22　994⅓
151　1010…尾崎　行雄（拓）'62～'73　1548⅔
151　1010…新垣　　渚（ヤ）'03～'16　1077⅓
153　1008…武田　一浩（巨）'88～'02　1517⅔
154　1006…鈴木　孝政（中）'73～'89　1788⅓
155　1005…小野　和義（中）'84～'97　1445⅓
156　1000…若林　忠志（毎）'36～'53　3557⅓

b．シーズン
セ－401…江夏　　豊（神）'68　投球回329
　　350…金田　正一（国）'55　投球回400
パ－353…稲尾　和久（西）'61　投球回404
　　336…杉浦　　忠（南）'59　投球回371⅓
日－297…亀田　　忠（黒）'40　投球回456⅔

c．ゲーム
セ－16…金田　正一（巨）'67. 6. 7　対洋
　　　　江夏　　豊（神）'68. 8. 8　対中
　　　　外木場義郎（広）'68. 9. 14　対洋
　　　　伊藤　智仁（ヤ）'93. 6. 9　対巨
　　　　今中　慎二（中）'93. 7. 6　対ヤ
　　　　山田　　勉（ヤ）'93. 9. 10　対広
　　　　桑田　真澄（巨）'94. 8. 13　対神
　　　　野口　茂樹（中）'01. 5. 24　対神
パ－19…野田　浩司（オ）'95. 4. 21　対ロ
　　　　佐々木朗希（ロ）'22. 4. 10　対オ
　　18…田中　将大（楽）'11. 8. 27　対ソ
　　17…足立　光宏（急）'62. 5. 24　対南
　　　　野茂　英雄（近）'90. 4. 29　対オ
　　　　野田　浩司（オ）'94. 8. 12　対近
　　16…土橋　正幸（東）'58. 5. 31　対西

村田　兆治　（ロ）'79. 6. 8　対近
木田　　勇　（日）'80. 9. 2　対近
野田　浩司　（オ）'93. 7. 4　対近
松坂　大輔　（武）'04. 9. 1　対神
大場　翔太　（ソ）'08. 4. 5　対ロ
大谷　翔平　（日）'14. 7. 9　対楽
日－15…沢村　栄治　（巨）'37. 10. 2　対イ
　　　　清水　秀雄　（南）'40. 11. 16　対急
　　　　　　　（9回まで、11⅓回で17）
d．イニング（セ－15人、15度、パ－12人、13度）
セ－ 4…幸田　　優　（洋）'59. 7. 5　対広第2の2回
　　　　岡島　秀樹　（巨）'97. 7. 4　対神の3回
　　　　レ　モ　ン　（ヤ）'00. 4. 14　対広の5回
　　　　金澤　健人　（神）'04. 8. 1　対巨の2回
　　　　前田　幸長　（巨）'05. 4. 6　対横の6回
　　　　オビスポ　　（巨）'09. 9. 17　対神の6回
　　　　澤村　拓一　（巨）'12. 4. 13　対ディの5回
　　　　高橋　聡文　（中）'13. 7. 9　対神の7回
　　　　平田　真吾　（ディ）'15. 6. 6　対武の9回
　　　　八木　亮祐　（ヤ）'16. 5. 24　対神の1回
　　　　藤浪晋太郎　（神）'16. 7. 29　対中の7回
　　　　石田　健大　（ディ）'16. 7. 29　対広の7回
　　　　田口　麗斗　（巨）'18. 7. 4　対ディの2回
　　　　上茶谷大河　（ディ）'19. 7. 2　対神の5回
　　　　R.マルティネス（中）'20. 9. 4　対ヤの9回
パ－ 4…野村　貴仁　（オ）'93. 8. 8　対ロの7回
　　　　工藤　公康　（ダ）'96. 8. 2　対ロの7回
　　　　西口　文也　（武）'97. 4. 12　対ロの4回
　　　　斉藤　和巳　（ダ）'00. 9. 3　対オの2回
　　　　杉内　俊哉　（ダ）'03. 4. 14　対ロの8回
　　　　松坂　大輔　（武）'04. 9. 17　対ダの6回
　　　　涌井　秀章　（武）'07. 4. 6　対ソの5回
　　　　千賀　滉大　（ソ）'13. 4. 17　対楽の6回
　　　　　　　　　　　　'18. 9. 15　対武の1回
　　　　松井　裕樹　（楽）'18. 5. 4　対武の9回
　　　　ディクソン　（オ）'18. 7. 8　対ソの8回
　　　　佐々木朗希　（ロ）'22. 7. 1　対楽の2回
　　　　高橋　光成　（武）'23. 4. 8　対ソの2回
日－ 3…多数あり
2．最多連続奪三振
a．ゲーム（※は初回先頭打者から）
セ－ 8…鈴木　　隆　（洋）'60. 6. 1　対巨4～6回
　　 7…金田　正一　（国）'54. 9. 15　対洋1～3回
　　　　大友　　工　（巨）'54. 9. 15　対広2～4回
　　　　小山　正明　（神）'56. 3. 27　対広1～3回※
　　　　村山　　実　（神）'60. 4. 16　対巨2～4回
　　　　江夏　　豊　（神）'71. 9. 27　対神1～3回
　　　　長冨　浩志　（広）'88. 6. 7　対神1～3回
　　　　紀藤　真琴　（広）'88. 8. 12　対洋1～4回
　　　　郭　　源治　（中）'93. 4. 27　対神4～6回
　　　　佐々木主浩　（横）'94. 9. 18　対広10～12回
　　　　久保　裕也　（神）'03. 6. 27　対中1～3回
　　　　能見　篤史　（神）'11. 4. 19　対巨1～3回
　　　　杉内　俊哉　（巨）'12. 4. 7　対神5～7回
　　　　藤浪晋太郎　（神）'14. 8. 1　対ディ2～4回
　　　　メッセンジャー（神）'17. 10. 10　対ヤ2～4回
　　　　菅野　智之　（巨）'18. 5. 11　対ヤ2～4回
　　　　今永　昇太　（ディ）'20. 8. 1　対神5～7回
　　　　　　　　　　　　'23. 7. 7　対巨2～4回
　　　　東　　克樹　（ディ）'23. 5. 18　対ヤ1～3回
パ－13…佐々木朗希　（ロ）'22. 4. 10　対オ1～5回
　　 9…梶本　隆夫　（急）'57. 7. 23　対南3～6回
　　　　土橋　正幸　（東）'58. 5. 31　対西1～4回
　　 8…尾崎　行雄　（東）'62. 4. 29　対西7～9回
　　　　潮崎　哲也　（武）'90. 7. 5　対オ4～6回
　　　　西口　文也　（武）'96. 9. 23　対近5～7回
　　 7…河村　久文　（西）'55. 8. 13　対南4～6回
　　　　森安　敏明　（東）'68. 5. 17　対南1～4回
　　　　伊藤　隆偉　（オ）'92. 6. 20　対日6～8回
　　　　西口　文也　（武）'97. 4. 12　対日1～3回
　　　　和田　　毅　（ダ）'03. 5. 2　対オ2～4回
　　　　Ｊ　　　Ｐ　（オ）'05. 9. 22　対日1～3回
　　　　グ　リ　ン　（楽）'06. 8. 26　対ロ4～6回

大場　翔太　（ソ）'08. 4. 5　対ロ1～3回
岩隈　久志　（楽）'09. 9. 1　対武3～5回
杉内　俊哉　（ソ）'11. 10. 8　対オ4～6回
森　　唯斗　（ソ）'15. 6. 10　対神6～8回
松井　裕樹　（楽）'18. 10. 4　対日1～3回
エ　ン　ス　（武）'23. 4. 16　対日1～3回
日－ 6…沢村　栄治　（巨）'37. 11. 26　対イ4～6回
　　　　近藤　　久　（ラ）'38. 11. 5　対急7～9回
　　　　スタルヒン　（巨）'40. 6. 10　対名4～5回
　　　　野口　二郎　（西）'43. 4. 3　対朝4～6回
3．全員奪三振
a．ゲーム（※は毎回）
セ－川上　憲伸　（中）'05. 5. 20　対ロ　9人　10奪三振
パ－松坂　大輔　（武）'04. 4. 9　対近　9人　10奪三振
　　大場　翔太　（ソ）'08. 4. 5　対ロ　9人　16奪三振
　※涌井　秀章　（武）'09. 4. 24　対ロ　9人　12奪三振
　　岩隈　久志　（楽）'09. 9. 1　対武　9人　11奪三振
　　則本　昂大　（楽）'14. 9. 19　対日　9人　13奪三振
日－なし

K．暴　　投
1．最多暴投
a．ライフタイム
セ－ 94…石井　一久　（ヤ）'92～'01,'06～'07　投球回1528⅔
パ－148…村田　兆治　（ロ）'68～'90　　　　投球回3331⅓
－ライフタイム70以上－（16人）
① 148…村田　兆治　（ロ）'68～'90　　投球回3331⅓
② 115…石井　一久　（武）'92～'13　　　　　2153⅓
③ 101…新垣　　渚　（ヤ）'03～'16　　　　　1077⅓
④ 85…涌井　秀章　（中）'05～'23　　　　　2709
⑤ 84…前田　幸長　（巨）'89～'07　　　　　1577
⑥ 81…工藤　公康　（ダ）'82～'10　　　　　3336⅔
⑦ 79…川口　和久　（巨）'81～'98　　　　　2410
⑧ 75…槙原　寛己　（巨）'83～'01　　　　　2485
⑨ 74…星野　伸之　（オ）'85～'02　　　　　2669⅓
⑨ 74…伊良部秀輝　（神）'88～'04　　　　　1286⅓
⑪ 73…佐藤　義則　（オ）'77～'98　　　　　2608⅔
⑫ 72…小　林　宏　（楽）'98～'14　　　　　1297⅓
⑬ 70…権藤　正利　（神）'53～'73　　　　　2513
⑬ 70…三浦　大輔　（ディ）'92～'16　　　　3276
⑬ 70…中田　賢一　（神）'05～'20　　　　　1550⅓
⑬ 70…石川　雅規　（ヤ）'02～'23　　　　　3100⅓
b．シーズン
セ－20…石井　一久　（ヤ）'98　投球回196⅓
　　15…越智　大祐　（巨）'08　投球回 71⅓
パ－25…新垣　　渚　（ソ）'07　投球回137⅓
　　17…村田　兆治　（ロ）'85　投球回115⅔
　　　　酒井　弘樹　（近）'96　投球回183
日－14…菊矢　吉男　（ライ）'39　投球回335
　　　　亀田　　忠　（イ）'39　投球回371
c．ゲーム
セ－ 4…高井　雄平　（ヤ）'04. 9. 25　対広
　　　　　　　　　　　　'06. 10. 12　対横
　　　　ロ　マ　ン　（ヤ）'12. 7. 16　対ディ
　　　　新垣　　渚　（ヤ）'14. 8. 16　対中
パ－ 5…新垣　　渚　（ソ）'08. 8. 20　対武
日－ 3…多数あり
d．イニング
セ－ 3…山本　昌広　（中）'96. 7. 4　対神の5回
　　　　高井　雄平　（ヤ）'06. 10. 12　対横の1回
　　　　ロ　マ　ン　（ヤ）'12. 7. 16　対ディの5回
　　　　井納　翔一　（ディ）'14. 5. 9　対ヤの6回
　　　　福井　優也　（広）'15. 6. 7　対楽の4回
パ－ 3…池之上　格　（南）'76. 7. 25　対近の9回
　　　　村田　兆治　（ロ）'87. 6. 14　対近の6回
　　　　伊良部秀輝　（ロ）'94. 9. 28　対日の1回
　　　　池上　誠一　（近）'96. 5. 22　対ロの6回
　　　　小林　雅英　（ロ）'04. 4. 15　対ダの7回
　　　　朝井　秀樹　（楽）'08. 6. 23　対広の3回
　　　　新垣　　渚　（ソ）'08. 8. 20　対武の4回
　　　　大石　達也　（武）'16. 8. 31　対ソの9回
　　　　菅原　　秀　（楽）'17. 6. 2　対中の8回

　　　　山岡　泰輔（オ）'18. 5. 19　対武の5回
日－　3…中原　　宏（南）'49. 5. 12　対大の1回

L．ボーク

1. 最多ボーク
 a．ライフタイム
セ－14…槇原　寛己（巨）'83〜'01　　投球回2485
パ－23…米田　哲也（近）'56〜'75, '77　投球回4993⅓
　　　　　　　　　　　　　　　　　　　　田尻　哲郎（神）'95〜'03　　　952⅓
－ライフタイム12以上－（13人）
　①　24…江本　孟紀（神）'71〜'81　　投球回1978⅔
　②　23…米田　哲也（近）'56〜'77　　　　5130
　③　20…グ リ ン（横）'06〜'09　　　　563⅔
　④　18…石井　　貴（武）'94〜'07　　　　1136
　⑤　16…ドミンゴ（楽）'02〜'08　　　　585⅔
　⑥　15…川尻　哲郎（楽）'95〜'05　　　1083⅓
　⑦　14…槇原　寛己（巨）'83〜'01　　　2485
　⑦　14…伊良部秀輝（神）'88〜'04　　　1286⅓
　⑨　12…佐藤　道郎（洋）'70〜'80　　　1303⅓
　⑨　12…高橋　直樹（巨）'69〜'86　　　2872⅔
　⑨　12…加藤　伸一（近）'84〜'04　　　1764⅓
　⑨　12…ジ ャ ン（神）'07　　　　　　　104⅓
　⑨　12…ガ オ（ディ）'10〜'12　　　257⅔
 b．シーズン
セ－12…ジ ャ ン（神）'07　　投球回104⅓
パ－10…江本　孟紀（南）'73　　投球回217⅓
日－　6…丸山二三雄（南）'43　　投球回236⅓
 c．ゲーム
セ－　3…小林　恒夫（松）'52. 5. 21　対神
　　　　　　ラ ッ ク（広）'03. 6. 4　対広
　　　　　　ブロック（広）'03. 7. 2　対巨
　　　　　　ルイス（広）'08. 3. 29　対中
　　　　　　ラ ル ー（ヤ）'13. 6. 2　対ロ
パ－　4…ドミンゴ（楽）'07. 9. 1　対武
日－　2…北川桂太郎（東）'47. 6. 13　対中
　　　　　　大野　文男（南）'49. 5. 21　対神
　　　　　　小林　常夫（陽）'49. 7. 21　対神
 d．イニング
セ－　多数あり
パ－　3…レ イ（日）'74. 7. 17　対近の1回
　　　　　　ドミンゴ（楽）'07. 9. 1　対武の4回
日－　2…北川桂太郎（東）'47. 6. 13　対中の1回

M．失　　点

1. 最多失点
 a．ライフタイム
セ－1706…金田　正一（巨）'50〜'69　　投球回5526⅔
パ－1895…米田　哲也（近）'56〜'75, '77　投球回4993⅓
－ライフタイム1300以上－（17人）
　①　1940…米田　哲也（近）'56〜'77　　投球回5130
　②　1817…東尾　　修（武）'69〜'88　　　4086
　③　1772…鈴木　啓示（近）'66〜'85　　　4600⅓
　④　1706…金田　正一（巨）'50〜'69　　　5526⅔
　⑤　1634…梶本　隆夫（急）'54〜'73　　　4208
　⑥　1567…小山　正明（洋）'53〜'73　　　4899
　⑦　1538…山田　久志（急）'69〜'88　　　3865
　⑧　1459…石川　雅規（ヤ）'02〜'23　　　3100⅓
　⑨　1430…三浦　大輔（ディ）'92〜'16　　　3276
　⑩　1404…石井　茂雄（巨）'58〜'79　　　3168
　⑪　1402…村田　兆治（ロ）'68〜'90　　　3331⅓
　⑫　1399…北別府　学（広）'76〜'94　　　3113
　⑬　1394…山　本　昌（中）'86〜'15　　　3348⅔
　⑭　1385…平松　政次（洋）'67〜'84　　　3360⅔
　⑮　1379…別所　毅彦（巨）'42〜'60　　　4350⅔
　⑮　1379…工藤　公康（武）'82〜'10　　　3336⅔
　⑰　1350…松岡　　弘（ヤ）'68〜'85　　　3240
 b．シーズン
セ－190…長谷川良平（広）'50　投球回348⅓
　　　184…高野　裕良（洋）'50　投球回384⅔
パ－182…米川　泰夫（東）'50　投球回363⅔
　　　164…天保　義夫（急）'50　投球回328

日－202…真田　重蔵（パ）'46　投球回464⅔
 c．ゲーム
セ－14…林　　直明（洋）'50. 6. 7　対広
　　　　　野本喜一郎（本）'50. 10. 21　対神
　　　　　高野　裕良（洋）'50. 11. 8　対松
　　　　　長谷川良平（広）'50. 11. 9　対洋
　　　　　川上　憲伸（中）'99. 10. 2　対横
パ－18…伊藤万喜三（東）'50. 5. 31　対毎
日－17…桜井七之助（大）'36. 9. 18　対タ
　　　　　深尾　文彦（南）'40. 4. 6　対急
 d．イニング
セ－11…中本　茂樹（ヤ）'84. 8. 9　対神の9回
　　　　　高橋　一彦（洋）'86. 6. 3　対広の9回
パ－11…池之上　格（南）'76. 7. 25　対近の9回
日－12…内藤　幸三（ゴ）'46. 7. 15　対グの8回
2. 最多連続イニング無失点
 a．シーズン
セ－64⅓…金田　正一（国）
　　　　　'58. 4. 30対広の5回〜 5. 27対広の5回
　　　49⅓…別所　毅彦（巨）
　　　　　'55. 7. 9対中の4回〜 7. 31対広の7回
パ－54⅔…杉浦　　忠（南）
　　　　　'59. 9. 15対近の3回〜10. 20対毎の8回
　　　46 …ダルビッシュ有（日）
　　　　　'11. 5. 10対楽の1回〜 6. 15対中の2回
日－62 …藤本　英雄（巨）
　　　　　'43. 8. 1対西の7回〜 9. 15対神の5回
 b．連続シーズン
セ－64⅓…金田　正一（国）
　　　　　'58. 4. 30対広の5回〜 5. 27対広の5回
パ－56⅔…杉浦　　忠（南）
　　　　　'59. 9. 15対近の3回〜'60. 4. 9対急の2回

N．自責点

1. 最多自責点
 a．ライフタイム
セ－1434…金田　正一（巨）'50〜'69　　投球回5526⅔
パ－1617…米田　哲也（近）'56〜'75, '77　投球回4993⅓
－ライフタイム1200以上－（16人）
　①　1659…米田　哲也（近）'56〜'77　　投球回5130
　②　1588…鈴木　啓示（近）'66〜'85　　　4600⅓
　③　1588…東尾　　修（武）'69〜'88　　　4086
　④　1434…金田　正一（巨）'50〜'69　　　5526⅔
　⑤　1395…梶本　隆夫（急）'54〜'73　　　4208
　⑥　1367…山田　久志（急）'69〜'88　　　3865
　⑦　1337…石川　雅規（ヤ）'02〜'23　　　3100⅓
　⑧　1336…小山　正明（洋）'53〜'73　　　4899
　⑨　1309…三浦　大輔（ディ）'92〜'16　　　3276
　⑩　1285…山　本　昌（中）'86〜'15　　　3348⅔
　⑪　1279…工藤　公康（武）'82〜'10　　　3336⅔
　⑫　1268…北別府　学（広）'76〜'94　　　3113
　⑬　1236…平松　政次（洋）'67〜'84　　　3360⅔
　⑭　1219…石井　茂雄（巨）'58〜'79　　　3168
　⑮　1200…松岡　　弘（ヤ）'68〜'85　　　3240
　⑮　1200…村田　兆治（ロ）'68〜'90　　　3331⅓
 b．シーズン
セ－158…小林　恒夫（松）'51　投球回293
　　　156…高野　裕良（洋）'50　投球回384⅔
パ－134…天保　義夫（急）'50　投球回328
　　　131…米川　泰夫（東）'50　投球回363⅔
日－163…真田　重蔵（パ）'46　投球回464⅔
 c．ゲーム
セ－14…川上　憲伸（中）'99. 10. 2　対横
パ－14…伊藤万喜三（東）'50. 5. 31　対毎
　　　　　品田　操士（武）'92. 9. 1　対武
日－17…深尾　文彦（南）'40. 4. 6　対急
 d．イニング
セ－11…中本　茂樹（ヤ）'84. 8. 9　対神の9回
　　　　　高橋　一彦（洋）'86. 6. 3　対広の9回
パ－11…池之上　格（南）'76. 7. 25　対近の9回
日－10…牧野　　潔（名）'36. 4. 30　対タの1回
　　　　　三富　恒雄（中）'49. 8. 25　対東の7回

Ｖ．チーム投手記録

Ａ．登板人数
1. 最多登板人数
　a．シーズン（延べ人数）
```
セ－　664…横　　浜　'11　試合　144
パ－　684…日本ハム　'19　試合　143
日－　250…阪　　神　'49　試合　137
```
　b．ゲーム
```
セ－10…中　　日　'66. 9.18　対巨
　　　　中　　日　'07.10. 4　対広（12回）
パ－10…日本ハム　'74. 9.29　対南
　　　　ソフトバンク　'13. 9. 4　対日（12回）
　　　　ソフトバンク　'22. 9.19　対オ（10回）
日－ 6…南　　海　'40.11.11　対翼
　　　　阪　　神　'48.10.31　対南
　　　　中　　日　'49. 4. 8　対巨
```
　c．ゲーム　－両チーム－
```
セ－15…横 8－7 ヤ　'11. 9. 8
　　　　ディ 7－8 ヤ　'21. 4. 1
　　　　ヤ 8－7 巨　'21. 4.27
　　　　巨 8－7 広　'21. 6.29
　　　　巨 9－6 ヤ　'21. 7.14
　　　　ヤ 8－7 神　'21.10.10
　　19…中10－9 広　'07.10. 4（12回）
パ－16…武 9－7 オ　'21. 5. 4
　　18…ソ10－8 日　'13. 9. 4（12回）
交－14…中 7－7 オ　'09. 6.21
　　17…中 9－8 ソ　'13. 6. 8（12回）
日－10…神 6－4 南　'48.10.31
　　　　巨 4－6 中　'49. 4. 8
```

Ｂ．防 御 率
1. 最高防御率
　a．シーズン
```
セ－ 1.75…巨　　人　'55　試合　130
パ－ 1.87…西　　鉄　'56　試合　154
日－ 1.33…大　　洋　'41　試合　 87
```
2. 最低防御率
　a．シーズン
```
セ－ 5.20…広　　島　'50　試合　138
パ－ 5.95…オリックス　'03　試合　140
日－ 4.59…大　　陽　'49　試合　133
```

Ｃ．完　　投
1. 最多完投
　a．シーズン
```
セ－ 89…巨　　人　'50　試合　140
パ－ 76…大　　映　'53　試合　120
日－ 95…金　　星　'48　試合　140
```
2. 最少完投
　a．シーズン
```
セ－  1…ヤクルト　'20　試合　120
パ－  1…日本ハム　'19　試合　143
　　　　西　　武　'20　試合　120
　　　　ロ ッ テ　'23　試合　143
　　　　楽　　天　'23　試合　143
```

Ｄ．無失点勝利
1. 最多無失点勝利
　a．シーズン
```
セ－ 32…阪　　神　'65　試合　140
パ－ 32…西　　鉄　'56　試合　154
日－ 29…大　　洋　'42　試合　105
　　　　巨　　人　'48　試合　140
```
2. 最少無失点勝利
　a．シーズン

```
セ－  1…広　　島　'51　試合　 99
　　　　阪　　神　'80　試合　130
　　　　大　　洋　'81　試合　130
パ－  1…南　　海　'80　試合　130
　　　　オリックス　'04　試合　133
```

Ｅ．補回試合
1. 最多補回試合
　a．シーズン
```
セ－ 25…巨　　人　'62　試合　134
パ－ 24…東　　映　'56　試合　154
日－ 23…中　　日　'48　試合　140
```
2. 最少補回試合（'21は除く）
　a．シーズン
```
セ－  2…大　　洋　'74　試合　130
　　　　広　　島　'76　試合　130
パ－  0…日本ハム　'83　試合　130
```

Ｆ．無四球試合
1. 最多無四球試合
　a．シーズン
```
セ－ 31…阪　　神　'57　試合　130
パ－ 30…東　　映　'62　試合　133
日－ 28…阪　　急　'48　試合　140
```
2. 最少無四球試合
　a．シーズン
```
セ－  0…国　　鉄　'51　試合　107
　　　　国　　鉄　'52　試合　120
　　　　大　　洋　'75　試合　130
パ－  0…近　　鉄　'89　試合　130
　　　　ロ ッ テ　'92　試合　130
```

Ｇ．セ ー ブ
1. 最多セーブ
　a．シーズン
```
セ－ 53…中　　日　'12　試合　144
パ－ 58…ソフトバンク　'17　試合　143
```
2. 最少セーブ
　a．シーズン
```
セ－  8…巨　　人　'75　試合　130
パ－  5…阪　　急　'75　試合　130
　　　　クラウン　'78　試合　130
```

Ｈ．ホールド・ホールドポイント（'05年～）
1. 最多ホールド
　a．シーズン
```
セ－149…ヤクルト　'21　試合　143
パ－150…楽　　天　'19　試合　143
```
　b．ゲーム
```
セ－　5…9 度
　　　　6…9 度（補回）
パ－　6…ソフトバンク　'23. 9.12　対武
　　　　　　（9回まで、11回で 6）
　　　　7…ソフトバンク　'22. 8. 4　対日（12回）
```
　c．ゲーム　－両チーム－
```
セ－ 9…中 4－5 ヤ　'20. 7. 8
　　　　　　（9回まで、10回で中 4－5 ヤ）
　　12…中 6－6 神　'11. 4.16（11回）
パ－10…武 4－6 ソ　'23. 9.12
　　　　　　（9回まで、10回で武 5－6 ソ）
　　11…5 度（補回）
交－ 8…横 3－5 オ　'11. 6.15
　　　　ディ 4－4 ソ　'14. 5.28
　　　　　　（9回まで、11回でディ 5－4 ソ）
　　　　神 4－4 楽　'19. 6.19
　　　　　　（9回まで、10回で神 4－4 楽）
　　10…中 5－5 ソ　'14. 5.26（12回）
　　　　武 5－5 広　'19. 6. 4（12回）
```
2. 最少ホールド

a．シーズン
　　　セ－　　49…広　　島　'05　試合 146
　　　パ－　　29…楽　　天　'05　試合 136
3．最多ホールドポイント
　a．シーズン
　　　セ－　174…阪　　神　'19　試合 143
　　　パ－　179…楽　　天　'19　試合 143
4．最少ホールドポイント
　a．シーズン
　　　セ－　　62…広　　島　'05　試合 146
　　　パ－　　41…楽　　天　'05　試合 136

I．投球回数
1．最多投球回
　a．シーズン
　　　セ－1326⅓…阪　　神　'05　試合 146
　　　パ－1415⅓…南　　海　'56　試合 154
　　　日－1273⅓…急　　映　'48　試合 140
2．最少投球回
　a．シーズン
　　　セ－ 875⅓…広　　島　'51　試合　99
　　　パ－ 859 …阪　　急　'51　試合　96

J．対戦打者
1．最多対戦打者
　a．シーズン
　　　セ－ 5746…広　　島　'05　試合 146
　　　パ－ 5755…高　　橋　'56　試合 154
　　　日－ 5422…阪　　神　'49　試合 137
2．最少対戦打者
　a．シーズン
　　　セ－ 3915…広　　島　'51　試合　99
　　　パ－ 3591…近　　鉄　'51　試合　98

K．打　　数
1．最多打数
　a．シーズン
　　　セ－ 5080…巨　　人　'05　試合 146
　　　パ－ 5166…高　　橋　'56　試合 154
　　　日－ 4917…阪　　神　'49　試合 137
2．最少打数
　a．シーズン
　　　セ－ 3500…広　　島　'51　試合　99
　　　パ－ 3272…近　　鉄　'51　試合　98

L．被安打
1．最多被安打
　a．シーズン
　　　セ－ 1440…横　　浜　'10　試合 144
　　　パ－ 1534…オリックス　'03　試合 140
　　　日－ 1374…阪　　神　'49　試合 137
2．最少被安打
　a．シーズン
　　　セ－ 844…阪　　神　'56　試合 130
　　　パ－ 769…南　　海　'51　試合 104

M．被本塁打
1．最多被本塁打
　a．シーズン
　　　セ－ 203…ヤクルト　'04　試合 138
　　　パ－ 251…近　　鉄　'80　試合 130
　　　日－ 124…大　　映　'49　試合 134
2．最少被本塁打
　a．シーズン
　　　セ－　39…中　　日　'54　試合 130
　　　パ－　33…西　　鉄　'56　試合 154

N．与四球
1．最多与四球
　a．シーズン
　　　セ－ 656…国　　鉄　'50　試合 138
　　　パ－ 609…近　　鉄　'00　試合 135
　　　日－ 591…黒　　鷲　'40　試合 104
2．最少与四球
　a．シーズン
　　　セ－ 214…阪　　神　'57　試合 130
　　　パ－ 226…東　　映　'62　試合 133
3．最少故意四球（'55年～）
　a．シーズン
　　　セ－　62…ＤｅＮＡ　'19　試合 143
　　　パ－　60…東　　京　'68　試合 139
4．最少故意四球
　a．シーズン
　　　セ－　　3…巨　　人　'59　試合 130
　　　　　　　　広　　島　'15　試合 143
　　　　　　　　巨　　人　'16　試合 143
　　　　　　　　広　　島　'17　試合 143
　　　　　　　　阪　　神　'17　試合 143
　　　パ－　　0…ソフトバンク　'13　試合 144

O．与死球
1．最多与死球
　a．シーズン
　　　セ－　80…横　　浜　'08　試合 144
　　　パ－　93…西　　武　'19　試合 143
　　　日－　33…東　　急　'47　試合 119
2．最少与死球
　a．シーズン
　　　セ－　12…巨　　人　'50　試合 140
　　　　　　　　巨　　人　'53　試合 125
　　　　　　　　国　　鉄　'50　試合 138
　　　パ－　　7…阪　　急　'50　試合 120
　　　　　　　　東　　急　'53　試合 120
　　　　　　　　毎　　日　'55　試合 142

P．奪三振
1．最多奪三振
　a．シーズン
　　　セ－ 1223…阪　　神　'17　試合 143
　　　パ－ 1244…ソフトバンク　'10　試合 144
　　　日－ 582…巨　　人　'49　試合 134
2．最少奪三振
　a．シーズン
　　　セ－ 239…大　　洋　'51　試合 108
　　　パ－ 289…東　　急　'52　試合 108

Q．暴　　投
1．最多暴投
　a．シーズン
　　　セ－　68…ＤｅＮＡ　'15　試合 143
　　　パ－　68…ロ ッ テ　'90　試合 130
　　　日－　20…ライオン　'39　試合　96
　　　　　　　　巨　　人　'46　試合 105
　b．ゲーム
　　　セ－　　4…ヤクルト　'70. 5. 27　対巨
　　　　　　　　ヤクルト　'04. 9. 25　対広
　　　　　　　　ヤクルト　'06. 10. 12　対横
　　　　　　　　ヤクルト　'10. 8. 26　対横
　　　　　　　　阪　　神　'11. 4. 16　対中
　　　　　　　　　　　　　　（9回まで、11回で5）
　　　　　　　　広　　島　'11. 5. 18　対ソ
　　　　　　　　ヤクルト　'12. 7. 16　対ディ
　　　　　　　　巨　　人　'13. 5. 2　対楽
　　　　　　　　中　　日　'13. 7. 30　対神
　　　　　　　　ヤクルト　'14. 8. 16　対中
　　　　　　　　ヤクルト　'16. 4. 19　対神

		阪　　神	'19.	9. 19	対ヤ
	パー	5…日本ハム	'03.	4. 18	対武
		ソフトバンク	'08.	8. 20	対武
		楽　　天	'17.	6. 2	対中
	日－	3…8 度			

2. 最少暴投
　a．シーズン

| | セー | 3…広　　島 | '74 | 試合 130 |
| | パー | 3…阪　　急 | '63 | 試合 150 |

R. ボーク

1. 最多ボーク
　a．シーズン

	セー	16…巨　　人	'98	試合 135
	パー	29…南　　海	'73	試合 130
	日－	8…南　　海	'43	試合 84
		セネタース	'46	試合 105
		東　　急	'49	試合 138

　b．ゲーム

	セー	3…松　　竹	'52.	5. 21	対神
		巨　　人	'03.	6. 4	対広
		広　　島	'03.	7. 2	対巨
		広　　島	'08.	3. 29	対中
		ヤクルト	'13.	6. 2	対ロ
	パー	4…日本ハム	'74.	7. 17	対近
		楽　　天	'07.	9. 1	対武
	日－	2…6 度			

2. 最少ボーク
　a．シーズン

| | セー | 0…多数あり |
| | パー | 0…多数あり |

S. 失　　点

1. 最多失点
　a．シーズン

	セー	877…広　　島	'50	試合 138
	パー	927…オリックス	'03	試合 140
	日－	745…大　　陽	'49	試合 133

2. 最少失点
　a．シーズン

| | セー | 283…阪　　神 | '56 | 試合 130 |
| | パー | 322…南　　海 | '51 | 試合 104 |

T. 自責点

1. 最多自責点
　a．シーズン

	セー	694…巨　　人	'05	試合 146
	パー	819…オリックス	'03	試合 140
	日－	612…阪　　神	'49	試合 140

2. 最少自責点
　a．シーズン

| | セー | 232…巨　　人 | '55 | 試合 130 |
| | パー | 252…南　　海 | '51 | 試合 104 |

VI. 個人守備記録

（注）ゲーム最少記録は9回（3アウトまで）を守った
試合の記録のみ。

A. 投　　手

1. 最高守備率
　a．シーズン
　　セ、パ－1.000…多数あり
2. 最多守備機会
　a．シーズン
　セ－144…別所　毅彦（巨）'52　試合52

| | パー | 143…稲尾　和久（西） | '57 | 試合68 |
| | 日－ | 194…林　　安夫（朝） | '42 | 試合71 |

　b．ゲーム

	セー	10…徳永喜久夫（名）	'53.	4. 18	対広
	パー	11…大津　　守（近）	'61.	10. 4	対西第1
		井上　善夫（西）	'64.	5. 19	対東
	日－	11…石田　光彦（急）	'38.	7. 17	対イ

3. 最多刺殺
　a．シーズン

	セー	32…松岡　　弘（ヤ）	'71	試合48
	パー	28…西田　　亨（東）	'58	試合48
	日－	37…林　　安夫（朝）	'42	試合71

　b．ゲーム

	セー	5…西本　　聖（巨）	'82.	5. 9	対中
		中込　　伸（神）	'92.	5. 2	対広
		藪　　恵壹（神）	'04.	8. 26	対横
	パー	5…田中　文雄（近）	'53.	4. 25	対南
		小宮山　悟（ロ）	'94.	8. 27	対ダ
	日－	4…古谷倉之助（鯱）	'40.	11. 3	対急
		河村　　章（名）	'42.	7. 20	対急

4. 最多補殺
　a．シーズン

	セー	121…別所　毅彦（巨）	'52	試合52
	パー	116…稲尾　和久（西）	'57	試合68
	日－	153…林　　安夫（朝）	'42	試合71

　b．ゲーム

	セー	10…徳永喜久夫（名）	'53.	4. 18	対広
	パー	10…井上　善夫（西）	'64.	5. 19	対東
		高橋　善正（東）	'68.	6. 27	対南
	日－	10…石田　光彦（急）	'38.	7. 17	対イ

5. 最多失策
　a．シーズン

	セー	11…大田垣喜夫（広）	'56	試合48
	パー	12…米川　泰夫（東）	'50	試合50
	日－	12…亀田　　忠（イ）	'39	試合55

　b．ゲーム

	セー	2…多数あり			
	パー	3…中西　勝巳（毎）	'56.	4. 24	対大
		黒木　貞男（南）	'56.	7. 29	対高第2
		小野　正一（毎）	'57.	8. 2	対名
	日－	3…亀田　　忠（イ）	'39.	11. 1	対名
		天保　義夫（急）	'46.	5. 27	対グ
		野口　正明（大）	'49.	5. 10	対南

　c．イニング
　セ、パ、日－ 2…多数あり

6. 最多併殺
　a．シーズン

	セー	13…堀本　律雄（巨）	'60	試合69
	パー	12…大津　　守（近）	'58	試合46
	日－	17…野口　　明（セ）	'37春	試合37
		須田　　博（巨）	'40	試合55

　b．ゲーム

	セー	3…岩本　信一（松）	'51.	6. 13	対広
		服部　受弘（名）	'52.	3. 26	対国
		徳永喜久夫（名）	'53.	8. 12	対急
	パー	4…池永　正明（西）	'70.	4. 23	対急
	日－	3…森井　　茂（名）	'37.	9. 14	対鯱
		浅岡　三郎（セ）	'37.	10. 14	対ラ
		松尾　幸造（名）	'39.	4. 1	対鯱
		若林　忠志（タ）	'40.	8. 14	対急
		三輪　八郎（神）	'43.	5. 8	対和
		三富　恒雄（中）	'49.	4. 6	対巨

B. 捕　　手

1. 最高守備率
　a．シーズン

	セー	1.000…大石　友好（中）	'88	試合 73
		関川　浩一（神）	'93	試合 86
		谷繁　元信（中）	'09	試合114
		細山田武史（横）	'11	試合 84
		中村　悠平（ヤ）	'22	試合 80
			'23	試合104

パー1.000…芳村　嵩夫（近）'51　試合49
　　　　黒田　正宏（武）'82　試合68
　　　　岩木　哲（南）'83　試合68
　　　　青柳　進（ロ）'90　試合76
　　　　山下　和彦（近）'91　試合69
　　　　　　　　（日）'95　試合71
　　　　伊東　勤（武）'97　試合129
　　　　　　　　'03　試合73
　　　　三輪　隆（オ）'97　試合86
　　　　中嶋　聡（日）'06　試合78
　　　　藤井　彰人（楽）'08　試合87
　　　　上本　達之（武）'10　試合73
　　　　細川　亨（ソ）'11　試合95
　　　　山崎　勝己（ソ）'12　試合85
　　　　髙谷　裕亮（ソ）'18　試合73

2. 最多守備機会
　a．シーズン
セー1209…矢野　輝弘（神）'05　試合138
パー1272…城島　健司（ダ）'03　試合140
日－754…筒井　敬三（南）'49　試合127
　b．ゲーム
セー19…藤尾　茂（巨）'55. 6.12　対洋第2
　　　　古田　敦也（ヤ）'05. 4. 6　対中
　　　　　　（9回まで、10回で20）
パー20…松川　虎生（ロ）'22. 4.10　対オ
日－17…内堀　保（巨）'37.10. 2　対イ

3. 最多刺殺
　a．シーズン
セー1130…矢野　輝弘（神）'05　試合138
パー1175…城島　健司（ダ）'03　試合140
日－638…筒井　敬三（南）'49　試合127
　b．ゲーム
セー19…古田　敦也（ヤ）'05. 4. 6　対中
　　　　　　（9回まで、10回で20）
パー19…山崎　勝己（ソ）'06. 6.18　対中
　　　　松川　虎生（ロ）'22. 4.10　対オ
日－15…ハ　リ　ス（イ）'38. 9.30　対鯱
　　　　吉川　義次（南）'40. 6.18　対急

4. 最多補殺
　a．シーズン
セー123…梅野隆太郎（神）'19　試合129
パー119…土井垣　武（東）'54　試合130
日－108…筒井　敬三（南）'48　試合140
　b．ゲーム
セー6…門前真佐人（洋）'51. 8.23　対中
　　　　山中　潔（中）'90. 6.30　対ヤ
パー6…甲斐　拓也（ソ）'21. 4.15　対オ
　　　　伏見　寅威（オ）'22. 6. 9　対ヤ
　　　　佐藤都志也（ロ）'23. 6.27　対オ
日－6…中山　武（巨）'36.11.29　対セ
　　　　室井　豊（ラ）'39. 5.19　対イ
　　　　八木　進（南）'44. 4.29　対産

5. 最多失策
　a．シーズン
セー18…阪田　清春（広）'50　試合117
　　　　野口　明（名）'51　試合105
パー22…ル　イ　ス（毎）'55　試合134
日－26…熊耳　武彦（セ）'46　試合100
　b．ゲーム
セー3…永利　勇吉（本）'50. 7.21　対松
　　　　門前真佐人（広）'53. 7.15　対国
　　　　木下　雅弘（国）'54.10.14　対神第1
　　　　黒羽根利規（ディ）'14. 6.27　対広
パー4…上市（大）'53. 3.31　対西
日－4…武宮　敏明（巨）'49. 5.29　対東
　c．イニング
セー3…永利　勇吉（本）'50. 7.21　対松の4回
パー2…多数あり
日－2…武宮　敏明（巨）'49. 5.29　対東の7回

6. 最多併殺
　a．シーズン
セー25…古田　敦也（ヤ）'92　試合130
　　　　谷繁　元信（中）'02　試合129

パー19…野村　克也（南）'63　試合150
日－20…多田文久三（巨）'46　試合97
　b．ゲーム
セー3…若菜　嘉晴（洋）'85. 5.29　対広
　　　　木戸　克彦（神）'90. 9. 1　対広
　　　　西山　秀二（広）'93. 6. 9　対横
　　　　秋元　宏作（横）'95. 8.26　対広
　　　　會澤　翼（広）'16. 6.14　対武
パー3…的山　哲也（近）'97. 4.17　対ダ
　　　　日高　剛（オ）'98. 5.26　対ソ
　　　　里崎　智也（ロ）'07. 9.18　対ソ
　　　　森　友哉（武）'20. 9. 3　対ロ
日－2…多数あり

7. 最多捕逸
　a．シーズン
セー17…若菜　嘉晴（神）'79　試合112
パー17…野村　克也（南）'60　試合121
日－14…岡本　利之（ラ）'39　試合44
　b．ゲーム
セー3…徳網　茂（神）'53. 5.10　対巨
　　　　山倉　和博（巨）'84. 8.14　対神
　　　　八重樫幸雄（ヤ）'87. 4.17　対洋
パー3…福塚　勝哉（毎）'57.10.24　対東第2
　　　　斉藤　巧（ロ）'86.10. 2　対急
　　　　和田　一浩（武）'01.10. 1　対ロ
日－3…松本光三郎（急）'36. 7.12　対名
　　　　浅原　直人（大）'36.11.15　対セ
　　　　広田　修三（朝）'36.11.21　対タ
　　　　吉原　正喜（巨）'39. 3.19　対タ
　　　　鈴木　秀雄（ラ）'39. 9.13　対急
　c．イニング
セ、パ、日－2…多数あり

8. 連続守備機会無失策
　a．シーズン
セー1062…谷繁　元信（中）'06. 4. 4対横～10.15対横
パー943…伊東　勤（武）'97. 4. 5対ダ～10.12対オ
日－345…吉原　正喜（巨）'40. 3.15対急～ 7. 7対急
　b．連続シーズン
セー1892…中村　悠平（ヤ）'21. 5.19対神～'23.10.4対神
　　　　　　（継続中）
パー1263…伊東　勤（武）'96. 9. 7対近～'98. 5.27対オ
日－442…吉原　正喜（巨）'39.10. 7対鯱～'40. 7. 7対急

C. 一塁手
1. 最高守備率
　a．シーズン
セー1.000…ロ　ペ　ス（ディ）'18　試合108
　　　　　　　　　　　　（守備機会　946）
　　　　岡本　和真（巨）'19　試合116
　　　　　　　　　　　　（守備機会　720）
パー1.000…内川　聖一（ソ）'19　試合130
　　　　　　　　　　　　（守備機会　1094）

2. 最多守備機会
　a．シーズン
セー1607…王　貞治（巨）'63　試合140
パー1665…榎本　喜八（毎）'56　試合152
日－1480…飯田　徳治（巨）'48　試合138
　b．ゲーム
セー23…飯田　徳治（国）'59. 6.13　対神
パー22…君野　健一（近）'57. 4.13　対西
　　　　高木　公男（東）'59.10. 2　対西
　　　　　　（9回まで、14回で30）
日－20…宮武　三郎（急）'36. 5.22　対大
　　　　広田　修三（朝）'43. 8. 1　対南
　　　　佐竹　一雄（陽）'47. 8. 2　対神
　　　　　　（9回まで、12回で23）
　　　　藤井　勇（陽）'49.11.29　対大
　　　　　　（9回まで、10回で22）

3. 最少守備機会　－ゲーム－
セー0…ブラゼル（神）'10. 9.19　対巨
パー1…榎本　喜八（毎）'57.10. 8　対南
　　　　アップショー（ダ）'89. 4.20　対オ

藤王　康晴（日）'90. 6. 5 対近
鈴木　大地（ロ）'19. 7. 30 対オ
日－2…中河　美芳（イ）'37. 10. 6 対タ
灰山　元章（朝）'41. 4. 19 対巨
4．最多刺殺
　a．シーズン
セ－1521…王　　貞治（巨）'63 試合140
パ－1585…榎本　喜八（毎）'56 試合152
日－1434…飯田　徳治（南）'48 試合138
　b．ゲーム
セ－22…飯田　徳治（国）'59. 6. 13 対神
パ－22…高木　公男（東）'59. 10. 2 対西
　　　　　　　　　（9回まで、14回で30）
日－19…多数あり
5．最少刺殺　－ゲーム
セ－0…ブラゼル（神）'10. 9. 19 対巨
パ－1…新留　国良（急）'53. 3. 29 対大
　　　　榎本　喜八（毎）'57. 10. 8 対南
　　　　落合　博満（ダ）'83. 6. 3 対近
　　　　アップショー（ダ）'89. 4. 20 対オ
　　　　藤王　康晴（日）'90. 6. 5 対近
　　　　片岡　篤史（日）'95. 6. 24 対対
　　　　李　　承燁（オ）'11. 4. 19 対日
　　　　ペタンコート（オ）'14. 4. 6 対武
　　　　鈴木　大地（ロ）'19. 7. 30 対オ
日－2…多数あり
6．最多補殺
　a．シーズン
セ－124…ペタジーニ（ヤ）'99 試合131
パ－122…榎本　喜八（京）'65 試合138
日－51…川上　哲治（巨）'49 試合134
　b．ゲーム
セ－6…バース（神）'87. 5. 8 対中
　　　　パリッシュ（ヤ）'89. 7. 23 対中
パ－6…小川　亨（近）'84. 6. 9 対南
日－4…川上　哲治（巨）'47. 4. 20 対中
7．最多失策
　a．シーズン
セ－20…川上　哲治（巨）'52 試合117
パ－21…山本　八郎（東）'61 試合127
日－17…大岡　虎雄（大）'49 試合121
　b．ゲーム
セ－4…マルテ（神）'20. 10. 23 対巨
パ－3…飯島　滋弥（大）'52. 3. 26 対西
　　　　ブルーム（近）'62. 4. 19 対南
　　　　スペンサー（急）'67. 6. 7 対阪
　　　　ジョーンズ（近）'74. 4. 13 対平
　　　　レオ　ン（ロ）'78. 7. 13 対南
　　　　デービス（急）'86. 6. 29 対対
　　　　デビッド（南）'87. 5. 31 対日
　　　　愛甲　猛（ロ）'90. 4. 30 対武
日－3…煤孫　伝（大）'37. 5. 9 対鯱
　　　　筒井　修（巨）'37. 8. 29 対タ
　　　　浅原　直人（ラ）'37. 10. 4 対巨
　　　　松尾　幸造（産）'44. 7. 24 対巨
　c．イニング
セ－3…マルテ（神）'20. 10. 23 対巨の2回
パ－3…ブルーム（近）'62. 4. 19 対南の12回
　　　　ジョーンズ（近）'74. 4. 13 対平の5回
日－2…多数あり
8．最多併殺
　a．シーズン
セ－162…大豊　泰昭（中）'94 試合130
パ－143…飯田　徳治（南）'54 試合137
日－162…西沢　道夫（中）'49 試合136
　b．ゲーム
セ－6…ロ　ペ　ス（広）'96. 8. 18 対横
パ－6…河野　昭修（西）'54. 3. 31 対高
　　　　ジョーンズ（南）'72. 5. 3 対ロ
日－5…多数あり
9．連続守備機会無失策
　a．シーズン
セ－991…王　　貞治（巨）'80. 4.25対広～10.20対広

パ－1128…榎本　喜八（京）'68. 4. 6対東～ 9. 3対西
日－500…中河　美芳（黒）'41. 5.11対巨～11.17対洋
　b．連続シーズン
セ－1632…ロ　ペ　ス（ディ）'17. 8.31対中～'19. 6. 1対ヤ
パ－1516…榎本　喜八（京）'67. 8.13対南～'68. 9. 3対西
日－595…金子　裕（和）'42.11. 4対朝～'43. 7.15対急

D．二　塁　手

1．最高守備率
　a．シーズン
セ－1.000…菊池　涼介（広）'20 試合103
　　　　　　　（守備機会 503　失策 0）
パ－.997…白井　一幸（日）'94 試合127
　　　　　　　（守備機会 671　失策 2）
2．最多守備機会
　a．シーズン
セ－913…荒木　雅博（中）'05 試合145
パ－834…本多　雄一（ソ）'10 試合144
日－850…千葉　茂（巨）'49 試合134
　b．ゲーム
セ－17…国枝　利通（中）'50. 4. 29 対巨
　　　　内川　聖一（横）'04. 4. 7 対神
パ－17…山本　静雄（近）'50. 3. 31 対毎
　　　　本堂　保弥（毎）'52. 8. 17 対大
日－16…江口　行男（鯱）'37. 8. 29 対ライ
　　　　中村　三郎（名）'39. 9. 24 対ライ
　　　　石丸　藤吉（名）'43. 5. 8 対巨
　　　　安井　亀和（南）'48. 4. 4 対南
3．最多刺殺
　a．シーズン
セ－448…田中　浩康（ヤ）'12 試合139
パ－427…バ　ル　ボ　ン（急）'55 試合141
日－382…宮崎　剛（急）'49 試合126
　b．ゲーム
セ－11…宮崎　剛（洋）'51. 8. 28 対巨
パ－9…島田　雄三（大）'53. 3. 29 対急
　　　　松岡　雅俊（東）'56. 10. 8 対急第2
　　　　須藤　豊（毎）'57. 5. 26 対西第1
　　　　増田　宏（急）'60. 6. 28 対東
　　　　白井　一幸（日）'85. 8. 27 対急
　　　　一　　　輝（オ）'08. 8. 3 対ソ
　　　　中島　卓也（オ）'14. 8. 5 対ロ
　　　　西野　真弘（オ）'16. 6. 26 対日
日－11…苅田　久徳（セ）'39. 5. 9 対鯱
4．最多補殺
　a．シーズン
セ－535…菊池　涼介（広）'14 試合144
パ－486…中村　奨吾（ソ）'18 試合143
日－495…千葉　茂（巨）'49 試合134
　b．ゲーム
セ－11…中村　勝広（神）'75. 6. 4 対ヤ
　　　　木下　富雄（広）'81. 5. 25 対中
　　　　岡田　彰布（神）'87. 9. 1 対洋
　　　　小坂　誠（ロ）'06. 7. 25 対広
　　　　田中　浩康（ヤ）'11. 7. 1 対広
　　　　山田　哲人（ヤ）'22. 9. 9 対広
パ－12…中村　奨吾（ソ）'13. 9. 18 対楽
日－10…千葉　茂（巨）'49. 7. 28 対陽
5．最多失策
　a．シーズン
セ－27…安井　亀和（洋）'50 試合138
パ－31…本堂　保次（毎）'50 試合120
日－38…五味　芳夫（鯱）'39 試合83
　b．ゲーム
セ－3…多数あり
パ－4…バ　ル　ボ　ン（急）'56. 9. 3 対南
日－4…鬼頭　政一（朝）'42. 7. 24 対洋
　　　　平野　徳松（陽）'49. 5. 26 対急
　　　　本堂　保次（神）'49. 9. 29 対急
　c．イニング
セ－3…河西　俊雄（神）'51. 5. 23 対国の2回
　　　　近藤　昭仁（洋）'62. 8. 6 対巨の2回

パー 2…多数あり
日－ 4…本堂　保次（神）'49. 9. 29　対急の6回
6. 最多併殺
　a. シーズン
セ－138…白坂　長栄（神）'50　試合138
パ－122…田中　賢介（日）'10　試合143
日－132…山本　静雄（中）'49　試合123
　b. ゲーム
セ－ 6…国枝　利通（中）'50. 4. 29　対巨
　　　　正田　耕三（広）'96. 8. 18　対横
パ－ 6…桜井　輝秀（南）'72. 5. 3　対ロ
日－ 5…宇野　錦次（急）'38. 6. 4　対セ
　　　　野口　渉（畿）'44. 7. 23　対急第2
　　　　金山　次郎（映）'48. 9. 6　対南第1
　　　　荒川　昇治（陽）'49. 6. 12　対大第2
　　　　明石　武（急）'49. 9. 14　対大
7. 連続守備機会無失策
　a. シーズン
セ－503…菊池　涼介（広）'20. 6.19対ディ～11.10対ヤ
パ－545…白井　一幸（日）'94. 5.11対ダ～ 9.29対ロ
日－178…荒木　茂（急）'48. 9. 4対金～10.24対金
　b. 連続シーズン
セ－804…関本健太郎（神）'05. 5. 3対広～'07. 8.23対ヤ
パ－836…福良　淳一（オ）'93. 4.23対ダ～'94. 7.31対武
日－178…荒木　茂（急）'48. 9. 4対金～10.24対金

E. 三塁手

1. 最高守備率
　a. シーズン
セ－.997…宮本　慎也（ヤ）'11　試合132
　　　　　　　　　　（守備機会 292　失策 1）
パ－.991…石毛　宏典（武）'90　試合95
　　　　　　　　　　（守備機会 230　失策 2）
2. 最多守備機会
　a. シーズン
セ－728…藤村富美男（神）'50　試合140
パ－669…坂本文次郎（大）'55　試合139
日－580…藤村富美男（神）'49　試合137
　b. ゲーム
セ－14…荒木　茂（洋）'51. 8. 26　対広
　　　　三宅　秀史（神）'57. 9. 1　対広第2
パ－14…古屋　英夫（日）'82. 8. 20　対南
日－14…藤戸　逸郎（南）'40. 6. 2　対セ
　　　　藤村富美男（神）'48. 9. 27　対急第1
3. 最多刺殺
　a. シーズン
セ－209…藤村富美男（神）'50　試合140
パ－147…有藤　通世（ロ）'72　試合130
日－186…藤村富美男（神）'49　試合137
　b. ゲーム
セ－ 8…福田　勇一（国）'50. 3. 28　対松
パ－ 6…長沢　正二（東）'54. 4. 17　対近
　　　　河内　卓司（高）'54. 6. 18　対急
　　　　川瀬　晃（ソ）'22. 8. 11　対ロ
日－ 7…伊賀上良平（夕）'38. 9. 5　対鯱
4. 最多補殺
　a. シーズン
セ－484…藤村富美男（神）'50　試合140
パ－522…坂本文次郎（大）'55　試合139
日－380…中谷　順次（陽）'48　試合132
　b. ゲーム
セ－14…荒木　茂（洋）'51. 8. 26　対広（毎回）
　　　　三宅　秀史（神）'57. 9. 1　対広第2
パ－13…古屋　英夫（日）'82. 8. 20　対南
日－12…坂井　豊司（急）'46. 8. 25　対ゴ
　　　　藤村富美男（神）'47. 6. 22　対中
5. 最多失策
　a. シーズン
セ－48…宮崎　剛（洋）'50　試合137
パ－43…宝山　省二（近）'50　試合113
日－43…山川　喜作（巨）'48　試合126
　b. ゲーム

セー 4…ルナ（広）'16. 4. 14　対中
パー 4…宝山　省二（近）'51. 8. 25　対急
日－ 5…漆原　進（大）'36. 11. 15　対セ
　c. イニング
セ－ 3…三村　勲（松）'51. 10. 7　対広の1回
パ－ 2…多数あり
日－ 3…漆原　進（大）'36. 11. 15　対セの8回
　　　　国枝　利通（中）'48. 6. 20　対南の6回
6. 最多併殺
　a. シーズン
セ－60…藤村富美男（神）'50　試合140
パ－44…小玉　明利（近）'54　試合123
日－46…山川　喜作（巨）'46　試合100
　b. ゲーム
セ－ 4…児玉　利一（洋）'57. 4. 14　対広第1
　　　　長嶋　茂雄（巨）'63. 4. 21　対洋第2
パ－ 3…多数あり
日－ 5…黒田　健吾（急）'38. 6. 4　対セ
7. 連続守備会無失策
　a. シーズン
セ－214…長嶋　茂雄（巨）'69. 7.17対神～10. 9対中
パ－210…小久保裕紀（ダ）'01. 5.13対武～ 9. 9対近
日－141…清原　初男（金）'48. 9. 6対急第1～10.11対神
　b. 連続シーズン
セ－257…宮本　慎也（ヤ）'11. 6.19対ロ～'12. 4.30対広
パ－210…小久保裕紀（ダ）'01. 5.13対武～ 9. 9対近
日－141…清原　初男（金）'48. 9. 6対急第1～10.11対神

F. 遊撃手

1. 最高守備率
　a. シーズン
セ－.997…鳥越　裕介（中）'97　試合109
　　　　　　　　　　（守備機会 347　失策 1）
パ－.995…金子　誠（日）'08　試合96
　　　　　　　　　　（守備機会 431　失策 2）
2. 最多守備機会
　a. シーズン
セ－754…鳥谷　敬（神）'08　試合144
パ－823…小池　兼司（南）'64　試合149
日－879…木塚　忠助（南）'48　試合140
　b. ゲーム
セ－15…平井　三郎（巨）'52. 6. 22　対広第1
　　　　吉田　義男（神）'55. 5. 24　対洋第1
　　　　上田　武司（巨）'73. 8. 18　対洋
　　　　白崎　浩之（ディ）'14. 4. 23　対阪
パ－17…長谷川善三（西）'50. 3. 16　対東
日－18…松岡　甲二（ラ）'39. 3. 22　対南
3. 最多刺殺
　a. シーズン
セ－281…山下　大輔（洋）'78　試合129
パ－322…豊田　泰光（西）'55　試合144
日－349…木塚　忠助（南）'48　試合140
　b. ゲーム
セ－ 8…宮崎　仁郎（松）'50. 7. 26　対洋
　　　　山田　和利（中）'88. 5. 14　対巨
　　　　永池　恭男（横）'94. 7. 14　対神
　　　　荒木　雅博（中）'10. 8. 28　対横
パ－10…山崎　裕之（京）'68. 9. 1　対南第2
日－10…松岡　甲二（ラ）'39. 3. 22　対南
　　　　木塚　忠助（南）'48. 7. 10　対映
4. 最多補殺
　a. シーズン
セ－490…鳥谷　敬（神）'06　試合146
パ－526…源田　壮亮（武）'18　試合143
日－502…杉浦　清（中）'48　試合137
　b. ゲーム
セ－11…多数あり
パ－11…矢ノ浦国満（近）'65. 8. 27　対急
　　　　武藤　孝司（西）'98. 7. 10　対ダ
　　　　古城　茂幸（日）'03. 7. 23　対ダ
　　　　金子　誠（日）'04. 7. 6　対近
　　　　　　　　　　'12. 4. 12　対ソ

日－12…酒沢　政夫（朝）'43. 8. 1　対南

5. 最多失策
a. シーズン
セ－71…西江　一郎（神）'50　試合136
パ－54…水上　静哉（東）'55　試合132
日－75…柳　鶴震（翼）'40　試合103
b. ゲーム
セ－ 4…内藤　博文（巨）'50. 10. 3　対中
　　　　広岡　達朗（巨）'58. 4. 20　対国第2
パ－ 5…長谷川善三（西）'50. 3. 16　対東
日－ 5…山本　尚敏（ラ）'39. 10. 20　対急
　　　　村瀬　一三（名）'40. 8. 16　対ラ
c. イニング
セ－ 3…平野　謙二（松）'51. 8. 1　対国の5回
パ－ 3…多数あり
日－ 3…山本　博愛（イ）'37. 4. 1　対名の7回
　　　　中野　隆雄（ラ）'38. 5. 14　対急の8回
　　　　加地健三郎（ラ）'40. 6. 28　対巨の6回
　　　　濃人　渉（西）'43. 8. 1　対金の9回
　　　　三村　勲（中）'47. 11. 4　対金の9回
　　　　木塚　忠助（南）'49. 7. 19　対急の8回

6. 最多併殺
a. シーズン
セ－107…高橋　慶彦（広）'85　試合130
　　　　鳥谷　敬（神）'08　試合130
パ－112…源田　壮亮（武）'18　試合143
日－ 99…杉浦　清（中）'49　試合130
b. ゲーム
セ－ 5…宮崎　仁郎（松）'51. 6. 13　対広
　　　　大久保英男（国）'57. 6. 18　対巨
　　　　永尾　泰憲（ヤ）'74. 6. 6　対巨
　　　　野村謙二郎（広）'97. 10. 13　対ヤ
　　　　　　　　（9回まで、13回で6）
　　　　沖原　佳典（神）'01. 8. 3　対広
　　　　堂上　直倫（中）'14. 5. 4　対巨
　　　　坂本　勇人（巨）'16. 4. 27　対神
パ－ 6…鳥谷　裕介（ダ）'01. 4. 18　対ロ
日－ 6…上田　藤夫（急）'40. 11. 6　対巨

7. 連続守備機会無失策
a. シーズン
セ－513…井端　弘和（中）'06. 4.23対広～ 9. 9対広
パ－339…田中　幸雄（日）'95. 6. 7対オ～ 9.21対ロ
日－107…山田　潔（黒）'41. 5.23対急～ 8.11対洋
b. 連続シーズン
セ－513…井端　弘和（中）'06. 4.23対広～ 9. 9対広
パ－339…田中　幸雄（日）'95. 6. 7対オ～ 9.21対ロ
日－107…山田　潔（黒）'41. 5.23対急～ 8.11対洋

G. 外 野 手

1. 最高守備率
a. シーズン
セ－1.000…多数あり
パ－1.000…多数あり
2. 最多守備機会
a. シーズン
セ－371…原田　徳光（中）'50　試合137
パ－368…広瀬　叔功（南）'63　試合144
日－408…青田　昇（巨）'48　試合140
b. ゲーム
セ－11…小鶴　誠（松）'50. 5. 17　対洋
　　　　中　利夫（中）'56. 6. 27　対神
　　　　若松　勉（ヤ）'80. 9. 19　対神
パ－11…大松　尚逸（ロ）'10. 8. 5　対神
日－11…金田　正泰（神）'49. 5. 29　対中第1
3. 最多刺殺
a. シーズン
セ－350…中　利夫（中）'63　試合136
　　　　広　暁生（中）'65　試合129
パ－353…広瀬　叔功（南）'63　試合144
日－391…青田　昇（巨）'48　試合140
b. ゲーム
セ－11…若松　勉（ヤ）'80. 9. 19　対神

パ－10…ラ　ド　ラ（東）'62. 4. 18　対急
　　　　広瀬　叔功（南）'71. 9. 19　対西第2
　　　　門田　博光（南）'73. 6. 10　対拓
　　　　ウイリアムス（南）'75. 9. 6　対南第2
　　　　早川　和夫（日）'88. 7. 21　対急
　　　　ラ　イ　ト（ダ）'93. 7. 13　対武
　　　　大松　尚逸（ロ）'08. 8. 5　対楽
日－10…坪内　道則（ゴ）'46. 10. 5　対巨
　　　　堀井　数男（南）'47. 6. 14　対陽
　　　　　　　　（9回まで、12回で12）
　　　　金田　正泰（神）'49. 5. 29　対中第1

4. 最多補殺
a. シーズン
セ－24…平山　菊二（洋）'50　試合140
パ－23…日下　隆（近）'54　試合130
日－19…平井猪三郎（急）'39　試合 90
　　　　大下　弘（東）'47　試合115
　　　　原田　徳光（中）'49　試合135
b. ゲーム
セ－ 3…銭村　健四（広）'53. 7. 15　対国
　　　　清水　雅治（中）'95. 8. 15　対横
　　　　高橋　由伸（巨）'03. 7. 23　対広
　　　　吉村　裕基（横）'08. 4. 26　対広
パ－ 3…山田　利昭（高）'54. 7. 27　対南
　　　　関根　潤三（近）'60. 5. 26　対東
　　　　山本　和範（日）'84. 7. 14　対ロ
　　　　パターソン（日）'85. 8. 6　対ロ
日－ 3…本堂　保次（神）'40. 5. 6　対阪
　　　　田中　豊一（朝）'44. 7. 8　対巨
　　　　丸山二三雄（グ）'46. 4. 27　対急
c. イニング
セ、パ、日－ 2…多数あり
5. 最多失策
a. シーズン
セ－13…関口　清治（本）'50　試合129
　　　　町田　行彦（国）'54　試合124
　　　　　　　　　　　'55　試合123
パ－12…別当　薫（毎）'51　試合103
　　　　山田　利昭（ト）'55　試合135
　　　　山本　八郎（近）'64　試合113
　　　　タイロン（南）'81　試合122
　　　　ブラウン（オ）'03　試合122
日－14…大下　弘（東）'47　試合115
b. ゲーム
セ－ 3…原田　信吉（広）'54. 6. 10　対神
パ－ 3…伊藤　庄七（毎）'52. 6. 24　対急
　　　　張本　勲（東）'60. 5. 10　対西
　　　　駒崎　幸一（武）'84. 8. 12　対ロ
　　　　大廣　翔治（楽）'07. 9. 17　対武
日－ 3…岡村　俊昭（南）'39. 7. 30　対タ
　　　　大下　弘（東）'47. 8. 16　対神
c. イニング
セ－ 2…多数あり
パ－ 3…駒崎　幸一（武）'84. 8. 12　対ロの5回
日－ 2…多数あり
6. 最多併殺
a. シーズン
セ－ 8…原田　徳光（中）'50　試合137
　　　　岩本　義行（松）'51　試合110
　　　　　　　　　　　'53　試合109
パ－ 9…中田　翔（日）'12　試合138
日－ 9…中島　治康（巨）'46　試合 54
　　　　長持　栄吉（東）'47　試合119
　　　　田川　豊（陽）'48　試合119
b. ゲーム
セ－ 2…中島　執（洋）'57. 8. 13　対神
　　　　森　徹（中）'60. 8. 7　対神
　　　　内田　順三（ヤ）'71. 7. 8　対巨
　　　　池田　祥浩（神）'72. 6. 2　対巨
　　　　平野　謙（中）'82. 7. 6　対洋
　　　　伊藤　隼太（神）'18. 10. 13　対中
　　　　立岡宗一郎（巨）'22. 6. 9　対武
パ－ 2…多数あり

日－ 2…多数あり
7. 連続守備機会無失策
　a．シーズン
セ－302…山本　浩二（広）'75. 4. 5対ヤ～ 9.24対洋
パ－359…岡田　幸文（ロ）'11. 4.12対楽～10.22対ソ
日－306…坪内　道則（金）'48. 4.10対急～11.13対急
　b．連続シーズン
セ－817…藤井　栄治（神）'67. 9.17対洋～'73. 7.15対洋
パ－927…聖澤　諒（楽）'10. 9.22対日～'15. 3.29対日
日－337…坪内　道典（中）'48. 4.10対急～'49. 4.16対大

Ⅶ．チーム守備記録

（注）ゲーム最少記録は9回（3アウトまで）を守った
　　　試合の記録のみ。
　　　両チーム計の記録は9回裏のない試合も含む。

A．守備率
1. 最高守備率
セ－.992…中　　日 '19　試合 143
　　　　　　　　　　　（守備機会 5373　失策 45）
パ－.993…ソフトバンク '17　試合 143
　　　　　　　　　　　（守備機会 5281　失策 38）
日－.973…阪　　急 '47　試合 119
　　　　　　　　　　　（守備機会 4815　失策132）
2. 最低守備率
セ－.957…西日本 '50　試合 136
　　　　　　　　　　　（守備機会 5444　失策235）
パ－.958…近　　鉄 '50　試合 120
　　　　　　　　　　　（守備機会 4790　失策202）

B．守備機会
1. 最多守備機会
　a．シーズン
セ－5754…阪　神 '50　試合 140
パ－6482…大　映 '56　試合 154
日－5822…中　日 '48　試合 140
　b．ゲーム
セ－57…中　　日 '51. 8. 21　対国
パ－55…大　　映 '57. 5. 13　対毎
日－57…大東京 '37. 3. 28　対急
　　名古屋 '39. 9. 24　対イ
　c．ゲーム　－内野手－
セ－46…大　　洋 '52. 8. 14　対広
パ－48…近　　鉄 '65. 8. 27　対急
日－47…名古屋 '39. 9. 24　対イ
　d．ゲーム　－外野手－
セ－17…広　　島 '52. 4. 6　対神第2
　　大　　洋 '72. 7. 15　対広
　　広　　島 '77. 4. 16　対神
パ－19…ダイエー '89. 4. 8　対日
　17…西　　鉄 '55. 8. 6　対大
　　南　　海 '71. 9. 19　対西第2
　　東　　映 '72. 7. 19　対南
日－17…7度
　e．ゲーム　－両チーム－
セ－ 98…国 50－48 洋 '50. 5. 21
　　国 51－47 洋 '52. 5. 18
パ－ 99…大 50－49 東 '55. 7. 23
日－102…イ 48－54 鯱 '37. 11. 7
　　　　　　　　（9回まで、11回で118）
　　イ 45－57 名 '39. 9. 24
2. 最少守備機会
　a．シーズン
セ－3992…広　島 '51　試合 99
パ－3838…阪　急 '51　試合 96
　b．ゲーム
セ－27…中　　日 '83. 5. 25　対神
パ－28…多数あり

日－30…3度
　c．ゲーム　－内野手－
セ－ 5…阪　神 '21. 4. 8　対巨
パ－ 4…ロッテ '23. 8. 13　対武
日－ 9…巨　人 '37. 5. 8　対急
　d．ゲーム　－外野手－
セ、パ、日－ 0…多数あり
　e．ゲーム　－両チーム－
セ－56…神 28－28 ヤ '82. 6. 9
パ－59…京 26－33 西 '66. 6. 28
日－59…陽 30－29 映 '48. 9. 9

C．刺　殺
1. 最多刺殺
　a．シーズン
セ－3979…阪　　神 '05　試合 146
パ－4246…南　　海 '56　試合 154
日－3820…急　　映 '48　試合 140
　b．ゲーム　－内野手－
セ－24…大　　洋 '50. 9. 30　対巨
　　巨　　人 '58. 9. 21　対神第1
　　大　　洋 '60. 9. 18　対神第1
パ－25…西　　鉄 '50. 9. 19　対急
　26…タイガース '40. 8. 7　対セ
　c．ゲーム　－外野手－
セ－17…大　　洋 '72. 7. 15　対広
　　ヤクルト '80. 9. 19　対神第2
パ－18…ダイエー '89. 4. 8　対日
　17…南　　海 '71. 9. 19　対西第2
　　東　　映 '72. 7. 19　対南
日－17…大　　映 '49. 6. 4　対東
2. 最少刺殺
　a．シーズン
セ－2626…広　　島 '51　試合 99
パ－2577…阪　　急 '51　試合 96
　b．ゲーム　－内野手－
セ－ 3…巨　　人 '55. 6. 12　対洋第2
パ－ 3…ロッテ '23. 8. 13　対武
日－ 5…巨　　人 '49. 11. 16　対映
　c．ゲーム　－外野手－
セ、パ、日－ 0…多数あり

D．補　殺
1. 最多補殺
　a．シーズン
セ－1810…阪　　神 '65　試合 140
パ－2145…大　　映 '56　試合 154
日－1798…中　　日 '48　試合 140
　b．ゲーム
セ－26…名古屋 '51. 8. 21　対国
パ－25…近　　鉄 '50. 3. 31　対毎
日－24…3度
　c．ゲーム　－内野手－
セ－22…中　　日 '63. 5. 18　対広
　　巨　　人 '80. 7. 25　対神
パ－22…近　　鉄 '65. 8. 27　対急
日－21…大　　洋 '42. 9. 26　対南
　　阪　　急 '46. 8. 25　対ゴ
　d．ゲーム　－外野手－
セ－ 4…名古屋 '53. 4. 7　対国
　　横　　浜 '01. 9. 26　対神
パ－ 4…阪　　急 '60. 8. 6　対近
日－ 3…多数あり
　e．ゲーム　－両チーム－
セ－41…洋 22－19 国 '59. 10. 13第2
　　巨 24－17 神 '99. 6. 11
パ－42…東 21－21 大 '55. 7. 23
日－42…ゴ 19－23 急 '46. 8. 25
　　巨 21－21 ゴ '46. 9. 1

2. 最少補殺
 a．シーズン
セ－1187…国　　鉄　'51　試合107
パ－1117…阪　　急　'51　試合96
 b．ゲーム
セ－0…中　　日　'83. 5.25　対神
パ－1…多数あり
日－3…多数あり
 c．ゲーム　－内野手－
セ－0…6度
パ－0…8度
日－0…巨　　人　'37. 5. 8　対急
 d．ゲーム　－両チーム－
セ－4…ヤ　1－3　神　'82. 6. 9
パ－5…オ　1－4　近　'90. 5.29
日－8…セ　4－4　急　'39. 7.12
　　　　陽　3－5　映　'48. 9. 9

E．失　　策

1. 最多失策
 a．シーズン
セ－235…西日本　'50　試合136
パ－213…毎　　日　'56　試合154
日－253…南　　海　'40　試合105
 b．ゲーム
セ－8…西日本　'50. 9. 5　対巨
パ－10…トンボ　'55. 8. 1　対毎
日－10…阪　　急　'46. 5.27　対グ
　　　　大　　陽　'49. 8.25　対南
 c．イニング
セ－5…中　　日　'63. 7.20　対国の2回
パ－5…毎　　日　'55. 6.25　対東の3回
　　　　大　　毎　'61. 6.11　対近第2の4回
日－6…金　　鯱　'38. 6.19　対タの1回
　　5…大東京　'36. 5. 5　対鯱の1回
　　　　阪　　急　'43. 4.28　対名の1回
　　　　阪　　急　'48. 7. 5　対中の8回
　　　　阪　　神　'49. 9.29　対急の6回
 d．ゲーム　－両チーム－
セ－11…国　6－5　巨　'51. 9. 7
パ－10…毎　7－3　東　'54. 5.27
　　　　ト　10－0　毎　'55. 8. 1
交－7…ヤ　6－1　日　'13. 6. 9
日－14…セ　6－8　神　'46. 7.15
2. 最少失策
 a．シーズン
セ－43…巨　　人　'20　試合120
　　45…中　　日　'04　試合138
　　　　中　　日　'19　試合143
　　　　巨　　人　'21　試合143
パ－38…西　　武　'91　試合130
　　　　ソフトバンク　'17　試合143

F．併　　殺

1. 最多併殺
 a．シーズン
セ－192…阪　　神　'53　試合130
パ－178…南　　海　'63　試合150
日－186…中　　日　'49　試合137
 b．ゲーム
セ－6…中　　日　'50. 4.29　対巨
　　　　大　　洋　'72. 7.30　対中第1
　　　　大　　洋　'76. 8.10　対広
　　　　巨　　人　'80. 7.25　対神
　　　　横　浜　'95. 5.17　対巨
　　　　広　　島　'96. 8.18　対横
パ－6…西　　鉄　'54. 3.31　対高
　　　　阪　　急　'66. 5. 3　対東第1
　　　　西　　鉄　'70. 4.23　対ロ
　　　　南　　海　'72. 5. 3　対ロ
　　　　クラウン　'77. 9.30　対急

　　　　西　　武　'86. 8.26　対ロ
　　　　近　　鉄　'95. 4.26　対日
　　　　近　　鉄　'00. 8.12　対ダ
　　　　ダイエー　'01. 4.18　対ロ
　　　　ソフトバンク　'07. 5.16　対オ
日－6…阪　　急　'40. 11. 6　対巨
　　　　大　　洋　'41. 5.12　対南
　　　　巨　　人　'46. 8.20　対パ
 c．ゲーム　－両チーム－
セ－8…洋　5－3　神　'51. 7.29
　　　　広　4－4　洋　'57. 4.14第1
　　　　中　5－3　ヤ　'70. 10.24
　　　　神　5－3　洋　'72. 9.11
　　　　　(9回まで、12回で10 神6－4洋)
　　　　中　5－3　ヤ　'79. 7.29
　　　　横　5－3　神　'04. 4. 7
パ－9…西　6－3　高　'54. 3.31
交－8…ロ　5－3　ディ　'13. 5.26
日－8…セ　4－4　タ　'39. 11. 16
　　　　名　3－5　巨　'42. 4.28
　　　　パ　2－6　巨　'46. 8.20
　　　　陽　5－3　中　'47. 5. 10
2. 連続イニング併殺
セ－6…中　　日　'50. 4.29　対巨3～8回
パ－6…西　　鉄　'70. 4.23　対巨1～6回
　　　　近　　鉄　'95. 4.26　対日1～6回
日－5…阪　　急　'38. 6. 4　対セ1～5回
　　　　西　　鉄　'43. 10.27　対南2～6回
　　　　南　　海　'47. 9.22　対金2～6回
3. 最少併殺
 a．シーズン
セ－83…大　　洋　'81　試合130
パ－81…大　　映　'51　試合101
4. 三重殺（セ－61度、パ－86度、日－27度）
セ－松　　竹　'50. 5.16　対国の9回
　　中　　日　'50. 8.23　対本の8回
　　中　　日　'50. 10.18　対広の3回
　　大　　洋　'51. 7.29　対神の2回
　　国　　鉄　'52. 5.18　対洋第1の3回
　　大巨人　'52. 5.24　対巨の9回
　　巨　　人　'52. 7.27　対松第1の7回
　　広　　島　'53. 5.10　対名第2の1回
　　国　　鉄　'53. 7.25　対神の1回
　　洋　　松　'54. 5.15　対広の3回
　　日　　中　'54. 8.29　対国第1の7回
　　阪　　神　'54. 9.16　対国の4回
　　大広島　'57. 5. 5　対広第2の6回
　　広　　島　'57. 7.24　対神の6回
　　阪　　神　'60. 8.21　対中の4回
　　国　　鉄　'63. 6.29　対広の2回
　　巨　　人　'64. 8. 6　対サの7回
　　広　　島　'65. 6.12　対巨の7回
　　サンケイ　'65. 7.14　対巨の7回
　　中　　日　'66. 4.19　対神の3回
　　サンケイ　'67. 5.21　対巨の2回
　　阪　　神　'67. 9.11　対巨の6回
　　大　　洋　'67. 9.14　対広の8回
　　巨　　人　'68. 4.24　対中の5回
　　巨　　人　'70. 4.30　対ヤの7回
　　広　　島　'70. 9.24　対洋の6回
　　阪　　神　'71. 6. 5　対巨第1の2回
　　広　　島　'72. 10. 8　対ヤ第2の5回
　　大　　洋　'73. 8.12　対広第2の7回
　　ヤクルト　'74. 5.14　対ヤの2回
　　広　　島　'74. 6.19　対ヤの8回
　　広　　島　'74. 9. 8　対巨の2回
　　中　　日　'76. 7.11　対神の7回
　　中　　広　'76. 6. 3　対巨の8回
　　広　　島　'76. 7.24　対ヤの7回
　　ヤクルト　'76. 8.21　対中の3回
　　中　　日　'77. 7.17　対洋の4回
　　ヤクルト　'77. 8.21　対中の6回
　　大　　洋　'77. 9.17　対中の5回

ヤクルト　'78. 4. 27　対洋の4回
巨　人　'81. 9. 22　対神の2回
大　洋　'82. 4. 29　対広の8回
大　洋　'82. 9. 14　対洋の2回
巨　人　'83. 6. 24　対広の3回
ヤクルト　'89. 6. 11　対巨の6回
大　洋　'89. 9. 10　対神の2回
広　島　'91. 4. 28　対ヤの5回
広　島　'92. 5. 21　対中の8回
広　島　'92. 7. 16　対中の2回
ヤクルト　'96. 7. 26　対中の9回
巨　人　'97. 8. 9　対中の5回
中　日　'99. 5. 27　対神の1回
中　日　'00. 5. 14　対広の2回
広　島　'00. 7. 20　対横の3回
巨　人　'01. 5. 7　対中の2回
阪　神　'02. 8. 8　対広の3回
横　浜　'03. 10. 9　対広の9回
阪　神　'04. 7. 27　対中の6回
巨　人　'06. 6. 14　対楽の6回
中　日　'10. 10. 2　対横の3回
日　'22. 4. 27　対神の4回

パー東　急　'50. 5. 11　対大の7回
南　海　'50. 7. 8　対大の4回
阪　急　'50. 9. 10　対西の2回
西　鉄　'51. 9. 10　対大の1回
大　映　'51. 10. 7　対東の7回
南　海　'52. 5. 28　対近の8回
大　映　'52. 6. 29　対毎第2の1回
　　　　　　　　対毎第2の10回

大　映　'52. 10. 2　対南の1回
阪　急　'54. 7. 6　対南の8回
近　鉄　'54. 8. 26　対毎の8回
毎　日　'54. 9. 1　対西の6回
日　日　'54. 9. 26　対西の7回
近　鉄　'55. 4. 29　対毎の4回
近　鉄　'55. 5. 5　対西の8回
東　映　'55. 5. 31　対近第1の1回
毎　日　'55. 7. 12　対南の7回
トンボ　'55. 7. 30　対近第2の1回
西　鉄　'55. 8. 6　対大の9回
東　映　'56. 7. 21　対西第1の9回
阪　急　'56. 7. 22　対高第2の5回
南　海　'56. 9. 11　対東の1回
大　映　'56. 10. 2　対南の8回
南　海　'57. 6. 9　対東第1の8回
西　鉄　'57. 8. 8　対毎の4回
大　映　'57. 8. 21　対近第2の4回
南　海　'59. 5. 27　対東第2の7回
毎　日　'60. 9. 26　対近の8回
大　映　'62. 6. 24　対近第2の6回
南　海　'62. 7. 8　対近第1の2回
東　映　'62. 7. 12　対南の1回
大　映　'63. 4. 21　対南第2の7回
南　海　'63. 8. 8　対急の2回
東　映　'64. 7. 19　対近第2の7回
南　海　'66. 6. 23　対急の9回
南　海　'66. 7. 24　対近第1の8回
阪　急　'66. 8. 14　対近第2の2回
東　京　'66. 8. 17　対近の6回
西　鉄　'67. 5. 7　対南の2回
阪　急　'67. 7. 4　対東の2回
阪　急　'67. 7. 30　対京第1の2回
南　海　'69. 8. 19　対京の9回
西　鉄　'71. 5. 23　対ロの2回
日　拓　'73. 5. 12　対急の7回
近　鉄　'73. 7. 1　対南の2回
太平洋　'74. 9. 29　対ロ第1の8回
南　海　'77. 9. 7　対日の4回
ロッテ　'78. 7. 16　対近第2の7回
日本ハム　'79. 4. 29　対武の7回
ロッテ　'79. 5. 13　対日の7回
ロッテ　'79. 7. 11　対日の8回

南　海　'79. 9. 5　対武の1回
阪　急　'80. 5. 12　対南の3回
日本ハム　'80. 5. 16　対急の2回
日本ハム　'82. 4. 22　対ロの5回
ロッテ　'82. 5. 18　対南の1回
南　海　'82. 6. 29　対近の4回
日本ハム　'82. 8. 1　対急第2の3回
ロッテ　'87. 5. 6　対日の1回
日本ハム　'87. 9. 2　対近の2回
南　海　'87. 9. 17　対武の6回
ダイエー　'89. 7. 19　対近の3回
日本ハム　'93. 10. 2　対オの2回
ロッテ　'94. 5. 2　対武の7回
日本ハム　'94. 9. 23　対武の2回
オリックス　'96. 5. 19　対ダの3回
日本ハム　'97. 8. 28　対オの4回
ダイエー　'99. 5. 5　対オの3回
近　鉄　'99. 9. 16　対オの3回
近　鉄　'99. 9. 25　対ロの6回
西　武　'99. 10. 3　対オの6回
西　武　'00. 8. 25　対近の1回
西　武　'00. 9. 2　対日の2回
日本ハム　'00. 9. 27　対オの4回
近　鉄　'02. 5. 12　対日の3回
ロッテ　'02. 6. 25　対武の7回
近　鉄　'02. 6. 29　対ダの7回
日本ハム　'06. 9. 16　対ロの3回
日本ハム　'09. 4. 7　対日の1回
オリックス　'09. 4. 23　対武の4回
西　武　'12. 7. 1　対日の2回
西　武　'12. 8. 17　対楽の6回
ソフトバンク　'14. 4. 22　対日の3回
西　武　'18. 8. 28　対楽の1回
西　武　'21. 8. 14　対ロの1回
西　武　'22. 4. 10　対ソの5回
日ーライオン　'38. 10. 23　対名の1回
イーグルス　'39. 4. 2　対名の8回
巨　人　'39. 6. 17　対名の1回
セネタース　'39. 10. 11　対名の1回
巨　人　'40. 10. 7　対セの2回
ライオン　'40. 10. 8　対巨の8回
阪　急　'41. 10. 12　対巨の6回
阪　急　'42. 5. 20　対朝の3回
巨　人　'42. 6. 22　対南の1回
巨　人　'42. 9. 28　対南の1回
西　鉄　'43. 4. 17　対南の2回
朝　日　'43. 7. 5　対和の2回
朝　日　'43. 10. 31　対西の3回
巨　人　'44. 7. 9　対中の10回
グレートリング　'46. 7. 25　対中の9回
阪　神　'46. 7. 29　対パの2回
巨　人　'47. 6. 9　対東の10回
中　日　'47. 10. 8　対金の8回
東　急　'47. 10. 29　対南の1回
阪　急　'48. 4. 22　対巨の2回
中　日　'48. 7. 3　対神の8回
南　海　'48. 8. 28　対金の1回
中大陽　'48. 11. 3　対陽第1の3回
大　阪　'49. 5. 4　対大の8回
東　急　'49. 5. 28　対陽の5回
大　映　'49. 8. 26　対大の8回
大　陽　'49. 9. 6　対急の4回

5. 無補殺三重殺
セーなし
パー阪　急　'67. 7. 30　対京第1の2回
　　　　　　　　二塁手（住友　　平）

日ーなし

G. 捕　　逸
1. 最多捕逸
　a. シーズン
セ-19…阪　神　'79　試合 130

```
パー27…ロ ッ テ    '90   試合 130
日－27…ライオン    '39   試合  96
 b．ゲーム
セー 3…巨    人    '52.  9. 15 対神第2
      阪    神    '53.  5. 10 対巨
      国    鉄    '59.  5.  3 対神第2
      巨    人    '84.  8. 14 対神
      ヤクルト    '87.  4. 17 対洋
      ＤｅＮＡ    '15.  7.  1 対中
パー 4…ロ ッ テ    '86. 10.  2 対急
日－ 3…6度
2．最少捕逸
 a．シーズン
セー 1…広    島    '79   試合 130
パー 0…オリックス  '16   試合 143
```

プロ野球全球場別本塁打（1936〜2023）

球場名	本塁打	球場名	本塁打	球場名	本塁打
後楽園スタヂアム	10416	長崎市営	68	豊橋市営	23
神宮	8151	長岡悠久山	67	倉敷市営	22
東京ドーム	7422	帯広の森	67	県立彦根	21
甲子園	6769	熊本藤崎台	66	甲府緑が丘	21
広島市民	6536	県営大宮	66	那覇市営奥武山	21
ベルーナドーム	5754	小倉豊楽園	65	県営甲府飯田	20
ナゴヤ	5677	春日原	63	ひたちなか市民	19
横浜スタジアム	5449	大須	63	下諏訪町営	19
大阪	4817	県立敷島公園	59	出雲	19
川崎	4691	松山坊っちゃん	59	松阪市営	19
西宮	4204	福山市民（旧）	58	松江市営（旧）	18
平和台	3356	横浜平和	57	西条御建	18
福岡PayPayドーム	3280	県営新大分	53	飯田城下	18
ZOZOマリンスタジアム	3136	函館千代台公園	52	宇都宮清原	17
日生	3094	呉市二河	51	県営向之芝	17
京セラドーム大阪	2855	福山市民（新）	49	佐世保	17
楽天モバイルパーク宮城	2438	青森県営	48	柏崎市佐藤池	17
ほっともっと神戸	2116	郡山開成山	48	姫路市立	17
バンテリンドーム ナゴヤ	2115	米子市民	46	下関（新）	16
藤井寺	1929	県営松本	44	刈谷市営	16
東京スタジアム	1916	平塚	44	弘前市営	16
札幌ドーム	1575	秋田こまち	44	久留米ブリヂストン	15
マツダスタジアム	1565	新潟県立鳥屋野潟	43	熊谷市営	15
北九州市民	778	豊橋市民	42	香椎	15
西京極	727	洲崎	40	富洲原	15
札幌円山	627	福井市営（旧）	38	県営水戸	14
駒澤	584	香川県営	37	山本	14
静岡草薙	355	三次市営（旧）	37	市川国府台	14
石川県立	244	三重交通山田	37	神戸市民	14
岡山県営	232	上田市営	37	倉吉市営	14
秋田八橋	219	熊本水前寺	36	富山神通	14
浜松	184	高崎城南	36	宮崎県総合運動公園	14
広島総合	176	桐生新川	35	宇都宮総合	13
旭川市スタルヒン	161	いわきグリーンスタジアム	33	中津市営	13
山形県野球場	154	釧路市民	33	佐賀県立	13
岩手県営	152	松山市営	30	上越市高田公園	12
京都衣笠	120	鳴海	30	千葉公園	12
福井県営	117	大分県立	27	徳山毛利	12
県立鴨池	115	長崎ビッグN	27	尾道しまなみ	12
県営兼六園	113	徳山市営	26	三次きんさい	12
下関（旧）	112	仙台評定河原	25	弘前市運動公園	12
県営富山	108	長野県営	25	県営小瀬スポーツ公園	11
長野市営城山	107	宇部市	24	山形市営	11
新潟市営鳥屋野	98	松江市営（新）	24	市立相模原	11
エスコンフィールドHOKKAIDO	97	松本市	24	秋田手形	11
岐阜県営長良川	96	新潟白山	24	西大寺	11
長野オリンピック	92	函館市民	24	島田	11
倉敷マスカット	88	福島信夫ヶ丘	24	日立会瀬	11
富山アルペン	83	高松市立中央	23	八戸長根	11
県営あづま	74	長岡	23	飯塚市営	11

球場名	本塁打	球場名	本塁打	球場名	本塁打
高岡工専	10	浅間町営	5	多治見市営	2
山口市民	10	大牟田三池	5	帯広市営緑ヶ丘	2
上井草	10	長崎商高グラウンド	5	大竹警察学校	2
水戸水府	10	尾道西高校	5	大牟田延命（新）	2
盛岡市営	10	宝塚	5	大連満倶	2
足利市営	10	盛岡南公園	5	土浦市営	2
徳島西の丸	10	県営天台	4	苫小牧市営（旧）	2
明石公園	10	戸塚	4	敦賀運動公園	2
会津若松市営	9	高岡城光寺	4	萩市民	2
茅ヶ崎市営	9	佐世保市営	4	八幡桃園	2
金沢公設	9	室蘭新日鐵	4	美吉野	2
県営奥武山	9	小樽桜ヶ丘	4	福生グラウンド	2
台北天母	9	小野田市営	4	奉天満鐵	2
大牟田延命（旧）	9	沼津市営	4	北見市営（旧）	2
八王子市営	9	上山田	4	あいづ	1
防府市営	9	新発田市営	4	丸亀城内	1
杵島炭鉱	8	大田原市営	4	宮崎市営	1
厚狭	8	津市営	4	郡山麓山（はやま）	1
沼田公園	8	鶴岡市営	4	堺大浜	1
銚子市営	8	米子湊山	4	鹿沼御殿山	1
八幡大谷	8	別府市営（旧）	4	秋田県立（旧）	1
武蔵野グリーンパーク	8	北見東陵公園	4	新京児玉公園	1
舞鶴中（なか）グラウンド	8	市営追浜	3	太田市営東山	1
宇都宮常設	7	浦和市営	3	大三沢リッドル	1
釧路市営	7	岩国市民	3	鳥取市営	1
県営紀三井寺	7	県営鳴門	3	浜田市	1
佐賀市民	7	県立橿原	3	平中市営	1
昭島市営	7	札幌中島	3	呉広	1
中百舌鳥	7	滋賀大津	3	伊勢倉田山公園	0
奈良春日野	7	小見川町営	3	花巻市営	0
福山三菱電機	7	松本市営	3	皇子山	0
福知山市民	7	川越初雁	3	小松運動公園	0
門司老松	7	滝川町営	3	石巻水押	0
県立保土ヶ谷	6	都城市営	3	唐津舞鶴	0
左賀祐徳	6	磐田城山	3	島原市営	0
鴨池市民	6	米沢市営（旧）	3	奈良鴻ノ池	0
県営蔵本	6	木更津市営	3	柏崎高校	0
高知市営	6	夕張鹿の谷	3	白河市営城山	0
四日市グラウンド	6	鞍山昭和	2	姫路城内	0
水戸市民	6	伊那市営	2	福井市立高校	0
津山市営	6	一宮市営	2	豊川いなり外苑	0
阪田今宮	6	釜石小佐野	2		
伊東スタジアム	5	挙母トヨタ	2	合計	108714
一関希望ヶ丘	5	高岡鐘紡	2		
各務原	5	今治市営	2		
桐生	5	三条市民	2		
県営千葉寺公園	5	山形市	2		
市営岡谷	5	酒田光ヶ丘	2		
土砂川	5	西京スタジアム	2		
新南陽	5	青森市営	2		

球場名＝本拠地球場以外は最後に
公式戦を行った時の通称。

一リーグ球場別本塁打（1936〜1949）

球場名	本塁打	1936	1937	1938	1939	1940	1941	1942	1943	1944	1946	1947	1948	1949
後楽園スタヂアム	1521	−	84	149	134	85	93	94	63	21	151	156	200	291
甲子園	352	9	7	10	8	4	0	4	4	2	−	60	62	182
西宮	202	−	29	10	4	7	5	8	6	0	40	21	18	54
京都衣笠	82	−	−	−	−	−	−	−	−	−	−	−	4	78
中日スタヂアム	64	−	−	−	−	−	−	−	−	−	−	−	−	64
洲崎	40	7	32	1	−	−	−	−	−	−	−	−	−	−
金沢兼六園	26	−	−	−	−	−	−	−	−	−	−	−	9	17
宇治山田	23	−	−	−	−	−	−	−	−	−	−	−	11	12
大須	21	−	−	−	−	−	−	−	−	−	−	−	21	−
仙台評定河原	18	−	−	−	−	−	−	−	−	−	−	−	9	9
山本	14	14	−	−	−	−	−	−	−	−	−	−	−	−
長野市営城山	13	−	−	−	−	−	−	−	−	−	−	0	0	13
豊橋市営	13	−	−	−	−	−	−	−	−	−	−	−	8	5
函館市民	11	−	−	−	−	−	0	−	−	−	−	−	3	8
高岡工専	10	−	−	−	−	−	−	−	−	−	10	−	−	−
金沢公設	9	−	−	−	−	−	−	−	−	−	9	−	−	−
香椎	9	−	−	−	−	−	−	−	−	−	1	−	−	8
富洲原	9	−	−	−	−	−	−	−	−	−	−	−	−	9
横浜ゲーリッグ	8	−	−	−	5	0	−	0	0	−	−	−	3	−
桐生新川	8	−	−	−	−	−	−	−	−	−	−	2	−	6
舞鶴中（なか）	8	−	−	−	−	−	−	−	−	−	−	−	−	8
倉敷市営	8	−	−	−	−	−	−	−	−	−	−	−	−	8
高松市立中央	8	−	−	−	−	−	−	−	−	−	−	−	−	8
松山市営	8	−	−	−	−	−	−	−	−	−	−	−	−	8
上井草	7	4	3	0	−	−	−	−	−	−	−	−	−	−
鳴海	7	2	−	0	−	1	−	−	−	−	−	−	4	0
中百舌鳥	7	−	−	−	4	0	2	1	−	−	−	−	−	−
高崎城南	7	−	−	−	−	−	−	−	−	−	−	−	2	5
富山神通	7	−	−	−	−	−	−	−	−	−	−	−	0	7
浜松	7	−	−	−	−	−	−	−	−	−	−	−	6	1
大分春日浦	7	−	−	−	−	−	−	−	−	−	−	−	1	6
日立会瀬	7	−	−	−	−	−	−	−	−	−	−	−	−	7
新潟白山	6	−	−	−	−	−	−	−	−	−	−	−	1	5
県営長良川	6	−	−	−	−	−	−	−	−	−	−	−	−	6
宝塚	5	5	−	−	−	−	−	−	−	−	−	−	−	−
県営千葉寺公園	5	−	−	−	−	−	−	−	−	−	−	−	1	4
各務原	5	−	−	−	−	−	−	−	−	−	−	−	5	−
福井市営（旧）	5	−	−	−	−	−	−	−	−	−	−	−	−	5
戸塚	4	4	−	−	−	−	−	−	−	−	−	−	−	−
札幌円山	4	−	−	−	−	−	−	0	−	−	0	−	1	3
熊本水前寺	4	−	−	−	−	−	−	−	−	−	0	−	4	−
上田市営	4	−	−	−	−	−	−	−	−	−	−	−	1	3
福山三菱電機	4	−	−	−	−	−	−	−	−	−	−	−	1	3
鶴岡市営	4	−	−	−	−	−	−	−	−	−	−	−	−	4
福知山市営	4	−	−	−	−	−	−	−	−	−	−	−	−	4

球場名	本塁打	1936	1937	1938	1939	1940	1941	1942	1943	1944	1946	1947	1948	1949
西京極	3	—	—	1	—	—	—	0	—	—	—	—	2	—
神戸市民	3	—	—	—	0	2	—	1	0	—	—	—	—	—
静岡草薙	3	—	—	—	—	—	—	—	—	—	—	—	0	3
滋賀大津	3	—	—	—	—	—	—	—	—	—	—	—	—	3
奈良春日野	3	—	—	—	—	—	—	—	—	—	—	—	—	3
大連満倶	2	—	—	—	—	2	—	—	—	—	—	—	—	—
鞍山昭和	2	—	—	—	—	2	—	—	—	—	—	—	—	—
奉天満鐵	2	—	—	—	—	2	—	—	—	—	—	—	—	—
徳島西の丸	2	—	—	—	—	—	—	—	—	—	—	1	1	—
福島信夫ヶ丘	2	—	—	—	—	—	—	—	—	—	—	—	1	1
銚子市営	2	—	—	—	—	—	—	—	—	—	—	—	2	—
高岡鐘紡	2	—	—	—	—	—	—	—	—	—	—	—	2	—
春日原	2	—	—	—	—	—	—	—	—	—	—	—	2	—
飯塚市営	2	—	—	—	—	—	—	—	—	—	—	—	2	—
県立彦根	2	—	—	—	—	—	—	—	—	—	—	—	0	2
門司老松	2	—	—	—	—	—	—	—	—	—	—	—	0	2
秋田八橋	2	—	—	—	—	—	—	—	—	—	—	—	—	2
宇都宮総合	2	—	—	—	—	—	—	—	—	—	—	—	—	2
堺大浜	1	—	—	—	1	—	—	—	—	—	—	—	—	—
新京児玉公園	1	—	—	—	—	1	—	—	—	—	—	—	—	—
旭川市営	1	—	—	—	—	—	—	—	—	—	—	—	1	—
盛岡市営	1	—	—	—	—	—	—	—	—	—	—	—	1	—
郡山麓山（はやま）	1	—	—	—	—	—	—	—	—	—	—	—	1	—
県営大宮	1	—	—	—	—	—	—	—	—	—	—	—	1	0
広島総合	1	—	—	—	—	—	—	—	—	—	—	—	0	1
県立保土ヶ谷	1	—	—	—	—	—	—	—	—	—	—	—	—	1
一宮市営	1	—	—	—	—	—	—	—	—	—	—	—	—	1
明石公園	1	—	—	—	—	—	—	—	—	—	—	—	—	1
鴨池市民	1	—	—	—	—	—	—	—	—	—	—	—	—	1
藤井寺	0	—	—	—	—	—	—	—	—	—	0	—	—	—
八幡大谷	0	—	—	—	—	—	—	—	—	—	0	—	—	—
長野県営	0	—	—	—	—	—	—	—	—	—	—	0	0	0
帯広市営緑ヶ丘	0	—	—	—	—	—	—	—	—	—	—	—	0	—
宇都宮常設	0	—	—	—	—	—	—	—	—	—	—	—	0	—
神宮	0	—	—	—	—	—	—	—	—	—	—	—	0	—
福井市立高校	0	—	—	—	—	—	—	—	—	—	—	—	0	—
伊那町営	0	—	—	—	—	—	—	—	—	—	—	—	0	—
豊川いなり外苑	0	—	—	—	—	—	—	—	—	—	—	—	0	—
姫路城内	0	—	—	—	—	—	—	—	—	—	—	—	0	—
防府市設	0	—	—	—	—	—	—	—	—	—	—	ー	0	—
小倉豊楽園	0	—	—	—	—	—	—	—	—	—	—	—	0	—
山形市営	0	—	—	—	—	—	—	—	—	—	—	—	—	0
水戸水府	0	—	—	—	—	—	—	—	—	—	—	—	—	0
市営追浜	0	—	—	—	—	—	—	—	—	—	—	—	—	0
沼津市営	0	—	—	—	—	—	—	—	—	—	—	—	—	0
刈谷市営	0	—	—	—	—	—	—	—	—	—	—	—	—	0
合　計	2653	45	155	171	156	106	100	108	73	23	211	240	391	874

個人年度別打撃成績

個人年度別打撃成績

㊟1．出身校名の後（　）内数字は初登録年月。
　2．下段〔　〕内数字は実働年数。
　3．▲は打撃妨害。▼は走塁妨害。
　4．**太字**はシーズン・リーグ最高、最多。
　　　打率、長打率、出塁率はそれぞれ首位打者、最高
　　　長打率打者、最高出塁率打者を**太字**とする。
　　　'00、'04、'08は五輪出場選手特別措置あり。
　5．打率右の〇中数字はリーグ規定以上の順位。
　6．失策の−は守備出場なし。

A. アキーノ
アリスディアス・アキーノ　セナペック高　（'23.1）　'94. 4. 22生　右投右打　OF

年度	チーム	試合	打数	得点	安打	二塁打	三塁打	本塁打	塁打	打点	盗塁	盗塁刺	犠打	犠飛	四球計	故意四球	死球	三振	併殺打	打率	長打率	出塁率	失策
'23	(中)	20	65	2	10	4	0	1	17	6	0	1	0	1	2	0	0	32	0	.154	.262	.176	3

W. アストゥディーヨ
ウィリアンス・アストゥディーヨ　ヘネラルアンブロシオラザ高　（'23.1）　'91. 10. 14生　右投右打　1B

年度	チーム	試合	打数	得点	安打	二塁打	三塁打	本塁打	塁打	打点	盗塁	盗塁刺	犠打	犠飛	四球計	故意四球	死球	三振	併殺打	打率	長打率	出塁率	失策
'23	(ソ)	20	44	2	6	0	1	0	10	3	0	0	1	2	0	3	2	2		.136	.227	.220	1

A. アルカンタラ
アリスメンディ・アルカンタラ　コレヒオプロフェソルペゲロ高　（'22.1）　'91. 10. 29生　右投左右打　2B, OF, 3B, SS, 1B

年度	チーム	試合	打数	得点	安打	二塁打	三塁打	本塁打	塁打	打点	盗塁	盗塁刺	犠打	犠飛	四球計	故意四球	死球	三振	併殺打	打率	長打率	出塁率	失策
'22	(日)	97	263	27	55	6	0	14	103	28	4	6	0	1	21	1	0	87	3	.209	.392	.267	4
'23	(日)	41	113	14	23	6	0	4	41	10	1	0	3	0	9	0	0	41	1	.204	.363	.262	2
〔2〕		138	376	41	78	12	0	18	144	38	5	6	3	1	30	1	0	128	4	.207	.383	.265	6

Z. アルモンテ
ソイロ・アルモンテ　セナペック高　（'18.1）　'89. 6. 10生　右投左右打　OF

年度	チーム	試合	打数	得点	安打	二塁打	三塁打	本塁打	塁打	打点	盗塁	盗塁刺	犠打	犠飛	四球計	故意四球	死球	三振	併殺打	打率	長打率	出塁率	失策
'18	(中)	132	498	56	160	**37**	0	15	242	77	1	1	0	3	44	1	1	95	16	.321⑤	.486	.375	3
'19	(中)	49	164	19	54	8	0	7	83	25	0	1	0	1	8	1	1	37	6	.329	.506	.362	0
'20	(中)	62	214	32	63	9	0	9	99	29	1	0	0	2	30	2	2	42	9	.294	.463	.385	0
'23	(中)	28	53	3	10	1	0	1	14	2	0	0	0	0	1	0	0	18	2	.189	.264	.204	1
〔4〕		271	929	110	287	55	0	32	438	133	2	2	0	5	83	4	4	192	33	.309	.471	.366	4

T. アンバギー
トレイ・アンバギー　セントピーターズバーグ大　（'23.1）　'94. 10. 24生　右投右打　OF

年度	チーム	試合	打数	得点	安打	二塁打	三塁打	本塁打	塁打	打点	盗塁	盗塁刺	犠打	犠飛	四球計	故意四球	死球	三振	併殺打	打率	長打率	出塁率	失策
'23	(ディ)	4	8	0	1	0	0	0	1	0	0	0	0	0	0	0	0	3	0	.125	.125	.125	0

會澤　翼　あいざわ・つばさ　水戸短大付高　('07.1)　'88. 4. 13生　右投右打　C, OF, 1B

年度(チーム)	試合	打数	得点	安打	二塁打	三塁打	本塁打	塁打	打点	盗塁	盗塁刺	犠打	犠飛	四球計	故意四球	死球	三振	併殺打	打率	長打率	出塁率	失策
'09(広)	15	28	3	6	1	0	0	7	1	0	0	0	0	3	1	0	8	1	.214	.250	.290	0
'10(広)	32	53	4	9	1	0	1	13	5	0	0	1	0	2	0	0	16	3	.170	.245	.200	0
'11(広)	19	28	0	5	1	0	0	6	1	0	0	0	0	1	0	0	9	3	.179	.214	.207	0
'12(広)	28	66	4	13	3	0	0	16	2	0	1	0	0	2	0	2	7	2	.197	.242	.243	1
'13(広)	31	64	6	12	1	0	3	22	6	0	0	0	0	3	0	1	18	1	.188	.344	.235	0
'14(広)	65	179	25	55	9	0	10	94	30	0	1	2	1	16	5	2	28	6	.307	.525	.367	3
'15(広)	93	252	23	62	7	3	6	93	30	0	1	2	3	26	3	7	49	9	.246	.369	.330	5
'16(広)	83	197	18	47	7	0	7	75	26	1	1	4	1	14	0	4	42	7	.239	.381	.301	5
'17(広)	106	287	35	79	15	0	6	112	35	0	0	10	3	22	1	7	45	12	.275	.390	.339	2
'18(広)	106	315	42	96	18	1	13	155	42	0	0	5	4	39	5	14	56	6	.305	.492	.401	2
'19(広)	126	376	38	104	21	2	12	165	63	2	1	3	0	58	5	10	81	6	.277⑮	.439	.387	5
'20(広)	79	229	25	61	13	0	7	95	36	2	0	1	0	22	2	11	51	8	.266	.415	.359	2
'21(広)	70	180	18	46	10	0	3	65	22	0	0	3	1	16	2	4	33	8	.256	.361	.325	1
'22(広)	98	290	33	60	10	0	3	79	33	0	0	2	1	23	0	6	49	11	.207	.272	.276	3
'23(広)	54	116	6	20	4	0	1	27	10	0	0	2	1	10	0	4	26	4	.172	.233	.260	0
〔15〕	1005	2660	265	675	121	6	72	1024	342	5	5	32	21	257	24	72	518	87	.254	.385	.334	24

愛　斗　あいと（武田　愛斗・旧姓・大瀧）　花咲徳栄高　('16.1)　'97. 4. 6生　右投右打　OF

年度(チーム)	試合	打数	得点	安打	二塁打	三塁打	本塁打	塁打	打点	盗塁	盗塁刺	犠打	犠飛	四球計	故意四球	死球	三振	併殺打	打率	長打率	出塁率	失策
'17(武)	9	5	2	0	0	0	0	0	0	0	0	0	0	0	0	1	3	0	.000	.000	.167	0
'18(武)	2	3	0	0	0	0	0	0	0	0	0	0	0	0	0	0	1	0	.000	.000	.000	0
'19(武)	42	53	7	8	1	0	0	9	3	0	0	1	0	3	2	0	11	2	.151	.170	.196	5
'20(武)	7	13	0	2	0	0	0	2	3	0	0	0	1	0	0	0	5	2	.154	.154	.143	1
'21(武)	97	292	24	64	18	2	8	110	39	1	2	3	2	13	2	6	60	5	.219	.377	.265	2
'22(武)	121	366	34	89	19	0	9	135	28	9	4	14	1	10	0	2	70	7	.243	.369	.266	5
'23(武)	73	257	19	55	18	0	4	85	15	2	5	4	1	3	2	2	55	7	.214	.331	.228	1
〔7〕	351	989	86	218	56	2	21	341	88	12	11	22	5	29	6	11	205	23	.220	.345	.250	10

青木　宣親　あおき・のりちか　早稲田大　('04.1)　'82. 1. 5生　右投左打　OF, 2B

年度(チーム)	試合	打数	得点	安打	二塁打	三塁打	本塁打	塁打	打点	盗塁	盗塁刺	犠打	犠飛	四球計	故意四球	死球	三振	併殺打	打率	長打率	出塁率	失策
'04(ヤ)	10	15	1	3	0	0	0	3	0	1	0	0	0	1	0	0	6	0	.200	.200	.250	0
'05(ヤ)	144	588	100	202	26	4	3	245	28	29	7	18	1	37	0	5	113	5	.344①	.417	.387	1
'06(ヤ)	146	599	112	192	26	3	13	263	62	41	12	4	1	68	2	8	78	3	.321③	.439	.396	5
'07(ヤ)	143	557	114	193	26	2	20	283	58	17	6	4	3	80	15	8	66	4	.346①	.508	.434	1
'08(ヤ)	112	444	85	154	29	5	14	235	64	31	9	1	3	42	6	10	47	10	.347②	.529	.413	3
'09(ヤ)	142	531	87	161	23	2	16	236	66	18	10	1	4	75	4	13	65	9	.303⑥	.444	.400	3
'10(ヤ)	144	583	92	209	44	1	14	297	63	19	4	0	3	63	7	18	61	10	.358①	.509	.435	3
'11(ヤ)	144	583	73	170	18	5	4	210	44	8	3	0	5	51	6	9	55	6	.292⑦	.360	.358	3
'18(ヤ)	127	495	85	162	37	3	10	235	67	3	4	2	1	51	1	19	48	13	.327④	.475	.409	4
'19(ヤ)	134	489	84	145	19	2	16	216	58	1	2	1	3	61	2	11	72	13	.297	.442	.385	2
'20(ヤ)	107	357	64	113	30	1	18	199	51	2	1	0	1	62	2	5	51	6	.317③	.557	.424	0
'21(ヤ)	122	446	57	115	29	0	9	171	56	0	0	2	2	43	1	10	44	10	.258㉖	.383	.335	5
'22(ヤ)	81	222	27	55	8	1	5	80	22	3	0	0	3	20	2	8	24	7	.248	.360	.336	0
'23(ヤ)	96	217	25	55	8	0	3	72	34	0	0	0	3	39	0	4	28	11	.253	.332	.371	0
〔14〕	1652	6126	1006	1929	323	29	145	2745	658	175	59	29	30	701	46	123	762	107	.315	.448	.394	29

赤羽　由紘　あかはね・よしひろ　日本ウェルネス信州筑北高　('22.7)　'00. 6. 29生　右投右打　OF, 2B, 3B

年度(チーム)	試合	打数	得点	安打	二塁打	三塁打	本塁打	塁打	打点	盗塁	盗塁刺	犠打	犠飛	四球計	故意四球	死球	三振	併殺打	打率	長打率	出塁率	失策
'22(ヤ)	10	10	1	1	0	0	0	1	0	0	0	1	0	0	0	1	5	0	.100	.100	.182	0
'23(ヤ)	29	23	5	4	0	0	1	7	3	0	0	1	1	1	0	1	12	0	.174	.304	.231	0
〔2〕	39	33	6	5	0	0	1	8	3	0	0	2	1	1	0	2	17	0	.152	.242	.216	0

秋広　優人

あきひろ・ゆうと　二松學舎大付高（'21.1）　'02.9.17生　右投左打　OF, 1B

年度	チーム	試合	打数	得点	安打	二塁打	三塁打	本塁打	塁打	打点	盗塁	盗塁刺	犠打	犠飛	四球計	故意四球	死球	三振	併殺打	打率	長打率	出塁率	失策
'21	(巨)	1	1	0	0	0	0	0	0	0	0	0	0	0	0	0	0	0	0	.000	.000	.000	－
'23	(巨)	121	406	36	111	18	2	10	163	41	0	1	2	3	26	2	2	79	9	.273	.401	.318	5
〔2〕		122	407	36	111	18	2	10	163	41	0	1	2	3	26	2	2	79	9	.273	.400	.317	5

秋山　翔吾

あきやま・しょうご　八戸大（'11.1）　'88.4.16生　右投左打　OF

年度	チーム	試合	打数	得点	安打	二塁打	三塁打	本塁打	塁打	打点	盗塁	盗塁刺	犠打	犠飛	四球計	故意四球	死球	三振	併殺打	打率	長打率	出塁率	失策
'11	(武)	110	284	35	66	9	6	1	90	21	8	5	8	0	15	0	6	63	1	.232	.317	.285	5
'12	(武)	107	403	50	118	17	8	4	163	37	10	5	15	1	28	0	3	70	7	.293⑥	.404	.343	4
'13	(武)	144	564	89	152	25	7	13	230	58	13	6	12	2	49	1	7	89	8	.270㉔	.408	.334	4
'14	(武)	131	475	64	123	24	6	4	171	47	3	3	11	2	70	2	3	98	4	.259㉔	.360	.356	3
'15	(武)	143	602	108	216	36	10	14	314	55	17	17	7	2	60	2	4	78	6	.359②	.522	.419	2
'16	(武)	143	578	98	171	32	4	11	244	62	18	6	0	6	77	2	10	103	2	.296⑦	.422	.385	0
'17	(武)	143	575	106	185	38	5	25	308	89	16	5	0	7	72	1	5	97	4	.322①	.536	.398	3
'18	(武)	143	603	107	195	39	8	24	322	82	15	10	0	1	77	4	4	96	3	.323②	.534	.403	4
'19	(武)	143	590	112	179	31	4	20	278	62	12	8	0	1	78	2	9	108	8	.303⑤	.471	.392	5
'22	(広)	44	155	19	41	6	1	5	64	26	0	0	0	3	11	0	6	34	1	.265	.413	.333	0
'23	(広)	115	434	48	119	20	6	4	163	38	8	3	9	1	35	3	4	81	12	.274⑬	.376	.333	4
〔11〕		1366	5263	836	1565	277	65	125	2347	577	120	68	62	25	572	17	61	917	61	.297	.446	.371	34

浅野　翔吾

あさの・しょうご　高松商業高（'23.1）　'04.11.24生　右投右打　OF

年度	チーム	試合	打数	得点	安打	二塁打	三塁打	本塁打	塁打	打点	盗塁	盗塁刺	犠打	犠飛	四球計	故意四球	死球	三振	併殺打	打率	長打率	出塁率	失策
'23	(巨)	24	40	2	10	1	0	1	14	5	0	2	0	0	1	0	0	14	0	.250	.350	.268	0

淺間　大基

あさま・だいき　横浜高（'15.1）　'96.6.21生　右投左打　OF, 3B, 1B

年度	チーム	試合	打数	得点	安打	二塁打	三塁打	本塁打	塁打	打点	盗塁	盗塁刺	犠打	犠飛	四球計	故意四球	死球	三振	併殺打	打率	長打率	出塁率	失策
'15	(日)	46	130	16	37	6	3	0	49	10	4	2	3	2	5	0	0	29	2	.285	.377	.307	0
'16	(日)	52	110	9	21	4	1	1	30	9	2	1	0	0	4	0	0	36	0	.191	.273	.219	0
'17	(日)	19	42	2	7	3	0	0	10	3	1	0	0	0	2	0	0	17	1	.167	.238	.205	1
'18	(日)	31	88	11	21	6	0	3	36	7	1	1	0	0	10	0	1	18	2	.239	.409	.323	0
'19	(日)	13	29	4	6	2	1	0	10	1	0	0	0	0	5	0	0	8	0	.207	.345	.323	2
'20	(日)	42	58	3	11	2	0	0	13	1	0	0	0	0	3	0	0	21	1	.190	.224	.230	0
'21	(日)	128	411	42	103	17	2	5	139	31	8	4	7	4	31	2	5	115	5	.251㉑	.338	.308	0
'22	(日)	75	224	20	52	14	1	4	80	15	12	3	4	1	11	0	0	55	3	.232	.357	.267	2
'23	(日)	13	36	2	8	3	1	0	13	4	0	0	1	0	1	0	0	10	1	.222	.361	.243	0
〔9〕		419	1128	109	266	57	9	13	380	81	28	11	21	7	68	2	6	306	15	.236	.337	.281	5

個人年度別打撃成績　あ

浅村　栄斗

あさむら・ひでと　大阪桐蔭高　('09.1)　'90.11.12生　右投右打　2B, 1B, OF, 3B, SS

年度	チーム	試合	打数	得点	安打	二塁打	三塁打	本塁打	塁打	打点	盗塁	盗塁刺	犠打	犠飛	四球計	故意四球	死球	三振	併殺打	打率	長打率	出塁率	失策
'10	(武)	30	42	11	11	1	1	2	20	9	2	0	1	1	8	0	3	8	2	.262	.476	.407	1
'11	(武)	137	437	48	117	17	3	9	167	45	7	2	18	3	37	1	3	52	8	.268⑮	.382	.327	8
'12	(武)	114	404	52	99	18	7	7	152	37	13	6	13	4	34	0	4	63	9	.245㉔	.376	.307	15
'13	(武)	144	543	85	172	38	5	27	301	110	14	8	7	4	61	3	5	88	9	.317⑤	.554	.388	7
'14	(武)	118	440	52	120	19	1	14	183	55	3	5	0	8	47	2	6	100	8	.273⑮	.416	.345	12
'15	(武)	141	537	88	145	19	2	13	207	81	12	9	2	7	69	0	12	136	13	.270⑮	.385	.362	14
'16	(武)	143	557	73	172	40	0	24	284	82	8	6	3	6	38	0	7	108	18	.309③	.510	.357	10
'17	(武)	143	574	78	167	34	1	19	260	99	5	1	1	6	44	0	8	96	17	.291⑥	.453	.347	12
'18	(武)	143	565	104	175	27	0	32	298	127	4	2	0	5	68	4	2	105	18	.310⑤	.527	.383	12
'19	(楽)	143	529	93	139	26	2	33	268	92	1	1	0	9	93	9	4	162	12	.263⑮	.507	.372	7
'20	(楽)	120	432	72	121	26	0	32	242	104	1	1	0	2	91	2	4	111	15	.280⑨	.560	.408	2
'21	(楽)	143	483	70	130	18	1	18	204	67	1	0	0	7	101	5	4	96	24	.269⑮	.422	.395	8
'22	(楽)	143	532	73	134	17	0	27	232	86	3	1	0	1	92	7	5	137	13	.252⑯	.436	.365	6
'23	(楽)	143	522	64	143	20	0	26	241	78	2	1	0	1	75	4	3	108	9	.274⑧	.462	.368	4
〔14〕		1805	6597	963	1845	319	23	283	3059	1072	77	45	45	67	858	37	70	1370	175	.280	.464	.365	123

安達　了一

あだち・りょういち　上武大　('12.1)　'88.1.7生　右投右打　SS, 2B, 3B, 1B, OF

年度	チーム	試合	打数	得点	安打	二塁打	三塁打	本塁打	塁打	打点	盗塁	盗塁刺	犠打	犠飛	四球計	故意四球	死球	三振	併殺打	打率	長打率	出塁率	失策
'12	(オ)	50	88	8	14	5	0	0	19	4	2	2	6	2	7	0	0	23	0	.159	.216	.216	3
'13	(オ)	131	395	52	93	13	2	5	125	30	16	5	38	1	27	1	9	80	4	.235㉜	.316	.299	12
'14	(オ)	143	486	73	126	13	5	8	173	50	29	10	45	4	58	0	8	79	8	.259㉒	.356	.345	13
'15	(オ)	139	506	57	121	16	3	11	176	55	16	15	29	4	48	0	6	68	11	.239㉕	.348	.310	16
'16	(オ)	118	403	51	110	15	1	1	130	34	6	6	35	4	42	0	4	53	4	.273⑯	.323	.344	11
'17	(オ)	109	316	40	64	9	3	3	88	26	4	3	17	0	37	0	10	61	5	.203	.278	.306	7
'18	(オ)	140	465	44	102	12	3	3	129	41	20	5	16	5	25	1	3	64	8	.219㉙	.277	.361	7
'19	(オ)	56	155	18	43	6	1	2	57	20	10	2	4	1	18	0	1	29	5	.277	.368	.354	5
'20	(オ)	78	266	32	77	6	2	2	96	23	15	4	16	2	26	1	1	48	9	.289	.361	.353	4
'21	(オ)	100	321	36	83	14	0	0	97	18	5	4	14	1	30	0	3	65	7	.259	.302	.351	9
'22	(オ)	65	206	19	54	7	1	1	66	18	3	0	8	1	26	0	2	46	3	.262	.320	.349	4
'23	(オ)	23	60	14	11	0	0	0	11	4	1	1	3	0	5	0	0	18	0	.183	.183	.246	1
〔12〕		1152	3667	434	898	119	21	36	1167	323	127	57	231	25	365	3	44	634	64	.245	.318	.319	94

阿部　寿樹

あべ・としき　明治大　('16.1)　'89.12.3生　右投右打　1B, 3B, OF, SS

年度	チーム	試合	打数	得点	安打	二塁打	三塁打	本塁打	塁打	打点	盗塁	盗塁刺	犠打	犠飛	四球計	故意四球	死球	三振	併殺打	打率	長打率	出塁率	失策
'16	(中)	25	49	2	9	1	0	1	13	4	1	1	1	1	2	0	0	10	2	.184	.265	.212	4
'17	(中)	21	41	3	11	1	0	0	12	2	1	0	1	0	4	0	0	13	0	.268	.293	.333	1
'18	(中)	18	23	1	5	3	0	0	8	4	0	0	0	0	3	0	0	3	1	.217	.348	.308	2
'19	(中)	129	447	51	130	24	3	7	181	59	1	0	3	2	31	3	1	82	9	.291⑩	.405	.337	3
'20	(中)	115	421	44	108	25	0	13	172	61	2	4	5	2	30	0	1	92	21	.257㉑	.409	.306	5
'21	(中)	66	215	18	45	10	0	5	70	16	0	1	4	2	19	0	0	36	8	.209	.326	.271	0
'22	(中)	133	486	44	131	31	2	9	193	55	3	1	6	2	49	0	4	105	14	.270⑯	.397	.338	6
'23	(楽)	78	216	16	55	17	1	4	86	24	0	0	3	2	27	1	2	47	12	.255	.398	.340	4
〔8〕		585	1898	179	494	112	6	39	735	227	8	7	23	15	165	4	8	388	67	.260	.387	.320	25

荒木　貴裕

あらき・たかひろ　近畿大（'10.1）　'87. 7. 26生　右投右打　1B, OF, 3B, SS, 2B

年度	チーム	試合	打数	得点	安打	二塁打	三塁打	本塁打	塁打	打点	盗塁	盗塁刺	犠打	犠飛	四球計	故意四球	死球	三振	併殺打	打率	長打率	出塁率	失策
'10	(ヤ)	18	20	0	2	0	0	0	2	0	0	0	1	0	0	0	0	9	0	.100	.100	.100	2
'11	(ヤ)	3	8	0	1	0	0	0	1	0	0	0	0	0	0	0	0	3	1	.125	.125	.125	1
'12	(ヤ)	6	5	2	1	0	0	0	1	0	0	0	0	0	0	0	0	1	0	.200	.200	.200	0
'13	(ヤ)	12	43	6	11	1	0	1	15	3	0	1	1	0	0	0	0	3	0	.256	.349	.256	3
'14	(ヤ)	55	149	23	41	8	1	1	52	12	1	2	2	0	16	0	0	25	2	.275	.349	.349	7
'15	(ヤ)	73	170	21	43	8	0	2	57	12	5	3	8	1	16	0	1	30	3	.253	.335	.319	0
'16	(ヤ)	61	111	14	27	5	1	1	37	9	2		4	2			0	20	5	.243	.333	.311	0
'17	(ヤ)	91	188	22	39	8	2	6	69	25	2	0	7	0	14	0	3	30	7	.207	.367	.273	3
'18	(ヤ)	62	87	12	19	3	0	3	31	21	3	2	2	13	0		3	27	2	.218	.356	.340	2
'19	(ヤ)	93	124	12	31	6	0	2	43	22	1	1	13	1	13	1	1	29	1	.250	.347	.329	4
'20	(ヤ)	63	73	10	12	1	1	1	18	7	0	0	3	1	6	1	1	18	3	.164	.247	.235	1
'21	(ヤ)	100	55	10	11	1	1	0	11	5	2	1	6	1	4	0	1	9	0	.200	.200	.262	1
'22	(ヤ)	47	22	4	3	1	0	0	4	0	0	0	0		6	0	0	1	3	.136	.182	.321	0
'23	(ヤ)	1	2	0	0	0	0	0	0	0	0	0	0	0	0	0	0	1	0	.000	.000	.000	
〔14〕		685	1057	136	241	36	5	18	341	116	16	8	40	6	97	2	15	212	24	.228	.323	.300	23

有薗　直輝

ありぞの・なおき　千葉学芸高（'22.1）　'03. 5. 21生　右投右打　3B

年度	チーム	試合	打数	得点	安打	二塁打	三塁打	本塁打	塁打	打点	盗塁	盗塁刺	犠打	犠飛	四球計	故意四球	死球	三振	併殺打	打率	長打率	出塁率	失策
'22	(日)	4	7	0	0	0	0	0	0	0	0	0	0	0	0	0	0	4	0	.000	.000	.000	—
'23	(日)	1	5	0	0	0	0	0	0	0	0	0	0	0	0	0	0	4	0	.000	.000	.000	—
〔2〕		5	12	0	0	0	0	0	0	0	0	0	0	0	0	0	0	8	0	.000	.000	.000	—

生　海

いくみ（甲斐　生海）　東北福祉大（'23.1）　'00. 7. 11生　右投左打　OF

年度	チーム	試合	打数	得点	安打	二塁打	三塁打	本塁打	塁打	打点	盗塁	盗塁刺	犠打	犠飛	四球計	故意四球	死球	三振	併殺打	打率	長打率	出塁率	失策
'23	(ソ)	13	20	2	4	0	0	0	4	0	0	0	0	0	1	0	0	5	0	.200	.200	.238	0

池田　来翔

いけだ・らいと　国士舘大（'22.1）　'99. 12. 11生　右投右打　1B, 2B, 3B

年度	チーム	試合	打数	得点	安打	二塁打	三塁打	本塁打	塁打	打点	盗塁	盗塁刺	犠打	犠飛	四球計	故意四球	死球	三振	併殺打	打率	長打率	出塁率	失策
'22	(ロ)	11	22	1	2	1	0	0	3	0	0	0	0	0	0	0	0	6	0	.091	.136	.091	2
'23	(ロ)	40	104	17	28	6	1	2	42	8	0	0	5	0	6	0	3	17	1	.269	.404	.327	2
〔2〕		51	126	18	30	7	1	2	45	8	0	0	5	0	6	0	3	23	1	.238	.357	.289	4

池田　陵真

いけだ・りょうま　大阪桐蔭高（'22.1）　'03. 8. 24生　右投右打　OF

年度	チーム	試合	打数	得点	安打	二塁打	三塁打	本塁打	塁打	打点	盗塁	盗塁刺	犠打	犠飛	四球計	故意四球	死球	三振	併殺打	打率	長打率	出塁率	失策
'22	(オ)	6	20	0	3	0	0	0	3	1	0	1	0	0	0	0	0	8	0	.150	.150	.150	0
'23	(オ)	12	34	4	7	1	0	0	8	0	0	0	0	0	4	0	1	9	0	.206	.235	.308	1
〔2〕		18	54	4	10	1	0	0	11	1	0	1	0	0	4	0	1	17	0	.185	.204	.254	1

石井　一成

いしい・かずなり　早稲田大（'17.1）　'94. 5. 6生　右投左打　SS, 2B, 3B, OF

年度	チーム	試合	打数	得点	安打	二塁打	三塁打	本塁打	塁打	打点	盗塁	盗塁刺	犠打	犠飛	四球計	故意四球	死球	三振	併殺打	打率	長打率	出塁率	失策
'17	(日)	114	317	33	65	8	2	3	86	24	3	5	14	1	28	0	1	113	6	.205	.271	.271	11
'18	(日)	69	148	17	28	6	2	1	41	4	3	0	12	0	14			47	0	.189	.277	.255	5
'19	(日)	76	196	26	44	10	3	4	72	22	3	3	13	1	16	0	0	61	3	.224	.367	.282	7
'20	(日)	50	95	9	17	4	1	0	23	3	0	1	3	1	5	0	0	13	1	.179	.242	.202	5
'21	(日)	111	284	25	64	11	4	4	95	19	8	5	14	1	22	0	0	87	2	.225	.335	.284	8
'22	(日)	102	296	30	70	12	6	6	112	32	8	7	3	1	20	0	1	64	2	.236	.378	.284	7
'23	(日)	36	83	8	14	3	2	0	21	4	3	0	0	1	14		1	27	0	.169	.253	.289	1
〔7〕		567	1419	148	302	54	20	18	450	108	28	21	59	7	115	1	3	412	14	.213	.317	.272	46

個人年度別打撃成績　い

石岡　諒太　いしおか・りょうた　神戸国際大付高　（'16.1）　'92.5.25生　左投左打　OF, 1B

年度/チーム	試合	打数	得点	安打	二塁打	三塁打	本塁打	塁打	打点	盗塁	盗塁刺	犠打	犠飛	四球計	故意四球	死球	三振	併殺打	打率	長打率	出塁率	失策
'17（中）	2	4	0	0	0	0	0	0	0	0	0	0	0	0	0	0	1	0	.000	.000	.000	0
'21（中）	6	11	0	1	0	0	0	1	0	0	0	0	0	0	0	0	5	1	.091	.091	.091	
'22（中）	11	25	1	9	0	0	0	9	1	0	0	2	0	1	0	1	6	1	.360	.360	.407	
（オ）	17	33	3	5	1	0	0	6	0	2	1	1	0	1	0	0	10	0	.152	.182	.176	
〔3〕	36	73	4	15	1	0	0	16	1	2	1	3	0	2	0	1	22	2	.205	.219	.237	0

石川　慎吾　いしかわ・しんご　東大阪大柏原高　（'12.1）　'93.4.27生　右投右打　OF

年度/チーム	試合	打数	得点	安打	二塁打	三塁打	本塁打	塁打	打点	盗塁	盗塁刺	犠打	犠飛	四球計	故意四球	死球	三振	併殺打	打率	長打率	出塁率	失策
'13（日）	4	5	0	0	0	0	0	0	0	0	0	0	0	0	0	0	3	0	.000	.000	.000	
'14（日）	44	83	11	19	3	0	1	25	11	0	1	4	0	5	0	1	25	1	.229	.301	.281	
'15（日）	43	87	11	18	4	1	2	30	11	0	1	2	0	9	0	1	11	2	.207	.345	.289	
'16（日）	12	27	0	2	0	0	0	2	1	0	0	1	0	0	0	0	5	1	.074	.074	.074	
'17（巨）	99	236	21	57	12	3	5	90	20	2	0	0	0	13	0	2	51	8	.242	.381	.287	
'18（巨）	17	26	1	5	1	0	0	8	0	0	0	2	0	0	0	0	6	1	.192	.308	.250	
'19（巨）	55	70	12	18	2	0	4	32	10	0	0	0	0	6	1	0	14	2	.257	.457	.316	
'20（巨）	43	45	2	11	1	0	2	18	7	0	0	0	0	1	0	0	12	1	.244	.400	.277	
'21（巨）	26	37	3	7	2	0	0	9	0	0	1	0	0	4	0	0	8	1	.189	.243	.268	
'22（巨）	22	29	3	8	0	0	1	11	2	0	0	0	0	3	1	0	9	0	.276	.379	.344	
'23（ロ）	44	112	10	39	6	0	2	51	10	0	0	0	0	6	1	0	20	2	.348	.455	.381	
〔11〕	409	757	74	184	34	5	16	276	72	3	3	7	0	50	3	4	164	19	.243	.365	.293	

石川　昂弥　いしかわ・たかや　東邦高　（'20.1）　'01.6.22生　右投右打　3B, 1B

年度/チーム	試合	打数	得点	安打	二塁打	三塁打	本塁打	塁打	打点	盗塁	盗塁刺	犠打	犠飛	四球計	故意四球	死球	三振	併殺打	打率	長打率	出塁率	失策
'20（中）	14	36	3	8	2	0	0	10	1	0	0	1	0	3	0	1	12	1	.222	.278	.300	
'22（中）	37	129	11	29	7	1	5	53	19	0	0	1	3	7	1	1	29	0	.225	.411	.264	
'23（中）	121	434	32	105	27	0	13	171	45	0	0	0	4	22	2	4	69	10	.242 ㉕	.394	.282	15
〔3〕	172	599	46	142	36	1	18	234	65	0	0	2	7	32	3	6	110	11	.237	.391	.280	18

石川　亮　いしかわ・りょう　帝京高　（'14.1）　'95.7.20生　右投右打　C

年度/チーム	試合	打数	得点	安打	二塁打	三塁打	本塁打	塁打	打点	盗塁	盗塁刺	犠打	犠飛	四球計	故意四球	死球	三振	併殺打	打率	長打率	出塁率	失策
'14（日）	1	4	1	1	0	1	0	3	1	0	0	0	0	0	0	0	1	0	.250	.750	.250	
'15（日）	27	28	1	6	2	0	0	8	3	0	0	0	2	1	0	0	9	0	.214	.286	.226	
'16（日）	1	0	0	0	0	0	0	0	0	0	0	0	0	0	0	0	0	0	.000	.000	.000	
'18（日）	32	50	4	11	3	0	0	14	3	0	0	2	0	4	0	1	16	1	.220	.280	.291	
'19（日）	46	75	3	15	3	0	0	18	3	0	0	9	0	2	0	0	29	2	.200	.240	.221	
'20（日）	17	21	0	3	1	0	0	4	1	0	0	1	0	0	0	0	8	0	.143	.190	.143	
'21（日）	60	108	6	20	2	0	0	22	7	0	1	11	0	4	0	0	21	3	.185	.204	.214	
'22（日）	23	45	3	7	0	0	0	7	3	0	0	5	0	2	0	0	14	0	.156	.156	.191	
'23（オ）	14	11	0	1	0	0	0	1	3	0	0	0	0	0	0	0	3	0	.091	.091	.091	
〔9〕	221	342	18	64	11	1	0	77	23	0	1	28	2	13	0	1	94	7	.187	.225	.218	

石垣　雅海　いしがき・まさみ　酒田南高　（'17.1）　'98.9.21生　右投右打　2B, 3B, OF, SS, 1B

年度/チーム	試合	打数	得点	安打	二塁打	三塁打	本塁打	塁打	打点	盗塁	盗塁刺	犠打	犠飛	四球計	故意四球	死球	三振	併殺打	打率	長打率	出塁率	失策
'17（中）	1	3	0	0	0	0	0	0	0	0	0	0	0	0	0	0	3	0	.000	.000	.000	
'19（中）	15	15	1	2	2	0	0	4	1	0	0	0	0	0	0	0	7	0	.133	.267	.133	
'20（中）	25	33	5	4	0	0	1	7	1	0	0	1	0	0	0	1	12	0	.121	.212	.147	
'21（中）	9	10	1	1	1	0	0	2	1	0	0	0	0	1	0	0	3	0	.100	.200	.100	
'22（中）	50	68	5	11	0	0	3	20	6	0	0	4	0	2	0	0	28	1	.162	.294	.186	
'23（中）	22	23	0	2	0	0	0	2	0	0	0	0	0	1	0	1	6	0	.087	.087	.160	
〔6〕	122	152	13	20	3	0	4	35	8	0	0	6	0	6	0	0	59	1	.132	.230	.159	

石原　彪　いしはら・つよし　京都翔英高 ('17.1)　'99.3.8生　右投右打　C

年度	チーム	試合	打数	得点	安打	二塁打	三塁打	本塁打	塁打	打点	盗塁	盗塁刺	犠打	犠飛	四球計	故意四球	死球	三振	併殺打	打率	長打率	出塁率	失策
'18	(楽)	4	5	1	1	0	0	0	1	0	1	0	0	0	0	0	0	2	0	.200	.200	.200	1
'19	(楽)	4	7	0	0	0	0	0	0	0	0	0	0	0	0	0	0	5	0	.000	.000	.000	1
'20	(楽)	18	23	1	4	1	0	0	5	1	0	1	0	0	0	0	0	13	0	.174	.217	.174	0
'22	(楽)	1	1	0	0	0	0	0	0	0	1	0	0	0	0	0	0	0	0	.000	.000	.000	0
〔4〕		27	36	2	5	1	0	0	6	1	1	1	0	1	0	0	0	20	0	.139	.167	.139	2

石原　貴規　いしはら・ともき　天理大 ('20.1)　'98.2.3生　右投右打　C

年度	チーム	試合	打数	得点	安打	二塁打	三塁打	本塁打	塁打	打点	盗塁	盗塁刺	犠打	犠飛	四球計	故意四球	死球	三振	併殺打	打率	長打率	出塁率	失策
'21	(広)	60	113	8	27	1	0	4	40	12	1	0	2	1	9	1	0	24	7	.239	.354	.293	0
'22	(広)	9	13	0	2	0	0	0	2	0	0	0	2	0	1	0	0	3	1	.154	.154	.214	0
〔2〕		69	126	8	29	1	0	4	42	12	1	0	4	1	10	1	0	27	8	.230	.333	.285	0

石橋　康太　いしばし・こうた　関東第一高 ('19.1)　'00.12.7生　右投右打　C

年度	チーム	試合	打数	得点	安打	二塁打	三塁打	本塁打	塁打	打点	盗塁	盗塁刺	犠打	犠飛	四球計	故意四球	死球	三振	併殺打	打率	長打率	出塁率	失策
'19	(中)	12	17	0	1	0	1	0	3	2	0	0	0	0	0	0	1	8	0	.059	.176	.111	0
'21	(中)	11	14	0	2	0	0	0	2	0	0	0	0	1	0	1	0	3	1	.143	.143	.200	0
'22	(中)	31	67	3	12	5	1	0	19	4	0	0	6	0	2	0	0	11	1	.179	.284	.203	2
'23	(中)	39	70	7	18	6	0	2	30	9	0	0	6	0	1	0	0	7	0	.257	.429	.268	1
〔4〕		93	168	10	33	11	2	2	54	15	0	0	13	0	4	0	1	29	2	.196	.321	.220	3

五十幡亮汰　いそばた・りょうた　中央大 ('21.1)　'98.11.27生　右投左打　OF

年度	チーム	試合	打数	得点	安打	二塁打	三塁打	本塁打	塁打	打点	盗塁	盗塁刺	犠打	犠飛	四球計	故意四球	死球	三振	併殺打	打率	長打率	出塁率	失策
'21	(日)	27	80	13	18	3	1	1	26	5	9	1	2	0	2	0	0	19	0	.225	.325	.244	0
'22	(日)	6	14	0	4	0	0	0	4	1	3	1	0	0	2	0	0	6	0	.286	.286	.375	0
'23	(日)	70	193	23	44	2	3	0	52	6	17	6	6	0	4	0	2	50	1	.228	.269	.251	2
〔3〕		103	287	36	66	5	4	1	82	12	29	8	8	0	8	0	2	75	1	.230	.286	.256	2

磯村　嘉孝　いそむら・よしたか　中京大中京高 ('11.1)　'92.11.1生　右投右打　C, 1B

年度	チーム	試合	打数	得点	安打	二塁打	三塁打	本塁打	塁打	打点	盗塁	盗塁刺	犠打	犠飛	四球計	故意四球	死球	三振	併殺打	打率	長打率	出塁率	失策
'12	(広)	1	3	0	1	0	0	0	1	0	0	0	0	0	0	0	0	1	0	.333	.333	.333	0
'13	(広)	4	2	0	0	0	0	0	0	0	0	0	0	0	1	0	0	1	0	.000	.000	.333	0
'15	(広)	1	0	0	0	0	0	0	0	0	0	0	0	0	0	0	0	0	0	.000	.000	.000	0
'16	(広)	24	31	2	5	1	0	0	6	2	0	0	0	0	1	0	0	5	1	.161	.194	.188	0
'17	(広)	21	34	6	8	2	0	2	16	3	0	0	0	3	0	1	0	8	1	.235	.471	.316	0
'18	(広)	37	79	6	17	2	0	1	22	4	0	5	0	6	1	0	1	12	4	.215	.278	.279	1
'19	(広)	65	108	10	30	9	0	4	51	21	0	3	1	5	0	0	1	24	3	.278	.472	.307	1
'20	(広)	31	48	4	10	3	0	1	16	1	0	3	0	4	0	0	0	9	2	.208	.333	.269	0
'21	(広)	21	35	0	6	2	0	0	8	3	0	0	2	0	1	0	0	9	0	.171	.229	.231	1
'22	(広)	43	114	18	27	5	0	3	41	15	0	3	0	7	0	2	0	20	4	.237	.360	.293	2
'23	(広)	25	29	2	6	0	0	0	6	3	0	0	1	0	1	0	0	10	2	.207	.345	.258	0
〔11〕		273	483	48	110	25	0	12	171	53	0	1	16	2	30	2	6	97	17	.228	.354	.280	6

板山祐太郎　いたやま・ゆうたろう　亜細亜大　('16.1)　'94.3.27生　右投左打　OF, 2B, 1B, SS, 3B

年度チーム	試合	打数	得点	安打	二塁打	三塁打	本塁打	塁打	打点	盗塁	盗塁刺	犠打	犠飛	四球計	故意四球	死球	三振	併殺打	打率	長打率	出塁率	失策
'16(神)	40	106	9	25	5	1	0	32	5	1	0	2	0	7	0	0	31	0	.236	.302	.283	2
'17(神)	3	3	0	0	0	0	0	0	0	0	0	0	0	0	0	0	3	0	.000	.000	.000	—
'18(神)	20	35	1	9	0	0	1	12	3	0	0	0	1	3	0	0	14	4	.257	.343	.308	0
'20(神)	5	12	1	2	0	0	0	2	0	1	0	0	0	2	0	0	3	0	.167	.167	.286	0
'21(神)	43	14	5	2	1	1	0	5	1	0	0	1	0	2	0	0	6	0	.143	.357	.250	0
'22(神)	14	8	0	1	0	0	0	1	0	0	0	0	0	1	0	0	4	0	.125	.125	.222	0
'23(神)	12	17	1	1	0	0	0	1	0	0	0	0	0	1	0	0	7	1	.059	.059	.059	0
〔7〕	137	195	17	40	6	2	1	53	9	2	0	3	1	15	0	0	68	5	.205	.272	.261	2

伊藤　康祐　いとう・こうすけ　中京大中京高　('18.1)　'00.2.3生　右投右打　OF

年度チーム	試合	打数	得点	安打	二塁打	三塁打	本塁打	塁打	打点	盗塁	盗塁刺	犠打	犠飛	四球計	故意四球	死球	三振	併殺打	打率	長打率	出塁率	失策
'19(中)	14	32	6	6	1	0	0	7	1	0	0	1	0	0	0	0	8	0	.188	.219	.188	1
'21(中)	25	19	4	1	1	0	0	2	0	0	0	2	0	0	0	0	9	0	.053	.105	.053	0
'22(中)	28	26	3	6	0	0	0	9	1	0	0	0	0	0	0	0	5	0	.231	.346	.259	0
'23(中)	34	20	2	3	0	0	0	3	0	1	2	0	0	0	0	0	3	1	.150	.150	.150	0
〔4〕	101	97	15	16	5	0	0	21	2	1	1	5	0	1	0	0	25	1	.165	.216	.173	1

伊藤　光　いとう・ひかる　明徳義塾高　('08.1)　'89.4.23生　右投右打　C, 1B, 3B

年度チーム	試合	打数	得点	安打	二塁打	三塁打	本塁打	塁打	打点	盗塁	盗塁刺	犠打	犠飛	四球計	故意四球	死球	三振	併殺打	打率	長打率	出塁率	失策
'08(オ)	1	0	0	0	0	0	0	0	0	0	0	0	0	0	0	0	0	0	.000	.000	.000	
'10(オ)	2	4	0	0	0	0	0	0	0	0	0	0	0	0	0	0	1	0	.000	.000	.000	0
'11(オ)	66	160	15	25	7	0	2	38	11	3	2	14	1	11	0	2	57	0	.156	.238	.218	5
'12(オ)	66	176	11	36	9	0	0	45	10	0	0	12	4	5	0	0	48	2	.205	.256	.222	3
'13(オ)	137	410	36	117	20	2	3	150	40	0	4	35	3	24	0	3	84	10	.285⑮	.366	.327	3
'14(オ)	137	358	37	92	16	1	3	119	48	0	3	39	3	24	1	5	80	2	.257	.332	.310	3
'15(オ)	104	247	20	67	9	1	3	81	28	0	1	11	2	29	1	1	53	4	.271	.328	.348	1
'16(オ)	80	187	18	45	7	0	3	61	15	0	1	12	0	3	0	1	36	6	.241	.326	.257	3
'17(オ)	103	196	21	37	9	2	5	65	23	0	0	22	1	18	1	2	47	2	.189	.332	.263	2
'18(オ)	7	13	0	0	0	0	0	0	0	0	0	1	0	2	0	0	3	1	.000	.000	.133	0
（デ）	47	128	12	25	5	0	1	33	11	1	1	0	2	18	0	3	29	5	.195	.258	.305	2
'19(デ)	84	256	30	65	8	0	8	97	27	5	5	3	2	37	6	3	45	4	.254	.379	.352	4
'20(デ)	30	51	5	11	3	0	0	16	6	0	0	1	0	10	1	1	15	2	.216	.314	.355	0
'21(デ)	53	160	14	34	6	0	2	46	13	1	1	12	1	17	0	2	43	3	.213	.288	.294	1
'22(デ)	40	94	9	26	4	0	1	33	8	0	0	0	0	8	3	1	23	3	.277	.351	.340	1
'23(デ)	61	160	11	36	4	0	1	47	8	0	0	4	1	9	1	2	41	2	.225	.294	.273	1
〔15〕	1018	2600	239	616	114	7	29	831	248	15	12	166	20	215	14	26	605	46	.237	.320	.300	34

伊藤裕季也　いとう・ゆきや　立正大　('19.1)　'96.8.30生　右投右打　3B, 1B, 2B, SS

年度チーム	試合	打数	得点	安打	二塁打	三塁打	本塁打	塁打	打点	盗塁	盗塁刺	犠打	犠飛	四球計	故意四球	死球	三振	併殺打	打率	長打率	出塁率	失策
'19(デ)	21	52	7	15	4	0	4	31	7	0	0	1	0	3	0	1	17	1	.288	.596	.333	2
'20(デ)	5	14	1	4	0	0	0	6	1	0	0	1	0	2	0	1	2	0	.286	.429	.375	1
'21(デ)	3	2	0	0	0	0	0	0	0	0	0	0	0	0	0	0	1	0	.000	.000	.000	0
'22(デ)	7	13	0	1	0	0	0	1	0	0	0	0	0	0	0	0	6	1	.077	.077	.077	0
（楽）	3	8	0	0	0	0	0	0	0	0	0	0	0	1	0	0	4	0	.000	.000	.000	0
'23(楽)	87	188	20	46	6	1	5	69	16	3	2	0	1	15	0	1	48	3	.245	.367	.301	6
〔5〕	126	277	28	66	10	2	9	107	24	3	2	11	3	20	1	2	78	5	.238	.386	.291	6

糸原　健斗　いとはら・けんと　明治大（'17.1）　'92.11.11生　右投左打　2B, 3B, SS, 1B

年度（チーム）	試合	打数	得点	安打	二塁打	三塁打	本塁打	塁打	打点	盗塁	盗塁刺	犠打	犠飛	四球計	故意四球	死球	三振	併殺打	打率	長打率	出塁率	失策
'17（神）	66	162	18	42	13	0	1	58	24	1	0	5	0	23	0	3	26	1	.259	.358	.362	6
'18（神）	143	531	79	152	29	4	1	192	35	6	4	9	4	86	1	7	73	5	.286⑲	.362	.390	11
'19（神）	143	491	66	131	20	4	2	165	45	6	5	11	3	60	2	7	70	7	.267㉒	.336	.353	7
'20（神）	63	218	32	64	5	2	3	82	20	1	2	3	1	19	0	3	33	3	.294	.376	.357	1
'21（神）	125	441	34	126	17	3	2	155	30	6	5	1	3	41	0	2	61	9	.286⑩	.351	.347	7
'22（神）	132	445	31	110	12	1	3	133	36	2	3	6	4	35	1	5	48	7	.247㉓	.299	.307	7
'23（神）	69	72	11	17	1	0	0	18	5	0	0	0	0	9	1	2	16	1	.236	.250	.337	0
〔7〕	741	2360	261	642	97	14	12	803	195	22	19	35	15	273	5	29	327	33	.272	.340	.353	39

井上　広大　いのうえ・こうた　履正社高（'20.1）　'01.8.12生　右投右打　OF

年度（チーム）	試合	打数	得点	安打	二塁打	三塁打	本塁打	塁打	打点	盗塁	盗塁刺	犠打	犠飛	四球計	故意四球	死球	三振	併殺打	打率	長打率	出塁率	失策
'20（神）	6	11	0	1	1	0	0	2	1	0	0	0	0	0	0	0	5	0	.091	.182	.091	1
'22（神）	2	5	0	0	0	0	0	0	0	0	0	0	0	0	0	0	2	0	.000	.000	.000	0
'23（神）	13	35	3	8	2	1	0	12	3	0	0	0	0	2	0	0	18	0	.229	.343	.270	0
〔3〕	21	51	3	9	3	1	0	14	4	0	0	0	0	2	0	0	25	0	.176	.275	.208	1

井上　晴哉　いのうえ・せいや　中央大（'14.1）　'89.7.3生　右投右打　1B

年度（チーム）	試合	打数	得点	安打	二塁打	三塁打	本塁打	塁打	打点	盗塁	盗塁刺	犠打	犠飛	四球計	故意四球	死球	三振	併殺打	打率	長打率	出塁率	失策
'14（ロ）	36	95	9	20	4	0	2	30	7	0	0	0	1	6	0	2	23	1	.211	.316	.269	2
'15（ロ）	5	11	0	2	0	0	0	2	0	0	0	0	0	0	0	0	1	1	.182	.182	.250	0
'16（ロ）	35	99	7	23	5	0	2	34	16	0	0	0	0	5	0	1	19	6	.232	.343	.290	1
'17（ロ）	35	113	5	26	7	0	0	33	11	0	0	0	0	5	0	3	26	2	.230	.292	.269	1
'18（ロ）	133	476	59	139	26	2	24	241	99	1	0	0	6	63	0	3	106	7	.292⑦	.506	.374	10
'19（ロ）	129	▲429	60	108	16	1	24	198	65	0	0	0	3	67	1	9	98	10	.252㉔	.462	.362	3
'20（ロ）	113	376	44	92	11	0	15	148	67	0	0	0	2	59	2	6	93	11	.245㉕	.394	.356	5
'21（ロ）	23	51	1	10	1	0	1	14	6	0	0	0	0	8	0	4	18	4	.196	.275	.226	2
'22（ロ）	60	199	23	49	14	0	7	84	34	0	0	0	2	29	0	2	54	2	.246	.422	.345	0
'23（ロ）	32	95	3	17	2	0	1	26	14	0	0	0	0	9	0	1	24	2	.179	.274	.255	2
〔10〕	601	1944▲	211	486	90	3	76	810	313	2	0	0	17	245	3	30	452	46	.250	.417	.340	26

井上　朋也　いのうえ・ともや　花咲徳栄高（'21.1）　'03.1.28生　右投右打　3B, 1B

年度（チーム）	試合	打数	得点	安打	二塁打	三塁打	本塁打	塁打	打点	盗塁	盗塁刺	犠打	犠飛	四球計	故意四球	死球	三振	併殺打	打率	長打率	出塁率	失策
'23（ソ）	15	38	3	10	2	0	1	15	3	0	0	0	0	4	0	0	10	0	.263	.395	.317	0

今川　優馬　いまがわ・ゆうま　東海大北海道キャンパス（'21.1）　'97.1.25生　右投右打　OF

年度（チーム）	試合	打数	得点	安打	二塁打	三塁打	本塁打	塁打	打点	盗塁	盗塁刺	犠打	犠飛	四球計	故意四球	死球	三振	併殺打	打率	長打率	出塁率	失策
'21（日）	13	28	1	2	0	0	1	5	2	0	0	0	0	0	0	1	9	0	.071	.179	.133	1
'22（日）	94	273	34	62	12	1	10	106	39	4	4	6	4	19	2	7	70	6	.227	.388	.290	2
'23（日）	28	61	7	12	1	0	0	13	1	3	0	0	0	6	0	0	17	0	.197	.213	.290	0
〔3〕	135	362	42	76	13	1	11	124	42	7	4	6	4	26	2	10	96	6	.210	.343	.279	3

個人年度別打撃成績　い

今宮　健太
いまみや・けんた　明豊高（'10.1）　'91.7.15生　右投右打　SS, 1B

年度	チーム	試合	打数	得点	安打	二塁打	三塁打	本塁打	塁打	打点	盗塁	盗塁刺	犠打	犠飛	四球計	故意四球	死球	三振	併殺打	打率	長打率	出塁率	失策
'11	（ソ）	18	1	3	0	0	0	0	0	0	0	0						1	0	.000	.000	.000	0
'12	（ソ）	126	307	24	73	8	1	2	89	14	8	4	21	2	10	0	3	75	2	.238	.290	.267	12
'13	（ソ）	143	491	57	124	23	4	5	170	43	10	3	62	3	35	1	9	94	7	.253(29)	.346	.312	13
'14	（ソ）	144	551	61	132	26	1	3	169	42	10	5	62	6	41	0	4	104	10	.240(29)	.307	.295	15
'15	（ソ）	142	457	52	104	18	3	7	149	45	3	3	35	4	34	0	0	83	13	.228(29)	.326	.279	11
'16	（ソ）	137	497	74	122	22	5	10	184	56	8	4	38	5	47	0	3	86	7	.245(27)	.370	.312	11
'17	（ソ）	141	526	78	139	27	7	14	222	64	15	4	52	3	38	0	4	93	12	.264(17)	.422	.317	7
'18	（ソ）	99	354	45	94	18	1	11	147	45	2	4	22	2	25	2	2	60	5	.266	.415	.316	10
'19	（ソ）	106	383	44	98	15	0	14	155	41	2	3	7	1	32	2	3	67	3	.256	.405	.317	8
'20	（ソ）	43	164	30	44	7	2	6	73	22	2	0	5	1	5	1	0	22	2	.268	.445	.285	1
'21	（ソ）	125	365	27	78	15	2	4	109	30	4	1	23	2	22	0	1	70	5	.214	.299	.259	5
'22	（ソ）	130	450	56	133	30	0	7	184	47	3	4	19	1	37	0	3	71	14	.296(4)	.409	.352	5
'23	（ソ）	126	427	38	109	22	0	9	158	48	0	3	24	4	27	1	0	58	14	.255(15)	.370	.300	10
〔13〕		1480	4973	589	1250	231	26	92	1809	497	78	37	370	34	353	7	34	884	94	.251	.364	.303	109

A．ウォーカー
アダム・ウォーカー　ジャクソンビル大（'22.1）　'91.10.18生　右投右打　OF

年度	チーム	試合	打数	得点	安打	二塁打	三塁打	本塁打	塁打	打点	盗塁	盗塁刺	犠打	犠飛	四球計	故意四球	死球	三振	併殺打	打率	長打率	出塁率	失策
'22	（巨）	124	406	58	110	28	1	23	209	52	5	0	0	1	18	1	3	98	11	.271	.515	.306	5
'23	（巨）	57	118	15	31	4	2	6	57	20	1	1	0	0	2	0	0	39	1	.263	.483	.275	0
〔2〕		181	524	73	141	32	3	29	266	72	6	1	0	1	20	1	3	137	12	.269	.508	.299	5

E．ウレーニャ
エスタミー・ウレーニャ　クロスオーバー高（'20.9）　'99.5.27生　右投右打　1B, OF, 2B, 3B

年度	チーム	試合	打数	得点	安打	二塁打	三塁打	本塁打	塁打	打点	盗塁	盗塁刺	犠打	犠飛	四球計	故意四球	死球	三振	併殺打	打率	長打率	出塁率	失策
'20	（巨）	11	18	0	3	0	0	0	3	0	0	0	0	0	2	0	0	8	0	.167	.167	.250	
'21	（巨）	4	5	0	0	0	0	0	0	0	0	0	0	0	0	0	0	3	0	.000	.000	.000	
〔2〕		15	23	0	3	0	0	0	3	0	0	0	0	0	2	0	0	11	0	.130	.130	.200	

呉　念庭
うー・ねんてぃん　第一工業大（'16.1）　'93.6.7生　右投左打　1B, 3B, 2B, SS, OF

年度	チーム	試合	打数	得点	安打	二塁打	三塁打	本塁打	塁打	打点	盗塁	盗塁刺	犠打	犠飛	四球計	故意四球	死球	三振	併殺打	打率	長打率	出塁率	失策
'16	（武）	43	124	12	24	3	1	0	29	11	1	0	0	2	14	0	2	25	4	.194	.234	.282	3
'17	（武）	15	39	5	9	2	1	0	13	4	1	0	0	1	4	0	0	8	2	.231	.333	.295	4
'18	（武）	8	11	1	1	0	0	0	1	1	0	0	0	0	0	0	0	5	0	.091	.091	.091	
'20	（武）	51	44	5	10	3	0	0	13	4	3	2	2	0	4	0	0	8	1	.227	.295	.320	
'21	（武）	130	425	43	101	17	0	10	148	48	3	2	4	3	43	1	3	70	3	.238(24)	.348	.310	3
'22	（武）	94	260	27	59	9	1	5	85	28	2	0	3	0	37	0	1	54	3	.227	.327	.322	6
'23	（武）	41	78	5	16	2	1	1	23	11	0	0	1	0	13	0	0	25	2	.205	.295	.319	
〔7〕		382	981	99	220	36	4	16	312	108	10	4	7	9	115	1	8	195	15	.224	.318	.308	19

植田　海
うえだ・かい　近江高（'15.1）　'96.4.19生　右投左右打　2B, SS, OF

年度	チーム	試合	打数	得点	安打	二塁打	三塁打	本塁打	塁打	打点	盗塁	盗塁刺	犠打	犠飛	四球計	故意四球	死球	三振	併殺打	打率	長打率	出塁率	失策
'16	（神）	1	0	0	0	0	0	0	0	0	0	0	0	0	0	0	0	0	0	.000	.000	.000	-
'17	（神）	13	18	5	5	0	0	0	5	0	1	1	3	0	1	0	0	6	0	.278	.278	.316	
'18	（神）	104	198	29	38	1	0	0	39	1	19	2	18	0	25	0	2	55	5	.192	.197	.289	9
'19	（神）	81	33	22	8	0	0	0	8	1	12	2	2	0	1	0	0	8	0	.242	.333	.286	0
'20	（神）	74	59	16	9	2	0	0	11	3	9	2	6	0	14	1	4	22	0	.153	.186	.351	
'21	（神）	64	6	15	2	0	0	0	2	0	10	1	0	0	2	0	0	1	0	.333	.333	.333	
'22	（神）	57	12	10	3	1	0	0	4	3	4	2	0	0	2	0	0	1	0	.250	.250	.357	
'23	（神）	28	1	0	0	0	0	0	0	0	0	0	0	0	0	0	0	0	0	.000	.000	.500	
〔8〕		422	327	106	65	3	0	1	71	7	59	13	30	0	45	1	7	94	5	.199	.217	.309	15

植田　将太　うえだ・しょうた　慶應義塾大　('21.8)　'97.12.18生　右投右打　C

年度(チーム)	試合	打数	得点	安打	二塁打	三塁打	本塁打	塁打	打点	盗塁	盗塁刺	犠打	犠飛	四球計	故意四球	死球	三振	併殺打	打率	長打率	出塁率	失策
'23 (ロ)	4	3	0	0	0	0	0	0	0	0	0	0	0	0	0	0	2	0	.000	.000	.000	0

上野　響平　うえの・きょうへい　京都国際高　('20.1)　'01.4.26生　右投右打　SS

年度(チーム)	試合	打数	得点	安打	二塁打	三塁打	本塁打	塁打	打点	盗塁	盗塁刺	犠打	犠飛	四球計	故意四球	死球	三振	併殺打	打率	長打率	出塁率	失策
'21 (日)	4	2	0	0	0	0	0	0	0	0	0	0	0	0	0	0	1	0	.000	.000	.000	1
'22 (日)	12	27	2	2	1	0	0	3	0	0	0	0	0	2	0	2	9	0	.074	.111	.138	2
〔2〕	16	29	2	2	1	0	0	3	0	0	0	0	0	2	0	2	10	0	.069	.103	.129	3

上林　誠知　うえばやし・せいじ　仙台育英高　('14.1)　'95.8.1生　右投左打　OF

年度(チーム)	試合	打数	得点	安打	二塁打	三塁打	本塁打	塁打	打点	盗塁	盗塁刺	犠打	犠飛	四球計	故意四球	死球	三振	併殺打	打率	長打率	出塁率	失策
15 (ソ)	15	44	6	14	4	1	2	26	6	0	2	0	0	0	0	1	13	0	.318	.591	.333	0
16 (ソ)	14	19	0	4	1	0	0	5	1	0	0	0	0	0	0	0	7	0	.211	.263	.211	0
17 (ソ)	134	415	54	108	23	5	13	180	51	12	12	10	2	24	2	2	96	3	.260⑳	.434	.302	3
18 (ソ)	143	551	88	149	26	14	22	269	62	13	4	17	3	30	4	7	117	2	.270⑰	.488	.315	3
19 (ソ)	99	258	28	50	6	2	11	93	31	10	4	6	1	18	2	3	75	2	.194	.360	.254	1
20 (ソ)	69	160	17	29	4	1	6	53	20	8	2	1	1	11	0	4	39	1	.181	.331	.250	1
21 (ソ)	39	68	7	13	1	1	2	22	11	2	0	0	1	3	0	0	18	2	.191	.324	.222	0
22 (ソ)	33	93	13	28	5	1	1	38	12	2	0	2	0	3	0	1	19	1	.301	.409	.337	0
23 (ソ)	56	92	14	17	3	1	0	22	9	1	1	2	1	3	0	1	30	1	.185	.239	.216	0
〔9〕	602	1700	227	412	73	26	57	708	203	48	27	39	9	92	8	20	414	12	.242	.416	.288	5

上本　崇司　うえもと・たかし　明治大　('13.1)　'90.8.22生　右投右打　3B, OF, 2B, SS

年度(チーム)	試合	打数	得点	安打	二塁打	三塁打	本塁打	塁打	打点	盗塁	盗塁刺	犠打	犠飛	四球計	故意四球	死球	三振	併殺打	打率	長打率	出塁率	失策
13 (広)	30	26	4	2	1	0	0	3	2	0	0	2	0	1	0	1	5	1	.077	.115	.143	0
14 (広)	18	7	3	2	0	0	0	2	0	0	0	0	0	1	0	0	2	0	.286	.286	.375	1
16 (広)	7	0	0	0	0	0	0	0	0	0	0	0	0	0	0	0	0	0	.000	.000	.000	1
17 (広)	37	8	12	1	0	0	0	1	0	0	0	0	0	2	0	0	3	0	.125	.125	.300	0
18 (広)	59	11	8	1	0	0	0	1	0	2	0	6	0	1	0	1	4	0	.091	.091	.167	3
19 (広)	31	21	5	3	0	0	0	3	0	0	0	1	0	0	0	0	5	1	.143	.143	.143	2
20 (広)	56	52	8	11	2	0	0	13	4	2	0	3	0	5	0	2	4	3	.212	.250	.305	2
21 (広)	63	55	20	15	2	0	0	17	2	2	2	2	0	5	0	6	10	2	.273	.309	.382	5
22 (広)	94	261	36	80	14	0	1	97	18	2	1	10	0	21	5	8	31	8	.307	.372	.376	6
23 (広)	84	247	20	64	7	1	1	76	17	8	2	1	0	12	0	9	46	1	.259	.308	.317	8
〔10〕	479	688	116	179	21	2	3	213	43	23	8	25	2	48	5	26	110	14	.260	.310	.331	20

鵜飼　航丞　うかい・こうすけ　駒澤大　('22.1)　'99.5.30生　右投右打　OF, 1B

年度(チーム)	試合	打数	得点	安打	二塁打	三塁打	本塁打	塁打	打点	盗塁	盗塁刺	犠打	犠飛	四球計	故意四球	死球	三振	併殺打	打率	長打率	出塁率	失策
22 (中)	59	180	14	37	8	1	4	59	16	1	0	0	1	9	0	5	64	0	.206	.328	.262	2
23 (中)	41	91	7	13	1	0	3	23	5	1	1	0	0	2	0	1	31	1	.143	.253	.170	0
〔2〕	100	271	21	50	9	1	7	82	21	2	1	0	1	11	0	6	95	1	.185	.303	.232	2

宇草　孔基　うぐさ・こうき　法政大　('20.1)　'97.4.17生　右投左打　OF

年度(チーム)	試合	打数	得点	安打	二塁打	三塁打	本塁打	塁打	打点	盗塁	盗塁刺	犠打	犠飛	四球計	故意四球	死球	三振	併殺打	打率	長打率	出塁率	失策
20 (広)	13	43	5	11	1	1	0	14	3	3	2	0	0	3	0	1	7	0	.256	.326	.319	1
21 (広)	43	148	18	43	7	1	4	64	14	6	5	1	0	6	0	3	42	1	.291	.432	.331	0
22 (広)	45	88	6	18	2	0	1	23	6	0	1	1	0	4	0	5	23	2	.205	.261	.278	0
〔3〕	101	279	29	72	10	2	5	101	23	9	8	2	0	13	0	9	72	3	.258	.362	.312	1

宇佐見真吾　うさみ・しんご　城西国際大（'16.1）'93.6.4生　右投左打　C, 1B

年度 チーム	試合	打数	得点	安打	二塁打	三塁打	本塁打	塁打	打点	盗塁	盗塁刺	犠打	犠飛	四球計	故意四球	死球	三振	併殺打	打率	長打率	出塁率	失策
'17 (巨)	21	40	6	14	0	0	4	26	8	0	0	0	0	3	0	2	14	0	.350	.650	.422	1
'18 (巨)	29	48	2	5	2	0	0	7	3	0	0	0	0	10	1	0	20	1	.104	.146	.259	
'19 (巨)	3	4	0	1	0	0	0	1	0	0	0	0	0	0	0	0	0	0	.250	.250	.250	
'19 (日)	45	96	4	19	3	0	0	22	9	0	0	1	0	6	0	0	19	4	.198	.229	.245	
'20 (日)	80	169	10	30	1	0	3	40	15	0	1	9	1	8	0	0	45	5	.178	.237	.213	
'21 (日)	32	43	2	5	0	0	1	8	2	0	0	5	0	8	0	1	16	2	.116	.186	.269	
'22 (日)	81	215	22	55	10	0	5	80	24	0	0	7	2	12	0	1	42	0	.256	.372	.296	
'23 (日)	9	15	0	0	0	0	0	0	0	0	0	0	0	1	0	0	4	0	.000	.000	.063	
'23 (中)	69	206	12	58	6	0	3	73	14	0	0	2	0	17	1	1	47	4	.282	.354	.339	
〔7〕	369	836	58	187	22	0	16	257	75	0	1	24	3	65	2	5	207	16	.224	.307	.283	17

内山　壮真　うちやま・そうま　星稜高（'21.1）'02.6.30生　右投右打　C, OF

年度 チーム	試合	打数	得点	安打	二塁打	三塁打	本塁打	塁打	打点	盗塁	盗塁刺	犠打	犠飛	四球計	故意四球	死球	三振	併殺打	打率	長打率	出塁率	失策
'21 (ヤ)	6	5	0	0	0	0	0	0	0	0	0	0	0	1	0	0	1	1	.000	.000	.167	
'22 (ヤ)	74	177	25	41	11	0	4	64	19	0	0	3	0	16	0	1	52	6	.232	.362	.299	
'23 (ヤ)	94	240	20	55	12	1	6	87	27	3	0	7	1	19	0	2	37	7	.229	.363	.290	
〔3〕	174	422	45	96	23	1	10	151	46	3	0	10	1	36	0	3	90	14	.227	.358	.292	

海野　隆司　うみの・たかし　東海大（'20.1）'97.7.15生　右投右打　C

年度 チーム	試合	打数	得点	安打	二塁打	三塁打	本塁打	塁打	打点	盗塁	盗塁刺	犠打	犠飛	四球計	故意四球	死球	三振	併殺打	打率	長打率	出塁率	失策
'20 (ソ)	5	4	0	0	0	0	0	0	0	0	0	0	0	0	0	0	2	0	.000	.000	.000	
'21 (ソ)	11	4	1	1	1	0	0	2	0	0	0	1	0	0	0	0	1	0	.250	.500	.200	
'22 (ソ)	47	42	3	7	2	0	1	12	4	0	0	1	0	0	0	0	11	0	.167	.286	.167	
'23 (ソ)	8	1	0	0	0	0	0	0	0	0	0	0	0	0	0	0	0	1	.000	.000	.000	
〔4〕	71	51	4	8	3	0	1	14	4	0	0	2	0	0	0	0	14	1	.157	.275	.154	

梅野隆太郎　うめの・りゅうたろう　福岡大（'14.1）'91.6.17生　右投右打　C

年度 チーム	試合	打数	得点	安打	二塁打	三塁打	本塁打	塁打	打点	盗塁	盗塁刺	犠打	犠飛	四球計	故意四球	死球	三振	併殺打	打率	長打率	出塁率	失策
'14 (神)	92	249	23	49	13	2	7	87	21	0	1	2	2	10	0	2	78	7	.197	.349	.232	
'15 (神)	56	138	16	33	9	1	4	56	18	0	2	4	0	6	0	1	33	2	.239	.406	.276	
'16 (神)	37	89	3	12	0	0	0	12	4	1	0	3	0	6	1	0	22	4	.135	.135	.189	
'17 (神)	112	282	22	58	9	2	2	77	33	1	0	27	3	24	2	4	63	3	.206	.273	.275	
'18 (神)	132	386	45	100	27	1	8	153	47	5	1	28	1	39	3	1	67	6	.259㉖	.396	.328	
'19 (神)	129	433	49	115	22	3	9	170	59	14	3	16	3	34	4	6	83	16	.266㉓	.393	.326	
'20 (神)	98	298	36	78	17	0	7	116	29	5	1	9	2	33	1	0	77	9	.262	.389	.333	
'21 (神)	130	404	33	91	15	3	8	121	33	8	4	6	2	41	3	5	107	14	.225㉜	.300	.303	
'22 (神)	100	294	26	67	2	1	4	83	25	2	1	3	0	30	5	0	77	16	.228	.282	.298	
'23 (神)	72	217	17	42	4	0	1	49	19	3	1	1	3	28	0	2	56	6	.194	.226	.288	
〔10〕	958	2790	270	645	118	13	45	924	288	39	14	102	17	251	19	21	663	83	.231	.331	.298	3

梅林　優貴　うめばやし・ゆうき　広島文化学園大（'20.1）'98.3.14生　右投右打　C

年度 チーム	試合	打数	得点	安打	二塁打	三塁打	本塁打	塁打	打点	盗塁	盗塁刺	犠打	犠飛	四球計	故意四球	死球	三振	併殺打	打率	長打率	出塁率	失策
'22 (日)	22	48	2	5	1	0	0	6	3	0	0	2	0	1	0	0	19	0	.104	.125	.122	
'23 (日)	7	6	0	3	0	0	0	3	0	0	0	0	0	0	0	0	1	1	.500	.500	.500	
〔2〕	29	54	2	8	1	0	0	9	3	0	0	2	0	1	0	0	20	1	.148	.167	.164	

江越　大賀　えごし・たいが　駒澤大（'15.1）'93.3.12生　右投右打　OF

年度	チーム	試合	打数	得点	安打	二塁打	三塁打	本塁打	塁打	打点	盗塁	盗塁刺	犠打	犠飛	四球計	故意四球	死球	三振	併殺打	打率	長打率	出塁率	失策
'15	(神)	56	168	21	36	8	3	5	65	16	2	0	0	0	6	0	2	64	0	.214	.387	.250	3
'16	(神)	72	191	33	40	6	1	7	69	20	4	3	2	3	18	0	3	78	2	.209	.361	.284	2
'17	(神)	28	13	3	1	0	0	0	1	0	1	0	0	0	3	0	2	5	0	.077	.077	.333	0
'18	(神)	29	40	6	6	2	0	1	11	1	3	0	0	0	0	0	0	22	0	.150	.275	.150	0
'19	(神)	49	15	8	1	0	0	0	1	0	1	0	0	0	1	0	0	6	0	.067	.067	.125	0
'20	(神)	45	10	11	0	0	0	0	0	1	3	1	0	1	2	0	0	6	0	.000	.000	.154	1
'21	(神)	31	3	4	0	0	0	0	0	0	5	1	0	0	0	0	1	1	0	.000	.000	.000	1
'22	(神)	24	4	4	0	0	0	0	0	0	4	1	0	0	1	0	0	3	0	.000	.000	.200	1
'23	(日)	100	150	17	27	4	2	5	50	13	9	8	12	1	11	0	2	77	0	.180	.333	.244	1
〔9〕		434	594	107	111	20	6	18	197	51	32	13	14	12	42	0	9	265	2	.187	.332	.249	8

蝦名　達夫　えびな・たつお　青森大（'20.1）'97.9.20生　右投右打　OF

年度	チーム	試合	打数	得点	安打	二塁打	三塁打	本塁打	塁打	打点	盗塁	盗塁刺	犠打	犠飛	四球計	故意四球	死球	三振	併殺打	打率	長打率	出塁率	失策
'20	(ディ)	17	21	3	3	1	0	1	7	1	0	0	0	0	2	0	1	8	1	.143	.333	.250	0
'21	(ディ)	31	18	1	3	0	0	0	3	1	0	0	0	0	3	0	0	7	2	.167	.167	.286	0
'22	(ディ)	61	158	21	39	4	0	3	52	8	6	5	7	0	10	0	6	43	3	.247	.329	.316	0
'23	(ディ)	42	43	6	6	1	0	0	7	0	1	0	3	0	1	0	4	12	0	.140	.163	.229	1
〔4〕		151	240	31	51	6	0	4	69	10	7	5	10	0	16	0	11	70	6	.213	.288	.292	1

江村　直也　えむら・なおや　大阪桐蔭高（'11.1）'92.5.6生　右投右打　C

年度	チーム	試合	打数	得点	安打	二塁打	三塁打	本塁打	塁打	打点	盗塁	盗塁刺	犠打	犠飛	四球計	故意四球	死球	三振	併殺打	打率	長打率	出塁率	失策
'13	(ロ)	64	117	6	20	2	0	0	22	7	0	1	12	1	4	0	0	34	7	.171	.188	.197	3
'14	(ロ)	44	53	5	11	1	0	0	12	1	0	0	5	0	3	0	0	12	1	.208	.226	.250	1
'15	(ロ)	14	6	2	0	0	0	0	0	0	0	0	0	0	0	0	1	2	1	.000	.000	.143	0
'16	(ロ)	22	23	1	3	1	0	0	4	1	0	0	1	0	0	0	1	1	1	.130	.174	.167	0
'17	(ロ)	13	6	1	1	0	0	0	1	0	0	0	0	0	0	0	0	1	1	.167	.167	.167	0
'18	(ロ)	35	16	0	1	0	0	0	1	0	0	0	1	0	0	0	0	5	1	.063	.063	.118	0
'19	(ロ)	23	31	3	3	0	0	1	6	3	0	0	2	0	0	0	0	10	2	.097	.194	.152	0
'20	(ロ)	5	6	0	0	0	0	0	0	0	0	0	0	0	1	0	0	1	0	.000	.000	.000	0
'21	(ロ)	19	6	0	1	0	0	0	1	1	0	0	2	0	2	0	0	4	0	.167	.167	.375	1
'23	(ロ)	4	9	0	0	0	0	0	0	0	0	0	0	0	1	0	0	2	1	.000	.000	.000	0
〔10〕		243	273	18	40	4	0	1	47	16	1	1	23	1	13	0	1	81	15	.147	.172	.188	5

T.オースティン　タイラー・オースティン　ヘリテージ高（'20.1）'91.9.6生　右投右打　OF, 1B

年度	チーム	試合	打数	得点	安打	二塁打	三塁打	本塁打	塁打	打点	盗塁	盗塁刺	犠打	犠飛	四球計	故意四球	死球	三振	併殺打	打率	長打率	出塁率	失策
'20	(ディ)	65	238	36	68	14	1	20	144	56	0	0	0	1	29	1	1	69	4	.286	.605	.364	1
'21	(ディ)	107	373	60	113	25	1	28	224	74	1	0	0	1	60	2	5	111	9	.303	.601	.405	2
'22	(ディ)	38	32	3	5	2	0	1	10	3	0	0	0	0	6	0	0	14	1	.156	.313	.289	—
'23	(ディ)	22	47	5	13	6	0	0	19	6	0	0	0	1	6	0	0	13	0	.277	.404	.352	0
〔4〕		232	690	104	199	47	2	49	397	139	1	0	0	3	101	4	6	207	14	.288	.575	.383	2

オコエ瑠偉　おこえ・るい　関東第一高（'16.1）'97.7.21生　右投右打　OF

年度	チーム	試合	打数	得点	安打	二塁打	三塁打	本塁打	塁打	打点	盗塁	盗塁刺	犠打	犠飛	四球計	故意四球	死球	三振	併殺打	打率	長打率	出塁率	失策
'16	(楽)	51	119	14	22	6	2	1	35	6	4	4	1	2	6	0	2	27	1	.185	.294	.233	0
'17	(楽)	41	130	21	39	17	0	3	65	11	5	2	5	0	3	0	0	38	3	.300	.500	.331	2
'18	(楽)	44	111	13	22	7	1	2	37	6	2	3	0	2	0	0	1	23	3	.198	.333	.219	1
'19	(楽)	52	110	12	20	4	0	3	33	15	5	0	2	0	3	0	1	29	3	.182	.300	.242	0
'21	(楽)	42	94	7	21	1	0	0	22	5	7	6	4	0	7	0	0	21	1	.223	.234	.291	0
'22	(楽)	6	25	2	5	0	0	0	5	0	0	0	0	0	0	0	0	8	0	.200	.200	.200	0
'23	(巨)	41	119	11	28	1	0	2	41	6	1	0	1	0	11	0	8	35	1	.235	.345	.278	0
〔7〕		277	708	80	157	42	3	11	238	50	21	11	19	3	30	0	12	181	12	.222	.336	.264	3

J.オスナ

ホセ・オスナ　ヌエストラ・セニョーラ・デ・ファテマ高（'21.1）　'92.12.12生　右投右打　1B, 3B

年度	チーム	試合	打数	得点	安打	二塁打	三塁打	本塁打	塁打	打点	盗塁	盗塁刺	犠打	犠飛	四球計	故意四球	死球	三振	併殺打	打率	長打率	出塁率	失策
'21	(ヤ)	120	469	42	121	24	2	13	188	60	3	0	0	2	22	2	2	80	18	.258㉕	.401	.293	12
'22	(ヤ)	138	496	49	135	19	2	20	218	74	2	3	0	3	29	4	1	93	11	.272⑮	.440	.312	11
'23	(ヤ)	134	501	49	127	23	0	23	219	71	2	4	0	2	39	5	1	79	13	.253㉒	.437	.308	5
〔3〕		392	1466	140	383	66	4	56	625	205	7	7	0	7	90	11	4	252	42	.261	.426	.304	28

大里　昂生

おおさと・こうせい　東北福祉大（'23.4）　'99.7.7生　右投左打　3B, 1B

年度	チーム	試合	打数	得点	安打	二塁打	三塁打	本塁打	塁打	打点	盗塁	盗塁刺	犠打	犠飛	四球計	故意四球	死球	三振	併殺打	打率	長打率	出塁率	失策
'23	(オ)	5	2	1	0	0	0	0	0	0	0	0	0	0	0	0	0	1	0	.000	.000	.000	

大下誠一郎

おおした・せいいちろう　白鷗大（'20.9）　'97.11.3生　右投右打　3B, 1B

年度	チーム	試合	打数	得点	安打	二塁打	三塁打	本塁打	塁打	打点	盗塁	盗塁刺	犠打	犠飛	四球計	故意四球	死球	三振	併殺打	打率	長打率	出塁率	失策
'20	(オ)	32	88	10	19	6	0	2	31	9	0	1	2	1	8	0	5	15	3	.216	.352	.314	
'21	(オ)	15	25	1	4	0	0	1	7	2	0	0	0	1	1	0	1	7	0	.160	.280	.222	
'22	(オ)	5	8	1	2	0	0	0	4	0	0	0	1	0	1	0	1	2	0	.250	.500	.400	
'23	(ロ)	23	22	2	5	0	0	1	8	2	0	1	0		2	0	3	7	0	.227	.364	.370	
〔4〕		75	143	14	30	8	0	4	50	13	0	2	3	1	12	0	10	31	3	.210	.350	.313	3

大島　洋平

おおしま・ようへい　駒澤大（'10.1）　'85.11.9生　左投左打　OF

年度	チーム	試合	打数	得点	安打	二塁打	三塁打	本塁打	塁打	打点	盗塁	盗塁刺	犠打	犠飛	四球計	故意四球	死球	三振	併殺打	打率	長打率	出塁率	失策
'10	(中)	104	314	35	81	10	4	0	99	17	8	4	27	2	29	0	2	52	2	.258	.315	.323	
'11	(中)	96	300	25	73	6	4	3	96	18	8	2	17	3	29	5	5	50	3	.243	.320	.318	
'12	(中)	144	555	83	172	19	5	1	204	13	**32**	17	17	0	46	0	13	80	7	.310③	.368	.376	
'13	(中)	140	499	68	124	24	2	3	155	27	19	9	10	3	37	1	6	69	2	.248⑲	.311	.306	
'14	(中)	141	585	92	186	18	2	2	214	28	28	12	6	2	43	1	6	56	3	.318④	.366	.369	
'15	(中)	142	565	70	147	20	4	6	193	27	22	8	10	1	39	1	5	65	5	.260⑱	.342	.313	
'16	(中)	143	**599**	80	175	27	**9**	3	229	27	26	12	4	1	46	1	6	69	3	.292⑫	.382	.348	
'17	(中)	119	476	50	149	24	3	3	184	29	23	6	1	3	37	0	4	66	5	.313③	.387	.365	
'18	(中)	141	**588**	92	161	20	7	7	216	57	21	9	1	5	47	2	4	80	2	.274㉒	.367	.329	
'19	(中)	143	558	89	**174**	23	3	2	212	45	30	7	3	3	50	3	9	78	5	.312④	.380	.376	
'20	(中)	118	462	60	**146**	21	3	1	176	30	24	8	9	4	47	3	4	51	5	.316④	.381	.382	
'21	(中)	141	548	54	160	19	5	1	192	34	14	8	1	2	42	5	3	60	4	.292⑨	.350	.345	
'22	(中)	109	436	48	137	18	1	1	160	20	11	4	3	0	34	5	9	52	1	.314②	.367	.376	
'23	(中)	130	470	34	136	17	2	0	157	23	6	1	3	1	15	1	5	43	7	.289⑤	.334	.316	
〔14〕		1811	6955	878	2021	256	54	34	2487	395	266	107	112	30	541	28	81	871	54	.291	.358	.347	26

大城　滉二

おおしろ・こうじ　立教大（'16.1）　'93.6.14生　右投右打　2B, SS, 3B, OF, 1B

年度	チーム	試合	打数	得点	安打	二塁打	三塁打	本塁打	塁打	打点	盗塁	盗塁刺	犠打	犠飛	四球計	故意四球	死球	三振	併殺打	打率	長打率	出塁率	失策
'16	(オ)	64	161	11	36	4	1	0	42	7	1	4	10	1	5	0	1	38	4	.224	.261	.246	7
'17	(オ)	122	345	28	85	10	1	2	103	21	7	4	35	1	16	0	3	59	6	.246	.299	.285	
'18	(オ)	128	377	45	87	14	2	4	117	26	15	9	28	1			3	77	8	.231	.310	.289	
'19	(オ)	91	302	36	79	18	4	1	108	28	15	9	11	1	25	0	6	56	4	.262	.364	.329	
'20	(オ)	94	251	25	52	14	3	0	58	14	7		11	0	20	0	4	51	4	.207	.231	.274	
'21	(オ)	49	61	4	11	3	0	0	14	5	1		5	0	3	0	0	14	2	.180	.230	.242	
'22	(オ)	57	90	9	22	4	0	2	32	6	2		8	0	12	0	0	25	2	.244	.356	.333	
'23	(オ)	57	46	7	9	3	0	1	15	10	1		4	0	1		1	8	2	.196	.326	.275	
〔8〕		662	1633	165	381	59	6	13	491	119	30		100	3	113	1	18	328	32	.233	.301	.290	47

大城　卓三　おおしろ・たくみ　東海大（'18.1）　'93. 2. 11生　右投左打　C, 1B

年度	チーム	試合	打数	得点	安打	二塁打	三塁打	本塁打	塁打	打点	盗塁	盗塁刺	犠打	犠飛	四球計	故意四球	死球	三振	併殺打	打率	長打率	出塁率	失策
'18	（巨）	83	185	19	49	12	0	4	73	17	0	1	2	0	15	3	0	46	3	.265	.395	.320	3
'19	（巨）	109	294	19	78	16	1	6	114	30	0	1	5	1	25	0	4	80	7	.265	.388	.330	3
'20	（巨）	93	274	30	74	10	1	9	113	41	1	0	1	3	30	6	0	82	1	.270	.412	.339	2
'21	（巨）	125	347	36	80	12	0	11	125	37	0	0	3	1	33	4	2	80	11	.231	.360	.300	2
'22	（巨）	115	346	24	92	11	1	13	144	43	1	0	9	0	36	4	2	77	10	.266	.416	.339	4
'23	（巨）	134	424	50	119	20	1	16	189	55	0	0	21	4	36	3	5	109	12	.281⑩	.446	.341	2
〔6〕		659	1870	178	492	81	4	59	758	223	2	2	41	9	175	20	13	474	44	.263	.405	.329	16

太田　賢吾　おおた・けんご　川越工高（'15.1）　'97. 1. 19生　右投左打　3B, 2B, OF, SS, 1B

年度	チーム	試合	打数	得点	安打	二塁打	三塁打	本塁打	塁打	打点	盗塁	盗塁刺	犠打	犠飛	四球計	故意四球	死球	三振	併殺打	打率	長打率	出塁率	失策
'17	（日）	40	82	9	14	2	1	1	21	6	0	0	4	0	2	0	0	21	1	.171	.256	.190	2
'18	（日）	54	36	6	7	0	2	0	11	5	0	0	3	0	2	0	0	11	1	.194	.306	.237	4
'19	（ヤ）	90	303	36	76	13	1	3	100	27	0	0	8	1	23	0	2	78	5	.251	.330	.307	13
'20	（ヤ）	4	4	0	0	0	0	0	0	0	0	0	0	0	0	0	0	1	1	.000	.000	.000	0
'21	（ヤ）	29	72	4	16	5	0	0	21	5	3	2	1	1	5	0	0	18	3	.222	.292	.269	1
'22	（ヤ）	37	118	16	32	5	1	1	42	8	0	0	4	0	8	0	1	24	1	.271	.356	.323	0
'23	（ヤ）	20	41	1	8	0	1	0	10	4	1	0	0	1	0	0	0	11	1	.195	.195	.214	0
〔7〕		274	656	72	153	25	5	5	203	52	3	2	20	2	41	0	3	164	13	.233	.309	.281	20

太田　泰示　おおた・たいし　東海大相模高（'09.1）　'90. 6. 9生　右投右打　OF, 1B, 3B

年度	チーム	試合	打数	得点	安打	二塁打	三塁打	本塁打	塁打	打点	盗塁	盗塁刺	犠打	犠飛	四球計	故意四球	死球	三振	併殺打	打率	長打率	出塁率	失策
'09	（巨）	3	1	0	0	0	0	0	0	0	0	0	0	0	0	0	0	1	0	.000	.000	.000	0
'10	（巨）	2	6	0	0	0	0	0	0	0	0	0	0	0	0	0	0	2	0	.000	.000	.000	1
'11	（巨）	12	26	4	4	1	0	0	5	3	0	0	1	0	0	0	0	9	0	.154	.192	.148	1
'12	（巨）	21	63	9	16	4	1	2	28	12	4	0	0	0	7	0	0	15	3	.254	.444	.329	2
'13	（巨）	21	31	3	5	0	0	0	5	2	1	0	2	1	4	0	0	9	0	.161	.161	.250	0
'14	（巨）	44	65	14	16	6	0	2	28	12	4	2	0	0	7	1	0	20	2	.246	.431	.338	0
'15	（巨）	60	130	13	36	7	0	1	46	3	3	2	0	0	7	0	1	39	0	.277	.354	.319	1
'16	（巨）	62	114	12	23	6	1	4	43	10	1	0	1	0	4	0	0	45	3	.202	.377	.227	1
'17	（日）	118	427	41	110	21	1	15	178	46	5	2	0	2	38	0	6	88	14	.258㉓	.417	.302	1
'18	（日）	104	383	56	105	22	4	14	177	59	3	4	0	1	38	0	7	103	11	.274	.462	.350	0
'19	（日）	132	557	79	161	28	1	20	251	77	6	2	0	5	27	4	3	111	22	.289⑦	.451	.325	3
'20	（日）	115	455	57	125	16	1	14	185	68	3	3	0	0	25	1	1	105	11	.275⑩	.407	.314	3
'21	（日）	76	191	10	39	5	2	3	57	20	1	0	1	0	14	3	0	50	10	.204	.298	.257	1
'22	（ディ）	62	144	17	40	10	1	0	67	18	0	1	1	1	6	0	1	33	4	.278	.465	.309	0
'23	（ディ）	75	175	18	38	12	0	4	62	15	0	0	0	0	9	0	2	49	2	.217	.354	.263	1
〔15〕		907	2768	334	718	138	12	84	1132	343	29	19	4	13	177	10	18	678	82	.259	.409	.307	13

太田　光　おおた・ひかる　大阪商業大（'19.1）　'96. 10. 14生　右投右打　C

年度	チーム	試合	打数	得点	安打	二塁打	三塁打	本塁打	塁打	打点	盗塁	盗塁刺	犠打	犠飛	四球計	故意四球	死球	三振	併殺打	打率	長打率	出塁率	失策
'19	（楽）	55	96	10	21	2	0	1	26	6	1	0	8	0	7	0	1	23	2	.219	.271	.279	3
'20	（楽）	67	130	17	26	10	0	2	42	16	0	1	11	3	18	0	2	38	2	.200	.323	.301	4
'21	（楽）	107	240	25	45	4	0	4	61	23	1	1	16	1	17	0	7	64	2	.188	.254	.260	3
'22	（楽）	71	145	10	31	4	0	3	44	18	1	0	13	0	21	1	3	46	3	.214	.303	.325	2
'23	（楽）	104	173	19	42	6	0	3	57	14	1	0	28	1	20	1	1	47	4	.243	.329	.356	2
〔5〕		404	784	81	165	26	0	13	230	77	4	2	76	5	90	1	17	218	13	.210	.293	.304	14

太田　椋　おおた・りょう　天理高（'19.1）　'01.2.14生　右投右打　2B, 1B, 3B, SS

年度（チーム）	試合	打数	得点	安打	二塁打	三塁打	本塁打	塁打	打点	盗塁	盗塁刺	犠打	犠飛	四球計	故意四球	死球	三振	併殺打	打率	長打率	出塁率	失策
'19（オ）	6	13	1	0	0	0	0	0	0	0	0	0	0	2	0	1	7	0	.000	.000	.188	1
'20（オ）	20	54	6	14	2	0	3	25	5	0	0	2	0	4	0	1	19	0	.259	.463	.322	2
'21（オ）	53	151	10	26	2	0	3	37	9	1	0	4	0	4	0	0	44	3	.172	.245	.194	5
'22（オ）	32	92	7	18	6	0	1	27	5	0	0	3	0	6	0	0	22	0	.196	.293	.245	2
'23（オ）	18	60	9	15	3	0	2	24	7	0	0	4	0	3	0	3	8	1	.250	.400	.318	2
〔5〕	129	370	33	73	13	0	9	113	26	1	0	13	0	19	0	5	100	4	.197	.305	.246	11

大野　奨太　おおの・しょうた　東洋大（'09.1）　'87.1.13生　右投右打　C

年度（チーム）	試合	打数	得点	安打	二塁打	三塁打	本塁打	塁打	打点	盗塁	盗塁刺	犠打	犠飛	四球計	故意四球	死球	三振	併殺打	打率	長打率	出塁率	失策
'09（日）	77	154	19	32	9	0	3	50	15	0	0	5	0	6	0	4	43	2	.208	.325	.256	2
'10（日）	87	183	20	42	8	0	4	62	16	1	0	13	0	19	0	1	36	5	.230	.339	.305	1
'11（日）	102	242	25	55	11	1	3	77	17	0	1	8	0	14	0	8	44	4	.227	.318	.292	2
'12（日）	70	140	7	24	4	0	2	34	11	0	2	9	0	8	0	2	30	2	.171	.243	.227	2
'13（日）	87	201	20	52	13	0	3	74	19	0	0	15	0	25	2	3	35	3	.259	.368	.349	2
'14（日）	105	259	16	45	10	0	6	73	19	0	0	19	2	19	0	5	52	6	.174	.282	.242	3
'15（日）	74	155	10	30	8	0	0	38	10	1	0	8	0	16	0	1	29	6	.194	.245	.273	2
'16（日）	109	282	26	69	13	0	5	97	35	1	0	31	0	25	0	13	63	6	.245	.344	.334	2
'17（日）	83	154	13	34	5	0	3	48	13	0	0	8	1	16	0	4	30	1	.221	.312	.309	2
'18（中）	63	137	9	27	4	2	2	41	10	0	0	9	0	20	2	1	31	2	.197	.299	.304	1
'19（中）	34	53	6	9	1	0	0	10	3	0	0	3	1	5	0	0	9	2	.170	.189	.237	1
'21（中）	8	14	1	2	0	0	0	2	0	0	0	0	0	1	0	0	5	1	.143	.143	.200	0
'22（中）	8	17	2	5	0	0	0	5	0	0	1	0	0	3	0	0	4	0	.294	.294	.400	0
'23（中）	1	1	0	0	0	0	0	0	0	0	0	0	0	0	0	0	0	0	.000	.000	.000	0
〔14〕	908	1992	174	426	86	3	31	611	168	3	5	129	4	177	4	42	411	40	.214	.307	.291	22

大盛　穂　おおもり・みのる　静岡産業大（'20.1）　'96.8.31生　右投左打　OF

年度（チーム）	試合	打数	得点	安打	二塁打	三塁打	本塁打	塁打	打点	盗塁	盗塁刺	犠打	犠飛	四球計	故意四球	死球	三振	併殺打	打率	長打率	出塁率	失策
'20（広）	73	135	21	35	5	3	2	52	16	5	3	0	1	11	1	1	50	1	.259	.385	.318	0
'21（広）	56	37	9	10	1	1	0	13	3	5	1	2	0	1	0	1	19	2	.270	.351	.308	0
'22（広）	52	69	8	14	2	2	1	23	5	4	3	0	0	6	0	1	17	2	.203	.333	.276	1
'23（広）	59	66	10	10	2	0	1	15	5	4	3	1	0	2	0	2	22	1	.152	.227	.200	1
〔4〕	240	307	48	69	10	6	4	103	27	14	9	3	1	20	1	5	108	6	.225	.336	.282	1

大山　悠輔　おおやま・ゆうすけ　白鷗大（'17.1）　'94.12.19生　右投右打　3B, 1B, OF, 2B

年度（チーム）	試合	打数	得点	安打	二塁打	三塁打	本塁打	塁打	打点	盗塁	盗塁刺	犠打	犠飛	四球計	故意四球	死球	三振	併殺打	打率	長打率	出塁率	失策
'17（神）	75	198	25	47	10	2	7	82	38	2	2	1	1	18	0	3	41	4	.237	.414	.309	4
'18（神）	117	347	48	95	19	4	11	155	48	5	3	1	2	26	0	2	54	14	.274	.447	.326	6
'19（神）	143	538	52	139	33	1	14	216	76	3	0	1	4	39	3	5	98	12	.258㉖	.401	.312	20
'20（神）	116	423	66	122	21	5	28	237	85	1	3	1	1	41	6	5	96	15	.288⑪	.560	.357	6
'21（神）	129	466	55	121	23	2	21	211	71	2	1	0	7	37	1	2	89	15	.260㉓	.453	.313	10
'22（神）	124	439	54	117	18	1	23	206	87	0	1	1	5	59	5	6	103	17	.267⑰	.469	.358	6
'23（神）	143	513	80	148	29	0	19	234	78	3	5	0	8	99	5	5	120	13	.288⑥	.456	.403	9
〔7〕	847	2924	380	789	153	15	123	1341	483	16	13	5	28	319	20	28	601	90	.270	.459	.344	61

岡　大海　おか・ひろみ　明治大　('14.1)　'91.7.15生　右投右打　OF, 1B

年度/チーム	試合	打数	得点	安打	二塁打	三塁打	本塁打	塁打	打点	盗塁	盗塁刺	犠打	犠飛	四球計	故意四球	死球	三振	併殺打	打率	長打率	出塁率	失策
'14 (日)	15	35	3	4	0	0	0	4	0	1	1	1	0	3	0	0	8	0	.114	.114	.184	1
'15 (日)	101	259	35	61	14	0	4	87	26	18	3	10	1	17	0	7	64	8	.236	.336	.299	1
'16 (日)	41	131	28	49	7	0	2	62	12	9	1	3	1	15	0	4	27	4	.374	.473	.450	3
'17 (日)	60	124	15	21	4	1	0	27	7	6	2	3	1	4	0	0	34	4	.169	.218	.194	1
'18 (日)	28	52	11	8	3	0	0	11	7	5	0	2	0	4	0	2	12	3	.154	.212	.241	1
'18 (ロ)	51	142	19	29	5	0	3	43	13	7	2	2	2	15	0	5	30	3	.204	.303	.299	2
'19 (ロ)	95	154	36	35	8	1	6	63	16	13	1	3	1	18	1	6	32	5	.227	.409	.330	2
'20 (ロ)	62	56	12	8	0	0	0	8	2	7	3	1	0	7	0	0	18	1	.143	.143	.238	0
'21 (ロ)	110	161	31	39	6	0	6	63	18	11	1	5	0	14	1	5	44	6	.242	.391	.322	0
'22 (ロ)	98	207	29	45	11	2	6	78	19	12	0	5	3	24	0	9	56	4	.217	.377	.321	4
'23 (ロ)	109	319	50	90	16	3	7	133	33	15	4	8	0	37	0	6	56	5	.282	.417	.371	4
〔10〕	770	1640	269	389	74	7	34	579	153	104	18	43	9	158	2	46	381	43	.237	.353	.320	19

岡島　豪郎　おかじま・たけろう　白鴎大　('12.1)　'89.9.7生　右投左打　OF, C, 1B

年度/チーム	試合	打数	得点	安打	二塁打	三塁打	本塁打	塁打	打点	盗塁	盗塁刺	犠打	犠飛	四球計	故意四球	死球	三振	併殺打	打率	長打率	出塁率	失策
'12 (楽)	43	120	12	31	3	0	2	40	11	3	1	0	0	4	0	1	15	1	.258	.333	.288	1
'13 (楽)	79	226	40	73	9	1	1	87	13	3	3	7	0	27	1	4	31	6	.323	.385	.405	2
'14 (楽)	142	545	77	154	27	3	7	208	53	9	10	9	3	57	2	4	71	7	.283⑬	.382	.353	3
'15 (楽)	41	137	13	23	5	1	2	35	13	7	2	4	2	12	0	0	15	0	.168	.255	.232	2
'16 (楽)	127	420	44	106	13	4	6	145	35	7	9	6	3	46	2	10	49	4	.252㉕	.345	.338	3
'17 (楽)	111	342	51	89	13	5	3	121	32	3	2	10	5	41	0	2	65	6	.260	.354	.338	0
'18 (楽)	108	216	16	41	10	1	3	62	15	1	1	3	0	22	1	0	54	4	.190	.287	.265	2
'20 (楽)	35	75	10	15	6	1	0	23	9	0	0	2	0	8	0	0	26	2	.200	.307	.277	0
'21 (楽)	126	461	40	129	30	4	6	191	56	3	6	5	4	28	1	9	94	9	.280⑨	.414	.331	2
'22 (楽)	53	182	20	39	8	3	0	62	25	2	1	2	2	10	1	3	27	6	.214	.341	.264	3
'23 (楽)	114	▲361	33	96	20	0	6	134	43	3	2	5	7	33	1	3	67	10	.266	.371	.327	2
〔11〕	979	3085	356	796	144	24	40	1108	305	41	37	53	26	288	9	36	514	55	.258	.359	.326	18

岡田　雅利　おかだ・まさとし　大阪桐蔭高　('14.1)　'89.6.30生　右投右打　C

年度/チーム	試合	打数	得点	安打	二塁打	三塁打	本塁打	塁打	打点	盗塁	盗塁刺	犠打	犠飛	四球計	故意四球	死球	三振	併殺打	打率	長打率	出塁率	失策
'14 (武)	22	32	1	6	2	0	0	8	2	0	0	1	0	0	0	1	7	0	.188	.250	.212	0
'15 (武)	36	50	3	12	0	0	1	15	5	0	0	1	0	3	0	0	10	1	.240	.300	.283	0
'16 (武)	47	66	3	15	0	0	0	15	5	0	0	2	0	9	0	0	18	2	.227	.227	.338	1
'17 (武)	68	144	19	33	6	1	0	41	9	0	0	12	0	10	1	6	28	1	.229	.285	.306	1
'18 (武)	52	92	10	25	3	0	3	37	7	0	0	7	1	7	0	1	17	3	.272	.402	.327	0
'19 (武)	36	61	8	16	3	1	1	24	7	0	0	6	0	9	0	2	12	1	.262	.393	.375	1
'20 (武)	29	56	1	6	1	0	0	7	3	0	0	7	0	1	0	1	5	4	.107	.125	.138	0
'21 (武)	34	42	3	5	1	0	0	9	2	0	0	7	0	4	0	0	5	0	.119	.214	.229	0
'22 (武)	1	0	0	0	0	0	0	0	0	0	0	0	0	0	0	0	0	0	.000	.000	.000	0
〔9〕	325	543	48	118	16	2	6	156	40	0	1	45	1	43	1	15	104	12	.217	.287	.292	3

岡田　悠希　おかだ・ゆうき　法政大　('22.1)　'00.1.19生　右投左打　OF

年度/チーム	試合	打数	得点	安打	二塁打	三塁打	本塁打	塁打	打点	盗塁	盗塁刺	犠打	犠飛	四球計	故意四球	死球	三振	併殺打	打率	長打率	出塁率	失策
'22 (巨)	33	21	2	2	0	0	0	2	0	0	0	0	1	1	0	0	7	0	.095	.095	.136	0
'23 (巨)	26	48	4	8	1	0	1	12	2	0	0	1	0	3	0	0	14	1	.167	.250	.216	0
〔2〕	59	69	6	10	1	0	1	14	2	0	0	1	0	4	0	0	21	1	.145	.203	.192	0

岡林　勇希　おかばやし・ゆうき　菰野高　('20.1)　'02. 2. 22生　右投左打　OF

年度 (チーム)	試合	打数	得点	安打	二塁打	三塁打	本塁打	塁打	打点	盗塁	盗塁刺	犠打	犠飛	四球計	故意四球	死球	三振	併殺打	打率	長打率	出塁率	失策
'20 (中)	6	7	2	2	0	0	0	2	0	0	0	0	0	0	0	0	2	0	.286	.286	.286	0
'21 (中)	24	59	6	15	4	0	0	19	4	2	0	1	1	1	0	0	13	1	.254	.322	.262	0
'22 (中)	142	553	58	161	25	10	0	206	32	24	6	22	1	29	1	3	67	4	.291⑦	.373	.329	5
'23 (中)	143	584	61	163	21	10	3	213	31	12	8	9	1	39	1	0	89	11	.279⑪	.365	.324	6
〔4〕	315	1203	127	341	50	20	3	440	67	38	14	32	3	69	2	3	171	16	.283	.366	.323	11

岡本　和真　おかもと・かずま　智辯学園高　('15.1)　'96. 6. 30生　右投右打　3B, 1B, OF

年度 (チーム)	試合	打数	得点	安打	二塁打	三塁打	本塁打	塁打	打点	盗塁	盗塁刺	犠打	犠飛	四球計	故意四球	死球	三振	併殺打	打率	長打率	出塁率	失策
'15 (巨)	17	28	2	6	0	0	1	9	4	2	0	0	0	2	0	1	4	3	.214	.321	.290	0
'16 (巨)	3	10	0	1	1	0	0	2	0	0	0	0	0	0	0	0	2	2	.100	.200	.100	0
'17 (巨)	15	31	2	6	1	0	0	7	2	0	0	0	0	4	0	0	10	0	.194	.226	.286	0
'18 (巨)	143	540	82	167	26	0	33	292	100	2	1	0	0	72	1	4	120	11	.309⑫	.541	.394	7
'19 (巨)	143	555	84	147	29	0	31	269	94	3	0	2	3	62	3	6	132	15	.265㉔	.485	.343	3
'20 (巨)	118	440	79	121	26	0	31	240	97	2	0	0	0	55	2	5	85	10	.275⑮	.545	.362	8
'21 (巨)	143	521	71	138	19	1	39	276	113	1	1	0	7	57	4	7	108	16	.265㉒	.530	.341	4
'22 (巨)	140	520	63	131	21	1	30	244	82	1	0	0	2	58	7	9	94	11	.252㉒	.469	.336	6
'23 (巨)	140	503	83	140	31	0	41	294	93	0	1	0	6	72	10	0	111	10	.278⑫	.584	.374	6
〔9〕	862	3148	466	857	154	2	206	1633	585	11	4	2	18	382	27	40	666	78	.272	.519	.356	37

小川　龍成　おがわ・りゅうせい　國學院大　('21.1)　'98. 4. 5生　右投左打　SS, 2B

年度 (チーム)	試合	打数	得点	安打	二塁打	三塁打	本塁打	塁打	打点	盗塁	盗塁刺	犠打	犠飛	四球計	故意四球	死球	三振	併殺打	打率	長打率	出塁率	失策
'21 (ロ)	20	6	5	0	0	0	0	0	0	0	2	0	0	0	0	0	2	0	.000	.000	.000	1
'22 (ロ)	68	▲55	15	6	1	0	1	10	4	4	1	7	1	12	0	1	18	0	.109	.182	.275	1
'23 (ロ)	52	20	7	3	1	0	0	4	1	3	3	2	0	7	0	1	7	0	.150	.200	.190	1
〔3〕	140	81	27	9	2	0	1	14	5	9	4	10	1	13	0	1	27	0	.111	.173	.240	5

荻野　貴司　おぎの・たかし　関西学院大　('10.1)　'85. 10. 21生　右投右打　OF, SS

年度 (チーム)	試合	打数	得点	安打	二塁打	三塁打	本塁打	塁打	打点	盗塁	盗塁刺	犠打	犠飛	四球計	故意四球	死球	三振	併殺打	打率	長打率	出塁率	失策
'10 (ロ)	46	175	29	57	9	2	1	73	17	25	3	21	3	16	1	2	24	2	.326	.417	.383	3
'11 (ロ)	23	91	14	24	4	0	0	28	10	14	2	3	1	7	0	1	6	1	.264	.308	.320	1
'12 (ロ)	61	165	18	37	3	0	1	45	8	13	3	6	0	10	0	5	17	0	.224	.273	.293	3
'13 (ロ)	102	▲335	52	92	14	3	4	124	28	26	3	17	3	32	0	9	26	4	.275	.370	.351	2
'14 (ロ)	40	142	26	37	10	2	3	60	12	15	1	5	0	8	0	0	14	1	.261	.423	.300	1
'15 (ロ)	82	279	42	75	9	2	2	94	13	16	5	9	1	16	0	4	38	5	.269	.337	.317	3
'16 (ロ)	71	192	35	48	11	1	3	70	21	16	2	9	0	14	0	4	25	3	.250	.365	.314	1
'17 (ロ)	103	356	53	94	22	1	5	133	24	26	3	10	1	25	0	2	44	6	.264	.374	.315	1
'18 (ロ)	78	317	52	91	15	3	2	118	25	20	6	5	0	13	0	9	25	6	.287	.372	.330	2
'19 (ロ)	125	508	76	160	35	7	10	239	46	28	10	9	4	40	1	8	56	4	.315③	.470	.371	4
'20 (ロ)	53	203	30	59	17	0	1	79	10	19	4	6	1	24	0	2	23	2	.291	.389	.370	1
'21 (ロ)	143	570	86	169	33	5	10	242	45	24	11	5	5	53	0	12	70	5	.296⑥	.425	.367	0
'22 (ロ)	89	326	51	101	18	4	5	142	27	15	3	5	5	30	0	7	30	7	.310	.436	.375	1
'23 (ロ)	50	183	19	44	16	1	2	57	19	12	6	1	0	13	0	6	16	4	.240	.311	.302	0
〔14〕	1066	3842	583	1088	210	31	48	1504	305	260	55	115	27	300	3	71	414	50	.283	.391	.344	24

奥村　展征　おくむら・のぶゆき　日大山形高　('14.1)　'95.5.26生　右投左打　SS, 2B, 3B, 1B, OF

年度 (チーム)	試合	打数	得点	安打	二塁打	三塁打	本塁打	塁打	打点	盗塁	盗塁刺	犠打	犠飛	四球計	故意四球	死球	三振	併殺打	打率	長打率	出塁率	失策
'16 (ヤ)	4	6	0	0	0	0	0	0	0	0	0	0	0	2	0	0	2	1	.000	.000	.250	0
'17 (ヤ)	44	113	12	27	4	0	0	31	5	1	1	9	0	1			33	3	.239	.274	.298	3
'18 (ヤ)	32	41	6	9	1	0	1	13	4	0	0	2	0	0			10	0	.220	.317	.267	0
'19 (ヤ)	74	166	15	33	8	1	1	46	12	0	2	10	0	16	1	3	47	2	.199	.277	.281	8
'21 (ヤ)	16	20	0	1	0	0	0	1	0	0	0	0	0	2	0	0	5	1	.050	.050	.095	0
'22 (ヤ)	43	41	5	6	0	0	0	6	1	0	0	2	0	0			16	0	.146	.146	.186	0
'23 (ヤ)	3	4	2	2	1	0	0	3	0	0	0	0	0	0			2	0	.500	.750	.400	0
〔7〕	216	391	40	78	14	1	2	100	24	1	3	13	3	33	1	4	115	7	.199	.256	.267	11

小郷　裕哉　おごう・ゆうや　立正大　('19.1)　'96.8.3生　右投左打　OF

年度 (チーム)	試合	打数	得点	安打	二塁打	三塁打	本塁打	塁打	打点	盗塁	盗塁刺	犠打	犠飛	四球計	故意四球	死球	三振	併殺打	打率	長打率	出塁率	失策
'19 (楽)	22	29	7	5	2	0	1	10	4	0		1	0	4	0	0	11	0	.172	.345	.273	1
'20 (楽)	58	105	23	31	3	0	4	46	12	8	2	3	1	19	0	1	34	0	.295	.438	.405	2
'21 (楽)	38	77	6	14	3	1	2	25	6	1	1	3	0	6	0	2	23	0	.182	.325	.259	0
'22 (楽)	10	18	2	3	1	0	1	7	2	0	0	2	0	0			4	0	.167	.389	.250	0
'23 (楽)	120	390	53	102	16	3	10	154	49	13	8	4		36	0	1	85	3	.262	.395	.321	5
〔5〕	248	619	91	155	25	4	18	242	73	22	11	18	7	67	0	4	157	3	.250	.391	.324	8

小田　裕也　おだ・ゆうや　東洋大　('15.1)　'89.11.4生　右投左打　OF

年度 (チーム)	試合	打数	得点	安打	二塁打	三塁打	本塁打	塁打	打点	盗塁	盗塁刺	犠打	犠飛	四球計	故意四球	死球	三振	併殺打	打率	長打率	出塁率	失策
'15 (オ)	31	89	14	29	4	1	2	41	6	6	1	3	0	4	0	1	23	0	.326	.461	.362	1
'16 (オ)	78	51	9	7	0	0	0	7	3	4	1	1	1	5	0	0	19	0	.137	.137	.211	0
'17 (オ)	43	17	4	1	0	0	0	1	0	0		2	0	1	0	0	7	0	.059	.059	.137	0
'18 (オ)	90	143	20	41	5	1	2	54	15	10	2	3	0	4	0	0	38	0	.287	.378	.348	1
'19 (オ)	82	180	21	37	5	2	3	55	21	9	3	2		12	0	6	47	0	.206	.306	.275	1
'20 (オ)	87	88	19	21	3	2	1	31	7	4	2	2	1	0		1	14	0	.239	.352	.264	1
'21 (オ)	101	15	18	1	0	0	0	1	0	1	0	0	0	0			4	0	.067	.067	.176	0
'22 (オ)	72	24	12	5	1	0	0	6	2	2	0	1	0	0			15	0	.208	.375	.269	1
'23 (オ)	77	62	15	18	5	0	1	26	5	2	0	0		7	0	0	15	1	.290	.419	.333	0
〔9〕	661	669	137	160	28	6	10	225	62	51	19	18	6	40	0	15	183	7	.239	.336	.295	5

小野寺　暖　おのでら・だん　大阪商業大　('21.4)　'98.3.17生　右投右打　OF, 3B

年度 (チーム)	試合	打数	得点	安打	二塁打	三塁打	本塁打	塁打	打点	盗塁	盗塁刺	犠打	犠飛	四球計	故意四球	死球	三振	併殺打	打率	長打率	出塁率	失策
'21 (神)	34	67	7	12	2	0	1	17	2	0	0	0		5	0	1	19	2	.179	.254	.247	0
'22 (神)	32	44	3	6	1	1	1	12	7	0	0	0	1	0		0	12	3	.136	.273	.156	0
'23 (神)	43	75	8	26	2	0	1	32	11	0	0	1		7	0	0	12	0	.347	.427	.402	1
〔3〕	109	186	18	44	5	1	3	61	20	0	1	0	1	13	0	1	43	5	.237	.328	.290	1

小幡　竜平　おばた・りゅうへい　延岡学園高　('19.1)　'00.9.21生　右投左打　SS, 2B, 3B

年度 (チーム)	試合	打数	得点	安打	二塁打	三塁打	本塁打	塁打	打点	盗塁	盗塁刺	犠打	犠飛	四球計	故意四球	死球	三振	併殺打	打率	長打率	出塁率	失策
'20 (神)	54	127	15	28	1	2	0	33	7	3	1	1	0	5	1	1	37	1	.220	.260	.256	9
'21 (神)	43	23	5	6	1	1	0	9	0	3	1	0	0	5	0	0	7	0	.261	.391	.320	1
'22 (神)	49	69	7	13	1	0	1	17	2	1	1	2	0	3	0	0	21	0	.188	.246	.208	2
'23 (神)	47	78	12	22	1	0	1	25	8	4	4	1	0	8	0	2	23	0	.282	.321	.349	4
〔4〕	193	297	39	69	4	3	2	84	20	9	7	7	0	21	1	7	88	1	.232	.283	.275	16

O.カリステ　オルランド・カリステ　エスクエラ エチリア ペピン高　('23.1)　'92.2.3生　右投右打　SS, 3B, 2B

年度 (チーム)	試合	打数	得点	安打	二塁打	三塁打	本塁打	塁打	打点	盗塁	盗塁刺	犠打	犠飛	四球計	故意四球	死球	三振	併殺打	打率	長打率	出塁率	失策
'23 (中)	47	163	13	38	8	0	5	61	13	2	0	2	0	7	0	0	36	7	.233	.374	.265	3

G. ガルシア　ギジェルモ・ガルシア　マヌエルファハルド体育大　（'22.7）　'00. 7. 1生　右投左打　OF

年度 チーム	試合	打数	得点	安打	二塁打	三塁打	本塁打	塁打	打点	盗塁	盗塁刺	犠打	犠飛	四球計	故意四球	死球	三振	併殺打	打率	長打率	出塁率	失策
'22（中）	2	9	0	1	0	0	0	1	0	0	0	0	0	0	0	0	5	0	.111	.111	.111	0

F. ガルビス　フレディ・ガルビス　UEコレヒオサンフランシスコハビエル高　（'22.2）　'89. 11. 14生　右投左右打　3B, 2B, S

年度 チーム	試合	打数	得点	安打	二塁打	三塁打	本塁打	塁打	打点	盗塁	盗塁刺	犠打	犠飛	四球計	故意四球	死球	三振	併殺打	打率	長打率	出塁率	失策
'22（ソ）	38	111	11	19	2	0	2	27	11	0	1	0	1	15	0	3	29	2	.171	.243	.285	
'23（ソ）	19	33	1	5	1	0	0	5	1	0	0	0	1	0	0	1	11	1	.152	.152	.176	
〔2〕	57	144	12	24	2	0	2	32	12	0	1	0	1	15	0	4	40	3	.167	.222	.262	

甲斐　拓也　(拓也) かい・たくや　楊志館高　（'14.1）　'92. 11. 5生　右投右打　C

年度 チーム	試合	打数	得点	安打	二塁打	三塁打	本塁打	塁打	打点	盗塁	盗塁刺	犠打	犠飛	四球計	故意四球	死球	三振	併殺打	打率	長打率	出塁率	失策
'14（ソ）	1	0	0	0	0	0	0	0	0	0	0	0	0	0	0	0	0	0	.000	.000	.000	
'15（ソ）	1	0	0	0	0	0	0	0	0	0	0	0	0	0	0	0	0	0	.000	.000	.000	
'16（ソ）	13	6	1	1	1	0	0	2	1	0	0	0	0	1	0	0	4	0	.167	.333	.286	
'17（ソ）	103	207	30	48	8	3	5	77	18	4	0	22	0	26	1	2	68	2	.232	.372	.323	
'18（ソ）	133	314	27	67	13	1	7	103	37	2	1	23	0	26	0	0	79	6	.213	.328	.274	8
'19（ソ）	137	377	42	98	15	0	11	146	43	9	4	23	3	50	0	1	114	9	.260⑲	.387	.346	3
'20（ソ）	104	289	44	61	15	0	11	109	33	4	3	22	3	43	0	3	80	7	.211	.377	.317	
'21（ソ）	143	405	42	92	15	0	12	143	44	6	6	26	2	44	0	2	142	7	.227㉘	.353	.305	1
'22（ソ）	130	323	25	58	9	1	1	72	27	1	3	38	1	38	0	0	85	9	.180	.223	.275	
'23（ソ）	139	366	35	74	14	1	10	122	44	0	4	18	2	31	0	3	117	5	.202	.333	.269	
〔10〕	904	2287	246	499	92	6	57	774	247	26	18	172	11	259	1	16	689	45	.218	.338	.301	27

柿沼　友哉　かきぬま・ともや　日本大国際関係学部　（'16.7）　'93. 5. 12生　右投右打　C

年度 チーム	試合	打数	得点	安打	二塁打	三塁打	本塁打	塁打	打点	盗塁	盗塁刺	犠打	犠飛	四球計	故意四球	死球	三振	併殺打	打率	長打率	出塁率	失策
'17（ロ）	8	8	0	0	0	0	0	0	1	0	0	1	0	0	0	0	2	1	.000	.000	.000	1
'18（ロ）	2	3	0	0	0	0	0	0	0	0	0	0	0	0	0	0	0	0	.000	.000	.000	0
'19（ロ）	34	54	5	9	0	0	1	12	2	0	0	10	0	4	0	5	20	0	.167	.222	.286	0
'20（ロ）	56	106	6	17	1	0	0	18	9	0	0	15	0	5	0	3	31	2	.160	.170	.219	1
'21（ロ）	43	49	3	7	1	0	1	11	4	0	1	10	0	6	0	0	12	4	.143	.224	.236	2
'22（ロ）	34	19	1	3	0	0	0	3	0	0	0	4	0	0	0	0	4	1	.158	.158	.158	0
'23（ロ）	18	29	2	3	0	0	0	3	1	0	0	5	0	3	0	1	6	0	.103	.103	.212	2
〔7〕	195	268	17	39	2	0	2	47	17	0	1	45	0	18	0	9	75	8	.146	.175	.224	6

角中　勝也　かくなか・かつや　日本航空第二高　('07.1)　'87. 5. 25生　右投左打　OF

年度(チーム)	試合	打数	得点	安打	二塁打	三塁打	本塁打	塁打	打点	盗塁	盗塁刺	犠打	犠飛	四球計	故意四球	死球	三振	併殺打	打率	長打率	出塁率	失策
'07 (ロ)	9	17	2	4	0	0	0	4	2	0	0	0	0	0	0	0	4	1	.235	.235	.235	0
'08 (ロ)	10	18	2	2	0	0	1	5	1	0	0	1	0	4	0	0	4	0	.111	.278	.273	1
'09 (ロ)	10	18	1	3	0	1	0	5	1	1	0	1	0	2	0	0	5	0	.167	.278	.250	1
'10 (ロ)	13	18	1	0	0	0	0	0	0	0	0	1	0	4	0	0	6	0	.000	.000	.182	0
'11 (ロ)	51	154	9	41	5	1	0	48	10	2	0	1	3	9	0	4	30	2	.266	.312	.318	1
'12 (ロ)	128	477	51	149	30	5	3	198	61	8	4	1	4	38	0	5	68	9	.312①	.415	.366	1
'13 (ロ)	125	462	65	133	26	6	5	186	43	10	6	6	3	50	1	4	63	3	.288⑭	.403	.360	8
'14 (ロ)	133	451	62	125	22	5	8	181	57	9	1	7	4	76	0	6	66	4	.277⑭	.401	.385	1
'15 (ロ)	111	427	57	125	20	5	6	173	56	8	4	7	2	47	0	1	52	12	.293⑥	.405	.363	4
'16 (ロ)	143	525	74	178	30	5	8	242	69	12	4	2	6	68	6	6	64	8	.339①	.461	.417	2
'17 (ロ)	110	383	44	103	17	4	8	152	44	6	1	1	2	62	4	4	44	6	.269⑭	.397	.375	3
'18 (ロ)	112	411	44	109	23	2	7	157	57	6	3	1	6	48	2	5	63	9	.265⑲	.382	.345	1
'19 (ロ)	108	368	47	95	17	1	8	138	48	2	2	3	4	55	2	5	63	10	.258	.375	.359	1
'20 (ロ)	84	217	21	53	9	3	2	74	15	2	0	7	1	24	0	5	41	7	.244	.341	.332	0
'21 (ロ)	107	275	33	67	19	1	0	88	29	1	0	3	5	40	3	4	51	4	.244	.320	.343	0
'22 (ロ)	53	129	10	33	4	0	1	40	11	1	2	0	0	9	0	0	35	0	.256	.310	.304	1
'23 (ロ)	86	216	20	64	16	1	9	109	39	1	0	3	3	21	2	1	43	0	.296	.505	.357	2
〔17〕	1393	4566	543	1284	238	40	66	1800	539	66	28	43	43	557	20	50	702	75	.281	.394	.363	27

梶谷　隆幸　かじたに・たかゆき　開星高　('07.1)　'88. 8. 28生　右投左打　OF, SS, 2B, 3B

年度(チーム)	試合	打数	得点	安打	二塁打	三塁打	本塁打	塁打	打点	盗塁	盗塁刺	犠打	犠飛	四球計	故意四球	死球	三振	併殺打	打率	長打率	出塁率	失策
'09 (横)	22	39	4	5	1	0	1	9	2	1	0	4	0	1	0	0	10	0	.128	.231	.150	2
'10 (横)	5	4	0	0	0	0	0	0	0	0	0	0	0	0	0	0	3	0	.000	.000	.000	0
'12 (ディ)	80	223	17	40	5	3	2	57	11	5	8	7	0	21	0	1	61	6	.179	.256	.253	10
'13 (ディ)	77	254	59	88	17	4	16	161	44	7	4	4	0	27	1	2	60	6	.346	.634	.413	10
'14 (ディ)	142	525	76	138	26	**9**	16	230	72	**39**	8	3	4	70	5	7	135	12	.263㉑	.438	.355	6
'15 (ディ)	134	520	70	143	35	2	13	221	66	28	**13**	2	2	54	0	0	132	4	.275⑩	.425	.342	2
'16 (ディ)	107	396	69	108	20	4	18	190	56	26	7	1	0	49	0	4	110	2	.273⑱	.480	.359	4
'17 (ディ)	137	511	83	124	27	2	21	218	60	21	3	0	2	62	2	3	**157**	10	.243㉖	.427	.327	1
'18 (ディ)	41	127	21	34	8	0	8	66	18	5	2	0	0	16	1	0	21	1	.268	.520	.321	0
'19 (ディ)	41	93	13	20	5	0	5	40	15	3	0	0	0	16	1	0	20	1	.215	.430	.330	0
'20 (ディ)	109	433	**88**	140	29	1	19	228	53	14	8	1	2	45	3	1	85	4	.323②	.527	.387	2
'21 (巨)	61	227	31	64	10	1	4	88	23	11	8	0	1	15	0	3	40	2	.282	.388	.333	1
'23 (巨)	102	265	26	73	8	2	2	87	19	2	2	6	0	17	0	3	45	2	.275	.328	.326	0
〔13〕	1058	3617	557	977	191	26	125	1595	439	162	64	29	11	385	12	26	879	48	.270	.441	.344	38

梶原　昂希　かじわら・こうき　神奈川大　('22.1)　'99. 9. 19生　右投左打　OF

年度(チーム)	試合	打数	得点	安打	二塁打	三塁打	本塁打	塁打	打点	盗塁	盗塁刺	犠打	犠飛	四球計	故意四球	死球	三振	併殺打	打率	長打率	出塁率	失策
'22 (ディ)	6	15	2	4	0	0	1	7	2	0	0	0	0	1	0	0	9	0	.267	.467	.267	0
'23 (ディ)	21	53	1	12	2	1	0	16	2	1	1	0	0	1	0	0	18	1	.226	.302	.241	0
〔2〕	27	68	3	16	2	1	1	23	4	1	1	0	0	2	0	0	27	1	.235	.338	.246	0

片山　雄哉　かたやま・ゆうや　至学館短大　('19.7)　'94. 6. 18生　右投左打　C

年度(チーム)	試合	打数	得点	安打	二塁打	三塁打	本塁打	塁打	打点	盗塁	盗塁刺	犠打	犠飛	四球計	故意四球	死球	三振	併殺打	打率	長打率	出塁率	失策
'22 (神)	2	2	0	0	0	0	0	0	0	0	0	0	0	0	0	0	2	0	.000	.000	.000	0

香月　一也　かつき・かずや　大阪桐蔭高　('15.1)　'96. 4. 16生　右投左打　1B, 3B, 2B

年度	チーム	試合	打数	得点	安打	二塁打	三塁打	本塁打	塁打	打点	盗塁	盗塁刺	犠打	犠飛	四球計	故意四球	死球	三振	併殺打	打率	長打率	出塁率	失策
'16	(ロ)	2	6	0	1	0	0	0	1	0	0	0	0	0	0	0	0	3	0	.167	.167	.167	1
'17	(ロ)	19	41	1	8	0	0	0	8	2	0	0	1	0	0	0	0	6	1	.195	.195	.195	1
'19	(ロ)	26	33	3	5	0	0	1	8	3	0	0	0	0	2	0	0	9	0	.152	.242	.152	1
'20	(巨)	8	9	0	0	0	0	0	0	0	0	0	0	0	0	0	0	2	1	.000	.000	.000	0
'21	(巨)	39	59	9	12	3	0	3	24	6	0	0	2	0	4	0	2	12	2	.203	.407	.277	0
'22	(巨)	15	35	5	7	2	0	0	9	2	0	0	0	0	0	0	0	8	0	.200	.257	.243	0
〔6〕		109	183	18	33	5	0	4	50	13	0	0	3	0	6	0	2	40	4	.180	.273	.215	3

加藤　豪将　かとう・ごうすけ　ランチョバーナード高　('23.1)　'94. 10. 8生　右投左打　2B, 1B, 3B

年度	チーム	試合	打数	得点	安打	二塁打	三塁打	本塁打	塁打	打点	盗塁	盗塁刺	犠打	犠飛	四球計	故意四球	死球	三振	併殺打	打率	長打率	出塁率	失策
'23	(日)	62	200	18	42	6	0	6	66	16	3	1	0	1	18	1	3	35	1	.210	.330	.284	2

加藤　翔平　かとう・しょうへい　上武大　('13.1)　'91. 3. 28生　右投左右打　OF

年度	チーム	試合	打数	得点	安打	二塁打	三塁打	本塁打	塁打	打点	盗塁	盗塁刺	犠打	犠飛	四球計	故意四球	死球	三振	併殺打	打率	長打率	出塁率	失策
'13	(ロ)	23	26	2	4	0	0	1	7	1	0	1	2	0	0	0	0	8	0	.154	.269	.154	0
'14	(ロ)	98	320	43	81	16	2	3	110	18	5	5	10	0	8	0	4	71	2	.253	.344	.280	2
'15	(ロ)	21	57	3	13	1	0	0	14	2	2	0	3	0	3	0	0	11	0	.228	.246	.267	0
'16	(ロ)	80	216	29	53	8	3	0	67	12	6	1	16	0	13	0	1	46	1	.245	.310	.291	1
'17	(ロ)	98	271	24	72	12	5	5	109	27	7	4	12	2	6	0	1	44	2	.266	.402	.282	2
'18	(ロ)	69	121	12	28	6	2	0	38	9	7	0	4	1	5	0	1	25	3	.231	.314	.266	0
'19	(ロ)	60	109	12	22	3	4	2	39	9	4	2	2	0	7	0	2	32	2	.202	.358	.263	0
'20	(ロ)	22	70	13	16	3	0	3	28	3	3	2	0	0	8	0	1	15	0	.229	.400	.300	0
'21	(ロ)	20	41	3	9	2	1	1	16	2	0	0	2	0	1	0	0	8	0	.220	.390	.238	0
'21	(中)	55	110	13	23	1	0	1	28	5	1	1	7	0	11	0	0	19	2	.209	.255	.281	2
'22	(中)	66	27	6	6	0	0	0	11	5	3	0	6	0	2	0	0	8	0	.222	.407	.276	2
'23	(中)	59	40	6	9	0	0	0	15	4	0	0	2	0	2	0	1	9	0	.225	.225	.279	1
〔11〕		671	1408	173	341	57	15	16	476	94	47	19	62	3	66	0	11	292	12	.242	.338	.281	11

加藤　匠馬　かとう・たくま　青山学院大　('15.1)　'92. 4. 29生　右投右打　C

年度	チーム	試合	打数	得点	安打	二塁打	三塁打	本塁打	塁打	打点	盗塁	盗塁刺	犠打	犠飛	四球計	故意四球	死球	三振	併殺打	打率	長打率	出塁率	失策
'15	(中)	3	1	0	0	0	0	0	0	0	0	0	0	0	0	0	0	0	0	.000	.000	.000	0
'16	(中)	1	1	0	0	0	0	0	0	0	0	0	0	0	0	0	0	0	0	.000	.000	.000	0
'17	(中)	1	1	0	0	0	0	0	0	0	0	0	0	0	0	0	0	0	0	.000	.000	.000	0
'19	(中)	92	224	19	51	4	0	3	64	13	0	0	12	0	9	1	0	57	6	.228	.286	.258	2
'20	(中)	29	37	0	5	1	0	0	6	1	0	0	5	0	1	1	0	8	1	.135	.162	.158	2
'21	(ロ)	57	105	6	10	2	0	2	18	4	0	1	14	0	4	0	0	52	1	.095	.171	.128	3
'22	(ロ)	24	9	2	1	1	0	0	2	0	0	0	1	0	0	0	0	3	0	.111	.222	.111	0
'23	(中)	10	10	0	0	0	0	0	0	0	0	0	0	0	0	0	0	3	0	.000	.000	.000	0
〔8〕		217	385	27	67	11	0	5	90	18	0	1	32	0	14	2	0	123	8	.174	.234	.203	5

門脇　誠　かどわき・まこと　創価大　('23.1)　'01. 1. 24生　右投左打　SS, 3B, 2B

年度	チーム	試合	打数	得点	安打	二塁打	三塁打	本塁打	塁打	打点	盗塁	盗塁刺	犠打	犠飛	四球計	故意四球	死球	三振	併殺打	打率	長打率	出塁率	失策
'23	(巨)	126	316	34	83	12	1	3	106	21	11	5	14	0	18	3	0	58	4	.263	.335	.302	5

金子　侑司　かねこ・ゆうじ　立命館大（'13.1）　'90.4.24生　右投左右打　OF, SS, 2B, 3B

年度	チーム	試合	打数	得点	安打	二塁打	三塁打	本塁打	塁打	打点	盗塁	盗塁刺	犠打	犠飛	四球計	故意四球	死球	三振	併殺打	打率	長打率	出塁率	失策
'13	(武)	94	278	30	62	3	5	2	81	23	12	6	12	0	18	0	3	56	5	.223	.291	.278	10
'14	(武)	91	243	32	60	10	3	2	82	16	21	6	12	1	14	0	2	48	2	.247	.337	.292	10
'15	(武)	57	156	22	35	4	3	1	48	6	11	7	10	0	10	0	0	43	0	.224	.308	.271	8
'16	(武)	129	460	64	122	12	3	1	143	33	53	17	13	1	40	0	6	69	5	.265⑱	.311	.331	16
'17	(武)	90	283	43	77	17	2	5	113	34	25	8	5	4	27	0	1	49	5	.272	.399	.333	4
'18	(武)	111	310	50	69	7	3	1	85	34	32	11	6	3	34	0	3	53	5	.223	.274	.303	1
'19	(武)	133	463	60	116	8	1	3	135	33	41	10	6	3	49	1	3	81	3	.251㉕	.292	.324	3
'20	(武)	86	301	41	75	7	0	3	91	21	14	9	5	3	29	0	0	55	5	.249	.302	.312	4
'21	(武)	101	198	24	38	7	1	0	47	9	9	9	6	2	12	0	2	39	7	.192	.237	.243	0
'22	(武)	44	119	12	33	4	2	1	44	4	3	3	1	0	8	0	0	25	0	.277	.370	.323	1
'23	(武)	47	84	6	15	2	1	0	19	2	1	2	1	1	4	0	1	24	2	.179	.226	.222	0
〔11〕		983	2895	384	702	81	24	19	888	215	222	88	77	18	245	1	21	542	39	.242	.307	.304	57

上川畑大悟　かみかわばた・だいご　日本大（'22.1）　'97.1.12生　右投左打　SS, 2B

年度	チーム	試合	打数	得点	安打	二塁打	三塁打	本塁打	塁打	打点	盗塁	盗塁刺	犠打	犠飛	四球計	故意四球	死球	三振	併殺打	打率	長打率	出塁率	失策
'22	(日)	80	261	22	76	7	2	2	93	17	8	10	12	0	21	0	7	45	3	.291	.356	.360	9
'23	(日)	108	293	16	62	5	1	0	69	18	3	4	12	1	34	1	6	51	5	.212	.235	.305	10
〔2〕		188	554	38	138	12	3	2	162	35	11	14	24	1	55	1	13	96	8	.249	.292	.331	13

神里　和毅　かみざと・かずき　中央大（'18.1）　'94.1.17生　右投左打　OF

年度	チーム	試合	打数	得点	安打	二塁打	三塁打	本塁打	塁打	打点	盗塁	盗塁刺	犠打	犠飛	四球計	故意四球	死球	三振	併殺打	打率	長打率	出塁率	失策
'18	(ディ)	86	247	31	62	14	3	5	97	21	15	9	4	0	19	1	3	68	4	.251	.393	.312	3
'19	(ディ)	123	427	62	119	31	3	6	174	35	15	10	3	0	26	2	2	121	7	.279⑭	.407	.323	3
'20	(ディ)	80	169	38	52	9	1	3	71	17	7	5	1	2	15	0	3	42	3	.308	.420	.370	2
'21	(ディ)	88	110	13	21	3	0	4	36	15	4	3	1	1	6	0	1	49	1	.191	.327	.231	0
'22	(ディ)	81	95	12	18	4	3	1	31	10	6	3	0	0	8	0	3	26	1	.189	.326	.274	0
'23	(ディ)	64	49	11	8	1	1	0	11	3	0	2	1	0	3	0	0	16	0	.163	.224	.226	0
〔6〕		522	1097	167	280	61	11	19	420	101	47	27	10	3	77	4	12	322	16	.255	.383	.310	8

川越　誠司　かわごえ・せいじ　北海学園大（'16.1）　'93.6.30生　左投左打　OF

年度	チーム	試合	打数	得点	安打	二塁打	三塁打	本塁打	塁打	打点	盗塁	盗塁刺	犠打	犠飛	四球計	故意四球	死球	三振	併殺打	打率	長打率	出塁率	失策
'20	(武)	48	64	10	10	0	1	2	18	5	0	0	1	0	9	0	0	24	0	.156	.281	.260	0
'21	(武)	63	160	12	36	3	1	5	56	11	0	0	1	0	12	0	1	44	2	.225	.350	.283	0
'22	(武)	50	139	10	36	4	2	2	53	14	2	2	0	1	18	1	1	41	1	.259	.381	.346	0
'23	(武)	12	30	2	4	0	0	1	8	1	0	0	0	0	3	0	0	13	0	.133	.233	.297	0
'23	(中)	18	33	2	7	1	0	0	8	1	0	0	0	0	3	0	0	8	1	.212	.242	.278	0
〔4〕		191	426	37	93	11	4	10	142	36	2	2	3	1	48	1	3	130	4	.218	.333	.301	2

川瀬　晃　かわせ・ひかる　大分商高（'16.1）　'97.9.15生　右投左打　SS, 2B, 3B, 1B, OF

年度	チーム	試合	打数	得点	安打	二塁打	三塁打	本塁打	塁打	打点	盗塁	盗塁刺	犠打	犠飛	四球計	故意四球	死球	三振	併殺打	打率	長打率	出塁率	失策
'18	(ソ)	13	32	3	6	1	0	0	7	2	1	0	2	0	0	0	0	9	2	.188	.219	.235	1
'19	(ソ)	29	34	1	6	0	0	0	6	1	1	1	1	0	2	0	0	5	1	.176	.176	.200	3
'20	(ソ)	70	141	12	27	4	1	0	35	10	2	1	10	1	11	0	0	26	0	.191	.248	.253	5
'21	(ソ)	21	27	2	5	0	0	0	5	0	1	0	2	0	0	0	0	9	0	.185	.185	.241	1
'22	(ソ)	73	90	15	25	5	0	0	30	7	5	3	8	0	0	0	0	21	4	.278	.333	.327	3
'23	(ソ)	102	178	25	42	4	3	0	55	15	2	2	18	1	9	1	2	23	3	.236	.309	.279	1
〔6〕		308	502	58	111	19	4	0	138	39	12	6	38	5	33	1	3	93	10	.221	.275	.271	14

川野　涼多　かわの・りょうた　九州学院高　('20.1)　'01.6.28生　右投左右打　3B, 2B

年度	試合	打数	得点	安打	二塁打	三塁打	本塁打	塁打	打点	盗塁	盗塁刺	犠打	犠飛	四球計	故意四球	死球	三振	併殺打	打率	長打率	出塁率	失策
'22 (武)	5	7	0	1	0	0	0	1	1	0	1	0	1	0	0	0	2	0	.143	.143	.125	1

川端　慎吾　かわばた・しんご　市立和歌山商高　('06.1)　'87.10.16生　右投左打　3B, SS, 1B, 2B

年度	試合	打数	得点	安打	二塁打	三塁打	本塁打	塁打	打点	盗塁	盗塁刺	犠打	犠飛	四球計	故意四球	死球	三振	併殺打	打率	長打率	出塁率	失策
'06 (ヤ)	6	21	2	4	0	0	0	4	1	0	0	1	0	1	0	0	8	0	.190	.190	.227	0
'07 (ヤ)	9	10	1	1	1	0	0	2	1	0	0	2	0	1	0	0	6	0	.100	.200	.182	0
'08 (ヤ)	65	104	11	27	4	0	1	34	9	2	0	6	0	5	0	0	20	1	.260	.327	.294	3
'09 (ヤ)	30	37	2	10	0	0	0	10	0	0	0	2	0	3	0	1	6	2	.270	.270	.325	4
'10 (ヤ)	59	188	22	56	12	1	1	73	21	0	0	6	3	16	3	1	21	7	.298	.388	.351	4
'11 (ヤ)	117	399	48	107	20	3	4	145	46	0	0	15	3	40	2	0	51	5	.268⑬	.363	.333	4
'12 (ヤ)	125	453	52	135	15	5	4	172	49	3	2	13	4	35	0	2	56	7	.298⑦	.380	.348	7
'13 (ヤ)	70	267	36	83	7	2	5	109	37	2	0	7	1	37	1	0	28	6	.311	.408	.393	2
'14 (ヤ)	142	580	86	177	33	2	10	244	69	2	2	8	3	43	1	3	62	10	.305⑩	.421	.355	14
'15 (ヤ)	143	▲581	87	195	34	1	8	255	57	4	3	2	2	43	0	3	72	15	.336①	.439	.383	10
'16 (ヤ)	103	420	48	127	22	1	1	154	32	3	0	1	2	34	0	1	31	13	.302⑧	.367	.354	5
'18 (ヤ)	97	297	22	77	9	1	3	97	31	1	0	1	1	32	2	3	37	11	.259	.327	.336	4
'19 (ヤ)	37	61	5	10	1	0	0	11	7	0	0	0	1	5	0	0	8	2	.164	.180	.224	2
'20 (ヤ)	39	39	3	5	0	0	0	5	2	0	0	0	3	0	0	0	4	1	.128	.128	.190	0
'21 (ヤ)	91	86	8	32	5	1	1	42	18	0	0	0	7	1	0	0	16	2	.372	.488	.419	1
'22 (ヤ)	52	57	2	10	1	0	0	11	7	0	0	0	2	4	1	1	7	1	.175	.193	.234	0
'23 (ヤ)	80	94	4	30	3	0	1	39		1	0	9	5	1		10	4			.319	.415	.385	1
〔17〕	1265	3694	438	1086	167	17	40	1407	403	17	9	65	22	318	16	15	443	87	.294	.381	.350	58

川原田純平　かわらだ・じゅんぺい　青森山田高　('21.1)　'02.5.21生　右投右打　2B, SS

年度	試合	打数	得点	安打	二塁打	三塁打	本塁打	塁打	打点	盗塁	盗塁刺	犠打	犠飛	四球計	故意四球	死球	三振	併殺打	打率	長打率	出塁率	失策
'22 (ソ)	1	1	0	0	0	0	0	0	0	0	0	0	0	0	0	0	1	0	.000	.000	.000	0
'23 (ソ)	2	1	0	0	0	0	0	0	0	0	0	0	0	0	0	0	0	0	.000	.000	.000	1
〔2〕	3	2	0	0	0	0	0	0	0	0	0	0	0	0	0	0	1	0	.000	.000	.000	1

C．ギッテンス　クリス・ギッテンス　グレイソン大　('22.1)　'94.2.4生　右投右打　1B

年度	試合	打数	得点	安打	二塁打	三塁打	本塁打	塁打	打点	盗塁	盗塁刺	犠打	犠飛	四球計	故意四球	死球	三振	併殺打	打率	長打率	出塁率	失策
'22 (楽)	21	62	4	15	2	0	0	17	8	0	0	0	0	11	0	1	25	0	.242	.274	.365	0

菊田　拡和　きくた・ひろかず　常総学院高　('20.1)　'01.7.23生　右投右打　3B

年度	試合	打数	得点	安打	二塁打	三塁打	本塁打	塁打	打点	盗塁	盗塁刺	犠打	犠飛	四球計	故意四球	死球	三振	併殺打	打率	長打率	出塁率	失策
'23 (巨)	6	5	1	0	0	0	0	0	0	0	0	0	0	1	0	0	0	0	.000	.000	.167	1

菊池　涼介　きくち・りょうすけ　中京学院大（'12.1）　'90. 3. 11生　右投右打　2B, SS, 3B

年度	チーム	試合	打数	得点	安打	二塁打	三塁打	本塁打	塁打	打点	盗塁	盗塁刺	犠打	犠飛	四球計	故意四球	死球	三振	併殺打	打率	長打率	出塁率	失策
'12	(広)	63	201	21	46	5	1	2	59	12	4	2	25	1	6	0	1	42	5	.229	.294	.254	9
'13	(広)	141	538	69	133	27	4	11	201	57	16	7	50	5	38	0	2	121	4	.247⑳	.374	.297	19
'14	(広)	144	579	88	188	39	2	11	264	58	23	10	43	5	24	0	3	79	9	.325②	.456	.352	12
'15	(広)	143	562	62	143	20	3	8	193	32	19	9	49	2	29	2	2	92	7	.254⑳	.343	.292	10
'16	(広)	141	574	92	181	22	3	13	248	56	13	5	23	3	40	0	0	106	3	.315④	.432	.358	4
'17	(広)	138	565	87	153	28	3	14	229	56	8	7	30	1	32	0	1	107	9	.271⑯	.405	.311	5
'18	(広)	139	557	85	130	27	1	13	198	60	10	2	30	1	51	2	3	111	5	.233㉛	.355	.301	3
'19	(広)	138	547	77	143	36	2	13	222	48	14	5	28	2	41	0	1	102	5	.261㉕	.406	.313	10
'20	(広)	106	376	43	102	19	4	10	159	41	3	2	16	1	35	2	1	68	9	.271⑱	.423	.334	0
'21	(広)	132	494	64	137	23	2	16	212	60	1	5	2	3	42	2	1	86	8	.277⑮	.429	.333	5
'22	(広)	123	462	51	121	25	1	6	166	45	2	3	32	2	24	0	2	70	7	.262⑳	.359	.300	3
'23	(広)	120	442	51	114	17	0	5	146	27	7	5	8	1	32	1	2	68	6	.258⑲	.330	.310	3
〔12〕		1528	5897	790	1591	288	26	122	2297	552	120	62	336	27	394	9	19	1052	77	.270	.390	.316	83

岸　潤一郎　きし・じゅんいちろう　明徳義塾高（'20.1）　'96. 12. 8生　右投右打　OF

年度	チーム	試合	打数	得点	安打	二塁打	三塁打	本塁打	塁打	打点	盗塁	盗塁刺	犠打	犠飛	四球計	故意四球	死球	三振	併殺打	打率	長打率	出塁率	失策
'20	(武)	5	2	0	0	0	0	0	0	0	0	1	0	0	1	0	0	1	0	.000	.000	.333	0
'21	(武)	100	304	29	67	9	1	9	105	30	2	1	15	1	13	0	5	49	10	.220	.345	.263	3
'22	(武)	45	73	10	15	1	2	2	26	7	1	1	2	0	5	0	3	9	0	.205	.356	.284	2
'23	(武)	61	177	16	37	5	0	2	51	12	3	2	4	1	11	0	4	33	6	.209	.288	.269	0
〔4〕		211	556	55	119	15	3	14	182	49	6	5	21	2	30	0	12	92	16	.214	.327	.268	5

岸田　行倫　きしだ・ゆきのり　報徳学園高（'18.1）　'96. 10. 10生　右投右打　C

年度	チーム	試合	打数	得点	安打	二塁打	三塁打	本塁打	塁打	打点	盗塁	盗塁刺	犠打	犠飛	四球計	故意四球	死球	三振	併殺打	打率	長打率	出塁率	失策
'19	(巨)	4	7	0	0	0	0	0	0	0	0	0	0	0	0	0	0	2	0	.000	.000	.000	0
'20	(巨)	34	43	2	13	3	0	1	19	5	0	0	1	1	3	0	0	16	4	.302	.442	.340	0
'21	(巨)	27	22	1	4	0	1	0	6	2	0	0	0	2	0	0	0	8	0	.182	.273	.250	0
'22	(巨)	25	35	1	9	0	0	0	9	0	0	0	1	0	2	0	1	6	0	.257	.257	.316	1
'23	(巨)	46	68	5	17	2	0	2	25	3	0	0	1	0	2	0	1	12	4	.250	.368	.282	1
〔5〕		136	175	9	43	5	1	3	59	11	0	0	2	1	9	0	2	44	8	.246	.337	.289	3

喜多　隆介　きた・りゅうすけ　京都先端科学大（'21.8）　'98. 8. 25生　右投右打　C

年度	チーム	試合	打数	得点	安打	二塁打	三塁打	本塁打	塁打	打点	盗塁	盗塁刺	犠打	犠飛	四球計	故意四球	死球	三振	併殺打	打率	長打率	出塁率	失策
'22	(巨)	14	9	2	1	0	0	0	1	2	0	0	0	0	0	0	0	1	1	.111	.111	.111	0

来田　涼斗　きた・りょうと　明石商高（'21.1）　'02. 10. 16生　右投左打　OF

年度	チーム	試合	打数	得点	安打	二塁打	三塁打	本塁打	塁打	打点	盗塁	盗塁刺	犠打	犠飛	四球計	故意四球	死球	三振	併殺打	打率	長打率	出塁率	失策
'21	(オ)	23	71	5	15	0	0	2	24	8	1	0	1	3	2	1	0	30	1	.211	.338	.250	2
'22	(オ)	10	23	2	3	0	0	0	3	0	0	0	1	0	3	0	0	8	0	.130	.130	.231	0
'23	(オ)	4	10	0	0	0	0	0	0	0	0	0	1	0	1	0	0	6	0	.000	.000	.091	0
〔3〕		37	104	7	18	0	0	2	27	8	1	0	3	1	7	0	0	44	1	.173	.260	.230	2

北村　恵吾　きたむら・けいご　中央大（'23.1）　'00. 12. 18生　右投右打　1B

年度	チーム	試合	打数	得点	安打	二塁打	三塁打	本塁打	塁打	打点	盗塁	盗塁刺	犠打	犠飛	四球計	故意四球	死球	三振	併殺打	打率	長打率	出塁率	失策
'23	(ヤ)	12	21	4	4	0	0	1	7	7	0	0	0	2	0	0	0	5	1	.190	.333	.174	0

北村　拓己　きたむら・たくみ　亜細亜大　（'18.1）　'95. 8. 29生　右投右打　2B, 1B, 3B, SS

年度 チーム	試合	打数	得点	安打	二塁打	三塁打	本塁打	塁打	打点	盗塁	盗塁刺	犠打	犠飛	四球計	故意四球	死球	三振	併殺打	打率	長打率	出塁率	失策
'18 (巨)	1	1	0	0	0	0	0	0	0	0	0	0	0	0	0	0	0	0	.000	.000	.000	—
'19 (巨)	5	5	3	0	0	0	0	0	0	0	1	0	0	1	0	1	2	0	.000	.000	.286	0
'20 (巨)	57	75	9	17	2	0	2	25	10	0	0	2	0	10	1	1	24	2	.227	.333	.326	0
'21 (巨)	53	92	13	23	3	0	4	38	11	0	0	2	0	8	1	1	28	4	.250	.413	.317	0
'22 (巨)	33	52	3	9	1	0	0	12	1	0	0	1	0	1	0	1	16	2	.173	.231	.204	2
'23 (巨)	27	34	2	7	1	0	0	8	0	0	0	1	0	2	1	1	7	3	.206	.235	.270	2
〔6〕	176	259	30	56	7	1	6	83	22	2	0	6	0	22	3	5	77	11	.216	.320	.290	4

木浪　聖也　きなみ・せいや　亜細亜大　（'19.1）　'94. 6. 15生　右投左打　SS, 2B, 3B, 1B

年度 チーム	試合	打数	得点	安打	二塁打	三塁打	本塁打	塁打	打点	盗塁	盗塁刺	犠打	犠飛	四球計	故意四球	死球	三振	併殺打	打率	長打率	出塁率	失策
'19 (神)	113	363	32	95	18	2	4	129	32	2	0	6	0	18	5	3	77	8	.262	.355	.302	15
'20 (神)	92	297	42	74	20	1	3	105	25	2	1	8	3	24	3	2	54	1	.249	.354	.307	8
'21 (神)	92	119	9	27	8	0	1	38	15	0	0	2	3	7	0	1	20	1	.227	.319	.269	2
'22 (神)	41	93	6	19	4	0	1	26	6	0	0	2	0	5	0	1	19	2	.204	.280	.253	2
'23 (神)	127	408	41	109	22	1	1	136	41	0	0	20	7	31	**12**	4	103	13	.267⑭	.333	.320	10
〔5〕	465	1280	130	324	72	4	10	434	119	4	1	38	13	85	20	11	273	25	.253	.339	.302	40

木下　拓哉　きのした・たくや　法政大　（'16.1）　'91. 12. 18生　右投右打　C

年度 チーム	試合	打数	得点	安打	二塁打	三塁打	本塁打	塁打	打点	盗塁	盗塁刺	犠打	犠飛	四球計	故意四球	死球	三振	併殺打	打率	長打率	出塁率	失策
'16 (中)	9	18	1	5	2	0	1	10	2	0	0	0	0	1	0	0	6	1	.278	.556	.316	0
'17 (中)	51	78	4	15	5	0	0	20	4	0	0	4	1	10	1	1	21	4	.192	.256	.289	0
'18 (中)	16	25	4	3	1	0	1	7	2	0	0	0	0	3	1	0	9	0	.120	.280	.214	0
'19 (中)	39	88	5	20	6	0	2	32	8	0	0	1	1	5	1	3	22	2	.227	.364	.289	4
'20 (中)	88	251	19	67	14	1	6	101	32	0	0	5	0	12	2	1	49	1	.267	.402	.303	2
'21 (中)	123	352	33	95	17	0	11	145	43	1	1	3	2	35	4	1	58	11	.270	.412	.336	2
'22 (中)	120	▲419	24	103	16	3	6	143	48	2	0	12	6	27	3	1	38	5	.246㉔	.341	.289	5
'23 (中)	89	278	19	66	15	0	5	96	26	0	0	5	1	30	2	1	55	4	.237	.345	.313	3
〔8〕	535	1509▲	109	374	76	4	32	554	165	3	1	30	11	123	14	8	258	28	.248	.367	.306	11

木村　文紀　(旧名・文和)　きむら・ふみかず　埼玉栄高　（'07.1）　'88. 9. 13生　右投右打　OF, P, 1B

年度 チーム	試合	打数	得点	安打	二塁打	三塁打	本塁打	塁打	打点	盗塁	盗塁刺	犠打	犠飛	四球計	故意四球	死球	三振	併殺打	打率	長打率	出塁率	失策
'07 (武)	1	0	0	0	0	0	0	0	0	0	0	0	0	0	0	0	0	0	.000	.000	.000	0
'09 (武)	11	0	0	0	0	0	0	0	0	0	0	0	0	0	0	0	0	0	.000	.000	.000	0
'11 (武)	21	0	0	0	0	0	0	0	0	0	0	0	0	0	0	0	0	0	.000	.000	.000	0
'12 (武)	8	0	0	0	0	0	0	0	0	0	0	0	0	0	0	0	0	0	.000	.000	.000	0
'13 (武)	11	14	1	3	1	1	1	9	1	0	0	0	0	1	0	0	8	0	.214	.643	.267	0
'14 (武)	100	284	34	61	13	2	10	108	27	16	8	21	2	20	0	3	112	3	.215	.380	.272	6
'15 (武)	49	82	12	16	4	1	5	37	12	1	0	4	0	4	0	2	28	0	.195	.451	.250	2
'16 (武)	28	30	4	5	1	0	0	6	2	1	0	4	0	1	0	0	13	0	.167	.200	.219	1
'17 (武)	105	184	26	37	5	1	2	50	13	7	4	4	1	13	0	1	53	1	.201	.272	.256	2
'18 (武)	75	104	18	27	5	1	3	43	12	7	3	5	0	10	0	1	33	0	.260	.413	.330	4
'19 (武)	130	391	46	86	13	3	10	134	38	15	6	24	0	15	0	5	101	3	.220	.343	.270	5
'20 (武)	90	264	25	61	12	2	8	101	33	5	9	3	18	0	7	75	4	.231	.383	.295	1	
'21 (武)(日)	20	50	4	9	2	0	0	11	3	0	1	7	0	4	0	0	18	0	.180	.220	.222	0
'22 (日)	38	95	7	17	4	0	2	27	6	4	1	4	0	4	0	0	39	1	.179	.284	.218	0
'23 (日)	1	2	0	1	0	0	0	1	0	0	0	0	0	0	0	0	1	0	.500	1.000	.500	0
〔15〕	711	1529	179	326	61	11	42	535	154	53	29	64	16	104	0	20	492	17	.213	.350	.270	20

京田　陽太　きょうだ・ようた　日本大　('17.1)　'94. 4. 20生　右投左打　SS, 3B, 1B, 2B

年度/チーム	試合	打数	得点	安打	二塁打	三塁打	本塁打	塁打	打点	盗塁	盗塁刺	犠打	犠飛	四球計	故意四球	死球	三振	併殺打	打率	長打率	出塁率	失策
'17(中)	141	564	67	149	23	8	4	200	36	23	13	10	1	18	0	9	105	5	.264⑱	.355	.297	14
'18(中)	143	578	73	136	15	7	4	177	44	20	10	26	3	19	0	6	111	12	.235㉚	.306	.266	6
'19(中)	140	507	46	126	14	5	3	159	40	17	7	24	3	37	3	3	91	10	.249㉗	.314	.302	9
'20(中)	120	442	43	109	16	7	5	154	29	8	4	15	1	27	4	6	80	4	.247㉕	.348	.298	13
'21(中)	113	409	41	105	7	4	3	129	24	6	5	8	3	21	0	7	75	5	.257㉘	.315	.302	7
'22(中)	43	128	11	22	5	1	3	38	8	1	0	2	0	10	3	3	21	1	.172	.297	.248	5
'23(ディ)	93	251	31	57	4	0	1	64	9	3	2	9	0	25	1	2	33	6	.227	.255	.302	5
〔7〕	793	2879	312	704	84	32	23	921	190	78	41	94	11	157	11	36	516	43	.245	.320	.291	60

清宮幸太郎　きよみや・こうたろう　早稲田実業　('18.1)　'99. 5. 25生　右投左打　1B, 3B, OF

年度/チーム	試合	打数	得点	安打	二塁打	三塁打	本塁打	塁打	打点	盗塁	盗塁刺	犠打	犠飛	四球計	故意四球	死球	三振	併殺打	打率	長打率	出塁率	失策
'18(日)	53	160	17	32	4	2	7	61	18	0	0	1		16	2	3	60	1	.200	.381	.283	0
'19(日)	81	250	26	51	11	1	7	85	33	0	1	0	4	21	0	3	75	4	.204	.340	.270	4
'20(日)	96	226	23	43	9	0	7	73	22	0	0	1		33	0	3	59	6	.190	.323	.300	7
'22(日)	129	406	52	89	25	3	18	174	55	4	5	2	2	45	2	6	113	6	.219⑱	.429	.305	10
'23(日)	99	356	41	87	20	1	10	139	41	2	0	4	4	53	1	3	69	6	.244	.390	.344	13
〔5〕	458	1398	159	302	69	7	49	532	169	6	6	2	12	168	5	18	376	23	.216	.381	.306	34

宜保　翔　ぎぼ・しょう　KBC学園未来高沖縄　('19.1)　'00. 11. 26生　右投左打　2B, SS

年度/チーム	試合	打数	得点	安打	二塁打	三塁打	本塁打	塁打	打点	盗塁	盗塁刺	犠打	犠飛	四球計	故意四球	死球	三振	併殺打	打率	長打率	出塁率	失策
'19(オ)	8	26	0	6	1	0	0	7	0	0	0	0	0	2	0	0	7	0	.231	.269	.286	2
'20(オ)	10	17	0	2	1	0	0	3	2	0	0	1	0	1	0	0	7	0	.118	.176	.118	1
'21(オ)	33	25	4	4	1	0	0	6	1	0	0	1	0	1	0	1	7	1	.160	.240	.222	0
'22(オ)	23	29	0	5	1	0	0	6	1	0	0	3	1	1	0	1	5	0	.172	.207	.194	1
'23(オ)	62	147	14	41	5	0	0	46	9	1	2	7	1	6	0	1	25	4	.279	.313	.310	6
〔5〕	136	244	18	58	10	0	0	68	14	1	2	12	2	10	0	2	49	5	.238	.279	.271	10

銀　次　ぎんじ　(赤見内銀次　旧姓・宇部)　盛岡中央高　('06.1)　'88. 2. 24生　右投左打　1B, 2B, 3B, OF, C

年度/チーム	試合	打数	得点	安打	二塁打	三塁打	本塁打	塁打	打点	盗塁	盗塁刺	犠打	犠飛	四球計	故意四球	死球	三振	併殺打	打率	長打率	出塁率	失策
'10(楽)	2	6	0	1	0	0	0	1	0	0	0	0	0	0	0	0	0	0	.167	.167	.167	0
'11(楽)	22	54	4	12	0	0	0	12	6	1	0	2	0	2	0	1	7	0	.222	.222	.263	0
'12(楽)	126	432	37	121	16	2	4	153	45	8	4	23	4	22	0	4	37	4	.280⑪	.354	.318	13
'13(楽)	131	482	63	153	24	3	4	195	54	3	3	1	4	36	2	2	44	14	.317④	.405	.365	7
'14(楽)	117	459	59	150	16	0	4	188	70	1	4	1	4	43	0	2	45	10	.327②	.410	.384	9
'15(楽)	82	316	24	95	16	1	1	110	36	3	3	3	4	30	1	1	19	5	.301	.348	.359	6
'16(楽)	125	424	39	116	17	1	2	141	43	1	4	4	3	61	5	5	49	20	.274⑱	.333	.369	4
'17(楽)	143	529	55	155	30	0	3	194	60	2	1	1	2	56	1	2	74	11	.293⑤	.367	.362	4
'18(楽)	139	492	45	136	16	5	5	177	48	1	6	2	4	48	3	4	47	7	.276⑭	.360	.344	7
'19(楽)	141	529	56	161	24	1	5	202	56	2	0	1	6	51	3	8	49	19	.304④	.382	.370	4
'20(楽)	88	212	16	50	8	0	0	58	23	3	2	2	3	20	0	1	28	5	.236	.274	.313	1
'21(楽)	35	91	5	26	1	0	0	27	9	0	0	1	0	14	1	0	11	2	.286	.297	.381	0
'22(楽)	83	238	18	62	6	0	0	68	26	0	0	3	0	28	2	0	31	5	.261	.286	.335	1
'23(楽)	6	10	0	1	0	0	0	1	2	0	0	0	0	0	1	0	3	0	.100	.100	.100	0
〔14〕	1240	4274	421	1239	178	13	28	1527	471	30	24	52	30	415	17	27	451	102	.290	.357	.354	56

九鬼　隆平　くき・りゅうへい　秀岳館高　('17.1)　'98. 9. 5生　右投右打　C

年度/チーム	試合	打数	得点	安打	二塁打	三塁打	本塁打	塁打	打点	盗塁	盗塁刺	犠打	犠飛	四球計	故意四球	死球	三振	併殺打	打率	長打率	出塁率	失策
'19(ソ)	2	2	0	0	0	0	0	0	0	0	0	0	0	0	0	0	1	0	.000	.000	.333	0
'20(ソ)	5	4	2	1	0	0	0	4	1	0	0	0	0	1	0	0	2	0	.250	1.000	.400	0
'21(ソ)	3	2	0	1	0	0	0	1	1	0	0	0	0	0	0	0	0	0	.500	.500	.500	0
〔3〕	10	8	2	2	0	0	1	5	2	0	0	0	0	1	0	0	3	0	.250	.625	.400	0

楠本　泰史　くすもと・たいし　東北福祉大　('18.1)　'95.7.7生　右投左打　OF

年度	チーム	試合	打数	得点	安打	二塁打	三塁打	本塁打	塁打	打点	盗塁	盗塁刺	犠打	犠飛	四球計	故意四球	死球	三振	併殺打	打率	長打率	出塁率	失策
'18	(ディ)	56	73	4	15	3	0	0	18	2	2	1	0	0	6	0	3	19	0	.205	.247	.293	0
'19	(ディ)	39	72	6	15	4	0	1	22	6	0	2	0	0	7	0	2	19	1	.208	.306	.296	0
'20	(ディ)	28	26	6	4	2	0	1	9	1	0	0	0	0	2	0	1	7	0	.154	.346	.241	0
'21	(ディ)	76	114	9	29	7	0	2	42	18	1	4	0	1	10	1	2	23	1	.254	.368	.323	0
'22	(ディ)	94	282	27	71	13	0	6	102	26	6	2	13	2	23	0	7	55	4	.252	.362	.322	2
'23	(ディ)	94	157	14	30	9	0	3	45	21	0	0	2	3	11	0	3	35	2	.191	.287	.253	0
〔6〕		387	724	66	164	38	0	12	238	74	9	9	15	6	59	1	18	158	8	.227	.329	.299	2

熊谷　敬宥　くまがい・たかひろ　立教大　('18.1)　'95.11.10生　右投右打　OF, 3B, 2B, SS

年度	チーム	試合	打数	得点	安打	二塁打	三塁打	本塁打	塁打	打点	盗塁	盗塁刺	犠打	犠飛	四球計	故意四球	死球	三振	併殺打	打率	長打率	出塁率	失策
'18	(神)	19	13	10	3	0	0	0	3	2	3	1	0	0	2	0	0	3	1	.231	.231	.333	3
'20	(神)	38	16	6	5	2	0	0	7	3	3	2	0	0	1	0	0	5	0	.313	.438	.353	2
'21	(神)	73	5	13	0	0	0	0	0	0	7	1	1	0	0	0	0	1	0	.000	.000	.000	0
'22	(神)	63	45	8	7	0	0	0	7	3	7	5	6	1	0	0	0	10	0	.156	.156	.152	0
'23	(神)	26	6	7	2	0	0	0	2	0	3	1	4	0	2	0	0	2	0	.333	.333	.500	3
〔5〕		219	85	44	17	2	0	0	19	8	23	10	11	1	5	0	0	21	1	.200	.224	.242	8

栗原　陵矢　くりはら・りょうや　春江工高　('15.1)　'96.7.4生　右投左打　OF, 3B, 1B, C

年度	チーム	試合	打数	得点	安打	二塁打	三塁打	本塁打	塁打	打点	盗塁	盗塁刺	犠打	犠飛	四球計	故意四球	死球	三振	併殺打	打率	長打率	出塁率	失策
'17	(ソ)	3	3	0	0	0	0	0	0	0	0	0	0	0	0	0	0	1	0	.000	.000	.000	0
'18	(ソ)	11	9	0	1	0	0	0	1	0	0	0	0	0	0	0	0	4	0	.111	.111	.111	0
'19	(ソ)	32	39	4	9	0	1	1	14	7	0	0	0	0	3	0	2	10	1	.231	.359	.311	0
'20	(ソ)	118	440	52	107	21	3	17	185	73	5	5	11	6	38	0	5	90	7	.243㉑	.420	.307	0
'21	(ソ)	143	531	71	146	32	3	21	247	77	7	2	3	7	53	1	2	90	9	.275⑪	.465	.339	2
'22	(ソ)	5	17	3	6	1	0	2	13	5	0	0	0	0	0	0	0	1	0	.353	.765	.450	0
'23	(ソ)	96	352	24	84	14	0	13	137	49	0	1	1	2	28	0	4	81	6	.239	.389	.301	0
〔7〕		408	1391	154	353	68	7	54	597	211	12	8	15	16	125	1	13	277	23	.254	.429	.318	11

栗山　巧　くりやま・たくみ　育英高　('02.1)　'83.9.3生　右投左打　OF

年度	チーム	試合	打数	得点	安打	二塁打	三塁打	本塁打	塁打	打点	盗塁	盗塁刺	犠打	犠飛	四球計	故意四球	死球	三振	併殺打	打率	長打率	出塁率	失策
'04	(武)	1	3	0	1	0	0	0	1	0	0	0	0	0	0	0	0	1	0	.333	.333	.333	0
'05	(武)	84	286	45	85	11	2	10	130	28	1	0	2	1	24	1	3	59	4	.297	.455	.357	4
'06	(武)	63	142	18	38	8	1	2	54	22	3	1	4	0	16	0	2	32	2	.268	.380	.350	0
'07	(武)	112	302	39	84	18	2	5	121	29	8	3	9	1	45	2	5	53	8	.278	.401	.380	0
'08	(武)	138	527	76	167	31	3	11	237	72	17	8	22	8	49	0	6	61	8	.317④	.450	.376	5
'09	(武)	140	569	78	152	24	6	12	224	57	18	5	8	3	53	0	10	106	9	.267㉒	.394	.339	4
'10	(武)	144	554	77	172	35	2	4	223	74	14	5	18	3	80	1	5	69	7	.310⑪	.403	.400	2
'11	(武)	144	557	87	171	30	2	3	214	60	6	2	9	6	73	0	8	90	17	.307④	.384	.391	6
'12	(武)	103	394	57	114	17	1	2	139	33	3	1	12	3	52	0	6	62	4	.289⑧	.353	.378	4
'13	(武)	144	527	77	147	29	3	3	218	73	6	3	1	4	99	2	6	96	8	.279㉑	.414	.396	1
'14	(武)	144	532	64	153	34	4	3	204	61	3	2	9	2	96	2	3	100	9	.288⑪	.383	.394	0
'15	(武)	142	533	66	143	25	0	10	198	42	3	1	8	4	72	0	5	88	15	.268⑰	.371	.358	0
'16	(武)	135	477	41	133	30	2	3	176	41	0	0	3	0	83	0	6	87	9	.279⑬	.369	.390	0
'17	(武)	116	333	28	84	13	0	9	124	46	0	0	4	7	27	0	3	64	10	.252	.372	.308	0
'18	(武)	114	305	32	78	14	0	3	122	52	1	0	3	3	52	2	0	78	5	.256	.400	.366	0
'19	(武)	123	409	35	103	21	0	7	145	54	0	0	3	3	48	2	3	100	13	.252㉓	.355	.333	0
'20	(武)	111	372	37	101	24	0	12	159	67	0	0	2	2	53	2	1	77	10	.272㉒	.427	.362	0
'21	(武)	117	387	33	97	15	0	4	124	43	1	0	0	7	49	1	3	58	11	.251⑳	.320	.334	0
'22	(武)	89	239	20	63	14	0	3	86	29	0	1	1	2	23	1	1	57	9	.264	.360	.326	0
'23	(武)	77	157	17	34	4	0	7	59	19	1	0	2	2	31	1	1	32	7	.217	.376	.346	0
〔20〕		2241	7605	938	2120	399	29	127	2958	902	85	32	102	73	1025	17	80	1370	165	.279	.389	.367	20

紅林弘太郎　くればやし・こうたろう　駿河総合高（'20.1）　'02. 2. 7生　右投右打　SS, 3B

年度	チーム	試合	打数	得点	安打	二塁打	三塁打	本塁打	塁打	打点	盗塁	盗塁刺	犠打	犠飛	四球計	故意四球	死球	三振	併殺打	打率	長打率	出塁率	失策
'20	(オ)	5	17	1	4	0	0	0	4	2	0	0	0	0	1	0	0	4	1	.235	.235	.278	0
'21	(オ)	136	448	37	102	22	2	10	158	48	2	1	6	4	12	0	3	101	11	.228㉗	.353	.251	17
'22	(オ)	130	▲450	35	101	20	2	6	143	32	2	2	10	2	26	1	6	71	14	.224⑰	.318	.275	11
'23	(オ)	127	443	37	122	19	1	8	167	39	4	6	7	3	28	0	1	63	19	.275⑥	.377	.318	6
〔4〕		398	1358	110	329	61	5	24	472	121	8	9	23	9	67	1	10	239	45	.242	.348	.281	34

黒川　史陽　くろかわ・ふみや　智辯和歌山高（'20.1）　'01. 4. 17生　右投左打　3B, 2B, 1B

年度	チーム	試合	打数	得点	安打	二塁打	三塁打	本塁打	塁打	打点	盗塁	盗塁刺	犠打	犠飛	四球計	故意四球	死球	三振	併殺打	打率	長打率	出塁率	失策
'20	(楽)	10	14	0	2	0	0	0	2	2	0	0	0	1	1	0	0	6	1	.143	.143	.235	1
'21	(楽)	34	75	4	14	2	0	1	19	8	0	0	1	0	3	0	1	17	1	.187	.253	.228	0
'22	(楽)	17	63	4	14	3	0	0	17	2	0	1	0	1	7	0	0	9	1	.222	.270	.296	0
'23	(楽)	9	22	1	2	0	0	0	5	2	0	0	1	0	0	0	0	5	0	.091	.227	.087	1
〔4〕		70	174	9	32	5	0	2	43	14	0	1	2	3	11	0	2	37	3	.184	.247	.237	2

桑原　将志　くわはら・まさゆき　福知山成美高（'12.1）　'93. 7. 21生　右投右打　OF, 2B

年度	チーム	試合	打数	得点	安打	二塁打	三塁打	本塁打	塁打	打点	盗塁	盗塁刺	犠打	犠飛	四球計	故意四球	死球	三振	併殺打	打率	長打率	出塁率	失策
'12	(ディ)	3	3	0	1	0	0	0	1	0	0	0	0	0	0	0	0	1	0	.333	.333	.333	0
'13	(ディ)	5	6	0	0	0	0	0	0	0	0	0	0	0	0	0	0	3	0	.000	.000	.000	0
'14	(ディ)	53	144	15	37	7	2	1	51	13	4	1	8	0	15	0	2	32	5	.257	.354	.335	5
'15	(ディ)	60	103	14	19	4	1	1	28	5	1	1	8	0	5	0	0	26	1	.184	.272	.222	1
'16	(ディ)	133	462	80	131	23	2	11	191	49	19	11	8	0	38	0	14	93	5	.284⑭	.413	.356	4
'17	(ディ)	**143**	598	87	161	38	5	13	248	52	10	11	10	0	45	0	11	116	6	.269⑰	.415	.332	3
'18	(ディ)	127	379	57	99	24	5	9	160	26	17	3	7	0	32	1	3	71	3	.261	.422	.324	1
'19	(ディ)	72	102	14	19	3	1	2	30	7	2	2	1	0	9	0	1	26	0	.186	.294	.259	1
'20	(ディ)	34	36	8	5	0	0	1	8	1	3	1	3	0	1	0	0	11	2	.139	.222	.220	0
'21	(ディ)	135	519	84	161	**39**	2	14	246	43	12	7	4	0	44	1	4	75	12	.310⑤	.474	.369	3
'22	(ディ)	130	475	61	122	32	1	4	168	39	13	8	7	1	42	0	4	89	3	.257㉑	.354	.322	0
'23	(ディ)	132	429	48	108	23	4	7	160	35	3	8	11	6	23	0	3	54	11	.252㉔	.373	.301	1
〔12〕		1027	3256	468	863	193	23	63	1291	271	81	50	67	8	256	2	50	597	50	.265	.396	.327	21

郡司　裕也　ぐんじ・ゆうや　慶應義塾大（'20.1）　'97. 12. 27生　右投右打　C, 1B, OF, 2B

年度	チーム	試合	打数	得点	安打	二塁打	三塁打	本塁打	塁打	打点	盗塁	盗塁刺	犠打	犠飛	四球計	故意四球	死球	三振	併殺打	打率	長打率	出塁率	失策
'20	(中)	30	64	6	10	3	0	0	13	4	0	0	1	1	9	1	1	19	1	.156	.203	.267	1
'21	(中)	9	13	0	6	1	0	0	7	3	0	0	0	0	2	0	0	3	0	.462	.538	.533	0
'22	(中)	33	42	0	8	1	0	0	9	0	0	0	0	0	5	0	1	12	4	.190	.214	.292	0
'23	(中)/(日)	1	1	0	0	0	0	0	0	0	0	0	0	0	0	0	0	0	0	.000	.000	.000	0
'23	(日)	55	169	15	43	4	0	3	56	19	2	1	0	0	16	0	0	30	0	.254	.331	.319	1
〔4〕		128	289	21	67	9	0	3	85	26	2	1	1	1	32	1	2	64	9	.232	.294	.312	2

元　謙太　げん・けんだい　中京高（岐阜）（'21.1）　'02. 5. 17生　右投右打　OF

年度	チーム	試合	打数	得点	安打	二塁打	三塁打	本塁打	塁打	打点	盗塁	盗塁刺	犠打	犠飛	四球計	故意四球	死球	三振	併殺打	打率	長打率	出塁率	失策
'22	(オ)	5	8	1	2	0	0	0	2	1	0	0	1	0	0	0	0	2	0	.250	.250	.250	0

源田　壮亮

げんだ・そうすけ　愛知学院大　（'17.1)　'93. 2. 16生　右投左打　SS

年度	チーム	試合	打数	得点	安打	二塁打	三塁打	本塁打	塁打	打点	盗塁	盗塁刺	犠打	犠飛	四球計	故意四球	死球	三振	併殺打	打率	長打率	出塁率	失策
'17	(武)	143	575	85	155	18	10	3	202	57	37	10	26	4	36	0	6	100	5	.270⑬	.351	.317	21
'18	(武)	143	594	92	165	27	9	4	222	57	34	8	14	6	48	0	4	101	7	.278⑬	.374	.333	11
'19	(武)	135	540	90	148	23	6	2	189	41	30	9	25	3	40	0	1	67	9	.274⑬	.350	.324	13
'20	(武)	120	455	67	123	14	5	1	150	21	18	6	22	2	38	0	1	80	6	.270⑭	.330	.327	9
'21	(武)	119	464	60	126	15	7	2	161	29	24	9	17	2	31	0	2	67	5	.272⑭	.347	.319	8
'22	(武)	108	414	39	110	8	8	2	140	17	12	4	11	0	30	0	1	72	6	.266⑫	.338	.317	6
'23	(武)	100	397	30	102	9	4	0	119	22	5	6	8	1	26	0	3	82	5	.300	.300	.307	9
〔7〕		868	3439	463	929	114	49	14	1183	244	160	54	123	18	249	0	18	569	43	.270	.344	.321	73

M. ゴンザレス

マーウィン・ゴンザレス　ラセイヨ高　（'23.2)　'89. 3. 14生　右投左右打　2B, 1B, 3B, SS

年度	チーム	試合	打数	得点	安打	二塁打	三塁打	本塁打	塁打	打点	盗塁	盗塁刺	犠打	犠飛	四球計	故意四球	死球	三振	併殺打	打率	長打率	出塁率	失策
'23	(オ)	84	299	28	65	14	0	12	115	38	2	0	1	1	15	0	5	85	3	.217	.385	.266	2

郡　拓也

こおり・たくや　帝京高　（'17.1)　'98. 4. 25生　右投右打　C, 3B, OF, 1B, 2B

年度	チーム	試合	打数	得点	安打	二塁打	三塁打	本塁打	塁打	打点	盗塁	盗塁刺	犠打	犠飛	四球計	故意四球	死球	三振	併殺打	打率	長打率	出塁率	失策
'17	(日)	1	1	0	0	0	0	0	0	0	0	0	0	0	0	0	0	1	0	.000	.000	.000	0
'19	(日)	2	4	0	1	0	0	0	1	0	0	0	0	0	0	0	0	1	0	.250	.250	.250	0
'20	(日)	9	6	1	0	0	0	0	0	0	0	0	0	0	1	0	0	1	0	.000	.000	.143	0
'21	(日)	33	69	4	13	3	0	0	16	4	1	1	0	0	4	0	0	23	1	.188	.232	.263	1
'22	(日)	26	56	2	7	1	0	2	14	6	1	1	2	0	4	0	1	16	0	.125	.250	.197	2
'23	(日)	7	15	2	4	1	0	0	5	0	0	0	1	0	2	0	0	2	0	.267	.333	.267	2
〔6〕		78	151	9	25	5	0	2	36	10	3	2	3	0	11	0	2	44	1	.166	.238	.232	5

古賀　優大

こが・ゆうだい　明徳義塾高　（'17.1)　'98. 8. 7生　右投右打　C

年度	チーム	試合	打数	得点	安打	二塁打	三塁打	本塁打	塁打	打点	盗塁	盗塁刺	犠打	犠飛	四球計	故意四球	死球	三振	併殺打	打率	長打率	出塁率	失策
'18	(ヤ)	7	13	1	1	0	0	0	1	1	0	0	1	0	1	0	0	2	1	.077	.077	.143	0
'19	(ヤ)	11	15	1	3	0	0	0	3	0	0	0	1	0	0	0	0	2	0	.200	.200	.250	0
'20	(ヤ)	27	42	0	2	0	0	0	2	1	0	0	1	0	2	0	0	4	4	.048	.048	.089	0
'21	(ヤ)	54	116	12	26	2	0	0	28	7	0	0	4	0	4	1	1	16	1	.224	.241	.256	1
'22	(ヤ)	37	71	2	13	1	0	0	16	4	0	0	2	2	2	0	1	11	3	.183	.225	.200	0
'23	(ヤ)	38	68	10	20	1	0	1	24	2	0	0	3	0	8	1	1	6	2	.294	.353	.377	2
〔6〕		174	325	26	65	6	0	1	74	15	0	0	12	3	16	3	4	41	11	.200	.228	.244	3

古賀　悠斗

こが・ゆうと　中央大　（'22.1)　'99. 9. 10生　右投右打　C

年度	チーム	試合	打数	得点	安打	二塁打	三塁打	本塁打	塁打	打点	盗塁	盗塁刺	犠打	犠飛	四球計	故意四球	死球	三振	併殺打	打率	長打率	出塁率	失策
'22	(武)	26	58	3	9	2	0	1	14	4	0	0	3	1	9	1	0	16	1	.155	.241	.265	0
'23	(武)	100	239	12	52	14	0	2	72	20	1	0	17	0	23	2	3	54	8	.218	.301	.294	5
〔2〕		126	297	15	61	16	0	3	86	24	1	0	21	1	32	3	3	70	9	.205	.290	.288	5

小園　海斗

こぞの・かいと　報徳学園高　（'19.1)　'00. 6. 7生　右投左打　SS, 3B, 2B

年度	チーム	試合	打数	得点	安打	二塁打	三塁打	本塁打	塁打	打点	盗塁	盗塁刺	犠打	犠飛	四球計	故意四球	死球	三振	併殺打	打率	長打率	出塁率	失策
'19	(広)	58	188	17	40	9	0	4	61	16	1	0	2	0	6	1	0	42	1	.213	.324	.241	9
'20	(広)	3	6	0	0	0	0	0	0	0	0	0	0	0	0	0	0	1	0	.000	.000	.000	0
'21	(広)	113	449	65	134	18	6	5	179	35	4	4	12	4	13	1	3	57	7	.298⑧	.399	.320	10
'22	(広)	127	473	57	126	12	6	7	171	38	2	0	5	3	24	2	1	76	11	.266⑱	.362	.300	13
'23	(広)	80	290	25	83	11	7	6	126	31	8	6	7	2	10	1	0	38	7	.286	.434	.315	9
〔5〕		381	1406	164	383	50	19	22	537	120	15	10	26	9	53	5	7	214	26	.272	.382	.300	41

児玉　亮涼　こだま・りょうすけ　九州産業大（'23.1）　'98.7.10生　右投右打　SS, 3B, 2B

年度 チーム	試合	打数	得点	安打	二塁打	三塁打	本塁打	塁打	打点	盗塁	盗塁刺	犠打	犠飛	四球計	故意四球	死球	三振	併殺打	打率	長打率	出塁率	失策
'23(武)	56	122	11	27	3	2	0	34	8	2	3	5	1	4	0	0	30	2	.221	.279	.244	3

小林　誠司　こばやし・せいじ　同志社大（'14.1）　'89.6.7生　右投右打　C

年度 チーム	試合	打数	得点	安打	二塁打	三塁打	本塁打	塁打	打点	盗塁	盗塁刺	犠打	犠飛	四球計	故意四球	死球	三振	併殺打	打率	長打率	出塁率	失策
'14(巨)	63	110	18	28	7	0	2	41	14	0	0	3	0	4	0	4	26	4	.255	.373	.305	3
'15(巨)	70	177	13	40	6	0	2	52	13	2	0	5	0	19	1	3	39	6	.226	.294	.312	2
'16(巨)	129	398	27	81	12	1	4	107	35	2	1	19	1	36	**5**	4	76	10	.204㉗	.269	.276	6
'17(巨)	138	378	25	78	11	1	2	97	27	2	0	19	3	41	**4**	2	64	12	.206㉘	.257	.285	5
'18(巨)	119	265	22	58	9	0	2	73	26	0	0	16	1	27	**5**	4	58	8	.219	.275	.300	5
'19(巨)	92	213	20	52	6	0	2	64	19	1	0	11	1	7	0	4	48	12	.244	.300	.280	3
'20(巨)	10	18	1	1	0	0	0	1	0	0	0	1	0	0	0	2	4	0	.056	.056	.150	1
'21(巨)	64	75	2	7	2	0	1	12	3	1	0	2	0	1	0	1	24	2	.093	.160	.117	1
'22(巨)	60	88	4	13	5	0	0	18	5	0	0	2	0	0	0	0	20	2	.148	.205	.157	1
'23(巨)	21	8	0	1	0	0	0	1	0	0	0	1	0	0	0	0	2	0	.125	.125	.125	0
〔10〕	766	1730	132	359	58	2	15	466	142	8	1	79	6	136	15	24	359	56	.208	.269	.274	27

小深田大翔　こぶかた・ひろと　近畿大（'20.1）　'95.9.28生　右投左打　SS, 2B, 3B, OF

年度 チーム	試合	打数	得点	安打	二塁打	三塁打	本塁打	塁打	打点	盗塁	盗塁刺	犠打	犠飛	四球計	故意四球	死球	三振	併殺打	打率	長打率	出塁率	失策
'20(楽)	112	378	61	109	16	5	3	144	31	17	**9**	11	2	42	0	4	59	5	.288⑥	.381	.364	8
'21(楽)	121	391	60	97	10	3	3	122	21	5	5	16	1	44	0	3	65	1	.248㉒	.312	.328	12
'22(楽)	118	424	54	113	16	5	2	145	29	21	7	12	3	37	0	3	65	0	.267⑪	.342	.328	10
'23(楽)	134	477	67	123	8	**6**	5	158	37	**36**	6	20	1	48	0	3	83	0	.258⑭	.331	.329	15
〔4〕	485	1670	242	442	50	19	13	569	118	79	27	59	7	171	0	13	272	20	.265	.341	.336	45

近藤　健介　こんどう・けんすけ　横浜高（'12.1）　'93.8.9生　右投左打　OF, C, 3B, 1B, SS

年度 チーム	試合	打数	得点	安打	二塁打	三塁打	本塁打	塁打	打点	盗塁	盗塁刺	犠打	犠飛	四球計	故意四球	死球	三振	併殺打	打率	長打率	出塁率	失策
'12(日)	20	26	2	5	0	0	0	5	2	0	0	1	1	2	0	0	5	1	.192	.192	.241	0
'13(日)	32	66	7	10	0	0	0	10	2	2	0	2	1	11	0	0	14	4	.152	.152	.269	0
'14(日)	89	264	24	68	20	1	4	102	28	3	4	10	2	15	0	0	45	4	.258	.386	.295	12
'15(日)	129	435	68	142	33	2	8	203	60	6	2	3	5	59	2	2	59	9	.326③	.467	.405	6
'16(日)	80	257	36	68	9	0	2	83	27	5	2	3	4	29	0	0	45	7	.265	.323	.337	2
'17(日)	57	167	32	69	15	0	3	93	29	3	0	2	0	60	0	2	27	3	.413	.557	.567	0
'18(日)	129	462	59	149	29	3	6	211	69	5	0	0	5	87	8	1	90	16	.323③	.457	.427	5
'19(日)	138	490	74	148	32	5	6	196	59	1	4	0	5	**103**	3	2	81	11	.302⑥	.400	**.422**	7
'20(日)	108	371	56	126	**31**	1	5	174	60	4	0	0	4	89	3	2	72	6	.340④	.469	**.465**	2
'21(日)	133	447	61	133	**37**	4	11	211	69	4	1	0	6	88	3	4	84	11	.298⑤	.472	.413	2
'22(日)	99	325	51	98	26	1	8	150	41	8	7	1	3	66	6	1	45	7	.302	.462	.418	3
'23(ソ)	**143**	492	**75**	149	**33**	0	**26**	260	**87**	3	4	0	6	**109**	**7**	6	117	7	.303②	**.528**	.431	1
〔12〕	1157	3802	545	1165	265	17	78	1698	533	44	24	20	43	718	32	20	684	86	.306	.447	.415	40

後藤　駿太 (駿太) ごとう・しゅんた　前橋商高 ('11.1)　'93.3.5生　右投左打　OF

年度	チーム	試合	打数	得点	安打	二塁打	三塁打	本塁打	塁打	打点	盗塁	盗塁刺	犠打	犠飛	四球計	故意四球	死球	三振	併殺打	打率	長打率	出塁率	失策
'11	(オ)	30	40	4	4	1	0	0	5	1	0	1	6	0	1	0	0	13	0	.100	.125	.122	1
'12	(オ)	32	29	6	4	0	0	0	4	0	0	0	2	0	0	0	0	9	2	.138	.138	.138	0
'13	(オ)	117	201	24	40	8	0	3	57	12	4	1	6	1	13	0	0	38	0	.199	.284	.247	2
'14	(オ)	127	246	30	69	11	3	5	101	30	5	3	12	0	17	1	2	55	3	.280	.411	.332	1
'15	(オ)	135	334	31	78	8	2	2	96	31	8	9	15	3	24	0	6	69	4	.234	.287	.294	2
'16	(オ)	105	214	17	41	5	0	1	49	9	3	3	12	0	11	0	2	40	2	.192	.229	.238	2
'17	(オ)	129	296	29	71	16	7	2	107	27	4	3	13	4	15	1	1	76	3	.240	.361	.275	2
'18	(オ)	33	37	7	8	0	0	0	8	4	2	1	1	0	3	0	2	12	0	.216	.216	.310	1
'19	(オ)	91	165	17	37	7	3	1	53	22	4	3	6	1	19	0	3	47	1	.224	.321	.314	2
'20	(オ)	23	50	4	6	0	0	0	6	1	2	0	4	0	8	0	0	17	0	.120	.120	.241	1
'21	(オ)	56	16	3	2	0	0	0	5	1	2	1	0	0	5	0	0	6	0	.125	.313	.176	2
'22	(オ)	26	49	5	9	0	1	0	11	2	1	2	0	0	2	0	1	15	0	.184	.224	.231	0
'22	(中)	35	50	3	8	1	2	0	13	4	0	1	2	0	4	1	2	10	0	.160	.260	.250	1
'23	(中)	52	44	3	8	3	0	0	11	6	0	0	1	1	5	0	0	18	0	.182	.250	.260	1
〔13〕		991	1771	183	385	60	18	15	526	150	35	28	80	10	123	3	19	425	15	.217	.297	.274	14

D. サンタナ　ドミンゴ・サンタナ　シャーロットアマリー高 ('21.1)　'92.8.5生　右投右打　OF

年度	チーム	試合	打数	得点	安打	二塁打	三塁打	本塁打	塁打	打点	盗塁	盗塁刺	犠打	犠飛	四球計	故意四球	死球	三振	併殺打	打率	長打率	出塁率	失策
'21	(ヤ)	116	372	39	108	23	1	19	190	62	2	0	0	1	42	2	3	103	12	.290	.511	.366	2
'22	(ヤ)	60	189	26	52	7	0	15	104	35	0	0	0	2	23	0	1	73	6	.275	.550	.353	2
'23	(ヤ)	136	467	52	140	32	0	18	226	66	2	0	0	3	44	1	2	114	17	.300③	.484	.360	2
〔3〕		312	1028	117	300	62	1	52	520	163	4	0	0	6	109	3	6	290	35	.292	.506	.361	6

齊藤　誠人 さいとう・まさと　北海道教育大岩見沢校 ('19.6)　'95.8.7生　右投左打　C

年度	チーム	試合	打数	得点	安打	二塁打	三塁打	本塁打	塁打	打点	盗塁	盗塁刺	犠打	犠飛	四球計	故意四球	死球	三振	併殺打	打率	長打率	出塁率	失策
'21	(武)	1	0	0	0	0	0	0	0	0	0	0	0	0	0	0	0	0	0	.000	.000	.000	0
'22	(武)	1	0	0	0	0	0	0	0	0	0	0	0	0	0	0	0	0	0	.000	.000	.000	0
'23	(武)	1	0	0	0	0	0	0	0	0	0	0	0	0	0	0	0	0	0	.000	.000	.000	0
〔3〕		3	0	0	0	0	0	0	0	0	0	0	0	0	0	0	0	0	0	.000	.000	.000	0

榮枝　裕貴 さかえだ・ゆうき　立命館大 ('21.1)　'98.5.16生　右投右打　C

年度	チーム	試合	打数	得点	安打	二塁打	三塁打	本塁打	塁打	打点	盗塁	盗塁刺	犠打	犠飛	四球計	故意四球	死球	三振	併殺打	打率	長打率	出塁率	失策
'22	(神)	1	1	0	1	0	0	0	1	1	0	0	0	0	0	0	0	0	0	1.000	1.000	1.000	—
'23	(神)	2	3	0	1	0	0	0	1	0	0	0	0	0	0	0	0	1	0	.333	.333	.333	0
〔2〕		3	4	0	2	0	0	0	2	1	0	0	0	0	0	0	0	1	0	.500	.500	.500	0

坂倉　将吾 さかくら・しょうご　日大三高 ('17.1)　'98.5.29生　右投左打　C, 1B, 3B, OF

年度	チーム	試合	打数	得点	安打	二塁打	三塁打	本塁打	塁打	打点	盗塁	盗塁刺	犠打	犠飛	四球計	故意四球	死球	三振	併殺打	打率	長打率	出塁率	失策
'17	(広)	3	4	0	1	0	0	0	1	2	0	0	0	0	0	0	0	0	0	.250	.250	.250	0
'18	(広)	9	8	1	1	1	0	0	2	1	0	0	0	0	1	0	0	0	0	.125	.250	.222	0
'19	(広)	51	61	4	14	4	0	1	21	7	0	0	0	0	6	0	0	19	0	.230	.344	.266	0
'20	(広)	81	209	24	60	15	1	3	86	26	1	1	0	0	17	1	2	36	6	.287	.411	.346	2
'21	(広)	132	422	58	133	24	2	12	197	68	4	3	2	5	51	1	4	60	9	.315②	.467	.390	9
'22	(広)	**143**	539	71	155	18	3	16	227	68	2	1	0	4	46	3	10	81	14	.288⑨	.421	.352	14
'23	(広)	120	395	48	105	19	1	12	162	44	3	1	0	2	47	6	3	67	9	.266⑮	.410	.347	3
〔7〕		539	1638	208	469	81	7	44	696	216	10	5	3	11	165	11	19	264	38	.286	.425	.356	28

阪口　樂　さかぐち・うた　岐阜第一高　('22.1)　'03. 6. 24生　右投左打　DH

年度	チーム	試合	打数	得点	安打	二塁打	三塁打	本塁打	塁打	打点	盗塁	盗塁刺	犠打	犠飛	四球計	故意四球	死球	三振	併殺打	打率	長打率	出塁率	失策
'22 (日)		3	6	0	1	0	0	0	1	0	0	0	0	0	0	0	0	4	0	.167	.167	.167	－

坂本誠志郎　さかもと・せいしろう　明治大　('16.1)　'93. 11. 10生　右投右打　C

年度	チーム	試合	打数	得点	安打	二塁打	三塁打	本塁打	塁打	打点	盗塁	盗塁刺	犠打	犠飛	四球計	故意四球	死球	三振	併殺打	打率	長打率	出塁率	失策
'16 (神)		28	45	4	9	2	1	1	16	2	0	0	6	0	4	1	0	14	3	.200	.356	.265	1
'17 (神)		42	113	13	28	5	0	2	39	17	0	0	3	0	15	1	1	32	1	.248	.345	.341	1
'18 (神)		15	13	1	2	0	0	0	3	1	0	0	0	1	2	0	0	7	0	.154	.231	.250	1
'19 (神)		20	40	2	7	0	0	2	13	3	0	0	3	0	1	1	0	8	2	.175	.325	.195	1
'20 (神)		38	75	5	16	4	0	0	20	4	1	1	7	0	13	0	0	20	1	.213	.267	.330	0
'21 (神)		45	65	4	12	2	1	0	19	6	0	0	2	1	5	0	0	21	0	.185	.292	.239	1
'22 (神)		60	127	5	24	3	0	0	27	6	0	0	7	0	13	2	4	26	1	.189	.213	.285	0
'23 (神)		84	243	10	55	5	1	0	62	21	0	0	18	5	19	1	4	62	4	.226	.255	.288	2
〔8〕		332	721	44	153	22	3	6	199	60	1	1	46	7	72	6	9	190	12	.212	.276	.289	7

坂本　勇人　さかもと・はやと　光星学院高　('07.1)　'88. 12. 14生　右投右打　SS, 3B, 1B, 2B

年度	チーム	試合	打数	得点	安打	二塁打	三塁打	本塁打	塁打	打点	盗塁	盗塁刺	犠打	犠飛	四球計	故意四球	死球	三振	併殺打	打率	長打率	出塁率	失策
'07 (巨)		4	3	1	1	0	0	0	1	2	1	0	0	0	0	0	0	0	0	.333	.333	.333	0
'08 (巨)		144	521	59	134	24	1	8	184	43	10	5	15	1	28	3	2	98	2	.257㉚	.353	.297	15
'09 (巨)		141	581	87	178	33	3	18	271	62	5	3	7	4	44	3	4	101	8	.306④	.466	.357	19
'10 (巨)		144	609	107	171	35	4	31	307	85	14	4	10	7	47	2	3	83	6	.281㉓	.504	.332	21
'11 (巨)		144	568	69	149	27	2	16	228	59	8	1	10	3	37	8	6	91	3	.262⑯	.401	.313	18
'12 (巨)		144	557	87	173	35	2	14	254	69	16	1	12	5	39	1	6	90	5	.311②	.456	.359	15
'13 (巨)		144	554	73	147	33	1	12	218	54	24	4	4	3	55	1	4	87	11	.265⑰	.394	.334	11
'14 (巨)		144	545	82	152	29	0	16	229	61	23	5	5	4	55	1	6	88	3	.279⑯	.420	.344	13
'15 (巨)		130	479	50	129	21	3	12	192	68	10	4	3	2	65	1	0	79	5	.269⑯	.401	.353	11
'16 (巨)		137	488	96	168	28	3	23	271	75	13	5	1	6	81	2	0	67	6	.344①	.555	.433	16
'17 (巨)		142	539	82	157	30	0	15	232	61	14	6	1	3	68	2	3	85	16	.291⑨	.430	.372	9
'18 (巨)		109	441	87	152	27	2	18	237	67	9	5	0	0	61	10	0	83	4	.345②	.537	.424	9
'19 (巨)		143	555	103	173	26	0	40	319	94	5	3	3	2	77	6	2	123	9	.312⑤	.575	.396	12
'20 (巨)		115	412	64	119	28	1	19	206	65	4	3	1	4	62	7	0	85	9	.289⑩	.500	.379	4
'21 (巨)		117	424	53	115	26	0	19	198	65	3	2	2	2	58	4	1	90	4	.271⑳	.467	.359	4
'22 (巨)		83	304	35	87	14	0	5	116	33	2	2	0	2	45	6	1	65	3	.286	.382	.378	11
'23 (巨)		116	403	46	115	26	0	19	211	60	2	0	0	3	42	4	2	84	5	.288⑦	.524	.361	4
〔17〕		2101	7983	1181	2321	445	22	288	3674	1004	162	50	87	54	867	60	36	1399	99	.291	.460	.361	192

佐藤　輝明　さとう・てるあき　近畿大　('21.1)　'99. 3. 13生　右投左打　OF, 3B, 2B

年度	チーム	試合	打数	得点	安打	二塁打	三塁打	本塁打	塁打	打点	盗塁	盗塁刺	犠打	犠飛	四球計	故意四球	死球	三振	併殺打	打率	長打率	出塁率	失策
'21 (神)		126	425	56	101	25	0	24	198	64	6	2	0	2	25	4	3	173	2	.238㉚	.466	.284	4
'22 (神)		143	541	70	143	35	8	20	254	84	11	5	0	7	51	5	4	137	5	.264⑲	.470	.328	12
'23 (神)		132	486	70	128	30	6	24	242	92	7	5	0	4	54	5	4	139	4	.263⑰	.498	.339	20
〔3〕		401	1452	196	372	90	14	68	694	240	24	10	0	13	130	14	11	449	11	.256	.478	.319	36

佐藤都志也　さとう・としや　東洋大　('20.1)　'98. 1. 27生　右投左打　C, 1B, OF

年度	チーム	試合	打数	得点	安打	二塁打	三塁打	本塁打	塁打	打点	盗塁	盗塁刺	犠打	犠飛	四球計	故意四球	死球	三振	併殺打	打率	長打率	出塁率	失策
'20 (ロ)		60	114	6	26	4	0	2	36	12	0	0	2	0	9	0	2	25	1	.228	.316	.296	0
'21 (ロ)		62	132	16	27	4	1	6	51	18	3	0	1	1	14	1	1	30	0	.205	.386	.284	2
'22 (ロ)		118	359	35	77	10	1	8	113	31	5	1	13	6	21	1	3	63	11	.214	.315	.260	4
'23 (ロ)		103	239	19	52	12	1	4	78	22	0	2	12	2	22	0	3	45	4	.218	.326	.289	5
〔4〕		343	844	76	182	30	3	20	278	83	8	3	34	9	66	2	9	163	16	.216	.329	.277	11

佐藤　直樹　さとう・なおき　報徳学園高　('20.1)　'98. 9. 3生　右投右打　OF

年度(チーム)	試合	打数	得点	安打	二塁打	三塁打	本塁打	塁打	打点	盗塁	盗塁刺	犠打	犠飛	四球計	故意四球	死球	三振	併殺打	打率	長打率	出塁率	失策
'21(ソ)	25	9	6	0	0	0	0	0	0	1	0	0	0	2	0	0	5	0	.000	.000	.182	0
'22(ソ)	48	31	8	4	1	1	1	10	2	0	0	1	0	3	0	0	17	0	.129	.323	.206	0
'23(ソ)	41	30	6	5	1	0	1	9	2	3	1	1	0	0	0	0	16	0	.167	.300	.167	0
〔3〕	114	70	20	9	2	1	2	19	4	4	1	2	0	5	0	0	38	0	.129	.271	.187	0

佐藤　龍世　さとう・りゅうせい　富士大　('19.1)　'97. 1. 15生　右投右打　3B, 2B, SS, 1B

年度(チーム)	試合	打数	得点	安打	二塁打	三塁打	本塁打	塁打	打点	盗塁	盗塁刺	犠打	犠飛	四球計	故意四球	死球	三振	併殺打	打率	長打率	出塁率	失策
'19(武)	52	59	6	13	6	0	2	25	7	0	0	1	0	3	0	0	14	1	.220	.424	.258	3
'21(武)	11	12	1	2	0	0	0	2	0	0	0	0	0	0	0	0	2	0	.167	.167	.167	0
'21(日)	40	105	8	23	2	0	0	25	6	1	0	1	1	10	0	0	35	1	.219	.238	.284	5
'22(日)	37	96	5	11	2	0	1	16	4	0	0	3	0	7	0	0	23	1	.115	.167	.175	0
'23(武)	91	209	27	55	9	3	3	79	16	2	1	3	1	42	0	2	41	6	.263	.378	.390	11
〔4〕	231	481	47	104	19	3	6	147	33	3	1	8	2	62	0	2	115	9	.216	.306	.307	22

佐野　恵太　さの・けいた　明治大　('17.1)　'94. 11. 28生　右投左打　OF, 1B

年度(チーム)	試合	打数	得点	安打	二塁打	三塁打	本塁打	塁打	打点	盗塁	盗塁刺	犠打	犠飛	四球計	故意四球	死球	三振	併殺打	打率	長打率	出塁率	失策
'17(ディ)	18	21	1	2	1	0	0	3	1	0	0	0	0	3	0	0	5	0	.095	.143	.208	0
'18(ディ)	73	126	6	29	4	0	5	48	14	0	0	0	1	3	0	0	26	3	.230	.381	.246	0
'19(ディ)	89	200	23	59	10	0	5	84	33	0	0	0	0	13	1	2	39	9	.295	.420	.344	2
'20(ディ)	106	402	48	132	20	1	20	214	69	0	0	0	3	42	1	4	58	13	**.328**①	.532	.395	4
'21(ディ)	143	545	73	**165**	34	2	17	254	72	0	0	0	4	61	1	5	73	14	.303	.466	.376	4
'22(ディ)	133	526	63	**161**	29	1	22	258	72	0	0	0	1	43	3	4	57	14	.306③	.490	.362	4
'23(ディ)	141	560	67	148	26	2	13	217	65	0	0	0	3	46	4	4	77	9	.264⑯	.388	.323	5
〔7〕	703	2380	281	696	124	6	82	1078	326	3	3	0	12	211	10	19	335	62	.292	.453	.353	19

佐野　皓大　さの・こうだい　大分高　('15.1)　'96. 9. 2生　右投左右打　OF, 1B

年度(チーム)	試合	打数	得点	安打	二塁打	三塁打	本塁打	塁打	打点	盗塁	盗塁刺	犠打	犠飛	四球計	故意四球	死球	三振	併殺打	打率	長打率	出塁率	失策
'18(オ)	1	0	1	0	0	0	0	0	0	0	0	0	0	0	0	0	0	0	.000	.000	.000	—
'19(オ)	68	121	22	25	5	1	1	35	9	12	3	3	0	5	0	1	43	2	.207	.289	.244	0
'20(オ)	77	140	22	30	5	3	0	41	3	20	4	13	0	9	0	0	37	2	.214	.293	.262	5
'21(オ)	67	82	15	12	2	1	1	19	2	8	2	3	0	1	0	1	26	0	.146	.232	.167	2
'22(オ)	78	107	12	24	6	0	2	36	9	5	5	7	0	4	0	0	29	0	.224	.336	.252	1
'23(オ)	47	36	11	6	0	0	1	9	3	5	1	2	0	0	0	0	7	0	.167	.250	.167	0
〔6〕	338	486	83	97	18	5	5	140	26	50	15	28	0	19	0	2	142	4	.200	.288	.233	5

佐野　如一　さの・ゆきかず　仙台大　('21.3)　'98. 9. 2生　右投左打　OF

年度(チーム)	試合	打数	得点	安打	二塁打	三塁打	本塁打	塁打	打点	盗塁	盗塁刺	犠打	犠飛	四球計	故意四球	死球	三振	併殺打	打率	長打率	出塁率	失策
'21(オ)	10	8	0	0	0	0	0	0	0	0	0	1	0	0	0	0	5	0	.000	.000	.000	0
'22(オ)	2	2	0	0	0	0	0	0	0	0	0	0	0	0	0	0	0	0	.000	.000	.000	0
〔2〕	12	10	0	0	0	0	0	0	0	0	0	1	0	0	0	0	5	0	.000	.000	.000	0

澤井　廉　さわい・れん　中京大　('23.1)　'00. 5. 31生　左投左打　OF

年度(チーム)	試合	打数	得点	安打	二塁打	三塁打	本塁打	塁打	打点	盗塁	盗塁刺	犠打	犠飛	四球計	故意四球	死球	三振	併殺打	打率	長打率	出塁率	失策
'23(ヤ)	16	32	3	5	0	1	0	7	1	0	0	0	0	5	0	0	11	0	.156	.219	.270	0

Ｆ．シュウィンデル

フランク・シュウィンデル　セントジョーンズ大（'23.1）　'92.6.29生　右投右打　DH

年度	チーム	試合	打数	得点	安打	二塁打	三塁打	本塁打	塁打	打点	盗塁	盗塁刺	犠打	犠飛	四球計	故意四球	死球	三振	併殺打	打率	長打率	出塁率	失策
'23	(オ)	20	69	4	13	3	0	1	19	11	0	0	0	1	0	0	0	17	2	.188	.275	.186	－

塩見　泰隆

しおみ・やすたか　帝京大（'18.1）　'93.6.12生　右投右打　OF

年度	チーム	試合	打数	得点	安打	二塁打	三塁打	本塁打	塁打	打点	盗塁	盗塁刺	犠打	犠飛	四球計	故意四球	死球	三振	併殺打	打率	長打率	出塁率	失策
'18	(ヤ)	16	25	1	1	1	0	0	2	0	0	0	0	0	1	0	0	7	0	.040	.080	.077	1
'19	(ヤ)	45	88	20	16	2	2	1	25	7	4	1	0	0	8	0	0	24	1	.182	.284	.265	1
'20	(ヤ)	43	154	20	43	4	2	8	75	21	13	2	3	0	17	0	5	44	4	.279	.487	.369	1
'21	(ヤ)	140	474	80	132	21	7	14	209	59	21	5	2	0	48	1	10	156	1	.278⑬	.441	.357	5
'22	(ヤ)	130	508	83	140	30	6	16	230	54	24	7	1	3	43	1	12	122	6	.276⑫	.453	.345	2
'23	(ヤ)	51	186	33	56	9	2	8	93	31	1	2	0	1	19	1	3	40	3	.301	.500	.373	1
〔6〕		425	1435	237	388	67	19	47	634	172	63	17	6	4	136	3	32	393	16	.270	.442	.346	10

重信慎之介

しげのぶ・しんのすけ　早稲田大（'16.1）　'93.4.17生　右投左打　OF

年度	チーム	試合	打数	得点	安打	二塁打	三塁打	本塁打	塁打	打点	盗塁	盗塁刺	犠打	犠飛	四球計	故意四球	死球	三振	併殺打	打率	長打率	出塁率	失策
'16	(巨)	25	79	10	15	1	3	0	22	2	5	1	9	0	7	0	0	20	0	.190	.278	.256	0
'17	(巨)	74	70	18	11	4	0	0	15	2	10	4	1	0	6	0	0	21	0	.157	.214	.224	0
'18	(巨)	60	167	24	47	7	5	2	70	13	6	4	6	1	11	0	0	38	1	.281	.419	.324	0
'19	(巨)	106	158	25	42	7	2	2	59	16	14	3	4	2	11	1	0	43	1	.266	.373	.308	1
'20	(巨)	60	90	17	23	5	1	1	33	6	4	0	6	0	6	0	0	33	0	.256	.367	.302	0
'21	(巨)	73	78	11	17	2	0	2	25	6	6	2	2	0	6	0	0	26	0	.218	.321	.282	0
'22	(巨)	77	111	16	24	3	0	0	27	5	8	5	2	0	5	0	0	28	1	.216	.243	.275	0
'23	(巨)	67	51	16	8	0	0	0	8	1	10	2	5	0	5	0	0	16	1	.157	.157	.232	0
〔8〕		542	804	137	187	29	11	7	259	55	63	22	20	4	61	1	0	225	4	.233	.322	.286	1

柴田　竜拓

しばた・たつひろ　國學院大（'16.1）　'93.12.16生　右投左打　2B, SS, 3B

年度	チーム	試合	打数	得点	安打	二塁打	三塁打	本塁打	塁打	打点	盗塁	盗塁刺	犠打	犠飛	四球計	故意四球	死球	三振	併殺打	打率	長打率	出塁率	失策
'16	(ディ)	19	39	4	8	0	1	0	10	2	1	0	2	0	5	0	0	8	1	.205	.256	.295	4
'17	(ディ)	88	215	25	50	8	0	1	61	11	1	1	11	2	17	0	3	50	2	.233	.284	.295	4
'18	(ディ)	113	224	32	49	6	3	1	64	13	2	1	6	0	30	2	5	45	3	.219	.286	.324	4
'19	(ディ)	111	164	22	42	8	1	3	61	17	3	0	10	2	20	1	0	38	1	.256	.372	.333	2
'20	(ディ)	110	233	33	62	14	0	2	82	24	5	2	9	1	29	1	3	50	1	.266	.352	.356	5
'21	(ディ)	85	222	21	52	15	0	2	73	15	1	1	14	3	26	1	1	39	1	.234	.329	.313	8
'22	(ディ)	96	169	17	33	5	1	0	40	1	1	2	8	0	20	0	0	29	3	.195	.237	.284	5
'23	(ディ)	86	49	7	7	1	0	0	10	2	0	1	6	0	9	0	2	9	0	.143	.204	.300	3
〔8〕		708	1315	161	303	57	4	11	401	81	9	6	66	8	156	9	16	268	14	.230	.305	.318	35

島内　宏明

しまうち・ひろあき　明治大（'12.1）　'90.2.2生　左投左打　OF

年度	チーム	試合	打数	得点	安打	二塁打	三塁打	本塁打	塁打	打点	盗塁	盗塁刺	犠打	犠飛	四球計	故意四球	死球	三振	併殺打	打率	長打率	出塁率	失策
'12	(楽)	41	97	11	29	6	1	2	43	17	1	0	4	1	2	0	0	8	0	.299	.443	.310	0
'13	(楽)	97	299	36	85	6	4	6	117	36	5	4	5	2	21	0	0	44	6	.284	.391	.326	3
'14	(楽)	66	215	26	52	7	3	2	71	18	6	1	2	2	19	0	0	22	5	.242	.330	.301	2
'15	(楽)	25	74	6	15	2	3	0	23	6	5	1	0	0	6	0	0	6	0	.203	.311	.241	0
'16	(楽)	114	342	43	98	9	2	9	138	41	10	2	4	1	33	0	2	48	7	.287	.404	.349	0
'17	(楽)	143	494	62	131	14	3	14	193	65	12	6	3	3	64	0	4	67	8	.265⑯	.391	.352	1
'18	(楽)	103	394	53	115	16	3	11	170	53	11	5	3	3	47	0	6	45	10	.292⑧	.431	.373	0
'19	(楽)	133	506	68	145	21	5	10	206	57	3	4	1	1	58	0	11	65	11	.287⑩	.407	.372	0
'20	(楽)	114	406	50	114	17	2	8	159	53	9	1	6	4	48	1	7	71	8	.281	.392	.363	2
'21	(楽)	141	486	64	125	34	5	21	232	96	5	2	2	4	97	2	8	87	15	.257⑱	.477	.385	2
'22	(楽)	142	541	59	161	36	3	14	245	77	5	3	0	3	63	1	4	82	16	.298③	.453	.373	0
'23	(楽)	104	322	21	76	13	0	7	110	39	2	0	3	3	41	1	3	41	5	.236	.342	.325	1
〔12〕		1223	4176	499	1146	181	34	104	1707	541	63	29	58	36	497	5	45	586	93	.274	.409	.355	12

島田　海吏

しまだ・かいり　上武大　('18.1)　'96.2.6生　右投左打　OF

年度	試合	打数	得点	安打	二塁打	三塁打	本塁打	塁打	打点	盗塁	盗塁刺	犠打	犠飛	四球計	故意四球	死球	三振	併殺打	打率	長打率	出塁率	失策
'18(神)	12	35	5	7	1	1	0	10	1	0	1	1	0	1	0	0	7	0	.200	.286	.222	0
'19(神)	7	4	2	1	1	0	0	1	0	0	0	1	0	1	0	0	1	0	.250	.500	.400	0
'20(神)	43	17	4	3	0	0	0	3	1	3	0	1	0	2	1	1	4	0	.176	.176	.300	1
'21(神)	57	70	7	17	3	0	0	20	9	8	1	3	0	5	0	0	13	0	.243	.286	.293	0
'22(神)	123	311	36	82	7	2	0	93	17	21	5	9	1	15	0	3	56	3	.264	.299	.303	2
'23(神)	101	110	12	16	0	1	1	21	6	7	1	1	0	7	0	3	26	4	.145	.191	.217	4
〔6〕	343	547	66	126	12	4	1	149	34	39	8	15	1	31	1	7	107	7	.230	.272	.280	7

清水　優心

しみず・ゆうし　九州国際大付高　('15.1)　'96.5.22生　右投右打　C, 1B

年度	試合	打数	得点	安打	二塁打	三塁打	本塁打	塁打	打点	盗塁	盗塁刺	犠打	犠飛	四球計	故意四球	死球	三振	併殺打	打率	長打率	出塁率	失策
'15(日)	1	2	0	0	0	0	0	0	0	0	0	0	0	0	0	0	1	0	.000	.000	.000	0
'16(日)	5	8	0	2	0	0	0	2	0	0	0	0	0	0	0	0	2	0	.250	.250	.250	0
'17(日)	61	111	7	22	4	0	1	29	10	0	0	3	1	5	0	0	35	4	.198	.261	.231	5
'18(日)	86	200	25	43	7	0	7	71	21	0	1	20	1	18	0	3	51	4	.215	.355	.288	5
'19(日)	98	216	17	56	8	0	5	79	24	0	1	9	1	19	0	1	51	6	.259	.366	.321	7
'20(日)	69	135	13	26	7	0	3	42	16	0	0	14	2	4	0	1	37	5	.193	.311	.234	8
'21(日)	100	214	19	44	6	0	4	62	18	0	0	11	3	28	0	1	60	3	.206	.290	.294	2
'22(日)	30	62	2	12	1	0	0	13	3	0	1	3	0	4	0	0	15	1	.194	.210	.219	3
'23(日)	32	50	2	13	1	0	0	14	5	1	0	4	0	4	0	0	13	1	.260	.280	.315	3
〔9〕	482	998	86	218	34	0	20	312	97	1	3	64	8	82	0	6	265	24	.218	.313	.280	30

周東　佑京

しゅうとう・うきょう　東京農業大北海道オホーツク　('19.3)　'96.2.10生　右投左打　OF, 2B, 3B, SS

年度	試合	打数	得点	安打	二塁打	三塁打	本塁打	塁打	打点	盗塁	盗塁刺	犠打	犠飛	四球計	故意四球	死球	三振	併殺打	打率	長打率	出塁率	失策
'19(ソ)	102	102	39	20	3	2	1	30	6	25	5	10	0	2	0	0	27	1	.196	.294	.212	2
'20(ソ)	103	307	48	83	8	7	1	108	27	**50**	6	11	2	24	0	2	79	2	.270	.352	.325	**12**
'21(ソ)	70	169	24	34	1	0	3	44	5	21	5	6	0	12	0	1	49	1	.201	.260	.258	5
'22(ソ)	80	288	48	77	5	4	5	105	15	22	4	3	2	22	0	3	56	4	.267	.365	.324	5
'23(ソ)	114	237	52	57	5	1	2	70	17	**36**	7	1	1	20	0	3	56	5	.241	.295	.307	1
〔5〕	469	1103	211	271	22	14	12	357	70	154	27	31	5	80	0	9	267	11	.246	.324	.301	25

正隨　優弥

しょうずい・ゆうや　亜細亜大　('19.1)　'96.4.2生　右投右打　OF

年度	試合	打数	得点	安打	二塁打	三塁打	本塁打	塁打	打点	盗塁	盗塁刺	犠打	犠飛	四球計	故意四球	死球	三振	併殺打	打率	長打率	出塁率	失策
'20(広)	7	7	1	1	0	0	1	4	1	0	0	0	0	1	0	0	1	1	.143	.571	.250	0
'21(広)	14	26	1	3	0	0	1	6	4	0	0	0	0	1	0	0	10	2	.115	.231	.148	0
'23(楽)	1	1	0	0	0	0	0	0	0	0	0	0	0	1	0	0	0	0	.000	.000	.500	1
〔3〕	22	34	2	4	0	0	2	10	5	0	0	0	0	3	0	0	11	3	.118	.294	.189	1

末包　昇大

すえかね・しょうた　東洋大　('22.1)　'96.5.27生　右投右打　OF, 1B

年度	試合	打数	得点	安打	二塁打	三塁打	本塁打	塁打	打点	盗塁	盗塁刺	犠打	犠飛	四球計	故意四球	死球	三振	併殺打	打率	長打率	出塁率	失策
'22(広)	31	77	9	23	3	1	2	34	14	0	0	0	2	1	0	0	20	2	.299	.442	.300	1
'23(広)	65	139	16	38	6	0	11	77	27	0	0	0	0	6	1	1	40	5	.273	.554	.308	1
〔2〕	96	216	25	61	9	1	13	111	41	0	0	0	2	7	1	1	60	7	.282	.514	.305	2

菅野　剛士　すがの・つよし　明治大　('18.1)　'93. 5. 6生　右投左打　OF, 1B

年度 チーム	試合	打数	得点	安打	二塁打	三塁打	本塁打	塁打	打点	盗塁	盗塁刺	犠打	犠飛	四球計	故意四球	死球	三振	併殺打	打率	長打率	出塁率	失策
'18 (ロ)	53	131	15	23	3	2	2	36	18	1	0	4	1	20	0	5	27	4	.176	.275	.306	0
'19 (ロ)	28	66	7	13	2	0	3	24	7	0	0	0	0	6	0	1	11	0	.197	.364	.274	0
'20 (ロ)	81	223	24	58	10	3	2	80	20	1	3	5	0	45	0	2	55	7	.260	.359	.389	0
'21 (ロ)	33	67	8	13	4	0	2	23	5	1	0	2	0	5	0	1	20	4	.194	.343	.260	0
'22 (ロ)	41	86	6	18	6	0	1	27	6	0	0	0	0	7	0	0	20	1	.209	.314	.269	0
'23 (ロ)	6	10	0	1	0	0	0	1	0	0	0	0	0	1	0	0	2	0	.100	.100	.182	1
〔6〕	242	583	60	126	25	5	10	191	56	3	3	11	1	84	0	9	135	16	.216	.328	.323	3

杉澤　龍　すぎさわ・りゅう　東北福祉大　('23.1)　'00. 6. 2生　右投左打　OF

年度 チーム	試合	打数	得点	安打	二塁打	三塁打	本塁打	塁打	打点	盗塁	盗塁刺	犠打	犠飛	四球計	故意四球	死球	三振	併殺打	打率	長打率	出塁率	失策
'23 (オ)	2	5	0	1	0	0	0	1	0	0	0	0	0	0	0	0	0	0	.200	.200	.200	0

杉本裕太郎　すぎもと・ゆうたろう　青山学院大　('16.1)　'91. 4. 5生　右投右打　OF, 1B

年度 チーム	試合	打数	得点	安打	二塁打	三塁打	本塁打	塁打	打点	盗塁	盗塁刺	犠打	犠飛	四球計	故意四球	死球	三振	併殺打	打率	長打率	出塁率	失策
'16 (オ)	1	3	0	0	0	0	0	0	0	0	0	0	0	0	0	0	2	0	.000	.000	.000	0
'17 (オ)	9	17	2	2	1	0	1	6	2	0	0	0	0	0	0	0	6	1	.118	.353	.118	0
'18 (オ)	7	12	2	3	1	0	2	10	8	0	0	0	0	1	0	1	3	0	.250	.833	.357	0
'19 (オ)	18	51	5	8	1	0	4	21	7	1	0	0	0	1	0	1	22	2	.157	.412	.157	1
'20 (オ)	41	127	13	34	3	1	2	45	17	1	0	0	0	10	0	4	34	4	.268	.354	.340	0
'21 (オ)	134	478	73	144	20	2	32	264	83	3	3	0	3	51	4	10	116	15	.301③	.552	.378	5
'22 (オ)	105	▲379	37	89	15	1	15	151	51	2	4	0	2	40	2	11	135	9	.235	.398	.324	2
'23 (オ)	96	339	34	82	12	1	16	144	41	0	1	1	2	19	1	9	101	2	.242	.425	.298	0
〔8〕	411 ▲	1406	166	362	53	5	72	641	209	9	8	1	7	121	7	35	419	33	.257	.456	.330	8

鈴木　将平　すずき・しょうへい　静岡高　('17.1)　'98. 5. 20生　左投左打　OF

年度 チーム	試合	打数	得点	安打	二塁打	三塁打	本塁打	塁打	打点	盗塁	盗塁刺	犠打	犠飛	四球計	故意四球	死球	三振	併殺打	打率	長打率	出塁率	失策
'19 (武)	16	26	4	4	0	0	0	4	1	1	1	1	0	1	0	0	6	1	.154	.154	.185	0
'20 (武)	46	140	7	29	4	2	1	40	10	0	2	4	2	10	0	1	24	2	.207	.286	.261	2
'21 (武)	27	38	6	6	1	0	0	7	0	0	2	0	0	2	0	0	8	0	.158	.184	.200	1
'22 (武)	58	212	14	53	10	1	1	68	13	1	4	5	1	9	0	0	24	2	.250	.321	.279	3
'23 (武)	72	242	19	58	8	2	0	70	15	10	0	8	1	15	0	1	34	3	.240	.289	.286	1
〔5〕	219	658	50	150	23	5	2	189	39	12	7	20	4	37	0	2	96	8	.228	.287	.270	7

鈴木　大地　すずき・だいち　東洋大　('12.1)　'89. 8. 18生　右投左打　SS, 1B, 3B, 2B, OF

年度 チーム	試合	打数	得点	安打	二塁打	三塁打	本塁打	塁打	打点	盗塁	盗塁刺	犠打	犠飛	四球計	故意四球	死球	三振	併殺打	打率	長打率	出塁率	失策
'12 (ロ)	62	135	16	37	5	1	0	44	11	0	0	10	1	13	0	1	23	1	.274	.326	.340	3
'13 (ロ)	144	481	54	127	20	11	5	184	50	2	4	14	6	38	2	12	66	8	.264㉖	.383	.330	9
'14 (ロ)	144	533	60	153	29	7	3	205	43	7	4	22	4	45	0	6	57	1	.287⑫	.385	.347	8
'15 (ロ)	142	487	60	128	24	4	6	178	50	1	5	24	3	47	1	3	58	10	.263⑳	.366	.330	10
'16 (ロ)	143	501	58	143	30	2	6	195	61	3	1	16	7	50	2	9	56	9	.285⑩	.389	.356	16
'17 (ロ)	143	508	56	132	27	5	11	202	52	5	3	4		55	1	18	85	7	.260㉑	.398	.350	5
'18 (ロ)	143	477	44	127	27	6	8	190	49	8	4	6		44	2	17	55	11	.266⑱	.398	.346	10
'19 (ロ)	140	527	76	152	34	4	15	239	68	3	3	13	2	56	0	16	75	11	.288⑧	.454	.373	2
'20 (楽)	120	478	71	141	27	1	4	182	55	1	3	12	3	46	0	7	58	18	.295⑤	.381	.363	5
'21 (楽)	143	552	70	153	19	3	10	208	53	2	3	13	5	52	0	6	51	12	.277⑩	.377	.343	6
'22 (楽)	125	408	39	105	19	0	5	139	35	4	2	9	4	38	0	18	52	11	.257⑭	.341	.344	4
'23 (楽)	101	250	25	61	9	1	5	87	27	0	2	7	2	24	0	9	36	6	.244	.348	.330	4
〔12〕	1550	5337	633	1459	270	45	78	2053	554	38	30	157	47	508	8	122	672	105	.273	.385	.347	84

炭谷銀仁朗 (銀仁朗) すみたに・ぎんじろう　平安高 ('06.1)　'87.7.19生　右投右打　C

年度 (チーム)	試合	打数	得点	安打	二塁打	三塁打	本塁打	塁打	打点	盗塁	盗塁刺	犠打	犠飛	四球計	故意四球	死球	三振	併殺打	打率	長打率	出塁率	失
'06 (武)	54	138	10	25	4	1	3	40	14	0	0	6	0	2	0	0	33	6	.181	.290	.193	
'07 (武)	28	46	3	8	1	1	1	14	7	0	0	1	1	2	0	0	19	0	.174	.304	.204	
'08 (武)	46	64	5	8	4	0	0	12	5	0	1	1	1	2	0	0	30	0	.125	.188	.149	
'09 (武)	112	273	22	60	15	0	3	84	25	1	0	14	3	15	1	1	75	5	.220	.308	.260	
'10 (武)	1	1	0	0	0	0	0	0	0	0	0	0	0	0	0	0	0	0	.000	.000	.000	
'11 (武)	122	317	20	69	7	1	2	84	22	4	1	33	3	11	0	1	79	6	.218	.265	.244	
'12 (武)	139	360	23	70	12	1	0	84	23	0	1	35	1	17	0	1	74	9	.194	.233	.232	
'13 (武)	141	413	28	89	16	0	5	120	43	1	2	19	2	30	2	4	62	14	.215㉝	.291	.274	
'14 (武)	125	381	31	77	13	1	7	113	36	0	2	20	3	17	0	2	74	10	.202	.297	.238	
'15 (武)	133	399	31	84	16	0	4	112	35	0	0	22	2	16	0	4	87	7	.211㉚	.281	.247	
'16 (武)	117	294	19	64	10	1	0	79	22	0	1	19	0	13	0	0	48	12	.218	.269	.251	
'17 (武)	104	267	32	67	11	0	5	93	30	2	1	23	4	8	0	8	45	6	.251	.348	.289	
'18 (武)	47	129	10	32	8	0	0	40	9	0	0	3	0	2	0	1	30	3	.248	.310	.265	
'19 (巨)	58	126	17	33	4	0	6	55	26	0	0	2	1	7	1	2	28	4	.262	.437	.309	
'20 (巨)	56	100	4	18	2	0	1	23	7	0	0	3	1	8	2	2	23	3	.180	.230	.252	
'21 (巨)	44	48	4	9	0	0	1	12	7	0	0	1	1	4	0	0	17	0	.188	.250	.245	
(楽)	51	105	11	23	3	0	3	35	8	0	1	10	1	7	0	3	24	3	.219	.333	.272	
'22 (楽)	98	253	21	60	4	0	3	76	18	0	3	15	0	18	0	2	52	10	.237	.300	.281	
'23 (楽)	65	131	9	29	2	0	1	34	10	0	0	6	1	5	0	0	23	2	.221	.260	.259	
〔18〕	1541	3845	300	825	132	6	47	1110	347	8	14	233	25	184	7	31	823	100	.215	.289	.255	50

L. セデーニョ　レアンドロ・セデーニョ　リセオヴィル ヘンデル ロサリオ高 ('23.5)　'98.8.22生　右投右打　1B

年度 (チーム)	試合	打数	得点	安打	二塁打	三塁打	本塁打	塁打	打点	盗塁	盗塁刺	犠打	犠飛	四球計	故意四球	死球	三振	併殺打	打率	長打率	出塁率	失
'23 (オ)	57	176	12	43	7	0	9	77	34	0	0	0	2	8	0	1	47	5	.244	.438	.278	

関根　大気 せきね・たいき　東邦高 ('14.1)　'95.6.28生　左投左打　OF

年度 (チーム)	試合	打数	得点	安打	二塁打	三塁打	本塁打	塁打	打点	盗塁	盗塁刺	犠打	犠飛	四球計	故意四球	死球	三振	併殺打	打率	長打率	出塁率	失
'14 (デ)	3	12	1	3	0	0	0	3	0	1	0	0	0	0	0	0	3	0	.250	.250	.308	
'15 (デ)	55	144	14	32	2	5	1	47	10	8	3	6	1	9	0	1	22	0	.222	.326	.261	
'16 (デ)	70	98	15	20	2	1	0	23	7	4	4	4	0	2	0	0	18	0	.204	.235	.235	
'17 (デ)	29	19	4	3	0	1	0	5	1	0	0	1	0	1	0	0	5	0	.158	.158	.200	
'18 (デ)	29	25	4	7	2	1	0	11	3	2	1	0	0	1	0	0	5	0	.280	.440	.280	
'19 (デ)	32	26	2	1	1	0	0	2	0	0	0	5	0	0	0	0	6	1	.038	.077	.074	
'21 (デ)	103	124	17	28	6	0	1	37	4	2	0	5	0	9	0	1	27	2	.226	.298	.284	
'22 (デ)	104	201	28	51	7	1	1	63	13	5	2	10	2	9	0	1	31	2	.254	.313	.293	
'23 (デ)	140	482	69	126	17	3	4	161	31	11	3	16	1	29	1	4	53	5	.261⑱	.334	.308	
〔9〕	565	1131	154	271	36	11	7	350	69	33	17	42	4	59	1	11	171	11	.240	.309	.283	

N. ソ　ト　ネフタリ・ソト　マリスタ・デ・グアイナボ高 ('18.1)　'89.2.28生　右投右打　1B, OF, 2B

年度 (チーム)	試合	打数	得点	安打	二塁打	三塁打	本塁打	塁打	打点	盗塁	盗塁刺	犠打	犠飛	四球計	故意四球	死球	三振	併殺打	打率	長打率	出塁率	失
'18 (デ)	107	416	74	129	16	0	**41**	268	95	0	1	0	5	29	2	9	100	5	.310⑪	**.644**	.364	
'19 (デ)	141	516	82	139	18	1	**43**	286	**108**	0	0	0	4	59	4	5	98	14	.269⑳	.554	.348	
'20 (デ)	114	428	59	108	18	0	25	201	78	0	0	0	5	44	0	3	103	12	.252㉓	.470	.323	
'21 (デ)	123	410	42	96	18	1	20	179	62	0	0	0	1	35	4	5	116	12	.234㉛	.437	.326	
'22 (デ)	117	368	35	98	25	0	17	174	49	0	0	0	1	38	2	6	103	11	.266	.473	.342	
'23 (デ)	109	354	31	83	22	0	14	147	50	0	2	0	2	39	2	4	99	11	.234	.415	.316	
〔6〕	711	2492	323	653	117	1	161	1255	442	0	4	0	18	244	14	31	619	65	.262	.504	.333	3

曽根　海成　そね・かいせい　京都国際高（'17.3）　'95. 4. 24生　右投左打　OF, 3B, 2B, SS

年度 チーム	試合	打数	得点	安打	二塁打	三塁打	本塁打	塁打	打点	盗塁	盗塁刺	犠打	犠飛	四球計	故意四球	死球	三振	併殺打	打率	長打率	出塁率	失策
'17 (ソ)	2	3	0	0	0	0	0	0	0	0	0	0	0	0	0	0	1	0	.000	.000	.000	0
'18 (広)	11	18	3	5	0	1	0	7	2	1	0	1	0	2	0	1	9	0	.278	.389	.381	1
'19 (広)	64	25	17	5	0	0	0	5	2	5	2	2	0	3	1	1	10	0	.200	.200	.310	1
'20 (広)	33	16	13	4	1	0	0	5	1	5	3	0	0	1	0	0	5	0	.250	.313	.294	2
'21 (広)	66	5	10	0	0	0	0	0	0	9	4	0	0	1	0	0	3	0	.000	.000	.167	0
'22 (広)	44	6	9	0	0	0	0	0	0	4	3	1	0	0	0	0	3	0	.000	.000	.167	0
'23 (広)	39	14	6	2	1	0	0	3	0	1	1	0	0	1	0	0	3	0	.143	.214	.200	1
〔7〕	259	87	58	16	2	1	0	20	5	25	13	4	0	8	1	2	34	0	.184	.230	.268	4

高木　渉　たかぎ・わたる　真颯館高（'19.1）　'99. 12. 6生　右投左打　OF

年度 チーム	試合	打数	得点	安打	二塁打	三塁打	本塁打	塁打	打点	盗塁	盗塁刺	犠打	犠飛	四球計	故意四球	死球	三振	併殺打	打率	長打率	出塁率	失策
'19 (武)	1	1	0	0	0	0	0	0	0	0	0	0	0	0	0	0	0	0	.000	.000	.000	－
'20 (武)	12	40	6	7	1	1	2	16	5	0	0	0	0	0	0	0	8	2	.175	.400	.175	1
'21 (武)	6	15	0	1	1	0	0	2	1	0	0	0	0	2	0	0	7	0	.067	.133	.176	0
'22 (武)	13	36	0	4	0	1	0	4	1	0	1	3	1	4	0	0	14	0	.111	.111	.195	0
'23 (武)	5	19	0	3	0	0	0	3	0	0	0	0	0	0	0	0	8	0	.158	.158	.158	0
〔5〕	37	111	6	15	2	1	2	25	7	0	1	3	1	6	0	0	37	2	.135	.225	.178	1

髙寺　望夢　たかてら・のぞむ　上田西高（'21.1）　'02. 10. 17生　右投左打　2B, 3B

年度 チーム	試合	打数	得点	安打	二塁打	三塁打	本塁打	塁打	打点	盗塁	盗塁刺	犠打	犠飛	四球計	故意四球	死球	三振	併殺打	打率	長打率	出塁率	失策
'22 (神)	8	23	0	3	0	0	0	3	2	1	0	1	0	2	0	0	7	0	.130	.261	.192	0

高橋　周平　たかはし・しゅうへい　東海大甲府高（'12.1）　'94. 1. 18生　右投左打　3B, 2B, SS, 1B

年度 チーム	試合	打数	得点	安打	二塁打	三塁打	本塁打	塁打	打点	盗塁	盗塁刺	犠打	犠飛	四球計	故意四球	死球	三振	併殺打	打率	長打率	出塁率	失策
'12 (中)	41	71	5	11	1	0	2	18	3	0	0	0	0	2	0	0	18	2	.155	.254	.178	1
'13 (中)	66	197	19	49	13	1	5	79	27	0	0	2	1	11	2	1	34	2	.249	.401	.290	6
'14 (中)	61	144	14	37	8	1	6	65	14	0	0	2	2	8	1	0	29	1	.257	.451	.292	3
'15 (中)	51	154	10	32	6	1	4	52	18	2	1	1	0	16	0	1	42	5	.208	.338	.287	5
'16 (中)	75	255	28	64	14	2	4	94	29	0	1	1	1	22	0	4	84	7	.251	.369	.319	4
'17 (中)	41	129	12	30	6	0	2	42	10	0	2	1	3	15	0	1	31	3	.233	.326	.306	3
'18 (中)	128	433	35	110	26	2	11	173	69	0	0	8	3	30	1	3	89	9	.254㉗	.400	.305	7
'19 (中)	117	430	50	126	28	5	7	185	59	3	4	5	1	32	7	3	70	10	.293⑧	.430	.345	8
'20 (中)	108	394	46	120	25	1	7	168	46	1	1	3	6	39	6	2	70	13	.305⑥	.426	.368	5
'21 (中)	137	475	40	123	20	1	5	165	39	1	0	4	1	40	4	1	79	21	.259㉔	.347	.315	8
'22 (中)	78	265	18	66	7	1	2	81	21	1	1	1	0	16	0	7	43	8	.249	.306	.308	6
'23 (中)	86	158	1	34	6	0	0	40	14	1	0	2	0	11	1	1	41	5	.215	.253	.271	3
〔12〕	989	3105	278	802	167	14	55	1162	349	9	10	23	19	242	22	23	630	87	.258	.374	.315	59

髙濱　祐仁　たかはま・ゆうと　横浜高（'15.1）　'96. 8. 8生　右投右打　1B, 2B, 3B

年度 チーム	試合	打数	得点	安打	二塁打	三塁打	本塁打	塁打	打点	盗塁	盗塁刺	犠打	犠飛	四球計	故意四球	死球	三振	併殺打	打率	長打率	出塁率	失策
'15 (日)	1	2	0	0	0	0	0	0	0	0	0	0	0	0	0	0	0	0	.000	.000	.000	1
'17 (日)	3	11	0	2	0	0	0	2	0	0	0	0	0	1	0	0	5	0	.182	.182	.250	－
'20 (日)	10	19	4	6	0	0	0	6	0	0	0	2	0	2	0	0	6	0	.316	.316	.381	0
'21 (日)	107	367	34	96	21	1	8	143	43	2	0	11	2	23	1	1	82	10	.262	.390	.305	5
'22 (日)	7	17	0	1	0	0	0	1	1	0	0	1	0	0	0	0	12	0	.059	.059	.056	0
〔5〕	128	416	38	105	21	1	8	152	44	2	0	13	3	26	1	1	105	10	.252	.365	.296	6

個人年度別打撃成績　た

高部　瑛斗　たかべ・あきと　国士舘大（'20.1）　'97.12.11生　右投左打　OF

年度	チーム	試合	打数	得点	安打	二塁打	三塁打	本塁打	塁打	打点	盗塁	盗塁刺	犠打	犠飛	四球計	故意四球	死球	三振	併殺打	打率	長打率	出塁率	失策
'20	(ロ)	5	10	0	1	0	0	0	1	0	0	0	1	0	0	0	0	4	0	.100	.100	.100	
'21	(ロ)	33	55	6	8	1	0	1	12	6	4	0	7	0	7	0	0	19	1	.145	.218	.242	
'22	(ロ)	137	541	66	148	16	6	3	185	38	44	10	22	3	36	1	6	103	12	.274⑦	.342	.324	
〔3〕		175	606	72	157	17	6	4	198	44	48	10	30	3	43	1	6	126	13	.259	.327	.313	

髙松　渡　たかまつ・わたる　滝川第二高（'19.1）　'99.7.2生　右投左打　2B, OF

年度	チーム	試合	打数	得点	安打	二塁打	三塁打	本塁打	塁打	打点	盗塁	盗塁刺	犠打	犠飛	四球計	故意四球	死球	三振	併殺打	打率	長打率	出塁率	失策
'19	(中)	2	0	1	0	0	0	0	0	0	0	0	0	0	0	0	0	0	0	.000	.000	.000	
'21	(中)	78	112	18	28	1	0	0	29	4	15	9	6	1	3	0	1	35	0	.250	.259	.274	
'22	(中)	51	14	17	1	0	0	0	1	0	5	3	0	0	0	0	0	5	0	.071	.071	.071	
'23	(中)	23	1	8	0	0	0	0	0	0	3	1	0	0	0	0	0	0	0	.000	.000	.000	
'23	(武)	2	1	0	0	0	0	0	0	0	0	0	0	0	0	0	0	0	0	.000	.000	.000	
〔4〕		156	128	44	29	1	0	0	30	4	23	13	6	1	3	0	1	40	0	.227	.234	.248	

髙山　俊　たかやま・しゅん　明治大（'16.1）　'93.4.18生　右投左打　OF

年度	チーム	試合	打数	得点	安打	二塁打	三塁打	本塁打	塁打	打点	盗塁	盗塁刺	犠打	犠飛	四球計	故意四球	死球	三振	併殺打	打率	長打率	出塁率	失策
'16	(神)	134	494	48	136	23	5	8	193	65	5	4	2	3	27	1	4	109	8	.275⑯	.391	.316	
'17	(神)	103	328	40	82	15	5	3	121	24	6	3	0	1	21	0	3	77	3	.250	.369	.300	
'18	(神)	45	128	8	22	5	0	1	30	14	0	1	0	1	4	0	1	22	4	.172	.234	.201	
'19	(神)	105	271	25	73	12	0	5	100	29	9	3	2	0	24	4	3	56	3	.269	.369	.336	
'20	(神)	42	46	6	7	3	0	0	10	3	1	0	1	1	3	0	1	10	0	.152	.217	.216	
'22	(神)	38	53	1	10	2	0	0	12	0	2	0	1	0	2	0	0	12	0	.189	.226	.218	
〔6〕		467	1320	128	330	60	8	20	466	135	23	11	6	6	81	5	12	286	18	.250	.353	.298	

滝澤　夏央　たきざわ・なつお　関根学園高（'22.5）　'03.8.13生　右投左打　SS, 2B, 3B

年度	チーム	試合	打数	得点	安打	二塁打	三塁打	本塁打	塁打	打点	盗塁	盗塁刺	犠打	犠飛	四球計	故意四球	死球	三振	併殺打	打率	長打率	出塁率	失策
'22	(武)	48	85	13	19	2	1	0	23	4	1	2	4	0	4	0	0	21	2	.224	.271	.258	
'23	(武)	16	16	4	3	0	0	1	6	1	0	0	1	0	0	0	0	4	0	.188	.375	.188	
〔2〕		64	101	17	22	2	1	1	29	5	1	2	5	0	4	0	0	25	2	.218	.287	.248	

武岡　龍世　たけおか・りゅうせい　八戸学院光星高（'20.1）　'01.5.28生　右投左打　2B, SS, 3B

年度	チーム	試合	打数	得点	安打	二塁打	三塁打	本塁打	塁打	打点	盗塁	盗塁刺	犠打	犠飛	四球計	故意四球	死球	三振	併殺打	打率	長打率	出塁率	失策
'20	(ヤ)	5	9	0	3	0	0	0	3	0	0	0	1	0	2	0	0	3	0	.333	.333	.455	
'21	(ヤ)	1	4	1	1	0	0	0	1	0	0	0	0	0	0	0	0	0	0	.250	.250	.250	
'22	(ヤ)	7	17	3	7	0	1	0	9	5	0	0	0	0	1	0	0	3	0	.412	.529	.444	
'23	(ヤ)	84	160	18	35	3	1	0	45	8	3	3	9	1	8	1	0	47	4	.219	.281	.254	
〔4〕		97	190	22	46	3	3	0	58	11	3	3	10	1	11	1	0	53	4	.242	.305	.282	

辰己　涼介　たつみ・りょうすけ　立命館大（'19.1）　'96.12.27生　右投左打　OF

年度	チーム	試合	打数	得点	安打	二塁打	三塁打	本塁打	塁打	打点	盗塁	盗塁刺	犠打	犠飛	四球計	故意四球	死球	三振	併殺打	打率	長打率	出塁率	失策
'19	(楽)	124	314	42	72	12	2	4	100	25	13	3	10	2	39	1	4	101	4	.229	.318	.320	
'20	(楽)	104	251	38	56	9	3	8	95	28	5	3	9	0	20	0	2	57	1	.223	.378	.286	
'21	(楽)	130	374	49	84	13	1	10	129	32	6	6	11	1	51	0	6	99	7	.225㉙	.345	.326	
'22	(楽)	120	409	60	111	14	3	11	164	35	12	5	13	1	42	1	11	103	7	.271⑧	.401	.354	
'23	(楽)	133	434	45	114	16	5	9	167	43	13	4	8	1	40	0	12	99	3	.263⑪	.385	.341	
〔5〕		611	1782	234	437	64	14	42	655	163	55	23	51	5	192	2	35	459	22	.245	.368	.330	

立岡宗一郎　たておか・そういちろう　鎮西高　('09.1)　'90.5.18生　右投左打　OF, 2B, 3B, 1B

年度(チーム)	試合	打数	得点	安打	二塁打	三塁打	本塁打	塁打	打点	盗塁	盗塁刺	犠打	犠飛	四球計	故意四球	死球	三振	併殺打	打率	長打率	出塁率	失策
10(ソ)	1	0	1	0	0	0	0	0	0	0	0	0	0	0	0	0	0	0	.000	.000	.000	—
13(巨)	46	74	5	15	1	2	0	20	7	1	0	0	0	3	0	0	15	0	.203	.270	.234	5
14(巨)	2	2	0	0	0	0	0	0	0	0	0	0	0	0	0	0	1	0	.000	.000	.000	0
15(巨)	91	339	36	103	9	3	0	118	14	16	6	3	3	18	0	4	61	2	.304	.348	.343	2
16(巨)	51	188	15	43	6	1	2	57	9	9	3	6	0	10	0	5	31	1	.229	.303	.286	2
17(巨)	62	197	24	41	3	3	0	50	10	4	5	6	0	11	0	0	43	1	.208	.254	.250	0
18(巨)	42	52	10	12	0	0	0	12	5	4	0	0	0	7	0	1	11	2	.231	.231	.333	0
19(巨)	25	14	4	4	2	0	0	6	1	3	0	0	0	2	0	0	4	0	.286	.429	.375	0
20(巨)	29	23	5	6	0	1	1	11	4	1	0	0	0	4	1	0	6	0	.261	.478	.370	0
21(巨)	47	44	2	9	0	0	0	9	1	0	0	0	0	3	0	0	7	0	.205	.205	.255	1
22(巨)	54	54	11	11	1	0	1	15	3	3	0	0	0	3	0	0	10	0	.204	.278	.246	0
〔11〕	450	987	113	244	22	10	4	298	54	41	14	15	3	61	0	10	189	7	.247	.302	.297	11

田中和基　たなか・かずき　立教大　('17.1)　'94.8.8生　右投左右打　OF

年度(チーム)	試合	打数	得点	安打	二塁打	三塁打	本塁打	塁打	打点	盗塁	盗塁刺	犠打	犠飛	四球計	故意四球	死球	三振	併殺打	打率	長打率	出塁率	失策
17(楽)	51	54	9	6	2	0	1	11	2	7	2	2	0	3	0	0	25	0	.111	.204	.158	2
18(楽)	105	423	67	112	11	1	18	179	45	21	6	4	1	37	0	0	101	4	.265㉑	.423	.323	2
19(楽)	59	160	22	30	6	2	1	43	9	3	7	5	2	26	1	0	37	3	.188	.269	.298	1
20(楽)	80	254	38	61	10	1	8	97	25	6	2	1	1	23	0	1	76	2	.240	.382	.305	1
21(楽)	61	59	5	8	0	0	0	8	3	0	0	0	0	7	0	1	16	0	.136	.136	.239	2
22(楽)	77	63	10	9	3	0	1	15	5	6	3	0	0	6	0	1	25	4	.143	.238	.229	0
23(楽)	95	34	22	3	0	0	0	3	0	3	3	2	0	5	0	0	13	0	.088	.265	.205	0
〔7〕	528	1047	173	229	32	4	31	362	92	46	22	16	4	107	1	3	293	14	.219	.346	.292	8

田中広輔　たなか・こうすけ　東海大　('14.1)　'89.7.3生　右投左打　SS, 3B, 1B, 2B

年度(チーム)	試合	打数	得点	安打	二塁打	三塁打	本塁打	塁打	打点	盗塁	盗塁刺	犠打	犠飛	四球計	故意四球	死球	三振	併殺打	打率	長打率	出塁率	失策
14(広)	110	295	44	86	11	2	9	128	34	10	3	5	5	24	0	4	68	6	.292	.434	.368	8
15(広)	141	543	61	149	33	9	8	224	45	6	7	5	5	34	2	7	105	8	.274⑫	.413	.325	22
16(広)	143	581	102	154	17	3	13	216	39	28	19	3	1	77	1	17	119	1	.265⑳	.372	.367	18
17(広)	143	565	105	164	32	5	8	230	60	35	13	6	4	89	2	15	120	5	.290⑪	.407	.398	16
18(広)	143	572	92	150	19	10	9	219	60	32	13	6	5	75	3	17	118	6	.262㉔	.383	.362	7
19(広)	97	311	33	60	13	0	3	82	27	8	3	4	6	32	3	2	89	4	.193	.264	.268	9
20(広)	112	378	51	95	11	5	8	140	39	8	4	12	4	55	3	5	86	1	.251㉔	.370	.351	12
21(広)	81	136	12	28	4	0	2	38	8	3	4	0	1	18	0	2	23	0	.206	.279	.308	5
22(広)	41	40	2	8	1	1	0	11	1	0	1	0	1	3	0	1	14	0	.200	.275	.267	1
23(広)	111	224	28	51	10	0	5	79	28	2	6	3	0	25	2	1	48	6	.228	.353	.308	7
〔10〕	1122	3645	530	945	151	35	67	1367	341	130	72	48	27	432	15	71	790	37	.259	.375	.347	105

田中俊太　たなか・しゅんた　東海大　('18.1)　'93.8.18生　右投左打　2B, 3B, 1B, SS, OF

年度(チーム)	試合	打数	得点	安打	二塁打	三塁打	本塁打	塁打	打点	盗塁	盗塁刺	犠打	犠飛	四球計	故意四球	死球	三振	併殺打	打率	長打率	出塁率	失策
18(巨)	99	228	20	55	6	3	2	73	12	6	0	10	0	23	0	0	41	7	.241	.320	.311	4
19(巨)	62	156	17	35	7	0	4	54	14	2	0	4	2	14	0	0	36	2	.224	.346	.285	5
20(巨)	48	68	7	18	2	1	0	25	6	2	0	0	1	8	1	1	15	0	.265	.368	.346	2
21(ディ)	58	48	10	7	0	0	0	7	7	0	0	2	0	7	0	0	16	0	.146	.146	.246	3
22(ディ)	19	19	0	3	0	0	0	3	1	0	0	0	0	0	0	0	3	0	.158	.158	.158	0
〔5〕	286	519	54	118	15	4	7	162	41	10	0	17	3	52	1	1	111	9	.227	.312	.296	14

田中　貴也

たなか・たかや　山梨学院大　（'17.7）　'92. 8. 27生　右投左打　C

年度	チーム	試合	打数	得点	安打	二塁打	三塁打	本塁打	塁打	打点	盗塁	盗塁刺	犠打	犠飛	四球計	故意四球	死球	三振	併殺打	打率	長打率	出塁率
'18	(巨)	1	0	0	0	0	0	0	0	0	0	0	0	0	0	0	0	0	0	.000	.000	.000
'19	(巨)	1	0	0	0	0	0	0	0	0	0	0	0	0	0	0	0	0	0	.000	.000	.000
'20	(楽)	9	15	5	6	0	0	1	9	4	0	0	2	0	1	0	0	7	0	.400	.600	.438
'21	(楽)	31	38	2	10	2	0	2	18	3	0	0	2	0	3	0	0	9	0	.263	.474	.317
'22	(楽)	18	17	2	2	0	0	0	2	0	0	0	0	0	1	0	1	7	0	.118	.118	.211
〔5〕		60	70	9	18	2	0	3	29	8	0	0	4	0	5	0	1	23	0	.257	.414	.316

谷川原健太

たにがわら・けんた　豊橋中央高　（'16.1）　'97. 4. 16生　右投左打　OF, C

年度	チーム	試合	打数	得点	安打	二塁打	三塁打	本塁打	塁打	打点	盗塁	盗塁刺	犠打	犠飛	四球計	故意四球	死球	三振	併殺打	打率	長打率	出塁率
'21	(ソ)	59	48	8	7	1	0	1	11	5	1	1	2	0	7	0	0	21	0	.146	.229	.255
'22	(ソ)	71	64	16	15	4	2	0	23	8	1	2	1	1	7	0	0	18	1	.234	.359	.324
'23	(ソ)	61	43	8	10	1	0	0	11	3	2	1	0	0	3	0	0	12	0	.233	.256	.283
〔3〕		191	155	32	32	6	2	1	45	16	4	4	3	1	17	0	2	51	1	.206	.290	.291

田宮　裕涼

たみや・ゆあ　成田高　（'19.1）　'00. 6. 13生　右投左打　C, OF

年度	チーム	試合	打数	得点	安打	二塁打	三塁打	本塁打	塁打	打点	盗塁	盗塁刺	犠打	犠飛	四球計	故意四球	死球	三振	併殺打	打率	長打率	出塁率
'20	(日)	4	7	1	3	0	0	0	3	0	1	0	0	0	0	0	0	2	0	.429	.429	.429
'21	(日)	3	1	0	0	0	0	0	0	0	0	0	0	0	0	0	0	0	0	.000	.000	.000
'22	(日)	14	18	1	2	1	0	0	3	0	0	0	2	0	1	0	0	4	0	.111	.167	.158
'23	(日)	10	31	4	8	1	0	2	15	9	0	0	0	0	0	0	0	7	0	.258	.484	.258
〔4〕		31	57	6	13	2	0	2	21	9	1	0	2	0	1	0	0	13	0	.228	.368	.241

田村　俊介

たむら・しゅんすけ　愛工大名電高　（'22.1）　'03. 8. 25生　左投左打　OF

年度	チーム	試合	打数	得点	安打	二塁打	三塁打	本塁打	塁打	打点	盗塁	盗塁刺	犠打	犠飛	四球計	故意四球	死球	三振	併殺打	打率	長打率	出塁率
'23	(広)	10	22	3	8	2	0	0	10	0	0	0	0	0	0	0	0	6	1	.364	.455	.364

田村　龍弘

たむら・たつひろ　光星学院高　（'13.1）　'94. 5. 13生　右投右打　C, 2B

年度	チーム	試合	打数	得点	安打	二塁打	三塁打	本塁打	塁打	打点	盗塁	盗塁刺	犠打	犠飛	四球計	故意四球	死球	三振	併殺打	打率	長打率	出塁率
'13	(ロ)	7	7	0	2	0	0	0	2	1	0	0	0	0	0	0	0	1	0	.286	.286	.286
'14	(ロ)	50	128	5	20	4	1	0	26	10	0	0	9	0	10	0	1	27	2	.156	.203	.223
'15	(ロ)	117	305	26	52	10	1	2	70	23	4	4	22	4	33	0	1	69	3	.170	.230	.251
'16	(ロ)	130	371	27	95	16	3	2	123	38	6	0	17	3	38	0	1	91	12	.256	.332	.324
'17	(ロ)	132	311	31	77	12	3	3	104	36	4	2	17	4	26	0	1	68	7	.248	.334	.304
'18	(ロ)	**143**	415	32	99	14	7	3	136	35	3	3	16	2	40	1	2	68	13	.239㉔	.328	.309
'19	(ロ)	100	284	30	69	12	1	3	92	31	1	2	12	3	22	0	0	59	8	.243	.324	.294
'20	(ロ)	92	203	12	44	7	0	4	63	23	1	1	10	1	20	0	3	45	3	.217	.310	.295
'21	(ロ)	70	136	14	32	7	1	0	41	14	1	0	12	2	17	0	0	33	1	.235	.301	.316
'22	(ロ)	2	5	1	1	0	0	0	1	0	0	0	0	0	0	0	0	1	0	.200	.200	.200
'23	(ロ)	78	181	6	30	3	0	2	39	16	0	0	15	3	13	0	2	38	3	.166	.215	.226
〔11〕		921	2346	184	521	85	17	19	697	239	8	9	128	22	219	1	12	500	52	.222	.297	.289

近本　光司

ちかもと・こうじ　関西学院大　（'19.1）　'94. 11. 9生　左投左打　OF

年度	チーム	試合	打数	得点	安打	二塁打	三塁打	本塁打	塁打	打点	盗塁	盗塁刺	犠打	犠飛	四球計	故意四球	死球	三振	併殺打	打率	長打率	出塁率
'19	(神)	142	**586**	81	159	20	**7**	9	220	42	**36**	15	14	3	31	2	6	110	2	.271⑱	.375	.313
'20	(神)	120	474	81	139	21	5	9	197	45	31	8	7	1	30	2	7	61	4	.293⑨	.416	.344
'21	(神)	140	569	91	178	33	5	10	251	50	24	7	4	2	33	0	4	58	6	.313⑨	.441	.354
'22	(神)	132	525	71	154	16	3	4	185	34	**30**	5	6	1	41	0	7	63	7	.293⑥	.352	.352
'23	(神)	129	501	83	143	24	**12**	8	215	54	28	3	0	5	67	2	**12**	71	6	.285⑧	.429	.379
〔5〕		663	2655	407	773	114	32	40	1068	225	149	38	31	12	202	6	36	363	25	.291	.402	.348

知野　直人　ちの・なおと　第一学院高 ('19.1)　'99. 2. 16生　右投右打　3B, 1B, 2B, SS, OF

年度	チーム	試合	打数	得点	安打	二塁打	三塁打	本塁打	塁打	打点	盗塁	盗塁刺	犠打	犠飛	四球計	故意四球	死球	三振	併殺打	打率	長打率	出塁率	失策
'21	(ディ)	36	34	4	6	1	1	1	12	3	0	1	2	0	3	0	1	12	1	.176	.353	.263	1
'22	(ディ)	16	13	4	2	0	0	0	2	0	1	0	0	0	1	0	0	5	0	.154	.154	.214	2
'23	(ディ)	39	30	9	5	1	0	2	12	5	2	1	1	0	7	1	1	9	0	.167	.400	.342	1
〔3〕		91	77	17	13	2	1	3	26	8	3	2	3	0	11	1	2	26	1	.169	.338	.289	4

茶谷　健太　ちゃたに・けんた　帝京三高 ('16.1)　'98. 1. 16生　右投右打　SS, 1B, 3B, 2B

年度	チーム	試合	打数	得点	安打	二塁打	三塁打	本塁打	塁打	打点	盗塁	盗塁刺	犠打	犠飛	四球計	故意四球	死球	三振	併殺打	打率	長打率	出塁率	失策
17	(ソ)	1	2	0	1	0	0	0	1	0	0	0	0	0	0	0	0	0	0	.500	.500	.500	0
'20	(ロ)	31	16	1	1	0	0	0	1	0	1	0	1	0	0	0	0	6	0	.063	.063	.063	0
'22	(ロ)	57	137	17	34	5	1	0	44	9	1	3	4	0	12	0	3	33	3	.248	.321	.322	1
'23	(ロ)	79	169	18	48	6	1	0	56	9	2	0	4	1	11	0	2	26	2	.284	.331	.333	2
〔4〕		168	324	36	84	11	2	1	102	18	4	3	9	1	23	0	5	65	5	.259	.315	.317	6

茶野　篤政　ちゃの・とくまさ　名古屋商科大 ('23.3)　'99. 8. 4生　右投左打　OF

年度	チーム	試合	打数	得点	安打	二塁打	三塁打	本塁打	塁打	打点	盗塁	盗塁刺	犠打	犠飛	四球計	故意四球	死球	三振	併殺打	打率	長打率	出塁率	失策
23	(オ)	91	312	37	74	7	0	1	84	23	7	5	7	1	16	0	8	76	1	.237	.269	.291	0

長野　久義　ちょうの・ひさよし　日本大 ('10.1)　'84. 12. 6生　右投右打　OF

年度	チーム	試合	打数	得点	安打	二塁打	三塁打	本塁打	塁打	打点	盗塁	盗塁刺	犠打	犠飛	四球計	故意四球	死球	三振	併殺打	打率	長打率	出塁率	失策
10	(巨)	128	430	66	124	24	3	19	211	52	12	4	2	0	25	4	2	72	10	.288⑳	.491	.330	5
11	(巨)	140	519	58	164	20	4	17	243	69	19	8	3	2	48	5	6	85	11	.316①	.468	.379	3
12	(巨)	144	574	84	173	29	2	14	248	60	20	7	2	1	75	5	1	100	5	.301④	.432	.382	2
13	(巨)	144	590	82	166	21	3	19	250	65	14	5	3	0	48	0	1	101	6	.281⑩	.424	.336	2
14	(巨)	130	472	67	140	29	1	13	210	62	8	4	2	0	42	0	3	75	8	.297⑬	.445	.356	2
15	(巨)	130	434	49	109	20	3	15	180	52	3	2	5	2	34	0	4	81	12	.251㉒	.415	.310	2
16	(巨)	143	576	58	163	28	4	11	232	42	8	2	1	3	33	0	5	78	7	.283⑮	.403	.326	1
17	(巨)	134	463	52	121	20	3	16	195	46	6	8	1	1	46	2	5	98	17	.261㉒	.421	.334	2
18	(巨)	116	383	49	111	16	0	13	166	52	3	2	0	1	41	4	1	69	5	.290	.433	.359	1
19	(広)	72	180	13	45	7	1	5	69	20	0	2	0	1	15	2	1	40	11	.250	.383	.310	2
20	(広)	95	267	30	76	14	1	10	122	42	1	0	2	0	29	0	1	61	5	.285	.468	.355	2
21	(広)	71	125	6	27	3	0	2	36	13	1	0	0	0	14	0	1	30	2	.216	.288	.300	1
22	(広)	58	123	11	26	5	0	3	40	15	2	0	1	0	10	0	0	34	3	.211	.325	.269	0
23	(巨)	75	158	15	41	7	1	6	68	19	1	1	0	0	17	4	0	40	2	.259	.430	.330	1
〔14〕		1580	5294	640	1486	246	26	163	2273	609	98	37	21	17	477	26	31	964	104	.281	.429	.343	28

石植　世那　つげ・せな　高崎健康福祉大高崎高 ('20.1)　'97. 6. 3生　右投右打　C

年度	チーム	試合	打数	得点	安打	二塁打	三塁打	本塁打	塁打	打点	盗塁	盗塁刺	犠打	犠飛	四球計	故意四球	死球	三振	併殺打	打率	長打率	出塁率	失策
20	(武)	17	38	5	7	0	0	2	13	5	1	0	1	0	4	0	0	14	2	.184	.342	.262	0
21	(武)	35	65	6	14	2	0	1	19	8	0	0	2	2	3	0	0	19	4	.215	.292	.243	0
22	(武)	42	104	5	18	2	0	1	26	5	0	1	4	0	0	0	2	33	2	.173	.250	.202	2
23	(武)	59	125	5	23	4	0	0	27	13	0	1	6	1	4	0	0	23	5	.184	.216	.214	3
〔4〕		153	332	21	62	11	0	4	85	31	1	2	18	4	14	0	2	89	13	.187	.256	.222	5

Ｔ－岡田　ティーおかだ（岡田　貴弘）履正社高（'06.1）'88.2.9生　左投左打　OF, 1B

年度	チーム	試合	打数	得点	安打	二塁打	三塁打	本塁打	塁打	打点	盗塁	盗塁刺	犠打	犠飛	四球計	故意四球	死球	三振	併殺打	打率	長打率	出塁率	失策
'06	(オ)	3	6	0	1	0	0	0	1	0	0	0	0	0	0	0	0	3	0	.167	.167	.167	0
'09	(オ)	43	139	18	22	2	0	7	45	13	0	1	1	0	13	0	4	59	4	.158	.324	.250	
'10	(オ)	129	461	70	131	31	2	33	265	96	0	0	0	4	49	1	6	136	11	.284⑳	.575	.358	7
'11	(オ)	134	492	61	128	26	0	16	202	85	4	0	0	4	39	1	15	116	10	.260㉓	.411	.331	
'12	(オ)	103	378	46	106	22	0	10	158	56	4	3	0	0	22	1	4	81	5	.280	.418	.327	4
'13	(オ)	58	189	17	42	10	1	4	66	18	2	1	0	2	15	1	1	42	6	.222	.349	.280	
'14	(オ)	130	472	67	127	28	0	24	227	75	4	4	5	2	37	4	17	107	10	.269⑱	.481	.343	
'15	(オ)	105	389	44	109	19	2	11	165	51	2	0	0	4	17	0	6	80	9	.280	.424	.317	
'16	(オ)	123	454	56	129	25	0	20	214	76	5	1	0	5	47	5	7	105	12	.284⑪	.471	.357	
'17	(オ)	143	504	77	134	19	0	31	246	68	2	1	0	1	83	1	5	141	10	.266⑮	.488	.374	
'18	(オ)	97	298	31	67	11	0	13	117	43	2	2	0	2	31	5	2	82	9	.225	.393	.300	
'19	(オ)	20	50	4	6	0	0	1	9	2	0	0	0	0	6	0	0	19	3	.120	.180	.214	
'20	(オ)	100	328	36	84	18	0	16	150	55	5	3	0	4	40	1	4	87	11	.256⑯	.457	.340	
'21	(オ)	115	357	45	86	16	1	17	155	63	2	3	0	5	35	4	10	86	2	.241	.434	.322	
'22	(オ)	36	87	1	13	4	0	1	20	10	0	0	0	1	7	0	0	28	1	.149	.230	.211	
'23	(オ)	20	39	3	7	0	0	0	7	4	0	0	0	1	2	0	0	9	0	.179	.179	.214	
〔16〕		1359	4643	576	1192	231	6	204	2047	715	32	19	6	36	443	24	81	1181	103	.257	.441	.330	5

Ａ．デスパイネ　アルフレド・デスパイネ　マニュエル・ファハルドキューバ国立体育大（'14.7）'86.6.17生　右投右打　OF

年度	チーム	試合	打数	得点	安打	二塁打	三塁打	本塁打	塁打	打点	盗塁	盗塁刺	犠打	犠飛	四球計	故意四球	死球	三振	併殺打	打率	長打率	出塁率
'14	(ロ)	45	161	26	50	13	1	12	101	33	0	0	0	3	16	1	2	36	6	.311	.627	.374
'15	(ロ)	103	353	49	91	18	0	18	163	62	0	1	0	3	49	2	4	89	9	.258	.462	.352
'16	(ロ)	134	496	81	139	27	0	24	238	92	0	3	0	7	64	3	3	89	25	.280⑫	.480	.361
'17	(ソ)	136	478	66	125	15	0	35	245	103	3	1	0	3	59	2	5	119	14	.262⑲	.513	.347
'18	(ソ)	116	407	62	97	15	1	29	201	74	0	0	0	3	55	4	4	93	13	.238㉕	.494	.333
'19	(ソ)	130	448	61	116	19	0	36	233	88	0	3	0	3	63	1	5	119	6	.259⑳	.520	.355
'20	(ソ)	25	85	9	19	1	0	6	38	12	0	0	0	0	12	1	0	11	5	.224	.447	.320
'21	(ソ)	80	261	27	69	13	1	10	114	41	0	0	0	1	44	2	2	64	12	.264	.437	.338
'22	(ソ)	89	297	29	80	14	0	14	132	40	0	0	0	2	28	1	4	80	5	.269	.444	.338
'23	(ソ)	20	42	0	3	0	0	0	3	0	0	0	0	0	7	0	1	13	2	.071	.071	.204
〔10〕		878	3028	410	789	121	3	184	1468	545	3	7	0	25	397	17	29	713	97	.261	.485	.349

Ｍ．デビッドソン　マット・デビッドソン　ユカイバ高（'23.1）'91.3.26生　右投右打　3B, 1B

年度	チーム	試合	打数	得点	安打	二塁打	三塁打	本塁打	塁打	打点	盗塁	盗塁刺	犠打	犠飛	四球計	故意四球	死球	三振	併殺打	打率	長打率	出塁率	失策
'23	(広)	112	348	34	73	16	1	19	148	44	0	1	0	2	22	1	9	120	11	.210	.425	.273	1

外崎　修汰　とのさき・しゅうた　富士大（'15.1）'92.12.20生　右投右打　2B, OF, 3B, SS

年度	チーム	試合	打数	得点	安打	二塁打	三塁打	本塁打	塁打	打点	盗塁	盗塁刺	犠打	犠飛	四球計	故意四球	死球	三振	併殺打	打率	長打率	出塁率	失策
'15	(武)	43	97	16	18	3	0	1	24	4	9	1	6	0	4	0	1	30	1	.186	.247	.240	
'16	(武)	37	51	8	9	0	0	2	15	5	6	0	3	0	3	0	0	11	1	.176	.294	.222	
'17	(武)	135	438	65	113	22	3	18	171	48	23	3	10	3	33	0	5	109	4	.258㉒	.390	.315	
'18	(武)	119	453	70	130	24	3	18	214	67	25	9	6	1	47	0	3	102	9	.287⑨	.472	.357	
'19	(武)	143	533	96	146	27	6	26	263	90	22	6	14	6	63	0	6	132	6	.274⑭	.493	.353	1
'20	(武)	120	433	62	107	18	2	16	153	43	21	7	7	2	54	1	4	87	7	.247⑲	.353	.335	
'21	(武)	73	254	30	56	14	0	5	85	19	9	5	6	3	35	0	2	54	1	.220	.335	.316	
'22	(武)	132	478	54	103	25	3	12	170	47	10	6	11	3	52	0	3	113	12	.215⑳	.356	.295	1
'23	(武)	136	503	60	131	28	3	12	201	54	26	6	3	4	56	0	5	114	11	.260⑫	.400	.338	1
〔9〕		938	3240	461	813	161	20	94	1296	377	151	40	66	22	349	1	28	752	55	.251	.400	.327	7

戸柱　恭孝　とばしら・やすたか　駒澤大（'16.1）　'90. 4. 11生　右投左打　C

年度	試合	打数	得点	安打	二塁打	三塁打	本塁打	塁打	打点	盗塁	盗塁刺	犠打	犠飛	四球計	故意四球	死球	三振	併殺打	打率	長打率	出塁率	失策
'16（ディ）	124	367	25	83	8	0	2	97	23	0	0	4	1	20	4	1	63	10	.226	.264	.267	10
'17（ディ）	112	336	25	72	13	0	9	112	52	0	0	6	2	19	0	0	59	9	.214	.333	.255	2
'18（ディ）	25	56	5	10	2	0	1	15	6	0	0	1	0	2	0	0	9	3	.179	.268	.207	1
'19（ディ）	45	100	6	20	4	2	1	31	6	0	0	2	1	7	0	1	22	2	.200	.310	.257	1
'20（ディ）	96	259	21	55	8	1	5	80	23	0	2	5	1	11	0	0	53	8	.212	.309	.244	4
'21（ディ）	56	▲127	10	28	5	1	3	44	14	0	0	2	0	4	0	1	18	3	.220	.346	.250	0
'22（ディ）	72	144	12	38	5	0	4	55	16	0	0	1	2	3	0	1	26	2	.264	.382	.280	1
'23（ディ）	70	165	11	40	8	1	5	65	19	0	0	2	1	13	1	0	30	6	.242	.394	.296	1
〔8〕	600	1554	115	346	53	5	30	499	159	0	2	23	8	79	5	4	280	43	.223	.321	.261	20

友杉　篤輝　ともすぎ・あつき　天理大（'23.1）　'00. 11. 7生　右投右打　SS

年度	試合	打数	得点	安打	二塁打	三塁打	本塁打	塁打	打点	盗塁	盗塁刺	犠打	犠飛	四球計	故意四球	死球	三振	併殺打	打率	長打率	出塁率	失策
'23（ロ）	64	185	21	47	7	0	0	54	9	9	3	14	1	9	0	1	31	1	.254	.292	.287	6

豊田　寛　とよだ・ひろし　国際武道大（'22.1）　'97. 4. 28生　右投右打　OF

年度	試合	打数	得点	安打	二塁打	三塁打	本塁打	塁打	打点	盗塁	盗塁刺	犠打	犠飛	四球計	故意四球	死球	三振	併殺打	打率	長打率	出塁率	失策
'22（神）	5	7	0	0	0	0	0	0	0	0	0	1	0	1	0	0	4	1	.000	.000	.125	0

頓宮　裕真　とんぐう・ゆうま　亜細亜大（'19.1）　'96. 11. 17生　右投右打　1B, C, 3B

年度	試合	打数	得点	安打	二塁打	三塁打	本塁打	塁打	打点	盗塁	盗塁刺	犠打	犠飛	四球計	故意四球	死球	三振	併殺打	打率	長打率	出塁率	失策
'19（オ）	28	91	5	18	5	0	3	32	10	0	0	0	1	1	0	0	22	3	.198	.352	.204	7
'20（オ）	12	32	5	10	3	0	2	19	5	0	0	0	0	3	0	0	11	0	.313	.594	.371	0
'21（オ）	46	112	11	26	4	0	5	45	14	0	0	1	1	8	0	3	46	0	.232	.402	.298	2
'22（オ）	81	234	23	53	17	0	11	103	34	0	0	1	5	23	0	6	51	6	.226	.440	.311	2
'23（オ）	113	401	49	123	23	0	16	194	49	0	0	1	2	41	0	6	69	11	.307①	.484	.378	11
〔5〕	280	870	93	230	52	0	37	393	112	0	0	3	9	76	0	17	194	20	.264	.452	.332	22

堂林　翔太　どうばやし・しょうた　中京大中京高（'10.1）　'91. 8. 17生　右投右打　3B, 1B, OF

年度	試合	打数	得点	安打	二塁打	三塁打	本塁打	塁打	打点	盗塁	盗塁刺	犠打	犠飛	四球計	故意四球	死球	三振	併殺打	打率	長打率	出塁率	失策
'12（広）	144	488	60	118	25	4	14	193	45	5	2	5	3	44	2	14	150	8	.242㉒	.395	.321	29
'13（広）	105	364	36	79	14	0	6	111	41	10	2	5	1	33	0	7	96	10	.217	.305	.294	19
'14（広）	93	284	37	70	12	1	8	108	28	1	1	5	3	32	0	6	87	3	.246	.380	.332	8
'15（広）	33	69	5	18	0	0	1	20	3	1	0	1	0	3	0	0	16	1	.261	.290	.292	0
'16（広）	47	56	6	14	0	0	2	20	2	3	1	0	0	0	0	0	11	0	.250	.357	.288	2
'17（広）	44	46	4	10	1	0	1	14	11	0	0	0	3	2	0	0	13	0	.217	.304	.278	1
'18（広）	63	51	11	11	3	1	0	16	5	0	0	0	2	0	0	0	14	1	.216	.314	.245	0
'19（広）	28	34	1	7	0	1	0	9	2	0	0	0	2	0	0	0	9	0	.206	.265	.250	1
'20（広）	111	401	55	112	21	0	14	175	58	17	4	3	2	41	2	1	91	12	.279⑬	.436	.350	18
'21（広）	70	137	12	26	6	0	0	32	5	2	1	2	0	3	0	1	34	4	.190	.234	.213	2
'22（広）	101	255	25	62	13	0	8	102	28	1	1	5	1	11	0	2	82	6	.243	.400	.279	0
'23（広）	100	260	29	71	13	0	12	120	35	1	1	5	0	19	3	0	72	7	.273	.462	.323	3
〔12〕	939	2445	281	598	113	7	65	920	263	41	20	41	13	198	7	34	675	52	.245	.376	.309	83

堂上　直倫　どのうえ・なおみち　愛工大名電高　('07.1)　'88. 9. 23生　右投右打　3B, SS, 2B, 1B

年度/チーム	試合	打数	得点	安打	二塁打	三塁打	本塁打	塁打	打点	盗塁	盗塁刺	犠打	犠飛	四球計	故意四球	死球	三振	併殺打	打率	長打率	出塁率	失策
'08 (中)	3	1	0	0	0	0	0	0	0	0	0	0	0	0	0	0	1	0	.000	.000	.000	0
'09 (中)	2	1	0	0	0	0	0	0	0	0	0	0	0	0	0	0	0	0	.000	.000	.000	0
'10 (中)	82	259	23	68	12	1	5	97	30	0	0	14	1	25	4	2	35	11	.263	.375	.331	
'11 (中)	62	115	6	24	4	0	2	34	10	0	0	3	0	4	2	1	18	5	.209	.296	.242	
'12 (中)	116	167	5	35	8	0	0	43	11	1	0	8	1	5	1	1	34	6	.210	.257	.236	
'13 (中)	74	152	5	26	2	1	1	33	12	1	0	8	3	6	0	1	15	3	.171	.217	.204	
'14 (中)	90	237	19	54	4	1	1	63	17	1	0	11	3	10	0	0	45	8	.228	.266	.256	7
'15 (中)	43	38	3	6	0	0	1	9	1	0	0	1	0	4	0	0	8	0	.158	.237	.238	2
'16 (中)	131	456	38	116	25	3	6	165	46	1	1	20	2	27	0	2	69	14	.254㉔	.362	.298	10
'17 (中)	91	151	11	31	7	0	1	41	8	0	1	7	0	9	0	0	39	4	.205	.272	.250	4
'18 (中)	74	47	3	10	0	0	0	10	6	0	0	2	0	3	0	2	9	2	.213	.213	.278	
'19 (中)	98	193	25	41	9	0	12	86	39	0	0	11	0	13	0	0	56	4	.212	.446	.262	3
'20 (中)	43	50	2	10	2	0	0	12	4	0	1	0	1	4	0	0	11	2	.200	.240	.255	2
'21 (中)	75	219	15	48	10	0	5	73	25	1	0	4	2	9	0	0	42	12	.219	.333	.248	3
'22 (中)	16	18	0	5	0	0	0	5	0	0	0	0	0	0	0	0	4	1	.278	.278	.278	2
'23 (中)	12	9	0	2	1	0	0	3	0	1	0	0	0	1	0	0	1	1	.222	.333	.300	
〔16〕	1012	2113	155	476	84	6	34	674	209	6	3	89	15	120	7	9	387	73	.225	.319	.268	40

中川　圭太　なかがわ・けいた　東洋大　('19.1)　'96. 4. 12生　右投右打　OF, 1B, 3B

年度/チーム	試合	打数	得点	安打	二塁打	三塁打	本塁打	塁打	打点	盗塁	盗塁刺	犠打	犠飛	四球計	故意四球	死球	三振	併殺打	打率	長打率	出塁率	失策
'19 (オ)	111	364	39	105	21	2	3	139	32	9	5	4	2	25	1	1	62	6	.288	.382	.334	0
'20 (オ)	45	144	15	21	3	0	2	30	13	3	2	1	1	9	0	0	25	5	.146	.208	.195	3
'21 (オ)	61	156	19	33	3	1	1	41	7	1	0	3	0	8	0	2	23	4	.212	.263	.259	0
'22 (オ)	110	424	54	120	25	9	8	187	51	11	2	8	6	26	2	4	79	5	.283⑤	.441	.326	4
'23 (オ)	135	506	66	136	29	5	12	211	55	5	5	6	1	43	0	7	90	9	.269⑨	.417	.334	3
〔5〕	462	1594	193	415	81	17	26	608	158	29	14	22	10	111	3	14	279	29	.260	.381	.312	10

中熊　大智　なかぐま・だいち　徳山大　('22.7)　'96. 8. 27生　右投左打　PH

年度/チーム	試合	打数	得点	安打	二塁打	三塁打	本塁打	塁打	打点	盗塁	盗塁刺	犠打	犠飛	四球計	故意四球	死球	三振	併殺打	打率	長打率	出塁率	失策
'22 (武)	1	1	0	0	0	0	0	0	0	0	0	0	0	0	0	0	0	0	.000	.000	.000	—

中島　卓也　なかしま・たくや　福岡工高　('09.1)　'91. 1. 11生　右投左打　SS, 2B, 3B, OF

年度/チーム	試合	打数	得点	安打	二塁打	三塁打	本塁打	塁打	打点	盗塁	盗塁刺	犠打	犠飛	四球計	故意四球	死球	三振	併殺打	打率	長打率	出塁率	失策
'11 (日)	8	1	2	0	0	0	0	0	0	1	0	0	0	0	0	0	1	0	.000	.000	.000	0
'12 (日)	105	70	9	8	0	0	0	8	0	2	0	11	0	1	0	0	17	0	.114	.114	.127	2
'13 (日)	127	223	24	53	5	0	0	58	8	23	2	26	1	21	0	1	47	2	.238	.260	.305	
'14 (日)	126	382	55	99	9	3	0	114	32	28	9	35	1	43	0	0	92	4	.259㉓	.298	.333	12
'15 (日)	143	515	69	136	8	2	0	148	39	34	14	34	0	66	0	2	93	10	.264⑱	.287	.350	14
'16 (日)	143	473	66	115	10	1	0	127	28	23	9	62	1	63	0	1	117	5	.243㉘	.268	.333	14
'17 (日)	91	283	26	59	1	2	1	67	13	11	3	25	0	23	0	2	80	2	.208	.237	.268	
'18 (日)	132	391	57	102	11	3	1	122	23	29	5	22	1	35	0	0	88	4	.261㉒	.312	.321	13
'19 (日)	120	291	39	64	5	1	0	71	16	12	7	12	1	22	0	2	70	2	.220	.244	.278	
'20 (日)	88	159	20	32	0	0	0	37	8	11	2	10	0	22	0	0	36	1	.201	.233	.298	
'21 (日)	67	97	11	18	0	0	0	18	1	7	2	8	0	12	0	0	29	0	.186	.186	.275	
'22 (日)	68	130	12	29	3	0	0	34	8	17	4	11	0	11	0	0	31	0	.223	.262	.282	5
'23 (日)	17	29	3	6	0	0	0	6	2	2	1	1	0	2	0	0	5	0	.207	.207	.258	
〔13〕	1235	3044	395	721	57	13	2	810	178	200	49	254	6	321	0	6	706	30	.237	.266	.310	88

中島　宏之 （旧名・裕之）なかじま・ひろゆき　伊丹北高 （'01.1）　'82. 7. 31生　右投右打　SS, 1B, 3B

年度	チーム	試合	打数	得点	安打	二塁打	三塁打	本塁打	塁打	打点	盗塁	盗塁刺	犠打	犠飛	四球計	故意四球	死球	三振	併殺打	打率	長打率	出塁率	失策
'02	(武)	4	7	0	1	0	0	0	1	0	0	0	0	0	0	0	0	2	1	.143	.143	.143	0
'03	(武)	44	89	12	23	3	1	4	40	11	1	2	0	0	5	0	4	22	0	.258	.449	.327	3
'04	(武)	133	502	70	144	22	3	27	253	90	18	2	3	4	39	7	11	108	7	.287⑲	.504	.349	10
'05	(武)	118	405	56	111	21	2	11	169	60	11	3	3	3	22	3	11	67	17	.274⑲	.417	.327	10
'06	(武)	105	412	76	126	22	1	16	198	63	14	4	0	4	30	3	13	66	12	.306⑧	.481	.368	16
'07	(武)	143	533	68	160	28	5	12	234	74	9	4	1	5	41	0	13	134	15	.300⑤	.439	.361	20
'08	(武)	124	486	75	161	32	0	21	256	81	25	5	0	3	55	3	12	96	15	.331②	.527	.410	12
'09	(武)	**144**	560	**100**	173	31	3	22	276	92	20	12	0	3	75	4	10	113	17	.309⑥	.493	.398	12
'10	(武)	130	503	80	158	33	3	20	257	93	15	5	0	11	52	2	13	97	20	.314⑨	.511	.385	11
'11	(武)	**144**	566	82	168	27	1	16	245	**100**	21	2	0	11	44	0	12	93	11	.297⑥	.433	.354	10
'12	(武)	136	499	69	155	29	1	13	225	74	7	6	1	6	52	3	9	76	10	.311②	.451	.382	18
'15	(オ)	117	417	43	100	19	0	8	149	46	1	2	0	4	53	1	12	93	10	.240㉔	.357	.342	10
'16	(オ)	96	314	24	91	23	0	8	138	47	1	0	1	4	26	0	3	54	7	.290	.439	.346	8
'17	(オ)	124	431	36	123	19	0	9	169	49	0	0	0	5	46	0	7	93	11	.285⑦	.392	.360	4
'18	(オ)	77	225	13	65	7	0	5	87	34	0	0	1	1	21	2	3	38	8	.289	.387	.356	2
'19	(巨)	43	54	5	8	4	0	1	15	5	1	0	0	0	9	0	1	21	1	.148	.278	.277	3
'20	(巨)	100	279	19	83	13	0	7	117	29	0	3	0	1	31	0	1	59	11	.297	.419	.369	3
'21	(巨)	81	181	11	49	10	0	6	77	26	0	1	1	1	10	0	1	35	9	.271	.425	.314	1
'22	(巨)	62	99	5	24	6	0	1	33	20	0	1	0	1	10	0	1	24	5	.242	.333	.315	1
'23	(巨)	8	18	1	5	0	0	0	5	0	0	0	0	0	1	0	0	5	1	.278	.278	.316	0
〔20〕		1933	6580	845	1928	349	20	209	2944	994	144	51	10	65	621	29	139	1296	188	.293	.447	.363	159

中田　翔　なかた・しょう　大阪桐蔭高 （'08.1）　'89. 4. 22生　右投右打　1B, OF

年度	チーム	試合	打数	得点	安打	二塁打	三塁打	本塁打	塁打	打点	盗塁	盗塁刺	犠打	犠飛	四球計	故意四球	死球	三振	併殺打	打率	長打率	出塁率	失策
'09	(日)	22	36	3	10	2	0	0	12	1	0	0	0	1	1	0	0	15	0	.278	.333	.289	0
'10	(日)	65	210	20	49	5	1	9	83	22	0	0	0	2	15	0	3	61	8	.233	.395	.291	1
'11	(日)	143	527	49	125	32	2	18	215	91	4	0	0	8	31	2	6	133	12	.237㉖	.408	.283	5
'12	(日)	**144**	**547**	79	131	25	1	24	230	77	5	4	0	4	50	1	5	101	8	.239㉘	.420	.307	3
'13	(日)	108	407	67	124	14	1	28	224	73	1	2	0	1	45	4	6	77	11	.305⑧	.550	.381	3
'14	(日)	**144**	531	64	143	18	0	27	242	**100**	1	1	0	7	58	3	6	89	12	.269⑰	.456	.344	5
'15	(日)	143	539	72	142	26	0	30	258	102	1	0	0	7	64	4	6	120	11	.263⑳	.479	.339	6
'16	(日)	141	569	61	142	26	1	25	245	**110**	2	1	0	5	47	1	3	126	14	.250㉖	.431	.302	8
'17	(日)	129	472	56	102	23	0	16	173	67	0	1	0	6	61	0	10	103	14	.216㉗	.367	.310	3
'18	(日)	140	540	61	143	32	0	25	250	106	0	0	0	0	43	**13**	1	81	24	.265⑳	.463	.316	3
'19	(日)	124	450	55	109	21	0	24	202	80	0	0	0	4	55	4	5	83	16	.242㉙	.449	.329	5
'20	(日)	119	440	52	105	18	0	31	216	**108**	0	0	0	9	55	3	2	109	19	.239㉒	.491	.320	6
'21	(日)	39	135	13	26	3	0	4	41	13	0	0	0	0	14	0	1	31	4	.193	.304	.273	1
'21	(巨)	34	91	6	14	4	0	3	27	7	0	0	0	0	14	0	1	29	3	.154	.297	.274	0
'22	(巨)	109	338	39	91	8	0	24	171	68	0	1	0	2	27	2	4	72	9	.269	.506	.327	2
'23	(巨)	92	263	27	67	8	0	15	122	37	0	0	0	4	19	2	6	63	10	.255	.464	.306	6
〔15〕		1696	6095	724	1523	265	7	303	2711	1062	14	9	2	73	599	28	53	1293	175	.250	.445	.319	59

中野　拓夢　なかの・たくむ　東北福祉大 （'21.1）　'96. 6. 28生　右投左打　SS, 2B

年度	チーム	試合	打数	得点	安打	二塁打	三塁打	本塁打	塁打	打点	盗塁	盗塁刺	犠打	犠飛	四球計	故意四球	死球	三振	併殺打	打率	長打率	出塁率	失策
'21	(神)	135	466	45	127	15	4	1	153	36	**30**	2	**20**	4	29	5	6	81	6	.273⑱	.328	.321	17
'22	(神)	135	**569**	69	157	16	3	6	197	25	23	7	19	1	18	0	3	89	9	.276⑪	.346	.301	18
'23	(神)	143	575	80	**164**	17	5	2	197	40	20	**12**	21	5	57	2	2	107	5	.285⑨	.343	.349	9
〔3〕		413	1610	194	448	48	12	9	547	101	73	21	60	10	104	7	11	277	20	.278	.340	.324	44

中村　晃　なかむら・あきら　帝京高　('08.1)　'89.11.5生　左投左打　OF, 1B

年度 チーム	試合	打数	得点	安打	二塁打	三塁打	本塁打	塁打	打点	盗塁	盗塁刺	犠打	犠飛	四球計	故意四球	死球	三振	併殺打	打率	長打率	出塁率	失策
'11（ソ）	33	48	6	8	1	0	0	9	2	4	0	4	0	0	0	0	11	0	.167	.188	.167	0
'12（ソ）	39	57	6	13	2	0	0	15	3	2	2	2	1	3	0	0	5	0	.228	.263	.262	0
'13（ソ）	109	427	77	131	22	2	5	172	44	7	9	2	2	54	1	7	59	12	.307⑦	.403	.392	0
'14（ソ）	143	571	75	176	22	4	4	218	61	10	2	3	2	59	2	3	61	4	.308④	.382	.375	0
'15（ソ）	135	506	58	152	22	0	1	177	39	7	4	9	3	66	0	6	47	7	.300⑤	.350	.386	4
'16（ソ）	143	488	69	140	21	1	7	184	50	6	5	9	4	99	4	12	53	8	.287⑨	.377	.416	3
'17（ソ）	143	511	66	138	19	2	6	179	42	3	5	14	5	67	0	3	57	5	.270⑫	.350	.355	1
'18（ソ）	136	506	57	148	28	1	14	220	57	1	1	3	6	60	4	5	68	5	.292⑥	.435	.369	2
'19（ソ）	44	139	10	34	3	1	3	48	11	0	0	3	1	15	0	1	13	0	.245	.345	.321	0
'20（ソ）	100	362	43	98	13	2	6	133	50	0	0	3	6	39	0	3	47	4	.271⑬	.367	.341	0
'21（ソ）	139	462	49	113	20	2	8	161	56	1	1	11	6	70	3	3	59	8	.245㉓	.348	.344	0
'22（ソ）	114	379	34	96	12	2	7	133	51	2	3	7	4	52	2	2	48	7	.253	.351	.334	0
'23（ソ）	136	511	52	140	13	2	5	172	37	0	2	7	4	60	3	3	53	8	.274⑦	.337	.351	0
〔13〕	1414	4967	602	1387	198	19	66	1821	503	43	34	77	42	637	19	48	581	68	.279	.367	.364	28

中村　健人　なかむら・けんと　慶應義塾大　('22.1)　'97.5.21生　右投右打　OF

年度 チーム	試合	打数	得点	安打	二塁打	三塁打	本塁打	塁打	打点	盗塁	盗塁刺	犠打	犠飛	四球計	故意四球	死球	三振	併殺打	打率	長打率	出塁率	失策
'22（広）	63	121	12	29	3	0	3	41	10	0	0	7	1	8	2	0	31	1	.240	.339	.285	2

中村　奨吾　なかむら・しょうご　早稲田大　('15.1)　'92.5.28生　右投右打　2B, 3B, SS, OF

年度 チーム	試合	打数	得点	安打	二塁打	三塁打	本塁打	塁打	打点	盗塁	盗塁刺	犠打	犠飛	四球計	故意四球	死球	三振	併殺打	打率	長打率	出塁率	失策
'15（ロ）	111	269	43	62	4	4	5	89	21	4	4	9	2	15	0	4	69	4	.230	.331	.309	5
'16（ロ）	108	278	37	56	10	1	6	86	25	4	4	14	1	26	0	6	70	0	.201	.309	.283	11
'17（ロ）	85	280	32	77	13	2	9	121	32	11	3	5	1	20	1	6	63	5	.275	.432	.336	12
'18（ロ）	143	552	82	157	30	3	8	217	57	39	15	0	5	60	2	22	94	11	.284⑩	.393	.374	6
'19（ロ）	143	512	68	119	22	0	17	192	59	12	6	6	3	53	2	12	96	10	.232㉚	.375	.317	9
'20（ロ）	120	422	57	105	29	0	8	154	49	6	3	15	2	52	1	8	97	6	.249⑱	.365	.341	9
'21（ロ）	143	506	78	143	36	2	9	210	67	12	7	15	8	76	1	10	90	8	.283⑧	.415	.382	9
'22（ロ）	138	498	52	128	31	0	12	195	68	15	6	9	9	70	3	10	86	13	.257⑮	.392	.354	6
'23（ロ）	137	508	61	112	23	0	11	168	48	3	1	13	4	52	2	7	89	20	.220㉒	.331	.299	9
〔9〕	1128	3825	510	959	194	12	85	1432	426	106	49	86	35	424	12	85	754	77	.251	.374	.336	76

中村　奨成　なかむら・しょうせい　広陵高　('18.1)　'99.6.6生　右投右打　OF, C

年度 チーム	試合	打数	得点	安打	二塁打	三塁打	本塁打	塁打	打点	盗塁	盗塁刺	犠打	犠飛	四球計	故意四球	死球	三振	併殺打	打率	長打率	出塁率	失策
'20（広）	4	4	0	0	0	0	0	0	0	0	0	0	0	0	0	0	1	0	.000	.000	.000	—
'21（広）	39	53	15	15	3	0	2	24	5	3	1	0	0	8	0	0	15	0	.283	.453	.377	0
'22（広）	27	57	1	11	2	0	0	13	5	0	2	0	0	1	0	0	8	0	.193	.228	.207	0
'23（広）	18	20	2	3	0	0	0	3	0	0	1	0	0	0	0	0	7	0	.150	.150	.150	0
〔4〕	88	134	18	29	5	0	2	40	10	3	4	0	0	9	0	0	31	0	.216	.299	.266	3

中村　貴浩　なかむら・たかひろ　九州産業大　('23.5)　'00.4.9生　右投左打　OF

年度 チーム	試合	打数	得点	安打	二塁打	三塁打	本塁打	塁打	打点	盗塁	盗塁刺	犠打	犠飛	四球計	故意四球	死球	三振	併殺打	打率	長打率	出塁率	失策
'23（広）	15	34	3	6	1	0	0	7	3	1	0	0	1	1	0	1	10	2	.176	.206	.216	0

中村　剛也　なかむら・たけや　大阪桐蔭高　('02.1)　'83. 8. 15生　右投右打　3B, 1B

年度	チーム	試合	打数	得点	安打	二塁打	三塁打	本塁打	塁打	打点	盗塁	盗塁刺	犠打	犠飛	四球計	故意四球	死球	三振	併殺打	打率	長打率	出塁率	失策
'03 (武)		4	12	0	2	1	0	0	3	2	1	0	0	0	2	0	0	6	1	.167	.250	.286	0
'04 (武)		28	33	8	9	1	0	2	16	5	0	0	0	0	2	0	2	10	1	.273	.485	.351	1
'05 (武)		80	237	40	62	13	1	22	143	57	0	2	0	1	16	1	5	62	7	.262	.603	.320	4
'06 (武)		100	283	47	78	16	0	9	121	29	4	2	3	0	29	2	8	78	9	.276	.428	.359	8
'07 (武)		98	226	29	52	16	0	7	89	32	2	0	11	1	22	0	7	71	3	.230	.394	.316	9
'08 (武)		143	524	**90**	128	24	4	46	298	101	2	1	3	3	53	1	7	**162**	10	.244㉗	.569	.320	22
'09 (武)		128	501	91	143	37	1	48	326	**122**	3	1	0	2	52	0	7	154	8	.285⑭	**.651**	.359	15
'10 (武)		85	304	50	71	14	2	25	164	57	1	0	0	3	44	5	3	111	7	.234	.539	.333	9
'11 (武)		**144**	525	**97**	141	30	0	48	315	116	4	1	0	6	79	2	12	134	15	.269⑬	**.600**	.373	17
'12 (武)		123	432	54	100	16	1	27	199	79	2	3	0	1	56	1	9	125	11	.231㉙	.461	.331	3
'13 (武)		26	96	8	20	2	0	4	34	15	0	0	0	2	16	3	0	38	1	.208	.354	.316	—
'14 (武)		111	382	68	98	19	1	34	221	90	0	0	0	3	79	0	2	124	13	.257㉕	.579	.384	1
'15 (武)		139	521	82	145	35	0	37	291	**124**	1	0	0	3	68	4	7	**172**	12	.278⑫	.559	.367	12
'16 (武)		108	387	45	92	14	2	21	173	61	2	1	0	2	40	1	3	125	9	.238	.447	.313	5
'17 (武)		115	415	69	90	14	0	27	185	79	1	0	0	6	61	1	4	118	12	.217㉖	.446	.319	11
'18 (武)		97	355	53	94	14	1	28	194	74	0	0	0	2	33	0	2	112	11	.265	.546	.329	9
'19 (武)		135	496	69	142	30	0	30	262	**123**	0	0	0	3	54	5	4	123	12	.286⑪	.528	.359	13
'20 (武)		79	258	32	55	14	0	9	96	31	0	1	0	2	34	2	3	75	7	.213	.372	.310	3
'21 (武)		123	430	50	122	13	0	18	189	74	0	0	0	4	39	3	2	114	12	.284⑦	.440	.343	3
'22 (武)		88	276	24	54	8	0	12	98	31	0	0	0	1	14	0	3	76	7	.196	.355	.241	2
'23 (武)		88	283	34	73	12	0	17	136	40	0	0	0	3	31	3	5	76	7	.258	.481	.339	—
〔21〕		2042	6976	1040	1771	343	13	471	3553	1342	27	13	17	48	824	34	95	2066	175	.254	.509	.339	147

中村　悠平　なかむら・ゆうへい　福井商高　('09.1)　'90. 6. 17生　右投右打　C

年度	チーム	試合	打数	得点	安打	二塁打	三塁打	本塁打	塁打	打点	盗塁	盗塁刺	犠打	犠飛	四球計	故意四球	死球	三振	併殺打	打率	長打率	出塁率	失策
'09 (ヤ)		5	4	1	0	0	0	0	0	0	0	0	0	0	0	0	0	0	0	.000	.000	.200	0
'10 (ヤ)		3	6	1	2	1	0	0	3	1	0	0	0	0	0	0	0	4	0	.333	.500	.333	0
'11 (ヤ)		13	6	1	2	0	0	0	2	0	0	0	0	0	0	0	0	3	0	.333	.333	.333	0
'12 (ヤ)		91	209	19	53	5	0	1	61	15	1	1	8	2	28	4	2	31	10	.254	.292	.344	4
'13 (ヤ)		84	239	17	56	5	2	4	77	24	1	1	12	2	30	2	1	37	8	.234	.322	.325	9
'14 (ヤ)		99	325	26	97	9	1	5	123	41	0	0	7	3	26	0	4	51	8	.298	.378	.355	2
'15 (ヤ)		136	442	36	102	14	0	2	122	33	3	2	14	2	40	1	4	80	9	.231㉔	.276	.299	5
'16 (ヤ)		106	321	24	60	14	0	3	83	37	2	0	14	6	31	4	6	47	9	.187	.259	.266	3
'17 (ヤ)		127	419	42	102	14	4	4	136	34	2	1	11	4	42	0	10	65	14	.243㉕	.325	.324	1
'18 (ヤ)		123	341	32	72	9	1	5	98	26	2	0	22	2	31	3	5	39	7	.211	.287	.285	7
'19 (ヤ)		126	372	42	100	24	2	5	143	36	1	4	13	2	53	0	3	64	11	.269㉑	.384	.373	4
'20 (ヤ)		29	80	10	14	2	0	0	16	3	0	1	0	2	14	0	0	14	2	.175	.200	.256	1
'21 (ヤ)		123	377	47	105	24	0	2	135	36	0	3	14	4	46	0	4	66	10	.279⑫	.358	.360	2
'22 (ヤ)		86	266	23	70	9	1	5	96	26	0	0	8	3	26	0	4	36	10	.263	.361	.334	0
'23 (ヤ)		106	310	24	70	14	0	4	96	33	0	1	**21**	4	33	0	0	59	6	.226	.310	.313	0
〔15〕		1257	3717	345	905	144	11	40	1191	347	12	14	146	35	395	17	61	593	104	.243	.320	.323	38

中山　誠吾　なかやま・せいご　白鷗大　('22.1)　'99. 5. 9生　右投左打　SS

年度	チーム	試合	打数	得点	安打	二塁打	三塁打	本塁打	塁打	打点	盗塁	盗塁刺	犠打	犠飛	四球計	故意四球	死球	三振	併殺打	打率	長打率	出塁率	失策
'22 (武)		1	3	0	0	0	0	0	0	0	0	0	0	0	0	0	0	1	0	.000	.000	.000	1

中山　礼都　なかやま・らいと　中京大中京高　('21.1)　'02. 4. 12生　右投左打　SS, 2B, 3B

年度	チーム	試合	打数	得点	安打	二塁打	三塁打	本塁打	塁打	打点	盗塁	盗塁刺	犠打	犠飛	四球計	故意四球	死球	三振	併殺打	打率	長打率	出塁率	失策
'22 (巨)		50	131	8	26	4	1	0	27	3	0	0	6	0	6	0	0	27	2	.198	.206	.234	3
'23 (巨)		78	138	9	33	5	1	0	40	3	5	1	2	0	7	0	0	30	5	.239	.290	.276	3
〔2〕		128	269	17	59	6	1	0	67	6	5	1	7	0	13	0	0	57	7	.219	.249	.255	6

長岡　秀樹　ながおか・ひでき　八千代松陰高 （'20.1）　'01. 9. 26生　右投左打　SS, 2B

年度	チーム	試合	打数	得点	安打	二塁打	三塁打	本塁打	塁打	打点	盗塁	盗塁刺	犠打	犠飛	四球計	故意四球	死球	三振	併殺打	打率	長打率	出塁率	失策
'20	(ヤ)	6	12	0	1	0	0	0	1	0	0	0	1	0	0	0	0	3	1	.083	.083	.083	2
'21	(ヤ)	5	9	0	0	0	0	0	0	0	0	0	0	0	1	0	0	4	0	.000	.000	.100	
'22	(ヤ)	139	511	44	123	22	0	9	172	48	2	3	10	3	20	1	4	72	10	.241㉖	.337	.273	13
'23	(ヤ)	135	445	43	101	19	1	3	131	35	4	2	7	2	29	5	5	57	11	.227㉗	.294	.281	8
〔4〕		285	977	87	225	41	1	12	304	83	6	5	18	5	50	6	9	136	22	.230	.311	.273	23

長坂　拳弥　ながさか・けんや　東北福祉大 （'17.1）　'94. 4. 28生　右投右打　C

年度	チーム	試合	打数	得点	安打	二塁打	三塁打	本塁打	塁打	打点	盗塁	盗塁刺	犠打	犠飛	四球計	故意四球	死球	三振	併殺打	打率	長打率	出塁率	失策
'17	(神)	1	0	0	0	0	0	0	0	0	0	0	0	0	0	0	0	0	0	.000	.000	.000	
'18	(神)	9	8	0	1	1	0	0	2	0	0	0	1	0	0	0	0	1	0	.125	.125	.125	
'19	(神)	3	1	2	1	0	0	1	4	1	0	0	0	0	0	0	0	0	0	1.000	4.000	1.000	
'20	(神)	5	5	1	2	0	0	1	5	2	1	0	0	0	0	0	0	3	0	.400	1.000	.400	
'22	(神)	27	40	2	7	1	1	0	10	1	0	0	6	0	0	0	0	16	2	.175	.250	.175	1
'23	(神)	10	9	0	2	0	0	0	2	0	0	0	0	0	0	0	0	3	0	.222	.222	.222	
〔6〕		55	63	5	13	2	1	2	23	4	1	0	10	0	0	0	0	23	2	.206	.365	.206	1

並木　秀尊　なみき・ひでたか　獨協大 （'21.1）　'99. 3. 23生　右投右打　OF

年度	チーム	試合	打数	得点	安打	二塁打	三塁打	本塁打	塁打	打点	盗塁	盗塁刺	犠打	犠飛	四球計	故意四球	死球	三振	併殺打	打率	長打率	出塁率	失策
'21	(ヤ)	27	4	4	1	1	0	0	2	2	4	0	1	0	0	0	0	1	0	.250	.500	.400	0
'22	(ヤ)	14	22	3	4	0	2	0	8	0	2	0	1	0	0	0	0	3	1	.182	.364	.182	0
'23	(ヤ)	82	161	37	39	3	1	1	47	7	15	2	4	0	8	0	1	33	2	.242	.292	.282	2
〔3〕		123	187	44	44	4	3	1	57	9	21	2	6	0	8	0	2	37	3	.235	.305	.274	2

奈良間大己　ならま・たいき　立正大 （'23.1）　'00. 5. 8生　右投右打　SS, 2B, 3B

年度	チーム	試合	打数	得点	安打	二塁打	三塁打	本塁打	塁打	打点	盗塁	盗塁刺	犠打	犠飛	四球計	故意四球	死球	三振	併殺打	打率	長打率	出塁率	失策
'23	(日)	65	181	20	44	12	2	2	66	15	2	2	3	1	8	1	3	50	4	.243	.365	.285	6

西浦　直亨　にしうら・なおみち　法政大 （'14.1）　'91. 4. 11生　右投右打　SS, 3B, 2B

年度	チーム	試合	打数	得点	安打	二塁打	三塁打	本塁打	塁打	打点	盗塁	盗塁刺	犠打	犠飛	四球計	故意四球	死球	三振	併殺打	打率	長打率	出塁率	失策
'14	(ヤ)	14	32	5	5	1	0	1	9	5	0	0	0	0	4	0	0	6	0	.156	.281	.250	2
'15	(ヤ)	26	44	9	13	3	1	1	21	5	1	0	1	0	3	0	0	12	0	.295	.477	.340	1
'16	(ヤ)	72	247	21	63	12	0	7	96	28	9	3	2	1	23	0	0	54	3	.255	.389	.317	4
'17	(ヤ)	72	144	9	30	6	0	0	36	8	3	0	8	2	16	1	1	31	5	.208	.250	.288	4
'18	(ヤ)	138	479	57	116	28	0	10	174	55	1	2	20	3	40	1	8	88	10	.242㉙	.363	.309	11
'19	(ヤ)	44	149	17	35	9	0	4	56	19	0	0	2	0	10	0	1	35	6	.235	.376	.288	3
'20	(ヤ)	101	286	24	70	10	0	10	110	43	2	4	4	2	16	3	2	74	11	.245	.385	.288	6
'21	(ヤ)	92	242	27	54	9	0	5	78	24	1	1	4	3	24	3	3	60	8	.223	.322	.298	10
'22	(ヤ)	6	14	0	1	0	0	0	1	0	0	0	1	0	0	0	0	8	1	.071	.071	.071	
'23	(ヤ)	6	12	1	2	0	0	0	2	1	0	0	0	0	0	0	0	5	0	.167	.167	.167	
	(ディ)	13	9	2	1	0	0	0	1	0	0	0	0	0	0	0	0	4	0	.111	.111	.111	
〔10〕		584	1658	172	390	78	1	38	584	189	19	8	42	11	136	8	15	377	44	.235	.352	.297	42

西川　遥輝　にしかわ・はるき　智辯和歌山高 ('11.1) '92.4.16生　右投左打　OF, 2B, 1B, 3B, SS

年度	チーム	試合	打数	得点	安打	二塁打	三塁打	本塁打	塁打	打点	盗塁	盗塁刺	犠打	犠飛	四球計	故意四球	死球	三振	併殺打	打率	長打率	出塁率	失策
'12	(日)	71	134	22	32	6	1	2	46	13	7	0	7	0	14		0	34	0	.239	.343	.311	6
'13	(日)	85	281	35	78	18	1	2	104	26	22	2	14	1	31	0	5	69	5	.278	.370	.358	11
'14	(日)	143	555	90	147	19	**13**	8	216	57	43	11	16	0	63	1	3	139	1	.265㉑	.389	.343	12
'15	(日)	125	442	68	122	18	9	5	173	35	30	7	15	0	60	2	4	98	1	.276⑬	.391	.368	8
'16	(日)	138	493	76	155	18	4	5	196	43	41	5	22	2	73	0	3	113	0	.314②	.398	.405	3
'17	(日)	138	541	82	160	26	6	9	225	44	**39**	5	6	3	69	0	4	103	1	.296④	.416	.378	2
'18	(日)	140	528	90	147	25	6	10	214	48	**44**	3	7	2	**96**	1	2	103	1	.278⑫	.405	.391	3
'19	(日)	142	548	88	158	26	6	5	211	41	19	8	8	0	93	2	2	111	5	.288⑨	.385	.393	3
'20	(日)	115	422	82	129	17	3	5	167	39	42	7	4	3	**92**	1	2	84	5	.306④	.396	.430	2
'21	(日)	130	447	68	104	19	5	3	142	35	24	**11**	3	4	89	1	4	99	3	.233㉖	.318	.362	2
'22	(楽)	108	372	58	81	17	4	7	127	37	19	8	6	2	68	0	3	103	2	.218⑲	.341	.342	1
'23	(楽)	35	▲72	11	13	2	1	1	20	4	2	0	2	1	11	0	0	24	0	.181	.278	.286	0
〔12〕		1370	4835	770	1326	211	59	62	1841	422	332	64	110	18	759	8	33	1080	29	.274	.381	.375	53

西川　愛也　にしかわ・まなや　花咲徳栄高 ('18.1) '99.6.10生　右投左打　OF

年度	チーム	試合	打数	得点	安打	二塁打	三塁打	本塁打	塁打	打点	盗塁	盗塁刺	犠打	犠飛	四球計	故意四球	死球	三振	併殺打	打率	長打率	出塁率	失策
'20	(武)	3	4	0	1	1	0	0	2	2	0	0	0	0	0	0	0	0	0	.250	.500	.250	0
'21	(武)	12	20	1	0	0	0	0	0	2	0	0	1	2	4	0	0	8	1	.000	.000	.154	0
'22	(武)	35	30	2	0	0	0	0	0	0	0	0	0	0	5	0	0	5	0	.000	.000	.000	0
'23	(武)	41	97	9	22	5	0	1	29	12	4	1	5	1	5	0	1	16	0	.227	.299	.269	0
〔4〕		91	151	12	23	5	0	1	31	12	5	1	6	3	9	0	1	29	1	.152	.205	.201	0

西川　龍馬　にしかわ・りょうま　敦賀気比高 ('16.1) '94.12.10生　右投左打　OF, 3B, 2B, 1B

年度	チーム	試合	打数	得点	安打	二塁打	三塁打	本塁打	塁打	打点	盗塁	盗塁刺	犠打	犠飛	四球計	故意四球	死球	三振	併殺打	打率	長打率	出塁率	失策
'16	(広)	62	51	8	15	3	1	0	20	3	0	1	2	1	4	0	0	9	0	.294	.392	.339	1
'17	(広)	95	204	23	56	10	2	3	85	27	4	1	3	2	10	0	1	35	4	.275	.417	.309	4
'18	(広)	107	327	44	101	22	3	6	147	46	5	3	4	1	27	3	2	51	4	.309	.450	.364	**17**
'19	(広)	138	535	70	159	23	3	16	236	64	6	7	11	5	32	4	2	81	9	.297⑥	.441	.336	2
'20	(広)	76	296	36	90	18	0	6	126	32	6	1	2	0	28	1	2	52	6	.304	.426	.368	1
'21	(広)	137	504	57	144	19	1	12	201	60	3	3	4	4	37	1	2	70	14	.286⑩	.399	.335	2
'22	(広)	97	390	60	123	19	3	10	178	53	2	2	0	2	30	4	2	74	3	.315	.456	.369	1
'23	(広)	109	416	48	127	20	1	9	176	56	7	2	1	4	21	4	1	52	10	.305②	.423	.337	2
〔8〕		821	2723	346	815	134	14	64	1169	341	33	24	27	19	189	17	12	424	55	.299	.429	.345	30

西田　明央　にしだ・あきひさ　北照高 ('11.1) '92.4.28生　右投右打　C, 1B

年度	チーム	試合	打数	得点	安打	二塁打	三塁打	本塁打	塁打	打点	盗塁	盗塁刺	犠打	犠飛	四球計	故意四球	死球	三振	併殺打	打率	長打率	出塁率	失策
'13	(ヤ)	5	8	1	1	0	0	0	1	0	0	0	0	0	1	0	0	4	0	.125	.125	.125	1
'14	(ヤ)	8	20	2	5	2	0	1	10	4	0	0	0	0	1	0	1	4	0	.250	.500	.318	0
'15	(ヤ)	13	34	1	5	1	0	1	9	2	0	0	3	0	3	0	0	11	1	.147	.265	.216	0
'16	(ヤ)	74	222	29	54	16	1	7	93	25	0	0	4	0	18	2	1	39	5	.243	.419	.303	4
'17	(ヤ)	37	73	4	10	3	0	1	16	7	1	0	1	0	11	0	1	20	2	.137	.219	.256	4
'18	(ヤ)	4	7	1	1	0	0	0	1	0	0	0	0	0	0	0	0	2	0	.143	.143	.143	0
'19	(ヤ)	47	54	2	11	5	0	0	16	4	0	0	0	0	8	1	0	16	1	.204	.296	.306	1
'20	(ヤ)	69	190	20	44	5	0	7	70	20	0	1	1	0	20	2	3	48	4	.232	.368	.313	1
'21	(ヤ)	11	18	1	2	0	0	0	2	1	0	0	0	0	0	0	0	4	0	.111	.111	.158	0
'22	(ヤ)	10	13	0	4	0	0	0	4	1	0	0	0	0	1	0	0	4	0	.308	.308	.308	1
'23	(ヤ)	8	8	1	1	0	0	0	1	0	0	0	0	0	0	0	0	3	0	.125	.125	.125	0
〔11〕		286	647	62	138	32	1	17	223	63	1	1	8	2	62	5	6	152	13	.213	.345	.287	11

個人年度別打撃成績　に

西野　真弘　にしの・まさひろ　国際武道大（'15.1）　'90.8.2生　右投左打　2B, 3B, 1B, SS

年度(チーム)	試合	打数	得点	安打	二塁打	三塁打	本塁打	塁打	打点	盗塁	盗塁刺	犠打	犠飛	四球計	故意四球	死球	三振	併殺打	打率	長打率	出塁率	失策
'15(オ)	57	191	31	58	6	2	3	77	22	9	2	2	0	18	0	0	25	0	.304	.403	.370	1
'16(オ)	143	538	63	142	16	7	2	178	33	16	5	13	1	56	0	2	55	7	.264㉑	.331	.335	17
'17(オ)	100	282	33	66	11	2	2	87	21	8	4	16	3	24	0	6	46	4	.234	.309	.305	6
'18(オ)	60	188	21	55	8	4	0	71	16	7	3	6	1	12	1	0	28	5	.293	.378	.333	4
'19(オ)	56	166	21	40	5	1	1	50	14	1	0	3	1	16	0	4	20	1	.241	.301	.314	3
'20(オ)	23	69	10	17	3	0	0	20	3	0	0	3	0	5	0	0	10	1	.246	.290	.297	1
'21(オ)	18	41	3	6	0	0	0	6	1	0	0	1	0	1	0	0	6	0	.146	.146	.167	5
'22(オ)	43	114	10	33	5	1	0	40	4	0	0	6	1	8	0	1	13	4	.289	.351	.339	4
'23(オ)	43	122	5	24	6	0	0	30	8	0	0	5	0	11	0	0	13	4	.197	.246	.263	2
〔9〕	543	1711	197	441	60	17	8	559	126	41	14	54	7	151	1	13	216	26	.258	.327	.321	31

西巻　賢二　にしまき・けんじ　仙台育英高（'18.1）　'99.4.22生　右投右打　SS, 2B, 3B

年度(チーム)	試合	打数	得点	安打	二塁打	三塁打	本塁打	塁打	打点	盗塁	盗塁刺	犠打	犠飛	四球計	故意四球	死球	三振	併殺打	打率	長打率	出塁率	失策
'18(楽)	25	77	4	19	3	0	0	22	3	0	0	2	0	3	0	0	18	1	.247	.286	.275	4
'19(楽)	2	1	0	0	0	0	0	0	0	0	0	0	0	0	0	0	1	0	.000	.000	.000	0
'20(ロ)	11	16	2	4	1	0	0	5	0	0	1	1	0	2	0	0	6	0	.250	.313	.333	0
'22(ロ)	2	0	0	0	0	0	0	0	0	0	0	0	0	0	0	0	0	0	.000	.000	1.000	0
'23(ディ)	7	3	1	0	0	0	0	0	0	0	0	0	0	0	0	0	2	0	.000	.000	.000	0
〔5〕	47	97	7	23	4	0	0	27	3	0	1	4	0	6	0	0	27	1	.237	.278	.282	6

西村瑠伊斗　にしむら・るいと　京都外大西高（'23.1）　'04.7.1生　右投左打　PH

年度(チーム)	試合	打数	得点	安打	二塁打	三塁打	本塁打	塁打	打点	盗塁	盗塁刺	犠打	犠飛	四球計	故意四球	死球	三振	併殺打	打率	長打率	出塁率	失策
'23(ヤ)	1	1	0	0	0	0	0	0	0	0	0	0	0	0	0	0	1	0	.000	.000	.000	—

韮澤　雄也　にらさわ・ゆうや　花咲徳栄高（'20.1）　'01.5.20生　右投左打　1B, 2B, 3B, SS

年度(チーム)	試合	打数	得点	安打	二塁打	三塁打	本塁打	塁打	打点	盗塁	盗塁刺	犠打	犠飛	四球計	故意四球	死球	三振	併殺打	打率	長打率	出塁率	失策
'22(広)	7	10	0	1	0	0	0	1	0	0	0	1	0	1	0	0	1	0	.100	.100	.182	1
'23(広)	45	50	5	7	0	0	0	7	0	0	0	0	0	5	1	0	13	3	.140	.180	.218	1
〔2〕	52	60	5	8	0	0	0	10	0	0	0	1	0	6	1	0	14	3	.133	.167	.212	2

S.ノイジー　シェルドン・ノイジー　オクラホマ大（'23.1）　'94.12.10生　右投右打　OF

年度(チーム)	試合	打数	得点	安打	二塁打	三塁打	本塁打	塁打	打点	盗塁	盗塁刺	犠打	犠飛	四球計	故意四球	死球	三振	併殺打	打率	長打率	出塁率	失策
'23(神)	133	475	42	114	13	1	9	156	56	0	0	0	3	36	0	0	85	13	.240㉖	.328	.295	6

野口　智哉　のぐち・ともや　関西大（'22.1）　'99.9.20生　右投左打　OF, SS, 2B, 3B

年度(チーム)	試合	打数	得点	安打	二塁打	三塁打	本塁打	塁打	打点	盗塁	盗塁刺	犠打	犠飛	四球計	故意四球	死球	三振	併殺打	打率	長打率	出塁率	失策
'22(オ)	54	155	15	35	6	0	1	44	6	0	1	1	0	9	1	2	56	3	.226	.284	.277	5
'23(オ)	76	226	19	51	11	3	2	74	19	4	2	5	0	21	0	5	70	3	.226	.327	.306	1
〔2〕	130	381	34	86	17	3	3	118	25	4	3	6	0	30	1	7	126	6	.226	.310	.294	6

野間　峻祥　のま・たかよし　中部学院大　('15.1)　'93.1.28生　右投左打　OF

年度 チーム	試合	打数	得点	安打	二塁打	三塁打	本塁打	塁打	打点	盗塁	盗塁刺	犠打	犠飛	四球計	故意四球	死球	三振	併殺打	打率	長打率	出塁率	失策
'15(広)	127	170	21	41	7	6	1	63	10	8	2	6	1	10	0	1	37	2	.241	.371	.286	1
'16(広)	21	24	4	7	0	0	0	7	1	1	1	1	0	0	0	0	3	1	.292	.292	.292	0
'17(広)	98	74	34	14	1	0	0	15	2	10	5	4	0	7	0	0	13	1	.189	.203	.259	0
'18(広)	126	405	64	116	14	7	5	159	46	17	10	4	2	30	0	6	69	2	.286⑱	.393	.343	0
'19(広)	123	314	52	78	10	5	2	104	16	14	2	6	1	27	3	5	56	5	.248	.331	.317	2
'20(広)	70	50	10	12	0	0	0	12	1	2	3	2	0	4	0	0	17	0	.240	.240	.296	0
'21(広)	74	250	27	68	7	2	2	85	12	9	1	0	0	17	0	2	29	3	.272	.340	.323	1
'22(広)	85	317	42	99	21	3	0	126	16	7	5	4	0	16	0	1	53	5	.312	.397	.347	4
'23(広)	108	371	37	106	11	1	0	119	26	5	6	4	1	33	0	5	51	10	.286	.321	.351	5
〔9〕	832	1975	291	541	71	24	10	690	130	73	35	36	5	144	3	20	328	29	.274	.349	.329	14

野村　勇　のむら・いさみ　拓殖大　('22.1)　'96.12.1生　右投右打　3B, 2B, SS, OF

年度 チーム	試合	打数	得点	安打	二塁打	三塁打	本塁打	塁打	打点	盗塁	盗塁刺	犠打	犠飛	四球計	故意四球	死球	三振	併殺打	打率	長打率	出塁率	失策
'22(ソ)	97	180	40	43	9	3	10	88	25	10	5	4	0	17	0	2	64	5	.239	.489	.312	1
'23(ソ)	50	81	14	13	2	0	3	24	7	1	0	1	1	8	0	4	33	0	.160	.296	.266	1
〔2〕	147	261	54	56	11	3	13	112	32	11	5	5	1	25	0	6	97	5	.215	.429	.297	2

野村　大樹　のむら・だいじゅ　早稲田実業　('19.1)　'00.9.10生　右投右打　1B, 3B

年度 チーム	試合	打数	得点	安打	二塁打	三塁打	本塁打	塁打	打点	盗塁	盗塁刺	犠打	犠飛	四球計	故意四球	死球	三振	併殺打	打率	長打率	出塁率	失策
'19(ソ)	2	2	0	1	0	0	0	1	0	0	0	0	0	0	0	0	0	0	.500	.500	.500	0
'21(ソ)	7	17	1	3	1	0	0	4	5	0	0	0	0	2	0	0	5	0	.176	.235	.263	0
'22(ソ)	31	70	5	16	5	1	0	23	8	0	0	1	0	3	0	1	18	2	.229	.329	.270	0
'23(ソ)	41	74	7	16	2	0	1	21	4	1	0	4	1	4	0	0	22	5	.216	.284	.253	0
〔4〕	81	163	13	36	8	1	1	49	15	1	0	5	1	9	0	1	45	7	.221	.301	.264	0

野村　佑希　のむら・ゆうき　花咲徳栄高　('19.1)　'00.6.26生　右投右打　3B, 1B, OF, 2B

年度 チーム	試合	打数	得点	安打	二塁打	三塁打	本塁打	塁打	打点	盗塁	盗塁刺	犠打	犠飛	四球計	故意四球	死球	三振	併殺打	打率	長打率	出塁率	失策
'20(日)	21	74	8	19	3	2	3	35	18	0	0	0	0	1	0	1	17	1	.257	.473	.276	7
'21(日)	99	371	30	99	12	1	7	134	37	0	1	1	2	16	0	4	90	7	.267	.361	.303	16
'22(日)	93	348	33	97	24	2	6	143	36	3	4	1	1	16	1	2	71	9	.279	.411	.313	4
'23(日)	125	423	42	100	21	1	13	162	43	4	1	0	4	42	0	4	112	3	.236⑳	.383	.309	4
〔4〕	338	1216	113	315	60	6	29	474	134	7	6	2	7	75	1	11	290	20	.259	.390	.306	36

A.ハンソン　アレン・ハンソン　セナペックラロマーナ高　('23.5)　'92.10.22生　右投左右打　SS, 2B

年度 チーム	試合	打数	得点	安打	二塁打	三塁打	本塁打	塁打	打点	盗塁	盗塁刺	犠打	犠飛	四球計	故意四球	死球	三振	併殺打	打率	長打率	出塁率	失策
'23(日)	39	90	9	13	3	0	4	28	9	2	1	0	1	5	0	0	12	3	.144	.311	.188	2

萩尾　匡也　はぎお・まさや　慶應義塾大　('23.1)　'00.12.28生　右投右打　OF

年度 チーム	試合	打数	得点	安打	二塁打	三塁打	本塁打	塁打	打点	盗塁	盗塁刺	犠打	犠飛	四球計	故意四球	死球	三振	併殺打	打率	長打率	出塁率	失策
'23(巨)	11	16	0	1	0	0	0	1	0	0	0	0	0	0	0	0	10	0	.063	.063	.063	0

長谷川信哉　はせがわ・しんや　敦賀気比高　('22.7)　'02.5.17生　右投右打　OF, 3B, SS

年度 チーム	試合	打数	得点	安打	二塁打	三塁打	本塁打	塁打	打点	盗塁	盗塁刺	犠打	犠飛	四球計	故意四球	死球	三振	併殺打	打率	長打率	出塁率	失策
'22(武)	37	65	6	12	4	0	0	16	3	2	1	0	0	3	0	0	21	1	.185	.246	.221	0
'23(武)	59	180	17	40	9	0	4	61	12	3	4	2	2	11	1	3	34	3	.222	.339	.276	2
〔2〕	96	245	23	52	13	0	4	77	15	5	5	2	2	14	1	3	55	5	.212	.314	.261	2

羽月隆太郎　はつき・りゅうたろう　神村学園高　('19.1)　'00.4.19生　右投左打　2B, OF, 3B

年度(チーム)	試合	打数	得点	安打	二塁打	三塁打	本塁打	塁打	打点	盗塁	盗塁刺	犠打	犠飛	四球計	故意四球	死球	三振	併殺打	打率	長打率	出塁率	失策
'20(広)	17	33	3	6	1	1	0	9	4	0	2	5	0	2	0	0	7	0	.182	.273	.229	0
'21(広)	39	102	16	26	3	2	1	36	11	6	1	7	0	8	0	0	26	0	.255	.353	.309	1
'22(広)	44	94	10	23	5	2	0	32	10	2	3	1	0	4	0	1	17	1	.245	.340	.276	3
'23(広)	50	47	10	7	1	0	0	8	4	14	6	2	0	4	0	0	12	3	.149	.170	.216	0
〔4〕	150	276	39	62	10	5	1	85	29	22	12	15	0	18	1	0	62	4	.225	.308	.272	4

濱田　太貴　はまだ・たいき　明豊高　('19.1)　'00.9.4生　右投右打　OF

年度(チーム)	試合	打数	得点	安打	二塁打	三塁打	本塁打	塁打	打点	盗塁	盗塁刺	犠打	犠飛	四球計	故意四球	死球	三振	併殺打	打率	長打率	出塁率	失策
'19(ヤ)	2	5	0	0	0	0	0	0	0	0	0	0	0	0	0	0	3	0	.000	.000	.000	
'20(ヤ)	33	100	7	20	4	0	3	33	7	0	0	0	0	5	0	0	30	1	.200	.330	.238	2
'22(ヤ)	73	141	12	29	5	1	6	54	14	0	1	1	0	6	0	0	34	5	.206	.383	.238	0
'23(ヤ)	103	252	30	59	17	0	5	91	22	4	1	4	0	19	0	1	60	6	.234	.361	.290	1
〔4〕	211	498	49	108	26	1	14	178	43	4	2	5	0	30	0	1	127	12	.217	.357	.263	2

林　晃汰　はやし・こうた　智辯和歌山高　('19.1)　'00.11.16生　右投左打　3B, 1B

年度(チーム)	試合	打数	得点	安打	二塁打	三塁打	本塁打	塁打	打点	盗塁	盗塁刺	犠打	犠飛	四球計	故意四球	死球	三振	併殺打	打率	長打率	出塁率	失策
'20(広)	4	8	1	1	1	0	0	2	0	0	0	0	0	0	0	0	5	1	.125	.250	.125	1
'21(広)	102	357	26	95	15	0	10	140	40	0	1	0	1	16	3	2	93	9	.266	.392	.301	12
'23(広)	20	58	5	12	4	0	1	19	5	0	0	0	0	3	0	1	20	0	.207	.328	.258	5
〔3〕	126	423	32	108	20	0	11	161	45	0	1	0	1	19	3	3	118	10	.255	.381	.291	18

林　琢真　はやし・たくま　駒澤大　('23.1)　'00.8.24生　右投左打　SS, 3B, 2B

年度(チーム)	試合	打数	得点	安打	二塁打	三塁打	本塁打	塁打	打点	盗塁	盗塁刺	犠打	犠飛	四球計	故意四球	死球	三振	併殺打	打率	長打率	出塁率	失策
'23(ディ)	65	141	12	29	5	0	0	34	11	7	3	5	2	6	0	0	29	2	.206	.241	.235	7

原口　文仁　はらぐち・ふみひと　帝京高　('10.1)　'92.3.3生　右投右打　C, 1B

年度(チーム)	試合	打数	得点	安打	二塁打	三塁打	本塁打	塁打	打点	盗塁	盗塁刺	犠打	犠飛	四球計	故意四球	死球	三振	併殺打	打率	長打率	出塁率	失策
'16(神)	107	318	38	95	16	0	11	144	46	1	2	2	3	26	0	15	52	8	.299	.453	.376	4
'17(神)	73	186	16	42	12	0	6	72	25	0	0	1	2	22	0	5	36	10	.226	.387	.321	4
'18(神)	82	111	8	35	2	0	2	43	19	0	0	0		8	1	5	27	1	.315	.387	.387	0
'19(神)	43	87	8	24	4	0	3	31	11	0	0	0	1	4	0	1	23	3	.276	.356	.309	0
'20(神)	48	72	5	20	3	0	3	32	19	0	0	0		5	1	1	16	2	.278	.444	.333	0
'21(神)	56	49	3	10	2	0	1	14	3	0	0	1	0	5	0	4	12	0	.204	.286	.328	0
'22(神)	33	71	5	23	2	0	2	31	10	0	0	1	2	9	0	0	5	1	.324	.437	.390	0
'23(神)	54	52	2	10	1	0	2	17	8	0	0	0	0	3	0	1	18	2	.192	.327	.250	1
〔8〕	496	946	85	259	42	1	27	384	141	2	4	9		82	2	32	189	27	.274	.406	.349	13

D. ビシエド　ダヤン・ビシエド　エスクエラ・デポルテ・エスパ高　('16.1)　'89.3.10生　右投右打　1B, OF

年度(チーム)	試合	打数	得点	安打	二塁打	三塁打	本塁打	塁打	打点	盗塁	盗塁刺	犠打	犠飛	四球計	故意四球	死球	三振	併殺打	打率	長打率	出塁率	失策
'16(中)	119	416	63	114	22	0	22	202	66	1	0	0	3	44	0	8	68	13	.274⑰	.486	.352	12
'17(中)	87	332	43	83	11	1	18	150	49	4	0	0	1	29	0	5	52	10	.250	.452	.319	5
'18(中)	135	512	91	**178**	26	1	26	284	99	3	4	0	4	51	4	15	61	**24**	.348①	.555	.419	5
'19(中)	143	534	56	168	**43**	0	18	265	87	0	6	0	6	41	9	13	88	**22**	.315②	.496	.374	6
'20(中)	109	409	48	109	23	0	17	183	82	3	0	**10**	0	34	3	9	48	17	.267⑲	.447	.329	1
'21(中)	130	480	44	132	25	1	17	208	70	1	3	0	3	35	9	8	56	15	.275⑯	.433	.333	7
'22(中)	129	483	52	142	27	0	14	211	63	1	0	2	2	40	2	7	59	**20**	.294⑤	.437	.355	5
'23(中)	91	315	20	77	20	0	2	104	23	0	0	1	2	27	1	4	41	8	.244	.330	.311	5
〔8〕	943	3481	417	1003	184	3	138	1607	547	15	10	0	30	301	28	69	473	129	.288	.462	.354	45

樋口　正修　ひぐち・せいしゅう　駿河台大（'23.7）'98.11.17生　右投左打　2B, OF

年度	チーム	試合	打数	得点	安打	二塁打	三塁打	本塁打	塁打	打点	盗塁	盗塁刺	犠打	犠飛	四球計	故意四球	死球	三振	併殺打	打率	長打率	出塁率	失策
'23	(中)	7	3	1	0	0	0	0	0	0	0	1	0	0	0	0	0	1	0	.000	.000	.000	0

平沢　大河　ひらさわ・たいが　仙台育英高（'16.1）'97.12.24生　右投左打　OF, SS, 3B, 1B, 2B

年度	チーム	試合	打数	得点	安打	二塁打	三塁打	本塁打	塁打	打点	盗塁	盗塁刺	犠打	犠飛	四球計	故意四球	死球	三振	併殺打	打率	長打率	出塁率	失策
'16	(ロ)	23	47	3	7	2	1	0	11	3	0	0	2	0	4	0	0	18	1	.149	.234	.216	2
'17	(ロ)	50	119	9	21	2	1	0	28	3	1	0	3	0	6	0	1	40	1	.176	.235	.222	9
'18	(ロ)	112	291	40	62	15	2	5	96	32	8	2	8	3	48	0	3	82	1	.213	.330	.328	5
'19	(ロ)	51	91	10	18	3	1	1	26	8	0	2	5	0	12	0	0	28	0	.198	.286	.291	5
'22	(ロ)	13	27	3	4	0	0	0	4	3	1	0	1	0	4	0	0	4	0	.148	.148	.250	2
'23	(ロ)	57	135	19	23	1	0	3	33	8	3	1	6	1	25	0	3	43	1	.170	.244	.311	2
〔6〕		306	710	84	135	23	5	10	198	57	13	5	24	5	99	0	7	215	7	.190	.279	.294	25

平沼　翔太　ひらぬま・しょうた　敦賀気比高（'16.1）'97.8.16生　右投左打　3B, SS, 1B, 2B

年度	チーム	試合	打数	得点	安打	二塁打	三塁打	本塁打	塁打	打点	盗塁	盗塁刺	犠打	犠飛	四球計	故意四球	死球	三振	併殺打	打率	長打率	出塁率	失策
'17	(日)	4	8	0	0	0	0	0	0	0	0	0	0	0	0	0	0	1	0	.000	.000	.000	2
'18	(日)	7	9	0	3	1	0	0	4	0	0	0	0	0	0	0	0	2	0	.333	.444	.333	1
'19	(日)	73	165	20	39	9	2	1	55	16	2	1	5	1	10	0	3	26	3	.236	.333	.291	6
'20	(日)	52	158	18	36	6	2	0	46	6	1	2	6	0	12	0	4	24	5	.228	.291	.299	6
'21	(日)	32	72	4	14	3	1	0	19	3	0	0	4	0	8	0	1	18	0	.194	.264	.284	2
	(武)	9	13	0	2	0	0	0	2	0	0	0	0	0	0	0	0	5	0	.154	.231	.154	0
'22	(武)	30	73	8	19	1	1	1	25	5	1	2	1	1	11	0	1	14	1	.260	.342	.356	4
'23	(武)	67	102	16	25	2	2	2	37	6	3	0	1	1	6	0	2	18	3	.245	.363	.284	1
〔7〕		274	600	66	138	23	8	4	189	34	10	4	17	4	46	0	10	108	12	.230	.315	.294	20

平野　大和　ひらの・やまと　日章学園高（'23.7）'01.8.7生　右投右打　OF

年度	チーム	試合	打数	得点	安打	二塁打	三塁打	本塁打	塁打	打点	盗塁	盗塁刺	犠打	犠飛	四球計	故意四球	死球	三振	併殺打	打率	長打率	出塁率	失策
'23	(オ)	4	5	1	1	0	0	0	1	0	0	0	0	0	0	0	0	2	0	.200	.200	.200	0

蛭間　拓哉　ひるま・たくや　早稲田大（'23.1）'00.9.8生　左投左打　OF

年度	チーム	試合	打数	得点	安打	二塁打	三塁打	本塁打	塁打	打点	盗塁	盗塁刺	犠打	犠飛	四球計	故意四球	死球	三振	併殺打	打率	長打率	出塁率	失策
'23	(武)	56	198	17	46	6	0	2	58	20	0	0	9	2	14	0	0	37	2	.232	.293	.280	0

廣岡　大志　ひろおか・たいし　智辯学園高（'16.1）'97.4.9生　右投右打　SS, 3B, 2B, OF, 1B

年度	チーム	試合	打数	得点	安打	二塁打	三塁打	本塁打	塁打	打点	盗塁	盗塁刺	犠打	犠飛	四球計	故意四球	死球	三振	併殺打	打率	長打率	出塁率	失策
'16	(ヤ)	2	7	2	3	0	0	1	6	3	0	0	0	0	0	0	0	2	0	.429	.857	.429	0
'17	(ヤ)	11	28	6	7	1	0	0	8	1	0	0	0	0	1	0	1	11	1	.250	.286	.323	0
'18	(ヤ)	45	115	11	24	6	0	2	36	10	0	0	4	1	5	0	0	36	2	.209	.313	.240	5
'19	(ヤ)	91	202	32	41	6	1	10	79	25	1	1	5	1	33	0	2	77	4	.203	.391	.319	13
'20	(ヤ)	87	121	15	26	4	0	8	54	15	4	0	3	2	16	0	0	43	4	.215	.446	.302	3
'21	(巨)	78	106	11	20	2	2	5	41	15	2	1	0	1	7	0	3	25	2	.189	.387	.256	2
'22	(巨)	28	50	5	9	3	1	0	14	4	0	0	2	0	2	0	0	16	2	.180	.280	.293	5
'23	(巨)	9	28	5	6	1	0	1	9	1	0	0	0	0	1	0	0	8	0	.214	.321	.233	0
	(オ)	44	90	12	18	4	1	1	27	9	0	2	1	0	12	1	0	32	0	.200	.300	.294	3
〔8〕		395	747	99	154	26	5	28	274	84	8	4	15	6	82	1	8	244	17	.206	.367	.289	31

M. フランコ　マイケル・フランコ　アルタグラシアベニテス高　('23.1)　'92.8.26生　右投右打　3B, 1B

年度	チーム	試合	打数	得点	安打	二塁打	三塁打	本塁打	塁打	打点	盗塁	盗塁刺	犠打	犠飛	四球計	故意四球	死球	三振	併殺打	打率	長打率	出塁率	失策
'23 (楽)		95	312	31	69	11	0	12	116	32	0	0	0	0	21	0	1	52	11	.221	.372	.272	4

ブライト健太　ぶらいと・けんた　上武大　('22.1)　'99.5.7生　右投右打　OF

年度	チーム	試合	打数	得点	安打	二塁打	三塁打	本塁打	塁打	打点	盗塁	盗塁刺	犠打	犠飛	四球計	故意四球	死球	三振	併殺打	打率	長打率	出塁率	失策
'23 (中)		33	58	6	14	0	2	0	18	4	2	0	3	0	6	0	1	20	0	.241	.310	.323	0

ブランドン　(タイシンガー　ブランドン　大河)　東京農業大北海道オホーツク　('21.1)　'98.6.15生　右投右打　3B, 1B

年度	チーム	試合	打数	得点	安打	二塁打	三塁打	本塁打	塁打	打点	盗塁	盗塁刺	犠打	犠飛	四球計	故意四球	死球	三振	併殺打	打率	長打率	出塁率	失策
'21 (武)		32	81	8	20	7	0	3	36	8	0	1	1	0	0	0	1	21	3	.247	.444	.253	0

L. ブリンソン　ルイス・ブリンソン　コーラルスプリングス高　('23.1)　'94.5.8生　右投右打　OF

年度	チーム	試合	打数	得点	安打	二塁打	三塁打	本塁打	塁打	打点	盗塁	盗塁刺	犠打	犠飛	四球計	故意四球	死球	三振	併殺打	打率	長打率	出塁率	失策
'23 (巨)		88	282	25	70	16	0	11	119	35	1	2	0	2	9	3	1	71	4	.248	.422	.272	2

M. ブロッソー　マイク・ブロッソー　オークランド大　('23.7)　'94.3.15生　右投右打　3B, 2B

年度	チーム	試合	打数	得点	安打	二塁打	三塁打	本塁打	塁打	打点	盗塁	盗塁刺	犠打	犠飛	四球計	故意四球	死球	三振	併殺打	打率	長打率	出塁率	失策
'23 (ロ)		37	136	9	26	10	0	1	39	11	0	0	0	2	0	0	4	30	1	.191	.287	.218	5

福田　光輝　ふくだ・こうき　法政大　('20.1)　'97.11.16生　右投左打　3B, 2B, 1B, SS

年度	チーム	試合	打数	得点	安打	二塁打	三塁打	本塁打	塁打	打点	盗塁	盗塁刺	犠打	犠飛	四球計	故意四球	死球	三振	併殺打	打率	長打率	出塁率	失策
'20 (ロ)		15	23	2	2	1	0	0	3	0	0	0	0	0	3	1	0	8	0	.087	.130	.192	1
'22 (ロ)		13	▲18	0	3	1	0	0	4	1	0	0	0	0	4	0	0	3	0	.167	.222	.318	1
'23 (日)		24	57	8	10	3	0	1	19	7	0	0	1	0	4	0	1	19	1	.175	.333	.242	0
〔3〕		52	▲98	10	15	5	0	1	26	8	0	0	1	0	11	1	1	30	1	.153	.265	.245	2

福田　秀平　ふくだ・しゅうへい　多摩大附聖ヶ丘高　('07.1)　'89.2.10生　右投左打　OF, 1B, 2B, 3B

年度	チーム	試合	打数	得点	安打	二塁打	三塁打	本塁打	塁打	打点	盗塁	盗塁刺	犠打	犠飛	四球計	故意四球	死球	三振	併殺打	打率	長打率	出塁率	失策
'10 (ソ)		44	23	15	6	2	0	0	8	3	3	0	4	0	2	0	0	8	0	.261	.348	.320	0
'11 (ソ)		97	218	30	55	7	3	1	71	22	22	2	16	1	4	0	5	48	1	.252	.326	.281	0
'12 (ソ)		63	53	12	10	1	0	0	11	5	13	0	1	0	1	0	0	18	0	.189	.208	.204	1
'13 (ソ)		33	25	4	3	1	1	0	6	1	4	1	1	0	1	0	0	10	0	.120	.240	.154	0
'15 (ソ)		84	168	28	39	11	2	1	57	14	10	4	3	0	12	0	0	35	1	.232	.339	.283	2
'16 (ソ)		81	212	30	49	5	4	3	71	18	11	3	4	2	20	1	1	51	2	.231	.335	.298	2
'17 (ソ)		104	104	15	19	1	3	4	32	16	4	2	3	0	6	0	0	34	1	.183	.308	.227	0
'18 (ソ)		110	118	28	31	6	0	7	58	15	6	1	4	2	6	0	1	35	6	.263	.492	.298	1
'19 (ソ)		80	166	27	43	8	0	9	78	26	9	3	4	2	11	1	0	48	1	.259	.470	.302	0
'20 (ロ)		62	204	20	44	11	1	5	72	19	3	6	4	0	17	2	0	50	1	.216	.353	.276	0
'21 (ロ)		4	12	1	1	1	0	0	2	2	1	0	0	0	0	0	0	4	0	.083	.167	.154	2
'22 (ロ)		20	41	3	7	2	0	0	9	4	1	0	0	0	7	0	0	13	0	.171	.195	.292	0
'23 (ロ)		3	8	0	2	0	0	0	2	1	0	0	0	0	0	0	0	3	0	.250	.250	.333	—
〔13〕		785	1352	213	309	56	12	29	476	145	85	20	45	5	87	4	8	380	15	.229	.352	.278	7

福田　周平　ふくだ・しゅうへい　明治大（'18.1）'92.8.8生　右投左打　2B, OF, 3B, SS

年度	チーム	試合	打数	得点	安打	二塁打	三塁打	本塁打	塁打	打点	盗塁	盗塁刺	犠打	犠飛	四球計	故意四球	死球	三振	併殺打	打率	長打率	出塁率	失策
'18	(オ)	113	295	39	78	8	4	1	97	15	16	9	16	0	31	0	3	33	2	.264	.329	.340	4
'19	(オ)	135	492	65	123	13	5	2	152	38	30	14	19	2	62	0	8	57	7	.250㉕	.309	.342	12
'20	(オ)	76	260	33	67	12	4	0	87	24	13	5	3	3	43	0	3	44	5	.258	.335	.366	6
'21	(オ)	107	408	47	112	14	1	1	131	21	9	1	10	2	43	0	8	52	6	.275⑫	.321	.354	3
'22	(オ)	118	448	65	120	11	6	0	143	24	7	7	14	0	32	0	8	50	8	.268⑩	.319	.328	4
'23	(オ)	36	94	6	18	1	0	0	19	5	5	1	3	1	15	0	1	15	1	.191	.202	.306	0
〔6〕		585	1997	255	518	59	20	4	629	127	82	37	65	8	226	0	31	251	29	.259	.315	.343	29

福田　永将　ふくだ・のぶまさ　横浜高（'07.1）'88.7.23生　右投右打　1B, 3B, OF, C, 2B

年度	チーム	試合	打数	得点	安打	二塁打	三塁打	本塁打	塁打	打点	盗塁	盗塁刺	犠打	犠飛	四球計	故意四球	死球	三振	併殺打	打率	長打率	出塁率	失策
'09	(中)	17	16	2	3	1	0	1	7	1	0	0	0	0	2	0	0	7	0	.188	.438	.278	0
'10	(中)	15	12	1	2	0	0	0	2	0	0	0	0	0	0	0	1	6	0	.167	.167	.231	0
'11	(中)	12	17	3	4	0	0	2	10	2	0	0	0	0	0	0	0	7	1	.235	.588	.235	1
'12	(中)	49	51	2	9	1	0	1	13	2	0	0	0	0	1	0	1	20	0	.176	.255	.208	0
'13	(中)	4	7	0	2	0	0	0	2	0	0	0	0	0	0	0	0	0	0	.286	.286	.286	0
'14	(中)	10	12	1	3	1	0	0	4	0	0	0	0	0	0	0	0	4	1	.250	.333	.250	0
'15	(中)	79	169	12	41	6	2	6	69	23	0	0	0	2	14	0	1	62	6	.243	.408	.297	3
'16	(中)	89	270	28	72	8	0	10	110	37	0	1	0	1	28	1	6	42	9	.267	.407	.346	2
'17	(中)	95	299	37	81	19	0	18	154	49	0	1	0	1	21	0	5	70	4	.271	.515	.328	5
'18	(中)	133	440	50	115	22	1	13	178	63	0	0	0	5	37	1	5	119	13	.261㉕	.405	.322	10
'19	(中)	105	310	55	89	18	0	18	161	66	0	1	0	5	32	4	5	69	7	.287	.519	.358	2
'20	(中)	64	195	18	48	11	1	5	76	24	0	0	1	1	18	0	2	43	7	.246	.390	.315	1
'21	(中)	110	279	21	68	21	2	8	117	28	1	2	0	1	21	0	3	49	6	.244	.419	.305	0
'22	(中)	25	28	1	6	1	0	1	10	2	0	0	0	0	1	0	0	7	0	.214	.357	.241	0
'23	(中)	19	20	3	3	0	0	1	6	1	0	0	0	0	5	2	1	4	0	.150	.300	.346	0
〔15〕		826	2125	234	546	109	6	84	919	298	1	6	0	17	181	8	29	511	55	.257	.432	.321	24

福永　奨　ふくなが・しょう　國學院大（'22.1）'99.7.28生　右投右打　C

年度	チーム	試合	打数	得点	安打	二塁打	三塁打	本塁打	塁打	打点	盗塁	盗塁刺	犠打	犠飛	四球計	故意四球	死球	三振	併殺打	打率	長打率	出塁率	失策
'22	(オ)	5	8	0	1	0	0	0	1	0	0	0	0	0	0	0	0	2	0	.125	.125	.125	0
'23	(オ)	3	2	0	0	0	0	0	0	0	0	0	0	0	0	0	0	1	0	.000	.000	.000	1
〔2〕		8	10	0	1	0	0	0	1	0	0	0	0	0	0	0	0	3	0	.100	.100	.100	1

福永　裕基　ふくなが・ひろき　専修大（'23.1）'96.9.16生　右投右打　2B, 3B, SS

年度	チーム	試合	打数	得点	安打	二塁打	三塁打	本塁打	塁打	打点	盗塁	盗塁刺	犠打	犠飛	四球計	故意四球	死球	三振	併殺打	打率	長打率	出塁率	失策
'23	(中)	97	291	30	70	16	1	2	94	15	2	2	7	5	20	2	2	62	9	.241	.323	.289	4

福元　悠真　ふくもと・ゆうま　大阪商業大（'22.1）'99.12.1生　右投右打　OF

年度	チーム	試合	打数	得点	安打	二塁打	三塁打	本塁打	塁打	打点	盗塁	盗塁刺	犠打	犠飛	四球計	故意四球	死球	三振	併殺打	打率	長打率	出塁率	失策
'22	(中)	1	4	0	1	0	0	0	1	0	0	0	0	0	0	0	0	0	0	.250	.250	.250	0

個人年度別打撃成績　ふ

伏見　寅威　ふしみ・とらい　東海大　('13.1)　'90.5.12生　右投右打　C, 1B, 3B

年度(チーム)	試合	打数	得点	安打	二塁打	三塁打	本塁打	塁打	打点	盗塁	盗塁刺	犠打	犠飛	四球計	故意四球	死球	三振	併殺打	打率	長打率	出塁率	失策
'13(オ)	17	28	1	7	1	0	1	11	2	0	0	1	0	1	0	0	5	1	.250	.393	.276	0
'14(オ)	7	5	0	0	0	0	0	0	0	0	0	0	0	0	0	0	1	1	.000	.000	.000	0
'15(オ)	20	22	2	6	1	0	0	7	0	0	0	2	0	1	0	1	6	1	.273	.318	.333	0
'16(オ)	17	33	2	8	0	0	0	8	1	0	0	0	0	0	0	2	6	1	.242	.242	.286	0
'17(オ)	4	1	0	0	0	0	0	0	0	0	0	0	0	0	0	0	1	0	.000	.000	.000	0
'18(オ)	76	186	16	51	14	1	1	70	17	0	0	1	0	12	0	2	39	6	.274	.376	.325	3
'19(オ)	39	61	4	10	0	0	1	13	9	0	1	1	1	8	1	2	16	2	.164	.213	.278	1
'20(オ)	71	189	14	49	7	2	6	78	23	0	0	2	1	6	0	0	35	4	.259	.413	.281	4
'21(オ)	91	238	21	52	11	1	3	77	25	0	1	5	2	14	0	3	39	5	.218	.324	.268	3
'22(オ)	74	205	16	47	12	1	3	70	21	2	1	16	1	8	0	4	42	7	.229	.341	.274	1
'23(日)	89	229	13	46	5	0	3	60	12	0	0	9	0	8	0	4	42	4	.201	.262	.241	4
〔11〕	507	1197	90	276	51	5	19	394	110	2	3	37	5	58	1	19	232	31	.231	.329	.276	18

藤岡　裕大　ふじおか・ゆうだい　亜細亜大　('18.1)　'93.8.8生　右投左打　SS, 3B

年度(チーム)	試合	打数	得点	安打	二塁打	三塁打	本塁打	塁打	打点	盗塁	盗塁刺	犠打	犠飛	四球計	故意四球	死球	三振	併殺打	打率	長打率	出塁率	失策
'18(ロ)	143	535	58	123	15	5	5	163	42	14	13	26	1	44	1	5	97	9	.230㉘	.305	.294	14
'19(ロ)	81	250	36	66	15	1	2	88	21	3	1	10	2	16	0	0	33	4	.264	.352	.306	7
'20(ロ)	106	▲314	34	72	11	2	4	99	33	8	2	16	2	36	1	1	60	5	.229	.315	.309	6
'21(ロ)	137	432	41	110	21	3	3	146	37	10	3	18	1	40	2	2	95	7	.255⑲	.338	.320	9
'22(ロ)	28	68	4	12	2	0	0	14	1	0	0	5	1	7	0	0	17	0	.176	.206	.250	2
'23(ロ)	93	310	34	86	20	0	1	109	22	7	2	10	2	54	1	0	66	4	.277	.352	.389	6
〔6〕	588	1909	207	469	83	11	15	619	156	42	21	85	9	197	5	12	368	29	.246	.324	.319	44

▲

藤田　一也　ふじた・かずや　近畿大　('05.1)　'82.7.3生　右投左打　2B, SS, 3B, 1B

年度(チーム)	試合	打数	得点	安打	二塁打	三塁打	本塁打	塁打	打点	盗塁	盗塁刺	犠打	犠飛	四球計	故意四球	死球	三振	併殺打	打率	長打率	出塁率	失策
'05(横)	12	9	1	1	0	0	0	1	1	0	0	0	0	0	0	0	4	0	.111	.111	.111	0
'06(横)	65	133	13	27	2	0	0	29	5	3	1	9	1	3	0	1	13	2	.203	.218	.225	5
'07(横)	42	76	11	19	5	0	0	24	2	1	1	8	0	4	0	1	8	0	.250	.316	.296	5
'08(横)	46	108	11	26	5	0	1	34	6	2	1	7	1	2	0	2	13	1	.241	.315	.265	1
'09(横)	120	346	44	93	7	5	4	122	20	6	2	24	3	7	0	1	34	4	.269	.353	.283	6
'10(横)	106	201	21	62	8	0	3	73	15	2	2	11	0	6	0	2	33	2	.308	.363	.335	5
'11(横)	96	188	16	57	8	1	0	70	15	0	0	3	0	10	0	7	20	3	.303	.372	.361	5
'12(デ横)	46	111	7	27	3	1	0	32	7	1	1	5	0	8	0	1	9	2	.243	.288	.298	4
'13(楽)	128	466	48	128	17	2	1	152	48	3	3	33	4	21	0	12	43	7	.275㉓	.326	.320	4
'14(楽)	144	517	46	139	15	2	2	164	36	3	1	41	2	16	0	3	55	12	.269⑲	.317	.294	3
'15(楽)	111	392	38	106	14	1	5	137	43	8	3	16	7	28	2	8	30	3	.270⑭	.349	.326	4
'16(楽)	120	408	27	108	13	5	0	131	46	1	1	18	3	19	0	1	44	7	.265⑳	.321	.297	4
'17(楽)	102	270	28	68	9	2	3	90	33	2	2	25	3	16	1	1	21	8	.252	.333	.293	2
'18(楽)	90	248	19	66	10	1	4	90	16	0	3	18	0	4	1	1	15	4	.266	.363	.324	2
'19(楽)	61	124	13	32	4	0	2	42	10	1	1	4	0	7	1	1	16	1	.258	.339	.303	2
'20(楽)	55	35	3	7	1	0	0	8	4	0	0	1	0	0	0	1	5	2	.200	.229	.222	0
'22(デ)	33	36	1	9	0	0	0	9	5	0	0	0	0	4	0	0	5	1	.250	.250	.325	0
'23(デ)	23	21	0	6	1	0	0	7	0	0	0	1	0	3	0	0	5	0	.286	.333	.348	0
〔18〕	1463	3861	364	1034	130	22	24	1280	327	37	26	235	28	176	4	45	383	63	.268	.332	.305	48

藤原　恭大　ふじわら・きょうた　大阪桐蔭高（'19.1）'00.5.6生　左投左打　OF

年度(チーム)	試合	打数	得点	安打	二塁打	三塁打	本塁打	塁打	打点	盗塁	盗塁刺	犠打	犠飛	四球計	故意四球	死球	三振	併殺打	打率	長打率	出塁率	失策
'19（ロ）	6	19	0	2	0	0	0	2	2	0	0	0	0	0	0	0	6	0	.105	.105	.105	0
'20（ロ）	26	96	10	25	5	0	3	39	10	4	1	2	1	6	0	0	33	1	.260	.406	.301	0
'21（ロ）	78	217	27	47	12	1	5	76	22	7	2	5	4	23	0	5	55	3	.217	.350	.301	0
'22（ロ）	49	115	10	24	2	0	1	29	5	9	0	1	0	9	1	1	23	1	.209	.252	.272	2
'23（ロ）	103	328	35	78	15	2	3	106	21	5	2	10	1	18	0	4	78	3	.238	.323	.285	2
〔5〕	262	775	82	176	34	3	12	252	60	25	5	18	6	56	1	10	195	8	.227	.325	.286	4

古市　尊　ふるいち・たける　高松南高（'23.4）'02.6.15生　右投右打　C

年度(チーム)	試合	打数	得点	安打	二塁打	三塁打	本塁打	塁打	打点	盗塁	盗塁刺	犠打	犠飛	四球計	故意四球	死球	三振	併殺打	打率	長打率	出塁率	失策
'23（武）	29	50	2	8	0	0	0	8	0	0	1	3	0	2	0	1	13	0	.160	.160	.208	1

古川　裕大　ふるかわ・ゆうだい　上武大（'21.1）'98.6.19生　右投左打　C, OF

年度(チーム)	試合	打数	得点	安打	二塁打	三塁打	本塁打	塁打	打点	盗塁	盗塁刺	犠打	犠飛	四球計	故意四球	死球	三振	併殺打	打率	長打率	出塁率	失策
'22（日）	36	96	5	22	3	0	0	25	1	0	2	4	0	8	0	1	23	1	.229	.260	.288	1
'23（日）	17	43	2	8	4	0	0	12	4	0	0	1	2	1	0	0	15	1	.186	.279	.196	1
〔2〕	53	139	7	30	7	0	0	37	5	0	2	5	2	9	0	1	38	2	.216	.266	.260	2

M. ペイトン　マーク・ペイトン　テキサス大（'23.1）'91.12.27生　左投左打　OF

年度(チーム)	試合	打数	得点	安打	二塁打	三塁打	本塁打	塁打	打点	盗塁	盗塁刺	犠打	犠飛	四球計	故意四球	死球	三振	併殺打	打率	長打率	出塁率	失策
'23（武）	57	205	18	44	8	0	5	67	22	1	2	3	2	14	0	1	46	6	.215	.327	.266	3

C. ホーキンス　コートニー・ホーキンス　メアリーキャロル高（'23.1）'93.11.12生　右投右打　DH

年度(チーム)	試合	打数	得点	安打	二塁打	三塁打	本塁打	塁打	打点	盗塁	盗塁刺	犠打	犠飛	四球計	故意四球	死球	三振	併殺打	打率	長打率	出塁率	失策
'23（ソ）	3	9	0	0	0	0	0	0	1	0	0	0	1	0	0	0	4	0	.000	.000	.000	—

G. ポランコ　グレゴリー・ポランコ　セナペック高（'22.1）'91.9.14生　左投左打　OF

年度(チーム)	試合	打数	得点	安打	二塁打	三塁打	本塁打	塁打	打点	盗塁	盗塁刺	犠打	犠飛	四球計	故意四球	死球	三振	併殺打	打率	長打率	出塁率	失策
'22（巨）	138	438	55	105	21	1	24	200	58	2	3	0	3	42	1	1	109	6	.240[27]	.457	.306	2
'23（ロ）	125	447	43	108	15	0	**26**	201	75	0	0	0	3	47	5	0	92	3	.242[18]	.450	.312	0
〔2〕	263	885	98	213	36	1	50	401	133	2	3	0	6	89	6	1	201	9	.241	.453	.309	2

北條　史也　ほうじょう・ふみや　光星学院高（'13.1）'94.7.29生　右投右打　SS, 3B, 2B, 1B

年度(チーム)	試合	打数	得点	安打	二塁打	三塁打	本塁打	塁打	打点	盗塁	盗塁刺	犠打	犠飛	四球計	故意四球	死球	三振	併殺打	打率	長打率	出塁率	失策
'15（神）	1	1	0	0	0	0	0	0	0	0	0	0	0	0	0	0	0	0	.000	.000	.000	—
'16（神）	122	385	44	105	25	1	5	147	33	3	0	8	4	38	4	4	91	10	.273	.382	.341	12
'17（神）	83	219	26	46	7	2	3	66	20	0	0	7	2	23	0	1	42	4	.210	.301	.286	8
'18（神）	62	239	34	77	8	1	1	90	20	4	0	3	1	19	0	1	32	7	.322	.377	.370	8
'19（神）	82	174	18	43	7	0	5	65	20	2	0	13	0	23	0	1	40	6	.247	.374	.338	12
'20（神）	40	99	10	19	4	0	2	29	7	2	0	3	0	7	0	2	23	2	.192	.293	.266	5
'21（神）	33	50	6	10	2	0	1	15	6	0	0	2	0	4	0	1	11	1	.200	.300	.273	0
'22（神）	32	43	5	8	1	0	1	12	7	0	0	2	1	6	0	0	6	1	.186	.279	.217	0
〔8〕	455	1210	143	308	54	4	18	424	113	11	0	38	10	118	4	9	245	28	.255	.350	.323	45

細川　成也　ほそかわ・せいや　明秀学園日立高（'17.1）'98. 8. 4生　右投右打　OF, 1B

年度 チーム	試合	打数	得点	安打	二塁打	三塁打	本塁打	塁打	打点	盗塁	盗塁刺	犠打	犠飛	四球計	故意四球	死球	三振	併殺打	打率	長打率	出塁率	失策
'17 (ディ)	2	5	2	2	0	0	2	8	4	0	0	0	0	1	0	0	3	0	.400	1.600	.500	0
'18 (ディ)	11	18	2	4	1	0	1	8	2	0	0	0	0	3	0	1	11	0	.222	.444	.364	0
'19 (ディ)	36	72	9	16	2	0	1	21	10	0	0	1	0	8	0	2	24	1	.222	.292	.313	0
'20 (ディ)	19	51	6	12	2	0	1	17	1	1	0	0	0	2	0	1	20	1	.235	.333	.278	0
'21 (ディ)	37	39	3	6	1	0	0	7	1	0	0	0	0	3	0	2	13	0	.154	.179	.250	0
'22 (ディ)	19	19	1	1	0	0	1	4	1	0	0	0	0	1	0	0	9	0	.053	.211	.100	0
'23 (中)	140	518	62	131	30	1	24	235	78	0	1	0	1	49	3	8	161	17	.253㉓	.454	.326	5
〔7〕	263	722	85	172	36	1	30	300	97	1	1	1	1	67	3	14	241	19	.238	.416	.314	5

細川　凌平　ほそかわ・りょうへい　智辯和歌山高（'21.1）'02. 4. 25生　右投左打　2B, OF, SS, 3B, 1B

年度 チーム	試合	打数	得点	安打	二塁打	三塁打	本塁打	塁打	打点	盗塁	盗塁刺	犠打	犠飛	四球計	故意四球	死球	三振	併殺打	打率	長打率	出塁率	失策
'21 (日)	9	25	2	5	0	0	0	5	0	0	1	0	0	1	0	0	12	0	.200	.200	.231	1
'22 (日)	20	41	5	7	1	1	0	12	2	0	0	3	0	4	0	0	14	1	.171	.293	.244	0
'23 (日)	60	97	11	21	5	1	1	31	10	1	2	8	0	7	0	0	26	0	.216	.320	.269	0
〔3〕	89	163	18	33	6	2	1	48	12	1	3	11	0	12	0	0	52	1	.202	.294	.257	8

堀内　謙伍　ほりうち・けんご　静岡高（'16.1）'97. 4. 15生　右投左打　C

年度 チーム	試合	打数	得点	安打	二塁打	三塁打	本塁打	塁打	打点	盗塁	盗塁刺	犠打	犠飛	四球計	故意四球	死球	三振	併殺打	打率	長打率	出塁率	失策
'18 (楽)	12	23	3	4	2	0	0	6	2	0	0	0	0	1	0	0	0	0	.174	.261	.208	1
'19 (楽)	65	122	6	19	2	2	0	25	13	0	0	11	0	5	1	2	41	2	.156	.205	.202	5
'20 (楽)	10	7	0	0	0	0	0	0	0	0	0	1	0	0	0	0	4	0	.000	.000	.000	0
'22 (楽)	5	1	0	0	0	0	0	0	0	0	0	0	0	0	0	0	0	0	.000	.000	.000	0
'23 (楽)	3	2	0	1	0	0	0	1	0	0	0	0	0	1	0	0	1	0	.500	.500	.667	0
〔5〕	95	155	9	24	4	2	0	32	15	0	0	12	0	7	1	2	46	2	.155	.206	.201	6

D. マキノン　デビッド・マキノン　ハートフォード大（'23.1）'94. 12. 15生　右投右打　1B, 3B

年度 チーム	試合	打数	得点	安打	二塁打	三塁打	本塁打	塁打	打点	盗塁	盗塁刺	犠打	犠飛	四球計	故意四球	死球	三振	併殺打	打率	長打率	出塁率	失策
'23 (武)	127	464	50	120	17	2	15	186	50	1	1	0	2	48	0	0	91	7	.259⑬	.401	.327	2

R. マクブルーム　ライアン・マクブルーム　ウエストバージニア大（'22.1）'92. 4. 9生　左投右打　1B, OF

年度 チーム	試合	打数	得点	安打	二塁打	三塁打	本塁打	塁打	打点	盗塁	盗塁刺	犠打	犠飛	四球計	故意四球	死球	三振	併殺打	打率	長打率	出塁率	失策
'22 (広)	128	448	57	122	25	0	17	198	74	0	0	0	3	52	2	5	105	13	.272⑭	.442	.352	12
'23 (広)	70	226	21	50	12	0	6	80	31	1	0	0	4	28	1	1	56	9	.221	.354	.321	5
〔2〕	198	674	78	172	37	0	23	278	105	1	0	0	7	80	3	6	161	22	.255	.412	.336	17

A. マルティネス　アリエル・マルティネス　コマンダンテ・マヌエル・ピティ・ファハルド体育大（'20.7）'96. 5. 28生　右投右打　1B, C, O

年度 チーム	試合	打数	得点	安打	二塁打	三塁打	本塁打	塁打	打点	盗塁	盗塁刺	犠打	犠飛	四球計	故意四球	死球	三振	併殺打	打率	長打率	出塁率	失策
'20 (中)	39	95	8	28	3	0	3	40	13	0	0	0	0	14	0	0	31	1	.295	.421	.385	1
'21 (中)	48	82	7	20	4	0	2	30	7	0	0	0	0	10	2	2	30	1	.244	.366	.340	0
'22 (中)	82	254	29	70	15	1	8	111	24	1	1	0	4	23	1	7	55	8	.276	.437	.350	2
'23 (日)	119	386	39	95	24	0	15	164	66	1	3	0	4	44	0	11	99	15	.246⑯	.425	.338	2
〔4〕	288	817	83	213	45	1	27	341	110	1	6	0	12	91	3	20	215	25	.261	.417	.347	7

前川　右京　まえがわ・うきょう　智辯学園高（'22.1）'03. 5. 18生　右投左打　OF

年度 チーム	試合	打数	得点	安打	二塁打	三塁打	本塁打	塁打	打点	盗塁	盗塁刺	犠打	犠飛	四球計	故意四球	死球	三振	併殺打	打率	長打率	出塁率	失策
'23 (神)	33	94	6	24	3	2	0	31	7	0	2	0	0	9	0	4	25	1	.255	.330	.346	0

牧　秀悟　まき・しゅうご　中央大（'21.1）　'98.4.21生　右投右打　2B, 1B

年度	チーム	試合	打数	得点	安打	二塁打	三塁打	本塁打	塁打	打点	盗塁	盗塁刺	犠打	犠飛	四球計	故意四球	死球	三振	併殺打	打率	長打率	出塁率	失策
'21	(ディ)	137	487	73	153	35	3	22	260	71	2	1	1	2	27	1	6	85	16	.314③	.534	.356	8
'22	(ディ)	135	509	63	148	36	1	24	258	87	3	3	0	6	43	4	10	82	14	.291⑧	.507	.354	13
'23	(ディ)	143	559	78	164	39	3	29	296	103	2	2	0	6	33	3	7	85	17	.293④	.530	.337	9
〔3〕		415	1555	214	465	110	7	75	814	261	7	6	1	14	103	8	23	252	47	.299	.523	.349	30

牧野　翔矢　まきの・しょうや　遊学館高（'19.1）　'01.3.4生　右投左打　C

年度	チーム	試合	打数	得点	安打	二塁打	三塁打	本塁打	塁打	打点	盗塁	盗塁刺	犠打	犠飛	四球計	故意四球	死球	三振	併殺打	打率	長打率	出塁率	失策
'22	(武)	11	29	3	4	0	1	0	6	2	0	1	1	0	2	0	0	7	1	.138	.207	.194	0

牧原　大成　まきはら・たいせい　城北高（熊本）（'12.6）　'92.10.15生　右投左打　OF, 2B, SS, 3B, 1B

年度	チーム	試合	打数	得点	安打	二塁打	三塁打	本塁打	塁打	打点	盗塁	盗塁刺	犠打	犠飛	四球計	故意四球	死球	三振	併殺打	打率	長打率	出塁率	失策
'12	(ソ)	5	0	3	0	0	0	0	0	0	0	0	0	0	0	0	0	0	0	.000	.000	.000	—
'13	(ソ)	6	6	2	0	0	0	0	0	0	1	0	0	0	0	0	0	3	0	.000	.000	.000	0
'14	(ソ)	11	13	1	1	0	0	0	1	0	1	0	0	0	2	0	0	6	0	.077	.077	.077	2
'15	(ソ)	43	44	6	7	1	0	0	8	4	2	0	4	2	1	0	0	4	2	.159	.182	.170	2
'16	(ソ)	41	90	15	22	3	0	0	25	6	4	0	0	0	3	0	0	15	0	.244	.278	.250	3
'17	(ソ)	10	3	0	1	0	0	0	1	0	0	0	0	0	0	0	0	0	0	.333	.333	.333	0
'18	(ソ)	59	249	32	79	12	4	3	108	26	9	3	0	2	8	0	2	33	2	.317	.434	.341	0
'19	(ソ)	114	409	37	99	14	2	3	126	27	10	13	12	1	10	0	4	85	2	.242	.308	.267	6
'20	(ソ)	77	170	25	41	7	2	1	55	8	6	1	4	2	3	0	1	25	2	.241	.324	.256	1
'21	(ソ)	98	273	41	76	7	2	2	99	21	14	1	7	1	7	0	2	42	5	.278	.363	.305	5
'22	(ソ)	120	409	45	123	18	4	6	167	42	13	4	9	3	16	0	4	71	5	.301	.408	.331	7
'23	(ソ)	91	359	40	93	13	1	2	114	32	3	2	7	5	11	1	5	66	6	.259	.318	.287	2
〔12〕		675	2025	247	542	75	15	19	704	166	61	26	54	17	58	1	19	350	24	.268	.348	.292	28

正木　智也　まさき・ともや　慶應義塾大（'22.1）　'99.11.5生　右投右打　OF, 1B

年度	チーム	試合	打数	得点	安打	二塁打	三塁打	本塁打	塁打	打点	盗塁	盗塁刺	犠打	犠飛	四球計	故意四球	死球	三振	併殺打	打率	長打率	出塁率	失策
'22	(ソ)	35	67	6	17	4	0	3	30	5	0	0	0	0	10	0	2	24	0	.254	.448	.367	1
'23	(ソ)	15	26	2	1	0	0	0	1	0	0	0	0	0	3	0	1	10	0	.038	.038	.167	1
〔2〕		50	93	8	18	4	0	3	31	6	0	0	0	0	13	0	3	34	1	.194	.333	.312	2

益子　京右　ましこ・きょうすけ　青藍泰斗高（'19.1）　'00.12.27生　右投右打　C

年度	チーム	試合	打数	得点	安打	二塁打	三塁打	本塁打	塁打	打点	盗塁	盗塁刺	犠打	犠飛	四球計	故意四球	死球	三振	併殺打	打率	長打率	出塁率	失策
'21	(ディ)	3	5	0	1	0	0	0	1	0	0	0	0	0	0	0	0	1	1	.200	.200	.200	0
'22	(ディ)	1	1	0	0	0	0	0	0	0	0	0	0	0	1	0	0	1	0	.000	.000	.500	0
'23	(ディ)	1	0	0	0	0	0	0	0	0	0	0	0	0	0	0	0	0	0	.000	.000	.000	0
〔3〕		5	6	0	1	0	0	0	1	0	0	0	0	0	1	0	0	2	1	.167	.167	.286	0

増田　珠　ますだ・しゅう　横浜高（'18.1）　'99.5.21生　右投右打　OF, 1B, 2B, 3B

年度	チーム	試合	打数	得点	安打	二塁打	三塁打	本塁打	塁打	打点	盗塁	盗塁刺	犠打	犠飛	四球計	故意四球	死球	三振	併殺打	打率	長打率	出塁率	失策
'19	(ソ)	2	4	0	0	0	0	0	0	0	0	0	0	0	0	0	0	2	0	.000	.000	.000	0
'22	(ソ)	15	39	4	10	3	1	1	18	6	0	1	2	1	3	0	0	6	0	.256	.462	.302	0
'23	(ソ)	35	66	7	12	2	0	1	17	3	0	0	1	0	5	0	3	17	0	.182	.258	.270	1
〔3〕		52	109	11	22	5	1	2	35	9	0	1	3	1	8	0	3	24	0	.202	.321	.273	1

増田　大輝

ますだ・だいき　小松島高　('17.7)　'93. 7. 29生　右投右打　OF, SS, 2B, 3B, 1B, P

年度/チーム	試合	打数	得点	安打	二塁打	三塁打	本塁打	塁打	打点	盗塁	盗塁刺	犠打	犠飛	四球計	故意四球	死球	三振	併殺打	打率	長打率	出塁率	失策
'19(巨)	75	50	20	10	2	2	0	16	6	15	2	2	0	6	0	0	11	2	.200	.320	.286	3
'20(巨)	74	37	30	11	2	0	0	13	2	23	8	0	0	11	0	0	12	1	.297	.351	.458	3
'21(巨)	56	22	13	3	1	0	1	7	2	8	4	1	0	2	0	0	6	0	.136	.318	.208	3
'22(巨)	58	20	14	3	1	0	0	4	0	11	4	1	0	0	0	0	5	0	.150	.200	.190	3
'23(巨)	33	10	4	3	1	0	0	4	1	4	2	0	0	0	0	0	3	0	.300	.400	.364	0
〔5〕	296	139	81	30	7	2	1	44	11	61	20	6	0	21	0	0	37	3	.216	.317	.319	10

増田　陸

ますだ・りく　明秀学園日立高　('19.1)　'00. 6. 17生　右投右打　1B, 2B, 3B, OF

年度/チーム	試合	打数	得点	安打	二塁打	三塁打	本塁打	塁打	打点	盗塁	盗塁刺	犠打	犠飛	四球計	故意四球	死球	三振	併殺打	打率	長打率	出塁率	失策
'22(巨)	69	140	15	35	6	0	5	56	16	2	0	2	0	13	1	1	42	3	.250	.400	.318	2

松川　虎生

まつかわ・こう　市立和歌山高　('22.1)　'03. 10. 20生　右投右打　C

年度/チーム	試合	打数	得点	安打	二塁打	三塁打	本塁打	塁打	打点	盗塁	盗塁刺	犠打	犠飛	四球計	故意四球	死球	三振	併殺打	打率	長打率	出塁率	失策
'22(ロ)	76	185	12	32	5	0	0	37	14	1	0	8	1	18	0	0	60	7	.173	.200	.245	5
'23(ロ)	9	16	1	3	0	0	0	3	1	0	0	1	0	1	0	0	4	1	.188	.188	.235	0
〔2〕	85	201	13	35	5	0	0	40	15	1	0	9	1	19	0	0	64	8	.174	.199	.244	5

松田　宣浩

まつだ・のぶひろ　亜細亜大　('06.1)　'83. 5. 17生　右投右打　3B, 1B, OF

年度/チーム	試合	打数	得点	安打	二塁打	三塁打	本塁打	塁打	打点	盗塁	盗塁刺	犠打	犠飛	四球計	故意四球	死球	三振	併殺打	打率	長打率	出塁率	失策
'06(ソ)	62	204	17	43	8	3	3	66	18	0	0	3	0	11	0	2	53	2	.211	.324	.258	9
'07(ソ)	74	193	28	49	13	2	7	87	22	3	0	6	2	17	0	3	35	5	.254	.451	.321	5
'08(ソ)	142	551	68	154	33	10	17	258	63	12	6	8	1	28	1	7	115	11	.279⑱	.468	.322	6
'09(ソ)	46	160	21	45	13	2	8	86	24	1	0	7	0	7	0	1	32	1	.281	.538	.315	5
'10(ソ)	113	424	61	108	20	3	19	191	71	17	3	8	6	14	2	6	90	7	.255㉙	.450	.284	8
'11(ソ)	144	525	77	148	31	7	25	268	83	27	9	3		41	3	10	128	11	.282⑩	.510	.344	13
'12(ソ)	95	360	41	108	28	7	9	177	56	16	10	0	2	27	5	1	63	7	.300	.492	.349	13
'13(ソ)	144	584	86	163	26	5	20	259	90	13	7	2	7	27	1	6	124	11	.279⑳	.443	.314	11
'14(ソ)	101	392	54	118	20	3	18	198	56	12	6	1	4	24	0	2	80	13	.301	.505	.341	7
'15(ソ)	143	533	91	153	22	2	35	284	94	8	10	0	**8**	60	3	2	135	17	.287⑦	.533	.357	4
'16(ソ)	143	548	79	142	23	5	27	256	85	6	6	0	5	48	2	8	141	14	.259㉓	.467	.325	12
'17(ソ)	143	531	64	140	19	6	24	243	71	5	2	0	5	42	2	1	128	16	.264⑱	.458	.319	10
'18(ソ)	143	517	72	128	21	3	32	251	82	3	3	0	5	56	4	4	113	12	.248㉓	.485	.324	7
'19(ソ)	143	534	64	139	25	2	30	258	76	5	3	0	4	33	4	3	115	14	.260⑱	.483	.305	12
'20(ソ)	116	395	36	90	16	3	13	151	46	1	0	0	3	32	0	1	76	2	.228㉔	.382	.285	7
'21(ソ)	115	354	30	83	13	3	14	144	47	5	0	0	4	27	1	2	67	10	.234	.407	.289	9
'22(ソ)	43	98	2	20	2	1	0	24	7	1	0	0	1	6	0	0	20	1	.204	.245	.255	1
'23(巨)	12	16	0	1	0	0	0	1	0	0	0	0	0	0	0	0	5	0	.063	.063	.063	1
〔18〕	1922	6919	891	1832	333	67	301	3202	991	135	65	44	55	501	28	60	1520	154	.265	.463	.318	148

松原　聖弥

まつばら・せいや　明星大　('18.7)　'95. 1. 26生　右投左打　OF

年度/チーム	試合	打数	得点	安打	二塁打	三塁打	本塁打	塁打	打点	盗塁	盗塁刺	犠打	犠飛	四球計	故意四球	死球	三振	併殺打	打率	長打率	出塁率	失策
'20(巨)	86	278	42	73	11	5	3	103	19	12	2	4	2	29	0	0	71	4	.263	.371	.330	1
'21(巨)	135	431	69	118	20	4	12	182	37	15	7	3	3	38	0	2	100	4	.274⑰	.422	.333	2
'22(巨)	50	71	7	8	1	0	0	11	4	2	1	0	0	4	0	0	21	2	.113	.155	.160	0
'23(巨)	21	12	3	0	0	0	0	0	0	0	0	0	0	0	0	0	4	0	.000	.000	.077	0
〔4〕	292	792	121	199	32	10	15	296	60	29	10	8	5	72	0	2	196	10	.251	.374	.313	3

松本　剛　まつもと・ごう　帝京高（'12.1）'93.8.11生　右投右打　OF, 2B, 1B, 3B

年度	試合	打数	得点	安打	二塁打	三塁打	本塁打	塁打	打点	盗塁	盗塁刺	犠打	犠飛	四球計	故意四球	死球	三振	併殺打	打率	長打率	出塁率	失策
'13（日）	2	5	0	0	0	0	0	0	0	0	0	0	0	0	0	0	2	0	.000	.000	.000	0
'15（日）	11	11	2	2	1	0	0	3	0	0	0	2	0	1	0	0	5	0	.182	.273	.250	0
'16（日）	12	21	1	5	1	0	0	6	2	1	0	0	0	0	0	0	5	0	.238	.286	.238	0
'17（日）	115	402	46	110	17	0	5	142	33	6	3	21	1	21	1	3	61	7	.274⑩	.353	.314	1
'18（日）	54	126	18	28	5	1	1	38	9	2	1	5	1	6	0	1	14	5	.222	.302	.261	3
'19（日）	4	3	0	1	0	0	0	1	0	0	0	0	0	0	0	0	0	0	.333	.333	.333	0
'20（日）	84	138	19	28	2	2	1	37	11	5	2	11	1	8	1	4	21	1	.203	.268	.265	0
'21（日）	47	92	13	24	2	0	0	26	2	1	2	2	0	8	0	2	13	2	.261	.283	.333	0
'22（日）	117	395	48	137	23	2	3	173	44	21	5	10	4	32	5	4	42	13	.347①	.438	.398	0
'23（日）	134	507	51	140	16	2	3	169	30	12	12	7	3	37	3	7	57	11	.276⑤	.333	.332	1
〔10〕	580	1700	198	475	67	7	13	595	131	48	25	59	10	113	10	21	220	39	.279	.350	.330	5

松本　直樹　まつもと・なおき　立教大（'18.1）'93.10.17生　右投右打　C

年度	試合	打数	得点	安打	二塁打	三塁打	本塁打	塁打	打点	盗塁	盗塁刺	犠打	犠飛	四球計	故意四球	死球	三振	併殺打	打率	長打率	出塁率	失策
'18（ヤ）	6	5	1	0	0	0	0	0	0	0	0	0	0	0	0	0	2	0	.000	.000	.000	0
'19（ヤ）	33	66	5	14	1	0	1	18	4	0	0	3	0	3	0	1	9	2	.212	.273	.257	0
'20（ヤ）	6	13	0	3	0	0	0	3	0	0	0	0	0	1	0	0	3	0	.231	.231	.286	0
'22（ヤ）	10	20	3	4	0	0	2	10	5	0	0	0	0	0	0	0	1	2	.200	.500	.200	0
'23（ヤ）	3	6	0	0	0	0	0	0	0	0	0	0	0	0	0	0	0	1	.000	.000	.000	0
〔5〕	58	110	9	21	1	0	3	31	9	0	0	3	0	4	0	1	15	5	.191	.282	.226	0

松本　友　まつもと・ゆう　明治学院大（'20.7）'95.2.5生　右投左打　1B, OF

年度	試合	打数	得点	安打	二塁打	三塁打	本塁打	塁打	打点	盗塁	盗塁刺	犠打	犠飛	四球計	故意四球	死球	三振	併殺打	打率	長打率	出塁率	失策
'20（ヤ）	9	10	2	2	1	0	0	3	0	0	0	0	0	1	0	0	3	1	.200	.300	.273	0
'21（ヤ）	27	34	8	12	4	0	0	16	2	1	0	0	0	7	1	0	8	0	.353	.471	.463	0
'22（ヤ）	7	17	4	6	1	0	0	7	0	0	0	0	0	2	0	0	5	0	.353	.412	.421	0
〔3〕	43	61	14	20	6	0	0	26	2	1	0	0	0	10	1	0	16	1	.328	.426	.423	0

松山　竜平　まつやま・りゅうへい　九州国際大（'08.1）'85.9.18生　右投左打　OF, 1B, 3B

年度	試合	打数	得点	安打	二塁打	三塁打	本塁打	塁打	打点	盗塁	盗塁刺	犠打	犠飛	四球計	故意四球	死球	三振	併殺打	打率	長打率	出塁率	失策
'08（広）	2	2	0	0	0	0	0	0	0	0	0	0	0	0	0	0	1	0	.000	.000	.000	—
'11（広）	68	196	15	53	6	1	3	70	19	0	1	0	0	8	0	0	20	5	.270	.357	.299	1
'12（広）	48	137	4	28	4	0	0	32	7	1	0	0	0	8	0	1	13	3	.204	.234	.253	0
'13（広）	123	372	27	105	23	1	10	160	52	2	0	1	4	11	0	1	49	4	.282	.430	.302	4
'14（広）	80	233	26	74	9	1	7	106	34	0	1	0	1	14	1	2	29	7	.318	.455	.360	2
'15（広）	100	202	14	56	13	0	7	90	26	1	1	0	3	23	0	1	30	8	.277	.446	.349	1
'16（広）	103	254	34	74	10	2	10	118	41	0	0	1	2	20	1	0	29	4	.291	.465	.342	2
'17（広）	120	350	39	114	23	4	14	187	77	0	0	6	3	31	0	0	45	8	.326	.534	.375	2
'18（広）	124	397	46	120	25	2	12	185	74	2	0	5	4	42	4	2	46	10	.302⑮	.466	.368	6
'19（広）	110	294	21	76	14	1	6	110	49	0	0	2	2	29	1	2	42	7	.259	.374	.327	7
'20（広）	108	404	38	112	27	1	9	168	67	0	0	0	3	17	4	1	72	11	.277⑭	.416	.306	9
'21（広）	85	175	9	46	10	0	2	62	29	0	0	0	2	17	0	0	22	4	.263	.354	.325	5
'22（広）	88	152	9	33	7	0	2	46	23	0	0	0	3	11	0	0	22	2	.217	.303	.265	2
'23（広）	79	143	5	36	9	0	0	45	27	0	0	0	2	10	0	1	27	4	.252	.315	.301	1
〔14〕	1238	3311	287	927	180	13	82	1379	525	6	4	1	32	241	12	11	447	77	.280	.416	.328	42

丸　佳浩　まる・よしひろ　千葉経大付高　('08.1)　'89.4.11生　右投左打　OF

年度	チーム	試合	打数	得点	安打	二塁打	三塁打	本塁打	塁打	打点	盗塁	盗塁刺	犠打	犠飛	四球計	故意四球	死球	三振	併殺打	打率	長打率	出塁率	失策
'10	(広)	14	19	1	3	0	0	0	3	1	1	0	0	1	2	0	0	7	0	.158	.158	.227	0
'11	(広)	131	435	48	105	16	4	9	156	50	9	6	9	1	44	1	6	105	2	.241㉑	.359	.319	2
'12	(広)	106	283	26	70	10	4	4	100	22	14	6	5	3	46	0	2	59	4	.247	.353	.353	4
'13	(広)	140	506	82	138	25	5	14	215	58	29	15	5	4	85	5	1	103	6	.273⑮	.425	.376	2
'14	(広)	144	536	106	166	30	5	19	263	67	26	11	0	4	100	3	4	95	12	.310⑨	.491	.419	2
'15	(広)	143	530	81	132	28	1	19	219	63	15	7	4	4	94	2	1	143	6	.249㉓	.413	.361	1
'16	(広)	143	557	98	162	30	8	20	268	90	23	9	1	3	84	1	7	107	9	.291⑬	.481	.389	4
'17	(広)	143	556	109	171	35	3	23	281	92	13	4	2	6	83	0	4	113	6	.308⑤	.505	.398	4
'18	(広)	125	432	109	132	22	0	39	271	97	10	10	0	1	130	8	3	130	5	.306⑭	.627	.468	3
'19	(巨)	143	535	82	156	26	1	27	265	89	12	5	0	7	86	3	3	125	15	.292⑨	.495	.388	2
'20	(巨)	120	423	63	120	31	1	27	234	77	8	4	3	2	63	4	0	101	3	.284⑫	.553	.375	2
'21	(巨)	118	392	58	104	21	0	23	194	55	5	3	0	2	63	0	0	120	5	.265㉑	.495	.365	4
'22	(巨)	143	525	81	143	31	1	27	257	65	6	7	1	0	80	1	1	88	8	.272⑬	.490	.370	4
'23	(巨)	121	385	43	94	11	0	18	159	47	4	2	1	3	42	3	0	62	5	.244	.413	.316	2
〔14〕		1734	6114	987	1696	316	33	269	2885	873	175	88	31	41	1002	31	32	1358	84	.277	.472	.380	23

丸山　和郁　まるやま・かずや　明治大　('22.1)　'99.7.18生　左投左打　OF

年度	チーム	試合	打数	得点	安打	二塁打	三塁打	本塁打	塁打	打点	盗塁	盗塁刺	犠打	犠飛	四球計	故意四球	死球	三振	併殺打	打率	長打率	出塁率	失策
'22	(ヤ)	71	90	14	21	4	0	1	28	9	2	3	4	0	1	0	2	25	2	.233	.311	.258	0
'23	(ヤ)	67	97	13	20	5	0	0	25	7	7	3	3	0	6	0	0	27	1	.206	.258	.252	1
〔2〕		138	187	27	41	9	0	1	53	16	9	6	7	0	7	0	2	52	3	.219	.283	.255	1

万波　中正　まんなみ・ちゅうせい　横浜高　('19.1)　'00.4.7生　右投右打　OF, 1B

年度	チーム	試合	打数	得点	安打	二塁打	三塁打	本塁打	塁打	打点	盗塁	盗塁刺	犠打	犠飛	四球計	故意四球	死球	三振	併殺打	打率	長打率	出塁率	失策
'19	(日)	2	4	0	0	0	0	0	0	0	0	0	0	0	0	0	0	2	0	.000	.000	.000	0
'21	(日)	49	126	12	25	9	1	5	51	13	0	1	0	1	4	0	2	53	3	.198	.405	.233	1
'22	(日)	100	296	28	60	10	2	14	116	40	0	2	2	2	12	0	2	112	2	.203	.392	.237	2
'23	(日)	141	533	69	141	33	0	25	249	74	2	1	2	2	41	2	4	138	12	.265⑩	.467	.321	7
〔4〕		292	959	109	226	52	3	44	416	127	2	4	4	5	57	2	8	305	17	.236	.434	.283	10

J. ミエセス　ヨハン・ミエセス　ラビクトリア校　('23.1)　'95.7.13生　右投右打　OF

年度	チーム	試合	打数	得点	安打	二塁打	三塁打	本塁打	塁打	打点	盗塁	盗塁刺	犠打	犠飛	四球計	故意四球	死球	三振	併殺打	打率	長打率	出塁率	失策
'23	(神)	60	126	11	28	3	0	5	46	16	0	0	2	1	14	1	1	45	3	.222	.365	.301	2

三木　亮　みき・りょう　上武大　('14.1)　'91.10.25生　右投右打　SS, 3B, 1B, 2B, OF

年度	チーム	試合	打数	得点	安打	二塁打	三塁打	本塁打	塁打	打点	盗塁	盗塁刺	犠打	犠飛	四球計	故意四球	死球	三振	併殺打	打率	長打率	出塁率	失策
'14	(ロ)	18	17	0	3	0	0	0	3	0	0	0	2	0	1	0	0	5	2	.176	.176	.222	0
'15	(ロ)	40	29	6	4	0	0	1	7	2	1	0	0	0	0	0	0	5	1	.138	.241	.138	2
'16	(ロ)	75	54	8	10	1	1	0	13	2	0	0	3	0	1	0	0	17	1	.185	.241	.200	3
'17	(ロ)	85	207	18	50	9	6	0	65	19	0	1	5	2	12	0	0	55	1	.242	.314	.277	5
'18	(ロ)	66	34	11	8	1	0	0	9	4	3	0	4	0	2	0	0	8	2	.235	.265	.278	1
'19	(ロ)	89	126	20	27	3	0	2	36	15	5	0	8	1	6	0	4	38	1	.214	.286	.270	4
'20	(ロ)	22	4	1	1	0	0	0	1	0	0	0	1	0	0	0	0	3	0	.250	.250	.250	0
'21	(ロ)	84	9	5	1	0	0	0	1	0	1	0	6	0	0	0	0	4	0	.111	.111	.111	1
'22	(ロ)	46	25	2	4	0	0	0	4	1	0	0	7	0	1	0	1	8	0	.160	.160	.222	2
〔9〕		525	505	71	108	15	5	5	140	45	11	1	36	3	19	0	9	140	10	.214	.277	.254	16

水野　達稀　みずの・たつき　丸亀城西高 ('22.1)　'00.7.30生　右投左打　2B, 3B, SS

年度(チーム)	試合	打数	得点	安打	二塁打	三塁打	本塁打	塁打	打点	盗塁	盗塁刺	犠打	犠飛	四球計	故意四球	死球	三振	併殺打	打率	長打率	出塁率	失策
'22(日)	21	41	4	5	2	0	0	7	0	1	1	1	0	2	0	0	16	0	.122	.171	.163	2
'23(日)	31	56	1	9	4	1	0	15	6	1	1	1	1	4	0	0	21	0	.161	.268	.213	3
〔2〕	52	97	5	14	6	1	0	22	6	2	2	2	1	6	0	0	37	0	.144	.227	.192	5

溝脇　隼人　みぞわき・はやと　九州学院高 ('13.1)　'94.5.17生　右投左打　2B, SS, 1B, 3B

年度(チーム)	試合	打数	得点	安打	二塁打	三塁打	本塁打	塁打	打点	盗塁	盗塁刺	犠打	犠飛	四球計	故意四球	死球	三振	併殺打	打率	長打率	出塁率	失策
'14(中)	2	5	0	1	0	0	0	1	0	0	0	0	0	0	0	0	1	0	.200	.200	.200	
'16(中)	6	3	1	0	0	0	0	0	0	0	0	0	0	0	0	0	0	0	.000	.000	.000	
'17(中)	12	14	1	1	0	0	1	4	1	0	0	0	0	2	0	0	5	1	.071	.286	.188	
'19(中)	8	15	3	3	0	0	0	5	0	0	0	0	0	1	0	0	2	0	.200	.333	.250	
'20(中)	39	47	6	10	1	2	0	15	3	0	0	0	0	2	0	0	8	0	.213	.319	.245	3
'21(中)	22	41	2	11	0	1	0	13	2	1	0	3	0	3	1	0	10	0	.268	.317	.318	3
'22(中)	87	139	7	35	5	1	0	42	9	2	1	8	2	8	0	0	26	2	.252	.302	.289	2
'23(中)	59	40	5	7	2	0	0	9	3	1	0	2	0	2	0	0	12	0	.175	.225	.233	2
〔8〕	235	304	25	68	8	5	1	89	18	4	1	14	2	18	1	1	64	3	.224	.293	.268	10

三ツ俣大樹　みつまた・たいき　修徳高 ('11.1)　'92.5.11生　右投右打　SS, 2B, 3B, 1B

年度(チーム)	試合	打数	得点	安打	二塁打	三塁打	本塁打	塁打	打点	盗塁	盗塁刺	犠打	犠飛	四球計	故意四球	死球	三振	併殺打	打率	長打率	出塁率	失策
'12(オ)	9	21	2	5	2	0	0	7	0	0	0	1	0	1	0	0	6	0	.238	.333	.273	1
'13(オ)	21	10	2	1	1	0	0	2	2	0	0	0	0	3	0	0	4	0	.100	.200	.308	0
'14(オ)	2	1	0	0	0	0	0	0	0	0	0	0	0	0	0	0	1	0	.000	.000	.000	—
'14(中)	29	36	3	5	0	1	1	10	4	0	0	4	1	0	0	0	10	1	.139	.278	.135	1
'15(中)	1	0	0	0	0	0	0	0	0	0	0	0	0	0	0	0	0	0	.000	.000	.000	0
'16(中)	15	16	1	2	0	0	0	2	0	0	0	0	2	0	1	0	4	0	.125	.125	.176	1
'17(中)	8	1	0	0	0	0	0	0	0	0	0	0	0	0	0	0	0	0	.000	.000	.000	0
'19(中)	21	27	2	3	2	0	0	5	2	0	0	4	0	0	0	0	2	0	.111	.185	.226	1
'20(中)	8	6	1	1	0	0	0	1	0	0	0	1	0	0	0	0	2	0	.167	.167	.167	0
'21(中)	58	117	8	26	5	1	1	36	11	0	0	13	0	7	0	1	27	0	.222	.308	.272	3
'22(中)	58	123	6	26	8	0	0	34	10	1	0	13	1	16	1	1	39	4	.211	.276	.305	2
'23(ヤ)	18	14	2	2	0	0	0	2	0	0	0	5	0	2	0	0	4	0	.143	.143	.250	0
〔11〕	248	372	27	71	18	2	2	99	29	1	1	41	2	34	1	2	107	6	.191	.266	.261	8

嶺井　博希　みねい・ひろき　亜細亜大 ('14.1)　'91.6.4生　右投右打　C

年度(チーム)	試合	打数	得点	安打	二塁打	三塁打	本塁打	塁打	打点	盗塁	盗塁刺	犠打	犠飛	四球計	故意四球	死球	三振	併殺打	打率	長打率	出塁率	失策
'14(デ)	10	11	1	3	0	1	0	5	3	0	0	1	0	2	0	0	2	0	.273	.455	.385	1
'15(デ)	74	186	18	44	8	1	5	69	26	0	0	3	2	12	0	5	46	2	.237	.371	.298	6
'16(デ)	11	15	2	5	1	0	0	6	3	0	0	0	0	1	0	0	2	1	.333	.400	.412	0
'17(デ)	52	121	14	30	3	1	3	44	12	0	0	4	0	4	0	6	35	3	.248	.364	.305	1
'18(デ)	91	209	10	37	7	0	5	59	25	0	0	6	1	8	2	8	56	9	.177	.282	.228	2
'19(デ)	64	114	13	24	4	1	2	36	12	0	0	5	0	7	0	4	23	5	.211	.316	.280	2
'20(デ)	41	55	2	18	3	0	0	21	8	0	0	0	0	4	0	1	14	1	.327	.382	.383	0
'21(デ)	36	74	1	14	4	0	0	18	7	0	0	0	0	4	0	2	24	1	.189	.243	.250	3
'22(デ)	93	244	15	50	7	0	3	72	30	0	1	3	0	7	0	6	54	10	.205	.295	.237	3
'23(ソ)	44	34	3	7	2	0	2	15	6	0	0	3	1	0	0	0	10	1	.206	.441	.222	3
〔10〕	516	1063	79	232	39	4	22	345	132	0	1	27	6	45	5	34	266	33	.218	.325	.271	18

三森　大貴

みもり・まさき　青森山田高　('17.1)　'99. 2. 21生　右投左打　2B, 1B, 3B, OF

年度	チーム	試合	打数	得点	安打	二塁打	三塁打	本塁打	塁打	打点	盗塁	盗塁刺	犠打	犠飛	四球計	故意四球	死球	三振	併殺打	打率	長打率	出塁率
'19	(ソ)	24	48	7	10	2	2	0	16	1	3	2	0	0	2	0	1	17	0	.208	.333	.255
'20	(ソ)	24	43	4	7	2	0	0	9	2	1	1	1	0	1	0	1	17	0	.163	.209	.200
'21	(ソ)	86	329	34	82	9	6	0	103	20	16	5	3	2	11	0	0	77	3	.249	.313	.272
'22	(ソ)	102	393	58	101	13	4	9	149	36	20	3	10	3	28	0	3	81	3	.257	.379	.309
'23	(ソ)	102	296	40	77	8	2	5	104	21	14	8	8	0	12	0	0	48	4	.260	.351	.289
〔5〕		338	1109	143	277	34	14	14	381	80	54	19	22	5	54	0	5	240	10	.250	.344	.286

味谷　大誠

みや・たいせい　花咲徳栄高　('22.1)　'03. 6. 14生　右投左打　C

年度	チーム	試合	打数	得点	安打	二塁打	三塁打	本塁打	塁打	打点	盗塁	盗塁刺	犠打	犠飛	四球計	故意四球	死球	三振	併殺打	打率	長打率	出塁率
'23	(中)	6	7	2	2	0	0	0	2	0	0	0	0	0	0	0	0	1	0	.286	.286	.286

宮﨑　敏郎

みやざき・としろう　日本文理大　('13.1)　'88. 12. 12生　右投右打　3B, 2B, 1B

年度	チーム	試合	打数	得点	安打	二塁打	三塁打	本塁打	塁打	打点	盗塁	盗塁刺	犠打	犠飛	四球計	故意四球	死球	三振	併殺打	打率	長打率	出塁率
'13	(ディ)	33	52	7	13	2	0	2	21	5	0	0	0	1	2	0	3	11	1	.250	.404	.310
'14	(ディ)	5	13	0	2	1	0	0	3	0	0	0	0	0	0	0	0	3	0	.154	.231	.154
'15	(ディ)	58	152	13	44	8	0	1	55	10	0	0	1	0	6	0	4	21	5	.289	.362	.331
'16	(ディ)	101	302	31	88	16	0	11	137	36	0	0	0	4	25	0	8	30	12	.291	.454	.361
'17	(ディ)	128	480	53	155	28	1	15	230	62	0	0	1	3	38	1	4	47	23	.323①	.479	.377
'18	(ディ)	142	551	71	175	34	0	28	293	71	0	0	0	3	38	3	1	45	16	.318⑧	.532	.363
'19	(ディ)	114	433	54	123	24	1	15	192	49	0	0	5	3	32	2	3	35	13	.284⑫	.443	.334
'20	(ディ)	113	429	47	129	26	1	14	199	50	0	0	3	2	24	2	4	29	15	.301⑦	.464	.341
'21	(ディ)	141	519	61	156	33	0	16	236	73	0	0	5	4	41	3	4	53	15	.301⑦	.455	.353
'22	(ディ)	122	434	51	130	24	1	16	204	50	0	0	2	4	44	9	2	35	16	.300④	.470	.365
'23	(ディ)	124	408	47	133	26	0	20	220	71	1	0	4	4	41	6	8	43	14	.326①	.539	.395
〔11〕		1081	3773	435	1148	220	4	138	1790	480	1	0	0	22	291	26	41	352	130	.304	.474	.359

宮本　丈

みやもと・たけし　奈良学園大　('18.1)　'95. 4. 3生　右投左打　2B, OF, 3B, 1B

年度	チーム	試合	打数	得点	安打	二塁打	三塁打	本塁打	塁打	打点	盗塁	盗塁刺	犠打	犠飛	四球計	故意四球	死球	三振	併殺打	打率	長打率	出塁率
'18	(ヤ)	26	41	3	9	1	0	0	10	6	0	0	1	1	5	0	0	11	1	.220	.244	.298
'19	(ヤ)	26	42	5	6	0	0	0	6	0	2	1	0	4	0	0	19	2	.143	.143	.217
'20	(ヤ)	94	146	16	40	8	0	2	54	12	3	1	5	0	18	0	2	23	3	.274	.370	.361
'21	(ヤ)	62	70	9	20	4	0	1	27	8	0	1	6	2	12	0	2	10	0	.286	.386	.395
'22	(ヤ)	66	114	10	29	6	0	1	38	8	0	0	7	0	8	0	1	15	3	.254	.333	.331
'23	(ヤ)	65	90	11	20	2	1	0	25	7	1	0	2	9	0	2	17	0	5	18	4	.222	.278	.368
〔6〕		339	503	54	124	24	0	4	160	41	6	3	29	5	64	0	14	96	13	.247	.318	.345

三好　匠

みよし・たくみ　九州国際大付高　('12.1)　'93. 6. 7生　右投右打　3B, SS, 2B

年度	チーム	試合	打数	得点	安打	二塁打	三塁打	本塁打	塁打	打点	盗塁	盗塁刺	犠打	犠飛	四球計	故意四球	死球	三振	併殺打	打率	長打率	出塁率
'13	(楽)	6	4	0	0	0	0	0	0	0	0	0	0	0	0	0	0	1	0	.000	.000	.000
'14	(楽)	3	7	1	2	2	0	0	4	0	0	0	0	0	0	0	0	3	0	.286	.571	.286
'15	(楽)	9	29	2	6	1	1	0	9	3	0	0	2	0	1	0	0	9	1	.207	.310	.258
'16	(楽)	38	63	11	14	0	0	3	23	6	4	0	5	0	0	0	0	16	1	.222	.365	.222
'17	(楽)	56	103	12	25	6	0	1	37	9	0	1	4	1	7	0	0	27	1	.243	.359	.288
'18	(楽)	70	48	5	5	0	0	0	7	0	0	0	3	0	3	0	0	15	2	.104	.146	.157
'19	(楽)	17	4	0	1	1	0	0	1	1	1	0	0	0	0	0	0	1	0	.250	.250	.250
'19	(広)	43	77	9	14	1	0	2	21	7	1	0	9	2	0	0	0	28	1	.182	.273	.182
'20	(広)	62	24	3	3	2	0	0	3	2	0	0	2	1	2	0	0	5	0	.125	.125	.185
'21	(広)	64	11	1	0	0	0	0	0	0	0	0	4	0	0	0	0	4	0	.000	.000	.000
'22	(広)	10	2	0	0	0	0	0	0	0	0	0	1	0	0	0	0	1	0	.000	.000	.000
〔10〕		378	372	44	70	13	2	6	105	28	2	2	21	2	27	2	1	110	6	.188	.282	.244

三好　大倫　みよし・ひろのり　三本松高（'21.1）　'97.9.28生　左投左打　OF

年度(チーム)	試合	打数	得点	安打	二塁打	三塁打	本塁打	塁打	打点	盗塁	盗塁刺	犠打	犠飛	四球計	故意四球	死球	三振	併殺打	打率	長打率	出塁率	失策
'22(中)	45	55	7	12	2	1	1	19	2	6	0	4	0	2	0	0	16	0	.218	.345	.246	0
'23(中)	30	13	6	2	1	0	0	3	0	3	2	1	0	1	0	2	4	0	.154	.231	.313	0
〔2〕	75	68	13	14	3	1	1	22	2	9	2	5	0	3	0	2	20	0	.206	.324	.260	0

武藤　敦貴　むとう・あつき　都城東高（'20.1）　'01.6.15生　左投左打　OF

年度(チーム)	試合	打数	得点	安打	二塁打	三塁打	本塁打	塁打	打点	盗塁	盗塁刺	犠打	犠飛	四球計	故意四球	死球	三振	併殺打	打率	長打率	出塁率	失策
'21(楽)	44	19	4	2	0	1	0	4	0	4	0	0	0	0	0	0	8	0	.105	.211	.105	0
'22(楽)	43	88	11	22	2	3	1	33	9	1	5	0	1	8	0	1	28	1	.250	.375	.323	1
〔2〕	87	107	15	24	2	4	1	37	9	5	5	0	1	8	0	1	36	1	.224	.346	.288	1

宗　佑磨　むね・ゆうま　横浜隼人高（'15.1）　'96.6.7生　右投左打　3B, OF, SS, 1B

年度(チーム)	試合	打数	得点	安打	二塁打	三塁打	本塁打	塁打	打点	盗塁	盗塁刺	犠打	犠飛	四球計	故意四球	死球	三振	併殺打	打率	長打率	出塁率	失策
'16(オ)	3	4	0	0	0	0	0	0	0	0	0	0	0	0	0	0	0	0	.000	.000	.000	1
'17(オ)	10	22	2	4	1	0	0	5	0	0	0	0	0	3	0	1	6	1	.182	.227	.308	1
'18(オ)	74	266	28	62	16	3	5	99	22	3	2	4	1	15	1	3	53	1	.233	.372	.281	2
'19(オ)	54	148	16	40	6	1	2	54	14	7	3	1	1	13	0	11	30	4	.270	.365	.370	0
'20(オ)	72	182	16	41	10	1	1	56	9	7	5	0	0	10	0	6	32	2	.225	.308	.288	4
'21(オ)	139	481	71	131	17	7	9	189	42	8	4	14	2	33	1	13	62	15	.272⑬	.393	.335	11
'22(オ)	130	469	55	127	23	1	6	167	43	4	4	9	6	45	2	8	81	11	.271⑨	.356	.341	11
'23(オ)	122	428	38	105	17	3	2	134	22	1	1	0	1	36	1	4	55	9	.245⑰	.313	.309	9
〔8〕	604	2000	226	510	90	16	24	704	152	28	23	45	11	155	5	46	322	16	.255	.352	.321	35

村上　宗隆　むらかみ・むねたか　九州学院高（'18.1）　'00.2.2生　右投左打　3B, 1B

年度(チーム)	試合	打数	得点	安打	二塁打	三塁打	本塁打	塁打	打点	盗塁	盗塁刺	犠打	犠飛	四球計	故意四球	死球	三振	併殺打	打率	長打率	出塁率	失策
'18(ヤ)	6	12	1	1	0	0	1	4	2	0	0	0	0	2	0	0	5	0	.083	.333	.214	1
'19(ヤ)	143	511	76	118	20	0	36	246	96	5	4	0	3	74	5	5	184	0	.231㉚	.481	.332	15
'20(ヤ)	120	424	70	130	30	2	28	248	86	11	5	0	1	87	12	3	115	8	.307⑤	.585	.427	14
'21(ヤ)	143	500	82	139	27	1	39	283	112	12	7	0	3	106	6	6	133	12	.278⑭	.566	.408	13
'22(ヤ)	141	487	114	155	21	1	56	346	134	12	7	0	0	118	25	3	128	7	.318①	.710	.458	15
'23(ヤ)	140	496	76	127	28	0	31	248	84	5	3	0	4	90	4	7	168	6	.256⑳	.500	.375	22
〔6〕	693	2430	419	670	126	3	191	1375	514	45	26	0	11	477	52	28	733	42	.276	.566	.399	80

村林　一輝　むらばやし・いつき　大塚高（'16.1）　'97.10.6生　右投右打　SS, 3B, 2B, 1B

年度(チーム)	試合	打数	得点	安打	二塁打	三塁打	本塁打	塁打	打点	盗塁	盗塁刺	犠打	犠飛	四球計	故意四球	死球	三振	併殺打	打率	長打率	出塁率	失策
'17(楽)	1	2	2	1	0	0	0	1	0	0	0	0	0	1	0	0	1	0	.500	.500	.667	0
'18(楽)	28	44	3	5	1	0	0	6	2	0	1	0	0	3	0	0	12	1	.114	.136	.170	1
'19(楽)	49	24	2	2	1	0	0	3	0	0	1	0	1	0	0	0	8	0	.083	.125	.083	2
'20(楽)	3	1	0	0	0	0	0	0	0	0	0	0	0	0	0	0	0	0	.000	.000	.000	0
'21(楽)	79	40	3	6	1	0	0	10	4	4	2	0	0	2	0	0	5	0	.150	.250	.190	2
'22(楽)	47	16	2	3	0	0	0	3	0	0	0	0	0	1	0	0	5	0	.188	.188	.235	0
'23(楽)	98	301	35	77	14	2	2	101	32	11	5	12	2	21	0	4	55	12	.256	.336	.311	9
〔7〕	305	428	54	94	17	2	3	124	38	15	12	12	3	28	0	4	86	17	.220	.290	.273	17

村松　開人　むらまつ・かいと　明治大（'23.1）　'01.1.6生　右投左打　2B, SS

年度(チーム)	試合	打数	得点	安打	二塁打	三塁打	本塁打	塁打	打点	盗塁	盗塁刺	犠打	犠飛	四球計	故意四球	死球	三振	併殺打	打率	長打率	出塁率	失策
'23(中)	98	275	20	57	4	1	1	66	20	1	0	2	1	15	0	2	49	2	.207	.240	.252	10

茂木栄五郎　もぎ・えいごろう　早稲田大　('16.1)　'94. 2.14生　右投左打　SS, 3B

年度	チーム	試合	打数	得点	安打	二塁打	三塁打	本塁打	塁打	打点	盗塁	盗塁刺	犠打	犠飛	四球計	故意四球	死球	三振	併殺打	打率	長打率	出塁率	失策
'16	(楽)	117	424	56	118	20	7	7	173	40	11	4	21	2	30	0	4	95	8	.278⑭	.408	.330	19
'17	(楽)	103	398	64	118	25	2	17	198	47	3	2	4	1	45	1	2	84	4	.296③	.497	.370	8
'18	(楽)	100	361	42	89	12	2	7	126	24	12	4	7	1	42	0	2	83	3	.247	.349	.328	6
'19	(楽)	141	568	86	160	28	6	13	239	55	7	5	9	2	66	1	3	121	7	.282⑫	.421	.358	11
'20	(楽)	73	276	43	83	14	4	7	126	33	8	3	0	1	39	0	5	52	4	.301	.457	.396	6
'21	(楽)	120	410	50	106	19	4	14	175	53	6	3	2	0	48	0	6	107	6	.259⑰	.427	.343	5
'22	(楽)	73	238	26	53	12	1	9	94	30	4	0	1	2	27	0	0	74	3	.223	.395	.300	4
'23	(楽)	8	12	1	1	0	0	0	1	1	0	0	0	0	3	0	0	3	1	.083	.083	.267	0
〔8〕		735	2687	368	728	130	26	74	1132	283	51	23	42	11	300	2	22	619	36	.271	.421	.348	64

持丸　泰輝　もちまる・たいき　旭川大高　('22.6)　'01. 10.26生　右投左打　C

年度	チーム	試合	打数	得点	安打	二塁打	三塁打	本塁打	塁打	打点	盗塁	盗塁刺	犠打	犠飛	四球計	故意四球	死球	三振	併殺打	打率	長打率	出塁率	失策
'22	(広)	5	6	0	0	0	0	0	0	0	0	0	0	0	0	0	0	3	0	.000	.000	.000	0

元山　飛優　もとやま・ひゆう　東北福祉大　('21.1)　'98. 12.4生　右投左打　SS, 2B, 3B

年度	チーム	試合	打数	得点	安打	二塁打	三塁打	本塁打	塁打	打点	盗塁	盗塁刺	犠打	犠飛	四球計	故意四球	死球	三振	併殺打	打率	長打率	出塁率	失策
'21	(ヤ)	97	208	20	53	1	3	3	69	17	2	1	5	1	17	3	4	42	7	.255	.332	.322	4
'22	(ヤ)	13	27	4	4	3	0	1	10	2	0	0	1	0	0	0	0	5	2	.148	.370	.148	0
'23	(ヤ)	22	39	1	7	1	0	0	8	3	0	0	1	2	0	0	0	13	1	.179	.205	.175	0
〔3〕		132	274	25	64	5	3	4	87	22	2	1	7	3	17	3	4	60	10	.234	.318	.286	4

森　敬斗　もり・けいと　桐蔭学園高　('20.1)　'02. 1.28生　右投右打　SS

年度	チーム	試合	打数	得点	安打	二塁打	三塁打	本塁打	塁打	打点	盗塁	盗塁刺	犠打	犠飛	四球計	故意四球	死球	三振	併殺打	打率	長打率	出塁率	失策
'20	(ディ)	8	12	3	3	1	0	0	4	0	0	0	0	0	0	0	0	1	0	.250	.333	.250	0
'21	(ディ)	44	103	15	20	4	0	0	28	5	4	2	1	0	7	0	0	30	1	.194	.272	.241	6
'22	(ディ)	61	154	15	36	3	0	2	45	6	5	4	1	0	13	0	0	42	4	.234	.292	.293	6
'23	(ディ)	9	12	0	2	1	1	0	2	1	1	0	0	0	1	0	0	5	0	.167	.167	.231	2
〔4〕		122	281	33	61	8	2	2	79	12	10	6	3	2	21	2	0	74	5	.217	.281	.270	14

森　友哉　もり・ともや　大阪桐蔭高　('14.1)　'95. 8.8生　右投左打　C, OF

年度	チーム	試合	打数	得点	安打	二塁打	三塁打	本塁打	塁打	打点	盗塁	盗塁刺	犠打	犠飛	四球計	故意四球	死球	三振	併殺打	打率	長打率	出塁率	失策
'14	(武)	41	80	14	22	6	0	6	46	15	0	0	0	0	12	0	0	22	1	.275	.575	.370	1
'15	(武)	138	▲474	51	136	33	1	17	222	68	0	4	0	3	44	3	9	143	5	.287⑧	.468	.357	6
'16	(武)	107	349	43	102	20	0	10	152	46	1	1	0	1	42	0	0	96	3	.292	.436	.367	6
'17	(武)	38	124	16	42	8	3	2	62	18	3	1	0	0	21	0	0	24	0	.339	.500	.434	5
'18	(武)	136	473	67	130	34	2	16	216	80	7	2	0	7	70	2	2	105	3	.275⑯	.457	.366	5
'19	(武)	135	492	96	162	34	2	23	269	105	3	2	1	6	72	3	2	89	9	.329①	.547	.413	9
'20	(武)	104	358	46	90	15	2	9	136	38	4	2	0	4	38	0	3	67	7	.251⑰	.380	.325	7
'21	(武)	125	431	70	133	32	2	11	202	41	5	2	1	3	79	3	6	65	4	.309②	.469	.420	6
'22	(武)	102	366	45	92	21	3	8	143	48	2	1	1	4	41	0	11	66	11	.251	.391	.328	6
'23	(オ)	110	384	49	113	24	2	18	195	64	4	1	1	7	54	4	9	61	9	.294④	.508	.385	0
〔10〕		1036	3531	497	1022	227	17	120	1643	513	29	16	8	32	473	15	30	738	56	.289	.465	.375	42

森下　翔太　もりした・しょうた　中央大　('23.1)　'00. 8.14生　右投右打　OF

年度	チーム	試合	打数	得点	安打	二塁打	三塁打	本塁打	塁打	打点	盗塁	盗塁刺	犠打	犠飛	四球計	故意四球	死球	三振	併殺打	打率	長打率	出塁率	失策
'23	(神)	94	333	42	79	14	1	10	125	41	1	0	0	4	29	1	11	70	6	.237	.375	.316	2

安田　尚憲　やすだ・ひさのり　履正社高　('18.1)　'99. 4. 15生　右投左打　3B, 1B

年度（チーム）	試合	打数	得点	安打	二塁打	三塁打	本塁打	塁打	打点	盗塁	盗塁刺	犠打	犠飛	四球計	故意四球	死球	三振	併殺打	打率	長打率	出塁率	失策
'18 (ロ)	17	53	3	8	3	0	1	14	7	0	0	0	0	7	0	0	20	0	.151	.264	.250	1
'20 (ロ)	113	393	32	87	19	1	6	126	54	2	1	0	4	62	1	1	106	10	.221㉕	.321	.326	5
'21 (ロ)	115	351	27	85	16	1	8	127	55	0	0	0	4	43	0	1	82	5	.242	.362	.323	8
'22 (ロ)	119	388	33	102	23	1	9	154	47	1	2	0	3	45	0	4	86	10	.263	.397	.343	6
'23 (ロ)	122	416	33	99	24	0	9	150	43	2	0	0	5	49	2	2	95	10	.238⑲	.361	.318	10
〔5〕	486	1601	128	381	85	3	33	571	206	5	3	0	16	206	3	8	389	35	.238	.357	.325	30

安田　悠馬　やすだ・ゆうま　愛知大　('22.1)　'00. 3. 3生　右投左打　C, 1B

年度（チーム）	試合	打数	得点	安打	二塁打	三塁打	本塁打	塁打	打点	盗塁	盗塁刺	犠打	犠飛	四球計	故意四球	死球	三振	併殺打	打率	長打率	出塁率	失策
'22 (楽)	5	10	2	2	0	0	1	5	1	0	0	0	0	2	0	0	4	1	.200	.500	.333	0
'23 (楽)	53	110	7	24	2	0	3	35	7	0	0	0	0	16	0	1	25	5	.218	.318	.323	1
〔2〕	58	120	9	26	2	0	4	40	8	0	0	0	0	18	0	1	29	6	.217	.333	.324	1

谷内　亮太　やち・りょうた　國學院大　('13.1)　'91. 2. 3生　右投右打　3B, SS, 2B, 1B, OF

年度（チーム）	試合	打数	得点	安打	二塁打	三塁打	本塁打	塁打	打点	盗塁	盗塁刺	犠打	犠飛	四球計	故意四球	死球	三振	併殺打	打率	長打率	出塁率	失策
'13 (ヤ)	6	21	0	4	0	0	0	4	1	0	0	1	0	1	1	0	3	1	.190	.190	.227	1
'14 (ヤ)	43	89	6	17	4	0	1	24	16	0	1	2	3	4	0	1	14	1	.191	.270	.227	4
'15 (ヤ)	4	6	1	3	1	0	0	4	0	0	0	0	0	0	0	0	1	0	.500	.667	.500	1
'16 (ヤ)	23	70	10	21	5	0	1	29	6	0	0	2	0	7	0	1	14	2	.300	.414	.372	7
'17 (ヤ)	42	91	6	18	2	0	0	20	7	0	0	4	0	9	0	2	19	3	.198	.220	.270	4
'18 (ヤ)	36	45	5	10	3	0	0	13	7	0	0	0	0	1	0	0	9	1	.222	.289	.217	0
'19 (日)	24	25	1	2	0	0	0	2	1	0	0	0	0	0	0	1	8	2	.080	.080	.115	0
'20 (日)	50	16	3	5	0	0	0	5	3	0	0	1	0	0	0	0	3	0	.313	.313	.333	0
'21 (日)	106	39	3	7	0	0	0	7	1	0	0	1	1	3	0	0	5	1	.179	.179	.233	3
'22 (日)	78	153	11	41	9	0	1	53	12	0	1	5	0	4	0	0	24	3	.268	.346	.309	3
'23 (日)	44	76	6	15	0	0	0	15	5	0	0	0	0	3	0	0	9	1	.197	.197	.274	2
〔11〕	456	631	52	143	24	0	3	176	60	0	2	19	6	41	1	4	109	15	.227	.279	.276	19

柳田　悠岐　やなぎた・ゆうき　広島経済大　('11.1)　'88. 10. 9生　右投左打　OF

年度（チーム）	試合	打数	得点	安打	二塁打	三塁打	本塁打	塁打	打点	盗塁	盗塁刺	犠打	犠飛	四球計	故意四球	死球	三振	併殺打	打率	長打率	出塁率	失策
'11 (ソ)	6	5	1	0	0	0	0	0	0	0	0	0	0	0	0	0	3	0	.000	.000	.000	0
'12 (ソ)	68	195	17	48	10	1	5	75	18	6	1	2	0	10	2	5	56	2	.246	.385	.300	0
'13 (ソ)	104	298	48	88	19	2	11	144	41	10	1	0	0	32	0	7	96	3	.295	.483	.377	0
'14 (ソ)	144	524	91	166	18	4	15	237	70	33	6	0	3	72	5	16	131	8	.317③	.452	.413	6
'15 (ソ)	138	502	110	182	31	6	34	317	99	32	8	0	1	88	4	14	101	9	.363①	.631	.469	4
'16 (ソ)	120	428	82	131	31	4	18	224	73	23	2	0	0	100	2	8	97	8	.306⑤	.523	.446	4
'17 (ソ)	130	448	95	139	30	1	31	264	99	14	7	0	7	89	8	7	123	6	.310②	.589	.426	1
'18 (ソ)	130	475	95	167	29	5	36	314	102	21	7	0	5	62	4	8	105	8	.352①	.661	.431	4
'19 (ソ)	38	128	17	37	6	1	7	66	23	4	1	0	0	28	2	1	28	4	.289	.516	.420	4
'20 (ソ)	119	427	90	146	29	3	29	266	86	7	2	0	3	84	8	1	103	6	.342②	.623	.449	5
'21 (ソ)	141	516	95	155	36	2	28	279	80	6	0	0	2	69	8	6	122	6	.300④	.541	.388	7
'22 (ソ)	117	437	63	120	18	1	24	212	79	2	3	0	5	43	6	6	106	6	.275⑥	.485	.344	4
'23 (ソ)	143	546	57	163	29	3	22	264	85	1	0	0	6	64	1	9	97	9	.299③	.484	.378	1
〔13〕	1398	4929	861	1542	280	30	260	2662	855	159	38	2	32	741	50	88	1168	71	.313	.540	.409	40

柳町　達　やなぎまち・たつる　慶應義塾大　('20.1)　'97.4.20生　右投左打　OF

年度	チーム	試合	打数	得点	安打	二塁打	三塁打	本塁打	塁打	打点	盗塁	盗塁刺	犠打	犠飛	四球計	故意四球	死球	三振	併殺打	打率	長打率	出塁率	失策
'20(ソ)		12	4	0	1	0	0	0	1	1	0	0	1	0	1	0	0	0	0	.250	.250	.400	0
'21(ソ)		20	48	7	11	3	0	1	17	2	0	0	1	0	5	0	0	12	1	.229	.354	.302	1
'22(ソ)		107	321	21	89	14	4	0	111	32	3	5	3	0	38	0	2	79	7	.277	.346	.357	
'23(ソ)		116	311	27	80	18	1	0	100	34	2	1	4	1	58	0	1	104	8	.257	.322	.375	3
〔4〕		255	684	55	181	35	5	1	229	69	5	6	9	1	102	0	3	195	16	.265	.335	.362	4

矢野　雅哉　やの・まさや　亜細亜大　('21.1)　'98.12.16生　右投左打　SS, 3B, 2B, OF

年度	チーム	試合	打数	得点	安打	二塁打	三塁打	本塁打	塁打	打点	盗塁	盗塁刺	犠打	犠飛	四球計	故意四球	死球	三振	併殺打	打率	長打率	出塁率	失策
'21(広)		13	6	2	0	0	0	0	0	0	0	0	0	0	0	0	0	3	0	.000	.000	.000	1
'22(広)		55	67	11	13	0	0	2	19	5	0	1	3	0	7	0	1	21	0	.194	.284	.302	
'23(広)		93	119	22	22	2	0	0	24	3	7	0	12	1	14	1	0	35	2	.185	.202	.269	
〔3〕		161	192	35	35	2	0	2	43	8	7	1	15	1	21	1	1	59	2	.182	.224	.265	8

山浅龍之介　やまあさ・りゅうのすけ　聖光学院高　('23.1)　'04.4.21生　右投左打　C

年度	チーム	試合	打数	得点	安打	二塁打	三塁打	本塁打	塁打	打点	盗塁	盗塁刺	犠打	犠飛	四球計	故意四球	死球	三振	併殺打	打率	長打率	出塁率	失策
'23(中)		7	2	1	0	0	0	0	0	0	0	0	0	0	0	0	0	0	0	.000	.000	.000	

山足　達也　やまあし・たつや　立命館大　('18.1)　'93.10.26生　右投右打　1B, 2B, 3B, SS

年度	チーム	試合	打数	得点	安打	二塁打	三塁打	本塁打	塁打	打点	盗塁	盗塁刺	犠打	犠飛	四球計	故意四球	死球	三振	併殺打	打率	長打率	出塁率	失策
'18(オ)		25	60	8	10	2	0	1	15	7	2	0	2	0	7	0	3	15	2	.167	.250	.286	
'19(オ)		28	61	3	10	1	1	1	15	4	2	0	2	0	1	0	1	12	1	.164	.246	.203	
'20(オ)		63	96	21	21	5	0	1	29	5	3	1	6	0	2	0	1	13	0	.219	.302	.242	
'21(オ)		53	33	8	9	1	0	0	10	2	0	0	2	0	4	0	0	5	0	.273	.273	.351	
'22(オ)		39	44	8	8	1	0	1	12	2	1	0	0	0	3	0	0	11	1	.182	.273	.234	
'23(オ)		32	25	7	5	0	0	0	5	3	0	0	2	0	2	0	0	5	1	.200	.200	.259	
〔6〕		240	319	55	63	9	1	4	86	23	8	2	14	0	20	0	5	61	5	.197	.270	.256	

山川　穂高　やまかわ・ほたか　富士大　('14.1)　'91.11.23生　右投右打　1B, 3B

年度	チーム	試合	打数	得点	安打	二塁打	三塁打	本塁打	塁打	打点	盗塁	盗塁刺	犠打	犠飛	四球計	故意四球	死球	三振	併殺打	打率	長打率	出塁率	失策
'14(武)		14	30	3	3	0	0	2	9	3	0	0	0	0	4	0	0	10	0	.100	.300	.206	
'15(武)		1	1	0	1	0	0	0	1	1	0	0	0	0	0	0	0	0	0	1.000	1.000	1.000	
'16(武)		49	139	24	36	4	0	14	82	32	0	0	2	0	15	0	1	36	1	.259	.590	.335	
'17(武)		78	242	46	72	19	0	23	160	61	0	0	4	0	46	1	5	72	7	.298	.661	.420	
'18(武)		143	541	115	152	24	1	47	319	124	0	0	2	0	88	2	16	138	5	.281⑪	.590	.396	1
'19(武)		143	524	93	134	20	0	43	283	120	1	0	3	0	86	8	13	142	13	.256㉒	.540	.372	
'20(武)		102	322	47	66	7	0	24	145	73	0	0	2	0	64	4	13	100	6	.205㉖	.450	.357	
'21(武)		110	358	42	83	13	0	24	168	66	0	0	0	0	43	0	7	101	7	.232	.469	.321	
'22(武)		129	448	62	119	17	0	41	259	90	0	0	0	0	68	13	11	114	12	.266⑬	.578	.375	
'23(武)		17	59	3	15	4	0	0	19	5	0	0	0	0	3	0	0	17	1	.254	.322	.290	
〔10〕		786	2664	435	681	108	1	218	1445	575	1	1	2	14	417	28	66	730	52	.256	.542	.368	4

山口　航輝　やまぐち・こうき　明桜高　('19.1)　'00.8.18生　右投右打　1B, OF

年度	チーム	試合	打数	得点	安打	二塁打	三塁打	本塁打	塁打	打点	盗塁	盗塁刺	犠打	犠飛	四球計	故意四球	死球	三振	併殺打	打率	長打率	出塁率	失策
'21(ロ)		78	203	20	42	3	1	9	74	20	0	0	0	0	25	0	0	53	5	.207	.365	.294	
'22(ロ)		102	321	40	76	14	0	16	138	57	1	0	0	1	43	6	1	84	8	.237	.430	.302	
'23(ロ)		115	421	46	99	21	0	14	162	57	0	0	0	5	43	6	5	122	7	.235㉑	.385	.310	
〔3〕		295	945	106	217	38	1	39	374	134	1	1	0	6	91	6	9	259	20	.230	.396	.302	1

山崎晃大朗　やまさき・こうたろう　日本大（'16.1）　'93.8.11生　左投左打　OF

年度 チーム	試合	打数	得点	安打	二塁打	三塁打	本塁打	塁打	打点	盗塁	盗塁刺	犠打	犠飛	四球計	故意四球	死球	三振	併殺打	打率	長打率	出塁率	失策
'16（ヤ）	7	18	1	3	0	0	0	3	0	1	0	0	0	1	0	0	8	0	.167	.167	.211	0
'17（ヤ）	59	219	30	53	10	2	1	70	13	6	5	9	0	18	0	0	44	3	.242	.320	.300	2
'18（ヤ）	23	38	7	7	0	1	0	9	0	1	1	3	0	6	0	0	12	1	.184	.237	.295	0
'19（ヤ）	80	168	20	46	4	3	0	56	8	4	0	6	0	10	0	1	39	4	.274	.333	.318	1
'20（ヤ）	109	282	29	69	6	1	3	86	23	8	9	7	2	31	0	1	70	5	.245	.305	.320	1
'21（ヤ）	114	215	41	53	10	3	1	72	12	8	2	10	0	19	0	1	53	0	.247	.335	.311	1
'22（ヤ）	118	341	52	88	12	4	2	114	37	10	5	9	2	24	0	2	65	5	.258	.334	.309	0
'23（ヤ）	64	137	17	33	2	0	0	35	3	9	1	6	0	10	0	0	33	2	.241	.255	.293	1
〔8〕	574	1418	197	352	44	14	7	445	96	47	23	50	4	119	0	5	324	20	.248	.314	.308	8

山崎　剛　（旧名・幹史）　やまさき・つよし　國學院大（'18.1）　'95.12.29生　右投左打　SS, 2B, 3B, OF

年度 チーム	試合	打数	得点	安打	二塁打	三塁打	本塁打	塁打	打点	盗塁	盗塁刺	犠打	犠飛	四球計	故意四球	死球	三振	併殺打	打率	長打率	出塁率	失策
'18（楽）	33	82	11	19	3	3	0	28	7	4	1	1	0	1	0	0	13	2	.232	.341	.241	2
'19（楽）	16	27	4	9	4	0	1	16	2	4	0	3	0	0	0	0	5	0	.333	.593	.333	1
'20（楽）	20	12	4	2	1	0	0	3	1	1	0	2	1	1	0	0	2	0	.167	.250	.214	1
'21（楽）	56	168	29	43	6	3	0	67	24	4	2	1	1	15	1	3	41	5	.256	.399	.326	3
'22（楽）	79	187	19	38	6	5	3	63	13	15	4	11	0	17	0	3	46	3	.203	.337	.280	5
'23（楽）	117	261	29	53	6	2	5	75	19	13	6	7	1	35	2	3	58	9	.203	.287	.303	8
〔6〕	321	737	96	164	26	16	10	252	66	41	13	31	3	69	3	9	165	19	.223	.342	.296	21

山瀬慎之助　やませ・しんのすけ　星稜高（'20.1）　'01.5.4生　右投右打　C

年度 チーム	試合	打数	得点	安打	二塁打	三塁打	本塁打	塁打	打点	盗塁	盗塁刺	犠打	犠飛	四球計	故意四球	死球	三振	併殺打	打率	長打率	出塁率	失策
'22（巨）	8	11	0	2	1	0	0	3	0	0	0	0	0	0	0	0	3	0	.182	.273	.182	0
'23（巨）	5	7	1	1	0	0	0	1	0	0	0	0	0	0	0	0	3	0	.143	.143	.143	0
〔2〕	13	18	1	3	1	0	0	4	0	0	0	0	0	0	0	0	6	0	.167	.222	.167	0

山田　哲人　やまだ・てつと　履正社高（'11.1）　'92.7.16生　右投右打　2B, SS

年度 チーム	試合	打数	得点	安打	二塁打	三塁打	本塁打	塁打	打点	盗塁	盗塁刺	犠打	犠飛	四球計	故意四球	死球	三振	併殺打	打率	長打率	出塁率	失策
'12（ヤ）	26	44	5	11	2	0	1	16	1	0	0	0	0	5	0	0	11	0	.250	.364	.327	3
'13（ヤ）	94	350	50	99	13	2	3	125	26	9	2	3	3	39	2	1	37	6	.283	.357	.354	11
'14（ヤ）	143	596	106	193	39	1	29	321	89	15	5	2	5	74	2	8	95	10	.324③	.539	.403	13
'15（ヤ）	143	557	119	183	39	2	38	340	100	34	4	0	3	81	1	5	111	11	.329②	.610	.416	9
'16（ヤ）	133	481	102	146	26	3	38	292	102	30	2	0	4	97	0	8	101	16	.304⑥	.607	.425	5
'17（ヤ）	143	526	79	130	25	1	24	229	78	14	4	0	1	91	1	6	132	15	.247㉔	.435	.364	9
'18（ヤ）	140	524	130	165	30	4	34	305	89	33	4	3	0	106	5	4	119	8	.315⑩	.582	.432	13
'19（ヤ）	142	520	102	141	35	5	35	291	98	33	3	0	5	110	7	6	121	14	.271⑲	.560	.401	2
'20（ヤ）	94	334	52	85	17	1	12	140	52	8	4	2	2	48	3	0	83	6	.254㉒	.419	.346	4
'21（ヤ）	137	493	84	134	18	0	23	254	101	4	3	0	7	76	0	5	100	10	.272	.515	.370	5
'22（ヤ）	130	469	69	114	31	0	23	214	65	10	2	5	0	60	1	6	140	7	.243㉕	.456	.333	3
'23（ヤ）	105	376	43	87	21	3	14	156	40	4	0	0	4	39	0	3	102	8	.231	.415	.306	2
〔12〕	1430	5270	941	1488	296	22	285	2683	841	194	33	5	42	826	22	52	1152	111	.282	.509	.382	89

山田　遥楓　やまだ・はるか　佐賀工高（'15.1）　'96.9.30生　右投右打　3B, SS, 2B, 1B

年度 チーム	試合	打数	得点	安打	二塁打	三塁打	本塁打	塁打	打点	盗塁	盗塁刺	犠打	犠飛	四球計	故意四球	死球	三振	併殺打	打率	長打率	出塁率	失策
'18（武）	14	17	1	1	0	0	0	4	2	0	0	0	0	1	0	1	6	0	.059	.235	.158	0
'19（武）	4	12	2	2	0	0	0	2	0	0	0	0	0	0	0	0	4	1	.167	.167	.231	0
'20（武）	8	5	1	1	0	0	0	1	0	0	0	0	0	0	0	0	1	0	.200	.200	.200	0
'21（武）	98	147	14	29	6	1	0	37	18	1	2	10	3	13	0	0	41	1	.197	.252	.258	5
'22（武）	74	80	6	16	2	0	0	18	9	1	2	4	0	9	0	0	21	0	.200	.225	.270	4
'23（日）	29	41	1	11	0	0	0	13	1	2	0	0	0	4	0	1	6	0	.268	.317	.348	4
〔6〕	227	302	25	60	10	1	0	75	30	2	2	14	4	27	0	2	79	2	.199	.248	.266	13

大　和　やまと（前田　大和）樟南高（'06.1）'87.11.5生　右投右打　SS, OF, 2B, 3B, 1B

年度	チーム	試合	打数	得点	安打	二塁打	三塁打	本塁打	塁打	打点	盗塁	盗塁刺	犠打	犠飛	四球計	故意四球	死球	三振	併殺打	打率	長打率	出塁率	失策
'09（神）		66	62	12	11	3	0	0	14	1	3	1	7	0	3	0	0	7	0	.177	.226	.215	1
'10（神）		62	44	19	12	0	1	0	14	4	8	3	1	1	4	0	0	8	1	.273	.318	.327	2
'11（神）		47	51	13	12	1	1	0	15	6	5	1	5	3	3	0	0	6	0	.235	.294	.263	5
'12（神）		128	311	29	80	13	3	0	99	26	17	8	19	0	15	0	4	46	3	.257	.318	.300	2
'13（神）		104	384	51	105	12	3	0	123	21	19	9	35	0	27	0	8	40	2	.273⑭	.320	.334	2
'14（神）		121	398	54	105	17	1	1	127	24	11	7	**50**	1	28	1	4	52	7	.264⑳	.319	.318	3
'15（神）		123	249	25	56	5	0	0	61	12	5	7	28	0	12	2	4	35	2	.225	.245	.272	1
'16（神）		111	229	24	53	16	1	0	74	20	3	2	15	2	12	0	1	53	9	.231	.323	.270	2
'17（神）		100	232	25	65	6	1	0	74	16	2	3	1	1	9	0	0	37	5	.280	.319	.331	4
'18（デ）		113	394	54	96	24	3	2	132	27	10	6	9	3	24	1	5	73	0	.244	.335	.293	11
'19（デ）		137	438	42	104	17	2	0	125	37	3	1	10	2	34	1	6	75	7	.237㉙	.285	.300	11
'20（デ）		85	199	23	56	9	1	4	77	23	3	3	3	3	20	0	0	28	8	.281	.387	.342	11
'21（デ）		106	270	18	68	13	0	2	87	26	1	2	4	1	19	3	0	44	7	.252	.322	.300	11
'22（デ）		91	259	22	64	13	0	1	80	18	1	4	6	1	10	0	1	47	7	.247	.309	.277	4
'23（デ）		88	213	12	50	4	0	0	54	18	1	0	3	0	14	1	0	23	7	.235	.254	.282	2
〔15〕		1482	3733	423	937	151	16	12	1156	279	92	57	196	18	243	9	33	574	65	.251	.310	.301	68

山野辺　翔　やまのべ・かける　桜美林大（'19.1）'94.5.24生　右投右打　3B, 2B, OF, SS

年度	チーム	試合	打数	得点	安打	二塁打	三塁打	本塁打	塁打	打点	盗塁	盗塁刺	犠打	犠飛	四球計	故意四球	死球	三振	併殺打	打率	長打率	出塁率	失策
'19（武）		9	14	1	1	1	0	0	2	1	1	0	0	0	2	0	2	4	1	.071	.143	.278	2
'20（武）		53	60	11	14	3	0	0	17	4	5	2	0	1	1	0	2	11	2	.233	.283	.266	4
'21（武）		25	36	5	7	1	1	0	10	2	4	1	1	1	0	0	1	11	0	.194	.278	.211	4
'22（武）		30	33	7	5	3	0	0	8	1	3	1	2	0	1	0	1	4	0	.152	.242	.200	1
'23（武）		35	39	4	8	1	0	0	9	2	6	2	0	2	1	0	0	3	0	.205	.231	.244	1
〔5〕		152	182	28	35	9	1	0	46	10	19	6	3	2	5	0	7	33	3	.192	.253	.240	12

山村　崇嘉　やまむら・たかよし　東海大相模高（'21.1）'02.9.28生　右投左打　3B, SS, 1B, 2B

年度	チーム	試合	打数	得点	安打	二塁打	三塁打	本塁打	塁打	打点	盗塁	盗塁刺	犠打	犠飛	四球計	故意四球	死球	三振	併殺打	打率	長打率	出塁率	失策
'23（武）		4	14	3	4	0	0	0	10	3	0	0	0	0	1	0	0	5	0	.286	.714	.333	0

山本　大斗　やまもと・だいと　開星高（'22.7）'02.8.9生　右投右打　OF

年度	チーム	試合	打数	得点	安打	二塁打	三塁打	本塁打	塁打	打点	盗塁	盗塁刺	犠打	犠飛	四球計	故意四球	死球	三振	併殺打	打率	長打率	出塁率	失策
'22（ロ）		2	2	0	0	0	0	0	0	0	0	0	0	0	0	0	0	2	0	.000	.000	.000	0
'23（ロ）		2	7	0	1	0	0	0	1	0	0	0	0	0	0	0	0	4	1	.143	.143	.143	0
〔2〕		4	9	0	1	0	0	0	1	0	0	0	0	0	0	0	0	6	1	.111	.111	.111	0

山本　泰寛　やまもと・やすひろ　慶應義塾大（'16.1）'93.10.10生　右投右打　2B, 3B, SS, 1B

年度	チーム	試合	打数	得点	安打	二塁打	三塁打	本塁打	塁打	打点	盗塁	盗塁刺	犠打	犠飛	四球計	故意四球	死球	三振	併殺打	打率	長打率	出塁率	失策
'16（巨）		27	78	8	20	5	1	0	27	2	0	1	6	0	2	0	0	20	2	.256	.346	.275	2
'17（巨）		29	66	8	12	2	0	1	17	7	1	0	0	0	9	0	1	18	1	.182	.258	.289	7
'18（巨）		38	102	15	26	4	1	0	32	3	2	0	0	0	13	0	2	19	2	.255	.314	.350	7
'19（巨）		92	177	31	41	7	3	2	60	10	2	0	0	0	22	1	7	51	3	.232	.339	.340	5
'21（神）		69	43	8	8	2	0	0	11	3	2	0	1	0	6	0	1	10	0	.186	.256	.294	3
'22（神）		86	181	19	45	4	0	2	55	15	3	3	10	1	10	0	1	42	1	.249	.304	.290	7
〔6〕		341	647	89	152	25	5	5	202	40	10	4	32	2	62	1	12	160	9	.235	.312	.313	25

山本　祐大　やまもと・ゆうだい　京都翔英高　('18.1)　'98.9.11生　右投右打　C

年度／チーム	試合	打数	得点	安打	二塁打	三塁打	本塁打	塁打	打点	盗塁	盗塁刺	犠打	犠飛	四球計	故意四球	死球	三振	併殺打	打率	長打率	出塁率	失策
'18 (ディ)	2	1	1	1	0	0	1	4	2	0	0	0	0	0	0	0	0	0	1.000	4.000	1.000	0
'19 (ディ)	13	12	0	4	0	0	0	4	2	0	0	0	0	0	0	0	3	0	.333	.333	.333	0
'20 (ディ)	2	3	0	0	0	0	0	0	0	0	0	0	0	0	0	0	1	0	.000	.000	.000	0
'21 (ディ)	51	99	4	13	2	0	1	18	4	0	0	7	0	4	0	1	27	0	.131	.182	.173	4
'22 (ディ)	17	29	1	3	1	0	0	4	1	0	0	0	1	2	1	0	4	1	.103	.138	.156	0
'23 (ディ)	71	173	18	48	7	1	3	66	16	0	0	7	1	18	1	1	26	3	.277	.382	.347	4
〔6〕	156	317	24	69	10	1	5	96	25	0	0	14	2	24	2	2	61	4	.218	.303	.275	8

湯浅　大　ゆあさ・だい　高崎健康福祉大高崎高　('18.1)　'00.1.24生　右投右打　SS, 2B, 3B, OF

年度／チーム	試合	打数	得点	安打	二塁打	三塁打	本塁打	塁打	打点	盗塁	盗塁刺	犠打	犠飛	四球計	故意四球	死球	三振	併殺打	打率	長打率	出塁率	失策
'20 (巨)	13	7	3	0	0	0	0	0	0	0	2	0	0	1	0	0	3	0	.000	.000	.125	0
'21 (巨)	33	13	6	5	1	0	0	6	0	1	1	1	0	0	0	0	1	0	.385	.462	.385	0
'22 (巨)	63	30	11	3	1	0	1	7	3	1	0	2	0	4	0	0	10	0	.100	.233	.206	1
〔3〕	109	50	20	8	2	0	1	13	3	6	1	2	2	6	0	0	14	0	.160	.260	.236	1

陽川　尚将　ようかわ・なおまさ　東京農業大　('14.1)　'91.7.17生　右投右打　1B, OF, 3B

年度／チーム	試合	打数	得点	安打	二塁打	三塁打	本塁打	塁打	打点	盗塁	盗塁刺	犠打	犠飛	四球計	故意四球	死球	三振	併殺打	打率	長打率	出塁率	失策
'16 (神)	29	72	6	12	0	0	2	18	4	0	0	0	0	4	0	1	22	0	.167	.250	.221	2
'17 (神)	12	18	1	3	0	0	1	6	1	0	0	0	0	0	0	1	8	0	.167	.333	.211	0
'18 (神)	75	274	27	69	16	5	6	113	48	5	0	0	1	17	1	7	76	7	.252	.412	.311	3
'19 (神)	28	55	3	6	1	0	3	16	4	0	0	1	0	4	1	2	19	2	.109	.291	.169	1
'20 (神)	71	158	19	39	6	0	8	69	24	2	2	1	1	15	2	6	42	4	.247	.437	.333	1
'21 (神)	41	46	2	8	1	0	2	15	6	0	0	0	0	3	0	2	19	1	.174	.326	.255	1
'22 (神)	45	68	8	20	6	0	1	29	9	0	0	0	0	4	0	2	20	0	.294	.426	.351	1
'23 (武)	9	24	1	4	0	0	0	4	1	0	0	0	0	0	0	0	11	0	.167	.167	.167	0
〔8〕	310	715	65	161	30	5	24	273	94	7	2	5	2	50	5	20	217	15	.225	.382	.294	9

横尾　俊建　よこお・としたけ　慶應義塾大　('16.1)　'93.5.27生　右投右打　3B, 2B, 1B, OF

年度／チーム	試合	打数	得点	安打	二塁打	三塁打	本塁打	塁打	打点	盗塁	盗塁刺	犠打	犠飛	四球計	故意四球	死球	三振	併殺打	打率	長打率	出塁率	失策
'16 (日)	10	17	1	2	0	0	0	2	0	0	0	0	0	0	0	0	3	0	.118	.118	.118	0
'17 (日)	50	134	14	32	3	0	7	56	20	0	0	0	1	11	0	3	45	2	.239	.418	.309	0
'18 (日)	74	193	18	40	2	0	9	69	24	0	1	2	2	9	0	4	45	3	.207	.358	.255	3
'19 (日)	78	170	7	32	10	0	3	51	13	0	0	1	1	5	1	1	34	4	.188	.300	.268	5
'20 (日)	44	107	10	27	2	0	2	35	11	0	0	0	0	6	0	1	16	3	.252	.327	.302	2
'21 (楽)	30	61	1	11	2	0	0	13	3	0	0	0	0	5	0	1	8	4	.180	.213	.254	0
〔6〕	286	682	51	144	19	0	21	226	71	0	1	4	5	41	2	19	151	16	.211	.331	.273	10

吉川　尚輝　よしかわ・なおき　中京学院大　('17.1)　'95.2.8生　右投左打　2B, SS

年度／チーム	試合	打数	得点	安打	二塁打	三塁打	本塁打	塁打	打点	盗塁	盗塁刺	犠打	犠飛	四球計	故意四球	死球	三振	併殺打	打率	長打率	出塁率	失策
'17 (巨)	5	11	1	3	0	0	0	3	0	0	0	1	0	0	0	0	2	0	.273	.273	.273	0
'18 (巨)	92	316	51	80	16	3	4	114	29	11	4	13	2	19	0	5	61	5	.253	.361	.304	5
'19 (巨)	11	41	7	16	1	0	0	17	3	1	2	2	0	3	0	0	4	1	.390	.415	.432	4
'20 (巨)	112	354	47	97	16	2	8	141	32	11	3	2	0	30	4	3	60	6	.274⑯	.398	.336	4
'21 (巨)	108	305	35	83	13	1	5	113	25	7	2	3	2	17	2	2	48	4	.272	.370	.313	4
'22 (巨)	132	516	64	143	20	6	7	196	31	16	7	10	1	32	0	6	53	6	.277⑩	.380	.329	11
'23 (巨)	132	430	47	110	19	4	7	158	36	4	4	11	3	26	2	8	66	12	.256㉑	.367	.308	5
〔7〕	592	1973	252	532	85	16	31	742	156	51	20	42	8	127	8	26	294	34	.270	.376	.321	33

吉田　賢吾
よしだ・けんご　桐蔭横浜大　('23.1)　'01. 1. 18生　右投右打　PH

年度(チーム)	試合	打数	得点	安打	二塁打	三塁打	本塁打	塁打	打点	盗塁	盗塁刺	犠打	犠飛	四球計	故意四球	死球	三振	併殺打	打率	長打率	出塁率	失策
'23(ソ)	1	1	0	0	0	0	0	0	0	0	0	0	0	0	0	0	1	0	.000	.000	.000	－

リチャード
(砂川　リチャード)　沖縄尚学高　('20.3)　'99. 6. 18生　右投右打　3B, 1B

年度(チーム)	試合	打数	得点	安打	二塁打	三塁打	本塁打	塁打	打点	盗塁	盗塁刺	犠打	犠飛	四球計	故意四球	死球	三振	併殺打	打率	長打率	出塁率	失策
'21(ソ)	34	105	11	19	4	0	7	44	20	0	0	0	3	6	0	2	38	1	.181	.419	.233	3
'22(ソ)	23	63	7	10	1	0	3	20	5	0	0	0	0	6	0	1	29	1	.159	.317	.243	5
'23(ソ)	22	61	2	7	1	0	0	8	1	0	0	0	0	2	0	1	25	0	.115	.131	.156	5
〔3〕	79	229	20	36	6	0	10	72	26	0	0	0	3	14	0	4	92	2	.157	.314	.216	13

龍　　空
りゅうく (土田　龍空)　近江高　('21.1)　'02. 12. 30生　右投左打　SS, 2B, 3B

年度(チーム)	試合	打数	得点	安打	二塁打	三塁打	本塁打	塁打	打点	盗塁	盗塁刺	犠打	犠飛	四球計	故意四球	死球	三振	併殺打	打率	長打率	出塁率	失策
'21(中)	9	5	0	2	1	0	0	3	2	0	0	0	0	2	0	0	2	0	.400	.600	.571	0
'22(中)	62	210	15	52	7	1	0	61	12	3	2	6	2	7	3	4	43	7	.248	.290	.283	5
'23(中)	114	273	16	51	3	2	1	61	18	2	1	12	2	15	2	2	59	5	.187	.223	.233	5
〔3〕	185	488	31	105	11	3	1	125	32	5	3	18	4	24	5	6	104	12	.215	.256	.259	15

P. レビーラ
ペドロ・レビーラ　エイデスポーツ専門学校　('22.7)　'99. 3. 23生　右投右打　OF

年度(チーム)	試合	打数	得点	安打	二塁打	三塁打	本塁打	塁打	打点	盗塁	盗塁刺	犠打	犠飛	四球計	故意四球	死球	三振	併殺打	打率	長打率	出塁率	失策
'22(中)	21	64	1	13	2	0	1	18	3	0	0	0	0	2	0	0	30	3	.203	.281	.227	0

若月　健矢
わかつき・けんや　花咲徳栄高　('14.1)　'95. 10. 4生　右投右打　C

年度(チーム)	試合	打数	得点	安打	二塁打	三塁打	本塁打	塁打	打点	盗塁	盗塁刺	犠打	犠飛	四球計	故意四球	死球	三振	併殺打	打率	長打率	出塁率	失策
'15(オ)	5	11	0	1	0	0	0	1	0	0	0	0	0	0	0	0	2	1	.091	.091	.091	0
'16(オ)	85	229	22	52	13	0	0	65	20	0	0	23	0	4	1	6	42	5	.227	.284	.259	3
'17(オ)	100	218	16	44	8	2	1	59	18	0	0	23	2	10	0	3	50	9	.202	.271	.245	3
'18(オ)	114	269	22	66	9	2	1	82	27	1	0	23	1	7	0	2	80	6	.245	.305	.269	2
'19(オ)	138	298	21	53	9	0	1	65	21	2	0	25	0	5	1	4	73	4	.178	.218	.241	3
'20(オ)	75	192	14	46	12	0	3	67	19	2	0	8	1	9	0	5	40	4	.240	.349	.290	2
'21(オ)	68	117	11	25	4	0	5	44	16	1	0	9	1	11	0	2	27	2	.214	.376	.290	2
'22(オ)	68	171	16	48	7	0	4	67	14	3	1	9	1	9	0	3	34	5	.281	.392	.326	3
'23(オ)	96	286	27	73	14	1	6	107	17	2	1	16	0	15	1	1	66	15	.255	.374	.295	2
〔9〕	749	1791	149	408	76	5	21	557	152	11	2	136	6	70	3	26	414	51	.228	.311	.272	23

若林　晃弘
わかばやし・あきひろ　法政大　('18.1)　'93. 8. 26生　右投左右打　2B, OF, 1B, 3B, SS

年度(チーム)	試合	打数	得点	安打	二塁打	三塁打	本塁打	塁打	打点	盗塁	盗塁刺	犠打	犠飛	四球計	故意四球	死球	三振	併殺打	打率	長打率	出塁率	失策
'18(巨)	17	18	2	1	0	0	0	1	0	0	0	0	0	1	0	0	6	0	.056	.056	.105	1
'19(巨)	77	234	34	56	9	1	5	82	21	11	2	4	1	32	1	2	51	3	.239	.350	.335	9
'20(巨)	76	146	22	36	6	1	2	50	14	2	4	3	1	8	0	2	32	6	.247	.342	.288	3
'21(巨)	96	213	25	51	11	0	5	77	16	1	3	3	2	22	0	2	46	1	.239	.362	.314	5
'22(巨)	43	80	3	16	3	0	0	19	8	0	1	3	1	7	0	0	24	4	.200	.238	.261	1
'23(巨)	21	16	3	2	0	0	0	2	0	0	1	0	0	2	0	0	5	0	.125	.125	.222	0
〔6〕	330	707	89	162	29	2	12	231	59	15	10	13	5	72	2	5	164	14	.229	.327	.303	19

若林　楽人　わかばやし・がくと　駒澤大　('21.1)　'98.4.13生　右投右打　OF

年度	チーム	試合	打数	得点	安打	二塁打	三塁打	本塁打	塁打	打点	盗塁	盗塁刺	犠打	犠飛	四球計	故意四球	死球	三振	併殺打	打率	長打率	出塁率	失策
21	(武)	44	144	14	40	8	1	2	56	10	20	8	2	1	10	0	4	41	3	.278	.389	.340	1
22	(武)	28	87	5	18	0	0	0	18	3	3	1	2	0	4	0	2	34	0	.207	.207	.258	0
23	(武)	36	90	7	22	5	1	1	32	7	4	2	2	0	2	0	0	30	2	.244	.356	.261	0
〔3〕		108	321	26	80	13	2	3	106	20	27	11	6	1	16	0	6	105	5	.249	.330	.297	1

渡部　健人　わたなべ・けんと　桐蔭横浜大　('21.1)　'98.12.26生　右投右打　1B, 3B

年度	チーム	試合	打数	得点	安打	二塁打	三塁打	本塁打	塁打	打点	盗塁	盗塁刺	犠打	犠飛	四球計	故意四球	死球	三振	併殺打	打率	長打率	出塁率	失策
21	(武)	6	16	1	1	0	0	1	4	2	0	0	0	0	1	0	0	7	0	.063	.250	.118	1
23	(武)	57	192	17	41	13	0	6	72	25	2	1	0	1	11	0	5	63	2	.214	.375	.273	4
〔2〕		63	208	18	42	13	0	7	76	27	2	1	0	1	12	0	5	70	2	.202	.365	.261	5

渡邉　大樹　わたなべ・だいき　専大松戸高　('16.1)　'97.6.7生　右投右打　OF

年度	チーム	試合	打数	得点	安打	二塁打	三塁打	本塁打	塁打	打点	盗塁	盗塁刺	犠打	犠飛	四球計	故意四球	死球	三振	併殺打	打率	長打率	出塁率	失策
17	(ヤ)	2	2	0	0	0	0	0	0	0	0	0	0	0	0	0	0	1	0	.000	.000	.000	—
19	(ヤ)	16	7	5	1	0	0	1	4	1	1	0	1	0	0	0	0	2	0	.143	.571	.250	0
20	(ヤ)	33	11	7	3	0	0	0	3	0	2	2	0	0	1	0	0	3	0	.273	.273	.333	0
21	(ヤ)	94	35	19	6	2	0	0	8	3	5	2	5	0	0	0	1	9	1	.171	.229	.216	2
22	(ヤ)	49	16	6	2	1	0	0	3	2	2	1	1	0	0	0	1	5	0	.125	.188	.125	1
23	(オ)	1	2	0	0	0	0	0	0	0	0	0	0	0	0	0	0	1	0	.000	.000	.000	0
〔6〕		195	73	37	12	3	0	1	18	6	10	5	7	0	2	0	2	21	1	.164	.247	.208	3

渡部　遼人　わたなべ・はると　慶應義塾大　('22.1)　'99.9.2生　左投左打　OF

年度	チーム	試合	打数	得点	安打	二塁打	三塁打	本塁打	塁打	打点	盗塁	盗塁刺	犠打	犠飛	四球計	故意四球	死球	三振	併殺打	打率	長打率	出塁率	失策
22	(オ)	16	17	0	1	0	0	0	1	2	1	1	1	0	1	0	0	7	0	.059	.059	.111	0
23	(オ)	32	41	7	7	2	0	0	9	1	2	1	2	1	8	0	0	7	1	.171	.220	.300	0
〔2〕		48	58	7	8	2	0	0	10	3	3	2	3	1	9	0	0	14	1	.138	.172	.250	0

渡邊　佳明　わたなべ・よしあき　明治大　('19.1)　'97.1.8生　右投左打　OF, 3B, 2B, 1B, SS

年度	チーム	試合	打数	得点	安打	二塁打	三塁打	本塁打	塁打	打点	盗塁	盗塁刺	犠打	犠飛	四球計	故意四球	死球	三振	併殺打	打率	長打率	出塁率	失策
19	(楽)	77	218	15	49	8	1	1	62	26	0	0	11	1	14	1	1	40	5	.225	.284	.274	2
20	(楽)	35	85	9	20	5	1	0	27	12	0	0	6	1	3	0	0	15	1	.235	.318	.258	2
21	(楽)	45	99	12	27	2	0	1	32	7	0	1	2	0	11	0	1	19	3	.273	.323	.351	3
22	(楽)	60	153	14	37	1	2	1	45	17	2	3	2	1	12	0	0	24	2	.242	.294	.295	3
23	(楽)	25	49	3	7	0	0	0	7	3	0	0	3	0	5	0	0	7	3	.143	.143	.222	0
〔5〕		242	604	53	140	16	4	3	173	65	2	4	24	3	45	1	2	105	14	.232	.286	.286	10

渡邉　陸　わたなべ・りく　神村学園高　('21.8)　'00.9.24生　右投左打　C

年度	チーム	試合	打数	得点	安打	二塁打	三塁打	本塁打	塁打	打点	盗塁	盗塁刺	犠打	犠飛	四球計	故意四球	死球	三振	併殺打	打率	長打率	出塁率	失策
22	(ソ)	20	33	6	9	1	0	3	19	9	0	0	0	0	3	0	0	15	0	.273	.576	.333	0

渡邉　諒　わたなべ・りょう　東海大甲府高　('14.1)　'95. 4. 30生　右投右打　2B, 3B, 1B, OF, SS

年度	チーム	試合	打数	得点	安打	二塁打	三塁打	本塁打	塁打	打点	盗塁	盗塁刺	犠打	犠飛	四球計	故意四球	死球	三振	併殺打	打率	長打率	出塁率	失策
'14 (日)		2	5	0	1	0	0	0	1	0	0	0	0	0	1	0	0	3	0	.200	.200	.333	0
'15 (日)		9	13	0	2	0	0	0	2	0	0	0	0	0	0	0	0	4	0	.154	.154	.154	1
'16 (日)		1	3	1	1	0	0	1	4	1	0	0	0	0	0	0	0	0	0	.333	1.333	.333	0
'17 (日)		22	30	4	4	1	1	0	7	2	0	0	2	0	3	0	0	13	0	.133	.233	.212	0
'18 (日)		60	161	17	39	7	0	7	67	14	1	0	8	1	11	0	2	43	7	.242	.416	.297	
'19 (日)		132	481	60	126	16	5	11	185	58	0	2	3	5	48	0	6	120	8	.262⑯	.385	.333	11
'20 (日)		117	414	49	117	13	4	6	156	39	4	2	4	3	43	0	0	81	9	.283⑦	.377	.348	
'21 (日)		83	281	21	68	13	0	3	90	29	5	1	4	3	30	1	7	72	12	.242	.320	.327	
'22 (日)		26	60	11	14	4	2	0	22	2	0	0	0	0	5	0	0	17	1	.233	.367	.281	
'23 (神)		59	79	8	14	4	0	2	24	10	0	0	0	1	5	1	0	18	5	.177	.304	.224	
〔10〕		506	1527	171	386	58	12	30	558	155	10	5	22	13	144	2	16	371	42	.253	.365	.321	40

和田康士朗　わだ・こうしろう　小川高　('20.6)　'99.1.14生　左投左打　OF

年度	チーム	試合	打数	得点	安打	二塁打	三塁打	本塁打	塁打	打点	盗塁	盗塁刺	犠打	犠飛	四球計	故意四球	死球	三振	併殺打	打率	長打率	出塁率	失策
'20 (ロ)		71	59	24	12	1	0	0	13	0	23	3	3	0	6	0	1	23	0	.203	.220	.288	0
'21 (ロ)		96	19	25	5	1	0	0	6	1	**24**	5	0	0	5	0	0	8	0	.263	.316	.417	0
'22 (ロ)		69	28	20	5	1	0	0	6	1	11	7	1	0	3	1	1	12	0	.179	.214	.281	0
'23 (ロ)		80	98	30	26	4	2	3	43	9	20	1	3	0	9	0	3	32	0	.265	.439	.345	0
〔4〕		316	204	99	48	7	2	3	68	11	78	16	7	0	23	1	5	75	0	.235	.333	.328	0

和田　恋　わだ・れん　高知高　('14.1)　'95.9.26生　右投右打　OF, 1B

年度	チーム	試合	打数	得点	安打	二塁打	三塁打	本塁打	塁打	打点	盗塁	盗塁刺	犠打	犠飛	四球計	故意四球	死球	三振	併殺打	打率	長打率	出塁率	失策
'18 (巨)		5	8	1	1	0	0	0	1	0	0	0	0	0	0	0	0	4	0	.125	.125	.125	
'19 (楽)		31	107	7	27	4	1	2	39	11	0	0	1	1	3	0	1	32	4	.252	.364	.277	
'20 (楽)		7	16	0	2	1	0	0	3	1	0	0	0	0	1	0	0	4	2	.125	.188	.176	
'21 (楽)		7	8	0	2	0	0	0	2	0	0	0	0	0	1	0	0	4	0	.250	.250	.333	
'22 (楽)		11	29	0	2	0	0	0	2	1	0	0	0	0	0	0	0	10	1	.069	.069	.067	
'23 (楽)		2	5	0	1	0	0	0	1	0	0	0	0	0	0	0	0	3	1	.200	.200	.167	
〔6〕		63	173	8	35	5	1	2	48	15	0	0	1	3	5	0	1	57	8	.202	.277	.225	

王　柏融　わん・ぽーろん　中国文化大　('19.1)　'93.9.9生　右投左打　OF, 1B

年度	チーム	試合	打数	得点	安打	二塁打	三塁打	本塁打	塁打	打点	盗塁	盗塁刺	犠打	犠飛	四球計	故意四球	死球	三振	併殺打	打率	長打率	出塁率	失
'19 (日)		88	306	18	78	13	0	3	100	35	1	0	0	3	25	1	6	65	6	.255	.327	.321	
'20 (日)		52	87	9	18	4	0	0	28	9	0	0	0	1	6	0	1	27	2	.207	.322	.263	
'21 (日)		95	252	22	61	20	0	9	108	48	0	0	0	1	25	0	5	70	4	.242	.429	.322	
'22 (日)		15	32	1	2	1	0	0	3	0	0	0	0	0	0	0	0	12	1	.063	.094	.063	
'23 (日)		20	42	5	10	0	1	1	15	5	0	0	0	0	3	0	0	16	1	.238	.357	.289	
〔5〕		270	719	55	169	38	1	15	254	97	2	0	0	5	59	1	12	190	14	.235	.353	.302	

個 人 投 手 通 算 打 撃 成 績

▲打撃妨害出塁

選手名	チーム	年数	試合	打数	得点	安打	二塁打	三塁打	本塁打	塁打	打点	盗塁	盗塁刺	犠打	犠飛	四球	死球	三振	併殺打	打率	失策
アドゥワ誠	(広)	3	86	30	2	3	0	0	0	3	1	0	0	3	0	0	0	22	0	.100	2
アンダーソン	(広)	2	34	25	1	2	0	0	0	2	0	0	0	3	0	0	0	15	0	.080	0
青柳 晃洋	(神)	8	142	238	7	24	4	0	0	28	11	0	0	29	1	4	1	117	5	.101	15
青山美夏人	(武)	1	39	0	0	0	0	0	0	0	0	0	0	0	0	0	0	0	0	.000	0
赤星 優志	(巨)	2	43	35	0	3	1	0	0	4	0	0	0	4	0	2	0	21	0	.086	1
秋山 拓巳	(神)	14	134	210	12	30	3	0	2	39	13	0	0	34	0	7	0	96	1	.143	5
東 克樹	(ディ)	5	70	122	1	12	2	0	0	14	6	0	0	19	0	4	0	56	3	.098	1
東 晃平	(オ)	2	14	0	0	0	0	0	0	0	0	0	0	0	0	0	0	0	0	.000	0
東妻 勇輔	(ロ)	5	113	0	0	0	0	0	0	0	0	0	0	0	0	0	0	0	0	.000	1
阿部 翔太	(オ)	3	97	0	0	0	0	0	0	0	0	0	0	0	0	0	0	0	0	.000	2
有原 航平	(ソ)	7	146	13	1	2	0	0	0	2	0	0	0	2	0	0	0	8	0	.154	4
粟津 凱士	(武)	1	1	0	0	0	0	0	0	0	0	0	0	0	0	0	0	0	0	.000	0
安樂 智大	(楽)	9	231	2	0	0	0	0	0	0	0	0	0	0	0	0	0	1	0	.000	2
井口 和朋	(日)	8	217	0	0	0	0	0	0	0	0	0	0	0	0	0	0	0	0	.000	0
池田 隆英	(日)	4	88	2	0	0	0	0	0	0	0	0	0	1	0	0	0	2	0	.000	2
池谷 蒼大	(ディ)	2	12	0	0	0	0	0	0	0	0	0	0	0	0	0	0	0	0	.000	1
石井 大智	(神)	3	80	1	0	0	0	0	0	0	0	0	0	0	0	0	0	0	0	.000	0
石川 歩	(ロ)	9	192	21	0	2	0	0	0	2	0	0	0	4	0	1	0	17	0	.095	7
石川 柊太	(ソ)	7	170	16	0	1	0	0	0	1	0	0	0	0	0	0	0	9	1	.063	3
石川 翔	(中)	1	1	0	0	0	0	0	0	0	0	0	0	0	0	0	0	0	0	.000	0
石川 達也	(ディ)	2	31	2	0	0	0	0	0	0	0	0	0	0	0	0	0	2	0	.000	0
石川 直也	(日)	6	202	0	0	0	0	0	0	0	0	0	0	0	0	0	0	0	0	.000	0
石川 雅規	(ヤ)	22	544	856	41	134	4	0	0	138	35	0	0	147	0	23	2	258	4	.157	14
石田 健大	(ディ)	9	239	192	11	24	1	0	0	25	11	0	0	30	0	3	1	81	2	.125	4
石橋 良太	(楽)	6	78	3	0	0	0	0	0	0	0	0	0	0	0	0	0	2	0	.000	1
石山 泰稚	(ヤ)	11	490	58	0	3	0	0	0	3	0	0	0	8	0	1	0	28	3	.052	8
泉 圭輔	(ソ)	5	118	0	0	0	0	0	0	0	0	0	0	0	0	0	0	0	0	.000	0
伊勢 大夢	(ディ)	4	201	2	0	0	0	0	0	0	0	0	0	0	0	0	0	2	0	.000	0
一岡 竜司	(広)	11	290	0	0	0	0	0	0	0	0	0	0	0	0	0	0	0	0	.000	2
市川 悠太	(ヤ)	2	10	2	0	0	0	0	0	0	0	0	0	0	0	0	0	1	0	.000	2
伊藤 翔	(武)	4	47	0	0	0	0	0	0	0	0	0	0	0	0	0	0	0	0	.000	1
伊藤 大海	(日)	3	73	14	0	1	1	0	0	2	1	0	0	0	0	0	0	8	0	.071	5
伊藤 茉央	(楽)	1	25	0	0	0	0	0	0	0	0	0	0	0	0	0	0	0	0	.000	0
伊藤 将司	(神)	3	64	115	3	11	0	0	0	12	7	0	0	20	0	1	0	70	3	.096	2
井上 温大	(巨)	2	11	9	2	3	0	0	0	3	0	0	0	0	0	0	0	5	0	.333	0
井上 広輝	(武)	1	4	0	0	0	0	0	0	0	0	0	0	0	0	0	0	0	0	.000	0
今井 達也	(武)	6	110	5	0	0	0	0	0	0	0	0	0	0	0	0	0	4	0	.000	7
今永 昇太	(ディ)	8	165	276	10	51	4	1	0	57	13	0	0	38	1	10	0	88	5	.185	7
今村 信貴	(巨)	10	173	117	5	11	0	0	0	11	5	0	0	14	0	3	0	61	0	.094	2
入江 大生	(ディ)	3	93	3	1	0	0	0	0	0	0	0	0	0	0	0	0	1	0	.000	0
岩嵜 翔	(中)	15	300	8	0	0	0	0	0	0	0	0	0	1	0	0	0	6	0	.000	3
岩貞 祐太	(神)	10	272	139	2	7	0	0	0	7	1	0	0	18	0	5	0	83	1	.050	8
岩崎 優	(神)	10	443	75	1	8	1	0	0	9	1	0	0	6	0	1	1	34	0	.107	5
岩下 大輝	(ロ)	6	120	5	0	0	0	0	0	0	0	0	0	1	0	0	0	4	0	.000	3
ウェンデルケン	(ディ)	1	61	0	0	0	0	0	0	0	0	0	0	0	0	0	0	0	0	.000	0
上田洸太朗	(中)	2	21	12	0	0	0	0	0	0	0	0	0	0	0	0	0	9	1	.000	1
上原 健太	(日)	8	95	14	2	3	1	0	1	7	1	0	0	0	0	0	0	9	1	.214	2
上間 永遠	(武)	1	5	0	0	0	0	0	0	0	0	0	0	0	0	0	0	0	0	.000	0
宇田川優希	(オ)	2	65	0	0	0	0	0	0	0	0	0	0	0	0	0	0	0	0	.000	2
内 星龍	(楽)	1	53	0	0	0	0	0	0	0	0	0	0	0	0	0	0	0	0	.000	0
内間 拓馬	(楽)	2	12	0	0	0	0	0	0	0	0	0	0	0	0	0	0	0	0	.000	0
梅津 晃大	(中)	4	19	29	2	6	1	0	0	7	0	0	0	1	0	2	0	12	1	.207	2
梅野 雄吾	(ヤ)	7	216	2	0	0	0	0	0	0	0	0	0	0	0	0	0	0	0	.000	1
漆原 大晟	(オ)	3	72	0	0	0	0	0	0	0	0	0	0	0	0	0	0	0	0	.000	0
上沢 直之	(日)	9	173	24	0	3	1	0	0	4	0	0	0	3	0	0	0	12	1	.125	9

個人投手通算打撃成績

選手名	チーム	年数	試合	打数	得点	安打	二塁打	三塁打	本塁打	塁打	打点	盗塁	盗塁刺	犠打	犠飛	四球	死球	三振	併殺打	打率	失策
エスコバー	(ディ)	7	395	7	0	0	0	0	0	0	0	0	0	0	0	0	0	6	0	.000	7
エスピナル	(ヤ)	1	3	0	0	0	0	0	0	0	0	0	0	0	0	0	0	0	0	.000	0
エ ン ス	(武)	2	35	3	1	1	1	0	0	2	0	0	0	0	0	0	0	1	0	.333	6
遠藤 淳志	(広)	5	83	79	1	8	0	0	0	8	6	0	0	6	0	1	0	34	3	.101	2
オ ス ナ	(ソ)	2	78	0	0	0	0	0	0	0	0	0	0	0	0	0	0	0	0	.000	0
大江 竜聖	(巨)	5	133	2	0	0	0	0	0	0	0	0	0	1	0	0	0	1	0	.000	1
大下 佑馬	(ヤ)	5	109	4	1	0	0	0	0	0	0	0	0	2	0	1	0	1	0	.000	0
大瀬良大地	(広)	10	251	351	20	42	5	1	1	52	19	1	0	42	0	22	1	179	4	.120	6
大関 友久	(ソ)	3	50	2	0	0	0	0	0	0	0	0	0	0	0	0	0	2	0	.000	0
大竹耕太郎	(神)	6	56	44	2	4	1	0	0	5	3	0	0	5	0	2	0	29	2	.091	1
大津 亮介	(ソ)	1	46	0	0	0	0	0	0	0	0	0	0	0	0	0	0	0	0	.000	0
大西 広樹	(ヤ)	4	127	2	0	0	0	0	0	0	0	0	0	0	0	0	0	1	0	.000	0
大貫 晋一	(ディ)	5	93	142	4	13	1	0	0	14	3	0	0	24	1	4	0	64	2	.092	2
大野 雄大	(中)	13	228	421	9	31	2	1	0	35	10	0	1	52	0	10	0	233	6	.074	9
大曲 錬	(武)	3	20	0	0	0	0	0	0	0	0	0	0	0	0	0	0	0	0	.000	0
大道 温貴	(広)	3	75	10	0	1	1	0	0	2	2	0	0	2	0	1	0	6	0	.100	1
岡田 明丈	(広)	4	71	118	6	14	2	0	0	16	11	0	0	10	1	3	0	62	4	.119	2
岡田 俊哉	(中)	10	350	20	0	0	0	0	0	0	0	0	0	5	0	1	0	7	0	.000	4
岡留 英貴	(神)	1	8	0	0	0	0	0	0	0	0	0	0	0	0	0	0	0	0	.000	0
岡野祐一郎	(中)	4	32	16	0	2	0	0	0	2	2	0	0	2	0	0	0	8	0	.125	0
小笠原慎之介	(中)	8	137	231	7	24	5	0	0	29	7	0	0	20	0	6	1	136	0	.104	5
尾形 崇斗	(ソ)	4	30	0	0	0	0	0	0	0	0	0	0	0	0	0	0	3	0	.000	0
小川 一平	(神)	3	46	4	0	0	0	0	0	0	0	0	0	2	0	0	0	3	0	.000	1
小川 泰弘	(ヤ)	11	252	455	17	47	10	0	3	66	31	0	0	55	0	22	0	209	4	.103	11
奥川 恭伸	(ヤ)	3	20	31	3	2	0	0	0	2	0	0	0	5	0	1	0	18	0	.065	0
奥村 政稔	(ソ)	3	21	0	0	0	0	0	0	0	0	0	0	0	0	0	0	0	0	.000	0
小島 和哉	(ロ)	5	103	7	0	0	0	0	0	0	0	0	0	1	0	1	0	5	0	.000	3
尾仲 祐哉	(ヤ)	6	44	3	0	0	0	0	0	0	0	0	0	0	0	0	0	2	0	.000	1
小沼 健太	(ロ)	2	25	1	0	0	0	0	0	0	0	0	0	0	0	0	0	0	0	.000	0
小野 泰己	(オ)	6	74	55	3	3	1	0	0	4	1	0	0	11	0	2	0	33	0	.055	1
小野 郁	(ロ)	9	182	0	0	0	0	0	0	0	0	0	0	0	0	0	0	0	0	.000	0
及川 雅貴	(神)	3	73	1	0	0	0	0	0	0	0	0	0	1	0	0	0	1	0	.000	0
カスティーヨ	(ロ)	1	12	1	0	0	0	0	0	0	0	0	0	0	0	0	0	1	0	.000	0
ガゼルマン	(ディ)	2	17	19	2	2	2	0	0	4	1	0	0	2	0	4	0	6	0	.105	0
ガンケル	(ソ)	4	69	66	4	15	4	0	0	19	2	0	0	8	0	2	1	31	0	.227	7
甲斐野 央	(ソ)	4	161	0	0	0	0	0	0	0	0	0	0	0	0	0	0	0	0	.000	1
柿木 蓮	(日)	1	4	0	0	0	0	0	0	0	0	0	0	0	0	0	0	0	0	.000	0
鍵谷 陽平	(巨)	11	419	4	0	0	0	0	0	0	0	0	0	0	0	0	0	4	0	.000	0
笠原祥太郎	(ディ)	6	57	64	0	6	1	0	0	7	1	0	0	6	0	1	0	34	0	.094	1
笠谷 俊介	(ソ)	7	74	2	0	0	0	0	0	0	0	0	0	0	0	0	0	1	0	.000	1
加治屋 蓮	(神)	8	209	0	0	0	0	0	0	0	0	0	0	0	0	0	0	0	0	.000	1
勝野 昌慶	(中)	5	91	65	2	7	2	1	1	14	4	0	0	5	0	3	0	42	1	.108	0
加藤 貴之	(日)	8	202	12	1	3	0	0	0	3	0	0	0	1	0	0	0	8	0	.250	9
金久保優斗	(ヤ)	4	17	20	1	2	1	0	0	3	1	0	0	2	0	0	0	8	2	.100	1
金村 尚真	(日)	1	4	0	0	0	0	0	0	0	0	0	0	0	0	0	0	0	0	.000	0
上茶谷大河	(ディ)	5	103	90	6	15	0	0	0	15	5	0	0	13	0	3	0	39	1	.167	4
嘉弥真新也	(ソ)	12	463	2	0	0	0	0	0	0	0	0	0	0	0	0	0	1	0	.000	2
唐川 侑己	(ロ)	16	340	23	0	0	0	0	0	0	0	0	0	2	0	0	0	15	0	.000	8
辛島 航	(楽)	13	208	17	0	1	0	0	0	1	0	0	0	0	0	0	0	10	0	.059	1
河野 佳	(広)	1	8	2	0	0	0	0	0	0	0	0	0	0	0	0	0	1	0	.000	0
河野 竜生	(日)	4	123	0	0	0	0	0	0	0	0	0	0	0	0	0	0	0	0	.000	2
河村 説人	(ロ)	2	24	2	0	0	0	0	0	0	0	0	0	0	0	0	0	1	0	.500	0
菊地 大稀	(巨)	2	66	0	0	0	0	0	0	0	0	0	0	0	0	0	0	0	0	.000	1
菊地 吏玖	(ロ)	1	1	0	0	0	0	0	0	0	0	0	0	0	0	0	0	0	0	.000	0
木澤 尚文	(ヤ)	2	111	1	0	0	0	0	0	0	0	0	0	0	0	0	0	1	0	.000	0
岸 孝之	(楽)	17	371	71	2	5	0	0	0	5	0	0	0	7	0	0	0	43	1	.070	8
北浦 竜次	(日)	6	36	0	0	0	0	0	0	0	0	0	0	0	0	0	0	3	0	.000	2
北山 亘基	(日)	2	69	7	1	2	0	0	0	2	1	0	0	0	0	0	0	3	0	.286	1
京山 将弥	(ディ)	5	61	68	4	2	0	0	1	5	1	0	0	10	0	5	0	38	1	.029	0

選手名	チーム	年数	試合	打数	得点	安打	二塁打	三塁打	本塁打	塁打	打点	盗塁	盗塁刺	犠打	犠飛	四球	死球	三振	併殺打	打率	失策
桐敷　拓馬	(神)	2	34	9	0	1	0	0	0	1	0	0	0	0	0	0	0	5	0	.111	0
クリスキー	(武)	2	32	0	0	0	0	0	0	0	0	0	0	0	0	0	0	0	0	.000	0
グリフィン	(巨)	1	20	39	1	4	1	1	0	7	1	0	0	1	1	0	0	25	0	.103	2
国吉　佑樹	(ロ)	13	272	72	1	5	1	0	0	6	3	0	0	7	0	0	0	40	0	.069	5
久保　拓眞	(ヤ)	4	60	0	0	0	0	0	0	0	0	0	0	0	0	0	0	0	0	.000	0
公文　克彦	(武)	9	252	0	0	0	0	0	0	0	0	0	0	0	0	0	0	0	0	.000	1
九里　亜蓮	(広)	10	237	286	5	11	0	0	0	11	2	0	0	48	0	7	0	183	4	.038	7
栗林　良吏	(広)	3	156	0	0	0	0	0	0	0	0	0	0	0	0	0	0	0	0	.000	0
黒木　優太	(オ)	4	133	1	0	0	0	0	0	0	0	0	0	0	0	0	0	1	0	.000	1
黒原　拓未	(広)	2	17	3	0	0	0	0	0	0	0	0	0	0	0	0	0	3	0	.000	0
畔柳　亨丞	(日)	1	1	0	0	0	0	0	0	0	0	0	0	0	0	0	0	0	0	.000	0
鍬原　拓也	(巨)	5	81	9	0	0	0	0	0	0	0	0	0	0	0	0	0	6	0	.000	0
ケムナ　誠	(広)	5	149	2	0	0	0	0	0	0	0	0	0	0	0	1	0	2	0	.000	1
K.ケラー	(神)	2	61	0	0	0	0	0	0	0	0	0	0	0	0	0	0	0	0	.000	0
コットン	(オ)	1	7	0	0	0	0	0	0	0	0	0	0	0	0	0	0	0	0	.000	0
コルニエル	(広)	3	70	11	0	0	0	0	0	0	0	0	0	1	0	1	0	8	0	.000	1
小木田敦也	(オ)	2	54	0	0	0	0	0	0	0	0	0	0	0	0	0	0	0	0	.000	0
小澤　怜史	(ヤ)	3	41	33	2	5	2	0	0	7	1	0	0	5	0	1	0	14	0	.152	1
小林　慶祐	(神)	7	104	0	0	0	0	0	0	0	0	0	0	0	0	0	0	0	0	.000	1
小林　樹斗	(広)	2	2	0	0	0	0	0	0	0	0	0	0	0	0	2	0	0	0	.000	0
小孫　竜二	(楽)	1	4	0	0	0	0	0	0	0	0	0	0	0	0	0	0	0	0	.000	1
小峯　新陸	(楽)	1	6	0	0	0	0	0	0	0	0	0	0	0	0	0	0	0	0	.000	0
近藤　大亮	(オ)	6	204	0	0	0	0	0	0	0	0	0	0	0	0	0	0	0	0	.000	0
近藤　弘樹	(ヤ)	4	39	1	0	0	0	0	0	0	0	0	0	0	0	0	0	1	0	.000	0
近藤　廉	(中)	2	3	0	0	0	0	0	0	0	0	0	0	0	0	0	0	0	0	.000	0
今野　龍太	(ヤ)	9	176	0	0	0	0	0	0	0	0	0	0	0	0	0	0	0	0	.000	3
サイスニード	(ヤ)	3	59	97	7	9	1	0	1	13	5	0	0	9	0	4	0	50	2	.093	5
才木　浩人	(神)	5	55	74	1	4	0	0	0	4	1	0	0	8	0	2	1	53	0	.054	1
齋藤　響介	(オ)	1	1	0	0	0	0	0	0	0	0	0	0	0	0	0	0	0	0	.000	0
齋藤　綱記	(中)	7	93	0	0	0	0	0	0	0	0	0	0	0	0	0	0	0	0	.000	1
齊藤　大将	(武)	3	32	0	0	0	0	0	0	0	0	0	0	0	0	0	0	0	0	.000	1
齋藤友貴哉	(神)	4	45	2	2	2	1	0	0	3	0	0	0	0	0	0	0	0	0	1.000	2
酒居　知史	(楽)	7	269	0	0	0	0	0	0	0	0	0	0	0	0	0	0	0	0	.000	0
阪口　皓亮	(ヤ)	5	28	14	0	0	0	0	0	0	0	0	0	0	0	0	0	11	1	.000	1
坂本光士郎	(ロ)	5	121	1	0	0	0	0	0	0	0	0	0	0	0	0	0	1	0	.000	2
坂本　裕哉	(ディ)	4	54	45	1	3	0	0	0	3	0	0	0	6	0	0	0	13	1	.067	1
櫻井　周斗	(ディ)	3	47	8	0	3	0	0	0	3	1	0	0	1	0	0	0	2	1	.375	0
佐々木　健	(武)	3	63	0	0	0	0	0	0	0	0	0	0	0	0	0	0	0	0	.000	2
佐々木千隼	(ロ)	6	106	3	0	0	0	0	0	0	0	0	0	0	0	0	0	3	0	.000	0
佐々木朗希	(ロ)	3	46	8	0	0	0	0	0	0	0	0	0	0	0	0	0	7	0	.000	9
佐藤　隼輔	(武)	2	59	3	0	0	0	0	0	0	0	0	0	0	0	0	0	2	0	.000	3
佐藤　奨真	(ロ)	1	11	2	0	0	0	0	0	0	0	0	0	0	0	0	0	1	0	.000	0
澤田　圭佑	(ロ)	6	143	0	0	0	0	0	0	0	0	0	0	0	0	0	0	0	0	.000	0
澤村　拓一	(ロ)	10	387	159	3	11	3	0	0	14	7	0	0	22	0	8	0	97	1	.069	7
椎野　新	(ソ)	5	78	0	0	0	0	0	0	0	0	0	0	0	0	0	0	0	0	.000	1
塩見　貴洋	(楽)	11	150	21	0	2	1	0	0	3	1	0	0	0	0	1	0	20	2	.095	2
柴田　大地	(ヤ)	1	1	0	0	0	0	0	0	0	0	0	0	0	0	0	0	0	0	.000	0
島内颯太郎	(広)	5	198	0	0	0	0	0	0	0	0	0	0	1	0	0	0	0	0	.000	0
島本　浩也	(神)	6	156	0	0	0	0	0	0	0	0	0	0	0	0	0	0	0	0	.000	1
清水　達也	(中)	6	121	14	0	2	0	0	0	2	0	0	0	3	0	0	0	8	1	.143	0
清水　昇	(ヤ)	5	241	3	0	0	0	0	0	0	0	0	0	0	0	0	0	3	0	.000	1
荘司　康誠	(楽)	1	19	2	0	0	0	0	0	0	0	0	0	0	0	0	0	0	0	.000	0
代木　大和	(巨)	1	13	2	1	1	0	0	0	1	0	0	0	0	0	0	0	1	0	.500	0
スチュワート・ジュニア	(ソ)	2	25	2	0	0	0	0	0	0	0	0	0	0	0	0	0	2	0	.000	2
菅野　智之	(巨)	11	252	491	24	62	9	1	1	76	25	0	0	79	1	13	1	171	6	.126	10
杉浦　稔大	(日)	10	163	32	2	2	1	0	0	3	1	0	0	6	0	0	0	20	2	.063	3
杉山　一樹	(ソ)	4	38	4	0	0	0	0	0	0	0	0	0	0	0	0	0	4	0	.000	0
杉山　晃基	(ヤ)	2	5	0	0	0	0	0	0	0	0	0	0	0	0	0	0	0	0	.000	0
鈴木　健矢	(日)	4	75	3	0	0	0	0	0	0	0	0	0	0	0	0	0	1	0	.000	3

個人投手通算打撃成績

選手名	チーム	年数	試合	打数	得点	安打	二塁打	三塁打	本塁打	塁打	打点	盗塁	盗塁刺	犠打	犠飛	四球	死球	三振	併殺打	打率	失策
鈴木 康平	(巨)	6	112	4	0	0	0	0	0	0	0	0	0	0	0	0	0	3	0	.000	0
鈴木 昭汰	(ロ)	3	42	1	0	0	0	0	0	0	0	0	0	0	0	0	0	0	0	.000	0
鈴木 翔天	(楽)	4	106	0	0	0	0	0	0	0	0	0	0	0	0	0	0	0	0	.000	2
鈴木 博志	(中)	6	114	7	0	0	0	0	0	0	0	0	0	0	0	0	0	4	0	.000	0
砂田 毅樹	(中)	9	287	37	0	5	0	0	0	5	3	0	0	4	0	0	0	21	0	.135	0
隅田知一郎	(武)	2	38	4	0	0	0	0	0	0	0	0	0	0	0	0	0	3	0	.000	1
曽谷 龍平	(オ)	1	10	1	0	0	0	0	0	0	0	0	0	0	0	0	0	1	0	.000	1
祖父江大輔	(中)	10	463	5	0	2	0	0	0	2	0	0	0	0	0	0	0	2	0	.400	5
宋 家豪	(楽)	7	297	0	0	0	0	0	0	0	0	0	0	0	0	0	0	0	0	.000	0
ターリー	(広)	2	89	0	0	0	0	0	0	0	0	0	0	0	0	0	0	0	0	.000	0
大勢(翁田 大勢)	(巨)	2	84	0	0	0	0	0	0	0	0	0	0	0	0	0	0	0	0	.000	3
平良 海馬	(武)	5	226	6	0	0	0	0	0	0	0	0	0	0	0	0	0	4	0	.000	3
平良拳太郎	(ディ)	7	60	93	3	9	0	0	0	9	0	0	0	10	0	1	0	46	1	.097	1
田浦 文丸	(ソ)	4	76	0	0	0	0	0	0	0	0	0	0	0	0	0	0	0	0	.000	0
高木 京介	(巨)	10	247	9	0	0	0	0	0	0	0	0	0	2	0	0	0	2	0	.000	0
髙田 萌生	(楽)	4	10	1	0	0	0	0	0	0	0	0	0	0	0	0	0	1	0	.000	0
高田 孝一	(楽)	3	12	0	0	0	0	0	0	0	0	0	0	0	0	0	0	0	0	.000	0
高梨 裕稔	(ヤ)	9	165	115	2	10	0	0	0	10	1	0	1	10	0	2	0	65	2	.087	4
高梨 雄平	(巨)	7	377	2	0	0	0	0	0	0	0	0	0	0	0	0	0	2	0	.000	0
高野 脩汰	(ロ)	1	7	0	0	0	0	0	0	0	0	0	0	0	0	0	0	0	0	.000	1
高橋 奎二	(ヤ)	6	84	116	4	14	1	0	0	15	5	0	0	14	0	5	0	47	0	.121	3
高橋 光成	(武)	9	157	11	0	0	0	0	0	0	0	0	0	2	0	0	0	9	0	.000	10
高橋 昂也	(広)	2	21	27	1	4	0	0	0	4	1	0	0	3	0	0	0	14	2	.148	1
高橋 純平	(ソ)	3	56	0	0	0	0	0	0	0	0	0	0	0	0	0	0	0	0	.000	1
高橋 遙人	(神)	4	44	78	4	9	0	0	0	9	2	0	0	4	0	1	0	34	0	.115	1
高橋 宏斗	(中)	2	44	74	2	10	1	0	0	11	6	0	0	14	0	2	0	28	2	.135	3
高橋 優貴	(巨)	5	69	91	2	7	1	1	0	10	4	0	0	4	0	1	0	58	1	.077	1
高橋 礼	(ソ)	6	107	4	0	1	0	0	0	1	0	0	0	0	0	0	0	2	0	.250	2
瀧中 瞭太	(楽)	4	51	6	0	0	0	0	0	0	0	0	0	0	0	0	0	5	0	.000	0
田口 麗斗	(ヤ)	9	290	184	8	25	3	0	0	28	11	0	0	31	0	7	0	73	3	.136	5
武田 翔太	(ソ)	12	217	17	0	2	0	0	0	2	1	0	0	3	0	0	0	8	1	.118	4
竹安 大知	(オ)	7	40	7	0	0	0	0	0	0	0	0	0	0	0	0	0	4	0	.000	0
竹山 日向	(ヤ)	1	1	0	0	0	0	0	0	0	0	0	0	0	0	0	0	0	0	.000	0
田島 慎二	(中)	11	460	16	1	0	0	0	0	0	0	0	0	2	0	0	0	13	0	.000	4
田嶋 大樹	(オ)	6	99	5	0	0	0	0	0	0	0	0	0	0	0	1	0	4	0	.000	3
達 孝太	(日)	1	1	0	0	0	0	0	0	0	0	0	0	0	0	0	0	0	0	.000	0
立野 和明	(日)	3	18	1	0	0	0	0	0	0	0	0	0	0	0	0	0	0	0	.000	0
田中 瑛斗	(日)	3	7	0	0	0	0	0	0	0	0	0	0	0	0	0	0	0	0	.000	0
田中健二朗	(ディ)	12	274	13	1	0	0	0	0	0	0	0	0	1	0	0	0	8	0	.000	3
田中 正義	(日)	5	81	0	0	0	0	0	0	0	0	0	0	0	0	0	0	0	0	.000	1
田中 千晴	(巨)	1	31	2	0	0	0	0	0	0	0	0	0	0	0	0	0	1	0	.000	0
田中 豊樹	(日)	6	116	1	0	0	0	0	0	0	0	0	0	0	1	0	1	1	0	.000	0
田中 将大	(楽)	10	247	45	0	4	1	0	0	5	4	0	0	4	1	0	0	20	1	.089	9
谷岡 竜平	(巨)	2	30	1	0	0	0	0	0	0	0	0	0	0	0	0	0	1	0	.000	0
谷元 圭介	(中)	15	525	6	0	0	0	0	0	0	0	0	0	0	0	0	0	6	0	.000	4
種市 篤暉	(ロ)	5	64	4	0	0	0	0	0	0	0	0	0	1	0	0	0	1	0	.000	2
田上 奏大	(ソ)	1	2	0	0	0	0	0	0	0	0	0	0	0	0	0	0	0	0	.000	0
玉井 大翔	(日)	7	328	0	0	0	0	0	0	0	0	0	0	0	0	0	0	0	0	.000	2
玉村 昇悟	(広)	3	35	54	1	11	2	0	0	13	6	0	0	3	0	1	0	32	0	.204	1
田村伊知郎	(武)	7	102	0	0	0	0	0	0	0	0	0	0	0	0	0	0	0	0	.000	2
張 奕	(武)	5	49	1	0	0	0	0	0	0	0	0	0	0	0	0	0	0	0	.000	2
津森 宥紀	(ソ)	4	166	0	0	0	0	0	0	0	0	0	0	0	0	0	0	0	0	.000	1
津留﨑大成	(楽)	4	62	0	0	0	0	0	0	0	0	0	0	0	0	0	0	0	0	.000	0
ティノコ	(武)	1	38	0	0	0	0	0	0	0	0	0	0	0	0	0	0	0	0	.000	0
東條 大樹	(ロ)	8	206	0	0	0	0	0	0	0	0	0	0	0	0	0	0	0	0	.000	4
床田 寛樹	(広)	6	100	164	6	31	8	0	0	39	7	0	0	30	1	6	0	51	2	.189	5
戸郷 翔征	(巨)	5	96	177	5	15	1	0	0	16	9	0	0	21	1	5	0	93	3	.085	5
戸田 懐生	(ロ)	2	17	0	0	0	0	0	0	0	0	0	0	0	0	0	0	0	0	.000	0
戸根 千明	(広)	7	182	2	0	1	0	0	0	1	1	0	0	0	0	0	0	1	0	.500	2

選手名	チーム	年数	試合	打数	得点	安打	二塁打	三塁打	本塁打	塁打	打点	盗塁	盗塁刺	犠打	犠飛	四球	死球	三振	併殺打	打率	失策
富田　蓮	(神)	1	9	0	0	0	0	0	0	0	0	0	0	1	0	0	0	0	0	.000	0
富山　凌雅	(オ)	4	78	0	0	0	0	0	0	0	0	0	0	0	0	0	0	0	0	.000	0
土居　豪人	(ロ)	1	14	0	0	0	0	0	0	0	0	0	0	0	0	0	0	0	0	.000	0
土肥　星也	(ロ)	5	32	4	0	0	0	0	0	0	0	0	0	0	0	0	0	4	0	.000	0
直江　大輔	(巨)	4	32	10	0	0	0	0	0	0	0	0	0	1	0	0	0	5	0	.000	0
中川　皓太	(巨)	7	256	3	0	0	0	0	0	0	0	0	0	0	0	0	0	2	0	.000	0
中川　虎大	(ディ)	5	30	7	1	2	1	0	0	3	1	0	0	1	0	0	0	0	0	.286	0
中川　颯	(オ)	1	1	0	0	0	0	0	0	0	0	0	0	0	0	0	0	0	0	.000	0
中﨑　翔太	(広)	12	427	13	0	0	0	0	0	0	0	0	0	3	0	0	0	9	0	.000	3
仲地　礼亜	(中)	1	9	14	0	0	0	0	0	0	0	0	0	1	0	0	0	9	1	.000	0
中村　稔弥	(ロ)	5	67	0	0	0	0	0	0	0	0	0	0	0	0	0	0	0	0	.000	0
中村　祐太	(広)	6	42	47	2	6	1	0	0	7	3	0	0	5	0	2	0	13	0	.128	4
中村　亮太	(ソ)	1	2	0	0	0	0	0	0	0	0	0	0	0	0	0	0	0	0	.000	0
中森　俊介	(ロ)	1	13	0	0	0	0	0	0	0	0	0	0	0	0	0	0	0	0	.000	0
生田目　翼	(日)	5	15	0	0	0	0	0	0	0	0	0	0	0	0	0	0	0	0	.000	0
成田　翔	(ヤ)	5	18	0	0	0	0	0	0	0	0	0	0	0	0	0	0	0	0	.000	0
ニックス	(オ)	1	2	0	0	0	0	0	0	0	0	0	0	0	0	0	0	0	0	.000	0
西　純矢	(神)	3	33	49	3	11	2	0	1	16	9	0	0	2	0	1	0	17	0	.224	0
西　勇輝	(神)	15	321	224	12	24	7	0	1	34	12	0	0	42	0	8	0	93	2	.107	17
西垣　雅矢	(楽)	2	25	0	0	0	0	0	0	0	0	0	0	0	0	0	0	0	0	.000	0
西口　直人	(楽)	4	121	0	0	0	0	0	0	0	0	0	0	0	0	0	0	0	0	.000	1
西野　勇士	(ロ)	9	288	1	0	0	0	0	0	0	0	0	0	1	0	2	0	1	0	.000	3
西村　天裕	(オ)	6	166	0	0	0	0	0	0	0	0	0	0	0	0	0	0	0	0	.000	0
二保　旭	(神)	7	113	5	0	0	0	0	0	0	0	0	0	1	0	1	0	4	0	.000	3
沼田　翔平	(巨)	2	7	0	0	0	0	0	0	0	0	0	0	0	0	0	0	0	0	.000	0
根尾　昂	(中)	5	134	239	17	41	6	1	1	52	20	0	3	2	1	22	2	73	3	.172	3
根本　悠楓	(日)	2	18	0	0	0	0	0	0	0	0	0	0	0	0	0	0	0	0	.000	0
野村　祐輔	(広)	12	208	327	11	38	3	0	1	44	23	0	0	59	1	20	0	146	4	.116	2
則本　昂大	(楽)	11	263	33	0	0	0	0	0	0	0	0	0	1	0	3	0	26	0	.000	9
バウアー	(ディ)	1	19	39	2	1	0	0	0	1	0	0	0	5	0	3	0	18	1	.026	2
バニュエロス	(楽)	1	1	0	0	0	0	0	0	0	0	0	0	0	0	0	0	0	0	.000	0
バルドナード	(巨)	1	21	0	0	0	0	0	0	0	0	0	0	0	0	0	0	0	0	.000	1
橋本　侑樹	(中)	4	59	1	0	0	0	0	0	0	0	0	0	0	1	0	0	1	0	.000	0
長谷川威展	(日)	2	11	0	0	0	0	0	0	0	0	0	0	0	0	0	0	0	0	.000	0
長谷川宙輝	(ヤ)	3	49	0	0	0	0	0	0	0	0	0	0	0	0	0	0	0	0	.000	1
畠　世周	(巨)	6	118	60	2	3	0	0	0	3	2	0	0	8	0	2	0	44	1	.050	2
濵口　遥大	(ディ)	7	124	179	5	15	1	0	0	16	2	0	0	27	0	3	0	91	1	.084	5
浜地　真澄	(神)	5	108	2	0	1	0	0	0	1	0	0	0	0	0	0	0	0	0	.500	2
浜屋　将太	(武)	2	20	0	0	0	0	0	0	0	0	0	0	0	0	0	0	0	0	.000	0
早川　隆久	(楽)	3	60	7	1	1	0	0	0	1	0	0	0	0	0	1	0	2	0	.143	3
原　樹理	(ヤ)	7	117	157	10	25	7	0	0	32	11	0	0	13	0	5	2	56	0	.159	3
馬場　皐輔	(神)	6	106	6	0	0	0	0	0	0	0	0	0	0	0	0	0	3	0	.000	3
板東　湧梧	(ソ)	4	114	2	0	0	0	0	0	0	0	0	0	0	0	0	0	2	0	.000	0
ビーズリー	(神)	1	18	11	0	0	0	0	0	0	0	0	0	0	0	0	0	7	0	.000	0
ビーディ	(巨)	1	30	7	0	1	0	0	0	1	2	0	0	1	0	0	0	5	0	.143	
ピーターズ	(ヤ)	1	18	30	1	0	0	0	0	0	0	0	0	0	0	0	0	21	0	.000	
比嘉　幹貴	(オ)	14	413	1	0	0	0	0	0	0	0	0	0	0	0	0	0	1	0	.000	4
東浜　巨	(ソ)	11	162	14	1	0	0	0	0	0	0	0	0	3	0	2	0	13	0	.000	6
姫野　優也	(日)	1	2	4	0	0	0	0	0	0	0	0	0	0	0	1	0	3	1	.000	0
平井　克典	(武)	7	337	2	0	0	0	0	0	0	0	0	0	0	0	0	0	2	0	.000	4
平田　真吾	(ディ)	9	227	7	0	0	0	0	0	0	0	0	0	4	0	0	0	6	0	.000	1
平野　佳寿	(オ)	14	685	21	0	2	0	0	0	2	0	0	0	0	0	0	0	11	1	.095	8
廣畑　敦也	(ロ)	2	38	0	0	0	0	0	0	0	0	0	0	0	0	0	0	0	0	.000	0
フェリス	(中)	1	19	0	0	0	0	0	0	0	0	0	0	0	0	0	0	0	0	.000	0
ブルワー	(神)	1	13	0	0	0	0	0	0	0	0	0	0	0	0	0	0	0	0	.000	0
福　敬登	(中)	8	260	5	1	1	0	0	0	1	1	0	0	0	0	0	0	4	0	.200	2
福島　章太	(中)	1	4	0	0	0	0	0	0	0	0	0	0	0	0	0	0	0	0	.000	0
福谷　浩司	(中)	11	270	77	2	13	1	0	0	14	6	0	0	12	0	1	1	24	0	.169	6
福田　俊	(日)	4	77	0	0	0	0	0	0	0	0	0	0	0	0	0	0	0	0	.000	1

個人投手通算打撃成績

選手名	チーム	年数	試合	打数	得点	安打	二塁打	三塁打	本塁打	塁打	打点	盗塁	盗塁刺	犠打	犠飛	四球	死球	三振	併殺打	打率	失策
藤井　皓哉	(ソ)	5	103	2	0	0	0	0	0	0	0	0	0	1	0	0	0	1	0	.000	1
藤井　聖	(楽)	2	14	0	0	0	0	0	0	0	0	0	0	0	0	0	0	0	0	.000	0
藤來　黎來	(広)	3	20	0	0	0	0	0	0	0	0	0	0	0	0	0	0	0	0	.000	0
藤嶋　健人	(中)	6	231	16	3	1	0	0	0	1	0	0	0	1	0	3	0	6	1	.063	3
藤平　尚真	(楽)	6	45	0	0	0	0	0	0	0	0	0	0	1	0	0	0	0	0	.000	3
二木　康太	(ロ)	8	130	12	1	0	0	0	0	0	0	0	0	1	0	1	0	9	0	.000	2
船迫　大雅	(巨)	1	36	0	0	0	0	0	0	0	0	0	0	0	0	0	0	0	0	.000	0
古川　侑利	(ソ)	9	91	10	0	1	0	0	0	1	1	0	0	1	0	0	0	7	0	.100	2
古谷　拓郎	(ロ)	1	2	0	0	0	0	0	0	0	0	0	0	0	0	0	0	0	0	.000	0
ヘルナンデス	(ソ)	1	1	0	0	0	0	0	0	0	0	0	0	0	0	0	0	0	0	.000	0
ベルドモ	(ロ)	1	53	0	0	0	0	0	0	0	0	0	0	0	0	0	0	0	0	.000	0
平内　龍太	(巨)	3	67	2	0	0	0	0	0	0	0	0	0	0	0	0	0	0	0	.000	0
ボー・タカハシ	(武)	2	55	0	0	0	0	0	0	0	0	0	0	0	0	0	0	0	0	.000	1
ポンセ	(日)	2	24	0	0	0	0	0	0	0	0	0	0	0	0	0	0	0	0	.000	0
星　知弥	(ヤ)	7	167	▲38	0	5	0	0	0	5	1	0	0	4	0	0	0	25	1	.132	2
堀田　賢慎	(巨)	2	11	9	1	2	0	0	0	2	0	0	1	0	0	2	0	3	0	.222	0
堀　瑞輝	(日)	7	218	0	0	0	0	0	0	0	0	0	0	0	0	0	0	0	0	.000	0
塹江　敦哉	(広)	6	151	5	0	1	0	0	0	1	0	0	0	0	0	0	0	2	0	.200	2
堀岡　隼人	(巨)	3	18	0	0	0	0	0	0	0	0	0	0	0	0	0	0	0	0	.000	1
本田　圭佑	(武)	8	107	2	0	0	0	0	0	0	0	0	0	0	0	0	0	0	0	.000	1
本田　仁海	(オ)	4	73	0	0	0	0	0	0	0	0	0	0	0	0	0	0	0	0	.000	0
マーベル	(日)	1	8	0	0	0	0	0	0	0	0	0	0	0	0	0	0	0	0	.000	0
マルティネス	(中)	6	243	9	0	1	0	0	0	1	0	0	0	0	0	0	0	5	0	.111	2
前　佑囲斗	(オ)	1	2	0	0	0	0	0	0	0	0	0	0	0	0	0	0	0	0	.000	0
益田　武尚	(広)	1	8	0	0	0	0	0	0	0	0	0	0	0	0	0	0	0	0	.000	0
増田　達至	(武)	11	548	0	0	0	0	0	0	0	0	0	0	0	0	0	0	0	0	.000	5
益田　直也	(ロ)	12	703	2	0	0	0	0	0	0	0	0	0	0	0	0	0	2	0	.000	5
又吉　克樹	(ソ)	10	463	26	0	5	0	0	0	5	1	0	0	3	0	0	0	15	1	.192	1
松井　友飛	(楽)	2	7	0	0	0	0	0	0	0	0	0	0	0	0	0	0	0	0	.000	1
松井　颯	(巨)	1	8	2	0	1	0	0	0	1	0	0	0	1	0	0	0	0	0	.500	1
松井　裕樹	(楽)	10	501	0	0	0	0	0	0	0	0	0	0	0	0	0	0	0	0	.000	3
松浦　慶斗	(日)	1	1	0	0	0	0	0	0	0	0	0	0	0	0	0	0	0	0	.000	0
松岡　洸希	(武)	2	7	0	0	0	0	0	0	0	0	0	0	0	0	0	0	0	0	.000	0
松葉　貴大	(中)	11	180	100	1	9	1	0	0	10	3	0	0	14	0	0	0	49	1	.090	4
松本　晴	(ソ)	1	3	0	0	0	0	0	0	0	0	0	0	0	0	0	0	0	0	.000	0
松本　裕樹	(ソ)	8	184	8	0	2	1	0	0	3	1	0	0	3	0	0	0	2	0	.250	5
松本　竜也	(広)	2	63	0	0	0	0	0	0	0	0	0	0	0	0	0	0	0	0	.000	0
松本　航	(武)	5	105	9	0	0	0	0	0	0	0	0	0	3	0	0	0	5	0	.000	5
松山　晋也	(中)	1	36	1	0	0	0	0	0	0	0	0	0	0	0	0	0	0	0	.000	1
豆田　泰志	(武)	1	16	0	0	0	0	0	0	0	0	0	0	0	0	0	0	0	0	.000	0
丸山　翔大	(ヤ)	1	22	0	0	0	0	0	0	0	0	0	0	1	0	0	0	0	0	.000	0
三浦　銀二	(ディ)	2	7	1	0	0	0	0	0	0	0	0	0	0	0	0	0	0	0	.000	0
三上　朋也	(巨)	10	368	4	0	0	0	0	0	0	0	0	0	0	0	0	0	4	0	.000	2
三嶋　一輝	(ディ)	11	361	70	2	8	0	0	0	8	0	0	0	12	0	1	0	29	1	.114	6
水上　由伸	(武)	3	112	0	0	0	0	0	0	0	0	0	0	0	0	0	0	0	0	.000	1
美馬　学	(ロ)	13	263	40	1	4	0	0	0	4	1	0	0	2	0	1	0	21	0	.100	15
宮内　春輝	(ロ)	1	15	0	0	0	0	0	0	0	0	0	0	0	0	0	0	0	0	.000	0
宮川　哲	(武)	4	127	0	0	0	0	0	0	0	0	0	0	0	0	0	0	0	0	.000	0
宮城　滝太	(ディ)	1	11	1	0	0	0	0	0	0	0	0	0	0	0	0	0	1	0	.000	1
宮城　大弥	(オ)	4	72	14	0	3	0	0	0	3	1	0	0	0	0	0	0	8	0	.214	3
宮國　椋丞	(ディ)	12	228	85	1	5	0	1	0	7	5	0	0	10	0	1	0	45	1	.059	7
宮西　尚生	(日)	16	839	1	0	0	0	0	0	0	0	0	0	0	0	0	0	1	0	.000	4
宮森　智志	(楽)	2	50	0	0	0	0	0	0	0	0	0	0	0	0	0	0	0	0	.000	0
椋木　蓮	(オ)	1	4	0	0	0	0	0	0	0	0	0	0	0	0	0	0	0	0	.000	0
村上　頌樹	(神)	2	24	45	2	7	0	0	0	7	0	0	0	3	0	2	0	23	2	.156	1
村西　良太	(オ)	4	51	0	0	0	0	0	0	0	0	0	0	0	0	0	0	0	0	.000	0
メネズ	(中)	2	27	0	0	0	0	0	0	0	0	0	0	0	0	0	0	0	0	.000	1
メヒア	(中)	1	8	15	0	1	1	0	0	2	1	0	0	2	0	0	0	6	0	.067	0
メルセデス	(ロ)	6	105	144	3	15	2	0	0	17	1	0	0	18	0	1	0	68	0	.104	2

選手名	チーム	年数	試合	打数	得点	安打	二塁打	三塁打	本塁打	塁打	打点	盗塁	盗塁刺	犠打	犠飛	四球	死球	三振	併殺打	打率	失策
メンデス	巨	1	16	28	1	2	0	0	0	2	0	0	0	1	0	0	0	12	2	.071	1
モイネロ	ソ	7	306	0	0	0	0	0	0	0	0	0	0	0	0	0	0	0	0	.000	2
望月 惇志	神	4	62	8	0	0	0	0	0	0	0	0	0	0	0	0	0	2	0	.000	1
本前 郁也	ロ	3	21	3	0	0	0	0	0	0	0	0	0	0	0	0	0	2	0	.000	0
森 翔平	広	2	20	11	1	2	0	0	0	2	1	0	0	0	0	4	0	3	0	.182	0
森 博人	中	2	40	0	0	0	0	0	0	0	0	0	0	0	0	0	0	0	0	.000	1
森 唯斗	ソ	10	470	0	0	0	0	0	0	0	0	0	0	0	0	0	0	0	0	.000	2
森 遼大朗	ロ	2	10	0	0	0	0	0	0	0	0	0	0	0	0	0	0	0	0	.000	1
森浦 大輔	広	3	118	0	0	0	0	0	0	0	0	0	0	0	0	0	0	0	0	.000	0
森木 大智	神	1	2	3	0	0	0	0	0	0	0	0	0	0	0	0	0	1	0	.000	0
森下 暢仁	広	4	89	178	8	26	6	1	1	37	15	0	0	27	0	3	1	61	1	.146	2
森原 康平	ディ	7	229	0	0	0	0	0	0	0	0	0	0	0	0	0	0	0	0	.000	1
森脇 亮介	武	5	195	2	0	0	0	0	0	0	0	0	0	0	0	0	0	0	0	.000	2
門別 啓人	神	1	2	2	0	0	0	0	0	0	0	0	0	0	0	0	0	2	0	.000	0
八木 彬	ロ	2	25	0																	
矢崎 拓也	広	6	123	11	0	0	0	0	0	0	0	0	0	0	0	1	0	9	1	.000	1
矢澤 宏太	日	1	37	96	13	17	4	0	1	24	4	2	2	1	1	8	1	35	0	.177	3
柳 裕也	中	7	137	228	10	33	8	0	0	41	10	0	0	34	2	11	0	91	0	.145	3
薮田 和樹	広	9	123	55	2	3	0	0	0	3	1	0	0	11	0	2	0	36	1	.055	7
山岡 泰輔	オ	7	157	19	0	0	0	0	0	0	0	0	0	0	0	0	0	13	0	.000	7
山﨑 伊織	巨	2	43	70	6	12	1	0	0	13	6	0	0	7	0	2	1	24	0	.171	2
山﨑 福也	オ	9	177	22	2	6	1	0	0	7	1	0	0	0	0	0	0	2	3	.273	6
山﨑 康晃	ディ	9	508	0	0	0	0	0	0	0	0	0	0	0	0	0	0	0	0	.000	4
山﨑颯一郎	オ	3	77	0	0	0	0	0	0	0	0	0	0	0	0	0	0	0	0	.000	1
山下舜平大	オ	1	16	2	1	1	0	0	0	1	0	0	0	0	0	0	0	1	0	.500	0
山下 輝	ヤ	1	2	3	0	1	0	0	0	1	0	0	0	0	0	0	0	2	0	.333	0
山田 修義	オ	12	236	0	0	0	0	0	0	0	0	0	0	1	0	0	0	0	0	.000	2
山野 太一	ヤ	2	6	11	1	1	0	0	0	1	0	0	0	0	0	0	0	2	0	.091	0
山本 一輝	巨	1	2	0	0	0	0	0	0	0	0	0	0	0	0	0	0	0	0	.000	0
山本 拓実	日	6	98	17	0	2	0	0	0	2	1	0	0	3	0	0	0	11	0	.118	3
山本 大貴	ヤ	4	60	2	0	0	0	0	0	0	0	0	0	0	0	0	0	0	0	.000	0
山本 由伸	オ	7	172	10	0	0	0	0	0	0	0	0	0	1	0	0	0	6	0	.000	2
湯浅 京己	神	3	77	0	0	0	0	0	0	0	0	0	0	0	0	0	0	0	0	.000	1
弓削 隼人	楽	5	48	0	0	0	0	0	0	0	0	0	0	0	0	0	0	0	0	.000	3
横川 凱	巨	4	25	27	1	5	0	0	0	5	1	0	0	5	0	0	0	11	0	.185	2
横山 楓	オ	1	4	0	0	0	0	0	0	0	0	0	0	0	0	0	0	0	0	.000	0
横山 陸人	ロ	3	49	0	0	0	0	0	0	0	0	0	0	0	0	0	0	0	0	.000	0
奥座 海人	武	4	58	7	0	0	0	0	0	0	0	0	0	1	0	1	0	5	0	.000	0
吉川 雄大	楽	1	4	0	0	0	0	0	0	0	0	0	0	0	0	0	0	0	0	.000	0
吉田 輝星	日	5	64	3	0	0	0	0	0	0	0	0	0	0	0	0	0	1	0	.000	1
吉田 大喜	ヤ	3	32	20	1	3	1	0	0	4	4	0	0	4	1	0	0	7	0	.150	1
吉田 凌	オ	6	83	0	0	0	0	0	0	0	0	0	0	0	0	0	0	0	0	.000	0
吉村貢司郎	ヤ	1	12	16	1	1	1	0	0	2	1	0	0	0	0	2	1	8	0	.063	0
ロドリゲス	日	6	156	0	0	0	0	0	0	0	0	0	0	0	0	0	0	0	0	.000	2
ロドリゲス	中	3	79	35	1	5	0	0	0	5	0	0	0	0	0	4	0	16	0	.143	3
ロドリゲス	ヤ	1	7	9	0	0	0	0	0	0	0	0	0	0	0	0	0	6	0	.000	1
ロペス	巨	1	8	0	0	0	0	0	0	0	0	0	0	0	0	0	0	0	0	.000	0
ワゲスパック	オ	2	63	4	0	0	0	0	0	0	0	0	0	1	0	1	0	2	0	.000	0
涌井 秀章	中	19	490	96	3	12	2	0	0	14	6	0	0	4	0	1	0	50	0	.125	25
渡辺 翔太	楽	1	51	0	0	0	0	0	0	0	0	0	0	0	0	0	0	0	0	.000	2
渡邊 佑樹	楽	3	23	0	0	0	0	0	0	0	0	0	0	0	0	0	0	0	0	.000	0
渡邉 雄大	神	3	41	0	0	0	0	0	0	0	0	0	0	0	0	0	0	0	0	.000	0
渡邉勇太朗	武	3	22	0	0	0	0	0	0	0	0	0	0	0	0	0	0	0	0	.000	2
和田 毅	ソ	16	326	47	4	4	1	0	0	5	0	0	0	8	0	3	0	25	0	.085	10

個人年度別投手成績

個人年度別投手成績

個人年度別投手成績

(注)1．出身校名の後（　）内数字は初登録年月。
　　2．下段〔　〕内数字は実働年数。
　　3．**太字**はシーズン・リーグ最高、最多。
　　　　勝率は最優秀勝率投手を**太字**とする。
　　　　'00、'04、'08は五輪出場選手特別措置あり。
　　4．防御率右の○中数字はリーグ規定以上の順位。

アドゥワ　誠　あどぅわ・まこと　松山聖陵高（'17.1）　'98.10.2生　右投右打

年度	チーム	試合	完投	交代了	試当初	無点勝	無四球	勝利	敗北	セーブ	ホールド	HP	勝率	打者	投球回	安打	本塁打	四球	死球	三振	暴投	ボーク	失点	自責点	防御率
'18	(広)	53	0	20	20	0	0	6	2	0	5	11	.750	293	67.1	62	4	36	2	30	2	0	29	28	3.74
'19	(広)	19	1	0	13	0	1	3	5	0	0	0	.375	404	91.2	101	14	27	4	52	2	0	52	44	4.32
'23	(広)	14	0	5	0	0	0	1	0	0	1	2	1.000	67	16.2	15	1	2	1	13	0	0	6	6	3.24
〔3〕		86	1	27	13	0	1	10	7	0	6	13	.588	764	175.2	178	19	65	7	95	4	0	87	78	4.00

D.アンダーソン　ドリュー・アンダーソン　ガレナ高（'22.1）　'94.3.22生　右投右打

年度	チーム	試合	完投	交代了	試当初	無点勝	無四球	勝利	敗北	セーブ	ホールド	HP	勝率	打者	投球回	安打	本塁打	四球	死球	三振	暴投	ボーク	失点	自責点	防御率
'22	(広)	13	0	0	13	0	0	3	4	0	0	0	.429	293	70	61	9	23	2	59	0	0	32	28	3.60
'23	(広)	21	0	4	6	0	0	4	1	0	2	3	.800	181	45	30	2	17	2	39	1	0	12	11	2.20
〔2〕		34	0	4	19	0	0	7	5	0	2	3	.583	474	115	91	11	40	5	98	1	0	44	39	3.05

青柳　晃洋　あおやぎ・こうよう　帝京大（'16.1）　'93.12.11生　右投右打

年度	チーム	試合	完投	交代了	試当初	無点勝	無四球	勝利	敗北	セーブ	ホールド	HP	勝率	打者	投球回	安打	本塁打	四球	死球	三振	暴投	ボーク	失点	自責点	防御率
'16	(神)	13	0	1	12	0	0	4	5	0	0	0	.444	289	68.1	41	1	40	8	52	2	0	31	25	3.29
'17	(神)	12	0	0	12	0	0	4	4	0	0	0	.500	282	64.1	53	2	28	10	50	0	0	32	23	3.22
'18	(神)	4	0	0	4	0	0	1	1	0	0	0	.500	93	21.2	23	1	6	0	22	1	0	8	8	3.32
'19	(神)	25	1	0	24	1	0	9	9	0	0	0	.500	601	143.1	145	14	42	12	100	0	1	56	50	3.14⑥
'20	(神)	21	1	0	**20**	0	0	7	**9**	0	0	0	.438	510	120.2	111	4	44	5	88	2	0	51	45	3.36⑥
'21	(神)	25	0	0	25	0	0	**13**	6	0	0	0	**.684**	651	156.1	143	11	48	3	104	0	0	48	43	2.48②
'22	(神)	24	4	0	20	**2**	0	**13**	4	0	0	0	**.765**	644	162.1	126	7	32	8	132	0	0	46	37	**2.05①**
'23	(神)	18	0	0	18	0	0	8	6	0	0	0	.571	439	100.1	102	6	38	9	64	3	0	54	51	4.57
〔8〕		142	6	1	135	3	0	59	44	0	0	0	.573	3509	837.1	744	46	278	55	612	8	1	326	282	3.03

青山美夏人　あおやま・みなと　亜細亜大（'23.1）　'00.7.19生　右投右打

年度	チーム	試合	完投	交代了	試当初	無点勝	無四球	勝利	敗北	セーブ	ホールド	HP	勝率	打者	投球回	安打	本塁打	四球	死球	三振	暴投	ボーク	失点	自責点	防御率
'23	(武)	39	0	15	1	0	0	0	1	3	1	1	.000	186	45.2	32	4	23	0	34	5	1	15	15	2.96

赤星　優志　あかほし・ゆうじ　日本大（'22.1）　'99.7.2生　右投右打

年度	チーム	試合	完投	交代了	試当初	無点勝	無四球	勝利	敗北	セーブ	ホールド	HP	勝率	打者	投球回	安打	本塁打	四球	死球	三振	暴投	ボーク	失点	自責点	防御率
'22	(巨)	31	0	2	13	0	0	5	5	0	0	0	.500	347	78	81	8	32	4	52	0	0	50	35	4.04
'23	(巨)	12	0	0	12	0	0	5	5	0	0	0	.500	281	69	70	5	13	4	64	0	0	27	26	3.39
〔2〕		43	0	2	25	0	0	10	10	0	0	0	.500	628	147	151	13	45	8	116	0	0	77	61	3.73

秋山　拓巳　あきやま・たくみ　西条高　('10.1)　'91.4.26生　右投左打

年度/チーム	試合	完投	交代完了	試当初	無点勝	無四球	勝利	敗北	セーブ	ホールド	HP	勝率	打者	投球回	安打	本塁打	四球	死球	三振	暴投	ボーク	失点	自責点	防御率
'10(神)	7	1	0	6	1	1	4	3	0	0	0	.571	166	40.1	33	3	13	0	23	0	0	16	15	3.35
'11(神)	2	0	0	2	0	0	0	1	0	0	0	.000	37	7.1	8	1	7	1	1	0	0	7	5	6.14
'12(神)	2	0	0	2	0	0	1	1	0	0	0	.500	39	8	15	3	2	0	6	0	0	8	8	9.00
'13(神)	8	0	0	8	0	0	0	3	0	0	0	.000	189	44.2	46	6	12	0	36	2	0	21	19	3.83
'14(神)	3	0	0	2	0	0	0	1	0	0	0	.000	42	6.2	18	3	4	0	5	0	0	16	15	20.25
'15(神)	3	0	0	2	0	0	0	0	0	0	0	.000	58	14.1	14	0	3	0	9	0	0	7	7	4.40
'16(神)	8	0	5	2	0	0	1	1	0	0	0	.500	85	20	23	1	2	0	20	0	0	9	9	4.05
'17(神)	25	2	0	23	0	0	12	6	0	0	0	.667	638	159.1	158	15	16	6	123	0	0	56	53	2.99
'18(神)	17	2	0	15	1	1	5	10	0	0	0	.333	437	105	111	18	18	4	89	2	0	46	45	3.86
'19(神)	10	0	0	10	0	0	4	3	0	0	0	.571	219	50.2	56	5	12	1	35	2	0	27	24	4.26
'20(神)	18	2	0	18	0	1	11	3	0	0	0	.786	435	112	97	17	12	0	64	2	0	45	36	2.89
'21(神)	24	1	0	22	0	1	10	7	0	0	0	.588	539	132.2	121	18	25	3	107	2	0	43	40	2.71
'22(神)	5	0	0	5	0	0	1	3	0	0	0	.250	101	23	29	1	3	0	15	1	0	15	14	5.48
'23(神)	3	0	0	2	0	0	0	1	0	0	0	.000	46	9.2	15	1	1	0	7	0	0	8	8	7.45
〔14〕	134	8	5	118	2	4	49	44	0	0	0	.527	3031	733.2	745	82	130	15	540	11	0	324	298	3.66

東　克樹　あずま・かつき　立命館大　('18.1)　'95.11.29生　左投左打

年度/チーム	試合	完投	交代完了	試当初	無点勝	無四球	勝利	敗北	セーブ	ホールド	HP	勝率	打者	投球回	安打	本塁打	四球	死球	三振	暴投	ボーク	失点	自責点	防御率
'18(ディ)	24	1	0	23	1	0	11	5	0	0	0	.688	626	154	130	13	42	2	155	1	0	45	42	2.45
'19(ディ)	7	0	0	7	0	0	4	2	0	0	0	.667	161	38.1	38	4	10	1	31	1	0	17	16	3.76
'21(ディ)	3	0	0	3	0	0	1	2	0	0	0	.333	75	19.2	10	1	4	0	20	0	0	5	5	2.29
'22(ディ)	12	0	0	9	0	0	1	1	0	0	0	.143	229	50.2	67	5	10	2	41	1	0	30	26	4.62
'23(ディ)	24	4	0	20	2	4	16	3	0	0	0	.842	665	172.1	149	14	15	1	133	1	0	40	38	1.98
〔5〕	70	5	0	62	3	4	33	18	0	0	0	.647	1756	435	394	37	81	6	380	4	0	137	127	2.63

東　晃平　あずま・こうへい　神戸弘陵高　('22.7)　'99.12.14生　右投右打

年度/チーム	試合	完投	交代完了	試当初	無点勝	無四球	勝利	敗北	セーブ	ホールド	HP	勝率	打者	投球回	安打	本塁打	四球	死球	三振	暴投	ボーク	失点	自責点	防御率
'22(オ)	4	0	1	2	0	0	1	0	0	0	0	1.000	60	13	17	1	5	1	7	0	0	8	7	4.85
'23(オ)	10	0	0	8	0	0	6	0	0	0	0	1.000	209	52.1	45	2	9	5	40	1	0	14	12	2.06
〔2〕	14	0	1	10	0	0	7	0	0	0	0	1.000	269	65.1	62	3	14	6	47	1	0	22	19	2.62

東妻　勇輔　あづま・ゆうすけ　日本体育大　('19.1)　'96.4.4生　右投右打

年度/チーム	試合	完投	交代完了	試当初	無点勝	無四球	勝利	敗北	セーブ	ホールド	HP	勝率	打者	投球回	安打	本塁打	四球	死球	三振	暴投	ボーク	失点	自責点	防御率
'19(ロ)	24	0	11	0	0	0	3	2	0	7	10	.600	92	21	19	2	13	0	16	2	0	11	11	4.71
'20(ロ)	13	0	1	0	0	0	0	0	0	1	1	.000	69	15	10	2	14	0	4	0	0	5	5	3.00
'21(ロ)	37	0	8	0	0	0	1	0	0	4	5	1.000	149	34.1	38	4	9	2	29	2	1	16	11	2.88
'22(ロ)	3	0	2	0	0	0	0	0	0	0	0	.000	21	4	9	2	2	0	1	1	0	4	3	6.75
'23(ロ)	36	0	4	0	0	0	1	0	1	11	11	.000	141	34	29	3	12	1	28	4	0	11	11	2.91
〔5〕	113	0	26	0	0	0	4	3	0	23	27	.571	472	108.1	105	13	50	2	78	9	1	47	41	3.41

阿部　翔太　あべ・しょうた　成美大　('21.1)　'92.11.3生　右投左打

年度/チーム	試合	完投	交代完了	試当初	無点勝	無四球	勝利	敗北	セーブ	ホールド	HP	勝率	打者	投球回	安打	本塁打	四球	死球	三振	暴投	ボーク	失点	自責点	防御率
'21(オ)	4	0	0	0	0	0	0	0	0	0	0	.000	16	3.2	4	1	1	0	3	0	0	3	3	7.36
'22(オ)	44	0	7	0	0	0	1	0	3	22	23	1.000	166	44	22	1	10	2	42	0	0	3	3	0.61
'23(オ)	49	0	5	0	0	0	3	5	1	21	24	.375	193	46.2	37	4	12	5	42	1	0	17	14	2.70
〔3〕	97	0	12	0	0	0	4	5	4	43	47	.444	375	94.1	63	6	23	7	87	1	0	23	20	1.91

有原　航平　ありはら・こうへい　早稲田大　（'15.1）　'92. 8. 11生　右投右打

年度 チーム	試合	完投	交代了	試当初	無点勝	無四球	勝利	敗北	セーブ	ホールド	HP	勝率	打者	投球回	安打	本塁打	四球	死球	三振	暴投	ボーク	失点	自責点	防御率
'15（日）	18	1	0	17	1	1	8	6	0	0	0	.571	453	103.1	113	13	32	3	81	2	0	60	55	4.79
'16（日）	22	2	0	20	1	1	11	9	0	0	0	.550	640	156	150	13	38	2	103	3	1	52	51	2.94⑤
'17（日）	25	4	0	21	0	3	10	13	0	0	0	.435	726	169	194	21	39	4	88	5	0	97	89	4.74⑬
'18（日）	20	1	3	15	0	0	8	5	2	1	1	.615	471	110.2	124	17	15	5	87	0	0	60	56	4.55
'19（日）	24	1	0	23	1	1	15	8	0	0	0	.652	639	164.1	111	14	40	9	161	9	0	49	45	2.46②
'20（日）	20	3	0	17	1	1	8	9	0	0	0	.471	547	132.2	125	11	30	6	106	2	0	56	51	3.46③
'23（ソ）	17	1	0	16	1	0	10	5	0	0	0	.667	490	120.2	105	13	25	7	74	1	0	40	31	2.31
〔7〕	146	13	3	129	5	7	70	55	2	1	1	.560	3966	956.2	922	102	219	36	700	22	1	414	378	3.56

粟津　凱士　あわつ・かいと　東日本国際大　（'19.1）　'97. 3. 1生　右投右打

年度 チーム	試合	完投	交代了	試当初	無点勝	無四球	勝利	敗北	セーブ	ホールド	HP	勝率	打者	投球回	安打	本塁打	四球	死球	三振	暴投	ボーク	失点	自責点	防御率
'19（武）	1	0	0	0	0	0	0	0	0	0	0	.000	10	2	4	0	1	0	0	0	0	2	2	9.00

安樂　智大　あんらく・ともひろ　済美高　（'15.1）　'96. 11. 4生　右投左打

年度 チーム	試合	完投	交代了	試当初	無点勝	無四球	勝利	敗北	セーブ	ホールド	HP	勝率	打者	投球回	安打	本塁打	四球	死球	三振	暴投	ボーク	失点	自責点	防御率
'15（楽）	1	0	0	1	0	0	1	0	0	0	0	1.000	24	6	2	0	5	0	4	0	0	0	0	0.00
'16（楽）	15	0	3	12	0	0	3	5	0	0	0	.375	349	84.1	79	9	22	4	64	2	1	33	32	3.42
'17（楽）	10	0	0	9	0	0	1	5	0	0	0	.167	221	51	59	7	18	4	37	4	0	27	23	4.06
'18（楽）	2	0	2	0	0	0	0	2	0	0	0	.000	43	8	14	1	2	1	2	0	0	10	9	10.13
'19（楽）	9	0	4	4	0	0	0	0	0	0	0	.000	137	32.1	30	5	11	3	19	1	1	22	17	4.73
'20（楽）	27	0	7	0	0	0	1	0	0	5	6	1.000	131	31	24	2	17	0	30	1	0	12	12	3.48
'21（楽）	58	0	5	0	0	0	3	3	2	22	25	.500	240	56.1	45	4	33	2	50	1	0	13	13	2.08
'22（楽）	52	0	13	0	0	0	6	2	1	13	19	.750	209	49.1	51	2	12	2	39	3	0	25	24	4.38
'23（楽）	57	0	10	0	0	0	3	2	0	10	13	.600	214	47.1	48	2	18	8	32	4	0	16	16	3.04
〔9〕	231	0	42	28	0	0	18	21	3	50	63	.462	1568	365.2	352	32	138	24	277	16	2	158	146	3.59

井口　和朋　いぐち・かずとも　東京農業大北海道オホーツク　（'16.1）　'94. 1. 7生　右投右打

年度 チーム	試合	完投	交代了	試当初	無点勝	無四球	勝利	敗北	セーブ	ホールド	HP	勝率	打者	投球回	安打	本塁打	四球	死球	三振	暴投	ボーク	失点	自責点	防御率
'16（日）	37	0	13	0	0	0	0	1	0	4	4	.000	174	42	39	6	10	2	27	3	0	18	18	3.86
'17（日）	17	0	10	1	0	0	0	1	0	0	0	.000	94	22.2	19	7	7	0	13	1	0	14	13	5.16
'18（日）	31	0	8	0	0	0	1	1	1	7	8	.500	129	32.2	26	0	9	0	28	1	0	11	9	2.48
'19（日）	32	0	11	0	0	0	1	0	1	7	8	1.000	131	32	28	3	7	2	19	0	0	9	9	2.53
'20（日）	29	0	5	0	0	0	1	0	0	2	3	1.000	113	26.1	27	5	8	2	18	0	0	14	12	4.10
'21（日）	43	0	7	0	0	0	1	2	0	11	12	.333	151	38.2	24	4	10	2	33	0	0	11	8	1.86
'22（日）	23	0	4	0	0	0	2	0	1	6	8	1.000	112	24.1	34	3	4	2	27	1	0	14	14	5.18
'23（日）	5	0	4	0	0	0	0	0	0	0	0	.000	23	5	6	0	3	0	2	1	0	3	3	5.40
〔8〕	217	0	62	1	0	0	6	5	3	37	43	.545	927	223.2	203	28	58	10	167	7	0	94	86	3.46

池田　隆英　いけだ・たかひで　創価大　（'17.1）　'94. 10. 1生　右投右打

年度 チーム	試合	完投	交代了	試当初	無点勝	無四球	勝利	敗北	セーブ	ホールド	HP	勝率	打者	投球回	安打	本塁打	四球	死球	三振	暴投	ボーク	失点	自責点	防御率
'18（楽）	15	0	2	7	0	0	1	5	0	4	4	.167	206	42.2	60	4	21	0	24	5	0	33	28	5.91
'21（日）	18	0	0	16	0	0	3	10	0	1	1	.231	364	82.1	88	11	35	5	52	4	0	42	36	3.94
'22（日）	4	0	0	3	0	0	1	1	0	0	0	.250	71	16.1	15	0	6	0	11	1	0	7	6	3.31
'23（日）	51	0	6	1	0	0	1	5	0	25	26	.167	195	50.1	33	5	12	2	45	1	0	18	16	2.86
〔4〕	88	0	8	27	0	0	6	23	0	30	31	.207	836	191.2	196	20	74	7	132	11	0	100	86	4.04

池谷　蒼大　いけや・そうた　静岡高（'21.1）　'99.8.2生　左投左打

年度	チーム	試合	完投	交代了	試当初	無点勝	無四球	勝利	敗北	セーブ	ホールド	HP	勝率	打者	投球回	安打	本塁打	四球	死球	三振	暴投	ボーク	失点	自責点	防御率
'21	(ディ)	6	0	3	0	0	0	0	0	0	0	0	.000	25	6.2	2	0	2	1	2	0	0	0	0	0.00
'22	(ディ)	6	0	2	0	0	0	1	0	0	0	1	1.000	26	5.1	3	1	7	0	7	0	0	2	2	3.38
〔2〕		12	0	5	0	0	0	1	0	0	0	1	1.000	51	12	5	1	9	1	9	0	0	2	2	1.50

石井　大智　いしい・だいち　秋田工高専門学校（'21.1）　'97.7.29生　右投右打

年度	チーム	試合	完投	交代了	試当初	無点四	無四球	勝利	敗北	セーブ	ホールド	HP	勝率	打者	投球回	安打	本塁打	四球	死球	三振	暴投	ボーク	失点	自責点	防御率
'21	(神)	18	0	7	0	0	0	0	1	0	0	0	.000	75	17.1	17	3	6	0	16	1	0	12	12	6.23
'22	(神)	18	0	11	0	0	0	0	1	0	0	0	.000	94	24	11	2	9	2	24	2	0	4	2	0.75
'23	(神)	44	0	9	0	0	0	1	1	0	19	20	.500	165	40	43	2	8	1	29	0	0	8	6	1.35
〔3〕		80	0	27	0	0	0	1	3	0	19	20	.250	334	81.1	71	7	23	3	69	3	0	24	20	2.21

石川　歩　いしかわ・あゆむ　中部大（'14.1）　'88.4.11生　右投右打

年度	チーム	試合	完投	交代了	試当初	無点四	無四球	勝利	敗北	セーブ	ホールド	HP	勝率	打者	投球回	安打	本塁打	四球	死球	三振	暴投	ボーク	失点	自責点	防御率
'14	(ロ)	25	2	0	23	1	1	10	8	0	0	0	.556	669	160	165	10	37	4	111	3	0	72	61	3.43
'15	(ロ)	27	3	0	24	2	0	12	12	0	0	0	.500	751	178.2	191	15	34	5	126	2	0	68	65	3.27
'16	(ロ)	23	5	0	18	3	1	14	5	0	0	0	.737	643	162.1	142	16	22	6	104	4	0	40	39	2.16
'17	(ロ)	16	1	0	15	0	1	3	11	0	0	0	.214	424	97.1	113	9	23	2	73	0	0	62	55	5.09
'18	(ロ)	21	1	0	20	0	0	9	8	0	0	0	.529	559	133.1	137	15	29	3	77	0	0	61	58	3.92
'19	(ロ)	27	0	2	17	0	0	8	5	0	5	5	.615	503	118.2	129	9	28	4	81	2	0	50	48	3.64
'20	(ロ)	21	0	0	21	0	0	7	6	0	0	0	.538	555	133.1	138	19	26	4	77	3	0	65	63	4.25
'21	(ロ)	12	2	0	10	0	1	6	3	0	0	0	.667	310	80	73	10	9	0	42	0	0	30	30	3.38
'22	(ロ)	20	0	0	20	0	0	7	7	0	0	0	.500	504	123	128	12	20	4	67	0	0	48	40	2.93
〔9〕		192	14	2	168	6	4	76	65	0	5	5	.539	4918	1186.2	1216	115	228	32	758	14	0	496	459	3.48

石川　柊太　いしかわ・しゅうた　創価大（'16.7）　'91.12.27生　右投右打

年度	チーム	試合	完投	交代了	試当初	無点四	無四球	勝利	敗北	セーブ	ホールド	HP	勝率	打者	投球回	安打	本塁打	四球	死球	三振	暴投	ボーク	失点	自責点	防御率
'17	(ソ)	34	0	6	12	0	0	8	3	0	1	3	.727	409	98.1	69	11	50	7	99	4	0	38	36	3.29
'18	(ソ)	42	0	5	16	0	0	13	6	0	6	12	.684	541	127.1	115	20	43	13	96	4	0	55	51	3.60
'19	(ソ)	2	0	1	0	0	0	0	0	0	0	1	.000	11	3	2	0	0	0	3	1	0	0	0	0.00
'20	(ソ)	18	0	0	15	1	0	11	3	0	0	1	.786	443	111.2	68	9	41	12	103	0	0	32	30	2.42
'21	(ソ)	28	0	0	25	0	0	6	9	0	0	0	.400	653	156.1	135	22	51	17	134	3	0	70	59	3.40
'22	(ソ)	23	1	0	22	1	0	7	10	0	0	0	.412	585	136.1	122	9	57	8	106	0	0	57	51	3.37
'23	(ソ)	23	1	0	22	1	0	4	8	0	0	0	.333	550	125.2	108	15	61	8	119	3	0	63	58	4.15
〔7〕		170	4	12	112	3	0	49	39	0	8	17	.557	3192	758.2	619	86	303	65	660	15	1	315	285	3.38

石川　翔　いしかわ・しょう　青藍泰斗高（'18.1）　'99.12.14生　右投左打

年度	チーム	試合	完投	交代了	試当初	無点四	無四球	勝利	敗北	セーブ	ホールド	HP	勝率	打者	投球回	安打	本塁打	四球	死球	三振	暴投	ボーク	失点	自責点	防御率
'18	(中)	1	0	0	0	0	0	0	0	0	1	1	.000	3	1	0	0	0	0	0	0	0	0	0	0.00

石川　達也　いしかわ・たつや　法政大（'22.6）　'98.4.15生　左投左打

年度	チーム	試合	完投	交代了	試当初	無点四	無四球	勝利	敗北	セーブ	ホールド	HP	勝率	打者	投球回	安打	本塁打	四球	死球	三振	暴投	ボーク	失点	自責点	防御率
'22	(ディ)	3	0	1	1	0	0	0	0	0	0	0	.000	28	5.1	4	1	7	1	3	0	0	5	5	8.44
'23	(ディ)	28	0	9	0	0	0	0	0	0	3	3	.000	124	32	19	2	10	2	34	3	0	9	7	1.97
〔2〕		31	0	10	1	0	0	0	0	0	3	3	.000	152	37.1	23	3	17	3	37	3	0	14	12	2.89

石川　直也　いしかわ・なおや　山形中央高　('15.1)　'96.7.11生　右投右打

年度	チーム	試合	完投	交代了	試当初	無点勝	無四球	勝利	敗北	セーブ	ホールド	HP	勝率	打者	投球回	安打	本塁打	四球	死球	三振	暴投	ボーク	失点	自責点	防御率
'16	(日)	1	0	0	0	0	0	0	0	0	1	1	.000	4	1	0	0	1	0	0	0	0	0	0	0.00
'17	(日)	37	0	11	3	0	0	0	1	0	7	7	.000	228	49.2	53	8	28	0	51	4	0	24	24	4.35
'18	(日)	52	0	29	0	0	0	1	2	19	18	19	.333	204	48.2	44	4	17	0	53	1	0	16	14	2.59
'19	(日)	60	0	16	0	0	0	3	2	5	21	24	.600	220	54.1	39	6	16	1	75	3	0	20	20	3.31
'22	(日)	36	0	12	0	0	0	2	2	6	8	10	.500	135	32	26	1	13	1	37	3	0	14	14	3.94
'23	(日)	16	0	8	0	0	0	0	0	1	3	3	.000	67	15.1	17	1	4	1	12	3	0	10	10	5.87
〔6〕		202	0	76	3	0	0	6	7	31	58	64	.462	858	201	179	20	79	3	228	14	0	84	82	3.67

石川　雅規　いしかわ・まさのり　青山学院大　('02.1)　'80.1.22生　左投左打

年度	チーム	試合	完投	交代了	試当初	無点勝	無四球	勝利	敗北	セーブ	ホールド	HP	勝率	打者	投球回	安打	本塁打	四球	死球	三振	暴投	ボーク	失点	自責点	防御率
'02	(ヤ)	29	2	0	26	0	2	12	9	0			.571	735	178.1	183	20	29	2	104	5	3	76	66	3.33⑩
'03	(ヤ)	30	3	0	27	0	2	12	11	0			.522	793	190	201	21	33	7	97	3	1	88	80	3.79⑧
'04	(ヤ)	27	1	0	26	0	0	11	11	0			.500	708	163.1	200	21	22	5	72	4	1	90	79	4.35⑩
'05	(ヤ)	26	0	0	25	0	0	10	8	0			.556	637	149.2	180	18	24	4	105	7	0	82	81	4.87⑬
'06	(ヤ)	29	0	0	28	0	0	10	10	0			.500	648	151	191	12	17	3	81	4	0	82	76	4.53⑮
'07	(ヤ)	26	3	5	12	2	2	4	7	0		2	.364	405	96.2	104	15	16	5	50	2	0	51	47	4.38
'08	(ヤ)	30	3	0	26	1	2	12	10	0	1	1	.545	792	195	180	21	41	4	112	2	0	59	58	2.68①
'09	(ヤ)	29	3	0	26	0	0	13	7	0			.650	810	198.1	203	25	28	6	84	4	0	81	78	3.54⑭
'10	(ヤ)	28	2	0	26	1	1	13	8	0			.619	783	186.1	209	20	27	7	98	9	0	81	73	3.53⑧
'11	(ヤ)	27	1	0	26	0	0	10	9	0			.526	731	178.1	168	18	42	5	127	1	0	57	54	2.73⑪
'12	(ヤ)	27	2	0	25	1	0	8	11	0			.421	721	172.2	175	14	41	5	100	4	0	77	69	3.60⑱
'13	(ヤ)	24	2	0	22	0	1	6	9	0			.400	623	148.1	149	15	33	6	85	6	1	73	58	3.52⑫
'14	(ヤ)	27	2	0	25	2	0	10	10	0			.500	725	165	181	20	49	6	101	2	0	97	87	4.75⑮
'15	(ヤ)	25	1	0	24	1	1	13	9	0			.591	598	146.2	150	16	28	3	90	3	0	59	54	3.31⑬
'16	(ヤ)	20	0	0	20	0	0	9	9	0			.500	500	116.2	126	15	33	2	52	3	1	59	58	4.47
'17	(ヤ)	23	0	0	23	0	0	4	14	0			.222	540	123.1	149	18	28	4	88	2	1	72	70	5.11
'18	(ヤ)	22	0	0	22	0	0	7	6	0			.538	488	110.2	121	19	41	4	78	2	0	70	60	4.88
'19	(ヤ)	23	0	0	23	0	0	8	6	0			.571	514	124.1	117	18	26	4	88	2	1	57	53	3.84
'20	(ヤ)	15	0	0	15	0	0	2	8	0			.200	331	76.1	85	7	19	2	41	2	0	40	38	4.48
'21	(ヤ)	15	0	1	15	0	1	4	5	0			.444	335	82	81	10	16	3	54	1	0	31	28	3.07
'22	(ヤ)	16	0	0	16	0	0	6	4	0			.600	357	84	93	16	13	1	39	1	0	45	42	4.50
'23	(ヤ)	13	0	0	12	0	0	2	5	0			.286	267	63.1	75	11	6	0	22	1	0	32	28	3.98
〔22〕		533	26	5	490	8	12	185	185	0	3	4	.500	13041	3100.1	3321	370	614	90	1768	70	9	1459	1337	3.88

石田　健大　いしだ・けんた　法政大　('15.1)　'93.3.1生　左投左打

年度	チーム	試合	完投	交代了	試当初	無点勝	無四球	勝利	敗北	セーブ	ホールド	HP	勝率	打者	投球回	安打	本塁打	四球	死球	三振	暴投	ボーク	失点	自責点	防御率
'15	(ディ)	12	0	0	11	0	0	2	6	0			.250	300	71.2	67	6	26	1	58	3	0	23	23	2.89
'16	(ディ)	25	0	0	25	0	0	9	4	0			.692	608	153	128	21	36	1	132	5	1	53	53	3.12⑧
'17	(ディ)	18	0	0	18	0	0	6	6	0			.500	436	106	90	10	34	0	103	6	0	43	40	3.40
'18	(ディ)	23	0	0	15	0	0	3	7	0			.300	408	92.1	95	16	34	5	87	2	0	62	51	4.97
'19	(ディ)	40	0	4	7	0	0	4	1	0	10	11	.800	285	71.1	59	7	21	0	78	2	0	19	17	2.14
'20	(ディ)	50	0	8	0	0	0	1	4	0	25	26	.200	176	42.2	32	4	14	1	46	3	0	15	12	2.53
'21	(ディ)	33	0	5	1	0	0	1	2	0	2	3	.333	168	37.2	44	4	18	2	39	1	0	24	24	5.73
'22	(ディ)	15	0	0	15	0	0	7	4	0			.636	337	82.1	67	8	26	1	68	3	0	30	27	2.95
'23	(ディ)	23	0	0	23	0	0	4	8	0			.308	500	118	127	12	30	5	99	3	0	56	52	3.97
〔9〕		239	0	17	115	0	0	37	43	0	37	42	.463	3218	775	709	85	239	16	710	28	1	325	299	3.47

個人年度別投手成績　い

石橋　良太　いしばし・りょうた　拓殖大　('16.1)　'91.6.6生　右投左打

年度／チーム	試合	完投	交代完了	試当初	無点勝	無四球	勝利	敗北	セーブ	ホールド	HP	勝率	打者	投球回	安打	本塁打	四球	死球	三振	暴投	ボーク	失点	自責点	防御率
'16(楽)	6	0	4	0	0	0	0	0	0	0	0	.000	30	5.1	10	2	4	0	4	1	0	8	8	13.50
'19(楽)	28	0	0	19	0	0	8	7	0	0	2	.533	535	127.1	116	20	35	6	71	5	0	60	54	3.82
'20(楽)	13	0	0	13	0	0	1	6	0	0	0	.143	285	63.1	72	9	28	4	46	2	1	43	43	6.11
'21(楽)	3	0	0	3	0	0	0	1	0	0	0	.000	56	13	12	2	6	1	4	2	0	5	5	3.46
'22(楽)	26	0	2	0	0	0	2	0	0	3	5	1.000	146	32.1	35	3	12	4	18	2	0	22	22	6.12
'23(楽)	2	0	1	0	0	0	0	0	0	0	0	.000	18	3.1	8	1	1	0	2	0	0	7	7	18.90
〔6〕	78	0	7	35	0	0	11	14	0	3	7	.440	1070	244.2	253	37	86	15	145	12	1	145	139	5.11

石山　泰稚　いしやま・たいち　東北福祉大　('13.1)　'88.9.1生　右投右打

年度／チーム	試合	完投	交代完了	試当初	無点勝	無四球	勝利	敗北	セーブ	ホールド	HP	勝率	打者	投球回	安打	本塁打	四球	死球	三振	暴投	ボーク	失点	自責点	防御率
'13(ヤ)	60	0	21	0	0	0	3	3	10	21	24	.500	263	58.1	58	6	30	1	59	5	0	21	18	2.78
'14(ヤ)	35	0	8	14	0	0	3	8	0	2	3	.273	480	109.1	111	15	46	3	79	0	0	59	55	4.53
'15(ヤ)	21	0	19	0	0	0	5	5	0	0	0	.500	479	111.1	118	7	38	2	78	4	0	50	45	3.64
'16(ヤ)	13	0	6	0	0	0	0	1	0	1	2	1.000	71	16	23	2	1	0	10	0	0	13	13	7.31
'17(ヤ)	66	0	9	0	0	0	3	6	0	24	27	.333	285	68.1	63	5	17	1	76	5	0	29	23	3.03
'18(ヤ)	71	0	58	0	0	0	3	2	35	7	10	.600	296	73.2	63	6	15	2	62	0	0	19	17	2.08
'19(ヤ)	34	0	21	0	0	0	2	2	10	5	7	.500	137	33	30	2	8	0	31	3	0	12	10	2.73
'20(ヤ)	44	0	38	0	0	0	3	2	20	4	7	.600	186	44.2	42	2	11	1	58	2	0	10	10	2.02
'21(ヤ)	58	0	29	0	0	0	2	5	10	9	9	.600	226	55	54	6	10	0	64	1	1	23	22	3.60
'22(ヤ)	38	0	4	0	0	0	1	6	0	16	18	1.000	148	36	27	0	14	2	35	2	0	7	7	1.75
'23(ヤ)	50	0	6	0	0	0	3	6	0	24	27	.333	208	47	51	3	13	3	41	1	0	27	23	4.40
〔11〕	490	0	200	33	0	0	28	39	85	113	134	.418	2779	652.2	640	54	203	15	593	23	1	270	243	3.35

泉　圭輔　いずみ・けいすけ　金沢星稜大　('19.1)　'97.3.2生　右投右打

年度／チーム	試合	完投	交代完了	試当初	無点勝	無四球	勝利	敗北	セーブ	ホールド	HP	勝率	打者	投球回	安打	本塁打	四球	死球	三振	暴投	ボーク	失点	自責点	防御率
'19(ソ)	14	0	6	0	0	0	2	0	0	3	5	1.000	80	18.1	17	1	8	1	18	0	1	5	4	1.96
'20(ソ)	40	0	11	0	0	0	0	1	0	8	8	.000	143	34.2	26	1	19	1	28	1	0	9	8	2.08
'21(ソ)	31	0	8	0	0	0	1	2	0	6	7	.333	111	26.1	20	4	13	3	30	2	0	10	8	2.73
'22(ソ)	30	0	5	0	0	0	0	2	0	6	6	.000	116	29	24	3	9	1	25	1	0	12	12	3.72
'23(ソ)	3	0	0	0	0	0	0	0	0	0	0	.000	17	2.2	4	1	3	2	2	0	0	5	5	16.88
〔5〕	118	0	30	1	0	0	3	5	0	23	26	.375	467	111	91	10	52	8	103	4	1	41	37	3.00

伊勢　大夢　いせ・ひろむ　明治大　('20.1)　'98.3.7生　右投右打

年度／チーム	試合	完投	交代完了	試当初	無点勝	無四球	勝利	敗北	セーブ	ホールド	HP	勝率	打者	投球回	安打	本塁打	四球	死球	三振	暴投	ボーク	失点	自責点	防御率
'20(ディ)	33	0	9	1	0	0	3	1	0	4	7	.750	143	35	28	2	12	2	39	0	0	9	7	1.80
'21(ディ)	39	0	15	0	0	0	0	1	0	6	6	.000	144	35.1	30	0	15	1	38	2	0	11	11	2.80
'22(ディ)	71	0	7	0	0	0	3	3	1	39	42	.500	269	68	52	1	17	5	69	2	0	14	13	1.72
'23(ディ)	58	0	7	0	0	0	4	6	2	33	37	.400	212	50.1	54	6	16	0	43	0	0	21	18	3.22
〔4〕	201	0	38	1	0	0	10	11	3	82	92	.476	768	188.2	164	9	60	8	189	4	0	55	49	2.34

一岡　竜司　いちおか・りゅうじ　藤蔭高－沖データコンピュータ教育学院　('12.1)　'91.1.11生　右投右打

年度 チーム	試合	完投	交代了	試当初	無点勝	無四球	勝利	敗北	セーブ	ホールド	HP	勝率	打者	投球回	安打	本塁打	四球	死球	三振	暴投	ボーク	失点	自責点	防御率
'12(巨)	4	0	3	0	0	0	0	0	0	0	0	.000	21	5	5	0	0	1	3	0	0	3	2	3.60
'13(巨)	9	0	4	0	0	0	0	0	0	0	0	.000	44	10.1	11	0	3	0	8	1	0	6	6	5.23
'14(広)	31	0	8	0	0	0	2	0	2	16	18	1.000	114	31	16	0	7	0	27	0	0	3	2	0.58
'15(広)	38	0	17	0	0	0	2	4	1	7	9	.333	176	37	42	5	21	1	35	0	0	21	17	4.14
'16(広)	27	0	6	0	0	0	1	1	0	5	6	.500	96	24.2	16	0	10	0	21	0	0	5	5	1.82
'17(広)	59	0	12	0	0	0	6	2	1	19	25	.750	234	58.1	42	1	20	0	58	1	0	14	12	1.85
'18(広)	59	0	14	0	0	0	5	6	2	18	23	.455	238	56.1	46	7	22	0	61	1	0	20	18	2.88
'19(広)	33	0	4	0	0	0	0	0	0	16	16	.000	133	31	29	1	10	2	18	2	0	11	10	2.90
'20(広)	19	0	8	0	0	0	0	1	0	2	2	.000	81	17.1	25	5	5	1	14	0	0	12	12	6.23
'22(広)	10	0	3	0	0	0	1	0	0	1	2	1.000	41	8.2	15	0	1	0	7	0	0	2	2	2.08
'23(広)	1	0	0	0	0	0	0	0	0	0	0	.000	1	0.1	0	0	0	0	1	0	0	0	0	0.00
〔11〕	290	0	79	0	0	0	17	14	7	84	101	.548	1179	280	247	16	99	5	253	5	0	97	86	2.76

市川　悠太　いちかわ・ゆうた　明徳義塾高　('19.1)　'01.3.29生　右投右打

年度 チーム	試合	完投	交代了	試当初	無点勝	無四球	勝利	敗北	セーブ	ホールド	HP	勝率	打者	投球回	安打	本塁打	四球	死球	三振	暴投	ボーク	失点	自責点	防御率
'22(ヤ)	6	0	3	1	0	0	0	0	0	0	0	.000	58	12	17	1	6	1	6	2	0	10	10	7.50
'23(ヤ)	4	0	1	3	0	0	0	2	0	0	0	.000	65	14	14	4	5	4	7	1	0	14	13	8.36
〔2〕	10	0	4	4	0	0	0	2	0	0	0	.000	123	26	31	5	11	5	13	3	0	24	23	7.96

伊藤　翔　いとう・しょう　横芝敬愛高　('18.1)　'99.2.10生　右投右打

年度 チーム	試合	完投	交代了	試当初	無点勝	無四球	勝利	敗北	セーブ	ホールド	HP	勝率	打者	投球回	安打	本塁打	四球	死球	三振	暴投	ボーク	失点	自責点	防御率
'18(武)	16	0	9	1	0	0	3	0	0	0	2	1.000	115	26.1	26	1	9	1	13	1	0	12	8	2.73
'19(武)	6	0	4	0	0	0	0	0	0	0	0	.000	25	6	7	1	3	0	2	0	0	4	4	6.00
'20(武)	12	0	5	3	0	0	0	1	0	0	0	.000	128	28.2	30	3	16	0	18	6	0	13	13	4.08
'21(武)	13	0	4	2	0	0	0	2	0	0	2	.000	91	18	22	2	16	2	9	2	0	9	8	4.00
〔4〕	47	0	22	6	0	0	3	3	0	2	4	.500	359	79	85	7	44	3	42	9	0	38	33	3.76

伊藤　大海　いとう・ひろみ　苫小牧駒澤大　('21.1)　'97.8.31生　右投左打

年度 チーム	試合	完投	交代了	試当初	無点勝	無四球	勝利	敗北	セーブ	ホールド	HP	勝率	打者	投球回	安打	本塁打	四球	死球	三振	暴投	ボーク	失点	自責点	防御率
'21(日)	23	1	0	22	1	0	10	9	0	0	0	.526	610	146	125	8	53	6	141	1	0	51	47	2.90④
'22(日)	26	2	2	21	2	0	10	9	1	1	1	.526	653	155.2	140	5	49	5	112	5	0	60	51	2.95⑤
'23(日)	24	3	0	21	1	2	7	10	0	0	0	.412	649	153.1	147	11	41	8	134	2	0	64	59	3.46⑧
〔3〕	73	6	2	64	4	2	27	28	1	1	1	.491	1912	455	412	24	143	19	387	8	0	175	157	3.11

伊藤　茉央　いとう・まお　東京農業大北海道オホーツク　('23.1)　'00.11.19生　右投左打

年度 チーム	試合	完投	交代了	試当初	無点勝	無四球	勝利	敗北	セーブ	ホールド	HP	勝率	打者	投球回	安打	本塁打	四球	死球	三振	暴投	ボーク	失点	自責点	防御率
'23(楽)	25	0	5	0	0	0	1	0	0	3	4	1.000	98	22	18	1	14	3	9	2	0	11	8	3.27

伊藤　将司　いとう・まさし　国際武道大　('21.1)　'96.5.8生　左投左打

年度 チーム	試合	完投	交代了	試当初	無点勝	無四球	勝利	敗北	セーブ	ホールド	HP	勝率	打者	投球回	安打	本塁打	四球	死球	三振	暴投	ボーク	失点	自責点	防御率
'21(神)	23	0	0	21	0	0	10	5	0	0	1	.588	557	140.1	119	15	34	3	79	1	0	42	38	2.44
'22(神)	20	6	0	14	2	2	9	5	0	0	0	.643	539	136.2	119	10	22	2	92	1	0	45	40	2.63
'23(神)	21	3	0	18	2	2	10	5	0	0	0	.667	572	146.2	120	8	21	4	91	3	0	40	39	2.39⑤
〔3〕	64	10	0	53	4	4	29	17	0	1	1	.630	1668	423.2	358	33	77	9	262	5	0	127	117	2.49

個人年度別投手成績　い

井上　温大　いのうえ・はると　前橋商高（'20.1）'01.5.13生　左投左打

年度	チーム	試合	完投	交代完了	試当初	無点勝	無四球	勝利	敗北	セーブ	ホールド	HP	勝率	打者	投球回	安打	本塁打	四球	死球	三振	暴投	ボーク	失点	自責点	防御率
'22	(巨)	7	0	0	4	0	0	1	1	0	0	0	.500	106	24	28	4	7	0	27	0	0	18	16	6.00
'23	(巨)	4	0	0	4	0	0	0	1	0	0	0	.000	60	12.1	21	2	3	1	11	0	0	15	15	10.95
〔2〕		11	0	0	8	0	0	1	2	0	0	0	.333	166	36.1	49	6	10	1	38	0	0	33	31	7.68

井上　広輝　いのうえ・ひろき　日大三高（'20.1）'01.7.17生　右投右打

年度	チーム	試合	完投	交代完了	試当初	無点勝	無四球	勝利	敗北	セーブ	ホールド	HP	勝率	打者	投球回	安打	本塁打	四球	死球	三振	暴投	ボーク	失点	自責点	防御率
'21	(武)	4	0	1	0	0	0	0	0	0	0	0	.000	28	4.1	9	1	6	0	5	0	0	5	5	10.38

今井　達也　いまい・たつや　作新学院高（'17.1）'98.5.9生　右投右打

年度	チーム	試合	完投	交代完了	試当初	無点勝	無四球	勝利	敗北	セーブ	ホールド	HP	勝率	打者	投球回	安打	本塁打	四球	死球	三振	暴投	ボーク	失点	自責点	防御率
'18	(武)	15	1	1	13	0	0	5	5	0	0	0	.500	345	78.2	74	11	35	6	65	4	1	45	42	4.81
'19	(武)	23	1	1	21	1	0	7	9	0	0	0	.438	596	135.1	127	16	72	5	105	7	1	74	65	4.32
'20	(武)	19	0	0	11	0	0	3	4	0	0	0	.429	310	61.2	72	5	52	5	44	2	0	49	42	6.13
'21	(武)	25	3	0	22	1	0	8	8	0	0	0	.500	682	158.1	123	15	99	11	137	11	0	66	58	3.30
'22	(武)	9	0	0	9	0	0	5	1	0	0	0	.833	246	59.2	37	3	34	5	61	1	0	16	16	2.41
'23	(武)	19	2	0	17	1	0	10	5	0	0	0	.667	533	133	87	11	61	8	130	4	0	38	34	2.30
〔6〕		110	7	2	93	3	0	38	32	0	0	1	.543	2712	626.2	520	61	353	40	542	29	2	288	257	3.69

今永　昇太　いまなが・しょうた　駒澤大（'16.1）'93.9.1生　左投左打

年度	チーム	試合	完投	交代完了	試当初	無点勝	無四球	勝利	敗北	セーブ	ホールド	HP	勝率	打者	投球回	安打	本塁打	四球	死球	三振	暴投	ボーク	失点	自責点	防御率
'16	(ディ)	22	0	0	22	0	0	8	9	0	0	0	.471	541	135.1	108	16	38	2	136	1	0	47	44	2.93
'17	(ディ)	24	3	0	21	2	0	11	7	0	0	0	.611	600	148	115	13	52	5	140	3	0	49	49	2.98
'18	(ディ)	23	1	0	15	0	0	4	11	0	4	5	.267	402	84.2	108	18	38	4	80	6	0	77	64	6.80
'19	(ディ)	25	3	0	22	3	0	13	7	0	0	0	.650	684	170	128	18	56	4	186	2	0	59	55	2.91
'20	(ディ)	9	0	0	9	0	0	5	3	0	0	0	.625	224	53	47	2	17	1	63	2	0	24	19	3.23
'21	(ディ)	19	1	0	18	0	1	5	5	0	0	0	.500	476	120	97	16	26	4	110	0	0	43	41	3.08
'22	(ディ)	21	3	0	18	2	1	11	4	0	0	0	.733	560	143.2	106	14	29	3	132	3	0	37	36	2.26
'23	(ディ)	22	2	0	20	0	0	7	4	0	0	0	.636	596	148	132	17	24	4	174	2	0	46	46	2.80
〔8〕		165	13	0	145	7	2	64	50	0	4	5	.561	4083	1002.2	841	114	280	27	1021	19	0	382	354	3.18

今村　信貴　いまむら・のぶたか　太成学院大高（'12.1）'94.3.15生　左投左打

年度	チーム	試合	完投	交代完了	試当初	無点勝	無四球	勝利	敗北	セーブ	ホールド	HP	勝率	打者	投球回	安打	本塁打	四球	死球	三振	暴投	ボーク	失点	自責点	防御率
'13	(巨)	3	0	0	3	0	0	1	1	0	0	0	.500	69	17	18	2	4	0	14	0	0	4	4	2.12
'14	(巨)	13	0	3	5	0	0	2	1	0	1	1	.667	172	36.1	47	9	14	2	19	3	0	29	25	6.19
'16	(巨)	16	0	0	14	0	0	3	4	0	0	0	.429	346	77.1	87	11	36	2	60	3	0	49	48	5.59
'17	(巨)	3	0	1	1	0	0	0	0	0	0	0	.000	34	6.1	12	1	3	1	6	0	0	5	4	5.68
'18	(巨)	13	1	0	12	1	0	6	2	0	0	0	.750	328	77	80	8	26	3	51	2	0	34	33	3.86
'19	(巨)	17	0	0	15	0	0	6	4	0	0	0	.600	349	81.2	82	9	26	8	54	1	0	39	37	4.08
'20	(巨)	12	0	0	11	0	0	5	2	0	0	0	.714	260	62.2	53	8	21	2	55	0	0	23	22	3.16
'21	(巨)	17	1	2	9	0	0	3	4	0	0	0	.429	274	63	66	5	22	3	59	0	0	21	19	2.71
'22	(巨)	55	0	10	0	0	0	2	4	0	21	23	.333	227	53	45	3	22	4	34	1	0	24	21	3.57
'23	(巨)	24	0	11	1	0	0	2	0	0	2	2	.000	119	26	29	1	11	1	13	1	0	12	11	3.81
〔10〕		173	2	27	71	2	1	25	22	0	24	27	.532	2178	500.1	519	57	185	26	365	11	0	240	224	4.03

入江　大生　いりえ・たいせい　明治大（'21.1）'98.8.26生　右投右打

年度（チーム）	試合	完投	交代了	試当初	無失点勝	無四球	勝利	敗北	セーブ	ホールド	HP	勝率	打者	投球回	安打	本塁打	四球	死球	三振	暴投	ボーク	失点	自責点	防御率
'21（ディ）	4	0	0	4	0	0	0	4	0	0	0	.000	80	18.1	22	4	5	1	14	1	1	18	16	7.85
'22（ディ）	57	0	8	0	0	0	5	1	0	10	15	.833	262	63	49	4	26	1	69	2	0	23	21	3.00
'23（ディ）	32	0	7	0	0	0	1	1	0	7	8	.500	136	30	29	0	16	2	32	1	0	11	9	2.70
〔3〕	93	0	15	4	0	0	6	6	0	17	23	.500	478	111.1	100	4	47	4	115	4	1	52	46	3.72

岩嵜　翔　いわさき・しょう　市立船橋高（'08.1）'89.10.21生　右投右打

年度（チーム）	試合	完投	交代了	試当初	無失点勝	無四球	勝利	敗北	セーブ	ホールド	HP	勝率	打者	投球回	安打	本塁打	四球	死球	三振	暴投	ボーク	失点	自責点	防御率
'08（ソ）	1	0	0	1	0	0	0	0	0	0	0	.000	15	3	7	0	0	0	1	0	0	3	3	9.00
'09（ソ）	1	0	0	1	0	0	0	1	0	0	0	.000	19	4.1	7	0	1	0	1	0	0	5	3	6.23
'10（ソ）	6	0	1	5	0	0	0	3	0	0	0	.000	105	22.1	30	2	9	1	9	0	0	21	20	8.06
'11（ソ）	13	2	0	11	1	0	6	2	0	0	0	.750	326	79.1	70	4	22	5	33	4	0	27	24	2.72
'12（ソ）	29	2	3	14	0	0	5	10	0	3	4	.333	498	120.1	113	5	27	3	77	1	0	46	42	3.14
'13（ソ）	47	0	10	5	0	0	1	4	2	14	15	.200	297	68.2	79	9	14	3	54	2	0	39	33	4.33
'14（ソ）	18	0	1	9	0	0	4	1	3	3	3	.800	266	62	64	10	15	4	37	0	0	32	28	4.06
'15（ソ）	8	0	3	1	0	0	1	0	1	1	1	1.000	46	10.2	11	3	4	0	5	1	0	8	8	6.75
'16（ソ）	35	1	5	6	1	0	4	2	1	9	10	.667	347	87.2	77	6	17	0	61	3	0	22	19	1.95
'17（ソ）	72	0	14	0	0	0	6	3		**40**	46	.667	289	72.1	55	8	16	2	66	1	0	16	16	1.99
'18（ソ）	2	0	0	0	0	0	1	0	0	1	2	1.000	5	2	0	0	0	0	2	0	0	0	0	0.00
'19（ソ）	2	0	1	0	0	0	0	0	0	0	0	.000	8	2	1	0	1	0	2	0	0	1	1	4.50
'20（ソ）	17	0	2	0	0	0	0	1	0	10	10	.000	70	15	19	3	6	1	20	0	0	12	12	7.20
'21（ソ）	48	0	22	0	0	0	2	5	0	14	16	.286	179	45.1	37	7	10	0	56	1	0	21	21	4.17
'22（中）	1	0	0	0	0	0	0	0	0	0	0	.000	4	0+	0	0	1	0	0	0	0	0	0	—
〔15〕	300	5	62	53	2	0	30	33	11	96	109	.476	2471	595	570	57	144	19	424	13	0	254	231	3.49

岩貞　祐太　いわさだ・ゆうた　横浜商科大（'14.1）'91.9.5生　左投左打

年度（チーム）	試合	完投	交代了	試当初	無失点勝	無四球	勝利	敗北	セーブ	ホールド	HP	勝率	打者	投球回	安打	本塁打	四球	死球	三振	暴投	ボーク	失点	自責点	防御率
'14（神）	6	0	0	6	0	0	1	4	0	0	0	.200	127	29.1	24	2	15	0	21	0	0	18	15	4.60
'15（神）	5	0	0	5	0	0	1	1	0	0	0	.500	95	20.2	24	4	11	2	11	3	0	12	10	4.35
'16（神）	25	2	0	23	0	0	10	9	0	0	0	.526	644	158.1	119	10	55	3	156	6	0	56	51	2.90⑤
'17（神）	18	0	0	18	0	0	5	10	0	0	0	.333	428	98	93	14	44	4	93	3	0	56	54	4.96
'18（神）	23	1	0	22	0	0	7	10	0	0	0	.412	554	132	128	8	32	1	122	1	0	56	51	3.48
'19（神）	8	0	0	8	0	0	2	4	0	0	0	.333	173	40.1	43	4	15	0	33	0	0	19	18	4.02
'20（神）	38	0	4	8	0	0	7	3	0	8	13	.700	298	71	67	7	23	0	33	0	0	32	26	3.30
'21（神）	46	0	8	0	0	0	4	0	0	12	16	1.000	174	38.2	42	4	14	0	33	1	0	21	20	4.66
'22（神）	53	0	5	0	0	0	2	1	0	11	13	.667	176	42	34	1	12	2	38	1	0	16	12	2.57
'23（神）	50	0	1	0	0	0	1	0	0	24	25	1.000	177	43.1	36	2	14	2	30	0	0	15	13	2.70
〔10〕	272	3	23	90	2	0	40	42	0	55	67	.488	2846	673.2	610	64	233	17	600	18	0	301	270	3.61

岩崎　優　いわざき・すぐる　国士舘大（'14.1）'91.6.19生　左投左打

年度（チーム）	試合	完投	交代了	試当初	無失点勝	無四球	勝利	敗北	セーブ	ホールド	HP	勝率	打者	投球回	安打	本塁打	四球	死球	三振	暴投	ボーク	失点	自責点	防御率
'14（神）	17	0	0	17	0	0	5	4	0	0	0	.556	379	90	85	6	26	4	76	1	0	37	35	3.50
'15（神）	15	0	0	15	0	0	3	10	0	0	0	.231	326	77	74	7	19	5	57	0	0	39	30	3.51
'16（神）	16	0	1	13	0	0	3	5	0	0	0	.375	319	74.1	73	10	27	2	59	3	0	33	30	3.63
'17（神）	66	0	12	0	0	0	4	1	0	15	19	.800	311	71.2	63	2	27	5	88	0	0	28	19	2.39
'18（神）	61	0	14	0	0	0	1	3	0	10	11	.250	275	62	66	8	25	4	70	5	0	37	34	4.94
'19（神）	48	0	5	0	0	0	3	0	0	26	29	1.000	204	53.2	36	4	17	3	58	1	0	11	6	1.01
'20（神）	41	0	6	0	0	0	5	2	2	17	22	.714	163	39.2	26	2	15	2	37	3	0	9	8	1.82
'21（神）	62	0	4	0	0	0	3	4	1	41	44	.429	230	57.2	47	6	15	0	51	3	0	21	17	2.65
'22（神）	57	0	43	0	0	0	1	6	28	11	12	.143	239	55	63	4	12	0	44	0	0	16	12	1.96
'23（神）	60	0	41	0	0	0	3	3	**35**	12	15	.500	217	56	32	3	14	2	62	0	0	13	11	1.77
〔10〕	443	0	126	45	0	0	31	38	66	132	152	.449	2663	637	553	50	195	29	602	16	0	244	202	2.85

個人年度別投手成績　い

岩下　大輝　いわした・だいき　星稜高（'15.1）'96.10.2生　右投右打

年度	チーム	試合	完投	交代了	試当初	無点勝	無四球	勝利	敗北	セーブ	ホールド	H P	勝率	打者	投球回	安打	本塁打	四球	死球	三振	暴投	ボーク	失点	自責点	防御率
'18	(ロ)	18	0	4	2	0	0	1	3	0	6	6	.250	117	25.2	28	0	13	1	17	1	0	14	13	4.56
'19	(ロ)	21	0	1	17	0	0	5	3	0	1	1	.625	406	96.1	80	14	47	2	74	2	0	44	39	3.64
'20	(ロ)	17	0	0	16	0	0	7	7	0	1	1	.500	393	90	98	11	35	3	74	4	1	44	42	4.20
'21	(ロ)	23	0	0	21	0	0	8	8	0	1	1	.500	514	120	110	14	46	2	87	7	0	59	59	4.43
'22	(ロ)	14	0	1	0	0	0	1	0	0	3	4	1.000	61	16.1	6	1	8	0	9	1	0	1	1	0.55
'23	(ロ)	27	0	8	1	0	0	1	0	0	3	4	1.000	130	30.2	25	2	14	1	28	3	0	11	10	2.93
〔6〕		120	0	14	57	0	0	23	21	0	14	17	.523	1621	379	347	42	163	9	289	18	1	173	164	3.89

J．B．ウェンデルケン　ジェイビー・ウェンデルケン　ミドルジョージア大（'23.1）'93.3.24生　右投右打

年度	チーム	試合	完投	交代了	試当初	無点勝	無四球	勝利	敗北	セーブ	ホールド	H P	勝率	打者	投球回	安打	本塁打	四球	死球	三振	暴投	ボーク	失点	自責点	防御率
'23	(ディ)	61	0	11	0	0	0	2	2	3	33	35	.500	243	59.2	40	1	22	3	53	3	0	12	11	1.66

上田洸太朗　うえだ・こうたろう　享栄高（'22.5）'02.9.6生　左投左打

年度	チーム	試合	完投	交代了	試当初	無点勝	無四球	勝利	敗北	セーブ	ホールド	H P	勝率	打者	投球回	安打	本塁打	四球	死球	三振	暴投	ボーク	失点	自責点	防御率
'22	(中)	8	0	0	8	0	0	1	5	0	0	0	.167	169	41.1	34	2	17	3	33	1	0	15	13	2.83
'23	(中)	13	0	3	0	0	0	0	0	0	1	1	.000	93	20	22	0	9	0	15	0	0	13	10	4.50
〔2〕		21	0	3	8	0	0	1	5	0	1	1	.167	262	61.1	56	2	26	3	48	1	0	28	23	3.38

上原　健太　うえはら・けんた　明治大（'16.1）'94.3.29生　左投左打

年度	チーム	試合	完投	交代了	試当初	無点勝	無四球	勝利	敗北	セーブ	ホールド	H P	勝率	打者	投球回	安打	本塁打	四球	死球	三振	暴投	ボーク	失点	自責点	防御率
'16	(日)	1	0	0	1	0	0	1	0	0	1	1	1.000	4	1	1	0	0	0	1	0	0	0	0	0.00
'17	(日)	9	0	2	6	0	0	1	5	0	0	0	.167	166	34.2	44	7	20	0	29	1	0	27	24	6.23
'18	(日)	10	0	0	6	0	0	4	0	0	0	0	1.000	158	37.1	34	3	11	1	24	1	0	15	13	3.13
'19	(日)	13	0	1	8	0	0	1	3	0	0	0	.250	195	45.1	53	7	9	0	30	6	1	31	28	5.56
'20	(日)	7	0	0	7	0	0	1	3	0	0	0	.250	149	34.1	37	3	12	0	28	3	0	20	17	4.46
'21	(日)	11	0	7	0	0	0	0	1	0	0	0	.000	47	11.1	8	0	6	0	11	0	0	5	5	3.97
'22	(日)	25	0	4	11	0	0	3	5	0	1	1	.375	302	73.1	73	6	21	3	59	2	0	28	26	3.19
'23	(日)	19	0	0	17	0	0	4	7	0	0	0	.364	424	101.1	101	7	22	4	74	0	0	40	31	2.75
〔8〕		95	0	14	56	0	0	14	23	0	2	2	.378	1445	338.2	351	29	101	8	256	13	1	166	144	3.83

上間　永遠　うえま・とわ　柳ヶ浦高（'20.1）'01.1.31生　右投右打

年度	チーム	試合	完投	交代了	試当初	無点勝	無四球	勝利	敗北	セーブ	ホールド	H P	勝率	打者	投球回	安打	本塁打	四球	死球	三振	暴投	ボーク	失点	自責点	防御率
'21	(武)	5	0	0	5	0	0	1	1	0	0	0	.500	94	21.1	26	3	9	0	10	1	1	15	15	6.33

宇田川優希　うだがわ・ゆうき　仙台大（'22.7）'98.11.10生　右投右打

年度	チーム	試合	完投	交代了	試当初	無点勝	無四球	勝利	敗北	セーブ	ホールド	H P	勝率	打者	投球回	安打	本塁打	四球	死球	三振	暴投	ボーク	失点	自責点	防御率
'22	(オ)	19	0	8	0	0	0	2	1	0	3	5	.667	87	22.1	10	1	12	0	32	0	0	2	2	0.81
'23	(オ)	46	0	9	0	0	0	4	0	2	20	24	1.000	192	45.2	22	3	30	2	52	4	0	9	9	1.77
〔2〕		65	0	17	0	0	0	6	1	2	23	29	.857	279	68	32	4	42	2	84	4	0	11	11	1.46

内　星龍　うち・せいりゅう　履正社高（'21.1）'02.4.24生　右投左打

年度	チーム	試合	完投	交代了	試当初	無点勝	無四球	勝利	敗北	セーブ	ホールド	H P	勝率	打者	投球回	安打	本塁打	四球	死球	三振	暴投	ボーク	失点	自責点	防御率
'23	(楽)	53	0	16	0	0	0	4	2	0	7	11	.667	222	55.1	38	5	17	1	35	1	1	17	14	2.28

内間　拓馬　うちま・たくま　亜細亜大　('21.1)　'98.11.21生　右投右打

年度	チーム	試合	完投	交代了	試当初	無点勝	無四球	勝利	敗北	セーブ	ホールド	HP	勝率	打者	投球回	安打	本塁打	四球	死球	三振	暴投	ボーク	失点	自責点	防御率
'21	(楽)	11	0	7	0	0	0	0	0	0	0	0	.000	45	10.2	9	0	4	1	16	0	0	7	7	5.91
'22	(楽)	1	0	1	0	0	0	0	0	0	0	0	.000	4	1	1	0	0	0	0	0	0	0	0	0.00
〔2〕		12	0	8	0	0	0	0	0	0	0	0	.000	49	11.2	10	0	4	1	16	0	0	7	7	5.40

梅津　晃大　うめつ・こうだい　東洋大　('19.1)　'96.10.24生　右投右打

年度	チーム	試合	完投	交代了	試当初	無点勝	無四球	勝利	敗北	セーブ	ホールド	HP	勝率	打者	投球回	安打	本塁打	四球	死球	三振	暴投	ボーク	失点	自責点	防御率
'19	(中)	6	0	0	6	0	0	4	1	0	0	0	.800	140	34.2	28	3	11	3	34	2	0	9	9	2.34
'20	(中)	7	1	0	6	0	0	2	3	0	0	0	.400	184	43.1	39	4	19	1	43	1	0	22	18	3.74
'21	(中)	3	0	0	3	0	0	1	1	0	0	0	.500	51	11.1	9	0	10	2	7	1	0	3	2	1.59
'23	(中)	3	0	0	3	0	0	1	1	0	0	0	.500	71	19	9	2	5	2	11	0	0	3	2	0.95
〔4〕		19	1	0	18	0	0	7	6	0	0	0	.538	446	108.1	82	9	45	8	95	4	0	37	31	2.58

梅野　雄吾　うめの・ゆうご　九産大九州産高　('17.1)　'99.1.13生　右投右打

年度	チーム	試合	完投	交代了	試当初	無点勝	無四球	勝利	敗北	セーブ	ホールド	HP	勝率	打者	投球回	安打	本塁打	四球	死球	三振	暴投	ボーク	失点	自責点	防御率
'17	(ヤ)	2	0	0	2	0	0	0	1	0	0	0	.000	37	8	5	1	9	0	8	3	0	7	6	6.75
'18	(ヤ)	29	0	4	1	0	0	3	2	0	10	13	.600	128	26.2	27	5	22	3	25	1	0	22	21	7.09
'19	(ヤ)	68	0	17	0	0	0	2	3	4	28	30	.400	282	67.2	55	7	25	1	77	4	0	34	28	3.72
'20	(ヤ)	42	0	7	0	0	0	5	2	0	12	17	.714	175	42.1	37	6	17	0	35	1	0	18	17	3.61
'21	(ヤ)	29	0	9	0	0	0	0	0	0	8	8	.000	106	25.1	22	4	9	2	29	1	0	7	7	2.49
'22	(ヤ)	41	0	11	0	0	0	4	3	0	16	20	.571	168	39	37	6	15	1	26	3	0	15	13	3.00
'23	(ヤ)	5	0	2	0	0	0	0	0	0	0	0	.000	36	8	9	1	4	0	4	1	0	3	3	3.38
〔7〕		216	0	50	3	0	0	14	11	4	74	88	.560	932	217	192	30	101	7	204	14	0	106	95	3.94

漆原　大晟　うるしはら・たいせい　新潟医療福祉大　('20.2)　'96.9.10生　右投左打

年度	チーム	試合	完投	交代了	試当初	無点勝	無四球	勝利	敗北	セーブ	ホールド	HP	勝率	打者	投球回	安打	本塁打	四球	死球	三振	暴投	ボーク	失点	自責点	防御率
'20	(オ)	22	0	9	0	0	0	0	0	2	5	5	.000	102	23.2	20	2	13	1	30	0	0	9	9	3.42
'21	(オ)	34	0	16	0	0	0	2	2	2	4	6	.500	148	35.2	30	4	14	1	23	1	0	13	12	3.03
'23	(オ)	16	0	8	0	0	0	0	0	0	1	1	.000	99	21	23	1	12	3	10	4	0	11	7	3.00
〔3〕		72	0	33	0	0	0	2	2	4	10	12	.500	349	80.1	73	7	39	5	63	5	0	33	28	3.14

上沢　直之　うわさわ・なおゆき　専大松戸高　('12.1)　'94.2.6生　右投右打

年度	チーム	試合	完投	交代了	試当初	無点勝	無四球	勝利	敗北	セーブ	ホールド	HP	勝率	打者	投球回	安打	本塁打	四球	死球	三振	暴投	ボーク	失点	自責点	防御率
'14	(日)	23	2	0	20	1	0	8	8	0	1	1	.500	559	135.1	113	14	45	7	105	2	2	49	48	3.19
'15	(日)	13	1	0	12	0	0	5	6	0	0	0	.455	335	75.1	75	8	30	5	43	1	1	41	35	4.18
'17	(日)	15	0	0	15	0	0	4	9	0	0	0	.308	388	91.2	84	11	32	2	74	2	1	39	35	3.44
'18	(日)	25	4	0	21	3	1	11	6	0	0	0	.647	670	165.1	146	15	38	5	151	3	0	62	58	3.16③
'19	(日)	11	0	0	11	0	0	5	3	0	0	0	.625	307	71.1	69	5	27	1	64	3	0	34	25	3.15
'20	(日)	15	1	0	14	0	0	8	6	0	0	0	.571	411	97	85	6	38	1	90	4	0	40	33	3.06
'21	(日)	24	1	0	23	0	0	12	6	0	0	0	.667	643	160.1	119	8	48	4	135	5	2	53	50	2.81③
'22	(日)	23	0	0	20	0	0	8	9	0	0	0	.471	631	152	129	15	50	9	127	2	0	61	57	3.38⑨
'23	(日)	24	2	0	22	2	0	9	9	0	0	0	.500	**696**	**170**	152	14	41	5	124	5	1	66	56	2.96⑦
〔9〕		173	14	0	158	6	1	70	62	0	1	1	.530	4640	1118.1	972	94	349	39	913	27	7	445	397	3.19

E. エスコバー

エドウィン・エスコバー　インスティテゥトディオセサノバルキシメト高　('17.2)　'92.4.22生　左投左打

年度	チーム	試合	完投	交代了	試当初	無点勝	無四球	勝利	敗北	セーブ	ホールド	HP	勝率	打者	投球回	安打	本塁打	四球	死球	三振	暴投	ボーク	失点	自責点	防御率
'17	(日)	14	0	4	1	0	0	1	2	0	0	1	.333	117	22.1	31	2	13	3	19	0	0	22	14	5.64
	(ディ)	27	0	7	1	0	0	1	3	2	7	8	.250	147	34	33	4	11	1	33	1	0	15	13	3.44
'18	(ディ)	53	0	6	0	0	0	4	3	0	13	17	.571	223	53	47	4	22	2	54	0	0	24	21	3.57
'19	(ディ)	74	0	14	0	0	0	5	4	0	33	38	.556	306	75.1	60	7	24	2	88	1	0	23	21	2.51
'20	(ディ)	56	0	12	0	0	0	1	4	0	17	18	.200	217	54	39	3	17	4	58	0	0	15	14	2.33
'21	(ディ)	61	0	7	0	0	0	4	4	1	32	36	.500	229	58.2	39	7	11	4	50	0	0	23	22	3.38
'22	(ディ)	70	0	13	0	0	0	4	2	2	34	38	.667	268	63.1	48	4	29	5	51	0	0	17	17	2.42
'23	(ディ)	40	0	9	0	0	0	2	1	0	11	13	.667	138	31.2	28	6	16	2	30	1	0	18	16	4.55
〔7〕		395	0	72	2	0	0	22	23	5	147	169	.489	1645	392.1	325	37	143	23	383	3	0	157	138	3.17

R. エスピナル

ライネル・エスピナル　リシオミルグロスヘルナンデス高　('23.1)　'91.10.6生　右投右打

年度	チーム	試合	完投	交代了	試当初	無点勝	無四球	勝利	敗北	セーブ	ホールド	HP	勝率	打者	投球回	安打	本塁打	四球	死球	三振	暴投	ボーク	失点	自責点	防御率
'23	(ヤ)	3	0	0	0	0	0	0	0	0	0	0	.000	20	5	1	1	5	0	4	0	0	3	3	5.40

D. エンス

ディートリック・エンス　セントラルミシガン大　('22.1)　'91.5.16生　左投左打

年度	チーム	試合	完投	交代了	試当初	無点勝	無四球	勝利	敗北	セーブ	ホールド	HP	勝率	打者	投球回	安打	本塁打	四球	死球	三振	暴投	ボーク	失点	自責点	防御率
'22	(武)	23	0	0	22	0	0	10	7	0	0	0	.588	506	122.1	103	14	45	3	92	0	0	44	40	2.94
'23	(武)	12	0	0	12	0	0	1	10	0	0	0	.091	236	54	53	6	23	5	30	1	0	37	31	5.17
〔2〕		35	0	0	34	0	0	11	17	0	0	0	.393	742	176.1	156	20	68	8	122	1	0	81	71	3.62

遠藤　淳志

えんどう・あつし　霞ヶ浦高　('18.1)　'99.4.8生　右投右打

年度	チーム	試合	完投	交代了	試当初	無点勝	無四球	勝利	敗北	セーブ	ホールド	HP	勝率	打者	投球回	安打	本塁打	四球	死球	三振	暴投	ボーク	失点	自責点	防御率
'19	(広)	34	0	5	0	0	0	1	1	0	6	7	.500	188	42.2	36	1	25	1	38	3	1	19	15	3.16
'20	(広)	19	2	0	17	0	1	5	6	0	0	0	.455	464	107	90	13	52	4	97	2	1	53	46	3.87
'21	(広)	2	0	0	2	0	0	0	0	0	0	0	.000	36	6.2	9	2	6	1	11	0	0	6	5	6.75
'22	(広)	20	0	0	17	0	0	4	7	0	0	0	.364	434	105.1	104	17	18	3	78	0	0	47	42	3.59
'23	(広)	8	1	0	7	1	0	1	5	0	0	0	.167	174	41	36	7	15	2	20	0	0	20	20	4.39
〔5〕		83	3	5	43	1	1	11	19	0	6	7	.367	1296	302.2	275	40	116	11	246	5	2	145	128	3.81

R. オスナ

ロベルト・オスナ　ホセマリアモレロスパボン高　('22.6)　'95.2.7生　右投右打

年度	チーム	試合	完投	交代了	試当初	無点勝	無四球	勝利	敗北	セーブ	ホールド	HP	勝率	打者	投球回	安打	本塁打	四球	死球	三振	暴投	ボーク	失点	自責点	防御率
'22	(ロ)	29	0	17	0	0	0	4	1	10	9	13	.800	107	29.2	15	1	3	1	32	0	0	3	3	0.91
'23	(ソ)	49	0	36	0	0	0	3	1	26	12	15	.600	170	49	28	3	6	0	42	0	0	5	5	0.92
〔2〕		78	0	53	0	0	0	7	3	36	21	28	.700	277	78.2	43	4	9	1	74	0	0	8	8	0.92

大江　竜聖

おおえ・りゅうせい　二松學舍大付高　('17.1)　'99.1.15生　左投左打

年度	チーム	試合	完投	交代了	試当初	無点勝	無四球	勝利	敗北	セーブ	ホールド	HP	勝率	打者	投球回	安打	本塁打	四球	死球	三振	暴投	ボーク	失点	自責点	防御率
'19	(巨)	8	0	2	0	0	0	0	0	0	1	1	.000	49	10.2	13	3	3	0	7	1	0	9	8	6.75
'20	(巨)	43	0	2	0	0	0	3	0	0	9	12	1.000	156	37.2	21	5	22	5	30	0	0	15	13	3.11
'21	(巨)	47	0	1	0	0	0	0	0	0	13	13	.000	145	33	29	2	17	2	23	0	0	16	15	4.09
'22	(巨)	3	0	0	0	0	0	0	0	0	0	0	.000	26	5.1	4	1	5	0	5	0	0	1	1	1.69
'23	(巨)	32	0	6	0	0	0	4	0	0	6	10	1.000	89	22	15	3	10	2	16	1	0	10	10	4.09
〔5〕		133	0	11	0	0	0	7	0	0	29	36	1.000	465	108.2	83	14	55	10	81	2	0	52	47	3.89

大下　佑馬　おおした・ゆうま　亜細亜大　('18.1)　'92.7.6生　右投左打

年度/チーム	試合	完投	交代了	試当初	無点勝	無四球	勝利	敗北	セーブ	ホールド	HP	勝率	打者	投球回	安打	本塁打	四球	死球	三振	暴投	ボーク	失点	自責点	防御率
'18(ヤ)	25	0	6	2	0	0	2	1	0	5	7	.667	171	43.2	31	6	9	3	35	3	0	17	15	3.09
'19(ヤ)	31	0	9	1	0	0	0	2	0	2	2	.000	187	41.2	52	7	12	0	30	0	1	26	24	5.18
'20(ヤ)	13	0	6	0	0	0	0	1	0	0	0	.000	72	16.1	20	2	3	0	10	1	0	11	10	5.51
'21(ヤ)	30	0	9	0	0	0	1	0	0	1	2	1.000	159	38.2	34	5	8	2	32	1	0	16	16	3.72
'22(ヤ)	10	0	3	0	0	0	0	0	0	1	1	.000	62	15	16	4	3	0	11	0	0	10	7	4.20
〔5〕	109	0	33	3	0	0	3	4	0	9	12	.429	651	155.1	153	24	35	5	118	5	1	80	72	4.17

大瀬良大地　おおせら・だいち　九州共立大　('14.1)　'91.6.17生　右投右打

年度/チーム	試合	完投	交代了	試当初	無点勝	無四球	勝利	敗北	セーブ	ホールド	HP	勝率	打者	投球回	安打	本塁打	四球	死球	三振	暴投	ボーク	失点	自責点	防御率
'14(広)	26	3	0	23	1	0	10	8	0	0	0	.556	648	151	165	20	40	3	116	5	0	80	68	4.05⑭
'15(広)	51	2	6	7	0	0	3	8	2	20	22	.273	475	109.1	111	5	31	1	97	4	0	53	38	3.13
'16(広)	17	0	4	1	0	0	3	1	0	4	7	.750	87	21.2	15	2	6	1	24	1	0	8	8	3.32
'17(広)	24	0	0	24	0	0	10	2	0	0	0	.833	617	145.2	143	12	43	1	109	9	0	68	59	3.65⑧
'18(広)	27	2	0	25	0	1	15	7	0	0	0	.682	727	182	143	22	41	4	159	4	0	65	53	2.62③
'19(広)	26	6	0	19	2	3	11	9	0	0	0	.550	712	173.1	176	22	35	4	136	4	0	72	68	3.53⑦
'20(広)	11	2	0	9	0	0	5	4	0	0	0	.556	272	63.1	70	6	14	1	38	0	0	33	31	4.41
'21(広)	23	1	0	22	1	0	10	5	0	0	0	.667	600	146.2	136	12	31	5	102	1	0	57	50	3.07⑤
'22(広)	23	3	0	20	2	3	8	9	0	0	0	.471	583	135.1	156	18	27	2	97	0	0	73	71	4.72
'23(広)	23	0	0	23	0	0	6	11	0	0	0	.353	539	129.2	117	15	33	4	103	2	0	53	52	3.61
〔10〕	251	19	10	173	6	7	81	64	2	24	29	.559	5260	1258	1232	134	301	26	981	30	0	562	498	3.56

大関　友久　おおぜき・ともひさ　仙台大　('21.5)　'97.12.14生　左投左打

年度/チーム	試合	完投	交代了	試当初	無点勝	無四球	勝利	敗北	セーブ	ホールド	HP	勝率	打者	投球回	安打	本塁打	四球	死球	三振	暴投	ボーク	失点	自責点	防御率
'21(ソ)	12	0	6	0	0	0	0	0	0	0	0	.000	88	23	12	1	10	2	13	0	0	6	6	2.35
'22(ソ)	21	2	4	13	2	1	7	6	0	0	0	.538	409	101.1	88	8	28	4	70	1	1	37	33	2.93
'23(ソ)	17	2	0	15	1	0	5	7	0	0	0	.417	427	104.2	86	11	35	6	76	1	0	36	34	2.92
〔3〕	50	4	10	28	3	1	12	13	0	0	0	.480	924	229	186	20	73	12	159	2	1	79	73	2.87

大竹耕太郎　おおたけ・こうたろう　早稲田大　('18.7)　'95.6.29生　左投左打

年度/チーム	試合	完投	交代了	試当初	無点勝	無四球	勝利	敗北	セーブ	ホールド	HP	勝率	打者	投球回	安打	本塁打	四球	死球	三振	暴投	ボーク	失点	自責点	防御率
'18(ソ)	11	0	3	8	0	0	3	2	0	0	0	.600	197	48.2	45	6	13	1	36	0	0	21	21	3.88
'19(ソ)	17	1	0	16	0	0	5	4	0	0	0	.556	442	106	111	13	20	4	72	0	0	47	45	3.82
'20(ソ)	3	0	0	3	0	0	2	0	0	0	0	1.000	60	15.2	13	1	3	0	8	0	0	4	4	2.30
'21(ソ)	2	0	1	0	0	0	0	1	0	1	1	.000	22	4	7	0	3	0	1	0	0	7	7	15.75
'22(ソ)	2	0	0	2	0	0	0	2	0	0	0	.000	35	7	10	1	2	1	5	2	0	6	5	6.43
'23(神)	21	1	0	20	1	1	12	2	0	0	0	.857	513	131.2	122	10	22	3	82	0	0	36	33	2.26
〔6〕	56	2	3	50	1	1	22	11	0	1	1	.667	1269	313	308	31	53	9	204	2	1	121	115	3.31

大津　亮介　おおつ・りょうすけ　帝京大　('23.1)　'99.1.13生　右投左打

年度/チーム	試合	完投	交代了	試当初	無点勝	無四球	勝利	敗北	セーブ	ホールド	HP	勝率	打者	投球回	安打	本塁打	四球	死球	三振	暴投	ボーク	失点	自責点	防御率
'23(ソ)	46	0	0	0	0	0	2	0	0	13	15	1.000	164	40.2	34	5	11	2	21	1	0	14	11	2.43

大西　広樹　おおにし・ひろき　大阪商業大　('20.1)　'97.11.8生　右投右打

年度 / チーム	試合	完投	交代了	試当初	無点勝	無四球	勝利	敗北	セーブ	ホールド	HP	勝率	打者	投球回	安打	本塁打	四球	死球	三振	暴投	ボーク	失点	自責点	防御率
'20 (ヤ)	5	0	1	1	0	0	0	1	0	0	0	.000	44	9	14	1	5	0	6	0	0	5	5	5.00
'21 (ヤ)	33	0	8	0	0	0	3	0	0	7	10	1.000	159	38.1	36	4	12	2	24	3	0	12	12	2.82
'22 (ヤ)	43	0	14	1	0	0	3	2	0	3	6	.600	260	58.2	74	8	15	2	42	1	0	34	29	4.45
'23 (ヤ)	46	0	17	0	0	0	2	2	0	6	8	.500	226	55	53	3	12	3	35	2	0	23	22	3.60
〔4〕	127	0	40	2	0	0	8	5	0	16	24	.615	689	161	177	16	44	7	107	6	0	74	68	3.80

大貫　晋一　おおぬき・しんいち　日本体育大　('19.1)　'94.2.3生　右投右打

年度 / チーム	試合	完投	交代了	試当初	無点勝	無四球	勝利	敗北	セーブ	ホールド	HP	勝率	打者	投球回	安打	本塁打	四球	死球	三振	暴投	ボーク	失点	自責点	防御率
'19 (ディ)	15	0	0	15	0	0	6	5	0	0	0	.545	302	66.2	81	7	25	2	54	1	0	38	37	5.00
'20 (ディ)	19	1	0	18	0	1	10	6	0	0	0	.625	452	113.2	96	13	29	3	81	0	1	34	32	2.53
'21 (ディ)	22	0	0	21	0	0	6	7	0	0	0	.462	499	112	137	9	30	3	106	3	0	57	54	4.34
'22 (ディ)	24	0	0	24	0	0	11	8	0	0	0	.579	562	136.2	126	13	36	8	118	4	0	48	42	2.77
'23 (ディ)	13	0	0	12	1	0	5	4	0	0	0	.556	304	76.1	57	6	18	4	55	0	0	27	25	2.95
〔5〕	93	2	0	90	1	1	38	30	0	0	0	.559	2119	505.1	497	48	138	20	414	8	1	204	190	3.38

大野　雄大　おおの・ゆうだい　佛教大　('11.1)　'88.9.26生　左投左打

年度 / チーム	試合	完投	交代了	試当初	無点勝	無四球	勝利	敗北	セーブ	ホールド	HP	勝率	打者	投球回	安打	本塁打	四球	死球	三振	暴投	ボーク	失点	自責点	防御率
'11 (中)	1	0	0	1	0	0	0	1	0	0	0	.000	22	4	9	2	1	0	2	1	0	7	6	13.50
'12 (中)	9	0	0	8	0	0	4	3	0	1	1	.571	188	44.2	40	1	14	3	41	3	0	15	13	2.62
'13 (中)	25	1	0	24	0	0	10	10	0	0	0	.500	624	146.1	151	12	43	5	117	3	0	65	62	3.81
'14 (中)	25	3	0	22	1	1	10	8	0	0	0	.556	682	165	156	14	47	6	119	3	0	60	53	2.89
'15 (中)	28	6	0	21	3	1	11	10	0	1	1	.524	826	207.1	169	12	47	3	154	1	0	67	58	2.52
'16 (中)	19	3	0	16	1	1	7	10	0	0	0	.412	547	129.2	126	11	37	2	85	0	0	59	51	3.54
'17 (中)	24	2	2	20	1	0	7	8	0	0	0	.467	629	147.2	143	17	51	6	117	0	0	71	66	4.02
'18 (中)	6	0	0	6	0	0	0	3	0	0	0	.000	130	27.1	32	7	19	0	21	1	0	27	26	8.56
'19 (中)	25	2	0	23	2	0	9	8	0	0	0	.529	696	177.2	132	18	43	2	156	2	0	52	51	2.58
'20 (中)	20	10	0	10	6	2	11	6	0	0	0	.647	559	148.2	106	13	23	0	148	3	0	33	30	1.82
'21 (中)	22	1	0	21	0	1	7	11	0	0	0	.389	566	143.1	121	12	26	2	118	1	0	48	47	2.95
'22 (中)	23	4	0	19	2	1	8	8	0	0	0	.500	625	157	126	9	37	6	108	1	0	50	43	2.46
'23 (中)	1	0	0	1	0	0	0	1	0	0	0	.000	26	7	3	0	1	0	3	0	0	1	0	0.00
〔13〕	228	32	2	192	16	9	84	87	0	2	2	.491	6120	1505.2	1314	126	389	35	1189	19	0	555	506	3.02

大曲　錬　おおまがり・れん　福岡大　('21.1)　'98.5.21生　右投右打

年度 / チーム	試合	完投	交代了	試当初	無点勝	無四球	勝利	敗北	セーブ	ホールド	HP	勝率	打者	投球回	安打	本塁打	四球	死球	三振	暴投	ボーク	失点	自責点	防御率
'21 (武)	4	0	2	0	0	0	0	0	0	1	1	.000	13	4	1	0	2	0	2	0	0	0	0	0.00
'22 (武)	6	0	3	0	0	0	0	0	0	1	1	.000	25	5.2	5	0	4	0	0	0	0	5	4	6.35
'23 (武)	10	0	3	0	0	0	0	0	0	0	0	.000	50	10	14	0	8	0	5	2	1	8	6	5.40
〔3〕	20	0	8	0	0	0	0	0	0	1	1	.000	88	19.2	20	0	14	0	7	2	1	13	10	4.58

大道　温貴　おおみち・はるき　八戸学院大　('21.1)　'99.1.20生　右投右打

年度 / チーム	試合	完投	交代了	試当初	無点勝	無四球	勝利	敗北	セーブ	ホールド	HP	勝率	打者	投球回	安打	本塁打	四球	死球	三振	暴投	ボーク	失点	自責点	防御率
'21 (広)	24	0	5	7	0	0	4	4	0	3	5	.500	230	53	50	4	25	2	35	1	0	30	28	4.75
'22 (広)	3	0	0	3	0	0	0	1	0	0	0	.000	53	12	16	5	3	1	8	1	0	9	9	6.75
'23 (広)	48	0	15	0	0	0	3	1	0	10	13	.750	213	49.2	44	2	23	3	49	0	0	15	15	2.72
〔3〕	75	0	20	10	0	0	7	6	0	13	18	.538	496	114.2	110	11	51	6	92	2	0	54	52	4.08

岡田　明丈　おかだ・あきたけ　大阪商業大（'16.1）'93.10.18生　右投左打

年度	チーム	試合	完投	交代了	試当初	無点勝	無四球	勝利	敗北	セーブ	ホールド	H P	勝率	打者	投球回	安打	本塁打	四球	死球	三振	暴投	ボーク	失点	自責点	防御率
'16	（広）	18	1	0	14	0	0	4	3	0	1	1	.571	375	89.1	89	6	25	0	60	4	2	34	30	3.02
'17	（広）	24	2	0	22	0	1	12	5	0	0	0	.706	604	141.2	134	9	63	4	109	3	4	68	63	4.00
'18	（広）	26	0	0	24	0	0	8	7	0	1	1	.533	603	138	137	13	62	4	114	4	1	84	78	5.09
'19	（広）	3	0	0	2	0	0	0	2	0	0	0	.000	39	7	9	2	11	0	4	0	0	12	11	14.14
〔4〕		71	3	0	62	0	1	24	17	0	2	2	.585	1621	376	369	30	161	8	287	11	7	198	182	4.36

岡田　俊哉　おかだ・としや　智辯和歌山高（'10.1）'91.12.5生　左投左打

年度	チーム	試合	完投	交代了	試当初	無点勝	無四球	勝利	敗北	セーブ	ホールド	H P	勝率	打者	投球回	安打	本塁打	四球	死球	三振	暴投	ボーク	失点	自責点	防御率
'13	（中）	66	0	10	3	0	0	7	5	2	15	22	.583	362	87	67	6	37	2	67	4	0	27	27	2.79
'14	（中）	38	0	5	7	0	0	3	7	1	4	6	.300	307	72.2	65	5	31	2	51	0	0	39	35	4.33
'15	（中）	50	0	15	0	0	0	0	1	0	12	12	.000	225	57.1	38	1	15	2	55	2	0	10	10	1.57
'16	（中）	57	0	10	0	0	0	3	1	0	13	16	.750	273	64.2	62	4	18	2	66	1	0	28	23	3.20
'17	（中）	9	0	2	0	0	0	0	0	0	2	2	.000	31	7	9	1	1	0	4	0	0	5	4	5.14
'18	（中）	27	0	6	0	0	0	1	0	0	6	7	1.000	99	21.1	24	2	13	0	19	1	0	13	12	5.06
'19	（中）	53	0	27	0	0	0	3	2	13	7	10	.600	207	50.1	44	8	14	1	53	0	0	20	20	3.58
'20	（中）	29	0	11	0	0	0	2	2	3	3	5	.500	112	24	28	3	14	0	27	2	0	20	13	4.88
'21	（中）	19	0	5	0	0	0	0	1	0	0	0	.000	74	16.2	23	1	6	0	10	0	0	9	9	4.86
'22	（中）	2	0	0	0	0	0	0	0	0	0	0	.000	29	6	9	1	4	0	5	0	0	6	6	9.00
〔10〕		350	0	91	12	0	0	19	23	19	62	80	.452	1719	407	371	32	153	9	357	10	0	177	159	3.52

岡留　英貴　おかどめ・ひでたか　亜細亜大（'23.1）'99.11.7生　右投右打

年度	チーム	試合	完投	交代了	試当初	無点勝	無四球	勝利	敗北	セーブ	ホールド	H P	勝率	打者	投球回	安打	本塁打	四球	死球	三振	暴投	ボーク	失点	自責点	防御率
'23	（神）	8	0	3	0	0	0	1	0	0	0	1	1.000	25	7	5	0	6	0	6	0	0	1	1	1.29

岡野祐一郎　おかの・ゆういちろう　青山学院大（'20.1）'94.4.16生　右投右打

年度	チーム	試合	完投	交代了	試当初	無点勝	無四球	勝利	敗北	セーブ	ホールド	H P	勝率	打者	投球回	安打	本塁打	四球	死球	三振	暴投	ボーク	失点	自責点	防御率
'20	（中）	11	0	2	9	0	0	2	2	0	0	0	.500	189	42.1	50	9	13	3	41	2	0	30	29	6.17
'21	（中）	2	0	0	2	0	0	0	2	0	0	0	.000	40	8	13	0	2	1	3	0	0	10	8	9.00
'22	（中）	4	0	0	4	0	0	1	3	0	0	0	.250	64	12.1	20	3	7	1	7	1	0	17	17	12.41
'23	（中）	15	0	0	0	0	0	0	0	0	0	0	.000	92	22	22	3	2	3	19	1	0	14	14	5.73
〔4〕		32	0	9	15	0	0	3	7	0	0	0	.300	385	84.2	105	15	24	8	70	4	0	71	68	7.23

小笠原慎之介　おがさわら・しんのすけ　東海大相模高（'16.1）'97.10.8生　左投左打

年度	チーム	試合	完投	交代了	試当初	無点勝	無四球	勝利	敗北	セーブ	ホールド	H P	勝率	打者	投球回	安打	本塁打	四球	死球	三振	暴投	ボーク	失点	自責点	防御率
'16	（中）	15	0	1	12	0	0	2	6	0	0	0	.250	310	72.1	56	7	40	2	58	4	0	30	27	3.36
'17	（中）	22	1	0	18	0	0	5	8	0	0	0	.385	522	119	124	21	53	1	105	7	0	65	64	4.84
'18	（中）	17	1	0	16	1	0	5	6	0	0	0	.455	466	107.1	108	15	47	3	73	2	0	53	49	4.11
'19	（中）	7	0	0	7	0	0	3	1	0	0	0	.750	155	38.2	34	5	7	2	32	4	0	12	11	2.56
'20	（中）	4	0	0	4	0	0	1	3	0	0	0	.250	85	19	22	4	8	1	16	0	0	17	15	7.11
'21	（中）	25	0	0	25	0	0	8	10	0	0	0	.444	615	143.1	141	16	51	4	115	4	0	60	58	3.64 ⑥
'22	（中）	22	0	0	22	0	0	10	8	0	0	0	.556	592	146.2	127	9	39	1	142	4	0	47	45	2.76 ⑥
'23	（中）	25	1	0	24	1	0	7	12	0	0	0	.368	665	160.2	153	14	41	4	134	3	0	69	64	3.59 ⑫
〔8〕		137	3	1	128	2	0	41	54	0	0	0	.432	3410	807	765	91	286	18	675	28	0	353	333	3.71

尾形　崇斗　おがた・しゅうと　学法石川高（'20.3）　'99.5.15生　右投左打

年度(チーム)	試合	完投	交代了	試当初	無点勝	無四球	勝利	敗北	セーブ	ホールド	HP	勝率	打者	投球回	安打	本塁打	四球	死球	三振	暴投	ボーク	失点	自責点	防御率
'20(ソ)	1	0	0	0	0	0	0	0	0	0	0	.000	8	1	2	0	3	0	2	0	0	3	3	27.00
'21(ソ)	8	0	5	0	0	0	0	0	0	0	0	.000	34	10.1	3	1	2	0	9	0	0	1	1	0.87
'22(ソ)	9	0	7	0	0	0	1	0	0	0	1	1.000	54	11.1	14	2	6	0	11	1	0	7	7	5.56
'23(ソ)	12	0	6	0	0	0	0	1	0	0	0	.000	75	18	18	3	3	1	15	0	0	11	8	4.00
〔4〕	30	0	18	0	0	0	1	1	0	0	1	.500	171	40.2	37	6	14	1	37	1	0	22	19	4.20

小川　一平　おがわ・いっぺい　東海大九州キャンパス（'20.1）　'97.6.3生　右投右打

年度(チーム)	試合	完投	交代了	試当初	無点勝	無四球	勝利	敗北	セーブ	ホールド	HP	勝率	打者	投球回	安打	本塁打	四球	死球	三振	暴投	ボーク	失点	自責点	防御率
'20(神)	21	0	9	0	0	0	0	1	0	0	0	.000	101	21	28	1	13	0	18	5	0	15	11	4.71
'21(神)	19	0	4	0	0	0	1	0	0	2	3	1.000	83	21.1	15	2	7	0	19	0	0	7	7	2.95
'22(神)	6	0	0	4	0	0	0	1	0	0	0	.000	100	24.2	16	3	9	3	22	1	0	12	12	4.38
〔3〕	46	0	13	0	0	0	1	2	0	2	3	.333	284	67	59	6	29	3	59	6	0	34	30	4.03

小川　泰弘　おがわ・やすひろ　創価大（'13.1）　'90.5.16生　右投右打

年度(チーム)	試合	完投	交代了	試当初	無点勝	無四球	勝利	敗北	セーブ	ホールド	HP	勝率	打者	投球回	安打	本塁打	四球	死球	三振	暴投	ボーク	失点	自責点	防御率
'13(ヤ)	26	4	0	22	3	0	16	4	0	0	0	.800	722	178	155	9	45	2	135	2	0	63	58	2.93⑤
'14(ヤ)	17	0	0	17	0	0	9	6	0	0	0	.600	469	108.1	119	13	23	3	108	1	1	52	44	3.66
'15(ヤ)	27	1	0	26	1	0	11	8	0	0	0	.579	700	168	152	18	48	4	128	0	0	66	58	3.11⑩
'16(ヤ)	25	4	0	21	1	1	8	9	0	0	0	.471	668	158	149	22	52	6	114	3	0	82	79	4.50⑫
'17(ヤ)	22	2	0	16	1	0	8	7	0	1	1	.533	509	124	104	11	39	0	109	0	0	42	39	2.83
'18(ヤ)	18	0	0	18	0	0	8	5	0	0	0	.615	450	108	109	9	24	1	94	1	0	36	33	2.75
'19(ヤ)	26	0	0	24	1	2	5	12	0	0	0	.294	686	159.2	173	26	36	2	132	1	0	91	81	4.57⑨
'20(ヤ)	20	1	0	19	1	0	10	8	0	0	0	.556	515	119	132	20	20	2	83	2	0	64	61	4.61
'21(ヤ)	23	2	0	20	1	2	9	6	0	0	0	.600	529	128.1	132	15	30	1	97	2	0	64	64	4.14
'22(ヤ)	25	1	0	24	1	1	10	10	0	0	0	.500	621	153.1	145	16	32	3	91	2	0	50	48	2.82⑦
'23(ヤ)	23	0	0	23	0	0	10	8	0	0	0	.556	579	144	124	14	33	4	86	2	0	60	54	3.38⑪
〔11〕	252	17	2	230	10	6	102	81	0	1	1	.557	6448	1548.2	1494	173	390	28	1177	16	1	670	614	3.57

奥川　恭伸　おくがわ・やすのぶ　星稜高（'20.1）　'01.4.16生　右投右打

年度(チーム)	試合	完投	交代了	試当初	無点勝	無四球	勝利	敗北	セーブ	ホールド	HP	勝率	打者	投球回	安打	本塁打	四球	死球	三振	暴投	ボーク	失点	自責点	防御率
'20(ヤ)	1	0	0	1	0	0	0	1	0	0	0	.000	15	2	9	1	0	0	2	0	0	5	5	22.50
'21(ヤ)	18	0	0	18	0	0	9	4	0	0	0	.692	413	105	99	11	10	2	91	3	1	38	38	3.26
'22(ヤ)	1	0	0	1	0	0	0	0	0	0	0	.000	15	4	2	1	1	0	3	0	0	1	1	2.25
〔3〕	20	0	0	20	0	0	9	5	0	0	0	.643	443	111	110	13	11	2	96	3	1	44	44	3.57

奥村　政稔　おくむら・まさと　九州国際大（'19.1）　'92.8.14生　右投右打

年度(チーム)	試合	完投	交代了	試当初	無点勝	無四球	勝利	敗北	セーブ	ホールド	HP	勝率	打者	投球回	安打	本塁打	四球	死球	三振	暴投	ボーク	失点	自責点	防御率
'19(ソ)	12	0	4	0	0	0	0	1	0	3	3	.000	58	12.1	13	3	7	3	10	2	0	12	12	8.76
'20(ソ)	5	0	3	0	0	0	0	0	0	0	0	.000	20	4.1	3	0	3	2	7	0	1	1	1	2.08
'22(ソ)	4	0	2	2	0	0	0	0	0	0	0	.000	34	10	5	1	1	0	7	2	0	1	1	0.90
〔3〕	21	0	9	2	0	0	0	1	0	3	3	.000	112	26.2	21	4	11	5	24	4	1	14	14	4.73

小島　和哉　おじま・かずや　早稲田大　('19.1)　'96.7.7生　左投左打

年度	チーム	試合	完投	交代了	試当初	無点勝	無四球	勝利	敗北	セーブ	ホールド	HP	勝率	打者	投球回	安打	本塁打	四球	死球	三振	暴投	ボーク	失点	自責点	防御率
'19	(ロ)	10	0	0	10	0	0	3	5	0	0	0	.375	232	54.1	55	5	20	1	45	0	0	28	26	4.31
'20	(ロ)	20	0	0	20	0	0	7	8	0	0	0	.467	479	113.1	106	12	47	3	83	0	1	50	47	3.73
'21	(ロ)	24	3	0	21	2	2	10	4	0	0	0	.714	606	146	123	16	51	6	92	2	0	65	61	3.76⑫
'22	(ロ)	24	0	0	24	0	0	3	11	0	0	0	.214	599	143.1	140	10	43	4	89	1	0	57	50	3.14⑥
'23	(ロ)	25	0	0	**25**	0	0	10	6	0	0	0	.625	657	158.1	143	14	57	6	114	2	0	64	61	3.47⑨
〔5〕		103	3	0	100	2	2	33	34	0	0	0	.493	2573	615.1	567	57	218	20	423	5	1	264	245	3.58

尾仲　祐哉　おなか・ゆうや　広島経済大　('17.1)　'95.1.31生　右投左打

年度	チーム	試合	完投	交代了	試当初	無点勝	無四球	勝利	敗北	セーブ	ホールド	HP	勝率	打者	投球回	安打	本塁打	四球	死球	三振	暴投	ボーク	失点	自責点	防御率
'17	(デ)	11	0	3	0	0	0	1	1	0	0	1	.500	96	19.1	22	2	15	0	17	3	0	16	14	6.52
'18	(神)	12	0	2	0	0	0	0	1	0	0	0	.000	51	11.2	13	1	4	0	14	1	0	6	5	3.86
'19	(神)	5	0	3	0	0	0	0	0	0	0	0	.000	26	5.2	6	1	5	1	6	0	0	4	4	6.35
'20	(神)	4	0	2	0	0	0	0	0	0	0	0	.000	21	4.1	6	0	2	0	2	0	0	3	3	6.23
'22	(神)	1	0	0	0	0	0	0	0	0	0	0	.000	11	2	4	0	1	0	2	0	0	2	2	9.00
'23	(ヤ)	11	0	6	1	0	0	0	0	0	1	0	.000	72	15.2	21	2	7	1	8	1	0	9	9	5.17
〔6〕		44	0	16	1	0	0	1	3	0	0	1	.250	277	58.2	72	6	34	2	49	5	0	40	37	5.68

小沼　健太　おぬま・けんた　東総工高　('22.3)　'98.6.11生　右投右打

年度	チーム	試合	完投	交代了	試当初	無点勝	無四球	勝利	敗北	セーブ	ホールド	HP	勝率	打者	投球回	安打	本塁打	四球	死球	三振	暴投	ボーク	失点	自責点	防御率
'22	(ロ)	21	0	9	0	0	0	1	1	0	1	2	.500	117	25.1	30	4	14	0	15	1	0	18	17	6.04
'23	(ロ)	4	0	2	0	0	0	0	0	0	0	0	.000	34	7	9	1	3	1	4	0	0	7	7	9.00
〔2〕		25	0	11	0	0	0	1	1	0	1	2	.500	151	32.1	39	5	17	1	19	1	0	25	24	6.68

小野　泰己　おの・たいき　富士大　('17.1)　'94.5.30生　右投右打

年度	チーム	試合	完投	交代了	試当初	無点勝	無四球	勝利	敗北	セーブ	ホールド	HP	勝率	打者	投球回	安打	本塁打	四球	死球	三振	暴投	ボーク	失点	自責点	防御率
'17	(神)	15	0	0	15	0	0	2	7	0	0	0	.222	343	78.2	78	6	40	5	63	4	0	38	38	4.35
'18	(神)	23	0	0	23	0	0	7	7	0	0	0	.500	573	126.1	133	10	**81**	3	96	**10**	0	71	67	4.77
'19	(神)	14	0	3	0	0	0	0	1	0	5	5	.000	58	11.2	11	0	13	1	6	0	0	3	3	2.31
'21	(神)	12	0	6	0	0	0	0	0	0	0	0	.000	71	14.2	17	1	8	1	14	0	0	13	13	7.98
'22	(神)	5	0	3	0	0	0	0	0	0	0	0	.000	25	5	7	1	3	0	7	0	0	3	1	1.80
'23	(オ)	5	0	2	1	0	0	0	0	0	0	0	.000	35	6	6	0	1	0	0	0	0	4	4	6.00
〔6〕		74	0	14	39	0	0	9	15	0	5	5	.375	1105	242.1	252	18	155	11	186	14	0	132	126	4.68

小野　郁　おの・ふみや　西日本短大付高　('15.1)　'96.10.23生　右投右打

年度	チーム	試合	完投	交代了	試当初	無点勝	無四球	勝利	敗北	セーブ	ホールド	HP	勝率	打者	投球回	安打	本塁打	四球	死球	三振	暴投	ボーク	失点	自責点	防御率
'15	(楽)	4	0	3	0	0	0	0	0	0	0	0	.000	27	5	10	1	4	1	0	1	0	8	8	14.40
'16	(楽)	11	0	6	0	0	0	0	0	0	0	0	.000	69	13.1	20	1	9	0	7	3	0	14	13	8.78
'17	(楽)	2	0	1	0	0	0	0	0	0	0	0	.000	13	2	2	1	2	0	0	0	0	2	2	9.00
'18	(楽)	9	0	5	0	0	0	0	0	0	0	0	.000	42	10.1	9	1	4	0	9	0	0	4	4	3.48
'19	(楽)	13	0	0	0	0	0	0	0	0	0	0	.000	87	18.2	26	3	5	2	14	1	0	13	13	6.27
'20	(ロ)	40	0	14	0	0	0	2	2	0	4	6	.500	162	39	31	2	18	1	32	0	0	18	14	3.23
'21	(ロ)	49	0	11	0	0	0	0	3	0	8	8	.000	220	51.2	37	4	26	2	56	5	0	25	20	3.48
'22	(ロ)	44	0	4	0	0	0	0	0	0	18	18	.000	176	40.2	36	2	16	1	33	2	0	11	9	1.99
'23	(ロ)	10	0	2	0	0	0	0	1	0	0	0	.000	41	9.2	9	0	3	1	6	2	0	5	5	4.66
〔9〕		182	0	53	0	0	0	2	7	0	34	36	.222	832	190.1	180	16	85	10	158	14	0	100	88	4.16

及川　雅貴　およかわ・まさき　横浜高（'20.1）　'01.4.18生　左投左打

年度	チーム	試合	完投	交代了	試当初	無点勝	無四球	勝利	敗北	セーブ	ホールド	HP	勝率	打者	投球回	安打	本塁打	四球	死球	三振	暴投	ボーク	失点	自責点	防御率
'21	(神)	39	0	4	0	0	0	2	3	0	10	12	.400	169	39	31	4	24	2	38	4	0	18	16	3.69
'22	(神)	1	0	1	0	0	0	0	0	0	0	0	.000	4	1	1	1	0	0	0	0	0	1	1	9.00
'23	(神)	33	0	6	1	0	0	3	1	0	7	10	.750	147	36.1	28	2	14	2	40	1	0	10	9	2.23
〔3〕		73	0	11	1	0	0	5	4	0	17	22	.556	320	76.1	60	7	38	4	78	5	0	29	26	3.07

L.カスティーヨ　ルイス・カスティーヨ　リセオ・パドレ・ファンティノ高（'23.1）　'95.3.10生　右投右打

年度	チーム	試合	完投	交代了	試当初	無点勝	無四球	勝利	敗北	セーブ	ホールド	HP	勝率	打者	投球回	安打	本塁打	四球	死球	三振	暴投	ボーク	失点	自責点	防御率
'23	(ロ)	12	0	0	9	0	0	3	3	0	1	1	.500	200	49	52	5	21	3	34	1	0	18	17	3.12

R.ガゼルマン　ロバート・ガゼルマン　ウエストチェスター高（'22.7）　'93.7.18生　右投右打

年度	チーム	試合	完投	交代了	試当初	無点勝	無四球	勝利	敗北	セーブ	ホールド	HP	勝率	打者	投球回	安打	本塁打	四球	死球	三振	暴投	ボーク	失点	自責点	防御率
'22	(ディ)	4	0	0	3	0	0	1	1	0	0	0	.500	81	20.1	15	1	6	2	12	0	0	6	6	2.66
'23	(ディ)	13	0	0	13	0	0	3	5	0	0	0	.375	292	64.2	72	6	33	4	43	1	0	35	32	4.45
〔2〕		17	0	0	16	0	0	4	6	0	0	0	.400	373	85	87	7	39	6	55	1	0	41	38	4.02

J.ガンケル　ジョー・ガンケル　ウェストチェスター大（'20.1）　'91.12.30生　右投右打

年度	チーム	試合	完投	交代了	試当初	無点勝	無四球	勝利	敗北	セーブ	ホールド	HP	勝率	打者	投球回	安打	本塁打	四球	死球	三振	暴投	ボーク	失点	自責点	防御率
'20	(神)	28	0	3	6	0	0	2	4	0	11	13	.333	232	56.2	54	6	13	3	39	0	0	21	20	3.18
'21	(神)	20	0	0	20	0	0	9	3	0	0	0	.750	465	113	99	10	24	3	87	0	0	39	37	2.95
'22	(神)	16	1	0	15	0	1	5	5	0	0	0	.500	372	92.1	80	6	16	3	52	1	0	32	28	2.73
'23	(ソ)	5	0	0	3	0	0	0	1	0	0	0	.000	80	17	21	3	5	2	11	0	0	14	11	5.82
〔4〕		69	1	3	44	0	1	16	13	0	11	13	.552	1149	279	254	25	58	11	189	1	0	106	96	3.10

甲斐野　央　かいの・ひろし　東洋大（'19.1）　'96.11.16生　右投左打

年度	チーム	試合	完投	交代了	試当初	無点勝	無四球	勝利	敗北	セーブ	ホールド	HP	勝率	打者	投球回	安打	本塁打	四球	死球	三振	暴投	ボーク	失点	自責点	防御率
'19	(ソ)	65	0	18	0	0	0	2	5	8	26	28	.286	253	58.2	49	6	34	4	73	3	0	28	27	4.14
'21	(ソ)	22	0	6	0	0	0	0	2	1	4	4	.000	88	20.2	16	3	10	2	25	1	0	10	10	4.35
'22	(ソ)	27	0	5	0	0	0	2	0	0	3	5	1.000	106	25	19	0	14	0	27	0	0	7	7	2.52
'23	(ソ)	46	0	15	0	0	0	3	1	2	8	11	.750	172	42.2	33	2	13	2	39	0	0	12	12	2.53
〔4〕		160	0	44	0	0	0	7	8	11	41	48	.467	619	147	117	11	71	8	164	4	0	57	56	3.43

柿木　蓮　かきぎ・れん　大阪桐蔭高（'19.1）　'00.6.25生　右投右打

年度	チーム	試合	完投	交代了	試当初	無点勝	無四球	勝利	敗北	セーブ	ホールド	HP	勝率	打者	投球回	安打	本塁打	四球	死球	三振	暴投	ボーク	失点	自責点	防御率
'22	(日)	4	0	2	0	0	0	0	0	0	0	0	.000	16	4.1	2	1	2	0	1	0	0	1	1	2.08

鍵谷　陽平　かぎや・ようへい　中央大　('13.1)　'90.9.23生　右投右打

年度/チーム	試合	完投	交代了	試当初	無点勝	無四球	勝利	敗北	セーブ	ホールド	HP	勝率	打者	投球回	安打	本塁打	四球	死球	三振	暴投	ボーク	失点	自責点	防御率
'13 (日)	38	0	14	2	0	0	2	3	1	5	7	.400	231	54	41	4	33	1	42	1	0	21	20	3.33
'14 (日)	21	0	8	0	0	0	1	0	0	2	3	1.000	119	28.2	25	4	10	2	27	0	0	9	7	2.20
'15 (日)	40	0	8	0	0	0	5	3	0	15	20	.625	159	34.2	45	3	12	1	32	1	0	23	18	4.67
'16 (日)	48	0	19	0	0	0	5	3	3	3	8	.625	187	44.2	37	3	21	0	38	4	0	23	21	4.23
'17 (日)	60	0	9	0	0	0	2	3	1	17	19	.400	218	57	33	6	17	0	46	0	0	23	16	2.53
'18 (日)	28	0	8	0	0	0	0	0	0	2	2	.000	128	27.1	33	2	12	1	22	1	0	14	13	4.28
'19 (日)	18	0	5	0	0	0	0	0	0	1	1	.000	77	16.2	16	0	12	0	16	0	0	11	11	5.94
'19 (巨)	27	0	6	0	0	0	0	2	0	6	6	.000	117	27	21	4	18	0	11	0	0	11	9	3.00
'20 (巨)	46	0	7	0	0	0	3	1	0	13	16	.750	148	37.1	25	2	13	1	40	0	0	12	12	2.89
'21 (巨)	59	0	8	0	0	0	3	0	1	15	18	1.000	182	42.1	39	5	18	0	30	1	0	19	15	3.19
'22 (巨)	21	0	8	0	0	0	2	0	0	3	5	1.000	74	17	21	4	5	0	9	0	0	8	7	3.71
'23 (巨)	13	0	1	0	0	0	2	0	1	2	4	1.000	48	11.1	10	1	5	0	11	0	0	4	4	3.18
〔11〕	419	0	101	2	0	0	25	15	7	84	109	.625	1688	398	346	38	176	6	324	8	0	178	153	3.46

笠原祥太郎　かさはら・しょうたろう　新潟医療福祉大　('17.1)　'95.3.17生　左投左打

年度/チーム	試合	完投	交代了	試当初	無点勝	無四球	勝利	敗北	セーブ	ホールド	HP	勝率	打者	投球回	安打	本塁打	四球	死球	三振	暴投	ボーク	失点	自責点	防御率
'17 (中)	18	1	8	4	0	0	1	3	0	0	0	.250	206	48.2	38	4	21	7	43	0	0	17	17	3.14
'18 (中)	20	1	1	16	1	0	6	4	0	0	0	.600	479	108.2	100	12	49	6	88	2	0	52	50	4.14
'19 (中)	8	0	0	8	0	0	3	2	0	0	0	.600	158	34.2	39	4	17	1	22	0	0	23	22	5.71
'21 (中)	4	0	0	4	0	0	0	2	0	0	0	.000	94	20	27	4	17	0	13	1	0	14	14	6.30
'22 (中)	4	0	0	4	0	0	1	2	0	0	0	.333	75	17	18	4	9	1	8	0	0	10	10	5.29
'23 (ディ)	2	0	0	2	0	0	0	0	0	0	0	.000	36	6	10	0	7	0	5	0	0	6	3	4.50
〔6〕	56	2	9	38	1	0	11	15	0	0	0	.423	1048	235	225	28	120	15	179	3	0	122	116	4.44

笠谷　俊介　かさや・しゅんすけ　大分商高　('15.1)　'97.3.17生　左投左打

年度/チーム	試合	完投	交代了	試当初	無点勝	無四球	勝利	敗北	セーブ	ホールド	HP	勝率	打者	投球回	安打	本塁打	四球	死球	三振	暴投	ボーク	失点	自責点	防御率
'17 (ソ)	3	0	1	0	0	0	0	0	0	1	1	.000	12	3.1	1	0	1	0	5	0	0	0	0	0.00
'18 (ソ)	9	0	2	0	0	0	0	1	0	0	0	.000	39	7.2	11	1	6	0	4	1	0	6	6	7.04
'19 (ソ)	2	0	0	0	0	0	0	0	0	0	0	.000	26	5	6	1	7	0	7	1	0	4	4	7.20
'20 (ソ)	20	0	3	11	0	0	3	3	0	0	1	.500	246	57	44	2	31	4	67	0	0	21	18	2.84
'21 (ソ)	16	0	1	12	0	0	3	4	0	0	1	.429	262	59	52	12	35	2	64	0	0	30	28	4.27
'22 (ソ)	16	0	7	0	0	0	0	0	0	0	0	.000	82	17	19	4	9	5	14	0	0	12	12	6.35
'23 (ソ)	8	0	6	0	0	0	1	1	0	0	0	.500	47	11.1	8	4	8	0	11	0	0	2	2	1.59
〔7〕	74	0	21	23	0	0	7	9	0	1	3	.438	714	160.1	141	20	97	11	172	2	0	75	70	3.93

加治屋　蓮　かじや・れん　福島高(宮崎)　('14.1)　'91.11.25生　右投右打

年度/チーム	試合	完投	交代了	試当初	無点勝	無四球	勝利	敗北	セーブ	ホールド	HP	勝率	打者	投球回	安打	本塁打	四球	死球	三振	暴投	ボーク	失点	自責点	防御率
'16 (ソ)	2	0	2	0	0	0	0	0	0	0	0	.000	9	2	3	0	3	0	1	0	0	1	1	4.50
'17 (ソ)	2	0	0	0	0	0	0	0	0	0	0	.000	21	4.1	5	3	4	0	2	0	0	5	5	10.38
'18 (ソ)	72	0	14	0	0	0	4	3	0	31	35	.571	284	66.2	67	5	25	4	53	3	0	25	25	3.38
'19 (ソ)	30	0	8	0	0	0	3	1	0	6	9	.750	169	36	42	4	22	3	23	1	0	26	24	6.00
'20 (ソ)	6	0	2	0	0	0	0	0	0	0	0	.000	30	6	10	1	3	1	2	0	0	4	4	6.00
'21 (神)	7	0	0	0	0	0	1	2	0	1	2	.333	29	5.2	7	1	1	1	3	0	0	6	5	7.94
'22 (神)	39	0	10	0	0	0	0	2	0	7	7	.000	128	29.2	26	1	13	1	30	1	0	8	8	2.43
'23 (神)	51	0	12	0	0	0	1	5	1	16	17	.167	161	38.2	34	3	13	2	32	6	1	12	11	2.56
〔8〕	209	0	48	0	0	0	9	13	1	61	70	.409	831	189	194	18	82	11	146	11	1	87	83	3.95

勝野　昌慶　かつの・あきよし　土岐商高　('19.1)　'97.6.12生　右投右打

年度	チーム	試合	完投	交代了	試当初	無点勝	無四球	勝利	敗北	セーブ	ホールド	HP	勝率	打者	投球回	安打	本塁打	四球	死球	三振	暴投	ボーク	失点	自責点	防御率
'19	(中)	3	0	0	3	0	0	1	2	0	0	0	.333	71	16.1	16	2	9	0	9	1	0	11	11	6.06
'20	(中)	13	0	0	13	0	0	4	5	0	0	0	.444	298	72	74	7	17	2	56	7	0	32	31	3.88
'21	(中)	17	0	0	17	0	0	3	6	0	0	0	.333	391	91.1	92	9	31	2	67	1	0	38	38	3.74
'22	(中)	8	0	0	8	0	0	0	4	0	0	0	.000	183	43.2	46	6	13	1	36	0	0	24	22	4.53
'23	(中)	50	0	6	0	0	0	5	2	1	20	25	.714	201	49.1	33	2	22	2	49	1	0	11	11	2.01
〔5〕		91	0	6	41	0	0	13	19	1	20	25	.406	1144	272.2	261	26	92	7	217	10	0	116	113	3.73

加藤　貴之　かとう・たかゆき　拓大紅陵高　('16.1)　'92.6.3生　左投左打

年度	チーム	試合	完投	交代了	試当初	無点勝	無四球	勝利	敗北	セーブ	ホールド	HP	勝率	打者	投球回	安打	本塁打	四球	死球	三振	暴投	ボーク	失点	自責点	防御率
'16	(日)	30	0	1	16	0	0	7	3	0	1	2	.700	392	91.1	91	4	31	2	64	1	0	37	35	3.45
'17	(日)	21	0	0	21	0	0	6	6	0	0	0	.500	521	120	125	13	38	1	99	1	0	51	47	3.53
'18	(日)	26	0	2	17	0	0	5	8	0	3	3	.385	489	113.1	127	9	28	4	82	3	0	61	57	4.53
'19	(日)	26	0	0	21	0	0	5	7	0	1	1	.417	378	92	85	11	23	3	70	1	0	39	36	3.52
'20	(日)	28	0	5	7	0	0	4	2	0	1	4	.667	249	58	57	4	23	2	51	1	0	23	21	3.26
'21	(日)	25	1	0	24	1	1	6	7	0	0	0	.462	595	150	136	13	21	3	102	2	0	61	57	3.42
'22	(日)	22	3	0	18	**2**	1	8	7	0	1	1	.533	564	147.2	124	9	11	1	98	0	0	35	33	2.01
'23	(日)	24	3	0	21	1	**3**	7	9	0	0	0	.438	648	163.1	**162**	14	16	1	83	2	1	59	52	2.87
〔8〕		202	7	8	145	4	5	48	49	0	7	11	.495	3836	935.2	907	77	191	17	649	11	1	366	338	3.25

金久保優斗　かなくぼ・ゆうと　東海大市原望洋高　('18.1)　'99.11.4生　右投左打

年度	チーム	試合	完投	交代了	試当初	無点勝	無四球	勝利	敗北	セーブ	ホールド	HP	勝率	打者	投球回	安打	本塁打	四球	死球	三振	暴投	ボーク	失点	自責点	防御率
'20	(ヤ)	3	0	0	2	0	0	0	0	0	0	0	.000	44	10	12	2	5	0	10	0	0	6	6	5.40
'21	(ヤ)	10	0	1	8	0	0	4	1	0	0	1	.800	180	42.2	39	3	16	2	34	0	0	14	13	2.74
'22	(ヤ)	3	0	0	3	0	0	1	1	0	0	0	.500	43	9.1	13	1	2	0	4	0	0	8	8	7.71
'23	(ヤ)	1	0	1	0	0	0	0	0	0	0	0	.000	16	4	0	0	3	2	2	0	0	0	0	0.00
〔4〕		17	0	2	13	0	0	5	2	0	0	1	.714	283	66	62	6	26	4	50	0	0	28	27	3.68

金村　尚真　かねむら・しょうま　富士大　('23.1)　'00.8.29生　右投右打

年度	チーム	試合	完投	交代了	試当初	無点勝	無四球	勝利	敗北	セーブ	ホールド	HP	勝率	打者	投球回	安打	本塁打	四球	死球	三振	暴投	ボーク	失点	自責点	防御率
'23	(日)	4	0	0	4	0	0	2	1	0	0	0	.667	97	25	18	0	5	0	23	2	0	7	5	1.80

上茶谷大河　かみちゃたに・たいが　東洋大　('19.1)　'96.8.31生　右投右打

年度	チーム	試合	完投	交代了	試当初	無点勝	無四球	勝利	敗北	セーブ	ホールド	HP	勝率	打者	投球回	安打	本塁打	四球	死球	三振	暴投	ボーク	失点	自責点	防御率
'19	(デ)	25	1	1	23	1	0	7	6	0	0	0	.538	584	134	136	14	51	3	102	3	1	68	59	3.96
'20	(デ)	11	1	0	10	1	0	2	3	0	0	0	.400	247	59	57	8	20	2	50	4	0	29	27	4.12
'21	(デ)	8	0	0	7	0	0	1	3	0	0	0	.250	155	34	37	5	17	1	26	1	0	27	27	7.15
'22	(デ)	13	0	0	11	1	0	3	6	0	0	0	.333	278	66.2	65	8	17	2	49	0	1	40	35	4.73
'23	(デ)	46	0	11	1	0	0	5	3	0	4	9	.625	270	64	53	3	26	4	54	3	0	21	15	2.11
〔5〕		103	3	12	52	3	1	18	21	0	4	9	.462	1534	357.2	348	38	131	12	281	11	2	185	163	4.10

嘉弥真新也　かやま・しんや　八重山農林高（'12.1）　'89.11.23生　左投左打

年度	チーム	試合	完投	交代了	試当初	無点勝	無四球	勝利	敗北	セーブ	ホールド	HP	勝率	打者	投球回	安打	本塁打	四球	死球	三振	暴投	ボーク	失点	自責点	防御率
'12	(ソ)	4	0	2	0	0	0	0	0	0	0	0	.000	23	4.1	6	0	5	0	2	0	0	8	6	12.46
'13	(ソ)	40	0	6	1	0	0	3	1	0	4	7	.750	215	54.1	38	0	16	2	50	3	0	17	14	2.32
'14	(ソ)	32	0	11	0	0	0	0	2	0	1	1	.000	164	36.2	44	3	9	1	40	2	1	14	13	3.19
'15	(ソ)	16	0	6	0	0	0	0	0	0	1	1	.000	63	15	14	2	5	1	14	0	0	7	7	4.20
'16	(ソ)	5	0	2	0	0	0	0	0	0	0	0	.000	36	7.1	9	4	4	1	8	1	0	7	7	8.59
'17	(ソ)	58	0	4	0	0	0	2	0	0	14	16	1.000	143	32.2	31	1	11	5	47	1	0	11	10	2.76
'18	(ソ)	67	0	4	0	0	0	2	1	0	25	27	.667	129	33	17	3	11	2	28	0	0	11	9	2.45
'19	(ソ)	54	0	4	0	0	0	2	2	1	19	21	.500	128	31	29	1	5	4	26	0	0	13	9	2.61
'20	(ソ)	50	0	6	0	0	0	3	1	0	18	21	.750	117	30	18	1	10	2	33	0	0	7	7	2.10
'21	(ソ)	58	0	1	0	0	0	1	0	0	19	20	1.000	121	28.2	22	2	13	1	27	0	0	16	15	4.71
'22	(ソ)	56	0	5	0	0	0	0	0	0	28	28	.000	109	27.1	18	1	11	1	22	0	0	3	3	0.99
'23	(ソ)	23	0	2	0	0	0	1	0	0	7	8	1.000	56	12	16	1	6	1	7	0	0	7	7	5.25
〔12〕		463	0	53	1	0	0	14	7	1	136	150	.667	1304	312.1	262	19	106	21	304	7	1	121	107	3.08

唐川侑己　からかわ・ゆうき　成田高（'08.1）　'89.7.5生　右投右打

年度	チーム	試合	完投	交代了	試当初	無点勝	無四球	勝利	敗北	セーブ	ホールド	HP	勝率	打者	投球回	安打	本塁打	四球	死球	三振	暴投	ボーク	失点	自責点	防御率
'08	(ロ)	15	1	0	14	0	1	5	4	0	0	0	.556	358	81.2	102	8	12	3	57	1	0	52	44	4.85
'09	(ロ)	21	3	0	18	1	2	5	8	0	0	0	.385	596	143.1	145	11	28	6	115	0	0	62	58	3.64
'10	(ロ)	11	2	0	9	1	0	6	3	0	0	0	.667	306	73	69	3	20	4	51	1	0	24	22	2.71
'11	(ロ)	24	5	0	19	3	2	12	6	0	0	0	.667	681	168.1	146	6	35	8	122	1	0	50	45	2.41⑥
'12	(ロ)	12	3	0	9	0	1	8	2	0	0	0	.800	341	84.2	81	4	15	2	32	0	1	26	25	2.66
'13	(ロ)	27	0	0	27	0	0	9	11	0	0	0	.450	728	168	185	12	46	3	80	2	0	85	78	4.18⑫
'14	(ロ)	23	1	1	18	0	0	4	9	0	1	1	.308	520	116	146	10	33	8	62	3	1	65	60	4.66
'15	(ロ)	12	0	0	12	0	0	5	4	0	0	0	.556	288	62.2	78	7	27	3	31	1	0	45	44	6.32
'16	(ロ)	15	1	0	14	1	0	6	6	0	0	0	.500	373	88.2	84	7	37	3	64	1	3	30	28	2.84
'17	(ロ)	21	1	0	20	1	0	5	10	0	0	0	.333	555	126.1	135	18	37	7	86	1	2	69	63	4.49
'18	(ロ)	25	0	3	4	0	0	1	3	0	4	4	.250	188	47.2	43	5	10	1	31	0	0	17	15	2.83
'19	(ロ)	40	0	7	1	0	0	5	3	0	14	19	.625	168	37.2	47	2	4	0	29	0	0	25	22	5.26
'20	(ロ)	32	0	3	0	0	0	1	1	0	14	15	.500	118	30.1	22	3	11	1	23	0	0	4	4	1.19
'21	(ロ)	38	0	3	0	0	0	4	2	0	22	26	.667	150	36.1	29	4	13	1	26	1	0	11	11	2.72
'22	(ロ)	17	0	3	0	0	0	2	1	0	8	10	.667	63	15.1	14	3	2	1	9	0	0	9	9	5.28
'23	(ロ)	6	0	2	1	0	0	0	1	0	1	1	.000	37	7.2	15	1	1	0	2	0	0	6	6	7.04
〔16〕		339	17	22	166	6	6	78	74	0	64	76	.513	5470	1287.2	1341	104	331	51	820	12	7	580	534	3.73

辛島　航　からしま・わたる　飯塚高（'09.1）　'90.10.18生　左投左打

年度	チーム	試合	完投	交代了	試当初	無点勝	無四球	勝利	敗北	セーブ	ホールド	HP	勝率	打者	投球回	安打	本塁打	四球	死球	三振	暴投	ボーク	失点	自責点	防御率
'09	(楽)	2	0	0	0	0	0	0	0	0	0	0	.000	25	5	10	0	1	0	2	0	0	5	5	9.00
'10	(楽)	12	0	1	0	0	0	0	1	0	5	5	.000	58	12.2	15	2	5	0	11	3	0	8	7	4.97
'12	(楽)	16	0	0	16	0	0	8	5	0	0	0	.615	414	103.1	87	4	22	5	79	4	0	30	29	2.53
'13	(楽)	11	0	0	9	0	0	3	4	0	1	1	.429	247	59	63	6	19	0	45	1	0	31	29	4.42
'14	(楽)	25	1	0	24	1	0	8	13	0	0	0	.381	662	154.1	160	11	46	4	99	3	0	70	65	3.79⑩
'15	(楽)	14	0	0	14	0	0	5	7	0	0	0	.417	332	76.2	74	7	29	0	56	1	0	41	39	4.58
'16	(楽)	13	0	0	13	0	0	3	7	0	0	0	.300	306	72	72	2	22	3	48	0	0	33	31	3.88
'17	(楽)	19	0	0	19	0	0	8	8	0	0	0	.500	424	103	99	11	27	1	74	2	1	51	48	4.19
'18	(楽)	23	0	0	22	0	0	5	8	0	0	0	.385	508	117.2	120	12	46	7	99	3	0	55	53	4.05
'19	(楽)	27	0	3	18	0	0	9	6	0	2	3	.600	518	117.1	119	14	57	0	84	1	0	59	54	4.14
'20	(楽)	19	0	1	6	0	0	1	3	0	2	2	.250	170	38.1	43	6	15	3	26	2	0	22	21	4.93
'22	(楽)	17	0	0	17	0	0	6	4	0	0	0	.600	371	90	86	10	24	3	53	0	0	36	34	3.40
'23	(楽)	10	0	0	10	0	0	1	5	0	0	0	.167	224	51.1	57	7	16	1	24	1	0	27	26	4.56
〔13〕		208	2	6	168	1	0	56	72	2	10	11	.438	4259	1000.2	1005	92	329	27	700	21	1	468	441	3.97

河野　佳　かわの・けい　広陵高（'23.1）　'01.8.23生　右投右打

年度	チーム	試合	完投	交代完了	試当初	無点勝	無四球	勝利	敗北	セーブ	ホールド	H	勝率	打者	投球回	安打	本塁打	四球	死球	三振	暴投	ボーク	失点	自責点	防御率
'23	(広)	8	0	1	1	0	0	0	1	0	0	0	.000	60	12.1	19	6	5	1	11	2	0	13	13	9.49

河野　竜生　かわの・りゅうせい　鳴門高（'20.1）　'98.5.30生　左投左打

年度	チーム	試合	完投	交代完了	試当初	無点勝	無四球	勝利	敗北	セーブ	ホールド	H	勝率	打者	投球回	安打	本塁打	四球	死球	三振	暴投	ボーク	失点	自責点	防御率
'20	(日)	12	0	0	12	0	0	3	5	0	0	0	.375	269	60.1	63	9	30	3	43	1	0	40	34	5.07
'21	(日)	40	0	1	11	0	0	3	6	0	9	11	.333	376	90.1	74	7	31	4	68	4	0	35	30	2.99
'22	(日)	21	0	4	3	0	0	0	2	1	1	1	.000	150	34.2	36	3	13	3	25	3	0	24	17	4.41
'23	(日)	50	0	5	0	0	0	1	4	0	20	21	.200	164	42.1	30	1	9	3	35	0	0	9	8	1.70
〔4〕		123	0	10	26	0	0	7	17	1	30	33	.292	959	227.2	203	20	81	13	171	8	0	108	89	3.52

河村　説人　かわむら・ときと　星槎道都大（'21.1）　'97.6.18生　右投右打

年度	チーム	試合	完投	交代完了	試当初	無点勝	無四球	勝利	敗北	セーブ	ホールド	H	勝率	打者	投球回	安打	本塁打	四球	死球	三振	暴投	ボーク	失点	自責点	防御率
'21	(ロ)	20	0	6	5	0	0	4	1	0	0	0	.800	178	41.2	39	4	17	0	28	0	0	16	16	3.46
'22	(ロ)	4	0	0	4	0	0	2	0	0	0	0	1.000	82	19	18	0	10	0	9	1	0	7	7	3.32
〔2〕		24	0	6	9	0	0	6	1	0	0	0	.857	260	60.2	57	5	27	0	37	1	0	23	23	3.41

菊地　大稀　きくち・たいき　桐蔭横浜大（'22.4）　'99.6.2生　右投左打

年度	チーム	試合	完投	交代完了	試当初	無点勝	無四球	勝利	敗北	セーブ	ホールド	H	勝率	打者	投球回	安打	本塁打	四球	死球	三振	暴投	ボーク	失点	自責点	防御率
'22	(巨)	16	0	3	0	0	0	0	2	0	0	0	.000	82	17.2	16	2	13	1	21	2	0	13	11	5.60
'23	(巨)	50	0	15	0	0	0	4	4	1	11	15	.500	193	47.2	40	4	16	1	55	0	0	19	18	3.40
〔2〕		66	0	18	0	0	0	4	6	1	11	15	.400	275	65.1	56	6	29	2	76	2	0	32	29	3.99

菊地　吏玖　きくち・りく　専修大（'23.1）　'00.6.13生　右投左打

年度	チーム	試合	完投	交代完了	試当初	無点勝	無四球	勝利	敗北	セーブ	ホールド	H	勝率	打者	投球回	安打	本塁打	四球	死球	三振	暴投	ボーク	失点	自責点	防御率
'23	(ロ)	1	0	0	1	0	0	0	0	0	0	0	.000	22	4	7	1	3	0	0	2	0	4	1	2.25

木澤　尚文　きざわ・なおふみ　慶應義塾大（'21.1）　'98.4.25生　右投右打

年度	チーム	試合	完投	交代完了	試当初	無点勝	無四球	勝利	敗北	セーブ	ホールド	H	勝率	打者	投球回	安打	本塁打	四球	死球	三振	暴投	ボーク	失点	自責点	防御率
'22	(ヤ)	55	0	11	0	0	0	9	3	0	8	17	.750	284	70.1	57	7	21	3	52	5	0	28	23	2.94
'23	(ヤ)	56	0	13	0	0	0	2	3	0	20	22	.400	227	53	42	3	26	5	49	2	0	19	16	2.72
〔2〕		111	0	24	0	0	0	11	6	0	28	39	.647	511	123.1	99	9	47	8	101	7	0	47	39	2.85

岸　孝之

きし・たかゆき　東北学院大　('07.1)　'84.12.4生　右投右打

年度チーム	試合	完投	交代完了	試当初	無点勝	無四球	勝利	敗北	セーブ	ホールド	HP	勝率	打者	投球回	安打	本塁打	四球	死球	三振	暴投	ボーク	失点	自責点	防御率
'07(武)	24	2	0	22	2	1	11	7	0	0	0	.611	650	156.1	131	16	55	8	142	2	0	62	59	3.40⑫
'08(武)	26	4	0	22	2	0	12	4	0	0	0	.750	695	168.1	151	12	48	5	138	4	0	65	64	3.42⑨
'09(武)	26	2	1	23	1	0	13	5	0	0	1	.722	755	179.2	168	25	53	5	138	3	1	73	65	3.26⑧
'10(武)	19	3	2	13	2	3	10	6	1	0	0	.625	460	113.2	100	9	26	5	110	3	0	41	41	3.25
'11(武)	21	3	0	18	0	1	8	9	0	0	0	.471	564	135	131	12	39	3	106	1	0	65	57	3.80
'12(武)	26	4	0	22	1	1	11	**12**	0	0	0	.478	729	187.2	141	9	40	4	150	3	0	52	51	2.45⑧
'13(武)	26	3	0	23	2	1	11	5	0	0	0	.688	716	178.1	155	17	31	6	138	6	0	63	61	3.08⑤
'14(武)	23	5	1	17	4	1	13	4	0	0	0	**.765**	630	161.1	126	16	36	2	126	0	0	48	45	2.51②
'15(武)	16	**5**	0	11	0	0	5	6	0	0	0	.455	434	110.1	75	6	25	5	91	0	0	40	37	3.02
'16(武)	19	2	0	17	1	0	9	7	0	0	0	.563	541	130.1	123	8	36	1	104	0	0	42	36	2.49
'17(楽)	26	1	0	**25**	0	0	8	10	0	0	0	.444	703	176.1	141	19	38	3	189	4	0	56	54	2.76⑤
'18(楽)	23	4	0	19	1	1	11	4	0	0	0	.733	625	159	127	**21**	29	8	159	3	0	52	48	**2.72**①
'19(楽)	15	0	0	15	0	0	3	5	0	0	0	.375	381	93.2	80	12	25	1	86	1	0	37	37	3.56
'20(楽)	11	2	0	9	**1**	0	2	0	0	0	0	1.000	269	67.1	48	5	20	1	70	0	0	24	24	3.21
'21(楽)	25	1	0	24	1	1	9	**10**	0	0	0	.474	620	149	149	17	34	1	131	1	0	62	57	3.44⑩
'22(楽)	22	0	0	22	0	0	8	10	0	0	0	.444	555	141	116	18	28	1	118	2	1	51	50	3.19
'23(楽)	20	1	0	19	1	0	9	5	0	0	0	.643	506	120.1	123	10	20	3	76	2	0	44	41	3.07
〔17〕	368	42	4	321	19	10	158	109	1	0	1	.592	9833	2427.2	2085	232	583	62	2072	35	2	877	827	3.07

北浦　竜次

きたうら・りゅうじ　白鷗大足利高　('18.1)　'00.1.12生　左投左打

年度チーム	試合	完投	交代完了	試当初	無点勝	無四球	勝利	敗北	セーブ	ホールド	HP	勝率	打者	投球回	安打	本塁打	四球	死球	三振	暴投	ボーク	失点	自責点	防御率
'18(日)	1	0	0	0	0	0	0	0	0	0	1	.000	3	1	0	0	1	0	1	0	0	0	0	0.00
'19(日)	6	0	0	3	0	0	1	1	0	0	1	.500	78	17.1	21	1	6	0	6	1	0	11	11	5.71
'20(日)	3	0	1	0	0	0	0	0	0	0	0	.000	22	3.1	9	0	4	0	7	0	0	7	6	16.20
'21(日)	3	0	0	0	0	0	0	0	0	0	0	.000	23	5.1	5	1	2	0	4	0	0	2	2	3.38
'22(日)	11	0	5	0	0	0	0	0	0	0	0	.000	38	7.2	10	0	5	0	6	0	0	2	2	2.35
'23(日)	12	0	8	1	0	0	0	1	0	0	0	.000	47	11.2	12	1	2	0	11	0	0	4	4	3.09
〔6〕	36	0	14	4	0	0	1	2	1	0		.333	211	46.1	57	3	18	0	28	1	0	26	25	4.86

北村　拓己

きたむら・たくみ　亜細亜大　('18.1)　'95.8.29生　右投右打

年度チーム	試合	完投	交代完了	試当初	無点勝	無四球	勝利	敗北	セーブ	ホールド	HP	勝率	打者	投球回	安打	本塁打	四球	死球	三振	暴投	ボーク	失点	自責点	防御率
'23(巨)	1	0	1	0	0	0	0	0	0	0	0	.000	4	1	1	1	0	0	0	0	0	1	1	9.00

北山　亘基

きたやま・こうき　京都産業大　('22.1)　'99.4.10生　右投右打

年度チーム	試合	完投	交代完了	試当初	無点勝	無四球	勝利	敗北	セーブ	ホールド	HP	勝率	打者	投球回	安打	本塁打	四球	死球	三振	暴投	ボーク	失点	自責点	防御率
'22(日)	55	0	25	1	0	0	3	5	9	16	19	.375	219	51.1	37	3	28	4	58	1	1	21	20	3.51
'23(日)	14	0	0	11	0	0	6	5	0	0	0	.545	273	66	49	9	34	0	58	1	2	26	25	3.41
〔2〕	69	0	25	12	0	0	9	10	9	16	19	.474	492	117.1	86	12	62	4	116	2	3	47	45	3.45

木村　文紀 (旧名・文和)

きむら・ふみかず　埼玉栄高　('07.1)　'88.9.13生　右投右打

年度チーム	試合	完投	交代完了	試当初	無点勝	無四球	勝利	敗北	セーブ	ホールド	HP	勝率	打者	投球回	安打	本塁打	四球	死球	三振	暴投	ボーク	失点	自責点	防御率
'07(武)	1	0	0	1	0	0	0	0	0	0	0	.000	30	6	10	4	4	0	3	0	0	7	4	6.00
'09(武)	11	0	2	4	0	0	0	4	0	0	0	.000	134	27.1	37	5	17	1	25	4	0	28	26	8.56
'11(武)	21	0	10	0	0	0	1	0	0	1	2	1.000	106	25	27	2	6	3	17	2	0	11	8	2.88
'12(武)	8	0	0	0	0	0	0	0	0	0	0	.000	59	14	13	0	7	0	6	3	0	7	7	4.50
〔4〕	41	0	13	4	0	0	1	4	0	1	2	.200	329	72.1	87	7	34	4	51	9	0	53	45	5.60

京山　将弥　きょうやま・まさや　近江高（'17.1）'98.7.4生　右投右打

年度	チーム	試合	完投	交代了	試当初	無点勝	無四球	勝利	敗北	セーブ	ホールド	HP	勝率	打者	投球回	安打	本塁打	四球	死球	三振	暴投	ボーク	失点	自責点	防御率
'18	(ディ)	13	0	1	12	0	0	6	6	0	0	1	.500	267	59	67	10	33	1	42	1	0	38	37	5.64
'19	(ディ)	9	0	0	8	0	0	0	6	0	0	0	.000	173	35.2	45	3	27	0	29	2	1	26	23	5.80
'20	(ディ)	6	0	0	5	0	0	2	1	0	0	0	.667	127	29	29	4	11	1	25	0	0	15	15	4.66
'21	(ディ)	16	0	0	15	0	0	2	7	0	0	0	.222	353	76	91	9	41	2	67	3	0	47	42	4.97
'22	(ディ)	17	0	2	9	0	0	2	2	0	1	2	.500	254	55.2	56	4	30	5	39	7	0	24	20	3.23
〔5〕		61	0	3	49	0	0	12	22	0	1	3	.353	1174	255.1	288	30	142	9	202	13	1	150	137	4.83

桐敷　拓馬　きりしき・たくま　新潟医療福祉大（'22.1）'99.6.20生　左投左打

年度	チーム	試合	完投	交代了	試当初	無点勝	無四球	勝利	敗北	セーブ	ホールド	HP	勝率	打者	投球回	安打	本塁打	四球	死球	三振	暴投	ボーク	失点	自責点	防御率
'22	(神)	7	0	0	3	0	0	0	3	0	0	0	.000	65	14.1	20	2	4	0	16	0	0	8	8	5.02
'23	(神)	27	0	0	0	0	0	3	0	0	14	15	1.000	158	40.1	28	1	12	0	40	0	0	10	8	1.79
〔2〕		34	0	2	5	0	0	3	3	0	14	15	.400	223	54.2	48	3	16	0	56	0	0	18	16	2.63

B.クリスキー　ブルックス・クリスキー　サザンカリフォルニア大（'22.1）'94.2.3生　右投右打

年度	チーム	試合	完投	交代了	試当初	無点勝	無四球	勝利	敗北	セーブ	ホールド	HP	勝率	打者	投球回	安打	本塁打	四球	死球	三振	暴投	ボーク	失点	自責点	防御率
'22	(ディ)	18	0	2	0	0	0	1	1	4	4	5	.500	89	21	15	2	13	0	26	3	0	7	6	2.57
'23	(武)	14	0	9	0	0	0	0	0	7	2	2	.000	56	14	6	1	9	0	13	3	0	3	3	1.93
〔2〕		32	0	11	0	0	0	1	1	8	6	7	.500	145	35	21	3	22	0	39	6	0	10	9	2.31

F.グリフィン　フォスター・グリフィン　ザ・ファースト・アカデミー（'23.1）'95.7.27生　左投右打

年度	チーム	試合	完投	交代了	試当初	無点勝	無四球	勝利	敗北	セーブ	ホールド	HP	勝率	打者	投球回	安打	本塁打	四球	死球	三振	暴投	ボーク	失点	自責点	防御率
'23	(巨)	20	1	0	19	0	0	6	5	0	0	0	.545	493	121	101	8	29	6	115	2	1	41	37	2.75

国吉　佑樹　くによし・ゆうき　秀岳館高（'11.7）'91.9.24生　右投右打

年度	チーム	試合	完投	交代了	試当初	無点勝	無四球	勝利	敗北	セーブ	ホールド	HP	勝率	打者	投球回	安打	本塁打	四球	死球	三振	暴投	ボーク	失点	自責点	防御率
'11	(横)	8	0	0	8	0	0	1	4	0	0	0	.200	198	47	42	2	20	2	39	1	0	13	12	2.30
'12	(ディ)	19	1	0	18	1	0	4	12	0	0	0	.250	498	112.2	108	10	59	2	95	4	0	57	46	3.67
'13	(ディ)	3	0	0	3	0	0	2	1	0	0	1	.667	93	19.1	27	2	6	5	10	0	0	16	16	7.45
'14	(ディ)	49	0	8	3	0	0	2	3	2	14	16	.400	267	62.1	61	4	23	1	59	4	0	29	24	3.47
'15	(ディ)	28	0	10	0	0	0	3	2	1	3	6	.600	138	33.1	24	2	16	3	28	4	0	10	9	2.43
'16	(ディ)	1	0	1	0	0	0	0	0	0	0	0	.000	12	1.2	4	0	3	0	4	0	0	4	4	21.60
'17	(ディ)	4	0	2	0	0	0	0	0	0	0	0	.000	30	8	5	0	4	0	3	3	0	2	2	2.25
'18	(ディ)	13	0	4	1	0	0	0	0	0	1	1	.000	75	16.2	17	2	9	0	15	1	0	9	9	4.86
'19	(ディ)	53	0	9	0	0	0	5	3	0	9	14	.625	299	69.1	62	9	28	2	81	3	0	37	37	4.80
'20	(ディ)	42	0	6	0	0	0	3	4	0	10	13	.429	191	46	36	5	22	4	51	1	0	18	16	3.13
'21	(ディ)	18	0	1	0	0	0	1	1	0	0	1	.500	125	29.2	24	1	13	1	37	1	0	18	17	5.16
	(ロ)	25	0	2	0	0	0	2	2	17	19	1.000		106	25	18	0	17	0	19	2	0	4	4	1.44
'22	(ロ)	6	0	4	0	0	0	0	0	0	0	0	.000	22	5	5	0	3	0	4	1	0	1	1	1.80
'23	(ロ)	3	0	0	0	0	0	0	0	0	0	0	.000	13	3.2	1	0	2	0	2	0	0	0	0	0.00
〔13〕		272	1	44	34	1	0	23	30	5	51	68	.434	2067	479.2	432	36	225	20	445	25	0	218	197	3.70

久保　拓眞　くぼ・たくま　九州共立大（'19.1）'96.7.27生　左投左打

年度	チーム	試合	完投	交代了	試当初	無点勝	無四球	勝利	敗北	セーブ	ホールド	HP	勝率	打者	投球回	安打	本塁打	四球	死球	三振	暴投	ボーク	失点	自責点	防御率
'19	(ヤ)	16	0	5	0	0	0	1	1	0	0	1	.000	54	11	13	2	7	3	11	2	0	7	7	5.73
'20	(ヤ)	10	0	4	1	0	0	0	0	0	0	0	.000	61	13.2	15	1	5	1	15	0	0	9	9	5.93
'22	(ヤ)	29	0	7	0	0	0	0	0	1	7	8	1.000	107	26.2	19	1	13	2	19	1	0	8	8	2.70
'23	(ヤ)	5	0	0	0	0	0	0	0	0	2	1	.000	22	3	8	2	3	1	1	0	0	3	2	6.00
〔4〕		60	0	16	1	0	0	1	1	1	9	10	.500	244	54.1	55	6	28	7	46	3	0	27	26	4.31

公文　克彦　くもん・かつひこ　高知高　('13.1)　'92.3.4生　左投左打

年度 チーム	試合	完投	交代了	試当初	無点勝	無四球	勝利	敗北	セーブ	ホールド	H P	勝率	打者	投球回	安打	本塁打	四球	死球	三振	暴投	ボーク	失点	自責点	防御率
'13 (巨)	3	0	0	0	0	0	0	0	0	0	0	.000	13	3	4	0	1	0	4	0	0	0	0	0.00
'16 (巨)	12	0	5	0	0	0	0	0	0	0	0	.000	50	11.2	10	1	3	2	12	1	0	5	5	3.86
'17 (日)	41	0	8	0	0	0	3	0	0	3	6	1.000	154	36.2	39	2	8	2	33	2	0	11	11	2.70
'18 (日)	57	0	15	0	0	0	2	0	0	11	13	1.000	226	54	51	3	14	1	52	3	0	15	13	2.17
'19 (日)	61	0	5	0	0	0	2	0	1	17	19	1.000	213	52.1	41	5	18	1	31	1	0	24	23	3.96
'20 (日)	29	0	5	0	0	0	0	2	1	8	8	.000	116	24	33	3	11	0	19	0	0	24	21	7.88
'21 (日)	10	0	3	0	0	0	0	0	0	0	0	.000	34	7.1	12	1	2	1	6	0	1	3	3	3.68
(武)	14	0	2	0	0	0	0	0	0	3	3	.000	43	11.1	8	0	3	0	8	0	0	1	1	0.79
'22 (武)	18	0	0	0	0	0	0	0	0	7	7	.000	36	9	5	0	5	1	8	0	0	0	0	0.00
'23 (武)	7	0	2	0	0	0	1	1	0	0	1	.500	25	4.2	7	0	5	0	1	0	0	5	5	9.64
〔9〕	252	0	45	0	0	0	8	3	2	49	57	.727	910	214	210	15	70	8	174	7	1	88	82	3.45

九里　亜蓮　くり・あれん　亜細亜大　('14.1)　'91.9.1生　右投右打

年度 チーム	試合	完投	交代了	試当初	無点勝	無四球	勝利	敗北	セーブ	ホールド	H P	勝率	打者	投球回	安打	本塁打	四球	死球	三振	暴投	ボーク	失点	自責点	防御率
'14 (広)	20	0	1	16	0	0	2	5	0	0	0	.286	366	83.1	93	9	31	6	50	3	2	45	37	4.00
'15 (広)	7	0	0	1	0	0	0	1	0	1	1	.000	75	16	19	3	7	1	10	1	0	10	8	4.50
'16 (広)	27	0	7	10	0	0	2	2	0	0	1	.500	351	80	79	9	37	1	52	0	0	47	40	4.50
'17 (広)	35	0	6	13	0	0	9	5	0	2	6	.643	494	116.1	111	7	44	4	97	1	0	51	47	3.64
'18 (広)	24	1	1	18	0	0	8	4	0	0	0	.667	524	120.1	129	13	41	4	86	2	0	60	57	4.26
'19 (広)	27	1	1	18	1	1	8	8	0	3	4	.500	498	118	107	11	41	4	96	1	0	50	46	3.51
'20 (広)	20	2	0	18	1	0	8	6	0	0	0	.571	544	130.2	116	11	44	0	106	4	0	46	43	2.96⑤
'21 (広)	25	2	2	23	0	1	13	9	0	0	0	.591	647	149	150	18	51	8	102	4	1	73	63	3.81⑧
'22 (広)	26	0	0	24	0	0	6	9	0	0	0	.400	609	140.1	147	13	53	8	121	1	0	55	52	3.33
'23 (広)	26	3	0	23	3	2	8	8	0	0	0	.500	706	174.1	142	8	49	10	129	2	0	58	49	2.53⑧
〔10〕	237	9	16	164	5	5	64	57	0	6	13	.529	4814	1128.1	1093	102	398	46	849	19	3	495	442	3.53

栗林　良吏　くりばやし・りょうじ　名城大　('21.1)　'96.7.9生　右投右打

年度 チーム	試合	完投	交代了	試当初	無点勝	無四球	勝利	敗北	セーブ	ホールド	H P	勝率	打者	投球回	安打	本塁打	四球	死球	三振	暴投	ボーク	失点	自責点	防御率
'21 (広)	53	0	53	0	0	0	0	1	37	0	0	.000	201	52.1	23	1	28	1	81	1	1	5	5	0.86
'22 (広)	48	0	39	0	0	0	0	2	31	6	6	.000	185	48.1	22	0	15	2	59	1	0	8	8	1.49
'23 (広)	55	0	31	0	0	0	3	7	18	15	18	.300	210	52.1	42	4	19	1	51	2	0	18	17	2.92
〔3〕	156	0	123	0	0	0	3	10	86	21	24	.231	596	153	87	5	62	4	191	4	1	31	30	1.76

黒木　優太　くろき・ゆうた　立正大　('17.1)　'94.8.16生　右投左打

年度 チーム	試合	完投	交代了	試当初	無点勝	無四球	勝利	敗北	セーブ	ホールド	H P	勝率	打者	投球回	安打	本塁打	四球	死球	三振	暴投	ボーク	失点	自責点	防御率
'17 (オ)	55	0	8	0	0	0	6	3	2	25	31	.667	226	53.1	39	2	26	2	62	3	0	26	25	4.22
'18 (オ)	39	0	4	0	0	0	1	1	0	17	18	.500	145	34	37	3	12	0	26	1	0	17	17	4.50
'22 (オ)	27	0	2	1	0	0	2	1	1	5	7	.500	106	26.2	20	3	9	0	21	2	0	8	7	2.36
'23 (オ)	12	0	0	4	0	0	1	5	0	0	1	.167	122	26	33	2	16	0	20	1	0	20	19	6.58
〔4〕	133	0	20	4	0	0	10	11	3	47	57	.476	599	140	129	10	63	3	129	7	0	71	68	4.37

黒原　拓未　くろはら・たくみ　関西学院大　('22.1)　'99.11.29生　左投左打

年度 チーム	試合	完投	交代了	試当初	無点勝	無四球	勝利	敗北	セーブ	ホールド	H P	勝率	打者	投球回	安打	本塁打	四球	死球	三振	暴投	ボーク	失点	自責点	防御率
'22 (広)	12	0	3	0	0	0	0	0	0	1	1	.000	44	9.2	11	0	4	1	11	0	1	7	7	6.52
'23 (広)	5	0	0	3	0	0	0	1	0	0	0	.000	69	12.2	21	1	10	0	13	2	0	15	15	10.66
〔2〕	17	0	3	3	0	0	0	1	0	1	1	.000	113	22.1	32	1	14	1	24	2	1	22	22	8.87

畔柳　亨丞　くろやなぎ・きょうすけ　中京大中京高（'22.1）　'03.5.3生　右投右打

年度 チーム	試合	完投	交代了	試当初	無点勝	無四球	勝利	敗北	セーブ	ホールド	H 勝P	率	打者	投球回	安打	本塁打	四球	死球	三振	暴投	ボーク	失点	自責点	防御率
'22（日）	1	0	0	0	0	0	0	0	0	1	1	.000	4	1	1	0	0	0	0	0	0	0	0	0.00

鍬原　拓也　くわはら・たくや　中央大（'18.1）　'96.3.26生　右投右打

年度 チーム	試合	完投	交代了	試当初	無点勝	無四球	勝利	敗北	セーブ	ホールド	H 勝P	率	打者	投球回	安打	本塁打	四球	死球	三振	暴投	ボーク	失点	自責点	防御率
'18（巨）	6	0	0	5	0	0	1	2	0	0	0	.333	123	27.2	23	6	17	3	35	2	0	22	21	6.83
'19（巨）	15	0	5	0	0	0	0	1	0	2	2	.000	80	19	17	4	4	2	16	1	0	11	10	4.74
'20（巨）	5	0	0	0	0	0	1	0	0	1	1	1.000	32	7	6	0	5	1	6	0	0	5	5	6.43
'22（巨）	49	0	7	0	0	0	3	2	0	13	16	.600	194	45.1	50	3	12	1	30	1	0	26	26	5.16
'23（巨）	5	0	1	0	0	0	0	0	0	1	1	.000	27	5	7	0	3	2	4	0	0	5	5	9.00
〔5〕	80	0	16	5	0	0	5	5	0	16	20	.500	456	104	103	13	41	9	91	4	0	69	67	5.80

ケムナ　誠　けむな・まこと　日本文理大（'18.1）　'95.6.5生　右投右打

年度 チーム	試合	完投	交代了	試当初	無点勝	無四球	勝利	敗北	セーブ	ホールド	H 勝P	率	打者	投球回	安打	本塁打	四球	死球	三振	暴投	ボーク	失点	自責点	防御率
'19（広）	1	0	0	0	0	0	0	0	0	0	0	.000	5	1	1	0	1	0	1	0	0	0	0	0.00
'20（広）	41	0	7	0	0	0	1	1	0	11	12	.500	212	51	37	3	23	1	55	3	0	22	22	3.88
'21（広）	40	0	12	0	0	0	1	1	0	12	14	.500	175	39.1	45	4	15	2	28	2	0	20	20	4.58
'22（広）	43	0	11	0	0	0	4	0	0	14	18	1.000	172	39.1	37	1	18	3	37	1	0	21	14	3.20
'23（広）	24	0	5	0	0	0	3	1	0	1	3	.750	113	26.2	24	1	13	0	25	2	0	12	11	3.71
〔5〕	149	0	35	0	0	0	9	3	0	38	47	.750	677	157.1	144	9	70	6	146	8	0	75	67	3.83

K.ケラー　カイル・ケラー　サウスイースタンルイジアナ大（'22.1）　'93.4.28生　右投右打

年度 チーム	試合	完投	交代了	試当初	無点勝	無四球	勝利	敗北	セーブ	ホールド	H 勝P	率	打者	投球回	安打	本塁打	四球	死球	三振	暴投	ボーク	失点	自責点	防御率
'22（神）	34	0	12	0	0	0	3	2	3	5	8	.600	128	32.2	25	2	5	2	46	0	0	12	12	3.31
'23（神）	27	0	11	0	0	0	1	0	1	8	9	1.000	118	26.1	22	1	16	1	28	3	0	7	5	1.71
〔2〕	61	0	23	0	0	0	4	2	4	13	17	.667	246	59	47	3	21	3	74	3	0	19	17	2.59

J.コットン　ジャレル・コットン　イースト・カロライナ大（'23.1）　'92.1.19生　右投右打

年度 チーム	試合	完投	交代了	試当初	無点勝	無四球	勝利	敗北	セーブ	ホールド	H 勝P	率	打者	投球回	安打	本塁打	四球	死球	三振	暴投	ボーク	失点	自責点	防御率
'23（オ）	7	0	0	3	0	0	1	1	0	1	2	.500	84	18.1	24	4	4	1	22	2	0	13	12	5.89

R.コルニエル　ロベルト・コルニエル　ファウスト・ヒメネス・サンティアゴ高（'21.3）　'95.6.23生　右投右打

年度 チーム	試合	完投	交代了	試当初	無点勝	無四球	勝利	敗北	セーブ	ホールド	H 勝P	率	打者	投球回	安打	本塁打	四球	死球	三振	暴投	ボーク	失点	自責点	防御率
'21（広）	50	0	5	0	0	0	1	2	0	10	11	.333	269	61.1	56	8	28	3	79	1	0	31	26	3.82
'22（広）	12	0	2	0	0	0	0	0	0	0	0	.000	66	15.1	15	2	4	1	19	0	0	6	6	3.52
'23（広）	8	0	0	8	0	0	1	4	0	0	0	.200	191	42.1	46	2	18	2	23	3	1	25	24	5.10
〔3〕	70	0	7	8	0	0	2	6	0	10	11	.250	526	119	117	12	50	6	121	4	1	62	56	4.24

小木田敦也　こぎた・あつや　角館高（'22.1）　'98.10.10生　右投右打

年度 チーム	試合	完投	交代了	試当初	無点勝	無四球	勝利	敗北	セーブ	ホールド	H 勝P	率	打者	投球回	安打	本塁打	四球	死球	三振	暴投	ボーク	失点	自責点	防御率
'22（オ）	16	0	6	0	0	0	0	0	0	5	5	.000	63	14.1	16	1	6	0	13	1	0	5	5	3.14
'23（オ）	38	0	9	1	0	0	4	0	0	7	11	1.000	193	49.1	37	4	13	0	37	1	0	16	12	2.19
〔2〕	54	0	15	1	0	0	4	0	0	12	16	1.000	256	63.2	53	5	19	0	50	2	0	21	17	2.40

小澤　怜史　こざわ・れいじ　日大三島高（'16.1）'98.3.9生　右投左打

年度	チーム	試合	完投	交代完了	試当初	無点勝	無四球	勝利	敗北	セーブ	ホールド	HP	勝率	打者	投球回	安打	本塁打	四球	死球	三振	暴投	ボーク	失点	自責点	防御率
'17	(ソ)	2	0	2	0	0	0	0	0	0	0	0	.000	12	2	5	0	1	0	2	0	0	3	3	13.50
'22	(ヤ)	10	0	1	8	0	0	2	1	0	0	0	.667	200	46	48	4	17	6	44	2	0	21	21	4.11
'23	(ヤ)	29	1	7	13	1	0	6	4	0	2	2	.600	411	101.1	83	10	29	9	83	1	0	38	34	3.02
〔3〕		41	1	10	21	1	0	8	5	0	2	2	.615	623	149.1	136	14	47	15	129	3	0	62	58	3.50

小林　慶祐　こばやし・けいすけ　東京情報大（'17.1）'92.11.2生　右投右打

年度	チーム	試合	完投	交代完了	試当初	無点勝	無四球	勝利	敗北	セーブ	ホールド	HP	勝率	打者	投球回	安打	本塁打	四球	死球	三振	暴投	ボーク	失点	自責点	防御率
'17	(オ)	35	0	15	0	0	0	2	1	0	1	3	.667	174	40.2	36	4	15	2	46	2	0	22	18	3.98
'18	(オ)	7	0	2	0	0	0	0	0	0	1	1	.000	50	9	20	4	5	0	9	0	0	13	11	11.00
'19	(オ)	20	0	9	0	0	0	0	2	0	3	3	.000	82	17.1	23	4	5	0	17	3	0	15	11	5.71
'20	(オ)	7	0	5	0	0	0	0	0	0	0	0	.000	35	6.2	11	0	5	1	5	0	0	3	3	4.05
'20	(神)	2	0	1	0	0	0	0	0	0	0	0	.000	14	3	3	0	2	0	5	0	0	0	0	0.00
'21	(神)	22	0	7	0	0	0	0	1	0	4	4	.000	86	20	17	1	11	0	16	0	0	8	5	2.25
'22	(神)	10	0	7	0	0	0	0	0	0	0	0	.000	47	11.1	12	1	4	0	9	0	0	2	2	1.59
'23	(神)	1	0	1	0	0	0	0	0	0	0	0	.000	4	1	1	0	0	0	1	0	0	0	0	0.00
〔7〕		104	0	47	0	0	0	2	4	0	9	11	.333	492	109	123	14	47	3	108	5	0	63	50	4.13

小林　樹斗　こばやし・たつと　智辯和歌山高（'21.1）'03.1.16生　右投右打

年度	チーム	試合	完投	交代完了	試当初	無点勝	無四球	勝利	敗北	セーブ	ホールド	HP	勝率	打者	投球回	安打	本塁打	四球	死球	三振	暴投	ボーク	失点	自責点	防御率
'21	(広)	1	0	0	1	0	0	0	0	0	0	0	.000	20	3.2	6	0	2	0	6	1	0	6	4	9.82
'22	(広)	1	0	0	0	0	0	0	0	0	0	0	.000	5	1	2	0	1	0	0	0	0	1	1	9.00
〔2〕		2	0	0	1	0	0	0	0	0	0	0	.000	25	4.2	8	0	3	0	6	1	0	7	5	9.64

小孫　竜二　こまご・りゅうじ　創価大（'23.1）'97.9.15生　右投右打

年度	チーム	試合	完投	交代完了	試当初	無点勝	無四球	勝利	敗北	セーブ	ホールド	HP	勝率	打者	投球回	安打	本塁打	四球	死球	三振	暴投	ボーク	失点	自責点	防御率
'23	(楽)	4	0	1	0	0	0	0	0	0	0	0	.000	23	4	4	0	6	0	3	1	0	4	4	9.00

小峯　新陸　こみね・しんり　鹿児島城西高（'22.3）'01.12.1生　右投左打

年度	チーム	試合	完投	交代完了	試当初	無点勝	無四球	勝利	敗北	セーブ	ホールド	HP	勝率	打者	投球回	安打	本塁打	四球	死球	三振	暴投	ボーク	失点	自責点	防御率
'22	(楽)	6	0	2	0	0	0	0	0	0	0	0	.000	30	6	9	0	5	0	4	0	0	4	4	6.00

近藤　大亮　こんどう・たいすけ　大阪商業大（'16.1）'91.5.29生　右投右打

年度	チーム	試合	完投	交代完了	試当初	無点勝	無四球	勝利	敗北	セーブ	ホールド	HP	勝率	打者	投球回	安打	本塁打	四球	死球	三振	暴投	ボーク	失点	自責点	防御率
'16	(オ)	1	0	0	1	0	0	0	0	0	0	0	.000	16	3	4	0	1	0	2	0	0	1	0	0.00
'17	(オ)	55	0	11	0	0	0	1	1	1	25	26	.500	228	55.2	42	6	18	2	71	1	0	21	19	3.07
'18	(オ)	52	0	20	0	0	0	3	3	0	9	12	.500	223	54	34	7	27	0	52	0	0	21	20	3.33
'19	(オ)	52	0	14	0	0	0	4	6	1	22	26	.400	209	49.2	39	4	22	1	61	3	0	19	19	3.44
'22	(オ)	32	0	6	0	0	0	1	4	2	15	16	.200	121	30	25	3	7	1	27	1	0	7	7	2.10
'23	(オ)	12	0	6	0	0	0	0	1	0	0	0	.000	57	12.1	12	1	8	1	16	0	0	7	7	5.11
〔6〕		204	0	51	1	0	0	9	15	4	71	80	.375	854	204.2	156	21	83	5	229	5	0	76	72	3.17

近藤　弘樹　こんどう・ひろき　岡山商科大　（'18.1）　'95.6.27生　右投右打

年度(チーム)	試合	完投	交代了	試当初	無点勝	無四球	勝利	敗北	セーブ	ホールド	HP	勝率	打者	投球回	安打	本塁打	四球	死球	三振	暴投	ボーク	失点	自責点	防御率
'18(楽)	9	0	3	3	0	0	0	2	0	0	0	.000	130	29	35	5	9	1	15	4	0	22	22	6.83
'19(楽)	2	0	0	2	0	0	0	2	0	0	0	.000	44	9.1	14	2	2	1	3	0	0	9	9	8.68
'20(楽)	6	0	3	0	0	0	0	0		1	1	.000	31	6.2	15	1	5	1	4	1	0	4	4	5.40
'21(ヤ)	22	0	2	0	0	0	0	1	0	11	11	.000	67	18.2	15	1	2	0	17	0	0	2	2	0.96
〔4〕	39	0	8	5	0	0	0	5	0	12	12	.000	272	63.2	69	10	18	3	39	5	0	37	37	5.23

近藤　廉　こんどう・れん　札幌学院大　（'21.3）　'98.9.22生　左投左打

年度(チーム)	試合	完投	交代了	試当初	無点勝	無四球	勝利	敗北	セーブ	ホールド	HP	勝率	打者	投球回	安打	本塁打	四球	死球	三振	暴投	ボーク	失点	自責点	防御率
'21(中)	2	0	2	0	0	0	0	0	0	0	0	.000	10	2	1	0	3	0	2	1	0	1	1	4.50
'23(中)	1	0	1	0	0	0	0	0	0	0	0	.000	16	1	8	0	4	1	1	0	0	10	8	72.00
〔2〕	3	0	3	0	0	0	0	0	0	0	0	.000	26	3	9	0	7	1	3	1	0	11	9	27.00

今野　龍太　こんの・りゅうた　岩出山高　（'14.1）　'95.5.11生　右投右打

年度(チーム)	試合	完投	交代了	試当初	無点勝	無四球	勝利	敗北	セーブ	ホールド	HP	勝率	打者	投球回	安打	本塁打	四球	死球	三振	暴投	ボーク	失点	自責点	防御率
'14(楽)	5	0	4	0	0	0	0	0	0	0	0	.000	25	5.1	9	2	0	0	1	0	0	5	5	8.44
'15(楽)	2	0	1	0	0	0	0	0	0	0	0	.000	17	3.1	4	1	3	1	1	0	0	4	4	10.80
'17(楽)	1	0	1	0	0	0	0	0	0	0	0	.000	6	1	2	1	1	0	1	0	0	3	3	27.00
'18(楽)	3	0	2	0	0	0	0	0	0	0	0	.000	22	5	4	0	4	0	6	0	0	1	1	1.80
'19(楽)	4	0	0	0	0	0	1	0	0	0	1	1.000	44	9	13	1	3	1	7	1	0	10	10	10.00
'20(ヤ)	20	0	4	0	0	0	0	0	0	0	0	.000	113	25.1	23	1	13	0	36	4	0	10	8	2.84
'21(ヤ)	64	0	3	0	0	0	7	1	0	28	35	.875	268	62	55	1	25	3	63	2	0	19	19	2.76
'22(ヤ)	51	0	12	0	0	0	1	2	0	16	17	.333	198	46	45	4	16	2	37	2	1	22	19	3.72
'23(ヤ)	26	0	6	0	0	0	1	1	0	2	3	.500	133	33	31	4	11	0	13	1	0	13	13	3.77
〔9〕	176	0	32	0	0	0	10	4	0	46	56	.714	826	188	186	15	75	9	165	10	1	87	82	3.93

サイスニード　（サイ・スニード）　ダラス・バプティスト大　（'21.1）　'92.10.1生　右投右打

年度(チーム)	試合	完投	交代了	試当初	無点勝	無四球	勝利	敗北	セーブ	ホールド	HP	勝率	打者	投球回	安打	本塁打	四球	死球	三振	暴投	ボーク	失点	自責点	防御率
'21(ヤ)	13	0	0	13	0	0	6	2	0	0	0	.750	279	68.2	60	9	23	2	69	0	0	29	26	3.41
'22(ヤ)	23	0	0	23	0	0	9	6	0	0	0	.600	553	132.1	140	17	26	5	96	3	0	66	52	3.54
'23(ヤ)	23	2	0	21	2	1	7	8	0	0	0	.467	569	135	133	15	36	3	103	2	0	61	55	3.67
〔3〕	59	2	0	57	2	1	22	16	0	0	0	.579	1401	336	333	41	85	10	268	5	0	156	133	3.56

才木　浩人　さいき・ひろと　須磨翔風高　（'17.1）　'98.11.7生　右投右打

年度(チーム)	試合	完投	交代了	試当初	無点勝	無四球	勝利	敗北	セーブ	ホールド	HP	勝率	打者	投球回	安打	本塁打	四球	死球	三振	暴投	ボーク	失点	自責点	防御率
'17(神)	2	0	1	0	0	0	0	0	0	1	1	.000	13	2.2	2	0	3	0	3	0	0	0	0	0.00
'18(神)	22	0	3	14	0	0	6	10	0	1	2	.375	368	82	81	12	38	5	85	5	0	46	42	4.61
'19(神)	3	0	0	2	1	0	2	1	0	0	0	.667	70	15.1	20	0	5	0	14	0	0	8	8	4.70
'22(神)	9	1	1	7	1	0	4	1	0	0	0	.800	186	47	40	4	11	0	43	0	0	10	8	1.53
'23(神)	19	1	0	17	1	0	8	5	0	1	1	.615	473	118.2	88	8	36	2	107	3	0	29	24	1.82
〔5〕	55	2	5	41	3	0	20	17	0	3	4	.541	1110	265.2	231	24	93	7	252	8	0	93	82	2.78

齋藤　響介　さいとう・きょうすけ　盛岡中央高　（'23.1）　'04.11.18生　右投右打

年度(チーム)	試合	完投	交代了	試当初	無点勝	無四球	勝利	敗北	セーブ	ホールド	HP	勝率	打者	投球回	安打	本塁打	四球	死球	三振	暴投	ボーク	失点	自責点	防御率
'23(オ)	1	0	0	1	0	0	0	0	0	0	0	.000	17	4	2	0	2	2	3	0	0	0	0	0.00

齋藤　綱記　さいとう・こうき　北照高（'15.1）'96.12.18生　左投左打

年度	チーム	試合	完投	交代了	試当初	無点勝	無四球	勝利	敗北	セーブ	ホールド	HP	勝率	打者	投球回	安打	本塁打	四球	死球	三振	暴投	ボーク	失点	自責点	防御率
'16	(オ)	1	0	0	0	0	0	0	0	0	0	0	.000	20	4	6	2	2	0	2	0	1	4	4	9.00
'18	(オ)	5	0	0	0	0	0	0	0	0	0	0	.000	12	3.1	0	0	1	1	4	0	0	2	2	5.40
'19	(オ)	11	0	3	0	0	0	0	0	1	1	1	.000	46	7	14	0	9	0	8	0	0	10	8	10.29
'20	(オ)	32	0	6	0	0	0	1	1	0	4	5	.500	105	24.2	24	3	8	1	23	1	0	11	11	4.01
'21	(オ)	4	0	1	0	0	0	0	0	0	0	0	.000	12	2.2	2	1	0	0	3	0	0	3	3	10.13
'22	(オ)	5	0	4	0	0	0	0	0	0	0	0	.000	24	5.1	7	0	1	0	5	0	0	4	4	6.75
'23	(日)	4	0	1	0	0	0	1	0	0	1	1	1.000	15	3.1	5	2	0	0	3	0	0	4	4	10.80
	(中)	31	0	5	0	0	0	2	0	0	11	13	1.000	100	24.2	18	0	10	1	24	1	0	3	2	0.73
〔7〕		93	0	20	0	0	0	4	1	0	16	20	.800	334	75	76	8	33	3	72	2	1	41	38	4.56

齋藤　大将　さいとう・ひろまさ　明治大（'18.1）'95.6.3生　左投左打

年度	チーム	試合	完投	交代了	試当初	無点勝	無四球	勝利	敗北	セーブ	ホールド	HP	勝率	打者	投球回	安打	本塁打	四球	死球	三振	暴投	ボーク	失点	自責点	防御率
'18	(武)	16	0	2	1	0	0	1	3	0	1	2	.250	78	16.2	14	2	14	3	10	2	0	13	13	7.02
'19	(武)	9	0	2	1	0	0	0	0	0	1	1	.000	51	10.2	12	4	6	3	7	0	0	9	8	6.75
'20	(武)	7	0	4	0	0	0	0	1	0	0	0	.000	51	10	15	2	7	1	3	1	0	12	11	9.90
〔3〕		32	0	8	2	0	0	1	4	0	2	3	.200	180	37.1	41	8	27	7	20	3	0	34	32	7.71

齋藤友貴哉　さいとう・ゆきや　桐蔭横浜大（'19.1）'95.1.5生　右投左打

年度	チーム	試合	完投	交代了	試当初	無点勝	無四球	勝利	敗北	セーブ	ホールド	HP	勝率	打者	投球回	安打	本塁打	四球	死球	三振	暴投	ボーク	失点	自責点	防御率
'19	(神)	1	0	0	0	0	0	0	0	0	0	0	.000	10	2	1	0	3	0	2	0	0	0	0	0.00
'20	(神)	5	0	1	1	0	0	0	0	0	0	0	.000	35	7	9	1	5	0	11	3	0	6	6	7.71
'21	(神)	19	0	7	0	0	0	1	1	0	1	2	.500	103	23.1	23	1	12	0	26	3	0	14	12	4.63
'22	(神)	20	0	11	1	0	0	0	0	0	1	2	.000	107	23.1	23	2	10	3	27	0	0	14	13	5.01
〔4〕		45	0	19	2	0	0	1	2	0	2	4	.333	255	55.2	56	4	30	3	66	6	0	34	31	5.01

酒居　知史　さかい・ともひと　大阪体育大（'17.1）'93.1.2生　右投右打

年度	チーム	試合	完投	交代了	試当初	無点勝	無四球	勝利	敗北	セーブ	ホールド	HP	勝率	打者	投球回	安打	本塁打	四球	死球	三振	暴投	ボーク	失点	自責点	防御率
'17	(ロ)	19	2	5	7	0	1	5	1	0	1	1	.833	315	74.2	75	11	20	3	48	0	0	28	26	3.13
'18	(ロ)	15	0	0	14	0	0	2	6	0	0	0	.250	373	83.2	91	12	35	4	55	0	2	57	52	5.59
'19	(ロ)	54	0	6	0	0	0	5	4	0	20	25	.556	248	57.2	51	9	25	1	60	1	0	28	28	4.37
'20	(楽)	46	0	4	0	0	0	3	2	0	12	15	.600	188	44.1	38	4	18	3	34	1	0	20	18	3.65
'21	(楽)	54	0	8	0	0	0	4	3	3	28	32	.571	206	51.1	33	3	24	0	44	1	0	15	13	2.28
'22	(楽)	34	0	14	0	0	0	1	1	0	1	2	.500	141	32.2	23	4	17	4	32	2	0	12	12	3.31
'23	(楽)	47	0	12	0	0	0	5	3	1	20	25	.625	184	42.1	36	1	25	0	30	1	0	17	14	2.98
〔7〕		269	2	49	21	0	1	25	20	4	82	100	.556	1655	386.2	347	44	164	15	303	6	2	177	163	3.79

阪口　皓亮　さかぐち・こうすけ　北海高（'18.1）'99.8.15生　右投左打

年度	チーム	試合	完投	交代了	試当初	無点勝	無四球	勝利	敗北	セーブ	ホールド	HP	勝率	打者	投球回	安打	本塁打	四球	死球	三振	暴投	ボーク	失点	自責点	防御率
'19	(ディ)	3	0	0	3	0	0	0	1	0	0	0	.000	37	7.2	9	0	4	1	4	0	0	5	5	5.87
'20	(ディ)	3	0	0	3	0	0	0	0	0	0	0	.000	62	12	22	2	10	1	10	1	1	10	10	7.50
'21	(ディ)	8	0	0	8	0	0	2	3	0	0	0	.400	160	35	37	4	19	1	18	3	0	20	16	4.11
'22	(ディ)	1	0	0	1	0	0	0	0	0	0	0	.000	14	3	4	1	1	0	2	0	0	3	3	9.00
'23	(ヤ)	13	0	4	0	0	0	0	2	0	0	2	.000	73	16.1	19	0	6	0	17	1	0	7	6	3.31
〔5〕		28	0	4	15	0	0	2	6	0	0	2	.200	346	74	91	7	37	2	51	5	1	45	40	4.86

坂本光士郎　さかもと・こうしろう　日本文理大（'19.1）'94.9.9生　左投左打

年度	チーム	試合	完投	交代了	試当初	無点勝	無四球	勝利	敗北	セーブ	ホールド	H	P率	打者	投球回	安打	本塁打	四球	死球	三振	暴投	ボーク	失点	自責点	防御率
'19	(ヤ)	19	0	6	0	0	0	0	0	0	3	3	.000	104	21.2	22	2	16	2	15	2	0	15	14	5.82
'20	(ヤ)	1	0	0	0	0	0	0	0	0	0	0	.000	19	3	5	1	4	1	3	0	0	6	4	12.00
'21	(ヤ)	36	0	4	0	0	0	1	2	0	7	8	.333	148	33.1	29	4	17	3	25	2	0	17	15	4.05
'22	(ヤ)	7	0	2	0	0	0	0	1	0	0	0	.000	59	10.2	15	4	9	1	11	2	0	14	11	9.28
'22	(ヤ)	7	0	2	0	0	0	0	0	0	1	1	.000	34	8.2	9	3	4	1	6	0	0	4	4	4.15
'23	(ロ)	51	0	6	0	0	0	1	0	0	16	17	1.000	209	47.2	46	5	22	2	48	2	0	18	17	3.21
〔5〕		121	0	20	0	0	0	2	3	0	27	29	.400	573	125	126	19	69	9	108	8	0	74	65	4.68

坂本　裕哉　さかもと・ゆうや　立命館大（'20.1）'97.7.28生　左投左打

年度	チーム	試合	完投	交代了	試当初	無点勝	無四球	勝利	敗北	セーブ	ホールド	H	P率	打者	投球回	安打	本塁打	四球	死球	三振	暴投	ボーク	失点	自責点	防御率
'20	(ディ)	10	0	0	10	0	0	4	1	0	0	0	.800	200	46	48	10	17	3	29	1	0	30	29	5.67
'21	(ディ)	16	0	0	16	0	0	4	6	0	0	0	.400	310	70.1	89	9	22	3	46	2	0	43	41	5.25
'22	(ディ)	15	0	3	9	0	0	0	5	0	0	0	.000	212	48	52	9	21	3	28	1	0	33	33	6.19
'23	(ディ)	13	0	5	2	0	0	0	1	0	0	0	.000	111	25	27	2	12	2	13	1	0	16	16	5.76
〔4〕		54	0	8	37	0	0	8	13	0	0	0	.381	833	189.1	216	30	72	11	116	5	0	122	119	5.66

櫻井　周斗　さくらい・しゅうと　日大三高（'18.1）'99.6.25生　左投左打

年度	チーム	試合	完投	交代了	試当初	無点勝	無四球	勝利	敗北	セーブ	ホールド	H	P率	打者	投球回	安打	本塁打	四球	死球	三振	暴投	ボーク	失点	自責点	防御率
'19	(ディ)	14	0	3	1	0	0	0	0	0	1	1	.000	74	16.2	17	1	10	1	17	1	0	9	9	4.86
'20	(ディ)	3	0	2	1	0	0	0	0	0	0	0	.000	35	7.1	12	0	3	0	4	1	0	6	6	7.36
'21	(ディ)	30	0	7	0	0	0	0	1	0	1	1	.000	181	41	36	3	29	0	37	3	1	15	14	3.07
〔3〕		47	0	12	2	0	0	0	1	0	2	2	.000	290	65	65	4	42	1	58	5	1	30	29	4.02

佐々木　健　ささき・たける　富士大（'21.1）'96.5.13生　左投左打

年度	チーム	試合	完投	交代了	試当初	無点勝	無四球	勝利	敗北	セーブ	ホールド	H	P率	打者	投球回	安打	本塁打	四球	死球	三振	暴投	ボーク	失点	自責点	防御率
'21	(武)	5	0	1	2	0	0	0	0	0	0	0	.000	46	8.2	13	1	8	1	4	0	0	9	8	8.31
'22	(武)	37	0	7	0	0	0	3	0	0	5	8	1.000	135	29.2	29	0	18	4	24	1	0	11	10	3.03
'23	(武)	21	0	6	0	0	0	0	1	0	4	4	.000	83	20.2	14	0	8	1	13	0	0	5	2	0.87
〔3〕		63	0	14	2	0	0	3	1	0	9	12	.750	264	59	56	1	34	6	41	1	0	25	20	3.05

佐々木千隼　ささき・ちはや　桜美林大（'17.1）'94.6.8生　右投右打

年度	チーム	試合	完投	交代了	試当初	無点勝	無四球	勝利	敗北	セーブ	ホールド	H	P率	打者	投球回	安打	本塁打	四球	死球	三振	暴投	ボーク	失点	自責点	防御率
'17	(ロ)	15	1	1	13	0	0	4	7	0	0	0	.364	363	85.1	75	9	48	1	59	3	1	41	40	4.22
'19	(ロ)	7	0	1	6	0	0	2	1	0	0	0	.667	130	32	26	2	12	1	22	0	0	11	9	2.53
'20	(ロ)	5	0	3	0	0	0	0	0	0	0	0	.000	23	4.1	7	1	2	1	5	1	0	4	4	8.31
'21	(ロ)	54	0	5	0	0	0	8	1	1	26	34	.889	222	57	36	4	14	2	28	0	0	13	8	1.26
'22	(ロ)	23	0	6	0	0	0	2	3	0	1	3	.400	120	25.1	35	2	11	0	17	1	0	18	18	6.39
'23	(ロ)	2	0	0	0	0	0	0	0	0	0	0	.000	15	3	6	0	0	1	0	0	0	2	1	3.00
〔6〕		106	1	17	19	0	0	16	12	1	27	37	.571	873	207	185	18	87	6	131	5	1	89	80	3.48

佐々木朗希　ささき・ろうき　大船渡高（'20.1）'01.11.3生　右投右打

年度	チーム	試合	完投	交代了	試当初	無点勝	無四球	勝利	敗北	セーブ	ホールド	H	P率	打者	投球回	安打	本塁打	四球	死球	三振	暴投	ボーク	失点	自責点	防御率
'21	(ロ)	11	0	0	11	0	0	3	2	0	0	0	.600	258	63.1	51	5	16	0	68	3	0	24	16	2.27
'22	(ロ)	20	2	0	18	1	1	9	4	0	0	0	.692	490	129.1	81	7	23	7	173	4	1	31	29	2.02
'23	(ロ)	15	0	0	15	0	0	7	4	0	0	0	.636	345	91	51	1	17	5	135	12	0	19	18	1.78
〔3〕		46	2	0	44	1	1	19	10	0	0	0	.655	1093	283.2	182	13	56	12	376	19	1	74	63	2.00

佐藤　隼輔　さとう・しゅんすけ　筑波大　('22.1)　'00.1.3生　左投左打

年度(チーム)	試合	完投	交代了	試当初	無点勝	無四球	勝利	敗北	セーブ	ホールド	HP	勝率	打者	投球回	安打	本塁打	四球	死球	三振	暴投	ボーク	失点	自責点	防御率
'22(武)	12	0	2	9	0	0	3	4	0	0	0	.429	205	47	47	1	22	4	33	1	0	26	24	4.60
'23(武)	47	0	7	0	0	0	1	2	0	18	19	.333	167	39.2	35	1	16	0	27	2	0	15	11	2.50
〔2〕	59	0	9	9	0	0	4	6	0	18	19	.400	372	86.2	82	2	38	4	60	3	0	41	35	3.63

佐藤　奨真　さとう・しょうま　専修大　('22.3)　'98.6.2生　左投左打

年度(チーム)	試合	完投	交代了	試当初	無点勝	無四球	勝利	敗北	セーブ	ホールド	HP	勝率	打者	投球回	安打	本塁打	四球	死球	三振	暴投	ボーク	失点	自責点	防御率
'22(ロ)	11	0	2	9	0	0	2	6	0	0	0	.250	214	52.1	48	4	16	1	28	1	0	28	27	4.64

澤田　圭佑　さわだ・けいすけ　立教大　('17.1)　'94.4.27生　右投左打

年度(チーム)	試合	完投	交代了	試当初	無点勝	無四球	勝利	敗北	セーブ	ホールド	HP	勝率	打者	投球回	安打	本塁打	四球	死球	三振	暴投	ボーク	失点	自責点	防御率
'17(オ)	13	0	8	0	0	0	0	2	0	0	0	.000	58	13	13	2	6	1	5	0	0	6	6	4.15
'18(オ)	47	0	17	0	0	0	5	0	0	8	13	1.000	201	49.2	45	5	11	1	45	0	0	14	14	2.54
'19(オ)	28	0	4	0	0	0	2	2	0	17	19	.500	122	26	28	3	15	0	19	0	0	14	14	4.85
'20(オ)	24	0	8	0	0	0	0	2	0	0	0	.000	87	21	16	5	8	0	24	0	0	10	8	3.43
'21(オ)	14	0	4	0	0	0	0	0	0	6	6	.000	59	14	15	0	3	1	14	0	0	6	6	3.86
'23(ロ)	17	0	8	0	0	0	2	0	2	6	8	1.000	63	16.2	11	1	6	0	18	0	0	2	2	1.08
〔6〕	143	0	49	0	0	0	9	6	2	37	46	.600	590	140.1	128	16	49	3	125	0	0	52	50	3.21

澤村　拓一　さわむら・ひろかず　中央大　('11.1)　'88.4.3生　右投右打

年度(チーム)	試合	完投	交代了	試当初	無点勝	無四球	勝利	敗北	セーブ	ホールド	HP	勝率	打者	投球回	安打	本塁打	四球	死球	三振	暴投	ボーク	失点	自責点	防御率
'11(巨)	29	5	0	24	1	1	11	11	0	0	0	.500	786	200	149	14	45	5	174	5	3	53	45	2.03③
'12(巨)	27	2	1	24	1	0	10	10	0	0	0	.500	716	169.2	172	12	54	4	138	2	0	56	54	2.86⑬
'13(巨)	34	3	4	19	1	0	5	10	0	6	7	.333	654	158.1	138	18	43	5	148	5	0	58	55	3.13⑦
'14(巨)	12	2	1	9	1	0	5	3	0	0	1	.625	299	72.2	69	3	14	2	66	5	0	31	30	3.72
'15(巨)	60	0	51	0	0	0	7	3	36	3	10	.700	282	68.1	58	4	21	3	60	2	0	12	10	1.32
'16(巨)	63	0	53	0	0	0	6	4	37	4	10	.600	271	64.1	60	5	22	1	55	9	1	20	19	2.66
'18(巨)	49	0	7	0	0	0	1	6	0	24	25	.143	238	52.1	55	4	27	3	54	3	0	29	27	4.64
'19(巨)	43	0	10	2	0	0	2	2	1	13	15	.500	197	48.1	40	3	17	3	55	1	0	14	14	2.61
'20(巨)	13	0	3	1	0	0	1	1	0	1	2	.500	64	13.1	14	1	8	2	11	0	0	9	9	6.08
(ロ)	22	0	3	0	0	0	0	2	1	13	13	.000	82	21	10	2	10	0	29	3	0	4	4	1.71
'23(ロ)	34	0	7	1	0	0	4	3	3	14	18	.571	148	33	33	6	18	1	24	1	0	18	18	4.91
〔10〕	386	12	140	80	4	1	52	55	78	78	101	.486	3737	901.1	798	72	279	29	814	35	5	304	285	2.85

椎野　新　しいの・あらた　国士舘大　('18.1)　'95.10.10生　右投右打

年度(チーム)	試合	完投	交代了	試当初	無点勝	無四球	勝利	敗北	セーブ	ホールド	HP	勝率	打者	投球回	安打	本塁打	四球	死球	三振	暴投	ボーク	失点	自責点	防御率
'18(ソ)	1	0	1	0	0	0	0	0	0	0	0	.000	8	2	2	1	0	0	1	0	0	2	2	9.00
'19(ソ)	36	0	6	1	0	0	5	2	0	6	11	.714	206	46	37	5	31	2	49	2	0	20	16	3.13
'20(ソ)	12	0	5	0	0	0	1	1	0	1	2	.500	49	11	12	1	5	0	13	1	0	7	7	5.73
'22(ソ)	18	0	3	0	0	0	0	0	0	1	1	.000	109	24.2	25	2	14	1	21	1	0	11	11	4.01
'23(ソ)	11	0	6	0	0	0	0	1	0	0	0	.000	73	16.1	17	1	9	0	17	1	0	9	7	3.86
〔5〕	78	0	21	1	0	0	6	4	0	8	14	.600	445	100	93	10	59	3	101	5	0	49	43	3.87

塩見　貴洋　しおみ・たかひろ　八戸大（'11.1）'88.9.6生　左投左打

年度	チーム	試合	完投	交代了	試当初	無勝	無四球	勝利	敗北	セーブ	ホールド	H P	勝率	打者	投球回	安打	本塁打	四球	死球	三振	暴投	ボーク	失点	自責点	防御率
'11	(楽)	24	4	0	20	0	1	9	9	0	0	0	.500	638	154.2	144	14	34	2	113	4	0	53	49	2.85
'12	(楽)	19	2	2	14	1	1	6	10	0	0	0	.375	450	106.2	102	9	33	4	67	3	0	45	44	3.71
'14	(楽)	21	0	1	20	0	0	8	7	0	0	0	.533	501	114.2	135	15	27	3	78	3	0	68	60	4.71
'15	(楽)	16	0	0	16	0	0	3	5	0	0	0	.375	392	96	87	14	15	3	78	4	0	42	38	3.56
'16	(楽)	24	0	0	24	0	0	8	10	0	0	0	.444	610	148	145	14	37	3	111	0	0	67	64	3.89
'17	(楽)	8	0	0	8	0	0	3	3	0	0	0	.500	183	43.1	42	5	12	0	30	0	0	19	19	3.95
'18	(楽)	11	1	0	10	0	1	2	3	0	0	0	.400	278	68.1	71	8	8	2	53	0	0	30	27	3.56
'19	(楽)	9	0	0	9	0	0	3	1	0	0	0	.750	197	51.1	42	6	9	0	47	1	0	18	18	3.16
'20	(楽)	16	0	0	16	0	0	4	8	0	0	0	.333	350	84.1	88	10	20	1	63	1	0	45	45	4.80
'21	(楽)	1	0	0	1	0	0	0	0	0	0	0	.000	21	5	5	0	1	0	2	0	0	2	2	3.60
'23	(楽)	1	0	0	1	0	0	0	1	0	0	0	.000	17	4	4	2	1	0	4	0	0	4	4	9.00
〔11〕		150	7	3	138	1	3	46	57	0	0	0	.447	3637	876.1	865	97	197	18	648	16	0	393	370	3.80

柴田　大地　しばた・だいち　日本体育大（'22.1）'97.11.7生　右投右打

年度	チーム	試合	完投	交代了	試当初	無勝	無四球	勝利	敗北	セーブ	ホールド	H P	勝率	打者	投球回	安打	本塁打	四球	死球	三振	暴投	ボーク	失点	自責点	防御率
'22	(ヤ)	1	0	0	0	0	0	0	0	0	0	0	.000	10	1	5	0	5	1	0	2	1	0	5	1	9.00

島内颯太郎　しまうち・そうたろう　九州共立大（'19.1）'96.10.14生　右投右打

年度	チーム	試合	完投	交代了	試当初	無勝	無四球	勝利	敗北	セーブ	ホールド	H P	勝率	打者	投球回	安打	本塁打	四球	死球	三振	暴投	ボーク	失点	自責点	防御率
'19	(広)	25	0	6	0	0	0	0	0	0	0	0	.000	127	28.2	19	1	19	2	33	1	0	15	14	4.40
'20	(広)	38	0	6	0	0	0	1	0	0	4	5	1.000	166	37.2	29	1	28	1	48	1	0	23	19	4.54
'21	(広)	51	0	15	0	0	0	0	2	0	15	15	.000	205	49	44	4	14	0	51	2	0	20	17	3.12
'22	(広)	22	0	3	0	0	0	3	3	2	7	7	.000	91	19	21	2	11	1	20	2	0	13	8	3.79
'23	(広)	62	0	3	0	0	0	3	3	2	39	42	.500	235	58.1	50	3	17	0	64	4	1	17	15	2.31
〔5〕		198	0	33	0	0	0	4	8	2	65	69	.333	824	192.2	163	11	89	4	216	10	1	88	73	3.41

島本　浩也　しまもと・ひろや　福知山成美高（'15.1）'93.2.14生　左投左打

年度	チーム	試合	完投	交代了	試当初	無勝	無四球	勝利	敗北	セーブ	ホールド	H P	勝率	打者	投球回	安打	本塁打	四球	死球	三振	暴投	ボーク	失点	自責点	防御率
'15	(神)	18	0	6	0	0	0	0	0	0	1	1	.000	93	18.1	31	6	8	1	12	0	0	19	18	8.84
'16	(神)	23	0	8	0	0	0	1	0	0	2	3	1.000	105	24.2	23	2	10	0	24	1	0	10	10	3.65
'18	(神)	1	0	1	0	0	0	0	0	0	0	0	.000	8	2	2	2	2	0	2	0	0	2	2	9.00
'19	(神)	63	0	17	0	0	0	4	0	1	11	15	1.000	229	59.1	42	4	14	4	60	0	0	13	11	1.67
'22	(神)	15	0	1	0	0	0	0	0	0	2	2	.000	56	14	12	1	2	0	11	0	0	4	4	2.57
'23	(神)	35	0	4	0	0	0	4	2	0	15	19	.667	100	26.2	19	0	3	1	20	0	0	6	5	1.69
〔6〕		155	0	37	0	0	0	9	2	1	31	40	.818	591	145	129	13	39	6	129	3	0	54	50	3.10

清水　達也　しみず・たつや　花咲徳栄高（'18.1）'99.11.3生　右投右打

年度	チーム	試合	完投	交代了	試当初	無勝	無四球	勝利	敗北	セーブ	ホールド	H P	勝率	打者	投球回	安打	本塁打	四球	死球	三振	暴投	ボーク	失点	自責点	防御率
'18	(中)	2	0	1	0	0	0	0	0	0	0	0	.000	10	2	3	0	2	0	2	0	0	2	2	9.00
'19	(中)	8	0	0	8	0	0	2	2	0	0	0	.500	169	35.1	40	5	24	2	24	3	0	22	17	4.33
'20	(中)	6	0	0	3	0	0	1	1	0	0	0	.500	92	21.1	15	3	15	0	21	1	0	9	8	3.38
'21	(中)	1	0	0	1	0	0	0	1	0	0	0	.000	19	4	5	0	4	0	1	0	0	1	1	2.25
'22	(中)	54	0	5	0	0	0	3	3	1	32	35	.500	194	50.1	28	1	17	1	51	2	0	17	17	3.04
'23	(中)	50	0	5	0	0	0	3	3	0	25	28	.500	198	46.2	34	3	30	1	54	4	0	16	16	3.09
〔6〕		121	0	11	12	0	0	9	10	1	57	63	.474	682	159.2	125	12	92	4	153	10	0	67	61	3.44

清水　昇　しみず・のぼる　國學院大　('19.1)　'96.10.15生　右投左打

年度 チーム	試合	完投	交代了	試当初	無勝	無四球	勝利	敗北	セーブ	ホールド	HP	勝率	打者	投球回	安打	本塁打	四球	死球	三振	暴投	ボーク	失点	自責点	防御率
'19(ヤ)	11	0	2	3	0	0	0	3	0	0	0	.000	124	26	33	7	13	0	24	0	0	25	21	7.27
'20(ヤ)	52	0	8	0	0	0	0	4	0	30	30	.000	221	53.1	45	10	16	1	58	2	0	23	21	3.54
'21(ヤ)	72	0	3	0	0	0	3	6	1	50	53	.333	272	67.2	55	12	18	2	74	2	1	23	18	2.39
'22(ヤ)	50	0	6	0	0	0	5	4	0	28	33	.556	173	46.2	23	1	14	1	43	0	0	6	6	1.16
'23(ヤ)	56	0	7	0	0	0	1	8	0	38	39	.111	220	54.1	50	6	6	2	47	1	0	20	18	2.98
〔5〕	241	0	26	3	0	0	9	25	1	146	155	.265	1010	248	206	36	67	6	246	5	1	97	84	3.05

荘司　康誠　しょうじ・こうせい　立教大　('23.1)　'00.10.13生　右投右打

年度 チーム	試合	完投	交代了	試当初	無勝	無四球	勝利	敗北	セーブ	ホールド	HP	勝率	打者	投球回	安打	本塁打	四球	死球	三振	暴投	ボーク	失点	自責点	防御率
'23(楽)	19	0	0	19	0	0	5	3	0	0	0	.625	460	109.2	90	6	48	5	93	3	0	43	41	3.36

代木　大和　しろき・やまと　明徳義塾高　('23.1)　'03.9.8生　左投左打

年度 チーム	試合	完投	交代了	試当初	無勝	無四球	勝利	敗北	セーブ	ホールド	HP	勝率	打者	投球回	安打	本塁打	四球	死球	三振	暴投	ボーク	失点	自責点	防御率
'23(巨)	13	0	6	0	0	0	0	0	0	0	0	.000	76	16.2	23	2	6	2	15	0	0	10	10	5.40

C.スチュワート・ジュニア　カーター・スチュワート・ジュニア　イースタン・フロリダ州立大　('19.6)　'99.11.2生　右投右打

年度 チーム	試合	完投	交代了	試当初	無勝	無四球	勝利	敗北	セーブ	ホールド	HP	勝率	打者	投球回	安打	本塁打	四球	死球	三振	暴投	ボーク	失点	自責点	防御率
'21(ソ)	11	0	2	4	0	0	0	2	0	1	1	.000	112	23.2	21	0	21	1	36	4	0	18	16	6.08
'23(ソ)	14	0	0	14	0	0	3	6	0	0	0	.333	344	77.1	70	7	42	1	67	3	0	31	29	3.38
〔2〕	25	0	2	18	0	0	3	8	0	1	1	.273	456	101	91	7	63	2	103	7	0	49	45	4.01

菅野　智之　すがの・ともゆき　東海大　('13.1)　'89.10.11生　右投右打

年度 チーム	試合	完投	交代了	試当初	無勝	無四球	勝利	敗北	セーブ	ホールド	HP	勝率	打者	投球回	安打	本塁打	四球	死球	三振	暴投	ボーク	失点	自責点	防御率
'13(巨)	27	1	0	25	0	0	13	6	0	0	0	.684	729	176	166	10	37	5	155	2	0	70	61	3.12⑥
'14(巨)	23	3	0	20	0	1	12	5	0	0	0	.706	640	158.2	138	12	36	2	122	6	0	50	41	2.33①
'15(巨)	25	6	0	19	2	0	10	11	0	0	0	.476	710	179	148	10	41	7	126	3	0	46	38	1.91②
'16(巨)	26	5	0	21	2	3	9	6	0	0	0	.600	726	183.1	156	12	26	4	189	1	0	46	41	2.01①
'17(巨)	25	6	0	19	4	3	17	5	0	0	0	.773	713	187.1	129	10	31	1	171	1	0	36	33	1.59①
'18(巨)	28	10	1	17	8	4	15	8	0	0	0	.652	801	202	166	14	37	3	200	3	0	52	48	2.14①
'19(巨)	22	3	0	19	1	1	11	6	0	0	0	.647	577	136.1	138	20	32	3	120	0	0	65	59	3.89
'20(巨)	20	3	0	17	3	0	14	2	0	0	0	.875	532	137.1	97	8	25	7	131	2	0	33	30	1.97③
'21(巨)	19	2	0	17	1	0	6	7	0	0	0	.462	465	115.2	90	15	25	7	102	1	0	41	41	3.19
'22(巨)	23	0	0	23	0	0	10	7	0	0	0	.588	596	147	138	15	26	6	104	2	0	52	51	3.12⑧
'23(巨)	14	0	0	14	0	0	4	8	0	0	0	.333	315	77.2	70	10	15	3	54	0	0	30	29	3.36
〔11〕	252	39	1	211	21	12	121	71	0	0	0	.630	6804	1700.1	1436	136	331	48	1474	21	0	521	472	2.50

杉浦　稔大　すぎうら・としひろ　國學院大　('14.1)　'92. 2. 25生　右投右打

年度	チーム	試合	完投	交代了	試当初	無点勝	無四球	勝利	敗北	セーブ	ホールド	HP	勝率	打者	投球回	安打	本塁打	四球	死球	三振	暴投	ボーク	失点	自責点	防御率
'14	(ヤ)	4	0	0	4	0	0	2	2	0	0	0	.500	92	23	23	5	2	1	28	0	0	9	9	3.52
'15	(ヤ)	7	0	0	6	0	0	1	3	0	0	0	.250	164	37	35	2	21	0	25	1	0	12	12	2.92
'16	(ヤ)	17	0	1	11	0	0	3	2	0	0	0	.600	252	51.2	75	6	25	1	45	2	0	43	41	7.14
'17	(ヤ)	5	0	2	0	0	0	0	1	0	0	0	.000	18	4.2	3	2	1	0	9	0	0	2	2	3.86
'18	(日)	3	0	0	3	0	0	2	0	0	0	0	1.000	47	12.2	6	1	3	1	11	0	0	4	4	2.84
'19	(日)	14	0	0	14	0	0	4	4	0	0	0	.500	252	65	52	7	13	2	50	1	0	30	27	3.74
'20	(日)	17	0	4	13	0	0	7	5	1	0	1	.583	319	74.2	59	6	37	1	68	2	0	29	26	3.13
'21	(日)	56	0	53	0	0	0	3	3	28	1	4	.500	221	54.2	34	9	24	1	69	4	0	18	18	2.96
'22	(日)	16	0	1	9	0	0	3	6	0	0	0	.333	184	42.2	45	5	10	2	48	3	0	25	25	5.27
'23	(日)	24	0	7	0	0	0	0	1	0	0	0	.000	99	22.2	22	4	10	2	22	1	0	9	7	2.78
〔10〕		163	0	68	60	0	0	25	27	29	1	5	.481	1648	388.2	354	47	146	11	375	14	0	181	171	3.96

杉山　一樹　すぎやま・かずき　駿河総合高　('19.1)　'97. 12. 7生　右投右打

年度	チーム	試合	完投	交代了	試当初	無点勝	無四球	勝利	敗北	セーブ	ホールド	HP	勝率	打者	投球回	安打	本塁打	四球	死球	三振	暴投	ボーク	失点	自責点	防御率
'19	(ソ)	2	0	0	0	0	0	0	0	0	0	0	.000	21	4	5	0	5	0	4	1	0	4	4	9.00
'20	(ソ)	11	0	3	0	0	0	0	0	0	1	1	.000	69	16.2	15	1	6	0	22	1	0	5	4	2.16
'21	(ソ)	15	0	5	3	0	0	2	2	0	1	3	.500	117	25.1	13	1	31	2	29	1	0	9	9	3.20
'22	(ソ)	10	0	1	9	0	0	1	3	0	0	0	.250	194	42.1	45	10	26	1	37	4	0	33	32	6.80
〔4〕		38	0	9	12	0	0	3	5	0	2	4	.375	401	88.1	78	12	68	3	92	7	0	51	49	4.99

杉山　晃基　すぎやま・こうき　創価大　('20.1)　'97. 6. 25生　右投左打

年度	チーム	試合	完投	交代了	試当初	無点勝	無四球	勝利	敗北	セーブ	ホールド	HP	勝率	打者	投球回	安打	本塁打	四球	死球	三振	暴投	ボーク	失点	自責点	防御率
'21	(ヤ)	4	0	1	0	0	0	0	0	0	0	0	.000	30	6.1	9	2	2	1	4	0	0	7	7	9.95
'22	(ヤ)	1	0	0	0	0	0	0	0	0	0	0	.000	4	0.2	2	0	0	0	0	0	0	0	0	0.00
〔2〕		5	0	1	0	0	0	0	0	0	0	0	.000	34	7	11	2	2	1	4	0	0	7	7	9.00

鈴木　健矢　すずき・けんや　木更津総合高　('20.1)　'97. 12. 11生　右投左打

年度	チーム	試合	完投	交代了	試当初	無点勝	無四球	勝利	敗北	セーブ	ホールド	HP	勝率	打者	投球回	安打	本塁打	四球	死球	三振	暴投	ボーク	失点	自責点	防御率
'20	(日)	11	0	6	0	0	0	0	1	0	0	0	.000	55	11.1	15	0	7	0	11	0	0	10	10	7.94
'21	(日)	21	0	8	0	0	0	0	0	0	0	0	.000	84	19.1	17	1	7	3	11	0	0	10	9	4.19
'22	(日)	19	0	7	4	0	0	2	1	0	3	4	.667	159	38	33	2	13	4	25	1	0	12	12	2.84
'23	(日)	24	0	2	12	0	0	6	4	0	1	2	.600	273	65	59	3	21	3	23	0	0	24	19	2.63
〔4〕		75	0	23	16	0	0	8	6	0	4	6	.571	571	133.2	124	6	48	10	70	1	0	56	50	3.37

鈴木　康平 (K-鈴木)　すずき・こうへい　国際武道大　('18.1)　'94. 1. 21生　右投右打

年度	チーム	試合	完投	交代了	試当初	無点勝	無四球	勝利	敗北	セーブ	ホールド	HP	勝率	打者	投球回	安打	本塁打	四球	死球	三振	暴投	ボーク	失点	自責点	防御率
'18	(オ)	4	0	0	1	0	0	0	0	0	0	0	.000	42	7.1	11	3	9	0	2	0	0	9	7	8.59
'19	(オ)	19	0	0	19	0	0	4	6	0	0	0	.400	451	102.1	100	15	49	3	88	4	0	56	49	4.31
'20	(オ)	8	0	2	2	0	0	0	1	0	1	1	.000	78	13.2	23	4	14	1	10	0	0	17	16	10.54
'21	(オ)	34	0	14	0	0	0	1	0	2	2	3	1.000	164	38.2	34	2	14	1	28	3	0	15	13	3.03
'22	(オ)	14	0	5	0	0	0	0	0	0	2	2	.000	51	12	12	3	4	0	13	2	0	9	9	6.75
'23	(巨)	33	0	3	0	0	0	1	1	0	13	14	.500	123	27.1	24	6	14	3	26	5	1	20	20	6.59
〔6〕		112	0	24	22	0	0	6	10	2	18	20	.375	909	201.1	204	33	103	8	167	14	1	126	114	5.10

鈴木　昭汰　すずき・しょうた　法政大（'21.1）　'98.9.7生　左投左打

年度	チーム	試合	完投	交代了	試当初	無点勝	無四球	勝利	敗北	セーブ	ホールド	HP	勝率	打者	投球回	安打	本塁打	四球	死球	三振	暴投	ボーク	失点	自責点	防御率
'21（ロ）		23	0	1	12	0	0	1	4	0	1	1	.200	341	79.1	78	10	28	2	76	2	0	38	36	4.08
'22（ロ）		6	0	1	3	0	0	1	3	0	0	0	.250	65	12.1	22	1	9	0	5	0	0	10	10	7.30
'23（ロ）		13	0	9	0	0	0	0	0	0	0	0	.000	67	16.1	12	2	7	0	13	0	0	8	5	2.76
〔3〕		42	0	11	15	0	0	2	7	0	1	1	.222	473	108	112	13	44	2	94	2	0	56	51	4.25

鈴木　翔天　すずき・そら　富士大（'19.1）　'96.8.19生　左投左打

年度	チーム	試合	完投	交代了	試当初	無点勝	無四球	勝利	敗北	セーブ	ホールド	HP	勝率	打者	投球回	安打	本塁打	四球	死球	三振	暴投	ボーク	失点	自責点	防御率
'20（楽）		2	0	0	0	0	0	0	0	0	0	0	.000	8	1.1	2	1	2	1	1	0	0	2	2	13.50
'21（楽）		5	0	3	0	0	0	0	0	0	0	0	.000	19	4.1	3	0	4	0	5	1	0	0	0	0.00
'22（楽）		38	0	8	0	0	0	1	3	0	7	8	.250	162	38	25	2	25	2	35	2	1	17	17	4.03
'23（楽）		61	0	7	0	0	0	1	1	1	22	23	.500	195	43.2	37	5	25	3	47	4	0	18	16	3.30
〔4〕		106	0	20	0	0	0	2	4	1	29	31	.333	384	87.1	67	8	55	7	88	7	1	37	35	3.61

鈴木　博志　すずき・ひろし　磐田東高（'18.1）　'97.3.22生　右投右打

年度	チーム	試合	完投	交代了	試当初	無点勝	無四球	勝利	敗北	セーブ	ホールド	HP	勝率	打者	投球回	安打	本塁打	四球	死球	三振	暴投	ボーク	失点	自責点	防御率
'18（中）		53	0	24	0	0	0	4	6	4	12	16	.400	219	49	46	7	27	1	42	1	0	28	24	4.41
'19（中）		25	0	22	0	0	0	0	2	14	1	1	.000	117	25	29	1	15	2	16	0	0	12	12	4.32
'20（中）		6	0	0	0	0	0	0	0	0	0	0	.000	44	7.2	14	2	6	0	4	0	0	12	11	12.91
'21（中）		10	0	4	0	0	0	2	0	0	2	2	1.000	91	20.1	22	1	5	2	11	0	1	12	12	5.31
'22（中）		3	0	2	0	0	0	0	1	0	1	1	.000	55	13	11	0	5	1	9	0	0	6	6	4.15
'23（中）		9	0	2	3	0	0	1	2	0	1	1	.333	106	24.1	23	1	12	2	5	0	0	12	11	4.07
〔6〕		114	0	56	5	0	0	7	11	18	15	21	.389	632	139.1	145	13	70	8	87	1	1	82	76	4.91

砂田　毅樹　すなだ・よしき　明桜高（'15.6）　'95.7.20生　左投左打

年度	チーム	試合	完投	交代了	試当初	無点勝	無四球	勝利	敗北	セーブ	ホールド	HP	勝率	打者	投球回	安打	本塁打	四球	死球	三振	暴投	ボーク	失点	自責点	防御率
'15（ディ）		14	0	0	14	0	0	3	5	0	0	0	.375	335	76	85	5	28	2	57	0	0	34	27	3.20
'16（ディ）		17	0	2	8	0	0	2	2	0	0	1	.500	237	52.1	64	5	18	2	34	0	0	26	22	3.78
'17（ディ）		62	0	8	0	0	0	1	2	0	25	26	.333	236	54.2	54	5	13	3	49	1	1	25	25	4.12
'18（ディ）		70	0	23	0	0	0	0	0	0	24	24	.000	227	52.1	44	4	25	5	44	0	0	22	21	3.61
'19（ディ）		16	0	5	0	0	0	0	0	0	1	2	1.000	65	12.1	21	2	8	1	10	1	0	9	7	5.11
'20（ディ）		17	0	1	0	0	0	0	0	0	4	4	.000	68	17	10	2	5	2	14	0	0	5	5	2.65
'21（ディ）		58	0	7	0	0	0	0	2	0	18	20	.500	166	41.2	28	1	13	2	42	0	0	15	15	3.24
'22（ディ）		15	0	1	0	0	0	0	0	0	2	2	.000	62	12.2	17	2	5	1	8	0	0	9	8	5.68
'23（中）		18	0	4	0	0	0	3	3	0	1	1	.000	60	13.2	12	1	7	0	12	1	0	7	7	4.61
〔9〕		287	0	51	22	0	0	9	14	0	73	78	.391	1456	332.2	333	27	122	18	255	5	1	153	137	3.71

隅田知一郎　すみだ・ちひろ　西日本工業大（'22.1）　'99.8.20生　左投左打

年度	チーム	試合	完投	交代了	試当初	無点勝	無四球	勝利	敗北	セーブ	ホールド	HP	勝率	打者	投球回	安打	本塁打	四球	死球	三振	暴投	ボーク	失点	自責点	防御率
'22（武）		16	0	0	14	0	0	1	10	0	0	0	.091	357	81.2	90	4	30	1	73	4	0	38	34	3.75
'23（武）		22	2	0	20	1	0	9	10	0	0	0	.474	554	131	123	11	41	7	128	2	0	52	50	3.44
〔2〕		38	2	0	34	1	0	10	20	0	0	0	.333	911	212.2	213	15	71	8	201	6	0	90	84	3.55

曽谷　龍平　そたに・りゅうへい　白鷗大（'23.1）　'00.11.30生　左投左打

年度	チーム	試合	完投	交代了	試当初	無点勝	無四球	勝利	敗北	セーブ	ホールド	HP	勝率	打者	投球回	安打	本塁打	四球	死球	三振	暴投	ボーク	失点	自責点	防御率
'23（オ）		10	0	1	7	0	0	1	2	0	0	0	.333	138	32.2	33	0	15	1	27	2	0	16	14	3.86

祖父江大輔　そぶえ・だいすけ　愛知大　('14.1)　'87.8.11生　右投左打

年度チーム	試合	完投	交代了	試当初	無点勝	無四球	勝利	敗北	セーブ	ホールド	HP	勝率	打者	投球回	安打	本塁打	四球	死球	三振	暴投	ボーク	失点	自責点	防御率
'14(中)	54	0	17	0	0	0	0	3	0	11	11	.000	240	58.2	52	6	19	1	36	3	0	25	23	3.53
'15(中)	33	0	9	0	0	0	0	2	1	2	2	.000	144	33.1	32	1	7	2	28	2	0	10	10	2.70
'16(中)	46	0	10	0	0	0	0	4	0	12	12	.000	177	43	32	3	18	2	31	1	0	18	15	3.14
'17(中)	35	0	11	0	0	0	2	2	1	9	11	.500	173	42	38	1	17	0	26	0	0	12	12	2.57
'18(中)	51	0	9	0	0	0	2	2	0	17	19	.500	208	48.2	45	5	19	0	36	0	0	19	17	3.14
'19(中)	44	0	19	0	0	0	3	4	1	3	6	.429	187	46.1	42	3	14	1	27	2	0	16	16	3.11
'20(中)	54	0	12	0	0	0	2	0	3	28	30	1.000	195	50.1	42	1	10	0	35	2	0	10	10	1.79
'21(中)	55	0	12	0	0	0	1	2	5	19	20	.333	208	48.2	59	1	9	1	30	0	0	18	14	2.59
'22(中)	46	0	5	0	0	0	4	3	1	17	21	.571	179	42.2	42	3	13	1	32	1	0	21	18	3.80
'23(中)	45	0	13	0	0	0	3	5	0	13	16	.375	168	40.1	40	4	8	1	35	0	0	16	16	3.57
〔10〕	463	0	112	0	0	0	17	27	12	131	148	.386	1879	454	423	28	131	9	316	11	0	165	151	2.99

宋　家豪　そん・ちゃーほう　国立体育大（台湾）　('17.7)　'92.9.6生　右投左打

年度チーム	試合	完投	交代了	試当初	無点勝	無四球	勝利	敗北	セーブ	ホールド	HP	勝率	打者	投球回	安打	本塁打	四球	死球	三振	暴投	ボーク	失点	自責点	防御率
'17(楽)	5	0	0	0	0	0	0	0	0	3	3	.000	18	4.2	3	0	1	0	6	0	0	2	2	3.86
'18(楽)	40	0	13	0	0	0	5	3	0	6	11	.625	167	41.2	26	5	21	0	38	0	0	9	8	1.73
'19(楽)	48	0	4	0	0	0	3	2	0	24	27	.600	186	45.1	34	2	23	0	40	1	0	14	11	2.18
'20(楽)	38	0	9	0	0	0	1	2	0	10	11	.333	162	36.1	35	7	17	1	29	2	0	29	28	6.94
'21(楽)	63	0	17	0	0	0	3	3	0	24	27	.500	246	60.2	46	2	23	2	49	1	0	18	15	2.23
'22(楽)	54	0	11	0	0	0	4	2	0	20	24	.667	209	51.2	45	5	15	0	38	2	0	18	15	2.61
'23(楽)	49	0	9	0	0	0	2	1	0	16	18	.667	188	46.2	41	5	11	0	35	3	0	16	15	2.89
〔7〕	297	0	63	0	0	0	18	13	7	103	121	.581	1176	287	230	26	111	3	235	9	0	106	94	2.95

N.ターリー　ニック・ターリー　ハーバードウエストレイク高　('22.1)　'89.9.11生　左投左打

年度チーム	試合	完投	交代了	試当初	無点勝	無四球	勝利	敗北	セーブ	ホールド	HP	勝率	打者	投球回	安打	本塁打	四球	死球	三振	暴投	ボーク	失点	自責点	防御率
'22(広)	45	0	11	0	0	0	2	4	0	14	16	.333	155	37.2	26	7	16	2	32	2	0	14	13	3.11
'23(広)	44	0	5	0	0	0	7	1	1	22	29	.875	174	41.1	39	1	15	2	42	2	0	10	8	1.74
〔2〕	89	0	16	0	0	0	9	5	1	36	45	.643	329	79	65	8	31	4	74	4	0	24	21	2.39

大　勢　たいせい（翁田　大勢）　関西国際大　('22.1)　'99.6.29生　右投右打

年度チーム	試合	完投	交代了	試当初	無点勝	無四球	勝利	敗北	セーブ	ホールド	HP	勝率	打者	投球回	安打	本塁打	四球	死球	三振	暴投	ボーク	失点	自責点	防御率
'22(巨)	57	0	48	0	0	0	1	3	37	8	9	.250	221	57	38	7	13	3	60	1	0	17	13	2.05
'23(巨)	27	0	21	0	0	0	3	0	14	1	4	1.000	116	26	26	4	11	1	34	1	0	13	13	4.50
〔2〕	84	0	69	0	0	0	4	3	51	9	13	.571	337	83	64	11	24	4	94	2	0	30	26	2.82

平良　海馬　たいら・かいま　八重山商工高　('18.1)　'99.11.15生　右投左打

年度チーム	試合	完投	交代了	試当初	無点勝	無四球	勝利	敗北	セーブ	ホールド	HP	勝率	打者	投球回	安打	本塁打	四球	死球	三振	暴投	ボーク	失点	自責点	防御率
'19(武)	26	0	8	0	0	0	2	1	1	6	8	.667	111	24	29	2	9	3	23	3	0	13	9	3.38
'20(武)	54	0	4	0	0	0	1	0	1	33	34	1.000	214	53	22	2	29	8	62	5	0	11	11	1.87
'21(武)	62	0	38	0	0	0	3	4	20	21	24	.429	247	60	36	0	28	5	70	3	0	6	6	0.90
'22(武)	61	0	13	0	0	0	1	3	9	34	35	.250	226	57.2	36	2	18	2	75	3	0	15	10	1.56
'23(武)	23	0	0	23	0	0	11	7	0	0	0	.611	611	150	115	10	55	5	153	0	0	47	40	2.40
〔5〕	226	0	63	23	0	0	18	15	31	94	101	.545	1409	344.2	238	16	139	23	383	14	0	92	76	1.98

平良拳太郎　たいら・けんたろう　北山高（'14.1）　'95.7.12生　右投右打

年度	チーム	試合	完投	交代了	試当初	無点勝	無四球	勝利	敗北	セーブ	ホールド	HP	勝率	打者	投球回	安打	本塁打	四球	死球	三振	暴投	ボーク	失点	自責点	防御率
'16	(巨)	1	0	0	1	0	0	0	1	0	0	0	.000	18	3.2	4	1	3	0	4	0	0	4	4	9.82
'17	(ディ)	4	0	0	4	0	0	1	3	0	0	0	.250	71	14	21	4	9	1	6	0	0	16	11	7.07
'18	(ディ)	13	0	0	13	0	0	5	3	0	0	0	.625	284	67	65	9	29	0	53	2	0	29	26	3.49
'19	(ディ)	15	0	0	14	0	0	5	6	0	0	0	.455	289	70	68	9	17	0	55	0	1	34	32	4.11
'20	(ディ)	14	1	0	13	0	0	4	6	0	0	0	.400	335	83.1	75	3	17	2	65	0	0	24	21	2.27
'21	(ディ)	2	0	0	2	0	0	0	0	0	0	0	.000	39	10	6	0	3	0	6	0	0	1	1	0.90
'23	(ディ)	11	0	0	11	0	0	4	4	0	0	0	.500	246	59.1	58	5	13	0	61	1	0	23	23	3.49
〔7〕		60	1	0	58	0	0	19	23	0	0	0	.452	1282	307.1	297	31	91	3	250	3	1	131	118	3.46

田浦　文丸　たうら・ふみまる　秀岳館高（'18.1）　'99.9.21生　左投左打

年度	チーム	試合	完投	交代了	試当初	無点勝	無四球	勝利	敗北	セーブ	ホールド	HP	勝率	打者	投球回	安打	本塁打	四球	死球	三振	暴投	ボーク	失点	自責点	防御率
'19	(ソ)	8	0	4	0	0	0	0	0	0	0	0	.000	41	10	8	1	6	0	6	0	0	5	5	4.50
'21	(ソ)	19	0	5	0	0	0	1	0	0	1	2	1.000	90	21.1	22	1	7	0	17	2	0	8	8	3.38
'22	(ソ)	4	0	1	0	0	0	0	0	0	1	1	.000	23	4.2	7	1	0	2	4	0	0	5	5	9.64
'23	(ソ)	45	0	7	0	0	0	2	1	0	7	9	.667	150	34	31	1	12	7	28	3	0	9	9	2.38
〔4〕		76	0	17	0	0	0	3	1	0	9	12	.750	304	70	68	4	25	9	55	5	0	27	27	3.47

高木　京介　たかぎ・きょうすけ　國學院大（'12.1）　'89.9.5生　左投左打

年度	チーム	試合	完投	交代了	試当初	無点勝	無四球	勝利	敗北	セーブ	ホールド	HP	勝率	打者	投球回	安打	本塁打	四球	死球	三振	暴投	ボーク	失点	自責点	防御率
'12	(巨)	34	0	9	0	0	0	2	0	1	10	12	1.000	121	31.1	16	0	10	1	28	1	0	2	2	0.57
'13	(巨)	46	0	18	0	0	0	3	0	0	6	9	1.000	209	47.2	37	8	27	3	40	1	0	27	23	4.34
'14	(巨)	26	0	9	0	0	0	0	0	4	4	4	.000	116	28.1	24	4	9	1	26	0	0	15	15	4.76
'15	(巨)	33	0	9	0	0	0	1	0	2	1	2	1.000	167	41	31	4	13	0	43	1	0	10	10	2.20
'18	(巨)	3	0	1	0	0	0	0	0	0	0	0	.000	28	5	8	0	4	0	1	0	0	7	7	12.60
'19	(巨)	55	0	10	0	0	0	3	1	0	10	13	.750	220	54	51	11	13	0	48	1	0	23	23	3.83
'20	(巨)	17	0	3	0	0	0	0	1	1	4	4	.000	49	12.1	11	1	2	0	12	2	0	5	5	3.65
'21	(巨)	15	0	2	0	0	0	1	0	1	2	2	1.000	81	18.1	22	1	7	0	15	0	0	9	9	4.42
'22	(巨)	17	0	2	0	0	0	0	1	0	2	2	.000	86	19.1	19	1	8	1	13	1	0	6	6	2.79
'23	(巨)	1	0	0	0	0	0	0	0	0	0	0	.000	8	2	1	0	0	0	1	0	0	0	0	0.00
〔10〕		247	0	63	0	0	0	10	3	2	38	48	.769	1085	259.1	220	30	93	6	227	7	0	107	100	3.47

髙田　萌生　たかた・ほうせい　創志学園高（'17.1）　'98.7.4生　右投右打

年度	チーム	試合	完投	交代了	試当初	無点勝	無四球	勝利	敗北	セーブ	ホールド	HP	勝率	打者	投球回	安打	本塁打	四球	死球	三振	暴投	ボーク	失点	自責点	防御率
'18	(巨)	1	0	0	1	0	0	0	1	0	0	0	.000	15	2	6	0	3	1	0	0	0	6	6	27.00
'19	(巨)	2	0	1	1	0	0	0	1	0	0	0	.000	22	5	7	0	2	0	7	0	0	3	3	5.40
'21	(楽)	4	0	2	1	0	0	0	0	0	0	0	.000	39	7.2	13	1	5	0	8	1	0	9	8	9.39
'22	(楽)	3	0	1	0	0	0	0	0	0	0	0	.000	24	5	5	1	5	0	5	0	0	5	4	7.20
〔4〕		10	0	4	3	0	0	0	2	0	0	0	.000	100	19.2	31	2	15	1	20	1	0	23	21	9.61

高田　孝一　たかだ・こういち　法政大（'21.1）　'98.6.3生　右投右打

年度	チーム	試合	完投	交代了	試当初	無点勝	無四球	勝利	敗北	セーブ	ホールド	HP	勝率	打者	投球回	安打	本塁打	四球	死球	三振	暴投	ボーク	失点	自責点	防御率
'21	(楽)	3	0	1	1	0	0	0	0	0	0	0	.000	28	6.2	6	1	1	1	6	0	0	2	1	1.35
'22	(楽)	2	0	0	1	0	0	0	0	0	0	0	.000	30	6.1	8	2	4	0	9	0	0	5	5	7.11
'23	(楽)	7	0	5	0	0	0	0	0	0	0	0	.000	44	9.2	14	0	2	0	6	2	0	4	2	1.86
〔3〕		12	0	6	2	0	0	0	0	0	0	0	.000	102	22.2	28	3	7	1	21	2	0	11	8	3.18

高梨　裕稔　たかなし・ひろとし　山梨学院大（'14.1）'91.6.5生　右投右打

年度(チーム)	試合	完投	交代完了	試当初	無点勝	無四球	勝利	敗北	セーブ	ホールド	HP	勝率	打者	投球回	安打	本塁打	四球	死球	三振	暴投	ボーク	失点	自責点	防御率
'15（日）	2	0	0	1	0	0	0	1	0	0	0	.000	31	7.1	5	1	3	1	7	0	1	5	3	3.68
'16（日）	37	1	9	13	1	1	10	2	0	1	3	.833	439	109.2	79	6	36	4	86	0	0	30	29	2.38
'17（日）	22	1	2	17	1	0	7	7	0	0	1	.500	504	117.1	110	13	40	3	100	6	1	51	48	3.68
'18（日）	18	1	0	17	0	0	5	7	0	0	1	.417	459	110	110	21	28	3	78	2	0	61	55	4.50
'19（ヤ）	21	0	2	14	0	0	5	7	0	0	1	.417	358	78	90	13	34	4	82	7	0	56	54	6.23
'20（ヤ）	18	0	0	17	0	0	3	6	0	0	0	.333	412	94	101	11	38	0	84	3	0	43	43	4.12
'21（ヤ）	12	0	0	12	0	0	4	1	0	0	0	.800	264	62	62	11	15	3	56	1	0	28	25	3.63
'22（ヤ）	20	1	0	18	1	0	7	9	0	0	0	.438	447	102.2	103	11	41	6	84	2	0	51	49	4.30
'23（ヤ）	15	0	2	5	0	0	0	3	0	1	1	.000	170	40.1	42	6	10	1	30	1	0	23	21	4.69
〔9〕	165	4	15	114	3	1	41	43	0	2	6	.488	3084	721.1	702	93	245	25	607	22	2	348	327	4.08

高梨　雄平　たかなし・ゆうへい　早稲田大（'17.1）'92.7.13生　左投左打

年度(チーム)	試合	完投	交代完了	試当初	無点勝	無四球	勝利	敗北	セーブ	ホールド	HP	勝率	打者	投球回	安打	本塁打	四球	死球	三振	暴投	ボーク	失点	自責点	防御率
'17（楽）	46	0	1	0	0	0	1	0	0	14	15	1.000	183	43.2	31	2	17	2	48	0	0	13	5	1.03
'18（楽）	70	0	9	0	0	0	1	4	1	16	17	.200	212	48	38	1	23	6	53	0	0	21	13	2.44
'19（楽）	48	0	14	0	0	0	2	1	0	14	16	.667	146	31.1	25	0	23	4	41	0	0	8	8	2.30
'20（巨）	44	0	7	0	0	0	1	1	2	21	22	.500	141	37.1	17	2	13	6	37	1	1	10	8	1.93
'21（巨）	55	0	8	0	0	0	2	2	1	20	22	.500	171	39	34	2	21	5	47	2	0	17	16	3.69
'22（巨）	59	0	6	0	0	0	2	0	0	25	27	1.000	195	46.1	32	1	19	4	44	1	0	13	11	2.14
'23（巨）	55	0	6	0	0	0	2	1	0	23	25	.667	185	43	32	7	19	4	49	0	1	21	20	4.19
〔7〕	377	0	51	0	0	0	11	9	4	133	144	.550	1233	288.2	209	15	135	31	319	4	2	103	81	2.53

高野　脩汰　たかの・しゅうた　関西大（'23.1）'98.8.13生　左投左打

年度(チーム)	試合	完投	交代完了	試当初	無点勝	無四球	勝利	敗北	セーブ	ホールド	HP	勝率	打者	投球回	安打	本塁打	四球	死球	三振	暴投	ボーク	失点	自責点	防御率
'23（ロ）	7	0	5	0	0	0	0	0	0	0	0	.000	45	11	9	1	5	0	8	1	0	4	2	1.64

高橋　奎二　たかはし・けいじ　龍谷大平安高（'16.1）'97.5.14生　左投左打

年度(チーム)	試合	完投	交代完了	試当初	無点勝	無四球	勝利	敗北	セーブ	ホールド	HP	勝率	打者	投球回	安打	本塁打	四球	死球	三振	暴投	ボーク	失点	自責点	防御率
'18（ヤ）	3	0	0	3	0	0	1	1	0	0	0	.500	69	15	14	4	8	2	20	0	0	10	5	3.00
'19（ヤ）	20	0	0	19	0	0	4	6	0	0	0	.400	438	95.1	99	14	53	8	99	5	0	68	61	5.76
'20（ヤ）	10	0	0	9	0	0	1	3	0	0	0	.250	212	48	47	6	21	4	51	1	0	24	21	3.94
'21（ヤ）	14	0	0	13	0	0	4	1	0	0	1	.800	320	78.1	59	9	25	6	80	4	1	25	25	2.87
'22（ヤ）	17	2	0	15	1	1	8	2	0	0	0	.800	416	102.2	75	9	37	9	113	4	0	32	30	2.63
'23（ヤ）	20	0	0	20	0	0	4	9	0	0	0	.308	445	101.2	104	20	47	6	94	3	0	53	52	4.60
〔6〕	84	2	0	79	1	1	22	22	0	0	1	.500	1900	441	398	62	191	35	457	14	1	212	194	3.96

髙橋　光成　たかはし・こうな　前橋育英高（'15.1）'97.2.3生　右投右打

年度(チーム)	試合	完投	交代完了	試当初	無点勝	無四球	勝利	敗北	セーブ	ホールド	HP	勝率	打者	投球回	安打	本塁打	四球	死球	三振	暴投	ボーク	失点	自責点	防御率
'15（武）	8	1	0	7	1	0	5	2	0	0	0	.714	185	44	32	3	23	4	22	2	1	16	15	3.07
'16（武）	22	2	1	17	1	0	4	11	0	0	0	.267	529	118	134	10	51	5	89	12	0	73	58	4.42
'17（武）	7	0	0	7	0	0	3	4	0	0	0	.429	169	39.1	36	7	20	1	30	3	0	20	18	4.12
'18（武）	3	0	0	3	0	0	2	1	0	0	0	.667	91	20	17	2	13	1	15	1	0	10	10	4.50
'19（武）	21	1	0	20	0	0	10	6	0	0	0	.625	554	123.2	144	13	47	14	90	7	1	77	62	4.51
'20（武）	20	1	0	19	1	0	8	8	0	0	0	.500	501	120.1	100	9	44	7	100	6	0	51	50	3.74
'21（武）	27	0	0	26	0	0	11	9	0	0	0	.550	728	173.2	157	23	62	6	127	13	0	81	73	3.78
'22（武）	26	0	0	26	0	0	12	8	0	0	0	.600	705	175.2	153	9	51	11	128	5	0	48	43	2.20
'23（武）	23	4	0	19	2	1	10	8	0	0	0	.556	626	155	123	8	47	7	120	7	0	47	38	2.21
〔9〕	157	9	1	144	8	2	65	57	0	0	0	.533	4088	969.2	896	80	358	56	721	56	2	423	367	3.41

高橋　昂也　たかはし・こうや　花咲徳栄高　('17.1)　'98.9.27生　左投左打

年度 チーム	試合	完投	交代了	試当初	無点勝	無四球	勝利	敗北	セーブ	ホールド	HP	勝率	打者	投回	安打	本塁打	四球	死球	三振	暴投	ボーク	失点	自責点	防御率
'18(広)	6	0	0	6	0	0	1	2	0	0	0	.333	110	21	30	5	16	0	17	0	0	23	22	9.43
'21(広)	15	0	0	15	0	0	5	7	0	0	0	.417	326	73.1	85	9	24	2	54	1	0	44	43	5.28
〔2〕	21	0	0	21	0	0	6	9	0	0	0	.400	436	94.1	115	14	40	2	71	1	0	67	65	6.20

高橋　純平　たかはし・じゅんぺい　県立岐阜商高　('16.1)　'97.5.8生　右投右打

年度 チーム	試合	完投	交代了	試当初	無点勝	無四球	勝利	敗北	セーブ	ホールド	HP	勝率	打者	投回	安打	本塁打	四球	死球	三振	暴投	ボーク	失点	自責点	防御率
'17(ソ)	1	0	0	0	0	0	0	0	0	0	0	.000	16	3	6	2	2	0	5	0	0	4	4	12.00
'19(ソ)	45	0	9	0	0	0	3	2	0	17	20	.600	205	51	36	4	17	5	58	2	0	17	15	2.65
'21(ソ)	10	0	1	0	0	0	1	1	0	2	3	.500	46	11	6	0	6	1	9	2	0	1	0	0.00
〔3〕	56	0	10	0	0	0	4	3	0	19	23	.571	267	65	48	6	25	6	72	4	0	22	19	2.63

高橋　遥人　たかはし・はると　亜細亜大　('18.1)　'95.11.7生　左投左打

年度 チーム	試合	完投	交代了	試当初	無点勝	無四球	勝利	敗北	セーブ	ホールド	HP	勝率	打者	投回	安打	本塁打	四球	死球	三振	暴投	ボーク	失点	自責点	防御率
'18(神)	6	0	0	6	0	0	2	3	0	0	0	.400	150	34.2	34	4	14	0	27	1	0	18	14	3.63
'19(神)	19	0	0	18	0	0	3	9	0	1	1	.250	474	109.2	115	9	38	0	125	4	0	56	46	3.78
'20(神)	12	1	0	11	0	1	5	4	0	0	0	.556	306	76	67	4	17	1	75	1	0	25	21	2.49
'21(神)	7	2	0	5	2	1	4	2	0	0	0	.667	181	49	30	1	5	0	55	0	0	10	9	1.65
〔4〕	44	3	0	40	2	2	14	18	0	1	1	.438	1111	269.1	246	18	74	1	282	6	0	109	90	3.01

高橋　宏斗　たかはし・ひろと　中京大中京高　('21.1)　'02.8.9生　右投右打

年度 チーム	試合	完投	交代了	試当初	無点勝	無四球	勝利	敗北	セーブ	ホールド	HP	勝率	打者	投回	安打	本塁打	四球	死球	三振	暴投	ボーク	失点	自責点	防御率
'22(中)	19	0	0	19	0	0	6	7	0	0	0	.462	462	116.2	79	8	42	4	134	1	0	34	32	2.47
'23(中)	25	1	0	24	1	0	7	11	0	0	0	.389	621	146	129	6	51	9	145	8	0	52	41	2.53⑦
〔2〕	44	1	0	43	1	0	13	18	0	0	0	.419	1083	262.2	208	14	93	13	279	9	0	86	73	2.50

高橋　優貴　たかはし・ゆうき　八戸学院大　('19.1)　'97.2.1生　左投左打

年度 チーム	試合	完投	交代了	試当初	無点勝	無四球	勝利	敗北	セーブ	ホールド	HP	勝率	打者	投回	安打	本塁打	四球	死球	三振	暴投	ボーク	失点	自責点	防御率
'19(巨)	18	0	0	18	0	0	5	7	0	0	0	.417	395	93	70	14	48	5	89	1	0	34	33	3.19
'20(巨)	8	0	0	4	0	0	1	3	0	0	0	.250	101	23	22	2	12	0	23	1	0	12	11	4.30
'21(巨)	27	0	0	26	0	0	11	9	0	0	0	.550	598	140.2	125	18	61	2	76	2	0	57	53	3.39
'22(巨)	10	0	0	3	0	0	1	5	0	0	0	.167	130	26.2	34	1	18	1	21	1	0	20	16	5.40
'23(巨)	6	0	1	6	0	0	0	1	0	2	3	.000	68	14	18	2	8	1	9	3	0	9	8	5.14
〔5〕	69	0	1	57	0	0	18	25	0	2	3	.419	1292	297.1	269	37	147	9	218	8	0	132	121	3.66

高橋　礼　たかはし・れい　専修大　('18.1)　'95.11.2生　右投右打

年度 チーム	試合	完投	交代了	試当初	無点勝	無四球	勝利	敗北	セーブ	ホールド	HP	勝率	打者	投回	安打	本塁打	四球	死球	三振	暴投	ボーク	失点	自責点	防御率
'18(ソ)	12	0	2	3	0	0	0	0	0	0	0	.000	123	30	23	2	13	4	15	0	0	10	10	3.00
'19(ソ)	23	0	0	23	0	0	12	6	0	0	0	.667	584	143	114	10	49	11	73	3	1	56	53	3.34④
'20(ソ)	52	0	8	0	0	0	4	2	0	23	27	.667	220	51	42	2	24	9	29	1	0	17	15	2.65
'21(ソ)	11	0	0	5	0	0	1	1	0	0	0	.500	168	34	31	3	32	6	14	0	0	25	22	5.82
'22(ソ)	4	0	3	0	0	0	0	0	0	0	0	.000	19	3.1	5	0	4	0	2	0	0	5	5	13.50
'23(ソ)	5	0	2	0	0	0	0	0	0	0	0	.000	63	11.2	23	3	6	1	2	0	0	14	14	10.80
〔6〕	107	0	15	34	0	0	17	12	0	23	27	.586	1177	273	238	20	128	31	135	4	1	127	119	3.92

瀧中　瞭太　たきなか・りょうた　龍谷大（'20.1）　'94.12.20生　右投右打

年度	チーム	試合	完投	交代完了	試当初	無点勝	無四球	勝利	敗北	セーブ	ホールド	HP	勝率	打者	投球回	安打	本塁打	四球	死球	三振	暴投	ボーク	失点	自責点	防御率
'20	(楽)	8	0	0	8	0	0	2	1	0	0	0	.667	182	45	34	1	15	3	29	1	0	18	17	3.40
'21	(楽)	20	0	0	20	0	0	10	5	0	0	0	.667	427	103.2	97	10	27	4	75	0	0	40	37	3.21
'22	(楽)	15	0	0	15	0	0	2	9	0	0	0	.182	346	78	94	12	27	3	42	1	0	44	40	4.62
'23	(楽)	8	0	0	8	0	0	2	4	0	0	0	.333	179	42.1	45	3	11	1	18	4	0	20	18	3.83
〔4〕		51	0	0	51	0	0	16	19	0	0	0	.457	1134	269	270	26	80	11	164	6	0	122	112	3.75

田口　麗斗　たぐち・かずと　広島新庄高（'14.1）　'95.9.14生　左投左打

年度	チーム	試合	完投	交代完了	試当初	無点勝	無四球	勝利	敗北	セーブ	ホールド	HP	勝率	打者	投球回	安打	本塁打	四球	死球	三振	暴投	ボーク	失点	自責点	防御率
'15	(巨)	13	0	0	12	0	0	3	5	0	0	0	.375	274	66.1	54	5	26	3	64	2	1	26	20	2.71
'16	(巨)	26	2	0	24	1	0	10	10	0	0	0	.500	668	162	150	15	49	6	126	1	0	54	49	2.72
'17	(巨)	26	3	0	23	2	1	13	4	0	0	0	.765	709	170.2	159	14	49	4	122	1	0	59	57	3.01
'18	(巨)	16	1	0	15	0	0	3	12	0	0	0	.200	396	86.1	113	13	27	6	60	1	0	52	46	4.80
'19	(巨)	55	0	11	4	0	0	3	3	1	14	17	.500	276	65.1	59	11	18	2	66	2	0	30	30	4.13
'20	(巨)	26	0	6	14	0	0	5	7	1	2	2	.417	379	89.1	91	10	28	5	58	2	0	48	46	4.63
'21	(ヤ)	33	2	17	0	0	0	5	9	0	4	5	.357	449	100.2	126	10	28	2	81	1	0	59	45	4.02
'22	(ヤ)	45	0	8	0	0	0	1	1	2	18	19	.500	143	36	30	0	8	1	31	1	0	7	5	1.25
'23	(ヤ)	50	0	44	0	0	0	3	5	33	6	9	.375	193	48.1	39	3	13	0	55	1	0	11	10	1.86
〔9〕		290	6	71	107	3	1	45	52	37	44	52	.464	3487	825	821	80	244	31	663	12	1	346	308	3.36

武田　翔太　たけだ・しょうた　宮崎日大高（'12.1）　'93.4.3生　右投右打

年度	チーム	試合	完投	交代完了	試当初	無点勝	無四球	勝利	敗北	セーブ	ホールド	HP	勝率	打者	投球回	安打	本塁打	四球	死球	三振	暴投	ボーク	失点	自責点	防御率
'12	(ソ)	11	1	0	10	1	0	8	1	0	0	0	.889	262	67	40	1	26	1	67	0	0	9	8	1.07
'13	(ソ)	17	0	0	17	0	0	4	4	0	0	0	.500	415	93	79	3	68	6	56	4	0	38	36	3.48
'14	(ソ)	7	0	0	6	0	0	3	3	0	0	0	.500	185	43.1	36	1	22	2	43	0	1	15	9	1.87
'15	(ソ)	25	1	0	24	1	0	13	6	0	0	0	.684	684	164.2	142	14	59	2	163	6	3	60	58	3.17
'16	(ソ)	27	1	0	26	1	0	14	8	0	0	0	.636	769	183	163	12	70	5	144	7	1	71	60	2.95
'17	(ソ)	13	0	0	12	1	0	6	4	0	0	0	.600	316	71	68	10	33	5	60	1	0	35	29	3.68
'18	(ソ)	27	3	3	16	3	0	4	9	1	0	0	.308	522	124.2	123	11	37	1	87	1	0	67	62	4.48
'19	(ソ)	32	0	4	12	0	0	5	3	1	9	10	.625	361	83	78	6	40	4	70	2	0	43	42	4.55
'20	(ソ)	7	0	0	5	0	0	3	3	0	0	0	.500	121	25	34	7	14	1	23	2	0	19	18	6.48
'21	(ソ)	12	1	0	11	0	0	4	5	0	0	0	.444	314	77.1	66	7	24	2	73	2	0	23	23	2.68
'22	(ソ)	10	0	2	4	0	0	2	1	0	0	0	.667	126	28	25	2	15	3	34	0	0	8	8	2.57
'23	(ソ)	29	0	6	2	0	0	1	2	0	2	3	.333	197	46	45	1	19	2	38	1	0	20	20	3.91
〔12〕		217	9	15	145	7	1	66	48	2	11	14	.579	4272	1006	899	75	427	34	858	26	5	413	373	3.34

竹安　大知　たけやす・だいち　伊東商高（'16.1）　'94.9.27生　右投右打

年度	チーム	試合	完投	交代完了	試当初	無点勝	無四球	勝利	敗北	セーブ	ホールド	HP	勝率	打者	投球回	安打	本塁打	四球	死球	三振	暴投	ボーク	失点	自責点	防御率
'17	(神)	1	0	0	0	0	0	1	0	0	0	0	1.000	3	1	0	0	0	0	1	0	0	0	0	0.00
'18	(神)	2	0	0	1	0	0	0	0	0	0	0	.000	27	8	5	0	1	0	2	0	0	2	2	2.25
'19	(オ)	10	1	0	9	0	0	3	2	0	0	0	.600	234	54	63	5	17	5	37	1	0	28	27	4.50
'20	(オ)	2	0	0	2	0	0	1	0	0	0	0	1.000	40	9	8	0	5	1	3	0	0	5	3	3.00
'21	(オ)	17	0	3	8	0	0	3	2	0	0	3	.600	207	48.2	48	4	19	1	26	0	0	26	24	4.44
'22	(オ)	6	0	0	6	0	0	2	0	0	0	0	1.000	111	26	27	1	10	0	20	2	0	13	11	3.81
'23	(オ)	2	0	0	2	0	0	0	2	0	0	0	.000	26	4.1	12	0	3	1	1	0	0	5	5	10.38
〔7〕		40	1	3	28	0	0	10	6	0	0	3	.625	648	151	163	10	55	8	90	3	0	79	72	4.29

竹山　日向　たけやま・ひゅうが　享栄高（'22.1）　'03.11.2生　右投右打

年度	チーム	試合	完投	交代完了	試当初	無点勝	無四球	勝利	敗北	セーブ	ホールド	HP	勝率	打者	投球回	安打	本塁打	四球	死球	三振	暴投	ボーク	失点	自責点	防御率
'22	(ヤ)	1	0	0	0	0	0	0	0	0	0	0	.000	3	1	0	0	0	0	1	0	0	0	0	0.00

田島　慎二　たじま・しんじ　東海学園大　('12.1)　'89.12.21生　右投右打

年度 チーム	試合	完投	交代了	試当初	無勝	無四球	勝利	敗北	セーブ	ホールド	HP	勝率	打者	投回	安打	本塁打	四球	死球	三振	暴投	ボーク	失点	自責点	防御率
'12(中)	56	0	8	0	0	0	5	3	0	30	35	.625	274	70.2	50	1	17	3	56	2	0	10	9	1.15
'13(中)	50	0	6	2	0	0	5	10	0	12	17	.333	286	64.1	66	3	32	4	60	3	1	37	34	4.76
'14(中)	42	0	10	0	0	0	3	5	0	9	12	.375	232	51	47	5	29	4	55	3	0	35	29	5.12
'15(中)	64	0	22	0	0	0	4	6	9	16	20	.400	316	75	68	4	25	6	62	5	0	25	19	2.28
'16(中)	59	0	30	0	0	0	3	4	17	18	21	.429	248	58	50	5	25	3	61	6	0	16	16	2.44
'17(中)	63	0	51	0	0	0	2	5	34	6	8	.286	249	62.2	40	6	23	3	46	5	0	20	20	2.87
'18(中)	30	0	24	0	0	0	0	4	15	1	1	.000	134	28.2	30	4	18	2	13	3	0	23	23	7.22
'19(中)	21	0	6	0	0	0	0	1	0	5	5	.000	91	21	18	5	8	2	22	4	0	16	16	6.86
'21(中)	21	0	3	0	0	0	0	1	0	8	10	.667	74	18.1	15	0	6	0	22	1	0	5	5	2.45
'22(中)	21	0	6	0	0	0	0	0	0	1	1	.000	97	21.2	22	2	8	1	9	1	0	13	11	4.57
'23(中)	32	0	8	0	0	0	1	2	0	10	11	.333	127	29.2	24	3	17	1	31	0	0	16	16	4.85
〔11〕	460	0	174	2	0	0	25	41	75	116	141	.379	2128	502	430	38	210	29	437	32	1	216	198	3.55

田嶋　大樹　たじま・だいき　佐野日大高　('18.1)　'96.8.3生　左投左打

年度 チーム	試合	完投	交代了	試当初	無勝	無四球	勝利	敗北	セーブ	ホールド	HP	勝率	打者	投回	安打	本塁打	四球	死球	三振	暴投	ボーク	失点	自責点	防御率
'18(オ)	12	0	0	12	0	0	6	3	0	0	0	.667	291	68.2	60	9	24	4	69	2	0	33	31	4.06
'19(オ)	10	0	0	10	0	0	3	4	0	0	0	.429	219	49.2	48	4	20	1	40	1	0	26	19	3.44
'20(オ)	20	1	0	19	1	0	4	6	0	0	0	.400	512	122.1	102	14	42	7	89	2	0	57	55	4.05⑦
'21(オ)	24	0	0	24	0	0	8	8	0	0	0	.500	608	143.1	137	10	48	5	135	4	1	62	57	3.58⑪
'22(オ)	20	1	0	19	1	1	9	3	0	0	0	.750	513	125	115	12	37	2	92	3	1	41	37	2.66
'23(オ)	13	0	0	13	0	0	6	4	0	0	0	.600	338	81.2	73	9	18	2	64	2	0	31	28	3.09
〔6〕	99	2	0	97	2	1	36	28	0	0	0	.563	2481	590.2	535	58	189	21	489	14	2	250	227	3.46

達　孝太　たつ・こうた　天理高　('22.1)　'04.3.27生　右投右打

年度 チーム	試合	完投	交代了	試当初	無勝	無四球	勝利	敗北	セーブ	ホールド	HP	勝率	打者	投回	安打	本塁打	四球	死球	三振	暴投	ボーク	失点	自責点	防御率
'22(日)	1	0	0	1	0	0	0	0	0	0	0	.000	12	3	1	0	3	0	0	0	0	0	0	0.00

立野　和明　たての・かずあき　中部大一高　('20.1)　'98.4.3生　右投右打

年度 チーム	試合	完投	交代了	試当初	無勝	無四球	勝利	敗北	セーブ	ホールド	HP	勝率	打者	投回	安打	本塁打	四球	死球	三振	暴投	ボーク	失点	自責点	防御率
'21(日)	11	0	1	10	0	0	4	3	0	0	0	.571	224	55	39	3	23	3	47	1	0	16	15	2.45
'22(日)	3	0	0	3	0	0	1	2	0	0	0	.333	52	10.2	16	1	4	1	4	2	0	12	12	10.13
'23(日)	4	0	2	0	0	0	0	1	0	0	0	.000	29	6	10	2	1	0	7	1	0	4	4	6.00
〔3〕	18	0	3	13	0	0	5	6	0	0	0	.455	305	71.2	65	6	28	4	58	4	0	32	31	3.89

田中　瑛斗　たなか・えいと　柳ヶ浦高　('18.1)　'99.7.13生　右投左打

年度 チーム	試合	完投	交代了	試当初	無勝	無四球	勝利	敗北	セーブ	ホールド	HP	勝率	打者	投回	安打	本塁打	四球	死球	三振	暴投	ボーク	失点	自責点	防御率
'19(日)	1	0	0	1	0	0	0	0	0	0	0	.000	9	2	2	0	1	0	1	1	0	2	2	9.00
'22(日)	4	0	0	4	0	0	1	3	0	0	0	.250	87	18.2	22	3	7	7	8	0	2	11	10	4.82
'23(日)	2	0	0	2	0	0	0	1	0	0	0	.000	41	8.1	8	1	7	1	4	0	0	5	5	5.40
〔3〕	7	0	0	6	0	0	1	4	0	0	0	.200	137	29	32	4	15	8	13	1	2	18	17	5.28

田中 健二朗　たなか・けんじろう　常葉菊川高　('08.1)　'89. 9. 18生　左投左打

年度	チーム	試合	完投	交代完了	試当初	無点勝	無四球	勝利	敗北	セーブ	ホールド	H	勝率P	打者	投球回	安打	本塁打	四球	死球	三振	暴投	ボーク	失点	自責点	防御率
'10	(横)	5	0	1	4	0	0	1	2	0	0	0	.333	103	25	22	6	10	0	12	1	0	11	11	3.96
'11	(横)	1	0	0	1	0	0	0	0	0	0	0	.000	16	3	6	1	0	0	1	0	0	4	2	6.00
'12	(ディ)	15	0	1	4	0	0	0	2	0	0	0	.000	153	34.2	38	3	8	2	27	1	0	19	18	4.67
'13	(ディ)	9	0	4	0	0	0	0	0	0	0	0	.000	59	13	16	4	6	0	11	0	0	7	7	4.85
'14	(ディ)	11	0	2	0	0	0	1	0	0	0	1	1.000	68	15.1	21	1	3	1	17	1	0	8	7	4.11
'15	(ディ)	35	0	5	0	0	0	2	2	1	16	18	.500	140	32.2	29	1	16	0	29	3	0	9	8	2.20
'16	(ディ)	61	0	11	0	0	0	5	3	0	23	28	.625	197	44	46	2	18	1	39	3	0	16	12	2.45
'17	(ディ)	60	0	10	0	0	0	1	3	0	11	12	.250	205	48.1	43	3	23	1	36	2	0	26	24	4.47
'18	(ディ)	11	0	1	0	0	0	1	1	0	0	1	.500	54	12.1	14	2	6	0	14	0	0	9	9	6.57
'21	(ディ)	8	0	2	0	0	0	0	0	0	0	0	.000	18	4.2	3	0	2	1	6	1	0	0	0	0.00
'22	(ディ)	47	0	3	0	0	0	3	0	0	13	16	1.000	160	37.2	31	5	14	2	25	1	0	14	11	2.63
'23	(ディ)	11	0	4	0	0	0	0	0	0	1	1	.000	46	11	12	1	2	0	9	1	0	5	5	4.09
〔12〕		274	0	46	9	0	0	14	13	1	64	77	.519	1219	281.2	281	29	108	8	226	14	0	128	114	3.64

田中 正義　たなか・せいぎ　創価大　('17.1)　'94. 7. 19生　右投右打

年度	チーム	試合	完投	交代完了	試当初	無点勝	無四球	勝利	敗北	セーブ	ホールド	H	勝率P	打者	投球回	安打	本塁打	四球	死球	三振	暴投	ボーク	失点	自責点	防御率
'18	(ソ)	10	0	5	0	0	0	0	1	0	0	0	.000	64	13.2	18	6	6	0	15	0	0	13	13	8.56
'19	(ソ)	1	0	0	0	0	0	0	0	0	0	0	.000	5	0.2	0	0	2	0	0	0	0	0	0	0.00
'21	(ソ)	18	0	9	0	0	0	0	1	0	0	1	.000	67	16.2	9	2	8	0	14	3	0	5	4	2.16
'22	(ソ)	5	0	2	0	0	0	0	1	0	1	1	.000	16	5	2	0	0	0	6	0	0	0	0	0.00
'23	(日)	47	0	35	0	0	0	2	3	25	8	10	.400	194	46.1	43	6	13	0	46	0	0	18	18	3.50
〔5〕		81	0	51	0	0	0	2	4	25	10	12	.333	346	82.1	73	14	29	0	81	3	0	36	35	3.83

田中 千晴　たなか・ちはる　國學院大　('23.1)　'00. 9. 21生　右投右打

年度	チーム	試合	完投	交代完了	試当初	無点勝	無四球	勝利	敗北	セーブ	ホールド	H	勝率P	打者	投球回	安打	本塁打	四球	死球	三振	暴投	ボーク	失点	自責点	防御率
'23	(巨)	30	0	5	0	0	0	2	3	0	3	5	.400	148	32.2	30	4	19	0	41	1	0	22	20	5.51

田中 豊樹　たなか・とよき　日本文理大　('16.1)　'93. 12. 1生　右投右打

年度	チーム	試合	完投	交代完了	試当初	無点勝	無四球	勝利	敗北	セーブ	ホールド	H	勝率P	打者	投球回	安打	本塁打	四球	死球	三振	暴投	ボーク	失点	自責点	防御率
'16	(日)	4	0	2	0	0	0	0	0	0	1	1	.000	14	3.1	2	0	3	0	2	0	0	0	0	0.00
'17	(日)	19	0	4	0	0	0	0	2	0	1	1	.000	86	19	19	2	8	2	23	2	0	8	7	3.32
'18	(日)	8	0	3	0	0	0	0	0	0	0	0	.000	38	7.2	11	1	5	0	8	0	0	10	10	11.74
'20	(日)	31	0	8	0	0	0	1	1	0	1	2	.500	133	27.2	32	4	18	3	21	0	0	19	15	4.88
'21	(巨)	39	0	12	0	0	0	0	1	0	7	7	.000	152	38	22	5	20	1	37	3	0	13	12	2.84
'23	(巨)	15	0	4	0	0	0	0	0	0	0	0	.000	43	11	8	2	4	0	8	0	0	6	5	4.09
〔6〕		116	0	33	0	0	0	1	2	0	10	11	.333	466	106.2	94	14	58	6	99	5	0	56	49	4.13

田中 将大　たなか・まさひろ　駒大苫小牧高　('07.1)　'88. 11. 1生　右投右打

年度	チーム	試合	完投	交代完了	試当初	無点勝	無四球	勝利	敗北	セーブ	ホールド	H	勝率P	打者	投球回	安打	本塁打	四球	死球	三振	暴投	ボーク	失点	自責点	防御率
'07	(楽)	28	4	0	24	1	0	11	7	0	0	0	.611	800	186.1	183	17	68	7	196	10	1	83	79	3.82
'08	(楽)	25	5	1	19	2	1	9	7	1	0	0	.563	726	172.2	171	9	54	2	159	6	0	71	67	3.49
'09	(楽)	25	6	1	18	3	0	15	6	1	0	0	.714	771	189.2	170	13	43	7	171	3	0	51	49	2.33
'10	(楽)	20	8	0	12	1	2	11	6	0	0	0	.647	643	155	159	9	32	5	119	1	0	47	43	2.50
'11	(楽)	27	14	0	13	6	4	19	5	0	0	0	.792	866	226.1	171	8	27	5	241	7	0	35	32	1.27
'12	(楽)	22	8	0	14	3	4	10	4	0	0	0	.714	696	173	160	4	19	2	169	4	0	45	36	1.87
'13	(楽)	28	8	1	19	2	1	24	0	1	0	0	1.000	822	212	168	6	32	3	183	9	0	35	30	1.27
'21	(楽)	23	1	0	22	0	0	4	9	0	0	0	.308	624	155.2	131	17	29	15	126	6	1	54	52	3.01
'22	(楽)	25	1	0	24	1	0	9	12	0	0	0	.429	668	163	160	16	30	4	126	4	0	65	60	3.31
'23	(楽)	24	0	0	24	0	0	7	11	0	0	0	.389	600	139.1	156	15	38	5	81	5	0	79	76	4.91
〔10〕		247	55	3	189	19	12	119	67	3	0	0	.640	7216	1773	1629	114	372	45	1571	55	2	565	524	2.66

谷岡　竜平
たにおか・たっぺい　成立学園高　（'17.1）　'96.3.21生　右投右打

年度 チーム	試合	完投	交代完了	試合当初	無点勝	無四球	勝利	敗北	セーブ	ホールド	HP	勝率	打者	投球回	安打	本塁打	四球	死球	三振	暴投	ボーク	失点	自責点	防御率
'17(巨)	5	0	0	1	0	0	0	1	0	0	0	.000	36	6	12	1	8	0	7	1	0	8	8	12.00
'18(巨)	25	0	3	0	0	0	2	1	0	2	4	.667	117	25	26	1	16	0	25	4	0	17	16	5.76
〔2〕	30	0	3	1	0	0	2	2	0	2	4	.500	153	31	38	2	24	0	32	5	0	25	24	6.97

谷元　圭介
たにもと・けいすけ　中部大　（'09.1）　'85.1.28生　右投右打

年度 チーム	試合	完投	交代完了	試合当初	無点勝	無四球	勝利	敗北	セーブ	ホールド	HP	勝率	打者	投球回	安打	本塁打	四球	死球	三振	暴投	ボーク	失点	自責点	防御率
'09(日)	24	0	8	0	0	0	2	0	0	3	5	1.000	127	27.2	25	4	20	1	20	1	1	18	17	5.53
'10(日)	14	0	4	0	0	0	1	2	0	2	3	.333	68	15.2	18	2	4	0	12	1	0	10	10	5.74
'11(日)	47	0	16	0	0	0	1	2	0	5	6	.333	199	47.1	51	4	16	1	45	2	0	13	13	2.47
'12(日)	28	0	2	7	0	0	2	2	0	7	8	.500	257	61.1	61	3	16	1	39	1	1	24	24	3.52
'13(日)	31	0	5	13	0	0	6	6	1	3	7	.500	388	89.1	92	10	38	2	53	2	0	45	39	3.93
'14(日)	52	0	3	0	0	0	5	1	1	12	17	.833	260	68	41	4	19	2	63	3	2	14	12	1.59
'15(日)	61	0	8	0	0	0	4	2	0	20	24	.667	241	56.2	54	4	15	2	47	1	0	21	20	3.18
'16(日)	63	0	3	0	0	0	3	2	3	28	31	.600	206	50.1	41	4	16	1	44	0	0	14	13	2.32
'17(日)	36	0	4	0	0	0	0	2	1	21	21	.000	141	32.2	26	3	16	1	26	1	0	13	12	3.31
'17(中)	18	0	7	0	0	0	0	0	0	6	6	.000	80	18	20	4	12	0	14	0	0	12	12	6.00
'18(中)	8	0	3	0	0	0	0	0	0	1	3	1.000	56	9.2	22	2	3	0	8	1	0	20	16	14.90
'19(中)	38	0	4	0	0	0	1	0	0	13	13	.000	143	29.1	31	2	21	5	24	3	0	17	17	5.22
'20(中)	36	0	6	0	0	0	1	3	0	13	14	.250	122	30	20	3	13	0	13	1	0	13	12	3.60
'21(中)	32	0	4	0	0	0	1	1	0	14	15	.500	92	22.1	23	1	18	0	18	0	0	6	5	2.01
'22(中)	34	0	9	0	0	0	0	1	0	10	10	.000	134	31	30	3	12	0	21	0	0	9	9	2.61
'23(中)	7	0	1	0	0	0	0	0	0	2	2	.000	28	5.1	5	1	4	0	2	0	0	5	5	8.44
〔15〕	524	0	88	20	0	0	28	25	7	154	179	.528	2542	594.2	560	52	222	17	455	16	4	259	236	3.57

種市　篤暉
たねいち・あつき　八戸工大一高　（'17.1）　'98.9.7生　右投右打

年度 チーム	試合	完投	交代完了	試合当初	無点勝	無四球	勝利	敗北	セーブ	ホールド	HP	勝率	打者	投球回	安打	本塁打	四球	死球	三振	暴投	ボーク	失点	自責点	防御率
'18(ロ)	7	1	0	6	0	0	0	4	0	0	0	.000	169	38.1	42	5	13	1	28	4	0	28	26	6.10
'19(ロ)	26	0	0	17	0	0	8	2	0	0	2	.800	506	116.2	114	11	51	2	135	5	2	47	42	3.24
'20(ロ)	7	1	0	6	1	0	3	2	0	0	0	.600	198	46.2	43	7	15	5	41	0	0	18	18	3.47
'22(ロ)	1	0	0	1	0	0	0	1	0	0	0	.000	16	3	5	1	4	0	2	1	0	3	3	9.00
'23(ロ)	23	0	0	23	0	0	10	7	0	0	0	.588	571	136.2	124	12	45	7	157	3	0	56	52	3.42
〔5〕	64	2	0	53	1	0	21	15	0	0	2	.583	1460	341.1	328	36	128	15	363	13	0	152	141	3.72

田上　奏大
たのうえ・そうた　履正社高　（'21.1）　'02.11.26生　右投左打

年度 チーム	試合	完投	交代完了	試合当初	無点勝	無四球	勝利	敗北	セーブ	ホールド	HP	勝率	打者	投球回	安打	本塁打	四球	死球	三振	暴投	ボーク	失点	自責点	防御率
'22(ソ)	2	0	0	2	0	0	0	0	0	0	0	.000	31	7.1	4	0	6	0	2	0	0	2	2	2.45

玉井　大翔
たまい・たいしょう　東京農業大北海道オホーツク　（'17.1）　'92.6.16生　右投右打

年度 チーム	試合	完投	交代完了	試合当初	無点勝	無四球	勝利	敗北	セーブ	ホールド	HP	勝率	打者	投球回	安打	本塁打	四球	死球	三振	暴投	ボーク	失点	自責点	防御率
'17(日)	24	0	11	0	0	0	1	2	0	1	2	.333	99	24.1	17	2	7	3	12	0	0	8	7	2.59
'18(日)	40	0	12	0	0	0	2	3	0	2	4	.400	209	48	48	5	13	7	40	2	0	24	22	4.13
'19(日)	65	0	10	0	0	0	2	3	0	11	13	.400	256	62	52	1	22	1	34	1	0	22	18	2.61
'20(日)	49	0	3	0	0	0	4	4	1	21	25	.500	175	41.2	36	5	18	1	29	3	0	17	16	3.46
'21(日)	50	0	10	0	0	0	0	0	0	8	8	.000	185	42.2	41	2	19	4	23	1	0	18	15	3.16
'22(日)	50	0	8	0	0	0	1	1	0	19	20	.500	167	37.2	37	1	17	0	16	1	0	17	14	3.35
'23(日)	50	0	17	0	0	0	0	2	0	10	10	.000	162	37.2	43	3	7	3	21	3	0	14	11	2.63
〔7〕	328	0	71	0	0	0	10	15	3	72	82	.400	1253	294	274	19	103	19	175	11	0	120	103	3.15

玉村　昇悟　たまむら・しょうご　丹生高　('20.1)　'01.4.16生　左投左打

年度	チーム	試合	完投	交代了	試当初	無点勝	無四球	勝利	敗北	セーブ	ホールド	H P	勝率	打者	投球回	安打	本塁打	四球	死球	三振	暴投	ボーク	失点	自責点	防御率
'21	(広)	17	0	0	17	0	0	4	7	0	0	0	.364	432	101	95	13	40	1	67	0	0	47	43	3.83
'22	(広)	9	0	0	8	0	0	2	2	0	0	0	.500	188	43.2	46	2	13	1	21	0	0	19	19	3.92
'23	(広)	9	0	0	9	0	0	3	1	0	0	0	.750	199	45.1	52	9	11	2	44	0	0	28	25	4.96
〔3〕		35	0	0	34	0	0	9	10	0	0	0	.474	819	190	193	24	64	4	132	0	0	94	87	4.12

田村伊知郎　たむら・いちろう　立教大　('17.1)　'94.9.19生　右投左打

年度	チーム	試合	完投	交代了	試当初	無点勝	無四球	勝利	敗北	セーブ	ホールド	H P	勝率	打者	投球回	安打	本塁打	四球	死球	三振	暴投	ボーク	失点	自責点	防御率
'17	(武)	12	0	1	0	0	0	0	0	0	0	0	.000	66	14.1	18	6	6	0	9	0	0	12	11	6.91
'18	(武)	4	0	2	0	0	0	0	0	0	0	0	.000	21	5	6	1	0	0	3	0	0	2	2	3.60
'19	(武)	6	0	0	0	0	0	0	0	0	0	0	.000	34	7.1	9	1	4	0	3	2	0	5	5	6.14
'20	(武)	31	0	17	0	0	0	0	0	0	0	0	.000	181	41	47	4	16	2	27	4	0	20	18	3.95
'21	(武)	22	0	13	0	0	0	1	0	1	0	1	1.000	130	31	17	2	16	4	20	0	0	10	10	2.90
'22	(武)	3	0	2	0	0	0	0	0	3	0	0	.000	13	3	3	0	1	0	1	1	0	2	2	6.00
'23	(武)	24	0	10	0	0	0	2	1	1	6	8	.667	93	23.2	14	1	8	0	20	4	0	4	4	1.52
〔7〕		102	0	52	0	0	0	3	1	2	6	9	.750	538	125.1	114	15	51	6	83	11	0	55	52	3.73

張　　奕　ちょう・やく　日本経済大　('19.5)　'94.2.26生　右投右打

年度	チーム	試合	完投	交代了	試当初	無点勝	無四球	勝利	敗北	セーブ	ホールド	H P	勝率	打者	投球回	安打	本塁打	四球	死球	三振	暴投	ボーク	失点	自責点	防御率
'19	(オ)	8	0	1	6	0	0	2	4	0	0	0	.333	126	27.1	36	7	9	1	17	1	0	20	18	5.93
'20	(オ)	8	0	1	9	0	0	2	4	0	0	0	.333	212	48	50	5	16	2	46	1	1	26	23	4.31
'21	(オ)	8	0	0	1	0	0	0	0	0	3	3	.000	54	10.1	21	4	2	0	15	0	0	15	15	13.06
'22	(オ)	15	0	4	0	0	0	1	0	0	0	0	.000	101	22.2	23	0	10	2	20	0	0	9	6	2.38
'23	(オ)	5	0	3	0	0	0	0	0	0	0	0	.000	25	5	10	2	1	0	3	0	0	5	5	9.00
〔5〕		49	0	9	16	0	0	5	8	0	3	3	.308	518	113.1	140	18	38	5	101	2	1	75	67	5.32

津森　宥紀　つもり・ゆうき　東北福祉大　('20.1)　'98.1.21生　右投右打

年度	チーム	試合	完投	交代了	試当初	無点勝	無四球	勝利	敗北	セーブ	ホールド	H P	勝率	打者	投球回	安打	本塁打	四球	死球	三振	暴投	ボーク	失点	自責点	防御率
'20	(ソ)	14	0	5	0	0	0	1	0	0	3	4	1.000	72	16.1	15	2	8	1	17	1	0	5	5	2.76
'21	(ソ)	45	0	5	0	0	0	1	0	0	11	12	1.000	132	33	24	2	8	2	43	0	0	8	8	2.18
'22	(ソ)	51	0	8	0	0	0	4	6	1	18	22	.400	193	46.1	36	4	24	2	51	0	0	17	15	2.91
'23	(ソ)	56	0	8	0	0	0	4	4	0	22	26	.500	202	48.2	37	4	21	3	44	0	0	20	19	3.51
〔4〕		166	0	26	0	0	0	10	10	1	54	64	.500	599	144.1	112	12	61	8	155	1	0	50	47	2.93

津留﨑大成　つるさき・たいせい　慶應義塾大　('20.1)　'97.10.10生　右投右打

年度	チーム	試合	完投	交代了	試当初	無点勝	無四球	勝利	敗北	セーブ	ホールド	H P	勝率	打者	投球回	安打	本塁打	四球	死球	三振	暴投	ボーク	失点	自責点	防御率
'20	(楽)	33	0	8	0	0	0	1	1	0	1	2	.500	147	34.1	30	1	18	1	24	2	0	17	16	4.19
'21	(楽)	11	0	3	0	0	0	0	1	0	1	1	.000	47	10.2	11	0	5	0	7	0	0	6	6	5.06
'22	(楽)	11	0	4	0	0	0	0	2	0	2	2	.000	56	12	16	0	6	0	7	0	0	6	6	4.50
'23	(楽)	7	0	0	0	0	0	0	0	0	0	0	.000	38	9.2	11	1	0	0	7	0	0	2	2	1.86
〔4〕		62	0	15	0	0	0	1	4	0	4	5	.500	288	66.2	68	2	29	1	45	2	0	31	30	4.05

J.ティノコ　ヘスス・ティノコ　ボリバルバランカス高　('23.1)　'95.4.30生　右投右打

年度	チーム	試合	完投	交代了	試当初	無点勝	無四球	勝利	敗北	セーブ	ホールド	H P	勝率	打者	投球回	安打	本塁打	四球	死球	三振	暴投	ボーク	失点	自責点	防御率
'23	(武)	38	0	9	0	0	0	0	3	0	8	8	.000	160	35	33	1	20	3	29	0	0	13	11	2.83

東條　大樹　とうじょう・たいき　青山学院大　('16.1)　'91. 8. 15生　右投右打

年度（チーム）	試合	完投	交代完了	試当初	無点勝	無四球	勝利	敗北	セーブ	ホールド	HP	勝率	打者	投球回	安打	本塁打	四球	死球	三振	暴投	ボーク	失点	自責点	防御率
'16（ロ）	11	0	5	0	0	0	0	0	0	1	1	.000	62	11.2	14	1	14	2	6	0	0	13	13	10.03
'17（ロ）	12	0	6	0	0	0	0	0	0	1	1	.000	78	17	18	1	11	2	17	1	0	13	13	6.88
'18（ロ）	11	0	0	0	0	0	0	0	0	2	2	.000	42	11.2	6	2	4	0	10	0	0	2	2	1.54
'19（ロ）	58	0	12	0	0	0	1	0	0	16	17	1.000	232	52.1	52	7	21	7	53	1	0	26	22	3.78
'20（ロ）	39	0	7	0	0	0	1	0	1	5	6	.500	121	28.1	25	3	12	4	26	0	0	10	8	2.54
'21（ロ）	5	0	1	0	0	0	0	0	1	1	0	.000	20	3.1	7	0	5	0	0	0	0	2	2	5.40
'22（ロ）	59	0	7	0	0	0	4	4	0	30	34	.500	227	56.1	51	3	10	4	63	1	0	14	13	2.08
'23（ロ）	11	0	3	0	0	0	0	0	1	2	2	.000	45	9.2	12	1	5	0	10	1	0	9	8	7.45
〔8〕	206	0	41	0	0	0	6	5	1	58	64	.545	827	190.1	185	18	82	19	185	4	0	89	81	3.83

床田　寛樹　とこだ・ひろき　中部学院大　('17.1)　'95. 3. 1生　左投左打

年度（チーム）	試合	完投	交代完了	試当初	無点勝	無四球	勝利	敗北	セーブ	ホールド	HP	勝率	打者	投球回	安打	本塁打	四球	死球	三振	暴投	ボーク	失点	自責点	防御率
'17（広）	3	0	0	3	0	0	1	1	0	0	0	.500	71	17.1	16	2	3	0	16	0	0	10	10	5.19
'19（広）	25	1	0	23	0	0	7	6	0	0	0	.538	389	139.2	131	17	48	5	101	2	0	54	46	2.96
'20（広）	15	0	0	15	0	0	5	8	0	0	0	.385	343	76.2	101	10	23	0	56	1	0	51	42	4.93
'21（広）	16	0	0	14	1	0	5	4	0	1	1	.556	374	87.1	91	6	24	2	80	1	0	32	31	3.19
'22（広）	17	1	0	16	1	0	8	6	0	0	0	.571	446	114	87	10	28	4	74	2	1	36	36	2.84
'23（広）	24	2	0	21	2	0	11	7	0	0	0	.611	636	156	144	13	28	5	86	3	0	46	38	2.19③
〔6〕	100	5	0	92	4	0	37	32	0	1	1	.536	2460	591	570	57	154	16	413	9	1	229	203	3.09

戸郷　翔征　とごう・しょうせい　聖心ウルスラ学園高　('19.1)　'00. 4. 4生　右投右打

年度（チーム）	試合	完投	交代完了	試当初	無点勝	無四球	勝利	敗北	セーブ	ホールド	HP	勝率	打者	投球回	安打	本塁打	四球	死球	三振	暴投	ボーク	失点	自責点	防御率
'19（巨）	2	0	0	1	0	0	1	0	0	0	0	1.000	34	8.2	6	1	3	1	11	0	0	2	2	2.08
'20（巨）	19	0	0	18	0	0	9	6	0	0	0	.600	446	107.2	87	12	42	6	106	1	0	33	33	2.76
'21（巨）	26	1	0	25	0	0	9	8	0	0	0	.529	639	151.2	130	19	58	6	138	3	0	75	72	4.27⑨
'22（巨）	25	3	0	22	1	1	12	8	0	0	0	.600	702	171.2	146	11	51	8	154	3	0	52	50	2.62⑤
'23（巨）	24	4	0	20	2	1	12	7	0	0	0	.706	676	170	141	14	49	4	141	2	0	49	45	2.38④
〔5〕	96	8	0	86	3	2	43	27	0	0	2	.614	2497	609.2	510	57	193	24	550	9	0	211	202	2.98

戸田　懐生　とだ・なつき　KTCおおぞら高等学院　('21.6)　'00. 7. 22生　右投右打

年度（チーム）	試合	完投	交代完了	試当初	無点勝	無四球	勝利	敗北	セーブ	ホールド	HP	勝率	打者	投球回	安打	本塁打	四球	死球	三振	暴投	ボーク	失点	自責点	防御率
'21（巨）	3	0	3	0	0	0	0	0	0	0	0	.000	12	3	3	0	1	0	3	0	0	0	0	0.00
'22（巨）	14	0	5	0	0	0	1	0	0	0	1	1.000	104	22	33	6	6	1	15	1	0	17	16	6.55
〔2〕	17	0	8	0	0	0	1	0	0	0	1	1.000	116	25	36	6	7	1	15	1	0	17	16	5.76

戸根　千明　とね・ちあき　日本大　('15.1)　'92. 10. 17生　左投左打

年度（チーム）	試合	完投	交代完了	試当初	無点勝	無四球	勝利	敗北	セーブ	ホールド	HP	勝率	打者	投球回	安打	本塁打	四球	死球	三振	暴投	ボーク	失点	自責点	防御率
'15（巨）	46	0	17	0	0	0	1	1	1	5	6	.500	168	40.2	26	3	18	0	39	0	0	13	13	2.88
'16（巨）	42	0	11	0	0	0	1	0	1	5	6	1.000	161	36	37	5	17	3	25	0	0	19	18	4.50
'17（巨）	6	0	2	0	0	0	0	1	0	0	1	.000	45	8	11	1	4	2	11	0	0	8	6	6.75
'19（巨）	26	0	4	0	0	0	0	1	0	0	0	.000	104	22.2	17	2	17	3	21	0	0	7	5	1.99
'21（巨）	29	0	5	0	0	0	2	0	1	0	2	1.000	161	37.1	25	3	22	3	36	3	0	20	20	4.82
'22（広）	9	0	3	0	0	0	0	0	0	0	0	.000	63	14.1	16	4	3	1	9	0	0	8	8	5.02
'23（広）	24	0	4	0	0	0	0	1	0	5	6	1.000	103	21.1	22	3	16	0	11	0	0	14	11	4.64
〔7〕	182	0	46	0	0	0	6	2	3	23	29	.750	805	180.1	156	22	99	12	152	3	0	89	81	4.04

富田　蓮　とみだ・れん　大垣商高　（'23.1）　'01.9.6生　左投左打

年度	チーム	試合	完投	交代完了	試当初	無点勝	無四球	勝利	敗北	セーブ	ホールド	H P	勝率	打者	投球回	安打	本塁打	四球	死球	三振	暴投	ボーク	失点	自責点	防御率
'23	(神)	9	0	2	2	0	0	1	2	0	0	1	.333	66	16	14	2	5	0	10	0	0	11	8	4.50

富山　凌雅　とみやま・りょうが　九州国際大付高　（'19.1）　'97.5.3生　左投左打

年度	チーム	試合	完投	交代完了	試当初	無点勝	無四球	勝利	敗北	セーブ	ホールド	H P	勝率	打者	投球回	安打	本塁打	四球	死球	三振	暴投	ボーク	失点	自責点	防御率
'19	(オ)	1	0	1	0	0	0	0	0	0	0	0	.000	6	2	0	0	0	0	2	0	0	0	0	0.00
'20	(オ)	18	0	7	0	0	0	0	2	0	3	3	.000	77	18.1	14	3	10	1	15	0	0	9	9	4.42
'21	(オ)	51	0	12	0	0	0	2	1	0	20	22	.667	189	46.1	37	2	17	0	34	0	0	16	14	2.72
'22	(オ)	8	0	1	0	0	0	0	0	0	3	3	.000	38	7.1	10	3	3	0	7	0	0	9	9	11.05
〔4〕		78	0	21	0	0	0	2	3	0	26	28	.400	310	74	61	8	30	1	58	0	0	34	32	3.89

土居　豪人　どい・ひでと　松山聖陵高　（'19.1）　'00.4.2生　右投右打

年度	チーム	試合	完投	交代完了	試当初	無点勝	無四球	勝利	敗北	セーブ	ホールド	H P	勝率	打者	投球回	安打	本塁打	四球	死球	三振	暴投	ボーク	失点	自責点	防御率
'21	(ロ)	14	0	12	0	0	0	0	0	0	0	0	.000	65	14.1	15	3	11	1	10	0	0	12	12	7.53

土肥　星也　どひ・せいや　尽誠学園高　（'17.1）　'95.7.7生　左投左打

年度	チーム	試合	完投	交代完了	試当初	無点勝	無四球	勝利	敗北	セーブ	ホールド	H P	勝率	打者	投球回	安打	本塁打	四球	死球	三振	暴投	ボーク	失点	自責点	防御率
'17	(ロ)	18	0	7	0	0	0	0	1	0	2	2	.000	98	19.1	25	4	12	2	14	3	0	22	20	9.31
'18	(ロ)	6	0	0	6	0	0	2	1	0	0	0	.667	125	28.1	30	4	16	0	16	3	0	16	16	5.08
'19	(ロ)	6	0	0	6	0	0	1	0	0	0	0	1.000	137	31.2	35	4	12	0	28	1	0	12	11	3.13
'21	(ロ)	1	0	0	1	0	0	0	1	0	0	0	.000	11	2	6	1	0	0	0	0	0	3	3	13.50
'22	(ロ)	1	0	1	0	0	0	1	0	0	0	0	1.000	6	1	2	0	1	0	0	0	0	0	0	0.00
〔5〕		32	0	8	13	0	0	4	3	0	2	3	.571	377	82.1	98	13	41	2	58	7	0	53	50	5.47

直江　大輔　なおえ・だいすけ　松商学園高　（'19.1）　'00.6.20生　右投右打

年度	チーム	試合	完投	交代完了	試当初	無点勝	無四球	勝利	敗北	セーブ	ホールド	H P	勝率	打者	投球回	安打	本塁打	四球	死球	三振	暴投	ボーク	失点	自責点	防御率
'20	(巨)	3	0	0	3	0	0	0	0	0	0	0	.000	49	12	10	2	3	1	11	0	0	4	4	3.00
'21	(巨)	4	0	1	3	0	0	0	1	0	0	0	.000	51	11	15	1	4	2	4	0	0	6	6	4.91
'22	(巨)	9	0	2	3	0	0	1	1	0	0	0	.500	79	18.2	12	2	8	3	16	1	0	9	7	3.38
'23	(巨)	16	0	3	0	0	0	0	1	0	6	6	.000	58	14	7	2	9	0	11	1	0	7	6	3.86
〔4〕		32	0	6	9	0	0	1	3	0	6	6	.250	237	55.2	44	7	24	6	42	2	0	26	23	3.72

中川　皓太　なかがわ・こうた　東海大　（'16.1）　'94.2.24生　左投左打

年度	チーム	試合	完投	交代完了	試当初	無点勝	無四球	勝利	敗北	セーブ	ホールド	H P	勝率	打者	投球回	安打	本塁打	四球	死球	三振	暴投	ボーク	失点	自責点	防御率
'16	(巨)	2	0	2	0	0	0	0	0	0	0	0	.000	11	2	4	2	1	0	2	0	0	3	3	13.50
'17	(巨)	18	0	5	1	0	0	0	0	0	0	0	.000	107	25	28	2	4	2	19	0	1	12	12	4.32
'18	(巨)	30	0	10	0	0	0	1	0	1	3	4	1.000	165	37.2	47	7	8	1	31	2	0	24	21	5.02
'19	(巨)	67	0	33	0	0	0	4	3	16	17	21	.571	270	64.2	57	3	18	2	74	0	0	19	17	2.37
'20	(巨)	37	0	10	0	0	0	2	1	6	15	17	.667	139	36	24	1	10	1	26	0	0	4	4	1.00
'21	(巨)	58	0	14	0	0	0	4	3	1	25	29	.571	220	54.2	47	2	10	5	49	0	0	17	15	2.47
'23	(巨)	44	0	22	0	0	0	1	4	14	17	18	.200	172	43.1	37	3	9	1	38	0	0	10	10	2.08
〔7〕		256	0	96	1	0	0	12	11	38	77	89	.522	1084	263.1	244	20	60	12	239	2	1	89	82	2.80

中川　虎大　なかがわ・こお　箕島高　('19.7)　'99.10.2生　右投右打

年度	チーム	試合	完投	交代了	試当初	無点勝	無四球	勝利	敗北	セーブ	ホールド	HP	勝率	打者	投球回	安打	本塁打	四球	死球	三振	暴投	ボーク	失点	自責点	防御率
'19	(ディ)	3	0	1	1	0	0	0	1	0	0	0	.000	25	5	7	2	3	0	3	0	0	3	3	5.40
'20	(ディ)	3	0	0	2	0	0	0	1	0	0	0	.000	27	6.1	6	2	4	0	3	0	0	5	5	7.11
'21	(ディ)	7	0	0	5	0	0	0	1	0	0	0	.000	122	26.1	32	3	15	0	24	1	0	22	19	6.49
'22	(ディ)	8	0	2	0	0	0	0	1	0	0	0	.000	46	10.1	8	1	7	1	11	0	0	5	5	4.35
'23	(ディ)	9	0	4	0	0	0	0	1	0	0	0	.000	41	10.2	9	2	3	0	10	0	0	3	3	2.53
〔5〕		30	0	7	8	0	0	0	4	0	0	0	.000	261	58.2	62	10	32	1	51	1	0	38	35	5.37

中川　颯　なかがわ・はやて　立教大　('21.1)　'98.10.10生　右投左打

年度	チーム	試合	完投	交代了	試当初	無点勝	無四球	勝利	敗北	セーブ	ホールド	HP	勝率	打者	投球回	安打	本塁打	四球	死球	三振	暴投	ボーク	失点	自責点	防御率
'21	(オ)	1	0	0	0	0	0	0	0	0	0	0	.000	5	1	2	0	0	0	0	0	0	0	0	0.00

中﨑　翔太　なかざき・しょうた　日南学園高　('11.1)　'92.8.10生　右投右打

年度	チーム	試合	完投	交代了	試当初	無点勝	無四球	勝利	敗北	セーブ	ホールド	HP	勝率	打者	投球回	安打	本塁打	四球	死球	三振	暴投	ボーク	失点	自責点	防御率
'12	(広)	12	0	3	1	0	0	0	1	0	1	1	.000	84	21	15	1	8	1	14	1	0	7	6	2.57
'13	(広)	17	0	2	11	0	0	2	7	0	1	2	.222	273	60.1	77	7	31	1	40	1	0	41	39	5.82
'14	(広)	32	0	8	0	0	0	2	3	1	10	12	.400	193	43.2	45	2	15	3	32	0	0	20	19	3.92
'15	(広)	69	0	54	0	0	0	0	6	29	11	11	.000	300	73	65	4	23	1	61	0	0	20	19	2.34
'16	(広)	61	0	53	0	0	0	3	4	34	7	10	.429	251	61.1	50	2	19	2	54	0	0	11	9	1.32
'17	(広)	59	0	19	0	0	0	4	1	10	25	29	.800	218	57.2	33	2	20	0	36	0	0	9	9	1.40
'18	(広)	68	0	55	0	0	0	4	2	32	6	10	.667	293	66.1	66	7	29	1	56	0	0	23	20	2.71
'19	(広)	36	0	26	0	0	0	3	3	5	7	8	.500	171	35.1	44	3	17	2	23	0	0	24	16	4.08
'20	(広)	6	0	3	0	0	0	1	0	0	0	1	1.000	25	5	8	3	3	0	3	0	0	5	5	9.00
'21	(広)	4	0	1	0	0	0	0	0	0	0	0	.000	24	4	9	0	2	0	1	0	0	8	6	13.50
'22	(広)	28	0	9	0	0	0	2	5	0	0	7	.286	108	23.2	27	4	10	1	18	0	0	19	17	6.46
'23	(広)	35	0	9	0	0	0	1	0	0	7	8	1.000	132	33	25	1	13	0	24	0	0	13	10	2.73
〔12〕		427	0	239	12	0	0	22	32	115	80	101	.407	2072	484.1	454	38	183	14	362	2	0	200	175	3.25

仲地　礼亜　なかち・れいあ　沖縄大　('23.1)　'01.2.15生　右投右打

年度	チーム	試合	完投	交代了	試当初	無点勝	無四球	勝利	敗北	セーブ	ホールド	HP	勝率	打者	投球回	安打	本塁打	四球	死球	三振	暴投	ボーク	失点	自責点	防御率
'23	(中)	9	0	0	9	0	0	2	5	0	0	0	.286	194	43.1	41	6	25	0	37	0	0	24	24	4.98

中村　稔弥　なかむら・としや　亜細亜大　('19.1)　'96.7.8生　左投左打

年度	チーム	試合	完投	交代了	試当初	無点勝	無四球	勝利	敗北	セーブ	ホールド	HP	勝率	打者	投球回	安打	本塁打	四球	死球	三振	暴投	ボーク	失点	自責点	防御率
'19	(ロ)	10	0	0	1	0	0	1	1	0	3	4	.500	103	25	23	2	8	1	21	3	2	12	12	4.32
'20	(ロ)	16	0	2	11	0	0	2	5	0	0	0	.286	278	64	61	11	31	0	40	4	0	41	34	4.78
'21	(ロ)	14	0	3	3	0	0	0	2	0	0	0	.000	172	38	40	3	18	1	27	3	2	19	13	3.08
'22	(ロ)	10	0	5	0	0	0	0	1	0	0	1	.000	64	12.1	17	0	9	1	10	1	0	11	11	8.03
'23	(ロ)	17	0	7	0	0	0	3	1	0	0	3	.750	99	23.1	22	0	6	1	19	1	0	6	6	2.31
〔5〕		67	0	17	15	0	0	6	9	0	3	8	.400	716	162.2	163	16	72	4	117	12	4	89	76	4.20

中村　祐太　なかむら・ゆうた　関東第一高（'14.1）　'95.8.31生　右投右打

年度	チーム	試合	完投	交代完了	試当初	無点勝	無四球	勝利	敗北	セーブ	ホールド	HP	勝率	打者	投球回	安打	本塁打	四球	死球	三振	暴投	ボーク	失点	自責点	防御率
'17	(広)	15	0	0	14	0	0	5	4	0	0	0	.556	312	74.2	68	7	26	2	54	1	0	33	31	3.74
'18	(広)	9	0	0	8	0	0	3	4	0	0	0	.429	205	44.2	50	8	21	5	31	1	0	33	30	6.04
'19	(広)	2	0	1	1	0	0	0	0	0	0	0	.000	32	5.2	11	3	5	0	4	1	0	8	8	12.71
'20	(広)	8	0	0	8	0	0	3	4	0	0	0	.429	191	46.2	42	8	11	2	37	1	0	12	12	2.31
'21	(広)	3	0	0	3	0	0	0	3	0	0	0	.000	65	13	21	3	5	0	6	0	0	17	16	11.08
'23	(広)	5	0	0	0	0	0	0	0	0	0	0	.000	31	7	9	1	1	0	3	0	0	5	1	1.29
〔6〕		42	0	5	34	0	0	11	15	0	0	0	.423	836	191.2	201	30	69	9	135	4	0	108	98	4.60

中村　亮太　なかむら・りょうた　東京農業大北海道オホーツク（'22.7）　'98.5.18生　右投右打

年度	チーム	試合	完投	交代完了	試当初	無点勝	無四球	勝利	敗北	セーブ	ホールド	HP	勝率	打者	投球回	安打	本塁打	四球	死球	三振	暴投	ボーク	失点	自責点	防御率
'22	(ソ)	2	0	0	0	0	0	0	0	0	0	0	.000	22	2.2	11	1	3	1	1	0	0	10	10	33.75

中森　俊介　なかもり・しゅんすけ　明石商高（'21.1）　'02.5.29生　右投左打

年度	チーム	試合	完投	交代完了	試当初	無点勝	無四球	勝利	敗北	セーブ	ホールド	HP	勝率	打者	投球回	安打	本塁打	四球	死球	三振	暴投	ボーク	失点	自責点	防御率
'23	(ロ)	13	0	3	2	0	0	3	2	0	3	6	.600	86	20.1	17	2	8	3	10	1	0	8	8	3.54

生田目　翼　なばため・つばさ　流通経済大（'19.1）　'95.2.19生　右投右打

年度	チーム	試合	完投	交代完了	試当初	無点勝	無四球	勝利	敗北	セーブ	ホールド	HP	勝率	打者	投球回	安打	本塁打	四球	死球	三振	暴投	ボーク	失点	自責点	防御率
'19	(日)	4	0	0	1	0	0	0	1	0	0	0	.000	39	8	10	2	4	0	2	0	0	10	7	7.88
'20	(日)	3	0	1	1	0	0	0	0	0	1	1	.000	29	6	9	1	3	0	5	0	0	6	5	7.50
'21	(日)	1	0	0	1	0	0	1	0	0	0	0	1.000	22	6	4	0	4	1	5	0	0	1	1	1.50
'22	(日)	2	0	0	0	0	0	0	0	0	0	0	.000	41	10	5	0	3	0	4	1	0	5	4	3.60
'23	(日)	5	0	2	0	0	0	0	0	0	0	0	.000	35	8.1	4	0	4	1	8	0	0	3	2	2.16
〔5〕		15	0	3	5	0	0	1	4	0	0	0	.200	166	38.1	32	3	18	4	24	4	0	25	19	4.46

成田　翔　なりた・かける　秋田商高（'16.1）　'98.2.3生　左投左打

年度	チーム	試合	完投	交代完了	試当初	無点勝	無四球	勝利	敗北	セーブ	ホールド	HP	勝率	打者	投球回	安打	本塁打	四球	死球	三振	暴投	ボーク	失点	自責点	防御率
'17	(ロ)	4	0	0	2	0	0	0	2	0	1	1	.000	52	12.1	12	2	4	1	8	0	0	8	6	4.38
'18	(ロ)	5	0	2	0	0	0	0	0	0	1	1	.000	17	4	3	0	2	0	1	1	0	2	2	4.50
'20	(ロ)	3	0	3	0	0	0	0	0	0	0	0	.000	15	3	5	2	0	1	3	0	0	6	6	18.00
'21	(ロ)	3	0	1	0	0	0	0	0	0	0	0	.000	14	3	3	0	2	1	3	0	0	0	0	0.00
'23	(ヤ)	3	0	2	0	0	0	1	0	0	1	1	1.000	17	3.1	4	0	1	1	2	1	0	2	2	5.40
〔5〕		18	0	8	2	0	0	1	2	0	1	1	.000	115	25.2	27	4	9	4	17	2	0	18	16	5.61

J.ニックス　ジェイコブ・ニックス　IMGアカデミー（'23.2）　'96.1.9生　右投右打

年度	チーム	試合	完投	交代完了	試当初	無点勝	無四球	勝利	敗北	セーブ	ホールド	HP	勝率	打者	投球回	安打	本塁打	四球	死球	三振	暴投	ボーク	失点	自責点	防御率
'23	(オ)	2	0	0	2	0	0	0	1	0	0	0	.000	30	6	7	2	6	0	5	0	0	7	7	10.50

西　純矢　にし・じゅんや　創志学園高（'20.1）　'01.9.13生　右投右打

年度	チーム	試合	完投	交代完了	試当初	無点勝	無四球	勝利	敗北	セーブ	ホールド	HP	勝率	打者	投球回	安打	本塁打	四球	死球	三振	暴投	ボーク	失点	自責点	防御率
'21	(神)	2	0	0	2	0	0	1	1	0	0	0	.500	34	8	4	0	7	0	2	0	0	3	3	3.38
'22	(神)	14	1	0	12	0	1	6	3	0	0	0	.667	309	77.1	67	7	19	1	60	2	0	24	23	2.68
'23	(神)	17	1	1	10	0	1	5	2	0	1	2	.714	316	72.1	79	9	28	3	45	0	0	33	31	3.86
〔3〕		33	2	1	24	0	2	12	6	0	1	2	.667	659	157.2	150	16	54	4	107	2	0	60	57	3.25

西　勇輝　にし・ゆうき　菰野高（'09.1）　'90.11.10生　右投右打

年度	チーム	試合	完投	交代完了	試当初	無点勝	無四球	勝利	敗北	セーブ	ホールド	HP	勝率	打者	投球回	安打	本塁打	四球	死球	三振	暴投	ボーク	失点	自責点	防御率
'09	(オ)	3	0	2	0	0	0	0	0	0	0	0	.000	13	4	0	0	1	0	2	0	0	0	0	0.00
'10	(オ)	18	0	6	1	0	0	0	0	0	1	1	.000	128	31.2	21	3	14	1	31	0	0	12	12	3.41
'11	(オ)	25	1	3	17	0	1	10	7	1	0	1	.588	537	130.2	109	8	26	**16**	106	1	0	49	44	3.03
'12	(オ)	19	2	0	17	1	0	8	3	0	0	0	.727	503	123	106	3	33	5	87	2	0	41	38	2.78
'13	(オ)	28	3	0	25	0	1	9	8	0	0	0	.529	708	166	178	13	42	**14**	137	5	0	74	67	3.63⑨
'14	(オ)	24	3	0	21	1	2	12	10	0	0	0	.545	640	156	146	11	35	7	119	1	0	65	57	3.29⑤
'15	(オ)	24	3	0	21	2	0	10	6	0	0	0	.625	655	162.2	140	11	43	6	143	3	0	46	43	2.38②
'16	(オ)	26	2	0	24	1	0	10	12	0	0	0	.455	712	165.1	171	4	48	8	108	2	0	80	76	4.14⑫
'17	(オ)	17	3	0	14	1	0	5	6	0	0	0	.455	483	117.2	108	14	29	7	88	0	0	46	45	3.44
'18	(オ)	25	0	0	25	0	0	10	13	0	0	0	.435	679	162.1	162	15	36	6	119	1	0	66	65	3.60⑤
'19	(神)	26	1	0	25	1	0	10	8	0	0	0	.556	702	172.1	159	12	36	9	112	2	0	60	56	2.92⑤
'20	(神)	21	4	0	17	2	2	11	5	0	0	0	.688	**582**	147.2	116	15	28	4	115	1	1	44	37	2.26④
'21	(神)	24	**2**	0	22	0	1	6	9	0	0	0	.400	610	143.2	143	12	40	4	95	2	0	68	60	3.76⑦
'22	(神)	23	2	0	21	**2**	1	9	9	0	0	0	.500	599	148.1	132	8	26	5	93	2	0	40	36	2.18②
'23	(神)	18	2	0	16	1	0	8	5	0	0	0	.615	452	108.1	106	8	24	8	56	0	1	47	43	3.57
〔15〕		321	28	11	266	12	8	118	101	1	1	2	.539	8003	1939.2	1797	137	461	100	1411	22	2	738	679	3.15

西垣　雅矢　にしがき・まさや　早稲田大（'22.1）　'99.6.21生　右投左打

年度	チーム	試合	完投	交代完了	試当初	無点勝	無四球	勝利	敗北	セーブ	ホールド	HP	勝率	打者	投球回	安打	本塁打	四球	死球	三振	暴投	ボーク	失点	自責点	防御率
'22	(楽)	24	0	10	0	0	0	0	0	0	0	0	.000	96	23.2	20	2	10	0	15	2	0	7	7	2.66
'23	(楽)	1	0	0	0	0	0	0	0	0	0	0	.000	4	0.1	1	0	1	1	0	0	0	3	3	81.00
〔2〕		25	0	10	0	0	0	0	0	0	0	0	.000	100	24	21	2	11	1	15	2	0	10	10	3.75

西口　直人　にしぐち・なおと　山本高－甲賀健康医療専門学校（'17.1）　'96.11.14生　右投右打

年度	チーム	試合	完投	交代完了	試当初	無点勝	無四球	勝利	敗北	セーブ	ホールド	HP	勝率	打者	投球回	安打	本塁打	四球	死球	三振	暴投	ボーク	失点	自責点	防御率
'18	(楽)	1	0	0	1	0	0	0	0	0	0	0	.000	29	7.2	5	1	1	0	3	0	0	2	2	2.35
'21	(楽)	33	0	8	1	0	0	5	2	0	3	8	.714	239	57.2	46	7	23	2	55	1	0	23	21	3.28
'22	(楽)	**61**	0	3	0	0	0	4	0	0	30	34	1.000	233	55.2	39	2	26	2	59	1	0	16	14	2.26
'23	(楽)	26	0	7	0	0	0	0	4	0	7	7	.000	109	23.2	32	4	9	0	18	1	0	14	12	4.56
〔4〕		121	0	18	2	0	0	9	6	0	40	49	.600	610	144.2	122	14	59	4	135	3	0	55	49	3.05

西野　勇士　にしの・ゆうじ　新湊高（'13.1）　'91.3.6生　右投右打

年度	チーム	試合	完投	交代完了	試当初	無点勝	無四球	勝利	敗北	セーブ	ホールド	HP	勝率	打者	投球回	安打	本塁打	四球	死球	三振	暴投	ボーク	失点	自責点	防御率
'13	(ロ)	24	0	0	22	0	0	9	6	0	0	0	.600	588	139.2	140	5	40	3	106	8	0	61	59	3.80
'14	(ロ)	57	0	46	0	0	0	1	1	31	9	10	.500	219	58	33	4	15	0	63	3	0	12	12	1.86
'15	(ロ)	54	0	50	0	0	0	1	2	34	4	5	.333	219	54	44	1	12	1	71	8	0	13	11	1.83
'16	(ロ)	42	0	30	0	0	0	3	6	21	1	3	.333	180	43	39	4	11	1	36	2	0	17	16	3.35
'17	(ロ)	5	0	0	5	0	0	2	3	0	0	0	.400	123	26.2	31	2	14	0	17	2	0	15	14	4.73
'18	(ロ)	14	0	5	0	0	0	0	0	0	0	0	.000	75	16	20	2	6	0	19	2	0	12	11	6.19
'19	(ロ)	37	1	8	5	1	0	2	3	2	9	10	.400	277	70	56	6	23	0	64	1	0	23	23	2.96
'22	(ロ)	37	0	5	0	0	0	3	3	0	15	18	.500	152	36.1	28	4	17	0	35	1	0	8	7	1.73
'23	(ロ)	18	1	0	17	0	0	8	5	0	0	0	.615	464	117	109	4	23	4	92	1	0	39	35	2.69
〔9〕		288	2	144	49	1	0	29	29	88	38	46	.500	2297	560.2	500	32	161	9	503	28	0	200	188	3.02

西村　天裕　にしむら・たかひろ　帝京大　('18.1)　'93.5.6生　右投右打

年度 チーム	試合	完投	交代完了	試当初	無勝	無四球	勝利	敗北	セーブ	ホールド	H・P	勝率	打者	投球回	安打	本塁打	四球	死球	三振	暴投	ボーク	失点	自責点	防御率
'18(日)	26	0	6	0	0	0	2	2	1	8	10	.500	102	23	21	1	12	2	25	1	0	9	9	3.52
'19(日)	35	0	9	0	0	0	1	0	0	3	4	1.000	196	44.2	40	6	20	3	55	3	0	22	19	3.83
'20(日)	16	0	3	2	0	0	0	0	0	0	0	.000	115	25.2	23	4	14	2	29	0	0	14	13	4.56
'21(日)	27	0	14	0	0	0	0	0	0	1	1	.000	139	31	33	2	12	3	32	1	0	16	12	3.48
'22(日)	18	0	5	0	0	0	0	0	0	0	0	.000	94	21.2	22	4	10	1	25	1	0	15	12	4.98
'23(ロ)	44	0	9	0	0	0	4	0	0	14	18	1.000	174	43.1	28	2	16	1	41	3	0	7	6	1.25
〔6〕	166	0	46	2	0	0	7	2	1	26	33	.778	820	189.1	167	19	84	12	207	8	1	83	71	3.38

二保　旭　にほ・あきら　九州国際大付高　('12.7)　'90.5.18生　右投右打

年度 チーム	試合	完投	交代完了	試当初	無勝	無四球	勝利	敗北	セーブ	ホールド	H・P	勝率	打者	投球回	安打	本塁打	四球	死球	三振	暴投	ボーク	失点	自責点	防御率
'12(ソ)	3	0	2	0	0	0	0	0	0	0	0	.000	28	6	4	0	4	2	3	0	0	1	1	1.50
'13(ソ)	5	0	1	0	0	0	0	0	0	0	0	.000	43	9	11	0	6	1	3	1	0	6	6	6.00
'15(ソ)	44	0	19	0	0	0	6	1	0	5	11	.857	229	52.2	51	3	23	3	28	1	1	21	19	3.25
'18(ソ)	35	0	10	0	0	0	1	0	0	4	5	1.000	144	30.1	33	3	19	6	17	2	0	19	18	5.34
'19(ソ)	8	0	0	8	0	0	1	4	0	0	0	.200	165	38.1	40	6	16	0	15	0	1	19	17	3.99
'20(ソ)	12	0	0	12	0	0	4	5	0	0	0	.444	256	56.2	63	5	24	6	28	1	0	40	31	4.92
'21(ソ)	2	0	0	2	0	0	0	1	0	0	0	.000	53	11.1	12	0	5	1	8	0	0	7	6	4.76
'21(神)	4	0	0	1	0	0	1	1	0	0	0	.500	70	15.1	17	3	7	1	9	1	0	10	9	5.28
〔7〕	113	0	32	26	0	0	13	12	1	9	16	.520	988	219.2	231	20	104	20	111	6	2	123	107	4.38

沼田　翔平　ぬまた・しょうへい　旭川大高　('20.6)　'00.6.24生　右投右打

年度 チーム	試合	完投	交代完了	試当初	無勝	無四球	勝利	敗北	セーブ	ホールド	H・P	勝率	打者	投球回	安打	本塁打	四球	死球	三振	暴投	ボーク	失点	自責点	防御率
'20(巨)	5	0	2	0	0	0	0	0	0	0	0	.000	23	4.1	6	1	4	0	3	1	0	5	5	10.38
'21(巨)	2	0	0	0	0	0	0	0	0	0	0	.000	11	2.1	3	1	1	0	3	0	0	2	2	7.71
〔2〕	7	0	2	0	0	0	0	0	0	0	0	.000	34	6.2	9	2	5	0	6	1	0	7	7	9.45

根尾　昂　ねお・あきら　大阪桐蔭高　('19.1)　'00.4.19生　右投左打

年度 チーム	試合	完投	交代完了	試当初	無勝	無四球	勝利	敗北	セーブ	ホールド	H・P	勝率	打者	投球回	安打	本塁打	四球	死球	三振	暴投	ボーク	失点	自責点	防御率
'22(中)	25	0	12	1	0	0	0	0	0	1	1	.000	124	29	23	2	12	3	22	1	0	12	11	3.41
'23(中)	2	0	0	2	0	0	0	0	0	0	0	.000	51	12.2	9	0	8	0	4	0	0	5	1	0.71
〔2〕	27	0	12	3	0	0	0	0	0	1	1	.000	175	41.2	32	2	20	3	26	1	0	17	12	2.59

根本　悠楓　ねもと・はるか　苫小牧中央高　('21.1)　'03.3.31生　左投左打

年度 チーム	試合	完投	交代完了	試当初	無勝	無四球	勝利	敗北	セーブ	ホールド	H・P	勝率	打者	投球回	安打	本塁打	四球	死球	三振	暴投	ボーク	失点	自責点	防御率
'22(日)	13	0	0	11	0	0	3	3	0	1	1	.500	254	60.2	52	8	24	4	53	1	0	19	17	2.52
'23(日)	5	0	0	5	0	0	3	1	0	0	0	.750	105	25	12	2	14	3	23	0	0	8	8	2.88
〔2〕	18	0	0	16	0	0	6	4	0	1	1	.600	359	85.2	64	10	38	7	76	1	0	27	25	2.63

野村　祐輔　のむら・ゆうすけ　明治大　('12.1)　'89. 6. 24生　右投右打

年度	チーム	試合	完投	交代完了	試合当初	無点勝	無四球	勝利	敗北	セーブ	ホールド	HP	勝率	打者	投球回	安打	本塁打	四球	死球	三振	暴投	ボーク	失点	自責点	防御率
'12	(広)	27	0	0	27	0	0	9	11	0	0	0	.450	704	172.2	143	6	52	2	103	3	2	46	38	1.98②
'13	(広)	23	2	0	21	0	1	12	6	0	0	0	.667	620	149.1	142	13	37	7	103	3	0	70	62	3.74⑬
'14	(広)	19	0	0	19	0	0	7	8	0	0	0	.467	465	104.2	114	10	37	3	75	0	0	64	51	4.39
'15	(広)	15	0	0	15	0	0	5	8	0	0	0	.385	384	87.1	110	11	23	3	51	1	0	53	45	4.64
'16	(広)	25	1	0	24	1	0	16	3	0	0	0	.842	633	152.2	139	11	37	4	91	3	0	50	46	2.71③
'17	(広)	25	0	0	25	0	0	9	5	0	0	0	.643	645	155.1	152	12	38	4	106	4	0	53	48	2.78④
'18	(広)	20	0	0	20	0	0	7	6	0	0	0	.538	514	119.1	136	10	30	2	60	1	0	62	56	4.22
'19	(広)	18	0	0	18	0	0	6	5	0	0	0	.545	414	95.1	96	6	34	2	65	0	0	52	43	4.06
'20	(広)	13	0	0	13	0	0	6	3	0	0	0	.667	309	70.2	81	9	22	3	35	0	0	36	36	4.58
'21	(広)	8	0	0	8	0	0	0	4	0	0	0	.000	171	35.2	48	6	17	2	29	2	0	25	25	6.31
'22	(広)	9	0	0	9	0	0	2	3	0	0	0	.400	191	41.1	55	4	14	0	18	0	0	27	24	5.23
'23	(広)	6	0	0	6	0	0	1	1	0	0	0	.500	130	31	30	1	4	1	14	0	0	9	4	1.16
〔12〕		208	3	0	205	1	1	80	63	0	0	0	.559	5180	1215.1	1246	99	345	35	750	17	2	547	478	3.54

則本　昂大　のりもと・たかひろ　三重中京大　('13.1)　'90. 12. 17生　右投左打

年度	チーム	試合	完投	交代完了	試合当初	無点勝	無四球	勝利	敗北	セーブ	ホールド	HP	勝率	打者	投球回	安打	本塁打	四球	死球	三振	暴投	ボーク	失点	自責点	防御率
'13	(楽)	27	3	1	22	0	0	15	8	0	0	1	.652	695	170	142	14	51	6	134	4	0	65	63	3.34⑦
'14	(楽)	30	9	1	19	7	5	14	10	0	0	0	.583	821	202.2	187	14	39	6	204	1	0	73	68	3.02④
'15	(楽)	28	3	0	25	1	0	10	11	0	0	0	.476	797	194.2	176	14	48	4	215	6	1	68	63	2.91③
'16	(楽)	28	2	0	26	0	1	11	11	0	0	0	.500	820	195	192	12	50	6	216	5	0	87	63	2.91④
'17	(楽)	25	8	0	17	2	0	15	7	0	0	0	.682	750	185.2	148	11	48	3	222	12	0	63	53	2.57②
'18	(楽)	27	4	0	22	1	0	10	11	0	0	1	.476	759	180.1	171	18	51	3	187	5	0	78	74	3.69⑥
'19	(楽)	12	0	0	12	0	0	5	5	0	0	0	.500	269	68	58	7	11	3	67	1	1	27	21	2.78
'20	(楽)	18	0	0	18	0	0	5	7	0	0	0	.417	475	109	110	13	34	5	105	3	0	56	48	3.96
'21	(楽)	23	2	0	21	1	1	11	5	0	0	0	.688	584	144.2	123	18	35	3	152	3	0	56	51	3.17⑥
'22	(楽)	21	1	0	20	0	0	10	8	0	0	0	.556	536	125	127	9	38	4	104	3	0	54	49	3.53
'23	(楽)	24	0	0	24	0	0	8	8	0	0	0	.500	636	155	134	7	44	1	111	5	0	57	45	2.61⑤
〔11〕		263	32	2	226	12	7	114	91	0	0	2	.556	7142	1730	1568	137	448	44	1717	48	2	684	598	3.11

T. バウアー　トレバー・バウアー　カリフォルニア大ロサンゼルス校　('23.3)　'91. 1. 17生　右投右打

年度	チーム	試合	完投	交代完了	試合当初	無点勝	無四球	勝利	敗北	セーブ	ホールド	HP	勝率	打者	投球回	安打	本塁打	四球	死球	三振	暴投	ボーク	失点	自責点	防御率
'23	(ディ)	19	2	0	17	0	0	10	4	0	0	0	.714	534	130.2	119	14	31	4	130	3	0	44	40	2.76

M. バニュエロス　マニー・バニュエロス　CBTIS159高　('23.1)　'91. 3. 13生　左投右打

年度	チーム	試合	完投	交代完了	試合当初	無点勝	無四球	勝利	敗北	セーブ	ホールド	HP	勝率	打者	投球回	安打	本塁打	四球	死球	三振	暴投	ボーク	失点	自責点	防御率
'23	(楽)	1	0	0	0	0	0	0	0	0	0	0	.000	8	0.2	4	0	2	0	0	0	0	6	6	81.00

A. バルドナード　アルベルト・バルドナード　サン・ホゼ・ラ・サール校　('23.7)　'93. 2. 1生　左投左打

年度	チーム	試合	完投	交代完了	試合当初	無点勝	無四球	勝利	敗北	セーブ	ホールド	HP	勝率	打者	投球回	安打	本塁打	四球	死球	三振	暴投	ボーク	失点	自責点	防御率
'23	(巨)	21	0	5	0	0	0	2	1	0	7	9	.667	87	21.1	15	2	10	0	21	0	0	5	4	1.69

個人年度別投手成績　は

橋本　侑樹　はしもと・ゆうき　大阪商業大（'20.1）'98.1.8生　左投左打

年度	チーム	試合	完投	交代了	試当初	無失点勝	無四球	勝利	敗北	セーブ	ホールド	HP	勝率	打者	投球回	安打	本塁打	四球	死球	三振	暴投	ボーク	失点	自責点	防御率
'20（中）		14	0	9	0	0	0	0	0	0	0	0	.000	80	17	20	3	13	1	13	1	0	15	14	7.41
'21（中）		28	0	10	0	0	0	0	1	1	0	0	.000	112	26.2	26	0	8	1	28	0	0	11	11	3.71
'22（中）		4	0	0	1	0	0	0	0	0	0	0	.000	39	8.1	12	2	3	3	5	0	0	9	9	9.72
'23（中）		13	0	7	0	0	0	1	0	0	0	1	1.000	64	15.1	9	0	10	3	9	1	0	2	2	1.17
〔4〕		59	0	26	1	0	0	1	0	0	1	2	1.000	295	67.1	67	5	34	8	55	2	0	37	36	4.81

長谷川威展　はせがわ・たけひろ　金沢学院大（'22.1）'99.8.9生　左投左打

年度	チーム	試合	完投	交代了	試当初	無失点勝	無四球	勝利	敗北	セーブ	ホールド	HP	勝率	打者	投球回	安打	本塁打	四球	死球	三振	暴投	ボーク	失点	自責点	防御率
'22（日）		2	0	1	0	0	0	0	0	0	1	1	.000	9	2	2	0	1	0	2	0	0	0	0	0.00
'23（日）		9	0	4	0	0	0	0	0	0	0	0	.000	35	8.1	8	0	3	1	5	0	0	1	1	1.08
〔2〕		11	0	5	0	0	0	0	0	0	1	1	.000	44	10.1	10	0	4	1	7	0	0	1	1	0.87

長谷川宙輝　はせがわ・ひろき　聖徳学園高（'20.1）'98.8.23生　左投左打

年度	チーム	試合	完投	交代了	試当初	無失点勝	無四球	勝利	敗北	セーブ	ホールド	HP	勝率	打者	投球回	安打	本塁打	四球	死球	三振	暴投	ボーク	失点	自責点	防御率
'20（ヤ）		44	0	14	0	0	0	1	2	0	7	8	.333	196	43.1	50	3	23	0	45	2	1	29	28	5.82
'21（ヤ）		4	0	2	0	0	0	1	0	0	0	1	1.000	18	3.1	4	2	3	0	3	0	0	5	4	10.80
'23（ヤ）		1	0	0	0	0	0	0	0	0	0	0	.000	12	2	3	1	3	0	1	0	0	3	3	13.50
〔3〕		49	0	16	0	0	0	2	2	0	7	9	.500	226	48.2	57	6	29	0	49	2	1	37	35	6.47

畠　世周　はたけ・せいしゅう　近畿大（'17.1）'94.5.31生　右投左打

年度	チーム	試合	完投	交代了	試当初	無失点勝	無四球	勝利	敗北	セーブ	ホールド	HP	勝率	打者	投球回	安打	本塁打	四球	死球	三振	暴投	ボーク	失点	自責点	防御率
'17（巨）		13	0	0	12	0	0	6	4	0	0	0	.600	288	72.1	53	9	23	2	72	1	0	27	24	2.99
'18（巨）		9	0	1	0	0	0	2	0	0	3	5	1.000	41	9.2	10	0	2	0	10	1	0	3	3	2.79
'19（巨）		5	0	1	0	0	0	0	1	0	0	0	.000	76	15.2	26	2	5	1	14	0	0	14	12	6.89
'20（巨）		12	1	0	11	1	0	4	4	0	0	0	.500	265	65.2	47	5	23	4	49	1	0	22	21	2.88
'21（巨）		52	0	8	9	0	0	4	3	1	11	13	.571	390	96.2	83	13	25	4	97	2	1	37	33	3.07
'22（巨）		27	0	8	0	0	0	3	0	1	5	8	1.000	122	28.2	22	3	14	0	22	1	0	11	10	3.14
〔6〕		118	1	18	35	1	0	19	12	2	19	26	.613	1182	288.2	241	32	92	11	264	6	1	114	103	3.21

濱口　遥大　はまぐち・はるひろ　神奈川大（'17.1）'95.3.16生　左投左打

年度	チーム	試合	完投	交代了	試当初	無失点勝	無四球	勝利	敗北	セーブ	ホールド	HP	勝率	打者	投球回	安打	本塁打	四球	死球	三振	暴投	ボーク	失点	自責点	防御率
'17（デ）		22	0	0	22	0	0	10	6	0	0	0	.625	546	123.2	116	9	69	2	136	9	1	54	49	3.57
'18（デ）		19	0	0	18	0	0	4	5	0	1	1	.444	416	94.2	99	9	48	3	97	6	0	42	41	3.90
'19（デ）		17	2	0	14	2	0	6	5	0	1	1	.545	341	82.1	59	8	38	3	85	1	0	33	29	3.17
'20（デ）		16	0	0	16	0	0	6	5	0	0	0	.545	363	78.1	84	8	47	3	67	4	0	43	40	4.60
'21（デ）		17	1	0	16	1	0	5	7	0	0	0	.417	387	91.1	73	8	52	3	84	5	0	42	40	3.94
'22（デ）		19	0	0	19	0	0	8	7	0	0	0	.533	464	112.1	104	8	33	2	88	3	1	42	42	3.36
'23（デ）		14	1	0	12	0	0	3	7	0	0	0	.300	304	68	71	6	35	0	56	1	0	42	34	4.50
〔7〕		124	4	0	117	3	0	42	42	0	2	3	.500	2821	650.2	599	56	322	16	613	29	2	298	275	3.80

浜地　真澄　はまち・ますみ　福岡大大濠高 （'17.1）　'98.5.25生　右投右打

年度	チーム	試合	完投	交代完了	試当初	無失点勝	無四球	勝利	敗北	セーブ	ホールド	HP	勝率	打者	投球回	安打	本塁打	四球	死球	三振	暴投	ボーク	失点	自責点	防御率
'19	(神)	21	0	10	1	0	0	2	1	0	0	2	.667	128	28	35	4	8	0	27	0	0	21	19	6.11
'20	(神)	1	0	1	0	0	0	0	0	0	0	0	.000	4	1	1	0	0	0	2	0	0	0	0	0.00
'21	(神)	4	0	3	0	0	0	0	0	0	0	0	.000	26	6	8	0	2	0	6	2	0	3	3	4.50
'22	(神)	52	0	3	0	0	0	1	3	0	21	22	.250	181	47.1	38	3	5	0	38	0	0	9	6	1.14
'23	(神)	30	0	7	0	0	0	3	1	0	6	9	.750	121	27.2	32	6	4	0	23	0	0	18	18	5.86
〔5〕		108	0	24	1	0	0	6	5	0	27	33	.545	460	110	114	13	21	0	94	2	0	51	46	3.76

浜屋　将太　はまや・しょうた　樟南高 （'20.1）　'99.1.26生　左投左打

年度	チーム	試合	完投	交代完了	試当初	無失点勝	無四球	勝利	敗北	セーブ	ホールド	HP	勝率	打者	投球回	安打	本塁打	四球	死球	三振	暴投	ボーク	失点	自責点	防御率
'20	(武)	12	0	1	8	0	0	3	3	0	0	0	.500	217	50.2	48	7	21	3	23	1	0	30	28	4.97
'21	(武)	8	0	0	8	0	0	1	6	0	0	0	.143	174	36.2	39	8	26	4	26	4	0	27	27	6.63
〔2〕		20	0	1	16	0	0	4	9	0	0	0	.308	391	87.1	87	15	47	7	49	5	0	57	55	5.67

早川　隆久　はやかわ・たかひさ　早稲田大 （'21.1）　'98.7.6生　左投左打

年度	チーム	試合	完投	交代完了	試当初	無失点勝	無四球	勝利	敗北	セーブ	ホールド	HP	勝率	打者	投球回	安打	本塁打	四球	死球	三振	暴投	ボーク	失点	自責点	防御率
'21	(楽)	24	1	0	22	1	0	9	7	0	0	0	.563	565	137.2	132	11	30	2	127	2	1	59	59	3.86
'22	(楽)	19	0	0	19	0	0	5	9	0	0	0	.357	444	107.1	105	19	23	3	86	0	0	48	46	3.86
'23	(楽)	17	0	0	17	0	0	6	7	0	0	0	.462	413	96.2	102	13	27	2	78	0	0	42	37	3.44
〔3〕		60	1	0	58	1	0	20	23	0	0	0	.465	1422	341.2	339	43	80	7	291	2	1	149	142	3.74

原　樹理　はら・じゅり　東洋大 （'16.1）　'93.7.19生　右投右打

年度	チーム	試合	完投	交代完了	試当初	無失点勝	無四球	勝利	敗北	セーブ	ホールド	HP	勝率	打者	投球回	安打	本塁打	四球	死球	三振	暴投	ボーク	失点	自責点	防御率
'16	(ヤ)	13	0	0	13	0	0	2	8	0	0	0	.200	298	67	80	4	25	5	33	0	0	45	44	5.91
'17	(ヤ)	26	1	4	18	0	1	3	11	0	0	0	.214	554	131.1	133	19	34	6	115	2	0	66	56	3.84
'18	(ヤ)	30	2	4	15	1	1	6	7	0	1	2	.462	461	110.2	102	3	31	3	93	5	0	48	38	3.09
'19	(ヤ)	12	1	0	11	0	0	3	7	0	0	0	.300	322	74	85	10	19	5	57	5	0	44	40	4.86
'20	(ヤ)	5	0	0	4	0	0	2	2	0	1	1	.500	88	17.1	20	6	13	1	14	0	0	16	10	5.19
'21	(ヤ)	9	0	0	8	0	0	3	1	0	0	0	.750	198	47	45	0	12	4	25	1	0	14	12	2.30
'22	(ヤ)	22	0	0	20	0	0	8	7	0	0	1	.533	476	107.2	132	14	32	5	52	1	0	59	58	4.85
〔7〕		117	4	8	89	1	2	27	43	0	2	4	.386	2397	555	597	56	166	29	389	14	0	292	258	4.18

馬場　皐輔　ばば・こうすけ　仙台大 （'18.1）　'95.5.18生　右投右打

年度	チーム	試合	完投	交代完了	試当初	無失点勝	無四球	勝利	敗北	セーブ	ホールド	HP	勝率	打者	投球回	安打	本塁打	四球	死球	三振	暴投	ボーク	失点	自責点	防御率
'18	(神)	2	0	0	2	0	0	0	1	0	0	0	.000	41	8.2	12	2	4	1	7	0	0	5	5	5.19
'19	(神)	2	0	0	0	0	0	0	0	0	0	0	.000	17	3.1	7	3	1	0	4	0	1	4	4	10.80
'20	(神)	32	0	7	0	0	0	2	1	0	9	11	.667	136	30.1	28	1	16	1	27	4	0	12	7	2.08
'21	(神)	44	0	5	0	0	0	3	0	0	10	13	1.000	198	47.1	43	5	17	0	39	0	0	23	20	3.80
'22	(神)	7	0	4	0	0	0	0	0	0	1	0	.000	36	7	12	1	3	0	7	2	0	4	4	5.14
'23	(神)	19	0	4	0	0	0	2	2	0	3	6	.667	89	22	17	2	8	0	22	0	0	8	6	2.45
〔6〕		106	0	20	3	0	0	7	4	0	22	29	.636	517	118.2	119	14	49	2	106	6	1	56	46	3.49

板東　湧梧　ばんどう・ゆうご　鳴門高（'19.1）'95.12.27生　右投右打

年度	チーム	試合	完投	交代完了	試当初	無点勝	無四球	勝利	敗北	セーブ	ホールド	HP	勝率	打者	投球回	安打	本塁打	四球	死球	三振	暴投	ボーク	失点	自責点	防御率
'20	（ソ）	15	0	4	1	0	0	2	2	0	2	4	.500	129	31.2	26	4	10	0	29	0	0	9	9	2.56
'21	（ソ）	44	0	13	0	0	0	0	2	1	16	16	.000	165	39.1	28	4	17	2	41	1	0	13	11	2.52
'22	（ソ）	25	2	6	5	1	0	3	3	0	3	3	.500	255	62.1	45	8	24	2	48	0	0	22	22	3.18
'23	（ソ）	30	0	6	11	0	0	5	4	0	1	3	.556	349	83	73	5	34	3	58	1	0	32	28	3.04
〔4〕		114	2	29	17	1	0	10	11	1	22	26	.476	898	216.1	172	21	85	7	176	2	0	76	70	2.91

J. ビーズリー　ジェレミー・ビーズリー　クレムソン大（'23.1）'95.11.20生　右投右打

年度	チーム	試合	完投	交代完了	試当初	無点勝	無四球	勝利	敗北	セーブ	ホールド	HP	勝率	打者	投球回	安打	本塁打	四球	死球	三振	暴投	ボーク	失点	自責点	防御率
'23	（神）	18	0	8	6	0	0	1	2	0	0	0	.333	170	41	35	1	13	1	43	2	0	12	10	2.20

T. ビーディ　タイラー・ビーディ　ヴァンダービルト大（'23.1）'93.5.23生　右投右打

年度	チーム	試合	完投	交代完了	試当初	無点勝	無四球	勝利	敗北	セーブ	ホールド	HP	勝率	打者	投球回	安打	本塁打	四球	死球	三振	暴投	ボーク	失点	自責点	防御率
'23	（巨）	30	0	4	6	0	0	0	6	1	7	7	.000	220	49.2	51	5	21	4	36	0	0	23	22	3.99

D. ピーターズ　ディロン・ピーターズ　テキサス大オースティン校（'23.1）'92.8.31生　左投左打

年度	チーム	試合	完投	交代完了	試当初	無点勝	無四球	勝利	敗北	セーブ	ホールド	HP	勝率	打者	投球回	安打	本塁打	四球	死球	三振	暴投	ボーク	失点	自責点	防御率
'23	（ヤ）	18	0	0	18	0	0	6	5	0	0	0	.545	415	100.2	99	8	21	5	66	1	0	41	36	3.22

比嘉　幹貴　ひが・もとき　国際武道大（'10.1）'82.12.7生　右投右打

年度	チーム	試合	完投	交代完了	試当初	無点勝	無四球	勝利	敗北	セーブ	ホールド	HP	勝率	打者	投球回	安打	本塁打	四球	死球	三振	暴投	ボーク	失点	自責点	防御率
'10	（オ）	24	0	4	0	0	0	2	1	0	2	4	.667	78	21.2	14	0	1	1	12	0	0	3	3	1.25
'11	（オ）	23	0	3	0	0	0	0	0	0	3	3	.000	105	22.2	28	3	6	2	21	0	1	21	18	7.15
'12	（オ）	12	0	1	0	0	0	1	0	0	1	2	1.000	34	10	8	0	0	0	5	0	1	2	2	1.80
'13	（オ）	59	0	12	0	0	0	4	3	0	11	15	.571	235	59.1	52	4	11	1	54	0	0	15	14	2.12
'14	（オ）	62	0	10	0	0	0	7	1	0	20	27	.875	231	56.2	53	2	12	1	48	0	0	9	5	0.79
'15	（オ）	8	0	0	0	0	0	0	0	0	2	2	.000	34	5	16	1	2	1	5	0	0	9	9	16.20
'16	（オ）	16	0	2	0	0	0	1	1	0	5	6	.500	43	9.1	13	3	3	0	10	0	0	5	5	4.82
'17	（オ）	8	0	3	0	0	0	0	1	0	1	1	.000	31	8.1	6	2	0	0	12	0	0	3	3	3.24
'18	（オ）	43	0	10	0	0	0	0	2	1	9	9	.000	135	35.1	25	3	7	3	22	0	0	10	8	2.04
'19	（オ）	45	0	5	0	0	0	3	2	1	8	11	.600	141	33.1	30	5	11	2	36	0	0	19	17	4.59
'20	（オ）	20	0	2	0	0	0	0	0	0	9	9	.000	49	12.2	5	1	5	1	11	0	0	1	1	0.71
'21	（オ）	32	0	2	0	0	0	1	0	0	11	12	1.000	75	20.1	14	2	4	0	15	0	0	4	4	1.77
'22	（オ）	30	0	4	0	0	0	5	0	1	5	10	1.000	85	21.1	20	1	2	2	24	0	0	7	6	2.53
'23	（オ）	31	0	4	0	0	0	2	0	0	8	8	1.000	83	20	21	3	2	2	10	0	0	5	5	2.25
〔14〕		413	0	63	0	0	0	26	11	3	93	119	.703	1359	336	307	30	66	16	285	0	2	113	100	2.68

東浜　巨　ひがしはま・なお　亜細亜大（'13.1）　'90.6.20生　右投右打

年度	チーム	試合	完投	交代完了	試当初	無点勝	無四球	勝利	敗北	セーブ	ホールド	HP	勝率	打者	投球回	安打	本塁打	四球	死球	三振	暴投	ボーク	失点	自責点	防御率
'13	（ソ）	5	1	0	4	1	1	3	1	0	0	0	.750	120	28.2	27	4	9	1	25	0	0	15	9	2.83
'14	（ソ）	7	0	2	5	0	0	2	2	0	0	0	.500	161	35.1	35	3	23	1	30	2	0	17	15	3.82
'15	（ソ）	6	0	0	5	0	0	1	2	0	0	0	.333	135	28	34	2	17	1	23	0	0	15	15	4.82
'16	（ソ）	23	0	0	20	0	0	9	6	0	0	0	.600	545	135	113	13	37	2	100	1	0	49	45	3.00
'17	（ソ）	24	2	0	22	1	0	**16**	5	0	0	0	.762	637	160	135	17	44	1	139	2	0	48	47	2.64④
'18	（ソ）	17	2	0	15	0	0	7	5	0	0	0	.583	425	103	91	15	32	3	83	1	0	42	38	3.32
'19	（ソ）	7	0	0	7	0	0	2	2	0	0	0	.500	158	35.1	36	5	23	1	26	2	0	26	25	6.37
'20	（ソ）	19	0	0	19	0	0	9	2	0	0	0	.818	479	119	83	10	49	2	102	2	0	32	31	2.34
'21	（ソ）	14	0	0	14	0	0	4	4	0	0	0	.500	326	75.1	85	7	22	3	61	0	0	36	31	3.70
'22	（ソ）	23	1	0	22	1	0	10	6	0	0	0	.625	542	136	114	14	37	1	94	3	0	47	47	3.11
'23	（ソ）	17	0	0	17	0	0	6	7	0	0	0	.462	428	99.2	114	6	24	0	73	1	0	50	50	4.52
〔11〕		162	6	2	150	3	1	69	42	0	0	0	.622	3956	955.1	867	96	317	16	756	14	0	377	353	3.33

平井　克典　ひらい・かつのり　愛知産業大（'17.1）　'91.12.20生　右投右打

年度	チーム	試合	完投	交代完了	試当初	無点勝	無四球	勝利	敗北	セーブ	ホールド	HP	勝率	打者	投球回	安打	本塁打	四球	死球	三振	暴投	ボーク	失点	自責点	防御率
'17	（武）	42	0	10	0	0	0	2	0	0	4	6	1.000	184	45	43	4	10	3	42	3	1	15	12	2.40
'18	（武）	64	0	7	0	0	0	3	1	0	21	24	.750	217	53	40	9	19	2	54	1	0	22	20	3.40
'19	（武）	81	0	9	0	0	0	5	4	0	36	41	.556	354	82.1	77	6	32	6	66	4	0	33	32	3.50
'20	（武）	41	0	2	4	0	0	5	5	0	7	11	.500	260	60.1	60	3	23	1	53	2	0	35	28	4.18
'21	（武）	25	0	2	11	0	0	4	4	0	2	3	.500	327	74.2	85	7	19	6	55	2	0	40	35	4.22
'22	（武）	30	0	5	13	0	0	6	8	0	2	4	.429	349	81	77	7	27	6	48	1	0	34	26	2.89
'23	（武）	54	0	7	0	0	0	4	3	0	28	32	.571	222	53	46	3	22	1	29	1	0	15	15	2.55
〔7〕		337	0	42	28	0	0	29	25	0	100	121	.537	1913	449.1	428	39	152	25	347	15	1	194	168	3.36

平田　真吾　ひらた・しんご　北九州市立大（'14.1）　'89.8.29生　右投右打

年度	チーム	試合	完投	交代完了	試当初	無点勝	無四球	勝利	敗北	セーブ	ホールド	HP	勝率	打者	投球回	安打	本塁打	四球	死球	三振	暴投	ボーク	失点	自責点	防御率
'14	（ディ）	9	0	3	0	0	0	0	0	0	0	0	.000	50	13	9	1	5	1	7	2	0	5	5	3.46
'15	（ディ）	28	0	4	0	0	0	0	0	0	4	4	.000	140	32	29	2	14	1	27	4	0	12	12	3.38
'16	（ディ）	4	0	0	0	0	0	0	0	0	0	0	.000	21	3.1	7	2	3	1	2	0	0	9	8	21.60
'17	（ディ）	33	0	17	0	0	0	0	1	0	1	1	.000	157	36	35	2	17	4	29	2	1	19	19	4.71
'18	（ディ）	17	0	6	1	0	0	0	0	0	0	0	.000	116	25.2	35	3	6	0	27	0	0	19	19	6.66
'19	（ディ）	8	0	1	0	0	0	0	0	0	0	0	.000	48	9.2	15	2	4	2	11	0	0	11	10	9.31
'20	（ディ）	43	0	5	1	0	0	1	1	0	11	11	.500	195	44.1	38	2	25	2	46	3	0	16	14	2.84
'21	（ディ）	38	0	11	0	0	0	2	0	1	3	5	1.000	185	41.2	41	6	21	2	34	1	0	21	19	4.10
'22	（ディ）	47	0	18	0	0	0	4	3	0	10	14	.571	180	42	47	5	8	2	39	0	0	21	20	4.29
〔9〕		227	0	65	2	0	0	7	7	1	30	36	.500	1092	248	253	28	103	15	222	12	1	133	126	4.57

平野　佳寿　ひらの・よしひさ　京都産業大　('06.1)　'84.3.8生　右投右打

年度／チーム	試合	完投	交代了	試当初	無点勝	無四球	勝利	敗北	セーブ	ホールド	HP	勝率	打者	投球回	安打	本塁打	四球	死球	三振	暴投	ボーク	失点	自責点	防御率
'06(オ)	26	10	0	14	4	0	7	11	0	0	0	.389	730	172.1	182	12	39	6	105	3	2	82	73	3.81
'07(オ)	27	2	1	24	2	1	8	13	0	0	0	.381	710	171.2	172	18	28	5	124	1	0	75	71	3.72
'09(オ)	20	2	1	16	1	0	3	12	0	0	0	.200	495	114.1	129	14	38	0	91	2	0	60	60	4.72
'10(オ)	63	0	9	0	0	0	7	2	2	32	39	.778	334	80.2	67	4	28	1	101	3	0	19	15	1.67
'11(オ)	72	0	8	0	0	0	6	2	2	43	49	.750	317	83.2	48	4	17	2	99	5	0	18	18	1.94
'12(オ)	70	0	21	0	0	0	7	4	9	21	28	.636	307	79.2	65	4	5	2	80	6	0	21	19	2.15
'13(オ)	60	0	50	0	0	0	2	5	31	9	11	.286	258	62.2	57	2	14	1	71	0	0	16	13	1.87
'14(オ)	62	0	51	0	0	0	1	6	40	8	9	.143	238	60.1	52	6	13	0	70	1	1	23	23	3.43
'15(オ)	33	0	20	0	0	0	0	3	12	10	10	.000	136	31	29	4	14	1	39	5	0	14	14	4.06
'16(オ)	58	0	47	0	0	0	4	4	31	8	12	.500	237	61	44	2	16	1	57	4	0	13	13	1.92
'17(オ)	58	0	45	0	0	0	3	7	29	8	11	.300	240	57.1	57	5	16	1	47	2	0	19	17	2.67
'21(オ)	46	0	40	0	0	0	1	3	29	3	4	.250	163	43	30	4	9	0	37	1	1	11	11	2.30
'22(オ)	48	0	37	0	0	0	3	2	28	8	11	.600	175	46	25	3	12	2	42	1	0	8	8	1.57
'23(オ)	42	0	37	0	0	0	3	2	29	5	8	.600	167	40	36	1	13	0	24	1	0	5	5	1.13
〔14〕	685	14	367	54	7	1	55	76	242	155	192	.420	4507	1103.2	993	83	262	22	987	36	3	384	360	2.94

廣畑　敦也　ひろはた・あつや　帝京大　('22.1)　'97.12.3生　右投右打

年度／チーム	試合	完投	交代了	試当初	無点勝	無四球	勝利	敗北	セーブ	ホールド	HP	勝率	打者	投球回	安打	本塁打	四球	死球	三振	暴投	ボーク	失点	自責点	防御率
'22(ロ)	30	0	8	0	0	0	0	1	0	2	2	.000	171	36.2	48	5	15	2	29	2	0	25	20	4.91
'23(ロ)	8	0	3	1	0	0	1	1	0	0	1	.500	50	11	14	1	5	0	11	0	0	7	7	5.73
〔2〕	38	0	11	1	0	0	1	2	0	2	3	.333	221	47.2	62	6	20	2	40	2	0	32	27	5.10

M.フェリス　マイケル・フェリス　カチケ エンリキージョ高　('23.7)　'93.6.28生　右投右打

年度／チーム	試合	完投	交代了	試当初	無点勝	無四球	勝利	敗北	セーブ	ホールド	HP	勝率	打者	投球回	安打	本塁打	四球	死球	三振	暴投	ボーク	失点	自責点	防御率
'23(中)	19	0	3	0	0	0	1	0	0	9	10	1.000	65	14.1	9	1	11	2	16	0	0	5	5	3.14

C.ブルワー　コルテン・ブルワー　カントン高　('23.7)　'92.10.29生　右投右打

年度／チーム	試合	完投	交代了	試当初	無点勝	無四球	勝利	敗北	セーブ	ホールド	HP	勝率	打者	投球回	安打	本塁打	四球	死球	三振	暴投	ボーク	失点	自責点	防御率
'23(神)	13	0	6	0	0	0	0	1	0	2	2	.000	50	11.1	6	1	6	0	14	1	0	5	3	2.38

福　敬登　ふく・ひろと　神戸西高　('16.1)　'92.6.16生　左投左打

年度／チーム	試合	完投	交代了	試当初	無点勝	無四球	勝利	敗北	セーブ	ホールド	HP	勝率	打者	投球回	安打	本塁打	四球	死球	三振	暴投	ボーク	失点	自責点	防御率
'16(中)	27	0	12	1	0	0	1	2	0	4	5	.333	186	43.1	42	1	18	3	31	2	0	26	23	4.78
'17(中)	5	0	3	0	0	0	0	0	0	0	0	.000	27	5.2	8	2	2	0	7	0	0	6	5	7.94
'18(中)	1	0	0	0	0	0	0	0	0	0	0	.000	2	0.1	0	0	0	0	0	0	0	0	0	0.00
'19(中)	52	0	9	0	0	0	2	0	0	18	20	1.000	216	52.2	39	3	16	2	53	0	0	13	12	2.05
'20(中)	53	0	6	0	0	0	5	5	2	25	30	.500	217	50.2	43	4	23	1	39	1	0	24	20	3.55
'21(中)	57	0	6	0	0	0	2	2	0	20	22	.500	185	45.1	37	4	15	3	38	1	0	16	16	3.18
'22(中)	36	0	3	0	0	0	3	3	0	5	5	.500	123	27.2	25	3	12	2	25	1	0	15	14	4.55
'23(中)	29	0	4	0	0	0	0	0	0	12	13	1.000	76	17.2	12	1	8	1	15	0	0	8	5	2.55
〔8〕	260	0	48	1	0	0	13	11	2	82	95	.542	1032	243.1	206	18	95	12	208	5	0	108	95	3.51

福島　章太　ふくしま・しょうた　倉敷工高　('21.1)　'02.10.24生　左投左打

年度／チーム	試合	完投	交代了	試当初	無点勝	無四球	勝利	敗北	セーブ	ホールド	HP	勝率	打者	投球回	安打	本塁打	四球	死球	三振	暴投	ボーク	失点	自責点	防御率
'23(中)	4	0	3	0	0	0	0	0	0	0	0	.000	20	3.1	8	0	1	1	2	1	0	5	5	13.50

福谷　浩司　ふくたに・こうじ　慶應義塾大　('13.1)　'91. 1. 9生　右投右打

年度 チーム	試合	完投	交代了	試当初	無点勝	無四球	勝利	敗北	セーブ	ホールド	H P	勝率	打者	投球回	安打	本塁打	四球	死球	三振	暴投	ボーク	失点	自責点	防御率
'13(中)	9	0	1	0	0	0	0	1	0	3	3	.000	36	7.1	8	1	7	0	4	0	0	6	6	7.36
'14(中)	72	0	22	0	0	0	2	4	11	32	34	.333	298	74.2	54	2	26	1	72	4	2	15	15	1.81
'15(中)	42	0	32	0	0	0	3	4	19	4	7	.429	176	40	38	3	20	3	25	3	0	19	18	4.05
'16(中)	41	0	22	0	0	0	1	2	8	8	9	.333	171	40	45	6	9	2	23	5	0	18	18	4.05
'17(中)	25	0	7	0	0	0	1	1	0	2	3	.500	122	26.2	35	5	9	1	26	5	0	17	17	5.74
'18(中)	29	0	9	0	0	0	0	1	0	4	4	.000	114	27	31	5	7	0	28	0	0	16	15	5.00
'19(中)	1	0	1	0	0	0	0	0	0	0	0	.000	26	6	6	1	2	0	6	0	0	1	1	1.50
'20(中)	14	0	14	0	0	0	8	2	0	0	0	.800	359	92	81	7	13	1	72	2	0	27	27	2.64
'21(中)	18	1	17	0	1	0	5	10	0	0	0	.333	432	103.1	112	10	17	1	73	3	0	55	52	4.53
'22(中)	5	0	5	0	0	0	1	3	0	0	0	.250	119	23	42	3	9	0	14	4	0	27	23	9.00
'23(中)	14	0	2	11	0	0	3	4	0	0	0	.429	241	54	72	6	11	1	36	1	0	34	31	5.17
〔11〕	270	1	95	48	0	1	24	32	38	53	60	.429	2094	494	524	49	130	10	379	27	2	235	223	4.06

福田　俊　ふくだ・すぐる　星槎道都大　('19.1)　'96. 12. 14生　左投左打

年度 チーム	試合	完投	交代了	試当初	無点勝	無四球	勝利	敗北	セーブ	ホールド	H P	勝率	打者	投球回	安打	本塁打	四球	死球	三振	暴投	ボーク	失点	自責点	防御率
'20(日)	30	0	7	0	0	0	0	0	0	2	2	.000	132	30.1	29	4	14	0	27	1	0	12	11	3.26
'21(日)	5	0	1	0	0	0	0	0	0	0	0	.000	25	4.2	9	1	1	0	3	1	0	8	6	11.57
'22(日)	13	0	0	0	0	0	0	0	0	3	3	.000	45	10.1	7	0	7	0	11	0	0	1	1	0.87
'23(日)	29	0	6	0	0	0	1	0	0	3	4	1.000	100	26.1	11	0	10	2	19	4	0	0	0	0.00
〔4〕	77	0	14	0	0	0	1	0	0	8	9	1.000	302	71.2	56	5	32	2	60	6	0	21	18	2.26

藤井　皓哉　ふじい・こうや　おかやま山陽高　('15.1)　'96. 7. 29生　右投左打

年度 チーム	試合	完投	交代了	試当初	無点勝	無四球	勝利	敗北	セーブ	ホールド	H P	勝率	打者	投球回	安打	本塁打	四球	死球	三振	暴投	ボーク	失点	自責点	防御率
'17(広)	2	0	0	0	0	0	0	0	0	1	1	.000	5	1.2	0	1	0	0	1	0	0	0	0	0.00
'18(広)	8	0	6	0	0	0	1	0	0	0	1	1.000	73	14.2	20	2	7	1	21	0	0	11	10	6.14
'19(広)	4	0	2	0	0	0	0	0	0	0	0	.000	41	6.1	13	0	9	0	8	0	0	10	10	14.21
'22(ソ)	55	0	9	0	0	0	5	1	3	22	27	.833	218	56.1	18	4	27	1	81	1	0	9	7	1.12
'23(ソ)	34	0	3	9	0	0	5	3	0	9	9	.625	288	69.2	46	3	33	7	84	1	0	21	18	2.33
〔5〕	103	0	20	9	0	0	11	4	3	32	38	.733	625	148.2	97	9	76	9	195	2	0	51	45	2.72

藤井　聖　ふじい・まさる　東洋大　('21.1)　'96. 10. 3生　左投左打

年度 チーム	試合	完投	交代了	試当初	無点勝	無四球	勝利	敗北	セーブ	ホールド	H P	勝率	打者	投球回	安打	本塁打	四球	死球	三振	暴投	ボーク	失点	自責点	防御率
'22(楽)	4	0	0	4	0	0	1	2	0	0	0	.333	82	18.2	16	1	10	0	10	1	0	8	7	3.38
'23(楽)	10	0	2	6	0	0	3	0	0	0	0	1.000	148	35.1	28	1	18	0	24	1	0	12	9	2.29
〔2〕	14	0	2	10	0	0	4	2	0	0	0	.667	230	54	44	2	28	0	34	2	0	20	16	2.67

藤井　黎來　ふじい・れいら　大曲工高　('20.9)　'99. 9. 17生　右投右打

年度 チーム	試合	完投	交代了	試当初	無点勝	無四球	勝利	敗北	セーブ	ホールド	H P	勝率	打者	投球回	安打	本塁打	四球	死球	三振	暴投	ボーク	失点	自責点	防御率
'20(広)	3	0	1	0	0	0	0	0	0	0	0	.000	14	3	4	0	1	0	4	0	0	2	2	6.00
'21(広)	5	0	3	0	0	0	0	0	0	0	0	.000	32	5.2	11	1	3	1	7	0	0	8	8	12.71
'22(広)	12	0	8	0	0	0	0	0	0	1	1	.000	62	14	10	1	9	1	15	1	0	6	6	3.86
〔3〕	20	0	12	0	0	0	0	0	0	1	1	.000	108	22.2	25	2	13	2	26	1	0	16	16	6.35

藤嶋　健人　ふじしま・けんと　東邦高　('17.1)　'98.5.8生　右投右打

年度チーム	試合	完投	交代了	試当初	無点勝	無四球	勝利	敗北	セーブ	ホールド	HP	勝率	打者	投球回	安打	本塁打	四球	死球	三振	暴投	ボーク	失点	自責点	防御率
'18(中)	19	0	5	8	0	0	3	1	0	0	0	.750	307	71.1	71	8	27	0	40	1	0	29	29	3.66
'19(中)	32	0	6	0	0	0	0	2	0	14	14	.000	114	29	19	1	7	2	35	0	0	8	8	2.48
'20(中)	26	0	8	0	0	0	1	0	1	3	4	1.000	103	25.1	21	5	9	1	21	2	0	11	11	3.91
'21(中)	48	0	9	0	0	0	1	0	0	5	6	1.000	200	51	35	3	13	0	38	1	0	9	9	1.59
'22(中)	50	0	4	1	0	0	2	1	0	10	12	.667	201	50.2	39	3	11	1	43	0	0	12	12	2.13
'23(中)	56	0	10	0	0	0	1	1	4	14	15	.500	196	50.2	34	1	14	1	46	1	0	10	6	1.07
〔6〕	231	0	42	9	0	0	8	5	5	46	51	.615	1121	278	219	21	81	5	223	5	0	79	75	2.43

藤平　尚真　ふじひら・しょうま　横浜高　('17.1)　'98.9.21生　右投右打

年度チーム	試合	完投	交代了	試当初	無点勝	無四球	勝利	敗北	セーブ	ホールド	HP	勝率	打者	投球回	安打	本塁打	四球	死球	三振	暴投	ボーク	失点	自責点	防御率
'17(楽)	8	0	0	8	0	0	3	4	0	0	0	.429	176	43.1	30	2	15	4	44	0	0	12	11	2.28
'18(楽)	14	1	0	13	0	0	4	7	0	0	0	.364	361	81.1	65	17	54	3	68	6	1	43	40	4.43
'19(楽)	3	0	0	3	0	0	0	1	0	0	0	.000	45	8.2	9	4	7	3	6	0	0	10	10	10.38
'20(楽)	1	0	0	1	0	0	0	0	0	0	0	.000	2	0+	1	0	1	0	0	0	0	2	2	—
'22(楽)	8	0	2	5	0	0	1	0	0	0	1	1.000	94	22.2	15	0	12	0	17	3	0	11	10	3.97
'23(楽)	11	0	0	11	0	0	2	4	0	0	0	.333	231	50.2	50	5	27	1	42	5	0	30	25	4.44
〔6〕	45	1	2	41	0	0	10	16	0	0	1	.385	909	206.2	170	28	115	12	177	14	1	108	98	4.27

二木　康太　ふたき・こうた　鹿児島情報高　('14.1)　'95.8.1生　右投右打

年度チーム	試合	完投	交代了	試当初	無点勝	無四球	勝利	敗北	セーブ	ホールド	HP	勝率	打者	投球回	安打	本塁打	四球	死球	三振	暴投	ボーク	失点	自責点	防御率
'15(ロ)	1	0	0	0	0	0	0	0	0	0	0	.000	20	5	4	0	2	0	3	0	0	1	1	1.80
'16(ロ)	22	1	1	20	0	0	7	9	0	0	0	.438	518	116.1	143	12	34	2	81	5	0	74	69	5.34
'17(ロ)	23	5	0	17	0	0	7	9	0	0	0	.438	588	143.1	136	14	35	2	128	2	1	58	54	3.39
'18(ロ)	16	3	0	13	1	0	7	7	0	0	0	.364	416	100.2	90	9	22	0	90	4	0	49	44	3.93
'19(ロ)	22	1	0	21	0	0	7	**10**	0	0	0	.412	538	128.2	127	16	30	6	115	3	0	68	63	4.41
'20(ロ)	15	0	0	14	**1**	**1**	9	3	0	0	0	.750	361	92.2	72	7	12	3	79	3	0	36	35	3.40
'21(ロ)	22	1	0	21	0	0	5	7	0	0	0	.417	494	117	119	**24**	28	4	77	3	0	61	57	4.38
'22(ロ)	9	0	1	9	0	0	2	4	0	0	0	.333	208	47.1	48	6	22	3	42	4	0	24	22	4.18
〔8〕	130	11	2	115	2	2	41	49	0	0	0	.456	3143	751	739	88	196	22	615	24	1	371	345	4.13

船迫　大雅　ふなばさま・ひろまさ　東日本国際大　('23.1)　'96.10.16生　右投左打

年度チーム	試合	完投	交代了	試当初	無点勝	無四球	勝利	敗北	セーブ	ホールド	HP	勝率	打者	投球回	安打	本塁打	四球	死球	三振	暴投	ボーク	失点	自責点	防御率
'23(巨)	36	0	4	0	0	0	3	1	0	8	11	.750	118	30	17	3	8	3	33	2	0	9	9	2.70

古川　侑利　ふるかわ・ゆうり　有田工高　('14.1)　'95.9.8生　右投右打

年度チーム	試合	完投	交代了	試当初	無点勝	無四球	勝利	敗北	セーブ	ホールド	HP	勝率	打者	投球回	安打	本塁打	四球	死球	三振	暴投	ボーク	失点	自責点	防御率
'14(楽)	2	0	1	0	0	0	0	0	0	0	0	.000	12	2	3	0	3	0	1	0	0	1	1	4.50
'16(楽)	6	0	1	0	0	0	0	0	0	0	0	.000	30	7	5	1	5	1	4	0	0	6	6	7.71
'17(楽)	5	1	0	4	0	0	0	2	0	0	0	.000	112	26	24	1	9	2	15	1	0	12	12	4.15
'18(楽)	18	0	17	0	0	0	4	9	0	0	0	.308	419	98	93	11	46	1	77	4	0	46	45	4.13
'19(楽)	8	0	0	1	0	0	2	0	0	0	0	.333	170	38.1	37	6	21	0	31	1	0	27	27	6.34
'19(巨)	3	0	0	0	0	1			0	0	1	.500	21	5	4	0	2	0	10	0	0	4	4	7.20
'20(巨)	5	0	0	0	0	0	0	0	0	0	0	.000	26	4.2	12	1	1	0	4	1	0	6	6	11.57
'21(巨)	2	0	0	0	0	0	0	0	0	0	0	.000	11	2	3	1	3	0	3	0	0	4	4	18.00
'22(日)	34	0	9	0	0	0	0	3	0	0	0	.000	162	35.1	37	6	24	2	32	1	0	17	16	4.08
'23(ソ)	9	0	8	0	0	0	0	0	0	0	0	.000	42	10	12	3	1	0	11	0	0	5	5	4.50
〔9〕	91	1	21	30	0	1	6	15	0	3	4	.286	1005	228.1	230	27	115	7	185	8	0	128	126	4.97

古谷　拓郎　ふるや・たくろう　習志野高（'19.1）'00.4.21生　右投右打

年度	チーム	試合	完投	交代了	試当初	無勝球	無四球	勝利	敗北	セーブ	ホールド	HP	勝率	打者	投球回	安打	本塁打	四球	死球	三振	暴投	ボーク	失点	自責点	防御率
'20	(ロ)	2	0	0	1	0	0	0	1	0	0	0	.000	30	6.1	6	1	7	1	7	3	0	3	3	4.26

D.ヘルナンデス　ダーウィンゾン・ヘルナンデス　ボリバリアーノ・サンフランシスコ・デ・アシス高（'23.7）'96.12.17生　左投左打

年度	チーム	試合	完投	交代了	試当初	無勝球	無四球	勝利	敗北	セーブ	ホールド	HP	勝率	打者	投球回	安打	本塁打	四球	死球	三振	暴投	ボーク	失点	自責点	防御率
'23	(ソ)	1	0	0	0	0	0	0	0	0	0	0	.000	7	0.2	3	1	1	1	1	0	0	2	2	27.00

L.ペルドモ　ルイス・ペルドモ　経歴不明（'23.2）'93.5.9生　右投右打

年度	チーム	試合	完投	交代了	試当初	無勝球	無四球	勝利	敗北	セーブ	ホールド	HP	勝率	打者	投球回	安打	本塁打	四球	死球	三振	暴投	ボーク	失点	自責点	防御率
'23	(ロ)	53	0	4	0	0	0	1	3	1	**41**	**42**	.250	209	50.2	49	1	15	0	41	1	0	15	12	2.13

平内　龍太　へいない・りゅうた　亜細亜大（'21.1）'98.8.1生　右投右打

年度	チーム	試合	完投	交代了	試当初	無勝球	無四球	勝利	敗北	セーブ	ホールド	HP	勝率	打者	投球回	安打	本塁打	四球	死球	三振	暴投	ボーク	失点	自責点	防御率
'21	(巨)	3	0	0	0	0	0	0	1	0	0	0	.000	24	5	8	2	2	0	5	0	0	8	8	14.40
'22	(巨)	53	0	13	0	0	0	4	4	0	13	17	.500	213	50	53	4	13	3	39	2	0	26	24	4.32
'23	(巨)	11	0	5	1	0	0	1	0	1	1	1	.000	60	13.2	14	3	7	0	8	0	0	6	6	3.95
〔3〕		67	0	18	1	0	0	4	6	0	14	18	.400	297	68.2	75	9	22	3	52	2	0	40	38	4.98

ボー・タカハシ　アングロプルデンティーノ高（'22.1）'97.1.23生　右投右打

年度	チーム	試合	完投	交代了	試当初	無勝球	無四球	勝利	敗北	セーブ	ホールド	HP	勝率	打者	投球回	安打	本塁打	四球	死球	三振	暴投	ボーク	失点	自責点	防御率
'22	(武)	27	0	15	0	0	0	0	0	0	2	2	.000	133	31.2	19	2	15	7	26	1	0	14	9	2.56
'23	(武)	28	0	12	0	0	0	0	1	0	0	0	.000	151	36	20	1	19	7	27	2	0	12	12	3.00
〔2〕		55	0	27	0	0	0	0	1	0	2	2	.000	284	67.2	39	3	34	14	53	3	0	26	21	2.79

C.ポンセ　コディ・ポンセ　カリフォルニア州立工大ポナモ校（'22.1）'94.4.25生　右投右打

年度	チーム	試合	完投	交代了	試当初	無勝球	無四球	勝利	敗北	セーブ	ホールド	HP	勝率	打者	投球回	安打	本塁打	四球	死球	三振	暴投	ボーク	失点	自責点	防御率
'22	(日)	14	1	0	13	1	0	3	5	0	0	0	.375	344	83.1	69	10	23	2	66	3	1	35	31	3.35
'23	(日)	10	0	0	10	0	0	4	5	0	0	0	.444	237	51.2	59	3	17	3	43	2	0	27	21	3.66
〔2〕		24	1	0	23	1	0	7	10	0	0	0	.412	581	135	128	13	40	5	109	5	1	62	52	3.47

星　知弥　ほし・ともや　明治大（'17.1）'94.4.15生　右投右打

年度	チーム	試合	完投	交代了	試当初	無勝球	無四球	勝利	敗北	セーブ	ホールド	HP	勝率	打者	投球回	安打	本塁打	四球	死球	三振	暴投	ボーク	失点	自責点	防御率
'17	(ヤ)	24	0	2	18	0	0	4	7	0	2	2	.364	494	110.1	116	14	49	5	71	3	0	64	58	4.73
'18	(ヤ)	18	0	2	3	0	0	2	0	0	0	1	1.000	136	31.1	24	5	21	0	23	0	0	14	14	4.02
'19	(ヤ)	10	0	1	1	0	0	1	3	0	0	1	.250	67	12.2	15	1	15	0	10	1	0	12	12	8.53
'20	(ヤ)	36	0	8	0	0	0	0	0	0	3	3	.000	216	48	57	7	24	1	40	2	0	28	28	5.25
'21	(ヤ)	25	0	10	0	0	0	0	0	1	7	7	.000	108	24.1	23	2	11	0	28	0	0	14	13	4.81
'22	(ヤ)	7	0	1	0	0	0	0	0	0	0	0	.000	56	12.1	14	2	6	1	12	0	0	6	6	4.38
'23	(ヤ)	47	0	5	0	0	0	2	2	0	20	22	.500	161	40	34	4	16	1	48	2	0	15	15	3.38
〔7〕		167	0	27	23	0	0	9	14	1	32	36	.391	1238	279	283	35	142	8	232	8	0	153	146	4.71

堀田　賢慎　ほった・けんしん　青森山田高 （'20.1）　'01. 5. 21生　右投右打

年度	チーム	試合	完投	交代完了	試当初	無点勝	無四球	勝利	敗北	セーブ	ホールド	HP	勝率	打者	投回	安打	本塁打	四球	死球	三振	暴投	ボーク	失点	自責点	防御率
'22	(巨)	8	0	0	8	0	0	2	3	0	0	0	.400	150	34.1	38	5	16	1	24	0	0	24	24	6.29
'23	(巨)	3	0	2	0	0	0	0	0	0	0	0	.000	16	3.1	2	1	4	0	5	0	0	3	3	8.10
〔2〕		11	0	2	8	0	0	2	3	0	0	0	.400	166	37.2	40	6	20	1	29	0	0	27	27	6.45

堀　瑞輝　ほり・みずき　広島新庄高 （'17.1）　'98. 5. 10生　左投左打

年度	チーム	試合	完投	交代完了	試当初	無点勝	無四球	勝利	敗北	セーブ	ホールド	HP	勝率	打者	投回	安打	本塁打	四球	死球	三振	暴投	ボーク	失点	自責点	防御率
'17	(日)	4	0	1	1	0	0	0	1	0	0	0	.000	31	8	8	3	1	0	7	0	0	3	3	3.38
'18	(日)	10	0	2	6	0	0	2	3	1	1	1	.400	154	35.1	33	9	17	3	28	2	0	23	23	5.86
'19	(日)	53	0	11	10	0	0	4	4	1	5	9	.500	265	60.1	61	9	18	3	61	1	0	37	35	5.22
'20	(日)	45	0	4	0	0	0	2	1		14	16	.667	173	38.2	30	2	22	6	45	0	0	20	18	4.19
'21	(日)	60	0	1	0	0	0	3	2	0	**39**	**42**	.600	229	53.1	36	3	30	4	56	3	0	14	14	2.36
'22	(日)	41	0	12	1	0	0	1	5	5	11	12	.167	160	34	41	4	16	3	34	0	0	23	22	5.82
'23	(日)	5	0	2	0	0	0	1	0	0	0	1	1.000	21	4	9	3	1	0	3	0	0	4	4	9.00
〔7〕		218	0	37	18	0	0	13	16	8	70	81	.448	1033	233.2	218	33	105	19	234	6	0	124	119	4.58

塹江　敦哉　ほりえ・あつや　高松北高 （'15.1）　'97. 2. 21生　左投左打

年度	チーム	試合	完投	交代完了	試当初	無点勝	無四球	勝利	敗北	セーブ	ホールド	HP	勝率	打者	投回	安打	本塁打	四球	死球	三振	暴投	ボーク	失点	自責点	防御率
'16	(広)	3	0	1	1	0	0	0	1	0	0	0	.000	28	6.1	6	2	4	1	6	0	0	8	8	11.37
'19	(広)	11	0	2	1	0	0	0	1	0	0	0	.000	95	20.2	20	4	14	1	23	0	0	14	14	6.10
'20	(広)	52	0	6	0	0	0	3	4	0	19	22	.429	224	49.2	50	7	31	1	41	4	0	26	23	4.17
'21	(広)	51	0	6	0	0	0	5	4	0	17	22	.556	202	42.1	48	4	25	1	29	3	0	25	20	4.25
'22	(広)	26	0	8	0	0	0	3	2	0	6	9	.600	73	17.1	13	1	8	1	15	3	0	6	6	3.12
'23	(広)	8	0	0	0	0	0	0	1	0	3	3	.000	33	7	10	1	3	0	10	0	0	4	4	5.14
〔6〕		151	0	28	2	0	0	11	12	0	44	55	.478	655	143.1	147	19	85	5	117	12	0	83	75	4.71

堀岡　隼人　ほりおか・はやと　青森山田高 （'19.7）　'98. 9. 11生　右投右打

年度	チーム	試合	完投	交代完了	試当初	無点勝	無四球	勝利	敗北	セーブ	ホールド	HP	勝率	打者	投回	安打	本塁打	四球	死球	三振	暴投	ボーク	失点	自責点	防御率
'19	(巨)	3	0	2	0	0	0	0	0	0	0	0	.000	18	4.1	5	1	3	0	2	1	0	3	3	6.23
'20	(巨)	12	0	4	0	0	0	0	0	0	1	1	.000	62	12.2	16	2	8	0	11	0	0	13	11	7.82
'23	(巨)	3	0	1	0	0	0	0	0	0	0	0	.000	19	3.1	6	2	3	0	4	0	0	5	5	13.50
〔3〕		18	0	7	0	0	0	0	0	0	1	1	.000	99	20.1	27	5	14	0	17	1	0	21	19	8.41

本田　圭佑　ほんだ・けいすけ　東北学院大 （'16.1）　'93. 4. 24生　右投右打

年度	チーム	試合	完投	交代完了	試当初	無点勝	無四球	勝利	敗北	セーブ	ホールド	HP	勝率	打者	投回	安打	本塁打	四球	死球	三振	暴投	ボーク	失点	自責点	防御率
'16	(武)	2	0	1	1	0	0	0	1	0	0	0	.000	23	4.2	8	0	1	1	3	0	0	4	4	7.71
'17	(武)	5	0	3	1	0	0	0	0	0	0	0	.000	36	7.2	7	0	6	0	5	0	0	4	4	4.70
'18	(武)	1	0	0	1	0	0	0	0	0	0	0	.000	15	2.1	7	2	1	0	2	0	0	6	6	23.14
'19	(武)	16	0	0	16	0	0	6	6	0	0	0	.500	375	91.1	88	13	28	3	53	2	0	48	47	4.63
'20	(武)	7	0	0	7	0	0	1	4	0	0	0	.200	149	35.1	35	6	13	0	24	1	0	17	16	4.08
'21	(武)	6	0	0	6	0	0	0	1	0	0	0	.000	111	25.2	23	3	14	0	9	2	0	14	12	4.21
'22	(武)	45	0	4	0	0	0	2	1	0	20	24	.667	202	50.1	37	2	15	3	33	3	0	11	11	1.97
'23	(武)	25	0	4	2	0	0	0	2	0	2	2	.000	148	34.2	34	2	15	0	29	1	0	7	6	1.56
〔8〕		107	0	14	33	0	0	11	17	0	22	26	.393	1059	252	239	28	93	7	156	11	0	111	106	3.79

本田　仁海　ほんだ・ひとみ　星槎国際湘南高（'18.1）　'99.7.27生　右投左打

年度/チーム	試合	完投	交代了	試当初	無点勝	無四球	勝利	敗北	セーブ	ホールド	HP	勝率	打者	投球回	安打	本塁打	四球	死球	三振	暴投	ボーク	失点	自責点	防御率
'20(オ)	1	0	0	1	0	0	0	1	0	0	0	.000	24	4	8	0	4	0	2	0	0	7	3	6.75
'21(オ)	2	0	0	2	0	0	0	1	0	0	0	.000	45	9.2	13	2	5	0	4	0	0	8	8	7.45
'22(オ)	42	0	12	0	0	0	2	3	2	14	16	.400	186	43.2	39	4	16	4	40	1	0	18	17	3.50
'23(オ)	28	0	5	0	0	0	2	1	0	7	9	.667	145	32.2	36	5	12	0	34	2	0	23	23	6.34
〔4〕	73	0	17	3	0	0	4	6	2	21	25	.400	400	90	96	10	37	4	80	3	0	56	51	5.10

J.マーベル　ジェームス・マーベル　デューク大（'23.6）　'93.9.17生　右投右打

年度/チーム	試合	完投	交代了	試当初	無点勝	無四球	勝利	敗北	セーブ	ホールド	HP	勝率	打者	投球回	安打	本塁打	四球	死球	三振	暴投	ボーク	失点	自責点	防御率
'23(日)	8	0	0	2	0	0	2	2	0	0	2	.500	93	21.2	21	1	9	1	12	0	0	9	6	2.49

R.マルティネス　ライデル・マルティネス　エイデデピナールデルリオ高（'18.4）　'96.10.11生　右投左打

年度/チーム	試合	完投	交代了	試当初	無点勝	無四球	勝利	敗北	セーブ	ホールド	HP	勝率	打者	投球回	安打	本塁打	四球	死球	三振	暴投	ボーク	失点	自責点	防御率
'18(中)	7	0	2	4	0	0	1	3	0	0	0	.250	99	21.2	28	4	8	1	14	0	0	16	16	6.65
'19(中)	43	0	20	0	0	0	1	4	8	14	15	.200	171	40.2	34	2	14	2	48	1	0	13	12	2.66
'20(中)	40	0	30	0	0	0	1	4	21	7	9	1.000	155	40	22	2	12	1	49	2	0	5	5	1.13
'21(中)	49	0	49	0	0	0	1	4	23	0	1	.200	178	48	26	1	10	1	59	1	1	11	11	2.06
'22(中)	56	0	48	0	0	0	4	3	**39**	5	9	.571	213	55.2	30	2	14	4	62	0	0	6	6	0.97
'23(中)	48	0	39	0	0	0	3	1	32	9	12	.750	173	46.2	31	1	4	0	62	0	0	4	2	0.39
〔6〕	243	0	188	4	0	0	12	15	123	35	46	.444	989	252.2	173	12	60	9	294	4	1	55	52	1.85

前　佑囲斗　まえ・ゆいと　津田学園高（'20.1）　'01.8.13生　右投右打

年度/チーム	試合	完投	交代了	試当初	無点勝	無四球	勝利	敗北	セーブ	ホールド	HP	勝率	打者	投球回	安打	本塁打	四球	死球	三振	暴投	ボーク	失点	自責点	防御率
'23(オ)	2	0	1	0	0	0	0	0	0	0	0	.000	8	2	1	0	1	0	2	0	0	0	0	0.00

益田　武尚　ますだ・たけひさ　北九州市立大（'23.1）　'98.10.6生　右投右打

年度/チーム	試合	完投	交代了	試当初	無点勝	無四球	勝利	敗北	セーブ	ホールド	HP	勝率	打者	投球回	安打	本塁打	四球	死球	三振	暴投	ボーク	失点	自責点	防御率
'23(広)	8	0	2	0	0	0	1	0	0	0	1	1.000	43	11	8	1	3	0	12	1	0	2	2	1.64

増田　達至　ますだ・たつし　福井工業大（'13.1）　'88.4.23生　右投右打

年度/チーム	試合	完投	交代了	試当初	無点勝	無四球	勝利	敗北	セーブ	ホールド	HP	勝率	打者	投球回	安打	本塁打	四球	死球	三振	暴投	ボーク	失点	自責点	防御率
'13(武)	42	0	8	2	0	0	5	3	0	5	10	.625	237	52.2	60	3	19	1	44	1	0	25	22	3.76
'14(武)	44	0	9	0	0	0	3	4	0	22	25	.429	181	44.2	35	3	13	1	37	0	0	14	14	2.82
'15(武)	72	0	16	0	0	0	2	4	3	**40**	**42**	.333	302	74	64	1	15	4	62	2	0	26	25	3.04
'16(武)	53	0	47	0	0	0	3	5	28	5	8	.375	232	54.1	51	1	15	3	53	0	0	13	10	1.66
'17(武)	57	0	51	0	0	0	1	5	28	4	5	.167	220	56.1	41	7	13	0	58	0	0	17	15	2.40
'18(武)	41	0	30	0	0	0	2	4	14	2	4	.333	170	38.1	46	7	13	0	23	1	0	23	22	5.17
'19(武)	65	0	49	0	0	0	4	1	30	7	11	.800	272	69.2	51	5	10	0	74	0	0	15	14	1.81
'20(武)	48	0	45	0	0	0	5	0	**33**	1	6	1.000	196	49	41	3	10	2	42	0	0	11	11	2.02
'21(武)	33	0	15	0	0	0	0	9	0	0	0	.000	131	30.2	32	4	7	1	23	1	0	17	17	4.99
'22(武)	52	0	**45**	0	0	0	2	5	31	5	7	.286	200	51.1	37	7	10	0	34	0	0	14	14	2.45
'23(武)	40	0	32	0	0	0	4	4	19	6	10	.500	169	38	44	5	7	2	27	0	0	24	23	5.45
〔11〕	547	0	347	2	0	0	31	38	194	106	137	.449	2310	559	500	44	128	15	477	5	0	199	187	3.01

増田　大輝　ますだ・だいき　小松島高（'17.1）　'93.7.29生　右投右打

年度 チーム	試合	完投	交代了	試当初	無点勝	無四球	勝利	敗北	セーブ	ホールド	H P	勝率	打者	投球回	安打	本塁打	四球	死球	三振	暴投	ボーク	失点	自責点	防御率
'20 (巨)	1	0	1	0	0	0	0	0	0	0	0	.000	3	0.2	0	0	1	0	0	0	0	0	0	0.00

益田　直也　ますだ・なおや　関西国際大（'12.1）　'89.10.25生　右投右打

年度 チーム	試合	完投	交代了	試当初	無点勝	無四球	勝利	敗北	セーブ	ホールド	H P	勝率	打者	投球回	安打	本塁打	四球	死球	三振	暴投	ボーク	失点	自責点	防御率
'12 (ロ)	72	0	15	0	0	0	2	2	1	41	43	.500	308	75.1	61	2	19	2	57	2	0	25	14	1.67
'13 (ロ)	68	0	56	0	0	0	2	6	33	9	11	.250	268	62	65	3	16	4	66	3	0	24	19	2.76
'14 (ロ)	52	0	8	0	0	0	7	3	1	23	30	.700	226	51	56	3	16	2	57	2	0	28	28	4.94
'15 (ロ)	51	0	13	0	0	0	3	2	0	11	14	.600	227	53	48	2	21	2	42	7	0	23	23	3.91
'16 (ロ)	61	0	22	0	0	0	3	2	14	21	24	.600	238	59	53	2	16	0	36	1	0	13	12	1.83
'17 (ロ)	38	0	18	0	0	0	0	4	9	6	6	.000	162	35.1	46	8	15	0	29	1	0	20	20	5.09
'18 (ロ)	70	0	24	0	0	0	3	3	17	19	19	.250	264	64.1	44	6	27	3	61	2	0	26	22	3.08
'19 (ロ)	60	0	44	0	0	0	4	5	27	12	16	.444	229	58.2	36	5	22	2	56	1	0	15	14	2.15
'20 (ロ)	54	0	47	0	0	0	3	5	31	5	8	.375	214	52	42	1	17	2	53	4	0	15	13	2.25
'21 (ロ)	67	0	67	0	0	0	3	6	38	0	3	.333	248	64.1	43	5	15	0	68	2	0	17	16	2.24
'22 (ロ)	52	0	34	0	0	0	1	2	25	8	9	.333	224	52	46	6	19	3	47	8	0	21	19	3.29
'23 (ロ)	58	0	43	0	0	0	2	5	36	13	15	.286	222	53.1	49	9	14	1	54	4	0	23	22	3.71
〔12〕	703	0	391	0	0	0	32	48	218	166	198	.400	2830	680.1	589	52	217	21	626	37	0	250	222	2.94

又吉　克樹　またよし・かつき　環太平洋大（'14.1）　'90.11.4生　右投右打

年度 チーム	試合	完投	交代了	試当初	無点勝	無四球	勝利	敗北	セーブ	ホールド	H P	勝率	打者	投球回	安打	本塁打	四球	死球	三振	暴投	ボーク	失点	自責点	防御率
'14 (中)	67	0	13	0	0	0	9	1	2	24	33	.900	321	81.1	50	3	28	4	104	1	0	20	20	2.21
'15 (中)	63	0	11	0	0	0	6	6	0	30	36	.500	301	72.1	64	5	23	4	82	1	0	27	27	3.36
'16 (中)	62	0	14	0	0	0	6	6	0	16	22	.500	239	54.2	58	3	17	3	55	1	0	22	17	2.80
'17 (中)	50	1	7	8	1	0	8	3	0	21	26	.727	434	110	84	7	36	5	78	0	1	27	26	2.13
'18 (中)	40	0	10	0	0	0	2	5	0	9	11	.286	187	41.1	54	6	17	1	28	1	0	30	30	6.53
'19 (中)	26	0	7	2	0	0	3	3	0	3	6	.500	182	44.1	35	5	19	1	37	0	0	21	20	4.06
'20 (中)	26	0	4	0	0	0	4	0	0	7	11	1.000	105	26	22	2	4	0	18	0	0	8	8	2.77
'21 (中)	66	0	17	0	0	0	3	2	8	33	36	.600	245	63.1	47	2	22	1	41	0	0	11	9	1.28
'22 (ソ)	31	0	3	0	0	0	3	3	1	14	17	.500	122	30	27	4	8	0	22	0	0	8	7	2.10
'23 (ソ)	32	0	0	0	0	0	2	2	0	10	12	.500	113	28	21	2	14	2	15	1	0	7	7	2.25
〔10〕	463	1	86	10	1	0	46	31	11	167	210	.597	2249	551.1	462	39	188	22	480	5	1	181	171	2.79

松井　友飛　まつい・ともたか　金沢学院大（'22.1）　'99.10.11生　右投右打

年度 チーム	試合	完投	交代了	試当初	無点勝	無四球	勝利	敗北	セーブ	ホールド	H P	勝率	打者	投球回	安打	本塁打	四球	死球	三振	暴投	ボーク	失点	自責点	防御率
'22 (楽)	1	0	0	1	0	0	0	0	0	0	0	.000	19	4	6	1	2	0	3	0	0	4	4	9.00
'23 (楽)	6	0	2	3	0	0	1	2	0	0	0	.333	78	18.2	15	0	8	0	13	1	0	9	8	3.86
〔2〕	7	0	2	4	0	0	1	2	0	0	0	.333	97	22.2	21	1	10	0	16	1	0	13	12	4.76

松井　颯　まつい・はやて　明星大（'23.5）　'00.9.14生　右投右打

年度 チーム	試合	完投	交代了	試当初	無点勝	無四球	勝利	敗北	セーブ	ホールド	H P	勝率	打者	投球回	安打	本塁打	四球	死球	三振	暴投	ボーク	失点	自責点	防御率
'23 (巨)	8	0	0	3	0	0	1	1	0	2	2	.500	85	19.1	18	3	8	0	17	0	0	8	7	3.26

松井　裕樹　まつい・ゆうき　桐光学園高（'14.1）　'95.10.30生　左投左打

年度	チーム	試合	完投	交代了	試当初	無点勝	無四球	勝利	敗北	セーブ	ホールド	HP	勝率	打者	投回	安打	本塁打	四球	死球	三振	暴投	ボーク	失点	自責点	防御率
'14	(楽)	27	1	3	16	0	0	4	8	0	3	4	.333	504	116	91	2	67	8	126	6	2	52	49	3.80
'15	(楽)	63	0	49	0	0	0	3	2	33	12	15	.600	284	72.1	37	3	28	2	103	3	0	7	7	0.87
'16	(楽)	58	0	46	0	0	0	1	4	30	10	11	.200	272	62.1	47	4	40	1	75	1	1	23	23	3.32
'17	(楽)	52	0	43	0	0	0	3	3	33	5	8	.500	214	52.2	31	0	26	1	62	0	0	8	7	1.20
'18	(楽)	53	0	24	2	0	0	5	8	5	11	15	.385	281	66.2	53	4	29	3	91	5	0	28	27	3.65
'19	(楽)	68	0	54	0	0	0	2	8	38	12	14	.200	271	69.2	40	5	24	1	107	2	0	17	15	1.94
'20	(楽)	25	0	5	10	0	0	4	5	2	8	9	.444	286	68	56	5	28	3	82	4	0	25	24	3.18
'21	(楽)	43	0	43	0	0	0	0	2	24	0	0	.000	172	43	22	1	21	1	59	1	0	3	3	0.63
'22	(楽)	53	0	44	0	0	0	1	3	32	7	8	.250	194	51.2	21	4	19	0	83	1	0	11	11	1.92
'23	(楽)	59	0	49	0	0	0	2	3	39	8	10	.400	222	57.1	38	3	13	0	72	2	0	14	10	1.57
〔10〕		501	1	360	28	0	0	25	46	236	76	94	.352	2700	659.2	436	31	295	20	860	25	3	188	176	2.40

松浦　慶斗　まつうら・けいと　大阪桐蔭高（'22.1）　'03.7.1生　左投左打

年度	チーム	試合	完投	交代了	試当初	無点勝	無四球	勝利	敗北	セーブ	ホールド	HP	勝率	打者	投回	安打	本塁打	四球	死球	三振	暴投	ボーク	失点	自責点	防御率
'22	(日)	1	0	0	0	0	0	0	1	0	0	0	.000	6	1	2	0	1	0	0	0	0	2	2	18.00

松岡　洸希　まつおか・こうき　桶川西高（'20.1）　'00.8.31生　右投右打

年度	チーム	試合	完投	交代了	試当初	無点勝	無四球	勝利	敗北	セーブ	ホールド	HP	勝率	打者	投回	安打	本塁打	四球	死球	三振	暴投	ボーク	失点	自責点	防御率
'20	(武)	2	0	1	0	0	0	0	0	0	0	0	.000	12	2	5	0	2	0	0	0	0	3	3	13.50
'21	(武)	5	0	2	0	0	0	0	0	0	0	0	.000	22	4	5	0	5	1	1	0	0	5	5	11.25
〔2〕		7	0	3	0	0	0	0	0	0	0	0	.000	34	6	10	0	7	1	1	0	0	8	8	12.00

松葉　貴大　まつば・たかひろ　大阪体育大（'13.1）　'90.8.14生　左投左打

年度	チーム	試合	完投	交代了	試当初	無点勝	無四球	勝利	敗北	セーブ	ホールド	HP	勝率	打者	投回	安打	本塁打	四球	死球	三振	暴投	ボーク	失点	自責点	防御率
'13	(オ)	17	0	1	14	0	0	4	6	0	0	0	.400	316	73	65	5	35	2	44	3	1	35	34	4.19
'14	(オ)	21	0	0	21	0	0	8	1	0	0	0	.889	468	113.2	95	7	45	2	88	7	1	41	35	2.77
'15	(オ)	18	0	1	14	0	0	3	6	0	0	1	.333	360	80	81	8	47	1	42	3	0	42	38	4.28
'16	(オ)	28	0	1	18	0	0	7	9	0	0	1	.438	563	132.2	128	10	41	3	82	5	0	52	48	3.26
'17	(オ)	23	0	0	22	0	0	3	12	0	0	0	.200	552	133.1	133	16	32	2	72	6	1	70	66	4.46
'18	(オ)	8	0	1	7	0	0	2	1	0	0	0	.667	158	36.1	40	6	15	0	23	0	0	22	21	5.20
'19	(オ)	5	0	0	5	0	0	0	4	0	0	0	.000	104	22.2	26	3	9	3	13	0	0	16	14	5.56
'19	(中)	1	0	0	1	0	0	0	0	0	0	0	.000	16	2.2	5	0	3	0	0	0	0	3	3	10.13
'20	(中)	15	0	0	15	0	0	3	7	0	0	0	.300	319	73.1	86	9	17	2	50	0	0	33	33	4.05
'21	(中)	14	0	0	13	0	0	6	5	0	0	0	.545	309	76	74	7	15	2	43	0	0	30	27	3.20
'22	(中)	19	0	0	19	0	0	6	7	0	0	0	.462	404	100	96	4	18	2	51	0	0	38	37	3.33
'23	(中)	11	0	0	11	0	0	1	4	0	0	0	.200	232	57.2	55	1	14	1	20	1	0	23	21	3.28
〔11〕		180	1	6	160	0	0	43	62	0	0	2	.410	3801	901.1	884	76	291	20	526	32	3	405	377	3.76

松本　晴　まつもと・はる　亜細亜大（'23.1）　'01.2.24生　左投左打

年度	チーム	試合	完投	交代了	試当初	無点勝	無四球	勝利	敗北	セーブ	ホールド	HP	勝率	打者	投回	安打	本塁打	四球	死球	三振	暴投	ボーク	失点	自責点	防御率
'23	(ソ)	3	0	1	1	0	0	0	0	0	0	0	.000	31	6.1	8	0	3	1	4	0	0	5	5	7.11

松本　裕樹　まつもと・ゆうき　盛岡大付高　('15.1)　'96.4.14生　右投左打

年度	チーム	試合	完投	交代了	試当初	無点勝	無四球	勝利	敗北	セーブ	ホールド	HP	勝率	打者	投球回	安打	本塁打	四球	死球	三振	暴投	ボーク	失点	自責点	防御率
'16	(ソ)	1	0	0	0	0	0	0	0	0	0	0	.000	4	1	1	1	0	0	1	0	0	1	1	9.00
'17	(ソ)	15	0	1	10	0	0	2	4	0	0	0	.333	263	58.1	61	5	29	2	43	1	0	31	31	4.78
'18	(ソ)	6	0	0	6	0	0	1	2	0	0	0	.333	124	28.2	25	5	14	1	20	0	1	11	11	3.45
'19	(ソ)	7	0	0	7	0	0	1	1	0	0	0	.500	146	33.2	35	2	11	0	32	1	0	18	15	4.01
'20	(ソ)	25	0	7	0	0	0	1	0	6	0	0	.000	120	28.1	20	4	19	0	27	2	0	11	11	3.49
'21	(ソ)	33	0	6	2	0	0	3	3	0	4	7	.500	306	73.2	64	9	28	2	59	0	0	33	31	3.79
'22	(ソ)	44	0	5	0	0	0	5	1	0	15	20	.833	206	50.2	40	6	14	1	60	1	0	15	15	2.66
'23	(ソ)	53	0	8	0	0	0	2	2	0	25	27	.500	189	47	32	5	17	0	60	1	0	16	14	2.68
〔8〕		184	0	27	30	0	0	14	14	0	50	60	.500	1358	321.1	278	37	132	6	302	6	1	136	129	3.61

松本　竜也　まつもと・りゅうや　智辯学園高　('22.1)　'99.9.18生　右投右打

年度	チーム	試合	完投	交代了	試当初	無点勝	無四球	勝利	敗北	セーブ	ホールド	HP	勝率	打者	投球回	安打	本塁打	四球	死球	三振	暴投	ボーク	失点	自責点	防御率
'22	(広)	50	0	18	0	0	0	4	2	0	4	8	.667	240	55.2	58	5	15	3	54	0	0	23	22	3.56
'23	(広)	13	0	5	0	0	0	0	3	1	8	8	.000	50	10.1	13	2	7	0	6	0	0	6	5	4.35
〔2〕		63	0	23	0	0	0	4	5	1	12	16	.444	290	66	71	7	22	3	60	0	0	29	27	3.68

松本　航　まつもと・わたる　日本体育大　('19.1)　'96.11.28生　右投右打

年度	チーム	試合	完投	交代了	試当初	無点勝	無四球	勝利	敗北	セーブ	ホールド	HP	勝率	打者	投球回	安打	本塁打	四球	死球	三振	暴投	ボーク	失点	自責点	防御率
'19	(武)	16	0	0	16	0	0	7	4	0	0	0	.636	384	85.1	87	11	46	2	65	8	0	47	43	4.54
'20	(武)	20	0	0	20	0	0	6	7	0	0	0	.462	452	103	89	19	56	2	66	2	0	55	50	4.37
'21	(武)	28	1	0	23	0	0	10	8	0	0	0	.556	638	149.2	137	15	64	4	130	4	0	63	63	3.79
'22	(武)	21	1	0	20	0	0	7	6	0	0	0	.538	536	129.2	106	8	44	3	104	3	0	49	46	3.19
'23	(武)	20	1	0	19	0	0	6	8	0	0	0	.429	496	116.2	102	14	48	5	89	3	1	48	45	3.47
〔5〕		105	3	0	98	1	0	36	33	0	0	0	.522	2506	584.1	521	67	258	16	454	20	1	262	247	3.80

松山　晋也　まつやま・しんや　八戸学院大　('23.6)　'00.6.23生　右投右打

年度	チーム	試合	完投	交代了	試当初	無点勝	無四球	勝利	敗北	セーブ	ホールド	HP	勝率	打者	投球回	安打	本塁打	四球	死球	三振	暴投	ボーク	失点	自責点	防御率
'23	(中)	36	0	0	0	0	0	1	1	0	17	18	.500	146	35.1	23	0	14	6	50	4	0	6	5	1.27

豆田　泰志　まめだ・たいし　浦和実業高　('23.7)　'03.1.15生　右投右打

年度	チーム	試合	完投	交代了	試当初	無点勝	無四球	勝利	敗北	セーブ	ホールド	HP	勝率	打者	投球回	安打	本塁打	四球	死球	三振	暴投	ボーク	失点	自責点	防御率
'23	(武)	16	0	0	0	0	0	0	0	1	6	6	.000	62	15.1	8	0	7	1	12	0	0	1	1	0.59

丸山　翔大　まるやま・しょうた　西日本工業大　('23.4)　'98.8.22生　右投左打

年度	チーム	試合	完投	交代了	試当初	無点勝	無四球	勝利	敗北	セーブ	ホールド	HP	勝率	打者	投球回	安打	本塁打	四球	死球	三振	暴投	ボーク	失点	自責点	防御率
'23	(ヤ)	22	0	0	0	0	0	0	0	0	0	0	.000	117	26.2	20	3	16	2	25	1	0	12	12	4.05

三浦　銀二　みうら・ぎんじ　法政大　('22.1)　'99.12.30生　右投右打

年度	チーム	試合	完投	交代了	試当初	無点勝	無四球	勝利	敗北	セーブ	ホールド	HP	勝率	打者	投球回	安打	本塁打	四球	死球	三振	暴投	ボーク	失点	自責点	防御率
'22	(ディ)	6	0	5	0	0	0	0	0	0	0	0	.000	42	8.1	16	2	1	0	8	0	0	10	10	10.80
'23	(ディ)	1	0	1	0	0	0	0	0	0	0	0	.000	8	1	4	0	1	0	0	0	0	4	4	36.00
〔2〕		7	0	6	0	0	0	0	0	0	0	0	.000	50	9.1	20	2	2	0	8	0	0	14	14	13.50

三上　朋也　みかみ・ともや　法政大　('14.1)　'89.4.10生　右投右打

年度	チーム	試合	完投	交代了	試当初	無点勝	無四球	勝利	敗北	セーブ	ホールド	HP	勝率	打者	投球回	安打	本塁打	四球	死球	三振	暴投	ボーク	失点	自責点	防御率
'14	(ディ)	65	0	38	0	0	0	1	4	21	13	14	.200	279	65.2	55	3	27	4	67	2	1	18	17	2.33
'15	(ディ)	21	0	5	0	0	0	1	1	0	9	10	.500	93	22.1	16	0	9	1	20	3	0	3	2	0.81
'16	(ディ)	59	0	14	0	0	0	2	4	2	32	34	.333	241	58.2	47	7	18	2	36	2	0	21	17	2.61
'17	(ディ)	61	0	4	0	0	0	3	3	0	31	34	.500	213	51	47	8	16	2	29	1	0	31	29	5.12
'18	(ディ)	65	0	8	0	0	0	1	1	0	25	26	.500	239	56	55	3	20	3	40	2	0	19	19	3.05
'19	(ディ)	6	0	1	0	0	0	0	1	0	1	1	.000	25	4.2	5	0	6	0	5	1	0	4	3	5.79
'20	(ディ)	10	0	4	0	0	0	0	0	0	0	0	.000	55	13	13	0	6	1	7	1	0	4	4	2.77
'21	(ディ)	40	0	8	0	0	0	2	1	0	3	5	.667	148	35	36	5	9	1	25	0	0	15	15	3.86
'22	(ディ)	19	0	7	0	0	0	0	2	0	0	0	.000	106	24.2	28	3	19	0	11	0	0	10	10	3.65
'23	(巨)	22	0	4	0	0	0	0	0	0	1	1	.000	73	15.2	18	1	8	4	9	0	0	8	8	4.60
〔10〕		368	0	93	0	0	0	10	16	23	121	131	.385	1472	346.2	320	30	127	19	257	12	1	133	124	3.22

三嶋　一輝　みしま・かずき　法政大　('13.1)　'90.5.7生　右投左右打

年度	チーム	試合	完投	交代了	試当初	無点勝	無四球	勝利	敗北	セーブ	ホールド	HP	勝率	打者	投球回	安打	本塁打	四球	死球	三振	暴投	ボーク	失点	自責点	防御率
'13	(ディ)	34	2	3	20	1	0	6	9	0	1	1	.400	642	146.1	138	20	**79**	0	145	6	1	67	64	3.94⑮
'14	(ディ)	8	0	1	5	0	0	1	2	0	0	0	.333	126	24	41	5	14	1	24	4	**3**	30	29	10.88
'15	(ディ)	20	0	1	14	0	0	5	5	0	0	0	.500	384	88	84	9	34	3	67	**9**	0	52	47	4.81
'16	(ディ)	4	0	0	4	0	0	1	1	0	0	0	.500	102	24	24	5	8	0	15	1	0	13	10	3.75
'17	(ディ)	16	0	8	1	0	0	0	1	0	0	0	.000	99	20.2	29	4	9	0	17	4	0	17	15	6.53
'18	(ディ)	60	0	10	0	0	0	7	2	0	15	22	.778	292	68	61	8	31	2	82	6	0	30	30	3.97
'19	(ディ)	71	0	13	0	0	0	5	4	0	23	28	.556	309	72.2	67	10	31	0	62	2	0	36	35	4.33
'20	(ディ)	48	0	33	0	0	0	3	1	18	5	8	.750	180	47.2	30	1	13	1	46	1	0	13	13	2.45
'21	(ディ)	59	0	54	0	0	0	3	5	23	1	4	.375	246	57.1	66	8	12	0	57	3	0	31	26	4.08
'22	(ディ)	13	0	6	0	0	0	2	2	1	5	7	.500	50	12.2	8	1	6	0	11	0	0	4	4	2.84
'23	(ディ)	27	0	6	0	0	0	3	1	0	6	9	.750	108	22.1	33	3	7	2	17	2	0	12	12	4.84
〔11〕		360	2	135	44	1	0	36	33	42	56	79	.522	2538	583.2	581	74	244	9	543	38	4	305	285	4.39

水上　由伸　みずかみ・よしのぶ　四国学院大　('21.5)　'98.7.13生　右投右打

年度	チーム	試合	完投	交代了	試当初	無点勝	無四球	勝利	敗北	セーブ	ホールド	HP	勝率	打者	投球回	安打	本塁打	四球	死球	三振	暴投	ボーク	失点	自責点	防御率
'21	(武)	29	0	2	0	0	0	0	1	0	4	4	.000	114	27	19	1	16	1	22	0	0	7	7	2.33
'22	(武)	60	0	6	0	0	0	4	4	1	31	**35**	.500	218	56	34	1	17	5	40	4	0	13	11	1.77
'23	(武)	23	0	3	0	0	0	0	2	1	5	5	.000	75	17	12	1	14	0	13	0	0	4	4	2.12
〔3〕		112	0	11	0	0	0	4	7	2	40	44	.364	407	100	65	3	47	6	75	4	0	24	22	1.98

美馬　学　みま・まなぶ　中央大　('11.1)　'86.9.19生　右投左打

年度	チーム	試合	完投	交代了	試当初	無点勝	無四球	勝利	敗北	セーブ	ホールド	HP	勝率	打者	投球回	安打	本塁打	四球	死球	三振	暴投	ボーク	失点	自責点	防御率
'11	(楽)	23	0	9	0	0	0	2	1	0	5	7	.667	102	26.1	19	1	4	1	13	2	0	9	9	3.08
'12	(楽)	23	2	0	20	0	0	8	10	0	1	1	.444	633	154.2	142	12	36	5	108	5	0	55	53	3.08⑬
'13	(楽)	18	0	0	18	0	0	6	5	0	0	0	.545	430	98.1	118	11	31	8	63	7	0	46	45	4.12
'14	(楽)	14	0	0	14	0	0	2	9	0	0	0	.182	327	72.2	84	4	25	7	51	0	0	41	39	4.83
'15	(楽)	16	0	0	16	0	0	3	7	0	0	0	.300	380	86.1	102	9	21	1	62	5	0	45	33	3.44
'16	(楽)	26	1	0	24	0	1	9	9	0	0	0	.500	678	155	181	14	32	8	116	5	1	80	74	4.30⑬
'17	(楽)	26	3	0	23	1	1	11	8	0	0	0	.579	684	171.1	155	18	33	4	134	4	1	66	62	3.26⑦
'18	(楽)	14	0	0	14	0	0	2	6	0	0	0	.250	340	79	88	12	23	3	41	1	0	42	40	4.56
'19	(楽)	25	2	0	23	0	1	8	5	0	0	0	.615	600	143.2	146	19	24	4	112	3	0	69	64	4.01⑥
'20	(楽)	19	1	0	18	0	1	10	4	0	0	0	.714	517	123	130	9	25	0	88	3	0	62	54	3.95⑥
'21	(ロ)	21	0	0	21	0	0	6	7	0	0	0	.462	506	115.1	139	15	22	4	92	4	0	72	63	4.92
'22	(ロ)	20	1	0	19	1	1	10	6	0	0	0	.625	481	117.2	107	9	29	3	86	6	0	40	38	2.91
'23	(ロ)	18	0	0	18	0	0	3	9	0	0	0	.250	429	98.1	106	13	32	3	67	1	0	55	52	4.76
〔13〕		263	10	9	228	3	5	80	86	0	5	8	.482	6107	1441.2	1517	146	347	51	1033	46	2	682	626	3.91

宮内　春輝　みやうち・はるき　明星大（'23.1）　'96. 5. 25生　右投右打

年度	チーム	試合	完投	交代完了	試当初	無点勝	無四球	勝利	敗北	セーブ	ホールド	H P	勝率	打者	投球回	安打	本塁打	四球	死球	三振	暴投	ボーク	失点	自責点	防御率
'23	(日)	15	0	3	0	0	0	1	0	0	1	2	1.000	78	16.2	23	1	5	0	18	0	0	12	12	6.48

宮川　哲　みやがわ・てつ　上武大（'20.1）　'95. 10. 10生　右投右打

年度	チーム	試合	完投	交代完了	試当初	無点勝	無四球	勝利	敗北	セーブ	ホールド	H P	勝率	打者	投球回	安打	本塁打	四球	死球	三振	暴投	ボーク	失点	自責点	防御率
'20	(武)	49	0	6	0	0	0	2	1	0	13	15	.667	202	44.2	40	1	29	1	45	3	0	21	19	3.83
'21	(武)	29	0	6	0	0	0	1	2	0	6	7	.333	117	24.2	23	4	18	3	30	5	0	18	18	6.57
'22	(武)	45	0	16	0	0	0	1	0	1	1	2	1.000	205	48.2	46	3	19	0	44	3	0	17	14	2.59
'23	(武)	4	0	0	4	0	0	1	2	0	0	0	.333	83	16.1	23	3	13	2	9	1	0	13	13	7.16
〔4〕		127	0	28	4	0	0	5	5	1	20	24	.500	607	134.1	132	11	79	6	128	12	0	69	64	4.29

宮城　滝太　みやぎ・だいた　滋賀学園高（'22.7）　'00. 7. 15生　右投右打

年度	チーム	試合	完投	交代完了	試当初	無点勝	無四球	勝利	敗北	セーブ	ホールド	H P	勝率	打者	投球回	安打	本塁打	四球	死球	三振	暴投	ボーク	失点	自責点	防御率
'23	(ディ)	11	0	3	0	0	0	0	0	0	3	3	.000	66	16.1	14	2	2	1	16	0	0	7	7	3.86

宮城　大弥　みやぎ・ひろや　興南高（'20.1）　'01. 8. 25生　左投左打

年度	チーム	試合	完投	交代完了	試当初	無点勝	無四球	勝利	敗北	セーブ	ホールド	H P	勝率	打者	投球回	安打	本塁打	四球	死球	三振	暴投	ボーク	失点	自責点	防御率
'20	(オ)	3	0	0	3	0	0	1	1	0	0	0	.500	73	16	19	0	6	1	16	1	0	8	7	3.94
'21	(オ)	23	0	0	23	0	0	13	4	0	0	0	.765	594	147	118	9	39	9	131	0	0	44	41	2.51
'22	(オ)	24	2	0	22	1	2	11	8	0	0	0	.579	612	148.1	137	11	30	6	127	0	0	57	52	3.16
'23	(オ)	22	3	0	19	3	2	10	4	0	0	0	.714	575	146.2	107	7	31	5	122	1	0	38	37	2.27
〔4〕		72	5	0	67	4	4	35	17	0	0	0	.673	1854	458	381	27	106	21	396	2	0	147	137	2.69

宮國　椋丞　みやぐに・りょうすけ　糸満高（'11.1）　'92. 4. 17生　右投右打

年度	チーム	試合	完投	交代完了	試当初	無点勝	無四球	勝利	敗北	セーブ	ホールド	H P	勝率	打者	投球回	安打	本塁打	四球	死球	三振	暴投	ボーク	失点	自責点	防御率
'12	(巨)	17	1	0	15	1	0	6	2	0	0	0	.750	386	97	76	4	28	3	54	3	1	27	20	1.86
'13	(巨)	17	0	0	17	0	0	6	7	0	0	0	.462	401	87.2	113	8	35	2	50	2	0	52	48	4.93
'14	(巨)	3	0	0	3	0	0	1	1	0	0	0	.500	64	14	22	3	3	1	6	2	0	11	10	6.43
'15	(巨)	39	0	11	0	0	0	3	1	1	5	8	.750	194	49	38	4	15	0	28	3	0	17	16	2.94
'16	(巨)	34	0	6	0	0	0	4	1	0	6	10	.800	162	39.2	38	6	9	0	14	0	0	14	13	2.95
'17	(巨)	17	0	2	9	0	0	1	7	0	1	1	.125	246	57	64	5	18	0	41	0	1	32	30	4.74
'18	(巨)	29	0	8	0	0	0	0	0	0	4	4	.000	133	32	27	4	10	3	25	0	0	8	7	1.97
'19	(巨)	28	0	8	0	0	0	0	2	0	3	3	.000	122	29.2	26	2	9	1	21	1	0	16	13	3.94
'20	(巨)	21	0	5	1	0	0	0	0	0	3	3	.000	109	25.1	27	5	8	0	22	1	0	15	15	5.33
'21	(ディ)	3	0	0	3	0	0	1	1	0	0	0	.500	68	16	18	3	5	0	14	0	0	11	11	6.19
'22	(ディ)	10	0	3	0	0	0	0	0	0	2	2	.000	103	20.2	35	6	5	1	13	1	0	20	20	8.71
'23	(ディ)	2	0	2	0	0	0	0	0	0	0	0	.000	21	4	7	1	1	0	3	0	0	4	3	6.75
〔12〕		227	1	45	48	1	0	22	22	1	21	28	.500	2009	472	491	51	146	11	291	13	2	227	206	3.93

宮西　尚生　みやにし・なおき　関西学院大　('08.1)　'85.6.2生　左投左打

年度(チーム)	試合	完投	交代完了	試当初	無四勝	無点球	勝利	敗北	セーブ	ホールド	HP	勝率	打者	投球回	安打	本塁打	四球	死球	三振	暴投	ボーク	失点	自責点	防御率
'08(日)	50	0	7	0	0	0	2	4	0	8	10	.333	198	45.1	47	5	15	2	25	2	1	24	22	4.37
'09(日)	58	0	16	0	0	0	7	2	0	13	20	.778	189	46.2	39	6	15	1	55	0	0	15	15	2.89
'10(日)	61	0	11	0	0	0	2	1	1	23	25	.667	181	47.2	29	1	9	4	49	0	0	9	9	1.70
'11(日)	61	0	14	0	0	0	1	2	0	14	15	.333	218	53	38	3	14	8	56	2	0	15	13	2.21
'12(日)	66	0	6	0	0	0	2	2	0	39	41	.500	244	60	51	4	14	4	56	0	0	18	15	2.25
'13(日)	57	0	1	0	0	0	3	1	0	30	33	.750	197	46.2	40	1	16	2	39	1	0	12	9	1.74
'14(日)	62	0	4	0	0	0	1	5	0	41	42	.167	218	50	47	2	23	4	46	0	0	14	12	2.16
'15(日)	50	0	3	0	0	0	3	3	0	25	28	.500	163	40	29	4	11	1	30	1	0	19	12	2.70
'16(日)	50	0	3	0	0	0	3	1	2	**39**	**42**	.750	190	47.1	28	0	22	5	36	1	0	11	8	1.52
'17(日)	51	0	3	0	0	0	4	5	0	25	29	.444	164	40.2	34	3	12	0	24	2	0	19	15	3.32
'18(日)	55	0	2	0	0	0	4	3	0	**37**	**41**	.571	186	45	29	1	20	5	39	0	0	11	9	1.80
'19(日)	55	0	4	0	0	0	1	2	0	**43**	**44**	.333	182	47.1	32	1	6	3	51	1	0	13	9	1.71
'20(日)	50	0	16	0	0	0	2	1	8	21	23	.667	197	48.1	34	4	22	4	53	1	0	12	11	2.05
'21(日)	50	0	3	0	0	0	1	2	0	15	16	.333	189	44.1	42	3	11	1	49	3	0	20	18	3.65
'22(日)	24	0	4	0	0	0	0	3	1	7	7	.000	91	20.2	20	1	11	1	14	1	0	13	13	5.66
'23(日)	31	0	6	0	0	0	1	3	1	13	14	.250	111	23.2	29	3	10	3	24	1	0	7	7	2.66
〔16〕	839	0	105	0	0	0	37	40	13	393	430	.481	2918	706.2	568	42	235	51	646	16	1	232	197	2.51

宮森　智志　みやもり・さとし　流通経済大　('22.7)　'98.5.28生　右投右打

年度(チーム)	試合	完投	交代完了	試当初	無四勝	無点球	勝利	敗北	セーブ	ホールド	HP	勝率	打者	投球回	安打	本塁打	四球	死球	三振	暴投	ボーク	失点	自責点	防御率
'22(楽)	26	0	7	0	0	0	1	1	1	7	8	.500	92	23.1	12	0	12	1	23	0	0	4	4	1.54
'23(楽)	24	0	7	0	0	0	0	2	0	3	3	.000	106	21	30	2	14	0	15	1	0	18	18	7.71
〔2〕	50	0	14	0	0	0	1	3	1	10	11	.250	198	44.1	42	2	26	2	38	1	0	22	22	4.47

椋木　蓮　むくのき・れん　東北福祉大　('22.1)　'00.1.22生　右投右打

年度(チーム)	試合	完投	交代完了	試当初	無四勝	無点球	勝利	敗北	セーブ	ホールド	HP	勝率	打者	投球回	安打	本塁打	四球	死球	三振	暴投	ボーク	失点	自責点	防御率
'22(オ)	4	0	0	4	0	0	2	1	0	0	0	.667	69	17.2	8	0	8	1	21	2	0	2	2	1.02

村上　頌樹　むらかみ・しょうき　東洋大　('21.1)　'98.6.25生　右投左打

年度(チーム)	試合	完投	交代完了	試当初	無四勝	無点球	勝利	敗北	セーブ	ホールド	HP	勝率	打者	投球回	安打	本塁打	四球	死球	三振	暴投	ボーク	失点	自責点	防御率
'21(神)	2	0	0	2	0	0	0	1	0	0	0	.000	30	5.1	9	3	5	0	10	1	0	10	10	16.88
'23(神)	22	2	0	19	1	1	10	6	0	1	1	.625	532	144.1	92	9	15	1	137	0	0	30	28	**1.75**①
〔2〕	24	2	0	21	1	1	10	7	0	1	1	.588	562	149.2	101	12	20	1	137	1	0	40	38	2.29

村西　良太　むらにし・りょうた　近畿大　('20.1)　'97.6.6生　右投右打

年度(チーム)	試合	完投	交代完了	試当初	無四勝	無点球	勝利	敗北	セーブ	ホールド	HP	勝率	打者	投球回	安打	本塁打	四球	死球	三振	暴投	ボーク	失点	自責点	防御率
'20(オ)	4	0	2	1	0	0	0	1	0	0	0	.000	39	8	6	2	10	0	5	0	0	8	8	9.00
'21(オ)	18	0	2	0	0	0	1	0	1	5	6	1.000	62	12	15	1	9	2	7	0	0	5	5	3.75
'22(オ)	22	0	4	0	0	0	1	0	0	8	9	.500	113	24.1	23	4	17	1	27	1	0	13	12	4.44
'23(オ)	7	0	4	1	0	0	0	2	0	0	0	.000	52	11.2	11	1	5	1	6	0	0	8	8	6.17
〔4〕	51	0	12	2	0	0	2	3	1	13	15	.400	266	56	55	8	41	4	45	1	0	36	33	5.30

C.メネズ　コナー・メネズ　マスターズ大　('22.7)　'95.5.29生　左投左打

年度(チーム)	試合	完投	交代完了	試当初	無四勝	無点球	勝利	敗北	セーブ	ホールド	HP	勝率	打者	投球回	安打	本塁打	四球	死球	三振	暴投	ボーク	失点	自責点	防御率
'22(日)	15	0	1	2	0	0	1	0	0	6	6	1.000	97	25	14	1	13	1	28	1	0	5	3	1.08
'23(日)	12	0	1	4	0	0	0	2	0	0	0	.000	116	25.2	24	1	14	2	19	1	0	13	9	3.16
〔2〕	27	0	2	6	0	0	1	2	0	6	6	.333	213	50.2	38	2	27	3	47	2	0	18	12	2.13

H.メヒア　ウンベルト・メヒア　アンヘルルビオ高（'23.6）'97.3.3生　右投右打

年度	チーム	試合	完投	交代完了	試当初	無点勝	無四球	勝利	敗北	セーブ	ホールド	H	勝率	打者	投球回	安打	本塁打	四球	死球	三振	暴投	ボーク	失点	自責点	防御率
'23	(中)	8	0	0	8	0	0	3	1	0	0	0	.750	179	44.1	31	3	18	2	20	1	0	11	11	2.23

C.C.メルセデス　クリストファー・クリソストモ・メルセデス　ヌエバ・エスペランサ高（'18.7）'94.3.8生　左投左右打

年度	チーム	試合	完投	交代完了	試当初	無点勝	無四球	勝利	敗北	セーブ	ホールド	H	勝率	打者	投球回	安打	本塁打	四球	死球	三振	暴投	ボーク	失点	自責点	防御率
'18	(巨)	13	2	0	11	1	0	5	4	0	0	0	.556	357	92	69	4	16	3	53	1	0	28	21	2.05
'19	(巨)	22	0	0	22	0	0	8	8	0	0	0	.500	512	120.1	137	12	28	5	89	2	0	49	47	3.52
'20	(巨)	11	0	0	11	0	0	4	4	0	0	0	.500	243	58	53	5	19	2	45	0	1	20	20	3.10
'21	(巨)	17	0	0	17	0	0	7	5	0	0	0	.583	369	86	96	5	22	5	74	0	1	36	36	3.18
'22	(巨)	20	0	0	20	0	0	5	7	0	0	0	.417	458	110.1	107	7	31	3	74	1	0	44	39	3.18
'23	(ロ)	22	0	1	20	0	0	4	8	1	0	0	.333	483	116.1	111	8	36	2	58	3	0	46	43	3.33
〔6〕		105	2	1	101	1	0	33	36	1	0	0	.478	2422	583	573	41	152	20	393	7	2	223	206	3.18

Y.メンデス　ヨアンデル・メンデス　ビセンテ・エミリオ・ソーホ校（'23.1）'95.1.17生　左投左打

年度	チーム	試合	完投	交代完了	試当初	無点勝	無四球	勝利	敗北	セーブ	ホールド	H	勝率	打者	投球回	安打	本塁打	四球	死球	三振	暴投	ボーク	失点	自責点	防御率
'23	(巨)	16	0	0	16	0	0	5	5	0	0	0	.500	347	87	57	7	33	5	72	3	3	21	20	2.07

L.モイネロ　リバン・モイネロ　エイデデビナールデルリオ高（'17.6）'95.12.8生　左投左打

年度	チーム	試合	完投	交代完了	試当初	無点勝	無四球	勝利	敗北	セーブ	ホールド	H	勝率	打者	投球回	安打	本塁打	四球	死球	三振	暴投	ボーク	失点	自責点	防御率
'17	(ソ)	34	0	8	0	0	0	4	3	1	15	19	.571	141	35.2	21	1	14	2	36	1	0	15	10	2.52
'18	(ソ)	49	0	5	0	0	0	5	1	0	13	18	.833	190	45.2	31	6	24	1	57	1	0	23	23	4.53
'19	(ソ)	60	0	10	0	0	0	3	1	4	34	37	.750	245	59.1	37	4	25	6	86	3	0	13	10	1.52
'20	(ソ)	50	0	4	0	0	0	2	3	1	**38**	**40**	.400	193	48	26	1	25	2	77	0	0	9	9	1.69
'21	(ソ)	33	0	12	0	0	0	1	0	5	14	15	1.000	128	31.1	15	2	19	1	42	0	0	6	4	1.15
'22	(ソ)	53	0	40	0	0	0	1	1	24	8	9	.500	202	52.2	22	2	20	2	87	2	0	10	6	1.03
'23	(ソ)	27	0	9	0	0	0	3	0	5	13	16	1.000	97	27.2	11	0	5	0	37	0	0	3	3	0.98
〔7〕		306	0	88	0	0	0	19	9	40	135	154	.679	1196	300.1	163	16	132	14	422	7	0	79	65	1.95

望月　惇志　もちづき・あつし　横浜創学館高（'16.1）'97.8.2生　右投右打

年度	チーム	試合	完投	交代完了	試当初	無点勝	無四球	勝利	敗北	セーブ	ホールド	H	勝率	打者	投球回	安打	本塁打	四球	死球	三振	暴投	ボーク	失点	自責点	防御率
'16	(神)	1	0	1	0	0	0	0	0	0	0	0	.000	4	1	1	0	0	1	0	0	0	0	0	0.00
'18	(神)	37	0	11	0	0	0	0	0	0	0	0	.000	190	44	46	7	17	2	40	2	0	24	21	4.30
'19	(神)	8	0	2	5	0	0	1	1	0	0	0	.500	142	31.1	33	4	16	3	26	3	0	15	14	4.02
'20	(神)	16	0	4	0	0	0	0	0	0	0	0	.000	81	19	18	2	8	0	18	3	0	11	11	5.21
〔4〕		62	0	18	5	0	0	1	1	0	0	0	.500	417	95.1	98	13	41	5	85	8	0	50	46	4.34

本前　郁也　もとまえ・ふみや　北翔大（'21.3）'97.10.2生　左投左打

年度	チーム	試合	完投	交代完了	試当初	無点勝	無四球	勝利	敗北	セーブ	ホールド	H	勝率	打者	投球回	安打	本塁打	四球	死球	三振	暴投	ボーク	失点	自責点	防御率
'21	(ロ)	8	0	0	8	0	0	1	2	0	0	0	.333	164	37.2	41	7	15	2	17	0	0	20	20	4.78
'22	(ロ)	12	0	0	11	0	0	3	2	0	0	1	.600	254	56	61	14	26	2	40	2	1	32	29	4.66
'23	(ロ)	1	0	0	1	0	0	0	0	0	0	0	.000	22	5	4	1	4	0	5	0	0	2	2	3.60
〔3〕		21	0	0	20	0	0	4	4	0	0	1	.500	440	98.2	106	22	45	4	62	2	1	54	51	4.65

森　翔平　もり・しょうへい　関西大（'22.1）　'98.1.1生　左投左打

年度	チーム	試合	完投	交代完了	試当初	無勝	無四球	勝利	敗北	セーブ	ホールド	HP	勝率	打者	投回	安打	本塁打	四球	死球	三振	暴投	ボーク	失点	自責点	防御率
'22	(広)	8	0	0	2	0	0	1	0	0	1	1	1.000	87	19	22	1	8	1	10	2	0	5	4	1.89
'23	(広)	12	0	0	10	0	0	4	2	0	0	0	.667	224	51.2	58	7	10	1	38	0	1	29	26	4.53
〔2〕		20	0	0	12	0	0	5	2	0	1	1	.714	311	70.2	80	8	18	2	48	2	1	34	30	3.82

森　博人　もり・ひろと　日本体育大（'21.1）　'98.5.25生　右投右打

年度	チーム	試合	完投	交代完了	試当初	無勝	無四球	勝利	敗北	セーブ	ホールド	HP	勝率	打者	投回	安打	本塁打	四球	死球	三振	暴投	ボーク	失点	自責点	防御率
'21	(中)	10	0	7	0	0	0	0	0	0	0	0	.000	58	12	11	0	9	3	15	2	0	4	4	3.00
'22	(中)	30	0	17	0	0	0	1	0	0	0	1	1.000	133	30.1	29	4	14	3	23	1	0	9	9	2.67
〔2〕		40	0	24	0	0	0	1	0	0	0	1	1.000	191	42.1	40	4	23	6	38	3	0	13	13	2.76

森　唯斗　もり・ゆいと　海部高（'14.1）　'92.1.8生　右投右打

年度	チーム	試合	完投	交代完了	試当初	無勝	無四球	勝利	敗北	セーブ	ホールド	HP	勝率	打者	投回	安打	本塁打	四球	死球	三振	暴投	ボーク	失点	自責点	防御率
'14	(ソ)	58	0	13	0	0	0	4	1	0	20	24	.800	247	65.2	47	1	15	1	54	0	0	17	17	2.33
'15	(ソ)	55	0	11	0	0	0	5	2	0	16	21	.714	234	60.1	46	3	10	1	66	2	0	18	18	2.69
'16	(ソ)	56	0	20	0	0	0	4	3	1	14	18	.571	261	60.1	68	6	15	2	51	0	0	20	20	2.98
'17	(ソ)	64	0	16	0	0	0	2	3	1	33	35	.400	265	64.1	61	7	12	1	60	0	0	29	28	3.92
'18	(ソ)	66	0	53	0	0	0	2	4	37	6	8	.333	252	61.1	51	7	19	2	61	0	0	20	19	2.79
'19	(ソ)	54	0	46	0	0	0	2	3	35	7	9	.400	213	53	40	5	13	2	59	1	0	13	13	2.21
'20	(ソ)	52	0	44	0	0	0	1	1	32	6	7	.500	205	51.1	39	4	13	2	40	0	0	14	13	2.28
'21	(ソ)	30	0	30	0	0	0	1	3	15	0	1	.250	118	29	20	6	10	0	26	0	0	13	13	4.03
'22	(ソ)	29	0	11	0	0	0	2	4	6	3	5	.333	141	34.1	30	4	12	1	27	0	0	13	13	2.62
'23	(ソ)	6	0	6	0	0	0	2	3	0	0	0	.400	126	29.1	28	2	9	0	27	0	0	15	15	4.60
〔10〕		470	0	244	0	0	0	25	27	127	105	128	.481	2062	509	430	45	128	12	471	3	0	172	166	2.94

森　遼大朗　もり・りょうたろう　都城商高（'22.1）　'99.4.22生　右投右打

年度	チーム	試合	完投	交代完了	試当初	無勝	無四球	勝利	敗北	セーブ	ホールド	HP	勝率	打者	投回	安打	本塁打	四球	死球	三振	暴投	ボーク	失点	自責点	防御率
'22	(ロ)	3	0	1	2	0	0	0	0	0	0	0	.000	39	8	11	1	5	0	4	0	0	9	9	10.13
'23	(ロ)	7	0	0	6	0	0	1	4	0	0	0	.200	153	33	41	3	10	2	29	0	0	23	22	6.00
〔2〕		10	0	1	8	0	0	1	5	0	0	0	.167	192	41	52	4	15	2	33	0	0	32	31	6.80

森浦　大輔　もりうら・だいすけ　天理大（'21.1）　'98.6.15生　左投左打

年度	チーム	試合	完投	交代完了	試当初	無勝	無四球	勝利	敗北	セーブ	ホールド	HP	勝率	打者	投回	安打	本塁打	四球	死球	三振	暴投	ボーク	失点	自責点	防御率
'21	(広)	54	0	10	0	0	0	3	3	0	17	20	.500	206	48.1	39	3	21	4	41	3	0	18	17	3.17
'22	(広)	51	0	8	0	0	0	3	6	0	24	27	.333	201	46.1	47	4	16	3	48	1	1	17	17	3.30
'23	(広)	13	0	1	0	0	0	0	0	0	0	0	.000	57	11.2	11	1	12	0	8	0	0	8	8	6.17
〔3〕		118	0	19	0	0	0	6	9	0	41	47	.400	464	106.1	97	8	49	7	97	4	1	43	42	3.55

森木　大智　もりき・だいち　高知高（'22.1）　'03.4.17生　右投右打

年度	チーム	試合	完投	交代完了	試当初	無勝	無四球	勝利	敗北	セーブ	ホールド	HP	勝率	打者	投回	安打	本塁打	四球	死球	三振	暴投	ボーク	失点	自責点	防御率
'22	(神)	2	0	0	2	0	0	0	2	0	0	0	.000	37	8.2	9	0	3	0	6	0	0	8	6	6.23

森下　暢仁　もりした・まさと　明治大（'20.1）'97. 8. 25生　右投右打

年度	チーム	試合	完投	交代了	試当初	無点勝	無四球	勝利	敗北	セーブ	ホールド	H P	勝率	打者	投球回	安打	本塁打	四球	死球	三振	暴投	ボーク	失点	自責点	防御率
'20	(広)	18	2	0	16	1	1	10	3	0	0	0	.769	485	122.2	102	6	32	4	124	2	0	30	26	1.91
'21	(広)	24	1	0	23	1	0	8	7	0	0	0	.533	672	163.1	144	16	52	3	132	6	0	55	54	2.98
'22	(広)	27	3	0	24	2	0	10	8	0	0	0	.556	764	178.2	195	13	44	8	133	3	1	67	63	3.17
'23	(広)	20	3	0	17	1	0	9	6	0	0	0	.600	544	131.2	127	10	36	2	94	3	0	49	44	3.01
〔4〕		89	9	0	80	5	1	37	24	0	0	0	.607	2465	596.1	568	45	164	17	483	14	1	201	187	2.82

森原　康平　もりはら・こうへい　近畿大工学部（'17.1）'91. 12. 26生　右投左打

年度	チーム	試合	完投	交代了	試当初	無点勝	無四球	勝利	敗北	セーブ	ホールド	H P	勝率	打者	投球回	安打	本塁打	四球	死球	三振	暴投	ボーク	失点	自責点	防御率
'17	(楽)	42	0	10	0	0	0	2	4	0	13	15	.333	171	39.1	42	3	13	0	21	0	0	22	21	4.81
'18	(楽)	17	0	4	0	0	0	1	2	0	1	2	.333	73	17	18	1	3	0	19	1	0	11	11	5.82
'19	(楽)	64	0	7	0	0	0	4	2	0	29	33	.667	255	64	47	3	18	1	65	0	0	15	14	1.97
'20	(楽)	17	0	8	0	0	0	1	2	4	2	3	.333	81	16.2	23	4	7	1	14	1	0	14	14	7.56
'21	(楽)	34	0	14	0	0	0	0	0	0	0	0	.000	132	32.1	29	3	8	0	30	0	1	10	10	2.78
'22	(楽)	3	0	0	0	0	0	1	0	0	0	0	1.000	11	2.1	3	0	1	0	3	0	0	0	0	0.00
	(ディ)	6	0	3	0	0	0	0	0	0	0	0	.000	24	6	6	2	0	0	4	0	0	4	4	6.00
'23	(ディ)	46	0	24	0	0	0	2	1	17	10	12	.667	171	42.2	34	2	11	2	34	0	0	12	11	2.32
〔7〕		229	0	70	0	0	0	10	11	59	69		.476	918	220.1	202	18	61	4	194	2	1	88	85	3.47

森脇　亮介　もりわき・りょうすけ　日本大（'19.1）'92. 7. 13生　右投右打

年度	チーム	試合	完投	交代了	試当初	無点勝	無四球	勝利	敗北	セーブ	ホールド	H P	勝率	打者	投球回	安打	本塁打	四球	死球	三振	暴投	ボーク	失点	自責点	防御率
'19	(武)	29	0	8	0	0	0	2	1	0	2	4	.667	143	31	29	3	20	3	24	1	0	17	17	4.94
'20	(武)	47	0	11	0	0	0	7	1	16	23	.875	178	46.2	22	3	20	1	41	1	1	8	7	1.35
'21	(武)	45	0	10	0	0	0	3	1	13	16	.750	184	40.1	42	2	22	2	29	3	0	18	18	4.02
'22	(武)	43	0	11	0	0	0	1	1	10	11	.500	148	36.2	30	2	18	0	33	0	0	10	7	1.72
'23	(武)	31	0	6	0	0	0	2	1	3	12	14	.667	117	27.2	22	2	5	2	26	1	0	8	6	1.95
〔5〕		195	0	46	0	0	0	15	5	6	53	68	.750	770	182.1	145	12	85	8	153	6	1	61	55	2.71

門別　啓人　もんべつ・けいと　東海大札幌高（'23.1）'04. 7. 10生　左投左打

年度	チーム	試合	完投	交代了	試当初	無点勝	無四球	勝利	敗北	セーブ	ホールド	H P	勝率	打者	投球回	安打	本塁打	四球	死球	三振	暴投	ボーク	失点	自責点	防御率
'23	(神)	2	0	0	1	0	0	0	0	0	0	0	.000	37	8	13	0	1	0	5	0	0	3	3	3.38

八木　彬　やぎ・あきら　東北福祉大（'22.1）'97. 5. 26生　右投右打

年度	チーム	試合	完投	交代了	試当初	無点勝	無四球	勝利	敗北	セーブ	ホールド	H P	勝率	打者	投球回	安打	本塁打	四球	死球	三振	暴投	ボーク	失点	自責点	防御率
'22	(ロ)	22	0	13	0	0	0	0	0	0	0	0	.000	96	22.1	25	3	8	0	21	0	0	9	9	3.63
'23	(ロ)	3	0	2	0	0	0	0	0	0	0	0	.000	20	3	9	1	2	0	2	0	0	6	6	18.00
〔2〕		25	0	15	0	0	0	0	0	0	0	0	.000	116	25.1	34	4	10	0	23	0	0	15	15	5.33

矢崎　拓也（旧姓・加藤）やさき・たくや　慶應義塾大（'17.1）'94. 12. 31生　右投右打

年度	チーム	試合	完投	交代了	試当初	無点勝	無四球	勝利	敗北	セーブ	ホールド	H P	勝率	打者	投球回	安打	本塁打	四球	死球	三振	暴投	ボーク	失点	自責点	防御率
'17	(広)	7	0	1	5	0	0	1	3	0	0	0	.250	136	29.1	20	2	31	1	28	3	0	14	14	4.30
'19	(広)	5	0	3	0	0	0	0	0	0	0	0	.000	40	8	10	2	6	0	11	0	0	5	5	5.63
'20	(広)	6	0	4	0	0	0	0	0	0	0	0	.000	39	7.2	11	3	5	1	10	2	0	9	8	9.39
'21	(広)	4	0	0	4	0	0	0	0	0	0	0	.000	34	7	7	1	7	0	6	0	0	9	9	11.57
'22	(広)	47	0	12	0	0	0	2	0	1	17	19	1.000	204	49.1	35	2	25	0	51	2	0	12	10	1.82
'23	(広)	54	0	34	0	0	0	4	2	24	10	14	.667	221	51.1	48	5	24	0	38	0	0	17	16	2.81
〔6〕		123	0	54	6	0	0	7	5	25	27	33	.583	674	152.2	131	15	98	2	144	7	0	66	62	3.66

矢澤　宏太

やざわ・こうた　日本体育大（'23.1）　'00. 8. 2生　左投左打

年度/チーム	試合	完投	交代完了	試合当初	無点勝	無四球	勝利	敗北	セーブ	ホールド	HP	勝率	打者	投球回	安打	本塁打	四球	死球	三振	暴投	ボーク	失点	自責点	防御率
'23（日）	2	0	2	0	0	0	0	0	0	0	0	.000	7	2	1	0	0	0	3	0	0	0	0	0.00

柳　裕也

やなぎ・ゆうや　明治大（'17.1）　'94. 4. 22生　右投右打

年度/チーム	試合	完投	交代完了	試合当初	無点勝	無四球	勝利	敗北	セーブ	ホールド	HP	勝率	打者	投球回	安打	本塁打	四球	死球	三振	暴投	ボーク	失点	自責点	防御率
'17（中）	11	0	1	7	0	0	1	4	0	0	0	.200	202	50.1	42	5	12	0	45	2	0	25	25	4.47
'18（中）	10	1	0	9	1	0	2	5	0	0	0	.286	237	53.1	59	2	18	2	42	0	0	34	31	5.23
'19（中）	26	1	0	25	0	0	11	7	0	0	0	.611	703	170.2	165	21	38	3	146	3	0	69	67	3.53⑧
'20（中）	15	0	0	15	0	0	6	7	0	0	0	.462	365	85	87	10	29	6	88	3	0	38	34	3.60
'21（中）	26	2	0	24	2	0	11	6	0	0	0	.647	676	172	133	11	41	3	168	1	0	47	42	2.20①
'22（中）	25	3	0	21	1	2	9	11	0	0	0	.450	648	153.1	154	17	37	5	124	8	0	64	62	3.64⑩
'23（中）	24	2	0	22	0	2	6	11	0	0	0	.267	636	158.1	126	6	47	4	105	2	0	46	43	2.44⑥
〔7〕	137	9	1	123	4	4	44	51	0	0	1	.463	3467	843	766	72	222	23	718	21	0	323	304	3.25

薮田　和樹

やぶた・かずき　亜細亜大（'15.1）　'92. 8. 7生　右投右打

年度/チーム	試合	完投	交代完了	試合当初	無点勝	無四球	勝利	敗北	セーブ	ホールド	HP	勝率	打者	投球回	安打	本塁打	四球	死球	三振	暴投	ボーク	失点	自責点	防御率
'15（広）	6	0	0	6	0	0	1	2	0	0	0	.333	120	25	25	3	20	2	18	1	0	16	16	5.76
'16（広）	16	0	5	3	0	0	3	1	0	0	0	.750	137	31	21	3	22	2	21	3	0	9	9	2.61
'17（広）	38	2	9	13	2	0	15	3	0	3	6	.833	536	129	102	10	51	4	115	4	0	42	37	2.58
'18（広）	9	0	0	4	0	0	2	1	0	0	1	.667	134	26.2	28	4	32	1	18	3	0	22	17	5.74
'19（広）	4	0	1	2	0	0	0	1	0	0	0	.000	62	12.2	17	4	10	0	6	0	0	13	13	9.24
'20（広）	28	0	3	5	0	0	1	2	0	0	0	.333	213	47	44	5	33	6	33	6	0	25	24	4.60
'21（広）	1	0	0	1	0	0	0	0	0	0	0	.000	20	4.2	3	0	5	0	2	1	0	2	2	3.86
'22（広）	18	0	3	0	0	0	1	0	0	1	2	1.000	103	24	19	2	14	1	16	1	0	11	11	4.13
'23（広）	3	0	0	0	0	0	0	0	0	0	0	.000	21	4	5	1	3	2	2	0	0	4	4	9.00
〔9〕	123	2	24	34	2	0	23	11	0	6	12	.676	1346	304	264	32	188	12	231	20	0	144	133	3.94

山岡　泰輔

やまおか・たいすけ　瀬戸内高（'17.1）　'95. 9. 22生　右投左打

年度/チーム	試合	完投	交代完了	試合当初	無点勝	無四球	勝利	敗北	セーブ	ホールド	HP	勝率	打者	投球回	安打	本塁打	四球	死球	三振	暴投	ボーク	失点	自責点	防御率
'17（オ）	24	2	0	22	1	1	8	11	0	0	0	.421	618	149.1	136	8	54	2	133	7	0	62	62	3.74⑪
'18（オ）	30	1	1	22	1	0	7	12	0	4	4	.368	619	146	137	21	49	6	121	4	1	71	64	3.95⑨
'19（オ）	26	2	0	24	0	1	13	4	0	0	0	.765	699	170	154	16	45	4	154	2	0	77	70	3.71⑤
'20（オ）	12	0	0	11	0	0	4	5	0	0	0	.444	284	69.1	68	7	21	2	64	3	0	22	20	2.60
'21（オ）	12	0	0	12	0	0	3	4	0	0	0	.429	297	69.1	64	7	20	3	74	1	0	30	30	3.89
'22（オ）	22	0	2	19	1	0	6	8	0	1	1	.429	518	128	118	6	27	7	99	2	0	42	37	2.60
'23（オ）	31	0	7	12	0	0	2	1	3	8	9	.667	390	94	75	4	33	3	97	7	0	26	24	2.30
〔7〕	157	8	8	122	3	2	43	45	3	13	14	.489	3425	826	752	69	249	27	742	26	1	330	307	3.35

山﨑　伊織

（山崎）やまさき・いおり　東海大（'21.1）　'98. 10. 10生　右投左打

年度/チーム	試合	完投	交代完了	試合当初	無点勝	無四球	勝利	敗北	セーブ	ホールド	HP	勝率	打者	投球回	安打	本塁打	四球	死球	三振	暴投	ボーク	失点	自責点	防御率
'22（巨）	20	0	2	17	0	0	5	5	0	1	1	.500	410	97.1	95	6	20	9	55	0	0	37	34	3.14
'23（巨）	23	3	0	20	1	2	10	5	0	0	0	.667	586	149	119	10	25	7	106	3	0	46	45	2.72⑨
〔2〕	43	3	2	37	1	2	15	10	0	1	1	.600	996	246.1	214	16	45	16	161	3	0	83	79	2.89

山﨑　福也　やまさき・さちや　明治大（'15.1）　'92.9.9生　左投左打

年度(チーム)	試合	完投	交代了	試当初	無点勝	無四球	勝利	敗北	セーブ	ホールド	HP	勝率	打者	投球回	安打	本塁打	四球	死球	三振	暴投	ボーク	失点	自責点	防御率
'15（オ）	17	0	3	12	0	0	3	6	0	0	0	.333	258	57.2	49	9	34	3	35	4	0	35	29	4.53
'16（オ）	17	0	4	7	0	0	3	2	0	0	0	.600	260	61.1	55	4	23	3	37	2	0	27	25	3.67
'17（オ）	15	1	2	6	1	0	2	5	0	0	0	.286	205	45	52	8	20	0	21	2	1	29	22	4.40
'18（オ）	7	0	1	2	0	0	0	1	0	0	0	.000	80	17.2	21	2	7	0	9	0	0	11	9	4.58
'19（オ）	36	0	16	2	0	0	2	3	0	1	3	.400	236	54	49	6	28	3	37	2	0	27	27	4.50
'20（オ）	15	0	1	14	0	0	5	5	0	0	0	.500	347	84	71	12	33	2	46	0	0	45	42	4.50
'21（オ）	22	0	0	21	0	0	8	**10**	0	0	1	.444	473	116.1	111	13	24	6	75	2	0	47	46	3.56
'22（オ）	24	0	0	19	0	0	5	8	0	2	3	.385	475	114.2	112	13	27	6	91	4	0	58	44	3.45
'23（オ）	23	0	0	23	0	0	11	5	0	0	0	.688	537	130.1	126	7	24	5	80	0	0	48	47	3.25
〔9〕	176	1	27	106	1	0	39	45	0	3	8	.464	2871	681	647	74	220	28	431	16	1	327	291	3.85

山﨑　康晃　やまさき・やすあき　亜細亜大（'15.1）　'92.10.2生　右投右打

年度(チーム)	試合	完投	交代了	試当初	無点勝	無四球	勝利	敗北	セーブ	ホールド	HP	勝率	打者	投球回	安打	本塁打	四球	死球	三振	暴投	ボーク	失点	自責点	防御率
'15（デ）	58	0	49	0	0	0	2	4	37	7	9	.333	215	56.1	38	2	11	1	66	4	1	13	12	1.92
'16（デ）	59	0	46	0	0	0	2	5	33	7	9	.286	252	57.2	57	7	23	0	61	2	0	27	23	3.59
'17（デ）	**68**	0	47	0	0	0	4	2	26	15	19	.667	260	65.2	52	3	13	1	84	1	0	16	12	1.64
'18（デ）	57	0	52	0	0	0	2	4	**37**	3	5	.333	226	56.1	40	5	18	1	63	1	0	18	17	2.72
'19（デ）	61	0	**55**	0	0	0	3	2	**30**	4	7	.600	243	60	44	6	19	0	54	0	0	18	13	1.95
'20（デ）	40	0	13	0	0	0	0	3	6	8	8	.000	176	38	52	4	14	0	31	1	0	26	24	5.68
'21（デ）	60	0	9	0	0	0	3	2	1	27	30	.600	229	55	58	2	14	3	39	0	0	21	20	3.27
'22（デ）	56	0	**51**	0	0	0	0	2	37	3	3	.000	197	54.1	29	2	9	0	42	1	0	9	8	1.33
'23（デ）	49	0	30	0	0	0	3	7	20	8	11	.300	189	45.1	48	7	8	1	54	1	0	22	22	4.37
〔9〕	508	0	352	0	0	0	19	31	227	82	101	.380	1987	488.2	418	40	129	7	494	11	1	170	151	2.78

山﨑颯一郎　やまざき・そういちろう　敦賀気比高（'17.1）　'98.6.15生　右投右打

年度(チーム)	試合	完投	交代了	試当初	無点勝	無四球	勝利	敗北	セーブ	ホールド	HP	勝率	打者	投球回	安打	本塁打	四球	死球	三振	暴投	ボーク	失点	自責点	防御率
'21（オ）	9	0	0	8	0	0	2	2	0	0	0	.500	169	39	32	1	20	5	29	0	0	16	16	3.69
'22（オ）	15	0	1	5	0	0	0	2	1	6	6	.000	145	36	30	2	10	1	29	0	0	15	12	3.00
'23（オ）	53	0	18	0	0	0	1	1	9	27	28	.500	211	52	42	3	18	0	60	0	0	12	12	2.08
〔3〕	77	0	19	13	0	0	3	5	10	33	34	.375	525	127	104	6	48	6	118	0	0	43	40	2.83

山下舜平大　やました・しゅんぺいた　福岡大大濠高（'21.1）　'02.7.16生　右投右打

年度(チーム)	試合	完投	交代了	試当初	無点勝	無四球	勝利	敗北	セーブ	ホールド	HP	勝率	打者	投球回	安打	本塁打	四球	死球	三振	暴投	ボーク	失点	自責点	防御率
'23（オ）	16	0	0	16	0	0	9	3	0	0	0	.750	383	95	71	2	30	4	101	4	1	21	17	1.61

山下　輝　やました・ひかる　法政大（'22.1）　'99.9.12生　左投左打

年度(チーム)	試合	完投	交代了	試当初	無点勝	無四球	勝利	敗北	セーブ	ホールド	HP	勝率	打者	投球回	安打	本塁打	四球	死球	三振	暴投	ボーク	失点	自責点	防御率
'22（ヤ）	2	0	0	2	0	0	1	1	0	0	0	.500	54	12.1	14	0	5	1	3	0	0	2	2	1.46

山田　修義　やまだ・のぶよし　敦賀気比高（'10.1）　'91.9.19生　左投左打

年度 チーム	試合	完投	交代了	試当初	無点勝	無四球	勝利	敗北	セーブ	ホールド	HP	勝率	打者	投球回	安打	本塁打	四球	死球	三振	暴投	ボーク	失点	自責点	防御率
'10(オ)	1	0	0	1	0	0	0	0	0	0	0	.000	14	3	5	0	1	1	0	0	0	1	1	3.00
'12(オ)	6	0	3	2	0	0	0	2	0	0	0	.000	78	17.1	19	3	9	1	7	1	0	12	11	5.71
'13(オ)	1	0	0	0	0	0	0	0	0	0	0	.000	8	1.1	4	0	1	0	1	0	0	3	3	20.25
'15(オ)	7	0	0	1	0	0	0	1	0	0	0	.000	79	16.1	17	1	13	1	12	0	0	11	10	5.51
'16(オ)	12	0	0	12	0	0	2	7	0	0	0	.222	245	58.1	63	7	19	0	43	0	0	35	32	4.94
'17(オ)	4	0	0	4	0	0	0	3	0	0	0	.000	71	12.1	21	2	10	2	13	1	0	16	12	8.76
'18(オ)	30	0	1	0	0	0	1	2	0	10	11	.333	84	21.1	14	1	6	0	20	0	0	10	9	3.80
'19(オ)	40	0	10	0	0	0	0	0	0	5	5	.000	172	43	31	6	18	0	44	1	0	17	17	3.56
'20(オ)	48	0	7	0	0	0	4	5	0	18	22	.444	170	39.1	37	1	19	0	44	0	0	20	17	3.89
'21(オ)	43	0	8	0	0	0	1	0	0	9	10	.000	186	43.2	38	2	19	1	35	0	0	14	11	2.27
'22(オ)	12	0	0	0	0	0	1	0	0	2	3	1.000	44	10.1	11	0	4	1	14	1	0	5	5	4.35
'23(オ)	32	0	4	0	0	0	0	0	0	6	6	.000	121	31.1	23	1	10	1	29	0	0	4	4	1.15
〔12〕	236	0	35	22	0	0	9	20	0	50	57	.310	1272	297.2	283	24	128	8	262	4	0	148	132	3.99

山野　太一　やまの・たいち　東北福祉大（'21.1）　'99.3.24生　左投左打

年度 チーム	試合	完投	交代了	試当初	無点勝	無四球	勝利	敗北	セーブ	ホールド	HP	勝率	打者	投球回	安打	本塁打	四球	死球	三振	暴投	ボーク	失点	自責点	防御率
'21(ヤ)	1	0	0	1	0	0	0	0	0	0	0	.000	12	1.1	5	0	2	1	3	0	0	7	7	47.25
'23(ヤ)	5	0	0	5	0	0	1	3	0	0	0	.250	112	26	25	2	11	1	15	0	0	13	12	4.15
〔2〕	6	0	0	6	0	0	1	3	0	0	0	.250	124	27.1	30	2	13	2	18	0	0	20	19	6.26

山本　一輝　やまもと・いつき　中京大（'21.1）　'98.6.28生　左投左打

年度 チーム	試合	完投	交代了	試当初	無点勝	無四球	勝利	敗北	セーブ	ホールド	HP	勝率	打者	投球回	安打	本塁打	四球	死球	三振	暴投	ボーク	失点	自責点	防御率
'22(巨)	2	0	1	0	0	0	0	0	0	0	0	.000	10	2	2	0	1	0	0	0	0	1	0	0.00

山本　拓実　やまもと・たくみ　市立西宮高（'18.1）　'00.1.31生　右投右打

年度 チーム	試合	完投	交代了	試当初	無点勝	無四球	勝利	敗北	セーブ	ホールド	HP	勝率	打者	投球回	安打	本塁打	四球	死球	三振	暴投	ボーク	失点	自責点	防御率
'18(中)	1	0	1	0	0	0	0	0	0	0	0	.000	8	2	1	0	2	0	3	0	0	0	0	0.00
'19(中)	9	0	0	7	0	0	3	3	0	0	0	.500	194	45.1	39	4	24	1	27	3	0	15	15	2.98
'20(中)	9	0	1	5	0	0	1	3	0	0	0	.250	133	29	31	4	17	1	25	0	0	20	18	5.59
'21(中)	9	0	2	0	0	0	1	0	0	0	1	1.000	67	14	16	1	8	1	12	0	0	10	10	6.43
'22(中)	30	0	10	0	0	0	1	0	0	4	5	1.000	131	30	24	2	17	1	19	1	0	13	12	3.60
'23(中)	14	0	7	0	0	0	0	1	0	0	0	.000	61	13	17	1	5	0	11	0	0	11	8	5.54
'23(日)	26	0	2	1	0	0	0	0	0	3	3	.000	97	24	23	2	6	0	19	1	0	4	4	1.50
〔6〕	98	0	23	13	0	0	6	7	0	7	9	.462	691	157.1	151	14	79	4	116	5	0	73	67	3.83

山本　大貴　やまもと・だいき　北星学園大附高（'18.1）　'95.11.10生　左投左打

年度 チーム	試合	完投	交代了	試当初	無点勝	無四球	勝利	敗北	セーブ	ホールド	HP	勝率	打者	投球回	安打	本塁打	四球	死球	三振	暴投	ボーク	失点	自責点	防御率
'18(ロ)	1	0	0	1	0	0	0	0	0	0	0	.000	17	3	5	0	4	0	1	0	0	4	2	6.00
'20(ロ)	12	0	10	0	0	0	0	0	0	0	0	.000	54	13.2	11	1	6	0	7	0	0	4	4	2.63
'22(ヤ)	5	0	2	0	0	0	0	0	0	0	0	.000	27	5.2	10	3	1	0	4	0	0	5	5	7.94
'23(ヤ)	42	0	11	0	0	0	2	1	0	9	11	1.000	148	35.1	32	4	13	3	26	2	0	11	10	2.55
〔4〕	60	0	23	1	0	0	2	1	0	9	11	.667	246	57.2	58	8	24	3	38	2	0	24	21	3.28

山本　由伸　やまもと・よしのぶ　都城高（'17.1）'98.8.17生　右投右打

年度	チーム	試合	完投	交代了	試当初	無点勝	無四球	勝利	敗北	セーブ	ホールド	HP	勝率	打者	投球回	安打	本塁打	四球	死球	三振	暴投	ボーク	失点	自責点	防御率
'17	(オ)	5	0	0	5	0	0	1	1	0	0	0	.500	109	23.2	32	3	7	1	20	0	0	14	14	5.32
'18	(オ)	54	0	3	0	0	0	4	2	1	32	36	.667	213	53	40	4	16	2	46	2	0	19	17	2.89
'19	(オ)	20	1	0	19	1	0	8	6	0	0	0	.571	553	143	101	8	36	3	127	3	1	37	31	1.95①
'20	(オ)	18	1	0	17	0	1	8	4	0	0	0	.667	494	126.2	82	6	37	6	149	1	0	34	31	2.20②
'21	(オ)	26	6	0	20	4	1	18	5	0	0	0	.783	736	193.2	124	7	40	2	206	0	0	37	30	1.39①
'22	(オ)	26	4	0	22	2	1	15	5	0	0	0	.750	747	193	137	6	42	5	205	0	0	42	36	1.68①
'23	(オ)	23	2	0	21	1	0	16	6	0	0	0	.727	636	164	117	2	28	6	169	1	0	27	22	1.21①
〔7〕		172	14	3	104	8	3	70	29	1	32	36	.707	3488	897	633	36	206	25	922	10	1	210	181	1.82

湯浅　京己　ゆあさ・あつき　聖光学院高（'19.1）'99.7.17生　右投右打

年度	チーム	試合	完投	交代了	試当初	無点勝	無四球	勝利	敗北	セーブ	ホールド	HP	勝率	打者	投球回	安打	本塁打	四球	死球	三振	暴投	ボーク	失点	自責点	防御率
'21	(神)	3	0	2	0	0	0	0	0	0	0	0	.000	21	3	10	0	2	0	2	2	0	7	6	18.00
'22	(神)	59	0	5	0	0	0	2	3	0	43	45	.400	221	58	38	1	12	0	67	2	0	7	7	1.09
'23	(神)	15	0	10	0	0	0	0	2	8	3	3	.000	67	14.1	15	3	8	0	15	0	0	8	7	4.40
〔3〕		77	0	17	0	0	0	2	8	8	46	48	.286	309	75.1	63	4	22	0	84	4	0	22	20	2.39

弓削　隼人　ゆげ・はやと　日本大（'19.1）'94.4.6生　左投左打

年度	チーム	試合	完投	交代了	試当初	無点勝	無四球	勝利	敗北	セーブ	ホールド	HP	勝率	打者	投球回	安打	本塁打	四球	死球	三振	暴投	ボーク	失点	自責点	防御率
'19	(楽)	8	1	0	6	1	0	3	3	0	0	0	.500	172	43.1	40	5	9	2	34	0	0	18	18	3.74
'20	(楽)	10	0	0	10	0	0	3	2	0	0	0	.600	229	50.1	57	9	20	3	34	2	0	34	28	5.01
'21	(楽)	5	0	0	4	0	0	1	1	0	0	0	.500	65	13.2	20	1	6	1	6	0	0	11	11	7.24
'22	(楽)	13	0	3	1	0	0	0	0	0	1	1	.000	61	13.2	14	2	4	2	5	0	0	5	5	3.29
'23	(楽)	12	0	4	0	0	0	0	1	0	0	0	.000	47	9.2	12	1	4	2	5	0	0	7	6	5.59
〔5〕		48	1	7	21	1	0	7	7	0	1	1	.500	574	130.2	143	17	45	10	84	2	0	75	68	4.68

横川　凱　よこがわ・かい　大阪桐蔭高（'19.1）'00.8.30生　左投左打

年度	チーム	試合	完投	交代了	試当初	無点勝	無四球	勝利	敗北	セーブ	ホールド	HP	勝率	打者	投球回	安打	本塁打	四球	死球	三振	暴投	ボーク	失点	自責点	防御率
'20	(巨)	2	0	1	1	0	0	0	0	0	0	0	.000	20	5.2	4	1	1	0	2	0	0	1	1	1.59
'21	(巨)	2	0	0	2	0	0	0	1	0	0	0	.000	37	8	9	2	2	0	9	0	0	4	3	3.38
'22	(巨)	1	0	0	1	0	0	0	0	0	0	0	.000	17	3	7	0	1	0	0	0	0	5	5	15.00
'23	(巨)	20	0	1	16	0	0	4	8	0	0	2	.333	348	84.1	79	10	24	4	46	2	0	38	37	3.95
〔4〕		25	0	2	20	0	0	4	10	0	0	2	.286	422	101	99	13	28	4	57	2	0	48	46	4.10

横山　楓　よこやま・かえで　國學院大（'22.1）'97.12.28生　右投左右打

年度	チーム	試合	完投	交代了	試当初	無点勝	無四球	勝利	敗北	セーブ	ホールド	HP	勝率	打者	投球回	安打	本塁打	四球	死球	三振	暴投	ボーク	失点	自責点	防御率
'23	(オ)	4	0	0	0	0	0	1	0	0	0	0	.000	18	3.2	4	1	4	0	3	0	0	3	3	7.36

横山　陸人　よこやま・りくと　専大松戸高（'20.1）'01.8.5生　右投右打

年度	チーム	試合	完投	交代了	試当初	無点勝	無四球	勝利	敗北	セーブ	ホールド	HP	勝率	打者	投球回	安打	本塁打	四球	死球	三振	暴投	ボーク	失点	自責点	防御率
'21	(ロ)	10	0	5	0	0	0	0	0	0	0	0	.000	48	9.2	14	1	3	2	11	0	0	6	5	4.66
'22	(ロ)	1	0	1	0	0	0	0	0	0	0	0	.000	5	0.2	2	0	1	0	1	0	0	2	2	27.00
'23	(ロ)	38	0	13	1	0	0	2	3	0	8	10	.400	172	39.1	41	3	18	1	42	3	0	25	23	5.26
〔3〕		49	0	19	1	0	0	2	3	0	8	10	.400	225	49.2	57	4	22	3	54	3	0	33	30	5.44

與座　海人　よざ・かいと　岐阜経済大（'18.1）　'95.9.15生　右投右打

年度	チーム	試合	完投	交代了	試当初	無点勝	無四球	勝利	敗北	セーブ	ホールド	HP	勝率	打者	投球回	安打	本塁打	四球	死球	三振	暴投	ボーク	失点	自責点	防御率
'20	(武)	8	0	0	8	0	0	2	4	0	0	0	.333	169	38	47	5	13	2	18	0	0	23	23	5.45
'21	(武)	15	0	5	5	0	0	1	1	0	1	1	.500	157	38.2	31	3	10	4	28	0	0	12	12	2.79
'22	(武)	20	1	0	18	1	1	10	7	0	0	0	.588	463	115.2	104	11	21	5	61	2	0	39	37	2.88
'23	(武)	15	1	0	14	1	1	2	6	0	0	0	.250	340	83	72	9	21	5	39	1	0	38	34	3.69
〔4〕		58	2	5	45	2	2	15	18	0	1	2	.455	1129	275.1	254	28	60	15	146	3	0	112	106	3.46

吉川　雄大　よしかわ・かずき　東海大（'22.1）　'96.12.12生　右投右打

年度	チーム	試合	完投	交代了	試当初	無点勝	無四球	勝利	敗北	セーブ	ホールド	HP	勝率	打者	投球回	安打	本塁打	四球	死球	三振	暴投	ボーク	失点	自責点	防御率
'22	(楽)	4	0	3	0	0	0	0	0	0	0	0	.000	20	5	3	0	1	0	2	0	0	1	1	1.80

吉田　輝星　よしだ・こうせい　金足農高（'19.1）　'01.1.12生　右投右打

年度	チーム	試合	完投	交代了	試当初	無点勝	無四球	勝利	敗北	セーブ	ホールド	HP	勝率	打者	投球回	安打	本塁打	四球	死球	三振	暴投	ボーク	失点	自責点	防御率
'19	(日)	4	0	0	4	0	0	1	3	0	0	0	.250	59	11	18	3	7	1	13	0	0	15	15	12.27
'20	(日)	5	0	0	5	0	0	0	2	0	0	0	.000	99	20.1	26	2	12	1	11	0	0	22	19	8.41
'21	(日)	1	0	0	1	0	0	0	1	0	0	0	.000	14	2	4	1	3	0	2	0	0	7	2	9.00
'22	(日)	51	0	10	4	0	0	2	3	0	5	7	.400	256	63.1	53	5	23	1	40	4	0	30	30	4.26
'23	(日)	3	0	0	3	0	0	0	0	0	0	0	.000	15	3	5	1	2	0	2	0	0	3	3	9.00
〔5〕		64	0	13	14	0	0	3	9	0	5	7	.250	443	99.2	106	12	47	3	68	4	0	77	69	6.23

吉田　大喜　よしだ・だいき　日本体育大（'20.1）　'97.7.27生　右投右打

年度	チーム	試合	完投	交代了	試当初	無点勝	無四球	勝利	敗北	セーブ	ホールド	HP	勝率	打者	投球回	安打	本塁打	四球	死球	三振	暴投	ボーク	失点	自責点	防御率
'20	(ヤ)	14	0	0	14	0	0	2	7	0	0	0	.222	308	67.1	80	10	34	0	53	2	1	40	39	5.21
'21	(ヤ)	16	0	8	0	0	0	1	1	0	0	1	.500	111	23.1	31	5	12	0	26	3	0	17	16	6.17
'22	(ヤ)	2	0	0	2	0	0	0	1	0	0	0	.000	44	9	14	1	5	0	7	0	0	3	3	3.00
〔3〕		32	0	8	16	0	0	3	9	0	0	1	.250	463	99.2	125	16	51	0	86	5	1	60	58	5.24

吉田　凌　よしだ・りょう　東海大相模高（'16.1）　'97.6.20生　右投右打

年度	チーム	試合	完投	交代了	試当初	無点勝	無四球	勝利	敗北	セーブ	ホールド	HP	勝率	打者	投球回	安打	本塁打	四球	死球	三振	暴投	ボーク	失点	自責点	防御率
'17	(オ)	1	0	0	1	0	0	0	0	0	0	0	.000	16	2.2	5	0	2	0	0	0	0	6	6	20.25
'19	(オ)	4	0	3	0	0	0	0	0	0	0	0	.000	21	4.1	7	2	3	0	2	0	0	4	4	8.31
'20	(オ)	35	0	6	0	0	0	2	2	0	7	9	.500	118	29	15	1	15	2	33	3	0	7	7	2.17
'21	(オ)	18	0	3	0	0	0	1	1	0	4	5	.500	62	17	7	3	8	0	17	0	0	5	4	2.12
'22	(オ)	6	0	2	0	0	0	1	1	0	2	3	.500	15	3.1	5	1	1	0	3	0	0	3	3	8.10
'23	(オ)	19	0	7	0	0	0	0	0	0	4	4	.000	79	16.2	16	1	10	1	12	0	0	8	6	3.24
〔6〕		83	0	21	1	0	0	4	5	0	17	21	.444	311	73	55	8	35	3	67	3	0	33	30	3.70

吉村貢司郎　よしむら・こうじろう　國學院大（'23.1）　'98.1.19生　右投右打

年度	チーム	試合	完投	交代了	試当初	無点勝	無四球	勝利	敗北	セーブ	ホールド	HP	勝率	打者	投球回	安打	本塁打	四球	死球	三振	暴投	ボーク	失点	自責点	防御率
'23	(ヤ)	12	0	0	11	0	0	4	2	0	0	0	.667	257	60.1	66	9	14	2	46	1	0	31	29	4.33

B. ロドリゲス　ブライアン・ロドリゲス　エヴァンジェリーナ・ロドリゲス高　('18.1)　'91.7.6生　右投右打

年度	チーム	試合	完投	交代完了	試当初	無点勝	無四球	勝利	敗北	セーブ	ホールド	HP	勝率	打者	投球回	安打	本塁打	四球	死球	三振	暴投	ボーク	失点	自責点	防御率
'18(日)		9	0	1	7	0	0	3	2	0	0	0	.600	165	37.2	41	0	12	3	23	2	1	23	22	5.26
'19(日)		34	0	2	10	0	0	6	7	1	8	13	.462	383	91.1	89	7	27	4	55	5	0	36	33	3.25
'20(日)		7	0	1	0	0	0	0	0	0	3	3	.000	34	8	7	0	3	0	9	1	0	2	2	2.25
'21(日)		47	0	10	0	0	0	3	2	0	24	24	.000	194	46	40	4	20	3	34	0	0	17	14	2.74
'22(日)		22	0	6	0	0	0	3	2	0	8	11	.600	66	16.1	14	0	3	1	13	0	0	5	4	2.20
'23(日)		37	0	9	1	0	0	1	7	0	12	13	.125	163	35.1	42	5	20	0	20	1	0	21	20	5.09
〔6〕		156	0	29	18	0	0	13	20	4	55	64	.394	1005	234.2	233	16	85	11	154	9	1	104	95	3.64

Y. ロドリゲス　(旧名・ヤリエル) ジャリエル・ロドリゲス　エスクエラ・アルマンド・メストレ高　('20.8)　'97.3.10生　右投右打

年度	チーム	試合	完投	交代完了	試当初	無点勝	無四球	勝利	敗北	セーブ	ホールド	HP	勝率	打者	投球回	安打	本塁打	四球	死球	三振	暴投	ボーク	失点	自責点	防御率
'20(中)		11	0	0	10	0	0	3	4	0	0	0	.429	248	59	50	4	21	5	67	2	2	30	27	4.12
'21(中)		12	0	0	11	0	0	1	4	0	0	0	.200	275	61.2	56	8	38	5	61	6	0	29	25	3.65
'22(中)		56	0	4	0	0	0	6	2	0	39	45	.750	218	54.2	32	0	18	4	60	1	0	9	7	1.15
〔3〕		79	0	4	21	0	0	10	10	0	39	45	.500	741	175.1	138	12	77	14	188	9	2	68	59	3.03

E. ロドリゲス　エルビン・ロドリゲス　セナペック高　('23.7)　'98.3.31生　右投右打

年度	チーム	試合	完投	交代完了	試当初	無点勝	無四球	勝利	敗北	セーブ	ホールド	HP	勝率	打者	投球回	安打	本塁打	四球	死球	三振	暴投	ボーク	失点	自責点	防御率
'23(ヤ)		7	0	0	6	0	0	1	5	0	0	0	.167	145	33	33	5	13	1	23	3	0	20	15	4.09

Y. ロペス　ヨアン・ロペス　ESPAクララ・ツェトキン校　('23.1)　'93.1.2生　右投右打

年度	チーム	試合	完投	交代完了	試当初	無点勝	無四球	勝利	敗北	セーブ	ホールド	HP	勝率	打者	投球回	安打	本塁打	四球	死球	三振	暴投	ボーク	失点	自責点	防御率
'23(巨)		8	0	3	0	0	0	0	1	0	0	0	.000	34	6.2	6	1	7	0	2	2	0	4	3	4.05

J. ワゲスパック　ジェイコブ・ワゲスパック　ミシシッピ大　('22.1)　'93.11.5生　右投右打

年度	チーム	試合	完投	交代完了	試当初	無点勝	無四球	勝利	敗北	セーブ	ホールド	HP	勝率	打者	投球回	安打	本塁打	四球	死球	三振	暴投	ボーク	失点	自責点	防御率
'22(オ)		32	0	10	10	0	0	2	6	5	7	7	.250	309	72.2	63	4	29	4	81	1	0	28	24	2.97
'23(オ)		31	0	11	4	0	0	4	7	2	4	7	.364	201	43.2	44	4	26	1	67	2	0	30	28	5.77
〔2〕		63	0	21	14	0	0	6	13	7	11	14	.316	510	116.1	107	8	55	5	148	3	0	58	52	4.02

涌井　秀章　わくい・ひであき　横浜高　('05.1)　'86.6.21生　右投右打

年度	チーム	試合	完投	交代了	試当初	無点勝	無四球	勝利	敗北	セーブ	ホールド	HP	勝率	打者	投球回	安打	本塁打	四球	死球	三振	暴投	ボーク	失点	自責点	防御率
'05	(武)	13	0	0	13	0	0	1	6	0	0	0	.143	253	55.1	62	11	23	4	57	2	0	45	45	7.32
'06	(武)	26	8	0	18	1	2	12	8	0	0	0	.600	734	178	161	16	53	8	136	7	1	79	64	3.24⑪
'07	(武)	28	11	0	17	1	3	17	10	0	0	0	.630	877	213	199	14	50	8	141	7	0	71	66	2.79⑧
'08	(武)	25	5	0	20	1	1	10	11	0	0	0	.476	738	173	173	16	51	8	122	11	0	80	75	3.90⑯
'09	(武)	27	11	0	16	4	0	16	6	0	0	0	.727	863	211.2	162	12	76	9	199	5	0	57	54	2.30
'10	(武)	27	6	0	21	2	1	14	8	0	0	0	.636	828	196.1	191	21	54	9	154	6	0	85	80	3.67⑩
'11	(武)	26	5	0	21	1	2	9	12	0	0	0	.429	744	178.1	184	9	41	8	108	7	0	71	58	2.93⑫
'12	(武)	55	0	46	3	0	0	1	5	30	3	4	.167	271	63	66	1	22	2	40	1	0	27	26	3.71
'13	(武)	45	1	13	10	0	1	5	7	7	13	15	.417	398	92.1	89	4	29	8	79	5	0	51	40	3.90
'14	(ロ)	28	1	0	25	0	0	8	12	0	0	0	.400	708	164.2	158	9	63	10	116	7	1	81	77	4.21⑫
'15	(ロ)	28	1	0	27	0	1	15	9	0	0	0	.625	786	188.2	178	11	57	8	117	6	0	79	71	3.39⑧
'16	(ロ)	26	5	0	21	0	1	10	7	0	0	0	.588	793	188.2	195	15	48	4	118	1	0	73	63	3.01⑦
'17	(ロ)	25	1	0	24	1	0	5	11	0	0	0	.313	675	158	156	20	53	7	115	6	0	74	70	3.99⑫
'18	(ロ)	22	1	0	21	1	0	7	9	0	0	0	.438	629	150.2	155	16	43	2	99	3	0	65	62	3.70⑦
'19	(ロ)	18	2	0	15	1	1	3	7	0	0	0	.300	462	104	121	14	27	6	87	3	0	58	52	4.50
'20	(楽)	20	1	0	19	1	0	11	4	0	0	0	.733	529	130	110	17	38	3	110	3	0	53	52	3.60④
'21	(楽)	21	0	2	17	0	0	6	8	0	0	0	.429	420	96.1	110	7	26	2	76	4	0	57	54	5.04
'22	(楽)	10	1	0	9	0	1	4	3	0	0	0	.571	224	56	50	6	10	1	35	0	0	23	22	3.54
'23	(中)	21	0	0	21	0	0	5	13	0	0	0	.278	479	111	116	9	30	2	89	1	0	53	49	3.97
〔19〕		489	60	61	338	13	14	159	156	37	16	19	.505	11411	2709	2636	228	794	109	1998	85	2	1182	1080	3.59

渡辺　翔太　わたなべ・しょうた　九州産業大　('23.1)　'00.10.29生　右投右打

年度	チーム	試合	完投	交代了	試当初	無点勝	無四球	勝利	敗北	セーブ	ホールド	HP	勝率	打者	投球回	安打	本塁打	四球	死球	三振	暴投	ボーク	失点	自責点	防御率
'23	(楽)	51	0	5	0	0	0	8	3	1	25	33	.727	197	48.2	30	1	20	2	41	3	0	15	13	2.40

渡邊　佑樹　わたなべ・ゆうき　横浜商科大　('18.1)　'95.11.8生　左投左打

年度	チーム	試合	完投	交代了	試当初	無点勝	無四球	勝利	敗北	セーブ	ホールド	HP	勝率	打者	投球回	安打	本塁打	四球	死球	三振	暴投	ボーク	失点	自責点	防御率
'19	(楽)	1	0	1	0	0	0	0	0	0	0	0	.000	5	1	0	0	2	0	3	0	0	0	0	0.00
'21	(楽)	9	0	0	0	0	0	0	0	0	2	2	.000	23	5	5	1	2	2	4	0	0	3	3	5.40
'22	(楽)	13	0	4	0	0	0	0	0	0	1	1	.000	52	12.2	7	0	4	5	10	1	0	3	3	2.13
〔3〕		23	0	5	0	0	0	0	0	0	3	3	.000	80	18.2	12	1	8	7	17	1	0	6	6	2.89

渡邉　雄大　わたなべ・ゆうた　青山学院大　('20.8)　'91.9.19生　左投左打

年度	チーム	試合	完投	交代了	試当初	無点勝	無四球	勝利	敗北	セーブ	ホールド	HP	勝率	打者	投球回	安打	本塁打	四球	死球	三振	暴投	ボーク	失点	自責点	防御率
'20	(ソ)	3	0	0	0	0	0	0	0	0	0	0	.000	6	1.2	0	0	1	0	1	0	0	0	0	0.00
'21	(ソ)	6	0	0	0	0	0	0	0	0	1	1	.000	18	4	0	0	1	0	4	0	0	2	2	4.50
'22	(神)	32	0	2	0	0	0	3	1	0	10	13	.750	72	18.1	16	2	4	1	18	0	0	5	5	2.45
〔3〕		41	0	2	0	0	0	3	1	0	11	14	.750	96	24	22	2	6	1	23	0	0	7	7	2.63

渡邉勇太朗　わたなべ・ゆうたろう　浦和学院高　('19.1)　'00.9.21生　右投右打

年度	チーム	試合	完投	交代了	試当初	無点勝	無四球	勝利	敗北	セーブ	ホールド	HP	勝率	打者	投球回	安打	本塁打	四球	死球	三振	暴投	ボーク	失点	自責点	防御率
'21	(武)	17	0	2	9	0	0	4	4	0	2	2	.500	232	55	43	3	30	3	33	4	0	24	21	3.44
'22	(武)	7	0	0	3	0	0	1	1	0	0	0	.500	67	13.1	15	1	11	1	6	2	0	11	9	6.08
'23	(武)	2	0	0	2	0	0	1	0	0	0	0	1.000	42	11	7	0	5	0	4	0	0	1	1	0.82
〔3〕		22	0	2	14	0	0	6	5	0	2	2	.545	341	79.1	65	4	46	4	43	6	0	36	31	3.52

和田　毅　わだ・つよし　早稲田大（'03.1）　'81.2.21生　左投左打

年度	チーム	試合	完投	交代完了	試当初	無点勝	無四球	勝利	敗北	セーブ	ホールド	HP	勝率	打者	投球回	安打	本塁打	四球	死球	三振	暴投	ボーク	失点	自責点	防御率
'03	（ダ）	26	8	0	18	2	0	14	5	0			.737	781	189	165	26	61	1	195	1	0	77	71	3.38
'04	（ダ）	19	7	1	11	0	0	10	6	0			.625	534	128.1	110	23	38	3	115	2	0	67	62	4.35
'05	（ソ）	25	4	0	21	0	1	12	8	0	0	0	.600	741	181.2	154	17	57	2	167	4	0	69	66	3.27
'06	（ソ）	24	6	0	18	3	3	14	6	0	0	0	.700	657	163.1	137	18	42	1	136	2	0	57	54	2.98
'07	（ソ）	26	2	0	24	0	0	12	10	0	0	0	.545	757	182	168	15	42	5	169	6	1	65	57	2.82
'08	（ソ）	23	3	0	20	0	2	8	8	0	0	0	.500	671	162	167	12	36	3	123	3	0	65	65	3.61
'09	（ソ）	15	1	0	12	1	0	4	5	0	0	0	.444	337	84.1	72	13	24	1	87	1	0	39	38	4.06
'10	（ソ）	26	1	0	25	0	1	17	8	0	0	0	.680	696	169.1	145	11	55	1	169	2	0	59	59	3.14
'11	（ソ）	26	4	0	22	2	2	16	5	0	0	0	.762	726	184.2	145	7	40	4	168	5	0	33	31	1.51
'16	（ソ）	24	2	0	22	1	0	15	5	0	0	0	.750	662	163	138	22	38	5	157	0	0	58	55	3.04
'17	（ソ）	8	0	0	7	0	0	4	0	0	0	0	1.000	181	47	34	1	8	0	34	1	0	13	13	2.49
'19	（ソ）	12	0	0	12	0	0	4	4	0	0	0	.500	240	57.2	56	11	14	2	45	0	0	26	25	3.90
'20	（ソ）	16	0	0	16	0	0	8	1	0	0	0	.889	346	85.2	66	7	31	1	75	1	0	30	28	2.94
'21	（ソ）	18	0	0	18	0	0	5	6	0	0	0	.455	396	94.1	95	14	27	3	83	0	0	49	47	4.48
'22	（ソ）	17	0	0	16	0	0	7	4	0	0	0	.636	324	81	64	3	22	1	75	0	0	28	25	2.78
'23	（ソ）	21	0	0	20	0	0	8	6	0	0	0	.571	414	100	89	10	29	3	85	0	0	39	36	3.24
〔16〕		326	38	1	282	9	9	158	87	0	0	0	.645	8463	2073.1	1805	210	564	36	1883	28	1	774	732	3.18

球 団 変 遷

I. 各 球 団 の 変 遷

〔**読売ジャイアンツ**（株式会社読売巨人軍）〕
　東　京　巨　人（株式会社大日本東京野球倶楽部・1934.12.26創立）1936〜1946　読売ジャイアンツ（巨人）1947〜

〔**阪神タイガース**（株式会社阪神タイガース）〕
　大阪タイガース（株式会社大阪野球倶楽部・1935.12.10創立）1936〜1940.9　阪神1940.9.25〜1946
　　大阪タイガース1947〜1960　阪神タイガース1961〜

〔**中日ドラゴンズ**（株式会社中日ドラゴンズ）〕
　名　古　屋（株式会社大日本野球連盟名古屋協会・1936.1.15創立）1936〜1943　産業1944　中部日本1946
　　中日ドラゴンズ1947〜1950　名古屋ドラゴンズ1951〜1953　中日ドラゴンズ1954〜

〔**オリックス・バファローズ**（オリックス野球クラブ株式会社）〕
　阪　　　　急（大阪阪急野球協会・1936.1.23創立）1936〜1946　阪急ブレーブス1947〜1988
　　オリックス・ブレーブス（1988.11.4）1989〜1990　オリックス・ブルーウェーブ（1990.11.1）1991〜2004
　　オリックス・バファローズ（大阪近鉄バファローズと2004.11.30統合）2005〜
　近鉄パールス（近鉄野球株式会社・1949.11.26パ加盟）1950〜1958　近鉄バファロー（1959.1.12）1959〜1961
　　近鉄バファローズ（1962.2.1）1962〜1998
　　大阪近鉄バファローズ（1999.4.1）1999〜2004（オリックス・ブルーウェーブと2004.11.30統合→オリックス・
　　バファローズ）

〔**横浜DeNAベイスターズ**（株式会社横浜DeNAベイスターズ）〕
　大洋ホエールズ（株式会社大洋球団・1949.12.15創立）1950〜1952
　　大洋松竹ロビンス（松竹ロビンスと1953.1.10合併）1953〜1954　大洋ホエールズ（1954.12.11）1955〜1977
　　横浜大洋ホエールズ1978〜1992　横浜ベイスターズ（1992.11.11）1993〜2011
　　横浜DeNAベイスターズ（2011.12.2）2012〜
　大　　東　　京（株式会社大日本野球連盟東京協会・1936.2.15創立）1936〜1937春季
　　ライオン（1937.8.1）1937秋季〜1940　朝日（1941.1.17）1941〜1944　パシフィック（太平）1946
　　太陽ロビンス1947　大陽ロビンス1948〜1949
　　松竹ロビンス（1949.12.1）1950〜1952（大洋ホエールズと1953.1.10合併→大洋松竹ロビンス）

〔**福岡ソフトバンクホークス**（福岡ソフトバンクホークス株式会社）〕
　南　　　　　　海（南海野球株式会社・1938.2.22創立）1938秋季〜1944.5　近畿日本1944.6.1〜1944末
　　近畿グレートリング1946〜1947.5　南海ホークス1947.6.1〜1988
　　福岡ダイエーホークス（1988.11.1）1989〜2004　福岡ソフトバンクホークス（2004.12.24）2005〜

〔**北海道日本ハムファイターズ**（株式会社北海道日本ハムファイターズ）〕
　セ ネ タ ー ス（セネタース野球協会・1945.11.6加盟）1946　東急フライヤーズ1947　急映フライヤーズ1948
　　東急フライヤーズ（1948.12.21）1949〜1953　東映フライヤーズ（1954.2.1）1954〜1972
　　日拓ホーム・フライヤーズ（1973.2.7承認）1973　日本ハム・ファイターズ（1973.11.19）1974〜2003
　　北海道日本ハムファイターズ（2004.1.1）2004〜

〔**千葉ロッテマリーンズ**（株式会社千葉ロッテマリーンズ）〕
　毎日オリオンズ（株式会社毎日球団・1949.11.26パ加盟）1950～1957
　　毎日大映（大毎）オリオンズ（大映ユニオンズと1957.11.28合併）1958～1963
　　東京オリオンズ（1964.1.16）1964～1968　ロッテ・オリオンズ（1969.1.18）1969～1991
　　千葉ロッテマリーンズ（1991.11.21）1992～
　ゴールドスター（株式会社奈良野球倶楽部・1946.2.18加盟）1946　金星スターズ1947～1948
　大映スターズ（1948.12.21）1949～1956
　大映ユニオンズ（高橋ユニオンズと1957.2.25合併）1957（毎日オリオンズと1957.11.28合併→毎日大映オリオンズ）
　高橋ユニオンズ（株式会社高橋球団・1954.2.4パ加盟）1954　トンボユニオンズ（1954.12.4）1955
　高橋ユニオンズ1956（大映スターズと1957.2.25合併→大映ユニオンズ）

〔**埼玉西武ライオンズ**（株式会社西武ライオンズ）〕
　西鉄クリッパース（西鉄野球株式会社・1949.11.26パ加盟）1950
　　西鉄ライオンズ（西日本パイレーツと1951.2.28合併）1951～1972
　　太平洋クラブ・ライオンズ（1972.11.9）1973～1976　クラウンライター・ライオンズ（1976.10.12）1977～1978
　　西武ライオンズ（1978.10.12）1979～2007　埼玉西武ライオンズ（2008.1.1）2008～
　西日本パイレーツ（西日本野球株式会社・1949.12.15セ加盟）1950
　　（西鉄クリッパースと1951.2.28合併→西鉄ライオンズ）

〔**広島東洋カープ**（株式会社広島東洋カープ）〕
　広島カープ（株式会社広島野球倶楽部・1949.12.5創立）1950～1967　広島東洋カープ（1967.12.17）1968～

〔**東京ヤクルトスワローズ**（株式会社ヤクルト球団）〕
　国鉄スワローズ（国鉄球団株式会社・1950.1.12セ加盟）1950～1965.5　サンケイスワローズ1965.5.10～1965末
　　サンケイアトムズ（1966.2.24）1966～1968　アトムズ1969　ヤクルトアトムズ（1970.1.7）1970～1973
　　ヤクルトスワローズ1974～2005　東京ヤクルトスワローズ（2006.1.10）2006～

〔**東北楽天ゴールデンイーグルス**（株式会社楽天野球団）〕
　東北楽天ゴールデンイーグルス（株式会社楽天野球団・2004.11.2パ加盟）2005～

〔**球団消滅**〕
　東京セネタース（株式会社東京野球協会・1936.1.17創立）1936～1940.10
　　翼1940.10.17～1940末（名古屋金鯱と1941.1.13合併→大洋）

　名古屋金鯱（株式会社名古屋野球倶楽部・1936.2.28創立）1936～1940（翼と1941.1.13合併→大洋）

　大　　　　洋（翼と名古屋金鯱が1941.1.13合併）1941～1942　西鉄（1943.2.22）1943

　イーグルス（株式会社後楽園野球倶楽部・1937.1.18創立）1937～1940.10　黒鷲1940.10.6～1942.9
　　大和1942.9.12～1943

Ⅱ. 球場名の変遷

※主要球場のネーミングライツ（命名権）契約に限る。

〔**ES CON FIELD HOKKAIDO**〕
2023〜　　　　ES CON FIELD HOKKAIDO

〔**楽天モバイルパーク宮城**（仙台宮城球場)〕
2005〜2007　　フルキャストスタジアム宮城
2008〜2010　　クリネックススタジアム宮城
2011〜2013　　日本製紙クリネックススタジアム宮城
2014〜2016　　楽天Koboスタジアム宮城
2017　　　　　Koboパーク宮城
2018〜2022　　楽天生命パーク宮城
2023〜　　　　楽天モバイルパーク宮城

〔**ベルーナドーム**（西武ドーム)〕
2005〜2006　　インボイスSEIBUドーム
2007　　　　　グッドウィルドーム
2008〜2014　　西武ドーム
2015〜2016　　西武プリンスドーム
2017〜2021　　メットライフドーム
2022〜　　　　ベルーナドーム

〔**ZOZOマリンスタジアム**（千葉マリンスタジアム)〕
2011〜2016　　QVCマリンフィールド
2017〜　　　　ZOZOマリンスタジアム

〔**バンテリンドーム ナゴヤ**（ナゴヤドーム)〕
2021〜　　　　バンテリンドーム ナゴヤ

〔**京セラドーム大阪**（大阪ドーム)〕
2006途〜　　　京セラドーム大阪（2006.7.1〜）

〔**ほっともっとフィールド神戸**（グリーンスタジアム神戸)〕
2003〜2004　　Yahoo!BB STADIUM
2005〜2010　　スカイマークスタジアム
2011〜　　　　ほっともっとフィールド神戸

〔**MAZDA Zoom-Zoomスタジアム広島**（広島市民球場)〕
2009〜　　　　MAZDA Zoom-Zoomスタジアム広島

〔**福岡PayPayドーム**（福岡ドーム)〕
2005〜2012　　福岡Yahoo!JAPANドーム
2013〜2019　　福岡ヤフオク!ドーム
2020〜　　　　福岡PayPayドーム

Ⅲ. 各 球 団 変 遷 図

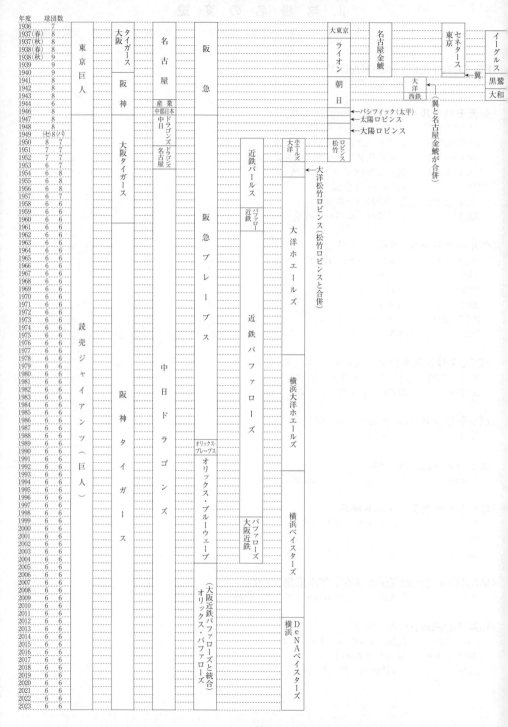

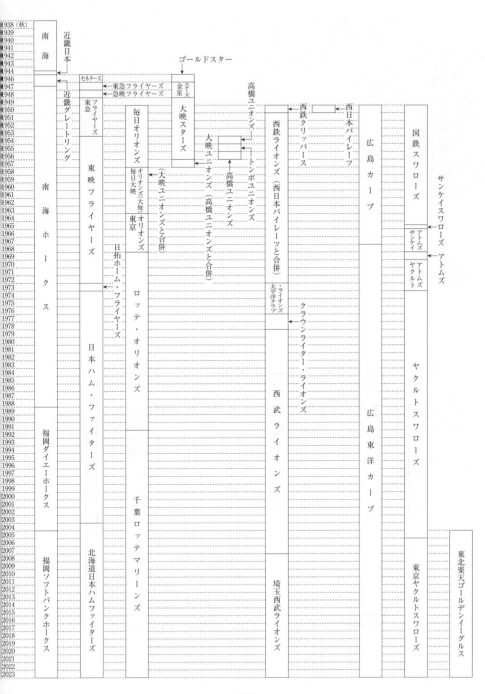

オフィシャルベースボールガイド 2024

2024年2月23日　発　行

編　者　一般社団法人 日本野球機構
ⒸNippon Professional Baseball, 2024

発行者　嶋田　正人

発行所　株式会社共同通信社
〒105-7208
東京都港区東新橋１－７－１
電　話（03）6252－6021

印刷所　三報社印刷株式会社

ISBN978-4-7641-0742-7 C0075 Printed in Japan